ABC-Griffleiste

Die ABC-Griffleiste am Rand dieser Seite hilft dir, den gesuchten Buchstaben im englisch-deutschen oder deutsch-englischen Teil schnell aufzufinden.

Du „greifst“ den gesuchten Buchstaben hier am Rand und blätterst mit dem Daumen, bis der gesuchte Buchstabe auf dem Rand der betreffenden Seite auftaucht. Er kommt zweimal vor – einmal im englisch-deutschen und einmal im deutsch-englischen Teil.

Wenn du Linkshänder bist, benutze bitte in gleicher Weise die ABC-Griffleiste am Ende des Buches.

A B C D E F G H IJ K L M NO P QR S T UV W Z

Langenscheidts Schulwörterbuch Englisch

Englisch-Deutsch
Deutsch-Englisch

Neubearbeitung
von
Holger Freese, Helga Krüger
und
Brigitte Wolters

LANGENSCHEIDT
BERLIN · MÜNCHEN · WIEN
ZÜRICH · NEW YORK

*Die Nennung von Waren erfolgt in diesem Werk,
wie in Nachschlagewerken üblich, häufig ohne Erwähnung etwa
bestehender Patente, Gebrauchsmuster oder Warenzeichen.
Das Fehlen eines solchen Hinweises begründet also nicht
die Annahme, eine Ware oder ein Warenname sei frei.*

*Ergänzende Hinweise, für die wir jederzeit dankbar sind,
bitten wir zu richten an:
Langenscheidt-Verlag, Postfach 40 11 20, 80711 München*

Auflage:	*5.*	*4.*	*3.*	*2.*		*Letzte Zahlen*
Jahr:	*2001*	*2000*	*1999*	*98*	*97*	*maßgeblich*

*Druck: Graph. Betriebe Langenscheidt, Berchtesgaden/Obb.
Printed in Germany · ISBN 3-468-13127-5*

Vorwort

Mit der vorliegenden Neubearbeitung von Langenscheidts Schulwörterbuch Englisch wurde den schulischen Wünschen und Bedürfnissen noch besser Rechnung getragen.

Die **neuen Regeln der Rechtschreibung** sind in dieser Ausgabe von 1997 bereits eingearbeitet. Der Langenscheidt-Verlag hofft, Schülern und Lehrern hiermit die Umstellung auf die neue Rechtschreibung zu erleichtern.

Der Wortschatz des Schulwörterbuchs wurde grundlegend aktualisiert. Das Hauptaugenmerk galt der lebendigen Alltagssprache. Zahlreiche neue Wörter und Wendungen wurden aufgenommen. Den Schüler besonders interessierende Gebiete wie Sport, Spiel, Computer, Elektronik, Umwelt usw. wurden ebenso berücksichtigt wie der österreichische und schweizerische Sprachgebrauch.

Viele Artikel wurden neu gegliedert oder völlig neu geschrieben. Die wichtigsten Ländernamen und Abkürzungen wurden in den Hauptteil aufgenommen. Neu ist auch die Einführung von Betonungsakzenten in englischen Stichwörtern.

Bewährte Features wie die schülerfreundlichen Benutzerhinweise, die Symbole zur Warnung vor falscher Anwendung und die Angaben zur Grammatik beim englischen Stichwort wurden beibehalten. Um zu vereinheitlichen, wurden dagegen die bildlichen Zeichen zur Bezeichnung der Sachgebiete in Abkürzungen umgewandelt.

Eine neue Typographie, die strikte alphabetische Anordnung der Stichwörter und weniger Tilden sorgen für eine bessere Lesbarkeit und ein schnelleres Auffinden von Wörtern und Wendungen und machen das Wörterbuch noch schülergerechter.

Das Schulwörterbuch bietet rund 55 000 Stichwörter und Wendungen. Wir hoffen, dass es auch weiterhin das beliebte und handliche Nachschlagewerk in der Schule bleiben wird.

LANGENSCHEIDT

Inhaltsverzeichnis

Wie benutzt du das Schulwörterbuch 5
Wie und wo findest du ein Wort? 5
Wie schreibst du das Wort? – Mit Hinweisen auf die amerikanische Schreibung 6
Wie trennst du das Wort? 7
Die Tilde 8
Was bedeuten die verschiedenen Schriftarten? 8
Wie sprichst du das Wort aus? – Mit Hinweisen auf die amerikanische Aussprache 9
Was sagen dir die Symbole und Abkürzungen? 12
Einige Worte zu den Übersetzungen 13
Grammatik auch im Wörterbuch? 14

Englisch-Deutsches Wörterverzeichnis 19
Deutsch-Englisches Wörterverzeichnis 349

Unregelmäßige Verben 620
Zahlwörter 622
Maße und Gewichte 623
Temperaturumrechnung 624

Wie benutzt du das Schulwörterbuch?

Keine Angst vor unbekannten Wörtern!

Das Schulwörterbuch tut alles, um dir das Nachschlagen und das Kennenlernen eines Wortes so leicht wie möglich zu machen.

Damit du von deinem Wörterbuch den besten Gebrauch machen kannst, solltest du wissen, wie und wo du all die Informationen finden kannst, die du für deine Übersetzungen in der Schule, deinen Brief an einen englischen Freund oder eine englische Freundin oder zum Sprechen brauchst. Die folgenden Seiten sollen dir dabei helfen.

1. Wie und wo findest du ein Wort?

1.1 Englische und deutsche Stichwörter. Das Wörterverzeichnis ist alphabetisch geordnet und verzeichnet auch die unregelmäßigen Formen an ihrer alphabetischen Stelle.

Im deutsch-englischen Teil haben wir die Umlaute *ä ö ü* wie *a o u* und *ß* wie *ss* behandelt.

1.2 Im deutsch-englischen Teil werden Stichwörter, die auf **-in** enden, folgendermaßen gegeben:

Ärztin *f* – **Erbin** *f*

1.2.1 Wo dies möglich ist, wird bei einigen Stichwörtern die weibliche Endung **-in** in Klammern an die männliche Form angehängt, z. B. **Eiskunstläufer(in)**
(Siehe auch Seite 15/9.1 b.)

1.3 Leitwörter

Wenn du ein englisches oder deutsches Wort suchst, kannst du dich an den fett gedruckten **Leitwörtern** oder **Kolumnentiteln** in der oberen Ecke jeder Seite orientieren. Angegeben werden dir in diesen Leitwörtern jeweils (links) das *erste* fett gedruckte Wort auf der linken Seite bzw. (rechts) das *letzte* fett gedruckte Wort auf der rechten Seite, z. B. auf den Seiten 90 u. 91:

determined – direct

1.3.1 Du wirst aber auch einmal einen Begriff nachschlagen wollen, der aus zwei einzelnen Wörtern besteht, wie z. B. **falling star**, oder bei dem die Wörter mit einem Bindestrich (hyphen) miteinander verbunden sind, wie in **absent-minded.** Diese Wörter werden wie ein einziges Wort behandelt und dementsprechend alphabetisch eingeordnet.

1.3.2 Aus Gründen der Platzersparnis wirst du häufig einige zusammengesetzte Wörter nicht an ihrer alphabetischen Stelle finden. In solchen Fällen solltest du unter den Einzelbestandteilen an ihrer alphabetischen Stelle nachsehen. Du kannst dir dann meist die Übersetzung des zusammengesetzten Wortes aus seinen Einzelbestandteilen selbst bilden.

1.4 Du wirst beim Nachschlagen auch merken, dass eine Menge sogenannter „Wortfamilien“ entstanden sind. Das sind Stichwortartikel, die von einem gemeinsamen Stamm oder Grundwort ausgehen und deshalb in einem „Nest“ zusammenstehen:

depen|dable – ˷dant – ˷dence - ˷dent
left – ˜-hand – ˜-handed

2. Wie schreibst du das Wort?

2.1 Du kannst in deinem Wörterbuch genau wie in einem Rechtschreibwörterbuch nachschlagen, wie ein Wort richtig geschrieben wird. Die Unterschiede in der **amerikanischen Schreibung** haben wir dir in den betreffenden Stichwörtern und Übersetzungen gegeben und mit *Am.* gekennzeichnet. Fällt bei der amerikanischen Schreibweise nur ein Buchstabe weg, so steht dieser in runden Klammern:

colo(u)r – hono(u)r – travel(l)er

2.2 Die amerikanische Rechtschreibung

weicht von der britischen hauptsächlich in folgenden Punkten ab:

1. Für **...our** tritt **...or** ein, z. B. hon*or* = honour, lab*or* = labour.
2. **...re** wird zu **...er**, z. B. cent*er* = centre, theat*er* = theatre, meag*er* = meagre; ausgenommen sind og*re* und die Wörter auf ...cre, z. B. massa*cre*, na*cre*.
3. Statt **...ce** steht **...se**, z. B. defen*se* = defence, licen*se* = licence.
4. Bei sämtlichen Ableitungen der Verben auf **...l** und **...p** unterbleibt die Verdoppelung des Endkonsonanten, also travel – trave*l*ed – trave*l*ing – trave*l*er, worship – worshi*p*ed – worshi*p*ing – worshi*p*er. Auch in einigen anderen Wörtern wird der Doppelkonsonant durch einen einfachen ersetzt, z. B. wagon = waggon, woo*l*en = woollen.
5. Ein stummes **e** wird in gewissen Fällen weggelassen, z. B. abrid*gm*ent = abridgement, acknowled*gm*ent = acknowledgement, jud*gm*ent = judgement, ax = ax*e*, good-by = good-by*e*.
6. Bei einigen Wörtern mit der Vorsilbe **en...** gibt es auch noch die Schreibung **in...**, z. B. *in*close = enclose, *in*snare = ensnare.
7. Der Schreibung **ae** und **oe** wird oft diejenige mit **e** vorgezogen, z. B. an*e*mia = anaemia, diarrh*e*a = diarrhoea.
8. Aus dem Französischen stammende stumme Endsilben werden gern weggelassen, z. B. catalog = catalog*ue*, program = program*me*, prolog = prolog*ue*.
9. Einzelfälle sind: st*a*nch = staunch, m*o*ld = mould, m*o*lt = moult, gr*a*y = grey, pl*ow* = plough, ski*ll*ful = skilful, t*i*re = tyre.

3. Wie trennst du das Wort?

3.1 Die Silbentrennung im Englischen ist für einen Deutschen ein heikles Kapitel. Im Schulwörterbuch musst du nur darauf achten, wo zwischen den Silben ein halbhoher Punkt steht.

Die Silbentrennungspunkte zeigen dir, an welcher Stelle im Wort du am Zeilenende trennen kannst. Du solltest es aber vermeiden, nur einen Buchstaben abzutrennen, wie z. B. in **a·mend** oder **thirst·y**. Hier nimmst du besser das ganze Wort auf die neue Zeile.

3.2 Fällt bei einem englischen Wort, das mit einem Bindestrich geschrieben wird, der Bindestrich im Wörterbuch auf das Zeilenende, so wird er am Anfang der folgenden Zeile wiederholt.

4. Die Tilde

4.1 Ein Symbol, das dir ständig in den Stichwortartikeln begegnet, ist ein Wiederholungszeichen: die Tilde (~ ␣2). Die fette Tilde (**~**) vertritt dabei entweder das ganze Stichwort oder den vor dem senkrechten Strich (|) stehenden Teil des Stichwortes. Die weniger fette Tilde (~) vertritt das unmittelbar vorausgehende Stichwort, das selbst schon mit Hilfe der fetten Tilde gebildet sein kann:

football ... **~ player** (= *football player*)
happi|ly ... **~ness** (= *happiness*)
ab|blasen ... **~bringen:** ***j-n von ... ~*** (= *abbringen*)

4.2 Wechselt die Schreibung von klein zu groß oder von groß zu klein, steht statt der einfachen Tilde (~) die Kreistilde (2):

representative ... ***House of 2s*** (= *House of Representatives*)
Geschicht|e ... **2lich** (= *geschichtlich*)
dick ... **2kopf** (= *Dickkopf*)

5. Was bedeuten die verschiedenen Schriftarten?

5.1 Du findest **fett gedruckt** alle englischen und deutschen Stichwörter, außerdem die arabischen Ziffern zur Unterscheidung der Wortarten:

feed ... **1.** Futter *n*; ... **2.** (***fed***) *v/t.* füttern; **~back**
klopfen 1. *v/i. Herz, Puls*: beat*; ... **2.** *v/t.* beat*

5.2 Du findest *kursiv* a) die Grammatik- und Sachgebietsabkürzungen: *adj.*, *adv.*, *v/i.*, *v/t.*, *econ.*, *pol.* usw., b) die Genusangaben (Angaben des Geschlechtswortes): *m*, *f*, *n*, c) alle Zusätze, die eine nähere Angabe oder Sinnverdeutlichung bewirken sollen, wie z. B.

file[1] ... *Computer*: Datei *f*
pad ... *Sport*: (*Bein-*, *Knie*)Schützer *m*
scan ... *Zeitung etc.* überfliegen
matt ... *Glas*, *Glühbirne*: frosted

5.3 Du findest in ***halbfetter Auszeichnungsschrift*** alle Wendungen:

line ... ***hold the*** ~ *tel.* bleiben Sie am Apparat
depend ... ***that*** **~s** das kommt (ganz) darauf an
gut ... ***ganz*** ~ not bad

5.4 Du findest in normaler Schrift alle Übersetzungen.

6. Wie sprichst du das Wort aus?

6.1 Die Lautschrift beschreibt, wie du ein Wort aussprechen sollst. So ist das „ch" in „ich" ein ganz anderer Laut als das „ch" in „ach". Da die normale Schrift für solche Unterschiede keine Hilfe bietet, ist es nötig, diese Laute mit anderen Zeichen zu beschreiben. Damit *jeder* genau weiß, welches Zeichen welchem Laut entspricht, hat man sich international auf eine Lautschrift geeinigt. Wenn du diese Zeichen lernst, kannst du jedes Wort in jeder Sprache aussprechen. Da die Zeichen von der **I**nternational **P**honetic **A**ssociation als verbindlich angesehen werden, nennt man sie auch **IPA-Lautschrift**.

Im Wörterbuch wird in den eckigen Klammern – [ ] – beschrieben, wie du das entsprechende englische Stichwort aussprechen musst, z. B.:

coat [kəʊt] – **message** ['mesɪdʒ]

6.2 Für das Englische solltest du dir daher die folgenden Lautschriftzeichen einprägen:

[ʌ]	much [mʌtʃ], come [kʌm]	kurzes *a* wie in *Matsch*, *Kamm*, aber dunkler
[ɑː]	after ['ɑːftə], park [pɑːk]	langes *a*, etwa wie in *Bahn*
[æ]	flat [flæt], madam ['mædəm]	mehr zum *a* hin als *ä* in *Wäsche*
[ə]	after ['ɑːftə], arrival [ə'raɪvl]	wie das End-*e* in *Berge*, *mache*, *bitte*
[e]	let [let], men [men]	*ä* wie in *hätte*, *Mäntel*
[ɜː]	first [fɜːst], learn [lɜːn]	etwa wie *ir* in *flirten*, aber offener
[ɪ]	in [ɪn], city ['sɪtɪ]	kurzes *i* wie in *Mitte*, *billig*
[iː]	see [siː], evening ['iːvnɪŋ]	langes *i* wie in *nie*, *lieben*
[ɒ]	shop [ʃɒp], job [dʒɒb]	wie *o* in *Gott*, aber offener
[ɔː]	morning ['mɔːnɪŋ], course [kɔːs]	wie in *Lord*, aber ohne *r*
[ʊ]	good [gʊd], look [lʊk]	kurzes *u* wie in *Mutter*
[uː]	too [tuː], shoot [ʃuːt]	langes *u* wie in *Schuh*, aber offener

[aɪ]	my [maɪ], night [naɪt]	etwa wie in *Mai*, *Neid*
[aʊ]	now [naʊ], about [ə'baʊt]	etwa wie in *blau*, *Couch*
[əʊ]	home [həʊm], know [nəʊ]	von [ə] zu [ʊ] gleiten
[eə]	air [eə], square [skweə]	wie *är* in *Bär*, aber kein *r* sprechen
[eɪ]	eight [eɪt], stay [steɪ]	klingt wie *äi*
[ɪə]	near [nɪə], here [hɪə]	von [ɪ] zu [ə] gleiten
[ɔɪ]	join [dʒɔɪn], choice [tʃɔɪs]	etwa wie *eu* in *neu*
[ʊə]	you're [jʊə], tour [tʊə]	wie *ur* in *Kur*, aber kein *r* sprechen
[j]	yes [jes], tube [tjuːb]	wie *j* in *jetzt*
[w]	way [weɪ], one [wʌn], quick [kwɪk]	mit gerundeten Lippen ähnlich wie [uː] gebildet. Kein deutsches *w*!
[ŋ]	thing [θɪŋ], English ['ɪŋglɪʃ]	wie *ng* in *Ding*
[r]	room [ruːm], hurry ['hʌrɪ]	Zunge liegt, zurückgebogen, am Gaumen auf. Nicht gerollt und nicht im Rachen gebildet!
[s]	see [siː], famous ['feɪməs]	stimmloses *s* wie in *lassen*, *Liste*
[z]	zero ['zɪərəʊ], is [ɪz], runs [rʌnz]	stimmhaftes *s* wie in *lesen*, *Linsen*
[ʃ]	shop [ʃɒp], fish [fɪʃ]	wie *sch* in *Scholle*, *Fisch*
[tʃ]	cheap [tʃiːp], much [mʌtʃ]	wie *tsch* in *tschüs*, *Matsch*
[ʒ]	television ['telɪvɪʒn]	stimmhaftes *sch* wie in *Genie*, *Etage*
[dʒ]	just [dʒʌst], bridge [brɪdʒ]	wie in *Job*, *Gin*
[θ]	thanks [θæŋks], both [bəʊθ]	wie *ss* in *Fass*, aber gelispelt
[ð]	that [ðæt], with [wɪð]	wie *s* in *Sense*, aber gelispelt
[v]	very ['verɪ], over ['əʊvə]	etwa wie deutsches *w*, Oberzähne auf Oberkante der Unterlippe
[x]	loch [lɒx], ugh [ʌx]	wie *ch* in *ach*
[ː]	bedeutet, dass der vorhergehende Vokal lang zu sprechen ist.	

6.2.1 Endsilben ohne Lautschrift

Um Raum zu sparen, werden die häufigsten Endungen der englischen Stichwörter hier einmal mit Lautschrift aufgelistet. Sie erscheinen im Wörterverzeichnis in der Regel ohne Umschrift.

-ability [-ə'bɪlətɪ]
-able [-əbl]
-age [-ɪdʒ]
-al [-əl]
-ally [-əlɪ]
-an [-ən]
-ance [-əns]
-ancy [-ənsɪ]
-ant [-ənt]
-ar [-ə]
-ary [-ərɪ]
-ation [-eɪʃn]
-cious [-ʃəs]
-cy [-sɪ]
-dom [-dəm]
-ed [-d; -t; -ɪd]*
-edness [-dnɪs; -tnis; -ɪdnɪs]*
-ee [-iː]
-en [-n]
-ence [-əns]
-ency [-ənsɪ]
-ent [-ənt]
-er [-ə]
-ery [-ərɪ]
-ess [-ɪs]
-fication [-fɪ'keɪʃn]
-ful [-fl]
-hood [-hʊd]
-ial [-jəl; -ɪəl]
-ian [-jən; -ɪən]
-ible [-əbl]
-ic(s) [-ɪk(s)]
-ical [-ɪkl]
-ily [-ɪlɪ; -əlɪ]
-iness [-ɪnɪs]
-ing [-ɪŋ]
-ish [-ɪʃ]
-ism [-ɪzəm]

-ist [-ɪst]
-istic [-ɪstɪk]
-ite [-aɪt]
-ity [-ətɪ; -ɪtɪ]
-ive [-ɪv]
-ization [-aɪ'zeɪʃn]
-ize [-aɪz]
-izing [-aɪzɪŋ]
-less [-lɪs]
-ly [-lɪ]
-ment(s) [-mənt(s)]
-ness [-nɪs]
-oid [-ɔɪd]
-o(u)r [-ə]
-ous [-əs]
-ry [-rɪ]
-ship [-ʃɪp]
-ssion [-ʃn]
-sive [-sɪv]
-some [-səm]
-ties [-tɪz]
-tion [-ʃn]
-tional [-ʃənl]
-tious [-ʃəs]
-trous [-trəs]
-try [-trɪ]
-y [-ɪ]

* [-d] nach Vokalen und stimmhaften Konsonanten
[-t] nach stimmlosen Konsonanten
[-id] nach auslautendem d und t
[-z] nach Vokalen und stimmhaften Konsonanten
[-s] nach stimmlosen Konsonanten

6.2.2 Die Aussprache des englischen Alphabets

a [eɪ], b [biː], c [siː], d [diː], e [iː], f [ef], g [dʒiː], h [eɪtʃ], i [aɪ], j [dʒeɪ], k [keɪ], l [el], m [em], n [en], o [əʊ], p [piː], q [kjuː], r [ɑː], s [es], t [tiː], u [juː], v [viː], w ['dʌbljuː], x [eks], y [waɪ], z [zed, *Am.* ziː]

6.3 Betonungsakzente

Die **Betonung** der englischen Wörter wird dir durch das Zeichen ' für den Hauptakzent vor der zu betonenden Silbe angegeben:

on·ion ['ʌnjən]
rec·ord ['rekɔːd] – **re·cord** [rɪ'kɔːd]

Bei vielen zusammengesetzten Stichwörtern, deren Bestandteile als selbstständige Stichwörter mit Ausspracheangabe im Wörterbuch erscheinen, und bei Stichwörtern, die eine der in der Liste der „Endsilben ohne Lautschrift" auf Seite 10 und 11 verzeichneten Endungen aufweisen, werden die Betonungsakzente im Stichwort selbst gegeben.

6.3.1 In einigen Fällen findest du in Stichwörtern, die aus einer Tilde und einem ausgeschriebenen Wort oder Wortteil bestehen, keinen Betonungsakzent. In diesen Fällen gilt der Akzent des tildierten Wortes, z. B.

alarm [ə'lɑːm] – **~ clock** = **a'larm clock**
distrust [dɪs'trʌst] – **~ful** = **dis'trustful**

6.3.2 Und hier noch ein wichtiger Hinweis: Das im Wörterbuch angegebene Betonungsmuster der einzeln stehenden Stichwörter kann selbstverständlich ganz erheblich von dem Betonungsmuster in einem bestimmten Satzzusammenhang abweichen. Ein ganz einfaches Beispiel: [ɪndɪ'pendənt] in "he's very independent for his age", aber ['ɪndɪpendənt] in "an independent judgment".

6.4 Amerikaner sprechen viele Wörter anders aus als die Briten. Im Schulwörterbuch geben wir dir aber meistens nur die britische Aussprache, wie du sie auch in deinen Lehrbüchern findest. Ein paar Regeln für die Abweichungen in der amerikanischen Aussprache wollen wir dir hier aber doch geben.

Die amerikanische Aussprache

weicht hauptsächlich in folgenden Punkten von der britischen ab:

1. ɑ: wird zu (gedehntem) æ(:) in Wörtern wie *ask* [æ(:)sk = ɑ:sk], *castle* ['kæ(:)sl = 'kɑ:sl], *grass* [græ(:)s = grɑ:s], *past* [pæ(:)st = pɑ:st] etc.; ebenso in *branch* [bræ(:)ntʃ] = brɑ:ntʃ], *can't* [kæ(:)nt = kɑ:nt], *dance* [dæ(:)ns = dɑ:ns] etc.
2. ɒ wird zu ɑ in Wörtern wie *common* ['kɑmən = 'kɒmən], *not* [nɑt = nɒt], *on* [ɑn = ɒn], *rock* [rɑk = rɒk], *bond* [bɑnd = bɒnd] und vielen anderen.
3. ju: wird zu u:, z. B. *due* [du: = dju:], *duke* [du:k = dju:k], *new* [nu: = nju:]
4. r zwischen vorhergehendem Vokal und folgendem Konsonanten wird stimmhaft gesprochen, indem die Zungenspitze gegen den harten Gaumen zurückgezogen wird, z. B. *clerk* [klɜ:rk = klɑ:k], *hard* [hɑ:rd = hɑ:d]; ebenso im Auslaut, z. B. *far* [fɑ:r = fɑ:], *her* [hɜ:r = hɜ:].
5. Anlautendes p, t, k in unbetonter Silbe (nach betonter Silbe) wird zu b, d, g abgeschwächt, z. B. in *property*, *water*, *second*.
6. Der Unterschied zwischen stark und schwach betonten Silben ist viel weniger ausgeprägt; längere Wörter haben einen deutlichen Nebenton, z. B. *dictionary* ['dɪkʃəˌnerɪ = 'dɪkʃənrɪ], *inventory* ['ɪnvənˌtɔ:rɪ = 'ɪnvəntrɪ], *secretary* ['sekrəˌterɪ = 'sekrətrɪ].
7. Vor, oft auch nach nasalen Konsonanten (m, n, ŋ) sind Vokale und Diphthonge nasal gefärbt, z. B. *stand*, *time*, *small*.

7. Was sagen dir die Symbole und Abkürzungen?

7.1 Das Schulwörterbuch verwendet zwei Symbole:

a) das Symbol ⚠, das vor beliebten Fehlerquellen warnt, z. B.
actual ... ⚠ *nicht* ***aktuell*** **sensibel** ... ⚠ *nicht* ***sensible***

b) den Stern (*), mit dem im deutsch-englischen Teil alle unregelmäßigen Verben in den englischen Übersetzungen gekennzeichnet werden, um dich vor der Bildung falscher Formen zu bewahren, z. B.

beweisen ... prove*; *Interesse etc.*: show*

(Siehe auch Seite 15/9.3.)

7.2 Die Abkürzung F weist dich darauf hin, dass du das Wort oder die Wendung in der Umgangssprache gebrauchen sollst. Die Abkürzung V warnt vor einem Tabuwort, dass du möglichst nicht anwenden solltest.

7.2.1 Im deutsch-englischen Teil zeigt dir ein F vor dem deutschen oder englischen Teil eines Beispielsatzes, dass nur dieser betreffende Teil umgangssprachlich gebraucht wird. Ein F: vor dem deutschen Teil hingegen zeigt, dass Beispiel und Übersetzung derselben sprachlichen Ebene angehören.

7.3 Die Abkürzungen in *kursiver* Schrift zeigen dir, in welchem Lebens-, Arbeits- und Fachbereich ein Wort am häufigsten benutzt wird. **Die Liste der Abkürzungen findest du ganz am Ende des Buches.**

8. Einige Worte zu den Übersetzungen

8.1 Du wirst bereits gemerkt haben, dass ein Stichwort meist mehrere sinnverwandte Übersetzungen hat, die durch Komma voneinander getrennt werden. Das Stichwort kann aber auch mehrere Bedeutungen haben, je nachdem, in welchem Zusammenhang es gebraucht wird.

8.2 Mehrere Bedeutungen eines Wortes erkennst du daran, dass sie durch ein Semikolon voneinander getrennt sind. Häufig sind die Bedeutungen eines Wortes aber so umfangreich oder so unabhängig voneinander, dass die Trennung durch das Semikolon nicht genügt. Hier benutzen wir verschiedene Unterteilungsmöglichkeiten.

a) Das Wort wird wiederholt und mit einer hochgestellten Zahl (einem Exponenten) geschrieben:

chap¹ ... Riss *m* **Bank¹** *f* bench
chap² ... Bursche *m* **Bank²** *econ. f* bank

b) Wenn die Wortart wechselt, werden die Übersetzungen mit fett gedruckten arabischen Ziffern unterteilt:

work ... **1.** Arbeit *f* (*Substantiv*)
2. *v/i.* arbeiten (*Verb*)
green ... **1.** grün (*Adjektiv*)
2. Grün *n* (*Substantiv*)

c) Im deutsch-englischen Teil stehen die fett gedruckten arabischen Ziffern auch zur Unterscheidung von transitiven, intransitiven und reflexiven Verben:

stutzen 1. *v/t.* trim ...
2. *v/i.* stop short ...

8.3 Sicher weißt du bereits, dass ein Engländer z. B. **pavement** sagt, wenn er den „Bürgersteig" meint, der Amerikaner spricht dagegen von **sidewalk** – und **fall** hat im amerikanischen Englisch auch noch die Bedeutung „Herbst".

Im Wörterbuch sind solche Wörter mit *Brt.* für britisches Englisch und *Am.* für amerikanisches Englisch gekennzeichnet.

9. Grammatik auch im Wörterbuch?

Auf die Kennzeichnung der verschiedenen Wortarten haben wir bereits hingewiesen (siehe Seite 8/5).

9.1 Substantive (Hauptwörter) sind durch die Genusangabe (Angabe des Geschlechtswortes) zu erkennen:

wall Wand *f* – **Wand** *f* wall

Dazu noch einige Besonderheiten des Schulwörterbuchs:

a) im englisch-deutschen Teil:

dependant ... Angehörige(r *m*) *f* = Angehöriger *m*, Angehörige *f*
accomplice ... Kompli|ze *m*, -zin *f* = Komplize *m*, Komplizin *f*

b) im deutsch-englischen Teil:

Angestellte(r) = **Angestellter** *m*

Schauspieler(in) act|or (-ress) = **Schauspieler** *m* actor, **Schauspielerin** *f* actress

9.2 Häufig kannst du den grammatisch richtigen Gebrauch eines Wortes aus den dazugehörigen „Zusätzen“ entnehmen:

dissent ... anderer Meinung sein (***from*** als) ...

dissimilar ... (***to***) unähnlich (*dat.*); verschieden (von) ...

fish (*pl.* ***fish, fishes***) Fisch *m*

sheep (*pl.* ***sheep***) Schaf *n*

see (***saw, seen***) sehen

angry ... (***-ier, -iest***) zornig, verärgert ...

(Siehe auch 9.4)

abrücken 1. *v/t.* move away (***von*** from) ...

befestigen *v/t.* fasten (***an*** to), fix (to), attach (to) ...

9.3 Im deutsch-englischen Teil haben wir dir in der englischen Übersetzung die *unregelmäßigen englischen Verben* mit einem * gekennzeichnet.

Siehe auch im Anhang die Liste der unregelmäßigen englischen Verben auf Seite 620–621.

9.4 Im englisch-deutschen Teil zeigt dir die runde Klammer nach der eckigen Klammer für die Aussprache, dass hier eine grammatische Besonderheit vorliegt.

a) **unregelmäßiger Plural**

child ... (*pl.* ***children***)
knife ... (*pl.* ***knives***)
a·nal·y·sis ... (*pl.* ***-ses*** [-siːz])
= ***analyses***
to·ma·to ... (*pl.* ***-toes***)
= ***tomatoes***, im Vergleich zur regelmäßigen Pluralbildung:
ra·di·o ... (*pl.* ***-os***) = ***radios***

b) **unregelmäßige Verben** (siehe auch Liste der unregelmäßigen englischen Verben auf den Seiten 620–621)	**go** ... (***went, gone***) = *pret.* ***went,*** *p.p.* ***gone*** **shut** ... (***shut***) = *pret. u. p.p.* ***shut*** **learn** ... (***learned*** *od.* ***learnt***) = *pret. u. p.p.* ***learned*** *od.* ***learnt*** **out•grow** ... (***-grew, -grown***) = *pret.* ***outgrew***, *p.p.* ***outgrown***
c) **Verdoppelung der Endkonsonanten** nach kurzen, betonten Vokalen – im britischen Englisch bei -l auch in unbetonten Silben	**hit** ... (*-tt-*) = ***hitting*** **jot** ... (*-tt-*) = ***jotting; jotted*** **trav•el** ... (*bsd. Brt.* ***-ll-***, *Am.* ***-l-***) = *bsd. Brt.* **travelling**, *Am.* **traveling**
c und b)	**shut** ... (*-tt-*; ***shut***) **hit** ... (*-tt-*; ***hit***) **out•bid** ... (***-dd-***; ***-bid***)
d) **Auslautendes -c wird zu -ck** vor ***-ed, -er, -ing*** und ***-y***	**frol•ic** ... (*-ck-*) = ***frolicking*** **pan•ic** ... (*-ck-*) = ***panicked***
e) **Steigerungsformen** ***-y*** wird zu ***-i*** ***-e*** entfällt bei der regelmäßigen Steigerung mit ***-er*** und ***-est***	**good** ... (***better, best***) = Komparativ ***better,*** Superlativ ***best*** **an•gry** ... (***-ier, -iest***) = ***angrier, angriest*** **sore** ... (***~r, ~st***) = ***sorer, sorest***

f) **Adverbbildung**

authentic ... (~*ally*) = *authentically*

Die vorausgegangenen Seiten sind Beispiele dafür, dass dir das Wörterbuch mehr bietet als nur einfache Wort-für-Wort-Gleichungen, wie du sie in den Vokabelteilen von Lehrbüchern findest.

Und nun viel Erfolg bei der Suche nach den richtigen Wörtern!

Englisch-Deutsches Wörterverzeichnis

A

A, a [eɪ] A, a *n*; ***from A to Z*** von A bis Z
A [eɪ] *Note* Eins
a [ə, *betont*: eɪ], *vor Vokal*: **an** [ən, *betont*: æn] *unbestimmter Artikel*: ein(e); per, pro, je; ***not a(n)*** kein(e); ***all of a size*** alle gleich groß; ***£10 a year*** zehn Pfund im Jahr; ***twice a week*** zweimal die *od.* in der Woche
a·back [ə'bæk]: ***taken ~*** überrascht, verblüfft; bestürzt
a·ban·don [ə'bændən] auf-, preisgeben; verlassen; überlassen; **~ed:** ***be found ~*** verlassen aufgefunden werden (*Fahrzeug etc.*)
a·base [ə'beɪs] erniedrigen, demütigen; **~·ment** Erniedrigung *f*, Demütigung *f*
a·bashed [ə'bæʃt] verlegen
ab·at·toir ['æbətwɑː] Schlachthof *m*
ab·bess ['æbɪs] Äbtissin *f*
ab·bey ['æbɪ] Kloster *n*; Abtei *f*
ab·bot ['æbət] Abt *m*
ab·bre·vi|·ate [ə'briːvɪeɪt] (ab)kürzen; **~·a·tion** [əbriːvɪ'eɪʃn] Abkürzung *f*, Kurzform *f*
ABC¹ [eɪ biː 'siː] Abc *n*, Alphabet *n*
ABC² [eɪ biː 'siː] *Abk. für* ***American Broadcasting Company*** (*amer. Rundfunkgesellschaft*)
ab·di|·cate ['æbdɪkeɪt] *Amt*, *Recht etc.* aufgeben, verzichten auf (*acc.*); ***~ (from) the throne*** abdanken; **~·ca·tion** [æbdɪ'keɪʃn] Verzicht *m*; Abdankung *f*
ab·do·men *anat.* ['æbdəmən] Unterleib *m*; **ab·dom·i·nal** *anat.* [æb'dɒmɪnl] Unterleibs...
ab·duct *jur.* [əb'dʌkt] *j-n* entführen
a·bet [ə'bet] (***-tt-***) → ***aid*** 1
ab·hor [əb'hɔː] (***-rr-***) verabscheuen; **~·rence** [əb'hɒrəns] Abscheu *m* (***of*** vor *dat.*); **~·rent** [əb'hɒrənt] zuwider (***to*** *dat.*); abstoßend
a·bide [ə'baɪd] *v/i.* ***~ by the law***, *etc.* sich an das Gesetz *etc.* halten; *v/t.* ***I can't ~ him*** ich kann ihn nicht ausstehen
a·bil·i·ty [ə'bɪlətɪ] Fähigkeit *f*
ab·ject ['æbdʒekt] verächtlich, erbärmlich; ***in ~ poverty*** in äußerster Armut
ab·jure [əb'dʒʊə] abschwören; entsagen (*dat.*)
a·blaze [ə'bleɪz] in Flammen; *fig.* glänzend, funkelnd (***with*** vor *dat.*)
a·ble ['eɪbl] fähig; geschickt; ***be ~ to*** imstande *od.* in der Lage sein zu, können; **~-'bod·ied** kräftig
ab·norm·al [æb'nɔːml] abnorm, ungewöhnlich; anomal
a·board [ə'bɔːd] an Bord; ***all ~!*** *naut.* alle Mann *od.* Reisenden an Bord!; *rail.* alles einsteigen!; ***~ a bus*** in e-m Bus; ***go ~ a train*** in e-n Zug einsteigen
a·bode [ə'bəʊd] *a.* ***place of ~*** Aufenthaltsort *m*, Wohnsitz *m*; ***of*** *od.* ***with no fixed ~*** ohne festen Wohnsitz
a·bol·ish [ə'bɒlɪʃ] abschaffen, aufheben; **ab·o·li·tion** [æbə'lɪʃn] Abschaffung *f*, Aufhebung *f*
A-bomb ['eɪbɒm] → ***atom(ic) bomb***
a·bom·i|·na·ble [ə'bɒmɪnəbl] abscheulich, scheußlich; **~·nate** [ə'bɒmɪneɪt] verabscheuen; **~·na·tion** [əbɒmɪ'neɪʃn] Abscheu *m*
ab·o·rig·i·nal [æbə'rɪdʒənl] **1.** eingeboren, Ur...; **2.** Ureinwohner *m*
ab·o·rig·i·ne [æbə'rɪdʒəniː] Ureinwohner *m* (*bsd. Australiens*)
a·bort [ə'bɔːt] *v/t. med. Schwangerschaft* abbrechen, *Kind* abtreiben; *Raumflug etc.* abbrechen; *v/i.* e-e Fehlgeburt haben; *fig.* fehlschlagen, scheitern; **a·bor·tion** *med.* [ə'bɔːʃn] Fehlgeburt *f*; Schwangerschaftsabbruch *m*, Abtreibung *f*; ***have an ~*** abtreiben (lassen); **a·bor·tive** [ə'bɔːtɪv] misslungen, erfolglos
a·bound [ə'baʊnd] reichlich vorhanden sein; Überfluss haben, reich sein (***in*** an *dat.*); voll sein (***with*** von)
a·bout [ə'baʊt] **1.** *prp.* um (...herum); bei (*dat.*); (irgendwo) herum in (*dat.*); um, gegen, etwa; im Begriff, dabei; über (*acc.*); ***I had no money ~ me*** ich hatte kein Geld bei mir; ***what are you ~?*** was macht ihr da?; **2.** *adv.* herum,

umher; in der Nähe; etwa, ungefähr
a·bove [ə'bʌv] **1.** *prp.* über, oberhalb; *fig.* über, erhaben über; *~ all* vor allem; **2.** *adv.* oben; darüber; **3.** *adj.* obig, oben erwähnt
a·breast [ə'brest] nebeneinander; *keep ~ of, be ~ of fig.* Schritt halten mit
a·bridge [ə'brɪdʒ] (ab-, ver)kürzen; **a'bridg(e)·ment** Kürzung *f*; Kurzfassung *f*
a·broad [ə'brɔːd] im *od.* ins Ausland; überall(hin); *the news soon spread ~* die Nachricht verbreitete sich rasch
a·brupt [ə'brʌpt] abrupt; jäh; schroff
ab·scess *med.* ['æbsɪs] Abszess *m*
ab·sence ['æbsəns] Abwesenheit *f*; Mangel *m*
ab·sent 1. ['æbsənt] abwesend; fehlend; nicht vorhanden; *be ~* fehlen (*from school* in der Schule; *from work* am Arbeitsplatz); **2.** [æb'sent]: *~ o.s. from* fernbleiben (*dat.*) *od.* von; **~-mind·ed** [æbsənt'maɪndɪd] zerstreut, geistesabwesend
ab·so·lute ['æbsəluːt] absolut; unumschränkt; vollkommen; *chem.* rein, unvermischt; unbedingt
ab·so·lu·tion *rel.* [æbsə'luːʃn] Absolution *f*
ab·solve [əb'zɒlv] frei-, lossprechen; ⚠ *nicht absolvieren*
ab·sorb [əb'sɔːb] absorbieren, auf-, einsaugen; *fig.* ganz in Anspruch nehmen; **~·ing** *fig.* fesselnd, packend
ab·stain [əb'steɪn] sich enthalten (*from gen.*)
ab·ste·mi·ous [æb'stiːmɪəs] enthaltsam; mäßig
ab·sten·tion [əb'stenʃn] Enthaltung *f*; *pol.* Stimmenthaltung *f*
ab·sti|·nence ['æbstɪnəns] Abstinenz *f*, Enthaltsamkeit *f*; **'~·nent** abstinent, enthaltsam
ab·stract 1. ['æbstrækt] abstrakt; **2.** ['æbstrækt] *das* Abstrakte; Auszug *m*; **3.** [æb'strækt] abstrahieren; entwenden; *e-n wichtigen Punkt aus e-m Buch etc.* herausziehen; **ab·stract·ed** *fig.* [əb'stræktɪd] zerstreut; **ab·strac·tion** [əb'strækʃn] Abstraktion *f*; abstrakter Begriff
ab·surd [əb'sɜːd] absurd; lächerlich
a·bun|·dance [ə'bʌndəns] Überfluss *m*; Fülle *f*; Überschwang *m*; **~·dant** reich(lich)
a·buse 1. [ə'bjuːs] Missbrauch *m*; Beschimpfung(en *pl.*) *f*; *~ of drugs* Drogenmissbrauch *m*; *~ of power* Machtmissbrauch *m*; **2.** [ə'bjuːz] missbrauchen; beschimpfen; **a·bu·sive** [ə'bjuːsɪv] beleidigend, Schimpf...
a·but [ə'bʌt] (**-tt-**) (an)grenzen (*on* an)
a·byss [ə'bɪs] Abgrund *m* (*a. fig.*)
a/c, A/C [eɪ 'siː] *Abk. für* ***account*** (Bank)Konto *n*
AC [eɪ 'siː] *Abk. für* ***alternating current*** Wechselstrom *m*
ac·a·dem·ic [ækə'demɪk] **1.** Hochschullehrer *m*; ⚠ *nicht* ***Akademiker***; **2.** (*~ally*) akademisch; **a·cad·e·mi·cian** [əkædə'mɪʃn] Akademiemitglied *n*; ⚠ *nicht* ***Akademiker***
a·cad·e·my [ə'kædəmɪ] Akademie *f*; *~ of music* Musikhochschule
ac·cede [æk'siːd]: *~ to* zustimmen (*dat.*); *Amt* antreten; *Thron* besteigen
ac·cel·e|·rate [ək'seləreɪt] *v/t.* beschleunigen; *v/i.* schneller werden, *mot. a.* beschleunigen, Gas geben; **~·ra·tion** [əkselə'reɪʃn] Beschleunigung *f*; **~·ra·tor** [ək'seləreɪtə] Gaspedal *n*
ac·cent 1. ['æksənt] Akzent *m* (*a. gr.*); **2.** [æk'sent] → **ac·cen·tu·ate** [æk'sentjʊeɪt] akzentuieren, betonen
ac·cept [ək'sept] annehmen; akzeptieren; hinnehmen; **ac'cep·ta·ble** annehmbar; **ac'cept·ance** Annahme *f*; Aufnahme *f*
ac·cess ['ækses] Zugang *m* (*to* zu); *fig.* Zutritt *m* (*to* bei, zu); *Computer*: Zugriff *m* (*to* auf *acc.*); *easy of ~* zugänglich (*Person*)
ac·ces·sa·ry *jur.* [ək'sesərɪ] → ***accessory***
'ac·cess code *Computer*: Zugriffscode *m*
ac·ces|·si·ble [ək'sesəbl] (leicht) zugänglich; **~·sion** [æk'seʃn] (Neu)Anschaffung *f* (*to* für); Zustimmung *f* (*to* zu); Antritt *m* (*e-s Amtes*); *~ to power* Machtübernahme *f*; *~ to the throne* Thronbesteigung *f*
ac·ces·so·ry [ək'sesərɪ] *jur.* Kompli|ze *m*, -zin *f*, Mitschuldige(r *m*) *f*; *mst* ***accessories*** *pl.* Zubehör *n*, *Mode*: *a.* Accessoires *pl.*; *tech.* Zubehör(teile *pl.*) *n*
'ac·cess| road Zufahrts- *od.* Zubringerstraße *f*; **'~ time** *Computer*, *CD-Player etc.*: Zugriffszeit *f*

ac·ci|·dent ['æksɪdənt] Unfall *m*, Unglück(sfall *m*) *n*, Störfall *m* (*Kernkraftwerk*); ***by*** ~ zufällig; **~·den·tal** [æksɪ'dentl] zufällig; versehentlich
ac·claim [ə'kleɪm] feiern (***as*** als)
ac·cla·ma·tion [æklə'meɪʃn] lauter Beifall; Lob *n*
ac·cli·ma·tize [ə'klaɪmətaɪz] (sich) akklimatisieren *od.* eingewöhnen
ac·com·mo|·date [ə'kɒmədeɪt] unterbringen; Platz haben für, fassen; anpassen (***to*** *dat. od.* an *acc.*); **~·da·tion** [əkɒmə'deɪʃn] (*Am. mst pl.*) Unterkunft *f*, -bringung *f*
ac·com·pa|·ni·ment *mus.* [ə'kʌmpənɪmənt] Begleitung *f*; **~·ny** [ə'kʌmpənɪ] begleiten (*a. mus.*)
ac·com·plice [ə'kʌmplɪs] Kompli|ze *m*, -zin *f*
ac·com·plish [ə'kʌmplɪʃ] erreichen; leisten; **~ed** fähig, tüchtig; **~·ment** Fähigkeit *f*, Talent *n*
ac·cord [ə'kɔ:d] **1.** Übereinstimmung *f*; ⚠ *nicht* ***Akkord***; ***of one's own*** ~ von selbst; ***with one*** ~ einstimmig; **2.** übereinstimmen; **~·ance:** ***in*** ~ ***with*** entsprechend (*dat.*); **~·ing:** ~ ***to*** laut; nach; **~·ing·ly** (dem)entsprechend; folglich, also
ac·cost [ə'kɒst] *j-n bsd. auf der Straße* ansprechen
ac·count [ə'kaʊnt] **1.** *econ.* Rechnung *f*, Berechnung *f*; *econ.* Konto *n*; Rechenschaft *f*; Bericht *m*; ***by all ~s*** nach allem, was man so hört; ***of no*** ~ ohne Bedeutung; ***on no*** ~ auf keinen Fall; ***on*** ~ ***of*** wegen; ***take into*** **~*,*** ***take*** ~ ***of*** in Betracht *od.* Erwägung ziehen, berücksichtigen; ***turn s.th. to*** (***good***) ~ et. (gut) ausnutzen; ***keep ~s*** die Bücher führen; ***call to*** ~ zur Rechenschaft ziehen; ***give*** (***an***) ~ ***of*** Rechenschaft ablegen über (*acc.*); ***give an*** ~ ***of*** Bericht erstatten über (*acc.*); **2.** *v/i.* ~ ***for*** Rechenschaft über *et.* ablegen; (sich) erklären; **ac'coun·ta·ble** verantwortlich; erklärlich; **ac'coun·tant** Buchhalter *m*; **ac'count·ing** Buchführung *f*
acct *nur geschrieb. Abk. für* ***account*** Konto *n*
ac·cu·mu|·late [ə'kju:mjʊleɪt] (sich) (an)häufen *od.* ansammeln; **~·la·tion** [əkju:mjʊ'leɪʃn] Ansammlung *f*; **~·la·tor** *electr.* [ə'kju:mjʊleɪtə] Akkumulator *m*
ac·cu|·ra·cy ['ækjʊrəsɪ] Genauigkeit *f*; **~·rate** ['ækjʊrət] genau
ac·cu·sa·tion [ækju:'zeɪʃn] Anklage *f*; An-, Beschuldigung *f*
ac·cu·sa·tive *gr.* [ə'kju:zətɪv] *a.* ~ ***case*** Akkusativ *m*
ac·cuse [ə'kju:z] anklagen; beschuldigen; ***the ~d*** der *od.* die Angeklagte, die Angeklagten *pl.*; **ac'cus·er** Ankläger(in); **ac'cus·ing** anklagend, vorwurfsvoll
ac·cus·tom [ə'kʌstəm] gewöhnen (***to*** an *acc.*); **~ed** gewohnt, üblich; gewöhnt (***to*** an *acc.*, zu *inf.*)
AC/DC *sl.* [eɪ si: 'di: si:] → ***bisexual***
ace [eɪs] Ass *n* (*a. fig.*); ***have an*** ~ ***up one's sleeve,*** *Am.* ***have an*** ~ ***in the hole*** *fig.* (noch) e-n Trumpf in der Hand haben; ***within an*** ~ um ein Haar
ache [eɪk] **1.** schmerzen, weh tun; **2.** *anhaltender* Schmerz
a·chieve [ə'tʃi:v] zu Stande bringen; *Ziel* erreichen; **~·ment** Zustandebringen *n*, Ausführung *f*; Leistung *f*
ac·id ['æsɪd] **1.** sauer; *fig.* beißend, bissig; **2.** *chem.* Säure *f*; **a·cid·i·ty** [ə'sɪdətɪ] Säure *f*; **ac·id 'rain** saurer Regen
ac·knowl·edge [ək'nɒlɪdʒ] anerkennen; zugeben; *Empfang* bestätigen; **ac'knowl·edg(e)·ment** Anerkennung *f*; (Empfangs)Bestätigung *f*; Eingeständnis *n*
a·corn *bot.* ['eɪkɔ:n] Eichel *f*
a·cous·tics [ə'ku:stɪks] *pl.* Akustik *f* (*e-s Raumes*)
ac·quaint [ə'kweɪnt] bekannt machen; ~ ***s.o. with s.th.*** j-m et. mitteilen; ***be ~ed with*** kennen; **~·ance** Bekanntschaft *f*; Bekannte(r *m*) *f*
ac·quire [ə'kwaɪə] erwerben; sich aneignen (*Kenntnisse*)
ac·qui·si·tion [ækwɪ'zɪʃn] Erwerb *m*; Anschaffung *f*, Errungenschaft *f*
ac·quit [ə'kwɪt] (***-tt-***) *jur.* freisprechen (***of*** von); ~ ***o.s. well*** s-e Sache gut machen; **~·tal** *jur.* [ə'kwɪtl] Freispruch *m*
a·cre ['eɪkə] Acre *m* (*4047 qm*)
ac·rid ['ækrɪd] scharf, beißend
ac·ro·bat ['ækrəbæt] Akrobat(in); **~·ic** [ækrə'bætɪk] akrobatisch
a·cross [ə'krɒs] **1.** *adv.* (quer) hin- *od.* herüber; quer durch; drüben, auf der anderen Seite; über Kreuz; **2.** *prp.*

(quer) über (*acc.*); (quer) durch; auf der anderen Seite von (*od. gen.*), jenseits (*gen.*); über (*dat.*); ***come** ~*, ***run** ~* stoßen auf (*acc.*)
act [ækt] **1.** *v/i.* handeln; sich verhalten *od.* benehmen; (ein)wirken; funktionieren; (Theater) spielen; *v/t. thea.* spielen (*a. fig.*), *Stück* aufführen; ***~ as*** fungieren als; **2.** Handlung *f*, Tat *f*; *jur.* Gesetz *n*; *thea.* Akt *m*; **'~·ing** *thea.* Spiel(en) *n*
ac·tion ['ækʃn] Handlung *f* (*a. thea.*), Tat *f*; *Film etc.*: Action *f*; Funktionieren *n*; (Ein)Wirkung *f*; *jur.* Klage *f*, Prozess *m*; *mil.* Gefecht *n*, Einsatz *m*; ***take** ~* handeln
ac·tive ['æktɪv] aktiv; tätig, rührig; lebhaft, rege; wirksam; *econ.* lebhaft
ac·tiv·ist *bsd. pol.* ['æktɪvɪst] Aktivist(in)
ac·tiv·i·ty [æk'tɪvətɪ] Tätigkeit *f*; Aktivität *f*; Betriebsamkeit *f*; *bsd. econ.* Lebhaftigkeit *f*; **~ hol·i·day** Aktivurlaub *m*
ac·tor ['æktə] Schauspieler *m*; **actress** ['æktrɪs] Schauspielerin *f*
ac·tu·al ['æktʃʊəl] wirklich, tatsächlich, eigentlich; ⚠ *nicht **aktuell***
ac·u·punc·ture ['ækjʊpʌŋktʃə] Akupunktur *f*
a·cute [ə'kjuːt] (***~r, ~st***) spitz; scharf(sinnig); brennend (*Frage*); *med.* akut
ad F [æd] → ***advertisement***
ad·a·mant *fig.* ['ædəmənt] unerbittlich
a·dapt [ə'dæpt] anpassen (***to*** *dat. od.* an *acc.*); *Text* bearbeiten (***from*** nach); *tech.* umstellen (***to*** auf *acc.*); umbauen (***to*** für); **a·dap·ta·ble** [ə'dæptəbl] anpassungsfähig; **ad·ap·ta·tion** [ædæp'teɪʃn] Anpassung *f*; Bearbeitung *f*; **a·dapt·er, a·dapt·or** *electr.* [ə'dæptə] Adapter *m*
add [æd] *v/t.* hinzufügen; ***~ up*** zusammenzählen, addieren; *v/i.* ***~ to*** vermehren, beitragen zu, hinzukommen zu; ***~ up*** *fig.* F e-n Sinn ergeben
ad·der *zo.* ['ædə] Natter *f*
ad·dict ['ædɪkt] Süchtige(r *m*) *f*; ***alcohol*** (***drug***) ~ Alkohol- (Drogen- *od.* Rauschgift)Süchtige(r *m*) *f*; *Fußball- etc.* Fanatiker(in), *Film- etc.* Narr *m*; **ad·dic·ted** [ə'dɪktɪd] süchtig, abhängig (***to*** von); ***be ~ to alcohol*** *od.* ***drugs*** alkohol- *od.* drogenabhängig *od.* -süchtig sein; **ad·dic·tion** [ə'dɪkʃn] Sucht *f*, *Zustand*: *a.* Süchtigkeit *f*
ad·di·tion [ə'dɪʃn] Hinzufügen *n*; Zusatz *m*; Zuwachs *m*; Anbau *m*; *math.* Addition *f*; ***in ~*** außerdem; ***in ~ to*** außer (*dat.*); **~·al** [ə'dɪʃənl] zusätzlich
ad·dress [ə'dres] **1.** *Worte* richten (***to*** an *acc.*), *j-n* anreden *od.* ansprechen; **2.** Adresse *f*, Anschrift *f*; Rede *f*; Ansprache *f*; **~·ee** [ædre'siː] Empfänger(in)
ad·ept ['ædept] erfahren, geschickt (***at, in*** in *dat.*)
ad·e|·qua·cy ['ædɪkwəsɪ] Angemessenheit *f*; **~·quate** ['ædɪkwət] angemessen
ad·here [əd'hɪə] (***to***) kleben, haften (an *dat.*); *fig.* festhalten (an *dat.*);
ad·her·ence [əd'hɪərəns] Anhaften *n*; *fig.* Festhalten *n*; **ad·her·ent** [əd'hɪərənt] Anhänger(in)
ad·he·sive [əd'hiːsɪv] **1.** klebend; **2.** Klebstoff *m*; **~ 'plas·ter** Heftpflaster *n*; **~ 'tape** Klebeband *n*, Klebstreifen *m*; *Am.* Heftpflaster *n*
ad·ja·cent [ə'dʒeɪsnt] angrenzend, anstoßend (***to*** an *acc.*); benachbart
ad·jec·tive *gr.* ['ædʒɪktɪv] Adjektiv *n*, Eigenschaftswort *n*
ad·join [ə'dʒɔɪn] (an)grenzen an (*acc.*)
ad·journ [ə'dʒɜːn] verschieben, (*v/i.* sich) vertagen; **~·ment** Vertagung *f*, -schiebung *f*
ad·just [ə'dʒʌst] anpassen; *tech.* einstellen, regulieren; **~·a·ble** [ə'dʒʌstəbl] *tech.* verstellbar, regulierbar; **~·ment** Anpassung *f*; *tech.* Einstellung *f*
ad·min·is|·ter [əd'mɪnɪstə] verwalten; *Arznei* geben, verabreichen; ***~ justice*** Recht sprechen; **~·tra·tion** [ədmɪnɪ'streɪʃn] Verwaltung *f*; *bsd. Am. pol.* Regierung *f*; *bsd. Am.* Amtsperiode *f* (*e-s Präsidenten*); **~·tra·tive** [əd'mɪnɪstrətɪv] Verwaltungs...; **~·tra·tor** [əd'mɪnɪstreɪtə] Verwaltungsbeamte(r) *m*
ad·mi·ra·ble ['ædmərəbl] bewundernswert; großartig
ad·mi·ral ['ædmərəl] Admiral *m*
ad·mi·ra·tion [ædmə'reɪʃn] Bewunderung *f*
ad·mire [əd'maɪə] bewundern; verehren; **ad·mir·er** [əd'maɪərə] Verehrer *m*
ad·mis|·si·ble [əd'mɪsəbl] zulässig; **~·sion** [əd'mɪʃn] Ein-, Zutritt *m*; Aufnahme *f*; Eintritt(sgeld *n*) *m*; Eingeständnis *n*; ***~ free*** Eintritt frei

ad·mit [əd'mɪt] (*-tt-*) *v/t.* zugeben; (her)einlassen (***to, into*** in *acc.*), eintreten lassen; zulassen (***to*** zu); **~·tance** [əd'mɪtəns] Einlass *m*, Ein-, Zutritt *m*; ***no*** ~ Zutritt verboten
ad·mon·ish [əd'mɒnɪʃ] ermahnen; warnen (***of, against*** vor *dat.*)
a·do [ə'du:] (*pl. -dos*) Getue *n*, Lärm *m*; ***without more*** *od.* ***further*** ~ ohne weitere Umstände
ad·o·les|·cence [ædə'lesns] jugendliches Alter; **~·cent** [ædə'lesnt] **1.** jugendlich, heranwachsend; **2.** Jugendliche(r *m*) *f*
a·dopt [ə'dɒpt] adoptieren; übernehmen; ***~ed child*** Adoptivkind *n*; **a·dop·tion** [ə'dɒpʃn] Adoption *f*; **a'dop·tive child** Adoptivkind *n*; **a'dop·tive par·ents** *pl.* Adoptiveltern *pl.*
a·dor·a·ble F [ə'dɔ:rəbl] bezaubernd, entzückend; **ad·o·ra·tion** [ædə'reɪʃn] Anbetung *f*, Verehrung *f*; **a·dore** [ə'dɔ:] anbeten, verehren
a·dorn [ə'dɔ:n] schmücken, zieren; **~·ment** Schmuck *m*
a·droit [ə'drɔɪt] geschickt
ad·ult ['ædʌlt] **1.** erwachsen; **2.** Erwachsene(r *m*) *f*; ***~s only*** nur für Erwachsene!; ~ **ed·u'ca·tion** Erwachsenenbildung *f*
a·dul·ter|·ate [ə'dʌltəreɪt] verfälschen, *Wein* panschen; **~·er** [ə'dʌltərə] Ehebrecher *m*; **~·ess** [ə'dʌltərɪs] Ehebrecherin *f*; **~·ous** [ə'dʌltərəs] ehebrecherisch; **~·y** [ə'dʌltərɪ] Ehebruch *m*
ad·vance [əd'vɑ:ns] **1.** *v/i.* vordringen, -rücken (*a. Zeit*); Fortschritte machen; *v/t.* vorrücken; *Argument etc.* vorbringen; *Geld* vorauszahlen, vorschießen; (be)fördern; *Preis* erhöhen; *Wachstum etc.* beschleunigen; **2.** Vorrücken *n*, Vorstoß *m* (*a. fig.*); Fortschritt *m*; Vorschuss *m*; Erhöhung *f*; ***in*** ~ im Voraus; **~d** fortgeschritten; ~ ***for one's years*** weit *od.* reif für sein Alter; **~·ment** Fortschritt *m*, Verbess(e)rung *f*
ad·van|·tage [əd'vɑ:ntɪdʒ] Vorteil *m* (*a. Sport*); ~ ***rule*** Vorteilsregel *f*; ***take*** ~ ***of*** ausnutzen; **~·ta·geous** [ædvən'teɪdʒəs] vorteilhaft
ad·ven|·ture [əd'ventʃə] Abenteuer *n*, Wagnis *n*; Spekulation *f*; **~·tur·er** [əd'ventʃərə] Abenteurer *m*; Spekulant *m*; **~·tur·ess** [əd'ventʃərɪs] Abenteu(r)erin *f*; **~·tur·ous** [əd'ventʃərəs] abenteuerlich; verwegen, kühn
ad·verb *gr.* ['ædvɜ:b] Adverb *n*, Umstandswort *n*
ad·ver·sa·ry ['ædvəsərɪ] Gegner(in)
ad·ver|·tise ['ædvətaɪz] ankündigen, bekannt machen; inserieren; Reklame machen (für); **~·tise·ment** [əd'vɜ:tɪsmənt] Anzeige *f*, Inserat *n*; **~·tis·ing** ['ædvətaɪzɪŋ] **1.** Reklame *f*, Werbung *f*; **2.** Reklame..., Werbe...; ~ ***agency*** Werbeagentur *f*
ad·vice [əd'vaɪs] Rat(schlag) *m*; *econ.* Benachrichtigung *f*; ***take medical*** ~ e-n Arzt zu Rate ziehen; ***take my*** ~ hör auf mich; ~ **cen·tre** *Brt.* Beratungsstelle *f*
ad·vi·sab·le [əd'vaɪzəbl] ratsam; **ad·vise** [əd'vaɪz] *v/t. j-n* beraten; *j-m* raten; *bsd. econ.* benachrichtigen, avisieren; *v/i.* sich beraten; **ad·vis·er** *bsd. Brt.*, **ad·vis·or** *Am.* [əd'vaɪzə] Berater *m*; **ad·vi·so·ry** [əd'vaɪzərɪ] beratend
aer·i·al ['eərɪəl] **1.** luftig; Luft...; **2.** Antenne *f*; ~ **'pho·to·graph,** ~ **'view** Luftaufnahme *f*, -bild *n*
ae·ro... ['eərəʊ] Aero..., Luft...
aer·o|·bics [eə'rəʊbɪks] *sg. Sport:* Aerobic *n*; **~·drome** *bsd. Brt.* ['eərədrəʊm] Flugplatz *m*; **~·dy·nam·ic** [eərəʊdaɪ'næmɪk] (***~ally***) aerodynamisch; **~·dy'nam·ics** *sg.* Aerodynamik *f*; **~·nau·tics** [eərə'nɔ:tɪks] *sg.* Luftfahrt *f*; **~·plane** *Brt.* ['eərəpleɪn] Flugzeug *n*; **~·sol** ['eərəsɒl] Sprühdose *f*
aes·thet·ic [i:s'θetɪk] ästhetisch; **~s** *sg.* Ästhetik *f*
a·far [ə'fɑ:]: ***from*** ~ von weit her
af·fair [ə'feə] Angelegenheit *f*, Sache *f*; F Ding *n*, Sache *f*; Affäre *f*
af·fect [ə'fekt] beeinflussen; *med.* angreifen, befallen; bewegen, rühren; e-e Vorliebe haben für; vortäuschen
af·fec·tion [ə'fekʃn] Liebe *f*, Zuneigung *f*; **~·ate** [ə'fekʃnət] liebevoll, herzlich
af·fil·i·ate [ə'fɪlɪeɪt] *als Mitglied* aufnehmen; angliedern
af·fin·i·ty [ə'fɪnətɪ] Affinität *f*; (geistige) Verwandtschaft; Neigung *f* (***for, to*** zu)
af·firm [ə'fɜ:m] versichern; beteuern; bestätigen; **af·fir·ma·tion** [æfə'meɪʃn] Versicherung *f*; Beteuerung *f*; Bestätigung *f*; **af·fir·ma·tive** [ə'fɜ:mətɪv] **1.**

bejahend; **2.** ***answer in the ~*** bejahen
af·fix [ə'fɪks] (***to***) anheften, -kleben (an *acc.*), befestigen (an *dat.*); bei-, hinzufügen (*dat.*)
af·flict [ə'flɪkt] heimsuchen, plagen; ***~ed with*** geplagt von, leiden an (*dat.*); **af·flic·tion** [ə'flɪkʃn] Gebrechen *n*; Elend *n*, Not *f*
af·flu|·ence ['æflʊəns] Überfluss *m*; Wohlstand *m*; **'~·ent** reich(lich); **'~·ent so·ci·e·ty** Wohlstandsgesellschaft *f*
af·ford [ə'fɔːd] sich leisten; gewähren, bieten; ***I can ~ it*** ich kann es mir leisten
af·front [ə'frʌnt] **1.** beleidigen; **2.** Beleidigung *f*
a·float [ə'fləʊt] flott, schwimmend; ***set ~*** *naut.* flottmachen; in Umlauf bringen (*Gerücht etc.*)
AFN [eɪ ef 'en] *Abk. für* ***American Forces Network*** (*Rundfunkanstalt der amer. Streitkräfte*)
a·fraid [ə'freɪd]: ***be ~ of*** sich fürchten *od.* Angst haben vor (*dat.*); ***I'm ~ she won't come*** ich fürchte, sie wird nicht kommen; ***I'm ~ I must go now*** leider muss ich jetzt gehen
a·fresh [ə'freʃ] von neuem
Af·ric·a ['æfrɪkə] Afrika *n*; **Af·ri·can** ['æfrɪkən] **1.** afrikanisch; **2.** Afrikaner(in)
af·ter ['ɑːftə] **1.** *adv.* hinterher, nachher, danach; **2.** *prp.* nach; hinter (*dat.*) (... her); ***~ all*** schließlich (doch); **3.** *cj.* nachdem; **4.** *adj.* später; Nach...; **'~·ef·fect** *med.* Nachwirkung *f* (*a. fig.*); *fig.* Folge *f*; **'~·glow** Abendrot *n*; **~·math** ['ɑːftəmæθ] Nachwirkungen *pl.*, Folgen *pl.*; **~'noon** Nachmittag *m*; ***this ~*** heute Nachmittag; ***good ~!*** guten Tag!; **'~·taste** Nachgeschmack *m*; **'~·thought** nachträglicher Einfall; **~·wards, ~·ward** *Am.* ['ɑːftəwəd(z)] nachher, später
a·gain [ə'gen] wieder(um); ferner; ***~ and ~, time and ~*** immer wieder; ***as much ~*** noch einmal so viel
a·gainst [ə'genst] gegen; an (*dat. od. acc.*), gegen; ***as ~*** verglichen mit; ***he was ~ it*** er war dagegen
age [eɪdʒ] **1.** (Lebens)Alter *n*; Zeit(alter *n*) *f*; Menschenalter *n*; (***old***) ***~*** (hohes) Alter; ***at the ~ of*** im Alter von; *s.o.* ***your ~*** in deinem/Ihrem Alter; (***come***) ***of ~*** mündig *od.* volljährig (werden); ***be over ~*** die Altersgrenze überschritten haben; ***under ~*** minderjährig; unmündig; ***wait for ~s*** F e-e Ewigkeit warten; **2.** alt werden *od.* machen; **~d** ['eɪdʒɪd] alt, betagt; [eɪdʒd]: ***~ twenty*** 20 Jahre alt; **'~·less** zeitlos; ewig jung
a·gen·cy ['eɪdʒənsɪ] Agentur *f*; Geschäftsstelle *f*, Büro *n*
a·gen·da [ə'dʒendə] Tagesordnung *f*
a·gent ['eɪdʒənt] Agent *m* (*a. pol.*), Vertreter *m*; (*Grundstücks- etc.*)Makler *m*; Wirkstoff *m*, Mittel *n*
ag·glom·er·ate [ə'glɒməreɪt] (sich) zusammenballen; (sich) (an)häufen
ag·gra·vate ['ægrəveɪt] erschweren, verschlimmern; F ärgern
ag·gre·gate **1.** ['ægrɪgeɪt] (sich) anhäufen; vereinigen (***to*** mit); sich belaufen auf (*acc.*); **2.** ['ægrɪgət] (an)gehäuft; gesamt; **3.** ['ægrɪgət] Anhäufung *f*; Gesamtmenge *f*, Summe *f*; Aggregat *n*
ag·gres|·sion [ə'greʃn] Angriff *m*; **~·sive** [ə'gresɪv] aggressiv, Angriffs...; *fig.* energisch; **~·sor** [ə'gresə] Angreifer *m*
ag·grieved [ə'griːvd] verletzt, gekränkt
a·ghast [ə'gɑːst] entgeistert, entsetzt
ag·ile ['ædʒaɪl] flink, behend; **a·gil·i·ty** [ə'dʒɪlətɪ] Behendigkeit *f*
ag·i|·tate ['ædʒɪteɪt] *v/t. fig.* aufregen, -wühlen; *Flüssigkeit* schütteln; *v/i.* agitieren, hetzen (***against*** gegen); **~·ta·tion** [ædʒɪ'teɪʃn] Aufregung *f*; Agitation *f*; **~·ta·tor** ['ædʒɪteɪtə] Agitator *m*
a·glow [ə'gləʊ]: ***be ~*** strahlen (***with*** vor)
a·go [ə'gəʊ]: ***a year ~*** vor e-m Jahr
ag·o·ny ['ægənɪ] Qual *f*; Todeskampf *m*
a·gree [ə'griː] *v/i.* übereinstimmen; sich vertragen; einig werden, sich einigen (***on*** über *acc.*); übereinkommen; ***~ to*** zustimmen (*dat.*), einverstanden sein mit; **~·a·ble** [ə'grɪəbl] (***to***) angenehm (für); übereinstimmend (mit); **~·ment** [ə'griːmənt] Übereinstimmung *f*; Vereinbarung *f*; Abkommen *n*
ag·ri·cul·tur|·al [ægrɪ'kʌltʃərəl] landwirtschaftlich; **~e** ['ægrɪkʌltʃə] Landwirtschaft *f*
a·ground *naut.* [ə'graʊnd] gestrandet; ***run ~*** stranden, auf Grund laufen
a·head [ə'hed] vorwärts, voraus; vorn; ***go ~!*** nur zu!, mach nur!; ***straight ~*** geradeaus

ai [eɪ ˈaɪ] *Abk. für* ***amnesty international*** (*e-e Menschenrechtsorganisation*)

aid [eɪd] **1.** unterstützen, *j-m* helfen (***in*** bei); fördern; ***he was accused of ~ing and abetting*** er wurde wegen Beihilfe angeklagt; **2.** Hilfe *f*, Unterstützung *f*

AIDS, Aids *med.* [eɪdz] Aids *n*; ***person with ~*** Aids-Kranke(r *m*) *f*

ail [eɪl] kränklich sein; **ˈ~·ment** Leiden *n*

aim [eɪm] **1.** *v/i.* zielen (***at*** auf *acc.*, nach); ~ ***at*** *fig.* beabsichtigen; ***be ~ing to do s.th.*** ***vorhaben, et. zu tun***; *v/t.* ~ ***at*** *Waffe etc.* richten auf *od.* gegen (*acc.*); **2.** Ziel *n* (*a. fig.*); Absicht *f*; ***take ~ at*** zielen auf (*acc.*) *od.* nach; **ˈ~·less** ziellos

air[1] [eə] **1.** Luft *f*; Luftzug *m*; Miene *f*, Aussehen *n*; ***by ~*** auf dem Luftwege; ***in the open ~*** im Freien; ***on the ~*** im Rundfunk *od.* Fernsehen; ***be on the ~*** senden (*Sender*); in Betrieb sein (*Sender*); ***go off the ~*** die Sendung beenden (*Person*); sein Programm beenden (*Sender*); ***give o.s. ~s, put on ~s*** vornehm tun; **2.** (aus)lüften; *fig.* an die Öffentlichkeit bringen; erörtern

air[2] *mus.* [eə] Arie *f*, Weise *f*, Melodie *f*

ˈair|·bag *mot.* Airbag *m*; **ˈ~·base** *mil.* Luftstützpunkt *m*; **ˈ~·bed** Luftmatratze *f*; **ˈ~·borne** in der Luft (*Flugzeug*); *mil.* Luftlande...; **ˈ~·brake** *tech.* Druckluftbremse *f*; **ˈ~·bus** *aviat.* Airbus *m*, Großraumflugzeug *n*; **ˈ~·con·di·tioned** mit Klimaanlage; **ˈ~·con·di·tion·ing** Klimaanlage *f*; **ˈ~·craft car·ri·er** Flugzeugträger *m*; **ˈ~·field** Flugplatz *m*; **ˈ~ force** *mil.* Luftwaffe *f*; **ˈ~·host·ess** *aviat.* Stewardess *f*; **ˈ~ jack·et** Schwimmweste *f*; **ˈ~·lift** *aviat.* Luftbrücke *f*; **ˈ~·line** *aviat.* Fluggesellschaft *f*; **ˈ~·lin·er** *aviat.* Verkehrsflugzeug *n*; **ˈ~·mail** Luftpost *f*; ***by ~*** mit Luftpost; **ˈ~·man** (*pl.* ***-men***) Flieger *m* (*Luftwaffe*); **ˈ~·plane** *Am.* Flugzeug *n*; **ˈ~·pock·et** *aviat.* Luftloch *n*; **ˈ~ pol·lu·tion** Luftverschmutzung *f*; **ˈ~·port** Flughafen *m*; **ˈ~ raid** Luftangriff *m*; **~-raid pre·ˈcau·tions** *pl.* Luftschutz *m*; **~-raid ˈshel·ter** Luftschutzraum *m*; **ˈ~ route** *aviat.* Flugroute *f*; **ˈ~·sick** luftkrank; **ˈ~·space** Luftraum *m*; **ˈ~·strip** (behelfsmäßige) Start- u. Landebahn; **ˈ~ ter·mi·nal** Flughafenabfertigungsgebäude *n*; **ˈ~·tight** luftdicht; **ˈ~ traf·fic** Flugverkehr *m*; **~-ˈtraf·fic con·trol** *aviat.* Flugsicherung *f*; **~-ˈtraf·fic con·trol·ler** *aviat.* Fluglotse *m*; **ˈ~·way** *aviat.* Fluggesellschaft *f*; **ˈ~·wor·thy** flugtüchtig

air·y [ˈeərɪ] (***-ier, -iest***) luftig

aisle *arch.* [aɪl] Seitenschiff *n*; Gang *m*

a·jar [əˈdʒɑː] halb offen, angelehnt

a·kin [əˈkɪn] verwandt (***to*** mit)

a·lac·ri·ty [əˈlækrətɪ] Bereitwilligkeit *f*

a·larm [əˈlɑːm] **1.** Alarm(zeichen *n*) *m*; Wecker *m*; Angst *f*; **2.** alarmieren; beunruhigen; **~ clock** Wecker *m*

al·bum [ˈælbəm] Album *n* (*a. Langspielplatte*)

al·bu·mi·nous [ælˈbjuːmɪnəs] eiweißhaltig

al·co·hol [ˈælkəhɒl] Alkohol *m*; **~·ic** [ælkəˈhɒlɪk] **1.** alkoholisch; **2.** Alkoholiker(in)

ale [eɪl] Ale *n* (*helles, obergäriges Bier*)

a·lert [əˈlɜːrt] **1.** wachsam; munter; **2.** Alarm(bereitschaft *f*) *m*; ***on the ~*** auf der Hut; in Alarmbereitschaft; **3.** warnen (***to*** vor *dat.*), alarmieren

alga *bot.* [ˈælgə] (*pl.* ***-gae*** [ˈældʒiː]) Alge *f*

al·ge·bra *math.* [ˈældʒɪbrə] Algebra *f*

al·i·bi [ˈælɪbaɪ] Alibi *n*

a·li·en [ˈeɪljən] **1.** ausländisch; fremd; **2.** Ausländer(in); Außerirdische(r *m*) *f*; **~·ate** [ˈeɪljəneɪt] veräußern; entfremden

a·light [əˈlaɪt] **1.** in Flammen; **2.** (***alighted*** *od.* ***alit***) ab-, aussteigen, absitzen; sich niederlassen (*Vogel*); *aviat.* landen

a·lign [əˈlaɪn] (sich) ausrichten (***with*** nach)

a·like [əˈlaɪk] **1.** *adj.* gleich; **2.** *adv.* gleich, ebenso

al·i·men·ta·ry [ælɪˈmentərɪ] nahrhaft; **~ ca·nal** Verdauungskanal *m*

al·i·mo·ny *jur.* [ˈælɪmənɪ] Unterhalt *m*

alive [əˈlaɪv] lebendig; (noch) am Leben; lebhaft; ***~ and kicking*** gesund u. munter; ***be ~ with*** wimmeln von

all [ɔːl] **1.** *adj.* all; ganz; jede(r, -s); **2.** *pron.* alles; alle *pl.*; **3.** *adv.* ganz, völlig; *Wendungen*: ***~ at once*** auf einmal; ***~ the better*** desto besser; ***~ but*** beinahe, fast; ***~ in*** *Am.* F fertig, ganz erledigt; ***~ right*** in Ordnung; ***for ~ that*** dessen ungeachtet, trotzdem; ***for ~ I know*** soviel

ich weiß; ***at* ~** überhaupt; ***not at* ~** überhaupt nicht; ***the score was two* ~** das Spiel stand zwei zu zwei
all-A·mer·i·can [ɔːlə'merɪkən] typisch amerikanisch; die ganzen USA vertretend
al·lay [ə'leɪ] beruhigen; lindern
al·le·ga·tion [ælɪ'geɪʃn] *unerwiesene* Behauptung
al·lege [ə'ledʒ] behaupten; **~d** angeblich
al·le·giance [ə'liːdʒəns] (Untertanen)Treue *f*
al·ler|·gic [ə'lɜːdʒɪk] allergisch (***to*** gegen); **~·gy** ['ælədʒɪ] Allergie *f*
al·le·vi·ate [ə'liːvɪeɪt] mildern, lindern
al·ley ['ælɪ] (enge *od.* schmale) Gasse; Garten-, Parkweg *m*; *Bowling*, *Kegeln*: Bahn *f*; ⚠ *nicht* ***Allee***
al·li·ance [ə'laɪəns] Bündnis *n*
al·li·ga·tor *zo.* ['ælɪgeɪtə] Alligator *m*
al·lo|·cate ['æləkeɪt] zuteilen, anweisen; **~·ca·tion** [ælə'keɪʃn] Zuteilung *f*
al·lot [ə'lɒt] (***-tt-***) zuteilen, an-, zuweisen; **~·ment** Zuteilung *f*; Parzelle *f*
al·low [ə'laʊ] erlauben, bewilligen, gewähren; zugeben; ab-, anrechnen, vergüten; **~ *for*** einplanen, berücksichtigen (*acc.*); **~·a·ble** erlaubt, zulässig; **~·ance** Erlaubnis *f*; Bewilligung *f*; Taschengeld *n*, Zuschuss *m*; Vergütung *f*; *fig.* Nachsicht *f*; ***make* ~(*s*) *for s.th.*** et. in Betracht ziehen
al·loy 1. ['ælɔɪ] Legierung *f*; **2.** [ə'lɔɪ] legieren
all-round ['ɔːlraʊnd] vielseitig; **~·er** [ɔːl'raʊndə] Alleskönner *m*; *Sport*: Allroundsportler *m*, -spieler *m*
al·lude [ə'luːd] anspielen (***to*** auf *acc.*)
al·lure [ə'ljʊə] (an-, ver)locken; **~·ment** Verlockung *f*
al·lu·sion [ə'luːʒn] Anspielung *f*
all-wheel 'drive *mot.* Allradantrieb *m*
al·ly 1. [ə'laɪ] (sich) vereinigen, verbünden (***to, with*** mit); **2.** ['ælaɪ] Verbündete(r *m*) *f*, Bundesgenoss|e *m*, -in *f*; ***the Allies*** *pl.* die Alliierten *pl.*
al·might·y [ɔːl'maɪtɪ] allmächtig; ***the* ♀** der Allmächtige
al·mond *bot.* ['ɑːmənd] Mandel *f*
al·most ['ɔːlməʊst] fast, beinah(e)
alms [ɑːmz] *pl.* Almosen *n*
a·loft [ə'lɒft] (hoch) (dr)oben
a·lone [ə'ləʊn] allein; ***let* ~, *leave* ~** in Ruhe *od.* bleiben lassen; ***let* ~** ... abgesehen von ...
a·long [ə'lɒŋ] **1.** *adv.* weiter, vorwärts; da; dahin; ***all* ~** die ganze Zeit; **~ *with*** (zusammen) mit; ***come* ~** mitkommen, -gehen; ***get* ~** vorwärts kommen, weiterkommen; auskommen, sich vertragen (***with s.o.*** mit j-m); ***take* ~** mitnehmen; **2.** *prp.* entlang, längs; **~'side** Seite an Seite; neben
a·loof [ə'luːf] abseits; reserviert, zurückhaltend
a·loud [ə'laʊd] laut
al·pha·bet ['ælfəbet] Alphabet *n*
al·pine ['ælpaɪn] alpin, (Hoch)Gebirgs...
al·read·y [ɔːl'redɪ] bereits, schon
al·right [ɔːl'raɪt] → ***all right***
Al·sa·tian *bsd. Brt.* [æl'seɪʃən] deutscher Schäferhund
al·so ['ɔːlsəʊ] auch, ferner; ⚠ *nicht* ***also***
al·tar ['ɔːltə] Altar *m*
al·ter ['ɔːltə] (sich) (ver)ändern; ab-, umändern; **~·a·tion** [ɔːltə'reɪʃn] Änderung *f* (***to*** an *dat.*), Veränderung *f*
al·ter|·nate 1. ['ɔːltəneɪt] abwechseln (lassen); **2.** [ɔːl'tɜːnət] abwechselnd; **~·nat·ing cur·rent** *electr.* ['ɔːltəneɪtɪŋ -] Wechselstrom *m*; **~·na·tion** [ɔːltə'neɪʃn] Abwechslung *f*; Wechsel *m*; **~·na·tive** [ɔːl'tɜːnətɪv] **1.** alternativ, wahlweise; **2.** Alternative *f*, Wahl *f*, Möglichkeit *f*
al·though [ɔːl'ðəʊ] obwohl, obgleich
al·ti·tude ['æltɪtjuːd] Höhe *f*; ***at an* ~ *of*** in e-r Höhe von
al·to·geth·er [ɔːltə'geðə] im Ganzen, insgesamt; ganz (u. gar), völlig
al·u·min·i·um *Brt.* [æljʊ'mɪnjəm], **a·lu·mi·num** *Am.* [ə'luːmɪnəm] Aluminium *n*
al·ways ['ɔːlweɪz] immer, stets
am [æm; *im Satz* əm] *1. sg. pres. von* ***be***
am, AM [eɪ 'em] *Abk. für* ***before noon*** (*lateinisch* ***ante meridiem***) morgens, vorm., vormittags
a·mal·gam·ate [ə'mælgəmeɪt] (sich) zusammenschließen, *econ. a.* fusionieren
a·mass [ə'mæs] an-, aufhäufen
am·a·teur ['æmətə] Amateur(in); Dilettant(in); Hobby...
a·maze [ə'meɪz] in Erstaunen setzen, verblüffen; **a'maze·ment** Staunen *n*,

Verblüffung *f*; **a'maz·ing** erstaunlich
am·bas·sa|·dor *pol.* [æm'bæsədə] Botschafter *m* (**to** in *e-m Land*); Gesandte(r) *m*; **~·dress** *pol.* [æm'bæsədrɪs] Botschafterin *f* (**to** in *e-m Land*)
am·ber ['æmbə] Bernstein *m*
am·bi·gu·i·ty [æmbɪ'gju:ɪtɪ] Zwei-, Mehrdeutigkeit *f*; **am·big·u·ous** [æm'bɪgjʊəs] zwei-, mehr-, vieldeutig
am·bi|·tion [æm'bɪʃn] Ehrgeiz *m*; **~·tious** [æm'bɪʃəs] ehrgeizig
am·ble ['æmbl] **1.** Passgang *m*; **2.** im Passgang gehen *od.* reiten; schlendern
am·bu·lance ['æmbjʊləns] Krankenwagen *m*
am·bush ['æmbʊʃ] **1.** Hinterhalt *m*; ***be*** *od.* ***lie in ~ for s.o.*** j-m auflauern; **2.** auflauern (*dat.*); überfallen
a·men *int.* [ɑ:'men] amen
a·mend [ə'mend] verbessern, berichtigen; *Gesetz* abändern, ergänzen; **~·ment** Bess(e)rung *f*; Verbess(e)rung *f*; *parl.* Abänderungs-, Ergänzungsantrag *m* (*zu e-m Gesetz*); *Am.* Zusatzartikel *m* zur Verfassung; **~s** *pl.* (Schaden)Ersatz *m*; ***make ~*** Schadenersatz leisten, es wieder gutmachen; ***make ~ to s.o. for s.th.*** j-n für et. entschädigen
a·men·i·ty [ə'mi:nətɪ] *oft* ***amenities*** *pl.* Annehmlichkeiten *pl.*
A·mer·i·ca [ə'merɪkə] Amerika *n*; **A·mer·i·can** [ə'merɪkən] **1.** amerikanisch; **2.** Amerikaner(in)
A·mer·i·can|·is·m [ə'merɪkənɪzəm] Amerikanismus *m*; **~·ize** [ə'merɪkənaɪz] (sich) amerikanisieren
A·mer·i·can 'plan Vollpension *f*
a·mi·a·ble ['eɪmjəbl] liebenswürdig, freundlich
am·i·ca·ble ['æmɪkəbl] freundschaftlich, *a. jur.* gütlich
a·mid(st) [ə'mɪd(st)] inmitten (*gen.*), (mitten) in *od.* unter
a·miss [ə'mɪs] verkehrt, falsch, übel; ***take ~*** übel nehmen
am·mo·ni·a [ə'məʊnjə] Ammoniak *n*
am·mu·ni·tion [æmjʊ'nɪʃn] Munition *f*
am·nes·ty ['æmnɪstɪ] **1.** Amnestie *f* (*Straferlass*); **2.** begnadigen
a·mok [ə'mɒk]: ***run ~*** Amok laufen
a·mong(st) [ə'mʌŋ(st)] (mitten) unter, zwischen
am·o·rous ['æmərəs] verliebt (**of** in *acc.*)
a·mount [ə'maʊnt] **1.** (**to**) sich belaufen (auf *acc.*); hinauslaufen (auf *acc.*); **2.** Betrag *m*, (Gesamt)Summe *f*; Menge *f*
am·ple ['æmpl] (**~r, ~st**) weit, groß, geräumig; reich(lich), beträchtlich
am·pli|·fi·ca·tion [æmplɪfɪ'keɪʃn] Erweiterung *f*; *phys.* Verstärkung *f*; **~·fi·er** *electr.* ['æmplɪfaɪə] Verstärker *m*; **~·fy** ['æmplɪfaɪ] erweitern; *electr.* verstärken; **~·tude** ['æmplɪtju:d] Umfang *m*, Weite *f*, Fülle *f*
am·pu·tate ['æmpjʊteɪt] amputieren
a·muck [ə'mʌk] → ***amok***
a·muse [ə'mju:z] (**o.s.** sich) amüsieren, unterhalten, belustigen; **~·ment** Unterhaltung *f*, Vergnügen *n*, Zeitvertreib *m*; **~·ment park** Vergnügungs-, Freizeitpark *m*; **a'mus·ing** amüsant, unterhaltend
an [æn, ən] → ***a***
an·a·bol·ic ster·oid *pharm.* [ænəbɒlɪk 'stɪərɔɪd] Anabolikum *n*
a·nae·mi·a *med.* [ə'ni:mjə] Blutarmut *f*, Anämie *f*
an·aes·thet·ic [ænɪs'θetɪk] **1.** (**~*ally***) betäubend, Narkose...; **2.** Betäubungsmittel *n*
a·nal *anat.* ['eɪnl] anal, Anal...
a·nal·o|·gous [ə'næləgəs] analog, entsprechend; **~·gy** [ə'nælədʒɪ] Analogie *f*, Entsprechung *f*
an·a·lyse *bsd. Brt.*, **an·a·lyze** *Am.* ['ænəlaɪz] analysieren; zerlegen; **a·nal·y·sis** [ə'næləsɪs] (*pl.* **-ses** [-si:z]) Analyse *f*
an·arch·y ['ænəkɪ] Anarchie *f*, Gesetzlosigkeit *f*; Chaos *n*
a·nat·o|·mize [ə'nætəmaɪz] *med.* zerlegen; zergliedern; **~·my** [ə'nætəmɪ] Anatomie *f*; Zergliederung *f*, Analyse *f*
an·ces|·tor ['ænsestə] Vorfahr *m*, Ahn *m*; **~·tress** ['ænsestrɪs] Ahnfrau *f*
an·chor ['æŋkə] **1.** Anker *m*; ***at ~*** vor Anker; **2.** verankern
an·chor|·man *Am. TV* ['æŋkəmæn] (*pl.* ***-men***) Moderator *m* (*e-r Nachrichtensendung*); **'~·wom·an** (*pl.* ***-women***) *Am. TV* Moderatorin *f* (*e-r Nachrichtensendung*)
an·cho·vy *zo.* ['æntʃəvɪ] Anschovis *f*, Sardelle *f*
an·cient ['eɪnʃənt] **1.** alt, antik; uralt; **2.** ***the ~s*** *pl. hist.* die Alten, die antiken Klassiker
and [ænd, ənd] und

an·ec·dote ['ænɪkdəʊt] Anekdote *f*
a·ne·mi·a *Am.* [ə'niːmjə] → ***anaemia***
an·es·thet·ic *Am.* [ænɪs'θetɪk] → ***anaesthetic***
an·gel ['eɪndʒəl] Engel *m*; ⚠ *nicht* ***Angel***
an·ger ['æŋgə] **1.** Zorn *m*, Ärger *m* (***at*** über *acc.*); **2.** erzürnen, (ver)ärgern
an·gi·na (pec·to·ris) *med.* [æn'dʒaɪnə ('pektərɪs)] Angina pectoris *f*
an·gle¹ ['æŋgl] Winkel *m*
an·gle² ['æŋgl] angeln (***for*** nach); '**~r** Angler(in)
An·gli·can *rel.* ['æŋglɪkən] **1.** anglikanisch; **2.** Anglikaner(in)
An·glo-Sax·on [æŋgləʊ'sæksən] **1.** angelsächsisch; **2.** Angelsachse *m*
an·gry ['æŋgrɪ] (***-ier, -iest***) zornig, verärgert, böse (***at, with*** über *acc.*, mit *dat.*)
an·guish ['æŋgwɪʃ] Qual *f*, Schmerz *m*
an·gu·lar ['æŋgjʊlə] winkelig; knochig
an·i·mal ['ænɪml] **1.** Tier *n*; **2.** tierisch; '**~ shel·ter** Tierheim *n*
an·i|·mate ['ænɪmeɪt] beleben; aufmuntern, anregen; ⚠ *nicht* ***animieren***; '**~·ma·ted** lebendig; lebhaft, angeregt; **~·ma·ted car'toon** Zeichentrickfilm *m*; **~·ma·tion** [ænɪ'meɪʃn] Lebhaftigkeit *f*; Animation *f*, Herstellung *f* von (Zeichen)Trickfilmen; *Computer*: bewegtes Bild
an·i·mos·i·ty [ænɪ'mɒsətɪ] Animosität *f*, Feindseligkeit *f*
an·kle *anat.* ['æŋkl] (Fuß)Knöchel *m*
an·nals ['ænlz] *pl.* Jahrbücher *pl.*
an·nex **1.** [ə'neks] anhängen; annektieren; **2.** ['æneks] Anhang *m*; Anbau *m*
an·ni·ver·sa·ry [ænɪ'vɜːsərɪ] Jahrestag *m*; Jahresfeier *f*
an·no·tate ['ænəʊteɪt] mit Anmerkungen versehen; kommentieren
an·nounce [ə'naʊns] ankündigen; bekannt geben; *Rundfunk*, *TV*: ansagen; durchsagen; ⚠ *nicht* ***annoncieren***; **~·ment** Ankündigung *f*; Bekanntgabe *f*; *Rundfunk*, *TV*: Ansage *f*; Durchsage *f*; **an'nounc·er** *Rundfunk*, *TV*: Ansager(in), Sprecher(in)
an·noy [ə'nɔɪ] ärgern; belästigen; **~·ance** Störung *f*, Belästigung *f*; Ärgernis *n*; **~·ing** ärgerlich, lästig
an·nu·al ['ænjʊəl] **1.** jährlich, Jahres...; **2.** *bot.* einjährige Pflanze; Jahrbuch *n*
an·nu·i·ty [ə'njuːɪtɪ] (Jahres)Rente *f*
an·nul [ə'nʌl] (***-ll-***) für ungültig erklären, annullieren; **~·ment** Annullierung *f*, Aufhebung *f*
an·o·dyne *med.* ['ænəʊdaɪn] **1.** schmerzstillend; **2.** schmerzstillendes Mittel
a·noint [ə'nɔɪnt] salben
a·nom·a·lous [ə'nɒmələs] anomal
a·non·y·mous [ə'nɒnɪməs] anonym
an·o·rak ['ænəræk] Anorak *m*
an·oth·er [ə'nʌðə] ein anderer; ein Zweiter; noch eine(r, -s)
ANSI ['ænsɪ] *Abk. für* ***American National Standards Institute*** *Computer*: Amerikanische Normengesellschaft
an·swer ['ɑːnsə] **1.** *v/t. et.* beantworten; *j-m* antworten; entsprechen (*dat.*); *Zweck* erfüllen; *tech. dem Steuer* gehorchen; *e-r Vorladung* Folge leisten; *e-r Beschreibung* entsprechen; **~ *the bell*** *od.* ***door*** (die Haustür) aufmachen; **~ *the telephone*** ans Telefon gehen; *v/i.* antworten (***to*** auf *acc.*); entsprechen (***to*** *dat.*); **~ *back*** freche Antworten geben; widersprechen; **~ *for*** einstehen für; **2.** Antwort *f* (***to*** auf *acc.*); **~·a·ble** ['ɑːnsərəbl] verantwortlich; **~·ing ma·chine** *teleph.* ['ɑːnsərɪŋ -] Anrufbeantworter *m*
ant *zo.* [ænt] Ameise *f*
an·tag·o|·nis·m [æn'tægənɪzəm] Feindschaft *f*; **~·nist** [æn'tægənɪst] Gegner(in); **~·nize** [æn'tægənaɪz] bekämpfen; sich *j-n* zum Feind machen
Ant·arc·tic [æn'tɑːktɪk] antarktisch
an·te·ced·ent [æntɪ'siːdənt] vorhergehend, früher (***to*** als)
an·te·lope *zo.* ['æntɪləʊp] (*pl.* ***-lopes, -lope***) Antilope *f*
an·ten·na¹ *zo.* [æn'tenə] (*pl.* ***-nae*** [-niː]) Fühler *m*
an·ten·na² *Am.* [æn'tenə] Antenne *f*
an·te·ri·or [æn'tɪərɪə] vorhergehend, früher (***to*** als); vorder
an·them *mus.* ['ænθəm] Hymne *f*
an·ti... ['æntɪ] Gegen..., gegen ... eingestellt, Anti..., anti...; **~'air·craft** *mil.* Flieger-, Flugabwehr...; **~·bi·ot·ic** *med.* [æntɪbaɪ'ɒtɪk] Antibiotikum *n*; '**~·bod·y** *biol.* Antikörper *m*, Abwehrstoff *m*
an·tic·i|·pate [æn'tɪsɪpeɪt] voraussehen, ahnen; erwarten; zuvorkommen; vor-

wegnehmen; **~·pa·tion** [æntɪsɪ'peɪʃn] (Vor)Ahnung *f*; Erwartung *f*; Vorwegnahme *f*; ***in*** ~ im Voraus
an·ti·clock·wise *Brt.* [æntɪ'klɒkwaɪz] entgegen dem Uhrzeigersinn
an·tics ['æntɪks] *pl.* Mätzchen *pl.*; ⚠ *nicht* ***antik, Antike***
an·ti|·dote ['æntɪdəʊt] Gegengift *n*, -mittel *n*; **~-'for·eign·er vi·o·lence** Gewalt *f* gegen Ausländer; **'~·freeze** Frostschutzmittel *n*; **~-'lock brak·ing sys·tem** *mot.* Antiblockiersystem *n* (*Abk.* ***ABS***); **~'mis·sile** *mil.* Raketenabwehr...; **~'nu·cle·ar ac·tiv·ist** Kernkraftgegner(in)
an·tip·a·thy [æn'tɪpəθɪ] Abneigung *f*
an·ti·quat·ed ['æntɪkweɪtɪd] veraltet
an·tique [æn'ti:k] **1.** antik, alt; **2.** Antiquität *f*; ⚠ *nicht* ***Antike***; **~ deal·er** Antiquitätenhändler(in); **~ shop** *bsd. Brt.*, **~ store** *Am.* Antiquitätenladen *m*
an·tiq·ui·ty [æn'tɪkwətɪ] Altertum *n*, Vorzeit *f*
an·ti·sep·tic [æntɪ'septɪk] **1.** antiseptisch; **2.** antiseptisches Mittel
ant·lers ['æntləz] *pl.* Geweih *n*
a·nus *anat.* ['eɪnəs] After *m*
an·vil ['ænvɪl] Amboss *m*
anx·i·e·ty [æŋ'zaɪətɪ] Angst *f*, Sorge *f*
anx·ious ['æŋkʃəs] besorgt, beunruhigt (***about*** wegen); begierig, gespannt (***for*** auf *acc.*); bestrebt (***to do*** zu tun)
an·y ['enɪ] **1.** *adj. u. pron.* (irgend)eine(r, -s), (irgend)welche(r, -s); (irgend)etwas; jede(r, -s) (beliebige); einige *pl.*, welche *pl.*; ***not*** ~ keiner; **2.** *adv.* irgend(wie), ein wenig, etwas, (noch) etwas; **'~·bod·y** (irgend)jemand; jeder; **'~·how** irgendwie; trotzdem, jedenfalls; wie dem auch sei; **'~·one** → ***anybody***; **'~·thing** (irgend) etwas; alles; ~ ***but*** alles andere als; ~ ***else?*** sonst noch etwas?; ***not*** ~ nichts; **'~·way** → ***anyhow***; **'~·where** irgendwo(hin); überall
AP [eɪ 'pi:] *Abk. für* ***Associated Press*** (*amer. Nachrichtenbüro*)
a·part [ə'pɑ:t] einzeln, für sich; beiseite; ⚠ *nicht* ***apart***; ~ ***from*** abgesehen von
a·part·heid [ə'pɑ:theɪt] Apartheid *f*, Politik *f* der Rassentrennung
a·part·ment *Am.* [ə'pɑ:tmənt] Wohnung *f*; **~ build·ing** *Am.*, **~ house** *Am.* Mietshaus *n*
ap·a|·thet·ic [æpə'θetɪk] (***~ally***) apathisch, teilnahmslos, gleichgültig; **~·thy** ['æpəθɪ] Apathie *f*, Teilnahmslosigkeit *f*
ape *zo.* [eɪp] (Menschen)Affe *m*
ap·er·ture ['æpətjʊə] Öffnung *f*
a·pi·a·ry ['eɪpjərɪ] Bienenhaus *n*
a·piece [ə'pi:s] für jedes *od.* pro Stück, je
a·pol·o|·gize [ə'pɒlədʒaɪz] sich entschuldigen (***for*** für; ***to*** bei); **~·gy** [ə'pɒlədʒɪ] Entschuldigung *f*; Rechtfertigung *f*; ***make an*** ~ (***for s.th.***) sich bei j-m (für et.) entschuldigen
ap·o·plex·y ['æpəpleksɪ] Schlag(anfall) *m*
a·pos·tle [ə'pɒsl] Apostel *m*
a·pos·tro·phe *ling.* [ə'pɒstrəfɪ] Apostroph *m*
ap·pal(l) [ə'pɔ:l] (***-ll-***) erschrecken, entsetzen; **ap'pal·ling** erschreckend, entsetzlich
ap·pa·ra·tus [æpə'reɪtəs] Apparat *m*, Vorrichtung *f*, Gerät *n*
ap·par·ent [ə'pærənt] offenbar; anscheinend; scheinbar
ap·pa·ri·tion [æpə'rɪʃn] Erscheinung *f*, Gespenst *n*
ap·peal [ə'pi:l] **1.** *jur.* Berufung *od.* Revision einlegen, Einspruch erheben, Beschwerde einlegen; appellieren, sich wenden (***to*** an *acc.*); ~ ***to*** gefallen (*dat.*), zusagen (*dat.*), wirken auf (*acc.*); *j-n* dringend bitten (***for*** um); **2.** *jur.* Revision *f*, Berufung *f*; Beschwerde *f*; Einspruch *m*; Appell *m* (***to*** an *acc.*), Aufruf *m*; ⚠ *nicht mil.* ***Appell***; Wirkung *f*, Reiz *m*; Bitte *f* (***to*** an *acc.*; ***for*** um); ~ ***for mercy*** *jur.* Gnadengesuch *n*; **~·ing** flehend; ansprechend
ap·pear [ə'pɪə] (er)scheinen; sich zeigen; *öffentlich* auftreten; sich ergeben *od.* herausstellen; **~·ance** [ə'pɪərəns] Erscheinen *n*; Auftreten *n*; Äußere(s) *n*, Erscheinung *f*, Aussehen *n*; Anschein *m*, äußerer Schein; ***keep up ~s*** den Schein wahren; ***to*** *od.* ***by all ~s*** allem Anschein nach
ap·pease [ə'pi:z] besänftigen, beschwichtigen; *Durst etc.* stillen; *Neugier* befriedigen
ap·pend [ə'pend] an-, hinzu-, beifügen; **~·age** [ə'pendɪdʒ] Anhang *m*, Anhängsel *n*, Zubehör *n*
ap·pen|·di·ci·tis *med.* [əpendɪ'saɪtɪs]

Blinddarmentzündung *f*; **~·dix** [ə'pendɪks] (*pl.* ***-dixes, -dices*** [-dɪsiːz]) Anhang *m*; *a.* ***vermiform*** ~ *med.* Wurmfortsatz *m*, Blinddarm *m*
ap·pe|·tite ['æpɪtaɪt] (***for***) Appetit *m* (auf *acc.*); *fig.* Verlangen *n* (nach); **~·tiz·er** ['æpɪtaɪzə] Appetithappen *m*, appetitanregendes Gericht *od.* Getränk; **~·tiz·ing** ['æpɪtaɪzɪŋ] appetitanregend
ap·plaud [ə'plɔːd] applaudieren, Beifall spenden; loben; **ap·plause** [ə'plɔːz] Applaus *m*, Beifall *m*
ap·ple *bot.* ['æpl] Apfel *m*; **'~ cart: *upset s.o.'s*** ~ F j-s Pläne über den Haufen werfen; ~ **'pie** (*warmer*) gedeckter Apfelkuchen; ***in ~-pie order*** F in schönster Ordnung; ~ **'sauce** Apfelmus *n*; *Am. sl.* Schmus *m*, Quatsch *m*
ap·pli·ance [ə'plaɪəns] Vorrichtung *f*; Gerät *n*; Mittel *n*
ap·plic·a·ble ['æplɪkəbl] anwendbar (***to*** auf *acc.*)
ap·pli|·cant ['æplɪkənt] Antragsteller(in), Bewerber(in) (***for*** um); **~·ca·tion** [æplɪ'keɪʃn] (***to***) Anwendung *f* (auf *acc.*); Bedeutung *f* (für); Gesuch *n* (***for*** um); Bewerbung *f* (***for*** um)
ap·ply [ə'plaɪ] *v/t.* (***to***) (auf)legen, auftragen (auf *acc.*); anwenden (auf *acc.*); verwenden (für); ~ ***o.s. to*** sich widmen (*dat.*); *v/i.* (***to***) passen, zutreffen, sich anwenden lassen (auf *acc.*); gelten (für); sich wenden (an *acc.*); sich bewerben (***for*** um), beantragen (***for*** *acc.*)
ap·point [ə'pɔɪnt] bestimmen, festsetzen; verabreden; ernennen (***s.o.*** *governor* j-n zum ...); berufen (***to*** auf *e-n Posten*); **~·ment** Bestimmung *f*; Verabredung *f*; Termin *m* (*geschäftlich, beim Arzt etc.*); Ernennung *f*, Berufung *f*; Stelle *f*; **~·ment book** Terminkalender *m*
ap·por·tion [ə'pɔːʃn] ver-, zuteilen
ap·prais|·al [ə'preɪzl] (Ab)Schätzung *f*; **~e** [ə'preɪz] (ab)schätzen, taxieren
ap·pre|·cia·ble [ə'priːʃəbl] nennenswert, spürbar; **~·ci·ate** [ə'priːʃɪeɪt] *v/t.* schätzen, würdigen; dankbar sein für; *v/i.* im Wert steigen; **~·ci·a·tion** [əpriːʃɪ'eɪʃn] Würdigung *f*; Dankbarkeit *f*; (richtige) Beurteilung; *econ.* Wertsteigerung *f*
ap·pre|·hend [æprɪ'hend] ergreifen, fassen; begreifen; befürchten; **~·hen·sion** [æprɪ'henʃn] Ergreifung *f*, Festnahme *f*; Besorgnis *f*; **~·hen·sive** [æprɪ'hensɪv] ängstlich, besorgt (***for*** um; ***that*** dass)
ap·pren·tice [ə'prentɪs] **1.** Auszubildende(r *m*) *f*, Lehrling *m*, *Schweiz:* Lehrtochter *f*; **2.** in die Lehre geben; **~·ship** Lehrzeit *f*, Lehre *f*, Ausbildung *f*
ap·proach [ə'prəʊtʃ] **1.** *v/i.* näher kommen, sich nähern; *v/t.* sich nähern (*dat.*); herangehen *od.* herantreten an (*acc.*); **2.** (Heran)Nahen *n*; Ein-, Zu-, Auffahrt *f*; Annäherung *f*; Methode *f*
ap·pro·ba·tion [æprə'beɪʃn] Billigung *f*, Beifall *m*
ap·pro·pri·ate 1. [ə'prəʊprɪeɪt] sich aneignen; verwenden; *parl.* bewilligen; **2.** [ə'prəʊprɪɪt] (***for, to***) angemessen (*dat.*), passend (für, zu)
ap·prov|·al [ə'pruːvl] Billigung *f*; Anerkennung *f*, Beifall *m*; **~e** [ə'pruːv] billigen, anerkennen; **~ed** bewährt
ap·prox·i·mate [ə'prɒksɪmət] annähernd, ungefähr
Apr *nur geschr. Abk. für* ***April*** Apr., April *m*
a·pri·cot *bot.* ['eɪprɪkɒt] Aprikose *f*
A·pril ['eɪprəl] (*Abk.* ***Apr***) April *m*
a·pron ['eɪprən] Schürze *f*; **'~ strings** *pl.* Schürzenbänder *pl.*; ***be tied to one's mother's*** ~ an Mutters Schürzenzipfel hängen
apt [æpt] geeignet, passend; treffend (*Bemerkung etc.*); begabt; ~ ***to*** geneigt zu; **ap·ti·tude** ['æptɪtjuːd] (***for***) Begabung *f* (für), Befähigung *f* (für), Talent *n* (zu); **'ap·ti·tude test** Eignungsprüfung *f*
aq·ua·plan·ing *Brt. mot.* ['ækwəpleɪnɪŋ] Aquaplaning *n*
a·quar·i·um [ə'kweərɪəm] (*pl.* ***-iums, -ia*** [-ɪə]) Aquarium *n*
A·quar·i·us *astr.* [ə'kweərɪəs] Wassermann *m*; ***he/she is*** (***an***) ~ er/sie ist (ein) Wassermann
a·quat·ic [ə'kwætɪk] Wasser...; ~ **plant** *bot.* Wasserpflanze *f*; **~s** *sg.*, ~ **sports** *pl.* Wassersport *m*
aq·ue·duct ['ækwɪdʌkt] Aquädukt *m*
aq·ui·line ['ækwɪlaɪn] Adler...; gebogen; **'~ nose** Adlernase *f*
A·ra·bi·a [ə'reɪbjə] Arabien *n*; **Ar·ab**

['ærəb] Araber(in); **Ar·a·bic** ['ærəbɪk] **1.** arabisch; **2.** *ling.* Arabisch *n*
ar·a·ble ['ærəbl] anbaufähig; Acker...
ar·bi|·tra·ry ['ɑːbɪtrərɪ] willkürlich, eigenmächtig; **~·trate** ['ɑːbɪtreɪt] entscheiden, schlichten; **~·tra·tion** [ɑːbɪ'treɪʃn] Schlichtung *f*; **~·tra·tor** *jur.* ['ɑːbɪtreɪtə] Schiedsrichter *m*; Schlichter *m*
ar·bo(u)r ['ɑːbə] Laube *f*
arc [ɑːk] (*electr.* Licht)Bogen *m*; **ar·cade** [ɑː'keɪd] Arkade *f*; Bogen-, Laubengang *m*; Durchgang *m*, Passage *f*
ARC [eɪ ɑː 'siː] *Abk. für* ***American Red Cross*** *das* Amerikanische Rote Kreuz
arch¹ [ɑːtʃ] **1.** Bogen *m*; Gewölbe *n*; **2.** (sich) wölben; krümmen
arch² [ɑːtʃ] erste(r, -s), oberste(r, -s), Haupt..., Erz...
arch³ [ɑːtʃ] schelmisch
ar·cha·ic [ɑː'keɪɪk] (***~ally***) veraltet
arch|·an·gel ['ɑːkeɪndʒəl] Erzengel *m*; **~·bish·op** ['ɑːtʃbɪʃəp] Erzbischof *m*
ar·cher ['ɑːtʃə] Bogenschütze *m*; **~·y** ['ɑːtʃərɪ] Bogenschießen *n*
ar·chi|·tect ['ɑːkɪtekt] Architekt(in); **~·tec·ture** ['ɑːkɪtektʃə] Architektur *f*
ar·chives ['ɑːkaɪvz] *pl.* Archiv *n*
'arch·way (Bogen)Gang *m*
arc·tic ['ɑːktɪk] arktisch, nördlich, Polar...
ar·dent ['ɑːdənt] feurig, glühend; *fig.* leidenschaftlich, heftig; eifrig
ar·do(u)r *fig.* ['ɑːdə] Leidenschaft *f*, Glut *f*, Feuer *n*; Eifer *m*
are [ɑː] *du* bist, *wir od. sie od. Sie* sind, *ihr* seid
ar·e·a ['eərɪə] (Boden)Fläche *f*; Gegend *f*, Gebiet *n*; Bereich *m*; **'~ code** *Am. tel.* Vorwahl(nummer) *f*
Ar·gen|·ti·na [ɑːdʒən'tiːnə] Argentinien *n*; **~·tine** ['ɑːdʒəntaɪn] **1.** argentinisch; **2.** Argentinier(in)
a·re·na [ə'riːnə] Arena *f*
ar·gue ['ɑːgjuː] argumentieren; streiten; diskutieren
ar·gu·ment ['ɑːgjʊmənt] Argument *n*; Wortwechsel *m*, Auseinandersetzung *f*
ar·id ['ærɪd] dürr, trocken (*a. fig.*)
Ar·ies *astr.* ['eəriːz] Widder *m*; ***he/she is (an) ~*** er/sie ist (ein) Widder
a·rise [ə'raɪz] (***arose, arisen***) entstehen; auftauchen, -treten, -kommen;
a·ris·en [ə'rɪzn] *p.p von* ***arise***
ar·is|·toc·ra·cy [ærɪ'stɒkrəsɪ] Aristokratie *f*, Adel *m*; **~·to·crat** ['ærɪstəkræt] Aristokrat(in)
a·rith·me·tic¹ [ə'rɪθmətɪk] Rechnen *n*
ar·ith·met·ic² [ærɪθ'metɪk] arithmetisch, Rechen...; **~ 'u·nit** *Computer*: Rechenwerk *n*
ark [ɑːk] Arche *f*
arm¹ [ɑːm] Arm *m*; Armlehne *f*; ***keep s.o. at ~'s length*** sich j-n vom Leibe halten
arm² [ɑːm] (sich) bewaffnen; (auf)rüsten
ar·ma·ment ['ɑːməmənt] (Kriegs-aus)Rüstung *f*; Aufrüstung *f*
'arm·chair Lehnstuhl *m*, Sessel *m*
ar·mi·stice ['ɑːmɪstɪs] Waffenstillstand *m*
ar·mo(u)r ['ɑːmə] **1.** *mil.* Rüstung *f*, Panzer *m* (*a. fig., zo.*); **2.** panzern; **~ed 'car** gepanzertes Fahrzeug (*für Geldtransporte etc.*)
'arm·pit Achselhöhle *f*
arms [ɑːmz] *pl.* Waffen *pl.*; Waffengattung *f*; **'~s control** Rüstungskontrolle *f*; **'~s race** Wettrüsten *n*, Rüstungswettlauf *m*
ar·my ['ɑːmɪ] Armee *f*, Heer *n*
a·ro·ma [ə'rəʊmə] Aroma *n*, Duft *m*; **ar·o·mat·ic** [ærə'mætɪk] (***~ally***) aromatisch, würzig
a·rose [ə'rəʊz] *pret. von* ***arise***
a·round [ə'raʊnd] **1.** *adv.* (rings)herum, (rund)herum, ringsumher, überall; umher, herum; in der Nähe; da; **2.** *prp.* um, um... herum, rund um; in (*dat.*) ... herum; ungefähr, etwa
a·rouse [ə'raʊz] (auf)wecken; *fig.* aufrütteln, erregen
ar·range [ə'reɪndʒ] (an)ordnen; festlegen, -setzen; arrangieren; vereinbaren; *mus.* arrangieren, bearbeiten (*a. thea.*); **~·ment** Anordnung *f*; Vereinbarung *f*; Vorkehrung *f*; *mus.* Arrangement *n*, Bearbeitung *f* (*a. thea.*)
ar·rears [ə'rɪəz] *pl.* Rückstand *m*, -stände *pl.*
ar·rest [ə'rest] **1.** *jur.* Verhaftung *f*, Festnahme *f*; ⚠ *nicht* ***Arrest*** (*Schule etc.*); **2.** *jur.* verhaften, festnehmen
ar·riv·al [ə'raɪvl] Ankunft *f*; Erscheinen *n*; Ankömmling *m*; **~s** *pl.* ‚Ankunft' (*Fahrplan etc.*); **ar·rive** [ə'raɪv]

(an)kommen, eintreffen, erscheinen; **~ at** *fig.* erreichen (*acc.*), kommen zu
ar·ro|·gance ['ærəgəns] Arroganz *f*, Überheblichkeit *f*; **'~·gant** arrogant, überheblich
ar·row ['ærəʊ] Pfeil *m*; **'~·head** Pfeilspitze *f*
ar·se·nic - ['ɑːsnɪk] Arsen *n*
ar·son *jur.* ['ɑːsn] Brandstiftung *f*
art [ɑːt] Kunst *f*; Kunst...; ⚠ *nicht* **Art**
ar·ter·i·al [ɑː'tɪərɪəl] *anat.* Schlagader...; **~ road** Hauptverkehrsstraße *f*; **ar·te·ry** ['ɑːtərɪ] *anat.* Arterie *f*, Schlagader *f*; (Haupt)Verkehrsader *f*
ar·ter·i·o·scle·ro·sis *med.* [ɑːtɪərɪəʊsklɪə'rəʊsɪs] Arteriosklerose *f*, Arterienverkalkung *f*
'art·ful schlau, verschmitzt
'art gal·le·ry Gemäldegalerie *f*
ar·thri·tis *med.* [ɑː'θraɪtɪs] Arthritis *f*, Gelenkentzündung *f*
ar·ti·choke *bot.* ['ɑːtɪtʃəʊk] Artischocke *f*
ar·ti·cle ['ɑːtɪkl] Artikel *m* (*a. gr.*)
ar·tic·u|·late 1. [ɑː'tɪkjʊleɪt] deutlich (aus)sprechen; **2.** [ɑː'tɪkjʊlət] deutlich ausgesprochen; gegliedert; **~·lat·ed** [ɑː'tɪkjʊleɪtɪd]: Gelenk...; **~ lorry** *Brt. mot.* Sattelschlepper *m*; **~·la·tion** [ɑːtɪkjʊ'leɪʃn] (deutliche) Aussprache; Gelenk *n*
ar·ti·fi·cial [ɑːtɪ'fɪʃl] künstlich, Kunst...; **~ *person*** juristische Person
ar·til·le·ry [ɑː'tɪlərɪ] Artillerie *f*
ar·ti·san [ɑːtɪ'zæn] Handwerker *m*
art·ist ['ɑːtɪst] Künstler(in); **ar·tis·tic** [ɑː'tɪstɪk] (**~*ally***) künstlerisch, Kunst...
'art·less schlicht; naiv
arts [ɑːts] *pl.* Geisteswissenschaften *pl.*; ***Faculty of* ♀**, *Am.* **♀ *Department*** philosophische Fakultät *f*
as [æz] **1.** *adv.* so, ebenso; wie; (*in der Eigenschaft*) als; **2.** *cj.* (gerade) wie, so wie; ebenso wie; als, während; obwohl, obgleich; da, weil; *besondere Wendungen*: **~ ... ~** (eben)so ... wie; **~ *for*, ~ *to*** was ... (an)betrifft; **~ *from*** von *e-m Zeitpunkt* an, ab; **~ *it were*** sozusagen; **~ *Hamlet*** als Hamlet
as·bes·tos [æs'bestəs] Asbest *m*
as·cend [ə'send] (auf)steigen; ansteigen; besteigen
as·cen|·dan·cy, ~·den·cy [ə'sendənsɪ] Überlegenheit *f*, Einfluss *m*; **~·sion** [ə'senʃn] Aufsteigen *n* (*bsd. astr.*); Aufstieg *m* (*e-s Ballons etc.*); **♀·sion (Day)** Himmelfahrt(stag *m*) *f*; **~t** [ə'sent] Aufstieg *m*; Besteigung *f*; Steigung *f*
as·cet·ic [ə'setɪk] (**~*ally***) asketisch
ASCII ['æskɪ] *Abk. für* ***American Standard Code for Information Interchange*** (*standardisierter Code zur Darstellung alphanumerischer Zeichen*)
a·sep·tic *med.* [æ'septɪk] **1.** aseptisch, keimfrei; **2.** aseptisches Mittel
ash¹ [æʃ] *bot.* Esche *f*; Eschenholz *n*
ash² [æʃ] *a.* **~*es*** *pl.* Asche *f*
a·shamed [ə'ʃeɪmd] beschämt; ***be ~ of*** sich schämen für (*od. gen.*)
'ash can *Am.* → ***dustbin***
ash·en ['æʃn] Aschen...; aschfahl, -grau
a·shore [ə'ʃɔː] am *od.* ans Ufer *od.* Land
'ash|·tray Asch(en)becher *m*; **♀ 'Wednes·day** Aschermittwoch *m*
A·sia ['eɪʃə] Asien *n*; **A·sian** ['eɪʃn, 'eɪʒn], **A·si·at·ic** [eɪʃɪ'ætɪk] **1.** asiatisch; **2.** Asiat(in)
a·side [ə'saɪd] beiseite (*a. thea.*), seitwärts; **~ *from*** *Am.* abgesehen von
ask [ɑːsk] *v/t.* fragen (***s.th.*** nach et.); verlangen (***of, from s.o.*** von j-m); bitten (***s.o.*** [***for***] ***s.th.*** j. um et.; ***that*** darum, dass); erbitten; **~** (***s.o.***) ***a question*** (j-m) e-e Frage stellen; *v/i.* **~ *for*** bitten um; fragen nach; ***he ~ed for it*** *od.* ***for trouble*** er wollte es ja so haben; ***to be had for the ~ing*** umsonst zu haben
a·skance [ə'skæns]: ***look ~ at s.o.*** j-n schief *od.* misstrauisch ansehen
a·skew [ə'skjuː] schief
a·sleep [ə'sliːp] schlafend; ***be*** (***fast, sound***) **~** (fest) schlafen; ***fall ~*** einschlafen
as·par·a·gus *bot.* [ə'spærəgəs] Spargel *m*
as·pect ['æspekt] Lage *f*; Aspekt *m*, Seite *f*, Gesichtspunkt *m*
as·phalt ['æsfælt] **1.** Asphalt *m*; **2.** asphaltieren
as·pic ['æspɪk] Aspik *m*, Gelee *n*
as·pi|·rant [ə'spaɪərənt] Bewerber(in); **~·ra·tion** [æspə'reɪʃn] Ambition *f*, Bestrebung *f*
as·pire [ə'spaɪə] streben, trachten (***to, after*** nach)
ass *zo.* [æs] Esel *m*; ⚠ *nicht* **Ass**
as·sail [ə'seɪl] angreifen; ***be ~ed with doubts*** von Zweifeln befallen werden;

as·sai·lant [ə'seɪlənt] Angreifer(in)
as·sas·sin [ə'sæsɪn] (*bsd.* politische[r]) Mörder(in), Attentäter(in); **~·ate** *bsd. pol.* [ə'sæsɪneɪt] ermorden; ***be ~d*** e-m Attentat *od.* Mordanschlag zum Opfer fallen; **~·a·tion** [əsæsɪ'neɪʃn] (***of***) (*bsd.* politischer) Mord (***an*** *dat.*), Ermordung *f* (*gen.*), Attentat *n* (auf *acc.*)
as·sault [ə'sɔ:lt] **1.** Angriff *m*; **2.** angreifen, überfallen
as·sem|·blage [ə'semblɪdʒ] (An-)Sammlung *f*; *tech.* Montage *f*; **~·ble** [ə'sembl] (sich) versammeln; *tech.* montieren; **~·bler** [ə'semblə] Assembler *m* (*e-e Programmiersprache*; *Übersetzungsprogramm*); **~·bly** [ə'semblɪ] Versammlung *f*, Gesellschaft *f*; *tech.* Montage *f*; **~·bly line** *tech.* Fließband *n*
as·sent [ə'sent] **1.** Zustimmung *f*; **2.** (***to***) zustimmen (*dat.*); billigen (*acc.*)
as·sert [ə'sɜ:t] behaupten; geltend machen; **~ *o.s.*** sich behaupten *od.* durchsetzen; **as·ser·tion** [ə'sɜ:ʃn] Behauptung *f*; Erklärung *f*; Geltendmachung *f*
as·sess [ə'ses] *Kosten etc.* festsetzen; *Einkommen etc.* (zur Steuer) veranlagen (***at*** mit); *fig.* abschätzen, beurteilen; **~·ment** Festsetzung *f*; (Steuer)Veranlagung *f*; *fig.* Einschätzung *f*
as·set ['æset] *econ.* Aktivposten *m*; *fig.* Plus *n*, Gewinn *m*; **~s** *pl. jur.* Vermögen(smasse *f*) *n*; *jur.* Konkursmasse *f*; *econ.* Aktiva *pl.*
as·sid·u·ous [ə'sɪdjʊəs] emsig, fleißig
as·sign [ə'saɪn] an-, zuweisen; bestimmen; zuschreiben; **~·ment** An-, Zuweisung *f*; Aufgabe *f*; Auftrag *m*; *jur.* Abtretung *f*, Übertragung *f*
as·sim·i|·late [ə'sɪmɪleɪt] (sich) angleichen *od.* anpassen (***to, with*** *dat.*); **~·la·tion** [əsɪmɪ'leɪʃn] Assimilation *f*, Angleichung *f*, Anpassung *f*
as·sist [ə'sɪst] *j-m* beistehen, helfen; unterstützen; **~·ance** Beistand *m*, Hilfe *f*;
as·sis·tant 1. stellvertretend, Hilfs...; **2.** Assistent(in), Mitarbeiter(in); (***shop***) **~** *Brt.* Verkäufer(in)
as·so·ci|·ate 1. [ə'səʊʃɪeɪt] vereinigen, -binden, zusammenschließen; assoziieren; **~ *with*** verkehren mit; **2.** [ə'səʊʃɪət] Teilhaber(in); **~·a·tion** [əsəʊsɪ'eɪʃn] Vereinigung *f*, Verbindung *f*; Verein *m*
as·sort [ə'sɔ:t] sortieren, aussuchen, zusammenstellen; **~·ment** *econ.* (***of***) Sortiment *n* (von), Auswahl *f* (an *dat.*)
as·sume [ə'sju:m] annehmen, voraussetzen; übernehmen; **as·sump·tion** [ə'sʌmpʃn] Annahme *f*, Voraussetzung *f*; Übernahme *f*; ***the*** 2 *rel.* Mariä Himmelfahrt *f*
as·sur|·ance [ə'ʃɔ:rəns] Zu-, Versicherung *f*; *bsd. Brt.* (Lebens)Versicherung *f*; Sicherheit *f*, Gewissheit *f*; Selbstsicherheit *f*; **~e** [ə'ʃɔ:] *j-m* versichern; *bsd. Brt. j-s Leben* versichern; **~ed 1.** sicher; **2.** *bsd. Brt.* Versicherte(r *m*) *f*; **~·ed·ly** [ə'ʃɔ:rɪdlɪ] ganz gewiss
as·te·risk *print.* ['æstərɪsk] Sternchen *n*
asth·ma *med.* ['æsmə] Asthma *n*
as·ton·ish [ə'stɒnɪʃ] in Erstaunen setzen; ***be ~ed*** erstaunt sein (***at*** über *acc.*); **~·ing** erstaunlich; **~·ment** (Er)Staunen *n*, Verwunderung *f*
as·tound [ə'staʊnd] verblüffen
a·stray [ə'streɪ]: ***go ~*** vom Weg abkommen; *fig.* auf Abwege geraten; irregehen; ***lead ~*** *fig.* irreführen, verleiten; vom rechten Weg abbringen
a·stride [ə'straɪd] rittlings (***of*** auf *dat.*)
as·trin·gent *med.* [ə'strɪndʒənt] **1.** adstringierend; **2.** Adstringens *n*
as·trol·o·gy [ə'strɒlədʒɪ] Astrologie *f*
as·tro·naut ['æstrənɔ:t] Astronaut *m*, (Welt)Raumfahrer *m*
as·tron·o·my [ə'strɒnəmɪ] Astronomie *f*
as·tute [ə'stju:t] scharfsinnig; schlau
a·sun·der [ə'sʌndə] auseinander, entzwei
a·sy·lum [ə'saɪləm] Asyl *n*; ***right of ~*** Asylrecht *n*; **~ seek·er** Asylant(in), Asylbewerber(in)
at [æt] *prp. Ort*: in, an, bei, auf; *Richtung*: auf, nach, gegen, zu; *Beschäftigung*: bei, beschäftigt mit, in; *Art u. Weise, Zustand*: in, bei, zu, unter; *Preis etc.*: für, um; *Zeit, Alter*: um, bei; ***~ the baker's*** beim Bäcker; ***~ the door*** an der Tür; ***~ school*** in der Schule; ***~ 10 pounds*** für 10 Pfund; ***~ 18*** mit 18 (Jahren); ***~ the age of*** im Alter von; ***~ 8 o'clock*** um 8 Uhr
ate [et] *pret. von* ***eat*** 1
a·the·is·m ['eɪθɪɪzəm] Atheismus *m*
ath|·lete ['æθli:t] (*bsd.* Leicht)Athlet *m*; **~·let·ic** [æθ'letɪk] (***~ally***) athletisch; **~'let·ics** *sg. od. pl.* (*bsd.* Leicht)Athletik *f*

At·lan·tic [ət'læntɪk] **1.** *a.* ~ ***Ocean*** *der* Atlantik; **2.** atlantisch
ATM *Am.* [eɪ tiː 'em] *Abk. für* ***automatic teller machine*** → ***cash dispenser***
at·mo|·sphere ['ætməsfɪə] Atmosphäre *f* (*a. fig.*); **~·spher·ic** [ætməs'ferɪk] (**~*ally***) atmosphärisch
at·oll ['ætɒl] Atoll *n*
at·om ['ætəm] Atom *n* (*a. fig.*); **'~ bomb** Atombombe *f*
a·tom·ic [ə'tɒmɪk] (**~*ally***) atomar, Atom...; **~ 'age** Atomzeitalter *n*; **~ 'bomb** Atombombe *f*; **~ 'en·er·gy** Atomenergie *f*; **~ 'pile** Atomreaktor *m*; **~ 'pow·er** Atomkraft *f*; **~-'pow·ered** atomgetrieben; **~ 'waste** Atommüll *m*
at·om|·ize ['ætəmaɪz] atomisieren; *Flüssigkeit* zerstäuben; **'~·iz·er** Zerstäuber *m*
a·tone [ə'təʊn]: **~ *for*** *et.* wieder gutmachen; **~·ment** Buße *f*, Sühne *f*
a·tro|·cious [ə'trəʊʃəs] scheußlich, grässlich; grausam; **~c·i·ty** [ə'trɒsətɪ] Scheußlichkeit *f*; Greueltat *f*
at·tach [ə'tætʃ] *v/t.* (***to***) anheften, ankleben (an *acc.*), befestigen, anbringen (an *dat.*); *Wert, Wichtigkeit etc.* beimessen (*dat.*); ***be ~ed to*** *fig.* hängen an; **~·ment** Befestigung *f*; Bindung *f* (***to*** an *acc.*); Anhänglichkeit *f* (***to*** an *acc.*)
at·tack [ə'tæk] **1.** angreifen; **2.** Angriff *m*; *med.* Anfall *m*
at·tempt [ə'tempt] **1.** versuchen; **2.** Versuch *m*; ***an ~ on s.o.'s life*** ein Mordanschlag *od.* Attentat auf j-n
at·tend [ə'tend] *v/t.* (ärztlich) behandeln; *Kranke* pflegen; teilnehmen an, *Schule, Vorlesung etc.* besuchen; *fig.* begleiten; *v/i.* anwesend sein; erscheinen; **~ *to*** *j-n* (*im Laden*) bedienen; ***are you being ~ed to?*** werden Sie schon bedient?; **~ *to*** erledigen (*acc.*); **~·ance** Dienst *m*, Bereitschaft *f*; Pflege *f*; Anwesenheit *f*, Erscheinen *n*; Besucher *pl.*, Teilnehmer *pl.*; Besuch(erzahl *f*) *m*, Beteiligung *f*; **~·ant** Begleiter(in); Aufseher(in); (*Tank*)Wart *m*
at·ten|·tion [ə'tenʃn] Aufmerksamkeit *f* (*a. fig.*); **~·tive** [ə'tentɪv] aufmerksam
at·tic ['ætɪk] Dachboden *m*; Dachkammer *f*
at·ti·tude ['ætɪtjuːd] (Ein)Stellung *f*; Haltung *f*
at·tor·ney [ə'tɜːnɪ] Bevollmächtigte(r *m*) *f*; *Am. jur.* (Rechts)Anwalt *m*, (-)Anwältin *f*; ***power of ~*** Vollmacht *f*; ♀ **'Gen·e·ral** *Brt. jur.* erster Kronanwalt; *Am. jur.* Justizminister *m*
at·tract [ə'trækt] anziehen, *Aufmerksamkeit* erregen; *fig.* reizen; **at·trac·tion** [ə'trækʃn] Anziehung(skraft) *f*, Reiz *m*; Attraktion *f*, *thea. etc.* Zugnummer *f*, -stück *n*; **at·trac·tive** [ə'træktɪv] anziehend; attraktiv; reizvoll
at·trib·ute[1] [ə'trɪbjuːt] zuschreiben (***to*** *dat.*); zurückführen (***to*** auf *acc.*)
at·tri·bute[2] ['ætrɪbjuːt] Attribut *n* (*a. gr.*), Eigenschaft *f*, Merkmal *n*
at·tune [ə'tjuːn]: **~ *to*** *fig.* einstellen auf (*acc.*)
au·ber·gine *bot.* ['əʊbəʒiːn] Aubergine *f*
au·burn ['ɔːbən] kastanienbraun (*Haar*)
auc|·tion ['ɔːkʃn] **1.** Auktion *f*, Versteigerung *f*; **2.** *mst* **~ *off*** versteigern; **~·tio·neer** [ɔːkʃə'nɪə] Auktionator *m*
au·da|·cious [ɔː'deɪʃəs] unverfroren, dreist; **~c·i·ty** [ɔː'dæsətɪ] Unverfrorenheit *f*, Dreistigkeit *f*
au·di·ble ['ɔːdəbl] hörbar
au·di·ence ['ɔːdjəns] Publikum *n*, Zuhörer(schaft *f*) *pl.*, Zuschauer *pl.*, Besucher *pl.*, Leser(kreis *m*) *pl.*; Audienz *f*
au·di·o... ['ɔːdɪəʊ] audio...; **'~ cas·sette** Text-, Tonkassette *f*; **~-vis·u·al 'aids** *pl.* audiovisuelle Unterrichtsmittel *pl.*
au·dit *econ.* ['ɔːdɪt] **1.** Buchprüfung *f*; **2.** prüfen
au·di·tion *mus., thea.* [ɔː'dɪʃn] Vorsingen *n*, Vorsprechen *n*
au·di·tor *econ.* ['ɔːdɪtə] Buchprüfer *m*; *univ.* Gasthörer(in)
au·di·to·ri·um [ɔːdɪ'tɔːrɪəm] Zuhörer-, Zuschauerraum *m*; *Am.* Vortrags-, Konzertsaal *m*
Aug *nur geschr. Abk. für* ***August*** Aug., August *m*
au·ger *tech.* ['ɔːgə] *großer* Bohrer
Au·gust ['ɔːgəst] (*Abk.* ***Aug***) August *m*
aunt [ɑːnt] Tante *f*; **~·ie, ~·y** ['ɑːntɪ] Tantchen *n*
au pair (girl) [əʊ 'peə gɜːl] Au-pair-Mädchen *n*
aus·pic·es ['ɔːspɪsɪz] *pl.* ***under the ~ of*** unter der Schirmherrschaft (*gen.*)

aus·tere [ɒ'stɪə] streng; enthaltsam; dürftig; einfach, schmucklos
Aus·tra·li·a [ɒ'streɪljə] Australien *n*; **Aus·tra·li·an** [ɒ'streɪljən] **1.** australisch; **2.** Australier(in)
Aus·tri·a ['ɒstrɪə] Österreich *n*; **Aus·tri·an** ['ɒstrɪən] **1.** österreichisch; **2.** Österreicher(in)
au·then·tic [ɔː'θentɪk] (**~*ally***) authentisch; zuverlässig; echt
au·thor ['ɔːθə] Urheber(in); Autor(in), Verfasser(in), *a. allg.* Schriftsteller(in); **~·ess** ['ɔːθərɪs] Autorin *f*, Verfasserin *f*, *a. allg.* Schriftstellerin *f*
au·thor·i|·ta·tive [ɔː'θɒrɪtətɪv] gebieterisch, herrisch; maßgebend; **~·ty** [ɔː'θɒrətɪ] Autorität *f*; Nachdruck *m*, Gewicht *n*; Vollmacht *f*; Einfluss *m* (***over*** auf *acc.*); Ansehen *n*; Quelle *f*; Autorität *f*, Kapazität *f*; *mst* ***authorities*** *pl.* Behörde *f*
au·thor·ize ['ɔːθəraɪz] *j-n* autorisieren, ermächtigen, bevollmächtigen
'au·thor·ship Urheberschaft *f*
au·to *Am.* ['ɔːtəʊ] (*pl.* ***-tos***) Auto *n*
au·to... ['ɔːtəʊ] auto..., selbst..., Auto..., Selbst...
au·to·bi·og·ra·phy [ɔːtəbaɪ'ɒgrəfɪ] Autobiografie *f*
au·to·graph ['ɔːtəgrɑːf] Autogramm *n*
au·to·mat® ['ɔːtəmæt] Automatenrestaurant *n* (*in den USA*)
au·to·mate ['ɔːtəmeɪt] automatisieren
au·to·mat·ic [ɔːtə'mætɪk] (**~*ally***) **1.** automatisch; **2.** Selbstladepistole *f*, -gewehr *n*; Auto *n* mit Automatik; **~ tel·ler ma·chine** *Am.* (*Abk.* ***ATM***) → ***cash dispenser***
au·to·ma·tion [ɔːtə'meɪʃn] Automation *f*
au·tom·a·ton *fig.* [ɔː'tɒmətən] (*pl.* ***-ta*** [-tə], ***-tons***) Roboter *m*
au·to·mo·bile *bsd. Am.* ['ɔːtəməbiːl] Auto *n*, Automobil *n*
au·ton·o·my [ɔː'tɒnəmɪ] Autonomie *f*
'au·to·tel·ler *Am.* → ***cash dispenser***
au·tumn ['ɔːtəm] Herbst *m*; **au·tum·nal** [ɔː'tʌmnəl] herbstlich, Herbst...
aux·il·i·a·ry [ɔːg'zɪljərɪ] helfend, Hilfs...
a·vail [ə'veɪl]: ***to no ~*** vergeblich; **a'vai·la·ble** verfügbar, vorhanden; erreichbar; *econ.* lieferbar, vorrätig, erhältlich
av·a·lanche ['ævəlɑːnʃ] Lawine *f*
av·a|·rice ['ævərɪs] Habsucht *f*; **~·ri·cious** [ævə'rɪʃəs] habgierig
Ave *nur geschr. Abk. für* ***Avenue***
a·venge [ə'vendʒ] rächen; **a'veng·er** Rächer(in)
av·e·nue ['ævənjuː] Allee *f*; Boulevard *m*, Prachtstraße *f*
av·e·rage ['ævərɪdʒ] **1.** Durchschnitt *m*; **2.** durchschnittlich, Durchschnitts...
a·verse [ə'vɜːs] abgeneigt (***to*** *dat.*); **a·ver·sion** [ə'vɜːʃn] Widerwille *m*, Abneigung *f*
a·vert [ə'vɜːt] abwenden (*a. fig.*)
a·vi·a·ry ['eɪvɪərɪ] Vogelhaus *n*, Voliere *f*
a·vi·a|·tion *aviat.* [eɪvɪ'eɪʃn] Luftfahrt *f*; **~·tor** ['eɪvɪeɪtə] Flieger *m*
av·id ['ævɪd] gierig (***for*** nach); begeistert
av·o·ca·do *bot.* [ævə'kɑːdəʊ] Avocado *f*
a·void [ə'vɔɪd] (ver)meiden; ausweichen; **~·ance** Vermeidung *f*
a·vow·al [ə'vaʊəl] Bekenntnis *n*, (Ein)Geständnis *n*
AWACS ['eɪwæks] *Abk. für* ***Airborne Warning and Control system*** (*luftgestütztes Frühwarnsystem*)
a·wait [ə'weɪt] erwarten
a·wake [ə'weɪk] **1.** wach, munter; **2.** *a.* **a·wak·en** [ə'weɪkən] (***awoke*** *od.* ***awaked, awoken*** *od.* ***awaked***) *v/t.* (auf)wecken; *v/i.* auf-, erwachen; **a·wak·en·ing** [ə'weɪkənɪŋ] Erwachen *n*
a·ward [ə'wɔːd] **1.** Belohnung *f*; Preis *m*, Auszeichnung *f*; **2.** zuerkennen, *Preis etc.* verleihen
a·ware [ə'weə]: ***be ~ of s.th.*** von et. wissen, sich e-r Sache bewusst sein; ***become ~ of s.th.*** et. merken
a·way [ə'weɪ] weg, fort; (weit) entfernt; immer weiter, d(a)rauflos; *Sport:* Auswärts...; ***~ match*** Auswärtsspiel *n*
awe [ɔː] **1.** (Ehr)Furcht *f*, Scheu *f*; **2.** *j-m* (Ehr)Furcht *od.* großen Respekt einflößen
aw·ful ['ɔːfl] furchtbar, schrecklich
awk·ward ['ɔːkwəd] ungeschickt, linkisch; unangenehm; unhandlich, sperrig; ungünstig (*Zeitpunkt etc.*)
awl [ɔːl] Ahle *f*, Pfriem *m*
aw·ning ['ɔːnɪŋ] Plane *f*; Markise *f*
a·woke [ə'wəʊk] *pret. von* ***awake*** 2; *a.* **a·wok·en** [ə'wəʊkən] *p.p. von* ***awake*** 2

A.W.O.L. F [eɪ dʌbljuː əʊ 'el, 'eɪwɒl] *Abk. für* ***absent without leave*** unerlaubt abwesend
a·wry [ə'raɪ] schief
ax(**e**) [æks] Axt *f*, Beil *n*
ax·is ['æksɪs] (*pl.* **-es** [-siːz]) Achse *f*
ax·le *tech.* ['æksl] (Rad)Achse *f*, Welle *f*
ay(**e**) *parl.* [aɪ] Jastimme *f*
A-Z *Brt.* [eɪ tə 'zed] *etwa* Stadtplan *m*
az·ure ['æʒə] azur-, himmelblau

B

B, b [biː] B, b *n*
b *nur geschr. Abk. für* ***born*** geb., geboren
BA [biː 'eɪ] *Abk. für*: ***Bachelor of Arts*** Bakkalaureus *m* der Philosophie; ***British Airways*** (*brit. Luftverkehrsgesellschaft*)
bab·ble ['bæbl] **1.** stammeln; plappern, schwatzen; plätschern (*Bach*); **2.** Geplapper *n*, Geschwätz *n*
babe [beɪb] kleines Kind, Baby *n*; *Am.* F Puppe *f* (*Mädchen*)
ba·boon *zo.* [bə'buːn] Pavian *m*
ba·by ['beɪbɪ] **1.** Baby *n*, Säugling *m*, kleines Kind; *Am.* F Puppe *f* (*Mädchen*); **2.** Baby..., Kinder...; klein; '**~ boom** Babyboom *m* (*geburtenstarke Jahrgänge*); '**~ bug·gy** *Am.*, '**~ car·riage** *Am.* Kinderwagen *m*; **~·hood** ['beɪbɪhʊd] Säuglingsalter *n*; **~·ish** *contp.* ['beɪbɪɪʃ] kindisch; **~-mind·er** *Brt.* ['beɪbɪmaɪndə] Tagesmutter *f*; '**~-sit** (**-tt-**; **-sat**) babysitten; '**~-sit·ter** Babysitter(in)
bach·e·lor ['bætʃələ] Junggeselle *m*; *univ.* Bakkalaureus *m* (*Grad*)
back [bæk] **1.** Rücken *m*; Rückseite *f*; (Rück)Lehne *f*; hinterer *od.* rückwärtiger Teil; *Sport*: Verteidiger *m*; **2.** *adj.* Hinter..., Rück..., hintere(r, -s), rückwärtig; rückständig (*Zahlung*); alt, zurückliegend (*Zeitung etc.*); **3.** *adv.* zurück, rückwärts; **4.** *v/t.* mit e-m Rücken versehen; wetten *od.* setzen auf (*acc.*); *a.* **~ *up*** unterstützen; zurückbewegen, zurückstoßen mit (*Auto*); **~ *up*** *Computer*: e-e Sicherungskopie machen von; *v/i. oft* **~ *up*** sich rückwärts bewegen, zurückgehen *od.* -fahren, *mot. a.* zurückstoßen; **~ *in*(*to a parking space*)** *mot.* rückwärts einparken; **~ *up*** *Computer*: e-e Sicherungskopie machen; '**~·ache** Rückenschmerzen *pl.*; '**~·bite** (**-*bit*, -*bitten***) verleumden; '**~·bone** Rückgrat *n*; '**~-break·ing** erschöpfend, mörderisch (*Arbeit*); '**~·chat** *Brt.* freche Antwort(en *pl.*); '**~·comb** *Haar* toupieren; **~ 'door** Hintertür *f*; *fig.* Hintertürchen *n*; '**~·er** Unterstützer(in), Geldgeber(in); **~'fire** *mot.* Früh-, Fehlzündung *f*; '**~·ground** Hintergrund *m*; '**~·hand** *Sport*: Rückhand(schlag *m*) *f*; '**~·heel·er** *Fußball*: Hackentrick *m*; '**~·ing** Unterstützung *f*; **~ 'num·ber** alte Nummer (*e-r Zeitung*); '**~·pack** *großer* Rucksack; '**~·pack·er** Rucksacktourist(in); '**~·pack·ing** Rucksacktourismus *m*; **~ 'seat** Rücksitz *m*; '**~·side** Gesäß *n*, Hintern *m*, Po *m*; '**~·space** (**key**) *Computer etc.*: Rück(stell)taste *f*; '**~ stairs** Hintertreppe *f*; '**~ street** Seitenstraße *f*; '**~·stroke** *Sport*: Rückenschwimmen *n*; '**~ talk** *Am.* freche Antwort(en *pl.*); '**~·track** *fig.* e-n Rückzieher machen; '**~·up** Unterstützung *f*; *tech.* Ersatzgerät *n*; *Computer*: Backup *n*, Sicherungskopie *f*; *Am. mot.* Rückstau *m*; **~·ward** ['bækwəd] **1.** *adj.* Rück(wärts)...; zurückgeblieben (*Entwicklung*); rückständig; **2.** *adv.* (*a.* '**~·wards**) rückwärts, zurück; **~'yard** *Brt.* Hinterhof *m*; *Am.* Garten *m* hinter dem Haus
ba·con ['beɪkən] Speck *m*
bac·te·ri·a *biol.* [bæk'tɪərɪə] *pl.* Bakterien *pl.*
bad [bæd] (***worse, worst***) schlecht, böse, schlimm; ***go* ~** schlecht werden, verderben; ***he is in a* ~ *way*** es geht ihm schlecht, er ist übel dran; ***he is* ~*ly off*** es

geht ihm sehr schlecht; *~ly wounded* schwer verwundet; *want ~ly* F dringend brauchen
bade [beɪd] *pret. von* ***bid*** 1
badge [bædʒ] Abzeichen *n*; Dienstmarke *f*
bad·ger ['bædʒə] **1.** *zo.* Dachs *m*; **2.** plagen, *j-m* zusetzen
bad·min·ton ['bædmɪntən] Federball(spiel *n*) *m*, *Sport*: Badminton *n*
bad-'tempered schlecht gelaunt
baf·fle ['bæfl] *j-n* verwirren; *Plan etc.* vereiteln, durchkreuzen
bag [bæg] **1.** Beutel *m*, Sack *m*; Tüte *f*; Tasche *f*; *~ and baggage* (mit) Sack u. Pack; **2.** (*-gg-*) in e-n Beutel *etc.* tun; in Beutel verpacken *od.* abfüllen; *hunt.* zur Strecke bringen; *a. ~ out* sich bauschen
bag·gage *bsd. Am.* ['bægɪdʒ] (Reise-) Gepäck *n*; **'~ car** *Am. rail.* Gepäckwagen *m*; **'~ check** *Am.* Gepäckschein *m*; **'~ claim** *aviat.* Gepäckausgabe *f*; **'~ room** *Am.* Gepäckaufbewahrung *f*
bag·gy F ['bægɪ] (*-ier, -iest*) bauschig; ausgebeult (*Hose*)
'bag·pipes *pl.* Dudelsack *m*
bail [baɪl] **1.** Bürge *m*; Kaution *f*; *be out on ~* gegen Kaution auf freiem Fuß sein; *go od. stand ~ for s.o.* für j-n Kaution stellen; **2.** *~ out j-n* gegen Kaution freibekommen; *Am. aviat.* → ***bale²***
bai·liff *Brt.* ['beɪlɪf] *jur. bsd.* Gerichtsvollzieher *m*; (Guts)Verwalter *m*
bait [beɪt] **1.** Köder *m* (*a. fig.*); **2.** mit e-m Köder versehen; *fig.* ködern
bake [beɪk] backen, im (Back)Ofen braten; *Ziegel* brennen; dörren; **~d 'beans** *pl.* Bohnen *pl.* in Tomatensoße; **~d po'ta·toes** *pl. ungeschälte, im Ofen gebackene Kartoffeln*; **'bak·er** Bäcker *m*; **bak·er·y** ['beɪkərɪ] Bäckerei *f*; **'bak·ing-pow·der** Backpulver *n*
bal·ance ['bæləns] **1.** Waage *f*; Gleichgewicht *n* (*a. fig.*); *econ.* Bilanz *f*; *econ.* Saldo *m*, Kontostand *m*, Guthaben *n*; *econ.* Restbetrag *m*; *keep one's ~* das Gleichgewicht halten; *lose one's ~* das Gleichgewicht verlieren; *fig.* die Fassung verlieren; *~ of payments econ.* Zahlungsbilanz *f*; *~ of power pol.* Kräftegleichgewicht *n*; *~ of trade econ.* Handelsbilanz *f*; **2.** *v/t.* (ab-, er)wägen; im Gleichgewicht halten, balancieren; *Konten etc.* ausgleichen; *v/i.* balancieren, sich ausgleichen; **'~ sheet** *econ.* Bilanz *f* (*Aufstellung*)
bal·co·ny ['bælkənɪ] Balkon *m* (*a. thea.*)
bald [bɔːld] kahl ⚠ *nicht* ***bald***
bale¹ *econ.* [beɪl] Ballen *m*
bale² *Brt. aviat.* [beɪl]: *~ out* (mit dem Fallschirm) abspringen
bale·ful ['beɪlfl] hasserfüllt (*Blick*)
balk [bɔːk] **1.** Balken *m*; **2.** stutzen; scheuen
ball¹ [bɔːl] **1.** Ball *m*; Kugel *f*; *anat.* (Hand-, Fuß)Ballen *m*; Knäuel *m*, *n*; Kloß *m*; *keep the ~ rolling* das Gespräch *od.* die Sache in Gang halten; *play ~* F mitmachen; *long ~ Sport*: langer Pass; **2.** (sich) (zusammen)ballen
ball² [bɔːl] Ball *m*, Tanzveranstaltung *f*
bal·lad ['bæləd] Ballade *f*
bal·last ['bæləst] **1.** Ballast *m*; **2.** mit Ballast beladen
ball 'bear·ing *tech.* Kugellager *n*
bal·let ['bæleɪ] Ballett *n*
bal·lis·tics *mil., phys.* [bə'lɪstɪks] *sg.* Ballistik *f*
bal·loon [bə'luːn] **1.** Ballon *m*; Sprech-, Denkblase *f*; **2.** sich (auf)blähen
bal·lot ['bælət] **1.** Stimmzettel *m*; (*bsd.* geheime) Wahl; **2.** (*for*) stimmen (für), (*bsd.* in geheimer Wahl) wählen (*acc.*); **'~ box** Wahlurne *f*; **'~ pa·per** Stimmzettel *m*
'ball·point, ~ 'pen Kugelschreiber *m*, F Kuli *m*
'ball·room Ball-, Tanzsaal *m*
balls V [bɔːlz] *pl.* Eier *pl.* (*Hoden*)
balm [bɑːm] Balsam *m* (*a. fig.*)
balm·y ['bɑːmɪ] (*-ier, -iest*) lind, mild
ba·lo·ney *Am. sl.* [bə'ləʊnɪ] Quatsch *m*
bal·us·trade [bælə'streɪd] Balustrade *f*, Brüstung *f*, Geländer *n*
bam·boo *bot.* [bæm'buː] (*pl.* ***-boos***) Bambus(rohr *n*) *m*
bam·boo·zle F [bæm'buːzl] betrügen, übers Ohr hauen
ban [bæn] **1.** (amtliches) Verbot, Sperre *f*; *rel.* Bann *m*; **2.** (*-nn-*) verbieten
ba·nal [bə'nɑːl] banal, abgedroschen
ba·na·na *bot.* [bə'nɑːnə] Banane *f*
band [bænd] **1.** Band *n*; Streifen *m*; Schar *f*, Gruppe *f*; (*bsd. Räuber*)Bande *f*; (Musik)Kapelle *f*, (Tanz-, Unterhaltungs)Orchester *n*, (*Jazz-*, *Rock*)Band

f; ⚠ *nicht Buch-**Band**, **Tonband***; **2.** ~ ***together*** sich zusammentun *od.* zusammenrotten
ban·dage ['bændɪdʒ] **1.** Bandage *f*; Binde *f*; Verband *m*; *Am.* (Heft)Pflaster *n*; **2.** bandagieren; verbinden
'**Band-Aid**® *Am.* (Heft)Pflaster *n*
b & b, B & B [biː ənd 'biː] *Abk. für **bed and breakfast*** Übernachtung *f* mit Frühstück
ban·dit ['bændɪt] Bandit *m*
'**band|·lead·er** *mus.* Bandleader *m*; '**~-mas·ter** *mus.* Kapellmeister *m*
ban·dy ['bændɪ] (***-ier, -iest***) krumm; **~-'legged** säbelbeinig, o-beinig
bang [bæŋ] **1.** heftiger Schlag; Knall *m*; *mst* ***~s*** *pl.* Pony *m* (*Frisur*); **2.** dröhnend (zu)schlagen; V bumsen
ban·gle ['bæŋgl] Arm-, Fußreif *m*
ban·ish ['bænɪʃ] verbannen; '**~·ment** Verbannung *f*
ban·is·ter ['bænɪstə] *a.* ***~s*** *pl.* Treppengeländer *n*
ban·jo ['bændʒəʊ] (*pl.* ***-jos, -joes***) Banjo *n*
bank[1] [bæŋk] **1.** *econ.* Bank *f*; (*Blut-, Daten- etc.*)Bank *f*; **2.** *v/t. Geld* bei e-r Bank einzahlen; *v/i.* ein Bankkonto haben (***with*** bei); ⚠ *nicht Sitz-**Bank***
bank[2] [bæŋk] (Erd)Wall *m*; Böschung *f*; (*Fluss- etc.*)Ufer *n*; (*Sand-, Wolken-*) Bank *f*; ⚠ *nicht Sitz-**Bank***
'**bank| ac·count** Bankkonto *n*; '**~ bill** *Am.* → ***bank note***; '**~·book** Sparbuch *n*; '**~ code** *a.* ~ ***sorting code*** *econ.* Bankleitzahl *f*; '**~·er** Bankier *m*, Banker *m*; '**~·er's card** Scheckkarte *f*; **~ 'hol·i·day** *Brt.* Bankfeiertag *m*; '**~·ing** Bankgeschäft *n*, Bankwesen *n*; Bank...; '**~ note** Banknote *f*, Geldschein *m*; '**~ rate** Diskontsatz *m*
bank·rupt *jur.* ['bæŋkrʌpt] **1.** Konkursschuldner *m*; **2.** bankrott; ***go*** ~ in Konkurs gehen, Bankrott machen; **3.** *j-n, Unternehmen* Bankrott machen; **~·cy** ['bæŋkrʌptsɪ] Bankrott *m*, Konkurs *m*
ban·ner ['bænə] Transparent *n*
banns [bænz] *pl.* Aufgebot *n*
ban·quet ['bæŋkwɪt] Bankett *n*
ban·ter ['bæntə] necken
bap|·tis·m ['bæptɪzəm] Taufe *f*; **~·tize** [bæp'taɪz] taufen
bar [bɑː] **1.** Stange *f*, Stab *m*; (Tor-, Quer-, Sprung)Latte *f*; Riegel; Schranke *f*, Sperre *f*; *fig.* Hindernis *n*; (*Gold- etc.*)Barren *m*; Riegel *m*, Stange *f*; *mus.* Taktstrich *m*; *mus. ein* Takt *m*; dicker Strich; *jur.* (Gerichts)Schranke *f*; *jur.* Anwaltschaft *f*; Bar *f*; Lokal *n*, Imbissstube *f*; ***a ~ of chocolate*** ein Riegel *od.* e-e Tafel Schokolade; ***a ~ of soap*** ein Riegel *od.* Stück Seife; ***~s*** *pl.* Gitter *n*; **2.** (***-rr-***) zu-, verriegeln; versperren; einsperren; (ver)hindern; ausschließen
barb [bɑːb] Widerhaken *m*
bar·bar·i·an [bɑː'beərɪən] **1.** barbarisch; **2.** Barbar(in)
bar·be·cue ['bɑːbɪkjuː] **1.** Bratrost *m*, Grill *m*; Barbecue *n*; **2.** auf dem Rost *od.* am Spieß braten, grillen
barbed wire [bɑːbd 'waɪə] Stacheldraht *m*
bar·ber ['bɑːbə] (Herren)Friseur *m*, (-)Frisör *m*
'**bar code** Strichcode *m*
bare [beə] **1.** (***~r, ~st***) nackt, bloß; kahl; leer; **2.** entblößen; '**~·faced** unverschämt, schamlos; '**~·foot, ~'foot·ed** barfuß; **~'head·ed** barhäuptig; '**~·ly** kaum
bar·gain ['bɑːgɪn] **1.** Geschäft *n*, Handel *m*; vorteilhaftes Geschäft, Gelegenheitskauf *m*; ***a*** (***dead***) ~ spottbillig; ***it's a ~!*** abgemacht!; ***into the ~*** obendrein; **2.** (ver)handeln; '**~ sale** Verkauf *m* zu herabgesetzten Preisen; Ausverkauf *m*
barge [bɑːdʒ] **1.** Lastkahn *m*; **2.** ~ ***in*** hereinplatzen (in *acc.*)
bark[1] *mus.* [bɑːk] Borke *f*, Rinde
bark[2] [bɑːk] **1.** bellen; ~ ***up the wrong tree*** F auf dem Holzweg sein; an der falschen Adresse sein; **2.** Bellen *n*
bar·ley *bot.* ['bɑːlɪ] Gerste *f*; Graupe *f*
barn [bɑːn] Scheune *f*; (Vieh)Stall *m*
ba·rom·e·ter [bə'rɒmɪtə] Barometer *n*
bar·on ['bærən] Baron *m*; Freiherr *m*; **~·ess** ['bærənɪs] Baronin *f*; Freifrau *f*
bar·racks ['bærəks] *sg. mil.* Kaserne *f*; *contp.* Mietskaserne *f*; ⚠ *nicht **Baracke***
bar·rage ['bærɑːʒ] Staudamm *m*; *mil.* Sperrfeuer *n*; (Wort- *etc.*)Schwall *m*
bar·rel ['bærəl] Fass *n*, Tonne *f*; (*Gewehr*)Lauf *m*; *tech.* Trommel *f*, Walze *f*; '**~ or·gan** *mus.* Drehorgel *f*
bar·ren ['bærən] unfruchtbar; trocken
bar·ri·cade ['bærɪkeɪd] **1.** Barrikade *f*; **2.** verbarrikadieren; sperren

bar·ri·er ['bærɪə] Schranke *f* (*a. fig.*), Barriere *f*, Sperre *f*; Hindernis *n*
bar·ris·ter *Brt. jur.* ['bærɪstə] Barrister *m* (*vor höheren Gerichten plädierender Anwalt*)
bar·row ['bærəʊ] Karre *f*
bar·ter ['bɑːtə] **1.** Tausch(handel) *m*; **2.** tauschen (***for*** gegen)
base¹ [beɪs] (***~r, ~st***) gemein
base² [beɪs] **1.** Basis *f*; Grundlage *f*; Fundament *n*; Fuß *m*; *mil.* Standort *m*; *mil.* Stützpunkt *m*; **2.** gründen, stützen (***on*** auf *acc.*)
base³ *chem.* [beɪs] Base *f*
'base|·ball Baseball(spiel *n*) *m*; **'~·board** *Am.* Scheuerleiste *f*; **'~·less** grundlos; **'~·line** *Tennis etc.*: Grundlinie *f*; **'~·ment** Fundament *n*; Kellergeschoss *n*, *östr.* -geschoß *n*
bash·ful ['bæʃfl] scheu, schüchtern
ba·sic¹ ['beɪsɪk] **1.** grundlegend, Grund...; **2.** ***~s*** *pl.* Grundlagen *pl.*
ba·sic² *chem.* ['beɪsɪk] basisch
BA·SIC ['beɪsɪk] BASIC *n* (*e-e einfache Programmiersprache*)
ba·sic·al·ly ['beɪsɪkəlɪ] im Grunde
ba·sin ['beɪsn] Becken *n*, Schale *f*, Schüssel *f*; Tal-, Wasser-, Hafenbecken *n*
ba·sis ['beɪsɪs] (*pl.* ***-ses*** [-siːz]) Basis *f*; Grundlage *f*
bask [bɑːsk] sich sonnen (*a. fig.*)
bas·ket ['bɑːskɪt] Korb *m*; **'~·ball** Basketball(spiel *n*) *m*
bass¹ *mus.* [beɪs] Bass *m*
bass² *zo.* [bæs] (*pl.* ***bass, basses***) (Fluss-, See)Barsch *m*
bas·tard ['bɑːstəd] Bastard *m*
baste¹ [beɪst] *Braten* mit Fett begießen
baste² [beɪst] (an)heften
bat¹ [bæt] *zo.* Fledermaus *f*; ***as blind as a ~*** stockblind; ***be*** *od.* ***have ~s in the belfry*** F e-n Vogel haben
bat² [bæt] *Baseball, Kricket*: **1.** Schlagholz *n*, Schläger *m*; **2.** (***-tt-***) am Schlagen sein
batch [bætʃ] Stapel *m*, Stoß *m*; **~ 'file** *Computer*: Batch-Datei *f*, Stapeldatei *f*
bate [beɪt]: ***with ~d breath*** mit angehaltenem Atem
bath [bɑːθ] **1.** (*pl.* ***baths*** [bɑːðz]) (Wannen)Bad *n*; ***have a ~*** *Brt.*, ***take a ~*** *Am.* baden, ein Bad nehmen; ***~s*** *pl.* Bad *n*; Badeanstalt *f*; Badeort *m*; **2.** *Brt. v/t. Kind etc.* baden; *v/i.* baden, ein Bad nehmen
bathe [beɪð] *v/t. Wunde etc., bsd. Am. Kind etc.* baden; *v/i.* baden, schwimmen; *bsd. Am.* baden, ein Bad nehmen
bath·ing ['beɪðɪŋ] Baden *n*; *attr.* Bade...; **'~ cos·tume, '~ suit** → ***swimsuit***
'bath|·robe Bademantel *m*; *Am.* Morgen-, Schlafrock *m*; **'~·room** Badezimmer *n*; **'~·tub** Badewanne *f*
bat·on ['bætən] Stab *m*; *mus.* Taktstock *m*; Schlagstock *m*, Gummiknüppel *m*
bat·tal·i·on *mil.* [bə'tæljən] Bataillon *n*
bat·ten ['bætn] Latte *f*
bat·ter¹ ['bætə] heftig schlagen; *Frau, Kind etc.* misshandeln; verbeulen; ***~ down, ~ in*** *Tür* einschlagen
bat·ter² *gastr.* ['bætə] Rührteig *m*
bat·ter³ ['bætə] *Baseball, Kricket*: Schläger *m*, Schlagmann *m*
bat·ter·y ['bætərɪ] Batterie *f*; *jur.* Tätlichkeit *f*, Körperverletzung *f*; ***assault and ~*** *jur.* tätliche Beleidigung; **'~ charg·er** *electr.* Ladegerät *n*; **'~·op·e·rat·ed** batteriebetrieben
bat·tle ['bætl] **1.** *mil.* Schlacht *f* (***of*** bei); *fig.* Kampf (***for*** um); **2.** kämpfen; **'~·field, '~·ground** Schlachtfeld *n*; **~·ments** ['bætlmənts] *pl.* Zinnen *pl.*; **'~·ship** *mil.* Schlachtschiff *n*
baulk [bɔːk] → ***balk***
Ba·va·ri·a [bə'veərɪə] Bayern *n*; **Ba·var·i·an** [bə'veərɪən] **1.** bay(e)risch; **2.** Bayer(in)
bawd·y ['bɔːdɪ] (***-ier, -iest***) obszön
bawl [bɔːl] brüllen, schreien
bay¹ [beɪ] Bai *f*, Bucht *f*; *arch.* Erker *m*
bay² *bot.* [beɪ] *a.* ***~ tree*** Lorbeer(baum) *m*
bay³ [beɪ] **1.** bellen, Laut geben (*Hund*); **2.** ***hold*** *od.* ***keep at ~*** *j-n* in Schach halten; *et.* von sich fern halten
bay⁴ [beɪ] **1.** rotbraun; **2.** Braune(r) *m* (*Pferd*)
bay·o·net *mil.* ['beɪənɪt] Bajonett *n*
bay·ou *Am.* ['baɪuː] sumpfiger Flussarm
bay 'win·dow Erkerfenster *n*
ba·zaar [bə'zɑː] Basar *m*
BBC [biː biː 'siː] *Abk. für* ***British Broadcasting Corporation*** BBC *f* (*brit. Rundfunkgesellschaft*)
BC [biː 'siː] *Abk. für* ***before Christ*** v. Chr., vor Christus
be [biː] (***was*** *od.* ***were, been***) sein; *zur*

Bildung des Passivs: werden; stattfinden; werden (*beruflich*); **he wants to ~** ... er möchte ... werden; **how much are the shoes?** was kosten die Schuhe?; **that's five pounds** das macht *od.* kostet fünf Pfund; **she is reading** sie liest gerade; **there is, there are** es gibt

B/E *nur geschr. Abk. für* **bill of exchange** *econ.* Wechsel *m*

beach [biːtʃ] Strand *m*; '**~ ball** Wasserball *m*; '**~ bug·gy** *mot.* Strandbuggy *m*; '**~·wear** Strandkleidung *f*

bea·con ['biːkən] Leucht-, Signalfeuer *n*

bead [biːd] (*Glas-, Schweiß- etc.*)Perle *f*; **~s** *pl. rel.* Rosenkranz *m*; '**~·y** (**-ier, -iest**) klein, rund u. glänzend (*Augen*)

beak [biːk] Schnabel *m*; *tech.* Tülle *f*

bea·ker ['biːkə] Becher *m*

beam [biːm] **1.** Balken *m*; Strahl *m*; Peil-, Leit-, Richtstrahl *m*; **2.** ausstrahlen; strahlen (*a. fig.* **with** vor *dat.*)

bean [biːn] *bot.* Bohne *f*; **be full of ~s** F voller Leben(skraft) stecken

bear[1] *zo.* [beə] Bär *m*

bear[2] [beə] (**bore, borne** *od. pass. geboren* [*werden*]: **born**) tragen; zur Welt bringen, gebären; ertragen, aushalten; *mst negativ*: ausstehen, leiden; **~ out** bestätigen; **~·a·ble** ['beərəbl] erträglich

beard [bɪəd] Bart *m*; *bot.* Grannen *pl.*; '**~·ed** bärtig

bear·er ['beərə] Träger(in); *econ.* Überbringer(in), (*Wertpapier*)Inhaber(in)

bear·ing ['beərɪŋ] Ertragen *n*; Betragen *n*; (Körper)Haltung *f*; *fig.* Beziehung *f*; Lage *f*, Richtung *f*, Orientierung *f*; **take one's ~s** sich orientieren; **lose one's ~s** die Orientierung verlieren

beast [biːst] (*a. wildes*) Tier; Bestie *f*; '**~·ly** (**-ier, -iest**) scheußlich; **~ of 'prey** Raubtier *n*

beat [biːt] **1.** (**beat, beaten** *od.* **beat**) schlagen; (ver)prügeln; besiegen; übertreffen; **~ it!** F hau ab!; **that ~s all!** das ist doch der Gipfel *od.* die Höhe!; **that ~s me** das ist mir zu hoch; **~ about the bush** wie die Katze um den heißen Brei herumschleichen; **~ down** *econ. Preis* drücken, herunterhandeln; **~ up** *j-n* zusammenschlagen; **2.** Schlag *m*; *mus.* Takt(schlag) *m*; *Jazz*: Beat *m*; Pulsschlag *m*; Runde *f*, Revier *n* (*e-s Polizisten*); **3.** (**dead**) **~** F wie erschlagen, fix u. fertig; **~·en** ['biːtn] *p.p. von* **beat** 1; **off the ~ track** ungewohn, ungewöhnlich

beau·ti·cian [bjuː'tɪʃn] Kosmetikerin *f*

beau·ti·ful ['bjuːtəfl] schön; **the ~ people** *pl.* die Schickeria

beaut·y ['bjuːtɪ] Schönheit *f*; **Sleeping ♀** Dornröschen *n*; '**~ par·lo(u)r, '~ salon** Schönheitssalon *m*

bea·ver ['biːvə] *zo.* Biber *m*; Biberpelz *m*

be·came [bɪ'keɪm] *pret. von* **become**

be·cause [bɪ'kɒz] weil; **~ of** wegen

beck·on ['bekən] (zu)winken

be·come [bɪ'kʌm] (**-came, -come**) *v/i.* werden (**of** aus); *v/t.* sich schicken für; *j-m* stehen, *j-n* kleiden; ⚠ *nicht* **bekommen**; **be'com·ing** passend; schicklich; kleidsam

bed [bed] **1.** Bett *n*; Lager *n* (*e-s Tieres*); *agr.* Beet *n*; Unterlage *f*; **~ and breakfast** Zimmer *n* mit Frühstück; **2.** (**-dd-**): **~ down** sein Nachtlager aufschlagen; '**~·clothes** *pl.* Bettwäsche *f*; '**~·ding** Bettzeug *n*; Streu *f*

bed·lam ['bedləm] Tollhaus *n*

'**bed|·rid·den** bettlägerig; '**~·room** Schlafzimmer *n*; '**~·side: at the ~** am (*a. Kranken*)Bett; **~·side 'lamp** Nachttischlampe *f*; '**~·sit** F, **~·'sit·ter, ~·'sit·ting room** *Brt.* möbliertes Zimmer; Einzimmerappartement *n*; '**~·spread** Tagesdecke *f*; '**~·stead** Bettgestell *n*; '**~·time** Schlafenszeit *f*

bee [biː] *zo.* Biene *f*; **have a ~ in one's bonnet** F e-n Fimmel *od.* Tick haben

beech *bot.* [biːtʃ] Buche *f*; '**~·nut** Buchecker *f*

beef [biːf] Rindfleisch *n*; '**~·bur·ger** *gastr. bsd. Brt.* Hamburger *m*; **~ 'tea** (Rind)Fleischbrühe *f*; '**~·y** (**-ier, -iest**) F bullig

'**bee|·hive** Bienenkorb *m*, -stock *m*; '**~-·keep·er** Imker *m*; '**~·line: make a ~ for** F schnurstracks losgehen auf (*acc.*)

been [biːn, bɪn] *p.p. von* **be**

beep·er *Am.* ['biːpə] → **bleeper**

beer [bɪə] Bier *n*

beet *bot.* [biːt] Runkelrübe *f*, *Am. a.* Rote Bete, rote Rübe

bee·tle *zo.* ['biːtl] Käfer *m*

'**beet·root** *bot. Brt.* Rote Bete, Rote Rübe

be·fore [bɪ'fɔː] **1.** *adv. räumlich*: vorn,

voran; *zeitlich*: vorher, früher, schon (früher); **2.** *cj.* bevor, ehe, bis; **3.** *prp.* vor; **~·hand** zuvor, im Voraus

be·friend [bɪˈfrend] sich *j-s* annehmen; ⚠ *nicht* ***befreunden***

beg [beg] (**-gg-**) *v/t. et.* erbitten (***of s.o.*** von j-m); betteln um; *j-n* bitten; *v/i.* betteln; (dringend) bitten

be·gan [bɪˈgæn] *pret. von* ***begin***

be·get [bɪˈget] (**-tt-**; ***-got, -gotten***) (er)zeugen

beg·gar [ˈbegə] **1.** Bettler(in); F Kerl *m*; **2.** ***it ~s all description*** es spottet jeder Beschreibung

be·gin [bɪˈgɪn] (***-nn-; began, begun***) beginnen, anfangen; **~·ner** Anfänger(in); **~·ning** Beginn *m*, Anfang *m*

be·got [bɪˈgɒt] *pret. von* ***beget***; **~·ten** [bɪˈgɒtn] *p.p. von* ***beget***

be·grudge [bɪˈgrʌdʒ] missgönnen

be·guile [bɪˈgaɪl] täuschen; betrügen (***of, out of*** um); sich *die Zeit* vertreiben

be·gun [bɪˈgʌn] *p.p. von* ***begin***

be·half [bɪˈhɑːf]: ***on*** (*Am. a.* ***in***) ***~ of*** im Namen von (*od. gen.*)

be·have [bɪˈheɪv] sich (gut) benehmen

be·hav·io(u)r [bɪˈheɪvjə] Benehmen *n*, Betragen *n*, Verhalten *n*; **~·al** *psych.* [bɪˈheɪvjərəl] Verhaltens...

be·head [bɪˈhed] enthaupten

be·hind [bɪˈhaɪnd] **1.** *adv.* hinten, dahinter; zurück; **2.** *prp.* hinter; **3.** F Hinterteil *n*, Hintern *m*

beige [beɪʒ] beige

be·ing [ˈbiːɪŋ] (Da)Sein *n*, Existenz *f*; (Lebe)Wesen *n*, Geschöpf *n*; *j-s* Wesen *n*, Natur *f*

be·lat·ed [bɪˈleɪtɪd] verspätet

belch [beltʃ] **1.** aufstoßen, rülpsen; *a.* ***~ out*** *Rauch etc.* speien, ausstoßen; **2.** Rülpser *m*

bel·fry [ˈbelfrɪ] Glockenturm *m*, -stuhl *m*

Bel·gium [ˈbeldʒəm] Belgien *n*; **Bel·gian** [ˈbeldʒən] **1.** belgisch; **2.** Belgier(in)

be·lief [bɪˈliːf] Glaube *m* (***in*** an *acc.*)

be·lie·va·ble [bɪˈliːvəbl] glaubhaft

be·lieve [bɪˈliːv] glauben (***in*** an *acc.*); ***I couldn't ~ my ears*** (***eyes***) ich traute m-n Ohren (Augen) nicht; **beˈliev·er** *rel.* Gläubige(r *m*) *f*

be·lit·tle *fig.* [bɪˈlɪtl] herabsetzen

bell [bel] Glocke *f*; Klingel *f*; **ˈ~·boy**, **ˈ~·hop** *Am.* (Hotel)Page *m*

-bel·lied [belɪd] ...bäuchig

bel·lig·er·ent [bɪˈlɪdʒərənt] kriegerisch; streitlustig, aggressiv; Krieg führend

bel·low [ˈbeləʊ] **1.** brüllen; **2.** Gebrüll *n*

bel·lows [ˈbeləʊz] *pl., sg.* Blasebalg *m*

bel·ly [ˈbelɪ] **1.** Bauch *m*; Magen *m*; **2.** ***~ out*** (an)schwellen lassen; bauschen; **ˈ~·ache** F Bauchweh *n*

be·long [bɪˈlɒŋ] gehören; ***~ to*** gehören *dat. od.* zu; **~·ings** *pl.* Habseligkeiten *pl.*

be·loved [bɪˈlʌvɪd] **1.** (innig) geliebt; **2.** Geliebte(r *m*) *f*

be·low [bɪˈləʊ] **1.** *adv.* unten; **2.** *prp.* unter

belt [belt] **1.** Gürtel *m*; Gurt *m*; Zone *f*, Gebiet *n*; *tech.* (Treib)Riemen *m*; **2.** *a.* ***~ up*** den Gürtel (*gen.*) zumachen; ***~ up*** *mot.* sich anschnallen; **ˈ~·ed** mit e-m Gürtel; **ˈ~·way** *Am.* Umgehungsstraße *f*; Ringstraße *f*

be·moan [bɪˈməʊn] betrauern, beklagen

bench [bentʃ] (Sitz)Bank *f*; Werkbank *f*; Richterbank *f*; Richter *m od. pl.*

bend [bend] **1.** Biegung *f*, Kurve *f*; ***drive s.o. round the ~*** F j-n noch wahnsinnig machen; **2.** (***bent***) (sich) biegen *od.* krümmen; neigen; beugen; *Gedanken etc.* richten (***to, on*** auf *acc.*)

be·neath [bɪˈniːθ] → ***below***

ben·e·dic·tion [benɪˈdɪkʃn] Segen *m*

ben·e·fac·tor [ˈbenɪfæktə] Wohltäter *m*

be·nef·i·cent [bɪˈnefɪsnt] wohltätig

ben·e·fi·cial [benɪˈfɪʃl] wohltuend, zuträglich, nützlich

ben·e·fit [ˈbenɪfɪt] **1.** Nutzen *m*, Vorteil *m*; Wohltätigkeitsveranstaltung *f*; (*Sozial-, Versicherungs- etc.*)Leistung *f*; (*Arbeitslosen- etc.*)Unterstützung *f*; (*Kranken- etc.*)Geld *n*; **2.** nützen; ***~ by, ~ from*** Vorteil haben von *od.* durch, Nutzen ziehen aus

be·nev·o|·lence [bɪˈnevələns] Wohlwollen *n*; **~·lent** wohltätig; wohlwollend

be·nign *med.* [bɪˈnaɪn] gutartig

bent [bent] **1.** *pret. u. p.p. von* ***bend 2***; ***~ on doing*** entschlossen zu tun; **2.** *fig.* Hang *m*, Neigung *f*; Veranlagung *f*

ben·zene *chem.* [ˈbenziːn] Benzol *n*

ben·zine *chem.* [ˈbenziːn] Leichtbenzin *n*; ⚠ *nicht* ***Benzin***

be·queath *jur.* [bɪˈkwiːð] vermachen

be·quest *jur.* [bɪ'kwest] Vermächtnis *n*
be·reave [bɪ'riːv] (***bereaved*** *od.* ***bereft***) berauben
be·reft [bɪ'reft] *pret. u. p.p. von* ***bereave***
be·ret ['bereɪ] Baskenmütze *f*
ber·ry *bot.* ['berɪ] Beere *f*
berth [bɜːθ] **1.** *naut.* Liege-, Ankerplatz *m*; *naut.* Koje *f*; *rail.* (Schlafwagen)Bett *n*; **2.** festmachen, anlegen
be·seech [bɪ'siːtʃ] (***besought*** *od.* ***beseeched***) (inständig) bitten (um); anflehen
be·set [bɪ'set] (***-tt-; beset***) heimsuchen; ***~ with difficulties*** mit vielen Schwierigkeiten verbunden; ⚠ *nicht* ***besetzen***
be·side *prp.* [bɪ'saɪd] neben; ***~ o.s.*** außer sich (***with*** vor); ***~ the point, ~ the question*** nicht zur Sache gehörig; **~s** [bɪ'saɪdz] **1.** *adv.* außerdem; **2.** *prp.* abgesehen von, außer
be·siege [bɪ'siːdʒ] belagern; ⚠ *nicht* ***besiegen***
be·smear [bɪ'smɪə] beschmieren
be·sought [bɪ'sɔːt] *pret. u. p.p. von* ***beseech***
be·spat·ter [bɪ'spætə] bespritzen
best [best] **1.** *adj.* (*sup. von* ***good*** 1) beste(r, -s) höchste(r, -s), größte(r, -s), meiste; ***~ before*** haltbar bis (*für Lebensmittel*); **2.** *adv.* (*sup. von* ***well***[1] 1) am besten; **3.** *der, die, das* Beste; ***all the ~!*** alles Gute!, viel Glück!; ***to the ~ of*** ... nach bestem ...; ***make the ~ of*** das Beste machen aus; ***at ~*** bestenfalls; ***be at one's ~*** in Hoch- *od.* Höchstform sein; **~ be'fore date, ~ 'by date** Mindesthaltbarkeitsdatum *n* (*für Lebensmittel*)
bes·ti·al ['bestjəl] tierisch; bestialisch
best 'man (*pl.* ***-men***) *engster Freund des Bräutigams bei dessen Hochzeit*
be·stow [bɪ'stəʊ] geben, verleihen (***on*** *dat.*)
best-'sell·er Bestseller *m*
bet [bet] **1.** Wette *f*; **2.** (***-tt-; bet*** *od.* ***betted***) wetten; ***you ~*** F und ob!
be·tray [bɪ'treɪ] verraten (*a. fig.*); verleiten; **~·al** [bɪ'treɪəl] Verrat *m*; **~·er** Verräter(in)
bet·ter ['betə] **1.** *adj.* (*comp. von* ***good*** 1) besser; ***he is ~*** es geht ihm besser; **2.** *das* Bessere; ***get the ~ of*** die Oberhand gewinnen über (*acc.*); *et.* überwinden; **3.** *adv.* (*comp. von* ***well***[1] 1) besser; mehr; ***so much the ~*** desto besser; ***you had ~*** (*Am.* F ***you ~***) ***go*** es wäre besser, wenn du gingest; **4.** *v/t.* verbessern; *v/i.* sich bessern
be·tween [bɪ'twiːn] **1.** *adv.* dazwischen; ***few and far ~*** F (ganz) vereinzelt; **2.** *prp.* zwischen; unter; ***~ you and me*** unter uns *od.* im Vertrauen (gesagt)
bev·el ['bevl] (*bsd. Brt.* ***-ll-***, *Am.* ***-l-***) abkanten, abschrägen
bev·er·age ['bevərɪdʒ] Getränk *n*
bev·y *zo.* ['bevɪ] Schwarm *m*, Schar *f*
be·ware [bɪ'weə] (***of***) sich in Acht nehmen (vor *dat.*), sich hüten (vor *dat.*); ⚠ *nicht* ***bewahren; ~ of the dog!*** Vorsicht, bissiger Hund!
be·wil·der [bɪ'wɪldə] verwirren; **~·ment** Verwirrung *f*
be·witch [bɪ'wɪtʃ] bezaubern, behexen
be·yond [bɪ'jɒnd] **1.** *adv.* darüber hinaus; **2.** *prp.* jenseits; über ... (*acc.*) hinaus
bi... [baɪ] zwei(fach, -mal)
bi·as ['baɪəs] Neigung *f*; Vorurteil *n*; **'~(s)ed** voreingenommen; *jur.* befangen
bi·ath|·lete [baɪ'æθliːt] *Sport*: Biathlet *m*; **~·lon** [baɪ'æθlən] *Sport*: Biathlon *n*
bib [bɪb] (Sabber)Lätzchen *n*
Bi·ble ['baɪbl] Bibel *f*
bib·li·cal ['bɪblɪkl] biblisch, Bibel...
bib·li·og·ra·phy [bɪblɪ'ɒgrəfɪ] Bibliografie *f*
bi·car·bon·ate - [baɪ'kɑːbənɪt] *a.* ***~ of soda*** doppeltkohlensaures Natron
bi·cen|·te·na·ry [baɪsen'tiːnərɪ], *Am.* **~·ten·ni·al** [baɪsen'tenɪəl] Zweihundertjahrfeier *f*
bi·ceps *anat.* ['baɪseps] Bizeps *m*
bick·er ['bɪkə] sich zanken *od.* streiten
bi·cy·cle ['baɪsɪkl] Fahrrad *n*
bid [bɪd] **1.** (***-dd-; bid*** *od.* ***bade, bid*** *od.* ***bidden***) *bei Versteigerungen* bieten; **2.** *econ.* Gebot *n*, Angebot *n*; **~·den** ['bɪdn] *p.p. von* ***bid*** 1
bi·en·ni·al [baɪ'enɪəl] zweijährlich; zweijährig (*Pflanzen*); **~·ly** alle zwei Jahre
bier [bɪə] (Toten)Bahre *f*; ⚠ *nicht* ***Bier***
big [bɪg] (***-gg-***) groß; dick, stark; ***talk ~*** den Mund vollnehmen
big·a·my ['bɪgəmɪ] Bigamie *f*
big| 'busi·ness Großunternehmertum *n*; **'~·head** F Angeber *m*, eingebildeter

Fatzke; ~ '**shot** hohes Tier (*Person*)
bike F [baɪk] (Fahr)Rad *n*; '**bik·er** Motorradfahrer(in) (*bsd. in Gruppen wie ‚Hell's Angels'*); Radfahrer(in), Radler(in)
bi·lat·er·al [baɪ'lætərəl] bilateral
bile [baɪl] Galle *f* (*a. fig.*)
bi·lin·gual [baɪ'lɪŋgwəl] zweisprachig; ~ '**sec·re·ta·ry** Fremdsprachensekretärin *f*
bill[1] [bɪl] Schnabel *m*
bill[2] *econ.* [bɪl] Rechnung *f*; *pol.* (Gesetzes)Vorlage *f*; *jur.* (An)Klageschrift *f*; Plakat *n*; *Am.* Banknote *f*, (Geld-)Schein *m*; '**~·board** *Am.* Reklametafel *f*; '**~·fold** *Am.* Brieftasche *f*
bil·li·ards ['bɪljədz] *sg.* Billiard(spiel) *n*
bil·li·on ['bɪljən] Milliarde *f*
bill| of de'liv·er·y *econ.* Lieferschein *m*; ~ **of ex'change** *econ.* Wechsel *m*; ~ **of 'sale** *jur.* Verkaufsurkunde *f*
bil·low ['bɪləʊ] **1.** Woge *f*; (*Rauch- etc.*) Schwaden *m*; **2.** *a.* ~ ***out*** sich bauschen *od.* blähen
bil·ly goat *zo.* ['bɪlɪgəʊt] Ziegenbock *m*
bin [bɪn] (großer) Behälter
bi·na·ry ['baɪnərɪ] *math., phys. etc.* binär, Binär...; ~ '**code** *Computer*: Binärcode *m*; ~ '**num·ber** Binärzahl *f*
bind [baɪnd] (***bound***) *v/t.* (an-, ein-, um-, auf-, fest-, ver)binden; *a.* vertraglich binden, verpflichten; *Saum* einfassen; *v/i.* binden; '**~·er** (*bsd. Buch*)Binder(in); Einband *m*, (Akten- *etc.*)Deckel *m*; '**~·ing 1.** bindend, verbindlich; **2.** Einband *m*; Einfassung *f*, Borte *f*
bin·go ['bɪŋgəʊ] Bingo *n* (*ein Glücksspiel*)
bi·noc·u·lars [bɪ'nɒkjʊləz] *pl.* Feldstecher *m*, Fern-, Opernglas *n*
bi·o·chem·is·try [baɪəʊ'kemɪstrɪ] Biochemie *f*
bi·o·de·gra·da·ble [baɪəʊdɪ'greɪdəbl] biologisch abbaubar, umweltfreundlich
bi·og·ra|·pher [baɪ'ɒgrəfə] Biograf *m*; **~·phy** Biografie *f*
bi·o·log·i·cal [baɪəʊ'lɒdʒɪkl] biologisch; **bi·ol·o·gist** [baɪ'ɒlədʒɪst] Biolog|e *m*, -in *f*; **bi·ol·o·gy** [baɪ'ɒlədʒɪ] Biologie *f*
bi·o·rhyth·ms ['baɪəʊrɪðəmz] *pl.* Biorhythmus *m*
bi·o·tope ['baɪəʊtəʊp] Biotop *n*
bi·ped *zo.* ['baɪped] Zweifüßer *m*
birch *bot.* [bɜːtʃ] Birke *f*
bird [bɜːd] Vogel *m*; '**~·cage** Vogelkäfig *m*; ~ **of 'pas·sage** Zugvogel *m*; ~ **of 'prey** Raubvogel *m*; ~ '**sanc·tu·a·ry** Vogelschutzgebiet *n*; '**~·seed** Vogelfutter *n*
bird's-eye 'view Vogelperspektive *f*
bi·ro® ['baɪrəʊ] (*pl.* ***-ros***) Kugelschreiber *m*
birth [bɜːθ] Geburt *f*; Herkunft *f*; ***give ~ to*** gebären, zur Welt bringen; '**~ cer·tif·i·cate** Geburtsurkunde *f*; '**~ con·trol** Geburtenregelung *f*; ~ **con·troll 'pill** Antibabypille *f*; '**~·day** Geburtstag *m*; ***happy ~!*** alles Gute *od.* herzlichen Glückwunsch zum Geburtstag!; '**~·mark** Muttermal *n*; '**~·place** Geburtsort *m*; '**~·rate** Geburtenziffer *f*
bis·cuit *Brt.* ['bɪskɪt] Keks *m, n*, Plätzchen *n*; ⚠ *nicht* ***Biskuit***
bi·sex·u·al [baɪ'sekʃʊəl] bisexuell
bish·op ['bɪʃəp] Bischof *m*; *Schach*: Läufer *m*; **~·ric** ['bɪʃəprɪk] Bistum *n*
bi·son *zo.* ['baɪsn] Bison *m*; Wisent *m*
bit [bɪt] **1.** Bisschen *n*, Stück(chen) *n*; Gebiss *n* (*am Zaum*); (Schlüssel)Bart *m*; *Computer*: Bit *n*; ***a*** (***little***) ~ ein (kleines) bisschen; **2.** *pret. von* ***bite*** 2
bitch [bɪtʃ] *zo.* Hündin *f*; *contp.* Miststück *n*, Schlampe *f*
'**bit den·si·ty** *Computer*: Speicherdichte *f*
bite [baɪt] **1.** Beißen *n*; Biss *m*; Bissen *m*, Happen *m*; *tech.* Fassen *n*, Greifen *n* (*von Schrauben etc.*); **2.** (***bit, bitten***) (an)beißen; stechen (*Insekt*); brennen (*Pfeffer*); schneiden (*Kälte*); beißen (*Rauch*); *tech.* fassen, greifen (*Schrauben etc.*)
bit·ten ['bɪtn] *p.p. von* ***bite*** 2
bit·ter ['bɪtə] bitter; *fig.* verbittert
bit·ters ['bɪtəz] *pl.* Magenbitter *m*
biz F [bɪz] → ***business***
black [blæk] **1.** schwarz; dunkel; finster; ***have s.th. in ~ and white*** et. schwarz auf weiß haben *od.* besitzen; ***be ~ and blue*** blaue Flecken haben; ***beat s.o. ~ and blue*** j-n grün u. blau schlagen; **2.** schwärzen; ~ ***out*** verdunkeln; **3.** Schwarz *n*; Schwärze *f*; Schwarze(r *m*) *f* (*Person*); '**~·ber·ry** *bot.* Brombeere *f*; '**~·bird** *zo.* Amsel *f*; '**~·board** (Schul-, Wand)Tafel *f*; ⚠ *nicht* ***Schwarzes***

Brett; ~ '**box** *aviat.* Flugschreiber *m*; ~'**cur·rant** *bot.* Schwarze Johannisbeere; '~·**en** *v/t.* schwärzen; *fig.* anschwärzen; *v/i.* schwarz werden; ~ '**eye** blaues Auge, Veilchen *n*; '~·**head** *med.* Mitesser *m*; ~ '**ice** Glatteis *n*; '~·**ing** schwarze Schuhwichse; '~·**leg** *Brt.* Streikbrecher *m*; '~·**mail 1.** Erpressung *f*; **2.** *j-n* erpressen; '~·**mail·er** Erpresser(in); ~ '**mar·ket** schwarzer Markt; '~·**ness** Schwärze *f*; '~·**out** Verdunkelung *f*; Black-out *n*, *m*; Ohnmacht *f*; ~ '**pud·ding** Blutwurst *f*; ~ '**sheep** (*pl.* - ***sheep***) *fig.* schwarzes Schaf; '~·**smith** Schmied *m*

blad·der *anat.* ['blædə] Blase *f*

blade [bleɪd] *bot.* Blatt *n*, Halm *m*; (*Säge-, Schulter- etc.*)Blatt *n*; (Propeller)Flügel *m*; Klinge *f*

blame [bleɪm] **1.** Tadel *m*; Schuld *f*; **2.** tadeln; ***be to ~ for*** schuld sein an (*dat.*); ⚠ *nicht* ***blamieren***; '~·**less** untadelig

blanch [blɑːntʃ] bleichen; *gastr.* blanchieren; erbleichen; bleich werden

blanc·mange [blə'mɒnʒ] Pudding *m*

blank [blæŋk] **1.** leer; unausgefüllt, unbeschrieben; *econ.* Blanko...; verdutzt; ⚠ *nicht* ***blank*** (*glänzend*); **2.** Leere *f*; leerer Raum, Lücke *f*; unbeschriebenes Blatt, Formular *n*; *Lotterie*: Niete *f*; ~ '**car·tridge** Platzpatrone *f*; ~ '**cheque** (*Am.* '**check**) *econ.* Blankoscheck *m*

blan·ket ['blæŋkɪt] **1.** (Woll)Decke *f*; **2.** zudecken

blare [bleə] brüllen, plärren (*Radio etc.*), schmettern (*Trompete*)

blas|·pheme [blæs'fiːm] lästern; ~·**phe·my** ['blæsfəmɪ] Gotteslästerung *f*

blast [blɑːst] **1.** Windstoß *m*; Ton *m* (*e-s Blasinstruments*); Explosion *f*; Druckwelle *f*; Sprengung *f*; **2.** sprengen; *fig.* zunichte machen; ~ ***off*** (***into space***) in den Weltraum schießen; ~ ***off*** abheben, starten (*Rakete*); ~*!* verdammt!; ~ ***you!*** der Teufel soll dich holen!; ~***ed*** verdammt, verflucht; '~ **fur·nace** *tech.* Hochofen *m*; '~·**off** Start *m* (*Rakete*)

bla·tant ['bleɪtənt] offenkundig, eklatant

blaze [bleɪz] **1.** Flamme(n *pl.*) *f*, Feuer *n*; heller Schein; *fig.* Ausbruch *m*; **2.** brennen, lodern; leuchten; ⚠ *nicht* ***blasen***

blaz·er ['bleɪzə] Blazer *m*

bla·zon ['bleɪzn] Wappen *n*

bleach [bliːtʃ] bleichen

bleak [bliːk] öde, kahl; rau; *fig.* trüb, freudlos, finster

blear·y ['blɪərɪ] (-***ier***, -***iest***) trübe, verschwommen

bleat [bliːt] **1.** Blöken *n*; **2.** blöken

bled [bled] *pret. u. p.p. von* ***bleed***

bleed [bliːd] (***bled***) *v/i.* bluten; *v/t. med.* zur Ader lassen; *fig.* F schröpfen; '~·**ing 1.** *med.* Bluten *n*, Blutung *f*; *med.* Aderlass *m*; **2.** *sl.* verdammt, verflucht

bleep [bliːp] **1.** Piepton *m*; **2.** *j-n* anpiepsen (*über Funkrufempfänger*); '~·**er** *Brt.* F Piepser *m* (*Funkrufempfänger*)

blem·ish ['blemɪʃ] **1.** (*a.* Schönheits-)Fehler *m*; Makel *m*; **2.** entstellen

blend [blend] **1.** (sich) (ver)mischen; *Wein etc.* verschneiden; ⚠ *nicht* ***blenden***; **2.** Mischung *f*; *econ.* Verschnitt *m*; '~·**er** Mixer *m*, Mixgerät *n*

bless [bles] (***blessed*** *od.* ***blest***) segnen; preisen; ***be ~ed with*** gesegnet sein mit; (***God***) ~ ***you!*** alles Gute!; Gesundheit!; ~ ***me!***, ~ ***my heart!***, ~ ***my soul!*** F du meine Güte!; '~·**ed** *adj.* selig, gesegnet; F verflixt; '~·**ing** Segen *m*

blest [blest] *pret. u. p.p. von* ***bless***

blew [bluː] *pret. von* ***blow***²

blight *bot.* [blaɪt] Mehltau *m*

blind [blaɪnd] **1.** blind (*fig.* ***to*** gegen[über]); unübersichtlich (*Kurve etc.*); **2.** Rouleau *n*, Rollo *n*; ***the*** ~ *pl.* die Blinden *pl.*; **3.** blenden; *fig.* blind machen (***to*** für, gegen); ~ '**al·ley** Sackgasse *f*; '~·**ers** *pl. Am.* Scheuklappen *pl.*; '~·**fold 1.** blindlings; **2.** *j-m* die Augen verbinden; **3.** Augenbinde *f*; '~·**ly** *fig.* blindlings; '~·**worm** *zo.* Blindschleiche *f*

blink [blɪŋk] **1.** Blinzeln *n*; **2.** blinzeln, zwinkern; blinken; '~·**ers** *pl.* Scheuklappen *pl.*

bliss [blɪs] Seligkeit *f*, Wonne *f*

blis·ter ['blɪstə] **1.** *med., tech.* Blase *f*; **2.** Blasen hervorrufen auf (*dat.*); Blasen ziehen *od. tech.* werfen

blitz [blɪts] **1.** heftiger Luftangriff; **2.** schwer bombardieren; ⚠ *nicht* ***Blitz***; ***blitzen***

bliz·zard ['blɪzəd] Blizzard *m*, Schneesturm *m*

bloat|·ed ['bləʊtɪd] (an)geschwollen, (auf)gedunsen; *fig.* aufgeblasen; **'~·er** Bückling *m*

blob [blɒb] Klecks *m*

block [blɒk] **1.** Block *m*, Klotz *m*; Baustein *m*, (Bau)Klötzchen *n*; (*Schreib-, Notiz*)Block *m*; *bsd. Am.* (Häuser)Block *m*; *tech.* Verstopfung *f*; *geistige etc.* Sperre; **~ (of flats)** *Brt.* Wohn-, Mietshaus *n*; **2.** *a.* **~ up** (ab-, ver)sperren, blockieren, verstopfen

block·ade [blɒ'keɪd] **1.** Blockade *f*; **2.** blockieren

block|·bust·er F ['blɒkbʌstə] Kassenmagnet *m*, -schlager *m*; **'~·head** F Dummkopf *m*; **~ 'let·ters** *pl.* Blockschrift *f*

bloke *Brt.* F [bləʊk] Kerl *m*

blond [blɒnd] **1.** Blonde(r) *m*; **2.** blond; hell (*Haut*); **~e** [blɒnd] **1.** blond; **2.** Blondine *f*

blood [blʌd] Blut *n*; *attr.* Blut...; ***in cold ~*** kaltblütig; **'~ bank** *med.* Blutbank *f*; **'~·cur·dling** ['blʌdkɜːdlɪŋ] grauenhaft; **'~ do·nor** *med.* Blutspender(in); **'~ group** *med.* Blutgruppe *f*; **'~·hound** *zo.* Bluthund *m*; **'~ pres·sure** *med.* Blutdruck *m*; **'~·shed** Blutvergießen *n*; **'~·shot** blutunterlaufen; **'~·thirst·y** blutdürstig; **'~ ves·sel** *anat.* Blutgefäß *n*; **'~·y** (**-ier, -iest**) blutig; *Brt.* F verdammt, verflucht

bloom [bluːm] **1.** *poet.* Blume *f*, Blüte *f*; *fig.* Blüte(zeit) *f*; ⚠ *nicht allg.* ***Blume***; **2.** blühen; *fig.* (er)strahlen

blos·som ['blɒsəm] **1.** Blüte *f*; **2.** blühen

blot [blɒt] **1.** Klecks *m*; *fig.* Makel *m*; **2.** (**-tt-**) beklecksen

blotch [blɒtʃ] Klecks *m*; Hautfleck *m*; **'~·y** (**-ier, -iest**) fleckig (*Haut*)

blot|·ter ['blɒtə] (Tinten)Löscher *m*; **'~·ting pa·per** Löschpapier *n*

blouse [blaʊz] Bluse *f*

blow¹ [bləʊ] Schlag *m*, Stoß *m*

blow² [bləʊ] (***blew, blown***) *v/i.* blasen, wehen; keuchen, schnaufen; explodieren; platzen (*Reifen*); *electr.* durchbrennen (*Sicherung*); ***~ up*** in die Luft fliegen; explodieren; *v/t.* ***~ one's nose*** sich die Nase putzen; ***~ one's top*** F an die Decke gehen (*vor Wut*); ***~ out*** ausblasen; ***~ up*** sprengen; *Foto* vergrößern; **'~·dry** fönen; **'~·fly** *zo.* Schmeißfliege *f*; **~n** [bləʊn] *p.p. von* ***blow²***; **'~·pipe** Blasrohr *n*; **'~·up** *phot.* Vergrößerung *f*

blud·geon ['blʌdʒən] Knüppel *m*

blue [bluː] **1.** blau; F melancholisch, traurig, schwermütig; **2.** Blau *n*; ***out of the ~*** *fig.* aus heiterem Himmel; **'~·ber·ry** *bot.* Blau-, Heidelbeere *f*; **'~·bot·tle** *zo.* Schmeißfliege *f*; **~-'col·lar work·er** (Fabrik)Arbeiter(in)

blues [bluːz] *pl. od. sing. mus.* Blues *m*; F Melancholie *f*; ***have the ~*** F den Moralischen haben

bluff¹ [blʌf] Steilufer *n*

bluff² [blʌf] **1.** Bluff *m*; **2.** bluffen

blu·ish ['bluːɪʃ] bläulich

blun·der ['blʌndə] **1.** Fehler *m*, Schnitzer *m*; **2.** e-n (groben) Fehler machen; verpfuschen, -patzen; ⚠ *nicht* ***plündern***

blunt [blʌnt] stumpf; *fig.* offen; **'~·ly** frei heraus

blur [blɜː] (**-rr-**) **1.** *v/t.* verwischen; verschmieren; *phot., TV* verwackeln, verzerren; *Sinne etc.* trüben; **2.** *v/i.* verschwimmen (*a. Eindruck etc.*)

blurt [blɜːt]: **~ *out*** herausplatzen mit

blush [blʌʃ] **1.** Erröten *n*, Schamröte *f*; **2.** erröten, rot werden

blus·ter ['blʌstə] brausen (*Wind*); *fig.* poltern, toben

Blvd *nur geschr. Abk. für* ***Boulevard*** Boulevard *m*

BMI [biː em 'waɪ] *Abk. für* ***Body Mass Index*** *etwa*: Körpermasse u. -gewichtsindex *m*

BMX [biː em 'eks] *Abk. für* ***bicycle motocross*** Querfeldeinrennen *n* (*auf Fahrrädern*); **~ bike** BMX-Rad *n* (*geländegängiges Fahrrad*)

BO *Abk.* [biː 'əʊ] → ***body odo(u)r***

boar *zo.* [bɔː] Eber *m*; Keiler *m*

board [bɔːd] **1.** Brett *n*; (Anschlag)Brett *n*; Konferenztisch *m*; Ausschuss *m*, Kommission *f*; Behörde *f*; Verpflegung *f*; Pappe *f*, Karton *m*; *Sport*: (Surf)Board *n*; ⚠ *nicht Bücher-**Bord***; ***on ~ a train*** in e-m Zug; **2.** *v/t.* dielen, verschalen; beköstigen; an Bord gehen; *naut.* entern; einsteigen in (*einen Zug od. Bus*); *v/i.* in Kost sein, wohnen; **'~·er** Kostgänger(in); Pensionsgast *m*; Internatsschüler(in); **'~ game** Brettspiel *n*; **'~·ing card** *aviat.* Bordkarte *f*;

'~·ing·house Pension *f*, Fremdenheim *n*; '~·ing school Internat *n*; ~ of 'di·rec·tors *econ.* Aufsichtsrat *m*; ♀ of 'Trade *Brt.* Handelsministerium *n*, *Am.* Handelskammer *f*; '~·walk *bsd. Am.* Strandpromenade *f*
boast [bəʊst] **1.** Prahlerei *f*; **2.** (*of, about*) sich rühmen (*gen.*), prahlen (mit)
boat [bəʊt] Boot *n*; Schiff *n*
bob [bɒb] **1.** Knicks *m*; kurzer Haarschnitt; *Brt. hist.* F Schilling *m*; **2.** (*-bb-*) *v/t. Haar* kurz schneiden; *v/i.* sich auf u. ab bewegen; knicksen
bob·bin ['bɒbɪn] Spule *f* (*a. electr.*)
bob·by *Brt.* F ['bɒbɪ] Bobby *m* (*Polizist*)
bob·sleigh ['bɒbsleɪ] *Sport*: Bob *m*
bode [bəʊd] *pret. von* ***bide***
bod·ice ['bɒdɪs] Mieder *n*; Oberteil *n* (*e-s Kleides*)
bod·i·ly ['bɒdɪlɪ] körperlich
bod·y ['bɒdɪ] Körper *m*, Leib *m*; Leiche *f*; Körperschaft *f*; Hauptteil *m*; *mot.* Karosserie *f*; *mil.* Truppenkörper *m*; '~·guard Leibwache *f*; Leibwächter *m*; '~ o·do(u)r (*Abk.* ***BO***) Körpergeruch *m*; '~ stock·ing Body *m*; '~·work Karosserie *f*
Boer ['bɔː] Bure *m*; *attr.* Buren...
bog [bɒg] Sumpf *m*, Morast *m*
bo·gus ['bəʊgəs] falsch; Schwindel...
boil¹ *med.* [bɔɪl] Geschwür *n*, Furunkel *m*, *n*
boil² [bɔɪl] **1.** kochen, sieden; **2.** Kochen *n*, Sieden *n*; '~·er (Dampf)Kessel *m*; Boiler *m*; '~·er suit Overall *m*; '~·ing point Siedepunkt *m* (*a. fig.*)
bois·ter·ous ['bɔɪstərəs] ungestüm; heftig, laut; lärmend
bold [bəʊld] kühn; keck, dreist, unverschämt; steil; *print.* fett; ***as ~ as brass*** F frech wie Oskar; *words* ***in ~ print*** fett gedruckt
bol·ster ['bəʊlstə] **1.** Keilkissen *n*; **2.** ***~ up*** *fig.* (unter)stützen, *j-m* Mut machen
bolt [bəʊlt] **1.** Bolzen *m*; Riegel *m*; Blitz(strahl) *m*; plötzlicher Satz, Fluchtversuch *m*; **2.** *adv.* ***~ upright*** kerzengerade; **3.** *v/t.* verriegeln; F hinunterschlingen; *v/i.* davonlaufen, ausreißen; scheuen, durchgehen (*Pferd*)
bomb [bɒm] **1.** Bombe *f*; ***the ~*** die Atombombe; **2.** bombardieren; '~·er *m aviat.* Bomber *m*; Bombenleger *m*
bom·bard [bɒm'bɑːd] bombardieren
bomb|·proof ['bɒmpruːf] bombensicher; '~·shell Bombe *f* (*a. fig.*)
bond [bɒnd] *econ.* Schuldverschreibung *f*, Obligation *f*; Bund *m*, Verbindung *f*; ***in ~*** *econ.* unter Zollverschluss; ~·age ['bɒndɪdʒ] Hörigkeit *f*
bonds [bɔndz] *pl.* Bande *pl.* (*der Freundschaft etc.*)
bone [bəʊn] **1.** Knochen *m*; Gräte *f*; ~s *pl. a.* Gebeine *pl.*; ***~ of contention*** Zankapfel *m*; ***have a ~ to pick with s.o.*** mit j-m ein Hühnchen zu rupfen haben; ***make no ~s about*** nicht lange fackeln mit; keine Skrupel haben hinsichtlich (*gen.*); **2.** die Knochen auslösen (aus); entgräten
bon·fire ['bɒnfaɪə] Feuer *n* im Freien; Freudenfeuer *n*
bonk *Brt. sl.* [bɒŋk] bumsen
bon·net ['bɒnɪt] Haube *f*; *Brt.* Motorhaube *f*
bon·ny *bsd. schott.* ['bɒnɪ] (*-ier, -iest*) hübsch; rosig (*Baby*); gesund
bo·nus *econ.* ['bəʊnəs] Bonus *m*, Prämie *f*; Gratifikation *f*
bon·y ['bəʊnɪ] (*-ier, -iest*) knöchern; knochig
boo [buː] *int.* buh!; *thea.* ***~ off the stage,*** *Fußball*: ***~ off the park*** auspfeifen
boobs F [buːbz] *pl.* Titten *pl.* (*Busen*)
boo·by F ['buːbɪ] Trottel *m*
book [bʊk] **1.** Buch *n*; Heft *n*; Liste *f*; Block *m*; **2.** buchen; eintragen; *Sport*: verwarnen; *Fahrkarte etc.* lösen; *Platz etc.* (vor)bestellen, reservieren lassen; *Gepäck* aufgeben; ***~ in*** *bsd. Brt.* sich (*im Hotel*) eintragen; ***~ in at*** absteigen in (*dat.*); ***~ed up*** ausgebucht, -verkauft, belegt (*Hotel*); '~·case Bücherschrank *m*; '~·ing Buchen *n*, (Vor)Bestellung *f*; *Sport*: Verwarnung *f*; '~·ing clerk Schalterbeamt|e(r) *m*, -in *f*; '~·ing of·fice Fahrkartenausgabe *f*, -schalter *m*; *thea.* Kasse *f*; '~·keep·er Buchhalter(in); '~·keep·ing Buchhaltung *f*, -führung *f*; ~·let ['bʊklɪt] Büchlein *n*, Broschüre *f*; '~·mark(·er) Lesezeichen *n*; '~·sell·er Buchhändler(in); '~·shelf (*pl.* ***-shelves***) Bücherregal *n*; '~·shop *bsd. Brt.*, '~·store *Am.* Buchhandlung *f*
boom¹ [buːm] **1.** *econ.* Boom *m*, Aufschwung *m*, Hochkonjunktur *f*, Hausse *f*; **2.** e-n Boom erleben

boom² [bu:m] *naut.* Baum *m*, Spiere *f*; (*Kran*)Ausleger *m*; *Film, TV*: (*Mikrofon*)Galgen *m*
boom³ [bu:m] dröhnen, donnern
boor [bʊə] ungehobelter Kerl; **~·ish** ['bʊərɪʃ] ungehobelt
boost [bu:st] **1.** hochschieben; *Preise* in die Höhe treiben; *Produktion etc.* ankurbeln; *electr. Spannung* verstärken; *tech. Druck* erhöhen; *fig.* stärken, Auftrieb geben; **2.** Auftrieb *m*, (Ver)Stärkung *f*
boot¹ [bu:t] Stiefel *m*; *Brt. mot.* Kofferraum *m*; ⚠ *nicht* **Boot**; **~·ee** ['bu:ti:] (*Damen*)Halbstiefel *m*
boot² [bu:t]: **~** (**up**) *Computer*: laden
boot³ [bu:t]: **to ~** obendrein
booth [bu:ð] (Markt- *etc.*)Bude *f*; (Messe)Stand *m*; (Wahl- *etc.*) Kabine *f*; (Telefon)Zelle *f*
'**boot·lace** Schnürsenkel *m*
boot·y ['bu:tɪ] Beute *f*
booze F [bu:z] **1.** saufen; **2.** Zeug *n* (*alkoholisches Getränk*); Sauferei *f*
bor·der ['bɔ:də] **1.** Rand *m*, Saum *m*, Einfassung *f*; Rabatte *f*; Grenze *f*; **2.** einfassen; (um)säumen; grenzen (**on** an *acc.*)
bore¹ [bɔ:] **1.** Bohrloch *n*; *tech.* Kaliber *n*; **2.** bohren
bore² [bɔ:] **1.** Langweiler *m*; *bsd. Brt.* F langweilige *od.* lästige Sache; **2.** *j-n* langweilen; **be ~d** sich langweilen
bore³ [bɔ:] *pret. von* **bear²**
bore·dom ['bɔ:dəm] Lang(e)weile *f*
bor·ing ['bɔ:rɪŋ] langweilig
born [bɔ:n] *p.p. von* **bear²** (*gebären*)
borne [bɔ:n] *p.p. von* **bear²** (*tragen*)
bo·rough ['bʌrə] Stadtteil *m*; Stadtgemeinde *f*; Stadtbezirk *m*
bor·row ['bɒrəʊ] (sich) *et.* borgen *od.* (aus)leihen; ⚠ *nicht j-m et.* **borgen**
bos·om ['bʊzəm] Busen *m*; *fig.* Schoß *m*
boss F [bɒs] **1.** Boss *m*, Chef *m*; **2.** *a.* **~ about, ~ around** herumkommandieren; '**~·y** F (**-ier, -iest**) herrisch
bo·tan·i·cal [bə'tænɪkl] botanisch; **bot·a·ny** ['bɒtənɪ] Botanik *f*
botch [bɒtʃ] **1.** Pfusch(arbeit *f*) *m*; **2.** verpfuschen
both [bəʊθ] beide(s); **~ ... and** sowohl ... als (auch)
both·er ['bɒðə] **1.** Belästigung *f*, Störung *f*, Plage *f*, Mühe *f*; **2.** belästigen, stören, plagen; **don't ~!** bemühen Sie sich nicht!
bot·tle ['bɒtl] **1.** Flasche *f*; **2.** in Flaschen abfüllen; '**~ bank** *Brt.* Altglascontainer *m*; '**~·neck** *fig.* Engpass *m*
bot·tom ['bɒtəm] unterster Teil, Boden *m*, Fuß *m*, Unterseite *f*; Grund *m*; F Hintern *m*, Popo *m*; **be at the ~ of** hinter *e-r Sache* stecken; **get to the ~ of s.th.** e-r Sache auf den Grund gehen
bough [baʊ] Ast *m*, Zweig *m*
bought [bɔ:t] *pret. u. p.p. von* **buy**
boul·der ['bəʊldə] Geröllblock *m*, Findling *m*
bounce [baʊns] **1.** aufprallen *od.* aufspringen (lassen) (*Ball etc.*); springen, hüpfen, stürmen; F platzen (*Scheck*); **2.** Sprung *m*, Satz *m*; F Schwung *m*; '**bounc·ing** stramm (*Baby*)
bound¹ [baʊnd] **1.** *pret. u. p.p. von* **bind**; **2.** *adj.* unterwegs (**for** nach)
bound² [baʊnd] *mst* **~s** *pl.* Grenze *f*, *fig. a.* Schranke *f*
bound³ [baʊnd] **1.** Sprung *m*, Satz *m*; **2.** springen, hüpfen; auf-, abprallen
bound·a·ry ['baʊndərɪ] Grenze *f*
'**bound·less** grenzenlos
boun|·te·ous ['baʊntɪəs], **~·ti·ful** ['baʊntɪfl] freigebig, reichlich
boun·ty ['baʊntɪ] Freigebigkeit *f*; großzügige Spende *f*; Prämie *f*
bou·quet [bʊ'keɪ] Bukett *n*, Strauß *m*; Bukett *n*, Blume *f* (*von Wein*)
bout [baʊt] (*Box-, Ring*)Kampf *m*; *med.* Anfall *m*
bou·tique [bu:'ti:k] Boutique *f*
bow¹ [baʊ] **1.** Verbeugung *f*; **2.** *v/i.* sich verbeugen *od.* -neigen (**to** vor *dat.*); *fig.* sich beugen *od.* unterwerfen (**to** *dat.*); *v/t.* biegen; beugen, neigen
bow² *naut.* [baʊ] Bug *m*
bow³ [bəʊ] Bogen *m*; Schleife *f*
bow·els *anat.* ['baʊəlz] *pl.* Darm *m*; Eingeweide *pl.*
bowl¹ [bəʊl] Schale *f*, Schüssel *f*, Napf *m*; (*Zucker*)Dose *f*; Becken *n*; (*Pfeifen*)Kopf *m*; ⚠ *nicht* **Bowle** (*Getränk*)
bowl² [bəʊl] **1.** (*Bowling-, Kegel- etc.*) Kugel *f*; **2.** *Bowlingkugel* rollen; *Kricketball* werfen
bow-leg·ged ['bəʊlegd] o-beinig
'**bowl·er** Bowlingspieler(in); Kegler(in); '**~, ~ 'hat** Bowler *m*, Melone *f*
'**bowl·ing** Bowling *n*; Kegeln *n*

box¹ [bɒks] Kasten *m*, Kiste *f*; Büchse *f*, Dose *f*, Kästchen *n*; Schachtel *f*; Behälter *m*; *tech.* Gehäuse *n*; Postfach *n*; *Brt.* (Telefon)Zelle *f*; *jur.* Zeugenstand *m*; *thea.* Loge *f*; Box *f* (*für Pferde, Autos*)
box² [bɒks] **1.** *Sport*: boxen; F **~ s.o.'s ears** j-n ohrfeigen; **2.** F **a ~ on the ear** e-e Ohrfeige; **'~·er** Boxer *m*; **'~·ing** Boxen *n*, Boxsport *m*; **'♀·ing Day** *Brt.* der zweite Weihnachtsfeiertag
box³ *bot.* [bɒks] Buchsbaum *m*
'box| num·ber Chiffre(nummer) *f*, **'~ of·fice** Theaterkasse *f*
boy [bɔɪ] Junge *m*, Knabe *m*, Bursche *m*
boy·cott ['bɔɪkɒt] **1.** boykottieren; **2.** Boykott *m*
'boy|·friend Freund *m*; **~·hood** ['bɔɪhʊd] Knabenjahre *pl.*, Jugend(zeit) *f*; **'~·ish** jungenhaft; **'~ scout** Pfadfinder *m*
BPhil [biː 'fɪl] *Abk. für* ***Bachelor of Philosophy*** Bakkalaureus *m* der Philosophie
BR [biː 'ɑː] *Abk. für* ***British Rail*** (*Eisenbahn in Großbritannien*)
bra [brɑː] BH *m* (*Büstenhalter*)
brace [breɪs] **1.** *tech.* Strebe *f*, Stützbalken *m*; (Zahn)Klammer *f*, (-)Spange *f*; **2.** *tech.* verstreben, -steifen, stützen
brace·let ['breɪslɪt] Armband *n*
brac·es ['breɪsɪz] *pl. Brt.* Hosenträger *pl.*
brack·et ['brækɪt] *tech.* Träger *m*, Halter *m*, Stütze *f*; *print.* Klammer; (*bsd. Alters-, Steuer*)Klasse *f*; ***lower income ~*** niedrige Einkommensgruppe
brack·ish ['brækɪʃ] brackig, salzig
brag [bræg] (**-gg-**) prahlen (***about, of*** mit); **~·gart** ['brægət] Prahler *m*
braid [breɪd] **1.** *bsd. Am.* Zopf *m*; Borte *f*, Tresse *f*; **2.** *bsd. Am.* flechten; mit Borte besetzen
brain [breɪn] *anat.* Gehirn *n*; *oft* **~s** *pl. fig.* Gehirn *n*, Verstand *m*, Intelligenz *f*, Kopf *m*; **'~s trust** *Brt.*, **'~ trust** *Am.* Gehirntrust *m* (*bsd. politische od. wirtschaftliche Beratergruppe*); **'~·wash** *j-n* e-r Gehirnwäsche unterziehen; **'~·wash·ing** Gehirnwäsche *f*; **'~·wave** F Geistesblitz *m*, tolle Idee; **'~·y** (**-ier, -iest**) F gescheit
brake [breɪk] **1.** *tech.* Bremse *f*; **2.** bremsen; **'~·light** *mot.* Bremslicht *n*
bram·ble *bot.* ['bræmbl] Brombeerstrauch *m*
bran [bræn] Kleie *f*
branch [brɑːntʃ] **1.** Ast *m*, Zweig *m*; Fach *n*; Linie *f* (*des Stammbaumes*); Zweigstelle *f*; **2.** sich verzweigen; abzweigen
brand [brænd] **1.** *econ.* (Handels-, Schutz)Marke *f*, Warenzeichen *n*; Markenname *m*; Sorte *f*, Klasse *f* (*e-r Ware*); Brandmal *n*; ⚠ *nicht* ***Brand***; **2.** einbrennen; brandmarken
bran·dish ['brændɪʃ] schwingen
'brand| name *econ.* Markenbezeichnung *f*, -name *m*; **~-'new** nagelneu
bran·dy ['brændɪ] Kognak *m*, Weinbrand *m*
brass [brɑːs] Messing *n*; F Unverschämtheit *f*; **~ 'band** Blaskapelle *f*
bras·sière ['bræsɪə] Büstenhalter *m*
brat *contp.* [bræt] Balg *m*, *n*, Gör *n* (*Kind*)
brave [breɪv] **1.** (**~r, ~st**) tapfer, mutig, unerschrocken; ⚠ *nicht* ***brav***; **2.** trotzen; mutig begegnen (*dat.*); **brav·er·y** ['breɪvərɪ] Tapferkeit *f*
brawl [brɔːl] **1.** Krawall *m*; Rauferei *f*; **2.** Krawall machen; raufen
brawn·y ['brɔːnɪ] (**-ier, -iest**) muskulös
bray [breɪ] **1.** Eselsschrei *m*; **2.** schreien; schmettern; lärmen, tosen (*Verkehr*)
bra·zen ['breɪzn] unverschämt, unverfroren, frech
Bra·zil [brə'zɪl] Brasilien *n*; **Bra·zil·ian** [brə'zɪljən] **1.** brasilianisch; **2.** Brasilianer(in)
breach [briːtʃ] **1.** Bruch *m*; *fig.* Verletzung *f*; *mil.* Bresche *f*; **2.** e-e Bresche schlagen in (*acc.*)
bread [bred] Brot *n*; ***brown ~*** Schwarzbrot *n*; ***know which side one's ~ is buttered*** F s-n Vorteil (er)kennen
breadth [bredθ] Breite *f*
break [breɪk] **1.** Bruch *m*; Lücke *f*; Pause *f* (*Brt. a. Schule*), Unterbrechung *f*; (plötzlicher) Wechsel, Umschwung *m*; (*Tages*)Anbruch *m*; ***bad ~*** F Pech *n*; ***lucky ~*** F Dusel *m*, Schwein *n*; ***give s.o. a ~*** F j-m e-e Chance geben; ***take a ~*** e-e Pause machen; ***without a ~*** ununterbrochen; **2.** (***broke, broken***) *v/t.* (ab-, auf-, durch-, zer)brechen; zerschlagen, kaputt machen; *Tiere* zähmen, abrichten, *Pferd* zureiten (*alle a.* **~ in**); *Gesetz, Vertrag etc.* brechen; *Code etc.* knacken; *schlechte Nachricht* (schonend)

beibringen; *v/i.* brechen (*a. fig.*); (zer)brechen, (-)reißen, kaputtgehen; umschlagen (*Wetter*); anbrechen (*Tag*); *fig.* ausbrechen (***into*** in *Tränen etc.*); ~ ***away*** ab-, losbrechen; sich losmachen *od.* losreißen; ~ ***down*** ein-, niederreißen, *Haus* abbrechen; zusammenbrechen (*a. fig.*); versagen; *mot.* e-e Panne haben; scheitern; ~ ***in*** einbrechen, -dringen; ~ ***into*** einbrechen in (*ein Haus etc.*); ~ ***off*** abbrechen; *fig. a.* Schluss machen mit; ~ ***out*** ausbrechen; ~ ***through*** durchbrechen; *fig.* den Durchbruch schaffen; ~ ***up*** abbrechen, beenden, schließen; (sich) auflösen; zerbrechen, auseinander gehen (*Ehe etc.*); '**~·a·ble** zerbrechlich; **~·age** ['breɪkɪdʒ] Bruch *m*; '**~·a·way** Trennung *f*; *Brt.* Splitter...

'**break·down** Zusammenbruch *m* (*a. fig.*); *tech.* Maschinenschaden *m*; *mot.* Panne *f*; ***nervous*** ~ Nervenzusammenbruch *m*; '~ **lor·ry** *Brt. mot.* Abschleppwagen *m*; '~ **ser·vice** *mot.* Pannendienst *m*, -hilfe *f*; '~ **truck** *Brt. mot.* Abschleppwagen *m*

break·fast ['brekfəst] **1.** Frühstück *n*; ***have*** ~ → **2.** frühstücken

'**break|·through** *fig.* Durchbruch *m*; '**~·up** Aufhebung *f*; Auflösung *f*

breast [brest] Brust *f*; Busen *m*; *fig.* Herz *n*; ***make a clean ~ of s.th.*** et. offen (ein)gestehen; '**~·stroke** *Sport*: Brustschwimmen *n*

breath [breθ] Atem(zug) *m*; Hauch *m*; ***be out of*** ~ außer Atem sein; ***waste one's*** ~ in den Wind reden

breath·a|·lyse *Brt.*, **~·lyze** *Am.* ['breθəlaɪz] F *Verkehrsteilnehmer* (ins Röhrchen) blasen *od.* pusten lassen; '**~·lys·er** *Brt.*, '**2·lyz·er**® *Am.* Alkoholtestgerät *n*, F Röhrchen *n*

breathe [briːð] atmen

'**breath|·less** atemlos; '**~·tak·ing** atemberaubend

bred [bred] *pret. u. p.p. von* ***breed*** 2

breech·es ['brɪtʃɪz] *pl.* Kniebund-, Reithosen *pl.*

breed [briːd] **1.** Rasse *f*, Zucht *f*; **2.** (***bred***) *v/t. Tiere, Pflanzen* züchten; *v/i.* sich fortpflanzen; '**~·er** Züchter(in); Zuchttier *n*; *phys.* Brüter *m*; '**~·ing** Fortpflanzung *f*; (Tier)Zucht *f*; Erziehung *f*; (gutes) Benehmen

breeze [briːz] Brise *f*

breth·ren *bsd. rel.* ['breðrən] *pl.* Brüder *pl.*

brew [bruː] brauen; *Tee* zubereiten, aufbrühen; '**~·er** (Bier)Brauer *m*; **~·er·y** ['brʊərɪ] Brauerei *f*

bri·ar ['braɪə] → ***brier***

bribe [braɪb] **1.** Bestechung(sgeld *n*, -sgeschenk *n*) *f*; **2.** bestechen; **brib·er·y** ['braɪbərɪ] Bestechung *f*

brick [brɪk] **1.** Ziegel(stein) *m*, Backstein *m*; *Brt.* Baustein *m*, (Bau)Klötzchen *n*; '**~·lay·er** Maurer *m*; '**~·yard** Ziegelei *f*

brid·al ['braɪdl] Braut...

bride [braɪd] Braut *f*; **~·groom** ['braɪdgrʊm] Bräutigam *m*; **~s·maid** ['braɪdzmeɪd] Brautjungfer *f*

bridge [brɪdʒ] **1.** Brücke *f*; **2.** e-e Brücke schlagen über (*acc.*); *fig.* überbrücken

bri·dle ['braɪdl] **1.** Zaum *m*; Zügel *m*; **2.** (auf)zäumen; zügeln; '~ **path** Reitweg *m*

brief [briːf] **1.** kurz, bündig; **2.** instruieren, genaue Anweisungen geben; '**~·case** Aktenmappe *f*

briefs [briːfs] *pl.* Slip *m*

bri·er *bot.* ['braɪə] Dornstrauch *m*; Wilde Rose

bri·gade *mil.* [brɪ'geɪd] Brigade *f*

bright [braɪt] hell, glänzend; klar; heiter; lebhaft; gescheit; ⚠ *nicht* ***breit***; **~·en** ['braɪtn] *v/t. a.* ~ ***up*** heller machen,auf-, erhellen; aufheitern; *v/i. a.* ~ ***up*** sich aufhellen; '**~·ness** Helligkeit *f*; Glanz *m*; Heiterkeit *f*; Gescheitheit *f*

bril|·liance, ~·lian·cy ['brɪljəns, -jənsɪ] Glanz *m*; *fig.* Brillanz *f*; '**~·liant 1.** glänzend; hervorragend, brillant; **2.** Brillant *m*

brim [brɪm] **1.** Rand *m*; Krempe *f*; **2.** (***-mm-***) bis zum Rande füllen *od.* voll sein; **~·ful(l)** ['brɪmfʊl] randvoll

brine [braɪn] Sole *f*; Lake *f*

bring [brɪŋ] (***brought***) (mit-, her)bringen; ⚠ *nicht* ***fort-, wegbringen***; *j-n* dazu bringen (***to do*** zu tun); ~ ***about*** zu Stande bringen; bewirken; ~ ***forth*** hervorbringen; ~ ***off*** *et.* fertig bringen, schaffen; ~ ***on*** verursachen; ~ ***out*** herausbringen; ~ ***round*** *Ohnmächtigen* wieder zu sich bringen; *Kranken* wieder auf die Beine bringen; ~ ***up*** auf-, großziehen; erziehen; zur Sprache bringen; *bsd. Brt. et.* (er)brechen

brink [brɪŋk] Rand *m* (*a. fig.*)
brisk [brɪsk] flott; lebhaft; frisch (*Luft*)
bris·tle ['brɪsl] **1.** Borste *f*; (Bart)Stoppel *f*; **2.** *a.* ~ ***up*** sich sträuben; zornig werden; strotzen, wimmeln (***with*** von); **'bris·tly** (***-ier, -iest***) Stoppel...
Brit F [brɪt] Brit|e *m*, -in *f*
Brit·ain ['brɪtn] Britannien *n*
Brit·ish ['brɪtɪʃ] britisch; ***the*** ~ *pl.* die Briten *pl.*
Brit·on ['brɪtn] Brit|e *m*, -in *f*
brit·tle ['brɪtl] spröde, zerbrechlich
broach [brəʊtʃ] *Thema* anschneiden
broad [brɔːd] breit; weit; hell (*Tag*); deutlich (*Wink etc.*); derb (*Witz*); breit, stark (*Akzent*); allgemein; weitherzig; liberal; **'~·cast 1.** (***-cast***) im Rundfunk *od.* Fernsehen bringen, ausstrahlen, übertragen; senden; **2.** *Rundfunk*, *TV*: Sendung *f*; **'~·cast·er** Rundfunk-, Fernsehsprecher(in); **~·en** ['brɔːdn] verbreitern, erweitern; **'~ jump** *Am. Sport*: Weitsprung *m*; **~'mind·ed** liberal
bro·cade [brə'keɪd] Brokat *m*
bro·chure ['brəʊʃə] Broschüre *f*, Prospekt *m*
brogue [brəʊg] derber Straßenschuh
broil *bsd. Am.* [brɔɪl] → ***grill*** 1
broke [brəʊk] **1.** *pret. von* ***break*** 2; **2.** F pleite, abgebrannt; **bro·ken** ['brəʊkən] **1.** *p.p. von* ***break*** 2; **2.** zerbrochen, kaputt; gebrochen (*a. fig.*); zerrüttet; **brok·en-'heart·ed** verzweifelt, untröstlich
bro·ker *econ.* ['brəʊkə] Makler *m*
bron·chi·tis *med.* [brɒŋ'kaɪtɪs] Bronchitis *f*
bronze [brɒnz] **1.** Bronze *f*; **2.** bronzefarben; Bronze...
brooch [brəʊtʃ] Brosche *f*
brood [bruːd] **1.** Brut *f*; Brut...; **2.** brüten (*a. fig.*)
brook [brʊk] Bach *m*
broom [bruːm, brʊm] Besen *m*; **'~·stick** Besenstiel *m*
Bros. [brɒs] *Abk. für* ***brothers*** Gebr., Gebrüder *pl.* (*in Firmenbezeichnungen*)
broth [brɒθ] Fleischbrühe *f*
broth·el ['brɒθl] Bordell *n*
broth·er ['brʌðə] Bruder *m*; **~(s)** ***and sister(s)*** Geschwister *pl.*; **~·hood** *rel.* ['brʌðəhʊd] Bruderschaft *f*; **~-in-law** ['brʌðərɪnlɔː] (*pl.* ***brothers-in-law***) Schwager *m*; **'~·ly** brüderlich
brought [brɔːt] *pret. u. p.p. von* ***bring***
brow [braʊ] (Augen)Braue *f*; Stirn *f*; Rand *m* (*e-s Steilhanges*); **'~·beat** (***-beat, -beaten***) einschüchtern
brown [braʊn] **1.** braun; **2.** Braun *n*; **3.** bräunen; braun werden
browse [braʊz] grasen, weiden; *fig.* schmökern
bruise [bruːz] **1.** Quetschung *f*, blauer Fleck; **2.** quetschen; *Früchte* anstoßen; e-e Quetschung *od.* e-n blauen Fleck bekommen
brunch F [brʌntʃ] Brunch *m* (*spätes reichliches Frühstück*)
brush [brʌʃ] **1.** Bürste *f*; Pinsel *m*; (*Fuchs*)Rute *f*; Scharmützel *n*; Unterholz *n*; **2.** bürsten; fegen; streifen; ~ ***against s.o.*** j-n streifen; ~ ***away***, ~ ***off*** wegbürsten, abwischen; ~ ***aside***, ~ ***away*** *fig. et.* abtun; ~ ***up*** *Kenntnisse* aufpolieren, -frischen; **'~·up**: ***give one's English a*** ~ s-e Englischkenntnisse aufpolieren; **'~·wood** Gestrüpp *n*, Unterholz *n*
brusque [bruːsk] brüsk, barsch
Brus·sels sprouts *bot.* [brʌsl'spraʊts] *pl.* Rosenkohl *m*
bru·tal ['bruːtl] brutal, roh; **~·i·ty** [bruː'tælətɪ] Brutalität *f*
brute [bruːt] **1.** brutal; **2.** Vieh *n*; F Untier *n*, Scheusal *n*
BS [biː 'es] *Abk. für* ***British Standard*** Britische Norm; *Am.* → ***BSc***
BSc [biː es 'siː] *Brt. Abk. für* ***Bachelor of Science*** Bakkalaureus *m* der Naturwissenschaften
BST [biː es 'tiː] *Abk. für* ***British Summer Time*** Britische Sommerzeit
BT [biː 'tiː] *Abk. für* ***British Telecom*** Britisches Fernmeldewesen
BTA [biː tiː 'eɪ] *Abk. für* ***British Tourist Authority*** Britische Fremdenverkehrsbehörde
bub·ble ['bʌbl] **1.** Blase *f*; **2.** sprudeln
buck[1] [bʌk] **1.** *zo.* (*pl.* ***bucks, buck***) Bock *m*; **2.** *v/i.* bocken
buck[2] *Am.* F [bʌk] Dollar *m*
buck·et ['bʌkɪt] Eimer *m*, Kübel *m*
buck·le ['bʌkl] **1.** Schnalle *f*, Spange *f*; ⚠ *nicht* ***Buckel***; **2.** *a.* ~ ***up*** zu-, festschnallen; ~ ***on*** anschnallen
'buck·skin Wildleder *n*

B

bud [bʌd] **1.** *bot.* Knospe *f*; *fig.* Keim *m*; **2.** (*-dd-*) knospen, keimen
bud·dy *Am.* F ['bʌdɪ] Kamerad *m*
budge [bʌdʒ] *v/i.* sich (von der Stelle) rühren; *v/t.* (vom Fleck) bewegen
bud·ger·i·gar *zo.* ['bʌdʒərɪgɑː] Wellensittich *m*
bud·get ['bʌdʒɪt] Budget *n*, Etat *m*; *parl.* Haushaltsplan *m*
bud·gie *zo.* F ['bʌdʒɪ] → ***budgerigar***
buff F [bʌf] *in Zssgn* ...fan *m*; ...experte *m*
buf·fa·lo *zo.* ['bʌfələʊ] (*pl.* ***-loes, -los***) Büffel *m*
buff·er ['bʌfə] *tech.* Puffer *m*
buf·fet¹ ['bʌfɪt] schlagen; *~ about* durchrütteln, -schütteln
buf·fet² ['bʌfɪt] Büfett *n*, Anrichte *f*
buf·fet³ ['bʊfeɪ] (*Frühstücks- etc.*)Büfett *n*, Theke *f*
bug [bʌg] **1.** *zo.* Wanze *f*; *Am. zo.* Insekt *n*; F Wanze *f* (*Abhörgerät*); *Computer*: Programmfehler *m*; **2.** (*-gg-*) F Wanzen anbringen in (*dat.*); F ärgern; **'~·ging de·vice** Abhörgerät *n*; **'~·ging op·e·ra·tion** Lauschangriff *m*
bug·gy ['bʌgɪ] *mot.* Buggy *m* (*geländegängiges Freizeitauto*); *Am.* Kinderwagen *m*
bu·gle ['bjuːgl] Wald-, Signalhorn *n*
build [bɪld] **1.** (***built***) (er)bauen, errichten; ⚠ *nicht* ***bilden***; **2.** Körperbau *m*, Figur *f*; **'~·er** Erbauer *m*; Bauunternehmer *m*
build·ing ['bɪldɪŋ] (Er)Bauen *n*; Bau *m*, Gebäude *n*; Bau...; **'~ site** Baustelle *f*
built [bɪlt] *pret. u. p.p. von* ***build*** 1; **~-'in** eingebaut, Einbau...; **~-'up:** *~ area* bebautes Gelände *od.* Gebiet; geschlossene Ortschaft (*Verkehr*)
bulb [bʌlb] *bot.* Zwiebel *f*, Knolle *f*; *electr.* (Glüh)Birne *f*
bulge [bʌldʒ] **1.** (Aus)Bauchung *f*, Ausbuchtung *f*; **2.** sich (aus)bauchen; hervorquellen
bulk [bʌlk] Umfang *m*, Größe *f*, Masse *f*; Großteil *m*; ***in ~*** *econ.* lose, unverpackt; en gros; **'~·y** (*-ier, -iest*) sperrig
bull *zo.* [bʊl] Bulle *m*, Stier *m*; **'~·dog** *zo.* Bulldogge *f*
bull|·doze ['bʊldəʊz] planieren; F einschüchtern; **'~·doz·er** *tech.* Bulldozer *m*, Planierraupe *f*
bul·let ['bʊlɪt] Kugel *f*
bul·le·tin ['bʊlɪtɪn] Bulletin *n*, Tagesbericht *m*; **'~ board** *Am.* schwarzes Brett
'bul·let-proof kugelsicher
bul·lion ['bʊljən] Gold-, Silberbarren *m*
bul·lock *zo.* ['bʊlək] Ochse *m*
'bull's-eye: ***hit the ~*** ins Schwarze treffen (*a. fig.*)
bul·ly ['bʊlɪ] **1.** tyrannische Person; **2.** einschüchtern, tyrannisieren
bul·wark ['bʊlwək] Bollwerk *n* (*a. fig.*)
bum *Am.* F [bʌm] **1.** Gammler *m*; Tippelbruder *m*; Nichtstuer *m*; **2.** *v/t.* (*-mm-*) schnorren; *~ around* herumgammeln
'bum·ble·bee *zo.* Hummel *f*
bump [bʌmp] **1.** heftiger Schlag *od.* Stoß; Beule *f*; Unebenheit *f*; **2.** stoßen; rammen, auf *ein Auto* auffahren; zusammenstoßen; holpern; *~ into* *fig. j-n* zufällig treffen
'bump·er *mot.* Stoßstange *f*; **~-to-'~** Stoßstange an Stoßstange
'bump·y (*-ier, -iest*) holp(e)rig
bun [bʌn] süßes Brötchen; (Haar)Knoten *m*
bunch [bʌntʃ] Bund *n*, Bündel *n*; F Verein *m*, Haufen *m*; *~ of flowers* Blumenstrauß *m*; *~ of grapes* Weintraube *f*; *~ of keys* Schlüsselbund *m*, *n*
bun·dle ['bʌndl] **1.** Bündel *n* (*a. fig.*), Bund *n*; **2.** *v/t. a.* *~ up* bündeln
bun·ga·low ['bʌŋgələʊ] Bungalow *m*
bun·gee [bən'dʒiː] elastisches Seil; *~ jumping* Bungeespringen *n*
bun·gle ['bʌŋgl] **1.** Pfusch(arbeit *f*) *m*; **2.** (ver)pfuschen
bunk [bʌŋk] Koje *f*; → **'~ bed** Etagenbett *n*
bun·ny ['bʌnɪ] Häschen *n*
buoy *naut.* [bɔɪ] **1.** Boje *f*; **2.** *~ up* *fig.* Auftrieb geben (*dat.*)
bur·den ['bɜːdn] **1.** Last *f*; Bürde *f*; **2.** belasten
bu·reau ['bjʊərəʊ] (*pl.* ***-reaux*** [-rəʊz], ***-reaus***) *Brt.* Schreibtisch *m*; *Am.* (*bsd.* Spiegel)Kommode *f*; Büro *n*
bu·reauc·ra·cy [bjʊə'rɒkrəsɪ] Bürokratie *f*
burg·er *gastr.* ['bɜːgə] Hamburger *m*
bur|·glar ['bɜːglə] Einbrecher *m*; **~·glar·ize** *Am.* ['bɜːgləraɪz] → ***burgle***; **~·glar·y** ['bɜːglərɪ] Einbruch *m*; **~·gle** ['bɜːgl] einbrechen in (*Haus etc.*)
bur·i·al ['berɪəl] Begräbnis *n*

bur·ly ['bɜːlɪ] (*-ier, -iest*) stämmig, kräftig
burn [bɜːn] **1.** *med.* Verbrennung *f*, Brandwunde *f*; verbrannte Stelle; **2.** (*burnt od. burned*) (ver-, an)brennen; ~ *down* ab-, niederbrennen; ~ *up* auflodern; verbrennen; verglühen (*Rakete etc.*); '~·**ing** brennend (*a. fig.*)
burnt [bɜːnt] *pret. u. p.p. von* **burn** 2
burp F [bɜːp] rülpsen, aufstoßen; ein Bäuerchen machen (lassen) (*Baby*)
bur·row ['bʌrəʊ] **1.** (*Kaninchen*)Bau *m*; **2.** (sich ein-, ver)graben
burst [bɜːst] **1.** Bersten *n*; Riss *m*; *fig.* Ausbruch *m*; **2.** (*burst*) *v/i.* bersten, (zer)platzen; zerspringen; explodieren; ~ *from* sich losreißen von; ~ *in on od. upon* hereinplatzen bei *j-m*; ~ *into tears* in Tränen ausbrechen; ~ *out fig.* herausplatzen; *v/t.* (auf)sprengen
bur·y ['berɪ] be-, vergraben; beerdigen
bus [bʌs] (*pl.* **-es, -ses**) (Omni)Bus *m*; '~ **driv·er** Busfahrer *m*
bush [bʊʃ] Busch *m*; Gebüsch *n*
bush·el ['bʊʃl] Bushel *m*, Scheffel *m* (*Brt. 36,37 l, Am. 35,24 l*)
'**bush·y** (*-ier, -iest*) buschig
busi·ness ['bɪznɪs] Geschäft *n*; Arbeit *f*, Beschäftigung *f*, Beruf *m*, Tätigkeit *f*; Angelegenheit *f*; Sache *f*, Aufgabe *f*; ~ *of the day* Tagesordnung *f*; *on* ~ geschäftlich, beruflich; *you have no* ~ *doing* (*od. to do*) *that* Sie haben kein Recht, das zu tun; *that's none of your* ~ das geht Sie nichts an; → *mind* 2; '~ **hours** *pl.* Geschäftszeit *f*; '~·**like** geschäftsmäßig, sachlich; '~·**man** (*pl. -men*) Geschäftsmann *m*; '~ **trip** Geschäftsreise *f*; '~·**wom·an** (*pl. -women*) Geschäftsfrau *f*
'**bus stop** Bushaltestelle *f*
bust[1] [bʌst] Büste *f*
bust[2] F [bʌst]: *go* ~ pleite gehen
bus·tle ['bʌsl] **1.** geschäftiges Treiben; **2.** ~ *about* geschäftig hin u. her eilen
bus·y ['bɪzɪ] **1.** (*-ier, -iest*) beschäftigt; geschäftig; fleißig (*at* bei, an *dat.*); belebt (*Straße*); arbeitsreich (*Tag*); *Am. tel.* besetzt; **2.** (*mst* ~ *o.s.* sich) beschäftigen (*with* mit); '~·**bod·y** aufdringlicher Mensch, Gschaftlhuber *m*; '~ **signal** *Am. tel.* Besetztzeichen *n*
but [bʌt, bət] **1.** *cj.* aber, jedoch; sondern; außer, als; ohne dass; dennoch; ~ *then* and(e)rerseits; *he could not* ~ *laugh* er musste einfach lachen; **2.** *prp.* außer; *all* ~ *him* alle außer ihm; *the last* ~ *one* der Vorletzte; *the next* ~ *one* der Übernächste; *nothing* ~ nichts als; ~ *for* wenn nicht ... gewesen wäre, ohne; **3.** *nach Verneinung*: der (die *od.* das) nicht; *there is no one* ~ *knows* es gibt niemand, der es nicht weiß; **4.** *adv.* nur; erst, gerade; *all* ~ fast, beinahe
butch·er ['bʊtʃə] **1.** Fleischer *m*, Metzger *m*; **2.** (*fig.* ab-, hin)schlachten
but·ler ['bʌtlə] Butler *m*
butt[1] [bʌt] **1.** (*Gewehr*)Kolben *m*; (*Zigarren- etc.*)Stummel *m*, (*Zigaretten*)Kippe *f*; (Kopf)Stoß *m*; **2.** (mit dem Kopf) stoßen; ~ *in* F sich einmischen (*on* in *acc.*)
butt[2] [bʌt] Wein-, Bierfaß *n*; Regentonne *f*
but·ter ['bʌtə] **1.** Butter *f*; **2.** mit Butter bestreichen; '~·**cup** *bot.* Butterblume *f*; '~·**fly** *zo.* Schmetterling *m*, Falter *m*
but·tocks ['bʌtəks] *pl.* Gesäß *n*, F *od. zo.* Hinterteil *n*
but·ton ['bʌtn] **1.** Knopf *m*; Button *m*, (Ansteck)Plakette *f*, Abzeichen *n*; **2.** *mst* ~ *up* zuknöpfen; '~·**hole** Knopfloch *n*
but·tress ['bʌtrɪs] Strebepfeiler *m*
bux·om ['bʌksəm] drall, stramm
buy [baɪ] **1.** F Kauf *m*; **2.** (*bought*) *v/t.* (an-, ein)kaufen (*of, from* von; *at* bei); *Fahrkarte* lösen; ~ *out j-n* abfinden, auszahlen; *Firma* aufkaufen; ~ *up* aufkaufen; '~·**er** (Ein)Käufer(in)
buzz [bʌz] **1.** Summen *n*, Surren *n*; Stimmengewirr *n*; **2.** *v/i.* summen, surren; ~ *off! Brt.* F schwirr ab!, hau ab!
buz·zard *zo.* ['bʌzəd] Bussard *m*
buzz·er *electr.* ['bʌzə] Summer *m*
by [baɪ] **1.** *prp. räumlich*: (nahe *od.* dicht) bei *od.* an, neben (*side* ~ *side* Seite an Seite); vorbei *od.* vorüber an; *zeitlich*: bis um, bis spätestens (*be back* ~ *9.30* sei um 9 Uhr 30 zurück); *Tageszeit*: während, bei (~ *day* bei Tage); *Verkehrsmittel*: per, mit (~ *bus* mit dem Bus; ~ *rail* per Bahn); nach, ...weise (~ *the dozen* dutzendweise); nach, gemäß (~ *my watch* nach *od.* auf m-r Uhr); von (~ *nature* von Natur aus); *Urheber, Ursache*: von, durch (*a play* ~ ... ein Stück von ...; ~ *o.s.* allein); *Größenver-*

hältnisse: um (**~ an inch** um e-n Zoll); *math.* mal (**2 ~ 4**); *math. geteilt* durch (**6 ~ 3**); **2.** *adv.* vorbei, vorüber (**go ~** vorbeigehen, -fahren; *Zeit*: vergehen); beiseite (**put ~** beiseite-, zurücklegen); **~ and large** im Großen u. Ganzen

by... [baɪ] Neben...; Seiten...

bye *int.* F [baɪ], **~-'bye** Wiedersehen!, tschüs(s)!

'by|-e·lec·tion Nachwahl *f*; **'~·gone 1.** vergangen; **2. let ~s be ~s** lass(t) das Vergangene ruhen; **'~·pass 1.** Umgehungsstraße *f*; *med.* Bypass *m*; **2.** umgehen; vermeiden; **'~·prod·uct** Nebenprodukt *n*; **'~·road** Nebenstraße *f*; **'~·stand·er** Umstehende(r *m*) *f*, Zuschauer(in)

byte [baɪt] *Computer*: Byte *n*

'by|·way Nebenstraße *f*; **'~·word** Inbegriff *m*; **be a ~ for** stehen für

C

C

C, c [siː] C, c *n*

C *nur geschr. Abk. für* **Celsius** C, Celsius; **centigrade** hundertgradig (*Thermometereinteilung*)

c *nur geschr. Abk. für*: **cent(s)** Cent *m od. pl.* (*amer. Münze*); **century** Jh., Jahrhundert *n*; **circa** ca., zirca, ungefähr; **cubic** Kubik...

cab [kæb] Droschke *f*, Taxi *n*; Führerstand *m* (*Lokomotive*); Fahrerhaus *n* (*Lastwagen*), Führerhaus *n* (*a. Kran*)

cab·a·ret ['kæbəreɪ] Varieteedarbietung(en *pl.*) *f*

cab·bage *bot.* ['kæbɪdʒ] Kohl *m*

cab·in ['kæbɪn] Hütte *f*; *naut.* Kabine *f* (*a. Seilbahn*), Kajüte *f*; *aviat.* Kanzel *f*

cab·i·net ['kæbɪnɪt] Schrank *m*, Vitrine *f*; *pol.* Kabinett *n*; **'~·mak·er** Kunsttischler *m*; **'~ meet·ing** Kabinettssitzung *f*

ca·ble ['keɪbl] **1.** Kabel *n*; (Draht)Seil *n*; **2.** telegrafieren; *j-m Geld* telegrafisch anweisen; *TV* verkabeln; **'~ car** *Seilbahn*: Kabine *f*; Wagen *m*; **'~·gram** (Übersee)Telegramm *n*; **'~ rail·way** Drahtseilbahn *f*; **~ 'tel·e·vi·sion, ~ TV** [- tiː 'viː] Kabelfernsehen *n*

'cab| rank, '~·stand Taxi-, Droschkenstand *m*

cack·le ['kækl] **1.** Gegacker *n*, Geschnatter *n*; **2.** gackern, schnattern

cac·tus *bot.* ['kæktəs] (*pl.* **-tuses, -ti** ['kæktaɪ]) Kaktus *m*

CAD [siː eɪ 'diː, kæd] *Abk. für* **computer-aided design** (*computergestütztes Entwurfszeichnen*)

ca·dence ['keɪdəns] *mus.* Kadenz *f*; (Sprech)Rhythmus *m*

ca·det *mil.* [kə'det] Kadett *m*

caf·é, caf·e ['kæfeɪ] Café *n*

caf·e·te·ri·a [kæfɪ'tɪərɪə] Cafeteria *f*, Selbstbedienungsrestaurant *n*, *a.* Kantine *f*, *univ.* Mensa *f*

cage [keɪdʒ] **1.** Käfig *m*; *Bergbau*: Förderkorb *m*; **2.** einsperren

cake [keɪk] **1.** Kuchen *m*, Torte *f*; Tafel *f Schokolade*, Riegel *m Seife*; **2. ~d with mud** schmutzverkrustet

CAL [kæl] *Abk. für* **computer-aided** *od.* **-assisted learning** (*computergestütztes Lernen*)

ca·lam·i·ty [kə'læmɪtɪ] großes Unglück, Katastrophe *f*

cal·cu|·late ['kælkjʊleɪt] *v/t.* kalkulieren; be-, aus-, errechnen; *Am.* F vermuten; *v/i.* **~ on** rechnen mit *od.* auf (*acc.*), zählen auf (*acc.*); **~·la·tion** [kælkjʊ'leɪʃn] Berechnung *f* (*a. fig.*); *econ.* Kalkulation *f*; Überlegung *f*; **~·la·tor** ['kælkjʊleɪtə] Rechner *m* (*Gerät*)

cal·en·dar ['kælɪndə] Kalender *m*

calf¹ [kɑːf] (*pl.* **calves** [kɑːvz]) Wade *f*

calf² [kɑːf] (*pl.* **calves** [kɑːvz]) Kalb *n*; **'~·skin** Kalb(s)fell *n*

cal·i·bre *bsd. Brt.*, **cal·i·ber** *Am.* ['kælɪbə] Kaliber *n*

call [kɔːl] **1.** Ruf *m*; *tel.* Anruf *m*, Gespräch *n*; Ruf *m*, Berufung *f* (**to** in *ein Amt*; auf *e-n Lehrstuhl*); Aufruf *m*, Aufforderung *f*; Signal *n*; (kurzer) Besuch; **on ~** auf Abruf; **be on ~** Bereit-

C

schaftsdienst haben (*Arzt*); ***make a ~*** telefonieren; **2.** *v/t.* (herbei)rufen; (ein)berufen; *tel. j-n* anrufen; berufen, ernennen (***to*** zu); nennen; *Aufmerksamkeit* lenken (***to*** auf *acc.*); ***be ~ed*** heißen; ***~ s.o. names*** j-n beschimpfen, beleidigen; *v/i.* rufen; *tel.* anrufen; e-n (kurzen) Besuch machen (***on s.o., at s.o.'s [house]*** bei j-m); ***~ at a port*** e-n Hafen anlaufen; ***~ for*** rufen nach; *et.* anfordern; *et.* abholen; ***to be ~ed for*** postlagernd; ***~ on*** sich an *j-n* wenden (***for*** wegen); appellieren an (*acc.*) (***to do*** zu tun); ***~ on s.o.*** j-n besuchen; **'~ box** *Brt.* Telefonzelle *f*; **'~·er** Anrufer(in); Besucher(in); **'~ girl** Callgirl *n*; **'~-in** *Am.* → ***phone-in***; **'~·ing** Berufung *f*; Beruf *m*

cal·lous ['kæləs] schwielig; *fig.* gefühllos

calm [kɑːm] **1.** still, ruhig; **2.** (Wind)Stille *f*, Ruhe *f*; **3.** *oft* ***~ down*** besänftigen, (sich) beruhigen

cal·o·rie ['kælərı] Kalorie *f*; ***high*** *od.* ***rich in ~s*** *pred.* kalorienreich; ***low in ~s*** *pred.* kalorienarm, -reduziert; → ***high-calorie, low-calorie***; **'~-con·scious** kalorienbewusst

calve [kɑːv] kalben

calves [kɑːvz] *pl. von* ***calf***[1,2]

CAM [siː eı 'em, kæm] *Abk. für* ***computer-aided manufacture*** (*computergestützte Fertigung*)

cam·cor·der ['kæmkɔːdə] Camcorder *m*, Kamerarekorder *m*

came [keım] *pret. von* ***come***

cam·el *zo.* ['kæml] Kamel *n*

cam·e·o ['kæmıəʊ] (*pl.* ***-os***) Kamee *f* (*Schmuckstein*); *theat.*, *Film*: kleine Nebenrolle, kurze Szene (*für bekannte Schauspieler*)

cam·e·ra ['kæmərə] Kamera *f*, Fotoapparat *m*

cam·o·mile *bot.* ['kæməmaıl] Kamille *f*

cam·ou·flage ['kæmʊflɑːʒ] **1.** Tarnung *f*; **2.** tarnen

camp [kæmp] **1.** (*Zelt- etc.*)Lager *n*; **2.** lagern; ***~ out*** zelten, campen

cam·paign [kæm'peın] **1.** *mil.* Feldzug *m*; *fig.* Kampagne *f*, Feldzug *m*, Aktion *f*; *pol.* Wahlkampf *m*; **2.** *fig.* kämpfen (***for*** für; ***against*** gegen)

camp| 'bed *Brt.*, **~ 'cot** *Am.* Feldbett *n*; **'~er (van)** Campingbus *m*, Wohnmobil *n*; **'~ground, '~site** Lagerplatz *m*; Zelt-, Campingplatz *m*

cam·pus ['kæmpəs] Campus *m*, Universitätsgelände *n*

can[1] [kæn, kən] *v/aux.* (*pret.* ***could***; *verneint*: ***cannot, can't***) *ich, du etc.* kann(st) *etc.*; dürfen, können

can[2] [kæn, kən] **1.** Kanne *f*; (Blech-, Konserven)Dose *f*, (-)Büchse *f*; **2.** (***-nn-***) einmachen, -dosen

Can·a·da ['kænədə] Kanada *n*;

Ca·na·di·an [kə'neıdjən] **1.** kanadisch; **2.** Kanadier(in)

ca·nal [kə'næl] Kanal *m* (*a. anat.*)

ca·nar·y *zo.* [kə'neərı] Kanarienvogel *m*

can·cel ['kænsl] (*bsd. Brt.* ***-ll-***, *Am.* ***-l-***) (durch-, aus)streichen; entwerten; rückgängig machen; absagen; ***be ~(l)ed*** ausfallen

can·cer ['kænsə] *med.* Krebs *m*; ♋ *astr.* Krebs *m*; ***he/she is (a)*** ♋ er/sie ist (ein) Krebs; **~·ous** *med.* ['kænsərəs] krebsbefallen; Krebs...

can·did ['kændıd] aufrichtig, offen

can·di·date ['kændıdət] Kandidat(in) (***for*** für), Bewerber(in) (***for*** um)

can·died ['kændıd] kandiert

can·dle ['kændl] Kerze *f*; Licht *n*; ***burn the ~ at both ends*** mit s-r Gesundheit Raubbau treiben; **'~·stick** Kerzenleuchter *m*, -ständer *m*

can·do(u)r ['kændə] Aufrichtigkeit *f*, Offenheit *f*

C&W [siː ənd 'dʌbljuː] *Abk. für* ***country and western*** (*Musik*)

can·dy ['kændı] **1.** Kandis(zucker) *m*; *Am.* Süßigkeiten *pl.*; **2.** kandieren; **'~ store** *Am.* Süßwarengeschäft *n*

cane [keın] *bot.* Rohr *n*; (Rohr)Stock *m*

ca·nine ['keınaın] Hunde...

canned [kænd] Dosen..., Büchsen...; **~ 'fruit** Obstkonserven *pl.*

can·ne·ry *bsd. Am.* ['kænərı] Konservenfabrik *f*

can·ni·bal ['kænıbl] Kannibale *m*

can·non ['kænən] Kanone *f*

can·not ['kænɒt] → ***can***[1]

can·ny ['kænı] (***-ier, -iest***) schlau

ca·noe [kə'nuː] **1.** Kanu *n*, Paddelboot *n*; **2.** Kanu fahren, paddeln

can·on ['kænən] Kanon *m*; Regel *f*

'can o·pen·er *bsd. Am.* Dosen-, Büchsenöffner *m*

can·o·py ['kænəpı] Baldachin *m*

cant [kænt] Jargon *m*; Phrase(n *pl.*) *f*
can't [kɑːnt] → ***can'***
can·tan·ker·ous F [kæn'tæŋkərəs] zänkisch, mürrisch
can·teen [kæn'tiːn] *bsd. Brt.* Kantine *f*; *mil.* Feldflasche *f*; Besteck(kasten *m*) *n*
can·ter ['kæntə] **1.** Kanter *m* (*kurzer, leichter Galopp*); **2.** kantern
can·vas ['kænvəs] Segeltuch *n*; Zelt-, Packleinwand *f*; Segel *pl.*; *paint.* Leinwand *f*; Gemälde *n*
can·vass ['kænvəs] **1.** *pol.* Wahlfeldzug *m*; *econ.* Werbefeldzug *m*; **2.** *v/t.* eingehend untersuchen *od.* erörtern *od.* prüfen; *pol.* werben um (*Stimmen*); *v/i. pol.* e-n Wahlfeldzug veranstalten
can·yon ['kænjən] Cañon *m*
cap [kæp] **1.** Kappe *f*; Mütze *f*; Haube *f*; Zündkapsel *f*; **2.** (*-pp-*) (mit e-r Kappe *etc.*) bedecken; *fig.* krönen; übertreffen
ca·pa|·bil·i·ty [keɪpə'bɪlətɪ] Fähigkeit *f*; **~·ble** ['keɪpəbl] fähig (***of*** zu)
ca·pac·i·ty [kə'pæsətɪ] (Raum)Inhalt *m*; Fassungsvermögen *n*; Kapazität *f*; Aufnahmefähigkeit *f*; *geistige* (*od. tech.* Leistungs)Fähigkeit *f* (***for*** *ger.* zu *inf.*); ***in my ~ as*** in meiner Eigenschaft als
cape[1] [keɪp] Kap *n*, Vorgebirge *n*
cape[2] [keɪp] Cape *n*, Umhang *m*
ca·per ['keɪpə] **1.** Kapriole *f*, Luftsprung *m*; ***cut ~s*** → **2.** Freuden- *od.* Luftsprünge machen
ca·pil·la·ry *anat.* [kə'pɪlərɪ] Haar-, Kapillargefäß *n*
cap·i·tal ['kæpɪtl] **1.** Kapital *n*; Hauptstadt *f*; Großbuchstabe *m*; **2.** Kapital...; Tod(es)...; Haupt...; großartig, prima; **~ 'crime** Kapitalverbrechen *n*
cap·i·tal|·is·m ['kæpɪtəlɪzəm] Kapitalismus *m*; **~·ist** ['kæpɪtəlɪst] Kapitalist *m*; **~·ize** ['kæpɪtəlaɪz] *econ.* kapitalisieren; groß schreiben
cap·i·tal| 'let·ter Großbuchstabe *m*; **~ 'pun·ish·ment** Todesstrafe *f*
ca·pit·u·late [kə'pɪtjʊleɪt] kapitulieren (***to*** vor *dat.*)
ca·pri·cious [kə'prɪʃəs] launisch
Cap·ri·corn *astr.* ['kæprɪkɔːn] Steinbock *m*; ***he/she is*** (***a***) **~** er/sie ist (ein) Steinbock
cap·size [kæp'saɪz] *v/i.* kentern; *v/t.* zum Kentern bringen
cap·sule ['kæpsjuːl] Kapsel *f*
cap·tain ['kæptɪn] (An)Führer *m*; *naut.*, *econ.* (*aviat.* Flug)Kapitän *m*; *mil.* Hauptmann *m*; *Sport*: (Mannschafts-) Kapitän *m*, Spielführer *m*
cap·tion ['kæpʃn] Überschrift *f*, Titel *m*; Bildunterschrift *f*; *Film*: Untertitel *m*
cap|·ti·vate *fig.* ['kæptɪveɪt] gefangen nehmen, fesseln; **~·tive** ['kæptɪv] **1.** gefangen; gefesselt; ***hold ~*** gefangen halten; **2.** Gefangene(r *m*) *f*; **~·tiv·i·ty** [kæp'tɪvətɪ] Gefangenschaft *f*
cap·ture ['kæptʃə] **1.** Eroberung *f*; Gefangennahme *f*; **2.** fangen, gefangen nehmen; erobern; erbeuten; *naut.* kapern
car [kɑː] Auto *n*, Wagen *m*; (Eisenbahn-, Straßenbahn)Wagen *m*; Gondel *f* (*e-s Ballons etc.*); Kabine *f* (*e-s Aufzugs*); ***by ~*** mit dem Auto, im Auto
car·a·mel ['kærəmel] Karamell *m*; Karamelle *f*
car·a·van ['kærəvæn] Karawane *f*; *Brt.* Wohnwagen *m*, -anhänger *m*; **'~ site** Campingplatz *m* für Wohnwagen
car·a·way *bot.* ['kærəweɪ] Kümmel *m*
car·bine *mil.* ['kɑːbaɪn] Karabiner *m*
car·bo·hy·drate - [kɑːbəʊ'haɪdreɪt] Kohle(n)hydrat *n*
'car bomb Autobombe *f*
car·bon ['kɑːbən] - Kohlenstoff *m*; → **~ 'cop·y** Durchschlag *m*; **'~ (pa·per)** Kohlepapier *n*
car·bu·ret·(t)or *tech.* [kɑːbə'retə] Vergaser *m*
car·case *Brt.*, **car·cass** ['kɑːkəs] Kadaver *m*, Aas *n*; *Fleischerei*: Rumpf *m*
car·cin·o·genic *med.* [kɑːsɪnə'dʒenik] karzinogen, Krebs erregend
card [kɑːd] Karte *f*; ***play ~s*** Karten spielen; ***have a ~ up one's sleeve*** *fig.* (noch) e-n Trumpf in der Hand haben; **'~·board** Pappe *f*; **'~·board box** Pappschachtel *f*, -karton *m*
car·di·ac *med.* ['kɑːdɪæk] Herz...; **~ 'pace·mak·er** *med.* Herzschrittmacher *m*
car·di·gan ['kɑːdɪgən] Strickjacke *f*
car·di·nal ['kɑːdɪnl] **1.** Grund..., Haupt..., Kardinal...; scharlachrot; **2.** *rel.* Kardinal *m*; **~ 'num·ber** Grundzahl *f*
'card| in·dex Kartei *f*; **'~ phone** Kartentelefon *n*; **'~·sharp·er** Falschspieler *m*
'car dump Autofriedhof *m*

C

care [keə] **1.** Sorge *f*; Sorgfalt *f*; Vorsicht *f*; Obhut *f*, Pflege *f*; ***medical ~*** ärztliche Behandlung; ***take ~ of*** aufpassen auf (*acc.*); ***with ~!*** Vorsicht!; **2.** Lust haben (***to*** *inf.* zu); ***~ about*** sich kümmern um; ***~ for*** sorgen für, sich kümmern um; sich etwas machen aus; ***I don't ~!*** F meinetwegen!; ***I couldn't ~ less*** F es ist mir völlig egal
ca·reer [kə'rɪə] **1.** Karriere *f*, Laufbahn *f*; **2.** Berufs...; Karriere...; **3.** rasen
ca'reers| ad·vice Berufsberatung *f*; **~ ad·vi·sor** Berufsberater *m*; **~ guid·ance** Berufsberatung *f*; **~ of·fice** Berufsberatungsstelle *f*; **~ of·fic·er** Berufsberater *m*
'care|·free sorgenfrei, sorglos; **'~·ful** vorsichtig; sorgsam bedacht (***of*** auf *acc.*); sorgfältig; ***be ~!*** pass auf!; **'~·less** nachlässig; unachtsam; leichtsinnig
ca·ress [kə'res] **1.** Liebkosung *f*; **2.** liebkosen, streicheln
'care|·tak·er Hausmeister *m*; (Haus- *etc.*)Verwalter *m*; **'~·worn** abgehärmt
'car|·fare *Am.* Fahrgeld *n* (*für Bus etc.*); **'~ fer·ry** Autofähre *f*
car·go ['kɑːgəʊ] (*pl.* ***-goes***, *Am. a.* ***-gos***) Ladung *f*
'car hire Autovermietung *f*
car·i·ca|·ture ['kærɪkətjʊə] **1.** Karikatur *f*; **2.** karikieren; **~·tur·ist** ['kærɪkətjʊərɪst] Karikaturist *m*
car·ies *med.* ['keəriːz], *a.* ***dental ~*** Karies *f*
'car me·chan·ic Automechaniker *m*
car·mine ['kɑːmaɪn] Karmin(rot) *n*
car·na·tion *bot.* [kɑː'neɪʃn] Nelke *f*
car·nap·per F ['kɑːnæpə] Autoentführer *m*
car·ni·val ['kɑːnɪvl] Karneval *m*
car·niv·o·rous [kɑː'nɪvərəs] Fleisch fressend
car·ol ['kærəl] Weihnachtslied *n*
carp *zo.* [kɑːp] Karpfen *m*
'car park *bsd. Brt.* Parkplatz *m*; Parkhaus *n*
car·pen·ter ['kɑːpɪntə] Zimmermann *m*
car·pet ['kɑːpɪt] **1.** Teppich *m*; ***sweep s.th. under the ~*** et. unter den Teppich kehren; **2.** mit e-m Teppich auslegen
'car| phone Autotelefon *n*; **'~ pool** Fahrgemeinschaft *f*; **'~ pool(·ing) ser·vice** Mitfahrzentrale *f*; **'~·port** überdachter Abstellplatz (*für Autos*); **'~ rent·al** *Am.* Autovermietung *f*; **'~ re·pair shop** Autoreparaturwerkstatt *f*
car·riage ['kærɪdʒ] Beförderung *f*, Transport *m*; Transportkosten *pl.*; Kutsche *f*; *Brt. rail.* (Personen)Wagen *m*; (Körper)Haltung *f*; **'~·way** Fahrbahn *f*
car·ri·er ['kærɪə] Spediteur *m*; Gepäckträger *m* (*am Fahrrad*); Flugzeugträger *m*; **'~ bag** *Brt.* Trag(e)tasche *f*, -tüte *f*
car·ri·on ['kærɪən] Aas *n*; Aas...
car·rot *bot.* ['kærət] Karotte *f*, Mohrrübe *f*
car·ry ['kærɪ] *v/t. wohin* bringen, führen, tragen (*a. v/i.*), fahren, befördern; (bei sich) haben *od.* tragen; *Ansicht* durchsetzen; *Gewinn*, *Preis* davontragen; *Ernte*, *Zinsen* tragen; (weiter)führen, *Mauer* ziehen; *Antrag* durchbringen; ***be carried*** angenommen werden (*Antrag*); ***~ the day*** den Sieg davontragen; ***~ s.th. too far*** et. übertreiben, et. zu weit treiben; ***get carried away*** *fig.* die Kontrolle über sich verlieren; ***~ forward, ~ over*** *econ.* übertragen; ***~ on*** fortsetzen, weiterführen; *Geschäft etc.* betreiben; ***~ out, ~ through*** durch-, ausführen; **'~·cot** *Brt.* (Baby)Trag(e)tasche *f*
cart [kɑːt] **1.** Karren *m*; Wagen *m*; *Am.* Einkaufswagen *m*; ***put the ~ before the horse*** *fig.* das Pferd beim Schwanz aufzäumen; **2.** karren
car·ti·lage *anat.* ['kɑːtɪlɪdʒ] Knorpel *m*
car·ton ['kɑːtən] Karton *m*; ***a ~ of cigarettes*** e-e Stange Zigaretten
car·toon [kɑː'tuːn] Cartoon *m*, *n*; Karikatur *f*; Zeichentrickfilm *m*; **~·ist** [kɑː'tuːnɪst] Karikaturist *m*
car·tridge ['kɑːtrɪdʒ] Patrone *f*; *phot.* (Film)Patrone *f*, (-)Kassette *f*; Tonabnehmer *m*; Patrone *f* (*e-s Füllhalters*)
'cart·wheel: *turn ~s* Rad schlagen
carve [kɑːv] *Fleisch* vorschneiden, zerlegen; schnitzen; meißeln; **'carv·er** (Holz)Schnitzer *m*; Bildhauer *m*; Tranchierer *m*; Tranchiermesser *n*; **'carv·ing** Schnitzerei *f*
'car wash Autowäsche *f*; (Auto)Waschanlage *f*, Waschstraße *f*
cas·cade [kæ'skeɪd] Wasserfall *m*
case[1] [keɪs] **1.** Behälter *m*; Kiste *f*, Kasten *m*; Etui *n*; Gehäuse *n*; Schachtel *f*;

(*Glas*)Schrank *m*; (*Kissen*)Bezug *m*; *tech.* Verkleidung *f*; **2.** in ein Gehäuse *od.* Etui stecken; *tech.* verkleiden
case² [keɪs] Fall *m* (*a. jur.*); *gr.* Kasus *m*, Fall *m*; *med.* (Krankheits)Fall *m*, Patient(in); Sache *f*, Angelegenheit *f*
case·ment ['keɪsmənt] Fensterflügel *m*; → ~ '**win·dow** Flügelfenster *n*
cash [kæʃ] **1.** Bargeld *n*; Barzahlung *f*; ~ ***down*** gegen bar; ~ ***on delivery*** Lieferung *f* gegen bar; (per) Nachnahme *f*; **2.** *Scheck etc.* einlösen; '**~·book** Kassenbuch *n*; '**~ desk** Kasse *f* (*im Warenhaus etc.*); '**~ di·spens·er** *bsd. Brt.* Geld-, Bankautomat *m*; **~·ier** [kæ'ʃɪə] Kassierer(in); '**~·less** bargeldlos; '**~ ma·chine,** '**~·point** *Brt.* → ~ ***dispenser***; '**~ re·gis·ter** Registrierkasse *f*
cas·ing ['keɪsɪŋ] (Schutz)Hülle *f*; Verschalung *f*, -kleidung *f*, Gehäuse *n*
cask [kɑːsk] Fass *n*
cas·ket ['kɑːskɪt] Kästchen *n*; *Am.* Sarg *m*
cas·se·role ['kæsərəʊl] Kasserolle *f*
cas·sette [kə'set] (*Film-, Band-, Musik*)Kassette *f*; ⚠ *nicht Geld- etc.* ***Kassette***; ~ **deck** Kassettendeck *n*; ~ **play·er** Kassettenrekorder *m*; ~ **ra·di·o** Radiorekorder *m*; ~ **re·cord·er** Kassettenrekorder *m*
cas·sock *relig.* ['kæsək] Soutane *f*
cast [kɑːst] **1.** Wurf *m*; *tech.* Guss(form *f*) *m*; Abguss *m*, Abdruck *m*; Schattierung *f*, Anflug *m*; Form *f*, Art *f*; Auswerfen *n* (*der Angel etc.*); *thea.* Besetzung *f*; **2.** (***cast***) *v/t.* (ab-, aus-, hin-, um-, weg)werfen; *zo. Haut etc.* abwerfen; *Zähne etc.* verlieren; verwerfen; gestalten; *tech.* gießen; *a.* ~ ***up*** ausrechnen, zusammenzählen; *thea. Stück* besetzen; *Rollen* verteilen (***to*** an *acc.*); ~ ***lots*** losen (***for*** um); ~ ***away*** wegwerfen; ***be*** ~ ***down*** niedergeschlagen sein; ~ ***off*** *Kleidung* ausrangieren; *Freund etc.* fallen lassen; *Maschen* abnehmen (*Stricken*); *v/i.* sich werfen (*Holz*); ~ ***about for***, ~ ***around for*** suchen (nach), *fig. a.* sich umsehen nach
cas·ta·net [kæstə'net] Kastagnette *f*
cast·a·way *naut.* ['kɑːstəweɪ] Schiffbrüchige(r *m*) *f*
caste [kɑːst] Kaste *f* (*a. fig.*)
cast·er ['kɑːstə] Laufrolle *f* (*unter Möbeln*); *Brt.* (*Salz-, Zucker- etc.*)Streuer *m*
cast·i·gate ['kæstɪgeɪt] züchtigen; *fig.* geißeln
cast| '**i·ron** Gusseisen *n*; **~-'i·ron** gusseisern
cas·tle ['kɑːsl] Burg *f*, Schloss *n*; *Schach*: Turm *m*
cast·or ['kɑːstə] → ***caster***
cast·or oil [kɑːstə 'ɔɪl] Rizinusöl *n*
cas·trate [kæ'streɪt] kastrieren
cas·u·al ['kæʒʊəl] zufällig; gelegentlich; flüchtig; lässig
cas·u·al·ty ['kæʒʊəltɪ] Unfall *m*; Verunglückte(r *m*) *f*, Opfer *n*; *mil.* Verwundete(r) *m*; *mil.* Gefallene(r) *m*; ***casualties*** *pl.* Opfer *pl.*, *mil. mst* Verluste *pl.*; '**~ (department)** Notaufnahme *f* (*im Krankenhaus*); '**~ ward** Unfallstation *f* (*im Krankenhaus*)
cas·u·al 'wear Freizeitkleidung *f*
cat *zo.* [kæt] Katze *f*
cat·a·logue *bsd. Brt.*, **cat·a·log** *Am.* ['kætəlɒg] **1.** Katalog *m*; Verzeichnis *n*, Liste *f*; **2.** katalogisieren
cat·a·lyt·ic con·ver·ter *mot.* [kætəlɪtɪc kən'vɜːtə] Katalysator *m*
cat·a·pult ['kætəpʌlt] *Brt.* Schleuder *f*; Katapult *n*, *m*
cat·a·ract ['kætərækt] Wasserfall *m*; Stromschnelle *f*; *med.* grauer Star
ca·tarrh *med.* [kə'tɑː] Katarr *m*
ca·tas·tro·phe [kə'tæstrəfɪ] Katastrophe *f*
catch [kætʃ] **1.** Fangen *n*; Fang *m*, Beute *f*; Stocken *n* (*des Atems*); Halt *m*, Griff *m*; *tech.* Haken *m*; (Tür)Klinke *f*; Verschluss *m*; *fig.* Haken *m*; **2.** (***caught***) *v/t.* (auf-, ein)fangen; packen, fassen, ergreifen; überraschen, ertappen; *Blick etc.* auffangen; *Zug etc.* (noch) kriegen, erwischen; erfassen, verstehen; einfangen (*Atmosphäre*); sich *e-e Krankheit* holen; ~ (***a***) ***cold*** sich erkälten; ~ ***the eye*** ins Auge fallen; ~ ***s.o.'s eye*** j-s Aufmerksamkeit auf sich lenken; ~ ***s.o. up*** j-n einholen; ***be caught up in*** verwickelt sein in (*acc.*); **3.** *v/i.* sich verfangen, hängen bleiben; fassen, greifen; ineinander greifen (*Räder*); klemmen; einschnappen (*Schloss etc.*); ~ ***up with*** einholen; '**~·er** Fänger *m*; '**~·ing** packend; *med.* ansteckend (*a. fig.*); '**~·word** Schlagwort *n*; Stichwort *n*; '**~·y** (***-ier, -iest***) eingängig (*Melodie*)

cat·e·chis·m ['kætɪkɪzəm] Katechismus *m*
cat·e·go·ry ['kætɪgərɪ] Kategorie *f*
ca·ter ['keɪtə]: ~ ***for*** Speisen u. Getränke liefern für; *fig*. sorgen für
cat·er·pil·lar ['kætəpɪlə] *zo*. Raupe *f*; ♀® Raupenfahrzeug *n*; ♀ **'trac·tor**® Raupenschlepper *m*
cat·gut ['kætgʌt] Darmsaite *f*
ca·the·dral [kə'θiːdrəl] Dom *m*, Kathedrale *f*
Cath·o·lic ['kæθəlɪk] **1.** katholisch; **2.** Katholik(in)
cat·kin *bot*. ['kætkɪn] Kätzchen *n*
cat·tle ['kætl] Vieh *n*
caught [kɔːt] *pret. u. p.p. von* ***catch*** 2
ca(u)l·dron ['kɔːldrən] großer Kessel
cau·li·flow·er *bot*. ['kɒlɪflaʊə] Blumenkohl *m*
cause [kɔːz] **1.** Ursache *f*; Grund *m*; Sache *f*; **2.** verursachen; veranlassen; **'~·less** grundlos
cau·tion ['kɔːʃn] **1.** Vorsicht *f*; Warnung *f*; Verwarnung *f*; ⚠ *nicht* ***Kaution***; **2.** warnen; verwarnen; *jur*. belehren
cau·tious ['kɔːʃəs] behutsam, vorsichtig
cav·al·ry *hist. mil*. ['kævlrɪ] Kavallerie *f*
cave [keɪv] **1.** Höhle *f*; **2.** *v/i*. ~ ***in*** einstürzen
cav·ern ['kævən] (große) Höhle
cav·i·ty ['kævətɪ] Höhle *f*; Loch *n*
caw [kɔː] **1.** krächzen; **2.** Krächzen *n*
CB [siː 'biː] *Abk. für* ***Citizens' Band*** CB-Funk *m* (*Wellenbereich für privaten Funkverkehr*)
CBS [siː biː 'es] *Abk. für* ***Columbia Broadcasting System*** (*amer. Rundfunkgesellschaft*)
CD [siː 'diː] *Abk. für* ***compact disc*** CD (-Platte) *f*; **CD 'play·er** CD-Spieler *m*; **CD-ROM** [siː diː 'rɒm] *Abk. für* ***compact disc read-only memory*** CD-ROM; **CD 'vid·e·o** (*pl*. ***-os***) CD-Video *n*
cease [siːs] aufhören; beenden; **'~·fire** *mil*. Feuereinstellung *f*; Waffenruhe *f*; **'~·less** unaufhörlich
cei·ling ['siːlɪŋ] (Zimmer)Decke *f*; *econ*. Höchstgrenze *f*, oberste Preisgrenze
cel·e|·brate ['selɪbreɪt] feiern; **'~·brat·ed** gefeiert, berühmt (***for*** für, wegen); **~·bra·tion** [selɪ'breɪʃn] Feier *f*
ce·leb·ri·ty [sɪ'lebrətɪ] Berühmtheit *f*
cel·e·ry *bot*. ['selərɪ] Sellerie *m*, *f*
ce·les·ti·al [sɪ'lestjəl] himmlisch
cel·i·ba·cy ['selɪbəsɪ] Ehelosigkeit *f*
cell [sel] Zelle *f*; *electr. a*. Element *n*
cel·lar ['selər] Keller *m*
cel|·list *mus*. ['tʃelɪst] Cellist(in); **~·lo** *mus*. ['tʃeləʊ] (*pl*. ***-los***) (Violon)Cello *n*
cel·lo·phane® ['seləʊfeɪn] Cellophan® *n*
cel·lu·lar ['seljʊlə] Zell(en)...; **~ 'phone** Funktelefon *n*
Cel·tic ['keltɪk] keltisch
ce·ment [sɪ'ment] **1.** Zement *m*; Kitt *m*; **2.** zementieren; (ver)kitten
cem·e·tery ['semɪtrɪ] Friedhof *m*
cen·sor ['sensə] **1.** Zensor *m*; **2.** zensieren; **'~·ship** Zensur *f*
cen·sure ['senʃə] **1.** Tadel *m*, Verweis *m*; ⚠ *nicht* ***Zensur***; **2.** tadeln
cen·sus ['sensəs] Volkszählung *f*
cent [sent] Hundert *n*; *Am*. Cent *m* (*1/100 Dollar*); ***per*** ~ Prozent *n*
cen·te·na·ry [sen'tiːnərɪ] Hundertjahrfeier *f*, hundertjähriges Jubiläum
cen·ten·ni·al [sen'tenjəl] **1.** hundertjährig; **2.** *Am*. → ***centenary***
cen·ti|·grade ['sentɪgreɪd]: ***10 degrees*** ~ 10 Grad Celsius; **'~·me·tre** *Brt*., **'~·me·ter** *Am*. Zentimeter *m*, *n*; **~·pede** *zo*. ['sentɪpiːd] Tausendfüß(l)er *m*
cen·tral ['sentrəl] zentral; Haupt..., Zentral...; Mittel...; **~ 'heat·ing** Zentralheizung *f*; **~·ize** ['sentrəlaɪz] zentralisieren; **~ 'lock·ing** *mot*. Zentralverriegelung *f*; **~ res·er'va·tion** *Brt*. Mittelstreifen *m* (*Autobahn*)
cen·tre *Brt*., **cen·ter** *Am*. ['sentə] **1.** Zentrum *n*, Mittelpunkt *m*; *Fußball*: Flanke *f*; **2.** (sich) konzentrieren; zentrieren; **~ 'back** *Fußball*: Vorstopper *m*; **~ 'for·ward** *Sport*: Mittelstürmer(in); **~ of 'grav·i·ty** *phys*. Schwerpunkt *m*
cen·tu·ry ['sentʃʊrɪ] Jahrhundert *n*
ce·ram·ics [sɪ'ræmɪks] *pl*. Keramik *f*, keramische Erzeugnisse *pl*.
ce·re·al ['sɪərɪəl] **1.** Getreide...; **2.** Getreide(pflanze *f*) *n*; Getreideflocken *pl*., Frühstückskost *f* (*aus Getreide*)
cer·e·bral *anat*. ['serɪbrəl] Gehirn...
cer·e·mo|·ni·al [serɪ'məʊnjəl] **1.** zeremoniell; **2.** Zeremoniell *n*; **~·ni·ous** [serɪ'məʊnjəs] zeremoniell; förmlich; **~·ny** ['serɪmənɪ] Zeremonie *f*; Feier(lichkeit) *f*; Förmlichkeit(en *pl*.) *f*

cer·tain ['sɜːtn] sicher, gewiss; zuverlässig; bestimmt; gewisse(r, -s); '**~·ly** sicher, gewiss; *in Antworten*: sicherlich, bestimmt, natürlich; '**~·ty** Sicherheit *f*, Bestimmtheit *f*, Gewissheit *f*
cer|·tif·i·cate [sə'tɪfɪkət] Zeugnis *n*; Bescheinigung *f*; ~ ***of (good) conduct*** Führungszeugnis *n*; ***General* ♀ *of Education advanced level (A level)*** *Brt. Schule*: *etwa* Abitur(zeugnis) *n*; ***General* ♀ *of Education ordinary level (O level)*** *Brt. Schule*: *etwa* mittlere Reife; ***medical*** ~ ärztliches Attest; **~·ti·fy** ['sɜːtɪfaɪ] *et.* bescheinigen; beglaubigen
cer·ti·tude ['sɜːtɪtjuːd] Sicherheit *f*, Bestimmtheit *f*, Gewissheit *f*
CET [siː iː 'tiː] *Abk. für* ***Central European Time*** MEZ, mitteleuropäische Zeit
cf (*Lateinisch* ***confer***) *nur geschr. Abk. für* ***compare*** vgl., vergleiche
CFC [siː ef 'siː] *Abk. für* ***chlorofluorocarbon*** FCKW, Fluorchlorkohlenwasserstoff *m*
chafe [tʃeɪf] *v/t.* warm reiben; aufreiben, wund reiben; *v/i.* (sich durch)reiben, scheuern
chaff [tʃɑːf] Spreu *f*; Häcksel *n*
chaf·finch *zo.* ['tʃæfɪntʃ] Buchfink *m*
chag·rin ['ʃægrɪn] **1.** Ärger *m*; **2.** ärgern
chain [tʃeɪn] **1.** Kette *f*; *fig.* Fessel *f*; **~ re'ac·tion** Kettenreaktion *f*; '**~-smok·er** Kettenraucher(in); '**~-smok·ing** Kettenrauchen *n*; '**~ store** Kettenladen *m*; **2.** (an)ketten; fesseln
chair [tʃeə] Stuhl *m*; Lehrstuhl *m*; Vorsitz *m*; ***be in the*** ~ den Vorsitz führen; '**~ lift** Sessellift *m*; '**~·man** (*pl.* ***-men***) Vorsitzende(r) *m*, Präsident *m*; Diskussionsleiter *m*; '**~·man·ship** Vorsitz *m*; '**~·wom·an** (*pl.* ***-women***) Vorsitzende *f*, Präsidentin *f*; Diskussionsleiterin *f*
chal·ice ['tʃælɪs] Kelch *m*
chalk [tʃɔːk] **1.** Kreide *f*; **2.** mit Kreide schreiben *od.* zeichnen
chal|·lenge ['tʃælɪndʒ] **1.** Herausforderung *f*; **2.** herausfordern; '**~·len·ger** Herausforderer *m*
cham·ber ['tʃeɪmbə] *tech., parl. etc.* Kammer *f*; '**~·maid** Zimmermädchen *n*; **~ of 'com·merce** Handelskammer *f*
cham·ois *zo.* ['ʃæmwɑː] Gämse *f*
cham·ois (leath·er) ['ʃæmɪ (leðə)] Wildleder *n*
champ F [tʃæmp] → ***champion*** (*Sport*)
cham·pagne [ʃæm'peɪn] Champagner *m*
cham·pi·on ['tʃæmpjən] **1.** Verfechter(in), Fürsprecher(in); *Sport*: Meister(in); **2.** verfechten, eintreten für; '**~·ship** *Sport*: Meisterschaft *f*
chance [tʃɑːns] **1.** Zufall *m*; Chance *f*, (günstige) Gelegenheit; Aussicht *f* (***of*** auf *acc.*); Möglichkeit *f*; Risiko *n*; ***by*** ~ zufällig; ***take a*** ~ es darauf ankommen lassen; ***take no*** **~*s*** nichts riskieren (wollen); **2.** zufällig; **3.** F riskieren
chan·cel·lor ['tʃɑːnsələ] Kanzler *m*
chan·de·lier [ʃændə'lɪə] Kronleuchter *m*
change [tʃeɪndʒ] **1.** Veränderung *f*, Wechsel *m*; Abwechslung *f*; Wechselgeld *n*; Kleingeld *n*; ***for a*** ~ zur Abwechslung; ~ ***for the better (worse)*** Bess(e)rung *f* (Verschlechterung *f*); **2.** *v/t.* (ver)ändern, umändern; (aus-)wechseln; (aus-, ver)tauschen (***for*** gegen); *mot., tech.* schalten; ~ ***over*** umschalten; umstellen; ~ ***trains*** umsteigen; *v/i.* sich (ver)ändern, wechseln; sich umziehen; '**~·a·ble** veränderlich; '**~ ma·chine** Münzwechsler *m*; '**~·o·ver** Umstellung *f* (***to*** auf *acc.*)
'chang·ing room *bsd. Sport*: Umkleidekabine *f*, -raum *m*
chan·nel ['tʃænl] **1.** Kanal *m* (*a. fig.*); (*Fernseh- etc.*)Kanal *m*, (-)Programm *n*; *fig.* Kanal *m*, Weg *m*; **2.** (*bsd. Brt.* **-ll-**, *Am.* **-l-**) *fig.* lenken; ♀ '**Tun·nel** Kanaltunnel *m*, Eurotunnel *m* (*Ärmelkanaltunnel zwischen England u. Frankreich*)
chant [tʃɑːnt] **1.** (Kirchen)Gesang *m*; Singsang *m*; **2.** in Sprechchören rufen
cha·os ['keɪɒs] Chaos *n*
chap[1] [tʃæp] **1.** Riss *m*; **2.** (***-pp-***) rissig machen *od.* werden; aufspringen (*Haut, Lippen*)
chap[2] F [tʃæp] Bursche *m*, Kerl *m*
chap·el ['tʃæpl] Kapelle *f*; Gottesdienst *m*
chap·lain ['tʃæplɪn] Kaplan *m*
chap·ter ['tʃæptə] Kapitel *n*
char [tʃɑː] (***-rr-***) verkohlen
char·ac·ter ['kærəktə] Charakter *m*; Ruf *m*, Leumund *m*; Schriftzeichen *n*, Buchstabe *m*; *Roman etc.*: Figur *f*, Gestalt *f*; *thea.* Rolle *f*; **~·is·tic**

C

[kærəktə'rɪstɪk] **1.** (**~ally**) charakteristisch (**of** für); **2.** Kennzeichen *n*; **~ize** ['kærəktəraɪz] charakterisieren

char·coal ['tʃɑːkəʊl] Holzkohle *f*

charge [tʃɑːdʒ] **1.** *v/t. Batterie etc.* (auf)laden, *Gewehr etc.* laden; beauftragen (**with** mit); *j-n* beschuldigen *od.* anklagen (**with** *e-r Sache*) (*a. jur.*); berechnen, verlangen, fordern (**for** für); *mil.* angreifen; stürmen; **~ s.o. with s.th.** *econ.* j-m et. in Rechnung stellen; *v/i.* **~ at s.o.** auf j-n losgehen; **2.** Ladung *f* (*e-r Batterie, e-s Gewehrs etc.*); (Spreng)Ladung *f*; Beschuldigung *f*, *a. jur.* Anklage(punkt *m*) *f*; Preis *m*; Forderung *f*; Gebühr *f*; *a.* **~s** *pl.* Unkosten *pl.*, Spesen *pl.*; Verantwortung *f*; Schützling *m*, Mündel *n*, *m*; **free of ~** kostenlos; **be in ~ of** verantwortlich sein für; **take ~ of** die Leitung *etc.* übernehmen, die Sache in die Hand nehmen

char·i·ot *poet. od. hist.* ['tʃærɪət] Streit-, Triumphwagen *m*

cha·ris·ma [kə'rɪzmə] Charisma *n*, Ausstrahlung(skraft) *f*

char·i·ta·ble ['tʃærɪtəbl] wohltätig

char·i·ty ['tʃærətɪ] Nächstenliebe *f*; Wohltätigkeit *f*; Güte *f*, Nachsicht *f*; milde Gabe

char·la·tan ['ʃɑːlətən] Scharlatan *m*; Quacksalber *m*, Kurpfuscher *m*

charm [tʃɑːm] **1.** Zauber *m*; Charme *m*, Reiz *m*; Talisman *m*, Amulett *n*; **2.** bezaubern, entzücken; **'~·ing** charmant, bezaubernd

chart [tʃɑːt] (*See-, Himmels-, Wetter*)Karte *f*; Diagramm *n*, Schaubild *n*; **~s** *pl.* Charts *pl.*, Hitliste(n *pl.*) *f*

char·ter ['tʃɑːtə] **1.** Urkunde *f*; Charta *f*; Chartern *n*; **2.** chartern, mieten; **'~ flight** Charterflug *m*

char·wom·an ['tʃɑːwʊmən] (*pl.* **-women**) Putzfrau *f*, Raumpflegerin *f*

chase [tʃeɪs] **1.** Jagd *f*; Verfolgung *f*; **2.** jagen, hetzen; Jagd machen auf (*acc.*); rasen, rennen

chas·m ['kæzəm] Kluft *f*, Abgrund *m*

chaste [tʃeɪst] keusch; schlicht

chas·tise [tʃæ'staɪz] züchtigen

chas·ti·ty ['tʃæstətɪ] Keuschheit *f*

chat [tʃæt] **1.** Geplauder *n*, Schwätzchen *n*, Plauderei *f*; **2.** plaudern; **'~ show** *Brt. TV* Talkshow *f*; **~-show 'host** *Brt. TV* Talkmaster *m*

chat·tels ['tʃætlz] *pl. mst* **goods and ~** bewegliches Eigentum

chat·ter ['tʃætə] **1.** plappern; schnattern; klappern; **2.** Geplapper *n*; Klappern *n*; **'~·box** F Plappermaul *n*

chat·ty ['tʃætɪ] (**-ier, -iest**) gesprächig

chauf·feur ['ʃəʊfə] Chauffeur *m*

chau|·vi F ['ʃəʊvɪ] Chauvi *m*; **~·vin·ist** ['ʃəʊvɪnɪst] Chauvinist *m*; F **male ~ pig** Chauvi *m*; *contp.* Chauvischwein *n*

cheap [tʃiːp] billig; *fig.* schäbig, gemein; **'~·en** (sich) verbilligen; *fig.* herabsetzen

cheat [tʃiːt] **1.** Betrug *m*, Schwindel *m*; Betrüger(in); **2.** betrügen; F schummeln

check [tʃek] **1.** Schach(stellung *f*) *n*; Hemmnis *n*, Hindernis *n* (**on** für); Einhalt *m*; Kontrolle *f* (**on** *gen.*); Kontrollabschnitt *m*, -schein *m*; *Am.* Gepäckschein *m*; *Am.* Garderobenmarke *f*; *Am. econ.* Scheck *m* (**for** über); *Am.* Häkchen *n* (*Vermerkzeichen auf Liste etc.*); *Am.* Kassenzettel *m*, Rechnung *f*; karierter Stoff; **2.** *v/i.* (plötzlich) innehalten; **~ in** sich (*in e-m Hotel*) anmelden; einstempeln; *aviat.* einchecken; **~ out** (*aus e-m Hotel*) abreisen; ausstempeln; **~ up** (**on**) F (*e-e Sache*) nachprüfen, (*e-e Sache, j-n*) überprüfen; *v/t.* hemmen, hindern, aufhalten; zurückhalten; checken, kontrollieren, überprüfen; *Am. auf e-r Liste* abhaken; *Am. Kleider* in der Garderobe abgeben; *Am. Gepäck* aufgeben; **'~ card** *Am. econ.* Scheckkarte *f*; **~ed** [tʃekt] kariert; **~·ers** *Am.* ['tʃekəz] *sg.* Damespiel *n*; **'~-in** Anmeldung *f* (*in e-m Hotel*); Einstempeln *n*; *aviat.* Einchecken *n*; **'~-in coun·ter** *aviat.*, **'~-in desk** *aviat.* Abfertigungsschalter *m*; **'~·ing ac·count** *Am. econ.* Girokonto *n*; **'~·list** Check-, Kontroll-, Vergleichsliste *f*; **'~·mate 1.** (Schach)Matt *n*; **2.** (schach)matt setzen; **'~-out** Abreise *f* (*aus e-m Hotel*); Ausstempeln *n*; **'~-out coun·ter** Kasse *f* (*bsd. im Supermarkt*); **'~·point** Kontrollpunkt *m*; **'~·room** *Am.* Garderobe *f*; Gepäckaufbewahrung *f*; **'~-up** Überprüfung *f*; *med.* Check-up *m*, Vorsorgeuntersuchung *f*

cheek [tʃiːk] Backe *f*, Wange *f*; F Unverschämtheit *f*; **'~·y** F (**-ier, -iest**) frech

cheer [tʃɪə] **1.** Stimmung *f*, Fröhlichkeit

f; Hoch(ruf *m*) *n*, Beifall(sruf) *m*; **~s** *Sport*: Anfeuerung(srufe *pl.*) *f*; **three ~s!** dreimal hoch!; **~s!** prost!; **2.** *v/t.* mit Beifall begrüßen; *a.* **~ on** anspornen; *a.* **~ up** aufheitern; *v/i.* hoch rufen, jubeln; *a.* **~ up** Mut fassen; **~ up!** Kopf hoch!; **'~·ful** vergnügt

cheer·i·o *int. Brt.* F [tʃɪərɪ'əʊ] mach's gut!, tschüs(s)!

'cheer|·lead·er *Sport*: Einpeitscher *m*, Cheerleader *m*; **'~·less** freudlos; **~·y** ['tʃɪərɪ] (**-ier, -iest**) vergnügt

cheese [tʃiːz] Käse *m*

chee·tah *zo.* ['tʃiːtə] Gepard *m*

chef [ʃef] Küchenchef *m*; Koch *m*; ⚠ *nicht* **Chef**

chem·i·cal ['kemɪkl] **1.** chemisch; **2.** Chemikalie *f*

chem|·ist ['kemɪst] Chemiker(in); Apotheker(in); Drogist(in); **~·is·try** ['kemɪstrɪ] Chemie *f*; **'~·ist's shop** Apotheke *f*; Drogerie *f*

chem·o·ther·a·py *med.* [kiːməʊ'θerəpɪ] Chemotherapie *f*

cheque *Brt. econ.* [tʃek] (*Am.* **check**) Scheck *m*; **crossed ~** Verrechnungsscheck *m*; **'~ ac·count** *Brt.* Girokonto *n*; **'~ card** *Brt.* Scheckkarte *f*

cher·ry *bot.* ['tʃerɪ] Kirsche *f*

chess [tʃes] Schach(spiel) *n*; **a game of ~** e-e Partie Schach; **'~·board** Schachbrett *n*; **'~·man** (*pl.* **-men**), **'~ piece** Schachfigur *f*

chest [tʃest] Kiste *f*; Truhe *f*; *anat.* Brust(-kasten *m*) *f*; **get s.th. off one's ~** F sich et. von der Seele reden

chest·nut ['tʃesnʌt] **1.** *bot.* Kastanie *f*; **2.** kastanienbraun

chest of drawers [tʃest əv 'drɔːz] Kommode *f*

chew [tʃuː] (zer)kauen; **'~·ing gum** Kaugummi *m*

chick [tʃɪk] Küken *n*, junger Vogel; F Biene *f*, Puppe *f* (*Mädchen*)

chick·en ['tʃɪkɪn] Huhn *n*; Küken *n*; (*Brat*)Hähnchen *n*, (-)Hühnchen *n*; **~'heart·ed** furchtsam, feige; **~ pox** *med.* ['tʃɪkɪnpɒks] Windpocken *pl.*

chic·o·ry *bot.* ['tʃɪkərɪ] Schikoree *m*, *f*

chief [tʃiːf] **1.** oberste(r, -s), Ober..., Haupt..., Chef...; wichtigste(r, -s); **2.** Chef *m*; Häuptling *m*; **'~·ly** hauptsächlich

chil·blain ['tʃɪlbleɪn] Frostbeule *f*

child [tʃaɪld] (*pl.* **children**) Kind *n*; **from a ~** von Kindheit an; **with ~** schwanger; **'~ a·buse** *jur.* Kindesmisshandlung *f*; **~ 'ben·e·fit** *Brt.* Kindergeld *n*; **'~·birth** Geburt *f*, Niederkunft *f*; **~·hood** ['tʃaɪldhʊd] Kindheit *f*; **'~·ish** kindlich; kindisch; **'~·like** kindlich; **'~·mind·er** Tagesmutter *f*

chil·dren ['tʃɪldrən] *pl. von* **child**

chill [tʃɪl] **1.** kalt, frostig, kühl (*a. fig.*); **2.** Frösteln *n*; Kälte *f*, Kühle *f* (*a. fig.*); Erkältung *f*; **3.** abkühlen; *j-n* frösteln lassen; kühlen; **'~·y** (**-ier, -iest**) kalt, frostig, kühl (*a. fig.*)

chime [tʃaɪm] **1.** Glockenspiel *n*; Geläut *n*; **2.** läuten; schlagen (*Uhr*)

chim·ney ['tʃɪmnɪ] Schornstein *m*; **'~·sweep** Schornsteinfeger *m*

chimp *zo.* [tʃɪmp], **chim·pan·zee** *zo.* [tʃɪmpən'ziː] Schimpanse *m*

chin [tʃɪn] **1.** Kinn *n*; **~ up!** Kopf hoch!, halt die Ohren steif!

chi·na ['tʃaɪnə] Porzellan *n*

Chi·na ['tʃaɪnə] China *n*; **Chi·nese** [tʃaɪ'niːz] **1.** chinesisch; **2.** Chines|e *m*, -in *f*; *ling.* Chinesisch *n*; **the ~** *pl.* die Chinesen *pl.*

chink [tʃɪŋk] Ritz *m*, Spalt *m*

chip [tʃɪp] **1.** Splitter *m*, Span *m*, Schnitzel *n*, *m*; dünne Scheibe; Spielmarke *f*; *Computer*: Chip *m*; **2.** (**-pp-**) *v/t.* schnitzeln; an-, abschlagen; *v/i.* abbröckeln

chips [tʃɪps] *pl. Brt.* Pommes frites *pl.*, F Fritten *pl.*; *Am.* (Kartoffel)Chips *pl.*

chi·rop·o·dist [kɪ'rɒpədɪst] Fußpfleger(in), Pediküre *f*

chirp [tʃɜːp] zirpen, zwitschern, piepsen

chis·el ['tʃɪzl] **1.** Meißel *m*; **2.** (*bsd. Brt.* **-ll-**, *Am.* **-l-**) meißeln

chit-chat ['tʃɪttʃæt] Plauderei *f*

chiv·al·rous ['ʃɪvlrəs] ritterlich

chive(s *pl.*) *bot.* [tʃaɪv(z)] Schnittlauch *m*

chlo·ri·nate ['klɔːrɪneɪt] *Wasser etc.* chloren; **chlo·rine** ['klɔːriːn] Chlor *n*

chlo·ro·fluo·ro·car·bon [klɔːrəʊfluərəʊ'kɑːbən] (*Abk.* **CFC**) Fluorchlorkohlenwasserstoff *m* (*Abk.* **FCKW**)

chlor·o·form ['klɒrəfɔːm] **1.** Chloroform *n*; **2.** chloroformieren

choc·o·late ['tʃɒkələt] Schokolade *f*; Praline *f*; **'~s** *pl.* Pralinen *pl.*, Konfekt *n*

choice [tʃɔɪs] **1.** Wahl *f*; Auswahl *f*; **2.** auserlesen, ausgesucht, vorzüglich

C

choir ['kwaɪə] Chor *m*
choke [tʃəʊk] **1.** *v/t.* (er)würgen, (*a. v/i.*) ersticken; ~ **back** *Ärger etc.* unterdrücken, *Tränen* zurückhalten; ~ **down** hinunterwürgen; *a.* ~ **up** verstopfen; **2.** *mot.* Choke *m*, Luftklappe *f*
cho·les·te·rol [kə'lestərɒl] Cholesterin *n*
choose [tʃuːz] (***chose, chosen***) (aus-)wählen, aussuchen
chop [tʃɒp] **1.** Hieb *m*, Schlag *m*; *gastr.* Kotelett *n*; **2.** (**-pp-**) *v/t.* hauen, hacken, zerhacken; ~ **down** fällen; *v/i.* hacken; '**~·per** Hackmesser *n*, -beil *n*; F Hubschrauber *m*; '**~·py** (**-ier, -iest**) unruhig (*See*); '**~·stick** Essstäbchen *n*
cho·ral ['kɔːrəl] Chor...
cho·rale [kɒ'rɑːl] Choral *m*
chord *mus.* [kɔːd] Saite *f*; Akkord *m*
chore *Am.* [tʃɔː] schwierige *od.* unangenehme Aufgabe; **~s** *pl.* Hausarbeit *f*
cho·rus ['kɔːrəs] Chor *m*; Kehrreim *m*, Refrain *m*; Tanzgruppe *f* (*e-r Revue*)
chose [tʃəʊz] *pret. von* **choose**; **cho·sen** ['tʃəʊzn] *p.p. von* **choose**
Christ [kraɪst] Christus *m*; ⚠ *nicht der* **Christ**
chris·ten ['krɪsn] taufen; '**~·ing** Taufe *f*; Tauf...
Chris·tian ['krɪstʃən] **1.** christlich; **2.** Christ(in); **Chris·ti·an·i·ty** [krɪstɪ'ænətɪ] Christentum *n*
'**Christian name** Vorname *m*
Christ·mas ['krɪsməs] Weihnachten *n u. pl.*; **at** ~ zu Weihnachten; ~ '**Day** erster Weihnachtsfeiertag; ~ '**Eve** Heiliger Abend
chrome [krəʊm] Chrom *n*; **chro·mi·um** ['krəʊmjəm] Chrom *n* (*Metall*)
chron·ic ['krɒnɪk] (**~ally**) chronisch; ständig, (an)dauernd
chron·i·cle ['krɒnɪkl] Chronik *f*
chron·o·log·i·cal [krɒnə'lɒdʒɪkl] chronologisch; **chro·nol·o·gy** [krə'nɒlədʒɪ] Zeitrechnung *f*; Zeitfolge *f*
chub·by F ['tʃʌbɪ] (**-ier, -iest**) rundlich; pausbäckig
chuck F [tʃʌk] werfen, schmeißen; ~ **out** *j-n* rausschmeißen; *et.* wegschmeißen; ~ **up** *Job etc.* hinschmeißen
chuck·le ['tʃʌkl] **1.** ~ (**to o.s.**) (stillvergnügt) in sich hineinlachen; **2.** leises Lachen, Glucksen *n*
chum F [tʃʌm] Kamerad *m*, Kumpel *m*; '**~·my** F (**-ier, -iest**) dick befreundet
chump [tʃʌmp] Holzklotz *m*; F Trottel *m*
chunk [tʃʌnk] Klotz *m*, Klumpen *m*
Chun·nel F ['tʃʌnl] → ***Channel Tunnel***
church [tʃɜːtʃ] Kirche *f*; Kirch(en)...; '**~ ser·vice** Gottesdienst *m*; '**~·yard** Kirchhof *m*
churl·ish ['tʃɜːlɪʃ] grob, flegelhaft
churn [tʃɜːn] **1.** Butterfass *n*; **2.** buttern; *Wellen* aufwühlen, peitschen
chute [ʃuːt] Stromschnelle *f*; Rutsche *f*, Rutschbahn *f*; F Fallschirm *m*
CIA [siː aɪ 'eɪ] *Abk. für* ***Central Intelligence Agency*** (*amer. Geheimdienst*)
CID [siː aɪ 'diː] *Abk. für* ***Criminal Investigation Department*** (*brit. Kriminalpolizei*)
ci·der ['saɪdə] (*Am.* **hard** ~) Apfelwein *m*; (**sweet**) ~ *Am.* Apfelmost *m*, -saft *m*
cif [siː aɪ 'ef] *Abk. für* ***cost, insurance, freight*** Kosten, Versicherung und Fracht einbegriffen
ci·gar [sɪ'gɑː] Zigarre *f*
cig·a·rette, cig·a·ret *Am.* [sɪgə'ret] Zigarette *f*
cinch F [sɪntʃ] todsichere Sache
cin·der ['sɪndə] Schlacke *f*; **~s** *pl.* Asche *f*
Cin·de·rel·la [sɪndə'relə] Aschenbrödel *n*, -puttel *n*
'**cin·der track** *Sport*: Aschenbahn *f*
cin·e|·cam·e·ra ['sɪnɪkæmərə] (Schmal)Filmkamera *f*; '**~·film** Schmalfilm *m*
cin·e·ma *Brt.* ['sɪnəmə] Kino *n*; Film *m*
cin·na·mon ['sɪnəmən] Zimt *m*
ci·pher ['saɪfə] Geheimschrift *f*, Chiffre *f*; Null *f* (*a. fig.*)
cir·cle ['sɜːkl] **1.** Kreis *m*; *thea.* Rang *m*; *fig.* Kreislauf *m*; **2.** (um)kreisen
cir·cuit ['sɜːkɪt] Kreislauf *m*; *electr.* Stromkreis *m*; Rundreise *f*; *Sport*: Zirkus *m*; ***short*** ~ *electr.* Kurzschluss *m*
cir·cu·i·tous [sə'kjuːɪtəs] gewunden (*Flusslauf etc.*); weitschweifig
cir·cu·lar ['sɜːkjʊlə] **1.** kreisförmig; Kreis...; **2.** Rundschreiben *n*; Umlauf *m*; (Post)Wurfsendung *f*
cir·cu|·late ['sɜːkjʊleɪt] *v/i.* zirkulieren, im Umlauf sein; *v/t.* in Umlauf setzen; '**~·lat·ing li·bra·ry** Leihbücherei *f*; **~·la·tion** [sɜːkjʊ'leɪʃn] (*a.* Blut)Kreislauf *m*, Zirkulation *f*; *econ.*

Umlauf *m*; Auflage(nhöhe) *f* (*e-r Zeitung etc.*)
cir·cum·fer·ence [sə'kʌmfərəns] (Kreis)Umfang *m*
cir·cum·nav·i·gate [sɜːkəm'nævɪgeɪt] umschiffen
cir·cum·scribe ['sɜːkəmskraɪb] *math.* umschreiben; *fig.* begrenzen
cir·cum·spect ['sɜːkəmspekt] um-, vorsichtig
cir·cum·stance ['sɜːkəmstəns] Umstand *m*; **~s** *pl.* (Sach)Lage *f*, Umstände *pl.*; Verhältnisse *pl.*; ***in** od.* ***under no ~s*** unter keinen Umständen, auf keinen Fall; ***in** od.* ***under the ~s*** unter diesen Umständen
cir·cum·stan·tial [sɜːkəm'stænʃl] ausführlich; umständlich; **~ evidence** *jur.* Indizien(beweis *m*) *pl.*
cir·cus ['sɜːkəs] Zirkus *m*; *Brt. runder, von Häusern umschlossener Platz, in den mehrere Straßen münden*
CIS [siː aɪ 'es] *Abk. für* ***Commonwealth of Independent States*** *die* GUS, *die* Gemeinschaft unabhängiger Staaten
cis·tern ['sɪstən] Wasserbehälter *m*; Spülkasten *m* (*in der Toilette*)
ci·ta·tion [saɪ'teɪʃn] *jur.* Vorladung *f*; Zitat *n*; **cite** [saɪt] *jur.* vorladen; zitieren
cit·i·zen ['sɪtɪzn] Bürger(in); Städter(in); Staatsangehörige(r *m*) *f*; **'~ship** Staatsangehörigkeit *f*
cit·y ['sɪtɪ] **1.** (Groß)Stadt *f*; ***the* ♀** die (Londoner) City; **2.** städtisch, Stadt...; **~ 'cen·tre** *Brt.* Innenstadt *f*, City *f*; **~ 'coun·cil·(l)or** *Am.* Stadtrat *m*, -rätin *f*; **~ 'hall** Rathaus *n*; *bsd. Am.* Stadtverwaltung *f*; **~ 'slick·er** *oft contp.* Stadtmensch *m*; **~ 'va·grant** Stadtstreicher(in), Nichtsesshafte(r *m*) *f*
civ·ic ['sɪvɪk] städtisch, Stadt...; **'~s** *sg.* Staatsbürgerkunde *f*
civ·il ['sɪvl] staatlich, Staats...; (staats)bürgerlich, Bürger...; zivil, Zivil...; *jur.* zivilrechtlich; höflich; **ci·vil·i·an** [sɪ'vɪljən] Zivilist *m*
ci·vil·i·ty [sɪ'vɪlətɪ] Höflichkeit *f*
civ·i·li|·za·tion [sɪvɪlaɪ'zeɪʃn] Zivilisation *f*, Kultur *f*; **~ze** ['sɪvɪlaɪz] zivilisieren
civ·il 'rights *pl.* (Staats)Bürgerrechte *pl.*; **~ 'ac·tiv·ist** Bürgerrechtler(in); **~ 'move·ment** Bürgerrechtsbewegung *f*
civ·il| 'ser·vant Staatsbeamt|e(r *m*), -in *f*; **~ 'ser·vice** Staatsdienst *m*; **~ 'war** Bürgerkrieg *m*
clad [klæd] **1.** *pret. u. p.p. von* **clothe**; **2.** *adj.* gekleidet
claim [kleɪm] **1.** Anspruch *m*; Anrecht *n* (***to*** auf *acc.*); Forderung *f*; Behauptung *f*; *Am.* Claim *m*; **2.** beanspruchen; fordern; behaupten
clair·voy·ant [kleə'vɔɪənt] Hellseher(in)
clam·ber ['klæmbə] (mühsam) klettern
clam·my ['klæmɪ] (**-ier, -iest**) feuchtkalt, klamm
clam·o(u)r ['klæmə] **1.** Geschrei *n*, Lärm *m*; **2.** lautstark verlangen (***for*** nach)
clamp *tech.* [klæmp] Zwinge *f*
clan [klæn] Clan *m*, Sippe *f*
clan·des·tine [klæn'destɪn] heimlich
clang [klæŋ] klingen, klirren; erklingen lassen
clank [klæŋk] **1.** Gerassel *n*, Geklirr *n*; **2.** rasseln *od.* klirren (mit)
clap [klæp] **1.** Klatschen *n*; Schlag *m*, Klaps *m*; **2.** (**-pp-**) schlagen *od.* klatschen (mit)
clar·et ['klærət] roter Bordeaux(wein); Rotwein *m*
clar·i·fy ['klærɪfaɪ] *v/t.* (auf)klären, klarstellen; *v/i.* sich (auf)klären, klar werden
clar·i·net *mus.* [klærɪ'net] Klarinette *f*
clar·i·ty ['klærətɪ] Klarheit *f*
clash [klæʃ] **1.** Zusammenstoß *m*; Konflikt *m*; **2.** zusammenstoßen; nicht zusammenpassen *od.* harmonieren
clasp [klɑːsp] **1.** Haken *m*, Schnalle *f*; Schloss *n*, (Schnapp)Verschluss *m*; Umklammerung *f*; **2.** ein-, zuhaken; ergreifen, umklammern; **'~ knife** (*pl.* ***-knives***) Taschenmesser *n*
class [klɑːs] **1.** Klasse *f*; (Bevölkerungs)Schicht *f*; (Schul)Klasse *f*; (Unterrichts)Stunde *f*; Kurs *m*; *Am.* Jahrgang *m* (*von Schulabgängern etc.*); **2.** (in Klassen) einteilen, -ordnen, -stufen
clas|·sic ['klæsɪk] **1.** Klassiker *m*; **2.** (***~ally***) klassisch; **'~·si·cal** klassisch (*a. mus., Kunst etc.*)
clas·sic 'car Klassiker *m* (*älteres Auto mit e-r Besonderheit etc.*)
clas·si|·fi·ca·tion [klæsɪfɪ'keɪʃn] Klassifizierung *f*, Einteilung *f*; **~·fied**

C

['klæsɪfaɪd] klassifiziert; *mil.*, *pol.* geheim; **~·fied 'ad** Kleinanzeige *f*; **~·fy** ['klæsɪfaɪ] klassifizieren, einstufen
'class|·mate Mitschüler(in); **'~·room** Klassenzimmer *n*
clat·ter ['klætə] **1.** Geklapper *n*; **2.** klappern (mit)
clause [klɔːz] *jur.* Klausel *f*, Bestimmung *f*; *gr.* Satz(teil *n*) *m*
claw [klɔː] **1.** Klaue *f*, Kralle *f*; (*Krebs*)Schere *f*; **2.** (zer)kratzen; umkrallen, packen
clay [kleɪ] Ton *m*, Lehm *m*
clean [kliːn] **1.** *adj.* rein; sauber, glatt, eben; *sl.* clean (*nicht mehr drogenabhängig*); **2.** *adv.* völlig, ganz u. gar; **3.** reinigen, säubern, putzen; **~ *out*** reinigen; **~ *up*** gründlich reinigen; aufräumen; **'~·er** Rein(e)machefrau *f*, (*Fenster- etc.*)Putzer *m*; Reiniger *m*; **~s** *pl.* Reinigung *f* (*Geschäft*); ***take to the ~s*** zur Reinigung bringen; F *j-n* ausnehmen; **'~·ing:** ***do the ~*** sauber machen, putzen; → ***spring-clean*(*ing*)**; **~·li·ness** ['klenlɪnɪs] Reinlichkeit *f*; **~·ly 1.** ['kliːnlɪ] *adv.* sauber; **2.** ['klenlɪ] *adj.* (***-ier, -iest***) reinlich
cleanse [klenz] reinigen, säubern; **'cleans·er** Reinigungsmittel *n*
clear [klɪə] **1.** klar; hell; rein; deutlich; frei (***of*** von); *econ.* Netto..., Rein...; **2.** *v/t.* reinigen, säubern; *Wald* lichten, roden; wegräumen (*a.* **~ *away***); *Tisch* abräumen; räumen, leeren; *Hindernis* nehmen; *Sport*: klären; *econ.* verzollen; *jur.* freisprechen; *Computer*: löschen; *v/i.* klar *od.* hell werden; aufklaren (*Wetter*); sich verziehen (*Nebel*); **~ *out*** auf-, ausräumen, entfernen; F abhauen; **~ *up*** aufräumen; *Verbrechen etc.* aufklären; aufklaren (*Wetter*); **~·ance** ['klɪərəns] Räumung *f*; *tech.* lichter Abstand; Freigabe *f*; **'~·ance sale** Räumungs-, Ausverkauf *m*; **~·ing** ['klɪərɪŋ] Lichtung *f*
cleave [kliːv] (***cleaved*** *od.* ***cleft*** *od.* ***clove, cleaved*** *od.* ***cleft*** *od.* ***cloven***) spalten; **'cleav·er** Hackmesser *n*
clef *mus.* [klef] Schlüssel *m*
cleft [kleft] **1.** Spalt *m*, Spalte *f*; **2.** *pret. u. p.p. von* ***cleave***
clem|·en·cy ['klemənsɪ] Milde *f*, Nachsicht *f*; **'~·ent** mild (*a. Wetter*)
clench [klentʃ] *Lippen etc.* (fest) zusammenpressen; *Zähne* zusammenbeißen; *Faust* ballen
cler·gy ['klɜːdʒɪ] Klerus *m*, *die* Geistlichen *pl.*; **'~·man** (*pl.* ***-men***) Geistliche(r) *m*
clerk [klɑːk] (Büro- *etc.*) Angestellte(r *m*) *f*, (Bank-, Post)Beamt|e(r) *m*, -in *f*; *Am.* Verkäufer(in)
clev·er ['klevə] klug, gescheit; geschickt
click [klɪk] **1.** Klicken *n*; **2.** *v/i.* klicken; zu-, einschnappen; *mit der Zunge* schnalzen; *v/t.* klicken *od.* einschnappen lassen; *Computer*: anklicken; mit *der Zunge* schnalzen
cli·ent ['klaɪənt] *jur.* Klient(in), Mandant(in); Kund|e *m*, -in *f*, Auftraggeber(in)
cliff [klɪf] Klippe *f*, Felsen *m*
cli·mate ['klaɪmɪt] Klima *n*
cli·max ['klaɪmæks] Höhepunkt *m*; Orgasmus *m*
climb [klaɪm] klettern; (er-, be)steigen; **'~·er** Kletterer *m*, Bergsteiger(in); *bot.* Kletterpflanze *f*
clinch [klɪntʃ] **1.** *tech.* sicher befestigen; (ver)nieten; *Boxen*: umklammern (*v/i.* clinchen); entscheiden; ***that ~ed it*** damit war die Sache entschieden; **2.** *Boxen*: Clinch *m*
cling [klɪŋ] (***clung***) (***to***) festhalten (an *dat.*), sich klammern (an *acc.*); sich (an)schmiegen (an *acc.*); **'~·film** *bsd. Brt.* Frischhaltefolie *f*
clin|·ic ['klɪnɪk] Klinik *f*; **'~·i·cal** klinisch
clink [klɪŋk] **1.** Klirren *n*, Klingen *n*; **2.** klingen *od.* klirren (lassen); klimpern mit
clip¹ [klɪp] **1.** (***-pp-***) ausschneiden; *Schafe etc.* scheren; **2.** Schnitt *m*; Schur *f*; (*Film- etc.*)Ausschnitt *m*; (*Video*)Clip *m*
clip² [klɪp] **1.** (Heft-, Büro- *etc.*)Klammer *f*; (*Ohr*)Clip *m*; **2.** (***-pp-***) *a.* **~ *on*** anklammern
clip|·per['klɪpə]: (***a pair of***) **~s** *pl.* (e-e) (*Nagel- etc.*)Schere *f*, Haarschneidemaschine *f*; **'~·pings** *pl.* Abfälle *pl.*, Schnitzel *pl.*; *bsd. Am.* (*Zeitungs- etc.*)Ausschnitte *pl.*
clit·o·ris *anat.* ['klɪtərɪs] Klitoris *f*
cloak [kləʊk] **1.** Umhang *m*; **2.** *fig.* verhüllen; **'~·room** Garderobe *f*; *Brt.* Toilette *f*

C

clock [klɒk] **1.** (*Wand-, Stand-, Turm*)Uhr *f*; **9 o'~** 9 Uhr; **2.** *Sport*: *Zeit stoppen*; **~ in, ~ on** einstempeln; **~ out, ~ off** ausstempeln; **~·wise** ['klɒkwaɪz] im Uhrzeigersinn; '**~·work** Uhrwerk *n*; **like ~** wie am Schnürchen
clod [klɒd] (Erd)Klumpen *m*
clog [klɒg] **1.** (Holz)Klotz *m*; Holzschuh *m*; **2.** (**-gg-**) *a.* **~ up** verstopfen
clois·ter ['klɔɪstə] Kreuzgang *m*; Kloster *n*
close 1. [kləʊs] *adj.* geschlossen; knapp (*Ergebnis etc.*); genau, gründlich (*Übersetzung, Untersuchung etc.*); eng (anliegend); stickig, schwül; eng (*Freund*), nah (*Verwandte*); **keep a ~ watch on** scharf im Auge behalten (*acc.*); **2.** [kləʊs] *adv.* eng, nahe, dicht; **~ by** ganz in der Nähe, nahe *od.* dicht bei; **3.** [kləʊz] Ende *n*, (Ab)Schluss *m*; **come** *od.* **draw to a ~** sich dem Ende nähern; [kləʊs] Einfriedung *f*; *Brt. in Straßennamen: kleine Sackgasse, wie ein Hof*; **4.** [kləʊz] *v/t.* (ab-, ver-, zu)schließen, zumachen; *Betrieb etc.* schließen; *Straße* (ab)sperren; *v/i.* sich schließen; schließen, zumachen; enden, zu Ende gehen; **~ down** *Geschäft etc.* schließen, *Betrieb* stilllegen; *Rundfunk, TV*: das Programm beenden, Sendeschluss haben; **~ in** bedrohlich nahe kommen; hereinbrechen (*Nacht*); **~ up** (ab-, ver-, zu)schließen; aufschließen, -rücken; **~d** geschlossen, *pred.* zu
clos·et ['klɒzɪt] (Wand)Schrank *m*; ⚠ *nicht* **Klosett**
close-up ['kləʊsʌp] *phot., Film*: Großaufnahme *f*
clos·ing| date ['kləʊzɪŋdeɪt] Einsendeschluss *m*; '**~ time** Laden-, Geschäftsschluss *m*; Polizeistunde *f* (*e-s Pubs*)
clot [klɒt] **1.** Klumpen *m*, Klümpchen *n*; **~ of blood** *med.* Blutgerinnsel *n*; **2.** (**-tt-**) gerinnen; Klumpen bilden
cloth [klɒθ] (*pl.* **cloths** [klɒθs, klɒðz]) Stoff *m*, Tuch *n*; Lappen *m*, Tuch *n*; '**~·bound** in Leinen gebunden
clothe [kləʊð] (**clothed** *od.* **clad**) (an-, be)kleiden; einkleiden
clothes [kləʊðz] *pl.* Kleider *pl.*, Kleidung *f*; Wäsche *f*; '**~ bas·ket** Wäschekorb *m*; '**~·horse** Wäscheständer *m*; '**~·line** Wäscheleine *f*; '**~ peg** *Brt.*, '**~·pin** *Am.* Wäscheklammer *f*
cloth·ing ['kləʊðɪŋ] (Be)Kleidung *f*
cloud [klaʊd] **1.** Wolke *f*; *fig.* Schatten *m*; **2.** (sich) bewölken; (sich) trüben; '**~·burst** Wolkenbruch *m*; '**~·less** wolkenlos; '**~·y** (**-ier, -iest**) bewölkt; trüb; unklar
clout F [klaʊt] Schlag *m*; *pol.* Einfluss *m*
clove[1] [kləʊv] (Gewürz)Nelke *f*; **~ of garlic** Knoblauchzehe *f*
clove[2] [kləʊv] *pret. von* **cleave**[1];
clo·ven ['kləʊvn] *p.p. von* **cleave**[1];
clo·ven 'hoof (*pl.* **- hoofs, - hooves**) *zo.* Huf *m* der Paarzeher
clo·ver *bot.* ['kləʊvə] Klee *m*
clown [klaʊn] Clown *m*, Hanswurst *m*
club [klʌb] **1.** Keule *f*; Knüppel *m*; *Sport*: Schlagholz *n*; (*Golf*)Schläger *m*; Klub *m*; **~s** *pl. Kartenspiel*: Kreuz *n*; **2.** (**-bb-**) einknüppeln auf (*acc.*), (nieder)knüppeln; '**~·foot** (*pl.* **-feet**) Klumpfuß *m*
cluck [klʌk] **1.** gackern; glucken; **2.** Gackern *n*; Glucken *n*
clue [kluː] Anhaltspunkt *m*, Fingerzeig *m*, Spur *f*
clump [klʌmp] **1.** Klumpen *m*; (*Baum- etc.*)Gruppe *f*; **2.** trampeln
clum·sy ['klʌmzɪ] (**-ier, -iest**) unbeholfen, ungeschickt, plump
clung [klʌŋ] *pret. u. p.p. von* **cling**
clus·ter ['klʌstə] **1.** *bot.* Traube *f*, Büschel *n*; Haufen *m*; **2.** sich drängen
clutch [klʌtʃ] **1.** Griff *m*; *tech.* Kupplung *f*; *fig.* Klaue *f*; **2.** (er)greifen; umklammern
CNN [siː en 'en] *Abk. für* **Cable News Network** (*amer. Kabelfernsehgesellschaft für Nachrichten aus aller Welt*)
c/o [siː 'əʊ] *Abk. für* **care of** (wohnhaft) bei
Co[1] [kəʊ] *Abk. für* **company** *econ.* Gesellschaft *f*
Co[2] *nur geschr. Abk. für* **County** *Brt.* Grafschaft *f*; *Am.* Kreis *m* (*Verwaltungsbezirk*)
coach [kəʊtʃ] **1.** Reisebus *m*; *Brt. rail.* (Personen)Wagen *m*; Kutsche *f*; *Sport*: Trainer(in); Nachhilfelehrer(in); **2.** *Sport*: trainieren; *j-m* Nachhilfeunterricht geben; '**~·man** (*pl.* **-men**) Kutscher *m*
co·ag·u·late [kəʊ'ægjʊleɪt] gerinnen (lassen)
coal [kəʊl] (Stein)Kohle *f*; **carry ~s to Newcastle** Eulen nach Athen tragen

C

co·a·li·tion [kəʊəˈlɪʃn] *pol.* Koalition *f*; Bündnis *n*, Zusammenschluss *m*
ˈcoal|·mine, ˈ~·pit Kohlengrube *f*
coarse [kɔːs] (*~r*, *~st*) grob; ungeschliffen
coast [kəʊst] **1.** Küste *f*; **2.** *naut.* die Küste entlangfahren; im Leerlauf (*Auto*) *od.* im Freilauf (*Fahrrad*) fahren; *Am.* rodeln; **ˈ~·guard** (Angehörige[r] *m* der) Küstenwache *f*; **ˈ~·line** Küstenlinie *f*, -strich *m*
coat [kəʊt] **1.** Mantel *m*; *zo.* Pelz *m*, Fell *n*; (*Farb- etc.*)Überzug *m*, Anstrich *m*, Schicht *f*; **2.** (an)streichen, überziehen, beschichten; **ˈ~ hang·er** → ***hanger***; **ˈ~·ing** (*Farb- etc.*)Überzug *m*, Anstrich *m*, Schicht *f*; Mantelstoff *m*
coat of ˈarms Wappen(schild *m*, *n*) *n*
coax [kəʊks] überreden, beschwatzen
cob [kɒb] Maiskolben *m*
cob·bled [ˈkɒbld]: *~ **street*** Straße *f* mit Kopfsteinpflaster
cob·bler [ˈkɒblə] (Flick)Schuster *m*
cob·web [ˈkɒbweb] Spinn(en)gewebe *n*
co·caine [kəʊˈkeɪn] Kokain *n*
cock [kɒk] **1.** *zo.* Hahn *m*; V Schwanz *m* (*Penis*); **2.** aufrichten; *~ **one's ears*** die Ohren spitzen
cock·a·too *zo.* [kɒkəˈtuː] Kakadu *m*
cock·chaf·er [ˈkɒktʃeɪfə] Maikäfer *m*
cockˈeyed F schielend; (krumm u.) schief
Cock·ney [ˈkɒknɪ] Cockney *m*, waschechter Londoner
ˈcock·pit Cockpit *n*
cock·roach *zo.* [ˈkɒkrəʊtʃ] Schabe *f*
cockˈsure F übertrieben selbstsicher
ˈcock·tail Cocktail *m*
cock·y F [ˈkɒkɪ] (***-ier, -iest***) großspurig, anmaßend
co·co *bot.* [ˈkəʊkəʊ] (*pl.* ***-cos***) Kokospalme *f*
co·coa [ˈkəʊkəʊ] Kakao *m*
co·co·nut [ˈkəʊkənʌt] Kokosnuss *f*
co·coon [kəˈkuːn] (*Seiden*)Kokon *m*
cod *zo.* [kɒd] Kabeljau *m*, Dorsch *m*
COD [siː əʊ ˈdiː] *Abk. für* ***cash*** (*Am.* ***collect***) ***on delivery*** per Nachnahme
cod·dle [ˈkɒdl] verhätscheln, -zärteln
code [kəʊd] **1.** Code *m*; **2.** verschlüsseln, chiffrieren; kodieren
ˈcod·fish *zo.* → ***cod***
cod·ing [ˈkəʊdɪŋ] Kodierung *f*
cod-liv·er ˈoil Lebertran *m*
co·ed·u·ca·tion *ped.* [kəʊedjuːˈkeɪʃn] Gemeinschaftserziehung *f*
co·ex·ist [kəʊɪgˈzɪst] gleichzeitig *od.* nebeneinander bestehen *od.* leben; **~·ence** Koexistenz *f*
C of E [siː əv ˈiː] *Abk. für* ***Church of England*** (*englische Staatskirche*)
cof·fee [ˈkɒfɪ] Kaffee *m*; **ˈ~ bar** *Brt.* Café *n*; Imbissstube *f*; **ˈ~ bean** Kaffeebohne *f*; **ˈ~·pot** Kaffeekanne *f*; **ˈ~ set** Kaffeeservice *n*; **ˈ~ shop** *bsd. Am.* → ***coffee bar***; **ˈ~ ta·ble** Couchtisch *m*
cof·fin [ˈkɒfɪn] Sarg *m*
cog *tech.* [kɒg] (Rad)Zahn *m*; → **ˈ~·wheel** *tech.* Zahnrad *n*
co·her|·ence, ~·en·cy [kəʊˈhɪərəns, -rənsɪ] Zusammenhang *m*; **~·ent** zusammenhängend
co·he|·sion [kəʊˈhiːʒn] Zusammenhalt *m*; **~·sive** [kəʊˈhiːsɪv] (fest) zusammenhaltend
coif·fure [kwɑːˈfjʊə] Frisur *f*
coil [kɔɪl] **1.** *a.* *~ **up*** aufrollen, (auf)wickeln; sich zusammenrollen; **2.** Spirale *f* (*a. tech., med.*); Rolle *f*, Spule *f*
coin [kɔɪn] **1.** Münze *f*; **2.** prägen
co·in|·cide [kəʊɪnˈsaɪd] zusammentreffen; übereinstimmen; **~·ci·dence** [kəʊˈɪnsɪdəns] (zufälliges) Zusammentreffen; Zufall *m*
ˈcoin-op·e·rat·ed: *~* (***petrol***, *Am.* ***gas***) ***pump*** Münztank(automat) *m*
coke [kəʊk] Koks *m* (*a. sl. Kokain*)
Coke® F [kəʊk] Coke *n*, Cola *n*, *f*, Coca *n*, *f*
cold [kəʊld] **1.** kalt; **2.** Kälte *f*; Erkältung *f*; ***catch*** (***a***) *~* sich erkälten; ***have a*** *~* erkältet sein; **~-ˈblood·ed** kaltblütig; **~-ˈheart·ed** kalt-, hartherzig; **ˈ~·ness** Kälte *f*; **~ ˈwar** *pol.* kalter Krieg
cole·slaw [ˈkəʊlslɔː] Krautsalat *m*
col·ic *med.* [ˈkɒlɪk] Kolik *f*
col·lab·o|·rate [kəˈlæbəreɪt] zusammenarbeiten; **~·ra·tion** [kəlæbəˈreɪʃn] Zusammenarbeit *f*; ***in*** *~* ***with*** gemeinsam mit
col|·lapse [kəˈlæps] **1.** zusammenbrechen, einfallen, einstürzen; *fig.* zusammenbrechen, scheitern; **2.** Zusammenbruch *m*; **~ˈlap·si·ble** zusammenklappbar, Klapp...
col·lar [ˈkɒlə] **1.** Kragen *m*; (*Hunde- etc.*)Halsband *n*; **2.** beim Kragen pa-

cken; *j-n* festnehmen, F schnappen; '**~bone** *anat.* Schlüsselbein *n*
col·league ['kɒliːg] Kolleg|e *m*, -in *f*, Mitarbeiter(in)
col|·lect [kə'lekt] *v/t.* (ein)sammeln; *Daten* erfassen; *Geld* kassieren; *j-n od. et.* abholen; *Gedanken etc.* sammeln; *v/i.* sich (ver)sammeln; **~'lect·ed** *fig.* gefasst; **~'lec·tion** Sammlung *f*; *econ.* Eintreibung *f*; *rel.* Kollekte *f*; Abholung *f*; **~'lec·tive** gesammelt; Sammel...; **~ *bargaining*** *econ.* Tarifverhandlungen *pl.*; **~'lec·tive·ly** insgesamt; zusammen; **~'lec·tor** Sammler(in); Steuereinnehmer *m*; *rail.* Fahrkartenabnehmer *m*; *electr.* Stromabnehmer *m*
col·lege ['kɒlɪdʒ] College *n*; Hochschule *f*; höhere Lehranstalt
col·lide [kə'laɪd] zusammenstoßen
col·lie·ry ['kɒljərɪ] Kohlengrube *f*
col·li·sion [kə'lɪʒn] Zusammenstoß *m*, -prall *m*, Kollision *f*; → ***head-on* ~**, ***rear-end* ~**
col·lo·qui·al [kə'ləʊkwɪəl] umgangssprachlich
co·lon ['kəʊlən] Doppelpunkt *m*
colo·nel *mil.* ['kɜːnl] Oberst *m*
co·lo·ni·al·is·m [kə'ləʊnjəlɪzəm] *pol.* Kolonialismus *m*
col·o|·nize ['kɒlənaɪz] kolonisieren, besiedeln; **~·ny** ['kɒlənɪ] Kolonie *f*
co·los·sal [kə'lɒsl] kolossal, riesig
col·o(u)r ['kʌlə] **1.** Farbe *f*; **~s** *pl. mil.* Fahne *f*; *naut.* Flagge *f*; ***what* ~ *is ...?*** welche Farbe hat ...?; **2.** *v/t.* färben; an-, bemalen, anstreichen; *fig.* beschönigen; *v/i.* sich (ver)färben; erröten; '**~ bar** Rassenschranke *f*; '**~-blind** farbenblind; '**~ed** bunt; farbig; '**~-fast** farbecht; '**~ film** *phot.* Farbfilm *m*; '**~·ful** farbenprächtig; *fig.* farbig, bunt; **~·ing** ['kʌlərɪŋ] Färbung *f*, Farbstoff *m*; Gesichtsfarbe *f*; '**~·less** farblos; '**~ line** Rassenschranke *f*; '**~ set** Farbfernseher *m*; '**~ tel·e·vi·sion** Farbfernsehen *n*
colt [kəʊlt] (Hengst)Fohlen *n*
col·umn ['kɒləm] Säule *f*; *print.* Spalte *f*; *mil.* Kolonne *f*; **~·ist** ['kɒləmnɪst] Kolumnist(in)
comb [kəʊm] **1.** Kamm *m*; **2.** *v/t.* kämmen; striegeln
com|·bat ['kɒmbæt] **1.** Kampf *m*; ***single* ~** Zweikampf *m*; **2.** (**-tt-**, *Am. a.* **-t-**) kämpfen gegen, bekämpfen; **~·ba·tant** ['kɒmbətənt] Kämpfer *m*
com|·bi·na·tion [kɒmbɪ'neɪʃn] Verbindung *f*, Kombination *f*; **~·bine** [kəm'baɪn] **1.** (sich) verbinden; **2.** *econ.* Konzern *m*; *a.* **~ *harvester*** Mähdrescher *m*
com·bus|·ti·ble [kəm'bʌstəbl] **1.** brennbar; **2.** Brennstoff *m*, -material *n*; **~·tion** [kəm'bʌstʃən] Verbrennung *f*
come [kʌm] (***came, come***) kommen; ***to* ~** künftig, kommend; **~ *and go*** kommen u. gehen; **~ *to see*** besuchen; **~ *about*** geschehen, passieren; **~ *across*** auf *j-n od. et.* stoßen; **~ *along*** mitkommen, -gehen; **~ *apart*** auseinander fallen; **~ *away*** sich lösen, ab-, losgehen (*Knopf etc.*); **~ *back*** zurückkommen; **~ *by*** zu *et.* kommen; **~ *down*** herunterkommen (*a. fig.*); einstürzen; sinken (*Preis*); überliefert werden; **~ *down with*** F erkranken an (*dat.*); **~ *for*** abholen kommen, kommen wegen; **~ *forward*** sich melden; **~ *from*** kommen aus; kommen von; **~ *home*** nach Hause (*östr.*, *Schweiz*: *a.* nachhause) kommen; **~ *in*** hereinkommen; eintreffen (*Nachricht*); einlaufen (*Zug*); **~ *in!*** herein!; **~ *loose*** sich ablösen, abgehen; **~ *off*** ab-, losgehen (*Knopf etc.*); **~ *on!*** los!, vorwärts!, komm!; **~ *out*** herauskommen; **~ *over*** vorbeikommen (*Besucher*); **~ *round*** vorbeikommen (*Besucher*); wieder zu sich kommen; **~ *through*** durchkommen; *Krankheit etc.* überstehen, -leben; **~ *to*** sich belaufen auf; wieder zu sich kommen; **~ *up to*** entsprechen (*dat.*), heranreichen an (*acc.*); '**~·back** Come-back *n*
co·me·di·an [kə'miːdjən] Komiker *m*
com·e·dy ['kɒmədɪ] Komödie *f*, Lustspiel *n*
come·ly ['kʌmlɪ] (**-ier, -iest**) attraktiv, gut aussehend
com·fort ['kʌmfət] **1.** Komfort *m*, Bequemlichkeit *f*; Trost *m*; **2.** trösten; '**com·for·ta·ble** komfortabel, behaglich, bequem; tröstlich; '**~·er** Tröster *m*; Wollschal *m*; *bsd. Brt.* Schnuller *m*; *Am.* Steppdecke *f*; '**~·less** unbequem; trostlos; '**~ sta·tion** *Am.* Bedürfnisanstalt *f*

C

com·ic ['kɒmɪk] (**~ally**) komisch; Komödien..., Lustspiel...
com·i·cal ['kɒmɪkl] komisch, spaßig
com·ics ['kɒmɪks] *pl.* Comics *pl.*, Comic-Hefte *pl.*
com·ma ['kɒmə] Komma *n*
com·mand [kə'mɑːnd] **1.** Befehl *m*; Beherrschung *f*; *mil.* Kommando *n*; **2.** befehlen; *mil.* kommandieren; verfügen über (*acc.*); beherrschen; **~·er** *mil.* Kommandeur *m*, Befehlshaber *m*; **~·er in chief** *mil.* [kəmɑːndərɪn'tʃiːf] (*pl.* ***commanders in chief***) Oberbefehlshaber *m*; **~·ment** Gebot *n*; **~ mod·ule** *Raumfahrt*: Kommandokapsel *f*
com·man·do *mil.* [kə'mɑːndəʊ] (*pl.* ***-dos, -does***) Kommando *n*
com·mem·o|·rate [kə'meməreɪt] gedenken (*gen.*); **~·ra·tion** [kəmemə'reɪʃn]: ***in ~ of*** zum Gedenken *od.* Gedächtnis an (*acc.*); **~·ra·tive** [kə'memərətɪv] Gedenk..., Erinnerungs...
com|·ment ['kɒment] **1.** (***on***) Kommentar *m* (zu); Bemerkung *f* (zu); Anmerkung *f* (zu); ***no ~!*** kein Kommentar!; **2.** *v/i.* ***~ on*** e-n Kommentar abgeben zu, sich äußern über; *v/t.* bemerken (***that*** dass); **~·men·ta·ry** ['kɒməntərɪ] Kommentar *m* (***on*** zu); **~·men·ta·tor** ['kɒmənteɪtə] Kommentator *m*, *Rundfunk*, *TV*: *a.* Reporter *m*
com·merce ['kɒmɜːs] Handel *m*
com·mer·cial [kə'mɜːʃl] **1.** Handels..., Geschäfts...; kommerziell, finanziell; **2.** *Rundfunk*, *TV*: Werbespot *m*, -sendung *f*; **~ 'art** Gebrauchsgrafik *f*; **~ 'art·ist** Gebrauchsgrafiker(in); **~·ize** [kə'mɜːʃəlaɪz] kommerzialisieren, vermarkten; **~ 'tel·e·vi·sion** Werbefernsehen *n*; kommerzielles Fernsehen; **~ 'trav·el·ler** → ***sales representative***
com·mis·e|·rate [kə'mɪzəreɪt]: **~ *with*** Mitleid empfinden mit; **~·ra·tion** [kəmɪzə'reɪʃn] Mitleid *n* (***for*** mit)
com·mis·sion [kə'mɪʃn] **1.** Auftrag *m*; Kommission *f*, Ausschuss *m*; *econ.* Kommission *f*; *econ.* Provision *f*; Begehung *f* (*e-s Verbrechens*); **2.** beauftragen; *et.* in Auftrag geben; **~·er** Beauftragte(r *m*) *f*; Kommissar(in)
com·mit [kə'mɪt] (***-tt-***) anvertrauen, übergeben; *jur.* *j-n* einweisen (***to*** in *acc.*); *Verbrechen* begehen; verpflichten (***to*** zu), festlegen (***to*** auf *acc.*); **~·ment** Verpflichtung *f*; Engagement *n*; **~·tal** *jur.* [kə'mɪtl] Einweisung *f*; **~·tee** [kə'mɪtɪ] Komitee *n*, Ausschuss *m*
com·mod·i·ty *econ.* [kə'mɒdətɪ] Ware *f*, Artikel *m*
com·mon ['kɒmən] **1.** gemeinsam, gemeinschaftlich; allgemein; alltäglich; gewöhnlich, einfach; **2.** Gemeindeland *n*; ***in ~*** gemeinsam (***with*** mit); **'~·er** Bürgerliche(r *m*) *f*; **~ 'law** (ungeschriebenes englisches) Gewohnheitsrecht; **♀ 'Mar·ket** *econ.* *pol.* Gemeinsamer Markt; **'~·place 1.** Gemeinplatz *m*; **2.** alltäglich; abgedroschen; **'~s** *pl.*: ***the ♀, the House of ♀*** *Brt. parl.* das Unterhaus; **~ 'sense** gesunder Menschenverstand; **'~·wealth: *the ♀ (of Nations)*** das Commonwealth
com·mo·tion [kə'məʊʃn] Aufregung *f*; Aufruhr *m*, Tumult *m*
com·mu·nal ['kɒmjʊnl] Gemeinde...; Gemeinschafts...
com·mune ['kɒmjuːn] Kommune *f*
com·mu·ni|·cate [kə'mjuːnɪkeɪt] *v/t.* mitteilen; *v/i.* sich besprechen; sich in Verbindung setzen (***with s.o.*** mit j-m); (durch e-e Tür) verbunden sein; **~·ca·tion** [kəmjuːnɪ'keɪʃn] Mitteilung *f*; Verständigung *f*, Kommunikation *f*; Verbindung *f*
com·mu·ni·ca·tions [kəmjuːnɪ'keɪʃnz] *pl.* Verbindung *f*, Verkehrswege *pl.*; **~ sat·el·lite** Nachrichtensatellit *m*
com·mu·ni·ca·tive [kə'mjuːnɪkətɪv] mitteilsam, gesprächig
Com·mu·nion *rel.* [kə'mjuːnjən] *a.* ***Holy ~*** (heilige) Kommunion, Abendmahl *n*
com·mu|·nis·m ['kɒmjʊnɪzəm] Kommunismus *m*; **'~·nist 1.** Kommunist(in); **2.** kommunistisch
com·mu·ni·ty [kə'mjuːnətɪ] Gemeinschaft *f*; Gemeinde *f*
com|·mute [kə'mjuːt] *jur.* Strafe *mildernd* umwandeln; *rail. etc.* pendeln; **~'mut·er** Pendler(in); **~'mut·er train** Pendler-, Nahverkehrszug *m*
com·pact 1. ['kɒmpækt] Puderdose *f*; *Am.* Kleinwagen *m*; **2.** [kəm'pækt] *adj.* kompakt; eng, klein; knapp (*Stil*); **~ car** *Am.* [kɒmpækt 'kɑː] Kleinwagen *m*; **~ disc, ~ disk** [kɒmpækt 'dɪsk] (*Abk.* ***CD***) Compact Disc *f*, CD *f*; **~**

'disc play·er, ~ 'disk play·er CD-Player *m*, CD-Spieler *m*
com·pan·ion [kəm'pænjən] Begleiter(in); Gefährt|e *m*, -in *f*; Gesellschafter(in); Handbuch *n*, Leitfaden *m*; **~·ship** Gesellschaft *f*
com·pa·ny ['kʌmpənɪ] Gesellschaft *f*; *econ.* Gesellschaft *f*, Firma *f*; *mil.* Kompanie *f*; *thea.* Truppe *f*; ***keep s.o. ~*** j-m Gesellschaft leisten
com|·pa·ra·ble ['kɒmpərəbl] vergleichbar; **~·par·a·tive** [kəm'pærətɪv] **1.** vergleichend; verhältnismäßig; **2.** *a.* ***~ degree*** *gr.* Komparativ *m*; **~·pare** [kəm'peə] **1.** *v/t.* vergleichen; ***~d with*** im Vergleich zu; *v/i.* sich vergleichen (lassen); **2.** ***beyond ~, without ~*** unvergleichlich; **~·pa·ri·son** [kəm'pærɪsn] Vergleich *m*
com·part·ment [kəm'pɑːtmənt] Fach *n*; *rail.* Abteil *n*
com·pass ['kʌmpəs] Kompass *m*; ***pair of ~es*** *pl.* Zirkel *m*
com·pas·sion [kəm'pæʃn] Mitleid *n*; **~·ate** [kəm'pæʃənət] mitleidig
com·pat·i·ble [kəm'pætəbl] vereinbar; ***be ~*** (***with***) passen (zu), zusammenpassen, *Computer etc.*: kompatibel (mit)
com·pat·ri·ot [kəm'pætrɪət] Landsmann *m*, -männin *f*
com·pel [kəm'pel] (***-ll-***) (er)zwingen; **~·ling** zwingend
com·pen|·sate ['kɒmpenseɪt] *j-n* entschädigen; *et.* ersetzen; ausgleichen; **~·sa·tion** [kɒmpen'seɪʃn] Ersatz *m*; Ausgleich *m*; (Schaden)Ersatz *m*, Entschädigung *f*; *Am.* Bezahlung *f*, Gehalt *n*
com·pere *Brt.* ['kɒmpeə] Conférencier *m*
com·pete [kəm'piːt] sich (mit)bewerben (***for*** um); konkurrieren; *Sport*: (am Wettkampf) teilnehmen
com·pe|·tence ['kɒmpɪtəns] Können *n*, Fähigkeit *f*; **'~·tent** fähig, tüchtig; fach-, sachkundig
com·pe·ti·tion [kɒmpɪ'tɪʃn] Wettbewerb *m*; Konkurrenz *f*
com·pet·i|·tive [kəm'petətɪv]konkurrierend; **~·tor** [kəm'petɪtə] Mitbewerber(in); Konkurrent(in); *Sport*: (Wettbewerbs)Teilnehmer(in)
com·pile [kəm'paɪl] kompilieren, zusammentragen, zusammenstellen
com·pla|·cence, ~·cen·cy [kəm'pleɪsns, -snsɪ] Selbstzufriedenheit *f*, -gefälligkeit *f*; **~·cent** [kəm'pleɪsnt] selbstzufrieden, -gefällig
com·plain [kəm'pleɪn] sich beklagen *od.* beschweren (***about*** über; ***to*** bei); klagen (***of*** über *acc.*); **~t** Klage *f*, Beschwerde *f*; *med.* Leiden *n*; ***~s*** *pl. med. a.* Beschwerden *pl.*
com·ple|·ment 1. ['kɒmplɪmənt] Ergänzung *f*; **2.** ['kɒmplɪment] ergänzen; **~·men·ta·ry** [kɒmplɪ'mentərɪ] (sich) ergänzend
com|·plete [kəm'pliːt] **1.** vollständig; vollzählig; **2.** vervollständigen; beenden, abschließen; **~·ple·tion** [kəm'pliːʃn] Vervollständigung *f*; Abschluss *m*
com·plex ['kɒmpleks] **1.** zusammengesetzt; komplex, vielschichtig; **2.** Komplex *m* (*a. psych.*)
com·plex·ion [kəm'plekʃn] Gesichtsfarbe *f*, Teint *m*
com·plex·i·ty [kəm'pleksətɪ] Komplexität *f*, Vielschichtigkeit *f*
com·pli|·ance [kəm'plaɪəns] Einwilligung *f*; Befolgung *f*; ***in ~ with*** gemäß; **~·ant** willfährig
com·pli|·cate ['kɒmplɪkeɪt] komplizieren; **'~·cat·ed** kompliziert; **~·ca·tion** [kɒmplɪ'keɪʃn] Komplikation *f* (*a. med.*)
com·plic·i·ty [kəm'plɪsətɪ] Mitschuld *f*, Mittäterschaft *f* (***in*** an *dat.*)
com·pli|·ment 1. ['kɒmplɪmənt] Kompliment *n*; Empfehlung *f*; Gruß *m*; **2.** ['kɒmplɪment] *v/t. j-m* ein Kompliment *od.* Komplimente machen (***on*** wegen)
com·ply [kəm'plaɪ] (***with***) einwilligen (in *acc.*); (*e-e Abmachung etc.*) befolgen
com·po·nent [kəm'pəʊnənt] Bestandteil *m*; *tech.*, *electr.* Bauelement *n*
com|·pose [kəm'pəʊz] zusammensetzen *od.* -stellen; *mus.* komponieren; verfassen; ***be ~d of*** bestehen *od.* sich zusammensetzen aus; ***~ o.s.*** sich beruhigen; **~'posed** ruhig, gelassen; **~'pos·er** *mus.* Komponist(in); **~·po·si·tion** [kɒmpə'zɪʃn] Zusammensetzung *f*; Komposition *f*; *ped.* Aufsatz *m*; **~·po·sure** [kəm'pəʊʒə] Fassung *f*, (Gemüts)Ruhe *f*
com·pound[1] ['kɒmpaʊnd] Lager *n*; Gefängnishof *m*; (Tier)Gehege *n*

C

com·pound² **1.** ['kɒmpaʊnd] Zusammensetzung *f*; Verbindung *f*; *gr.* zusammengesetztes Wort; **2.** ['kɒmpaʊnd] zusammengesetzt; ~ ***interest*** *econ* Zinseszinsen *pl.*; **3.** [kəm'paʊnd] *v/t.* zusammensetzen; steigern, *bsd.* verschlimmern
com·pre·hend [kɒmprɪ'hend] begreifen, verstehen
com·pre·hen|·si·ble [kɒmprɪ'hensəbl] verständlich; **~·sion** [kɒmprɪ'henʃn] Verständnis *n*; Begriffsvermögen *n*, Verstand *m*; ***past*** ~ unfassbar, unfasslich; **~·sive** [kɒmprɪ'hensɪv] **1.** umfassend; **2.** *a.* ~ ***school*** *Brt.* Gesamtschule *f*
com|·press [kəm'pres] zusammendrücken, -pressen; ***~ed air*** Druckluft *f*; **~·pres·sion** [kəm'preʃn] *phys.* Verdichtung *f*; *tech.* Druck *m*
com·prise [kəm'praɪz] einschließen, umfassen; bestehen aus
com·pro·mise ['kɒmprəmaɪz] **1.** Kompromiss *m*; **2.** *v/t.* bloßstellen, kompromittieren; *v/i.* e-n Kompromiss schließen
com·pul|·sion [kəm'pʌlʃn] Zwang *m*; **~·sive** [kəm'pʌlsɪv] zwingend, Zwangs...; *psych.* zwanghaft; **~·so·ry** [kəm'pʌlsərɪ] obligatorisch; Zwangs...; Pflicht...
com·punc·tion [kəm'pʌŋkʃn] Gewissensbisse *pl.*; Reue *f*; Bedenken *pl.*
com·pute [kəm'pju:t] berechnen; schätzen
com·put·er [kəm'pju:tə] Computer *m*, Rechner *m*; **~-'aid·ed** computergestützt; **~-con'trolled** computergesteuert; ~ **game** Computerspiel *n*; ~ **'graph·ics** *pl.* Computergrafik *f*; **~·ize** [kəm'pju:təraɪz] (sich) auf Computer umstellen; computerisieren; mit Hilfe e-s Computers errechnen *od.* zusammenstellen; ~ **pre'dic·tion** Hochrechnung *f* (*bei Wahlen*); ~ **'sci·ence** Informatik *f*; ~ **'sci·en·tist** Informatiker *m*; ~ **'vi·rus** Computervirus *m*
com·rade ['kɒmreɪd] Kamerad *m*; (Partei)Genosse *m*
con¹ *Abk.* [kɒn] → ***contra***
con² F [kɒn] (***-nn-***) reinlegen, betrügen
con·ceal [kən'si:l] verbergen; verheimlichen
con·cede [kən'si:d] zugestehen, einräumen
con·ceit [kən'si:t] Einbildung *f*, Dünkel *m*; **~·ed** eingebildet (***of*** auf *acc.*)
con·cei|·va·ble [kən'si:vəbl] denkbar, begreiflich; **~ve** [kən'si:v] *v/i.* schwanger werden; *v/t. Kind* empfangen; sich *et.* vorstellen *od.* denken
con·cen·trate ['kɒnsəntreɪt] (sich) konzentrieren
con·cept ['kɒnsept] Begriff *m*; Gedanke *m*; ⚠ *nicht* ***Konzept***
con·cep·tion [kən'sepʃn] Vorstellung *f*, Begriff *m*; *biol.* Empfängnis *f*
con|·cern [kən'sɜ:n] **1.** Angelegenheit *f*; Sorge *f*; *econ.* Geschäft *n*, Unternehmen *n*; ⚠ *nicht* ***Konzern***; **2.** betreffen, angehen; beunruhigen; **~ed** besorgt; beteiligt (***in*** an *dat.*); **~·ing** *prp.* betreffend, hinsichtlich, was ... (an)betrifft
con·cert *mus.* ['kɒnsət] Konzert *n*; '~ **hall** Konzerthalle *f*, -saal *m*
con·ces·sion [kən'seʃn] Zugeständnis *n*; Konzession *f*
con·cil·i·a·to·ry [kən'sɪlɪətərɪ] versöhnlich, -mittelnd
con·cise [kən'saɪs] kurz, knapp; **~·ness** Kürze *f*
con·clude [kən'klu:d] schließen, beenden; *Vertrag etc.* abschließen; *et.* folgern, schließen (***from*** aus); ***to be ~d*** Schluss folgt
con·clu|·sion [kən'klu:ʒn] (Ab)Schluss *m*, Ende *n*; Abschluss *m* (*e-s Vertrages etc.*); (Schluss)Folgerung *f*; → ***jump***; **~·sive** [kən'klu:sɪv] schlüssig (*Beweis*)
con|·coct [kən'kɒkt] (zusammen)brauen; *fig.* aushecken, -brüten; **~·coc·tion** [kən'kɒkʃn] Gebräu *n*; *fig.* Erfindung *f*
con·crete¹ ['kɒŋkri:t] konkret
con·crete² ['kɒŋkri:t] **1.** Beton *m*; Beton...; **2.** betonieren
con·cur [kən'kɜ:] (***-rr-***) übereinstimmen; **~·rence** [kən'kʌrəns] Zusammentreffen *n*; Übereinstimmung *f*; ⚠ *nicht* ***Konkurrenz***
con·cus·sion *med.* [kən'kʌʃn] Gehirnerschütterung *f*
con|·demn [kən'dem] verurteilen (*a. jur.*: ***to death*** zum Tode); für unbrauchbar *od.* unbewohnbar *etc.* erklären; **~·dem·na·tion** [kɒndem'neɪʃn] Verurteilung *f* (*a. jur.*)
con|·den·sa·tion [kɒnden'seɪʃn] Kondensation *f*; Zusammenfassung *f*; **~·dense** [kən'dens] kondensieren; zu-

sammenfassen; **~·densed 'milk** Kondensmilch *f*; **~'dens·er** *tech.* Kondensator *m*
con·de·scend [kɒndɪ'send] sich herablassen; **~·ing** herablassend, gönnerhaft
con·di·ment ['kɒndɪmənt] Gewürz *n*, Würze *f*
con·di·tion [kən'dɪʃn] **1.** Zustand *m*; (körperlicher *od.* Gesundheits)Zustand *m*; *Sport*: Kondition *f*, Form *f*; Bedingung *f*; **~s** *pl.* Verhältnisse *pl.*, Umstände *pl.*; ***on ~ that*** unter der Bedingung, dass; ***out of ~*** in schlechter Verfassung, in schlechtem Zustand; **2.** bedingen; in Form bringen; **~·al** [kən'dɪʃənl] **1.** (***on***) bedingt (durch), abhängig (von); **2.** *a.* **~ *clause*** *gr.* Bedingungs-, Konditionalsatz *m*; *a.* **~ *mood*** *gr.* Konditional *m*
con·do *Am.* ['kɒndəʊ] → ***condominium***
con|·dole [kən'dəʊl] kondolieren (***with*** *dat.*); **~'do·lence** Beileid *n*
con·dom ['kɒndəm] Kondom *n*, *m*
con·do·min·i·um *Am.* [kɒndə'mɪnɪəm] Eigentumswohnanlage *f*; Eigentumswohnung *f*
con·done [kən'dəʊn] verzeihen, -geben
con·du·cive [kən'dju:sɪv] dienlich, förderlich (***to*** *dat.*)
con|·duct 1. ['kɒndʌkt] Führung *f*; Verhalten *n*, Betragen *n*; **2.** [kən'dʌkt] führen; *phys.* leiten; *mus.* dirigieren; ***~ed tour*** Führung *f* (***of*** durch); **~·duc·tor** [kən'dʌktə] Führer *m*, Leiter *m*; (*Bus-, Straßenbahn*)Schaffner *m*; *Am. rail.* Zugbegleiter *m*, *veraltet*: Schaffner *m*; *mus.* Dirigent *m*; *phys.* Leiter *m*; *electr.* Blitzableiter *m*
cone [kəʊn] Kegel *m*; Eistüte *f*; *bot.* Zapfen *m*
con·fec·tion [kən'fekʃn] Konfekt *n*; ⚠ *nicht* ***Konfektion***; **~·er** [kən'fekʃnə] Konditor *m*; **~·e·ry** [kən'fekʃnərɪ] Süßigkeiten *pl.*, Süß-, Konditoreiwaren *pl.*; Konfekt *n*; Konditorei *f*; Süßwarengeschäft *n*
con·fed·e|·ra·cy [kən'fedərəsɪ] (Staaten)Bund *m*; ***the*** **♀** *Am. hist.* die Konföderation; **~·rate 1.** [kən'fedərət] verbündet; **2.** [kən'fedərət] Verbündete *m*, Bundesgenosse *m*; **3.** [kən'fedəreɪt] (sich) verbünden; **~·ra·tion** [kənfedə'reɪʃn] Bund *m*, Bündnis *n*; (Staaten-) Bund *m*
con·fer [kən'fɜ:] (**-rr-**) *v/t. Titel etc.* verleihen (***on*** *dat.*); *v/i.* sich beraten
con·fe·rence ['kɒnfərəns] Konferenz *f*
con|·fess [kən'fes] gestehen; beichten; **~·fes·sion** [kən'feʃən] Geständnis *n*; Beichte *f*; **~·fes·sion·al** [kən'feʃənl] Beichtstuhl *m*; **~·fes·sor** *rel.* [kən'fesə] Beichtvater *m*
con·fide [kən'faɪd]: **~ *s.th. to s.o.*** j-m et. anvertrauen; **~ *in s.o.*** sich j-m anvertrauen
con·fi·dence ['kɒnfɪdəns] Vertrauen *n*; Selbstvertrauen *n*; **'~ man** (*pl.* ***-men***) → ***conman***; **'~ trick** aufgelegter Schwindel; Hochstapelei *f*
con·fi|·dent ['kɒnfɪdənt] überzeugt, zuversichtlich; **~·den·tial** [kɒnfɪ'denʃl] vertraulich
con·fine [kən'faɪn] begrenzen, beschränken; einsperren; ***be ~d of*** entbunden werden von; **~·ment** Haft *f*; Beschränkung *f*; Entbindung *f*
con|·firm [kən'fɜ:m] bestätigen; bekräftigen; *rel.* konfirmieren; *rel.* firmen; **~·fir·ma·tion** [kɒnfə'meɪʃn] Bestätigung *f*; *rel.* Konfirmation *f*; *rel.* Firmung *f*
con·fis|·cate ['kɒnfɪskeɪt] beschlagnahmen; **~·ca·tion** [kɒnfɪ'skeɪʃn] Beschlagnahme *f*
con·flict 1. ['kɒnflɪkt] Konflikt *m*; **2.** [kən'flɪkt] im Widerspruch stehen (***with*** zu); **~·ing** [kən'flɪktɪŋ] widersprüchlich
con·form [kən'fɔ:m] (sich) anpassen (***to*** *dat.*, an *acc.*)
con·found [kən'faʊnd] verwirren, durcheinander bringen
con|·front [kən'frʌnt] gegenübertreten, -stehen (*dat.*); sich stellen (*dat.*); konfrontieren; **~·fron·ta·tion** [kɒnfrʌn'teɪʃn] Konfrontation *f*
con|·fuse [kən'fju:z] verwechseln; verwirren; **~·fused** verwirrt; verlegen; verworren; **~·fu·sion** [kən'fju:ʒn] Verwirrung *f*; Verlegenheit *f*; Verwechslung *f*
con·geal [kən'dʒi:l] erstarren (lassen); gerinnen (lassen)
con|·gest·ed [kən'dʒestɪd] überfüllt; verstopft; **~·ges·tion** [kən'dʒestʃən] Blutandrang *m*; *a.* ***traffic ~*** Verkehrsstockung *f*, -stauung *f*, -stau *m*
con·grat·u|·late [kən'grætjuleɪt] beglückwünschen, *j-m* gratulieren; **~·la·tion** [kəngrætjʊ'leɪʃn] Glück-

wunsch *m*; *~s!* ich gratuliere!, herzlichen Glückwunsch!
C
con·gre|·gate ['kɒŋgrɪgeɪt] (sich) versammeln; **~·ga·tion** *rel.* [kɒŋgrɪ'geɪʃn] Gemeinde *f*
con·gress ['kɒŋgres] Kongress *m*; ♀ *Am. parl.* der Kongress; '**♀·man** (*pl.* **-men**) *Am. parl.* Kongressabgeordnete(r) *m*; '**♀·wom·an** (*pl.* **-women**) *Am. parl.* Kongressabgeordnete *f*
con|·ic *bsd. tech.* ['kɒnɪk], '**~·i·cal** konisch, kegelförmig
co·ni·fer *bot.* ['kɒnɪfə] Nadelbaum *m*
con·jec·ture [kən'dʒektʃə] **1.** Vermutung *f*; **2.** vermuten
con·ju·gal ['kɒndʒʊgl] ehelich
con·ju|·gate *gr.* ['kɒndʒʊgeɪt] konjugieren, beugen; **~·ga·tion** *gr.* [kɒndʒʊ'geɪʃn] Konjugation *f*, Beugung *f*
con·junc·tion [kən'dʒʌŋkʃn] Verbindung *f*; *gr.* Konjunktion *f*, Bindewort *n*
con·junc·ti·vi·tis *med.* [kəndʒʌŋktɪ'vaɪtɪs] Bindehautentzündung *f*
con|·jure ['kʌndʒə] zaubern; *Teufel etc.* beschwören; **~ up** heraufbeschwören (*a. fig.*); [kən'dʒʊə] *veraltet* beschwören (**to do** zu tun); **~·jur·er** *bsd. Brt.* ['kʌndʒərə] Zauber|er *m*, -in *f*, Zauberkünstler(in); **~·jur·ing trick** ['kʌndʒərɪŋ -] Zauberkunststück *n*; **~·jur·or** ['kʌndʒərə] → **conjurer**
con·man ['kɒnmæn] (*pl.* **-men**) Betrüger *m*; Hochstapler *m*
con|·nect [kə'nekt] verbinden; *electr.* anschließen, zuschalten; *rail.*, *aviat. etc.* Anschluss haben (**with** an *acc.*); **~'nect·ed** verbunden; (logisch) zusammenhängend (*Rede etc.*); **be well ~** gute Beziehungen haben; **~·nec·tion, ~·nex·ion** *Brt.* [kə'nekʃn] Verbindung *f*, Anschluss *m* (*a. electr.*, *rail.*, *aviat.*, *tel.*); Zusammenhang *m*; *mst* **~s** *pl.* Beziehungen *pl.*, Verbindungen *pl.*; Verwandte *pl.*
con·quer ['kɒŋkə] erobern; (be)siegen; **~·or** ['kɒŋkərə] Eroberer *m*
con·quest ['kɒŋkwest] Eroberung *f* (*a. fig.*); erobertes Gebiet
con·science ['kɒnʃəns] Gewissen *n*
con·sci·en·tious [kɒnʃɪ'enʃəs] gewissenhaft; Gewissens...; **~·ness** Gewissenhaftigkeit *f*; **~ ob'jec·tor** Wehrdienstverweigerer *m* (*aus Gewissensgründen*)
con·scious ['kɒnʃəs] bei Bewusstsein; bewusst; **be ~ of** sich bewusst sein (*gen.*); '**~·ness** Bewusstsein *n*
con|·script *mil.* **1.** [kən'skrɪpt] einberufen; **2.** ['kɒnskrɪpt] Wehrpflichtige(r) *m*; **~·scrip·tion** *mil.* [kən'skrɪpʃn] Einberufung *f*; Wehrpflicht *f*
con·se|·crate ['kɒnsɪkreɪt] *rel.* weihen; widmen; **~·cra·tion** *rel.* [kɒnsɪ'kreɪʃn] Weihe *f*
con·sec·u·tive [kən'sekjʊtɪv] aufeinander folgend; fortlaufend
con·sent [kən'sent] **1.** Zustimmung *f*; **2.** einwilligen, zustimmen
con·se|·quence ['kɒnsɪkwəns] Folge *f*, Konsequenz *f*; Bedeutung *f*; '**~·quent·ly** folglich, daher
con·ser·va|·tion [kɒnsə'veɪʃn] Erhaltung *f*; Naturschutz *m*; Umweltschutz *m*; **~ area** (Natur)Schutzgebiet *n*; **~·tion·ist** [kɒnsə'veɪʃnɪst] Naturschützer(in); Umweltschützer(in); **~·tive** [kən'sɜːvətɪv] **1.** erhaltend; konservativ; vorsichtig; **2.** ♀ *pol.* Konservative(r *m*) *f*; **~·to·ry** [kən'sɜːvətrɪ] Treib-, Gewächshaus *n*; Wintergarten *m*;
con·serve [kən'sɜːv] erhalten
con·sid|·er [kən'sɪdə] *v/t.* nachdenken über (*acc.*); betrachten als, halten für; sich überlegen, erwägen; in Betracht ziehen, berücksichtigen; *v/i.* nachdenken, überlegen; **~·e·ra·ble** [kən'sɪdərəbl] ansehnlich, beträchtlich; **~·e·ra·bly** [kən'sɪdərəblɪ] bedeutend, ziemlich, (sehr) viel; **~·er·ate** [kən'sɪdərət] rücksichtsvoll; **~·e·ra·tion** [kənsɪdə'reɪʃn] Erwägung *f*, Überlegung *f*; Berücksichtigung *f*; Rücksicht(nahme) *f*; **take into ~** in Erwägung *od.* in Betracht ziehen; **~·er·ing** [kən'sɪdərɪŋ] in Anbetracht (der Tatsache, dass)
con·sign *econ.* [kən'saɪn] *Waren* zusenden; **~·ment** *econ.* (Waren)Sendung *f*
con·sist [kən'sɪst]: **~ in** bestehen in (*dat.*); **~ of** bestehen aus
con·sis|·tence, ~·ten·cy [kən'sɪstəns, -tənsɪ] Konsistenz *f*, Beschaffenheit *f*; Übereinstimmung *f*; Konsequenz *f*; **~·tent** [kən'sɪstənt] übereinstimmend, vereinbar (**with** mit); konsequent; *Sport etc.*: beständig (*Leistung*)
con|·so·la·tion [kɒnsə'leɪʃn] Trost *m*; **~·sole** [kən'səʊl] trösten

con·sol·i·date [kən'sɒlɪdeɪt] festigen; *fig.* zusammenschließen, -legen
con·so·nant *gr.* ['kɒnsənənt] Konsonant *m*, Mitlaut *m*
con·spic·u·ous [kən'spɪkjʊəs] deutlich sichtbar; auffallend
con|·spi·ra·cy [kən'spɪrəsɪ] Verschwörung *f*; **~·spi·ra·tor** [kən'spɪrətə] Verschwörer *m*; **~·spire** [kən'spaɪə] sich verschwören
con·sta·ble *Brt.* ['kʌnstəbl] Polizist *m*
con·stant ['kɒnstənt] konstant, gleichbleibend; (be)ständig, (an)dauernd
con·ster·na·tion [kɒnstə'neɪʃn] Bestürzung *f*
con·sti|·pat·ed *med.* ['kɒnstɪpeɪtɪd] verstopft; **~·pa·tion** *med.* [kɒnstɪ'peɪʃn] Verstopfung *f*
con·sti·tu|·en·cy [kən'stɪtjʊənsɪ] Wählerschaft *f*; Wahlkreis *m*; **~·ent** (wesentlicher) Bestandteil; *pol.* Wähler(in)
con·sti·tute ['kɒnstɪtjuːt] ernennen, einsetzen; bilden, ausmachen
con·sti·tu·tion [kɒnstɪ'tjuːʃn] *pol.* Verfassung *f*; Konstitution *f*, körperliche Verfassung; **~·al** [kɒnstɪ'tjuːʃənl] konstitutionell; *pol.* verfassungsmäßig
con·strained [kən'streɪnd] gezwungen, unnatürlich
con|·strict [kən'strɪkt] zusammenziehen; **~·stric·tion** [kən'strɪkʃn] Zusammenziehung *f*
con|·struct [kən'strʌkt] bauen, errichten, konstruieren; **~·struc·tion** [kən'strʌkʃn] Konstruktion *f*; Bau (-werk *n*) *m*; ***under*** **~** im Bau (befindlich); **~'struc·tion site** Baustelle *f*; **~·struc·tive** [kən'strʌktɪv] konstruktiv; **~·struc·tor** [kən'strʌktə] Erbauer *m*, Konstrukteur *m*
con·sul ['kɒnsəl] Konsul *m*; **con·su·late** ['kɒnsjʊlət] Konsulat *n* (*a. Gebäude*); **con·su·late 'gen·e·ral** Generalkonsulat *n*; **con·sul 'gen·e·ral** Generalkonsul *m*
con·sult [kən'sʌlt] *v/t.* konsultieren, um Rat fragen; in *e-m Buch* nachschlagen; *v/i.* (sich) beraten
con·sul|·tant [kən'sʌltənt] (fachmännische[r]) Berater(in); *Brt.* Facharzt *m* (*an e-m Krankenhaus*); **~·ta·tion** [kɒnsl'teɪʃn] Konsultation *f*, Beratung *f*, Rücksprache *f*
con·sult·ing [kən'sʌltɪŋ] beratend; **~ hours** *pl.* Sprechstunde *f* (*des Arztes*); **~ room** Sprechzimmer *n*
con|·sume [kən'sjuːm] *v/t. Essen etc.* zu sich nehmen, verzehren; verbrauchen, konsumieren; zerstören, vernichten (*durch Feuer*); *fig.* verzehren (*durch Hass etc.*); **~'sum·er** *econ.* Verbraucher(in); **~'sum·er so·ci·e·ty** Konsumgesellschaft *f*
con·sum·mate 1. [kən'sʌmɪt] vollendet; **2.** ['kɒnsəmeɪt] vollenden; *Ehe* vollziehen
con·sump·tion [kən'sʌmpʃn] Verbrauch *m*; *veraltet med.* Schwindsucht *f*
cont *nur geschr. Abk. für* ***continued*** Forts., Fortsetzung *f*; fortgesetzt
con·tact ['kɒntækt] **1.** Berührung *f*; Kontakt *m*; Ansprechpartner(in), Kontaktperson *f* (*a. med.*); ***make ~s*** Verbindungen anknüpfen *od.* herstellen; **2.** sich in Verbindung setzen mit, Kontakt aufnehmen mit; **'~ lens** Kontaktlinse *f*, -schale *f*, Haftschale *f*
con·ta·gious *med.* [kən'teɪdʒəs] ansteckend (*a. fig.*)
con·tain [kən'teɪn] enthalten; *fig.* zügeln, zurückhalten; **~·er** Behälter *m*; *econ.* Container *m*; **~·er·ize** *econ.* [kən'teɪnəraɪz] auf Containerbetrieb umstellen; in Containern transportieren
con·tam·i|·nate [kən'tæmɪneɪt] verunreinigen; infizieren, vergiften; (*a.* radioaktiv) verseuchen; ***radioactively ~d*** verstrahlt; ***~d soil*** Altlasten *pl.*; **~·na·tion** [kəntæmɪ'neɪʃn] Verunreinigung *f*; Vergiftung *f*; (*a.* radioaktive) Verseuchung
contd *nur geschr. Abk. für* ***continued*** (→ ***cont***)
con·tem|·plate ['kɒntempleɪt] (nachdenklich) betrachten; nachdenken über (*acc.*); erwägen, beabsichtigen; **~·pla·tion** [kɒntem'pleɪʃn] (nachdenkliche) Betrachtung; Nachdenken *n*; **~·pla·tive** [kən'templətɪv, 'kɒntempleɪtɪv] nachdenklich
con·tem·po·ra·ry [kən'tempərərɪ] **1.** zeitgenössisch; **2.** Zeitgenoss|e *m*, -in *f*
con|·tempt [kən'tempt] Verachtung *f*; **~·temp·ti·ble** [kən'temptəbl] verachtenswert; **~·temp·tu·ous** [kən'temptʃʊəs] geringschätzig, verächtlich
con·tend [kən'tend] kämpfen, ringen

(***for*** um; ***with*** mit); **~·er** *bsd. Sport*: Wettkämpfer(in)
C
con·tent¹ ['kɒntent] Gehalt *m*, Aussage *f* (*e-s Buches etc.*); **~s** *pl.* Inhalt *m*; (***table of***) **~s** *pl.* Inhaltsverzeichnis *n*
con·tent² [kən'tent] **1.** zufrieden; **2.** befriedigen; **~ *o.s.*** sich begnügen; **~·ed** zufrieden; **~·ment** Zufriedenheit *f*
con|·test 1. ['kɒntest] (Wett)Kampf *m*; Wettbewerb *m*; **2.** [kən'test] sich bewerben um; bestreiten, *a. jur.* anfechten; **~·tes·tant** [kən'testənt] Wettkämpfer(in), (Wettkampf)Teilnehmer(in)
con·text ['kɒntekst] Zusammenhang *m*
con·ti|·nent ['kɒntɪnənt] Kontinent *m*, Erdteil *m*; ***the*** **♀** *Brt.* das (europäische) Festland; **~·nen·tal** [kɒntɪ'nentl] kontinental, Kontinental...
con·tin·gen|·cy [kən'tɪndʒənsɪ] Möglichkeit *f*, Eventualität *f*; **~t 1.** ***be ~ on*** abhängen von; **2.** Kontingent *n*
con·tin|·u·al [kən'tɪnjʊəl] fortwährend, unaufhörlich; **~·u·a·tion** [kəntɪnjʊ'eɪʃn] Fortsetzung *f*; Fortbestand *m*, -dauer *f*; **~·ue** [kən'tɪnjuː] *v/t.* fortsetzen, -fahren mit; beibehalten; ***to be ~d*** Fortsetzung folgt; *v/i.* fortdauern; andauern, anhalten; fortfahren, weitermachen; **con·ti·nu·i·ty** [kɒntɪ'njuːətɪ] Kontinuität *f*; **~·u·ous** [kən'tɪnjʊəs] ununterbrochen; **~·u·ous 'form** *gr.* Verlaufsform *f*
con|·tort [kən'tɔːt] verdrehen; verzerren; **~·tor·tion** [kən'tɔːʃn] Verdrehung *f*; Verzerrung *f*
con·tour ['kɒntʊə] Umriss *m*
con·tra ['kɒntrə] wider, gegen
con·tra·band *econ.* ['kɒntrəbænd] Schmuggelware *f*
con·tra·cep|·tion *med.* [kɒntrə'sepʃn] Empfängnisverhütung *f*; **~·tive** *med.* [kɒntrə'septɪv] empfängnisverhütend(es Mittel)
con|·tract 1. ['kɒntrækt] Vertrag *m*; **2.** [kən'trækt] (sich) zusammenziehen; sich *e-e Krankheit* zuziehen; e-n Vertrag abschließen; sich vertraglich verpflichten; **~·trac·tion** [kən'trækʃn] Zusammenziehung *f*; **~·trac·tor** [kən'træktə]: *a.* ***building ~*** Bauunternehmer *m*
con·tra|·dict [kɒntrə'dɪkt] widersprechen (*dat.*); **~·dic·tion** [kɒntrə'dɪkʃn] Widerspruch *m*; **~·dic·to·ry** [kɒntrə'dɪktərɪ] (sich) widersprechend
con·tra·ry ['kɒntrərɪ] **1.** entgegengesetzt (***to*** *dat.*); gegensätzlich; ***~ to expectations*** wider Erwarten; **2.** Gegenteil *n*; ***on the ~*** im Gegenteil
con·trast 1. ['kɒntrɑːst] Gegensatz *m*; Kontrast *m*; **2.** [kən'trɑːst] *v/t.* gegenüberstellen, vergleichen; *v/i.* sich abheben (***with*** von, gegen); im Gegensatz stehen (***with*** zu)
con|·trib·ute [kən'trɪbjuːt] beitragen, -steuern; spenden (***to*** für); **~·tri·bu·tion** [kɒntrɪ'bjuːʃn] Beitrag *m*; Spende *f*; **~·trib·u·tor** [kən'trɪbjʊtə] Beitragende(r *m*) *f*; Mitarbeiter(in) (*an e-r Zeitung*); **~·trib·u·to·ry** [kən'trɪbjʊtərɪ] beitragend
con·trite ['kɒntraɪt] zerknirscht
con·trive [kən'traɪv] zu Stande bringen; es fertigbringen
con·trol [kən'trəʊl] **1.** Kontrolle *f*, Herrschaft *f*, Macht *f*, Gewalt *f*, Beherrschung *f*; Aufsicht *f*; *tech.* Steuerung *f*; *mst* **~s** *pl. tech.* Steuervorrichtung *f*; ⚠ *nicht* ***Kontrolle*** (*Überprüfung*); ***get*** (***have, keep***) ***under ~*** unter Kontrolle bringen (haben, halten); ***get out of ~*** außer Kontrolle geraten; ***lose ~ of*** die Herrschaft *od.* Gewalt *od.* Kontrolle verlieren über; **2.** (**-*ll*-**) beherrschen, die Kontrolle haben über (*acc.*); *e-r Sache* Herr werden, (erfolgreich) bekämpfen; kontrollieren, überwachen; *econ.* (staatlich) lenken, *Preise* binden; *electr., tech.* steuern, regeln, regulieren; ⚠ *nicht* ***kontrollieren*** (*überprüfen*); **~ desk** *electr.* Schalt-, Steuerpult *n*; **~ pan·el** *electr.* Schalttafel *f*; **~ tow·er** *aviat.* Kontrollturm *m*, Tower *m*
con·tro·ver|·sial [kɒntrə'vɜːʃl] umstritten; **~·sy** ['kɒntrəvɜːsɪ] Kontroverse *f*, Streit *m*
con·tuse *med.* [kən'tjuːz] sich *et.* quetschen
con·va|·lesce [kɒnvə'les] gesund werden, genesen; **~·les·cence** [kɒnvə'lesns] Rekonvaleszenz *f*, Genesung *f*; **~'les·cent 1.** genesend; **2.** Rekonvaleszent(in), Genesende(r *m*) *f*
con·vene [kən'viːn] (sich) versammeln; zusammenkommen; *Versammlung* einberufen
con·ve·ni|·ence [kən'viːnjəns] Annehmlichkeit *f*, Bequemlichkeit *f*; *Brt.*

Toilette *f*; ***all* (*modern*) ~*s*** *pl.* aller Komfort; ***at your earliest*** ~ möglichst bald; **~·ent** bequem; günstig, passend
con·vent ['kɒnvənt] (Nonnen)Kloster *n*
con·ven·tion [kən'venʃn] Zusammenkunft *f*, Tagung *f*, Versammlung *f*; Abkommen *n*; Konvention *f*, Sitte *f*; **~·al** [kən'venʃənl] herkömmlich, konventionell
con·verge [kən'vɜːdʒ] konvergieren; zusammenlaufen, -strömen
con·ver·sa·tion [kɒnvə'seɪʃn] Gespräch *n*, Unterhaltung *f*; **~·al** [kɒnvə'seɪʃənl] Unterhaltungs...; ~ ***English*** Umgangsenglisch *n*
con·verse [kən'vɜːs] sich unterhalten
con·ver·sion [kən'vɜːʃn] Um-, Verwandlung *f*; Umbau *m*; Umstellung *f* (***to*** auf *acc.*); *rel.* Bekehrung *f*, Übertritt *m*; *math.* Umrechnung *f*; **~ ta·ble** Umrechnungstabelle *f*
con|·vert [kən'vɜːt] (sich) um- *od.* verwandeln; umbauen (***into*** zu); umstellen (***to*** auf *acc.*); *rel. etc.* (sich) bekehren; *math.* umrechnen; **~'vert·er** *electr.* Umformer *m*; **~'ver·ti·ble 1.** um-, verwandelbar; *econ.* konvertierbar; **2.** *mot.* Kabrio(lett) *n*
con·vey [kən'veɪ] befördern, transportieren, bringen; überbringen, -mitteln; *Ideen etc.* mitteilen; **~·ance** Beförderung *f*, Transport *m*; Übermittlung *f*; Verkehrsmittel *n*; **~·er, ~·or** → **~·er belt** Förderband *n*
con|·vict 1. ['kɒnvɪkt] Verurteilte(r *m*) *f*; Strafgefangene(r *m*) *f*; **2.** *jur.* [kən'vɪkt] (***of***) überführen (*gen.*); verurteilen (wegen); **~·vic·tion** [kən'vɪkʃn] *jur.* Verurteilung *f*; Überzeugung *f*
con·vince [kən'vɪns] überzeugen
con·voy ['kɒnvɔɪ] **1.** *naut.* Geleitzug *m*, Konvoi *m*; (Wagen)Kolonne *f*; (Geleit)Schutz *m*; **2.** Geleitschutz geben (*dat.*), eskortieren
con·vul|·sion *med.* [kən'vʌlʃn] Zuckung *f*, Krampf *m*; **~·sive** [kən'vʌlsɪv] krampfhaft, -artig, konvulsiv
coo [kuː] gurren
cook [kʊk] **1.** Koch *m*; Köchin *f*; **2.** kochen; F *Bericht etc.* frisieren; ~ ***up*** F sich ausdenken, erfinden; **'~·book** *Am.* Kochbuch *n*; **'~·er** *Brt.* Ofen *m*, Herd *m*; **~·e·ry** ['kʊkərɪ] Kochen *n*; Kochkunst *f*; **'~·e·ry book** *Brt.* Kochbuch *n*; **~·ie** *Am.* ['kʊkɪ] (süßer) Keks, Plätzchen *n*; **'~·ing** Küche *f* (*Kochweise*); **~·y** *Am.* ['kʊkɪ] → ***cookie***
cool [kuːl] **1.** kühl; *fig.* kalt(blütig), gelassen; abweisend; gleichgültig; F klasse, prima, cool; **2.** Kühle *f*; F (Selbst)Beherrschung *f*; **3.** (sich) abkühlen; ~ ***down***, ~ ***off*** sich beruhigen
coon *zo.* F [kuːn] Waschbär *m*
coop [kuːp] **1.** Hühnerstall *m*; **2.** ~ ***up***, ~ ***in*** einsperren, -pferchen
co-op F ['kəʊɒp] Co-op *m* (*Genossenschaft u. Laden*)
co·op·e|·rate [kəʊ'ɒpəreɪt] zusammenarbeiten; mitwirken, helfen; **~·ra·tion** [kəʊɒpə'reɪʃn] Zusammenarbeit *f*; Mitwirkung *f*, Hilfe *f*; **~·ra·tive** [kəʊ'ɒpərətɪv] **1.** zusammenarbeitend; kooperativ, hilfsbereit; *econ.* Gemeinschafts..., Genossenschafts...; **2.** *a.* ~ ***society*** Genossenschaft *f*; Co-op *m*, Konsumverein *m*; *a.* ~ ***store*** Co-op *m*, Konsumladen *m*
co·or·di|·nate 1. [kəʊ'ɔːdɪneɪt] koordinieren, aufeinander abstimmen; **2.** [kəʊ'ɔːdɪnət] koordiniert, gleichgeordnet; **~·na·tion** [kəʊɔːdɪ'neɪʃn] Koordinierung *f*, Koordination *f*; harmonisches Zusammenspiel
cop F [kɒp] Bulle *m* (*Polizist*)
cope [kəʊp]: ~ ***with*** gewachsen sein (*dat.*), fertig werden mit
cop·i·er ['kɒpɪə] Kopiergerät *n*, Kopierer *m*
co·pi·ous ['kəʊpjəs] reich(lich); weitschweifig
cop·per[1] ['kɒpə] **1.** *min.* Kupfer *n*; Kupfermünze *f*; **2.** kupfern, Kupfer...
cop·per[2] F ['kɒpə] Bulle *m* (*Polizist*)
cop·pice ['kɒpɪs], **copse** [kɒps] Gehölz *n*
cop·y ['kɒpɪ] **1.** Kopie *f*; Abschrift *f*; Nachbildung *f*; Durchschlag *m*; Exemplar *n* (*e-s Buches*); (*Zeitungs*)Nummer *f*; *print.* Satzvorlage *f*; ***fair*** ~ Reinschrift *f*; **2.** kopieren; abschreiben, e-e Kopie anfertigen von; *Computer*: *Daten* übertragen; nachbilden; nachahmen; **'~·book** Schreibheft *n*; **'~·ing** Kopier...; **'~·right** Urheberrecht *n*, Copyright *n*
cor·al *zo.* ['kɒrəl] Koralle *f*
cord [kɔːd] **1.** Schnur *f* (*a. electr.*), Strick *m*; Kordsamt *m*; **2.** ver-, zuschnüren

cor·di·al[1] ['kɔːdjəl] Fruchtsaftkonzentrat *n*; *med.* Stärkungsmittel *n*

cor·di·al[2] ['kɔːdjəl] herzlich; **~·i·ty** [kɔːdɪ'ælətɪ] Herzlichkeit *f*

'cord·less schnurlos; **'~ phone** schnurloses Telefon

cor·don ['kɔːdn] **1.** Kordon *m*, Postenkette *f*; **2. ~ off** abriegeln, absperren

cor·du·roy ['kɔːdərɔɪ] Kordsamt *m*; (***a pair of***) **~s** *pl.* (e-e) Kordhose

core [kɔː] **1.** Kerngehäuse *n*; Kern *m*, *fig. a. das* Innerste; **2.** entkernen; **'~ time** *Brt.* Kernzeit *f*

cork [kɔːk] **1.** Kork(en) *m*; **2.** *a.* **~ *up*** zu-, verkorken; **'~·screw** Korkenzieher *m*

corn[1] [kɔːn] **1.** Korn *n*, Getreide *n*; *a.* ***Indian* ~** *Am.* Mais *m*; **2.** pökeln

corn[2] *med.* [kɔːn] Hühnerauge *n*

cor·ner ['kɔːnə] **1.** Ecke *f*; Winkel *m*; *bsd. mot.* Kurve *f*; *Fußball*: Eckball *m*, Ecke *f*; *fig.* schwierige Lage, Klemme *f*; **2.** Eck...; **3.** in die Ecke (*fig.* Enge) treiben; **'~ed** ...eckig; **'~ kick** *Fußball*: Eckball *m*, -stoß *m*; **'~ shop** *Brt.* Tante-Emma-Laden *m*

cor·net ['kɔːnɪt] *mus.* Kornett *n*; *Brt.* Eistüte *f*

'corn·flakes *pl.* Cornflakes *pl.*

cor·nice *arch.* ['kɔːnɪs] Gesims *n*, Sims *m*

cor·o·na·ry ['kɒrənərɪ] **1.** *anat.* Koronar...; **2.** *med.* F Herzinfarkt *m*

cor·o·na·tion [kɒrə'neɪʃn] Krönung *f*

cor·o·ner *jur.* ['kɒrənə] Coroner *m* (*richterlicher Beamter zur Untersuchung der Todesursache in Fällen gewaltsamen od. unnatürlichen Todes*); **~'s 'in·quest** *gerichtliches Verfahren zur Untersuchung der Todesursache*

cor·o·net ['kɒrənɪt] Adelskrone *f*

cor·po·ral *mil.* ['kɔːpərəl] Unteroffizier *m*

cor·po·ral 'pun·ish·ment körperliche Züchtigung

cor·po|·rate ['kɔːpərət] gemeinsam; Firmen...; **~·ra·tion** [kɔːpə'reɪʃn] *jur.* Körperschaft *f*; Stadtverwaltung *f*; Gesellschaft *f*, *Am. a.* Aktiengesellschaft *f*

corpse [kɔːps] Leichnam *m*, Leiche *f*

cor·pu·lent ['kɔːpjʊlənt] beleibt

cor·ral [kə'rɑːl, *Am.* kə'ræl] Korral *m*, Hürde *f*, Pferch *m*; **2.** (**-ll-**) *Vieh* in e-n Pferch treiben

cor|·rect [kə'rekt] **1.** korrekt, richtig, *a.* genau (*Zeit*); **2.** korrigieren, verbessern, berichtigen; **~·rec·tion** [kə'rekʃn] Korrektur *f*, Verbess(e)rung *f*; Bestrafung *f*

cor·re|·spond [kɒrɪ'spɒnd] (***with, to***) entsprechen (*dat.*), übereinstimmen (mit); korrespondieren (***with*** mit); **~'spon·dence** Übereinstimmung *f*; Korrespondenz *f*, Briefwechsel *m*; **~'spon·dence course** Fernkurs *m*; **~'spon·dent 1.** entsprechend; **2.** Briefpartner(in); Korrespondent(in); **~'spon·ding** entsprechend

cor·ri·dor ['kɒrɪdɔː] Korridor *m*, Gang *m*

cor·rob·o·rate [kə'rɒbəreɪt] bekräftigen, bestätigen

cor|·rode [kə'rəʊd] zerfressen; *chem., tech.* korrodieren; rosten; **~·ro·sion** *chem., tech.* [kə'rəʊʒn] Korrosion *f*; Rost *m*; **~·ro·sive** [kə'rəʊsɪv] ätzend; *fig.* nagend, zersetzend

cor·ru·gated ['kɒrʊgeɪtɪd] gewellt; **'~ i·ron** Wellblech *n*

cor|·rupt [kə'rʌpt] **1.** korrupt, bestechlich, käuflich; *moralisch* verdorben; **2.** bestechen; *moralisch* verderben; **~'rupt·i·ble** korrupt, bestechlich, käuflich; **~·rup·tion** [kə'rʌpʃn] Verdorbenheit *f*; Unredlichkeit *f*; Korruption *f*; Bestechlichkeit *f*; Bestechung *f*

cor·set ['kɔːsɪt] Korsett *n*

cos|·met·ic [kɒz'metɪk] **1.** (**~*ally***) kosmetisch, Schönheits...; **2.** kosmetisches Mittel, Schönheitsmittel *n*; **~·me·ti·cian** [kɒzmə'tɪʃn] Kosmetiker(in)

cos·mo·naut ['kɒzmənɔːt] Kosmonaut *m*, (Welt)Raumfahrer *m*

cos·mo·pol·i·tan [kɒzmə'pɒlɪtən] **1.** kosmopolitisch; **2.** Weltbürger(in)

cost [kɒst] **1.** Preis *m*; Kosten *pl.*; Schaden *m*; ⚠ *nicht* ***Kost*** (*Essen*); **2.** (***cost***) kosten; **'~·ly** (***-ier, -iest***) kostspielig; teuer erkauft; **~ of 'liv·ing** Lebenshaltungskosten *pl.*

cos·tume ['kɒstjuːm] Kostüm *n*, Kleidung *f*, Tracht *f*; **'~ jew·el(·le)ry** Modeschmuck *m*

co·sy ['kəʊzɪ] **1.** (***-ier, -iest***) behaglich, gemütlich; **2.** → ***egg cosy, tea cosy***

cot [kɒt] Feldbett *n*; *Brt.* Kinderbett *n*

cot·tage ['kɒtɪdʒ] Cottage *n*, (kleines) Landhaus; *Am.* Ferienhaus *n*, -häus-

chen *n*; ~ '**cheese** Hüttenkäse *m*
cot·ton ['kɒtn] **1.** Baumwolle *f*; Baumwollstoff *m*; (Baumwoll)Garn *n*, (-)Zwirn *m*; *Am.* (Verband)Watte *f*; **2.** baumwollen, Baumwoll...; '**~·wood** *bot. e-e* amer. Pappel; ~ '**wool** *Brt.* (Verband)Watte *f*
couch [kaʊtʃ] Couch *f*, Sofa *n*; Liege *f*
cou·chette *rail.* [kuː'ʃet] Liegewagenplatz *m*; *a.* ~ ***coach*** Liegewagen *m*
cou·gar *zo.* ['kuːgə] (*pl.* ***-gars, -gar***) Puma *m*
cough [kɒf] **1.** Husten *m*; **2.** husten
could [kʊd] *pret. von* ***can***[1]
coun·cil ['kaʊnsl] Rat(sversammlung *f*) *m*; '~ **house** *Brt.* gemeindeeigenes Wohnhaus (*mit niedrigen Mieten*)
coun·cil·(l)or ['kaʊnsələ] Ratsmitglied *n*, Stadtrat *m*, Stadträtin *f*
coun|·sel ['kaʊnsl] **1.** Beratung *f*; Rat(schlag) *m*; *Brt. jur.* (Rechts)Anwalt *m*; ~ ***for the defence*** (*Am.* ***defense***) Verteidiger *m*; ~ ***for the prosecution*** Anklagevertreter *m*; **2.** (*bsd. Brt.* ***-ll-***, *Am.* ***-l-***) *j-m* raten; zu *et.* raten; ~***(l)ing centre*** (*Am.* ***center***) Beratungsstelle *f*; **~·sel·(l)or** ['kaʊnsələ] (*Berufs- etc.*)Berater(in); *bsd. Am. jur.* (Rechts-) Anwalt *m*
count[1] [kaʊnt] Graf *m* (*nicht britisch*)
count[2] [kaʊnt] **1.** Zählung *f*; *jur.* Anklagepunkt *m*; **2.** *v/t.* (ab-, auf-, aus-, nach-, zusammen)zählen; aus-, berechnen; zählen bis (~ ***ten***); *fig.* halten für, betrachten als; *v/i.* zählen; gelten; ~ ***down*** *Geld* hinzählen; den Count-down durchführen für, letzte (Start)Vorbereitungen treffen für; ~ ***on*** zählen auf (*acc.*), sich verlassen auf (*acc.*), sicher rechnen mit; '**~·down** Count-down *m*, *n*, letzte (Start)Vorbereitungen *pl.*
coun·te·nance ['kaʊntɪnəns] Gesichtsausdruck *m*; Fassung *f*, Haltung *f*
count·er[1] ['kaʊntə] *tech.* Zähler *m*; *Brt.* Spielmarke *f*
coun·ter[2] ['kaʊntə] Ladentisch *m*; Theke *f*; (Bank-, Post)Schalter *m*
coun·ter[3] ['kaʊntə] **1.** (ent)gegen, Gegen...; **2.** entgegentreten (*dat.*), entgegnen (*dat.*), bekämpfen; abwehren
coun·ter·act [kaʊntər'ækt] entgegenwirken (*dat.*); neutralisieren
coun·ter·bal·ance **1.** ['kaʊntəbæləns] Gegengewicht *n*; **2.** [kaʊntə'bæləns] ein Gegengewicht bilden zu, ausgleichen
coun·ter·clock·wise *Am.* [kaʊntə'klɒkwaɪz] → ***anticlockwise***
coun·ter·es·pi·o·nage ['kaʊntər'espɪənɑːʒ] Spionageabwehr *f*
coun·ter·feit ['kaʊntəfɪt] **1.** falsch, gefälscht; **2.** Fälschung *f*; **3.** *Geld, Unterschrift etc.* fälschen; ~ '**mon·ey** Falschgeld *n*
coun·ter·foil ['kaʊntəfɔɪl] Kontrollabschnitt *m*
coun·ter·mand [kaʊntə'mɑːnd] *Befehl etc.* widerrufen; *Ware* abbestellen
coun·ter·pane ['kaʊntəpeɪn] Tagesdecke *f*; → ***bedspread***
coun·ter·part ['kaʊntəpɑːt] Gegenstück *n*; genaue Entsprechung
coun·ter·sign ['kaʊntəsaɪn] gegenzeichnen
coun·tess ['kaʊntɪs] Gräfin *f*
'**count·less** zahllos
coun·try ['kʌntrɪ] **1.** Land *n*, Staat *m*; Gegend *f*, Landschaft *f*; ***in the*** ~ auf dem Lande; **2.** Land..., ländlich; '**~·man** (*pl.* ***-men***) Landbewohner *m*; Bauer *m*; *a.* ***fellow*** ~ Landsmann *m*; '~ **road** Landstraße *f*; '**~·side** (ländliche) Gegend; Landschaft *f*; '**~·wom·an** (*pl.* ***-women***) Landbewohnerin *f*; Bäuerin *f*; *a.* ***fellow*** ~ Landsmännin *f*
coun·ty ['kaʊntɪ] *Brt.* Grafschaft *f*; *Am.* (Land)Kreis *m*; ~ '**seat** *Am.* Kreis(haupt)stadt *f*; ~ '**town** *Brt.* Grafschaftshauptstadt *f*
coup [kuː] Coup *m*; Putsch *m*
cou·ple ['kʌpl] **1.** Paar *n*; ***a*** ~ ***of*** F ein paar; **2.** (zusammen)koppeln; *tech.* kuppeln; *zo.* (sich) paaren
coup·ling *tech.* ['kʌplɪŋ] Kupplung *f*
cou·pon ['kuːpɒn] Gutschein *m*; Kupon *m*, Bestellzettel *m*
cour·age ['kʌrɪdʒ] Mut *m*; **cou·ra·geous** [kə'reɪdʒəs] mutig, beherzt
cou·ri·er ['kʊrɪə] Kurier *m*, Eilbote *m*; Reiseleiter *m*
course [kɔːs] *naut., aviat., fig.* Kurs *m*; *Sport*: (*Renn*)Bahn *f*, (-)Strecke *f*, (*Golf*)Platz *m*; (Ver)Lauf *m*; Gang *m* (*Speisen*); Reihe *f*, Zyklus *m*; Kurs *m*, Lehrgang *m*; ***of*** ~ natürlich, selbstverständlich; ***the*** ~ ***of events*** der Gang der Ereignisse, der Lauf der Dinge
court [kɔːt] **1.** Hof *m* (*a. e-s Fürsten*);

kleiner Platz; *Sport*: Platz *m*, (Spiel-) Feld *n*; *jur*. Gericht(shof *m*) *n*; **2.** *j-m* den Hof machen; werben um
cour·te|·ous ['kɜːtjəs] höflich; **~·sy** ['kɜːtɪsɪ] Höflichkeit *f*; ***by ~ of*** mit freundlicher Genehmigung von (*od. gen.*)
'court|·house Gerichtsgebäude *n*; **~·ier** ['kɔːtjə] Höfling *m*; **'~·ly** höfisch; höflich; **~ 'mar·tial** (*pl.* ***courts martial, court martials***) Kriegsgericht *n*; **~-'mar·tial** (*bsd. Brt.* ***-ll-***, *Am.* ***-l-***) vor ein Kriegsgericht stellen; **'~·room** Gerichtssaal *m*; **'~·ship** Werben *n*; **'~·yard** Hof *m*
cous·in ['kʌzn] Cousin *m*, Vetter *m*; Cousine *f*, Kusine *f*
cove [kəʊv] kleine Bucht
cov·er ['kʌvə] **1.** Decke *f*; Deckel *m*; (Buch)Deckel *m*, Einband *m*; Umschlag *m*; Titelseite *f*; Hülle *f*; Überzug *m*, Bezug *m*; Schutzhaube *f*, -platte *f*; Abdeckhaube *f*; Briefumschlag *m*; Gedeck *n* (*bei Tisch*); Deckung *f*; Schutz *m*; *fig*. Tarnung *f*; ***take ~*** in Deckung gehen; ***under plain ~*** in neutralem Umschlag; ***under separate ~*** mit getrennter Post; **2.** (be-, zu)decken; einschlagen, -wickeln; verbergen; decken, schützen; *econ.* (ab)decken; *econ.* versichern; *Thema* erschöpfend behandeln; *Presse*, *Rundfunk*, *TV*: berichten über (*acc.*); sich über *e-e Fläche etc.* erstrecken; *Strecke* zurücklegen; *Sport*: *Gegenspieler* decken; *j-n* beschatten; ***~ up*** ab-, zudecken; *fig*. verheimlichen, vertuschen; ***~ up for s.o.*** j-n decken; **~·age** ['kʌvərɪdʒ] Berichterstattung *f* (***of*** über *acc.*); **'~ girl** Covergirl *n*, Titelblattmädchen *n*; **~·ing** ['kʌvərɪŋ] Decke *f*; Überzug *m*; Hülle *f*; (*Fußboden-*) Belag *m*; **'~ sto·ry** Titelgeschichte *f*
cow¹ *zo.* [kaʊ] Kuh *f*
cow² [kaʊ] einschüchtern
cow·ard ['kaʊəd] **1.** feig(e); **2.** Feigling *m*; **~·ice** ['kaʊədɪs] Feigheit *f*; **'~·ly** feig(e)
cow·boy ['kaʊbɔɪ] Cowboy *m*
cow·er ['kaʊə] kauern; sich ducken
'cow|·herd Kuhhirt *m*; **'~·hide** Rind(s)leder *n*; **'~·house** Kuhstall *m*
cowl [kaʊl] Mönchskutte *f* (*mit Kapuze*); Kapuze *f*; Schornsteinkappe *f*
'cow|·shed Kuhstall *m*; **'~·slip** *bot.* Schlüsselblume *f*; *Am.* Sumpfdotterblume *f*
cox [kɒks], **~·swain** ['kɒksn, 'kɒksweɪn] Bootsführer *m*; *Rudern*: Steuermann *m*
coy [kɔɪ] schüchtern, scheu
coy·ote *zo.* ['kɔɪəʊt] Kojote *m*, Präriewolf *m*
co·zy *Am.* ['kəʊzɪ] (***-ier, -iest***) → ***cosy***
CPU [siː piː 'juː] *Abk. für* ***central processing unit*** *Computer*: Zentraleinheit *f*
crab [kræb] Krabbe *f*, Taschenkrebs *m*
crack [kræk] **1.** Knall *m*; Sprung *m*, Riss *m*; Spalt(e *f*) *m*, Ritze *f*; (heftiger) Schlag; **2.** erstklassig; **3.** *v/i.* krachen, knallen, knacken; (zer)springen; überschnappen (*Stimme*); *a.* ***~ up*** *fig*. zusammenbrechen; ***get ~ing*** F loslegen; *v/t.* knallen mit (*Peitsche*), knacken mit (*Fingern*); zerbrechen; *Nuss*, F *Code*, *Safe etc.* knacken; ***~ a joke*** e-n Witz reißen; **'~·er** Cracker *m*, Kräcker *m* (*ungesüßter Keks*); Schwärmer *m*, Knallfrosch *m*, Knallbonbon *m*, *n*; **~·le** ['krækl] knattern, knistern, prasseln
cra·dle ['kreɪdl] **1.** Wiege *f*; **2.** wiegen; betten
craft¹ [krɑːft] *naut.* Boot(e *pl.*) *n*, Schiff(e *pl.*) *n*; *aviat.* Flugzeug(e *pl.*) *n*; (Welt)Raumfahrzeug(e *pl.*) *n*
craft² [krɑːft] Handwerk *n*, Gewerbe *n*; Schlauheit *f*, List *f*; ⚠ *nicht* ***Kraft***; **'~s·man** (*pl.* ***-men***) (Kunst)Handwerker *m*; **'~·y** (***-ier, -iest***) gerissen, listig, schlau
crag [kræg] Klippe *f*, Felsenspitze *f*
cram [kræm] (***-mm-***) (voll)stopfen; nudeln, mästen; mit *j-m* pauken; pauken, büffeln (***for*** für)
cramp [kræmp] **1.** *med.* Krampf *m*; *tech.* Klammer *f*; *fig*. Fessel *f*; **2.** einengen, hemmen
cran·ber·ry *bot.* ['krænbərɪ] Preiselbeere *f*
crane¹ *tech.* [kreɪn] Kran *m*
crane² [kreɪn] **1.** *zo.* Kranich *m*; **2.** den Hals recken; ***~ one's neck*** sich den Hals verrenken (***for*** nach)
crank [kræŋk] **1.** *tech.* Kurbel *f*; *tech.* Schwengel *m*; F Spinner *m*, komischer Kauz; **2.** (an)kurbeln; **'~·shaft** *tech.* Kurbelwelle *f*; **'~·y** (***-ier, -iest***) wack(e)lig; verschroben; *Am.* schlechtgelaunt

cran·ny ['krænı] Riss *m*, Ritze *f*
crape [kreıp] Krepp *m*, Flor *m*
crap·py *sl.* ['kræpı] ätzend (*fürchterlich*)
craps *Am.* [kræps] *sg. ein Würfelspiel*
crash [kræʃ] **1.** Krach(en *n*) *m*; *mot.* Unfall *m*, Zusammenstoß *m*; *aviat.* Absturz *m*; *econ.* Zusammenbruch *m*, (Börsen)Krach *m*; **2.** *v/t.* zertrümmern; e-n Unfall haben mit; *aviat.* abstürzen mit; *v/i.* krachend einstürzen, zusammenkrachen; *bsd. econ.* zusammenbrechen; krachen (**against, into** gegen); *mot.* zusammenstoßen, verunglücken; *aviat.* abstürzen; **3.** Schnell..., Sofort...; '**~ bar·ri·er** Leitplanke *f*; '**~ course** Schnell-, Intensivkurs *m*; '**~ di·et** radikale Schlankheitskur; '**~ hel·met** Sturzhelm *m*; '**~-land** *aviat.* e-e Bruchlandung machen (mit); **~ 'land·ing** *aviat.* Bruchlandung *f*
crate [kreıt] (Latten)Kiste *f*
cra·ter ['kreıtə] Krater *m*; Trichter *m*
crave [kreıv] sich sehnen (**for, after** nach); '**crav·ing** heftiges Verlangen
craw·fish *zo.* ['krɔ:fıʃ] (*pl.* **-fish, -fishes**) → **crayfish**
crawl [krɔ:l] **1.** Kriechen *n*; **2.** kriechen; krabbeln; kribbeln; wimmeln (**with** von); *Schwimmen*: kraulen; **it makes one's flesh ~** man bekommt e-e Gänsehaut davon
cray·fish *zo.* ['kreıfıʃ] (*pl.* **-fish, -fishes**) Flusskrebs *m*
cray·on ['kreıən] Zeichen-, Buntstift *m*
craze [kreız] Verrücktheit *f*, F Fimmel *m*; **be the ~** Mode sein; '**cra·zy** (**-ier, -iest**) verrückt (**about** nach)
creak [kri:k] knarren, quietschen
cream [kri:m] **1.** Rahm *m*, Sahne *f*; Creme *f*; Auslese *f*, Elite *f*; **2.** creme(farben); **~·e·ry** ['kri:mərı] Molkerei *f*; Milchgeschäft *n*; '**~·y** (**-ier, -iest**) sahnig; weich
crease [kri:s] **1.** (Bügel)Falte *f*; **2.** (zer)knittern
cre|·ate [kri:'eıt] (er)schaffen; hervorrufen; verursachen; **~·a·tion** [kri:'eıʃn] Schöpfung *f*; **~'a·tive** schöpferisch; **~'a·tor** Schöpfer *m*
crea·ture ['kri:tʃə] Geschöpf *n*; Kreatur *f*
crèche [kreıʃ] (Kinder)Krippe *f*; *Am.* (Weihnachts)Krippe *f*
cre·dence ['kri:dns]: **give ~ to** Glauben schenken (*dat.*)
cre·den·tials [krı'denʃlz] *pl.* Beglaubigungsschreiben *n*; Referenzen *pl.*; Zeugnis *n*; Ausweis(papiere *pl.*) *m*
cred·i·ble ['kredəbl] glaubwürdig
cred|·it ['kredıt] **1.** Glaube(n) *m*; Ruf *m*, Ansehen *n*; Verdienst *n*; *econ.* Kredit *m*; *econ.* Guthaben *n*; **~ (side)** *econ.* Kredit(seite *f*) *n*, Haben *n*; **on ~** *econ.* auf Kredit; **2.** *j-m* glauben; *j-m* trauen; *econ.* gutschreiben; **~ s.o. with s.th.** j-m et. zutrauen; j-m et. zuschreiben; '**~·i·ta·ble** achtbar, ehrenvoll (**to** für); '**~ card** *econ.* Kreditkarte *f*; '**~·i·tor** Gläubiger *m*; **~·u·lous** ['kredjʊləs] leichtgläubig
creed [kri:d] Glaubensbekenntnis *n*
creek [kri:k] *Brt.* kleine Bucht; *Am.* Bach *m*
creep [kri:p] (**crept**) kriechen; schleichen (*a. fig.*); **~ in** (sich) hinein- *od.* hereinschleichen; sich einschleichen (*Fehler etc.*); **it makes my flesh ~** ich bekomme e-e Gänsehaut davon; '**~·er** *bot.* Kriech-, Kletterpflanze *f*; **~s** *pl.* F **the sight gave me the ~** bei dem Anblick bekam ich e-e Gänsehaut
cre·mate [krı'meıt] verbrennen, einäschern
crept [krept] *pret. u. p.p. von* **creep**
cres·cent ['kresnt] Halbmond *m*
cress *bot.* [kres] Kresse *f*
crest [krest] *zo.* Haube *f*, Büschel *n*; (*Hahnen*)Kamm *m*; Bergrücken *m*, Kamm *m*; (*Wellen*)Kamm *m*; Federbusch *m*; **family ~** *Heraldik*: Familienwappen *n*; '**~·fal·len** niedergeschlagen
cre·vasse [krı'væs] (Gletscher)Spalte *f*
crev·ice ['krevıs] Riss *m*, Spalte *f*
crew[1] [kru:] Besatzung *f*, Mannschaft *f*
crew[2] [kru:] *pret. von* **crow** 2
crib [krıb] **1.** (Futter)Krippe *f*; *Am.* Kinderbettchen *n*; *bsd. Brt.* (Weihnachts)Krippe *f*; F *Schule*: Spickzettel *m*; **2.** (**-bb-**) F abschreiben, spicken
crick [krık]: **a ~ in one's back (neck)** ein steifer Rücken (Hals)
crick·et[1] *zo.* ['krıkıt] Grille *f*
crick·et[2] ['krıkıt] *Sport*: Kricket *n*
crime [kraım] *jur.* Verbrechen *n*; *coll.* Verbrechen *pl.*; '**~ nov·el** Kriminalroman *m*
crim·i·nal ['krımınl] **1.** kriminell; Kriminal..., Straf...; **2.** Verbrecher(in), Kriminelle(r *m*) *f*

C

crimp [krɪmp] *bsd. Haare* kräuseln
crim·son ['krɪmzn] karmesinrot; puterrot
cringe [krɪndʒ] sich ducken
crin·kle ['krɪŋkl] **1.** Falte *f*, *im Gesicht*: Fältchen *n*; **2.** (sich) kräuseln; knittern
crip·ple ['krɪpl] **1.** Krüppel *m*; **2.** zum Krüppel machen; *fig.* lähmen
cri·sis['kraɪsɪs] (*pl.* **-ses** [-siːz]) Krise *f*
crisp [krɪsp] knusp(e)rig, mürbe (*Gebäck*); frisch, knackig (*Gemüse*); scharf, frisch (*Luft*); kraus (*Haar*); '**~·bread** Knäckebrot *n*
crisps [krɪsps] *pl.*, *a.* ***potato ~*** *Brt.* (Kartoffel)Chips *pl.*
criss-cross ['krɪskrɒs] **1.** Netz *n* sich schneidender Linien; **2.** kreuz u. quer ziehen durch; kreuz u. quer (ver)laufen
cri·te·ri·on [kraɪ'tɪərɪən] (*pl.* ***-ria*** [-rɪə], ***-rions***) Kriterium *n*
crit|·ic ['krɪtɪk] Kritiker(in); ⚠ *nicht* ***Kritik***; **~·i·cal** ['krɪtɪkl] kritisch; bedenklich; **~·i·cis·m** ['krɪtɪsɪzəm] Kritik *f* (***of*** an *dat.*); **~·i·cize** ['krɪtɪsaɪz] kritisieren; kritisch beurteilen; tadeln
cri·tique [krɪ'tiːk] Kritik *f*, Besprechung *f*, Rezension *f*
croak [krəʊk] krächzen; quaken
cro·chet ['krəʊʃeɪ] **1.** Häkelei *f*; Häkelarbeit *f*; **2.** häkeln
crock·e·ry ['krɒkərɪ] Geschirr *n*
croc·o·dile *zo.* ['krɒkədaɪl] Krokodil *n*
cro·ny F ['krəʊnɪ] alter Freund
crook [krʊk] **1.** Krümmung *f*; Hirtenstab *m*; F Gauner *m*; **2.** (sich) krümmen *od.* biegen; **~·ed** ['krʊkɪd] gekrümmt, krumm; F unehrlich, betrügerisch
croon [kruːn] schmachtend singen; summen; '**~·er** Schnulzensänger(in)
crop [krɒp] **1.** (Feld)Frucht *f*; Ernte *f*; *zo.* Kropf *m*; kurzer Haarschnitt; kurz geschnittenes Haar; **2.** (***-pp-***) abfressen, abweiden; *Haar* kurz schneiden; ***~ up*** *fig.* plötzlich auftauchen
cross [krɒs] **1.** Kreuz *n* (*a. fig. Leiden*); *biol.* Kreuzung *f*; *Fußball*: Flanke *f* (*Ball*); **2.** böse, ärgerlich; **3.** (sich) kreuzen; *Straße* überqueren; *Plan etc.* durchkreuzen; *biol.* kreuzen; ***~ off, ~ out*** aus-, durchstreichen; ***~ o.s.*** sich bekreuzigen; ***~ one's arms*** die Arme kreuzen *od.* verschränken; ***~ one's legs*** die Beine kreuzen *od.* über(einander)schlagen; ***keep one's fingers ~ed*** den Daumen drücken; '**~·bar** *Sport*: Tor-, Querlatte *f*; '**~·breed** Mischling *m*, Kreuzung *f*; **~·'coun·try** Querfeldein..., Gelände...; ***~ skiing*** Skilanglauf *m*; **~·ex·am·i'na·tion** Kreuzverhör *n*; **~·ex'am·ine** ins Kreuzverhör nehmen; '**~·eyed:** ***be ~*** schielen; '**~·ing** (*Straßen- etc.*)Kreuzung *f*; Straßenübergang *m*; *Brt.* Fußgängerüberweg *m*; *naut.* Überfahrt *f*; '**~·road** *Am.* Querstraße *f*; '**~·roads** *pl. od. sg.* (Straßen)Kreuzung *f*; *fig.* Scheideweg *m*; '**~·sec·tion** Querschnitt *m*; '**~·walk** *Am.* Fußgängerüberweg *m*; '**~·wise** kreuzweise; '**~·word (puz·zle)** Kreuzworträtsel *n*
crotch [krɒtʃ] *anat.* Schritt *m* (*a. der Hose*)
crouch [kraʊtʃ] **1.** sich ducken; **2.** Hockstellung *f*
crow [krəʊ] **1.** *zo.* Krähe *f*; Krähen *n*; **2.** (***crowed*** *od.* ***crew, crowed***) krähen
'**crow·bar** Brecheisen *n*
crowd [kraʊd] **1.** (Menschen)Menge *f*; Masse *f*; Haufen *m*; **2.** sich drängen; *Straßen etc.* bevölkern; vollstopfen; '**~·ed** überfüllt, voll
crown [kraʊn] **1.** Krone *f*; **2.** krönen; *Zahn* überkronen; ***to ~ it all*** zu allem Überfluss
cru·cial ['kruːʃl] entscheidend, kritisch
cru·ci|·fix ['kruːsɪfɪks] Kruzifix *n*; **~·fix·ion** [kruːsɪ'fɪkʃn] Kreuzigung *f*; **~·fy** ['kruːsɪfaɪ] kreuzigen
crude [kruːd] roh, unbearbeitet; *fig.* roh, grob; **~ ('oil)** Rohöl *n*
cru·el [krʊəl] (***-ll-***) grausam; roh, gefühllos; '**~·ty** Grausamkeit *f*; ***~ to animals*** Tierquälerei *f*; ***society for the prevention of ~ to animals*** Tierschutzverein *m*; ***~ to children*** Kindesmisshandlung *f*
cru·et ['kruːɪt] Essig-, Ölfläschchen *n*
cruise [kruːz] **1.** Kreuzfahrt *f*, Seereise *f*; **2.** kreuzen, e-e Kreuzfahrt *od.* Seereise machen; *aviat.*, *mot.* mit Reisegeschwindigkeit fliegen *od.* fahren; **~ 'mis·sile** *mil.* Marschflugkörper *m*; '**cruis·er** *mil. naut.* Kreuzer *m*; Kreuzfahrtschiff *n*; *Am.* (Funk)Streifenwagen *m*
crumb [krʌm] Krume *f*, Krümel *m*
crum·ble ['krʌmbl] zerkrümeln, -bröckeln

crum·ple ['krʌmpl] *v/t.* zerknittern; *v/i.* knittern; zusammengedrückt werden; '**~ zone** *mot.* Knautschzone *f*
crunch [krʌntʃ] geräuschvoll (zer)kauen; knirschen
cru·sade [kruː'seɪd] Kreuzzug *m*
crush [krʌʃ] **1.** Gedränge *n*; *bsd. Brt. Getränk aus ausgepressten Früchten* (**orange ~**); **have a ~ on s.o.** in j-n verknallt sein; **2.** *v/t.* zerquetschen, -malmen, -drücken; *tech.* zerkleinern, -mahlen; auspressen; *fig.* nieder-, zerschmettern, vernichten; *v/i.* sich drängen; '**~ bar·ri·er** Barriere *f*, Absperrung *f*
crust [krʌst] (Brot)Kruste *f*, (-)Rinde *f*
crus·ta·cean *zo.* [krʌ'steɪʃn] Krebs-, Krusten-, Schalentier *n*
crust·y ['krʌstɪ] (**-ier, -iest**) krustig
crutch [krʌtʃ] Krücke *f*
cry [kraɪ] **1.** Schrei *m*, Ruf *m*; Geschrei *n*; Weinen *n*; **2.** schreien, rufen (**for** nach); weinen; heulen, jammern
crypt [krɪpt] Gruft *f*, Krypta *f*
crys·tal ['krɪstl] Kristall *m*; *Am.* Uhrglas *n*; **~·line** ['krɪstəlaɪn] kristallen; **~·lize** ['krɪstəlaɪz] kristallisieren
CST [siː es 'tiː] *Abk. für* **Central Standard Time** (*amer. Normalzeit*)
ct(s) *nur geschr. Abk. für* **cent(s** *pl.*) Cent *m* (*od. pl.*) (*amer. Münze*)
cu *nur geschr. Abk. für* **cubic** Kubik...
cub [kʌb] (*Raubtier*)Junge(s) *n*; Wölfling *m* (*Pfadfinder*)
cube [kjuːb] Würfel *m* (*a. math.*); *phot.* Blitzwürfel *m*; *math.* Kubikzahl *f*; **~ 'root** *math.* Kubikwurzel *f*; '**cu·bic** (**~ally**), '**cu·bi·cal** würfelförmig; kubisch; Kubik...
cu·bi·cle ['kjuːbɪkl] Kabine *f*
cuck·oo *zo.* ['kʊkuː] (*pl.* **-oos**) Kuckuck *m*
cu·cum·ber ['kjuːkʌmbə] Gurke *f*; (**as**) **cool as a ~** F eiskalt, kühl u. gelassen
cud [kʌd] wiedergekäutes Futter; **chew the ~** wiederkäuen; *fig.* überlegen
cud·dle ['kʌdl] *v/t.* an sich drücken; schmusen mit; *v/i.* **~ up** sich kuscheln *od.* schmiegen (**to** an *acc.*)
cud·gel ['kʌdʒəl] **1.** Knüppel *m*; **2.** (*bsd. Brt.* **-ll-**, *Am.* **-l-**) prügeln
cue¹ [kjuː] *thea. etc., a. fig.* Stichwort *n*; Wink *m*
cue² [kjuː] *Billard*: Queue *n*
cuff¹ [kʌf] Manschette *f*; (Ärmel-, *Am. a.* Hosen)Aufschlag *m*
cuff² [kʌf] **1.** Klaps *m*; **2.** *j-m* e-n Klaps geben
'**cuff link** Manschettenknopf *m*
cui·sine [kwiː'ziːn] Küche *f* (*Kochkunst*)
cul·mi·nate ['kʌlmɪneɪt] gipfeln (**in** in *dat.*)
cu·lottes [kjuː'lɒts] *pl.* (**a pair of** ein) Hosenrock
cul·prit ['kʌlprɪt] Schuldige(r *m*) *f*, Täter(in)
cul·ti|·vate ['kʌltɪveɪt] *agr.* an-, bebauen; kultivieren; *Freundschaft etc.* pflegen; '**~·vat·ed** *agr.* bebaut; *fig.* gebildet, kultiviert; **~·va·tion** [kʌltɪ'veɪʃn] *agr.* Kultivierung *f*, Anbau *m*; *fig.* Pflege *f*
cul·tu·ral ['kʌltʃərəl] kulturell; Kultur...
cul·ture ['kʌltʃə] Kultur *f*; (*Tier*)Zucht *f*; (*Pflanzen*)Kultur *f*; '**~d** kultiviert; gezüchtet, Zucht...
cum·ber·some ['kʌmbəsəm] lästig, hinderlich; klobig
cu·mu·la·tive ['kjuːmjʊlətɪv] sich (an-) häufend, anwachsend; Zusatz...
cun·ning ['kʌnɪŋ] **1.** schlau, listig; **2.** List *f*, Schlauheit *f*
cup [kʌp] **1.** Tasse *f*; Becher *m*; Schale *f*; Kelch *m*; *Sport*: Cup *m*, Pokal *m*; **2.** (**-pp-**) *die Hand* hohl machen; **she ~ped her chin in her hand** sie stützte das Kinn in die Hand; **~·board** ['kʌbəd] (Geschirr-, Speise-, *Brt. a.* Wäsche-, Kleider)Schrank *m*; '**~·board bed** Schrankbett *n*; '**~ fi·nal** *Sport*: Pokalendspiel *n*
cu·po·la ['kjuːpələ] Kuppel *f*
'**cup| tie** *Sport*: Pokalspiel *n*; '**~ win·ner** *Sport*: Pokalsieger *m*
cur [kɜː] Köter *m*; Schurke *m*
cu·ra·ble ['kjʊərəbl] heilbar
cu·rate ['kjʊərət] Hilfsgeistliche(r) *m*
curb [kɜːb] **1.** Kandare *f* (*a. fig.*); *bsd. Am.* → **kerb**(**stone**); **2.** an die Kandare legen (*a. fig.*); *fig.* zügeln
curd [kɜːd] *a.* **~s** *pl.* Dickmilch *f*, Quark *m*
cur·dle ['kɜːdl] *v/t. Milch* gerinnen lassen; *v/i.* gerinnen, dick werden (*Milch*); **the sight made my blood ~** bei dem Anblick erstarrte mir das Blut in den Adern
cure [kjʊə] **1.** *med.* Kur *f*; *med.*

(Heil)Mittel *n*; *med.* Heilung *f*; **2.** *med.* heilen; pökeln; räuchern; trocknen
cur·few *mil.* ['kɜːfjuː] Ausgangsverbot *n*, -sperre *f*
cu·ri·o ['kjʊərɪəʊ] (*pl.* **-os**) Rarität *f*
cu·ri|·os·i·ty [kjʊərɪ'ɒsətɪ] Neugier *f*; Rarität *f*; **~·ous** ['kjʊərɪəs] neugierig; wissbegierig; seltsam, merkwürdig
curl [kɜːl] **1.** Locke *f*; **2.** (sich) kräuseln *od.* locken; **'~·er** Lockenwickler *m*; **'~·y** (**-ier, -iest**) gekräuselt; gelockt, lockig
cur·rant ['kʌrənt] *bot.* Johannisbeere *f*; Korinthe *f*
cur·ren|·cy *econ.* ['kʌrənsɪ] Währung *f*; ***foreign* ~** Devisen *pl.*; **'~t 1.** laufend (*Monat, Ausgaben etc.*); gegenwärtig, aktuell; üblich, gebräuchlich; **~ *events*** *pl.* Tagesereignisse *pl.*; **2.** Strömung *f*, Strom *m* (*beide a. fig.*); *electr.* Strom *m*; **'~t ac·count** *Brt. econ.* Girokonto *n*
cur·ric·u·lum [kə'rɪkjʊləm] (*pl.* **-la** [-lə], **-lums**) Lehr-, Stundenplan *m*; **~ vi·tae** [- 'vaɪtiː] Lebenslauf *m*
cur·ry[1] ['kʌrɪ] Curry *m, n*
cur·ry[2] ['kʌrɪ] *Pferd* striegeln
curse [kɜːs] **1.** Fluch *m*; ⚠ *nicht* ***Kurs***; **2.** (ver)fluchen; **curs·ed** ['kɜːsɪd] verflucht
cur·sor ['kɜːsə] *Computer*: Cursor *m*
cur·so·ry ['kɜːsərɪ] flüchtig, oberflächlich
curt [kɜːt] knapp; barsch, schroff
cur·tail [kɜː'teɪl] *Ausgaben etc.* kürzen; *Rechte* beschneiden
cur·tain ['kɜːtn] **1.** Vorhang *m*, Gardine *f*; ***draw the* ~s** die Vorhänge auf- *od.* zuziehen; **2. ~ *off*** mit Vorhängen abteilen
curt·s(e)y ['kɜːtsɪ] **1.** Knicks *m*; **2.** knicksen (***to*** vor *dat.*)
cur·va·ture ['kɜːvətʃə] Krümmung *f*
curve [kɜːv] **1.** Kurve *f*; Krümmung *f*, Biegung *f*; **2.** (sich) krümmen *od.* biegen
cush·ion ['kʊʃn] **1.** Kissen *n*, Polster *n*; **2.** polstern; *Stoß etc.* dämpfen
cuss *sl.* [kʌs] **1.** Fluch *m*; **2.** (ver)fluchen
cus·tard *bsd. Brt.* ['kʌstəd] Eiercreme *f*, Vanillesoße *f*
cus·to·dy *jur.* ['kʌstədɪ] Haft *f*; Sorgerecht *n*
cus·tom ['kʌstəm] Brauch *m*, Gewohnheit *f*; *econ.* Kundschaft *f*; **'~·a·ry** üblich; **~-'built** nach Kundenangaben gefertigt; **'~·er** Kund|e *m*, -in *f*, Auftraggeber(in); **'~ house** Zollamt *n*; **~-'made** maßgefertigt, Maß...
cus·toms ['kʌstəmz] *pl.* Zoll *m*; **'~ clear·ance** Zollabfertigung *f*; **'~ of·fi·cer, '~ of·fi·cial** Zollbeamte(r) *m*
cut [kʌt] **1.** Schnitt *m*; Schnittwunde *f*; Schnitte *f*, Stück *n* (*Fleisch*); (Zu)Schnitt *m* (*von Kleidung*); Schnitt *m*, Schliff *m* (*von Edelsteinen*); Haarschnitt *m*; Kürzung *f*, Senkung *f*; *Karten*: Abheben *n*; ***cold* ~s** *pl. bsd. Am. gastr.* Aufschnitt *m*; **2.** (**-tt-; *cut***) schneiden; ab-, an-, auf-, aus-, be-, durch-, zer-, zuschneiden; *Edelstein etc.* schleifen; *Gras* mähen, *Bäume* fällen, *Holz* hacken; *mot. Kurve* schneiden; *Löhne etc.* kürzen; *Preise* herabsetzen, senken; *Karten* abheben; *j-n beim Begegnen* schneiden; **~ *one's teeth*** Zähne bekommen, zahnen; **~ *s.o.* (*dead*)** *fig.* F j-n schneiden; **~ *s.o.*** *od.* ***s.th. short*** j-n *od.* et. unterbrechen; **~ *across*** quer durch... gehen (*um abzukürzen*); **~ *back*** *Pflanze* beschneiden, stutzen; einschränken; **~ *down*** *Bäume* fällen; verringern, einschränken, reduzieren; **~ *in*** F sich einmischen, unterbrechen; **~ *in on s.o.*** *mot.* j-n schneiden; **~ *off*** abschneiden; unterbrechen, trennen; *Strom etc.* sperren; **~ *out*** (her)ausschneiden; *Kleid etc.* zuschneiden; ***be* ~ *out for*** wie geschaffen sein für; **~ *up*** zerschneiden; **'~·back** Kürzung *f*, Zusammenstreichung *f*
cute F [kjuːt] (**~r, ~st**) schlau; *Am.* niedlich, süß
cu·ti·cle ['kjuːtɪkl] Nagelhaut *f*
cut·le·ry ['kʌtlərɪ] (Tisch-, Ess)Besteck *n*
cut·let *gastr.* ['kʌtlɪt] Kotelett *n*; (*Kalbs-, Schweine*)Schnitzel *n*; Hacksteak *n*
cut|-'price, ~-'rate *econ.* ermäßigt, herabgesetzt; Billig...; **'~·ter** Zuschneider *m*; (*Glas-, Diamant*)Schleifer *m*; *tech.* Schneidemaschine *f*, -werkzeug *n*; *Film*: Cutter(in); *naut.* Kutter *m*; **'~·throat** Mörder *m*; Killer *m*; **'~·ting 1.** schneidend; scharf; *tech.* Schneid(e)..., Fräs...; **2.** Schneiden *n*; *bot.* Steckling *m*; *bsd. Brt.* (*Zeitungs*)Ausschnitt *m*; **'~·tings** *pl.* Schnipsel *pl.*; Späne *pl.*

Cy·ber·space ['saɪbəspeɪs] → ***virtual reality***
cy·cle[1] ['saɪkl] Zyklus *m*; Kreis(lauf) *m*
cy·cle[2] ['saɪkl] **1.** Fahrrad *n*; **2.** radfahren; '**~ path** (Fahr)Radweg *m*; '**cy·cling** Radfahren *n*; '**cy·clist** Radfahrer(in); Motorradfahrer(in)
cy·clone ['saɪkləʊn] Wirbelsturm *m*
cyl·in·der ['sɪlɪndə] Zylinder *m*, *tech. a.* Walze *f*, Trommel *f*
cyn|·ic ['sɪnɪk] Zyniker(in); '**~·i·cal** zynisch
cy·press *bot.* ['saɪprɪs] Zypresse *f*
cyst *med.* [sɪst] Zyste *f*
czar *hist.* [zɑː] → ***tsar***
Czech [tʃek] **1.** tschechisch; **~ *Republic*** Tschechien *n*, Tschechische Republik; **2.** Tschech|e *m*, -in *f*; *ling.* Tschechisch *n*

D

D, d [diː] D, d *n*
d *nur geschr. Abk. für* ***died*** gest., gestorben
DA [diː 'eɪ] *Abk. für* ***District Attorney*** *Am.* Staatsanwalt *m*
dab [dæb] **1.** Klecks *m*, Spritzer *m*; **2.** (***-bb-***) be-, abtupfen
dab·ble ['dæbl] bespritzen; **~ *at*, ~ *in*** sich oberflächlich *od.* (*contp.*) in dilettantischer Weise beschäftigen mit
dachs·hund *zo.* ['dækshʊnd] Dackel *m*
dad F [dæd], **~·dy** F ['dædɪ] Papa *m*, Vati *m*
dad·dy long·legs *zo.* [dædɪ 'lɒŋlegz] (*pl.* ***daddy longlegs***) Schnake *f*; *Am.* Weberknecht *m*
daf·fo·dil *bot.* ['dæfədɪl] gelbe Narzisse
daft F [dɑːft] blöde, doof
dag·ger ['dægə] Dolch *m*; ***be at ~s drawn*** *fig.* auf Kriegsfuß stehen
dai·ly ['deɪlɪ] **1.** täglich; ***the ~ grind*** *od.* ***rut*** das tägliche Einerlei; **2.** Tageszeitung *f*; Putzfrau *f*
dain·ty ['deɪntɪ] **1.** (***-ier, -iest***) zierlich, reizend; wählerisch; **2.** Leckerbissen *m*
dair·y ['deərɪ] Molkerei *f*; Milchwirtschaft *f*; Milchgeschäft *n*
dai·sy *bot.* ['deɪzɪ] Gänseblümchen *n*
dale *dial. od. poet.* [deɪl] Tal *n*
dal·ly ['dælɪ]: **~ *about*** herumtrödeln
Dal·ma·tian *zo.* [dæl'meɪʃn] Dalmatiner *m* (*Hund*)
dam [dæm] **1.** (Stau)Damm *m*; **2.** (***-mm-***) *a.* **~ *up*** stauen, eindämmen
dam·age ['dæmɪdʒ] **1.** Schaden *m*, (Be)Schädigung *f*; **~*s*** *pl. jur.* Schadenersatz *m*; **2.** (be)schädigen
dam·ask ['dæməsk] Damast *m*
damn [dæm] **1.** verdammen; verurteilen; **~ (*it*)*!*** F verflucht!, verdammt!; **2.** *adj. u. adv.* F → ***damned***; **3. *I don't care a ~*** F das ist mir völlig gleich(gültig) *od.* egal; **dam·na·tion** [dæm'neɪʃn] Verdammung *f*; *rel.* Verdammnis *f*; **~ed** F [dæmd] verdammt; '**~·ing** vernichtend, belastend
damp [dæmp] **1.** feucht, klamm; **2.** Feuchtigkeit *f*; **3.** *a.* '**~·en** an-, befeuchten; dämpfen; '**~·ness** Feuchtigkeit *f*
dance [dɑːns] **1.** Tanz *m*; Tanz(veranstaltung *f*) *m*; **2.** tanzen; '**danc·er** Tänzer(in); '**danc·ing** Tanzen *n*; Tanz...
dan·de·li·on *bot.* ['dændɪlaɪən] Löwenzahn *m*
dan·druff ['dændrʌf] (Kopf)Schuppen *pl.*
Dane [deɪn] Dän|e *m*, -in *f*
dan·ger ['deɪndʒə] Gefahr *f*; ***be out of ~*** außer Lebensgefahr sein; '**~ ar·e·a** Gefahrenzone *f*, -bereich *m*; **~·ous** ['deɪndʒərəs] gefährlich; '**~ zone** Gefahrenzone *f*, -bereich *m*
dan·gle ['dæŋgl] baumeln (lassen)
Da·nish ['deɪnɪʃ] **1.** dänisch; **2.** *ling.* Dänisch *n*
dank [dæŋk] feucht, nass(kalt)
dare [deə] *v/i.* es wagen, sich (ge)trauen; ***I ~ say*** ich glaube wohl; allerdings; ***how ~ you!*** was fällt dir ein!; untersteh dich!; *v/t. et.* wagen; '**~·dev·il** Draufgänger *m*; **dar·ing** ['deərɪŋ] **1.** kühn; waghalsig; **2.** Mut *m*, Kühnheit *f*

dark [dɑːk] **1.** dunkel; finster; *fig.* düster, trüb(e); geheim(nisvoll); **2.** Dunkel(heit *f*) *n*; ***before*** (***at, after***) ~ vor (bei, nach) Einbruch der Dunkelheit; ***keep s.o. in the ~ about s.th.*** j-n über et. im Ungewissen lassen; '**ᘔ Ag·es** *pl. das* frühe Mittelalter; '**~·en** (sich) verdunkeln *od.* verfinstern; '**~·ness** Dunkelheit *f*, Finsternis *f*; '**~·room** *phot.* Dunkelkammer *f*

dar·ling ['dɑːlɪŋ] **1.** Liebling *m*; **2.** lieb; F goldig

darn [dɑːn] stopfen, ausbessern

dart [dɑːt] **1.** Wurfpfeil *m*; Sprung *m*, Satz *m*; **~s** *sg.* Darts *n* (*Wurfpfeilspiel*); **2.** *v/t.* werfen, schleudern; *v/i.* schießen, stürzen; '**~·board** Dartsscheibe *f*

dash [dæʃ] **1.** Schlag *m*; Klatschen *n* (*von Wellen etc.*); Prise *f* (*Salz etc.*), Schuss *m* (*Rum etc.*), Spritzer *m* (*Zitrone*); Gedankenstrich *m*; *Sport*: Sprint *m*; *fig.* Anflug *m*; ***a ~ of blue*** ein Stich ins Blaue; ***make a ~ for*** losstürzen auf (*acc.*); **2.** *v/t.* schleudern, schmettern; *Hoffnung etc.* zerstören, zunichte machen; *v/i.* stürmen; ~ ***off*** davonstürzen; '**~·board** *mot.* Armaturenbrett *n*; '**~·ing** schneidig, forsch

da·ta ['deɪtə] *pl., sg.* Daten *pl.*, Angaben *pl.*; *Computer*: Daten *pl.*; '**~ bank**, '**~·base** Datenbank *f*; **~ 'cap·ture** Datenerfassung *f*; **~ 'car·ri·er** Datenträger *m*; **~ 'in·put** Dateneingabe *f*; **~ 'me·di·um** Datenträger *m*; **~ 'mem·o·ry** Datenspeicher *m*; **~ 'out·put** Datenausgabe *f*; **~ 'pro·cess·ing** Datenverarbeitung *f*; **~ pro'tec·tion** Datenschutz *m*; **~ 'stor·age** Datenspeicher *m*; **~ 'trans·fer** Datenübertragung *f*; **~ 'typ·ist** Datentypist(in)

date¹ *bot.* [deɪt] Dattel *f*

date² [deɪt] Datum *n*; Zeit(punkt *m*) *f*; Termin *m*; Verabredung *f*; *Am.* F (Verabredungs)Partner(in); ***out of ~*** veraltet, unmodern; ***up to ~*** zeitgemäß, modern, auf dem Laufenden; **2.** datieren; *Am.* F sich verabreden mit, ausgehen mit, (*regelmäßig*) gehen mit; '**dat·ed** veraltet, überholt

da·tive *gr.* ['deɪtɪv] *a.* **~ *case*** Dativ *m*, dritter Fall

daub [dɔːb] (be)schmieren

daugh·ter ['dɔːtə] Tochter *f*; **~·in-law** ['dɔːtərɪnlɔː] (*pl.* ***daughters-in-law***) Schwiegertochter *f*

daunt [dɔːnt] entmutigen

daw *zo.* [dɔː] Dohle *f*

daw·dle F ['dɔːdl] (herum)trödeln

dawn [dɔːn] **1.** (Morgen)Dämmerung *f*; ***at ~*** bei Tagesanbruch; **2.** dämmern; **~ *on*** *fig. j-m* dämmern

day [deɪ] Tag *m*; *oft* **~*s*** *pl.* (Lebens)Zeit *f*; ***any ~*** jederzeit; ***these ~s*** heutzutage; ***the other ~*** neulich; ***the ~ after tomorrow*** übermorgen; ***the ~ before yesterday*** vorgestern; ***open all ~*** durchgehend geöffnet; ***let's call it a ~!*** machen wir Schluss für heute!, Feierabend!; '**~·break** Tagesanbruch *m*; '**~ care cen·tre** (*Am.* **cen·ter**) → ***day nursery***; '**~·dream 1.** Tag-, Wachtraum *m*; **2.** (***dreamed*** *od.* ***dreamt***) (mit offenen Augen) träumen; '**~·dream·er** Träumer(in); '**~·light** Tageslicht *n*; ***in broad ~*** am helllichten Tag; '**~ nur·se·ry** Tagesheim *n*, -stätte *f*; **~ 'off** (*pl.* ***days off***) freier Tag; **~ re'turn** *Brt.* Tagesrückfahrkarte *f*; '**~·time: *in the ~*** am Tag, bei Tage

daze [deɪz] **1.** blenden; betäuben; **2. *in a ~*** benommen, betäubt

DC [diː 'siː] *Abk. für*: ***direct current*** Gleichstrom *m*; ***District of Columbia*** *Bundesdistrikt der USA* (= *Gebiet der amer. Hauptstadt Washington*)

DD [diː 'diː] *Abk. für* ***double density*** *doppelte Speicherdichte e-r Diskette*

dead [ded] **1.** tot; unempfindlich (***to*** für); matt (*Farbe etc.*); blind (*Fenster etc.*); erloschen; *econ.* flau; *econ.* tot (*Kapital etc.*); völlig, total; **~ *stop*** völliger Stillstand; **2.** *adv.* völlig, total; plötzlich, abrupt; genau, direkt; **~ *slow*** *mot.* Schritt fahren!; **~ *tired*** todmüde; **3. *the ~*** die Toten *pl.*; ***in the ~ of winter*** im tiefsten Winter; ***in the ~ of night*** mitten in der Nacht; **~ 'barg·ain** Spottpreis *m*; **~ 'cen·tre** (*Am.* '**cen·ter**) genaue Mitte; '**~·en** abstumpfen; dämpfen; (ab)schwächen; **~ 'end** Sackgasse *f* (*a. fig.*); **~ 'heat** *Sport*: totes Rennen; '**~·line** letzter (Ablieferungs)Termin; Stichtag *m*; '**~·lock** *fig.* toter Punkt; '**~·locked** *fig.* festgefahren; **~ 'loss** Totalverlust *m*; '**~·ly** (**-*ier, -iest***) tödlich

deaf [def] **1.** taub; **~ *and dumb*** taub-

stumm; **2.** ***the*** ~ *pl.* die Tauben *pl.*; '~·**en** taub machen; betäuben
deal [diːl] **1.** F Geschäft *n*, Handel *m*; Menge *f*; ***it's a*** ~*!* abgemacht!; ***a good*** ~ ziemlich viel; ***a great*** ~ sehr viel; **2.** (***dealt***) *v/t.* (aus-, ver-, zu)teilen; *Karten* geben; *e-n Schlag* versetzen; *v/i.* handeln (***in*** mit *e-r Ware*); *sl.* dealen (*mit Drogen handeln*); *Karten*: geben; ~ ***with*** sich befassen mit, behandeln; *econ.* Handel treiben mit, Geschäfte machen mit; '~·**er** *econ.* Händler(in); *Karten*: Geber(in); *sl.* Dealer *m* (*Drogenhändler*); '~·**ing** Verhalten(sweise *f*) *n*; '~·**ings** *pl.* Umgang *m*, Beziehungen *pl.*; ~**t** [delt] *pret. u. p.p. von* **deal** 2
dean [diːn] Dekan *m*
dear [dɪə] **1.** teuer; lieb; ♀ ***Sir***, *in Briefen*: Sehr geehrter Herr (*Name*); **2.** Liebste(r *m*) *f*, Schatz *m*; ***my*** ~ m-e Liebe, mein Lieber; **3.** *int.* (***oh***) ~*!*, ~ ~*!*, ~ ***me!*** F du liebe Zeit!, ach herrje!; '~·**ly** innig, von ganzem Herzen; teuer (*im Preis*)
death [deθ] Tod *m*; Todesfall *m*; '~·**bed** Sterbebett *n*; '~ **cer·tif·i·cate** Totenschein *m*; '~·**ly** (***-ier, -iest***) tödlich; '~ **war·rant** *jur.* Hinrichtungsbefehl *m*; *fig.* Todesurteil *n*
de·bar [dɪ'bɑː] (***-rr-***): ~ ***from doing s.th.*** *j-n* hindern et. zu tun
de·base [dɪ'beɪs] erniedrigen; mindern
de·ba·ta·ble [dɪ'beɪtəbl] umstritten; **de·bate** [dɪ'beɪt] **1.** Debatte *f*, Diskussion *f*; **2.** debattieren, diskutieren
deb·it *econ.* ['debɪt] **1.** Soll *n*; (Konto)Belastung *f*; ~ ***and credit*** Soll u. Haben *n*; **2.** *j-n, ein Konto* belasten
deb·ris ['debriː] Trümmer *pl.*
debt [det] Schuld *f*; ***be in*** ~ verschuldet sein; ***be out of*** ~ schuldenfrei sein; '~·**or** Schuldner(in)
de·bug *tech.* [diː'bʌg] (***-gg-***) Fehler beseitigen (*a. Computer*)
de·but ['deɪbjuː] Debüt *n*
Dec *nur geschr. Abk. für* **December** Dez., Dezember *m*
dec·ade ['dekeɪd] Jahrzehnt *n*
dec·a·dent ['dekədənt] dekadent
de·caf·fein·at·ed [diː'kæfɪneɪtɪd] koffeinfrei
de·camp F [dɪ'kæmp] verschwinden
de·cant [dɪ'kænt] abgießen; umfüllen; ~·**er** Karaffe *f*
de·cath|·lete [dɪ'kæθliːt] *Sport*: Zehnkämpfer *m*; ~·**lon** [dɪ'kæθlɒn] *Sport*: Zehnkampf *m*
de·cay [dɪ'keɪ] **1.** zerfallen; verfaulen; kariös *od.* schlecht werden (*Zahn*); **2.** Zerfall *m*; Verfaulen *n*
de·cease *bsd. jur.* [dɪ'siːs] Tod *m*, Ableben *n*; ~**d** *bsd. jur.* **1.** ***the*** ~ der *od.* die Verstorbene; die Verstorbenen *pl.*; **2.** verstorben
de·ceit [dɪ'siːt] Betrug *m*; Täuschung *f*; ~·**ful** betrügerisch
de·ceive [dɪ'siːv] betrügen; täuschen; **de'ceiv·er** Betrüger(in)
De·cem·ber [dɪ'sembə] (*Abk.* **Dec**) Dezember *m*
de·cen|·cy ['diːsnsɪ] Anstand *m*; '~**t** anständig; F annehmbar, (ganz) anständig; F nett; ⚠ *nicht* ***dezent***
de·cep|·tion [dɪ'sepʃn] Täuschung *f*; ~·**tive**: ***be*** ~ täuschen, trügen (*Sache*)
de·cide [dɪ'saɪd] (sich) entscheiden; bestimmen; beschließen, sich entschließen; **de'cid·ed** entschieden; bestimmt; entschlossen
dec·i·mal ['desɪml] *a.* ~ ***fraction*** Dezimalbruch *m*; Dezimal...
de·ci·pher [dɪ'saɪfə] entziffern
de·ci|·sion [dɪ'sɪʒn] Entscheidung *f*; Entschluss *m*; Entschlossenheit *f*; ***make a*** ~ e-e Entscheidung treffen; ***reach*** *od.* ***come to a*** ~ zu e-m Entschluss kommen; ~·**sive** [dɪ'saɪsɪv] entscheidend; ausschlaggebend; entschieden
deck [dek] **1.** *naut.* Deck *n* (*a. e-s Busses*); *Am.* Spiel *n*, Pack *m* (Spiel)Karten; **2.** ~ ***out*** schmücken; '~·**chair** Liegestuhl *m*
dec·la·ra·tion [deklə'reɪʃn] Erklärung *f*; Zollerklärung *f*
de·clare [dɪ'kleə] erklären; deklarieren, verzollen
de·clen·sion *gr.* [dɪ'klenʃn] Deklination *f*
de·cline [dɪ'klaɪn] **1.** abnehmen, zurückgehen; fallen (*Preise*); verfallen; (höflich) ablehnen; *gr.* deklinieren; **2.** Abnahme *f*, Rückgang *m*, Verfall *m*
de·cliv·i·ty [dɪ'klɪvətɪ] (Ab)Hang *m*
de·clutch *mot.* [diː'klʌtʃ] auskuppeln
de·code [diː'kəʊd] entschlüsseln
de·com·pose [diːkəm'pəʊz] zerlegen; (sich) zersetzen; verwesen
de·con·tam·i|·nate [diːkən'tæmɪneɪt] entgasen, -giften, -seuchen, -strahlen;

D

D

~'na·tion Entsorgung *f* (*bei Radioaktivität*)
dec·o|·rate ['dekəreɪt] verzieren, schmücken; tapezieren; (an)streichen; dekorieren; **~·ra·tion** [dekə'reɪʃn] Verzierung *f*, Schmuck *m*, Dekoration *f*; Orden *m*; **~·ra·tive** ['dekərətɪv] dekorativ; Zier...; **~·ra·tor** ['dekəreɪtə] Dekorateur *m*; Maler *m* u. Tapezierer *m*
dec·o·rous ['dekərəs] anständig; **de·co·rum** [dɪ'kɔːrəm] Anstand *m*
de·coy 1. ['diːkɔɪ] Lockvogel *m* (*a. fig.*); Köder *m* (*a. fig.*); **2.** [dɪ'kɔɪ] ködern; locken (***into*** in *acc.*); verleiten (***into*** zu)
de·crease 1. ['diːkriːs] Abnahme *f*; **2.** [diː'kriːs] abnehmen; (sich) vermindern
de·cree [dɪ'kriː] **1.** Dekret *n*, Erlass *m*, Verfügung *f*; *bsd. Am. jur.* Entscheid *m*, Urteil *n*; **2.** verfügen
ded·i|·cate ['dedɪkeɪt] widmen; **'~·cat·ed** engagiert; **~·ca·tion** [dedɪ'keɪʃn] Widmung *f*; Hingabe *f*
de·duce [dɪ'djuːs] ableiten; folgern
de·duct [dɪ'dʌkt] *Betrag* abziehen (***from*** von); **~·i·ble: ~ *from tax*** steuerlich absetzbar; **de·duc·tion** [dɪ'dʌkʃn] Abzug *m* (*e-s Betrages*); (Schluss)Folgerung *f*, Schluss *m*
deed [diːd] Tat *f*; Heldentat *f*; *jur.* (Übertragungs)Urkunde *f*
deep [diːp] **1.** tief (*a. fig.*); **2.** Tiefe *f*; **'~·en** (sich) vertiefen, *fig. a.* (sich) verstärken; **~'freeze 1.** (***-froze, -frozen***) tiefkühlen, einfrieren; **2.** Tiefkühl-, Gefriergerät *n*; **~'fro·zen** tiefgefroren; **'~ fry** frittieren; **'~·ness** Tiefe *f*
deer *zo.* [dɪə] (*pl.* ***deer***) Hirsch *m*; Reh *n*
de·face [dɪ'feɪs] entstellen; unleserlich machen; ausstreichen
def·a·ma·tion [defə'meɪʃn] Verleumdung *f*
de·fault [dɪ'fɔːlt] **1.** *jur.* Nichterscheinen *n* vor Gericht; *Sport*: Nichtantreten *n*; *econ.* Verzug *m*; **2.** s-n Verpflichtungen nicht nachkommen, *econ. a.* im Verzug sein; *jur.* nicht vor Gericht erscheinen; *Sport*: nicht antreten
de·feat [dɪ'fiːt] **1.** Niederlage *f*; **2.** besiegen, schlagen; vereiteln, zunichte machen
de·fect [dɪ'fekt] Defekt *m*, Fehler *m*; Mangel *m*; **de'fec·tive** mangelhaft; schadhaft, defekt
de·fence *Brt.*, **de·fense** *Am.* [dɪ'fens] Verteidigung *f* (*a. mil.*, *jur.*, *Sport*), Schutz *m*; *Sport*: Abwehr *f*; ***witness for the ~*** Entlastungszeuge *m*; **~·less** schutz-, wehrlos
de·fend [dɪ'fend] (***from, against***) verteidigen (gegen), schützen (vor *dat.*, gegen); **de'fen·dant** Angeklagte(r *m*) *f*; Beklagte(r *m*) *f*; **de'fend·er** Verteidiger(in); *Sport*: Abwehrspieler(in)
de·fen·sive [dɪ'fensɪv] **1.** Defensive *f*, Verteidigung *f*, Abwehr *f*; **2.** defensiv; Verteidigungs..., Abwehr...
de·fer [dɪ'fɜː] (***-rr-***) auf-, verschieben
de·fi|·ance [dɪ'faɪəns] Herausforderung *f*; Trotz *m*; **~·ant** herausfordernd; trotzig
de·fi·cien|·cy [dɪ'fɪʃnsɪ] Unzulänglichkeit *f*; Mangel *m*; **~t** mangelhaft, unzureichend
def·i·cit *econ.* ['defɪsɪt] Defizit *n*, Fehlbetrag *m*
de·file[1] ['diːfaɪl] enger (Gebirgs)Pass
de·file[2] [dɪ'faɪl] beschmutzen
de·fine [dɪ'faɪn] definieren; erklären, bestimmen; **def·i·nite** ['defɪnɪt] bestimmt; endgültig, definitiv; **def·i·ni·tion** [defɪ'nɪʃn] Definition *f*, Bestimmung *f*, Erklärung *f*; **de·fin·i·tive** [dɪ'fɪnɪtɪv] endgültig, definitiv
de·flect [dɪ'flekt] *v/t.* ablenken; *Ball* abfälschen; *v/i.* abweichen
de·form [dɪ'fɔːm] entstellen, verunstalten; **~ed** deformiert, verunstaltet; verwachsen; **de·for·mi·ty** [dɪ'fɔːmətɪ] Missbildung *f*
de·fraud [dɪ'frɔːd] betrügen (***of*** um)
de·frost [diː'frɒst] *v/t. Windschutzscheibe etc.* entfrosten; *Kühlschrank etc.* abtauen, *Tiefkühlkost etc.* auftauen; *v/i.* ab-, auftauen
deft [deft] geschickt, gewandt
de·fy [dɪ'faɪ] herausfordern; trotzen (*dat.*)
de·gen·e·rate 1. [dɪ'dʒenəreɪt] entarten; **2.** [dɪ'dʒenərət] entartet
deg·ra·da·tion [degrə'deɪʃn] Erniedrigung *f*; **de·grade** [dɪ'greɪd] *v/t.* erniedrigen, demütigen
de·gree [dɪ'griː] Grad *m*; Stufe *f*; (akademischer) Grad; ***by ~s*** allmählich; ***take one's ~*** e-n akademischen Grad erwerben, promovieren
de·hy·drat·ed [diː'haɪdreɪtɪd] Trocken...

de·i·fy ['di:ıfaı] vergöttern; vergöttlichen
deign [deın] sich herablassen
de·i·ty ['di:ıtı] Gottheit *f*
de·jec|·ted [dı'dʒektıd] niedergeschlagen, mutlos, deprimiert; **~·tion** [dı'dʒekʃn] Niedergeschlagenheit *f*
de·lay [dı'leı] **1.** Aufschub *m*; Verzögerung *f*; *rail. etc.* Verspätung *f*; **2.** ver-, aufschieben; verzögern; aufhalten; ***be ~ed*** sich verzögern; *rail. etc.* Verspätung haben
del·e|·gate 1. ['delıgeıt] abordnen, delegieren; *Vollmachten etc.* übertragen; **2.** ['delıgət] Delegierte *m*, bevollmächtigter Vertreter; **~·ga·tion** [delı'geıʃn] Übertragung *f*; Abordnung *f*, Delegation *f*
de·lete [dı'li:t] (aus)streichen; *Computer*: löschen
de·lib·e|·rate [dı'lıbərət] absichtlich, vorsätzlich; bedächtig, besonnen; **~·ra·tion** [dılıbə'reıʃn] Überlegung *f*; Beratung *f*; Bedächtigkeit *f*
del·i|·ca·cy ['delıkəsı] Delikatesse *f*, Leckerbissen *m*; Zartheit *f*; Feingefühl *n*, Takt *m*; **~·cate** ['delıkət] delikat, schmackhaft; zart; fein; zierlich; zerbrechlich; delikat, heikel; empfindlich; **~·ca·tes·sen** [delıkə'tesn] Delikatessen *pl.*, Feinkost *f*; Feinkostgeschäft *n*
de·li·cious [dı'lıʃəs] köstlich
de·light [dı'laıt] **1.** Vergnügen *n*, Entzücken *n*; **2.** entzücken, erfreuen; **~ *in*** (große) Freude haben an (*dat.*); **~·ful** entzückend
de·lin·quen|·cy [dı'lıŋkwənsı] Kriminalität *f*; **~t 1.** straffällig; **2.** Straffällige(r *m*) *f*; → ***juvenile*** 1
de·lir·i|·ous *med.* [dı'lırıəs] im Delirium, fantasierend; **~·um** [dı'lırıəm] Delirium *n*
de·liv·er [dı'lıvə] aus-, (ab)liefern; *Briefe* zustellen; *Rede etc.* halten; befreien, erlösen; ***be ~ed of*** *med.* entbunden werden von; **~·ance** [dı'lıvərəns] Befreiung *f*; **~·er** [dı'lıvərə] Befreier(in); **~·y** [dı'lıvərı] (Ab-, Aus)Lieferung *f*; *post* Zustellung *f*; Halten *n* (*e-r Rede*); Vortrag(sweise *f*) *m*; *med.* Entbindung *f*; **~·y van** *Brt.* Lieferwagen *m*
dell [del] kleines Tal
de·lude [dı'lu:d] täuschen
del·uge ['delju:dʒ] Überschwemmung *f*; *fig.* Flut *f*
de·lu·sion [dı'lu:ʒn] Täuschung *f*; Wahn(vorstellung *f*) *m*
de·mand [dı'mɑ:nd] **1.** Forderung *f* (***for*** nach); Anforderung *f* (***on*** an *acc.*); Nachfrage *f* (***for*** nach), Bedarf *m* (***for*** an *dat.*); ***on ~*** auf Verlangen; **2.** verlangen, fordern; (*fordernd*) fragen nach; erfordern; **~·ing** anspruchsvoll
de·men·ted [dı'mentıd] wahnsinnig
dem·i... ['demı] Halb..., halb...
de·mil·i·ta·rize [di:'mılıtəraız] entmilitarisieren
dem·o F ['deməʊ] (*pl.* **-os**) Demo *f* (*Demonstration*)
de·mo·bi·lize [di:'məʊbılaız] demobilisieren
de·moc·ra·cy [dı'mɒkrəsı] Demokratie *f*
dem·o·crat ['deməkræt] Demokrat(in); **~·ic** [demə'krætık] (***~ally***) demokratisch
de·mol·ish [dı'mɒlıʃ] demolieren; ab-, ein-, niederreißen; zerstören;
dem·o·li·tion [demə'lıʃn] Demolierung *f*; Niederreißen *n*, Abbruch *m*
de·mon ['di:mən] Dämon *m*; Teufel *m*
dem·on|·strate ['demənstreıt] demonstrieren; beweisen; zeigen; vorführen; **~·stra·tion** [demən'streıʃn] Demonstration *f*, Kundgebung *f*; Demonstration *f*, Vorführung *f*;
de·mon·stra·tive [dı'mɒnstrətıv]: ***be ~*** s-e Gefühle (offen) zeigen; **~·stra·tor** ['demənstreıtə] Demonstrant(in); Vorführer(in)
de·mor·al·ize [dı'mɒrəlaız] demoralisieren
de·mote [di:'məʊt] degradieren
de·mure [dı'mjʊə] ernst, zurückhaltend
den [den] Höhle *f* (*a. fig.*); F Bude *f*
de·ni·al [dı'naıəl] Ablehnung *f*; Leugnen *n*; ***official ~*** Dementi *n*
den·ims ['denımz] *pl.* Jeans *pl.*
Den·mark ['denmɑ:k] Dänemark *n*
de·nom·i·na·tion [dınɒmı'neıʃn] *rel.* Konfession *f*; *econ.* Nennwert *m*
de·note [dı'nəʊt] bezeichnen; bedeuten
de·nounce [dı'naʊns] (öffentlich) anprangern
dense [dens] (***~r, ~st***) dicht; *fig.* beschränkt, begriffsstutzig; **den·si·ty** ['densətı] Dichte *f*
dent [dent] **1.** Beule *f*, Delle *f*; **2.** ver-, einbeulen

den·tal ['dentl] Zahn...; **~ 'plaque** Zahnbelag *m*; **~ 'plate** (Zahn)Prothese *f*; **~ 'sur·geon** Zahnarzt *m*, -ärztin *f*

den·tist ['dentɪst] Zahnarzt *m*, -ärztin *f*

den·tures ['dentʃəz] *pl*. (künstliches) Gebiss, (Zahn)Prothese *f*

de·nun·ci·a|·tion [dɪnʌnsɪ'eɪʃn] Denunziation *f*; **~·tor** [dɪ'nʌnsɪeɪtə] Denunziant(in)

de·ny [dɪ'naɪ] ab-, bestreiten, dementieren, (ab)leugnen; *j-m et*. verweigern, abschlagen

de·o·do·rant [diː'əʊdərənt] De(s)odorant *n*, Deo *n*

dep *nur geschr. Abk. für*: ***depart*** abfahren; ***departure*** Abf., Abfahrt *f*

de·part [dɪ'pɑːt] abreisen; abfahren, abfliegen; abweichen (***from*** von)

de·part·ment [dɪ'pɑːtmənt] Abteilung *f*, *univ. a.* Fachbereich *m*; *pol.* Ministerium *n*; **≈ of De'fense** *Am.* Verteidigungsministerium *n*; **≈ of the En'vi·ron·ment** *Brt.* Umweltministerium *n*; **≈ of the In'te·ri·or** *Am.* Innenministerium; **≈ of 'State** *Am. a.* ***State ≈*** *Am.* Außenministerium *n*; **~ store** Kauf-, Warenhaus *n*

de·par·ture [dɪ'pɑːtʃə] Abreise *f*; *rail. etc.* Abfahrt *f*, *aviat.* Abflug *m*; Abweichung *f*; ***~s*** *pl.* ‚Abfahrt' (*Fahrplan etc.*); **~ gate** *aviat.* Flugsteig *m*; **~ lounge** *aviat.* Abflughalle *f*

de·pend [dɪ'pend]: ***~ on*** sich verlassen auf (*acc.*); abhängen von; angewiesen sein auf (*acc.*); ***that ~s*** das kommt (ganz) darauf an

de·pen|·da·ble [dɪ'pendəbl] zuverlässig; **~·dant** (Familien)Angehörige(r *m*) *f*; **~·dence** Abhängigkeit *f*; Vertrauen *n*; **~·dent 1.** (***on***) abhängig (von); angewiesen (auf *acc.*); **2.** → ***dependant***

de·plor|·a·ble [dɪ'plɔːrəbl] bedauerlich, beklagenswert; **~e** [dɪ'plɔː] beklagen, bedauern

de·pop·u·late [diː'pɒpjʊleɪt] entvölkern

de·port [dɪ'pɔːt] ausweisen, *Ausländer a.* abschieben; deportieren

de·pose [dɪ'pəʊz] *j-n* absetzen; *jur.* unter Eid erklären

de·pos|·it [dɪ'pɒzɪt] **1.** absetzen, abstellen; *chem.*, *geol.* (sich) ablagern *od.* absetzen; deponieren, hinterlegen; *econ. Betrag* anzahlen; **2.** *chem.* Ablagerung *f*, *geol. a.* (*Erz- etc.*)Lager *n*; Deponierung *f*, Hinterlegung *f*; *econ.* Anzahlung *f*; ***make a ~*** e-e Anzahlung leisten (***on*** für); **~ ac·count** *bsd. Brt.* Termineinlagekonto *n*; **~·i·tor** Einzahler(in)

dep·ot ['depəʊ] Depot *n*; *Am.* ['diːpəʊ] Bahnhof *m*

de·prave [dɪ'preɪv] *moralisch* verderben

de·pre·ci·ate [dɪ'priːʃɪeɪt] an Wert verlieren

de·press [dɪ'pres] (nieder)drücken; deprimieren, bedrücken; **~ed** deprimiert, niedergeschlagen; *econ.* flau (*Markt etc.*), Not leidend (*Industrie*); **~ed ar·e·a** *econ.* Notstandsgebiet *n*; **~·ing** deprimierend, bedrückend; **de·pres·sion** [dɪ'preʃn] Depression *f*, Niedergeschlagenheit *f*; *econ.* Depression *f*, Flaute *f*; Senke *f*, Vertiefung *f*; *meteor.* Tief(druckgebiet) *n*

de·prive [dɪ'praɪv]: ***~ s.o. of s.th.*** j-m et. entziehen *od.* nehmen; **~d** benachteiligt

dept, Dept *nur geschr. Abk. für* ***department*** Abt., Abteilung *f*

depth [depθ] Tiefe *f*; Tiefen...

dep·u|·ta·tion [depjʊ'teɪʃn] Abordnung *f*; **~·tize** ['depjʊtaɪz]: ***~ for s.o.*** j-n vertreten; **~·ty** ['depjʊtɪ] (Stell)Vertreter(in); *parl.* Abgeordnete(r *m*) *f*; *a.* ***~ sheriff*** *Am.* Hilfssheriff *m*

de·rail *rail.* [dɪ'reɪl]: ***be ~ed*** entgleisen

de·ranged [dɪ'reɪndʒd] geistesgestört

der·e·lict ['derəlɪkt] heruntergekommen, baufällig

de·ride [dɪ'raɪd] verhöhnen, -spotten;

de·ri·sion [dɪ'rɪʒn] Hohn *m*, Spott *m*;

de·ri·sive [dɪ'raɪsɪv] höhnisch, spöttisch

de·rive [dɪ'raɪv] herleiten (***from*** von); (sich) ableiten (***from*** von); abstammen (***from*** von); ***~ pleasure from*** Freude finden *od.* haben an (*dat.*)

der·ma·tol·o·gist [dɜːmə'tɒlədʒɪst] Dermatologe *m*, Hautarzt *m*

de·rog·a·to·ry [dɪ'rɒgətərɪ] abfällig, geringschätzig

der·rick ['derɪk] *tech.* Derrickkran *m*; *naut.* Ladebaum *m*; Bohrturm *m*

de·scend [dɪ'send] (her-, hin)absteigen, herunter-, hinuntersteigen, -gehen, -kommen; *aviat.* niedergehen; abstammen, herkommen (***from*** von); ***~ on*** herfallen über (*acc.*); überfallen (*acc.*) (*Besuch etc.*); **de'scen·dant** Nachkomme *m*

de·scent [dɪ'sent] Herab-, Hinuntersteigen *n*, -gehen *n*; *aviat.* Niedergehen *n*; Gefälle *n*; Abstammung *f*, Herkunft *f*
de·scribe [dɪ'skraɪb] beschreiben
de·scrip|·tion [dɪ'skrɪpʃn] Beschreibung *f*, Schilderung *f*; Art *f*, Sorte *f*; **~·tive** [dɪ'skrɪptɪv] beschreibend; anschaulich
des·e·crate ['desɪkreɪt] entweihen
de·seg·re|·gate [diː'segrɪgeɪt] die Rassentrennung aufheben in (*dat.*); **~·ga·tion** [diːsegrɪ'geɪʃn] Aufhebung *f* der Rassentrennung
des·ert¹ ['dezət] Wüste *f*; Wüsten...
de·sert² [dɪ'zɜːt] *v/t.* verlassen, im Stich lassen; *v/i. mil.* desertieren; **~·er** *mil.* Deserteur *m*; **de·ser·tion** [dɪ'zɜːʃn] (*jur. a.* böswilliges) Verlassen; *mil.* Fahnenflucht *f*
de·serve [dɪ'zɜːv] verdienen; **de·serv·ed·ly** [dɪ'zɜːvɪdlɪ] verdientermaßen; **de'serv·ing** verdienstvoll
de·sign [dɪ'zaɪn] **1.** Design *n*, Entwurf *m*, (*tech.* Konstruktions)Zeichnung *f*; Design *n*, Muster *n*; (*a.* böse)Absicht; **2.** entwerfen, *tech.* konstruieren; gestalten; ausdenken; bestimmen, vorsehen (**for** für)
des·ig·nate ['dezɪgneɪt] *et. od. j-n* bestimmen
de·sign·er [dɪ'zaɪnə] Designer(in); *tech.* Konstrukteur *m*; (*Mode*)Schöpfer(in)
de·sir|·a·ble [dɪ'zaɪərəbl] wünschenswert, erwünscht; begehrenswert; **~e** [dɪ'zaɪə] **1.** Wunsch *m*, Verlangen *n*, Begierde *f* (**for** nach); **2.** wünschen; begehren
de·sist [dɪ'zɪst] Abstand nehmen (**from** von)
desk [desk] Schreibtisch *m*; Pult *n*; Empfang *m*, Rezeption *f* (*im Hotel*); (*Informations*)Schalter *m*; **~·top com'put·er** Desktop-Computer *m*, Tischcomputer *m*, -rechner *m*; **~·top 'pub·lish·ing** (*Abk.* **DTP**) *Computer*: Desktop-Publishing *n*
des·o·late ['desələt] einsam, verlassen; trostlos
de·spair [dɪ'speə] **1.** Verzweiflung *f*; **2.** verzweifeln (**of** an *dat.*); **~·ing** [dɪ'speərɪŋ] verzweifelt
de·spatch [dɪ'spætʃ] → ***dispatch***
des·per|·ate ['despərət] verzweifelt; F hoffnungslos, schrecklich; **~·a·tion** [despə'reɪʃn] Verzweiflung *f*
des·pic·a·ble [dɪ'spɪkəbl] verachtenswert, verabscheuungswürdig
de·spise [dɪ'spaɪz] verachten
de·spite [dɪ'spaɪt] trotz (*gen.*)
de·spon·dent [dɪ'spɒndənt] mutlos, verzagt
des·pot ['despɒt] Despot *m*, Tyrann *m*
des·sert [dɪ'zɜːt] Nachtisch *m*, Dessert *n*; Dessert...
des|·ti·na·tion [destɪ'neɪʃn] Bestimmung(sort *m*) *f*; **~·tined** ['destɪnd] bestimmt; unterwegs (**for** nach) (*Schiff etc.*); **~·ti·ny** ['destɪnɪ] Schicksal *n*
des·ti·tute ['destɪtjuːt] mittellos
de·stroy [dɪ'strɔɪ] zerstören, vernichten; *Tier* töten, einschläfern; **~·er** Zerstörer(in); *naut., mil.* Zerstörer *m*
de·struc|·tion [dɪ'strʌkʃn] Zerstörung *f*, Vernichtung *f*; **~·tive** [dɪ'strʌktɪv] zerstörend, vernichtend; zerstörerisch
de·tach [dɪ'tætʃ] (ab-, los)trennen, (los)lösen; **~ed** einzeln, frei *od.* allein stehend; unvoreingenommen; distanziert; **~ *house*** Einzelhaus *n*; **~·ment** (Los)Lösung *f*, (Ab)Trennung *f*; *mil.* (Sonder)Kommando *n*
de·tail ['diːteɪl] **1.** Detail *n*, Einzelheit *f*; *mil.* (Sonder)Kommando *n*; **in ~** ausführlich; **2.** genau schildern; *mil.* abkommandieren; **~ed** detailliert, ausführlich
de·tain [dɪ'teɪn] aufhalten; *jur.* in (Untersuchungs)Haft behalten
de·tect [dɪ'tekt] entdecken, (heraus)finden; **de·tec·tion** [dɪ'tekʃn] Entdeckung *f*; **de·tec·tive** [dɪ'tektɪv] Kriminalbeamte(r) *m*, Detektiv *m*; **de'tec·tive nov·el, de'tec·tive sto·ry** Kriminalroman *m*
de·ten·tion [dɪ'tenʃn] *jur.* Haft *f*; Nachsitzen *n* (*Schule*)
de·ter [dɪ'tɜː] (**-rr-**) abschrecken (**from** von)
de·ter·gent [dɪ'tɜːdʒənt] Reinigungs-, Wasch-, Geschirrspülmittel *n*
de·te·ri·o·rate [dɪ'tɪərɪəreɪt] (sich) verschlechtern; verderben
de·ter|·mi·na·tion [dɪtɜːmɪ'neɪʃn] Entschlossenheit *f*, Bestimmtheit *f*; Entschluss *m*; Feststellung *f*, Ermittlung *f*; **~·mine** [dɪ'tɜːmɪn] *et.* beschließen, bestimmen; feststellen, ermitteln; (sich)

D

D

entscheiden; sich entschließen; **~·mined** entschlossen
de·ter|·rence [dɪ'terəns] Abschreckung *f*; **~·rent** **1.** abschreckend; **2.** Abschreckungsmittel *n*
de·test [dɪ'test] verabscheuen
de·throne [dɪ'θrəʊn] entthronen
de·to·nate ['detəneɪt] *v/t.* zünden; *v/i.* detonieren, explodieren
de·tour ['diːtʊə] Umweg *m*; Umleitung *f*
de·tract [dɪ'trækt]: **~ *from*** ablenken von; schmälern (*acc.*)
de·tri·ment ['detrɪmənt] Nachteil *m*, Schaden *m*
deuce [djuːs] *Kartenspiel*, *Würfeln*: Zwei *f*; *Tennis*: Einstand *m*
de·val·u|·a·tion [diːvælju'eɪʃn] Abwertung *f*; **~e** [diː'væljuː] abwerten
dev·a|·state ['devəsteɪt] verwüsten; **'~·stat·ing** verheerend, -nichtend; F umwerfend, toll
de·vel·op [dɪ'veləp] (sich) entwickeln; *Naturschätze*, *Bauland* erschließen, *Altstadt etc.* sanieren; **~·er** *phot.* Entwickler *m*; (Stadt)Planer *m*; **~·ing** Entwicklungs...; **~·ing 'coun·try, ~·ing 'na·tion** Entwicklungsland *n*; **~·ment** Entwicklung *f*; Erschließung *f*, Sanierung *f*
de·vi|·ate ['diːvɪeɪt] abweichen (***from*** von); **~·a·tion** [diːvɪ'eɪʃn] Abweichung *f*
de·vice [dɪ'vaɪs] Vorrichtung *f*, Gerät *n*; Plan *m*, Trick *m*; ***leave s.o. to his own ~s*** j-n sich selbst überlassen
dev·il ['devl] Teufel *m* (*a. fig.*); **'~·ish** teuflisch
de·vi·ous ['diːvjəs] abwegig; gewunden; unaufrichtig; **~ *route*** Umweg *m*
de·vise [dɪ'vaɪz] (sich) ausdenken
de·void [dɪ'vɔɪd]: **~ *of*** ohne (*acc.*)
de·vote [dɪ'vəʊt] widmen (***to*** *dat.*); ⚠ *nicht* ***devot***; **de'vot·ed** ergeben; hingebungsvoll; eifrig, begeistert; **dev·o·tee** [devəʊ'tiː] begeisterter Anhänger; **de·vo·tion** [dɪ'vəʊʃn] Ergebenheit *f*; Hingabe *f*; Frömmigkeit *f*, Andacht *f*
de·vour [dɪ'vaʊə] verschlingen
de·vout [dɪ'vaʊt] fromm; sehnlichst, innig
dew [djuː] Tau *m*; **'~·drop** Tautropfen *m*; **'~·y** (***-ier, -iest***) taufeucht, -frisch
dex|·ter·i·ty [dek'sterətɪ] Gewandtheit *f*; **~·ter·ous, ~·trous** ['dekstrəs] gewandt
di·ag·|nose ['daɪəgnəʊz] diagnostizieren; **~·no·sis** [daɪəg'nəʊsɪs] (*pl.* ***-ses*** [-siːz]) Diagnose *f*
di·ag·o·nal [daɪ'ægənl] **1.** diagonal: **2.** Diagonale *f*
di·a·gram ['daɪəgræm] Diagramm *n*, grafische Darstellung
di·al ['daɪəl] **1.** Zifferblatt *n*; *tel.* Wählscheibe *f*; *tech.* Skala *f*; **2.** (*bsd. Brt.* ***-ll-***, *Am.* ***-l-***) *tel.* wählen; **~ *direct*** durchwählen (***to*** nach); ***direct ~(l)ing*** Durchwahl *f*
di·a·lect ['daɪəlekt] Dialekt *m*, Mundart *f*
'di·al·ling code *Brt. tel.* Vorwahl(nummer) *f*
di·a·logue *Brt.*, **di·a·log** *Am.* ['daɪəlɒg] Dialog *m*, Gespräch *n*
di·am·e·ter [daɪ'æmɪtə] Durchmesser *m*; ***in ~*** im Durchmesser
di·a·mond ['daɪəmənd] Diamant *m*; Raute *f*, Rhombus *m*; *Kartenspiel*: Karo *n*
di·a·per *Am.* ['daɪəpə] Windel *f*
di·a·phragm ['daɪəfræm] *anat.* Zwerchfell *n*; *opt.* Blende *f*; *tel.* Membran(e) *f*
di·ar·rh(o)e·a *med.* [daɪə'rɪə] Durchfall *m*
di·a·ry ['daɪərɪ] Tagebuch *n*
dice [daɪs] **1.** *pl. von* ***die***²; (*pl.* ***dice***) Würfel *m*; **2.** *gastr.* in Würfel schneiden; würfeln
dick *Am. sl.* [dɪk] Schnüffler *m* (*Detektiv*)
dick·y·bird ['dɪkɪbɜːd] Piepvögelchen *n*
dic|·tate [dɪk'teɪt] diktieren; *fig.* vorschreiben; **~·ta·tion** [dɪk'teɪʃn] Diktat *n*
dic·ta·tor [dɪk'teɪtə] Diktator *m*; **~·ship** Diktatur *f*
dic·tion ['dɪkʃn] Ausdrucksweise *f*, Stil *m*
dic·tion·a·ry ['dɪkʃnrɪ] Wörterbuch *n*
did [dɪd] *pret. von* ***do***
die¹ [daɪ] sterben; eingehen, verenden; **~ *of hunger*** verhungern; **~ *of thirst*** verdursten; **~ *away*** sich legen (*Wind*); verklingen (*Ton*); **~ *down*** nachlassen; herunterbrennen; schwächer werden; **~ *out*** aussterben (*a. fig.*)
die² *Am.* [daɪ] (*pl.* ***dice***) Würfel *m*
di·et ['daɪət] **1.** Diät *f*; Nahrung *f*, Kost

f; ***be on a ~*** Diät leben; **2.** Diät leben
dif·fer ['dɪfə] sich unterscheiden; anderer Meinung sein (***with, from*** als); abweichen
dif·fe|·rence ['dɪfrəns] Unterschied *m*; Differenz *f*; Meinungsverschiedenheit *f*; **'~·rent** verschieden; andere(r, -s); anders (***from*** als); **~·ren·ti·ate** [dɪfə'renʃɪeɪt] (sich) unterscheiden
dif·fi|·cult ['dɪfɪkəlt] schwierig; **'~·cul·ty** Schwierigkeit *f*
dif·fi|·dence ['dɪfɪdəns] Schüchternheit *f*; **'~·dent** schüchtern
dif|·fuse 1. *fig*. [dɪ'fjuːz] verbreiten; **2.** [dɪ'fjuːs] diffus; zerstreut (*bsd. Licht*); weitschweifig; **~·fu·sion** *chem*., *phys*. [dɪ'fjuːʒn] (Zer)Streuung *f*
dig [dɪg] **1.** (***-gg-***; ***dug***) graben; **~** (***up***) umgraben; **~** (***up*** *od*. ***out***) ausgraben (*a. fig*.); **~ *s.o. in the ribs*** j-m e-n Rippenstoß geben; **2.** F Puff *m*, Stoß *m*; **~s** *pl*. *Brt*. F Bude *f*
di·gest 1. [dɪ'dʒest] verdauen; **~ *well*** leicht verdaulich sein; **2.** ['daɪdʒest] Abriss *m*; Auslese *f*, Auswahl *f*; **~·i·ble** [dɪ'dʒestəbl] verdaulich; **di·ges·tion** [dɪ'dʒestʃən] Verdauung *f*; **di·ges·tive** [dɪ'dʒestɪv] verdauungsfördernd; Verdauungs...
dig·ger ['dɪgə] (*bsd*. Gold)Gräber *m*
di·git ['dɪdʒɪt] Ziffer *f*; ***three-~ number*** dreistellige Zahl
di·gi·tal ['dɪdʒɪtl] digital, Digital...; **~ 'clock, ~ 'watch** Digitaluhr *f*
dig·ni|·fied ['dɪgnɪfaɪd] würdevoll, würdig; **~·ta·ry** ['dɪgnɪtərɪ] Würdenträger(in); **~·ty** ['dɪgnɪtɪ] Würde *f*
di·gress [daɪ'gres] abschweifen
dike¹ [daɪk] **1.** Deich *m*, Damm *m*; Graben *m*; **2.** eindeichen, -dämmen
dike² *sl*. [daɪk] Lesbe *f* (*Lesbierin*)
di·lap·i·dat·ed [dɪ'læpɪdeɪtɪd] verfallen, baufällig, klapp(e)rig
di·late [daɪ'leɪt] (sich) ausdehnen *od*. (aus)weiten; *Augen* weit öffnen;
dil·a·to·ry ['dɪlətərɪ] verzögernd, hinhaltend; langsam
dil·i|·gence ['dɪlɪdʒəns] Fleiß *m*; **'~·gent** fleißig, emsig
di·lute [daɪ'ljuːt] **1.** verdünnen; verwässern; **2.** verdünnt
dim [dɪm] **1.** (***-mm-***) (halb)dunkel, düster; undeutlich, verschwommen; schwach, trüb(e) (*Licht*); **2.** (sich) verdunkeln *od*. verdüstern; (sich) trüben; undeutlich werden; ***~ one's headlights*** *Am. mot*. abblenden
dime *Am*. [daɪm] Zehncentstück *n*
di·men·sion [dɪ'menʃn] Dimension *f*, Maß *n*, Abmessung *f*; **~s** *pl*. *a*. Ausmaß *n*; **~·al** [dɪ'menʃənl] *in Zssgn* ...dimensional
di·min·ish [dɪ'mɪnɪʃ] (sich) vermindern *od*. verringern
di·min·u·tive [dɪ'mɪnjʊtɪv] klein, winzig
dim·ple ['dɪmpl] Grübchen *n*
din [dɪn] Getöse *n*, Lärm *m*
dine [daɪn] essen, speisen; **~ *in*** zu Hause (*östr*., *Schweiz*: *a*. zuhause) essen; **~ *out*** auswärts essen; **'din·er** Speisende(r *m*) *f*; Gast *m* (*im Restaurant*); *Am. rail*. Speisewagen *m*; *Am*. Speiselokal *n*
din·ghy ['dɪŋgɪ] *naut*. Ding(h)i *n*; Beiboot *n*; Schlauchboot *n*
din·gy ['dɪndʒɪ] (***-ier, -iest***) schmutzig, schmudd(e)lig
'din·ing| car *rail*. Speisewagen *m*; **'~ room** Ess-, Speisezimmer *n*
din·ner ['dɪnə] (Mittag-, Abend)Essen *n*; Diner *n*, Festessen *n*; **'~ jack·et** Smoking *m*; **'~ par·ty** Dinnerparty *f*, Abendgesellschaft *f*; **'~ ser·vice, '~ set** Speiseservice *n*, Tafelgeschirr *n*; **'~-time** Essens-, Tischzeit *f*
di·no *zo*. ['daɪnəʊ] *Abk. für* **di·no·saur** *zo*. ['daɪnəʊsɔː] Dinosaurier *m*
dip [dɪp] **1.** (***-pp-***) *v/t*. (ein)tauchen; senken; schöpfen; **~ *one's headlights*** *Brt. mot*. abblenden; *v/i*. (unter)tauchen; sinken; sich neigen, sich senken; **2.** (Ein-, Unter)Tauchen *n*; F kurzes Bad; Senkung *f*, Neigung *f*, Gefälle *n*; Dip *m* (*Soße*)
diph·ther·i·a *med*. [dɪf'θɪərɪə] Diphtherie *f*
di·plo·ma [dɪ'pləʊmə] Diplom *n*
di·plo·ma·cy [dɪ'pləʊməsɪ] Diplomatie *f*
dip·lo·mat ['dɪpləmæt] Diplomat *m*; **~·ic** [dɪplə'mætɪk] (***~ally***) diplomatisch
dip·per ['dɪpə] Schöpfkelle *f*
dire ['daɪə] (***~r, ~st***) schrecklich; äußerste(r, -s), höchste(r, -s)
di·rect [dɪ'rekt] **1.** *adj*. direkt; gerade; unmittelbar; offen, aufrichtig; **2.** *adv*. direkt, unmittelbar; **3.** richten; lenken, steuern; leiten; anordnen; *j-n* anwei-

sen; *j-m* den Weg zeigen; *Brief* adressieren; Regie führen bei; **~ 'cur·rent** *electr.* Gleichstrom *m*; **~ 'train** durchgehender Zug

di·rec·tion [dɪ'rekʃn] Richtung *f*; Leitung *f*, Führung *f*; *Film etc.*: Regie *f*; *mst* **~s** *pl.* Anweisung *f*, Anleitung *f*; **~s for use** Gebrauchsanweisung *f*; ⚠ *nicht* ***Direktion***; **~find·er** (Funk)Peiler *m*, Peilempfänger *m*; **~ in·di·ca·tor** *mot.* Fahrtrichtungsanzeiger *m*, Blinker *m*

D

di·rec·tive [dɪ'rektɪv] Anweisung *f*

di·rect·ly [dɪ'rektlɪ] **1.** *adv.* sofort; **2.** *cj.* F sobald, sowie

di·rec·tor [dɪ'rektə] Direktor *m*; *Film etc.*: Regisseur(in)

di·rec·to·ry [dɪ'rektərɪ] Adressbuch *n*; ***telephone*** **~** Telefonbuch *n*

dirt [dɜːt] Schmutz *m*; (lockere) Erde; **~ 'cheap** F spottbillig; **'~·y 1.** (***-ier, -iest***) schmutzig (*a. fig.*); **2.** beschmutzen; schmutzig werden, schmutzen

dis·a·bil·i·ty [dɪsə'bɪlətɪ] Unfähigkeit *f*

dis·a·bled [dɪs'eɪbld] **1.** arbeits-, erwerbsunfähig, invalid(e); *mil.* kriegsversehrt; *körperlich od. geistig* behindert; **2.** ***the*** **~** *pl.* die Behinderten *pl.*

dis·ad·van|·tage [dɪsəd'vɑːntɪdʒ] Nachteil *m*; Schaden *m*; **~·ta·geous** [dɪsædvɑːn'teɪdʒəs] nachteilig, ungünstig

dis·a·gree [dɪsə'griː] nicht übereinstimmen; uneinig sein; nicht bekommen (***with s.o.*** j-m) (*Essen*); **~·a·ble** unangenehm; **~·ment** Verschiedenheit *f*, Unstimmigkeit *f*; Meinungsverschiedenheit *f*

dis·ap·pear [dɪsə'pɪə] verschwinden; **~·ance** [dɪsə'pɪərəns] Verschwinden *n*

dis·ap·point [dɪsə'pɔɪnt] *j-n* enttäuschen; *Hoffnungen etc.* zunichte machen; **~·ing** enttäuschend; **~·ment** Enttäuschung *f*

dis·ap·prov|·al [dɪsə'pruːvl] Missbilligung *f*; **~e** [dɪsə'pruːv] missbilligen; dagegen sein

dis|·arm [dɪs'ɑːm] *v/t.* entwaffnen (*a. fig.*); *v/i. mil., pol.* abrüsten; **~·ar·ma·ment** [dɪs'ɑːməmənt] Entwaffnung *f*; *mil., pol.* Abrüstung *f*

dis·ar·range [dɪsə'reɪndʒ] in Unordnung bringen

dis·ar·ray [dɪsə'reɪ] Unordnung *f*

di·sas·ter [dɪ'zɑːstə] Unglück(sfall *m*) *n*, Katastrophe *f*; **~ ar·e·a** Notstandsgebiet *n* (*Katastrophengebiet*)

di·sas·trous [dɪ'zɑːstrəs] katastrophal, verheerend

dis·be|·lief [dɪsbɪ'liːf] Unglaube *m*; Zweifel *m* (***in*** an *dat.*); **~·lieve** [dɪsbɪ'liːv] *et.* bezweifeln, nicht glauben

disc *Brt.* [dɪsk] Scheibe *f*; (Schall)Platte *f*; Parkscheibe *f*; *anat.* Bandscheibe *f*; *Computer* → ***disk***; ⚠ *nicht* ***Diskus***; ***slipped*** **~** *med.* Bandscheibenvorfall *m*

dis·card [dɪ'skɑːd] *Karten* ablegen, *Kleidung etc. a.* ausrangieren; *Freund etc.* fallen lassen

di·scern [dɪ'sɜːn] wahrnehmen, erkennen; **~·ing** kritisch, scharfsichtig; **~·ment** Scharfblick *m*

dis·charge [dɪs'tʃɑːdʒ] **1.** *v/t.* ent-, ausladen; *j-n* befreien, entbinden; *j-n* entlassen; *Gewehr etc.* abfeuern; von sich geben, ausströmen, -senden, -stoßen; *med.* absondern; *Pflicht etc.* erfüllen; *Zorn etc.* auslassen (***on*** an *dat.*); *v/i. electr.* sich entladen; sich ergießen, münden (*Fluss*); *med.* eitern; **2.** Entladung *f* (*e-s Schiffes etc.*); Abfeuern *n* (*e-s Gewehrs etc.*); Ausströmen *n*; *med.* Absonderung *f*; *med.* Ausfluss *m*; Ausstoßen *n*; *electr.* Entladung *f*; Entlassung *f*; Erfüllung *f* (*e-r Pflicht*)

di·sci·ple [dɪ'saɪpl] Schüler *m*; Jünger *m*

dis·ci·pline ['dɪsɪplɪn] **1.** Disziplin *f*; **2.** disziplinieren; ***well*** **~d** diszipliniert; ***badly*** **~d** disziplinlos, undiszipliniert

'disc jock·ey Disk-, Discjockey *m*

dis·claim [dɪs'kleɪm] ab-, bestreiten; *Verantwortung* ablehnen; *jur.* verzichten auf (*acc.*)

dis|·close [dɪs'kləʊz] bekannt geben *od.* machen; enthüllen, aufdecken; **~·clo·sure** [dɪs'kləʊʒə] Enthüllung *f*

dis·co F ['dɪskəʊ] (*pl.* **-cos**) Disko *f* (*Diskothek*)

dis·col·o(u)r [dɪs'kʌlə] (sich) verfärben

dis·com·fort [dɪs'kʌmfət] **1.** Unbehagen *n*; Unannehmlichkeit *f*; **2.** *j-m* Unbehagen verursachen

dis·con·cert [dɪskən'sɜːt] aus der Fassung bringen

dis·con·nect [dɪskə'nekt] trennen (*a. electr.*); *tech.* auskuppeln; *electr. Gerät* abschalten; *Gas, Strom, Telefon* abstellen; *tel. Gespräch* unterbrechen; **~·ed** zusammenhang(s)los

dis·con·so·late [dɪsˈkɒnsələt] untröstlich
dis·con·tent [dɪskənˈtent] Unzufriedenheit *f*; **~·ed** unzufrieden
dis·con·tin·ue [dɪskənˈtɪnjuː] aufgeben, aufhören mit; unterbrechen
dis·cord [ˈdɪskɔːd] Uneinigkeit *f*; *mus.* Missklang *m*; **~·ant** [dɪˈskɔːdənt] nicht übereinstimmend; *mus.* unharmonisch, misstönend
dis·co·theque [ˈdɪskətek] Diskothek *f*
dis·count [ˈdɪskaʊnt] *econ.* Diskont *m*; *econ.* Preisnachlass *m*, Rabatt *m*, Skonto *m*, *n*
dis·cour·age [dɪˈskʌrɪdʒ] entmutigen; abschrecken, abhalten, *j-m* abraten (***from*** von); **~·ment** Entmutigung *f*; Abschreckung *f*
dis·course 1. [ˈdɪskɔːs] Unterhaltung *f*, Gespräch *n*; Vortrag *m*; **2.** [dɪˈskɔːs] e-n Vortrag halten (***on*** über *acc.*)
dis·cour·te|·ous [dɪsˈkɜːtjəs] unhöflich; **~·sy** [dɪsˈkɜːtəsɪ] Unhöflichkeit *f*
dis·cov|·er [dɪˈskʌvə] entdecken; ausfindig machen, (heraus)finden; **~·e·ry** [dɪˈskʌvərɪ] Entdeckung *f*
ˈdisc park·ing *mot.* Parken *n* mit Parkscheibe
dis·cred·it [dɪsˈkredɪt] **1.** Zweifel *m*; Misskredit *m*, schlechter Ruf; **2.** nicht glauben; in Misskredit bringen
di·screet [dɪˈskriːt] besonnen, vorsichtig; diskret, verschwiegen
di·screp·an·cy [dɪˈskrepənsɪ] Diskrepanz *f*, Widerspruch *m*
di·scre·tion [dɪˈskreʃn] Ermessen *n*, Gutdünken *n*; Diskretion *f*, Verschwiegenheit *f*
di·scrim·i|·nate [dɪˈskrɪmɪneɪt] unterscheiden; **~ *against*** benachteiligen, diskriminieren; **~·nat·ing** kritisch, urteilsfähig; **~·na·tion** [dɪskrɪmɪˈneɪʃn] unterschiedliche (*bsd.* nachteilige) Behandlung; Diskriminierung *f*, Benachteiligung *f*; Urteilsfähigkeit *f*
dis·cus [ˈdɪskəs] *Sport*: Diskus *m*
di·scuss [dɪˈskʌs] diskutieren, erörtern, besprechen; **di·scus·sion** [dɪˈskʌʃn] Diskussion *f*, Besprechung *f*
ˈdis·cus| throw *Sport*: Diskuswerfen *n*; **ˈ~ throw·er** *Sport*: Diskuswerfer(in)
dis·ease [dɪˈziːz] Krankheit *f*; **~d** krank
dis·em·bark [dɪsɪmˈbɑːk] von Bord gehen (lassen); *naut.* *Waren* ausladen
dis·en·chant·ed [dɪsɪnˈtʃɑːntɪd]: ***be ~ with*** sich keine Illusionen mehr machen über (*acc.*)
dis·en·gage [dɪsɪnˈgeɪdʒ] (sich) freimachen; losmachen; *tech.* aus-, loskuppeln
dis·en·tan·gle [dɪsɪnˈtæŋgl] entwirren; (sich) befreien
dis·fa·vo(u)r [dɪsˈfeɪvə] Missfallen *n*; Ungnade *f*
dis·fig·ure [dɪsˈfɪgə] entstellen
dis·grace [dɪsˈgreɪs] **1.** Schande *f*; Ungnade *f*; **2.** Schande bringen über (*acc.*), *j-m* Schande bereiten; **~·ful** schändlich; skandalös
dis·guise [dɪsˈgaɪz] **1.** verkleiden (***as*** als); *Stimme etc.* verstellen; *et.* verbergen, -schleiern; **2.** Verkleidung *f*; Verstellung *f*; Verschleierung *f*; ***in ~*** maskiert, verkleidet; *fig.* verkappt; ***in the ~ of*** verkleidet als
dis·gust [dɪsˈgʌst] **1.** Ekel *m*, Abscheu *m*; **2.** (an)ekeln; empören, entrüsten; **~·ing** ekelhaft
dish [dɪʃ] **1.** flache Schüssel; (Servier)Platte *f*; Gericht *n*, Speise *f*; ***the ~es*** *pl.* das Geschirr; ***wash od. do the ~es*** abspülen; **2. *~ out*** F austeilen; *oft* ***~ up*** *Speisen* anrichten, auftragen; F *Geschichte etc.* auftischen; **ˈ~·cloth** Geschirrspültuch *n*
dis·heart·en [dɪsˈhɑːtn] entmutigen
di·shev·el(l)ed [dɪˈʃevld] zerzaust
dis·hon·est [dɪsˈɒnɪst] unehrlich, unredlich; **~·y** Unehrlichkeit *f*; Unredlichkeit *f*
dis·hon|·o(u)r [dɪsˈɒnə] **1.** Schande *f*; **2.** Schande bringen über (*acc.*); *econ.* *Wechsel* nicht honorieren *od.* einlösen; **~·o(u)·ra·ble** [dɪsˈɒnərəbl] schändlich, unehrenhaft
ˈdish|·wash·er Spüler(in); Geschirrspülmaschine *f*, -spüler *m*; **ˈ~·wa·ter** Spülwasser *n*
dis·il·lu·sion [dɪsɪˈluːʒn] **1.** Ernüchterung *f*, Desillusion *f*; **2.** ernüchtern, desillusionieren; ***be ~ed with*** sich keine Illusionen mehr machen über (*acc.*)
dis·in·clined [dɪsɪnˈklaɪnd] abgeneigt
dis·in|·fect [dɪsɪnˈfekt] desinfizieren; **~ˈfec·tant** Desinfektionsmittel *n*
dis·in·her·it [dɪsɪnˈherɪt] enterben
dis·in·te·grate [dɪsˈɪntɪgreɪt] (sich) auflösen; ver-, zerfallen

D

dis·in·terest·ed [dɪsˈɪntrəstɪd] uneigennützig, selbstlos; objektiv, unvoreingenommen; ⚠ *mst nicht* ***desinteressiert***

disk *bsd. Am.* [dɪsk] → *Brt.* ***disc***; *Computer*: Diskette *f*; **ˈ~ drive** *Computer*: Diskettenlaufwerk *n*

disk·ette [dɪˈsket, ˈdɪsket] *Computer*: Floppy *f*, Diskette *f*

dis·like [dɪsˈlaɪk] **1.** Abneigung *f*, Widerwille *m* (***of, for*** gegen); ***take a ~ to s.o.*** gegen j-n e-e Abneigung fassen; **2.** nicht leiden können, nicht mögen

dis·lo·cate *med.* [ˈdɪsləkeɪt] sich *den Arm etc.* ver- *od.* ausrenken

dis·loy·al [dɪsˈlɔɪəl] treulos, untreu

dis·mal [ˈdɪzməl] trüb(e), trostlos, elend

dis·man·tle [dɪsˈmæntl] *tech.* demontieren

dis·may [dɪsˈmeɪ] **1.** Schreck(en) *m*, Bestürzung *f*; ***in ~, with ~*** bestürzt; ***to my ~*** zu m-r Bestürzung; **2.** *v/t.* erschrecken, bestürzen

dis·miss [dɪsˈmɪs] *v/t.* entlassen; wegschicken; ablehnen; *Thema etc.* fallen lassen; *jur.* abweisen; **~·al** [dɪsˈmɪsl] Entlassung *f*; Aufgabe *f*; *jur.* Abweisung *f*

dis·mount [dɪsˈmaʊnt] *v/i.* absteigen, absitzen (***from*** von *Fahrrad*, *Pferd etc.*); *v/t.* demontieren; *tech.* auseinander nehmen

dis·o·be·di|·ence [dɪsəˈbiːdjəns] Ungehorsam *m*; **~·ent** ungehorsam

dis·o·bey [dɪsəˈbeɪ] nicht gehorchen, ungehorsam sein (gegen)

dis·or·der [dɪsˈɔːdə] Unordnung *f*; Aufruhr *m*; *med.* Störung *f*; **~·ly** unordentlich; ordnungswidrig; unruhig; aufrührerisch

dis·or·gan·ize [dɪsˈɔːgənaɪz] durcheinander bringen; desorganisieren

dis·own [dɪsˈəʊn] nicht anerkennen; *Kind* verstoßen; ablehnen

di·spar·age [dɪˈspærɪdʒ] verächtlich machen, herabsetzen; gering schätzen

di·spar·i·ty [dɪˈspærətɪ] Ungleichheit *f*; ***~ of*** *od.* ***in age*** Altersunterschied *m*

dis·pas·sion·ate [dɪˈspæʃnət] leidenschaftslos; objektiv

di·spatch [dɪˈspætʃ] **1.** schnelle Erledigung; (Ab)Sendung *f*; Abfertigung *f*; Eile *f*; (Eil)Botschaft *f*; Bericht *m* (*e-s Korrespondenten*); **2.** schnell erledigen; absenden, abschicken, *Telegramm* aufgeben, abfertigen

di·spel [dɪˈspel] (**-ll-**) *Menge etc.* zerstreuen (*a. fig.*), *Nebel* zerteilen

di·spen·sa|·ble [dɪˈspensəbl] entbehrlich; **~·ry** [dɪˈspensərɪ] Werks-, Krankenhaus-, Schul-, *mil.* Lazarettapotheke *f*

dis·pen·sa·tion [dɪspenˈseɪʃn] Austeilung *f*; Befreiung *f*; Dispens *m*; *göttliche* Fügung

di·spense [dɪˈspens] austeilen; *Recht* sprechen; *Arzneien* zubereiten u. abgeben; ***~ with*** auskommen ohne; überflüssig machen; **diˈspens·er** Spender *m*, *für Klebestreifen a.* Abroller *m*, (*Briefmarken- etc.*)Automat *m*

di·sperse [dɪˈspɜːs] verstreuen; (sich) zerstreuen

di·spir·it·ed [dɪˈspɪrɪtɪd] entmutigt

dis·place [dɪsˈpleɪs] verschieben; ablösen, entlassen; *j-n* verschleppen; ersetzen; verdrängen

di·splay [dɪˈspleɪ] **1.** Entfaltung *f*; (Her)Zeigen *n*; (protzige) Zurschaustellung; *Computer*: Display *n*, Bildschirm *m*, Datenanzeige *f*; *econ.* Display *n*, Auslage *f*; ***be on ~*** ausgestellt sein; **2.** entfalten; zur Schau stellen; zeigen

dis|·please [dɪsˈpliːz] *j-m* missfallen; **~ˈpleased** ungehalten; **~·plea·sure** [dɪsˈpleʒə] Missfallen *n*

dis|·po·sa·ble [dɪˈspəʊzəbl] Einweg...; Wegwerf...; **~·pos·al** [dɪˈspəʊzl] Beseitigung *f* (*von Müll etc.*), Entsorgung *f*; Endlagerung *f*; Verfügung(srecht *n*) *f*; ***be*** (***put***) ***at s.o.'s ~*** j-m zur Verfügung stehen (stellen); **~·pose** [dɪˈspəʊz] *v/t.* (an)ordnen, einrichten; geneigt machen, bewegen; *v/i.* ***~ of*** verfügen über (*acc.*); erledigen; loswerden; wegschaffen, beseitigen; *Abfall*, *a. Atommüll etc.* entsorgen; **~·posed** geneigt; ...gesinnt; **~·po·si·tion** [dɪspəˈzɪʃn] Veranlagung *f*

dis·pos·sess [dɪspəˈzes] enteignen, vertreiben; berauben (***of*** *gen.*)

dis·pro·por·tion·ate [dɪsprəˈpɔːʃnət] unverhältnismäßig

dis·prove [dɪsˈpruːv] widerlegen

di·spute [dɪˈspjuːt] **1.** Disput *m*, Kontroverse *f*; Streit *m*; Auseinandersetzung *f*; **2.** streiten (über *acc.*); bezweifeln

dis·qual·i·fy [dɪs'kwɒlɪfaɪ] unfähig *od.* untauglich machen; für untauglich erklären; *Sport*: disqualifizieren
dis·re·gard [dɪsrɪ'gɑːd] **1.** Nichtbeachtung *f*; Missachtung *f*; **2.** nicht beachten
dis|·rep·u·ta·ble [dɪs'repjʊtəbl] übel; verrufen; **~·re·pute** [dɪsrɪ'pjuːt] schlechter Ruf
dis·re·spect [dɪsrɪ'spekt] Respektlosigkeit *f*; Unhöflichkeit *f*; **~·ful** respektlos; unhöflich
dis·rupt [dɪs'rʌpt] unterbrechen
dis·sat·is|·fac·tion ['dɪssætɪs'fækʃn] Unzufriedenheit *f*; **~·fied** [dɪs'sætɪsfaɪd] unzufrieden (***with*** mit)
dis·sect [dɪ'sekt] zerlegen, -gliedern
dis·sen|·sion [dɪ'senʃn] Meinungsverschiedenheit(en *pl.*) *f*, Differenz(en *pl.*) *f*; Uneinigkeit *f*; **~t** [dɪ'sent] **1.** abweichende Meinung; **2.** anderer Meinung sein (***from*** als); **~t·er** Andersdenkende(r *m*) *f*
dis·si·dent ['dɪsɪdənt] Andersdenkende(r *m*) *f*; *pol.* Dissident(in), Regime-, Systemkritiker(in)
dis·sim·i·lar [dɪ'sɪmɪlə] (***to***) unähnlich (*dat.*); verschieden (von)
dis·sim·u·la·tion [dɪsɪmjʊ'leɪʃn] Verstellung *f*
dis·si|·pate ['dɪsɪpeɪt] (sich) zerstreuen; verschwenden; **'~·pat·ed** ausschweifend, zügellos
dis·so·ci·ate [dɪ'səʊʃɪeɪt] trennen; **~ o.s.** sich distanzieren (***from*** von)
dis·so|·lute ['dɪsəluːt] → ***dissipated***; **~·lu·tion** [dɪsə'luːʃn] Auflösung *f*
dis·solve [dɪ'zɒlv] (sich) auflösen
dis·suade [dɪ'sweɪd] *j-m* abraten (***from*** von)
dis|·tance ['dɪstəns] **1.** Abstand *m*; Entfernung *f*; Ferne *f*; Strecke *f*; *fig.* Distanz *f*, Zurückhaltung *f*; ***at a ~*** von weitem; in einiger Entfernung; ***keep s.o. at a ~*** j-m gegenüber reserviert sein; **2.** hinter sich lassen; **'~ race** *Sport*: Langstreckenlauf *m*; **'~ runner** *Sport*: Langstreckenläufer(in), Langstreckler(in); **'~·tant** entfernt; fern, Fern...; distanziert
dis·taste [dɪs'teɪst] Widerwille *m*, Abneigung *f*; **~·ful** Ekel erregend; unangenehm; ***be ~ to s.o.*** j-m zuwider sein
dis·tem·per *zo.* [dɪ'stempə] Staupe *f*
dis·tend [dɪ'stend] (sich) (aus)dehnen; (auf)blähen; sich weiten
dis·til(l) [dɪ'stɪl] (***-ll-***) destillieren
dis|·tinct [dɪ'stɪŋkt] verschieden; deutlich, klar; **~·tinc·tion** [dɪ'stɪŋkʃn] Unterscheidung *f*; Unterschied *m*; Auszeichnung *f*; Rang *m*; **~·tinc·tive** [dɪ'stɪŋktɪv] unterscheidend; kennzeichnend, bezeichnend
dis·tin·guish [dɪ'stɪŋgwɪʃ] unterscheiden; auszeichnen; **~ o.s.** sich auszeichnen; **~ed** berühmt; ausgezeichnet; vornehm
dis·tort [dɪ'stɔːt] verdrehen; verzerren
dis·tract [dɪ'strækt] ablenken; **~·ed** beunruhigt, besorgt; (***by, with***) außer sich (vor *dat.*); wahnsinnig (vor *Schmerzen etc.*); **dis·trac·tion** [dɪ'strækʃn] Ablenkung *f*; Zerstreuung *f*; Wahnsinn *m*
dis·traught [dɪ'strɔːt] → ***distracted***
dis·tress [dɪ'stres] **1.** Leid *n*, Kummer *m*, Sorge *f*; Not(lage) *f*; **2.** beunruhigen, mit Sorge erfüllen; **~ed** Not leidend; **~ed ar·e·a** *Am.* Notstandsgebiet *n* (*Katastrophengebiet*); **~·ing** Besorgnis erregend
dis|·trib·ute [dɪ'strɪbjuːt] ver-, aus-, zuteilen; *econ. Waren* vertreiben, absetzen; *Filme* verleihen; **~·tri·bu·tion** [dɪstrɪ'bjuːʃn] Ver-, Aus-, Zuteilung *f*; *econ.* Vertrieb *m*, Absatz *m*; Verleih *m* (*von Filmen*)
dis·trict ['dɪstrɪkt] Bezirk *m*; Gegend *f*
dis·trust [dɪs'trʌst] **1.** Misstrauen *n*; **2.** misstrauen (*dat.*); **~·ful** misstrauisch
dis·turb [dɪ'stɜːb] stören; beunruhigen; **~·ance** [dɪ'stɜːbəns] Störung *f*; Unruhe *f*; ***~ of the peace*** *jur.* Störung *f* der öffentlichen Sicherheit u. Ordnung; ***cause a ~*** für Unruhe sorgen; ruhestörenden Lärm machen; **~ed** [dɪ'stɜːbd] geistig gestört; verhaltensgestört
dis·used [dɪs'juːzd] nicht mehr benutzt (*Maschine etc.*), stillgelegt (*Bergwerk etc.*)
ditch [dɪtʃ] Graben *m*
Div *nur geschr. Abk. für* **division** *Sport*: Liga *f*
di·van [dɪ'væn, 'daɪvæn] Diwan *m*; **~ bed** Bettcouch *f*
dive [daɪv] **1.** (***dived*** *od. Am. a.* ***dove, dived***) (unter)tauchen; *vom Sprungbrett* springen; e-n Hecht- *od.* Kopfsprung machen; hechten (***for*** nach); e-n

Sturzflug machen; **2.** *Schwimmen*: Springen *n*; Kopf-, Hechtsprung *m*; *Fußball*: Schwalbe *f*; Sturzflug *m*; F Spelunke *f*; **'div·er** Taucher(in); *Sport*: Wasserspringer(in)

D

di·verge [daɪ'vɜːdʒ] auseinander laufen; abweichen; **di·ver·gence** [daɪ'vɜːdʒəns] Abweichung *f*; **di'ver·gent** abweichend

di·verse [daɪ'vɜːs] verschieden; mannigfaltig; **di·ver·si·fy** [daɪ'vɜːsɪfaɪ] verschieden(artig) *od.* abwechslungsreich gestalten; **di·ver·sion** [daɪ'vɜːʃn] Ablenkung *f*; Zeitvertreib *m*; **di·ver·si·ty** [daɪ'vɜːsətɪ] Verschiedenheit *f*; Mannigfaltigkeit *f*

di·vert [daɪ'vɜːt] ablenken; *j-n* zerstreuen, unterhalten; *Verkehr* umleiten

di·vide [dɪ'vaɪd] **1.** *v/t.* teilen; ver-, aus-, aufteilen; trennen; *math.* dividieren, teilen (*by* durch); *v/i.* sich teilen; sich aufteilen; *math.* sich dividieren *od.* teilen lassen (*by* durch); **2.** *geogr.* Wasserscheide *f*; **di'vid·ed** geteilt; *~ highway* *Am.* Schnellstraße *f*

div·i·dend *econ.* ['dɪvɪdend] Dividende *f*

di·vid·ers [dɪ'vaɪdəz] *pl.* (*a pair of ~* ein) Stechzirkel *m*

di·vine [dɪ'vaɪn] (*~r, ~st*) göttlich; *~* **'ser·vice** Gottesdienst *m*

div·ing ['daɪvɪŋ] Tauchen *n*; *Sport*: Wasserspringen *n*; Taucher...; **'~board** Sprungbrett *n*; **'~suit** Taucheranzug *m*

di·vin·i·ty [dɪ'vɪnətɪ] Gottheit *f*; Göttlichkeit *f*; Theologie *f*

di·vis·i·ble [dɪ'vɪzəbl] teilbar; **di·vi·sion** [dɪ'vɪʒn] Teilung *f*; Trennung *f*; Abteilung *f*; *mil., math.* Division *f*

di·vorce [dɪ'vɔːs] **1.** (Ehe)Scheidung *f*; *get a ~* sich scheiden lassen (*from* von); **2.** *jur. j-n, Ehe* scheiden; *get ~d* sich scheiden lassen; **di·vor·cee** [dɪvɔː'siː] Geschiedene(r *m*) *f*

DIY *bsd. Brt.* [diː aɪ 'waɪ] *Abk. für* → *do-it-yourself*; *~* **store** Baumarkt *m*

diz·zy ['dɪzɪ] (*-ier, -iest*) schwind(e)lig

DJ [diː 'dʒeɪ] *Abk. für* **disc jockey** Discjockey *m*

do [duː] (*did, done*) *v/t.* tun, machen; (zu)bereiten; *Zimmer* aufräumen; *Geschirr* abwaschen; *Wegstrecke* zurücklegen, schaffen; *~ you know him? no, I don't* kennst du ihn? nein; *what can I ~ for you?* was kann ich für Sie tun?, womit kann ich (Ihnen) dienen?; *~ London* F London besichtigen; *have one's hair done* sich die Haare machen *od.* frisieren lassen; *have done reading* fertig sein mit Lesen; *v/i.* tun, handeln; sich befinden; genügen; *that will ~* das genügt; *how ~ you ~?* guten Tag! (*bei der Vorstellung*); *~ be quick* beeil dich doch; *~ you like London? I ~* gefällt Ihnen London? ja; *she works hard, doesn't she?* sie arbeitet viel, nicht wahr?; *~ well* s-e Sache gut machen; gute Geschäfte machen; *~ away with* beseitigen, weg-, abschaffen; *I'm done in* F ich bin geschafft; *~ up Kleid etc.* zumachen; *Haus etc.* in Stand setzen; *Päckchen* zurechtmachen; *~ o.s. up* sich zurechtmachen; *I could ~ with ...* ich könnte ... brauchen *od.* vertragen; *~ without* auskommen *od.* sich behelfen ohne

doc¹ F [dɒk] → *doctor* 1 (*Arzt*)

doc² [dɒk] *Abk. für* **document** Dokument *n*, Urkunde *f*

do·cile ['dəʊsaɪl] gelehrig; fügsam

dock¹ [dɒk] stutzen, kupieren

dock² [dɒk] **1.** *naut.* Dock *n*; Kai *m*, Pier *m*; *jur.* Anklagebank *f*; **2.** *v/t. Schiff* (ein)docken; *Raumschiff* koppeln; *v/i. naut.* anlegen; andocken, ankoppeln (*Raumschiff*); **'~er** Dock-, Hafenarbeiter *m*; **'~ing** Docking *n*, Ankopp(e)lung *f* (*an ein Raumschiff*); **'~yard** *naut.* Werft *f*

doc·tor ['dɒktə] Doktor *m*, Arzt *m*, Ärztin *f*; *univ.* Doktor *m*; **~·al** ['dɒktərəl]: *~ thesis* Doktorarbeit *f*

doc·trine ['dɒktrɪn] Doktrin *f*, Lehre *f*

doc·u·ment 1. ['dɒkjʊmənt] Urkunde *f*; **2.** ['dɒkjʊment] (urkundlich) belegen

doc·u·men·ta·ry [dɒkjʊ'mentrɪ] **1.** urkundlich; *Film etc.*: Dokumentar...; **2.** Dokumentarfilm *m*

dodge [dɒdʒ] (rasch) zur Seite springen, ausweichen; F sich drücken (vor *dat.*); **'dodg·er** Drückeberger *m*; → *fare dodger*

doe *zo.* [dəʊ] (Reh)Geiß *f*, Ricke *f*

dog [dɒg] **1.** *zo.* Hund *m*; **2.** (*-gg-*) *j-n* beharrlich verfolgen; **'~eared** mit Eselsohren (*Buch*); **~·ged** ['dɒgɪd] verbissen, hartnäckig

dog|·ma ['dɒgmə] Dogma *n*; Glaubenssatz *m*; **~·mat·ic** [dɒg'mætɪk] (**~*ally***) dogmatisch
dog-'tired F hundemüde
do-it-your·self [du:ɪtjɔː'self] **1.** Heimwerken *n*; **2.** Heimwerker...; **~·er** Heimwerker *m*
dole [dəʊl] **1.** milde Gabe; *Brt.* F Stempelgeld *n*; ***go*** *od.* ***be on the ~*** *Brt.* F stempeln gehen; **2. ~ *out*** sparsam ver- *od.* austeilen
dole·ful ['dəʊlfl] traurig, trübselig
doll [dɒl] Puppe *f*
dol·lar ['dɒlə] Dollar *m*
dol·phin *zo.* ['dɒlfɪn] Delfin *m*
dome [dəʊm] Kuppel *f*; ⚠ *nicht* ***Dom***
do·mes·tic [də'mestɪk] **1.** (**~*ally***) häuslich; inländisch, einheimisch; zahm; **2.** Hausangestellte(r *m*) *f*; **~ 'an·i·mal** Haustier *n*; **do·mes·ti·cate** [də'mestɪkeɪt] *Tier* zähmen; **~ 'flight** *aviat.* Inlandsflug *m*; **~ 'mar·ket** Binnenmarkt *m*; **~ 'trade** Binnenhandel *m*; **~ 'vi·o·lence** häusliche Gewalt (*gegen Frauen u. Kinder*)
dom·i·cile ['dɒmɪsaɪl] Wohnsitz *m*
dom·i|·nant ['dɒmɪnənt] dominierend, (vor)herrschend; **~·nate** ['dɒmɪneɪt] beherrschen; dominieren; **~·na·tion** [dɒmɪ'neɪʃn] (Vor)Herrschaft *f*; **~·neer·ing** [dɒmɪ'nɪərɪŋ] herrisch, tyrannisch
do·nate [dəʊ'neɪt] schenken, stiften; **do·na·tion** [dəʊ'neɪʃn] Schenkung *f*
done [dʌn] **1.** *p.p. von* ***do*; 2.** *adj.* getan; erledigt; fertig; *gastr.* gar → ***well-done***
don·key *zo.* ['dɒŋkɪ] *zo.* Esel *m*
do·nor ['dəʊnə] (*med. bsd. Blut-, Organ*)Spender(in)
don't [dəʊnt] *für*: ***do not*** → ***do***; *für*: *Am.* F ***does not*** (*she don't ...*) → ***do***
doom [du:m] **1.** Schicksal *n*, Verhängnis *n*; **2.** verurteilen, -dammen; **~s·day** ['du:mzdeɪ]: ***till ~*** F bis zum Jüngsten Tag
door [dɔ:] Tür *f*; Tor *n*; ***next ~*** nebenan; **'~·bell** Türklingel *f*; **'~ han·dle** Türklinke *f*; **'~·keep·er** Pförtner *m*; **'~·knob** Türknauf *m*; **'~·mat** (Fuß)Abtreter *m*; **'~·step** Türstufe *f*; **'~·way** Türöffnung *f*
dope [dəʊp] **1.** F Stoff *m* (*Rauschgift*); F Betäubungsmittel *n*; *Sport*: Dopingmittel *n*; *sl.* Trottel *m*; **2.** F *j-m* Stoff geben; *Sport*: dopen; **'~ test** Dopingkontrolle *f*
dor·mant *mst fig.* ['dɔ:mənt] schlafend, ruhend; untätig
dor·mer (win·dow) ['dɔ:mə (-)] stehendes Dachfenster
dor·mi·to·ry ['dɔ:mətrɪ] Schlafsaal *m*; *bsd. Am.* Studentenwohnheim *n*
dor·mo·bile® ['dɔ:məbi:l] Campingbus *m*, Wohnmobil *n*
dor·mouse *zo.* ['dɔ:maʊs] (*pl.* ***-mice***) Haselmaus *f*
DOS [dɒs] *Abk. für* ***disk operating system*** DOS *n*, (Platten)Betriebssystem *n*
dose [dəʊs] **1.** Dosis *f*; ⚠ *nicht* ***Dose*; 2.** *j-m* e-e Medizin geben
dot [dɒt] **1.** Punkt *m*; Fleck *m*; ***on the ~*** F auf die Sekunde pünktlich; **2.** (***-tt-***) punktieren; tüpfeln; *fig.* sprenkeln; ***~ted line*** punktierte Linie
dote [dəʊt]: **~ *on*** vernarrt sein in (*acc.*); **dot·ing** ['dəʊtɪŋ] vernarrt
doub·le ['dʌbl] **1.** doppelt; Doppel...; zweifach; **2.** Doppelte(s) *n*; Doppelgänger(in); *Film, TV*: Double *n*; **3.** (sich) verdoppeln; *Film, TV*: *j-n* doubeln; *a.* **~ *up*** falten; *Decke* zusammenlegen; **~ *back*** kehrtmachen; **~ *up with*** sich krümmen vor (*dat.*); **~-'breast·ed** zweireihig (*Jackett*); **~-'check** genau nachprüfen; **~ 'chin** Doppelkinn *n*; **~-'cross** ein doppeltes *od.* falsches Spiel treiben mit; **~-'deal·ing 1.** betrügerisch; **2.** Betrug *m*; **~-'deck·er** Doppeldecker *m*; **~-'edged** zweischneidig; zweideutig; **~-'en·try** *econ.* doppelte Buchführung; **~ 'fea·ture** *Film*: Doppelprogramm *n*; **~-'park** *mot.* in zweiter Reihe parken; **~-'quick** F im Eiltempo, fix; **'~s** *sg. bsd. Tennis*: Doppel *n*; ***men's ~*** Herrendoppel *n*; ***women's ~*** Damendoppel *n*; **~-'sid·ed** zweiseitig *beschreibbare Diskette etc.*
doubt [daʊt] **1.** *v/i.* zweifeln; *v/t.* bezweifeln; misstrauen (*dat.*); **2.** Zweifel *m*; ***be in ~ about*** Zweifel haben an (*dat.*); ***no ~*** ohne Zweifel; **'~·ful** zweifelhaft; **'~·less** ohne Zweifel
douche [du:ʃ] **1.** Spülung *f* (*a. med.*); Spülapparat *m*; ⚠ *nicht* ***Dusche*; 2.** spülen (*a. med.*); ⚠ *nicht* ***duschen***
dough [dəʊ] Teig *m*; **'~·nut** *etwa* Krapfen *m*, Berliner Pfannkuchen, Schmalzkringel *m*

D

dove[1] *zo.* [dʌv] Taube *f*

dove[2] *Am.* [dəʊv] *pret. von* ***dive*** 1

dow·dy ['daʊdɪ] unelegant; unmodern

dow·el *tech.* ['daʊəl] Dübel *m*

down[1] [daʊn] Daunen *pl.*; Flaum *m*

down[2] [daʊn] **1.** *adv.* nach unten, herunter, hinunter, herab, hinab, abwärts; unten; **2.** *prp.* herab, hinab, herunter, hinunter; ~ ***the river*** flussabwärts; **3.** *adj.* nach unten gerichtet; deprimiert, niedergeschlagen; ~ ***platform*** Abfahrtsbahnsteig *m* (*in London*); ~ ***train*** Zug *m* (von London fort); **4.** *v/t.* niederschlagen; *Flugzeug* abschießen; F *Getränk* runterkippen; ~ ***tools*** die Arbeit niederlegen, in den Streik treten; **'~cast** niedergeschlagen; **'~fall** Platzregen *m*; *fig.* Sturz *m*; **~'heart·ed** niedergeschlagen; **~'hill 1.** *adv.* bergab; **2.** *adj.* abschüssig; *Skisport*: Abfahrts...; **3.** Abhang *m*; *Skisport*: Abfahrt *f*; **~ 'pay·ment** *econ.* Anzahlung *f*; **'~pour** Regenguss *m*, Platzregen *m*; **'~right 1.** *adv.* völlig, ganz u. gar, ausgesprochen; **2.** *adj.* glatt (*Lüge etc.*); ausgesprochen

downs [daʊnz] *pl.* Hügelland *n*

down|'stairs die Treppe her- *od.* hinunter; (nach) unten; **~'stream** stromabwärts; **~-to-'earth** realistisch; **~'town** *Am.* **1.** *adv.* im *od.* ins Geschäftsviertel; **2.** *adj.* im Geschäftsviertel (gelegen *od.* tätig); **'~town** *Am.* Geschäftsviertel *n*, Innenstadt *f*, City *f*; **~ward(s)** ['daʊnwəd(z)] abwärts, nach unten

down·y ['daʊnɪ] (**-ier, -iest**) flaumig

dow·ry ['daʊərɪ] Mitgift *f*

doz. *nur geschr. Abk. für* ***dozen*** Dtzd., Dutzend(e *pl.*) *n*

doze [dəʊz] **1.** dösen, ein Nickerchen machen; **2.** Nickerchen *n*

doz·en ['dʌzn] Dutzend *n*

Dr *nur geschr. Abk. für* ***Doctor*** Dr., Doktor *m*

drab [dræb] trist; düster; eintönig

draft [drɑːft] **1.** Entwurf *m*; *econ.* Tratte *f*, Wechsel *m*; *Am. mil.* Einberufung *f*; *Am. für* ***draught***; **2.** entwerfen; *Brief etc.* aufsetzen; *Am. mil.* einberufen; **~ee** *Am. mil.* [drɑːf'tiː] Wehr(dienst)pflichtige(r) *m*; **'~s·man** *Am.* (*pl.* **-men**), **'~s·wom·an** *Am.* (*pl.* **-women**) → ***draughtsman, draughtswoman***; **'~y** *Am.* (**-ier, -iest**) → ***draughty***

drag [dræg] **1.** Schleppen *n*, Zerren *n*; *fig.* Hemmschuh *m*; F *et.* Langweiliges; **2.** (**-gg-**) schleppen, zerren, ziehen, schleifen; *a.* ~ ***behind*** zurückbleiben, nachhinken; ~ ***on*** weiterschleppen; *fig.* sich dahinschleppen; *fig.* sich in die Länge ziehen; **'~ lift** Schlepplift *m*

drag·on ['drægən] Drache *m*; **'~·fly** *zo.* Libelle *f*

drain [dreɪn] **1.** Abfluss(kanal *m*, -rohr *n*) *m*; Entwässerungsgraben *m*; **2.** *v/t.* abfließen lassen; entwässern; austrinken, leeren; *v/i.* ~ ***off***, ~ ***away*** abfließen, ablaufen; **~·age** ['dreɪnɪdʒ] Abfließen *n*, Ablaufen *n*; Entwässerung(sanlage *f*, -ssystem *n*) *f*; **'~·pipe** Abflussrohr *n*

drake *zo.* [dreɪk] Enterich *m*, Erpel *m*; ⚠ *nicht* ***Drache***

dram F [dræm] Schluck *m*

dra·ma ['drɑːmə] Drama *n*; **dra·mat·ic** [drə'mætɪk] (**~ally**) dramatisch; **dram·a·tist** ['dræmətɪst] Dramatiker *m*; **dram·a·tize** ['dræmətaɪz] dramatisieren

drank [dræŋk] *pret. von* ***drink*** 2

drape [dreɪp] **1.** drapieren; in Falten legen; **2.** *mst* **~s** *pl. Am.* Vorhänge *pl.*;

drap·er·y *Brt.* ['dreɪpərɪ] Textilien *pl.*

dras·tic ['dræstɪk] (**~ally**) drastisch, durchgreifend

draught [drɑːft] (*Am.* ***draft***) (Luft)Zug *m*; Zugluft *f*; Zug *m*, Schluck *m*; Tiefgang *m* (*e-s Schiffes*); ***beer on ~***, ~ ***beer*** Bier *n* vom Fass, Fassbier *n*; **~s** *sg. Brt.* Damespiel *n*; **'~s·man** (*pl.* **-men**) *Brt. tech.* (Konstruktions)Zeichner *m*; **'~s·wom·an** (*pl.* **-women**) *Brt. tech.* (Konstruktions)Zeichnerin *f*; **'~y** (**-ier, -iest**) *Brt.* zugig

draw [drɔː] **1.** (***drew, drawn***) *v/t.* ziehen; *Vorhänge* auf-, zuziehen; *Atem* holen; *Tee* ziehen lassen; *fig. Menge* anziehen; *Interesse* auf sich ziehen; zeichnen; *Geld* abheben; *Scheck* ausstellen; *v/i. Kamin, Tee etc.*: ziehen; *Sport*: unentschieden spielen; ~ ***back*** zurückweichen; ~ ***near*** sich nähern; ~ ***out*** *Geld* abheben; *fig.* in die Länge ziehen; ~ ***up*** *Schriftstück* aufsetzen; (an)halten (*Wagen etc.*); vorfahren; **2.** Ziehen *n*; *Lotterie*: Ziehung *f*; *Sport*: Unentschieden *n*; Attraktion *f*, Zugnummer *f*; **'~·back** Nachteil *m*, Hindernis *n*; **'~bridge** Zugbrücke *f*

draw·er[1] [drɔː] Schublade *f*, -fach *n*
draw·er[2] ['drɔːə] Zeichner(in); *econ.* Aussteller(in) (*e-s Schecks etc.*)
'**draw·ing** Zeichnen *n*; Zeichnung *f*; '**~ board** Reißbrett *n*; '**~ pin** *Brt.* Reißzwecke *f*, -nagel *m*, Heftzwecke *f*; '**~ room** → ***living room***; Salon *m*
drawl [drɔːl] **1.** gedehnt sprechen; **2.** gedehntes Sprechen
drawn [drɔːn] **1.** *p.p. von* ***draw*** 1; **2.** *adj. Sport*: unentschieden; abgespannt
dread [dred] **1.** (große) Angst, Furcht *f*; **2.** (sich) fürchten; '**~·ful** schrecklich, furchtbar
dream [driːm] **1.** Traum *m*; **2.** (***dreamed*** *od.* ***dreamt***) träumen; '**~·er** Träumer(in); **~t** [dremt] *pret. u. p.p. von* ***dream*** 2; '**~·y** (***-ier, -iest***) träumerisch, verträumt
drear·y ['drɪərɪ] (***-ier, -iest***) trübselig; trüb(e); langweilig
dredge [dredʒ] **1.** (Schwimm)Bagger *m*; **2.** (aus)baggern (*nass*); '**dredg·er** (Schwimm)Bagger *m*
dregs [dregz] *pl.* Bodensatz *m*; *fig.* Abschaum *m*
drench [drentʃ] durchnässen
dress [dres] **1.** Kleidung *f*; Kleid *n*; **2.** (sich) ankleiden *od.* anziehen; schmücken, dekorieren; zurechtmachen; *Speisen* zubereiten; *Salat* anmachen; *Wunde* verbinden; *Haare* frisieren; ***get ~ed*** sich anziehen; **~ *down*** *j-m* e-e Standpauke halten; **~ *up*** (sich) fein machen; sich kostümieren *od.* verkleiden (*bsd. Kinder*); '**~ cir·cle** *thea.* erster Rang; '**~ de·sign·er** Modezeichner(in); '**~·er** Anrichte *f*; Toilettentisch *m*
'**dress·ing** An-, Zurichten *n*; Ankleiden *n*; *med.* Verband *m*; Dressing *n* (*Salatsoße*); Füllung *f*; **~ 'down** Standpauke *f*; '**~ gown** Morgenrock *m*, -mantel *m*; *Sport*: Bademantel *m*; '**~ room** (Künstler)Garderobe *f*; *Sport*: (Umkleide)Kabine *f*; '**~ ta·ble** Toilettentisch *m*
'**dress·mak·er** (Damen)Schneider(in)
drew [druː] *pret. von* ***draw*** 1
drib·ble ['drɪbl] tröpfeln (lassen); sabbern, geifern; *Fußball*: dribbeln
dried [draɪd] getrocknet, Dörr...
dri·er ['draɪə] → ***dryer***
drift [drɪft] **1.** (Dahin)Treiben *n*; (Schnee)Verwehung *f*; Schnee-, Sandwehe *f*; *fig.* Tendenz *f*; **2.** (dahin)treiben; wehen; sich häufen (*Sand, Schnee*)
drill [drɪl] **1.** *tech.* Bohrer *m*; *mil.* Drill *m* (*a. fig.*); *mil.* Exerzieren *n*; **2.** bohren; *mil., fig.* drillen; '**~·ing site** *tech.* Bohrgelände *n* (*für Öl*), Bohrstelle *f*
drink [drɪŋk] **1.** Getränk *n*; **2.** (***drank, drunk***) trinken; **~ *to s.o.*** j-m zuprosten *od.* zutrinken; **~-'driv·ing** *Brt.* Trunkenheit *f* am Steuer; '**~·er** Trinker(in); '**~s ma·chine** Getränkeautomat *m*
drip [drɪp] **1.** Tröpfeln *n*; *med.* Tropf *m*; **2.** (***-pp-***) tropfen *od.* tröpfeln (lassen); triefen; **~-'dry** bügelfrei; '**~·ping** Bratenfett *n*
drive [draɪv] **1.** Fahrt *f*; Aus-, Spazierfahrt *f*; Zufahrt(sstraße) *f*; (private) Auffahrt; *tech.* Antrieb *m*; *Computer*: Laufwerk *n*; *mot.* (*Links- etc.*)Steuerung *f*; *psych.* Trieb *m*; *fig.* Kampagne *f*; *fig.* Schwung *m*, Elan *m*, Dynamik *f*; **2.** (***drove, driven***) *v/t.* treiben; *Auto etc.* fahren, lenken, steuern; (im Auto *etc.*) fahren; *tech.* (an)treiben; *a.* **~ *off*** vertreiben; *v/i.* treiben; (Auto) fahren; **~ *off*** wegfahren; ***what are you driving at?*** F worauf wollen Sie hinaus?
'**drive-in 1.** Auto...; **~ *cinema***, *Am.* **~ *motion-picture theater*** Autokino *n*; **2.** Autokino *n*; Drive-in-Restaurant *n*; Autoschalter *m*, Drive-in-Schalter *m* (*e-r Bank*)
driv·el ['drɪvl] **1.** (*bsd. Brt.* ***-ll-***, *Am.* ***-l-***) faseln; **2.** Geschwätz *n*, Gefasel *n*
driv·en ['drɪvn] *p.p. von* ***drive*** 2
driv·er ['draɪvə] *mot.* Fahrer(in); (*Lokomotiv*)Führer *m*; '**~'s li·cense** *Am.* Führerschein *m*
driv·ing ['draɪvɪŋ] (an)treibend; *tech.* Antriebs..., Treib..., Trieb...; *mot.* Fahr...; '**~ li·cence** *Brt.* Führerschein *m*; '**~ test** Fahrprüfung *f*
driz·zle ['drɪzl] **1.** Sprühregen *m*; **2.** sprühen, nieseln
drone [drəʊn] **1.** *zo.* Drohne *f* (*a. fig.*); **2.** summen; dröhnen
droop [druːp] (schlaff) herabhängen
drop [drɒp] **1.** Tropfen *m*; Fallen *n*, Fall *m*; *fig.* Fall *m*, Sturz *m*; Bonbon *m*, *n*; ***fruit ~s*** *pl.* Drops *pl.*; **2.** (***-pp-***) *v/t.* tropfen (lassen); fallen lassen; *Bemerkung, Thema etc.* fallen lassen; *Brief* einwerfen; *Fahrgast* absetzen; senken;

~ ***s.o. a few lines*** *pl.* j-m ein paar Zeilen schreiben; *v/i.* tropfen; (herab-, herunter)fallen; umsinken, fallen; ~ ***in*** (kurz) hereinschauen; ~ ***off*** abfallen; zurückgehen, nachlassen; F einnicken; ~ ***out*** herausfallen; aussteigen (***of*** aus); *a.* ~ ***out of school*** (***university***) die Schule (das Studium) abbrechen; **'~-out** Drop-out *m*, Aussteiger *m*; (Schul-, Studien)Abbrecher *m*

D

drought [draʊt] Trockenheit *f*, Dürre *f*
drove [drəʊv] *pret. von* ***drive*** 2
drown [draʊn] *v/t.* ertränken; überschwemmen; *fig.* übertönen; *v/i.* ertrinken
drow·sy ['draʊzɪ] (***-ier, -iest***) schläfrig; einschläfernd
drudge [drʌdʒ] sich (ab)placken, schuften; **drudg·e·ry** ['drʌdʒərɪ] (stumpfsinnige) Plackerei *od.* Schinderei
drug [drʌg] **1.** Arzneimittel *n*, Medikament *n*; Droge *f*, Rauschgift *n*; ***be on*** (***off***) ~***s*** drogenabhängig *od.* -süchtig (clean) sein; **2.** (***-gg-***) *j-m* Medikamente geben; *j-n* unter Drogen setzen; ein Betäubungsmittel beimischen (*dat.*); betäuben (*a. fig.*); **'~ a·buse** Drogenmissbrauch *m*; Medikamentenmissbrauch *m*; **'~ ad·dict** Drogenabhängige(r *m*) *f*, -süchtige(r *m*) *f*; ***be a*** ~ drogenabhängig *od.* -süchtig sein; **~·gist** *Am.* ['drʌgɪst] Apotheker(in); Inhaber(in) e-s Drugstores; **'~·store** *Am.* Apotheke *f*; Drugstore *m*; **'~ vic·tim** Drogentote(r *m*) *f*
drum [drʌm] **1.** *mus.* Trommel *f*; *anat.* Trommelfell *n*; ~***s*** *pl. mus.* Schlagzeug *n*; **2.** (***-mm-***) trommeln; **'~·mer** *mus.* Trommler *m*; Schlagzeuger *m*
drunk [drʌŋk] **1.** *p.p. von* ***drink*** 2; **2.** *adj.* betrunken; ***get*** ~ sich betrinken; **3.** Betrunkene(r *m*) *f*; → **~·ard** ['drʌŋkəd] Trinker(in), Säufer(in); **'~·en** *adj.* betrunken; **~·en 'driv·ing** (*Am. a.* ***drunk driving***) Trunkenheit *f* am Steuer
dry [draɪ] **1.** (***-ier, -iest***) trocken; trocken, herb (*Wein*); F durstig; F trocken (*ohne Alkohol*); **2.** trocknen; dörren; ~ ***up*** austrocknen; versiegen; **~-'clean** chemisch reinigen; **~ 'clean·er's** chemische Reinigung (*Unternehmen*); **'~·er** (*a.* ***drier***) Trockner *m*; **'~ goods** *pl.* Textilien *pl.*
DTP [di: ti: 'pi:] *Abk. für* ***desktop publishing*** *Computer*: Desktop-Publishing *n*
du·al ['dju:əl] doppelt, Doppel...; **~ 'car·riage·way** *Brt.* Schnellstraße *f* (*mit Mittelstreifen*)
dub [dʌb] (***-bb-***) *Film* synchronisieren
du·bi·ous ['dju:bjəs] zweifelhaft
duch·ess ['dʌtʃɪs] Herzogin *f*
duck [dʌk] **1.** *zo.* Ente *f*; Ducken *n*; F Schatz *m* (*Anrede, oft unübersetzt*); **2.** (unter)tauchen; (sich) ducken; **'~·ling** *zo.* Entchen *n*
due [dju:] **1.** zustehend; gebührend; angemessen; *econ.* fällig; *zeitlich* fällig; ~ ***to*** wegen (*gen.*); ***be*** ~ ***to*** zurückzuführen sein auf; **2.** *adv.* direkt, genau (*nach Osten etc.*)
du·el ['dju:əl] Duell *n*
dues [dju:z] *pl.* Gebühren *pl.*; Beitrag *m*
du·et *mus.* [dju:'et] Duett *n*
dug [dʌg] *pret. u. p.p. von* ***dig*** 1
duke [dju:k] Herzog *m*
dull [dʌl] **1.** dumm; träge, schwerfällig; stumpf; matt (*Auge etc.*); schwach (*Gehör*); langweilig; abgestumpft, teilnahmslos; dumpf; trüb(e); *econ.* flau; **2.** stumpf machen *od.* werden; (sich) trüben; mildern, dämpfen; *Schmerz* betäuben; *fig.* abstumpfen
du·ly *adv.* ['dju:lɪ] ordnungsgemäß; gebührend; rechtzeitig
dumb [dʌm] stumm; sprachlos; *bsd. Am.* F doof, dumm, blöd; **dum(b)-'found·ed** verblüfft, sprachlos
dum·my ['dʌmɪ] Attrappe *f*; Kleider-, Schaufensterpuppe *f*; Dummy *m*, Puppe *f* (*für Unfalltests etc.*); *Brt.* Schnuller *m*
dump [dʌmp] **1.** *v/t.* (hin)plumpsen *od.* (hin)fallen lassen; auskippen; *Schutt etc.* abladen; *Schadstoffe in Fluss etc.* einleiten, *im Meer* verklappen (***into*** in); *econ. Waren* zu Dumpingpreisen verkaufen; **2.** Plumps *m*; Schuttabladeplatz *m*, Müllkippe *f*, -halde *f*, (Müll)Deponie *f*; **'~·ing** *econ.* Dumping *n*, Ausfuhr *f* zu Schleuderpreisen
dune [dju:n] Düne *f*
dung [dʌŋ] **1.** Dung *m*; **2.** düngen
dun·ga·rees [dʌŋgə'ri:z] *pl. Brt.* (***a pair of*** ~ e-e) Arbeitshose
dun·geon ['dʌndʒən] (Burg)Verlies *n*
dupe [dju:p] betrügen, täuschen
du·plex ['dju:pleks] doppelt, Doppel...;

'~ (**a·part·ment**) *Am.* Maisonette(wohnung) *f*; '~ (**house**) *Am.* Doppel-, Zweifamilienhaus *n*
du·pli·cate 1. ['dju:plɪkət] doppelt; ~ ***key*** Zweit-, Nachschlüssel *m*; **2.** ['dju:plɪkət] Duplikat *n*; Zweit-, Nachschlüssel *m*; **3.** ['dju:plɪkeɪt] doppelt ausfertigen; kopieren, vervielfältigen
du·plic·i·ty [dju:'plɪsətɪ] Doppelzüngigkeit *f*
dur·a·ble ['djʊərəbl] haltbar; dauerhaft; **du·ra·tion** [djʊə'reɪʃn] Dauer *f*
du·ress [djʊə'res] Zwang *m*
dur·ing *prp.* ['djʊərɪŋ] während
dusk [dʌsk] (Abend)Dämmerung *f*; '**~·y** (*-**ier**, -**iest***) dämmerig, düster (*a. fig.*); schwärzlich
dust [dʌst] **1.** Staub *m*; **2.** *v/t.* abstauben; (be)streuen; *v/i.* Staub wischen, abstauben; '**~·bin** *Brt.* Abfall-, Mülleimer *m*; Abfall-, Mülltonne *f*; '**~·bin lin·er** *Brt.* Müllbeutel *m*; '**~·cart** *Brt.* Müllwagen *m*; '**~·er** Staublappen *m*, -wedel *m*; *Schule*: Tafelschwamm *m*, -tuch *n*; '**~ cov·er**, '**~ jack·et** Schutzumschlag *m* *med.*(*e-s Buches*); '**~·man** (*pl.* ***-men***) *Brt.* Müllmann *m*; '**~·pan** Kehrichtschaufel *f*; '**~·y** (*-**ier**, -**iest***) staubig
Dutch [dʌtʃ] **1.** *adj.* holländisch, niederländisch; **2.** *adv.* ***go*** ~ getrennte Kasse machen; **3.** *ling.* Holländisch *n*, Niederländisch *n*; ***the*** ~ die Holländer *pl.*, die Niederländer *pl.*; '**~·man** (*pl.* ***-men***) Holländer *m*, Niederländer *m*; '**~·wom·an** (*pl.* ***-women***) Holländerin *f*, Niederländerin *f*
du·ty ['dju:tɪ] Pflicht *f*; Ehrerbietung *f*; *econ.* Abgabe *f*; Zoll *m*; Dienst *m*; ***on*** ~ Dienst habend; ***be on*** ~ Dienst haben; ***be off*** ~ dienstfrei haben; **~-'free** zollfrei
dwarf [dwɔ:f] **1.** (*pl.* ***dwarfs*** [dwɔ:fs], ***dwarves*** [dwɔ:vz]) Zwerg(in); **2.** verkleinern, klein erscheinen lassen
dwell [dwel] (***dwelt*** *od.* ***dwelled***) wohnen; *fig.* verweilen (***on*** bei); '**~·ing** Wohnung *f*
dwelt [dwelt] *pret. u. p.p. von* ***dwell***
dwin·dle ['dwɪndl] (dahin)schwinden, abnehmen
dye [daɪ] **1.** Farbe *f*; ***of the deepest*** ~ *fig.* von der übelsten Sorte; **2.** färben
dy·ing ['daɪɪŋ] **1.** sterbend; Sterbe...; **2.** Sterben *n*
dyke [daɪk] → ***dike***[1,2]
dy·nam·ic [daɪ'næmɪk] dynamisch, kraftgeladen; **~s** *mst sg.* Dynamik *f*
dy·na·mite ['daɪnəmaɪt] **1.** Dynamit *n*; **2.** (mit Dynamit) sprengen
dys·en·te·ry *med.* ['dɪsntrɪ] Ruhr *f*
dys·pep·si·a *med.* [dɪs'pepsɪə] Verdauungsstörung *f*

E

E, e [i:] E, e *n*
E *nur geschr. Abk. für*: ***east*** O, Ost(en *m*); ***east***(***ern***) östlich
each [i:tʃ] jede(r, -s); ~ ***other*** einander, sich; je, pro Person, pro Stück
ea·ger ['i:gə] begierig; eifrig; '**~·ness** Begierde *f*; Eifer *m*
ea·gle ['i:gl] *zo.* Adler *m*; *Am. hist.* Zehndollarstück *n*; **~-'eyed** scharfsichtig
ear [ɪə] Ähre *f*; *anat.* Ohr *n*; Öhr *n*; Henkel *m*; ***keep an ~ to the ground*** die Ohren offen halten; '**~·ache** Ohrenschmerzen *pl.*; '**~·drum** *anat.* Trommelfell *n*; **~ed** *in Zssgn* mit (...) Ohren, ...ohrig
earl [ɜ:l] *englischer* Graf
'**ear·lobe** Ohrläppchen *n*
ear·ly ['ɜ:lɪ] früh; Früh...; Anfangs...; erste(r, -s); bald(ig); ***as ~ as May*** schon im Mai; ***as ~ as possible*** so bald wie möglich; ~ '**bird** Frühaufsteher(in); ~ '**warn·ing sys·tem** *mil.* Frühwarnsystem *n*
'**ear·mark 1.** Kennzeichen *n*; Merkmal *n*; **2.** kennzeichnen; zurücklegen (***for*** für)
earn [ɜ:n] verdienen; einbringen

ear·nest ['ɜːnɪst] **1.** ernst(lich, -haft); ernst gemeint; **2.** Ernst *m*; ***in*** ~ im Ernst; ernsthaft
earn·ings ['ɜːnɪŋz] *pl.* Einkommen *n*
'ear|·phones *pl.* Ohrhörer *pl.*; Kopfhörer *pl.*; **'~·piece** *tel.* Hörmuschel *f*; **'~·ring** Ohrring *m*; **'~·shot: *within*** (***out of***) ~ in (außer) Hörweite
E
earth [ɜːθ] **1.** Erde *f*; Land *n*; **2.** *v/t. electr.* erden; **~·en** ['ɜːθn] irden; **'~·en·ware** Steingut(geschirr) *n*; **'~·ly** irdisch, weltlich; F denkbar; **'~·quake** Erdbeben *n*; **'~·worm** *zo.* Regenwurm *m*
ease [iːz] **1.** Bequemlichkeit *f*; (Gemüts)Ruhe *f*; Sorglosigkeit *f*; Leichtigkeit *f*; ***at*** (***one's***) ~ ruhig, entspannt; unbefangen; ***be*** *od.* ***feel ill at*** ~ sich (in s-r Haut) nicht wohl fühlen; **2.** *v/t.* erleichtern; beruhigen; *Schmerzen* lindern; *v/i. mst* ~ ***off,*** ~ ***up*** nachlassen; sich entspannen (*Lage*)
ea·sel ['iːzl] Staffelei *f*
east [iːst] **1.** Ost(en *m*); **2.** *adj.* östlich, Ost...; **3.** *adv.* nach Osten, ostwärts
Eas·ter ['iːstə] Ostern *n*; Oster...; ~ **'bun·ny** Osterhase *m*; **'~ egg** Osterei *n*
eas·ter·ly ['iːstəlɪ] östlich, Ost...; **east·ern** ['iːstən] östlich, Ost...; **east·ward(s)** ['iːstwəd(z)] östlich, nach Osten
eas·y ['iːzɪ] (***-ier, -iest***) leicht; einfach; bequem; gemächlich, gemütlich; ungezwungen; ***go*** ~, ***take it*** ~ sich Zeit lassen; ***take it*** ~! immer mit der Ruhe!; ~ **'chair** Sessel *m*; **~'go·ing** gelassen
eat [iːt] (***ate, eaten***) essen; (zer)fressen; ~ ***out*** auswärts essen, essen gehen; ~ ***up*** aufessen; **'~·a·ble** ess-, genießbar; **~·en** ['iːtn] *p.p. von* ***eat*** 1; **'~·er** Esser(in)
eaves [iːvz] *pl.* Dachrinne *f*, Traufe *f*; **'~·drop** (***-pp-***) (heimlich) lauschen *od.* horchen; ~ ***on*** belauschen
ebb [eb] **1.** Ebbe *f*; **2.** zurückgehen; ~ ***away*** abnehmen; ~ **'tide** Ebbe *f*
eb·o·ny ['ebənɪ] Ebenholz *n*
ec *nur geschr. Abk. für* ***Eurocheque*** *Brt.* Euroscheck *m*
EC [iː 'siː] *Abk. für* ***European Community*** EG, Europäische Gemeinschaft
ec·cen·tric [ɪk'sentrɪk] **1.** (***~ally***) exzentrisch; **2.** Exzentriker *m*, Sonderling *m*
ec·cle·si·as|·tic [ɪkliːzɪ'æstɪk] (***~ally***), **~·ti·cal** geistlich, kirchlich
ech·o ['ekəʊ] **1.** (*pl.* ***-oes***) Echo *n*; **2.** widerhallen; *fig.* echoen, nachsprechen
e·clipse *astr.* [ɪ'klɪps] (*Sonnen-*, *Mond-*) Finsternis *f*
e·co·cide ['iːkəsaɪd] Umweltzerstörung *f*
e·co·lo·gi·cal [iːkə'lɒdʒɪkl] ökologisch, Umwelt...
e·col·o|·gist [iː'kɒlədʒɪst] Ökologe *m*; **~·gy** [iː'kɒlədʒɪ] Ökologie *f*
ec·o·nom|·ic [iːkə'nɒmɪk] (***~ally***) wirtschaftlich, Wirtschafts...; ~ ***growth*** Wirtschaftswachstum *n*; **~·i·cal** wirtschaftlich, sparsam; **~·ics** *sg.* Volkswirtschaft(slehre) *f*
e·con·o|·mist [ɪ'kɒnəmɪst] Volkswirt *m*; **~·mize** [ɪ'kɒnəmaɪz] sparsam wirtschaften (mit); **~·my** [ɪ'kɒnəmɪ] **1.** Wirtschaft *f*; Wirtschaftlichkeit *f*, Sparsamkeit *f*; Einsparung *f*; **2.** Spar...
e·co·sys·tem ['iːkəʊsɪstəm] Ökosystem *n*
ec·sta|·sy ['ekstəsɪ] Ekstase *f*, Verzückung *f*; **~t·ic** [ɪk'stætɪk] (***~ally***) verzückt
ECU ['ekjuː, eɪ'kuː] *Abk. für* ***European Currency Unit*** Europäische Währungseinheit
ed. [ed] *Abk. für*: ***edited*** h(rs)g., herausgegeben; ***edition*** Aufl., Auflage *f*; ***editor*** H(rs)g., Herausgeber *m*
ed·dy ['edɪ] **1.** Wirbel *m*; **2.** wirbeln
edge [edʒ] **1.** Schneide *f*; Rand *m*; Kante *f*; Schärfe *f*; ⚠ *nicht* (*Straßen-*, *Haus*)***Ecke***; ***be on*** ~ nervös *od.* gereizt sein; **2.** schärfen; (um)säumen; (sich) drängen; **~·ways** ['edʒweɪz], **~·wise** ['edʒwaɪz] seitlich, von der Seite
edg·ing ['edʒɪŋ] Einfassung *f*; Rand *m*
edg·y ['edʒɪ] (***-ier, -iest***) scharf(kantig); F nervös; F gereizt
ed·i·ble ['edɪbl] essbar
e·dict ['iːdɪkt] Edikt *n*
ed·i·fice ['edɪfɪs] Gebäude *n*
ed·it ['edɪt] *Text* herausgeben, redigieren; *Computer*: editieren; *Zeitung* als Herausgeber leiten; **e·di·tion** [ɪ'dɪʃn] (*Buch*)Ausgabe *f*; Auflage *f*; **ed·i·tor** ['edɪtə] Herausgeber(in); Redakteur(in); **ed·i·to·ri·al** [edɪ'tɔːrɪəl] **1.** Leitartikel *m*; **2.** Redaktions...
EDP [iː diː 'piː] *Abk. für* ***electronic data processing*** EDV, elektronische Datenverarbeitung

ed·u|·cate ['edʒʊkeɪt] erziehen; unterrichten; **'~·cat·ed** gebildet; **~·ca·tion** [edʒʊ'keɪʃn] Erziehung *f*; (Aus)Bildung *f*; Bildungs-, Schulwesen *n*; ***Ministry of*** **2** Unterrichtsministerium *n*; **~·ca·tion·al** [edʒʊ'keɪʃənl] erzieherisch, Erziehungs...; Bildungs...

eel *zo.* [iːl] Aal *m*

ef·fect [ɪ'fekt] (Aus)Wirkung *f*; Effekt *m*, Eindruck *m*; **~s** *pl. econ.* Effekten *pl.*; ***be in*** ~ in Kraft sein; ***in*** ~ in Wirklichkeit; ***take*** ~ in Kraft treten; **ef'fec·tive** wirksam; eindrucksvoll; tatsächlich

ef·fem·i·nate [ɪ'femɪnət] verweichlicht; weibisch

ef·fer|·vesce [efə'ves] brausen, sprudeln; **~·ves·cent** [efə'vesnt] sprudelnd, schäumend

ef·fi·cien|·cy [ɪ'fɪʃənsɪ] Leistung(sfähigkeit) *f*; ~ ***measure*** *econ.* Rationalisierungsmaßnahme *f*; **~t** wirksam; leistungsfähig, tüchtig

ef·flu·ent ['eflʊənt] Abwasser *n*, Abwässer *pl.*

ef·fort ['efət] Anstrengung *f*, Bemühung *f* (***at*** um); Mühe *f*; ***without*** ~ → **'~·less** mühelos, ohne Anstrengung

ef·fron·te·ry [ɪ'frʌntərɪ] Frechheit *f*

ef·fu·sive [ɪ'fjuːsɪv] überschwänglich

EFTA ['eftə] *Abk. für* ***European Free Trade Association*** EFTA, Europäische Freihandelsgemeinschaft

e.g. [iː 'dʒiː] *Abk. für* ***for example*** (*lateinisch* ***exempli gratia***) z.B., zum Beispiel

egg[1] [eg] Ei *n*; ***put all one's*** **~*s in one basket*** alles auf eine Karte setzen

egg[2] [eg]: ~ ***on*** anstacheln

'egg| co·sy Eierwärmer *m*; **'~·cup** Eierbecher *m*; **'~·head** F Eierkopf *m* (*Intellektueller*); **'~·plant** *bot. bsd. Am.* Aubergine *f*; **'~·shell** Eierschale *f*; **'~ tim·er** Eieruhr *f*

e·go·is|·m ['egəʊɪzəm] Egoismus *m*, Selbstsucht *f*; **~t** ['egəʊɪst] Egoist(in)

E·gypt ['iːdʒɪpt] Ägypten *n*; **E·gyp·tian** [ɪ'dʒɪpʃn] **1.** ägyptisch; **2.** Ägypter(in)

ei·der·down ['aɪdədaʊn] Eiderdaunen *pl.*; Daunendecke *f*

eight [eɪt] **1.** acht; **2.** Acht *f*; **eigh·teen** [eɪ'tiːn] **1.** achtzehn; **2.** Achtzehn *f*; **eigh·teenth** [eɪ'tiːnθ] achtzehnte(r, -s); **'~·fold** achtfach; **eighth** [eɪtθ] **1.** achte(r, -s); **2.** Achtel *n*; **'eighth·ly** achtens; **eigh·ti·eth** ['eɪtɪɪθ] achtzigste(r, -s); **'eigh·ty 1.** achtzig; **2.** Achtzig *f*

Ei·re ['eərə] *irischer Name der Republik Irland*

ei·ther ['aɪðə, 'iːðə] jede(r, -s) (*von zweien*); eine(r, -s) (*von zweien*); beides; ~ ***...*** ***or*** entweder ... oder; ***not*** ~ auch nicht

e·jac·u·late *physiol.* [ɪ'dʒækjʊleɪt] *v/t. Samen* ausstoßen; *v/i.* ejakulieren, e-n Samenerguss haben

e·ject [ɪ'dʒekt] *j-n* hinauswerfen; *tech.* ausstoßen, -werfen

eke [iːk]: ~ ***out*** *Vorräte etc.* strecken; *Einkommen* aufbessern; ~ ***out a living*** sich (mühsam) durchschlagen

e·lab·o·rate 1. [ɪ'læbərət] sorgfältig (aus)gearbeitet; kompliziert; **2.** [ɪ'læbəreɪt] sorgfältig ausarbeiten

e·lapse [ɪ'læps] verfließen, -streichen

e·las|·tic [ɪ'læstɪk] **1.** (**~*ally***) elastisch, dehnbar; ~ ***band*** *Brt.* → **2.** Gummiring *m*, -band *n*; **~·ti·ci·ty** [elæ'stɪsətɪ] Elastizität *f*

e·lat·ed [ɪ'leɪtɪd] begeistert (***at, by*** von)

el·bow ['elbəʊ] **1.** Ellbogen *m*; (scharfe) Biegung; *tech.* Knie *n*; ***at one's*** ~ bei der Hand; **2.** mit dem Ellbogen (weg)stoßen; ~ ***one's way through*** sich (mit den Ellbogen) e-n Weg bahnen durch

el·der[1] ['eldə] **1.** ältere(r, -s); **2.** der, die Ältere; (Kirchen)Älteste(r) *m*; **'~·ly** ältlich, ältere(r, -s)

el·der[2] *bot.* ['eldə] Holunder *m*

el·dest ['eldɪst] älteste(r, -s)

e·lect [ɪ'lekt] **1.** gewählt; **2.** (aus-, er)wählen

e·lec|·tion [ɪ'lekʃn] **1.** Wahl *f*; **2.** *pol.* Wahl...; **~·tor** [ɪ'lektə] Wähler(in); *Am. pol.* Wahlmann *m*; *hist.* Kurfürst *m*; **~·to·ral** [ɪ'lektərəl] Wahl..., Wähler...; ~ ***college*** *Am. pol.* Wahlmänner *pl.*; **~·to·rate** *pol.* [ɪ'lektərət] Wähler (-schaft *f*) *pl.*

e·lec·tric [ɪ'lektrɪk] (**~*ally***) elektrisch, Elektro...

e·lec·tri·cal [ɪ'lektrɪkl] elektrisch; Elektro...; ~ **en·gi'neer** Elektroingenieur *m*, -techniker *m*; ~ **en·gi'neer·ing** Elektrotechnik *f*

e·lec·tric 'chair elektrischer Stuhl

el·ec·tri·cian [ɪlek'trɪʃn] Elektriker *m*

e·lec·tri·ci·ty [ɪlek'trɪsətɪ] Elektrizität *f*
e·lec·tric 'ra·zor Elektrorasierer *m*
e·lec·tri·fy [ɪ'lektrɪfaɪ] elektrifizieren; elektrisieren (*a. fig.*)
e·lec·tro·cute [ɪ'lektrəkjuːt] auf dem elektrischen Stuhl hinrichten; durch elektrischen Strom töten
e·lec·tron [ɪ'lektrɒn] Elektron *n*
el·ec·tron·ic [ɪlek'trɒnɪk] (**~*ally***) elektronisch, Elektronen...; **~ 'da·ta pro·ces·sing** elektronische Datenverarbeitung
el·ec·tron·ics [ɪlek'trɒnɪks] *sg.* Elektronik *f*
el·e|·gance ['elɪgəns] Eleganz *f*; **'~·gant** elegant; geschmackvoll; erstklassig
el·e|·ment ['elɪmənt] Element *n*; Urstoff *m*; (Grund)Bestandteil *m*; **~s** *pl.* Anfangsgründe *pl.*, Grundlage(n *pl.*) *f*; Elemente *pl.*, Naturkräfte *pl.*; **~·men·tal** [elɪ'mentl] elementar; wesentlich
el·e·men·ta·ry [elɪ'mentərɪ] elementar; Anfangs...; **~ school** *Am.* Grundschule *f*
el·e·phant *zo.* ['elɪfənt] Elefant *m*
el·e|·vate ['elɪveɪt] erhöhen; *fig.* erheben; **'~·vat·ed** erhöht; *fig.* gehoben, erhaben; **~·va·tion** [elɪ'veɪʃn] Erhebung *f*; Erhöhung *f*; Höhe *f*; Erhabenheit *f*; **~·va·tor** *tech.* ['elɪveɪtə] *Am.* Lift *m*, Fahrstuhl *m*, Aufzug *m*
e·lev·en [ɪ'levn] **1.** elf; **2.** Elf *f*; **~th** [ɪ'levnθ] **1.** elfte(r, -s); **2.** Elftel *n*
elf [elf] (*pl.* ***elves***) Elf(e *f*) *m*; Kobold *m*
e·li·cit [ɪ'lɪsɪt] *et.* entlocken (***from*** *dat.*); ans (Tages)Licht bringen
el·i·gi·ble ['elɪdʒəbl] in Frage kommend, geeignet, annehmbar, akzeptabel
e·lim·i|·nate [ɪ'lɪmɪneɪt] entfernen, beseitigen; ausscheiden; **~·na·tion** [ɪlɪmɪ'neɪʃn] Entfernung *f*, Beseitigung *f*; Ausscheidung *f*
é·lite [eɪ'liːt] Elite *f*; Auslese *f*
elk *zo.* [elk] Elch *m*; *Am.* Wapitihirsch *m*
el·lipse *math.* [ɪ'lɪps] Ellipse *f*
elm *bot.* [elm] Ulme *f*
e·lon·gate ['iːlɒŋgeɪt] verlängern
e·lope [ɪ'ləʊp] (mit s-m *od.* s-r Geliebten) ausreißen *od.* durchbrennen
e·lo|·quence ['eləkwəns] Beredsamkeit *f*; **'~·quent** beredt
else [els] sonst, weiter; andere(r, -s); **~'where** anderswo(hin)
e·lude [ɪ'luːd] geschickt entgehen, ausweichen, sich entziehen (*alle dat.*); *fig.* nicht einfallen (*dat.*)
e·lu·sive [ɪ'luːsɪv] schwer fassbar
elves [elvz] *pl. von* ***elf***
e·ma·ci·ated [ɪ'meɪʃɪeɪtɪd] abgezehrt, ausgemergelt
em·a|·nate ['eməneɪt] ausströmen; ausgehen (***from*** von); **~·na·tion** [emə'neɪʃn] Ausströmen *n*; *fig.* Ausstrahlung *f*
e·man·ci|·pate [ɪ'mænsɪpeɪt] emanzipieren; **~·pa·tion** [ɪmænsɪ'peɪʃn] Emanzipation *f*
em·balm [ɪm'bɑːm] (ein)balsamieren
em·bank·ment [ɪm'bæŋkmənt] (Erd-)Damm *m*; (Bahn-, Straßen)Damm *m*; Uferstraße *f*
em·bar·go [em'bɑːgəʊ] (*pl.* ***-goes***) Embargo *n*, (Hafen-, Handels)Sperre *f*
em·bark [ɪm'bɑːk] *naut.*, *aviat.* an Bord nehmen *od.* gehen, *naut. a.* (sich) einschiffen; *Waren* verladen; **~ *on*** *et.* anfangen *od.* beginnen
em·bar·rass [ɪm'bærəs] in Verlegenheit bringen, verlegen machen, in e-e peinliche Lage versetzen; **~·ing** unangenehm, peinlich; **~·ment** Verlegenheit *f*
em·bas·sy *pol.* ['embəsɪ] Botschaft *f*
em·bed [ɪm'bed] (***-dd-***) (ein)betten, (ein)lagern
em·bel·lish [ɪm'belɪʃ] verschönern; *fig.* ausschmücken, beschönigen
em·bers ['embəz] *pl.* Glut *f*
em·bez·zle [ɪm'bezl] unterschlagen; **~·ment** Unterschlagung *f*
em·bit·ter [ɪm'bɪtə] verbittern
em·blem ['embləm] Sinnbild *n*; Wahrzeichen *n*
em·bod·y [ɪm'bɒdɪ] verkörpern; enthalten
em·bo·lis·m *med.* ['embəlɪzəm] Embolie *f*
em·brace [ɪm'breɪs] **1.** (sich) umarmen; einschließen; **2.** Umarmung *f*
em·broi·der [ɪm'brɔɪdə] (be)sticken; *fig.* ausschmücken; **~·y** [ɪm'brɔɪdərɪ] Stickerei *f*; *fig.* Ausschmückung *f*
em·broil [ɪm'brɔɪl] (in Streit) verwickeln
e·mend [ɪ'mend] *Texte* verbessern, korrigieren

em·e·rald ['emərəld] **1.** Smaragd *m*; **2.** smaragdgrün
e·merge [ɪ'mɜːdʒ] auftauchen; sich herausstellen *od.* ergeben (*Wahrheit etc.*)
e·mer·gen·cy [ɪ'mɜːdʒənsɪ] Not(lage) *f*, -fall *m*, -stand *m*; Not...; ***state of*** ~ *pol.* Ausnahmezustand *m*; ~ **brake** Notbremse *f*; ~ **call** Notruf *m*; ~ **exit** Notausgang *m*; ~ **land·ing** *aviat.* Notlandung *f*; ~ **num·ber** Notruf(nummer *f*) *m*; ~ **room** *Am.* Notaufnahme *f* (*im Krankenhaus*)
em·i|·grant ['emɪgrənt] Auswanderer *m*, *bsd. pol.* Emigrant(in); **~·grate** ['emɪgreɪt] auswandern, *bsd. pol.* emigrieren; **~·gra·tion** [emɪ'greɪʃn] Auswanderung *f*, *bsd. pol.* Emigration *f*
em·i|·nence ['emɪnəns] Berühmtheit *f*, Bedeutung *f*; ♀ *rel.* Eminenz *f*; **'~·nent** hervorragend, berühmt; bedeutend; **'~·nent·ly** ganz besonders, äußerst
e·mis·sion [ɪ'mɪʃn] Ausstoß *m*, -strahlung *f*, -strömen *n*; **~-'free** abgasfrei
e·mit [ɪ'mɪt] (***-tt-***) aussenden, -stoßen, -strahlen, -strömen; von sich geben
e·mo·tion [ɪ'məʊʃn] (Gemüts)Bewegung *f*, Gefühl(sregung *f*) *n*; Rührung *f*; **~·al** [ɪ'məʊʃənl] emotional; gefühlsmäßig; gefühlsbetont; **~·al·ly** [ɪ'məʊʃnəlɪ] emotional, gefühlsmäßig; ~ ***disturbed*** seelisch gestört; **~·less** gefühllos
em·pe·ror ['empərə] Kaiser *m*
em·pha|·sis ['emfəsɪs] (*pl.* ***-ses*** [-siːz]) Gewicht *n*; Nachdruck *m*; **~·size** ['emfəsaɪz] nachdrücklich betonen; **~t·ic** [ɪm'fætɪk] (***~ally***) nachdrücklich; deutlich; bestimmt
em·pire ['empaɪə] Reich *n*, Imperium *n*; Kaiserreich *n*
em·pir·i·cal [em'pɪrɪkl] erfahrungsgemäß
em·ploy [ɪm'plɔɪ] **1.** beschäftigen, anstellen; an-, verwenden, gebrauchen; **2.** Beschäftigung *f*; ***in the*** ~ ***of*** angestellt bei; **~·ee** [emplɔɪ'iː] Angestellte(r *m*) *f*, Arbeitnehmer(in); **~·er** [ɪm'plɔɪə] Arbeitgeber(in); **~·ment** [ɪm'plɔɪmənt] Beschäftigung *f*, Arbeit *f*; **~·ment ad** Stellenanzeige *f*; **~·ment of·fice** Arbeitsamt *n*
em·pow·er [ɪm'paʊə] ermächtigen; befähigen
em·press ['emprɪs] Kaiserin *f*
emp|·ti·ness ['emptɪnɪs] Leere *f* (*a. fig.*); **'~·ty 1.** (***-ier, -iest***) leer (*a. fig.*); **2.** (aus-, ent)leeren; sich leeren
em·u·late ['emjʊleɪt] wetteifern mit; nacheifern (*dat.*); es gleichtun (*dat.*)
e·mul·sion [ɪ'mʌlʃn] Emulsion *f*
en·a·ble [ɪ'neɪbl] befähigen, es *j-m* ermöglichen; ermächtigen
en·act [ɪ'nækt] *Gesetz* erlassen; verfügen
e·nam·el [ɪ'næml] **1.** Email(le *f*) *n*; *anat.* (Zahn)Schmelz *m*; Glasur *f*, Lack *m*; Nagellack *m*; **2.** (*bsd. Brt.* ***-ll-***, *Am.* ***-l-***) emaillieren; glasieren; lackieren
en·am·o(u)red [ɪ'næməd]: ~ ***of*** verliebt in
en·camp·ment *bsd. mil.* [ɪn'kæmpmənt] (Feld)Lager *n*
en·cased [ɪn'keɪst]: ~ ***in*** gehüllt in (*acc.*)
en·chant [ɪn'tʃɑːnt] bezaubern; **~·ing** bezaubernd; **~·ment** Bezauberung *f*; Zauber *m*
en·cir·cle [ɪn'sɜːkl] einkreisen, umzingeln; umfassen, umschlingen
encl *nur geschr. Abk. für* ***enclosed, enclosure(s)*** Anl., Anlage(n *pl.*) *f*
en·close [ɪn'kləʊz] einschließen, umgeben; beilegen, -fügen (*e-m Brief*);
en·clo·sure [ɪn'kləʊʒə] Einzäunung *f*; Anlage *f* (*zu e-m Brief*)
en·code [en'kəʊd] verschlüsseln, chiffrieren; kodieren
en·com·pass [ɪn'kʌmpəs] umgeben
en·coun·ter [ɪn'kaʊntə] **1.** Begegnung *f*; Gefecht *n*; **2.** begegnen (*dat.*); auf *Schwierigkeiten etc.* stoßen; mit *j-m feindlich* zusammenstoßen
en·cour·age [ɪn'kʌrɪdʒ] ermutigen; fördern; **~·ment** Ermutigung *f*; Anfeuerung *f*; Unterstützung *f*
en·cour·ag·ing [ɪn'kʌrɪdʒɪŋ] ermutigend
en·croach [ɪn'krəʊtʃ] (***on***) eingreifen (in *j-s Recht etc.*), eindringen (in *acc.*); über Gebühr in Anspruch nehmen (*acc.*); **~·ment** Ein-, Übergriff *m*
en·cum|·ber [ɪn'kʌmbə] belasten; (be)hindern; **~·brance** [ɪn'kʌmbrəns] Belastung *f*
en·cy·clo·p(a)e·di·a [ensaɪklə'piːdjə] Enzyklopädie *f*
end [end] **1.** Ende *n*; Ziel *n*, Zweck *m*; ***no*** ~ ***of*** unendlich viel(e), unzählige; ***at the***

*~ **of May*** Ende Mai; ***in the*** ~ am Ende, schließlich; ***on*** ~ aufrecht; ***stand on*** ~ zu Berge stehen (*Haare*); ***to no*** ~ vergebens; ***go off the deep*** ~ *fig.* in die Luft gehen; ***make (both)*** ~***s meet*** durchkommen, finanziell über die Runden kommen; **2.** enden; beend(ig)en

en·dan·ger [ɪn'deɪndʒə] gefährden

en·dear [ɪn'dɪə] beliebt machen (***to s.o.*** bei j-m); **~·ing** [ɪn'dɪərɪŋ] gewinnend; liebenswert; **~·ment:** ***words*** *pl.* ***of*** ~, ~***s*** *pl.* zärtliche Worte *pl.*

en·deav·o(u)r [ɪn'devə] **1.** Bestreben *n*, Bemühung *f*; **2.** sich bemühen

end·ing ['endɪŋ] Ende *n*; Schluss *m*; *gr.* Endung *f*

en·dive *bot.* ['endɪv, 'endaɪv] Endivie *f*

'end·less endlos, unendlich; *tech.* ohne Ende

en·dorse [ɪn'dɔːs] *econ. Scheck etc.* indossieren; *et.* vermerken (***on*** auf der Rückseite *e-r Urkunde*); billigen, gutheißen; **~·ment** Vermerk *m*; *econ.* Indossament *n*, Giro *n*

en·dow [ɪn'daʊ] *fig.* ausstatten; ~ ***s.o. with s.th.*** j-m et. stiften; **~·ment** Stiftung *f*; *mst* ~***s*** *pl.* Begabung *f*, Talent *n*

en·dur|·ance [ɪn'djʊərəns] Ausdauer *f*; ***beyond*** ~, ***past*** ~ unerträglich; ~***e*** [ɪn'djʊə] ertragen

'end us·er Endverbraucher *m*

en·e·my ['enəmɪ] **1.** Feind *m*; **2.** feindlich

en·er·get·ic [enə'dʒetɪk] (~***ally***) energisch; tatkräftig

en·er·gy ['enədʒɪ] Energie *f*; **'~ cri·sis** Energiekrise *f*; **'~-sav·ing** energiesparend; **'~ sup·ply** Energieversorgung *f*

en·fold [ɪn'fəʊld] einhüllen; umfassen

en·force [ɪn'fɔːs] (mit Nachdruck, *a.* gerichtlich) geltend machen; *Gesetz etc.* durchführen; durchsetzen, erzwingen; **~·ment** *econ., jur.* Geltendmachung *f*; Durchsetzung *f*, Erzwingung *f*

en·fran·chise [ɪn'fræntʃaɪz] *j-m* das Wahlrecht verleihen

en·gage [ɪn'geɪdʒ] *v/t. j-s Aufmerksamkeit* auf sich ziehen; *tech.* einrasten lassen, *mot. Gang* einlegen; *j-n* ein-, anstellen, *Künstler* engagieren; *v/i. tech.* einrasten, greifen; ~ ***in*** sich einlassen auf (*acc.*) *od.* in (*acc.*); sich beschäftigen mit; ~***d*** verlobt (***to*** mit); beschäftigt (***in, on*** mit); besetzt (*Toilette, Brt. tel.*); ~ ***tone*** *od.* ***signal*** *Brt. tel.* Besetztzeichen *n*; **~·ment** Verlobung *f*; Verabredung *f*; *mil.* Gefecht *n*

en·gag·ing [ɪn'geɪdʒɪŋ] einnehmend; gewinnend (*Lächeln etc.*)

en·gine ['endʒɪn] Maschine *f*; Motor *m*; *rail.* Lokomotive *f*; **'~ driv·er** *Brt. rail.* Lokomotivführer *m*

en·gi·neer [endʒɪ'nɪə] **1.** Ingenieur(in), Techniker(in), Mechaniker(in); *Am. rail.* Lokomotivführer *m*; *mil.* Pionier *m*; **2.** bauen; *fig.* (geschickt) in die Wege leiten; **~·ing** [endʒɪ'nɪərɪŋ] Technik *f*, Ingenieurwesen *n*, Maschinen- u. Gerätebau *m*

En·gland ['ɪŋglənd] England *n*

En·glish ['ɪŋglɪʃ] **1.** englisch; **2.** *ling.* Englisch *n*; ***the*** ~ *pl.* die Engländer *pl.*; ***in plain*** ~ *fig.* unverblümt; **'~·man** (*pl.* ***-men***) Engländer *m*; **'~·wom·an** (*pl.* ***-women***) Engländerin *f*

en·grave [ɪn'greɪv] (ein)gravieren, (-)meißeln, (-)schnitzen; *fig.* einprägen; **en'grav·er** Graveur *m*; **en'grav·ing** (Kupfer-, Stahl)Stich *m*; Holzschnitt *m*

en·grossed [ɪn'grəʊst]: ~ ***in*** (voll) in Anspruch genommen von, vertieft *od.* versunken in (*acc.*)

en·hance [ɪn'hɑːns] erhöhen

e·nig·ma [ɪ'nɪgmə] Rätsel *n*; **en·ig·mat·ic** [enɪg'mætɪk] (~***ally***) rätselhaft

en·joy [ɪn'dʒɔɪ] sich erfreuen an (*dat.*); genießen; ***did you*** ~ ***it?*** hat es Ihnen gefallen?; ~ ***o.s.*** sich amüsieren, sich gut unterhalten; ~ ***yourself!*** viel Spaß!; ***I*** ~ ***my dinner*** es schmeckt mir; **~·a·ble** angenehm, erfreulich; **~·ment** Vergnügen *n*, Freude *f*; Genuss *m*

en·large [ɪn'lɑːdʒ] (sich) vergrößern *od.* erweitern, ausdehnen; *phot.* vergrößern; sich verbreiten *od.* auslassen (***on*** über *acc.*); **~·ment** Erweiterung *f*; Vergrößerung *f* (*a. phot.*)

en·light·en [ɪn'laɪtn] aufklären, belehren; **~·ment** Aufklärung *f*

en·list *mil.* [ɪn'lɪst] *v/t.* anwerben; *v/i.* sich freiwillig melden; ~***ed men*** *pl. Am.* Unteroffiziere *pl.* u. Mannschaften *pl.*

en·liv·en [ɪn'laɪvn] beleben

en·mi·ty ['enmətɪ] Feindschaft *f*

en·no·ble [ɪ'nəʊbl] adeln; veredeln

e·nor|·mi·ty [ɪ'nɔːmətɪ] Ungeheuerlichkeit *f*; **~·mous** [ɪ'nɔːməs] ungeheuer

e·nough [ɪ'nʌf] genug

en·quire [ɪnˈkwaɪə], **en·qui·ry** [ɪnˈkwaɪərɪ] → ***inquire, inquiry***
en·rage [ɪnˈreɪdʒ] wütend machen; **~d** wütend (***at*** über *acc.*)
en·rap·ture [ɪnˈræptʃə] entzücken, hinreißen; **~d** entzückt, hingerissen
en·rich [ɪnˈrɪtʃ] be-, anreichern
en·rol(l) [ɪnˈrəʊl] (**-ll-**) (sich) einschreiben *od.* -tragen; *univ.* (sich) immatrikulieren
en·sign *naut.* [ˈensaɪn] *bsd.* (National-) Flagge *f*; *Am.* [ˈensn] Leutnant *m* zur See
en·sue [ɪnˈsjuː] (darauf-, nach)folgen
en·sure [ɪnˈʃʊə] sichern
en·tail [ɪnˈteɪl] mit sich bringen, zur Folge haben
en·tan·gle [ɪnˈtæŋgl] verwickeln
en·ter [ˈentə] *v/t.* (hinein-, herein)gehen, (-)kommen, (-)treten in (*acc.*), eintreten, -steigen in (*acc.*), betreten; einreisen in (*acc.*); *naut., rail.* einlaufen, -fahren in (*acc.*); eindringen in (*acc.*); *Namen etc.* eintragen, -schreiben; *Sport*: melden, nennen (***for*** für); *fig.* eintreten in (*acc.*), beitreten (*dat.*); *Computer*: eingeben; *v/i.* eintreten, herein-, hineinkommen, -gehen; *thea.* auftreten; sich eintragen *od.* -schreiben *od.* anmelden (***for*** für); *Sport*: melden, nennen (***for*** für); **ˈ~ key** *Computer*: Eingabetaste *f*
en·ter|·prise [ˈentəpraɪz] Unternehmen *n* (*a. econ.*); *econ.* Unternehmertum *n*; Unternehmungsgeist *m*; **ˈ~·pris·ing** unternehmungslustig; wagemutig; kühn
en·ter·tain [entəˈteɪn] unterhalten; bewirten; **~·er** Entertainer(in), Unterhaltungskünstler(in); **~·ment** Unterhaltung *f*; Entertainment *n*; Bewirtung *f*
en·thral(l) *fig.* [ɪnˈθrɔːl] (**-ll-**) fesseln, bezaubern
en·throne [ɪnˈθrəʊn] inthronisieren
en·thu·si·as|·m [ɪnˈθjuːzɪæzəm] Begeisterung *f*; **~t** [ɪnˈθjuːzɪæst] Enthusiast(in); **~·tic** [ɪnθjuːzɪˈæstɪk] (***~ally***) begeistert
en·tice [ɪnˈtaɪs] (ver)locken; **~·ment** Verlockung *f*, Reiz *m*
en·tire [ɪnˈtaɪə] ganz, vollständig; ungeteilt; **~·ly** völlig; ausschließlich
en·ti·tle [ɪnˈtaɪtl] betiteln; berechtigen (***to*** zu)
en·ti·ty [ˈentətɪ] Einheit *f*
en·trails *anat.* [ˈentreɪlz] *pl.* Eingeweide *pl.*
en·trance [ˈentrəns] Eintreten *n*, -tritt *m*; Ein-, Zugang *m*; Zufahrt *f*; Einlass *m*, Ein-, Zutritt *m*; **ˈ~ ex·am·(i·na·tion)** Aufnahmeprüfung *f*; **ˈ~ fee** Eintritt(sgeld *n*) *m*; Aufnahmegebühr *f*
en·treat [ɪnˈtriːt] inständig bitten, anflehen; **enˈtrea·ty** dringende *od.* inständige Bitte
en·trench *mil.* [ɪnˈtrentʃ] verschanzen (*a. fig.*)
en·trust [ɪnˈtrʌst] anvertrauen (***s.th. to s.o.*** j-m et.); betrauen
en·try [ˈentrɪ] Eintreten *n*, -tritt *m*; Einreise *f*; Beitritt *m* (***into*** zu); Einlass *m*, Zutritt *m*; Zu-, Eingang *m*, Einfahrt *f*; Eintrag(ung *f*) *m*; Stichwort *n* (*im Lexikon etc.*); *Sport*: Nennung *f*, Meldung *f*; ***bookkeeping by double*** (***single***) ***~*** *econ.* doppelte (einfache) Buchführung; ***no ~!*** Zutritt verboten!, *mot.* keine Einfahrt!; **ˈ~ per·mit** Einreiseerlaubnis *f*, -genehmigung *f*; **ˈ~·phone** Türsprechanlage *f*; **ˈ~ vi·sa** Einreisevisum *n*
en·twine [ɪnˈtwaɪn] ineinander schlingen
e·nu·me·rate [ɪˈnjuːməreɪt] aufzählen
en·vel·op [ɪnˈveləp] (ein)hüllen, einwickeln
en·ve·lope [ˈenvələʊp] Briefumschlag *m*
en·vi|·a·ble [ˈenvɪəbl] beneidenswert; **ˈ~·ous** neidisch
en·vi·ron·ment [ɪnˈvaɪərənmənt] Umgebung *f*, *a.* Milieu *n*; Umwelt *f*
en·vi·ron·men·tal [ɪnvaɪərənˈmentl] Milieu...; Umwelt...; **~·ist** [ɪnvaɪərənˈmentəlɪst] Umweltschützer(in); **~ ˈlaw** Umweltschutzgesetz *n*; **~ polˈlu·tion** Umweltverschmutzung *f*
en·vi·ron·ment ˈfriend·ly umweltfreundlich
en·vi·rons [ˈenvɪrənz] *pl.* Umgebung *f* (*e-r Stadt*)
en·vis·age [ɪnˈvɪzɪdʒ] sich *et.* vorstellen
en·voy [ˈenvɔɪ] Gesandte(r) *m*
en·vy [ˈenvɪ] **1.** Neid *m*; **2.** beneiden
ep·ic [ˈepɪk] **1.** episch; **2.** Epos *n*
ep·i·dem·ic [epɪˈdemɪk] **1.** (***~ally***) seuchenartig; **~ *disease*** → **2.** Epidemie *f*, Seuche *f*
ep·i·der·mis [epɪˈdɜːmɪs] Oberhaut *f*

E

E

ep·i·lep·sy *med.* ['epɪlepsɪ] Epilepsie *f*
ep·i·logue *bsd. Brt.*, **ep·i·log** *Am.* ['epɪlɒg] Nachwort *n*
e·pis·co·pal *rel.* [ɪ'pɪskəpl] bischöflich
ep·i·sode ['epɪsəʊd] Episode *f*
ep·i·taph ['epɪtɑːf] Grabinschrift *f*
e·poch ['iːpɒk] Epoche *f*, Zeitalter *n*
eq·ua·ble ['ekwəbl] ausgeglichen (*a. Klima*)
e·qual ['iːkwəl] **1.** gleich; gleichmäßig; **~ to** *fig.* gewachsen (*dat.*); **~ opportunities** *pl.* Chancengleichheit *f*; **~ rights** *pl.* **for women** Gleichberechtigung *f* der Frau; **2.** Gleiche(r *m*) *f*; **3.** (*bsd. Brt.* **-ll-**, *Am.* **-l-**) gleichen (*dat.*); **~·i·ty** [iː'kwɒlətɪ] Gleichheit *f*; **~·i·za·tion** [iːkwəlaɪ'zeɪʃn] Gleichstellung *f*; Ausgleich *m*; **~·ize** ['iːkwəlaɪz] gleichmachen, -stellen, angleichen; *Sport*: ausgleichen; **'~·iz·er** *Sport*: Ausgleich(stor *n*, -streffer) *m*
eq·ua·nim·i·ty [iːkwə'nɪmətɪ] Gleichmut *m*
e·qua·tion *math.* [ɪ'kweɪʒn] Gleichung *f*
e·qua·tor [ɪ'kweɪtə] Äquator *m*
e·qui·lib·ri·um [iːkwɪ'lɪbrɪəm] Gleichgewicht *n*
e·quip [ɪ'kwɪp] (**-pp-**) ausrüsten; **~·ment** Ausrüstung *f*, -stattung *f*; *tech.* Einrichtung *f*
e·quiv·a·lent [ɪ'kwɪvələnt] **1.** gleichwertig, äquivalent; gleichbedeutend (**to** mit); **2.** Äquivalent *n*, Gegenwert *m*
e·ra ['ɪərə] Zeitrechnung *f*; Zeitalter *n*
e·rad·i·cate [ɪ'rædɪkeɪt] ausrotten
e·rase [ɪ'reɪz] ausradieren, -streichen, löschen (*a. Computer, Tonband*); *fig.* auslöschen; **e'ras·er** Radiergummi *m*
e·rect [ɪ'rekt] **1.** aufrecht; **2.** aufrichten; *Denkmal etc.* errichten; aufstellen; **e·rec·tion** [ɪ'rekʃn] Errichtung *f*; *physiol.* Erektion *f*
er·mine *zo.* ['ɜːmɪn] Hermelin *n*
e·rode *geol.* [ɪ'rəʊd] erodieren; **e·ro·sion** *geol.* [ɪ'rəʊʒn] Erosion *f*
e·rot·ic [ɪ'rɒtɪk] (**~ally**) erotisch
err [ɜː] (sich) irren
er·rand ['erənd] Botengang *m*, Besorgung *f*; **go on an ~, run an ~** e-e Besorgung machen; **'~ boy** Laufbursche *m*
er·rat·ic [ɪ'rætɪk] (**~ally**) sprunghaft, unstet, unberechenbar
er·ro·ne·ous [ɪ'rəʊnjəs] irrig
er·ror ['erə] Irrtum *m*, Fehler *m* (*a. Computer*); **~s excepted** Irrtümer vorbehalten; **'~ mes·sage** *Computer*: Fehlermeldung *f*
e·rupt [ɪ'rʌpt] ausbrechen (*Vulkan etc.*); durchbrechen (*Zähne*); **e·rup·tion** [ɪ'rʌpʃn] (*Vulkan*)Ausbruch *m*; *med.* Ausschlag *m*
ESA [iː es 'eɪ] *Abk. für* **European Space Agency** Europäische Weltraumbehörde
es·ca|·late ['eskəleɪt] eskalieren (*Krieg etc.*); steigen, in die Höhe gehen (*Preise*); **~·la·tion** [eskə'leɪʃn] Eskalation *f*
es·ca·la·tor ['eskəleɪtə] Rolltreppe *f*
es·ca·lope *gastr.* ['eskələʊp] (*bsd.* Wiener) Schnitzel *n*
es·cape [ɪ'skeɪp] **1.** entgehen; entkommen, -rinnen; entweichen; *j-m* entfallen; **2.** Entrinnen *n*; Entweichen *n*; Flucht *f*; **have a narrow ~** mit knapper Not davonkommen; **~ chute** *aviat.* Notrutsche *f*; **~ key** *Computer*: Escape-Taste *f*
es·cort 1. ['eskɔːt] *mil.* Eskorte *f*; Geleit(schutz *m*) *n*; **2.** [ɪ'skɔːt] *mil.* eskortieren; *aviat.*, *naut.* Geleit(schutz) geben; geleiten
es·cutch·eon [ɪ'skʌtʃən] Wappenschild *m, n*
esp. *nur geschr. Abk. für* **especially** bes., bsd., besonders
es·pe·cial [ɪ'speʃl] besondere(r, -s); **~·ly** besonders
es·pi·o·nage [espɪə'nɑːʒ] Spionage *f*
es·pla·nade [esplə'neɪd] (*bsd.* Strand-) Promenade *f*
es·say ['eseɪ] Aufsatz *m*, kurze Abhandlung, Essay *m, n*
es·sence ['esns] Wesen *n* (*e-r Sache*); Essenz *f*; Extrakt *m*
es·sen·tial [ɪ'senʃl] **1.** wesentlich; unentbehrlich; **2.** *mst* **~s** *pl. das* Wesentliche; **~·ly** im Wesentlichen, in der Hauptsache
es·tab·lish [ɪ'stæblɪʃ] ein-, errichten; **~ o.s.** sich etablieren *od.* niederlassen; be-, nachweisen; **~·ment** Ein-, Errichtung *f*; *econ.* Unternehmen *n*, Firma *f*; **the** ♀ das Establishment, die etablierte Macht, die herrschende Schicht
es·tate [ɪ'steɪt] (großes) Grundstück, Landsitz *m*, Gut *n*; *jur.* Besitz *m*, (Erb)Masse *f*, Nachlass *m*; **housing ~**

(Wohn)Siedlung *f*; ***industrial*** ~ Industriegebiet *n*; ***real*** ~ Liegenschaften *pl.*; ~ **a·gent** *Brt.* Grundstücks-, Immobilienmakler *m*; ~ **car** *Brt. mot.* Kombiwagen *m*
es·teem [ɪ'sti:m] **1.** Achtung *f*, Ansehen *n* (***with*** bei); **2.** achten, (hoch)schätzen
es·thet·ic(s) *Am.* [es'θetɪk(s)] → ***aesthetic(s)***
es·ti|·mate 1. ['estɪmeɪt] (ab-, ein)schätzen; veranschlagen; **2.** ['estɪmɪt] Schätzung *f*; (Kosten)Voranschlag *m*; **~·ma·tion** [estɪ'meɪʃn] Meinung *f*; Achtung *f*, Wertschätzung *f*
es·trange [ɪ'streɪndʒ] entfremden
es·tu·a·ry ['estjʊərɪ] *den Gezeiten ausgesetzte* weite Flussmündung
etch [etʃ] ätzen; radieren; **'~·ing** Radierung *f*; Kupferstich *m*
e·ter|·nal [ɪ'tɜ:nl] ewig; **~·ni·ty** [ɪ'tɜ:nətɪ] Ewigkeit *f*
e·ther ['i:θə] Äther *m*; **e·the·re·al** [i:'θɪərɪəl] ätherisch (*a. fig.*)
eth|·i·cal ['eθɪkl] sittlich, ethisch; **~·ics** ['eθɪks] *sg.* Sittenlehre *f*, Ethik *f*
EU [i: 'ju:] *Abk. für* ***European Union*** Europäische Union
eu·ro ['jʊərəʊ] Euro *m*, Euromark *f*; **'2·cheque** *Brt.* Eurocheque *m*
Eu·rope ['jʊərəp] Europa *n*; **Eu·ro·pe·an** [jʊərə'pi:ən] **1.** europäisch; **2.** Europäer(in); **Eu·ro·pe·an Com'mu·ni·ty** (*Abk.* ***EC***) Europäische Gemeinschaft (*Abk.* EG)
e·vac·u·ate [ɪ'vækjʊeɪt] entleeren; evakuieren; *Haus etc.* räumen
e·vade [ɪ'veɪd] (geschickt) ausweichen (*dat.*); umgehen
e·val·u·ate [ɪ'væljʊeɪt] schätzen; abschätzen, bewerten, beurteilen
e·vap·o|·rate [ɪ'væpəreɪt] verdunsten, -dampfen (lassen); **~*d milk*** Kondensmilch *f*; **~·ra·tion** [ɪvæpə'reɪʃn] Verdunstung *f*, -dampfung *f*
e·va|·sion [ɪ'veɪʒn] Umgehung *f*, Vermeidung *f*; (*Steuer*)Hinterziehung *f*; Ausflucht *f*; **~·sive** [ɪ'veɪsɪv] ausweichend; ***be*** ~ ausweichen
eve [i:v] Vorabend *m*; Vortag *m*; ***on the ~ of*** unmittelbar vor (*dat.*), am Vorabend (*gen.*)
e·ven ['i:vn] **1.** *adj.* eben, gleich; gleichmäßig; ausgeglichen; glatt; gerade (*Zahl*); ***get ~ with s.o.*** es j-m heimzahlen; **2.** *adv.* selbst, sogar, auch; ***not*** ~ nicht einmal; ~ ***though***, ~ ***if*** wenn auch; **3.** ~ ***out*** sich einpendeln; sich ausgleichen
eve·ning ['i:vnɪŋ] Abend *m*; ***in the*** ~ am Abend, abends; **'~ class·es** *pl.* Abendkurs *m*, -unterricht *m*; **'~ dress** Gesellschaftsanzug *m*; Frack *m*, Smoking *m*; Abendkleid *n*
e·ven·song ['i:vnsɒŋ] Abendgottesdienst *m*
e·vent [ɪ'vent] Ereignis *n*; Fall *m*; *Sport*: Disziplin *f*; *Sport*: Wettbewerb *m*; ***at all ~s*** auf alle Fälle; ***in the ~ of*** im Falle (*gen.*); **~·ful** ereignisreich
e·ven·tu·al [ɪ'ventʃʊəl] schließlich; ⚠ *nicht* ***eventuell***; **~·ly** schließlich
ev·er ['evə] immer (wieder); je(mals); ~ ***after***, ~ ***since*** seitdem; ~ ***so*** F sehr, noch so; ***for*** ~ für immer, auf ewig; ***Yours ~, …, 2 yours, …*** Viele Grüße, dein(e) *od.* Ihr(e), … (*Briefschluss*); ***have you ~ been to London?*** bist du schon einmal in London gewesen?; **'~·green 1.** immergrün; unverwüstlich, *bsd.* immer wieder gern gehört; **2.** immergrüne Pflanze; **~'last·ing** ewig; **~'more:** (***for***) ~ für immer
ev·ery ['evrɪ] jede(r, -s); alle(r, -s); ~ ***now and then*** von Zeit zu Zeit, dann u. wann; ~ ***one of them*** jeder von ihnen; ~ ***other day*** jeden zweiten Tag, alle zwei Tage; **'~·bod·y** jeder(mann); **'~·day** Alltags…; **'~·one** jeder(mann); **'~·thing** alles; **'~·where** überall(hin)
e·vict [ɪ'vɪkt] *jur.* zur Räumung zwingen; *j-n* gewaltsam vertreiben
ev·i|·dence ['evɪdəns] Beweis(material *n*) *m*, Beweise *pl.*; (Zeugen)Aussage *f*; ***give*** ~ (als Zeuge) aussagen; **'~·dent** augenscheinlich, offensichtlich
e·vil ['i:vl] **1.** (*bsd. Brt.* **-ll-**, *Am.* **-l-**) übel, schlimm, böse; **2.** Übel *n*; *das* Böse; **~'mind·ed** bösartig
e·voke [ɪ'vəʊk] (herauf)beschwören; *Erinnerungen* wachrufen
ev·o·lu·tion [i:və'lu:ʃn] Evolution *f*, Entwicklung *f*
e·volve [ɪ'vɒlv] (sich) entwickeln
ewe *zo.* [ju:] Mutterschaf *n*
ex [eks] *prp. econ.* ab: ~ ***works*** ab Werk
ex… [eks] Ex…, ehemalig
ex·act [ɪg'zækt] **1.** exakt, genau; **2.** fordern, verlangen; **~·ing** streng, genau;

aufreibend, anstrengend; **~·ly** exakt, genau; *als Antwort*: ganz recht, genau; **~·ness** Genauigkeit *f*
ex·ag·ge|·rate [ɪg'zædʒəreɪt] übertreiben; **~·ra·tion** [ɪgzædʒə'reɪʃn] Übertreibung *f*
ex·am F [ɪg'zæm] Examen *n*
ex·am|·i·na·tion [ɪgzæmɪ'neɪʃn] Examen *n*, Prüfung *f*; Untersuchung *f*; *jur*. Vernehmung *f*, Verhör *n*; **~·ine** [ɪg'zæmɪn] untersuchen; *jur*. vernehmen, -hören; *Schule etc*.: prüfen (**in** in *dat*.; **on** über *acc*.)
ex·am·ple [ɪg'zɑːmpl] Beispiel *n*; Vorbild *n*, Muster *n*; **for ~** zum Beispiel
ex·as·pe|·rate [ɪg'zæspəreɪt] wütend machen; **~·rat·ing** ärgerlich
ex·ca·vate ['ekskəveɪt] ausgraben, -heben, -schachten
ex·ceed [ɪk'siːd] überschreiten; übertreffen; **~·ing** übermäßig; **~·ing·ly** außerordentlich, überaus
ex·cel [ɪk'sel] (**-ll-**) *v/t*. übertreffen; *v/i*. sich auszeichnen; **~·lence** ['eksələns] ausgezeichnete Qualität; **Ex·cel·len·cy** ['eksələnsɪ] Exzellenz *f*; **~·lent** ['eksələnt] ausgezeichnet, hervorragend
ex·cept [ɪk'sept] **1.** ausnehmen, -schließen; **2.** *prp*. ausgenommen, außer; **~ for** abgesehen von, bis auf (*acc*.); **~·ing** *prp*. ausgenommen
ex·cep·tion [ɪk'sepʃn] Ausnahme *f*; Einwand *m* (**to** gegen); **make an ~** e-e Ausnahme machen; **take ~ to** Anstoß nehmen an (*dat*.); **without ~** ohne Ausnahme, ausnahmslos; **~·al** [ɪk'sepʃənl] außergewöhnlich; **~·al·ly** [ɪk'sepʃnəlɪ] un-, außergewöhnlich
ex·cerpt ['eksɜːpt] Auszug *m*
ex·cess [ɪk'ses] Übermaß *n*; Überschuss *m*; Ausschweifung *f*; Mehr...; **~ 'bag·gage** *aviat*. Übergepäck *n*; **~ 'fa·re** (Fahrpreis)Zuschlag *m*; **ex'ces·sive** übermäßig, übertrieben; **~ 'lug·gage → excess baggage**; **~ 'post·age** Nachgebühr *f*
ex·change [ɪks'tʃeɪndʒ] **1.** (aus-, ein-, um)tauschen (**for** gegen); wechseln; **2.** (Aus-, Um)Tausch *m*; (*bsd*. Geld-) Wechsel *m*; *a*. **bill of ~** Wechsel *m*; Börse *f*; Wechselstube *f*; Fernsprechamt *n*; **foreign ~(s** *pl*.) Devisen *pl*.; **rate of ~ → exchange rate**; **~ of·fice** Wechselstube *f*; **~ pu·pil** Austauschschüler(in); **~ rate** Wechselkurs *m*; **~ stu·dent** Austauschstudent(in); *Am*. Austauschschüler(in)
Ex·cheq·uer [ɪks'tʃekə]: **Chancellor of the ~** *Brt*. Finanzminister *m*
ex·cise [ek'saɪz] Verbrauchssteuer *f*
ex·ci·ta·ble [ɪk'saɪtəbl] reizbar, (leicht) erregbar
ex·cite [ɪk'saɪt] er-, anregen; reizen; **ex'cit·ed** erregt, aufgeregt; **ex'cite·ment** Auf-, Erregung *f*; **ex'cit·ing** erregend, aufregend, spannend
ex·claim [ɪk'skleɪm] (aus)rufen
ex·cla·ma·tion [ekskləˈmeɪʃn] Ausruf *m*, (Auf)Schrei *m*; **~ mark** *Brt*., **~ point** *Am*. Ausrufe-, Ausrufungszeichen *n*
ex·clude [ɪk'skluːd] ausschließen
ex·clu|·sion [ɪk'skluːʒn] Ausschließung *f*, Ausschluss *m*; **~·sive** [ɪk'skluːsɪv] ausschließlich; exklusiv; Exklusiv...; **~ of** abgesehen von, ohne
ex·com·mu·ni|·cate [ekskə'mjuːnɪkeɪt] exkommunizieren; **~·ca·tion** [ekskəmjuːnɪ'keɪʃn] Exkommunikation *f*
ex·cre·ment ['ekskrɪmənt] Kot *m*
ex·crete *physiol*. [ek'skriːt] ausscheiden
ex·cur·sion [ɪk'skɜːʃn] Ausflug *m*
ex·cu·sa·ble [ɪk'skjuːzəbl] entschuldbar; **ex·cuse 1.** [ɪk'skjuːz] entschuldigen; **~ me** entschuldige(n Sie); **2.** [ɪk'skjuːs] Entschuldigung *f*
ex·di·rec·to·ry num·ber *Brt*. *tel*. [eksdɪ'rektərɪ -] Geheimnummer *f*; *Am*. **→ unlisted (number)**
ex·e|·cute ['eksɪkjuːt] ausführen; vollziehen; *mus*. vortragen; hinrichten; *Testament* vollstrecken; **~·cu·tion** [eksɪ'kjuːʃn] Ausführung *f*; Vollziehung *f*; (Zwangs)Vollstreckung *f*; Hinrichtung *f*; *mus*. Vortrag *m*; **put** *od*. **carry a plan into ~** e-n Plan ausführen *od*. verwirklichen; **~·cu·tion·er** [eksɪ'kjuːʃnə] Henker *m*, Scharfrichter *m*
ex·ec·u·tive [ɪg'zekjʊtɪv] **1.** vollziehend, ausübend, *pol*. Exekutiv...; *econ*. leitend; **2.** *pol*. Exekutive *f*, vollziehende Gewalt; *econ*. leitende(r) Angestellte(r)
ex·em·pla·ry [ɪg'zemplərɪ] vorbildlich
ex·em·pli·fy [ɪg'zemplɪfaɪ] veranschaulichen

ex·empt [ɪg'zempt] **1.** befreit, frei; **2.** ausnehmen, befreien
ex·er·cise ['eksəsaɪz] **1.** Übung *f*; Ausübung *f*; *Schule*: Übung(sarbeit) *f*, Schulaufgabe *f*; *mil.* Manöver *n*; (körperliche) Bewegung; ***do one's ~s*** Gymnastik machen; ***take ~*** sich Bewegung machen; **2.** üben; ausüben; (sich) bewegen; sich Bewegung machen; *mil.* exerzieren; **'~ book** Schul-, Schreibheft *n*
ex·ert [ɪg'zɜːt] *Einfluss etc.* ausüben; ***~ o.s.*** sich anstrengen *od.* bemühen; **ex·er·tion** [ɪg'zɜːʃn] Ausübung *f*; Anstrengung *f*, Strapaze *f*
ex·hale [eks'heɪl] ausatmen; *Gas, Geruch etc.* verströmen; *Rauch* ausstoßen
ex·haust [ɪg'zɔːst] **1.** erschöpfen; *Vorräte* ver-, aufbrauchen; **2.** *tech.* Auspuff *m*; *a.* ***~ fumes*** *pl. tech.* Auspuff-, Abgase *pl.*; **~·ed** erschöpft; aufgebraucht (*Vorräte*), vergriffen (*Auflage*); **ex·haus·tion** [ɪg'zɔːstʃən] Erschöpfung *f*; **ex·haus·tive** erschöpfend; **~ pipe** *tech.* Auspuffrohr *n*
ex·hib·it [ɪg'zɪbɪt] **1.** ausstellen; vorzeigen; *fig.* zeigen, zur Schau stellen; **2.** Ausstellungsstück *n*; *jur.* Beweisstück *n*; **ex·hi·bi·tion** [eksɪ'bɪʃn] Ausstellung *f*; Zurschaustellung *f*
ex·hil·a·rat·ing [ɪg'zɪləreɪtɪŋ] erregend, berauschend; erfrischend (*Wind etc.*)
ex·hort [ɪg'zɔːt] ermahnen
ex·ile ['eksaɪl] **1.** Exil *n*; im Exil Lebende(r *m*) *f*; **2.** ins Exil schicken
ex·ist [ɪg'zɪst] existieren; vorhanden sein; leben; bestehen; **~·ence** Existenz *f*; Vorhandensein *n*, Vorkommen *n*; Leben *n*, Dasein *n*; ⚠ *nicht* ***Existenz*** (*Lebensunterhalt*); **~·ent** vorhanden
ex·it ['eksɪt] **1.** Abgang *m*; Ausgang *m*; (Autobahn)Ausfahrt *f*; Ausreise *f*; **2.** *thea.* (geht) ab
ex·o·dus ['eksədəs] Auszug *m*; Abwanderung *f*; ***general ~*** allgemeiner Aufbruch
ex·on·e·rate [ɪg'zɒnəreɪt] entlasten, entbinden, befreien
ex·or·bi·tant [ɪg'zɔːbɪtənt] übertrieben, maßlos; unverschämt (*Preis etc.*)
ex·or·cize ['eksɔːsaɪz] *böse Geister* beschwören, austreiben (***from*** aus); befreien (***of*** von)
ex·ot·ic [ɪg'zɒtɪk] (***~ally***) exotisch; fremd(artig)
ex·pand [ɪk'spænd] ausbreiten; (sich) ausdehnen *od.* erweitern; *econ. a.* expandieren; **ex·panse** [ɪk'spæns] weite Fläche, Weite *f*; **ex·pan·sion** [ɪk'spænʃn] Ausbreitung *f*; Ausdehnung *f*, Erweiterung *f*; **ex·pan·sive** [ɪk'spænsɪv] mitteilsam
ex·pat·ri·ate [eks'pætrɪeɪt] *j-n* ausbürgern, *j-m* die Staatsangehörigkeit aberkennen
ex·pect [ɪk'spekt] erwarten; F annehmen; ***be ~ing*** in anderen Umständen sein; **ex·pec·tant** erwartungsvoll; ***~ mother*** werdende Mutter; **ex·pec·ta·tion** [ekspek'teɪʃn] Erwartung *f*; Hoffnung *f*, Aussicht *f*
ex·pe·dient [ɪk'spiːdjənt] **1.** zweckdienlich, -mäßig; ratsam; **2.** (Hilfs)Mittel *n*, (Not)Behelf *m*
ex·pe·di|·tion [ekspɪ'dɪʃn] Expedition *f*, (Forschungs)Reise *f*; **~·tious** [ekspɪ'dɪʃəs] schnell
ex·pel [ɪk'spel] (**-ll-**) (***from***) vertreiben (aus); ausweisen (aus); ausschließen (von, aus)
ex·pen·di·ture [ɪk'spendɪtʃə] Ausgaben *pl.*, (Kosten)Aufwand *m*
ex·pense [ɪk'spens] Ausgaben *pl.*; ***at the ~ of*** auf Kosten (*gen.*); **ex'pen·ses** *pl.* Unkosten *pl.*, Spesen *pl.*, Auslagen *pl.*; **ex'pen·sive** kostspielig, teuer
ex·pe·ri·ence [ɪk'spɪərɪəns] **1.** Erfahrung *f*; (Lebens)Praxis *f*; Erlebnis *n*; **2.** erfahren, erleben; **~d** erfahren
ex·per·i|·ment 1. [ɪk'sperɪmənt] Versuch *m*; **2.** [ɪk'sperɪment] experimentieren; **~·men·tal** [eksperɪ'mentl] Versuchs...
ex·pert ['ekspɜːt] **1.** erfahren, geschickt; fachmännisch; **2.** Fachmann *m*; Sachverständige(r *m*) *f*
ex·pi·ra·tion [ekspɪ'reɪʃn] Ablauf *m*, Ende *n*; Verfall *m*; **ex·pire** [ɪk'spaɪə] ablaufen, erlöschen; verfallen
ex·plain [ɪk'spleɪn] erklären; **ex·pla·na·tion** [eksplə'neɪʃn] Erklärung *f*
ex·pli·cit [ɪk'splɪsɪt] ausdrücklich; ausführlich; offen, deutlich; (***sexually***) ~ freizügig (*Film etc.*)
ex·plode [ɪk'spləʊd] zur Explosion bringen; explodieren; *fig.* ausbrechen (***with*** in *acc.*), platzen (***with*** vor); *fig.* sprunghaft ansteigen

ex·ploit 1. ['eksplɔɪt] (Helden)Tat *f*; **2.** [ɪk'splɔɪt] ausbeuten; *fig.* ausnutzen; **ex·ploi·ta·tion** [eksplɔɪ'teɪʃn] Ausbeutung *f*, Auswertung *f*, Verwertung *f*, Abbau *m*

ex·plo·ra·tion [eksplə'reɪʃn] Erforschung *f*; **ex·plore** [ɪk'splɔː] erforschen; **ex·plor·er** [ɪk'splɔːrə] Forscher(in); Forschungsreisende(r *m*) *f*

ex·plo|·sion [ɪk'spləʊʒn] Explosion *f*; *fig.* Ausbruch *m*; *fig.* sprunghafter Anstieg; **~·sive** [ɪk'spləʊsɪv] **1.** explosiv; *fig.* aufbrausend; *fig.* sprunghaft ansteigend; **2.** Sprengstoff *m*

ex·po·nent [ek'spəʊnənt] *math.* Exponent *m*, Hochzahl *f*; Vertreter(in), Verfechter(in)

ex·port 1. [ɪk'spɔːt] exportieren, ausführen; **2.** ['ekspɔːt] Export(artikel) *m*, Ausfuhr(artikel *m*) *f*; **ex·por·ta·tion** [ekspɔː'teɪʃn] Ausfuhr *f*; **ex·port·er** [ɪk'spɔːtə] Exporteur *m*

ex·pose [ɪk'spəʊz] aussetzen; *phot.* belichten; *Waren* ausstellen; *j-n* entlarven, bloßstellen, *et.* aufdecken; **ex·po·si·tion** [ekspə'zɪʃn] Ausstellung *f*

ex·po·sure [ɪk'spəʊʒə] Aussetzen *n*, Ausgesetztsein *n* (**to** *dat.*); *fig.* Bloßstellung *f*, Aufdeckung *f*, Enthüllung *f*, Entlarvung *f*; *phot.* Belichtung *f*; *phot.* Aufnahme *f*; ***die of ~*** an Unterkühlung sterben; **~ me·ter** *phot.* Belichtungsmesser *m*

ex·press [ɪk'spres] **1.** ausdrücklich, deutlich; Express..., Eil...; **2.** Eilbote *m*; Schnellzug *m*; ***by ~*** → **3.** *adv.* durch Eilboten; als Eilgut; **4.** äußern, ausdrücken; **ex·pres·sion** [ɪk'spreʃn] Ausdruck *m*; **ex'pres·sion·less** ausdruckslos; **ex·pres·sive** [ɪk'spresɪv] ausdrucksvoll; ***be ~ of*** *et.* ausdrücken; **~ 'let·ter** *Brt.* Eilbrief *m*; **~·ly** ausdrücklich, eigens; **~ train** Schnellzug *m*; **~·way** *bsd. Am.* Schnellstraße *f*

ex·pro·pri·ate *jur.* [eks'prəʊprɪeɪt] enteignen

ex·pul·sion [ɪk'spʌlʃn] (***from***) Vertreibung *f* (aus); Ausweisung *f* (aus)

ex·pur·gate ['ekspɜːgeɪt] reinigen

ex·qui·site ['ekskwɪzɪt] erlesen; fein

ex·tant [ek'stænt] noch vorhanden

ex·tend [ɪk'stend] (aus)dehnen, (-)weiten; *Hand etc.* ausstrecken; *Betrieb etc.* vergrößern, ausbauen; *Frist, Pass etc.* verlängern; sich ausdehnen *od.* erstrecken; **~·ed 'fam·i·ly** Großfamilie *f*

ex·ten|·sion [ɪk'stenʃn] Ausdehnung *f*; Vergrößerung *f*, Erweiterung *f*; (Frist)Verlängerung *f*; *arch.* Erweiterung *f*, Anbau *m*; *tel.* Nebenanschluss *m*, Apparat *m*; *a.* ***~ lead*** (*Am.* ***cord***) *electr.* Verlängerungskabel *n*, -schnur *f*; **~·sive** ausgedehnt, umfassend

ex·tent [ɪk'stent] Ausdehnung *f*; Umfang *m*, (Aus)Maß *n*, Grad *m*; ***to some ~, to a certain ~*** bis zu e-m gewissen Grade; ***to such an ~ that*** so sehr, dass

ex·ten·u·ate [ek'stenjʊeɪt] abschwächen, mildern; beschönigen; ***extenuating circumstances*** *pl. jur.* mildernde Umstände *pl.*

ex·te·ri·or [ek'stɪərɪə] **1.** äußerlich, äußere(r, -s), Außen...; **2.** *das* Äußere; Außenseite *f*; äußere Erscheinung

ex·ter·mi·nate [ek'stɜːmɪneɪt] ausrotten (*a. fig.*), vernichten, *Ungeziefer, Unkraut a.* vertilgen

ex·ter·nal [ek'stɜːnl] äußere(r, -s), äußerlich, Außen...

ex·tinct [ɪk'stɪŋkt] erloschen; ausgestorben; **ex·tinc·tion** [ɪk'stɪŋkʃn] Erlöschen *n*; Aussterben *n*, Untergang *m*; Vernichtung *f*, Zerstörung *f*

ex·tin·guish [ɪk'stɪŋgwɪʃ] (aus)löschen; vernichten; **~·er** (*Feuer*)Löscher *m*

ex·tort [ɪk'stɔːt] erpressen (***from*** von)

ex·tra ['ekstrə] **1.** *adj.* zusätzlich, Extra..., Sonder...; ***be ~*** gesondert berechnet werden; **2.** *adv.* extra, besonders; ***charge ~ for*** *et.* gesondert berechnen; **3.** Sonderleistung *f*; *bsd. mot.* Extra *n*; Zuschlag *m*; Extrablatt *n*; *thea., Film*: Statist(in)

ex·tract 1. ['ekstrækt] Auszug *m*; **2.** [ɪk'strækt] (heraus)ziehen; herauslocken; ab-, herleiten; **ex·trac·tion** [ɪk'strækʃn] (Heraus)Ziehen *n*; Herkunft *f*

ex·tra|·dite ['ekstrədaɪt] ausliefern; *j-s* Auslieferung erwirken; **~·di·tion** [ekstrə'dɪʃn] Auslieferung *f*

extra·or·di·na·ry [ɪk'strɔːdnrɪ] außerordentlich; ungewöhnlich; außerordentlich, Sonder...

ex·tra 'pay Zulage *f*

ex·tra·ter·res·tri·al [ekstrətə'restrɪəl] außerirdisch

ex·tra 'time *Sport*: (Spiel)Verlängerung *f*
ex·trav·a|·gance [ɪk'strævəgəns] Übertriebenheit *f*; Verschwendung *f*; Extravaganz *f*; **~·gant** übertrieben, überspannt; verschwenderisch; extravagant
ex·treme [ɪk'striːm] **1.** äußerste(r, -s), größte(r, -s), höchste(r, -s); außergewöhnlich; **~ *right*** rechtsextrem(istisch); **~ *right wing*** rechtsradikal; **2.** *das* Äußerste; Extrem *n*; höchster Grad; **~·ly** äußerst, höchst
ex·trem|·is·m *bsd. pol.* [ɪk'striːmɪzm] Extremismus *m*; **~·ist** [ɪk'striːmɪst] Extremist(in)
ex·trem·i·ties [ɪk'stremətɪz] *pl.* Gliedmaßen *pl.*, Extremitäten *pl.*
ex·trem·i·ty [ɪk'stremətɪ] *das* Äußerste; höchste Not; äußerste Maßnahme
ex·tri·cate ['ekstrɪkeɪt] herauswinden, -ziehen, befreien
ex·tro·vert ['ekstrəʊvɜːt] Extrovertierte(r *m*) *f*
ex·u·be|·rance [ɪg'zjuːbərəns] Fülle *f*; Überschwang *m*; **~·rant** reichlich, üppig; überschwenglich; ausgelassen
ex·ult [ɪg'zʌlt] frohlocken, jubeln
eye [aɪ] **1.** Auge *n*; Blick *m*; Öhr *n*; Öse *f*; ***see ~ to ~ with s.o.*** mit j-m völlig übereinstimmen; ***be up to the ~s in work*** bis über die Ohren in Arbeit stecken; ***with an ~ to s.th.*** im Hinblick auf et.; **2.** ansehen; mustern; **'~·ball** Augapfel *m*; **'~·brow** Augenbraue *f*; **'~·catch·ing** ins Auge fallend, auffallend; **~d** ...äugig; **'~ doc·tor** F Augenarzt *m*, -ärztin *f*; **'~·glass·es** *pl.*, *a.* ***pair of ~*** Brille *f*; **'~·lash** Augenwimper *f*; **'~·lid** Augenlid *n*; **'~·lin·er** Eyeliner *m*; **'~·o·pen·er: *that was an ~ to me*** das hat mir die Augen geöffnet; **'~ shad·ow** Lidschatten *m*; **'~·sight** Augen(licht *n*) *pl.*, Sehkraft *f*; **'~·sore** F *et.* Unschönes, Schandfleck *m*; **'~ spe·cial·ist** Augenarzt *m*, -ärztin *f*; **'~·strain** Ermüdung *f od.* Überanstrengung *f* der Augen; **'~·wit·ness** Augenzeug|e *m*, -in *f*

F

F, f [ef] F, f *n*
F *nur geschr. Abk. für* ***Fahrenheit*** F, Fahrenheit (*Thermometereinteilung*)
FA *Brt.* [ef 'eɪ] *Abk. für* ***Football Association*** Fußballverband *m*
fa·ble['feɪbl] Fabel *f*; Sage *f*
fab|·ric ['fæbrɪk] Gewebe *n*, Stoff *m*; Struktur *f*; ⚠ *nicht* ***Fabrik***; **~·ri·cate** ['fæbrɪkeɪt] fabrizieren (*mst fig. erdichten, fälschen*)
fab·u·lous ['fæbjʊləs] sagenhaft, der Sage angehörend; sagen-, fabelhaft
fa·cade, fa·çade *arch.* [fə'sɑːd] Fassade *f*
face [feɪs] **1.** Gesicht *n*; Gesicht(sausdruck *m*) *n*, Miene *f*; (Ober)Fläche *f*; Vorderseite *f*; Zifferblatt *n*; ***~ to ~ with*** Auge in Auge mit; ***save*** *od.* ***lose one's ~*** das Gesicht wahren *od.* verlieren; ***on the ~ of it*** auf den ersten Blick; ***pull a long ~*** ein langes Gesicht machen; ***have the ~ to do s.th.*** die Stirn haben, et. zu tun; **2.** *v/t.* ansehen; gegenüberstehen (*dat.*); (hinaus)gehen auf (*acc.*); die Stirn bieten (*dat.*); einfassen; *arch.* bekleiden; *v/i.* ***~ about*** sich umdrehen; **'~·cloth** Waschlappen *m*; **~d** *in Zssgn* mit (e-m) ... Gesicht; **'~ flan·nel** *Brt.* → ***facecloth***; **'~·lift** Facelifting *n*, Gesichtsstraffung *f*; *fig.* Renovierung *f*, Verschönerung *f*
fa·ce·tious [fə'siːʃəs] witzig
fa·cial ['feɪʃl] **1.** Gesichts...; **2.** *Kosmetik*: Gesichtsbehandlung *f*
fa·cile ['fæsaɪl] leicht; oberflächlich
fa·cil·i·tate [fə'sɪlɪteɪt] erleichtern
fa·cil·i·ty [fə'sɪlətɪ] Leichtigkeit *f*; Oberflächlichkeit *f*; *mst* ***facilities*** *pl.* Erleichterung(en *pl.*) *f*; Einrichtung(en *pl.*) *f*, Anlage(n *pl.*) *f*
fac·ing ['feɪsɪŋ] *tech.* Verkleidung *f*; **~s** *pl. Schneiderei*: Besatz *m*

fact [fækt] Tatsache *f*, Wirklichkeit *f*, Wahrheit *f*; Tat *f*; ***in*** ~ in der Tat, tatsächlich; ~***s*** *pl*. Daten *pl*.
fac·tion *bsd. pol*. ['fækʃn] Splittergruppe *f*; Zwietracht *f*
fac·ti·tious [fæk'tɪʃəs] künstlich
fac·tor ['fæktə] Faktor *m*
fac·to·ry ['fæktrɪ] Fabrik *f*
fac·ul·ty ['fækəltɪ] Fähigkeit *f*; Kraft *f*; *fig*. Gabe *f*; *univ*. Fakultät *f*; *Am*. Lehrkörper *m*
F
fad [fæd] Mode(erscheinung, -torheit) *f*; (vorübergehende) Laune
fade [feɪd] (ver)welken (lassen); verschießen, -blassen (*Farbe*); schwinden; immer schwächer werden (*Person*); ⚠ *nicht* **fade**; *Film, Rundfunk, TV*: ~ ***in*** auf- *od*. eingeblendet werden; auf- *od*. einblenden; ~ ***out*** aus- *od*. abgeblendet werden; aus- *od*. abblenden; ~***d jeans*** *pl*. ausgewaschene Jeans *pl*.
fag¹ [fæg] F Plackerei *f*, Schinderei *f*; *Brt. Schule*: *Schüler, der für e-n älteren Dienste verrichtet*
fag² *sl*. [fæg] *Brt*. Glimmstängel *m* (*Zigarette*); *Am*. Schwule(r) *m*; '~ **end** *Brt*. F Kippe *f* (*Zigarettenstummel*)
fail [feɪl] **1.** *v/i*. versagen; misslingen, fehlschlagen; versiegen; nachlassen; durchfallen (*Kandidat*); *v/t*. im Stich lassen; *j-n in e-r Prüfung* durchfallen lassen; **2. *without*** ~ mit Sicherheit, ganz bestimmt; ~**·ure** ['feɪljə] Versagen *n*; Fehlschlag *m*, Misserfolg *m*; Versäumnis *n*; Versager *m*
faint [feɪnt] **1.** schwach, matt; **2.** ohnmächtig werden, in Ohnmacht fallen (***with*** vor); **3.** Ohnmacht *f*; ~**-'heart·ed** verzagt
fair¹ [feə] gerecht, ehrlich, anständig, fair; recht gut, ansehnlich; schön (*Wetter*); klar (*Himmel*); blond (*Haar*); hell (*Haut*); ***play*** ~ fair spielen; *fig*. sich an die Spielregeln halten
fair² [feə] (Jahr)Markt *m*; Volksfest *n*; Ausstellung *f*, Messe *f*
fair 'game *fig*. Freiwild *n*
'fair·ground Rummelplatz *m*
'fair|·ly gerecht; ziemlich; '~**·ness** Gerechtigkeit *f*, Fairness *f*; ~ **'play** *Sport u. fig*. Fair Play *n*, Fairness *f*
fai·ry ['feərɪ] Fee *f*; Zauberin *f*; Elf(e *f*) *m*; '~**·land** Feen-, Märchenland *n*; '~ **sto·ry**, '~ **tale** Märchen *n* (*a. fig*.)
faith [feɪθ] Glaube *m*; Vertrauen *n*; '~**·ful** treu (***to*** *dat*.); ***Yours*** ~***ly*** Hochachtungsvoll (*Briefschluss*); '~**·less** treulos
fake [feɪk] **1.** Schwindel *m*; Fälschung *f*; Schwindler *m*; **2.** fälschen; imitieren, nachmachen; vortäuschen, simulieren; **3.** gefälscht
fal·con *zo*. ['fɔːlkən] Falke *m*
fall [fɔːl] **1.** Fall(en *n*) *m*; Sturz *m*; Verfall *m*; Einsturz *m*; *Am*. Herbst *m*; Sinken *n* (*der Preise etc*.); Gefälle *n*; *mst* ~***s*** *pl*. Wasserfall *m*; ⚠ *nicht gr., med., jur*. ***Fall***; **2.** (***fell, fallen***) fallen, stürzen; ab-, einfallen; sinken; sich legen (*Wind*); *in e-n Zustand* verfallen; ~ ***ill***, ~ ***sick*** krank werden; ~ ***in love with*** sich verlieben in (*acc*.); ~ ***short of*** *den Erwartungen etc*. nicht entsprechen; ~ ***back*** zurückweichen; ~ ***back on*** *fig*. zurückgreifen auf (*acc*.); ~ ***for*** hereinfallen auf (*j-n, et*.); F sich in *j-n* verknallen; ~ ***off*** zurückgehen (*Geschäfte, Zuschauerzahlen etc*.), nachlassen; ~ ***on*** herfallen über (*acc*.); ~ ***out*** sich streiten (***with*** mit); ~ ***through*** durchfallen (*a. fig*.); ~ ***to*** reinhauen, tüchtig zugreifen (*beim Essen*)
fal·la·cious [fə'leɪʃəs] trügerisch
fal·la·cy ['fæləsɪ] Trugschluss *m*
fall·en ['fɔːlən] *p.p. von* ***fall*** 2
'fall guy *Am*. F *der* Lackierte, *der* Dumme
fal·li·ble ['fæləbl] fehlbar
fal·ling 'star Sternschnuppe *f*
'fall·out Fall-out *m*, radioaktiver Niederschlag
fal·low ['fæləʊ] *zo*. falb; *agr*. brach(liegend)
false [fɔːls] falsch; ~**·hood** ['fɔːlshʊd], '~**·ness** Falschheit *f*; Unwahrheit *f*; ~ **'start** Fehlstart *m*
fal·si|·fi·ca·tion [fɔːlsɪfɪ'keɪʃn] (Ver-) Fälschung *f*; ~**·fy** ['fɔːlsɪfaɪ] (ver)fälschen; ~**·ty** ['fɔːlsɪtɪ] Falschheit *f*, Unwahrheit *f*
fal·ter ['fɔːltə] schwanken; stocken (*Stimme*); stammeln; *fig*. zaudern
fame [feɪm] Ruf *m*, Ruhm *m*; ~***d*** berühmt (***for*** wegen)
fa·mil·i·ar [fə'mɪljə] **1.** vertraut; gewohnt; familiär; **2.** Vertraute(r *m*) *f*; ~**·i·ty** [fəmɪlɪ'ærətɪ] Vertrautheit *f*; (plumpe) Vertraulichkeit; ~**·ize** [fə'mɪljəraɪz] vertraut machen

fam·i·ly ['fæməlɪ] **1.** Familie *f*; **2.** Familien..., Haus...; ***be in the ~ way*** F in anderen Umständen sein; **~ al'low·ance →** ***child benefit***; **'~ name** Familien-, Nachname *m*; **~ 'plan·ning** Familienplanung *f*; **~ 'tree** Stammbaum *m*

fam|·ine ['fæmɪn] Hungersnot *f*; Knappheit *f* (***of*** an *dat.*); **'~·ished** verhungert; ***be ~*** F am Verhungern sein

fa·mous ['feɪməs] berühmt; ⚠ *nicht* ***famos***

fan¹ [fæn] **1.** Fächer *m*; Ventilator *m*; **2.** (***-nn-***) (zu)fächeln; an-, *fig.* entfachen

fan² [fæn] (*Sport- etc.*)Fan *m*

fa·nat|·ic [fə'nætɪk] Fanatiker(in); **~·i·cal** [fə'nætɪkl] fanatisch

'fan belt *tech.* Keilriemen *m*

fan·ci·er ['fænsɪə] (*Tier-, Pflanzen-*) Liebhaber(in), (-)Züchter(in)

fan·ci·ful ['fænsɪfl] fantastisch

'fan club Fanklub *m*

fan·cy ['fænsɪ] **1.** Fantasie *f*; Einbildung *f*; plötzlicher Einfall, Idee *f*; Laune *f*; Vorliebe *f*, Neigung *f*; **2.** ausgefallen; Fantasie...; **3.** sich vorstellen; sich einbilden; ***~ that!*** stell dir vor!, denk nur!; sieh mal einer an!; **~ 'ball** Kostümfest *n*, Maskenball *m*; **~ 'dress** (Masken)Kostüm *n*; **~-'free** frei u. ungebunden; **~ 'goods** *pl.* Modeartikel *pl.*, -waren *pl.*; **'~·work** feine Handarbeit, Stickerei *f*

fang [fæŋ] Reiß-, Fangzahn *m*; Hauer *m*; Giftzahn *m*

'fan mail Fan-, Verehrerpost *f*

fan|·tas·tic [fæn'tæstɪk] (***~ally***) fantastisch; **~·ta·sy** ['fæntəsɪ] Fantasie *f*

far [fɑː] (***farther, further; farthest, furthest***) **1.** *adj.* fern, entfernt, weit; **2.** *adv.* fern; weit; (sehr) viel; ***as ~ as*** bis; ***in so ~ as*** insofern als; **~·a·way** ['fɑːrəweɪ] weit entfernt

fare [feə] **1.** Fahrgeld *n*; Fahrgast *m*; Verpflegung *f*, Kost *f*; **2.** *gut* leben; ***he ~d well*** es (er)ging ihm gut; **'~ dodg·er** Schwarzfahrer(in); **~'well 1.** *int.* lebe(n Sie) wohl!; **2.** Abschied *m*, Lebewohl *n*

far'fetched *fig.* weit hergeholt, gesucht

farm [fɑːm] **1.** Bauernhof *m*, Gut *n*, Gehöft *n*, Farm *f*; ***chicken ~*** Hühnerfarm *f*; **2.** *Land, Hof* bewirtschaften; **'~·er** Bauer *m*, Landwirt *m*, Farmer *m*; **'~·hand** Landarbeiter(in); **'~·house** Bauernhaus *n*; **'~·ing 1.** Acker..., landwirtschaftlich; **2.** Landwirtschaft *f*; **'~·stead** Bauernhof *m*, Gehöft *n*; **'~·yard** Wirtschaftshof *m* (*e-s Bauernhofs*)

far|-off [fɑːr'ɒf] entfernt, fern; **~ 'right** *pol.* rechtsgerichtet; **~'sight·ed** *bsd. Am.* weitsichtig, *fig. a.* weitblickend

far|·ther ['fɑːðə] *comp. von* ***far***; **~·thest** ['fɑːðɪst] *sup. von* ***far***

fas·ci|·nate ['fæsɪneɪt] faszinieren; **'~·nat·ing** faszinierend; **~·na·tion** [fæsɪ'neɪʃn] Zauber *m*, Reiz *m*, Faszination *f*

fas·cis|·m *pol.* ['fæʃɪzəm] Faschismus *m*; **~t** *pol.* ['fæʃɪst] **1.** Faschist *m*; **2.** faschistisch

fash·ion ['fæʃn] Mode *f*; Art *f* u. Weise *f*; ***be in ~*** in Mode sein; ***out of ~*** unmodern; **2.** formen, gestalten; **~·a·ble** ['fæʃnəbl] modisch, elegant; in Mode; **'~ pa·rade, '~ show** Mode(n)schau *f*

fast¹ [fɑːst] **1.** Fasten *n*; **2.** fasten

fast² [fɑːst] schnell; fest; treu; echt, beständig (*Farbe*); flott; ⚠ *nicht* ***fast; be ~*** vorgehen (*Uhr*); **'~·back** *mot.* (Wagen *m* mit) Fließheck *n*; **~ 'breed·er, ~ breed·er re'ac·tor** *phys.* schneller Brüter

fas·ten ['fɑːsn] befestigen, festmachen, anheften, anschnallen, anbinden, zuknöpfen, zu-, verschnüren; *Blick etc.* richten (***on*** auf); sich festmachen *od.* schließen lassen; ⚠ *nicht* ***fasten***; **'~·er** Verschluss *m*

'fast| food Schnellgericht(e *pl.*) *n*; **~food 'res·tau·rant** Schnellimbiss *m*, -gaststätte *f*

fas·tid·i·ous [fə'stɪdɪəs] anspruchsvoll, heikel, wählerisch, verwöhnt

'fast lane *mot.* Überholspur *f*

fat [fæt] **1.** (***-tt-***) fett; dick; fett(ig), fetthaltig; **2.** Fett *n*; ***low in ~*** *pred.* fettarm

fa·tal ['feɪtl] tödlich; verhängnisvoll, fatal (***to*** für); **~·i·ty** [fə'tælətɪ] Verhängnis *n*; tödlicher Unfall; (Todes)Opfer *n*

fate [feɪt] Schicksal *n*; Verhängnis *n*

fa·ther ['fɑːðə] Vater *m*; **♀ 'Christ·mas** *bsd. Brt.* der Weihnachtsmann, der Nikolaus; **'~·hood** Vaterschaft *f*; **~-in-law** ['fɑːðərɪnlɔː] (*pl.* ***fathers-in-law***) Schwiegervater *m*; **'~·less** vaterlos; **'~·ly** väterlich

fath·om ['fæðəm] **1.** *naut.* Faden *m* (*Tiefenmaß*); **2.** *naut.* loten; *fig.* ergründen; **'~·less** unergründlich
fa·tigue [fə'ti:g] **1.** Ermüdung *f*; Strapaze *f*; **2.** ermüden
fat|·ten ['fætn] dick *od. contp.* fett machen *od.* werden; mästen; **'~·ty** (**-ier, -iest**) fett(ig)
fau·cet *Am.* ['fɔ:sɪt] (Wasser)Hahn *m*
fault [fɔ:lt] Fehler *m*; Defekt *m*; Schuld *f*; ***find ~ with*** et. auszusetzen haben an (*dat.*); ***be at ~*** Schuld haben; **'~·less** fehlerfrei, -los; **'~·y** (**-ier, -iest**) fehlerhaft, *tech. a.* defekt
fa·vo(u)r ['feɪvə] **1.** Gunst *f*; Gefallen *m*; Begünstigung *f*; ***in ~ of*** zu Gunsten von *od. gen.*; ***do s.o. a ~*** j-m e-n Gefallen tun; **2.** begünstigen; bevorzugen, vorziehen; wohlwollend gegenüberstehen; *Sport*: favorisieren; **fa·vo(u)·ra·ble** ['feɪvərəbl] günstig; **fa·vo(u)·rite** ['feɪvərɪt] **1.** Liebling *m*; *Sport*: Favorit *m*; **2.** Lieblings...
fawn¹ [fɔ:n] **1.** *zo.* (Reh)Kitz *n*; Rehbraun *n*; **2.** rehbraun
fawn² [fɔ:n]: ***~ on*** (*dat.*) (vor Freude) an *j-m* hochspringen *etc.* (*Hund*); *fig.* katzbuckeln vor (*dat.*)
fax [fæks] **1.** Fax *n*; **2.** faxen; ***~ s.th.*** (***through***) ***to s.o.*** j-m et. faxen; **'~ (machine)** Faxgerät *n*
FBI [ef bi: 'aɪ] *Abk. für* ***Federal Bureau of Investigation*** FBI *m, n* (*Bundeskriminalpolizei der USA*)
fear [fɪə] **1.** Furcht *f* (**of** vor *dat.*); Befürchtung *f*; Angst *f*; **2.** (be)fürchten; sich fürchten vor (*dat.*); **'~·ful** furchtsam; furchtbar; **'~·less** furchtlos
fea·si·ble ['fi:zəbl] durchführbar
feast [fi:st] **1.** *rel.* Fest *n*, Feiertag *m*; Festessen *n*; *fig.* Fest *n*, (Hoch)Genuss *m*; **2.** *v/t.* festlich bewirten; *v/i.* sich gütlich tun (**on** an *dat.*)
feat [fi:t] große Leistung; (Helden)Tat *f*
fea·ther ['feðə] **1.** Feder *f*; *a.* **~s** Gefieder *n*; ***birds of a ~*** Leute vom gleichen Schlag; ***birds of a ~ flock together*** gleich u. gleich gesellt sich gern; ***that is a ~ in his cap*** darauf kann er stolz sein; **2.** mit Federn polstern *od.* schmücken, *Pfeil* fiedern; **~ 'bed** Matratze *f* mit Feder- *od.* Daunenfüllung; ⚠ *nicht* ***Federbett***; **'~·bed** (**-dd-**) verhätscheln; **'~·brained** F hohlköpfig; **'~ed** gefiedert; **'~·weight** *Sport*: Federgewicht(ler *m*) *n*; Leichtgewicht *n* (*Person*); **~·y** ['feðərɪ] gefiedert; federartig, leicht
fea·ture ['fi:tʃə] **1.** (Gesichts)Zug *m*; (charakteristisches) Merkmal; *Zeitung, Rundfunk, TV*: Feature *n*; Haupt-, Spielfilm *m*; **2.** groß herausbringen *od.* -stellen; *Film*: in der Hauptrolle zeigen; **'~ film** Haupt-, Spielfilm *m*; **'~s** *pl.* Gesichtszüge *pl.*
Feb *nur geschr. Abk. für* ***February*** Febr., Februar *m*
Feb·ru·a·ry ['februərɪ] (*Abk.* ***Feb***) Februar *m*
fed [fed] *pret. u. p.p. von* ***feed*** 2
fed·e·ral *pol.* ['fedərəl] Bundes...; **♀ Bureau of In·ves·ti'ga·tion** (*Abk.* ***FBI***) Bundeskriminalpolizei *f* (*der USA*); **♀ Re·pub·lic of 'Ger·man·y** *die* Bundesrepublik Deutschland (*Abk.* ***BRD***)
fed·e·ra·tion [fedə'reɪʃn] *pol.* Bundesstaat *m*; Föderation *f*, Staatenbund *m*; *econ., Sport etc.*: (Dach)Verband *m*
fee [fi:] Gebühr *f*; Honorar *n*; (Mitglieds)Beitrag *m*; Eintrittsgeld *n*
fee·ble ['fi:bl] (**~r, ~st**) schwach
feed [fi:d] **1.** Futter *n*; Nahrung *f*; Fütterung *f*; *tech.* Zuführung *f*, Speisung *f*; **2.** (***fed***) *v/t.* füttern; ernähren; *tech. Maschine* speisen, *Computer*: eingeben; weiden lassen; ***be fed up with*** *et. od. j-n* satt haben; ***well fed*** wohlgenährt; *v/i.* (fr)essen; sich ernähren; weiden; **'~·back** *electr., Kybernetik*: Feed-back *n*, Rückkoppelung *f*; *Rundfunk, TV*: Feed-back *n* (*mögliche Einflussnahme des Publikums auf den Verlauf e-r Sendung*); Zurückleitung *f* (*von Informationen*) (**to** an *acc.*); **'~·er** Esser *m*; **'~·er road** Zubringer(straße *f*) *m*; **'~·ing bot·tle** (Säuglings-, Saug)Flasche *f*
feel [fi:l] **1.** (***felt***) (sich) fühlen; befühlen; empfinden; sich anfühlen; ***~ sorry for s.o.*** j-n bedauern *od.* bemitleiden; **2.** Gefühl *n*; Empfindung *f*; **'~·er** *zo.* Fühler *m*; **'~·ing** Gefühl *n*
feet [fi:t] *pl. von* ***foot*** 1
feign [feɪn] *Interesse etc.* vortäuschen, *Krankheit a.* simulieren
feint [feɪnt] Finte *f*
fell [fel] **1.** *pret. von* ***fall*** 2; **2.** niederschlagen; fällen
fel·low ['feləʊ] **1.** Gefährt|e *m*, -in *f*,

Kamerad(in); Gegenstück *n*; F Kerl *m*; ***old*** ~ F alter Knabe; ***the*** ~ ***of a glove*** der andere Handschuh; **2.** Mit...; ~ **'be·ing** Mitmensch *m*; ~ **'cit·i·zen** Mitbürger *m*; ~ **'coun·try·man** (*pl.* ***-men***) Landsmann *m*; **'~·ship** Gemeinschaft *f*; Kameradschaft *f*; ~ **'trav·el·(l)er** Mitreisende(r) *m*, Reisegefährte *m*

fel·o·ny *jur.* ['felənı] (schweres) Verbrechen, Kapitalverbrechen *n*

felt¹ [felt] *pret. u. p.p. von* ***feel*** 1

felt² [felt] Filz *m*; **'~ pen, '~ tip, ~-tip(ped) 'pen** Filzstift *m*, -schreiber *m*

fe·male ['fi:meıl] **1.** weiblich; **2.** *contp.* Weib(sbild) *n*; *zo.* Weibchen *n*

fem·i|·nine ['femının] weiblich, Frauen...; feminin; **~·nis·m** ['femınızəm] Feminismus *m*; **~·nist** ['femınıst] **1.** Feminist(in); **2.** feministisch

fen [fen] Fenn *n*, Sumpf-, Marschland *n*

fence [fens] **1.** Zaun *m*; *sl.* Hehler *m*; **2.** *v/t.* ~ ***in*** ein-, umzäunen; einsperren; ~ ***off*** abzäunen; *v/i. Sport*: fechten; **'fenc·er** *Sport*: Fechter *m*; **'fenc·ing** Einfriedung *f*; *Sport*: Fechten *n*; *attr.* Fecht...

fend [fend]: ~ ***off*** abwehren; ~ ***for o.s.*** für sich selbst sorgen; **'~·er** Schutzvorrichtung *f*; Schutzblech *n*; *Am. mot.* Kotflügel *m*; Kamingitter *n*, -vorsetzer *m*

fen·nel *bot.* ['fenl] Fenchel *m*

fer|·ment 1. ['fɜ:ment] Ferment *n*; Gärung *f*; **2.** [fə'ment] gären (lassen); **~·men·ta·tion** [fɜ:men'teıʃn] Gärung *f*

fern *bot.* [fɜ:n] Farn(kraut *n*) *m*

fe·ro|·cious [fə'rəʊʃəs] wild; grausam; **~·ci·ty** [fə'rɒsətı] Wildheit *f*

fer·ret ['ferıt] **1.** *zo.* Frettchen *n*; *fig.* Spürhund *m*; **2.** herumstöbern; ~ ***out*** aufspüren, -stöbern

fer·ry ['ferı] **1.** Fähre *f*; **2.** übersetzen; **'~·boat** Fährboot *n*, Fähre *f*; **'~·man** (*pl.* ***-men***) Fährmann *m*

fer|·tile ['fɜ:taıl] fruchtbar; reich (***of, in*** an *dat.*); **~·til·i·ty** [fə'tılətı] Fruchtbarkeit *f* (*a. fig.*); **~·ti·lize** ['fɜ:tılaız] fruchtbar machen; befruchten; düngen; **'~·ti·liz·er** (*bsd.* Kunst)Dünger *m*, Düngemittel *n*

fer·vent ['fɜ:vənt] glühend, leidenschaftlich

fer·vo(u)r ['fɜ:və] Glut *f*; Inbrunst *f*

fes·ter ['festə] eitern

fes|·ti·val ['festəvl] Fest *n*; Festival *n*, Festspiele *pl.*; **~·tive** ['festıv] festlich; **~·tiv·i·ty** [fe'stıvətı] Festlichkeit *f*

fes·toon [fe'stu:n] Girlande *f*

fetch [fetʃ] holen; *Preis* erzielen; *Seufzer* ausstoßen; **'~·ing** F reizend

fete, fête [feıt] Fest *n*; ***village*** ~ Dorffest *n*

fet·id ['fetıd] stinkend

fet·ter ['fetə] **1.** Fessel *f*; **2.** fesseln

F

feud [fju:d] Fehde *f*; **~·al** ['fju:dl] Feudal..., Lehns...; **feu·dal·is·m** ['fju:dəlızəm] Feudalismus *m*, Feudal-, Lehnssystem *n*

fe·ver ['fi:və] Fieber *n*; **~·ish** ['fi:vərıʃ] fieb(e)rig; *fig.* fieberhaft

few [fju:] wenige; ***a*** ~ ein paar, einige; ***no*** ~***er than*** nicht weniger als; ***quite a*** ~, ***a good*** ~ e-e ganze Menge

fi·an·cé [fı'ɑ̃:ŋseı] Verlobte(r) *m*; **~e** [fı'ɑ̃:ŋseı] Verlobte *f*

fib F [fıb] **1.** Flunkerei *f*, Schwindelei *f*; **2.** (***-bb-***) schwindeln, flunkern

fi·bre *Brt.*, **fi·ber** *Am.* ['faıbə] Faser *f*; **'~·glass** *tech.* Fiberglas *n*, Glasfaser *f*; **fi·brous** ['faıbrəs] faserig

fick·le ['fıkl] wankelmütig; unbeständig; **'~·ness** Wankelmut *m*

fic·tion ['fıkʃn] Erfindung *f*; Prosaliteratur *f*, Belletristik *f*; Romane *pl.*; **~·al** ['fıkʃnl] erdichtet; Roman...

fic·ti·tious [fık'tıʃəs] erfunden

fid·dle ['fıdl] **1.** Fiedel *f*, Geige *f*; ***play first*** (***second***) ~ *bsd. fig.* die erste (zweite) Geige spielen; (***as***) ***fit as a*** ~ kerngesund; **2.** *mus.* fiedeln; *a.* ~ ***about*** *od.* ***around*** (***with***) herumfingern (an *dat.*), spielen (mit); **'~r** Geiger(in); **'~·sticks** *int.* dummes Zeug!

fi·del·i·ty [fı'delətı] Treue *f*; Genauigkeit *f*

fid·get F ['fıdʒıt] nervös machen; (herum)zappeln; **'~·y** zapp(e)lig, nervös

field [fi:ld] Feld *n*; *Sport*: Spielfeld *n*; Arbeitsfeld *n*; Gebiet *n*; Bereich *m*; **'~ e·vents** *pl. Sport*: Sprung- u. Wurfdisziplinen *pl.*; **'~ glass·es** *pl.*, ***a. pair of*** ~ Feldstecher *m*, Fernglas *n*; **'~ mar·shal** *mil.* Feldmarschall *m*; **'~ sports** *pl.* Sport *m* im Freien (*Jagen, Schießen, Fischen*); **'~·work** praktische (wissenschaftliche) Arbeit, *Archäologie* *etc.*: *a.* Arbeit *f* im Gelände; *Markt-, Meinungsforschung*: Feldarbeit *f*

fiend [fiːnd] Satan *m*, Teufel *m*; F (*Frischluft- etc.*)Fanatiker(in); ⚠ *nicht* ***Feind***; **'~·ish** teuflisch, boshaft

fierce [fɪəs] (**~r, ~st**) wild; scharf; heftig; **'~·ness** Wildheit *f*, Schärfe *f*; Heftigkeit *f*

fi·er·y ['faɪərɪ] (**-ier, -iest**) feurig; hitzig

fif|·teen [fɪf'tiːn] **1.** fünfzehn; **2.** Fünfzehn *f*; **~·teenth** [fɪf'tiːnθ] fünfzehnte(r, -s); **~th** [fɪfθ] **1.** fünfte(r, -s); **2.** Fünftel *n*; **'~th·ly** fünftens; **~·ti·eth** ['fɪftɪɪθ] fünfzigste(r, -s); **~·ty** ['fɪftɪ] **1.** fünfzig; **2.** Fünfzig *f*; **~·ty-'fif·ty** F halbe-halbe

F

fig *bot.* [fɪg] Feige f

fight [faɪt] **1.** Kampf *m*; *mil.* Gefecht *n*; Schlägerei *f*; *Boxen*: Kampf *m*, Fight *m*; **2.** (**fought**) *v/t.* bekämpfen; kämpfen gegen *od.* mit, *Sport*: *a.* boxen gegen; *v/i.* kämpfen, sich schlagen; *Sport*: boxen; **'~·er** Kämpfer *m*; *Sport*: Boxer *m*, Fighter *m*; *a.* **~ *plane*** *mil.* Jagdflugzeug *n*; **'~·ing** Kampf *m*

fig·u·ra·tive ['fɪgjʊrətɪv] bildlich

fig·ure ['fɪgə] **1.** Figur *f*; Gestalt *f*; Zahl *f*, Ziffer *f*; Preis *m*; ***be good at ~s*** ein guter Rechner sein; **2.** *v/t.* abbilden, darstellen; *Am.* F meinen, glauben; sich *et.* vorstellen; **~ *out*** rauskriegen, *Problem* lösen; verstehen; **~ *up*** zusammenzählen; *v/i.* erscheinen, vorkommen; **~ *on*** *bsd. Am.* rechnen mit; **'~ skat·er** *Sport*: Eiskunstläufer(in); **'~ skat·ing** *Sport*: Eiskunstlauf *m*

fil·a·ment *electr.* ['fɪləmənt] Glühfaden *m*

filch F [fɪltʃ] klauen, stibitzen

file[1] [faɪl] **1.** Ordner *m*, Karteikasten *m*; Akte *f*; Akten *pl.*, Ablage *f*; *Computer*: Datei *f*; Reihe *f*; *mil.* Rotte *f*; ***on ~*** bei den Akten; **2.** *v/t. Briefe etc.* einordnen, ablegen, zu den Akten nehmen; *Antrag* einreichen, *Berufung* einlegen; *v/i.* hintereinander marschieren

file[2] [faɪl] **1.** Feile *f*; **2.** feilen

'file| man·age·ment *Computer*: Dateiverwaltung *f*; **'~ pro·tec·tion** *Computer*: Schreibschutz *m*

fi·li·al ['fɪljəl] kindlich, Kindes...

fil·ing ['faɪlɪŋ] Ablegen *n* (*von Briefen etc.*); **'~ cab·i·net** Aktenschrank *m*

fill [fɪl] **1.** (sich) füllen; an-, aus-, er-, voll füllen; *Pfeife* stopfen; *Zahn* füllen, plombieren; **~ *in*** einsetzen; *Formular* ausfüllen (*Am. a.* **~ *out***); **~ *up*** voll füllen; sich füllen; **~ *her up!*** F *mot.* voll tanken, bitte!; **2.** Füllung *f*; ***eat one's ~*** sich satt essen

fil·let *Brt.*, **fil·et** *Am.* ['fɪlɪt] Filet *n*

fill·ing ['fɪlɪŋ] Füllung *f*; *med.* (Zahn-) Füllung *f*, (-)Plombe *f*; **'~ sta·tion** Tankstelle *f*

fil·ly *zo.* ['fɪlɪ] Stutenfohlen *n*

film [fɪlm] **1.** Häutchen *n*; Membran(e) *f*; Film *m* (*a. phot. u. bsd. Brt. Kinofilm*); Trübung *f* (*des Auges*); Nebelschleier *m*; ***take*** *od.* ***shoot a ~*** e-n Film drehen; **2.** (ver)filmen; sich verfilmen lassen; **'~ star** *bsd. Brt.* Filmstar *m*

fil·ter ['fɪltə] **1.** Filter *m*; **2.** filtern; **'~ tip** Filter *m*; Filterzigarette *f*; **~-'tipped: ~ *cigarette*** Filterzigarette *f*

filth [fɪlθ] Schmutz *m*; **'~·y** (**-ier, -iest**) schmutzig; *fig.* unflätig

fin [fɪn] *zo.* Flosse *f*; *Am.* Schwimmflosse *f*

fi·nal ['faɪnl] **1.** letzte(r, -s); End..., Schluss...; endgültig; **2.** *Sport*: Finale *n*; *mst* **~s** *pl.* Schlussexamen, -prüfung *f*; **~ dis'pos·al** Endlagerung *f* (*von Atommüll etc.*); **~·ist** ['faɪnəlɪst] *Sport*: Finalist(in); **'~·ly** endlich, schließlich; endgültig; **~ 'whis·tle** *Sport*: Schluss-, Abpfiff *m*

fi·nance [faɪ'næns] **1.** Finanzwesen *n*; **~s** *pl.* Finanzen *pl.*; **2.** finanzieren; **fi·nan·cial** [faɪ'nænʃl] finanziell; **fi·nan·cier** [faɪ'nænsɪə] Finanzier *m*

finch *zo.* [fɪntʃ] Fink *m*

find [faɪnd] **1.** (**found**) finden; (an)treffen; auf-, herausfinden; *jur. j-n* für (*nicht*) *schuldig* erklären; beschaffen; versorgen; **~ *out*** *v/t. et.* herausfinden; *v/i.* es herausfinden; **2.** Fund *m*, Entdeckung *f*; **'~·ings** *pl.* Befund *m*; *jur.* Feststellung *f*, Spruch *m*

fine[1] [faɪn] **1.** *adj.* (**~r, ~st**) fein; schön; ausgezeichnet, großartig; ***I'm ~*** mir geht es gut; **2.** *adv.* F sehr gut, bestens

fine[2] [faɪn] **1.** Geldstrafe *f*, Bußgeld *n*; **2.** zu e-r Geldstrafe verurteilen

fin·ger ['fɪŋgə] **1.** Finger *m*; → ***cross*** 2; **2.** betasten, (herum)fingern an (*dat.*); **'~·nail** Fingernagel *m*; **'~·print** Fingerabdruck *m*; **'~·tip** Fingerspitze *f*

fin·i·cky ['fɪnɪkɪ] pedantisch; wählerisch

fin·ish ['fɪnɪʃ] **1.** (be)enden, aufhören (mit); *a.* **~ *off*** vollenden, zu Ende führen, erledigen, *Buch etc.* auslesen; *a.* **~ *off,* ~ *up*** aufessen, austrinken; **2.** Ende *n*, Schluss *m*; *Sport*: Endspurt *m*, Finish *n*; Ziel *n*; Vollendung *f*, letzter Schliff; '**~·ing line** *Sport*: Ziellinie *f*

Fin·land ['fɪnlənd] Finnland *n*; **Finn** [fɪn] Finn|e *m*, -in *f*; '**Finn·ish 1.** finnisch; **2.** *ling.* Finnisch *n*

fir *bot.* [fɜː] *a.* **~ *tree*** Tanne *f*; '**~ cone** Tannenzapfen *m*

fire ['faɪə] **1.** Feuer *n*; ***be on* ~** in Flammen stehen, brennen; ***catch* ~** Feuer fangen, in Brand geraten; ***set on* ~, *set* ~ *to*** anzünden; **2.** *v/t.* an-, entzünden; *fig.* anfeuern; abfeuern; *Ziegel etc.* brennen; F rausschmeißen (*entlassen*); heizen; *v/i.* Feuer fangen (*a. fig.*); feuern; **~ a·larm** ['faɪərəlɑːm] Feueralarm *m*; Feuermelder *m*; **~·arms** ['faɪərɑːmz] *pl.* Feuer-, Schusswaffen *pl.*; '**~ bri·gade** *Brt.* Feuerwehr *f*; '**~·bug** F Feuerteufel *m*; '**~·crack·er** Frosch *m* (*Feuerwerkskörper*); '**~ de·part·ment** *Am.* Feuerwehr *f*; **~ en·gine** ['faɪərendʒɪn] Löschfahrzeug *n*; **~ es·cape** ['faɪərɪskeɪp] Feuerleiter *f*, -treppe *f*; **~ ex·tin·guish·er** ['faɪərɪkstɪŋgwɪʃə] Feuerlöscher *m*; '**~ fight·er** Feuerwehrmann *m*; '**~·guard** Kamingitter *n*; '**~ hy·drant** *Brt.* Hydrant *m*; '**~·man** (*pl.* ***-men***) Feuerwehrmann *m*; Heizer *m*; '**~·place** (offener) Kamin; '**~·plug** *Am.* Hydrant *m*; '**~·proof** feuerfest; '**~·rais·ing** *Brt.* Brandstiftung *f*; '**~·screen** *Am.* Kamingitter *n*; '**~·side** (offener) Kamin; '**~ sta·tion** Feuerwache *f*; '**~ truck** *Am.* Löschfahrzeug *n*; '**~·wood** Brennholz *n*; '**~·works** *pl.* Feuerwerk *n*

fir·ing squad *mil.* ['faɪərɪŋskwɒd] Exekutionskommando *n*

firm¹ [fɜːm] fest; hart; standhaft; ⚠ *nicht* ***firm***

firm² [fɜːm] Firma *f*

first [fɜːst] **1.** *adj.* erste(r, -s); beste(r, -s); **2.** *adv.* erstens; zuerst; **~ *of all*** an erster Stelle; zu allererst; **3.** Erste(r, -s); ***at* ~** zuerst, anfangs; ***from the* ~** von Anfang an; **~ 'aid** erste Hilfe; **~ 'aid box, ~ 'aid kit** Verband(s)kasten *m*; '**~·born** erstgeborene(r, -s), älteste(r, -s); **~ 'class** 1. Klasse (*e-s Verkehrsmittels*); **~-'class** erstklassig; **~ 'floor** *Brt.* erster Stock, *Am.* Erdgeschoss *n*, *östr.* Erdgeschoß *n*; → ***second floor***; **~'hand** aus erster Hand; **~ 'leg** *Sport*: Hinspiel *n*; '**~·ly** erstens; '**~ name** Vorname *m*; **~-'rate** erstklassig

firth [fɜːθ] Förde *f*, Meeresarm *m*

fish [fɪʃ] **1.** (*pl.* ***fish, fishes***) Fisch *m*; **2.** fischen, angeln; '**~·bone** Gräte *f*

fish|·er·man ['fɪʃəmən] (*pl.* ***-men***) Fischer *m*; **~·e·ry** ['fɪʃərɪ] Fischerei *f*

fish| 'fin·ger *bsd. Brt.* Fischstäbchen *n*; '**~·hook** Angelhaken *m*

'**fish·ing** Fischen *n*, Angeln *n*; '**~ line** Angelschnur *f*; '**~ rod** Angelrute *f*; '**~ tack·le** Angelgerät *n*

'**fish|·mon·ger** *bsd. Brt.* Fischhändler *m*; **~ 'stick** *bsd. Am.* Fischstäbchen *n*; '**~·y** (***-ier, -iest***) Fisch...; F verdächtig

fis·sion ['fɪʃn] Spaltung *f*

fis·sure ['fɪʃə] Spalt *m*, Riss *m*

fist [fɪst] Faust *f*

fit¹ [fɪt] **1.** (***-tt-***) geeignet, passend; tauglich; *Sport*: fit, (gut) in Form; ***keep* ~** sich fit halten; **2.** (***-tt-; fitted,*** *Am. a.* ***fit***) *v/t.* passend machen (***for*** für), anpassen; *tech.* einpassen, -bauen; anbringen; **~ *in*** *j-m* e-n Termin geben, *j-n, et.* einschieben; *a.* **~ *on*** anprobieren; *a.* **~ *out*** ausrüsten, -statten, einrichten (***with*** mit); *a.* **~ *up*** einrichten (***with*** mit); montieren, installieren; *v/i.* passen, sitzen (*Kleid*); **3.** Sitz *m* (*Kleid*)

fit² [fɪt] *med.* Anfall *m*; ***give s.o. a* ~** F j-n auf die Palme bringen; j-m e-n Schock versetzen

'**fit|·ful** unruhig (*Schlaf etc.*); '**~·ness** Tauglichkeit *f*; *bsd. Sport*: Fitness *f*, (gute) Form; '**~·ness cen·tre** (*Am.* **cen·ter**) Fitnesscenter *n*; '**~·ted** zugeschnitten; **~ *carpet*** Spannteppich *m*, Teppichboden *m*; **~ *kitchen*** Einbauküche *f*; '**~·ter** Monteur *m*; Installateur *m*; '**~·ting 1.** passend; schicklich; **2.** Montage *f*, Installation *f*; **~*s*** *pl.* Ausstattung *f*; Armaturen *pl.* (*Bad etc.*)

five [faɪv] **1.** fünf; **2.** Fünf *f*

fix [fɪks] **1.** befestigen, anbringen (***to*** an); *Preis* festsetzen; fixieren; *Blick etc.* richten (***on*** auf); *Aufmerksamkeit etc.* fesseln; reparieren; *bsd. Am. Essen* zubereiten; ⚠ *nicht* ***fix***; **2.** F Klemme *f*; *sl.* Fix *m* (*Schuss Heroin etc.*); **~ed** fest;

starr; **'~·ings** *pl. Am. gastr.* Beilagen *pl.*; **~·ture** ['fɪkstʃə] Inventarstück *n*; ***lighting ~*** Beleuchtungskörper *m*
fizz [fɪz] zischen, sprudeln
fl *nur geschr. Abk. für **floor*** Stock(werk *n*) *m*
flab·ber·gast F ['flæbəgɑːst] verblüffen; ***be ~ed*** platt sein
flab·by ['flæbɪ] (***-ier, -iest***) schlaff
flac·cid ['flæksɪd] schlaff, schlapp
flag¹ [flæg] **1.** Fahne *f*, Flagge *f*; **2.** (***-gg-***) beflaggen
flag² [flæg] **1.** (Stein)Platte *f*, Fliese *f*; **2.** mit (Stein)Platten *od.* Fliesen belegen, fliesen
flag³ [flæg] nachlassen, erlahmen
'flag|·pole, '~·staff Fahnenstange *f*; **'~·stone** (Stein)Platte *f*, Fliese *f*
flake [fleɪk] **1.** Flocke *f*; Schuppe *f*; **2.** *mst **~ off*** abblättern; **'flak·y** (***-ier, -iest***) flockig; blätt(e)rig; **~·y 'pas·try** Blätterteig *m*
flame [fleɪm] **1.** Flamme *f* (*a. fig.*); ***be in ~s*** in Flammen stehen; **2.** flammen, lodern
flam·ma·ble *Am. u. tech.* ['flæməbl] → ***inflammable***
flan [flæn] Obst-, Käsekuchen *m*
flank [flæŋk] **1.** Flanke *f*; **2.** flankieren
flan·nel ['flænl] Flanell *m*; Waschlappen *m*; ***~s*** *pl.* Flanellhose *f*
flap [flæp] **1.** Flattern *n*, (Flügel)Schlag *m*; Klappe *f*; **2.** (***-pp-***) mit *den Flügeln etc.* schlagen; flattern
flare [fleə] **1.** flackern; sich weiten (*Nasenflügel*); ***~ up*** aufflammen; *fig.* aufbrausen; **2.** Lichtsignal *n*
flash [flæʃ] **1.** Aufblitzen *n*, -leuchten *n*, Blitz *m*; *Rundfunk etc.*: Kurzmeldung *f*; *phot.* F Blitz *m* (*Blitzlicht*); *bsd. Am.* F Taschenlampe *f*; ***like a ~*** wie der Blitz; ***in a ~*** im Nu; ***a ~ of lightning*** ein Blitz; **2.** (auf)blitzen *od.* aufleuchten (lassen); zucken (*Blitz*); rasen, flitzen; **'~·back** *Film*: Rückblende *f*; **~ 'freeze** *Am.* (***-froze, -frozen***) → ***quick-freeze***; **'~·light** *phot.* Blitzlicht *n*; *bsd. Am.* Taschenlampe *f*; **'~·y** (***-ier, -iest***) protzig; auffallend
flask [flɑːsk] Taschenflasche *f*; Thermosflasche® *f*
flat¹ [flæt] **1.** (***-tt-***) flach, eben, platt; schal; *econ.* flau; *mot.* platt (*Reifen*); **2.** *adv.* ***fall ~*** danebengehen; ***sing ~*** zu tief singen; **3.** Fläche *f*, Ebene *f*; flache Seite; Flachland *n*, Niederung *f*; *bsd. Am. mot.* Reifenpanne *f*
flat² *bsd. Brt.* [flæt] Wohnung *f*
flat|-'foot·ed plattfüßig; **'~·mate** *Brt.* Mitbewohner(in) (*e-r Wohnung*); **~·ten** ['flætn] (ein)ebnen; abflachen; *a.* ***~ out*** flach(er) werden
flat·ter ['flætə] schmeicheln (*dat.*); ⚠ *nicht **flattern***; **~·er** ['flætərə] Schmeichler(in); **~·y** ['flætərɪ] Schmeichelei *f*
fla·vo(u)r ['fleɪvə] **1.** Geschmack *m*; Aroma *n*; Blume *f* (*Wein*); *fig.* Beigeschmack *m*; Würze *f*; **2.** würzen; **~·ing** ['fleɪvərɪŋ] Würze *f*, Aroma *n*
flaw [flɔː] Fehler *m*, *tech. a.* Defekt *m*; **'~·less** einwandfrei, tadellos
flax *bot.* [flæks] Flachs *m*
flea *zo.* [fliː] Floh *m*; **'~ mar·ket** Flohmarkt *m*
fleck [flek] Fleck(en) *m*; Tupfen *m*
fled [fled] *pret. u. p.p. von **flee***
fledged [fledʒd] flügge; **fledg(e)·ling** ['fledʒlɪŋ] Jungvogel *m*; *fig.* Grünschnabel *m*
flee [fliː] (***fled***) fliehen; meiden
fleece [fliːs] Vlies *n*, *bsd.* Schafsfell *n*
fleet *naut.* [fliːt] Flotte *f*
'Fleet Street *das Londoner Presseviertel*; *fig.* die (Londoner) Presse
flesh [fleʃ] *lebendiges* Fleisch; **'~·y** (***-ier, -iest***) fleischig; dick
flew [fluː] *pret. von **fly³***
flex¹ *bsd. anat.* [fleks] biegen
flex² *bsd. Brit. electr.* [fleks] (Anschluss-, Verlängerungs)Kabel *n*, (-)Schnur *f*
flex·i·ble ['fleksəbl] flexibel, biegsam; *fig.* anpassungsfähig; ***~ working hours*** *pl.* Gleitzeit *f*
flex·i·time *Brt.* ['fleksɪtaɪm], **flex·time** *Am.* ['flekstaɪm] Gleitzeit *f*
flick [flɪk] schnippen; schnellen
flick·er ['flɪkə] **1.** flackern; *TV* flimmern; **2.** Flackern *n*; *TV* Flimmern *n*
fli·er ['flaɪə] *aviat.* Flieger *m*; Reklamezettel *m*
flight [flaɪt] Flucht *f*; Flug *m* (*a. fig.*); Schwarm *m* (*Vögel*); *a.* ***~ of stairs*** Treppe *f*; ***put to ~*** in die Flucht schlagen; ***take (to) ~*** die Flucht ergreifen; **'~ at·tend·ant** *aviat.* Flugbegleiter(in); **'~·less** *zo.* flugunfähig; **'~ re·cord·er** *aviat.* Flugschreiber *m*; **'~·y** (***-ier, -iest***) flatterhaft

flim·sy ['flɪmzɪ] (*-ier, -iest*) dünn; zart; *fig.* fadenscheinig
flinch [flɪntʃ] (zurück)zucken, zusammenfahren; zurückschrecken (*from* vor *dat.*)
fling [flɪŋ] **1.** (*flung*) werfen, schleudern; ~ *o.s.* sich stürzen; ~ *open od. to Tür etc.* aufreißen *od.* zuschlagen; **2.** *have a* ~ sich austoben; *have a* ~ *at* es versuchen *od.* probieren mit
flint [flɪnt] Feuerstein *m*
flip [flɪp] (*-pp-*) schnippen, schnipsen; *Münze* hochwerfen
flip·pant ['flɪpənt] respektlos, schnodd(e)rig
flip·per ['flɪpə] *zo.* Flosse *f*; Schwimmflosse *f*
flirt [flɜːt] **1.** flirten; **2.** *be a* ~ gern flirten; **flir·ta·tion** [flɜː'teɪʃn] Flirt *m*
flit [flɪt] (*-tt-*) flitzen, huschen
float [fləʊt] **1.** *v/i.* (auf dem Wasser) schwimmen, (im Wasser) treiben; schweben; *a. econ.* in Umlauf sein; *v/t.* schwimmen *od.* treiben lassen; *naut.* flottmachen; *econ. Wertpapiere etc.* in Umlauf bringen; *econ. Währung* floaten, den Wechselkurs (*gen.*) freigeben; **2.** Festwagen *m*; '**~·ing 1.** schwimmend, treibend; *econ.* umlaufend (*Geld etc.*); flexibel (*Wechselkurs*); frei konvertierbar (*Währung*); **2.** *econ.* Floating *n*; **~·ing 'vot·er** *pol.* Wechselwähler(in)
flock [flɒk] **1.** Herde *f* (*bsd. Schafe od. Ziegen*) (*a. rel.*); Menge *f*, Schar *f*; ⚠ *nicht* **Flocke**; **2.** *fig.* strömen
floe [fləʊ] (treibende) Eisscholle
flog [flɒg] (*-gg-*) prügeln, schlagen; '**~·ging** Tracht *f* Prügel
flood [flʌd] **1.** *a.* **~-*tide*** Flut *f*, Überschwemmung *f*; **2.** überfluten, überschwemmen; '**~·gate** Schleusentor *n*; '**~·lights** *pl. electr.* Flutlicht *n*
floor [flɔː] **1.** (Fuß)Boden *m*; Stock(-werk *n*) *m*, Etage *f*; Tanzfläche *f*; → ***first floor, second floor; take the*** ~ das Wort ergreifen; **2.** e-n (Fuß)Boden legen in; zu Boden schlagen; *fig.* F *j-n* umhauen; '**~·board** (Fußboden)Diele *f*; '**~ cloth** Putzlappen *m*; **~·ing** ['flɔːrɪŋ] (Fuß)Bodenbelag *m*; '**~ lamp** *Am.* Stehlampe *f*; '**~ lead·er** *Am. parl.* Fraktionsführer *m*; '**~ show** Nachtklubvorstellung *f*; '**~·walk·er** *bsd. Am.* → ***shopwalker***
flop [flɒp] **1.** (*-pp-*) sich (hin)plumpsen lassen; F durchfallen, danebengehen, ein Reinfall sein; **2.** Plumps *m*; F Flop *m*, Misserfolg *m*, Reinfall *m*, Pleite *f*; Versager *m*; '**~·py, ~·py 'disk** *Computer*: Floppy Disk *f*, Diskette *f*
flor·id ['flɒrɪd] rot, gerötet
flor·ist ['flɒrɪst] Blumenhändler(in)
floun·der[1] *zo.* ['flaʊndə] Flunder *f*
floun·der[2] ['flaʊndə] zappeln; strampeln; *fig.* sich verhaspeln
flour ['flaʊə] (feines) Mehl
flour·ish ['flʌrɪʃ] **1.** Schnörkel *m*; *mus.* Tusch *m*; **2.** *v/i.* blühen, gedeihen; *v/t.* schwenken
flow [fləʊ] **1.** fließen, strömen; **2.** Fluß *m*, Strom *m* (*beide a. fig.*)
flow·er ['flaʊə] **1.** Blume *f*; Blüte *f* (*a. fig.*); **2.** blühen; '**~·bed** Blumenbeet *n*; '**~·pot** Blumentopf *m*
flown [fləʊn] *p.p. von* ***fly***[3]
fl. oz. *nur geschr. Abk. für* ***fluid ounce*** (*Hohlmaß: Brt. 28,4 ccm, Am. 29,57 ccm*)
fluc·tu|·ate ['flʌktʃʊeɪt] schwanken; **~·a·tion** [flʌktʃʊ'eɪʃn] Schwankung *f*
flu F [fluː] Grippe *f*
flue [fluː] Rauchfang *m*, Esse *f*
flu·en|·cy ['fluːənsɪ] Flüssigkeit *f* (*des Stils etc.*); (Rede)Gewandtheit *f*; '**~t** fließend (*Sprache*); flüssig (*Stil etc.*); gewandt (*Redner*)
fluff [flʌf] **1.** Flaum *m*; Staubflocke *f*; **2.** *Federn* aufplustern (*Vogel*); '**~·y** (*-ier, -iest*) flaumig
flu·id ['fluːɪd] **1.** flüssig; **2.** Flüssigkeit *f*
flung [flʌŋ] *pret. u. p.p. von* ***fling*** 1
flunk *Am.* F [flʌŋk] durchfallen (lassen)
flu·o·res·cent [flʊə'resnt] fluoreszierend
flu·o·ride ['flɔːraɪd] Fluor *n* (*als Trinkwasserzusatz*)
flu·o·rine *chem.* ['flɔːriːn] Fluor *n*
flur·ry ['flʌrɪ] Windstoß *m*; (*Regen-, Schnee*)Schauer *m*; *fig.* Aufregung *f*, Unruhe *f*
flush [flʌʃ] **1.** (Wasser)Spülung *f*; Erröten *n*; Röte *f*; **2.** *a.* ~ ***out*** (aus)spülen; ~ ***down*** hinunterspülen; ~ ***the toilet*** spülen; *v/i.* erröten, rot werden; spülen (*Toilette od. Toilettenbenutzer*)
flus·ter ['flʌstə] **1.** nervös machen *od.* werden; **2.** Nervosität *f*

flute *mus.* [fluːt] **1.** Flöte *f*; **2.** (auf der) Flöte spielen

flut·ter ['flʌtə] **1.** flattern; **2.** Flattern *n*; *fig.* Erregung *f*

flux *fig.* [flʌks] Fluss *m*

fly[1] *zo.* [flaɪ] Fliege *f*

fly[2] [flaɪ] Hosenschlitz *m*; Zeltklappe *f*

fly[3] [flaɪ] (***flew, flown***) fliegen (lassen); stürmen, stürzen; flattern, wehen; (ver)fliegen (*Zeit*); *Drachen* steigen lassen; **~ *at s.o.*** auf j-n losgehen; **~ *into a passion*** *od.* ***rage*** in Wut geraten; **'~·er** → ***flier***

'fly·ing fliegend; Flug...; **~ 'sau·cer** fliegende Untertasse; **'~ squad** Überfallkommando *n* (*der Polizei*)

'fly|·o·ver *Brt.* (Straßen-, Eisenbahn)Überführung *f*; **'~·screen** Fliegenfenster *n*; **'~·weight** *Boxen*: Fliegengewicht(ler *m*) *n*; **'~·wheel** Schwungrad *n*

FM [ef 'em] *Abk. für* ***frequency modulation*** UKW, Ultrakurzwelle *f*

foal *zo.* [fəʊl] Fohlen *n*

foam [fəʊm] **1.** Schaum *m*; **2.** schäumen; **~ 'rub·ber** Schaumgummi *m*; **'~·y** (***-ier, -iest***) schaumig

fo·cus ['fəʊkəs] **1.** (*pl.* ***-cuses, -ci*** [-saɪ]) Brenn-, *fig. a.* Mittelpunkt *m*; *opt.*, *phot.* Scharfeinstellung *f*; **2.** *opt.*, *phot.* scharf einstellen; *fig.* konzentrieren (***on*** auf *acc.*)

fod·der ['fɒdə] (Trocken)Futter *n*

foe *poet.* [fəʊ] Feind *m*, Gegner *m*

fog [fɒg] (dichter) Nebel; **'~·gy** (***-ier, -iest***) neb(e)lig; *fig.* nebelhaft

foi·ble *fig.* ['fɔɪbl] (kleine) Schwäche

foil[1] [fɔɪl] Folie *f*; *fig.* Hintergrund *m*

foil[2] [fɔɪl] vereiteln

foil[3] [fɔɪl] *Fechten*: Florett *n*

fold[1] [fəʊld] **1.** Falte *f*; Falz *m*; **2.** ...fach, ...fältig; **3.** (sich) falten; falzen; *Arme* verschränken; einwickeln; *oft* **~ *up*** zusammenfalten, -legen, -klappen

fold[2] [fəʊld] Schafhürde *f*, Pferch *m*; *rel.* Herde *f*

'fold·er Aktendeckel *m*; Schnellhefter *m*; Faltprospekt *m*, -blatt *n*, Broschüre *f*

'fold·ing zusammenlegbar; Klapp...; **'~ bed** Klappbett *n*; **'~ bi·cy·cle** Klapprad *n*; **'~ boat** Faltboot *n*; **'~ chair** Klappstuhl *m*; **'~ door(s** *pl.*) Falttür *f*

fo·li·age ['fəʊlɪɪdʒ] Laub(werk) *n*

folk [fəʊk] *pl.* Leute *pl.*; Volks...; **~*s*** *pl.* F *m-e etc.* Leute *pl.* (*Angehörige*); ⚠ *nicht* ***Volk***; **'~·lore** Volkskunde *f*; Volkssagen *pl.*; **'~ mu·sic** Volksmusik *f*; **'~ song** Volkslied *n*; Folksong *m*

fol·low ['fɒləʊ] folgen (*dat.*); folgen auf (*acc.*); be-, verfolgen; *s-m Beruf etc.* nachgehen; **~ *through*** *Plan etc.* bis zum Ende durchführen; **~ *up*** *e-r Sache* nachgehen; *e-e Sache* weiterverfolgen; ***as ~s*** wie folgt; **'~·er** Nachfolger(in); Verfolger(in); Anhänger(in); **'~·ing 1.** Anhängerschaft *f*, Anhänger *pl.*; Gefolge *n*; ***the ~*** das Folgende; die Folgenden *pl.*; **2.** folgende(r, -s); **3.** im Anschluss an (*acc.*)

fol·ly ['fɒlɪ] Torheit *f*

fond [fɒnd] zärtlich; vernarrt (***of*** in *acc.*); ***be ~ of*** gern haben, lieben

fon·dle ['fɒndl] liebkosen; streicheln; (ver)hätscheln

'fond·ness Zärtlichkeit *f*; Vorliebe *f*

font [fɒnt] Taufstein *m*, -becken *n*

food [fuːd] Nahrung *f*, Essen *n*; Nahrungs-, Lebensmittel *pl.*; Futter *n*

fool [fuːl] **1.** Narr *m*, Närrin *f*, Dummkopf *m*; ***make a ~ of s.o.*** j-n zum Narren halten; ***make a ~ of o.s.*** sich lächerlich machen; **2.** zum Narren halten; betrügen (***out of*** um); **~ *about***, **~ *around*** herumtrödeln; Unsinn machen, herumalbern; **'~·har·dy** tollkühn; **'~·ish** dumm, töricht; unklug; **'~·ish·ness** Dummheit *f*; **'~·proof** kinderleicht; todsicher

foot [fʊt] **1.** (*pl.* ***feet***) Fuß *m*; (*pl.* F *a.* ***foot***, *Abk.* ***ft***) Fuß *m* (*30,48 cm*); Fußende *n*; ***on ~*** zu Fuß; **2.** F *Rechnung* bezahlen; **~ *it*** zu Fuß gehen

'foot·ball *Brt.* Fußball(spiel *n*) *m*; *Am.* Football(spiel *n*) *m*; *Brt.* Fußball *m*; *Am.* Football-Ball *m*; **'foot·bal·ler** Fußballer *m*; **'~ hoo·li·gan** Fußballrowdy *m*; **'~ play·er** Fußballspieler *m*

'foot|·bridge Fußgängerbrücke *f*; **'~·fall** Tritt *m*, Schritt *m* (*Geräusch*); **'~·hold** fester Stand, Halt *m*

'foot·ing Halt *m*, Stand *m*; *fig.* Grundlage *f*, Basis *f*; ***be on a friendly ~ with s.o.*** ein gutes Verhältnis zu j-m haben; ***lose one's ~*** den Halt verlieren

'foot|·lights *pl. thea.* Rampenlicht(er *pl.*) *n*; **'~·loose** frei, unbeschwert; **~ *and fancy-free*** frei u. ungebunden; **'~**

note Fußnote *f*; **'~·path** (Fuß)Pfad *m*; **'~·print** Fußabdruck *m*; **~s** *pl. a.* Fußspur(en *pl.*) *f*; **'~·sore** wund an den Füßen; **'~·step** Tritt *m*, Schritt *m*; Fußstapfe *f*; **'~·wear** Schuhwerk *n*, Schuhe *pl.*

fop [fɒp] Geck *m*, Fatzke *m*

for [fɔː, fə] **1.** *prp. mst* für; *Zweck, Ziel, Richtung*: zu; nach; *warten, hoffen etc.* auf (*acc.*); *sich sehnen etc.* nach; *Grund, Anlass*: aus, vor (*dat.*), wegen; *Zeitdauer*: **~ *three days*** drei Tage (lang); seit drei Tagen; *Entfernung*: ***I walked ~ a mile*** ich ging eine Meile (weit); *Austausch*: (an)statt; *in der Eigenschaft* als; ***I ~ one*** ich zum Beispiel; **~ *sure*** sicher!, gewiss!; **2.** *cj.* denn, weil

for·age ['fɒrɪdʒ] *a.* **~ *about*** (herum)stöbern, (-)wühlen (***in*** in *dat.*; ***for*** nach)

for·ay ['fɒreɪ] *mil.* Ein-, Überfall *m*; *fig.* Ausflug *m* (***into*** *politics* in *die Politik*)

for·bad(e) [fə'bæd] *pret. von* ***forbid***

for·bear ['fɔːbeə] → ***forebear***

for·bid [fə'bɪd] (***-dd-***; ***-bade*** *od.* ***-bad*** [-bæd], ***-bidden*** *od.* ***-bid***) verbieten; hindern; **~·ding** abstoßend

force [fɔːs] **1.** Stärke *f*, Kraft *f*, Gewalt *f*; ***the*** (***police***) **~** die Polizei; (***armed***) **~s** *pl. mil.* Streitkräfte *pl.*; ***by*** **~** mit Gewalt; ***come*** *od.* ***put into*** **~** in Kraft treten *od.* setzen; **2.** *j-n* zwingen; *et.* erzwingen; zwängen, drängen; *Tempo* beschleunigen; **~ *s.th. on s.o.*** j-m et. aufzwingen *od.* -drängen; **~ *o.s. on s.o.*** sich j-m aufdrängen; **~ *open*** aufbrechen; **~d** erzwungen; gezwungen, gequält; **~d 'land·ing** *aviat.* Notlandung *f*; **'~·ful** energisch, kraftvoll (*Person*); eindrucksvoll, überzeugend

for·ceps *med.* ['fɔːseps] Zange *f*

for·ci·ble ['fɔːsəbl] gewaltsam; eindringlich

ford [fɔːd] **1.** Furt *f*; **2.** durchwaten

fore [fɔː] **1.** vorder, Vorder...; vorn; **2.** Vorderteil *m*, -seite *f*, Front *f*; **~·arm** ['fɔːrɑːm] Unterarm *m*; **'~·bear:** *mst* **~s** *pl.* Vorfahren *pl.*, Ahnen *pl.*; **~·bod·ing** [fɔː'bəʊdɪŋ] (böses) Vorzeichen; (*böse*) (Vor)Ahnung; **'~·cast 1.** (***-cast*** *od.* ***-casted***) voraussagen, vorhersehen; *Wetter* vorhersagen; **2.** Voraussage *f*; (*Wetter*)Vorhersage *f*; **'~·fa·ther** Vorfahr *m*; **'~·fin·ger** Zeigefinger *m*; **'~·foot** (*pl.* ***-feet***) *zo.* Vorderfuß *m*; **~·gone con'clu·sion** ausgemachte Sache; ***be a*** **~** *a.* von vornherein feststehen; **'~·ground** Vordergrund *m*; **'~·hand 1.** *Sport*: Vorhand(schlag *m*) *f*; **2.** *Sport*: Vorhand...; **~·head** ['fɒrɪd] Stirn *f*

for·eign ['fɒrən] fremd, ausländisch, Auslands..., Außen...; **~ af'fairs** Außenpolitik *f*; **~ 'aid** Auslandshilfe *f*; **'~·er** Ausländer(in); **~ 'lan·guage** Fremdsprache *f*; **~ 'min·is·ter** *pol.* Außenminister *m*; **'♀ Of·fice** *Brt. pol.* Außenministerium *n*; **~ 'pol·i·cy** Außenpolitik *f*; **♀ 'Sec·re·ta·ry** *Brt. pol.* Außenminister *m*; **~ 'trade** *econ.* Außenhandel *m*; **~ 'work·er** Gastarbeiter *m*

fore|'knowl·edge vorherige Kenntnis; **'~·leg** *zo.* Vorderbein *n*; **'~·man** (*pl.* ***-men***) Vorarbeiter *m*, (*am Bau*) Polier *m*; *jur.* Sprecher *m* (*der Geschworenen*); **'~·most** vorderste(r, -s), erste(r, -s); **'~·name** Vorname *m*

fo·ren·sic [fə'rensɪk] Gerichts...; **~ 'medi·cine** Gerichtsmedizin *f*

'fore|·run·ner Vorläufer(in); **~'see** (***-saw***, ***-seen***) vorhersehen; **~'shad·ow** ahnen lassen, andeuten; **'~·sight** *fig.* Weitblick *m*; (weise) Voraussicht

for·est ['fɒrɪst] Wald *m* (*a. fig.*); Forst *m*

fore·stall [fɔː'stɔːl] *et.* vereiteln; *j-m* zuvorkommen

for·est|·er ['fɒrɪstə] Förster *m*; **~·ry** ['fɒrɪstrɪ] Forstwirtschaft *f*

'fore|·taste Vorgeschmack *m*; **~'tell** (***-told***) vorhersagen; **'~·thought** Vorsorge *f*, -bedacht *m*

for·ev·er, for ev·er [fə'revə] für immer

'fore|·wom·an (*pl.* ***-women***) Vorarbeiterin *f*; **'~·word** Vorwort *n*

for·feit ['fɔːfɪt] verwirken; einbüßen

forge [fɔːdʒ] **1.** Schmiede *f*; **2.** fälschen; **'forg·er** Fälscher; **for·ge·ry** ['fɔːdʒərɪ] Fälschen *n*; Fälschung *f*; **'for·ge·ry-proof** fälschungssicher

for·get [fə'get] (***-got***, ***-gotten***) vergessen; **~·ful** vergesslich; **~-me-not** *bot.* Vergissmeinnicht *n*

for·give [fə'gɪv] (***-gave***, ***-given***) vergeben, -zeihen; **~·ness** Verzeihung *f*; **for'giv·ing** versöhnlich; nachsichtig

fork [fɔːk] **1.** Gabel *f*; **2.** (sich) gabeln; **~ed** gegabelt, gespalten (*Zunge*); **~·lift 'truck** Gabelstapler *m*

F

form [fɔːm] **1.** Form *f*; Gestalt *f*; Formular *n*, Vordruck *m*; *bsd. Brt.* (Schul)Klasse *f*; Formalität *f*; Kondition *f*, Verfassung *f*; ***in great ~*** gut in Form; **2.** (sich) formen, (sich) bilden, gestalten

form·al ['fɔːml] förmlich; formell; **for·mal·i·ty** [fɔː'mælətɪ] Förmlichkeit *f*; Formalität *f*

for·mat ['fɔːmæt] **1.** Aufmachung *f*; Format *n*; **2.** (*-tt-*) *Computer*: formatieren

for·ma|·tion [fɔː'meɪʃn] Bildung *f*; **~·tive** ['fɔːmətɪv] bildend; gestaltend; ***~ years*** *pl.* Entwicklungsjahre *pl.*

'for·mat·ting *Computer*: Formatierung *f*

for·mer ['fɔːmə] **1.** früher; ehemalig; **2.** ***the ~*** Ersterer; **'~·ly** früher

for·mi·da·ble ['fɔːmɪdəbl] Furcht erregend; gewaltig, riesig, gefährlich (*Gegner etc.*), schwierig (*Frage etc.*)

'form| mas·ter Klassenlehrer *m*, -leiter *m*; **'~ mis·tress** Klassenlehrerin *f*, -leiterin *f*; **'~ teach·er** Klassenlehrer(in), Klassenleiter(in)

for·mu|·la ['fɔːmjʊlə] (*pl.* ***-las, -lae*** [-liː]) Formel *f*; Rezept *n* (*zur Zubereitung*); ⚠ *nicht* ***Formular***; **~·late** ['fɔːmjʊleɪt] formulieren

for|·sake [fə'seɪk] (***-sook, -saken***) aufgeben; verlassen; **~·sak·en** [fə'seɪkən] *p.p. von* ***forsake***; **~·sook** [fə'sʊk] *pret. von* ***forsake***; **~·swear** [fɔː'sweə] (***-swore, -sworn***) abschwören, entsagen

fort *mil.* [fɔːt] Fort *n*, Festung *f*

forth [fɔːθ] weiter, fort; (her)vor; ***and so ~*** und so weiter; **~'com·ing** bevorstehend, kommend; in Kürze erscheinend (*Buch*) *od.* anlaufend (*Film*)

for·ti·eth ['fɔːtɪɪθ] vierzigste(r, -s)

for·ti|·fi·ca·tion [fɔːrtɪfɪ'keɪʃn] Befestigung *f*; **~·fy** ['fɔːtɪfaɪ] *mil.* befestigen; *fig.* (ver)stärken; **~·tude** ['fɔːtɪtjuːd] (innere) Kraft *od.* Stärke

fort·night ['fɔːtnaɪt] vierzehn Tage

for·tress *mil.* ['fɔːtrɪs] Festung *f*

for·tu·i·tous [fɔː'tjuːɪtəs] zufällig

for·tu·nate ['fɔːtʃnət] glücklich; ***be ~*** Glück haben; **'~·ly** glücklicherweise

for·tune ['fɔːtʃn] Vermögen *n*; (glücklicher) Zufall, Glück *n*; Schicksal *n*; **'~·tell·er** Wahrsager(in)

for·ty ['fɔːtɪ] **1.** vierzig; ***have ~ winks*** F ein Nickerchen machen; **2.** Vierzig *f*

for·ward ['fɔːwəd] **1.** *adv.* nach vorn, vorwärts; **2.** *adj.* Vorwärts...; fortschrittlich; vorlaut, dreist; **3.** *Fußball*: Stürmer *m*; **4.** befördern, (ver)senden, schicken; *Brief etc.* nachsenden; **'~·ing a·gent** Spediteur *m*

fos·sil ['fɒsl] *geol.* Fossil *n* (*a. fig.* F), Versteinerung *f*

fos·ter|-child ['fɒstətʃaɪld] (*pl.* ***-children***) Pflegekind *n*; **'~-par·ents** *pl.* Pflegeeltern *pl.*

fought [fɔːt] *pret. u. p.p. von* ***fight*** 2

foul [faʊl] **1.** stinkend, widerlich; verpestet, schlecht (*Luft*); verdorben, faul (*Lebensmittel*); schmutzig, verschmutzt; schlecht, stürmisch (*Wetter*); *Sport*: regelwidrig; ⚠ *nicht* ***faul***; **2.** *Sport*: Foul *n*, Regelverstoß *m*; ***vicious ~*** böses *od.* übles Foul; **3.** *Sport*: foulen; be-, verschmutzen

found[1] [faʊnd] *pret. u. p.p. von* ***find*** 1

found[2] [faʊnd] gründen; stiften

found[3] *tech.* [faʊnd] gießen

foun·da·tion [faʊn'deɪʃn] *arch.* Grundmauer *f*, Fundament *n*; *fig.* Gründung *f*, Errichtung *f*; (gemeinnützige) Stiftung; *fig.* Grundlage *f*, Basis *f*

found·er[1] ['faʊndə] Gründer(in); Stifter(in)

foun·der[2] ['faʊndə] *naut.* sinken; *fig.* scheitern

found·ling ['faʊndlɪŋ] Findling *m*

foun·dry *tech.* ['faʊndrɪ] Gießerei *f*

foun·tain ['faʊntɪn] Springbrunnen *m*; (*Wasser*)Strahl *m*; **'~ pen** Füllfederhalter *m*

four [fɔː] **1.** vier; **2.** Vier *f*; *Rudern*: Vierer *m*; ***on all ~s*** auf allen Vieren

'four| star *Brt.* F Super *n* (*Benzin*); **~-star 'pet·rol** *Brt.* Superbenzin *n*; **~-stroke 'en·gine** Viertaktmotor *m*

four|·teen [fɔː'tiːn] **1.** vierzehn; **2.** Vierzehn *f*; **~·teenth** [fɔː'tiːnθ] vierzehnte(r, -s); **~th** [fɔːθ] **1.** vierte(r, -s); **2.** Viertel *n*; **'~th·ly** viertens

four-wheel 'drive *mot.* Vierradantrieb *m*

fowl [faʊl] Geflügel *n*

fox *zo.* [fɒks] Fuchs *m*; **'~·glove** *bot.* Fingerhut *m*; **'~·y** (***-ier, -iest***) schlau, gerissen

frac·tion ['frækʃn] Bruch(teil) *m*; ⚠ *nicht parl.* ***Fraktion***

frac·ture ['fræktʃə] **1.** (*bsd.* Knochen)Bruch *m*; **2.** brechen
fra·gile ['frædʒaɪl] zerbrechlich
frag·ment ['frægmənt] Bruchstück *n*
fra|·grance ['freɪgrəns] Wohlgeruch *m*, Duft *m*; '**~·grant** wohlriechend, duftend
frail [freɪl] ge-, zerbrechlich; zart, schwach; '**~·ty** Zartheit *f*; Gebrechlichkeit *f*; Schwäche *f*
frame [freɪm] **1.** Rahmen *m*; (*Brillen-etc.*)Gestell *n*; Körper(bau) *m*; **~ of mind** (Gemüts)Verfassung *f*, (-)Zustand *m*; **2.** (ein)rahmen; bilden, formen, bauen; *a.* **~ up** F *j-m* et. anhängen; '**~-up** F abgekartetes Spiel; Intrige *f*; '**~·work** *tech.* Gerüst *n*; *fig.* Struktur *f*, System *n*
franc [fræŋk] Franc *m*; Franken *m*
France [frɑːns] Frankreich *n*
fran·chise ['fræntʃaɪz] *pol.* Wahlrecht *n*; Konzession *f*
frank [fræŋk] **1.** frei(mütig), offen; **2.** *Brief* (*maschinell*) freistempeln
frank·fur·ter ['fræŋkfɜːtə] Frankfurter (Würstchen *n*) *f*
'**frank·ness** Offenheit *f*
fran·tic ['fræntɪk] (**~ally**) außer sich; hektisch
fra·ter|·nal [frə'tɜːnl] brüderlich; **~·ni·ty** [frə'tɜːnətɪ] Brüderlichkeit *f*; Vereinigung *f*, Zunft *f*; *Am. univ.* Verbindung *f*
fraud [frɔːd] Betrug *m*; F Schwindel *m*; **~·u·lent** ['frɔːdjʊlənt] betrügerisch
fray [freɪ] ausfransen, (sich) durchscheuern
freak [friːk] Missgeburt *f*; Laune *f*; *in Zssgn*: F ...freak *m*, ...fanatiker *m*; Freak *m*, irrer Typ; **~ of nature** Laune *f* der Natur; **film ~** Kinonarr *m*, -fan *m*
freck·le ['frekl] Sommersprosse *f*; '**~d** sommersprossig
free [friː] **1.** (**~r, ~st**) frei; ungehindert; ungebunden; kostenlos, zum Nulltarif; freigebig; **~ and easy** zwanglos; sorglos; **set ~** freilassen; **2.** (**freed**) befreien; freilassen; **~·dom** ['friːdəm] Freiheit *f*; **~ 'fares** *pl.* Nulltarif *m* (*bei Bus- etc. Beförderung*); **~·lance** ['friːlɑːns] frei (-beruflich tätig), freischaffend; '**♀·ma·son** Freimaurer *m*; **~ 'skat·ing** *Eiskunstlauf*: Kür *f*; '**~·style** *Sport*: Freistil *m*; **~ 'time** Freizeit *f*; **~ 'trade** Freihandel *m*; **~ trade 'ar·e·a** Freihandelszone *f*; '**~·way** *Am. autobahnähnliche* Schnellstraße; **~'wheel** im Freilauf fahren
freeze [friːz] **1.** (**froze, frozen**) *v/i.* (ge)frieren; erstarren; *v/t.* gefrieren lassen; *Fleisch etc.* einfrieren, tiefkühlen; *econ. Preise etc.* einfrieren; **2.** Frost *m*, Kälte *f*; *econ. pol.* Einfrieren *n*; **wage ~, ~ on wages** Lohnstopp *m*; **~-'dried** gefriergetrocknet; **~-'dry** gefriertrocknen
'**freez·er** Gefriertruhe *f*, Tiefkühl-, Gefriergerät *n* (*a.* **deep freeze**); Gefrierfach *n*
'**freez·ing** eisig; Gefrier...; '**~ com·part·ment** Gefrierfach *n*; '**~ point** Gefrierpunkt *m*
freight [freɪt] **1.** Fracht(gebühr) *f*; *Am.* Güter...; **2.** beladen; verfrachten; '**~ car** *Am. rail.* Güterwagen *m*; '**~·er** Frachter *m*, Frachtschiff *n*; Transportflugzeug *n*; '**~ train** *Am.* Güterzug *m*
French [frentʃ] **1.** französisch; **2.** *ling.* Französisch *n*; **the ~** *pl.* die Franzosen *pl.*; **~ 'doors** *pl. Am.* → **French window(s)**; **~ 'fries** *pl. bsd. Am.* Pommes frites *pl.*; '**~·man** (*pl.* **-men**) Franzose *m*; **~ 'win·dow(s** *pl.*) Terrassen-, Balkontür *f*; '**~·wom·an** (*pl.* **-women**) Französin *f*
fren|·zied ['frenzɪd] außer sich, rasend (**with** vor *dat.*); hektisch; **~·zy** ['frenzɪ] helle Aufregung; Ekstase *f*; Raserei *f*
fre·quen|·cy ['friːkwənsɪ] Häufigkeit *f*; *electr.* Frequenz *f*; **~t 1.** ['friːkwənt] häufig; **2.** [frɪ'kwent] (oft) besuchen
fresh [freʃ] frisch; neu; unerfahren; F frech; **~·en** ['freʃn] auffrischen (*Wind*); **~ (o.s.) up** sich frisch machen; '**~·man** (*pl.* **-men**) *univ.* Student(in) im ersten Jahr; '**~·ness** Frische *f*; **~ 'wa·ter** Süßwasser *n*; '**~·wa·ter** Süßwasser...
fret [fret] sich Sorgen machen; '**~·ful** verärgert, gereizt; quengelig
FRG [ef ɑː 'dʒiː] *Abk. für* **Federal Republic of Germany** Bundesrepublik *f* Deutschland
Fri *nur geschr. Abk. für* **Friday** Fr., Freitag *m*
fri·ar ['fraɪə] Mönch *m*
fric·tion ['frɪkʃn] Reibung *f* (*a. fig.*)
Fri·day ['fraɪdɪ] (*Abk.* **Fri**) Freitag *m*; **on ~** (am) Freitag; **on ~s** freitags

F

fridge F [frɪdʒ] Kühlschrank *m*
friend [frend] Freund(in); Bekannte(r *m*) *f*; ***make ~s with*** sich anfreunden mit, Freundschaft schließen mit; **'~·ly** **1.** freund(schaft)lich; **2.** *bsd. Brt. Sport*: Freundschaftsspiel *n*; **'~·ship** Freundschaft *f*
fries *bsd. Am.* [fraɪz] *pl.* F Fritten *pl.*
frig·ate *naut.* ['frɪgɪt] Fregatte *f*
fright [fraɪt] Schreck(en) *m*; ***look a ~*** F verboten aussehen; **~·en** ['fraɪtn] erschrecken; ***be ~ed*** erschrecken (***at, by, of*** vor *dat.*); Angst haben (***of*** vor *dat.*); **'~·ful** schrecklich, fürchterlich
fri·gid ['frɪdʒɪd] *psych.* frigid(e); kalt, frostig
frill [frɪl] Krause *f*, Rüsche *f*
fringe [frɪndʒ] **1.** Franse *f*; Rand *m*; Pony *m* (*Frisur*); **2.** mit Fransen besetzen; **'~ ben·e·fits** *pl. econ.* Gehalts-, Lohnnebenleistungen *pl.*; **'~ e·vent** Randveranstaltung *f*; **'~ group** *soziale* Randgruppe
frisk [frɪsk] herumtollen; F *j-n* filzen, durchsuchen; **'~·y** (***-ier, -iest***) lebhaft, munter
frit·ter ['frɪtə]: ***~ away*** *Geld etc.* vertun, *Zeit* vertrödeln, *Geld, Kräfte* vergeuden
fri·vol·i·ty [frɪ'vɒlətɪ] Frivolität *f*, Leichtfertigkeit *f*; **friv·o·lous** ['frɪvələs] frivol, leichtfertig
friz·zle *gastr.* F ['frɪzl] verbrutzeln
frizz·y ['frɪzɪ] (***-ier, -iest***) gekräuselt, kraus (*Haar*)
fro [frəʊ]: ***to and ~*** hin und her
frock [frɒk] Kutte *f*; Kleid *n*; Kittel *m*
frog *zo.* [frɒg] Frosch *m*; **'~·man** (*pl.* ***-men***) Froschmann *m*, *mil. a.* Kampfschwimmer *m*
frol·ic ['frɒlɪk] **1.** Herumtoben *n*, -tollen *n*; **2.** (***-ck-***) herumtoben, -tollen; **'~·some** ausgelassen, übermütig
from [frɒm, frəm] von; aus; von ... aus *od.* her; von ... (an), seit; aus, vor (*dat*); ***~ 9 to 5 (o'clock)*** von 9 bis 5 (Uhr)
front [frʌnt] **1.** Vorderseite *f*; Front *f* (*a. mil.*); ***at the ~, in ~*** vorn; ***in ~ of*** *räumlich*: vor; ***be in ~*** in Führung sein; **2.** Vorder...; **3.** *a.* ***~ on, ~ to(wards)*** gegenüberstehen, gegenüberliegen; **~·age** ['frʌntɪdʒ] (Vorder)Front *f* (*e-s Hauses*); **'~ cov·er** Titelseite *f* (*e-r Zeitschrift*); **~ 'door** Haus-, Vordertür *f*; **~ 'en·trance** Vordereingang *m*
fron·tier ['frʌntɪə] (Landes)Grenze *f*; Grenz...; *Am. hist.* Grenzland *n*, Grenze *f* (*zum Wilden Westen*)
'front|-page F wichtig, aktuell (*Nachrichten etc.*); **~-wheel 'drive** *mot.* Vorderradantrieb *m*
frost [frɒst] **1.** Frost *m*; *a.* ***hoar ~, white ~*** Reif *m*; **2.** mit Reif überziehen; *Glas* mattieren; *gastr. bsd. Am.* glasieren, mit Zuckerguss überziehen; mit (Puder)Zucker bestreuen; ***~ed glass*** Matt-, Milchglas *n*; **'~·bite** Erfrierung *f*; **'~·bit·ten** erfroren; **'~·y** (***-ier, -iest***) eisig, frostig (*a. fig.*)
froth [frɒθ] **1.** Schaum *m*; **2.** schäumen; zu Schaum schlagen; **'~·y** (***-ier, -iest***) schäumend; schaumig
frown [fraʊn] **1.** Stirnrunzeln *n*; ***with a ~*** stirnrunzelnd; **2.** *v/i.* die Stirn runzeln
froze [frəʊz] *pret. von* ***freeze*** 1; **fro·zen** ['frəʊzn] **1.** *p.p. von* ***freeze*** 1; **2.** *adj.* (eis)kalt; (ein-, zu)gefroren; Gefrier...; **fro·zen 'foods** *pl.* Tiefkühlkost *f*
fru·gal ['fru:gl] sparsam; bescheiden; einfach
fruit [fru:t] Frucht *f*; Früchte *pl.*; Obst *n*; **~·er·er** ['fru:tərə] Obsthändler *m*; **'~·ful** fruchtbar; **'~·less** unfruchtbar; erfolglos; **'~ juice** Fruchtsaft *m*; **'~·y** (***-ier, -iest***) fruchtartig; fruchtig (*Wein*)
frus|·trate [frʌ'streɪt] vereiteln; frustrieren; **~·tra·tion** [frʌ'streɪʃn] Vereitelung *f*; Frustration *f*
fry [fraɪ] braten; ***fried eggs*** *pl.* Spiegeleier *pl.*; ***fried potatoes*** *pl.* Bratkartoffeln *pl.*; **~·ing pan** ['fraɪɪŋ -] Bratpfanne *f*
ft *nur geschr. Abk. für* **foot** Fuß *m od. pl.* (*30,48 cm*)
fuch·sia *bot.* ['fju:ʃə] Fuchsie *f*
fuck V [fʌk] ficken, vögeln; ***~ off!*** verpiss dich!; ***get ~ed!*** der Teufel soll dich holen!; **'~·ing** V Scheiß..., verflucht (*oft nur verstärkend*); ***~ hell!*** verdammte Scheiße!
fudge [fʌdʒ] *Art* Fondant *m*
fu·el [fjʊəl] **1.** Brennstoff *m*; *mot.* Treib-, Kraftstoff *m*; **2.** (*bsd. Brt.* ***-ll-***, *Am.* ***-l-***) *mot., aviat.* (auf)tanken; **'~ in·jec·tion** *mot. in Zssgn* Einspritz...
fu·gi·tive ['fju:dʒɪtɪv] **1.** flüchtig (*a. fig.*); **2.** Flüchtling *m*
ful·fil *Brt.*, **ful·fill** *Am.* [fʊl'fɪl] (***-ll-***) er-

füllen; vollziehen; **ful'fil(l)·ment** Erfüllung *f*, Ausführung *f*

full [fʊl] **1.** voll; ganz; Voll...; ~ ***of*** voll von, voller; ~ (***up***) (voll) besetzt (*Bus etc.*); F voll, satt; ***house*** ~! *thea.* ausverkauft!; ~ ***of o.s.*** (ganz) von sich eingenommen; **2.** *adv.* völlig, ganz; **3.** ***in*** ~ vollständig, ganz; ***write out in*** ~ *Wort etc.* ausschreiben; ~ **'board** Vollpension *f*; ~ **'dress** Gesellschaftskleidung *f*; ~**-'fledged** *Am.* → ***fully-fledged***; ~**-'grown** ausgewachsen; ~**-'length** in voller Größe; bodenlang; abendfüllend (*Film etc.*); ~ **'moon** Vollmond *m*; ~ **'stop** *ling.* Punkt *m*; ~ **'time** *Sport*: Spielende *n*; ~**-'time** ganztägig, Ganztags...; ~**-time ' job** Ganztagsbeschäftigung *f*

ful·ly ['fʊlɪ] voll, völlig, ganz; ~**-'fledged** flügge; *fig.* richtig; ~**-'grown** *Brt.* → ***full-grown***

fum·ble ['fʌmbl] tasten; fummeln

fume [fju:m] wütend sein

fumes [fju:mz] *pl.* Dämpfe *pl.*, Rauch *m*; Abgase *pl.*

fun [fʌn] Scherz *m*, Spaß *m*; ***for*** ~ aus *od.* zum Spaß; ***make*** ~ ***of*** sich lustig machen über (*acc.*)

func·tion ['fʌŋkʃn] **1.** Funktion *f*; Aufgabe *f*; Veranstaltung *f*; **2.** funktionieren; ~**·a·ry** ['fʌŋkʃnərɪ] Funktionär *m*; '~ **key** Funktionstaste *f*

fund [fʌnd] Fonds *m*; Geld(mittel *pl.*) *n*

fun·da·men·tal [fʌndə'mentl] **1.** grundlegend; Grund...; **2.** ~***s*** *pl.* Grundlage *f*, -begriffe *pl.*; ~**·ist** [fʌndə'mentəlɪst] Fundamentalist *m*

fu·ne·ral ['fju:nərəl] Begräbnis *n*, Beerdigung *f*; Trauer..., Begräbnis...

'fun·fair ['fʌnfeə] Rummelplatz *m*

fun·gus *bot.* ['fʌŋgəs] (*pl.* ***-gi*** [-gaɪ], ***-guses***) Pilz *m*, Schwamm *m*

fu·nic·u·lar [fju:'nɪkjʊlə] *a.* ~ ***railway*** (Draht)Seilbahn *f*

funk·y *bsd. Am.* F ['fʌŋkɪ] irre, schräg, schrill (*ältere Autos*, *Kleidung etc.*)

fun·nel ['fʌnl] Trichter *m*; *naut.*, *rail.* Schornstein *m*

fun·nies *Am.* F ['fʌnɪz] *pl.* Comics *pl.*

fun·ny ['fʌnɪ] (***-ier, -iest***) komisch, lustig, spaßig; sonderbar

fur [fɜ:] Pelz *m*, Fell *n*; Belag *m* (*auf der Zunge*); Kesselstein *m*

fu·ri·ous ['fjʊərɪəs] wütend

furl [fɜ:l] *Fahne*, *Segel* auf-, einrollen; *Schirm* zusammenrollen

fur·nace ['fɜ:nɪs] Schmelz-, Hochofen *m*; (Heiz)Kessel *m*

fur·nish ['fɜ:nɪʃ] einrichten, möblieren; liefern; versorgen, ausrüsten, -statten

fur·ni·ture ['fɜ:nɪtʃə] Möbel *pl.*; ***sectional*** ~ Anbaumöbel *pl.*

furred [fɜ:d] belegt, pelzig (*Zunge*)

fur·ri·er ['fʌrɪə] Kürschner *m*

fur·row ['fʌrəʊ] **1.** Furche *f*; **2.** furchen

fur·ry ['fɜ:rɪ] pelzig

fur·ther ['fɜ:ðə] **1.** *comp. von* ***far***; **2.** *fig.* weiter; **3.** fördern, unterstützen; ~ **ed·u'ca·tion** *Brt.* Fort-, Weiterbildung *f*; ~**'more** *fig.* weiter, überdies; '~**most** entfernteste(r, -s), äußerste(r, -s)

fur·thest ['fɜ:ðɪst] *sup. von* ***far***

fur·tive ['fɜ:tɪv] heimlich, verstohlen

fu·ry ['fjʊərɪ] Wut *f*, Zorn *m*

fuse [fju:z] **1.** Zünder *m*; *electr.* Sicherung *f*; Zündschnur *f*; **2.** schmelzen; *electr.* durchbrennen; '~ **box** *electr.* Sicherungskasten *m*

fu·se·lage *aviat.* ['fju:zɪlɑ:ʒ] (Flugzeug-)Rumpf *m*

fu·sion ['fju:ʒn] Verschmelzung *f*, Fusion *f*; ***nuclear*** ~ Kernfusion *f*

fuss F [fʌs] **1.** (unnötige) Aufregung; Wirbel *m*, Theater *n*; **2.** sich (unnötig) aufregen; viel Aufhebens machen (***about*** um, von); '~**·y** (***-ier, -iest***) aufgeregt, hektisch; kleinlich, pedantisch; heikel, wählerisch

fus·ty ['fʌstɪ] (***-ier, -iest***) muffig; *fig.* verstaubt

fu·tile ['fju:taɪl] nutz-, zwecklos

fu·ture ['fju:tʃə] **1.** (zu)künftig; **2.** Zukunft *f*; *gr.* Futur *n*, Zukunft *f*; ***in*** ~ in Zukunft, künftig

fuzz[1] [fʌz] feiner Flaum

fuzz[2] *sl.* [fʌz]: ***the*** ~ *sg.*, *pl.* die Bullen *pl.* (*Polizei*)

fuzz·y F ['fʌzɪ] (***-ier, -iest***) kraus, wuschelig; unscharf, verschwommen; flaumig, flauschig

F

G

G, g [dʒiː] G, g *n*
gab F [gæb] Geschwätz *n*; ***have the gift of the*** ~ ein gutes Mundwerk haben
gab·ar·dine ['gæbədiːn] Gabardine *m* (*Wollstoff*)
gab·ble ['gæbl] **1.** Geschnatter *n*, Geschwätz *n*; **2.** schnattern, schwatzen
gab·er·dine ['gæbədiːn] *hist.* Kaftan *m* (*der Juden*); → ***gabardine***
ga·ble *arch.* ['geɪbl] Giebel *m*
gad F [gæd] (***-dd-***): ~ ***about*** (viel) unterwegs sein (in *dat.*)
gad·fly *zo.* ['gædflaɪ] Bremse *f*
gad·get *tech.* ['gædʒɪt] Apparat *m*, Gerät *n*, Vorrichtung *f*; *oft contp.* technische Spielerei
gag [gæg] **1.** Knebel *m* (*a. fig.*); F Gag *m*; **2.** (***-gg-***) knebeln; *fig.* mundtot machen
gage *Am.* [geɪdʒ] → ***gauge***; ⚠ *nicht* ***Gage***
gai·e·ty ['geɪətɪ] Fröhlichkeit *f*
gai·ly ['geɪlɪ] *adv. von* **gay** 1
gain [geɪn] **1.** gewinnen; erreichen, bekommen; zunehmen an (*dat.*); vorgehen (um) (*Uhr*); ~ ***speed*** schneller werden; ~ ***5 pounds*** 5 Pfund zunehmen; ~ ***in*** zunehmen an (*dat.*); **2.** Gewinn *m*; Zunahme *f*
gait [geɪt] Gang(art *f*) *m*; Schritt *m*
gai·ter ['geɪtə] Gamasche *f*
gal F [gæl] Mädchen *n*
ga·la ['gɑːlə] Festlichkeit *f*; Gala(veranstaltung) *f*; Gala...
gal·ax·y *astr.* ['gæləksɪ] Milchstraße *f*, Galaxis *f*
gale [geɪl] Sturm *m*
gall[1] [gɔːl] Frechheit *f*
gall[2] [gɔːl] wundgeriebene Stelle
gall[3] [gɔːl] (ver)ärgern
gal|·lant ['gælənt] tapfer; galant, höflich; **~·lan·try** ['gæləntrɪ] Tapferkeit *f*; Galanterie *f*
'gall blad·der *anat.* Gallenblase *f*
gal·le·ry ['gælərɪ] Galerie *f*; Empore *f*
gal|·ley ['gælɪ] *naut.* Galeere *f*; *naut.* Kombüse *f*; *a.* ~ ***proof*** *print.* Fahne(nabzug *m*) *f*
gal·lon ['gælən] Gallone *f* (*Brt. 4,55 l*, *Am. 3,79 l*)
gal·lop ['gæləp] **1.** Galopp *m*; **2.** galoppieren (lassen)
gal·lows ['gæləʊz] *sg.* Galgen *m*; **'~ hu·mo(u)r** Galgenhumor *m*
ga·lore [gə'lɔː] in rauen Mengen
gam·ble ['gæmbl] **1.** (um Geld) spielen; **2.** Glücksspiel *n*; **'~r** (Glücks)Spieler(in)
gam·bol ['gæmbl] **1.** Luftsprung *m*; **2.** (*bsd. Brt.* ***-ll-***, *Am.* ***-l-***) (herum)tanzen, (-)hüpfen
game [geɪm] (Karten-, Ball- *etc.*)Spiel *n*; (einzelnes) Spiel (*a. fig.*); *hunt.* Wild *n*; Wildbret *n*; **~s** *pl.* Spiele *pl.*; *Schule*: Sport *m*; **'~·keep·er** Wildhüter *m*; **'~ park** Wildpark *m*; Wildreservat *n*; **'~ re·serve** Wildreservat *n*
gam·mon *bsd. Brt.* ['gæmən] schwachgepökelter *od.* -geräucherter Schinken
gan·der *zo.* ['gændə] Gänserich *m*
gang [gæŋ] **1.** (Arbeiter)Trupp *m*; Gang *f*, Bande *f*; Clique *f*; Horde *f*; ⚠ *nicht der* ***Gang***; **2.** ~ ***up*** sich zusammentun, *contp.* sich zusammenrotten
gang·ster ['gæŋstə] Gangster *m*
'gang| war, ~ war·fare [gæŋ'wɔːfeə] Bandenkrieg *m*
gang·way ['gæŋweɪ] *naut.*, *aviat.* Gangway *f*; (Zwischen)Gang *m*
gaol [dʒeɪl], **'~·bird , '~·er** → ***jail*** *etc.*
gap [gæp] Lücke *f*; Kluft *f*; Spalte *f*
gape [geɪp] gähnen; klaffen; gaffen
gar·age ['gærɑːʒ] **1.** Garage *f*; (Reparatur)Werkstatt *f* (u. Tankstelle *f*); **2.** *Auto* in e-r Garage ab- *od.* unterstellen; *Auto* in die Garage fahren
gar·bage *bsd. Am.* ['gɑːbɪdʒ] Abfall *m*, Müll *m*; **'~ bag** *Am.* Müllbeutel *m*; **'~ can** *Am.* Abfall-, Mülleimer *m*; Abfall-, Mülltonne *f*; **'~ truck** *Am.* Müllwagen *m*
gar·den ['gɑːdn] Garten *m*; **'~·er** Gärtner(in); **'~·ing** Gartenarbeit *f*
gar·gle ['gɑːgl] gurgeln
gar·ish ['geərɪʃ] grell, auffallend
gar·land ['gɑːlənd] Girlande *f*
gar·lic *bot.* ['gɑːlɪk] Knoblauch *m*
gar·ment ['gɑːmənt] Gewand *n*
gar·nish *gastr.* ['gɑːnɪʃ] garnieren
gar·ret ['gærət] Dachkammer *f*

gar·ri·son *mil.* ['gærɪsn] Garnison *f*
gar·ter ['gɑːtə] Strumpfband *n*; Sockenhalter *m*; *Am.* Strumpfhalter *m*, Straps *m*
gas [gæs] Gas *n*; *Am.* F Benzin *n*, Sprit *m*; **~·e·ous** ['gæsjəs] gasförmig
gash [gæʃ] klaffende Wunde
gas·ket *tech.* ['gæskɪt] Dichtung(sring *m*) *f*
'**gas me·ter** Gasuhr *f*, -zähler *m*
gas·o·lene, gas·o·line *Am.* ['gæsəliːn] Benzin *n*; '**~ pump** Zapfsäule *f*
gasp [gɑːsp] **1.** Keuchen *n*; **2.** keuchen; **~ *for breath*** nach Luft schnappen
'**gas| sta·tion** *Am.* Tankstelle *f*; '**~ stove** Gasofen *m*, -herd *m*; '**~·works** *sg.* Gaswerk *n*
gate [geɪt] Tor *n*; Pforte *f*; Schranke *f*, Sperre *f*; *aviat.* Flugsteig *m*; '**~·crash** F uneingeladen kommen (zu); sich ohne zu bezahlen hineinschmuggeln (in *acc.*); '**~·post** Tor-, Türpfosten *m*; '**~·way** Tor(weg *m*) *n*, Einfahrt *f*; '**~·way drug** Einstiegsdroge *f*
gath·er ['gæðə] *v/t.* sammeln, *Informationen* einholen, -ziehen; *Personen* versammeln; ernten, pflücken; zusammenziehen, kräuseln; *fig.* folgern, schließen (***from*** aus); **~ *speed*** schneller werden; *v/i.* sich (ver)sammeln; sich (an)sammeln; **~·ing** ['gæðərɪŋ] Versammlung *f*; Zusammenkunft *f*
GATT [gæt] *Abk. für* ***General Agreement on Tariffs and Trade*** Allgemeines Zoll- und Handelsabkommen
gau·dy ['gɔːdɪ] (***-ier, -iest***) auffällig, bunt, grell (*Farbe*); protzig
gauge [geɪdʒ] **1.** Eichmaß *n*; *tech.* Messgerät *n*, Lehre *f*; *tech.* Stärke *f*, Dicke *f* (*von Blech od. Draht etc.*); *rail.* Spur(weite) *f*; **2.** *tech.* eichen; (ab-, aus)messen
gaunt [gɔːnt] hager; ausgemergelt
gaunt·let ['gɔːntlɪt] Schutzhandschuh *m*
gauze [gɔːz] Gaze *f*; *Am.* Bandage *f*, Binde *f*
gave [geɪv] *pret. von* ***give***
gav·el ['gævl] Hammer *m* (*e-s Vorsitzenden od. Auktionators*)
gaw·ky ['gɔːkɪ] (***-ier, -iest***) linkisch
gay [geɪ] **1.** lustig, fröhlich; bunt, (farben)prächtig; F schwul (*homosexuell*); **2.** F Schwule(r) *m* (*Homosexueller*)
gaze [geɪz] **1.** (starrer) Blick; ⚠ *nicht* ***Gaze***; **2.** starren; **~ *at*** starren auf (*acc.*), anstarren
ga·zette [gə'zet] Amtsblatt *n*
ga·zelle *zo.* [gə'zel] (*pl.* ***-zelles, -zelle***) Gazelle *f*
GB [dʒiː 'biː] *Abk. für* ***Great Britain*** Großbritannien *n*
gear [gɪə] *tech.* Getriebe *n*; *mot.* Gang *m*; *mst in Zssgn* Vorrichtung *f*, Gerät *n*; F Kleidung *f*, Aufzug *m*; ***change*** (*bsd. Am.* ***shift***) **~(*s*)** *mot.* schalten; ***change*** (*bsd. Am.* ***shift***) ***into second* ~** in den zweiten Gang schalten; '**~·box** *mot.* Getriebe *n*; '**~ le·ver** *Brt.*, '**~ shift** *Am.*, '**~ stick** *Brt. mot.* Schalthebel *m*
geese [giːs] *pl. von* ***goose***
Gei·ger count·er *phys.* ['gaɪgə -] Geigerzähler *m*
geld·ing *zo.* ['geldɪŋ] Wallach *m*
gem [dʒem] Edelstein *m*
Gem·i·ni *astr.* ['dʒemɪnaɪ] *pl.* Zwillinge *pl.*; ***he/she is*** (***a***) **~** er/sie ist (ein) Zwilling
gen·der ['dʒendə] *gr.* Genus *n*, Geschlecht *n*
gene *biol.* [dʒiːn] Gen *n*, Erbfaktor *m*
gen·e·ral ['dʒenərəl] **1.** allgemein; Haupt..., General...; **2.** *mil.* General *m*; ***in* ~** im allgemeinen; **~ de'liv·er·y:** (***in care of***) **~** *Am.* postlagernd; **~ e'lec·tion** *Brt. pol.* Parlamentswahlen *pl.*; **gen·e·ral·ize** ['dʒenərəlaɪz] verallgemeinern; '**gen·er·al·ly** im Allgemeinen, allgemein; **~ prac'ti·tion·er** (*Abk.* ***GP***) *etwa* Arzt *m od.* Ärztin *f* für Allgemeinmedizin
gen·e|·rate ['dʒenəreɪt] erzeugen; **~·ra·tion** [dʒenə'reɪʃn] Erzeugung *f*; Generation *f*; **~·ra·tor** ['dʒenəreɪtə] *electr.* Generator *m*; *Am. mot.* Lichtmaschine *f*
gen·e|·ros·i·ty [dʒenə'rɒsətɪ] Großzügigkeit *f*; **~·rous** ['dʒenərəs] großzügig; reichlich
ge·net·ic [dʒɪ'netɪk] (**~*ally***) genetisch; **~ 'code** Erbanlage *f*; **~ en·gin'eer·ing** Gentechnologie *f*; **~ 'fin·ger·print** genetischer Fingerabdruck; **~s** *sg.* Genetik *f*, Vererbungslehre *f*
ge·ni·al ['dʒiːnjəl] freundlich; ⚠ *nicht* ***genial***
gen·i·tive *gr.* ['dʒenɪtɪv] *a.* **~ *case*** Genitiv *m*, zweiter Fall
ge·ni·us ['dʒiːnjəs] Genie *n*

G

gent F [dʒent] Herr *m*; **~s** *sg*. *Brt*. F Herrenklo *n*
gen·tle ['dʒentl] (**~r**, **~st**) sanft, zart, sacht; mild; '**~·man** (*pl*. **-men**) Gentleman *m*; Herr *m*; '**~·man·ly** gentlemanlike, vornehm; '**~·ness** Sanftheit *f*, Zartheit *f*; Milde *f*
gen·try ['dʒentrɪ] *Brt*. niederer Adel; Oberschicht *f*
gen·u·ine ['dʒenjʊɪn] echt; aufrichtig
ge·og·ra·phy [dʒɪ'ɒgrəfɪ] Geografie *f*
ge·ol·o·gy [dʒɪ'ɒlədʒɪ] Geologie *f*
ge·om·e·try [dʒɪ'ɒmətrɪ] Geometrie *f*
germ [dʒɜːm] *biol*., *bot*. Keim *m*; *med*. Bazillus *m*, Bakterie *f*, (Krankheits)Erreger *m*
Ger·man ['dʒɜːmən] **1.** deutsch; **2.** Deutsche(r *m*) *f*; *ling*. Deutsch *n*; **~ 'shep·herd** *bsd*. *Am*. deutscher Schäferhund; '**Ger·man·y** Deutschland *n*
ger·mi·nate ['dʒɜːmɪneɪt] keimen (lassen)
ger·und *gr*. ['dʒerənd] Gerundium *n*
ges·tic·u·late [dʒe'stɪkjʊleɪt] gestikulieren
ges·ture ['dʒestʃə] Geste *f*, Gebärde *f*
get [get] (**-tt-**; ***got, got*** *od*. *Am*. ***gotten***) *v/t*. bekommen, erhalten; sich *et*. verschaffen *od*. besorgen; erwerben, sich aneignen; holen; bringen; F erwischen; F kapieren, verstehen; *j-n* dazu bringen (***to do*** zu tun); *mit p.p.*: lassen; **~ *one's hair cut*** sich die Haare schneiden lassen; **~ *going*** in Gang bringen; **~ *s.th. by heart*** et. auswendig lernen; **~ *s.th. ready*** et. fertigmachen; ***have got*** haben; ***have got to*** müssen; *v/i*. kommen, gelangen; *mit p.p. od. adj.*: werden; **~ *tired*** müde werden, ermüden; **~ *going*** in Gang kommen; *fig*. in Schwung kommen; **~ *home*** nach Hause (*östr*., *Schweiz*: *a*. nachhause) kommen; **~ *ready*** sich fertigmachen; **~ *about*** herumkommen; sich herumsprechen *od*. verbreiten (*Gerücht etc*.); **~ *ahead of*** übertreffen (*acc*.); **~ *along*** vorwärts-, weiterkommen; auskommen (***with*** mit *j-m*); zurechtkommen (***with*** mit *et*.); **~ *at*** herankommen an (*acc*.); ***what is he getting at?*** worauf will er hinaus?; **~ *away*** loskommen; entkommen; **~ *away with*** davonkommen mit; **~ *back*** zurückkommen; *et*. zurückbekommen; **~ *in*** hinein-, hereinkommen; einsteigen (in); **~ *off*** aussteigen (aus); davonkommen (***with*** mit); **~ *on*** einsteigen (in); → ***get along***; **~ *out*** heraus-, hinausgehen; aussteigen (***of*** aus); *et*. herausbekommen; **~ *over s.th.*** über et. hinwegkommen; **~ *to*** kommen nach; **~ *together*** zusammenkommen; **~ *up*** aufstehen; '**~·a·way** Flucht *f*; **~ *car*** Fluchtauto *n*; '**~·up** Aufmachung *f*
gey·ser ['gaɪzə] Geysir *m*; ['giːzə] *Brt*. Durchlauferhitzer *m*
ghast·ly ['gɑːstlɪ] (**-ier, -iest**) grässlich; schrecklich; (toten)bleich
gher·kin ['gɜːkɪn] Gewürzgurke *f*
ghost [gəʊst] Geist *m*, Gespenst *n*; *fig*. Spur *f*; '**~·ly** (**-ier, -iest**) geisterhaft
GI [dʒiː 'aɪ] GI *m* (*amer*. *Soldat*)
gi·ant ['dʒaɪənt] **1.** Riese *m*; **2.** riesig
gib·ber·ish ['dʒɪbərɪʃ] Kauderwelsch *n*
gib·bet ['dʒɪbɪt] Galgen *m*
gibe [dʒaɪb] **1.** spotten (***at*** über *acc*.); **2.** höhnische Bemerkung
gib·lets ['dʒɪblɪts] *pl*. Hühner-, Gänseklein *n*
gid|·di·ness ['gɪdɪnɪs] *med*. Schwindel(gefühl *n*) *m*; **~·dy** ['gɪdɪ] (**-ier, -iest**) Schwindel erregend (*Höhe etc*.); ***I feel ~*** mir ist schwind(e)lig
gift [gɪft] Geschenk *n*; Talent *n*; ⚠ *nicht* ***Gift***; '**~·ed** begabt
gig *mus*. F [gɪg] Gig *m*, Auftritt *m*, Konzert *n*
gi·gan·tic [dʒaɪ'gæntɪk] (**~*ally***) gigantisch, riesenhaft, riesig, gewaltig
gig·gle ['gɪgl] **1.** kichern; **2.** Gekicher *n*
gild [gɪld] vergolden
gill [gɪl] *zo*. Kieme *f*; *bot*. Lamelle *f*
gim·mick F ['gɪmɪk] Trick *m*; Spielerei *f*
gin [dʒɪn] Gin *m* (*Wacholderschnaps*)
gin·ger ['dʒɪndʒə] **1.** Ingwer *m*; **2.** rötlich- *od*. gelblich braun; '**~·bread** Leb-, Pfefferkuchen *m* (*mit Ingwergeschmack*); '**~·ly** behutsam, vorsichtig
gip·sy ['dʒɪpsɪ] Zigeuner(in)
gi·raffe *zo*. [dʒɪ'rɑːf] (*pl*. **-raffes, -raffe**) Giraffe *f*
gir·der *tech*. ['gɜːdə] Tragbalken *m*
gir·dle ['gɜːdl] Hüfthalter *m*, -gürtel *m*
girl [gɜːl] Mädchen *n*; '**~·friend** Freundin *f*; **~ 'guide** *Brt*. Pfadfinderin *f*; '**~·hood** Mädchenjahre *pl*., Jugend (-zeit) *f*; '**~·ish** mädchenhaft; Mädchen...; **~ 'scout** *Am*. Pfadfinderin *f*
gi·ro *Brt*. ['dʒaɪrəʊ] Postgirodienst *m*; '**~**

ac·count *Brt.* Postgirokonto *n*; '~ **cheque** *Brt.* Postscheck *m*
girth [gɜːθ] (Sattel)Gurt *m*; (*a.* Körper)Umfang *m*
gist [dʒɪst] *das* Wesentliche, Kern *m*
give [gɪv] (***gave, given***) geben; schenken; spenden; *Leben* hingeben, opfern; *Befehl etc.* geben, erteilen; *Hilfe* leisten; *Schutz* bieten; *Grund etc.* (an)geben; *Konzert* geben; *Theaterstück* geben, aufführen; *Vortrag* halten; *Schmerzen* bereiten, verursachen; *Grüße etc.* übermitteln; ~ ***her my love*** bestelle ihr herzliche Grüße von mir; ~ ***birth to*** zur Welt bringen; ~ ***s.o. to understand that*** j-m zu verstehen geben, dass; ~ ***way*** nachgeben; *Brt. mot.* die Vorfahrt lassen; ~ ***away*** her-, weggeben, verschenken; *j-n, et.* verraten; ~ ***back*** zurückgeben; ~ ***in*** *Gesuch etc.* einreichen; *Prüfungsarbeit etc.* abgeben; nachgeben; aufgeben; ~ ***off*** *Geruch* verbreiten; ausstoßen, -strömen, verströmen; ~ ***on(to)*** führen auf *od.* nach, gehen nach; ~ ***out*** aus-, verteilen; *bsd. Brt.* bekannt geben; zu Ende gehen (*Kräfte, Vorräte*); F versagen (*Motor etc.*); ~ ***up*** aufgeben; aufhören mit; *j-n* ausliefern; ~ ***o.s. up*** sich (freiwillig) stellen (***to the police*** der Polizei); **~-and-take** [gɪvən'teɪk] beiderseitiges Entgegenkommen, Kompromiss(bereitschaft *f*) *m*; **giv·en** ['gɪvn] **1.** *p.p. von* ***give***; **2.** ***be*** ~ ***to*** neigen zu; '**giv·en name** *bsd. Am.* Vorname *m*
gla·cial ['gleɪsjəl] eisig; Eis...
gla·ci·er ['glæsjə] Gletscher *m*
glad [glæd] (***-dd-***) froh, erfreut; ***be*** ~ ***of*** sich freuen über; '**~·ly** gern(e)
glam·o(u)r ['glæmə] Zauber *m*, Glanz *m*; **~·ous** ['glæmərəs] bezaubernd, reizvoll
glance [glɑːns] **1.** (schneller *od.* flüchtiger) Blick (***at*** auf *acc.*); ⚠ *nicht* ***Glanz***; ***at a*** ~ auf e-n Blick; **2.** (schnell *od.* flüchtig) blicken (***at*** auf *acc.*)
gland *anat.* [glænd] Drüse *f*
glare [gleə] **1.** grell scheinen *od.* leuchten; wütend starren; ~ ***at s.o.*** j-n wütend anstarren; **2.** greller Schein, grelles Leuchten; wütender Blick
glass [glɑːs] **1.** Glas *n*; (Trink)Glas *n*; Glas(gefäß) *n*; (Fern-, Opern)Glas *n*; *Brt.* F Spiegel *m*; *Brt.* Barometer *n*; (***a pair of***) **~es** *pl.* (e-e) Brille; **2.** gläsern; Glas...; **3.** ~ ***in*** *od.* ***up*** verglasen; '~ **case** Vitrine *f*; Schaukasten *m*; '**~·ful** *ein* Glas(voll); '**~·house** Gewächs-, Treibhaus *n*; '**~·ware** Glaswaren *pl.*; '**~·y** (***-ier, -iest***) gläsern; glasig
glaze [gleɪz] **1.** *v/t.* verglasen; glasieren; *v/i. a.* ~ ***over*** glasig werden (*Augen*); **2.** Glasur *f*; **gla·zi·er** ['gleɪzjə] Glaser *m*
gleam [gliːm] **1.** schwacher Schein, Schimmer *m*; **2.** leuchten, schimmern
glean [gliːn] *v/t.* sammeln; *v/i.* Ähren lesen
glee [gliː] Fröhlichkeit *f*; '**~·ful** ausgelassen, fröhlich
glen [glen] enges Bergtal *n*
glib [glɪb] (***-bb-***) gewandt; schlagfertig
glide [glaɪd] **1.** gleiten; segeln; **2.** Gleiten *n*; *aviat.* Gleitflug *m*; '**glid·er** *aviat.* Segelflugzeug *n*; '**glid·ing** *aviat.* Segelfliegen *n*
glim·mer ['glɪmə] **1.** schimmern; **2.** Schimmer *m*
glimpse [glɪmps] **1.** (nur) flüchtig zu sehen bekommen; **2.** flüchtiger Blick
glint [glɪnt] **1.** glitzern, glänzen; **2.** Glitzern *n*, Glanz *m*
glis·ten ['glɪsn] glitzern, glänzen
glit·ter ['glɪtə] **1.** glitzern, funkeln, glänzen; **2.** Glitzern *n*, Funkeln *n*, Glanz *m*
gloat [gləʊt]: ~ ***over*** sich hämisch *od.* diebisch freuen über (*acc.*); '**~·ing** hämisch, schadenfroh
glo·bal ['gləʊbl] global, weltumspannend, Welt...; umfassend; ~ '**warm·ing** Erwärmung *f* der Erdatmosphäre
globe [gləʊb] (Erd)Kugel *f*; Globus *m*
gloom [gluːm] Düsterkeit *f*; Dunkelheit *f*; düstere *od.* gedrückte Stimmung; '**~·y** (***-ier, -iest***) düster; hoffnungslos; niedergeschlagen
glo|·ri·fy ['glɔːrɪfaɪ] verherrlichen; **~·ri·ous** ['glɔːrɪəs] ruhm-, glorreich; herrlich, prächtig; **~·ry** ['glɔːrɪ] Ruhm *m*; Herrlichkeit *f*, Pracht *f*
gloss [glɒs] **1.** Glanz *m*; *ling.* Glosse *f*; **2.** ~ ***over*** beschönigen, vertuschen
glos·sa·ry ['glɒsərɪ] Glossar *n*
gloss·y ['glɒsɪ] (***-ier, -iest***) glänzend
glove [glʌv] Handschuh *m*; '~ **com·part·ment** *mot.* Handschuhfach *n*
glow [gləʊ] **1.** glühen; **2.** Glühen *n*; Glut *f*
glow·er ['glaʊə] finster blicken
'**glow-worm** *zo.* Glühwürmchen *n*

glu·cose ['glu:kəʊs] Traubenzucker *m*
glue [glu:] **1.** Leim *m*; **2.** kleben
glum [glʌm] (*-mm-*) bedrückt
glut·ton ['glʌtn] *fig.* Vielfraß *m*; '**~·ous** gefräßig, unersättlich
GMT [dʒi: em 'ti:] *Abk. für* ***Greenwich Mean Time*** ['grenɪdʒ -] WEZ, westeuropäische Zeit
gnarled [nɑ:ld] knorrig; knotig (*Hände*)
gnash [næʃ] knirschen (mit)
gnat *zo.* [næt] (Stech)Mücke *f*
gnaw [nɔ:] (zer)nagen; (zer)fressen
gnome [nəʊm] Gnom *m*; Gartenzwerg *m*

G

go [gəʊ] **1.** (***went, gone***) gehen, fahren, reisen (***to*** nach); (fort)gehen; gehen, führen (***to*** nach) (*Straße etc.*); sich erstrecken, gehen (***to*** bis zu); verkehren, fahren (*Bus etc.*); *tech.* gehen, laufen, funktionieren; vergehen (*Zeit*); harmonieren (***with*** mit), passen (***with*** zu); ausgehen, ablaufen, ausfallen; werden (***~ mad; ~ blind***); ***be ~ing to*** *inf.* im Begriff sein zu *inf.*, *tun* wollen *od.* werden; ***~ shares*** teilen; ***~ swimming*** schwimmen gehen; ***it is ~ing to rain*** es gibt Regen; ***I must be ~ing*** ich muss gehen; ***~ for a walk*** e-n Spaziergang machen, spazieren gehen; ***~ to bed*** ins Bett gehen; ***~ to school*** zur Schule gehen; ***~ to see*** besuchen; ***let ~*** loslassen; ***~ after*** nachlaufen (*dat.*); sich bemühen um; ***~ ahead*** vorangehen; vorausgehen, vorausfahren; ***~ ahead with*** beginnen mit; fortfahren mit; ***~ at*** losgehen auf (*acc.*); ***~ away*** weggehen; ***~ between*** vermitteln zwischen (*dat.*); ***~ by*** vorbeigehen, -fahren; vergehen (*Zeit*); *fig.* sich halten an, sich richten nach; ***~ down*** untergehen (*Sonne*); ***~ for*** holen; ***~ in*** hineingehen; ***~ in for an examination*** e-e Prüfung machen; ***~ off*** fort-, weggehen; losgehen (*Gewehr etc.*); ***~ on*** weitergehen, -fahren; *fig.* fortfahren (***doing*** zu tun); *fig.* vor sich gehen, vorgehen; ***~ out*** hinausgehen; ausgehen (***with*** mit); ausgehen (*Licht etc.*); ***~ through*** durchgehen, -nehmen; durchmachen; ***~ up*** steigen; hinaufgehen, -steigen; ***~ without*** sich behelfen ohne, auskommen ohne; **2.** (*pl.* ***goes***) F Schwung *m*, Schmiss *m*; *bsd. Brt.* F Versuch *m*; ***it's my ~*** *bsd. Brt.* F ich bin dran *od.* an der Reihe; ***it's a ~!*** F abgemacht!; ***have a ~ at s.th.*** *Brt.* F et. probieren; ***be all the ~*** *Brt.* F große Mode sein
goad *fig.* [gəʊd] anstacheln
'**go-a·head**[1]: ***get the ~*** grünes Licht bekommen; ***give s.o. the ~*** j-m grünes Licht geben
'**go-a·head**[2] F zielstrebig; unternehmungslustig
goal [gəʊl] Ziel *n* (*a. fig.*); *Sport*: Tor *n*; ***score a ~*** ein Tor schießen *od.* erzielen; ***consolation ~*** Ehrentreffer *m*; ***own ~*** Eigentor *n*, -treffer *m*; **goal·ie** F ['gəʊlɪ], '**~·keep·er** Torwart *m*, -hüter *m*; '**~ kick** *Fußball*: Abstoß *m*; '**~ line** *Sport*: Torlinie *f*; '**~·mouth** *Sport*: Torraum *m*; '**~·post** *Sport*: Torpfosten *m*
goat *zo.* [gəʊt] Ziege *f*, Geiß *f*
gob·ble ['gɒbl] *mst* ***~ up*** verschlingen
'**go-be·tween** Vermittler(in), Mittelsmann *m*
gob·lin ['gɒblɪn] Kobold *m*
god [gɒd] *rel.* ♀ Gott *m*; *fig.* Abgott *m*; '**~·child** (*pl.* ***-children***) Patenkind *n*; **~·dess** ['gɒdɪs] Göttin *f*; '**~·fa·ther** Pate *m* (*a. fig.*), Taufpate *m*; '**~·for·sak·en** *contp.* gottverlassen; '**~·head** Gottheit *f*; '**~·less** gottlos; '**~·like** gottähnlich; göttlich; '**~·moth·er** (Tauf)Patin *f*; '**~·pa·rent** (Tauf)Pate, (-)Patin *f*; '**~·send** Geschenk *n* des Himmels
gog·gle ['gɒgl] glotzen; '**~ box** *Brt.* F *TV* Glotze *f*; '**~s** *pl.* Schutzbrille *f*
go·ings-on F [gəʊɪŋz'ɒn] *pl.* Treiben *n*, Vorgänge *pl.*
gold [gəʊld] **1.** Gold *n*; **2.** golden; **~·en** *mst fig.* ['gəʊldən] golden, goldgelb; '**~·finch** *zo.* Stieglitz *m*; '**~·fish** *zo.* (*pl.* ***-fish***) Goldfisch *m*; '**~·smith** Goldschmied *m*
golf [gɒlf] **1.** Golf(spiel) *n*; **2.** Golf spielen; '**~ club** Golfschläger *m*; Golfklub *m*; '**~ course,** '**~ links** *pl. od. sg.* Golfplatz *m*
gon·do·la ['gɒndələ] Gondel *f*
gone [gɒn] **1.** *p.p. von* **go** 1; **2.** *adj.* fort; F futsch; vergangen; tot; F hoffnungslos
good [gʊd] **1.** (***better, best***) gut; artig; gütig; gründlich; ***~ at*** geschickt *od.* gut in (*dat.*); ***real ~*** F echt gut; **2.** Nutzen *m*, Wert *m*; *das* Gute, Gutes *n*; ***for ~*** für immer; **~·by(e)** [gʊd'baɪ] **1.** ***wish s.o.***

~, *say* ~ *to s.o.* j-m auf Wiedersehen sagen; **2.** *int.* (auf) Wiedersehen!; ⁀ **'Fri·day** Karfreitag *m*; **~'hu·mo(u)red** gut gelaunt; gutmütig; **~'look·ing** gut aussehend; **~'na·tured** gutmütig; **'~·ness** Güte *f*; *thank* ~*!* Gott sei Dank!; (*my*) ~*!*, ~ *gracious!* du meine Güte!, du lieber Himmel!; *for* ~*' sake* um Himmels willen!; ~ *knows* weiß der Himmel

goods *econ.* [gʊdz] *pl.* Waren *pl.*, Güter *pl.*

good'will gute Absicht, guter Wille; *econ.* Firmenwert *m*

good·y F ['gʊdɪ] Bonbon *m*, *n*

goose *zo.* [gu:s] (*pl.* ***geese***) Gans *f*

goose·ber·ry *bot.* ['gʊzbərɪ] Stachelbeere *f*

goose|·flesh ['gu:sfleʃ], **'~ pim·ples** *pl.* Gänsehaut *f*

GOP [dʒi: əʊ 'pi:] *Abk. für* ***Grand Old Party*** *die* Republikanische Partei (*USA*)

go·pher *zo.* ['gəʊfə] Taschenratte *f*; *Am.* Ziesel *m*

gore [gɔ:] durchbohren, aufspießen (*mit den Hörnern etc.*)

gorge [gɔ:dʒ] **1.** Kehle *f*, Schlund *m*; enge (Fels)Schlucht; **2.** (ver)schlingen; (sich) vollstopfen

gor·geous ['gɔ:dʒəs] prächtig

go·ril·la *zo.* [gə'rɪlə] Gorilla *m*

gor·y F ['gɔ:rɪ] (***-ier, -iest***) blutrünstig

gosh *int.* F [gɒʃ]: ***by*** ~ Mensch!

gos·ling *zo.* ['gɒzlɪŋ] junge Gans

go-slow *Brt. econ.* [gəʊ'sləʊ] Bummelstreik *m*

Gos·pel *rel.* ['gɒspəl] Evangelium *n*

gos·sa·mer ['gɒsəmə] Altweibersommer *m*

gos·sip ['gɒsɪp] **1.** Klatsch *m*, Tratsch *m*; Klatschbase *f*; **2.** klatschen, tratschen; **'~·y** geschwätzig; voller Klatsch u.Tratsch (*Brief etc.*)

got [gɒt] *pret. u. p.p. von* ***get***

Goth·ic ['gɒθɪk] gotisch; Schauer...; ~ ***novel*** Schauerroman *m*

got·ten *Am.* ['gɒtn] *p.p. von* ***get***

gourd *bot.* [gʊəd] Kürbis *m*

gout *med.* [gaʊt] Gicht *f*

gov·ern ['gʌvn] *v/t.* regieren; lenken, leiten; *v/i.* herrschen; **'~·ess** Erzieherin *f*; **'~·ment** Regierung *f*; Staat *m*;

gov·er·nor ['gʌvənə] Gouverneur *m*; Direktor *m*, Leiter *m*; F Alte(r) *m* (*Vater, Chef*)

gown [gaʊn] Kleid *n*; Robe *f*, Talar *m*

GP [dʒi: 'pi:] *Abk. für* ***general practitioner*** *etwa* Arzt *m* (Ärztin *f*) für Allgemeinmedizin

GPO *Brt.* [dʒi: pi: 'əʊ] *Abk. für* ***General Post Office*** Hauptpostamt *n*

grab [græb] **1.** (***-bb-***) (hastig *od.* gierig) ergreifen, packen, fassen; **2.** (hastiger *od.* gieriger) Griff; *tech.* Greifer *m*

grace [greɪs] **1.** Anmut *f*, Grazie *f*; Anstand *m*; Frist *f*, Aufschub *m*; Gnade *f*; Tischgebet *n*; **2.** zieren, schmücken; **'~·ful** anmutig; **'~·less** ungraziös

gra·cious ['greɪʃəs] gnädig

gra·da·tion [grə'deɪʃn] Abstufung *f*

grade [greɪd] **1.** Grad *m*, Rang *m*; Stufe *f*; Qualität *f*; *bsd. Am.* → ***gradient***; *Am. Schule*: Klasse *f*; *bsd. Am.* Note *f*, Zensur *f*; **2.** sortieren, einteilen; abstufen; **'~ cross·ing** *Am.* schienengleicher Bahnübergang; **'~ school** *Am.* Grundschule *f*

gra·di·ent *rail. etc.* ['greɪdjənt] Steigung *f*, Gefälle *n*

grad·u|·al ['grædʒʊəl] stufenweise, allmählich; **'~·al·ly** nach u. nach; allmählich; **~·ate 1.** ['grædʒʊət] *univ.* Hochschulabsolvent(in), Akademiker(in); Graduierte(r *m*) *f*; *Am.* Schulabgänger(in); **2.** ['grædjʊeɪt] abstufen, staffeln; *univ.* graduieren; *Am.* die Abschlussprüfung bestehen; **~·a·tion** [grædʒʊ'eɪʃn] Abstufung *f*, Staffelung *f*; *univ.* Graduierung *f*; *Am.* Absolvieren *n* (***from*** *e-r Schule*)

graf·fi·ti [grə'fi:tɪ] *pl.* Graffiti *pl.*, Wandschmierereien *pl.*

graft [grɑ:ft] **1.** *med.* Transplantat *n*; *agr.* Pfropfreis *n*; **2.** *med. Gewebe* verpflanzen, transplantieren; *agr.* pfropfen

grain [greɪn] (Samen-, *bsd.* Getreide)Korn *n*; Getreide *n*; (*Sand- etc.*-) Körnchen *n*, (-)Korn *n*; Maserung *f*; ***go against the*** ~ *fig.* gegen den Strich gehen

gram [græm] Gramm *n*

gram·mar ['græmə] Grammatik *f*; **'~ school** *Brt. etwa* (humanistisches) Gymnasium; *Am. etwa* Grundschule *f*

gram·mat·i·cal [grə'mætɪkl] grammatisch, Grammatik...

gramme [græm] → ***gram***
gra·na·ry ['grænərɪ] Kornspeicher *m*
grand [grænd] **1.** *fig.* großartig; erhaben; groß; Groß..., Haupt...; ≈ ***Old Party*** *die* Republikanische Partei (*USA*); **2.** (*pl.* ***grand***) F Riese *m* (*1000 Dollar od. Pfund*)
grand|·child ['græntʃaɪld] (*pl.* ***-children***) Enkel(in); **~·daugh·ter** ['grændɔːtə] Enkelin *f*
gran·deur ['grændʒə] Größe *f*, Erhabenheit *f*; Größe *f*, Wichtigkeit *f*
grand·fa·ther ['grændfɑːðə] Großvater *m*
gran·di·ose ['grændɪəʊs] großartig
grand|·moth·er ['grænmʌðə] Großmutter *f*; **~·par·ents** ['grænpeərənts] *pl.* Großeltern *pl.*; **~·son** ['grænsʌn] Enkel *m*
grand·stand ['grændstænd] *Sport*: Haupttribüne *f*
gran·ny F ['grænɪ] Oma *f*
grant [grɑːnt] **1.** bewilligen, gewähren; *Erlaubnis etc.* geben; *Bitte etc.* erfüllen; zugeben; ***take s.th. for ~ed*** et. als selbstverständlich betrachten *od.* hinnehmen; **2.** Stipendium *n*; Bewilligung *f*, Unterstützung *f*
gran|·u·lat·ed ['grænjʊleɪtɪd] körnig, granuliert; ~ ***sugar*** Kristallzucker *m*; **~·ule** ['grænjuːl] Körnchen *n*
grape [greɪp] Weinbeere *f*, -traube *f*; **'~·fruit** *bot.* Grapefruit *f*, Pampelmuse *f*; **'~·vine** *bot.* Weinstock *m*
graph [græf] grafische Darstellung; **~·ic** ['græfɪk] (***~ally***) grafisch; anschaulich; ~ ***arts*** *pl.* Grafik *f*; **'·ics** *pl. Computer*: Grafik *f*
grap·ple ['græpl]: ~ ***with*** kämpfen mit, *fig. a.* sich herumschlagen mit
grasp [grɑːsp] **1.** (er)greifen, packen; *fig.* verstehen, begreifen; **2.** Griff *m*; Reichweite *f* (*a. fig.*); *fig.* Verständnis *n*
grass [grɑːs] Gras *n*; Rasen *m*; Weide(land *n*) *f*; *sl.* Grass *n* (*Marihuana*); **~·hop·per** *zo.* ['grɑːshɒpə] Heuschrecke *f*; ~ **'wid·ow** Strohwitwe *f*; ~ **'wid·ow·er** Strohwitwer *m*; **'gras·sy** (***-ier, -iest***) grasbedeckt, Gras...
grate [greɪt] **1.** (Kamin)Gitter *n*; (Feuer)Rost *m*; **2.** reiben, raspeln; knirschen (mit); ~ ***on s.o.'s nerves*** an j-s Nerven zerren
grate·ful ['greɪtfl] dankbar
grat·er ['greɪtə] Reibe *f*
grat·i|·fi·ca·tion [grætɪfɪ'keɪʃn] Befriedigung *f*; Freude *f*; ⚠ *nicht* ***Gratifikation***; **~·fy** ['grætɪfaɪ] erfreuen; befriedigen
grat·ing[1] ['greɪtɪŋ] kratzend, knirschend, quietschend; schrill; unangenehm
grat·ing[2] ['greɪtɪŋ] Gitter(werk) *n*
grat·i·tude ['grætɪtjuːd] Dankbarkeit *f*
gra·tu·i|·tous [grə'tjuːɪtəs] unentgeltlich; freiwillig; **~·ty** [grə'tjuːətɪ] Abfindung *f*; Gratifikation *f*; Trinkgeld *n*
grave[1] [greɪv] (***~r, ~st***) ernst; (ge)wichtig; gemessen
grave[2] [greɪv] Grab *n*; **'~·dig·ger** Totengräber *m*
grav·el ['grævl] **1.** Kies *m*; **2.** (*bsd. Brt.* ***-ll-***, *Am.* ***-l-***) mit Kies bestreuen
'grave|·stone Grabstein *m*; **'~·yard** Friedhof *m*
grav·i·ta·tion *phys.* [grævɪ'teɪʃn] Gravitation *f*, Schwerkraft *f*
grav·i·ty ['grævətɪ] *phys.* Schwerkraft *f*; Ernst *m*
gra·vy ['greɪvɪ] Bratensaft *m*; Bratensoße *f*
gray *bsd. Am.* [greɪ] → ***grey***
graze[1] [greɪz] *Vieh* weiden (lassen); (ab)weiden; (ab)grasen
graze[2] [greɪz] **1.** streifen; schrammen; *Haut* (ab-, auf)schürfen, (auf)schrammen; **2.** Abschürfung *f*, Schramme *f*
grease 1. [griːs] Fett *n*; *tech.* Schmierfett *n*, Schmiere *f*; **2.** [griːz] (ein)fetten, *tech.* (ab)schmieren
greas·y ['griːzɪ] (***-ier, -iest***) fett(ig), ölig; schmierig
great [greɪt] groß; F großartig, super; Ur(groß)...
Great Brit·ain [greɪt'brɪtn] Großbritannien *n*
Great 'Dane *zo.* Dogge *f*
great|-'grand·child Urenkel(in); **~-'grand·par·ents** *pl.* Urgroßeltern *pl.* *etc.*
'great|·ly sehr; **'~·ness** Größe *f*
Greece [griːs] Griechenland *n*
greed [griːd] Gier *f*; **'~·y** (***-ier, -iest***) gierig (***for*** auf *acc.*, nach); habgierig; gefräßig
Greek [griːk] **1.** griechisch; **2.** Griech|e *m*, -in *f*; *ling.* Griechisch *n*
green [griːn] **1.** grün; *fig.* grün, unerfah-

ren; **2.** Grün *n*; Grünfläche *f*, Rasen *m*; **~s** *pl.* grünes Gemüse, Blattgemüse *n*; **~ belt** *bsd. Brt.* Grüngürtel *m* (*um e-e Stadt*); **~ 'card** *Am.* Arbeitserlaubnis *f*; **'~·gro·cer** *bsd. Brt.* Obst- u. Gemüsehändler(in); **'~·horn** Greenhorn *n*, Grünschnabel *m*; **'~·house** Gewächs-, Treibhaus *n*; **'~·house ef·fect** Treibhauseffekt *m*; **'~·ish** grünlich

greet [gri:t] grüßen; **'~·ing** Begrüßung *f*, Gruß *m*; **~s** *pl.* Grüße *pl.*

gre·nade *mil.* [grɪ'neɪd] Granate *f*

grew [gru:] *pret. von* ***grow***

grey [greɪ] **1.** grau; **2.** Grau *n*; **3.** grau machen *od.* werden; **'~·hound** *zo.* Windhund *m*

grid [grɪd] Gitter *n*; *electr. etc.* Versorgungsnetz *n*; Gitter(netz) *n* (*auf Landkarten etc.*) **'~·i·ron** Bratrost *m*

grief [gri:f] Kummer *m*

griev|·ance ['gri:vns] (Grund *m* zur) Beschwerde *f*; Missstand *m*; **~e** [gri:v] *v/t.* betrüben, bekümmern; *v/i.* bekümmert sein; **~ *for*** trauern um; **~·ous** ['gri:vəs] schwer, schlimm

grill [grɪl] **1.** grillen; **2.** Grill *m*; Bratrost *m*; Gegrillte(s) *n*

grim [grɪm] (***-mm-***) grimmig; schrecklich; erbittert; F schlimm

gri·mace [grɪ'meɪs] **1.** Fratze *f*, Grimasse *f*; **2.** Grimassen schneiden

grime [graɪm] Schmutz *m*; Ruß *m*; **'grim·y** (***-ier, -iest***) schmutzig; rußig

grin [grɪn] **1.** Grinsen *n*; **2.** (***-nn-***) grinsen

grind [graɪnd] **1.** (***ground***) *v/t.* (zer)mahlen, zerreiben, -kleinern; *Messer etc.* schleifen; *Fleisch* durchdrehen; **~ *one's teeth*** mit den Zähnen knirschen; *v/i.* schuften; pauken, büffeln; **2.** Schinderei *f*, Schufterei *f*; ***the daily* ~** das tägliche Einerlei; ⚠ *nicht* ***Grind***; **'~·er** (Messer- *etc.*)Schleifer *m*; *tech.* Schleifmaschine *f*; *tech.* Mühle *f*; **'~·stone** Schleifstein *m*

grip [grɪp] **1.** (***-pp-***) packen (*a. fig.*); **2.** Griff *m*; *fig.* Gewalt *f*, Herrschaft *f*; Reisetasche *f*

gripes [graɪps] *pl.* Bauchschmerzen *pl.*, Kolik *f*

gris·ly ['grɪzlɪ] (***-ier, -iest***) gräßlich, schrecklich

gris·tle ['grɪsl] Knorpel *m* (*im Fleisch*)

grit [grɪt] **1.** Kies *m*, (grober) Sand; *fig.* Mut *m*; **2.** (***-tt-***): **~ *one's teeth*** die Zähne zusammenbeißen

griz·zly (bear) ['grɪzlɪ (-)] Grizzly(bär) *m*, Graubär *m*

groan [grəʊn] **1.** stöhnen, ächzen; **2.** Stöhnen *n*, Ächzen *n*

gro·cer ['grəʊsə] Lebensmittelhändler *m*; **~·ies** ['grəʊsərɪz] *pl.* Lebensmittel *pl.*; **~·y** ['grəʊsərɪ] Lebensmittelgeschäft *n*

grog·gy F ['grɒgɪ] (***-ier, -iest***) groggy, schwach *od.* wackelig (auf den Beinen)

groin *anat.* [grɔɪn] Leiste(ngegend) *f*

groom [grʊm] **1.** Pferdepfleger *m*, Stallbursche *m*; Bräutigam *m*; **2.** *Pferde* versorgen, pflegen, striegeln; ***well-groomed*** gepflegt

groove [gru:v] Rinne *f*, Furche *f*; Rille *f*, Nut *f*; **'groov·y** *sl.* (***-ier, -iest***) *veraltet*: klasse, toll

grope [grəʊp] tasten; *sl. Mädchen* befummeln

gross [grəʊs] **1.** dick, feist; grob, derb; *econ.* Brutto...; **2.** Gros *n* (*12 Dutzend*)

gro·tesque [grəʊ'tesk] grotesk

ground¹ [graʊnd] **1.** *pret. u. p.p. von* ***grind*** 1; **2.** gemahlen (*Kaffee etc.*); **~ *meat*** Hackfleisch *n*

ground² [graʊnd] **1.** (Erd)Boden *m*, Erde *f*; Boden *m*, Gebiet *n*; *Sport*: (*Spiel*)Platz *m*; *Am. electr.* Erdung *f*; (Boden)Satz *m*; *fig.* Beweggrund *m*; **~s** *pl.* Grundstück *n*, Park *m*, Gartenanlage *f*; ***on the* ~(*s*) *of*** auf Grund (*gen.*); ***hold*** *od.* ***stand one's* ~** sich behaupten; **2.** *naut.* auflaufen; *Am. electr.* erden; *fig.* gründen, stützen; **'~ crew** *aviat.* Bodenpersonal *n*; **~ 'floor** *bsd. Brt.* Erdgeschoss *n*, *östr.* -geschoß *n*; **'~ forc·es** *pl. mil.* Bodentruppen *pl.*, Landstreitkräfte *pl.*; **'~·hog** *zo.* Amer. Waldmurmeltier *n*; **'~·ing** *Am. electr.* Erdung *f*; Grundlagen *pl.*, -kenntnisse *pl.*; **'~·less** grundlos; **'~·nut** *Brt. bot.* Erdnuss *f*; **'~s·man** (*pl.* ***-men***) *Sport*: Platzwart *m*; **'~ staff** *Brt. aviat.* Bodenpersonal *n*; **'~ sta·tion** *Raumfahrt*: Bodenstation *f*; **'~·work** *fig.* Grundlage *f*, Fundament *n*

group [gru:p] **1.** Gruppe *f*; **2.** (sich) gruppieren

group·ie F ['gru:pɪ] Groupie *n* (*aufdringlicher weiblicher Fan*)

group·ing ['gru:pɪŋ] Gruppierung *f*

grove [grəʊv] Wäldchen *n*, Gehölz *n*

G

grov·el ['grɒvl] (*bsd. Brt.* **-ll-**, *Am.* **-l-**) (am Boden) kriechen
grow [grəʊ] (**grew, grown**) *v/i.* wachsen; (allmählich) werden; ~ **up** aufwachsen, heranwachsen; *v/t. bot.* anpflanzen, anbauen, züchten; ~ **a beard** sich e-n Bart wachsen lassen; '~**·er** Züchter *m*, Erzeuger *m*, *in Zssgn* ...bauer *m*
growl [graʊl] knurren, brummen
grown [grəʊn] **1.** *p.p. von* **grow; 2.** *adj.* erwachsen; ~**-up 1.** [grəʊn'ʌp] erwachsen; **2.** ['grəʊnʌp] F Erwachsene(r *m*) *f*
growth [grəʊθ] Wachsen *n*, Wachstum *n*; Wuchs *m*, Größe *f*; *fig.* Zunahme *f*, Anwachsen *n*; *med.* Gewächs *n*, Wucherung *f*

G

grub [grʌb] **1.** *zo.* Larve *f*, Made *f*; F Futter *n* (*Essen*); **2.** (**-bb-**) graben; '~**·by** (**-ier, -iest**) schmudd(e)lig
grudge [grʌdʒ] **1.** missgönnen (**s.o. s.th.** j-m et.); **2.** Groll *m*; '**grudg·ing·ly** widerwillig
gru·el [grʊəl] Haferschleim *m*
gruff [grʌf] grob, schroff, barsch
grum·ble ['grʌmbl] **1.** murren; **2.** Murren *n*; '~**r** *fig.* Brummbär *m*
grump·y F ['grʌmpɪ] (**-ier, -iest**) schlecht gelaunt, mürrisch, missmutig
grun·gy *Am. sl.* ['grʌndʒɪ] (**-ier, -iest**) schmudd(e)lig-schlampig (*in der Kleidung, als Protest*); schlecht u. laut (*in der Musik, als Protest*)
grunt [grʌnt] **1.** grunzen; brummen; stöhnen; **2.** Grunzen *n*; Stöhnen *n*
Gt *nur geschr. Abk. für* **Great** (*Gt Britain*)
guar·an|·tee [gærən'tiː] **1.** Garantie *f*; Kaution *f*, Sicherheit *f*; **2.** (sich ver)bürgen für; garantieren; ~**·tor** [gærən'tɔː] Bürg|e *m*, -in *f*; ~**·ty** *jur.* ['gærəntɪ] Garantie *f*; Sicherheit *f*
guard [gɑːd] **1.** Wache *f*, (Wacht)Posten *m*, Wächter *m*; Wärter *m*, Aufseher *m*; Wache *f*, Bewachung *f*; *Brt. rail.* Zugbegleiter *m*, *veraltet*: Schaffner *m*; Schutz(vorrichtung *f*) *m*; Garde *f*; **be on** ~ Wache stehen; **be on** (**off**) **one's** ~ (nicht) auf der Hut sein; **2.** *v/t.* bewachen, (be)schützen (**from** vor *dat.*); *v/i.* sich hüten *od.* in Acht nehmen *od.* schützen (**against** vor *dat.*); '~**·ed** vorsichtig, zurückhaltend; ~**·i·an** ['gɑːdjən] *jur.* Vormund *m*; Schutz...; '~**·i·an·ship** *jur.* Vormundschaft *f*
gue(r)·ril·la *mil.* [gə'rɪlə] Guerilla *m*; ~ '**war·fare** Guerillakrieg *m*
guess [ges] **1.** (er)raten; vermuten; schätzen; *Am.* glauben, meinen; **2.** Vermutung *f*; '~**·work** (reine) Vermutung(en *pl.*)
guest [gest] Gast *m*; '~**·house** (Hotel)Pension *f*, Fremdenheim *n*; '~**-room** Gäste-, Fremdenzimmer *n*
guf·faw [gʌ'fɔː] **1.** schallendes Gelächter; **2.** schallend lachen
guid·ance ['gaɪdns] Führung *f*; (An-)Leitung *f*
guide [gaɪd] **1.** (Reise-, Fremden)Führer(in); (Reise- *etc.*)Führer *m* (*Buch*); Handbuch (**to** *gen.*); **a** ~ **to London** ein London-Führer; → **girl guide**; **2.** leiten; führen; lenken; '~ **book** (Reise- *etc.*)Führer *m* (*Buch*); **guid·ed 'tour** Führung *f*; '~**·lines** *pl.* Richtlinien *pl.* (**on** *gen.*)
guild *hist.* [gɪld] Gilde *f*, Zunft *f*
guile·less ['gaɪllɪs] arglos
guilt [gɪlt] Schuld *f*; '~**·less** schuldlos, unschuldig (**of** an *dat.*); '~**·y** (**-ier, -iest**) schuldig (**of** *gen.*); schuldbewusst
guin·ea pig *zo.* ['gɪnɪ -] Meerschweinchen *n*
guise *fig.* [gaɪz] Gestalt *f*, Maske *f*
gui·tar *mus.* [gɪ'tɑː] Gitarre *f*
gulch *bsd. Am.* [gʌlʃ] tiefe Schlucht
gulf [gʌlf] Golf *m*; *fig.* Kluft *f*
gull *zo.* [gʌl] Möwe *f*
gul·let ['gʌlɪt] *anat.* Speiseröhre *f*; Gurgel *f*, Kehle *f*
gulp [gʌlp] **1.** (großer) Schluck; **2.** *oft* ~ **down** *Getränk* hinunterstürzen, *Speise* hinunterschlingen
gum[1] *anat.* [gʌm] *mst* ~**s** *pl.* Zahnfleisch *n*
gum[2] [gʌm] **1.** Gummi *m*, *n*; Klebstoff *m*; Kaugummi *m*; *Frucht*-Gummi *m* (*Bonbon*); **2.** (**-mm-**) kleben
gun [gʌn] **1.** Gewehr *n*; Pistole *f*, Revolver *m*; Geschütz *n*, Kanone *f*; **2.** (**-nn-**): ~ **down** niederschießen; '~**·fight** *bsd. Am.* Feuergefecht *n*, Schießerei *f*; '~**·fire** Schüsse *pl.*; *mil.* Geschützfeuer *n*; '~ **li·cence** (*Am.* **li·cense**) Waffenschein *m*; '~**·man** (*pl.* **-men**) Bewaffnete(r) *m*; Revolverheld *m*; '~**·point: at** ~ mit vorgehaltener Waffe, mit Waffengewalt; '~**·pow·der** Schießpulver *n*;

'**~·run·ner** Waffenschmuggler *m*; '**~·run·ning** Waffenschmuggel *m*; '**~·shot** Schuss *m*; ***within*** (***out of***) ~ in (außer) Schussweite

gur·gle ['gɜːgl] **1.** gurgeln, gluckern, glucksen; **2.** Gurgeln *n*, Gluckern *n*, Glucksen *n*

gush [gʌʃ] **1.** strömen, schießen (***from*** aus); **2.** Schwall *m*, Strom *m* (*a. fig.*)

gust [gʌst] Windstoß *m*, Bö *f*

guts F [gʌts] *pl.* Eingeweide *pl.*; *fig.* Schneid *m*, Mumm *m*

gut·ter ['gʌtə] Gosse *f* (*a. fig.*), Rinnstein *m*; Dachrinne *f*

guy F [gaɪ] Kerl *m*, Typ *m*

guz·zle ['gʌzl] saufen; fressen

gym F [dʒɪm] Fitnesscenter *n*; → ***gymnasium***; → ***gymnastics***; **~·na·si·um** [dʒɪm'neɪzjəm] Turn-, Sporthalle *f*; ⚠ *nicht* ***Gymnasium***; **~·nast** ['dʒɪmnæst] Turner(in); **~·nas·tics** [dʒɪm'næstɪks] *sg.* Turnen *n*, Gymnastik *f*

gy·n(a)e·col·o|·gist [gaɪnɪ'kɒlədʒɪst] Gynäkolog|e *m*, -in *f*, Frauenarzt *m*, -ärztin *f*; **~·gy** [gaɪnɪ'kɒlədʒɪ] Gynäkologie *f*, Frauenheilkunde *f*

gyp·sy *bsd. Am.* ['dʒɪpsɪ] → ***gipsy***

gy·rate [dʒaɪə'reɪt] kreisen, sich (im Kreis) drehen, (herum)wirbeln

H

H, h [eɪtʃ] H, h *n*

hab·er·dash·er ['hæbədæʃə] *Brt.* Kurzwarenhändler *m*; *Am.* Herrenausstatter *m*; **~·y** ['hæbədæʃərɪ] *Brt.* Kurzwaren(geschäft *n*) *pl.*; *Am.* Herrenbekleidung *f*; *Am.* Herrenmodengeschäft *n*

hab·it ['hæbɪt] (An)Gewohnheit *f*; *bsd.* (Ordens)Tracht *f*; ***drink has become a ~ with him*** er kommt vom Alkohol nicht mehr los

ha·bit·u·al [hə'bɪtjʊəl] gewohnheitsmäßig, Gewohnheits...

hack[1] [hæk] hacken

hack[2] [hæk] Schreiberling *m*

hack[3] [hæk] Klepper *m*

hack·er ['hækə] *Computer*: Hacker *m*

hack·neyed ['hæknɪd] abgedroschen

had [hæd] *pret. u. p.p. von* ***have***

had·dock *zo.* ['hædək] (*pl.* ***-dock***) Schellfisch *m*

h(a)e·mor·rhage *med.* ['hemərɪdʒ] Blutung *f*

hag *fig.* [hæg] hässliches altes Weib, Hexe *f*

hag·gard ['hægəd] abgespannt; abgehärmt; hager

hag·gle ['hægl] feilschen, handeln

hail [heɪl] **1.** Hagel *m*; **2.** hageln; '**~·stone** Hagelkorn *n*; '**~·storm** Hagelschauer *m*

hair [heə] *einzelnes* Haar; *coll.* Haar *n*, Haare *pl.*; '**~·breadth** → ***hair's breadth***; '**~·brush** Haarbürste *f*; '**~·cut** Haarschnitt *m*; '**~·do** (*pl.* ***-dos***) F Frisur *f*; '**~·dress·er** Friseur(in), Frisör(in); '**~·dri·er**, '**~·dry·er** Trockenhaube *f*; Haartrockner *m*, Föhn *m*; '**~·grip** *Brt.* Haarklammer *f*, -klemme *f*; '**~·less** ohne Haare, kahl; '**~·pin** Haarnadel *f*; **~·pin 'bend** Haarnadelkurve *f*; **~·rais·ing** ['heəreɪzɪŋ] haarsträubend; '**~'s breadth**: ***by a ~*** um Haaresbreite; '**~ slide** *Brt.* Haarspange *f*; '**~·split·ting** Haarspalterei *f*; '**~·spray** Haarspray *m*, *n*; '**~·style** Frisur *f*; '**~·styl·ist** Hair-Stylist *m*, Damenfriseur *m*, -frisör *m*; '**~·y** (***-ier, -iest***) behaart, haarig

half [hɑːf] **1.** (*pl.* ***halves*** [hɑːvz]) Hälfte *f*; ***go halves*** halbe-halbe machen, teilen; **2.** halb; ***~ an hour*** e-e halbe Stunde; ***~ a pound*** ein halbes Pfund; ***~ past ten*** halb elf (Uhr); ***~ way up*** auf halber Höhe; '**~·breed** Halbblut *n*; '**~·broth·er** Halbbruder *m*; '**~·caste** Halbblut *n*; **~·'heart·ed** halbherzig; **~ 'time** *Sport*: Halbzeit *f*; **~ time 'score** *Sport*: Halbzeitstand *m*; **~'way** halb; auf halbem Weg, in der Mitte; **~·way 'line** Mittellinie *f*; **~·'wit·ted** schwachsinnig

hal·i·but *zo.* ['hælıbət] (*pl.* ***-buts, -but***) Heilbutt *m*

hall [hɔːl] Halle *f*, Saal *m*; Flur *m*, Diele *f*; Herrenhaus *n*; *univ.* Speisesaal *m*; ~ ***of residence*** Studentenheim *n*

Hal·low·e'en [hæləʊ'iːn] Abend *m* vor Allerheiligen

hal·lu·ci·na·tion [həluːsı'neıʃn] Halluzination *f*

'hall·way *bsd. Am.* Halle *f*, Diele *f*; Korridor *m*

ha·lo ['heıləʊ] (*pl.* ***-loes, -los***) *astr.* Hof *m*; Heiligenschein *m*

halt [hɔːlt] **1.** Halt *m*; **2.** (an)halten

hal·ter ['hɔːltə] Halfter *m, n*

halve [hɑːv] halbieren; **~s** [hɑːvz] *pl. von* ***half*** 1

H

ham [hæm] Schinken *m*; ~ ***and eggs*** Schinken mit (Spiegel)Ei

ham·burg·er ['hæmbɜːgə] *gastr.* Hamburger *m*; *Am.* Rinderhack *n*

ham·let ['hæmlıt] Weiler *m*

ham·mer ['hæmə] **1.** Hammer *m*; **2.** hämmern

ham·mock ['hæmək] Hängematte *f*

ham·per¹ ['hæmpə] (Deckel)Korb *m*; Geschenk-, Fresskorb *m*; *Am.* Wäschekorb *m*

ham·per² ['hæmpə] (be)hindern

ham·ster *zo.* ['hæmstə] Hamster *m*

hand [hænd] **1.** Hand *f* (*a. fig.*); Handschrift *f*; (Uhr)Zeiger *m*; *oft in Zssgn* Arbeiter *m*; Fachmann *m*; *Kartenspiel*: Blatt *n*, Karten *pl.*; ~ ***in glove*** ein Herz und eine Seele; ***change ~s*** den Besitzer wechseln; ***give*** *od.* ***lend a ~*** mit zugreifen, *j-m* helfen (***with*** by); ***shake ~s with*** *j-m* die Hand schütteln *od.* geben; ***at ~*** in Reichweite; nahe; bei der *od.* zur Hand; ***at first ~*** aus erster Hand; ***by ~*** mit der Hand; ***on the one ~*** einerseits; ***on the other ~*** andererseits; ***on the right ~*** rechts; ***~s off!*** Hände weg!; ***~s up!*** Hände hoch!; **2.** aushändigen, (über)geben, (-)reichen; ~ ***around*** herumreichen; ~ ***down*** weitergeben, überliefern; ~ ***in*** *Prüfungsarbeit etc.* abgeben; *Bericht, Gesuch etc.* einreichen; ~ ***on*** weiterreichen, -geben; überliefern; ~ ***out*** aus-, verteilen; ~ ***over*** übergeben, aushändigen (***to*** *dat.*); ~ ***up*** hinauf-, heraufreichen; **'~·bag** Handtasche *f*; **'~·ball** *Fußball*: Handspiel *n*; **'~·bill** Handzettel *m*, Flugblatt *n*; **'~·brake** *tech.* Handbremse *f*; **'~·cuffs** *pl.* Handschellen *pl.*; **'~·ful** Handvoll *f*; F Plage *f*

hand·i·cap ['hændıkæp] **1.** Handikap *n*, *med. a.* Behinderung *f*, *Sport*: *a.* Vorgabe *f*; → ***mental***; → ***physical***; **2.** (***-pp-***) behindern, benachteiligen; **'~ped 1.** gehandikapt, behindert, benachteiligt; → ***mental***; → ***physical***; **2. *the*** ~ *pl. med.* die Behinderten *pl.*

hand·ker·chief ['hæŋkətʃıf] (*pl.* ***-chiefs***) Taschentuch *n*

han·dle ['hændl] **1.** Griff *m*; Stiel *m*; Henkel *m*; Klinke *f*; ***fly off the ~*** F wütend werden; **2.** anfassen, berühren; hantieren *od.* umgehen mit; behandeln; ⚠ *nicht* ***handeln***; **'~·bar(s** *pl.*) Lenkstange *f*

'hand| lug·gage Handgepäck *n*; **~'made** handgearbeitet; **'~·out** Almosen *n*, milde Gabe; Handzettel *m*; Hand-out *n*, Informationsunterlage(n *pl.*) *f* (*für die Presse etc.*); **'~·rail** Geländer *n*; **'~·shake** Händedruck *m*

hand·some ['hænsəm] (***~r, ~st***) gut aussehend (*bsd. Mann*); ansehnlich, beträchtlich (*Summe etc.*)

'hand|·writ·ing Handschrift *f*; **~'writ·ten** handgeschrieben; **'~·y** (***-ier, -iest***) zur Hand; geschickt; handlich, praktisch; nützlich; ***come in ~*** sich als nützlich erweisen; (sehr) gelegen kommen

hang [hæŋ] (***hung***) (auf-, be-, ein)hängen; *Tapete* ankleben; (*pret. u. p.p.* ***hanged***) *j-n* (auf)hängen; ~ ***o.s.*** sich erhängen; ~ ***about***, ~ ***around*** herumlungern; ~ ***on*** sich klammern (***to*** an *acc.*) (*a. fig.*), festhalten (***to*** *acc.*); *teleph.* am Apparat bleiben; ~ ***up*** *teleph.* einhängen, auflegen; ***she hung up on me*** sie legte einfach auf

han·gar ['hæŋə] Hangar *m*, Flugzeughalle *f*

hang·er ['hæŋə] Kleiderbügel *m*

hang| glid·er ['hæŋglaıdə] (Flug)Drachen *m*; Drachenflieger(in); **'~ glid·ing** Drachenfliegen *n*

hang·ing ['hæŋıŋ] **1.** Hänge...; **2.** (Er)Hängen *n*; **'~s** *pl.* Tapete *f*, Wandbehang *m*, Vorhang *m*

'hang·man (*pl.* ***-men***) Henker *m*

'hang·nail *med.* Niednagel *m*

'hang·o·ver Katzenjammer *m*, Kater *m*

han·ker F ['hæŋkə] sich sehnen (***after, for*** nach)
han|·kie, ~·ky F ['hæŋkɪ] Taschentuch *n*
hap·haz·ard [hæp'hæzəd] willkürlich, plan-, wahllos
hap·pen ['hæpən] (zufällig) geschehen; sich ereignen, passieren, vorkommen; **~·ing** ['hæpnɪŋ] Ereignis *n*, Vorkommnis *n*; Happening *n*
hap·pi|·ly ['hæpɪlɪ] glücklich(erweise); **'~·ness** Glück *n*
hap·py ['hæpɪ] (***-ier, -iest***) glücklich; erfreut; **~-go-'luck·y** unbekümmert, sorglos
ha·rangue [hə'ræŋ] **1.** (Straf)Predigt *f*; **2.** *v/t. j-m* e-e Strafpredigt halten
har·ass ['hærəs] ständig belästigen; schikanieren; aufreiben, zermürben; **'~·ment** ständige Belästigung; Schikane(n *pl.*) *f*; → ***sexual harassment***
har·bo(u)r ['hɑːbə] **1.** Hafen *m*; Zufluchtsort *m*; **2.** *j-m* Zuflucht *od.* Unterschlupf gewähren; *Groll etc.* hegen
hard [hɑːd] hart; fest; schwer, schwierig; heftig, stark; hart, streng (*a. Winter*); hart, nüchtern (*Tatsachen etc.*); *Drogen*: hart, *Getränk*: *a.* stark; ***~ of hearing*** schwerhörig; ***~ up*** F in (Geld)Schwierigkeiten, in Verlegenheit (***for*** um); **'~·back** gebundene Ausgabe (*Buch*); **~-'boiled** hart (gekocht); *fig.* hart, unsentimental, nüchtern; **~ 'cash** Bargeld *n*; klingende Münze; **~ 'core** harter Kern (*e-r Bande etc.*); **~-'core** zum harten Kern gehörend; hart (*Pornografie*); **'~·cov·er** *print.* **1.** gebunden; **2.** Hard Cover *n*, gebundene Ausgabe; **~ 'disk** *Computer*: Festplatte *f*; **~·en** ['hɑːdn] härten; hart machen *od.* werden; (sich) abhärten; **'~ hat** Schutzhelm *m* (*für Bauarbeiter etc.*); **~'head·ed** nüchtern, praktisch; *bsd. Am.* starr-, dickköpfig; **~-'heart·ed** hartherzig; **~ 'la·bo(u)r** *jur.* Zwangsarbeit *f*; **~ 'line** *bsd. pol.* harter Kurs; **~-'line** *bsd. pol.* hart, kompromisslos; **'~·ly** kaum; **'~·ness** Härte *f*; Schwierigkeit *f*; **'~·ship** Not *f*; Härte *f*; **~ 'shoul·der** *Brt. mot.* Standspur *f*; **'~-top** Hardtop *n*, *m* (*abnehmbares Wagendach*; *a. Wagen*); **'~·ware** Eisenwaren *pl.*; Haushaltswaren *pl.*; *Computer*: Hardware *f*
har·dy ['hɑːdɪ] (***-ier, -iest***) zäh, robust, abgehärtet; winterfest (*Pflanze*)
hare *zo.* [heə] Hase *m*; **'~·bell** *bot.* Glockenblume *f*; **'~·brained** verrückt (*Person, Plan*); **~'lip** *anat.* Hasenscharte *f*
harm [hɑːm] **1.** Schaden *m*; **2.** verletzen; schaden (*dat.*); **'~·ful** schädlich; **'~·less** harmlos
har·mo|·ni·ous [hɑː'məʊnjəs] harmonisch; **~·nize** ['hɑːmənaɪz] harmonieren; in Einklang sein *od.* bringen; **~·ny** ['hɑːmənɪ] Harmonie *f*
har·ness ['hɑːnɪs] **1.** (*Pferde- etc.*)Geschirr *n*; ***die in ~*** *fig.* in den Sielen sterben; **2.** anschirren; anspannen (***to*** an *acc.*)
harp [hɑːp] **1.** *mus.* Harfe *f*; **2.** *mus.* Harfe spielen; ***~ on*** (***about***) *fig.* herumreiten auf (*dat.*)
har·poon [hɑː'puːn] **1.** Harpune *f*; **2.** harpunieren
har·row *agr.* ['hærəʊ] **1.** Egge *f*; **2.** eggen
har·row·ing ['hærəʊɪŋ] quälend, qualvoll, erschütternd
harsh [hɑːʃ] rau; grell; streng; schroff, barsch
hart *zo.* [hɑːt] (*pl.* ***harts, hart***) Hirsch *m*
har·vest ['hɑːvɪst] **1.** Ernte(zeit) *f*; (Ernte)Ertrag *m*; **2.** ernten; **'~·er** *bsd.* Mähdrescher *m*
has [hæz] *er, sie, es* hat
hash[1] [hæʃ] *gastr.* Haschee *n*; ***make a ~ of*** *fig.* verpfuschen
hash[2] F [hæʃ] Hasch *n* (*Haschisch*)
hash 'browns *pl. Am.* Brat-, Röstkartoffeln *pl.*
hash·ish ['hæʃiːʃ] Haschisch *n*
hasp [hɑːsp] (Verschluss)Spange *f*
haste [heɪst] Eile *f*, Hast *f*; **has·ten** ['heɪsn] *j-n* antreiben; (sich be)eilen; *et.* beschleunigen; **'hast·y** (***-ier, -iest***) eilig, hastig, überstürzt; voreilig
hat [hæt] Hut *m*
hatch[1] [hætʃ] *a.* ***~ out*** ausbrüten; ausschlüpfen
hatch[2] [hætʃ] Luke *f*; Durchreiche *f* (*für Speisen*); **'~·back** *mot.* (Wagen *m* mit) Hecktür *f*
hatch·et ['hætʃɪt] Beil *n*; ***bury the ~*** das Kriegsbeil begraben
'hatch·way Luke *f*
hate [heɪt] **1.** Hass *m*; **2.** hassen; **'~·ful** verhasst; abscheulich; **ha·tred** ['heɪtrɪd] Hass *m*

haugh·ty ['hɔːtɪ] hochmütig, überheblich
haul [hɔːl] **1.** ziehen, zerren; schleppen; befördern, transportieren; **2.** Ziehen *n*; Fischzug *m*, *fig*. F *a*. Fang *m*; Beförderung *f*, Transport *m*; Transportweg *m*; **~·age** ['hɔːlɪdʒ] Beförderung *f*, Transport *m*; **~·er** *Am*. ['hɔːlə], **~·i·er** *Brt*. ['hɔːljə] Transportunternehmer *m*
haunch [hɔːntʃ] Hüfte *f*, Hüftpartie *f*, Hinterbacke *f*, Keule *f*
haunt [hɔːnt] **1.** spuken in (*dat*.); häufig besuchen; *fig*. verfolgen, quälen; **2.** häufig besuchter Ort; Schlupfwinkel *m*; '**~·ing** quälend; unvergesslich, eindringlich
have [hæv] (***had***) *v/t*. haben; erhalten, bekommen; essen, trinken (***~ breakfast*** frühstücken; ***~ a cup of tea*** e-n Tee trinken); *vor inf*.: müssen (***I ~ to go now*** ich muss jetzt gehen); *mit Objekt u. p.p.*: lassen (***I had my hair cut*** ich ließ mir die Haare schneiden); ***~ back*** zurückbekommen; ***~ on*** *Kleidungsstück* anhaben, *Hut* aufhaben; *v/aux*. haben; *bei v/i. oft* sein; ***I ~ come*** ich bin gekommen
ha·ven ['heɪvn] Hafen *m* (*mst fig*.)
hav·oc ['hævək] Verwüstung *f*, Zerstörung *f*; ***play ~ with*** verwüsten, zerstören; *fig*. verheerend wirken auf (*acc*.)
Ha·wai·i [hə'waiː] Hawaii *n*; **Ha·wai·i·an** [hə'waɪən] **1.** hawaiisch; **2.** Hawaiianer(in); *ling*. Hawaiisch *n*
hawk¹ *zo*. [hɔːk] Habicht *m*, Falke *m*
hawk² [hɔːk] hausieren mit; auf der Straße verkaufen; '**~·er** Hausierer(in); Straßenhändler(in); Drücker(in) (*Abonnementverkäufer für Zeitschriften etc*.)
haw·thorn *bot*. ['hɔːθɔːn] Weißdorn *m*
hay [heɪ] Heu *n*; '**~ fe·ver** Heuschnupfen *m*; '**~·loft** Heuboden *m*; '**~·rick,** '**~·stack** Heuschober *m*, -haufen *m*
haz·ard ['hæzəd] Gefahr *f*, Risiko *n*; '**~·ous** gewagt, gefährlich, riskant; **~·ous 'waste** Sonder- *od*. Giftmüll *m*
haze [heɪz] Dunst(schleier) *m*
ha·zel ['heɪzl] **1.** *bot*. Hasel(nuss)strauch *m*; **2.** (hasel)nussbraun; '**~·nut** Haselnuss *f*
haz·y ['heɪzɪ] (***-ier, -iest***) dunstig, diesig; *fig*. unklar, verschwommen
H-bomb ['eɪtʃbɒm] H-Bombe *f*, Wasserstoffbombe *f*

he [hiː] **1.** er; **2.** Er *m*; *zo*. Männchen *n*; ***~-goat*** Ziegenbock *m*
head [hed] **1.** Kopf *m*; (Ober)Haupt *n*; Chef *m*; (An)Führer(in), Leiter(in); Spitze *f*; Kopf(ende *n*) *m* (*e-s Bettes etc*.); Kopf *m* (*e-s Briefbogens*, *Nagels etc*.); Vorderseite *f* (*e-r Münze*); Überschrift *f*; ***20 pounds a ~ od. per ~*** zwanzig Pfund pro Kopf *od*. Person; ***40 ~ pl. (of cattle)*** 40 Stück *pl*. (Vieh); ***~s or tails?*** *Münze*: Kopf oder Zahl?; ***at the ~ of*** an der Spitze (*gen*.); ***~ over heels*** kopfüber; bis über beide Ohren (*verliebt sein*); ***bury one's ~ in the sand*** den Kopf in den Sand stecken; ***get it into one's ~ that ...*** es sich in den Kopf setzen, dass; ***lose one's ~*** den Kopf *od*. die Nerven verlieren; **2.** Ober..., Haupt..., Chef..., oberste(r, -s), erste(r, -s); **3.** *v/t*. anführen, an der Spitze stehen von (*od. gen*.); voran-, vorausgehen (*dat*.); (an)führen, leiten; *Fußball*: köpfen; *v/i*. (***for***) gehen, fahren (nach); lossteuern, -gehen (auf *acc*.); *naut*. Kurs halten (auf *acc*.); '**~·ache** Kopfweh *n*; '**~·band** Stirnband *n*; '**~·dress** Kopfschmuck *m*; '**~·er** Kopfsprung *m*; *Fußball*: Kopfball *m*; **~'first** kopfüber, mit dem Kopf voran; *fig*. ungestüm, stürmisch; '**~·gear** Kopfbedeckung *f*; '**~·ing** Überschrift *f*, Titel(zeile *f*) *m*; **~·land** ['hedlənd] Landspitze *f*, -zunge *f*; '**~·light** *mot*. Scheinwerfer *m*; '**~·line** Schlagzeile *f*; ***news ~s*** *pl*. *Rundfunk*, *TV*: *das* Wichtigste in Schlagzeilen; '**~·long** kopfüber; ungestüm; **~'mas·ter** *Schule*: Direktor *m*, Rektor *m*; **~'mis·tress** *Schule*: Direktorin *f*, Rektorin *f*; **~'on** frontal, Frontal...; ***~ collision*** Frontalzusammenstoß *m*; '**~·phones** *pl*. Kopfhörer *pl*.; '**~·quar·ters** *pl*. (*Abk*. ***HQ***) *mil*. Hauptquartier *n*; Zentrale *f*; '**~·rest** *Am*., '**~ re·straint** *Brt*. *mot*. Kopfstütze *f*; '**~·set** Kopfhörer *pl*.; **~ 'start** *Sport*: Vorgabe *f*, -sprung (*a*. *fig*.); '**~·strong** halsstarrig; **~ 'teach·er** → ***headmaster***; → ***headmistress***; → *Am*. ***principal***; '**~·wa·ters** *pl*. Quellgebiet *n*; '**~·way** *fig*. Fortschritt(e *pl*.) *m*; ***make ~*** (gut) vorankommen; '**~·word** Stichwort *n* (*in e-m Wörterbuch*); '**~·y** (***-ier, -iest***) zu Kopfe steigend, berauschend

heal [hi:l] heilen; ~ ***over***, ~ ***up*** (zu)heilen
health [helθ] Gesundheit *f*; '~ **cer·tif·i·cate** Gesundheitszeugnis *n*; '~ **club** Fitnessclub *m*, -center *n*; '~ **food** Reform-, Biokost *f*; '~ **food shop** *Brt.*, '~ **food store** *bsd. Am.* Reformhaus *n*, Bioladen *m*; '~**·ful** gesund; heilsam; '~ **in·su·rance** Krankenversicherung *f*; '~ **re·sort** Kurort *m*; '~ **ser·vice** Gesundheitsdienst *m*; '~**·y** (**-*ier***, **-*iest***) gesund
heap [hi:p] **1.** Haufe(n) *m*; **2.** *a.* ~ ***up*** aufhäufen, *fig. a.* anhäufen
hear [hɪə] (***heard***) hören; anhören, *j-m* zuhören; *Zeugen* vernehmen; *Lektion* abhören; ~**d** [hɜ:d] *pret. u. p.p. von* ***hear***; ~**·er** ['hɪərə] (Zu)Hörer(in); ~**·ing** ['hɪərɪŋ] Gehör *n*; Hören *n*; *jur.* Verhandlung *f*; *jur.* Vernehmung *f*; *bsd. pol.* Hearing *n*, Anhörung *f*; ***within*** (***out of***) ~ in (außer) Hörweite; '~**·ing aid** Hörgerät *n*; '~**·say** Gerede *n*; ***by*** ~ vom Hörensagen *n*
hearse [hɜ:s] Leichenwagen *m*
heart [hɑ:t] *anat.* Herz *n* (*a. fig.*); Kern *m*; *Kartenspiel*: Herz(karte *f*) *n*, *pl.* Herz *n* (*Farbe*); ***lose*** ~ den Mut verlieren; ***take*** ~ sich ein Herz fassen; ***take s.th. to*** ~ sich et. zu Herzen nehmen; ***with a heavy*** ~ schweren Herzens (*traurig*); '~**·ache** Kummer *m*; '~ **at·tack** *med.* Herzanfall *m*; *med.* Herzinfarkt *m*; '~**·beat** Herzschlag *m*; '~**·break** Leid *n*, großer Kummer; '~**·break·ing** herzzerreißend; '~**·brok·en** gebrochen, verzweifelt; '~**·burn** *med.* Sodbrennen *n*; ~**en** ['hɑ:tn] ermutigen; '~ **fail·ure** *med.* Herzversagen *n*; '~**·felt** innig, tief empfunden
hearth [hɑ:θ] Kamin *m*
'**heart**|**·less** herzlos; '~**·rend·ing** herzzerreißend; '~ **trans·plant** *med.* Herzverpflanzung *f*, -transplantation *f*; '~**·y** (**-*ier***, **-*iest***) herzlich; gesund; herzhaft
heat [hi:t] **1.** Hitze *f*; *phys.* Wärme *f*; Eifer *m*; *zo.* Läufigkeit *f*; *Sport*: (Einzel)Lauf *m*; ***preliminary*** ~ Vorlauf *m*; **2.** *v/t.* heizen; *a.* ~ ***up*** erhitzen, aufwärmen; *v/i.* sich erhitzen (*a. fig.*); '~**·ed** geheizt; heizbar (*Heckscheibe*, *Pool etc.*); erhitzt, *fig. a.* erregt; '~**·er** Heizgerät *n*, -körper *m*
heath [hi:θ] Heide(land *n*) *f*
hea·then ['hi:ðn] **1.** Heid|e *m*, -in *f*; **2.** heidnisch
heath·er *bot.* ['heðə] Heidekraut *n*; Erika *f*
'**heat**|**·ing** Heizung *f*; Heiz...; '~**·proof**, '~**·re·sis·tant**, '~**·re·sist·ing** hitzebeständig; '~ **shield** *Raumfahrt*: Hitzeschild *m*; '~**·stroke** *med.* Hitzschlag *m*; '~ **wave** Hitzewelle *f*
heave [hi:v] (***heaved***, *bsd. naut.* ***hove***) *v/t.* (hoch)stemmen, (-)hieven; *Anker* lichten; *Seufzer* ausstoßen; *v/i.* sich heben u. senken, wogen
heav·en ['hevn] Himmel *m*; '~**·ly** himmlisch
heav·y ['hevɪ] (**-*ier***, **-*iest***) schwer; stark (*Regen*, *Raucher*, *Trinker*, *Verkehr etc.*); hoch (*Geldstrafe*, *Steuern etc.*); schwer (verdaulich) (*Nahrung etc.*); drückend, lastend; Schwer...; ~ '**cur·rent** *electr.* Starkstrom *m*; ~-'**du·ty** *tech.* Hochleistungs...; strapazierfähig; ~-'**hand·ed** ungeschickt; '~**·weight** *Boxen*: Schwergewicht(ler *m*) *n*
He·brew ['hi:bru:] **1.** hebräisch; **2.** Hebräer(in); *ling.* Hebräisch *n*
heck·le ['hekl] *Redner* durch Zwischenrufe *od.* -fragen stören
hec·tic ['hektɪk] (~***ally***) hektisch
hedge [hedʒ] **1.** Hecke *f*; **2.** *v/t. a.* ~ ***in*** mit e-r Hecke einfassen; *v/i. fig.* ausweichen; '~**·hog** *zo.* Igel *m*; *Am.* Stachelschwein *n*; '~**·row** Hecke *f*
heed [hi:d] **1.** beachten, Beachtung schenken (*dat.*); **2.** ***give*** *od.* ***pay*** ~ ***to***, ***take*** ~ ***of*** → 1; '~**·less**: ***be*** ~ ***of*** nicht beachten, *Warnung etc.* in den Wind schlagen
heel [hi:l] **1.** *anat.* Ferse *f*; Absatz *m*; ***down at*** ~ mit schiefen Absätzen; *fig.* abgerissen; schlampig; **2.** Absätze machen auf (*acc.*)
hef·ty ['heftɪ] (**-*ier***, **-*iest***) kräftig, stämmig; mächtig (*Schlag etc.*), gewaltig; saftig (*Preise*, *Geldstrafe etc.*)
heif·er *zo.* ['hefə] Färse *f*, junge Kuh
height [haɪt] Höhe *f*; (Körper)Größe *f*; Anhöhe *f*; Höhe(punkt *m*) *f*; ~**·en** ['haɪtn] erhöhen; vergrößern
heir [eə] Erbe *m*; ~ ***to the throne*** Thronerbe *m*, -folger *m*; ~**·ess** ['eərɪs] Erbin *f*; ~**·loom** ['eəlu:m] Erbstück *n*
held [held] *pret. u. p.p. von* ***hold*** 1
hel·i|**·cop·ter** *aviat.* ['helɪkɒptə] Hub-

H

schrauber *m*, Helikopter *m*; '**~·port** *aviat.* Hubschrauberlandeplatz *m*

hell [hel] **1.** Hölle *f*; Höllen...; ***what the ~ ...?*** F was zum Teufel ...?; ***raise ~*** F e-n Mordskrach schlagen; **2.** *int.* F verdammt!, verflucht!; **~'bent** ganz versessen, wie wild (***for, on*** auf *acc.*); '**~·ish** höllisch

hel·lo *int.* [hə'ləʊ] hallo!

helm *naut.* [helm] Ruder *n*, Steuer *n*; ⚠ *nicht* ***Helm***

hel·met ['helmɪt] Helm *m*

helms·man *naut.* ['helmzmən] (*pl.* ***-men***) Steuermann *m*

help [help] **1.** Hilfe *f*; Hausangestellte *f*; ***a call*** *od.* ***cry for ~*** ein Hilferuf, ein Hilfeschrei; **2.** helfen; ***~ o.s.*** sich bedienen, zulangen; ***I cannot ~ it*** ich kann es nicht ändern; ***I could not ~ laughing*** ich musste einfach lachen; '**~·er** Helfer(in); '**~·ful** hilfreich; nützlich; '**~·ing** Portion *f* (*Essen*); '**~·less** hilflos; '**~·less·ness** Hilflosigkeit *f*; '**~ men·u** *Computer*: Hilfemenü *n*

hel·ter-skel·ter [heltə'skeltə] **1.** *adv.* holterdiepolter, Hals über Kopf; **2.** *adj.* hastig, überstürzt; **3.** *Brt.* Rutschbahn *f*

helve [helv] Stiel *m*, Griff *m* (*e-r Axt etc.*)

Hel·ve·tian [hel'viːʃjən] Schweizer...

hem [hem] **1.** Saum *m*; **2.** (***-mm-***) säumen; ***~ in*** einschließen

hem·i·sphere *geogr.* ['hemɪsfɪə] Halbkugel *f*, Hemisphäre *f*

'**hem·line** Saum *m*

hem·lock *bot.* ['hemlɒk] Schierling *m*

hemp *bot.* [hemp] Hanf *m*

'**hem·stitch** Hohlsaum *m*

hen [hen] *zo.* Henne *f*, Huhn *n*; Weibchen *n* (*von Vögeln*)

hence [hens] daher; ***a week ~*** in e-r Woche; **~'forth, ~'for·ward** von nun an

'**hen| house** Hühnerstall *m*; '**~-pecked hus·band** Pantoffelheld *m*

her [hɜː, hə] sie; ihr; ihr(e); sich

her·ald ['herəld] **1.** *hist.* Herold *m*; **2.** ankündigen; **~·ry** ['herəldrɪ] Wappenkunde *f*, Heraldik *f*

herb [hɜːb] *bot.* Kraut *n*; Heilkraut *n*; **her·ba·ceous** *bot.* [hɜː'beɪʃəs] krautartig; ***~ plant*** Staudengewächs *n*; **herb·al** ['hɜːbəl] Kräuter..., Pflanzen...

her·bi·vore *zo.* ['hɜːbɪvɔː] Pflanzenfresser *m*

herd [hɜːd] **1.** Herde *f* (*a. fig.*), (*wild lebender Tiere a.*) Rudel *n*; **2.** *v/t.* *Vieh* hüten; *v/i. a.* ***~ together*** in e-r Herde leben; sich zusammendrängen; **~s·man** ['hɜːdzmən] (*pl.* ***-men***) Hirt *m*

here [hɪə] hier; hierher; ***~ you are*** hier(, bitte) (*da hast du es*); ***~'s to you!*** auf dein Wohl!

here|·a·bout(s) ['hɪərəbaʊt(s)] hier herum, in dieser Gegend; **~·af·ter** [hɪər'ɑːftə] **1.** künftig; **2.** *das* Jenseits; **~'by** hiermit

he·red·i|·ta·ry [hɪ'redɪtərɪ] erblich, Erb...; **~·ty** [hɪ'redɪtɪ] Erblichkeit *f*; ererbte Anlagen *pl.*, Erbmasse *f*

here|·in [hɪər'ɪn] hierin; **~·of** [hɪər'ɒv] hiervon

her·e|·sy ['herəsɪ] Ketzerei *f*; **~·tic** ['herətɪk] Ketzer(in)

here|·up·on [hɪərə'pɒn] hierauf, darauf(hin); **~'with** hiermit

her·i·tage ['herɪtɪdʒ] Erbe *n*

her·mit ['hɜːmɪt] Einsiedler *m*

he·ro ['hɪərəʊ] (*pl.* ***-roes***) Held *m*; **~·ic** [hɪ'rəʊɪk] (***~ally***) heroisch, heldenhaft, Helden...

her·o·in ['herəʊɪn] Heroin *n*

her·o|·ine ['herəʊɪn] Heldin *f*; **~·is·m** ['herəʊɪzəm] Heldentum *n*

her·on *zo.* ['herən] (*pl.* ***-ons, -on***) Reiher *m*

her·ring *zo.* ['herɪŋ] (***-rings, -ring***) Hering *m*

hers [hɜːz] ihrs, ihre(r, -s)

her·self [hɜː'self] sie selbst, ihr selbst; sich (selbst); ***by ~*** von selbst, allein, ohne Hilfe

hes·i|·tant ['hezɪtənt] zögernd, zaudernd, unschlüssig; **~·tate** ['hezɪteɪt] zögern, zaudern, unschlüssig sein, Bedenken haben; **~·ta·tion** [hezɪ'teɪʃn] Zögern *n*, Zaudern *n*, Unschlüssigkeit *f*; ***without ~*** ohne zu zögern, bedenkenlos

hew [hjuː] (***hewed, hewed*** *od.* ***hewn***) hauen, hacken; ***~ down*** fällen, umhauen; **~n** [hjuːn] *p.p. von* ***hew***

hey *int.* F [heɪ] he!, heda!

hey·day ['heɪdeɪ] Höhepunkt *m*, Gipfel *m*; Blüte(zeit) *f*

hi *int.* F [haɪ] hallo!

hi·ber·nate *zo.* ['haɪbəneɪt] Winterschlaf halten

hic|·cup, ~·cough ['hɪkʌp] **1.** Schluckauf *m*; **2.** den Schluckauf haben
hid [hɪd] *pret. von* **hide²**; **~·den** ['hɪdn] *p.p. von* **hide²**
hide¹ [haɪd] (***hid, hidden***) (sich) verbergen, -stecken; verheimlichen
hide² [haɪd] Haut *f*, Fell *n*
hide|-and-seek [haɪdn'si:k] Versteckspiel *n*; **'~·a·way** F Versteck *n*
hid·e·ous ['hɪdɪəs] abscheulich
'hide·out Versteck *n*
hid·ing¹ F ['haɪdɪŋ] Tracht *f* Prügel
hid·ing² ['haɪdɪŋ]: ***be in*** ~ sich versteckt halten; ***go into*** ~ untertauchen; **'~ place** Versteck *n*
hi-fi ['haɪfaɪ] Hi-Fi(-Gerät *n*, -Anlage *f*) *n*
high [haɪ] **1.** hoch; groß (*Hoffnungen etc.*); angegangen (*Fleisch*); F blau (*betrunken*); F high (*durch Drogen*); ***be in ~ spirits*** in Hochstimmung sein; ausgelassen *od.* übermütig sein; **2.** *meteor.* Hoch *n*; Höchststand *m*; *Am.* F High School *f*; **'~·brow** F **1.** Intellektuelle(r *m*) *f*; **2.** (betont) intellektuell; **~-'cal·o·rie** kalorienreich; **~-'class** erstklassig; **~·er ed·u'ca·tion** Hochschulausbildung *f*; **~ fi'del·i·ty** High Fidelity *f*; **~-'grade** hochwertig; erstklassig; **~-'hand·ed** anmaßend, eigenmächtig; **~-'heeled** hochhackig (*Schuhe*); **'~ jump** *Sport*: Hochsprung *m*; **'~ jump·er** *Sport*: Hochspringer(in); **~·land** ['haɪlənd] Hochland *n*; **'~·light** **1.** Höhe-, Glanzpunkt *m*; **2.** hervorheben; **'~·ly** *fig.* hoch; ***think ~ of*** viel halten von; **~·ly-'strung** reizbar, nervös; **'~·ness** *mst fig.* Höhe *f*; ♀ Hoheit *f* (*Titel*); **~-'pitched** schrill (*Ton*); steil (*Dach*); **~-'pow·ered** *tech.* Hochleistungs...; *fig.* dynamisch; **~-'pres·sure** *meteor., tech.* Hochdruck...; **'~ rise** Hochhaus *n*; **'~ road** *bsd. Brt.* Hauptstraße *f*; **'~ school** *Am.* High School *f*; **~ 'sea·son** Hochsaison *f*; **~ so'ci·e·ty** High Society *f*; **'~ street** *Brt.* Hauptstraße *f*; **~-'strung** → ***highly-strung***; **~ 'tea** *Brt.* frühes Abendessen; **~ tech** [haɪ 'tek] *a.* ***hi-tech*** → **~ tech'nol·o·gy** Hochtechnologie *f*; **~-'ten·sion** *electr.* Hochspannungs...; **~ 'tide** Flut *f*; **~ 'time:** ***it is ~*** es ist höchste Zeit; **~ 'wa·ter** Hochwasser *n*; **'~·way** *bsd. Am.* Highway *m*, Haupt(verkehrs)straße *f*; **♀·way 'Code** *Brt.* Straßenverkehrsordnung *f*
hi·jack ['haɪdʒæk] **1.** *Flugzeug* entführen; *j-n, Geldtransport etc.* überfallen; **2.** (Flugzeug)Entführung *f*; Überfall *m*; **'~·er** (Flugzeug)Entführer(in); Räuber *m*
hike [haɪk] **1.** wandern; **2.** Wanderung *f*; **'hik·er** Wanderer *m*, Wanderin *f*; **'hik·ing** Wandern *n*
hi·lar·i|·ous [hɪ'leərɪəs] ausgelassen; **~·ty** [hɪ'lærətɪ] Ausgelassenheit *f*
hill [hɪl] Hügel *m*, Anhöhe *f*; **~·bil·ly** *Am.* ['hɪlbɪlɪ] Hinterwäldler *m*; ***~ music*** Hillbilly-Musik *f*; **~·ock** ['hɪlək] kleiner Hügel; **'~·side** (Ab)Hang *m*; **'~·top** Hügelspitze *f*; **'~·y** (***-ier, -iest***) hügelig
hilt [hɪlt] Heft *n*, Griff *m*
him [hɪm] ihn; ihm; F er; sich; **~'self** er *od.* ihm *od.* ihn selbst; sich; sich (selbst); ***by ~*** von selbst, allein, ohne Hilfe
hind¹ *zo.* [haɪnd] (*pl.* ***hinds, hind***) Hirschkuh *f*
hind² [haɪnd] Hinter...
hin·der ['hɪndə] hindern (***from*** an *dat.*); hemmen
hind·most ['haɪndməʊst] hinterste(r, -s), letzte(r, -s)
hin·drance ['hɪndrəns] Hindernis *n*
Hin·du [hɪn'du:] Hindu *m*; **~·is·m** ['hɪndu:ɪzəm] Hinduismus *m*
hinge [hɪndʒ] **1.** (Tür)Angel *f*, Scharnier *n*; **2.** ~ ***on*** *fig.* abhängen von
hint [hɪnt] **1.** Wink *m*, Andeutung *f*; Tipp *m*; Anspielung *f*; ***take a ~*** e-n Wink verstehen; **2.** andeuten; anspielen (***at*** auf *acc.*)
hip¹ *anat.* [hɪp] Hüfte *f*
hip² *bot.* [hɪp] Hagebutte *f*
hip·po *zo.* F ['hɪpəʊ] (*pl.* ***-pos***) → **~·pot·a·mus** *zo.* [hɪpə'pɒtəməs] (*pl.* ***-muses, -mi*** [-maɪ]) Fluss-, Nilpferd *n*
hire ['haɪə] **1.** *Brt. Auto etc.* mieten, *Flugzeug etc.* chartern; *j-n* anstellen; *j-n* engagieren, anheuern; ***~ out*** *Brt.* vermieten; **2.** Miete *f*; Lohn *m*; ***for ~*** zu vermieten; frei (*Taxi*); **~ 'car** Leih-, Mietwagen *m*; **~ 'pur·chase:** ***on ~*** *Brt. econ.* auf Abzahlung *od.* Raten
his [hɪz] sein(e); seins, seine(r, -s)
hiss [hɪs] **1.** zischen; fauchen (*Katze*); auszischen; **2.** Zischen *n*; Fauchen *n*
his|·to·ri·an [hɪ'stɔ:rɪən] Historiker(in); **~·tor·ic** [hɪ'stɒrɪk] (***~ally***) historisch,

geschichtlich (bedeutsam); **~·tor·i·cal** historisch, geschichtlich (belegt *od.* überliefert); Geschichts...; ~ ***novel*** historischer Roman; **~·to·ry** ['hɪstərɪ] Geschichte *f*; ~ ***of civilization*** Kulturgeschichte *f*; ***contemporary*** ~ Zeitgeschichte *f*

hit [hɪt] **1.** (**-tt-**; ***hit***) schlagen; treffen (*a. fig.*); *mot. etc. j-n, et.* anfahren, *et.* rammen; ~ ***it off with*** sich gut vertragen mit *j-m*; ~ ***on*** (zufällig) auf *et.* stoßen, *et.* finden; **2.** Schlag *m*; *fig.* (Seiten)Hieb *m*; (Glücks)Treffer *m*; Hit *m* (*Buch, Schlager etc.*); **~-and-'run:** ~ ***driver*** (unfall)flüchtiger Fahrer; ~ ***offence*** (*Am.* ***offense***) Fahrerflucht *f*

hitch [hɪtʃ] **1.** befestigen, festmachen, -haken, anbinden, ankoppeln (***to*** an *acc.*); ~ ***up*** hochziehen; ~ ***a ride*** *od.* ***lift*** im Auto mitgenommen werden; F → ***hitchhike***; **2.** Ruck *m*, Zug *m*; Schwierigkeit *f*, Haken *m*; ***without a*** ~ glatt, reibungslos; **'~·hike** per Anhalter fahren, trampen; **'~·hik·er** Anhalter(in), Tramper(in)

hi-tech [haɪ'tek] → ***high tech***

HIV [eɪtʃ aɪ 'viː]: ~ ***carrier*** HIV-Positive(r *m*) *f*; ~ ***negative*** (***positive***) HIV-negativ (-positiv)

hive [haɪv] Bienenstock *m*; Bienenschwarm *m*

HM [eɪtʃ 'em] *Abk. für* ***His/Her Majesty*** Seine/Ihre Majestät

HMS ['eɪtʃ em es] *Abk. für* ***His/Her Majesty's Ship*** Seiner/Ihrer Majestät Schiff

hoard [hɔːd] **1.** Vorrat *m*, Schatz *m*; **2.** *a.* ~ ***up*** horten, hamstern

hoard·ing ['hɔːdɪŋ] Bauzaun *m*; *Brt.* Reklametafel *f*

hoar·frost ['hɔːfrɒst] (Rau)Reif *m*

hoarse [hɔːs] (**~r, ~st**) heiser, rauh

hoax [həʊks] **1.** Falschmeldung *f*; (übler) Scherz; **2.** *j-n* hereinlegen

hob·ble ['hɒbl] humpeln, hinken

hob·by ['hɒbɪ] Hobby *n*, Steckenpferd *n*; **'~·horse** Steckenpferd *n* (*a. fig.*)

hob·gob·lin ['hɒbgɒblɪn] Kobold *m*

ho·bo *Am.* F ['həʊbəʊ] (*pl.* **-boes, -bos**) Landstreicher *m*, Tippelbruder *m*

hock[1] [hɒk] weißer Rheinwein

hock[2] [hɒk] Sprunggelenk *n* (*Pferd etc.*)

hock·ey ['hɒkɪ] *Sport*: *bsd. Brt.* Hockey *n*; *bsd. Am.* Eishockey *n*

hoe *agr.* [həʊ] **1.** Hacke *f*; **2.** hacken

hog [hɒg] (Haus-, Schlacht)Schwein *n*

hoist [hɔɪst] **1.** hochziehen; hissen; **2.** (Lasten)Aufzug *m*, Winde *f*

hold [həʊld] **1.** (***held***) halten; (fest)halten; *Gewicht etc.* tragen, (aus)halten; zurück-, abhalten (***from*** von); *Wahlen, Versammlung etc.* abhalten; *Stellung* halten; *Sport*: *Meisterschaft etc.* austragen; *Aktien, Rechte etc.* besitzen; *Amt* bekleiden; *Platz* einnehmen; *Rekord* halten; fassen, enthalten; Platz bieten für; der Ansicht sein (***that*** dass); halten für; fesseln, in Spannung halten; (aus)halten; (sich) festhalten; anhalten, andauern (*Wetter, Glück etc.*); ~ ***one's ground***, ~ ***one's own*** sich behaupten; ~ ***the line*** *tel.* am Apparat bleiben; ~ ***responsible*** verantwortlich machen; ~ ***still*** stillhalten; ~ ***s.th. against s.o.*** j-m et. vorhalten *od.* vorwerfen; j-m et. übel nehmen *od.* nachtragen; ~ ***back*** (sich) zurückhalten; *fig.* zurückhalten mit; ~ ***on*** (sich) festhalten (***to*** an *dat.*); aus-, durchhalten; andauern; *tel.* am Apparat bleiben; ~ ***out*** aus-, durchhalten; reichen (*Vorräte etc.*); ~ ***up*** hochheben; hochhalten; hinstellen (***as*** als *Beispiel etc.*); aufhalten, verzögern; *j-n, Bank etc.* überfallen; **2.** Griff *m*, Halt *m*; Stütze *f*; Gewalt *f*, Macht *f*, Einfluss *m*; *naut.* Lade-, Frachtraum *m*; ***catch*** (***get, take***) ~ ***of s.th.*** et. ergreifen *od.* zu fassen bekommen; **'~·er** Halter *m* (*Gerät*); Inhaber(in) (*bsd. econ.*); **'~·ing** Besitz *m* (*an Effekten etc.*); **'~ com·pa·ny** *econ.* Holding-, Dachgesellschaft *f*; **'~·up** (Verkehrs)Stockung *f*; (bewaffneter) (Raub)Überfall

hole [həʊl] **1.** Loch *n*; Höhle *f*, Bau *m*; *fig.* F Klemme *f*; **2.** durchlöchern

hol·i·day ['hɒlədɪ] Feiertag *m*; freier Tag; *bsd. Brt. mst* **~s** *pl.* Ferien *pl.*, Urlaub *m*; ***be on*** ~ im Urlaub sein, Urlaub machen; **'~ home** Ferienhaus *n*, -wohnung *f*; **'~·mak·er** Urlauber(in)

hol·i·ness ['həʊlɪnɪs] Heiligkeit *f*; ***His*** ♀ Seine Heiligkeit (*der Papst*)

hol·ler *Am.* F ['hɒlə] schreien

hol·low ['hɒləʊ] **1.** hohl; **2.** Hohlraum *m*, (Aus)Höhlung *f*; Mulde *f*, Vertiefung *f*; **3.** ~ ***out*** aushöhlen

hol·ly *bot.* ['hɒlɪ] Stechpalme *f*

hol·o·caust ['hɒləkɔːst] Massenvernichtung *f*, -sterben *n*, (*bsd.* Brand)Katastrophe *f*; ***the*** 2 *hist.* der Holocaust
hol·ster ['həʊlstə] (Pistolen)Halfter *m*, *n*
ho·ly ['həʊlɪ] (***-ier, -iest***) heilig; ~ **'wa·ter** Weihwasser *n*; '2 **Week** Karwoche *f*
home [həʊm] **1.** Heim *n*; Haus *n*; Wohnung *f*; Zuhause *n*; Heimat *f*; ***at*** ~ zu Hause, *östr.*, *Schweiz*: *a.* zuhause; ***make oneself at*** ~ es sich bequem machen; ***at*** ~ ***and abroad*** im In- u. Ausland; **2.** *adj.* häuslich, Heim...; inländisch, Inlands...; Heimat...; *Sport*: Heim...; **3.** *adv.* heim, nach Hause, *östr.*, *Schweiz*: *a.* nachhause; zu Hause, *östr.*, *Schweiz*: *a.* zuhause, daheim; *fig.* ins Ziel *od.* Schwarze; ***strike*** ~ sitzen, treffen; ~ **ad'dress** Privatanschrift *f*; ~ **'com·put·er** Heimcomputer *m*; '~·**less** heimatlos; obdachlos; '~·**ly** (***-ier, -iest***) einfach; *Am.* unscheinbar, reizlos; ~'**made** selbst gemacht, Hausmacher...; ~ **'mar·ket** Binnenmarkt *m*; '2 **Of·fice** *Brt. pol.* Innenministerium *n*; 2 **'Sec·re·ta·ry** *Brt. pol.* Innenminister *m*; '~·**sick**: ***be*** ~ Heimweh haben; '~·**sick·ness** Heimweh *n*; ~ **'team** *Sport*: Gastgeber *pl.*; ~·**ward** ['həʊmwəd] *adj.* Heim..., Rück...; '~·**ward(s)** *adv.* heimwärts, nach Hause, *östr.*, *Schweiz*: *a.* nachhause; '~·**work** Hausaufgabe(n *pl.*) *f*; ***do one's*** ~ s-e Hausaufgaben machen (*a. fig.*)
hom·i·cide *jur.* ['hɒmɪsaɪd] Mord *m*; Totschlag *m*; Mörder(in); '~ **squad** Mordkommission *f*
ho·mo·ge·ne·ous [hɒmə'dʒiːnjəs] homogen, gleichartig
ho·mo·sex·u·al [hɒməʊ'sekʃʊəl] **1.** homosexuell; **2.** Homosexuelle(r *m*) *f*
hone *tech.* [həʊn] fein schleifen
hon|·est ['ɒnɪst] ehrlich, rechtschaffen; aufrichtig; '~·**es·ty** Ehrlichkeit *f*, Rechtschaffenheit *f*; Aufrichtigkeit *f*
hon·ey ['hʌnɪ] Honig *m*; *Am.* Liebling *m*, Schatz *m*; ~·**comb** ['hʌnɪkəʊm] (Honig)Wabe *f*; ~**ed** ['hʌnɪd] honigsüß; '~·**moon 1.** Flitterwochen *pl.*, Hochzeitsreise *f*; **2.** ***be*** ~***ing*** auf Hochzeitsreise sein
honk *mot.* [hɒŋk] hupen
hon·ky-tonk *Am.* ['hɒŋkɪtɒŋk] Spelunke *f*
hon·or·ar·y ['ɒnərərɪ] Ehren...; ehrenamtlich
hon·o(u)r ['ɒnə] **1.** Ehre *f*; Ehrung *f*, Ehre(n *pl.*) *f*; ~***s*** *pl.* besondere Auszeichnung(en *pl.*); ***Your*** 2 Euer Ehren; **2.** ehren; auszeichnen; *econ.* Scheck *etc.* honorieren, einlösen; ~·**a·ble** ['ɒnərəbl] ehrenvoll, -haft; ehrenwert
hood [hʊd] Kapuze *f*; *mot.* Verdeck *n*; *Am.* (Motor)Haube *f*; *tech.* (Schutz-) Haube *f*
hood·lum *sl.* ['huːdləm] Rowdy *m*; Ganove *m*
hood·wink ['hʊdwɪŋk] hinters Licht führen
hoof [huːf] (*pl.* ***hoofs*** [huːfs], ***hooves*** [huːvz]) Huf *m*
hook [hʊk] **1.** Haken *m*; Angelhaken *m*; ***by*** ~ ***or by crook*** F mit allen Mitteln; **2.** an-, ein-, fest-, zuhaken; angeln (*a. fig.*); ~**ed** [hʊkt] krumm, Haken...; F süchtig (***on*** nach) (*a. fig.*); ~ ***on heroin*** (***television***) heroin- (fernseh)süchtig; '~·**y**: ***play*** ~ *bsd. Am.* F (die Schule) schwänzen
hoo·li·gan ['huːlɪgən] Rowdy *m*; ~·**is·m** ['huːlɪgənɪzəm] Rowdytum *n*
hoop [huːp] Reif(en) *m*
hoot [huːt] **1.** Schrei *m* (*der Eule*); *mot.* Hupen *n*; *höhnischer*, *johlender* Schrei; **2.** *v/i.* heulen; johlen; *mot.* hupen; *v/t.* auspfeifen, -zischen
Hoo·ver® ['huːvə] **1.** Staubsauger *m*; **2.** *mst* 2 (staub)saugen
hooves [huːvz] *pl. von* ***hoof***
hop¹ [hɒp] **1.** (***-pp-***) hüpfen, hopsen; hüpfen über (*acc.*); ***be*** ~***ping mad*** F e-e Stinkwut haben; **2.** Sprung *m*
hop² *bot.* [hɒp] Hopfen *m*
hope [həʊp] **1.** Hoffnung *f* (***of*** auf *acc.*); **2.** hoffen (***for*** auf *acc.*); ~ ***for the best*** das Beste hoffen; ***I*** ~ ***so, let's*** ~ ***so*** *in Antworten*: hoffentlich; '~·**ful**: ***be*** ~ ***that*** hoffen, dass; '~·**ful·ly** hoffnungsvoll; hoffentlich; '~·**less** hoffnungslos; verzweifelt
hop·scotch ['hɒpskɒtʃ] Himmel u. Hölle (*Kinderspiel*)
ho·ri·zon [hə'raɪzn] Horizont *m*
hor·i·zon·tal [hɒrɪ'zɒntl] horizontal, waag(e)recht
hor·mone *biol.* ['hɔːməʊn] Hormon *n*

H

horn [hɔːn] Horn *n*; *mot.* Hupe *f*; **~s** *pl.* Geweih *n*
hor·net *zo.* ['hɔːnɪt] Hornisse *f*
horn·y ['hɔːnɪ] (**-ier, -iest**) schwielig; V geil (*Mann*)
hor·o·scope ['hɒrəskəʊp] Horoskop *n*
hor|·ri·ble ['hɒrəbl] schrecklich, furchtbar, scheußlich; **~·rid** *bsd. Brt.* ['hɒrɪd] grässlich, abscheulich; schrecklich; **~·rif·ic** [hɒ'rɪfɪk] (**~ally**) schrecklich, entsetzlich; **~·ri·fy** ['hɒrɪfaɪ] entsetzen; **~·ror** ['hɒrə] Entsetzen *n*; Abscheu *m*, Horror *m*; F Greuel *m*
horse [hɔːs] *zo.* Pferd *n*; Bock *m*, Gestell *n*; ***wild ~s couldn't drag me there*** keine zehn Pferde bringen mich dort hin; **'~·back: *on* ~** zu Pferde, beritten; **~ 'chest·nut** *bot.* Rosskastanie *f*; **'~·hair** Rosshaar *n*; **'~·man** (*pl.* **-men**) (geübter) Reiter; **'~·pow·er** *phys.* Pferdestärke *f*; **'~ race** Pferderennen *n* (*einzelnes Rennen*); **'~ rac·ing** Pferderennen *n od. pl.*; **'~·rad·ish** Meerrettich *m*; **'~·shoe** Hufeisen *n*; **'~·wom·an** (*pl.* **-women**) (geübte) Reiterin
hor·ti·cul·ture ['hɔːtɪkʌltʃə] Gartenbau *m*
hose¹ [həʊz] Schlauch *m*
hose² [həʊz] *pl.* Strümpfe *pl.*, Strumpfwaren *pl.*; ⚠ *nicht* ***Hose***
ho·sier·y ['həʊzjərɪ] Strumpfwaren *pl.*
hos·pice ['hɒspɪs] Sterbeklinik *f*
hos·pi·ta·ble ['hɒspɪtəbl] gastfreundlich
hos·pi·tal ['hɒspɪtl] Krankenhaus *n*, Klinik *f*; ***in*** (*Am.* ***in the***) **~** im Krankenhaus
hos·pi·tal·i·ty [hɒspɪ'tælətɪ] Gastfreundschaft *f*
hos·pi·tal·ize ['hɒspɪtəlaɪz] ins Krankenhaus einliefern *od.* einweisen
host¹ [həʊst] **1.** Gastgeber *m*; *biol.* Wirt *m* (*Tier od. Pflanze*); *Rundfunk*, *TV*: Talkmaster *m*, Showmaster *m*, Moderator(in); ***your ~ was ...*** durch die Sendung führte Sie ...; **2.** *Rundfunk*, *TV*: F *Sendung* moderieren
host² [həʊst] Menge *f*, Masse *f*
host³ *rel.* [həʊst] *oft* ♀ Hostie *f*
hos·tage ['hɒstɪdʒ] Geisel *m,f*; ***take s.o. ~*** j-n als Geisel nehmen
hos·tel ['hɒstl] *bsd. Brt.* (*Studenten- etc.*)(Wohn)Heim *n*; *mst* ***youth ~*** Jugendherberge *f*
host·ess ['həʊstɪs] Gastgeberin *f*; Hostess *f* (*Betreuerin*; *a. aviat.*); *aviat.* Stewardess *f*
hos|·tile ['hɒstaɪl] feindlich; feindselig (***to*** gegen); **~ *to foreigners*** ausländerfeindlich; **~·til·i·ty** [hɒ'stɪlətɪ] Feindseligkeit *f* (***to*** gegen); **~ *to foreigners*** Ausländerfeindlichkeit *f*
hot [hɒt] (**-tt-**) heiß; scharf (*Gewürze*); beißend; warm, heiß (*Speisen*); hitzig, heftig; ganz neu *od.* frisch (*Nachrichten etc.*); F heiß (*gestohlen*); **'~·bed** Mistbeet *n*; *fig.* Brutstätte *f*
hotch·potch ['hɒtʃpɒtʃ] Mischmasch *m*
hot 'dog Hot Dog *n*, *m*
ho·tel [həʊ'tel] Hotel *n*
'hot|·head Hitzkopf *m*; **'~·house** Treib-, Gewächshaus *n*; **'~ line** *pol.* heißer Draht; *tel.* Hotline *f*; **'~ spot** *bsd. pol.* Unruhe-, Krisenherd *m*; **~-'wa·ter bot·tle** Wärmflasche *f*
hound *zo.* [haʊnd] Jagdhund *m*
hour ['aʊə] Stunde *f*; **~s** *pl.* (*Arbeits*)Zeit *f*, (*Geschäfts*)Stunden *pl.*; **'~·ly** stündlich
house 1. [haʊs] Haus *n*; **2.** [haʊz] unterbringen; **'~·bound** *fig.* ans Haus gefesselt; **'~·break·ing** Einbruch *m*; **'~·hold** Haushalt *m*; Haushalts...; **'~ hus·band** Hausmann *m*; **'~·keep·er** Haushälterin *f*; **'~·keep·ing** Haushaltung *f*, Haushaltsführung *f*; **'~·maid** Hausangestellte *f*, -mädchen *n*; **'~·man** (*pl.* **-men**) *Brt.* Assistenzarzt *m*, -ärztin *f*; ⚠ *nicht* ***Hausmann***; **'~·warm·ing (par·ty)** Einzugsparty *f*; **'~·wife** (*pl.* **-wives**) Hausfrau *f*; **'~·work** Hausarbeit *f*; ⚠ *nicht* ***Hausaufgabe(n)***
hous·ing ['haʊzɪŋ] Wohnung *f*; **'~ de·vel·op·ment** *Am.*, **'~ es·tate** *Brt.* Wohnsiedlung *f*
hove [həʊv] *pret. u. p.p. von* ***heave*** 2
hov·er ['hɒvə] schweben; herumlungern; *fig.* schwanken; **'~·craft** (*pl.* **-craft[s]**) Hovercraft *n*, Luftkissenfahrzeug *n*
how [haʊ] wie; **~ *are you?*** wie geht es dir?; **~ *about ...?*** wie steht's mit ...?, wie wäre es mit ...?; **~ *do you do?*** *bei der Vorstellung*: guten Tag!; **~ *much?*** wieviel?; **~ *many*** wie viele?
how·ev·er [haʊ'evə] **1.** *adv.* wie auch (immer); **2.** *cj.* jedoch

H

howl [haʊl] **1.** heulen; brüllen, schreien; **2.** Heulen *n*; '**~·er** F grober Schnitzer
HP [eɪtʃ 'piː] *Abk. für* ***horsepower*** PS, Pferdestärke *f*; *Abk. für* ***hire purchase*** *Brt.* Ratenkauf *m*
HQ [eɪtʃ 'kjuː] *Abk. für* ***headquarters*** Hauptquartier *n*
hr (*pl.* ***hrs***) *nur geschr. Abk. für* ***hour*** Std., Stunde *f*
HRH [eɪtʃ ɑː(r) 'eɪtʃ] *Abk. für* ***His/Her Royal Highness*** Seine/Ihre Königliche Hoheit
hub [hʌb] (Rad)Nabe *f*; *fig.* Mittel-, Angelpunkt *m*
hub·bub ['hʌbʌb] Stimmengewirr *n*; Tumult *m*
hub·by F ['hʌbɪ] (Ehe)Mann *m*
huck·le·ber·ry *bot.* ['hʌklberɪ] amerikanische Heidelbeere
huck·ster ['hʌkstə] Hausierer(in)
hud·dle ['hʌdl]: ~ ***together*** (sich) zusammendrängen; ***~d up*** zusammengekauert
hue[1] [hjuː] Farbe *f*; (Farb)Ton *m*
hue[2] [hjuː]: ~ ***and cry*** *fig.* großes Geschrei, heftiger Protest
huff [hʌf]: ***in a*** ~ verärgert, -stimmt
hug [hʌg] **1.** (***-gg-***) (sich) umarmen; an sich drücken; **2.** Umarmung *f*
huge [hjuːdʒ] riesig, riesengroß
hulk [hʌlk] Koloss *m*; ungeschlachter Kerl *od.* Riese; sperriges Ding
hull [hʌl] **1.** *bot.* Schale *f*, Hülse *f*; *naut.* Rumpf *m*; **2.** enthülsen, schälen
hul·la·ba·loo ['hʌləbə'luː] (*pl.* ***-loos***) Lärm *m*, Getöse *n*
hul·lo *int.* [hə'ləʊ] hallo!
hum [hʌm] (***-mm-***) summen; brummen
hu·man ['hjuːmən] **1.** menschlich, Menschen...; ⚠ *nicht* ***human***; **2.** *a.* ~ ***being*** Mensch *m*; **~e** [hjuː'meɪn] human, menschlich; **~·i·tar·i·an** [hjuːmænɪ'teərɪən] humanitär, menschenfreundlich; **~·i·ty** [hjuː'mænətɪ] die Menschheit, die Menschen *pl.*; Humanität *f*, Menschlichkeit *f*; ***humanities*** *pl.* Geisteswissenschaften *pl.*; Altphilologie *f*; '**~·ly:** ~ ***possible*** menschenmöglich; ~ '**rights** *pl.* Menschenrechte *pl.*
hum·ble ['hʌmbl] **1.** (***~r, ~st***) demütig; bescheiden; **2.** demütigen; '**~·ness** Demut *f*
hum·drum ['hʌmdrʌm] eintönig, langweilig
hu·mid ['hjuːmɪd] feucht, nass; **~·i·ty** [hjuː'mɪdətɪ] Feuchtigkeit *f*
hu·mil·i|·ate [hjuː'mɪlɪeɪt] demütigen, erniedrigen; **~·a·tion** [hjuːmɪlɪ'eɪʃn] Demütigung *f*, Erniedrigung *f*; **~·ty** [hjuː'mɪlətɪ] Demut *f*
hum·ming·bird *zo.* ['hʌmɪŋbɜːd] Kolibri *m*
hu·mor·ous ['hjuːmərəs] humorvoll, komisch
hu·mo(u)r ['hjuːmə] **1.** Humor *m*; Komik *f*; **2.** *j-m* s-n Willen lassen; eingehen auf (*acc.*)
hump [hʌmp] Höcker *m* (*e-s Kamels*), Buckel *m*; '**~·back(ed)** → ***hunchback(ed)***
hunch [hʌntʃ] **1.** → ***hump***; dickes Stück; (Vor)Ahnung *f*; **2.** *a.* ~ ***up*** krümmen; ~ ***one's shoulders*** die Schultern hochziehen; '**~·back** Buckel *m*; Buckelige(r *m*) *f*; '**~·backed** buck(e)lig
hun·dred ['hʌndrəd] **1.** hundert; **2.** Hundert *f*; **~th** ['hʌndrədθ] **1.** hundertste(r, -s); **2.** Hundertstel *n*; '**~·weight** *etwa* Zentner *m* (= *50,8 kg*)
hung [hʌŋ] *pret. u. p.p. von* ***hang***[1]
Hun·ga·ri·an [hʌŋ'geərɪən] **1.** ungarisch; **2.** Ungar(in); *ling.* Ungarisch *n*; **Hun·ga·ry** ['hʌŋgərɪ] Ungarn *n*
hun·ger ['hʌŋgə] **1.** Hunger *m* (*a. fig.* ***for*** nach); **2.** *fig.* hungern (***for, after*** nach); '**~ strike** Hungerstreik *m*
hun·gry ['hʌŋgrɪ] (***-ier, -iest***) hungrig
hunk [hʌŋk] dickes *od.* großes Stück
hunt [hʌnt] **1.** jagen; Jagd machen auf (*acc.*); verfolgen; suchen (***for, after*** nach); ~ ***for*** Jagd machen auf (*acc.*); ~ ***out,*** ~ ***up*** aufspüren; **2.** Jagd *f* (*a. fig.*), Jagen *n*; Verfolgung *f*; Suche *f* (***for, after*** nach); '**~·er** Jäger *m*; Jagdpferd *n*; '**~·ing** Jagen *n*; Jagd...; '**~·ing ground** Jagdrevier *n*
hur·dle ['hɜːdl] *Sport*: Hürde *f* (*a. fig.*); '**~r** *Sport*: Hürdenläufer(in); '**~ race** *Sport*: Hürdenrennen *n*
hurl [hɜːl] schleudern; ~ ***abuse at s.o.*** j-m Beleidigungen ins Gesicht schleudern
hur|·rah *int.* [hʊ'rɑː], **~·ray** *int.* [hʊ'reɪ] hurra!
hur·ri·cane ['hʌrɪkən] Hurrikan *m*, Wirbelsturm *m*; Orkan *m*
hur·ried ['hʌrɪd] eilig, hastig, übereilt
hur·ry ['hʌrɪ] **1.** *v/t.* schnell *od.* eilig be-

fördern *od.* bringen; *oft* ~ **up** *j-n* antreiben, hetzen; *et.* beschleunigen; *v/i.* eilen, hasten; ~ (**up**) sich beeilen; ~ **up!** (mach) schnell!; **2.** (große) Eile, Hast *f*; **be in a** ~ es eilig haben

hurt [hɜːt] (**hurt**) verletzen, -wunden (*a. fig.*); schmerzen, weh tun; schaden (*dat.*); '~**ful** verletzend

hus·band ['hʌzbənd] (Ehe)Mann *m*

hush [hʌʃ] **1.** *int.* still!; **2.** Stille *f*; **3.** zum Schweigen bringen; ⚠ *nicht* **huschen**; ~ **up** vertuschen; '~ **mon·ey** Schweigegeld *n*

husk *bot.* [hʌsk] **1.** Hülse *f*, Schote *f*, Schale *f*; **2.** enthülsen, schälen

'**hus·ky** (**-ier, -iest**) heiser, rau (*Stimme*); F stämmig, kräftig

hus·sy ['hʌsɪ] Fratz *m*, Göre *f*; Flittchen *n*

hus·tle ['hʌsl] **1.** (*in aller Eile*) *wohin* bringen *od.* schicken; hasten, hetzen; sich beeilen; **2.** ~ **and bustle** Gedränge *n*; Gehetze *n*; Betrieb *m*, Wirbel *m*

hut [hʌt] Hütte *f*

hutch [hʌtʃ] (*bsd. Kaninchen*)Stall *m*

hy·a·cinth *bot.* ['haɪəsɪnθ] Hyazinthe *f*

hy·ae·na *zo.* [haɪ'iːnə] Hyäne *f*

hy·brid *biol.* ['haɪbrɪd] Mischling *m*, Kreuzung *f*

hy·drant ['haɪdrənt] Hydrant *m*

hy·draul·ic [haɪ'drɔːlɪk] (~**ally**) hydraulisch; ~**s** *sg.* Hydraulik *f*

hy·dro... ['haɪdrə] Wasser...; ~'**car·bon** Kohlenwasserstoff *m*; ~·**chlor·ic ac·id** [haɪdrəklɒrɪk 'æsɪd] Salzsäure *f*; '~·**foil** *naut.* Tragflächen-, Tragflügelboot *n*; ~·**gen** ['haɪdrədʒən] Wasserstoff *m*; '~·**gen bomb** Wasserstoffbombe *f*; '~·**plane** *aviat.* Wasserflugzeug *n*; *naut.* Gleitboot *n*; '~·**plan·ing** *Am. mot.* Aquaplaning *n*

hy·e·na *zo.* [haɪ'iːnə] Hyäne *f*

hy·giene ['haɪdʒiːn] Hygiene *f*; **hy·gien·ic** [haɪ'dʒiːnɪk] (~**ally**) hygienisch

hymn [hɪm] Kirchenlied *n*, Choral *m*

hype F [haɪp] **1.** *a.* ~ **up** (übersteigerte) Publicity machen für; **2.** (übersteigerte) Publicity; **media** ~ Medienrummel *m*

hy·per... ['haɪpə] hyper..., übermäßig; '~·**mar·ket** *Brt.* Groß-, Verbrauchermarkt *m*; ~'**sen·si·tive** überempfindlich (**to** gegen)

hy·phen ['haɪfn] Bindestrich *m*; ~·**ate** ['haɪfəneɪt] mit Bindestrich schreiben

hyp·no·tize ['hɪpnətaɪz] hypnotisieren

hy·po·chon·dri·ac [haɪpə'kɒndrɪæk] Hypochonder *m*

hy·poc·ri·sy [hɪ'pɒkrəsɪ] Heuchelei *f*; **hyp·o·crite** ['hɪpəkrɪt] Heuchler(in); **hyp·o·crit·i·cal** [hɪpə'krɪtɪkl] heuchlerisch, scheinheilig

hy·poth·e·sis [haɪ'pɒθɪsɪs] (*pl.* **-ses** [-siːz]) Hypothese *f*

hys|·te·ri·a *med.* [hɪ'stɪərɪə] Hysterie *f*; ~·**ter·i·cal** [hɪ'sterɪkl] hysterisch; ~·**ter·ics** [hɪ'sterɪks] *pl.* hysterischer Anfall; **go into** ~ hysterisch werden

I

I, i [aɪ] I, i *n*

I [aɪ] ich; **it is** ~ ich bin es

IC [aɪ 'siː] *Abk. für* **integrated circuit** integrierter Schaltkreis

ice [aɪs] **1.** Eis *n*; **2.** *Getränke etc.* mit *od.* in Eis kühlen; *gastr.* glasieren, mit Zuckerguss überziehen; ~**d over** zugefroren (*See etc.*); ~**d up** vereist (*Straße*); '~ **age** Eiszeit *f*; ~·**berg** ['aɪsbɜːg] Eisberg *m* (*a. fig.*); '~·**bound** eingefroren (*Hafen, Schiff*); ~ '**cream** (Speise)Eis *n*; ~·**cream** '**par·lo(u)r** Eisdiele *f*; '~ **cube** Eiswürfel *m*; '~ **floe** Eisscholle *f*; ~**d** eisgekühlt; '~ **hock·ey** *Sport*: Eishockey *n*; '~ **lol·ly** *Brt.* Eis *n* am Stiel; '~ **rink** (Kunst)Eisbahn *f*; '~ **skate** Schlittschuh *m*; '~-**skate** Schlittschuh laufen; '~ **show** Eisrevue *f*

i·ci·cle ['aɪsɪkl] Eiszapfen *m*

ic·ing ['aɪsɪŋ] Glasur *f*, Zuckerguss *m*

i·con ['aɪkɒn] Ikone *f*; *Computer*: Ikone *f*, (Bild)Symbol *n*

i·cy ['aɪsɪ] (*-ier, -iest*) eisig; vereist
ID [aɪ 'di:] *Abk. für* ***identity*** Identität *f*; ***ID card*** (Personal)Ausweis *m*
i·dea [aɪ'dɪə] Idee *f*, Vorstellung *f*, Begriff *m*; Gedanke *m*, Idee *f*; ***have no ~*** keine Ahnung haben
i·deal [aɪ'dɪəl] **1.** ideal; **2.** Ideal *n*; **~·is·m** [aɪ'dɪəlɪzəm] Idealismus *m*; **~·ize** [aɪ'dɪəlaɪz] idealisieren
i·den·ti·cal [aɪ'dentɪkl] identisch (***to, with*** mit); **~ 'twins** *pl.* eineiige Zwillinge *pl.*
i·den·ti·fi·ca·tion [aɪdentɪfɪ'keɪʃn] Identifizierung *f*; **~ (pa·pers** *pl.*) Ausweis(papiere *pl.*) *m*
i·den·ti·fy [aɪ'dentɪfaɪ] identifizieren; ***~ o.s.*** sich ausweisen
i·den·ti·kit® **pic·ture** *Brt. jur.* [aɪ'dentɪkɪt -] Phantombild *n*
i·den·ti·ty [aɪ'dentətɪ] Identität *f*; **~ card** (Personal)Ausweis *m*
i·de|·o·log·i·cal [aɪdɪə'lɒdʒɪkl] ideologisch; **~·ol·ogy** [aɪdɪ'ɒlədʒɪ] Ideologie *f*
id·i|·om ['ɪdɪəm] Idiom *n*, idiomatischer Ausdruck, Redewendung *f*; **~·o·mat·ic** [ɪdɪə'mætɪk] (*~**ally***) idiomatisch
id·i·ot ['ɪdɪət] *med.* Idiot(in), *contp. a.* Trottel *m*; **~·ic** [ɪdɪ'ɒtɪk] (*~**ally***) idiotisch
i·dle ['aɪdl] **1.** (*~**r**, ~**st***) untätig; faul, träge; nutzlos; leer, hohl (*Geschwätz*); *tech.* stillstehend, außer Betrieb; *tech.* leer laufend, im Leerlauf; **2.** faulenzen; leer laufen; *mst* ***~ away*** *Zeit* vertrödeln
i·dol ['aɪdl] Idol *n* (*a. fig.*); Götzenbild *n*; **~·ize** ['aɪdəlaɪz] abgöttisch verehren, vergöttern
i·dyl·lic [aɪ'dɪlɪk] (*~**ally***) idyllisch
i.e. [aɪ 'i:] *Abk. für* ***that is to say*** (*lateinisch* ***id est***) d.h., das heißt
if [ɪf] wenn, falls; ob; ***~ I were you*** wenn ich du wäre
ig·loo ['ɪglu:] (*pl.* ***-loos***) Iglu *m, n*
ig·nite [ɪg'naɪt] anzünden, (sich) entzünden; *mot., tech.* zünden
ig·ni·tion [ɪg'nɪʃən] Zündung *f*; **~ key** Zündschlüssel *m*
ig·no·min·i·ous [ɪgnə'mɪnɪəs] schändlich, schmachvoll
ig·no·rance ['ɪgnərəns] Unkenntnis *f*, Unwissenheit *f*; **'ig·no·rant:** ***be ~ of s.th.*** et. nicht wissen *od.* kennen, nichts wissen von et.; **ig·nore** [ɪg'nɔ:] ignorieren, nicht beachten
ill [ɪl] **1.** (***worse, worst***) krank; schlimm, schlecht; ***fall ~, be taken ~*** krank werden, erkranken; **2.** ***~s*** *pl.* Übel *n*; **~·ad'vised** schlecht beraten; unklug; **~·'bred** schlecht erzogen; ungezogen
il·le·gal [ɪ'li:gl] verboten; *jur.* illegal, ungesetzlich; ***~ parking*** Falschparken *n*
il·le·gi·ble [ɪ'ledʒəbl] unleserlich
il·le·git·i·mate [ɪlɪ'dʒɪtɪmət] unehelich; unrechtmäßig
ill|-'fat·ed unglücklich, Unglücks...; **~-'hu·mo(u)red** schlecht gelaunt
il·li·cit [ɪ'lɪsɪt] unerlaubt, verboten
il·lit·e·rate [ɪ'lɪtərət] ungebildet
ill|-'man·nered ungehobelt, ungezogen; **~-'na·tured** boshaft, bösartig
'ill·ness Krankheit *f*
ill|-'tem·pered schlecht gelaunt, übellaunig; **~-'timed** ungelegen, unpassend; **~-'treat** misshandeln
il·lu·mi|·nate [ɪ'lju:mɪneɪt] beleuchten; **~·nat·ing** aufschlussreich; **~·na·tion** [ɪlju:mɪ'neɪʃn] Beleuchtung *f*; ***~s*** *pl.* Illumination *f*, Festbeleuchtung *f*
il·lu|·sion [ɪ'lu:ʒn] Illusion *f*, Täuschung *f*; **~·sive** [ɪ'lu:sɪv], **~·so·ry** [ɪ'lu:sərɪ] illusorisch, trügerisch
il·lus|·trate ['ɪləstreɪt] illustrieren; bebildern; erläutern, veranschaulichen; **~·tra·tion** [ɪlə'streɪʃn] Erläuterung *f*; Illustration *f*; Bild *n*, Abbildung *f*; **~·tra·tive** ['ɪləstrətɪv] erläuternd
il·lus·tri·ous [ɪ'lʌstrɪəs] berühmt
ill 'will Feindschaft *f*
im·age ['ɪmɪdʒ] Bild *n*; Ebenbild *n*; Image *n*; bildlicher Ausdruck, Metapher *f*; **im·ag·e·ry** ['ɪmɪdʒərɪ] Bildersprache *f*, Metaphorik *f*
i·ma·gi·na|·ble [ɪ'mædʒɪnəbl] vorstellbar, denkbar; **~·ry** [ɪ'mædʒɪnərɪ] eingebildet, imaginär; **~·tion** [ɪmædʒɪ'neɪʃn] Einbildung(skraft) *f*; **~·tive** [ɪ'mædʒɪnətɪv] ideen-, einfallsreich; fantasievoll; **i·ma·gine** [ɪ'mædʒɪn] sich *j-n od. et.* vorstellen; sich *et.* einbilden
im·bal·ance [ɪm'bæləns] Unausgewogenheit *f*; *pol. etc.* Ungleichgewicht *n*
im·be·cile ['ɪmbɪsi:l] Idiot *m*, Trottel *m*
IMF [aɪ em 'ef] *Abk. für* ***International Monetary Fund*** Internationaler Währungsfonds
im·i|·tate ['ɪmɪteɪt] nachahmen, nach-

I

machen, imitieren; **~·ta·tion** [ɪmɪ'teɪʃn] **1.** Nachahmung *f*, Imitation *f*; **2.** nachgemacht, unecht, künstlich, Kunst...

im·mac·u·late [ɪ'mækjʊlət] unbefleckt, makellos; tadel-, fehlerlos

im·ma·te·ri·al [ɪmə'tɪərɪəl] unwesentlich, unerheblich (***to*** für)

im·ma·ture [ɪmə'tjʊə] unreif

im·mea·su·ra·ble [ɪ'meʒərəbl] unermesslich

im·me·di·ate [ɪ'miːdjət] unmittelbar; sofortig, umgehend; nächste(r, -s) (*Verwandtschaft*); **~·ly** unmittelbar; sofort

im·mense [ɪ'mens] riesig, *fig. a.* enorm, immens

im·merse [ɪ'mɜːs] (ein)tauchen; ***~ o.s. in*** sich vertiefen in (*acc.*); **im·mer·sion** [ɪ'mɜːʃn] Eintauchen *n*; **im'mer·sion heat·er** Tauchsieder *m*

I

im·mi|·grant ['ɪmɪgrənt] Einwander|er *m*, -in *f*, Immigrant(in); **~·grate** ['ɪmɪgreɪt] einwandern, immigrieren; (***into*** in *dat.*); **~·gra·tion** [ɪmɪ'greɪʃn] Einwanderung *f*, Immigration *f*

im·mi·nent ['ɪmɪnənt] nahe bevorstehend; ***~ danger*** drohende Gefahr

im·mo·bile [ɪ'məʊbaɪl] unbeweglich

im·mod·e·rate [ɪ'mɒdərət] maßlos

im·mod·est [ɪ'mɒdɪst] unbescheiden; schamlos, unanständig

im·mor·al [ɪ'mɒrəl] unmoralisch

im·mor·tal [ɪ'mɔːtl] **1.** unsterblich; **2.** Unsterbliche(r *m*) *f*; **~·i·ty** [ɪmɔː'tælətɪ] Unsterblichkeit *f*

im·mo·va·ble [ɪ'muːvəbl] unbeweglich; *fig.* unerschütterlich; hart, unnachgiebig

im·mune [ɪ'mjuːn] immun (***to*** gegen); geschützt (***from*** vor, gegen); **im·mu·ni·ty** [ɪ'mjuːnətɪ] Immunität *f*; **im·mu·nize** ['ɪmjuːnaɪz] immunisieren, immun machen (***against*** gegen)

imp [ɪmp] Teufelchen *n*; *fig.* F Kobold *m*; Racker *m*

im·pact ['ɪmpækt] Zusammen-, Anprall *m*; Aufprall *m*; *fig.* (Ein)Wirkung *f*, (starker) Einfluss (***on*** auf *acc.*)

im·pair [ɪm'peə] beeinträchtigen

im·part [ɪm'pɑːt] (***to*** *dat.*) mitteilen; vermitteln

im·par|·tial [ɪm'pɑːʃl] unparteiisch, unvoreingenommen; **~·ti·al·i·ty** [ɪmpɑːʃɪ'ælətɪ] Unparteilichkeit *f*, Objektivität *f*

im·pass·a·ble [ɪm'pɑːsəbl] unpassierbar

im·passe *fig.* [æm'pɑːs] Sackgasse *f*

im·pas·sioned [ɪm'pæʃnd] leidenschaftlich

im·pas·sive [ɪm'pæsɪv] teilnahmslos; ungerührt; gelassen

im·pa|·tience [ɪm'peɪʃns] Ungeduld *f*; **~·tient** ungeduldig

im·peach [ɪm'piːtʃ] *jur.* anklagen (***for, of, with*** *gen.*); *jur.* anfechten; in Frage stellen, in Zweifel ziehen

im·pec·ca·ble [ɪm'pekəbl] untadelig, einwandfrei

im·pede [ɪm'piːd] (be)hindern

im·ped·i·ment [ɪm'pedɪmənt] Hindernis *n* (***to*** für); Behinderung *f*

im·pel [ɪm'pel] (***-ll-***) antreiben; zwingen

im·pend·ing [ɪm'pendɪŋ] nahe bevorstehend, drohend

im·pen·e·tra·ble [ɪm'penɪtrəbl] undurchdringlich; *fig.* unergründlich

im·per·a·tive [ɪm'perətɪv] **1.** unumgänglich, unbedingt erforderlich; gebieterisch; *gr.* Imperativ...; **2.** *a.* ***~ mood*** *gr.* Imperativ *m*, Befehlsform *f*

im·per·cep·ti·ble [ɪmpə'septəbl] nicht wahrnehmbar, unmerklich

im·per·fect [ɪm'pɜːfɪkt] **1.** unvollkommen; mangelhaft; **2.** *a.* ***~ tense*** *gr.* Imperfekt *n*, unvollendete Vergangenheit

im·pe·ri·al·is|·m *pol.* [ɪm'pɪərɪəlɪzəm] Imperialismus *m*; **~t** *pol.* [ɪm'pɪərɪəlɪst] Imperialist *m*

im·per·il [ɪm'perəl] (*bsd. Brt.* ***-ll-***, *Am.* ***-l-***) gefährden

im·pe·ri·ous [ɪm'pɪərɪəs] herrisch, gebieterisch

im·per·me·a·ble [ɪm'pɜːmjəbl] undurchlässig

im·per·son·al [ɪm'pɜːsnl] unpersönlich

im·per·so·nate [ɪm'pɜːsəneɪt] *j-n* imitieren, nachahmen; *thea. etc.* darstellen

im·per·ti|·nence [ɪm'pɜːtɪnəns] Unverschämtheit *f*, Frechheit *f*; **~·nent** unverschämt, frech

im·per·tur·ba·ble [ɪmpə'tɜːbəbl] unerschütterlich, gelassen

im·per·vi·ous [ɪm'pɜːvjəs] undurchlässig; *fig.* unzugänglich (***to*** für)

im·pe·tu·ous [ɪm'petjʊəs] ungestüm, heftig; impulsiv

im·pe·tus ['ɪmpɪtəs] Antrieb *m*, Schwung *m*; Impuls *m*

im·pi·e·ty [ɪm'paɪətɪ] Gottlosigkeit *f*; Pietätlosigkeit *f*, Respektlosigkeit *f* (**to** gegenüber)
im·pinge [ɪm'pɪndʒ]: ~ **on** sich auswirken auf (*acc.*), beeinflussen (*acc.*)
im·pi·ous ['ɪmpɪəs] gottlos; pietätlos, respektlos (**to** gegenüber)
im·plac·a·ble [ɪm'plækəbl] unversöhnlich, unnachgiebig
im·plant [ɪm'plɑːnt] *med.* implantieren, einpflanzen; *fig.* einprägen
im·ple·ment **1.** ['ɪmplɪmənt] Werkzeug *n*, Gerät *n*; **2.** ['ɪmplɪment] ausführen
im·pli|·cate ['ɪmplɪkeɪt] *j-n* verwickeln, hineinziehen (**in** in *acc.*); **~·ca·tion** [ɪmplɪ'keɪʃn] Verwicklung *f*; Folge *f*, Auswirkung *f*; Andeutung *f*
im·pli·cit [ɪm'plɪsɪt] vorbehalt-, bedingungslos; impliziert, (stillschweigend *od.* mit) inbegriffen
im·plore [ɪm'plɔː] *j-n* anflehen; erflehen
im·ply [ɪm'plaɪ] implizieren, (sinngemäß *od.* stillschweigend) beinhalten; andeuten; mit sich bringen
im·po·lite [ɪmpə'laɪt] unhöflich
im·pol·i·tic [ɪm'pɒlɪtɪk] unklug
im·port **1.** [ɪm'pɔːt] importieren, einführen; **2.** ['ɪmpɔːt] Import *m*, Einfuhr *f*; **~s** *pl.* (Gesamt)Import *m*, (-)Einfuhr *f*; Importgüter *pl.*, Einfuhrware *f*
im·por|·tance [ɪm'pɔːtəns] Wichtigkeit *f*, Bedeutung *f*; **~·tant** wichtig, bedeutend
im·por|·ta·tion [ɪmpɔː'teɪʃn] → ***import*** 2; **~·ter** [ɪm'pɔːtə] Importeur *m*
im·pose [ɪm'pəʊz] auferlegen, aufbürden (**on** *dat.*); *Strafe* verhängen (**on** gegen); *et.* aufdrängen, -zwingen (**on** *dat.*); ~ ***o.s. on s.o.*** sich j-m aufdrängen; **im'pos·ing** imponierend, eindrucksvoll, imposant
im·pos·si|·bil·i·ty [ɪmpɒsə'bɪlətɪ] Unmöglichkeit *f*; **~·ble** [ɪm'pɒsəbl] unmöglich
im·pos·tor *Brt.*, **im·pos·ter** *Am.* [ɪm'pɒstə] Betrüger(in), *bsd.* Hochstapler(in)
im·po|·tence ['ɪmpətəns] Unvermögen *n*, Unfähigkeit *f*; Hilflosigkeit *f*; *med.* Impotenz *f*; **'~·tent** unfähig; hilflos; *med.* impotent
im·pov·e·rish [ɪm'pɒvərɪʃ] arm machen; ***be ~ed*** verarmen; verarmt sein
im·prac·ti·ca·ble [ɪm'præktɪkəbl] undurchführbar; unpassierbar (*Straße etc.*)
im·prac·ti·cal [ɪm'præktɪkl] unpraktisch; undurchführbar
im·preg·na·ble [ɪm'pregnəbl] uneinnehmbar
im·preg·nate ['ɪmpregneɪt] imprägnieren, tränken; *biol.* schwängern
im·press [ɪm'pres] *j-n* beeindrucken; (deutlich) klarmachen; (auf)drücken, (ein)drucken; **im·pres·sion** [ɪm'preʃn] Eindruck *m*; Abdruck *m*; ***under the ~ that*** in der Annahme, dass; **im·pres·sive** [ɪm'presɪv] eindrucksvoll
im·print **1.** [ɪm'prɪnt] (auf)drücken (**on** auf *acc.*); ~ ***s.th. on s.o.'s memory*** j-m et. ins Gedächtnis einprägen; **2.** ['ɪmprɪnt] Ab-, Eindruck *m*; *print.* Impressum *n*
im·pris·on *jur.* [ɪm'prɪzn] inhaftieren; **~·ment** Freiheitsstrafe *f*, Gefängnis(strafe *f*) *n*, Haft *f*
im·prob·a·ble [ɪm'prɒbəbl] unwahrscheinlich
im·prop·er [ɪm'prɒpə] ungeeignet, unpassend; unanständig, unschicklich (*Benehmen etc.*); unrichtig
im·pro·pri·e·ty [ɪmprə'praɪətɪ] Unschicklichkeit *f*
im·prove [ɪm'pruːv] *v/t.* verbessern; *Wert etc.* erhöhen, steigern; ~ **on** übertreffen; *v/i.* sich (ver)bessern, besser werden, sich erholen; **~·ment** (Ver)Bess(e)rung *f*; Steigerung *f*; Fortschritt *m* (**on** gegenüber *dat.*)
im·pro·vise ['ɪmprəvaɪz] improvisieren
im·pru·dent [ɪm'pruːdənt] unklug
im·pu|·dence ['ɪmpjʊdəns] Unverschämtheit *f*; **'~·dent** unverschämt
im·pulse ['ɪmpʌls] Impuls *m* (*a. fig.*); Anstoß *m*, Anreiz *m*; **im·pul·sive** [ɪm'pʌlsɪv] impulsiv
im·pu·ni·ty [ɪm'pjuːnətɪ]: ***with ~*** straflos, ungestraft
im·pure [ɪm'pjʊə] unrein (*a. rel.*), schmutzig; *fig.* schlecht, unmoralisch
im·pute [ɪm'pjuːt]: ~ ***s.th. to s.o.*** j-n e-r Sache bezichtigen; j-m et. unterstellen
in[1] [ɪn] **1.** *prp. räumlich*: (*wo?*) in (*dat.*), an (*dat.*), auf (*dat.*): ~ ***London*** in London; ~ ***the street*** auf der Straße; - (*wohin?*) in (*acc.*); ***put it ~ your pocket*** steck es in deine Tasche; - *zeitlich*: in (*dat.*), an

(*dat.*): ~ ***1999*** 1999; ~ ***two hours*** in zwei Stunden; ~ ***the morning*** am Morgen; - *Zustand, Art u. Weise*: in (*dat.*), auf (*acc.*), mit; ~ ***English*** auf Englisch; *Tätigkeit, Beschäftigung*: in (*dat.*), bei, auf (*dat.*): ~ ***crossing the road*** beim Überqueren der Straße; bei (*Autoren*): ~ ***Shakespeare*** bei Shakespeare; *Richtung*: in (*acc., dat*), auf (*acc.*), zu: ***have confidence*** ~ Vertrauen haben zu; *Zweck*: in (*dat*), zu, als: ~ ***defence of*** zur Verteidigung *od.* zum Schutz von; *Material*: in (*dat.*), aus, mit: ***dressed*** ~ ***blue*** in Blau (gekleidet); *Zahl, Betrag*: in, von, aus, zu: ***three*** ~ ***all*** insgesamt *od.* im Ganzen drei; ***one*** ~ ***ten*** eine(r, -s) von zehn; nach, gemäß: ~ ***my opinion*** m-r Meinung nach; **2.** *adv.* (dr)innen; hinein, herein; da, (an)gekommen; da, zu Hause, *östr., Schweiz*: *a.* zuhause; **3.** *adj.* F in (Mode)

in² *nur geschr. Abk. für* **inch**(**es**) Zoll *m od. pl.* (*2,54 cm*)

in·a·bil·i·ty [ɪnə'bɪlətɪ] Unfähigkeit *f*

in·ac·ces·si·ble [ɪnæk'sesəbl] unzugänglich, unerreichbar (***to*** für *od. dat.*)

in·ac·cu·rate [ɪn'ækjʊrət] ungenau

in·ac|·tive [ɪn'æktɪv] untätig; **~·tiv·i·ty** [ɪnæk'tɪvətɪ] Untätigkeit *f*

in·ad·e·quate [ɪn'ædɪkwət] unangemessen; unzulänglich, ungenügend

in·ad·mis·si·ble [ɪnəd'mɪsəbl] unzulässig, unstatthaft

in·ad·ver·tent [ɪnəd'vɜːtənt] unbeabsichtigt, versehentlich; ***~ly*** *a.* aus Versehen

in·an·i·mate [ɪn'ænɪmət] leblos, unbelebt; langweilig

in·ap·pro·pri·ate [ɪnə'prəʊprɪət] unpassend, ungeeignet (***for, to*** für)

in·apt [ɪn'æpt] ungeeignet, unpassend

in·ar·tic·u·late [ɪnɑː'tɪkjʊlət] unartikuliert, undeutlich (ausgesprochen), unverständlich; unfähig(, deutlich) zu sprechen

in·at·ten·tive [ɪnə'tentɪv] unaufmerksam

in·au·di·ble [ɪn'ɔːdəbl] unhörbar

in·au·gu|·ral [ɪ'nɔːgjʊrəl] Antrittsrede *f*; Antritts...; **~·rate** [ɪ'nɔːgjʊreɪt] *j-n* (feierlich) (in sein Amt) einführen; einweihen, eröffnen; einleiten; **~·ra·tion** [ɪnɔːgjʊ'reɪʃn] Amtseinführung *f*; Einweihung *f*, Eröffnung *f*; Beginn *m*; ***♀ Day*** *Am.* Tag *m* der Amtseinführung des neu gewählten Präsidenten der USA (*20. Januar*)

in·born [ɪn'bɔːn] angeboren

Inc [ɪŋk] *Abk. für* ***Incorporated*** (amtlich) eingetragen

in·cal·cu·la·ble [ɪn'kælkjʊləbl] unberechenbar; unermesslich

in·can·des·cent [ɪnkæn'desnt] (weiß-) glühend

in·ca·pa·ble [ɪn'keɪpəbl] unfähig (***of*** zu *od. gen.*), nicht im Stande (***of doing*** zu tun)

in·ca·pa·ci|·tate [ɪnkə'pæsɪteɪt] unfähig *od.* untauglich machen; **~·ty** [ɪnkə'pæsətɪ] Unfähigkeit *f*, Untauglichkeit *f*

in·car·nate [ɪn'kɑːnət] leibhaftig; personifiziert

in·cau·tious [ɪn'kɔːʃəs] unvorsichtig

in·cen·di·a·ry [ɪn'sendjərɪ] Brand...; *fig.* aufwiegelnd, -hetzend

in·cense¹ ['ɪnsens] Weihrauch *m*

in·cense² [ɪn'sens] in Wut bringen, erbosen

in·cen·tive [ɪn'sentɪv] Ansporn *m*, Anreiz *m*

in·ces·sant [ɪn'sesnt] ständig, unaufhörlich

in·cest ['ɪnsest] Inzest *m*, Blutschande *f*

inch [ɪntʃ] **1.** Inch *m* (*2,54 cm*), Zoll *m* (*a. fig.*); ***by*** ***~es***, ~ ***by*** ~ allmählich; ***every*** ~ durch u. durch; **2.** (sich) zentimeterweise *od.* sehr langsam bewegen

in·ci|·dence ['ɪnsɪdəns] Vorkommen *n*; **'~·dent** Vorfall *m*, Ereignis *n*; *pol.* Zwischenfall *m*; **~·den·tal** [ɪnsɪ'dentl] nebensächlich, Neben...; beiläufig; **~'den·tal·ly** nebenbei bemerkt, übrigens

in·cin·e|·rate [ɪn'sɪnəreɪt] verbrennen; **~·ra·tor** Verbrennungsofen *m*; Verbrennungsanlage *f*

in·cise [ɪn'saɪz] ein-, aufschneiden; einritzen, -schnitzen; **in·ci·sion** [ɪn'sɪʒn] (Ein)Schnitt *m*; **in·ci·sive** [ɪn'saɪsɪv] schneidend, scharf; *fig.* treffend; **in·ci·sor** [ɪn'saɪzə] Schneidezahn *m*

in·cite [ɪn'saɪt] anstiften; aufwiegeln, -hetzen; **~·ment** Anstiftung *f*; Aufwieg(e)lung *f*, -hetzung *f*

incl *nur geschr. Abk. für* ***including, inclusive*** einschl., einschließlich

in·clem·ent [ɪn'klemənt] rau (*Klima*)

in·cli·na·tion [ɪnklɪ'neɪʃn] Neigung *f* (*a.*

fig.); **in·cline** [ɪn'klaɪn] **1.** *v/i.* sich neigen (***to, towards*** nach); *fig.* neigen (***to, towards*** zu); *v/t.* neigen; *fig.* veranlassen; **2.** Gefälle *n*; (Ab)Hang *m*

in·close [ɪn'kləʊz], **in·clos·ure** [ɪn'kləʊʒə] → ***enclose, enclosure***

in·clude [ɪn'klu:d] einschließen; aufnehmen (*in Liste etc.*); ***tax ~d*** inklusive Steuer; **in'clud·ing** einschließlich; **in·clu·sion** [ɪn'klu:ʒn] Einschluss *m*, Einbeziehung *f*; **in·clu·sive** [ɪn'klu:sɪv] einschließlich, inklusive (***of*** *gen.*); ***be ~ of*** einschließen (*acc.*); Pauschal...

in·co·her·ent [ɪnkəʊ'hɪərənt] (logisch) unzusammenhängend, unklar, unverständlich

in·come *econ.* ['ɪnkʌm] Einkommen *n*, Einkünfte *pl.*; **'~ tax** *econ.* Einkommensteuer *f*

in·com·ing ['ɪnkʌmɪŋ] hereinkommend; ankommend; nachfolgend, neu; ***~ mail*** Posteingang *m*

in·com·mu·ni·ca·tive [ɪnkə'mju:nɪkətɪv] nicht mitteilsam, verschlossen

in·com·pa·ra·ble [ɪn'kɒmpərəbl] unvergleichlich; unvergleichbar

in·com·pat·i·ble [ɪnkəm'pætəbl] unvereinbar; unverträglich; inkompatibel

in·com·pe|·tence [ɪn'kɒmpɪtəns] Unfähigkeit *f*; Inkompetenz *f*; **~·tent** unfähig; nicht fach- *od.* sachkundig; unzuständig, inkompetent

in·com·plete [ɪnkəm'pli:t] unvollständig; unvollendet

in·com·pre·hen|·si·ble [ɪnkɒmprɪ'hensəbl] unbegreiflich, unfassbar; **~·sion** [ɪnkɒmprɪ'henʃn] Unverständnis *n*

in·con·cei·va·ble [ɪnkən'si:vəbl] unbegreiflich, unfassbar; undenkbar

in·con·clu·sive [ɪnkən'klu:sɪv] nicht überzeugend; ergebnis-, erfolglos

in·con·gru·ous [ɪn'kɒŋgrʊəs] nicht übereinstimmend; unvereinbar

in·con·se·quen·tial [ɪnkɒnsɪ'kwenʃl] unbedeutend

in·con·sid|·e·ra·ble [ɪnkən'sɪdərəbl] unbedeutend; **~·er·ate** [ɪnkən'sɪdərət] unüberlegt; rücksichtslos

in·con·sis·tent [ɪnkən'sɪstənt] unvereinbar; widersprüchlich; inkonsequent

in·con·so·la·ble [ɪnkən'səʊləbl] untröstlich

in·con·spic·u·ous [ɪnkən'spɪkjʊəs] unauffällig

in·con·stant [ɪn'kɒnstənt] unbeständig, wankelmütig

in·con·ti·nent *med.* [ɪn'kɒntɪnənt] inkontinent

in·con·ve·ni|·ence [ɪnkən'vi:njəns] **1.** Unbequemlichkeit *f*; Unannehmlichkeit *f*, Ungelegenheit *f*; **2.** *j-m* lästig sein; *j-m* Umstände machen; **~·ent** unbequem; ungelegen, lästig

in·cor·po|·rate [ɪn'kɔ:pəreɪt] (sich) vereinigen *od.* zusammenschließen; (mit) einbeziehen; enthalten; eingliedern; *Ort* eingemeinden; *econ., jur.* als (*Am.* Aktien)Gesellschaft eintragen (lassen); **~·rat·ed 'com·pa·ny** *Am.* Aktiengesellschaft *f*; **~·ra·tion** [ɪnkɔ:pə'reɪʃn] Vereinigung *f*, Zusammenschluss *m*; Eingliederung *f*; Eingemeindung *f*; *econ., jur.* Eintragung *f* als (*Am.* Aktien)Gesellschaft

in·cor·rect [ɪnkə'rekt] unrichtig, falsch; inkorrekt

in·cor·ri·gi·ble [ɪn'kɒrɪdʒəbl] unverbesserlich

in·cor·rup·ti·ble [ɪnkə'rʌptəbl] unbestechlich

in·crease 1. [ɪn'kri:s] zunehmen, (an-) wachsen; steigen (*Preise*); vergrößern, -mehren, erhöhen; **2.** ['ɪnkri:s] Vergrößerung *f*, Erhöhung *f*, Zunahme *f*, Zuwachs *m*, (An)Wachsen *n*, Steigerung *f*; **in·creas·ing·ly** [ɪn'kri:sɪŋlɪ] immer mehr; ***~ difficult*** immer schwieriger

in·cred·i·ble [ɪn'kredəbl] unglaublich

in·cre·du·li·ty [ɪnkrɪ'dju:lətɪ] Ungläubigkeit *f*; **in·cred·u·lous** [ɪn'kredjʊləs] ungläubig, skeptisch

in·crim·i·nate [ɪn'krɪmɪneɪt] *j-n* belasten

in·cu|·bate ['ɪnkjʊbeɪt] ausbrüten; **'~·ba·tor** Brutapparat *m*; *med.* Brutkasten *m*

in·cur [ɪn'kɜ:] (***-rr-***) sich *et.* zuziehen, auf sich laden; *Schulden* machen; *Verluste* erleiden

in·cu·ra·ble [ɪn'kjʊərəbl] unheilbar

in·cu·ri·ous [ɪn'kjʊərɪəs] nicht neugierig, gleichgültig, uninteressiert

in·cur·sion [ɪn'kɜ:ʃn] (feindlicher) Einfall; Eindringen *n*

in·debt·ed [ɪn'detɪd] verschuldet; (zu Dank) verpflichtet

I

in·de·cent [ɪn'diːsnt] unanständig, anstößig; *jur.* unsittlich, unzüchtig; ~ ***assault*** *jur.* Sittlichkeitsverbrechen *n*
in·de·ci|·sion [ɪndɪ'sɪʒn] Unentschlossenheit *f*; ~**·sive** [ɪndɪ'saɪsɪv] unentschlossen, unschlüssig; unentschieden, unbestimmt, ungewiss
in·deed [ɪn'diːd] **1.** *adv.* in der Tat, tatsächlich, wirklich; allerdings; ***thank you very much*** ~! vielen herzlichen Dank!; **2.** *int.* ach wirklich?
in·de·fat·i·ga·ble [ɪndɪ'fætɪgəbl] unermüdlich
in·de·fen·si·ble [ɪndɪ'fensəbl] unhaltbar
in·de·fi·na·ble [ɪndɪ'faɪnəbl] undefinierbar, unbestimmbar
in·def·i·nite [ɪn'defɪnət] unbestimmt; unbegrenzt; ~**·ly** auf unbestimmte Zeit
in·del·i·ble [ɪn'delɪbl] unauslöschlich (*a. fig.*); ~ ***pencil*** Tintenstift *m*
in·del·i·cate [ɪn'delɪkət] taktlos; unfein, anstößig
in·dem·ni|·fy [ɪn'demnɪfaɪ] *j-n* entschädigen, *j-m* Schadenersatz leisten (***for*** für); ~**·ty** [ɪn'demnətɪ] Entschädigung *f*
in·dent [ɪn'dent] (ein)kerben, auszacken; *print. Zeile* einrücken
in·de·pen|·dence [ɪndɪ'pendəns] Unabhängigkeit *f*; Selbstständigkeit *f*; ♀ ***Day*** *Am.* Unabhängigkeitstag *m* (*4. Juli*); ~**·dent** unabhängig; selbstständig
in·de·scri·ba·ble [ɪndɪ'skraɪbəbl] unbeschreiblich
in·de·struc·ti·ble [ɪndɪ'strʌktəbl] unzerstörbar; unverwüstlich
in·de·ter·mi·nate [ɪndɪ'tɜːmɪnət] unbestimmt; unklar, vage
in·dex ['ɪndeks] (*pl.* ***-dexes, -dices*** [-dɪsiːz]) Index *m*, (Inhalts-, Namens-, Stichwort)Verzeichnis *n*, (Sach)Register *n*; (An)Zeichen *n*; ***cost of living*** ~ Lebenshaltungskosten-Index *m*; '~ **card** Karteikarte *f*; '~ **fin·ger** Zeigefinger *m*
In·di·a ['ɪndjə] Indien *n*; **In·di·an** ['ɪndjən] **1.** indisch; indianisch, Indianer...; **2.** Inder(in); *a.* ***American*** ~ Indianer(in)
In·di·an| '**corn** *bot.* Mais *m*; '~ **file:** ***in*** ~ im Gänsemarsch; ~ '**sum·mer** Altweiber-, Nachsommer *m*
in·di·a '**rub·ber** Gummi *n*, *m*; Radiergummi *m*
in·di|·cate ['ɪndɪkeɪt] deuten *od.* zeigen auf (*acc.*); *tech.* anzeigen; *mot.* blinken; *fig.* hinweisen *od.* -deuten auf (*acc.*); andeuten; ~**·ca·tion** [ɪndɪ'keɪʃn] (An-)Zeichen *n*, Hinweis *m*, Andeutung *f*, Indiz *n*; **in·dic·a·tive** [ɪn'dɪkətɪv] *a.* ~ ***mood*** *gr.* Indikativ *m*; ~**·ca·tor** ['ɪndɪkeɪtə] *tech.* Anzeiger *m*; *mot.* Richtungsanzeiger *m*, Blinker *m*
in·di·ces ['ɪndɪsiːz] *pl. von* ***index***
in·dict *jur.* [ɪn'daɪt] anklagen (***for*** wegen); ~**·ment** Anklage *f*
in·dif·fer|·ence [ɪn'dɪfrəns] Gleichgültigkeit *f*; ~**·ent** gleichgültig (***to*** gegen); mittelmäßig
in·di·gent ['ɪndɪdʒənt] arm
in·di·ges|·ti·ble [ɪndɪ'dʒestəbl] unverdaulich; ~**·tion** [ɪndɪ'dʒestʃən] Verdauungsstörung *f*, Magenverstimmung *f*
in·dig|·nant [ɪn'dɪgnənt] entrüstet, empört, ungehalten (***about, at, over*** über *acc.*); ~**·na·tion** [ɪndɪg'neɪʃn] Entrüstung *f*, Empörung *f* (***about, at, over*** über *acc.*); ~**·ni·ty** [ɪn'dɪgnətɪ] Demütigung *f*, unwürdige Behandlung
in·di·rect [ɪndɪ'rekt] indirekt; ***by*** ~ ***means*** *fig.* auf Umwegen
in·dis|·creet [ɪndɪ'skriːt] unbesonnen, unbedacht; indiskret; ~**·cre·tion** [ɪndɪ'skreʃn] Unbesonnenheit *f*; Indiskretion *f*
in·dis·crim·i·nate [ɪndɪ'skrɪmɪnət] kritiklos; wahllos
in·di·spen·sa·ble [ɪndɪ'spensəbl] unentbehrlich, unerlässlich
in·dis|·posed [ɪndɪ'spəʊzd] indisponiert, unpässlich; abgeneigt; ~**·po·si·tion** [ɪndɪspə'zɪʃn] Unpässlichkeit *f*; Abneigung *f* (***to do*** zu tun)
in·dis·pu·ta·ble [ɪndɪ'spjuːtəbl] unbestreitbar, unstreitig
in·dis·tinct [ɪndɪ'stɪŋkt] undeutlich; unklar, verschwommen
in·dis·tin·guish·a·ble [ɪndɪ'stɪŋgwɪʃəbl] nicht zu unterscheiden(d) (***from*** von)
in·di·vid·u·al [ɪndɪ'vɪdjʊəl] **1.** individuell, einzeln, Einzel...; individuell, persönlich; **2.** Individuum *n*, Einzelne(r *m*) *f*; ~**·is·m** [ɪndɪ'vɪdjʊəlɪzəm] Individualismus *m*; ~**·ist** [ɪndɪ'vɪdjʊəlɪst] Individualist(in); ~**·i·ty** [ɪndɪvɪdjʊ'ælətɪ] Individualität *f*, (persönliche) Note; ~**·ly** [ɪndɪ'vɪdjʊəlɪ] einzeln, jede(r, -s) für sich; individuell

in·di·vis·i·ble [ɪndɪˈvɪzəbl] unteilbar
in·dom·i·ta·ble [ɪnˈdɒmɪtəbl] unbezähmbar, nicht unterzukriegen(d)
in·door [ˈɪndɔː] Haus..., Zimmer..., Innen..., *Sport*: Hallen...; **~s** [ɪnˈdɔːz] im Haus, drinnen; ins Haus (hinein); *Sport*: in der Halle
in·dorse [ɪnˈdɔːs] → ***endorse** etc.*
in·duce [ɪnˈdjuːs] *j-n* veranlassen; verursachen, bewirken; **~·ment** Anreiz *m*
in·duct [ɪnˈdʌkt] einführen, -setzen; **in·duc·tion** [ɪnˈdʌkʃn] Herbeiführung *f*; Einführung *f*, Einsetzung *f* (*in ein Amt etc.*); *electr.* Induktion *f*
in·dulge [ɪnˈdʌldʒ] nachsichtig sein gegen; *e-r Neigung etc.* nachgeben; **~ *in s.th.*** sich et. gönnen *od.* leisten; **in·dul·gence** [ɪnˈdʌldʒəns] Nachsicht *f*; Schwäche *f*, Leidenschaft *f*, Luxus *m*; **in'dul·gent** nachsichtig, -giebig
in·dus·tri·al [ɪnˈdʌstrɪəl] industriell, Industrie..., Gewerbe..., Betriebs...; **~ 'ar·e·a** Industriegebiet *n*; **~·ist** *econ.* [ɪnˈdʌstrɪəlɪst] Industrielle(r *m*) *f*; **~·ize** *econ.* [ɪnˈdʌstrɪəlaɪz] industrialisieren
in·dus·tri·ous [ɪnˈdʌstrɪəs] fleißig; ⚠ *nicht* ***Industrie...***
in·dus·try [ˈɪndəstrɪ] *econ.* Industrie (-zweig *m*) *f*; Gewerbe(zweig *m*) *n*; Fleiß *m*
in·ed·i·ble [ɪnˈedɪbl] ungenießbar, nicht essbar
in·ef·fec|·tive [ɪnɪˈfektɪv], **~·tu·al** [ɪnɪˈfektʃʊəl] unwirksam, wirkungslos; unfähig, untauglich
in·ef·fi·cient [ɪnɪˈfɪʃnt] ineffizient; unfähig, untauglich; unrationell, unwirtschaftlich
in·el·e·gant [ɪnˈelɪgənt] unelegant
in·eli·gi·ble [ɪnˈelɪdʒəbl] nicht berechtigt
in·ept [ɪˈnept] unpassend; ungeschickt; albern, töricht
in·e·qual·i·ty [ɪnɪˈkwɒlətɪ] Ungleichheit *f*
in·ert [ɪˈnɜːt] *phys.* träge (*a. fig.*); - inaktiv; **in·er·tia** [ɪˈnɜːʃjə] Trägheit *f* (*a. fig.*)
in·es·ca·pa·ble [ɪnɪˈskeɪpəbl] unvermeidlich
in·es·sen·tial [ɪnɪˈsenʃl] unwesentlich, unwichtig (***to*** für)
in·es·ti·ma·ble [ɪnˈestɪməbl] unschätzbar
in·ev·i·ta·ble [ɪnˈevɪtəbl] unvermeidlich; zwangsläufig
in·ex·act [ɪnɪgˈzækt] ungenau
in·ex·cu·sa·ble [ɪnɪˈskjuːzəbl] unverzeihlich, unentschuldbar
in·ex·haus·ti·ble [ɪnɪgˈzɔːstəbl] unerschöpflich; unermüdlich
in·ex·o·ra·ble [ɪnˈeksərəbl] unerbittlich
in·ex·pe·di·ent [ɪnɪkˈspiːdjənt] unzweckmäßig; nicht ratsam
in·ex·pen·sive [ɪnɪkˈspensɪv] nicht teuer, billig, preiswert
in·ex·pe·ri·ence [ɪnɪkˈspɪərɪəns] Unerfahrenheit *f*; **~d** unerfahren
in·ex·pert [ɪnˈekspɜːt] unerfahren; ungeschickt
in·ex·plic·a·ble [ɪnɪkˈsplɪkəbl] unerklärlich
in·ex·pres|·si·ble [ɪnɪkˈspresəbl] unaussprechlich, unbeschreiblich; **~·sive** [ɪnɪkˈspresɪv] ausdruckslos
in·ex·tri·ca·ble [ɪnˈekstrɪkəbl] unentwirrbar
in·fal·li·ble [ɪnˈfæləbl] unfehlbar
in·fa|·mous [ˈɪnfəməs] berüchtigt; schändlich, niederträchtig; **'~·my** Ehrlosigkeit *f*; Schande *f*; Niedertracht *f*
in·fan|·cy [ˈɪnfənsɪ] frühe Kindheit; ***in its ~*** *fig.* in den Anfängen *od.* Kinderschuhen steckend; **'~t** Säugling *m*; kleines Kind, Kleinkind *n*
in·fan·tile [ˈɪnfəntaɪl] kindlich; Kindes..., Kinder...; infantil, kindisch
in·fan·try *mil.* [ˈɪnfəntrɪ] Infanterie *f*
in·fat·u·at·ed [ɪnˈfætjʊeɪtɪd] vernarrt (***with*** in *acc.*)
in·fect [ɪnˈfekt] *med. j-n, et.* infizieren, *j-n* anstecken (*a. fig.*); verseuchen, -unreinigen; **in·fec·tion** [ɪnˈfekʃn] *med.* Infektion *f*, Ansteckung *f* (*a. fig.*); **in·fec·tious** [ɪnˈfekʃəs] *med.* infektiös, ansteckend (*a. fig.*)
in·fer [ɪnˈfɜː] (*-rr-*) folgern, schließen (***from*** aus); **~·ence** [ˈɪnfərəns] (Schluss)Folgerung *f*, (Rück)Schluss *m*
in·fe·ri·or [ɪnˈfɪərɪə] **1.** untergeordnet (***to*** *dat.*), niedriger (***to*** als); weniger wert (***to*** als); minderwertig; ***be ~ to s.o.*** j-m untergeordnet sein; *j-m* unterlegen sein; **2.** Untergebene(r *m*) *f*; **~·i·ty** [ɪnfɪərɪˈɒrətɪ] Unterlegenheit *f*; Minderwertigkeit *f*; **~·i·ty com·plex** *psych.* Minderwertigkeitskomplex *m*
in·fer|·nal [ɪnˈfɜːnl] höllisch, Höllen...;

I

~·no [ɪn'fɜːnəʊ] (*pl.* **-nos**) Inferno *n*, Hölle *f*
in·fer·tile [ɪn'fɜːtaɪl] unfruchtbar
in·fest [ɪn'fest] verseuchen, befallen; *fig.* überschwemmen (**with** mit)
in·fi·del·i·ty [ɪnfɪ'delətɪ] (*bsd.* eheliche) Untreue
in·fil·trate ['ɪnfɪltreɪt] einsickern in (*acc.*); einschleusen (**into** in *acc.*); *pol.* unterwandern
in·fi·nite ['ɪnfɪnət] unendlich
in·fin·i·tive [ɪn'fɪnətɪv] *a.* ~ ***mood*** *gr.* Infinitiv *m*, Nennform *f*
in·fin·i·ty [ɪn'fɪnətɪ] Unendlichkeit *f*
in·firm [ɪn'fɜːm] schwach, gebrechlich; **in·fir·ma·ry** [ɪn'fɜːmərɪ] Krankenhaus *n*; *Schule etc.*: Krankenzimmer *n*; **in·fir·mi·ty** [ɪn'fɜːmətɪ] Schwäche *f*, Gebrechlichkeit *f*
in·flame [ɪn'fleɪm] entflammen (*mst fig.*); erregen; ***become*** **~d** *med.* sich entzünden

I

in·flam·ma|·ble [ɪn'flæməbl] brennbar, leicht entzündlich; feuergefährlich; **~·tion** *med.* [ɪnflə'meɪʃn] Entzündung *f*; **~·to·ry** [ɪn'flæmətərɪ] *med.* entzündlich; *fig.* aufrührerisch, Hetz...
in·flate [ɪn'fleɪt] aufpumpen, -blasen, -blähen (*a. fig.*); *econ. Preise etc.* in die Höhe treiben; **in·fla·tion** *econ.* [ɪn'fleɪʃn] Inflation *f*
in·flect *gr.* [ɪn'flekt] flektieren, beugen; **in·flec·tion** *gr.* [ɪn'flekʃn] Flexion *f*, Beugung *f*
in·flex|·i·ble [ɪn'fleksəbl] unbiegsam, starr (*a. fig.*); *fig.* inflexibel, unbeweglich; **~·ion** *Brt. gr.* [ɪn'flekʃn] → ***inflection***
in·flict [ɪn'flɪkt] (**on**) *Leid, Schaden etc.* zufügen (*dat.*); *Wunde etc.* beibringen (*dat.*); *Strafe* auferlegen (*dat.*), verhängen (über *acc.*); aufbürden, -drängen (*dat.*); **in·flic·tion** [ɪn'flɪkʃn] Zufügung *f*; Verhängung *f* (*e-r Strafe*); Plage *f*
in·flu|·ence ['ɪnflʊəns] **1.** Einfluss *m*; **2.** beeinflussen; **~·en·tial** [ɪnflʊ'enʃl] einflussreich
in·flux ['ɪnflʌks] Zustrom *m*, Zufluss *m*, (*Waren*)Zufuhr *f*
in·form [ɪn'fɔːm] benachrichtigen, unterrichten (**of** von), informieren (**of** über *acc.*); ~ ***against*** *od.* ***on s.o.*** j-n anzeigen; j-n denunzieren
in·for·mal [ɪn'fɔːml] formlos, zwanglos; **~·i·ty** [ɪnfɔː'mælətɪ] Formlosigkeit *f*; Ungezwungenheit *f*
in·for·ma|·tion [ɪnfə'meɪʃn] Auskunft *f*, Information *f*; Nachricht *f*; **~·tion (su·per·)'high·way** *Computer*: Datenautobahn *f*; **~·tive** [ɪn'fɔːmətɪv] informativ; lehrreich; mitteilsam
in·form·er [ɪn'fɔːmə] Denunziant(in); Spitzel *m*
in·fra·struc·ture ['ɪnfrəstrʌktʃə] Infrastruktur *f*
in·fre·quent [ɪn'friːkwənt] selten
in·fringe [ɪn'frɪndʒ]: ~ **on** *Rechte, Vertrag etc.* verletzen, verstoßen gegen
in·fu·ri·ate [ɪn'fjʊərɪeɪt] wütend machen
in·fuse [ɪn'fjuːz] *Tee* aufgießen; **in·fu·sion** [ɪn'fjuːʒn] Aufguss *m*; *med.* Infusion *f*
in·ge|·ni·ous [ɪn'dʒiːnjəs] genial; einfallsreich; raffiniert; **~·nu·i·ty** [ɪndʒɪ'njuːətɪ] Genialität *f*; Einfallsreichtum *m*
in·gen·u·ous [ɪn'dʒenjʊəs] offen, aufrichtig; naiv
in·got ['ɪŋgət] (*Gold- etc.*)Barren *m*
in·gra·ti·ate [ɪn'greɪʃɪeɪt]: ~ ***o.s. with s.o.*** sich bei j-m beliebt machen
in·grat·i·tude [ɪn'grætɪtjuːd] Undankbarkeit *f*
in·gre·di·ent [ɪn'griːdjənt] Bestandteil *m*; *gastr.* Zutat *f*
in·grow·ing ['ɪngrəʊɪŋ] nach innen wachsend; eingewachsen
in·hab|·it [ɪn'hæbɪt] bewohnen, leben in (*dat.*); **~·it·a·ble** bewohnbar; **~·i·tant** Bewohner(in); Einwohner(in)
in·hale [ɪn'heɪl] einatmen, *med. a.* inhalieren
in·her·ent [ɪn'hɪərənt] innewohnend, eigen (**in** *dat.*)
in·her|·it [ɪn'herɪt] erben; **~·i·tance** Erbe *n*
in·hib·it [ɪn'hɪbɪt] hemmen (*a. psych.*), (ver)hindern; **~·ed** *psych.* gehemmt; **in·hi·bi·tion** *psych.* [ɪnhɪ'bɪʃn] Hemmung *f*
in·hos·pi·ta·ble [ɪn'hɒspɪtəbl] ungastlich; unwirtlich (*Gegend etc.*)
in·hu·man [ɪn'hjuːmən] unmenschlich; **~e** [ɪnhjuː'meɪn] inhuman, menschenunwürdig
in·im·i·cal [ɪ'nɪmɪkl] feindselig (**to** gegen); nachteilig (**to** für)
in·im·i·ta·ble [ɪ'nɪmɪtəbl] unnachahmlich

i·ni|·tial [ɪ'nɪʃl] **1.** anfänglich, Anfangs...; **2.** Initiale *f*, (großer) Anfangsbuchstabe; **~·tial·ly** [ɪ'nɪʃəlɪ] am *od.* zu Anfang, anfänglich; **~·ti·ate** [ɪ'nɪʃɪeɪt] in die Wege leiten, ins Leben rufen; einführen; **~·ti·a·tion** [ɪnɪʃɪ'eɪʃn] Einführung *f*; **~·tia·tive** [ɪ'nɪʃɪətɪv] Initiative *f*, erster Schritt; ***take the ~*** die Initiative ergreifen; ***on one's own ~*** aus eigenem Antrieb
in·ject *med.* [ɪn'dʒekt] injizieren, einspritzen; **in·jec·tion** *med.* [ɪn'dʒekʃn] Injektion *f*, Spritze *f*
in·ju·di·cious [ɪndʒuː'dɪʃəs] unklug, unüberlegt
in·junc·tion *jur.* [ɪn'dʒʌŋkʃn] gerichtliche Verfügung
in·jure ['ɪndʒə] verletzen, -wunden; schaden (*dat.*); kränken; **'~d 1.** verletzt; **2.** ***the ~*** *pl.* die Verletzten *pl.*; **in·ju·ri·ous** [ɪn'dʒʊərɪəs] schädlich; ***be ~ to*** schaden (*dat.*); ***~ to health*** gesundheitsschädlich; **in·ju·ry** ['ɪndʒərɪ] *med.* Verletzung *f*; Kränkung *f*; **'in·ju·ry time** *Brt. bsd. Fußball*: Nachspielzeit *f*
in·jus·tice [ɪn'dʒʌstɪs] Ungerechtigkeit *f*; Unrecht *n*; ***do s.o. an ~*** j-m unrecht tun
ink [ɪŋk] Tinte *f*
ink·ling ['ɪŋklɪŋ] Andeutung *f*; dunkle *od.* leise Ahnung
'ink|·pad Stempelkissen *n*; **'~·y** (***-ier, -iest***) voller Tinte, Tinten...; tinten-, pechschwarz
in·laid ['ɪnleɪd] eingelegt, Einlege...; ***~ work*** Einlegearbeit *f*
in·land 1. *adj.* ['ɪnlənd] inländisch, einheimisch; Binnen...; **2.** *adv.* [ɪn'lænd] landeinwärts; **♀ 'Rev·e·nue** *Brt.* Finanzamt *n*
in·lay ['ɪnleɪ] Einlegearbeit *f*; (Zahn-) Füllung *f*, Plombe *f*
in·let ['ɪnlet] schmale Bucht; *tech.* Eingang *m*, -lass *m*
in-line skate ['ɪnlaɪn skeɪt] Inliner *m*, Inline Skate *m* (*Rollschuh*)
in·mate ['ɪnmeɪt] Insass|e *m*, -in *f*; Mitbewohner(in)
in·most ['ɪnməʊst] innerste(r, -s) (*a. fig.*)
inn [ɪn] Gasthaus *n*, Wirtshaus *n*
in·nate [ɪ'neɪt] angeboren
in·ner ['ɪnə] innere(r, -s); Innen...; verborgen; **'~·most** → ***inmost***
in·nings ['ɪnɪŋz] (*pl.* ***innings***) *Kricket, Baseball*: Spielzeit *f* (*e-s Spielers od. e-r Mannschaft*)
'inn·keep·er Gastwirt(in)
in·no|·cence ['ɪnəsns] Unschuld *f*; Harmlosigkeit *f*; Naivität *f*; **'~·cent** unschuldig; harmlos; arglos, naiv
in·noc·u·ous [ɪ'nɒkjʊəs] harmlos
in·no·va·tion [ɪnəʊ'veɪʃn] Neuerung *f*
in·nu·en·do [ɪnjuː'endəʊ] (*pl.* ***-does, -dos***) (versteckte) Andeutung
in·nu·me·ra·ble [ɪ'njuːmərəbl] unzählig, zahllos
i·noc·u|·late *med.* [ɪ'nɒkjʊleɪt] impfen; **~·la·tion** *med.* [ɪnɒkjʊ'leɪʃn] Impfung *f*
in·of·fen·sive [ɪnə'fensɪv] harmlos
in·op·e·ra·ble [ɪn'ɒpərəbl] *med.* inoperabel, nicht operierbar; undurchführbar (*Plan etc.*)
in·op·por·tune [ɪn'ɒpətjuːn] inopportun, unangebracht, ungelegen
in·or·di·nate [ɪ'nɔːdɪnət] unmäßig
'in·pa·tient *med.* stationärer Patient, stationäre Patientin
in·put ['ɪnpʊt] Input *m*, *n*; *Computer*: *a.* (Daten)Eingabe *f*; *a.* Energiezufuhr *f*; *a.* (Arbeits)Aufwand *m*
in·quest *jur.* ['ɪnkwest] gerichtliche Untersuchung; → ***coroner's inquest***
in·quire [ɪn'kwaɪə] fragen *od.* sich erkundigen (nach); ***~ into*** *et.* untersuchen, prüfen; **in·quir·ing** [ɪn'kwaɪrɪŋ] forschend; wissbegierig; **in·quir·y** [ɪn'kwaɪrɪ] Erkundigung *f*, Nachfrage *f*; Untersuchung *f*; Ermittlung *f*; ***make inquiries*** Erkundigungen einziehen
in·qui·si·tion [ɪnkwɪ'zɪʃn] (amtliche) Untersuchung; **♀** *rel. hist.* Inquisition *f*;
in·quis·i·tive [ɪn'kwɪzətɪv] neugierig, wissbegierig
in·roads *fig.* ['ɪnrəʊdz] (***in*[*to*], *on***) Eingriff *m* (in *acc.*), Übergriff *m* (auf *acc.*)
in·sane [ɪn'seɪn] geisteskrank, wahnsinnig
in·san·i·ta·ry [ɪn'sænɪtərɪ] unhygienisch
in·san·i·ty [ɪn'sænətɪ] Geisteskrankheit *f*, Wahnsinn *m*
in·sa·tia·ble [ɪn'seɪʃjəbl] unersättlich
in·scrip·tion [ɪn'skrɪpʃn] In-, Aufschrift *f*; Widmung *f*
in·scru·ta·ble [ɪn'skruːtəbl] unerforschlich, unergründlich
in·sect *zo.* ['ɪnsekt] Insekt *n*;
in·sec·ti·cide [ɪn'sektɪsaɪd] Insektenvertilgungsmittel *n*, Insektizid *n*

I

in·se·cure [ɪnsɪ'kjʊə] unsicher; nicht sicher *od.* fest
in·sen·si·ble [ɪn'sensəbl] unempfindlich (***to*** gegen); bewusstlos; unempfänglich (***of, to*** für), gleichgültig (***of, to*** gegen); unmerklich
in·sen·si·tive [ɪn'sensətɪv] unempfindlich (***to*** gegen); unempfänglich (***of, to*** für), gleichgültig (***of, to*** gegen)
in·sep·a·ra·ble [ɪn'sepərəbl] untrennbar; unzertrennlich
in·sert 1. [ɪn'sɜːt] einfügen, -setzen, -führen, (hinein)stecken, *Münze* einwerfen; inserieren; **2.** ['ɪnsɜːt] (Zeitungs)Beilage *f*, (Buch)Einlage *f*; **in·ser·tion** [ɪn'sɜːʃn] Einfügen *n*, -setzen *n*, -führen *n*, Hineinstecken *n*; Einfügung *f*; Einwurf *m* (*e-r Münze*); Anzeige *f*, Inserat *n*; **'~ key** *Computer*: Einfügetaste *f*

I

in·shore [ɪn'ʃɔː] an *od.* nahe der Küste; Küsten...
in·side 1. [ɪn'saɪd] Innenseite *f*; *das* Innere; ***turn ~ out*** umkrempeln; auf den Kopf stellen; **2.** *adj.* ['ɪnsaɪd] innere(r, -s), Innen...; Insider...; **3.** *adv.* [ɪn'saɪd] im Inner(e)n, (dr)innen; ***~ of*** F *zeitlich*: innerhalb (*gen.*); **4.** *prp.* [ɪn'saɪd] innerhalb, im Inner(e)n; **in·sid·er** [ɪn'saɪdə] Insider(in), Eingeweihte(r *m*) *f*
in·sid·i·ous [ɪn'sɪdɪəs] heimtückisch
in·sight ['ɪnsaɪt] Einsicht *f*, Einblick *m*; Verständnis *n*
in·sig·ni·a [ɪn'sɪgnɪə] *pl.* Insignien *pl.*; Abzeichen *pl.*
in·sig·nif·i·cant [ɪnsɪg'nɪfɪkənt] bedeutungslos; unbedeutend
in·sin·cere [ɪnsɪn'sɪə] unaufrichtig
in·sin·u|·ate [ɪn'sɪnjʊeɪt] andeuten, anspielen auf (*acc.*); **~·a·tion** [ɪnsɪnjʊ'eɪʃn] Anspielung *f*, Andeutung *f*
in·sip·id [ɪn'sɪpɪd] geschmacklos, fad
in·sist [ɪn'sɪst] bestehen, beharren (***on*** auf *dat.*); **in·sis·tence** [ɪn'sɪstəns] Bestehen *n*, Beharren *n*; Beharrlichkeit *f*; **in'sis·tent** beharrlich, hartnäckig
in·sole ['ɪnsəʊl] Einlegesohle *f*; Brandsohle *f*
in·so·lent ['ɪnsələnt] unverschämt
in·sol·u·ble [ɪn'sɒljʊbl] unlöslich; unlösbar (*Problem etc.*)
in·sol·vent [ɪn'sɒlvənt] zahlungsunfähig, insolvent
in·som·ni·a [ɪn'sɒmnɪə] Schlaflosigkeit *f*
in·spect [ɪn'spekt] untersuchen, prüfen, nachsehen; besichtigen, inspizieren; **in·spec·tion** [ɪn'spekʃn] Prüfung *f*, Untersuchung *f*, Kontrolle *f*; Inspektion *f*; **in'spec·tor** Aufsichtsbeamte(r) *m*, Inspektor *m*; (Polizei)Inspektor *m*, (-)Kommissar *m*
in·spi·ra·tion [ɪnspə'reɪʃn] Inspiration *f*, (plötzlicher) Einfall; **in·spire** [ɪn'spaɪə] inspirieren, anregen; *Gefühl etc.* auslösen
in·stall [ɪn'stɔːl] *tech.* installieren, einrichten, aufstellen, einbauen, *Leitung* legen; *in ein Amt etc.* einsetzen; **in·stal·la·tion** [ɪnstə'leɪʃn] *tech.* Installation *f*, Einrichtung *f*, -bau *m*; *tech. fertige* Anlage; Einsetzung *f*, -führung *f* (*in ein Amt*)
in·stal·ment *Brt.*, **in·stall·ment** *Am.* [ɪn'stɔːlmənt] *econ.* Rate *f*; (Teil)Lieferung *f* (*e-s Buches etc.*); Fortsetzung *f* (*e-s Romans etc.*); *Rundfunk*, *TV*: Folge *f*
in'stall·ment plan *Am.*: ***buy on the ~*** auf Abzahlung *od.* Raten kaufen
in·stance ['ɪnstəns] Beispiel *n*; (besonderer) Fall; *jur.* Instanz *f*; ***for ~*** zum Beispiel
in·stant ['ɪnstənt] **1.** Moment *m*, Augenblick *m*; **2.** sofortig, augenblicklich; **in·stan·ta·ne·ous** [ɪnstən'teɪnjəs] sofortig, augenblicklich; **~ 'cam·e·ra** *phot.* Sofortbildkamera *f*; **~ 'cof·fee** Pulver-, Instantkaffee *m*; **'~·ly** sofort, unverzüglich
in·stead [ɪn'sted] statt dessen, dafür; ***~ of*** an Stelle von, (an)statt
'in·step *anat.* Spann *m*, Rist *m*
in·sti|·gate ['ɪnstɪgeɪt] anstiften; aufhetzen; veranlassen; **'~·ga·tor** Anstifter(in); (Auf)Hetzer(in)
in·stil *Brt.*, **in·still** *Am.* [ɪn'stɪl] (***-ll-***) beibringen, einflößen (***into*** *dat.*)
in·stinct ['ɪnstɪŋkt] Instinkt *m*; **in·stinc·tive** [ɪn'stɪŋktɪv] instinktiv
in·sti|·tute ['ɪnstɪtjuːt] Institut *n*; **~·tu·tion** [ɪnstɪ'tjuːʃn] Institution *f*, Einrichtung *f*; Institut *n*; Anstalt *f*
in·struct [ɪn'strʌkt] unterrichten; ausbilden, schulen; informieren; anweisen; **in·struc·tion** [ɪn'strʌkʃn] Unterricht *m*; Ausbildung *f*, Schulung *f*; Anweisung *f*, Instruktion *f*, *Computer*: Befehl *m*; **~s** *pl.* ***for use*** Gebrauchsanwei-

sung *f*; ***operating ~s*** *pl.* Bedienungsanleitung *f*; **in·struc·tive** [ɪn'strʌktɪv] instruktiv, lehrreich; **in'struc·tor** Lehrer *m*; Ausbilder *m*; **in'struc·tress** Lehrerin *f*; Ausbilderin *f*

in·stru|·ment ['ɪnstrʊmənt] Instrument *n*; Werkzeug *n* (*a. fig.*); **~·men·tal** [ɪnstrʊ'mentl] *mus.* Instrumental...; behilflich; ***be ~ in*** beitragen zu

in·sub·or·di|·nate [ɪnsə'bɔːdənət] aufsässig; **~·na·tion** [ɪnsəbɔːdɪ'neɪʃn] Auflehnung *f*, Aufsässigkeit *f*

in·suf·fe·ra·ble [ɪn'sʌfərəbl] unerträglich, unausstehlich

in·suf·fi·cient [ɪnsə'fɪʃnt] unzulänglich, ungenügend

in·su·lar ['ɪnsjʊlə] Insel...; *fig.* engstirnig

in·su|·late ['ɪnsjʊleɪt] isolieren; **~·la·tion** [ɪnsjʊ'leɪʃn] Isolierung *f*; Isoliermaterial *n*

in·sult **1.** ['ɪnsʌlt] Beleidigung *f*; **2.** [ɪn'sʌlt] beleidigen

in·sur|·ance [ɪn'ʃɔːrəns] Versicherung *f*; Versicherungssumme *f*; (Ab)Sicherung *f* (***against*** gegen); **~ com·pa·ny** Versicherungsgesellschaft *f*; **~ pol·i·cy** Versicherungspolice *f*; **~e** [ɪn'ʃɔː] versichern (***against*** gegen); **~ed:** ***the ~*** der *od.* die Versicherte

in·sur·gent [ɪn'sɜːdʒənt] **1.** aufständisch; **2.** Aufständische(r *m*) *f*

in·sur·moun·ta·ble *fig.* [ɪnsə'maʊntəbl] unüberwindlich

in·sur·rec·tion [ɪnsə'rekʃn] Aufstand *m*

in·tact [ɪn'tækt] intakt, unversehrt, unbeschädigt, ganz

'in·take *tech.* Einlass(öffnung *f*) *m*; (*Nahrungs- etc.*)Aufnahme *f*; (Neu-) Aufnahme(n *pl.*) *f*, (Neu)Zugänge *pl.*

in·te·gral ['ɪntɪgrəl] ganz, vollständig; wesentlich

in·te|·grate ['ɪntɪgreɪt] (sich) integrieren; zusammenschließen; eingliedern, -beziehen; ***~d circuit*** *electr.* integrierter Schaltkreis; **~·gra·tion** [ɪntɪ'greɪʃn] Integration *f*

in·teg·ri·ty [ɪn'tegrətɪ] Integrität *f*; Vollständigkeit *f*; Einheit *f*

in·tel|·lect ['ɪntəlekt] Intellekt *m*, Verstand *m*; **~·lec·tual** [ɪntə'lektjʊəl] **1.** intellektuell, Verstandes..., geistig; **2.** Intellektuelle(r *m*) *f*

in·tel·li|·gence [ɪn'telɪdʒəns] Intelligenz *f*; nachrichtendienstliche Informationen *pl.*; **~·gent** intelligent, klug

in·tel·li·gi·ble [ɪn'telɪdʒəbl] verständlich (***to*** für)

in·tem·per·ate [ɪn'tempərət] unmäßig

in·tend [ɪn'tend] beabsichtigen, vorhaben, planen; ***~ed for*** bestimmt für *od.* zu

in·tense [ɪn'tens] intensiv, stark, heftig

in·ten·si|·fy [ɪn'tensɪfaɪ] intensivieren; (sich) verstärken; **~·ty** [ɪn'tensətɪ] Intensität *f*

in·ten·sive [ɪn'tensɪv] intensiv, gründlich; **~ 'care u·nit** *med.* Intensivstation *f*

in·tent [ɪn'tent] **1.** gespannt, aufmerksam; ***~ on*** fest entschlossen zu (*dat.*); konzentriert auf (*acc.*); **2.** Absicht *f*, Vorhaben *n*; **in·ten·tion** [ɪn'tenʃn] Absicht *f*; *jur.* Vorsatz *m*; **in·ten·tion·al** [ɪn'tenʃənl] absichtlich, vorsätzlich

in·ter [ɪn'tɜː] (***-rr-***) bestatten

in·ter... ['ɪntə] zwischen, Zwischen...; gegenseitig, einander

in·ter·act [ɪntər'ækt] aufeinander (ein)wirken, sich gegenseitig beeinflussen

in·ter·cede [ɪntə'siːd] vermitteln, sich einsetzen (***with*** bei; ***for*** für)

in·ter|·cept [ɪntə'sept] abfangen; **~·cep·tion** [ɪntə'sepʃn] Abfangen *n*

in·ter·ces·sion [ɪntə'seʃn] Fürsprache *f*

in·ter·change **1.** [ɪntə'tʃeɪndʒ] austauschen; **2.** ['ɪntətʃeɪndʒ] Austausch *m*; *mot.* Autobahnkreuz *n*

in·ter·com ['ɪntəkɒm] Sprechanlage *f*

in·ter·course ['ɪntəkɔːs] Verkehr *m*; *a.* ***sexual ~*** (Geschlechts)Verkehr *m*

in·terest ['ɪntrɪst] **1.** Interesse *n* (***in*** an *dat.*, für); Wichtigkeit *f*, Bedeutung *f*; Vorteil *m*, Nutzen *m*; *econ.* Anteil *m*, Beteiligung *f*; *econ.* Zins(en *pl.*) *m*; ***take an ~ in*** sich interessieren für; **2.** interessieren (***in*** für *et.*); **'~·ed** interessiert (***in*** an); ***be ~ in*** sich interessieren für; **'~·ing** interessant; **'~ rate** *econ.* Zinssatz *m*

in·ter·face ['ɪntəfeɪs] *Computer:* Schnittstelle *f*

in·ter|·fere [ɪntə'fɪə] sich einmischen (***with*** in *acc.*); stören; **~·fer·ence** [ɪntə'fɪərəns] Einmischung *f*; Störung *f*

in·te·ri·or [ɪn'tɪərɪə] **1.** innere(r, -s), Innen...; Binnen...; Inlands...; **2.** *das* In-

nere; Interieur *n*; *pol.* innere Angelegenheiten *pl.*; → ***Department of the*** ♀; ~ **'dec·o·ra·tor** Innenarchitekt(in)
in·ter|·ject [ɪntə'dʒekt] *Bemerkung* einwerfen; ~**·jec·tion** [ɪntə'dʒekʃn] Einwurf *m*; Ausruf *m*; *ling.* Interjektion *f*
in·ter·lace [ɪntə'leɪs] (sich) (ineinander) verflechten
in·ter·lock [ɪntə'lɒk] ineinandergreifen; (miteinander) verzahnen
in·ter·lop·er ['ɪntələʊpə] Eindringling *m*
in·ter·lude ['ɪntəlu:d] Zwischenspiel *n*; Pause *f*; ~***s of bright weather*** zeitweilig schön
in·ter·me·di|·a·ry [ɪntə'mi:djərɪ] Vermittler(in), Mittelsmann *m*; ~**·ate** [ɪntə'mi:djət] in der Mitte liegend, Mittel..., Zwischen...; *ped.* für fortgeschrittene Anfänger
in·ter·ment [ɪn'tɜ:mənt] Beerdigung *f*, Bestattung *f*
in·ter·mi·na·ble [ɪn'tɜ:mɪnəbl] endlos
in·ter·mis·sion [ɪntə'mɪʃn] Unterbrechung *f*; *bsd. Am. thea. etc.*: Pause *f*
in·ter·mit·tent [ɪntə'mɪtənt] mit Unterbrechungen, periodisch (auftretend); ~ ***fever*** *med.* Wechselfieber *n*
in·tern[1] [ɪn'tɜ:n] internieren
in·tern[2] *Am.* ['ɪntɜ:n] Assistenzarzt *m*, -ärztin *f*
in·ter·nal [ɪn'tɜ:nl] innere(r, -s); einheimisch, Inlands...; ~**-com'bus·tion en·gine** Verbrennungsmotor *m*
in·ter·na·tion·al [ɪntə'næʃənl] **1.** international; Auslands...; **2.** *Sport*: Internationale *m*, *f*, Nationalspieler(in); internationaler Wettkampf; Länderspiel *n*; ~ **'call** *tel.* Auslandsgespräch *n*; ~ **'law** *jur.* Völkerrecht *n*
in·ter|·pret [ɪn'tɜ:prɪt] interpretieren, auslegen, erklären; dolmetschen; ~**·pre·ta·tion** [ɪntɜ:prɪ'teɪʃn] Interpretation *f*, Auslegung *f*; ~**·pret·er** [ɪn'tɜ:prɪtə] Dolmetscher(in)
in·ter·ro|·gate [ɪn'terəgeɪt] verhören, -nehmen; (be)fragen; ~**·ga·tion** [ɪnterə'geɪʃn] Verhör *n*, -nehmung *f*; Frage *f*; ~**'ga·tion mark** → ***question mark***
in·ter·rog·a·tive *gr.* [ɪntə'rɒgətɪv] Interrogativ..., Frage...
in·ter|·rupt [ɪntə'rʌpt] unterbrechen; ~**·rup·tion** [ɪntə'rʌpʃn] Unterbrechung *f*
in·ter|·sect [ɪntə'sekt] (durch)schneiden; sich schneiden *od.* kreuzen; ~**·sec·tion** [ɪntə'sekʃn] Schnittpunkt *m*; (Straßen)Kreuzung *f*
in·ter·sperse [ɪntə'spɜ:s] einstreuen, hier u. da einfügen
in·ter·state *Am.* [ɪntə'steɪt] zwischenstaatlich; ~ (***highway***) (*mehrere Bundesstaaten verbindende*) Autobahn
in·ter·twine [ɪntə'twaɪn] (sich ineinander) verschlingen
in·ter·val ['ɪntəvl] Intervall *n* (*a. mus.*), Abstand *m*; *Brt.* Pause *f* (*a. thea. etc.*); ***at regular*** ~***s*** in regelmäßigen Abständen
in·ter|·vene [ɪntə'vi:n] eingreifen, -schreiten, intervenieren; dazwischenkommen; ~**·ven·tion** [ɪntə'venʃn] Eingreifen *n*, -schreiten *n*, Intervention *f*
in·ter·view ['ɪntəvju:] **1.** Interview *n*; Einstellungsgespräch *n*; **2.** interviewen; ein Einstellungsgespräch führen mit; ~**·ee** [ɪntəvju:'i:] Interviewte(r *m*) *f*; ~**·er** ['ɪntəvju:ə] Interviewer(in)
in·ter·weave [ɪntə'wi:v] (***-wove, -woven***) (miteinander) verweben *od.* -flechten
in·tes·tate *jur.* [ɪn'testeɪt]: ***die*** ~ ohne Hinterlassung e-s Testaments sterben
in·tes·tine *anat.* [ɪn'testɪn] Darm *m*; ~***s*** *pl.* Eingeweide *pl.*; ***large*** ~ Dickdarm *m*; ***small*** ~ Dünndarm *m*
in·ti·ma·cy ['ɪntɪməsɪ] Intimität *f*, Vertrautheit *f*; (*a. plumpe*) Vertraulichkeit; intime (*sexuelle*) Beziehungen *pl.*
in·ti·mate ['ɪntɪmət] **1.** intim (*a. sexuell*); vertraut, eng (*Freunde etc.*); (*a.* plump-)vertraulich; innerste(r, -s) (*Wünsche etc.*); gründlich, genau (*Kenntnisse etc.*); **2.** Vertraute(r *m*) *f*
in·tim·i|·date [ɪn'tɪmɪdeɪt] einschüchtern; ~**·da·tion** [ɪntɪmɪ'deɪʃn] Einschüchterung *f*
in·to ['ɪntʊ, 'ɪntə] in (*acc.*), in (*acc.*) ... hinein; gegen (*acc.*); *math.* in (*acc.*); ***4*** ~ ***20 goes five times*** 4 geht fünfmal in 20
in·tol·e·ra·ble [ɪn'tɒlərəbl] unerträglich
in·tol·e|·rance [ɪn'tɒlərəns] Intoleranz *f*, Unduldsamkeit (***of*** gegen); ~**·rant** intolerant, unduldsam (***of*** gegen)
in·to·na·tion [ɪntəʊ'neɪʃn] *gr.* Intonation *f*, Tonfall *m*; *mus.* Intonation *f*
in·tox·i|·cat·ed [ɪn'tɒksɪkeɪtɪd] be-

rauscht; betrunken; **~·ca·tion** [ɪntɒksɪˈkeɪʃn] Rausch *m* (*a. fig.*)
in·trac·ta·ble [ɪnˈtræktəbl] eigensinnig; schwer zu handhaben(d)
in·tran·si·tive *gr.* [ɪnˈtrænsətɪv] intransitiv
in·tra·ve·nous *med.* [ɪntrəˈviːnəs] intravenös
ˈin tray: ***in the ~*** im Post- *etc.* Eingang
in·trep·id [ɪnˈtrepɪd] unerschrocken
in·tri·cate [ˈɪntrɪkət] verwickelt, kompliziert
in·trigue [ɪnˈtriːg] **1.** Intrige *f*; **2.** faszinieren, interessieren; intrigieren
in·tro|·duce [ɪntrəˈdjuːs] vorstellen (***to*** *dat.*), *j-n* bekannt machen (***to*** mit); einführen; **~·duc·tion** [ɪntrəˈdʌkʃn] Vorstellung *f*; Einführung *f*; Einleitung *f*, Vorwort *n*; ***letter of ~*** Empfehlungsschreiben *n*; **~·duc·to·ry** [ɪntrəˈdʌktərɪ] Einführungs...; einleitend, Einleitungs...
in·tro·spec|·tion [ɪntrəʊˈspekʃn] Selbstbeobachtung *f*; **~·tive** [ɪntrəʊˈspektɪv] selbstbeobachtend, introspektiv
in·tro·vert *psych.* [ˈɪntrəʊvɜːt] introvertierter Mensch; **ˈ~·ed** *psych.* introvertiert, in sich gekehrt
in·trude [ɪnˈtruːd] (sich) aufdrängen; stören; ***am I intruding?*** störe ich?; **inˈtrud·er** Eindringling *m*; Störenfried *m*; **in·tru·sion** [ɪnˈtruːʒn] Störung *f*; **in·tru·sive** [ɪnˈtruːsɪv] aufdringlich
in·tu·i|·tion [ɪntjuːˈɪʃn] Intuition *f*; **~·tive** [ɪnˈtjuːɪtɪv] intuitiv
In·u·it [ˈɪnjʊɪt] *a.* ***Innuit*** Inuit *m*, Eskimo *m*
in·un·date [ˈɪnʌndeɪt] überschwemmen, -fluten (*a. fig.*)
in·vade [ɪnˈveɪd] eindringen in, einfallen in, *mil. a.* einmarschieren in (*acc.*); *fig.* überlaufen, -schwemmen; **~r** Eindringling *m*
in·va·lid¹ [ˈɪnvəlɪd] **1.** krank; invalid(e); **2.** Kranke(r *m*) *f*; Invalide(r *m*) *f*
in·val·id² [ɪnˈvælɪd] (rechts)ungültig
in·val·u·a·ble [ɪnˈvæljʊəbl] unschätzbar
in·var·i·a|·ble [ɪnˈveərɪəbl] unveränderlich; **~·bly** ausnahmslos
in·va·sion [ɪnˈveɪʒn] Invasion *f* (*a. mil.*), Einfall *m*, *mil. a.* Einmarsch *m*; *fig.* Eingriff *m*, Verletzung *f*
in·vec·tive [ɪnˈvektɪv] Schmähung(en *pl.*) *f*, Beschimpfung(en *pl.*) *f*
in·vent [ɪnˈvent] erfinden; **in·ven·tion** [ɪnˈvenʃn] Erfindung *f*; **in·ven·tive** [ɪnˈventɪv] erfinderisch; einfallsreich; **in·ven·tor** [ɪnˈventə] Erfinder(in); **in·ven·tory** [ˈɪnvəntrɪ] Inventar *n*; Bestand(sliste *f*) *m*; Inventur *f*
in·verse [ɪnˈvɜːs] **1.** umgekehrt; **2.** Umkehrung *f*, Gegenteil *n*; **in·ver·sion** [ɪnˈvɜːʃn] Umkehrung *f*; *gr.* Inversion *f*
in·vert [ɪnˈvɜːt] umkehren
in·ver·te·brate *zo.* [ɪnˈvɜːtɪbrət] **1.** wirbellos; **2.** wirbelloses Tier
in·vert·ed ˈcom·mas *pl.* Anführungszeichen *pl.*
in·vest [ɪnˈvest] investieren, anlegen
in·ves·ti|·gate [ɪnˈvestɪgeɪt] untersuchen; überprüfen; Untersuchungen *od.* Ermittlungen anstellen (***into*** über *acc.*), nachforschen; **~·ga·tion** [ɪnvestɪˈgeɪʃn] Untersuchung *f*; Ermittlung *f*, Nachforschung *f*; **~·ga·tor** [ɪnˈvestɪgeɪtə]: ***private ~*** Privatdetektiv *m*
in·vest·ment *econ.* [ɪnˈvestmənt] Investition *f*, (Kapital)Anlage *f*; **inˈves·tor** *econ.* Anleger *m*
in·vet·e·rate [ɪnˈvetərət] unverbesserlich; hartnäckig
in·vid·i·ous [ɪnˈvɪdɪəs] gehässig, boshaft, gemein
in·vig·o·rate [ɪnˈvɪgəreɪt] kräftigen, stärken, beleben
in·vin·ci·ble [ɪnˈvɪnsəbl] unbesiegbar; unüberwindlich
in·vis·i·ble [ɪnˈvɪzəbl] unsichtbar
in·vi·ta·tion [ɪnvɪˈteɪʃn] Einladung *f*; Aufforderung *f*; **in·vite** [ɪnˈvaɪt] einladen; auffordern; *Gefahr etc.* herausfordern; **~ *s.o. in*** j-n hereinbitten; **inˈvit·ing** einladend, verlockend
in·voice *econ.* [ˈɪnvɔɪs] **1.** (Waren-) Rechnung *f*; **2.** in Rechnung stellen, berechnen
in·voke [ɪnˈvəʊk] flehen um; *Gott etc.* anrufen; beschwören (*a. Geister*)
in·vol·un·ta·ry [ɪnˈvɒləntərɪ] unfreiwillig; unabsichtlich; unwillkürlich
in·volve [ɪnˈvɒlv] verwickeln, hineinziehen (***in*** in *acc.*); *j-n*, *et.* angehen, betreffen; zur Folge haben, mit sich bringen; **~d** kompliziert, verworren; **~·ment** Verwicklung *f*; Beteiligung *f*
in·vul·ne·ra·ble [ɪnˈvʌlnərəbl] unverwundbar; *fig.* unanfechtbar

I

in·ward ['ɪnwəd] **1.** *adj.* innere(r, -s), innerlich; **2.** *adv. mst* **~s** einwärts, nach innen
I/O [aɪ 'əʊ] *Abk. für* ***input/output*** *Computer*: (Daten)Eingabe/(Daten)Ausgabe *f*
IOC [aɪ əʊ 'siː] *Abk. für* ***International Olympic Committee*** Internationales Olympisches Komitee
i·o·dine - ['aɪədiːn] Jod *n*
i·on *phys.* ['aɪən] Ion *n*
IOU [aɪ əʊ 'juː] (= ***I owe you***) Schuldschein *m*
IQ [aɪ 'kjuː] *Abk. für* ***intelligence quotient*** IQ, Intelligenzquotient *m*
IRA [aɪ ɑːr 'eɪ] *Abk. für* ***Irish Republican Army*** IRA, Irisch-Republikanische Armee
I·ran [ɪ'rɑːn] Iran *m*; **I·ra·ni·an** [ɪ'reɪnjən] **1.** iranisch; **2.** Iraner(in); *ling*. Iranisch *n*
I·raq [ɪ'rɑːk] Irak *m*; **I·ra·qi** [ɪ'rɑːkɪ] **1.** irakisch; **2.** Iraker(in); *ling*. Irakisch *n*
i·ras·ci·ble [ɪ'ræsəbl] jähzornig
i·rate [aɪ'reɪt] zornig, wütend
Ire·land ['aɪələnd] Irland *n*
ir·i·des·cent [ɪrɪ'desnt] schillernd
i·ris ['aɪərɪs] *anat*. Regenbogenhaut *f*, Iris *f*; *bot*. Schwertlilie *f*, Iris *f*
I·rish ['aɪərɪʃ] **1.** irisch; **2.** *ling*. Irisch *n*; ***the ~*** *pl*. die Iren *pl*.; **'~·man** (*pl*. ***-men***) Ire *m*; **'~·wom·an** (*pl*. ***-women***) Irin *f*
irk·some ['ɜːksəm] lästig, ärgerlich
i·ron ['aɪən] **1.** Eisen *n*; Bügeleisen *n*; ***strike while the ~ is hot*** *fig*. das Eisen schmieden, solange es heiß ist; **2.** eisern (*a. fig.*), Eisen..., aus Eisen; **3.** bügeln; **~ *out*** ausbügeln; **♀ 'Cur·tain** *pol. hist*. Eiserner Vorhang
i·ron·ic [aɪ'rɒnɪk] (**~*ally***), **i·ron·i·cal** [aɪ'rɒnɪkl] ironisch, spöttisch
'i·ron·ing board Bügelbrett *n*
i·ron| 'lung *med*. eiserne Lunge; **~·mon·ger** *Brt*. ['aɪənmʌŋgə] Eisenwarenhändler *m*; **'~·works** *sg*. Eisenhütte *f*
i·ron·y ['aɪərənɪ] Ironie *f*
ir·ra·tion·al [ɪ'ræʃənl] irrational, unvernünftig
ir·rec·on·ci·la·ble [ɪ'rekənsaɪləbl] unversöhnlich; unvereinbar
ir·re·cov·e·ra·ble [ɪrɪ'kʌvərəbl] unersetzlich; unwiederbringlich
ir·reg·u·lar [ɪ'regjʊlə] unregelmäßig; ungleichmäßig; regel- *od*. vorschriftswidrig
ir·rel·e·vant [ɪ'reləvənt] irrelevant, unerheblich, belanglos (***to*** für)
ir·rep·a·ra·ble [ɪ'repərəbl] irreparabel, nicht wieder gutzumachen(d)
ir·re·place·a·ble [ɪrɪ'pleɪsəbl] unersetzlich
ir·re·pres·si·ble [ɪrɪ'presəbl] nicht zu unterdrücken(d); unbezähmbar
ir·re·proa·cha·ble [ɪrɪ'prəʊtʃəbl] einwandfrei, untadelig
ir·re·sis·ti·ble [ɪrɪ'zɪstəbl] unwiderstehlich
ir·res·o·lute [ɪ'rezəluːt] unentschlossen
ir·re·spec·tive [ɪrɪ'spektɪv]: **~ *of*** ohne Rücksicht auf (*acc*.); unabhängig von
ir·re·spon·si·ble [ɪrɪ'spɒnsəbl] unverantwortlich; verantwortungslos
ir·re·trie·va·ble [ɪrɪ'triːvəbl] unwiederbringlich, unersetzlich
ir·rev·e·rent [ɪ'revərənt] respektlos
ir·rev·o·ca·ble [ɪ'revəkəbl] unwiderruflich, unabänderlich, endgültig
ir·ri|·gate ['ɪrɪgeɪt] bewässern; **~·ga·tion** [ɪrɪ'geɪʃn] Bewässerung *f*
ir·ri|·ta·ble ['ɪrɪtəbl] reizbar; **~·tant** ['ɪrɪtənt] Reizmittel *n*; **~·tate** ['ɪrɪteɪt] reizen; (ver)ärgern; **'~·tat·ing** ärgerlich (*Sache*); **~·ta·tion** [ɪrɪ'teɪʃn] Reizung *f*; Verärgerung *f*; Ärger *m* (***at*** über *acc*.)
is [ɪz] *er, sie, es* ist
ISBN [aɪ es biː 'en] *Abk. für* ***International Standard Book Number*** ISBN-Nummer *f*
Is·lam ['ɪzlɑːm] der Islam
is·land ['aɪlənd] Insel *f*; *a*. ***traffic ~*** Verkehrsinsel *f*; **'~·er** Inselbewohner(in)
isle *poet*. [aɪl] Insel *f*
i·so|·late ['aɪsəleɪt] absondern; isolieren; **'~·lat·ed** isoliert, abgeschieden; einzeln; ⚠ *nicht electr*. ***isoliert***; **~·la·tion** [aɪsə'leɪʃn] Isolierung *f*, Absonderung *f*; **~'la·tion ward** *med*. Isolierstation *f*
Is·rael ['ɪzreɪəl] Israel *n*; **Is·rae·li** [ɪz'reɪlɪ] **1.** israelisch; **2.** Israeli *m, f*
is·sue ['ɪʃuː] **1.** Streitfrage *f*, -punkt *m*; Ausgabe *f* (*e-r Zeitung etc.*); Erscheinen *n* (*e-r Zeitung etc.*); *jur*. Nachkommen(schaft *f*) *pl*.; Ausgang *m*, Ergebnis *n*; ***be at ~*** zur Debatte stehen; ***point at ~*** strittiger Punkt; ***die without ~*** kinder-

los sterben; **2.** *v/t. Zeitung etc.* herausgeben; *Banknoten etc.* ausgeben; *Dokument etc.* ausstellen; *v/i.* heraus-, hervorkommen; herausfließen, -strömen
it [ɪt] es; *bezogen auf bereits Genanntes*: es, er, ihn, sie
I·tal·i·an [ɪ'tæljən] **1.** italienisch; **2.** Italiener(in); *ling.* Italienisch *n*
i·tal·ics *print.* [ɪ'tælɪks] Kursivschrift *f*
It·a·ly ['ɪtəlɪ] Italien *n*
itch [ɪtʃ] **1.** Jucken *n*, Juckreiz *m*; **2.** jucken, kratzen; ***I ~ all over*** es juckt mich überall; ***be ~ing for s.th.*** F et. unbedingt (haben) wollen; ***be ~ing to** inf.* F darauf brennen, zu *inf.*; **'~·y** juckend; kratzend
i·tem ['aɪtəm] Punkt *m* (*der Tagesordnung etc.*), Posten *m* (*auf e-r Liste*); Artikel *m*, Gegenstand *m*; (*Presse-, Zeitungs*)Notiz *f*, (*a. Rundfunk, TV*) Nachricht *f*, Meldung *f*; **~·ize** ['aɪtəmaɪz] einzeln angeben *od.* aufführen
i·tin·e·ra·ry [aɪ'tɪnərərɪ] Reiseweg *m*, -route *f*; Reiseplan *m*
its [ɪts] sein(e), ihr(e)
it's [ɪts] *für **it is; it has***
it·self [ɪt'self] sich; sich selbst; *verstärkend*: selbst; ***by ~*** (für sich) allein; von selbst; ***in ~*** an sich
ITV [aɪ tiː 'viː] *Abk. für* ***Independent Television*** (*unabhängige brit. kommerzielle Fernsehanstalten*)
I've [aɪv] *für **I have***
i·vo·ry ['aɪvərɪ] Elfenbein *n*
i·vy *bot.* ['aɪvɪ] Efeu *m*

J

J, j [dʒeɪ] J, j *n*
J *nur geschr. Abk. für* ***joule(s)*** J, Joule *n od. pl.*
jab [dʒæb] **1.** (***-bb-***) (hinein)stechen, (-)stoßen; **2.** Stich *m*, Stoß *m*
jab·ber ['dʒæbə] (daher)plappern
jack [dʒæk] **1.** *tech.* Hebevorrichtung *f*; *tech.* Wagenheber *m*; *Kartenspiel*: Bube *m*; **2.** ***~ up*** *Auto* aufbocken
jack·al *zo.* ['dʒækɔːl] Schakal *m*
jack|·ass ['dʒækæs] Esel *m* (*a. fig.*); **'~·boots** Stulp(en)stiefel *pl.*; **'~·daw** *zo.* Dohle *f*
jack·et ['dʒækɪt] Jacke *f*, Jackett *n*; *tech.* Mantel *m*; (Schutz)Umschlag *m*; *Am.* (*Platten*)Hülle *f*; ***~ potatoes*** *pl.*, ***potatoes (boiled) in their ~s*** *pl.* Pellkartoffeln *pl.*
jack| knife ['dʒæknaɪf] **1.** (*pl.* ***- knives***) Klappmesser *n*; **2.** zusammenklappen, -knicken; **~-of-'all-trades** Hansdampf *m* in allen Gassen; **'~·pot** Jackpot *m*, Haupttreffer *m*; ***hit the ~*** F den Jackpot gewinnen; *fig.* das große Los ziehen
jade [dʒeɪd] Jade *m, f*; Jadegrün *n*
jag [dʒæg] Zacken *m*; **~·ged** ['dʒægɪd] gezackt, zackig
jag·u·ar *zo.* ['dʒægjʊə] Jaguar *m*
jail [dʒeɪl] **1.** Gefängnis *n*; **2.** einsperren; **'~·bird** F Knastbruder *m*; **'~·er** Gefängnisaufseher *m*; **'~·house** *Am.* Gefängnis *n*
jam¹ [dʒæm] Konfitüre *f*, Marmelade *f*
jam² [dʒæm] **1.** (***-mm-***) *v/t.* (hinein-)pressen, (-)quetschen, (-)zwängen, *Menschen a.* (-)pferchen; (ein)klemmen, (-)quetschen; *a.* ***~ up*** blockieren, verstopfen; *Funkempfang* stören; ***~ on the brakes*** *mot.* voll auf die Bremse treten; *v/i.* sich (hinein)drängen *od.* (-)quetschen; *tech.* sich verklemmen, *Bremsen*: blockieren; **2.** Gedränge *n*; *tech.* Blockierung *f*, Stauung *f*, Stockung *f*; ***traffic ~*** Verkehrsstau *m*; ***be in a ~*** F in der Klemme stecken
jamb [dʒæm] (Tür-, Fenster)Pfosten *m*
jam·bo·ree [dʒæmbə'riː] Jamboree *n*, Pfadfindertreffen *n*
Jan *nur geschr. Abk. für* ***January*** Jan., Januar *m*
jan·gle ['dʒæŋgl] klimpern *od.* klirren (mit)
jan·i·tor *Am.* ['dʒænɪtə] Hausmeister *m*

Jan·u·a·ry ['dʒænjʊərɪ] (*Abk.* **Jan**) Januar *m*
Ja·pan [dʒə'pæn] Japan *n*; **Jap·a·nese** [dʒæpə'niːz] **1.** japanisch; **2.** Japaner(in); *ling.* Japanisch *n*; **the** ~ *pl.* die Japaner *pl.*
jar[1] [dʒɑː] **1.** Gefäß *n*, Krug *m*; (Marmelade- *etc.*)Glas *n*
jar[2] [dʒɑː] (**-rr-**): ~ **on** weh tun (*dat.*) (*Farbe, Geräusch etc.*)
jar·gon ['dʒɑːgən] Jargon *m*, Fachsprache *f*
jaun·dice *med.* ['dʒɔːndɪs] Gelbsucht *f*
jaunt [dʒɔːnt] **1.** Ausflug *m*, *mot.* Spritztour *f*; **2.** e-n Ausflug *od.* e-e Spritztour machen
jaun·ty ['dʒɔːntɪ] (**-ier, -iest**) unbeschwert, unbekümmert; flott (*Hut etc.*)
jav·e·lin ['dʒævlɪn] *Sport*: Speer *m*; ~ (**throw**), **throwing the** ~ Speerwerfen *n*; ~ **thrower** Speerwerfer(in)
jaw [dʒɔː] *anat.* Kiefer *m*; **lower** ~ Unterkiefer *m*; **upper** ~ Oberkiefer *m*; ~**s** *pl.* *zo.* Rachen *m*, Maul *n*; *tech.* Backen *pl.*; '~·**bone** *anat.* Kieferknochen *m*
jay *zo.* [dʒeɪ] Eichelhäher *m*; '~·**walk** unachtsam über die Straße gehen; '~·**walk·er** unachtsamer Fußgänger
jazz *mus.* [dʒæz] Jazz *m*
jeal·ous ['dʒeləs] eifersüchtig (**of** auf *acc.*); neidisch; '~·**y** Eifersucht *f*; Neid *m*; ⚠ *nicht* **Jalousie**
jeans [dʒiːnz] *pl.* Jeans *pl.*
jeep® [dʒiːp] Jeep® *m*
jeer [dʒɪə] **1.** (**at**) höhnische Bemerkung(en) machen (über *acc.*); höhnisch lachen (über *acc.*); ~ (**at**) verhöhnen; **2.** höhnische Bemerkung; Hohngelächter *n*
jel·lied ['dʒelɪd] in Aspik *od.* Sülze
jel·ly ['dʒelɪ] Gallert(e *f*) *n*; Gelee *n*; Aspik *m*, *n*, Sülze *f*; Götterspeise *f*; '~ **ba·by** *Brt.* Gummibärchen *n*; '~ **bean** Gummi-, Geleebonbon *m*, *n*; '~·**fish** *zo.* (*pl.* **-fish, -fishes**) Qualle *f*
jeop·ar|·dize ['dʒepədaɪz] gefährden; '~·**dy** Gefahr *f*
jerk [dʒɜːk] **1.** ruckartig ziehen an (*dat.*); sich ruckartig bewegen; (zusammen)zucken; **2.** (plötzlicher) Ruck; Sprung *m*, Satz *m*; *med.* Zuckung *f*; '~·**y** (**-ier, -iest**) ruckartig; holprig; rüttelnd, schüttelnd (*Fahrt*)
jer·sey ['dʒɜːzɪ] Pullover *m*
jest [dʒest] **1.** Scherz *m*, Spaß *m*; **2.** scherzen, spaßen; '~·**er** *hist.* (Hof)Narr *m*
jet [dʒet] **1.** (Wasser-, Gas- *etc.*)Strahl *m*; *tech.* Düse *f*; *aviat.* Jet *m*; **2.** (**-tt-**) (heraus-, hervor)schießen (**from** aus); *aviat.* F jetten; ~ '**en·gine** *tech.* Düsen-, Strahltriebwerk *n*; '~ **lag** *körperliche Anpassungsschwierigkeiten durch die Zeitverschiebung bei weiten Flugreisen*; '~ **plane** Düsenflugzeug *n*, Jet *m*; ~-**pro'pelled** mit Düsenantrieb, Düsen...; ~ **pro'pul·sion** Düsen-, Strahlantrieb *m*; '~ **set** Jet-set *m*; '~-**set·ter** Angehörige(r *m*) *f* des Jet-set
jet·ty *naut.* ['dʒetɪ] (Hafen)Mole *f*
Jew [dʒuː] Jude *m*, Jüdin *f*
jew·el ['dʒuːəl] Juwel *n*, *m*, Edelstein *m*; '**jew·eler** *Am.*, '**jew·el·ler** *Brt.* Juwelier *m*; **jew·el·lery** *Brt.*, **jew·elry** *Am.* ['dʒuːəlrɪ] Juwelen *pl.*; Schmuck *m*
Jew|·ess ['dʒuːɪs] Jüdin *f*; '~·**ish** jüdisch
jif·fy F ['dʒɪfɪ]: **in a** ~ im Nu, sofort
jig·saw ['dʒɪgsɔː] Laubsäge *f*; → '~ **puz·zle** Puzzle(spiel) *n*
jilt [dʒɪlt] *Mädchen* sitzen lassen; *e-m Liebhaber* den Laufpass geben
jin·gle ['dʒɪŋgl] **1.** klimpern (mit), bimmeln (lassen); **2.** Klimpern *n*, Bimmeln *n*; Werbesong *m*, -spruch *m*
jit·ters F ['dʒɪtəz] *pl.*: **the** ~ Bammel *m*, e-e Heidenangst
Jnr *nur geschr. Abk. für* **Junior** jr., jun., junior, der Jüngere
job [dʒɒb] **1.** (*einzelne*) Arbeit; Beruf *m*, Beschäftigung *f*, Stellung *f*, Stelle *f*, Arbeit *f*, Job *m*;Arbeitsplatz *m*; Aufgabe *f*, Sache *f*, Angelegenheit *f*; *Computer*: Job *m*; *a.* ~ **work** Akkordarbeit *f*; **by the** ~ im Akkord; **out of a** ~ arbeitslos; **2.** ~ **around** jobben; '~ **ad,** ~ **ad'ver·tise·ment** Stellenanzeige *f*; '~·**ber** *Brt.* Börsenspekulant *m*; '~ **cen·tre** *Brt.* Arbeitsamt *n*; '~ **hop·ping** *Am.* häufiger Arbeitsplatzwechsel; '~-**hunt·ing** Arbeitssuche *f*; **be** ~ auf Arbeitssuche sein; '~·**less** arbeitslos; '~-**shar·ing** Job-sharing *n*
jock·ey ['dʒɒkɪ] Jockei *m*
jog [dʒɒg] **1.** stoßen an (*acc.*) *od.* gegen, *j-n* anstoßen; *mst* ~ **along,** ~ **on** dahintrotten, -zuckeln; *Sport*: joggen; **2.** (leichter) Stoß, Stups *m*; Trott *m*;

Sport: Trimmtrab *m*;'**~·ger** *Sport*: Jogger(in); '**~·ging** *Sport*: Joggen *n*, Jogging *n*

join [dʒɔɪn] **1.** *v/t.* verbinden, -einigen, zusammenfügen; sich anschließen (*dat. od.* an *acc.*), sich gesellen zu; eintreten in (*acc.*), beitreten; teilnehmen *od.* sich beteiligen an (*dat.*), mitmachen bei; **~ *in*** einstimmen in; *v/i.* sich vereinigen *od.* verbinden; **~ *in*** teilnehmen *od.* sich beteiligen (an *dat.*), mitmachen (bei); **2.** Verbindungsstelle *f*, Naht *f*; '**~·er** Tischler *m*, Schreiner *m*

joint [dʒɔɪnt] **1.** Verbindungs-, Nahtstelle *f*; *anat., tech.* Gelenk *n*; *bot.* Knoten *m*; *Brt. gastr.* Braten *m*; *sl.* Laden *m*, Bude *f*, Spelunke *f*; *sl.* Joint *m* (*Haschisch- od. Marihuanazigarette*); ***out of*** **~** ausgerenkt; *fig.* aus den Fugen; **2.** gemeinsam, gemeinschaftlich; Mit...; '**~·ed** gegliedert; Glieder...; **~·'stock com·pa·ny** *Brt. econ.* Kapital- *od.* Aktiengesellschaft *f*; **~ 'ven·ture** *econ.* Gemeinschaftsunternehmen *n*

joke [dʒəʊk] **1.** Witz *m*; Scherz *m*, Spaß *m*; ***practical*** **~** Streich *m*; ***play a*** **~** ***on s.o.*** j-m e-n Streich spielen; **2.** scherzen, Witze machen; '**jok·er** Spaßvogel *m*, Witzbold *m*; *Kartenspiel*: Joker *m*

jol·ly ['dʒɒlɪ] **1.** *adj.* (***-ier, -iest***) lustig, fröhlich, vergnügt; **2.** *adv. Brt.* F ganz schön; **~ *good*** prima

jolt [dʒəʊlt] **1.** e-n Ruck *od.* Stoß geben; durchrütteln, -schütteln; rütteln, holpern (*Fahrzeug*); *fig.* aufrütteln; **2.** Ruck *m*, Stoß *m*; *fig.* Schock *m*

jos·tle ['dʒɒsl] (an)rempeln; dränge(l)n

jot [dʒɒt] **1.** ***not a*** **~** keine Spur; **2.** (***-tt-***): **~ *down*** sich schnell *et.* notieren

joule *phys.* [dʒuːl] Joule *n*

jour·nal ['dʒɜːnl] Journal *n*; (Fach)Zeitschrift *f*; Tagebuch *n*; **~·is·m** ['dʒɜːnəlɪzəm] Journalismus *m*; **~·ist** ['dʒɜːnəlɪst] Journalist(in)

jour·ney ['dʒɜːnɪ] **1.** Reise *f*; **2.** reisen; '**~·man** (*pl.* ***-men***) Geselle *m*

joy [dʒɔɪ] Freude *f*; ***for*** **~** vor Freude; '**~·ful** freudig; erfreut; '**~·less** freudlos, traurig; '**~·stick** *aviat.* Steuerknüppel *m*; *Computer*: Joystick *m*

Jr → ***Jnr***

jub·i·lant ['dʒuːbɪlənt] jubelnd, überglücklich

ju·bi·lee ['dʒuːbɪliː] Jubiläum *n*

judge [dʒʌdʒ] **1.** *jur.* Richter(in); Schieds-, Preisrichter(in); Kenner(in); **2.** *jur. Fall* verhandeln; (be)urteilen; beurteilen, einschätzen

judg(e)·ment ['dʒʌdʒmənt] *jur.* Urteil *n*; Urteilsvermögen *n*; Meinung *f*, Ansicht *f*; göttliches (Straf)Gericht; ***the Last*** ♀ das Jüngste Gericht; '♀ **Day,** *a.* ***Day of*** ♀ Jüngster Tag

ju·di·cial *jur.* [dʒuːˈdɪʃl] gerichtlich, Justiz...; richterlich

ju·di·cia·ry *jur.* [dʒuːˈdɪʃɪərɪ] Richter *pl.*

ju·di·cious [dʒuːˈdɪʃəs] klug, weise

ju·do ['dʒuːdəʊ] *Sport*: Judo *n*

jug [dʒʌg] Krug *m*; Kanne *f*, Kännchen *n*

jug·gle ['dʒʌgl] jonglieren (mit); *Bücher etc.* frisieren; '**~r** Jongleur *m*

juice [dʒuːs] Saft *m*; *sl. mot.* Sprit *m*; **juic·y** ['dʒuːsɪ] (***-ier, -iest***) saftig; F pikant, gepfeffert

juke·box ['dʒuːkbɒks] Musikbox *f*, Musikautomat *m*

Jul *nur geschr. Abk. für* ***July*** Juli *m*

Ju·ly [dʒuːˈlaɪ] (*Abk.* ***Jul***) Juli *m*

jum·ble ['dʒʌmbl] **1.** *a.* **~ *together,*** **~ *up*** durcheinander bringen *od. werfen*; **2.** Durcheinander *n*; '**~ sale** *Brt.* Wohltätigkeitsbasar *m*

jum·bo ['dʒʌmbəʊ] **1.** riesig, Riesen...; **2.** (*pl.* ***-bos***) *aviat.* F Jumbo *m*; '**~ jet** *aviat.* Jumbo-Jet *m*; '**~-sized** riesig

jump [dʒʌmp] **1.** *v/i.* springen; hüpfen; zusammenzucken, -fahren, hochfahren (***at*** bei); **~ *at the chance*** mit beiden Händen zugreifen; **~ *to conclusions*** übereilte Schlüsse ziehen; *v/t.* (hinweg)springen über (*acc.*); überspringen; **~ *the queue*** *Brt.* sich vordränge(l)n; **~ *the lights*** bei Rot über die Kreuzung fahren, F bei Rot drüberfahren; **2.** Sprung *m*; ***high*** (***long***) **~** *Sport*: Hoch-(Weit)sprung *m*

'**jump·er**[1] *Sport*: (*Hoch-etc.*)Springer(in)

'**jump·er**[2] *Brt.* Pullover *m*; *Am.* Trägerrock *m*, -kleid *n*

'**jump|·ing jack** Hampelmann *m*; '**~·y** (***-ier, -iest***) nervös

Jun *nur geschr. Abk. für*: ***June*** Juni *m*; → ***Jnr***

junc|·tion ['dʒʌŋkʃn] (Straßen)Kreuzung *f*; *rail.* Knotenpunkt *m*; **~·ture** ['dʒʌŋktʃə]: ***at this*** **~** zu diesem Zeitpunkt

J

June [dʒuːn] (*Abk.* ***Jun***) Juni *m*
jun·gle ['dʒʌŋgl] Dschungel *m*
ju·ni·or ['dʒuːnjə] **1.** junior; jüngere(r, -s); untergeordnet; *Sport*: Junioren..., Jugend...; **2.** Jüngere(r *m*) *f*; ~ **'high (school)** *Am. die unteren Klassen der Highschool*; '~ **school** *Brt.* Grundschule *f* (*für Kinder von 7-11*)
junk¹ *naut.* [dʒʌŋk] Dschunke *f*
junk² F [dʒʌŋk] Trödel *m*; Schrott *m*; Abfall *m*; *sl.* Stoff *m* (*bsd. Heroin*); '~ **food** Junk-Food *n* (*kalorienreiche Nahrung von geringem Nährwert*); **~·ie, ~·y** *sl.* ['dʒʌŋkɪ] Junkie *m*, Fixer(in); '**~·yard** *Am.* Schuttabladeplatz *m*; Schrottplatz *m*; ***auto*** ~ *Am.* Autofriedhof *m*
jur·is·dic·tion ['dʒʊərɪs'dɪkʃn] Gerichtsbarkeit *f*; Zuständigkeit(sbereich *m*) *f*
ju·ris·pru·dence [dʒʊərɪs'pruːdəns] Rechtswissenschaft *f*
ju·ror *jur.* ['dʒʊərə] Geschworene(r *m*) *f*
ju·ry ['dʒʊərɪ] *jur. die* Geschworenen *pl.*; Jury *f*, Preisrichter *pl.*; '**~·man** (*pl.* ***-men***) *jur.* Geschworene(r) *m*; '**~·wom·an** (*pl.* ***-women***) *jur.* Geschworene *f*
just [dʒʌst] **1.** *adj.* gerecht; berechtigt; angemessen; **2.** *adv.* gerade, (so)eben; gerade, genau, eben; gerade (noch), ganz knapp; nur, bloß; ~ ***about*** ungefähr, etwa; ~ ***like that*** einfach so; ~ ***now*** gerade (jetzt), (so)eben
jus·tice ['dʒʌstɪs] Gerechtigkeit *f*; *jur.* Richter *m*; ♀ ***of the Peace*** Friedensrichter *m*; ***court of*** ~ Gericht(shof *m*) *n*
jus·ti|·fi·ca·tion [dʒʌstɪfɪ'keɪʃn] Rechtfertigung *f*; **~·fy** ['dʒʌstɪfaɪ] rechtfertigen
just·ly ['dʒʌstlɪ] mit *od.* zu Recht
jut [dʒʌt] (***-tt-***): ~ ***out*** vorspringen, herausragen
ju·ve·nile ['dʒuːvənaɪl] **1.** jugendlich; Jugend...; **2.** Jugendliche(r *m*) *f*; ~ **'court** Jugendgericht *n*; ~ **de'lin·quen·cy** Jugendkriminalität *f*; ~ **de'lin·quent** straffälliger Jugendlicher, jugendlicher Straftäter

K

K

K, k [keɪ] K, k *n*
kan·ga·roo *zo.* [kæŋgə'ruː] (*pl.* ***-roos***) Känguru *n*
ka·ra·te [kə'rɑːtɪ] Karate *n*
KB [keɪ 'biː] *Abk. für* ***kilobyte*** KB, Kilobyte *n*
keel *naut.* [kiːl] **1.** Kiel *m*; **2.** ~ ***over*** umschlagen, kentern
keen [kiːn] scharf (*a. fig.*); schneidend (*Kälte*); heftig, stark (*Gefühl*); stark, lebhaft (*Interesse*); groß (*Appetit etc.*); begeistert, leidenschaftlich; ~ ***on*** versessen *od.* scharf auf (*acc.*)
keep [kiːp] **1.** (***kept***) *v/t.* (auf-, [bei]be-, er-, fest-, zurück)halten; *Gesetze etc.* einhalten, befolgen; *Ware* führen; *Geheimnis* für sich behalten; *Versprechen, Wort* halten; *Buch* führen; aufheben, aufbewahren; abhalten, hindern (***from*** von); *Tiere* halten; *Bett* hüten; ernähren, er-, unterhalten; ~ ***early hours*** früh zu Bett gehen; ~ ***one's head*** die Ruhe bewahren; ~ ***one's temper*** sich beherrschen; ~ ***s.o. company*** j-m Gesellschaft leisten; ~ ***s.th. from s.o.*** j-m et. vorenthalten *od.* verschweigen *od.* verheimlichen; ~ ***time*** richtig gehen (*Uhr*); Takt *od.* Schritt halten; *v/i.* bleiben; sich halten; *mit ger.*: weiter...: ~ ***going*** weitergehen; ~ ***smiling*** immer nur lächeln!; ~ (***on***) ***talking*** weitersprechen; ~ (***on***) ***trying*** es weiterversuchen, es immer wieder versuchen; ~ ***s.o. waiting*** j-n warten lassen; ~ ***away*** (sich) fernhalten (***from*** von); ~ ***back*** zurückhalten (*a. fig.*); ~ ***from doing s.th.*** et. nicht tun; ~ ***in*** *Schüler*(*in*) nachsitzen lassen; ~ ***off*** (sich) fernhalten; ~ ***off!*** Betreten verboten!; ~ ***on*** *Kleidungsstück* anbehalten, anlassen, *Hut* aufbehalten; *Licht* brennen lassen; fortfahren (***doing*** zu tun); ~ ***out*** nicht hinein-

od. hereinlassen; ~ ***out!*** Zutritt verboten!; ~ ***to*** sich halten an (*acc.*); ~ ***up*** *fig.* aufrechterhalten; *Mut* nicht sinken lassen; fortfahren mit, weitermachen; nicht schlafen lassen; ~ ***it up*** so weitermachen; ~ ***up with*** Schritt halten mit; ~ ***up with the Joneses*** nicht hinter den Nachbarn zurückstehen (wollen); **2.** (Lebens)Unterhalt *m*; ***for ~s*** F für immer

'keep|·er Wärter(in), Wächter(in), Aufseher(in); *mst in Zssgn*: Inhaber(in), Besitzer(in); **'~·ing** Verwahrung *f*; Obhut *f*; ***be in*** (***out of***) ~ ***with ...*** (nicht) übereinstimmen mit ...; **~·sake** ['ki:pseɪk] Andenken *n* (*Geschenk*)

keg [keg] Fässchen *n*, kleines Fass

ken·nel ['kenl] Hundehütte *f*; ***~s*** *sg.* Hundezwinger *m*; Hundepension *f*

kept [kept] *pret. u. p.p. von* ***keep*** 1

kerb [kɜ:b], **'~·stone** Bordstein *m*

ker·chief ['kɜ:tʃɪf] (Hals-, Kopf)Tuch *n*

ker·nel ['kɜ:nl] Kern *m* (*a. fig.*)

ket·tle ['ketl] Kessel *m*; **'~·drum** *mus.* (Kessel)Pauke *f*

key [ki:] **1.** Schlüssel *m* (*a. fig.*); (*Schreibmaschinen-, Klavier- etc.*)Taste *f*; *mus.* Tonart *f*; Schlüssel...; **2.** anpassen (***to*** an *acc.*); ~ ***in*** *Computer*: *Daten* eingeben; ***~ed up*** nervös, aufgeregt, überdreht; **'~·board** Tastatur *f*; **'~·hole** Schlüsselloch *n*; **'~·man** (*pl.* ***-men***) Schlüsselfigur *f*; **'~·note** *mus.* Grundton *m*; *fig.* Grundgedanke *m*, Tenor *m*; **'~ ring** Schlüsselring *m*; **'~·stone** *arch.* Schlussstein *m*; *fig.* Grundpfeiler *m*; **'~ word** Schlüssel-, Stichwort *n*

kick [kɪk] **1.** (mit dem Fuß) stoßen, treten, e-n Tritt geben *od.* versetzen; *Fußball*: schießen, treten, kicken; strampeln; ausschlagen (*Pferd*); ~ ***off*** von sich schleudern; *Fußball*: anstoßen; ~ ***out*** F rausschmeißen; ~ ***up*** hochschleudern; ~ ***up a fuss*** *od.* ***row*** F Krach schlagen; **2.** (Fuß)Tritt *m*; Stoß *m*; *Fußball*: Schuss *m*; ***free*** ~ Freistoß *m*; ***for ~s*** F zum Spaß; ***they get a ~ out of it*** es macht ihnen e-n Riesenspaß; **'~·off** *Fußball*: Anstoß *m*; **'~·out** *Fußball*: Abschlag *m*

kid[1] [kɪd] Zicklein *n*, Kitz *n*; Ziegenleder *n*; F Kind *n*; ~ ***brother*** F kleiner Bruder

kid[2] [kɪd](***-dd-***) *v/t. j-n* auf den Arm nehmen; ~ ***s.o.*** j-m et. vormachen; *v/i.* Spaß machen; ***he is only ~ding*** er macht ja nur Spaß; ***no ~ding!*** im Ernst!

kid 'gloves *pl.* Glacéhandschuhe *pl.* (*a. fig.*)

kid·nap ['kɪdnæp] (***-pp-***, *Am. a.* ***-p-***) entführen, kidnappen; **'kid·nap·(p)er** Entführer(in), Kidnapper(in); **'kid·nap·(p)ing** Entführung *f*, Kidnapping *n*

kid·ney *anat.* ['kɪdnɪ] Niere *f*; **'~ bean** *bot.* weiße Bohne; **'~ ma·chine** künstliche Niere

kill [kɪl] töten (*a. fig.*), umbringen, ermorden; vernichten; *Tiere* schlachten; *hunt.* erlegen, schießen; ***be ~ed in an accident*** tödlich verunglücken; ~ ***time*** die Zeit totschlagen; **'~·er** Mörder(in), Killer(in); **'~·ing** mörderisch, tödlich

kiln [kɪln] Brennofen *m*

ki·lo F ['ki:ləʊ] (*pl.* ***-los***) Kilo *n*

kil·o|·gram(me) ['kɪləgræm] Kilogramm *n*; **'~·me·tre** *Brt.*, **'~·me·ter** *Am.* Kilometer *m*

kilt [kɪlt] Kilt *m*, Schottenrock *m*

kin [kɪn] Verwandtschaft *f*, Verwandte *pl.*

kind[1] [kaɪnd] freundlich, liebenswürdig, nett; herzlich

kind[2] [kaɪnd] Art *f*, Sorte *f*; Wesen *n*; ⚠ *nicht* ***Kind***; ***all ~s of*** alle möglichen, allerlei; ***nothing of the*** ~ nichts dergleichen; ~ ***of*** F ein bisschen

kin·der·gar·ten ['kɪndəgɑ:tn] Kindergarten *m*

kind-'heart·ed gütig

kin·dle ['kɪndl] anzünden, (sich) entzünden; *fig. Interesse etc.* wecken

kind|·ly ['kaɪndlɪ] **1.** *adj.* (***-ier, -iest***) freundlich, liebenswürdig, nett; **2.** *adv.* → 1; freundlicher-, liebenswürdiger-, netterweise; **'~·ness** Freundlichkeit *f*, Liebenswürdigkeit *f*; Gefälligkeit *f*

kin·dred ['kɪndrɪd] verwandt; ~ ***spirits*** *pl.* Gleichgesinnte *pl.*

king [kɪŋ] König *m* (*a. fig. u. Schach, Kartenspiel*); **~·dom** ['kɪŋdəm] Königreich *n*; *rel.* Reich *n* Gottes; ***animal*** (***mineral, vegetable***) ~ Tier- (Mineral-, Pflanzen)reich *n*; **'~·ly** (***-ier, -iest***) königlich; **'~-size(d)** Riesen...

kink [kɪŋk] Knick *m*; *fig.* Tick *m*, Spleen *m*; **'~·y** (***-ier, -iest***) spleenig; pervers

ki·osk ['ki:ɒsk] Kiosk *m*; *Brt.* Telefonzelle *f*

K

kip·per ['kɪpə] Räucherhering *m*
kiss [kɪs] **1.** Kuss *m*; **2.** (sich) küssen
kit [kɪt] Ausrüstung *f*; Arbeitsgerät *n*, Werkzeug(e *pl.*) *n*; Werkzeugtasche *f*, -kasten *m*; Bastelsatz *m*; → ***first aid kit***; '**~ bag** Seesack *m*
kitch·en ['kɪtʃɪn] Küche *f*; Küchen...; **~·ette** [kɪtʃɪ'net] Kleinküche *f*, Kochnische *f*; **~ 'gar·den** Küchen-, Gemüsegarten *m*
kite [kaɪt] Drachen *m*; *zo.* Milan *m*; ***fly a ~*** e-n Drachen steigen lassen
kit·ten ['kɪtn] Kätzchen *n*
knack [næk] Kniff *m*, Trick *m*, Dreh *m*; Geschick *n*, Talent *n*
knave [neɪv] Schurke *m*, Spitzbube *m*; *Kartenspiel*: Bube *m*, Unter *m*
knead [ni:d] kneten; massieren
knee [ni:] Knie *n*; *tech.* Knie(stück) *n*; '**~·cap** *anat.* Kniescheibe *f*; **~-'deep** knietief, bis an die Knie (reichend); '**~ joint** *anat.* Kniegelenk *n* (*a. tech.*)
kneel [ni:l] (**knelt,** *Am. a.* **kneeled**) knien (**to** vor *dat.*)
'**knee-length** knielang (*Rock etc.*)
knell [nel] Totenglocke *f*
knelt [nelt] *pret. u. p.p. von* ***kneel***
knew [nju:] *pret. von* ***know***
knick·er·bock·ers ['nɪkəbɒkəz] *pl.* Knickerbocker *pl.*, Kniehosen *pl.*
knick·ers *Brt.* F ['nɪkəz] *pl.* (Damen-)Schlüpfer *m*
knick-knack ['nɪknæk] Nippsache *f*
knife [naɪf] **1.** (*pl.* ***knives*** [naɪvz]) Messer *n*; **2.** mit e-m Messer stechen *od.* verletzen; erstechen
knight [naɪt] **1.** Ritter *m*; *Schach*: Springer *m*; **2.** zum Ritter schlagen; **~·hood** ['naɪthʊd] Ritterwürde *f*, -stand *m*
knit [nɪt] (**-tt-;** ***knit*** *od.* ***knitted***) *v/t.* stricken; *a.* ***~ together*** zusammenfügen, verbinden; ***~ one's brows*** die Stirn runzeln; *v/i.* stricken; zusammenwachsen (*Knochen*); '**~·ting** Stricken *n*; Strickzeug *n*; Strick...; '**~·ting nee·dle** Stricknadel *f*; '**~·wear** Strickwaren *pl.*
knives [naɪvz] *pl. von* ***knife*** 1
knob [nɒb] Knopf *m*, Knauf *m*, *runder* Griff; Stück(chen) *n* (*Butter, Zucker etc.*)
knock [nɒk] **1.** schlagen, stoßen; pochen, klopfen; ***~ at the door*** an die Tür klopfen; ***~ about, ~ around*** herumstoßen; F sich herumtreiben; F herumliegen; ***~ down*** *Gebäude etc.* abreißen; umstoßen, -werfen; niederschlagen; an-, umfahren; überfahren; mit *dem Preis* heruntergehen; *Auktion*: *et.* zuschlagen (**to s.o.** j-m); ***be ~ed down*** überfahren werden; ***~ off*** herunter-, abschlagen; F hinhauen (*schnell erledigen*); F aufhören (mit); F Feierabend *od.* Schluss machen; ***~ out*** herausschlagen, -klopfen, *Pfeife* ausklopfen; bewusstlos schlagen; *Boxen*: k.o. schlagen; betäuben (*Drogen etc.*); *fig.* F umhauen, schocken; ***~ over*** umwerfen, -stoßen; überfahren; ***be ~ed over*** überfahren werden; **2.** Schlag *m*, Stoß *m*; Klopfen *n*; ***there is a ~ (at*** [*Am.* ***on***] ***the door***) es klopft; '**~·er** Türklopfer *m*; **~-'kneed** x-beinig; '**~·out** *Boxen*: Knock-out *m*, K.o. *m*
knoll [nəʊl] Hügel *m*; ⚠ *nicht* ***Knolle***
knot [nɒt] **1.** Knoten *m*; Astknoten *m*; *naut.* Knoten *m*, Seemeile *f*; **2.** (**-tt-**) (ver)knoten, (-)knüpfen; '**~·ty** (**-ier, -iest**) knotig; knorrig; *fig.* verwickelt, kompliziert
know [nəʊ] (***knew, known***) wissen; können; kennen; erfahren, erleben; (wieder)erkennen; verstehen; ***~ French*** Französisch können; ***~ one's way around*** sich auskennen in (*örtlich*); ***~ all about it*** genau Bescheid wissen; ***get to ~*** kennen lernen; ***~ one's business, ~ the ropes, ~ a thing or two, ~ what's what*** F sich auskennen, Erfahrung haben; ***you ~*** wissen Sie; '**~-how** Know-how *n*, praktische (Sach-, Spezial)Kenntnis(se *pl.*) *f*; '**~·ing** klug, gescheit; schlau; verständnisvoll, wissend; '**~·ing·ly** wissend; wissentlich, absichtlich, bewusst
knowl·edge ['nɒlɪdʒ] Kenntnis(se *pl.*) *f*; Wissen *n*; ***to my ~*** meines Wissens; ***have a good ~ of*** viel verstehen von, sich gut auskennen in (*dat.*); '**~·a·ble: *be very ~ about*** viel verstehen von
known [nəʊn] *p.p. von* ***know***; bekannt
knuck·le ['nʌkl] **1.** (Finger)Knöchel *m*; **2.** ***~ down to work*** sich an die Arbeit machen
KO [keɪ 'əʊ] *Abk. für* ***knockout*** F K.o., Knock-out *m*
Krem·lin ['kremlɪn]: ***the ~*** der Kreml

L

L, l [el] L, l *n*

L [el] *Abk. für* ***learner*** **(*driver*)** *Brt. mot.* Fahrschüler(in); ***large*** **(*size*)** groß

l *nur geschr. Abk. für* ***left*** l., links; ***line*** Z., Zeile *f*; ***litre*(s)** l, Liter *m, n* (*od. pl.*)

£ *nur geschr. Abk. für* ***pound*(s) *sterling*** Pfund *n* (*od. pl.*) Sterling

lab F [læb] Labor *n*

la·bel ['leɪbl] **1.** Etikett *n*, (Klebe- *etc.*)Zettel *m*, (-)Schild(chen) *n*; (Schall)Plattenfirma *f*; **2.** (*bsd. Brt.* **-ll-**, *Am.* **-l-**) etikettieren, beschriften; *fig.* abstempeln als

la·bor·a·to·ry [lə'bɒrətərɪ] Labor(atorium) *n*; **~ as'sis·tant** Laborant(in)

la·bo·ri·ous [lə'bɔːrɪəs] mühsam; schwerfällig (*Stil*)

la·bor u·ni·on *Am.* ['leɪbə -] Gewerkschaft *f*

la·bo(u)r ['leɪbə] **1.** (schwere) Arbeit; Mühe *f*; Arbeiter *pl.*, Arbeitskräfte *pl.*; *med.* Wehen *pl.*; ***Labour*** *pol.* die Labour Party; **2.** (schwer) arbeiten; sich be- *od.* abmühen, sich anstrengen; **'~ed** schwerfällig (*Stil*); mühsam (*Atem etc.*); **~·er** ['leɪbərə] (*bsd.* Hilfs-) Arbeiter *m*; **'labour ex·change** *Brt. veraltet* → ***job centre***; **'La·bour Par·ty** *pol.* Labour Party *f*

lace [leɪs] **1.** Spitze *f*; Borte *f*; Schnürsenkel *m*; **2.** ***~ up*** (zu-, zusammen-) schnüren; *Schuh* zubinden; ***~d with brandy*** mit e-m Schuss Weinbrand

la·ce·rate ['læsəreɪt] zerschneiden, -kratzen, aufreißen; *j-s Gefühle* verletzen

lack [læk] **1.** (***of***) Fehlen *n* (von), Mangel *m* (an *dat.*); ⚠ *nicht* ***Lack***; **2.** *v/t.* nicht haben; ***he ~s money*** es fehlt ihm an Geld; *v/i.* ***be ~ing*** fehlen; ***he is ~ing in courage*** ihm fehlt der Mut; **~·lus·tre** *Brt.*, **~·lus·ter** *Am.* ['læklʌstə] glanzlos, matt

la·con·ic [lə'kɒnɪk] (***~ally***) lakonisch, wortkarg

lac·quer ['lækə] **1.** Lack *m*; Haarspray *m, n*; **2.** lackieren

lad [læd] Bursche *m*, Junge *m*

lad·der ['lædə] Leiter *f*; *Brt.* Laufmasche *f*; **'~·proof** (lauf)maschenfest (*Strumpf*)

la·den ['leɪdn] (schwer) beladen

la·dle ['leɪdl] **1.** (Schöpf-, Suppen)Kelle *f*, Schöpflöffel *m*; **2.** ***~ out*** *Suppe* austeilen

la·dy ['leɪdɪ] Dame *f*; ♀ Lady *f* (*Titel*); ***~ doctor*** Ärztin *f*; ***Ladies*('), *Am. Ladies' room*** Damentoilette *f*; **'~·bird** *zo.* Marienkäfer *m*; **'~·like** damenhaft

lag [læg] **1.** (***-gg-***) *mst* ***~ behind*** zurückbleiben; **2.** → ***time lag***

la·ger ['lɑːgə] Lagerbier *n*; ⚠ *nicht* ***Lager***

la·goon [lə'guːn] Lagune *f*

laid [leɪd] *pret. u. p.p. von* ***lay***[3]

lain [leɪn] *p.p. von* ***lie***[2] 1

lair [leə] Lager *n*, Höhle *f*, Bau *m* (*e-s wilden Tieres*)

la·i·ty ['leɪətɪ] Laien *pl.*

lake [leɪk] See *m*

lamb [læm] **1.** Lamm *n*; **2.** lammen

lame [leɪm] **1.** lahm (*a. fig.*); **2.** lähmen

la·ment [lə'ment] **1.** jammern, (weh)klagen; trauern; **2.** Jammer *m*, (Weh)Klage *f*; Klagelied *n*;

lam·en·ta·ble ['læməntəbl] beklagenswert; kläglich; **lam·en·ta·tion** [læmən'teɪʃn] (Weh)Klage *f*

lam·i·nat·ed ['læmɪneɪtɪd] laminiert, ge-, beschichtet; **~ 'glass** Verbundglas *n*

lamp [læmp] Lampe *f*; Laterne *f*; **'~·post** Laternenpfahl *m*; **'~·shade** Lampenschirm *m*

lance [lɑːns] Lanze *f*

land [lænd] **1.** Land *n*; *agr.* Land *n*, Boden *m*; Land *n*, Staat *m*; ***by ~*** auf dem Landweg; **2.** landen, *naut. a.* anlegen; *Güter* ausladen, *naut. a.* löschen; **'~ a·gent** *bsd. Brt.* Gutsverwalter *m*; **'~·ed** Land..., Grund...

land·ing ['lændɪŋ] Landung *f*, Landen *n*, *naut. a.* Anlegen *n*; Treppenabsatz *m*; **'~ field** *aviat.* Landeplatz *m*; **'~ gear** *aviat.* Fahrgestell *n*; **'~ stage** Landungsbrücke *f*, -steg *m*; **'~ strip** *aviat.* Landeplatz *m*

land|·la·dy ['lænleɪdɪ] Vermieterin *f*; Wirtin *f*; **~·lord** ['lænlɔːd] Vermieter *m*; Wirt *m*; Grundbesitzer *m*; **~·lub·ber** *naut. contp.* ['lændlʌbə] Landratte *f*;

~·mark ['lændmɑːk] Wahrzeichen *n*; *fig.* Meilenstein *m*; **~·own·er** ['lændəʊnə] Grundbesitzer(in); **~·scape** ['lænskeɪp] Landschaft *f* (*a. paint.*); **~·slide** ['lændslaɪd] Erdrutsch *m* (*a. pol.*); ***a ~ victory*** *pol.* ein überwältigender Wahlsieg; **~·slip** ['lændslɪp] (kleiner) Erdrutsch

lane [leɪn] (Feld)Weg *m*; Gasse *f*, Sträßchen *n*; *naut.* Fahrrinne *f*; *aviat.* Flugschneise *f*; *Sport*: (*einzelne*) Bahn; *mot.* (Fahr)Spur *f*; ***change ~s*** *mot.* die Spur wechseln; ***get in ~*** *mot.* sich einordnen

lan·guage ['læŋgwɪdʒ] Sprache *f*; '**~ la·bor·a·to·ry** Sprachlabor *n*

lan·guid ['læŋgwɪd] matt; träg(e)

lank [læŋk] glatt (*Haar*); '**~·y** (**-ier, -iest**) schlaksig

lan·tern ['læntən] Laterne *f*

lap[1] [læp] Schoß *m*

lap[2] [læp] **1.** *Sport*: Runde *f*; ***~ of hono(u)r*** Ehrenrunde *f*; **2.** (**-pp-**) *Sport*: *Gegner* überrunden; *Sport*: e-e Runde zurücklegen

lap[3] [læp] (**-pp-**) *v/t.*: ***~ up*** auflecken, -schlecken; *v/i.* plätschern

la·pel [lə'pel] Revers *n*, *m*, Aufschlag *m*

lapse [læps] **1.** Versehen *n*, (kleiner) Fehler *od.* Irrtum; Vergehen *n*; Zeitspanne *f*; *jur.* Verfall *m*; ***~ of memory, memory ~*** Gedächtnislücke *f*; **2.** verfallen; *jur.* verfallen, erlöschen

lar·ce·ny *jur.* ['lɑːsənɪ] Diebstahl *m*

larch *bot.* [lɑːtʃ] Lärche *f*

lard [lɑːd] **1.** Schweinefett *n*, -schmalz *n*; **2.** *Fleisch* spicken; **lar·der** ['lɑːdə] Speisekammer *f*; Speiseschrank *m*

large [lɑːdʒ] (**~r, ~st**) groß; beträchtlich, reichlich; umfassend, weitgehend; ***at ~*** in Freiheit, auf freiem Fuß; (sehr) ausführlich; in der Gesamtheit; '**~·ly** großen-, größtenteils; **~'mind·ed** aufgeschlossen, tolerant; '**~·ness** Größe *f*

lar·i·at *bsd. Am.* ['lærɪət] Lasso *n*, *m*

lark[1] *zo.* [lɑːk] Lerche *f*

lark[2] F [lɑːk] Jux *m*, Spaß *m*

lark·spur *bot.* ['lɑːkspɜː] Rittersporn *m*

lar·va *zo.* ['lɑːvə] (*pl.* **-vae** [-viː]) Larve *f*

lar·yn·gi·tis *med.* [lærɪn'dʒaɪtɪs] Kehlkopfentzündung *f*

lar·ynx *anat.* ['lærɪŋks] (*pl.* **-ynges** [lə'rɪndʒiːz], **-ynxes**) Kehlkopf *m*

las·civ·i·ous [lə'sɪvɪəs] geil, lüstern

la·ser *phys.* ['leɪzə] Laser *m*; '**~ beam** Laserstrahl *m*; '**~ print·er** *Computer*: Laserdrucker *m*; '**~ tech·nol·o·gy** Lasertechnik *f*

lash [læʃ] **1.** Peitschenschnur *f*; (Peitschen)Hieb *m*; Wimper *f*; **2.** peitschen (mit); (fest)binden; schlagen; ***~ out*** (wild) um sich schlagen

lass [læs], **~·ie** ['læsɪ] Mädchen *n*

las·so [læ'suː] (*pl.* **-sos, -soes**) Lasso *n*, *m*

last[1] [lɑːst] **1.** *adj.* letzte(r, -s); vorige(r, -s); ***~ but one*** vorletzte(r, -s); ***~ night*** gestern Abend; letzte Nacht; **2.** *adv.* zuletzt, an letzter Stelle; ***~ but not least*** nicht zuletzt, nicht zu vergessen; **3.** *der, die, das* Letzte; ⚠ *nicht* ***Last***; ***at ~*** endlich; ***to the ~*** bis zum Schluss

last[2] [lɑːst] (an-, fort)dauern; (sich) halten (*Farbe etc.*); (aus)reichen

last[3] [lɑːst] (Schuhmacher)Leisten *m*

'**last·ing** dauerhaft; beständig

'**last·ly** zuletzt, zum Schluss

latch [lætʃ] **1.** Schnappriegel *m*; Schnappschloss *n*; **2.** ein-, zuklinken; '**~·key** Haus-, Wohnungsschlüssel *m*

late [leɪt] (**~r, ~st**) spät; jüngste(r, -s), letzte(r, -s), frühere(r, -s), ehemalig; verstorben; ***be ~*** zu spät kommen, sich verspäten, Verspätung haben (*Zug etc.*); ***as ~ as*** noch, erst; ***of ~*** kürzlich; ***~r on*** später; '**~·ly** kürzlich

lath [lɑːθ] Latte *f*, Leiste *f*

lathe *tech.* [leɪð] Drehbank *f*

la·ther ['lɑːðə] **1.** (Seifen)Schaum *m*; **2.** *v/t.* einseifen; *v/i.* schäumen

Lat·in ['lætɪn] **1.** *ling.* lateinisch; südländisch; **2.** *ling.* Latein(isch) *n*; **~ A'mer·i·ca** Lateinamerika *n*; **~ A'mer·i·can** **1.** lateinamerikanisch; **2.** Lateinamerikaner(in)

lat·i·tude *geogr.* ['lætɪtjuːd] Breite *f*

lat·ter ['lætə] letztere(r, -s) (*von zweien*)

lat·tice ['lætɪs] Gitter(werk) *n*

lau·da·ble ['lɔːdəbl] lobenswert

laugh [lɑːf] **1.** lachen (***at*** über *acc.*); ***~ at s.o.*** *a.* j-n auslachen; **2.** Lachen *n*, Gelächter *n*; '**~·a·ble** lächerlich, lachhaft; **~·ter** ['lɑːftə] Lachen *n*, Gelächter *n*

launch[1] [lɔːntʃ] **1.** *Schiff* vom Stapel lassen; *Geschoss*, *östr. Geschoß* abschießen, *Rakete etc. a.* starten; *Projekt etc.* in Gang setzen, starten; **2.** *naut.* Stapellauf *m*; Abschuss *m*, Start *m*

launch[2] *naut.* [lɔːntʃ] Barkasse *f*

'launch·ing → ***launch***[1] 2; **'~ pad** *a.* ***launch pad*** Abschussrampe *f*; **'~ site** Abschussbasis *f*
laun·der ['lɔːndə] *Wäsche* waschen (u. bügeln); F *bsd. Geld* waschen
laun|·d(e)rette [lɔːn'dret] *bsd. Brt.*, **~·dro·mat**® *bsd. Am.* ['lɔːndrəmæt] Waschsalon *m*; **~·dry** ['lɔːndrɪ] Wäscherei *f*; Wäsche *f*
laur·el *bot.* ['lɒrəl] Lorbeer *m* (*a. fig.*)
la·va ['lɑːvə] Lava *f*
lav·a·to·ry ['lævətərɪ] Toilette *f*, Klosett *n*; ***public*** **~** Bedürfnisanstalt *f*
lav·en·der *bot.* ['lævəndə] Lavendel *m*
lav·ish ['lævɪʃ] **1.** sehr freigebig, verschwenderisch; **2. ~ *s.th. on s.o.*** j-n mit et. überhäufen *od.* überschütten
law [lɔː] Gesetz(e *pl.*) *n*; Recht(ssystem) *n*; Rechtswissenschaft *f*, Jura; F Bullen *pl.* (*Polizei*); F Bulle *m* (*Polizist*); Gesetz *n*, Vorschrift *f*; **~ *and order*** Recht *od.* Ruhe u. Ordnung; **~-·a·bid·ing** ['lɔːəbaɪdɪŋ] gesetzestreu; **'~·court** Gericht(shof *m*) *n*; **'~·ful** gesetzlich; rechtmäßig, legitim; rechtsgültig; **'~·less** gesetzlos; gesetzwidrig; zügellos
lawn [lɔːn] Rasen *m*; **'~·mow·er** Rasenmäher *m*
'law·suit Prozess *m*
law·yer *jur.* ['lɔːjə] (Rechts)Anwalt *m*, (-)Anwältin *f*
lax [læks] locker, schlaff; lax, lasch
lax·a·tive *med.* ['læksətɪv] **1.** abführend; **2.** Abführmittel *n*
lay[1] [leɪ] *pret. von* ***lie***[2] 1
lay[2] [leɪ] *rel.* weltlich; Laien...
lay[3] [leɪ] (***laid***) *v/t.* legen; *Teppich* verlegen; be-, auslegen (***with*** mit); *Tisch* decken; *Eier* legen; vorlegen (***before*** *dat.*), bringen (***before*** vor *dat.*); *Schuld etc.* zuschreiben, zur Last legen; *v/i.* (Eier) legen; **~ *aside*** beiseite legen, zurücklegen; **~ *off*** *econ. Arbeiter* (*bsd.* vorübergehend) entlassen; *Arbeit* einstellen; **~ *open*** darlegen; **~ *out*** ausbreiten, -legen; *Garten etc.* anlegen; entwerfen, planen; *print.* das Layout (*gen.*) machen; **~ *up*** anhäufen, (an)sammeln; ***be laid up*** das Bett hüten müssen; **'~·by** (*pl.* ***-bys***) *Brt. mot.* Parkbucht *f*, -streifen *m*; Park-, Rastplatz *m* (*Autobahn*); **'~·er** Lage *f*, Schicht *f*; *bot.* Ableger *m*
'lay·man (*pl.* ***-men***) Laie *m*
'lay|-off *econ.* (*bsd.* vorübergehende) Entlassung; **'~·out** Grundriß *m*, Lageplan *m*; *print.* Layout *n*, Gestaltung *f*
la·zy ['leɪzɪ] (***-ier, -iest***) faul, träg(e)
lb *nur geschr. Abk. für* ***pound*** (*lateinisch* ***libra***) Pfund *n* (*453,59 g*)
LCD [el siː 'diː] *Abk. für* ***liquid crystal display*** Flüssigkristallanzeige *f*
lead[1] [liːd] **1.** (***led***) *v/t.* führen; (an)führen, leiten; dazu bringen, veranlassen (***to do*** zu tun); *v/i.* führen; vorangehen; *Sport*: an der Spitze *od.* in Führung liegen; **~ *off*** anfangen, beginnen; **~ *on*** *j-m* et. vor- *od.* weismachen; **~ *to*** *fig.* führen zu; **~ *up to*** *fig.* (allmählich) führen zu; **2.** Führung *f*; Leitung *f*; Spitzenposition *f*; Vorbild *n*, Beispiel *n*; *thea.* Hauptrolle *f*; *thea.* Hauptdarsteller(in); (Hunde)Leine *f*; Hinweis *m*, Tipp *m*, Anhaltspunkt *m*; *Sport u. fig.* Führung *f*, Vorsprung *m*; ***be in the*** **~** in Führung sein; ***take the*** **~** in Führung gehen, die Führung übernehmen
lead[2] [led] *chem.* Blei *n*; *naut.* Lot *n*; **~·ed** ['ledɪd] verbleit, (*Benzin a.*) bleihaltig; **~·en** ['ledn] bleiern (*a. fig.*), Blei...
lead·er ['liːdə] (An)Führer(in), Leiter(in); Erste(r *m*) *f*; *Brt.* Leitartikel *m*; **'~·ship** Führung *f*, Leitung *f*
lead-free ['ledfriː] bleifrei (*Benzin*)
lead·ing ['liːdɪŋ] leitend; führend; Haupt...
leaf [liːf] **1.** (*pl.* ***leaves*** [liːvz]) Blatt *n*; (*Tür- etc.*)Flügel *m*; (*Tisch*)Klappe *f*, Ausziehplatte *f*; **2. ~ *through*** durchblättern; **~·let** ['liːflɪt] Hand-, Reklamezettel *m*; Prospekt *m*
league [liːg] Liga *f*; Bund *m*
leak [liːk] **1.** lecken, leck sein; tropfen; **~ *out*** auslaufen; *fig.* durchsickern; **2.** Leck *n*, undichte Stelle (*a. fig.*); **~·age** ['liːkɪdʒ] Auslaufen *n*; **'~·y** (***-ier, -iest***) leck, undicht
lean[1] [liːn] (***leant*** *od.* ***leaned***) (sich) lehnen; (sich) neigen; **~ *on*** sich verlassen auf (*acc.*)
lean[2] [liːn] **1.** mager (*a. fig.*); **2.** das Magere (*vom Fleisch*); **~ 'man·age·ment** schlanke Unternehmensstruktur
leant [lent] *pret u. p.p. von* ***lean***[1]
leap [liːp] **1.** (***leapt*** *od.* ***leaped***) springen; **~ *at*** *fig.* sich stürzen auf; **2.** Sprung

m; **'~·frog** Bockspringen *n*; **~t** [lept] *pret. u. p.p. von* **leap** 1; **'~ year** Schaltjahr *n*
learn [lɜːn] (**learned** *od.* **learnt**) (er)lernen; erfahren, hören; **~·ed** ['lɜːnɪd] gelehrt; **'~·er** Anfänger(in); Lernende(r *m*) *f*; **~ driver** *mot.* Fahrschüler(in); **'~·ing** Gelehrsamkeit *f*; **~t** [lɜːnt] *pret. u. p.p. von* **learn**
lease [liːs] **1.** Pacht *f*, Miete *f*; Pacht-, Mietvertrag *m*; **2.** pachten, mieten; leasen; **~ out** verpachten, -mieten
leash [liːʃ] (Hunde)Leine *f*
least [liːst] **1.** *adj.* (*sup. von* **little** 1) geringste(r, -s), mindeste(r, -s), wenigste(r, -s); **2.** *adv.* (*sup. von* **little** 2) am wenigsten; **~ of all** am allerwenigsten; **3.** *das* Mindeste, *das* wenigste; **at ~** wenigstens; **to say the ~** gelinde gesagt
leath·er ['leðə] **1.** Leder *n*; **2.** ledern; Leder...
leave [liːv] **1.** (**left**) *v/t.* (hinter-, über-, ver-, zurück)lassen, übrig lassen; liegen *od.* stehen lassen, vergessen; vermachen, -erben; **be left** übrig bleiben, übrig sein; *v/i.* (fort-, weg)gehen, abreisen, abfahren, abfliegen; **~ alone** allein lassen; *j-n, et.* in Ruhe lassen; **~ behind** zurücklassen; **~ on** anlassen; **~ out** draußen lassen; aus-, weglassen; **2.** Erlaubnis *f*; Urlaub *m*; Abschied *m*; **on ~** auf Urlaub
leav·en ['levn] Sauerteig *m*
leaves [liːvz] *pl. von* **leaf** 1; Laub *n*
leav·ings ['liːvɪŋz] *pl.* Überreste *pl.*
lech·er·ous ['letʃərəs] geil, lüstern
lec|·ture ['lektʃə] **1.** *univ.* Vorlesung *f*; Vortrag *m*; Strafpredigt *f*; ⚠ *nicht* **Lektüre; 2.** *v/i. univ.* e-e Vorlesung *od.* Vorlesungen halten; e-n Vortrag *od.* Vorträge halten; *v/t. j-m* e-e Strafpredigt halten; **~·tur·er** ['lektʃərə] *univ.* Dozent(in); Redner(in)
led [led] *pret. u. p.p. von* **lead¹** 1
ledge [ledʒ] Leiste *f*, Sims *m, n*
leech *zo.* [liːtʃ] Blutegel *m*
leek *bot.* [liːk] Lauch *m*, Porree *m*
leer [lɪə] **1.** anzüglicher *od.* lüsterner Seitenblick; **2.** anzüglich *od.* lüstern blicken *od.* schielen (**at** nach)
left¹ [left] *pret. u. p.p. von* **leave** 1
left² [left] **1.** *adj.* linke(r, -s), Links...; **2.** *adv.* links; **turn ~** (sich) nach links wenden; *mot.* links abbiegen; **3.** *die* Linke (*a. pol., Boxen*), linke Seite; **on the ~** links, auf der linken Seite; **to the ~** (nach) links; **keep to the ~** sich links halten; links fahren; **~-'hand** linke(r, -s); **~-hand 'drive** *mot.* Linkssteuerung *f*; **~-'hand·ed** linkshändig; für Linkshänder; **be ~** Linkshänder(in) sein
left| **'lug·gage of·fice** *Brt. rail.* Gepäckaufbewahrung(sstelle) *f*; **'~·o·vers** *pl.* (Speise)Reste *pl.*
left-'wing *pol.* dem linken Flügel angehörend, links..., Links...
leg [leg] Bein *n*; (*Hammel etc.*)Keule *f*; *math.* Schenkel *m*; **pull s.o.'s ~** F j-n auf den Arm nehmen; **stretch one's ~s** sich die Beine vertreten
leg·a·cy ['legəsɪ] Vermächtnis *n*
le·gal ['liːgl] legal, gesetzmäßig; gesetz-, rechtlich; juristisch, Rechts...
le·ga·tion [lɪ'geɪʃn] Gesandtschaft *f*
le·gend ['ledʒənd] Legende *f*, Sage *f*; **le·gen·da·ry** ['ledʒəndərɪ] legendär
le·gi·ble ['ledʒəbl] leserlich
le·gis·la|·tion [ledʒɪs'leɪʃn] Gesetzgebung *f*; **~·tive** *pol.* ['ledʒɪslətɪv] **1.** gesetzgebend, legislativ; **2.** Legislative *f*, gesetzgebende Gewalt; **~·tor** ['ledʒɪsleɪtə] Gesetzgeber *m*
le·git·i·mate [lɪ'dʒɪtɪmət] legitim; gesetz-, rechtmäßig; ehelich
lei·sure ['leʒə] freie Zeit; Muße *f*; **at ~** ohne Hast; **'~ cen·tre** *Brt.* Freizeitzentrum *n*; **'~·ly** gemächlich; **'~ time** Freizeit *f*; **~-time ac'tiv·i·ties** *pl.* Freizeitbeschäftigung *f*, -gestaltung *f*; **'~·wear** Freizeitkleidung *f*
lem·on *bot.* ['lemən] Zitrone *f*; Zitronen...; **~·ade** [lemə'neɪd] Zitronenlimonade *f*
lend [lend] (**lent**) *j-m et.* (ver-, aus)leihen
length [leŋθ] Länge *f*; Strecke *f*; (Zeit)Dauer *f*; **at ~** ausführlich; **~·en** ['leŋθən] verlängern, länger machen; länger werden; **'~·ways**, **'~·wise** der Länge nach; **'~·y** (**-ier, -iest**) sehr lang
le·ni·ent ['liːnjənt] mild(e), nachsichtig
lens [lenz] *anat., phot., phys.* Linse *f*; *phot.* Objektiv *n*
lent [lent] *pret. u. p.p. von* **lend**
Lent [lent] Fastenzeit *f*
len·til *bot.* ['lentɪl] Linse *f*
Le·o *astr.* ['liːəʊ] Löwe *m*; **he/she is (a) ~** er/sie ist (ein) Löwe

leop·ard *zo.* ['lepəd] Leopard *m*; **~·ess** *zo.* ['lepədes] Leopardin *f*
le·o·tard ['li:əʊtɑ:d] (Tänzer)Trikot *n*
lep·ro·sy *med.* ['leprəsı] Lepra *f*
les·bi·an ['lezbıən] **1.** lesbisch; **2.** Lesbierin *f*, F Lesbe *f*
less [les] **1.** *adj. u. adv.* (*comp. von* ***little*** 1, 2) kleiner, geringer, weniger; **2.** *prp.* weniger, minus, abzüglich
less·en ['lesn] (sich) vermindern *od.* -ringern; abnehmen; herabsetzen
less·er ['lesə] kleiner, geringer
les·son ['lesn] Lektion *f*; (Unterrichts)Stunde *f*; *fig.* Lehre *f*; **~s** *pl.* Unterricht *m*
let [let] (***let***) lassen; *bsd. Brt.* vermieten, -pachten; ~ ***alone*** *j-n*, *et.* in Ruhe lassen; geschweige denn; ~ ***down*** hinunter-, herunterlassen; *Am. Kleider* verlängern; *j-n* im Stich lassen; enttäuschen; ~ ***go*** loslassen; ~ ***o.s. go*** sich gehen lassen; **~'s go** gehen wir!; ~ ***in*** (her)einlassen; ~ ***o.s. in for s.th.*** sich et. einbrocken, sich auf et. einlassen
le·thal ['li:θl] tödlich; Todes...
leth·ar·gy ['leθədʒı] Lethargie *f*
let·ter ['letə] Buchstabe *m*; *print.* Type *f*; Brief *m*; **'~·box** *bsd. Brt.* Briefkasten *m*; **'~ car·ri·er** *Am.* Briefträger *m*
let·tuce *bot.* ['letıs] (*bsd.* Kopf)Salat *m*
leu·k(a)e·mia *med.* [lu:'ki:mıə] Leukämie *f*
lev·el ['levl] **1.** *adj.* eben (*Straße etc.*); gleich (*a. fig.*); ausgeglichen; ***be*** ~ ***with*** auf gleicher Höhe sein mit; ***my*** ~ ***best*** F mein Möglichstes; **2.** Ebene *f* (*a. fig.*), ebene Fläche; Höhe *f* (*a. geogr.*), (*Wasser- etc.*)Spiegel *m*, (-)Stand *m*, (-)Pegel *m*; *bsd. Am.* Wasserwaage *f*; *fig.* Niveau *n*, Stufe *f*; ***sea*** ~ Meeresspiegel *m*; ***on the*** ~ F ehrlich, aufrichtig; **3.** (*bsd. Brt.* **-ll-**, *Am.* **-l-**) (ein)ebnen, planieren; dem Erdboden gleichmachen; ~ ***at*** *Waffe* richten auf (*acc.*); *Beschuldigung* erheben gegen (*acc.*); **4.** *adv.*: ~ ***with*** in Höhe (*gen.*); ~ **'cross·ing** *Brt.* schienengleicher Bahnübergang; **~-'head·ed** vernünftig, nüchtern
le·ver ['li:və] Hebel *m*
lev·y ['levı] **1.** Steuer *f*, Abgabe *f*; **2.** *Steuern* erheben
lewd [lju:d] geil, lüstern; unanständig, obszön
li·a·bil·i·ty [laıə'bılətı] *econ.*, *jur.* Verpflichtung *f*, Verbindlichkeit *f*; *econ.*, *jur.* Haftung *f*, Haftpflicht *f*; Neigung *f* (***to*** zu), Anfälligkeit *f* (***to*** für)
li·a·ble ['laıəbl] *econ.*, *jur.* haftbar, -pflichtig; ***be*** ~ ***for*** haften für; ***be*** ~ ***to*** neigen zu, anfällig sein für
li·ar ['laıə] Lügner(in)
li·bel *jur.* ['laıbl] **1.** (*schriftliche*) Verleumdung *od.* Beleidigung; **2.** (*bsd. Brt.* **-ll-**, *Am.* **-l-**) (*schriftlich*) verleumden *od.* beleidigen
lib·e·ral ['lıbərəl] **1.** liberal (*a. pol.*), aufgeschlossen; großzügig; reichlich; **2.** Liberale(r *m*) *f* (*a. pol.*)
lib·e|·rate ['lıbəreıt] befreien; **~·ra·tion** [lıbə'reıʃn] Befreiung *f*; **~·ra·tor** ['lıbəreıtə] Befreier *m*
lib·er·ty ['lıbətı] Freiheit *f*; ***take liberties with*** sich Freiheiten gegen *j-n* herausnehmen; willkürlich mit *et.* umgehen; ***be at*** ~ frei sein
Li·bra *astr.* ['laıbrə] Waage *f*; ***he/she is*** (***a***) ~ er/sie ist (eine) Waage
li·brar·i·an [laı'breərıən] Bibliothekar(in); **li·bra·ry** ['laıbrərı] Bibliothek *f*; Bücherei *f*
lice [laıs] *pl. von* ***louse***
li·cence *Brt.*, **li·cense** *Am.* ['laısəns] Lizenz *f*, Konzession *f*; (*Führer-, Jagd-, Waffen- etc.*)Schein *m*; **'li·cense plate** *Am. mot.* Nummernschild *n*
li·cense *Brt.*, **li·cence** *Am.* ['laısəns] e-e Lizenz *od.* Konzession erteilen; *behördlich* genehmigen
li·chen *bot.* ['laıkən] Flechte *f*
lick [lık] **1.** Lecken *n*; Salzlecke *f*; **2.** *v/t.* (ab-, auf-, be)lecken; F verdreschen, -prügeln; F schlagen, besiegen; *v/i.* lecken; züngeln (*Flammen*)
lic·o·rice ['lıkərıs] → ***liquorice***
lid [lıd] Deckel *m*; (Augen)Lid *n*
lie[1] [laı] **1.** lügen; ~ ***to s.o.*** j-n be- *od.* anlügen; **2.** Lüge *f*; ***tell*** **~*s***, ***tell a*** ~ lügen; ***give the*** ~ ***to*** *j-n*, *et.* Lügen strafen
lie[2] [laı] **1.** (***lay, lain***) liegen; ***let sleeping dogs*** ~ schlafende Hunde soll man nicht wecken; ~ ***behind*** *fig.* dahinter stecken; ~ ***down*** sich hinlegen; **2.** Lage *f* (*a. fig.*); **'~-down** *Brt.* F Nickerchen *n*; **'~-in** *bsd. Brt.* F: ***have a*** ~ sich gründlich ausschlafen
lieu [lju:]: ***in*** ~ ***of*** an Stelle von (*od. gen.*)
lieu·ten·ant [lef'tenənt, *Am.* lu:'tenənt] Leutnant *m*

L

life [laɪf] (*pl.* ***lives*** [laɪvz]) Leben *n*; *jur.* lebenslängliche Freiheitsstrafe; ***all her ~*** ihr ganzes Leben lang; ***for ~*** fürs (ganze) Leben; *bsd. jur.* lebenslänglich; **'~ as·sur·ance** Lebensversicherung *f*; **'~ belt** Rettungsgürtel *m*; **'~·boat** Rettungsboot *n*; **'~ bulb** Glühbirne *f*; **'~·guard** Bademeister *m*; Rettungsschwimmer *m*; **~ im'pris·on·ment** *jur.* lebenslängliche Freiheitsstrafe; **'~ in·sur·ance** Lebensversicherung *f*; **'~ jack·et** Schwimmweste *f*; **'~·less** leblos; matt, schwung-, lustlos; **'~·like** lebensecht; **'~·long** lebenslang; **'~ pre·serv·er** *bsd. Am.* Schwimmweste *f*; Rettungsgürtel *m*; **~ 'sen·tence** *jur.* lebenslängliche Freiheitsstrafe; **'~·time** Lebenszeit *f*

lift [lɪft] **1.** *v/t.* (hoch-, auf)heben; erheben; *Verbot etc.* aufheben; *Gesicht etc.* liften, straffen; F klauen; *v/i.* sich heben, steigen (*a. Nebel*); ***~ off*** starten (*Rakete*), abheben (*Flugzeug*); **2.** (Hoch-, Auf)Heben *n*; *phys.*, *aviat.* Auftrieb *m*; *Brt.* Lift *m*, Aufzug *m*, Fahrstuhl *m*; ***give s.o. a ~*** j-n (im Auto) mitnehmen; F j-n aufmuntern, j-m Auftrieb geben; **'~-off** Start *m*, Abheben *n* (*Rakete*, *Flugzeug*)

lig·a·ment *anat.* ['lɪgəmənt] Band *n*

light¹ [laɪt] **1.** Licht *n* (*a. fig.*); Beleuchtung *f*; Schein *m* (*e-r Kerze etc.*); Feuer *n* (*zum Anzünden*); *fig.* Aspekt *m*; *Brt. mst* ***~s*** *pl.* (Verkehrs)Ampel *f*; ***have you got a ~, can you give me a ~, please?*** haben Sie Feuer?; **2.** (***lit*** *od.* ***lighted***) *v/t.* be-, erleuchten; *a.* ***~ up*** anzünden; *v/i.* sich entzünden; ***~ up*** aufleuchten (*Augen etc.*); **3.** hell, licht

light² [laɪt] leicht (*a. fig.*); ***make ~ of*** *et.* leicht nehmen; bagatellisieren

light·en¹ ['laɪtn] *v/t.* erhellen; aufhellen; *v/i.* hell(er) werden, sich aufhellen

light·en² ['laɪtn] leichter machen *od.* werden; erleichtern

'light·er Anzünder *m*; Feuerzeug *n*

light|-'head·ed (leicht) benommen; leichtfertig, töricht; **~-'heart·ed** fröhlich, unbeschwert; **'~·house** Leuchtturm *m*; **'~·ing** Beleuchtung *f*; **'~·ness** Leichtheit *f*; Leichtigkeit *f*

light·ning ['laɪtnɪŋ] Blitz *m*; ***like ~*** wie der Blitz; (***as***) ***quick as ~*** blitzschnell; **'~ con·duc·tor** *Brt.*, **'~ rod** *Am. electr.* Blitzableiter *m*

'light·weight *Sport*: Leichtgewicht(ler *m*) *n*

like¹ [laɪk] **1.** *v/t.* gern haben, mögen; ***I ~ it*** es gefällt mir; ***I ~ her*** ich kann sie gut leiden; ***how do you ~ it?*** wie gefällt es dir?, wie findest du es?; ***I ~ that!*** *iro.* das hab ich gern!; ***I should*** *od.* ***would ~ to know*** ich möchte gern wissen; *v/i.* wollen; (***just***) ***as you ~*** (ganz) wie du willst; ***if you ~*** wenn du willst; **2.** ***~s*** *pl.* ***and dislikes*** *pl.* Neigungen *pl.* u. Abneigungen *pl.*

like² [laɪk] **1.** gleich; wie; ähnlich; ***~ that*** so; ***feel ~*** Lust haben auf *od.* zu; ***what is he ~?*** wie ist er?; ***that is just ~ him!*** das sieht ihm ähnlich!; **2.** *der*, *die*, *das* Gleiche; ***his ~*** seinesgleichen; ***the ~*** dergleichen; ***the ~s of you*** Leute wie du

like|·li·hood ['laɪklɪhʊd] Wahrscheinlichkeit *f*; **'~·ly** **1.** *adj.* (**-ier, -iest**) wahrscheinlich; geeignet; **2.** *adv.* wahrscheinlich; ***not ~!*** F bestimmt nicht!

like|·ness ['laɪknɪs] Ähnlichkeit *f*; Abbild *n*; **'~·wise** ebenso

lik·ing ['laɪkɪŋ] Vorliebe *f*

li·lac ['laɪlək] **1.** lila; **2.** *bot.* Flieder *m*

lil·y *bot.* ['lɪlɪ] Lilie *f*; ***~ of the valley*** Maiglöckchen *n*

limb [lɪm] (*Körper*)Glied *n*; Ast *m*

lime¹ [laɪm] Kalk *m*; ⚠ *nicht* **Leim**

lime² *bot.* [laɪm] Linde *f*; Limone *f*

'lime·light *fig.* Rampenlicht *n*

lim·it ['lɪmɪt] **1.** Limit *n*, Grenze *f*; ***within ~s*** in Grenzen; ***off ~s*** *Am.* Zutritt verboten (***to*** für); ***that is the ~!*** F das ist der Gipfel!, das ist (doch) die Höhe!; ***go to the ~*** bis zum Äußersten gehen; **2.** beschränken (***to*** auf *acc.*)

lim·i·ta·tion [lɪmɪ'teɪʃn] Beschränkung *f*; *fig.* Grenze *f*

'lim·it|·ed beschränkt, begrenzt; ***~ (liability) company*** *Brt.* Gesellschaft *f* mit beschränkter Haftung; **'~·less** grenzenlos

limp¹ [lɪmp] **1.** hinken, humpeln; **2.** Hinken *n*, Humpeln *n*

limp² [lɪmp] schlaff, schlapp

line¹ [laɪn] **1.** Linie *f*, Strich *m*; Zeile *f*; Falte *f*, Runzel *f*; Reihe *f*; *bsd. Am.* (Menschen-, *a.* Auto)Schlange *f*; (Abstammungs)Linie *f*; (*Verkehrs-*, *Eisenbahn- etc.*)Linie *f*, Strecke *f*; (*Flug-etc.*)Gesellschaft *f*; *bsd. tel.* Leitung *f*;

mil. Linie *f*; Fach *n*, Gebiet *n*, Branche *f*; *Sport*: (*Ziel- etc.*)Linie *f*; Leine *f*; Schnur *f*; Linie *f*, Richtung *f*; *fig.* Grenze *f*; **~s** *pl. thea.* Rolle *f*, Text *m*; ***the ~*** der Äquator; ***draw the ~*** Halt machen, die Grenze ziehen (***at*** bei); ***the ~ is busy*** *od.* ***engaged*** *tel.* die Leitung ist besetzt; ***hold the ~*** *tel.* bleiben Sie am Apparat; ***stand in ~*** *Am.* anstehen, Schlange stehen (***for*** um, nach); **2.** lin(i)ieren; *Gesicht* zeichnen, (zer)furchen; *Straße etc.* säumen; **~ *up*** (sich) in e-r Reihe *od.* Linie aufstellen, *Sport*: sich aufstellen; *bsd. Am.* sich anstellen (***for*** um, nach)

line² [laɪn] *Kleid etc.* füttern; auskleiden, -schlagen, *Bremsen etc.* belegen

lin·e·ar ['lɪnɪə] linear; Längen...

lin·en ['lɪnɪn] **1.** Leinen *n*; (*Bett-, Tisch- etc.*)Wäsche *f*; **2.** leinen, Leinen...; '**~ clos·et** *Am.*, '**~ cup·board** Wäscheschrank *m*

lin·er ['laɪnə] Linienschiff *n*; Verkehrsflugzeug *n*; → ***eyeliner***

lines|·man ['laɪnzmən] (*pl.* ***-men***) *Sport*: Linienrichter *m*; '**~·wom·an** (*pl.* ***-women***) *Sport*: Linienrichterin *f*

'**line·up** *Sport*: Aufstellung *f*; *bsd. Am.* (Menschen)Schlange *f*

lin·ger ['lɪŋgə] verweilen, sich aufhalten; dahinsiechen; **~ *on*** noch dableiben; *fig.* fortleben

lin·ge·rie ['lɛ̃:nʒəri:] Damenunterwäsche *f*

lin·i·ment *pharm.* ['lɪnɪmənt] Liniment *n*, Einreibemittel *n*

lin·ing ['laɪnɪŋ] Futter(stoff *m*) *n*; Auskleidung *f*, (*Brems- etc.*)Belag *m*

link [lɪŋk] **1.** (Ketten)Glied *n*; Manschettenknopf *m*; *fig.* (Binde)Glied *n*, Verbindung *f*; **2.** *a.* **~ *up*** (sich) verbinden

links [lɪŋks] → ***golf links***

'**link-up** Verbindung *f*

lin·seed ['lɪnsi:d] *bot.* Leinsamen *m*; **~ 'oil** Leinöl *n*

li·on *zo.* ['laɪən] Löwe *m*; **~·ess** *zo.* ['laɪənes] Löwin *f*

lip [lɪp] *anat.* Lippe *f*; (*Tassen- etc.*)Rand *m*; *sl.* Unverschämtheit *f*; '**~·stick** Lippenstift *m*

liq·ue·fy ['lɪkwɪfaɪ] (sich) verflüssigen

liq·uid ['lɪkwɪd] **1.** Flüssigkeit *f*; **2.** flüssig

liq·ui·date ['lɪkwɪdeɪt] liquidieren (*a. econ.*); *Schulden* tilgen

liq·uid|·ize ['lɪkwɪdaɪz] zerkleinern, pürieren (*im Mixer*); '**~·iz·er** Mixgerät *n*, Mixer *m*

liq·uor ['lɪkə] *Brt.* alkoholische Getränke *pl.*, Alkohol *m*; *Am.* Schnaps *m*, Spirituosen *pl.*; ⚠ *nicht* ***Likör***

liq·uo·rice ['lɪkərɪs] Lakritze *f*

lisp [lɪsp] **1.** lispeln; **2.** Lispeln *n*

list [lɪst] **1.** Liste *f*, Verzeichnis *n*; **2.** (in e-e Liste) eintragen, erfassen

lis·ten ['lɪsn] hören; **~ *in*** Radio hören; **~ *in to et.*** im Radio (an)hören; **~ *in on*** *Telefongespräch etc.* ab- *od.* mithören; **~ *to*** anhören (*acc.*), zuhören (*dat.*); hören auf (*acc.*); '**~·er** Zuhörer(in); (Rundfunk)Hörer(in)

'**list·less** teilnahms-, lustlos

lit [lɪt] *pret. u. p.p. von* ***light*¹** 2

lit·e·ral ['lɪtərəl] (wort)wörtlich; genau; prosaisch

lit·e·ra|·ry ['lɪtərərɪ] literarisch, Literatur...; **~·ture** ['lɪtərətʃə] Literatur *f*

lithe [laɪð] geschmeidig, gelenkig

li·tre *Brt.*, **li·ter** *Am.* ['li:tə] Liter *m*, *n*

lit·ter ['lɪtə] **1.** (*bsd. Papier*)Abfall *m*; Streu *f*; *zo.* Wurf *m*; Trage *f*; Sänfte *f*; **2.** *et.* herumliegen lassen in (*dat.*) *od.* auf (*dat.*); ***be ~ed with*** übersät sein mit; '**~ bas·ket**, '**~ bin** Abfallkorb *m*

lit·tle ['lɪtl] **1.** *adj.* (***less, least***) klein; wenig; ***the ~ ones*** *pl.* die Kleinen *pl.*; **2.** *adv.* (***less, least***) wenig, kaum; **3.** Kleinigkeit *f*; ***a ~*** ein wenig, ein bisschen; **~ *by ~*** (ganz) allmählich, nach und nach; ***not a ~*** nicht wenig

live¹ [lɪv] leben; wohnen (***with*** bei); **~ *to see*** erleben; **~ *on*** leben von; weiterleben; **~ *up to*** *s-n Grundsätzen etc.* gemäß leben; *Erwartungen etc.* entsprechen; **~ *with*** mit *j-m* zusammenleben; mit *et.* leben

live² [laɪv] **1.** *adj.* lebend, lebendig; richtig, echt; *electr.* Strom führend; *Rundfunk, TV*: Direkt..., Live-...; **2.** *adv.* direkt, original, live

live|·li·hood ['laɪvlɪhʊd] (Lebens)Unterhalt *m*; '**~·li·ness** Lebhaftigkeit *f*; '**~·ly** (***-ier, -iest***) lebhaft, lebendig; aufregend; schnell, flott

liv·er *anat.* ['lɪvə] Leber *f* (*a. gastr.*)

liv·e·ry ['lɪvərɪ] Livree *f*

lives [laɪvz] *pl. von* ***life***

'**live·stock** Vieh(bestand *m*) *n*
liv·id ['lɪvɪd] bläulich; F fuchsteufelswild
liv·ing ['lɪvɪŋ] **1.** lebend; ***the ~ image of*** das genaue Ebenbild (*gen.*); **2.** Leben(sweise *f*) *n*; Lebensunterhalt *m*; ***the ~*** *pl.* die Lebenden *pl.*; ***standard of ~*** Lebensstandard *m*; ***earn*** *od.* ***make a ~*** (sich) s-n Lebensunterhalt verdienen; '**~ room** Wohnzimmer *n*
liz·ard *zo.* ['lɪzəd] Eidechse *f*
load [ləʊd] **1.** Last *f* (*a. fig.*); Ladung *f*; Belastung *f*; **2.** *j-n* überhäufen (***with*** mit); *Schusswaffe* laden; **~ *a camera*** e-n Film einlegen; *a.* **~ *up*** (auf-, be-, ein)laden
loaf[1] [ləʊf] (*pl.* ***loaves*** [ləʊvz]) Laib *m* (Brot); Brot *n*
loaf[2] [ləʊf] *a.* **~ *about***, **~ *around*** F herumlungern; '**~·er** Müßiggänger(in)
loam [ləʊm] Lehm *m*; '**~·y** (***-ier***, ***-iest***) lehmig
loan [ləʊn] **1.** (Ver)Leihen *n*; Anleihe *f*; Darlehen *n*; Leihgabe *f*; ***on ~*** leihweise; **2.** *bsd. Am. j-m* (aus)leihen; ver-, ausleihen (***to*** an *acc.*); '**~ shark** *econ.* Kredithai *m*
loath [ləʊθ]: ***be ~ to do s.th.*** et. nur (sehr) ungern tun
loathe [ləʊð] verabscheuen, hassen; '**~·ing** Abscheu *m*
loaves [ləʊvz] *pl. von* ***loaf***[1]
lob [lɒb] *bsd. Tennis*: Lob *m*
lob·by ['lɒbɪ] **1.** Vorhalle *f*; *thea.*, *Film*: Foyer *n*; Wandelhalle *f*; *pol.* Lobby *f*, Interessengruppe *f*; **2.** *pol. Abgeordnete etc.* beeinflussen
lobe *anat.*, *bot.* [ləʊb] Lappen *m*; → ***earlobe***
lob·ster *zo.* ['lɒbstə] Hummer *m*
lo·cal ['ləʊkl] **1.** örtlich, Orts..., lokal, Lokal...; **2.** Ortsansässige(r *m*) *f*, Einheimische(r *m*) *f*; *Brt.* F Stammkneipe *f*; **~ 'call** *tel.* Ortsgespräch *n*; **~ e'lec·tions** *pl.* Kommunalwahlen *pl.*; **~ 'gov·ern·ment** Gemeindeverwaltung *f*; '**~ time** Ortszeit *f*; **~ 'traf·fic** Orts-, Nahverkehr *m*
lo·cate [ləʊ'keɪt] ausfindig machen; orten; ***be ~d*** gelegen sein, liegen, sich befinden; **lo·ca·tion** [ləʊ'keɪʃn] Lage *f*; Standort *m*; Platz (***for*** für); *Film*, *TV*: Gelände *n* für Außenaufnahmen; ***on ~*** auf Außenaufnahme
loch *schott.* [lɒk] See *m*
lock[1] [lɒk] **1.** (*Tür-*, *Gewehr- etc.*)Schloss *n*; Schleuse(nkammer) *f*; Verschluss *m*; Sperrvorrichtung *f*; **2.** *v/t.* zu-, verschließen, zu-, versperren (*a.* **~ *up***); umschlingen, -fassen; *tech.* sperren; *v/i.* schließen; ab- *od.* verschließbar sein; *mot. etc.* blockieren (*Räder*); **~ *away*** wegschließen; **~ *in*** einschließen, -sperren; **~ *out*** aussperren; **~ *up*** abschließen; wegschließen; einsperren
lock[2] [lɒk] (Haar)Locke *f*
lock·er ['lɒkə] Spind *m*, Schrank *m*; Schließfach *n*; '**~ room** *bsd. Sport*: Umkleidekabine *f*, -raum *m*
lock·et ['lɒkɪt] Medaillon *n*
'**lock|·out** *econ.* Aussperrung *f*; '**~·smith** Schlosser *m*; '**~·up** Arrestzelle *f*
lo·co·mo|·tion [ləʊkə'məʊʃn] Fortbewegung(sfähigkeit) *f*; **~·tive** ['ləʊkəməʊtɪv] Fortbewegungs...
lo·cust *zo.* ['ləʊkəst] Heuschrecke *f*
lodge [lɒdʒ] **1.** Portier-, Pförtnerloge *f*; (*Jagd-*, *Ski- etc.*)Hütte *f*; Sommer-, Gartenhaus *n*; (*Freimaurer*)Loge *f*; **2.** *v/i.* logieren, (*bsd.* vorübergehend *od.* in Untermiete) wohnen; stecken (bleiben) (*Kugel*, *Bissen etc.*); *v/t.* aufnehmen, beherbergen, (für die Nacht) unterbringen; *Beschwerde etc.* einreichen; *Berufung*, *Protest* einlegen; '**lodg·er** Untermieter(in); '**lodg·ing** Unterkunft *f*; **~*s*** *pl. bsd.* möbliertes Zimmer
loft [lɒft] (Dach)Boden *m*; Heuboden *m*; Empore *f*; (***converted***) **~** *Am.* Loft *m*, Fabriketage *f* (*als Wohnung*); '**~·y** (***-ier***, ***-iest***) hoch; erhaben; stolz, hochmütig
log [lɒg] (Holz)Klotz *m*; (*gefällter*) Baumstamm; (Holz)Scheit *n*; → '**~·book** *naut.* Logbuch *n*; *aviat.* Bordbuch *n*; *mot.* Fahrtenbuch *n*; **~ 'cab·in** Blockhaus *n*, -hütte *f*
log·ger·heads ['lɒgəhedz]: ***be at ~*** sich in den Haaren liegen
lo·gic ['lɒdʒɪk] Logik *f*; '**~·al** logisch
loin [lɔɪn] *gastr.* Lende(nstück *n*) *f*; **~*s*** *pl. anat.* Lende *f*
loi·ter ['lɔɪtə] trödeln, schlendern, bummeln; herumlungern
loll [lɒl] sich rekeln *od.* lümmeln; **~ *out*** heraushängen (*Zunge*)
loll|·li·pop ['lɒlɪpɒp] Lutscher *m*; *bsd. Brt.* Eis *n* am Stiel; **~ *man*** *Brt.* Schülerlotse *m*; **~ *woman***, **~ *lady*** *Brt.* Schülerlotsin

f; **~·ly** F ['lɒlı] Lutscher *m*; ***ice*** **~** Eis *n* am Stiel
lone|·li·ness ['ləʊnlınıs] Einsamkeit *f*; '**~·ly** (***-ier, -iest***), '**~·some** einsam
long¹ [lɒŋ] **1.** *adj.* lang; weit, lang (*Weg*), weit (*Entfernung*); langfristig; **2.** *adv.* lang(e); ***as*** *od.* ***so ~ as*** solange wie; vorausgesetzt, dass; **~ *ago*** vor langer Zeit; ***so ~!*** F bis dann!, tschüs(s)!; **3.** (e-e) lange Zeit; ***for ~*** lange; ***take ~*** lange brauchen *od.* dauern
long² [lɒŋ] sich sehnen (***for*** nach)
long-'dis·tance Fern...; Langstrecken...; **~ 'call** *tel.* Ferngespräch *n*; **~ 'run·ner** *Sport*: Langstreckenläufer(in)
lon·gev·i·ty [lɒn'dʒevətı] Langlebigkeit *f*
'long·hand Schreibschrift *f*
long·ing ['lɒŋıŋ] **1.** sehnsüchtig; **2.** Sehnsucht *f*, Verlangen *n*
lon·gi·tude *geogr.* ['lɒndʒıtju:d] Länge *f*
'long| jump *Sport*: Weitsprung *m*; **~ life 'milk** *bsd. Brt.* H-Milch *f*; **~ 'play·er, ~-play·ing 'rec·ord** Langspielplatte *f*; **~-'range** *mil.*, *aviat.* Fern..., Langstrecken...; langfristig; **~·shore·man** *bsd. Am.* ['lɒŋʃɔ:mən] (*pl.* ***-men***) Dock-, Hafenarbeiter *m*; **~'sight·ed** *bsd. Brt.* weitsichtig, *fig. a.* weitblickend; **~-'stand·ing** seit langer Zeit bestehend; alt; **~-'term** langfristig, auf lange Sicht; **~ 'wave** *electr.* Langwelle *f*; **~'wind·ed** langatmig
loo *Brt.* F [lu:] Klo *n*
look [lʊk] **1.** sehen, blicken, schauen (***at, on*** auf *acc.*, nach); nachschauen, -sehen; *krank etc.* aussehen; nach *e-r Richtung* liegen, gehen (*Fenster etc.*); **~ *here!*** schau mal (her); hör mal (zu)!; **~ *like*** aussehen wie; ***it ~s as if*** es sieht (so) aus, als ob; **~ *after*** aufpassen auf (*acc.*), sich kümmern um, sorgen für; **~ *ahead*** nach vorne sehen; *fig.* vorausschauen; **~ *around*** sich umsehen; **~ *at*** ansehen; **~ *back*** sich umsehen; *fig.* zurückblicken; **~ *down*** herab-, heruntersehen (*a. fig.* ***on s.o.*** auf j-n); **~ *for*** suchen; **~ *forward to*** sich freuen auf (*acc.*); **~ *in*** F hereinschauen (***on*** bei) (*als Besucher*); **~ *into*** untersuchen, prüfen; **~ *on*** zusehen, -schauen (*dat.*); betrachten, ansehen (***as*** als); **~ *onto*** liegen zu, (hinaus)gehen auf (*acc.*) (*Fenster, etc.*); **~ *out*** hinaus-, heraussehen; aufpassen, sich vorsehen; Ausschau halten (***for*** nach); **~ *over*** *et.* durchsehen; *j-n* mustern; **~ *round*** sich umsehen; **~ *through*** *et.* durchsehen; **~ *up*** aufblicken, -sehen; *et.* nachschlagen; *j-n* aufsuchen; **2.** Blick *m*; Miene *f*, (Gesichts)Ausdruck *m*; (***good***) **~*s*** *pl.* gutes Aussehen; ***have a ~ at s.th.*** sich et. ansehen; ***I don't like the ~ of it*** es gefällt mir nicht; '**~·ing glass** Spiegel *m*; '**~·out** Ausguck *m*; Ausschau *f*; *fig.* F Aussicht(en *pl.*) *f*; ***be on the ~ for*** Ausschau halten nach; ***that's his own ~*** F das ist allein seine Sache
loom¹ [lu:m] Webstuhl *m*
loom² [lu:m] *a.* **~ *up*** undeutlich sichtbar werden *od.* auftauchen
loop [lu:p] **1.** Schlinge *f*, Schleife *f*; Schlaufe *f*; Öse *f*; *aviat.* Looping *m*, *n*; *Computer*: Schleife *f*; **2.** (sich) schlingen; '**~·hole** *mil.* Schießscharte *f*; *fig.* Hintertürchen *n*; ***a ~ in the law*** e-e Gesetzeslücke
loose [lu:s] **1.** (**~*r*, ~*st***) los(e); locker; weit; frei; ***let ~*** loslassen; freilassen; **2.** ***be on the ~*** frei herumlaufen; **loos·en** ['lu:sn] (sich) lösen *od.* lockern; **~ *up*** *Sport*: Lockerungsübungen machen
loot [lu:t] **1.** (Kriegs-, Diebes)Beute *f*; **2.** plündern
lop [lɒp] (***-pp-***) *Baum* beschneiden, stutzen; **~ *off*** abhauen, abhacken; **~-'sid·ed** schief; *fig.* einseitig
loq·ua·cious [ləʊ'kweıʃəs] redselig, geschwätzig
lord [lɔ:d] Herr *m*, Gebieter *m*; *Brt.* Lord *m*; ***the* ♀** Gott *m* (der Herr); ***the ♀'s Prayer*** das Vaterunser; ***the ♀'s Supper*** das (heilige) Abendmahl; ***House of ♀s*** *Brt. pol.* Oberhaus *n*; **♀ 'Mayor** *Brt.* Oberbürgermeister *m*
lor·ry *Brt.* ['lɒrı] Last(kraft)wagen *m*, Lastauto *n*, Laster *m*
lose [lu:z] (***lost***) verlieren; verpassen, -säumen; nachgehen (*Uhr*); **~ *o.s.*** sich verirren; sich verlieren; **'los·er** Verlierer(in)
loss [lɒs] Verlust *m*; Schaden *m*; ***at a ~*** *econ.* mit Verlust; ***be at a ~*** in Verlegenheit sein (***for*** um)
lost [lɒst] **1.** *pret. u. p.p. von* **lose**; **2.** *adj.* verloren; ***be ~*** sich verirrt haben, sich nicht mehr zurechtfinden (*a. fig.*); ***be ~ in thought*** in Gedanken versunken

L

sein; ***get ~*** sich verirren; ***get ~!*** *sl.* hau ab!; **~-and-'found (of·fice)** *Am.*, **~ 'prop·er·ty of·fice** *Brt.* Fundbüro *n*

lot [lɒt] Los *n*; Parzelle *f*; Grundstück *n*; *econ.* Partie *f*, Posten (*Ware*); Gruppe *f*, Gesellschaft *f*; Menge *f*, Haufen *m*; Los *n*, Schicksal *n*; ⚠ *nicht* ***Lot***; ***the ~*** alles, das Ganze; ***a ~ of*** F, ***~s of*** F viel, e-e Menge; ***a bad ~*** F ein übler Kerl; ***cast*** *od.* ***draw ~s*** losen

loth [ləʊθ] → ***loath***

lo·tion ['ləʊʃn] Lotion *f*

lot·te·ry ['lɒtərɪ] Lotterie *f*

loud [laʊd] laut (*a. adv.*); *fig.* schreiend, grell (*Farben etc.*); **~'speak·er** Lautsprecher *m*

lounge [laʊndʒ] **1.** Wohnzimmer *n*; Aufenthaltsraum *m*, Lounge *f* (*e-s Hotels, Schiffs*); Wartehalle *f*, Lounge *f* (*e-s Flughafens*); **'~ suit** *Brt.* Straßenanzug *m*; **2. ~ about, ~ around** herumlungern

louse *zo.* [laʊs] (*pl.* ***lice*** [laɪs]) Laus *f*; **lou·sy** ['laʊzɪ] (***-ier, -iest***) verlaust; F miserabel, saumäßig

lout [laʊt] Flegel *m*, Lümmel *m*

lov·a·ble ['lʌvəbl] liebenswert; reizend

love [lʌv] **1.** Liebe *f* (***of, for, to, towards*** zu); Liebling *m*, Schatz *m* (*Anrede, oft unübersetzt*); *Tennis*: null; ***be in ~ with s.o.*** in j-n verliebt sein; ***fall in ~ with s.o.*** sich in j-n verlieben; ***make ~*** sich lieben, miteinander schlafen; ***give my ~ to her*** grüße sie herzlich von mir; ***send one's ~ to*** *j-n* grüßen lassen; ***~ from*** herzliche Grüße von (*Briefschluss*); **2.** lieben; gern mögen; **'~ af·fair** Liebesaffäre *f*; **'~·ly** (***-ier, -iest***) (wunder)schön; nett, reizend; F prima; **'lov·er** Liebhaber *m*, Geliebte(r) *m*; Geliebte *f*; (*Musik- etc.*)Liebhaber(in), (*Musik- etc.*)Freund(in); ***~s*** *pl.* Liebende *pl.*, Liebespaar *n*

lov·ing ['lʌvɪŋ] liebevoll, liebend

low [ləʊ] **1.** *adj.* niedrig (*a. fig.*); tief (*a. fig.*); knapp (*Vorräte etc.*); gedämpft, schwach (*Licht*); tief (*Ton*); leise (*Ton, Stimme*); gering(schätzig); ordinär; niedergeschlagen, deprimiert; **2.** *adv.* niedrig; tief (*a. fig.*); leise; **3.** *meteor.* Tief(druckgebiet) *n*; *fig.* Tief(punkt *m*, -stand *m*) *n*; **'~·brow** F **1.** geistig Anspruchslose(r *m*) *f*, Unbedarfte(r *m*) *f*; **2.** geistig anspruchslos, unbedarft; **~-'cal·o·rie** kalorienarm, -reduziert; **~-e'mis·sion** schadstoffarm

low·er ['ləʊə] **1.** niedriger; tiefer; untere(r, -s), Unter...; **2.** niedriger machen; herab-, herunterlassen; *Augen, Stimme, Preis etc.* senken; *Standard* herabsetzen; *fig.* erniedrigen

low|-'fat fettarm; **~·land** ['ləʊlənd] Tief-, Flachland *n*; **'~·ly** (***-ier, -iest***) niedrig; **~-'necked** (tief) ausgeschnitten (*Kleid*); **~-'pitched** *mus.* tief; **~-'pres·sure** *meteor.* Tiefdruck...; *tech.* Niederdruck...; **'~-rise** *bsd. Am.* niedrig (gebaut); **~-'spir·it·ed** niedergeschlagen

loy·al ['lɔɪəl] loyal, treu; **'~·ty** Loyalität *f*, Treue *f*

loz·enge ['lɒzɪndʒ] Raute *f*, Rhombus *m*; Pastille *f*

LP [el 'piː] *Abk. für* ***long-player, long-playing record*** LP, Langspielplatte *f*

Ltd *nur geschr. Abk. für* ***limited*** mit beschränkter Haftung

lu·bri|·cant ['luːbrɪkənt] Schmiermittel *n*; **~·cate** ['luːbrɪkeɪt] schmieren, ölen; **~·ca·tion** [luːbrɪ'keɪʃn] Schmieren *n*, Ölen *n*

lu·cid ['luːsɪd] klar

luck [lʌk] Schicksal *n*; Glück *n*; ***bad ~, hard ~, ill ~*** Unglück *n*, Pech *n*; ***good ~*** Glück *n*; ***good ~!*** viel Glück!; ***be in*** (***out of***) ***~*** (kein) Glück haben; **~·i·ly** ['lʌkɪlɪ] glücklicherweise, zum Glück; **'~·y** (***-ier, -iest***) glücklich, Glücks...; ***be ~*** Glück haben; ***~ day*** Glückstag *m*; ***~ fellow*** Glückspilz *m*

lu·cra·tive ['luːkrətɪv] einträglich, lukrativ

lu·di·crous ['luːdɪkrəs] lächerlich

lug [lʌg] (***-gg-***) zerren, schleppen

luge [luːʒ] *Sport*: Rennrodeln *n*; Rennrodel *m*, -schlitten *m*

lug·gage *bsd. Brt.* ['lʌgɪdʒ] (Reise)Gepäck *n*; **'~ car·ri·er** Gepäckträger *m* (*am Fahrrad*); **'~ rack** *bsd. Brt.* Gepäcknetz *n*, -ablage *f*; **'~ van** *Brt.* Gepäckwagen *m*

luke·warm ['luːkwɔːm] lau(warm); *fig.* lau, mäßig, halbherzig

lull [lʌl] **1.** beruhigen; sich legen (*Sturm*); *mst* ***~ to sleep*** einlullen; **2.** Pause *f*; Flaute *f* (*a. fig.*)

lul·la·by ['lʌləbaɪ] Wiegenlied *n*

lum·ba·go *med.* [lʌmˈbeɪgəʊ] Hexenschuss *m*
lum·ber¹ [ˈlʌmbə] schwerfällig gehen; (dahin)rumpeln (*Wagen*)
lum·ber² [ˈlʌmbə] **1.** *bsd. Am.* Bau-, Nutzholz *n*; *bsd. Brt.* Gerümpel *n*; **2.** *v/t.* ~ ***s.o. with s.th.*** *Brt.* F j-m et. aufhalsen; ˈ**~·jack** *Am.* Holzfäller *m*, -arbeiter *m*; ˈ**~ mill** *Am.* Sägewerk *n*; ˈ**~-room** *bsd. Brt.* Rumpelkammer *f*; ˈ**~·yard** *Am.* Holzplatz *m*, -lager *n*
lu·mi·na·ry *fig.* [ˈlu:mɪnərɪ] Leuchte *f*, Koryphäe *f*
lu·mi·nous [ˈlu:mɪnəs] leuchtend, Leucht...; ~ **diˈsplay** Leuchtanzeige *f*; ~ ˈ**paint** Leuchtfarbe *f*
lump [lʌmp] **1.** Klumpen *m*; Schwellung *f*, Beule *f*; *med.* Geschwulst *f*, Knoten *m*; Stück *n* (*Zucker etc.*); ⚠ *nicht* ***Lump***; ***in the*** ~ in Bausch u. Bogen, pauschal; **2.** *v/t.* ~ ***together*** *fig.* zusammenwerfen; in e-n Topf werfen; *v/i.* Klumpen bilden, klumpen; ~ ˈ**sug·ar** Würfelzucker *m*; ~ ˈ**sum** Pauschalsumme *f*; ˈ**~·y** (***-ier, -iest***) klumpig
lu·na·cy [ˈlu:nəsɪ] Wahnsinn *m*
lu·nar [ˈlu:nə] Mond...; ~ ˈ**mod·ule** *Raumfahrt*: Mond(lande)fähre *f*
lu·na·tic [ˈlu:nətɪk] **1.** wahnsinnig, geistesgestört; *fig.* verrückt; **2.** Wahnsinnige(r *m*) *f*, Geistesgestörte(r *m*) *f*; *fig.* Verrückte(r *m*) *f*
lunch [lʌntʃ], *formell* **lun·cheon** [ˈlʌntʃən] **1.** Lunch *m*, Mittagessen *n*; **2.** zu Mittag essen; ˈ**lunch hour,** ˈ**lunch time** Mittagszeit *f*, -pause *f*
lung *anat.* [lʌŋ] Lungenflügel *m*; ***the*** **~s** *pl.* die Lunge
lunge [lʌndʒ] sich stürzen (***at*** auf *acc.*)
lurch [lɜ:tʃ] **1.** taumeln, torkeln; **2.** ***leave in the*** ~ im Stich lassen
lure [lʊə] **1.** Köder *m*; *fig.* Lockung *f*; **2.** ködern, (an)locken
lu·rid [ˈlʊərɪd] grell, schreiend (*Farben etc.*); grässlich, schauerlich
lurk [lɜ:k] lauern; ~ ***about,*** ~ ***around*** herumschleichen
lus·cious [ˈlʌʃəs] köstlich, lecker; üppig; knackig (*Mädchen*)
lush [lʌʃ] saftig, üppig
lust [lʌst] **1.** sinnliche Begierde, Lust *f*; Gier *f*; ⚠ *nicht* ***Lust*** (*Freude etc.*); **2.** ~ ***after,*** ~ ***for*** begehren; gierig sein nach
lus·|tre *Brt.*, **~·ter** *Am.* [ˈlʌstə] Glanz *m*, Schimmer *m*; **~·trous** [ˈlʌstrəs] glänzend, schimmernd
lust·y [ˈlʌstɪ] (***-ier, -iest***) kräftig, robust, vital
lute *mus.* [lu:t] Laute *f*
Lu·ther·an [ˈlu:θərən] lutherisch
lux·u|·ri·ant [lʌgˈʒʊərɪənt] üppig; **~·ri·ate** [lʌgˈʒʊərɪeɪt] schwelgen (***in*** in *dat.*); **~·ri·ous** [lʌgˈʒʊərɪəs] luxuriös, Luxus...; **~·ry** [ˈlʌkʃərɪ] Luxus *m*; Komfort *m*; Luxusartikel *m*; Luxus...
LV *Brt.* [el ˈvi:] *Abk. für* ***lunch(eon) voucher*** Essensmarke *f*
lye [laɪ] Lauge *f*
ly·ing [ˈlaɪɪŋ] **1.** *p.pr. von* ***lie¹*** 1 *u.* ***lie²*** 1; **2.** *adj.* lügnerisch, verlogen
lymph *med.* [lɪmf] Lymphe *f*
lynch [lɪntʃ] lynchen; ˈ**~ law** Lynchjustiz *f*
lynx *zo.* [lɪŋks] Luchs *m*
lyr|·ic [ˈlɪrɪk] **1.** lyrisch; **2.** lyrisches Gedicht; **~s** *pl.* Lyrik *f*; (Lied)Text *m*; ˈ**~·i·cal** lyrisch, gefühlvoll; schwärmerisch

M

M

M, m [em] M, m *n*
M [em] *Abk. für*: ***motorway*** *Brt.* Autobahn *f*; ***medium*** (***size***) mittelgroß
m *nur geschr. Abk. für* ***metre*** m, Meter *m, n*; ***mile*** Meile *f* (*1,6 km*); ***married*** verh., verheiratet; ***male, masculine*** männlich
ma F [mɑ:] Mama *f*, Mutti *f*
MA [em ˈeɪ] *Abk. für* ***Master of Arts*** Magister *m* der Philosophie
ma'am [mæm] → ***madam***
mac *Brt.* F [mæk] → ***mackintosh***

ma·cad·am *Am.* [mə'kædəm] → ***tarmac***
mac·a·ro·ni [mækə'rəʊnɪ] *sg.* Makkaroni *pl.*
ma·chine [mə'ʃiːn] **1.** Maschine *f*; **2.** maschinell herstellen; **~·gun** Maschinengewehr *n*; **~-made** maschinell hergestellt; **~-'read·a·ble** *Computer*: maschinenlesbar
ma·chin|·e·ry [mə'ʃiːnərɪ] Maschinen *pl.*; Maschinerie *f*; **~·ist** [mə'ʃiːnɪst] Maschinenschlosser *m*; Maschinist *m*
mach·o *contp.* ['mætʃəʊ] (*pl.* **-os**) Macho *m*
mack *Brt.* F [mæk] → ***mackintosh***
mack·e·rel *zo.* ['mækrəl] Makrele *f*
mack·in·tosh *bsd. Brt.* ['mækɪntɒʃ] Regenmantel *m*
mac·ro... ['mækrəʊ] Makro..., (sehr) groß
mad [mæd] wahnsinnig, verrückt; *vet.* tollwütig; *bsd. Am.* F wütend; *fig.* wild, versessen (***about*** auf *acc.*); verrückt (***about*** nach); ***drive s.o.*** **~** j-n verrückt machen; ***go*** **~** verrückt werden; ***like*** **~** wie verrückt
mad·am ['mædəm] gnädige Frau (*Anrede, oft unübersetzt*)
'mad|·cap verrückt; **~ 'cow dis·ease** *vet.* Rinderwahn(sinn) *m*; **~·den** ['mædn] verrückt *od.* rasend machen; **~·den·ing** ['mædnɪŋ] unerträglich; verrückt *od.* rasend machend
made [meɪd] *pret. u. p.p. von* ***make*** 1; **~ *of gold*** aus Gold
'mad|·house *fig.* F Irrenhaus *n*; **'~·ly** wie verrückt; F wahnsinnig, schrecklich; **'~·man** (*pl.* **-men**) Verrückte(r) *m*; **'~·ness** Wahnsinn *m*; **'~·wom·an** (*pl.* ***-women***) Verrückte *f*
mag·a·zine [mægə'ziːn] Magazin *n*, Zeitschrift *f*; Magazin *n* (*e-r Feuerwaffe, e-s Fotoapparats*); Lagerhaus *n*
mag·got *zo.* ['mægət] Made *f*
Ma·gi ['meɪdʒaɪ] *pl.*: ***the*** (***three***) **~** die (drei) Weisen aus dem Morgenland, die Heiligen Drei Könige
ma·gic ['mædʒɪk] **1.** Magie *f*, Zauberei *f*; Zauber *m*; *fig.* Wunder *n*; **2.** (***~ally***) *a.* ***~al*** magisch, Zauber...; **ma·gi·cian** [mə'dʒɪʃn] Magier *m*, Zauberer *m*; Zauberkünstler *m*
ma·gis·trate ['mædʒɪstreɪt] (Friedens)Richter(in); ⚠ *nicht* ***Magistrat***
mag|·na·nim·i·ty [mægnə'nɪmətɪ] Großmut *m*; **~·nan·i·mous** [mæg'nænɪməs] großmütig, hochherzig
mag·net ['mægnɪt] Magnet *m*; **~·ic** [mæg'netɪk] (***~ally***) magnetisch, Magnet...
mag·nif·i·cent [mæg'nɪfɪsnt] großartig, prächtig
mag·ni·fy ['mægnɪfaɪ] vergrößern; **'~ing glass** Vergrößerungsglas *n*, Lupe *f*
mag·ni·tude ['mægnɪtjuːd] Größe *f*; Wichtigkeit *f*
mag·pie *zo.* ['mægpaɪ] Elster *f*
ma·hog·a·ny [mə'hɒgənɪ] Mahagoni (-holz) *n*
maid [meɪd] (Dienst)Mädchen *n*, Hausangestellte *f*; ***old*** **~** *veraltet*: alte Jungfer; **~ *of all work*** *bsd. fig.* Mädchen *n* für alles; **~ *of hono*(*u*)*r*** Hofdame *f*; *bsd. Am.* (erste) Brautjungfer
maid·en ['meɪdn] Jungfern..., Erstlings...; **'~ name** Mädchenname *m* (*e-r Frau*)
mail [meɪl] **1.** Post(sendung) *f*; **by ~** *bsd. Am.* mit der Post; **2.** *bsd. Am.* mit der Post (zu)schicken, aufgeben, *Brief* einwerfen; **'~·bag** Postsack *m*; *Am.* Posttasche *f* (*e-s Briefträgers*); **'~·box** *Am.* Briefkasten *m*; **'~ car·ri·er** *Am.*, **'~·man** (*pl.* **-men**) *Am.* Briefträger *m*, Postbote *m*; **~ 'or·der** Bestellung *f* (*von Waren*) bei e-m Versandhaus; **~-or·der 'firm, ~-or·der 'house** Versandhaus *n*
maim [meɪm] verstümmeln
main [meɪn] **1.** Haupt..., wichtigste(r, -s); hauptsächlich; ***by*** **~ *force*** mit äußerster Kraft; **2.** *mst* **~s** *pl.* Haupt(gas-, -wasser-, -strom)leitung *f*; (Strom)Netz *n*; ***in the*** **~** in der Hauptsache, im Wesentlichen; **'~·frame** *Computer*: Großrechner *m*; **~·land** ['meɪnlənd] Festland *n*; **'~·ly** hauptsächlich; **~ 'mem·o·ry** *Computer*: Hauptspeicher *m*; Arbeitsspeicher *m*; **~ 'men·u** *Computer*: Hauptmenü *n*; **~ 'road** Haupt(verkehrs)straße *f*; **'~·spring** Hauptfeder *f* (*e-r Uhr*); *fig.* (Haupt)Triebfeder *f*; **'~·stay** *fig.* Hauptstütze *f*; **'~ street** *Am.* Hauptstraße *f*
main·tain [meɪn'teɪn] (aufrecht)erhalten, beibehalten; in Stand halten, pflegen, *tech. a.* warten; *Familie etc.* unterhalten, versorgen; behaupten

M

main·te·nance ['meɪntənəns] (Aufrecht)Erhaltung *f*; Instandhaltung *f*, Pflege *f*, *tech. a.* Wartung *f*; Unterhalt *m*
maize *bsd. Brt. bot.* [meɪz] Mais *m*
ma·jes|·tic [mə'dʒestɪk] (**~ally**) majestätisch; **~·ty** ['mædʒəstɪ] Majestät *f*
ma·jor ['meɪdʒə] **1.** größere(r, -s); *fig. a.* bedeutend, wichtig; *jur.* volljährig; **C ~** *mus.* C-Dur *n*; **2.** *mil.* Major *m*; *jur.* Volljährige(r *m*) *f*; *Am. univ.* Hauptfach *n*; *mus.* Dur *n*; **~ 'gen·e·ral** *mil.* Generalmajor *m*; **~·i·ty** [mə'dʒɒrətɪ] Mehrheit *f*, Mehrzahl *f*; *jur.* Volljährigkeit *f*; **~ 'league** *Am. Baseball*: oberste Spielklasse; **~ 'road** Haupt(verkehrs)straße *f*
make [meɪk] **1.** (***made***) machen; anfertigen, herstellen, erzeugen; (zu)bereiten; (er)schaffen; ergeben, bilden; machen zu; ernennen zu; *Geld* verdienen; sich erweisen als, abgeben (*Person*); schätzen auf (*acc.*); *Geschwindigkeit* erreichen; *Fehler* machen; *Frieden etc.* schließen; *e-e Rede* halten; F *Strecke* zurücklegen; *mit inf.*: *j-n* lassen, veranlassen zu, bringen zu, zwingen zu; ***~ it*** es schaffen; ***~ do with s.th.*** mit et. auskommen, sich mit et. behelfen; ***do you ~ one of us?*** machen Sie mit?; ***what do you ~ of it?*** was halten Sie davon?; ***~ believe*** vorgeben; ***~ friends with*** sich anfreunden mit; ***~ good*** wieder gutmachen; *Versprechen etc.* halten; ***~ haste*** sich beeilen; ***~ way*** Platz machen; ***~ for*** zugehen auf (*acc.*); sich aufmachen nach; ***~ into*** verarbeiten zu; ***~ off*** sich davonmachen, sich aus dem Staub machen; ***~ out*** *Rechnung*, *Scheck etc.* ausstellen; *Urkunde etc.* ausstellen; ausmachen, erkennen; aus *j-m*, *e-r Sache* klug werden; ***~ over*** *Eigentum* übertragen; ***~ up*** *et.* zusammenstellen; sich *et.* ausdenken, *et.* erfinden; (sich) zurechtmachen *od.* schminken; ***~ it up*** sich versöhnen *od.* wieder vertragen (***with*** mit); ***~ up one's mind*** sich entschließen; ***be made up of*** bestehen aus, sich zusammensetzen aus; ***~ up for*** nach-, aufholen; für *et.* entschädigen; **2.** Mach-, Bauart *f*; Fabrikat *n*, Marke *f*; **'~·be·lieve** Schein *m*, Fantasie *f*; **'~r** Hersteller *m*; ♀ Schöpfer *m* (*Gott*); **'~·shift 1.** Notbehelf *m*; **2.** behelfsmäßig, Behelfs...; **'~·up** Make-up *n*, Schminke *f*; Aufmachung *f*; Zusammensetzung *f*
mak·ing ['meɪkɪŋ] Erzeugung *f*, Herstellung *f*, Fabrikation *f*; ***be in the ~*** noch in Arbeit sein; ***have the ~s of*** das Zeug haben zu
mal·ad·just·ed [mælə'dʒʌstɪd] nicht angepasst, verhaltens-, milieugestört
mal·ad·min·i·stra·tion [mælədmɪnɪ'streɪʃn] schlechte Verwaltung; *pol.* Misswirtschaft *f*
mal·con·tent ['mælkəntent] **1.** unzufrieden; **2.** Unzufriedene(r *m*) *f*
male [meɪl] **1.** männlich; **2.** Mann *m*; *zo.* Männchen *n*; **~ 'nurse** (Kranken)Pfleger *m*
mal·for·ma·tion [mælfɔː'meɪʃn] Missbildung *f*
mal·ice ['mælɪs] Bosheit *f*; Groll *m*; *jur.* böse Absicht, Vorsatz *m*
ma·li·cious [mə'lɪʃəs] boshaft; böswillig
ma·lign [mə'laɪn] verleumden; **ma·lignant** [mə'lɪgnənt] bösartig (*a. med.*); boshaft
mall *Am.* [mɔːl, mæl] Einkaufszentrum *n*
mal·le·a·ble ['mælɪəbl] *tech.* verformbar; *fig.* formbar
mal·let ['mælɪt] Holzhammer *m*; (Krocket-, Polo)Schläger *m*
mal·nu·tri·tion [mælnjuː'trɪʃn] Unterernährung *f*; Fehlernährung *f*
mal·o·dor·ous [mæl'əʊdərəs] übel riechend
mal·prac·tice [mæl'præktɪs] Vernachlässigung *f* der beruflichen Sorgfalt; *med.* falsche Behandlung, (ärztlicher) Kunstfehler
malt [mɔːlt] Malz *n*
mal·treat [mæl'triːt] schlecht behandeln; misshandeln
mam·mal *zo.* ['mæml] Säugetier *n*
mam·moth ['mæməθ] **1.** *zo.* Mammut *n*; **2.** Mammut..., Riesen..., riesig
mam·my F ['mæmɪ] Mami *f*
man 1. [mæn, *in Zssgn nachgestellt* -mən] (*pl.* ***men***) Mann *m*; Mensch(en *pl.*) *m*; Menschheit *f*; F (Ehe)Mann *m*; F Geliebte(r) *m*; (*Schach*)Figur *f*; (*Dame*)Stein *m*; ***the ~ in*** (*Am. a.* ***on***) ***the street*** der Mann auf der Straße; **2.** [mæn] (***-nn-***) (*Raum*)*Schiff etc.* bemannen

M

man·age ['mænɪdʒ] *v/t. Betrieb etc.* leiten, führen; *Künstler, Sportler etc.* managen; *et.* zu Stande bringen; es fertig bringen (***to do*** zu tun); umgehen (können) mit; mit *j-m, et.* fertig werden; F *Arbeit, Essen etc.* bewältigen, schaffen; *v/i.* auskommen (***with*** mit; ***without*** ohne); F es schaffen, zurechtkommen; F es einrichten, es ermöglichen; **'~·a·ble** handlich; lenksam; **'~·ment** Verwaltung *f*; *econ.* Management *n*, Unternehmensführung *f*; *econ.* Geschäftsleitung *f*, Direktion *f*

man·ag·er ['mænɪdʒə] Verwalter *m*; *econ.* Manager *m*; *econ.* Geschäftsführer *m*, Leiter *m*, Direktor *m*; Manager *m* (*e-s Schauspielers etc.*); *Sport*: (Chef)Trainer *m*; ***be a good ~*** gut *od.* sparsam wirtschaften können; **~·ess** [mænɪdʒə'res] Verwalterin *f*; *econ.* Managerin *f*; *econ.* Geschäftsführerin *f*, Leiterin *f*, Direktorin *f*; Managerin *f* (*e-s Schauspielers etc.*)

man·a·ge·ri·al *econ.* [mænə'dʒɪərɪəl] geschäftsführend, leitend; ~ ***position*** leitende Stellung; ~ ***staff*** leitende Angestellte *pl.*

man·ag·ing *econ.* ['mænɪdʒɪŋ] geschäftsführend, leitend; ~ **di'rector** Generaldirektor *m*, leitender Direktor

man|·date ['mændeɪt] Mandat *n*; Auftrag *m*; Vollmacht *f*; **~·da·to·ry** ['mændətərɪ] obligatorisch, zwingend

mane [meɪn] Mähne *f*

ma·neu·ver *Am.* [mə'nu:və] → ***manoeuvre***

man·ful ['mænfʊl] beherzt

mange *vet.* [meɪndʒ] Räude *f*

manger ['meɪndʒə] Krippe *f*

man·gle ['mæŋgl] **1.** (Wäsche)Mangel *f*; **2.** mangeln; übel zurichten, zerfleischen; *fig. Text* verstümmeln

mang·y ['meɪndʒɪ] (***-ier, -iest***) *vet.* räudig; *fig.* schäbig

'man·hood Mannesalter *n*; *euphem.* Manneskraft *f*

ma·ni·a ['meɪnjə] Wahn(sinn) *m*; *fig.* (***for***) Sucht *f* (nach), Leidenschaft (für), Manie *f*, Fimmel *m*; **~c** ['meɪnɪæk] Wahnsinnige(r *m*) *f*, Verrückte(r *m*) *f*; *fig.* Fanatiker(in)

man·i·cure ['mænɪkjʊə] Maniküre *f*, Handpflege *f*

man·i·fest ['mænɪfest] **1.** offenkundig; **2.** *v/t.* offenbaren, manifestieren

man·i·fold ['mænɪfəʊld] mannigfaltig, vielfältig

ma·nip·u|·late [mə'nɪpjʊleɪt] manipulieren; (geschickt) handhaben; **~·la·tion** [mənɪpjʊ'leɪʃn] Manipulation *f*

man| 'jack F: ***every ~*** jeder Einzelne; **~'kind** die Menschheit, die Menschen *pl.*; **'~·ly** (***-ier, -iest***) männlich; **~-'made** vom Menschen geschaffen, künstlich; ~ ***fibre*** (*Am.* ***fiber***) Kunstfaser *f*

man·ner ['mænə] Art *f* (u. Weise *f*); Betragen *n*, Auftreten *n*; **~s** *pl.* Benehmen *n*, Umgangsformen *pl.*, Manieren *pl.*; Sitten *pl.*

ma·noeu·vre *Brt.*, **ma·neu·ver** *Am.* [mə'nu:və] **1.** Manöver *n* (*a. fig.*); **2.** manövrieren (*a. fig.*)

man·or *Brt.* ['mænə] (Land)Gut *n*; → **'~ house** Herrenhaus *n*

'man·pow·er menschliche Arbeitskraft; Arbeitskräfte *pl.*

man·sion ['mænʃn] (herrschaftliches) Wohnhaus

'man·slaugh·ter *jur.* Totschlag *m*, fahrlässige Tötung

man·tel|·piece ['mæntlpi:s], **'~·shelf** (*pl.* ***-shelves***) Kaminsims *m*

man·u·al ['mænjʊəl] **1.** Hand...; mit der Hand (gemacht); **2.** Handbuch *n*

man·u·fac|·ture [mænjʊ'fæktʃə] **1.** erzeugen, herstellen; **2.** Herstellung *f*, Fertigung *f*; Erzeugnis *n*, Fabrikat *n*; **~·tur·er** [mænjʊ'fæktʃərə] Hersteller *m*, Erzeuger *m*; **~·tur·ing** [mænjʊ'fæktʃərɪŋ] Herstellungs...

ma·nure [mə'njʊə] **1.** Dünger *m*, Mist *m*, Dung *m*; **2.** düngen

man·u·script ['mænjʊskrɪpt] Manuskript *n*

man·y ['menɪ] **1.** (***more, most***) viel(e); ~ ***a*** manche(r, -s), manch eine(r, -s); ~ ***times*** oft; ***as*** ~ ebenso viel(e); **2.** viele; ***a good*** ~ ziemlich viel(e); ***a great*** ~ sehr viele

map [mæp] **1.** (Land- *etc.*)Karte *f*; (Stadt- *etc.*)Plan *m*; ⚠ *nicht* ***Mappe***; **2.** (***-pp-***) e-e Karte machen von; auf e-r Karte eintragen; ~ ***out*** *fig.* (bis in die Einzelheiten) (voraus)planen

ma·ple *bot.* ['meɪpl] Ahorn *m*

mar [mɑ:] (***-rr-***) beeinträchtigen; verderben

Mar *nur geschr. Abk. für* **March** März *m*
mar·a·thon ['mærəθn] **1.** *a.* ~ ***race*** Marathonlauf *m*; **2.** Marathon..., *fig. a.* Dauer...
ma·raud [mə'rɔ:d] plündern
mar·ble ['mɑ:bl] **1.** Marmor *m*; Murmel *f*; **2.** marmorn
march [mɑ:tʃ] **1.** marschieren; *fig.* fortschreiten; **2.** Marsch *m*; *fig.* (Fort-)Gang *m*; ***the ~ of events*** der Lauf der Dinge
March [mɑ:tʃ] (*Abk.* ***Mar***) März *m*
'march·ing or·ders *pl.*: ***get one's ~*** *Brt.* F den Laufpass bekommen
mare [meə] *zo.* Stute *f*; ⚠ *nicht* ***Mähre***; ***~'s nest*** *fig.* Schwindel *m*; (Zeitungs)Ente *f*
mar·ga·rine [mɑ:dʒə'ri:n], **marge** *Brt.* F [mɑ:dʒ] Margarine *f*
mar·gin ['mɑ:dʒɪn] Rand *m* (*a. fig.*); Grenze *f* (*a. fig.*); *fig.* Spielraum *m*; (*Gewinn-, Verdienst*)Spanne *f*; ***by a wide ~*** mit großem Vorsprung; **'~·al** Rand...; ~ ***note*** Randbemerkung *f*
mar·i·hua·na, mar·i·jua·na [mærju:'ɑ:nə] Marihuana *n*
ma·ri·na [mə'ri:nə] Boots-, Jachthafen *m*
ma·rine [mə'ri:n] Marine *f*; ⚠ *nicht* (***Kriegs)Marine***; *mil.* Marineinfanterist *m*
mar·i·ner ['mærɪnə] Seemann *m*
mar·i·tal ['mærɪtl] ehelich, Ehe...; ~ **'sta·tus** Familienstand *m*
mar·i·time ['mærɪtaɪm] See...; Küsten...; Schifffahrts...
mark¹ [mɑ:k] (deutsche) Mark; ⚠ *nicht das* ***Mark***
mark² [mɑ:k] **1.** Marke *f*, Markierung *f*; (Kenn)Zeichen *n*, Merkmal *n*; (Körper)Mal *n*; Ziel *n* (*a. fig.*); (*Fuß-, Brems- etc.*)Spur *f* (*a. fig.*); Fleck *m*; (*Fabrik-, Waren*)Zeichen *n*, (*Schutz-, Handels-*) Marke *f*; *econ.* Preisangabe *f*; *Schule*: Note *f*, Zensur *f*, Punkt *m*; *Laufsport*: Startlinie *f*; *fig.* Zeichen *n*; *fig.* Norm *f*; ***be up to the ~*** den Anforderungen gewachsen sein (*Person*) *od.* genügen (*Leistungen etc.*); *gesundheitlich* auf der Höhe sein; ***be wide of the ~*** weit danebenschießen; *fig.* sich gewaltig irren; weit danebenliegen (*Schätzung etc.*); ***hit the ~*** (das Ziel) treffen; *fig.* ins Schwarze treffen; ***miss the ~*** danebenschießen, das Ziel verfehlen (*a. fig.*); **2.** markieren, anzeichnen; anzeigen; kennzeichnen; *Waren* auszeichnen; *Preis* festsetzen; Spuren hinterlassen auf (*dat.*); Flecken machen auf (*dat.*); *Schule*: benoten, zensieren; *Sport*: *Gegenspieler* decken, markieren; ~ ***my words*** denk an m-e Worte; ***to ~ the occasion*** zur Feier des Tages; ~ ***time*** auf der Stelle treten (*a. fig.*); ~ ***down*** notieren, vermerken; *im Preis* herabsetzen; ~ ***off*** abgrenzen; *bsd. auf e-r Liste* abhaken; ~ ***out*** *durch Striche etc.* markieren; bestimmen (***for*** für); ~ ***up*** *im Preis* heraufsetzen; **~ed** deutlich, ausgeprägt; **'~·er** Markierstift *m*; Lesezeichen *n*; *Sport*: Bewacher(in)
mar·ket ['mɑ:kɪt] **1.** Markt *m*; Markt(platz) *m*; *Am.* (Lebensmittel-)Geschäft *n*, Laden *m*; *econ.* Absatz *m*; *econ.* (***for***) Nachfrage *f* (nach), Bedarf *m* (an); ***on the ~*** auf dem Markt *od.* im Handel; ***put on the ~*** auf den Markt *od.* in den Handel bringen; (zum Verkauf) anbieten; **2.** *v/t.* auf den Markt *od.* in den Handel bringen; verkaufen, -treiben; **~·a·ble** *econ.* marktgängig; ~ **'gar·den** *Brt. econ.* Gemüse- u. Obstgärtnerei *f*; **'~·ing** *econ.* Marketing *n*
'mark·ing Markierung *f*; *zo.* Zeichnung *f*; *Sport*: Deckung *f*; ***man-to-man ~*** Manndeckung *f*
'marks|·man (*pl.* ***-men***) guter Schütze; **'~·wom·an** (*pl.* ***-women***) gute Schützin
mar·ma·lade ['mɑ:məleɪd] *bsd.* Orangenmarmelade *f*
mar·mot *zo.* ['mɑ:mət] Murmeltier *n*
ma·roon [mə'ru:n] **1.** kastanienbraun; **2.** *auf e-r einsamen Insel* aussetzen; **3.** Leuchtrakete *f*
mar·quee [mɑ:'ki:] Festzelt *n*
mar·quis ['mɑ:kwɪs] Marquis *m*
mar·riage ['mærɪdʒ] Heirat *f*, Hochzeit *f* (***to*** mit); Ehe *f*; ***civil ~*** standesamtliche Trauung; **'mar·ria·gea·ble** heiratsfähig; **'~ cer·tif·i·cate** Trauschein *m*, Heiratsurkunde *f*
mar·ried ['mærɪd] verheiratet; ehelich, Ehe...; ~ ***couple*** Ehepaar *n*; ~ ***life*** Ehe(leben *n*) *f*
mar·row ['mærəʊ] *anat.* (Knochen-)Mark *n*; *fig.* Kern *m*, *das* Wesentlichste; *a.* ***vegetable ~*** *Brt. bot.* Markkürbis *m*

M

mar·ry ['mærɪ] *v/t.* heiraten; *Paar* trauen; ***be married*** verheiratet sein (***to*** mit); ***get married*** heiraten; sich verheiraten (***to*** mit); *v/i.* heiraten
marsh [mɑːʃ] Sumpf(land *n*) *m*, Marsch *f*
mar·shal ['mɑːʃl] **1.** *mil.* Marschall *m*; *Am.* Bezirkspolizeichef *m*; **2.** (*bsd. Brt.* **-ll-**, *Am.* **-l-**) (an)ordnen, arrangieren; führen
marsh·y ['mɑːʃɪ] (***-ier, -iest***) sumpfig
mar·ten *zo.* ['mɑːtɪn] Marder *m*
mar·tial ['mɑːʃl] kriegerisch; Kriegs..., Militär...; **~ 'arts** *pl.* asiatische Kampfsportarten *pl.*; **~ 'law** Kriegsrecht *n*
mar·tyr ['mɑːtə] Märtyrer(in)
mar·vel ['mɑːvl] **1.** Wunder *n*; **2.** (*bsd. Brt.* **-ll-**, *Am.* **-l-**) sich wundern, staunen; **~·(l)ous** ['mɑːvələs] wunderbar; fabelhaft, fantastisch
mar·zi·pan [mɑːzɪ'pæn] Marzipan *n*, *m*
mas·ca·ra [mæ'skɑːrə] Wimperntusche *f*
mas·cot ['mæskət] Maskottchen *n*
mas·cu·line ['mæskjʊlɪn] männlich; Männer...; maskulin
mash [mæʃ] **1.** zerdrücken, -quetschen; **2.** *Brt.* F Kartoffelbrei *m*; Maische *f*; Mengfutter *n*; **~ed po'ta·toes** *pl.* Kartoffelbrei *m*

M

mask [mɑːsk] **1.** Maske *f* (*a. Computer*); **2.** maskieren; *fig.* verbergen, -schleiern; **~ed** maskiert; **~ *ball*** Maskenball *m*
ma·son ['meɪsn] Steinmetz *m*; *mst* ♀ Freimaurer *m*; **~·ry** ['meɪsnrɪ] Mauerwerk *n*
masque *thea. hist.* [mɑːsk] Maskenspiel *n*; ⚠ *nicht* ***Maske***
mas·que·rade [mæskə'reɪd] **1.** Maskerade *f* (*a. fig.*); Verkleidung *f*; **2.** *fig.* sich ausgeben (***as*** als, für)
mass [mæs] **1.** Masse *f*; Menge *f*; Mehrzahl *f*; ***the ~es*** *pl.* die (breite) Masse; **2.** (sich) (an)sammeln *od.* (an)häufen; **3.** Massen...
Mass *rel.* [mæs] Messe *f*
mas·sa·cre ['mæsəkə] **1.** Massaker *n*; **2.** niedermetzeln
mas·sage ['mæsɑːʒ] **1.** Massage *f*; **2.** massieren
mas|·seur [mæ'sɜː] Masseur *m*; **~·seuse** [mæ'sɜːz] Masseurin *f*, Masseuse *f*
mas·sif ['mæsiːf] (Gebirgs)Massiv *n*
mas·sive ['mæsɪv] massiv; groß, gewaltig
mass| 'me·di·a *pl.* Massenmedien *pl.*; **~-pro'duce** serienmäßig herstellen; **~ pro'duc·tion** Massen-, Serienproduktion *f*
mast [mɑːst] *naut.* (*a. Antennen- etc.*-) Mast *m*
mas·ter ['mɑːstə] **1.** Meister *m*; Herr *m*; *bsd. Brt.* Lehrer *m*; *paint. etc.* Meister *m*; Original(kopie *f*) *n*; *univ.* Magister *m*; ♀ ***of Arts*** (*Abk.* ***MA***) Magister *m* Artium; **~ *of ceremonies*** *bsd. Am.* Conférencier *m*; **2.** Meister...; Haupt...; **~ *copy*** Originalkopie *f*; **~ *tape*** *tech.* Mastertape *n*, Originaltonband *n*; **3.** Herr sein über (*acc.*); *Sprache etc.* beherrschen; *Aufgabe etc.* meistern; **'~ key** Hauptschlüssel *m*; **'~·ly** meisterhaft, virtuos; **'~·piece** Meisterstück *n*; **~·y** ['mɑːstərɪ] Herrschaft *f*; Oberhand *f*; Beherrschung *f* (*e-r Sprache etc.*)
mas·tur·bate ['mæstəbeɪt] masturbieren, onanieren
mat¹ [mæt] **1.** Matte *f*; Untersetzer *m*; **2.** (***-tt-***) sich verfilzen
mat² [mæt] mattiert, matt
match¹ [mætʃ] Streich-, Zündholz *n*
match² [mætʃ] **1.** *der, die, das* Gleiche; (dazu) passende Sache *od.* Person, Gegenstück *n*; (*Fußball- etc.*)Spiel *n*, (*Box- etc.*)Kampf *m*, (*Tennis- etc.*)Match *n*, *m*; Heirat *f*; *gute etc.* Partie (*Person*); ***be a*** (***no***) **~ *for s.o.*** j-m (nicht) gewachsen sein; ***find*** *od.* ***meet one's* ~** s-n Meister finden; **2.** *v/t. j-m, e-r Sache* ebenbürtig *od.* gewachsen sein, gleichkommen; *j-m, e-r Sache* entsprechen, passen zu; *v/i.* zusammenpassen, übereinstimmen, entsprechen; ***gloves to* ~** dazu passende Handschuhe
'match·box Streich-, Zündholzschachtel *f*
'match|·less unvergleichlich, einzigartig; **'~·mak·er** Ehestifter(in); **~ 'point** *Tennis etc.*: Matchball *m*
mate¹ [meɪt] → ***checkmate***
mate² [meɪt] **1.** (Arbeits)Kamerad *m*, (-)Kollege *m*; Männchen *n od.* Weibchen *n* (*von Tieren*); *naut.* Maat *m*; **2.** *v/t. Tiere* paaren; *v/i. zo.* sich paaren
ma·te·ri·al [mə'tɪərɪəl] **1.** Material *n*,

Stoff *m*; ***writing ~s*** *pl.* Schreibmaterial(ien *pl.*) *n*; **2.** materiell; leiblich; wesentlich
ma·ter·nal [mə'tɜːnl] mütterlich, Mutter...; mütterlicherseits
ma·ter·ni·ty [mə'tɜːnətɪ] **1.** Mutterschaft *f*; **2.** Schwangerschafts..., Umstands...; **~ leave** Mutterschaftsurlaub *m*; **~ ward** Entbindungsstation *f*
math *Am.* F [mæθ] Mathe *f*
math·e|·ma·ti·cian [mæθəmə'tɪʃn] Mathematiker *m*; **~·mat·ics** [mæθə'mætɪks] *mst sg.* Mathematik *f*
maths *Brt.* F [mæθs] *mst sg.* Mathe *f*
mat·i·née *thea. etc.* ['mætɪneɪ] Nachmittagsvorstellung *f*; ⚠ *nicht* ***Matinee***
ma·tric·u·late [mə'trɪkjʊleɪt] (sich) immatrikulieren
mat·ri·mo|·ni·al [mætrɪ'məʊnjəl] ehelich, Ehe...; **~·ny** ['mætrɪmənɪ] Ehe(-stand *m*) *f*
ma·trix *tech.* ['meɪtrɪks] (*pl.* ***-trices*** [-trɪsiːz], ***-trixes***) Matrize *f*
ma·tron ['meɪtrən] *Brt.* Oberschwester *f*; Hausmutter *f*; Matrone *f*
mat·ter ['mætə] **1.** Materie *f*, Material *n*, Substanz *f*, Stoff *m*; *med.* Eiter *m*; Sache *f*, Angelegenheit *f*; ***printed ~*** *post* Drucksache *f*; ***what's the ~ (with you)?*** was ist los (mit dir)?; ***no ~ who*** gleichgültig, wer; ***for that ~*** was das betrifft; ***a ~ of course*** e-e Selbstverständlichkeit; ***a ~ of fact*** e-e Tatsache; ***as a ~ of fact*** tatsächlich, eigentlich; ***a ~ of form*** e-e Formsache; ***a ~ of time*** e-e Frage der Zeit; **2.** von Bedeutung sein (***to*** für); ***it doesn't ~*** es macht nichts; **~-of-'fact** sachlich, nüchtern
mat·tress ['mætrɪs] Matratze *f*
ma·ture [mə'tjʊə] **1.** (***~r, ~st***) reif (*a. fig.*); **2.** (heran)reifen, reif werden; **ma·tu·ri·ty** [mə'tjʊərətɪ] Reife *f* (*a. fig.*)
maud·lin ['mɔːdlɪn] rührselig
maul [mɔːl] übel zurichten; *fig.* verreißen
Maun·dy Thurs·day ['mɔːndɪ -] Gründonnerstag *m*
mauve [məʊv] malvenfarbig, mauve
mawk·ish ['mɔːkɪʃ] rührselig
max·i... ['mæksɪ] Maxi..., riesig, Riesen...
max·im ['mæksɪm] Grundsatz *m*
max·i·mum ['mæksɪməm] **1.** (*pl.* ***-ma*** [-mə], ***-mums***) Maximum *n*; **2.** maximal, Maximal..., Höchst...
May [meɪ] Mai *m*
may *v/aux.* [meɪ] (*pret.* ***might***) *ich* kann/mag/darf *etc.*, *du* kannst/magst/darfst *etc.*
may·be ['meɪbiː] vielleicht
'May|-bee·tle *zo.*, **'~-bug** *zo.* Maikäfer *m*
'May Day der 1. Mai
may·on·naise [meɪə'neɪz] Mayonnaise *f*
mayor [meə] Bürgermeister *m*; ⚠ *nicht* ***Major***
'may·pole Maibaum *m*
maze [meɪz] Irrgarten *m*, Labyrinth *n* (*a. fig.*)
MB [em 'biː] *Abk. für* ***megabyte*** MB, Megabyte *n*
MCA [em siː 'eɪ] *Abk. für* ***maximum credible accident*** GAU *m*, größter anzunehmender Unfall
MD [em 'diː] *Abk. für* ***Doctor of Medicine*** (*lateinisch* ***medicinae doctor***) Dr. med., Doktor *m* der Medizin
me [miː] mich; mir; F ich
mead·ow ['medəʊ] Wiese *f*, Weide *f*
mea·gre *Brt.*, **mea·ger** *Am.* ['miːgə] mager (*a. fig.*), dürr; dürftig
meal¹ [miːl] Mahl(zeit *f*) *n*; Essen *n*
meal² [miːl] Schrotmehl *n*
mean¹ [miːn] gemein, niederträchtig; geizig, knauserig; schäbig
mean² [miːn] (***meant***) meinen; sagen wollen; bedeuten; beabsichtigen, vorhaben; ***be ~t for*** bestimmt sein für; ***~ well (ill)*** es gut (schlecht) meinen
mean³ [miːn] **1.** Mitte *f*, Mittel *n*, Durchschnitt *m*; **2.** mittlere(r, -s), Mittel..., durchschnittlich, Durchschnitts...
'mean·ing 1. Sinn *m*, Bedeutung *f*; ⚠ *nicht* ***Meinung***; **2.** bedeutungsvoll, bedeutsam; **'~·ful** bedeutungsvoll; sinnvoll; **'~·less** sinnlos
means [miːnz] *pl.* (*a. sg. konstruiert*) Mittel *n od. pl.*, Weg *m*; Mittel *pl.*, Vermögen *n*; ***by all ~s*** auf alle Fälle, unbedingt; ***by no ~s*** keineswegs, auf keinen Fall; ***by ~s of*** durch, mit
meant [ment] *pret. u. p.p. von* ***mean²***
'mean|·time 1. inzwischen; **2.** ***in the ~*** inzwischen; **'~·while** inzwischen
mea·sles *med.* ['miːzlz] *sg.* Masern *pl.*

mea·su·ra·ble ['meʒərəbl] messbar
mea·sure ['meʒə] **1.** Maß *n* (*a. fig.*); Maß *n*, Messgerät *n*; *mus.* Takt *m*; Maßnahme *f*; ***beyond ~*** über alle Maßen; ***in a great ~*** großenteils; ***take ~s*** Maßnahmen treffen *od.* ergreifen; **2.** (ab-, aus-, ver)messen; *j-m* Maß nehmen; ***~ up to*** den Ansprüchen (*gen.*) genügen; **~d** gemessen; wohl überlegt; maßvoll; **'~·ment** (Ver)Messung *f*; Maß *n*; **~ of ca'pac·i·ty** Hohlmaß *n*
meas·ur·ing ['meʒərɪŋ] Mess...; **'~ tape** → ***tape measure***
meat [miːt] Fleisch *n*; ***cold ~*** kalter Braten; **'~·ball** Fleischklößchen *n*
me·chan|·ic [mɪ'kænɪk] Mechaniker *m*; **~·i·cal** mechanisch; Maschinen...; **~·ics** *phys. mst sg.* Mechanik *f*
mech·a|·nis·m ['mekənɪzəm] Mechanismus *m*; **~·nize** ['mekənaɪz] mechanisieren
med·al ['medl] Medaille *f*; Orden *m*; **~·(l)ist** ['medlɪst] *Sport*: Medaillengewinner(in)
med·dle ['medl] sich einmischen (***with, in*** in *acc.*); **'~·some** aufdringlich
me·di·a ['miːdjə] *sg., pl.* Medien *pl.*
med·i·ae·val [medɪ'iːvl] → ***medieval***
me·di·an ['miːdjn] *a.* ***~ strip*** *Am.* Mittelstreifen *m* (*Autobahn etc.*)
me·di|·ate ['miːdɪeɪt] vermitteln; **~·a·tion** [miːdɪ'eɪʃn] Vermittlung *f*; **~·a·tor** ['miːdɪeɪtə] Vermittler *m*
med·i·cal ['medɪkl] **1.** medizinisch, ärztlich; **2.** ärztliche Untersuchung; **~ cer'tif·i·cate** ärztliches Attest
med·i·cated ['medɪkeɪtɪd] medizinisch; ***~ bath*** medizinisches Bad
me·di·ci·nal [me'dɪsɪnl] medizinisch, heilkräftig, Heil...
medi·cine ['medsɪn] Medizin *f*, Arznei *f*; Medizin *f*, Heilkunde *f*
med·i·e·val [medɪ'iːvl] mittelalterlich
me·di·o·cre [miːdɪ'əʊkə] mittelmäßig
med·i|·tate ['medɪteɪt] *v/i.* (***on***) nachdenken (über *acc.*); meditieren (über *acc.*); *v/t.* erwägen; **~·ta·tion** [medɪ'teɪʃn] Nachdenken *n*; Meditation *f*; **~·ta·tive** ['medɪtətɪv] nachdenklich
Med·i·ter·ra·ne·an [medɪtə'reɪnjən] Mittelmeer...
me·di·um ['miːdjəm] **1.** (*pl.* ***-dia*** [-djə], ***-diums***) Mitte *f*; Mittel *n*; Medium *n*; **2.** mittlere(r, -s), Mittel..., *a.* mittelmäßig; *gastr.* medium, halb gar (*Steak*)
med·ley ['medlɪ] Gemisch *n*; *mus.* Medley *n*, Potpourri *n*
meek [miːk] sanft(mütig), bescheiden; **'~·ness** Sanftmut *f*, Bescheidenheit *f*
meet [miːt] (***met***) *v/t.* treffen, sich treffen mit; begegnen (*dat.*); *j-n* kennen lernen; *j-n* abholen; zusammentreffen mit, stoßen *od.* treffen auf (*acc.*); *Wünschen* entgegenkommen, entsprechen; *e-r Forderung, Verpflichtung* nachkommen; *v/i.* zusammenkommen, -treten; sich begegnen *od.* treffen; (*feindlich*) zusammenstoßen, *Sport*: aufeinander treffen; sich kennenlernen; ***~ with*** zusammentreffen mit; sich treffen mit; stoßen auf (*Schwierigkeiten etc.*); erleben, -leiden; **'~·ing** Begegnung *f*, (Zusammen)Treffen *n*; Versammlung *f*, Konferenz *f*, Tagung *f*; **'~·ing place** Tagungs-, Versammlungsort *m*; Treffpunkt *m*
mel·an·chol·y ['melənkəlɪ] **1.** Melancholie *f*, Schwermut *f*; **2.** melancholisch, traurig
mel·low ['meləʊ] **1.** reif, weich; sanft, mild (*Licht*), zart (*Farben*); *fig.* gereift (*Person*); **2.** reifen (lassen) (*a. fig.*); weich *od.* sanft werden
me·lo·di·ous [mɪ'ləʊdjəs] melodisch
mel·o·dra·mat·ic [meləʊdrə'mætɪk] melodramatisch
mel·o·dy ['melədɪ] Melodie *f*
mel·on *bot.* ['melən] Melone *f*
melt [melt] (zer)schmelzen; ***~ down*** einschmelzen
mem·ber ['membə] Mitglied *n*, Angehörige(r *m*) *f*; *anat.* Glied(maße *f*) *n*; (männliches) Glied; ***♀ of Parliament*** *Brt. parl.* Mitglied *n* des Unterhauses, Unterhausabgeordnete(r *m*) *f*; **'~·ship** Mitgliedschaft *f*; Mitgliederzahl *f*
mem·brane ['membreɪn] Membran(e) *f*
mem·o ['meməʊ] (*pl.* ***-os***) Memo *n*
mem·oirs ['memwɑːz] *pl.* Memoiren *pl.*
mem·o·ra·ble ['memərəbl] denkwürdig
me·mo·ri·al [mɪ'mɔːrɪəl] Denkmal *n*, Ehrenmal *n*, Gedenkstätte *f* (***to*** für); Gedenkfeier *f* (***to*** für)
mem·o·rize ['meməraɪz] auswendig lernen, sich *et.* einprägen

M

mem·o·ry ['meməri] Gedächtnis *n*; Erinnerung *f*; Andenken *n*; *Computer*: Speicher *m*; ***in ~ of*** zum Andenken an (*acc.*); **~ ca'pac·i·ty** *Computer*: Speicherkapazität *f*
men [men] *pl. von* ***man*** 1
men·ace ['menəs] **1.** (be)drohen; **2.** (Be)Drohung *f*
mend [mend] **1.** *v/t.* (ver)bessern; ausbessern, reparieren, flicken; ***~ one's ways*** sich bessern; *v/i.* sich bessern; **2.** ausgebesserte Stelle; ***on the ~*** auf dem Wege der Bess(e)rung
men·di·cant ['mendıkənt] **1.** bettelnd, Bettel...; **2.** Bettelmönch *m*
me·ni·al ['mi:njəl] niedrig, untergeordnet (*Arbeit*)
men·in·gi·tis *med.* [menın'dʒaıtıs] Meningitis *f*, Hirnhautentzündung *f*
men·o·pause ['menəʊpɔ:z] Wechseljahre *pl.*
men·stru|·ate ['menstrʊeıt] menstruieren; **~·a·tion** [menstrʊ'eıʃn] Menstruation *f*
men·tal ['mentl] geistig, Geistes...; seelisch, psychisch; **~ a'rith·me·tic** Kopfrechnen *n*; **~ 'hand·i·cap** geistige Behinderung; **~ 'hos·pi·tal** psychiatrische Klinik, Nervenheilanstalt *f*; **~·i·ty** [men'tæləti] Mentalität *f*; **~·ly** ['mentəlı]: ***~ handicapped*** geistig behindert; ***~ ill*** geisteskrank
men·tion ['menʃn] **1.** erwähnen; ***don't ~ it!*** bitte (sehr)!, gern geschehen!; **2.** Erwähnung *f*
men·u ['menju:] Speise(n)karte *f*; ⚠ *nicht gastr.* ***Menü***; *Computer*: Menü *n*
MEP [em i: 'pi:] *Abk. für* ***Member of the European Parliament*** Abgeordnete(r *m*) *f* des Europäischen Parlaments, F Europa-Abgeordnete(r *m*) *f*
mer·can·tile ['mɜ:kəntaıl] Handels...
mer·ce·na·ry ['mɜ:sınərı] **1.** geldgierig; **2.** *mil.* Söldner *m*
mer·chan·dise ['mɜ:tʃəndaız] Ware(n *pl.*) *f*
mer·chant ['mɜ:tʃənt] **1.** (Groß)Händler *m*, (Groß)Kaufmann *m*; **2.** Handels...
mer·ci|·ful ['mɜ:sıfl] barmherzig, gnädig; **'~·less** unbarmherzig, erbarmungslos
mer·cu·ry *chem.* ['mɜ:kjʊrı] Quecksilber *n*
mer·cy ['mɜ:sı] Barmherzigkeit *f*, Erbarmen *n*, Gnade *f*
mere [mıə] (**~r, ~st**), **'~·ly** bloß, nur
merge [mɜ:dʒ] verschmelzen (***into, with*** mit); *econ.* fusionieren; **'merg·er** *econ.* Fusion *f*
me·rid·i·an [mə'rıdıən] *geogr.* Meridian *m*; *fig.* Gipfel *m*, Höhepunkt *m*
mer·it ['merıt] **1.** Verdienst *n*; Wert *m*; Vorzug *m*; **2.** verdienen
mer·maid ['mɜ:meıd] Meerjungfrau *f*, Nixe *f*
mer·ri·ment ['merımənt] Fröhlichkeit *f*; Gelächter *n*, Heiterkeit *f*
mer·ry ['merı] (**-ier, -iest**) lustig, fröhlich, ausgelassen; ***2 Christmas!*** fröhliche *od.* frohe Weihnachten; **'~-go--round** Karussell *n*
mesh [meʃ] **1.** Masche *f*; *fig. oft* ***~es*** *pl.* Netz *n*, Schlingen *pl.*; ***be in ~*** *tech.* (ineinander)greifen; **2.** (ineinander)greifen (*Zahnräder*); *fig.* passen (***with*** zu), zusammenpassen
mess [mes] **1.** Unordnung *f*, Durcheinander *n*; Schmutz *m*, F Schweinerei *f*; F Patsche *f*, Klemme *f*; *mil.* Messe *f*, Kasino *n*; ⚠ *nicht rel.* ***Messe***; ***make a ~ of*** F *fig.* verpfuschen, ruinieren, *Pläne etc.* über den Haufen werfen; **2. *~ about, ~ around*** F herumspielen, -basteln (***with*** an); herumgammeln; ***~ up*** in Unordnung bringen, durcheinander bringen; *fig.* F verpfuschen, ruinieren, *Pläne etc.* über den Haufen werfen
mes·sage ['mesıdʒ] Mitteilung *f*, Nachricht *f*; Anliegen *n*, Aussage *f*; ***can I take a ~?*** kann ich etwas ausrichten?; ***get the ~*** F kapieren
mes·sen·ger ['mesındʒə] Bote *m*
mess·y ['mesı] (**-ier, -iest**) unordentlich; unsauber, schmutzig
met [met] *pret. u. p.p. von* ***meet***
me·tab·o·lis·m *physiol.* [me'tæbəlızəm] Stoffwechsel *m*
met·al ['metl] Metall *n*; **me·tal·lic** [mı'tælık] (**~ally**) metallisch; Metall...
met·a·mor·pho·sis [metə'mɔ:fəsıs] Metamorphose *f*, Verwandlung *f*
met·a·phor ['metəfə] Metapher *f*
me·tas·ta·sis *med.* [mə'tæstəsıs] (*pl.* **-ses** [-si:z]) Metastase *f*
me·te·or ['mi:tıə] Meteor *m*
me·te·or·o·log·i·cal [mi:tjərə'lɒdʒıkl] meteorologisch, Wetter..., Witte-

M

rungs...; ~ **'of·fice** *a.* F *met office* Wetteramt *n*
me·te·o·rol·o·gy [miːtjə'rɒlədʒɪ] Meteorologie *f*, Wetterkunde *f*
me·ter *tech.* ['miːtə] Messgerät *n*, Zähler *m*; ⚠ *Brt. nicht* **Meter**
meth·od ['meθəd] Methode *f*, Verfahren *n*; System *n*; **me·thod·i·cal** [mɪ'θɒdɪkl] methodisch, systematisch, planmäßig
me·tic·u·lous [mɪ'tɪkjʊləs] peinlich genau, übergenau
me·tre *Brt.*, **me·ter** *Am.* ['miːtə] Meter *m, n*; Versmaß *n*
met·ric ['metrɪk] (~**ally**) metrisch; '~ **sys·tem** metrisches (Maß- u. Gewichts)System
met·ro·pol·i·tan [metrə'pɒlɪtən] ... der Hauptstadt
met·tle ['metl] Eifer *m*, Mut *m*, Feuer *n*
Mex·i·can ['meksɪkən] **1.** mexikanisch; **2.** Mexikaner(in)
Mex·i·co ['meksɪkəʊ] Mexiko *n*
mi·aow [miː'aʊ] miauen
mice [maɪs] *pl. von* **mouse**
mi·cro... ['maɪkrəʊ] Mikro..., (sehr) klein
mi·cro|·chip ['maɪkrəʊtʃɪp] Mikrochip *m*; ~**·com'put·er** Mikrocomputer *m*
mi·cro·phone ['maɪkrəfəʊn] Mikrofon *n*
mi·cro·pro·ces·sor [maɪkrəʊ'prəʊsesə] Mikroprozessor *m*
mi·cro·scope ['maɪkrəskəʊp] Mikroskop *n*
mi·cro·wave ['maɪkrəweɪv] Mikrowelle *f*; ~ **'ov·en** Mikrowellenherd *m*
mid [mɪd] mittlere(r, -s), Mitt(el)...; ~**'air**: *in* ~ in der Luft; '~**·day 1.** Mittag *m*; **2.** mittägig, Mittag(s)...
mid·dle ['mɪdl] **1.** mittlere(r, -s), Mittel...; **2.** Mitte *f*; ⚠ *nicht* **Mittel**; ~**-'aged** mittleren Alters; ♀ **'Ag·es** *pl.* Mittelalter *n*; ~ **'class(·es** *pl.*) Mittelstand *m*; '~**·man** (*pl.* **-men**) *econ.* Zwischenhändler *m*; Mittelsmann *m*; ~ **'name** zweiter Vorname *m*; ~**-'sized** mittelgroß; '~**·weight** *Boxen*: Mittelgewicht(ler *m*) *n*
mid·dling F ['mɪdlɪŋ] mittelmäßig, Mittel...; leidlich
'mid·field *bsd. Fußball*: Mittelfeld *n*; '~**-er**, ~ **'play·er** *bsd. Fußball*: Mittelfeldspieler *m*
midge *zo.* [mɪdʒ] Mücke *f*
midg·et ['mɪdʒɪt] Zwerg *m*, Knirps *m*
'mid|·night Mitternacht *f*; *at* ~ um Mitternacht; ~**st** [mɪdst]: *in the* ~ *of* mitten in (*dat.*); '~**·sum·mer** Hochsommer *m*; *astr.* Sommersonnenwende *f*; ~**'way** auf halbem Wege; '~**·wife** (*pl.* **-wives**) Hebamme *f*; ~**'win·ter** Mitte *f* des Winters; *astr.* Wintersonnenwende *f*; *in* ~ mitten im Winter
might [maɪt] **1.** *pret. von* **may**; **2.** Macht *f*, Gewalt *f*; Kraft *f*; '~**·y** (**-ier, -iest**) mächtig, gewaltig
mi·grate [maɪ'greɪt] (aus)wandern, (fort)ziehen (*a. zo.*); **mi·gra·tion** [maɪ'greɪʃn] Wanderung *f*; **mi·gra·to·ry** ['maɪgrətərɪ] Wander...; *zo.* Zug...; ~ *bird* Zugvogel *m*
mike F [maɪk] Mikro *n* (*Mikrofon*)
mild [maɪld] mild, sanft, leicht
mil·dew *bot.* ['mɪldjuː] Mehltau *m*
'mild·ness Milde *f*
mile [maɪl] Meile *f* (*1,6 km*)
mile·age ['maɪlɪdʒ] zurückgelegte Meilenzahl *od.* Fahrtstrecke, Meilenstand *m*; *a.* ~ *allowance* Meilengeld *n*, *etwa* Kilometergeld *n*
'mile·stone Meilenstein *m* (*a. fig.*)
mil·i·tant ['mɪlɪtənt] militant; streitbar, kriegerisch
mil·i·ta·ry ['mɪlɪtərɪ] **1.** militärisch, Militär...; **2.** *the* ~ *pl.* das Militär; ~ **'gov·ern·ment** Militärregierung *f*; ~ **po'lice** (*Abk.* **MP**) Militärpolizei *f*
mi·li·tia [mɪ'lɪʃə] Miliz *f*, Bürgerwehr *f*
milk [mɪlk] **1.** Milch *f*; *it's no use crying over spilt* ~ geschehen ist geschehen; **2.** *v/t.* melken; *v/i.* Milch geben; '~**·man** (*pl.* **-men**) Milchmann *m*; ~ **'pow·der** Milchpulver *n*, Trockenmilch *f*; ~ **'shake** Milchmixgetränk *n*, -shake *m*; '~**·sop** Weichling *m*, Muttersöhnchen *n*; '~ **tooth** (*pl.* **- teeth**) Milchzahn *m*; '~**·y** (**-ier, -iest**) milchig; Milch...; ♀**·y 'Way** *astr.* Milchstraße *f*
mill [mɪl] **1.** Mühle *f*; Fabrik *f*; **2.** *Korn etc.* mahlen; *tech. Metall* verarbeiten; *Münze* rändeln
mil·le·pede *zo.* ['mɪlɪpiːd] → **millipede**
'mill·er Müller *m*
mil·let *bot.* ['mɪlɪt] Hirse *f*
mil·li·ner ['mɪlɪnə] Hut-, Putzmacherin *f*, Modistin *f*
mil·lion ['mɪljən] Million *f*; ~**·aire**

[mɪljə'neə] Millionär(in); **~th** ['mɪljənθ] **1.** millionste(r, -s); **2.** Millionstel *n*

mil·li·pede *zo.* ['mɪlɪpi:d] Tausendfüß(l)er *m*

'mill|·pond Mühlteich *m*; **'~·stone** Mühlstein *m*

milt [mɪlt] Milch *f* (*der Fische*)

mime [maɪm] **1.** Pantomime *f*; Pantomime *m*; **2.** (panto)mimisch darstellen; nachahmen, mimen

mim·ic ['mɪmɪk] **1.** mimisch; Schein...; **2.** Imitator *m*; **3.** (**-ck-**) nachahmen; nachäffen; **~·ry** ['mɪmɪkrɪ] Nachahmung *f*; *zo.* Mimikry *f*

mince [mɪns] **1.** *v/t.* zerhacken, (zer)schneiden; ***he does not ~ matters*** *od.* ***his words*** er nimmt kein Blatt vor den Mund; *v/i.* tänzeln, trippeln; **2.** *a.* **~*d meat*** Hackfleisch *n*; **'~·meat** *e-e süße* Pastetenfüllung; **~ 'pie** *mit* ***mincemeat*** gefüllte Pastete; **'minc·er** Fleischwolf *m*

mind [maɪnd] **1.** Sinn *m*, Gemüt *n*, Herz *n*; Verstand *m*, Geist *m*; Ansicht *f*, Meinung *f*; Absicht *f*, Neigung *f*, Lust *f*; Erinnerung *f*, Gedächtnis *n*; ***be out of one's ~*** nicht (recht) bei Sinnen sein; ***bear*** *od.* ***keep in ~*** (immer) denken an (*acc.*), *et.* nicht vergessen; ***change one's ~*** es sich anders überlegen, s-e Meinung ändern; ***enter s.o.'s ~*** j-m in den Sinn kommen; ***give s.o. a piece of one's ~*** j-m gründlich die Meinung sagen; ***have*** (***half***) ***a ~ to*** (nicht übel) Lust haben zu; ***lose one's ~*** den Verstand verlieren; ***make up one's ~*** sich entschließen, e-n Entschluss fassen; ***to my ~*** meiner Ansicht nach; **2.** *v/t.* Acht geben auf (*acc.*); sehen nach, aufpassen auf (*acc.*); et. haben gegen; ***~ the step!*** Vorsicht, Stufe!; ***~ your own business!*** kümmere dich um deine eigenen Angelegenheiten!; ***do you ~ if I smoke?, do you ~ my smoking?*** haben Sie et. dagegen *od.* stört es Sie, wenn ich rauche?; ***would you ~ opening the window?*** würden Sie bitte das Fenster öffnen?; ***would you ~ coming*** würden Sie bitte kommen?; *v/i.* aufpassen; et. dagegen haben; **~** (***you***) wohlgemerkt, allerdings; ***never ~!*** macht nichts!, ist schon gut!; ***I don't ~*** meinetwegen, von mir aus; **'~·less** gedankenlos, blind; unbekümmert (***of*** um), ohne Rücksicht (***of*** auf *acc.*)

mine¹ [maɪn] der, die, das Meine, meins; ***that's ~*** das gehört mir

mine² [maɪn] **1.** Bergwerk *n*, Mine *f*, Zeche *f*, Grube *f*; *mil.* Mine *f*; *fig.* Fundgrube *f*; ⚠ *nicht* (*Kugelschreiber- etc.*)***Mine***; **2.** *v/i.* schürfen, graben (***for*** nach); *v/t.* *Erz*, *Kohle* abbauen; *mil.* verminen; **'min·er** Bergmann *m*, Kumpel *m*

min·e·ral ['mɪnərəl] Mineral *n*; Mineral...; **~*s*** *pl. Brt.* Mineralwasser *n*; **'~ oil** Mineralöl *n*; **'~ wa·ter** Mineralwasser *n*

min·gle ['mɪŋgl] *v/t.* (ver)mischen; *v/i.* sich mischen *od.* mengen (***with*** unter)

min·i... ['mɪnɪ] Mini..., Klein(st)...; → ***miniskirt***

min·i·a·ture ['mɪnətʃə] **1.** Miniatur(gemälde *n*) *f*; **2.** Miniatur...; Klein...; **~ 'cam·e·ra** Kleinbildkamera *f*

min·i|·mize ['mɪnɪmaɪz] auf ein Mindestmaß herabsetzen; herunterspielen, bagatellisieren; **~·mum** ['mɪnɪməm] **1.** (*pl.* ***-ma*** [-mə], ***-mums***) Minimum *n*, Mindestmaß *n*; **2.** minimal, Mindest...

min·ing ['maɪnɪŋ] Bergbau *m*; Berg(bau)..., Bergwerks...; Gruben...

min·i·on *contp.* ['mɪnjən] Lakai *m*, Kriecher *m*

'min·i·skirt Minirock *m*

M

min·is·ter ['mɪnɪstə] Minister(in); *rel.* Geistliche(r) *m*; Gesandte(r) *m*

min·is·try ['mɪnɪstrɪ] Ministerium *n*; *rel.* geistliches Amt

mink *zo.* [mɪŋk] (*pl.* ***mink***) Nerz *m*

mi·nor ['maɪnə] **1.** kleinere(r, -s), *fig.* *a.* unbedeutend, geringfügig; *jur.* minderjährig; ***A ~*** *mus.* a-Moll *n*; ***~ key*** *mus.* Moll(tonart *f*) *n*; **2.** *jur.* Minderjährige(r *m*) *f*; *Am. univ.* Nebenfach *n*; *mus.* Moll *n*; **~·i·ty** [maɪ'nɒrətɪ] Minderheit *f*; *jur.* Minderjährigkeit *f*

min·ster ['mɪnstə] Münster *n*

mint¹ [mɪnt] **1.** Münze *f*, Münzanstalt *f*; **2.** prägen

mint² *bot.* [mɪnt] Minze *f*

min·u·et *mus.* [mɪnjʊ'et] Menuett *n*

mi·nus ['maɪnəs] **1.** *prp.* minus, weniger; F ohne; **2.** *adj.* Minus...; **3.** Minus *n*, *fig.* *a.* Nachteil *m*

min·ute¹ ['mɪnɪt] Minute *f*; Augenblick *m*; ***in a ~*** sofort; ***just a ~!*** Moment mal!; **~*s*** *pl.* Protokoll *n*

mi·nute² [maɪ'nju:t] winzig; sehr genau

mir·a·cle ['mɪrəkl] Wunder *n*
mi·rac·u·lous [mɪ'rækjʊləs] wunderbar; **~·ly** wie durch ein Wunder
mi·rage ['mɪrɑːʒ] Luftspiegelung *f*, Fata Morgana *f*
mire ['maɪə] Schlamm *m*; ***drag through the ~*** *fig.* in den Schmutz ziehen
mir·ror ['mɪrə] **1.** Spiegel *m*; **2.** (wider)spiegeln (*a. fig.*)
mirth [mɜːθ] Fröhlichkeit *f*, Heiterkeit *f*
mis... [mɪs] miss..., falsch, schlecht
mis·ad'ven·ture Missgeschick *n*; Unglück(sfall *m*) *n*
mis·an|·thrope ['mɪzənθrəʊp], **~·thro·pist** [mɪ'zænθrəpɪst] Menschenfeind(in)
mis·ap'ply falsch an- *od.* verwenden
mis·ap·pre'hend missverstehen
mis·ap'pro·pri·ate unterschlagen, veruntreuen
mis·be'have sich schlecht benehmen
mis'cal·cu·late falsch berechnen; sich verrechnen (in *dat.*)
mis'car|·riage *med.* Fehlgeburt *f*; Misslingen *n*, Fehlschlag(en *n*) *m*; ***~ of justice*** *jur.* Fehlurteil *n*; **~·ry** *med.* e-e Fehlgeburt haben; misslingen, scheitern
mis·cel·la|·ne·ous [mɪsɪ'leɪnjəs] ge-, vermischt; verschiedenartig; **~·ny** [mɪ'selənɪ] Gemisch *n*; Sammelband *m*
mis·chief ['mɪstʃɪf] Schaden *m*; Unfug *m*; Übermut *m*; **'~·mak·er** Unruhestifter(in)
mis·chie·vous ['mɪstʃɪvəs] boshaft, mutwillig; schelmisch
mis·con'ceive falsch auffassen, missverstehen
mis·con·duct 1. [mɪs'kɒndʌkt] schlechtes Benehmen; schlechte Führung; Verfehlung *f*; **2.** [mɪskən'dʌkt] schlecht führen; ***~ o.s.*** sich schlecht benehmen
mis·con·strue [mɪskən'struː] falsch auslegen, missdeuten
mis'deed Missetat *f*
mis·de·mea·no(u)r *jur.* [mɪsdɪ'miːnə] Vergehen *n*
mis·di'rect fehl-, irreleiten; *Brief etc.* falsch adressieren
mise-en-scène *thea.* [miːzɑ̃ːn'seɪn] Inszenierung *f*
mi·ser ['maɪzə] Geizhals *m*
mis·e·ra·ble ['mɪzərəbl] erbärmlich, kläglich, elend; unglücklich
'mi·ser·ly geizig, F knick(e)rig
mis·e·ry ['mɪzərɪ] Elend *n*, Not *f*
mis'fire versagen (*Schusswaffe*); *mot.* fehlzünden, aussetzen; *fig.* danebengehen
'mis·fit Außenseiter(in)
mis'for·tune Unglück(sfall *m*) *n*; Missgeschick *n*
mis'giv·ing Befürchtung *f*, Zweifel *m*
mis'guided irregeleitet, irrig, unangebracht
mis·hap ['mɪshæp] Unglück *n*; Missgeschick *n*; ***without ~*** ohne Zwischenfälle
mis·in'form falsch unterrichten
mis·in'ter·pret missdeuten, falsch auffassen *od.* auslegen
mis'lay (***-laid***) *et.* verlegen
mis'lead (***-led***) irreführen, täuschen; verleiten
mis'man·age schlecht verwalten *od.* führen *od.* handhaben
mis'place *et.* an e-e falsche Stelle legen *od.* setzen; *et.* verlegen; **~d** *fig.* unangebracht, deplatziert
mis·print 1. [mɪs'prɪnt] verdrucken; **2.** ['mɪsprɪnt] Druckfehler *m*
mis'read (***-read*** [-red]) falsch lesen; falsch deuten, missdeuten
mis·rep·re'sent falsch darstellen; entstellen, verdrehen
miss¹ [mɪs] **1.** *v/t.* verpassen, -säumen, -fehlen; übersehen, nicht bemerken; überhören; nicht verstehen *od.* begreifen; vermissen; *a.* ***~ out*** auslassen, übergehen, -springen; *v/i.* nicht treffen; missglücken; ***~ out on*** *et.* verpassen; **2.** Fehlschuss *m*, -stoß *m*, -wurf *m etc.*; Verpassen *n*, Verfehlen *n*
miss² [mɪs] (*mit nachfolgendem Namen* ♀) Fräulein *n*
mis'shap·en missgebildet
mis·sile ['mɪsaɪl, *Am.* 'mɪsəl] Geschoss *n*, *östr.* Geschoß *n*; Rakete *f*; Raketen...
'miss·ing fehlend; ***be ~*** fehlen, verschwunden *od.* weg sein; (*mil. a.* ***~ in action***) vermisst; ***be ~*** *mil.* vermisst sein *od.* werden
mis·sion ['mɪʃn] (*Militär- etc.*)Mission *f*; *bsd. pol.* Auftrag *m*, Mission *f*; *rel.* Mission *f*; (innere) Berufung; *aviat.*, *mil.* Einsatz *m*; **~·a·ry** ['mɪʃənrɪ] Missionar *m*
mis'spell (***-spelt*** *od.* ***-spelled***) falsch buchstabieren *od.* schreiben

mis'spend (*-spent*) falsch verwenden; vergeuden

mist [mɪst] **1.** (feiner *od.* leichter) Nebel; ⚠ *nicht* ***Mist***; **2.** ~ ***over*** sich trüben; ~ ***up*** (sich) beschlagen (*Glas*)

mis|'take 1. (*-took, -taken*) verwechseln (***for*** mit); verkennen, sich irren in (*dat.*); falsch verstehen, missverstehen; **2.** Irrtum *m*, Versehen *n*, Fehler *m*; ***by*** ~ aus Versehen, irrtümlich; **~'tak·en** irrig, falsch (verstanden); ***be*** ~ sich irren

mis·ter ['mɪstə] *nur gebräuchlich mit dem Eigennamen in der Abk.* → ***Mr***

mis·tle·toe *bot.* ['mɪsltəʊ] Mistel *f*

mis·tress ['mɪstrɪs] Herrin *f*; *bsd. Brt.* Lehrerin *f*; Geliebte *f*

mis'trust 1. misstrauen (*dat.*); **2.** Misstrauen *n* (***of*** gegen); **~·ful** misstrauisch

mist·y ['mɪstɪ] (*-ier, -iest*) (leicht) neb(e)lig; *fig.* unklar, verschwommen

mis·un·der'stand (*-stood*) missverstehen; *j-n* nicht verstehen; **~·ing** Missverständnis *n*

mis·use 1. [mɪs'juːz] missbrauchen; falsch gebrauchen; **2.** [mɪs'juːs] Missbrauch *m*

mite [maɪt] *zo.* Milbe *f*; kleines Ding, Würmchen *n* (*Kind*); ***a*** ~ F ein bisschen

mi·tre *Brt.*, **mi·ter** *Am.* ['maɪtə] Mitra *f*, Bischofsmütze *f*

mitt [mɪt] *Baseball*: Fanghandschuh *m*; *sl.* Boxhandschuh *m*; → ***mitten***

mit·ten ['mɪtn] Fausthandschuh *m*; Halbhandschuh *m* (*ohne Finger*)

mix [mɪks] **1.** (ver)mischen, vermengen; *Getränke* mixen; sich (ver)mischen; sich mischen lassen; verkehren (***with*** mit); ~ ***well*** kontaktfreudig sein; ~ ***up*** zusammen-, durcheinander mischen; (völlig) durcheinander bringen; verwechseln (***with*** mit); ***be*** **~*ed up*** verwickelt sein *od.* werden (***in*** in *acc.*); (*geistig*) ganz durcheinander sein; **2.** Mischung *f*; **~ed** gemischt (*a. Gefühle etc.*); vermischt, Misch...; **'~·er** Mixer *m*; *tech.* Mischmaschine *f*; *Rundfunk, TV etc.* Mischpult *n*; **~·ture** ['mɪkstʃə] Mischung *f*; Gemisch *n*

MO [em 'əʊ] *Abk. für* ***money order*** Post- *od.* Zahlungsanweisung *f*

moan [məʊn] **1.** Stöhnen *n*; **2.** stöhnen

moat [məʊt] (Burg-, Stadt)Graben *m*

mob [mɒb] **1.** Mob *m*, Pöbel *m*; **2.** (*-bb-*) herfallen über (*acc.*); *j-n* bedrängen, belagern

mo·bile ['məʊbaɪl] **1.** beweglich; *mil.* mobil, motorisiert; lebhaft (*Gesichtszüge*); **2.** → ***mobile phone*** *od.* ***telephone***; ~ **'home** Wohnwagen *m*; ~ **'phone,** ~ **'tel·e·phone** Mobiltelefon *n*, Handy *n*

mo·bil·ize ['məʊbɪlaɪz] mobilisieren, *mil. a.* mobil machen

moc·ca·sin ['mɒkəsɪn] Mokassin *m*

mock [mɒk] **1.** *v/t.* verspotten; nachäffen; *v/i.* sich lustig machen, spotten (***at*** über *acc.*); **2.** nachgemacht, Schein...; **~·e·ry** ['mɒkərɪ] Spott *m*, Hohn *m*; Gespött *n*; **'~·ing·bird** *zo.* Spottdrossel *f*

mod cons *Brt.* F [mɒd 'kɒnz] *Abk. für* ***modern conveniences*** *pl.*: ***with all*** ~ mit allem Komfort (*in Anzeigen*)

mode [məʊd] (Art *f* u.) Weise *f*; *Computer*: Modus *m*, Betriebsart *f*; ⚠ *nicht* ***Mode***

mod·el ['mɒdl] **1.** Modell *n*; Muster *n*; Vorbild *n*; Mannequin *n*; Model *n*, (Foto)Modell *n*; *tech.* Modell *n*, Typ *m*; ***male*** ~ Dressman *m*; **2.** Modell..., Muster...; **3.** *v/t. bsd. Brt.* (*-ll-, Am. -l-*) modellieren, *a. fig.* formen; *Kleider etc.* vorführen; *v/i.* Modell stehen *od.* sitzen; als Mannequin *od.* (Foto)Modell *od.* Dressman arbeiten

M

mo·dem ['məʊdem] *Computer*: Modem *m, n*

mod·e|·rate 1. ['mɒdərət] (mittel)mäßig; gemäßigt; vernünftig, angemessen; **2.** ['mɒdəreɪt] (sich) mäßigen; **~·ra·tion** [mɒdə'reɪʃn] Mäßigung *f*

mod·ern ['mɒdən] modern, neu; **~·ize** ['mɒdənaɪz] modernisieren

mod|·est ['mɒdɪst] bescheiden; **'~·es·ty** Bescheidenheit *f*

mod·i|·fi·ca·tion [mɒdɪfɪ'keɪʃn] (Ab-, Ver)Änderung *f*; **~·fy** ['mɒdɪfaɪ] (ab-, ver)ändern

mod·u·late ['mɒdjʊleɪt] modulieren

mod·ule ['mɒdjuːl] *tech.* Modul *n*, *electr. a.* Baustein *m*; *Raumfahrt*: (*Kommando- etc.*)Kapsel *f*

moist [mɔɪst] feucht; **~·en** ['mɔɪsn] *v/t.* an-, befeuchten; *v/i.* feucht werden; **mois·ture** ['mɔɪstʃə] Feuchtigkeit *f*

mo·lar ['məʊlə] Backenzahn *m*

mo·las·ses *Am.* [mə'læsɪz] *sg.* Sirup *m*

mole[1] *zo.* [məʊl] Maulwurf *m*

mole² [məʊl] Muttermal *n*, Leberfleck *m*
mole³ [məʊl] Mole *f*, Hafendamm *m*
mol·e·cule ['mɒlɪkjuːl] Molekül *n*
'**mole·hill** Maulwurfshügel *m*; ***make a mountain out of a ~*** aus e-r Mücke e-n Elefanten machen
mo·lest [məʊ'lest] belästigen (*a. unsittlich*)
mol·li·fy ['mɒlɪfaɪ] besänftigen, beschwichtigen
mol·ly·cod·dle F ['mɒlɪkɒdl] verhätscheln, -zärteln
mol·ten ['məʊltən] geschmolzen
mom *Am.* F [mɒm] Mami *f*, Mutti *f*
mo·ment ['məʊmənt] Moment *m*, Augenblick *m*; Bedeutung *f*; *phys.* Moment *n*; **mo·men·ta·ry** ['məʊməntərɪ] momentan, augenblicklich; **mo·men·tous** [məʊ'mentəs] bedeutsam, folgenschwer; **mo·men·tum** [məʊ'mentəm] (*pl.* ***-ta*** [-tə], ***-tums***) *phys.* Moment *n*; Schwung *m*
Mon *nur geschr. Abk. für* ***Monday*** Mo., Montag *m*
mon|·arch ['mɒnək] Monarch(in), Herrscher(in); '**~·ar·chy** Monarchie *f*
mon·as·tery ['mɒnəstrɪ] (Mönchs-) Kloster *n*
Mon·day ['mʌndɪ] (*Abk.* ***Mon***) Montag *m*; ***on ~*** (am) Montag; ***on ~s*** montags
mon·e·ta·ry *econ.* ['mʌnɪtərɪ] Währungs...; Geld...
mon·ey ['mʌnɪ] Geld *n*; '**~·box** *Brt.* Sparbüchse *f*; '**~·chang·er** (Geld-) Wechsler *m* (*Person*); *Am.* Wechselautomat *m*; '**~ or·der** Post- *od.* Zahlungsanweisung *f*
mon·ger ['mʌŋgə] *in Zssgn* ...händler *m*
mon·grel ['mʌŋgrəl] Bastard *m*, *bsd.* Promenadenmischung *f* (*Hund*)
mon·i·tor ['mɒnɪtə] **1.** Monitor *m*; Kontrollgerät *n*, -schirm *m*; **2.** abhören; überwachen
monk [mʌŋk] Mönch *m*
mon·key ['mʌŋkɪ] **1.** *zo.* Affe *m*; F (kleiner) Schlingel; ***make a ~ (out) of s.o.*** F j-n zum Deppen machen; **2.** ***~ about, ~ around*** F (herum)albern; ***~ about*** *od.* ***around with*** F herumspielen mit *od.* an (*dat.*), herummurksen an (*dat.*); '**~ wrench** *tech.* Engländer *m*, Franzose *m*; ***throw a ~ into s.th.*** *Am.* et. behindern; '**~ busi·ness** krumme Tour; Blödsinn *m*, Unfug *m*
mon·o ['mɒnəʊ] **1.** (*pl.* ***-os***) Mono *n*; F Monogerät *n*; F Monoschallplatte *f*; **2.** Mono...
mon·o... ['mɒnəʊ] ein..., mono...
mon·o·logue *bsd. Brt.*, **mon·o·log** *Am.* ['mɒnəlɒg] Monolog *m*
mo·nop·o|·lize [mə'nɒpəlaɪz] monopolisieren; *fig.* an sich reißen; **~·ly** Monopol *n* (***of*** auf *acc.*)
mo·not·o|·nous [mə'nɒtənəs] monoton, eintönig; **~·ny** Monotonie *f*
mon·soon [mɒn'suːn] Monsun *m*
mon·ster ['mɒnstə] Monster *n*, Ungeheuer *n* (*a. fig.*); Monstrum *n*; Riesen...
mon|·stros·i·ty [mɒn'strɒsətɪ] Ungeheuerlichkeit *f*; Monstrum *n*; **~·strous** ['mɒnstrəs] ungeheuer(lich); scheußlich
month [mʌnθ] Monat *m*; '**~·ly** **1.** monatlich; Monats...; **2.** Monatsschrift *f*
mon·u·ment ['mɒnjʊmənt] Monument *n*, Denkmal *n*; **~·al** [mɒnjʊ'mentl] monumental; F kolossal, Riesen...; Gedenk...
moo [muː] muhen
mood [muːd] Stimmung *f*, Laune *f*; ***be in a good (bad) ~*** gute (schlechte) Laune haben, gut (schlecht) aufgelegt sein; '**~·y** (***-ier, -iest***) launisch; schlecht gelaunt
moon [muːn] **1.** Mond *m*; ***once in a blue ~*** F alle Jubeljahre (einmal); **2.** ***~ about, ~ around*** F herumtrödeln; F ziellos herumstreichen; '**~·light** Mondlicht *n*, -schein *m*; '**~·lit** mondhell; '**~·struck** F mondsüchtig; '**~ walk** Mondspaziergang *m*
moor¹ [mʊə] (Hoch)Moor *n*
moor² *naut.* [mʊə] vertäuen, festmachen; **~·ings** *naut.* ['mʊərɪŋz] *pl.* Vertäuung *f*; Liegeplatz *m*
moose *zo.* [muːs] (*pl.* ***moose***) *nordamerikanischer* Elch
mop [mɒp] **1.** Mop *m*; (Haar)Wust *m*; **2.** (***-pp-***) wischen; ***~ up*** aufwischen
mope [məʊp] den Kopf hängen lassen
mo·ped *Brt.* ['məʊped] Moped *n*
mor·al ['mɒrəl] **1.** moralisch; Moral..., Sitten...; **2.** Moral *f* (*e-r Geschichte*), Lehre *f*; ***~s*** *pl.* Moral *f*, Sitten *pl.*; **mo·rale** [mɒ'rɑːl] Moral *f*, Stimmung *f*; **mor·al·ize** ['mɒrəlaɪz] moralisieren (***about, on*** über *acc.*)
mor·bid ['mɔːbɪd] morbid, krankhaft

more [mɔː] **1.** *adj.* mehr; noch (mehr); ***some ~ tea*** noch etwas Tee; **2.** *adv.* mehr; noch; ***~ and ~*** immer mehr; ***~ or less*** mehr oder weniger; ***once ~*** noch einmal; ***the ~ so because*** umso mehr, da; *zur Bildung des comp.*: ***~ important*** wichtiger; ***~ often*** öfter; **3.** Mehr *n* (***of*** an *dat.*); ***a little ~*** etwas mehr
mo·rel *bot.* [mɒ'rel] Morchel *f*
more·o·ver [mɔː'rəʊvə] außerdem, überdies, weiter, ferner
morgue [mɔːg] Leichenschauhaus *n*; F (Zeitungs)Archiv *n*
morn·ing ['mɔːnɪŋ] Morgen *m*; Vormittag *m*; ***good ~!*** guten Morgen!; ***in the ~*** morgens, am Morgen; vormittags, am Vormittag; ***tomorrow ~*** morgen früh *od.* vormittag
mo·rose [mə'rəʊs] mürrisch
mor|·phi·a ['mɔːfjə], **~·phine** ['mɔːfiːn] Morphium *n*
mor·sel ['mɔːsl] Bissen *m*, Happen *m*; ***a ~ of*** ein bisschen
mor·tal ['mɔːrtl] **1.** sterblich; tödlich; Tod(es)...; **2.** Sterbliche(r *m*) *f*; **~·i·ty** [mɔː'tælətɪ] Sterblichkeit *f*
mor·tar[1] ['mɔːtə] Mörtel *m*
mor·tar[2] ['mɔːtə] Mörser *m*
mort·gage ['mɔːgɪdʒ] **1.** Hypothek *f*; **2.** mit e-r Hypothek belasten, e-e Hypothek aufnehmen auf (*acc.*)
mor·ti·cian *Am.* [mɔː'tɪʃn] Leichenbestatter *m*
mor·ti|·fi·ca·tion [mɔːtɪfɪ'keɪʃn] Kränkung *f*; Ärger *m*, Verdruss *m*; **~·fy** ['mɔːtɪfaɪ] kränken; ärgern, verdrießen
mor·tu·a·ry ['mɔːtjʊərɪ] Leichenhalle *f*
mo·sa·ic [mə'zeɪɪk] Mosaik *n*
Mos·lem ['mɒzləm] → ***Muslim***
mosque [mɒsk] Moschee *f*
mos·qui·to *zo.* [mə'skiːtəʊ] (*pl.* **-to[e]s**) Moskito *m*; Stechmücke *f*
moss *bot.* [mɒs] Moos *n*; **'~·y** *bot.* (***-ier, -iest***) moosig, bemoost
most [məʊst] **1.** *adj.* meiste(r, -s), größte(r, -s); die meisten; ***~ people*** *pl.* die meisten Leute *pl.*; **2.** *adv.* am meisten; ***~ of all*** am allermeisten; *vor adj.*: höchst, äußerst; *zur Bildung des sup.*: ***the ~ important point*** der wichtigste Punkt; **3.** *das* meiste, *das* Höchste; das meiste, der größte Teil; die meisten *pl.*; ***at (the) ~*** höchstens; ***make the ~ of*** *et.* nach Kräften ausnutzen, das Beste herausholen aus; **'~·ly** hauptsächlich, meist(ens)
MOT *Brt.* F [em əʊ 'tiː] *a.* ***~ test*** *etwa* TÜV(-Prüfung *f*) *m*
mo·tel [məʊ'tel] Motel *n*
moth *zo.* [mɒθ] Motte *f*; **'~-eat·en** mottenzerfressen
moth·er ['mʌðə] **1.** Mutter *f*; **2.** bemuttern; **'~ coun·try** Vater-, Heimatland *n*; Mutterland *n*; **'~·hood** Mutterschaft *f*; **~-in-law** ['mʌðərɪnlɔː] (*pl.* ***mothers-in-law***) Schwiegermutter *f*; **'~·ly** mütterlich; **~-of-pearl** [mʌðərəv'pɜːl] Perlmutter *f*, *n*, Perlmutt *n*; **~ 'tongue** Muttersprache *f*
mo·tif [məʊ'tiːf] *Kunst*: Motiv *n*
mo·tion ['məʊʃn] **1.** Bewegung *f*; *parl.* Antrag *m*; ***put*** *od.* ***set in ~*** in Gang bringen (*a. fig.*), in Bewegung setzen; **2.** *v/t.* *j-n* durch e-n Wink auffordern, *j-m* ein Zeichen geben; *v/i.* winken; **'~·less** bewegungslos; **~ 'pic·ture** *Am.* Film *m*
mo·ti|·vate ['məʊtɪveɪt] motivieren, anspornen; **~·va·tion** [məʊtɪ'veɪʃn] Motivation *f*, Ansporn *m*
mo·tive ['məʊtɪv] **1.** Motiv *n*, Beweggrund *m*; **2.** treibend (*a. fig.*)
mot·ley ['mɒtlɪ] bunt
mo·to·cross ['məʊtəʊkrɒs] *Sport*: Motocross *n*
mo·tor ['məʊtə] Motor *m*, *fig. a.* treibende Kraft; Motor...; **'~·bike** *Brt.* F Motorrad *n*; *Am.* Moped *n*; **'~·boat** Motorboot *n*; **~·cade** ['məʊtəkeɪd] Auto-, Wagenkolonne *f*; **'~·car** *Brt.* Kraftfahrzeug *n*; **'~ car·a·van** *Brt.* Wohnmobil *n*; **'~·cy·cle** Motorrad *n*; **'~·cy·clist** Motorradfahrer(in); **'~ home** *Am.* Wohnmobil *n*; **~·ing** ['məʊtərɪŋ] Autofahren *n*; ***school of ~*** Fahrschule *f*; **~·ist** ['məʊtərɪst] Autofahrer(in); **~·ize** ['məʊtəraɪz] motorisieren; **'~ launch** Motorbarkasse *f*; **'~·way** *Brt.* Autobahn *f*
mot·tled ['mɒtld] gefleckt, gesprenkelt
mo(u)ld[1] [məʊld] Schimmel *m*; Moder *m*; Humus(boden) *m*
mo(u)ld[2] [məʊld] **1.** *tech.* (Gieß-, Guss-, Press)Form *f*; **2.** *tech.* gießen; formen
mo(u)l·der ['məʊldə] *a.* ***~ away*** vermodern; zerfallen
mo(u)ld·y ['məʊldɪ] (***-ier, -iest***) verschimmelt, schimm(e)lig; mod(e)rig

M

mo(u)lt [məʊlt] (sich) mausern; *Haare* verlieren
mound [maʊnd] Erdhügel *m*, -wall *m*
mount [maʊnt] **1.** *v/t. Pferd etc.* besteigen, steigen auf (*acc.*); montieren; anbringen, befestigen; *Bild etc.* aufziehen, -kleben; *Edelstein* fassen; **~ed police** berittene Polizei; *v/i.* aufsitzen (*Reiter*); steigen, *fig. a.* (an)wachsen; **~ up to** sich belaufen auf (*acc.*); **2.** Gestell *n*; Fassung *f*; Reittier *n*
moun·tain ['maʊntɪn] **1.** Berg *m*; **~s** *pl. a.* Gebirge *n*; **2.** Berg..., Gebirgs...; '**~ bike** Mountainbike *n*
moun·tain·eer [maʊntɪ'nɪə] Bergsteiger(in); **~·eer·ing** [maʊntɪ'nɪərɪŋ] Bergsteigen *n*
moun·tain·ous ['maʊntɪnəs] bergig, gebirgig
mourn [mɔːn] trauern (**for, over** um); betrauern, trauern um; '**~·er** Trauernde(r *m*) *f*; '**~·ful** traurig; '**~·ing** Trauer *f*; Trauer(kleidung) *f*
mouse [maʊs] (*pl.* **mice** [maɪs]) *zo.* Maus *f*; (*pl.* **mouses**) *Computer*: Maus *f*
mous·tache [mə'stɑːʃ] *Am. a.* **mustache** Schnurrbart *m*
mouth [maʊθ] (*pl.* **mouths** [maʊðz]) Mund *m*; Maul *n*, Schnauze *f*; Mündung *f* (*e-s Flusses etc.*); Öffnung *f* (*e-r Flasche etc.*); '**~·ful** *ein* Mundvoll ; Bissen *m*; '**~·or·gan** F Mundharmonika *f*; '**~·piece** Mundstück *n*; *fig.* Sprachrohr *n*; '**~·wash** Mundwasser *n*
mo·va·ble ['muːvəbl] beweglich
move [muːv] **1.** *v/t.* bewegen; (weg)rücken; transportieren; *Arm etc.* bewegen, rühren; *Schach etc.*: e-n Zug machen mit; *parl.* beantragen; *fig.* bewegen, rühren; **~ house** umziehen; **~ heaven and earth** Himmel und Hölle in Bewegung setzen; *v/i.* sich (fort)bewegen; sich rühren; umziehen (**to** nach); *Schach etc.*: e-n Zug machen; **~ away** weg-, fortziehen; **~ in** einziehen; **~ off** sich in Bewegung setzen; **~ on** weitergehen; **~ out** ausziehen; **2.** Bewegung *f*; Umzug *m*; *Schach etc.*: Zug *m*; *fig.* Schritt *m*; **on the ~** in Bewegung; auf den Beinen; **get a ~ on!** F Tempo!, mach(t) schon!, los!; '**~·a·ble** → **movable**; '**~·ment** Bewegung *f* (*a. fig.*); *mus.* Satz *m*; *tech.* (Geh)Werk *n*
mov·ie *bsd. Am.* ['muːvɪ] Film *m*; Kino *n*; Film..., Kino...; '**~ cam·e·ra** Filmkamera *f*; '**~ star** *Am.* Filmstar *m*; '**~ thea·ter** *Am.* Kino *n*
mov·ing ['muːvɪŋ] sich bewegend, beweglich; *fig.* rührend **~ 'stair·case** Rolltreppe *f*; '**~ van** *Am.* Möbelwagen *m*
mow [məʊ] (**mowed, mowed** *od.* **mown**) mähen; '**~·er** Mähmaschine *f*, *bsd.* Rasenmäher *m*; **~n** [məʊn] *p.p. von* **mow**
MP [em 'piː] *Abk. für* **Member of Parliament** *Brt.* Unterhausabgeordnete(r *m*) *f*; **military police** Militärpolizei *f*
mph *nur geschr. Abk. für* **miles per hour** Meilen *pl.* pro Stunde
Mr ['mɪstə] *Abk. für* **Mister** Herr *m*
Mrs ['mɪsɪz] *ursprünglich Abk. für* **Mistress** Frau *f*
MS *pl.* **Mss** *nur geschr. Abk. für* **manuscript** Ms., Mskr., Manuskript *n*
Ms [mɪz, məz] Frau *f* (*neutrale Anrede*)
Mt *nur geschr. Abk. für* **Mount** Berg *m*
much [mʌtʃ] **1.** *adj.* (**more, most**) viel; **2.** *adv.* sehr; *in Zssgn*: viel...; *vor comp.*: viel; **very ~** sehr; **I thought as ~** das habe ich mir gedacht; **3.** große Sache; **nothing ~** nichts Besonderes; **make ~ of** viel Wesens machen von; **think ~ of** viel halten von; **I am not ~ of a dancer** F ich bin kein großer Tänzer
muck F [mʌk] Mist *m*, Dung *m*; Dreck *m*, Schmutz *m*
mu·cus ['mjuːkəs] (Nasen)Schleim *m*
mud [mʌd] Schlamm *m*, Matsch *m*; Schmutz *m* (*a. fig.*)
mud·dle ['mʌdl] **1.** Durcheinander *n*; **be in a ~** durcheinander sein; **2.** *a.* **~ up** durcheinander bringen; **~ through** F sich durchwursteln
mud|·dy ['mʌdɪ] (**-ier, -iest**) schlammig, trüb; schmutzig; *fig.* wirr; '**~·guard** Kotflügel *m*; Schutzblech *n*
mues·li ['mjuːzlɪ] Müsli *n*
muff [mʌf] Muff *m*
muf·fin ['mʌfɪn] Muffin *n* (*rundes heißes Teegebäck, mst mit Butter gegessen*)
muf·fle ['mʌfl] *Ton etc.* dämpfen; *oft* **~ up** einhüllen, -wickeln; '**~r** (dicker) Schal; *Am. mot.* Auspufftopf *m*
mug¹ [mʌg] Krug *m*; Becher *m*; große Tasse; *sl.* Visage *f* (*Gesicht*); *sl.* Fresse *f* (*Mund*)
mug² F [mʌg] (**-gg-**) (*bsd. auf der Straße*)

M

überfallen u. ausrauben; **'~·ger** F (Straßen)Räuber *m*; **'~·ging** F Raubüberfall *m*, *bsd.* Straßenraub *m*
mug·gy ['mʌgɪ] schwül
mul·ber·ry *bot.* ['mʌlbərɪ] Maulbeerbaum *m*; Maulbeere *f*
mule *zo.* [mju:l] Maultier *n*; Maulesel *m*
mulled [mʌld]: ~ ***wine*** Glühwein *m*
mul·li·on *arch.* ['mʌljən] Mittelpfosten *m* (*am Fenster*)
mul·ti... ['mʌltɪ] viel..., mehr..., Mehrfach..., Multi...
mul·ti|·far·i·ous [mʌltɪ'feərɪəs] mannigfaltig, vielfältig; **~·lat·e·ral** [mʌltɪ'lætərəl] vielseitig; *pol.* multilateral, mehrseitig
mul·ti·ple ['mʌltɪpl] **1.** viel-, mehrfach; **2.** *math.* Vielfache(s) *n*; ~ **'store** *a.* F ***multiple*** *bsd. Brt.* Kettenladen *m*
mul·ti·pli·ca·tion [mʌltɪplɪ'keɪʃn] Vermehrung *f*; *math.* Multiplikation *f*; ~ **table** Einmaleins *n*
mul·ti·pli·ci·ty [mʌltɪ'plɪsətɪ] Vielfalt *f*; Vielzahl *f*
mul·ti·ply ['mʌltɪplaɪ] (sich) vermehren, (sich) vervielfachen; *math.* multiplizieren, malnehmen (***by*** mit)
mul·ti|'pur·pose Mehrzweck...; **~'sto·rey** *Brt.* vielstöckig; **~-sto·rey 'car park** *Brt.* Park(hoch)haus *n*
mul·ti|·tude ['mʌltɪtju:d] Vielzahl *f*; **~·tu·di·nous** [mʌltɪ'tju:dɪnəs] zahlreich
mum¹ *Brt.* F [mʌm] Mami *f*, Mutti *f*
mum² [mʌm] **1.** *int.* ***~'s the word*** Mund halten!, kein Wort darüber!; **2.** *adj.* ***keep*** ~ nichts verraten, den Mund halten
mum·ble ['mʌmbl] murmeln, nuscheln; mümmeln (*mühsam essen*)
mum·mi·fy ['mʌmɪfaɪ] mumifizieren
mum·my¹ ['mʌmɪ] Mumie *f*
mum·my² *Brt.* F ['mʌmɪ] Mami *f*, Mutti *f*
mumps *med.* [mʌmps] *sg.* Ziegenpeter *m*, Mumps *m*
munch [mʌntʃ] mampfen
mun·dane [mʌn'deɪn] alltäglich; weltlich
mu·ni·ci·pal [mju:'nɪsɪpl] städtisch, Stadt..., kommunal, Gemeinde...; ~ ***council*** Stadt-, Gemeinderat *m*; **~·i·ty** [mju:nɪsɪ'pælətɪ] Kommunalbehörde *f*; Stadtverwaltung *f*
mu·ral ['mjʊərəl] **1.** Wandgemälde *n*; **2.** Mauer..., Wand...
mur·der ['mɜ:də] **1.** Mord *m*, Ermordung *f*; Mord...; **2.** ermorden; *fig.* F verschandeln; **~·er** ['mɜ:dərə] Mörder *m*; **~·ess** ['mɜ:dərɪs] Mörderin *f*; **~·ous** ['mɜ:dərəs] mörderisch
murk·y ['mɜ:kɪ] (***-ier, -iest***) dunkel, finster
murmur ['mɜ:mə] **1.** Murmeln *n*; Gemurmel *n*; Murren *n*; **2.** murmeln; murren
mus|·cle ['mʌsl] Muskel *m*; **'~·cle-bound:** ***be*** ~ *bei Gewichthebern etc.*: e-e starke, aber erstarrte Muskulatur haben; **~·cu·lar** ['mʌskjʊlə] Muskel...; muskulös
muse¹ [mju:z] (nach)sinnen, (-)grübeln (***on, over*** über *acc.*)
muse² [mju:z] *a.* ♀ Muse *f*
mu·se·um [mju:'zɪəm] Museum *n*
mush [mʌʃ] Brei *m*, Mus *n*; *Am.* Maisbrei *m*
mush·room ['mʌʃrʊm] **1.** *bot.* Pilz *m*, *bsd.* Champignon *m*; **2.** rasch wachsen; ~ ***up*** *fig.* (wie Pilze) aus dem Boden schießen
mu·sic ['mju:zɪk] Musik *f*; Noten *pl.*; ***put*** *od.* ***set to*** ~ vertonen
'mu·sic·al 1. musikalisch; Musik...; **2.** Musical *n*; **'~ box** *bsd. Brt.* Spieldose *f*; ~ **'in·stru·ment** Musikinstrument *n*
'mu·sic| box *bsd. Am.* Spieldose *f*; **'~ cen·tre** (*Am.* **cen·ter**) Kompaktanlage *f*; **'~ hall** *Brt.* Varietee(theater) *n*
mu·si·cian [mju:'zɪʃn] Musiker(in)
'mu·sic stand Notenständer *m*
musk [mʌsk] Moschus *m*, Bisam *m*; **'~ ox** (*pl.* - ***oxen***) *zo.* Moschusochse *m*; **'~·rat** *zo.* Bisamratte *f*; Bisampelz *m*
Mus·lim ['mʊslɪm] **1.** Muslim *m*, Moslem *m*; **2.** muslimisch, moslemisch
mus·quash ['mʌskwɒʃ] *zo.* Bisamratte *f*; Bisampelz *m*
mus·sel ['mʌsl] (Mies)Muschel *f*
must¹ [mʌst] **1.** *v/aux. ich* muss, *du* musst *etc.*; ***you*** ~ ***not*** (F ***mustn't***) du darfst nicht; **2.** Muss *n*
must² [mʌst] Most *m*
mus·tache *Am.* [mə'stɑ:ʃ] Schnurrbart *m*
mus·tard ['mʌstəd] Senf *m*
mus·ter ['mʌstə] **1.** ~ ***up*** *s-e Kraft etc.* aufbieten; *s-n Mut* zusammennehmen;

M

2. ***pass*** ~ *fig.* Zustimmung finden (***with*** bei); den Anforderungen genügen
must·y ['mʌstɪ] (***-ier, -iest***) mod(e)rig, muffig
mu·ta·tion [mjuː'teɪʃn] Veränderung *f*; *biol.* Mutation *f*
mute [mjuːt] **1.** stumm; **2.** Stumme(r *m*) *f*; *mus.* Dämpfer *m*
mu·ti·late ['mjuːtɪleɪt] verstümmeln
mu·ti|·neer [mjuːtɪ'nɪə] Meuterer *m*; **~·nous** ['mjuːtɪnəs] meuternd; rebellisch; **~·ny** ['mjuːtɪnɪ] **1.** Meuterei *f*; **2.** meutern
mut·ter ['mʌtə] **1.** murmeln; murren; **2.** Murmeln *n*; Murren *n*
mut·ton ['mʌtn] Hammel-, Schaffleisch *n*; ***leg of*** ~ Hammelkeule *f*; ~ **'chop** Hammelkotelett *n*
mu·tu·al ['mjuːtʃʊəl] gegenseitig; gemeinsam
muz·zle ['mʌzl] **1.** *zo.* Maul *n*, Schnauze *f*; Mündung *f* (*e-r Feuerwaffe*); Maulkorb *m*; **2.** e-n Maulkorb anlegen (*dat.*), *fig. a.* mundtot machen
my [maɪ] mein(e)
myrrh *bot.* [mɜː] Myrre *f*
myr·tle *bot.* ['mɜːtl] Myrte *f*
my·self [maɪ'self] ich, mich *od.* mir selbst; mich; mich (selbst); ***by*** ~ allein
mys·te|·ri·ous [mɪ'stɪərɪəs] rätselhaft, unerklärlich; geheimnisvoll, mysteriös; **~·ry** ['mɪstərɪ] Geheimnis *n*, Rätsel *n*; *rel.* Mysterium *n*; ~ ***tour*** Fahrt *f* ins Blaue
mys|·tic ['mɪstɪk] **1.** Mystiker(in); **2.** → **'~·tic·al** mystisch; **~·ti·fy** ['mɪstɪfaɪ] verwirren, vor ein Rätsel stellen; ***be mystified*** vor e-m Rätsel stehen
myth [mɪθ] Mythos *m*, Sage *f*
my·thol·o·gy [mɪ'θɒlədʒɪ] Mythologie *f*

N

N, n [en] N, n *n*
N *nur geschr. Abk. für* **north** N, Nord(en *m*); ***north***(***ern***) nördlich
nab F [næb] (***-bb-***) schnappen, erwischen
na·dir ['neɪdɪə] *astr.* Nadir *m* (*Fußpunkt*); *fig.* Tiefpunkt *m*
nag¹ [næg] **1.** (***-gg-***) nörgeln; ~ (***at***) herumnörgeln an (*dat.*); ⚠ *nicht* ***nagen***; **2.** F Nörgler(in)
nag² F [næg] Gaul *m*, Klepper *m*
nail [neɪl] **1.** *tech.* Nagel *m*; (*Finger-, Zehen*)Nagel *m*; **2.** (an)nageln (***to*** an *acc.*); **'~ pol·ish** Nagellack *m*; **'~ scis·sors** *pl.* Nagelschere *f*; **'~ var·nish** *Brt.* Nagellack *m*
na·ive, na·ïve [naɪ'iːv] naiv (*a. Kunst*)
na·ked ['neɪkɪd] nackt, bloß; kahl; *fig.* ungeschminkt; **'~·ness** Nacktheit *f*
name [neɪm] **1.** Name *m*; Ruf *m*; ***by*** ~ mit Namen, namentlich; ***by the*** ~ ***of*** ... namens ...; ***what's your*** ~***?*** wie heißen Sie?; ***call s.o.*** ~***s*** j-n beschimpfen; **2.** (be)nennen; erwähnen; ernennen zu; **'~·less** namenlos; unbekannt; **'~·ly** nämlich; **'~·plate** Namens-, Tür-, Firmenschild *n*; **'~·sake** Namensvetter *m*, -schwester *f*; **'~·tag** Namensschild *n* (*am Kleidungsstück*)
nan·ny ['nænɪ] Kindermädchen *n*; **'~ goat** *zo.* Geiß *f*, Ziege *f*
nap [næp] **1.** Schläfchen *n*; ***have*** *od.* ***take a*** ~ → **2.** (***-pp-***) ein Nickerchen machen
nape [neɪp] *mst* ~ ***of the neck*** Genick *n*, Nacken *m*
nap|·kin ['næpkɪn] Serviette *f*; *Brt.* → **'~·py** *Brt.* F Windel *f*
nar·co·sis *med.* [nɑː'kəʊsɪs] (*pl.* ***-ses*** [-siːz]) Narkose *f*
nar·cot·ic [nɑː'kɒtɪk] **1.** (***~ally***) narkotisch, betäubend, einschläfernd; Rauschgift...; ~ ***addiction*** Rauschgiftsucht *f*; **2.** Narkotikum *n*, Betäubungsmittel *n*; *oft* ~***s*** *pl.* Rauschgift *n*; ~***s squad*** Rauschgiftdezernat *n*
nar|·rate [nə'reɪt] erzählen; berichten, schildern; **~·ra·tion** [nə'reɪʃn] Erzählung *f*; **~·ra·tive** ['nærətɪv] **1.** Erzählung *f*; Bericht *m*, Schilderung *f*; **2.** erzählend; **~·ra·tor** [nə'reɪtə] Erzähler(in)

nar·row ['nærəʊ] **1.** eng, schmal; beschränkt; *fig.* knapp; **2.** enger *od.* schmäler werden *od.* machen, (sich) verengen; be-, einschränken; '**~·ly** mit knapper Not; **~-'mind·ed** engstirnig, beschränkt; '**~·ness** Enge *f*; Beschränktheit *f* (*a. fig.*)

NASA ['næsə] *Abk. für* ***National Aeronautics and Space Administration*** *Am.* NASA *f*, Nationale Luft- u. Raumfahrtbehörde

na·sal [neɪzl] nasal; Nasen...

nas·ty ['nɑːstɪ] (***-ier, -iest***) ekelhaft, eklig, widerlich; abscheulich (*Wetter etc.*); böse, schlimm (*Unfall etc.*); hässlich (*Charakter, Benehmen etc.*); gemein, fies; schmutzig, zotig

na·tal ['neɪtl] Geburts...

na·tion ['neɪʃn] Nation *f*, Volk *n*

na·tion·al ['næʃənl] **1.** national, National..., Landes..., Volks...; **2.** Staatsangehörige(r *m*) *f*; **~ 'an·them** Nationalhymne *f*

na·tion·al|·i·ty [næʃə'nælətɪ] Nationalität *f*, Staatsangehörigkeit *f*; **~·ize** *econ.* ['næʃnəlaɪz] verstaatlichen

na·tion·al| 'park Nationalpark *m*; **~ 'team** *Sport*: Nationalmannschaft *f*

'na·tion-wide landesweit

na·tive ['neɪtɪv] **1.** einheimisch, Landes...; heimatlich, Heimat...; eingeboren, Eingeborenen...; angeboren; **2.** Eingeborene(r *m*) *f*; Einheimische(r *m*) *f*; **~ 'lan·guage** Muttersprache *f*; **~ 'speak·er** Muttersprachler(in)

Na·tiv·i·ty *rel.* [nə'tɪvətɪ] *die* Geburt Christi

NATO ['neɪtəʊ] *Abk. für* ***North Atlantic Treaty Organization*** NATO *f*, Nato *f*

nat·u·ral ['nætʃrəl] natürlich; angeboren; Natur...; **~ 'gas** Erdgas *n*; **~·ize** ['nætʃrəlaɪz] naturalisieren, einbürgern; '**~·ly** natürlich (*a. int.*); von Natur (aus); **~ re'sourc·es** *pl.* Naturschätze *pl.*; **~ 'sci·ence** Naturwissenschaft *f*

na·ture ['neɪtʃə] Natur *f*; '**~ con·ser·va·tion** Naturschutz *m*; '**~ re·serve** Naturschutzgebiet *n*; '**~ trail** Naturlehrpfad *m*

naugh·ty ['nɔːtɪ] (***-ier, -iest***) ungezogen, unartig; unanständig (*Witz etc.*)

nau·se|·a ['nɔːsjə] Übelkeit *f*, Brechreiz *m*; **~·ate** ['nɔːsɪeɪt] **~ *s.o.*** j-m Übelkeit verursachen; *fig.* j-n anwidern; '**~·at·ing** Ekel erregend, widerlich

nau·ti·cal ['nɔːtɪkl] nautisch, See...

na·val ['neɪvl] Flotten..., Marine...; See...; '**~ base** Flottenstützpunkt *m*; '**~ of·fi·cer** Marineoffizier *m*; '**~ pow·er** Seemacht *f*

nave *arch.* [neɪv] Mittel-, Hauptschiff *n*

na·vel *anat.* ['neɪvl] Nabel *m* (*a. fig.*)

nav·i|·ga·ble ['nævɪgəbl] schiffbar; **~·gate** ['nævɪgeɪt] *naut.* befahren; *naut., aviat.* steuern, lenken; **~·ga·tion** [nævɪ'geɪʃən] Schifffahrt *f*; *naut., aviat.* Navigation *f*; **~·ga·tor** *naut., aviat.* ['nævɪgeɪtə] Navigator *m*

na·vy ['neɪvɪ] (Kriegs)Marine *f*; Kriegsflotte *f*; **~ 'blue** Marineblau *n*

nay *parl.* [neɪ] Gegen-, Neinstimme *f*

NBC [en biː 'siː] *Abk. für* ***National Broadcasting Company*** (*amer. Rundfunkgesellschaft*)

NE *nur geschr. Abk. für*: ***northeast*** NO, Nordost(en *m*); ***northeast*(*ern*)** nö, nordöstlich

near [nɪə] **1.** *adj.* nahe; kurz, nahe (*Weg*); nahe (*Zukunft etc.*); nahe (verwandt); ***be a ~ miss*** knapp scheitern; **2.** *adv.* nahe, in der Nähe (*a.* ***~ at hand***); nahe (bevorstehend) (*a.* ***~ at hand***); beinahe, fast; **3.** *prp.* nahe (*dat.*), in der Nähe von (*od. gen.*); **3.** sich nähern, näher kommen (*dat.*); **~·by 1.** *adj.* ['nɪəbaɪ] nahe (gelegen); **2.** *adv.* [nɪə'baɪ] in der Nähe; '**~·ly** beinahe, fast; annähernd; **~'sight·ed** *bsd. Am.* kurzsichtig

neat [niːt] ordentlich; sauber; gepflegt; pur (*Whisky etc.*)

neb·u·lous ['nebjʊləs] verschwommen

ne·ces|·sar·i·ly ['nesəsərəlɪ] notwendigerweise; ***not ~*** nicht unbedingt; **~·sa·ry** ['nesəsərɪ] notwendig, nötig; unvermeidlich

ne·ces·si|·tate [nɪ'sesɪteɪt] *et.* erfordern, verlangen; **~·ty** [nɪ'sesətɪ] Notwendigkeit *f*; (dringendes) Bedürfnis; Not *f*

neck [nek] **1.** Hals *m* (*a. e-r Flasche etc.*); Genick *n*, Nacken *m*; → ***neckline; be ~ and ~*** F Kopf an Kopf liegen (*a. fig.*); ***be up to one's ~ in debt*** F bis zum Hals in Schulden stecken; **2.** F knutschen, schmusen

neck·er·chief ['nekətʃɪf] (*pl.* ***-chiefs, -chieves***) Halstuch *n*

N

neck|·lace ['neklɪs] Halskette *f*; **~·let** ['neklɪt] Halskettchen *n*; **'~·line** Ausschnitt *m* (*e-s Kleides etc.*); **'~·tie** *bsd. Am.* Krawatte *f*, Schlips *m*
née [neɪ]: ***~ Smith*** geborene Smith
need [ni:d] **1.** (***of, for***) (dringendes) Bedürfnis (nach), Bedarf *m* (an *dat.*); Notwendigkeit *f*; Mangel *m* (***of, for*** an *dat.*); Not *f*; ***be in ~ of s.th.*** et. dringend brauchen; ***in ~*** in Not; ***in ~ of help*** hilfs-, hilfebedürftig; **2.** *v/t.* benötigen, brauchen; *v/aux.* brauchen, müssen
nee·dle ['ni:dl] **1.** Nadel *f*; Zeiger *m*; **2.** F *j-n* aufziehen, hänseln
'need·less unnötig, überflüssig
'nee·dle|·wom·an (*pl.* ***-women***) Näherin *f*; **'~·work** Handarbeit *f*
'need·y (***-ier, -iest***) bedürftig, arm
ne·ga·tion [nɪ'geɪʃn] Verneinung *f*;
neg·a·tive ['negətɪv] **1.** negativ; verneinend; **2.** Verneinung *f*; *phot.* Negativ *n*; ***answer in the ~*** verneinen
ne·glect [nɪ'glekt] **1.** vernachlässigen; es versäumen (***doing, to do*** zu tun); **2.** Vernachlässigung *f*, Nachlässigkeit *f*
neg·li·gent ['neglɪdʒənt] nachlässig, unachtsam; lässig, salopp
neg·li·gi·ble ['neglɪdʒəbl] unbedeutend
ne·go·ti|·ate [nɪ'gəʊʃɪeɪt] verhandeln (über *acc.*); **~·a·tion** [nɪgəʊʃɪ'eɪʃn] Verhandlung *f*; **~·a·tor** [nɪ'gəʊʃɪeɪtə] Unterhändler(in)

N

neigh [neɪ] **1.** wiehern; **2.** Wiehern *n*
neigh·bo(u)r ['neɪbə] Nachbar(in); **'~·hood** Nachbarschaft *f*, Umgebung *f*; **~·ing** ['neɪbərɪŋ] benachbart, angrenzend; **'~·ly** (gut)nachbarlich, freundlich
nei·ther ['naɪðə, 'ni:ðə] **1.** *adj. u. pron.* keine(r, -s) (von beiden); **2.** *cj.* ***~ ... nor*** weder ... noch
ne·on *chem.* ['ni:ən] Neon *n*; **'~ lamp** Neonlampe *f*; **'~ sign** Neon-, Leuchtreklame *f*
neph·ew ['nevju:] Neffe *m*
nerd F [nɜ:d] Döskopp *m*
nerve [nɜ:v] Nerv *m*; Mut *m*, Stärke *f*, Selbstbeherrschung *f*; F Frechheit *f*; ***get on s.o.'s ~s*** j-m auf die Nerven gehen *od.* fallen; ***lose one's ~*** den Mut *od.* die Nerven verlieren; ***you've got a ~!*** F Sie haben Nerven!; **'~·less** kraftlos; mutlos; ohne Nerven, kaltblütig
ner·vous ['nɜ:vəs] nervös; Nerven...; **'~·ness** Nervosität *f*
nest [nest] **1.** Nest *n*; **2.** nisten
nes·tle ['nesl] (sich) schmiegen *od.* kuscheln (***against, on*** an *acc.*); *a.* ***~ down*** sich behaglich niederlassen, es sich bequem machen (***in*** in *dat.*)
net¹ [net] **1.** Netz *n*; ***~ curtain*** Store *m*; **2.** (***-tt-***) mit e-m Netz fangen *od.* abdecken
net² [net] **1.** netto, Netto..., Rein...; **2.** (***-tt-***) netto einbringen
Neth·er·lands ['neðələndz] *pl. die* Niederlande *pl.*
net·tle ['netl] **1.** *bot.* Nessel *f*; **2.** ärgern
'net·work Netz(werk) *n*; (*Straßen- etc.*)Netz *n*; *Rundfunk, TV*: Sendernetz *n*; *Computer*: Netz *n*; ***be in the ~*** *Computer*: am Netz sein
neu|·ro·sis *med.* [njʊə'rəʊsɪs] (*pl.* ***-ses*** [-si:z]) Neurose *f*; **~·rot·ic** [njʊə'rɒtɪk] **1.** neurotisch; **2.** Neurotiker(in)
neu·ter ['nju:tə] **1.** *gr.* sächlich; geschlechtslos; **2.** *gr.* Neutrum *n*
neu·tral ['nju:trəl] **1.** neutral; **2.** Neutrale(r *m*) *f*; *a.* ***~ gear*** *mot.* Leerlauf(stellung *f*) *m*; **~·i·ty** [nju:'trælətɪ] Neutralität *f*; **~·ize** ['nju:trəlaɪz] neutralisieren
neu·tron *phys.* ['nju:trɒn] Neutron *n*
nev·er ['nevə] nie(mals); **~·'end·ing** endlos, nicht enden wollend; **~·the'less** nichtsdestoweniger, dennoch, trotzdem
new [nju:] neu; frisch; unerfahren; ***nothing ~*** nichts Neues; **'~·born** neugeboren; **'~·com·er** Neuankömmling *m*; Neuling *m*; **'~·ly** kürzlich; neu
news [nju:z] *mst sg.* Neuigkeit(en *pl.*) *f*, Nachricht(en *pl.*) *f*; **'~·a·gent** Zeitungshändler(in); **'~·boy** Zeitungsjunge *m*, -austräger *m*; **'~ bul·le·tin** Kurznachricht(en *pl.*) *f*; **'~·cast** *Rundfunk, TV*: Nachrichtensendung *f*; **'~·cast·er** *Rundfunk, TV*: Nachrichtensprecher(in); **'~ deal·er** *Am.* Zeitungshändler(in); **'~·flash** *Rundfunk, TV*: Kurzmeldung *f*; **'~·let·ter** Rundschreiben *n*, Mitteilungsblatt *n*; **~·mon·ger** ['nju:zmʌŋgə] Klatschmaul *n*; **~·pa·per** ['nju:speɪpə] Zeitung *f*; Zeitungs...; **'~·print** Zeitungspapier *n*; **'~·read·er** *bsd. Brt.* → ***newscaster***; **'~·reel** *Film*: Wochenschau *f*; **'~·room** Nachrichtenredaktion *f*; **'~·stand** Zeitungskiosk *m*, -stand *m*; **'~·ven·dor** *bsd. Brt.* Zeitungsverkäufer(in)

new 'year Neujahr *n*, *das* neue Jahr; ***New Year's Day*** Neujahrstag *m*; ***New Year's Eve*** Silvester(abend *m*) *m*, *n*
next [nekst] **1.** *adj.* nächste(r, -s); **(*the*)** ~ ***day*** am nächsten Tag; ~ ***door*** nebenan; ~ ***but one*** übernächste(r, -s); ~ ***to*** gleich neben *od.* nach; beinahe, fast *unmöglich etc.*; **2.** *adv.* als Nächste(r, -s); demnächst, das nächste Mal; **3.** *der*, *die*, *das* Nächste; **~-'door** (von) nebenan; **~ of 'kin** *der*, *die* nächste Verwandte, *die* nächsten Angehörigen *pl.*
NHS *Brt.* [en eɪtʃ 'es] *Abk. für* ***National Health Service*** Staatlicher Gesundheitsdienst; **NH'S pa·tient** *Brt. etwa* Kassenpatient(in)
nib·ble ['nɪbl] *v/i.* knabbern (***at*** an *dat.*); *v/t. Loch etc.* nagen, knabbern (***in*** in *acc.*)
nice [naɪs] (***~r***, ***~st***) nett, freundlich; nett, hübsch, schön; fein (*Unterschied etc.*); **'~·ly** gut, fein; genau, sorgfältig; **ni·ce·ty** ['naɪsətɪ] Feinheit *f*; Genauigkeit *f*
niche [nɪtʃ] Nische *f*
nick [nɪk] **1.** Kerbe *f*; ***in the ~ of time*** gerade noch rechtzeitig, im letzten Moment; **2.** (ein)kerben; *j-n* streifen (*Kugel*); *Brt.* F klauen; *Brt. sl. j-n* schnappen
nick·el ['nɪkl] **1.** *min.* Nickel *n*; *Am.* Fünfcentstück *n*; **2.** (*bsd. Brt.* **-ll-**, *Am.* **-l-**) vernickeln; **~-'plate** vernickeln
nick-nack ['nɪknæk] → ***knick-knack***
nick·name ['nɪkneɪm] **1.** Spitzname *m*; **2.** *j-m* den Spitznamen ... geben
niece [niːs] Nichte *f*
nig·gard ['nɪgəd] Geizhals *m*; **'~·ly** geizig, knaus(e)rig; schäbig, kümmerlich
night [naɪt] Nacht *f*; Abend *m*; ***at ~***, ***by ~***, ***in the ~*** in der Nacht, nachts; **'~·cap** Schlummertrunk *m*; **'~·club** Nachtklub *m*, -lokal *n*; **'~·dress** (Damen-, Kinder)Nachthemd *n*; **'~·fall: *at ~*** bei Einbruch der Dunkelheit; **'~·gown** *bsd. Am.*, **~·ie** F ['naɪtɪ] → ***nightdress***
nigh·tin·gale *zo.* ['naɪtɪŋgeɪl] Nachtigall *f*
'night|·ly (all)nächtlich; (all)abendlich; jede Nacht; jeden Abend; **~·mare** ['naɪtmeə] Albtraum *m* (*a. fig.*); **'~ school** Abendschule *f*; **'~ shift** Nachtschicht *f*; **'~·shirt** (Herren)Nachthemd *n*; **'~·time: *in the ~***, ***at ~*** nachts; **~ 'watch·man** (*pl.* ***-men***) Nachtwächter *m*; **'~·y** F → ***nightdress***
nil [nɪl] Nichts *n*, Null *f*; ***our team won two to ~*** *od.* ***by two goals to ~*** **(*2-0*)** unsere Mannschaft gewann zwei zu null (2:0)
nim·ble ['nɪmbl] (***~r***, ***~st***) flink, gewandt; geistig beweglich
nine [naɪn] **1.** neun; ~ ***to five*** normale Dienststunden (von 9-5); ***a ~-to-five job*** e-e (An)Stellung mit geregelter Arbeitszeit; **2.** Neun *f*; **'~·pins** *sg.* Kegeln *n*; **~·teen** [naɪn'tiːn] **1.** neunzehn; **2.** Neunzehn *f*; **~·teenth** [naɪn'tiːnθ] neunzehnte(r, -s); **~·ti·eth** ['naɪntɪɪθ] neunzigste(r, -s); **~·ty** ['naɪntɪ] **1.** neunzig; **2.** Neunzig *f*
nin·ny F ['nɪnɪ] Dummkopf *m*
ninth [naɪnθ] **1.** neunte(r, -s); **2.** Neuntel *n*; **'~·ly** neuntens
nip¹ [nɪp] **1.** (***-pp-***) kneifen, zwicken; *Pflanzen* schädigen (*Frost*, *Wind etc.*); F flitzen, sausen; ~ ***in the bud*** *fig.* im Keim ersticken; **2.** Kneifen *n*, Zwicken *n*; ***there's a ~ in the air today*** heute ist es ganz schön kalt
nip² [nɪp] Schlückchen *n* (*Whisky etc.*)
nip·per ['nɪpə]: (***a pair of***) ***~s*** *pl.* (e-e) (Kneif)Zange
nip·ple ['nɪpl] *anat.* Brustwarze *f*; *Am.* (Gummi)Sauger *m* (*e-r Saugflasche*)
ni·tre *Brt.*, **ni·ter** *Am. chem.* ['naɪtə] Salpeter *m*
ni·tro·gen *chem.* ['naɪtrədʒən] Stickstoff *m*
no [nəʊ] **1.** *adv.* nein; nicht; **2.** *adj.* kein(e); ~ ***one*** keiner, niemand; ***in ~ time*** im Nu, im Handumdrehen; **3.** (*pl.* ***noes***) Nein *n*
No., no. *nur geschr. Abk. für* ***number*** (*lateinisch* ***numero***) Nr., Nummer *f*
no·bil·i·ty [nəʊ'bɪlətɪ] (Hoch)Adel *m*; *fig.* Adel *m*
no·ble ['nəʊbl] (***~r***, ***~st***) adlig; edel, nobel; prächtig (*Gebäude etc.*); **'~·man** (*pl.* ***-men***) Adlige(r) *m*; **'~·wom·an** (*pl.* ***-women***) Adlige *f*
no·bod·y ['nəʊbədɪ] **1.** niemand, keiner; **2.** *fig.* Niemand *m*, Null *f*
no-'cal·o·rie di·et Nulldiät *f*
noc·tur·nal [nɒk'tɜːnl] Nacht...
nod [nɒd] **1.** (***-dd-***) nicken (mit); ~ ***off*** einnicken; ***have a ~ding acquaintance with s.o.*** j-n flüchtig kennen; **2.** Nicken *n*

N

node [nəʊd] Knoten *m* (*a. med.*)
noise [nɔɪz] **1.** Krach *m*, Lärm *m*; Geräusch *n*; **2.** ~ ***about*** (***abroad, around***) *Gerücht etc.* verbreiten; '**~·less** geräuschlos
nois·y ['nɔɪzɪ] (*-ier, -iest*) laut
no·mad ['nəʊmæd] Nomad|e *m*, -in *f*
nom·i|·nal ['nɒmɪnl] nominell; ~ ***value*** *econ.* Nennwert *m*; **~·nate** ['nɒmɪneɪt] ernennen; nominieren, (zur Wahl) vorschlagen; **~·na·tion** [nɒmɪ'neɪʃn] Ernennung *f*; Nominierung *f*
nom·i·na·tive *gr.* ['nɒmɪnətɪv] *a.* ~ ***case*** Nominativ *m*, erster Fall
nom·i·nee [nɒmɪ'niː] Kandidat(in)
non... [nɒn] nicht..., Nicht..., un...
non·al·co'hol·ic alkoholfrei
non·a'ligned *pol.* blockfrei
non·com·mis·sioned 'of·fi·cer *mil.* Unteroffizier *m*
non·com·mit·tal [nɒnkə'mɪtl] unverbindlich
non·con'duc·tor *electr.* Nichtleiter *m*
non·de·script ['nɒndɪskrɪpt] nichts sagend; unauffällig
none [nʌn] **1.** *pron.* (*mst pl. konstruiert*) keine(r, -s), niemand; **2.** *adv.* in keiner Weise, keineswegs
non·en·ti·ty [nɒ'nentətɪ] Null *f* (*Person*)
none·the'less nichtsdestoweniger, dennoch, trotzdem
non·ex'ist|·ence Nichtvorhandensein *n*, Fehlen *n*; **~·ent** nicht existierend
non'fic·tion Sachbücher *pl.*
non'flam·ma·ble, non·in'flam·ma·ble nicht brennbar
non·in·ter'fer·ence, non·in·ter'ven·tion *pol.* Nichteinmischung *f*
non-'i·ron bügelfrei
no-'non·sense nüchtern, sachlich
non·par·ti·san [nɒnpɑːtɪ'zæn] *pol.* überparteilich; unparteiisch
non'pay·ment *econ.* Nicht(be)zahlung *f*
non'plus (*-ss-*) verblüffen
non·pol'lut·ing umweltfreundlich
non'prof·it *Am.*, **non-'prof·it-mak·ing** *Brt.* gemeinnützig
non'res·i·dent 1. nicht (orts)ansässig; nicht im Hause wohnend; **2.** Nichtansässige(r *m*) *f*; nicht im Hause Wohnende(r *m*) *f*
non·re'turn·a·ble Einweg...; ~ **bot·tle** Einwegflasche *f*
non·sense ['nɒnsəns] Unsinn *m*, dummes Zeug
non-'skid rutschfest, -sicher
non'smok|·er Nichtraucher(in); *Brt. rail.* Nichtraucherwagen *m*; **~·ing** Nichtraucher...
non'stick mit Antihaftbeschichtung
non'stop nonstop, ohne Unterbrechung; durchgehend (*Zug etc.*), ohne Zwischenlandung (*Flug*); ~ ***flight*** *a.* Non-Stop-Flug *m*
non'u·ni·on nicht (gewerkschaftlich) organisiert
non'vi·o|·lence (Politik *f* der) Gewaltlosigkeit *f*; **~·lent** gewaltlos
noo·dle ['nuːdl] Nudel *f*
nook [nʊk] Ecke *f*, Winkel *m*
noon [nuːn] Mittag(szeit *f*) *m*; ***at*** ~ um 12 Uhr (mittags)
noose [nuːs] Schlinge *f*
nope F [nəʊp] ne(e), nein
nor [nɔː] → ***neither*** 2; auch nicht
norm [nɔːm] Norm *f*; **nor·mal** ['nɔːml] normal; **nor·mal·ize** ['nɔːməlaɪz] (sich) normalisieren
north [nɔːθ] **1.** Nord(en *m*); **2.** *adj.* nördlich, Nord...; **3.** *adv.* nach Norden, nordwärts; **~'east 1.** Nordost(en *m*); **2.** *a.* **~'east·ern** nordöstlich
nor·ther·ly ['nɔːðəlɪ], **nor·thern** ['nɔːðn] nördlich, Nord...
North 'Pole Nordpol *m*
north|·ward(s) ['nɔːθwəd(z)] *adv.* nördlich, nach Norden; **~'west 1.** Nordwest(en *m*); **2.** *a.* **~'west·ern** nordwestlich
Nor·way ['nɔːweɪ] Norwegen *n*
Nor·we·gian [nɔː'wiːdʒən] **1.** norwegisch; **2.** Norweger(in); *ling.* Norwegisch *n*
nos. *nur geschr. Abk. für* ***numbers*** Nummern *pl.* (→ **No., no.**)
nose [nəʊz] **1.** Nase *f*; Schnauze *f* (*beim Hund*); **2.** *Auto etc.* vorsichtig fahren; *a.* ~ ***about,*** ~ ***around*** *fig.* F herumschnüffeln (in *dat.*) (***for*** nach); '**~·bleed** Nasenbluten *n*; ***have a*** ~ Nasenbluten haben; '**~·cone** Raketenspitze *f*; '**~·dive** *aviat.* Sturzflug *m*
nose·gay ['nəʊzgeɪ] Sträußchen *n*
nos·ey ['nəʊzɪ] → ***nosy***
nos·tal·gia [nɒ'stældʒɪə] Nostalgie *f*
nos·tril ['nɒstrəl] Nasenloch *n*, *bsd. zo.* Nüster *f*

nos·y F ['nəʊzɪ] (*-ier, -iest*) neugierig; ~ **'park·er** *Brt.* F neugierige Person, Gaffer(in)
not [nɒt] nicht; ~ ***a*** kein(e)
no·ta·ble ['nəʊtəbl] bemerkenswert; beachtlich
no·ta·ry ['nəʊtərɪ] *mst* ~ ***public*** Notar *m*
notch [nɒtʃ] **1.** Kerbe *f*; *Am. geol.* Engpass *m*; **2.** (ein)kerben
note [nəʊt] (*mst* ~*s pl.*) Notiz *f*, Aufzeichnung *f*; Anmerkung *f*; Vermerk *m*; Briefchen *n*, Zettel *m*; (diplomatische) Note; Banknote *f*, Geldschein *m*; *mus.* Note *f*; *fig.* Ton *m*; ⚠ *nicht* (*Schul*)***Note***; ***take*** ~***s*** (***of***) sich Notizen machen (über *acc.*); '~·**book** Notizbuch *n*; *Computer*: Notebook *m*
not·ed ['nəʊtɪd] bekannt, berühmt (***for*** wegen)
'**note**|·**pa·per** Briefpapier *n*; '~·**wor·thy** bemerkenswert
noth·ing ['nʌθɪŋ] nichts; ~ ***but*** nichts als, nur; ~ ***much*** F nicht viel; ***for*** ~ umsonst; ***to say*** ~ ***of*** ganz zu schweigen von; ***there is*** ~ ***like*** es geht nichts über (*acc.*)
no·tice ['nəʊtɪs] **1.** Ankündigung *f*, Bekanntgabe *f*, Mitteilung *f*, Anzeige *f*; Kündigung(sfrist) *f*; Beachtung *f*; ⚠ *nicht* ***Notiz*** (*Aufzeichnung etc.*); ***give*** *od.* ***hand in one's*** ~ kündigen (***to*** bei *e-r Firma*); ***give s.o.*** ~ j-m kündigen (*e-m Arbeitnehmer*); ***give s.o.*** (***his*** *etc.*) ~ j-m kündigen (*e-m Mieter*); ***at six months'*** ~ mit halbjährlicher Kündigungsfrist; ***take*** (***no***) ~ ***of*** (keine) Notiz nehmen von, (nicht) beachten; ***at short*** ~ kurzfristig; ***until further*** ~ bis auf Weiteres; ***without*** ~ fristlos; **2.** (es) bemerken; (besonders) beachten *od.* achten auf (*acc.*); ⚠ *nicht* ***notieren***; '~·**a·ble** erkennbar, wahrnehmbar; bemerkenswert; '~ **board** *Brt.* schwarzes Brett
no·ti·fy ['nəʊtɪfaɪ] *et.* anzeigen, melden, mitteilen; *j-n* benachrichtigen
no·tion ['nəʊʃn] Begriff *m*, Vorstellung *f*; Idee *f*
no·tions ['nəʊʃnz] *pl. bsd. Am.* Kurzwaren *pl.*
no·to·ri·ous [nəʊ'tɔːrɪəs] berüchtigt (***for*** für)
not·with·stand·ing [nɒtwɪθ'stændɪŋ] ungeachtet, trotz (*gen.*)
nought *Brt.* [nɔːt]: ***0.4*** (~ ***point four***) 0,4
noun *gr.* [naʊn] Substantiv *n*, Hauptwort *n*
nour·ish ['nʌrɪʃ] (er)nähren; *fig.* hegen; '~·**ing** nahrhaft; '~·**ment** Ernährung *f*; Nahrung *f*
Nov *nur geschr. Abk. für* ***November*** Nov., November *m*
nov·el ['nɒvl] **1.** Roman *m*; ⚠ *nicht* ***Novelle***; **2.** (ganz) neu(artig); ~·**ist** ['nɒvəlɪst] Romanschriftsteller(in); **no·vel·la** [nəʊ'velə] (*pl.* ***-las, -le*** [-liː]) Novelle *f*; ~·**ty** ['nɒvltɪ] Neuheit *f*
No·vem·ber [nəʊ'vembə] (*Abk.* ***Nov***) November *m*
nov·ice ['nɒvɪs] Anfänger(in), Neuling *m*; *rel.* Noviz|e *m*, -in *f*
now [naʊ] **1.** *adv.* nun, jetzt; ~ ***and again***, (***every***) ~ ***and then*** von Zeit zu Zeit, dann u. wann; ***by*** ~ inzwischen; ***from*** ~ (***on***) von jetzt an; ***just*** ~ gerade eben; **2.** *cj. a.* ~ ***that*** nun da
now·a·days ['naʊədeɪz] heutzutage
no·where ['nəʊweə] nirgends
nox·ious ['nɒkʃəs] schädlich
noz·zle *tech.* ['nɒzl] Schnauze *f*; Stutzen *m*; Düse *f*; Zapfpistole *f*
NSPCC *Brt.* [en es piː siː 'siː] *Abk. für* ***National Society for the Prevention of Cruelty to Children*** (*Kinderschutzverein*)
nu·ance ['njuːɑːns] Nuance *f*
nub [nʌb] springender Punkt
nu·cle·ar ['njuːklɪə] Kern..., Atom..., atomar, nuklear, Nuklear...; ~ '**en·er·gy** Atom-, Kernenergie *f*; ~ '**fam·i·ly** Kleinfamilie *f*; ~ '**fis·sion** Kernspaltung *f*; ~-'**free** atomwaffenfrei; ~ '**fu·sion** Kernfusion *f*; ~ '**phys·ics** *sg.* Kernphysik *f*; ~ '**pow·er** Atom-, Kernkraft *f*; ~-'**pow·ered** atomgetrieben; ~ '**pow·er plant** Atom-, Kernkraftwerk *n*; ~ **re'ac·tor** Atom-, Kernreaktor *m*; ~ '**war** Atomkrieg *m*; ~ '**war·head** Atomsprengkopf *m*; ~ '**waste** Atommüll *m*; ~ '**weap·ons** *pl.* Atom-, Kernwaffen *pl.*
nu·cle·us ['njuːklɪəs] (*pl.* ***-clei*** [-klɪaɪ]) (*Atom-, Zell*)Kern *m*; *fig.* Kern *m*
nude [njuːd] **1.** nackt; **2.** *Kunst*: Akt *m*
nudge [nʌdʒ] **1.** *j-n* anstoßen, (an)stupsen; **2.** Stups(er) *m*
nug·get ['nʌgɪt] (*bsd.* Gold)Klumpen *m*
nui·sance ['njuːsns] Plage *f*, Ärgernis *n*; Nervensäge *f*, Quälgeist *m*; ***what a*** ~*!*

N

wie ärgerlich!; ***be a ~ to s.o.*** j-m lästig fallen, j-n nerven; ***make a ~ of o.s.*** den Leuten auf die Nerven gehen *od.* fallen

nukes F [nju:ks] *pl.* Atom-, Kernwaffen *pl.*

null *bsd. jur.* [nʌl]: ***~ and void*** null u. nichtig

numb [nʌm] **1.** starr (***with*** vor *Kälte etc.*), taub; *fig.* wie betäubt (***with*** vor *Schmerz etc.*); **2.** starr *od.* taub machen

num·ber ['nʌmbə] **1.** Zahl *f*, Ziffer *f*; Nummer *f*; (An)Zahl *f*; Ausgabe *f*, Nummer *f* (*e-r Zeitung etc.*); (*Bus- etc.*)Linie *f*; ***sorry, wrong ~*** *tel.* falsch verbunden!; **2.** nummerieren; zählen; sich belaufen auf (*acc.*); **'~·less** zahllos; **'~·plate** *bsd. Brt. mot.* Nummernschild *n*

nu·me·ral ['nju:mərəl] Ziffer *f*; *ling.* Zahlwort *n*

nu·me·rous ['nju:mərəs] zahlreich

nun [nʌn] Nonne *f*; **~·ne·ry** ['nʌnərɪ] Nonnenkloster *n*

nurse [nɜ:s] **1.** (Kranken-, Säuglings)Schwester *f*; Kindermädchen *n*; (Kranken)Pflegerin *f*; → ***male nurse***; *a.* ***wet ~*** Amme *f*; **2.** stillen; pflegen; hegen; als Krankenschwester *od.* -pfleger arbeiten; ***~ s.o. back to health*** j-n gesund pflegen

nur·se·ry ['nɜ:sərɪ] Tagesheim *n*, -stätte *f*; *veraltet* Kinderzimmer *n*; *agr.* Baum-, Pflanzschule *f*; **'~ rhyme** Kinderlied *n*, -reim *m*; **'~ school** Kindergarten *m*; **'~ slope** *Ski*: Idiotenhügel *m*

nurs·ing ['nɜ:sɪŋ] Stillen *n*; (Kranken)Pflege *f*; **'~ bot·tle** (Säuglings-, Saug)Flasche *f*; **'~ home** Pflegeheim *n*; *Brt.* Privatklinik *f*

nut [nʌt] *bot.* Nuss *f*; *tech.* (Schrauben-)Mutter *f*; F verrückter Kerl; F Birne *f* (*Kopf*); ***be off one's ~*** F spinnen; **'~·crack·er(s** *pl.*) Nussknacker *m*; **~·meg** *bot.* ['nʌtmeg] Muskatnuss *f*

nu·tri·ent ['nju:trɪənt] **1.** Nährstoff *m*; **2.** nahrhaft

nu·tri|·tion [nju:'trɪʃn] Ernährung *f*; **~·tious** [nju:'trɪʃəs] nahrhaft; **~·tive** ['nju:trɪtɪv] nahrhaft

'nut|·shell Nussschale *f*; (***to put it***) ***in a ~*** F kurz gesagt, mit e-m Wort; **~·ty** ['nʌtɪ] (***-ier, -iest***) voller Nüsse; Nuss...; *sl.* verrückt

NW *nur geschr. Abk. für*: ***northwest*** NW, Nordwest(en *m*); ***northwest(ern)*** nw, nordwestlich

NY *nur geschr. Abk. für* ***New York*** (*Stadt od. Staat*)

NYC *nur geschr. Abk. für* ***New York City*** (die Stadt) New York *n*

ny·lon ['naɪlɒn] Nylon *n*; **~s** *pl.* Nylonstrümpfe *pl.*

nymph [nɪmf] Nymphe *f*

O

O, o [əʊ] O, o *n*

o [əʊ] Null *f* (*Ziffer, a. in Telefonnummern*)

oaf [əʊf] Lümmel *m*, Flegel *m*

oak *bot.* [əʊk] Eiche *f*

oar [ɔ:] Ruder *n*; **~s·man** ['ɔ:zmən] (*pl.* ***-men***) *Sport*: Ruderer *m*; **'~s·wom·an** (*pl.* ***-women***) *Sport*: Ruderin *f*

OAS [əʊ eɪ 'es] *Abk. für* ***Organization of American States*** Organisation *f* amerikanischer Staaten

o·a·sis [əʊ'eɪsɪs] (*pl.* ***-ses*** [-si:z]) Oase *f* (*a. fig.*)

oath [əʊθ] (*pl.* ***oaths*** [əʊðz]) Eid *m*, Schwur *m*; Fluch *m*; ***be on*** *od.* ***under ~*** unter Eid stehen; ***take an ~*** e-n Eid leisten *od.* schwören; ***take the ~*** schwören

oat·meal ['əʊtmi:l] Hafermehl *n*, -grütze *f*

oats [əʊts] *pl. bot.* Hafer *m*; ***sow one's wild ~*** sich die Hörner abstoßen

o·be·di|·ence [ə'bi:djəns] Gehorsam *m*; **~·ent** gehorsam

o·bese [əʊ'bi:s] fett(leibig); **o·bes·i·ty** [əʊ'bi:sətɪ] Fettleibigkeit *f*

o·bey [ə'beɪ] gehorchen (*dat.*), folgen; *Befehl etc.* befolgen
o·bit·u·a·ry [ə'bɪtjʊərɪ] Nachruf *m*; *a.* ~ ***notice*** Todesanzeige *f*
ob·ject 1. ['ɒbdʒɪkt] Objekt *n* (*a. gr.*); Gegenstand *m*; Ziel *n*, Zweck *m*, Absicht *f*; **2.** [əb'dʒekt] einwenden; et. dagegen haben
ob·jec|·tion [əb'dʒekʃn] Einwand *m*, -spruch *m* (*a. jur.*); **~·tio·na·ble** nicht einwandfrei; unangenehm; anstößig
ob·jec·tive [əb'dʒektɪv] **1.** objektiv, sachlich; **2.** Ziel *n*; Objektiv *n* (*Mikroskop*)
ob·li·ga·tion [ɒblɪ'geɪʃn] Verpflichtung *f*; ***be under an ~ to s.o.*** j-m (zu Dank) verpflichtet sein; ***be under an ~ to do s.th.*** verpflichtet sein, et. zu tun; **ob·lig·a·to·ry** [ə'blɪgətərɪ] verpflichtend, verbindlich
o·blige [ə'blaɪdʒ] nötigen, zwingen; (zu Dank) verpflichten; ~ ***s.o.*** j-m e-n Gefallen tun; ***much ~d*** besten Dank; **o'blig·ing** entgegenkommend, gefällig
o·blique [ə'bli:k] schief, schräg; *fig.* indirekt
o·blit·er·ate [ə'blɪtəreɪt] auslöschen, vernichten, völlig zerstören; *Sonne etc.* verdecken
o·bliv·i|·on [ə'blɪvɪən] Vergessen(heit *f*) *n*; **~·ous** [ə'blɪvɪəs]: ***be ~ of*** *od.* ***to s.th.*** sich e-r Sache nicht bewusst sein; et. nicht bemerken *od.* wahrnehmen
ob·long ['ɒblɒŋ] rechteckig; länglich
ob·nox·ious [əb'nɒkʃəs] widerlich
ob·scene [əb'si:n] obszön, unanständig
ob·scure [əb'skjʊə] **1.** dunkel; *fig.* dunkel, unklar; unbekannt; **2.** verdunkeln, -decken; **ob·scu·ri·ty** [əb'skjʊərətɪ] Unbekanntheit *f*; Unklarheit *f*
ob·se·quies ['ɒbsɪkwɪz] *pl.* Trauerfeier(lichkeiten *pl.*) *f*
ob·ser|·va·ble [əb'zɜ:vəbl] wahrnehmbar, merklich; **~·vance** [əb'zɜ:vns] Beachtung *f*, Befolgung *f*; **~·vant** [əb'zɜ:vnt] aufmerksam; **~·va·tion** [ɒbzə'veɪʃn] Beobachtung *f*, Überwachung *f*; Bemerkung *f* (***on*** über *acc.*); **~·va·to·ry** [əb'zɜ:vətrɪ] Observatorium *n*, Sternwarte *f*
ob·serve [əb'zɜ:v] beobachten; überwachen; *Vorschrift etc.* beachten, befolgen, einhalten; bemerken, äußern; **ob'serv·er** Beobachter(in)
ob·sess [əb'ses]: ***be ~ed by*** *od.* ***with*** besessen sein von; **ob·ses·sion** [əb'seʃn] Besessenheit *f*; fixe Idee; **ob·ses·sive** *psych.* [əb'sesɪv] zwanghaft
ob·so·lete ['ɒbsəli:t] veraltet
ob·sta·cle ['ɒbstəkl] Hindernis *n*
ob·sti·nate ['ɒbstɪnət] hartnäckig, halsstarrig; eigensinnig
ob·struct [əb'strʌkt] verstopfen, -sperren; blockieren; behindern; **ob·struc·tion** [əb'strʌkʃn] Verstopfung *f*; Blockierung *f*; Behinderung *f*; **ob·struc·tive** [əb'strʌktɪv] blockierend; hinderlich
ob·tain [əb'teɪn] erhalten, bekommen, sich *et.* beschaffen; **~·a·ble** erhältlich
ob·tru·sive [əb'tru:sɪv] aufdringlich
ob·tuse [əb'tju:s] stumpf (*Winkel*)
ob·vi·ous ['ɒbvɪəs] offensichtlich, klar, einleuchtend
oc·ca·sion [ə'keɪʒn] Gelegenheit *f*; Anlass *m*; Veranlassung *f*; (festliches) Ereignis; ***on the ~ of*** anlässlich (*gen.*); **~·al** [ə'keɪʒənl] gelegentlich; vereinzelt
Oc·ci|·dent ['ɒksɪdənt] *der* Westen, *der* Okzident, *das* Abendland; **&·den·tal** [ɒksɪ'dentl] abendländisch, westlich
oc·cu|·pant ['ɒkjʊpənt] Bewohner(in); Insass|e *m*, -in *f*; **~·pa·tion** [ɒkjʊ'peɪʃn] Beruf *m*; Beschäftigung *f*; *mil.*, *pol.* Besetzung *f*, Besatzung *f*, Okkupation *f*; **~·py** ['ɒkjʊpaɪ] in Besitz nehmen, *mil.*, *pol.* besetzen; *Raum* einnehmen; in Anspruch nehmen; beschäftigen; ***be occupied*** bewohnt sein; besetzt sein (*Platz*)
oc·cur [ə'kɜ:] (***-rr-***) sich ereignen; vorkommen; ***it ~red to me that*** es fiel mir ein *od.* mir kam der Gedanke, dass; **~·rence** [ə'kʌrəns] Vorkommen *n*; Ereignis *n*; Vorfall *m*
o·cean ['əʊʃn] Ozean *m*, Meer *n*
o'clock [ə'klɒk] Uhr (*bei Zeitangaben*); (***at***) ***five ~*** (um) fünf Uhr
Oct *nur geschr. Abk. für* **October** Okt., Oktober *m*
Oc·to·ber [ɒk'təʊbə] (*Abk.* **Oct**) Oktober *m*
oc·u|·lar ['ɒkjʊlə] Augen...; **~·list** ['ɒkjʊlɪst] Augen|arzt *m*, -ärztin *f*
OD F [əʊ 'di:] *v/i.* ~ ***on heroin*** an e-r Überdosis Heroin sterben
odd [ɒd] sonderbar, seltsam, merkwür-

O

dig; einzeln, Einzel... (*Schuh etc.*); ungerade (*Zahl*); F *nach Zahlen*: ***30 ~*** (et.) über 30, einige 30; gelegentlich, Gelegenheits...; ***~ jobs*** *pl.* Gelegenheitsarbeiten *pl.*

odds [ɒdz] (Gewinn)Chancen *pl.*; ***the ~ are 10 to 1*** die Chancen stehen 10 zu 1; ***the ~ are that*** es ist sehr wahrscheinlich, dass; ***against all ~*** wider Erwarten, entgegen allen Erwartungen; ***be at ~*** uneins sein (***with*** mit); ***~ and ends*** Krimskrams *m*; **~-'on** hoch, klar (*Favorit*), aussichtsreichst (*Kandidat etc.*)

ode [əʊd] Ode *f* (*Gedicht*)

o·do(u)r ['əʊdə] Geruch *m* (*bsd. unangenehmer*)

of *prp.* [ɒv, əv] von; *Herkunft*: von, aus; *Material*: aus; um (***cheat s.o. ~ s.th.***); an (*dat.*) (***die ~***); aus (***~ charity***); vor (*dat.*) (***afraid ~***); auf (*acc.*) (***proud ~***); über (*acc.*) (***glad ~***); nach (***smell ~***); von, über (*acc.*) (***speak ~ s.th.***); an (*acc.*) (***think ~ s.th.***); ***the city ~ London*** die Stadt London; ***the works ~ Dikkens*** Dickens' Werke; ***your letter ~ ...*** Ihr Schreiben vom ...; ***five minutes ~ twelve*** *Am.* fünf Minuten vor zwölf

off [ɒf] **1.** *adv.* fort(...), weg(...); ab(...), ab(gegangen) (*Knopf etc.*); weg, entfernt (***3 miles ~***); aus(...), aus-, abgeschaltet (*Licht etc.*), zu (*Hahn etc.*); aus(gegangen), alle; aus, vorbei; verdorben (*Nahrungsmittel*); frei (*von Arbeit*); ***I must be ~*** ich muss gehen *od.* weg; ***~ with you!*** fort mit dir!; ***be ~*** ausfallen, nicht stattfinden; ***10% ~*** *econ.* 10% Nachlass; ***~ and on*** ab u. zu, hin u.wieder; ***take a day ~*** sich e-n Tag frei nehmen; ***be well*** (***badly***) ***~*** gut (schlecht) d(a)ran *od.* gestellt *od.* situiert sein; **2.** *prp.* fort von, weg von, von (... ab, weg, herunter); abseits von (*od. gen.*), von ... weg; *naut.* vor *der Küste etc.*; ***be ~ duty*** nicht im Dienst sein, dienstfrei haben; ***be ~ smoking*** nicht mehr rauchen; **3.** *adj.* (arbeits-, dienst)frei; schlecht (*Tag etc.*)

of·fal *Brt. gastr.* ['ɒfl] Innereien *pl.*

of·fence *Brt.*, **of·fense** *Am.* [ə'fens] Vergehen *n*, Verstoß *m*; *jur.* Straftat *f*; Beleidigung *f*, Kränkung *f*; ***take ~*** Anstoß nehmen (***at*** an *dat.*)

of·fend [ə'fend] beleidigen, kränken; verstoßen (***against*** gegen); **~·er** (Übel-, Misse)Täter(in); ***first ~*** *jur.* nicht Vorbestrafte(r *m*) *f*, Ersttäter(in)

of·fen·sive [ə'fensɪv] **1.** beleidigend, anstößig; widerlich (*Geruch etc.*); Offensiv..., Angriffs...; **2.** Offensive *f*

of·fer ['ɒfə] **1.** *v/t.* anbieten (*a. econ.*); *Preis*, *Möglichkeit etc.* bieten; *Preis*, *Belohnung* aussetzen; sich bereit erklären (***to do*** zu tun); *Widerstand* leisten; *v/i.* es *od.* sich anbieten; **2.** Angebot *n*

off·hand [ɒf'hænd] lässig (*Art etc.*); auf Anhieb, so ohne Weiteres; Stegreif...

of·fice ['ɒfɪs] Büro *n*, Geschäftsstelle *f*, (*Anwalts*)Kanzlei *f*; (*bsd.* öffentliches) Amt, Posten *m*; *mst* ℒ *bsd. Brt.* Ministerium *n*; **'~ hours** *pl.* Dienstzeit *f*; Geschäfts-, Öffnungszeiten *pl.*

of·fi·cer ['ɒfɪsə] *mil.* Offizier *m*; (*Polizei- etc.*)Beamt|e(r) *m*, -in *f*

of·fi·cial [ə'fɪʃl] **1.** Beamt|e(r) *m*, -in *f*; **2.** offiziell, amtlich, dienstlich

of·fi·ci·ate [ə'fɪʃɪeɪt] amtieren

of·fi·cious [ə'fɪʃəs] übereifrig

'off|-licence *Brt.* Wein- u. Spirituosenhandlung *f*; **'~·line** *Computer*: rechnerunabhängig, Off-line-...; **~-'peak:** ***~ electricity*** Nachtstrom *m*; ***~ hours*** *pl.* verkehrsschwache Stunden *pl.*; **'~ season** Nebensaison *f*; **'~·set** ausgleichen; **'~·shoot** *bot.* Ableger *m*, Spross *m*; **~'shore** vor der Küste; **~'side** *Sport*: abseits; ***~ position*** Abseitsposition *f*, -stellung *f*; ***~ trap*** Abseitsfalle *f*; **'~·spring** Nachkomme(nschaft *f*) *m*; **~-the-'rec·ord** inoffiziell

of·ten ['ɒfn] oft(mals), häufig

oh *int.* [əʊ] oh!

oil [ɔɪl] **1.** Öl *n*; (Erd)Öl *n*; **2.** (ein)ölen, schmieren (*a. fig.*); **'~ change** *mot.* Ölwechsel *m*; **'~·cloth** Wachstuch *n*; **'~·field** Ölfeld *n*; **'~ paint·ing** Ölmalerei *f*; Ölgemälde *n*; **'~ plat·form** → ***oilrig***; **'~ pol·lu·tion** Ölpest *f*; **'~-pro·duc·ing coun·try** Ölförderland *n*; **'~ re·fin·e·ry** Erdölraffinerie *f*; **'~·rig** (Öl)Bohrinsel *f*; **'~·skins** *pl.* Ölzeug *n*; **'~ slick** Ölteppich *m*; **'~ well** Ölquelle *f*; **'~·y** (***-ier, -iest***) ölig; *fig.* schmierig, schleimig

oint·ment ['ɔɪntmənt] Salbe *f*

OK, o·kay F [əʊ'keɪ] **1.** *adj. u. int.* okay(!), o.k.(!), in Ordnung(!); **2.** genehmigen, *e-r Sache* zustimmen; **3.**

Okay *n*, O.K. *n*, Genehmigung *f*, Zustimmung *f*

old [əʊld] **1.** alt; **2.** ***the*** ~ *pl.* die Alten *pl.*; ~ **'age** (hohes) Alter; ~ **age 'pension** Rente *f*, Pension *f*; ~ **age 'pension·er** Rentner(in), Pensionär(in); ~**-'fash·ioned** altmodisch; '~**·ish** ältlich; ~ **'peo·ple's home** Alters-, Altenheim *n*

ol·ive ['ɒlɪv] *bot.* Olive *f*; Olivgrün *n*

O·lym·pic Games [əlɪmpɪk 'geɪmz] *pl.* Olympische Spiele *pl.*

om·i·nous ['ɒmɪnəs] unheilvoll

o·mis·sion [əʊ'mɪʃn] Auslassung *f*; Unterlassung *f*

o·mit [ə'mɪt] (*-tt-*) aus-, weglassen; unterlassen

om·nip·o·tent [ɒm'nɪpətənt] allmächtig

om·nis·ci·ent [ɒm'nɪsɪənt] allwissend

on [ɒn] **1.** *prp.* auf (*acc. od. dat.*) (~ ***the table***); an (*dat.*) (~ ***the wall***); in (~ ***TV***); *Richtung, Ziel*: auf (*acc.*) ... (hin), an (*acc.*), nach (*dat.*) ... (hin) (***march*** ~ ***London***); *fig.* auf (*acc.*) ... (hin) (~ ***demand***); *Zeitpunkt*: an (*dat.*) (~ ***Sunday***, ~ ***the 1st of April***); (gleich) nach, bei (~ ***his arrival***); *gehörig* zu, *beschäftigt* bei (~ ***a committee***, ~ ***the "Daily Mail"***); *Zustand*: in (*dat.*), auf (*dat.*) (~ ***duty***, ~ ***fire***); *Thema*: über (*acc.*) (***talk*** ~ ***a subject***); nach (*dat.*) (~ ***this model***); von (*dat.*) (***live*** ~ ***s.th.***); ~ ***the street*** *Am.* auf der Straße; ~ ***a train*** *bsd. Am.* in e-m Zug; ~ ***hearing it*** als ich *etc.* es hörte; ***have you any money*** ~ ***you?*** hast du Geld bei dir?; **2.** *adj. u. adv.* an(geschaltet) (*Licht etc.*), eingeschaltet (*Radio etc.*), auf (*Hahn etc.*); (dar)auf(*legen, -schrauben etc.*); an(*haben, -ziehen*) (*Kleidung*) (***have a coat*** ~); auf(*behalten*) (***keep one's hat*** ~); weiter(*gehen, -sprechen etc.*); ***and so*** ~ und so weiter; ~ ***and*** ~ immer weiter; ***from this day*** ~ von dem Tage an; ***be*** ~ *thea.* gegeben werden (*Stück*); laufen (*Film*); *Rundfunk, TV*: gesendet werden; ***what's*** ~**?** was ist los?

once [wʌns] **1.** einmal; einst; ~ ***again***, ~ ***more*** noch einmal; ~ ***in a while*** ab u. zu, hin u. wieder; ~ ***and for all*** ein für alle Mal; ***not*** ~ kein einziges Mal; ***at*** ~ sofort; auf einmal, gleichzeitig; ***all at*** ~ plötzlich; ***for*** ~ diesmal, ausnahmsweise; ***this*** ~ dieses eine Mal; **2.** sobald

one [wʌn] ein(e); einzig; man; Eins *f*, eins; ~**'s** sein(e); ~ ***day*** eines Tages; ~ ***Smith*** ein gewisser Smith; ~ ***another*** sich (gegenseitig), einander; ~ ***by*** ~, ~ ***after another***, ~ ***after the other*** e-r nach dem andern; ***I for*** ~ ich zum Beispiel; ***the little*** ~***s*** *pl.* die Kleinen *pl.*; ~**'self** sich (selbst); sich selbst; (***all***) ***by*** ~ ganz allein; ***to*** ~ ganz für sich (allein); ~**-'sid·ed** einseitig; '~**·time** ehemalig, früher; ~**-track 'mind:** ***have a*** ~ immer nur dasselbe im Kopf haben; ~**-'two** *Fußball*: Doppelpass *m*; ~**-'way** Einbahn...; ~**-way 'street** Einbahnstraße *f*; ~**-way 'tick·et** *Am.* einfache Fahrkarte, *aviat.* einfaches Ticket; ~**-way 'traf·fic** Verkehr *m* nur in e-r Richtung

on·ion *bot.* ['ʌnjən] Zwiebel *f*

'on|·line *Computer*: rechnerabhängig, On-line-...; '~**·look·er** Zuschauer(in)

on·ly ['əʊnlɪ] **1.** *adj.* einzige(r, -s); **2.** *adv.* nur, bloß; erst; ~ ***yesterday*** erst gestern; **3.** *cj.* F nur, bloß

'on|·rush Ansturm *m*; '~**·set** Beginn *m* (*des Winters*); Ausbruch *m* (*e-r Krankheit*); ~**·slaught** ['ɒnslɔːt] (heftiger) Angriff (*a. fig.*)

on·to ['ɒntʊ, 'ɒntə] auf (*acc.*)

on·ward(s) ['ɒnwəd(z)] *adv.* vorwärts, weiter; ***from now*** ~ von nun an

ooze [uːz] *v/i.* sickern,; ~ ***away*** *fig.* schwinden; *v/t.* absondern; *fig.* ausstrahlen, verströmen

O

o·paque [əʊ'peɪk] (~***r***, ~***st***) undurchsichtig; *fig.* unverständlich

OPEC ['əʊpek] *Abk. für* ***Organization of Petroleum Exporting Countries*** Organisation *f* der Erdöl exportierenden Länder

o·pen ['əʊpən] **1.** offen; geöffnet, offen; offen, frei (*Feld*); öffentlich; *fig.* offen, unentschieden; *fig.* offen, freimütig; *fig.* zugänglich, aufgeschlossen (***to*** für *od. dat.*); ~ ***all day*** durchgehend geöffnet; ***in the*** ~ ***air*** im Freien; **2.** *Golf, Tennis*: offenes Turnier; ***in the*** ~ im Freien; ***come out into the*** ~ *fig.* an die Öffentlichkeit treten; **3.** *v/t.* öffnen, aufmachen, *Buch etc. a.* aufschlagen; eröffnen; *v/i.* sich öffnen, aufgehen; öffnen, aufmachen (*Laden*); anfangen, beginnen; ~ ***into*** führen nach *od.* in (*Tür etc.*); ~ ***onto*** hinausgehen auf (*acc.*) (*Fenster*, *Tür*); **~-'air** im Freien; **~-'end·ed** zeitlich unbegrenzt; **~·er** ['əʊpnə] (*Dosen- etc.*)Öffner *m*; **~-'eyed** mit großen Augen, staunend; **~-'hand·ed** freigebig, großzügig; **~·ing** ['əʊpnɪŋ] Öffnung *f*; *econ.* freie Stelle; Eröffnung *f*, Erschließung *f*, Einstieg *m*; Eröffnungs...; Öffnungs...; **~-'mind·ed** aufgeschlossen

op·e·ra ['ɒpərə] Oper *f*; **'~ glass·es** *pl.* Opernglas *n*; **'~ house** Opernhaus *n*, Oper *f*

op·e·rate ['ɒpəreɪt] *v/i. tech.* arbeiten, in Betrieb sein, laufen (*Maschine etc.*); wirksam sein *od.* werden; *med.* operieren (***on s.o.*** j-n); *v/t. tech. Maschine* bedienen, *Schalter etc.* betätigen; *Unternehmen*, *Geschäft* betreiben, führen

'op·e·rat·ing| room *Am.* Operationssaal *m*; **'~ sys·tem** *Computer*: Betriebssystem *n*; **'~ thea·tre** *Brt.* Operationssaal *m*

op·e·ra|·tion [ɒpə'reɪʃn] *tech.* Betrieb *m*, Lauf *m* (*e-r Maschine*); *tech.* Bedienung *f*; Tätigkeit *f*, Unternehmen *n*; *med.*, *mil.* Operation *f*; ***in ~*** in Betrieb; **~·tive** ['ɒpərətɪv] wirksam; *med.* operativ; **~·tor** ['ɒpəreɪtə] *tech.* Bedienungsperson *f*; *Computer*: Operator *m*; *tel.* Vermittlung *f*

o·pin·ion [ə'pɪnjən] Meinung *f*, Ansicht *f*; Gutachten *n* (***on*** über *acc.*); ***in my ~*** meines Erachtens

O

op·po·nent [ə'pəʊnənt] Gegner(in)

op·por|·tune ['ɒpətjuːn] günstig, passend; rechtzeitig; **~·tu·ni·ty** [ɒpə'tjuːnətɪ] (günstige) Gelegenheit

op·pose [ə'pəʊz] sich widersetzen (*dat.*); **op·posed** entgegengesetzt; ***be ~ to*** gegen ... sein; **op·po·site** ['ɒpəzɪt] **1.** Gegenteil *n*, -satz *m*; **2.** *adj.* gegenüberliegend; entgegengesetzt; **3.** *adv.* gegenüber (***to*** *dat.*); **4.** *prp.* gegenüber (*dat.*); **op·po·si·tion** [ɒpə'zɪʃn] Widerstand *m*, Opposition *f* (*a. parl.*); Gegensatz *m*

op·press [ə'pres] unterdrücken; **op·pres·sion** [ə'preʃn] Unterdrükkung *f*; **op·pres·sive** [ə'presɪv] (be)drückend; hart, grausam; schwül (*Wetter*)

op·tic ['ɒptɪk] Augen..., Seh...; → **'op·ti·cal** optisch; **op·ti·cian** [ɒp'tɪʃn] Optiker(in)

op·ti|·mis·m ['ɒptɪmɪzəm] Optimismus *m*; **~·mist** ['ɒptɪmɪst] Optimist(in); **~'mist·ic** (**~*ally***) optimistisch

op·tion ['ɒpʃn] Wahl *f*; *econ.* Option *f*, Vorkaufsrecht *n*; *mot.* Extra *n*; **~·al** ['ɒpʃnl] freiwillig; Wahl...; ***be an ~ extra*** *mot.* gegen Aufpreis erhältlich sein

or [ɔː] oder; ***~ else*** sonst

o·ral ['ɔːrəl] mündlich; Mund...

or·ange ['ɒrɪndʒ] **1.** *bot.* Orange *f*, Apfelsine *f*; **2.** orange(farben); **~·ade** [ɒrɪndʒ'eɪd] Orangenlimonade *f*

o·ra·tion [ɔː'reɪʃn] Rede *f*, Ansprache *f*; **or·a·tor** ['ɒrətə] Redner(in)

or·bit ['ɔːbɪt] **1.** Kreis-, Umlaufbahn *f*; ***get*** *od.* ***put into ~*** in e-e Umlaufbahn gelangen *od.* bringen; **2.** *v/t. die Erde etc.* umkreisen; *v/i.* die Erde *etc.* umkreisen, sich auf e-r Umlaufbahn bewegen

or·chard ['ɔːtʃəd] Obstgarten *m*

or·ches·tra ['ɔːkɪstrə] *mus.* Orchester *n*; *Am. thea.* Parkett *n*

or·chid *bot.* ['ɔːkɪd] Orchidee *f*

or·dain [ɔː'deɪn]: ***~ s.o.*** (***priest***) j-n zum Priester weihen

or·deal [ɔː'diːl] Qual *f*, Tortur *f*

or·der ['ɔːdə] **1.** Ordnung *f*; Anordnung *f*, Reihenfolge *f*; Befehl *m*, Anordnung *f*; *econ.* Bestellung *f*, Auftrag *m*; *parl. etc.* (Geschäfts)Ordnung *f*; *rel. etc.* Orden *m*; ***~ to pay*** *econ.* Zahlungsanweisung *f*; ***in ~ to*** um zu; ***out of ~*** nicht in Ordnung, defekt; außer Betrieb; ***make to ~*** auf Bestellung *od.* nach Maß anfertigen; **2.** *v/t. j-m* befehlen (***to do*** zu tun), *et.* befehlen, anordnen; *j-n* schicken, beordern; *med. j-m et.* verordnen; *econ.* bestellen (*a. im Restaurant*); *fig.* ordnen, in Ordnung bringen; *v/i.* bestellen (*im Restaurant*); **'~·ly 1.** ordentlich; *fig.* gesittet, friedlich (*Menge etc.*); **2.** *med.* Hilfspfleger *m*

or·di·nal *math.* ['ɔːdɪnl] *a.* ***~ number*** *math.* Ordnungszahl *f*

or·di·nary ['ɔːdnrɪ] üblich, gewöhnlich, normal; ⚠ *nicht* ***ordinär***

ore *min.* [ɔː] Erz *n*

or·gan ['ɔːgən] *anat.* Organ *n* (*a. fig.*); *mus.* Orgel *f*; **'~ grind·er** Leierkastenmann *m*; **~·ic** [ɔː'gænɪk] (**~*ally***) organisch; **~·is·m** ['ɔːgənɪzəm] Organismus *m*; **~·i·za·tion** [ɔːgənaɪ'zeɪʃn] Organisation *f*; **~·ize** ['ɔːgənaɪz] organisieren;

bsd. Am. sich (gewerkschaftlich) organisieren; '**~·iz·er** Organisator(in)
or·gas·m ['ɔːgæzəm] Orgasmus *m*
o·ri|·ent ['ɔːrɪənt] **1.** ♀ *der* Osten, *der* Orient, *das* Morgenland; **2.** orientieren; **~·en·tal** [ɔːrɪ'entl] **1.** orientalisch, östlich; **2.** ♀ Oriental|e *m*, -in *f*; **~·en·tate** ['ɔːrɪənteɪt] orientieren
or·i·gin ['ɒrɪdʒɪn] Ursprung *m*, Abstammung *f*, Herkunft *f*
o·rig·i·nal [ə'rɪdʒənl] **1.** ursprünglich; Original...; originell; **2.** Original *n*; **~·i·ty** [ərɪdʒə'nælətɪ] Originalität *f*; **~·ly** [ə'rɪdʒənəlɪ] ursprünglich; originell
o·rig·i·nate [ə'rɪdʒəneɪt] *v/t.* schaffen, ins Leben rufen; *v/i.* zurückgehen (***from*** auf *acc.*), (her)stammen (***from*** von, aus)
or·na|·ment 1. ['ɔːnəmənt] Ornament(e *pl.*) *n*, Verzierung(en *pl.*) *f*, Schmuck *m*; *fig.* Zier(de) *f* (***to*** für *od. gen.*); **2.** ['ɔːnəment] verzieren, schmücken (***with*** mit); **~·men·tal** [ɔːnə'mentl] dekorativ, schmückend, Zier...
or·nate *fig.* [ɔː'neɪt] überladen (*Stil etc.*)
or·phan ['ɔːfn] **1.** Waise(nkind *n*) *f*; **2.** ***be ~ed*** Waise werden; **~·age** ['ɔːfənɪdʒ] Waisenhaus *n*
or·tho·dox ['ɔːθədɒks] orthodox
os·cil·late ['ɒsɪleɪt] *phys.* schwingen; *fig.* schwanken (***between*** zwischen *dat.*)
os·prey *zo.* ['ɒsprɪ] Fischadler *m*
os·ten·si·ble [ɒ'stensəbl] an-, vorgeblich
os·ten·ta|·tion [ɒstən'teɪʃn] (protzige) Zurschaustellung; Protzerei *f*, Prahlerei *f*; **~·tious** [ɒstən'teɪʃəs] protzend, prahlerisch
os·tra·cize ['ɒstrəsaɪz] ächten
os·trich *zo.* ['ɒstrɪtʃ] Strauß *m*
oth·er ['ʌðə] andere(r, -s); ***the ~ day*** neulich; ***the ~ morning*** neulich morgens; ***every ~ day*** jeden zweiten Tag, alle zwei Tage; '**~·wise** anders; sonst
ot·ter *zo.* ['ɒtə] Otter *m*
ought [ɔːt] *v/aux. ich* sollte, *du* solltest *etc.*; ***you ~ to have done it*** Sie hätten es tun sollen
ounce [aʊns] Unze *f* (*28,35 g*)
our ['aʊə] unser; **~s** ['aʊəz] der, die, das Uns(e)re; unsere(r, -s); **~·selves** [aʊə'selvz] wir *od.* uns selbst; uns (selbst)
oust [aʊst] verdrängen, hinauswerfen (***from*** aus); *j-n s-s Amtes* entheben
out [aʊt] **1.** *adv.*, *adj.* aus; hinaus(*gehen*, *-werfen etc.*); heraus(*kommen etc.*); aus(*brechen etc.*); draußen, im Freien; nicht zu Hause, *östr.*, *Schweiz*: *a.* nicht zuhause; *Sport*: aus, draußen; aus, vorbei; aus, erloschen; aus(verkauft); F out, aus der Mode; **~ *of*** aus (... heraus); zu ... hinaus; außerhalb von (*od. gen.*); außer *Reichweite etc.*; außer *Atem*, *Übung etc.*; (hergestellt) aus; aus *Furcht etc.*; ***be ~ of*** kein ... mehr haben; ***in nine ~ of ten cases*** in neun von zehn Fällen; **2.** *prp.* F aus (... heraus); zu ... hinaus; **3.** F outen (*intime Informationen an die Öffentlichkeit geben*)
out|'bal·ance überwiegen; **~'bid** (***-dd-***; ***-bid***) überbieten; **~·board 'mo·tor** Außenbordmotor *m*; '**~·break** Ausbruch *m* (*e-r Krankheit*, *e-s Krieges etc.*); '**~·build·ing** Nebengebäude *n*; '**~·burst** Ausbruch *m* (*von Gefühlen*); '**~·cast 1.** ausgestoßen; **2.** Ausgestoßene(r *m*) *f*, Verstoßene(r *m*) *f*; '**~·come** Ergebnis *n*; ⚠ *nicht das* ***Auskommen***; '**~·cry** Aufschrei *m*, Schrei *m* der Entrüstung; **~'dat·ed** überholt, veraltet; **~'dis·tance** hinter sich lassen; **~'do** (***-did, -done***) übertreffen; '**~·door** *adj.* im Freien, draußen; **~'doors** *adv.* draußen, im Freien
out·er ['aʊtə] äußere(r, -s); '**~·most** äußerste(r,-s); **~ 'space** Weltraum *m*
'out|·fit Ausrüstung *f*, Ausstattung *f*; Kleidung *f*; F (Arbeits)Gruppe *f*; '**~·fit·ter** Ausstatter *m*; ***men's ~*** Herrenausstatter *m*; **~'go·ing** (aus dem Amt) scheidend; '**~·go·ings** *pl. bsd. Brt.* (Geld)Ausgaben *pl.*; **~'grow** (***-grew, -grown***) herauswachsen aus (*Kleidern*); *Angewohnheit etc.* ablegen; größer werden als; '**~·house** Nebengebäude *n*
out·ing ['aʊtɪŋ] Ausflug *m*; Outing *n* (*Preisgabe intimer Informationen an die Öffentlichkeit*)
out|'land·ish befremdlich, sonderbar; **~'last** überdauern, -leben; '**~·law** *hist.* Geächtete(r *m*) *f*; '**~·lay** (Geld)Auslagen *pl.*, Ausgaben *pl.*; '**~·let** Abfluss *m*, Abzug *m*; *fig.* Ventil *n*; '**~·line 1.** Umriss *m*; Überblick *m*; **2.** umreißen, skizzieren; **~'live** überleben; '**~·look** (Aus)Blick *m*, (Aus)Sicht *f*; Einstel-

O

lung *f*, Auffassung *f*; '**~·ly·ing** abgelegen, entlegen; **~'num·ber:** ***be ~ed by s.o.*** j-m zahlenmäßig unterlegen sein; **~-of-'date** veraltet, überholt; **~-of--the-'way** abgelegen, entlegen; *fig.* ungewöhnlich; '**~·pa·tient** ambulanter Patient, ambulante Patientin; '**~·post** Vorposten *m*; '**~·pour·ing** (Gefühls)Erguss *m*; '**~·put** *econ.* Output *m*, Produktion *f*, Ausstoß *m*, Ertrag *m*; *Computer*: (Daten)Ausgabe *f*; '**~·rage** **1.** Gewalttat *f*, Verbrechen *n*; Empörung *f*; **2.** grob verletzen; *j-n* empören; **~·ra·geous** [aʊt'reɪdʒəs] abscheulich; empörend, unerhört; **~·right 1.** *adj.* ['aʊtraɪt] völlig, gänzlich, glatt (*Lüge etc.*); **2.** *adv.* [aʊt'raɪt] auf der Stelle, sofort; ohne Umschweife; **~'run** (***-nn-; -ran, -run***) schneller laufen als; *fig.* übersteigen, -treffen; '**~·set** Anfang *m*, Beginn *m*; **~'shine** (***-shone***) überstrahlen, *fig. a.* in den Schatten stellen; **~'side 1.** Außenseite *f*; *Sport*: Außenstürmer(in); ***at the*** (***very***) **~** (aller-) höchstens; **~ *left*** (***right***) *Sport*: Links- (Rechts-)Außen *m*; **2.** *adj.* äußere(r, -s), Außen...; **3.** *adv.* draußen; heraus, hinaus; **4.** *prp.* außerhalb; **~'sid·er** Außenseiter(in); '**~·size 1.** Übergröße *f*; **2.** übergroß; '**~·skirts** *pl.* Stadtrand *m*, Außenbezirke *pl.*; **~'smart** → ***outwit***; **~'spo·ken** offen, freimütig; ⚠ *nicht* ***ausgesprochen***; **~'spread** ausgestreckt, -breitet; **~'stand·ing** hervorragend; ausstehend (*Schuld*); ungeklärt (*Frage*); unerledigt (*Arbeit*); **~'stay** länger bleiben als; → ***welcome*** 4; **~'stretched** ausgestreckt; **~'strip** (***-pp-***) überholen; *fig.* übertreffen; '**~·tray:** ***in the*** **~** im Post- *etc.* Ausgang (*von Briefen etc.*); **~'vote** überstimmen

out·ward ['aʊtwəd] **1.** äußere(r, -s); äußerlich; **2.** *adv. mst* ***~s*** auswärts, nach außen; '**~·ly** äußerlich

out|'weigh *fig.* überwiegen; **~'wit** (***-tt-***) überlisten, reinlegen; **~'worn** veraltet, überholt

o·val ['əʊvl] **1.** oval; **2.** Oval *n*

o·va·tion [əʊ'veɪʃn] Ovation *f*; ***give s.o. a standing ~*** j-m stehende Ovationen bereiten, j-m stehend Beifall klatschen

ov·en ['ʌvn] Back-, Bratofen *m*; **~-'read·y** bratfertig

o·ver ['əʊvə] **1.** *prp.* über; über (*acc.*), über (*acc.*) ... (hin)weg; über (*dat.*), auf der anderen Seite von (*od. gen.*); über (*acc.*), mehr als; **2.** *adv.* hinüber, herüber (***to*** zu); drüben; darüber, mehr; zu Ende, vorüber, vorbei; *allg.* über..., um...: *et.* über(*geben etc.*); über(*kochen etc.*); um(*fallen*, *-werfen etc.*); herum(*drehen etc.*); von Anfang bis Ende, durch(*lesen etc.*); (gründlich) über(*legen etc.*); (***all***) **~ *again*** noch einmal; ***all ~*** ganz vorbei; **~ *and ~*** (***again***) immer wieder; **~ *and above*** obendrein, überdies

o·ver|·act [əʊvər'ækt] *e-e Rolle* übertreiben; **~·age** [əʊvər'eɪdʒ] zu alt; **~·all 1.** [əʊvər'ɔːl] gesamt, Gesamt...; allgemein; insgesamt; **2.** ['əʊvərɔːl] *Brt.* Arbeitsmantel *m*, Kittel *m*; *Am.* Overall *m*, Arbeitsanzug *m*; ***~s*** *pl. Brt.* Overall *m*, Arbeitsanzug *m*; *Am.* Arbeitshose *f*; **~·awe** [əʊvər'ɔː] einschüchtern; **~'bal·ance** umstoßen, umkippen; das Gleichgewicht verlieren, umkippen; **~'bear·ing** anmaßend; '**~·board** *naut.* über Bord; **~'cast** bewölkt, bedeckt; **~'charge** überlasten, *electr. a.* überladen; *j-m* zu viel berechnen; *Betrag* zu viel verlangen; '**~·coat** Mantel *m*; **~'come** (***-came, -come***) überwinden, -wältigen; ***be ~ with emotion*** von s-n Gefühlen übermannt werden; **~'crowd·ed** überfüllt; überlaufen; **~'do** (***-did, -done***) übertreiben; zu lange kochen *od.* braten; ***overdone*** *a.* übergar; '**~·dose** Überdosis *f*; '**~·draft** *econ.* (Konto)Überziehung *f*; **~'draw** (***-drew, -drawn***) *econ. Konto* überziehen (***by*** um); **~'dress** (sich) zu vornehm anziehen; ***~ed*** *a.* overdressed; '**~·drive** *mot.* Overdrive *m*, Schongang *m*; **~'due** überfällig; **~·eat** [əʊvər'iːt] (***-ate, -eaten***) sich überessen; **~·es·ti·mate** [əʊvər'estɪmeɪt] zu hoch schätzen *od.* veranschlagen; *fig.* überschätzen; **~·ex·pose** *phot.* [əʊvərɪk'spəʊz] überbelichten; **~·flow 1.** [əʊvə'fləʊ] *v/t.* überfluten, -schwemmen; *v/i.* überlaufen, -fließen; überquellen (***with*** von); **2.** ['əʊvəfləʊ] *tech.* Überlauf *m*; Überlaufen *n*, -fließen *n*; **~'grown** überwachsen, -wuchert; übergroß; **~'hang** (***-hung***) *v/t.* über (*dat.*) hängen; *v/i.* überhängen; **~'haul** *Maschine* überholen; **~'head 1.** *adv.* (dr)oben; **2.** *adj.*

Hoch..., Ober...; *econ.* allgemein (*Unkosten*); *Sport*: Überkopf...; **~kick** *Fußball*: Fallrückzieher *m*; '**~·head(s** *pl. Brt.*) *Am. econ.* laufende (Geschäfts)Kosten *pl.*; **~'hear** (**-heard**) (zufällig) hören; ⚠ *nicht* **überhören**; **~'heat·ed** überhitzt, -heizt; *tech.* heißgelaufen; **~'joyed** überglücklich; '**~kill** *mil.* Overkill *m*; *fig.* Übermaß *n*, Zuviel *n* (**of** an *dat.*); **~'lap** (**-pp-**) (sich) überlappen; sich überschneiden; **~'leaf** umseitig, umstehend; **~'load** überlasten (*a. electr.*), -laden; **~'look** übersehen; **~ing the sea** mit Blick aufs Meer; **~'night 1.** über Nacht; **stay ~** über Nacht bleiben, übernachten; **2.** Nacht..., Übernachtungs...; **~ bag** Reisetasche *f*; '**~pass** *bsd. Am.* (Straßen-, Eisenbahn)Überführung *f*; **~'pay** (**-paid**) zu viel (be)zahlen; **~'pop·u·lat·ed** übervölkert; **~'pow·er** überwältigen; **~ing** *fig.* überwältigend; **~'rate** überbewerten, -schätzen; **~'reach: ~ o.s.** sich übernehmen; **~·re'act** überreagieren, überzogen reagieren (**to** auf *acc.*); **~·re'ac·tion** Überreaktion *f*, überzogene Reaktion; **~'ride** (**-rode, -ridden**) sich hinwegsetzen über (*acc.*); **~'rule** *Entscheidung etc.* aufheben, *Einspruch etc.* abweisen; **~'run** (**-nn-; -ran, -run**) länger dauern als vorgesehen; *Signal* überfahren; **be ~ with** wimmeln von; **~'seas 1.** *adj.* überseeisch, Übersee...; **2.** *adv.* in *od.* nach Übersee; **~'see** (**-saw, -seen**) beaufsichtigen, überwachen; '**~·seer** Aufseher(in); **~'shad·ow** *fig.* überschatten; *fig.* in den Schatten stellen; '**~·sight** Versehen *n*; **~'size(d)** übergroß, mit Übergröße; **~'sleep** (**-slept**) verschlafen; **~'staffed** (personell) überbesetzt; **~'state** übertreiben; **~'state·ment** Übertreibung *f*; **~'stay** länger bleiben als; → **welcome** 4; **~'step** *fig.* überschreiten; **~'take** (**-took, -taken**) überholen; *j-n* überraschen; **~'tax** zu hoch besteuern; *fig.* überbeanspruchen, -fordern; **~·throw 1.** [əʊvə'θrəʊ] (**-threw, -thrown**) *Regierung etc.* stürzen; **2.** ['əʊvəθrəʊ] (Um)Sturz *m*; '**~·time** *econ.* Überstunden *pl.*; *Am. Sport*: (Spiel)Verlängerung *f*; **be on ~, do ~, work ~** Überstunden machen

o·ver·ture *mus.* ['əʊvətjʊə] Ouvertüre *f*; Vorspiel *n*

o·ver|'turn umwerfen, umstoßen; *Regierung etc.* stürzen; umkippen, *naut.* kentern; '**~·view** *fig.* Überblick *m* (**of** über *acc.*); **~·weight 1.** ['əʊvəweɪt] Übergewicht *n*; **2.** [əʊvə'weɪt] übergewichtig (*Person*), zu schwer (**by** um) (*Sache*); **be five pounds ~** fünf Pfund Übergewicht haben; **~'whelm** überwältigen (*a. fig.*); **~'whelm·ing** überwältigend; **~'work** sich überarbeiten; überanstrengen; **~'wrought** überreizt

owe [əʊ] *j-m et.* schulden, schuldig sein; *et.* verdanken

ow·ing ['əʊɪŋ]: **~ to** infolge, wegen

owl *zo.* [aʊl] Eule *f*

own [əʊn] **1.** eigen; **my ~** mein Eigentum; (**all**) **on one's ~** allein; **2.** besitzen; zugeben, (ein)gestehen

own·er ['əʊnə] Eigentümer(in), Besitzer(in); **~-'oc·cu·pied** *bsd. Brt.* eigengenutzt; **~ flat** Eigentumswohnung *f*; '**~·ship** Besitz *m*; Eigentum(srecht) *n*

ox *zo.* [ɒks] (*pl.* **oxen** ['ɒksn]) Ochse *m*

ox·ide *chem.* ['ɒksaɪd] Oxid *n*;

ox·i·dize *chem.* ['ɒksɪdaɪz] oxidieren

ox·y·gen *chem.* ['ɒksɪdʒən] Sauerstoff *m*

oy·ster *zo.* ['ɔɪstə] Auster *f*

oz *nur geschr. Abk. für* **ounce(s** *pl.*) Unze(n *pl.*) *f* (*28,35 g*)

o·zone *chem.* ['əʊzəʊn] Ozon *n*; '**~-friend·ly** ozonfreundlich, ohne Treibgas; '**~ hole** Ozonloch *n*; '**~ layer** Ozonschicht *f*; '**~ lev·els** *pl.* Ozonwerte *pl.*; '**~ shield** Ozonschild *m*

O

P

P, p [piː] P, p *n*
p[1] *Brt.* F [piː] *Abk. für* **penny, pence** (*Währungseinheit*)
p[2] (*pl.* **pp**) *nur geschr. Abk. für* **page** S., Seite *f*
pace [peɪs] **1.** Tempo *n*, Geschwindigkeit *f*; Schritt *m*; Gangart *f* (*e-s Pferdes*); **2.** *v/t. Zimmer etc.* durchschreiten; *a.* ~ **out** abschreiten; *v/i.* (einher)schreiten; ~ ***up and down*** auf u. ab gehen; **'~·mak·er** *Sport*: Schrittmacher(in); *med.* Herzschrittmacher *m*; **'~·set·ter** *Am. Sport*: Schrittmacher(in)
Pa·cif·ic [pə'sɪfɪk] *a.* ~ ***Ocean*** *der* Pazifik, *der* Pazifische *od.* Stille Ozean
pac·i|·fi·er *Am.* ['pæsɪfaɪə] Schnuller *m*; **~·fist** ['pæsɪfɪst] Pazifist(in); **~·fy** ['pæsɪfaɪ] beruhigen, besänftigen
pack [pæk] **1.** Pack(en) *m*, Paket *n* (*Pakkung*), Bündel *n*; *Am.* Packung *f*, Schachtel *f* (*Zigaretten*); Meute *f* (*Hunde*); Rudel *n* (*Wölfe*); Pack *n*, Bande *f*; *med.*, *Kosmetik*: Packung *f*; (Karten)Spiel *n*; ***a*** ~ ***of lies*** ein Haufen Lügen; **2.** *v/t.* ein-, zusammen-, ab-, verpacken (*a.* ~ ***up***); zusammenpferchen; vollstopfen; *Koffer etc.* packen; ~ ***off*** F fort-, wegschicken; *v/i.* packen; (sich) drängen (***into*** in *acc.*); ~ ***up*** zusammenpacken; ***send s.o.*** **~*ing*** j-n fort- *od.* wegjagen
pack·age ['pækɪdʒ] Paket *n*; Packung *f*; ***software*** ~ *Computer*: Software-, Programmpaket *n*; **'~ deal** F Pauschalangebot *n*, -arrangement *n*; **'~ hol·i·day** Pauschalurlaub *m*; **'~ tour** Pauschalreise *f*
'pack·er Packer(in); *Am.* Konservenhersteller *m*
pack·et ['pækɪt] Päckchen *n*; Packung *f*, Schachtel *f* (*Zigaretten*); ⚠ *nicht* ***Paket***
'pack·ing Packen *n*; Verpackung *f*
pact [pækt] Pakt *m*, *pol. a.* Vertrag *m*
pad [pæd] **1.** Polster *n*; *Sport*: (*Bein-*, *Knie*)Schützer *m*; (*Schreib- etc.*)Block *m*; (*Stempel*)Kissen *n*; *zo.* Ballen *m*; (*Abschuß*)Rampe *f*; **2.** (**-dd-**) (aus)polstern, wattieren; **'~·ding** Polsterung *f*, Wattierung *f*
pad·dle ['pædl] **1.** Paddel *n*; *naut.* (Rad)Schaufel *f*; **2.** paddeln; plan(t)schen; **'~ wheel** *naut.* Schaufelrad *n*
pad·dock ['pædək] (Pferde)Koppel *f*
pad·lock ['pædlɒk] Vorhängeschloss *n*
pa·gan ['peɪgən] **1.** Heid|e *m*, -in *f*; **2.** heidnisch
page[1] [peɪdʒ] **1.** Seite *f*; **2.** paginieren
page[2] [peɪdʒ] **1.** (Hotel)Page *m*; **2.** *j-n* ausrufen (lassen)
pag·eant ['pædʒənt] (*a.* historischer) Festzug
pa·gin·ate ['pædʒɪneɪt] paginieren
paid [peɪd] *pret. u. p.p. von* ***pay*** 1
pail [peɪl] Eimer *m*, Kübel *m*
pain [peɪn] **1.** Schmerz(en *pl.*) *m*; Kummer *m*; **~*s*** *pl.* Mühe *f*, Bemühungen *pl.*; ***be in*** (***great***) ~ (große) Schmerzen haben; ***be a*** ~ (***in the neck***) F e-m auf den Wecker gehen; ***take*** **~*s*** sich Mühe geben; **2.** *bsd. fig.* schmerzen; **'~·ful** schmerzend, schmerzhaft; *fig.* schmerzlich; peinlich; **'~·kill·er** Schmerzmittel *n*; **'~·less** schmerzlos; **~s·tak·ing** ['peɪnzteɪkɪŋ] sorgfältig, gewissenhaft
paint [peɪnt] **1.** Farbe *f*; Anstrich *m*; **2.** (an-, be)malen; (an)streichen; *Auto etc.* lackieren; **'~·box** Malkasten *m*; **'~·brush** (Maler)Pinsel *m*; **'~·er** (*a.* Kunst)Maler(in), Anstreicher(in); **'~·ing** Malerei *f*; Gemälde *n*, Bild *n*
pair [peə] **1.** Paar *n*; ***a*** ~ ***of ...*** ein Paar ..., ein(e) ...; ***a*** ~ ***of scissors*** e-e Schere; **2.** *v/i. zo.* sich paaren; *a.* ~ ***off***, ~ ***up*** Paare bilden; *v/t. a.* ~ ***off***, ~ ***up*** paarweise anordnen; ~ ***off*** *zwei Leute* zusammenbringen, verkuppeln
pa·ja·ma(s) *Am.* [pə'dʒɑːmə(z)] → ***pyjama(s)***
pal [pæl] Kumpel *m*, Kamerad *m*
pal·ace ['pælɪs] Palast *m*, Schloss *n*
pal·a·ta·ble ['pælətəbl] schmackhaft (*a. fig.*)
pal·ate ['pælɪt] *anat.* Gaumen *m*; *fig.* Geschmack *m*
pale[1] [peɪl] **1.** (**~*r***, **~*st***) blass, bleich; hell, blass (*Farbe*); **2.** blass *od.* bleich werden
pale[2] [peɪl] Pfahl *m*; *fig.* Grenzen *pl.*
'pale·ness Blässe *f*

Pal·e·stin·i·an [pælə'stɪnɪən] **1.** palästinensisch; **2.** Palästinenser(in)
pal·ings ['peɪlɪŋz] *pl.* Pfahl- *od.* Lattenzaun *m*
pal·i·sade [pælɪ'seɪd] Palisade *f*; **~s** *pl. Am.* Steilufer *n*
pal·let *tech.* ['pælɪt] Palette *f*
pal|·lid ['pælɪd] blass; '**~·lor** Blässe *f*
palm¹ *bot.* [pɑːm] *a.* ~ **tree** Palme *f*
palm² [pɑːm] **1.** Handfläche *f*; **2.** *et.* in der Hand verschwinden lassen *od.* verbergen (*Zauberkünstler*); ~ ***s.th. off on s.o.*** j-m et. andrehen
pal·pa·ble ['pælpəbl] fühl-, greifbar
pal·pi|·tate *med.* ['pælpɪteɪt] klopfen, pochen (*Herz*); **~·ta·tions** *pl. med.* [pælpɪ'teɪʃnz] Herzklopfen *n*
pal·sy *med.* ['pɔːlzɪ] Lähmung *f*
pal·try ['pɔːltrɪ] (***-ier, -iest***) armselig
pam·per ['pæmpə] verwöhnen, *Kind a.* verhätscheln
pam·phlet ['pæmflɪt] Broschüre *f*
pan [pæn] Pfanne *f*; Topf *m*
pan·a·ce·a [pænə'sɪə] Allheilmittel *n*
pan·cake ['pæŋkeɪk] Pfannkuchen *m*
pan·da *zo.* ['pændə] Panda *m*; '**~ car** *Brt.* (Funk)Streifenwagen *m*
pan·de·mo·ni·um [pændɪ'məʊnjəm] Hölle(nlärm *m*) *f*, Tumult *m*, Chaos *n*
pan·der ['pændə] Vorschub leisten (***to*** *dat.*)
pane [peɪn] (*Fenster*)Scheibe *f*
pan·el ['pænl] **1.** (*Tür*)Füllung *f*, (*Wand*)Täfelung *f*; *electr.*, *tech.* Instrumentenbrett *n*, (*Schalt-*, *Kontroll- etc.*-) Tafel *f*; *jur.* Liste *f* der Geschworenen; Diskussionsteilnehmer *pl.*, -runde *f*; Rateteam *n*; **2.** (*bsd. Brt.* ***-ll-***, *Am.* ***-l-***) täfeln
pang [pæŋ] stechender Schmerz; **~s** *pl.* ***of hunger*** nagender Hunger; **~s** *pl.* ***of conscience*** Gewissensbisse *pl.*
'**pan·han·dle 1.** Pfannenstiel *m*; *Am.* schmaler Fortsatz (*e-s Staatsgebiets*); **2.** *Am.* F betteln
pan·ic ['pænɪk] **1.** panisch; **2.** Panik *f*; **3.** (***-ck-***) in Panik versetzen *od.* geraten
pan·sy *bot.* ['pænzɪ] Stiefmütterchen *n*
pant [pænt] keuchen, nach Luft schnappen
pan·ther *zo.* ['pænθə] (*pl.* ***-thers, -ther***) Panter *m*; *Am.* Puma *m*; *Am.* Jaguar *m*
pan·ties ['pæntɪz] *pl.* (Damen)Schlüpfer *m*, Slip *m*; Höschen *n* (*für Kinder*)
pan·to·mime ['pæntəmaɪm] *Brt.* F Weihnachtsspiel *n* (*für Kinder*); *thea.* Pantomime *f*
pan·try ['pæntrɪ] Speisekammer *f*
pants [pænts] *pl. Brt.* Unterhose *f*; *Brt.* Schlüpfer *m*; *bsd. Am.* Hose *f*
'**pant·suit** *Am.* Hosenanzug *m*
pan·ty| hose *bsd. Am.* ['pæntɪhəʊz] Strumpfhose *f*; '**~·lin·er** Slipeinlage *f*
pap [pæp] Brei *m*; ⚠ *nicht* ***Pappe***
pa·pal ['peɪpl] päpstlich
pa·per ['peɪpə] **1.** Papier *n*; Zeitung *f*; (Prüfungs)Arbeit *f*; *univ.* Klausur(arbeit) *f*; Aufsatz *m*; Referat *n*; Tapete *f*; **~s** *pl.* (Ausweis)Papiere *pl.*; **2.** tapezieren; '**~·back** Taschenbuch *n*, Paperback *n*; '**~ bag** (Papier)Tüte *f*; '**~·boy** Zeitungsjunge *m*; '**~ clip** Büro-, Heftklammer *f*; '**~ cup** Pappbecher *m*; '**~ girl** Zeitungsausträgerin *f*; '**~·hang·er** Tapezierer *m*; '**~ knife** (*pl.* ***-knives***) *Brt.* Brieföffner *m*; '**~ mon·ey** Papiergeld *n*; '**~·weight** Briefbeschwerer *m*
par [pɑː] *econ.* Nennwert *m*, Pari *n*; ***at*** ~ zum Nennwert; ***be on a*** ~ ***with*** gleich *od.* ebenbürtig sein (*dat.*)
par·a·ble ['pærəbl] Parabel *f*, Gleichnis *n*
par·a|·chute ['pærəʃuːt] Fallschirm *m*; '**~·chut·ist** Fallschirmspringer(in)
pa·rade [pə'reɪd] **1.** Umzug *m*, *bsd. mil.* Parade *f*; *fig.* Zurschaustellung *f*; ***make a*** ~ ***of*** *fig.* zur Schau stellen; **2.** ziehen (***through*** durch); *mil.* antreten (lassen); *mil.* vorbeimarschieren (lassen); zur Schau stellen; ~ (***through***) stolzieren durch
par·a·dise ['pærədaɪs] Paradies *n*
par·a·glid|·er ['pærəglaɪdə] Gleitschirm *m*; Gleitschirmflieger(in); '**~·ing** Gleitschirmfliegen *n*
par·a·gon ['pærəgən] Muster *n* (***of*** an *dat.*)
par·a·graph ['pærəgrɑːf] Absatz *m*, Abschnitt *m*; (Zeitungs)Notiz *f*; ⚠ *nicht jur.* ***Paragraf***
par·al·lel ['pærəlel] **1.** parallel (***to, with*** zu) ; **2.** *math.* Parallele *f* (*a. fig.*); ***without*** ~ ohne Parallele, ohnegleichen; **3.** (***-l-***, *Brt. a.* ***-ll-***) entsprechen (*dat.*), gleichkommen (*dat.*)
par·a·lyse *Brt.*, **par·a·lyze** *Am.* ['pærəlaɪz] *med.* lähmen, *fig. a.* lahm le-

P

gen, zum Erliegen bringen; **~d with** *fig.* starr *od.* wie gelähmt vor (*dat.*);

pa·ral·y·sis [pə'rælɪsɪs] (*pl.* **-ses** [-siːz]) *med.* Lähmung *f*, *fig. a.* Lahmlegung *f*

par·a·mount ['pærəmaʊnt] größte(r, -s), übergeordnet; ***of ~ importance*** von (aller)größter Bedeutung *od.* Wichtigkeit

par·a·pet ['pærəpɪt] Brüstung *f*

par·a·pher·na·li·a [pærəfə'neɪljə] *pl.* (persönliche) Sachen *pl.*; Ausrüstung *f*; *bsd. Brt.* F Scherereien *pl.*

par·a·site ['pærəsaɪt] Parasit *m*, Schmarotzer *m*

par·a·troop|·er *mil.* ['pærətruːpə] Fallschirmjäger *m*; **'~s** *pl. mil.* Fallschirmjägertruppe *f*

par·boil ['pɑːbɔɪl] halb gar kochen, ankochen

par·cel ['pɑːsl] **1.** Paket *n*; Parzelle *f*; **2.** (*bsd. Brt.* **-ll-**, *Am.* **-l-**): ***~ out*** aufteilen; ***~ up*** (als Paket) verpacken

parch [pɑːtʃ] ausdörren, -trocknen; vertrocknen

parch·ment ['pɑːtʃmənt] Pergament *n*

par·don ['pɑːdn] **1.** *jur.* Begnadigung *f*; ***I beg your ~*** Entschuldigung!, Verzeihung!; erlauben Sie mal!, ich muss doch sehr bitten!; *a.* ***~?*** F (wie) bitte?; **2.** verzeihen; vergeben; *jur.* begnadigen; ***~ me → I beg your pardon***; *Am.* F (wie) bitte?; **'~·a·ble** verzeihlich

pare [peə] sich *die Nägel* schneiden; *Apfel etc.* schälen

par·ent ['peərənt] Elternteil *m*, Vater *m*, Mutter *f*; **~s** *pl.* Eltern *pl.*; **~·age** ['peərəntɪdʒ] Abstammung *f*, Herkunft *f*; **pa·ren·tal** [pə'rentl] elterlich

pa·ren·the·ses [pə'renθɪsiːz] *pl.* (runde) Klammer

'par·ents-in-law *pl.* Schwiegereltern *pl.*

par·ent-'teach·er meet·ing *Schule*: Elternabend *m*

par·ings ['peərɪŋz] *pl.* Schalen *pl.*

par·ish ['pærɪʃ] Gemeinde *f*; **pa·rish·io·ner** *rel.* [pə'rɪʃənə] Gemeindemitglied *n*

park [pɑːk] **1.** Park *m*, (Grün)Anlage(n *pl.*) *f*; **2.** *mot.* parken

par·ka ['pɑːkə] Parka *m*, *f*

'park·ing *mot.* Parken *n*; ***no ~*** Parkverbot, Parken verboten; **'~ disc** Parkscheibe *f*; **'~ fee** Parkgebühr *f*; **'~ garage** *Am.* Park(hoch)haus *n*; **'~ lot** *Am.* Parkplatz *m*; **'~ me·ter** Parkuhr *f*; **'~ space** Parkplatz *m*, -lücke *f*; **'~ tick·et** Strafzettel *m* (*wegen Falschparkens*)

par·ley *bsd. mil.* ['pɑːlɪ] Verhandlung *f*

par·lia|·ment ['pɑːləmənt] Parlament *n*; **~·men·tar·i·an** [pɑːləmen'teərɪən] Parlamentarier(in); **~·men·ta·ry** [pɑːlə'mentərɪ] parlamentarisch, Parlaments...

par·lo(u)r ['pɑːlə] *mst in Zssgn*: ***beauty ~*** Schönheitssalon *m*

pa·ro·chi·al [pə'rəʊkjəl] Pfarr..., Gemeinde...; *fig.* engstirnig, beschränkt

pa·role *jur.* [pə'rəʊl] **1.** Hafturlaub *m*; bedingte Haftentlassung; ***he is out on ~*** er hat Hafturlaub; er wurde bedingt entlassen; **2.** ***~ s.o.*** j-m Hafturlaub gewähren; j-n bedingt entlassen

par·quet ['pɑːkeɪ] Parkett *n*; *Am. thea.* Parkett *n*; **'~ floor** Parkett(fuß)boden *m*

par·rot ['pærət] **1.** *zo.* Papagei *m* (*a. fig.*); **2.** *et.* (wie ein Papagei) nachplappern

par·ry ['pærɪ] abwehren, parieren

par·si·mo·ni·ous [pɑːsɪ'məʊnjəs] geizig

pars·ley *bot.* ['pɑːslɪ] Petersilie *f*

par·son ['pɑːsn] Pfarrer *m*; **~·age** ['pɑːsnɪdʒ] Pfarrhaus *n*

part [pɑːt] **1.** Teil *m*; *tech.* (Bau-, Ersatz)Teil *n*; Anteil *m*; Seite *f*, Partei *f*; *thea.*, *fig.* Rolle *f*; *mus.* Stimme *f*, Partie *f*; Gegend *f*, Teil *m* (*e-s Landes etc.*); *Am.* (Haar)Scheitel *m*; ***for my ~*** was mich betrifft; ***for the most ~*** größtenteils; meistens; ***in ~*** teilweise, zum Teil; ***on the ~ of*** von Seiten, seitens (*gen.*); ***on my ~*** von m-r Seite; ***take ~ in s.th.*** an e-r Sache teilnehmen; ***take s.th. in good ~*** et. nicht übel nehmen; **2.** *v/t.* trennen; (ab-, ein-, zer)teilen; *Haar* scheiteln; ***~ company*** sich trennen (***with*** von); *v/i.* sich trennen (***with*** von); **3.** *adj.* Teil...; **4.** *adv.*: **~ ..., ~** teils ..., teils

par|·tial ['pɑːʃl] Teil..., teilweise; parteiisch, voreingenommen (***to*** für); **~·ti·al·i·ty** [pɑːʃɪ'ælətɪ] Parteilichkeit *f*, Voreingenommenheit *f*; Schwäche *f*, besondere Vorliebe (***for*** für); **~·tial·ly** ['pɑːʃəlɪ] teilweise, zum Teil

par·tic·i|·pant [pɑː'tɪsɪpənt] Teilnehmer(in); **~·pate** [pɑː'tɪsɪpeɪt] teilnehmen, sich beteiligen (**in** an *dat.*); **~·pa·tion** [pɑːtɪsɪ'peɪʃn] Teilnahme *f*, Beteiligung *f*

par·ti·ci·ple *gr.* ['pɑːtɪsɪpl] Partizip *n*, Mittelwort *n*

par·ti·cle ['pɑːtɪkl] Teilchen *n*

par·tic·u·lar [pə'tɪkjʊlə] **1.** besondere(r, -s), speziell; genau, eigen, wählerisch; **2.** Einzelheit *f*; **~s** *pl.* nähere Umstände *pl. od.* Angaben *pl.*; Personalien *pl.*; **in ~** insbesondere; **~·ly** besonders

'part·ing 1. Trennung *f*, Abschied *m*; *bsd. Brt.* (Haar)Scheitel *m*; **2.** Abschieds...

par·ti·san [pɑːtɪ'zæn] **1.** Parteigänger(in); *mil.* Partisan(in); **2.** parteiisch

par·ti·tion [pɑː'tɪʃn] **1.** Teilung *f*; Trennwand *f*; **2. ~ off** abteilen, abtrennen

'part·ly teilweise, zum Teil

part·ner ['pɑːtnə] Partner(in), *econ a.* Teilhaber(in); **'~·ship** Partner-, Teilhaberschaft *f*

part-'own·er Miteigentümer(in)

par·tridge *zo.* ['pɑːtrɪdʒ] Rebhuhn *n*

part|-'time 1. *adj.* Teilzeit..., Halbtags...; **~ worker → part-timer**; **2.** *adv.* halbtags; **~-'tim·er** Teilzeitbeschäftigte(r *m*) *f*, Halbtagskraft *f*

par·ty ['pɑːtɪ] Partei *f* (*a. pol.*); (*Arbeits-, Reise*)Gruppe *f*; (*Rettungs- etc.*)Mannschaft *f*; *mil.* Kommando *n*, Trupp *m*; Party *f*, Gesellschaft *f*; Teilnehmer(in), Beteiligte(r *m*) *f*; ⚠ *nicht* **Partie**; **'~ line** *pol.* Parteilinie *f*; **~ 'pol·i·tics** *sg. od. pl.* Parteipolitik *f*

pass [pɑːs] **1.** *v/i.* vorbeigehen, -fahren, -kommen, -ziehen *etc.* (**by** an *dat.*); übergehen (**to** auf *acc.*), fallen (**to** an *acc.*); vergehen (*Schmerz etc., Zeit*); durchkommen, (die Prüfung) bestehen; gelten (**as, for** als), gehalten *od.* angesehen werden (**as, for** für); *parl.* Rechtskraft erlangen (*Gesetz*); durchgehen, unbeanstandet bleiben; *Sport*: (den Ball) abspielen *od.* passen (**to** zu); *Karten*: passen (*a. fig.*); **let s.o. ~** j-n vorbeilassen; **let s.th. ~** et. durchgehen lassen; ⚠ *nicht* **passen** (*Kleidung etc.*); *v/t.* vorbeigehen, -fahren, -fließen, -kommen, -ziehen *etc.* an (*dat.*); überholen; *Prüfung* bestehen; *Prüfling* durchkommen lassen; (*mit der Hand*) streichen (**over** über *acc.*); *j-m et.* reichen, geben, *et.* weitergeben; *Sport*: *Ball* abspielen, passen (**to** zu); *Zeit* ver-, zubringen; *parl. Gesetz* verabschieden; *Urteil* abgeben, fällen, *jur. a.* sprechen (**on** über *acc.*); *fig.* hinausgehen über (*acc.*), übersteigen, -treffen; **~ away** sterben; **~ off** *j-n, et.* ausgeben (**as** als); *gut etc.* verlaufen; **~ out** ohnmächtig werden; **2.** Passierschein *m*; ⚠ *nicht* (**Reise**)**Pass**; Bestehen *n* (*e-r Prüfung*); *Sport*: Pass *m*, Zuspiel *n*; (*Gebirgs*)Pass *m*; **free ~** Frei(fahr)karte *f*; **things have come to such a ~ that** F die Dinge haben sich derart zugespitzt, dass; **make a ~ at** F Annäherungsversuche machen bei; **'~·a·ble** passierbar, befahrbar; passabel, leidlich

pas·sage ['pæsɪdʒ] Passage *f*, Korridor *m*, Gang *m*; Durchgang *m*; (See-, Flug)Reise *f*; Durchfahrt *f*, -reise *f*; Passage *f* (*a. mus.*), Stelle *f* (*e-s Textes*); **bird of ~** Zugvogel *m*

'pass·book *bsd. Am.* Sparbuch *n*

pas·sen·ger ['pæsɪndʒə] Passagier *m*, Fahr-, Fluggast *m*, Reisende(r *m*) *f*, (*Auto- etc.*)Insass|e *m*, -in *f*

pass·er-by [pɑːsə'baɪ] (*pl.* **passersby**) Passant(in)

pas·sion ['pæʃn] Leidenschaft *f*; Wut *f*, Zorn *m*; ♀ *rel.* Passion *f*; **~s ran high** die Erregung schlug hohe Wellen; **~·ate** ['pæʃənət] leidenschaftlich

pas·sive ['pæsɪv] passiv; *gr.* passivisch

pass·port ['pɑːspɔːt] (Reise)Pass *m*

pass·word ['pɑːswɜːd] Kennwort *n*, Parole *f*

past [pɑːst] **1.** *adj.* vergangen, *pred.* vorüber; frühere(r, -s); **for some time ~** seit einiger Zeit; **~ tense** *gr.* Vergangenheit *f*, Präteritum *n*; **2.** *adv.* vorbei, vorüber; **go ~** vorbeigehen; **3.** *prp. Zeit*: nach, über (*acc.*); über ... (*acc.*) hinaus; an ... (*dat.*) vorbei; **half ~ two** halb drei; **~ hope** hoffnungslos; **4.** Vergangenheit *f* (*a. gr.*)

pas·ta ['pæstə] Teigwaren *pl.*

paste [peɪst] **1.** Paste *f*; Kleister *m*; Teig *m*; **2.** kleben (**to, on** an *acc.*); **~ up** ankleben; **'~·board** Karton *m*, Pappe *f*

pas·tel [pæ'stel] Pastell(zeichnung *f*) *n*

pas·teur·ize ['pɑːstʃəraɪz] pasteurisieren, keimfrei machen

P

pas·time ['pɑːstaɪm] Zeitvertreib *m*, Freizeitbeschäftigung *f*

pas·tor ['pɑːstə] Pastor *m*, Pfarrer *m*; **~·al** *rel.* ['pɑːstərəl] seelsorgerisch, pastoral

pas·try ['peɪstrɪ] (*Blätter-*, *Mürbe*)Teig *m*; Feingebäck *n*; **'~ cook** Konditor *m*

pas·ture ['pɑːstʃə] **1.** Weide(land *n*) *f*; **2.** *v/t.* weiden (lassen); *v/i.* grasen, weiden

pas·ty^1 *bsd. Brt.* ['pæstɪ] (Fleisch)Pastete *f*

past·y^2 ['peɪstɪ] blass, käsig (*Gesicht*)

pat [pæt] **1.** Klaps *m*; Portion *f* (*bsd. Butter*); **2.** (**-tt-**) tätscheln; klopfen

patch [pætʃ] **1.** Fleck *m*; Flicken *m*; kleines Stück Land; ***in ~es*** stellenweise; **2.** flicken; **'~·work** Patchwork *n*

pa·tent ['peɪtənt] **1.** offenkundig; patentiert; Patent...; **2.** Patent *n*; **3.** *et.* patentieren lassen; **~·ee** [peɪtən'tiː] Patentinhaber(in); **~ 'leath·er** Lackleder *n*

pa·ter|·nal [pə'tɜːnl] väterlich(erseits); **~·ni·ty** [pə'tɜːnətɪ] Vaterschaft *f*

path [pɑːθ] (*pl.* ***paths*** [pɑːðz]) Pfad *m*; Weg *m*

pa·thet·ic [pə'θetɪk] (***~ally***) Mitleid erregend; kläglich (*Versuch etc.*), miserabel; ⚠ *nicht* ***pathetisch***

pa·thos ['peɪθɒs] *das* Mitleid Erregende; ⚠ *nicht* ***Pathos***

pa·tience ['peɪʃns] Geduld *f*; *bsd. Brt. Kartenspiel*: Patience *f*

pa·tient^1 ['peɪʃnt] geduldig

pa·tient^2 ['peɪʃnt] Patient(in)

pat·i·o ['pætɪəʊ] (*pl.* **-os**) Terrasse *f*; Innenhof *m*, Patio *m*

pat·ri·ot ['pætrɪət] Patriot(in); **~·ic** [pætrɪ'ɒtɪk] (***~ally***) patriotisch

pa·trol [pə'trəʊl] **1.** Patrouille *f*, Streife *f*, Runde *f*; *mil.* Patrouille *f*, (*Polizei*)Streife *f*; ***on ~*** auf Patrouille, auf Streife; **2.** (**-ll-**) abpatrouillieren, auf Streife sein in (*dat.*), s-e Runde machen in (*dat.*); **~ car** (Funk)Streifenwagen *m*; **~·man** (*pl.* **-men**) *bsd. Am.* Streifenpolizist *m*; *Brt.* motorisierter Pannenhelfer

pa·tron ['peɪtrən] Schirmherr *m*; Gönner *m*, Förderer *m*; (Stamm)Kunde *m*; Stammgast *m*; ⚠ *nicht* ***Patrone***; **pat·ron·age** ['pætrənɪdʒ] Schirmherrschaft *f*; Förderung *f*; **pat·ron·ess** ['peɪtrənɪs] Schirmherrin *f*; Gönnerin *f*, Förderin *f*; **pat·ron·ize** ['pætrənaɪz] fördern; (Stamm)Kunde *od.* Stammgast sein bei *od.* in (*dat.*); gönnerhaft *od.* herablassend behandeln; **~ saint** *rel.* [peɪtrən 'seɪnt] Schutzheilige(r *m*) *f*

pat·ter ['pætə] prasseln (*Regen*); trappeln (*Füße*)

pat·tern ['pætən] **1.** Muster *n* (*a. fig.*); **2.** bilden, formen (***after***, ***on*** nach)

paunch ['pɔːnʃ] (dicker) Bauch

pau·per ['pɔːpə] Arme(r *m*) *f*

pause [pɔːz] **1.** Pause *f*; ⚠ *nicht thea.*, *Schule*: ***Pause***; **2.** innehalten, e-e Pause machen

pave [peɪv] pflastern; ***~ the way for*** *fig.* den Weg ebnen für; **'~·ment** *Brt.* Bürger-, Gehsteig *m*; *Am.* Fahrbahn *f*

paw [pɔː] **1.** Pfote *f*, Tatze *f*; **2.** *v/t. Boden* scharren; scharren an (*der Tür etc.*); F betatschen; *v/i.* scharren (***at*** an *dat.*)

pawn^1 [pɔːn] *Schach*: Bauer *m*; *fig.* Schachfigur *f*

pawn^2 [pɔːn] **1.** verpfänden, -setzen; **2.** ***be in ~*** verpfändet *od.* versetzt sein; **'~·bro·ker** Pfandleiher *m*; **'~·shop** Leih-, Pfandhaus *n*

pay [peɪ] **1.** (***paid***) *v/t. et.* (be)zahlen; *j-n* bezahlen; *Aufmerksamkeit* schenken; *Besuch* abstatten; *Kompliment* machen; ***~ attention*** Acht geben auf (*acc.*); ***~ cash*** bar bezahlen; *v/i.* zahlen; *fig.* sich lohnen; ***~ for*** (*fig.* für) *et.* bezahlen; ***~ in*** einzahlen; ***~ into*** einzahlen auf (*ein Konto*); ***~ off*** *et.* ab(be)zahlen; *j-n* auszahlen; **2.** Bezahlung *f*, Gehalt *n*, Lohn *m*; **'~·a·ble** zahlbar, fällig; **'~·day** Zahltag *m*; **~·ee** [peɪ'iː] Zahlungsempfänger(in); **'~ en·ve·lope** *Am.* Lohntüte *f*; **'~·ing** lohnend; **~·ing 'guest** zahlender Gast; **'~·ment** (Be)Zahlung *f*; **'~ pack·et** *Brt.* Lohntüte *f*; **'~ phone** *Brt.* Münzfernsprecher *m*; **'~·roll** Lohnliste *f*; **'~·slip** Lohn-, Gehaltsstreifen *m*

PC [piː 'siː] *Abk. für* ***personal computer*** PC *m*, Personalcomputer *m*; ***~ user*** PC-Benutzer *m*

P.C., PC *Brt.* [piː 'siː] *Abk. für* ***police constable*** Polizist *m*, Wachtmeister *m*

pd *nur geschr. Abk. für* ***paid*** bez., bezahlt

pea *bot.* [piː] Erbse *f*

peace [piːs] Friede(n) *m*; *jur.* öffentliche Ruhe u. Ordnung; Ruhe *f*; ***at ~*** in Frieden; **'~·a·ble** friedlich, *Person a.* friedfertig; **'~·ful** friedlich; **'~·lov·ing**

friedliebend; '**~ move·ment** Friedensbewegung *f*; '**~·time** Friedenszeiten *pl.*
peach *bot.* [piːtʃ] Pfirsich(baum) *m*
pea|·cock *zo.* ['piːkɒk] Pfau(hahn) *m*; '**~·hen** *zo.* Pfauhenne *f*
peak [piːk] Spitze *f*, (*e-s Berges a.*) Gipfel *m*; Schirm *m* (*e-r Mütze*); *fig.* Höhepunkt *m*, Höchststand *m*; **~ed cap** [piːkt 'kæp] Schirmmütze *f*; '**~ hours** *pl.* Hauptverkehrs-, Stoßzeit *f*; *electr.* Hauptbelastungszeit *f*; '**~ time** *a.* ***peak viewing hours*** *pl. Brt. TV* Haupteinschaltzeit *f*, -sendezeit *f*, beste Sendezeit
peal [piːl] **1.** (*Glocken*)Läuten *n*; (*Donner*)Schlag *m*; ***~s of laughter*** schallendes Gelächter; **2.** *a.* ***~ out*** läuten; krachen (*Donner*)
pea·nut ['piːnʌt] *bot.* Erdnuss *f*; **~s** *pl.* F lächerliche Summe
pear *bot.* [peə] Birne *f*; Birnbaum *m*
pearl [pɜːl] Perle *f*; Perlmutter *f*, Perlmutt *n*; Perlen...; '**~·y** (***-ier, -iest***) perlenartig, Perlen...
peas·ant ['peznt] Kleinbauer *m*
peat [piːt] Torf *m*
peb·ble ['pebl] Kiesel(stein) *m*
peck [pek] picken, hacken; ***~ at one's food*** im Essen herumstochern
pe·cu·li·ar [pɪ'kjuːljə] eigen(tümlich), typisch; eigenartig, seltsam; **~·i·ty** [pɪkjuːlɪ'ærətɪ] Eigenheit *f*; Eigentümlichkeit *f*
pe·cu·ni·a·ry [pɪ'kjuːnjərɪ] Geld...
ped·a·gog·ic [pedə'gɒdʒɪk] pädagogisch
ped·al ['pedl] **1.** Pedal *n*; **2.** (*bsd. Brt.* ***-ll-***, *Am.* ***-l-***) das Pedal treten; (mit dem Rad) fahren, strampeln
pe·dan·tic [pɪ'dæntɪk] (***~ally***) pedantisch
ped·dle ['pedl] hausieren (gehen) mit; ***~ drugs*** mit Drogen handeln; '**~r** *Am.* → ***pedlar***
ped·es·tal ['pedɪstl] Sockel *m* (*a. fig.*)
pe·des·tri·an [pɪ'destrɪən] **1.** Fußgänger(in); **2.** Fußgänger...; **~ 'cross·ing** Fußgängerübergang *m*; **~ 'mall** *Am.*, **~ 'pre·cinct** *bsd. Brt.* Fußgängerzone *f*
ped·i·cure ['pedɪkjʊə] Pediküre *f*
ped·i·gree ['pedɪgriː] Stammbaum *m*
ped·lar ['pedlə] Hausierer(in)
pee F [piː] **1.** pinkeln; **2.** ***have*** (*od.* ***go for***) ***a ~*** pinkeln (gehen)
peek [piːk] **1.** kurz *od.* verstohlen gucken (***at*** auf *acc.*); **2.** ***have*** *od.* ***take a ~ at*** e-n kurzen *od.* verstohlenen Blick werfen auf (*acc.*)
peel [piːl] **1.** *v/t.* schälen; *a.* ***~ off*** abschälen, *Folie, Tapete etc.* abziehen, ablösen; *Kleid* abstreifen; *v/i. a.* ***~ off*** sich lösen (*Tapete etc.*), abblättern (*Farbe etc.*), sich schälen (*Haut*); **2.** Schale *f*
peep[1] [piːp] **1.** kurz *od.* verstohlen gucken (***at*** auf *acc.*); *mst* ***~ out*** (her)vorschauen; **2.** ***take a ~ at*** e-n kurzen *od.* verstohlenen Blick werfen auf (*acc.*)
peep[2] [piːp] **1.** Piep(s)en *n*; F Piepser *m* (*Ton*); **2.** piep(s)en
'**peep·hole** Guckloch *n*; (Tür)Spion *m*
peer [pɪə] angestrengt schauen, spähen; ***~ at s.o.*** j-n anstarren; '**~·less** unvergleichlich, einzigartig
peev·ish ['piːvɪʃ] verdrießlich, gereizt
peg [peg] **1.** (Holz)Stift *m*, Zapfen *m*, Pflock *m*; (Kleider)Haken *m*; *Brt.* (*Wäsche*)Klammer *f*; (*Zelt*)Hering *m*; ***take s.o. down a ~*** (***or two***) F j-m e-n Dämpfer aufsetzen; **2.** (***-gg-***) anpflocken; *Wäsche* an-, festklammern
pel·i·can *zo.* ['pelɪkən] (*pl.* ***-cans, -can***) Pelikan *m*; **~ 'cross·ing** *Brt.* Ampelübergang *m*
pel·let ['pelɪt] Kügelchen *n*; Schrotkorn *n*
pelt[1] [pelt] *v/t.* bewerfen; *v/i.* ***it's ~ing*** (***down***), *bsd. Brt.* ***it's ~ing with rain*** es gießt in Strömen
pelt[2] [pelt] Fell *n*, Pelz *m*
pel·vis *anat.* ['pelvɪs] (*pl.* ***-vises, -ves*** [-viːz]) Becken *n*
pen[1] [pen] (*Schreib*)Feder *f*; Füller *m*; Kugelschreiber *m*
pen[2] [pen] **1.** Pferch *m*, (*Schaf*)Hürde *f*; **2.** (***-nn-***): ***~ in, ~ up*** *Tiere* einpferchen, *Personen* zusammenpferchen
pe·nal ['piːnl] Straf...; strafbar; '**~ code** Strafgesetzbuch *n*; **~·ize** ['piːnəlaɪz] bestrafen
pen·al·ty ['penltɪ] Strafe *f*; *Sport*: *a.* Strafpunkt *m*; *Fußball*: Elfmeter *m*; '**~ ar·e·a**, '**~ box** F *Fußball*: Strafraum *m*; '**~ goal** *Fußball*: Elfmetertor *n*; '**~ kick** *Fußball*: Elfmeter *m*, Strafstoß *m*; **~ 'shoot-out** *Fußball*: Elfmeterschießen *n*; '**~ spot** *Fußball*: Elfmeterpunkt *m*

P

pen·ance *rel.* ['penəns] Buße *f*
pence [pens] (*Abk.* **p**) *pl. von* **penny**
pen·cil ['pensl] **1.** Bleistift *m*; **2.** (*bsd. Brt.* **-ll-**, *Am.* **-l-**) (mit Bleistift) markieren *od.* schreiben *od.* zeichnen; *Augenbrauen* nachziehen; '**~ case** Federmäppchen *n*; '**~ sharp·en·er** (Bleistift)Spitzer *m*
pen·dant, pen·dent ['pendənt] (Schmuck)Anhänger *m*
pend·ing ['pendɪŋ] **1.** *prp.* bis zu; **2.** *adj. bsd. jur.* schwebend
pen·du·lum ['pendjʊləm] Pendel *n*
pen·e|·trate ['penɪtreɪt] eindringen in (*acc.*) *od.* (**into** in *acc.*); dringen durch; durchdringen; '**~·trat·ing** durchdringend; scharf (*Verstand*); scharfsinnig; **~·tra·tion** [penɪ'treɪʃn] Durch-, Eindringen *n*; Scharfsinn *m*
'**pen friend** Brieffreund(in)
pen·guin *zo.* ['peŋgwɪn] Pinguin *m*
pe·nin·su·la [pə'nɪnsjʊlə] Halbinsel *f*
pe·nis *anat.* ['piːnɪs] Penis *m*
pen·i|·tence ['penɪtəns] Buße *f*, Reue *f*; '**~·tent 1.** reuig, bußfertig; **2.** *rel.* Büßer(in); **~·ten·tia·ry** *Am.* [penɪ'tenʃərɪ] (Staats)Gefängnis *n*
'**pen|·knife** (*pl.* **-knives**) Taschenmesser *n*; '**~ name** Schriftstellername *m*, Pseudonym *n*
pen·nant ['penənt] Wimpel *m*
pen·ni·less ['penɪlɪs] (völlig) mittellos
pen·ny ['penɪ] (*Abk.* **p**) (*pl.* **-nies**, *coll.* **pence**) *a.* **new ~** *Brt.* Penny *m*
'**pen pal** *bsd. Am.* Brieffreund(in)
pen·sion ['penʃn] **1.** Rente *f*, Pension *f*; ⚠ *nicht* **Pension** (*Fremdenheim*); **2. ~ off** pensionieren, in den Ruhestand versetzen; **~·er** ['penʃənə] Rentner(in), Pensionär(in)
pen·sive ['pensɪv] nachdenklich
pen·tath|·lete [pen'tæθliːt] *Sport*: Fünfkämpfer(in); **~·lon** [pen'tæθlɒn] *Sport*: Fünfkampf *m*
Pen·te·cost ['pentɪkɒst] Pfingsten *n*
pent·house ['penthaʊs] Penthouse *n*, -haus *n*
pent-up [pent'ʌp] an-, aufgestaut (*Gefühle*)
pe·o·ny *bot.* ['pɪənɪ] Pfingstrose *f*
peo·ple ['piːpl] **1.** *pl. konstruiert*: die Menschen *pl.*, die Leute *pl.*; Leute *pl.*, Personen *pl.*; man; **the ~** das (*gemeine*) Volk; (*pl.* **peoples**) Volk *n*, Nation *f*; **2.** besiedeln, bevölkern (**with** mit); **~'s re'pub·lic** Volksrepublik *f*
pep F [pep] **1.** Pep *m*, Schwung *m*; **2.** (**-pp-**) *mst* **~ up** *j-n od. et.* in Schwung bringen, aufmöbeln
pep·per ['pepə] **1.** Pfeffer *m*; Paprikaschote *f*; **2.** pfeffern; '**~·mint** *bot.* Pfefferminze *f*; Pfefferminz *n* (*Bonbon*); **~·y** ['pepərɪ] pfeff(e)rig; *fig.* hitzig (*Person*)
'**pep pill** F Aufputschpille *f*
per [pɜː] per, durch; pro, für, je
per·am·bu·la·tor *bsd. Brt.* [pə'ræmbjʊleɪtə] Kinderwagen *m*
per·ceive [pə'siːv] (be)merken, wahrnehmen; erkennen
per cent, per·cent [pə'sent] Prozent *n*
per·cen·tage [pə'sentɪdʒ] Prozentsatz *m*; F Prozente *pl.*, (An)Teil *m*
per·cep|·ti·ble [pə'septəbl] wahrnehmbar, merklich; **~·tion** [pə'sepʃn] Wahrnehmung *f*; Auffassung(sgabe) *f*
perch[1] [pɜːtʃ] **1.** (Sitz)Stange *f* (*für Vögel*); **2.** (**on**) sich setzen (auf *acc.*), sich niederlassen (auf *acc.*, *dat.*) (*Vogel*); F hocken (**on** auf *dat.*); **~ o.s.** F sich hocken (**on** auf *acc.*)
perch[2] *zo.* [pɜːtʃ] (*pl.* **perch, perches**) Barsch *m*
per·co|·late ['pɜːkəleɪt] *Kaffee etc.* filtern; '**~·la·tor** Kaffeemaschine *f*
per·cus·sion [pə'kʌʃn] Schlag *m*; Erschütterung *f*; *mus.* Schlagzeug *n*; **~ in·stru·ment** *mus.* Schlaginstrument *n*
pe·remp·to·ry [pə'remptərɪ] herrisch
pe·ren·ni·al [pə'renjəl] ewig, immerwährend; *bot.* mehrjährig
per|·fect 1. ['pɜːfɪkt] perfekt, vollkommen, vollendet; gänzlich, völlig; **2.** [pə'fekt] vervollkommnen; **3.** ['pɜːfɪkt] *a.* **~ tense** *gr.* Perfekt *n*; **~·fec·tion** [pə'fekʃn] Vollendung *f*; Vollkommenheit *f*, Perfektion *f*
per·fo·rate ['pɜːfəreɪt] durchbohren, -löchern
per·form [pə'fɔːm] *v/t.* verrichten, durchführen, tun; *Pflicht etc.* erfüllen; *thea.*, *mus.* aufführen, spielen, vortragen; *v/i. thea. etc.* e-e Vorstellung geben, auftreten, spielen; **~·ance** Verrichtung *f*, Durchführung *f*; Leistung *f*; *thea.*, *mus.* Aufführung *f*, Vorstellung *f*, Vortrag *m*; **~·er** Darsteller(in), Künstler(in)

per·fume 1. ['pɜːfjuːm] Duft *m*; Parfüm *n*; **2.** [pə'fjuːm] parfümieren
per·haps [pə'hæps, præps] vielleicht
per·il ['perəl] Gefahr *f*; '**~·ous** gefährlich
pe·ri·od ['pɪərɪəd] Periode *f*, Zeit(dauer *f*, -raum *m*, -spanne *f*) *f*; (Unterrichts)Stunde *f*; *physiol.* Periode *f* (*der Frau*); *gr. bsd. Am.* Punkt *m*; **~·ic** [pɪərɪ'ɒdɪk] periodisch; **~·i·cal** [pɪərɪ'ɒdɪkl] **1.** periodisch; **2.** Zeitschrift *f*
pe·riph·e·ral [pə'rɪfərəl] *Computer*: Peripheriegerät *n*; **~ e'quip·ment** *sg. Computer*: Peripheriegeräte *pl.*
pe·riph·e·ry [pə'rɪfərɪ] Peripherie *f*, Rand *m*
per·ish ['perɪʃ] umkommen; schlecht werden, verderben; '**~·a·ble** leicht verderblich; '**~·ing** *bsd. Brt.* F saukalt (*Wetter*)
per|·jure ['pɜːdʒə]: **~ o.s.** e-n Meineid leisten; **~·ju·ry** ['pɜːdʒərɪ] Meineid *m*; ***commit*** **~** e-n Meineid leisten
perk [pɜːk]: **~ *up*** *v/i.* aufleben, munter werden (*Person*); *v/t. j-n* aufmöbeln, munter machen
perk·y F ['pɜːkɪ] (**-*ier*, -*iest***) munter, lebhaft; keck, selbstbewusst
perm [pɜːm] **1.** Dauerwelle *f*; ***get a* ~** → **2.** ***get one's hair* ~*ed*** sich e-e Dauerwelle machen lassen
per·ma·nent ['pɜːmənənt] **1.** (be)ständig, dauerhaft, Dauer...; **2.** *Am.* → **~ 'wave** Dauerwelle *f*
per·me|·a·ble ['pɜːmjəbl] durchlässig (***to*** für); **~·ate** ['pɜːmɪeɪt] durchdringen; dringen (***into*** in *acc.*; ***through*** durch)
per·mis|·si·ble [pə'mɪsəbl] zulässig, erlaubt; **~·sion** [pə'mɪʃn] Erlaubnis *f*; **~·sive** [pə'mɪsɪv] liberal; (sexuell) freizügig; **~·sive so'ci·e·ty** tabufreie Gesellschaft
per·mit 1. [pə'mɪt] (**-*tt*-**) erlauben, gestatten; **2.** ['pɜːmɪt] Genehmigung *f*
per·pen·dic·u·lar [pɜːpən'dɪkjʊlə] senkrecht; rechtwink(e)lig (***to*** zu)
per·pet·u·al [pə'petʃʊəl] fortwährend, ständig, ewig
per·plex [pə'pleks] verwirren; **~·i·ty** [pə'pleksətɪ] Verwirrung *f*
per·se|·cute ['pɜːsɪkjuːt] verfolgen; **~·cu·tion** [pɜːsɪ'kjuːʃn] Verfolgung *f*; **~·cu·tor** ['pɜːsɪkjuːtə] Verfolger(in)
per·se|·ver·ance [pɜːsɪ'vɪərəns] Ausdauer *f*, Beharrlichkeit *f*; **~·vere** [pɜːsɪ'vɪə] beharrlich weitermachen
per|·sist [pə'sɪst] beharren, bestehen (***in*** auf *dat.*); fortdauern, anhalten; **~'sis·tence** Beharrlichkeit *f*; Hartnäckigkeit *f*, Ausdauer *f*; **~'sis·tent** beharrlich, ausdauernd; anhaltend
per·son ['pɜːsn] Person *f* (*a. gr.*)
per·son·al ['pɜːsnl] persönlich (*a. gr.*); Personal...; Privat...; '**~ col·umn** *Zeitung*: Persönliches *n*; **~ com'pu·ter** (*Abk.* ***PC***) Personalcomputer *m*; **~ 'da·ta** *pl.* Personalien *pl.*
per·son·al·i·ty [pɜːsə'nælətɪ] Persönlichkeit *f*; ***personalities*** *pl.* anzügliche *od.* persönliche Bemerkungen *pl.*
per·son·al| 'or·ga·ni·zer Notizbuch *n*, Adressbuch *n* u. Taschenkalender *m* *etc.* (*in einem*); **~ 'ster·e·o** Walkman® *m*
per·son·i·fy [pɜː'sɒnɪfaɪ] personifizieren, verkörpern
per·son·nel [pɜːsə'nel] Personal *n*, Belegschaft *f*; die Personalabteilung; **~ de·part·ment** Personalabteilung *f*; **~ man·ag·er** Personalchef *m*
per·spec·tive [pə'spektɪv] Perspektive *f*; Fernsicht *f*
per|·spi·ra·tion [pɜːspə'reɪʃn] Transpirieren *n*, Schwitzen *n*; Schweiß *m*; **~·spire** [pə'spaɪə] transpirieren, schwitzen
per|·suade [pə'sweɪd] überreden; überzeugen; **~·sua·sion** [pə'sweɪʒn] Überredung(skunst) *f*; Überzeugung *f*; **~·sua·sive** [pə'sweɪsɪv] überzeugend
pert [pɜːt] keck (*a. Hut etc.*), kess
per·tain [pɜː'teɪn]: **~ *to s.th.*** et. betreffen
per·ti·nent ['pɜːtɪnənt] sachdienlich, relevant, zur Sache gehörig
per·turb [pə'tɜːb] beunruhigen
pe·ruse [pə'ruːz] (sorgfältig) durchlesen
per·vade [pə'veɪd] durchdringen, erfüllen
per|·verse [pə'vɜːs] pervers; eigensinnig; **~·ver·sion** [pə'vɜːʃn] Verdrehung *f*; Perversion *f*; **~·ver·si·ty** [pə'vɜːsətɪ] Perversität *f*; Eigensinn *m*
per·vert 1. [pə'vɜːt] pervertieren; verdrehen; **2.** ['pɜːvɜːt] perverser Mensch
pes·sa·ry *med.* ['pesərɪ] Pessar *n*
pes·si|·mis·m ['pesɪmɪzəm] Pessimis-

P

mus *m*; **~·mist** ['pesımıst] Pessimist(in); **~'mist·ic** (*~ally*) pessimistisch
pest [pest] Schädling *m*; F Nervensäge *f*; F Plage *f*; ⚠ *nicht* ***Pest*** (*Seuche*)
pes·ter F ['pestə] *j-n* belästigen, *j-m* keine Ruhe lassen
pes·ti·cide ['pestısaıd] Pestizid *n*, Schädlingsbekämpfungsmittel *n*
pet [pet] **1.** (zahmes) (Haus)Tier; *oft contp.* Liebling *m*; **2.** Lieblings...; Tier...; **3.** (-*tt*-) streicheln; F Petting machen
pet·al *bot.* ['petl] Blütenblatt *n*
'pet food Tiernahrung *f*
pe·ti·tion [pı'tıʃn] **1.** Eingabe *f*, Gesuch *n*, (schriftlicher) Antrag; **2.** ersuchen; ein Gesuch einreichen (***for*** um), e-n Antrag stellen (***for*** auf *acc.*)
'pet name Kosename *m*
pet·ri·fy ['petrıfaı] versteinern
pet·rol ['petrəl] Benzin *n*; ⚠ *nicht* ***Petroleum***
pe·tro·le·um [pə'trəʊljəm] Erd-, Mineralöl *n*
'pet·rol| pump Zapfsäule *f*; **'~ sta·tion** Tankstelle *f*
'pet| shop Tierhandlung *f*, Zoogeschäft *n*; **~ 'sub·ject** Lieblingsthema *n*
pet·ti·coat ['petıkəʊt] Unterrock *m*
pet·ting F ['petıŋ] Petting *n*
pet·tish ['petıʃ] launisch, gereizt
pet·ty ['petı] (*-ier, -iest*) belanglos, unbedeutend, (*Vergehen a.*) geringfügig; engstirnig; **~ 'cash** Portokasse *f*; **~ 'lar·ce·ny** *jur.* einfacher Diebstahl
pet·u·lant ['petjʊlənt] launisch, gereizt
pew [pju:] (Kirchen)Bank *f*
pew·ter ['pju:tə] Zinn *n*; *a.* ***~ ware*** Zinn(-geschirr) *n*
phan·tom ['fæntəm] Phantom *n*; Geist *m* (*e-s Verstorbenen*)
phar·ma|·cist ['fɑ:məsıst] Apotheker(in); **~·cy** ['fɑ:məsı] Apotheke *f*
phase [feız] Phase *f*
PhD [pi: eıtʃ 'di:] *Abk. für* ***Doctor of Philosophy*** (*lateinisch* ***philosophiae doctor***) Dr. phil., Doktor *m* der Philosophie; **~ 'the·sis** Doktorarbeit *f*
pheas·ant *zo.* ['feznt] Fasan *m*
phe·nom·e·non [fı'nɒmınən] (*pl.* ***-na*** [-nə]) Phänomen *n*, Erscheinung *f*
phi·lan·thro·pist [fı'lænθrəpıst] Philanthrop(in), Menschenfreund(in)
phi·lol·o|·gist [fı'lɒlədʒıst] Philolog|e *m*, -in *f*; **~·gy** [fı'lɒlədʒı] Philologie *f*
phi·los·o|·pher [fı'lɒsəfə] Philosoph(in); **~·phy** [fı'lɒsəfı] Philosophie *f*
phlegm *med.* [flem] Schleim *m*
phone [fəʊn] **1.** Telefon *n*; ***answer the ~*** ans Telefon gehen; ***by ~*** telefonisch; ***on the ~*** am Telefon; ***be on the ~*** Telefon haben; am Telefon sein; **2.** telefonieren, anrufen; **'~ book** Telefonbuch *n*; **'~ booth** *Am.*, **'~ box** *Brt.* Telefonzelle *f*; **'~ call** Anruf *m*, Gespräch *n*; **'~·card** Telefonkarte *f*; **'~-in** *Brt. Rundfunk*, *TV*: Sendung *f* mit telefonischer Zuhörer- *od.* Zuschauerbeteiligung; **'~ num·ber** Telefonnummer *f*
pho·net·ics [fə'netıks] *sg.* Phonetik *f*
pho·n(e)y F ['fəʊnı] **1.** Fälschung *f*; Schwindler(in); **2.** (*-ier, -iest*) falsch, gefälscht, unecht; Schein...
phos·pho·rus *chem.* ['fɒsfərəs] Phosphor *m*
pho·to F ['fəʊtəʊ] (*pl.* ***-tos***) Foto *n*, Bild *n*; ***in the ~*** auf dem Foto; ***take a ~*** ein Foto machen (***of*** von); **'~·cop·i·er** Fotokopiergerät *n*; **'~·cop·y 1.** Fotokopie *f*; **2.** fotokopieren
pho|·to·graph ['fəʊtəgrɑ:f] **1.** Fotografie *f* (*Bild*); ⚠ *nicht* ***Fotograf***; **2.** fotografieren; **~·tog·ra·pher** [fə'tɒgrəfə] Fotograf(in); **~·tog·ra·phy** [fə'tɒgrəfı] Fotografie *f*; ⚠ *nicht* ***Fotografie*** (*Bild*)
phras·al verb *gr.* [freızl 'vɜ:b] Verb *n* mit Adverb (und Präposition)
phrase [freız] **1.** (Rede)Wendung *f*, Redensart *f*, idiomatischer Ausdruck; ⚠ *nicht* ***Phrase*** (*leere Redensart*); **2.** ausdrücken; **'~·book** Sprachführer *m*
phys·i·cal ['fızıkl] **1.** physisch, körperlich; physikalisch; ***~ly handicapped*** körperbehindert; **2.** ärztliche Untersuchung; **~ ed·u'ca·tion** Leibeserziehung *f*, Sport *m*; **~ ex·am·i'na·tion** ärztliche Untersuchung; **~ 'hand·i·cap** Körperbehinderung *f*; **~ 'train·ing** Leibeserziehung *f*, Sport *m*
phy·si·cian [fı'zıʃn] Arzt *m*, Ärztin *f*; ⚠ *nicht* ***Physiker***
phys|·i·cist ['fızısıst] Physiker(in); **~·ics** ['fızıks] *sg.* Physik *f*
phy·sique [fı'zi:k] Körper(bau) *m*, Statur *f*; ⚠ *nicht* ***Physik***
pi·a·nist ['pıənıst] Pianist(in)
pi·an·o [pı'ænəʊ] (*pl.* ***-os***) Klavier *n*

pick [pɪk] **1.** (auf)hacken; (auf)picken; auflesen, -nehmen; pflücken; *Knochen* abnagen; bohren *od.* stochern in (*dat.*); F *Schloss* knacken; aussuchen, -wählen; ~ ***one's nose*** in der Nase bohren; ~ ***one's teeth*** in den Zähnen (herum)stochern; ~ ***s.o.'s pocket*** j-n bestehlen; ***have a bone to ~ with s.o.*** mit j-m ein Hühnchen zu rupfen haben; ~ ***out*** (sich) *et.* auswählen; ausmachen, erkennen; ~ ***up*** aufheben, -lesen, -nehmen; aufpicken; *Spur* aufnehmen; *j-n* abholen; *Anhalter* mitnehmen; F *Mädchen* aufreißen; *Kenntnisse, Informationen etc.* aufschnappen; sich *e-e Krankheit etc.* holen; *a.* ~ ***up speed*** *mot.* schneller werden; **2.** (Spitz)Hacke *f*, Pickel *m*; (Aus)Wahl *f*; ***take your ~*** suchen Sie sich etwas aus; **~-a-back** ['pɪkəbæk] huckepack; '**~·axe** *Brt.*, '**~·ax** *Am.* (Spitz)Hacke *f*, Pickel *m*

pick·et ['pɪkɪt] **1.** Pfahl *m*; Streikposten *m*; **2.** Streikposten aufstellen vor (*dat.*), mit Streikposten besetzen; Streikposten stehen; '**~ fence** Lattenzaun *m*; '**~ line** Streikpostenkette *f*

pick·le ['pɪkl] **1.** Salzlake *f*; Essigsoße *f*; *Am.* Essig-, Gewürzgurke *f*; *mst* **~s** *pl. bsd. Brt.* Pickles *pl.*; ***be in a*** (***pretty***) ~ F (ganz schön) in der Patsche sein *od.* stecken; ⚠ *nicht* ***Pickel*** (→ ***pimple***; ***pickaxe***); **2.** *gastr.* einlegen

'**pick|·lock** Einbrecher *m*; Dietrich *m*; '**~·pock·et** Taschendieb(in); '**~up** Tonabnehmer *m*; Kleintransporter *m*; F (Zufalls)Bekanntschaft *f*

pic·nic ['pɪknɪk] **1.** Picknick *n*; **2.** (**-ck-**) ein Picknick machen, picknicken

pic·ture ['pɪktʃə] **1.** Bild *n*; Gemälde *n*; *phot.* Aufnahme *f*; Film *m*; **~s** *pl. bsd. Brt.* Kino *n*; **2.** darstellen, malen; *fig.* sich *j-n, et.* vorstellen; '**~ book** Bilderbuch *n*; **~ 'post·card** Ansichtskarte *f*

pic·tur·esque [pɪktʃə'resk] malerisch

pie [paɪ] (*Fleisch- etc.*)Pastete *f*; (*mst* gedeckter) (*Apfel- etc.*)Kuchen

piece [piːs] **1.** Stück *n*; Teil *n* (*e-r Maschine etc.*); Teil *m* (*e-s Services etc.*); *Schach*: Figur *f*; *Brettspiel*: Stein *m*; (Zeitungs)Artikel *m*, (-)Notiz *f*; ***by the ~*** stückweise; ***a ~ of advice*** ein Rat; ***a ~ of news*** e-e Neuigkeit; ***give s.o. a ~ of one's mind*** j-m gründlich die Meinung sagen; ***go to ~s*** F zusammenbrechen (*Person*); ***take to ~s*** auseinander nehmen; **2.** ~ ***together*** zusammensetzen, -stückeln; *fig.* zusammenfügen; '**~·meal** schrittweise; '**~·work** Akkordarbeit *f*; ***do ~*** im Akkord arbeiten

pier [pɪə] Pier *m*, Landungsbrücke *f*; Pfeiler *m*

pierce [pɪəs] durchbohren, -stechen, -stoßen; durchdringen

pierc·ing ['pɪəsɪŋ] durchdringend, (*Kälte etc. a.*) schneidend, (*Schrei a.*) gellend, (*Blick, Schmerz etc. a.*) stechend

pi·e·ty ['paɪətɪ] Frömmigkeit *f*

pig [pɪg] *zo.* Schwein *n* (*a. fig.* F); *sl. contp.* Bulle *m* (*Polizist*)

pi·geon *zo.* ['pɪdʒɪn] (*pl.* ***-geons, -pigeon***) Taube *f*; '**~·hole 1.** (Ablege)Fach *n*; **2.** ablegen

pig·gy F ['pɪgɪ] *Kindersprache*: Schweinchen *n*; '**~·back** huckepack

pig|'head·ed dickköpfig, stur; **~·let** *zo.* ['pɪglɪt] Ferkel *n*; '**~·sty** Schweinestall *m*, *fig. a.* Saustall *m*; '**~·tail** Zopf *m*

pike[1] *zo.* [paɪk] (*pl.* ***pikes, pike***) Hecht *m*

pike[2] [paɪk] → ***turnpike***

pile[1] [paɪl] **1.** Stapel *m*, Stoß *m*; F Haufen *m*, Menge *f*; (***atomic***) ~ Atommeiler *m*; **2.** ~ ***up*** (an-, auf)häufen, (auf)stapeln, aufschichten; sich anhäufen; *mot.* F aufeinander auffahren

pile[2] [paɪl] Flor *m* (*Stoff, Teppich*)

pile[3] [paɪl] Pfahl *m*

piles *med.* F [paɪlz] *pl.* Hämorrhoiden *pl.*

'**pile·up** *mot.* F Massenkarambolage *f*

pil·fer ['pɪlfə] stehlen, klauen

pil·grim ['pɪlgrɪm] Pilger(in); **~·age** ['pɪlgrɪmɪdʒ] Pilger-, Wallfahrt *f*

pill [pɪl] Pille *f*; ***the ~*** F die (*Antibaby*)Pille; ***be on the ~*** die Pille nehmen

pil·lar ['pɪlə] Pfeiler *m*; Säule *f*; '**~ box** *Brt.* Briefkasten *m*

pil·li·on *mot.* ['pɪljən] Soziussitz *m*

pil·lo·ry ['pɪlərɪ] **1.** *hist.* Pranger *m*; **2.** *fig.* anprangern

pil·low ['pɪləʊ] (Kopf)Kissen *n*; '**~·case**, '**~ slip** (Kopf)Kissenbezug *m*

pi·lot ['paɪlət] **1.** *aviat.* Pilot(in); *naut.* Lots|e *m*, -in *f*; Versuchs..., Pilot...; **2.** lotsen; steuern; '**~ film** *TV* Pilotfilm *m*; '**~ scheme** Versuchs-, Pilotprojekt *n*

pimp [pɪmp] Zuhälter *m*

pim·ple ['pɪmpl] Pickel *m*, Pustel *f*

P

pin [pɪn] **1.** (Steck)Nadel *f*; (*Haar-, Krawatten- etc.*)Nadel *f*; *Am.* Brosche *f*; *tech.* Bolzen *m*, Stift *m*; *Kegeln*: Kegel *m*; *Bowling*: Pin *m*; *Am.* (*Wäsche-*)Klammer *f*; *Brt.* (*Reiß*)Nagel *m*, (-)Zwecke *f*; **2.** (**-nn-**) (an)heften, anstecken (**to** an *acc.*), befestigen (**to** an *dat.*); pressen, drücken (**against, to** gegen, an *acc.*)
PIN [pɪn] *a.* **~ number** *Abk. für* **personal identification number** PIN, persönliche Geheimzahl (*für Geldautomaten etc.*)
pin·a·fore ['pɪnəfɔː] Schürze *f*
'**pin·ball** Flippern *n*; **play ~** flippern; '**~ ma·chine** Flipper(automat) *m*
pin·cers ['pɪnsəz] *pl.* (**a pair of ~** e-e) (Kneif)Zange
pinch [pɪntʃ] **1.** *v/t.* kneifen, zwicken; F klauen; *v/i.* drücken (*Schuh, Not etc.*); **2.** Kneifen *n*, Zwicken *n*; Prise *f* (*Salz, Tabak etc.*); *fig.* Not(lage) *f*
'**pin·cush·ion** Nadelkissen *n*
pine¹ *bot.* [paɪn] *a.* **~tree** Kiefer *f*, Föhre *f*
pine² [paɪn] sich sehnen (**for** nach)
'**pine|·ap·ple** *bot.* Ananas *f*; '**~ cone** *bot.* Kiefernzapfen *m*
pin·ion *zo.* ['pɪnjən] Schwungfeder *f*
pink [pɪŋk] **1.** rosa(farben); **2.** Rosa *n*; *bot.* Nelke *f*
pint [paɪnt] Pint *n* (*Brt. 0,57 l, Am. 0,47 l*); *Brt.* F Halbe *f* (*Bier*)
pi·o·neer [paɪə'nɪə] **1.** Pionier *m*; **2.** den Weg bahnen (für)
pi·ous ['paɪəs] fromm, religiös
pip¹ [pɪp] (*Apfel-, Orangen- etc.*)Kern *m*
pip² [pɪp] Ton *m* (*e-s Zeitzeichens etc.*)
pip³ [pɪp] Auge *n* (*bei Spielkarten*), Punkt *m* (*auf Würfeln etc.*); *bsd. Brt. mil.* Stern *m* (*Rangabzeichen*)
pipe [paɪp] **1.** *tech.* Rohr *n*, Röhre *f*; (*Tabaks*)Pfeife *f*; (*Orgel*)Pfeife *f*; ⚠ *nicht* (*Triller*)**Pfeife**; **~s** *pl. Brt.* F Dudelsack *m*; **2.** (durch Rohre) leiten; '**~·line** Rohrleitung *f*; Pipeline *f* (*für Erdöl, Erdgas etc.*); '**~r** Dudelsackpfeifer *m*
pip·ing ['paɪpɪŋ] **1.** Rohrleitung *f*, -netz *n*; **2. ~ hot** kochend heiß, siedend heiß
pi·quant ['piːkənt] pikant
pique [piːk] **1. in a fit of ~** gekränkt, verletzt, pikiert; **2.** kränken, verletzen; **be ~d** *a.* pikiert sein
pi·rate ['paɪərət] **1.** Pirat *m*, Seeräuber *m*; **2.** unerlaubt kopieren *od.* nachdrucken *od.* nachpressen; **~ 'ra·di·o** Piratensender *m od. pl.*
Pis·ces *astr.* ['paɪsiːz] *sg.* Fische *pl.*; **he/she is** (**a**) **~** er/sie ist (ein) Fisch
piss V [pɪs] pissen; **~ off!** verpiss dich!
pis·tol ['pɪstl] Pistole *f*
pis·ton *tech.* ['pɪstən] Kolben *m*; '**~ rod** Kolbenstange *f*; '**~ stroke** Kolbenhub *m*
pit¹ [pɪt] **1.** Grube *f* (*a. anat.*); Grube *f*, Zeche *f*; *bsd. Brt. thea.* Parkett *n*; *a.* **orchestra ~** *thea.* Orchestergraben *m*; (*bsd.* Pocken)Narbe *f*; **2.** (**-tt-**) mit Narben bedecken
pit² *Am.* [pɪt] **1.** *bot.* Kern *m*, Stein *m*; **2.** (**-tt-**) entkernen, -steinen
pitch¹ [pɪtʃ] **1.** *v/t. Zelt, Lager* aufschlagen; werfen, schleudern; *mus.* (an)stimmen; *v/i.* stürzen, fallen; *naut.* stampfen (*Schiff*); sich neigen (*Dach etc.*); **~ in** F sich ins Zeug legen; kräftig zulangen (*beim Essen*); **2.** *bsd. Brt.* (Spiel)Feld *n*; *mus.* Tonhöhe *f*; *fig.* Grad *m*, Stufe *f*; *bsd. Brt.* Stand(platz) *m* (*e-s Straßenhändlers etc.*); *naut.* Stampfen *n*; Neigung *f* (*e-s Dachs etc.*)
pitch² [pɪtʃ] Pech *n*; **~-'black, ~-'dark** pechschwarz; stockdunkel
pitch·er¹ ['pɪtʃə] Krug *m*
pitch·er² ['pɪtʃə] *Baseball*: Werfer *m*
'**pitch·fork** Heu-, Mistgabel *f*
pit·e·ous ['pɪtɪəs] kläglich
'**pit·fall** Fallgrube *f*; *fig.* Falle *f*
pith [pɪθ] *bot.* Mark *n*; weiße innere Haut (*e-r Orange etc.*); *fig.* Kern *m*; '**~·y** (**-ier, -iest**) markig, prägnant
pit·i|·a·ble ['pɪtɪəbl] → '**~·ful** Mitleid erregend (*Anblick etc.*), bemitleidenswert (*Person, Zustand etc.*); erbärmlich, jämmerlich; '**~·less** unbarmherzig
pits [pɪts] *pl. Motorsport*: Boxen *pl.*; **it's the ~** F (das ist) echt ätzend
'**pit stop** *Motorsport*: Boxenstopp *m*
pit·y ['pɪtɪ] **1.** Mitleid *n* (**on** mit); **it is a** (**great**) **~** es ist (sehr) schade; **what a ~!** wie schade!; **2.** bemitleiden, bedauern
piv·ot ['pɪvət] **1.** *tech.* Drehzapfen *m*; *fig.* Dreh- u. Angelpunkt *m*; **2.** sich drehen; **~ on** *fig.* abhängen von
pix·el ['pɪksəl] *Computer*: Pixel *m* (*einzelner Bildpunkt*)

piz·za ['pi:tsə] Pizza *f*
plac·ard ['plækɑ:d] **1.** Plakat *n*; Transparent *n*; **2.** mit Plakaten bekleben
place [pleɪs] **1.** Platz *m*, Ort *m*, Stelle *f*; Ort *m*, Stätte *f*; Haus *n*, Wohnung *f*; Wohnort *m*; (*Arbeits-*, *Lehr*)Stelle *f*; ***in the first*** ~ erstens; ***in third*** ~ *Sport etc.*: auf dem dritten Platz; ***in*** ~ ***of*** an Stelle von (*od. gen.*); ***out of*** ~ fehl am Platz; ***take*** ~ stattfinden; ⚠ *nicht* ***Platz nehmen***; ***take s.o.'s*** ~ j-s Stelle einnehmen; **2.** stellen, legen, setzen; *Auftrag* erteilen (***with*** *dat.*), *Bestellung* aufgeben (***with*** bei); ***be*** ~***d*** *Sport*: sich placieren (***second*** an zweiter Stelle)
pla·ce·bo *med.* [plə'si:bəʊ] (*pl.* ***-bos, -boes***) Placebo *n*
'**place| mat** Platzdeckchen *n*, Set *n*, *m*; '**~·ment test** Einstufungsprüfung *f*; '**~ name** Ortsname *m*
plac·id ['plæsɪd] ruhig; gelassen
pla·gia·rize ['pleɪdʒjəraɪz] plagiieren
plague [pleɪg] **1.** Seuche *f*; Pest *f*; Plage *f*; **2.** plagen
plaice *zo.* [pleɪs] (*pl.* ***plaice***) Scholle *f*
plaid [plæd] Plaid *n*
plain [pleɪn] **1.** *adj.* einfach, schlicht; klar (u. deutlich); offen (u. ehrlich); unscheinbar, wenig anziehend; rein, völlig (*Unsinn etc.*); **2.** *adv.* F (ganz) einfach; **3.** Ebene *f*, Flachland *n*; ~ '**choc·olate** (zart)bittere Schokolade; **~-'clothes** in Zivil
plain|·tiff *jur.* ['pleɪntɪf] Kläger(in); **~·tive** ['pleɪntɪv] traurig, klagend
plait *bsd. Brt.* [plæt] **1.** Zopf *m*; **2.** flechten
plan [plæn] **1.** Plan *m*; **2.** (***-nn-***) planen; beabsichtigen
plane[1] [pleɪn] Flugzeug *n*; ***by*** ~ mit dem Flugzeug; ***go by*** ~ fliegen
plane[2] [pleɪn] **1.** flach, eben; **2.** *math.* Ebene *f*; *fig.* Stufe *f*, Niveau *n*
plane[3] [pleɪn] **1.** Hobel *m*; **2.** hobeln; ~ ***down*** abhobeln
plan·et *astr.* ['plænɪt] Planet *m*
plank [plæŋk] Planke *f*, Bohle *f*; '**~·ing** Planken *pl.*
plant [plɑ:nt] **1.** *bot.* Pflanze *f*; Werk *n*, Betrieb *m*, Fabrik *f*; **2.** (an-, ein)pflanzen; bepflanzen; *Garten etc.* anlegen; aufstellen, postieren; ~ ***s.th. on s.o.*** F j-m et. (*Belastendes*) unterschieben
plan·ta·tion [plæn'teɪʃn] Plantage *f*, Pflanzung *f*; Schonung *f*
plant·er ['plɑ:ntə] Plantagenbesitzer(in), Pflanzer(in); Pflanzmaschine *f*; Übertopf *m*
plaque [plɑ:k] Gedenktafel *f*; *med.* Zahnbelag *m*
plas·ter ['plɑ:stə] **1.** *med.* Pflaster *n*; (Ver)Putz *m*; *a.* ~ ***of Paris*** Gips *m*; ***have one's leg in*** ~ *med.* das Bein in Gips haben; **2.** verputzen; bekleben; '**~ cast** Gipsabguss *m*, -modell *n*; *med.* Gipsverband *m*
plas·tic ['plæstɪk] **1.** (~***ally***) plastisch; Plastik...; **2.** Plastik *n*, Kunststoff *m*; → ~ '**mon·ey** F Plastikgeld *n*, Kreditkarten *pl.*; ~ '**wrap** *Am.* Frischhaltefolie *f*
plate [pleɪt] **1.** Teller *m*; Platte *f*; (*Namens-*, *Nummern- etc.*)Schild *n*; (Bild-)Tafel *f* (*in e-m Buch*); (Druck)Platte *f*; Gegenstände *pl.* aus Edelmetall; Doublé *n*, Dublee *n*; **2.** ~***d with gold, gold-plated*** vergoldet
plat·form ['plætfɔ:m] Plattform *f*; *rail.* Bahnsteig *m*; (Redner)Tribüne *f*, Podium *n*; *pol.* Plattform *f*; ***party*** ~ *pol.* Parteiprogramm *n*; ***election*** ~ *pol.* Wahlprogramm *n*
plat·i·num *chem.* ['plætɪnəm] Platin *n*
pla·toon *mil.* [plə'tu:n] Zug *m*
plat·ter *Am. od. veraltet* ['plætə] (Servier)Platte *f*
plau·si·ble ['plɔ:zəbl] plausibel, glaubhaft
play [pleɪ] **1.** Spiel *n*; Schauspiel *n*, (Theater)Stück *n*; *tech.* Spiel *n*; *fig.* Spielraum *m*; ***at*** ~ beim Spiel(en); ***in*** ~ im Spiel (*Ball*); ***out of*** ~ im Aus (*Ball*); **2.** *v/i.* spielen (*a. Sport*, *thea. etc.*); *v/t. Karten*, *Rolle*, *Stück etc.* spielen, *Sport*: *Spiel* austragen; ~ ***s.o.*** *Sport*: gegen j-n spielen; ~ ***the guitar*** Gitarre spielen; ~ ***a trick on s.o.*** j-m e-n Streich spielen; ~ ***back*** *Ball* zurückspielen (***to*** zu); *Tonband* abspielen; ~ ***off*** *fig.* ausspielen (***against*** gegen); ~ ***on*** *fig. j-s Schwächen* ausnutzen; '**~·back** Play-back *n*, Wiedergabe *f*, Abspielen *n*; '**~·boy** Playboy *m*; '**~·er** *mus.*, *Sport*: Spieler(in); Plattenspieler *m*; '**~·fel·low** *Brt.* → ***playmate***; '**~·ful** verspielt; scherzhaft; '**~·go·er** (*bsd.* häufige[r]) Theaterbesucher(in); '**~·ground** Spielplatz *m*; Schulhof *m*; '**~·group** *bsd. Brt.* Spiel-

P

gruppe *f*; '**~·house** *thea.* Schauspielhaus *n*; Spielhaus *n* (*für Kinder*)

'**play·ing**| **card** Spielkarte *f*; '**~ field** Sportplatz *m*, Spielfeld *n*

'**play**|**·mate** Spielkamerad(in); '**~·pen** Laufgitter *n*, -stall *m*; '**~·thing** Spielzeug *n*; '**~·wright** Dramatiker(in)

plc, PLC *Brt.* [piː el 'siː] *Abk. für* ***public limited company*** AG, Aktiengesellschaft *f*

plea *jur.* [pliː]: ***enter a ~ of (not) guilty*** sich schuldig bekennen (s-e Unschuld erklären)

plead [pliːd] (***~ed,*** *bsd. schott., Am.* ***pled***) *v/i.* (dringend) bitten (***for*** um); ***~ (not) guilty*** *jur.* sich schuldig bekennen (s-e Unschuld erklären); *v/t. jur. u. allg.* zu s-r Verteidigung *od.* Entschuldigung anführen, geltend machen; ***~ s.o.'s case*** sich für j-n einsetzen; *jur.* j-n vertreten

pleas·ant ['pleznt] angenehm, erfreulich; freundlich; sympathisch

please [pliːz] **1.** (*j-m*) gefallen; *j-m* zusagen, *j-n* erfreuen; zufrieden stellen; ***only to ~ you*** nur dir zuliebe; ***~ o.s.*** tun, was man will; ***~ yourself!*** mach, was du willst!; **2.** *int.* bitte; (***yes,***) ~ (ja,) bitte; (oh ja,) gerne; ***~ come in!*** bitte, treten Sie ein!; ***~d*** erfreut, zufrieden; ***be ~ about*** sich freuen über (*acc.*); ***be ~ with*** zufrieden sein mit; ***I am ~ with it*** es gefällt mir; ***be ~ to do s.th.*** et. gern tun; ***~ to meet you!*** angenehm!

pleas·ing ['pliːzɪŋ] angenehm

plea·sure ['pleʒə] Vergnügen *n*; ***at (one's) ~*** nach Belieben

pleat [pliːt] (Plissee)Falte *f*; '**~·ed skirt** Faltenrock *m*

pled [pled] *pret. u. p.p. von* ***plead***

pledge [pledʒ] **1.** Pfand *n*; *fig.* Unterpfand *n*; Versprechen *n*; **2.** versprechen, zusichern

plen·ti·ful ['plentɪfl] reichlich

plen·ty ['plentɪ] **1.** Überfluss *m*; ***in ~*** im Überfluss, in Hülle u. Fülle; ***~ of*** e-e Menge, viel(e), reichlich; **2.** F reichlich

pleu·ri·sy *med.* ['plʊərəsɪ] Brustfell-, Rippenfellentzündung *f*

pli|**·a·ble**['plaɪəbl], **~·ant** ['plaɪənt] biegsam; *fig.* flexibel; *fig.* leicht beeinflussbar

pli·ers ['plaɪəz] *pl.* (***a pair of ~*** e-e) Beißzange

plight [plaɪt] Not(lage) *f*

plim·soll *Brt.* ['plɪmsəl] Turnschuh *m*

plod [plɒd] (***-dd-***) *a.* ***~ along*** sich dahinschleppen; ***~ away*** sich abplagen (***at*** mit), schuften

plop F [plɒp] **1.** Plumps *m*, Platsch *m*; **2.** (***-pp-***) plumpsen, (*ins Wasser*) platschen

plot [plɒt] **1.** Stück *n* Land, Parzelle *f*, Grundstück *n*; Handlung *f* (*e-s Dramas, Films etc.*); Komplott *n*, Verschwörung *f*; *Computer*: grafische Darstellung; **2.** (***-tt-***) *v/i.* sich verschwören (***against*** gegen); *v/t.* planen; einzeichnen (*in e-e Karte etc.*); '**~·ter** *Computer*: Plotter *m*

plough *Brt.*, **plow** *Am.* [plaʊ] **1.** Pflug *m*; **2.** (um)pflügen; '**~·share** Pflugschar *f*

pluck [plʌk] **1.** *v/t. Geflügel* rupfen; *mst* ***~ out*** ausreißen, -rupfen, -zupfen; *mus. Saiten* zupfen; ***~ up (one's) courage*** Mut *od.* sich ein Herz fassen; *v/i.* zupfen (***at*** an *dat.*); **2.** F Mut *m*, Schneid *m*; '**~·y** F (***-ier, -iest***) mutig

plug [plʌg] **1.** Stöpsel *m*; *electr.* Stecker *m*; F *electr.* Steckdose *f*; F *mot.* (*Zünd*)Kerze *f*; **2.** *v/t.* (***-gg-***) *a.* ***~ up*** zustöpseln; zu-, verstopfen; ***~ in*** *electr.* anschließen, einstecken

plum *bot.* [plʌm] Pflaume *f*; Zwetsch(g)e *f*

plum·age ['pluːmɪdʒ] Gefieder *n*

plumb [plʌm] **1.** (Blei)Lot *n*; **2.** ausloten, *fig. a.* ergründen; ***~ in*** *bsd. Brt. Waschmaschine etc.* anschließen; **3.** *adj.* lot-, senkrecht; **4.** *adv.* F (haar)genau; '**~·er** Klempner *m*, Installateur *m*; '**~·ing** Klempner-, Installateurarbeit *f*; Rohre *pl.*, Rohrleitungen *pl.*

plume [pluːm] (Schmuck)Feder *f*; Federbusch *m*; (*Rauch*)Fahne *f*

plump [plʌmp] **1.** *adj.* drall, mollig, rund(lich); ⚠ *nicht* ***plump***; **2.** ***~ down*** fallen *od.* plumpsen (lassen)

plum 'pud·ding Plumpudding *m*

plun·der ['plʌndə] **1.** plündern; **2.** Plünderung *f*; Beute *f*; ⚠ *nicht* ***Plunder***

plunge [plʌndʒ] **1.** (ein-, unter)tauchen; (sich) stürzen (***into*** in *acc.*); *naut.* stampfen (*Schiff*); **2.** (Kopf)Sprung *m*; ***take the ~*** *fig.* den entscheidenden Schritt wagen

plu·per·fect *gr.* [pluː'pɜːfɪkt] *a.* ***~ tense***

Plusquamperfekt *n*, Vorvergangenheit *f*
plu·ral *gr.* ['plʊərəl] Plural *m*, Mehrzahl *f*
plus [plʌs] **1.** *prp.* plus, und, *bsd. econ.* zuzüglich; **2.** *adj.* Plus...; **~ sign** Plus(zeichen) *n*; **3.** Plus(zeichen) *n*; *fig.* F Plus *n*, Vorteil *m*
plush [plʌʃ] Plüsch *m*
ply¹ [plaɪ] *regelmäßig* verkehren, fahren (***between*** zwischen *dat.*)
ply² [plaɪ] **1.** *mst in Zssgn* Lage *f*, Schicht *f* (*Stoff*, *Sperrholz etc.*); ***three-~*** dreifach (*Garn etc.*); dreifach gewebt (*Teppich*); **'~·wood** Sperrholz *n*
pm, PM [piː 'em] *Abk. für* ***after noon*** (*lateinisch* ***post meridiem***) nachm., nachmittags, abends
PM *bsd. Brt.* F [piː 'em] *Abk. für* ***Prime Minister*** Premierminister(in)
pneu·mat·ic [njuː'mætɪk] (***~ally***) Luft..., pneumatisch; *tech.* Druck..., Pressluft...; **~ 'drill** Presslufbohrer *m*
pneu·mo·ni·a *med.* [njuː'məʊnjə] Lungenentzündung *f*
PO [piː 'əʊ] *Abk. für*: ***post office*** Postamt *n*; ***postal order*** Postanweisung *f*
poach¹ [pəʊtʃ] pochieren; ***~ed eggs*** *pl.* verlorene Eier *pl.*
poach² [pəʊtʃ] wildern; **'~·er** Wilddieb *m*, Wilderer *m*
POB [piː əʊ 'biː] *Abk. für* ***post office box*** (***number***) Postfach *n*
PO Box [piː əʊ 'bɒks] Postfach *n*; ***write to ~ 225*** schreiben Sie an Postfach 225
pock *med.* [pɒk] Pocke *f*, Blatter *f*
pock·et ['pɒkɪt] **1.** (Hosen- *etc.*)Tasche *f*; *aviat.* → ***air pocket***; **2.** *adj.* Taschen...; **3.** einstecken, in die Tasche stecken; *fig.* in die eigene Tasche stecken; **'~·book** Notizbuch *n*; *Am.* Brieftasche *f*; **~ 'cal·cu·la·tor** Taschenrechner *m*; **'~·knife** (*pl.* ***-knives***) Taschenmesser *n*; **'~ mon·ey** Taschengeld *n*
pod *bot.* [pɒd] Hülse *f*, Schote *f*
po·em ['pəʊɪm] Gedicht *n*
po·et ['pəʊɪt] Dichter(in); **~·ic** [pəʊ'etɪk] (***~ally***) dichterisch; **~·i·cal** dichterisch; **~·ic 'jus·tice** *fig.* ausgleichende Gerechtigkeit; **~·ry** ['pəʊɪtrɪ] Gedichte *pl.*; Dichtkunst *f*, Dichtung *f*
poi·gnant ['pɔɪnjənt] schmerzlich (*Erinnerungen*); ergreifend
point [pɔɪnt] **1.** Spitze *f*; *geogr.* Landspitze *f*; *gr.*, *math.*, *phys. etc.* Punkt *m*; *math.* (Dezimal)Punkt *m*; Grad *m* (*e-r Skala*); *naut.* (*Kompass*)Strich *m*; *Sport*: Punkt *m*; Punkt *m*, Stelle *f*, Ort *m*; Zweck *m*; Ziel *n*, Absicht *f*; springender Punkt; Pointe *f*; ***two ~ five*** (***2.5***) 2,5; ***~ of view*** Stand-, Gesichtspunkt *m*; ***be on the ~ of doing s.th.*** im Begriff sein, et. zu tun; ***be to the ~*** zur Sache gehörig; ***off*** *od.* ***beside the ~*** nicht zur Sache gehörig; ***come to the ~*** zur Sache kommen; ***that's not the ~*** darum geht es nicht; ***what's the ~?*** wozu?; ***win on ~s*** nach Punkten gewinnen; ***winner on ~s*** Punktsieger *m*; **2.** *v/t.* (zu)spitzen; *Waffe etc.* richten (***at*** auf *acc.*); ***~ one's finger at s.o.*** (mit dem Finger) auf j-n zeigen; ***~ out*** zeigen; *fig.* hinweisen *od.* aufmerksam machen auf (*acc.*); *v/i.* (mit dem Finger) zeigen (***at, to*** auf *acc.*); ***~ to*** nach *e-r Richtung* weisen *od.* liegen; *fig.* hinweisen auf (*acc.*); **'~·ed** spitz; Spitz...; *fig.* scharf (*Bemerkung etc.*); *fig.* ostentativ; **'~·er** Zeiger *m*; Zeigestock *m*; *zo.* Pointer *m*, Vorstehhund *m*; **'~·less** sinn-, zwecklos
points *Brt. rail.* [pɔɪnts] *pl.* Weiche *f*
poise [pɔɪz] **1.** (Körper)Haltung *f*; *fig.* Gelassenheit *f*; **2.** balancieren; ***be ~d*** schweben
poi·son ['pɔɪzn] **1.** Gift *n*; **2.** vergiften; **~·ous** ['pɔɪznəs] giftig (*a. fig.*)
poke [pəʊk] **1.** *v/t.* stoßen; *Feuer* schüren; stecken; *v/i.* ***~ about, ~ around*** F (herum)stöbern, (-)wühlen (***in*** in *dat.*); **2.** Stoß *m*; **'pok·er** Schürhaken *m*
pok·y F ['pəʊkɪ] (***-ier, -iest***) eng; schäbig
Po·land ['pəʊlənd] Polen *n*
po·lar ['pəʊlə] polar; **~ 'bear** *zo.* Eisbär *m*
pole¹ [pəʊl] Pol *m*
pole² [pəʊl] Stange *f*; Mast *m*; Deichsel *f*; *Sport*: (Sprung)Stab *m*
Pole [pəʊl] Pol|e *m*, -in *f*
'pole·cat *zo.* Iltis *m*; *Am.* Skunk *m*, Stinktier *n*
po·lem|·ic [pə'lemɪk], **~·i·cal** polemisch
'pole star *astr.* Polarstern *m*
'pole vault Stabhochsprung *m*; Stabhochspringen *n*
'pole-vault stabhochspringen; **'~·er** Stabhochspringer(in)

P

po·lice [pə'liːs] **1.** Polizei *f*; ⚠ *nicht* ***Police***; **2.** überwachen; **~ car** Polizeiauto *n*; **~·man** (*pl.* ***-men***) Polizist *m*; **~ of·fi·cer** Polizeibeamt|e(r) *m*, -in *f*, Polizist(in); **~ sta·tion** Polizeiwache *f*, -revier *n*; **~·wom·an** (*pl.* ***-women***) Polizistin *f*

pol·i·cy ['pɒləsɪ] Politik *f*; Taktik *f*; Klugheit *f*; (Versicherungs)Police *f*

po·li·o *med.* ['pəʊlɪəʊ] Polio *f*, Kinderlähmung *f*

pol·ish ['pɒlɪʃ] **1.** polieren; *Schuhe* putzen; **~ *up*** aufpolieren (*a. fig.*); **2.** Politur *f*; (*Schuh*)Creme *f*; *fig.* Schliff *m*

Pol·ish ['pəʊlɪʃ] **1.** polnisch; **2.** *ling.* Polnisch *n*

po·lite [pə'laɪt] (***~r, ~st***) höflich; **~·ness** Höflichkeit *f*

po·lit·i·cal [pə'lɪtɪkl] politisch; **pol·i·ti·cian** [pɒlɪ'tɪʃn] Politiker(in); **pol·i·tics** ['pɒlɪtɪks] *mst sg.* Politik *f*

pol·ka *mus.* ['pɒlkə] Polka *f*; **'~-dot** gepunktet, getupft (*Kleid etc.*)

poll [pəʊl] **1.** (*Meinungs*)Umfrage *f*; Wahlbeteiligung *f*; *a.* ***~s*** *pl.* Stimmabgabe *f*, Wahl *f*; **2.** befragen; *Stimmen* erhalten

pol·len *bot.* ['pɒlən] Pollen *m*, Blütenstaub *m*

poll·ing ['pəʊlɪŋ] Stimmabgabe *f*; Wahlbeteiligung *f*; **'~ booth** *bsd. Brt.* Wahlkabine *f*; **'~ day** Wahltag *m*; **'~ place** *Am.*, **'~ sta·tion** *bsd. Brt.* Wahllokal *n*

polls [pəʊlz] *pl.* Wahl *f*; *Am.* Wahllokal *n*

P

poll·ster ['pəʊlstə] Demoskop(in), Meinungsforscher(in)

pol|·lut·ant [pə'luːtənt] Schadstoff *m*; **~·lute** [pə'luːt] be-, verschmutzen; verunreinigen; **~·lut·er** [pə'luːtə] *a.* ***environmental ~*** Umweltsünder(in); **~·lu·tion** [pə'luːʃn] (*Luft-*, *Wasser-*, *Umwelt*)Verschmutzung *f*; Verunreinigung *f*

po·lo ['pəʊləʊ] *Sport*: Polo *n*; **'~ neck** *bsd. Brt.* Rollkragen(pullover) *m*

pol·yp *zo., med.* ['pɒlɪp] Polyp *m*

pol·y·sty·rene [pɒlɪ'staɪriːn] Styropor® *n*

pom·mel ['pʌml] (Sattel- *etc.*)Knopf *m*

pomp [pɒmp] Pomp *m*, Prunk *m*

pom·pous ['pɒmpəs] aufgeblasen, wichtigtuerisch; schwülstig (*Sprache*)

pond [pɒnd] Teich *m*, Weiher *m*

pon·der ['pɒndə] *v/i.* nachdenken (***on, over*** über *acc.*); *v/t.* überlegen, nachdenken über (*acc.*) **~·ous** ['pɒndərəs] schwer(fällig)

pon·toon [pɒn'tuːn] Ponton *m*; **~ bridge** Pontonbrücke *f*

po·ny *zo.* ['pəʊnɪ] Pony *n*; ⚠ *nicht* ***Pony*** (*Frisur*); **'~·tail** Pferdeschwanz *m* (*Frisur*)

poo·dle *zo.* ['puːdl] Pudel *m*

pool¹ [puːl] Teich *m*, Tümpel *m*; Pfütze *f*, (*Blut- etc.*)Lache *f*; (*Schwimm*)Becken *n*, (*Swimming*)Pool *m*

pool² [puːl] **1.** (*Arbeits-*, *Fahr*)Gemeinschaft *f*; (*Mitarbeiter- etc.*)Stab *m*; (*Fuhr*)Park *m*; (*Schreib*)Pool *m*; *bsd. Am. econ.* Pool *m*, Kartell *n*; *Karten*: Gesamteinsatz *m*; *Am.* Poolbillard *n*; **2.** *Geld*, *Unternehmen etc.* zusammenlegen; *Kräfte etc.* vereinen; **'~ hall** *Am.*, **'~·room** Billardspielhalle *f*; **~s** *pl. Brt. a.* ***football ~*** (Fußball)Toto *n*, *m*

poor [pʊə] **1.** arm; dürftig, mangelhaft, schwach; **2.** ***the ~*** *pl.* die Armen *pl.*; **'~·ly 1.** *adj. bsd. Brt.* F kränklich, unpässlich; **2.** *adv.* ärmlich, dürftig, schlecht, schwach

pop¹ [pɒp] **1.** (**-*pp-***) *v/t.* zerknallen; F schnell *wohin* tun *od.* stecken; *v/i.* knallen; (zer)platzen; **~ *in*** auf e-n Sprung vorbeikommen; **~ *off*** (plötzlich) den Löffel weglegen (*sterben*); **~ *up*** (plötzlich) auftauchen; **2.** Knall *m*; F Limo *f*

pop² [pɒp] Pop *m*; Schlager...; Pop...

pop³ *bsd. Am.* F [pɒp] Paps *m*, Papa *m*

pop⁴ *nur geschr. Abk. für* ***population*** Einw., Einwohner(zahl *f*) *pl.*

'pop con·cert *mus.* Popkonzert *n*

'pop·corn Popcorn *n*, Puffmais *m*

pope *rel.* [pəʊp] *mst* ♀ Papst *m*

pop-'eyed F glotzäugig

'pop group *mus.* Popgruppe *f*

pop·lar *bot.* ['pɒplə] Pappel *f*

pop·py *bot.* ['pɒpɪ] Mohn *m*

pop·u·lar ['pɒpjʊlə] populär, beliebt; volkstümlich; allgemein; **~·i·ty** [pɒpjʊ'lærətɪ] Popularität *f*, Beliebtheit *f*; Volkstümlichkeit *f*

pop·u|·late ['pɒpjʊleɪt] bevölkern, besiedeln; *mst pass.* bewohnen; **~·la·tion** [pɒpjʊ'leɪʃn] Bevölkerung *f*; **~·lous** ['pɒpjʊləs] dicht besiedelt, dicht bevölkert

porce·lain ['pɔːslɪn] Porzellan *n*
porch [pɔːtʃ] überdachter Vorbau; Portal *n* (*e-r Kirche*); *Am.* Veranda *f*
por·cu·pine *zo.* ['pɔːkjʊpaɪn] Stachelschwein *n*
pore[1] [pɔː] Pore *f*
pore[2] [pɔː]: ~ ***over*** vertieft sein in (*acc.*), *et.* eifrig studieren
pork [pɔːk] Schweinefleisch *n*
porn F [pɔːn] → **por·no** F ['pɔːnəʊ] (*pl.* ***-nos***) Porno *m*; Porno...; **por·nog·ra·phy** [pɔː'nɒgrəfɪ] Pornografie *f*
po·rous ['pɔːrəs] porös
por·poise *zo.* ['pɔːpəs] Tümmler *m*
por·ridge ['pɒrɪdʒ] Porridge *m*, *n*, Haferbrei *m*
port[1] [pɔːt] Hafen(stadt *f*) *m*
port[2] *naut.*, *aviat.* [pɔːt] Backbord *n*
port[3] [pɔːt] *Computer*: Port *m*, Anschluss *m*
port[4] [pɔːt] Portwein *m*
por·ta·ble ['pɔːtəbl] tragbar
por·ter ['pɔːtə] (Gepäck)Träger *m*; *bsd. Brt.* Pförtner *m*, Portier *m*; *Am. rail.* Schlafwagenschaffner *m*
'**port·hole** *naut.* Bullauge *n*
por·tion ['pɔːʃn] **1.** (An)Teil *m*; Portion *f* (*Essen*); **2.** ~ ***out*** auf-, verteilen (***among***, ***between*** unter *acc.*)
port·ly ['pɔːtlɪ] (***-ier***, ***-iest***) korpulent
por·trait ['pɔːtrɪt] Porträt *n*, Bild(nis) *n*
por·tray [pɔː'treɪ] porträtieren; darstellen; schildern; **~·al** *thea.* [pɔː'treɪəl] Verkörperung *f*, Darstellung *f*
Por·tu·gal ['pɔːtʃʊgl] Portugal *n*; **Por·tu·guese** [pɔːtʃʊ'giːz] **1.** portugiesisch; **2.** Portugies|e *m*, -in *f*; *ling.* Portugiesisch *n*; ***the*** ~ *pl.* die Portugiesen *pl.*
pose [pəʊz] **1.** aufstellen; *Problem*, *Frage* aufwerfen, *Bedrohung*, *Gefahr etc.* darstellen; Modell sitzen *od.* stehen; ~ ***as*** sich ausgeben als *od.* für; **2.** Pose *f*
posh *bsd. Brt.* F [pɒʃ] schick, piekfein
po·si·tion [pə'zɪʃn] **1.** Position *f*, Lage *f*, Stellung *f* (*a. fig.*); Stand *m*; *fig.* Standpunkt *m*; **2.** (auf)stellen
pos·i·tive ['pɒzətɪv] **1.** positiv; bestimmt, sicher, eindeutig; greifbar, konkret; konstruktiv; **2.** *phot.* Positiv *n*
pos|·sess [pə'zes] besitzen; *fig.* beherrschen (*Gedanke*, *Gefühl etc.*); **~·sessed** [pə'zest] besessen; **~·ses·sion** [pə'zeʃn] Besitz *m*; *fig.* Besessenheit *f*; **~·ses·sive** [pə'zesɪv] besitzergreifend; *gr.* possessiv, besitzanzeigend
pos·si|·bil·i·ty [pɒsə'bɪlətɪ] Möglichkeit *f*; **~·ble** ['pɒsəbl] möglich; **~·bly** ['pɒsəblɪ] möglicherweise, vielleicht; ***if I*** ~ ***can*** wenn ich irgend kann; ***I can't*** ~ ***do this*** ich kann das unmöglich tun
post[1] [pəʊst] (*Tür-*, *Tor-*, *Ziel- etc.*) Pfosten *m*; Pfahl *m*; **2.** *a.* ~ ***up*** *Plakat etc.* anschlagen, ankleben; ***be ~ed missing*** *naut.*, *aviat.* als vermisst gemeldet werden
post[2] *bsd. Brt.* [pəʊst] **1.** Post(sendung) *f*; ***by*** ~ mit der Post; **2.** mit der Post (zu)schicken, aufgeben, *Brief* einwerfen
post[3] [pəʊst] **1.** Stelle *f*, Job *m*; Posten *m*; **2.** aufstellen, postieren; *bsd. Brt.* versetzen, *mil.* abkommandieren (***to*** nach)
post... [pəʊst] nach..., Nach...
post·age ['pəʊstɪdʒ] Porto *n*; '**~ stamp** Postwertzeichen *n*, Briefmarke *f*
post·al ['pəʊstl] postalisch, Post...; '**~ or·der** *Brt.* Postanweisung *f*; '**~ vote** *pol.* Briefwahl *f*
'**post|·bag** *bsd. Brt.* Postsack *m*; '**~·box** *bsd. Brt.* Briefkasten *m*; '**~·card** Postkarte *f*; *a.* ***picture*** ~ Ansichtskarte *f*; '**~·code** *Brt.* Postleitzahl *f*
post·er ['pəʊstə] Plakat *n*; Poster *n*, *m*
poste res·tante *Brt.* [pəʊst'restɑːnt] **1.** Abteilung *f* für postlagernde Sendungen; **2.** postlagernd
pos·te·ri·or *humor.* [pɒ'stɪərɪə] Allerwerteste(r) *m*, Hinterteil *n*
pos·ter·i·ty [pɒ'sterətɪ] die Nachwelt
post-'free *bsd. Brt.* portofrei
post·grad·u·ate [pəʊst'grædjʊət] **1.** *nach dem ersten akademischen Grad*; **2.** *j., der nach dem ersten akademischen Grad weiterstudiert*
post·hu·mous ['pɒstjʊməs] post(h)um
'**post|·man** (*pl.* ***-men***) *bsd. Brt.* Briefträger *m*, Postbote *m*; '**~·mark 1.** Poststempel *m*; **2.** (ab)stempeln; '**~·mas·ter** Postamtsvorsteher *m*; '**~ of·fice** Post(amt *n*, -filiale) *f*; '**~ of·fice box** → ***PO Box***; **~-'paid** *bsd. Am.* portofrei
post·pone [pəʊst'pəʊn] ver-, aufschieben; **~·ment** Verschiebung *f*, Aufschub *m*

P

post·script ['pəʊsskrɪpt] Postskript(um) *n*, Nachschrift *f*
pos·ture ['pɒstʃə] **1.** (Körper)Haltung *f*; Stellung *f*; **2.** *fig.* sich aufspielen
post'war Nachkriegs...
'post·wom·an (*pl.* ***-women***) *bsd. Brt.* Briefträgerin *f*, Postbotin *f*
po·sy ['pəʊzɪ] Sträußchen *n*
pot [pɒt] **1.** Topf *m*; Kanne *f*; Kännchen *n* (*Tee etc.*); *Sport*: F Pokal *m*; *sl.* Pot *n* (*Marihuana*); **2.** (**-tt-**) *Pflanze* eintopfen
po·ta·to [pə'teɪtəʊ] (*pl.* ***-toes***) Kartoffel *f*; → ***chips, crisps***
'pot·bel·ly Schmerbauch *m*
po·ten|·cy ['pəʊtənsɪ] Stärke *f*; Wirksamkeit *f*, Wirkung *f*; *physiol.* Potenz *f*; **~t** ['pəʊtənt] stark (*Medikament etc.*); *physiol.* potent; **~·tial** [pə'tenʃl] **1.** potenziell, möglich; **2.** Potenzial *n*, Leistungsfähigkeit *f*
'pot·hole *mot.* Schlagloch *n*
po·tion ['pəʊʃn] Trank *m*
pot·ter¹ ['pɒtə]: **~ *about*** herumwerkeln
pot·ter² ['pɒtə] Töpfer(in); **~·y** ['pɒtərɪ] Töpferei *f*; Töpferware(n *pl.*) *f*
pouch [paʊtʃ] Beutel *m* (*a. zo.*); *zo.* (*Backen*)Tasche *f*
poul·tice *med.* ['pəʊltɪs] (warmer) (*Senf- etc.*)Umschlag *od.* (-)Wickel
poul·try ['pəʊltrɪ] Geflügel *n*
pounce [paʊns] **1.** sich stürzen (***on*** auf *acc.*); **2.** Satz *m*, Sprung *m*
pound¹ [paʊnd] Pfund *n* (*453,59 g*); **~ (*sterling*)** (*Abk.* **£**) Pfund *n*
pound² [paʊnd] Tierheim *n*; Abstellplatz *m* für (polizeilich) abgeschleppte Fahrzeuge
pound³ [paʊnd] *v/t.* zerstoßen, -stampfen; trommeln *od.* hämmern auf (*acc.*) *od.* an (*acc.*) *od.* gegen; *v/i.* hämmern (***with*** vor *dat.*) (*Herz*)
pour [pɔː] *v/t.* gießen, schütten; **~ *out*** ausgießen, -schütten; *Getränk* eingießen; *v/i.* strömen (*a. fig.*)
pout [paʊt] **1.** *v/t. Lippen* schürzen; *v/i.* schmollen; e-n Schmollmund machen; **2.** Schmollen *n*; Schmollmund *m*
pov·er·ty ['pɒvətɪ] Armut *f*
POW [piː əʊ 'dʌbljuː] *Abk. für* ***prisoner of war*** Kriegsgefangene(r) *m*
pow·der ['paʊdə] **1.** Pulver *n*; Puder *m*; **2.** pulverisieren; (sich) pudern; **'~ puff** Puderquaste *f*; **'~ room** Damentoilette *f*
pow·er ['paʊə] **1.** Kraft *f*; Macht *f*; Fähigkeit *f*, Vermögen *n*; Gewalt *f*; *jur.* Befugnis *f*, Vollmacht *f*; *math.* Potenz *f*; *electr.* Strom *m*; ***in* ~** an der Macht; **2.** *tech.* antreiben; **'~ cut** *electr.* Stromsperre *f*; **'~ fail·ure** *electr.* Strom-, Netzausfall *m*; **'~·ful** stark, kräftig; mächtig; **'~·less** kraftlos; machtlos; **'~ plant** *bsd. Am.* → ***power station***; **'~ pol·i·tics** *oft sg.* Machtpolitik *f*; **'~ sta·tion** Elektrizitäts-, Kraftwerk *n*
pp *nur geschr. Abk. für* ***pages*** Seiten *pl.*
PR [piː 'ɑː] *Abk. für* ***public relations*** PR, Öffentlichkeitsarbeit *f*
prac·ti|·ca·ble ['præktɪkəbl] durchführbar; **~·cal** ['præktɪkl] praktisch; **~·cal 'joke** Streich *m*; **'~·cal·ly** so gut wie
prac·tice ['præktɪs] **1.** Praxis *f*; Übung *f*; Gewohnheit *f*, Brauch *m*; ***it is common* ~** es ist allgemein üblich; ***put into* ~** in die Praxis umsetzen; **2.** *Am.* → ***practise***
prac·tise *Brt.*, **prac·tice** *Am.* ['præktɪs] *v/t.* (ein)üben; *als Beruf* ausüben; **~ *law*** (***medicine***) als Anwalt (Arzt) praktizieren; *v/i.* praktizieren; üben; **'~d** geübt (***in*** in *dat.*)
prac·ti·tion·er [præk'tɪʃnə]: ***general* ~** praktischer Arzt
prai·rie ['preərɪ] Prärie *f*; **~ 'schoo·ner** *Am. hist.* Planwagen *m*
praise [preɪz] **1.** loben, preisen; **2.** Lob *n*; **'~·wor·thy** lobenswert
pram *bsd. Brt.* F [præm] Kinderwagen *m*
prance [prɑːns] sich aufbäumen, steigen (*Pferd*); tänzeln (*Pferd*); stolzieren
prank [præŋk] Streich *m*
prat·tle F ['prætl]: **~ *on*** plappern (***about*** von)
prawn *zo.* [prɔːn] Garnele *f*
pray [preɪ] beten (***to*** zu; ***for*** für, um)
prayer [preə] Gebet *n*; *oft* **~s** *pl.* Andacht *f*; ***the Lord's* ♀** das Vaterunser; **'~ book** Gebetbuch *n*
preach [priːtʃ] predigen (***to*** zu, vor *dat.*); **'~·er** Prediger(in)
pre·am·ble [priː'æmbl] Einleitung *f*
pre·ar·range [priːə'reɪndʒ] vorher vereinbaren
pre·car·i·ous [prɪ'keərɪəs] prekär, unsicher; gefährlich
pre·cau·tion [prɪ'kɔːʃn] Vorkehrung *f*,

P

Vorsichtsmaßnahme *f*; **~·a·ry** [prɪ'kɔːʃnərɪ] vorbeugend
pre·cede [priː'siːd] voraus-, vorangehen (*dat.*)
pre·ce|·dence ['presɪdəns] Vorrang *m*; **'~·dent** Präzedenzfall *m*
pre·cept ['priːsept] Regel *f*, Richtlinie *f*
pre·cinct ['priːsɪŋkt] *bsd. Brt.* (*Einkaufs*)Viertel *n*; *bsd. Brt.* (*Fußgänger*)Zone *f*; *Am.* (*Wahl*)Bezirk *m*; *Am.* (*Polizei*)Revier *n*; **~s** *pl.* Gelände *n*
pre·cious ['preʃəs] **1.** *adj.* kostbar, wertvoll; Edel... (*Steine etc.*); **2.** *adv.* **~ *little*** F herzlich wenig
pre·ci·pice ['presɪpɪs] Abgrund *m*
pre·cip·i|·tate **1.** [prɪ'sɪpɪteɪt] *v/t.* (hinunter-, herunter)schleudern; *chem.* ausfällen; *fig.* beschleunigen; *fig.* stürzen (***into*** in *acc.*); *v/i. chem.* ausfallen; **2.** [prɪ'sɪpɪtət] *adj.* überstürzt; **3.** *chem.* [prɪ'sɪpɪteɪt] Niederschlag *m*; **~·ta·tion** [prɪsɪpɪ'teɪʃn] *chem.* Ausfällung *f*; *meteor.* Niederschlag *m*; *fig.* Überstürzung *f*, Hast *f*; **~·tous** [prɪ'sɪpɪtəs] steil (abfallend); *fig.* überstürzt
pré·cis ['preɪsiː] (*pl.* ***-cis*** [-siːz]) Zusammenfassung *f*
pre|·cise [prɪ'saɪs] genau, präzis; **~·ci·sion** [prɪ'sɪʒn] Genauigkeit *f*; Präzision *f*
pre·clude [prɪ'kluːd] ausschließen
pre·co·cious [prɪ'kəʊʃəs] frühreif; altklug
pre·con|·ceived [priːkən'siːvd] vorgefasst (*Meinung etc.*); **~·cep·tion** [priːkən'sepʃn] vorgefasste Meinung
pre·cur·sor [priː'kɜːsə] Vorläufer(in)
pred·a·to·ry ['predətərɪ] Raub...
pre·de·ces·sor ['priːdɪsesə] Vorgänger(in)
pre·des|·ti·na·tion [priːdestɪ'neɪʃn] Vorherbestimmung *f*; **~·tined** [priː'destɪnd] prädestiniert, vorherbestimmt (***to*** für, zu)
pre·de·ter·mine [priːdɪ'tɜːmɪn] vorherbestimmen; vorher vereinbaren
pre·dic·a·ment [prɪ'dɪkəmənt] missliche Lage, Zwangslage *f*
pred·i·cate *gr.* ['predɪkət] Prädikat *n*, Satzaussage *f*; **pre·dic·a·tive** *gr.* [prɪ'dɪkətɪv] prädikativ
pre|·dict [prɪ'dɪkt] vorher-, voraussagen; **~·dic·tion** [prɪ'dɪkʃn] Vorher-, Voraussage *f*; ***computer*** **~** Hochrechnung *f* (*bei Wahlen*)
pre·dis|·pose [priːdɪ'spəʊz] geneigt machen, einnehmen (***in favo[u]r of*** für); *bsd. med.* anfällig machen (***to*** für); **~·po·si·tion** [priːdɪspə'zɪʃn]: **~ *to*** Neigung *f* zu, *bsd. med. a.* Anfälligkeit *f* für
pre·dom·i|·nant [prɪ'dɒmɪnənt] (vor-)herrschend, überwiegend; **~·nate** [prɪ'dɒmɪneɪt] vorherrschen, überwiegen; die Oberhand haben
pre·em·i·nent [priː'emɪnənt] hervor-, überragend
pre·emp·tive [priː'emptɪv] Vorkaufs...; *mil.* Präventiv...
preen [priːn] *sich od. das Gefieder* putzen (*Vogel*)
pre·fab F ['priːfæb] Fertighaus *n*; **~·ri·cate** [priː'fæbrɪkeɪt] vorfabrizieren, -fertigen; ***~d house*** Fertighaus *n*
pref·ace ['prefɪs] **1.** Vorwort *n* (***to*** zu); **2.** *Buch, Rede etc.* einleiten (***with*** mit)
pre·fect ['priːfekt] *Schule*: *Brt.* Aufsichts-, Vertrauensschüler(in)
pre·fer [prɪ'fɜː] (***-rr-***) vorziehen (***to*** *dat.*), lieber mögen (***to*** als), bevorzugen
pref·e|·ra·ble ['prefərəbl]: ***be* ~ (*to*)** vorzuziehen sein (*dat.*), besser sein (als); **'~·ra·bly** vorzugsweise, lieber, am liebsten; **~·rence** ['prefərəns] Vorliebe *f* (***for*** für); Vorzug *m*
pre·fix *gr.* ['priːfɪks] Präfix *n*, Vorsilbe *f*
preg·nan|·cy ['pregnənsɪ] Schwangerschaft *f*; *zo.* Trächtigkeit *f*; **~t** ['pregnənt] schwanger; *zo.* trächtig; ⚠ *nicht* ***prägnant***
pre·heat [priː'hiːt] *Bratröhre* vorheizen
pre·judge [priː'dʒʌdʒ] *j-n* vorverurteilen; vorschnell beurteilen
prej·u·dice ['predʒʊdɪs] **1.** Vorurteil *n*, Voreingenommenheit *f*, Befangenheit *f*; ***to the* ~ *of*** zum Nachteil *od.* Schaden (*gen.*); **2.** einnehmen (***in favo[u]r of*** für; ***against*** gegen); schaden (*dat.*), beeinträchtigen; **'~d** (vor)eingenommen, befangen
pre·lim·i·na·ry [prɪ'lɪmɪnərɪ] **1.** vorläufig, einleitend, Vor...; **2.** ***preliminaries*** *pl.* Vorbereitungen *pl.*
prel·ude ['preljuːd] Vorspiel *n* (*a. mus*)
pre·mar·i·tal [priː'mærɪtl] vorehelich
pre·ma·ture ['premətjʊə] vorzeitig, verfrüht; *fig.* voreilig
pre·med·i|·tat·ed [priː'medɪteɪtɪd] vor-

P

sätzlich; **~·ta·tion** [priːmedɪ'teɪʃn]: ***with ~*** vorsätzlich

prem·i·er ['premjə] Premier(minister) *m*

prem·i·ere, prem·i·ère ['premɪeə] Premiere *f*, Ur-, Erstaufführung *f*

prem·is·es ['premɪsɪz] *pl.* Gelände *n*, Grundstück *n*, (*Geschäfts*)Räume *pl.*; ***on the ~*** an Ort u. Stelle, im Haus *od.* Lokal

pre·mi·um ['priːmjəm] Prämie *f*, Bonus *m*; **'~ (gas·o·line)** *Am. mot.* Super(benzin) *n*

pre·mo·ni·tion [priːmə'nɪʃn] (böse) Vorahnung

pre·oc·cu|·pa·tion [priːɒkjʊ'peɪʃn] Beschäftigung *f* (***with*** mit); **~·pied** [priː'ɒkjʊpaɪd] gedankenverloren, geistesabwesend; **~·py** [priː'ɒkjʊpaɪ] (stark) beschäftigen

prep *Brt.* F [prep] Hausaufgabe(n *pl.*) *f*

pre·packed [priː'pækt], **pre·pack·aged** [priː'pækɪdʒd] abgepackt (*Nahrung*)

pre·paid *post* [priː'peɪd] frankiert, freigemacht; **~ envelope** Freiumschlag *m*

prep·a·ra·tion [prepə'reɪʃn] Vorbereitung *f* (***for*** auf *acc.*, für); Zubereitung *f*; *chem.*, *med.* Präparat *n*

pre·par·a·to·ry [prɪ'pærətərɪ] vorbereitend; **~ school** *private Vorbereitungsschule*

pre·pare [prɪ'peə] *v/t.* vorbereiten; *Speise etc.* zubereiten; *v/i.* **~ *for*** sich vorbereiten auf (*acc.*); Vorbereitungen treffen für; sich gefasst machen auf (*acc.*); **~d** vorbereitet; bereit

prep·o·si·tion *gr.* [prepə'zɪʃn] Präposition *f*, Verhältniswort *n*

pre·pos·sess·ing [priːpə'zesɪŋ] einnehmend, anziehend

pre·pos·ter·ous [prɪ'pɒstərəs] absurd; lächerlich, grotesk

pre·pro·gram(me) [priː'prəʊgræm] vorprogrammieren

'prep school F → ***preparatory school***

pre·req·ui·site [priː'rekwɪzɪt] Vorbedingung *f*, (Grund)Voraussetzung *f*

pre·rog·a·tive [prɪ'rɒgətɪv] Vorrecht *n*

pre·scribe [prɪ'skraɪb] *et.* vorschreiben; *med. j-m et.* verschreiben

pre·scrip·tion [prɪ'skrɪpʃn] Vorschrift *f*, Verordnung *f*; *med.* Rezept *n*

pres·ence ['prezns] Gegenwart *f*, Anwesenheit *f*; **~ of 'mind** Geistesgegenwart *f*

pres·ent[1] ['preznt] Geschenk *n*

pre·sent[2] [prɪ'zent] präsentieren; (über)reichen, (-)bringen, (-)geben; schenken; vorbringen, -legen; zeigen, vorführen, *thea. etc.* aufführen; schildern, darstellen; *j-n*, *Produkt etc.* vorstellen; *Programm etc.* moderieren

pres·ent[3] ['preznt] **1.** anwesend; vorhanden; gegenwärtig, jetzig; laufend (*Jahr etc.*); vorliegend (*Fall etc.*); ***~ tense*** *gr.* Präsens *n*, Gegenwart *f*; **2.** Gegenwart *f*, *gr. a.* Präsens *n*; ***at ~*** gegenwärtig, zur Zeit; ***for the ~*** vorerst, -läufig

pre·sen·ta·tion [prezən'teɪʃn] Präsentation *f*; Überreichung *f*; Vorlage *f*; Vorführung *f*, *thea. etc.* Aufführung *f*; Schilderung *f*, Darstellung *f*; Vorstellung *f*; *Rundfunk*, *TV*: Moderation *f*

pres·ent-'day heutig, gegenwärtig, modern

pre·sent·er *bsd. Brt.* [prɪ'zentə] *Rundfunk*, *TV*: Moderator(in)

pre·sen·ti·ment [prɪ'zentɪmənt] (böse) Vorahnung

pres·ent·ly ['prezntlɪ] bald; *bsd. Am.* zur Zeit, jetzt

pres·er·va·tion [prezə'veɪʃn] Bewahrung *f*; Erhaltung *f*; Konservierung *f*

pre·ser·va·tive [prɪ'zɜːvətɪv] Konservierungsmittel *n*

pre·serve [prɪ'zɜːv] **1.** bewahren, (be)schützen; erhalten; konservieren, *Obst etc.* einmachen, -kochen; **2.** (*Jagd*)Revier *n*; *fig.* Ressort *n*, Reich *n*; *mst* **~s** *pl. das* Eingemachte

pre·side [prɪ'zaɪd] den Vorsitz führen (***at, over*** bei)

pres·i|·den·cy *pol.* ['prezɪdənsɪ] Präsidentschaft *f*; Amtszeit *f* (*e-s Präsidenten*); **~·dent** ['prezɪdənt] Präsident(in)

press [pres] **1.** *v/t.* drücken, pressen; *Frucht* (aus)pressen; drücken auf (*acc.*); bügeln; drängen; *j-n* (be)drängen; bestehen auf (*dat.*); *v/i.* drücken; drängen (*Zeit etc.*); (sich) drängen; ***~ for*** dringen *od.* drängen auf (*acc.*); ***~ on*** (zügig) weitermachen; **2.** Druck *m* (*a. fig.*); (Wein- *etc.*)Presse *f*; Bügeln *n*; *die* Presse (*Zeitungswesen*); *a.* ***printing ~*** Druckerpresse *f*; **'~ a·gen·cy** Presse-

P

agentur *f*; '~ **box** Pressetribüne *f*; '~·**ing** dringend; '~ **stud** *Brt.* Druckknopf *m*; '~-**up** *bsd. Brt.* Liegestütz *m*; ***do ten ~s*** *pl.* zehn Liegestütze machen
pres·sure *phys., tech. etc.* ['preʃə] Druck *m* (*a. fig.*); '~ **cook·er** Dampf-, Schnellkochtopf *m*
pres·tige [pre'sti:ʒ] Prestige *n*, Ansehen *n*
pre|·su·ma·bly [prɪ'zju:məblɪ] vermutlich; ~·**sume** [prɪ'zju:m] *v/t.* annehmen, vermuten; sich erdreisten *od.* anmaßen (***to do*** zu tun); *v/i.* annehmen, vermuten; anmaßend sein; ***~ on*** *et.* ausnützen *od.* missbrauchen
pre·sump|·tion [prɪ'zʌmpʃn] Annahme *f*, Vermutung *f*; Anmaßung *f*; ~·**tu·ous** [prɪ'zʌmptʃʊəs] anmaßend
pre·sup|·pose [pri:sə'pəʊz] voraussetzen; ~·**po·si·tion** [pri:sʌpə'zɪʃn] Voraussetzung *f*
pre·tence *Brt.*, **pre·tense** *Am.* [prɪ'tens] Verstellung *f*, Vortäuschung *f*; Anspruch *m* (***to*** auf *acc.*)
pre·tend [prɪ'tend] vorgeben, -täuschen; sich verstellen; Anspruch erheben (***to*** auf *acc.*); ***she is only ~ing*** sie tut nur so; ~·**ed** vorgetäuscht, gespielt
pre·ten·sion [prɪ'tenʃn] Anspruch *m* (***to*** auf *acc.*); Anmaßung *f*
pre·ter·it(e) *gr.* ['pretərɪt] Präteritum *n*, (erste) Vergangenheit
pre·text ['pri:tekst] Vorwand *m*
pret·ty ['prɪtɪ] **1.** *adj.* (***-ier, -iest***) hübsch; **2.** *adv.* ziemlich, ganz schön
pret·zel ['pretsl] Brezel *f*
pre·vail [prɪ'veɪl] vorherrschen, weit verbreitet sein; siegen (***over, against*** über *acc.*); ~·**ing** (vor)herrschend
pre|·vent [prɪ'vent] verhindern, -hüten, *e-r Sache* vorbeugen; *j-n* hindern (***from*** an *dat.*); ~·**ven·tion** [prɪ'venʃn] Verhinderung *f*, -hütung *f*, Vorbeugung *f*; ~·**ven·tive** [prɪ'ventɪv] vorbeugend
pre·view ['pri:vju:] *Film, TV*: Voraufführung *f*; Vorbesichtigung *f*; *Film, TV etc.*: Vorschau *f* (***of*** auf *acc.*)
pre·vi·ous ['pri:vjəs] vorher-, vorausgehend, Vor...; ***~ to*** bevor, vor (*dat.*); ***~ knowledge*** Vorkenntnisse *pl.*; '~·**ly** vorher, früher
pre-war [pri:'wɔ:] Vorkriegs...
prey [preɪ] **1.** Beute *f*, Opfer *n* (*e-s Raubtiers*; *a. fig.*); ***be easy ~ for*** *od.* ***to*** e-e leichte Beute sein für; **2.** ***~ on*** *zo.* Jagd machen auf (*acc.*); *fig.* nagen an (*dat.*)
price [praɪs] **1.** Preis *m*; **2.** den Preis festsetzen für; auszeichnen (***at*** mit); '~·**less** unbezahlbar; '~ **tag** Preisschild *n*
prick [prɪk] **1.** Stich *m*; V Schwanz *m* (*Penis*); ***~s*** *pl.* ***of conscience*** Gewissensbisse *pl.*; **2.** *v/t.* (auf-, durch)stechen, stechen in (*acc.*); ***her conscience ~ed her*** sie hatte Gewissensbisse; ***~ up one's ears*** die Ohren spitzen; *v/i.* stechen
prick|·le ['prɪkl] Stachel *m*, Dorn *m*; '~·**ly** (***-ier, -iest***) stach(e)lig; prickelnd, kribbelnd
pride [praɪd] **1.** Stolz *m*; Hochmut *m*; ***take*** (***a***) ***~ in*** stolz sein auf (*acc.*); **2.** ***~ o.s. on*** stolz sein auf (*acc.*)
priest [pri:st] Priester *m*
prig [prɪg] Tugendbold *m*; '~·**gish** tugendhaft
prim [prɪm] (***-mm-***) steif; prüde
pri·mae·val *bsd. Brt.* [praɪ'mi:vl] → ***primeval***
pri·ma·ri·ly ['praɪmərəlɪ] in erster Linie, vor allem
pri·ma·ry ['praɪmərɪ] **1.** wichtigste(r, -s), Haupt...; grundlegend, elementar, Grund...; Anfangs..., Ur...; **2.** *Am. pol.* Vorwahl *f*; '~ **school** *Brt.* Grundschule *f*
prime [praɪm] **1.** *math.* Primzahl *f*; *fig.* Blüte(zeit) *f*; ***in the ~ of life*** in der Blüte s-r Jahre; ***be past one's ~*** s-e besten Jahre hinter sich haben; **2.** *adj.* erste(r, -s), wichtigste(r, -s), Haupt...; erstklassig; **3.** *v/t.* grundieren; *j-n* instruieren, vorbereiten; ~ '**min·is·ter** (*Abk.* **PM**) Premierminister(in), Ministerpräsident(in); ~ '**num·ber** *math.* Primzahl *f*
prim·er ['praɪmə] Fibel *f*, Elementarbuch *n*
'**prime time** *bsd. Am. TV* Haupteinschaltzeit *f*, -sendezeit *f*, beste Sendezeit
pri·me·val [praɪ'mi:vl] urzeitlich, Ur...
prim·i·tive ['prɪmɪtɪv] erste(r, -s), ursprünglich, Ur...; primitiv
prim·rose *bot.* ['prɪmrəʊz] Primel *f*, *bsd.* Schlüsselblume *f*
prince [prɪns] Fürst *m*; Prinz *m*;
prin·cess [prɪn'ses, *vor Eigennamen* 'prɪnses] Fürstin *f*; Prinzessin *f*

P

prin·ci·pal ['prɪnsəpl] **1.** wichtigste(r, -s), hauptsächlich, Haupt...; ⚠ *nicht* ***prinzipiell*; 2.** *Am. Schule*: Direktor(in), Rektor(in); *thea.* Hauptdarsteller(in); *mus.* Solist(in)
prin·ci·pal·i·ty [prɪnsɪ'pælətɪ] Fürstentum *n*
prin·ci·ple ['prɪnsəpl] Prinzip *n*, Grundsatz *m*; ***on*** ~ grundsätzlich, aus Prinzip
print [prɪnt] **1.** *print.* Druck *m*; Gedruckte *n*; (*Finger- etc.*)Abdruck *m*; *Kunst*: Druck *m*; *phot.* Abzug *m*; bedruckter Stoff; ***in*** ~ gedruckt; ***out of*** ~ vergriffen; **2.** *v/i. print.* drucken; *v/t.* (ab-, auf-, be)drucken; in Druckbuchstaben schreiben; *fig.* einprägen (***on*** *dat.*); *a.* ~ ***off*** *phot.* abziehen; ~ ***out*** *Computer*: ausdrucken; **'~ed mat·ter** *post* Drucksache *f*
'print·er Drucker *m* (*a. Gerät*); ***~'s error*** Druckfehler *m*; ***~'s ink*** Druckerschwärze *f*; **'~s** *pl.* Druckerei *f*
print·ing *print.* ['prɪntɪŋ] Drucken *n*; Auflage *f*; **'~ ink** Druckerschwärze *f*; **'~ press** Druck(er)presse *f*
'print·out *Computer*: Ausdruck *m*
pri·or ['praɪə] frühere(r, -s); vorrangig; **~·i·ty** [praɪ'ɒrɪtɪ] Priorität *f*, Vorrang *m*; *mot.* Vorfahrt *f*
prise *bsd. Brt.* [praɪz] → ***prize²***
pris·m ['prɪzəm] Prisma *n*
pris·on ['prɪzn] Gefängnis *n*; **'~·er** Gefangene(r *m*) *f*, Häftling *m*; ***hold*** ~, ***keep*** ~ gefangen halten; ***take*** ~ gefangen nehmen
priv·a·cy ['prɪvəsɪ] Intim-, Privatsphäre *f*; Geheimhaltung *f*
pri·vate ['praɪvɪt] **1.** privat, Privat...; vertraulich; geheim; ~ ***parts*** *pl.* Geschlechtsteile *pl.*; **2.** *mil.* gemeiner Soldat; ***in*** ~ privat; unter vier Augen
pri·va·tion [praɪ'veɪʃn] Entbehrung *f*
priv·i·lege ['prɪvɪlɪdʒ] Privileg *n*; Vorrecht *n*; **'~d** privilegiert
priv·y ['prɪvɪ] (***-ier, -iest***): ***be*** ~ ***to*** eingeweiht sein in (*acc.*)
prize¹ [praɪz] **1.** (Sieger-, Sieges)Preis *m*, Prämie *f*, Auszeichnung *f*; (*Lotterie*)Gewinn *m*; **2.** preisgekrönt; Preis...; **3.** (hoch)schätzen
prize² [praɪz]: ~ ***open*** aufbrechen, -stemmen
'prize·win·ner Preisträger(in)
pro¹ F [prəʊ] (*pl.* ***-s***) Profi *m*
pro² [prəʊ] (*pl.* ***-s***) ***the ~s and cons*** *pl.* das Pro u. Kontra, das Für u. Wider
prob|·a·bil·i·ty [prɒbə'bɪlətɪ] Wahrscheinlichkeit *f*; ***in all*** ~ höchstwahrscheinlich; **~·a·ble** ['prɒbəbl] *adj.* wahrscheinlich; **'~·a·bly** *adv.* wahrscheinlich
pro·ba·tion [prə'beɪʃn] Probe *f*, Probezeit *f*; *jur.* Bewährung(sfrist) *f*; **~ of·fi·cer** Bewährungshelfer(in)
probe [prəʊb] **1.** *med., tech.* Sonde *f*; *fig.* Untersuchung *f* (***into*** *gen.*); ⚠ *nicht* ***Probe*; 2.** sondieren; (gründlich) untersuchen; ⚠ *nicht* ***proben, probieren***
prob·lem ['prɒbləm] Problem *n*; *math. etc.* Aufgabe *f*; **~·at·ic** [prɒblə'mætɪk] (***~ally***), **~·at·i·cal** problematisch
pro·ce·dure [prə'siːdʒə] Verfahren(sweise *f*) *n*, Vorgehen *n*
pro·ceed [prə'siːd] (weiter)gehen, (-)fahren; sich begeben (***to*** nach, zu); *fig.* weitergehen (*Handlung etc.*); *fig.* fortfahren; *fig.* vorgehen; ~ ***from*** kommen *od.* herrühren von; ~ ***to do s.th.*** sich anschicken *od.* daranmachen, et. zu tun; **~·ing** Verfahren *n*, Vorgehen *n*; **~·ings** *pl.* Vorgänge *pl.*, Geschehnisse *pl.*; ***start*** *od.* ***take*** (***legal***) ~ ***against*** *jur.* (gerichtlich) vorgehen gegen
pro·ceeds ['prəʊsiːdz] *pl.* Erlös *m*, Ertrag *m*, Einnahmen *pl.*
pro|·cess ['prəʊses] **1.** Prozess *m*, Verfahren *n*, Vorgang *m*; ⚠ *nicht jur.* ***Prozess; in the*** ~ dabei; ***be in*** ~ im Gange sein; ***in*** ~ ***of construction*** im Bau (befindlich); **2.** *tech. etc.* bearbeiten, behandeln; *Daten* verarbeiten; *Film* entwickeln; ⚠ *nicht* ***prozessieren***
pro·ces·sion [prə'seʃn] Prozession *f*
pro·ces·sor ['prəʊsesə] *Computer*: Prozessor *m*; (*Wort-, Text*)Verarbeitungsgerät *n*
pro·claim [prə'kleɪm] proklamieren, ausrufen
proc·la·ma·tion [prɒklə'meɪʃn] Proklamation *f*, Bekanntmachung *f*
pro·cure [prə'kjʊə] (sich) *et.* beschaffen *od.* besorgen; verkuppeln
prod [prɒd] **1.** (***-dd-***) stoßen; *fig.* anstacheln, anspornen (***into*** zu); **2.** Stoß *m*
prod·i·gal ['prɒdɪgl] **1.** verschwenderisch; **2.** F Verschwender(in)
pro·di·gious [prə'dɪdʒəs] erstaunlich, großartig, ungeheuer

P

prod·i·gy ['prɒdɪdʒɪ] Wunder *n*; ***child** ~* Wunderkind *n*

pro·duce¹ [prə'dju:s] produzieren; *econ. Waren* produzieren, herstellen, erzeugen; hervorziehen, -holen (***from*** aus); vorzeigen, -legen; *Beweise etc.* beibringen; *econ. Gewinn etc.* bringen; *Film* produzieren; *Theaterstück etc.* inszenieren; *fig.* erzeugen, hervorrufen, *Wirkung* erzielen

prod·uce² ['prɒdju:s] *bsd.* (*Agrar*)Produkt(e *pl.*) *n*, (-)Erzeugnis(se *pl.*) *n*

pro·duc·er [prə'dju:sə] Produzent(in), Hersteller(in); *Film, TV*: Produzent(in); *thea.* Regisseur(in)

prod·uct ['prɒdʌkt] Produkt *n*, Erzeugnis *n*

pro·duc|·tion [prə'dʌkʃn] Erzeugung *f*; Produkt *n*, Erzeugnis *n*; *econ.* Produktion *f*, Herstellung *f*, Erzeugung *f*; Hervorziehen *n*, -holen *n*; Vorzeigen *n*, -legen *n*; Beibringung *f* (*von Beweisen etc.*); *Film*: Produktion *f*; *thea.* Inszenierung *f*; **~·tive** [prə'dʌktɪv] produktiv (*a. fig.*), ergiebig, rentabel; *fig.* schöpferisch; **~·tiv·i·ty** [prɒdʌk'tɪvətɪ] Produktivität *f*

prof F [prɒf] Prof *m* (*Professor*)

pro|·fa·na·tion [prɒfə'neɪʃn] Entweihung *f*; **~·fane** [prə'feɪn] **1.** (gottes)lästerlich; profan, weltlich; **2.** entweihen; **~·fan·i·ty** [prə'fænətɪ]: ***profanities*** *pl.* Flüche *pl.*, Lästerungen *pl.*

pro·fess [prə'fes] vorgeben, -täuschen; behaupten (***to be*** zu sein); erklären; **~ed** [prə'fest] erklärt (*Gegner etc.*); angeblich

pro·fes|·sion [prə'feʃn] (*bsd. akademischer*) Beruf; Berufsstand *m*; **~·sion·al** [prə'feʃənl] **1.** Berufs..., beruflich; Fach..., fachlich; fachmännisch; professionell; **2.** Fachmann *m*, Profi *m*; Berufsspieler(in), -sportler(in), Profi *m*; **~·sor** [prə'fesə] Professor(in); *Am.* Dozent(in)

pro·fi·cien|·cy [prə'fɪʃnsɪ] Können *n*, Tüchtigkeit *f*; **~t** [prə'fɪʃnt] tüchtig (***at, in*** in *dat.*)

pro·file ['prəʊfaɪl] Profil *n*

prof|·it ['prɒfɪt] **1.** Gewinn *m*, Profit *m*; Vorteil *m*, Nutzen *m*; **2.** *~* ***by***, *~* ***from*** Nutzen ziehen aus, profitieren von; **~·i·ta·ble** Gewinn bringend, einträglich; nützlich, vorteilhaft; **~·i·teer** *contp.* [prɒfɪ'tɪə] Profitmacher(in); **'~·it shar·ing** Gewinnbeteiligung *f*

prof·li·gate ['prɒflɪgət] verschwenderisch

pro·found [prə'faʊnd] tief (*Eindruck, Schweigen etc.*); tiefgründig; profund (*Wissen etc.*)

pro|·fuse [prə'fju:s] (über)reich; verschwenderisch; **~·fu·sion** [prə'fju:ʒn] Überfülle *f*; ***in** ~* in Hülle u. Fülle

prog·e·ny ['prɒdʒənɪ] Nachkommen(schaft *f*) *pl.*

prog·no·sis *med.* [prɒg'nəʊsɪs] (*pl.* **-ses** [-si:z]) Prognose *f*

pro·gram ['prəʊgræm] **1.** *Computer*: Programm *n*; *Am.* → ***programme*** 1; **2.** (**-mm-**) *Computer*: programmieren; *Am.* → ***programme*** 2; **'~·er** → ***programmer***

pro·gramme *Brt.*, **pro·gram** *Am.* ['prəʊgræm] **1.** Programm *n*; *Rundfunk, TV*: *a.* Sendung *f*; **2.** (vor)programmieren; planen; **'pro·gram·mer** *Computer*: Programmierer(in)

pro|·gress 1. ['prəʊgres] Fortschritt(e *pl.*) *m*; ***make slow** ~* (nur) langsam vorankommen; ***be in** ~* im Gange sein; **2.** [prəʊ'gres] fortschreiten; Fortschritte machen; **~·gres·sive** [prəʊ'gresɪv] progressiv, fortschreitend; fortschrittlich

pro|·hib·it [prə'hɪbɪt] verbieten; verhindern; **~·hi·bi·tion** [prəʊɪ'bɪʃn] Verbot *n*; **~·hib·i·tive** [prə'hɪbətɪv] unerschwinglich (*Preis*); Schutz... (*Zoll etc.*)

proj·ect¹ ['prɒdʒekt] Projekt *n*, Vorhaben *n*

pro·ject² [prə'dʒekt] *v/i.* vorspringen, -ragen, -stehen; *v/t.* werfen, schleudern; planen; projizieren

pro·jec·tile [prə'dʒektaɪl] Projektil *n*, Geschoss *n*, *östr.* Geschoß *n*

pro·jec|·tion [prə'dʒekʃn] Vorsprung *m*, vorspringender Teil; Werfen *n*, Schleudern *n*; Planung *f*; Projektion *f*; **~·tor** [prə'dʒektə] Projektor *m*

pro·le·tar·i·an [prəʊlɪ'teərɪən] **1.** proletarisch; **2.** Proletarier(in)

pro·lif·ic [prə'lɪfɪk] (*~ally*) fruchtbar

pro·logue *bsd. Brt.*, **pro·log** *Am.* ['prəʊlɒg] Prolog *m*

pro·long [prəʊ'lɒŋ] verlängern

prom·e·nade [prɒmə'nɑ:d] **1.**

(Strand)Promenade *f*; **2.** promenieren
prom·i·nent ['prɒmɪnənt] vorspringend, -stehend; *fig.* prominent
pro·mis·cu·ous [prə'mɪskjʊəs] sexuell freizügig
prom|·ise ['prɒmɪs] **1.** Versprechen *n*; *fig.* Aussicht *f*; **2.** versprechen; '**~is·ing** viel versprechend
prom·on·to·ry ['prɒməntrɪ] Vorgebirge *n*
pro|·mote [prə'məʊt] *j-n* befördern; *Schule*: versetzen; *econ.* werben für; *Boxkampf*, *Konzert etc.* veranstalten; *et.* förden; **be ~d** *Sport*: *bsd. Brt.* aufsteigen (**to** in *acc.*); **~·mot·er** [prə'məʊtə] Promoter(in), Veranstalter(in); Verkaufsförderer *m*; **~·mo·tion** [prə'məʊʃn] Beförderung *f*; *Schule*: Versetzung *f*; *Sport*: Aufstieg *m*; *econ.* Verkaufsförderung *f*, Werbung *f*; ⚠ *nicht* ***Promotion***
prompt [prɒmpt] **1.** führen zu, *Gefühle etc.* wecken; *j-n* veranlassen (**to do** zu tun); *j-m* ein-, vorsagen; *thea. j-m* soufflieren; **2.** prompt, umgehend, unverzüglich; pünktlich; '**~·er** *thea.* Souffleu|r *m*, -se *f*
prone [prəʊn] (**~r, ~st**) auf dem Bauch *od.* mit dem Gesicht nach unten liegend; **be ~ to** *fig.* neigen zu, anfällig sein für
prong [prɒŋ] Zinke *f*; (*Geweih*)Sprosse *f*
pro·noun *gr.* ['prəʊnaʊn] Pronomen *n*, Fürwort *n*
pro·nounce [prə'naʊns] aussprechen; erklären für; *jur.* *Urteil* verkünden
pron·to F ['prɒntəʊ] fix, schnell
pro·nun·ci·a·tion [prənʌnsɪ'eɪʃn] Aussprache *f*
proof [pru:f] **1.** Beweis(e *pl.*) *m*, Nachweis *m*; Probe *f*; *print.* Korrekturfahne *f*; *print.*, *phot.* Probeabzug *m*; **2.** *adj.* *in Zssgn* ...fest, ...beständig, ...dicht, ...sicher; → ***heatproof, soundproof, waterproof***; ***be ~ against*** geschützt sein vor (*dat.*); **3.** imprägnieren; **~·read** ['pru:fri:d] (***-read*** [-red]) Korrektur lesen; '**~·read·er** Korrektor(in)
prop [prɒp] **1.** Stütze *f* (*a. fig.*); **2.** (**-pp-**) *a.* **~ up** stützen; *sich od. et.* lehnen (***against*** gegen)
prop·a|·gate ['prɒpəgeɪt] *biol.* sich fortpflanzen *od.* vermehren; verbreiten; **~·ga·tion** [prɒpə'geɪʃn] Fortpflanzung *f*, Vermehrung *f*; Verbreitung *f*
pro·pel [prə'pel] (**-ll-**) (vorwärts-, an)treiben; **~·lant, ~·lent** Treibstoff *m*; Treibgas *n*; **~·ler** *aviat.* Propeller *m*, *naut. a.* Schraube *f*; **~·ling 'pen·cil** Drehbleistift *m*
pro·pen·si·ty *fig.* [prə'pensətɪ] Neigung *f*
prop·er ['prɒpə] richtig, passend, geeignet; anständig, schicklich; echt, wirklich, richtig; eigentlich; eigen(tümlich); *bsd. Brt.* F ordentlich, tüchtig, gehörig; **~ 'name, ~ 'noun** Eigenname *m*
prop·er·ty ['prɒpətɪ] Eigentum *n*, Besitz *m*; Land-, Grundbesitz *m*; Grundstück *n*; Eigenschaft *f*
proph|·e·cy ['prɒfɪsɪ] Prophezeiung *f*; **~·e·sy** ['prɒfɪsaɪ] prophezeien; **~·et** ['prɒfɪt] Prophet *m*
pro·por·tion [prə'pɔ:ʃn] **1.** Verhältnis *n*; (An)Teil *m*; **~s** *pl.* Größenverhältnisse *pl.*, Proportionen *pl.*; ***in ~ to*** im Verhältnis zu; **2.** (**to**) in das richtige Verhältnis bringen (mit, zu); anpassen (*dat.*); **~·al** [prə'pɔ:ʃənl] proportional; → **~·ate** [prə'pɔ:ʃnət] (**to**) im richtigen Verhältnis (zu), entsprechend (*dat.*)
pro·pos|·al [prə'pəʊzl] Vorschlag *m*; (Heirats)Antrag *m*; **~e** [prə'pəʊz] *v/t.* vorschlagen; beabsichtigen, vorhaben; *Toast* ausbringen (**to** auf *acc.*); ***~ s.o.'s health*** auf j-s Gesundheit trinken; *v/i.* **~ to** *j-m* e-n (Heirats)Antrag machen; **prop·o·si·tion** [prɒpə'zɪʃn] Behauptung *f*; Vorschlag *m*, *econ. a.* Angebot *n*
pro·pri·e|·ta·ry [prə'praɪətərɪ] *econ.* gesetzlich *od.* patentrechtlich geschützt; *fig.* besitzergreifend; **~·tor** [prə'praɪətə] Eigentümer *m*, Besitzer *m*, Geschäftsinhaber *m*; **~·tress** [prə'praɪətrɪs] Eigentümerin *f*, Besitzerin *f*, Geschäftsinhaberin *f*
pro·pri·e·ty [prə'praɪətɪ] Anstand *m*; Richtigkeit *f*
pro·pul·sion *tech.* [prə'pʌlʃn] Antrieb *m*
pro·sa·ic [prəʊ'zeɪɪk] (***~ally***) prosaisch, nüchtern, sachlich
prose [prəʊz] Prosa *f*
pros·e|·cute *jur.* ['prɒsɪkju:t] strafrechtlich verfolgen, (gerichtlich) belangen (***for*** wegen); **~·cu·tion** *jur.* [prɒsɪ'kju:ʃn] strafrechtliche Verfolgung, Strafverfolgung *f*; ***the ~*** die Staatsan-

waltschaft, die Anklage(behörde); **~·cu·tor** *jur.* ['prɒsɪkjuːtə] *a.* ***public ~*** Staatsanwalt *m*, -anwältin *f*

pros·pect 1. ['prɒspekt] Aussicht *f* (*a. fig.*); Interessent *m*, *econ.* möglicher Kunde, potenzieller Käufer; ⚠ *nicht* ***Prospekt*; 2.** [prə'spekt]: ***~ for*** *Bergbau*: schürfen nach; bohren nach (*Öl*)

pro·spec·tive [prə'spektɪv] voraussichtlich

pro·spec·tus [prə'spektəs] (*pl.* ***-tuses***) (Werbe)Prospekt *m*

pros·per ['prɒspə] gedeihen; *econ.* blühen, florieren; **~·i·ty** [prɒ'sperətɪ] Wohlstand *m*; **~·ous** ['prɒspərəs] *econ.* erfolgreich, blühend, florierend; wohlhabend

pros·ti·tute ['prɒstɪtjuːt] Prostituierte *f*, Dirne *f*; ***male ~*** Strichjunge *m*

pros|·trate 1. ['prɒstreɪt] hingestreckt; *fig.* am Boden liegend; erschöpft; ***~ with grief*** gramgebeugt; **2.** [prɒ'streɪt] niederwerfen; *fig.* erschöpfen; *fig.* niederschmettern; **~·tra·tion** [prɒ'streɪʃn] Fußfall *m*; *fig.* Erschöpfung *f*

pros·y ['prəʊzɪ] (***-ier, -iest***) langweilig; weitschweifig

pro·tag·o·nist [prəʊ'tægənɪst] Vorkämpfer(in); *thea.* Hauptfigur *f*, Held(in)

pro·tect [prə'tekt] (be)schützen (***from*** vor *dat.*; ***against*** gegen)

pro·tec·tion [prə'tekʃn] Schutz *m*; F Schutzgeld *n*; ⚠ *nicht* ***Protektion***; ***~ of endangered species*** Artenschutz *m*; **~ mon·ey** F Schutzgeld *n*; **~ rack·et** F Schutzgelderpressung *f*

pro·tec·tive [prə'tektɪv] (be)schützend; Schutz...; **~ 'cloth·ing** Schutzkleidung *f*; **~ 'cus·to·dy** *jur.* Schutzhaft *f*; **~ 'du·ty, ~ 'tar·iff** *econ.* Schutzzoll *m*

pro·tec·tor [prə'tektə] Beschützer *m*; (*Brust- etc.*)Schutz *m*; **~·ate** [prə'tektərət] Protektorat *n*

pro·test 1. ['prəʊtest] Protest *m*; Einspruch *m*; **2.** [prə'test] *v/i.* protestieren (***against*** gegen); *v/t. Am.* protestieren gegen; beteuern

Prot·es·tant ['prɒtɪstənt] **1.** protestantisch; **2.** Protestant(in)

prot·es·ta·tion [prɒte'steɪʃn] Beteuerung *f*; Protest *m* (***against*** gegen)

pro·to·col ['prəʊtəkɒl] Protokoll *n*

pro·to·type ['prəʊtətaɪp] Prototyp *m*

pro·tract [prə'trækt] in die Länge ziehen, hinziehen

pro|·trude [prə'truːd] herausragen, vorstehen (***from*** aus); **~'trud·ing** vorstehend (*a. Zähne*), vorspringend (*Kinn*)

proud [praʊd] stolz (***of*** auf *acc.*)

prove [pruːv] (***proved, proved*** *od. bsd. Am.* ***proven***) *v/t.* be-, er-, nachweisen; *v/i.* ~ (***to be***) sich herausstellen *od.* erweisen als; **prov·en** ['pruːvən] **1.** *bsd. Am. p.p. von* ***prove***; **2.** bewährt

prov·erb ['prɒvɜːb] Sprichwort *n*

pro·vide [prə'vaɪd] *v/t.* versehen, -sorgen, beliefern; zur Verfügung stellen, bereitstellen; vorsehen, -schreiben (***that*** dass) (*Gesetz etc.*); *v/i.* ***~ against*** Vorkehrungen *od.* Vorsorge treffen gegen; verbieten (*Gesetz etc.*); ***~ for*** sorgen für; vorsorgen für; *et.* vorsehen (*Gesetz etc.*); **pro'vid·ed:** ~ (***that***) vorausgesetzt(, dass)

prov·i·dent ['prɒvɪdənt] vorausblickend, vorsorglich

pro·vid·er [prə'vaɪdə] Ernährer(in)

prov·ince ['prɒvɪns] Provinz *f*; *fig.* Gebiet *n*, (Aufgaben-, Wissens)Bereich *m*; **pro·vin·cial** [prə'vɪnʃl] **1.** Provinz..., provinziell, provinzlerisch; **2.** *contp.* Provinzler(in)

pro·vi·sion [prə'vɪʒn] Bereitstellung *f*, Beschaffung *f*; Vorkehrung *f*, Vorsorge *f*; Bestimmung *f*, Vorschrift *f*; ***with the ~ that*** unter der Bedingung, dass; **~*s*** *pl.* Proviant *m*, Verpflegung *f*; ⚠ *nicht* ***Provision***; **~·al** [prə'vɪʒənl] provisorisch, vorläufig

pro·vi·so [prə'vaɪzəʊ] (*pl.* ***-sos***) Bedingung *f*, Vorbehalt *m*; ***with the ~ that*** unter der Bedingung, dass

prov·o·ca·tion [prɒvə'keɪʃn] Provokation *f*; **pro·voc·a·tive** [prə'vɒkətɪv] provozierend, (*a. sexuell*) aufreizend

pro·voke [prə'vəʊk] provozieren, reizen

prov·ost ['prɒvəst] Rektor *m* (*gewisser Colleges*); *schott.* Bürgermeister(in)

prowl [praʊl] **1.** *v/i. a.* ***~ about, ~ around*** herumschleichen, -streifen; *v/t.* durchstreifen; **2.** Herumstreifen *n*; **'~ car** *Am.* (Funk)Streifenwagen *m*

prox·im·i·ty [prɒk'sɪmətɪ] Nähe *f*

prox·y ['prɒksɪ] (Handlungs)Vollmacht *f*; (Stell)Vertreter(in), Bevollmächtigte(r *m*) *f*; ***by ~*** durch e-n Bevollmächtigten

P

prude [pruːd]: ***be a ~*** prüde sein (*bsd. ältere Frau*)
pru|·dence [ˈpruːdns] Klugheit *f*, Vernunft *f*; Besonnenheit *f*; **ˈ~·dent** klug, vernünftig; besonnen
ˈprud·ish prüde
prune¹ [pruːn] (be)schneiden (*Bäume etc.*)
prune² [pruːn] Backpflaume *f*
pry¹ [praɪ] neugierig sein; ***~ about*** herumschnüffeln; ***~ into*** s-e Nase stecken in (*acc.*)
pry² *bsd. Am.* [praɪ] → ***prize²***
PS [piː ˈes] *Abk. für* ***postscript*** PS, Postskript(um) *n*, Nachschrift *f*
psalm [sɑːm] Psalm *m*
pseu·do·nym [ˈsjuːdənɪm] Pseudonym *n*, Deckname *m*
psy·chi·a|·trist [saɪˈkaɪətrɪst] Psychiater(in); **~·try** [saɪˈkaɪətrɪ] Psychiatrie *f*
psy|·cho·log·i·cal [saɪkəˈlɒdʒɪkl] psychologisch; **~·chol·o·gist** [saɪˈkɒlədʒɪst] Psycholog|e *m*, -in *f*; **~·chol·o·gy** [saɪˈkɒlədʒɪ] Psychologie *f*; **~·cho·so·mat·ic** [saɪkəʊsəʊˈmætɪk] (***~ally***) psychosomatisch
pt *nur geschr. Abk. für*: ***part*** T., Teil *m*; ***pint*** Pint *n* (*etwa 1/2 l*); *mst* ***Pt*** *für* ***port*** Hafen *m*
PT *bsd. Brt.* [piː ˈtiː] *Abk. für* ***physical training*** Leibeserziehung *f*, Sport *m*
PTO, pto [piː tiː ˈəʊ] *Abk. für* ***please turn over*** b.w., bitte wenden
pub *Brt.* [pʌb] Pub *n*, Kneipe *f*
pu·ber·ty [ˈpjuːbətɪ] Pubertät *f*
pu·bic *anat.* [ˈpjuːbɪk] Scham...; **~ ˈbone** Schambein *n*; **~ ˈhair** Schamhaare *pl.*
pub·lic [ˈpʌblɪk] **1.** öffentlich; allgemein bekannt; **2.** Öffentlichkeit *f*; *die* Öffentlichkeit, *das* Publikum; ⚠ *nicht* ***Publikum*** (→ ***audience***)
pub·li·ca·tion [pʌblɪˈkeɪʃn] Bekanntgabe *f*, -machung *f*; Publikation *f*, Veröffentlichung *f*
pub·lic| con've·ni·ence *Brt.* öffentliche Bedürfnisanstalt; **~ ˈhealth** öffentliches Gesundheitswesen; **~ ˈhol·i·day** gesetzlicher Feiertag; **~ ˈhouse** *Brt.* → ***pub***
pub·lic·i·ty [pʌbˈlɪsətɪ] Publicity *f*, Bekanntheit *f*; Publicity *f*, Reklame *f*, Werbung *f*
pub·lic| ˈli·bra·ry Leihbücherei *f*; **~ reˈla·tions** *pl.* (*Abk.* ***PR***) Public Relations *pl.*, Öffentlichkeitsarbeit *f*; **~ ˈschool** *Brt.* Public School *f* (*exklusives Internat*); *Am.* staatliche Schule; **~ ˈtrans·port** *bsd. Brt. sg.*, **~ trans·porˈta·tion** *Am. sg.* öffentliche Verkehrsmittel *pl.*
pub·lish [ˈpʌblɪʃ] bekannt geben *od.* machen; publizieren, veröffentlichen; *Buch etc.* herausgeben, verlegen; **ˈ~·er** Verleger(in), Heraugeber(in); Verlag(shaus *n*) *m*; **ˈ~·er's, ˈ~·ers** *pl.*, **ˈ~·ing house** Verlag(shaus *n*) *m*
puck·er [ˈpʌkə] *a.* ***~ up*** (sich) verziehen (*Gesicht, Mund*), (sich) runzeln (*Stirn*)
pud·ding [ˈpʊdɪŋ] *Brt.* Nachspeise *f*, -tisch *m*; (*Reis- etc.*)Auflauf *m*; (*Art*) Fleischpastete *f*; Pudding *m* (*Mehlspeise*); ***black ~*** Blutwurst *f*
pud·dle [ˈpʌdl] Pfütze *f*
pu·er·ile [ˈpjʊəraɪl] infantil, kindisch
puff [pʌf] **1.** *v/i.* schnaufen, keuchen; *a.* ***~ away*** paffen (***at*** an *e-r Zigarette etc.*); ***~ up*** (an)schwellen; *v/t. Rauch* blasen; ***~ out*** *Kerze etc.* ausblasen; *Rauch etc.* ausstoßen; *Brust* herausdrücken; **2.** Zug *m* (*beim Rauchen*); (*Luft-, Wind-*) Hauch *m*, (-)Stoß *m*; (*Puder*)Quaste *f*; F Puste *f*; **~ed ˈsleeve** Puffärmel *m*; **~ ˈpas·try** Blätterteig *m*; **ˈ~ sleeve** Puffärmel *m*; **ˈ~·y** (***-ier, -iest***) (an)geschwollen, verschwollen; aufgedunsen (*Gesicht*)
pug *zo.* [pʌg] *a.* ***~dog*** Mops *m*
pug·na·cious [pʌgˈneɪʃəs] kampflustig; streitsüchtig
puke *sl.* [pjuːk] (aus)kotzen
pull [pʊl] **1.** Ziehen *n*; Zug *m*, Ruck *m*; Anstieg *m*, Steigung *f*; Zuggriff *m*, Zugleine *f*; F Beziehungen *pl.*; **2.** ziehen; ziehen an (*dat.*); zerren; reißen; *Zahn* ziehen; *Pflanze* ausreißen; *Messer etc.* ziehen; *bsd. Brt. Bier* zapfen; *fig.* anziehen; ***~ ahead of*** vorbeiziehen an (*dat.*), überholen (*acc.*) (*Auto etc.*); ***~ away*** anfahren (*Bus etc.*); ***~ down*** *Gebäude* abreißen; ***~ in*** einfahren (*Zug*); anhalten; ***~ off*** F *et.* zu Stande bringen, schaffen; ***~ out*** herausziehen (***of*** aus); *Tisch* ausziehen; abfahren (*Zug etc.*); ausscheren (*Fahrzeug*); *fig.* sich zurückziehen, aussteigen (***of*** aus); ***~ over*** (s-n Wagen) an die *od.* zur Seite fahren; ***~ round*** *Kranken* durchbringen; durch-

P

kommen (*Kranker*); ~ ***through*** *j-n* durchbringen; ~ ***o.s. together*** sich zusammennehmen, sich zusammenreißen; ~ ***up*** *Fahrzeug* anhalten; (an)halten; ~ ***up to***, ~ ***up with*** *Sport*: *j-n* einholen
'pull date *Am.* Mindesthaltbarkeitsdatum *n* (*für Lebensmittel*)
pul·ley *tech.* ['pʊlɪ] Flaschenzug *m*
'pull|-in *Brt.* F Raststätte *f*, -haus *n*; **'~·o·ver** Pullover *m*; **'~-up** *Brt.* Klimmzug *m*; ***do a*** ~ e-n Klimmzug machen
pulp [pʌlp] Fruchtfleisch *n*; Brei *m*; Schund...; ~ ***novel*** Schundroman *m*
pul·pit ['pʊlpɪt] Kanzel *f*
pulp·y ['pʌlpɪ] (***-ier, -iest***) breiig
pul·sate [pʌl'seɪt] pulsieren, vibrieren
pulse [pʌls] Puls(schlag) *m*
pul·ver·ize ['pʌlvəraɪz] pulverisieren
pu·ma *zo.* ['pju:mə] Puma *m*
pum·mel ['pʌml] (*bsd. Brt.* **-ll-**, *Am.* **-l-**) mit den Fäusten bearbeiten
pump [pʌmp] **1.** Pumpe *f*; (*Zapf*)Säule *f*; **2.** pumpen; F *j-n* aushorchen; ~ ***up*** aufpumpen; **'~ at·tend·ant** Tankwart *m*
pump·kin *bot.* ['pʌmpkɪn] Kürbis *m*
pun [pʌn] **1.** Wortspiel *n*; **2.** (**-nn-**) Wortspiele *od.* ein Wortspiel machen
punch¹ [pʌntʃ] **1.** (mit der Faust) schlagen, boxen; **2.** (Faust)Schlag *m*
punch² [pʌntʃ] **1.** lochen; *Loch* stanzen (***in*** in *acc.*); ~ ***in*** *bsd. Am.* einstempeln; ~ ***out*** *bsd. Am.* ausstempeln; **2.** Locher *m*; Lochzange *f*; Locheisen *n*
punch³ [pʌntʃ] Punsch *m*
Punch [pʌntʃ] *etwa* Kasper *m*, Kasperle *n*, *m*; ***be as pleased*** *od.* ***proud as*** ~ sich freuen wie ein Schneekönig; **~ and Judy show** [pʌntʃ ən 'dʒu:dɪ ʃəʊ] Kasperletheater *n*
'punch card, punched 'card Lochkarte *f*
punc·tu·al ['pʌŋktʃʊəl] pünktlich
punc·tu|·ate ['pʌŋktʃʊeɪt] interpunktieren; **~·a·tion** [pʌŋktʃʊ'eɪʃn] Interpunktion *f*; **~'a·tion mark** Satzzeichen *n*
punc·ture ['pʌŋktʃə] **1.** (Ein)Stich *m*, Loch *n*; *mot.* Reifenpanne *f*; **2.** durchstechen, -bohren; ein Loch bekommen, platzen; *mot.* e-n Platten haben
pun·gent ['pʌndʒənt] scharf, stechend, beißend (*Geschmack*, *Geruch*); scharf, bissig (*Bemerkung etc.*)
pun·ish ['pʌnɪʃ] *j-n* (be)strafen; **'~·a·ble** strafbar; **'~·ment** Strafe *f*; Bestrafung *f*
punk [pʌŋk] Punk *m* (*Bewegung*); Punk(er) *m*; *mus.* Punk *m*; **~ 'rock** *mus.* Punkrock *m*
pu·ny ['pju:nɪ] (***-ier, -iest***) schwächlich
pup *zo.* [pʌp] Welpe *m*, junger Hund
pu·pa *zo.* ['pju:pə] (*pl.* ***-pae*** [-pi:], ***-pas***) Puppe *f*
pu·pil¹ ['pju:pl] Schüler(in)
pu·pil² *anat.* ['pju:pl] Pupille *f*
pup·pet ['pʌpɪt] Handpuppe *f*; Marionette *f* (*a. fig.*); ⚠ *nicht* ***Puppe*** (→ ***doll***); **'~ show** Marionettentheater *n*, Puppenspiel *n*; **pup·pe·teer** [pʌpɪ'tɪə] Puppenspieler(in)
pup·py *zo.* ['pʌpɪ] Welpe *m*, junger Hund
pur|·chase ['pɜ:tʃəs] **1.** kaufen; *fig.* erkaufen; **2.** Kauf *m*; ***make*** **~*s*** Einkäufe machen; **'~·chas·er** Käufer(in)
pure [pjʊə] (***~r, ~st***) rein; pur; **'~·bred** reinrassig
pur·ga·tive *med.* ['pɜ:gətɪv] **1.** abführend; **2.** Abführmittel *n*
pur·ga·to·ry ['pɜ:gətərɪ] Fegefeuer *n*
purge [pɜ:dʒ] **1.** *Partei etc.* säubern (***of*** von); **2.** Säuberung(saktion) *f*
pu·ri·fy ['pjʊərɪfaɪ] reinigen
pu·ri·tan ['pjʊərɪtən] (*hist.* ♀) **1.** Puritaner(in); **2.** puritanisch
pu·ri·ty ['pjʊərətɪ] Reinheit *f*
purl [pɜ:l] **1.** linke Masche; **2.** links stricken
pur·loin [pɜ:'lɔɪn] entwenden
pur·ple ['pɜ:pl] purpurn, purpurrot
pur·pose ['pɜ:pəs] **1.** Absicht *f*, Vorsatz *m*; Zweck *m*, Ziel *n*; Entschlossenheit *f*; ***on*** ~ absichtlich; ***to no*** ~ vergeblich; **2.** beabsichtigen, vorhaben; **'~·ful** entschlossen, zielstrebig; **'~·less** zwecklos; ziellos; **'~·ly** absichtlich
purr [pɜ:] schnurren (*Katze*); summen, surren (*Motor*)
purse¹ [pɜ:s] Geldbeutel *m*, -börse *f*, Portmonee *n*; *Am.* Handtasche *f*; *Sport*: Siegprämie *f*; *Boxen*: Börse *f*
purse² [pɜ:s]: ~ (***up***) ***one's lips*** die Lippen schürzen
pur·su·ance [pə'sju:əns]: ***in*** (***the***) ~ ***of his duty*** in Ausübung s-r Pflicht
pur|·sue [pə'sju:] verfolgen; *s-m Studium etc.* nachgehen; *Absicht*, *Politik*

P

etc. verfolgen; *Angelegenheit etc.* weiterführen; **~'su·er** Verfolger(in); **~·suit** [pə'sjuːt] Verfolgung *f*; Weiterführung *f*

pur·vey [pə'veɪ] *Lebensmittel etc.* liefern; **~·or** Lieferant *m*

pus *med.* [pʌs] Eiter *m*

push [pʊʃ] **1.** stoßen, schubsen; schieben; *Taste etc.* drücken; drängen; (an)treiben; F *Rauschgift* pushen; *fig. j-n* drängen (***to do*** zu tun); *fig.* Reklame machen für; **~ *one's way*** sich drängen (***through*** durch); **~ *ahead with*** *Plan etc.* vorantreiben; **~ *along*** F sich auf die Socken machen; **~ *around*** F herumschubsen; **~ *for*** drängen auf (*acc.*); **~ *forward with*** → ***push ahead with***; **~ *o.s. forward*** *fig.* sich in den Vordergrund drängen *od.* schieben; **~ *in*** F sich vordrängeln; **~ *off!*** F hau ab!; **~ *on with*** → ***push ahead with***; **~ *out*** *fig. j-n* hinausdrängen; **~ *through*** *et.* durchsetzen; **~ *up*** *Preise etc.* hochtreiben; **2.** Stoß *m*, Schubs *m*; (*Werbe*)Kampagne *f*; F Durchsetzungsvermögen *n*, Energie *f*, Tatkraft *f*; **'~ but·ton** *tech.* Druckknopf *m*, -taste *f*; **'~-but·ton** *tech.* (Druck)Knopf..., (-)Tasten...; **~ (*tele*)*phone*** Tastentelefon *n*; **'~·chair** *Brt.* Sportwagen *m* (*für Kinder*); **'~·er** *contp.* Pusher *m* (*Rauschgifthändler*); **'~·o·ver** F Kinderspiel *n*, Kleinigkeit *f*; **'~-up** *Am.* → ***press-up***

puss F [pʊs] Mieze *f*

'pus·sy *a.* **~*cat*** Miezekatze *f*; **'~·foot** F: **~ *about*, ~ *around*** leisetreten, sich nicht festlegen wollen

put [pʊt] (**-*tt-*; *put***) legen, setzen, stecken, stellen, tun; *j-n in e-e Lage etc., et. auf den Markt, in Ordnung etc.* bringen; *et. in Kraft, in Umlauf etc.* setzen; *Sport*: *Kugel* stoßen; unterwerfen, -ziehen (***to*** *dat.*); *et.* ausdrücken, *in Worte* fassen; übersetzen (***into German*** ins Deutsche); *Schuld* geben (***on*** *dat.*); **~ *right*** in Ordnung bringen; **~ *s.th. before s.o.*** *fig.* j-m et. vorlegen; **~ *to bed*** ins Bett bringen; **~ *to school*** zur Schule schicken; **~ *about*** *Gerüchte* verbreiten, in Umlauf setzen; **~ *across*** *et.* verständlich machen; **~ *ahead*** *Sport*: in Führung bringen; **~ *aside*** beiseite legen; *Ware* zurücklegen; *fig.* beiseite schieben; **~ *away*** weglegen, -tun; auf-, wegräumen; **~ *back*** zurücklegen, -stellen, -tun; *Uhr* zurückstellen (***by*** um); **~ *by*** *Geld* zurücklegen; **~ *down*** *v/t.* hin-, niederlegen, -setzen, -stellen; *j-n* absetzen, aussteigen lassen; (auf-, nieder)schreiben, eintragen; zuschreiben (***to*** *dat.*); *Aufstand* niederschlagen; (*a. v/i.*) *aviat.* landen; **~ *forward*** *Plan etc.* vorlegen; *Uhr* vorstellen (***by*** um); *fig.* vorverlegen (***two days*** um zwei Tage; ***to*** auf *acc.*); **~ *in*** *v/t.* herein-, hineinlegen, -stecken, -stellen, *Kassette etc.* einlegen; installieren; *Gesuch etc.* einreichen, *Forderung etc. a.* geltend machen; *Antrag* stellen; *Arbeit*, *Zeit* verbringen (***on*** mit); *Bemerkung* einwerfen; *v/i. naut.* einlaufen (***at*** in *acc.*); **~ *off*** *et.* verschieben (***until*** auf *acc.*); *j-m* absagen; *j-n* hinhalten (***with*** mit); *j-n* aus dem Konzept bringen; **~ *on*** *Kleider etc.* anziehen, *Hut*, *Brille* aufsetzen; *Licht*, *Radio etc.* anmachen, einschalten; *Sonderzug* einsetzen; *thea. Stück etc.* herausbringen; vortäuschen; F *j-n* auf den Arm nehmen; **~ *on airs*** sich aufspielen; **~ *on weight*** zunehmen; **~ *out*** *v/t.* heraus-, hinauslegen, -setzen, -stellen; *Hand etc.* ausstrecken; *Feuer* löschen; *Licht*, *Radio etc.* ausmachen (*a. Zigarette*), abschalten; veröffentlichen, herausgeben; *Rundfunk*, *TV*: bringen, senden; aus der Fassung bringen; verärgern; *j-m* Ungelegenheiten bereiten; sich *den Arm etc.* ver- *od.* ausrenken; *v/i. naut.* auslaufen; **~ *over*** → ***put across***; **~ *through*** *tel. j-n* verbinden (***to*** mit); durch-, ausführen; **~ *together*** zusammenbauen, -setzen, -stellen; **~ *up*** *v/t.* herauf-, hinauflegen, -stellen; *Hand* (hoch)heben; *Zelt etc.* aufstellen; *Gebäude* errichten; *Bild etc.* aufhängen; *Plakat*, *Bekanntmachung etc.* anschlagen; *Schirm* aufspannen; *zum Verkauf* anbieten; *Preis* erhöhen; *Widerstand* leisten; *Kampf* liefern; *j-n* unterbringen, (bei sich) aufnehmen; *v/i.* **~ *up at*** absteigen in (*dat.*); **~ *up with*** sich gefallen lassen; sich abfinden mit

pu·tre·fy ['pjuːtrɪfaɪ] (ver)faulen, verwesen

pu·trid ['pjuːtrɪd] faul, verfault, -west; F scheußlich, saumäßig

put·ty ['pʌtɪ] **1.** Kitt *m*; **2.** kitten

'put-up job F abgekartetes Spiel

P

puz·zle ['pʌzl] **1.** Rätsel *n*; Geduld(s)-spiel *n*; → ***jigsaw*** (***puzzle***); **2.** *v/t.* vor ein Rätsel stellen; verwirren; ***be ~d*** vor e-m Rätsel stehen; ~ ***out*** herausfinden, -bringen, austüfteln; *v/i.* sich den Kopf zerbrechen (***about, over*** über *dat.*)
PX® [piː 'eks] (*pl.* **-s** [- 'eksɪz]) *Abk. für* ***post exchange*** (*Verkaufsladen für Angehörige der US-Streitkräfte*)
pyg·my ['pɪgmɪ] Pygmä|e *m*, in *f*; Zwerg(in); *bsd. zo.* Zwerg...
py·ja·mas *Brt.* [pə'dʒɑːməz] *pl.* (***a pair of***) ~ (ein) Schlafanzug, (ein) Pyjama
py·lon ['paɪlən] Hochspannungsmast *m*
pyr·a·mid ['pɪrəmɪd] Pyramide *f*
pyre ['paɪə] Scheiterhaufen *m*
py·thon *zo.* ['paɪθn] (*pl.* **-thons, -thon**) Python(schlange) *f*
pyx *rel.* [pɪks] Hostienbehälter *m*

Q

Q, q [kjuː] Q, q *n*
qt *nur geschr. Abk. für* ***quart*** Quart *n* (*etwa 1 l*)
quack[1] [kwæk] **1.** quaken; **2.** Quaken *n*
quack[2] [kwæk] *a.* ~ ***doctor*** Quacksalber *m*, Kurpfuscher *m*; **~·er·y** ['kwækərɪ] Quacksalberei *f*, Kurpfuscherei *f*
quad·ran|·gle ['kwɒdræŋgl] Viereck *n*; **~·gu·lar** [kwɒ'dræŋgjʊlə] viereckig
quad·ra·phon·ic [kwɒdrə'fɒnɪk] (~***ally***) quadrophon(isch)
quad·ri·lat·er·al [kwɒdrɪ'lætərəl] **1.** vierseitig; **2.** Viereck *n*
quad·ro·phon·ic [kwɒdrə'fɒnɪk] → ***quadraphonic***
quad·ru·ped *zo.* ['kwɒdrʊped] Vierfüß(l)er *m*
quad·ru|·ple ['kwɒdrʊpl] **1.** vierfach; **2.** (sich) vervierfachen; **~·plets** ['kwɒdrʊplɪts] *pl.* Vierlinge *pl.*
quads F [kwɒdz] Vierlinge *pl.*
quag·mire ['kwægmaɪə] Morast *m*, Sumpf *m*
quail *zo.* [kweɪl] (*pl.* ***quail, quails***) Wachtel *f*
quaint [kweɪnt] idyllisch, malerisch
quake [kweɪk] **1.** zittern, beben (***with, for*** vor *dat.*; ***at*** bei); **2.** F Erdbeben *n*
Quak·er *rel.* ['kweɪkə] Quäker(in)
qual·i|·fi·ca·tion [kwɒlɪfɪ'keɪʃn] Qualifikation *f*, Befähigung *f*, Eignung *f* (***for*** für, zu); Voraussetzung *f*; Einschränkung *f*; **~·fied** ['kwɒlɪfaɪd] qualifiziert, geeignet, befähigt (***for*** für); berechtigt; bedingt, eingeschränkt; **~·fy** ['kwɒlɪfaɪ] *v/t.* qualifizieren, befähigen (***for*** für, zu); berechtigen (***to do*** zu tun); einschränken, abschwächen, mildern; *v/i.* sich qualifizieren *od.* eignen (***for*** für; ***as*** als); *Sport*: sich qualifizieren (***for*** für); **~·ty** ['kwɒlətɪ] Qualität *f*; Eigenschaft *f*
qualms [kwɑːmz] *pl.* Bedenken *pl.*, Skrupel *pl.*
quan·da·ry ['kwɒndərɪ]: ***be in a ~ about what to do*** nicht wissen, was man tun soll
quan·ti·ty ['kwɒntətɪ] Quantität *f*, Menge *f*
quan·tum *phys.* ['kwɒntəm] (*pl.* **-ta** [-tə]) Quant *n*; Quanten...
quar·an·tine ['kwɒrəntiːn] **1.** Quarantäne *f*; **2.** unter Quarantäne stellen
quar·rel ['kwɒrəl] **1.** Streit *m*, Auseinandersetzung *f*; **2.** (*bsd. Brt.* **-ll-**, *Am.* **-l-**) (sich) streiten; '**~·some** streitsüchtig
quar·ry[1] ['kwɒrɪ] Steinbruch *m*
quar·ry[2] ['kwɒrɪ] *hunt.* Beute *f*, *a. fig.* Opfer *n*
quart [kwɔːt] Quart *n* (*Abk.* **qt**) (*Brt. 1,14 l*, *Am. 0,95 l*)
quar·ter ['kwɔːtə] **1.** Viertel *n*, vierter Teil; Quartal *n*, Vierteljahr *n*; Viertelpfund *n*; *Am.* Vierteldollar *m*; *Sport*: (Spiel)Viertel *n*; (Himmels)Richtung *f*; Gegend *f*, Teil *m* (*e-s Landes etc.*); (Stadt)Viertel *n*; (*bsd.* Hinter)Viertel *n* (*e-s Schlachttiers*); Gnade *f*, Pardon *m*; **~s** *pl.* Quartier *n*, Unterkunft *f* (*a. mil.*); ***a ~ of an hour*** e-e Viertelstunde; ***a ~ to***

Q

(*Am.* ***of***) ***five*** *Uhrzeit*: (ein) Viertel vor fünf (*4.45*); ***a ~ past*** (*Am.* ***after***) ***five*** *Uhrzeit*: (ein) Viertel nach fünf (*5.15*); ***at close ~s*** in *od.* aus nächster Nähe; ***from official ~s*** von amtlicher Seite; **2.** vierteln; *bsd. mil.* einquartieren (***on*** bei); **'~·deck** *naut.* Achterdeck *n*; **~'fi·nals** *pl. Sport*: Viertelfinale *n*; **'~·ly 1.** vierteljährlich; **2.** Vierteljahresschrift *f*

quar·tet(te) *mus.* [kwɔː'tet] Quartett *n*

quartz *min.* [kwɔːts] Quarz *m*; **'~ clock** Quarzuhr *f*; **'~ watch** Quarz(armband)uhr *f*

qua·ver ['kweɪvə] **1.** zittern (*Stimme*); *et.* mit zitternder Stimme sagen; **2.** Zittern *n*

quay *naut.* [kiː] Kai *m*

quea·sy ['kwiːzɪ] (***-ier, -iest***) empfindlich (*Magen*); ***I feel ~*** mir ist übel

queen [kwiːn] Königin *f*; *Karten, Schach*: Dame *f*; *sl.* Schwule(r) *m*, Homo *m*; **~ 'bee** *zo.* Bienenkönigin *f*; **'~·ly** wie e-e Königin, königlich

queer [kwɪə] komisch, seltsam; F wunderlich; F schwul

quench [kwentʃ] *Durst* löschen, stillen

quer·u·lous ['kwerʊləs] nörglerisch

que·ry ['kwɪərɪ] **1.** Frage *f*; Zweifel *m*; **2.** in Frage stellen, in Zweifel ziehen

quest [kwest] **1.** Suche *f* (***for*** nach); ***in ~ of*** auf der Suche nach; **2.** suchen (***after, for*** nach)

ques·tion ['kwestʃən] **1.** Frage *f*; Frage *f*, Problem *n*; Frage *f*, Sache *f*; Frage *f*, Zweifel *m*; ***only a ~ of time*** nur e-e Frage der Zeit; ***this is not the point in ~*** darum geht es nicht; ***there is no ~ that, it is beyond ~ that*** es steht außer Frage, dass; ***there is no ~ about this*** daran besteht kein Zweifel; ***be out of the ~*** nicht in Frage kommen; **2.** befragen (***about*** über *acc.*); *jur.* vernehmen, -hören (***about*** zu); bezweifeln, in Zweifel ziehen, in Frage stellen; **'~·a·ble** fraglich, zweifelhaft; fragwürdig; **'~·er** Fragesteller(in); **'~ mark** Fragezeichen *n*; **'~ mas·ter** *bsd. Brt.* Quizmaster *m*

ques·tion·naire [kwestʃə'neə] Fragebogen *m*

queue *bsd. Brt.* [kjuː] **1.** Schlange *f*; **2.** *mst* ***~ up*** Schlange stehen, anstehen, sich anstellen

quib·ble ['kwɪbl] sich herumstreiten (***with*** mit; ***about, over*** wegen)

quick [kwɪk] **1.** *adj.* schnell, rasch; aufbrausend, hitzig (*Temperament*); ***be ~!*** mach schnell!, beeil dich!; **2.** *adv.* schnell, rasch; **3.** ***cut s.o. to the ~*** *fig.* j-n tief verletzen; **'~·en** (sich) beschleunigen; **'~-freeze** (***-froze, -frozen***) *Lebensmittel* schnell einfrieren; **~·ie** F ['kwɪkɪ] *et. Schnelles od. Kurzes, z.B.* kurze Frage, Tasse *f* Tee auf die Schnelle *etc.*; **'~·ly** schnell, rasch; **'~·sand** Treibsand *m*; **~-'tem·pered** aufbrausend, hitzig; **~-'wit·ted** geistesgegenwärtig; schlagfertig

quid *Brt. sl.* [kwɪd] (*pl.* ~) Pfund *n* (*Währung*)

qui·et ['kwaɪət] **1.** ruhig, still; ***~, please*** Ruhe, bitte; ***be ~!*** sei still!; **2.** Ruhe *f*, Stille *f*; ***on the ~*** F heimlich; **3.** *bsd. Am.* → **~·en** *bsd. Brt.* ['kwaɪətn] *v/t. a.* ***~ down*** *j-n* beruhigen; *v/i. a.* ***~ down*** sich beruhigen; **'~·ness** Ruhe *f*, Stille *f*

quill [kwɪl] *zo.* (Schwung-, Schwanz)Feder *f*; *zo.* Stachel *m*; **~ ('pen)** Federkiel *m*

quilt [kwɪlt] Steppdecke *f*; **'~·ed** Stepp...

quince *bot.* [kwɪns] Quitte *f*

quin·ine *pharm.* [kwɪ'niːn] Chinin *n*

quins *Brt.* F [kwɪnz] Fünflinge *pl.*

quin·tes·sence [kwɪn'tesns] Quintessenz *f*; Inbegriff *m*

quin·tet(te) *mus.* [kwɪn'tet] Quintett *n*

quints *Am.* F [kwɪnts] Fünflinge *pl.*

quin·tu|·ple ['kwɪntjʊpl] **1.** fünffach; **2.** (sich) verfünffachen; **~·plets** ['kwɪntjʊplɪts] *pl.* Fünflinge *pl.*

quip [kwɪp] **1.** geistreiche *od.* witzige Bemerkung; **2.** (***-pp-***) witzeln, spötteln

quirk [kwɜːk] Eigenart *f*, Schrulle *f*; ***by some ~ of fate*** durch e-e Laune des Schicksals, durch e-n verrückten Zufall

quit F [kwɪt] (***-tt-;*** *Brt.* ***~*** *od.* ***~ted,*** *Am. mst* ~) *v/t.* aufhören mit; ***~ one's job*** kündigen; *v/i.* aufhören; kündigen

quite [kwaɪt] ganz, völlig; ziemlich; ***~ a few*** ziemlich viele; ***~ nice*** ganz nett, recht nett; ***~ (so)!*** *bsd. Brt.* genau, ganz recht; ***be ~ right*** völlig recht haben; ***she's ~ a beauty*** sie ist e-e wirkliche Schönheit

quits F [kwɪts] quitt (***with*** mit); ***call it ~*** es gut sein lassen

quit·ter F ['kwɪtə]: ***be a ~*** schnell aufgeben

Q

quiv·er¹ ['kwɪvə] zittern (***with*** vor *dat.*; ***at*** bei)
quiv·er² ['kwɪvə] Köcher *m*
quiz [kwɪz] **1.** (*pl.* ***quizzes***) Quiz *n*; *bsd. Am.* Prüfung *f*, Test *m*; **2.** (**-zz-**) ausfragen (***about*** über *acc.*); **'~·mas·ter** *bsd. Am.* Quizmaster *m*; **~·zi·cal** ['kwɪzɪkl] spöttisch-fragend (*Blick etc.*)
quo·ta ['kwəʊtə] Quote *f*, Kontingent *n*
quo·ta·tion [kwəʊ'teɪʃn] Zitat *n*; *econ.* Notierung *f*; *econ.* Kostenvoranschlag *m*; **~ marks** *pl.* Anführungszeichen *pl.*
quote [kwəʊt] zitieren; *Beispiel etc.* anführen; *econ. Preis* nennen; ***be ~d at*** *econ.* notieren mit; → ***unquote***
quo·tient *math.* ['kwəʊʃnt] Quotient *m*

R

R, r [ɑː] R, r *n*
rab·bi *rel.* ['ræbaɪ] Rabbiner *m*
rab·bit *zo.* ['ræbɪt] Kaninchen *n*
rab·ble ['ræbl] Pöbel *m*, Mob *m*; **~·rous·ing** ['ræblraʊzɪŋ] aufwieglerisch, Hetz...
rab·id ['ræbɪd] *vet.* tollwütig; *fig.* fanatisch
ra·bies *vet.* ['reɪbiːz] Tollwut *f*
rac·coon *zo.* [rə'kuːn] Waschbär *m*
race¹ [reɪs] Rasse(nzugehörigkeit) *f*; (*Menschen*)Geschlecht *n*
race² [reɪs] **1.** (Wett)Rennen *n*, (Wett-)Lauf *m*; **2.** *v/i.* an (e-m) Rennen teilnehmen; um die Wette laufen *od.* fahren *etc.*; rasen, rennen; durchdrehen (*Motor*); *v/t.* um die Wette laufen *od.* fahren *etc.* mit; rasen mit; **'~ car** *bsd. Am. mot.* Rennwagen *m*; **'~·course** *Pferdesport*: Rennbahn *f*; **'~·horse** Rennpferd *n*; **'rac·er** Rennpferd *n*; Rennrad *n*, -wagen *m*; **'~·track** *Automobilsport etc.*: Rennstrecke *f*; *bsd. Am.* → ***racecourse***
ra·cial ['reɪʃl] rassisch, Rassen...
rac·ing ['reɪsɪŋ] Renn...; **'~ car** *bsd. Brt. mot.* Rennwagen *m*
ra|·cis·m ['reɪsɪzəm] Rassismus *m*; **~·cist** ['reɪsɪst] **1.** Rassist(in); **2.** rassistisch
rack [ræk] **1.** Gestell *n*, (*Geschirr-, Zeitungs- etc.*)Ständer *m*, *rail.* (*Gepäck*)Netz *n*, *mot.* (*Dach*)Gepäckständer *m*; *hist.* Folter(bank) *f*; **2.** ***be ~ed by*** *od.* ***with*** geplagt *od.* gequält werden von; **~ *one's brains*** sich das Hirn zermartern, sich den Kopf zerbrechen
rack·et¹ ['rækɪt] *Tennis etc.*: Schläger *m*
rack|·et² ['rækɪt] Krach *m*, Lärm *m*; Schwindel *m*, Gaunerei *f*; (*Drogen- etc.*)Geschäft *n*; organisierte Erpressung; **~·e·teer** [rækə'tɪə] Gauner *m*; Erpresser *m*
ra·coon *zo.* [rə'kuːn] → ***raccoon***
rac·y ['reɪsɪ] (***-ier, -iest***) spritzig, lebendig (*Geschichte etc.*); gewagt
ra·dar ['reɪdə] Radar *m, n*; **'~ screen** Radarschirm *m*; **~ 'speed check** Radarkontrolle *f*; **'~ sta·tion** Radarstation *f*; **'~ trap** *mot.* Radarkontrolle *f*
ra·di·al ['reɪdjəl] **1.** radial, Radial..., strahlenförmig; **2.** *mot.* Gürtelreifen *m*; **~ 'tire** *Am.*, **~ 'tyre** *Brt.* → ***radial*** 2
ra·di·ant ['reɪdjənt] strahlend, leuchtend (*a. fig.* ***with*** vor *dat.*)
ra·di|·ate ['reɪdɪeɪt] ausstrahlen; strahlenförmig ausgehen (***from*** von); **~·a·tion** [reɪdɪ'eɪʃn] Ausstrahlung *f*; **~·a·tor** ['reɪdɪeɪtə] Heizkörper *m*; *mot.* Kühler *m*
rad·i·cal ['rædɪkl] **1.** radikal (*a. pol.*); *math.* Wurzel...; **2.** *pol.* Radikale(r *m*) *f*
ra·di·o ['reɪdɪəʊ] **1.** (*pl.* **-os**) Radio(apparat *m*) *n*; Funk(gerät *n*) *m*; ***by ~*** über Funk; ***on the ~*** im Radio; **2.** funken; **~'ac·tive** radioaktiv; **~·ac·tive 'waste** Atommüll *m*, radioaktiver Abfall; **~·ac'tiv·i·ty** Radioaktivität *f*; **'~ ham** Funkamateur *m*; **'~ play** Hörspiel *n*; **'~ set** Radioapparat *m*; **'~ sta·tion** Funkstation *f*; Rundfunksender *m*, -station *f*; **~'ther·a·py** *med.* Strahlen-, Röntgentherapie *f*; **~ 'tow·er** Funkturm *m*

R

rad·ish *bot.* ['rædɪʃ] Rettich *m*; Radieschen *n*
ra·di·us ['reɪdjəs] (*pl.* ***-dii*** [-dɪaɪ]) Radius *m*
RAF [ɑːr eɪ 'ef, F ræf] *Abk. für* ***Royal Air Force*** *die* Königlich-Britische Luftwaffe
raf·fle ['ræfl] **1.** Tombola *f*; **2.** *a.* ~ ***off*** verlosen
raft [rɑːft] Floß *n*
raf·ter ['rɑːftə] (Dach)Sparren *m*
rag [ræg] Lumpen *m*, Fetzen *m*; Lappen *m*; ***in ~s*** zerlumpt; **~-and-'bone man** (*pl.* ***-men***) *bsd. Brt.* Lumpensammler *m*
rage [reɪdʒ] **1.** Wut *f*, Zorn *m*; ***fly into a ~*** wütend werden; ***the latest ~*** F der letzte Schrei; ***be all the ~*** F große Mode sein; **2.** wettern (***against, at*** gegen); wüten, toben
rag·ged ['rægɪd] zerlumpt; struppig (*Bart etc.*); *fig.* stümperhaft
raid [reɪd] **1.** (***on***) Überfall *m* (auf *acc.*), *mil. a.* Angriff *m* (gegen); Razzia *f* (in *dat.*); **2.** überfallen, *mil. a.* angreifen; e-e Razzia machen in (*dat.*)
rail [reɪl] **1.** Geländer *n*; Stange *f*; (*Handtuch*)Halter *m*; (Eisen)Bahn *f*; *rail.* Schiene *f*; ***~s*** *pl. a.* Gleis *n*; ***by ~*** mit der Bahn; **2.** ~ ***in*** einzäunen; ~ ***off*** abzäunen; **'~·ing,** *oft* ***~s*** *pl.* (Gitter)Zaun *m*
'rail·road *Am.* → ***railway***
'rail·way *bsd. Brt.* Eisenbahn *f*; **'~ line** *Brt.* Bahnlinie *f*; **'~·man** (*pl.* ***-men***) Eisenbahner *m*; **'~ sta·tion** *Brt.* Bahnhof *m*
rain [reɪn] **1.** Regen *m*; ***~s*** *pl.* Regenfälle *pl.*; ***the ~s*** *pl.* die Regenzeit (*in den Tropen*); (***come***) ~ ***or shine*** *fig.* was immer auch geschieht; **2.** regnen; ***it is ~ing cats and dogs*** F es gießt in Strömen; ***it never ~s but it pours*** es kommt immer gleich knüppeldick, ein Unglück kommt selten allein; **'~·bow** Regenbogen *m*; **'~·coat** Regenmantel *m*; **'~·fall** Niederschlag(smenge *f*) *m*; **'~ for·est** *bot.* Regenwald *m*; **'~·proof** regen-, wasserdicht; **'~·y** (***-ier, -iest***) regnerisch, verregnet, Regen...; ***save s.th. for a ~ day*** et. für schlechte Zeiten zurücklegen
raise [reɪz] **1.** heben; hochziehen; erheben; *Denkmal etc.* errichten; *Staub etc.* aufwirbeln; *Gehalt, Miete etc.* erhöhen; *Geld* zusammenbringen, beschaffen; *Kinder* auf-, großziehen; *Tiere* züchten; *Getreide etc.* anbauen; *Frage* aufwerfen, *et.* zur Sprache bringen; *Blockade etc., a. Verbot* aufheben; **2.** *Am.* Lohn- *od.* Gehaltserhöhung *f*
rai·sin ['reɪzn] Rosine *f*
rake [reɪk] **1.** Rechen *m*, Harke *f*; **2.** *v/t.* ~ (***up***) (zusammen)rechen, (-)harken; *v/i.* ~ ***about,*** ~ ***around*** herumstöbern
rak·ish ['reɪkɪʃ] flott, keck, verwegen
ral·ly ['rælɪ] **1.** (sich) (wieder) sammeln; sich erholen (***from*** von) (*a. econ.*); ~ ***round*** sich scharen um; **2.** Kundgebung *f*, (Massen)Versammlung *f*; *mot.* Rallye *f*; *Tennis etc.*: Ballwechsel *m*
ram [ræm] **1.** *zo.* Widder *m*, Schafbock *m*; *tech.* Ramme *f*; **2.** (***-mm-***) rammen; ~ ***s.th. down s.o.'s throat*** *fig.* j-m et. aufzwingen
RAM [ræm] *Abk. für* ***random access memory*** *Computer*: RAM, Speicher *m* mit wahlfreiem *od.* direktem Zugriff
ram|·ble ['ræmbl] **1.** wandern, umherstreifen; abschweifen; **2.** Wanderung *f*; **'~·bler** Wanderer *m*; *bot.* Kletterrose *f*; **'~·bling** weitschweifend; weitläufig (*Gebäude*); *bot.* Kletter...; ~ ***rose*** Kletterrose *f*
ram·i·fy ['ræmɪfaɪ] (sich) verzweigen
ramp [ræmp] Rampe *f*; *Am.* → ***slip road***
ram·page [ræm'peɪdʒ] **1.** ~ ***through*** (wild *od.* aufgeregt) trampeln durch (*Elefant etc.*); → **2.** ***go on the ~ through*** randalierend ziehen durch
ram·pant ['ræmpənt]: ***be*** ~ wuchern (*Pflanze*); grassieren (***in*** in *dat.*)
ram·shack·le ['ræmʃækl] baufällig; klapp(e)rig (*Fahrzeug*)
ran [ræn] *pret. von* ***run*** 1
ranch [rɑːntʃ, *Am.* ræntʃ] Ranch *f*; *Am.* (*Geflügel- etc.*)Farm *f*; **'~·er** Rancher *m*; (*Geflügel- etc.*) Züchter *m*
ran·cid ['rænsɪd] ranzig
ran·co(u)r ['ræŋkə] Groll *m*, Erbitterung *f*, Hass *m*
ran·dom ['rændəm] **1.** *adj.* ziel-, wahllos; zufällig, Zufalls...; ~ ***sample*** Stichprobe *f*; **2.** ***at*** ~ aufs Geratewohl
rang [ræŋ] *pret. von* ***ring***² 1
range [reɪndʒ] **1.** Reich-, Schuss-, Tragweite *f*; Entfernung *f*; *fig.* Bereich *m*, Spielraum *m*; *fig.* Bereich *m*, Gebiet *n*; (*Schieß*)Stand *m*, (-)Platz *m*; (*Berg-*) Kette *f*; *Am.* offenes Weidegebiet;

R

econ. Kollektion *f*, Sortiment *n*; (altmodischer) Küchenherd; ***at close ~*** aus nächster Nähe; ***within ~ of vision*** in Sichtweite; ***a wide ~ of ...*** eine große Auswahl an ...; **2.** *v/i.* ***~ from ... to ..., ~ between ... and ...*** sich zwischen ... und ... bewegen (*von Preisen etc.*); *v/t.* aufstellen, anordnen; **'~ find·er** *phot.* Entfernungsmesser *m*; **'rang·er** Förster *m*; *Am.* Ranger *m*

rank[1] [ræŋk] **1.** Rang *m* (*a. mil.*), (soziale) Stellung; Reihe *f*; (*Taxi*)Stand *m*; ***of the first ~*** *fig.* erstklassig; ***the ~ and file*** der Mannschaftsstand; *fig.* die Basis (*e-r Partei etc.*); ***the ~s*** *pl. fig.* das Heer, die Masse; **2.** *v/t.* rechnen, zählen (***among*** zu); stellen (***above*** über *acc.*); *v/i.* zählen, gehören (***among*** zu); gelten (***as*** als)

rank[2] [ræŋk] (üppig) wuchernd; übel riechend, übel schmeckend; *fig.* krass (*Außenseiter*), blutig (*Anfänger*)

ran·kle *fig.* ['ræŋkl] nagen, weh tun

ran·sack ['rænsæk] durchwühlen, -suchen; plündern

ran·som ['rænsəm] **1.** Lösegeld *n*; **2.** freikaufen, auslösen

rant [rænt]: ***~ (on) about, ~ and rave about*** eifern gegen, sich in Tiraden ergehen über (*acc.*)

rap [ræp] **1.** Klopfen *n*; Klaps *m*; **2.** (***-pp-***) klopfen (an *acc.*, auf *acc.*)

ra·pa·cious [rə'peɪʃəs] habgierig

rape[1] [reɪp] **1.** vergewaltigen; **2.** Vergewaltigung *f*

rape[2] *bot.* [reɪp] Raps *m*

rap·id ['ræpɪd] schnell, rasch; **ra·pid·i·ty** [rə'pɪdətɪ] Schnelligkeit *f*

rap·ids ['ræpɪdz] *pl.* Stromschnellen *pl.*

rapt [ræpt]: ***with ~ attention*** mit gespannter Aufmerksamkeit; **rap·ture** ['ræptʃə] Entzücken *n*, Verzückung *f*; ***go into ~s*** in Verzückung geraten

rare[1] [reə] (***~r, ~st***) selten, rar; dünn (*Luft*); F Mords...

rare[2] *gastr.* [reə] (***~r, ~st***) blutig (*Steak*)

rare·bit *gastr.* ['reəbɪt] → ***Welsh rarebit***

rar·e·fied ['reərɪfaɪd] dünn (*Luft*)

rar·i·ty ['reərətɪ] Seltenheit *f*; Rarität *f*

ras·cal ['rɑːskəl] Gauner *m*; *humor.* Schlingel *m*

rash[1] [ræʃ] voreilig, -schnell, unbesonnen; ⚠ *nicht* ***rasch***

rash[2] *med.* [ræʃ] (Haut)Ausschlag *m*

rash·er ['ræʃə] dünne Speckscheibe

rasp [rɑːsp] **1.** raspeln; kratzen; **2.** Raspel *f*; Kratzen *n*

rasp·ber·ry *bot.* ['rɑːzbərɪ] Himbeere *f*

rat [ræt] *zo.* Ratte *f* (*a. contp.*); ***smell a ~*** Lunte *od.* den Braten riechen; ***~s!*** F Mist!

rate [reɪt] **1.** Quote *f*, Rate *f*, (*Geburten-, Sterbe*)Ziffer *f*; (*Steuer-, Zins- etc.*)Satz *m*; (*Wechsel*)Kurs *m*; Geschwindigkeit *f*, Tempo *n*; ⚠ *nicht* **Rate** (→ ***instal[l]ment***); ***at any ~*** auf jeden Fall; **2.** einschätzen, halten (***as*** für); *Lob etc.* verdienen; ***be ~d as*** gelten als; **~ of ex'change** (Umrechnungs-, Wechsel)Kurs *m*; **~ of 'in·terest** Zinssatz *m*, -fuß *m*

ra·ther ['rɑːðə] ziemlich; eher, vielmehr, besser gesagt; ***~!*** *bsd. Brt.* F und ob!; ***I would*** *od.* ***had ~ go*** ich möchte lieber gehen

rat·i·fy *pol.* ['rætɪfaɪ] ratifizieren

rat·ing ['reɪtɪŋ] Einschätzung *f*; *Rundfunk, TV* Einschaltquote *f*

ra·ti·o *math.* ['reɪʃɪəʊ] (*pl.* ***-os***) Verhältnis *n*

ra·tion ['ræʃn] **1.** Ration *f*; **2.** *et.* rationieren; ***~ out*** zuteilen (***to*** *dat.*)

ra·tion·al ['ræʃənl] rational; vernunftbegabt; vernünftig; ⚠ *nicht* ***rationell***; **~·i·ty** [ræʃə'nælətɪ] Vernunft *f*; **~·ize** ['ræʃnəlaɪz] rational erklären; *econ.* rationalisieren

'rat race F endloser Konkurrenzkampf

rat·tle ['rætl] **1.** klappern (*Fenster etc.*); rasseln *od.* klimpern (mit); prasseln (***on*** auf *acc.*) (*Regen etc.*); rattern, knattern (*Fahrzeug*); rütteln an (*dat.*); F *j-n* verunsichern; ***~ at*** rütteln an (*dat.*); ***~ off*** F *Gedicht etc.* herunterrasseln; ***~ on*** F quasseln (***about*** über *acc.*); ***~ through*** F *Rede etc.* herunterrasseln; **2.** Klappern *n* (*etc.* → 1); Rassel *f*, Klapper *f*; **'~·snake** *zo.* Klapperschlange *f*; **'~·trap** F Klapperkasten *m* (*Auto*)

rau·cous ['rɔːkəs] heiser, rau

rav·age ['rævɪdʒ] verwüsten; **'~s** *pl.* Verwüstungen *pl.*, *a. fig.* verheerende Auswirkungen *pl.*

rave [reɪv] fantasieren, irrereden; toben; wettern (***against, at*** gegen); schwärmen (***about*** von)

rav·el ['rævl] (*bsd. Brt.* ***-ll-***, *Am.* ***-l-***)

R

(sich) verwickeln *od.* -wirren; → ***unravel***
ra·ven *zo.* ['reɪvn] Rabe *m*
rav·e·nous ['rævənəs] ausgehungert, heißhungrig
ra·vine [rə'viːn] Schlucht *f*, Klamm *f*
rav·ings ['reɪvɪŋz] *pl.* irres Gerede, Delirien *pl.*
rav·ish ['rævɪʃ] hinreißen; **'~·ing** hinreißend
raw [rɔː] roh (*Gemüse etc.*); *econ.*, *tech.* roh, Roh...; wund (*Haut*); nasskalt (*Wetter*); unerfahren; **~ *vegetables and fruit*** *pl.* Rohkost *f*; **~-'boned** knochig, hager; **'~·hide** Rohleder *n*
ray [reɪ] Strahl *m*; *fig.* Schimmer *m*
ray·on ['reɪɒn] Kunstseide *f*
ra·zor ['reɪzə] Rasiermesser *n*; Rasierapparat *m*; ***electric ~*** Elektrorasierer *m*; **'~ blade** Rasierklinge *f*; **~('s) 'edge** *fig.* kritische Lage; ***be on a ~*** auf des Messers Schneide stehen
RC [ɑː 'siː] *Abk. für* ***Roman Catholic*** r.-k., röm.-kath., römisch-katholisch
Rd *nur geschr. Abk. für* ***Road*** Str., Straße *f*
re [riː]: ***~ your letter of ...*** Betr.: Ihr Schreiben vom ...
re... [riː] wieder, noch einmal, neu
reach [riːtʃ] **1.** *v/t.* erreichen; reichen *od.* gehen bis an (*acc.*) *od.* zu; ***~ down*** herunter-, hinunterreichen (***from*** von); ***~ out*** *Arm etc.* ausstrecken; *v/i.* reichen, gehen, sich erstrecken; *a.* ***~ out*** greifen, langen (***for*** nach); ***~ out*** die Hand ausstrecken; ⚠ *nicht* **(*aus*)*reichen***; **2.** Reichweite *f*; ***within/out of ~*** in/außer Reichweite; ***within easy ~*** leicht erreichbar
re·act [rɪ'ækt] reagieren (***to*** auf *acc.*; *chem.* ***with*** mit); **re·ac·tion** [rɪ'ækʃn] Reaktion *f* (*a. chem., pol.*)
re·ac·tor *phys.* [rɪ'æktə] Reaktor *m*
read 1. [riːd] (***read*** [red]) lesen; (an)zeigen (*Thermometer etc.*); *Zähler etc.* ablesen; *univ.* studieren; deuten, verstehen (***as*** als); sich *gut etc.* lesen (lassen); lauten; ***~ (s.th.) to s.o.*** j-m (et.) vorlesen; ***~ medicine*** Medizin studieren; **2.** [red] *pret. u. p.p. von* ***read*** 1; **'rea·da·ble** lesbar; leserlich; lesenswert; **'read·er** Leser(in); Lektor(in); Lesebuch *n*
read·i|·ly ['redɪlɪ] bereitwillig, gern; leicht, ohne weiteres; **'~·ness** Bereitschaft *f*
read·ing ['riːdɪŋ] Lesen *n*; Lesung *f* (*a. parl.*); *tech.* Anzeige *f*, (*Thermometer- etc.*)Stand *m*; Auslegung *f*; Lese...
re·ad·just [riːə'dʒʌst] *tech.* nachstellen, korrigieren; ***~ (o.s.) to*** sich wiederanpassen (*dat.*) *od.* an (*acc.*), sich wiedereinstellen auf (*acc.*)
read·y ['redɪ] (***-ier, -iest***) bereit, fertig; bereitwillig; im Begriff (***to do*** zu tun); schnell, schlagfertig; ***~ for use*** gebrauchsfertig; ***get ~*** (sich) fertig machen; **~ 'cash** → ***ready money***; **~-'made** Konfektions...; **~ 'meal** Fertiggericht *n*; **~ 'mon·ey** F Bargeld *n*
real [rɪəl] echt; wirklich, tatsächlich, real; ***for ~*** *bsd. Am.* F echt, im Ernst; ⚠ *nicht* ***reell***; **'~ es·tate** Grundbesitz *m*, Immobilien *pl.*; **'~ es·tate a·gent** *Am.* Grundstücks-, Immobilienmakler *m*
re·a·lis|·m ['rɪəlɪzəm] Realismus *m*; **~t** ['rɪəlɪst] Realist(in); **~·tic** [rɪə'lɪstɪk] (***~ally***) realistisch
re·al·i·ty [rɪ'ælətɪ] Realität *f*, Wirklichkeit *f*; **~ show, ~ TV** F Gaffer-Sendung *f* (*Fernsehsendung mit zum Teil nachgestelltem authentischen Material*)
re·a|·li·za·tion [rɪəlaɪ'zeɪʃn] Erkenntnis *f*; Realisierung *f* (*a. econ.*), Verwirklichung *f*; **~·lize** ['rɪəlaɪz] sich klarmachen, erkennen, begreifen, einsehen; realisieren (*a. econ.*), verwirklichen
real·ly ['rɪəlɪ] wirklich, tatsächlich; ***well, ~!*** ich muss schon sagen!; ***~?*** im Ernst?
realm [relm] Königreich *n*; *fig.* Reich *n*
real·tor *Am.* ['rɪəltə] Grundstücks-, Immobilienmakler *m*
reap [riːp] *Getreide etc.* schneiden; *Feld* abernten; *fig.* ernten
re·ap·pear [riːə'pɪə] wieder erscheinen
rear [rɪə] **1.** *v/t. Kind, Tier* auf-, großziehen; *Kopf* heben; *v/i.* sich aufbäumen (*Pferd*); **2.** Rück-, Hinterseite *f*, *mot.* Heck *n*; ***at*** (*Am.* ***in***) ***the ~ of*** hinter (*dat.*); ***bring up the ~*** die Nachhut bilden; **3.** hinter, Hinter..., Rück..., *mot. a.* Heck...; **~-end col'li·sion** *mot.* Auffahrunfall *m*; **'~·guard** *mil.* Nachhut *f*; **'~ light** *mot.* Rücklicht *n*
re·arm *mil.* [riː'ɑːm] (wieder) aufrüsten; **re·ar·ma·ment** *mil.* [riː'ɑːməmənt] (Wieder)Aufrüstung *f*

'rear·|most hinterste(r, -s); **~·view 'mir·ror** *mot.* Rückspiegel *m*; **~·ward** ['rɪəwəd] **1.** *adj.* hintere(r, -s), rückwärtig; **2.** *adv. a.* **~s** rückwärts; **~-wheel 'drive** *mot.* Hinterradantrieb *m*; **'~ win·dow** *mot.* Heckscheibe *f*

rea·son ['ri:zn] **1.** Grund *m*; Verstand *m*; Vernunft *f*; ***by ~ of*** wegen; ***for this ~*** aus diesem Grund; ***listen to ~*** Vernunft annehmen; ***it stands to ~ that*** es leuchtet ein, dass; **2.** *v/i.* vernünftig *od.* logisch denken; vernünftig reden (***with*** mit); *v/t.* folgern, schließen (***that*** dass); ***~ s.o. into/out of s.th.*** j-m et. ein-/ausreden; **'rea·so·na·ble** vernünftig; günstig (*Preis*); ganz gut, nicht schlecht

re·as·sure [ri:ə'ʃɔ:] beruhigen

re·bate ['ri:beɪt] *econ.* Rabatt *m*, (Preis)Nachlass *m*; Rückzahlung *f*

reb·el¹ ['rebl] **1.** Rebell(in); Aufständische(r *m*) *f*; **2.** aufständisch

re·bel² [rɪ'bel] (***-ll-***) rebellieren, sich auflehnen (***against*** gegen); **~·lion** [rɪ'beljən] Rebellion *f*, Aufstand *m*; **~·lious** [rɪ'beljəs] rebellisch (*a. Jugendlicher etc.*), aufständisch

re·birth [ri:'bɜ:θ] Wiedergeburt *f*

re·bound 1. [rɪ'baʊnd] ab-, zurückprallen (***from*** von); *fig.* zurückfallen (***on*** auf *acc.*); **2.** ['ri:baʊnd] *Sport*: Abpraller *m*

re·buff [rɪ'bʌf] **1.** schroffe Abweisung, Abfuhr *f*; **2.** schroff abweisen

re·build [ri:'bɪld] (***-built***) wieder aufbauen (*a. fig.*)

re·buke [rɪ'bju:k] **1.** rügen, tadeln; **2.** Rüge *f*, Tadel *m*

re·call [rɪ'kɔ:l] **1.** zurückrufen, abberufen; *mot.* (in die Werkstatt) zurückrufen; sich erinnern an (*acc.*); erinnern an (*acc.*); **2.** Zurückrufung *f*, Abberufung *f*; Rückrufaktion *f*; ***have total ~*** das absolute Gedächtnis haben; ***beyond ~, past ~*** unwiederbringlich *od.* unwiderruflich vorbei

re·ca·pit·u·late [ri:kə'pɪtjʊleɪt] rekapitulieren, (kurz) zusammenfassen

re·cap·ture [ri:'kæptʃə] wieder einfangen (*a. fig.*); *Häftling* wieder fassen; *mil.* zurückerobern

re·cast [ri:'kɑ:st] (***-cast***) *tech.* umgießen; umformen, neu gestalten; *thea. etc.* umbesetzen, neu besetzen

re·cede [rɪ'si:d] schwinden; ***receding*** fliehend (*Kinn, Stirn*)

re·ceipt *bsd. econ.* [rɪ'si:t] Empfang *m*, Eingang *m* (*von Waren*); Quittung *f*; ⚠ *nicht* ***Rezept***; **~s** *pl.* Einnahmen *pl.*

re·ceive [rɪ'si:v] bekommen, erhalten; empfangen; *j-n* aufnehmen (***into*** in *acc.*); *Funk, Rundfunk, TV*: empfangen; **re'ceiv·er** Empfänger(in); *tel.* Hörer *m*; Hehler(in); *a.* ***official ~*** *Brt. jur.* Konkursverwalter *m*

re·cent ['ri:snt] neuere(r, -s); jüngste(r, -s) (*Ereignisse etc.*); **'~·ly** kürzlich, vor kurzem

re·cep·tion [rɪ'sepʃn] Empfang *m*; Aufnahme *f* (***into*** in *acc.*); *Funk, Rundfunk, TV*: Empfang *m*; *a.* **~ *desk*** *Hotel*: Rezeption *f*, Empfang *m*; **~·ist** [rɪ'sepʃənɪst] Empfangsdame *f*, -chef *m*; *med.* Sprechstundenhilfe *f*

re·cep·tive [rɪ'septɪv] aufnahmefähig; empfänglich (***to*** für)

re·cess [rɪ'ses] Unterbrechung *f*, (*Am. a.* Schul)Pause *f*; *parl.* Ferien *pl.*; Nische *f*

re·ces·sion *econ.* [rɪ'seʃn] Rezession *f*

re·ci·pe ['resɪpɪ] (Koch)Rezept *n*

re·cip·i·ent [rɪ'sɪpɪənt] Empfänger(in)

re·cip·ro|·cal [rɪ'sɪprəkl] wechsel-, gegenseitig; **~·cate** [rɪ'sɪprəkeɪt] *v/i. tech.* sich hin- und herbewegen; sich revanchieren; *v/t. Einladung etc.* erwidern

re·cit·al [rɪ'saɪtl] Vortrag *m*, (*Klavier- etc.*)Konzert *n*, (*Lieder*)Abend *m*; Schilderung *f*; **re·ci·ta·tion** [resɪ'teɪʃn] Auf-, Hersagen *n*; Vortrag *m*; **re·cite** [rɪ'saɪt] auf-, hersagen; vortragen; aufzählen

reck·less ['reklɪs] rücksichtslos

reck·on ['rekən] *v/t.* (aus-, be)rechnen; glauben, schätzen; **~ *up*** zusammenrechnen; *v/i.* **~ *on*** rechnen mit; **~ *with*** rechnen mit; **~ *without*** nicht rechnen mit; **~·ing** ['reknɪŋ] (Be)Rechnung *f*; ***be out in one's ~*** sich verrechnet haben

re·claim [rɪ'kleɪm] zurückfordern, -verlangen; *Gepäck etc.* abholen; *dem Meer etc. Land* abgewinnen; *tech.* wiedergewinnen; ⚠ *nicht* ***reklamieren***

re·cline [rɪ'klaɪn] sich zurücklehnen

re·cluse [rɪ'klu:s] Einsiedler(in)

rec·og|·ni·tion [rekəg'nɪʃn] (Wieder)Erkennen *n*; Anerkennung *f*; **~·nize** ['rekəgnaɪz] (wieder) erkennen; anerkennen; zugeben, eingestehen

R

re·coil **1.** [rɪ'kɔɪl] zurückschrecken (***from*** vor *dat.*); **2.** ['riːkɔɪl] Rückstoß *m*
rec·ol|·lect [rekə'lekt] sich erinnern an (*acc.*); **~·lec·tion** [rekə'lekʃn] Erinnerung *f* (***of*** an *acc.*)
rec·om|·mend [rekə'mend] empfehlen (***as*** als; ***for*** für); **~·men·da·tion** [rekəmen'deɪʃn] Empfehlung *f*
rec·om·pense ['rekəmpens] **1.** entschädigen (***for*** für); **2.** Entschädigung *f*
rec·on|·cile ['rekənsaɪl] ver-, aussöhnen; in Einklang bringen (***with*** mit); **~·cil·i·a·tion** [rekənsɪlɪ'eɪʃn] Ver-, Aussöhnung *f* (***between*** zwischen *dat.*; ***with*** mit)
re·con·di·tion *tech.* [riːkən'dɪʃn] (general)überholen
re·con|·nais·sance *mil.* [rɪ'kɒnɪsəns] Aufklärung *f*, Erkundung *f*; **~·noi·tre** *Brt.*, **~·noi·ter** *Am.* [rekə'nɔɪtə] *mil.* erkunden, auskundschaften
re·con·sid·er [riːkən'sɪdə] noch einmal überdenken
re·con|·struct [riːkən'strʌkt] wieder aufbauen (*a. fig.*); *Verbrechen etc.* rekonstruieren; **~·struc·tion** [riːkən'strʌkʃn] Wiederaufbau *m*; Rekonstruktion *f*
rec·ord[1] ['rekɔːd] Aufzeichnung *f*; *jur.* Protokoll *n*; Akte *f*; (Schall)Platte *f*; *Sport*: Rekord *m*; ***off the ~*** F inoffiziell; ***have a criminal ~*** vorbestraft sein
re·cord[2] [rɪ'kɔːd] aufzeichnen, -schreiben, schriftlich niederlegen; *jur.* protokollieren, zu Protokoll nehmen; *auf Schallplatte, Tonband etc.* aufnehmen, *Sendung a.* aufzeichnen, mitschneiden; **~·er** (*Kassetten*)Rekorder *m*; (*Tonband*)Gerät *n*; *mus.* Blockflöte *f*; **~·ing** Aufnahme *f*, -zeichnung *f*, Mitschnitt *m*
rec·ord play·er ['rekɔːd-] Plattenspieler *m*
re·count [rɪ'kaʊnt] erzählen
re·cov·er [rɪ'kʌvə] *v/t.* wiedererlangen, -bekommen, wieder finden; *Kosten etc.* wieder einbringen; *Fahrzeug, Verunglückten etc.* bergen; ***~ consciousness*** wieder zu sich kommen, das Bewusstsein wiedererlangen; *v/i.* sich erholen (***from*** von); **~·y** [rɪ'kʌvərɪ] Wiedererlangen *n*; Wiederfinden *n*; Bergung *f*; Genesung *f*; Erholung *f*
rec·re·a·tion [rekrɪ'eɪʃn] Entspannung *f*, Erholung *f*; Unterhaltung *f*, Freizeitbeschäftigung *f*
re·cruit [rɪ'kruːt] **1.** *mil.* Rekrut *m*; Neue(r *m*) *f*, neues Mitglied; **2.** *mil.* rekrutieren; *Personal* einstellen; *Mitglieder* werben
rec·tan|·gle *math.* ['rektæŋgl] Rechteck *n*; **~·gu·lar** [rek'tæŋgjʊlə] rechteckig
rec·ti·fy *electr.* ['rektɪfaɪ] gleichrichten
rec|·tor ['rektə] Pfarrer *m*; **~·to·ry** ['rektərɪ] Pfarrhaus *n*
re·cu·pe·rate [rɪ'kjuːpəreɪt] sich erholen (***from*** von) (*a. fig.*)
re·cur [rɪ'kɜː] (*-rr-*) wiederkehren, wieder auftreten, *Schmerz a.* wieder einsetzen; **~·rence** [rɪ'kʌrəns] Wiederkehr *f*, Wiederauftreten *n*, Wiedereinsetzen *n*; **~·rent** [rɪ'kʌrənt] wiederkehrend, wieder auftretend, wieder einsetzend
re·cy|·cla·ble [riː'saɪkləbəl] recycelbar, wieder verwertbar; **~·cle** [riː'saɪkl] *Abfälle* recyceln, wieder verwerten; ***~d paper*** Recyclingpapier *n*, Umwelt(schutz)papier *n*; **~·cling** [riː'saɪklɪŋ] Recycling *n*, Wiederverwertung *f*
red [red] **1.** rot; **2.** Rot *n*; ***be in the ~*** *econ.* in den roten Zahlen sein; **'~·breast** *zo.* → ***robin***; **2 'Cres·cent** Roter Halbmond; **2 'Cross** Rotes Kreuz; **~'cur·rant** *bot.* Rote Johannisbeere; **~·den** ['redn] röten, rot färben; rot werden; **~·dish** ['redɪʃ] rötlich
re·dec·o·rate [riː'dekəreɪt] *Zimmer etc.* neu streichen *od.* tapezieren
re·deem [rɪ'diːm] *Pfand, Versprechen etc.* einlösen; *rel.* erlösen; **2·er** *rel.* Erlöser *m*, Heiland *m*
re·demp·tion [rɪ'dempʃn] Einlösung *f*; *rel.* Erlösung *f*
re·de·vel·op [riːdɪ'veləp] *Gebäude, Stadtteil* sanieren
red|-'faced mit rotem Kopf; **~-'hand·ed**: ***catch s.o. ~*** j-n auf frischer Tat ertappen; **'~·head** F Rotschopf *m*, Rothaarige *f*; **~-'head·ed** rothaarig; **~ 'her·ring** *fig.* falsche Fährte *od.* Spur; **~-'hot** rot glühend; *fig.* glühend (*Begeisterung etc.*); *fig.* F brandaktuell (*Nachricht etc.*); **2 'In·di·an** V Indianer(in); **~-'let·ter day** Freuden-, Glückstag *m*; **'~·ness** Röte *f*
re·dou·ble [riː'dʌbl] *bsd. Anstrengungen* verdoppeln

red 'tape Bürokratismus *m*, Papierkrieg *m*
re·duce [rɪ'dju:s] verkleinern; *Geschwindigkeit, Risiko etc.* verringern, *Steuern etc.* senken, *Preis, Waren etc.* herabsetzen, reduzieren (***from ... to*** von ... auf *acc.*), *Gehalt etc.* kürzen; verwandeln (***to*** in *acc.*), machen (***to*** zu); reduzieren, zurückführen (***to*** auf *acc.*); **re·duc·tion** [rɪ'dʌkʃn] Verkleinerung *f*; Verringerung *f*, Senkung *f*, Herabsetzung *f*, Reduzierung *f*, Kürzung *f*
re·dun·dant [rɪ'dʌndənt] überflüssig
reed *bot.* [ri:d] Schilf(rohr) *n*
re·ed·u|·cate [ri:'edʒʊkeɪt] umerziehen; **~·ca·tion** ['ri:edʒʊ'keɪʃn] Umerziehung *f*
reef [ri:f] (Felsen)Riff *n*
reek [ri:k] **1.** Gestank *m*; **2.** stinken (***of*** nach)
reel¹ [ri:l] **1.** Rolle *f*, Spule *f*; **2.** *~ off* abrollen, abspulen; *fig.* herunterrasseln
reel² [ri:l] sich drehen; (sch)wanken, taumeln, torkeln; ***my head ~ed*** mir drehte sich alles
re-e·lect [ri:ɪ'lekt] wieder wählen
re-en|·ter [ri:'entə] wieder eintreten in (*acc.*) (*a. Raumfahrt*), wieder betreten; **~·try** [ri:'entrɪ] Wiedereintreten *n*, Wiedereintritt *m*
ref¹ F [ref] *Sport*: Schiri *m*; → ***referee***
ref.² *nur geschr. Abk. für* ***reference*** Verweis *m*, Hinweis *m*
re·fer [rɪ'fɜ:]: *~ to* ver- *od.* hinweisen auf (*acc.*); *j-n* verweisen an (*acc.*); sich beziehen auf (*acc.*); anspielen auf (*acc.*); erwähnen (*acc.*); nachschlagen in (*dat.*)
ref·er·ee [refə'ri:] Schiedsrichter *m*, Unparteiische(r) *m*; *Boxen*: Ringrichter *m*
ref·er·ence ['refrəns] Verweis *m*, Hinweis *m* (***to*** auf *acc.*); Verweisstelle *f*; Referenz *f*, Empfehlung *f*, Zeugnis *n*; Bezugnahme *f* (***to*** auf *acc.*); Anspielung *f* (***to*** auf *acc.*); Erwähnung *f* (***to*** *gen.*); Nachschlagen *n* (***to*** in *dat.*); ***list of ~s*** Quellenangabe *f*; **'~ book** Nachschlagewerk *n*; **'~ li·bra·ry** Handbibliothek *f*; **'~ num·ber** Aktenzeichen *n*
ref·e·ren·dum [refə'rendəm] (*pl.* ***-da*** [-də], ***-dums***) Referendum *n*, Volksentscheid *m*
re·fill 1. [ri:'fɪl] wieder füllen, nach-, auffüllen; **2.** ['ri:fɪl] (*Ersatz*)Mine *f* (*für Kugelschreiber etc.*); (*Ersatz*)Patrone *f* (*für Füller*)
re·fine [rɪ'faɪn] *tech.* raffinieren; *fig.* verfeinern, kultivieren; *~ on* verbessern, -feinern; **~d** raffiniert; *fig.* kultiviert, vornehm; **~·ment** Raffinierung *f*; Verbess(e)rung *f*, -feinerung *f*; Kultiviertheit *f*, Vornehmheit *f*; **re·fin·e·ry** *tech.* [rɪ'faɪnərɪ] Raffinerie *f*
re·flect [rɪ'flekt] *v/t.* reflektieren, zurückwerfen, -strahlen, (wider)spiegeln; ***be ~ed in*** sich (wider)spiegeln in (*dat.*) (*a. fig.*); *v/i.* nachdenken (***on*** über *acc.*); *~ (**badly**) **on*** sich nachteilig auswirken auf (*acc.*); ein schlechtes Licht werfen auf (*acc.*); **re·flec·tion** [rɪ'flekʃn] Reflexion *f*, Zurückwerfung *f*, -strahlung *f*, (Wider)Spiegelung *f* (*a. fig.*); Spiegelbild *n*; Überlegung *f*; Betrachtung *f*; ***on ~*** nach einigem Nachdenken; **re·flec·tive** [rɪ'flektɪv] reflektierend; nachdenklich
re·flex ['ri:fleks] Reflex *m*; **'~ ac·tion** Reflexhandlung *f*; **'~ cam·e·ra** *phot.* Spiegelreflexkamera *f*
re·flex·ive *gr.* [rɪ'fleksɪv] reflexiv, rückbezüglich
re·form [rɪ'fɔ:m] **1.** reformieren, verbessern; sich bessern; **2.** Reform *f* (*a. pol.*), (Ver)Bess(e)rung *f*; **ref·or·ma·tion** [refə'meɪʃn] Reformierung *f*; (Ver-)Bess(e)rung *f*; ***the*** **2** *rel.* die Reformation; **~·er** [rɪ'fɔ:mə] *bsd. pol.* Reformer *m*; *rel.* Reformator *m*
re·fract [rɪ'frækt] *Strahlen etc.* brechen; **re·frac·tion** [rɪ'frækʃn] (*Strahlen- etc.*)Brechung *f*
re·frain¹ [rɪ'freɪn]: *~ from* sich enthalten (*gen.*), unterlassen (*acc.*)
re·frain² [rɪ'freɪn] Kehrreim *m*, Refrain *m*
re·fresh [rɪ'freʃ] (***o.s.*** sich) erfrischen, stärken; *Gedächtnis* auffrischen; **~·ing** erfrischend (*a. fig.*); **~·ment** Erfrischung *f* (*a. Getränk etc.*)
re·fri·ge|·rate *tech.* [rɪ'frɪdʒəreɪt] kühlen; **~·ra·tor** Kühlschrank *m*
re·fu·el [ri:'fjʊəl] (*Brt.* ***-ll-***, *Am.* ***-l-***) auftanken
ref·uge ['refju:dʒ] Zuflucht(sstätte) *f*; *Brt.* Verkehrsinsel *f*
ref·u·gee [refjʊ'dʒi:] Flüchtling *m*; **~ camp** Flüchtlingslager *n*

R

re·fund 1. ['ri:fʌnd] Rückzahlung *f*, -erstattung *f*; **2.** [ri:'fʌnd] *Geld* zurückzahlen, -erstatten; *Auslagen* ersetzen
re·fur·bish [ri:'fɜ:bɪʃ] aufpolieren (*a. fig.*); renovieren
re·fus·al [rɪ'fju:zl] Ablehnung *f*; Weigerung *f*
re·fuse¹ [rɪ'fju:z] *v/t.* ablehnen; verweigern; sich weigern, es ablehnen (***to do*** zu tun); *v/i.* ablehnen; sich weigern
ref·use² ['refju:s] Abfall *m*, Abfälle *pl.*, Müll *m*; **'~ dump** Müllabladeplatz *m*
re·fute [rɪ'fju:t] widerlegen
re·gain [rɪ'geɪn] wieder-, zurückgewinnen
re·gale [rɪ'geɪl]: ***~ s.o. with s.th.*** j-n mit et. erfreuen *od.* ergötzen
re·gard [rɪ'gɑ:d] **1.** Achtung *f*; Rücksicht *f*; ***in this ~*** in dieser Hinsicht; ***with ~ to*** im Hinblick auf (*acc.*); hinsichtlich (*gen.*); **~*s*** *pl.* Grüße *pl.* (*bsd. in Briefen*); ***with kind ~s*** mit freundlichen Grüßen; **2.** betrachten (*a. fig.*), ansehen; ***~ as*** betrachten als, halten für; ***as ~s*** was ... betrifft; **~·ing** bezüglich, hinsichtlich (*gen.*); **~·less:** ***~ of*** ohne Rücksicht auf (*acc.*), ungeachtet (*gen.*)
regd *nur geschr. Abk. für*: ***registered*** *econ.* eingetragen; *post* eingeschrieben
re·gen·e·rate [rɪ'dʒenəreɪt] (sich) erneuern *od.* regenerieren
re·gent ['ri:dʒənt] Regent(in)
re·gi·ment 1. ['redʒɪmənt] *mil.* Regiment *n*, *fig. a.* Schar *f*; **2.** ['redʒɪment] reglementieren, bevormunden
re·gion ['ri:dʒən] Gegend *f*, Gebiet *n*, Region *f*; **'~·al** regional, örtlich, Orts...
re·gis·ter ['redʒɪstə] **1.** Register *n*, Verzeichnis *n*, (*Wähler- etc.*)Liste *f*; **2.** *v/t.* registrieren, eintragen (lassen); *Messwerte* anzeigen; *Brief etc.* einschreiben lassen; *v/i.* sich eintragen (lassen); **~ed 'let·ter** Einschreib(e)brief *m*, Einschreiben *n*
re·gis·tra·tion [redʒɪ'streɪʃn] Registrierung *f*, Eintragung *f*; *mot.* Zulassung *f*; **~ fee** Anmeldegebühr *f*; **~ num·ber** *mot.* (polizeiliches) Kennzeichen
re·gis·try ['redʒɪstrɪ] Registratur *f*; **'~ of·fice** *bsd. Brt.* Standesamt *n*
re·gret [rɪ'gret] **1.** (**-*tt*-**) bedauern; bereuen; **2.** Bedauern *n*; Reue *f*; **~·ful** bedauernd; **~·ta·ble** bedauerlich
reg·u·lar ['regjʊlə] **1.** regelmäßig; geregelt, geordnet; richtig; *bsd. Am.* normal; *mil.* Berufs...; ***~ petrol*** (*Am.* ***gas***) *mot.* Normalbenzin *n*; **2.** F Stammkund|e *m*, -in *f*; F Stammgast *m*; *Sport*: Stammspieler(in); *mil.* Berufssoldat *m*; *Am. mot.* Normal(benzin) *n*; **~·i·ty** [regjʊ'lærətɪ] Regelmäßigkeit *f*
reg·u|·late ['regjʊleɪt] regeln, regulieren; *tech.* einstellen, regulieren; **~·la·tion** [regjʊ'leɪʃn] Reg(e)lung *f*, Regulierung *f*; *tech.* Einstellung *f*; Vorschrift *f*; **~·la·tor** *tech.* ['regjʊleɪtə] Regler *m*
re·hears|·al *mus., thea.* [rɪ'hɜ:sl] Probe *f*; **~e** *mus., thea.* [rɪ'hɜ:s] proben
reign [reɪn] **1.** Regierung *f* (*e-s Königs*), *a. fig.* Herrschaft *f*; **2.** herrschen, regieren
re·im·burse [ri:ɪm'bɜ:s] *Auslagen* erstatten, vergüten
rein [reɪn] **1.** Zügel *m*; **2.** ***~ in*** *Pferd etc.* zügeln; *fig.* bremsen
rein·deer *zo.* ['reɪndɪə] (*pl.* ***reindeer***) Ren(tier) *n*
re·in·force [ri:ɪn'fɔ:s] verstärken; **~·ment** Verstärkung *f*
re·in·state [ri:ɪn'steɪt] *j-n* wieder einstellen (***as*** als; ***in*** in *dat.*)
re·in·sure [ri:ɪn'ʃɔ:] rückversichern
re·it·e·rate [ri:'ɪtəreɪt] (ständig) wiederholen
re·ject [rɪ'dʒekt] *j-n, et.* ablehnen, *Bitte* abschlagen, *Plan etc.* verwerfen; *j-n* ab-, zurückweisen; *med. Organ etc.* abstoßen; **re·jec·tion** [rɪ'dʒekʃn] Ablehnung *f*; Verwerfung *f*; Zurückweisung *f*; *med.* Abstoßung *f*
re·joice [rɪ'dʒɔɪs] sich freuen, jubeln (***at, over*** über *acc.*); **re'joic·ing(s** *pl.*) Jubel *m*
re·join¹ [ri:'dʒɔɪn] wieder zusammenfügen; wieder zurückkehren zu
re·join² [rɪ'dʒɔɪn] erwidern
re·ju·ve·nate [rɪ'dʒu:vɪneɪt] verjüngen
re·kin·dle [ri:'kɪndl] *Feuer* wieder anzünden; *fig.* wieder entfachen
re·lapse [rɪ'læps] **1.** zurückfallen, wieder verfallen (***into*** in *acc.*); rückfällig werden; *med.* e-n Rückfall bekommen; **2.** Rückfall *m*
re·late [rɪ'leɪt] *v/t.* erzählen, berichten; in Verbindung *od.* Zusammenhang bringen (***to*** mit); *v/i.* sich beziehen (***to*** auf *acc.*); zusammenhängen (***to*** mit);
re·lat·ed verwandt (***to*** mit)

R

re·la·tion [rɪ'leɪʃn] Verwandte(r *m*) *f*; Beziehung *f* (**between** zwischen *dat.*; **to** zu); **in** *od.* **with ~ to** in Bezug auf (*acc.*); **~s** *pl. diplomatische, geschäftliche* Beziehungen *pl.*; **~·ship** Verwandtschaft *f*; Beziehung *f*, Verhältnis *n*

rel·a·tive¹ ['relətɪv] Verwandte(r *m*) *f*

rel·a·tive² ['relətɪv] relativ, verhältnismäßig; bezüglich (**to** *gen.*); *gr.* Relativ..., bezüglich; **~ 'pro·noun** *gr.* Relativpronomen *n*, bezügliches Fürwort

re·lax [rɪ'læks] *v/t. Muskeln etc.* entspannen; *Griff etc.* lockern; *fig.* nachlassen in (*dat.*); *v/i.* sich entspannen, *fig. a.* ausspannen; sich lockern; **~·a·tion** [riːlæk'seɪʃn] Entspannung *f*; Erholung *f*; Lockerung *f*; **~ed** entspannt, *Atmosphäre a.* zwanglos

re·lay¹ **1.** ['riːleɪ] Ablösung *f*; *Sport*: Staffel(lauf *m*) *f*; *Rundfunk*, *TV*: Übertragung *f*; [*a.* riː'leɪ] *electr.* Relais *n*; **2.** [riː'leɪ] (**-layed**) *Rundfunk*, *TV*: übertragen

re·lay² [riː'leɪ] (**-laid**) *Kabel*, *Teppich* neu verlegen

re·lay race ['riːleɪreɪs] *Sport*: Staffel(lauf *m*) *f*

re·lease [rɪ'liːs] **1.** ent-, freilassen; loslassen; freigeben, herausbringen, veröffentlichen; *mot. Handbremse* lösen; *fig.* befreien, erlösen; **2.** Ent-, Freilassung *f*; Befreiung *f*; Freigabe *f*; Veröffentlichung *f*; *tech.*, *phot.* Auslöser *m*; *Film*: *oft* **first ~** Uraufführung *f*

rel·e·gate ['relɪgeɪt] verbannen; **be ~d** *Sport*: absteigen (**to** in *acc.*)

re·lent [rɪ'lent] nachgeben (*Person*); nachlassen (*Wind etc.*); **~·less** unbarmherzig; anhaltend (*Wind etc.*)

rel·e·vant ['reləvənt] relevant, erheblich, wichtig; sachdienlich, zutreffend

re·li|·a·bil·i·ty [rɪlaɪə'bɪlətɪ] Zuverlässigkeit *f*; **~·a·ble** [rɪ'laɪəbl] zuverlässig; **~·ance** [rɪ'laɪəns] Vertrauen *n*; Abhängigkeit *f* (**on** von)

rel·ic ['relɪk] Relikt *n*, Überbleibsel *n*; *rel.* Reliquie *f*

re·lief [rɪ'liːf] Erleichterung *f*; Unterstützung *f*, Hilfe *f*; *Am.* Sozialhilfe *f*; Ablösung *f* (*von Personen*); Relief *n*

re·lieve [rɪ'liːv] *Schmerz*, *Not* lindern, *j-n*, *Gewissen* erleichtern; *j-n* ablösen

re·li|·gion [rɪ'lɪdʒən] Religion *f*; **~·gious** Religions...; religiös; gewissenhaft

rel·ish ['relɪʃ] **1.** *fig.* Gefallen *m*, Geschmack *m* (**for** an *dat.*); *gastr.* Würze *f*; *gastr.* Soße *f*; **with ~** mit Genuss; **2.** genießen, sich *et.* schmecken lassen; Geschmack *od.* Gefallen finden an (*dat.*)

re·luc|·tance [rɪ'lʌktəns] Widerstreben *n*; **with ~** widerwillig, ungern; **~·tant** widerstrebend, widerwillig

re·ly [rɪ'laɪ]: **~ on** sich verlassen auf (*acc.*)

re·main [rɪ'meɪn] **1.** (ver)bleiben; übrig bleiben; **2.** **~s** *pl.* (Über)Reste *pl.*; **~·der** [rɪ'meɪndə] Rest *m*

re·make **1.** [riː'meɪk] (**-made**) wieder *od.* neu machen; **2.** ['riːmeɪk] Remake *n*, Neuverfilmung *f*

re·mand *jur.* [rɪ'mɑːnd] **1. be ~ed in custody** in Untersuchungshaft bleiben; **2. be on ~** in Untersuchungshaft sein; **prisoner on ~** Untersuchungsgefangene(r *m*) *f*

re·mark [rɪ'mɑːk] **1.** *v/t.* bemerken, äußern; *v/i.* sich äußern (**on** über *acc.*, zu); **2.** Bemerkung *f*; **re'mar·ka·ble** bemerkenswert; außergewöhnlich

rem·e·dy ['remədɪ] **1.** (Heil-, Hilfs-, Gegen)Mittel *n*; (Ab)Hilfe *f*; **2.** *Schaden etc.* beheben; *Missstand* abstellen; *Situation* bereinigen

re·mem|·ber [rɪ'membə] sich erinnern an (*acc.*); denken an (*acc.*); **please ~ me to her** grüße sie bitte von mir; **~·brance** [rɪ'membrəns] Erinnerung *f*; **in ~ of** zur Erinnerung an

re·mind [rɪ'maɪnd] erinnern (**of** an *acc.*); **~·er** Mahnung *f*

rem·i·nis|·cences [remɪ'nɪsnsɪz] *pl.* Erinnerungen *pl.* (**of** an *acc.*); **~·cent: be ~ of** erinnern an (*acc.*)

re·mit [rɪ'mɪt] (**-tt-**) *Schulden*, *Strafe* erlassen; *Sünden* vergeben; *Geld* überweisen (**to** *dat. od.* an *acc.*); **~·tance** (Geld)Überweisung *f* (**to** an *acc.*)

rem·nant ['remnənt] (Über)Rest *m*

re·mod·el [riː'mɒdl] (*Brt.* **-ll-**, *Am.* **-l-**) umformen, -gestalten

re·mon·strance [rɪ'mɒnstrəns] Protest *m*, Beschwerde *f*; **rem·on·strate** ['remənstreɪt] protestieren (**with** bei; **against** gegen), sich beschweren (**with** bei; **about** über *acc.*)

re·morse [rɪ'mɔːs] Gewissensbisse *pl.* Reue *f*; **~·less** unbarmherzig

re·mote [rɪ'məʊt] (**~r**, **~st**) fern, entfernt; abgelegen, entlegen; **~ con'trol** *tech.* Fernlenkung *f*, -steuerung *f*; Fernbedienung *f*

re·mov·al [rɪ'muːvl] Entfernung *f*; Umzug *m*; **~ van** Möbelwagen *m*

re·move [rɪ'muːv] *v/t.* entfernen (**from** von); *Deckel, Hut etc.* abnehmen; *Kleidung* ablegen; beseitigen, aus dem Weg räumen; *v/i.* (um)ziehen (**from** von; **to** nach); **re'mov·er** (*Flecken- etc.*)Entferner *m*

Re·nais·sance [rə'neɪsəns] *die* Renaissance

ren·der ['rendə] *berühmt, schwierig, möglich etc.* machen; *Dienst* erweisen; *Gedicht, mus.* vortragen; übersetzen, -tragen (**into** in *acc.*); *mst* **~ down** *Fett* auslassen; **~·ing** *bsd. Brt.* ['rendərɪŋ] → ***rendition***

ren·di·tion [ren'dɪʃn] Vortrag *m*; Übersetzung *f*, -tragung *f*

re·new [rɪ'njuː] erneuern; *Gespräch etc.* wieder aufnehmen; *Kraft etc.* wiedererlangen; *Vertrag, Pass* verlängern (lassen); **~·al** Erneuerung *f*; Verlängerung *f*

re·nounce [rɪ'naʊns] verzichten auf (*acc.*); *s-m Glauben etc.* abschwören

ren·o·vate ['renəʊveɪt] renovieren

re·nown [rɪ'naʊn] Ruhm *m*; **~ed** berühmt (**as** als; **for** wegen, für)

rent[1] [rent] **1.** Miete *f*; Pacht *f*; *bsd. Am.* Leihgebühr *f*; ⚠ *nicht* **Rente; for ~** *bsd. Am.* zu vermieten *od.* zu verleihen; **2.** mieten, pachten (**from** von); *bsd. Am. Auto etc.* mieten; *a.* **~ out** *bsd. Am.* vermieten, -pachten (**to** an *acc.*)

R

rent[2] [rent] Riss *m*

'Rent-a-... ...verleih *m*, ...vermietung *f*

rent|·al ['rentl] Miete *f*; Pacht *f*; *bsd. Am.* Leihgebühr *f*; *bsd. Am.* → **~·ed 'car** Leih-, Mietwagen *m*

re·nun·ci·a·tion [rɪnʌnsɪ'eɪʃn] Verzicht *m* (**of** auf *acc.*); Abschwören *n*

re·pair [rɪ'peə] **1.** reparieren, ausbessern; *fig.* wieder gutmachen; **2.** Reparatur *f*; Ausbesserung *f*; **~s** *pl.* Instandsetzungsarbeiten *pl.*; ***beyond ~*** nicht mehr zu reparieren; ***in good/bad ~*** in gutem/schlechtem Zustand; ***be under ~*** in Reparatur sein; ***the road is under ~*** an der Straße wird gerade gearbeitet

rep·a·ra·tion [repə'reɪʃn] Wiedergutmachung *f*; Entschädigung *f*; **~s** *pl. pol.* Reparationen *pl.*

rep·ar·tee [repɑː'tiː] Schlagfertigkeit *f*; schlagfertige Antwort(en *pl.*)

re·pay [riː'peɪ] (***-paid***) *et.* zurückzahlen; *Besuch* erwidern; *et.* vergelten; *j-n* entschädigen; **~·ment** Rückzahlung *f*

re·peal [rɪ'piːl] *Gesetz etc.* aufheben

re·peat [rɪ'piːt] **1.** *v/t.* wiederholen; nachsprechen; **~ o.s.** sich wiederholen; *v/i.* aufstoßen (**on s.o.** j-m) (*Speise*); **2.** *Rundfunk, TV*: Wiederholung *f*; **~·ed** wiederholt

re·pel [rɪ'pel] (**-ll-**) *Angriff, Feind* zurückschlagen; *Wasser etc., fig. j-n* abstoßen; **~·lent** [rɪ'pelənt] abstoßend

re·pent [rɪ'pent] bereuen; **re'pent·ance** Reue *f*; **re'pen·tant** reuig, reumütig

re·per·cus·sion [riːpə'kʌʃn] *mst* **~s** *pl.* Auswirkungen *pl.* (**on** auf *acc.*)

rep·er·toire *thea. etc.* ['repətwɑː] Repertoire *n*

rep·er·to·ry thea·tre (*Am.* **thea·ter**) ['repətərɪ -] Repertoiretheater *n*

rep·e·ti·tion [repɪ'tɪʃn] Wiederholung *f*

re·place [rɪ'pleɪs] an *j-s* Stelle treten, *j-n*, *et.* ersetzen; *tech.* austauschen, ersetzen; **~·ment** *tech.* Austausch *m*; Ersatz *m*

re·plant [riː'plɑːnt] umpflanzen

re·play 1. [riː'pleɪ] *Sport*: *Spiel* wiederholen; *Tonband-, Videoaufname etc.* abspielen *od.* wiederholen; **2.** ['riːpleɪ] Wiederholung *f*

re·plen·ish [rɪ'plenɪʃ] (wieder) auffüllen

re·plete [rɪ'pliːt] satt; angefüllt, ausgestattet (***with*** mit)

rep·li·ca ['replɪkə] *Kunst*: Originalkopie *f*; Kopie *f*, Nachbildung *f*

re·ply [rɪ'plaɪ] **1.** antworten, erwidern (**to** auf *acc.*); **2.** Antwort *f*, Erwiderung *f* (**to** auf *acc.*); **in ~ to** (als Antwort) auf; **~ 'cou·pon** Rückantwortschein *m*; **~-paid 'en·ve·lope** Freiumschlag *m*

re·port [rɪ'pɔːt] **1.** Bericht *m*; Meldung *f*, Nachricht *f*; Gerücht *n*; Knall *m*; **~** *Brt.*, **~ card** *Am. Schule*: Zeugnis *n*; **2.** berichten (über *acc.*); (sich) melden; anzeigen; ***it is ~ed that*** es heißt, dass; ***~ed speech*** *gr.* indirekte Rede; **~·er** Reporter(in), Berichterstatter(in)

re·pose [rɪ'pəʊz] Ruhe *f*; Gelassenheit *f*
re·pos·i·to·ry [rɪ'pɒzɪtərɪ] (Waren)Lager *n*; *fig.* Fundgrube *f*, Quelle *f*
rep·re|·sent [reprɪ'zent] *j-n*, *Wahlbezirk* vertreten; darstellen; dar-, hinstellen (***as, to be*** als); **~·sen·ta·tion** [reprɪzen'teɪʃn] Vertretung *f*; Darstellung *f*; **~·sen·ta·tive** [reprɪ'zentətɪv] **1.** repräsentativ (*a. pol.*), typisch (***of*** für); **2.** (Stell)Vertreter(in); (Handels)Vertreter(in); *parl.* Abgeordnete(r *m*) *f*; ***House of* ℒ*s*** *Am. parl.* Repräsentantenhaus *n*
re·press [rɪ'pres] unterdrücken; *psych.* verdrängen; **re·pres·sion** [rɪ'preʃn] Unterdrückung *f*; *psych.* Verdrängung *f*
re·prieve *jur.* [rɪ'pri:v] **1.** ***he was ~d*** er wurde begnadigt; s-e Urteilsvollstreckung wurde ausgesetzt; **2.** Begnadigung *f*; Vollstreckungsaufschub *m*
rep·ri·mand ['reprɪmɑ:nd] **1.** rügen, tadeln (***for*** wegen); **2.** Rüge *f*, Tadel *m*, Verweis *m*
re·print 1. [ri:'prɪnt] neu auflegen *od.* drucken, nachdrucken; **2.** ['ri:prɪnt] Neuauflage *f*, Nachdruck *m*
re·pri·sal [rɪ'praɪzl] Repressalie *f*, Vergeltungsmaßnahme *f*
re·proach [rɪ'prəʊtʃ] **1.** Vorwurf *m*; **2.** vorwerfen (***s.o. with s.th.*** j-m et.); Vorwürfe machen; **~·ful** vorwurfsvoll
rep·ro·bate ['reprəbeɪt] verkommenes Subjekt
re·pro·cess [ri:'prəʊses] *Kernbrennstoffe* wieder aufbereiten; **~·ing plant** Wiederaufbereitungsanlage *f*
re·pro|·duce [ri:prə'dju:s] *v/t. Ton etc.* wiedergeben; *Bild etc.* reproduzieren; ***~ o.s.*** → *v/i. biol.* sich fortpflanzen *od.* vermehren; **~·duc·tion** [ri:prə'dʌkʃn] *biol.* Fortpflanzung *f*; Reproduktion *f*; Wiedergabe *f*; **~·duc·tive** *biol.* [ri:prə'dʌktɪv] Fortpflanzungs...
re·proof [rɪ'pru:f] Rüge *f*, Tadel *m*
re·prove [rɪ'pru:v] rügen, tadeln (***for*** wegen)
rep·tile *zo.* ['reptaɪl] Reptil *n*
re·pub|·lic [rɪ'pʌblɪk] Republik *f*; **~·li·can** [rɪ'pʌblɪkən] **1.** republikanisch; **2.** Republikaner(in)
re·pu·di·ate [rɪ'pju:dɪeɪt] zurückweisen
re·pug|·nance [rɪ'pʌgnəns]: ***in ~, with ~*** angewidert; **~·nant** widerlich, widerwärtig, abstoßend
re·pulse [rɪ'pʌls] **1.** *j-n, Angebot etc.* ab-, zurückweisen; *mil. Angriff* zurückschlagen; **2.** *mil.* Zurückschlagen *n*; Ab-, Zurückweisung *f*
re·pul|·sion [rɪ'pʌlʃn] Abscheu *m*, Widerwille *m*; *phys.* Abstoßung *f*; **~·sive** [rɪ'pʌlsɪv] abstoßend, widerlich, widerwärtig; *phys.* abstoßend
rep·u·ta|·ble ['repjʊtəbl] angesehen; **~·tion** [repjʊ'teɪʃn] (guter) Ruf, Ansehen *n*
re·pute [rɪ'pju:t] (guter) Ruf; **re'put·ed** angeblich
re·quest [rɪ'kwest] **1.** (***for***) Bitte *f* (um), Wunsch *m* (nach); ***at the ~ of s.o., at s.o.'s ~*** auf j-s Bitte hin; ***on ~*** auf Wunsch; **2.** um *et.* bitten *od.* ersuchen; *j-n* bitten, ersuchen (***to do*** zu tun); **~ stop** *Brt.* Bedarfshaltestelle *f*
re·quire [rɪ'kwaɪə] erfordern; benötigen, brauchen; verlangen; ***if ~d*** wenn nötig; **~·ment** Erfordernis *n*, Bedürfnis *n*; Anforderung *f*
req·ui·site ['rekwɪzɪt] **1.** erforderlich; **2.** *mst* ***~s*** *pl.* Artikel *pl.*; ***toilet ~s*** *pl.* Toilettenartikel *pl.*; ⚠ *nicht* (*Bühnen*)***Requisit***
req·ui·si·tion [rekwɪ'zɪʃn] **1.** Anforderung *f*; *mil.* Requisition *f*, Beschlagnahme *f*; ***make a ~ for*** *et.* anfordern; **2.** anfordern; *mil.* requirieren, beschlagnahmen
re·sale ['ri:seɪl] Wieder-, Weiterverkauf *m*
re·scind *jur.* [rɪ'sɪnd] *Gesetz, Urteil etc.* aufheben
res·cue ['reskju:] **1.** retten (***from*** aus, vor *dat.*); **2.** Rettung *f*; Hilfe *f*; Rettungs...
re·search [rɪ'sɜ:tʃ] **1.** Forschung *f*; **2.** forschen; *et.* erforschen; **~·er** Forscher(in)
re·sem|·blance [rɪ'zembləns] Ähnlichkeit *f* (***to*** mit; ***between*** zwischen *dat.*); **~·ble** [rɪ'zembl] ähnlich sein, ähneln (*dat.*)
re·sent [rɪ'zent] übel nehmen, sich ärgern über (*acc.*); **~·ful** ärgerlich; **~·ment** Ärger *m* (***against, at*** über *acc.*)
res·er·va·tion [rezə'veɪʃn] Reservierung *f*, Vorbestellung *f* (*von Zimmern etc.*); Vorbehalt *m*; *Am.* (*Indianer*)Reservat(ion *f*) *n*; *bsd. Am.* (*Wild*)Reservat *n*; → ***central reservation***

R

re·serve [rɪ'zɜːv] **1.** (sich) *et.* aufsparen (***for*** für); sich vorbehalten; reservieren (lassen), vorbestellen; **2.** Reserve *f* (*a. mil.*); Vorrat *m*; (*Naturschutz-*, *Wild-*) Reservat *n*; *Sport*: Reservespieler(in); Reserviertheit *f*, Zurückhaltung *f*; **~d** zurückhaltend, reserviert

res·er·voir ['rezəvwɑː] Reservoir *n* (*a. fig.* ***of*** an *dat.*)

re·set [riː'set] (***-tt-***; ***-set***) *Uhr* umstellen; *Zeiger etc.* zurückstellen (***to*** auf *acc.*)

re·set·tle [riː'setl] umsiedeln

re·side [rɪ'zaɪd] wohnen, ansässig sein, s-n Wohnsitz haben

res·i·dence ['rezɪdəns] Wohnsitz *m*, -ort *m*; Aufenthalt *m*; Residenz *f*; ***official ~*** Amtssitz *m*; **'~ per·mit** Aufenthaltsgenehmigung *f*, -erlaubnis *f*

res·i·dent ['rezɪdənt] **1.** wohnhaft, ansässig; **2.** Bewohner(in) (*e-s Hauses*), (*e-r Stadt a.*) Einwohner(in); (Hotel-) Gast *m*; *mot.* Anlieger(in)

res·i·den·tial [rezɪ'denʃl] Wohn...; **~ 'ar·e·a** Wohngebiet *n*, -gegend *f*

re·sid·u·al [rɪ'zɪdjʊəl] übrig (geblieben), restlich, Rest...; **~ pol'lu·tion** Altlasten *pl.*; **res·i·due** ['rezɪdjuː] Rest(betrag) *m*; *chem.* Rest *m*, Rückstand *m*

re·sign [rɪ'zaɪn] *v/i.* zurücktreten (***from*** von); *v/t. Amt etc.* niederlegen; aufgeben; verzichten auf (*acc.*); ***~ o.s. to*** sich fügen in (*acc.*), sich abfinden mit; **res·ig·na·tion** [rezɪg'neɪʃn] Rücktritt *m*; Resignation *f*; **~ed** [rɪ'zaɪnd] ergeben, resigniert

re·sil·i|·ence [rɪ'zɪlɪəns] Elastizität *f*; *fig.* Zähigkeit *f*; **~·ent** elastisch; *fig.* zäh

res·in ['rezɪn] Harz *n*

R

re·sist [rɪ'zɪst] widerstehen (*dat.*); Widerstand leisten, sich widersetzen (*dat.*); **~·ance** Widerstand *m* (*a. electr.*); *med.* Widerstandskraft *f*; (*Hitze- etc.*)Beständigkeit *f*, (*Stoß- etc.*) Festigkeit *f*; ***line of least ~*** Weg *m* des geringsten Widerstands; **re·sis·tant** widerstandsfähig; (*hitze- etc.*)beständig, (*stoß- etc.*)fest

res·o|·lute ['rezəluːt] resolut, entschlossen; **~·lu·tion** [rezə'luːʃn] Beschluss *m*, *parl. etc. a.* Resolution *f*; Vorsatz *m*; Entschlossenheit *f*; Lösung *f*

re·solve [rɪ'zɒlv] **1.** beschließen; *Problem etc.* lösen; (sich) auflösen; ***~ on*** sich entschließen zu; **2.** Vorsatz *m*; Entschlossenheit *f*

res·o|·nance ['rezənəns] Resonanz *f*; voller Klang; **'~·nant** voll(tönend); widerhallend

re·sort [rɪ'zɔːt] **1.** Erholungs-, Urlaubsort *m*; → ***health*** (***seaside, summer***) ***resort***; ***have ~ to*** → **2.** ***~ to*** Zuflucht nehmen zu

re·sound [rɪ'zaʊnd] widerhallen (***with*** von)

re·source [rɪ'sɔːs] Mittel *n*, Zuflucht *f*; Ausweg *m*; Einfallsreichtum *m*; **~s** *pl.* Mittel *pl.*; (*natürliche*) Reichtümer *pl.*, (*Boden-*, *Natur*)Schätze *pl.*; **~·ful** einfallsreich, findig

re·spect [rɪ'spekt] **1.** Achtung *f*, Respekt *m* (***for*** vor *dat.*); Rücksicht *f* (***for*** auf *acc.*); Beziehung *f*, Hinsicht *f*; ***with ~ to*** was ... anbelangt *od.* betrifft; ***in this ~*** in dieser Hinsicht; ***give my ~s to ...*** e-e Empfehlung an ...; **2.** *v/t.* respektieren, achten; respektieren, berücksichtigen, beachten; **re'spec·ta·ble** ehrbar, anständig, geachtet; ansehnlich, beachtlich; ***it is not ~*** es gehört sich nicht; **~·ful** respektvoll, ehrerbietig

re·spect·ive [rɪ'spektɪv] jeweilig; ***we went to our ~ places*** jeder ging zu seinem Platz; **~·ly** beziehungsweise

res·pi·ra|·tion [respə'reɪʃn] Atmung *f*; **~·tor** ['respəreɪtə] Atemschutzgerät *n*

re·spite ['respaɪt] Pause *f*; Aufschub *m*, Frist *f*; ***without ~*** ohne Unterbrechung

re·splen·dent [rɪ'splendənt] glänzend, strahlend

re·spond [rɪ'spɒnd] antworten, erwidern (***to*** auf *acc.*; ***that*** dass); reagieren, *med. a.* ansprechen (***to*** auf *acc.*)

re·sponse [rɪ'spɒns] Antwort *f*, Erwiderung *f* (***to*** auf *acc.*); *fig.* Reaktion *f* (***to*** auf *acc.*)

re·spon|·si·bil·i·ty [rɪspɒnsə'bɪlətɪ] Verantwortung *f*; ***on one's own ~*** auf eigene Verantwortung; ***sense of ~*** Verantwortungsgefühl *n*; ***take*** (***full***) ***~ for*** die (volle) Verantwortung übernehmen für; **~·si·ble** [rɪ'spɒnsəbl] verantwortlich; verantwortungsbewusst; verantwortungsvoll (*Position*)

rest[1] [rest] **1.** Ruhe(pause) *f*; Erholung *f*; *tech.* Stütze *f*; (*Telefon*)Gabel *f*; ***have od. take a ~*** sich ausruhen; ***set s.o.'s mind at ~*** j-n beruhigen; **2.** *v/i.* ruhen;

sich ausruhen; lehnen (***against, on*** an *dat.*); ***let s.th.*** ~ et. auf sich beruhen lassen; ~ ***on*** ruhen auf (*dat.*) (*a. fig. Blick*); *fig.* beruhen auf (*dat.*); *v/t.* (aus)ruhen (lassen); lehnen (***against*** gegen; ***on*** an *acc.*)

rest² [rest] Rest *m*; ***all the ~ of them*** alle übrigen; ***for the*** ~ im Übrigen

res·tau·rant ['restərɒnt, 'restərənt, 'restərɔ̃:ŋ] Restaurant *n*, Gaststätte *f*

'rest|·ful ruhig, erholsam; '~ **home** Altenpflegeheim *n*; Erholungsheim *n*

res·ti·tu·tion [restɪ'tju:ʃn] Rückgabe *f*, -erstattung *f*

res·tive ['restɪv] unruhig, nervös

'rest·less ruhelos, rastlos; unruhig

res·to·ra·tion [restə'reɪʃn] Wiederherstellung *f*; Restaurierung *f*; Rückgabe , -erstattung *f*

re·store [rɪ'stɔ:] wiederherstellen; restaurieren; zurückgeben, zurückerstatten; ***be ~d*** (***to health***) wiederhergestellt *od.* wieder gesund sein

re·strain [rɪ'streɪn] (***from***) zurückhalten (von), hindern an (*dat.*); ***I had to ~ myself*** ich musste mich beherrschen (***from doing s.th.*** um nicht et. zu tun); **~ed** [rɪ'streɪnd] beherrscht; dezent (*Farbe etc.*); **~t** [rɪ'streɪnt] Beherrschung *f*; Be-, Einschränkung *f*

re·strict [rɪ'strɪkt] beschränken (***to*** auf *acc.*), einschränken; **re·stric·tion** [rɪ'strɪkʃn] Be-, Einschränkung *f*; ***without ~s*** uneingeschränkt

'rest room *Am.* Toilette *f* (*e-s Hotels, Restaurants etc.*)

re·sult [rɪ'zʌlt] **1.** Ergebnis *n*, Resultat *n*; Folge *f*; ***as a ~ of*** als Folge von (*od. gen.*); ***without*** ~ ergebnislos; **2.** folgen, sich ergeben (***from*** aus); ~ ***in*** zur Folge haben (*acc.*), führen zu

re·sume [rɪ'zju:m] wieder aufnehmen; fortsetzen; *Platz* wieder einnehmen; **re·sump·tion** [rɪ'zʌmpʃn] Wiederaufnahme *f*; Fortsetzung *f*

Res·ur·rec·tion *rel.* [rezə'rekʃn] Auferstehung *f*

re·sus·ci|·tate *med.* [rɪ'sʌsɪteɪt] wieder beleben; **~·ta·tion** *med.* [rɪsʌsɪ'teɪʃn] Wiederbelebung *f*

re·tail 1. ['ri:teɪl] Einzelhandel *m*; Einzelhandels...; ***by*** ~ im Einzelhandel; **2.** ['ri:teɪl] *adv.* im Einzelhandel; **3.** [ri:'teɪl] *v/t.* im Einzelhandel verkaufen (***at, for*** für); *v/i.* im Einzelhandel verkauft werden (***at, for*** für); **~·er** [ri:'teɪlə] Einzelhändler(in)

re·tain [rɪ'teɪn] (be)halten, bewahren; *Wasser* speichern (*Boden*); *Wärme* speichern

re·tal·i|·ate [rɪ'tælɪeɪt] Vergeltung üben, sich revanchieren; **~·a·tion** [rɪtælɪ'eɪʃn] Vergeltung(smaßnahmen *pl.*) *f*

re·tard [rɪ'tɑ:d] verzögern, aufhalten, hemmen; (***mentally***) **~ed** (geistig) zurückgeblieben

retch [retʃ] würgen (*beim Erbrechen*)

re·tell [ri:'tel] (***-told***) nacherzählen

re·think [ri:'θɪŋk] (***-thought***) *et.* noch einmal überdenken

re·ti·cent ['retɪsənt] schweigsam

ret·i·nue ['retɪnju:] Gefolge *n*

re·tire [rɪ'taɪə] *v/i.* in Rente *od.* Pension gehen, sich pensionieren lassen; sich zurückziehen; ~ ***from business*** sich zur Ruhe setzen; *v/t.* in den Ruhestand versetzen, pensionieren; **~d** pensioniert, im Ruhestand (lebend); ***be*** ~ *a.* in Rente *od.* Pension sein; **~·ment** Pensionierung *f*, Ruhestand *m*; **re·tir·ing** [rɪ'taɪərɪŋ] zurückhaltend

re·tort [rɪ'tɔ:t] **1.** (scharf) entgegnen *od.* erwidern; **2.** (scharfe) Entgegnung *od.* Erwiderung

re·touch *phot.* [ri:'tʌtʃ] retuschieren

re·trace [rɪ'treɪs] *Tathergang etc.* rekonstruieren; ~ ***one's steps*** denselben Weg zurückgehen

re·tract [rɪ'trækt] *v/t. Angebot* zurückziehen; *Behauptung* zurücknehmen; *Geständnis* widerrufen; *Krallen, aviat. Fahrgestell* einziehen; *v/i.* eingezogen werden (*Krallen, aviat. Fahrgestell*)

re·train [ri:'treɪn] umschulen

re·tread 1. [ri:'tred] *Reifen* runderneuern; **2.** ['ri:tred] runderneuerter Reifen

re·treat [rɪ'tri:t] **1.** Rückzug *m*; Zufluchtsort *m*; ***beat a*** (***hasty***) ~ abhauen; **2.** sich zurückziehen; zurückweichen (***from*** vor *dat.*)

ret·ri·bu·tion [retrɪ'bju:ʃn] Vergeltung *f*

re·trieve [rɪ'tri:v] zurückholen, wiederbekommen; *Fehler*, *Verlust etc.* wieder gutmachen; *hunt.* apportieren

ret·ro|·ac·tive *jur.* [retrəʊ'æktɪv] rückwirkend; **~·grade** ['retrəʊgreɪd] rückschrittlich; **~·spect** ['retrəʊspekt]: ***in*** ~ rückschauend, im Rückblick; **~·spec-**

tive [retrəʊ'spektɪv] rückblickend; *jur.* rückwirkend
re·try *jur.* [riː'traɪ] *Fall* erneut verhandeln; neu verhandeln gegen *j-n*
re·turn [rɪ'tɜːn] **1.** *v/i.* zurückkehren, -kommen; zurückgehen; ~ **to** auf *ein Thema etc.* zurückkommen; in *e-e Gewohnheit etc.* zurückfallen; in *e-n Zustand etc.* zurückkehren; *v/t.* zurückgeben (**to** *dat.*); zurückbringen (**to** *dat.*); zurückschicken, -senden (**to** *dat. od.* an *acc.*); zurücklegen, -stellen; erwidern; *Gewinn etc.* abwerfen; → **verdict; 2.** Rückkehr *f*; *fig.* Wiederauftreten *n*; Rückgabe *f*; Zurückbringen *n*; Zurückschicken *n*, -senden *n*; Zurücklegen *n*, -stellen *n*; Erwiderung *f*; (*Steuer*)Erklärung *f*; *Tennis etc.*: Return *m*, Rückschlag *m*; *a.* ~**s** *pl.* Gewinn *m*; **many happy ~s (of the day)** herzlichen Glückwunsch zum Geburtstag; **by ~ (of post)** umgehend; **in ~ for** (als Gegenleistung) für; **3.** *adj.* Rück...; **re'turn·a·ble** *in Zssgn* Mehrweg...; ~ **bottle** Pfandflasche *f*
re·turn| 'key *Computer*: Eingabetaste *f*; ~ **'game,** ~ **'match** *Sport*: Rückspiel *n*; ~ **'tick·et** *Brt.* Rückfahrkarte *f*; *aviat.* Rückflugticket *n*
re·u·ni·fi·ca·tion *pol.* [riːjuːnɪfɪ'keɪʃn] Wiedervereinigung *f*
re·u·nion [riː'juːnjən] Treffen *n*, Wiedersehensfeier *f*; Wiedervereinigung *f*
re·us·a·ble [riː'juːzəbl] wieder verwendbar
rev F *mot.* [rev] **1.** Umdrehung *f*; ~ **counter** Drehzahlmesser *m*; **2.** (**-vv-**) *a.* ~ **up** aufheulen (lassen) (*Motor*)
Rev *nur geschr. Abk. für* **Reverend** *rel.* Hochwürden (*Titel u. Anrede*)
re·val·ue *econ.* [riː'væljuː] *Währung* aufwerten
re·veal [rɪ'viːl] den Blick freigeben auf (*acc.*), zeigen; *Geheimnis etc.* enthüllen, aufdecken; **~·ing** offenherzig (*Kleid etc.*); *fig.* aufschlussreich
rev·el ['revl] (*bsd. Brt.* **-ll-**, *Am.* **-l-**): ~ **in** schwelgen in (*dat.*); sich weiden an (*dat.*)
rev·e·la·tion [revə'leɪʃn] Enthüllung *f*, Aufdeckung *f*; *rel.* Offenbarung *f*
re·venge [rɪ'vendʒ] **1.** Rache *f*; *bsd. Sport, Spiel*: Revanche *f*; **in ~ for** aus Rache für; **2.** rächen; **~·ful** rachsüchtig
rev·e·nue ['revənjuː] Staatseinkünfte *pl.*, -einnahmen *pl.*
re·ver·be·rate [rɪ'vɜːbəreɪt] nach-, widerhallen
re·vere [rɪ'vɪə] (ver)ehren
rev·e|·rence ['revərəns] Verehrung *f*; Ehrfurcht *f* (**for** vor *dat.*); **2·rend** *rel.* ['revərənd] Hochwürden *m*; **~·rent** ['revərənt] ehrfürchtig, ehrfurchtsvoll
rev·er·ie ['revərɪ] (Tag)Träumerei *f*
re·vers·al [rɪ'vɜːsl] Umkehrung *f*; Rückschlag *m*
re·verse [rɪ'vɜːs] **1.** *adj.* umgekehrt; **in ~ order** in umgekehrter Reihenfolge; **2.** *Wagen* im Rückwärtsgang *od.* rückwärts fahren; *Reihenfolge etc.* umkehren; *Urteil etc.* aufheben; *Entscheidung etc.* umstoßen; **3.** Gegenteil *n*; *mot.* Rückwärtsgang *m*; Rück-, Kehrseite *f* (*e-r Münze*); Rückschlag *m*; ~ **'gear** *mot.* Rückwärtsgang *m*; ~ **'side** linke (*Stoff*)Seite
re·vers·i·ble [rɪ'vɜːsəbl] doppelseitig (tragbar)
re·vert [rɪ'vɜːt]: ~ **to** in *e-n Zustand* zurückkehren; in *e-e Gewohnheit etc.* zurückfallen; auf *ein Thema* zurückkommen
re·view [rɪ'vjuː] **1.** Überprüfung *f*; Besprechung *f*, Kritik *f*, Rezension *f*; *mil.* Parade *f*; *Am. ped.* (Stoff)Wiederholung *f* (**for** für *e-e Prüfung*); **2.** überprüfen; besprechen, rezensieren; *mil.* besichtigen, inspizieren; *Am. ped. Stoff* wiederholen (**for** für *e-e Prüfung*); **~·er** Kritiker(in), Rezensent(in)
re·vise [rɪ'vaɪz] revidieren, *Ansicht* ändern, *Buch etc.* überarbeiten; *Brt. ped. Stoff* wiederholen (**for** für *e-e Prüfung*); **re·vi·sion** [rɪ'vɪʒn] Revision *f*, Überarbeitung *f*; überarbeitete Ausgabe; *Brt. ped.* (Stoff)Wiederholung *f* (**for** für *e-e Prüfung*)
re·viv·al [rɪ'vaɪvl] Wiederbelebung *f*; Wiederaufleben *n*; **re·vive** [rɪ'vaɪv] wieder beleben; wieder aufleben (lassen); *Erinnerungen* wachrufen; wieder zu sich kommen; sich erholen
re·voke [rɪ'vəʊk] widerrufen, zurücknehmen, rückgängig machen
re·volt [rɪ'vəʊlt] **1.** *v/i.* sich auflehnen, revoltieren (**against** gegen); Abscheu empfinden, empört sein (**against, at, from** über *acc.*); *v/t.* mit Abscheu erfül-

R

len, abstoßen; **2.** Revolte *f*, Aufstand *m*; **~·ing** abscheulich, abstoßend
rev·o·lu·tion [revə'lu:ʃn] Revolution *f* (*a. pol.*), Umwälzung *f*; *astr.* Umlauf *m* (***round*** um); *tech.* Umdrehung *f*; ***number of ~s*** *pl. tech.* Drehzahl *f*; ***~ counter*** *mot.* Drehzahlmesser *m*; **~·ar·y** [revə'lu:ʃnərɪ] **1.** revolutionär; Revolutions...; **2.** *pol.* Revolutionär(in); **~·ize** *fig.* [revə'lu:ʃnaɪz] revolutionieren
re·volve [rɪ'vɒlv] sich drehen (***on, round*** um); ***~ around*** *fig.* sich drehen um; **re'volv·er** Revolver *m*; **re'volv·ing** Dreh...; ***~ door***(*s pl.*) Drehtür *f*
re·vue *thea.* [rɪ'vju:] Revue *f*; Kabarett *n*
re·vul·sion [rɪ'vʌlʃn] Abscheu *m*
re·ward [rɪ'wɔ:d] **1.** Belohnung *f*; **2.** belohnen; **~·ing** lohnend, *Aufgabe etc. a.* dankbar
re·write [ri:'raɪt] (***-wrote, -written***) neu schreiben, umschreiben
rhap·so·dy *mus.* ['ræpsədɪ] Rhapsodie *f*
rhe·to·ric ['retərɪk] Rhetorik *f*
rheu·ma·tism *med.* ['ru:mətɪzəm] Rheuma(tismus *m*) *n*
rhi·no *zo.* F ['raɪnəʊ] (*pl.* ***-nos***), **rhi·no·ce·ros** *zo.* [raɪ'nɒsərəs] (*pl.* ***-ros, -roses*** [-sɪz]) Rhinozeros *n*, Nashorn *n*
rhu·barb *bot.* ['ru:bɑ:b] Rhabarber *m*
rhyme [raɪm] **1.** Reim *m*; Vers *m*; ***without ~ or reason*** ohne Sinn u. Verstand; **2.** (sich) reimen
rhyth|·m ['rɪðəm] Rhythmus *m*; **~·mic** ['rɪðmɪk] (***~ally***), **'~·mi·cal** rhythmisch
rib *anat.* [rɪb] Rippe *f*
rib·bon ['rɪbən] (*a.* Farb-, Ordens)Band *n*; Streifen *m*; Fetzen *m*
'rib cage *anat.* Brustkorb *m*
rice *bot.* [raɪs] Reis *m*; **~ 'pud·ding** Milchreis *m*
rich [rɪtʃ] **1.** reich (***in*** an *dat.*); prächtig, kostbar; schwer (*Speise*); fruchtbar, fett (*Erde*); voll (*Ton*); satt (*Farbe*); ***~ (in calories)*** kalorienreich; **2.** ***the ~*** *pl.* die Reichen *pl.*
rick [rɪk] (Stroh-, Heu)Schober *m*
rick·ets *med.* ['rɪkɪts] *sg.* Rachitis *f*
rick·et·y F ['rɪkətɪ] gebrechlich; wack(e)lig (*Möbelstück etc.*)
rid [rɪd] (***-dd-; rid***) befreien (***of*** von); ***get ~ of*** loswerden
rid·dance F ['rɪdəns]: ***good ~!*** den (die, das) sind wir Gott sei Dank los!
rid·den ['rɪdn] **1.** *p.p. von* ***ride*** 1; **2.** *in Zssgn* geplagt *od.* heimgesucht von
rid·dle[1] ['rɪdl] Rätsel *n*
rid·dle[2] ['rɪdl] **1.** grobes Sieb, Schüttelsieb *n*; **2.** sieben; durchlöchern, -sieben
ride [raɪd] **1.** (***rode, ridden***) *v/i.* reiten; fahren (***on*** auf *e-m Fahrrad etc.*; ***in*** *od. Am.* ***on*** in *e-m Bus etc.*); *v/t.* reiten (auf *dat.*); *Fahr-, Motorrad* fahren, fahren auf (*dat.*); **2.** Ritt *m*; Fahrt *f*; **'rid·er** Reiter(in); (*Motorrad-, Rad*)Fahrer(in)
ridge [rɪdʒ] (*Gebirgs*)Kamm *m*, Grat *m*; (*Dach*)First *m*
rid·i·cule ['rɪdɪkju:l] **1.** Spott *m*; **2.** lächerlich machen, spotten über (*acc.*); **ri·dic·u·lous** [rɪ'dɪkjʊləs] lächerlich
rid·ing ['raɪdɪŋ] Reit...
riff-raff *contp.* ['rɪfræf] Gesindel *n*
ri·fle[1] ['raɪfl] Gewehr *n*
ri·fle[2] ['raɪfl] durchwühlen
rift [rɪft] Spalt(e *f*) *m*; *fig.* Riss *m*
rig [rɪg] **1.** (***-gg-***) *Schiff* auftakeln; ***~ out*** *j-n* ausstaffieren; ***~ up*** F (behelfsmäßig) zusammenbauen (***from*** aus); **2.** *naut.* Takelage *f*; *tech.* Bohrinsel *f*; F Aufmachung *f*; **'~·ging** *naut.* Takelage *f*
right [raɪt] **1.** *adj.* recht; richtig; rechte(r, -s), Rechts...; ***all ~!*** in Ordnung!, gut!; ***that's all ~!*** das macht nichts!, schon gut!, bitte!; ***that's ~!*** richtig!, ganz recht!, stimmt!; ***be ~*** Recht haben; ***put ~, set ~*** in Ordnung bringen; berichtigen, korrigieren; **2.** *adv.* (nach) rechts; richtig, recht; genau; gerade(wegs), direkt; ganz, völlig; ***~ away*** sofort; ***~ now*** im Moment; sofort; ***~ on*** geradeaus; ***turn ~*** (sich) nach rechts wenden; *mot.* rechts abbiegen; **3.** Recht *n*; *die* Rechte (*a. pol., Boxen*), rechte Seite; ***on the ~*** rechts, auf der rechten Seite; ***to the ~*** (nach) rechts; ***keep to the ~*** sich rechts halten; rechts fahren; **4.** aufrichten; *et.* wiedergutmachen; in Ordnung bringen; **'~ an·gle** rechter Winkel; **'~-an·gled** *math.* rechtwink(e)lig; **~·eous** ['raɪtʃəs] gerecht (*Zorn etc.*); **'~·ful** rechtmäßig; **~-'hand** rechte(r, -s); **~-hand 'drive** Rechtssteuerung *f*; **~-'hand·ed** rechtshändig; für Rechtshänder; ***be ~*** Rechtshänder(in) sein; **'~·ly** richtig; mit Recht; **~ of 'way** *mot.* Vorfahrt(srecht *n*) *f*; Durchgangsrecht *n*; **~-'wing** *pol.* dem rechten Flügel angehörend, Rechts...

R

rig·id ['rɪdʒɪd] starr, steif; *fig.* streng, strickt
rig·ma·role F ['rɪgmərəʊl] Geschwätz *n*; *fig.* Theater *n*, Zirkus *m*
rig·or·ous ['rɪgərəs] streng; genau
rig·o(u)r ['rɪgə] Strenge *f*, Härte *f*
rile F [raɪl] ärgern, reizen
rim [rɪm] Rand *m* (*e-r Tasse etc.*); Krempe *f* (*e-s Huts*); *tech.* Felge *f*; '**~·less** randlos (*Brille*); '**~med** mit (e-m) Rand
rind [raɪnd] (*Zitronen- etc.*)Schale *f*; (*Käse*)Rinde *f*; (*Speck*)Schwarte *f*
ring[1] [rɪŋ] **1.** Ring *m*; Kreis *m*; Manege *f*; (Box)Ring *m*; (Spionage- *etc.*)Ring *m*; **2.** umringen, umstellen; *Vogel* beringen
ring[2] [rɪŋ] **1.** (***rang, rung***) läuten; klingeln; klingen (*a. fig.*); *bsd. Brt. tel.* anrufen; ***the bell is ~ing*** es läutet *od.* klingelt; ***~ the bell*** läuten, klingeln; ***~ back*** *bsd. Brt. tel.* zurückrufen; ***~ for*** nach *j-m, et.* läuten; *Arzt etc.* rufen; ***~ off*** *bsd. Brt. tel.* (den Hörer) auflegen, Schluss machen; ***~ s.o.*** (***up***) j-n *od.* bei j-m anrufen; **2.** Läuten *n*, Klingeln *n*; *fig.* Klang *m*; *bsd. Brt. tel.* Anruf *m*; ***give s.o. a ~*** j-n anrufen
'**ring| bind·er** Ringbuch *n*; '**~·lead·er** Rädelsführer(in); '**~·mas·ter** Zirkusdirektor *m*; '**~ road** *Brt.* Umgehungsstraße *f*; Ringstraße *f*; '**~·side**: ***at the ~*** *Boxen*: am Ring
rink [rɪŋk] (Kunst)Eisbahn *f*; Rollschuhbahn *f*
rinse [rɪns] *a.* ***~ out*** (aus)spülen
ri·ot ['raɪət] **1.** Aufruhr *m*; Krawall *m*; ***run ~*** randalieren, randalierend ziehen (***through*** durch); **2.** Krawall machen, randalieren; '**~·er** Aufrührer(in); Randalierer(in); '**~·ous** aufrührerisch; randalierend; ausgelassen, wild
rip [rɪp] **1.** (***-pp-***) *a.* ***~ up*** zerreißen; ***~ open*** aufreißen; **2.** Riss *m*
ripe [raɪp] reif; **rip·en** ['raɪpən] reifen (lassen)
rip·ple ['rɪpl] **1.** (sich) kräuseln; plätschern, rieseln; **2.** kleine Welle; Kräuselung *f*; Plätschern *n*, Rieseln *n*
rise [raɪz] **1.** (***rose, risen***) aufstehen (*a. am Morgen*); sich erheben; *rel.* auferstehen; aufsteigen (*Rauch etc.*); sich heben (*Vorhang, Stimmung*); ansteigen (*Straße, Wasser etc.*), anschwellen (*Fluss etc.*); (an)steigen (*Temperatur etc.*), *Preise etc. a.* anziehen; stärker werden (*Wind etc.*); aufgehen (*Sonne, Teig etc.*); entspringen (*Fluss etc.*); aufsteigen (*beruflich etc.*); *fig.* entstehen (***from, out of*** aus); *a.* ***~ up*** sich erheben (***against*** gegen); ***~ to the occasion*** sich der Lage gewachsen zeigen; **2.** (An)Steigen *n*; Steigung *f*; Anhöhe *f*; *astr.* Aufgang *m*; *bsd. Brt.* Lohn- *od.* Gehaltserhöhung *f*; *fig.* Anstieg *m*; *fig.* Aufstieg *m*; ***give ~ to*** verursachen, führen zu; **ris·en** ['rɪzn] *p.p. von* ***rise*** 1;
ris·er ['raɪzə]: ***early ~*** Frühaufsteher(in); **ris·ing** ['raɪzɪŋ] **1.** Aufstand *m*; **2.** aufstrebend (*Politiker etc.*)
risk [rɪsk] **1.** Gefahr *f*, Risiko *n*; ***at one's own ~*** auf eigene Gefahr; ***at the ~ of*** (*ger.*) auf die Gefahr hin zu (*inf.*); ***be at ~*** gefährdet sein; ***run the ~ of doing s.th.*** Gefahr laufen, et. zu tun; ***run a ~, take a ~*** ein Risiko eingehen; **2.** wagen, riskieren; '**~·y** (***-ier, -iest***) riskant
rite [raɪt] Ritus *m*; Zeremonie *f*; **rit·u·al** ['rɪtʃʊəl] **1.** rituell; Ritual...; **2.** Ritual *n*
ri·val ['raɪvl] **1.** Rival|e *m*, -in *f*, Konkurrent(in); **2.** rivalisierend, Konkurrenz...; **3.** (*bsd. Brt.* ***-ll-***, *Am.* ***-l-***) rivalisieren *od.* konkurrieren mit; **~·ry** ['raɪvlrɪ] Rivalität *f*; Konkurrenz (-kampf *m*) *f*
riv·er ['rɪvə] Fluss *m*; Strom *m*; '**~·side** Flussufer *n*; ***by the ~*** am Fluss
riv·et ['rɪvɪt] **1.** *tech.* Niet(e *f*) *m*, *n*; **2.** *tech.* (ver)nieten; *Aufmerksamkeit, Blick* richten (**on** auf *acc.*)
RN [ɑːr 'en] *Abk. für* ***Royal Navy*** *die* Königlich-Britische Marine
road [rəʊd] (Auto-, Land)Straße *f*; *fig.* Weg *m*; ***on the ~*** auf der Straße; unterwegs; *thea.* auf Tournee; '**~ ac·ci·dent** Verkehrsunfall *m*; '**~·block** Straßensperre *f*; '**~ map** Straßenkarte *f*; **~ 'safe·ty** Verkehrssicherheit *f*; '**~·side** Straßenrand *m*; ***at the ~, by the ~*** am Straßenrand; '**~ toll** Straßenbenutzungsgebühr *f*; '**~·way** Fahrbahn *f*; '**~ works** *pl.* Straßenbauarbeiten *pl.*; '**~·wor·thy** verkehrssicher
roam [rəʊm] *v/i.* (umher)streifen, (-)wandern; *v/t.* streifen *od.* wandern durch
roar [rɔː] **1.** Brüllen *n*, Gebrüll *n*; Brausen *n*, Krachen *n*, Donnern *n*; **~s** *pl.* ***of***

laughter brüllendes Gelächter; **2.** brüllen; brausen; donnern (*Fahrzeug etc.*)
roast [rəʊst] **1.** *v/t. Fleisch* braten (*a. v/i.*); *Kaffee etc.* rösten; **2.** Braten *m*; **3.** *adj.* gebraten; ~ **'beef** Rinderbraten *m*
rob [rɒb] (***-bb-***) *Bank etc.* überfallen; *j-n* berauben; **~·ber** ['rɒbə] Räuber *m*; **~·ber·y** ['rɒbərɪ] Raub(überfall) *m*, (*Bank*)Raub *m*, (-)Überfall *m*
robe [rəʊb] *a.* **~*s*** *pl.* Robe *f*, Talar *m*
rob·in *zo.* ['rɒbɪn] Rotkehlchen *n*
ro·bot ['rəʊbɒt] Roboter *m*
ro·bust [rə'bʌst] robust, kräftig
rock¹ [rɒk] schaukeln, wiegen; erschüttern (*a. fig.*)
rock² [rɒk] Fels(en) *m*; Felsen *pl.*; *geol.* Gestein *n*; Felsbrocken *m*; *Am.* Stein *m*; *Brt.* Zuckerstange *f*; ⚠ *nicht* ***Rock***; **~*s*** *pl.* Klippen *pl.*; ***on the ~s*** in ernsten Schwierigkeiten (*Firma etc.*); kaputt, in die Brüche gehend (*Ehe*); mit Eis (*bsd. Whisky*)
rock³ [rɒk] *a.* ~ ***music*** Rock(musik *f*) *m*; → ***rock 'n' roll***
'rock·er Kufe *f* (*e-s Schaukelstuhls etc.*); Schaukelstuhl *m*; *Brt.* Rocker *m*; ***off one's*** ~ F übergeschnappt
rock·et ['rɒkɪt] **1.** Rakete *f*; **2.** rasen, schießen; *a.* ~ ***up*** hochschnellen, in die Höhe schießen (*Preise*)
'rock·ing| chair Schaukelstuhl *m*; **'~ horse** Schaukelpferd *n*
rock 'n' roll [rɒkən'rəʊl] Rock 'n' Roll *m*
'rock·y (***-ier, -iest***) felsig; steinhart
rod [rɒd] Rute *f*; *tech.* Stab *m*, Stange *f*
rode [rəʊd] *pret. von* ***ride*** 1
ro·dent *zo.* ['rəʊdənt] Nagetier *n*
ro·de·o [rəʊ'deɪəʊ, 'rəʊdɪəʊ] (*pl.* ***-os***) Rodeo *m*, *n*
roe *zo.* [rəʊ] *a.* ***hard*** ~ Rogen *m*; *a.* ***soft*** ~ Milch *f*
roe|·buck *zo.* ['rəʊbʌk] (*pl.* ***-bucks, -buck***) Rehbock *m*; **'~ deer** *zo.* (*pl.* ***-deer***) Reh *n*
rogue [rəʊg] Schurke *m*, Gauner *m*; Schlingel *m*, Spitzbube *m*; **ro·guish** ['rəʊgɪʃ] schelmisch, spitzbübisch
role *thea. etc.* [rəʊl] Rolle *f* (*a. fig.*)
roll [rəʊl] **1.** *v/i.* rollen; sich wälzen; rollen, fahren; *naut.* schlingern; (g)rollen (*Donner*); *v/t. et.* rollen; auf-, zusammenrollen; *Zigarette* drehen; ~ ***down*** *Ärmel* herunterkrempeln; *mot. Fenster* herunterkurbeln; ~ ***out*** ausrollen; ~ ***up*** aufrollen; (sich) zusammenrollen; *Ärmel* hochkrempeln; *mot. Fenster* hochkurbeln; **2.** Rolle *f*; Brötchen *n*, Semmel *f*; Namens-, Anwesenheitsliste *f*; (G)Rollen *n* (*des Donners*); (*Trommel-*)Wirbel *m*; *naut.* Schlingern *n*; **'~ call** Namensaufruf *m*
'roll·er *tech.* Rolle *f*, Walze *f*; (Locken)Wickler *m*; ⚠ *nicht* ***Roller***
'Rollerblade *TM* **'in-line skate** → ***in-line skate***
'roller| coast·er Achterbahn *f*; **'~ skate** Rollschuh *m*; **'~-skate** Rollschuh laufen; **'~-skat·ing** Rollschuhlaufen *n*; **'~ tow·el** Rollhandtuch *n*
'roll·ing pin Nudelholz *n*
'roll-on Deoroller *m*
ROM [rɒm] *Abk. für* ***read only memory*** *Computer*: Nur-Lese-Speicher *m*, Fest(wert)speicher *m*
Ro·man ['rəʊmən] **1.** römisch; **2.** Römer(in)
ro·mance [rəʊ'mæns] Abenteuer-, Liebesroman *m*; Romanze *f*; Romantik *f*
Ro·mance [rəʊ'mæns] romanisch (*Sprache*)
Ro·ma·ni·a [ruː'meɪnjə] Rumänien *n*;
Ro·ma·ni·an [ruː'meɪnjən] **1.** rumänisch; **2.** Rumän|e *m*, -in *f*; *ling.* Rumänisch *n*
ro·man|·tic [rəʊ'mæntɪk] **1.** (**~*ally***) romantisch; **2.** Romantiker(in); **~·ti·cis·m** [rəʊ'mæntɪsɪzəm] Romantik *f*
romp [rɒmp] *a.* ~ ***about***, ~ ***around*** herumtollen, -toben; **'~·ers** *pl.* Spielanzug *m*
roof [ruːf] **1.** Dach *n*; *mot.* Verdeck *n*; **2.** mit e-m Dach versehen; ~ ***in***, ~ ***over*** überdachen; **'~·ing felt** Dachpappe *f*; **'~ rack** *mot.* Dachgepäckträger *m*
rook¹ *zo.* [rʊk] Saatkrähe *f*
rook² [rʊk] *Schach*: Turm *m*
rook³ F [rʊk] *j-n* betrügen (***of*** um)
room [ruːm, *in Zssgn nachgestellt* rʊm] **1.** Raum *m*, Zimmer *n*; Raum *m*, Platz *m*; *fig.* Spielraum *m*; **2.** *Am.* wohnen; **'~·er** *bsd. Am.* Untermieter(in); **'~·ing-house** *Am.* Fremdenheim *n*, Pension *f*; **'~·mate** Zimmergenoss|e *m*, -in *f*; **'~ ser·vice** Zimmerservice *m*; **'~·y** (***-ier, -iest***) geräumig
roost [ruːst] **1.** (Hühner)Stange *f*; Schlafplatz *m* (*von Vögeln*); **2.** auf der

R

Stange *etc.* sitzen *od.* schlafen; **'~·er** *bsd. Am. zo.* (Haus)Hahn *m*

root [ruːt] **1.** Wurzel *f*; **2.** *v/i.* Wurzeln schlagen; wühlen (***for*** nach); **~ *about*** herumwühlen (***among*** in *dat.*); *v/t.* **~ *out*** *fig.* ausrotten; **~ *up*** mit der Wurzel ausreißen; **'~·ed: *deeply* ~** *fig.* tief verwurzelt; ***stand ~ to the spot*** wie angewurzelt dastehen

rope [rəʊp] **1.** Seil *n*; *naut.* Tau *n*; Strick *m*; (*Perlen- etc.*)Schnur *f*; ***give s.o. plenty of ~*** j-m viel Freiheit *od.* Spielraum lassen; ***know the ~s*** F sich auskennen; ***show s.o. the ~s*** F j-n einarbeiten; **2.** festbinden (***to*** an *dat.*, *acc.*); **~ *off*** (durch ein Seil) absperren *od.* abgrenzen; **'~ lad·der** Strickleiter *f*

ro·sa·ry *rel.* ['rəʊzərɪ] Rosenkranz *m*

rose¹ [rəʊz] *pret. von* ***rise*** 1

rose² [rəʊz] **1.** *bot.* Rose *f*; Brause *f* (*e-r Gießkanne*); **2.** rosa-, rosenrot

ros·trum ['rɒstrəm] (*pl.* ***-tra*** [-trə], ***-trums***) Redner-, Dirigentenpult *n*

ros·y ['rəʊzɪ] (***-ier, -iest***) rosig (*a. fig.*)

rot [rɒt] **1.** (***-tt-***) *v/t.* (ver)faulen *od.* verrotten lassen; *v/i. a.* **~ *away*** (ver)faulen, verrotten, morsch werden; **2.** Fäulnis *f*

ro·ta·ry ['rəʊtərɪ] rotierend, sich drehend; Rotations..., Dreh...

ro·tate [rəʊ'teɪt] rotieren (lassen), (sich) drehen; turnusmäßig (aus)wechseln; **ro·ta·tion** [rəʊ'teɪʃn] Rotation *f*, Drehung *f*; Wechsel *m*

ro·tor *tech.*, *aviat.* ['rəʊtə] Rotor *m*

rot·ten ['rɒtn] verfault, faul; verrottet, morsch; miserabel; gemein; ***feel* ~** F sich mies fühlen

ro·tund [rəʊ'tʌnd] rund u. dick

rough [rʌf] **1.** *adj.* rau; uneben (*Straße etc.*); stürmisch (*Meer, Überfahrt, Wetter*); grob; barsch; hart; grob, ungefähr (*Schätzung etc.*); roh, Roh...; **2.** *adv.* ***sleep* ~** im Freien übernachten; ***play* ~** *Sport*: hart spielen; **3.** *Golf*: Rough *n*; ***write it out in ~ first*** zuerst ins Unreine schreiben; **4. ~ *it*** F primitiv *od.* anspruchslos leben; **~ *out*** entwerfen, skizzieren; **~ *up*** F *j-n* zusammenschlagen; **~·age** *biol.* ['rʌfɪdʒ] Ballaststoffe *pl.*; **'~·cast** *arch.* Rauputz *m*; **~ 'cop·y** Rohentwurf *m*, Konzept *n*; **~ 'draft** Rohfassung *f*; **~·en** ['rʌfn] rau werden; rau machen, an-, aufrauen; **'~·ly** grob; *fig.* grob, ungefähr; **'~·neck** Ölbohrarbeiter *m*; *Am.* F Grobian *m*; **'~·shod: *ride* ~ *over*** *j-n* rücksichtslos behandeln; sich rücksichtslos über *et.* hinwegsetzen

R

round [raʊnd] **1.** *adj.* rund; ***a ~ dozen*** ein rundes Dutzend; ***in ~ figures*** auf- *od.* abgerundet (*Zahlen*), rund(e) ...; **2.** *adv.* rund-, rings(her)um; überall, auf *od.* von *od.* nach allen Seiten; ***turn* ~** sich umdrehen; ***invite s.o.* ~** j-n zu sich einladen; **~ *about*** F ungefähr; ***all*** (***the***) ***year* ~** das ganze Jahr hindurch *od.* über; ***the other way* ~** umgekehrt; **3.** *prp.* (rund) um, um (... herum); in *od.* auf (*dat.*) ... herum; ***trip ~ the world*** Weltreise *f*; **4.** Runde *f*; Runde *f*, Rundgang *m*; *med.* Visite *f* (*in e-r Klinik*); Lage *f*, Runde *f* (*Bier etc.*); Schuss *m* (*Munition*); *bsd. Brt.* Scheibe *f* (*Brot etc.*); *mus.* Kanon *m*; **5.** rund machen, (ab)runden, *Lippen* spitzen; umfahren, fahren um, *Kurve* nehmen; **~ *down*** *Zahl etc.* abrunden (***to*** auf *acc.*); **~ *off*** *Essen etc.* abrunden, beschließen (***with*** mit); *Zahl etc.* auf- *od.* abrunden (***to*** auf *acc.*); **~ *up*** *Vieh* zusammentreiben; *Leute etc.* zusammentrommeln; *Zahl etc.* aufrunden (***to*** auf *acc.*); **'~·a·bout** **1.** *Brt.* Kreisverkehr *m*; *Brt.* Karussell *n*; **2. *take a ~ route*** e-n Umweg machen; ***in a ~ way*** *fig.* auf Umwegen; **~ 'trip** Hin- u. Rückfahrt *f*; Hin- u. Rückflug *m*; **~-trip 'tick·et** *Am.* Rückfahrkarte *f*; Rückflugticket *n*

rouse [raʊz] *j-n* wecken; *fig. j-n* auf-, wachrütteln; *j-n* erzürnen, reizen

route [ruːt] Route *f*, Strecke *f*, Weg *m*, (*Bus- etc.*)Linie *f*

rou·tine [ruː'tiːn] **1.** Routine *f*; ***the same old*** (***daily***) **~** das (tägliche) ewige Einerlei; **2.** üblich, routinemäßig, Routine...

rove [rəʊv] (umher)streifen, (-)wandern

row¹ [rəʊ] Reihe *f*

row² [rəʊ] **1.** rudern; **2.** Kahnfahrt *f*

row³ *Brt.* F [raʊ] **1.** Krach *m*; (lauter) Streit, Krach *m*; **2.** (sich) streiten

row|·boat *Am.* ['rəʊbəʊt] Ruderboot *n*; **'~·er** Ruder|er *m*, -in *f*

row house *Am.* ['rəʊhaʊs] Reihenhaus *n*

row·ing boat *bsd. Brt.* ['rəʊɪŋ bəʊt] Ruderboot *n*

roy·al ['rɔɪəl] königlich, Königs...; **~·ty**

['rɔɪəltɪ] die königliche Familie; Tantieme *f* (**on** auf *acc.*)

RSPCA [ɑːr es piː siː 'eɪ] *Abk. für* ***Royal Society for the Prevention of Cruelty to Animals*** (*brit. Tierschutzverein*)

RSVP [ɑːr es viː 'piː] *Abk. für* ***please reply*** (*französisch* ***répondez s'il vous plaît***) u. A.w.g., um Antwort wird gebeten

rub [rʌb] **1.** (***-bb-***) *v/t.* reiben; abreiben; polieren; **~ *dry*** trockenreiben; **~ *it in*** *fig.* F darauf herumreiten; **~ *shoulders with*** F verkehren mit (*Prominenten etc.*); *v/i.* reiben, scheuern (***against, on*** an *dat.*); **~ *down*** ab-, trockenreiben; abschmirgeln, abschleifen; **~ *off*** abreiben; abgehen (*Farbe etc.*); **~ *off on*(*to*)** *fig.* abfärben auf (*acc.*); **~ *out*** *Brt.* ausradieren; **2. *give s.th. a* ~** et. abreiben *od.* polieren

rub·ber ['rʌbə] Gummi *n, m*; *bsd. Brt.* Radiergummi *m*; Wischtuch *n*; F Gummi *m* (*Kondom*); **~ 'band** Gummiband *n*; **~ 'din·ghy** Schlauchboot *n*; **'~·neck** *Am.* F **1.** neugierig gaffen; **2.** *a.* ***rubbernecker*** Gaffer(in), Schaulustige(r *m*) *f*; **~·y** ['rʌbərɪ] gummiartig; zäh (*Fleisch*)

rub·bish ['rʌbɪʃ] Abfall *m*, Abfälle *pl.*, Müll *m*; *fig.* Schund *m*; Quatsch *m*, Blödsinn *m*; **'~ bin** *Brt.* Mülleimer *m*; **'~ chute** Müllschlucker *m*

rub·ble ['rʌbl] Schutt *m*; Trümmer *pl.*

ru·by ['ruːbɪ] Rubin *m*; Rubinrot *n*

ruck·sack ['rʌksæk] Rucksack *m*

rud·der ['rʌdə] *naut., aviat.* Ruder *n*

rud·dy ['rʌdɪ] (***-ier, -iest***) frisch, gesund

rude [ruːd] (***~r, ~st***) unhöflich, grob; unanständig (*Witz etc.*); bös (*Schock etc.*)

ru·di|·men·ta·ry [ruːdɪ'mentərɪ] elementar, Anfangs...; primitiv; **~·ments** ['ruːdɪmənts] *pl.* Anfangsgründe *pl.*

rue·ful ['ruːfʊl] reuevoll, reumütig

ruff [rʌf] Halskrause *f* (*a. zo.*)

ruf·fle ['rʌfl] **1.** kräuseln; *Haar* zerzausen; *Federn* sträuben; **~ *s.o.'s composure*** j-n aus der Fassung bringen; **2.** Rüsche *f*

rug [rʌg] Vorleger *m*, Brücke *f*; *bsd. Brt.* dicke Wolldecke

rug·by ['rʌgbɪ] *a.* **~ *football*** *Sport*: Rugby *n*

rug·ged ['rʌgɪd] zerklüftet, schroff; robust, stabil; zerfurcht (*Gesicht*)

ru·in ['rʊɪn] **1.** Ruin *m*; *mst* **~*s*** *pl.* Ruine(n *pl.*) *f*, Trümmer *pl.*; **2.** ruinieren, zerstören; **'~·ous** ruinös

rule [ruːl] **1.** Regel *f*; Spielregel *f*; Vorschrift *f*; Herrschaft *f*; Lineal *n*; ***against the ~s*** regelwidrig; verboten; ***as a ~*** in der Regel; ***as a ~ of thumb*** als Faustregel; ***work to ~*** Dienst nach Vorschrift tun; **2.** *v/t.* herrschen über (*acc.*); *bsd. jur.* entscheiden; *Papier* lin(i)ieren; *Linie* ziehen; ***be ~d by*** *fig.* sich leiten lassen von; beherrscht werden von; **~ *out*** *et.* ausschließen; *v/i.* herrschen (***over*** über *acc.*); *bsd. jur.* entscheiden; **'rul·er** Herrscher(in); Lineal *n*

rum [rʌm] Rum *m*

rum·ble ['rʌmbl] rumpeln (*Fahrzeug*); (g)rollen (*Donner*); knurren (*Magen*)

ru·mi|·nant *zo.* ['ruːmɪnənt] Wiederkäuer *m*; **~·nate** *zo.* ['ruːmɪneɪt] wiederkäuen

rum·mage F ['rʌmɪdʒ] **1.** *a.* **~ *about*** herumstöbern, -wühlen (***among, in, through*** in *dat.*); **2.** *bsd. Am.* Ramsch *m*; **'~ sale** *Am.* Wohltätigkeitsbasar *m*

ru·mo(u)r ['ruːmə] **1.** Gerücht *n*; **~ *has it that*** es geht das Gerücht, dass; **2. *it is ~ed that*** es geht das Gerücht, dass; ***he is ~ed to be*** man munkelt, er sei

rump [rʌmp] Hinterteil *n*; *fig.* (kümmerlicher) Rest

rum·ple ['rʌmpl] zerknittern, -knüllen, -wühlen; *Haar* zerzausen; ⚠ *nicht* ***rumpeln***

run [rʌn] **1.** (***-nn-; ran, run***) *v/i.* laufen (*a. Sport*), rennen; fahren (*Fahrzeug*); fahren, verkehren, gehen (*Zug, Bus etc.*); laufen, fließen; zerfließen, -laufen (*Butter, Farbe etc.*); *tech.* laufen (*Motor*), in Betrieb *od.* Gang sein; verlaufen (*Straße etc.*); *bsd. jur.* gelten, laufen (***for one year*** ein Jahr); *thea. etc.* laufen (***for three months*** drei Monate lang); lauten (*Text*); gehen (*Melodie*); *bsd. Am. pol.* kandidieren (***for*** für); **~ *dry*** austrocknen; **~ *low*** knapp werden; **~ *short*** knapp werden; **~ *short of petrol*** *od. Am.* ***gas*** kein Benzin mehr haben; *v/t.* *Strecke, Rennen* laufen; *Zug, Bus* fahren *od.* verkehren lassen; *tech. Maschine etc.* laufen lassen; *Wasser etc.* laufen lassen; *Geschäft, Hotel etc.* führen, leiten; abdrucken, bringen (*Zeitungsarti-*

R

kel etc.); ~ ***s.o. home*** F j-n nach Hause (*östr.*, *Schweiz*: *a.* nachhause) bringen *od.* fahren; ***be ~ning a temperature*** erhöhte Temperatur *od.* Fieber haben; → ***errands***; ~ ***across*** *j-n* zufällig treffen; stoßen auf (*acc.*); ~ ***after*** hinterher-, nachlaufen (*dat.*); ~ ***along!*** F ab mit dir!; ~ ***away*** davonlaufen (***from*** vor *dat.*); ~ ***away with*** durchbrennen mit; durchgehen mit (*Temperament etc.*); ~ ***down*** *mot.* an-, umfahren; *fig.* schlechtmachen; ausfindig machen; ablaufen (*Uhr*); leer werden (*Batterie*); ~ ***in*** *Wagen etc.* einfahren; F *Verbrecher* schnappen; ~ ***into*** laufen *od.* fahren gegen; *j-n* zufällig treffen; *fig.* geraten in (*acc.*); *fig.* sich belaufen auf (*acc.*); ~ ***off with*** → ***run away with***; ~ ***on*** weitergehen, sich hinziehen (***until*** bis); F unaufhörlich reden (***about*** über *acc.*, von); ~ ***out*** ablaufen (*Zeit etc.*); ausgehen, zu Ende gehen (*Vorräte etc.*); ~ ***out of petrol*** *od. Am.* ***gas*** kein Benzin mehr haben; ~ ***over*** *mot.* überfahren; überlaufen, -fließen; ~ ***through*** überfliegen, durchgehen, -lesen; ~ ***up*** *Flagge* hissen; *hohe Rechnung*, *Schulden* machen; ~ ***up against*** stoßen auf (*Widerstand etc.*); **2.** Lauf *m* (*a. Sport*); Fahrt *f*; Spazierfahrt *f*; Ansturm *m*, *econ. a.* Run *m* (***on*** auf *acc.*); *thea. etc.* Laufzeit *f*; *Am.* Laufmasche *f*; Gehege *n*; Auslauf *m*, (*Hühner*)Hof *m*; *Sport*: (*Bob-*, *Rodel-*) Bahn *f*; (*Ski*)Hang *m*; ~ ***of good*** (***bad***) ***luck*** Glückssträhne *f* (Pechsträhne *f*); ***in the long*** ~ auf die Dauer; ***in the short*** ~ zunächst; ***on the*** ~ auf der Flucht

'run|·a·bout F *mot.* Stadt-, Kleinwagen *m*; **'~·a·way** Ausreißer(in)

rung¹ [rʌŋ] *p.p. von* ***ring²*** 1

rung² [rʌŋ] Sprosse *f* (*e-r Leiter*)

run·ner ['rʌnə] *Sport*: Läufer(in); Rennpferd *n*; *mst in Zssgn* Schmuggler(in); (*Schlitten-*, *Schlittschuh*)Kufe *f*; Tischläufer *m*; (Gleit)Schiene *f* (*bei Schubläden etc.*); *bot.* Ausläufer *m*, Seitentrieb *m*; ~ **'bean** *Brt. bot.* grüne Bohne; **~-up** [rʌnər'ʌp] (*pl.* ***runners-up***) *Sport*: Zweite(r *m*) *f*, Vizemeister(in)

run·ning ['rʌnɪŋ] **1.** Laufen *n*, Rennen *n*; Führung *f*, Leitung *f*; **2.** fließend (*Wasser*); *Sport*: Lauf...; ***two days*** ~ zwei Tage hinter- *od.* nacheinander; **'~ costs** *pl.* Betriebskosten *pl.*, laufende Kosten *pl.*

run·ny F ['rʌnɪ] flüssig; laufend (*Nase*), tränend (*Augen*)

'run·way *aviat.* Start- u. Landebahn *f*, Rollbahn *f*, Piste *f*

rup·ture ['rʌptʃə] **1.** Bruch *m* (*a. med. u. fig.*), Riss *m*; **2.** bersten, platzen; (zer)reißen; ~ ***o.s.*** *med.* sich e-n Bruch heben *od.* zuziehen

ru·ral ['rʊərəl] ländlich

ruse [ruːz] List *f*, Trick *m*

rush¹ [rʌʃ] **1.** *v/i.* hasten, hetzen, stürmen, rasen; ~ ***at*** losstürzen *od.* sich stürzen auf (*acc.*); ~ ***in*** hereinstürzen, -stürmen; ~ ***into*** *fig.* sich stürzen in (*acc.*); *et.* überstürzen; *v/t.* antreiben, drängen, hetzen; schnell *wohin* bringen; *Essen* hinunterschlingen; losstürmen auf (*acc.*); ***don't ~ it*** lass dir Zeit dabei; **2.** Ansturm *m*; Hast *f*, Hetze *f*; Hochbetrieb *m*; *econ.* stürmische Nachfrage; ***what's all the ~?*** wozu diese Eile *od.* Hetze?

rush² *bot.* [rʌʃ] Binse *f*

'rush| hour Rushhour *f*, Hauptverkehrs-, Stoßzeit *f*; **~-hour 'traf·fic** Stoßverkehr *m*

rusk *bsd. Brt.* [rʌsk] Zwieback *m*

Rus·sia ['rʌʃə] Russland *n*; **Rus·sian** ['rʌʃn] **1.** russisch; **2.** Russ|e *m*, -in *f*; *ling.* Russisch *n*

rust [rʌst] **1.** Rost *m*; **2.** (ein-, ver)rosten (lassen)

rus·tic ['rʌstɪk] (***~ally***) ländlich, bäuerlich; rustikal

rus·tle ['rʌsl] **1.** rascheln (mit), knistern; *Am. Vieh* stehlen; **2.** Rascheln *n*

'rust|·proof rostfrei, nicht rostend; **'~·y** (***-ier, -iest***) rostig; *fig.* eingerostet

rut¹ [rʌt] **1.** (Rad)Spur *f*, Furche *f*; *fig.* (alter) Trott; ***the daily*** ~ das tägliche Einerlei; **2.** furchen; ***~ted*** ausgefahren

rut² *zo.* [rʌt] Brunft *f*, Brunst *f*

ruth·less ['ruːθlɪs] umbarmherzig; rücksichts-, skrupellos

rye *bot.* [raɪ] Roggen *m*

S

S, s [es] S, s *n*

S *nur geschr. Abk. für*: **south** S, Süd(en *m*); **south**(**ern**) südlich; **small** (**size**) klein

$ *nur geschr. Abk. für* **dollar**(**s** *pl.*) Dollar *m od. pl.*

sa·ble ['seɪbl] *zo.* Zobel *m*; Zobelpelz *m*; ⚠ *nicht* **Säbel**

sab·o·tage ['sæbətɑːʒ] **1.** Sabotage *f*; **2.** sabotieren

sa·bre *Brt.*, **sa·ber** *Am.* ['seɪbə] Säbel *m*

sack [sæk] **1.** Sack *m*; **get the ~** F rausgeschmissen (*entlassen*) werden; **give s.o. the ~** F j-n rausschmeißen (*entlassen*); **hit the ~** F sich in die Falle *od.* Klappe hauen; **2.** einsacken, in Säcke füllen; F *j-n* rausschmeißen (*entlassen*); '**~cloth,** '**~·ing** Sackleinen *n*

sac·ra·ment *rel.* ['sækrəmənt] Sakrament *n*

sa·cred ['seɪkrɪd] geistlich (*Musik etc.*); heilig

sac·ri·fice ['sækrɪfaɪs] **1.** Opfer *n*; **2.** opfern

sac·ri·lege ['sækrɪlɪdʒ] Sakrileg *n*; Frevel *m*

sad [sæd] traurig; schmerzlich; schlimm

sad·dle ['sædl] **1.** Sattel *m*; **2.** satteln

sa·dis|·m ['seɪdɪzəm] Sadismus *m*; **~t** ['seɪdɪst] Sadist(in); **~·tic** [sə'dɪstɪk] (**~ally**) sadistisch

'**sad·ness** Traurigkeit *f*

sa·fa·ri [sə'fɑːrɪ] Safari *f*; **~ park** Safaripark *m*

safe [seɪf] **1.** (**~r**, **~st**) sicher; **2.** Safe *m*, *n*, Tresor *m*, Geldschrank *m*; **~** '**con·duct** freies Geleit; '**~·guard 1.** Schutz *m* (**against** gegen, vor *dat.*); **2.** schützen (**against**, **from** gegen, vor *dat.*); **~**'**keep·ing** sichere Verwahrung

safe·ty ['seɪftɪ] Sicherheit *f*; Sicherheits...; '**~ belt** → **seat belt**; '**~ is·land** *Am.* Verkehrsinsel *f*; '**~ lock** Sicherheitsschloss *n*; '**~ mea·sure** Sicherheitsmaßnahme *f*; '**~ pin** Sicherheitsnadel *f*; '**~ ra·zor** Rasierapparat *m*

sag [sæg] (**-gg-**) sich senken, absacken; durchhängen (*Leitung etc.*); (herab)hängen; sinken, nachlassen (*Interesse etc.*); abfallen (*Roman etc.*)

sa·ga|·cious [sə'geɪʃəs] scharfsinnig; **~·ci·ty** [sə'gæsətɪ] Scharfsinn *m*

sage *bot.* [seɪdʒ] Salbei *m*, *f*

Sa·git·tar·i·us *astr.* [sædʒɪ'teərɪəs] Schütze *m*; **he/she is** (**a**) **~** er/sie ist (ein) Schütze

said [sed] *pret. u. p.p. von* **say** 1

sail [seɪl] **1.** Segel *n*; Segelfahrt *f*; (*Windmühlen*)Flügel *m*; **set ~** auslaufen (**for** nach); **go for a ~** segeln gehen; **2.** *v/i. naut.* segeln, fahren; *naut.* auslaufen (**for** nach); gleiten, schweben; **go ~ing** segeln gehen; *v/t. naut.* befahren; *Schiff* steuern, *Boot* segeln; '**~·board** Surfbrett *n*; '**~·boat** *Am.* Segelboot *n*

'**sail·ing** Segeln *n*; Segelsport *m*; **when is the next ~ to ...?** wann fährt das nächste Schiff nach ...?; '**~ boat** *bsd. Brt.* Segelboot *n*; '**~ ship** Segelschiff *n*

'**sail·or** Seemann *m*, Matrose *m*; **be a good** (**bad**) **~** (nicht) seefest sein

'**sail·plane** Segelflugzeug *n*

saint [seɪnt] Heilige(r *m*) *f*; *vor Eigennamen* ♀ [snt] (*Abk.* **St**): **St George** der heilige Georg; '**~·ly** heilig, fromm

sake [seɪk]: **for the ~ of** um ... willen; **for my ~** meinetwegen; **for God's ~** F um Gottes willen

sa·la·ble ['seɪləbl] verkäuflich

sal·ad ['sæləd] Salat *m*; ⚠ *nicht* **Feldsalat** *etc.*; '**~ dress·ing** Dressing *n*, Salatsoße *f*

sal·a·ried ['sælərɪd]: **~ employee** Angestellte(r *m*) *f*, Gehaltsempfänger(in)

sal·a·ry ['sælərɪ] Gehalt *n*

sale [seɪl] Verkauf *m*; Ab-, Umsatz *m*; (Saison)Schlussverkauf *m*; Auktion *f*, Versteigerung *f*; **for ~** zu verkaufen; **not for ~** unverkäuflich; **be on ~** verkauft werden, erhältlich sein

sale·a·ble ['seɪləbl] → **salable**

sales|·clerk *Am.* ['seɪlzklɑːk] (Laden)Verkäufer(in); '**~·girl** (Laden-)Verkäuferin *f*; '**~·man** (*pl.* **-men**) Verkäufer *m*; (Handels)Vertreter *m*; '**~ rep·re·sen·ta·tive** Handlungsreisende(r *m*) *f*; (Handels)Vertreter(in); '**~·wom·an** (*pl.* **-women**) Verkäuferin *f*; (Handels)Vertreterin *f*

sa·line ['seɪlaɪn] salzig, Salz...
sa·li·va [sə'laɪvə] Speichel *m*
sal·low ['sæləʊ] gelblich (*Gesichtsfarbe*)
salm·on *zo.* ['sæmən] (*pl.* ***-on, -ons***) Lachs *m*
sal·on ['sælɔ̃ːŋ, 'sælɒn] (*Friseur- od. Frisör-, Schönheits- etc.*)Salon *m*
sa·loon [sə'luːn] *Brt. mot.* Limousine *f*; *Am. hist.* Saloon *m*; *naut.* Salon *m*; → **~ bar** *Brt. vornehmerer Teil e-s Pubs*; **~ car** *Brt. mot.* Limousine *f*
salt [sɔːlt] **1.** Salz *n*; **2.** salzen; (ein)pökeln, einsalzen (*a.* ***~ down***); *Straße etc.* (mit Salz) streuen; **3.** Salz...; gepökelt; salzig, gesalzen; **'~·cel·lar** Salzstreuer *m*; **~·pe·tre** *bsd. Brt.*, **~·pe·ter** *Am.* [sɔːlt'piːtə] *chem.* Salpeter *m*; **'~·wa·ter** Salzwasser...; **'~·y** (***-ier, -iest***) salzig
sal·u·ta·tion [sæljuː'teɪʃn] Gruß *m*, Begrüßung *f*; Anrede *f* (*im Brief*)
sa·lute [sə'luːt] **1.** *mil.* salutieren; (be)grüßen; **2.** *mil.* Ehrenbezeigung *f*; *mil.* Salut *m*; Gruß *m*
sal·vage ['sælvɪdʒ] **1.** Bergung *f*; Bergungsgut *n*; **2.** bergen (***from*** aus)
sal·va·tion [sæl'veɪʃn] Rettung *f*; *rel.* Erlösung *f*; *rel.* (Seelen)Heil *n*; **♀ *Army*** Heilsarmee *f*
salve [sælv] (Heil)Salbe *f*; ⚠ *nicht* ***Salve***
same [seɪm]: ***the ~*** der-, die-, dasselbe; ***all the ~*** trotzdem; ***it is all the ~ to me*** es ist mir ganz egal
sam·ple ['sɑːmpl] **1.** Muster *n*, Probe *f*; **2.** kosten, probieren
san·a·to·ri·um [sænə'tɔːrɪəm] (*pl.* ***-riums, -ria*** [-rɪə]) Sanatorium *n*
sanc·ti·fy ['sæŋktɪfaɪ] heiligen
sanc·tion ['sæŋkʃn] **1.** Billigung *f*, Zustimmung *f*; *mst* ***~s*** *pl.* Sanktionen *pl.*; **2.** billigen, sanktionieren
sanc·ti·ty ['sæŋktətɪ] Heiligkeit *f*
sanc·tu·a·ry ['sæŋktʃʊərɪ] Schutzgebiet *n* (*für Tiere*); Zuflucht *f*, Asyl *n*
sand [sænd] **1.** Sand *m*; ***~s*** *pl.* Sand(fläche *f*) *m*; **2.** schmirgeln; mit Sand (be)streuen
san·dal ['sændl] Sandale *f*
'sand|·bag Sandsack *m*; **'~·bank** Sandbank *f*; **'~·box** *Am.* Sandkasten *m*; **'~·cas·tle** Sandburg *f*; **'~·man** (*pl.* ***-men***) Sandmännchen *n*; **'~·pa·per** Sand-, Schmirgelpapier *n*; **'~·pip·er** *zo.* Strandläufer *m*; **'~·pit** *bsd. Brt.* Sandkasten *m*; Sandgrube *f*; **'~·stone** *geol.* Sandstein *m*; **'~·storm** Sandsturm *m*
sand·wich ['sænwɪdʒ] **1.** Sandwich *n*; **2.** ***be ~ed between*** eingekeilt sein zwischen (*dat.*); ***~ s.th. in between*** *fig.* et. einschieben zwischen (*acc.*, *dat.*)
sand·y ['sændɪ] (***-ier, -iest***) sandig; rotblond (*Haar*)
sane [seɪn] (***~r, ~st***) geistig gesund; *jur.* zurechnungsfähig; vernünftig
sang [sæŋ] *pret. von* ***sing***
san·i·tar·i·um *Am.* [sænɪ'teərɪəm] (*pl.* ***-riums, -ria*** [-rɪə]) → ***sanatorium***
san·i·ta·ry ['sænɪtərɪ] hygienisch; Gesundheits...; **'~ nap·kin** *Am.*, **'~ tow·el** *Brt.* (Damen)Binde *f*
san·i·ta·tion [sænɪ'teɪʃn] sanitäre Einrichtungen *pl.*; Kanalisation *f*
san·i·ty ['sænətɪ] geistige Gesundheit; *jur.* Zurechnungsfähigkeit *f*
sank [sæŋk] *pret. von* ***sink*** 1
San·ta Claus ['sæntəklɔːz] der Weihnachtsmann, der Nikolaus
sap¹ *bot.* [sæp] Saft *m*
sap² [sæp] (***-pp-***) schwächen
sap·phire ['sæfaɪə] Saphir *m*
sar·cas|·m ['sɑːkæzəm] Sarkasmus *m*; **~·tic** [sɑː'kæstɪk] (***~ally***) sarkastisch
sar·dine *zo.* [sɑː'diːn] Sardine *f*
SASE *Am.* [es eɪ es 'iː] *Abk. für* ***self-addressed, stamped envelope*** Freiumschlag *m*
sash¹ [sæʃ] Schärpe *f*
sash² [sæʃ] Fensterrahmen *m* (*e-s Schiebefensters*); **'~ win·dow** Schiebefenster *n*
sat [sæt] *pret. u. p.p. von* ***sit***
Sat *nur geschr. Abk. für* ***Saturday*** Sa., Samstag *m*, Sonnabend *m*
Sa·tan ['seɪtən] der Satan
satch·el ['sætʃəl] (Schul)Ranzen *m*; Schultasche *f* (*Schultertasche*)
sat·el·lite ['sætəlaɪt] Satellit *m*
sat·in ['sætɪn] Satin *m*
sat|·ire ['sætaɪə] Satire *f*; **~·ir·ist** ['sætərɪst] Satiriker(in); **~·ir·ize** ['sætəraɪz] verspotten
sat·is·fac|·tion [sætɪs'fækʃn] Befriedigung *f*; Genugtuung *f*, Zufriedenheit *f*; **~·to·ry** [sætɪs'fæktərɪ] befriedigend, zufrieden stellend
sat·is·fy ['sætɪsfaɪ] befriedigen, zufrieden stellen; überzeugen; ***be satisfied that*** davon überzeugt sein, dass

S

sat·u·rate ['sætʃəreɪt] (durch)tränken (***with*** mit); *chem.* sättigen (*a. fig.*)
Sat·ur·day ['sætədɪ] Sonnabend *m*, Samstag *m*; ***on*** ~ (am) Sonnabend *od.* Samstag; ***on*** ~***s*** sonnabends, samstags
sauce [sɔːs] Soße *f*; ⚠ *nicht* ***Bratensoße***; F Frechheit *f*; ***none of your*** ~***!*** werd bloß nicht frech!; '~**·pan** Kochtopf *m*
sau·cer ['sɔːsə] Untertasse *f*
sauc·y F ['sɔːsɪ] (***-ier, -iest***) frech
saun·ter ['sɔːntə] bummeln, schlendern
saus·age ['sɒsɪdʒ] Wurst *f*; *a.* ***small*** ~ Würstchen *n*
sav|·age ['sævɪdʒ] **1.** wild; unzivilisiert; **2.** Wilde(r *m*) *f*; ~**·ag·e·ry** ['sævɪdʒərɪ] Wildheit *f*; Rohheit *f*, Grausamkeit *f*
save [seɪv] **1.** retten (***from*** vor *dat.*); *Geld, Zeit etc.* (ein)sparen; *et.* aufheben, -sparen (***for*** für); *j-m et.* ersparen; *Computer*: (ab)speichern, sichern; *Sport*: *Schuss* halten, parieren, *Tor* verhindern; **2.** *Sport*: Parade *f*
sav·er ['seɪvə] Retter(in); Sparer(in); ***it is a time-***~ es spart Zeit
sav·ings ['seɪvɪŋz] *pl.* Ersparnisse *pl.*; '~ **ac·count** Sparkonto *n*; '~ **bank** Sparkasse *f*; '~ **de·pos·it** Spareinlage *f*
sa·vio(u)r ['seɪvjə] Retter(in); ***the*** ♀ *rel.* der Erlöser, der Heiland
sa·vo(u)r ['seɪvə] mit Genuss essen *od.* trinken; ~ ***of*** *fig.* e-n Beigeschmack haben von; ~**·y** ['seɪvərɪ] schmackhaft
saw¹ [sɔː] *pret. von* **see¹**
saw² [sɔː] **1.** Säge *f*; **2.** (~***ed***, ~***n*** *od. bsd. Am.* ~***ed***) sägen; '~**·dust** Sägemehl *n*, -späne *pl.*; '~**·mill** Sägewerk *n*; ~**n** [sɔːn] *p.p. von* ***saw²*** 2
Sax·on ['sæksn] **1.** (Angel)Sachse *m*, (-)Sächsin *f*; **2.** (angel)sächsisch
say [seɪ] **1.** (***said***) sagen; aufsagen; *Gebet* sprechen, *Vaterunser* beten; ~ ***grace*** das Tischgebet sprechen; ***what does your watch*** ~***?*** wie spät ist es auf deiner Uhr?; ***he is said to be ...*** er soll ... sein; ***it*** ~***s*** es lautet (*Schreiben etc.*); ***it*** ~***s here*** hier heißt es; ***it goes without*** ~***ing*** es versteht sich von selbst; ***no sooner said than done*** gesagt, getan; ***that is to*** ~ das heißt; (***and***) ***that's*** ~***ing s.th.*** (und) das will was heißen; ***you said it*** du sagst es; ***you can*** ~ ***that again!*** das kannst du laut sagen!; ***you don't*** ~ (***so***)***!*** was du nicht sagst!; ***I*** ~ sag(en Sie) mal!; ich muss schon sagen!; ***I can't*** ~ das kann ich nicht sagen; **2.** Mitspracherecht *n* (***in*** bei); ***have one's*** ~ s-e Meinung äußern, zu Wort kommen; ***he always has to have his*** ~ er muss immer mitreden; '~**·ing** Sprichwort *n*, Redensart *f*; ***as the*** ~ ***goes*** wie man so (schön) sagt
scab [skæb] *med., bot.* Schorf *m*; *vet.* Räude *f*; *sl.* Streikbrecher(in)
scaf·fold ['skæfəld] (Bau)Gerüst *n*; Schafott *n*; '~**·ing** (Bau)Gerüst *n*
scald [skɔːld] **1.** sich *die Zunge etc.* verbrühen; *Milch* abkochen; ~***ing hot*** kochend heiß; **2.** Verbrühung *f*
scale¹ [skeɪl] **1.** Skala *f* (*a. fig.*), Grad- *od.* Maßeinteilung *f*; *math., tech.* Maßstab *m*; *bsd. Am.* Waage *f*; *mus.* Skala *f*, Tonleiter *f*; *fig.* Ausmaß *n*, Maßstab *m*, Umfang *m*; **2.** erklettern; ~ ***down*** *fig.* verringern; ~ ***up*** *fig.* erhöhen
scale² [skeɪl] Waagschale *f*; (***a pair of***) ~***s*** *pl.* (e-e) Waage
scale³ [skeɪl] **1.** Schuppe *f*; Kesselstein *m*; ***the*** ~***s fell from my eyes*** es fiel mir wie Schuppen von den Augen; **2.** *Fisch* (ab)schuppen
scal·lop *zo.* ['skɒləp] Kammmuschel *f*
scalp [skælp] **1.** Kopfhaut *f*; Skalp *m*; **2.** skalpieren
scal·y ['skeɪlɪ] (***-ier, -iest***) schuppig
scamp F [skæmp] Schlingel *m*, (kleiner) Strolch
scam·per ['skæmpə] trippeln (*Kind etc.*); huschen (*Maus etc.*)
scan [skæn] **1.** (***-nn-***) *et.* absuchen (***for*** nach); *Zeitung etc.* überfliegen; *Computer, Radar, TV*: abtasten, scannen; **2.** *med. etc.* Scanning *n*
scan·dal ['skændl] Skandal *m*; Klatsch *m*; ~**·ize** ['skændəlaɪz]: ***be*** ~***d at s.th.*** über et. empört *od.* entrüstet sein; ~**·ous** ['skændələs] skandalös; ***be*** ~ *a.* ein Skandal sein (***that*** dass)
Scan·di·na·vi·a [skændɪ'neɪvjə] Skandinavien *n*; **Scan·di·na·vi·an** [skændɪ'neɪvjən] **1.** skandinavisch; **2.** Skandinavier(in)
scan·ner *tech.* ['skænə] Scanner *m*
scant [skænt] dürftig, gering; '~**·y** (***-ier, -iest***) dürftig, kärglich, knapp
scape·goat ['skeɪpgəʊt] Sündenbock *m*
scar [skɑː] **1.** Narbe *f*; **2.** (***-rr-***) e-e Narbe *od.* Narben hinterlassen auf (*dat.*); ~ ***over*** vernarben

scarce [skeəs] (**~r, ~st**) knapp (*Ware*); selten; **'~·ly** kaum; **scar·ci·ty** ['skeəsətı] Mangel *m*, Knappheit *f* (**of** an *dat.*)
scare [skeə] **1.** erschrecken; ***be ~d*** Angst haben (**of** vor *dat.*); **~ *away*, ~ *off*** verjagen, -scheuchen; **2.** Schreck(en) *m*; Panik *f*; **'~·crow** Vogelscheuche *f* (*a. fig.*)
scarf [skɑːf] (*pl.* ***scarfs*** [skɑːfs], ***scarves*** [skɑːvz]) Schal *m*; Hals-, Kopf-, Schultertuch *n*
scar·let ['skɑːlət] scharlachrot; **~ 'fe·ver** *med.* Scharlach *m*; **~ 'run·ner** *bot.* Feuerbohne *f*
scarred [skɑːd] narbig
scarves [skɑːvz] *pl. von* ***scarf***
scath·ing ['skeıðıŋ] vernichtend (*Kritik*)
scat·ter ['skætə] (sich) zerstreuen (*Menge*); aus-, verstreuen; auseinanderstieben (*Vögel etc.*); **'~·brained** F schusselig, schusslig; **'~ed** verstreut; vereinzelt
scav·enge ['skævındʒ]: **~ *on*** *zo.* leben von (*Abfällen, Aas*); **~ *for*** suchen (nach) (*Nahrung etc.*)
sce·na·ri·o [sı'nɑːrıəʊ] (*pl.* ***-os***) *Film, thea., TV*: Szenario *n*, Szenarium *n*
scene [siːn] Szene *f*; Schauplatz *m*; **~s** *pl.* Kulissen *pl.*; **sce·ne·ry** ['siːnərı] Landschaft *f*, Gegend *f*; Bühnenbild *n*, Kulissen *pl.*
scent [sent] **1.** Duft *m*, Geruch *m*; *bsd. Brt.* Parfüm *n*; *hunt.* Witterung *f*; Fährte *f*, Spur *f* (*a. fig.*); **2.** wittern; *bsd. Brt.* parfümieren; **'~·less** geruchlos
scep|·tic *Brt.* ['skeptık] Skeptiker(in); **'~·ti·cal** *Brt.* skeptisch
scep·tre *Brt.*, **scep·ter** *Am.* ['septə] Zepter *n*
sched·ule ['ʃedjuːl, *Am.* 'skedʒʊl] **1.** Aufstellung *f*, Verzeichnis *n*; (*Arbeits-, Stunden-, Zeit- etc.*)Plan *m*; *bsd. Am.* Fahr-, Flugplan *m*; ***ahead of ~*** dem Zeitplan voraus, früher als vorgesehen; ***be behind ~*** Verspätung haben; im Verzug *od.* Rückstand sein; ***on ~*** (fahr)planmäßig, pünktlich; **2.** ***the meeting is ~d for Monday*** die Sitzung ist für Montag angesetzt; ***it is ~d to take place tomorrow*** es soll morgen stattfinden; **~d de'par·ture** (fahr)planmäßige Abfahrt; **~d 'flight** Linienflug *m*

S

scheme [skiːm] **1.** *bsd. Brt.* Programm *n*, Projekt *n*; Schema *n*, System *n*; Intrige *f*, Machenschaft *f*; **2.** intrigieren
schnit·zel *gastr.* ['ʃnıtsl] Wiener Schnitzel *n*
schol·ar ['skɒlə] Gelehrte(r *m*) *f*; *univ.* Stipendiat(in); **'~·ly** gelehrt; **'~·ship** Gelehrsamkeit *f*; *univ.* Stipendium *n*
school[1] [skuːl] **1.** Schule *f* (*a. fig.*); *univ.* Fakultät *f*; *Am.* Hochschule *f*; ***at ~*** auf *od.* in der Schule; ***go to ~*** in die *od.* zur Schule gehen; **2.** *j-n* schulen, unterrichten; *Tier* dressieren
school[2] *zo.* [skuːl] Schule *f*, Schwarm *m* (*Fische, Wale etc.*)
'school|·bag Schultasche *f*; **'~·boy** Schüler *m*; **'~·child** (*pl.* ***-children***) Schulkind *n*; **'~·fel·low** → ***schoolmate***; **'~·girl** Schülerin *f*; **'~·ing** (Schul)Ausbildung *f*; **'~·mate** Mitschüler(in), Schulkamerad(in); **'~·teach·er** (Schul)Lehrer(in); **'~·yard** Schulhof *m*
schoo·ner *naut.* ['skuːnə] Schoner *m*
sci·ence ['saıəns] Wissenschaft *f*; *a.* ***natural ~*** Naturwissenschaft(en *pl.*) *f*; **~ 'fic·tion** (*Abk.* ***SF***) Science-fiction *f*
sci·en·tif·ic [saıən'tıfık] (**~*ally***) (natur)wissenschaftlich; exakt, systematisch
sci·en·tist ['saıəntıst] (Natur)Wissenschaftler(in)
sci-fi F [saı'faı] Sciencefiction *f*
scin·til·lat·ing ['sıntıleıtıŋ] (geist)sprühend
scis·sors ['sızəz] *pl.* (***a pair of ~*** e-e) Schere
scoff [skɒf] **1.** spotten (**at** über *acc.*); **2.** spöttische Bemerkung
scold [skəʊld] schimpfen (mit)
scol·lop *zo.* ['skɒləp] → ***scallop***
scone [skɒn] *kleines rundes Teegebäck, mit Butter serviert*
scoop [skuːp] **1.** Schöpfkelle *f*; (*Mehl- etc.*)Schaufel *f*; (*Eis- etc.*)Portionierer *m*; Kugel *f* (*Eis*); *Presse, Rundfunk, TV*: Exklusivmeldung *f*, F Knüller *m*; **2.** schöpfen, schaufeln; **~ *up*** auf-, hochheben
scoot·er ['skuːtə] (Kinder)Roller *m*; (*Motor*)Roller *m*
scope [skəʊp] Bereich *m*; Spielraum *m*
scorch [skɔːtʃ] *v/t.* an-, versengen, verbrennen; ausdörren; *v/i. mot.* F rasen

score [skɔː] **1.** (Spiel)Stand *m*; (Spiel-)Ergebnis *n*; *mus.* Partitur *f*; Musik *f* (*zu e-m Film etc.*); 20 (Stück); *a.* ~ ***mark*** Kerbe *f*, Rille *f*; ***what is the ~?*** wie steht es *od.* das Spiel?; ***the ~ stood at*** *od.* ***was 3-2*** das Spiel stand 3:2; ***keep*** (***the***) ~ anschreiben; ~***s*** *pl.* ***of*** e-e Menge; ***four ~ and ten*** neunzig; ***on that*** ~ deshalb, in dieser Hinsicht; ***have a ~ to settle with s.o.*** e-e alte Rechnung mit j-m zu begleichen haben; **2.** *v/t. Sport*: *Punkte, Treffer* erzielen, *Tor a.* schießen; *Erfolg, Sieg* erringen; *mus.* instrumentieren; die Musik schreiben zu *od.* für; einkerben; *v/i. Sport*: e-n Treffer *etc.* erzielen, ein Tor schießen; erfolgreich sein; '**~·board** *Sport*: Anzeigetafel *f*; **scor·er** ['skɔːrə] *Sport*: Torschütz|e *m*, -in *f*; *Sport*: Anschreiber(in)

scorn [skɔːn] Verachtung *f*; '**~·ful** verächtlich

Scor·pi·o *astr.* ['skɔːpɪəʊ] Skorpion *m*; ***he/she is*** (***a***) ~ er/sie ist (ein) Skorpion

Scot [skɒt] Schott|e *m*, -in *f*

Scotch [skɒtʃ] **1.** schottisch (*Whisky etc.*); **2.** Scotch *m* (*schottischer Whisky*)

scot-free F [skɒt'friː]: ***get off*** ~ ungeschoren davonkommen

Scot·land ['skɒtlənd] Schottland *n*

Scots [skɒts] schottisch (*bei Personen*); '**~·man** (*pl.* ***-men***) Schotte *m*; '**~·wom·an** (*pl.* ***-women***) Schottin *f*

Scot·tish ['skɒtɪʃ] schottisch

scoun·drel ['skaʊndrəl] Schurke *m*

scour[1] ['skaʊə] scheuern, schrubben

scour[2] ['skaʊə] *Gegend* absuchen, durchkämmen (***for*** nach)

scourge [skɜːdʒ] **1.** Geißel *f* (*a. fig.*); **2.** geißeln, *fig. a.* heimsuchen

scout [skaʊt] **1.** *bsd. mil.* Kundschafter *m*; *Brt.* motorisierter Pannenhelfer; *a.* ***boy*** ~ Pfadfinder *m*; *a.* ***girl*** ~ *Am.* Pfadfinderin *f*; *a.* ***talent*** ~ Talentsucher(in); **2.** ~ ***about***, ~ ***around*** sich umsehen (***for*** nach); *a.* ~ ***out*** *mil.* auskundschaften

scowl [skaʊl] **1.** finsteres Gesicht; **2.** finster blicken; ~ ***at*** *j-n* böse *od.* finster anschauen

scram·ble ['skræmbl] **1.** klettern; sich drängeln (***for*** zu); **2.** Kletterei *f*; Drängelei *f*; **~d** '**eggs** *pl.* Rührei(er *pl.*) *n*

scrap[1] [skræp] **1.** Stückchen *n*, Fetzen *m*; Altmaterial *n*; Schrott *m*; ~***s*** *pl.* Abfall *m*, (*bsd.* Speise)Reste *pl.*; **2.** (***-pp-***) *Plan etc.* aufgeben, fallen lassen; ausrangieren; verschrotten

scrap[2] F [skræp] **1.** Streiterei *f*; Balgerei *f*; **2.** sich streiten; sich balgen

'**scrap·book** Sammelalbum *n*

scrape [skreɪp] **1.** (ab)kratzen, (ab)schaben; sich *die Knie etc.* aufschürfen; *Wagen etc.* ankratzen; scheuern (***against*** an *dat.*), (entlang)streifen; **2.** Kratzen *n*; Kratzer *m*, Schramme *f*; *fig.* Klemme *f*

'**scrap| heap** Schrotthaufen *m*; '**~ met·al** Altmetall *n*, Schrott *m*; '**~ pa·per** *bsd. Brt.* Schmierpapier *n*; '**~ val·ue** Schrottwert *m*; '**~·yard** Schrottplatz *m*

scratch [skrætʃ] **1.** (zer)kratzen; (ab)kratzen; *s-n Namen etc.* einkratzen; (sich) kratzen; **2.** Kratzer *m*, Schramme *f*; Gekratze *n*; Kratzen *n*; ***from*** ~ F ganz von vorn; **3.** (bunt) zusammengewürfelt; '**~·pad** *bsd. Am.* Notiz-, Schmierblock *m*; '**~ pa·per** *Am.* Schmierpapier *n*

scrawl [skrɔːl] **1.** kritzeln; **2.** Gekritzel *n*

scraw·ny ['skrɔːnɪ] (***-ier, -iest***) dürr

scream [skriːm] **1.** schreien (***with*** vor *dat.*); *a.* ~ ***out*** schreien; ~ ***with laughter*** vor Lachen brüllen; **2.** Schrei *m*; ~***s*** *pl.* ***of laughter*** brüllendes Gelächter; ***be a*** ~ F zum Schreien (komisch) sein

screech [skriːtʃ] **1.** kreischen (*a. Bremsen etc.*), (gellend) schreien; **2.** Kreischen *n*; (gellender) Schrei

screen [skriːn] **1.** Wand-, Ofen-, Schutzschirm *m*; *Film*: Leinwand *f*; *Radar, TV, Computer*: Bildschirm *m*; Fliegenfenster *n*, -gitter *n*; *fig.* Tarnung *f*; **2.** abschirmen; *Film* zeigen, *Fernsehprogramm a.* senden; *fig. j-n* decken; *fig. j-n* überprüfen; ~ ***off*** abtrennen; '**~·play** Drehbuch *n*; '**~ sav·er** *Computer*: Bildschirmschoner *m*

screw [skruː] **1.** *tech.* Schraube *f*; ***he has a ~ loose*** F bei ihm ist e-e Schraube locker; **2.** (an)schrauben (***to*** an *acc.*); V bumsen, vögeln; ~ ***up*** *Gesicht* verziehen; *Augen* zusammenkneifen; ~ ***up one's courage*** sich ein Herz fassen; '**~·ball** *bsd. Am.* F Spinner(in); '**~·driv·er** Schraubenzieher *m*; ~ '**top** Schraubverschluss *m*

scrib·ble ['skrɪbl] **1.** (hin)kritzeln; **2.** Gekritzel *n*

S

scrimp [skrɪmp]: ~ ***and save*** jeden Pfennig zweimal umdrehen (*sparen*)
script [skrɪpt] Manuskript *n* (*e-r Rede etc.*); *Film, TV*: Drehbuch *n*, Skript *n*; *thea.* Text(buch *n*) *m*; Schrift(zeichen *pl.*) *f*; *Brt. univ.* (schriftliche) Prüfungsarbeit
Scrip·ture ['skrɪptʃə] *a.* ***the ~s*** *pl.* die Heilige Schrift
scroll [skrəʊl] **1.** Schriftrolle *f*; **2.** ~ ***down/up*** *Bildschirminhalt* zurück-/vorrollen
scro·tum *anat.* ['skrəʊtəm] (*pl.* ***-ta*** [-tə], ***-tums***) Hodensack *m*
scrub¹ [skrʌb] **1.** (***-bb-***) schrubben, scheuern; **2.** Schrubben *n*, Scheuern *n*
scrub² [skrʌb] Gebüsch *n*, Gestrüpp *n*
scru|·ple ['skru:pl] **1.** Skrupel *m*, Zweifel *m*, Bedenken *n*; **2.** Bedenken haben; **~·pu·lous** ['skru:pjʊləs] gewissenhaft; ⚠ *nicht* ***skrupellos***
scru·ti|·nize ['skru:tɪnaɪz] genau prüfen; mustern; **~·ny** ['skru:tɪnɪ] genaue Prüfung; prüfender Blick
scu·ba ['sku:bə] Tauchgerät *n*; '**~ div·ing** (Sport)Tauchen *n* (*mit Atemgerät*)
scud [skʌd] (***-dd-***) eilen, jagen (*bsd. Wolken, Schiffe*)
scuf·fle ['skʌfl] **1.** Handgemenge *n*, Rauferei *f*; **2.** sich raufen
scull [skʌl] **1.** Skull *n* (*kurzes Ruder*); Skullboot *n*; **2.** rudern, skullen
scul·le·ry ['skʌlərɪ] Spülküche *f*
sculp|·tor ['skʌlptə] Bildhauer *m*; **~·ture** ['skʌlptʃə] **1.** Bildhauerei *f*; Skulptur *f*, Plastik *f*; **2.** hauen, meißeln, formen
scum [skʌm] Schaum *m*; *fig.* Abschaum *m*; ***the ~ of the earth*** *fig.* der Abschaum der Menschheit
scurf [skɜ:f] (Kopf)Schuppen *pl.*
scur·ri·lous ['skʌrɪləs] beleidigend; verleumderisch; ⚠ *nicht* ***skurril***
scur·ry ['skʌrɪ] huschen; trippeln
scur·vy *med.* ['skɜ:vɪ] Skorbut *m*
scut·tle ['skʌtl]: ~ ***away***, ~ ***off*** sich schnell davonmachen
scythe [saɪð] Sense *f*
SE *nur geschr. Abk. für*: ***southeast*** SO, Südost(en *m*); ***southeast(ern)*** sö, südöstlich
sea [si:] Meer *n* (*a. fig.*), See *f*; ⚠ *nicht* ***See*** *m*; ***at*** ~ auf See; ***be all*** *od.* ***completely at*** ~ *fig.* F völlig ratlos sein; ***by*** ~ auf dem Seeweg; ***by the*** ~ am Meer; '**~·food** Meeresfrüchte *pl.*; '**~·gull** *zo.* Seemöwe *f*
seal¹ *zo.* [si:l] (*pl.* ***seals, seal***) Robbe *f*, Seehund *m*
seal² [si:l] **1.** Siegel *n*; *tech.* Plombe *f*; *tech.* Dichtung *f*; **2.** (ver)siegeln; *tech.* plombieren; *tech.* abdichten; *fig.* besiegeln; ***~ed envelope*** verschlossener Briefumschlag; ~ ***off*** *Gegend etc.* abriegeln
'**sea lev·el**: ***above/below*** ~ über/unter dem Meeresspiegel
'**seal·ing wax** Siegellack *m*
seam [si:m] Naht *f*; Fuge *f*; *geol.* Flöz *n*
'**sea·man** (*pl.* ***-men***) Seemann *m*
seam·stress ['semstrɪs] Näherin *f*
'**sea|·plane** Wasserflugzeug *n*; '**~·port** Seehafen *m*; Hafenstadt *f*; '**~ pow·er** Seemacht *f*
sear [sɪə] *Fleisch* rasch anbraten; *Pflanzen* vertrocknen lassen
search [sɜ:tʃ] **1.** *v/i.* suchen (***for*** nach); ~ ***through*** durchsuchen; *v/t. j-n, et.* durchsuchen (***for*** nach); ~ ***me!*** F keine Ahnung!; **2.** Suche *f* (***for*** nach); Fahndung *f* (***for*** nach); Durchsuchung *f*; ***in ~ of*** auf der Suche nach; '**~·ing** forschend, prüfend (*Blick*); eingehend (*Prüfung etc.*); '**~·light** (Such)Scheinwerfer *m*; '**~ par·ty** Suchmannschaft *f*; '**~ war·rant** *jur.* Haussuchungs-, Durchsuchungsbefehl *m*
'**sea|·shore** Meeresküste *f*; '**~·sick** seekrank; '**~·side**: ***at*** *od.* ***by the*** ~ am Meer; ***go to the*** ~ ans Meer fahren; **~·side re'sort** Seebad *n*
sea·son¹ ['si:zn] Jahreszeit *f*; Saison *f*, *thea. etc. a.* Spielzeit *f*, (*Jagd-, Urlaubs- etc.*)Zeit *f*; ***in/out of*** ~ in/außerhalb der (Hoch)Saison; ***cherries are now in*** ~ jetzt ist Kirschenzeit; ***2's Greetings!*** Frohe Weihnachten!; ***with the compliments of the*** ~ mit den besten Wünschen zum Fest
sea·son² ['si:zn] *Speise* würzen (***with*** mit); *Holz* ablagern
sea·son·al ['si:zənl] saisonbedingt, Saison...
sea·son·ing ['si:znɪŋ] Gewürz *n* (*Zutat*)
'**sea·son tick·et** *rail. etc.* Dauer-, Zeitkarte *f*; *thea.* Abonnement *n*
seat [si:t] **1.** Sitz(gelegenheit *f*) *m*; (Sitz)Platz *m*; Sitz(fläche *f*) *m*; Hosen-

boden *m*; Hinterteil *n*; (*Geschäfts-*, *Regierungs- etc.*)Sitz *m*; Sitz *m* (*im Parlament etc.*); ***take a ~*** Platz nehmen; ***take one's ~*** s-n Platz einnehmen; **2.** *j-n* setzen; Sitzplätze bieten für; ***be ~ed*** sitzen; ***please be ~ed*** bitte nehmen Sie Platz; ***remain ~ed*** sitzen bleiben; **'~ belt** *aviat.*, *mot.* Sicherheitsgurt *m*; ***fasten one's ~*** sich anschnallen; **'...-seat·er** ...sitzer *m*

sea| ur·chin *zo.* ['siːɜːtʃɪn] Seeigel *m*; **~·ward(s)** ['siːwəd(z)] seewärts; **'~·weed** *bot.* (See)Tang *m*; **'~·wor·thy** seetüchtig

sec *bsd. Brt.* F *fig.* [sek] Augenblick *m*, Sekunde *f*; ***just a ~*** Augenblick(, bitte)!

se·cede [sɪ'siːd] sich abspalten (***from*** von); **se·ces·sion** [sɪ'seʃn] Abspaltung *f*, Sezession *f* (***from*** von)

se·clud·ed [sɪ'kluːdɪd] abgelegen, abgeschieden (*Haus etc.*); zurückgezogen (*Leben*); **se·clu·sion** [sɪ'kluːʒn] Abgeschiedenheit *f*; Zurückgezogenheit *f*

sec·ond¹ ['sekənd] **1.** *adj.* zweite(r, -s); ***every ~ day*** jeden zweiten Tag, alle zwei Tage; ***~ to none*** unerreicht, unübertroffen; ***but on ~ thoughts*** (*Am.* ***thought***) aber wenn ich es mir so überlege; **2.** *adv.* als zweite(r, -s); **3.** *der*, *die*, *das* Zweite; *mot.* zweiter Gang; Sekundant *m*; **~s** *pl.* F *econ.* Waren *pl.* zweiter Wahl; **4.** *Antrag etc.* unterstützen

sec·ond² ['sekənd] Sekunde *f*; *fig.* Augenblick *m*, Sekunde *f*; ***just a ~*** Augenblick(, bitte)!

sec·ond·a·ry ['sekəndərɪ] sekundär, zweitrangig; *ped.* höher (*Schule etc.*)

sec·ond|-'best zweitbeste(r, -s); **~ 'class** *rail. etc.* zweiter Klasse; **~-'class** zweitklassig; **~ 'floor** *Brt.* zweiter Stock, *Am.* erster Stock; **~-'hand** aus zweiter Hand; gebraucht; antiquarisch; **'~ hand** Sekundenzeiger *m*; **'~·ly** zweitens; **~-'rate** zweitklassig

se·cre·cy ['siːkrɪsɪ] Verschwiegenheit *f*; Geheimhaltung *f*

se·cret ['siːkrɪt] **1.** geheim, Geheim...; heimlich (*Verehrer etc.*); verschwiegen; **2.** Geheimnis *n*; ***in ~*** heimlich, im Geheimen; ***keep s.th. a ~*** et. geheim halten (***from*** vor *dat.*); ***can you keep a ~?*** kannst du schweigen?; **~ 'a·gent** Geheimagent(in)

sec·re·ta·ry ['sekrətrɪ] Sekretär(in); *pol.* Minister(in); **♀ of 'State** *Brt.* Minister(in); *Am.* Außenminister(in)

se·crete *physiol.* [sɪ'kriːt] absondern; **se·cre·tion** *physiol.* [sɪ'kriːʃn] Sekret *n*; Absonderung *f*

se·cre·tive ['siːkrətɪv] verschlossen

se·cret·ly ['siːkrɪtlɪ] heimlich

se·cret 'ser·vice Geheimdienst *m*

sec·tion ['sekʃn] Teil *m*; Abschnitt *m*; *jur.* Paragraf *m*; Abteilung *f*; *math.*, *tech.* Schnitt *m*

sec·u·lar ['sekjʊlə] weltlich

se·cure [sɪ'kjʊə] **1.** sicher (***against, from*** vor *dat.*); **2.** *Tür etc.* fest verschließen; sichern (***against, from*** vor *dat.*)

se·cu·ri·ty [sɪ'kjʊərətɪ] Sicherheit *f*; ***securities*** *pl.* Wertpapiere *pl.*; **~ check** Sicherheitskontrolle *f*; **~ mea·sure** Sicherheitsmaßnahme *f*; **~ risk** Sicherheitsrisiko *n*

se·dan *Am. mot.* [sɪ'dæn] Limousine *f*

se·date [sɪ'deɪt] ruhig, gelassen

sed·a·tive *mst med.* ['sedətɪv] **1.** beruhigend; **2.** Beruhigungsmittel *n*

sed·i·ment ['sedɪmənt] (Boden)Satz *m*

se·duce [sɪ'djuːs] verführen; **se·duc·er** [sɪ'djuːsə] Verführer(in); **se·duc·tion** [sɪ'dʌkʃn] Verführung *f*; **se·duc·tive** [sɪ'dʌktɪv] verführerisch

see¹ [siː] (***saw, seen***) *v/i.* sehen; nachsehen; ***I ~!*** (ich) verstehe!, ach so!; ***you ~*** weißt du; ***let me ~*** warte mal, lass mich überlegen; ***we'll ~*** mal sehen; *v/t.* sehen; besuchen; *j-n* aufsuchen *od.* konsultieren; ***~ s.o. home*** j-n nach Hause (*östr.*, *Schweiz*: *a.* nachhause) bringen *od.* begleiten; ***~ you!*** bis dann!, auf bald!; ***~ about*** sehen nach, sich kümmern um; ***~ off*** *j-n* verabschieden (***at*** am *Bahnhof etc.*); ***~ out*** *j-n* hinausbringen, -begleiten; ***~ through*** *j-n*, *et.* durchschauen; *j-m* hinweghelfen über (*acc.*); ***~ to it that*** dafür sorgen, dass

see² [siː] Bistum *n*, Diözese *f*; ***Holy ♀*** *der* Heilige Stuhl

seed [siːd] **1.** *bot.* Same(n) *m*; Saat(gut *n*) *f*; *Am.* (*Apfel-*, *Orangen- etc.*)Kern *m*; *Sport*: gesetzter Spieler, gesetzte Spielerin; ***go*** *od.* ***run to ~*** schießen (*Salat etc.*); *fig.* F herunterkommen (*Person*); **2.** *v/t.* besäen; entkernen; *Sport*: *Spieler* setzen; *v/i. bot.* in Samen schießen; **'~·less** kernlos (*Orangen etc.*); **'~·y** F (***-ier, -iest***) heruntergekommen

S

seek [siːk] (***sought***) *Schutz, Wahrheit etc.* suchen
seem [siːm] scheinen; **'~·ing** scheinbar
seen [siːn] *p.p. von* **see¹**
seep [siːp] sickern
see·saw ['siːsɔː] Wippe *f*, Wippschaukel *f*
seethe [siːð] schäumen (*a. fig.*); *fig.* kochen
'see-through durchsichtig (*Bluse etc.*)
seg·ment ['segmənt] Teil *m, n*; Stück *n*; Abschnitt *m*; Segment *n*
seg·re|·gate ['segrɪgeɪt] (*bsd. nach Rassen, Geschlechtern*) trennen; **~·ga·tion** [segrɪ'geɪʃn] Rassentrennung *f*
seize [siːz] *j-n, et.* packen, ergreifen; *Macht etc.* an sich reißen; *et.* beschlagnahmen; **sei·zure** ['siːʒə] Beschlagnahme *f*; *med.* Anfall *m*
sel·dom ['seldəm] *adv.* selten
se·lect [sɪ'lekt] **1.** (aus)wählen; **2.** ausgewählt; exklusiv; **se·lec·tion** [sɪ'lekʃn] (Aus)Wahl *f*; *econ.* Auswahl *f* (***of*** an *dat.*)
self [self] (*pl.* ***selves*** [selvz]) Ich *n*, Selbst *n*; **~·as'sured** selbstbewusst, -sicher; **~-'cen·tred** *Brt.*, **~-'cen·tered** *Am.* egozentrisch; **~-'col·o(u)red** einfarbig; **~-'con·fi·dence** Selbstbewusstsein *n*, -vertrauen *n*; **~-'con·fi·dent** selbstbewusst; **~-'con·scious** befangen, gehemmt, unsicher; ⚠ *nicht* ***selbstbewusst***; **~·con'tained** (in sich) abgeschlossen; *fig.* verschlossen; **~ *flat*** *Brt.* abgeschlossene Wohnung; **~-con'trol** Selbstbeherrschung *f*; **~-de'fence** *Brt.*, **~-de'fense** *Am.* Selbstverteidigung *f*; ***in* ~** in *od.* aus Notwehr; **~-de·ter·mi'na·tion** *pol.* Selbstbestimmung *f*; **~-em'ployed** *beruflich* selbstständig; **~-es'teem** Selbstachtung *f*; **~-'ev·i·dent** selbstverständlich; offensichtlich; **~-'gov·ern·ment** *pol.* Selbstverwaltung *f*; **~-'help** Selbsthilfe *f*; **~-im'por·tant** überheblich; **~-in'dul·gent** nachgiebig gegen sich selbst; zügellos; **~-'in·terest** Eigennutz *m*; **'~·ish** selbstsüchtig, egoistisch; **~-made 'man** Selfmademan *m*; **~-'pit·y** Selbstmitleid *n*; **~-pos'sessed** selbstbeherrscht; **~-pos'ses·sion** Selbstbeherrschung *f*; **~-re·li·ant** [selfrɪ'laɪənt] selbstständig; **~-re'spect** Selbstachtung *f*; **~-'right·eous** selbstgerecht; **~-'sat·is·fied** selbstzufrieden; **~-'serv·ice 1.** mit Selbstbedienung, Selbstbedienungs...; **2.** Selbstbedienung *f*; **~-'stud·y** Selbststudium *n*; **~-suf'fi·cent** *econ.* autark; **~-sup'port·ing** finanziell unabhängig; **~-'willed** eigensinnig, -willig
sell [sel] (***sold***) verkaufen; verkauft werden (***at, for*** für); sich *gut etc.* verkaufen (lassen), gehen (*Ware*); **~ *by ...*** mindestens haltbar bis ...; **~ *off*** (*bsd.* billig) abstoßen; **~ *out*** ausverkaufen; ***be sold out*** ausverkauft sein; **~ *up*** *bsd. Brt. v/t. sein Geschäft etc.* verkaufen; *v/i.* sein Geschäft *etc.* verkaufen; **'~-by date** Mindesthaltbarkeitsdatum *n*; **'~·er** Verkäufer(in); ***good* ~** gut gehender Artikel
selves [selvz] *pl. von* ***self***
sem·blance ['sembləns] Anschein *m* (***of*** von)
se·men *physiol.* ['siːmen] Samen(flüssigkeit *f*) *m*, Sperma *n*
se·mes·ter *univ.* [sɪ'mestə] Semester *n*
sem·i... ['semɪ] halb..., Halb...
'sem·i|·cir·cle Halbkreis *m*; **~'co·lon** Semikolon *n*, Strichpunkt *m*; **~-de'tached (house)** Doppelhaushälfte *f*; **~'fi·nals** *pl. Sport*: Semi-, Halbfinale *n*
sem·i·nar·y ['semɪnərɪ] Priesterseminar *n*
Sen → ***Snr***
sen|·ate ['senɪt] Senat *m*; **~·a·tor** ['senətə] Senator *m*
send [send] (***sent***) *et., a. Grüße, Hilfe etc.* senden, schicken (***to*** *dat. od.* an *acc.*); *Ware etc.* versenden, -schicken (***to*** an *acc.*); *j-n* schicken (***to*** ins *Bett etc.*); *mit adj. od. p.pr.*: machen: **~ *s.o. mad*** j-n wahnsinnig machen; **~ *word to s.o.*** j-m Nachricht geben; **~ *away*** fort-, wegschicken; *Brief etc.* absenden, abschicken; **~ *down*** *fig. Preise etc.* fallen lassen; **~ *for*** nach *j-m* schicken, *j-n* kommen lassen; sich *et.* kommen lassen, *et.* anfordern; **~ *in*** einsenden, -schicken, -reichen; **~ *off*** fort-, wegschicken; *Brief etc.* absenden, abschicken; *Sport*: vom Platz stellen; **~ *on*** *Brief etc.* nachsenden, -schicken (***to*** an *Adresse*); *Gepäck etc.* vorausschicken; **~ *out*** hinausschicken; *Einladungen*

etc. verschicken; ~ **up** *fig. Preise etc.* steigen lassen; '**~·er** Absender(in)
se·nile ['si:naɪl] senil; **se·nil·i·ty** [sɪ'nɪlətɪ] Senilität *f*
se·ni·or ['si:njə] **1.** *nachgestellt*: senior; älter (**to** als); dienstälter; rangälter; Ober...; **2.** Ältere(r *m*) *f*; *Am.* Student(in) im letzten Jahr; ***he is my ~ by a year*** er ist ein Jahr älter als ich; ~ '**cit·i·zens** *pl.* ältere Mitbürger *pl.*, Senioren *pl.*; **~·i·ty** [si:nɪ'ɒrətɪ] (höheres) Alter; (höheres) Dienstalter; (höherer) Rang; ~ '**part·ner** *econ.* Seniorpartner *m*
sen·sa·tion [sen'seɪʃn] Empfindung *f*; Gefühl *n*; Sensation *f*; **~·al** [sen'seɪʃənl] F großartig, fantastisch; sensationell, Sensations...
sense [sens] **1.** Sinn *m*; Verstand *m*; Vernunft *f*; Gefühl *n*; Bedeutung *f*; ***bring s.o. to his ~s*** j-n zur Besinnung *od.* Vernunft bringen; ***come to one's ~s*** zur Besinnung *od.* Vernunft kommen; ***in a ~*** in gewisser Hinsicht; ***make ~*** e-n Sinn ergeben; vernünftig sein; ***~ of duty*** Pflichtgefühl *n*; ***~ of security*** Gefühl *n* der Sicherheit; **2.** fühlen, spüren; '**~·less** bewusstlos; sinnlos
sen·si·bil·i·ty [sensɪ'bɪlətɪ] Empfindlichkeit *f*; *a.* ***sensibilities*** *pl.* Empfindsamkeit *f*, Zartgefühl *n*
sen·si·ble ['sensəbl] vernünftig; spürbar, merklich; praktisch (*Kleidung*); ⚠ *nicht* ***sensibel***
sen·si·tive ['sensɪtɪv] empfindlich; sensibel, empfindsam, feinfühlig
sen·sor *tech.* ['sensə] Sensor *m*
sen·su·al ['sensjʊəl] sinnlich
sen·su·ous ['sensjʊəs] sinnlich
sent [sent] *pret. u. p.p. von* ***send***
sen·tence ['sentəns] **1.** *gr.* Satz *m*; *jur.* Strafe *f*, Urteil *n*; ***pass*** *od.* ***pronounce ~*** das Urteil fällen (**on** über *acc.*); **2.** *jur.* verurteilen (**to** zu)
sen·ti|·ment ['sentɪmənt] Gefühle *pl.*; Sentimentalität *f*; *a.* **~s** *pl.* Ansicht *f*, Meinung *f*; **~·ment·al** [sentɪ'mentl] sentimental; gefühlvoll; **~·men·tal·i·ty** [sentɪmen'tælətɪ] Sentimentalität *f*
sen·try *mil.* ['sentrɪ] Wache *f*, (Wach[t])Posten *m*
sep·a|·ra·ble ['sepərəbl] trennbar; **~·rate 1.** ['sepəreɪt] (sich) trennen; (auf-, ein-, zer)teilen (***into*** in *acc.*); **2.** ['seprət] getrennt, separat; einzeln; **~·ra·tion** [sepə'reɪʃn] Trennung *f*; (Auf-, Ein-, Zer)Teilung *f*
Sept *nur geschr. Abk. für* ***September*** Sept., September *m*
Sep·tem·ber [sep'tembə] September *m*
sep·tic *med.* ['septɪk] (***~ally***) vereitert, septisch
se·quel ['si:kwəl] Nachfolgeroman *m*, -film *m*, Fortsetzung *f*; *fig.* Folge *f*; Nachspiel *n*
se·quence ['si:kwəns] (Aufeinander-, Reihen)Folge *f*; *Film, TV*: Sequenz *f*, Szene *f*; ***~ of tenses*** *gr.* Zeitenfolge *f*
ser·e·nade *mus.* [serə'neɪd] **1.** Serenade *f*, Ständchen *n*; **2.** *j-m* ein Ständchen bringen
se·rene [sɪ'ri:n] klar; heiter; gelassen
ser·geant ['sɑ:dʒənt] *mil.* Feldwebel *m*; (Polizei)Wachtmeister *m*
se·ri·al ['sɪərɪəl] **1.** Fortsetzungsroman *m*; (*Rundfunk-, Fernseh*)Serie *f*; **2.** serienmäßig, Serien..., Fortsetzungs...
se·ries ['sɪəri:z] (*pl.* **-ries**) Serie *f*, Reihe *f*, Folge *f*; (*Buch*)Reihe *f*; (*Rundfunk-, Fernseh*)Serie *f*, Sendereihe *f*
se·ri·ous ['sɪərɪəs] ernst; ernsthaft, ernstlich; schwer (*Krankheit, Schaden, Verbrechen etc.*); ⚠ *nicht* ***seriös***; ***be ~*** es ernst meinen (***about*** mit); '**~·ness** Ernst(haftigkeit *f*) *m*; Schwere *f*
ser·mon ['sɜ:mən] *rel.* Predigt *f*; (Moral-, Straf)Predigt *f*
ser·pen·tine ['sɜ:pəntaɪn] gewunden, kurvenreich (*Fluss, Straße*)
se·rum ['sɪərəm] (*pl.* **-rums, -ra** [-rə]) Serum *n*
ser·vant ['sɜ:vənt] Diener(in) (*a. fig.*); Dienstbote *m*, -mädchen *n*; → ***civil servant***
serve [sɜ:v] **1.** *v/t. j-m, s-m Land etc.* dienen; *Dienstzeit* (*a. mil.*) ableisten, *Amtszeit etc.* durchlaufen; *j-n, et.* versorgen (***with*** mit); *Essen* servieren; *Alkohol* ausschenken; *j-n* (*im Laden*) bedienen; *jur. Strafe* verbüßen; *Zweck* dienen; *Zweck* erfüllen; *jur. Vorladung etc.* zustellen (***on s.o.*** j-m); *Tennis etc.*: aufschlagen; ***are you being ~d?*** werden Sie schon bedient?; ***(it) ~s him right*** F (das) geschieht ihm ganz recht; *v/i. bsd. mil.* dienen; servieren; dienen (***as, for*** als); *Tennis etc.*: aufschlagen; ***XY to ~*** *Tennis etc.*: Aufschlag XY; ***~ on a***

S

committee e-m Ausschuss angehören; **2.** *Tennis etc.*: Aufschlag *m*; **ˈserv·er** *Tennis etc.*: Aufschläger(in); Servierlöffel *m*; ***salad ~s*** *pl.* Salatbesteck *n*

ser|·vice [ˈsɜːvɪs] **1.** Dienst *m* (**to** an *dat.*); Dienstleistung *f*; (*Post-*, *Staats-*, *Telefon- etc.*)Dienst *m*; (*Zug- etc.*)Verkehr *m*; Service *m*, Kundendienst *m*; Bedienung *f*; Betrieb *m*; *rel.* Gottesdienst *m*; *tech.* Wartung *f*, *mot. a.* Inspektion *f*; (*Tee- etc.*)Service *n*; *jur.* Zustellung *f* (*e-r Vorladung*); *Tennis etc.*: Aufschlag *m*; **~s** *pl. mil.* Streitkräfte *pl.*; **2.** *tech.* warten; **~·vi·cea·ble** [ˈsɜːvɪsəbl] brauchbar; strapazierfähig; **ˈ~ ar·e·a** *Brt.* (Autobahn)Raststätte *f*; **ˈ~ charge** Bedienung(szuschlag *m*) *f*; **ˈ~ sta·tion** Tankstelle *f*; (Reparatur)Werkstatt *f*

ser·vi·ette *bsd. Brt.* [sɜːvɪˈet] Serviette *f*

ser·vile [ˈsɜːvaɪl] sklavisch (*a. fig.*); servil, unterwürfig

serv·ing [ˈsɜːvɪŋ] Portion *f*

ser·vi·tude [ˈsɜːvɪtjuːd] Knechtschaft *f*; Sklaverei *f*

ses·sion [ˈseʃn] Sitzung(speriode) *f*; ***be in ~*** *jur.*, *parl.* tagen

set [set] **1.** (**-tt-; set**) *v/t.* setzen, stellen, legen; *in e-n Zustand* versetzen; veranlassen (**doing** zu tun); *tech.* einstellen, *Uhr* stellen (**by** nach), *Wecker* stellen (**for** auf *acc.*); *Tisch* decken; *Preis*, *Termin etc.* festsetzen, -legen; *Rekord* aufstellen; *Edelstein* fassen (**in** in *dat.*); *Ring etc.* besetzen (**with** mit); *Flüssigkeit* erstarren lassen; *Haar* legen; *med. Knochen* einrenken, -richten; *mus.* vertonen; *print.* absetzen; *Aufgabe*, *Frage* stellen; ***~ at ease*** beruhigen; ***~ an example*** ein Beispiel geben; ***~ s.o. free*** j-n freilassen; ***~ going*** in Gang setzen; ***~ s.o. thinking*** j-m zu denken geben; ***~ one's hopes on*** s-e Hoffnung setzen auf (*acc.*); ***~ s.o.'s mind at rest*** j-n beruhigen; ***~ great*** (***little***) ***store by*** großen (geringen) Wert legen auf (*acc.*); ***the novel is ~ in*** der Roman spielt in (*dat.*); *v/i.* untergehen (*Sonne etc.*); fest werden (*Flüssiges*), erstarren; *hunt.* vorstehen (*Hund*); ***~ about doing s.th.*** sich daranmachen, et. zu tun; ***~ about s.o.*** F über j-n herfallen; ***~ aside*** beiseite legen; *jur. Urteil etc.* aufheben; ***~ back*** verzögern; *j-n*, *et.* zurückwerfen (***by two months*** um zwei Monate); ***~ in*** einsetzen (*Winter etc.*); ***~ off*** aufbrechen, sich aufmachen; hervorheben, betonen; *et.* auslösen; ***~ out*** arrangieren, herrichten; aufbrechen, sich aufmachen; ***~ out to do s.th.*** sich daranmachen, et. zu tun; ***~ up*** errichten; *Gerät etc.* aufbauen; *Firma etc.* gründen; *et.* auslösen, verursachen; *j-n* versorgen (**with** mit); sich niederlassen; ***~ o.s. up as*** sich ausgeben für; **2.** *adj.* festgesetzt, -gelegt; F bereit, fertig; starr (*Ansichten*, *Lächeln etc.*); ***~ lunch*** *od.* ***meal*** *Brt.* Menü *n*; ***~ phrase*** feststehender Ausdruck; ***be ~ on doing s.th.*** (fest) entschlossen sein, et. zu tun; ***be all ~*** F startklar sein; **3.** Satz *m* (*Werkzeug etc.*), (*Möbel- etc.*)Garnitur *f*, (*Tee-etc.*)Service *n*; (*Fernseh-*, *Rundfunk*)Apparat *m*, (-)Gerät *n*; *thea.* Bühnenbild *n*; *Film*, *TV*: Set *n*, *m* (*Szenenaufbau*); *Tennis etc.*: Satz *m*; (Personen)Kreis *m*, Clique *f*; (*Kopf- etc.*)Haltung *f*; *poet.* Untergang *m* (*der Sonne*); ⚠ *nicht* ***Set, Platzdeckchen***; ***have a shampoo and ~*** sich die Haare waschen und legen lassen; **ˈ~·back** Rückschlag *m* (**to** für); **ˈ~·square** *Brt.* Winkel *m*, Zeichendreieck *n*

set·tee [seˈtiː] Sofa *n*

ˈset the·o·ry *math.* Mengenlehre *f*

set·ting [ˈsetɪŋ] Untergang *m* (*der Sonne etc.*); *tech.* Einstellung *f*; Umgebung *f*; Schauplatz *m* (*e-s Films etc.*); (*Gold-etc.*)Fassung *f*; **ˈ~ lo·tion** Haarfestiger *m*

set·tle [ˈsetl] *v/i.* sich niederlassen (**on** auf *acc.*, *dat.*), sich setzen (**on** auf *acc.*) (*a.* ***~ down***); sich niederlassen (**in** in *e-r Stadt etc.*); sich legen (*Staub*); sich setzen (*Kaffee etc.*); sich senken (*Boden etc.*); sich beruhigen (*Person*, *Magen etc.*), sich legen (*Aufregung etc.*) (*a.* ***~ down***); sich einigen; *v/t. j-n*, *Nerven etc.* beruhigen; vereinbaren; *Frage etc.* klären, entscheiden; *Streit etc.* beilegen; *Land* besiedeln; *Leute* ansiedeln; *Rechnung* begleichen, bezahlen; *Konto* ausgleichen; *Schaden* regulieren; *s-e Angelegenheiten* in Ordnung bringen; ***~ o.s.*** sich niederlassen (**on** auf *acc.*, *dat.*), sich setzen (**on** auf *acc.*); ***that ~s it*** damit ist der Fall erledigt; ***that's ~d then*** das ist also klar; ***~ back*** sich (gemütlich) zurücklehnen; ~ ***down*** → *v/i.*; sesshaft werden; ~ ***down to*** sich widmen (*dat.*); ~ ***for*** sich zufrieden geben *od.* begnügen mit; ~ ***in*** sich einleben *od.* eingewöhnen; ~ ***on*** sich einigen auf (*acc.*); ~ ***up*** (be)zahlen; abrechnen (***with*** mit); '**~d** fest (*Ansichten*); geregelt (*Leben*); beständig (*Wetter*); '**~·ment** Vereinbarung *f*; Klärung *f*; Beilegung *f*; Einigung *f*; Siedlung *f*; Besiedlung *f*; Begleichung *f*, Bezahlung *f*; ***reach a*** ~ sich einigen; '**~r** Siedler(in)

sev·en ['sevn] **1.** sieben; **2.** Sieben *f*; **~·teen** [sevn'ti:n] **1.** siebzehn; **2.** Siebzehn *f*; **~·teenth** [sevn'ti:nθ] siebzehnte(r, -s); **~th** ['sevnθ] **1.** sieb(en)te(r, -s); **2.** Sieb(en)tel *n*; '**~th·ly** sieb(en)tens; **~·ti·eth** ['sevntııθ] siebzigste(r, -s); **~·ty** ['sevntı] **1.** siebzig; **2.** Siebzig *f*

sev·er ['sevə] durchtrennen; abtrennen; *Beziehungen* abbrechen; (zer)reißen

sev·e·ral ['sevrəl] mehrere; '**~·ly** einzeln, getrennt

se·vere [sı'vıə] (**~r, ~st**) schwer (*Krankheit, Rückschlag etc.*); stark (*Schmerzen*); hart, streng (*Winter*); streng (*Person, Disziplin etc.*); scharf (*Kritik*); **se·ver·i·ty** [sı'verətı] Schwere *f*; Stärke *f*; Härte *f*; Strenge *f*; Schärfe *f*

sew [səʊ] (***sewed, sewn*** *od.* ***sewed***) nähen

sew·age ['su:ıdʒ] Abwasser *n*; '~ **works** *sg.* Kläranlage *f*

sew·er [sʊə] Abwasserkanal *m*; **~·age** ['sʊərıdʒ] Kanalisation *f*

sew·ing ['səʊıŋ] Nähen *n*; Näharbeit *f*; Näh...; '~ **ma·chine** Nähmaschine *f*

sewn [səʊn] *p.p. von* **sew**

sex [seks] Geschlecht *n*; Sexualität *f*; Sex *m*; Geschlechtsverkehr *m*

sex|·is·m ['seksızəm] Sexismus *m*; '**~·ist** **1.** sexistisch; **2.** Sexist(in)

sex·ton ['sekstən] Küster *m* (u. Totengräber *m*)

sex·u·al ['sekʃʊəl] sexuell, Sexual..., geschlechtlich, Geschlechts...; ~ '**har·ass·ment** sexuelle Belästigung (*bsd. am Arbeitsplatz*); ~ '**in·ter·course** Geschlechtsverkehr *m*; **~·i·ty** [sekʃʊ'ælətı] Sexualität *f*

sex·y F ['seksı] (***-ier, -iest***) sexy, aufreizend

SF [es 'ef] *Abk. für* ***science fiction*** Science-Fiction *f*

shab·by ['ʃæbı] (***-ier, -iest***) schäbig

shack [ʃæk] Hütte *f*, Bude *f*

shack·les ['ʃæklz] *pl.* Fesseln *pl.*, Ketten *pl.* (*beide a. fig.*)

shade [ʃeıd] **1.** Schatten *m* (*a. fig.*); (*Lampen*)Schirm *m*; Schattierung *f*; *Am.* Rouleau *n*; *fig.* Nuance *f*; **a** ~ *fig.* ein kleines bisschen, e-e Spur; **2.** abschirmen (***from*** gegen *Licht etc.*); schattieren; ~ ***off*** allmählich übergehen (***into*** in *acc.*)

shad·ow ['ʃædəʊ] **1.** Schatten *m* (*a. fig.*); ***there's not a*** *od.* ***the*** ~ ***of a doubt about it*** daran besteht nicht der geringste Zweifel; **2.** *j-n* beschatten; '**~·y** (***-ier, -iest***) schattig, dunkel; verschwommen, vage

shad·y ['ʃeıdı] (***-ier, -iest***) schattig; Schatten spendend; F zwielichtig (*Person*); F zweifelhaft (*Geschäft etc.*)

shaft [ʃɑ:ft] (*Pfeil- etc.*)Schaft *m*; (*Hammer- etc.*)Stiel *m*; *tech.* Welle *f*; (*Aufzugs-, Bergwerks- etc.*)Schacht *m*; (*Sonnen- etc.*)Strahl *m*

shag·gy ['ʃægı] (***-ier, -iest***) zottig

shake [ʃeık] **1.** (***shook, shaken***) *v/t.* schütteln; rütteln an (*dat.*); erschüttern; ~ ***hands*** sich die Hand geben *od.* schütteln; *v/i.* zittern, beben, wackeln (***with*** vor *dat.*); ~ ***down*** herunterschütteln; kampieren; ~ ***off*** abschütteln; *Erkältung etc.* loswerden; ~ ***up*** *Kissen etc.* aufschütteln; *Flasche, Flüssigkeit* (durch)schütteln; *fig.* erschüttern; **2.** Schütteln *n*; *Am.* F Milchshake *m*; ~ ***of the head*** Kopfschütteln *n*; '**~·down** F **1.** *Am.* Erpressung *f*; *Am.* Filzung *f*, Durchsuchung *f*; (Not)Lager *n*; **2.** *adj.*: ~ ***flight*** *aviat.* Testflug *m*; ~ ***voyage*** *naut.* Testfahrt *f*; **shak·en** ['ʃeıkən] **1.** *p.p. von* **shake** 1; **2.** *adj. a.* ~ ***up*** erschüttert

shak·y ['ʃeıkı] (***-ier, -iest***) wack(e)lig; zitt(e)rig

shall *v/aux.* [ʃæl] (*pret.* ***should***) *Futur: ich* werde, *wir* werden; *in Fragen:* soll *ich ...?*, sollen *wir ...?*; ~ ***we go?*** gehen wir?

shal·low ['ʃæləʊ] seicht, flach, *fig. a.* oberflächlich; '**~s** *pl.* seichte *od.* flache Stelle, Untiefe *f*

sham [ʃæm] **1.** Farce *f*; Heuchelei *f*; ⚠ *nicht* **Scham**; **2.** unecht, falsch (*Schmuck etc.*); vorgetäuscht, geheu-

S

chelt (*Mitgefühl etc.*); **3.** (**-mm-**) *v/t.* *Mitgefühl etc.* vortäuschen, heucheln; *Krankheit etc.* simulieren; *v/i.* sich verstellen, heucheln; ***he's only ~ming*** er tut nur so

sham·bles [ˈʃæmblz] *sg.* F Schlachtfeld *n*, wüstes Durcheinander, Chaos *n*

shame [ʃeɪm] **1.** Scham(gefühl *n*) *f*; Schande *f*; ***~!*** pfui!; ***~ on you!*** pfui!; schäm dich!; ***put to ~*** → **2.** beschämen; Schande machen (*dat.*); **~ˈfaced** betreten, verlegen; **ˈ~·ful** beschämend; schändlich; **ˈ~·less** schamlos

sham·poo [ʃæmˈpuː] **1.** (*pl.* ***-poos***) Shampoo *n*, Schampon *n*, Schampun *n*; Haarwäsche *f*; → ***set*** 3; **2.** *Haare* waschen; *j-m* die Haare waschen; *Teppich etc.* schamponieren

sham·rock [ˈʃæmrɒk] Kleeblatt *n* (*irisches Nationalzeichen*)

shank [ʃæŋk] *tech.* Schaft *m* (*e-s Bohrers etc.*); Hachse *f* (*beim Schlachttier*)

shan't [ʃɑːnt] = ***shall not***

shan·ty[1] [ˈʃæntɪ] Hütte *f*, Bude *f*

shan·ty[2] [ˈʃæntɪ] Shanty *n*, Seemannslied *n*

shape [ʃeɪp] **1.** Form *f*; Gestalt *f*; Verfassung *f* (*körperlich, geistig*); Zustand *m* (*Gebäude etc.*); **2.** *v/t.* formen; gestalten; *v/i.* *a.* ***~ up*** sich *gut etc.* machen (*Person*); **~d** ...förmig; **ˈ~·less** formlos; ausgebeult; **ˈ~·ly** (***-ier, -iest***) wohlgeformt

share [ʃeə] **1.** Anteil *m* (***in, of*** an *dat.*); *bsd. Brt. econ.* Aktie *f*; ***go ~s*** teilen; ***have a*** (***no***) ***~ in*** (nicht) beteiligt sein an (*dat.*); **2.** *v/t.* (sich) *et.* teilen (***with*** mit); *a.* ***~ out*** verteilen (***among, between*** an *acc.*, unter *acc.*); *v/i.* teilen; ***~ in*** sich teilen in (*acc.*); **ˈ~·hold·er** *bsd. Brt. econ.* Aktionär(in)

S

shark [ʃɑːk] (*pl.* ***shark, sharks***) *zo.* Hai(fisch) *m*; F (*Kredit- etc.*)Hai *m*

sharp [ʃɑːp] **1.** *adj.* scharf (*a. fig.*); spitz (*Nadel, Nase etc.*); scharf, abrupt; scharf, schneidend (*Wind, Frost, Kälte*; *Befehl, Stimme*); beißend (*Kälte, Frost*); scharf, beißend (*Geschmack*); stechend, heftig (*Schmerz*); scharf (*Verstand, Auge*), gescheit; *mus.* (*um e-n Halbton*) erhöht; **C** ~ *mus.* Cis *n*; **2.** *adv.* scharf, abrupt; *mus.* zu hoch; pünktlich, genau; ***at eight o'clock ~*** Punkt 8 (Uhr); ***look ~*** F sich beeilen; ***look ~!*** F mach schnell!, Tempo!; F pass auf!, gib Acht!; **~·en** [ˈʃɑːpən] *Messer etc.* schärfen, schleifen; *Bleistift etc.* spitzen; **~·en·er** [ˈʃɑːpnə] (*Messer- etc.*)Schärfer *m*; (*Bleistift*)Spitzer *m*; **ˈ~·ness** Schärfe *f* (*a. fig.*); **ˈ~·shoot·er** Scharfschütze *m*; **~-ˈsight·ed** scharfsichtig

shat·ter [ˈʃætə] *v/t.* zerschmettern, -schlagen; *Hoffnungen etc.* zerstören; *v/i.* zerspringen, -splittern

shave [ʃeɪv] **1.** (sich) rasieren; (glatt) hobeln; *j-n, et.* streifen; **2.** Rasur *f*; ***have a ~*** sich rasieren; ***that was a close ~*** das war knapp, das ist gerade noch einmal gutgegangen!; **shav·en** [ˈʃeɪvn] kahl geschoren; **shav·er** [ˈʃeɪvə] (*bsd.* elektrischer) Rasierapparat; **shav·ing** [ˈʃeɪvɪŋ] **1.** Rasieren *n*; **~s** *pl.* Späne *pl.*; **2.** Rasier...

shawl [ʃɔːl] Umhängetuch *n*; Kopftuch *n*

she [ʃiː] **1.** *pron.* sie; **2.** Sie *f*; *zo.* Weibchen *n*; **3.** *adj. in Zssgn zo.*: ...weibchen *n*; ***~-bear*** Bärin *f*

sheaf [ʃiːf] (*pl.* ***sheaves***) *agr.* Garbe *f*; Bündel *n* (*Papiere etc.*)

shear [ʃɪə] **1.** (***sheared, sheared*** *od.* ***shorn***) scheren; **2.** (***a pair of***) **~s** *pl.* (e-e) große Schere

sheath [ʃiːθ] (*pl.* ***sheaths*** [ʃiːðz]) (*Schwert-, etc.*)Scheide *f*; Hülle *f*; *Brt.* Kondom *n, m*; **~e** [ʃiːð] *Schwert etc.* in die Scheide stecken; *tech.* umhüllen, verkleiden, ummanteln

sheaves [ʃiːvz] *pl. von* ***sheaf***

shed[1] [ʃed] Schuppen *m*; Stall *m*

shed[2] [ʃed] (***-dd-; shed***) *Tränen etc.* vergießen; *Blätter etc.* verlieren; *fig. Hemmungen etc.* ablegen; ***~ its skin*** sich häuten; ***~ a few pounds*** ein paar Pfund abnehmen

sheen [ʃiːn] Glanz *m*

sheep *zo.* [ʃiːp] (*pl.* ***sheep***) Schaf *n*; **ˈ~·dog** *zo.* Schäferhund *m*; **ˈ~ farm·ing** Schafzucht *f*; **ˈ~·fold** Schafhürde *f*; **ˈ~·ish** verlegen; **ˈ~·skin** Schaffell *n*

sheer [ʃɪə] rein, bloß; steil, (fast) senkrecht; hauchdünn (*Stoff*)

sheet [ʃiːt] Betttuch *n*, (Bett)Laken *n*, Leintuch *n*; (*Glas-, Metall- etc.*)Platte *f*; Blatt *n*, Bogen *m* (*Papier*); weite (*Eis- etc.*) Fläche; ***the rain was coming down in ~s*** es regnete in Strömen; **ˈ~ light·ning** Wetterleuchten *n*

shelf [ʃelf] (*pl.* ***shelves***) (Bücher-, Wand- *etc.*)Brett *n*, (-)Bord *n*; Riff *n*; ***shelves*** *pl.* Regal *n*; ***off the ~*** gleich zum Mitnehmen (*Ware*)
shell [ʃel] **1.** (*Austern-*, *Eier-*, *Nuss-* *etc.*)Schale *f*; (*Erbsen- etc.*)Hülse *f*; Muschel *f*; (*Schnecken*)Haus *n*; *zo.* Panzer *m*; *mil.* Granate *f*; (Geschoss-, *östr.* Geschoß-, Patronen)Hülse *f*; *Am.* Patrone *f*; Rumpf *m*, Gerippe *n*, *arch. a.* Rohbau *m*; **2.** schälen, enthülsen; *mil.* mit Granaten beschießen; **'~·fire** Granatfeuer *n*; **'~·fish** *zo.* (*pl.* ***-fish***) Schal(en)tier *n*; ⚠ *nicht* ***Schellfisch***
shel·ter ['ʃeltə] **1.** Unterstand *m*; Bunker *m*; (*Obdachlosen- etc.*)Unterkunft *f*; Schutz *m*; Unterkunft *f*; ***run for ~*** Schutz suchen; ***take ~*** sich unterstellen (***under*** unter *dat.*); ***bus ~*** Wartehäuschen *n*; **2.** *v/t.* schützen (***from*** vor *dat.*); *v/i.* sich unterstellen
shelve [ʃelv] *v/t. Bücher* in ein Regal stellen; *fig. Plan etc.* aufschieben, zurückstellen; *v/i.* sanft abfallen (*Land*)
shelves [ʃelvz] *pl. von* ***shelf***
she·nan·i·gans F [ʃɪ'nænɪgənz] *pl.* Blödsinn *m*, Mumpitz *m*; übler Trick
shep·herd ['ʃepəd] **1.** Schäfer *m*, Hirt *m*; **2.** *j-n* führen
sher·iff ['ʃerɪf] Sheriff *m*
shield [ʃiːld] **1.** Schild *m*; **2.** *j-n* (be)schützen (***from*** vor *dat.*); *j-n* decken
shift [ʃɪft] **1.** *v/t. et.* bewegen, schieben, *Möbelstück a.* (ver)rücken; *Schuld etc.* (ab)schieben (***onto*** auf *acc.*); ***~ gear(s)*** *bsd. Am. mot.* schalten; *v/i.* sich bewegen; umspringen (*Wind*); *fig.* sich verlagern *od.* -schieben *od.* wandeln; *bsd. Am. mot.* schalten (***into, to*** in *acc.*); ***~ from one foot to the other*** von e-m Fuß auf den anderen treten; ***~ on one's chair*** auf s-m Stuhl *ungeduldig etc.* hin u. her rutschen; **2.** *fig.* Verlagerung *f*, Verschiebung *f*, Wandel *m*; *econ.* Schicht *f* (*Arbeiter u. Zeit*); **'~ key** Umschalttaste *f* (*e-r Schreibmaschine etc.*); **'~ work·er** Schichtarbeiter(in); **'~·y** (***-ier, -iest***) F verschlagen (*Blick etc.*)
shil·ling *Brt. hist.* ['ʃɪlɪŋ] Schilling *m*
shim·mer ['ʃɪmə] schimmern; flimmern (*Luft*)
shin [ʃɪn] **1.** *a.* ***~bone*** *anat.* Schienbein *n*; **2.** (***-nn-***): ***~ up*** (***down***) *Baum etc.* hinauf-(herunter)klettern
shine [ʃaɪn] **1.** *v/i.* (***shone***) scheinen; leuchten; glänzen (*a. fig.*); *v/t.* (***shined***) *Schuhe etc.* polieren; **2.** Glanz *m*
shin·gle[1] ['ʃɪŋgl] grober Strandkies
shin·gle[2] ['ʃɪŋgl] (Dach)Schindel *f*
shin·gles *med.* ['ʃɪŋglz] *sg.* Gürtelrose *f*
shin·y ['ʃaɪnɪ] (***-ier, -iest***) blank, glänzend
ship [ʃɪp] **1.** Schiff *n*; **2.** (***-pp-***) verschiffen; *econ.* verfrachten, -senden; **'~·board: *on ~*** an Bord; **'~·ment** Ladung *f*; Verschiffung *f*; Verfrachtung *f*, -sand *m*; **'~·own·er** Reeder *m*; Schiffseigner *m*; **'~·ping** Schifffahrt *f*; *coll.* Schiffsbestand *m*; Verschiffung *f*; Verfrachtung *f*, Versand *m*; **'~·wreck** Schiffbruch *m*; **'~·wrecked 1. *be ~*** Schiffbruch erleiden; **2.** schiffbrüchig; **'~·yard** (Schiffs)Werft *f*
shire ['ʃaɪə, *in Zssgn* ...ʃə] *veraltet*: Grafschaft *f*
shirk [ʃɜːk] sich drücken (vor *dat.*); **'~·er** Drückeberger(in)
shirt [ʃɜːt] Hemd *n*; **'~·sleeve 1.** Hemdsärmel *m*; ***in*** (***one's***) ***~s*** in Hemdsärmeln, hemdsärmelig; **2.** hemdsärmelig
shit V [ʃɪt] **1.** Scheiße *f* (*a. fig.*); *fig.* Scheiß *m*; **2.** (***-tt-; shit***) (voll)scheißen
shiv·er ['ʃɪvə] **1.** zittern (***with*** vor *dat.*); **2.** Schauer *m*; ***~s*** *pl.* F Schüttelfrost *m*; ***the sight send ~s*** (***up and***) ***down my spine*** bei dem Anblick überlief es mich eiskalt
shoal[1] [ʃəʊl] Untiefe *f*; Sandbank *f*
shoal[2] [ʃəʊl] Schwarm *m* (*Fische*)
shock[1] [ʃɒk] **1.** Schock *m* (*a. med.*); Wucht *f* (*e-r Explosion*, *e-s Schlags etc.*); *electr.* Schlag *m*, (*a. med.* Elektro)Schock *m*; **2.** schockieren, empören; *j-m* e-n Schock versetzen
shock[2] [ʃɒk] (***~ of hair*** Haar)Schopf *m*
'shock| ab·sorb·er *tech.* Stoßdämpfer *m*; **'~·ing** schockierend, empörend, anstößig; F scheußlich
shod [ʃɒd] *pret. u. p.p. von* ***shoe*** 2
shod·dy ['ʃɒdɪ] (***-ier, -iest***) minderwertig (*Ware*); gemein, schäbig (*Trick etc.*)
shoe [ʃuː] **1.** Schuh *m*; Hufeisen *n*; **2.** (***shod***) *Pferd* beschlagen; **'~·horn** Schuhanzieher *m*, -löffel *m*; **'~·lace** Schnürsenkel *m*; **'~·mak·er** Schuhmacher *m*, Schuster *m*; **'~·shine** Schuhputzen *n*; **'~·shine boy** Schuhputzer *m*; **'~·string** Schnürsenkel *m*

shone [ʃɒn, *Am.* ʃəʊn] *pret. u. p.p. von* ***shine*** 1
shook [ʃʊk] *pret. von* ***shake*** 1
shoot [ʃuːt] **1.** (***shot***) *v/t.* schießen; abfeuern, abschießen; erschießen; *hunt.* schießen, erlegen; *Riegel* vorschieben; *j-n* fotografieren, aufnehmen, *Film* drehen; *Heroin etc.* spritzen; ~ ***the lights*** *mot.* bei Rotlicht fahren; *v/i.* schießen (***at*** auf *acc.*); jagen; schießen, rasen; drehen, filmen; *bot.* sprießen, treiben; **2.** *bot.* Trieb *m*; Jagd *f*; Jagd(revier *n*) *f*; **'~·er** Schütz|e *m*, -in *f*; *bsd. Brt. sl.* Schießeisen *n*
'shoot·ing 1. Schießen *n*; Schießerei *f*; Erschießung *f*; Anschlag *m*; Jagd *f*; *Film, TV*: Dreharbeiten *pl.*, Aufnahmen *pl.*; **2.** stechend (*Schmerz*); **'~ gal·le·ry** Schießstand *m*, -bude *f*; **'~ range** Schießstand *m*; **~ 'star** Sternschnuppe *f*
shop [ʃɒp] **1.** Laden *m*, Geschäft *n*; Werkstatt *f*; Betrieb *m*; ***talk*** ~ fachsimpeln; **2.** (***-pp-***) *mst* ***go ~ping*** einkaufen gehen; **'~ as·sis·tant** *Brt.* Verkäufer(in); **'~·keep·er** Ladenbesitzer(in), -inhaber(in); **'~·lift·er** Ladendieb(in); **'~·lift·ing** Ladendiebstahl *m*; **'~·per** Käufer(in)
shop·ping ['ʃɒpɪŋ] **1.** Einkauf *m*, Einkaufen *n*; Einkäufe *pl.* (*Ware*); ***do one's*** ~ (s-e) Einkäufe machen; **2.** Einkaufs...; **'~ bag** Einkaufsbeutel *m*, -tasche *f*; **'~ cart** *Am.* Einkaufswagen *m*; **'~ cen·tre** (*Am.* **cen·ter**) Einkaufszentrum *n*; **'~ list** Einkaufsliste *f*, -zettel *m*; **'~ mall** *Am.* Einkaufszentrum *n*; **'~ street** Geschäfts-, Ladenstraße *f*
shop| 'stew·ard gewerkschaftlicher Vertrauensmann; **'~·walk·er** *Brt.* Aufsicht(sperson) *f* (*im Kaufhaus*); **'~ win·dow** Schaufenster *n*

S

shore¹ [ʃɔː] Küste *f*; (*See*)Ufer *n*; ***on*** ~ an Land
shore² [ʃɔː]: ~ ***up*** (ab)stützen
shorn [ʃɔːn] *p.p. von* ***shear*** 1
short [ʃɔːt] **1.** *adj.* kurz; klein (*Person*); kurz angebunden, barsch, schroff (***with*** zu); mürbe (*Gebäck*); ***be*** ~ ***for*** die Kurzform sein von; ***be*** ~ ***of ...*** nicht genügend ... haben; **2.** *adv.* plötzlich, abrupt; ~ ***of*** außer; ***cut*** ~ plötzlich unterbrechen; ***fall*** ~ ***of*** *et.* nicht erreichen; ***stop*** ~ plötzlich innehalten, stutzen; ***stop*** ~ ***of*** *od.* ***at*** zurückschrecken vor (*dat.*); → ***run*** 1; **3.** F Kurzfilm *m*; *electr.* F Kurze *m*; ***called ... for*** ~ kurz ... genannt; ***in*** ~ kurz(um); **~·age** ['ʃɔːtɪdʒ] Knappheit *f*, Mangel *m* (***of*** an *dat.*); **'~·com·ings** *pl.* Unzulänglichkeiten *pl.*, Mängel *pl.*, Fehler *pl.*; **'~ cut** Abkürzung(sweg *m*) *f*; ***take a*** ~ (den Weg) abkürzen; **~·en** ['ʃɔːtn] *v/t.* (ab-, ver)kürzen; *v/i.* kürzer werden
'short|·hand Kurzschrift *f*, Stenografie *f*; **~·hand 'typ·ist** Stenotypistin *f*; **'~·ly** bald; barsch, schroff; mit wenigen Worten; **'~·ness** Kürze *f*; Schroffheit *f*; → ***shortage***; **~s** *pl. a.* ***pair of*** ~ Shorts *pl.*; *bsd. Am.* (Herren)Unterhose *f*; **~'sight·ed** *bsd. Brt.* kurzsichtig (*a. fig.*); **~ 'sto·ry** Shortstory *f*, Kurzgeschichte *f*; **~-'tem·pered** aufbrausend, hitzig; **~-'term** *econ.* kurzfristig; **~ 'time** *econ.* Kurzarbeit *f*; **~ 'wave** *electr.* Kurzwelle *f*; **~-'wind·ed** kurzatmig
shot [ʃɒt] **1.** *pret. u. p.p. von* ***shoot*** 1; **2.** Schuss *m*; Schrot(kugeln *pl.*) *m, n*; *Kugelstoßen*: Kugel *f*; *guter etc.* Schütze; *Fußball etc.*: Schuss *m*; *Basketball etc.*: Wurf *m*; *Tennis, Golf*: Schlag *m*; *phot.* F Schnappschuss *m*, Aufnahme *f*; *Film, TV*: Aufnahme *f*, Einstellung *f*; *med.* F Spritze *f*; F Schuss *m* (*Drogen*); *fig.* F Versuch *m*; ~ ***in the dark*** *fig.* Schuss ins Blaue; ***I'll have a*** ~ ***at it*** ich probier's mal; ***not by a long*** ~ *bsd. Am.* F noch lange nicht; → ***big shot***; **'~·gun** Schrotflinte *f*; **~·gun 'wed·ding** F Mussheirat *f*; **'~ put** *Sport*: Kugelstoßen *n*; **'~ put·ter** *Sport*: Kugelstoßer(in)
should [ʃʊd] *pret. von* ***shall***
shoul·der ['ʃəʊldə] **1.** Schulter *f*; *Am. mot.* Standspur *f*; **2.** schultern; *Kosten, Verantwortung etc.* übernehmen; (mit der Schulter) stoßen; **'~ bag** Schulter-, Umhängetasche *f*; **'~ blade** *anat.* Schulterblatt *n*; **'~ strap** Träger *m* (*e-s Kleids etc.*); Tragriemen *m*
shout [ʃaʊt] **1.** *v/i.* rufen, schreien (***for*** nach; ***for help*** um Hilfe); ~ ***at s.o.*** j-n anschreien; *v/t.* rufen, schreien; **2.** Ruf *m*, Schrei *m*
shove [ʃʌv] **1.** stoßen, schubsen; *et.* schieben, stopfen; **2.** Stoß *m*, Schubs *m*
shov·el ['ʃʌvl] **1.** Schaufel *f*; **2.** (*bsd. Brt.* ***-ll-***, *Am.* ***-l-***) schaufeln

show [ʃəʊ] **1.** (***showed, shown*** *od.* ***showed***) *v/t.* zeigen, vorzeigen, anzeigen; *j-n* bringen, führen (***to*** zu); ausstellen, zeigen; *Film etc.* zeigen, vorführen; *TV* zeigen, bringen; *v/i.* zu sehen sein; ***be ~ing*** gezeigt werden, laufen; ***~ around*** herumführen; ***~ in*** herein-, hineinführen, -bringen; ***~ off*** angeben *od.* protzen (mit); vorteilhaft zur Geltung bringen; ***~ out*** heraus-, hinausführen, -bringen; ***~ round*** herumführen; ***~ up*** *v/t.* herauf-, hinaufführen, -bringen; sichtbar machen; *j-n* entlarven, bloßstellen; *et.* aufdecken; *j-n* in Verlegenheit bringen; *v/i.* zu sehen sein; F kommen; F aufkreuzen, -tauchen; **2.** *thea. etc.* Vorstellung *f*; Show *f*; *Rundfunk*, *TV*: Sendung *f*; Ausstellung *f*; Zurschaustellung *f*, Demonstration *f*; *leerer* Schein; ***be on ~*** ausgestellt *od.* zu besichtigen sein; ***steal the ~ from s.o.*** *fig.* j-m die Schau stehlen; ***make a ~ of*** *Anteilnahme*, *Interesse etc.* heucheln; ***put up a poor ~*** F e-e schwache Leistung zeigen; ***be in charge of the whole ~*** F den ganzen Laden schmeißen; **3.** Muster...; ***~ flat*** Musterwohnung *f*; **'~·biz** F, **'~ busi·ness** Showbusiness *n*, Showgeschäft *n*; **'~·case** Schaukasten *m*, Vitrine *f*; **'~·down** Kraft-, Machtprobe *f*

show·er ['ʃaʊə] **1.** (Regen- *etc.*)Schauer *m*; (*Funken*)Regen *m*; (*Wasser-*, *Wort- etc.*)Schwall *m*; Dusche *f*; ***have*** *od.* ***take a ~*** duschen; **2.** *v/t. j-n mit et.* überschütten *od.* -häufen; *v/i.* duschen; ***~ down*** niederprasseln

'show| jump·er *Sport*: Springreiter(in); **'~ jump·ing** *Sport*: Springreiten *n*; **~n** [ʃəʊn] *p.p. von* ***show*** 1; **'~-off** F Angeber(in); **'~·room** Ausstellungsraum *m*; **'~·y** (***-ier, -iest***) auffallend

shrank [ʃræŋk] *pret. von* ***shrink*** 1

shred [ʃred] **1.** Fetzen *m*; **2.** (***-dd-***) zerfetzen; in (schmale) Streifen schneiden, schnitzeln, schnetzeln; in den Papier- *od.* Reißwolf geben; **'~·der** Schnitzelmaschine *f*; Papier-, Reißwolf *m*

shrew *lit.* [ʃruː] zänkisches Weib

shrewd [ʃruːd] scharfsinnig; schlau

shriek [ʃriːk] **1.** (gellend) aufschreien; ***~ with laughter*** vor Lachen kreischen; **2.** (schriller) Schrei

shrill [ʃrɪl] schrill; heftig, scharf (*Kritik etc.*)

shrimp [ʃrɪmp] *zo.* Garnele *f*; *fig. contp.* Knirps *m*

shrine [ʃraɪn] Schrein *m*

shrink [ʃrɪŋk] **1.** (***shrank, shrunk***) (ein-, zusammen)schrumpfen (lassen); einlaufen; *fig.* abnehmen; **2.** F Klapsdoktor *m*; **~·age** ['ʃrɪŋkɪdʒ] Schrumpfung *f*; Einlaufen *n*; *fig.* Abnahme *f*; **'~-wrap** (***-pp-***) einschweißen

shriv·el ['ʃrɪvl] (*bsd. Brt.* ***-ll-***, *Am.* ***-l-***) schrumpfen (lassen); runz(e)lig werden (lassen)

shroud [ʃraʊd] **1.** Leichentuch *n*; **2.** *fig.* hüllen

Shrove Tues·day [ʃrəʊv 'tjuːzdɪ] Fastnachts-, Faschingsdienstag *m*

shrub [ʃrʌb] Strauch *m*, Busch *m*; **~·be·ry** ['ʃrʌbərɪ] Strauch-, Buschwerk *n*

shrug [ʃrʌg] **1.** (***-gg-***) *a.* ***~ one's shoulders*** mit den Achseln *od.* Schultern zucken; **2.** Achsel-, Schulterzucken *n*

shrunk [ʃrʌŋk] *p.p. von* ***shrink*** 1

shuck *bsd. Am.* [ʃʌk] **1.** Hülse *f*, Schote *f*; Schale *f*; **2.** enthülsen; schälen

shud·der ['ʃʌdə] **1.** schaudern; **2.** Schauder *m*

shuf·fle ['ʃʌfl] **1.** *v/t. Karten* mischen; *Papiere etc.* umordnen, hierhin od. dorthin legen; ***~ one's feet*** schlurfen; *v/i. Kartenspiel*: mischen; schlurfen; **2.** Mischen *n* (*von Karten*); Schlurfen *n*, schlurfender Gang

shun [ʃʌn] (***-nn-***) *j-n*, *et.* meiden

shunt [ʃʌnt] *Zug etc.* rangieren, verschieben; *a.* ***~ off*** F *j-n* abschieben (***to*** in *acc.*, nach)

shut [ʃʌt] (***-tt-; shut***) (sich) schließen; zumachen; ***~ down*** *Fabrik etc.* schließen; ***~ off*** *Wasser*, *Gas*, *Maschine etc.* abstellen; ***~ up*** einschließen; einsperren; *Geschäft* schließen; ***~ up!*** F halt die Klappe!; **'~·ter** Fensterladen *m*; *phot.* Verschluss *m*; **'~·ter speed** *phot.* Belichtung(szeit) *f*

shut·tle ['ʃʌtl] **1.** Pendelverkehr *m*; (*Raum*)Fähre *f*, (-)Transporter *m*; *tech.* Schiffchen *n*; **2.** hin- u. herbefördern; **'~·cock** *Sport*: Federball *m*; **'~ di·plo·ma·cy** *pol.* Pendeldiplomatie *f*; **'~ ser·vice** Pendelverkehr *m*

shy [ʃaɪ] **1.** scheu; schüchtern; **2.** scheu-

en (***at*** vor *dat.*) (*bsd. Pferd*); ~ ***away from*** *fig.* zurückschrecken vor (*dat.*); '~**·ness** Scheu *f*; Schüchternheit *f*
sick [sɪk] **1.** krank; ***be*** ~ *bsd. Brt.* sich übergeben; ***she was*** *od.* ***felt*** ~ ihr war schlecht; ***fall*** ~ krank werden; ***be off*** ~ krank (geschrieben) sein; ***report*** ~ sich krank melden; ***be*** ~ ***of s.th.*** F et. satt haben; ***it makes me*** ~ F mir wird schlecht davon, *a. fig.* es ekelt *od.* widert mich an; **2.** ***the*** ~ *pl.* die Kranken *pl.*; '~**·en** *v/t. j-n* anekeln, anwidern; *v/i.* krank werden
sick·le ['sɪkl] Sichel *f*
'**sick| leave:** ***be on*** ~ krank (geschrieben) sein, wegen Krankheit fehlen; '~**·ly** (***-ier, -iest***) kränklich; ungesund; matt (*Lächeln*); widerlich (*Geruch etc.*); '~**·ness** Krankheit *f*; Übelkeit *f*; '~**·ness ben·e·fit** *Brt.* Krankengeld *n*
side [saɪd] **1.** Seite *f*; *bsd. Brt. Sport*: Mannschaft *f*; ~ ***by*** ~ nebeneinander; ***take*** ~***s*** Partei ergreifen (***with*** für; ***against*** gegen); **2.** Seiten...; Neben...; **3.** Partei ergreifen (***with*** für; ***against*** gegen); '~**·board** Anrichte *f*, Sideboard *n*; '~**·car** *mot.* Bei-, Seitenwagen *m*; '~ **dish** *gastr.* Beilage *f*; '~**·long** seitlich; Seiten...; '~ **street** Nebenstraße *f*; '~**·stroke** *Sport*: Seitenschwimmen *n*; '~**·track** *j-n* ablenken; *et.* abbiegen; *Am. Zug etc.* rangieren, verschieben; '~**·walk** *bsd. Am.* Bürger-, Gehsteig *m*; '~**·ways** seitlich; seitwärts, nach der *od.* zur Seite
sid·ing *rail.* ['saɪdɪŋ] Nebengleis *n*
si·dle ['saɪdl]: ~ ***up to s.o.*** sich an j-n heranschleichen
siege *mil.* [siːdʒ] Belagerung *f*; ***lay*** ~ ***to*** belagern
sieve [sɪv] **1.** Sieb *n*; **2.** (durch)sieben
sift [sɪft] (durch)sieben; *a.* ~ ***through*** *fig.* sichten, durchsehen, prüfen
sigh [saɪ] **1.** seufzen; **2.** Seufzer *m*
sight [saɪt] **1.** Sehvermögen *n*, Sehkraft *f*, Auge(nlicht) *n*; Anblick *m*; Sicht(weite) *f*; ~***s*** *pl.* Visier *n*; Sehenswürdigkeiten *pl.*; ***at*** ~, ***on*** ~ sofort; ***at the*** ~ ***of*** beim Anblick von (*od. gen.*); ***at first*** ~ auf den ersten Blick; ***catch*** ~ ***of*** erblicken; ***know by*** ~ vom Sehen kennen; ***lose*** ~ ***of*** aus den Augen verlieren; ***be (with)in*** ~ in Sicht sein (*a. fig.*); **2.** sichten; '~**·ed** sehend; ...sichtig; '~**-read** (***-read*** [-red]) *mus.* vom Blatt singen *od.* spielen; '~**·see·ing** Sightseeing *n*, Besichtigung *f* von Sehenswürdigkeiten; ***go*** ~ sich die Sehenswürdigkeiten anschauen; '~**·see·ing tour** Sightseeingtour *f*, Besichtigungstour *f*, (Stadt)Rundfahrt *f*; '~**·se·er** Tourist(in)
sign [saɪn] **1.** Zeichen *n*; (*Hinweis-*, *Warn- etc.*)Schild *n*; *fig.* Zeichen *n*, Anzeichen *n*; **2.** unterschreiben, -zeichnen; *Scheck* ausstellen; ~ ***in*** sich eintragen; ~ ***out*** sich austragen
sig·nal ['sɪgnl] **1.** Signal *n* (*a. fig.*); Zeichen *n* (*a. fig.*); **2.** (*bsd. Brt.* **-ll-**, *Am.* **-l-**) (ein) Zeichen geben; signalisieren
sig·na·to·ry ['sɪgnətərɪ] Unterzeichner(in) (*e-s Vertrags*)
sig·na·ture ['sɪgnətʃə] Unterschrift *f*; Signatur *f*; '~ **tune** *Rundfunk*, *TV*: Erkennungs-, Kennmelodie *f*
'**sign|·board** (Aushänge)Schild *n*; '~**·er** Unterzeichnete(r *m*) *f*
sig·net ['sɪgnɪt] Siegel *n*
sig·nif·i|·cance [sɪg'nɪfɪkəns] Bedeutung *f*, Wichtigkeit *f*; ~**·cant** bedeutend, bedeutsam, wichtig; bezeichnend
sig·ni·fy ['sɪgnɪfaɪ] bedeuten; andeuten
'**sign·post** Wegweiser *m*
si·lence ['saɪləns] **1.** Stille *f*; Schweigen *n*; ~***!*** Ruhe!; ***in*** ~ schweigend; ***reduce to*** ~ → **2.** zum Schweigen bringen; '**si·lenc·er** *tech.* Schalldämpfer *m*; *Brt. mot.* Auspufftopf *m*
si·lent ['saɪlənt] still; schweigend; schweigsam; stumm; ~ '**part·ner** *Am. econ.* stiller Teilhaber
sil·i|·con *chem.* ['sɪlɪkən] Silizium *n*; ~**·cone** *chem.* ['sɪlɪkəʊn] Silikon *n*
silk [sɪlk] Seide *f*; Seiden...; '~**·worm** *zo.* Seidenraupe *f*; '~**·y** (***-ier, -iest***) seidig; samtig (*Stimme*)
sill [sɪl] (*Fenster*)Brett *n*
sil·ly ['sɪlɪ] **1.** (***-ier, -iest***) albern, töricht, dumm; **2.** F Dummerchen *n*
sil·ver ['sɪlvə] **1.** Silber *n*; **2.** silbern, Silber...; **3.** versilbern; ~**-'plat·ed** versilbert; '~**·ware** Tafelsilber *n*; ~**·y** ['sɪlvərɪ] silberglänzend; *fig.* silberhell
sim·i·lar ['sɪmɪlə] ähnlich (***to*** *dat.*); ~**·i·ty** [sɪmɪ'lærətɪ] Ähnlichkeit *f*
sim·i·le ['sɪmɪlɪ] Simile *n*, Gleichnis *n*, Vergleich *m*
sim·mer ['sɪmə] leicht kochen, köcheln;

~ ***with*** *fig.* kochen vor (*Zorn etc.*), fiebern vor (*Aufregung etc.*); ~ ***down*** F sich beruhigen *od.* abregen
sim·per ['sɪmpə] albern *od.* affektiert lächeln
sim·ple ['sɪmpl] (*~r, ~st*) einfach, simpel, leicht, schlicht; einfältig; naiv; **~'mind·ed** einfältig; naiv
sim·pli|·ci·ty [sɪm'plɪsətɪ] Einfachheit *f*, Schlichtheit *f*; Einfältigkeit *f*; Naivität *f*; **~·fi·ca·tion** [sɪmplɪfɪ'keɪʃn] Vereinfachung *f*; **~·fy** ['sɪmplɪfaɪ] vereinfachen
sim·ply ['sɪmplɪ] einfach; bloß
sim·u·late ['sɪmjʊleɪt] vortäuschen; *mil.*, *tech.* simulieren
sim·ul·ta·ne·ous [sɪməl'teɪnjəs] simultan, gleichzeitig
sin [sɪn] **1.** Sünde *f*; **2.** (*-nn-*) sündigen
since [sɪns] **1.** *adv. a.* ***ever*** ~ seitdem, -her; **2.** *prp.* seit; **3.** *cj.* seit(dem); da
sin·cere [sɪn'sɪə] aufrichtig, ehrlich, offen; ***Yours ~ly, 2ly yours*** Mit freundlichen Grüßen (*Briefschluss*); **sin·cer·i·ty** [sɪn'serətɪ] Aufrichtigkeit *f*; Offenheit *f*
sin·ew *anat.* ['sɪnjuː] Sehne *f*; **'~·y** sehnig; *fig.* kraftvoll
'sin·ful sündig, sündhaft
sing [sɪŋ] (***sang, sung***) singen; ~ ***s.th. to s.o.*** j-m et. vorsingen
singe [sɪndʒ] (sich *et.*) an- *od.* versengen
sing|·er ['sɪŋə] Sänger(in); **~·ing** ['sɪŋɪŋ] Singen *n*, Gesang *m*
sin·gle ['sɪŋgl] **1.** einzig; einzeln, Einzel...; einfach; ledig, unverheiratet; ***bookkeeping by ~ entry*** einfache Buchführung; ***in ~ file*** im Gänsemarsch; **2.** *Brt.* einfache Fahrkarte, *aviat.* einfaches Ticket (*beide a.* ~ ***ticket***); Single *f* (*Schallplatte*); Single *m*, Unverheiratete(r *m*) *f*; **3.** ~ ***out*** sich herausgreifen; **~-'breast·ed** einreihig (*Jacke etc.*); **~-'en·gined** *aviat.* einmotorig; ~ **fam·i·ly 'home** Einfamilienhaus *n*; ~ **'fa·ther** allein erziehender Vater; **~-'hand·ed** eigenhändig, allein; **~-'lane** *mot.* einspurig; **~-'mind·ed** zielstrebig, -bewusst; ~ **'moth·er** allein erziehende Mutter; ~ **'pa·rent** Alleinerziehende(r *m*) *f*; ~ **'room** Einzelzimmer *n*; **'~s** *sg. bsd. Tennis*: Einzel *n*; ***a ~ match*** ein Einzel; ***men's ~*** Herreneinzel *n*; ***women's ~*** Dameneinzel *n*
sin·glet *Brt.* ['sɪŋglɪt] ärmelloses Unterhemd *od.* Trikot
'sin·gle-track eingleisig, -spurig
sin·gu·lar ['sɪŋgjʊlə] **1.** einzigartig, einmalig; **2.** *gr.* Singular *m*, Einzahl *f*
sin·is·ter ['sɪnɪstə] finster, unheimlich
sink [sɪŋk] **1.** (***sank, sunk***) *v/i.* sinken; sinken, untergehen; sich senken; ~ ***in*** eindringen (*Flüssigkeit*; *Nachricht*); *v/t.* versenken; *Brunnen etc.* bohren; *Zähne etc.* vergraben (***into*** in *acc.*); **2.** Spülbecken *n*, Spüle *f*; *bsd. Am.* Waschbecken *n*
sin·ner ['sɪnə] Sünder(in)
Sioux [suː] (*pl.* ***Sioux*** [suːz]) Sioux *m, f*
sip [sɪp] **1.** Schlückchen *n*; **2.** (*-pp-*) *v/t.* nippen an (*dat.*) *od.* von; schlückchenweise trinken; *v/i.* nippen (***at*** an *dat. od.* von)
sir [sɜː] mein Herr (*Anrede, oft unübersetzt*); ***Dear 2s*** Sehr geehrte Herren (*Anrede in Briefen*); 2 *Brt.* Sir *m* (*Adelstitel*)
sire ['saɪə] Vater(tier *n*) *m* (*bsd. Pferd*)
si·ren ['saɪərən] Sirene *f*
sir·loin *gastr.* ['sɜːlɔɪn], ~ **'steak** Lendensteak *n*
sis·sy F ['sɪsɪ] Weichling *m*
sis·ter ['sɪstə] Schwester *f*; *Brt. med.* Oberschwester *f*; *rel.* (Ordens)Schwester *f*; **'~·hood** Schwesternschaft *f*; **~-in-law** ['sɪstərɪnlɔː] (*pl.* ***sisters-in-law***) Schwägerin *f*; **'~·ly** schwesterlich
sit [sɪt] (*-tt-*; ***sat***) *v/i.* sitzen; sich setzen; tagen; *v/t. j-n* setzen; *bsd. Brt. Prüfung* ablegen, machen; ~ ***down*** sich setzen; ~ ***for*** *Brt. Prüfung* ablegen, machen; ~ ***in*** ein Sit-in veranstalten; an e-m Sit-in teilnehmen; ~ ***in for*** *j-n* vertreten; ~ ***in on*** als Zuhörer teilnehmen an (*dat.*); ~ ***on*** sitzen auf (*dat.*) (*a. fig.*); ~ ***on a committee*** e-m Ausschuss angehören; ~ ***out*** *Tanz* auslassen; das Ende (*gen.*) abwarten; *Krise etc.* aussitzen; ~ ***up*** sich *od. j-n* aufrichten *od.* -setzen; aufrecht sitzen; aufbleiben
sit·com ['sɪtkɒm] → ***situation comedy***
'sit-down *a.* ~ ***strike*** Sitzstreik *m*; *a.* ~ ***demonstration*** *od.* F ***demo*** Sitzblockade *f*
site [saɪt] Platz *m*, Ort *m*, Stelle *f*; (*Ausgrabungs*)Stätte *f*; Baustelle *f*
'sit-in Sit-in *n*, Sitzstreik *m*
sit·ting ['sɪtɪŋ] Sitzung *f*; **'~ room** *bsd. Brt.* Wohnzimmer *n*

sit·u·at·ed ['sɪtjʊeɪtɪd]: ***be*** ~ liegen, gelegen sein
sit·u·a·tion *fig.* [sɪtjʊ'eɪʃn] Lage *f*, Situation *f*; ~ '**com·e·dy** *Rundfunk, TV*: Situationskomödie *f* (*humorvolle Serie*)
six [sɪks] **1.** sechs; **2.** Sechs *f*; ~·**teen** [sɪks'tiːn] **1.** sechzehn; **2.** Sechzehn *f*; ~·**teenth** [sɪks'tiːnθ] sechzehnte(r, -s); ~**th** [sɪksθ] **1.** sechste(r, -s); **2.** Sechstel *n*; '~**th·ly** sechstens; ~·**ti·eth** ['sɪkstɪɪθ] sechzigste(r, -s); ~·**ty** ['sɪkstɪ] **1.** sechzig; **2.** Sechzig *f*
size [saɪz] **1.** Größe *f*, *fig. a.* Ausmaß *n*, Umfang *m*; **2.** ~ ***up*** F abschätzen
siz(e)·a·ble ['saɪzəbl] beträchtlich
siz·zle ['sɪzl] brutzeln
skate [skeɪt] **1.** Schlittschuh *m*; Rollschuh *m*; **2.** Schlittschuh laufen, Eis laufen; Rollschuh laufen; '~·**board** Skateboard *n*; '**skat·er** Eis-, Schlittschuhläufer(in); Rollschuhläufer(in)
skat·ing ['skeɪtɪŋ] Eis-, Schlittschuhlaufen *n*; Rollschuhlaufen *n*; ***free*** ~ Kür(lauf *m*) *f*; '~ **rink** (Kunst)Eisbahn *f*; Rollschuhbahn *f*
skel·e·ton ['skelɪtn] Skelett *n*, Gerippe *n*; '~ **key** Hauptschlüssel *m*
skep·tic ['skeptɪk] *etc. bsd. Am.* → ***sceptic*** *etc.*
sketch [sketʃ] **1.** Skizze *f*; *thea. etc.* Sketch *m*; **2.** skizzieren
ski [skiː] **1.** Ski *m*; Ski...; **2.** Ski fahren *od.* laufen
skid [skɪd] **1.** (***-dd-***) *mot.* rutschen, schleudern; **2.** *mot.* Rutschen *n*, Schleudern *n*; *aviat.* (Gleit)Kufe *f*; '~ **mark(s** *pl.*) *mot.* Bremsspur *f*
ski|·er ['skiːə] Skifahrer(in), -läufer(in); '~·**ing** Skifahren *n*, -laufen *n*, -sport *m*; '~ **jump** (Sprung)Schanze *f*; '~ **jumper** Skispringer *m*; '~ **jump·ing** Skispringen *n*
skil·ful ['skɪlfl] geschickt
'**ski lift** Skilift *m*
skill [skɪl] Geschicklichkeit *f*, Fertigkeit *f*; ~**ed** geschickt (***at, in*** in *dat.*); ~**ed** '**work·er** Facharbeiter(in)
'**skill·ful** *Am.* → ***skilful***
skim [skɪm] (***-mm-***) *Fett etc.* abschöpfen (*a.* ~ ***off***); *Milch* entrahmen; (hin)gleiten über (*acc.*); *a.* ~ ***over***, ~ ***through*** *Bericht etc.* überfliegen; ~**(med)** '**milk** Magermilch *f*
skimp [skɪmp] *a.* ~ ***on*** sparen an (*dat.*); '~·**y** (***-ier, -iest***) dürftig; knapp
skin [skɪn] **1.** Haut *f*; Fell *n*; (*Bananen-, Zwiebel- etc.*)Schale *f*; **2.** (***-nn-***) *Tier* abhäuten; *Zwiebel etc.* schälen; sich *das Knie etc.* aufschürfen; ~-'**deep** (nur) oberflächlich; '~-**dive** tauchen (*ohne Atemgerät u. Schutzanzug*); '~ **div·ing** Sporttauchen *n*; '~·**flint** Geizhals *m*; '~·**ny** (***-ier, -iest***) dürr, mager; '~·**ny-dip** F nackt baden
skip [skɪp] **1.** (***-pp-***) *v/i.* hüpfen, springen; seilhüpfen, -springen; *v/t. et.* überspringen, auslassen; **2.** Hüpfer *m*
skip·per ['skɪpə] *naut., Sport*: Kapitän *m*
skir·mish ['skɜːmɪʃ] Geplänkel *n*
skirt [skɜːt] **1.** Rock *m*; **2.** *a.* ~ (***a***)***round*** umgeben; *fig. Problem etc.* umgehen; '~·**ing board** *Brt.* Scheuerleiste *f*
'**ski| run** Skipiste *f*; '~ **tow** Schlepplift *m*
skit·tle ['skɪtl] Kegel *m*
skulk [skʌlk] sich herumdrücken, herumschleichen
skull *anat.* [skʌl] Schädel *m*
skul(l)·dug·ge·ry F [skʌl'dʌgərɪ] Gaunerei *f*, fauler Zauber
skunk *zo.* [skʌŋk] Skunk *m*, Stinktier *n*
sky [skaɪ] *a.* ***skies*** *pl.* Himmel *m*; '~·**jack** *Flugzeug* entführen; '~·**jack·er** Flugzeugentführer(in); '~·**lark** *zo.* Feldlerche *f*; '~·**light** Dachfenster *n*; '~·**line** Skyline *f*, Silhouette *f* (*e-r Stadt*); '~·**rock·et** F hochschnellen, in die Höhe schießen (*Preise*); '~·**scrap·er** Wolkenkratzer *m*
slab [slæb] (*Stein- etc.*)Platte *f*; dickes Stück (*Kuchen etc.*)
slack [slæk] **1.** locker (*Seil etc.*); lax (*Disziplin etc.*); *econ.* flau; lasch, nachlässig; **2.** bummeln; ~ ***off***, ~ ***up*** *fig.* nachlassen, (*Person a.*) abbauen; '~·**en** *v/t.* lockern; verringern; ~ ***speed*** langsamer werden; *v/i.* locker werden; *a.* ~ ***off*** nachlassen; ~**s** *pl. bsd. Am.* F Hose *f*
slag [slæg] Schlacke *f*
slain [sleɪn] *p.p. von* ***slay***
sla·lom ['slɑːləm] *Sport*: Slalom *m*
slam [slæm] **1.** (***-mm-***) *a.* ~ ***shut*** zuknallen, zuschlagen; *a.* ~ ***down*** F *et.* knallen (***on*** auf *acc.*); ~ ***on the brakes*** *mot.* auf die Bremse steigen; **2.** Zuschlagen *n*; Knall *m*
slan·der ['slɑːndə] **1.** Verleumdung *f*; **2.** verleumden; ~·**ous** ['slɑːndərəs] verleumderisch

S

slang [slæŋ] **1.** Slang *m*; Jargon *m*; **2.** *bsd. Brt.* F *j-n* wüst beschimpfen
slant [slɑːnt] **1.** schräg legen *od.* liegen; sich neigen; **2.** schräge Fläche; Abhang *m*; *fig.* Einstellung *f*; **at** *od.* **on a ~** schräg; '**~·ing** schräg
slap [slæp] **1.** Klaps *m*, Schlag *m*; **2.** (**-pp-**) e-n Klaps geben (*dat.*); schlagen; klatschen (**down on** auf *acc.*; **against** gegen); '**~·stick** *thea.* Slapstick *m*, Klamauk *m*; '**~·stick com·e·dy** *thea.* Slapstickkomödie *f*
slash [slæʃ] **1.** auf-, zerschlitzen; *Preise* drastisch herabsetzen; *Ausgaben etc.* drastisch kürzen; **~ at** schlagen nach; **2.** Hieb *m*; Schlitz *m* (*im Kleid etc.*)
slate [sleɪt] **1.** Schiefer *m*; Schiefertafel *f*; *Am. pol.* Kandidatenliste *f*; **2.** mit Schiefer decken; *Am. j-n* vorschlagen (**for, to be** als); *Am. et.* planen (**for** für)
slaugh·ter ['slɔːtə] **1.** Schlachten *n*; Blutbad *n*, Gemetzel *n*; **2.** schlachten; niedermetzeln; '**~·house** Schlachthaus *n*, -hof *m*
Slav [slɑːv] **1.** Slaw|e *m*, -in *f*; **2.** slawisch
slave [sleɪv] **1.** Sklav|e *m*, -in *f* (*a. fig.*); **2.** *a.* **~ away** sich abplagen, schuften
slav·er ['slævə] geifern, sabbern
sla·ve·ry ['sleɪvərɪ] Sklaverei *f*
slav·ish ['sleɪvɪʃ] sklavisch
slay *Am.* [sleɪ] (**slew, slain**) ermorden, umbringen
sleaze [sliːz] unsaubere Machenschaften (*bsd. in der Politik*); Kumpanei *f*; **slea·zy** ['sliːzɪ] (**-ier, -iest**) schäbig, heruntergekommen; anrüchig
sled *Am.* [sled] → **sledge**
sledge [sledʒ] **1.** (*a.* Rodel)Schlitten *m*; **2.** Schlitten fahren, rodeln
'**sledge·ham·mer** Vorschlaghammer *m*
sleek [sliːk] **1.** glatt, glänzend, geschmeidig (*Haar, Fell*); schnittig (*Auto*); **2.** glätten
sleep [sliːp] **1.** Schlaf *m*; **I couldn't get to ~** ich konnte nicht einschlafen; **go to ~** einschlafen (F *a. Bein etc.*); **put to ~** *Tier* einschläfern; **2.** (**slept**) *v/i.* schlafen; **~ late** lang *od.* länger schlafen; **~ on** *Problem etc.* überschlafen; **~ with s.o.** mit j-m schlafen; *v/t.* Schlafgelegenheit bieten für; '**~·er** Schlafende(r *m*) *f*; *Brt. rail.* Schwelle *f*; *rail.* Schlafwagen *m*
'**sleep·ing| bag** Schlafsack *m*; **♀ Beau·ty** Dornröschen *n*; '**~ car** *rail.* Schlafwagen *m*; **~ 'part·ner** *Brt. econ.* stiller Teilhaber
'**sleep|·less** schlaflos; '**~·walk·er** Schlafwandler(in); '**~·y** (**-ier, -iest**) schläfrig, müde; verschlafen
sleet [sliːt] **1.** Schneeregen *m*; Graupelschauer *m*; **2. it's ~ing** es gibt Schneeregen; es graupelt
sleeve [sliːv] Ärmel *m*; *tech.* Manschette *f*, Muffe *f*; *bsd. Brt.* (*Platten*)Hülle *f*
sleigh [sleɪ] (*bsd.* Pferde)Schlitten *m*
sleight of hand [slaɪt əv 'hænd] Fingerfertigkeit *f*; *fig.* (Taschenspieler)Trick *m*
slen·der ['slendə] schlank; *fig.* mager, dürftig, schwach
slept [slept] *pret. u. p.p. von* **sleep** 2
sleuth F [sluːθ] Spürhund *m*, Detektiv *m*
slew [sluː] *pret. von* **slay**
slice [slaɪs] **1.** Scheibe *f* (*Brot etc.*), Stück *n* (*Kuchen etc.*); *fig.* Anteil *m* (**of** an *dat.*); **2.** *a.* **~ up** in Scheiben *od.* Stücke schneiden; **~ off** *Stück* abschneiden (**from** von)
slick [slɪk] **1.** gekonnt (*Vorstellung etc.*); geschickt, raffiniert; glatt (*Straße etc.*); **2.** F (*Öl*)Teppich *m*; **3. ~ down** *Haar* glätten, F anklatschen; '**~·er** *Am.* Regenmantel *m*; F Gauner *m*
slid [slɪd] *pret. u. p.p. von* **slide** 1
slide [slaɪd] **1.** (**slid**) gleiten (lassen); rutschen; schlüpfen; schieben; **let things ~** *fig.* die Dinge schleifen lassen; **2.** Gleiten *n*, Rutschen *n*; Rutsche *f*, Rutschbahn *f*; *tech.* Schieber *m*; *phot.* Dia(positiv) *n*; Objektträger *m*; *Brt.* (*Haar*)Spange *f*; (*Erd- etc.*)Rutsch *m*; '**~ rule** Rechenschieber *m*; '**~ tack·le** *Fußball*: Grätsche *f*
slid·ing door [slaɪdɪŋ 'dɔː] Schiebetür *f*
slight [slaɪt] **1.** leicht, gering(fügig), unbedeutend; **2.** beleidigen, kränken; **3.** Beleidigung *f*, Kränkung *f*
slim [slɪm] (**-mm-**) **1.** schlank; *fig.* gering; **2.** *a.* **be ~ming, be on a ~ming diet** e-e Schlankheitskur machen, abnehmen
slime [slaɪm] Schleim *m*
slim·y ['slaɪmɪ] (**-ier, -iest**) schleimig (*a. fig.*)
sling [slɪŋ] **1.** (**slung**) aufhängen; F schleudern; ⚠ *nicht* **schlingen**; **2.**

S

Schlinge *f*; Tragriemen *m* (*für Gewehr*); Tragetuch *n* (*für Baby*); Schleuder *f*

slink [slɪŋk] (***slunk***) (sich) schleichen

slip¹ [slɪp] **1.** (**-pp-**) *v/i.* rutschen, schlittern; ausgleiten, -rutschen; schlüpfen; *v/t.* sich losreißen von; **~ *s.th. into s.o.'s hand*** j-m et. in die Hand schieben; **~ *s.o. s.th.*** j-m et. zuschieben; **~ *s.o.'s attention*** j-m *od.* j-s Aufmerksamkeit entgehen; **~ *s.o.'s mind*** j-m entfallen; ***she has ~ped a disc*** sie hat e-n Bandscheibenvorfall; **~ *by*, ~ *past*** verstreichen (*Zeit*); **~ *off*** schlüpfen aus (*Kleidungsstück*); **~ *on*** *Kleidungsstück* überstreifen, schlüpfen in (*acc.*); **2.** Ausgleiten *n*, (Aus)Rutschen *n*; Versehen *n*; Unterrock *m*; (*Kissen*)Bezug *m*; ⚠ *nicht* ***Slip***; **~ *of the tongue*** Versprecher *m*; ***give s.o. the ~*** F j-m entwischen

slip² [slɪp] *a.* **~ *of paper*** Zettel *m*

'slip|·case Schuber *m*; **'~-on 1.** *adj.* **~ *shoe*** → **2.** Slipper *m*; **~ped 'disc** *med.* Bandscheibenvorfall *m*; **'~·per** Hausschuh *m*, Pantoffel *m*; ⚠ *nicht* ***Slipper***; **~·per·y** ['slɪpərɪ] (***-ier, -iest***) glatt, rutschig, glitschig; **'~ road** *Brt.* (Autobahn)Auffahrt *f*; (Autobahn)Ausfahrt *f*; **'~·shod** schlampig

slit [slɪt] **1.** Schlitz *m*; **2.** (**-tt-**; ***slit***) schlitzen; **~ *open*** aufschlitzen

slith·er ['slɪðə] gleiten, rutschen

sliv·er ['slɪvə] (*Glas- etc.*)Splitter *m*

slob·ber ['slɒbə] sabbern

slo·gan ['sləʊgən] Slogan *m*

sloop *naut.* [sluːp] Schaluppe *f*

slop [slɒp] **1.** (**-pp-**) *v/t.* verschütten; *v/i.* überschwappen; schwappen (***over*** über *acc.*); **2.** *a.* **~s** *pl.* schlabb(e)riges Zeug; (*Tee-, Kaffee*)Rest(e *pl.*) *m*; *bsd. Brt.* Schmutzwasser *n*

slope [sləʊp] **1.** (Ab)Hang *m*; Neigung *f*, Gefälle *n*; **2.** sich neigen, abfallen

slop·py ['slɒpɪ] (***-ier, -iest***) schlampig; F gammelig (*Kleidungsstück*); F rührselig

slot [slɒt] Schlitz *m*, (Münz)Einwurf *m*; *Computer*: Steckplatz *m*

sloth *zo.* [sləʊθ] Faultier *n*

'slot ma·chine (Waren-, Spiel)Automat *m*

slouch [slaʊtʃ] **1.** krumme Haltung; latschiger Gang; **2.** krumm dasitzen *od.* dastehen; latschen

slough¹ [slʌf]: **~ *off*** *Haut* abstreifen, sich häuten (*Schlange*)

slough² [slaʊ] Sumpf(loch *n*) *m*

Slo·vak ['sləʊvæk] **1.** slowakisch; **2.** Slowak|e *m*, -in *f*; *ling.* Slowakisch *n*;

Slo·va·ki·a [sləʊ'vækɪə] Slowakei *f*

slov·en·ly ['slʌvnlɪ] schlampig

slow [sləʊ] **1.** *adj.* langsam; begriffsstutzig; *econ.* schleppend; ***be*** (***ten minutes***) **~** (zehn Minuten) nachgehen (*Uhr*); **2.** *adv.* langsam; **3.** *v/t. oft* **~ *down*, ~ *up*** *Geschwindigkeit* verringern; *v/i. oft* **~ *down*, ~ *up*** langsamer fahren *od.* gehen *od.* werden; **'~·coach** *Brt.* Langweiler(in); **'~·down** *Am. econ.* Bummelstreik *m*; **'~ lane** *mot.* Kriechspur *f*; **~ 'mo·tion** *phot.* Zeitlupe *f*; **'~-mov·ing** kriechend (*Verkehr*); **'~·poke** *Am.* → ***slowcoach***; **'~·worm** *zo.* Blindschleiche *f*

sludge [slʌdʒ] Schlamm *m* (*schleimiger*)

slug¹ *zo.* [slʌg] Nacktschnecke *f*

slug² *bsd. Am.* F [slʌg] (*Gewehr- etc.*)Kugel *f*; Schluck *m* (*Whisky etc.*)

slug³ *bsd. Am* F [slʌg] (**-gg-**) *j-m* e-n Faustschlag versetzen

slug·gish ['slʌgɪʃ] träge; *econ.* schleppend

sluice *tech.* [sluːs] Schleuse *f*

slum [slʌm] *a.* **~s** *pl.* Slums *pl.*, Elendsviertel *n od. pl.*

slum·ber *lit.* ['slʌmbə] **1.** schlummern; **2.** *a.* **~s** *pl.* Schlummer *m*

slump [slʌmp] **1.** *econ.* stürzen (*Preise*), stark zurückgehen (*Umsätze etc.*); ***sit ~ed over*** zusammengesunken sitzen über (*dat.*); **~ *into a chair*** sich in e-n Sessel plumpsen lassen; **2.** *econ.* starker Konjunkturrückgang; **~ *in prices*** Preissturz *m*

slung [slʌŋ] *pret. u. p.p. von* ***sling*** 1

slunk [slʌŋk] *pret. u. p.p. von* ***slink***

slur¹ [slɜː] **1.** (**-rr-**) *mus. Töne* binden; **~ *one's speech*** undeutlich sprechen; lallen; **2.** undeutliche Aussprache

slur² [slɜː] **1.** (**-rr-**) verleumden; **2.** **~ *on s.o.'s reputation*** Rufschädigung *f*

slurp F [slɜːp] schlürfen

slush [slʌʃ] Schneematsch *m*

slut [slʌt] Schlampe *f*; Nutte *f*

sly [slaɪ] (**~er**, **~est**) gerissen, schlau, listig; ***on the ~*** heimlich

smack¹ [smæk] **1.** *j-m* e-n Klaps geben; **~ *one's lips*** sich (geräuschvoll) die Lippen lecken; **~ *down*** *et.* hinklatschen; **2.** klatschendes Geräusch, Knall *m*; F

Schmatz *m* (*Kuss*); F Klaps *m*, kräftiger Schlag
smack[2] [smæk]: ~ ***of*** *fig.* schmecken *od.* riechen nach
small [smɔːl] **1.** *adj. u. adv.* klein; ⚠ *nicht* ***schmal***; ~ ***wonder*** (***that***) kein Wunder, dass; ***feel*** ~ sich klein (u. hässlich) vorkommen; **2.** ~ ***of the back*** *anat.* Kreuz *n*; '~ **ad** Kleinanzeige *f*; '~ **arms** *pl.* Handfeuerwaffen *pl.*; ~ **'change** Kleingeld *n*; '~ **hours** *pl.*: ***in the*** ~ in den frühen Morgenstunden; ~-**'mind·ed** engstirnig; kleinlich; ~**·pox** *med.* ['smɔːlpɒks] Pocken *pl.*; '~ **print** *das* Kleingedruckte (*e-s Vertrags etc.*); '~ **talk** Small Talk *m, n*, oberflächliche Konversation; ***make*** ~ plaudern; ~-**'time** F klein, unbedeutend; ~ **'town** Kleinstadt *f*
smart [smɑːt] **1.** schick, fesch; smart, schlau, clever; **2.** weh tun; brennen; **3.** (brennender) Schmerz; ~ **aleck** F ['smɑːt ælɪk] Besserwisser(in), Klugscheißer(in); '~**·ness** Schick *m*; Schlauheit *f*, Cleverness *f*
smash [smæʃ] **1.** *v/t.* zerschlagen (*a.* ~ ***up***); schmettern (*a. Tennis etc.*); *Aufstand etc.* niederschlagen, *Drogenring etc.* zerschlagen; ~ ***up one's car*** s-n Wagen zu Schrott fahren; *v/i.* zerspringen; ~ ***into*** prallen an (*acc.*) *od.* gegen, krachen gegen; **2.** Schlag *m*; *Tennis etc.*: Schmetterball *m*; → ~ ***hit***, ~-***up***; ~ **'hit** Hit *m* (*Buch, Film etc.*); '~**·ing** *bsd. Brt.* F toll, sagenhaft; '~**-up** *mot., rail.* schwerer Unfall
smat·ter·ing ['smætərɪŋ]: ***a*** ~ ***of English*** ein paar Brocken Englisch
smear [smɪə] **1.** Fleck *m*; *med.* Abstrich *m*; Verleumdung *f*; **2.** (ein-, ver)schmieren; (sich) verwischen (*Schrift*); verleumden
smell [smel] **1.** (***smelt*** *od.* ***smelled***) *v/i.* riechen (***at*** an *dat.*); duften; riechen, *bsd.* stinken; *v/t.* riechen (an *dat.*); **2.** Geruch *m*; Gestank *m*; Duft *m*; '~**·y** (***-ier, -iest***) übel riechend, stinkend
smelt[1] [smelt] *pret. u. p.p. von* ***smell*** 1
smelt[2] [smelt] *Erz* schmelzen
smile [smaɪl] **1.** Lächeln *n*; **2.** lächeln; ~ ***at*** *j-n* anlächeln, *j-m* zulächeln; *j-n, et.* belächeln, lächeln über (*acc.*)
smirk [smɜːk] (selbstgefällig *od.* schadenfroh) grinsen
smith [smɪθ] Schmied *m*
smith·e·reens F [smɪðə'riːnz] *pl.*: ***smash*** (***in***)***to*** ~ in tausend Stücke schlagen *od.* zerspringen
smith·y ['smɪðɪ] Schmiede *f*
smit·ten ['smɪtn] *bsd. humor.* verliebt, -knallt (***with*** in *acc.*); ***be*** ~ ***by*** *od.* ***with*** *fig.* gepackt werden von
smock [smɒk] Kittel *m*
smog [smɒg] Smog *m*
smoke [sməʊk] **1.** Rauch *m*; ***have a*** ~ eine rauchen; **2.** rauchen; räuchern; **'smok·er** Raucher(in); *rail.* Raucher(-wagen) *m*; '~**·stack** Schornstein *m*
smok·ing ['sməʊkɪŋ] Rauchen *n*; ⚠ *nicht* ***Smoking***; ***no*** ~ Rauchen verboten; ~ **com'part·ment** *rail.* Raucher(abteil *n*) *m*
smok·y ['sməʊkɪ] (***-ier, -iest***) rauchig; verräuchert
smooth [smuːð] **1.** glatt (*a. fig.*); ruhig (*tech.*; *Flug, Reise*); mild (*Wein*); *fig.* (aal)glatt; **2.** *a.* ~ ***out*** glätten, glatt streichen; ~ ***away*** *Falten etc.* glätten; *Schwierigkeiten etc.* aus dem Weg räumen; ~ ***down*** glatt streichen (*Haar*)
smoth·er ['smʌðə] ersticken
smo(u)l·der ['sməʊldə] glimmen, schwelen
smudge [smʌdʒ] **1.** Fleck *m*; **2.** (be-, ver)schmieren; (sich) verwischen (*Schrift*)
smug [smʌg] (***-gg-***) selbstgefällig
smug·gle ['smʌgl] schmuggeln (***into*** nach; in *acc.*); '~**r** Schmuggler(in)
smut [smʌt] Rußflocke *f*; Schmutz *m* (*a. fig.*); '~**·ty** (***-ier, -iest***) *fig.* schmutzig
snack [snæk] Snack *m*, Imbiss *m*; ***have a*** ~ e-e Kleinigkeit essen; '~ **bar** Snackbar *f*, Imbissstube *f*
snag [snæg] **1.** *fig.* Haken *m*; **2.** (***-gg-***) mit *et.* hängen bleiben (***on*** an *dat.*)
snail *zo.* [sneɪl] Schnecke *f*
snake *zo.* [sneɪk] Schlange *f*
snap [snæp] **1.** (***-pp-***) *v/i.* (zer)brechen, (-)reißen; *a.* ~ ***shut*** zuschnappen; ~ ***at*** schnappen nach; *j-n* anschnauzen; ~ ***out of it!*** F Kopf hoch!, komm, komm!; ~ ***to it!*** mach fix!; *v/t.* zerbrechen; *phot.* F knipsen; ~ ***one's fingers*** mit den Fingern schnalzen; ~ ***one's fingers at*** *fig.* keinen Respekt haben vor (*dat.*), sich hinwegsetzen über (*acc.*); ~ ***off*** abbrechen; ~ ***up*** *et.* schnell entschlossen kau-

S

fen; ~ ***it up!*** *Am.* mach fix!; **2.** Krachen *n*, Knacken *n*, Knall *m*; *phot.* F Schnappschuss *m*; *Am.* Druckknopf *m*; *fig.* F Schwung *m*; ***cold*** ~ Kälteeinbruch *m*; '~ **fas·ten·er** *Am.* Druckknopf *m*; '~**·pish** *fig.* bissig; '~**·py** (***-ier, -iest***) modisch, schick; ***make it*** ~*!*, *Brt. a.* ***look*** ~*!* F mach fix!; '~**·shot** *phot.* Schnappschuss *m*
snare [sneə] **1.** Schlinge *f*, Falle *f* (*a. fig.*); **2.** in der Schlinge fangen; F *et.* ergattern
snarl [snɑːl] **1.** knurren; ~ ***at s.o.*** j-n anknurren; **2.** Knurren *n*
snatch [snætʃ] **1.** *v/t. et.* packen; *Gelegenheit* ergreifen; *ein paar Stunden Schlaf etc.* ergattern; ~ ***s.o.'s handbag*** j-m die Handtasche entreißen; *v/i.* ~ ***at*** (schnell) greifen nach; *Gelegenheit* ergreifen; **2.** ***make a*** ~ ***at*** (schnell) greifen nach; ~ ***of conversation*** Gesprächsfetzen *m*
sneak [sniːk] **1.** *v/i.* (sich) schleichen; *Brt.* F petzen; *v/t.* F stibitzen; **2.** *Brt.* F Petze *f*; '~**·er** *Am.* Turnschuh *m*
sneer [snɪə] **1.** höhnisch *od.* spöttisch grinsen (***at*** über *acc.*); spotten (***at*** über *acc.*); **2.** höhnisches *od.* spöttisches Grinsen; höhnische *od.* spöttische Bemerkung
sneeze [sniːz] **1.** niesen; **2.** Niesen *n*
snick·er *bsd. Am.* ['snɪkə] → ***snigger***
sniff [snɪf] **1.** *v/i.* schniefen; schnüffeln (***at*** an *dat.*); ~ ***at*** *fig.* die Nase rümpfen über (*acc.*); *v/t. Klebstoff etc.* schnüffeln, *Kokain etc.* schnupfen; **2.** Schniefen *n*
snif·fle ['snɪfl] **1.** schniefen; **2.** Schniefen *n*; ***she's got the*** ~***s*** F ihr läuft dauernd die Nase
snig·ger *bsd. Brt.* ['snɪgə] kichern (***at*** über *acc.*)
snip [snɪp] **1.** Schnitt *m*; **2.** (***-pp-***) durchschnippeln; ~ ***off*** abschnippeln
snipe¹ *zo.* [snaɪp] Schnepfe *f*
snipe² [snaɪp] aus dem Hinterhalt schießen (***at*** auf *acc.*); '**snip·er** Heckenschütze *m*
sniv·el ['snɪvl] (*bsd. Brt.* ***-ll-***, *Am.* ***-l-***) greinen, jammern
snob [snɒb] Snob *m*; '~**·bish** versnobt
snoop [snuːp]: ~ ***about***, ~ ***around*** F herumschnüffeln; '~**·er** F Schnüffler(in)
snooze F [snuːz] **1.** ein Nickerchen machen; **2.** Nickerchen *n*
snore [snɔː] **1.** schnarchen; **2.** Schnarchen *n*
snor·kel ['snɔːkl] **1.** Schnorchel *m*; **2.** schnorcheln
snort [snɔːt] **1.** schnauben; **2.** Schnauben *n*
snout *zo.* [snaʊt] Schnauze *f*, Rüssel *m*
snow [snəʊ] **1.** Schnee *m* (*a. sl. Kokain*); **2.** schneien; ***be*** ~***ed in*** *od.* ***up*** eingeschneit sein; '~**·ball** Schneeball *m*; ~**·ball 'fight** Schneeballschlacht *f*; '~**·bound** eingeschneit; '~**·drift** Schneewehe *f*; '~**·drop** *bot.* Schneeglöckchen *n*; '~**·fall** Schneefall *m*; '~**·flake** Schneeflocke *f*; '~**·man** (*pl.* ***-men***) Schneemann *m*; '~**·plough** *Brt.*, '~**·plow** *Am.* Schneepflug *m*; '~**·storm** Schneesturm *m*; ~**-'white** schneeweiß; '**2 White** Schneewittchen *n*; '~**·y** (***-ier, -iest***) schneereich; verschneit
Snr *nur geschr. Abk. für* ***Senior*** sen., senior, der Ältere
snub [snʌb] **1.** (***-bb-***) *j-n* brüskieren, *j-n* vor den Kopf stoßen; *fig.* F *j-n* schneiden; **2.** Brüskierung *f*; '~ **nose** Stupsnase *f*; ~**-'nosed** stupsnasig
snuff¹ [snʌf] Schnupftabak *m*
snuff² [snʌf] *Kerze* ausdrücken, auslöschen; ~ ***out*** *Leben* auslöschen
snuf·fle ['snʌfl] schnüffeln, schniefen
snug [snʌg] (***-gg-***) gemütlich, behaglich; *Kleidungsstück*: gut sitzend; eng (anliegend)
snug·gle ['snʌgl]: ~ ***up to s.o.*** sich an j-n kuscheln; ~ ***down in bed*** sich ins Bett kuscheln
so [səʊ] so; deshalb; → ***hope*** 2, ***think***; ***is that*** ~*?* wirklich?; ***an hour or*** ~ etwa e-e Stunde; ***she is tired - ~ am I*** sie ist müde - ich auch; ~ ***far*** bisher
soak [səʊk] *v/t.* einweichen (***in*** in *dat.*); durchnässen; ~ ***up*** aufsaugen; *v/i.* sickern; ***leave the dirty clothes to*** ~ weichen Sie die Schmutzwäsche ein
soap [səʊp] **1.** Seife *f*; F → ***soap opera***; **2.** (sich) *et.* einseifen; '~ **op·e·ra** *Rundfunk, TV*: Seifenoper *f*; '~**·y** (***-ier, -iest***) Seifen...; seifig; *fig.* F schmeichlerisch
soar [sɔː] (hoch) aufsteigen; hochragen; *Vogel, aviat.* segeln, gleiten; *fig.* in die Höhe schnellen (*Preise etc.*)

S

sob [sɒb] **1.** (**-bb-**) schluchzen; **2.** Schluchzen *n*
so·ber ['səʊbə] **1.** nüchtern (*a. fig.*); **2.** ernüchtern; ~ **up** nüchtern machen *od.* werden
so-'called so genannt
soc·cer ['sɒkə] Fußball *m* (*Spiel*); '~ **hoo·li·gan** Fußballrowdy *m*
so·cia·ble ['səʊʃəbl] gesellig
so·cial ['səʊʃl] sozial, Sozial...; gesellschaftlich, Gesellschafts...; gesellig (*Lebewesen*); F gesellig (*Person*); ~ **'dem·o·crat** Sozialdemokrat(in); ~ **in'sur·ance** Sozialversicherung *f*
so·cial|·is·m ['səʊʃəlɪzəm] Sozialismus *m*; '~**ist 1.** Sozialist(in); **2.** sozialistisch
so·cial·ize ['səʊʃəlaɪz] gesellschaftlich verkehren (**with** mit); sozialisieren
so·cial| 'sci·ence Sozialwissenschaft *f*; ~ **se'cu·ri·ty** *Brt.* Sozialhilfe *f*; **be on** ~ Sozialhilfe beziehen; ~ **'serv·i·ces** *pl. bsd. Brt.* Sozialeinrichtungen *pl.*; '~ **work** Sozialarbeit *f*; '~ **work·er** Sozialarbeiter(in)
so·ci·e·ty [sə'saɪətɪ] Gesellschaft *f*; Verein *m*
so·ci·ol·o·gy [səʊsɪ'ɒlədʒɪ] Soziologie *f*
sock [sɒk] Socke *f*
sock·et ['sɒkɪt] *electr.* Steckdose *f*; *electr.* Fassung *f* (*e-r Glühbirne*); *electr.* (Anschluss)Buchse *f*; *anat.* (*Augen-*) Höhle *f*
sod *Brt.* V [sɒd] blöder Hund
so·da ['səʊdə] Soda(wasser) *n*; *bsd. Am.* (*Orangen- etc.*)Limonade *f*
sod·den ['sɒdn] aufgeweicht (*Boden*)
so·fa ['səʊfə] Sofa *n*
soft [sɒft] weich; sanft; leise; gedämpft (*Licht etc.*); F leicht, angenehm, ruhig (*Job etc.*); alkoholfrei (*Getränk*); weich (*Drogen*); verweichlicht; *a.* ~ **in the head** F einfältig, doof; '~ **drink** Soft Drink *m*, alkoholfreies Getränk
soft·en ['sɒfn] *v/t.* weich machen; *Wasser* enthärten; *Ton, Licht, Stimme etc.* dämpfen; ~ **up** F *j-n* weich machen; *v/i.* weich(er) *od.* sanft(er) *od.* mild(er) werden
soft|-'head·ed doof; ~**'heart·ed** weichherzig; ~ **'land·ing** *Raumfahrt*: weiche Landung; '~**·ware** *Computer*: Software *f*; ~**·ware 'pack·age** *Computer*: Softwarepaket *n*; '~**·y** F Softie *m*, Softy *m*, Weichling *m*
sog·gy ['sɒgɪ] (**-ier, -iest**) aufgeweicht, matschig
soil[1] [sɔɪl] Boden *m*, Erde *f*
soil[2] [sɔɪl] beschmutzen, schmutzig machen
sol·ace ['sɒləs] Trost *m*
so·lar ['səʊlə] Sonnen...; ~ **'en·er·gy** Solar-, Sonnenenergie *f*; ~ **'pan·el** Sonnenkollektor *m*; '~ **sys·tem** Sonnensystem *n*
sold [səʊld] *pret. u. p.p. von* **sell**
sol·der ['sɒldə] (ver)löten
sol·dier ['səʊldʒə] Soldat *m*
sole[1] [səʊl] **1.** (Fuß-, Schuh)Sohle *f*; **2.** besohlen
sole[2] *zo.* [səʊl] (*pl.* **sole, soles**) Seezunge *f*
sole[3] [səʊl] einzig; alleinig, Allein...; '~**·ly** (einzig u.) allein, ausschließlich
sol·emn ['sɒləm] feierlich; ernst
so·li·cit [sə'lɪsɪt] bitten um
so·lic·i·tor *Brt. jur.* [sə'lɪsɪtə] Solicitor *m* (*hauptsächlich bei niederen Gerichten zugelassener Anwalt*)
so·lic·i·tous [sə'lɪsɪtəs] besorgt (**about, for** um)
sol·id ['sɒlɪd] **1.** fest; stabil; massiv; *math.* körperlich; gewichtig, triftig (*Grund etc.*), stichhaltig (*Argument etc.*); solid(e), gründlich (*Arbeit etc.*); einmütig, geschlossen; **a ~ hour** F e-e geschlagene Stunde; **2.** *math.* Körper *m*; ~**s** *pl.* feste Nahrung
sol·i·dar·i·ty [sɒlɪ'dærətɪ] Solidarität *f*
so·lid·i·fy [sə'lɪdɪfaɪ] fest werden (lassen); *fig.* (sich) festigen
so·lil·o·quy [sə'lɪləkwɪ] Selbstgespräch *n*; *bsd. thea.* Monolog *m*
sol·i·taire [sɒlɪ'teə] Solitär *m* (*Edelstein etc. u. Brettspiel*); *Am. Kartenspiel*: Patience *f*
sol·i·ta·ry ['sɒlɪtərɪ] einsam, (*Leben a.*) zurückgezogen, (*Ort etc. a.*) abgelegen; einzig; ~ **con'fine·ment** Einzelhaft *f*
so·lo ['səʊləʊ] (*pl.* **-los**) *mus.* Solo *n*; *aviat.* Alleinflug *m*; '~**·ist** *mus.* Solist(in)
sol·u·ble ['sɒljʊbl] löslich; *fig.* lösbar
so·lu·tion [sə'luːʃn] (Auf)Lösung *f*
solve [sɒlv] *Fall etc.* lösen; **sol·vent** ['sɒlvənt] **1.** *econ.* zahlungsfähig; **2.** *chem.* Lösungsmittel *n*

som·bre *Brt.*, **som·ber** *Am.* ['sɒmbə] düster, trüb(e); *fig.* trübsinnig
some [sʌm] (irgend)ein; *vor pl.*: einige, ein paar; manche; etwas, ein wenig, ein bisschen; ungefähr; **~ *20 miles*** etwa 20 Meilen; **~ *more cake*** noch ein Stück Kuchen; ***to ~ extent*** bis zu e-m gewissen Grade; **~·bod·y** ['sʌmbədɪ] jemand; **'~·day** eines Tages; **'~·how** irgendwie; **'~·one** jemand; **'~·place** *bsd. Am.* → ***somewhere***
som·er·sault ['sʌməsɔːlt] **1.** Salto *m*; Purzelbaum *m*; ***turn a ~*** → **2.** e-n Salto machen; e-n Purzelbaum schlagen
'some|·thing etwas; **~ *like*** ungefähr; **'~·time** irgendwann; **'~·times** manchmal; **'~·what** ein bisschen, ein wenig; **'~·where** irgendwo(hin)
son [sʌn] Sohn *m*; **~ *of a bitch*** *bsd. Am.* V Scheißkerl *m*
sonde *bsd. meteor.* [sɒnd] Sonde *f*
song [sɒŋ] Lied *n*; Gesang *m*; ***for a ~*** F für ein Butterbrot; **'~·bird** Singvogel *m*
son·ic ['sɒnɪk] Schall...; **~ 'bang** *Brt.*, **~ 'boom** Überschallknall *m*
son-in-law ['sʌnɪnlɔː] (*pl.* ***sons-in-law***) Schwiegersohn *m*
son·net ['sɒnɪt] Sonett *n*
so·nor·ous [sə'nɔːrəs] sonor, volltönend
soon [suːn] bald; ***as ~ as*** sobald; ***as ~ as possible*** so bald wie möglich; **'~·er** eher, früher; **~ *or later*** früher od. später; ***the ~ the better*** je eher, desto besser; ***no ~ ... than*** kaum ... als; ***no ~ said than done*** gesagt, getan
soot [sʊt] Ruß *m*
soothe [suːð] beruhigen, beschwichtigen (*a.* **~ *down***); *Schmerzen* lindern, mildern; **sooth·ing** ['suːðɪŋ] beruhigend; lindernd
soot·y ['sʊtɪ] (***-ier, -iest***) rußig
sop¹ [sɒp] Beschwichtigungsmittel *n* (***to*** für)
sop² [sɒp] (***-pp-***): **~ *up*** aufsaugen
so·phis·ti·cat·ed [sə'fɪstɪkeɪtɪd] anspruchsvoll, kultiviert; intellektuell; *tech.* hoch entwickelt
soph·o·more *Am.* ['sɒfəmɔː] Student(in) im zweiten Jahr
sop·o·rif·ic [sɒpə'rɪfɪk] (**~*ally***) einschläfernd
sop·ping ['sɒpɪŋ]: **~ (*wet*)** F klatschnass
sor·cer|·er ['sɔːsərə] Zauberer *m*, Hexenmeister *m*, Hexer *m*; **~·ess** ['sɔːsərɪs] Zauberin *f*, Hexe *f*; **~·y** ['sɔːsərɪ] Zauberei *f*, Hexerei *f*
sor·did ['sɔːdɪd] schmutzig; schäbig
sore [sɔː] **1.** (**~*r*, ~*st***) weh, wund; entzündet; *fig.* wund (*Punkt*); *bsd. Am.* F *fig.* sauer; ***I'm ~ all over*** mir tut alles weh; **~ *throat*** Halsentzündung *f*; ***have a ~ throat*** *a.* Halsschmerzen haben; **2.** wunde Stelle, Wunde *f*
sor·rel¹ *bot.* ['sɒrəl] Sauerampfer *m*
sor·rel² ['sɒrəl] **1.** *zo.* Fuchs *m* (*Pferd*); **2.** rotbraun
sor·row ['sɒrəʊ] Kummer *m*, Leid *n*, Schmerz *m*, Trauer *f*; **'~·ful** traurig, betrübt
sor·ry ['sɒrɪ] **1.** *adj.* (***-ier, -iest***) traurig, jämmerlich; ***be*** *od.* ***feel ~ for s.o.*** j-n bedauern *od.* bemitleiden; ***I'm ~ for her*** sie tut mir leid; ***I am ~ to say*** ich muss leider sagen; ***I'm ~*** → **2.** *int.* (es) tut mir leid!; Entschuldigung!, Verzeihung!; **~*?*** *bsd. Brt.* wie bitte?
sort [sɔːt] **1.** Sorte *f*, Art *f*; **~ *of*** F irgendwie; ***of a ~, of ~s*** F so et. Ähnliches wie; ***all ~s of things*** alles Mögliche; ***nothing of the ~*** nichts dergleichen; ***what ~ of (a) man is he?*** wie ist er?; ***be out of ~s*** F nicht auf der Höhe *od.* auf dem Damm sein; ***be completely out of ~s*** *Sport*: F völlig außer Form sein; **2.** sortieren; **~ *out*** aussortieren; *Problem etc.* lösen, *Frage etc.* klären; **'~·er** Sortierer *m*
SOS [es əʊ 'es] SOS *n*; ***send an ~*** ein SOS funken; **~ *call*** *od.* ***message*** SOS-Ruf *m*
sought [sɔːt] *pret. u. p.p. von* ***seek***
soul [səʊl] Seele *f* (*a. fig.*); *mus.* Soul *m*
sound¹ [saʊnd] **1.** Geräusch *n*; Laut *m*; *phys.* Schall *m*; *Radio, TV etc.*: Ton *m*; *mus.* Klang *m*; *mus.* Sound *m*; **2.** *v/i.* (er)klingen, (-)tönen; sich *gut etc.* anhören; *v/t. ling.* (aus)sprechen; *naut.* (aus)loten; *med.* abhorchen; **~ *one's horn*** *mot.* hupen
sound² [saʊnd] gesund; intakt, in Ordnung; solid(e), stabil, sicher; klug, vernünftig (*Person, Rat etc.*); gründlich (*Ausbildung etc.*); gehörig (*Tracht Prügel*); vernichtend (*Niederlage*); fest, tief (*Schlaf*)
'sound| bar·ri·er Schallgrenze *f*, -mauer *f*; **'~ film** Tonfilm *m*; **'~·less** lautlos; **'~·proof** schalldicht; **'~·track**

S

Filmmusik *f*; Tonspur *f*; '**~ wave** Schallwelle *f*
soup [su:p] **1.** Suppe *f*; **2.** *~ up* F *Motor* frisieren
sour ['saʊə] **1.** sauer; *fig.* mürrisch; **2.** sauer werden (lassen)
source [sɔ:s] Quelle *f*, *fig. a.* Ursache *f*, Ursprung *m*
south [saʊθ] **1.** Süd(en *m*); **2.** *adj.* südlich, Süd...; **3.** *adv.* nach Süden, südwärts; **~'east 1.** Südost(en *m*); **2.** *a.* **~'east·ern** südöstlich
south|·er·ly ['sʌðəlɪ], **~·ern** ['sʌðən] südlich, Süd...; '**~·ern·most** südlichste(r, -s)
South 'Pole Südpol *m*
south|·ward(s) ['saʊθwəd(z)] südlich, nach Süden; **~'west 1.** Südwest(en *m*); **2.** *a.* **~'west·ern** südwestlich
sou·ve·nir [su:və'nɪə] Souvenir *n*, Andenken *n* (**of** an *acc.*)
sove·reign ['sɒvrɪn] **1.** Landesherr(in), Monarch(in); **2.** souverän (*Staat*); **~·ty** ['sɒvrəntɪ] Souveränität *f*
So·vi·et ['səʊvɪət] sowjetisch, Sowjet...
sow[1] [səʊ] (***sowed, sown*** *od.* ***sowed***) (aus)säen
sow[2] *zo.* [saʊ] Sau *f*
sown [səʊn] *p.p. von* ***sow***[1]
spa [spɑ:] (Heil)Bad *n*
space [speɪs] **1.** Raum *m*, Platz *m*; (Welt)Raum *m*; Zwischenraum *m*; Zeitraum *m*; **2.** *a.* *~ out* in Abständen anordnen; *print.* sperren; '**~ age** Weltraumzeitalter *n*; '**~ bar** Leertaste *f*; '**~ cap·sule** Raumkapsel *f*; '**~ cen·tre** (*Am.* **cen·ter**) Raumfahrtzentrum *n*; '**~·craft** (*pl.* ***-craft***) (Welt)Raumfahrzeug *n*; '**~ flight** (Welt)Raumflug *m*; '**~·lab** Raumlabor *n*; '**~·man** (*pl.* ***-men***) F Raumfahrer *m*; Außerirdische(r) *m*; '**~ probe** (Welt)Raumsonde *f*; '**~ re·search** (Welt)Raumforschung *f*; '**~·ship** Raumschiff *n*; '**~ shut·tle** Raumfähre *f*, -transporter *m*; '**~ sta·tion** (Welt)Raumstation *f*; '**~·suit** Raumanzug *m*; '**~ walk** Weltraumspaziergang *m*; '**~·wom·an** (*pl.* ***-women***) F (Welt)Raumfahrerin *f*; Außerirdische *f*
spa·cious ['speɪʃəs] geräumig
spade [speɪd] Spaten *m*; *Kartenspiel*: Pik *n*, Grün *n*; ***king of ~s*** *pl.* Pik-König *m*; ***call a ~ a ~*** das Kind beim (rechten) Namen nennen

Spain [speɪn] Spanien *n*
span [spæn] **1.** Spanne *f*; Spannweite *f*; ⚠ *nicht* ***Span***; **2.** (**-nn-**) *Fluss etc.* überspannen; *fig.* sich erstrecken über (*acc.*)
span·gle ['spæŋgl] **1.** Flitter *m*, Paillette *f*; **2.** mit Flitter *od.* Pailletten besetzen; *fig.* übersäen (***with*** mit)
Span·iard ['spænjəd] Spanier(in)
span·iel *zo.* ['spænjəl] Spaniel *m*
Span·ish ['spænɪʃ] **1.** spanisch; **2.** *ling.* Spanisch *n*; ***the ~*** *pl.* die Spanier *pl.*
spank [spæŋk] *j-m* den Hintern versohlen, verhauen; '**~·ing 1.** *adj.* schnell, flott (*Tempo*); **2.** *adv.* ***~ clean*** blitzsauber; ***~ new*** funkelnagelneu; **3.** Haue *f*, Tracht *f* Prügel
span·ner *bsd. Brt.* ['spænə] Schraubenschlüssel *m*; ***put*** *od.* ***throw a ~ in the works*** F j-m in die Quere kommen
spar [spɑ:] (**-rr-**) *Boxen*: sparren (***with*** mit); sich ein Wortgefecht liefern (***with*** mit)
spare [speə] **1.** *j-n, et.* entbehren; *Geld, Zeit etc.* übrig haben; *keine Kosten, Mühen etc.* scheuen; ⚠ *nicht Geld etc.* ***sparen***; ***~ s.o. s.th.*** j-m et. ersparen; **2.** Ersatz..., Reserve...; überschüssig; **3.** *mot.* Ersatz-, Reservereifen *m*; *bsd. Brt.* → **~ 'part** Ersatzteil *n, m*; **~ 'room** Gästezimmer *n*; **~ 'time** Freizeit *f*
spar·ing ['speərɪŋ] sparsam
spark [spɑ:k] **1.** Funke(n) *m* (*a. fig.*); **2.** Funken sprühen; '**~ing plug** *Brt. mot.* → ***spark plug***
spar·kle ['spɑ:kl] **1.** funkeln, blitzen (***with*** vor *dat.*); perlen (*Getränk*); **2.** Funkeln *n*, Blitzen *n*; **spark·ling** ['spɑ:klɪŋ] funkelnd, blitzend; *fig.* (geist)sprühend, spritzig; ***~ wine*** Schaumwein *m*; Sekt *m*
'spark plug *mot.* Zündkerze *f*
spar·row *zo.* ['spærəʊ] Spatz *m*, Sperling *m*; '**~·hawk** *zo.* Sperber *m*
sparse [spɑ:s] spärlich, dünn
spas·m ['spæzəm] *med.* Krampf *m*; Anfall *m*; **spas·mod·ic** [spæz'mɒdɪk] (***~ally***) *med.* krampfartig; *fig.* sporadisch, unregelmäßig
spas·tic *med.* ['spæstɪk] **1.** (***~ally***) spastisch; **2.** Spastiker(in)
spat [spæt] *pret. u. p.p. von* ***spit***[1] 1
spa·tial ['speɪʃl] räumlich
spat·ter ['spætə] (be)spritzen

S

spawn [spɔːn] **1.** *zo.* laichen; *fig.* hervorbringen; **2.** *zo.* Laich *m*

speak [spiːk] (***spoke, spoken***) *v/i.* sprechen, reden (***to, with*** mit; ***about*** über *acc.*); sprechen (***to*** vor *dat.*; ***about, on*** über *acc.*); ***so to ~*** sozusagen; ***~ing!*** *tel.* am Apparat!; ***~ up*** lauter sprechen; *v/t.* sprechen, sagen; *Sprache* sprechen; **'~·er** Sprecher(in), Redner(in); ♀ *parl.* Speaker *m*, Präsident *m*

spear [spɪə] **1.** Speer *m*; **2.** aufspießen; durchbohren; **'~·head** Speerspitze *f*; *mil.* Angriffsspitze *f*; *Sport*: (Sturm-, Angriffs)Spitze *f*; **'~·mint** *bot.* Grüne Minze

spe·cial ['speʃl] **1.** besondere(r, -s); speziell; Sonder...; Spezial...; **2.** Sonderbus *m od.* -zug *m*; *Rundfunk, TV*: Sondersendung *f*; *Am. econ.* F Sonderangebot *n*; ***be on ~*** *Am. econ.* F im Angebot sein; **spe·cial·ist** ['speʃəlɪst] Spezialist(in), *med. a.* Facharzt *m*, -ärztin *f* (***in*** für); **spe·ci·al·i·ty** [speʃɪ'ælətɪ] Spezialgebiet *n*; Spezialität *f*; **spe·cial·ize** ['speʃəlaɪz] sich spezialisieren (***in*** auf *acc.*); **spe·cial·ty** *Am.* ['speʃltɪ] → ***speciality***

spe·cies ['spiːʃiːz] (*pl.* ***-cies***) Art *f*, Spezies *f*

spe|·cif·ic [spɪ'sɪfɪk] (***~ally***) konkret, präzis; spezifisch, speziell, besondere(r, -s); eigen (***to*** *dat.*); **~·ci·fy** ['spesɪfaɪ] genau beschreiben *od.* angeben *od.* festlegen

spe·ci·men ['spesɪmən] Exemplar *n*; Probe *f*, Muster *n*

speck [spek] kleiner Fleck, (*Staub*)Korn *n*; Punkt *m* (***on the horizon*** am Horizont); ⚠ *nicht* ***Speck***

speck·led ['spekld] gefleckt, gesprenkelt

spec·ta·cle ['spektəkl] Schauspiel *n*; Anblick *m*; ⚠ *nicht der* ***Spektakel***; (***a pair of***) ***~s*** *pl.* (e-e) Brille

spec·tac·u·lar [spek'tækjʊlə] **1.** spektakulär; **2.** große (*Fernseh- etc.*)Show

spec·ta·tor [spek'teɪtə] Zuschauer(in)

spec|·tral ['spektrəl] geisterhaft, gespenstisch; **~·tre** *Brt.*, **~·ter** *Am.* ['spektə] (*fig. a. Schreck*)Gespenst *n*

spec·u|·late ['spekjʊleɪt] spekulieren, Vermutungen anstellen (***about, on*** über *acc.*); *econ.* spekulieren (***in*** mit); **~·la·tion** [spekjʊ'leɪʃn] Spekulation *f* (*a. econ.*), Vermutung *f*; **~·la·tive** ['spekjʊlətɪv] spekulativ, *econ. a.* Spekulations...; **~·la·tor** ['spekjʊleɪtə] *econ.* Spekulant(in)

sped [sped] *pret. u. p.p. von* ***speed*** 2

speech [spiːtʃ] Sprache *f* (*Sprechvermögen, Ausdrucksweise*); Rede *f*, Ansprache *f*; ***make a ~*** e-e Rede halten; **'~ day** *Brt. Schule*: (Jahres)Schlussfeier *f*; **'~·less** sprachlos (***with*** vor *dat.*)

speed [spiːd] **1.** Geschwindigkeit *f*, Tempo *n*, Schnelligkeit *f*; *tech.* Drehzahl *f*; *phot.* Lichtempfindlichkeit *f*; *sl.* Speed *n* (*Aufputschmittel*); *mot. etc.* Gang *m*; ***five-~ gearbox*** Fünfganggetriebe *n*; ***at a ~ of*** mit e-r Geschwindigkeit von; ***at full*** *od.* ***top ~*** mit Höchstgeschwindigkeit; **2.** (***sped***) *v/i.* rasen; ***be ~ing*** *mot.* zu schnell fahren; ***~ up*** (*pret. u. p.p.* ***speeded***) beschleunigen, schneller werden; *v/t.* rasch bringen *od.* befördern; ***~ up*** (*pret. u. p.p.* ***speeded***) beschleunigen; **'~·boat** Rennboot *n*; **'~·ing** *mot.* zu schnelles Fahren, Geschwindigkeitsüberschreitung *f*; **'~ lim·it** *mot.* Geschwindigkeitsbegrenzung *f*, Tempolimit *n*

spee·do *Brt. mot.* F ['spiːdəʊ] (*pl.* ***-dos***) Tacho *m*

speed·om·e·ter *mot.* [spɪ'dɒmɪtə] Tachometer *m, n*

'speed trap *mot.* Radarfalle *f*

'speed·y (***-ier, -iest***) schnell, (*Antwort etc. a.*) prompt

spell¹ [spel] (***spelt*** *od. bsd. Am.* ***spelled***) *a.* ***~ out*** buchstabieren; (*orthographisch* richtig) schreiben

spell² [spel] Weile *f*; (*Husten- etc.*)Anfall *m*; ***for a ~*** e-e Zeitlang; ***a ~ of fine weather*** e-e Schönwetterperiode; ***hot ~*** Hitzewelle *f*

spell³ [spel] Zauber(spruch) *m*; *fig.* Zauber *m*; **'~·bound** wie gebannt

'spell|·er *Computer*: Speller *m*, Rechtschreibsystem *n*; ***be a good*** (***bad***) ***~*** in Rechtschreibung gut (schlecht) sein; **'~·ing** Buchstabieren *n*; Rechtschreibung *f*; Schreibung *f*, Schreibweise *f*; **'~·ing mis·take** (Recht)Schreibfehler *m*

spelt [spelt] *pret. u. p.p. von* ***spell¹***

spend [spend] (***spent***) *Geld* ausgeben (***on*** für); *Urlaub, Zeit* verbringen; ⚠ *nicht* ***spenden***; **'~·ing** Ausgaben *pl.*; **'~·thrift** Verschwender(in)

S

spent [spent] **1.** *pret. u. p.p. von* **spend**; **2.** *adj.* verbraucht
sperm [spɜːm] Sperma *n*, Samen *m*
SPF [es piː 'ef] *Abk. für* ***Sun Protection Factor*** Sonnenschutzfaktor *m*
sphere [sfɪə] Kugel *f*; *fig.* (*Einfluss- etc.*)Sphäre *f*, (-)Bereich *m*, Gebiet *n*; **spher·i·cal** ['sferɪkl] kugelförmig
spice [spaɪs] **1.** Gewürz *n*; *fig.* Würze *f*; **2.** würzen
spick-and-span [spɪkən'spæn] blitzsauber
spic·y ['spaɪsɪ] (**-*ier*, -*iest***) gut gewürzt, würzig; *fig.* pikant
spi·der *zo.* ['spaɪdə] Spinne *f*
spike [spaɪk] **1.** Spitze *f*; Dorn *m*; Stachel *m*; *Sport*: Spike *m*, Dorn *m*; **~*s*** *pl.* Spikes *pl.*, Rennschuhe *pl.*; **2.** aufspießen
spill [spɪl] **1.** (***spilt*** *od. bsd. Am.* ***spilled***) *v/t.* aus-, verschütten; ***~ the beans*** F alles ausplaudern, singen; → ***milk*** 1; *v/i.* strömen (***out of*** aus) (*Menschen*); ***~ over*** überlaufen; *fig.* übergreifen (***into*** auf *acc.*); **2.** F Sturz *m* (*vom Pferd, Rad etc.*)
spilt [spɪlt] *pret. u. p.p. von* ***spill*** 1
spin [spɪn] **1.** (***-nn-***; ***spun***) *v/t.* drehen; *Wäsche* schleudern; *Münze* hochwerfen; *Fäden, Wolle etc.* spinnen; ***~ out*** *Arbeit etc.* in die Länge ziehen; *Geld etc.* strecken; *v/i.* sich drehen; spinnen; ***my head was ~ning*** mir drehte sich alles; ***~ along*** *mot.* F dahinrasen; ***~ round*** herumwirbeln; **2.** (schnelle) Drehung; *Sport*: Effet *m*; Schleudern *n* (*Wäsche*); *aviat.* Trudeln *n*; ***be in a (flat) ~*** *bsd. Brt.* F am Rotieren sein; ***go for a ~*** *mot.* F e-e Spritztour machen
spin·ach *bot.* ['spɪnɪdʒ] Spinat *m*
spin·al *anat.* ['spaɪnl] Rückgrat...; **~ 'col·umn** Wirbelsäule *f*, Rückgrat *n*; **~ 'cord, ~ 'mar·row** Rückenmark *n*
spin·dle ['spɪndl] Spindel *f*
spin|-'dri·er (Wäsche)Schleuder *f*; **~-'dry** *Wäsche* schleudern; **~-'dry·er** → ***spin-drier***
spine [spaɪn] *anat.* Wirbelsäule *f*, Rückgrat *n*; *zo.* Stachel *m*, *bot. a.* Dorn *m*; (*Buch*)Rücken *m*
'spin·ning| mill Spinnerei *f*; **'~ top** Kreisel *m*; **'~ wheel** Spinnrad *n*
spin·ster ['spɪnstə] ältere unverheiratete Frau, *contp.* alte Jungfer, spätes Mädchen
spin·y ['spaɪnɪ] (**-*ier*, -*iest***) *zo.* stach(e)lig, *bot. a.* dornig
spi·ral ['spaɪərəl] **1.** spiralenförmig, spiralig, Spiral...; **2.** (*a. econ. Preis- etc.*)Spirale *f*; **~ 'stair·case** Wendeltreppe *f*
spire ['spaɪə] (*Kirch*)Turmspitze *f*
spir·it ['spɪrɪt] Geist *m*; Stimmung *f*, Einstellung *f*; Schwung *m*, Elan *m*; *chem.* Spiritus *m*; *mst* **~*s*** *pl.* Spirituosen *pl.*; **'~·ed** energisch, beherzt; erregt (*Auseinandersetzung*); feurig (*Pferd etc.*); **'~·less** temperamentlos; mutlos
spir·its ['spɪrɪts] *pl.* Laune *f*, Stimmung *f*; ***be in high ~*** in Hochstimmung sein; ausgelassen *od.* übermütig sein; ***be in low ~*** niedergeschlagen sein
spir·i·tu·al ['spɪrɪtʃʊəl] **1.** geistig; geistlich; **2.** *mus.* Spiritual *n*
spit[1] [spɪt] **1.** (***-tt-***; ***spat*** *od. bsd. Am.* ***spit***) spucken; knistern (*Feuer*), brutzeln (*Fleisch etc.*); *a.* ***~ out*** ausspucken; ***~ at s.o.*** j-n anspucken; ***it is ~ting (with rain)*** es sprüht; **2.** Spucke *f*
spit[2] [spɪt] (Brat)Spieß *m*; *geogr.* Landzunge *f*
spite [spaɪt] **1.** Bosheit *f*, Gehässigkeit *f*; ***out of*** *od.* ***from pure ~*** aus reiner Bosheit; ***in ~ of*** trotz; **2.** *j-n* ärgern; **'~·ful** boshaft, gehässig
spit·ting 'im·age Ebenbild *n*; ***she is the ~ of her mother*** sie ist ganz die Mutter, sie ist ihrer Mutter wie aus dem Gesicht geschnitten
spit·tle ['spɪtl] Speichel *m*, Spucke *f*
splash [splæʃ] **1.** (be)spritzen; klatschen (*Regen*); plan(t)schen; platschen; ***~ down*** wassern (*Raumkapsel*); **2.** Klatschen *n*, Platschen *n*; Spritzer *m*, Spritzfleck *m*; *bsd. Brt.* Spritzer *m*, Schuss *m* (*Soda etc.*); **'~·down** Wasserung *f* (*e-r Raumkapsel*)
splay [spleɪ] *a.* ***~ out*** *Finger, Zehen* spreizen
spleen *anat.* [spliːn] Milz *f*
splen|·did ['splendɪd] großartig, herrlich, prächtig; **'~·do(u)r** Pracht *f*
splice [splaɪs] miteinander verbinden, *Film etc.* (zusammen)kleben
splint *med.* [splɪnt] Schiene *f*; ***put in a ~, put in ~s*** schienen
splin·ter ['splɪntə] **1.** Splitter *m*; **2.** (zer)splittern; ***~ off*** absplittern; *fig.* sich abspalten (***from*** von)

split [splɪt] **1.** (**-tt-**; ***split***) *v/t.* (zer)spalten; zerreißen; *a.* ~ ***up*** aufteilen (***between*** unter *acc.*; ***into*** in *acc.*); sich *et.* teilen; ~ ***hairs*** Haarspalterei treiben; ~ ***one's sides*** F sich vor Lachen biegen; *v/i.* sich spalten; zerreißen; sich teilen (***into*** in *acc.*); *a.* ~ ***up*** (***with***) Schluss machen (mit), sich trennen (von); **2.** Riss *m*; Spalt *m*; Aufteilung *f*; *fig.* Bruch *m*; *fig.* Spaltung *f*; '**~·ting** heftig, rasend (*Kopfschmerzen*)
splut·ter ['splʌtə] stottern (*a. mot.*); zischen (*Feuer etc.*)
spoil [spɔɪl] **1.** (***spoilt*** *od.* ***spoiled***) *v/t.* verderben; ruinieren; *j-n* verwöhnen, *Kind a.* verziehen; *v/i.* verderben, schlecht werden; **2.** *mst* ~***s*** *pl.* Beute *f*
'**spoil·er** *mot.* Spoiler *m*
'**spoil·sport** F Spielverderber(in)
spoilt [spɔɪlt] *pret. u. p.p. von* ***spoil*** 1
spoke[1] [spəʊk] *pret. von* ***speak***
spoke[2] [spəʊk] Speiche *f*
spok·en ['spəʊkən] *p.p. von* ***speak***
spokes|·man ['spəʊksmən] (*pl.* ***-men***) Sprecher *m*; '**~·wom·an** (*pl.* ***-women***) Sprecherin *f*
sponge [spʌndʒ] **1.** Schwamm *m*; *fig.* Schmarotzer(in), Schnorrer(in); *Brt.* → ***sponge cake***; **2.** *v/t. a.* ~ ***down*** (mit e-m Schwamm) abwaschen; ~ ***off*** weg-, abwischen; ~ (***up***) aufsaugen, -wischen (***from*** von); *fig.* F schnorren (***from, off, on*** von, bei); *v/i. fig.* F schnorren (***from, off, on*** bei); '**~ cake** Biskuitkuchen *m*; '**spong·er** *fig.* Schmarotzer(in), Schnorrer(in); '**spong·y** (***-ier, -iest***) schwammig; weich
spon·sor ['spɒnsə] **1.** Bürg|e *m*, -in *f*; Sponsor(in) (*a. Rundfunk, TV*), Geldgeber(in); Spender(in); **2.** bürgen für; sponsern
spon·ta·ne·ous [spɒn'teɪnjəs] spontan
spook F [spuːk] Geist *m*; '**~·y** (***-ier, -iest***) F unheimlich
spool [spuːl] Spule *f*; ~ ***of thread*** *Am.* Garnrolle *f*
spoon [spuːn] **1.** Löffel *m*; **2.** löffeln; '**~·feed** (***-fed***) *Kind etc.* füttern; '**~·ful** (*ein*) Löffel (voll)
spo·rad·ic [spə'rædɪk] (~***ally***) sporadisch, gelegentlich
spore *bot.* [spɔː] Spore *f*
sport [spɔːt] **1.** Sport(art *f*) *m*; F feiner Kerl; ~***s*** *pl.* Sport *m*; **2.** protzen mit; herumlaufen mit
sports [spɔːts] Sport...; '**~ car** Sportwagen *m*; '**~ cen·tre** (*Am.* **cen·ter**) Sportzentrum *n*; '**~·man** (*pl.* ***-men***) Sportler *m*; '**~·wear** Sportkleidung *f*; '**~·wom·an** (*pl.* ***-women***) Sportlerin *f*
spot [spɒt] **1.** Punkt *m*, Tupfen *m*; Fleck *m*; *med.* Pickel *m*; Ort *m*, Platz *m*, Stelle *f*; *Rundfunk, TV*: (Werbe)Spot *m*; F Spot *m* (*Spotlight*); ***a*** ~ ***of*** *Brt.* F ein bisschen; ***on the*** ~ auf der Stelle, sofort; zur Stelle; an Ort u. Stelle, vor Ort; auf der Stelle (*laufen*); ***be in a*** ~ F in Schwulitäten sein; ***soft*** ~ *fig.* Schwäche *f* (***for*** für); ***tender*** ~ empfindliche Stelle; ***weak*** ~ schwacher Punkt; Schwäche *f*; **2.** (**-tt-**) entdecken, sehen; ~ '**check** Stichprobe *f*; '**~·less** tadellos sauber; *fig.* untad(e)lig; '**~·light** Spotlight *n*, Scheinwerfer(licht *n*) *m*; '**~·ted** getüpfelt; fleckig; '**~·ter** Beobachter *m*; '**~·ty** (***-ier, -iest***) pick(e)lig
spouse [spaʊz] Gatt|e *m*, -in *f*, Gemahl(in)
spout [spaʊt] **1.** *v/t. Wasser etc.* (heraus)spritzen; *v/i.* spritzen (***from*** aus); **2.** Schnauze *f*, Tülle *f*; (*Wasser- etc.*) Strahl *m*
sprain *med.* [spreɪn] **1.** sich *et.* verstauchen; **2.** Verstauchung *f*
sprang [spræŋ] *pret. von* ***spring*** 1
sprat *zo.* [spræt] Sprotte *f*
sprawl [sprɔːl] ausgestreckt liegen *od.* sitzen (*a.* ~ ***out***); sich ausbreiten
spray [spreɪ] **1.** (be)sprühen; spritzen; sich *die Haare* sprayen; *Parfüm etc.* versprühen, zerstäuben; **2.** Sprühnebel *m*; Gischt *m*, *f*; Spray *m*, *n*; → ***sprayer***; '**~ can** → '**~·er** Sprüh-, Spraydose *f*, Zerstäuber *m*
spread [spred] **1.** (***spread***) *v/t.* ausbreiten, *Arme a.* ausstrecken, *Finger etc.* spreizen (*alle a.* ~ ***out***); *Furcht, Krankheit, Nachricht etc.* verbreiten, *Gerücht a.* ausstreuen; *Butter etc.* streichen (***on*** auf *acc.*); *Brot etc.* (be)streichen (***with*** mit); *v/i.* sich ausbreiten (*a.* ~ ***out***); sich erstrecken (***over*** über *acc.*); sich verbreiten, übergreifen (***to*** auf *acc.*); sich streichen lassen (*Butter etc.*); **2.** Aus-, Verbreitung *f*; Ausdehnung *f*; Spannweite *f*; (*Brot*)Aufstrich *m*; '**~·sheet**

Computer: Tabellenkalkulation(sprogramm *n*) *f*

spree F [spriː]: ***go*** (***out***) ***on a*** ~ e-e Sauftour machen; ***go on a buying*** (*od.* ***shopping, spending***) ~ wie verrückt einkaufen

sprig *bot.* [sprɪg] kleiner Zweig

spright·ly ['spraɪtlɪ] (***-ier, -iest***) lebhaft; rüstig (*ältere Person*)

spring [sprɪŋ] **1.** (***sprang*** *od. Am.* ***sprung, sprung***) *v/i.* springen; ~ ***from*** herrühren von; ~ ***up*** aufkommen (*Wind*); aus dem Boden schießen (*Gebäude etc.*); *v/t.* ~ ***a leak*** ein Leck bekommen; ~ ***a surprise on s.o.*** j-n überraschen; **2.** Frühling *m*, Frühjahr *n*; Quelle *f*; *tech.* Feder *f*; Elastizität *f*; Federung *f*; Sprung *m*, Satz *m*; ***in*** (***the***) ~ im Frühling; '**~·board** Sprungbrett *n*; **~-'clean** gründlich putzen, Frühjahrsputz machen (in *dat.*); '**~-clean** *Brt.*, '**~-clean·ing** *Am.* gründlicher Hausputz, Frühjahrsputz *m*; ~ '**tide** Springflut *f*; '**~·time** Frühling(szeit *f*) *m*, Frühjahr *n*; **~·y** ['sprɪŋɪ] (***-ier, -iest***) elastisch, federnd

sprin|·kle ['sprɪŋkl] **1.** *Wasser etc.* sprengen (***on*** auf *acc.*); *Salz etc.* streuen (***on*** auf *acc.*); *et.* (be)sprengen *od.* bestreuen (***with*** mit); ***it is sprinkling*** es sprüht (*regnet fein*); **2.** Sprühregen *m*; (Be)Sprengen *n*; (Be)Streuen *n*; '**~·kler** (*Rasen*)Sprenger *m*; Sprinkler *m*, Berieselungsanlage *f*; '**~·kling:** ***a*** ~ ***of*** ein bisschen, ein paar

sprint [sprɪnt] *Sport* **1.** sprinten; spurten; **2.** Sprint *m*; Spurt *m*; '**~·er** *Sport*: Sprinter(in)

sprite [spraɪt] Kobold *m*

sprout [spraʊt] **1.** sprießen, keimen; wachsen lassen; **2.** *bot.* Spross *m*; (***Brussels***) **~s** *pl. bot.* Rosenkohl *m*

spruce[1] [spruːs] Fichte *f*; Rottanne *f*

spruce[2] [spruːs] adrett

sprung [sprʌŋ] *pret. u. p.p. von* ***spring*** 1

spry [spraɪ] rüstig, lebhaft (*ältere Person*)

spun [spʌn] *pret. u. p.p. von* ***spin*** 1

spur [spɜː] **1.** Sporn *m* (*a. zo.*); *fig.* Ansporn *m* (***to*** zu); ⚠ *nicht* ***Spur; on the*** ~ ***of the moment*** spontan; **2.** (***-rr-***) *e-m Pferd* die Sporen geben; *oft* ~ ***on*** *fig.* anspornen (***to*** zu)

spurt[1] [spɜːt] **1.** spurten, sprinten; **2.** plötzliche Aktivität, (*Arbeits*)Anfall *m*; Spurt *m*, Sprint *m*

spurt[2] [spɜːt] **1.** spritzen (***from*** aus); **2.** (*Wasser- etc.*)Strahl *m*

sput·ter ['spʌtə] stottern (*a. mot.*); zischen (*Feuer etc.*)

spy [spaɪ] **1.** Spion(in); **2.** spionieren, Spionage treiben (***for*** für); ~ ***into*** *fig.* herumspionieren in (*dat.*); ~ ***on*** *j-m* nachspionieren; '**~·hole** (Tür)Spion *m*

Sq *nur geschr. Abk. für* ***Square*** Pl., Platz *m*

sq *nur geschr. Abk. für* ***square*** Quadrat...

squab·ble ['skwɒbl] (sich) streiten (***about, over*** um, wegen)

squad [skwɒd] Mannschaft *f*, Trupp *m*; (*Überfall- etc.*)Kommando *n* (*der Polizei*); Dezernat *n*; '~ **car** *bsd. Am.* (Funk)Streifenwagen *m*

squad·ron ['skwɒdrən] *mil.*, *aviat.* Staffel *f*; *naut.* Geschwader *n*

squal·id ['skwɒlɪd] schmutzig, verwahrlost, -kommen, armselig

squall [skwɔːl] Bö *f*

squan·der ['skwɒndə] *Geld, Zeit etc.* verschwenden, *Chance* vertun

square [skweə] **1.** Quadrat *n*; Viereck *n*; *öffentlicher* Platz; *math.* Quadrat(zahl *f*) *n*; Feld *n* (*e-s Brettspiels*); *tech.* Winkel(maß *n*) *m*; **2.** quadratisch, Quadrat...; viereckig; rechtwink(e)lig; eckig (*Schultern etc.*); fair, gerecht; ***be*** (***all***) ~ quitt sein; **3.** quadratisch *od.* rechtwink(e)lig machen (*a.* ~ ***off*** *od.* ***up***); in Quadrate einteilen (*a.* ~ ***off***); *math. Zahl* ins Quadrat erheben; *Schultern* straffen; *Konto* ausgleichen; *Schulden* begleichen; *fig.* in Einklang bringen *od.* stehen (***with*** mit); ~ ***up*** *v/i.* F abrechnen; ~ ***up to*** sich *j-m, e-m Problem etc.* stellen; **~d** '**pa·per** kariertes Papier; ~ '**root** *math.* Quadratwurzel *f*

squash[1] [skwɒʃ] **1.** zerdrücken, -quetschen; quetschen, zwängen (***into*** in *acc.*); ~ ***flat*** flach drücken, F platt walzen; **2.** Gedränge *n*; *Sport*: Squash *n*; ***lemon*** *od.* ***orange*** ~ *Brt. Getränk aus Zitronen- od. Orangenkonzentrat u. Wasser*

squash[2] *bsd. Am. bot.* [skwɒʃ] Kürbis *m*

squat [skwɒt] **1.** (***-tt-***) hocken, kauern; *leer stehendes Haus* besetzen; ~ ***down*** sich (hin)hocken *od.* (-)kauern; **2.** ge-

drungen, untersetzt; **'~ter** Hausbesetzer(in)
squaw [skwɔː] Squaw *f* (*Indianerfrau*)
squawk [skwɔːk] kreischen, schreien; F lautstark protestieren (***about*** gegen)
squeak [skwiːk] **1.** piep(s)en (*Maus etc.*); quietschen (*Tür etc.*); **2.** Piep(s)en *n*; Piep(s) *m*, Piepser *m*; Quietschen *n*; **'~y** (***-ier, -iest***) piepsig (*Stimme etc.*); quietschend (*Tür etc.*)
squeal [skwiːl] **1.** kreischen (***with*** vor *dat.*); ***~ on s.o.*** *fig. sl.* j-n verpfeifen; **2.** Kreischen *n*; Schrei *m*
squeam·ish ['skwiːmɪʃ] empfindlich, zart besaitet
squeeze [skwiːz] **1.** drücken; auspressen, -quetschen; (sich) quetschen *od.* zwängen (***into*** in *acc.*); **2.** Druck *m*; Spritzer *m* (*Zitrone etc.*); Gedränge *n*; **'squeez·er** (Frucht)Presse *f*
squid *zo.* [skwɪd] (*pl.* ***squid, squids***) Tintenfisch *m*
squint [skwɪnt] schielen; blinzeln
squirm [skwɜːm] sich winden
squir·rel *zo.* ['skwɪrəl] Eichhörnchen *n*
squirt [skwɜːt] **1.** (be)spritzen; **2.** Strahl *m*
Sr → ***Snr***
SS ['es es] *Abk. für* ***steamship*** Dampfer *m*, Dampfschiff *n*
St *nur geschr. Abk. für*: ***Saint ...*** St. ..., Sankt ...; ***Street*** St., Straße *f*
st *nur geschr. Abk. für* ***stone*** *Brt.* (*Gewichtseinheit = 6,35 kg*)
Sta *nur geschr. Abk. für* ***Station*** B(h)f., Bahnhof *m* (*bsd. auf Karten*)
stab [stæb] **1.** (***-bb-***) *v/t.* niederstechen; ***be ~bed in the arm*** e-n Stich in den Arm bekommen; *v/i.* stechen (***at*** nach); **2.** Stich *m*; ⚠ *nicht* ***Stab***
sta·bil|·i·ty [stə'bɪlətɪ] Stabilität *f*; *fig.* Dauerhaftigkeit *f*; *fig.* Ausgeglichenheit *f*; **~·ize** ['steɪbəlaɪz] (sich) stabilisieren
sta·ble¹ ['steɪbl] stabil; *fig.* dauerhaft; *fig.* ausgeglichen (*Person*)
sta·ble² ['steɪbl] Stall *m*
stack [stæk] **1.** Stapel *m*, Stoß *m*; ***~s of, a ~ of*** F jede Menge *Arbeit etc.*; → ***haystack***; **2.** stapeln; vollstapeln (***with*** mit); ***~ up*** aufstapeln
sta·di·um ['steɪdjəm] (*pl.* ***-diums, -dia*** [-djə]) *Sport*: Stadion *n*
staff [stɑːf] **1.** Stab *m*; Mitarbeiter(stab *m*) *pl.*; Personal *n*, Belegschaft *f*; Lehrkörper *m*; *mil.* Stab *m*; **2.** besetzen (***with*** mit); **'~ room** Lehrerzimmer *n*
stag *zo.* [stæg] (*pl.* ***stags, stag***) Hirsch *m*
stage [steɪdʒ] **1.** *thea.* Bühne *f* (*a. fig.*); Etappe *f* (*a. fig.*), (Reise)Abschnitt *m*; Teilstrecke *f*, Fahrzone *f* (*Bus etc.*); Stufe *f*, Stadium *n*, Phase *f*; *tech.* Stufe *f* (*e-r Rakete*); **2.** *thea.* inszenieren; veranstalten; **'~·coach** *hist.* Postkutsche *f*; **'~ di·rec·tion** Regieanweisung *f*; **'~ fright** Lampenfieber *n*; **'~ man·ag·er** Inspizient *m*
stag·ger ['stægə] **1.** *v/i.* (sch)wanken, taumeln, torkeln; *v/t. j-n* sprachlos machen, umwerfen; *Arbeitszeit etc.* staffeln; **2.** (Sch)Wanken *n*, Taumeln *n*
stag|·nant ['stægnənt] stehend (*Gewässer*); *bsd. econ.* stagnierend; **~·nate** *bsd. econ.* [stæg'neɪt] stagnieren
stain [steɪn] **1.** *v/t.* beflecken; (ein)färben; *Holz* beizen; *Glas* bemalen; *v/i.* Flecken bekommen, schmutzen; **2.** Fleck *m*; Färbemittel *n*; (*Holz*)Beize *f*; *fig.* Makel *m*; **~ed 'glass** Bunt-, Farbglas *n*; **'~·less** nicht rostend, rostfrei (*Stahl*)
stair [steə] (Treppen)Stufe *f*; ***~s*** *pl.* Treppe *f*; **'~·case**, **'~·way** Treppe *f*; Treppenhaus *n*
stake¹ [steɪk] **1.** Pfahl *m*, Pfosten *m*; *hist.* Marterpfahl *m*; **2.** ***~ off, ~ out*** abstecken
stake² [steɪk] **1.** Anteil *m*, Beteiligung *f* (***in*** an *dat.*) (*a. econ.*); (Wett- *etc.*)Einsatz *m*; ***be at ~*** *fig.* auf dem Spiel stehen; **2.** *Geld etc.* setzen (***on*** auf *acc.*); *Ruf etc.* riskieren, aufs Spiel setzen
stale [steɪl] (***~r, ~st***) alt(backen) (*Brot etc.*); schal, abgestanden (*Bier etc.*); abgestanden, verbraucht (*Luft etc.*)
stalk¹ *bot.* [stɔːk] Stengel *m*, Stiel *m*, Halm *m*
stalk² [stɔːk] *v/t.* sich heranpirschen an (*acc.*); verfolgen, hinter *j-m*, *et.* herschleichen; *v/i.* stolzieren; staksen, steif(beinig) gehen
stall¹ [stɔːl] **1.** (*Obst- etc.*)Stand *m*, (*Markt*)Bude *f*; Box *f* (*im Stall*); ⚠ *nicht* ***Stall***; ***~s*** *pl. rel.* Chorgestühl *n*; *Brt. thea.* Parkett *n*; **2.** *v/t. Motor* abwürgen; *v/i.* absterben (*Motor*)
stall² [stɔːl] *v/i.* Ausflüchte machen; Zeit schinden; *v/t. j-n* hinhalten; *et.* hinauszögern

stal·li·on *zo.* ['stæljən] (Zucht)Hengst *m*
stal·wart ['stɔːlwət] kräftig, robust; *bsd. pol.* treu (*Anhänger*)
stam·i·na ['stæmɪnə] Ausdauer *f*; Durchhaltevermögen *n*, Kondition *f*
stam·mer ['stæmə] **1.** stottern, stammeln; **2.** Stottern *n*
stamp [stæmp] **1.** *v/i.* sta(m)pfen, trampeln; *v/t. Pass etc.* (ab)stempeln; *Datum etc.* aufstempeln (**on** auf *acc.*); *Brief etc.* frankieren; *fig. j-n* abstempeln (***as*** als, zu); *~ **one's foot*** aufstampfen; *~ **out*** *Feuer* austreten; *tech.* ausstanzen; **2.** (Brief)Marke *f*; (*Steuer- etc.*)Marke *f*; Stempel *m*; ***~ed (addressed) envelope*** Freiumschlag *m*
stam·pede [stæm'piːd] **1.** wilde Flucht (*von Tieren*); wilder Ansturm, Massenansturm *m* (**for** auf acc.); **2.** *v/i.* durchgehen; *v/t.* in Panik versetzen
stanch *Am.* [stɑːntʃ] → ***staunch²***
stand [stænd] **1.** (***stood***) *v/i.* stehen; aufstehen; *fig. fest- etc.* bleiben; *~ **still*** stillstehen; *v/t.* stellen (**on** auf *acc.*); aushalten, ertragen; *e-r Prüfung etc.* standhalten; *Probe* bestehen; *Chance* haben; *Drink etc.* spendieren; ***I can't ~ him*** (*od.* ***it***) ich kann ihn (*od.* das) nicht ausstehen *od.* leiden; *~ **around*** herumstehen; *~ **back*** zurücktreten; *~ **by*** danebenstehen; *fig.* zu *j-m* halten; zu *et.* stehen; *~ **idly by*** tatenlos zusehen; *~ **down*** *jur.* den Zeugenstand verlassen; verzichten; zurücktreten; *~ **for*** stehen für, bedeuten; sich *et.* gefallen lassen, dulden; *bsd. Brt.* kandidieren für; *~ **in*** einspringen (***for*** für); *~ **in for s.o.*** *a.* j-n vertreten; *~ **on*** (*fig.* be)stehen auf (*dat.*); *~ **out*** hervorstechen; sich abheben (***against*** gegen, von); *~ **over*** überwachen, aufpassen auf (*acc.*); *~ **together*** zusammenhalten, -stehen; *~ **up*** aufstehen, sich erheben; *~ **up for*** eintreten *od.* sich einsetzen für; *~ **up to*** *j-m* mutig gegenübertreten, *j-m* die Stirn bieten; **2.** (*Obst-, Messe- etc.*)Stand *m*; (*Schirm-, Noten- etc.*)Ständer *m*; *Sport etc.*: Tribüne *f*; (*Taxi*)Stand(platz) *m*; *Am. jur.* Zeugenstand *m*; ***take a ~*** *fig.* Position beziehen (**on** zu)
stan·dard¹ ['stændəd] **1.** Norm *f*, Maßstab *m*; Standard *m*, Niveau *n*; *~ **of living, living ~*** Lebensstandard *m*; **2.** normal, Normal...; durchschnittlich, Durchschnitts...; Standard...
stan·dard² ['stændəd] Standarte *f*, (*an Wagen*) Stander *m*; *hist.* Banner *n*
stan·dard·ize ['stændədaɪz] vereinheitlichen, *bsd. tech.* standardisieren, normen
'stan·dard lamp *Brt.* Stehlampe *f*
'stand|·by **1.** (*pl.* ***-bys***) Reserve *f*; *aviat.* Stand-by *n*; ***be on ~*** in Bereitschaft stehen; **2.** Reserve..., Not...; *aviat.* Stand-by...; **'~-in** *Film, TV*: Double *n*; Ersatzmann *m*; Vertreter(in)
stand·ing ['stændɪŋ] **1.** stehend; *fig.* ständig; → ***ovation***; **2.** Rang *m*, Stellung *f*; Ansehen *n*, Ruf *m*; Dauer *f*; ***of long ~*** alt, seit langem bestehend; **~ 'or·der** *econ.* Dauerauftrag *m*; **'~ room:** *~ **only*** nur noch Stehplätze
stand|·off·ish F [stænd'ɒfɪʃ] (sehr) ablehnend, hochnäsig; **'~·point** *fig.* Standpunkt *m*; **'~·still** Stillstand *m*; ***be at a ~*** stehen (*Auto etc.*); ruhen (*Produktion etc.*); ***bring to a ~*** *Auto etc.* zum Stehen bringen; *Produktion etc.* zum Erliegen bringen; **'~-up** Steh...; im Stehen (eingenommen) (*Mahlzeit*)
stank [stæŋk] *pret. von* ***stink*** 1
stan·za ['stænzə] Strophe *f*
sta·ple¹ ['steɪpl] **1.** Hauptnahrungsmittel *n*; Haupterzeugnis *n* (*e-s Landes*); **2.** Haupt...; üblich
sta·ple² ['steɪpl] **1.** Heftklammer *f*; Krampe *f*; **2.** heften; ⚠ *nicht* ***stapeln***; **'~r** (Draht)Hefter *m*
star [stɑː] **1.** Stern *m*; *print.* Sternchen *n*; *thea., Film, Sport*: Star *m*; ⚠ *nicht zo.* ***Star***; **2.** (***-rr-***) **1.** *v/t.* mit e-m Sternchen kennzeichnen; ***~ring ...*** in der Hauptrolle *od.* den Hauptrollen ...; ***a film ~ring ...*** ein Film mit ... in der Hauptrolle *od.* den Hauptrollen; *v/i.* die *od.* e-e Hauptrolle spielen (***in*** in *dat.*)
star·board ['stɑːbəd] Steuerbord *n*
starch [stɑːtʃ] **1.** (*Kartoffel- etc.*)Stärke *f*; stärkereiches Nahrungsmittel; (*Wäsche*)Stärke *f*; **2.** *Wäsche* stärken
stare [steə] **1.** starren; *~ **at*** *j-n* anstarren; **2.** (starrer) Blick, Starren *n*
stark [stɑːk] **1.** *adj.* nackt (*Tatsachen etc.*); ⚠ *nicht* ***stark***; ***be in ~ contrast to*** in krassem Gegensatz stehen zu; **2.** *adv.* F: *~ **naked*** splitternackt; *~ **raving mad**, ~ **staring mad*** total verrückt
'star·light Sternenlicht *n*

S

star·ling *zo.* ['stɑːlɪŋ] Star *m*
star·lit ['stɑːlɪt] stern(en)klar
star·ry ['stɑːrɪ] (**-ier, -iest**) Stern(en)...; **~-'eyed** F blauäugig, naiv
Stars and 'Stripes *das* Sternenbanner (*Staatsflagge der USA*)
Star-Span·gled Ban·ner [stɑː-spæŋgld 'bænə] *die* Nationalhymne (*der USA*)
start [stɑːt] **1.** *v/i.* anfangen, beginnen (*a.* **~ off**); aufbrechen (**for** nach) (*a.* **~ off, ~ out**); abfahren (*Bus, Zug*), ablegen (*Boot*), *aviat.* abfliegen, starten; anspringen (*Motor*), anlaufen (*Maschine*); *Sport*: starten; zusammenfahren, -zucken (**at** bei); **to ~ with** anfangs, zunächst; erstens; **~ from scratch** ganz von vorn anfangen; *v/t.* anfangen, beginnen (*a.* **~ off**); in Gang setzen *od.* bringen, *Motor etc. a.* anlassen, starten; **2.** Anfang *m*, Beginn *m*, (*bsd. Sport*) Start *m*; Aufbruch *m*; Auffahren *n*, -schrecken *n*; **at the ~** am Anfang; *Sport*: am Start; **for a ~** erstens; **from ~ to finish** von Anfang bis Ende; **'~·er** *Sport*: Starter(in); *mot.* Anlasser *m*, Starter *m*; *bsd. Brt.* F Vorspeise *f*; **for ~s** F zunächst einmal
start·le ['stɑːtl] erschrecken; überraschen, bestürzen
starv|·a·tion [stɑː'veɪʃn] Hungern *n*; **die of ~** verhungern; **~ diet** F Fasten-, Hungerkur *f*, Nulldiät *f*; **~e** [stɑːv] hungern (lassen); **~ (to death)** verhungern (lassen); **I'm starving!** *Brt.*, **I'm ~d!** *Am.* F ich komme um vor Hunger!
state [steɪt] **1.** Zustand *m*; Stand *m*, Lage *f*; *pol.* (Bundes-, Einzel)Staat *m*; *oft* ♀ *pol.* Staat *m*; **2.** staatlich, Staats...; **3.** angeben, nennen; erklären, *jur.* aussagen (**that** dass); festlegen, -setzen; **'♀ De·part·ment** *Am. pol.* Außenministerium *n*; **'~·ly** (**-ier, -iest**) gemessen, würdevoll; prächtig; **'~·ment** Statement *n*, Erklärung *f*; Angabe *f*; *jur.* Aussage *f*; *econ.* (*Bank-, Konto*)Auszug *m*; **make a ~** e-e Erklärung abgeben; **'~·room** *naut.* luxuriöse (Einzel)Kabine; **'~·side** *Am.* in den Staaten; nach den *od.* in die Staaten (zurück); **~s·man** *pol.* ['steɪtsmən] (*pl.* **-men**) Staatsmann *m*
stat·ic ['stætɪk] (**~ally**) statisch
sta·tion ['steɪʃn] **1.** (*a. Bus-, U-*)Bahnhof *m*, Station *f*; (*Forschungs-, Rettungs- etc.*)Station *f*; Tankstelle *f*; (*Feuer*)Wache *f*; (*Polizei*)Revier *n*; (*Wahl*)Lokal *n*; *Rundfunk, TV*: Sender *m*, Station *f*; **2.** aufstellen, postieren; *mil.* stationieren
sta·tion·a·ry ['steɪʃnərɪ] stehend
sta·tion·er ['steɪʃnə] Schreibwarenhändler(in); **'~'s (shop)** Schreibwarenhandlung *f*; **~·y** ['steɪʃnərɪ] Schreibwaren *pl.*; Briefpapier *n*
'sta·tion|·mas·ter *rail.* Bahnhofsvorsteher *m*; **'~ wag·on** *Am. mot.* Kombiwagen *m*
sta·tis·tics [stə'tɪstɪks] *pl.* Statistik(en *pl.*) *f*
stat·ue ['stætʃuː] Statue *f*, Standbild *n*
sta·tus ['steɪtəs] Status *m*, Rechtsstellung *f*; (*Familien*)Stand *m*; Stellung *f*, Rang *m*, Status *m*; **'~ line** *Computer*: Statuszeile *f*
stat·ute ['stætjuːt] Gesetz *n*; Statut *n*, Satzung *f*
staunch¹ [stɔːntʃ] treu, zuverlässig
staunch² [stɔːntʃ] *Blutung* stillen
stay [steɪ] **1.** bleiben (**with s.o.** bei j-m); wohnen (**at** in *dat.*; **with s.o.** bei j-m); ⚠ *nicht* **stehen**; **~ put** F sich nicht (vom Fleck) rühren; **~ away** wegbleiben, sich fernhalten (**from** von); **~ up** aufbleiben; **2.** Aufenthalt *m*; *jur.* Aussetzung *f*, Aufschub *m*
stead·fast ['stedfɑːst] treu, zuverlässig; fest, unverwandt (*Blick*)
stead·y ['stedɪ] **1.** *adj.* (**-ier, -iest**) fest; stabil; ruhig (*Hand*), gut (*Nerven*); gleichmäßig; **2.** (sich) beruhigen; **3.** *int. a.* **~ on!** *Brt.* F Vorsicht!; **4.** *adv. Am.*: **go ~ with s.o.** (fest) mit j-m gehen; **5.** *Am.* feste Freundin, fester Freund
steak [steɪk] Steak *n*; (*Fisch*)Filet *n*
steal [stiːl] (**stole, stolen**) stehlen (*a. fig.*); sich stehlen, (sich) schleichen (**out of** aus)
stealth [stelθ]: **by ~** → **'~·y** (**-ier, -iest**) heimlich, verstohlen
steam [stiːm] **1.** Dampf *m*; Dunst *m*; Dampf...; **let off ~** Dampf ablassen, *fig. a.* sich Luft machen; **2.** *v/i.* dampfen; **~ up** beschlagen (*Glas*); *v/t. gastr.* dünsten, dämpfen; **'~·boat** Dampfboot *n*, Dampfer *m*; **'~·er** Dampfer *m*, Dampfschiff *n*; Dampf-, Schnellkochtopf *m*; **'~·ship** Dampfer *m*, Dampfschiff *n*

S

steel [sti:l] **1.** Stahl *m*; **2.** ~ ***o.s. for*** sich wappnen gegen, sich gefasst machen auf (*acc.*); '**~·work·er** Stahlarbeiter *m*; '**~·works** *sg.* Stahlwerk *n*
steep¹ [sti:p] steil; stark (*Preisanstieg etc.*); F happig
steep² [sti:p] eintauchen (***in*** in *acc.*); *Wäsche*: (ein)weichen
stee·ple ['sti:pl] Kirchturm *m*; '**~·chase** *Pferdesport*: Hindernisrennen *n*; *Leichtathletik*: Hindernislauf *m*
steer¹ *zo.* [stıə] (junger) Ochse; ⚠ *nicht* ***Stier***
steer² [stıə] steuern, lenken; **~·ing col·umn** *mot.* ['stıərıŋkɒləm] Lenksäule *f*; **~·ing wheel** ['stıərıŋwi:l] *mot.* Lenk-, *a. naut.* Steuerrad *n*
stein [staın] Maßkrug *m*
stem [stem] **1.** *bot.* Stiel *m* (*a. e-s Glases*), Stengel *m*; *ling.* Stamm *m*; **2.** (**-mm**): ~ ***from*** stammen *od.* herrühren von
stench [stentʃ] Gestank *m*
sten·cil ['stensl] Schablone *f*; *print.* Matrize *f*
ste·nog·ra·pher *Am.* [ste'nɒgrəfə] Stenotypistin
step [step] **1.** Schritt *m* (*a. fig.*); Stufe *f*; Sprosse *f*; (***a pair of***) **~s** *pl.* (e-e) Tritt- *od.* Stufenleiter; ***mind the ~!*** Vorsicht, Stufe!; ~ ***by*** ~ Schritt für Schritt; ***take ~s*** Schritte *od.* et. unternehmen; **2.** (**-pp-**) gehen; treten (***in*** in *acc.*; ***on*** auf *acc.*); ~ ***on it***, ~ ***on the gas*** *mot.* F Gas geben, auf die Tube drücken; ~ ***aside*** zur Seite treten; *fig.* Platz machen; ~ ***down*** *fig.* Platz machen; ~ ***up*** *Produktion etc.* steigern
step... [step] Stief...
step-by-'step *fig.* schrittweise
'**step·fa·ther** Stiefvater *m*
'**step·lad·der** Tritt-, Stufenleiter *f*
'**step·moth·er** Stiefmutter *f*
steppes *geogr.* [steps] *pl.* Steppe *f*
step·ping-stone *fig.* ['stepıŋstəʊn] Sprungbrett *n* (***to*** für)
ster·e·o ['sterıəʊ] (*pl.* **-os**) Stereo *n*; Stereogerät *n*, -anlage *f*; Stereo...; '~ **sys·tem** *Am. mus.* Kompaktanlage *f*
ster·ile ['steraıl] steril, unfruchtbar; steril, keimfrei; *fig.* steril; **ste·ril·i·ty** [ste'rılətı] Sterilität *f* (*a. fig.*); Unfruchtbarkeit *f*; **ster·il·ize** ['sterəlaız] sterilisieren
ster·ling ['stɜ:lıŋ] das Pfund Sterling

stern¹ [stɜ:n] streng (*Person, Disziplin, Blick etc.*)
stern² *naut.* [stɜ:n] Heck *n*
stew [stju:] **1.** *Fleisch, Gemüse*: schmoren, *Obst*: dünsten; ***~ed apples*** Apfelkompott *n*; **2.** Eintopf *m*; ***be in a ~*** in heller Aufregung sein
stew·ard [stjʊəd] *naut., aviat., rail.* Steward *m*; Ordner *m*; **~·ess** *naut., aviat., rail.* ['stjʊədıs] Stewardess *f*
stick¹ [stık] trockener Zweig; Stock *m*; ([*Eis*]*Hockey*)Schläger *m*; (*Besen- etc.*)Stiel *m*; *aviat.* (*Steuer*)Knüppel *m*; Stück *n*, Stange *f* (*Sellerie etc.*), (*Lippen- etc.*)Stift *m*, Stäbchen *n*
stick² [stık] (***stuck***) *v/t.* mit *e-r Nadel etc.* stechen (***into*** in *acc.*); *et.* kleben (***on*** auf, an *acc.*); an-, festkleben (***with*** mit); stecken; F tun, stellen, setzen, legen; ***I can't ~ him*** (*od.* ***it***) *bsd. Brt.* F ich kann ihn (*od.* das) nicht ausstehen *od.* leiden; *v/i.* kleben; kleben bleiben (***to*** an *dat.*); stecken bleiben; ~ ***at nothing*** vor nichts zurückschrecken; ~ ***by*** F bleiben bei; F zu *j-m* halten; ~ ***out*** vorstehen; abstehen (*Ohren etc.*); *et.* aus- *od.* vorstrecken; ~ ***to*** bleiben bei; '**~·er** Aufkleber *m*; '**~·ing plas·ter** *Brt.* Heftpflaster *n*; '**~·y** (**-ier, -iest**) klebrig (***with*** von); F heikel, unangenehm (*Lage*)
stiff [stıf] **1.** *adj.* steif; F stark (*alkoholisches Getränk, Medizin*); schwer, hart (*Aufgabe, Strafe etc.*); hartnäckig (*Widerstand*); F happig, gepfeffert, gesalzen (*Preis*); ***keep a ~ upper lip*** *fig.* Haltung bewahren; **2.** *adv.* äußerst; höchst; ***be bored ~*** F sich zu Tode langweilen; **3.** *sl.* Leiche *f*; **~·en** ['stıfn] *Wäsche* stärken; (sich) versteifen; verstärken; steif werden; sich verhärten
sti·fle ['staıfl] ersticken; *fig.* unterdrücken
stile [staıl] Zauntritt *m*
sti·let·to [stı'letəʊ] (*pl.* **-tos**) Stilett *n*; ~ '**heel** Bleistift-, Pfennigabsatz *m*
still¹ [stıl] **1.** *adv.* (immer) noch, noch immer; *beim Komparativ*: noch; **2.** *cj.* dennoch, trotzdem
still² [stıl] **1.** *adj.* still; ruhig; ohne Kohlensäure (*Getränk*); **2.** *Film, TV*: Standfoto *n*; '**~·born** tot geboren; ~ '**life** (*pl.* **- lifes**) *paint.* Stillleben *n*
stilt [stılt] Stelze *f*; '**~·ed** gestelzt (*Stil*)
stim·u|·lant ['stımjʊlənt] *med.* Stimu-

S

lans *n*, Anregungs-, Aufputschmittel *n*; *fig.* Anreiz *m*, Ansporn *m* (**to** für); **~·late** ['stɪmjʊleɪt] *med.* stimulieren (*a. fig.*), anregen, *fig. a.* anspornen; **~·lus** ['stɪmjʊləs] (*pl.* **-li** [-laɪ]) Reiz *m*; *fig.* Anreiz *m*, Ansporn *m* (**to** für)

sting [stɪŋ] **1.** (**stung**) stechen (*Biene etc.*); brennen (auf *od.* in *dat.*); **2.** Stachel *m*; Stich *m*; Brennen *n*, brennender Schmerz

stin·gy F ['stɪndʒɪ] (**-ier, -iest**) knaus(e)rig, knick(e)rig (*Person*); mick(e)rig (*Mahlzeit etc.*)

stink [stɪŋk] **1.** (**stank** *od.* **stunk, stunk**) stinken (**of** nach); **2.** Gestank *m*

stint [stɪnt]: **~ o.s.** (**of s.th.**) sich einschränken (mit et.); **~ (on) s.th.** sparen *od.* knausern mit et.

stip·u|·late ['stɪpjʊleɪt] zur Bedingung machen; festsetzen, vereinbaren; **~·la·tion** [stɪpjʊ'leɪʃn] Bedingung *f*; Festsetzung *f*, Vereinbarung *f*

stir [stɜː] **1.** (**-rr-**) (um)rühren; (sich) rühren *od.* bewegen; *fig. j-n* aufwühlen; **~ up** *Unruhe* stiften; *Streit* entfachen; *Erinnerungen* wachrufen; **2. give s.th. a ~** et. (um)rühren; **cause a ~, create a ~** für Aufsehen sorgen

stir·rup ['stɪrəp] Steigbügel *m*

stitch [stɪtʃ] **1.** *Nähen*: Stich *m*; *Stricken etc.*: Masche *f*; Seitenstechen *n*; **2.** zunähen, *Wunde* nähen (*a.* **~ up**); heften

stock [stɒk] **1.** Vorrat *m* (**of** an *dat.*); *gastr.* Brühe *f*; *a.* **live~** Viehbestand *m*; (*Gewehr*)Schaft *m*; ⚠ *nicht* **Stock**; *fig.* Abstammung *f*, Herkunft *f*; *bsd. Am. econ.* Aktie(n *pl.*) *f*; **~s** *pl. econ.* Aktien *pl.*; Wertpapiere *pl.*; **have s.th. in ~** *econ.* et. vorrätig *od.* auf Lager haben; **take ~** *econ.* Inventur machen; **take ~ of** *fig.* sich klar werden über (*acc.*); **2.** *econ. Ware* vorrätig haben, führen; **~ up** sich eindecken *od.* versorgen (**on, with** mit); **3.** Serien...; Standard...; Standard..., stereotyp (*Ausrede etc.*); **'~·breed·er** Viehzüchter *m*; **'~·brok·er** *econ.* Börsenmakler *m*; **'~ ex·change** *econ.* Börse *f*; **'~·hold·er** *bsd. Am. econ.* Aktionär(in)

stock·ing ['stɒkɪŋ] Strumpf *m*

'stock| mar·ket *econ.* Börse *f*; **'~·pile 1.** Vorrat *m* (**of** an *dat.*); **2.** e-n Vorrat anlegen an (*dat.*); **~'still** regungslos; **'~·tak·ing** *econ.* Inventur *f*; *fig.* Bestandsaufnahme *f*

stock·y ['stɒkɪ] (**-ier, -iest**) stämmig, untersetzt

stole [stəʊl] *pret. von* **steal**; **sto·len** ['stəʊlən] *p.p. von* **steal**

stol·id ['stɒlɪd] gleichmütig

stom·ach ['stʌmək] **1.** Magen *m*; Bauch *m*; Appetit *m* (**for** auf *acc.*); **2.** vertragen (*a. fig.*); **'~·ache** Magenschmerzen *pl.*; Bauchschmerzen *pl.*, -weh *n*; **'~ up·set** Magenverstimmung *f*

stone [stəʊn] **1.** Stein *m*; *bot.* Kern *m*, Stein *m*; (*Hagel*)Korn *n*; (*pl.* **stone[s]**; *Abk.* **st**) *Brt. Gewichtseinheit* (= *6,35 kg*); **2.** mit Steinen bewerfen; steinigen; entkernen, -steinen; **~'dead** mausetot; **~'deaf** stocktaub; **'~·ma·son** Steinmetz *m*; **'~·ware** Steingut *n*

ston·y ['stəʊnɪ] (**-ier, -iest**) steinig; *fig.* steinern (*Gesicht, Herz etc.*), eisig (*Schweigen*)

stood [stʊd] *pret. u. p.p. von* **stand** 1

stool [stuːl] Hocker *m*, Schemel *m*; ⚠ *nicht* **Stuhl**; *med.* Stuhl(gang) *m*; **'~·pi·geon** F (Polizei)Spitzel *m*

stoop [stuːp] **1.** *v/i.* sich bücken (*a.* **~ down**); gebeugt gehen; **~ to** *fig.* sich herablassen *od.* hergeben zu; **2.** gebeugte Haltung

stop [stɒp] **1.** (**-pp-**) *v/i.* (an)halten, stehen bleiben (*a. Uhr etc.*), stoppen; aufhören; *bsd. Brt.* bleiben; **~ dead** plötzlich *od.* abrupt stehen bleiben; **~ at nothing** vor nichts zurückschrecken; **~ short of** *doing*, **~ short at** *s.th.* zurückschrecken vor (*dat.*); *v/t.* anhalten, stoppen; aufhören mit; ein Ende machen *od.* setzen (*dat.*); *Blutung* stillen; *Arbeiten, Verkehr etc.* zum Erliegen bringen; *et.* verhindern; *j-n* abhalten (**from** von), hindern (**from** an *dat.*); *Rohr etc.* verstopfen (*a.* **~ up**); *Zahn* füllen, plombieren; *Scheck* sperren (lassen); **~ by** vorbeischauen; **~ in** vorbeischauen (**at** bei); **~ off** F kurz Halt machen; **~ over** kurz Halt machen; Zwischenstation machen; **2.** Halt *m*; (*Bus*)Haltestelle *f*; *phot.* Blende *f*; *mst* **full ~** *gr.* Punkt *m*; **'~·gap** Notbehelf *m*; **'~·light** *mot.* Bremslicht *n*; *bsd. Am.* rotes Licht (*an e-r Ampel*); **'~·o·ver** Zwischenstation *f*; *aviat.* Zwischenlandung *f*; **~·page** ['stɒpɪdʒ] Unterbre-

S

chung *f*; Stopp *m*; Verstopfung *f*; *bsd. Brt.* (Gehalts-, Lohn)Abzug *m*; **'~·per** Stöpsel *m*; **'~ sign** *mot.* Stoppschild *n*; **'~·watch** Stoppuhr *f*
stor·age ['stɔːrɪdʒ] Lagerung *f*; *Computer*: Speicher *m*; Lagergeld *n*
store [stɔː] **1.** (ein)lagern; *Energie* speichern; *Computer*: (ab)speichern, sichern; *a.* **~ up** sich e-n Vorrat anlegen an (*dat.*); **2.** Vorrat *m*; Lager(halle *f*, -haus *n*) *n*; *bsd. Brt.* Kauf-, Warenhaus *n*; *bsd. Am.* Laden *m*, Geschäft *n*; ⚠ *nicht* **Store**; **'~·house** Lagerhaus *n*; *fig.* Fundgrube *f*; **'~·keep·er** *bsd. Am.* Ladenbesitzer(in), -inhaber(in); **'~·room** Lagerraum *m*
sto·rey *Brt.*, **sto·ry** *Am.* ['stɔːrɪ] Stock (-werk *n*) *m*, Etage *f*
...sto·reyed *Brt.*, **...sto·ried** *Am.* ['stɔːrɪd] mit ... Stockwerken, ...stöckig
stork *zo.* [stɔːk] Storch *m*
storm [stɔːm] **1.** Unwetter *n*; Gewitter *n*; Sturm *m*; **2.** *v/t. mil. etc.* stürmen; *v/i.* stürmen, stürzen; **'~·y** (**-ier, -iest**) stürmisch
sto·ry[1] ['stɔːrɪ] Geschichte *f*; Märchen *n* (*a. fig.*); Story *f*, Handlung *f*; *Zeitung etc.*: Story *f*, Bericht *m* (**on** über *acc.*)
sto·ry[2] *Am.* ['stɔːrɪ] → **storey**
stout [staʊt] korpulent, vollschlank; *fig.* unerschrocken; entschieden
stove [stəʊv] Ofen *m*, Herd *m*
stow [stəʊ] *a.* **~ away** verstauen; **'~·a·way** *naut.*, *aviat.* blinder Passagier
strad·dle ['strædl] rittlings sitzen auf (*dat.*)
strag|·gle ['strægl] verstreut liegen *od.* stehen; *bot. etc.* wuchern; **~ in** einzeln eintrudeln; **'~·gler** Nachzügler(in); **'~·gly** (**-ier, -iest**) verstreut (liegend); *bot. etc.* wuchernd; struppig (*Haar*)
straight [streɪt] **1.** *adj.* gerade; glatt (*Haar*); pur (*Whisky etc.*); aufrichtig, offen, ehrlich; *sl.* hetero(*sexuell*); clean, sauber (*nicht drogenabhängig*); **put ~** in Ordnung bringen; **2.** *adv.* gerade; genau, direkt; klar (*sehen, denken*); ehrlich, anständig; **~ ahead** geradeaus; **~ off** F sofort; **~ on** geradeaus; **~ out** F offen, rundheraus; **3.** *Sport*: (*Gegen-, Ziel*)Gerade *f*; **'~·en** *v/t.* gerade machen, (gerade) richten; **~ out** in Ordnung bringen; *v/i. a.* **~ out** gerade werden (*Straße etc.*); **~ up** sich aufrichten; **~'for·ward** aufrichtig; einfach
strain [streɪn] **1.** *v/t. Seil etc.* (an)spannen; *sich, Augen etc.* überanstrengen; sich *e-n Muskel etc.* zerren; *Gemüse, Tee etc.* abgießen; *v/i.* sich anstrengen; **~ at** zerren *od.* ziehen an (*dat.*); **2.** Spannung *f*; Anspannung *f*; *fig.* Belastung *f*; *med.* Zerrung *f*; **~ed** gezerrt; gezwungen (*Lächeln etc.*); gespannt (*Beziehungen*); **look ~** abgespannt aussehen; **'~·er** Sieb *n*
strait [streɪt] (*in Eigennamen* **2s** *pl.*) Meerenge *f*, Straße *f*; **~s** *pl.* Notlage *f*; **~·ened** ['streɪtnd]: **live in ~ circumstances** in beschränkten Verhältnissen leben; **'~·jack·et** Zwangsjacke *f*
strand [strænd] Strang *m*; Faden *m*; (*Kabel*)Draht *m*; (*Haar*)Strähne *f*; ⚠ *nicht* **Strand**
strand·ed ['strændɪd]: **be ~** *naut.* gestrandet sein; **be (left) ~** *fig.* festsitzen (**in** in *dat.*) (*Person*)
strange [streɪndʒ] (**~r, ~st**) merkwürdig, seltsam, sonderbar; fremd; **'strang·er** Fremde(r *m*) *f*
stran·gle ['stræŋgl] erwürgen
strap [stræp] **1.** Riemen *m*, Gurt *m*; (*Uhr*)Armband *n*; Träger *m* (*am Kleid etc.*); **2.** (**-pp-**) festschnallen; anschnallen
stra·te·gic [strə'tiːdʒɪk] (**~ally**) strategisch; **strat·e·gy** ['strætɪdʒɪ] Strategie *f*
stra·tum *geol.* ['strɑːtəm] (*pl.* **-ta** [-tə]) Schicht *f* (*a. fig.*)
straw [strɔː] Stroh *n*; Strohhalm *m*; **~·ber·ry** *bot.* ['strɔːbərɪ] Erdbeere *f*
stray [streɪ] **1.** (herum)streunen; sich verirren; *fig.* abschweifen (**from** von); **2.** verirrtes *od.* streunendes Tier; **3.** verirrt (*Kugel, Tier*); streunend (*Tier*); vereinzelt
streak [striːk] **1.** Streifen *m*; Strähne *f* (*im Haar*); (Charakter)Zug *m*; **a ~ of lightning** ein Blitz; **lucky ~** Glückssträhne *f*; **2.** flitzen; streifen; **'~·y** (**-ier, -iest**) streifig; durchwachsen (*Speck*)
stream [striːm] **1.** Bach *m*; Strömung *f*; *fig.* Strom *m*; **2.** strömen; flattern, wehen; **'~·er** Luft-, Papierschlange *f*; Wimpel *m*; *Computer*: Streamer *m*
street [striːt] Straße *f*; Straßen...; **in** (*bsd. Am.* **on**) **the ~** auf der Straße; **'~·car** *Am.* Straßenbahn(wagen *m*) *f*

S

strength [streŋθ] Stärke *f* (*a. fig.*), Kraft *f*, Kräfte *pl.*; '**~·en** *v/t.* (ver)stärken; *v/i.* stärker werden
stren·u·ous ['strenjʊəs] anstrengend; unermüdlich
stress [stres] **1.** *fig.* Stress *m*; *phys.*, *tech.* Beanspruchung *f*, Belastung *f*, Druck *m*; *ling.* Betonung *f*; *fig.* Nachdruck *m*; **2.** betonen; '**~·ful** stressig, aufreibend
stretch [stretʃ] **1.** *v/t.* strecken; dehnen, (aus)weiten; spannen; *fig.* es nicht allzu genau nehmen mit; **~ out** ausstrecken; **be fully ~ed** *fig.* richtig gefordert werden; voll ausgelastet sein; *v/i.* sich dehnen, *a.* länger *od.* weiter werden; sich dehnen *od.* strecken; sich erstrecken; **~ out** sich ausstrecken; **2.** Dehnbarkeit *f*, Elastizität *f*; Strecke *f* (*e-r Straße etc.*); *Sport*: (*Gegen-*, *Ziel*)Gerade *f*; Zeit (-raum *m*, -spanne) *f*; **have a ~** sich dehnen *od.* strecken; '**~·er** Trage *f*
strick·en ['strɪkən] schwer betroffen; **~ with** befallen *od.* ergriffen von
strict [strɪkt] streng, strikt; genau; **~ly** (**speaking**) genau genommen
strid·den ['strɪdn] *p.p. von* **stride** 1
stride [straɪd] **1.** (**strode, stridden**) schreiten, mit großen Schritten gehen; **2.** großer Schritt
strife [straɪf] Streit *m*
strike [straɪk] **1.** (**struck**) *v/t.* schlagen; treffen; einschlagen in (*acc.*) (*Blitz*); *Streichholz* anzünden; *naut.* auflaufen auf (*acc.*); streichen (**from, off** aus *e-m Verzeichnis etc.*, von *e-r Liste etc.*); stoßen auf (*Öl*, *e-e Straße*, *Schwierigkeiten etc.*); *j-n* beeindrucken; *j-m* einfallen, in den Sinn kommen; *Münze* prägen; *Saite etc.* anschlagen; *Lager*, *Zelt* abbrechen; *Flagge*, *Segel* streichen; **~ out** (aus)streichen; **~ up** *Lied etc.* anstimmen; *Freundschaft etc.* schließen; *v/i.* schlagen (*Uhr*); einschlagen (*Blitz*); *econ.* streiken; **~ (out) at s.o.** auf j-n einschlagen; **2.** *econ.* Streik *m*; (*Öl- etc.*)Fund *m*; *mil.* Angriff *m*; *Fußball*: Schuss *m*; **be on ~** streiken; **go on ~** streiken, in den Streik treten; **a lucky ~** ein Glückstreffer; '**strik·er** *econ.* Streikende(r *m*) *f*; *Fußball*: Stürmer(in); '**strik·ing** apart; auffallend
string [strɪŋ] **1.** Schnur *f*, Bindfaden *m*; (*Schürzen-*, *Schuh- etc.*)Band *n*; (*Puppenspiel*)Faden *m*, Draht *m*; (*Perlen- etc.*)Schnur *f*; Saite *f* (*e-r Gitarre*, *e-s Tennisschlägers etc.*); (*Bogen*)Sehne *f*; Faser *f* (*von Gemüse*); *Computer*: Zeichenfolge *f*; *fig.* Reihe *f*, Serie *f*; **the ~s** *pl. mus.* die Streichinstrumente *pl.*; die Streicher *pl.*; **pull a few ~s** *fig.* ein paar Beziehungen spielen lassen; **with no ~s attached** *fig.* ohne Bedingungen; **2.** (**strung**) *Perlen etc.* aufreihen; *Gitarre etc.* besaiten, *Tennisschläger etc.* bespannen; *Bohnen* abziehen; **3.** *mus.* Streich...; **~ 'bean** *bsd. Am. bot.* grüne Bohne
strin·gent ['strɪndʒənt] streng
string·y ['strɪŋɪ] (**-ier, -iest**) fas(e)rig
strip [strɪp] **1.** (**-pp-**) *v/i.* *a.* **~ off** sich ausziehen (**to** bis auf *acc.*); *v/t.* ausziehen; *Farbe etc.* abkratzen, *Tapete etc.* abreißen (**from, off** von); *a.* **~ down** *tech.* zerlegen, auseinander nehmen; **~ s.o. of s.th.** j-m et. rauben *od.* wegnehmen; **2.** (*Land-*, *Papier- etc.*)Streifen *m*; Strip *m*
stripe [straɪp] Streifen *m*; **~d** gestreift
strode [strəʊd] *pret. von* **stride** 1
stroke [strəʊk] **1.** streicheln; streichen über; **2.** Schlag *m* (*a. e-r Uhr*, *Tennis etc.*); *med.* Schlag(anfall) *m*; (*Pinsel*)Strich *m*; *Schwimmen*: Zug *m*; *tech.* Hub *m*; **four-~ engine** Viertaktmotor *m*; **~ of luck** *fig.* ein glücklicher Zufall
stroll [strəʊl] **1.** bummeln, spazieren; **2.** Bummel *m*, Spaziergang *m*; '**~·er** ['strəʊlə] Bummler(in), Spaziergänger(in); *Am.* Sportwagen *m* (*für Kinder*)
strong [strɒŋ] stark; kräftig; mächtig (*Land etc.*); stabil (*Möbel etc.*); fest (*Schuhe etc.*); robust (*Person*, *Gesundheit etc.*); stark (*Getränk*, *Medikament etc.*); '**~·box** (Geld-, Stahl)Kassette *f*; '**~·hold** Festung *f*; Stützpunkt *m*; *fig.* Hochburg *f*; **~·'mind·ed** willensstark; '**~ room** Tresor(raum) *m*
struck [strʌk] *pret. u. p.p. von* **strike** 1
struc·ture ['strʌktʃə] Struktur *f*; (Auf)Bau *m*, Gliederung *f*; Bau *m*, Konstruktion *f*
strug·gle ['strʌgl] **1.** kämpfen, ringen (**with** mit; **for** um); sich abmühen; sich winden, zappeln; **2.** Kampf *m*
strum [strʌm] (**-mm-**) klimpern auf (*dat.*) (*od.* **on** auf *dat.*)
strung [strʌŋ] *pret. u. p.p. von* **string** 2
strut[1] [strʌt] (**-tt-**) stolzieren

S

strut² *tech.* [strʌt] Strebe *f*; Stütze *f*

stub [stʌb] **1.** (*Bleistift-, Zigaretten- etc.*) Stummel *m*; Kontrollabschnitt *m*; **2.** (*-bb-*) sich *die Zehe* anstoßen; ~ ***out*** *Zigarette* ausdrücken

stub·ble ['stʌbl] Stoppeln *pl.*

stub·born ['stʌbən] eigensinnig, stur; hartnäckig (*Fleck, Widerstand etc.*)

stuck [stʌk] *pret. u. p.p. von* ***stick*** 2; **~-'up** F hochnäsig

stud¹ [stʌd] **1.** (*Kragen-, Manschetten*) Knopf *m*; Stollen *m* (*e-s Fußballschuhs*); Beschlagnagel *m*; Ziernagel *m*; **~*s*** *pl. mot.* Spikes *pl.*; **2.** (*-dd-*): ***be ~ded with*** besetzt sein mit; übersät sein mit; ***~ded tyres*** (*Am.* ***tires***) Spikesreifen *pl.*

stud² [stʌd] Gestüt *n*

stu·dent ['stju:dnt] Student(in); *bsd. Am. u. allg.* Schüler(in)

'stud| farm Gestüt *n*; **'~ horse** Zuchthengst *m*

stud·ied ['stʌdɪd] wohl überlegt

stu·di·o ['stju:dɪəʊ] (*pl.* ***-os***) Studio *n*; Atelier *n*; *a.* ~ ***flat*** *Brt.*, ~ ***apartment*** *bsd. Am.* Studio *n*, Einzimmerappartement *n*; **'~ couch** Schlafcouch *f*

stu·di·ous ['stju:djəs] fleißig

stud·y ['stʌdɪ] **1.** Studium *n*; Studie *f*, Untersuchung *f*; Arbeitszimmer *n*; *bsd. paint.* Studie *f*; ***studies*** *pl.* Studium *n*; ***be in a brown*** ~ in Gedanken versunken *od.* geistesabwesend sein; **2.** studieren; lernen (***for*** für)

stuff [stʌf] **1.** Zeug *n*; **2.** (aus-, voll)stopfen; füllen (*a. gastr.*); ⚠ *nicht* ***stopfen*** (*ausbessern*); ~ ***o.s.*** F sich vollstopfen; **'~·ing** Füllung *f* (*a. gastr.*); **'~·y** (***-ier, -iest***) stickig; spießig; prüde

stum·ble ['stʌmbl] **1.** stolpern (***on, over***, *fig.* ***at, over*** über *acc.*); ~ ***across***, ~ ***on*** stoßen auf (*acc.*); **2.** Stolpern *n*

stump [stʌmp] **1.** Stumpf *m*; Stummel *m*; **2.** stampfen, stapfen; **'~·y** (***-ier, -iest***) F kurz u. dick

stun [stʌn] (***-nn-***) betäuben; *fig.* sprachlos machen

stung [stʌŋ] *pret. u. p.p. von* ***sting*** 1

stunk [stʌŋk] *pret. u. p.p. von* ***stink*** 1

stun·ning ['stʌnɪŋ] fantastisch; unglaublich (*Nachricht etc.*)

stunt¹ [stʌnt] (das Wachstum *gen.*) hemmen; **~*ed*** verkümmert

stunt² [stʌnt] (*Film*)Stunt *m*; (*gefährliches*) Kunststück; (*Reklame*)Gag *m*; **'~ man** (*pl.* ***-men***) *Film, TV*: Stuntman *m*, Double *n*; **'~ wom·an** (*pl.* ***-women***) *Film, TV*: Stuntwoman *f*, Double *n*

stu·pid ['stju:pɪd] dumm; *fig.* F blöd; **~·i·ty** [stju:'pɪdətɪ] Dummheit *f*

stu·por ['stju:pə] Betäubung *f*; ***in a drunken*** ~ im Vollrausch

stur·dy ['stɜ:dɪ] (***-ier, -iest***) kräftig, stämmig; *fig.* entschlossen, hartnäckig

stut·ter ['stʌtə] **1.** stottern (*a. mot.*); stammeln; **2.** Stottern *n*

sty¹ [staɪ] → ***pigsty***

sty², stye *med.* [staɪ] Gerstenkorn *n*

style [staɪl] **1.** Stil *m*; Ausführung *f*; Mode *f*; **2.** entwerfen; gestalten

styl|·ish ['staɪlɪʃ] stilvoll; modisch, elegant; **'~·ist** Stilist(in)

sty·lus ['staɪləs] Nadel *f* (*e-s Plattenspielers*)

sty·ro·foam® *bsd. Am.* ['staɪərəfəʊm] Styropor® *n*

suave [swɑ:v] verbindlich

sub·di·vi·sion ['sʌbdɪvɪʒn] Unterteilung *f*; Unterabteilung *f*

sub·due [səb'dju:] unterwerfen; *Ärger etc.* unterdrücken; **~d** gedämpft (*Licht, Stimme etc.*); ruhig, still (*Person*)

sub|·ject **1.** ['sʌbdʒɪkt] Thema *n*; *ped., univ.* Fach *n*; *gr.* Subjekt *n*, Satzgegenstand *m*; Untertan(in); Staatsangehörige(r *m*) *f*, -bürger(in); **2.** ['sʌbdʒɪkt] *adj.* ~ ***to*** anfällig für; ***be*** ~ ***to*** *a.* neigen zu; ***be*** ~ ***to*** unterliegen (*dat.*); abhängen von; ***prices*** ~ ***to change*** Preisänderungen vorbehalten; **3.** [səb'dʒekt] unterwerfen; ~ ***to*** *e-m Test etc.* unterziehen; *der Kritik etc.* aussetzen; **~·jec·tion** [səb'dʒekʃn] Unterwerfung *f*; Abhängigkeit *f* (***to*** von)

sub·ju·gate ['sʌbdʒʊgeɪt] unterjochen, -werfen

sub·junc·tive *gr.* [səb'dʒʌŋktɪv] *a.* ~ ***mood*** Konjunktiv *m*

sub|·lease [sʌb'li:s], **~'let** (***-tt-; -let***) unter-, weitervermieten

sub·lime [sə'blaɪm] großartig; *fig.* total

sub·ma·chine gun [sʌbmə'ʃi:n -] Maschinenpistole *f*

sub·ma·rine [sʌbmə'ri:n] **1.** unterseeisch; **2.** Unterseeboot *n*, U-Boot *n*

sub·merge [səb'mɜ:dʒ] tauchen (*U-Boot*); (ein)tauchen (***in*** in *acc.*)

sub·mis|·sion [səb'mɪʃn] Einreichung

f; *Boxen etc.*: Aufgabe *f*; **~·sive** [səb'mɪsɪv] unterwürfig
sub·mit [səb'mɪt] (**-tt-**) *Gesuch etc.* einreichen (**to** *dat. od.* bei); sich fügen (**to** *dat. od.* in *acc.*); *Boxen etc.*: aufgeben
sub·or·di·nate **1.** [sə'bɔːdnət] untergeordnet (**to** *dat.*); **2.** [sə'bɔːdnət] Untergebene(r *m*) *f*; **3.** [sə'bɔːdɪneɪt]: **~ to** unterordnen (*dat.*), zurückstellen (hinter *acc.*); **~ 'clause** *gr.* Nebensatz *m*
sub|·scribe [səb'skraɪb] *v/t. Geld* geben, spenden (**to** für); *v/i.* **~ to** *Zeitung etc.* abonnieren; **~'scrib·er** Abonnent(in); (*Fernsprech*)Teilnehmer(in)
sub·scrip·tion [səb'skrɪpʃn] (Mitglieds)Beitrag *m*; Abonnement *n*
sub·se·quent ['sʌbsɪkwənt] später
sub·side [səb'saɪd] sich senken (*Gebäude*, *Straße etc.*); zurückgehen (*Überschwemmung*, *Nachfrage etc.*), sich legen (*Sturm*, *Zorn etc.*)
sub·sid·i·a·ry [səb'sɪdjərɪ] **1.** Neben...; **~ question** Zusatzfrage *f*; **2.** *econ.* Tochtergesellschaft *f*
sub·si|·dize ['sʌbsɪdaɪz] subventionieren; **~·dy** ['sʌbsɪdɪ] Subvention *f*
sub|·sist [səb'sɪst] leben, existieren (**on** von); **~'sis·tence** Existenz *f*
sub·stance ['sʌbstəns] Substanz *f* (*a. fig.*), Stoff *m*; *das* Wesentliche, Kern *m*
sub·stan·dard [sʌb'stændəd] minderwertig
sub·stan·tial [səb'stænʃl] solid (*Möbelstück etc.*); beträchtlich (*Gehalt etc*)., (*Änderungen etc. a.*) wesentlich; reichlich, kräftig (*Mahlzeit*)
sub·stan·ti·ate [səb'stænʃɪeɪt] beweisen
sub·stan·tive *gr.* ['sʌbstəntɪv] Substantiv *n*, Hauptwort *n*
sub·sti|·tute ['sʌbstɪtjuːt] **1.** Ersatz *m*; Ersatz(mann) *m*, Stellvertreter(in), Vertretung *f*; *Sport*: Auswechselspieler(in), Ersatzspieler(in); **2. ~ s.th. for s.th.** et. durch et. ersetzen, et. gegen et. austauschen *od.* -wechseln; **~ for** einspringen für, *j-n* vertreten; **~·tu·tion** [sʌbstɪ'tjuːʃn] Ersatz *m*; *Sport*: Austausch *m*, Auswechslung *f*
sub·ter·fuge ['sʌbtəfjuːdʒ] List *f*
sub·ter·ra·ne·an [sʌbtə'reɪnjən] unterirdisch
sub·ti·tle ['sʌbtaɪtl] Untertitel *m*
sub·tle ['sʌtl] (**~r, ~st**) fein (*Unterschied etc.*); raffiniert (*Plan etc.*); scharf (*Verstand*); scharfsinnig (*Person*)
sub|·tract *math.* [səb'trækt] abziehen, subtrahieren (**from** von); **~·trac·tion** *math.* [səb'trækʃn] Abziehen *n*, Subtraktion *f*
sub·trop·i·cal [sʌb'trɒpɪkl] subtropisch
sub|·urb ['sʌbɜːb] Vorort *m*, -stadt *f*; **~·ur·ban** [sə'bɜːbən] Vorort..., vorstädtisch, Vorstadt...
sub·ver·sive [səb'vɜːsɪv] umstürzlerisch, subversiv
sub·way ['sʌbweɪ] Unterführung *f*; *Am.* U-Bahn *f*
suc·ceed [sək'siːd] *v/i.* Erfolg haben, erfolgreich sein (*Person*), (*Plan etc. a.*) gelingen; **~ to** in *e-m Amt* nachfolgen; **~ to the throne** auf dem Thron folgen; *v/t.* **~ s.o. as** j-s Nachfolger werden als
suc·cess [sək'ses] Erfolg *m*; **~·ful** erfolgreich
suc·ces|·sion [sək'seʃn] (Erb-, Nach-, Thron)Folge *f*; **five times in ~** fünfmal nach- *od.* hintereinander; **in quick ~** in rascher Folge; **~·sive** [sək'sesɪv] aufeinander folgend; **~·sor** [sək'sesə] Nachfolger(in); Thronfolger(in)
suc·cu·lent ['sʌkjʊlənt] saftig (*Steak etc.*)
such [sʌtʃ] solche(r, -s); derartige(r; -s); so; derart; **~ a** so ein(e)
suck [sʌk] **1.** *v/t.* saugen; lutschen (an *dat.*); *v/i.* saugen (**at** an *dat.*); **2. have** *od.* **take a ~ at** saugen *od.* lutschen an (*dat.*); **'~·er** *zo.* Saugnapf *m*, -organ *n*; *tech.* Saugfuß *m*; *bot.* Wurzelschössling *m*, -spross *m*; F Trottel *m*, Simpel *m*; *Am.* Lutscher *m*; **~·le** ['sʌkl] säugen, stillen
suc·tion ['sʌkʃn] (An)Saugen *n*; Saugwirkung *f*; **'~ pump** *tech.* Saugpumpe *f*
sud·den ['sʌdn] plötzlich; **all of a ~** F ganz plötzlich; **'~·ly** plötzlich
suds [sʌdz] *pl.* Seifenschaum *m*
sue *jur.* [suː] *j-n* verklagen (**for** auf *acc.*, wegen); klagen (**for** auf *acc.*)
suede, suède [sweɪd] Wildleder *n*; Veloursleder *n*
su·et ['sʊɪt] Nierenfett *n*, Talg *m*
suf·fer ['sʌfə] *v/i.* leiden (**from** an, unter *dat.*); darunter leiden; *v/t.* erleiden; *Folgen* tragen; **~·er** ['sʌfərə] Leidende(r *m*) *f*; **~·ing** ['sʌfərɪŋ] Leiden *n*; Leid *n*
suf·fice [sə'faɪs] genügen, (aus)reichen

S

suf·fi·cient [sə'fɪʃnt] genügend, genug, ausreichend; ***be*** ~ genügen, (aus)reichen
suf·fix *gr.* ['sʌfɪks] Suffix *n*, Nachsilbe *f*
suf·fo·cate ['sʌfəkeɪt] ersticken
suf·frage *pol.* ['sʌfrɪdʒ] Wahl-, Stimmrecht *n*
suf·fuse [sə'fjuːz] durchfluten (*Licht*); überziehen (*Röte etc.*)
sug·ar ['ʃʊgə] **1.** Zucker *m*; **2.** zuckern; '~ **bowl** Zuckerdose *f*; '~**·cane** *bot.* Zuckerrohr *n*; ~**·y** ['ʃʊgərɪ] zuck(e)rig; *fig.* zuckersüß
sug|·gest [sə'dʒest] vorschlagen, anregen; hindeuten *od.* -weisen auf (*acc.*), schließen lassen auf (*acc.*); andeuten; ~**·ges·tion** [sə'dʒestʃən] Vorschlag *m*, Anregung *f*; Anflug *m*, Spur *f*; Andeutung *f*; *psych.* Suggestion *f*; ~**·ges·tive** [sə'dʒestɪv] zweideutig (*Bemerkung etc.*), vielsagend (*Blick etc.*)
su·i·cide ['sjʊɪsaɪd] Selbstmord *m*; Selbstmörder(in); ***commit*** ~ Selbstmord begehen
suit [suːt] **1.** Anzug *m*; Kostüm *n*; *Kartenspiel*: Farbe *f*; *jur.* Prozess *m*; ***follow*** ~ *fig.* dem Beispiel folgen, dasselbe tun; **2.** *v/t. j-m* passen (*Termin etc.*); *j-n* kleiden, *j-m* stehen; *et.* anpassen (***to*** *dat.*); ~ ***s.th., be*** ~***ed to s.th.*** geeignet sein *od.* sich eignen für; ~ ***yourself!*** mach, was du willst!; '**sui·ta·ble** passend, geeignet (***for, to*** für); '~**·case** Koffer *m*
suite [swiːt] (*Möbel-, Sitz*)Garnitur *f*; Suite *f*, Zimmerflucht *f*; *mus.* Suite *f*; Gefolge *n*
sul·fur *Am.* ['sʌlfə] → ***sulphur***
sulk [sʌlk] schmollen, eingeschnappt sein; ~**s** *pl.*: ***have the*** ~ schmollen
sulk·y[1] ['sʌlkɪ] (***-ier, -iest***) schmollend
sulk·y[2] ['sʌlkɪ] *Trabrennen*: Sulky *n*
sul·len ['sʌlən] mürrisch, verdrossen
sul|·phur *chem.* ['sʌlfə] Schwefel *m*; ~**·phu·ric ac·id** *chem.* [sʌlfjʊərɪk 'æsɪd] Schwefelsäure *f*
sul·try ['sʌltrɪ] (***-ier, -iest***) schwül; aufreizend (*Blick etc.*)
sum [sʌm] **1.** Summe *f*; Betrag *m*; (einfache) Rechenaufgabe; ***do*** ~***s*** rechnen; **2.** (***-mm-***): ~ ***up*** zusammenfassen; *j-n, et.* abschätzen
sum|·mar·ize ['sʌməraɪz] zusammenfassen; ~**·ma·ry** ['sʌmərɪ] Zusammenfassung *f*, (kurze) Inhaltsangabe
sum·mer ['sʌmə] Sommer *m*; ***in*** (***the***) ~ im Sommer; '~ **camp** Ferienlager *n* (*für Kinder im Sommer*); ~ '**hol·i·days** *pl.* Sommerferien *pl.*; ~ **re'sort** Sommerfrische *f* (*Ort*); '~ **school** Ferienkurs *m*; '~**·time** Sommer(szeit *f*) *m*; ***in*** (***the***) ~ im Sommer; '~ **time** *bsd. Brt.* Sommerzeit *f* (*Uhrzeit*); ~ **va'ca·tion** *bsd. Am.* Sommerferien *pl.*; ~**·y** ['sʌmərɪ] sommerlich, Sommer...
sum·mit ['sʌmɪt] Gipfel *m* (*a. econ., pol., fig.*); '~ (**con·fe·rence**) *pol.* Gipfelkonferenz *f*; '~ (**meet·ing**) *pol.* Gipfeltreffen *n*
sum·mon ['sʌmən] auffordern; *Versammlung etc.* einberufen; *jur.* vorladen; ~ ***up*** *Kraft, Mut etc.* zusammennehmen; ~**s** *jur.* ['sʌmənz] Vorladung *f*
sump·tu·ous ['sʌmptʃʊəs] luxuriös, aufwändig
sun [sʌn] **1.** Sonne *f*; Sonnen...; **2.** (***-nn-***) ~ ***o.s.*** sich sonnen
Sun *nur geschr. Abk. für* ***Sunday*** So., Sonntag *m*
'**sun|·bathe** sonnenbaden, sich sonnen, ein Sonnenbad nehmen; '~**·beam** Sonnenstrahl *m*; '~**·bed** Sonnenbank *f*; '~**·burn** Sonnenbrand *m*
sun·dae ['sʌndeɪ] Eisbecher *m*
Sun|·day ['sʌndɪ] (*Abk.* ***Sun***) Sonntag *m*; ***on*** ~ (am) Sonntag; ***on*** ~***s*** sonntags
'**sun|·dial** ['sʌndaɪəl] Sonnenuhr *f*; '~**·down** → ***sunset***
sun|·dries ['sʌndrɪz] *pl.* Diverse(s) *n*, Verschiedene(s) *n*; ~**·dry** ['sʌndrɪ] diverse, verschiedene
sung [sʌŋ] *p.p. von* ***sing***
'**sun·glass·es** *pl.* (***a pair of*** ~ e-e) Sonnenbrille
sunk [sʌŋk] *pret. u. p.p. von* ***sink*** 1
sunk·en ['sʌŋkən] ge-, versunken; versenkt; tief liegend; eingefallen (*Wangen*), (*a. Augen*) eingesunken
'**sun|·light** Sonnenlicht *n*; '~**·lit** sonnenbeschienen
sun·ny ['sʌnɪ] (***-ier, -iest***) sonnig
'**sun|·rise** Sonnenaufgang *m*; ***at*** ~ bei Sonnenaufgang; '~**·roof** Dachterrasse *f*; *mot.* Schiebedach *n*; '~**·set** Sonnenuntergang *m*; ***at*** ~ bei Sonnenuntergang; '~**·shade** Sonnenschirm *m*; '~**·shine** Sonnenschein *m*; '~**·stroke** *med.* Sonnenstich *m*; '~**·tan** (Sonnen)Bräune *f*

su·per F ['su:pə] super, spitze, klasse
su·per... ['su:pə] Über..., über...
su·per|·a·bun·dant [su:pərə'bʌndənt] überreichlich; **~·an·nu·at·ed** [su:pə'rænjʊeɪtɪd] pensioniert, im Ruhestand
su·perb [su:'pɜ:b] ausgezeichnet
'su·per|·charg·er *mot.* Kompressor *m*; **~·cil·i·ous** [su:pə'sɪlɪəs] hochmütig, -näsig; **~·fi·cial** [su:pə'fɪʃl] oberflächlich; **~·flu·ous** [su:'pɜ:flʊəs] überflüssig; **~'hu·man** übermenschlich; **~·im·pose** [su:pərɪm'pəʊz] überlagern; *Bild etc.* einblenden (**on** in *acc.*); **~·in·tend** [su:pərɪn'tend] die (Ober-) Aufsicht haben über (*acc.*), überwachen; leiten; **~·in·tend·ent** [su:pərɪn'tendənt] Aufsicht *f*, Aufsichtsbeamt|er *m*, -in *f*; *Brt.* Kriminalrat *m*
su·pe·ri·or [su:'pɪərɪə] **1.** ranghöher (**to** als); überlegen (**to** *dat.*), besser (**to** als); ausgezeichnet, hervorragend; überheblich, -legen; **Father** ♀ *rel.* Superior *m*; **Mother** ♀ *rel.* Oberin *f*; **2.** Vorgesetzte(r *m*) *f*; **~·i·ty** [su:pɪərɪ'ɒrətɪ] Überlegenheit *f* (**over** gegenüber)
su·per·la·tive [su:'pɜ:lətɪv] **1.** höchste(r, -s), überragend; **2.** *a.* **~ degree** *gr.* Superlativ *m*
'su·per|·mar·ket Supermarkt *m*; **~'nat·u·ral** übernatürlich; **~·nu·me·ra·ry** [su:pə'nju:mərərɪ] zusätzlich; **~·sede** [su:pə'si:d] ablösen, ersetzen; **~'son·ic** *aviat., phys.* Überschall...; **~·sti·tion** [su:pə'stɪʃn] Aberglaube *m*; **~·sti·tious** [su:pə'stɪʃəs] abergläubisch; **'~·store** Großmarkt *m*; **~·vene** [su:pə'vi:n] dazwischenkommen; **~·vise** ['su:pəvaɪz] beaufsichtigen; **~·vi·sion** [su:pə'vɪʒn] Beaufsichtigung *f*; **under s.o.'s ~** unter j-s Aufsicht; **~·vi·sor** ['su:pəvaɪzə] Aufseher(in), Aufsicht *f*

S

sup·per ['sʌpə] Abendessen *n*; **have ~** zu Abend essen; → **lord**
sup·plant [sə'plɑ:nt] verdrängen
sup·ple ['sʌpl] (**~r, ~st**) gelenkig, geschmeidig, biegsam
sup·ple|·ment 1. ['sʌplɪmənt] Ergänzung *f*; Nachtrag *m*, Anhang *m*; Ergänzungsband *m*; (*Zeitungs- etc.*)Beilage *f*; **2.** ['sʌplɪment] ergänzen; **~·men·ta·ry** [sʌplɪ'mentərɪ] ergänzend, zusätzlich
sup·pli·er [sə'plaɪə] Lieferant(in); *a.* **~s** *pl.* Lieferfirma *f*
sup·ply [sə'plaɪ] **1.** liefern; stellen, sorgen für; *j-n, et.* versorgen, *econ.* beliefern (**with** mit); **2.** Lieferung *f* (**to** an *acc.*); Versorgung *f*; *econ.* Angebot *n*; *mst* **supplies** *pl.* Vorrat *m* (**of** an *dat.*), *a.* Proviant *m*, *mil.* Nachschub *m*; **~ and demand** *econ.* Angebot u. Nachfrage
sup·port [sə'pɔ:t] **1.** (ab)stützen, *Gewicht etc.* tragen; *Währung* stützen; unterstützen; unterhalten, sorgen für (*Familie etc.*); **2.** Stütze *f*; *tech.* Träger *m*; *fig.* Unterstützung *f*; **~·er** Anhänger(in) (*a. Sport*), Befürworter(in)
sup|·pose [sə'pəʊz] **1.** annehmen, vermuten; **be ~d to ...** sollen; **what is that ~d to mean?** was soll denn das?; **I ~ so** ich nehme es an, vermutlich; **2.** *cj.* angenommen; wie wäre es, wenn; **~'posed** angeblich; **~'pos·ing** → **suppose** 2; **~·po·si·tion** [sʌpə'zɪʃn] Annahme *f*, Vermutung *f*
sup|·press [sə'pres] unterdrücken; **~·pres·sion** [sə'preʃn] Unterdrückung *f*
sup·pu·rate *med.* ['sʌpjʊəreɪt] eitern
su·prem·a·cy [sʊ'preməsɪ] Vormachtstellung *f*
su·preme [su:'pri:m] höchste(r, -s), oberste(r, -s), Ober...; größte(r, -s)
sur·charge 1. [sɜ:'tʃɑ:dʒ] Nachporto *od.* e-n Zuschlag erheben (**on** auf *acc.*); **2.** ['sɜ:tʃɑ:dʒ] Auf-, Zuschlag *m* (**on** auf *acc.*); Nach-, Strafporto *n* (**on** auf *acc.*)
sure [ʃɔ:] **1.** *adj.* (**~r, ~st**) sicher; **~ of o.s.** selbstsicher; **~ of winning** siegessicher; **~ thing!** *bsd. Am.* F (aber) klar!; **be** *od.* **feel ~** sicher sein; **be ~ to ...** vergiss nicht zu ...; **for ~** ganz sicher *od.* bestimmt; **make ~ that** sich (davon) überzeugen, dass; **to be ~** sicher(lich); **2.** *adv.* F sicher, klar; **~ enough** tatsächlich; **'~·ly** sicher(lich); **sur·e·ty** ['ʃɔ:rətɪ] Bürg|e *m*, -in *f*; Bürgschaft *f*, Sicherheit *f*; **stand ~ for s.o.** für j-n bürgen
surf [sɜ:f] **1.** Brandung *f*; **2.** *Sport*: surfen
sur·face ['sɜ:fɪs] **1.** Oberfläche *f*; (*Straßen*)Belag *m*; **2.** auftauchen; *Straße* mit e-m Belag versehen; **3.** Oberflächen...; *fig.* oberflächlich; **'~ mail** gewöhnliche Post (*Gegensatz Luftpost*)
'surf|·board Surfboard *n*, -brett *n*; **'~-**

er Surfer(in), Wellenreiter(in); '**~ing** Surfen *n*, Wellenreiten *n*

surge [sɜːdʒ] **1.** *fig.* Welle *f*, Woge *f*, (*Gefühls*)Aufwallung *f*; **2.** (vorwärts-)drängen; ~ (**up**) aufwallen (*Zorn etc.*)

sur·geon ['sɜːdʒən] Chirurg(in)

sur·ge·ry ['sɜːdʒərɪ] Chirurgie *f*; operativer Eingriff, Operation *f*; *Brt.* Sprechzimmer *n*; *Brt.* Sprechstunde *f*; *a.* **doctor's** ~ Arztpraxis *f*; '**~ hours** *pl. Brt.* Sprechstunde(n *pl.*) *f*

sur·gi·cal ['sɜːdʒɪkl] chirurgisch

sur·ly ['sɜːlɪ] (**-ier, -iest**) mürrisch

sur·name ['sɜːneɪm] Familien-, Nach-, Zuname *m*

sur·pass [sə'pɑːs] *Erwartungen etc.* übertreffen

sur·plus ['sɜːpləs] **1.** Überschuss *m* (**of** an *dat.*); **2.** überschüssig

sur·prise [sə'praɪz] **1.** Überraschung *f*; ***take s.o. by*** ~ j-n überraschen; **2.** überraschen; ***be ~d at*** *od.* ***by*** überrascht sein über (*acc.*)

sur·ren·der [sə'rendə] **1.** *v/i.* ~ ***to*** *mil., a. fig.* sich ergeben (*dat.*), kapitulieren vor (*dat.*); ~ ***to the police*** sich der Polizei stellen; *v/t. et.* übergeben, ausliefern (**to** *dat.*); aufgeben, verzichten auf (*acc.*); ~ ***o.s. to the police*** sich der Polizei stellen; **2.** *mil.* Kapitulation *f* (*a. fig.*); Aufgabe *f*, Verzicht *m*

sur·ro·gate ['sʌrəgeɪt] Ersatz *m*; ~ '**moth·er** Leihmutter *f*

sur·round [sə'raʊnd] umgeben; *Haus etc.* umstellen; **~·ing** umliegend; **~·ings** *pl.* Umgebung *f*

sur·vey 1. [sə'veɪ] (sich) *et.* betrachten (*a. fig.*); *Haus etc.* begutachten; *Land* vermessen; **2.** ['sɜːveɪ] Umfrage *f*; Überblick *m* (**of** über *acc.*); Begutachtung *f*; Vermessung *f*; **~·or** [sə'veɪə] Gutachter(in); Land(ver)messer(in)

sur·viv·al [sə'vaɪvl] Überleben *n* (*a. fig.*); Überbleibsel *n*; ~ **kit** Überlebensausrüstung *f*; ~ **train·ing** Überlebenstraining *n*

sur|·vive [sə'vaɪv] überleben; *Feuer etc.* überstehen (*Gebäude etc.*); erhalten bleiben *od.* sein; **~'vi·vor** Überlebende(r *m*) *f* (**from, of** *gen.*)

sus·cep·ti·ble [sə'septəbl] empfänglich *od.* anfällig (**to** für)

sus·pect 1. [sə'spekt] *j-n* verdächtigen (**of** *gen.*); *et.* vermuten; *et.* an-, bezweifeln; **2.** ['sʌspekt] Verdächtige(r *m*) *f*; **3.** ['sʌspekt] verdächtig, suspekt

sus·pend [sə'spend] *Verkauf, Zahlungen etc.* (vorübergehend) einstellen; *jur. Verfahren, Urteil* aussetzen, *Strafe* zur Bewährung aussetzen; *j-n* suspendieren; vorübergehend ausschließen (**from** aus); *Sport*: *j-n* sperren; (auf)hängen; ***be ~ed*** schweben; **~·er** *Brt.* Strumpfhalter *m*, Straps *m*; Sockenhalter *m*; (*a.* ***a pair of***) **~s** *pl. Am.* Hosenträger *pl.*

sus·pense [sə'spens] Spannung *f*; ***in*** ~ gespannt, voller Spannung

sus·pen·sion [sə'spenʃn] (vorübergehende) Einstellung; Suspendierung *f*; vorübergehender Ausschluss; *Sport*: Sperre *f*; *mot. etc.* Aufhängung *f*; ~ **bridge** Hängebrücke *f*; ~ **rail·way** *bsd. Brt.* Schwebebahn *f*

sus·pi|·cion [sə'spɪʃn] Verdacht *m*; Argwohn *m*, Misstrauen *n*; *fig.* Hauch *m*, Spur *f*; **~·cious** verdächtig; argwöhnisch, misstrauisch

sus·tain [sə'steɪn] *j-n* stärken; *Interesse etc.* aufrechterhalten; *Schaden, Verlust* erleiden; *jur. e-m Einspruch etc.* stattgeben

SW *nur geschr. Abk. für*: ***southwest*** SW, Südwest(en *m*); ***southwest(ern)*** sw, südwestlich

swab *med.* [swɒb] **1.** Tupfer *m*; Abstrich *m*; **2.** (**-bb-**) *Wunde* abtupfen

swad·dle ['swɒdl] *Baby* wickeln

swag·ger ['swægə] stolzieren

swal·low¹ ['swɒləʊ] **1.** (hinunter-)schlucken (*a. fig.*); *Beleidigung* einstecken, schlucken; F für bare Münze nehmen; **2.** Schluck *m*

swal·low² *zo.* ['swɒləʊ] Schwalbe *f*

swam [swæm] *pret. von* ***swim*** 1

swamp [swɒmp] **1.** Sumpf *m*; **2.** überschwemmen; ***be ~ed with*** *fig.* überschwemmt werden mit; '**~·y** (**-ier, -iest**) sumpfig

swan *zo.* [swɒn] Schwan *m*

swank F [swæŋk] **1.** angeben; **2.** Angabe *f*; Angeber(in); '**~·y** (**-ier, -iest**) F schick, piekfein; angeberisch

swap F [swɒp] **1.** (**-pp-**) (ein)tauschen; **2.** Tausch *m*

swarm [swɔːm] **1.** Schwarm *m* (*Bienen, Touristen etc.*); **2.** schwärmen (*Bienen*), (*Menschen a.*) strömen; wimmeln (**with** von)

S

swar·thy ['swɔːðɪ] (*-ier, -iest*) dunkel (*Haut*), dunkelhäutig (*Person*)
swat [swɒt] (*-tt-*) *Fliege etc.* totschlagen
sway [sweɪ] **1.** *v/i.* sich wiegen, schaukeln; ~ ***between*** *fig.* schwanken zwischen (*dat.*); *v/t.* hin- u. herbewegen, schwenken, *s-n Körper* wiegen; beeinflussen; **2.** Schwanken *n*, Schaukeln *n*
swear [sweə] (***swore, sworn***) fluchen; schwören; ~ ***at s.o.*** j-n wüst beschimpfen; ~ ***by*** *fig.* F schwören auf (*acc.*); ~ ***s.o. in*** j-n vereidigen
sweat [swet] **1.** (***sweated***, *Am. a.* ***sweat***) *v/i.* schwitzen (***with*** vor *dat.*); *v/t.* ~ ***out*** *Krankheit* ausschwitzen; ~ ***blood*** F sich abrackern (***over*** mit); **2.** Schweiß *m*; F Schufterei *f*; ***get in***(***to***) ***a*** ~ *fig.* F ins Schwitzen geraten *od.* kommen; '**~·er** Pullover *m*; '**~·shirt** Sweatshirt *n*; '**~·y** (*-ier, -iest*) schweißig, verschwitzt; nach Schweiß riechend, Schweiß...; schweißtreibend
Swede [swiːd] Schwed|e *m*, -in *f*; **Swe·den** ['swiːdn] Schweden *n*; **Swe·dish** ['swiːdɪʃ] **1.** schwedisch; **2.** *ling.* Schwedisch *n*
sweep [swiːp] **1.** (***swept***) *v/t.* kehren, fegen; fegen über (*acc.*) (*Sturm etc.*); *Horizont etc.* absuchen (***for*** nach); *fig. Land etc.* überschwemmen; ~ ***along*** mitreißen; *v/i.* kehren, fegen; rauschen (*Person*); **2.** Kehren *n*, Fegen *n*; Hieb *m*, Schlag *m*; F Schornsteinfeger(in), Kaminkehrer(in); ***give the floor a good*** ~ den Boden gründlich kehren *od.* fegen; ***make a clean*** ~ gründlich aufräumen; *Sport*: gründlich abräumen; '**~·er** (*Straßen*)Kehrer(in); Kehrmaschine *f*; *Fußball*: Libero *m*; '**~·ing** durchgreifend (*Änderung etc.*); pauschal, zu allgemein; '**~·ings** *pl.* Kehricht *m*
sweet [swiːt] **1.** süß (*a. fig.*); lieblich; lieb; ~ ***nothings*** *pl.* Zärtlichkeiten *pl.*; ***have a*** ~ ***tooth*** gern naschen; **2.** *Brt.* Süßigkeit *f*, Bonbon *m*, *n*; *Brt.* Nachtisch *m*; '**~ corn** *bsd. Brt. bot.* Zuckermais *m*; '**~·en** süßen; '**~·heart** Schatz *m*, Liebste(r *m*) *f*; ~ '**pea** *bot.* Gartenwicke *f*; '**~ shop** *bsd. Brt.* Süßwarengeschäft *n*
swell [swel] **1.** (***swelled, swollen*** *od.* ***swelled***) *v/i. a.* ~ ***up*** *med.* (an)schwellen; *a.* ~ ***out*** sich blähen (*Segel*); *v/t. fig. Zahl etc.* anwachsen lassen; *a.* ~ ***out*** *Segel* blähen; **2.** *naut.* Dünung *f*; **3.** *Am.* F klasse; '**~·ing** *med.* Schwellung *f*
swel·ter ['sweltə] vor Hitze fast umkommen
swept [swept] *pret. u. p.p. von* **sweep** 1
swerve [swɜːv] **1.** schwenken (***to the left*** nach links), e-n Schwenk machen; *fig.* abweichen (***from*** von); **2.** Schwenk(ung *f*) *m*, *mot. etc. a.* Schlenker *m*
swift [swɪft] schnell
swim [swɪm] **1.** (***-mm-; swam, swum***) *v/i.* schwimmen; *fig.* verschwimmen; ***my head was*** **~*ming*** mir drehte sich alles; *v/t. Strecke* schwimmen; *Fluss etc.* durchschwimmen; **2.** Schwimmen *n*; ***go for a*** ~ schwimmen gehen; '**~·mer** Schwimmer(in)
'**swim·ming** Schwimmen *n*; '**~ bath**(**s** *pl.*) *Brt.* Schwimm-, *bsd.* Hallenbad *n*; '**~ cap** Badekappe *f*, -mütze *f*; '**~ costume** Badeanzug *m*; '**~ pool** Swimmingpool *m*, Schwimmbecken *n*; '**~ trunks** *pl.* Badehose *f*
'**swim·suit** Badeanzug *m*
swin·dle ['swɪndl] **1.** *j-n* beschwindeln (***out of*** um); ⚠ *nicht* ***schwindeln*** (*lügen*); **2.** Schwindel *m*
swine [swaɪn] (*pl. zo.* ***swine***, *sl. contp. a.* ***swines***) Schwein *n*
swing [swɪŋ] **1.** (***swung***) *v/i.* (hin- u. her)schwingen; sich schwingen; einbiegen, -schwenken (***into*** in *acc.*); *mus.* schwungvoll spielen (*Band etc.*); Schwung haben (*Musik*); ~ ***round*** sich ruckartig umdrehen; ~ ***shut*** zuschlagen (*Tor etc.*); *v/t. et., die Arme etc.* schwingen; **2.** Schwingen *n*; Schaukel *f*; *fig.* Schwung *m*; *fig.* Umschwung *m*; ***in full*** ~ in vollem Gang; ~ '**door** Pendeltür *f*
swin·ish ['swaɪnɪʃ] ekelhaft
swipe [swaɪp] **1.** Schlag *m*; **2.** schlagen (***at*** nach)
swirl [swɜːl] **1.** wirbeln; **2.** Wirbel *m*
swish[1] [swɪʃ] **1.** *v/i.* sausen, zischen; rascheln (*Seide etc.*); *v/t.* mit *dem Schwanz* schlagen; **2.** Sausen *n*, Zischen *n*; Rascheln *n*; Schlagen *n* (*mit dem Schwanz*)
swish[2] F [swɪʃ] feudal, schick
Swiss [swɪs] **1.** schweizerisch, eidgenössisch, Schweizer...; **2.** Schweizer(in); ***the*** ~ *pl.* die Schweizer *pl.*
switch [swɪtʃ] **1.** *electr., tech.* Schalter

S

m; *Am. rail.* Weiche *f*; Gerte *f*, Rute *f*; *fig.* Umstellung *f*; **2.** *electr.*, *tech.* (um)schalten (*a.* ~ ***over***) (***to*** auf *acc.*); *Am. rail.* rangieren; wechseln (***to*** zu); ~ ***off*** ab-, ausschalten; ~ ***on*** an-, einschalten; **'~·board** *electr.* Schalttafel *f*; (Telefon)Zentrale *f*
Swit·zer·land ['swɪtsələnd] die Schweiz
swiv·el ['swɪvl] (*bsd. Brt.* **-ll-**, *Am.* **-l-**) (sich) drehen; **'~ chair** Drehstuhl *m*
swol·len ['swəʊlən] *p.p. von* ***swell*** 1
swoon [swu:n] in Ohnmacht fallen
swoop [swu:p] **1.** *fig.* F zuschlagen (*Polizei etc.*); *a.* ~ ***down*** herabstoßen (***on*** auf *acc.*) (*Raubvogel*); ~ ***on*** F herfallen über (*acc.*); **2.** Razzia *f*
swop F [swɒp] → ***swap***
sword [sɔ:d] Schwert *n*
swore [swɔ:] *pret. von* ***swear***
sworn [swɔ:n] *p.p. von* ***swear***
swum [swʌm] *p.p. von* ***swim*** 1
swung [swʌŋ] *pret. u. p.p. von* ***swing*** 1
syc·a·more *bot.* ['sɪkəmɔ:] Bergahorn *m*; *Am.* Platane *f*
syl·la·ble ['sɪləbl] Silbe *f*
syl·la·bus *ped.*, *univ.* ['sɪləbəs] (*pl.* ***-buses, -bi*** [-baɪ]) Lehrplan *m*
sym·bol ['sɪmbl] Symbol *n*; **~·ic** [sɪm'bɒlɪk] (***~ally***) symbolisch; **~·is·m** ['sɪmbəlɪzəm] Symbolik *f*; **~·ize** ['sɪmbəlaɪz] symbolisieren
sym|·met·ri·cal [sɪ'metrɪkl] symmetrisch; **~·me·try** ['sɪmɪtrɪ] Symmetrie *f*
sym·pa|·thet·ic [sɪmpə'θetɪk] (***~ally***) mitfühlend; verständnisvoll; wohlwollend; ⚠ *nicht* ***sympathisch***; **~·thize** ['sɪmpəθaɪz] mitfühlen; sympathisieren; **~·thy** ['sɪmpəθɪ] Mitgefühl *n*; Verständnis *n*; ⚠ *nicht* ***Sympathie***
sym·pho·ny ['sɪmfənɪ] Sinfonie *f*
symp·tom ['sɪmptəm] Symptom *n*
syn·chro|·nize ['sɪŋkrənaɪz] *v/t.* aufeinander abstimmen; *Uhren*, *Film* synchronisieren; *v/i.* synchron gehen (*Uhren*) *od.* sein (*Film*)
syn·o·nym ['sɪnənɪm] Synonym *n*; **sy·non·y·mous** [sɪ'nɒnɪməs] synonym; gleichbedeutend
syn·tax *gr.* ['sɪntæks] Syntax *f*, Satzlehre *f*
syn·the·sis ['sɪnθəsɪs] (*pl.* **-ses** [-si:z]) Synthese *f*
syn·thet·ic *chem.* [sɪn'θetɪk] (***~ally***) synthetisch; ~ **'fi·bre** (*Am.* **fi·ber**) Kunstfaser *f*
Syr·i·a ['sɪrɪə] Syrien *n*
sy·ringe ['sɪrɪndʒ] Spritze *f*
syr·up ['sɪrəp] Sirup *m*
sys·tem ['sɪstəm] System *n*; (*Straßen- etc.*)Netz *n*; Organismus *m*
sys·te·mat·ic [sɪstə'mætɪk] (***~ally***) systematisch
'sys·tem er·ror *Computer*: Systemfehler *m*

T

T, t [ti:] T, t *n*
t *nur geschr. Abk. für* ***ton(s)*** Tonne(n *pl.*) *f* (*Brt. 1016 kg, Am. 907,18 kg*)
ta *Brt. int.* F [tɑ:] danke
tab [tæb] Aufhänger *m*, Schlaufe *f*; Lasche *f*; Etikett *n*, Schildchen *n*; Reiter *m* (*Karteikartenzeichen*); F Rechnung *f*
ta·ble ['teɪbl] **1.** Tisch *m*; Tisch *m*, (Tisch)Runde *f*; Tabelle *f*, Verzeichnis *n*; *math.* Einmaleins *n*; ***at ~*** bei Tisch; ***at the ~*** am Tisch; ***turn the ~s (on s.o.)*** *fig.* den Spieß umdrehen; **2.** *fig.* auf den Tisch legen; *bsd. Am. fig.* zurückstellen; **'~·cloth** Tischdecke *f*, -tuch *n*; **'~·land** Tafelland *n*, Plateau *n*, Hochebene *f*; **'~ lin·en** Tischwäsche *f*; **'~·mat** Untersetzer *m* (*für heiße Gefäße*); **'~·spoon** Esslöffel *m*
tab·let ['tæblɪt] Tablette *f*; Stück *n* (*Seife*); (*Stein- etc.*)Tafel *f*; ⚠ *nicht* ***Tablett***
'table| ten·nis *Sport*: Tischtennis *n*; **'~·top** Tischplatte *f*; **'~·ware** Geschirr *n* u. Besteck *n*
tab·loid ['tæblɔɪd] Boulevardblatt *n*, -zeitung *f*; **'~ press** Boulevardpresse *f*

ta·boo [tə'buː] **1.** tabu; **2.** (*pl.* **-boos**) Tabu *n*
tab·u|·lar ['tæbjʊlə] tabellarisch; **~·late** ['tæbjʊleɪt] tabellarisch (an)ordnen; **'~·la·tor** Tabulator *m*
tach·o·graph *mot.* ['tækəʊgrɑːf] Fahrt(en)schreiber *m*
ta·chom·e·ter *mot.* [tæ'kɒmɪtə] Drehzahlmesser *m*
ta·cit ['tæsɪt] stillschweigend; **ta·ci·turn** ['tæsɪtɜːn] schweigsam, wortkarg
tack [tæk] **1.** Stift *m*, (Reiß)Zwecke *f*; Heftstich *m*; **2.** heften (**to** an *acc.*); **~ on** anfügen (**to** *dat.*)
tack·le ['tækl] **1.** *Problem etc.* angehen; *Fußball etc.*: *ballführenden Gegner* angreifen; *j-n* zur Rede stellen (**about** wegen); **2.** *tech.* Flaschenzug *m*; (*Angel*)Gerät(e *pl.*) *n*; *Fußball etc.*: Angriff *m* (*auf e-n ballführenden Gegner*)
tack·y ['tækɪ] (**-ier, -iest**) klebrig; *bsd. Am.* F schäbig
tact [tækt] Takt *m*, Feingefühl *n*; **'~·ful** taktvoll
tac·tics ['tæktɪks] *pl. u. sg.* Taktik *f*
'tact·less taktlos
tad·pole *zo.* ['tædpəʊl] Kaulquappe *f*
taf·fe·ta ['tæfɪtə] Taft *m*
taf·fy *Am.* ['tæfɪ] → **toffee**
tag [tæg] **1.** Etikett *n*; (*Namens-*, *Preis*)Schild *n*; (Schnürsenkel)Stift *m*; stehende Redensart *f*; *a.* **question ~** *gr.* Frageanhängsel *n*; **2.** (**-gg-**) etikettieren; *Waren* auszeichnen; anhängen; **~ along** F mitgehen, -kommen; **~ along behind s.o.** hinter j-m hertrotten
tail [teɪl] **1.** Schwanz *m*; Schweif *m*; hinterer Teil; F Schatten *m*, Beschatter(in); **put a ~ on** *j-n* beschatten lassen; **turn ~** *fig.* sich auf dem Absatz umdrehen; **with one's ~ between one's legs** *fig.* mit eingezogenem Schwanz; **~s** *pl.* Rück-, Kehrseite *f* (*e-r Münze*); Frack *m*; **2.** F *j-n* beschatten; **~ back** *bsd. Brt. mot.* sich stauen (**to** bis zu); **~ off** schwächer werden, abnehmen, nachlassen; **'~·back** *bsd. Brt. mot.* Rückstau *m*; **~'coat** Frack *m*; **~ 'end** Ende *n*, Schluss *m*; **'~·light** *mot.* Rücklicht *n*
tai·lor ['teɪlə] **1.** Schneider *m*; **2.** schneidern; **~-'made** Maß...; maßgeschneidert (*a. fig.*)
'tail| pipe *Am. tech.* Auspuffrohr *n*; **'~·wind** Rückenwind *m*
taint·ed ['teɪntɪd] verdorben (*Fleisch etc.*); *fig.* befleckt, belastet
take [teɪk] **1.** (**took, taken**) *v/t.* nehmen; (weg)nehmen; mitnehmen; bringen; *mil. Stadt etc.* einnehmen; *Schach etc.*: *Figur*, *Stein* schlagen; *Gefangene* machen; *Prüfung etc.* machen; *univ. Fachgebiet* studieren; *Preis etc.* erringen; *Scheck etc.* (an)nehmen; *Rat* annehmen; *Medizin etc.* einnehmen; *et.* hinnehmen; fassen; Platz bieten für; *et.* aushalten, ertragen; *phot. et.* aufnehmen, *Aufnahme* machen; *Temperatur* messen; *Notiz* machen, niederschreiben; *ein Bad* nehmen; *Zug*, *Bus*, *Weg etc.* nehmen; *Gelegenheit*, *Maßnahmen* ergreifen; *Mut* fassen; *Anstoß* nehmen; *Zeit*, *Geduld etc.* erfordern, brauchen; *Zeit* dauern; **it took her four hours** sie brauchte vier Stunden; **I ~ it that** ich nehme an, dass; **~ it or leave it** F mach, was du willst; **~n all in all** im Großen (u.) Ganzen; **be ~n** besetzt sein (*Platz*); **be ~n by** *od.* **with** angetan sein von; **be ~n ill** *od.* **sick** erkranken, krank werden; **~ to bits** *od.* **pieces** auseinander nehmen, zerlegen; **~ the blame** die Schuld auf sich nehmen; **~ care** vorsichtig sein, aufpassen; **~ care!** F mach's gut!; → **care** 1; **~ hold of** ergreifen; **~ part** teilnehmen (**in** an *dat.*); → **part** 1; **~ pity on** Mitleid haben mit; **~ a walk** e-n Spaziergang machen; **~ my word for it** verlass dich drauf; → **advice, bath** 1, **break** 1, **lead**[1] 2, **message, oath, place** 1, **prisoner, risk** 1, **seat** 1, **step** 1, **trouble** 1, **turn** 2, etc.; *v/i. med.* wirken, anschlagen; **~ after** *j-m* nachschlagen, ähneln; **~ along** mitnehmen; **~ apart** auseinander nehmen (*a. fig.* F), zerlegen; **~ away** wegnehmen (**from s.o.** j-m); **... to ~ away** *Brt.* ... zum Mitnehmen (*Essen*); **~ back** zurückbringen; zurücknehmen; bei *j-m* Erinnerungen wachrufen; *j-n* zurückversetzen (**to** in *acc.*); **~ down** herunter-, abnehmen; *Hose* herunterlassen; auseinander nehmen, zerlegen; (sich) *et.* aufschreiben *od.* notieren; sich *Notizen* machen; **~ for: what do you ~ me for?** wofür hältst du mich eigentlich?; **~ from** *j-m et.* wegnehmen; *math.* abziehen von; **~ in** *j-n* (bei sich) aufnehmen; *fig. et.* einschließen; *Kleidungsstück* en-

T

ger machen; *et.* begreifen; *j-n* hereinlegen; ***be ~n in by*** hereinfallen auf (*acc.*); ***~ off*** *Kleidungsstück* ablegen, ausziehen, *Hut etc.* abnehmen; *et.* ab-, wegnehmen, abziehen; *aviat.*, *Raumfahrt*: abheben; *Sport*: abspringen; F sich aufmachen; ***~ a day off*** sich e-n Tag frei nehmen; ***~ on*** *j-n* einstellen; *Arbeit etc.* an-, übernehmen; *Farbe*, *Ausdruck etc.* annehmen; sich anlegen mit; ***~ out*** herausnehmen, *Zahn* ziehen; *j-n* ausführen, ausgehen mit; *Versicherung* abschließen; *s-n Frust etc.* auslassen (***on*** an *dat.*); ***~ over*** *Amt*, *Macht*, *Verantwortung etc.* übernehmen; die Macht übernehmen; ***~ to*** Gefallen finden an (*dat.*); ***~ to doing s.th.*** anfangen, et. zu tun; ***~ up*** *Vorschlag etc.* aufgreifen; *Zeit etc.* in Anspruch nehmen, *Platz* einnehmen; *Erzählung etc.* aufnehmen; ***~ up doing s.th.*** anfangen, sich mit et. zu beschäftigen; ***~ up with*** sich einlassen mit; **2.** *Film*, *TV*: Einstellung *f*; F Einnahmen *pl.*

'take·a·way *Brt.* **1.** Essen *n* zum Mitnehmen; **2.** Restaurant *n* mit Straßenverkauf

tak·en ['teɪkən] *p.p. von* ***take*** 1

'take·off *aviat.*, *Raumfahrt*: Abheben *n*, Start *m*; *Sport*: Absprung *m*

tak·ings ['teɪkɪŋz] *pl.* Einnahmen *pl.*

tale [teɪl] Erzählung *f*; Geschichte *f*; Lüge(ngeschichte) *f*, Märchen *n*; ***tell ~s*** petzen

tal·ent ['tælənt] Talent *n* (*a. Person*), Begabung *f*; **'~·ed** talentiert, begabt

tal·is·man ['tælɪzmən] Talisman *m*

talk [tɔːk] **1.** *v/i.* reden, sprechen, sich unterhalten (***to, with*** mit; ***about*** über *acc.*; ***of*** von); ***~ about s.th.*** *a.* et. besprechen; ***s.o. to ~ to*** Ansprechpartner(in); *v/t. Unsinn etc.* reden; reden *od.* sprechen *od.* sich unterhalten über (*acc.*); ***~ s.o. into s.th.*** j-n zu et. überreden; ***~ s.o. out of s.th.*** j-m et. ausreden; ***~ s.th. over*** *Problem etc.* besprechen (***with*** mit); ***~ round*** *j-n* bekehren (***to*** zu), umstimmen; **2.** Gespräch *n*, Unterhaltung *f* (***with*** mit; ***about*** über *acc.*); Vortrag *m*; Sprache *f* (*Art zu reden*); Gerede *n*, Geschwätz *n*; ***give a ~*** e-n Vortrag halten (***to*** vor *dat.*; ***about, on*** über *acc.*); ***be the ~ of the town*** Stadtgespräch sein; ***baby ~*** Babysprache *f*, kindliches Gebabbel; → ***small talk***

talk|·a·tive ['tɔːkətɪv] gesprächig, geschwätzig, redselig; **'~·er:** ***be a good ~*** gut reden können; **'~·ing-to** (*pl.* ***-tos***) F Standpauke *f*; ***give s.o. a ~*** j-m e-e Standpauke halten; **'~ show** *bsd. Am. TV* Talkshow *f*; **~show 'host** *bsd. Am. TV* Talkmaster *m*

tall [tɔːl] groß (*Person*), hoch (*Gebäude etc.*)

tal·low ['tæləʊ] Talg *m*

tal·ly¹ ['tælɪ] *Sport etc.*: Stand *m*; ***keep a ~ of*** Buch führen über (*acc.*)

tal·ly² ['tælɪ] übereinstimmen (***with*** mit); *a.* ***~ up*** zusammenrechnen, -zählen

tal·on *zo.* ['tælən] Kralle *f*, Klaue *f*

tame [teɪm] **1.** (***~r, ~st***) *zo.* zahm; fad(e), lahm; **2.** *Tier* zähmen (*a. fig.*)

tam·per ['tæmpə]: ***~ with*** sich zu schaffen machen an (*dat.*)

tam·pon *med.* ['tæmpən] Tampon *m*

tan [tæn] **1.** (***-nn-***) *Fell* gerben; bräunen; braun werden; **2.** Gelbbraun *n*; Bräune *f*; **3.** gelbbraun

tang [tæŋ] (scharfer) Geruch *od.* Geschmack

tan·gent ['tændʒənt] *math.* Tangente *f*; ***fly*** *od.* ***go off at a ~*** plötzlich (vom Thema) abschweifen

tan·ge·rine *bot.* [tændʒə'riːn] Mandarine *f*

tan·gi·ble ['tændʒəbl] greifbar, *fig. a.* handfest, klar

tan·gle ['tæŋgl] **1.** (sich) verwirren *od.* verheddern, durcheinanderbringen; durcheinanderkommen; **2.** Gewirr *n*, *fig. a.* Wirrwarr *m*, Durcheinander *n*

tank [tæŋk] *mot. etc.* Tank *m*; *mil.* Panzer *m*

tank·ard ['tæŋkəd] (Bier)Humpen *m*

tank·er ['tæŋkə] *naut.* Tanker *m*, Tankschiff *n*; *aviat.* Tankflugzeug *n*; *mot.* Tankwagen *m*

tan|·ner ['tænə] Gerber *m*; **~·ne·ry** ['tænərɪ] Gerberei *f*

tan·ta|·lize ['tæntəlaɪz] *j-n* aufreizen; **'~·liz·ing** verlockend

tan·ta·mount ['tæntəmaʊnt]: ***be ~ to*** gleichbedeutend sein mit, hinauslaufen auf (*acc.*)

tan·trum ['tæntrəm] Wutanfall *m*

tap¹ [tæp] **1.** *tech.* Hahn *m*; ***beer on ~*** Bier *n* vom Fass; **2.** (***-pp-***) *Naturschätze etc.* erschließen; *Vorräte etc.* angreifen;

Telefon(leitung) anzapfen, abhören; *Fass* anzapfen, anstechen

tap² [tæp] **1.** (**-pp-**) mit *den Fingern, Füßen* klopfen, mit *den Fingern* trommeln (**on** auf *acc.*); antippen; **~ s.o. on the shoulder** j-m auf die Schulter klopfen; **~ on** (leicht) klopfen an (*acc.*) *od.* auf *acc. od.* gegen; **2.** (leichtes) Klopfen; Klaps *m*; **'~ dance** Stepptanz *m*

tape [teɪp] **1.** (schmales) Band; Kleb(e)streifen *m*; (Magnet-, Video-, Ton)Band *n*; (*Video- etc.*)Kassette *f*; (Band)Aufnahme *f*; *TV* Aufzeichnung *f*; *Sport*: Zielband *n*; → **red tape**; **2.** (auf Band) aufnehmen; *TV* aufzeichnen; *a.* **~ up** (mit Klebeband) zukleben; **'~ deck** Tapedeck *n*; **'~ meas·ure** Bandmaß *n*, Maß-, Messband *n*

ta·per ['teɪpə] *a.* **~ off** spitz zulaufen, sich verjüngen; *fig.* langsam nachlassen

'tape| re·cord·er Tonbandgerät *n*; **'~ re·cord·ing** Tonbandaufnahme *f*

ta·pes·try ['tæpɪstrɪ] Gobelin *m*, Wandteppich *m*

'tape·worm *zo.* Bandwurm *m*

taps *bsd. Am.* [tæps] *pl.* Zapfenstreich *m*

'tap water Leitungswasser *n*

tar [tɑː] **1.** Teer *m*; **2.** (**-rr-**) teeren

tare *econ.* [teə] Tara *f*

tar·get ['tɑːgɪt] (Schieß-, Ziel)Scheibe *f*; *mil.* Ziel *n*; *fig.* Ziel *n*, *econ. a.* Soll *n*; *fig.* Zielscheibe *f* (*des Spottes etc.*); **'~ ar·e·a** *mil.* Zielbereich *m*; **'~ group** *Werbung*: Zielgruppe *f*; **'~ lan·guage** Zielsprache *f*; **'~ prac·tice** Scheiben-, Übungsschießen *n*

tar·iff ['tærɪf] Zoll(tarif) *m*; *bsd. Brt.* Preisverzeichnis *n* (*in Hotel etc.*)

tar·mac ['tɑːmæk] Asphalt *m*; *aviat.* Rollfeld *n*, -bahn *f*

tar·nish ['tɑːnɪʃ] anlaufen (*Metall*); *Ansehen etc.* beflecken

tart¹ [tɑːt] *bsd. Brt.* Obstkuchen *m*; Obsttörtchen *n*; F Flittchen *n*, Nutte *f*

tart² [tɑːt] herb, sauer; scharf (*a. fig.*)

tar·tan ['tɑːtn] Tartan *m*: Schottenstoff *m*; Schottenmuster *n*

tar·tar ['tɑːtə] Zahnstein *m*; *chem.* Weinstein *m*

task [tɑːsk] Aufgabe *f*; **take s.o. to ~** *fig.* j-n zurechtweisen (**for** wegen); **'~ force** *mil., Polizei*: Sonder-, Spezialeinheit *f*

tas·sel ['tæsl] Troddel *f*, Quaste *f*

taste [teɪst] **1.** Geschmack(ssinn) *m*; Geschmack *m* (*a. fig.*); Kostprobe *f*; Vorliebe *f* (**for** für); **2.** *v/t.* kosten, probieren; schmecken; *v/i.* schmecken (**of** nach); **'~·ful** *fig.* geschmackvoll; **'~·less** geschmacklos (*a. fig.*)

tast·y ['teɪstɪ] (**-ier, -iest**) schmackhaft

ta·ta *int. Brt.* F [tæ'tɑː] tschüs(s)!

tat·tered ['tætəd] zerlumpt

tat·tle ['tætl] klatschen, tratschen

tat·too¹ [tə'tuː] **1.** (*pl.* **-toos**) Tätowierung *f*; **2.** (ein)tätowieren

tat·too² *mil.* [tə'tuː] (*pl.* **-toos**) Zapfenstreich *m*; (abendliche) Musikparade

taught [tɔːt] *pret. u. p.p. von* **teach**

taunt [tɔːnt] **1.** verhöhnen, -spotten; **2.** Stichelei *f*, höhnische *od.* spöttische Bemerkung

Tau·rus *astr.* ['tɔːrəs] Stier *m*; **he/she is (a) ~** er/sie ist (ein) Stier

taut [tɔːt] straff; *fig.* angespannt

taw·dry ['tɔːdrɪ] (**-ier, -iest**) (billig u.) geschmacklos

taw·ny ['tɔːnɪ] (**-ier, -iest**) gelbbraun

tax [tæks] **1.** Steuer *f* (**on** auf *acc.*); **2.** besteuern; *j-s Geduld etc.* strapazieren; **~·a·tion** [tæk'seɪʃn] Besteuerung *f*

tax·i ['tæksɪ] **1.** Taxi *n*, Taxe *f*; **2.** *aviat.* rollen; **'~ driv·er** Taxifahrer(in); **'~ rank, '~ stand** Taxistand *m*

'tax|·pay·er Steuerzahler(in); **'~ re·turn** Steuererklärung *f*

T-bar ['tiːbɑː] Bügel *m*; *a.* **~ lift** Schlepplift *m*

tea [tiː] Tee *m*; **have a cup of ~** e-n Tee trinken; **make some ~** e-n Tee machen *od.* kochen; → **high tea**; **'~·bag** Tee-, Aufgussbeutel *m*

teach [tiːtʃ] (**taught**) lehren, unterrichten (in *dat.*); *j-m et.* beibringen; unterrichten (**at** an *e-r Schule*); **'~·er** Lehrer(in)

'tea| co·sy Teewärmer *m*; **'~·cup** Teetasse *f*; **a storm in a ~** *fig.* ein Sturm im Wasserglas

team [tiːm] *Sport*: Mannschaft *f*, Team *n*, *Fußball a.* Elf *f*; Team *n*, Arbeitsgruppe *f*; **~·ster** *Am.* ['tiːmstə] LKW-Fahrer *m*; **'~·work** Zusammenarbeit *f*, Teamwork *n*; Zusammenspiel *n*

'tea·pot Teekanne *f*

tear¹ [tɪə] Träne *f*; **in ~s** weinend, in Tränen (aufgelöst)

tear² [teə] **1.** (**tore, torn**) *v/t.* zerreißen; sich *et.* zerreißen (**on** an *dat.*); weg-,

T

losreißen (***from*** von); *v/i.* (zer)reißen; F rasen, sausen; ~ ***down*** *Plakat etc.* herunterreißen; *Haus etc.* abreißen; ~ ***off*** abreißen; sich *Kleidung* vom Leib reißen; ~ ***out*** (her)ausreißen; ~ ***up*** aufreißen; zerreißen; **2.** Riss *m*
'tear|·drop Träne *f*; **'~·ful** weinend; tränenreich (*Abschied etc.*)
'tea·room Teestube *f*
tease [ti:z] necken, hänseln; ärgern
'tea·spoon Teelöffel *m*
teat [ti:t] *zo.* Zitze *f*; *Brt.* (Gummi)Sauger *m* (*e-r Saugflasche*)
tech·ni·cal ['teknɪkl] technisch; fachlich, Fach...; **~·i·ty** [teknɪ'kælətɪ] technische Einzelheit; reine Formsache
tech·ni·cian [tek'nɪʃn] Techniker(in)
tech·nique [tek'ni:k] Technik *f*, Verfahren *n*; ⚠ *nicht* ***Technik*** (*Technologie*)
tech·nol·o·gy [tek'nɒlədʒɪ] Technologie *f*; Technik *f*
ted·dy bear ['tedɪ -] Teddybär *m*
te·di·ous ['ti:djəs] langweilig, ermüdend
teem [ti:m]: ~ ***with*** wimmeln von, strotzen von *od.* vor (*dat.*)
teen|-age(d) ['ti:neɪdʒ(d)] im Teenageralter; für Teenager; **'~·ag·er** Teenager *m*
teens [ti:nz] *pl.*: ***be in one's*** ~ im Teenageralter sein
tee·ny F ['ti:nɪ], **~-wee·ny** F [ti:nɪ'wi:nɪ] (***-ier, -iest***) klitzeklein, winzig
tee shirt ['ti:ʃɜ:t] → ***T-shirt***
teeth [ti:θ] *pl. von* ***tooth***
teethe [ti:ð] zahnen
tee·to·tal·(l)er [ti:'təʊtlə] Abstinenzler(in)
tel·e·cast ['telɪkɑ:st] Fernsehsendung *f*
tel·e·com·mu·ni·ca·tions [telɪkəmju:nɪ'keɪʃnz] *pl.* Telekommunikation *f*, Fernmeldewesen *n*
tel·e·gram ['telɪgræm] Telegramm *n*
tel·e·graph ['telɪgrɑ:f] **1.** ***by*** ~ telegrafisch; **2.** telegrafieren; **~·ic** [telɪ'græfɪk] (***~ally***) telegrafisch
te·leg·ra·phy [tɪ'legrəfɪ] Telegrafie *f*
tel·e·phone ['telɪfəʊn] (→ *a.* ***phone*** 1, 2 *u. Zssgn*) **1.** Telefon *n*; **2.** telefonieren; anrufen; **'~ booth** *bsd. Am.*, **'~ box** *Brt.* Telefon-, Fernsprechzelle *f*; **'~ call** Telefonanruf *n*, -gespräch *n*; **'~ di·rec·to·ry** → ***phone book***; **'~ ex·change** Fernsprechamt *n*; **'~ num·ber** Telefonnummer *f*
te·leph·o·nist *bsd. Brt.* [tɪ'lefənɪst] Telefonist(in)
tel·e·pho·to lens *phot.* [telɪfəʊtəʊ 'lenz] Teleobjektiv *n*
tel·e·print·er ['telɪprɪntə] Fernschreiber *m*
tel·e·scope ['telɪskəʊp] Teleskop *n*, Fernrohr *n*
tel·e·text ['telɪtekst] Tele-, Videotext *m*
tel·e·type·writ·er *bsd. Am.* [telɪ'taɪpraɪtə] Fernschreiber *m*
tel·e·vise ['telɪvaɪz] im Fernsehen übertragen *od.* bringen
tel·e·vi·sion ['telɪvɪʒn] Fernsehen *n*; Fernseh...; ***on*** ~ im Fernsehen; ***watch*** ~ fernsehen; *a.* ~ ***set*** Fernsehapparat *m*, -gerät *n*
tel·ex ['teleks] **1.** Telex *n*, Fernschreiben *n*; **2.** telexen (***to*** an), *j-m et.* per Fernschreiber mitteilen
tell [tel] (***told***) *v/t.* sagen; erzählen; erkennen (***by*** an *dat.*); *Namen etc.* nennen; *et.* anzeigen; *j-m* sagen, befehlen (***to do*** zu tun); ***I can't ~ one from the other, I can't ~ them apart*** ich kann sie nicht auseinanderhalten; *v/i.* sich auswirken (***on*** bei, auf *acc.*), sich bemerkbar machen; ***who can ~?*** wer weiß?; ***you can never ~, you never can ~*** man kann nie wissen; ~ ***against*** sprechen gegen; von Nachteil sein für; ~ ***off*** F *j-m* Bescheid stoßen (***for*** wegen); ~ ***on s.o.*** j-n verpetzen *od.* verraten; **'~·er** *bsd. Am.* Kassierer(in) (*e-r Bank*); **'~·ing** aufschlussreich; **'~·tale 1.** verräterisch; **2.** F Petze *f*
tel·ly *Brt.* F ['telɪ] Fernseher *m* (*Gerät*)
te·mer·i·ty [tɪ'merətɪ] Frechheit *f*, Kühnheit *f*
tem·per ['tempə] **1.** *tech.* Härte(grad *m*) *f*; Temperament *n*, Wesen(sart *f*) *n*; Laune *f*, Stimmung *f*; ***keep one's*** ~ sich beherrschen, ruhig bleiben; ***lose one's*** ~ die Beherrschung verlieren; **2.** *tech. Stahl* härten
tem·pe|·ra·ment ['tempərəmənt] Temperament *n*, Naturell *n*, Wesen(sart *f*) *n*; **~·ra·men·tal** [tempərə'mentl] launisch; von Natur aus
tem·pe·rate ['tempərət] gemäßigt (*Klima, Zone*)
tem·pe·ra·ture ['temprətʃə] Tempera-

tur *f*; ***have*** *od.* ***be running a ~*** erhöhte Temperatur *od.* Fieber haben
tem·pest *poet.* ['tempıst] (heftiger) Sturm
tem·ple¹ ['templ] Tempel *m*
tem·ple² *anat.* ['templ] Schläfe *f*
tem·po|·ral ['tempərəl] weltlich; *gr.* temporal, der Zeit; **~·ra·ry** ['tempərərı] vorübergehend, zeitweilig
tempt [tempt] *j-n* in Versuchung führen; *j-n* verführen (***to*** zu); **temp·ta·tion** [temp'teıʃn] Versuchung *f*, Verführung *f*; **'~·ing** verführerisch
ten [ten] **1.** zehn; **2.** Zehn *f*
ten·a·ble ['tenəbl] haltbar (*Argument etc.*)
te·na·cious [tı'neıʃəs] hartnäckig, zäh
ten·ant ['tenənt] Pächter(in), Mieter(in)
tend [tend] neigen, tendieren (***to*** zu); ***~ upwards*** e-e steigende Tendenz haben; **ten·den·cy** ['tendənsı] Tendenz *f*; Neigung *f*
ten·der¹ ['tendə] empfindlich, *fig. a.* heikel; zart, weich (*Fleisch etc.*); sanft, zart, zärtlich
ten·der² *rail.*, *naut.* ['tendə] Tender *m*
ten·der³ *econ.* ['tendə] **1.** Angebot *n*; ***legal ~*** gesetzliches Zahlungsmittel; **2.** *econ.* ein Angebot machen (***for*** für)
'ten·der|·foot (*pl.* ***-foots, -feet***) *Am.* F Neuling *m*, Anfänger *m*; **'~·loin** zartes Lendenstück; **'~·ness** Zartheit *f*; Zärtlichkeit *f*
ten·don *anat.* ['tendən] Sehne *f*
ten·dril *bot.* ['tendrıl] Ranke *f*
ten·e·ment ['tenımənt] Mietshaus *n*, *contp.* Mietskaserne *f*
ten·nis ['tenıs] Tennis *n*; **'~ court** Tennisplatz *m*; **'~ play·er** Tennisspieler(in)
ten·or ['tenə] *mus.* Tenor *m*; Verlauf *m*; Tenor *m*, Sinn *m*
tense¹ *gr.* [tens] Zeit(form) *f*, Tempus *n*
tense² [tens] (***~r, ~st***) gespannt, straff (*Seil etc.*), (an)gespannt (*Muskeln*); (über)nervös, verkrampft (*Person*); *fig.* (an)gespannt (*Lage etc.*); **ten·sion** ['tenʃn] Spannung *f* (*a. electr.*)
tent [tent] Zelt *n*
ten·ta·cle *zo.* ['tentəkl] Tentakel *m, n*: Fühler *m*; Fangarm *m* (*e-s Polypen*)
ten·ta·tive ['tentətıv] vorläufig; vorsichtig, zögernd, zaghaft
ten·ter·hooks ['tentəhʊks]: ***be on ~*** wie auf (glühenden) Kohlen sitzen
tenth [tenθ] **1.** zehnte(r, -s); **2.** Zehntel *n*; **'~·ly** zehntens
ten·u·ous *fig.* ['tenjʊəs] lose (*Verbindung etc.*)
ten·ure ['tenjʊə] Besitz(dauer *f*) *m*; ***~ of office*** Amtsdauer *f*, Dienstzeit *f*
tep·id ['tepıd] lau(warm)
term [tɜːm] **1.** Zeit(raum *m*) *f*, Dauer *f*; Laufzeit *f* (*e-s Vertrages*); *bsd. Brt. ped.*, *univ.* Trimester *n*, *Am.* Semester *n*; Ausdruck *m*, Bezeichnung *f*; ***~ of office*** Amtsdauer *f*, -periode *f*, -zeit *f*; ***~s*** *pl.* Bedingungen *pl.*; ***be on good*** (***bad***) ***~s with*** gut (schlecht) auskommen mit; ***they are not on speaking ~s*** sie sprechen nicht (mehr) miteinander; ***come to ~s*** sich einigen (***with*** mit); **2.** nennen, bezeichnen als
ter·mi|·nal ['tɜːmınl] **1.** End...; letzte(r, -s); *med.* unheilbar; *med.* im Endstadium; ***~ly ill*** unheilbar krank; **2.** *rail. etc.* Endstation *f*; Terminal *m, n*; → ***air terminal***; *electr.* Pol *m* (*e-r Batterie etc.*); *Computer*: Terminal *n*, Datenendstation; **~·nate** ['tɜːmıneıt] *v/t.* beenden; *Vertrag* kündigen, lösen; *med. Schwangerschaft* unterbrechen; *v/i.* enden; ablaufen (*Vertrag*); **~·na·tion** [tɜːmı'neıʃn] Beendigung *f*; Kündigung *f*, Lösung *f*; Ende *n*; Ablauf *m*
ter·mi·nus ['tɜːmınəs] (*pl.* ***-ni*** [-naı], ***-nuses***) *rail. etc.* Endstation *f*
ter·race ['terəs] Terrasse *f*; Häuserreihe *f*; *mst* ***~s*** *pl. bsd. Brt. Sport*: Ränge *pl.*; **~d 'house** *Brt.* Reihenhaus *n*
ter·res·tri·al [tə'restrıəl] irdisch; Erd...; *bsd. zo.*, *bot.* Land...
ter·ri·ble ['terəbl] schrecklich
ter·rif·ic F [tə'rıfık] (***~ally***) toll, fantastisch; irre (*Geschwindigkeit*, *Hitze etc.*)
ter·ri·fy ['terıfaı] *j-m* schreckliche Angst einjagen
ter·ri·to|·ri·al [terə'tɔːrıəl] territorial, Gebiets...; **~·ry** ['terətərı] Territorium *n*, (*a.* Hoheits-, Staats)Gebiet *n*
ter·ror ['terə] Entsetzen *n*; Terror *m*; Schrecken *m*; **~·is·m** ['terərızm] Terrorismus *m*; **~·ist** ['terərıst] Terrorist(in); **~·ize** ['terəraız] terrorisieren
terse [tɜːs] (***~r, ~st***) knapp (*Antwort*)
test [test] **1.** Test *m*, Prüfung *f*; Probe *f*; **2.** testen, prüfen; probieren; *j-s Geduld etc.* auf e-e harte Probe stellen

tes·ta·ment ['testəmənt] Testament *n*; ***last will and ~*** Letzter Wille, Testament *n*
'test| card *TV* Testbild *n*; **'~ drive** *mot.* Probefahrt *f*
tes·ti·cle *anat.* ['testɪkl] Hoden *m*
tes·ti·fy *jur.* ['testɪfaɪ] aussagen
tes·ti·mo|·ni·al [testɪ'məʊnjəl] Referenz *f*; **~·ny** ['testɪmənɪ] *jur.* Aussage *f*; Beweis *m*
'test| pi·lot *aviat.* Testpilot *m*; **'~ tube** *chem.* Reagenzglas *n*; **'~-tube ba·by** *med.* Retortenbaby *n*
tes·ty ['testɪ] (***-ier, -iest***) gereizt
tet·a·nus *med.* ['tetənəs] Tetanus *m*, Wundstarrkrampf *m*
teth·er ['teðə] **1.** Strick *m*; Kette *f*; ***at the end of one's ~*** *fig.* mit s-n Kräften *od.* Nerven am Ende sein; **2.** *Tier* anbinden; anketten
text [tekst] Text *m*; **'~·book** Lehrbuch *n*; ⚠ *nicht* ***Textbuch*** (= ***script***)
tex·tile ['tekstaɪl] Stoff *m*; Textil...; **~s** *pl.* Textilien *pl.*
tex·ture ['tekstʃə] Textur *f*, Gewebe *n*; Beschaffenheit *f*; Struktur *f*
than [ðæn, ðən] als; ⚠ *nicht* ***dann***
thank [θæŋk] **1.** *j-m* danken, sich bei *j-m* bedanken (***for*** für); ***~ you*** danke; ***~ you very much*** vielen Dank; ***no, ~ you*** nein, danke; ***(yes,) ~ you*** ja, bitte; **2.** **~s** *pl.* Dank *m*; **~s** danke (schön); ***no, ~s*** nein, danke; ***~s to*** dank (*gen.*), wegen (*gen.*); **'~·ful** dankbar; **'~·less** undankbar
'Thanks·giv·ing (Day) *Am.* Thanksgiving Day *m* (*Erntedankfest*)
that [ðæt, ðət] **1.** *pron. u. adj.* (*pl.* ***those*** [ðəʊz]) das (*ohne pl.*); jene(r, -s), der, die, das, der-, die-, dasjenige; **2.** *relative pron.* (*pl.* ***that***) der, die, das, welche(r, -s); **3.** *cj.* dass; **4.** *adv.* F so, dermaßen; ***it's ~ simple*** so einfach ist das
thatch [θætʃ] **1.** mit Stroh *od.* Reet decken; **2.** (Dach)Stroh *n*, Reet *n*; Stroh-, Reetdach *n*
thaw [θɔː] **1.** (auf)tauen; **2.** Tauwetter *n*; (Auf)Tauen *n*
the [ðə, *vor Vokalen* ðɪ, *betont* ðiː] **1.** *bestimmter Artikel* der, die, das, *pl.* die; **2.** *adv.*: ***~ ... ~*** je ... desto; ***~ sooner ~ better*** je eher, desto besser
the·a·tre *Brt.*, **the·a·ter** *Am.* ['θɪətə] Theater *n*; (*Hör*)Saal *m*; *Brt. med.* Operationssaal *m*; (Kriegs)Schauplatz *m*; **'~·go·er** Theaterbesucher(in); **the·at·ri·cal** [θɪ'ætrɪkl] Theater...; *fig.* theatralisch
theft [θeft] Diebstahl *m*
their [ðeə] *pl.* ihr(e); **~s** [ðeəz] der (die, das) ihrige *od.* ihre
them [ðem, ðəm] sie (*acc. pl.*); ihnen (*dat.*)
theme [θiːm] Thema *n*
them·selves [ðəm'selvz] sie (*acc. pl.*) selbst; sich (selbst)
then [ðen] **1.** *adv.* dann; da; damals; ***by ~*** bis dahin; ***from ~ on*** von da an; → ***every, now*** 1, ***there***; **2.** *adj.* damalig
the·o·lo·gian [θɪə'ləʊdʒən] Theolog|e *m*, -in *f*; **the·ol·o·gy** [θɪ'ɒlədʒɪ] Theologie *f*
the·o|·ret·i·cal [θɪə'retɪkl] theoretisch; **~·ry** ['θɪərɪ] Theorie *f*
ther·a|·peu·tic [θerə'pjuːtɪk] (***~ally***) therapeutisch; F wohltuend; gesund; **~·pist** ['θerəpɪst] Therapeut(in); **~·py** ['θerəpɪ] Therapie *f*
there [ðeə] **1.** da, dort; (da-, dort)hin; ***~ is***, *pl.* ***~ are*** es gibt, es ist, *pl.* es sind; ***~ and then*** auf der Stelle; ***~ you are*** hier bitte; da hast dus!, na also!; **2.** *int.* so; da hast dus!, na also!; ~, ~ ist ja gut!; **~·a·bout(s)** ['ðeərəbaʊt(s)] so ungefähr; **~·aft·er** [ðeər'ɑːftə] danach; **~·by** [ðeə'baɪ] dadurch; **~·fore** ['ðeəfɔː] deshalb, daher; folglich; **~·up·on** [ðeərə'pɒn] darauf(hin)
ther·mal ['θɜːml] **1.** thermisch, Thermo..., Wärme...; **2.** Thermik *f*
ther·mom·e·ter [θə'mɒmɪtə] Thermometer *n*
ther·mos® ['θɜːmɒs] Thermosflasche® *f*
these [ðiːz] *pl. von* ***this***
the·sis ['θiːsɪs] (*pl.* ***-ses*** [-siːz]) These *f*; *univ.* Dissertation *f*, Doktorarbeit *f*
they [ðeɪ] sie *pl.*; man
thick [θɪk] **1.** *adj.* dick; dick, dicht (*Nebel etc.*); F dumm; F dick befreundet; ***be ~ with*** wimmeln von; ***~ with smoke*** verräuchert; ***that's a bit ~!*** *bsd. Brt.* F das ist ein starkes Stück!; **2.** *adv.* dick, dicht; ***lay it on ~*** F dick auftragen; **3.** ***in the ~ of*** mitten in (*dat.*); ***through ~ and thin*** durch dick u. dünn; **'~·en** *Soße etc.* eindicken, binden; dicker werden, (*Nebel etc. a.*) dichter werden; **~·et** ['θɪkɪt] Dickicht *n*; **~'head·ed** F stroh-

T

dumm; '**~·ness** Dicke *f*; Lage *f*, Schicht *f*; **~'set** gedrungen, untersetzt; **~-'skinned** *fig.* dickfellig
thief [θiːf] (*pl.* ***thieves*** [θiːvz]) Dieb(in)
thigh *anat.* [θaɪ] (Ober)Schenkel *m*
thim·ble ['θɪmbl] Fingerhut *m*
thin [θɪn] **1.** *adj.* (**-*nn*-**) dünn; dürr; spärlich, dürftig; schwach (*Rede etc.*), (*Ausrede etc. a.*) fadenscheinig; **2.** *adv.* dünn; **3.** (**-*nn*-**) verdünnen; dünner werden, (*Nebel, Haar a.*) sich lichten
thing [θɪŋ] Ding *n*; Sache *f*; ***I couldn't see a ~*** ich konnte überhaupt nichts sehen; ***another ~*** et. anderes; ***the right ~*** das Richtige; ***~s*** *pl.* Sachen *pl.*, Zeug *n*; Dinge *pl.*, Lage *f*, Umstände *pl.*
thing·a·ma·jig F ['θɪŋəmɪdʒɪg] Dings (-bums, -da) *n*
think [θɪŋk] (***thought***) *v/i.* denken (***of*** an *acc.*); nachdenken (***about*** über *acc.*); ***I ~ so*** ich glaube *od.* denke schon; ***I'll ~ about it*** ich überlege es mir; ***~ of*** sich erinnern an (*acc.*); ***~ of doing s.th.*** beabsichtigen *od.* daran denken, et. zu tun; ***what do you ~ of ... od. about?*** was halten Sie von ...?; *v/t.* denken, glauben, meinen; *j-n, et.* halten für; ***~ over*** nachdenken über (*acc.*), sich *et.* überlegen; ***~ up*** sich *et.* ausdenken; '**~ tank** Sachverständigenstab *m*, Denkfabrik *f*
third [θɜːd] **1.** dritte(r, -s); **2.** Drittel *n*; '**~·ly** drittens; **~-'rate** drittklassig; **ˆ 'World** Dritte Welt; **~ world 'shop** Dritte-Welt-Laden *m*
thirst [θɜːst] Durst *m*; '**~·y** (**-*ier*, -*iest***) durstig; ***be ~*** Durst haben, durstig sein
thir|·teen [θɜː'tiːn] **1.** dreizehn; **2.** Dreizehn *f*; **~·teenth** [θɜː'tiːnθ] dreizehnte(r, -s); **~·ti·eth** ['θɜːtɪɪθ] dreißigste(r, -s); **~·ty** ['θɜːtɪ] **1.** dreißig; **2.** Dreißig *f*
this [ðɪs] (*pl.* ***these*** [ðiːz]) diese(r, -s); ***~ morning*** heute Morgen; ***~ is John speaking*** *tel.* hier (spricht) John
this·tle *bot.* ['θɪsl] Distel *f*
thong [θɒŋ] (Leder)Riemen *m*
thorn [θɔːn] Dorn *m*; '**~·y** (**-*ier*, -*iest***) dornig; *fig.* schwierig, heikel
thor·ough ['θʌrə] gründlich, genau; fürchterlich (*Durcheinander, Zeitverschwendung etc.*); '**~·bred** *zo.* Vollblüter *m*; '**~·fare** Hauptverkehrsstraße *f*; ***no ~!*** Durchfahrt verboten!
those [ðəʊz] *pl. von* ***that*** 1
though [ðəʊ] **1.** *cj.* obwohl; (je)doch; ***as ~*** als ob; **2.** *adv.* dennoch, trotzdem
thought [θɔːt] **1.** *pret. u. p.p. von* ***think***; **2.** Denken *n*; Gedanke *m* (***of*** an *acc.*); ***on second ~s*** wenn ich es mir überlege; '**~·ful** nachdenklich; rücksichtsvoll, aufmerksam; '**~·less** gedankenlos; rücksichtslos
thou·sand ['θaʊznd] **1.** tausend; **2.** Tausend *n*; **~th** ['θaʊzntθ] **1.** tausendste(r, -s); **2.** Tausendstel *n*
thrash [θræʃ] verdreschen, -prügeln; *Sport*: F *j-m* e-e Abfuhr erteilen; ***~ about, ~ around*** sich *im Bett etc.* hin u. her werfen; um sich schlagen; zappeln (*Fisch*); ***~ out*** *Problem etc.* ausdiskutieren; '**~·ing** Dresche *f*, Tracht *f* Prügel
thread [θred] **1.** Faden *m* (*a. fig.*); Garn *n*; *tech.* Gewinde *n*; **2.** *Nadel* einfädeln; *Perlen etc.* auffädeln, -reihen; '**~·bare** abgewetzt, abgetragen; *fig.* abgedroschen
threat [θret] Drohung *f*; Bedrohung *f*, Gefahr *f* (***to*** *gen. od.* für); **~·en** ['θretn] (be)drohen; '**~·en·ing** drohend
three [θriː] **1.** drei; **2.** Drei *f*; '**~·fold** dreifach; '**~·ply** → ***ply²*** 1; '**~·score** sechzig; '**~·stage** dreistufig
thresh *agr.* [θreʃ] dreschen; '**~·ing ma·chine** Dreschmaschine *f*
thresh·old ['θreʃhəʊld] Schwelle *f*
threw [θruː] *pret. von* ***throw*** 1
thrift [θrɪft] Sparsamkeit *f*; '**~·y** (**-*ier*, -*iest***) sparsam
thrill [θrɪl] **1.** prickelndes Gefühl; Nervenkitzel *m*; aufregendes Erlebnis; **2.** *v/t.* ***be ~ed*** (ganz) hingerissen sein (***at, about*** von); '**~·er** Thriller *m*, Reißer *m*; '**~·ing** spannend, fesselnd, packend
thrive [θraɪv] (***thrived*** *od.* ***throve, thrived***) gedeihen; *fig.* blühen, florieren (*Geschäft etc.*)
throat [θrəʊt] Kehle *f*, Gurgel *f*; Rachen *m*; Hals *m*; ***clear one's ~*** sich räuspern; → ***sore*** 1
throb [θrɒb] **1.** (**-*bb*-**) hämmern (*Maschine*), (*Herz etc. a.*) pochen, schlagen; pulsieren (*Schmerz*); **2.** Hämmern *n*, Pochen *n*, Schlagen *n*
throm·bo·sis *med.* [θrɒm'bəʊsɪs] (*pl.* **-*ses*** [-siːz]) Thrombose *f*
throne [θrəʊn] Thron *m*
throng [θrɒŋ] **1.** Schar *f*, Menschenmenge *f*; **2.** sich drängen (in *dat.*)
throt·tle ['θrɒtl] **1.** erdrosseln; ***~ down***

mot., tech. drosseln, Gas wegnehmen; **2.** *tech.* Drosselklappe *f*

through [θru:] **1.** *prp.* durch; *Am.* bis (einschließlich); ***Monday ~ Friday*** *Am.* von Montag bis Freitag; **2.** *adv.* durch; ***~ and ~*** durch u. durch; ***put*** *s.o.* ***~ to*** *tel.* *j-n* verbinden mit; ***wet ~*** völlig durchnässt; **3.** *adj.* durchgehend (*Zug etc.*); Durchgangs...; **~'out 1.** *prp.* ***~ the night*** die ganze Nacht hindurch; ***~ the country*** im ganzen Land; **2.** *adv.* ganz, überall; die ganze Zeit (hindurch); **'~ traf·fic** Durchgangsverkehr *m*; **'~way** *Am.* → ***thruway***

throve [θrəʊv] *pret. von* ***thrive***

throw [θrəʊ] **1.** (***threw, thrown***) werfen; *Hebel etc.* betätigen; *Reiter* abwerfen; F *Party* schmeißen, geben; ***~ a four*** e-e Vier würfeln; ***~ off*** *Keidungsstück etc.* abwerfen; *Verfolger* abschütteln; *Krankheit* loswerden; ***~ on*** sich *ein Kleidungsstück* (hastig) überwerfen; ***~ out*** hinauswerfen; wegwerfen; ***~ up*** *v/t.* hochwerfen; F *Job etc.* hinschmeißen; F (er)brechen; *v/i.* F (sich er)brechen; **2.** Wurf *m*; **'~a·way** Wegwerf..., Einweg...; **'~a·way pack** Einwegpackung *f*; **'~-in** *Fußball*: Einwurf *m*; **~n** [θrəʊn] *p.p. von* ***throw*** 1

thru *Am.* [θru:] → ***through***

thrum [θrʌm] (***-mm-***) → ***strum***

thrush *zo.* [θrʌʃ] Drossel *f*

thrust [θrʌst] **1.** (***thrust***) *j-n, et.* stoßen (***into*** in *acc.*); *et.* stecken, schieben (***into*** in *acc.*); ***~ at*** stoßen nach; ***~ upon s.o.*** j-m aufdrängen; **2.** Stoß *m*; *mil.* Vorstoß *m*; *phys.* Schub(kraft *f*) *m*

'thru·way *Am.* Schnellstraße *f*

thud [θʌd] **1.** dumpfes Geräusch, Plumps *m*; **2.** (***-dd-***) plumpsen

thug [θʌg] Verbrecher *m*, Schläger *m*

thumb [θʌm] **1.** *anat.* Daumen *m*; **2.** ***~ a lift*** *od.* ***ride*** per Anhalter fahren, trampen (***to*** nach); ***~ through a book*** ein Buch durchblättern; ***well-~ed*** *Buch etc.*: abgegriffen; **'~·tack** *Am.* Reißzwecke *f*, -nagel *m*, Heftzwecke *f*

thump [θʌmp] **1.** *v/t. j-m* e-n Schlag versetzen; ***~ out*** *Melodie* herunterhämmern (***on the piano*** auf dem Klavier); *v/i.* (heftig) schlagen *od.* hämmern *od.* pochen (*a. Herz*); plumpsen; trampeln; **2.** dumpfes Geräusch, Plumps *m*; Schlag *m*

thun·der ['θʌndə] **1.** Donner *m*, Donnern *n*; **2.** donnern; **'~·bolt** Blitz *m* u. Donner *m*; **'~·clap** Donnerschlag *m*; **'~·cloud** Gewitterwolke *f*; **~·ous** ['θʌndərəs] donnernd (*Applaus*); **'~·storm** Gewitter *n*, Unwetter *n*; **'~·struck** wie vom Donner gerührt

Thur(s) *nur geschr. Abk. für* ***Thursday*** Do., Donnerstag *m*

Thurs·day ['θɜ:zdɪ] (*Abk.* ***Thur, Thurs***) Donnerstag *m*; ***on ~*** (am) Donnerstag; ***on ~s*** donnerstags

thus [ðʌs] so, auf diese Weise; folglich, somit; ***~ far*** bisher

thwart [θwɔ:t] durchkreuzen, vereiteln

thyme *bot.* [taɪm] Thymian *m*

thy·roid (gland) *anat.* ['θaɪrɔid (-)] Schilddrüse *f*

tick¹ [tɪk] **1.** Ticken *n*; Haken *m*, Häkchen *n* (*Vermerkzeichen*); **2.** *v/i.* ticken; *v/t. mst* ***~ off*** ab-, anhaken

tick² *zo.* [tɪk] Zecke *f*

tick³ [tɪk]: ***on ~*** *Brt.* F auf Pump

tick·er·tape ['tɪkəteɪp] Lochstreifen *m*; **~ pa'rade** Konfettiparade *f*

tick·et ['tɪkɪt] **1.** Fahrkarte *f*, -schein *m*, Flugkarte *f*, -schein *m*, Ticket *n*; (*Eintritts-, Theater- etc.*)Karte *f*; (*Gepäck*)Schein *m*; Etikett *n*, (*Preis- etc.*)Schild *n*; *bsd. Am. pol.* Wahl-, Kandidatenliste *f*; (*a.* ***parking ~***) *mot.* Strafzettel *m*; **2.** etikettieren; bestimmen, vorsehen (***for*** für); **'~ can·cel·(l)ing ma·chine** (Fahrschein)Entwerter *m*; **'~ col·lec·tor** (Bahnsteig)Schaffner(in); **'~ machine** Fahrkartenautomat *m*; **'~ of·fice** *rail.* Fahrkartenschalter *m*

tick·ing ['tɪkɪŋ] Inlett *n*; Matratzenbezug *m*

tick|·le ['tɪkl] kitzeln; **~·lish** ['tɪklɪʃ] kitz(e)lig, (*fig. a.*) heikel

tid·al ['taɪdl]: ***~ wave*** Flutwelle *f*

tid·bit *Am.* ['tɪdbɪt] → ***titbit***

tide [taɪd] **1.** Gezeiten *pl.*; Flut *f*; *fig.* Strömung *f*, Trend *m*; ***high ~*** Flut *f*; ***low ~*** Ebbe *f*; **2.** ***~ over*** *fig. j-m* hinweghelfen über (*acc.*); *j-n* über Wasser halten

ti·dy ['taɪdɪ] **1.** (***-ier, -iest***) sauber, ordentlich, aufgeräumt; F ganz schön, beträchtlich (*Summe etc.*); **2.** *a.* ***~ up*** in Ordnung bringen, (*Zimmer a.*) aufräumen; ***~ away*** weg-, aufräumen

tie [taɪ] **1.** Krawatte *f*, Schlips *m*; Band *n*; Schnur *f*; Stimmengleichheit *f*; *Sport*: Unentschieden *n*; *Sport*: (*Pokal*)Spiel *n*; *Am. rail.* Schwelle *f*; *mst* **~s** *pl. fig.* Bande *pl.*; **2.** *v/t.* (an-, fest-, *fig.* ver)binden; (sich) *Krawatte etc.* binden; ***the game was ~d*** *Sport*: das Spiel ging unentschieden aus; *v/i.* ***they ~d for second place*** *Sport etc.*: sie belegten gemeinsam den zweiten Platz; **~ *down*** *fig.* (an)binden; *j-n* festlegen (***to*** auf *acc.*); **~ *in with*** übereinstimmen mit, passen zu; verbinden *od.* koppeln mit; **~ *up*** *Paket etc.* verschnüren; *et.* in Verbindung bringen (***with*** mit); *Verkehr etc.* lahm legen; ***be ~d up*** *econ.* fest angelegt sein (***in*** in *dat.*); **'~·break(·er)** *Tennis*: Tie-Break *m, n*; **'~-in** (enge) Verbindung, (enger) Zusammenhang; *econ.* Kopplungsgeschäft *n*; ***a book movie ~*** *etwa*: das Buch zum Film; **'~-on** Anhänge...; **'~·pin** Krawattennadel *f*

tier [tɪə] (Sitz)Reihe *f*; Lage *f*, Schicht *f*; *fig.* Stufe *f*

'tie-up (enge) Verbindung, (enger) Zusammenhang; *econ.* Fusion *f*

ti·ger *zo.* ['taɪgə] Tiger *m*

tight [taɪt] **1.** *adj.* fest(sitzend, -angezogen); straff (*Seil etc.*); eng (*a. Kleidungsstück*); knapp (*Rennen etc., econ. Geld*); F knick(e)rig; F blau (*betrunken*); *in Zssgn* ...dicht; ***be in a ~ corner*** in der Klemme sein *od.* sitzen *od.* stecken; **2.** *adv.* fest; F gut; ***hold ~*** festhalten; ***sleep ~!*** F schlaf gut!; **~·en** ['taɪtn] fest-, anziehen; *Seil etc.* straffen; **~ *one's belt*** *fig.* den Gürtel enger schnallen; **~ *up*** (***on***) *Gesetz etc.* verschärfen; **~'fist·ed** F knick(e)rig; **~s** *pl.* (*Tänzer-, Artisten*)Trikot *n*; *bsd. Brt.* Strumpfhose *f*

ti·gress *zo.* ['taɪgrɪs] Tigerin *f*

tile [taɪl] **1.** (Dach)Ziegel *m*; Fliese *f*, Kachel *f*; **2.** (mit Ziegeln) decken; fliesen, kacheln; **'til·er** Dachdecker *m*; Fliesenleger *m*

T

till[1] [tɪl] → ***until***

till[2] [tɪl] (Laden)Kasse *f*

tilt [tɪlt] **1.** kippen; sich neigen; **2.** Kippen *n*; ***at a ~*** schief, schräg; (***at***) ***full ~*** F mit Karacho *fahren etc.*; mit Volldampf *arbeiten*

tim·ber ['tɪmbə] *Brt.* Bau-, Nutzholz *n*; Baumbestand *m*, Bäume *pl.*; Balken *m*

time [taɪm] **1.** Zeit *f*; Uhrzeit *f*; *mus.* Takt *m*; Mal *n*; **~ *after ~, ~ and again*** immer wieder; ***every ~ I ...*** jedesmal, wenn ich ...; ***how many ~s?*** wie oft?; ***next ~*** nächstes Mal; ***this ~*** diesmal; ***three ~s*** dreimal; ***three ~s four equals*** *od.* ***is twelve*** drei mal vier ist zwölf; ***what's the ~?*** wie spät ist es?; ***what ~?*** um wieviel Uhr?; ***all the ~*** die ganze Zeit; ***at all ~s, at any ~*** jederzeit; ***at the ~*** damals; ***at the same ~*** gleichzeitig; ***at ~s*** manchmal; ***by the ~*** wenn; als; ***for a ~*** e-e Zeitlang; ***for the ~ being*** vorläufig, fürs Erste; ***from ~ to ~*** von Zeit zu Zeit; ***have a good ~*** sich gut unterhalten *od.* amüsieren; ***in ~*** rechtzeitig; ***in no ~*** (***at all***) im Nu; ***on ~*** pünktlich; ***some ~ ago*** vor einiger Zeit; ***take one's ~*** sich Zeit lassen; **2.** *et.* timen (*a. Sport*); (ab)stoppen; zeitlich abstimmen, den richtigen Zeitpunkt wählen *od.* bestimmen für; **'~ card** *Am.* Stechkarte *f*; **'~ clock** Stechuhr *f*; **'~ lag** Zeitdifferenz *f*; **'~-lapse** *Film*: Zeitraffer...; **'~·less** immerwährend, ewig; zeitlos; **'~ lim·it** Frist *f*; **'~·ly** (***-ier, -iest***) (recht)zeitig; **'~ sheet** Stechkarte *f*; **'~ sig·nal** *Rundfunk*: Zeitzeichen *n*; **'~·ta·ble** Fahr-, Flugplan *m*; Stundenplan *m*; Zeitplan *m*

tim·id ['tɪmɪd] ängstlich, furchtsam

tim·ing ['taɪmɪŋ] Timing *n* (*Wahl des günstigsten Zeitpunkts*)

tin [tɪn] **1.** Zinn *n*; *Brt.* (Blech-, Konserven)Dose *f*, (-)Büchse *f*; **2.** (**-nn-**) verzinnen; *Brt.* einmachen, -dosen

tinc·ture ['tɪŋktʃə] Tinktur *f*

'tin·foil Stanniol(papier) *n*; Alufolie *f*

tinge [tɪndʒ] **1.** tönen; ***be ~d with*** *fig.* e-n Anflug haben von; **2.** Tönung *f*; *fig.* Anflug *m*, Spur *f* (***of*** von)

tin·gle ['tɪŋgl] prickeln, kribbeln

tink·er ['tɪŋkə] herumpfuschen, -basteln (***at*** an *dat.*)

tin·kle ['tɪŋkl] bimmeln; klirren

tinned *Brt.* [tɪnd] Dosen..., Büchsen...; **~ 'fruit** *Brt.* Obstkonserven *pl.*

'tin o·pen·er *Brt.* Dosen-, Büchsenöffner *m*

tin·sel ['tɪnsl] Lametta *n*; Flitter *m*

tint [tɪnt] **1.** (Farb)Ton *m*, Tönung *f*; **2.** tönen

ti·ny ['taɪnɪ] (***-ier, -iest***) winzig

tip[1] [tɪp] **1.** Spitze *f*; Filter *m* (*e-r Zigaret-*

te); ***it's on the ~ of my tongue*** *fig.* es liegt mir auf der Zunge; **2.** (**-*pp*-**) mit e-r Spitze versehen
tip² [tɪp] **1.** (**-*pp*-**) *bsd. Brt.* (aus)kippen, schütten; kippen; ~ ***over*** umkippen; **2.** *bsd. Brt.* (*Schutt- etc.*)Abladeplatz *m*, (-)Halde *f*; *Brt. fig.* F Saustall *m*
tip³ [tɪp] **1.** Trinkgeld *n*; **2.** (**-*pp*-**) *j-m* ein Trinkgeld geben
tip⁴ [tɪp] **1.** Tipp *m*, Rat(schlag) *m*; **2.** (**-*pp*-**) tippen auf (*acc.*) (***as*** als); ~ ***off*** *j-m* e-n Tipp *od.* Wink geben
tip·sy ['tɪpsɪ] (**-*ier*, -*iest***) angeheitert
'**tip·toe 1.** ***on*** ~ auf Zehenspitzen; **2.** auf Zehenspitzen gehen
tire¹ *Am.* ['taɪə] → ***tyre***
tire² ['taɪə] ermüden, müde machen *od.* werden; '**~d** müde; ***be ~ of*** *j-n*, *et.* satt haben; '**~·less** unermüdlich; '**~·some** ermüdend; lästig
Ti·rol [tɪ'rəʊl, 'tɪrəl] Tirol *n*
tis·sue ['tɪʃuː] *biol.* Gewebe *n*; Papier(taschen)tuch *n*; → '**~ pa·per** Seidenpapier *n*
tit¹ *sl.* [tɪt] Titte *f*
tit² *zo.* [tɪt] Meise *f*
tit·bit *bsd. Brt.* ['tɪtbɪt] Leckerbissen *m*
tit·il·late ['tɪtɪleɪt] *j-n* (*sexuell*) anregen
ti·tle ['taɪtl] Titel *m*; *jur.* (Rechts)Anspruch *m* (***to*** auf *acc.*); '**~·hold·er** *Sport*: Titelhalter(in), -träger(in); '**~ page** Titelseite *f*; '**~ role** *thea. etc.* Titelrolle *f*
tit·mouse *zo.* ['tɪtmaʊs] (*pl.* **-*mice***) Meise *f*
tit·ter ['tɪtə] **1.** kichern; **2.** Kichern *n*
tn *Am.* → ***t***
to [tuː, tʊ, tə] **1.** *prp.* zu; an (*acc.*), auf (*acc.*), für, in (*acc.*), in (*dat.*), nach; (im Verhältnis *od.* Vergleich) zu, gegen(über); *Ausmaß*, *Grenze*, *Grad*: bis, (bis) zu, (bis) an (*acc.*); *zeitliche Ausdehnung od. Grenze*: bis, bis zu, bis gegen, vor (*dat.*); ***from Monday ~ Friday*** von Montag bis Freitag; ***a quarter ~ one*** (ein) Viertel vor eins, drei Viertel eins; ***go ~ England*** nach England fahren; ***go ~ school*** in die *od.* zur Schule gehen; ***have you ever been ~ London?*** bist du schon einmal in London gewesen?; ~ ***me*** *etc.* mir *etc.*; ***here's ~ you!*** auf Ihr Wohl!, prosit!; **2.** *adv.* zu (*geschlossen*); ***pull ~*** *Tür etc.* zuziehen; ***come ~*** (wieder) zu sich kommen; ~ ***and fro*** hin u. her, auf u. ab; **3.** *zur Bezeichnung des Infinitivs*: zu; *Absicht*, *Zweck*: um zu; ~ ***go*** gehen; ***easy ~ learn*** leicht zu lernen; ***... ~ earn money*** ... um Geld zu verdienen
toad *zo.* [təʊd] Kröte *f*; **~·stool** *bot.* ['təʊdstuːl] ungenießbarer Pilz; Giftpilz *m*
toad·y ['təʊdɪ] **1.** Kriecher(in); **2.** ~ ***to s.o.*** *fig.* vor j-m kriechen
toast¹ [təʊst] **1.** Toast *m*; **2.** toasten; rösten
toast² [təʊst] **1.** Toast *m*, Trinkspruch *m*; **2.** auf *j-n od. j-s* Wohl trinken
toast·er *tech.* ['təʊstə] Toaster *m*
to·bac·co [tə'bækəʊ] (*pl.* **-*cos***) Tabak *m*; **~·nist** [tə'bækənɪst] Tabak(waren)händler(in)
to·bog·gan [tə'bɒgən] **1.** (Rodel)Schlitten *m*; **2.** Schlitten fahren, rodeln
to·day [tə'deɪ] **1.** *adv.* heute; heutzutage; ***a week ~, ~ week*** heute in e-r Woche, heute in acht Tagen; **2.** ***~'s paper*** die heutige Zeitung, die Zeitung von heute; ***of ~, ~'s*** von heute, heutig
tod·dle ['tɒdl] auf wack(e)ligen *od.* unsicheren Beinen gehen (*bsd. Kleinkind*)
tod·dy ['tɒdɪ] Toddy *m* (*Art Grog*)
to-do F *fig.* [tə'duː] (*pl.* **-*dos***) Theater *n*
toe [təʊ] *anat.* Zehe *f*; Spitze *f* (*von Schuhen etc.*); '**~·nail** Zehennagel *m*
tof|·fee, ~·fy ['tɒfɪ] Sahnebonbon *m*, *n*, Toffee *n*
to·geth·er [tə'geðə] zusammen; gleichzeitig
toi·let ['tɔɪlɪt] Toilette *f*; '**~ pa·per** Toilettenpapier *n*; '**~ roll** *bsd. Brt.* Rolle *f* Toilettenpapier
to·ken ['təʊkən] Zeichen *n*; ***as a ~, in ~ of*** als *od.* zum Zeichen (*gen.*); zum Andenken an (*acc.*)
told [təʊld] *pret. u. p.p. von* ***tell***
tol·e|·ra·ble ['tɒlərəbl] erträglich; **~·rance** ['tɒlərəns] Toleranz *f*; Nachsicht *f*; **~·rant** ['tɒlərənt] tolerant (***of, towards*** gegenüber); **~·rate** ['tɒləreɪt] tolerieren, dulden; ertragen
toll¹ [təʊl] Benutzungsgebühr *f*, Maut *f*; ***heavy death ~*** große Zahl an Todesopfern; ***take its ~*** (***on***) *fig.* s-n Tribut fordern (von); s-e Spuren hinterlassen (bei)
toll² [təʊl] läuten (*Glocke*)
toll|-'free *Am. tel.* gebührenfrei; '**~**

T

road gebührenpflichtige Straße, Mautstraße *f*
to·ma·to *bot.* [tə'mɑːtəʊ, tə'meɪtəʊ] (*pl.* ***-toes***) Tomate *f*
tomb [tuːm] Grab(mal) *n*; Gruft *f*
tom·boy ['tɒmbɔɪ] Wildfang *m*
'tomb·stone Grabstein *m*
tom·cat *zo.* ['tɒmkæt] *a.* F ***tom*** Kater *m*
tom·fool·e·ry [tɒm'fuːlərɪ] Unsinn *m*
to·mor·row [tə'mɒrəʊ] **1.** *adv.* morgen; ***a week ~, ~ week*** morgen in e-r Woche, morgen in acht Tagen; ***~ morning*** morgen früh; ***~ night*** morgen Abend; **2.** ***the day after ~*** übermorgen; ***of ~, ~'s*** von morgen
ton [tʌn] (*Abk.* ***t, tn***) Tonne *f* (*Gewicht*); ⚠ *nicht* ***Ton***
tone [təʊn] **1.** Ton *m*; Klang *m*; (Farb)Ton *m*; *Am. mus.* Note *f*; *med.* Tonus *m*; *fig.* Niveau *n*; **2.** ***~ down*** abschwächen; ***~ up*** *Muskeln etc.* kräftigen
tongs [tɒŋz] *pl.* (***a pair of ~*** e-e) Zange
tongue [tʌŋ] *anat.* Zunge *f*; (*Mutter*)Sprache *f*; Zunge *f* (*e-s Schuhs etc.*); Klöppel *m* (*e-r Glocke*); ***hold one's ~*** den Mund halten
ton·ic ['tɒnɪk] Tonikum *n*, Stärkungsmittel *n*; Tonic *n*; *mus.* Grundton *m*
to·night [tə'naɪt] heute Abend *od.* Nacht
ton·sil *anat.* ['tɒnsl] Mandel *f*; **~·li·tis** *med.* [tɒnsɪ'laɪtɪs] Mandelentzündung *f*; Angina *f*
too [tuː] zu; zu, sehr; auch (noch)
took [tʊk] *pret. von* ***take*** 1
tool [tuːl] Werkzeug *n*, Gerät *n*; **'~ bag** Werkzeugtasche *f*; **'~ box** Werkzeugkasten *m*; **'~ kit** Werkzeug *n*; **'~·shed** Geräteschuppen *m*
toot [tuːt] hupen
tooth [tuːθ] (*pl.* ***teeth***) Zahn *m*; **'~·ache** Zahnschmerzen *pl.*, -weh *n*; **'~·brush** Zahnbürste *f*; **'~·less** zahnlos; **'~·paste** Zahncreme *f*, -pasta *f*; **'~·pick** Zahnstocher *m*
top¹ [tɒp] **1.** oberer Teil; Gipfel *m*, Spitze *f* (*e-s Bergs etc.*); Krone *f*, Wipfel *m* (*e-s Baums*); Kopfende *n*, oberes Ende; Oberteil *n*; Oberfläche *f* (*e-s Tischs etc.*); Deckel *m* (*e-s Glases*); Verschluss *m* (*e-r Tube*); *mot.* Verdeck *n*; *mot.* höchster Gang; ***at the ~ of the page*** oben auf der Seite; ***at the ~ of one's voice*** aus vollem Hals; ***on ~*** oben(auf); d(a)rauf; ***on ~ of*** (oben) auf (*dat. od. acc.*), über (*dat. od. acc.*); **2.** oberste(r, -s); Höchst..., Spitzen..., Top...; **3.** (***-pp-***) bedecken (***with*** mit); *fig.* übersteigen, -übertreffen; ***~ up*** *Tank etc.* auffüllen; F *j-m* nachschenken
top² [tɒp] Kreisel *m* (*Spielzeug*)
top| 'hat Zylinder *m*; **~-'heav·y** kopflastig (*a. fig.*)
top·ic ['tɒpɪk] Thema *n*; **'~·al** aktuell
top·ple ['tɒpl] *mst* ***~ over*** umkippen; ***~ the government*** die Regierung stürzen
top·sy-tur·vy [tɒpsɪ'tɜːvɪ] in e-r heillosen Unordnung
torch [tɔːtʃ] *Brt.* Taschenlampe *f*; Fackel *f*; **'~·light** Fackelschein *m*; ***~ procession*** Fackelzug *m*
tore [tɔː] *pret. von* ***tear²*** 1
tor·ment **1.** ['tɔːment] Qual *f*; **2.** [tɔː'ment] quälen, peinigen, plagen
torn [tɔːn] *p.p. von* ***tear²*** 1
tor·na·do [tɔː'neɪdəʊ] (*pl.* ***-does, -dos***) Tornado *m*, Wirbelsturm *m*
tor·pe·do [tɔː'piːdəʊ] (*pl.* ***-does***) **1.** Torpedo *m*; **2.** torpedieren (*a. fig.*)
tor|·rent ['tɒrənt] reißender Strom; *fig.* Schwall *m*; **~·ren·tial** [tə'renʃl]: ***~ rain*** sintflutartige Regenfälle
tor·toise *zo.* ['tɔːtəs] Schildkröte *f*
tor·tu·ous ['tɔːtʃʊəs] gewunden
tor·ture ['tɔːtʃə] **1.** Folter(ung) *f*; *fig.* Qual *f*, Tortur *f*; **2.** foltern; *fig.* quälen
toss [tɒs] **1.** *v/t.* werfen; *Münze* hochwerfen; ***~ off*** *Getränk* hinunterstürzen; *Arbeit* hinhauen; *v/i. a.* ***~ about, ~ and turn*** sich (*im Schlaf*) hin u. her werfen; *a.* ***~ up*** e-e Münze hochwerfen; ***~ for s.th.*** um et. losen; **2.** Wurf *m*; Zurückwerfen *n* (*des Kopfes*); Hochwerfen *n* (*e-r Münze*)
tot F [tɒt] Knirps *m* (*kleines Kind*)
to·tal ['təʊtl] **1.** völlig, total; ganz, gesamt, Gesamt...; **2.** Gesamtbetrag *m*, -menge *f*; **3.** (*bsd. Brt.* ***-ll-***, *Am.* ***-l-***) sich belaufen auf (*acc.*); ***~ up*** zusammenrechnen, -zählen
tot·ter ['tɒtə] (sch)wanken
touch [tʌtʃ] **1.** (sich) berühren; anfassen; *Essen etc.* anrühren; *fig.* herankommen an (*acc.*); *fig.* rühren; ***~ wood!*** toi, toi, toi!; ***~ down*** *aviat.* aufsetzen; ***~ up*** ausbessern; *phot.* retuschieren; **2.** Tastempfindung *f*; Berührung *f*, *mus. etc.* Anschlag *m*; (*Pinsel- etc.*)Strich *m*;

T

Spur (*Salz etc.*); Verbindung *f*, Kontakt *m*; *fig.* Note *f*; *fig.* Anflug *m*; ***a ~ of flu*** e-e leichte Grippe; ***get in ~ with s.o.*** sich mit j-m in Verbindung setzen; **~-and-go** [tʌtʃən'gəʊ] kritisch (*Situation etc.*); ***it was ~ whether*** es stand auf des Messers Schneide, ob; **'~-down** *aviat.* Aufsetzen *n*, Landung *f*; **~ed** gerührt; F leicht verrückt; **'~-ing** rührend; **'~-line** *Fußball*: Seitenlinie *f*; **'~-stone** Prüfstein *m* (***of*** für); **'~-y** (***-ier, -iest***) empfindlich; heikel (*Thema*)

tough [tʌf] zäh; widerstandsfähig; *fig.* hart; schwierig, hart (*Problem, Verhandlungen etc.*); **~-en** ['tʌfn] *a.* ***~ up*** hart *od.* zäh machen *od.* werden

tour [tʊə] **1.** Tour *f* (***of*** durch), (Rund)Reise *f*, (-)Fahrt *f*; Ausflug *m*; Rundgang *m* (***of*** durch); *thea.* Tournee *f* (*a. Sport*); → ***conduct*** 2; **2.** bereisen, reisen durch

tour·is·m ['tʊərɪzəm] Tourismus *m*, Fremdenverkehr *m*

tour·ist ['tʊərɪst] Tourist(in); Touristen...; **'~ class** *aviat., naut.* Touristenklasse *f*; **'~ in·dus·try** Tourismusgeschäft *n*; **~ in·for'ma·tion of·fice, '~ of·fice** Verkehrsverein *m*; **'~ sea·son** Reisesaison *f*, -zeit *f*

tour·na·ment ['tʊənəmənt] Turnier *n*

tou·sled ['taʊzld] zerzaust (*Haar*)

tow [təʊ] **1.** *Boot etc.* schleppen, *Auto etc. a.* abschleppen; **2. *give s.o. a ~*** j-n abschleppen; ***take in ~*** *Auto etc.* abschleppen

to·ward *bsd. Am.*, **to·wards** *bsd. Brt.* [tə'wɔːd(z)] auf (*acc.*) ... zu, (in) Richtung, zu; *zeitlich*: gegen; *fig.* gegenüber

tow·el ['taʊəl] **1.** Handtuch *n*, (*Bade- etc.*)Tuch *n*; **2.** (*bsd. Brt.* ***-ll-***, *Am.* ***-l-***) (mit e-m Handtuch) abtrocknen *od.* abreiben

tow·er ['taʊə] **1.** Turm *m*; **2. *~ above, ~ over*** überragen; **'~ block** *Brt.* Hochhaus *n*; **~-ing** ['taʊərɪŋ] turmhoch; *fig.* überragend; rasend (*Wut*)

town [taʊn] (Klein)Stadt *f*; **~ 'cen·tre** *Brt.* Innenstadt *f*, City *f*; **~ 'coun·cil** *Brt.* Stadtrat *m* (*Amt*); **~ 'coun·ci(l)·lor** *Brt.* Stadtrat *m*, -rätin *f*; **~ 'hall** Rathaus *n*; **~s·peo·ple** ['taʊnzpiːpl] *pl.* Städter *pl.*, Stadtbevölkerung *f*

'tow·rope *mot.* Abschleppseil *n*

tox·ic ['tɒksɪk] (***~ally***) toxisch, giftig; Gift...; **~ 'waste** Giftmüll *m*; **~ waste 'dump** Giftmülldeponie *f*

toy [tɔɪ] **1.** Spielzeug *n*; **~s** *pl.* Spielsachen *pl.*, -zeug *n*, *econ.* -waren *pl.*; **2.** Spielzeug...; Miniatur...; Zwerg...; **3. *~ with*** spielen mit (*a. fig.*)

trace [treɪs] **1.** *j-n, et.* ausfindig machen, aufspüren, *et.* finden; *a.* ***~ back*** *et.* zurückverfolgen (***to*** bis zu); ***~ s.th. to*** et. zurückführen auf (*acc.*); (durch)pausen; **2.** Spur *f* (*a. fig.*)

track [træk] **1.** Spur *f* (*a. fig.*), Fährte *f*; Pfad *m*, Weg *m*; *rail.* Gleis *n*, Geleise *n*; *tech.* Raupe(nkette) *f*; *Sport*: (Renn-, Aschen)Bahn *f*, (*Renn*)Strecke *f*; *Tonband etc.*: Spur *f*; Nummer *f* (*auf e-r Langspielplatte etc.*); **2.** verfolgen; ***~ down*** aufspüren; auftreiben; **~ and 'field** *bsd. Am.* Leichtathletik *f*; **'~ e·vent** *Sport*: Laufdisziplin *f*; **'~-ing sta·tion** *Raumfahrt*: Bodenstation *f*; **'~-suit** Trainingsanzug *m*

tract [trækt] Fläche *f*, Gebiet *n*; *anat.* (*Verdauungs*)Trakt *m*, (*Atem*)Wege *pl.*

trac·tion ['trækʃn] Ziehen *n*, Zug *m*; **'~ en·gine** Zugmaschine *f*

trac·tor ['træktə] Traktor *m*, Trecker *m*

trade [treɪd] **1.** Handel *m*; Branche *f*, Gewerbe *n*; (*bsd.* Handwerks)Beruf *m*; **2.** Handel treiben, handeln; ***~ on*** ausnutzen; **'~-mark** Warenzeichen *n*; **'~ name** Markenname *m*, Handelsbezeichnung *f*; **'~ price** Großhandelspreis *m*; **'trad·er** Händler(in); **~s·man** ['treɪdzmən] (*pl.* ***-men***) (Einzel)Händler *m*; Ladeninhaber *m*; Lieferant *m*; **~(s) 'un·i·on** Gewerkschaft *f*; **~(s) 'un·i·on·ist** Gewerkschaftler(in)

tra·di·tion [trə'dɪʃn] Tradition *f*; Überlieferung *f*; **~-al** [trə'dɪʃənl] traditionell

traf·fic ['træfɪk] **1.** Verkehr *m*; (*bsd.* illegaler) Handel (***in*** mit); **2.** (***-ck-***) (*bsd.* illegal) handeln (***in*** mit); **'~ cir·cle** *Am.* Kreisverkehr *m*; **'~ is·land** Verkehrsinsel *f*; **'~ jam** (Verkehrs)Stau *m*, Verkehrsstockung *f*; **'~ light(s** *pl.*) Verkehrsampel *f*; **'~ of·fence** (*Am.* **of·fense**) Verkehrsdelikt *n*; **'~ of·fend·er** Verkehrssünder(in); **'~ reg·u·la·tions** *pl.* Staßenverkehrsordnung *f*; **'~ sign** Verkehrszeichen *n*, -schild *n*; **'~ sig·nal** → ***traffic light(s)***; **'~ war·den** *Brt.* Parküberwacher *m*, Politesse *f*

tra|·ge·dy ['trædʒɪdɪ] Tragödie *f*; **~·gic** ['trædʒɪk] (**~ally**) tragisch

trail [treɪl] **1.** *v/t. et.* nachschleifen lassen; verfolgen; *Sport*: zurückliegen hinter (*dat.*) (**by** um); *v/i.* sich schleppen; *bot.* kriechen; *Sport*: zurückliegen (**by 3-0** 0:3); **~ (along) behind s.o.** hinter j-m herschleifen; **2.** Spur *f* (*a. fig.*), Fährte *f*; Pfad *m*, Weg *m*; **~ of blood** Blutspur *f*; **~ of dust** Staubwolke *f*; **'~·er** *mot.* Anhänger *m*; *Am. mot.* Wohnwagen *m*, Caravan *m*; *Film*, *TV*: Trailer *m*, Vorschau *f*; **'~·er park** *Am.* Standplatz *m* für Wohnwagen

train [treɪn] **1.** *rail.* Zug *m*; Kolonne *f*, Schlange *f*; Schleppe *f*; *fig.* Folge *f*, Kette *f*; **by ~** mit der Bahn, mit dem Zug; **~ of thought** Gedankengang *m*; **2.** *v/t. j-n* ausbilden (**as** als, zum), schulen; *Sport*: trainieren; *Tier* abrichten, dressieren; *Kamera etc.* richten (**on** auf *acc.*); *v/i.* ausgebildet werden (**as** als, zum); *Sport*: trainieren (**for** für); **~·ee** [treɪ'ni:] Auszubildende(r *m*) *f*; **'~·er** Ausbilder(in); Abrichter(in), Dompteur *m*, Dompteuse *f*; *Sport*: Trainer(in); *Brt.* Turnschuh *m*; **'~·ing** Ausbildung *f*, Schulung *f*; Abrichten *n*, Dressur *f*; *Sport*: Training *n*

trait [treɪ, treɪt] (Charakter)Zug *m*

trai·tor ['treɪtə] Verräter *m*

tram *Brt.* [træm] Straßenbahn(wagen *m*) *f*; **'~·car** *Brt.* Straßenbahnwagen *m*

tramp [træmp] **1.** sta(m)pfen *od.* trampeln (durch); **2.** Tramp *m*, Landstreicher(in); Wanderung *f*; *bsd. Am.* Flittchen *n*

tram·ple ['træmpl] (zer)trampeln

trance [trɑ:ns] Trance *f*

tran·quil ['træŋkwɪl] ruhig, friedlich; **~·(l)i·ty** [træŋ'kwɪlətɪ] Ruhe *f*, Frieden *m*; **~·(l)ize** ['træŋkwɪlaɪz] beruhigen; **~·(l)iz·er** ['træŋkwɪlaɪzə] Beruhigungsmittel *n*

trans|·act [træn'zækt] *Geschäft* abwickeln, *Handel* abschließen; **~·ac·tion** [træn'zækʃn] Abwicklung *f*, Abschluss *m*; Geschäft *n*, Transaktion *f*

trans·at·lan·tic [trænzət'læntɪk] transatlantisch, Transatlantik..., Übersee...

tran·scribe [træn'skraɪb] abschreiben, kopieren; *Stenogramm etc.* übertragen

tran|·script ['trænskrɪpt] Abschrift *f*, Kopie *f*; **~·scrip·tion** [træn'skrɪpʃn] Umschreibung *f*, Umschrift *f*; Abschrift *f*, Kopie *f*

trans·fer 1. [træns'fɜ:] (**-rr-**) *v/t.* (**to**) *Betrieb etc.* verlegen (nach); *j-n* versetzen (nach); *Sport*: *Spieler* transferieren (zu), abgeben (an *acc.*); *Geld* überweisen (an *j-n*, auf *ein Konto*); *jur. Eigentum, Recht* übertragen (auf *acc.*); *v/i. Sport*: wechseln (**to** zu) (*Spieler*); *Reise*: umsteigen (**from ... to** von ... auf *acc.*); **2.** ['trænsfɜ:] Verlegung *f*; Versetzung *f*; *Sport*: Transfer *m*, Wechsel *m*; *econ.* Überweisung *f*; *jur.* Übertragung *f*; *bsd. Am. etc.* Umsteige(fahr)karte *f*; **~·a·ble** [træns'fɜ:rəbl] übertragbar

trans·fixed *fig.* [træns'fɪkst] versteinert, starr

trans|·form [træns'fɔ:m] um-, verwandeln; **~·for·ma·tion** [trænsfə'meɪʃn] Um-, Verwandlung *f*

trans·fu·sion *med.* [træns'fju:ʒn] Bluttransfusion *f*, -übertragung *f*

trans·gress [træns'gres] verletzen, verstoßen gegen

tran·sient ['trænzɪənt] flüchtig, vergänglich

tran·sis·tor [træn'sɪstə] Transistor *m*

tran·sit ['trænsɪt] Transit-, Durchgangsverkehr *m*; *econ.* Transport *m*; **in ~** unterwegs, auf dem Transport

tran·si·tion [træn'sɪʒn] Übergang *m*

tran·si·tive *gr.* ['trænsɪtɪv] transitiv

tran·si·to·ry ['trænsɪtərɪ] → ***transient***

trans|·late [træns'leɪt] übersetzen (**from English into German** aus dem Englischen ins Deutsche); **~·la·tion** [træns'leɪʃn] Übersetzung *f*; **~·la·tor** [træns'leɪtə] Übersetzer(in)

trans·lu·cent [trænz'lu:snt] lichtdurchlässig

trans·mis·sion [trænz'mɪʃn] Übertragung *f* (*e-r Krankheit*); *Rundfunk*, *TV*: Sendung *f*; *mot.* Getriebe *n*

trans·mit [trænz'mɪt] (**-tt-**) *Signale* (aus)senden; *Rundfunk*, *TV*: senden; *phys. Wärme etc.* leiten, *Licht etc.* durchlassen; *Krankheit* übertragen; **~·ter** Sender *m*

trans·par|·en·cy [træns'pærənsɪ] Durchsichtigkeit *f* (*a. fig.*); *fig.* Durchschaubarkeit *f*; Dia(positiv) *n*; Folie *f* (*Lehrmaterial*); **~·ent** durchsichtig (*a. fig.*); *fig.* durchschaubar

tran·spire [træn'spaɪə] transpirieren,

schwitzen; *fig.* durchsickern; F passieren

trans·plant 1. [træns'plɑːnt] um-, verpflanzen; *med.* transplantieren, verpflanzen; **2.** *med.* ['trænsplɑːnt] Transplantation *f*, Verpflanzung *f*; Transplantat *n*

trans|·port 1. ['trænspɔːt] Transport *m*, Beförderung *f*; Beförderungs-, Verkehrsmittel *n od. pl.*; *mil.* Transportschiff *n*, -flugzeug *n*, (*Truppen*)Transporter *m*; **2.** [træn'spɔːt] transportieren, befördern; **~·por·ta·tion** *bsd. Am.* [trænspɔː'teɪʃn] Transport *m*, Beförderung *f*

trap [træp] **1.** Falle *f* (*a. fig.*); ***set a ~ for s.o.*** j-m e-e Falle stellen; ***shut one's ~, keep one's ~ shut*** *sl.* die Schnauze halten; **2.** (*-pp-*) (in *od.* mit e-r Falle) fangen; *fig.* in e-e Falle locken; ***be ~ped*** eingeschlossen sein (*Bergleute etc.*); **'~·door** Falltür *f*; *thea.* Versenkung *f*

tra·peze [trə'piːz] Trapez *n*

trap·per ['træpə] Trapper *m*, Fallensteller *m*, Pelztierjäger *m*

trap·pings ['træpɪŋz] *pl.* Rangabzeichen *pl.*; *fig.* Drum u. Dran *n*

trash [træʃ] Schund *m*; Quatsch *m*, Unsinn *m*; *Am.* Abfall *m*, Abfälle *pl.*, Müll *m*; *bsd. Am.* Gesindel *n*; **'~·can** *Am.* Abfall-, Mülleimer *m*; *Am.* Abfall-, Mülltonne *f*; **'~·y** (*-ier, -iest*) Schund...

trav·el ['trævl] **1.** (*bsd. Brt.* ***-ll-***, *Am.* ***-l-***) *v/i.* reisen; fahren; *tech. etc.* sich bewegen; sich verbreiten (*Neuigkeit etc.*); *fig.* schweifen, wandern; *v/t.* bereisen; *Strecke* zurücklegen, fahren; **2.** Reisen *n*; **~s** *pl.* (*bsd.* Auslands)Reisen *pl.*; **'~ a·gen·cy** Reisebüro *n*; **'~ a·gent** Reisebüroinhaber(in); Angestellte(r *m*) *f* in e-m Reisebüro; **'~ a·gent's, '~ bu·reau** (*pl.* ***-reaux*** [-rəʊz], ***-reaus***) Reisebüro *n*; **'~·(l)er** Reisende(r *m*) *f*; **'~·(l)er's cheque** (*Am.* **check**) Reise-, Travellerscheck *m*; **'~·sick** reisekrank; **'~·sick·ness** Reisekrankheit *f*

trav·es·ty ['trævɪstɪ] Zerrbild *n*

trawl [trɔːl] **1.** Schleppnetz *n*; **2.** mit dem Schleppnetz fischen; **'~·er** *naut.* Trawler *m*

tray [treɪ] Tablett *n*; Ablagekorb *m*

treach·er|·ous ['tretʃərəs] verräterisch; tückisch; **~·y** ['tretʃərɪ] Verrat *m*

trea·cle *bsd. Brt.* ['triːkl] Sirup *m*

tread [tred] **1.** (***trod, trodden*** *od.* ***trod***) treten (***on*** auf *acc.*; in *acc.*); *Pfad etc.* treten; **2.** Gang *m*; Schritt(e *pl.*) *m*; (Reifen)Profil *n*; **'~·mill** Tretmühle *f* (*a. fig.*)

trea·son ['triːzn] Landesverrat *m*

trea|·sure ['treʒə] **1.** Schatz *m*; **2.** sehr schätzen; in Ehren halten; **~·sur·er** ['treʒərə] Schatzmeister(in)

trea·sure trove [treʒə 'trəʊv] Schatzfund *m*

Trea·su·ry ['treʒərɪ] *Brt.*, **'~ Depart·ment** *Am.* Finanzministerium *n*

treat [triːt] **1.** *j-n, et.* behandeln; umgehen mit; *et.* ansehen, betrachten (***as*** als); *med. j-n* behandeln (***for*** gegen); *j-n* einladen (***to*** zu); ***~ s.o. to s.th.*** *a.* j-m et. spendieren; ***~ o.s. to s.th.*** sich et. leisten *od.* gönnen; ***be ~ed for*** *med.* in ärztlicher Behandlung sein wegen; **2.** (besondere) Freude *od.* Überraschung; ***this is my ~*** das geht auf meine Rechnung

trea·tise ['triːtɪz] Abhandlung *f*

treat·ment ['triːtmənt] Behandlung *f*

treat·y ['triːtɪ] Vertrag *m*

tre·ble¹ ['trebl] **1.** dreifach; **2.** (sich) verdreifachen

tre·ble² *mus.* ['trebl] Knabensopran *m*; *Radio*: (Ton)Höhe *f*

tree [triː] Baum *m*

tre·foil *bot.* ['trefɔɪl] Klee *m*

trel·lis ['trelɪs] Spalier *n* (*für Pflanzen etc.*)

trem·ble ['trembl] zittern (***with*** vor *dat.*)

tre·men·dous [trɪ'mendəs] gewaltig, enorm; F klasse, toll

trem·or ['tremə] Zittern *n*; Beben *n*

trench [trentʃ] Graben *m*; *mil.* Schützengraben *m*

trend [trend] Trend *m*, Entwicklung *f*, Tendenz *f*; Mode *f*; **'~·y** F **1.** (***-ier, -iest***) modern, modisch; ***be ~*** als schick gelten, in sein; **2.** *bsd. Brt. contp.* Schickimicki *m*

tres·pass ['trespəs] **1.** ***~ on*** *Grundstück etc.* unbefugt betreten; *j-s Zeit etc.* über Gebühr in Anspruch nehmen; ***no ~ing*** Betreten verboten!; **2.** unbefugtes Betreten; **'~·er: *~s will be prosecuted*** Betreten bei Strafe verboten!

tres·tle ['tresl] Bock *m*, Gestell *n*

tri·al ['traɪəl] *jur.* Prozess *m*, (Gerichts)Verhandlung *f*, (-)Verfahren *n*;

T

Erprobung *f*, Probe *f*, Prüfung *f*, Test *m*; *fig*. Plage *f*; Versuchs..., Probe...; ***on ~*** auf *od*. zur Probe; ***be on ~*** erprobt *od*. getestet werden; ***be on ~, stand ~*** *jur*. vor Gericht stehen (***for*** wegen)

tri·an|·gle ['traɪæŋgl] Dreieck *n*; *Am*. Winkel *m*, Zeichendreieck *n*; **~·gu·lar** [traɪ'æŋgjʊlə] dreieckig

tri·ath·lon [traɪ'æθlɒn] *Sport*: Dreikampf *m*

trib|·al ['traɪbl] Stammes...; **~e** [traɪb] (Volks)Stamm *m*

tri·bu·nal *jur*. [traɪ'bjuːnl] Gericht(shof *m*) *n*

trib·u·ta·ry ['trɪbjʊtərɪ] Nebenfluss *m*

trib·ute ['trɪbjuːt]: ***be a ~ to*** *j-m* Ehre machen; ***pay ~ to*** *j-m* Anerkennung zollen

trice *bsd. Brt*. F [traɪs]: ***in a ~*** im Nu

trick [trɪk] **1.** Trick *m*; (*Karten- etc*.)Kunststück *n*; Streich *m*; *Kartenspiel*: Stich *m*; (merkwürdige) Angewohnheit, Eigenart *f*; ***play a ~ on s.o.*** j-m e-n Streich spielen; **2.** Trick...; ***~ question*** Fangfrage *f*; **3.** überlisten, reinlegen; **~·e·ry** ['trɪkərɪ] Tricks *pl*.

trick·le ['trɪkl] **1.** tröpfeln; rieseln; **2.** Tröpfeln *n*; Rinnsal *n*

trick|·ster ['trɪkstə] Betrüger(in), Schwindler(in); **~·y** ['trɪkɪ] (***-ier, -iest***) heikel, schwierig; durchtrieben, raffiniert

tri·cy·cle ['traɪsɪkl] Dreirad *n*

tri·dent ['traɪdənt] Dreizack *m*

tri|·fle ['traɪfl] **1.** Kleinigkeit *f*; Lappalie *f*; ***a ~*** ein bisschen, etwas; **2. *~ with*** *fig*. spielen mit; ***he is not to be ~d with*** er lässt nicht mit sich spaßen; **~·fling** ['traɪflɪŋ] geringfügig, unbedeutend

trig·ger ['trɪgə] Abzug *m* (*am Gewehr*); ***pull the ~*** abdrücken; **'~·hap·py** schießwütig

trill [trɪl] **1.** Triller *m*; **2.** trillern

trim [trɪm] **1.** (***-mm-***) *Hecke etc*. stutzen, beschneiden, sich *den Bart etc*. stutzen; *Kleidungsstück* besetzen (***with*** mit); ***~med with fur*** pelzbesetzt, mit Pelzbesatz; ***~ off*** abschneiden; **2. *give s.th. a ~*** et. stutzen, et. (be)schneiden; ***be in good ~*** F gut in Form sein; **3.** (***-mm-***) gepflegt; **'~·ming: *~s*** *pl*. Besatz *m*; *gastr*. Beilagen *pl*.

Trin·i·ty *rel*. ['trɪnɪtɪ] Dreieinigkeit *f*

trin·ket ['trɪŋkɪt] (*bsd*. billiges) Schmuckstück

trip [trɪp] **1.** (***-pp-***) *v/i*. stolpern (***over*** über *acc*.); (e-n) Fehler machen; *v/t*. *a*. ***~ up*** *j-m* ein Bein stellen (*a. fig*.); **2.** (kurze) Reise; Ausflug *m*, Trip *m*; Stolpern *n*, Fallen *n*; *sl*. Trip *m* (*Drogenrausch*)

tripe *gastr*. [traɪp] Kaldaunen *pl*., Kutteln *pl*.

trip·le ['trɪpl] dreifach; **'~ jump** *Sport*: Dreisprung *m*

trip·lets ['trɪplɪts] *pl*. Drillinge *pl*.

trip·li·cate ['trɪplɪkɪt] **1.** dreifach; **2. *in ~*** in dreifacher Ausfertigung

tri·pod *phot*. ['traɪpɒd] Stativ *n*

trip·per *bsd. Brt*. ['trɪpə] (*bsd. Tages-*) Ausflügler(in)

trite [traɪt] abgedroschen, banal

tri|·umph ['traɪəmf] **1.** Triumph *m*, *fig*. Sieg *m* (***over*** über *acc*.); **2.** triumphieren (***over*** über *acc*.); **~·um·phal** [traɪ'ʌmfl] Triumph...; **~·um·phant** [traɪ'ʌmfənt] triumphierend

triv·i·al ['trɪvɪəl] unbedeutend, bedeutungslos; trivial, alltäglich

trod [trɒd] *pret. u. p.p. von* ***tread*** 1; **~·den** ['trɒdn] *p.p. von* ***tread*** 1

trol·ley *bsd. Brt*. ['trɒlɪ] Einkaufs-, Gepäckwagen *m*; Kofferkuli *m*; (*Tee- etc*.)Wagen *m*; (***supermarket***) ***~*** Einkaufswagen *m*; ***shopping ~*** Einkaufsroller *m*; **'~·bus** O(berleitungs)bus *m*

trom·bone *mus*. [trɒm'bəʊn] Posaune *f*

troop [truːp] **1.** Schar *f*; ***~s*** *pl*. *mil*. Truppen *pl*.; **2.** (*herein- etc*.)strömen; ***~ the colour*** *Brt. mil*. e-e Fahnenparade abhalten; **'~·er** *mil*. Kavallerist *m*; Panzerjäger *m*; *Am*. Polizist *m* (*e-s Bundesstaats*)

tro·phy ['trəʊfɪ] Trophäe *f*

trop·ic *astr., geogr*. ['trɒpɪk] Wendekreis *m*; ***the ~ of Cancer*** der Wendekreis des Krebses; ***the ~ of Capricorn*** der Wendekreis des Steinbocks

trop·i·cal ['trɒpɪkl] tropisch, Tropen...

trop·ics ['trɒpɪks] *pl*. Tropen *pl*.

trot [trɒt] **1.** Trab *m*; Trot *m*; **2.** (***-tt-***) traben (lassen); ***~ along*** F losziehen

trou·ble ['trʌbl] **1.** Schwierigkeit *f*, Problem *n*, Ärger *m*; Mühe *f*; *med*. Beschwerden *pl*.; *a*. ***~s*** *pl. pol*. Unruhen *pl*.; ***be in ~*** in Schwierigkeiten sein; ***get into ~*** Schwierigkeiten *od*. Ärger bekommen; *j-n* in Schwierigkeiten bringen; ***get*** *od*. ***run into ~*** in Schwierigkei-

T

ten geraten; ***have ~ with*** Schwierigkeiten *od.* Ärger haben mit; ***put s.o. to ~*** j-m Mühe *od.* Umstände machen; ***take the ~ to do s.th.*** sich die Mühe machen, et. zu tun; **2.** *v/t. j-n* beunruhigen; *j-m* Mühe *od.* Umstände machen; *j-n* bemühen (***for*** um), bitten (***for*** um; ***to do*** zu tun); ***be ~d by*** geplagt werden von, leiden an (*dat.*); *v/i.* sich bemühen (***to do*** zu tun), sich Umstände machen (***about*** wegen); **'~·mak·er** Unruhestifter(in); **'~·some** lästig

trough [trɒf] Trog *m*; Wellental *n*

trounce [traʊns] *Sport*: haushoch besiegen

troupe *thea.* [tru:p] Truppe *f*

trou·ser ['traʊzə]: (***a pair of***) ***~s*** *pl.* (e-e) Hose; **'~ suit** *Brt.* Hosenanzug *m*

trous·seau ['tru:səʊ] (*pl.* ***-seaux*** [-səʊz], ***-seaus***) Aussteuer *f*

trout *zo.* [traʊt] (*pl.* ***trout, trouts***) Forelle *f*

trow·el ['traʊəl] (Maurer)Kelle *f*

tru·ant ['tru:ənt] Schulschwänzer(in); ***play ~*** (die Schule) schwänzen

truce [tru:s] Waffenstillstand *m* (*a. fig.*)

truck[1] [trʌk] **1.** *mot.* Lastwagen *m*; *mot.* Fernlaster *m*; *Brt. rail.* (offener) Güterwagen; Transportkarren *m*; **2.** *bsd. Am.* auf *od.* mit Lastwagen transportieren

truck[2] *Am.* [trʌk] Gemüse *n od.* Obst *n* (*für den Verkauf*)

'truck| driv·er, '~·er *bsd. Am.* Lastwagenfahrer *m*; Fernfahrer *m*

'truck farm *Am. econ.* Gemüse- u. Obstgärtnerei *f*

trudge [trʌdʒ] (mühsam) stapfen

true [tru:] (***~r, ~st***) wahr; echt, wirklich; treu (***to*** *dat.*); ***be ~*** wahr sein, stimmen; ***come ~*** in Erfüllung gehen; wahr werden; ***~ to life*** lebensecht

tru·ly ['tru:lɪ] wahrheitsgemäß; wirklich, wahrhaft; aufrichtig; ***Yours ~*** *bsd. Am.* Hochachtungsvoll (*Briefschluss*)

trump [trʌmp] **1.** Trumpf(karte *f*) *m*; ***~s*** *pl.* Trumpf *m* (*Farbe*); **2.** mit e-m Trumpf stechen; ***~ up*** erfinden

trum·pet ['trʌmpɪt] **1.** *mus.* Trompete *f*; **2.** trompeten; *fig.* ausposaunen

trun·cheon ['trʌntʃən] (Gummi)Knüppel *m*, Schlagstock *m*

trun·dle ['trʌndl] *Karren etc.* ziehen

trunk [trʌŋk] (Baum)Stamm *m*; Schrankkoffer *m*; *zo.* Rüssel *m* (*des Elefanten*); *anat.* Rumpf *m*; *Am. mot.* Kofferraum *m*; **'~ road** *Brt.* Fernstraße *f*

trunks [trʌŋks] *pl.* (*a.* ***a pair of ~*** e-e) (*Bade*)Hose; *Sport*: Shorts *pl.*

truss [trʌs] **1.** *a.* ***~ up*** *j-n* fesseln; *gastr. Geflügel etc.* dressieren; **2.** *med.* Bruchband *n*

trust [trʌst] **1.** Vertrauen *n* (***in*** zu); *jur.* Treuhand *f*; *econ.* Trust *m*; *econ.* Großkonzern *m*; ***hold s.th. in ~*** et. treuhänderisch verwalten (***for*** für); ***place s.th. in s.o.'s ~*** j-m et. anvertrauen; **2.** *v/t.* (ver)trauen (*dat.*); sich verlassen auf (*acc.*); (zuversichtlich) hoffen; ***~ him!*** das sieht ihm ähnlich!; *v/i.* ***~ in*** vertrauen auf (*acc.*); ***~ to*** sich verlassen auf (*acc.*); **~·ee** *jur.* [trʌs'ti:] Treuhänder(in); Sachverwalter(in); **'~·ful, '~·ing** vertrauensvoll; **'~·wor·thy** vertrauenswürdig, zuverlässig

truth [tru:θ] (*pl.* ***~s*** [tru:ðz, tru:θs]) Wahrheit *f*; **'~·ful** wahr(heitsliebend)

try [traɪ] **1.** *v/t.* versuchen; *et.* (aus)probieren; *jur.* (über) *e-e Sache* verhandeln; *jur. j-m* den Prozess machen (***for*** wegen); *j-n, j-s Geduld, Nerven etc.* auf e-e harte Probe stellen; ***~*** *s.th.* ***on*** *Kleidungsstück* anprobieren; ***~*** *s.th.* ***out*** *et.* ausprobieren; *v/i.* es versuchen; ***~ for*** *Brt.*, ***~ out for*** *Am.* sich bemühen um; **2.** Versuch *m*; **'~·ing** anstrengend

tsar *hist.* [zɑ:] Zar *m*

T-shirt ['ti:ʃɜ:t] T-Shirt *n*

TU [ti: 'ju:] *Abk. für* ***trade(s) union*** Gewerkschaft *f*

tub [tʌb] Bottich *m*, Zuber *m*, Tonne *f*; Becher *m* (*für Eis, Margarine etc.*); F (Bade)Wanne *f*

tube [tju:b] Röhre *f* (*a. anat*), Rohr *n*; Schlauch *m*; Tube *f*; *Brt.* F U-Bahn *f* (*in London*); *Am.* F Röhre *f*, Glotze *f* (*Fernseher*); **'~·less** schlauchlos

tu·ber *bot.* ['tju:bə] Knolle *f*

tu·ber·cu·lo·sis *med.* [tju:bɜ:kjʊ'ləʊsɪs] Tuberkulose *f*

tu·bu·lar ['tju:bjʊlə] röhrenförmig

TUC *Brt.* [ti: ju: 'si:] *Abk. für* ***Trades Union Congress*** Gewerkschaftsverband *m*

tuck [tʌk] **1.** stecken; ***~ away*** F wegstecken; ***~ in*** *bsd. Brt.* F reinhauen, zulangen; ***~ up*** (***in bed***) *Kind* ins Bett packen; **2.** Biese *f*; Saum *m*; Abnäher *m*

T

Tue(s) *nur geschr. Abk. für* **Tuesday** Di., Dienstag *m*
Tues·day ['tju:zdɪ] (*Abk.* **Tue, Tues**) Dienstag *m*; **on ~** (am) Dienstag; **on ~s** dienstags
tuft [tʌft] (*Gras-, Haar- etc.*)Büschel *n*
tug [tʌg] **1.** (**-gg-**) zerren *od.* ziehen (an *dat. od.* **at** an *dat.*); **2. give** *s.th.* **a ~** zerren *od.* ziehen an (*dat.*); **~-of-'war** *Sport*: Tauziehen *n* (*a. fig.*)
tu·i·tion [tju:'ɪʃn] Unterricht *m*; *bsd. Am.* Unterrichtsgebühr(en *pl.*) *f*
tu·lip *bot.* ['tju:lɪp] Tulpe *f*
tum·ble ['tʌmbl] **1.** fallen, stürzen; purzeln (*a. Preise*); **2.** Fall *m*, Sturz *m*; **'~·down** baufällig
tum·bler ['tʌmblə] (Trink)Glas *n*
tu·mid *med.* ['tju:mɪd] geschwollen
tum·my F ['tʌmɪ] Bauch *m*, Bäuchlein *n*
tu·mo(u)r *med.* ['tju:mə] Tumor *m*
tu·mult ['tju:mʌlt] Tumult *m*; **tu·mul·tu·ous** [tju:'mʌltjʊəs] tumultartig, (*Applaus, Empfang*) stürmisch
tu·na *zo.* ['tu:nə] (*pl.* **-na, -nas**) Tunfisch *m*
tune [tju:n] **1.** Melodie *f*; **be out of ~** *mus.* verstimmt sein; **2.** *v/t. mst* **~ in** *Radio etc.* einstellen (**to** auf *acc.*); *a.* **~ up** *mus.* stimmen; *a.* **~ up** *Motor* tunen; *v/i.* **~ in** (das Radio *etc.*) einschalten; **~ up** (die Instrumente) stimmen (*Orchester*); **'~·ful** melodisch; **'~·less** unmelodisch
tun·er ['tju:nə] *Radio, TV*: Tuner *m*
tun·nel ['tʌnl] **1.** Tunnel *m*; **2.** (*bsd. Brt.* **-ll-**, *Am.* **-l-**) *Berg* durchtunneln; *Fluss etc.* untertunneln
tun·ny *zo.* ['tʌnɪ] (*pl.* **-ny, -nies**) Tunfisch *m*
tur·ban ['tɜ:bən] Turban *m*
tur·bid ['tɜ:bɪd] trüb (*Flüssigkeit*); dick (*Rauch etc.*); *fig.* verworren, wirr
tur·bine *tech.* ['tɜ:baɪn] Turbine *f*
tur·bo F *mot.* ['tɜ:bəʊ] (*pl.* **-bos**), **~-charg·er** *mot.* ['tɜ:bəʊtʃɑ:dʒə] Turbolader *m*
tur·bot *zo.* ['tɜ:bət] (*pl.* **-bot, -bots**) Steinbutt *m*
tur·bu·lent ['tɜ:bjʊlənt] turbulent
tu·reen [tə'ri:n] (Suppen)Terrine *f*
turf [tɜ:f] **1.** (*pl.* **turfs, turves** [tɜ:vz]) Rasen *m*; Sode *f*, Rasenstück *n*; **the ~** die (Pferde)Rennbahn; der Pferderennsport; **2.** mit Rasen bedecken
tur·gid *med.* ['tɜ:dʒɪd] geschwollen
Turk [tɜ:k] Türk|e *m*, -in *f*
Tur·key ['tɜ:kɪ] die Türkei
tur·key ['tɜ:kɪ] *zo.* Truthahn *m*, -henne *f*, Pute(r *m*) *f*; **talk ~** *bsd. Am.* F offen *od.* sachlich reden
Turk·ish ['tɜ:kɪʃ] **1.** türkisch; **2.** *ling.* Türkisch *n*
tur·moil ['tɜ:mɔɪl] Aufruhr *m*
turn [tɜ:n] **1.** *v/t.* (herum-, um)drehen; (um)wenden; *Seite* umblättern; *Schlauch etc.* richten (**on** auf *acc.*); *Antenne* ausrichten (**toward**[**s**] auf *acc.*); *Aufmerksamkeit* zuwenden (**to** *dat.*); verwandeln (**into** in *acc.*); *Laub etc.* färben; *Milch* sauer werden lassen; *tech.* formen, drechseln; **~ the corner** um die Ecke biegen; **~ loose** los-, freilassen; **~ s.o.'s stomach** j-m den Magen umdrehen; → **inside** 1, **upside down, somersault** 1; *v/i.* sich (um)drehen; abbiegen; einbiegen (**onto** auf *acc.*; **into** in *acc.*); *mot.* wenden; *blass, sauer etc.* werden; sich verwandeln, *fig. a.* umschlagen (*Wetter etc.*) (**into, to** in *acc.*); → **left**[2] 2, **right** 2; **~ against** *j-n* aufbringen *od.* -hetzen gegen; *fig.* sich wenden gegen; **~ away** (sich) abwenden (**from** von); *j-n* abweisen, wegschicken; **~ back** umkehren; *j-n* zurückschicken; *Uhr* zurückstellen; **~ down** *Radio etc.* leiser stellen; *Gas etc.* klein(er) stellen; *Heizung etc.* runterschalten; *j-n, Angebot etc.* ablehnen; *Kragen* umschlagen; *Bettdecke* zurückschlagen; **~ in** *v/t.* zurückgeben; *Gewinn etc.* erzielen, machen; *bsd. Am. Arbeit* einreichen, abgeben; **~ o.s. in** sich stellen; *v/i.* F sich aufs Ohr legen; **~ off** *v/t. Gas, Wasser etc.* abdrehen; *Licht, Radio etc.* ausmachen, -schalten; *Motor* abstellen; F *j-n* anwidern; F *j-m* die Lust nehmen; *v/i.* abbiegen; **~ on** *Gas, Wasser etc.* aufdrehen; *Gerät* anstellen; *Licht, Radio etc.* anmachen, an-, einschalten; F *j-n* antörnen, anmachen; **~ out** *v/t. Licht* ausmachen, -schalten; *j-n* hinauswerfen; *econ.* F *Waren* ausstoßen; *Tasche etc.* (aus)lehren; *v/i.* kommen (**for** zu); sich erweisen *od.* herausstellen als; **~ over** (sich) umdrehen; *Seite* umblättern; wenden; *et.* umkippen; sich *et.* überlegen; *j-n, et.* übergeben (**to** *dat.*); *econ. Waren* umsetzen; **~ round** sich umdrehen; **~ one's car round** wenden; **~ to**

sich an *j-n* wenden; sich zuwenden (*dat.*); ~ ***up*** *Kragen* hochschlagen; *Ärmel, Saum etc.* umschlagen; *Radio etc.* lauter stellen; *Gas etc.* aufdrehen; *fig.* auftauchen; **2.** (Um)Drehung *f*; Biegung *f*, Kurve *f*, Kehre *f*; *Am.* Abzweigung *f*; *fig.* Wende *f*, Wendung *f*; ***at every*** ~ auf Schritt und Tritt; ***by ~s*** abwechselnd; ***in*** ~ der Reihe nach; abwechselnd; ***it is my*** ~ ich bin dran *od.* an der Reihe; ***make a left*** ~ nach links abbiegen; ***take ~s*** sich abwechseln (***at*** bei); ***take a ~ for the better/worse*** sich bessern/sich verschlimmern; ***do s.o. a good/bad*** ~ j-m e-n guten/schlechten Dienst erweisen; **'~·coat** Abtrünnige(r) *m*, Überläufer(in); (***political***) ~ F *pol.* Wendehals *m*; **'~·er** Drechsler *m*; Dreher *m*

'turn·ing *bsd. Brt.* Abzweigung *f*; **'~ circle** *mot.* Wendekreis *m*; **'~ point** *fig.* Wendepunkt *m*

tur·nip *bot.* ['tɜːnɪp] Rübe *f*

'turn|-off Abzweigung *f*; **'~·out** Besucher(zahl *f*) *pl.*, Beteiligung *f*; Wahlbeteiligung *f*; F Aufmachung *f* (*e-r Person*); **'~·o·ver** *econ.* Umsatz *m*; Personalwechsel *m*, Fluktuation *f*; **'~·pike** *Am.*, **~·pike 'road** *Am.* gebührenpflichtige Schnellstraße; **'~·stile** Drehkreuz *n*; **'~·ta·ble** Plattenteller *m*; **'~·up** *Brt.* (Hosen)Aufschlag *m*

tur·pen·tine *chem.* ['tɜːpəntaɪn] Terpentin *n*

tur·quoise *min.* ['tɜːkwɔɪz] Türkis *m*

tur·ret ['tʌrɪt] *arch.* Ecktürmchen *n*; *mil.* (Panzer)Turm *m*; *naut.* Gefechts-, Geschützturm *m*

tur·tle *zo.* ['tɜːtl] (*pl.* ***-tles, -tle***) (See)Schildkröte *f*; **'~·dove** *zo.* Turteltaube *f*; **'~·neck** *bsd. Am.* Rollkragen(pullover) *m*

tusk [tʌsk] Stoßzahn *m* (*von Elefant u. Walross*); Hauer *m* (*e-s Keilers*)

tus·sle F ['tʌsl] Gerangel *n*

tus·sock ['tʌsək] Grasbüschel *n*

tu·te·lage ['tjuːtɪlɪdʒ] (An)Leitung *f*; *jur.* Vormundschaft *f*

tu·tor ['tjuːtə] Privat-, Hauslehrer(in); *Brt. univ.* Tutor(in), Studienleiter(in)

tu·to·ri·al *Brt. univ.* [tjuː'tɔːrɪəl] Tutorenkurs *m*

tux·e·do *Am.* [tʌk'siːdəʊ] (*pl.* ***-dos***) Smoking *m*

TV [tiː'viː] TV *n*, Fernsehen *n*; Fernseher *m*, Fernsehapparat *m*; Fernseh...; ***on*** ~ im Fernsehen; ***watch*** ~ fernsehen

twang [twæŋ] **1.** Schwirren *n*; *mst* ***nasal*** ~ näselnde Aussprache; **2.** schwirren (lassen)

tweak F [twiːk] zwicken, kneifen

tweet [twiːt] piep(s)en (*Vogel*)

tweez·ers ['twiːzəz] *pl.* (***a pair of*** ~ e-e) Pinzette

twelfth [twelfθ] **1.** zwölfte(r, -s); **2.** Zwölftel *n*

twelve [twelv] **1.** zwölf; **2.** Zwölf *f*

twen|·ti·eth ['twentɪɪθ] zwanzigste(r, -s); **~·ty** ['twentɪ] **1.** zwanzig; **2.** Zwanzig *f*

twice [twaɪs] zweimal

twid·dle ['twɪdl] (herum)spielen mit (*od.* ***with*** mit); ~ ***one's thumbs*** Däumchen drehen

twig [twɪg] dünner Zweig, Ästchen *n*

twi·light ['twaɪlaɪt] (*bsd.* Abend)Dämmerung *f*; Zwie-, Dämmerlicht *n*

twin [twɪn] **1.** Zwilling *m*; ***~s*** *pl.* Zwillinge *pl.*; **2.** Zwillings...; doppelt; **3.** (***-nn-***): ***be ~ned with*** die Partnerstadt sein von; **~-bed·ded 'room** Zweibettzimmer *n*; **~ 'beds** *pl.* zwei Einzelbetten; **~ 'broth·er** Zwillingsbruder *m*

twine [twaɪn] **1.** Bindfaden *m*, Schnur *f*; **2.** (sich) schlingen *od.* winden (***round*** um); *a.* ~ ***together*** zusammendrehen

twin-'en·gined *aviat.* zweimotorig

twinge [twɪndʒ] stechender Schmerz, Stechen *n*; ***a ~ of conscience*** Gewissensbisse *pl.*

twin·kle ['twɪŋkl] **1.** glitzern (*Sterne*), (*a. Augen*) funkeln (***with*** vor *dat.*); **2.** Glitzern *n*, Funkeln *n*; ***with a ~ in one's eye*** augenzwinkernd

twin| 'sis·ter Zwillingsschwester *f*; **~ 'town** Partnerstadt *f*

twirl [twɜːl] **1.** (herum)wirbeln; wirbeln (***round*** über *acc.*); **2.** Wirbel *m*

twist [twɪst] **1.** *v/t.* drehen; wickeln (***round*** um); *fig.* entstellen, verdrehen; ~ ***off*** abdrehen, *Deckel* abschrauben; ~ ***one's ankle*** (mit dem Fuß) umknikken, sich den Fuß vertreten; ***her face was ~ed with pain*** ihr Gesicht war schmerzverzerrt; *v/i.* sich winden (*Person*), (*Fluss etc. a.*) sich schlängeln; **2.** Drehung *f*; Biegung *f*; *fig.* (*überraschende*) Wendung; *mus.* Twist *m*

T

twitch [twɪtʃ] **1.** zucken (mit); zucken (***with*** vor); zupfen (***an*** *dat.*); **2.** Zucken *n*; Zuckung *f*
twit·ter ['twɪtə] **1.** zwitschern; **2.** Zwitschern *n*, Gezwitscher *n*; ***be all of a ~*** F ganz aufgeregt sein
two [tu:] **1.** zwei; ***the ~ cars*** die beiden Autos; ***the ~ of us*** wir beide; ***in ~s*** zu zweit, paarweise; ***cut in ~*** in zwei Teile schneiden; ***put ~ and ~ together*** zwei u. zwei zusammenzählen; **2.** Zwei *f*; **~-'edged** zweischneidig; **~-'faced** falsch, heuchlerisch; **'~·fold** zweifach; **~·pence** *Brt.* ['tʌpəns] zwei Pence *pl.*; **~·pen·ny** *Brt.* F ['tʌpnɪ] für zwei Pence; **~-'piece** zweiteilig; ***~ dress*** Jackenkleid *n*; **~-'seat·er** *aviat., mot.* Zweisitzer *m*; **'~-stroke** *tech.* **1.** Zweitakt...; **2.** *a.* ***~ engine*** Zweitakter *m*; **~-'way** Doppel...; **~-way 'traf·fic** Gegenverkehr *m*
ty·coon [taɪ'ku:n] (*Industrie- etc.*)Magnat *m*
type [taɪp] **1.** Art *f*, Sorte *f*; Typ *m*; *print.* Type *f*, Buchstabe *m*; **2.** *v/t. et.* mit der Maschine schreiben, tippen; *v/i.* Maschine schreiben, tippen; **'~·writ·er** Schreibmaschine *f*; **'~·writ·ten** maschine(n)geschrieben
ty·phoid *med.* ['taɪfɔɪd], **~ 'fe·ver** *med.* Typhus *m*
ty·phoon [taɪ'fu:n] Taifun *m*
ty·phus *med.* ['taɪfəs] Flecktyphus *m*, -fieber *n*; ⚠ *nicht* ***Typhus***
typ·i|·cal ['tɪpɪkl] typisch, bezeichnend (***of*** für); **~·fy** ['tɪpɪfaɪ] typisch sein für, kennzeichnen; verkörpern
typ·ing| er·ror ['taɪpɪŋ -] Tippfehler *m*; **'~ pool** Schreibzentrale *f* (*in e-r Firma*)
typ·ist ['taɪpɪst] Schreibkraft *f*; Maschinenschreiber(in)
ty·ran·ni·cal [tɪ'rænɪkl] tyrannisch
tyr·an|·nize ['tɪrənaɪz] tyrannisieren; **~·ny** ['tɪrənɪ] Tyrannei *f*
ty·rant ['taɪərənt] Tyrann(in)
tyre *Brt.* ['taɪə] Reifen *m*
Ty·rol [tɪ'rəʊl, 'tɪrəl] → ***Tirol***
tzar *hist.* [zɑ:] → ***tsar***

U

U, u [ju:] U, u *n*
ud·der *zo.* ['ʌdə] Euter *n*
UEFA [ju:'i:fə] *Abk. für* ***Union of European Football Associations*** UEFA *f*
UFO ['ju:fəʊ, ju: ef 'əʊ] (*pl.* ***-os***) *Abk. für* ***unidentified flying object*** UFO *n*, Ufo *n*
ug·ly ['ʌglɪ] (***-ier, -iest***) hässlich (*a. fig.*); bös(e), schlimm (*Wunde etc.*)
UHF [ju: eɪtʃ 'ef] *Abk. für* ***ultrahigh frequency*** UHF, Ultrahochfrequenz(bereich *m*) *f*
UK [ju: 'keɪ] *Abk. für* ***United Kingdom*** *das* Vereinigte Königreich (*England, Schottland, Wales u. Nordirland*)
ul·cer *med.* ['ʌlsə] Geschwür *n*
ul·te·ri·or [ʌl'tɪərɪə]: ***~ motive*** Hintergedanke *m*
ul·ti·mate ['ʌltɪmət] letzte(r, -s), End...; höchste(r, -s); **'~·ly** letztlich; schließlich
ul·ti·ma·tum [ʌltɪ'meɪtəm] (*pl.* ***-tums, -ta*** [-tə]) Ultimatum *n*
ul·tra|·high fre·quen·cy *electr.* [ʌltrəhaɪ 'fri:kwənsɪ] Ultrakurzwelle *f*; **~·ma'rine** ultramarin; **~'son·ic** Ultraschall...; **'~·sound** *phys.* Ultraschall *m*; **~'vi·o·let** ultraviolett
um·bil·i·cal cord *anat.* [ʌmbɪlɪkl 'kɔ:d] Nabelschnur *f*
um·brel·la [ʌm'brelə] (Regen)Schirm *m*; *fig.* Schutz *m*
um·pire ['ʌmpaɪə] *Sport* **1.** Schiedsrichter(in); **2.** als Schiedsrichter fungieren (bei)
UN [ju: 'en] *Abk. für* ***United Nations*** *pl.* UN *f*, Vereinte Nationen *pl.*
un·a·bashed [ʌnə'bæʃt] unverfroren
un·a·bat·ed [ʌnə'beɪtɪd] unvermindert
un·a·ble [ʌn'eɪbl] unfähig, außer Stande, nicht in der Lage
un·ac·count·a·ble [ʌnə'kaʊntəbl] unerklärlich

un·ac·cus·tomed [ʌnəˈkʌstəmd] ungewohnt
un·ac·quaint·ed [ʌnəˈkweɪntɪd]: ***be ~ with s.th.*** et. nicht kennen, mit e-r Sache nicht vertraut sein
un·ad·vised [ʌnədˈvaɪzd] unbesonnen, unüberlegt
un·af·fect·ed [ʌnəˈfektɪd] natürlich, ungekünstelt; ***be ~ by*** nicht betroffen werden von
un·aid·ed [ʌnˈeɪdɪd] ohne Unterstützung, (ganz) allein
un·al·ter·a·ble [ʌnˈɔːltərəbl] unabänderlich (*Entschluss etc.*)
u·nan·i·mous [juːˈnænɪməs] einmütig; einstimmig
un·an·nounced [ʌnəˈnaʊnst] unangemeldet
un·an·swer·a·ble [ʌnˈɑːnsərəbl] unwiderlegbar; nicht zu beantworten(d)
un·ap·proach·a·ble [ʌnəˈprəʊtʃəbl] unnahbar
un·armed [ʌnˈɑːmd] unbewaffnet
un·asked [ʌnˈɑːskt] ungestellt (*Frage*); unaufgefordert, ungebeten
un·as·sist·ed [ʌnəˈsɪstɪd] ohne (fremde) Hilfe, (ganz) allein
un·as·sum·ing [ʌnəˈsjuːmɪŋ] bescheiden
un·at·tached [ʌnəˈtætʃt] ungebunden, frei (*Person*)
un·at·tend·ed [ʌnəˈtendɪd] unbeaufsichtigt
un·at·trac·tive [ʌnəˈtræktɪv] unattraktiv, wenig anziehend, reizlos
un·au·thor·ized [ʌnˈɔːθəraɪzd] unberechtigt, unbefugt
un·a·void·a·ble [ʌnəˈvɔɪdəbl] unvermeidlich
un·a·ware [ʌnəˈweə]: ***be ~ of s.th.*** sich e-r Sache nicht bewusst sein, et. nicht bemerken; **~s** [ʌnəˈweəz]: ***catch*** *od.* ***take s.o. ~*** j-n überraschen
un·bal·ance [ʌnˈbæləns] *j-n* aus dem (seelischen) Gleichgewicht bringen; **~d** unausgeglichen, labil
un·bar [ʌnˈbɑː] auf-, entriegeln
un·bear·a·ble [ʌnˈbeərəbl] unerträglich
un·beat·a·ble [ʌnˈbiːtəbl] unschlagbar; **un·beat·en** [ʌnˈbiːtn] ungeschlagen, unbesiegt
un·be·known(st) [ʌnbɪˈnəʊn(st)]: ***~ to s.o.*** ohne j-s Wissen
un·be·lie·va·ble [ʌnbɪˈliːvəbl] unglaublich
un·bend [ʌnˈbend] (***-bent***) gerade biegen; sich aufrichten; *fig.* aus sich herausgehen, auftauen; **~·ing** unbeugsam
un·bi·as(s)ed [ʌnˈbaɪəst] unvoreingenommen; *jur.* unbefangen
un·bind [ʌnˈbaɪnd] (***-bound***) losbinden
un·blem·ished [ʌnˈblemɪʃt] makellos (*Ruf etc.*)
un·born [ʌnˈbɔːn] ungeboren
un·break·a·ble [ʌnˈbreɪkəbl] unzerbrechlich
un·bri·dled *fig.* [ʌnˈbraɪdld] ungezügelt, zügellos; ***~ tongue*** lose Zunge
un·bro·ken [ʌnˈbrəʊkən] ununterbrochen; heil, unversehrt; nicht zugeritten (*Pferd*)
un·buck·le [ʌnˈbʌkl] auf-, losschnallen
un·bur·den [ʌnˈbɜːdn]: ***~ o.s. to s.o.*** j-m sein Herz ausschütten
un·but·ton [ʌnˈbʌtn] aufknöpfen
un·called-for [ʌnˈkɔːldfɔː] ungerechtfertigt; unnötig; unpassend
un·can·ny [ʌnˈkænɪ] (***-ier, -iest***) unheimlich
un·cared-for [ʌnˈkeədfɔː] vernachlässigt
un·ceas·ing [ʌnˈsiːsɪŋ] unaufhörlich
un·ce·re·mo·ni·ous [ʌnserɪˈməʊnjəs] brüsk, unhöflich; überstürzt
un·cer·tain [ʌnˈsɜːtn] unsicher, ungewiss, unbestimmt; vage; unbeständig (*Wetter*); **~·ty** [ʌnˈsɜːtntɪ] Unsicherheit *f*, Ungewissheit *f*
un·chain [ʌnˈtʃeɪn] losketten
un·changed [ʌnˈtʃeɪndʒd] unverändert; **un·chang·ing** [ʌnˈtʃeɪndʒɪŋ] unveränderlich
un·char·i·ta·ble [ʌnˈtʃærɪtəbl] unfair, unfreundlich
un·checked [ʌnˈtʃekt] ungehindert; unkontrolliert
un·chris·tian [ʌnˈkrɪstʃən] unchristlich
un·civ·il [ʌnˈsɪvl] unhöflich; **un·civ·i·lized** [ʌnˈsɪvlaɪzd] unzivilisiert
un·cle [ˈʌŋkl] Onkel *m*
un·com·for·ta·ble [ʌnˈkʌmfətəbl] unbequem; ***feel ~*** sich unbehaglich fühlen
un·com·mon [ʌnˈkɒmən] ungewöhnlich
un·com·mu·ni·ca·tive [ʌnkəˈmjuːnɪkətɪv] wortkarg, verschlossen
un·com·pro·mis·ing [ʌnˈkɒmprəmaɪzɪŋ] kompromisslos

un·con·cerned [ʌnkən'sɜːnd]: ***be ~ about*** sich keine Gedanken *od.* Sorgen machen über (*acc.*); ***be ~ with*** uninteressiert sein an (*dat.*)
un·con·di·tion·al [ʌnkən'dɪʃənl] bedingungslos
un·con·firmed [ʌnkən'fɜːmd] unbestätigt
un·con·scious [ʌn'kɒnʃəs] *med.* bewusstlos; unbewusst; unbeabsichtigt; ***be ~ of s.th.*** sich e-r Sache nicht bewusst sein, et. nicht bemerken; **~·ness** *med.* Bewusstlosigkeit *f*
un·con·sti·tu·tion·al [ʌnkɒnstɪ'tjuːʃənl] verfassungswidrig
un·con·trol·la·ble [ʌnkən'trəʊləbl] unkontrollierbar; nicht zu bändigen(d) (*Kind*); unbändig (*Wut etc.*); **un·con·trolled** [ʌnkən'trəʊld] unkontrolliert, ungehindert
un·con·ven·tion·al [ʌnkən'venʃənl] unkonventionell
un·con·vinced [ʌnkən'vɪnst]: ***be ~*** nicht überzeugt sein (***about*** von); **un·con'vinc·ing** nicht überzeugend
un·cooked [ʌn'kʊkt] ungekocht, roh
un·cork [ʌn'kɔːk] entkorken
un·count·a·ble [ʌn'kaʊntəbl] unzählbar
un·coup·le [ʌn'kʌpl] *Wag(g)on etc.* abkoppeln
un·couth [ʌn'kuːθ] ungehobelt (*Person, Benehmen*)
un·cov·er [ʌn'kʌvə] aufdecken, *fig. a.* enthüllen
un·crit·i·cal [ʌn'krɪtɪkl] unkritisch; ***be ~ of s.th.*** e-r Sache unkritisch gegenüberstehen
unc|·tion *rel.* ['ʌŋkʃn] Salbung *f*; **~·tu·ous** ['ʌŋktjʊəs] salbungsvoll
un·cut [ʌn'kʌt] ungekürzt (*Film, Roman etc.*); ungeschliffen (*Diamant etc.*)
un·dam·aged [ʌn'dæmɪdʒd] unbeschädigt, unversehrt, heil
un·dat·ed [ʌn'deɪtɪd] undatiert, ohne Datum
un·daunt·ed [ʌn'dɔːntɪd] unerschrocken, furchtlos
U
un·de·cid·ed [ʌndɪ'saɪdɪd] unentschieden, offen; unentschlossen
un·de·mon·stra·tive [ʌndɪ'mɒnstrətɪv] zurückhaltend, reserviert
un·de·ni·a·ble [ʌndɪ'naɪəbl] unbestreitbar

un·der ['ʌndə] **1.** *prp.* unter; **2.** *adv.* unten; darunter; **~·age** [ʌndər'eɪdʒ] minderjährig; **~'bid** (***-dd-; -bid***) unterbieten; **'~·brush** *bsd. Am.* → ***undergrowth***; **'~·car·riage** *aviat.* Fahrwerk *n*, -gestell *n*; **~'charge** zu wenig berechnen; zu wenig verlangen; **~·clothes** ['ʌndəkləʊðz] *pl.*, **~·cloth·ing** ['ʌndəkləʊðɪŋ] → ***underwear***; **'~·coat** Grundierung *f*; **~'cov·er: ~ *agent*** verdeckter Ermittler; **~'cut** (***-tt-; -cut***) *j-n* (im Preis) unterbieten; **~·de'vel·oped** unterentwickelt; **~ *country*** Entwicklungsland *n*; **'~·dog** Benachteiligte(r *m*) *f*, Unterdrückte(r *m*) *f*; **~'done** nicht gar, nicht durchgebraten; **~·es·ti·mate** [ʌndər'estɪmeɪt] zu niedrig schätzen *od.* veranschlagen; *fig.* unterschätzen, -bewerten; **~·ex·pose** *phot.* [ʌndərɪk'spəʊz] unterbelichten; **~'fed** unterernährt; **~'go** (***-went, -gone***) erleben, durchmachen; sich *e-r Operation etc.* unterziehen; **~·grad** F ['ʌndəgræd], **~·grad·u·ate** [ʌndə'grædʒʊət] Student(in); **~·ground 1.** *adv.* [ʌndə'graʊnd] unterirdisch, unter der Erde; **2.** *adj.* ['ʌndəgraʊnd] unterirdisch; *fig.* Untergrund...; **3.** ['ʌndəgraʊnd] *bsd. Brt.* Untergrundbahn *f*, U-Bahn *f*; ***by ~*** mit der U-Bahn; **'~·growth** Unterholz *n*, Gestrüpp *n*; **~'hand, ~'hand·ed** hinterhältig (*Methoden etc.*); **~'lie** (***-lay, -lain***) zu Grunde liegen (*dat.*); **~'line** unterstreichen (*a. fig.*); **'~·ling** *contp.* Untergebene(r *m*) *f*; **~'ly·ing** zu Grunde liegend; **~'mine** unterspülen; *fig.* untergraben, -minieren; **~·neath** [ʌndə'niːθ] **1.** *prp.* unter; **2.** *adv.* darunter; **~'nour·ished** unterernährt; **'~·pants** *pl.* Unterhose *f*; **'~·pass** Unterführung *f*; **~'pay** (***-paid***) *j-m* zuwenig bezahlen, *j-n* unterbezahlen; **~'priv·i·leged** unterprivilegiert, benachteiligt; **~'rate** unterbewerten, -schätzen; **~'sec·re·ta·ry** *pol.* Staatssekretär *m*; **~'sell** (***-sold***) *econ. Ware* verschleudern, unter Wert verkaufen; **~ *o.s.*** *fig.* sich schlecht verkaufen; **'~·shirt** *Am.* Unterhemd *n*; **'~·side** Unterseite *f*; **'~·signed 1.** unterzeichnet; **2.** ***the ~*** der *od.* die Unterzeichnete, die Unterzeichneten *pl.*; **~'size(d)** zu klein; **~'staffed** (personell) unterbesetzt; **~'stand** (***-stood***) verstehen; erfahren *od.* gehört haben (***that*** dass); ***make o.s. understood*** sich verständlich machen; ***am I to ~ that*** soll das heißen, dass; ***give s.o. to ~ that*** j-m zu verstehen geben, dass; **~'stand·a·ble** verständlich; **~'stand·ing 1.** Verstand *m*; Verständnis *n*; Abmachung *f*; Verständigung *f*; ***come to an ~*** e-e Abmachung treffen (***with*** mit); ***on the ~ that*** unter der Voraussetzung, dass; **2.** verständnisvoll; **~'state** untertreiben, untertrieben darstellen; **~'state·ment** Understatement *n*, Untertreibung *f*; **~'take** (***-took, -taken***) *et.* übernehmen; sich verpflichten (***to do*** zu tun); **'~·tak·er** Leichenbestatter *m*; Beerdigungs-, Bestattungsinstitut *n*; ⚠ *nicht* ***Unternehmer***; **~'tak·ing** Unternehmen *n*; Zusicherung *f*; **'~·tone** *fig.* Unterton *m*; ***in an ~*** mit gedämpfter Stimme; **~'val·ue** unterbewerten, -schätzen; **~'wa·ter 1.** *adj.* Unterwasser...; **2.** *adv.* unter Wasser; **'~·wear** Unterwäsche *f*; **~·weight 1.** ['ʌndəweɪt] Untergewicht *n*; **2.** [ʌndə'weɪt] untergewichtig (*Person*), zu leicht (***by*** um) (*Sache*); ***be five pounds ~*** fünf Pfund Untergewicht haben; **'~·world** Unterwelt *f*

un·de·served [ʌndɪ'zɜːvd] unverdient

un·de·si·ra·ble [ʌndɪ'zaɪərəbl] unerwünscht

un·de·vel·oped [ʌndɪ'veləpt] unerschlossen (*Gelände*); unentwickelt

un·dies F ['ʌndɪz] *pl.* (Damen)Unterwäsche *f*

un·dig·ni·fied [ʌn'dɪgnɪfaɪd] würdelos

un·dis·ci·plined [ʌn'dɪsɪplɪnd] undiszipliniert, disziplinlos

un·dis·cov·ered [ʌndɪ'skʌvəd] unentdeckt

un·dis·put·ed [ʌndɪ'spjuːtɪd] unbestritten

un·dis·turbed [ʌndɪ'stɜːbd] ungestört

un·di·vid·ed [ʌndɪ'vaɪdɪd] ungeteilt

un·do [ʌn'duː] (***-did, -done***) aufmachen, öffnen; *fig.* zunichte machen; **un'do·ing:** ***be s.o.'s ~*** j-s Ruin *od.* Verderben sein; **un'done** unerledigt; offen; ***come ~*** aufgehen

un·doubt·ed [ʌn'daʊtɪd] unbestritten; **~·ly** zweifellos, ohne (jeden) Zweifel

un·dreamed-of [ʌn'driːmdɒv], **un·dreamt-of** [ʌn'dremtɒv] ungeahnt

un·dress [ʌn'dres] sich ausziehen; *j-n* ausziehen

un·due [ʌn'djuː] übermäßig

un·du·lat·ing ['ʌndjʊleɪtɪŋ] sanft (*Hügel*)

un·dy·ing [ʌn'daɪɪŋ] ewig

un·earned *fig.* [ʌn'ɜːnd] unverdient

un·earth [ʌn'ɜːθ] ausgraben, *fig. a.* ausfindig machen, aufstöbern; **~·ly** überirdisch; unheimlich; ***at an ~ hour*** F zu e-r unchristlichen Zeit

un·eas|·i·ness [ʌn'iːzɪnɪs] Unbehagen *n*; **~·y** [ʌn'iːzɪ] (***-ier, -iest***) unruhig (*Schlaf*); unsicher (*Friede*); ***feel ~*** sich unbehaglich fühlen; ***I'm ~ about*** mir ist nicht wohl bei

un·e·co·nom·ic ['ʌniːkə'nɒmɪk] (***~ally***) unwirtschaftlich

un·ed·u·cat·ed [ʌn'edjʊkeɪtɪd] ungebildet

un·e·mo·tion·al [ʌnɪ'məʊʃənl] leidenschaftslos, kühl, beherrscht

un·em·ployed [ʌnɪm'plɔɪd] **1.** arbeitslos; **2.** ***the ~*** *pl.* die Arbeitslosen *pl.*

un·em·ploy·ment [ʌnɪm'plɔɪmənt] Arbeitslosigkeit *f*; **~ ben·e·fit** *Brt.*, **~ com·pen·sa·tion** *Am.* Arbeitslosengeld *n*

un·end·ing [ʌn'endɪŋ] endlos

un·en·dur·a·ble [ʌnɪn'djʊərəbl] unerträglich

un·en·vi·a·ble [ʌn'envɪəbl] wenig beneidenswert

un·e·qual [ʌn'iːkwəl] ungleich, unterschiedlich; *fig.* ungleich, einseitig; ***be ~ to*** *e-r Aufgabe etc.* nicht gewachsen sein; **~(l)ed** unerreicht, unübertroffen

un·er·ring [ʌn'ɜːrɪŋ] unfehlbar

UNESCO [juː'neskəʊ] *Abk. für* ***United Nations Educational, Scientific, and Cultural Organization*** UNESCO *f*, Organisation *f* der Vereinten Nationen für Erziehung, Wissenschaft und Kultur

un·e·ven [ʌn'iːvn] uneben; ungleich(mäßig); ungerade (*Zahl*)

un·e·vent·ful [ʌnɪ'ventfl] ereignislos

un·ex·am·pled [ʌnɪg'zɑːmpld] beispiellos

un·ex·pec·ted [ʌnɪk'spektɪd] unerwartet

un·ex·posed *phot.* [ʌnɪk'spəʊzd] unbelichtet

un·fail·ing [ʌn'feɪlɪŋ] unerschöpflich; nie versagend

un·fair [ʌn'feə] unfair, ungerecht
un·faith·ful [ʌn'feɪθfl] untreu (**to** *dat.*)
un·fa·mil·i·ar [ʌnfə'mɪljə] ungewohnt; unbekannt; nicht vertraut (**with** mit)
un·fas·ten [ʌn'fɑːsn] aufmachen, öffnen; losbinden
un·fa·vo(u)·ra·ble [ʌn'feɪvərəbl] ungünstig; unvorteilhaft (**for, to** für); negativ, ablehnend
un·feel·ing [ʌn'fiːlɪŋ] gefühl-, herzlos
un·fin·ished [ʌn'fɪnɪʃt] unvollendet; unfertig; unerledigt
un·fit [ʌn'fɪt] nicht fit, nicht in Form; ungeeignet, untauglich; unfähig
un·flag·ging [ʌn'flægɪŋ] unermüdlich, unentwegt
un·flap·pa·ble F [ʌn'flæpəbl] nicht aus der Ruhe zu bringen(d)
un·fold [ʌn'fəʊld] auf-, auseinanderfalten; darlegen, enthüllen; sich entfalten
un·fore·seen [ʌnfɔː'siːn] unvorhergesehen, unerwartet
un·for·get·ta·ble [ʌnfə'getəbl] unvergesslich
un·for·got·ten [ʌnfə'gɒtn] unvergessen
un·for·tu·nate [ʌn'fɔːtʃnət] unglücklich; unglückselig; bedauerlich; **~·ly** leider
un·found·ed [ʌn'faʊndɪd] unbegründet
un·friend·ly [ʌn'frendlɪ] (**-ier, -iest**) unfreundlich (**to, towards** zu)
un·furl [ʌn'fɜːl] *Fahne* auf-, entrollen, *Segel* losmachen
un·fur·nished [ʌn'fɜːnɪʃt] unmöbliert
un·gain·ly [ʌn'geɪnlɪ] linkisch, unbeholfen
un·god·ly [ʌn'gɒdlɪ] gottlos; ***at an ~ hour*** F zu e-r unchristlichen Zeit
un·gra·cious [ʌn'greɪʃəs] ungnädig; unfreundlich
un·grate·ful [ʌn'greɪtfl] undankbar
un·guard·ed [ʌn'gɑːdɪd] unbewacht; unbedacht, unüberlegt
un·hap·pi·ly [ʌn'hæpɪlɪ] unglücklicherweise, leider; **un·hap·py** [ʌn'hæpɪ] (**-ier, -iest**) unglücklich
un·harmed [ʌn'hɑːmd] unversehrt
un·health·y [ʌn'helθɪ] (**-ier, -iest**) kränklich, nicht gesund; ungesund; *contp.* krankhaft, unnatürlich
un·heard [ʌn'hɜːd]: ***go ~*** keine Beachtung finden, unbeachtet bleiben; **~-of** [ʌn'hɜːdɒv] noch nie dagewesen, beispiellos
un·hinge [ʌn'hɪndʒ]: ***~ s.o.('s mind)*** *fig.* j-n völlig aus dem Gleichgewicht bringen
un·ho·ly F [ʌn'həʊlɪ] (**-ier, -iest**) furchtbar, schrecklich
un·hoped-for [ʌn'həʊptfɔː] unverhofft, unerwartet
un·hurt [ʌn'hɜːt] unverletzt
UNICEF ['juːnɪsef] *Abk. für* ***United Nations International Children's Fund*** UNICEF *f*, Kinderhilfswerk *n* der Vereinten Nationen
u·ni·corn ['juːnɪkɔːn] Einhorn *n*
un·i·den·ti·fied [ʌnaɪ'dentɪfaɪd] unbekannt, nicht identifiziert
u·ni·fi·ca·tion [juːnɪfɪ'keɪʃn] Vereinigung *f*
u·ni·form ['juːnɪfɔːm] **1.** Uniform *f*; **2.** gleichmäßig; einheitlich; **~·i·ty** [juːnɪ'fɔːmətɪ] Einheitlichkeit *f*
u·ni·fy ['juːnɪfaɪ] verein(ig)en; vereinheitlichen
u·ni·lat·e·ral *fig.* [juːnɪ'lætərəl] einseitig
un·i·ma·gi·na·ble [ʌnɪ'mædʒɪnəbl] unvorstellbar; **un·i·ma·gi·na·tive** [ʌnɪ'mædʒɪnətɪv] fantasie-, einfallslos
un·im·por·tant [ʌnɪm'pɔːtənt] unwichtig
un·im·pressed [ʌnɪm'prest]: ***remain ~*** unbeeindruckt bleiben (**by** von)
un·in·formed [ʌnɪn'fɔːmd] nicht unterrichtet *od.* eingeweiht
un·in·hab·i·ta·ble [ʌnɪn'hæbɪtəbl] unbewohnbar; **un·in·hab·it·ed** [ʌnɪn'hæbɪtɪd] unbewohnt
un·in·jured [ʌn'ɪndʒəd] unverletzt
un·in·tel·li·gi·ble [ʌnɪn'telɪdʒəbl] unverständlich
un·in·ten·tion·al [ʌnɪn'tenʃənl] unabsichtlich, unbeabsichtigt
un·in·terest·ed [ʌn'ɪntrɪstɪd] uninteressiert (**in** an *dat.*); ***be ~ in a.*** sich nicht interessieren für; **un·in·te·rest·ing** [ʌn'ɪntrɪstɪŋ] uninteressant
un·in·ter·rupt·ed ['ʌnɪntə'rʌptɪd] ununterbrochen
u·nion ['juːnjən] Vereinigung *f*; Union *f*; Gewerkschaft *f*; **~·ist** ['juːnjənɪst] Gewerkschaftler(in); **~·ize** ['juːnjənaɪz] (sich) gewerkschaftlich organisieren; **2 'Jack** *a.* **2 *Flag*** Union Jack *m* (*brit. Nationalflagge*)
u·nique [juː'niːk] einzigartig; einmalig
u·ni·son ['juːnɪzn]: ***in ~*** gemeinsam

U

u·nit ['ju:nɪt] Einheit *f*; *ped.* Unit *f*, Lehreinheit *f*; *math.* Einer *m*; *tech.* (Anbau)Element *n*, Teil *n*; **~ furniture** Anbaumöbel *pl.*
u·nite [ju:'naɪt] verbinden, -einigen; sich vereinigen *od.* zusammentun; **u'nit·ed** vereinigt, vereint
U·nit·ed 'King·dom *das* Vereinigte Königreich (*England, Schottland, Wales u. Nordirland*)
U·nit·ed 'Na·tions *pl.* Vereinte Nationen *pl.*
U·nit·ed States of A'mer·i·ca *pl. die* Vereinigten Staaten *pl.* von Amerika
u·ni·ty ['ju:nətɪ] Einheit *f*; *math.* Eins *f*
u·ni·ver·sal [ju:nɪ'vɜ:sl] allgemein; universal, universell; Welt...
u·ni·verse ['ju:nɪvɜ:s] Universum *n*, Weltall *n*
u·ni·ver·si·ty [ju:nɪ'vɜ:sətɪ] Universität *f*, Hochschule *f*; **~ 'grad·u·ate** Akademiker(in)
un·just [ʌn'dʒʌst] ungerecht
un·kempt [ʌn'kempt] ungekämmt (*Haar*); ungepflegt (*Kleidung etc.*)
un·kind [ʌn'kaɪnd] unfreundlich
un·known [ʌn'nəʊn] **1.** unbekannt (*to dat.*); **2.** *der, die, das* Unbekannte; **~ 'quan·ti·ty** *math.* unbekannte Größe (*a. fig.*), Unbekannte *f*
un·law·ful [ʌn'lɔ:fl] ungesetzlich, gesetzwidrig
un·lead·ed [ʌn'ledɪd] bleifrei (*Benzin*)
un·learn [ʌn'lɜ:n] (***-ed*** *od.* ***-learnt***) *Ansichten etc.* ablegen, aufgeben
un·less [ən'les] wenn ... nicht, außer wenn ..., es sei denn
un·like *prp.* [ʌn'laɪk] im Gegensatz zu; ***he is very ~ his father*** er ist ganz anders als sein Vater; ***that is very ~ him*** das sieht ihm gar nicht ähnlich; **~·ly** unwahrscheinlich
un·lim·it·ed [ʌn'lɪmɪtɪd] unbegrenzt
un·list·ed *Am. tel.* [ʌn'lɪstɪd]: ***be ~*** nicht im Telefonbuch stehen; **~ 'num·ber** *Am. tel.* Geheimnummer *f*
un·load [ʌn'ləʊd] ent-, ab-, ausladen; *naut. Ladung* löschen
un·lock [ʌn'lɒk] aufschließen
un·loos·en [ʌn'lu:sn] losmachen; lockern; lösen
un·loved [ʌn'lʌvd] ungeliebt
un·luck·y [ʌn'lʌkɪ] (***-ier, -iest***) unglücklich; ***be ~*** Pech haben
un·made [ʌn'meɪd] ungemacht (*Bett*)
un·manned [ʌn'mænd] unbemannt
un·marked nicht gekennzeichnet; *Sport*: ungedeckt, frei
un·mar·ried [ʌn'mærɪd] unverheiratet, ledig
un·mask *fig.* [ʌn'mɑ:sk] entlarven
un·matched [ʌn'mætʃt] unübertroffen, unvergleichlich
un·men·tio·na·ble [ʌn'menʃnəbl] Tabu...; ***be ~*** tabu sein
un·mis·ta·ka·ble [ʌnmɪ'steɪkəbl] unverkennbar, unverwechselbar
un·moved [ʌn'mu:vd] ungerührt; ***she remained ~ by it*** es ließ sie kalt
un·mu·si·cal [ʌn'mju:zɪkl] unmusikalisch
un·named [ʌn'neɪmd] ungenannt
un·nat·u·ral [ʌn'nætʃrəl] unnatürlich; widernatürlich
un·ne·ces·sa·ry [ʌn'nesəsərɪ] unnötig
un·nerve [ʌn'nɜ:v] entnerven
un·no·ticed [ʌn'nəʊtɪst] unbemerkt
un·num·bered [ʌn'nʌmbəd] unnummeriert
UNO ['ju:nəʊ] *Abk. für* ***United Nations Organization*** UNO *f*
un·ob·tru·sive [ʌnəb'tru:sɪv] unauffällig
un·oc·cu·pied [ʌn'ɒkjʊpaɪd] leer (stehend), unbewohnt; unbeschäftigt
un·of·fi·cial [ʌnə'fɪʃl] inoffiziell
un·pack [ʌn'pæk] auspacken
un·paid [ʌn'peɪd] unbezahlt
un·par·al·leled [ʌn'pærəleld] einmalig, beispiellos
un·par·don·a·ble [ʌn'pɑ:dnəbl] unverzeihlich
un·per·turbed [ʌnpə'tɜ:bd] gelassen, ruhig
un·pick [ʌn'pɪk] *Naht etc.* auftrennen
un·placed [ʌn'pleɪst]: ***be ~*** *Sport*: sich nicht platzieren können
un·play·a·ble [ʌn'pleɪəbl] *Sport*: unbespielbar (*Platz*)
un·pleas·ant [ʌn'pleznt] unangenehm, unerfreulich; unfreundlich
un·plug [ʌn'plʌg] den Stecker (*gen.*) herausziehen
un·pol·ished [ʌn'pɒlɪʃt] unpoliert; *fig.* ungehobelt
un·pol·lut·ed [ʌnpə'lu:tɪd] sauber, unverschmutzt (*Umwelt etc.*)
un·pop·u·lar [ʌn'pɒpjʊlə] unpopulär,

unbeliebt; **~·i·ty** ['ʌnpɒpjʊ'lærətɪ] Unbeliebtheit *f*
un·prac·ti·cal [ʌn'præktɪkl] unpraktisch
un·prac·tised *Brt.*, **un·prac·ticed** *Am.* [ʌn'præktɪst] ungeübt
un·pre·ce·dent·ed [ʌn'presɪdentɪd] beispiellos, noch nie dagewesen
un·pre·dict·a·ble [ʌnprɪ'dɪktəbl] unvorhersehbar; unberechenbar (*Person*)
un·prej·u·diced [ʌn'predʒʊdɪst] unvoreingenommen; *jur.* unbefangen
un·pre·med·i·tat·ed [ʌnpriː'medɪteɪtɪd] nicht vorsätzlich; unüberlegt
un·pre·pared [ʌnprɪ'peəd] unvorbereitet
un·pre·ten·tious [ʌnprɪ'tenʃəs] bescheiden, einfach, schlicht
un·prin·ci·pled [ʌn'prɪnsəpld] skrupellos, gewissenlos
un·prin·ta·ble [un'prɪntəbl] nicht druckfähig *od.* druckreif
un·pro·duc·tive [ʌnprə'dʌktɪv] unproduktiv, unergiebig
un·pro·fes·sion·al [ʌnprə'feʃənl] unprofessionell; unfachmännisch
un·prof·i·ta·ble [ʌn'prɒfɪtəbl] unrentabel
un·pro·nounce·a·ble [ʌnprə'naʊnsəbl] unaussprechbar
un·pro·tect·ed [ʌnprə'tektɪd] ungeschützt
un·proved [ʌn'pruːvd], **un·prov·en** [ʌn'pruːvn] unbewiesen
un·pro·voked [ʌnprə'vəʊkt] grundlos
un·pun·ished [ʌn'pʌnɪʃt] unbestraft, ungestraft; ***go ~*** straflos bleiben
un·qual·i·fied [ʌn'kwɒlɪfaɪd] unqualifiziert, ungeeignet (***for*** für); uneingeschränkt
un·ques·tio·na·ble [ʌn'kwestʃənəbl] unbestritten; **un·ques·tion·ing** [ʌn'kwestʃənɪŋ] bedingungslos
un·quote [ʌn'kwəʊt]: ***quote ... ~*** Zitat ... Zitat Ende
un·rav·el [ʌn'rævl] (*bsd. Brt.* ***-ll-***, *Am.* ***-l-***) (sich) auftrennen (*Pullover etc.*); entwirren
un·rea·da·ble [ʌn'riːdəbl] nicht lesenswert, unlesbar, *a.* unleserlich
un·re·al [ʌn'rɪəl] unwirklich; **un·re·a·lis·tic** [ʌnrɪə'lɪstɪk] (***~ally***) unrealistisch
un·rea·so·na·ble [ʌn'riːznəbl] unvernünftig; übertrieben, unzumutbar (*a. Preise etc.*)
un·rec·og·niz·a·ble [ʌn'rekəgnaɪzəbl] nicht wiederzuerkennen(d)
un·re·lat·ed [ʌnrɪ'leɪtɪd]: ***be ~*** in keinem Zusammenhang stehen (***to*** mit)
un·re·lent·ing [ʌnrɪ'lentɪŋ] unvermindert
un·rel·i·a·ble [ʌnrɪ'laɪəbl] unzuverlässig
un·re·lieved [ʌnrɪ'liːvd] ununterbrochen, ständig
un·re·mit·ting [ʌnrɪ'mɪtɪŋ] unablässig, unaufhörlich
un·re·quit·ed [ʌnrɪ'kwaɪtɪd]: ***~ love*** unerwiderte Liebe
un·re·served [ʌnrɪ'zɜːvd] uneingeschränkt; nicht reserviert (*Sitzplätze*)
un·rest *pol. etc.* [ʌn'rest] Unruhen *pl.*
un·re·strained [ʌnrɪ'streɪnd] hemmungslos, ungezügelt
un·re·strict·ed [ʌnrɪ'strɪktɪd] uneingeschränkt
un·ripe [ʌn'raɪp] unreif
un·ri·val(l)ed [ʌn'raɪvld] unerreicht, unübertroffen, einzigartig
un·roll [ʌn'rəʊl] (sich) auf- *od.* entrollen; sich entfalten
un·ruf·fled [ʌn'rʌfld] gelassen, ruhig
un·ru·ly [ʌn'ruːlɪ] (***-ier, -iest***) ungebärdig, wild; widerspenstig (*Haare*)
un·sad·dle [ʌn'sædl] *Pferd* absatteln; *Reiter* abwerfen
un·safe [ʌn'seɪf] unsicher, nicht sicher
un·said [ʌn'sed] unausgesprochen
un·sal(e)·a·ble [ʌn'seɪləbl] unverkäuflich
un·salt·ed [ʌn'sɔːltɪd] ungesalzen
un·san·i·tar·y [ʌn'sænɪtərɪ] unhygienisch
un·sat·is·fac·to·ry ['ʌnsætɪs'fæktərɪ] unbefriedigend
un·sat·u·rat·ed *chem.* [ʌn'sætʃəreɪtɪd] ungesättigt
un·sa·vo(u)r·y [ʌn'seɪvərɪ] anrüchig, unerfreulich
un·scathed [ʌn'skeɪðd] unversehrt, unverletzt
un·screw [ʌn'skruː] ab-, losschrauben
un·scru·pu·lous [ʌn'skruːpjʊləs] skrupel-, gewissenlos
un·seat [ʌn'siːt] *Reiter* abwerfen; *j-n* s-s Amtes entheben
un·seem·ly [ʌn'siːmlɪ] ungebührlich

U

un·self·ish [ʌn'selfɪʃ] selbstlos, uneigennützig; **~·ness** Selbstlosigkeit *f*
un·set·tle [ʌn'setl] durcheinanderbringen; beunruhigen; aufregen; **~d** ungeklärt, offen (*Frage etc.*); unsicher (*Lage etc.*); unbeständig (*Wetter*)
un·sha·k(e)a·ble [ʌn'ʃeɪkəbl] unerschütterlich
un·shav·en [ʌn'ʃeɪvn] unrasiert
un·shrink·a·ble [ʌn'ʃrɪŋkəbl] nicht eingehend *od.* einlaufend (*Stoff*)
un·sight·ly [ʌn'saɪtlɪ] unansehnlich; hässlich
un·skilled [ʌn'skɪld]: **~ *worker*** ungelernter Arbeiter
un·so·cia·ble [ʌn'səʊʃəbl] ungesellig
un·so·cial [ʌn'səʊʃl]: ***work ~ hours*** außerhalb der normalen Arbeitszeit arbeiten
un·so·lic·it·ed [ʌnsə'lɪsɪtɪd] unaufgefordert ein- *od.* zugesandt, *Ware a.* unbestellt
un·solved [ʌn'sɒlvd] ungelöst (*Fall etc.*)
un·so·phis·ti·cat·ed [ʌnsə'fɪstɪkeɪtɪd] einfach, schlicht; *tech.* unkompliziert
un·sound [ʌn'saʊnd] nicht gesund; nicht in Ordnung; morsch; unsicher, schwach; nicht stichhaltig (*Argument etc.*); ***of ~ mind*** *jur.* unzurechnungsfähig
un·spar·ing [ʌn'speərɪŋ] großzügig, freigebig, verschwenderisch; schonungslos, unbarmherzig
un·spea·ka·ble [ʌn'spiːkəbl] unbeschreiblich, entsetzlich
un·spoiled [ʌn'spɔɪld], **un·spoilt** [ʌn'spɔɪlt] unverdorben; nicht verwöhnt *od.* verzogen
un·sta·ble [ʌn'steɪbl] instabil; unsicher, schwankend; labil (*Person*)
un·stead·y [ʌn'stedɪ] (***-ier, -iest***) wack(e)lig, unsicher, schwankend; unbeständig; ungleichmäßig, unregelmäßig
un·stop [ʌn'stɒp] (***-pp-***) *Abfluss etc.* freimachen; *Flasche* entstöpseln
un·stressed *ling.* [ʌn'strest] unbetont
un·stuck [ʌn'stʌk]: ***come ~*** abgehen, sich lösen; *fig.* scheitern (*Person, Plan*)
un·stud·ied [ʌn'stʌdɪd] ungekünstelt, natürlich
un·suc·cess·ful [ʌnsək'sesfl] erfolglos, ohne Erfolg; vergeblich
un·suit·a·ble [ʌn'sjuːtəbl] unpassend, ungeeignet; unangemessen
un·sure [ʌn'ʃɔː] (***~r, ~st***) unsicher; ***~ of o.s.*** unsicher
un·sur·passed [ʌnsə'pɑːst] unübertroffen
un·sus·pect|·ed [ʌnsə'spektɪd] unverdächtig; unvermutet; **~·ing** nichts ahnend, ahnungslos
un·sus·pi·cious [ʌnsə'spɪʃəs] arglos; unverdächtig, harmlos
un·sweet·ened [ʌn'swiːtnd] ungesüßt
un·swerv·ing [ʌn'swɜːvɪŋ] unbeirrbar, unerschütterlich
un·tan·gle [ʌn'tæŋgl] entwirren (*a. fig.*)
un·tapped [ʌn'tæpt] unerschlossen (*Bodenschätze etc.*)
un·teach·a·ble [ʌn'tiːtʃəbl] unbelehrbar (*Person*); nicht lehrbar (*Sache*)
un·ten·a·ble [ʌn'tenəbl] unhaltbar (*Theorie etc.*)
un·think|·a·ble [ʌn'θɪŋkəbl] undenkbar, unvorstellbar; **~·ing** gedankenlos
un·ti·dy [ʌn'taɪdɪ] (***-ier, -iest***) unordentlich
un·tie [ʌn'taɪ] aufknoten, *Knoten etc.* lösen; losbinden
un·til [ən'tɪl] *prp.*, *cj.* bis; ***not ~*** erst; erst wenn, nicht bevor
un·time·ly [ʌn'taɪmlɪ] vorzeitig, verfrüht; unpassend, ungelegen
un·tir·ing [ʌn'taɪərɪŋ] unermüdlich
un·told [ʌn'təʊld] unermesslich (*Reichtum, Schaden*); nicht erzählt *od.* berichtet
un·touched [ʌn'tʌtʃt] unberührt, unangetastet
un·true [ʌn'truː] unwahr, falsch
un·trust·wor·thy [ʌn'trʌstwɜːðɪ] unzuverlässig, nicht vertrauenswürdig
un·used[1] [ʌn'juːzd] unbenutzt, ungebraucht
un·used[2] [ʌn'juːst]: ***be ~ to s.th.*** an et. nicht gewöhnt sein, et. nicht gewohnt sein; ***be ~ to doing s.th.*** es nicht gewohnt sein, et. zu tun
un·u·su·al [ʌn'juːʒʊəl] ungewöhnlich
un·var·nished [ʌn'vɑːnɪʃt] ungeschminkt (*Wahrheit*)
un·var·y·ing [ʌn'veərɪɪŋ] unveränderlich, gleichbleibend
un·veil [ʌn'veɪl] *Denkmal etc.* enthüllen
un·versed [ʌn'vɜːst] unbewandert, unerfahren (***in*** in *dat.*)

U

un·voiced [ʌn'vɔɪst] unausgesprochen
un·want·ed [ʌn'wɒntɪd] unerwünscht, ungewollt
un·war·rant·ed [ʌn'wɒrəntɪd] ungerechtfertigt
un·washed [ʌn'wɒʃt] ungewaschen
un·wel·come [ʌn'welkəm] unwillkommen
un·well [ʌn'wel]: ***be** od.* ***feel*** ~ sich unwohl *od.* nicht wohl fühlen
un·whole·some [ʌn'həʊlsəm] ungesund (*a. fig.*)
un·wield·y [ʌn'wiːldɪ] unhandlich, sperrig
un·will·ing [ʌn'wɪlɪŋ] widerwillig; ungern; ***be ~ to do s.th.*** et. nicht tun wollen
un·wind [ʌn'waɪnd] (***-wound***) (sich) abwickeln; F abschalten, sich entspannen
un·wise [ʌn'waɪz] unklug
un·wit·ting [ʌn'wɪtɪŋ] unwissentlich; unbeabsichtigt
un·wor·thy [ʌn'wɜːðɪ] unwürdig; ***he/she is ~ of it*** er/sie verdient es nicht, er/sie ist es nicht wert
un·wrap [ʌn'ræp] auswickeln, -packen
un·writ·ten [ʌn'rɪtn] ungeschrieben
un·yield·ing [ʌn'jiːldɪŋ] unnachgiebig
un·zip [ʌn'zɪp] (***-pp-***) den Reißverschluss (*e-s Kleidungsstücks*) aufmachen
up [ʌp] **1.** *adv.* (her-, hin)auf, aufwärts, nach oben, hoch, in die Höhe; oben; ***~ there*** dort oben; ***jump ~ and down*** hüpfen; ***walk ~ and down*** auf u. ab gehen, hin u. her gehen; ***~ to*** bis zu; ***be ~ to s.th.*** F et. vorhaben, et. im Schilde führen; ***not to be ~ to s.th.*** e-r Sache nicht gewachsen sein; ***it's ~ to you*** das liegt bei dir; **2.** *prp.* herauf, hinauf; oben auf (*dat.*); ***~ the river*** flussaufwärts; **3.** *adj.* nach oben (gerichtet), Aufwärts...; aufgegangen (*Sonne*); gestiegen (*Preise*); abgelaufen, um (*Zeit*); auf(gestanden); ***the ~ train*** der Zug nach London; ***be ~ and about*** F wieder auf den Beinen sein; ***what's ~?*** F was ist los?; **4.** (***-pp-***) F *v/t. Angebot, Preis etc.* erhöhen; **5.** ***the ~s and downs*** *pl.* F die Höhen u. Tiefen *pl.* (***of life*** des Lebens)

U

up-and-com·ing [ʌpən'kʌmɪŋ] aufstrebend, viel versprechend
up·bring·ing ['ʌpbrɪŋɪŋ] Erziehung *f*
up·com·ing ['ʌpkʌmɪŋ] bevorstehend
up·coun·try [ʌp'kʌntrɪ] landeinwärts; im Landesinneren
up·date [ʌp'deɪt] auf den neuesten Stand bringen; aktualisieren
up·end [ʌp'end] hochkant stellen
up·grade [ʌp'greɪd] *j-n* befördern
up·heav·al *fig.* [ʌp'hiːvl] Umwälzung *f*
up·hill [ʌp'hɪl] aufwärts, bergan; bergauf führend; *fig.* mühsam
up·hold [ʌp'həʊld] (***-held***) *Rechte etc.* schützen, wahren; *jur. Urteil* bestätigen
up|·hol·ster [ʌp'həʊlstə] *Möbel* polstern; **~·hol·ster·er** [ʌp'həʊlstərə] Polsterer *m*; **~·hol·ster·y** [ʌp'həʊlstərɪ] Polsterung *f*; Bezug *m*; Polsterei *f*
UPI [juː piː 'aɪ] *Abk. für* ***United Press International*** (*e-e Nachrichtenagentur*)
up·keep ['ʌpkiːp] Instandhaltung(skosten *pl.*) *f*; Unterhalt(ungskosten *pl.*) *m*
up·land ['ʌplənd] *mst* ***~s*** *pl.* Hochland *n*
up·lift **1.** [ʌp'lɪft] *j-n* aufrichten, *j-m* Auftrieb geben; **2.** ['ʌplɪft] Auftrieb *m*
up·on [ə'pɒn] → ***on***; ***once ~ a time there was*** es war einmal
up·per ['ʌpə] obere(r, -s), Ober...; '**~·most** **1.** *adj.* oberste(r, -s), größte(r, -s), höchste(r, -s); ***be ~*** oben sein; *fig.* an erster Stelle stehen; **2.** *adv.* nach oben
up·right ['ʌpraɪt] aufrecht, gerade; *fig.* aufrecht, rechtschaffen
up·ris·ing ['ʌpraɪzɪŋ] Aufstand *m*
up·roar ['ʌprɔː] Aufruhr *m*; **~·i·ous** [ʌp'rɔːrɪəs] schallend (*Gelächter*)
up·root [ʌp'ruːt] ausreißen, entwurzeln; *fig. j-n* herausreißen (***from*** aus)
UPS *Am.* [juː piː 'es] *Abk. für* ***United Parcel Service*** (*Transport- u. Auslieferfirma für Waren u. Pakete*)
up·set [ʌp'set] (***-set***) umkippen, umstoßen, umwerfen; *fig. Pläne etc.* durcheinanderbringen, stören; *fig. j-n* aus der Fassung bringen; ***the fish has ~ me*** *od.* ***my stomach*** ich habe mir durch den Fisch den Magen verdorben; ***be ~*** aufgeregt sein; aus der Fassung *od.* durcheinander sein; gekränkt *od.* verletzt sein
up·shot ['ʌpʃɒt] Ergebnis *n*
up·side down [ʌpsaɪd'daʊn] verkehrt herum; *fig.* drunter u. drüber; ***turn ~*** umdrehen, *a. fig.* auf den Kopf stellen
up·stairs [ʌp'steəz] **1.** die Treppe herauf *od.* hinauf, nach oben; oben; **2.** im oberen Stockwerk (gelegen), obere(r, -s)

up·start ['ʌpstɑːt] Emporkömmling *m*
up·state *Am.* [ʌp'steɪt] im Norden (e-s Bundesstaats)
up·stream [ʌp'striːm] fluss-, stromaufwärts
up·take F ['ʌpteɪk]: ***be quick/slow on the ~*** schnell begreifen/schwer von Begriff sein
up-to-date [ʌptə'deɪt] modern; aktuell, auf dem neuesten Stand
up·town *Am.* [ʌp'taʊn] in den Wohnvierteln; in die Wohnviertel
up·turn ['ʌptɜːn] Aufschwung *m*
up·ward(s) ['ʌpwəd(z)] aufwärts, nach oben
u·ra·ni·um *chem.* [jʊ'reɪnɪəm] Uran *n*
ur·ban ['ɜːbən] städtisch, Stadt...
ur·chin ['ɜːtʃɪn] Bengel *m*
urge [ɜːdʒ] **1.** *j-n* drängen (***to do*** zu tun); drängen auf (*acc.*); *a.* ***~ on*** *j-n* drängen, antreiben; **2.** Drang *m*, Verlangen *n*; **ur·gen·cy** ['ɜːdʒənsɪ] Dringlichkeit *f*; **ur·gent** ['ɜːdʒənt] dringend; ***be ~*** *a.* eilen
u·ri|·nal ['jʊərɪnl] Urinal *n*; Pissoir *n*; **~·nate** ['jʊərɪneɪt] urinieren; **u·rine** ['jʊərɪn] Urin *m*
urn [ɜːn] Urne *f*; Großtee-, Großkaffeemaschine *f*
us [ʌs, əs] uns; ***all of ~*** wir alle; ***both of ~*** wir beide
US [juː 'es] *Abk. für* ***United States*** Vereinigte Staaten *pl.*
USA [juː es 'eɪ] *Abk. für* ***United States of America*** *die* USA *pl.*, Vereinigte Staaten *pl.* von Amerika
USAF [juː es eɪ 'ef] *Abk. für* ***United States Air Force*** Luftwaffe *f* der Vereinigten Staaten
us·age ['juːzɪdʒ] Sprachgebrauch *m*; Behandlung *f*; Verwendung *f*, Gebrauch *m*
use 1. *v/t.* [juːz] benutzen, gebrauchen, an-, verwenden; (ver)brauchen; ***~ up*** auf-, verbrauchen; *v/i.* [juːs]: ***I ~d to live here*** ich habe früher hier gewohnt; **2.** [juːs] Benutzung *f*, Gebrauch *m*, Verwendung *f*; Nutzen *m*; ***be of ~*** nützlich *od.* von Nutzen sein (***to*** für); ***it's no ~ ...*** es ist nutz- *od.* zwecklos *zu ...*; → ***milk*** 1
used¹ [juːst]: ***be ~ to s.th.*** an et. gewöhnt sein, et. gewohnt sein; ***be ~ to doing s.th.*** es gewohnt sein, et. zu tun
used² [juːzd] gebraucht; **~ 'car** Gebrauchtwagen *m*; **~ car 'deal·er** Gebrauchtwagenhändler(in)
use|·ful ['juːsfl] nützlich; **'~·less** nutz-, zwecklos
us·er ['juːzə] Benutzer(in); Verbraucher(in); **~-'friend·ly** benutzer- *od.* verbraucherfreundlich; **~ 'in·ter·face** *Computer*: Benutzeroberfläche *f*
ush·er ['ʌʃə] **1.** Platzanweiser *m*; Gerichtsdiener *m*; **2.** *j-n* führen, geleiten (***into*** in *acc.*); ***to*** zu *s-m Platz etc.*); **~·ette** [ʌʃə'ret] Platzanweiserin *f*
USN [juː es 'en] *Abk. für* ***United States Navy*** Marine *f* der Vereinigten Staaten
USS [juː es 'es] *Abk. für* ***United States Ship*** Schiff *n* der Vereinigten Staaten
USSR *hist.* [juː es es 'ɑː] *Abk. für* ***Union of Socialist Soviet Republics*** *die* UdSSR, Union *f* der Sozialistischen Sowjetrepubliken
u·su·al ['juːʒl] gewöhnlich, üblich; **~·ly** ['juːʒəlɪ] (für) gewöhnlich, normalerweise
u·sur·er ['juːʒərə] Wucherer *m*
u·su·ry ['juːʒʊrɪ] Wucher *m*
u·ten·sil [juː'tensl] Gerät *n*
u·te·rus *anat.* ['juːtərəs] (*pl.* ***-ri*** [-raɪ], ***-ruses***) Gebärmutter *f*
u·til·i·ty [juː'tɪlətɪ] Nutzen *m*; ***utilities*** *pl.* Leistungen *pl.* der öffentlichen Versorgungsbetriebe
u·til·ize ['juːtɪlaɪz] nutzen
ut·most ['ʌtməʊst] äußerste(r, -s), größte(r, -s), höchste(r,- s)
U·to·pi·an [juː'təʊpjən] utopisch
ut·ter¹ ['ʌtə] total, völlig
ut·ter² ['ʌtə] äußern, *Seufzer etc.* ausstoßen, *Wort* sagen
U-turn ['juːtɜːn] *mot.* Wende *f*; *fig.* Kehrtwendung *f*
UV [juː 'viː] *Abk. für* ***ultraviolet*** ultraviolett
u·vu·la *anat.* ['juːvjʊlə] (*pl.* ***-las, -lae*** [-liː]) (Gaumen)Zäpfchen *n*

V

V, v [viː] V, v *n*
v. *Brt. nur geschr. Abk. für* **against** (*lateinisch* **versus**) *bsd. Sport, jur.*: gegen
va|·can·cy ['veɪkənsɪ] freie *od.* offene Stelle; ***vacancies*** Zimmer frei; ***no vacancies*** belegt; **'~·cant** leer stehend, unbewohnt; frei ([*Sitz*]*Platz*); frei, offen (*Stelle*); *fig.* leer (*Blick, Gesichtsausdruck*); ~ frei (*Toilette*)
va·cate [və'keɪt] *Hotelzimmer* räumen; *Stelle etc.* aufgeben
va·ca·tion [və'keɪʃn] **1.** *bsd. Am.* Ferien *pl.*, Urlaub *m*; *bsd. Brt. univ.* Semesterferien *pl.*; *jur.* Gerichtsferien *pl.*; ***be on ~*** *bsd. Am.* im Urlaub sein, Urlaub machen; **2.** *bsd. Am.* Urlaub machen, die Ferien verbringen; **~·er** [və'keɪʃnə], **~·ist** [və'keɪʃənɪst] *bsd. Am.* Urlauber(in)
vac|·cin·ate ['væksɪneɪt] impfen; **~·cin·a·tion** [væksɪ'neɪʃn] (Schutz)Impfung *f*; **~·cine** ['væksiːn] Impfstoff *m*
vac·il·late *fig.* ['væsɪleɪt] schwanken
vac·u·um ['vækjʊəm] **1.** (*pl.* ***-ums, -ua*** [-jʊə]) *phys.* Vakuum *n*; **2.** F *Teppich, Zimmer etc.* saugen; **'~ bot·tle** *Am.* Thermosflasche® *f*; **'~ clean·er** Staubsauger *m*; **'~ flask** *Brt.* Thermosflasche® *f*; **'~-packed** vakuumverpackt
vag·a·bond ['vægəbɒnd] Vagabund *m*, Landstreicher(in)
va·ga·ry ['veɪgərɪ] *mst* ***vagaries*** *pl.* Laune *f*; wunderlicher Einfall
va·gi|·na *anat.* [və'dʒaɪnə] Vagina *f*, Scheide *f*; **~·nal** *anat.* [və'dʒaɪnl] vaginal, Scheiden...
va·grant ['veɪgrənt] Nichtsesshafte(r *m*) *f*, Landstreicher(in)
vague [veɪg] (***~r, ~st***) verschwommen; vage; unklar
vain [veɪn] eingebildet, eitel; vergeblich; ***in ~*** vergebens, vergeblich
vale [veɪl] *poet. od. in Namen*: Tal *n*
val·en·tine ['væləntaɪn] Valentinskarte *f*; *Person, der man am Valentinstag, 14. Februar, e-n Gruß schickt*
va·le·ri·an *bot., pharm.* [və'lɪərɪən] Baldrian *m*
val·et ['vælɪt] (Kammer)Diener *m*; **'~ ser·vice** (Kleider)Reinigungsdienst *m* (*im Hotel*)
val·id ['vælɪd] stichhaltig, triftig; gültig (***for two weeks*** zwei Wochen); *jur.* rechtsgültig, -kräftig; ***be ~*** *a.* gelten;
va·lid·i·ty [və'lɪdətɪ] (*jur.* Rechts)Gültigkeit *f*; Stichhaltigkeit *f*, Triftigkeit *f*
va·lise [və'liːz] Reisetasche *f*
val·ley ['vælɪ] Tal *n*
val·u·a·ble ['væljʊəbl] **1.** wertvoll; **2. ~s** *pl.* Wertgegenstände *pl.*, -sachen *pl.*
val·u·a·tion [væljʊ'eɪʃn] Schätzung *f*; Schätzwert *m* (***on*** *gen.*)
val·ue ['væljuː] **1.** Wert *m*; ***be of ~*** wertvoll sein (***to*** für); ***get ~ for money*** reell bedient werden; **2.** *Haus etc.* schätzen (***at*** auf *acc.*); *j-n, j-s Rat etc.* schätzen; **~-ad·ded 'tax** *Brt. econ.* (*Abk.* ***VAT***) Mehrwertsteuer *f*; **'~·less** wertlos
valve [vælv] *tech., mus.* Ventil *n*; (*Herz- etc.*) Klappe *f*; *Brt. bsd. hist.* (Radio-, Fernseh)Röhre *f*
vam·pire ['væmpaɪə] Vampir *m*
van [væn] Lieferwagen *m*, Transporter *m*; *Brt. rail.* (geschlossener) Güterwagen
van·dal ['vændl] Wandale *m*, Vandale *m*; **~·is·m** ['vændəlɪzəm] Wandalismus *m*, Vandalismus *m*; **~·ize** ['vændəlaɪz] mutwillig beschädigen *od.* zerstören
vane [veɪn] (*Propeller- etc.*)Flügel *m*; (*Wetter*)Fahne *f*
van·guard *mil.* ['vængɑːd] Vorhut *f*
va·nil·la [və'nɪlə] Vanille *f*
van·ish ['vænɪʃ] verschwinden
van·i·ty ['vænətɪ] Eitelkeit *f*; **'~ bag** Kosmetiktäschchen *n*; **'~ case** Kosmetikkoffer *m*
van·tage·point ['vɑːntɪdʒpɔɪnt] Aussichtspunkt *m*; ***from my ~*** *fig.* aus m-r Sicht
va·por·ize ['veɪpəraɪz] verdampfen; verdunsten (lassen)
va·po(u)r ['veɪpə] Dampf *m*, Dunst *m*; **'~ trail** *aviat.* Kondensstreifen *m*
var·i|·a·ble ['veərɪəbl] **1.** variabel, veränderlich; unbeständig, wechselhaft; *tech.* einstell-, regulierbar; **2.** *math., phys.* Variable *f*, veränderliche Größe (*beide a. fig.*); **~·ance** ['veərɪəns]: ***be at***

V

~ with im Gegensatz *od.* Widerspruch stehen zu; **~·ant** ['veərɪənt] **1.** abweichend, verschieden; **2.** Variante *f*; **~·a·tion** [veərɪ'eɪʃn] Abweichung *f*; Schwankung *f*; *mus.* Variation *f*
var·i·cose veins *med.* [værɪkəʊs 'veɪnz] *pl.* Krampfadern *pl.*
var·ied ['veərɪd] unterschiedlich; abwechslungsreich
va·ri·e·ty [və'raɪətɪ] Abwechslung *f*; Vielfalt *f*; *econ.* Auswahl *f*, Sortiment *n* (**of** an *dat.*); *bot.*, *zo.* Art *f*; Varietee *n*; ***for a ~ of reasons*** aus den verschiedensten Gründen; **~ show** Varieteevorstellung *f*; **~ thea·tre** (*Am.* **thea·ter**) Varietee(theater) *n*
var·i·ous ['veərɪəs] verschieden; mehrere, verschiedene
var·nish ['vɑːnɪʃ] **1.** Lack *m*; **2.** lackieren
var·si·ty team *Am.* ['vɑːsətɪ -] *Sport*: Universitäts-, College-, Schulmannschaft *f*
var·y ['veərɪ] *v/i.* sich (ver)ändern; variieren, auseinandergehen (*Meinungen*) (**on** über *acc.*); ***~ in size*** verschieden groß sein; *v/t.* (ver)ändern; variieren
vase [vɑːz, *Am.* veɪs, veɪz] Vase *f*
vast [vɑːst] gewaltig, riesig, (*Fläche a.*) ausgedehnt, weit; **'~·ly** gewaltig, weitaus
vat [væt] (großes) Fass, Bottich *m*
VAT [viː eɪ 'tiː, væt] *Abk. für* ***value-added tax*** Mehrwertsteuer *f*
vau·de·ville *Am.* ['vɔːdəvɪl] Varietee (-theater) *n*
vault[1] [vɔːlt] *arch.* Gewölbe *n*; *a.* **~s** *pl.* Stahlkammer *f*, Tresorraum *m*; (Keller)Gewölbe *n*; Gruft *f*
vault[2] [vɔːlt] **1.** ~ (**over**) springen über (*acc.*); **2.** *bsd. Sport*: Sprung *m*; **'~·ing horse** *Turnen*: Pferd *n*; **'~·ing pole** *Stabhochsprung*: Sprungstab *m*
VCR [viː siː 'ɑː] *Abk. für* ***video cassette recorder*** Videorekorder *m*, -gerät *n*
VDU [viː diː 'juː] *Abk. für* ***visual display unit*** *Computer*: Bildschirmgerät *n*, Datensichtgerät *n*
veal [viːl] Kalbfleisch *n*; ***~ chop*** Kalbskotelett *n*; ***~ cutlet*** Kalbsschnitzel *n*; ***roast ~*** Kalbsbraten *m*
veer [vɪə] (sich) drehen; ausscheren (*Auto*); ***~ to the right*** *mot.* das Steuer nach rechts reißen
vege·ta·ble ['vedʒtəbl] **1.** *mst* **~s** *pl.* Gemüse *n*; **2.** Gemüse...; Pflanzen...
ve·ge·tar·i·an [vedʒɪ'teərɪən] **1.** Vegetarier(in); **2.** vegetarisch
ve·ge|·tate ['vedʒɪteɪt] (dahin)vegetieren; **~·ta·tion** [vedʒɪ'teɪʃn] Vegetation *f*
ve·he|·mence ['viːɪməns]Vehemenz *f*, Heftigkeit *f*; **'~·ment** vehement, heftig
ve·hi·cle ['viːɪkl] Fahrzeug *n*; *fig.* Medium *n*
veil [veɪl] **1.** Schleier *m*; **2.** verschleiern (*a. fig.*)
vein [veɪn] *anat.* Vene *f*, Ader *f* (*a. bot.*, *geol.*, *fig.*); *fig.* (*Charakter*)Zug *m*; *fig.* Stimmung *f*
ve·loc·i·ty *tech.* [vɪ'lɒsətɪ] Geschwindigkeit *f*
ve·lour(s) [və'lʊə] Velours *m*
vel·vet ['velvɪt] Samt *m*; **'~·y** samtig
vend|·er ['vendə] → ***vendor***; **'~·ing ma·chine** (Verkaufs-, Waren)Automat *m*; **'~·or** (*Straßen*)Händler(in), (*Zeitungs- etc.*)Verkäufer(in)
ve·neer [və'nɪə] **1.** Furnier *n*; *fig.* Fassade *f*; **2.** furnieren
ven·e|·ra·ble ['venərəbl] ehrwürdig; **~·rate** ['venəreɪt] verehren; **~·ra·tion** [venə'reɪʃn] Verehrung *f*
ve·ne·re·al dis·ease *med.* [vənɪərɪəl dɪ'ziːz] Geschlechtskrankheit *f*
Ve·ne·tian [vɪ'niːʃn] **1.** Venezianer(in); **2.** venezianisch; ♀ **'blind** (Stab)Jalousie *f*
ven·geance ['vendʒəns] Rache *f*; ***take ~ on*** sich rächen an (*dat.*); ***with a ~*** F wie verrückt, ganz gehörig
ve·ni·al ['viːnjəl] entschuldbar, verzeihlich; *rel.* lässlich (*Sünde*)
ven·i·son ['venɪzn] Wildbret *n*
ven·om ['venəm] *zo.* Gift *n*; *fig.* Gift *n*, Gehässigkeit *f*; **'~·ous** giftig; *fig.* giftig, gehässig
ve·nous *med.* ['viːnəs] venös
vent [vent] **1.** *v/t. fig. s-m Zorn etc.* Luft machen, *s-e Wut etc.* auslassen, abreagieren (**on** an *dat.*); **2.** (Abzugs)Öffnung *f*; Schlitz *m* (*im Kleid etc.*); ***give ~ to*** *s-m Ärger etc.* Luft machen
ven·ti|·late ['ventɪleɪt] (be)lüften; **~·la·tion** [ventɪ'leɪʃn] Ventilation *f*, (Be-) Lüftung *f*; **~·la·tor** ['ventɪleɪtə] Ventilator *m*
ven·tri·cle *anat.* ['ventrɪkl] Herzkammer *f*

ven·tril·o·quist [ven'trɪləkwɪst] Bauchredner(in)
ven·ture ['ventʃə] **1.** *bsd. econ.* Wagnis *n*, Risiko *n*; *econ.* Unternehmen *n*; → ***joint venture***; **2.** sich wagen; riskieren
verb *gr.* [vɜːb] Verb *n*, Zeitwort *n*; **~·al** ['vɜːbl] mündlich; wörtlich, Wort...
ver·dict ['vɜːdɪkt] *jur.* (Urteils)Spruch *m* (*der Geschworenen*); *fig.* Urteil *n*; ***bring in*** *od.* ***return a ~ of (not) guilty*** auf (nicht) schuldig erkennen
ver·di·gris ['vɜːdɪgrɪs] Grünspan *m*
verge [vɜːdʒ] **1.** Rand *m* (*a. fig.*); ***be on the ~ of*** kurz vor (*dat.*) stehen; ***be on the ~ of despair (tears)*** der Verzweiflung (den Tränen) nahe sein; **2. *~ on*** *fig.* grenzen an (*acc.*)
ver·i·fy ['verɪfaɪ] bestätigen; nachweisen; (über)prüfen
ver·i·ta·ble ['verɪtəbl] wahr (*Fest, Triumph etc.*)
ver·mi·cel·li [vɜːmɪ'selɪ] Fadennudeln *pl.*
ver·mi·form ap·pen·dix *anat.* [vɜːmɪfɔːm ə'pendɪks] Wurmfortsatz *m*
ver·mil·i·on [və'mɪljən] **1.** zinnoberrot; **2.** Zinnoberrot *n*
ver·min ['vɜːmɪn] Ungeziefer *n*; Schädlinge *pl.*; *fig.* Gesindel *n*, Pack *n*; **'~·ous** voller Ungeziefer
ver·nac·u·lar [və'nækjʊlə] Dialekt *m*, Mundart *f*
ver·sa·tile ['vɜːsətaɪl] vielseitig; vielseitig verwendbar
verse [vɜːs] Versdichtung *f*; Vers *m*; Strophe *f*
versed [vɜːst]: ***be (well) ~ in*** beschlagen *od.* bewandert sein in (*dat.*)
ver·sion ['vɜːʃn] Version *f*; Ausführung *f* (*e-s Artikels, Geräts etc.*); Darstellung *f* (*e-s Ereignisses*); Fassung *f* (*e-s Textes*); Übersetzung *f*
ver·sus ['vɜːsəs] (*Abk.* **v., vs.**) *Sport, jur.*: gegen
ver·te|·bra *anat.* ['vɜːtɪbrə] (*pl.* ***-brae*** [-riː]) Wirbel *m*; **~·brate** *zo.* ['vɜːtɪbreɪt] Wirbeltier *n*
ver·ti·cal ['vɜːtɪkl] vertikal, senkrecht
ver·ti·go *med.* ['vɜːtɪgəʊ] Schwindel *m*; ***suffer from ~*** an *od.* unter Schwindel leiden
verve [vɜːv] Elan *m*, Schwung *m*
ver·y ['verɪ] **1.** *adv.* sehr; aller...; ***I ~ much hope that*** ich hoffe sehr, dass; ***the ~ best*** das Allerbeste; ***for the ~ last time*** zum allerletzten Mal; **2.** *adj.* ***the ~*** genau der *od.* die *od.* das; ***the ~ opposite*** genau das Gegenteil; ***the ~ thing*** genau das Richtige; ***the ~ thought of*** schon der *od.* der bloße Gedanke an (*acc.*)
ves·i·cle *med.* ['vesɪkl] Bläschen *n*
ves·sel ['vesl] *anat., bot.* Gefäß *n*; Schiff *n*
vest [vest] *Brt.* Unterhemd *n*; *kugelsichere* Weste; *Am.* Weste *f*
ves·ti·bule ['vestɪbjuːl] (Vor)Halle *f*
ves·tige *fig.* ['vestɪdʒ] Spur *f*
vest·ment ['vestmənt] Ornat *n*, Gewand *n*, Robe *f*
ves·try *rel.* ['vestrɪ] Sakristei *f*
vet[1] F [vet] Tierarzt *m*, -ärztin *f*
vet[2] *bsd. Brt.* F [vet] (**-tt-**) überprüfen
vet[3] *Am. mil.* F [vet] Veteran *m*
vet·e·ran ['vetərən] **1.** *mil.* Veteran *m* (*a. fig.*); **2.** altgedient; erfahren; **'~ car** *Brt. mot.* Oldtimer *m* (*Baujahr bis 1905*)
vet·e·ri·nar·i·an *Am.* [vetərɪ'neərɪən] Tierarzt *m*, -ärztin *f*
vet·e·ri·na·ry ['vetərɪnərɪ] tierärztlich; **~ 'sur·geon** *Brt.* Tierarzt *m*, -ärztin *f*
ve·to ['viːtəʊ] **1.** (*pl.* ***-toes***) Veto *n*; **2.** sein Veto einlegen gegen
vexed ques·tion [vekst 'kwestʃən] leidige Frage
VHF [viː eɪtʃ 'ef] *Abk. für* ***very high frequency*** VHF, UKW, Ultrakurzwelle(nbereich *m*) *f*
vi·a ['vaɪə] über (*acc.*), via
vi·a·duct ['vaɪədʌkt] Viadukt *m*, *n*
vi·al ['vaɪəl] (*bsd.* Arznei)Fläschchen *n*
vibes F [vaɪbz] *pl.* Atmosphäre *f* (*e-s Orts etc.*)
vi·brant ['vaɪbrənt] kräftig (*Farben, Stimme etc.*); pulsierend (*Leben*)
vi·brate [vaɪ'breɪt] *v/i.* vibrieren, zittern; flimmern (*Luft*); *fig.* pulsieren; *v/t.* in Schwingungen versetzen; **vi·bra·tion** [vaɪ'breɪʃn] Vibrieren *n*, Zittern *n*; **~s** *pl.* F Atmosphäre *f* (*e-s Orts etc.*)
vic·ar *rel.* ['vɪkə] Pfarrer *m*; **~·age** ['vɪkərɪdʒ] Pfarrhaus *n*
vice[1] [vaɪs] Laster *n*
vice[2] *bsd. Brt.* [vaɪs] Schraubstock *m*
vi·ce... [vaɪs] Vize..., stellvertretend
'vice squad Sittendezernat *n*, -polizei *f*; Rauschgiftdezernat *n*
vi·ce ver·sa [vaɪs(ɪ) 'vɜːsə]: ***and ~*** u. umgekehrt

vi·cin·i·ty [vɪ'sɪnətɪ] Nähe *f*; Nachbarschaft *f*
vi·cious ['vɪʃəs] brutal; bösartig
vi·cis·si·tudes [vɪ'sɪsɪtju:dz] *pl. das* Auf u. Ab, *die* Wechselfälle *pl.*
vic·tim ['vɪktɪm] Opfer *n*; **~·ize** ['vɪktɪmaɪz] (ungerechterweise) bestrafen, ungerecht behandeln; schikanieren
vic·to|·ri·ous [vɪk'tɔ:rɪəs] siegreich; **~·ry** ['vɪktərɪ] Sieg *m*
vid·e·o ['vɪdɪəʊ] **1.** (*pl.* **-os**) Video *n*; Videokassette *f*; F Videoband *n*; *bsd. Brt.* Videorekorder *m*, -gerät *n*; Video...; **on ~** auf Video; **2.** *bsd. Brt.* auf Video aufnehmen, aufzeichnen; **'~ cam·e·ra** Videokamera *f*; **~ cas'sette** Videokassette *f*; **~ cas'sette re·cor·der** → ***video recorder***; **'~ clip** Videoclip *m*; **'~·disc** Bildplatte *f*; **'~ game** Videospiel *n*; **'~ li·bra·ry** Videothek *f*; **'~ re·cord·er** Videorekorder *m*, -gerät *n*; **'~ re·cord·ing** Videoaufnahme *f*, -aufzeichnung *f*; **'~ shop** *Brt.*, **'~ store** *Am.* Videothek *f*; **'~·tape 1.** Videokassette *f*; Videoband *n*; **2.** auf Video aufnehmen, aufzeichnen; **'~·text** *Am.* Bildschirmtext *m*
vie [vaɪ] wetteifern (***with*** mit; ***for*** um)
Vi·en·nese [vɪə'ni:z] **1.** Wiener(in); **2.** wienerisch, Wiener...
view [vju:] **1.** Sicht *f* (***of*** auf *acc.*); Aussicht *f*, (Aus)Blick *m* (***of*** auf *acc.*); *phot. etc.* Ansicht *f*; Ansicht *f*, Meinung *f* (***about, on*** über *acc.*); *fig.* Überblick *m* (***of*** über *acc.*); ***a room with a ~*** ein Zimmer mit schöner Aussicht; ***be on ~*** ausgestellt *od.* zu besichtigen sein; ***be hidden from ~*** nicht zu sehen sein; ***come into ~*** in Sicht kommen; ***in full ~ of*** direkt vor *j-s* Augen; ***in ~ of*** *fig.* angesichts (*gen.*); ***in my ~*** m-r Ansicht nach; ***keep in ~*** *et.* im Auge behalten; ***with a ~ to*** *fig.* mit Blick auf (*acc.*); **2.** *v/t Haus etc.* besichtigen; *fig.* betrachten (***as*** als); *v/i.* fernsehen; **'~·da·ta** *pl.* Bildschirmtext *m*; **'~·er** Fernsehzuschauer(in), Fernseher(in); (*Dia*)Betrachter *m*; **'~·find·er** *phot.* Sucher *m*; **'~·point** Gesichts-, Standpunkt *m*
vig|·il ['vɪdʒɪl] (Nacht)Wache *f*; **~·i·lance** ['vɪdʒɪləns] Wachsamkeit *f*; **'~·i·lant** wachsam
vig|·or·ous ['vɪgərəs] energisch; kräftig; **~·o(u)r** ['vɪgə] Energie *f*
Vi·king ['vaɪkɪŋ] **1.** Wikinger *m*; **2.** Wikinger...
vile [vaɪl] gemein, niederträchtig; F scheußlich
vil|·lage ['vɪlɪdʒ] Dorf *n*; **~ 'green** Dorfanger *m*, -wiese *f*; **'~·lag·er** Dorfbewohner(in)
vil·lain ['vɪlən] Bösewicht *m*, Schurke *m* (*im Film etc.*); *Brt.* F Ganove *m*
vin·di·cate ['vɪndɪkeɪt] *j-n* rehabilitieren; *et.* rechtfertigen; bestätigen
vin·dic·tive [vɪn'dɪktɪv] rachsüchtig, nachtragend
vine *bot.* [vaɪn] (Wein)Rebe *f*; ⚠ *nicht* ***Wein*** (*Getränk*); Kletterpflanze *f*
vin·e·gar ['vɪnɪgə] Essig *m*
'vine|·grow·er Winzer *m*; **~·yard** ['vɪnjəd] Weinberg *m*
vin·tage ['vɪntɪdʒ] **1.** Jahrgang *m* (*e-s Weins*); Weinernte *f*, -lese *f*; **2.** Jahrgangs...; hervorragend, glänzend; ***a 1994 ~*** ein 1994er Jahrgang *od.* Wein; **'~ car** *bsd. Brt. mot.* Oldtimer *m* (*Baujahr 1919-1930*)
vi·o·la *mus.* [vɪ'əʊlə] Bratsche *f*
vi·o|·late ['vaɪəleɪt] *Vertrag etc.* verletzen, *a. Versprechen* brechen, *Gesetz etc.* übertreten; *Ruhe etc.* stören; *Grab etc.* schänden; **~·la·tion** [vaɪə'leɪʃn] Verletzung *f*, Bruch *m*, Übertretung *f*
vi·o|·lence ['vaɪələns] Gewalt *f*; Gewalttätigkeit *f*; Ausschreitungen *pl.*; Heftigkeit *f*; **'~·lent** gewalttätig; gewaltsam; heftig (*Auseinandersetzung, Sturm*)
vi·o·let ['vaɪələt] **1.** *bot.* Veilchen *n*; **2.** violett
vi·o·lin *mus.* [vaɪə'lɪn] Geige *f*, Violine *f*; **~·ist** [vaɪə'lɪnɪst] Geiger(in), Violinist(in)
VIP [vi: aɪ 'pi:] *Abk. für* ***very important person*** VIP *f* (*prominente Persönlichkeit*); **~ lounge** VIP-Lounge *f* (*am Flughafen etc.*); Ehrentribüne *f*
vi·per *zo.* ['vaɪpə] Viper *f*, Natter *f*
vir·gin ['vɜ:dʒɪn] **1.** Jungfrau *f*; **2.** jungfräulich, unberührt; **~·i·ty** [və'dʒɪnətɪ] Jungfräulichkeit *f*
Vir·go *astr.* ['vɜ:gəʊ] (*pl.* **-gos**) Jungfrau *f*; ***he/she is*** (***a***) **~** er/sie ist Jungfrau
vir·ile ['vɪraɪl] männlich; potent; **vi·ril·i·ty** [vɪ'rɪlətɪ] Männlichkeit *f*; Potenz *f*
vir·tu·al ['vɜ:tʃʊəl] eigentlich, praktisch;

'~·ly praktisch, so gut wie; ~ **re'al·i·ty** virtuelle Realität (*mit dem Computer erzeugte künstliche Welt etc.*)

vir|·tue ['vɜːtʃuː] Tugend *f*; Vorzug *m*, Vorteil *m*; ***by** od. **in** ~ **of*** kraft (*gen.*), vermöge (*gen.*); ***make a ~ of necessity*** aus der Not e-e Tugend machen; **~·tu·ous** ['vɜːtʃʊəs] tugendhaft

vir·u·lent ['vɪrʊlənt] *med.* (akut u.) bösartig (*Krankheit*); schnellwirkend (*Gift*); *fig.* bösartig, gehässig

vi·rus *med.* ['vaɪərəs] Virus *n*, *m*

vi·sa ['viːzə] Visum *n*, Sichtvermerk *m*; **~ed** ['viːzəd] mit e-m Visum (versehen)

vis·cose ['vɪskəʊz, 'vɪskəʊs] Viskose *f*

vis·cous ['vɪskəs] dick-, zähflüssig

vise *Am. tech.* [vaɪs] Schraubstock *m*

vis·i|·bil·i·ty [vɪzə'bɪlətɪ] Sicht(verhältnisse *pl.*, -weite *f*) *f*; **~·ble** ['vɪzəbl] sichtbar; *fig.* (er)sichtlich

vi·sion ['vɪʒn] Sehkraft *f*; *fig.* Weitblick *m*; Vision *f*; **~·a·ry** ['vɪʒnrɪ] **1.** weitblickend; eingebildet, unwirklich; **2.** Fantast(in), Träumer(in); Seher(in)

vis·it ['vɪzɪt] **1.** *v/t. j-n* besuchen, *Schloss etc. a.* besichtigen; *et.* inspizieren; *v/i.* ***be ~ing*** auf Besuch sein (*Am.*: ***with*** bei); ~ ***with*** *Am.* plaudern mit; **2.** Besuch *m*, Besichtigung *f* (***to*** *gen.*); *Am.* Plauderei *f*; ***for** od. **on a*** ~ auf Besuch; ***have a ~ from*** Besuch haben von; ***pay a ~ to*** *j-m* e-n Besuch abstatten; *Arzt* aufsuchen; ⚠ *nicht* ***Visite*** (*im Krankenhaus*)

vis·i·ta·tion [vɪzɪ'teɪʃn] Inspektion *f*; *fig.* Heimsuchung *f*

'vis·it·ing hours *pl.* Besuchszeit *f* (*im Krankenhaus*)

'vis·it·or Besucher(in), Gast *m*

vi·sor ['vaɪzə] Visier *n*; Schirm *m* (*e-r Mütze*); *mot.* (*Sonnen*)Blende *f*

vis·u·al ['vɪʒʊəl] Seh...; visuell; ~ **'aids** *pl. Schule*: Anschauungsmaterial *n*, Lehrmittel *pl.*; ~ **dis'play u·nit** *Computer*: Bildschirmgerät *n*, Datensichtgerät *n*; ~ **in'struc·tion** *Schule*: Anschauungsunterricht *m*; **~·ize** ['vɪʒʊəlaɪz] sich *et.* vorstellen

vi·tal ['vaɪtl] Lebens...; lebenswichtig (*Organ etc.*); unbedingt notwendig; vital; ***of ~ importance*** von größter Wichtigkeit; **~·i·ty** [vaɪ'tælətɪ] Vitalität *f*

vit·a·min ['vɪtəmɪn] Vitamin *n*; ~ **de'fi·cien·cy** Vitaminmangel *m*

vit·re·ous ['vɪtrɪəs] Glas...

vi·va·cious [vɪ'veɪʃəs] lebhaft, temperamentvoll

viv·id ['vɪvɪd] hell (*Licht*); kräftig, leuchtend (*Farben*); anschaulich (*Schilderung*); lebhaft (*Fantasie*)

vix·en *zo.* ['vɪksn] Füchsin *f*

viz. [vɪz] *Abk. für* ***namely*** (*lateinisch* ***videlicet***) nämlich

V-neck ['viːnek] V-Ausschnitt *m*; **'V-necked** mit V-Ausschnitt

vo·cab·u·la·ry [və'kæbjʊlərɪ] Vokabular *n*, Wortschatz *m*; Wörterverzeichnis *n*

vo·cal ['vəʊkl] Stimm...; F lautstark; *mus.* Vokal..., Gesang...; '~ **cords** *pl. anat.* Stimmbänder *pl.*; **~·ist** ['vəʊkəlɪst] Sänger(in) (*bsd. in e-r Band*); **'~s** *pl.*: ~: ***XY*** Gesang: XY

vo·ca·tion [vəʊ'keɪʃn] Begabung *f* (***for*** für); Berufung *f*

vo·ca·tion·al [vəʊ'keɪʃənl] Berufs...; ~ **ed·u'ca·tion** Berufsausbildung *f*; ~ **'guid·ance** Berufsberatung *f*; ~ **'train·ing** Berufsausbildung *f*

vogue [vəʊg] Mode *f*; ***be in ~*** Mode sein

voice [vɔɪs] **1.** Stimme *f*; ***active ~*** *gr.* Aktiv *n*; ***passive ~*** *gr.* Passiv *n*; **2.** zum Ausdruck bringen; *ling.* (stimmhaft) aussprechen; **~d** *ling.* stimmhaft; **'~·less** *ling.* stimmlos

void [vɔɪd] **1.** leer; *jur.* ungültig; ~ ***of*** ohne; **2.** (Gefühl *n* der) Leere

vol [vɒl] (*pl.* ***vols***) *Abk. für* ***volume*** Bd., Band *m*

vol·a·tile ['vɒlətaɪl] cholerisch; explosiv (*Lage*); *chem.* flüchtig

vol·ca·no [vɒl'keɪnəʊ] (*pl.* ***-noes, -nos***) Vulkan *m*

vol·ley ['vɒlɪ] **1.** Salve *f*; (*Geschoss-, österr. Geschoß- etc.*)Hagel *m* (*a. fig.*); *Tennis*: Volley *m*, Flugball *m*; *Fußball*: Volleyschuss *m*; **2.** *Ball* volley schießen; **'~·ball** *Sport*: Volleyball *m*

volt *electr.* [vəʊlt] Volt *n*; **~·age** *electr.* ['vəʊltɪdʒ] Spannung *f*

vol·u·ble ['vɒljʊbl] redselig; wortreich

vol·ume ['vɒljuːm] Band *m* (*Buch*); Volumen *n*, Rauminhalt *m*; Umfang *m*, große Menge; Lautstärke *f*; **vo·lu·mi·nous** [və'luːmɪnəs] bauschig (*Kleidungsstück*); geräumig; umfangreich (*Bericht etc.*)

vol·un·ta·ry ['vɒləntərɪ] freiwillig; unbezahlt

vol·un·teer [vɒlən'tɪə] **1.** *v/i.* sich freiwillig melden (***for*** zu) (*a. mil.*); *v/t. Hilfe etc.* anbieten; *et.* von sich aus sagen, herausrücken mit; **2.** Freiwillige(r *m*) *f*; freiwilliger Helfer
vo·lup·tu·ous [və'lʌptʃʊəs] sinnlich (*Lippen, Mund*); aufreizend (*Bewegungen*); üppig (*Formen*); kurvenreich (*Frau*)
vom·it ['vɒmɪt] **1.** *v/t.* erbrechen; *v/i.* (sich er)brechen, sich übergeben; **2.** Erbrochene(s) *n*
vo·ra·cious [və'reɪʃəs] unersättlich (*Appetit etc.*)
vote [vəʊt] **1.** Abstimmung *f* (***about, on*** über *acc.*); (Wahl)Stimme *f*; Stimmzettel *m*; *a.* ***~s*** *pl.* Wahlrecht *n*; ***~ of no confidence*** Misstrauensvotum *n*; ***take a ~ on s.th.*** über et. abstimmen; **2.** *v/i.* wählen; ***~ for/against*** stimmen für/gegen; ***~ on*** abstimmen über (*acc.*); *v/t.* wählen; *et.* bewilligen; ***~ out of office*** abwählen; **'vot·er** Wähler(in); **'vot·ing booth** Wahlkabine *f*
vouch [vaʊtʃ]: ***~ for*** (sich ver)bürgen für; **'~·er** Gutschein *m*, Coupon *m*
vow [vaʊ] **1.** Gelöbnis *n*; Gelübde *n*; ***take a ~, make a ~*** ein Gelöbnis *od.* Gelübde ablegen; **2.** geloben, schwören (***to do*** zu tun)
vow·el *gr.* ['vaʊəl] Vokal *m*, Selbstlaut *m*
voy·age ['vɔɪɪdʒ] (See)Reise *f*
vs. *Am. nur geschr. Abk. für* ***against*** (*lateinisch* ***versus***) *bsd. Sport, jur.*: gegen
vul·gar ['vʌlgə] vulgär, ordinär; geschmacklos
vul·ne·ra·ble ['vʌlnərəbl] *fig.* verletz-, verwundbar; verletzlich; anfällig (***to*** für)
vul·ture *zo.* ['vʌltʃə] Geier *m*
vy·ing ['vaɪɪŋ] *pres. p. von* ***vie***

W

W, w ['dʌblju:] W, w *n*
W *nur geschr. Abk. für*: ***west*** W, West(en *m*); ***west(ern)*** westlich; ***watt(s*** *pl.*) W, Watt *n od. pl.*
wad [wɒd] (*Watte- etc.*)Bausch *m*; Bündel *n* (*Banknoten etc.*); (*Papier- etc.*)Knäuel *m, n*; **~·ding** ['wɒdɪŋ] Einlage *f*, Füllmaterial *n* (*zum Verpacken*)
wad·dle ['wɒdl] watscheln
wade [weɪd] *v/i.* waten; ***~ through*** waten durch; F sich durchkämpfen durch, *et.* durchackern; *v/t.* durchwaten
wa·fer ['weɪfə] (*bsd.* Eis)Waffel *f*; Oblate *f*; *rel.* Hostie *f*
waf·fle¹ ['wɒfl] Waffel *f*
waf·fle² *Brt.* F ['wɒfl] schwafeln
waft [wɑ:ft] *v/i.* ziehen (*Duft etc.*); *v/t.* wehen
wag [wæg] **1.** (***-gg-***) wedeln (mit); **2.** ***with a ~ of its tail*** schwanzwedelnd
wage¹ [weɪdʒ] *mst* ***~s*** *pl.* (Arbeits)Lohn *m*
wage² [weɪdʒ]: ***~ (a) war against*** *od.* ***on*** *mil.* Krieg führen gegen; *fig.* e-n Feldzug führen gegen
'wage| earn·er Lohnempfänger(in); Verdiener(in); **'~ freeze** Lohnstopp *m*; **'~ ne·go·ti·a·tions** *pl.* Tarifverhandlungen *pl.*; **'~ pack·et** Lohntüte *f*; **'~ rise** Lohnerhöhung *f*
wa·ger ['weɪdʒə] Wette *f*
wag·gle F ['wægl] wackeln (mit)
wag·gon *Brt.* → **wag·on** ['wægən] Fuhrwerk *n*, Wagen *m*; *Brt. rail.* (offener) Güterwagen; *Am.* (*Tee- etc.*)Wagen *m*
wag·tail *zo.* ['wægteɪl] Bachstelze *f*
wail [weɪl] **1.** jammern; heulen (*Sirene, Wind*); **2.** Jammern *n*; Heulen *n*
wain·scot ['weɪnskət] (Wand)Täfelung *f*
waist [weɪst] Taille *f*; **~·coat** *bsd. Brt.* ['weɪskəʊt] Weste *f*; **'~·line** Taille *f*
wait [weɪt] **1.** *v/i.* warten (***for, on*** auf *acc.*); ***~ for s.o.*** *a.* j-n erwarten; ***keep s.o. ~ing*** j-n warten lassen; ***~ and see!*** warte es ab!; ***~ at*** (*Am.* ***on***) ***table*** bedienen, servieren; ***~ on s.o.*** j-n (*bsd. im Restaurant*) bedienen; ***~ up*** F aufblei-

ben (***for*** wegen); *v/t.* ~ ***one's chance*** auf e-e günstige Gelegenheit warten (***to do*** zu tun); ~ ***one's turn*** warten, bis man an der Reihe ist; **2.** Wartezeit *f*; ***have a long*** ~ lange warten müssen; ***lie in*** ~ ***for s.o.*** j-m auflauern; **'~·er** Kellner *m*, Ober *m*; ~, ***the bill*** (*Am.* ***check***), ***please!*** (Herr) Ober, bitte zahlen!

'wait·ing Warten *n*; ***no*** ~ *auf Schild*: Halt(e)verbot *n*; **'~ list** Warteliste *f*; **'~ room** *med. etc.* Wartezimmer *n*; *rail.* Wartesaal *m*

wait·ress ['weɪtrɪs] Kellnerin *f*, Bedienung *f*; ~, ***the bill*** (*Am.* ***check***), ***please!*** Fräulein, bitte zahlen!

wake¹ [weɪk] (***woke*** *od.* ***waked, woken*** *od.* ***waked***) *v/i. a.* ~ ***up*** aufwachen, wach werden; *v/t. a.* ~ ***up*** (auf)wecken; *fig.* wecken, wachrufen

wake² [weɪk] *naut.* Kielwasser *n*; ***follow in the*** ~ ***of*** *fig.* folgen auf (*acc.*)

wake·ful ['weɪkfl] schlaflos

wak·en ['weɪkən] *v/i. a.* ~ ***up*** aufwachen, wach werden; *v/t. a.* ~ ***up*** (auf)wecken

walk [wɔːk] **1.** *v/i.* (zu Fuß) gehen, laufen; spazieren gehen; wandern; *v/t. Strecke* gehen, laufen; *j-n* bringen (***to*** zu; ***home*** nach Hause, *östr.*, *Schweiz*: *a.* nachhause); *Hund* ausführen; *Pferd* im Schritt gehen lassen; ~ ***away*** → ***walk off***; ~ ***in*** hineingehen, hereinkommen; ~ ***off*** fort-, weggehen; ~ ***off with*** F abhauen mit; F *Preis etc.* locker gewinnen; ~ ***out*** hinausgehen; (unter Protest) den Saal *etc.* verlassen; *econ.* streiken, in (den) Streik treten; ~ ***out on s.o.*** F j-n verlassen, j-n im Stich lassen; ~ ***up*** hinaufgehen, heraufkommen; ~ ***up to s.o.*** auf j-n zugehen; ~ ***up!*** treten Sie näher!; **2.** Spaziergang *m*; Wanderung *f*; Spazier-, Wanderweg *m*; ***go for a*** ~, ***take a*** ~ e-n Spaziergang machen, spazierengehen; ***an hour's*** ~ e-e Stunde Fußweg *od.* zu Fuß; ***from all*** ~***s*** (*od.* ***every*** ~) ***of life*** *Leute* aus allen Berufen *od.* Schichten; **'~·er** Spaziergänger(in); Wanderer *m*, Wand(r)erin *f*; *Sport*: Geher(in); ***be a good*** ~ gut zu Fuß sein

walk·ie-talk·ie [wɔːkɪ'tɔːkɪ] Walkie-Talkie *n*, tragbares Funksprechgerät

'walk·ing Gehen *n*, Laufen *n*; Spazierengehen *n*; Wandern *n*; **'~ pa·pers** *pl.*: ***get one's*** ~ *Am.* F den Laufpass bekommen; **'~ shoes** *pl.* Wanderschuhe *pl.*; **'~ stick** Spazierstock *m*; **'~ tour** Wanderung *f*

'Walk·man® (*pl.* ***-mans***) Walkman® *m*

'walk|·out Auszug *m* (***by, of*** *e-r Delegation etc.*); Ausstand *m*, Streik *m*; **'~·over** F Spaziergang *m*, leichter Sieg; **'~-up** *Am.* F Wohnung *f od.* Büro *n etc.* in e-m Haus ohne Fahrstuhl; (Miets)Haus *n* ohne Fahrstuhl

wall [wɔːl] **1.** Wand *f*; Mauer *f*; **2.** *a.* ~ ***in*** mit e-r Mauer umgeben; ~ ***up*** zumauern; **'~·chart** Wandkarte *f*

wal·let ['wɒlɪt] Brieftasche *f*

'wall·flow·er *fig.* F Mauerblümchen *n*

wal·lop F ['wɒləp] *j-m* ein Ding (*Schlag*) verpassen; *Sport*: *j-n* erledigen, vernichten (***at*** in *dat.*)

wal·low ['wɒləʊ] sich wälzen; *fig.* schwelgen, sich baden (***in*** in *dat.*)

'wall|·pa·per 1. Tapete *f*; **2.** tapezieren; **~-to-'~:** ~ ***carpet(ing)*** Spannteppich *m*, Teppichboden *m*

wal·nut *bot.* ['wɔːlnʌt] Walnuss(baum *m*) *f*

wal·rus *zo.* ['wɔːlrəs] (*pl.* ***-ruses, -rus***) Walross *n*

waltz [wɔːls] **1.** Walzer *m*; **2.** Walzer tanzen

wand [wɒnd] (*Zauber*)Stab *m*

wan·der ['wɒndə] (herum)wandern, herumlaufen, umherstreifen; ⚠ *nicht in e-m Gebiet* ***wandern*** (→ ***hike***); *fig.* abschweifen; fantasieren

wane [weɪn] **1.** abnehmen (*Mond*); *fig.* schwinden (*Einfluss, Macht etc.*); **2.** ***be on the*** ~ im Schwinden begriffen sein

wan·gle F ['wæŋgl] deichseln, hinkriegen; ~ ***s.th. out of s.o.*** j-m et. abluchsen; ~ ***one's way out of*** sich herauswinden aus

want [wɒnt] **1.** *v/t. et.* wollen; *j-n* brauchen; *j-n* sprechen wollen; F *et.* brauchen, nötig haben; ***be*** ~***ed*** (*polizeilich*) gesucht werden (***for*** wegen); *v/i.* wollen; ***I don't*** ~ ***to*** ich will nicht; ***he does not*** ~ ***for anything*** es fehlt ihm an nichts; **2.** Mangel *m* (***of*** an *dat.*); Bedürfnis *n*, Wunsch *m*; Not *f*; **'~ ad** *bsd. Am.* Kleinanzeige *f*; **'~·ed** (*polizeilich*) gesucht; viel gefragt (*Person*)

wan·ton ['wɒntən] mutwillig

war [wɔː] Krieg *m* (*a. fig.*); *fig.* Kampf *m* (***against*** gegen)

war·ble ['wɔːbl] trillern (*Vogel*)

W

ward [wɔːd] **1.** Station *f* (*e-s Krankenhauses*); *Brt. pol.* Stadtbezirk *m*; *jur.* Mündel *n*; **2.** ~ ***off*** *Schlag etc.* abwehren, *Gefahr etc.* abwenden; **war·den** ['wɔːdn] Aufseher(in); Heimleiter(in); *Am.* (Gefängnis)Direktor(in); **~·er** *Brt.* ['wɔːdə] Aufsichtsbeamt|e(r) *m*, -in *f* (*im Gefängnis*)

war·drobe ['wɔːdrəʊb] Kleiderschrank *m*; Garderobe *f* (*Kleidungsstücke*)

ware [weə] *in Zssgn* (*Glas- etc.*)Waren *pl.*; ⚠ *nicht* (*Einkaufs*)***Ware***

'ware·house Lager(haus) *n*; ⚠ *nicht* ***Warenhaus***

war|·fare ['wɔːfeə] Krieg(führung *f*) *m*; **'~·head** *mil.* Spreng-, Gefechtskopf *m*; **'~·like** kriegerisch; Kriegs...

warm [wɔːm] **1.** *adj.* warm (*a. fig. Farben, Stimme*); warm, herzlich (*Empfang etc.*); ***I am ~, I feel ~*** mir ist warm; **2.** *v/t. a.* ~ ***up*** wärmen, sich *die Hände etc.* wärmen; *Motor* warmlaufen lassen; *v/i. a.* ~ ***up*** warm *od.* wärmer werden, sich erwärmen; **3.** ***come into the ~*** *bsd. Brt.* komm ins Warme!; **~th** [wɔːmθ] Wärme *f*; **'~-up** *Sport*: Aufwärmen *n*

warn [wɔːn] warnen (***against, of*** vor *dat.*); *j-n* verständigen; **'~·ing** Warnung *f* (***of*** vor *dat.*); Verwarnung *f*; ***without ~*** ohne Vorwarnung; **'~·ing sig·nal** Warnsignal *n*

warp [wɔːp] sich verziehen *od.* werfen (*Holz*)

war·rant ['wɒrənt] **1.** *jur.* (Durchsuchungs-, Haft- *etc.*)Befehl *m*; → ***death warrant***; **2.** *et.* rechtfertigen; **~ of ar'rest** *jur.* Haftbefehl *m*

war·ran·ty *econ.* ['wɒrəntɪ] Garantie(erklärung) *f*; ***it's still under ~*** darauf ist noch Garantie

war·ri·or ['wɒrɪə] Krieger *m*

'war·ship Kriegsschiff *n*

wart [wɔːt] Warze *f*

war·y ['weərɪ] (***-ier, -iest***) vorsichtig

was [wɒz, wəz] *ich, er, sie, es* war; *Passiv*: *ich, er, sie, es* wurde

wash [wɒʃ] **1.** *v/t.* waschen, sich *die Hände etc.* waschen; *v/i.* sich waschen; sich *gut etc.* waschen (lassen); ~ ***up*** *v/i. Brt.* abwaschen, (das) Geschirr spülen; *v/t.* anschwemmen, anspülen; **2.** Wäsche *f*; Waschanlage *f*, -straße *f*; ***be in the ~*** in der Wäsche sein; ***give s.th. a ~*** et. waschen; ***have a ~*** sich waschen; **'~·a·ble** (ab)waschbar; **~-and-'wear** bügelfrei; pflegeleicht; **'~·ba·sin, '~·bowl** *Am.* Waschbecken *n*; **'~·cloth** *Am.* Waschlappen *m*; **'~·er** *Am.* Waschmaschine *f*; → ***dishwasher***; *tech.* Unterlegscheibe *f*; **'~·ing** Wäsche *f*; Wasch...; **'~·ing ma·chine** Waschmaschine *f*; **'~·ing pow·der** Waschpulver *n*, -mittel *n*; **~·ing-'up** *Brt.* Abwasch *m*; ***do the ~*** den Abwasch machen; **'~·rag** *Am.* Waschlappen *m*; **'~·room** *Am.* Toilette *f*

wasp *zo.* [wɒsp] Wespe *f*

waste [weɪst] **1.** Verschwendung *f*; Abfall *m*; Müll *m*; ***~ of time*** Zeitverschwendung *f*; ***hazardous ~, special toxic ~*** Sondermüll *m*; ***special ~ dump*** Sondermülldeponie *f*; **2.** *v/t.* verschwenden, -geuden; *j-n* auszehren; *v/i.* ~ ***away*** immer schwächer werden (*Person*); **3.** überschüssig; Abfall...; brachliegend, öde (*Land*); ***lay ~*** verwüsten; **'~ dis·pos·al** Abfall-, Müllbeseitigung *f*; Entsorgung *f*; **~ dis·pos·al 'site** Deponie *f*; **'~·ful** verschwenderisch; **'~ gas** Abgas *n*; **~ 'pa·per** Abfallpapier *n*; Altpapier *n*; **~'pa·per bas·ket** Papierkorb *m*; **'~ pipe** Abflussrohr *n*

watch [wɒtʃ] **1.** *v/i.* zuschauen; ~ ***for*** warten auf (*acc.*); ***~ out!*** pass auf!, Vorsicht!; ***~ out for*** Ausschau halten nach; sich in Acht nehmen vor (*dat.*); *v/t.* beobachten; zuschauen bei, sich *et.* ansehen; → ***television***; **2.** (*Armband-, Taschen*)Uhr *f*; Wache *f*; ***be on the ~ for*** Ausschau halten nach; auf der Hut sein vor (*dat.*); ***keep*** (***a***) ***careful*** *od.* ***close ~ on*** *et.* genau beobachten, *et.* scharf im Auge behalten; **'~·dog** Wachhund *m*; **'~·ful** wachsam; **'~·mak·er** Uhrmacher(in); **'~·man** (*pl.* ***-men***) Wachmann *m*, Wächter *m*

wa·ter ['wɔːtə] **1.** Wasser *n*; **2.** *v/t. Blumen* gießen, *Rasen etc.* sprengen; *Vieh* tränken; ~ ***down*** verdünnen, -wässern; *fig.* abschwächen; *v/i.* tränen (*Augen*); ***make s.o.'s mouth ~*** j-m den Mund wäss(e)rig machen; **'~ bird** *zo.* Wasservogel *m*; **'~·col·o(u)r** Wasser-, Aquarellfarbe *f*; Aquarell(malerei *f*) *n*; **'~·course** Wasserlauf *m*; **'~·cress** *bot.* Brunnenkresse *f*; **'~·fall** Wasser-

W

fall *m*; **'~·front** Hafenviertel *n*; ***along the ~*** am Wasser entlang; **'~·hole** Wasserloch *n*
wa·ter·ing can ['wɔːtərɪŋ -] Gießkanne *f*
'wa·ter| jump *Sport*: Wassergraben *m*; **'~ lev·el** Wasserstand *m*; **'~ lil·y** *bot.* Seerose *f*; **'~·mark** Wasserzeichen *n*; **'~·mel·on** *bot.* Wassermelone *f*; **'~ pol·lu·tion** Wasserverschmutzung *f*; **'~ po·lo** *Sport*: Wasserball(spiel *n*) *m*; **'~·proof 1.** wasserdicht; **2.** *Brt.* Regenmantel *m*; **3.** imprägnieren; **'~s** *pl.* Gewässer *pl.*; Wasser *pl.* (*e-s Flusses etc.*); **'~·shed** *geogr.* Wasserscheide *f*; *fig.* Wendepunkt *m*; **'~·side** Ufer *n*; **'~ ski·ing** *Sport*: Wasserskilaufen *n*; **'~·tight** wasserdicht, *fig. a.* hieb- u. stichfest; **'~·way** Wasserstraße *f*; **'~·works** *oft sg.* Wasserwerk *n*; ***turn on the ~*** F zu heulen anfangen; **~·y** ['wɔːtərɪ] wäss(e)rig
watt *electr.* [wɒt] Watt *n*
wave [weɪv] **1.** *v/t.* schwenken; winken mit; *Haar* wellen, in Wellen legen; ***~ one's hand*** winken; ***~ s.o. aside*** j-n beiseite winken; *v/i.* winken; wehen (*Fahne etc.*); sich wellen (*Haar*); ***~ at s.o., ~ to s.o.*** j-m zuwinken; **2.** Welle *f* (*a. fig.*); Winken *n*; **'~·length** *phys.* Wellenlänge *f* (*a. fig.*)
wa·ver ['weɪvə] flackern; schwanken
wav·y ['weɪvɪ] (***-ier, -iest***) wellig, gewellt
wax¹ [wæks] **1.** Wachs *n*; (*Ohren-*) Schmalz *n*; **2.** wachsen; bohnern
wax² [wæks] zunehmen (*Mond*)
wax|·en ['wæksən] wächsern; **'~·works** *sg.* Wachsfigurenkabinett *n*; **~·y** ['wæksɪ] (***-ier, -iest***) wächsern
way [weɪ] **1.** Weg *m*; Richtung *f*, Seite *f*; Weg *m*, Entfernung *f*, Strecke *f*; Art *f*, Weise *f*; ***~s and means*** *pl.* Mittel u. Wege *pl.*; ***~ back*** Rückweg *m*; ***~ home*** Heimweg *m*; ***~ in*** Eingang *m*; ***~ out*** Ausgang *m*; ***be on the ~ to, be on one's ~ to*** unterwegs sein nach; ***by ~ of*** über (*acc.*), via; *bsd. Brt.* statt; ***by the ~*** übrigens; ***give ~*** nachgeben; *Brt. mot.* die Vorfahrt lassen; ***in a ~*** in gewisser Hinsicht; ***in no ~*** in keiner Weise; ***lead the ~*** vorangehen; ***let s.o. have his/her (own) ~*** j-m s-n Willen lassen; ***lose one's ~*** sich verlaufen *od.* verirren; ***make ~*** Platz machen (***for*** für); ***no ~!*** F kommt überhaupt nicht in Frage!; ***out of the ~*** ungewöhnlich; ***this ~*** hierher; hier entlang; **2.** *adv.* weit; **'~·bill** Frachtbrief *m*; **~'lay** (***-laid***) *j-m* auflauern; *j-n* abfangen, abpassen; **~·ward** ['weɪwəd] eigensinnig, launisch
we [wiː, wɪ] wir *pl.*
weak [wiːk] schwach (***at, in*** in *dat.*), (*Kaffee, Tee a.*) dünn; **'~·en** *v/t.* schwächen (*a. fig.*); *v/i.* schwächer werden; *fig.* nachgeben; **'~·ling** Schwächling *m*; **'~·ness** Schwäche *f*
weal [wiːl] Striemen *m*
wealth [welθ] Reichtum *m*; *fig.* Fülle *f* (***of*** von); **'~·y** (***-ier, -iest***) reich
wean [wiːn] entwöhnen; ***~ s.o. from*** *od.* ***off s.th.*** j-m et. abgewöhnen
weap·on ['wepən] Waffe *f* (*a. fig.*)
wear [weə] **1.** (***wore, worn***) *v/t. Bart, Brille, Schmuck etc.* tragen, *Mantel etc. a.* anhaben, *Hut etc. a.* aufhaben; abnutzen, abtragen; ***~ the trousers*** (*Am.* ***pants***) F die Hosen anhaben; ***~ an angry expression*** verärgert dreinschauen; *v/i.* sich abnutzen, verschleißen; sich *gut etc.* halten; ***s.th. to ~*** et. zum Anziehen; ***~ away*** (sich) abtragen *od.* abschleifen; ***~ down*** (sich) abtreten (*Stufen*), (sich) ablaufen (*Absätze*), (sich) abfahren (*Reifen*); abschleifen; *fig. j-n etc.* zermürben; ***~ off*** nachlassen (*Schmerz etc.*); ***~ on*** sich hinziehen (***all day*** über den ganzen Tag); ***~ out*** (sich) abnutzen *od.* abtragen (*Kleidung*); *fig. j-n* erschöpfen; **2.** *oft in Zssgn* Kleidung *f*; *a.* ***~ and tear*** Abnutzung *f*, Verschleiß *m*; ***the worse for ~*** abgenutzt, verschlissen; F lädiert (*Person*)
wear|·i·some ['wɪərɪsəm] ermüdend; langweilig; lästig; **~·y** ['wɪərɪ] (***-ier, -iest***) erschöpft, müde; F ermüdend, anstrengend; ***be ~ of s.th.*** et. satt haben
wea·sel *zo.* ['wiːzl] Wiesel *n*
weath·er ['weðə] **1.** Wetter *n*; Witterung *f*; **2.** *v/t.* dem Wetter aussetzen; *Krise etc.* überstehen; *v/i.* verwittern; **'~-beat·en** verwittert (*bsd. Gesicht*); **'~ chart** Wetterkarte *f*; **'~ fore·cast** Wettervorhersage *f*; Wetterbericht *m*; **'~·man** (*pl.* ***-men***) *Rundfunk, TV*: Wetteransager *m*; **'~·proof 1.** wetterfest; **2.** wetterfest machen; **'~ re·port** Wetterbericht *m*; **'~ sta·tion** Wetterwarte *f*; **'~ vane** Wetterfahne *f*
weave [wiːv] (***wove, woven***) weben;

Netz spinnen; *Korb* flechten; (*pret. u. p.p.* ***weaved***): ~ ***one's way through*** sich schlängeln durch; '**weav·er** Weber(in)

web [web] Netz *n* (*a. fig.*), Gewebe *n*; *zo.* Schwimmhaut *f*; '**~·bing** Gurtband *n*

wed [wed] (***-dd-***; ***wedded*** *od. selten* ***wed***) heiraten

Wed(s) *nur geschr. Abk. für* ***Wednesday*** Mi., Mittwoch *m*

wed·ding ['wedɪŋ] Hochzeit *f*; Hochzeits..., Braut..., Ehe..., Trau...; '**~ ring** Ehe-, Trauring *m*

wedge [wedʒ] **1.** Keil *m*; **2.** verkeilen, mit e-m Keil festklemmen; ~ ***in*** einkeilen, -zwängen

wed·lock ['wedlɒk]: ***born in*** (***out of***) ~ ehelich (unehelich) geboren

Wednes·day ['wenzdɪ] (*Abk.* ***Wed, Weds***) Mittwoch *m*; ***on*** ~ (am) Mittwoch; ***on ~s*** mittwochs

wee[1] F [wiː] klein, winzig; ***a ~ bit*** ein (kleines) bisschen

wee[2] F [wiː] **1.** Pipi machen; **2.** ***do*** *od.* ***have a*** ~ Pipi machen

weed [wiːd] **1.** Unkraut *n*; **2.** jäten; ~ ***out*** *fig.* aussieben, -sondern (***from*** aus); '**~·kill·er** Unkrautvertilgungsmittel *n*; '**~·y** (***-ier, -iest***) voll Unkraut; F schmächtig; F rückgratlos

week [wiːk] Woche *f*; ***~ after ~*** Woche um Woche; ***a ~ today, today ~*** heute in e-r Woche *od.* in acht Tagen; ***every other ~*** jede zweite Woche; ***for ~s*** wochenlang; ***four times a ~*** viermal die Woche; ***in a ~('s time)*** in e-r Woche; '**~·day** Wochentag *m*; **~·end** [wiːk'end] Wochenende *n*; ***at*** (*Am.* ***on***) ***the ~*** am Wochenende; **~'end·er** Wochenendausflügler(in); '**~·ly 1.** Wochen...; wöchentlich; **2.** Wochenblatt *n*, -(zeit)schrift *f*, -zeitung *f*

weep [wiːp] (***wept***) weinen (***for*** um *j-n*; ***over*** über *acc.*); nässen (*Wunde*); **~·ing 'wil·low** *bot.* Trauerweide *f*; '**~·y** F (***-ier, -iest***) weinerlich; rührselig

wee-wee F ['wiːwiː] → ***wee***[2]

weigh [weɪ] *v/t.* (ab)wiegen; *fig.* abwägen (***against*** gegen); ~ ***anchor*** den Anker lichten; ***be ~ed down with*** *fig.* niedergedrückt werden von; *v/i.* ... *Kilo etc.* wiegen; ~ ***on*** *fig.* lasten auf (*dat.*)

weight [weɪt] **1.** Gewicht *n*; Last *f* (*a. fig.*); *fig.* Bedeutung *f*; ***gain ~, put on ~*** zunehmen; ***lose ~*** abnehmen; **2.** beschweren; '**~·less** schwerelos; '**~·less·ness** Schwerelosigkeit *f*; '**~ lift·er** *Sport*: Gewichtheber *m*; '**~ lift·ing** *Sport*: Gewichtheben *n*; '**~·y** (***-ier, -iest***) schwer; *fig.* schwerwiegend

weir [wɪə] Wehr *n*

weird [wɪəd] unheimlich; F sonderbar, verrückt

wel·come ['welkəm] **1.** *int.* ***~ back!, ~ home!*** willkommen zu Hause!, *östr., Schweiz*: *a.* willkommen zuhause!; ***~ to England!*** willkommen in England!; **2.** *v/t.* begrüßen (*a. fig.*), willkommen heißen; **3.** *adj.* willkommen; ***you are ~ to do it*** Sie können es gerne tun; ***you're ~!*** *bsd. Am.* nichts zu danken!, keine Ursache!, bitte sehr!; **4.** Empfang *m*, Willkommen *n*; ***outstay*** *od.* ***overstay one's ~*** j-s Gastfreundschaft überstrapazieren *od.* zu lange in Anspruch nehmen

weld *tech.* [weld] schweißen

wel·fare ['welfeə] Wohl(ergehen) *n*; *Am.* Sozialhilfe *f*; ***be on ~*** Sozialhilfe beziehen; **~ 'state** Wohlfahrtsstaat *m*; **~ 'work** Sozialarbeit *f*; **~ 'work·er** Sozialarbeiter(in)

well[1] [wel] **1.** *adv.* (***better, best***) gut; gründlich; ***as ~*** ebenso, auch; ***as ~ as*** sowohl ... als auch; nicht nur ..., sondern auch; ***very ~*** also gut, na gut; ***~ done!*** bravo!; → ***off*** 1; **2.** *int.* nun, also; ***~, ~!*** na so was!; **3.** *adj.* gesund; ***feel ~*** sich wohl fühlen

well[2] [wel] **1.** Brunnen *m*; (*Öl*)Quelle *f*; (*Aufzugs- etc.*)Schacht *m*; **2.** *a.* ***~ out*** quellen (***from*** aus); ***tears ~ed*** (***up***) ***in their eyes*** die Tränen stiegen ihnen in die Augen

well|-'bal·anced ausgeglichen (*Person*); ausgewogen (*Ernährung*); **~-'be·ing** Wohl(befinden) *n*; **~-'done** durchgebraten (*Fleisch*); **~-'earned** wohlverdient; **~-'found·ed** (wohl)begründet; **~-in'formed** gut unterrichtet; gebildet; **~-'known** (wohl) bekannt; **~-'mean·ing** wohlmeinend (*Person*); gut gemeint; **~-'meant** gut gemeint; **~-'off 1.** (***better-off, best-off***) reich, wohlhabend; **2.** ***the ~*** *pl.* die Reichen *pl.*; **~-'read** belesen; **~-'timed** (zeitlich) günstig, im richtigen Augenblick; **~-to-'do** F → ***well-off***; **~-'worn** abgetragen; *fig.* abgedroschen

Welsh [welʃ] **1.** walisisch; **2.** *ling*. Walisisch *n*; ***the** ~ pl*. die Waliser *pl*.; **~ 'rab·bit, ~ 'rare·bit** *gastr. etwa* überbackener Käsetoast
welt [welt] Striemen *m*
wel·ter ['weltə] Wirrwarr *m*, Durcheinander *n*
went [went] *pret. von* **go** 1
wept [wept] *pret. u. p.p. von* ***weep***
were [wɜː, wə] *du* warst, *Sie* waren, *wir*, *sie* waren, *ihr* wart
west [west] **1.** West(en *m*); ***the*** ♀ *pol*. der Westen; *Am*. die Weststaaten *pl*. (*der USA*); **2.** *adj*. westlich, West...; **3.** *adv*. nach Westen, westwärts; **~·er·ly** ['westəlɪ] westlich, West...; **~·ern** ['westən] **1.** westlich, West...; **2.** Western *m*; **~·ward(s)** ['westwəd(z)] westlich, nach Westen
wet [wet] **1.** nass, feucht; **2.** Nässe *f*; **3.** (***-tt-; wet** od **wetted***) nass machen, anfeuchten
weth·er *zo*. ['weðə] Hammel *m*
'wet nurse Amme *f*
whack [wæk] (knallender) Schlag; F (An)Teil *m*; **~ed** fertig, erledigt (*erschöpft*); **'~·ing 1.** F Mords...; **2.** (Tracht *f*) Prügel *pl*.
whale *zo*. [weɪl] Wal *m*
wharf [wɔːf] (*pl*. ***wharfs, wharves*** [wɔːvz]) Kai *m*
what [wɒt] **1.** *pron*. was; ***~ about** ...?* wie wärs mit ...?; ***~ for?*** wozu?; ***so ~?*** na und?; ***know ~'s ~*** F wissen, was Sache ist; **2.** *adj*. was für ein(e), welche(r, -s); alle, die; alles, was; **~·cha·ma·call·it** F ['wɒtʃəməkɔːlɪt] → ***whatsit***; **~'ev·er** **1.** *pron*. was (auch immer); alles, was; egal, was; **2.** *adj*. welche(r, -s) ... auch (immer); ***no ... ~*** überhaupt kein(e)
whats·it F ['wɒtsɪt] Dings(bums, -da) *n*
what·so'ev·er → ***whatever***
wheat *bot*. [wiːt] Weizen *m*
whee·dle ['wiːdl] beschwatzen; ***~ s.th. out of s.o.*** j-m et. abschwatzen
wheel [wiːl] **1.** Rad *n*; *mot*., *naut*. Steuer *n*; **2.** schieben, rollen; kreisen (*Vogel*); ***~ about, ~ (a)round*** herumfahren, -wirbeln; **'~·bar·row** Schubkarre(n *m*) *f*; **'~·chair** Rollstuhl *m*; **'~ clamp** *mot*. Parkkralle *f*; **'~ed** mit Rädern; fahrbar; *in Zssgn* ...räd(e)rig
wheeze [wiːz] keuchen, pfeifend atmen
whelp *zo*. [welp] Welpe *m*, Junge(s) *n*
when [wen] wann; als; wenn; obwohl; ***since ~?*** seit wann?
when'ev·er wann auch (immer); jedesmal, wenn
where [weə] wo; wohin; ***~ ... (from)?*** woher?; ***~ ... (to)?*** wohin?; **~·a·bouts** **1.** *adv*. [weərə'baʊts] wo etwa; **2.** ['weərəbaʊts] *sg*., *pl*. Verbleib *m*; Aufenthalt(sort) *m*; **~·as** [weər'æz] während, wohingegen; **~·by** [weə'baɪ] wodurch, womit; wonach; **~·u·pon** [weərə'pɒn] worauf(hin)
wher·ev·er [weər'evə] wo(hin) auch (immer); ganz gleich wo(hin)
whet [wet] (***-tt-***) *Messer etc*. schärfen; *fig*. *Appetit* anregen
wheth·er ['weðə] ob
whey [weɪ] Molke *f*
which [wɪtʃ] welche(r, -s); der, die, das; *auf den vorhergehenden Satz bezüglich*: was; ***~ of you?*** wer von euch?; **~'ev·er** welche(r, -s) auch (immer); ganz gleich, welche(r, -s)
whiff [wɪf] Luftzug *m*; Hauch *m* (*a. fig*. ***of*** von); Duft(wolke *f*) *m*
while [waɪl] **1.** Weile *f*; ***for a ~*** e-e Zeitlang; **2.** *cj*. während; obwohl; **3.** *mst* ***~ away*** sich *die Zeit* vertreiben (***by doing s.th.*** mit et.)
whim [wɪm] Laune *f*
whim·per ['wɪmpə] **1.** wimmern (*Person*); winseln (*Hund*); **2.** Wimmern *n*; Winseln; ⚠ *nicht* ***Wimper***
whim|·si·cal ['wɪmzɪkl] wunderlich; launisch; **~·sy** ['wɪmzɪ] Wunderlichkeit *f*; Spleen *m*
whine [waɪn] **1.** jaulen (*Hund*); jammern (***about*** über *acc*.); **2.** Jaulen *n*; Gejammer *n*
whin·ny ['wɪnɪ] **1.** wiehern; **2.** Wiehern *n*
whip [wɪp] **1.** Peitsche *f*; *gastr*. Creme *f*; **2.** (***-pp-***) *v/t*. (aus)peitschen; *Eier*, *Sahne etc*. schlagen; *v/i*. sausen, flitzen, (*Wind*) fegen; **'~ped cream** Schlagsahne *f*, -rahm *m*; **'~ped eggs** *pl*. Eischnee *m*
whip·ping ['wɪpɪŋ] (Tracht *f*) Prügel *pl*.; **'~ boy** Prügelknabe *m*; **'~ cream** Schlagsahne *f*, -rahm *m*
whir *bsd. Am*. [wɜː] → ***whirr***
whirl [wɜːl] **1.** wirbeln; ***my head is ~ing*** mir schwirrt der Kopf; **2.** Wirbeln *n*; Wirbel *m* (*a. fig*.); ***my head's in a ~*** mir schwirrt der Kopf; **'~·pool** Strudel *m*;

Whirlpool *m*; '**~·wind** Wirbelsturm *m*
whirr [wɜː] (*-rr-*) schwirren
whisk [wɪsk] **1.** schnelle Bewegung; Wedel *m*; *gastr.* Schneebesen *m*; **2.** *Eiweiß* schlagen; ~ ***its tail*** *Pferd etc.*: mit dem Schwanz schlagen; ~ ***away*** *Fliegen etc.* ver-, wegscheuchen; *et.* schnell verschwinden lassen *od.* wegnehmen
whis·ker ['wɪskə] Schnurr- *od.* Barthaar *n*; **~s** *pl.* Backenbart *m*
whis·key ['wɪskɪ] *amerikanischer od. irischer* Whisky
whis·ky ['wɪskɪ] *bsd. schottischer* Whisky
whis·per ['wɪspə] **1.** flüstern; **2.** Flüstern *n*; ***say s.th. in a*** ~ et. im Flüsterton sagen
whis·tle ['wɪsl] **1.** Pfeife *f*; Pfiff *m*; **2.** pfeifen
white [waɪt] **1.** (**~r, ~st**) weiß; **2.** Weiß(e) *n*; Weiße(r *m*) *f* (*Person*); Eiweiß *n*; ~ '**bread** Weißbrot *n*; ~ '**cof·fee** *Brt.* Milchkaffee *m*, Kaffee *m* mit Milch; **~-'col·lar work·er** (Büro)Angestellte(r *m*) *f*; ~ '**lie** Notlüge *f*; **whit·en** ['waɪtn] weiß machen *od.* werden; '**~·wash 1.** Tünche *f*; **2.** tünchen, anstreichen; weißen; *fig.* beschönigen
whit·ish ['waɪtɪʃ] weißlich
Whit·sun ['wɪtsn] Pfingstsonntag *m*; Pfingsten *n od. pl.*; **Whit Sunday** [wɪt 'sʌndɪ] Pfingstsonntag *m*; '**Whit·sun·tide** Pfingsten *n od. pl.*
whit·tle ['wɪtl] (zurecht)schnitzen; ~ ***away*** *Gewinn etc.* allmählich aufzehren; ~ ***down*** *et.* reduzieren (***to*** auf *acc.*)
whiz(z) F [wɪz] **1.** (**-zz-**): ~ ***by*** *od.* ***past*** vorbeizischen, vorbeidüsen; **2.** F As *n*, Kanone *f* (***at*** in *dat.*); '**~ kid** F Senkrechtstarter(in)
who [huː] wer; wen; wem; welche(r, -s); der, die, das
WHO [dʌbljuː eɪtʃ 'əʊ] *Abk. für* ***World Health Organization*** Weltgesundheitsorganisation *f* (*der UNO*)
who·dun·(n)it F [huː'dʌnɪt] Krimi *m*
who'ev·er wer *od.* wen *od.* wem auch (immer); egal, wer *od.* wen *od.* wem
whole [həʊl] **1.** *adj.* ganz; **2.** *das* Ganze; ***the*** ~ ***of London*** ganz London; ***on the*** ~ im Großen (u.) Ganzen; **~-'heart·ed** ungeteilt (*Aufmerksamkeit*), voll (*Unterstützung*), ernsthaft (*Versuch etc.*); **~-'heart·ed·ly** uneingeschränkt, voll u. ganz; '**~·meal** Vollkorn...; ~ ***bread*** Vollkornbrot *n*
'**whole·sale** *econ.* **1.** Großhandel *m*; **2.** Großhandels...; '**~ mar·ket** *econ.* Großmarkt *m*; '**whole·sal·er** *econ.* Großhändler *m*
'**whole|·some** gesund; '**~ wheat** → ***wholemeal***
whol·ly *adv.* ['həʊllɪ] gänzlich, völlig
whom [huːm] *acc. von* ***who***
whoop [huːp] **1.** schreien, *bsd.* jauchzen; ~ ***it up*** F auf den Putz hauen; **2.** (*bsd.* Freuden)Schrei *m*
whoop·ee F ['wʊpiː]: ***make*** ~ auf den Putz hauen
whoop·ing cough *med.* ['huːpɪŋkɒf] Keuchhusten *m*
whore [hɔː] Hure *f*
whose [huːz] *gen. von* ***who***
why [waɪ] warum, weshalb; ***that's*** ~ deshalb
wick [wɪk] Docht *m*
wick·ed ['wɪkɪd] gemein, niederträchtig; boshaft
wick·er ['wɪkə] Weiden..., Korb...; '**~ bas·ket** Weidenkorb *m*; '**~·work** Korbwaren *pl.*
wick·et ['wɪkɪt] *Kricket*: Tor *n*
wide [waɪd] **1.** *adj.* breit; weit offen, aufgerissen (*Augen*); *fig.* umfangreich (*Wissen etc.*), vielfältig (*Interessen etc.*); **2.** *adv.* weit; ***go*** ~ (***of the goal***) *Sport*: danebengehen (am Tor vorbeigehen); **~-a'wake** hellwach; *fig.* aufgeweckt, wach; **~-'eyed** mit großen *od.* aufgerissenen Augen; naiv
wid·en ['waɪdn] verbreitern; breiter werden
wide|-'o·pen weit offen, aufgerissen (*Augen*); '**~·spread** weit verbreitet
wid·ow ['wɪdəʊ] Witwe *f*; '**~ed** verwitwet; ***be*** ~ verwitwet sein; Witwe(r) werden; '**~·er** Witwer *m*
width [wɪdθ] Breite *f*; Bahn *f* (*Stoff etc.*)
wield [wiːld] *Einfluss etc.* ausüben
wife [waɪf] (*pl.* ***wives*** [waɪvz]) (Ehe-)Frau *f*, Gattin *f*
wig [wɪg] Perücke *f*
wild [waɪld] **1.** *adj.* wild; stürmisch (*Wind, Applaus etc.*); außer sich (***with*** vor *dat.*); verrückt (*Idee etc.*); ***make a*** ~ ***guess*** einfach drauflosraten; ***be*** ~ ***about*** (ganz) verrückt sein nach; **2.** *adv.* ***go*** ~ ausflippen; ***let one's children run***

~ s-e Kinder machen lassen, was sie wollen; **3.** ***in the*** ~ in freier Wildbahn; ***the ~s*** *pl.* die Wildnis; **'~·cat** *zo.* Wildkatze *f*; **~·cat 'strike** wilder Streik
wil·der·ness ['wɪldənɪs] Wildnis *f*
'wild|·fire: ***spread like*** ~ sich wie ein Lauffeuer verbreiten; **'~·life** Tier- u. Pflanzenwelt *f*
wil·ful ['wɪlfl] eigensinnig; absichtlich, *bsd. jur.* vorsätzlich
will[1] [wɪl] *v/aux.* (*pret.* ***would***; *verneint* ~ ***not, won't***) *ich, du* will(st) *etc.*; *ich* werde ... *etc.*
will[2] [wɪl] Wille *m*; Testament *n*; ***of one's own free*** ~ aus freien Stücken
will[3] [wɪl] durch Willenskraft erzwingen; *jur.* vermachen
'will·ful *Am.* → ***wilful***
'will·ing bereit (***to do*** zu tun); (bereit)willig
will-o'-the-wisp [wɪləðə'wɪsp] Irrlicht *n*
wil·low *bot.* ['wɪləʊ] Weide *f*; **'~·y** *fig.* gertenschlank
'will·pow·er Willenskraft *f*
wil·ly-nil·ly [wɪlɪ'nɪlɪ] wohl od. übel
wilt [wɪlt] verwelken, welk werden
wi·ly ['waɪlɪ] (***-ier, -iest***) gerissen, raffiniert
win [wɪn] **1.** (***-nn-; won***) *v/t.* gewinnen; ~ ***s.o. over*** od. ***round to*** j-n gewinnen für; *v/i.* gewinnen, siegen; ***OK, you*** ~ okay, du hast gewonnen; **2.** *bsd. Sport*: Sieg *m*
wince [wɪns] zusammenzucken (***at*** bei)
winch *tech.* [wɪntʃ] Winde *f*
wind[1] [wɪnd] **1.** Wind *m*; Atem *m*, Luft *f*; *med.* Blähungen *pl.*; ***the*** ~ *sg. od. pl. mus.* die Bläser *pl.*; **2.** *j-m* den Atem nehmen *od.* verschlagen; *hunt.* wittern
wind[2] [waɪnd] **1.** (***wound***) *v/t.* drehen (an *dat.*); *Uhr etc.* aufziehen; wickeln (***round*** um); *v/i.* sich winden *od.* schlängeln (*Pfad etc.*); ~ ***back*** *Film etc.* zurückspulen; ~ ***down*** *Autofenster etc.* herunterdrehen, -kurbeln; *Produktion etc.* reduzieren; sich entspannen; ~ ***forward*** *Film etc.* weiterspulen; ~ ***up*** *v/t. Autofenster etc.* hochdrehen, -kurbeln; *Uhr etc.* aufziehen; *Versammlung etc.* schließen (***with*** mit); *Unternehmen* auflösen; *v/i.* F enden, landen; (*bsd.* s-e Rede) schließen (***by saying*** mit den Worten); **2.** Umdrehung *f*
'wind|·bag F Schwätzer(in); **'~·fall** Fallobst *n*; unverhofftes Geschenk, unverhoffter Gewinn
wind·ing ['waɪndɪŋ] gewunden (*Pfad etc.*); **'~ stairs** *pl.* Wendeltreppe *f*
wind in·stru·ment *mus.* ['wɪnd ɪnstrʊmənt] Blasinstrument *n*
wind·lass *tech.* ['wɪndləs] Winde *f*
wind·mill ['wɪnmɪl] Windmühle *f*
win·dow ['wɪndəʊ] Fenster *n*; Schaufenster *n*; Schalter *m* (*in e-r Bank etc.*); **'~ clean·er** Fensterputzer *m*; **'~ dresser** Schaufensterdekorateur(in); **'~ dress·ing** Schaufensterdekoration *f*; *fig.* Mache *f*; **'~·pane** Fensterscheibe *f*; **'~ seat** Fensterplatz *m*; **'~ shade** *Am.* Rouleau *n*; **'~-shop** (***-pp-***): ***go ~ping*** e-n Schaufensterbummel machen; **'~·sill** Fensterbank *f*, -brett *n*
wind|·pipe *anat.* ['wɪndpaɪp] Luftröhre *f*; **'~·screen** *Brt. mot.* Windschutzscheibe *f*; **'~·screen wip·er** *Brt. mot.* Scheibenwischer *m*; **'~·shield** *Am. mot.* Windschutzscheibe *f*; **'~·shield wip·er** *Am. mot.* Scheibenwischer *m*; **'~·surf·ing** *Sport*: Windsurfing *n*, -surfen *n*
wind·y ['wɪndɪ] (***-ier, -iest***) windig; *med.* blähend
wine [waɪn] Wein *m*
wing [wɪŋ] Flügel *m*; Schwinge *f*; *Brt. mot.* Kotflügel *m*; *aviat.* Tragfläche *f*; *aviat.* Geschwader *n*; ***~s*** *pl. thea.* Seitenkulisse *f*; **'~·er** *Sport*: Außenstürmer(in), Flügelstürmer(in)
wink [wɪŋk] **1.** zwinkern; ⚠ *nicht* ***winken***; ~ ***at*** *j-m* zuzwinkern; *et.* geflissentlich übersehen; ~ ***one's lights*** *Brt. mot.* blinken; **2.** Zwinkern *n*; ***I didn't get a ~ of sleep last night, I didn't sleep a ~ last night*** ich habe letzte Nacht kein Auge zugetan; → ***forty*** 1
win|·ner ['wɪnə] Gewinner(in), *bsd. Sport*: Sieger(in); **'~·ning 1.** einnehmend, gewinnend; **2.** ***~s*** *pl.* Gewinn *m*
win·ter ['wɪntə] **1.** Winter *m*; ***in*** (***the***) ~ im Winter; **2.** überwintern; den Winter verbringen; ~ **'sports** *pl.* Wintersport *m*; **'~·time** Winter(zeit *f*) *m*; ***in*** (***the***) ~ im Winter
win·try ['wɪntrɪ] winterlich; *fig.* frostig
wipe [waɪp] (ab-, auf)wischen; ~ ***off*** ab-, wegwischen; ~ ***out*** auswischen; auslöschen, -rotten; ~ ***up*** aufwischen; **'wip·er** *mot.* (*Scheiben*)Wischer *m*

wire ['waɪə] **1.** Draht *m*; *electr.* Leitung *f*; *Am.* Telegramm *n*; **2.** Leitungen verlegen in (*dat.*) (*a.* ~ **up**); *Am.* *j-m* ein Telegramm schicken; *j-m et.* telegrafieren; '**~less** drahtlos, Funk...; ~ **net·ting** [waɪə 'netɪŋ] Maschendraht *m*; '**~-tap** (**-pp-**) *j-n*, *j-s Telefon* abhören

wir·y ['waɪərɪ] (**-ier, -iest**) drahtig (*Figur etc.*)

wis·dom ['wɪzdəm] Weisheit *f*, Klugheit *f*; '~ **tooth** (*pl.* **- teeth**) Weisheitszahn *m*

wise[1] [waɪz] (**~r, ~st**) weise, klug

wise[2] [waɪz] *veraltet*: Weise *f*, Art *f*

'**wise**|**·crack** F **1.** Witzelei *f*; **2.** witzeln; '~ **guy** F Klugscheißer *m*

wish [wɪʃ] **1.** wünschen; wollen; ~ ***s.o. well*** j-m alles Gute wünschen; ***if you*** ~ (***to***) wenn du willst; ~ ***for s.th.*** sich et. wünschen; **2.** Wunsch *m* (***for*** nach); (***with***) ***best ~es*** Herzliche Grüße (*Briefschluss*); **~·ful 'think·ing** Wunschdenken *n*

wish·y-wash·y ['wɪʃɪwɒʃɪ] labb(e)rig, wäss(e)rig; lasch (*Person*), verschwommen (*Vorstellung etc.*)

wisp [wɪsp] (*Gras-*, *Haar*)Büschel *n*

wist·ful ['wɪstfl] wehmütig

wit [wɪt] Geist *m*, Witz *m*; geistreicher Mensch; *a.* **~s** *pl.* Verstand *m*; ⚠ *nicht* ***Witz*** (→ ***joke***); ***be at one's ~s' end*** mit s-r Weisheit am Ende sein; ***keep one's ~s about one*** e-n klaren Kopf behalten

witch [wɪtʃ] Hexe *f*; '**~craft** Hexerei *f*; '**~-hunt** *pol.* Hexenjagd *f* (***for, against*** auf *acc.*)

with [wɪð] mit; bei (→ ***stay*** 1); vor (*dat.*) (→ ***tremble*** *etc.*)

with·draw [wɪð'drɔː] (**-drew, -drawn**) *v/t. Geld* abheben (***from*** von); *Angebot etc.* zurückziehen, *Anschuldigung etc.* zurücknehmen; *mil. Truppen* zurück-, abziehen; *v/i.* sich zurückziehen; zurücktreten (***from*** von)

with·draw·al [wɪð'drɔːəl] Rücknahme *f*; *bsd. mil.* Ab-, Rückzug *m*; Rücktritt *m* (***from*** von), Ausstieg *m* (***from*** aus); *med.* Entziehung *f*, Entzug *m*; ***make a*** ~ Geld abheben (***from*** von); ~ **cure** *med.* Entziehungskur *f*; ~ **symp·toms** *pl.* *med.* Entzugserscheinungen *pl.*

with·er ['wɪðə] eingehen *od.* verdorren *od.* (ver)welken (lassen)

with'hold (**-held**) zurückhalten; ~ ***s.th. from s.o.*** j-m et. vorenthalten

with|**·in** [wɪ'ðɪn] innerhalb (*gen.*); **~·out** [wɪ'ðaʊt] ohne (*acc.*)

with'stand (**-stood**) *e-m Angriff etc.* standhalten; *Beanspruchung etc.* aushalten

wit·ness ['wɪtnɪs] **1.** Zeug|e *m*, -in *f*; ~ ***for the defence*** (*Am.* ***defense***) *jur.* Entlastungszeug|e *m*, -in *f*; ~ ***for the prosecution*** *jur.* Belastungszeug|e *m*, -in *f*; **2.** Zeuge sein von *et.*; *et.* bezeugen, *Unterschrift* beglaubigen; '~ **box** *Brt.*, '~ **stand** *Am.* Zeugenstand *m*

wit|**·ti·cis·m** ['wɪtɪsɪzəm] geistreiche *od.* witzige Bemerkung; **~·ty** ['wɪtɪ] (**-ier, -iest**) geistreich, witzig

wives [waɪvz] *pl. von* ***wife***

wiz·ard ['wɪzəd] Zauberer *m*; *fig.* Genie *n* (***at*** in)

wiz·ened ['wɪznd] verhutzelt

wob·ble ['wɒbl] *v/i.* wackeln (*Tisch etc.*), zittern (*Stimme etc.*), schwabbeln (*Pudding etc.*), *mot.* flattern (*Räder*); *v/t.* wackeln an (*dat.*)

woe [wəʊ] Kummer *m*, Leid *n*; '**~·ful** traurig; bedauerlich, beklagenswert

woke [wəʊk] *pret. von* ***wake***[1]; **wok·en** ['wəʊkən] *p.p. von* ***wake***[1]

wold [wəʊld] hügeliges Land

wolf [wʊlf] **1.** (*pl.* ***wolves*** [wʊlvz]) *zo.* Wolf *m*; ***lone*** ~ *fig.* Einzelgänger(in); **2.** *a.* ~ ***down*** F *Essen* hinunterschlingen

wolves [wʊlvz] *pl. von* ***wolf*** 1

wom·an ['wʊmən] (*pl.* ***women*** ['wɪmɪn]) Frau *f*; ~ **'doc·tor** Ärztin *f*; ~ **'driv·er** Frau *f* am Steuer; '**~·ish** weibisch; '**~·ly** fraulich; weiblich

womb *anat.* [wuːm] Gebärmutter *f*, Mutterleib *m*

wom·en ['wɪmɪn] *pl. von* ***woman***

women's| **lib** F [wɪmɪnz 'lɪb] *veraltet* → ***women's movement***; ~ **'lib·ber** F Emanze *f*; '~ **move·ment** Frauenbewegung *f*; '~ **ref·uge** *Brt.*, '~ **shel·ter** *Am.* Frauenhaus *n*

won [wʌn] *pret. u. p.p. von* ***win*** 1

won·der ['wʌndə] **1.** neugierig *od.* gespannt sein, gern wissen mögen; sich fragen, überlegen; sich wundern, erstaunt sein (***about*** über *acc.*); ***I ~ if you could help me*** vielleicht können Sie mir helfen; **2.** Staunen *n*, Verwunderung *f*; Wunder *n*; ***do*** *od.* ***work ~s*** wah-

re Wunder vollbringen, Wunder wirken (*for* bei); '~·**ful** wunderbar, -voll
wont [wəʊnt] **1.** ***be ~ to do s.th.*** et. zu tun pflegen; **2.** ***as was his ~*** wie es s-e Gewohnheit war
won't [wəʊnt] *für* ***will not***
woo [wuː] umwerben, werben um
wood [wʊd] Holz *n*; Holzfass *n*; *a.* ~**s** *pl.* Wald *m*, Gehölz *n*; ***touch ~!*** unberufen!, toi, toi, toi!; ***he can't see the ~ for the trees*** er sieht den Wald vor lauter Bäumen nicht; '~·**cut** Holzschnitt *m*; '~·**cut·ter** Holzfäller *m*; '~·**ed** bewaldet; '~·**en** hölzern (*a. fig.*), aus Holz, Holz...; ~·**peck·er** *zo.* ['wʊdpekə] Specht *m*; ~·**wind** *mus.* ['wʊdwɪnd]: ***the ~*** *sg. od. pl.* die Holzblasinstrumente *pl.*; die Holzbläser *pl.*; ***~ instrument*** Holzblasinstrument *n*; '~·**work** Holzarbeit *f*; '~·**y** (**-ier, -iest**) waldig; holzig
wool [wʊl] Wolle *f*; ~·(**l**)**en** ['wʊlən] **1.** wollen, Woll...; **2.** ~**s** *pl.* Wollsachen *pl.*, -kleidung *f*; '~·(**l**)**y** **1.** (**-ier, -iest**) wollig; *fig.* wirr; **2.** ***wool(l)ies*** *pl.* F Wollsachen *pl.*
Worces·ter sauce [wʊstə 'sɔːs] Worcestersoße *f*
word [wɜːd] **1.** Wort *n*; Nachricht *f*; Losung(swort *n*) *f*; Versprechen *n*; Befehl *m*; ~**s** *pl.* Text *m* (*e-s Lieds etc.*); ***have a ~*** *od.* ***a few ~s with*** mit *j-m* sprechen; **2.** *et.* ausdrücken, *Text* abfassen, formulieren; '~·**ing** Wortlaut *m*; '~ **or·der** *gr.* Wortstellung *f* (*im Satz*); '~ **pro·cess·ing** *Computer*: Textverarbeitung *f*; '~ **pro·ces·sor** *Computer*: Textverarbeitungsgerät *n*
'**word·y** (**-ier, -iest**) wortreich, langatmig
wore [wɔː] *pret. von* ***wear*** 1
work [wɜːk] **1.** Arbeit *f*; Werk *n*; ~**s** *pl. tech.* Werk *n*, Getriebe *n*; ~**s** *sg.* Werk *n*, Fabrik *f*; ***at ~*** bei der Arbeit; ***be in ~*** Arbeit haben; ***be out of ~*** arbeitslos sein; ***go*** *od.* ***set to ~*** an die Arbeit gehen; **2.** *v/i.* arbeiten (***at, on*** an *dat.*); funktionieren (*a. fig.*); wirken; ***~ to rule*** Dienst nach Vorschrift tun; *v/t. j-n* arbeiten lassen; *Maschine etc.* bedienen, *et.* betätigen; *et.* bearbeiten; bewirken, herbeiführen; ***~ one's way*** sich durcharbeiten *od.* -kämpfen; ***~ off*** *Schulden* abarbeiten; *Wut etc.* abreagieren; ***~ out*** *v/t.* ausrechnen; *Aufgabe* lösen; *Plan etc.* ausarbeiten; *fig.* sich *et.* zusammenreimen; *v/i.* klappen; aufgehen (*Rechnung etc.*); F *Sport*: trainieren; ***~ up*** *Zuhörer etc.* aufpeitschen, -wühlen; *et.* ausarbeiten (***into*** zu); ***be ~ed up*** aufgeregt *od.* nervös sein (***about*** wegen)
work|·a·ble ['wɜːkəbl] formbar; *fig.* durchführbar; ~·**a·day** ['wɜːkədeɪ] Alltags...; ~·**a·hol·ic** F [wɜːkə'hɒlɪk] Arbeitssüchtige(r *m*) *f*; '~·**bench** *tech.* Werkbank *f*; '~·**book** *Schule*: Arbeitsheft *n*; '~·**day** Arbeitstag *m*; Werktag *m*; ***on ~s*** werktags; '~·**er** Arbeiter(in); Angestellte(r *m*) *f*; '~ **ex·pe·ri·ence** Erfahrung *f* (*bsd. in e-m bestimmten Bereich*)
'**work·ing** Arbeits...; ***~ knowledge*** Grundkenntnisse *pl.*; ***in ~ order*** in betriebsfähigem Zustand; ~ '**class**(·**es** *pl.*) Arbeiterklasse *f*; ~ '**day** → ***workday***; ~ '**hours** *pl.* Arbeitszeit *f*; ***fewer ~*** Arbeitszeitverkürzung *f*; ***reduced ~*** *Am.* Kurzarbeit *f*; '~**s** *pl.* Arbeits-, Funktionsweise *f*
'**work·man** (*pl.* **-men**) Handwerker *m*; '~·**like** fachmännisch; '~·**ship** fachmännische Arbeit
work| of 'art (*pl.* ***works of art***) Kunstwerk *n*; '~·**out** F *Sport*: Training *n*; '~·**place** Arbeitsplatz *m*; ***at the ~*** am Arbeitsplatz; '~**s coun·cil** Betriebsrat *m* (*einzelner*: ***member of the ~***); '~·**sheet** Arbeitsblatt *n*; '~·**shop** Werkstatt *f*; Workshop *m* (*Seminar*); '~·**shy** arbeitsscheu; '~·**sta·tion** Bildschirmarbeitsplatz *m*; ~-**to-'rule** *Brt.* Dienst *m* nach Vorschrift
world [wɜːld] **1.** Welt *f*; ***all over the ~*** in der ganzen Welt; ***bring into the ~*** auf die Welt bringen; ***do s.o. a*** *od.* ***the ~ of good*** j-m unwahrscheinlich gut tun; ***mean all the ~ to s.o.*** j-m alles bedeuten; ***they are ~s apart*** zwischen ihnen liegen Welten; ***think the ~ of*** große Stücke halten von; ***what in the ~ ...?*** was um alles in der Welt ...?; **2.** Welt...; ♀ '**Cup** Fußballweltmeisterschaft *f*; *Skisport*: Weltcup *m*
'**world·ly** (**-ier, -iest**) weltlich; irdisch; ~·'**wise** weltklug
world| 'pow·er *pol.* Weltmacht *f*; ~·'**wide** weltweit; auf der ganzen Welt
worm [wɜːm] **1.** *zo.* Wurm *m*; **2.** *Hund*

etc. entwurmen; ~ ***one's way through*** sich schlängeln *od.* zwängen durch; ~ ***o.s. into s.o.'s confidence*** sich in j-s Vertrauen einschleichen; ~ ***s.th. out of s.o.*** j-m et. entlocken; **'~eat·en** wurmstichig; **~'s-eye 'view** Froschperspektive *f*

worn [wɔːn] *p.p. von* ***wear*** 1; **~'out** abgenutzt, abgetragen; erschöpft (*Person*)

wor·ried ['wʌrɪd] besorgt, beunruhigt

wor·ry ['wʌrɪ] **1.** beunruhigen; (sich) Sorgen machen; ***don't ~!*** keine Angst!, keine Sorge!; **2.** Sorge *f*

worse [wɜːs] (*comp. von* ***bad***) schlechter, schlimmer; ~ ***still*** was noch schlimmer ist; ***to make matters*** ~ zu allem Übel; **wors·en** ['wɜːsn] schlechter machen *od.* werden, (sich) verschlechtern

wor·ship ['wɜːʃɪp] **1.** Verehrung *f*; Gottesdienst *m*; **2.** (*bsd. Brt.* ***-pp-***, *Am.* ***-p-***) *v/t.* anbeten, verehren; *v/i.* den Gottesdienst besuchen; **'~(p)er** Anbeter(in), Verehrer(in); Kirchgänger(in)

worst [wɜːst] **1.** *adj.* (*sup. von* ***bad***) schlechteste(r, -s), schlimmste(r, -s); **2.** *adv.* (*sup. von* ***badly***) am schlechtesten *od.* schlimmsten; **3.** *der, die, das* Schlechteste *od.* Schlimmste; ***at*** (***the***) ~ schlimmstenfalls

wor·sted ['wʊstɪd] Kammgarn *n*

worth [wɜːθ] **1.** wert; ~ ***reading*** lesenswert; **2.** Wert *m*; **'~·less** wertlos; **~'while** lohnend; ***be*** ~ sich lohnen; **~·y** ['wɜːðɪ] (***-ier, -iest***) würdig

would [wʊd] *pret. von* ***will***[1]; ~ ***you like ...?*** möchten Sie ...?; **'~-be** Möchtegern...

wound[1] [waʊnd] *pret. u. p.p. von* ***wind***[2]

wound[2] [wuːnd] **1.** Wunde *f*, Verletzung *f*; **2.** verwunden, -letzen

wove [wəʊv] *pret. von* ***weave***; **wov·en** ['wəʊvən] *p.p. von* ***weave***

wow *int.* F [waʊ] wow!, Mensch!, toll!

WP [dʌbljuː 'piː] *Abk. für*: ***word processing*** *Computer*: Textverarbeitung *f*; ***word processor*** *Computer*: Textverarbeitungsgerät *n*

wran·gle ['ræŋgl] **1.** (sich) streiten; **2.** Streit *m*

wrap [ræp] **1.** (***-pp-***) *v/t. a.* ~ ***up*** (ein)packen, (-)wickeln (***in*** in *dat.*); *et.* wickeln ([***a***]***round*** um); *v/i.* ~ ***up*** sich warm anziehen; **2.** *bsd. Am.* Umhang *m*; **'~·per** (Schutz)Umschlag *m*; **'~·ping** Verpackung *f*; **'~·ping paper** Einwickel-, Pack-, Geschenkpapier *n*

wrath *lit.* [rɒθ] Zorn *m*

wreath [riːθ] (*pl.* ***wreaths*** [riːðz]) Kranz *m*

wreck [rek] **1.** *naut.* Wrack *n* (*a. Person*); **2.** *Pläne etc.* zunichte machen; ***be ~ed*** *naut.* zerschellen; Schiffbruch erleiden; **~·age** ['rekɪdʒ] Trümmer *pl.* (*a. fig.*), Wrackteile *pl.*; **'~·er** *Am. mot.* Abschleppwagen *m*; **'~·ing com·pa·ny** *Am.* Abbruchfirma *f*; **'~·ing ser·vice** *Am. mot.* Abschleppdienst *m*

wren *zo.* [ren] Zaunkönig *m*

wrench [rentʃ] **1.** *med.* sich *das Knie etc.* verrenken; ~ ***s.th. from*** *od.* ***out of s.o.'s hands*** j-m et. aus den Händen winden, j-m et. entwinden; ~ ***off*** *et.* mit e-m Ruck ab- *od.* wegreißen *etc.*; ~ ***open*** aufreißen; **2.** Ruck *m*; *med.* Verrenkung *f*; *Brt. tech.* Engländer *m*, Franzose *m*; *Am. tech.* Schraubenschlüssel *m*

wrest [rest]: ~ ***s.th. from*** *od.* ***out of s.o.'s hands*** j-m et. aus den Händen reißen, j-m et. entreißen *od.* entwinden

wres|·tle ['resl] *v/i.* ringen (***with*** mit); *fig.* ringen, kämpfen (***with*** mit); *v/t. Sport*: ringen gegen; **'~·tler** *Sport*: Ringer *m*; **'~·tling** *Sport*: Ringen *n*

wretch [retʃ] *oft humor.* Schuft *m*, Wicht *m*; *a.* ***poor*** ~ armer Teufel; **'~·ed** elend; (tod)unglücklich; scheußlich (*Kopfschmerzen, Wetter*); verdammt, -flixt

wrig·gle ['rɪgl] *v/i.* sich winden; zappeln; ~ ***out of*** *fig.* F sich herauswinden aus; F sich drücken vor (*dat.*); *v/t.* mit *den Zehen* wackeln

wring [rɪŋ] (***wrung***) *j-m die Hand* drücken; *die Hände* ringen; *den Hals* umdrehen; ~ ***out*** *Wäsche etc.* auswringen; ~ ***s.o.'s heart*** j-m zu Herzen gehen

wrin·kle ['rɪŋkl] **1.** Falte *f*, Runzel *f*; **2.** runzeln; *Nase* kraus ziehen, rümpfen; faltig *od.* runz(e)lig werden

wrist [rɪst] Handgelenk *n*; **'~·band** Bündchen *n*, (Hemd)Manschette *f*; Armband *n*; **'~·watch** Armbanduhr *f*

writ *jur.* [rɪt] Befehl *m*, Verfügung *f*

write [raɪt] (***wrote, written***) schreiben; ~ ***down*** auf-, niederschreiben; ~ ***off*** *j-n, econ. et.* abschreiben; ~ ***out*** *Namen etc.* ausschreiben; *Bericht etc.* ausarbeiten;

j-m e-e Quittung etc. ausstellen; '**~ pro·tec·tion** *Computer*: Schreibschutz *m*; '**writ·er** Schreiber(in), Verfasser(in), Autor(in); Schriftsteller(in)

writhe [raɪð] sich krümmen *od.* winden (***in, with*** vor *dat.*)

writ·ing ['raɪtɪŋ] Schreiben *n* (*Tätigkeit*); (Hand)Schrift *f*; Schriftstück *n*; Schreib...; ***in ~*** schriftlich; **~*s*** *pl.* Werke *pl.*; '**~ case** Schreibmappe *f*; '**~ desk** Schreibtisch *m*; '**~ pad** Schreibblock *m*; '**~ pa·per** Brief-, Schreibpapier *n*

writ·ten ['rɪtn] **1.** *p.p. von* ***write***; **2.** *adj.* schriftlich

wrong [rɒŋ] **1.** *adj.* falsch; unrecht; ***be ~*** falsch sein, nicht stimmen; Unrecht haben; falsch gehen (*Uhr*); ***be on the ~ side of forty*** über 40 (Jahre alt) sein; ***is anything ~?*** ist et. nicht in Ordnung?; ***what's ~ with her?*** was ist los mit ihr?, was hat sie?; **2.** *adv.* falsch; ***get ~ j-n, et.*** falsch verstehen; ***go ~*** e-n Fehler machen; kaputtgehen; *fig.* schief gehen; **3.** Unrecht *n*; ***be in the ~*** im Unrecht sein; **4.** *j-m* unrecht tun; **~'do·er** Missetäter(in); **~'do·ing** Missetat(en *pl.*) *f*; Vergehen *n od. pl.*; '**~·ful** ungerechtfertigt; gesetzwidrig; **~-way 'driv·er** *mot.* F Geisterfahrer(in)

wrote [rəʊt] *pret. von* ***write***

wrought| **'i·ron** Schmiedeeisen *n*; **~-'i·ron** schmiedeeisern

wrung [rʌŋ] *pret. u. p.p. von* ***wring***

wry [raɪ] (***-ier, -iest***) süßsauer (*Lächeln*); ironisch, sarkastisch (*Humor etc.*)

wt *nur geschr. Abk. für* **weight** Gew., Gewicht *n*

WTO [dʌblju: ti: 'əʊ] *Abk. für* ***World Trade Organization*** Welthandelsorganisation *f*

WWF [dʌblju: dʌblju: 'ef] *Abk. für* ***World Wide Fund for Nature*** WWF *m* (*internationale Umweltstiftung*)

wwoofer ['wu:fə] *Abk. für* ***willing workers on organic farms*** *etwa*: freiwillige Helfer auf Höfen mit ökologischem Anbau

WYSIWYG ['wɪzɪwɪg] *Abk. für* ***what you see is what you get*** *Computer*: was du (*auf dem Bildschirm*) siehst, bekommst du (*auch ausgedruckt*)

X

X, x [eks] X, x *n*

xen·o·pho·bi·a [zenə'fəʊbjə] Fremdenhass *m*; Ausländerfeindlichkeit *f*

XL [eks 'el] *Abk. für* ***extra large*** (***size***) extragroß

X·mas F ['krɪsməs, 'eksməs] → ***Christmas***

X-ray ['eksreɪ] **1.** röntgen; **2.** Röntgenstrahl *m*; Röntgenaufnahme *f*, -bild *n*; Röntgenuntersuchung *f*

xy·lo·phone *mus.* ['zaɪləfəʊn] Xylophon *n*

Y

Y, y [waɪ] Y, y *n*

yacht *naut.* [jɒt] **1.** *Sport*: (Segel)Boot *n*; Jacht *f*; **2.** segeln; ***go ~ing*** segeln gehen; '**~ club** Segel-, Jachtklub *m*; '**~·ing** Segeln *n*, Segelsport *m*

Yan·kee F ['jæŋkɪ] Yankee *m*, Ami *m*

yap [jæp] (***-pp-***) kläffen; F quasseln

yard[1] [jɑ:d] (*Abk.* ***yd***) Yard *n* (*91,44 cm*)

Z

yard² [jɑːd] Hof *m*; (*Bau-*, *Stapel-etc.*)Platz *m*; *Am.* Garten *m*
'yard·stick *fig.* Maßstab *m*
yarn [jɑːn] Garn *n*; ***spin s.o. a ~ about*** j-m e-e abenteuerliche Geschichte *od.* e-e Lügengeschichte erzählen von
yawn [jɔːn] **1.** gähnen; **2.** Gähnen *n*
yd *nur geschr. Abk. für* **yard(s** *pl.*) Yard(s *pl.*) *n*
yeah F [jeə] ja
year [jɪə, jɜː] Jahr *n*; ***all the ~ round*** das ganze Jahr hindurch; ***~ after ~*** Jahr für Jahr; ***~ in ~ out*** jahraus, jahrein; ***this ~*** dieses Jahr, heuer; ***this ~'s*** diesjährige(r, -s); **'~·ly** jährlich
yearn [jɜːn] sich sehnen (***for*** nach; ***to do*** danach, zu tun); **'~·ing 1.** Sehnsucht *f*; **2.** sehnsüchtig
yeast [jiːst] Hefe *f*
yell [jel] **1.** schreien, brüllen (***with*** vor *dat.*); ***~ at s.o.*** j-n anschreien *od.* anbrüllen; ~ (***out***) *et.* schreien, brüllen; **2.** Schrei *m*
yel·low ['jeləʊ] **1.** gelb; F feig; **2.** Gelb *n*; ***at ~*** *Am. mot.* bei Gelb (*Ampel*); **3.** (sich) gelb färben; gelb werden; vergilben; **~ 'fe·ver** *med.* Gelbfieber *n*; **'~·ish** gelblich; ♀ **'Pag·es®** *pl. tel. die* Gelben Seiten *pl.*, Branchenverzeichnis *n*; **~ 'press** Sensationspresse *f*
yelp [jelp] **1.** (auf)jaulen (*Hund etc.*); aufschreien; **2.** (Auf)Jaulen *n*; Aufschrei *m*
yes [jes] **1.** ja; doch; **2.** Ja *n*
yes·ter·day ['jestədɪ] gestern; ***~ afternoon/morning*** gestern Nachmittag/Morgen; ***the day before ~*** vorgestern
yet [jet] **1.** *adv. fragend*: schon; noch; (doch) noch; doch, aber; ***as ~*** bis jetzt, bisher; ***not ~*** noch nicht; **2.** *cj.* aber, doch
yew *bot.* [juː] Eibe *f*
yield [jiːld] **1.** *v/t.* Früchte tragen, *Gewinn* abwerfen, *Resultat etc.* ergeben, liefern; *v/i.* nachgeben; ***~ to*** *Am. mot.* *j-m* die Vorfahrt lassen; **2.** Ertrag *m*
yip·pee *int.* F [jɪ'piː] hurra!
YMCA [waɪ em siː 'eɪ] *Abk. für* ***Young Men's Christian Association*** *etwa* CVJM, Christlicher Verein junger Menschen
yo·del ['jəʊdl] **1.** (*bsd. Brt.* **-ll-**, *Am.* **-l-**) jodeln; **2.** Jodler *m*
yo·ga ['jəʊgə] Joga *m*, *n*, Yoga *m*, *n*
yog·h(o)urt, yog·urt ['jɒgət] Jog(h)urt *m*, *n*
yoke [jəʊk] Joch *n* (*a. fig.*)
yolk [jəʊk] (Ei)Dotter *m*, *n*, Eigelb *n*
you [juː, jʊ] du, ihr, Sie; (*dat.*) dir, euch, Ihnen; (*acc.*) dich, euch, Sie; man
young [jʌŋ] **1.** jung; **2.** *zo.* Junge *pl.*; ***with ~*** trächtig; ***the ~*** die jungen Leute *pl.*, die Jugend; **~·ster** ['jʌŋstə] Junge *m*
your [jɔː] dein(e); *pl.* euer, eure; Ihr(e) (*a. pl.*); **~s** [jɔːz] deine(r, -s); *pl.* euer, eure(s); Ihre(r, -s) (*a. pl.*); ***a friend of ~*** ein Freund von dir; ♀, ***Bill*** Dein Bill (*Briefschluss*); **~·self** [jɔː'self] (*pl.* ***yourselves*** [jɔː'selvz]) selbst; dir, dich, sich; ***by ~*** allein
youth [juːθ] (*pl.* **~s** [juːðz]) Jugend *f*; Jugendliche(r) *m*; **'~ club** Jugendklub *m*; **'~·ful** jugendlich; **'~ hos·tel** Jugendherberge *f*
yuck·y F *contp.* ['jʌkɪ] (***-ier, -iest***) scheußlich
Yu·go·slav [juːgəʊ'slɑːv] **1.** jugoslawisch; **2.** Jugoslaw|e *m*, -in *f*; **Yu·go·sla·vi·a** [juːgəʊ'slɑːvjə] Jugoslawien *n*
yule·tide *bsd. poet.* ['juːltaɪd] Weihnachten *n*, Weihnachtszeit *f*
yup·pie, yup·py ['jʌpɪ] *aus der Abk. für* ***young upwardly-mobile*** *od.* ***urban professional*** junger, aufstrebender *od.* städtischer Karrieremensch, Yuppie *m*
YWCA [waɪ dʌbljuː siː 'eɪ] *Abk. für* ***Young Women's Christian Association*** *etwa* CVJM, Christlicher Verein junger Menschen

Z

Z, z [zed, *Am.* ziː] Z, z *n*

zap F [zæp] (***-pp-***) *bsd. Computer-, Videospiel*: abknallen, fertigmachen; (*Wagen*) beschleunigen (***from ... to*** von ... auf *acc.*); jagen, hetzen; *TV Fernbedienung* bedienen; *TV* zappen, umschalten; **~ *off*** abzischen; **~ *to*** düsen *od.* jagen *od.* hetzen nach; **'~·per** *Am.* F *TV* Fernbedienung *f*

zap·py ['zæpɪ] (***-ier, -iest***) voller Pep, schmissig, fetzig

zeal [ziːl] Eifer *m*; **~·ot** ['zelət] Fanatiker(in), Eifer|er *m*, -in *f*; **~·ous** ['zeləs] eifrig; ***be ~ to do*** eifrig darum bemüht sein, zu tun

ze·bra *zo.* ['zebrə, 'ziːbrə] (*pl.* ***-bra, -bras***) Zebra *n*; **~ 'cross·ing** *Brt.* Zebrastreifen *m* (*Fußgängerübergang*)

zen·ith ['zenɪθ] Zenit *m* (*a. fig.*)

ze·ro ['zɪərəʊ] (*pl.* ***-ros, -roes***) Null *f* (*Am. a. tel.*); Nullpunkt *m*; Null...; ***20 degrees below ~*** 20 Grad unter Null; **~ 'growth** Nullwachstum *n*; **~ 'in·terest: *have ~ in s.th.*** F null Bock auf et. haben; **~ 'op·tion** *pol.* Nulllösung *f*

zest [zest] *fig.* Würze *f*; Begeisterung *f*; **~ *for life*** Lebensfreude *f*

zig·zag ['zɪgzæg] **1.** Zickzack *m*; Zickzack...; **2.** (***-gg-***) im Zickzack fahren, laufen *etc.*, zickzackförmig verlaufen (*Weg etc.*)

zinc *chem.* [zɪŋk] Zink *n*

zip[1] [zɪp] **1.** Reißverschluss *m*; **2.** (***-pp-***): **~ *the bag open/shut*** den Reißverschluss der Tasche aufmachen/zumachen; **~ *s.o. up*** j-m den Reißverschluss zumachen

zip[2] [zɪp] **1.** Zischen *n*, Schwirren *n*; F Schwung *m*; **2.** zischen, schwirren (*Kugeln etc.*); **~ *by*, ~ *past*** vorbeiflitzen

'zip| code *Am.* Postleitzahl *f*; **~ 'fas·ten·er** *bsd. Brt.*, **'~·per** *bsd. Am.* Reißverschluss *m*

zo·di·ac *astr.* ['zəʊdɪæk] Tierkreis *m*; ***signs*** *pl.* ***of the ~*** Tierkreiszeichen *pl.*

zone [zəʊn] Zone *f*

zoo [zuː] (*pl.* ***zoos***) Zoo *m*, Tierpark *m*

zo·o·log·i·cal [zəʊə'lɒdʒɪkl] zoologisch; **~ gar·dens** [zʊlɒdʒɪkl 'gɑːdnz] Tierpark *m*, zoologischer Garten

zo·ol·o|·gist [zəʊ'ɒlədʒɪst] Zoolog|e *m*, -in *f*; **~·gy** [zəʊ'ɒlədʒɪ] Zoologie *f*

zoom [zuːm] **1.** surren; F sausen; F in die Höhe schnellen (*Preise*); *phot.* zoomen; **~ *by*, ~ *past*** F vorbeisausen; **~ *in on*** *phot. et.* heranholen; **2.** Surren *n*; *a.* **~ *lens*** *phot.* Zoom(objektiv) *n*

Deutsch-Englisches Wörterverzeichnis

A

à *prp.*: ***5 Karten ~ DM 20*** 5 tickets at 20 marks each *od.* a piece

Aal *zo. m* eel; **Ձen** *v/refl.*: ***sich in der Sonne ~*** bask in the sun; **Ձglatt** *adj.* (as) slippery as an eel

Aas *n coll.* carrion; *fig.* beast, V bastard; **~geier** *zo. m* vulture (*a. fig.*)

ab *prp. u. adv.*: ***München ~ 13.55*** departure from Munich (at) 13.55; ***~ 7 Uhr*** from 7 o'clock (on); ***~ morgen*** (**1. März**) starting tomorrow (March 1st); ***von jetzt ~*** from now on; ***~ und zu*** now and then; ***ein Film ~ 18*** an X(-rated) film; *ein Knopf etc.* ***ist ~*** has come off

abarbeiten *v/t. Schuld*: work out *od.* off; ***sich ~*** wear* o.s. out

Abart *f* variety; **Ձig** *adj.* abnormal

Abb. *Abk. für* ***Abbildung*** fig., illustration

Abbau *m Bergbau*: mining; *fig. Vorurteile etc.*: overcoming; *Maschinen etc.*: dismantling; *Personal, Preise etc.*: reduction; **Ձen** *v/t. Bergbau*: mine; *Vorurteile etc.*: overcome*; *Maschinen etc.*: dismantle; *Personal, Preise etc.*: reduce; ***sich ~*** *biol.* break* down

ab|beißen *v/t.* bite* off; **~beizen** *v/t. Farbe etc.*: remove with corrosives; **~bekommen** *v/t. losbekommen*: get* off; ***s-n Teil*** *od.* ***et. ~*** get* one's share; ***et. ~*** *fig.* get* hurt *od.* damaged

abberuf|en *v/t.*, **Ձung** *f* recall

ab|bestellen *v/t. Zeitung* (*Waren*): cancel one's subscription (order) for; **Ձbestellung** *f* cancellation; **~biegen** *v/i.* turn (off); ***nach rechts*** (***links***) ***~*** turn right (left)

abbild|en *v/t.* show*, depict; **Ձung** *f* picture, illustration

Abbitte *f*: ***j-m ~ leisten wegen*** apologize to s.o. for

ab|blasen F *v/t. Vorhaben etc.*: call off, cancel; **~blättern** *v/i. Farbe etc.*: flake off; **~blenden 1.** *v/t.* dim; **2.** *v/i. mot.* dip (*Am.* dim) the headlights; **Ձblendlicht** *mot. n* dipped (*Am.* dimmed) headlights *pl.*, low beam; **~brechen** *v/t.* break* off (*a. fig.*); *Gebäude etc.*: pull down, demolish; *Zelt, Lager*: strike*; **~bremsen** *v/t.* slow down; **~brennen** *v/t. Gebäude etc.*: burn* down; *Feuerwerk*: let* *od.* set* off; **~bringen** *v/t.*: ***j-n von e-r Sache ~*** talk s.o. out of (doing) s.th.; ***j-n vom Thema ~*** get* s.o. off a subject; **~bröckeln** *v/i.* crumble away (*a. fig.*)

Abbruch *m* breaking off; *Gebäude etc.*: demolition; **Ձreif** *adj.* derelict, due for demolition

abbuch|en *econ. v/t.* debit (**von** to); **Ձung** *econ. f* debit

abbürsten *v/t. Staub etc.*: brush off; *Mantel etc.*: brush

Abc *n* ABC, alphabet; **~schütze** F *m* school beginner, *Am.* first grader; **~-Waffen** *mil. pl.* nuclear, biological and chemical weapons

abdank|en *v/i.* resign; *Herrscher*: abdicate; **Ձung** *f* resignation; abdication

ab|decken *v/t.* uncover; *Dach*: untile; *Gebäude*: unroof; *Tisch*: clear; *zudecken*: cover (up); **~dichten** *v/t.* make* tight, insulate; **~drängen** *v/t.* push aside; **~drehen 1.** *v/t. Gas, Licht etc.*: turn *od.* switch off; **2.** *naut., aviat. v/i.* change one's course

Abdruck *m* print, mark; **Ձen** *v/t.* print

abdrücken *v/i. Gewehr etc.*: fire, pull the trigger

Abend *m* evening; ***am ~*** in the evening, at night; ***heute ~*** tonight; ***morgen*** (***gestern***) ***~*** tomorrow (last) night; → ***bunt, essen***; **~brot** *n*, **~essen** *n* supper, dinner, *Brt. a.* high tea; **~kasse** *thea. f* box office; **~kleid** *n* evening dress *od.* gown; **~kurs** *m* evening classes *pl.*; **~land** *n* West, Occident; **Ձländisch** *adj.* Western, Occidental; **~mahl** *rel. n the* (Holy) Communion, *the* Lord's Supper; ***das ~ empfangen*** receive Communion; **~rot** *n* evening *od.* sunset glow

abends *adv.* in the evening, at night; ***dienstags ~*** (on) Tuesday evenings

Abendschule *f* evening classes *pl.*, night school
Abenteu|er *n* adventure (*a. in Zssgn Ferien, Spielplatz*); **&erlich** *adj.* adventurous; *fig.* risky; *unwahrscheinlich*: fantastic; **~rer** *m* adventurer; **~rerin** *f* adventuress
aber *cj. u. adv.* but; **oder ~** or else; **~, ~!** now then!; **~ nein!** not at all!
Aber|glaube *m* superstition; **&gläubisch** *adj.* superstitious
aberkenn|en *v/t.*: **j-m et. ~** deprive s.o. of s.th. (*a. jur.*); **&ung** *f* deprivation (*a. jur.*)
aber|malig *adj.* repeated; **~mals** *adv.* once more *od.* again; **~tausend: tausende und ~e** thousands upon thousands
abfahren 1. *v/i.* leave*; *förmlicher*: start, depart (*alle*: **nach** for); F: (**voll**) **~ auf** really go* for; **2.** *v/t. Schutt etc.*: carry *od.* cart away
Abfahrt *f* departure (**nach** for), start (for); *Ski*: descent; **~slauf** *m* downhill skiing; *Rennen*: downhill race; **~szeit** *f* (time of) departure
Abfall *m* waste, refuse, rubbish, *Am. a.* garbage, trash; → *a.* **Müll**; **~beseitigung** *f* waste disposal; **~eimer** *m* → **Mülleimer**; **&en** *v/i.*: fall* (off); *Gelände*: slope (down); *fig. sich abwenden*: fall* away (**von** from); *bsd. pol.* secede (from); **vom Glauben ~** renounce one's faith; **~ gegen** compare badly with
abfällig 1. *adj. Bemerkung etc.*: derogatory; **2.** *adv.*: **~ von j-m sprechen** run* s.o. down
Abfallprodukt *n* waste product
abfälschen *v/t.* deflect (*a. Ball*)
ab|fangen *v/t.* catch*, intercept; *mot., aviat.* right; **&fangjäger** *mil., aviat. m* interceptor (plane); **~färben** *v/i. Farbe etc.*: run*; *Stoff*: *a.* bleed*; *fig.* **~ auf** rub off on
abfassen *v/t.* compose, word, write*
abfertig|en *v/t. Ware etc.*: dispatch; *Zoll*: clear; *Kunden*: serve; *Flug-, Hotelgast*: check in; **j-n kurz ~** be* short with s.o.; **&ung** *f* dispatch; clearance; check-in
abfeuern *v/t.* fire (off); *Rakete*: launch
abfind|en *v/t. Gläubiger*: pay* off; *Teilhaber*: buy* out; *entschädigen*: compensate; **sich mit et. ~** put* up with s.th.; **&ung** *f* satisfaction; compensation (*a.* **~ssumme**)
ab|flachen *v/t. u. v/refl.* flatten; **~flauen** *v/i. Wind etc.*: drop (*a. fig.*); **~fliegen** *aviat. v/i.* leave*, depart; → **starten**; **~fließen** *v/i.* flow off, drain (off *od.* away)
Abflug *aviat. m* departure; → **Start**
Abfluss *m* flowing off; *tech.* drain; **~rohr** *n* wastepipe, drain(pipe)
abfragen *v/t. Schule*: quiz *od.* question *s.o.* (**über** about), test *s.o.* orally
Abfuhr *f* removal; *fig.* **j-m e-e ~ erteilen** rebuff (F *besiegen*: lick) s.o.
abführ|en *v/t.* lead* *od.* take* away; *Geld*: pay* (over) (**an** to); **~end** *med. adj.*, **&mittel** *med. n* laxative
abfüllen *v/t.*: *in Flaschen*: bottle; *in Dosen*: can
Abgabe *f einer Arbeit*: handing in; *Sport*: pass; *Gebühr*: rate; *Zoll*: duty; **&nfrei** *adj.* tax-free; **&npflichtig** *adj. Ware*: dutiable
Ab|gang *m* school-leaving, *Am.* graduation; *thea.* exit (*a. fig.*); *Reck etc.*: dismount; **~gänger(in)** school leaver, *Am.* graduate; **~gangszeugnis** *n* → **Abschlusszeugnis**
Abgas *n* waste gas; **~e** *pl.* emission(s *pl.*); *mot.* exhaust fumes *pl.*; **&frei** *adj.* emission-free; **~untersuchung** *mot. f* exhaust emission test, *Am.* emissions test
abgearbeitet *adj.* worn out
abgeben *v/t. Schlüssel etc.*: leave* (**bei** with); *Prüfungsarbeit etc.*: hand in; *Gepäck*: deposit, leave*; *Geld, Fahrkarte etc.*: hand over (**an** to); *Stimme*: cast*; *Ball*: pass; *Wärme etc.*: give* off, emit; *Angebot, Erklärung*: make*; **j-m et. ~ von et.** share s.th. with s.o.; **sich ~ mit** concern o.s. (*mit j-m*: associate) with
abge|brannt F *fig. adj.* broke; **~brüht** *fig. adj.* hard-boiled; **~droschen** *adj.* hackneyed; **~fahren** *mot. adj. Reifen*: worn out; **~griffen** *adj.* worn; **~hackt** *fig. adj.* disjointed; **~hangen** *adj.*: **gut ~es Fleisch** well-hung meat; **~härtet** *adj.* hardened (**gegen** to)
abgehen *v/i. Zug etc.*: leave*; *Post, Ware*: get* off; *thea.* go* off (stage); *Knopf etc.*: come* off; *Weg etc.*: branch off; **von der Schule ~** leave* school; **~ von** *e-m Plan etc.*: drop; **von**

s-r Meinung ~ change one's mind *od.* opinion; ***ihm geht ... ab*** he lacks ...; ***gut*** ~ end well, pass off well

abge|hetzt, ~kämpft *adj.* exhausted, worn out; **~kartet** F *adj.*: ***~e Sache*** put-up job; **~legen** *adj.* remote, distant; **~macht** *adj.*fixed; *~!* it's a deal!; **~magert** *adj.* emaciated; **~neigt** *adj.*: ***e-r Sache ~ sein*** be* averse to s.th.; ***ich wäre e-r Sache*** (***et. zu tun***) ***nicht*** ~ I wouldn't mind (doing) s.th.; **~nutzt** *adj.* worn out

Abgeordnete(r) *parl. Brt.* Member of Parliament (*Abk.* MP); *Am.* representative, congress|man (-woman); **~nhaus** *parl. n Brt.* House of Commons, *Am.* House of Representatives

abgepackt *adj.* prepack(ag)ed

abgeschieden *adj.* secluded; *Leben*: solitary; **ᘔheit** *f* seclusion

abgeschlossen *adj.* completed; ***~e Wohnung*** self-contained flat, *Am.* apartment

abgesehen *adj.*: ~ ***von*** apart from, *Am. a.* aside from; ***ganz ~ von*** not to mention, let alone

abge|spannt *fig. adj.* exhausted, weary; **~standen** *adj.* stale; **~storben** *adj. Baum etc.*: dead; *gefühllos*: numb; *gänzlich*: dead; **~stumpft** *fig. adj.* insensitive, indifferent (***gegen*** to); **~tragen, ~wetzt** *adj.* worn-out; threadbare, shabby

abgewöhnen *v/t.*: ***j-m et.*** ~ make* s.o. give* up s.th.; ***sich das Rauchen*** ~ stop *od.* give* up smoking; ***das werde ich dir ~!*** I'll cure you of that!

Abgott *m* idol (*a. fig.*)

abgöttisch *adv.*: ***j-n ~ lieben*** idolize s.o.

ab|grasen *v/t.* graze; *fig.* scour; **~grenzen** *v/t.* mark off; delimit (***gegen*** from)

Abgrund *m* abyss, chasm, gulf (*alle a. fig.*); ***am Rande des ~s*** *fig.* on the brink of disaster; **ᘔtief** *adj.* abysmal

abgucken F *v/t.*: ***j-m et.*** ~ learn* s.th. from (watching) s.o.; *Schule*: → ***abschreiben***

Abguss *m* cast; *Nachguss*: recast

ab|haben F *v/t.*: ***et.*** ~ have* some; **~hacken** *v/t.* chop *od.* cut* off; **~haken** *v/t.* tick (*Am.* check) off; F forget*; **~halten** *v/t. Versammlung, Prüfung etc.*: hold*; ***j-n von der Arbeit*** ~ keep* s.o. from his work; ***j-n davon ~, et. zu tun*** keep* s.o. from doing s.th.; **~handeln** *v/t.*: ***j-m et.*** ~ make* a deal with s.o. for s.th.

Abhandlung *f* treatise (***über*** on)

Abhang *m* slope; *steil*: precipice

abhängen 1. *v/t. Bild etc.*: take* down; *rail. etc.* uncouple; *Fleisch*: hang*; F *j-n*: shake* off; **2.** *v/i.*: ~ ***von*** depend on; ***das hängt davon ab*** that depends

abhängig *adj.*: ~ ***von*** dependent on; *Drogen a.*: addicted to; **ᘔkeit** *f* dependence (***von*** on); addiction (to)

ab|härten *v/t.*: ***sich*** ~ harden o.s. (***gegen*** to); **~hauen 1.** *v/t.* cut* *od.* chop off; **2.** F *v/i.* make* off (***mit*** with), run* away (with); ***hau ab!*** *sl.* beat it!, scram!; **~heben 1.** *v/t.* lift *od.* take* off; *tel. Hörer*: pick up; *Geld*: (with)draw*; *Karten*: cut*; ***sich*** ~ stand* out (***von*** among, from); *fig. a.* contrast with; **2.** *v/i. Karten*: cut*; *tel.* answer the phone; *aviat.* take*(*bsd. Rakete*: lift) off; **~heften** *v/t.* file; **~heilen** *v/i.* heal (up); **~hetzen** *v/refl.* wear* o.s. out

Abhilfe *f* remedy; ~ ***schaffen*** take* remedial measures

Abholdienst *m* pickup service

ab|holen *v/t.* pick up, collect; ***j-n von der Bahn*** ~ meet* s.o. at the station; **~holzen** *v/t. Bäume*: fell, cut* down; *Wald*: deforest; **~horchen** *med. v/t.* auscultate, sound

abhör|en *v/t. Telefongespräch*: listen in on, tap; *mit Mikrofon ~*: F bug; *Schüler*: → ***abfragen***; **ᘔgerät** *n* F bug(ging device)

Abitur *n* school-leaving examination (qualifying for university entrance)

ab|jagen *v/t.*: ***j-m et.*** ~ recover s.th. from s.o.; **~kanzeln** F *v/t.* tell* *s.o.* off; **~kaufen** *v/t.*: ***j-m et.*** ~ buy* s.th. (*a. fig. Geschichte*) from s.o.

Abkehr *fig. f* break (***von*** with); **ᘔen** *v/refl.*: ***sich ~ von*** turn away from

ab|klingen *v/i.* fade away; *Schmerz etc.*: ease off; **~klopfen** *med. v/t.* sound; **~knallen** F *v/t.* pick off; **~knicken** *v/t.* snap *od.* break* off; *verbiegen*: bend*; **~kochen** *v/t.* boil; **~kommandieren** *mil. v/t.* detach (***zu*** for)

Abkommen *n* agreement, treaty; ***ein ~ schließen*** make* an agreement

abkommen *v/i.*: ~ ***von*** get* off; *Plan etc.*: drop; ***vom Thema*** ~ stray from the point; → ***Weg***
Abkömmling *m* descendant
ab|koppeln *v/t.* uncouple (***von*** from); *Raumfahrt*: undock; **~kratzen 1.** *v/t.* scrape off; **2.** F *v/i. sterben*: kick the bucket; **~kühlen** *v/t. u. v/refl.* cool down (*a. fig.*); **℞kühlung** *f* cooling
Abkunft *f*: ***deutscher*** *etc.* ~ of German *etc.* descent *od.* origin
abkuppeln *v/t.* → ***abkoppeln***
abkürz|en *v/t.* shorten; *Wort etc.*: abbreviate; ***den Weg*** ~ take* a short cut; **℞ung** *f* abbreviation; short cut
abladen *v/t.* unload; *Müll etc.*: dump
Ablage *f Bord etc.*: shelf; *von Akten*: filing; *für Kleider*: cloakroom; *Schweiz*: → ***Zweigstelle***
ab|lagern 1. *v/t. Holz*: season; *Wein*: let* age; *geol. etc.* deposit; ***sich*** ~ settle, be* deposited; **2.** *v/i.* season; age; **℞lagerung** *chem., geol. f* deposit, sediment; **~lassen 1.** *v/t. Flüssigkeit*: drain off; *Dampf*: let* off (*a. fig.*); *Teich etc.*: drain; **2.** *v/i.*: ***von et.*** ~ stop doing s.th.
Ablauf *m Verlauf*: *etc.*: course, *bsd. Arbeits℞ etc.*: process; *Programm℞*: order of events; *Frist etc.*: expiration; → ***Abfluss***; **℞en 1.** *v/i. Wasser etc.*: run* off; *Vorgang etc.*: go*, proceed; *enden*: come* to an end; *Frist, Pass*: expire; *Zeit, Platte, Band*: run* out; *Uhr*: run* down; ***gut*** ~ turn out well; **2.** *v/t. Schuhe*: wear* down
ab|lecken *v/t.* lick (off); **~legen 1.** *v/t. Kleidung*: take* off; *Akten etc.*: file; *Gewohnheit etc.*: give* up; *Eid, Prüfung*: take*; ***abgelegte Kleider*** cast-offs *pl.*; **2.** *v/i.* take* off one's (hat and) coat; *naut.* put* out, sail
Ableger *bot. m* layer; offshoot (*a. fig.*)
ablehn|en *v/t.* refuse; *Antrag etc.*: turn down; *parl.* reject; *mißbilligen*: object to, reject; *stärker*: condemn; **~end** *adj.* negative; **℞ung** *f* refusal; rejection; objection (*gen.* to)
ableit|en *v/t. Fluss etc.*: divert; *gr., math.* derive (***aus***, ***von*** from) (*a. fig.*); **℞ung** *f* diversion; *gr., math.* derivation
ab|lenken *v/t. Verdacht, Gedanken, Fluss, Ball etc.*: divert (***von*** from); *Torschuss*: turn away; *Strahlen etc.*: deflect; ***j-n von der Arbeit*** ~ distract s.o. from his work; ***er lässt sich leicht*** ~ he is easily diverted; **℞lenkung(smanöver** *n*) *f* diversion; **~lesen** *v/t.* read* (*a. Instrumente*); **~leugnen** *v/t.* deny
ablieferǀn *v/t.* deliver (***bei*** to, at); hand over (to); **℞ung** *f* delivery
ablösbar *adj.* detachable
ablös|en *v/t. entfernen*: detach; take* off; *j-n*: take* *s.o.'s* place, take over from; *bsd. mil. etc.*: relieve; *ersetzen*: replace; ***sich*** ~ *bei der Arbeit etc.*: take* turns; **℞esumme** *f Sport*: transfer fee; **℞ung** *f* relief
abmach|en *v/t.* remove, take* off; *vereinbaren*: settle, arrange; **℞ung** *f* arrangement, agreement, deal
abmager|n *v/i.* get* thin; **℞ung** *f* emaciation; **℞ungskur** *f* slimming diet
ab|mähen *v/t.* mow*; **~malen** *v/t.* copy
Abmarsch *m* start; *mil.* marching off; **℞ieren** *v/i.* start; *mil.* march off
abmeld|en *v/t. Auto, Radio etc.*: cancel the registration of; *vom Verein*: cancel s.o.'s membership; *von der Schule*: give* notice of s.o.'s withdrawal (from school); ***sich*** ~ *bei Behörde*: give* notice of change of address; *vom Dienst*: report off duty; *Hotel*; check out; **℞ung** *f* notice of withdrawal; notice of change of address
abmess|en *v/t.* measure; **℞ung** *f* measurement; **~*en*** *pl.* dimensions *pl.*
ab|montieren *v/t.* take* off (*Gerüst etc.*: down); *bsd. Werksanlagen*: dismantle; **~mühen** *v/refl.* work very hard; try hard (*to do s.th.*); **~nagen** *v/t.* gnaw (at)
Abnahme *f Rückgang*: decrease, reduction; *Verlust*: loss (*a. Gewicht*); *econ.* purchase; *tech.* acceptance
abnehm|bar *adj.* removable; **~en 1.** *v/t.* take* off (*a. med.*), remove; *tel. Hörer*: pick up; *tech. Maschine etc.*: accept; *econ.* buy*; ***j-m et.*** ~ *wegnehmen*: take* s.th. (away) from s.o.; **2.** *v/i.* decrease, diminish; lose* weight; *tel.* answer the phone; *Mond*: wane; **℞er** *econ. m* buyer; customer
Abneigung *f* dislike (***gegen*** of, for); *stärker*: aversion (***gegen*** to)
abnorm *adj.* abnormal; *außergewöhnlich*: exceptional, unusual; **℞ität** *f* abnormality, anomaly

ab|nutzen, ~nützen *v/t. u. v/refl.* wear* out; **2nutzung, 2nützung** *f* wear (and tear) (*a. fig.*)
Abonn|ement *n* subscription (***auf*** to); **~ent(in)** subscriber; *thea.* season-ticket holder; **2ieren** *v/t.* subscribe to
Abordnung *f* delegation
Abort *m* lavatory, toilet
ab|passen *v/t. j-n, Gelegenheit*: watch *od.* wait for; *j-n überfallen*: waylay* (*a. fig.*); **~pfeifen** *v/t. u. v/i. Sport*: blow* the final whistle; *unterbrechen*: stop the game; **~pflücken** *v/t.* pick, gather; **~plagen** *v/refl.* struggle (***mit*** with); **~prallen** *v/i.* rebound, bounce (off); *Geschoss, östr. Geschoß*: ricochet; **~putzen** *v/t.* : wipe off; clean; **~raten** *v/i.*: ~ ***von*** advise *od.* warn *s.o.* against; **~räumen** *v/t.* clear away; *Tisch*: clear; **~reagieren** *v/t. s-n Ärger etc.*: work off (***an*** on); ***sich*** ~ F let* off steam
abrechn|en 1. *v/t. abziehen*: deduct, subtract; *Spesen*: claim; **2.** *v/i.*: ***mit j-m*** ~ settle accounts (*fig. a.* get* even) with s.o.; **2ung** *f* settlement; F *fig.* showdown
abreib|en *v/t.* rub off; *Körper*: rub down; *Schuhe etc.*: polish; **2ung** *f* rubdown; F *fig.* beating
Abreise *f* departure (***nach*** for); **2n** *v/i.* depart, leave*, start, set* out (*alle*: ***nach*** for)
abreiß|en 1. *v/t.* tear* *od.* pull off; *Gebäude*: pull down; **2.** *v/i. Schnur etc.*: break*; *Knopf etc.*: come* off; **2kalender** *m* tear-off calendar
ab|richten *v/t.* train; *Pferd*: *a.* break* (in); **~riegeln** *v/t.* block (*durch Polizei*: *a.* cordon) off
Abriss *m* outline, summary
ab|rollen *v/i u. v/t.* unroll (*a. fig. Ereignisse etc.*); **~rücken 1.** *v/t.* move away (***von*** from); **2.** *v/i.* draw* away (***von*** from); *mil.* march off; F → ***abhauen*** 2
Abruf *m*: ***auf*** ~ *econ.* on call; **2en** *v/t.* call away; *Computer*: recall, fetch, retrieve
ab|runden *v/t.* round (off); **~rupfen** *v/t.* pluck (off)
abrupt *adj.* abrupt
abrüst|en *mil. v/i.* disarm; **2ung** *mil. f* disarmament
abrutschen *v/i. Erde etc.*: slide* down; *Fuß etc.*: slip (off) (***von*** from)
ABS *mot.* anti-lock braking system
Absage *f* refusal; cancellation; **2n 1.** *v/t. Veranstaltung etc.*: call off, cancel; **2.** *v/i.* call off; ***j-m*** ~ *a.* cancel one's appointment with s.o.; *Einladung a.* decline (the invitation)
ab|sägen *v/t.* saw* off; *fig.* oust, sack; **~sahnen** F *v/i.* cash in
Absatz *m Abschnitt*: paragraph; *econ.* sales *pl.*; *Schuh2*: heel; *Treppen2*: landing
abschaben *v/t.* scrape off
abschaff|en *v/t.* do* away with, abolish; *Gesetz*: repeal; *Missstände*: put* an end to; **2ung** *f* abolition; repeal
abschalten 1. *v/t.* switch *od.* turn off; **2.** F *v/i.* relax, switch off
abschätz|en *v/t.* estimate; *ermessen*: assess; *eintaxieren*: size up; **~ig** *adj.* contemptuous; *Bemerkung*: derogatory
Abschaum *m* scum (*a. fig.*)
Abscheu *m* disgust (***vor, gegen*** at, for); ***e-n ~ haben vor*** abhor, detest; ***~ erregend*** revolting, repulsive; **2lich** *adj.* abominable, despicable (*a. Person*); *Verbrechen*: *a.* atrocious; **~lichkeit** *f* *Untat*: atrocity
abschicken *v/t.* → ***absenden***
abschieben *fig. v/t.* push away; *loswerden*: get* rid of; *Ausländer*: deport; ~ ***auf*** shove *s.th.* off on (to) *s.o.*
Abschied *m* parting, farewell; ***~ nehmen*** (***von***) say* goodbye (to), take* leave (of); ***s-n ~ nehmen*** resign, retire; **~sfeier** *f* farewell party; **~skuss** *m* goodbye kiss
ab|schießen *v/t.* shoot* off (*aviat.* down); *Rakete*: launch; *Wild*: shoot*, kill; F *j-n*: pick off; *fig.* oust; get* rid of; **~schirmen** *v/t.* shield (***gegen*** from); *fig.* protect (***gegen*** against, from); **2schirmung** *f* shield, screen; protection; **~schlachten** *v/t.* slaughter (*a. fig.*)
Abschlag *m Sport*: kickout; *econ.* down payment; **2en** *v/t.* knock off; *Kopf*: cut* off; *Baum*: cut* down; *Bitte etc.*: refuse, turn *s.th.* down
abschleifen *v/t.* grind* off; *schmirgeln*: sand(paper), smooth
Abschlepp|dienst *mot. m* breakdown (*Am.* emergency road) service; **2en** *v/t.* (give *s.o.* a) tow; *durch Polizei*: tow

away; **~seil** *n* towrope; **~wagen** *m* breakdown lorry, *Am.* tow truck

abschließen 1. *v/t.* lock (up); *beenden*: close, finish; *vollenden*: complete; *Versicherung*: take* out; *Vertrag etc.*: conclude; ***e-n Handel ~*** strike* a bargain; ***sich ~*** shut* o.s. off; **2.** *v/i. enden*: close, finish; **~d 1.** *adj.* concluding; *endgültig*: final; **2.** *adv.*: ***~ sagte er*** he concluded by saying

Abschluss *m* conclusion, close; **~prüfung** *f* final examination, finals *pl.*, *bsd. Am. a.* graduation; ***s-e ~ machen*** graduate (***an*** from); **~zeugnis** *n* school-leaving certificate; *Am.* diploma

abschmecken *v/t. würzen*: season

ab|schmieren *tech. v/t.* lubricate, grease; **~schminken** *v/t.*: ***sich ~*** remove one's make-up; **~schnallen** *v/t.* undo*; *Skier*: take* off; ***sich ~*** *mot.*, *aviat.* unfasten one's seatbelt; **~schneiden 1.** *v/t.* cut* (off) (*a. fig.*); ***j-m das Wort ~*** cut* s.o. short; **2.** *v/i.*: ***gut ~*** come* off well

Abschnitt *m e-s Buches*: passage, section; *e-r Seite*: paragraph; *math.*, *biol.* segment; *Zeit*℞: period, stage, phase; *Kontroll*℞: coupon, slip, stub; **℞weise** *adv.* section by section

abschrauben *v/t.* unscrew

abschreck|en *v/t.* deter (***von*** from); *fig. Eier*: douse with cold water; **~end** *adj.* deterrent; ***~es Beispiel*** warning example; **~ung** *f* deterrence

abschreiben *v/t.* copy; *mogeln*: crib; *econ.*, F *fig.* write* off

Abschrift *f* copy, duplicate

abschürf|en *v/t.* graze; **℞ung** *f* abrasion

Abschuss *m e-r Rakete*: launch(ing); *aviat.* shooting down, downing; kill; **~basis** *mil. f* launching base

abschüssig *adj.* sloping; *steil*: steep

Abschuss|liste F *f*: ***auf der ~ stehen*** be* on the hit list; **~rampe** *f* launching pad

abschüssig *adj.* sloping; *steil*: steep

ab|schütteln *v/t.* shake* off; **~schwächen** *v/t.* lessen, diminish; **~schweifen** *fig. v/i.* digress (***von*** from); **~schweifung** *f* digression

Abschwung *m Turnen*: dismount

abseh|bar *adj.* foreseeable; ***in ~er*** (***auf ~e***) ***Zeit*** in the (for the) foreseeable future; **~en** *v/t.* foresee*; ***es ist kein Ende abzusehen*** there is no end in sight; ***es abgesehen haben auf*** be* after; ***~ von*** refrain from

abseilen *v/refl.* descend by a rope, *Brt. a.* abseil; F make a getaway

abseits *adv. u. prp. entfernt von*: away *od.* remote from; ***~ stehen*** *Fußball*: be* offside; *fig.* be* left out; **℞falle** *f Fußball*: offside trap

absend|en *v/t.* send* (off), dispatch; *post* post, *bsd. Am.* mail; **℞er** *post m* sender

absetz|bar *adj.*: ***steuerlich ~*** deductible from tax; **~en 1.** *v/t. Hut*, *Brille etc.*: take* off; *Last*: set* *od.* put* down; *Fahrgast*: drop; *entlassen*: dismiss; *thea.*, *Film*: take* off; *steuerlich*: deduct; *König*: depose; *econ.* sell*; ***sich ~ → ablagern***; **2.** *v/i.*: ***ohne abzusetzen*** without stopping; **℞ung** *f* dismissal; deposition; *thea.*, *Film*: withdrawal

Absicht *f* intention; ***mit ~*** on purpose; **℞lich 1.** *adj.* intentional; **2.** *adv.* on purpose

absitzen 1. *v/i.* dismount (***von*** from); **2.** *v/t. Strafe*: serve; F *Zeit*: sit* out

absolut *adj.* absolute

Absolv|ent(in) graduate; **℞ieren** *v/t. Schule*, *Kurs besuchen*: attend; *abschließen*: complete, graduate from

absonder|n *v/t.* separate; *med.*, *biol.* secrete; ***sich ~*** cut* o.s. off (***von*** from); **℞ung** *f* separation; *med.*, *biol.* secretion

absorbieren absorb (*a. fig.*)

ab|speichern *v/t. Computer*: store, save; **~spenstig** *adj.*: ***j-m die Freundin ~ machen*** steal* s.o.'s girlfriend

absperr|en *v/t.* lock; *Wasser etc.*: turn off; *Straße*: block off; *Polizei*: cordon off; **℞ung** *f* barrier; *Kette*: cordon; → ***Sperre***

ab|spielen *v/t.* play; *Sport*: pass; ***sich ~*** happen, take* place; **℞sprache** *f* agreement; **~sprechen** *v/t.* agree upon; arrange; ***j-m die Fähigkeit*** *etc.* ***~*** dispute s.o.'s ability *etc.*; **~springen** *v/i.* jump off; *aviat.* jump; *Notfall*: bail out; *fig.* back out (***von*** of)

Absprung *m* jump; *Sport*: take-off; *fig.* ***den ~ schaffen*** make* it

abspülen *v/t.* rinse; *Geschirr*: wash up

abstamm|en *v/i.* be descended

from); *chem., gr.* derive; **≈ung** *f* descent; derivation; **≈ungslehre** *f* theory of the origin of species
Abstand *m* distance (*a. fig.*); *zeitlich*: interval; ~ ***halten*** keep* one's distance; *fig.* ***mit*** ~ by far
ab|statten *v/t.*: ***j-m e-n Besuch*** ~ pay* a visit to s.o.; **~stauben** *v/t.* dust; F *fig.* sponge; swipe; **≈stauber(tor** *n*) *m* F opportunist goal
abstech|en 1. *v/t.* stick*; **2.** *v/i.* contrast (***von*** with); **≈er** *m* side-trip; excursion (*a. fig.*)
ab|stecken *v/t.* mark out; **~stehen** *v/i.* stick* out, protrude; → ***abgestanden***; **~steigen** *v/i.* get* off; *ins Tal*: climb down; *in e-m Hotel*: stay (***in*** at); *Sport*: be* relegated; *Am.* be* moved down to a lower division; **≈steiger** *m Sport*: *Brt.* relegated club; **~stellen** *v/t.* put* down; *bei j-m*: leave*; *Gas etc.*: turn off; *Auto*: park; *fig. Missstände etc.*: put* an end to; **~stellgleis** *n rail.* siding; ***aufs*** ~ ***schieben*** *fig.* push aside; **≈stellraum** *m* storeroom; **~stempeln** *v/t.* stamp; **~sterben** *v/i.* die off; *Glied*: go* numb; **~stieg** *m* descent; *fig.* decline; *Sport*: *Brt.* relegation
abstimm|en *v/i.* vote (***über*** on); **≈ung** *f* vote; *Radio*: tuning
Abstinenzler *m* teetotal(l)er
Abstoß *m Sport*: goal-kick; **≈en** *v/t.* repel; *med.* reject; *Boot*: push off; F *loswerden*: get* rid of; **≈end** *fig. adj.* repulsive
abstrakt *adj.* abstract
abstreiten *v/t.* deny
Abstrich *m med.* smear; **~e** *pl. econ.* cuts; *fig.* reservations
ab|stufen *v/t.* graduate; *Farben*: gradate; **~stumpfen 1.** *v/t.* blunt, dull (*a. fig.*); **2.** *fig. v/i.* become* unfeeling
Absturz *m* fall; *aviat., Computer*: crash
ab|stürzen *v/i.* fall*; *aviat., Computer*: crash; **~suchen** *v/t.* search (***nach*** for)
absurd *adj.* absurd, preposterous
Abszess *med. m* abscess
Abt *rel. m* abbot
ab|tasten *v/t.* feel* (for); *med.* palpate; *nach Waffen*: frisk; *tech., Computer*: scan; **~tauen** *v/t. Kühlschrank etc.*: defrost
Abtei *rel. f* abbey
Ab|teil *rail. n* compartment; **≈teilen** *v/t.* divide; *arch.* partition off; **~teilung** *f* department (*a. econ.*); *e-s Krankenhauses*: ward; *mil.* detachment; **~teilungsleiter** *m* head of (a) department; *im Kaufhaus*: shopwalker, *Am.* floorwalker
Äbtissin *rel. f* abbess
ab|töten *v/t. Bakterien, Nerv etc.*: kill; *fig. Schmerz, Gefühl*: deaden; **~tragen** *v/t. Kleidung*: wear* out; *Geschirr, Erde etc.*: clear away; *Schuld*: pay* off
Abtransport *m* transportation
abtreib|en 1. *v/i. med.* have* an abortion; *naut., aviat.* be* blown off course; **2.** *med. v/t.* abort; **≈ung** *med. f* abortion; ***e-e*** ~ ***vornehmen*** perform an abortion
abtrennen *v/t. Coupon etc.*: detach; *Fläche etc.*: separate; *med.* sever
abtret|en 1. *v/t. Absätze*: wear* down; *Füße*: wipe; *fig. Amt, Platz etc.*: give* up (***an*** to); **2.** *v/i. vom Amt etc.*: resign; *thea.* exit; **≈er** *m* doormat
abtrocknen 1. *v/t.* dry (***sich*** o.s. off); **2.** *v/i.* dry the dishes, *Brt. a.* dry up
abtrünnig *adj.* unfaithful, disloyal; **≈e(r)** renegade, turncoat
ab|tun *v/t. Vorschlag etc.*: dismiss (***als*** as); **~wägen** *v/t.* weigh (***gegen*** against); **~wählen** *v/t.* vote out; **~wälzen** *v/t.*: ~ ***auf*** shove *s.th.* off on (to) *s.o.*; **~wandeln** *v/t.* vary, modify; **~wandern** *v/i.* migrate (***von*** from; ***nach*** to); **≈wanderung** *f* migration
Ab|wandlung *f* modification, variation; **~wärme** *f* waste heat
Abwart *m Schweiz*: → ***Hausmeister***
abwarten 1. *v/t.* wait for, await; **2.** *v/i.* wait; ***warten wir ab!*** let's wait and see!; ***wart nur ab!*** just wait!
abwärts *adv.* down, downward(s)
Abwasch *m*: ***den*** ~ ***machen*** do the washing-up; **≈bar** *adj. Tapete etc.*: wipe-clean; **~en 1.** *v/t.* wash off; **2.** *v/i. Geschirr*: do* the dishes, *Brt. a.* wash up; **~wasser** *n* dishwater
Abwasser *n* waste water, sewage; **~aufbereitung** *f* sewage treatment
abwechseln *v/i.* alternate; ***sich mit j-m*** ~ take* turns (***bei et.*** at [doing] s.th.); **~d** *adv.* by turns
Abwechslung *f* change; ***zur*** ~ for a change; **≈sreich** *adj.* varied; *Programm etc.*: colo(u)rful

Abweg *m*: ***auf ~e geraten*** go* astray; **≈ig** *adj*. absurd, unrealistic
Abwehr *f* defen|ce, *Am*. -se (*a. Sport*); *e-s Stoßes etc.*: warding off; *e-s Balles*: save; **≈en** *v/t*. ward off; *zurückschlagen*: beat* off; *Sport*: block; **~fehler** *m* defensive error; **~kräfte** *med. pl*. resistance *sg*.; **~schwäche** *med. f*: ***Erworbene ~*** AIDS; **~spieler(in)** defender; **~stoffe** *med. pl*. antibodies *pl*.
abweichen *v/i*. deviate (***von*** from); *Thema*: digress; **≈ung** *f* deviation
abweisen *v/t*. turn away; *schroff*: rebuff; *Bitte etc*.: decline; *stärker*: turn down; **~d** *adj*. unfriendly
ab|wenden *v/t*. turn away (*a.* ***sich ~***) (***von*** from); *Unheil etc*.: avert; **~werfen** *v/t*. throw* off; *aviat*. drop; *Laub etc*.: shed*; *Gewinn*: yield
abwert|en *v/t*. *Währung*: devalue; **~end** *adj*. *Bemerkung etc*.: disparaging; **≈ung** *f* devaluation
abwesen|d *adj*. absent; **≈heit** *f* absence
ab|wickeln *v/t*. unwind*; *erledigen*: handle; *Geschäft*: transact; **~wiegen** *v/t*. weigh (out); **~wischen** *v/t*. wipe (off); **≈wurf** *m* dropping; *Fußball*: throw-out; **~würgen** F *v/t*. *mot*. stall; *Diskussion etc*.: stifle; **~zahlen** *v/t*. *monatlich etc*.: make* payments for; *vollständig*: pay* off; **~zählen** *v/t*. count
Abzahlung *f*: ***et. auf ~ kaufen*** buy* s.th. on hire purchase (*Am*. on the instalment plan)
abzapfen *v/t*. tap, draw* off
Abzeichen *n* badge; *Ehren≈*: medal
ab|zeichnen *v/t*. copy, draw*; *unterschreiben*: sign, initial; ***sich ~*** (begin* to) show*; *hervortreten*: stand* out (***gegen*** against); **~ziehbild** *n* transfer, *Am*. decal; **~ziehen 1.** *v/t*. take* off, remove; *math*. subtract; *Bett*: strip; *Schlüssel*: take* out; ***das Fell ~*** skin; **2.** *v/i*. go* away; *mil*. withdraw; *Rauch*: escape; *Gewitter*, *Wolken*: move off
Abzug *m econ*. deduction; *Skonto*: discount; *mil*. withdrawal; *Kopie*: copy; *phot*. print; *Waffe*: trigger; *tech*. vent, outlet; *Küche*: cooker hood
abzüglich *prp*. less, minus
abzweig|en 1. *v/t*. *Geld*: divert (***für*** to); **2.** *v/i*. *Weg etc*.: branch off; **≈ung** *f* *Straße etc*.: junction
ach *int*. oh!; ***~ je!*** oh dear!; ***~ so!*** I see; ***~ was!*** *überrascht*: really?; *ärgerlich*: of course not!; nonsense!
Achse *f tech*., *mot*. axle; *math. etc*.: axis; ***auf ~ sein*** be* on the move
Achsel *f* shoulder; ***die ~n zucken*** shrug one's shoulders; **~höhle** *f* armpit
acht *adj*. eight; ***heute in ~ Tagen*** a week from today, *bsd. Brt*. today week; (***heute***) ***vor ~ Tagen*** a week ago (today)
Acht *f*: ***~ geben*** be* careful; pay* attention (***auf*** to); *auf Kinder etc*.: take* care (***auf*** of); ***gib ~!*** look *od*. watch out!, be careful!; ***außer ~ lassen*** disregard; ***sich in ~ nehmen*** be* careful, look *od*. watch out (***vor*** for)
acht|e *adj*. eighth; **~eckig** *adj*. octagonal; **≈el** *n* eighth (part)
achten 1. *v/t*. respect; **2.** *v/i*.: ***~ auf*** pay* attention to; *im Auge behalten*: keep* an eye on; *Verkehr*: watch; *schonend behandeln*: be* careful with; ***darauf ~, dass*** see* to it that
ächten *v/t*. ban; *bsd. hist*. outlaw
Achter *m Rudern*: eight; **~bahn** *f* roller coaster
achtfach *adj. u. adv*. eightfold
achtgeben → ***Acht***
achtlos *adj*. careless, heedless
Achtung *f* respect (***vor*** for); ***~!*** look out!; *mil*. attention!; ***~! ~!*** attention please!; ***~! Fertig! Los!*** On your marks! Get set! Go!; ***~ Stufe!*** mind the step!, *Am*. caution: step!
achtzehn *adj*. eighteen; **~te** *adj*. eighteenth
achtzig *adj*. eighty; **≈erjahre: *die ~*** *pl* the eighties; **~ste** *adj*. eightieth
ächzen *v/i*. groan (***vor*** with)
Acker *m* field; **~bau** *m* agriculture; farming; ***~ und Viehzucht*** crop and stock farming; **~land** *n* farmland; **≈n** *fig. v/i*. F slog (away)
Adapter *tech*., *phys. m* adapter
addi|eren *v/t*. add (up); **≈tion** *f* addition, adding up
Adel *m* aristocracy; **≈n** *v/t*. ennoble (*a. fig*.); *Brt*. knight
Ader *anat. f* blood vessel, vein
adieu *int*. good-by(e)!, F see you (later)
Adjektiv *gr. n* adjective
Adler *zo. m* eagle; **~nase** *f* aquiline nose

adlig *adj.* noble; **2e(r)** noble|woman (-man)
Admiral *naut. m* admiral
adopt|ieren *v/t.* adopt; **2ivkind** *n* adopted child
Adressbuch *n* directory
Adress|e *f* address; **2ieren** *v/t.* address (***an*** to)
Advent *rel. m* Advent; Advent Sunday; **~szeit** *f* Christmas season
Adverb *gr. n* adverb
Aerobic *n* aerobics *pl.*
Affäre *f* affair
Affe *zo. m* monkey; *großer*: ape
Affekt *m*: ***im ~*** in the heat of passion (*a. jur.*); **2iert** *adj.* affected
affen|artig *adj.*: ***mit ~er Geschwindigkeit*** like a bat out of hell; **~hitze** F *f*: ***es herrscht e-e ~*** it's sizzling hot
Afrika Africa; **~ner(in), 2nisch** *adj.* African
After *anat. m* anus
AG *Abk. für* ***Aktiengesellschaft*** *Brt.* PLC, public limited company; *Am.* (stock) corporation
Agent *m* agent; *pol.* (secret) agent; **~ur** *f* agency
Aggress|ion *f* aggression; **2iv** *adj.* aggressive: **~ivität** *f* aggressiveness
Agitator *m* agitator
ah *int.* ah!
äh *int.* er; *Abscheu*: ugh!
aha *int.* I see!, oh!; **2-Erlebnis** *n* aha-experience
Ahn *m* ancestor; **~en** *pl. a.* forefathers *pl.*
ähneln *v/i.* resemble, look like
ahnen *v/t.* suspect; foresee*, know*
ähnlich *adj.* similar (*dat.* to); ***j-m ~ sehen*** look like s.o.; **2keit** *f* likeness, resemblance, similarity (***mit*** to)
Ahnung *f* presentiment; *böse*: *a.* foreboding; *Vorstellung*: notion, idea; ***ich habe keine ~*** I have no idea; **2slos** *adj.* unsuspecting, innocent
Ahorn *bot. m* maple(-tree)
Ähre *bot. f* ear; *Blüten2*: spike
Aids *med. n* AIDS; **~-Kranke(r)** AIDS victim *od.* sufferer; **~test** *m* AIDS test
Airbag *m* airbag
Akademi|e *f* academy, college; **~ker(in)** university graduate; **2sch** *adj.* academic
akklimatisieren *v/refl.* acclimatize (***an*** to)
Akkord *m mus.* chord; ***im ~*** *econ.* by the piece *od.* job; **~arbeit** *econ. f* piecework; **~arbeiter(in)** *econ.* pieceworker
Akkordeon *n* accordion
Akkordlohn *econ. m* piece wages *pl.*
Akku F *m*, **~mulator** *tech. m* (storage) battery, *Brt. a.* accumulator
Akkusativ *gr. m* accusative (case)
Akne *med. f* acne
Akrobat|(in) acrobat; **2isch** *adj.* acrobatic
Akt *m* act(ion); *thea.* act; *paint.*, *phot.* nude
Akte *f* file; **~n** *pl.* files *pl.*, records *pl.*; ***zu den ~n legen*** file; **~ndeckel** *m* folder; **~nkoffer** *m* attaché case; **~nordner** *m* file; **~ntasche** *f* briefcase; **~nzeichen** *n* reference (number)
Aktie *econ. f* share, *bsd. Am.* stock; **~ngesellschaft** *f* joint-stock company, *Am.* corporation
Aktion *f* campaign, drive; *mil.*, *Rettungs2 etc.*: operation; ***in ~*** in action; **~är(in)** shareholder, *bsd. Am.* stockholder
aktiv *adj.* active
Aktiv *gr. n* active voice; **~ist(in)** *bsd. pol.* activist; **~urlaub** *m* activity holiday
aktu|alisieren *v/t.* update; **~ell** *adj. Bedeutung*, *Interesse etc.*: topical; *heutig*: current; *modern*: up-to-date; *TV*, *Funk*: ***e-e ~e Sendung*** a current affairs *od.* news feature; ⚠ *nicht* ***actual***
Akupunktur *f* acupuncture
Akust|ik *f im Raum*: acoustics *pl.* (*Lehre*: *sg.*); **2isch** *adj.* acoustic
akut *adj. Problem etc.*: urgent; *med.* acute
Akzent *m* accent; *Betonung*: *a.* stress (*a. fig.*)
akzept|abel *adj.* acceptable; *Preis etc.*: reasonable; **~ieren** *v/t.* accept
Alarm *m* alarm; ***~ schlagen*** sound the alarm; **~anlage** *f* alarm system; **~bereitschaft** *f*: ***in ~*** on standby, on the alert; **2ieren** *v/t. Polizei etc.*: call; *warnen*: alert; **2ierend** *adj.* alarming
albern *adj.* silly, foolish
Alb|druck *m*, **~traum** *m* nightmare
Album *n* album (*a. Langspielplatte*)
Algen *bot. pl.* algae *pl.*; **~pest** *f* plague of algae, algal bloom
Algebra *f* algebra

Alibi *jur. n* alibi
Alimente *jur. pl.* alimony *sg.*
Alkohol *m* alcohol; **&frei** *adj.* nonalcoholic, soft; **~iker(in)** alcoholic; **&isch** *adj.* alcoholic; **~ismus** *m* alcoholism; **&süchtig** *adj.* addicted to alcohol; **~test** *mot. m* breath test
all *indef. pron. u. adj.* all; ***~es*** everything; ***~es (Beliebige)*** anything; ***~e (Leute)*** everybody; anybody; ***~e beide*** both of them; ***wir ~e*** all of us; ***~es in ~em*** all in all; ***auf ~e Fälle*** in any case; ***~e drei Tage*** every three days; → ***Art, Gute, vor***
All *n* universe; *Raum*: (outer) space
alle F *adj.*: ***~ sein*** be* all gone; ***mein Geld ist ~*** I'm out of money
Allee *f* avenue; ⚠ *nicht* ***alley***
allein *adj. u. adv.* alone; *einsam*: lonely; *selbst*: by o.s.; ***ganz ~*** all alone; ***er hat es ganz ~ gemacht*** he did it all by himself; ***~ Erziehende(r)*** single parent; ***~ stehend*** single; **&gang** *m*: ***im ~*** single-handedly, solo; **~ig** *adj.* sole; **&sein** *n* loneliness
aller|beste *adj.*: ***der (die, das) &e*** the best of all, the very best; **~dings** *adv.* however, though; ***~!*** certainly!, *bsd. Am.* F sure!; **~erste** *adj.* very first
Allerg|ie *med. f* allergy (***gegen*** to); **&isch** *adj.* allergic (***gegen*** to)
aller|hand F *adj.* a good deal (of); ***das ist ja ~!*** that's a bit much!; **&heiligen** *n* All Saints' Day; **~lei** *adj.* all kinds *od.* sorts of; **~letzte** *adj.* last of all, very last; **~liebst 1.** *adj.* (most) lovely; **2.** *adv.*: ***am ~en mögen*** like best of all; **~meiste** *adj.* (by far the) most; ***am ~n*** most of all; **~nächste** *adj.* very next; ***in ~r Zeit*** in the very near future; **~neu(e)ste** *adj.* very latest; **&seelen** *n* All Souls' Day; **~seits** *adv.* F: ***Tag ~!*** hi, everybody!; **~wenigst** *adv.*: ***am ~en*** least of all
allesamt *adv.* all together
allgemein general; *üblich*: common; *umfassend*: universal; ***~ verständlich*** intelligible (to all); ***im &en*** in general, generally; **&bildung** *f* general education; **&heit** *f* general public; **&wissen** *n* general knowledge
Allheilmittel *n* cure-all (*a. fig.*)
Allianz *f* alliance
Alligator *m* alligator
Alliierte: ***die ~n*** *pl. pol.* the Allies *pl.*
all|jährlich *adv.* every year; ***~ stattfindend*** annual; **~mächtig** *adj.* omnipotent; *bsd. Gott*: almighty; **~mählich 1.** *adj.* gradual; **2.** *adv.* gradually
All|radantrieb *mot. m* all-wheel drive; **&seitig** *adv.*: ***~ interessiert sein*** have* all-round interests; **~tag** *m* everyday life; **&täglich** *adj.* everyday; *fig. a.* ordinary; **&wissend** *adj.* omniscient; **&zu** *adv.* (all) too; **&zuviel** *adv.* too much
Alm *f* alpine pasture, alp
Almosen *n* alms *sg. u. pl.*
Alpdruck *m* → ***Albdruck***
Alphabet *n* alphabet; **&isch** *adj.* alphabetical
alpin *adj.* alpine
Alptraum *m* → ***Albtraum***
als *cj. zeitlich*: when; *während*: while; *nach comp.*: than; ***~ ich ankam*** when I arrived; ***~ Kind (Geschenk)*** as a child (present); ***älter ~*** older than; ***~ ob*** as if *od.* though; ***nichts ~*** nothing but
also *cj.* so, therefore; F well, you know; ***~ gut!*** very well (then)!, all right (then)!; ***~ doch*** so ... after all; ***du willst ~ ...?*** so you want to ...?
alt *adj.* old; *hist.* ancient; *Sprachen*: classical; ***ein 12 Jahre ~er Junge*** a twelve-year-old boy
Alt *mus. m* alto (*a. in Zssgn*)
Altar *m* altar
Alt|e *m, f*: ***der ~*** the old man (*a. fig.*); *Chef*: *a.* the boss; ***die ~*** the old woman (*a. fig.*); ***die ~n*** *pl.* the old *pl.*; **~enheim** *n* → ***Altersheim***; **~enpfleger(in)** geriatric nurse
Alter *n* age; *hohes*: old age; ***im ~ von*** at the age of; ***er ist in deinem ~*** he's your age
älter *adj.* older; ***mein ~er Bruder*** my elder brother; ***ein ~er Herr*** an elderly gentleman
altern *v/i.* grow* old, age
alternativ *adj.* alternative; *pol.* ecological, green; *Bewegung, Szene etc.*: *a.* counterculture; **&e** *f* alternative; option, choice; **&e(r)** *etwa* ecologist, member of the counterculture movement
Alters|grenze *f* age limit; *Rentenalter*: retirement age; **~heim** *n* old people's home; **&los** *adj.* ageless; **~rente** *f* old-

-age pension; **~schwäche** *f* infirmity; ***an ~ sterben*** die of old age; **~versorgung** *f* old age pension (scheme)
Altertum *n* antiquity
Alt|glascontainer *m* bottle bank, *Am.* glass recycling bin; **≈klug** *adj.* precocious; **~lasten** *pl.* residual pollution; **~metall** *n* scrap (metal); **≈modisch** *adj.* old-fashioned; **~öl** *n* waste oil; **~papier** *n* waste paper; **≈sprachlich** *adj.*: ***~es Gymnasium*** *etwa* classical secondary school; **~stadt** *f* old town; **~stadtsanierung** *f* town-cent|re (*Am.* -er) rehabilitation; **~warenhändler** *m* second-hand dealer; **~weibersommer** *m* Indian summer; *Fäden*: gossamer
Aluminium *n* alumin(i)um
am *prp. räumlich*: at the; *Abend*, *Morgen*: in the; *Anfang*, *Wochenende*: at the; *Sonntag etc.*: on; ***~ 1. Mai*** on May 1st; ***~ Tage*** during the day; ***~ Himmel*** in the sky; ***~ meisten*** most; ***~ Leben*** alive
Amateur *m* amateur; **~funker** *m* radio amateur; F radio ham
Amboss *m* anvil
ambulan|t *med. adv.*: ***~ behandelt werden*** get* outpatient treatment; **≈z** *f Klinik*: outpatients' department; *Krankenwagen*: ambulance
Ameise *zo. f* ant; **~nhaufen** *m* anthill
Amerika America; **~n|er(in)**, **≈isch** *adj.* American
Amnestie *pol. f*, **≈ren** *v/t.* amnesty
Amok *m*: ***~ laufen*** run* amok
Ampel *mot. f* traffic light(s *pl.*)
Amphibie *zo. f* amphibian (*a. fig. u. in Zssgn*)
Ampulle *f* ampoule
Amput|ation *med. f* amputation; **≈ieren** *med. v/t.* amputate
Amsel *zo. f* blackbird
Amt *n* office, department, *bsd. Am.* bureau; *Posten*: office, position; *Aufgabe*: duty, function; *tel.* exchange; **≈lich** *adj.* official
Amts|arzt *m* medical officer (*Am.* examiner); **~einführung** *f* inauguration; **~geheimnis** *n* official secret; **~geschäfte** *pl.* official duties *pl.*; **~zeichen** *tel. n* dialling (*Am.* dial) tone; **~zeit** *f* term (of office)
Amulett *n* amulet, (lucky) charm

amüs|ant *adj.* amusing, entertaining; **~ieren** *v/t.* amuse; ***sich ~*** enjoy o.s., have* a good time; ***sich ~ über*** laugh at
an 1. *prp. räumlich*: ***~ der Themse*** (***Küste***, ***Wand***) on the Thames (coast, wall); ***~ s-m Schreibtisch*** at his desk; ***~ der Hand*** by the hand; ***~ der Arbeit*** at work; ***~ den Hausaufgaben sitzen*** sit* over one's homework; ***et. schicken ~*** send* s.th. to; ***sich lehnen ~*** lean* against; ***~ die Tür*** *etc.* ***klopfen*** knock at the door *etc.*; *zeitlich*: ***~ e-m Sonntagmorgen*** on a Sunday morning; ***~ dem Tag, ...*** on the day ...; ***~ Weihnachten*** *etc.* at Christmas *etc.*; → ***Mangel, Stelle, sterben*** *etc.*; **2.** *adv.* on (*a. Licht etc.*); ***von jetzt*** (***da***, ***heute***) ***~*** from now (that time, today) on; ***München ~ 16.45*** arrival Munich 16.45
Anabolikum *n pharm.* anabolic steroid
analog *adj.* analogous; **≈...** *in Zssgn Rechner etc.*: analog(ue)
Analphabet *m* illiterate (person)
Analys|e *f* analysis; **≈ieren** *v/t.* analy|se, *Am.* -ze
Ananas *f* pineapple
Anarchie *f* anarchy
Anatom|ie *f* anatomy; **≈isch** *adj.* anatomical
anbahnen *v/t.* pave the way for; ***sich ~*** be* developing (*Unangenehmes*: impending)
Anbau *m* cultivation; *arch.* annex, extension; **≈en** *v/t.* cultivate, grow*; *arch.* add (***an*** to), build* on
anbehalten *v/t.* keep* on
anbei *econ. adv.* enclosed
an|beißen 1. *v/t.* take* a bite of; **2.** *v/i. Fisch*: bite*; *fig.* take* the bait; **~bellen** *v/t.* bark at (*a. fig.*); **~beten** *v/t.* adore, worship (*a. fig.*)
Anbetracht *m*: ***in ~*** (***dessen***, ***dass***) considering (that)
anbetteln *v/t.*: ***j-n um et. ~*** beg s.o. for s.th.
an|biedern *v/refl.* curry favo(u)r (***bei*** with); **~bieten** *v/t.* offer; **~binden** *v/t. Hund etc.*: tie up; ***~ an*** tie to
Anblick *m* sight; **≈en** *v/t.* look at; *flüchtig*: glance at
an|bohren *v/t. Quelle etc.*: tap; **~brechen 1.** *v/t. Vorräte*: break* into; *Flasche etc.*: open; **2.** *v/i.* begin*; *Tag*: break*; *Nacht*: fall*; **~brennen** *v/i.*

Milch etc.: burn* (*a.* ~ ***lassen***); **~bringen** *v/t.* fix (***an*** to); **&bruch** *m* beginning; ***bei ~ der Nacht*** at nightfall; **~brüllen** *v/t.* roar at

An|dacht *f* devotion; *Gottesdienst*: service; *kurzer*: prayers *pl.*; **&dächtig** *adj.* devout; *fig.* rapt

an|dauern *v/i.* continue, go* on, last; **~dauernd** *adj. u. adv.* → ***dauernd***

Andenken *n* keepsake; *Reise&*: souvenir (*beide*: ***an*** of); ***zum ~ an*** in memory of

andere *adj. u. indef. pron.* other; *verschieden*: different; ***noch ~ Fragen?*** any more questions?; ***mit ~n Worten*** in other words; ***am ~n Morgen*** the next morning; ***et.*** (***nichts***) ***~s*** s.th. (nothing) else; ***nichts ~s als*** nothing but; ***die ~n*** the others; ***alle ~n*** everybody else; → ***anders***

andererseits *adv.* on the other hand

ändern *v/t.* change; *Kleidung etc.*: alter; ***ich kann es nicht ~*** I can't help it; ***sich ~*** change

andernfalls *adv.* otherwise

anders *adv.* different(ly); ***j. ~*** somebody else; ***~ werden*** change; ***~ sein*** (***als***) be* different (from); ***es geht nicht ~*** there is no other way; **~herum 1.** *adv.* the other way round; **2.** F *adj.* queer; **~wo(hin)** *adv.* elsewhere

anderthalb *adj.* one and a half

Änderung *f* change; *bsd. kleinere, a. Kleid etc.*: alteration

andeut|en *v/t. zu verstehen geben*: hint (at), suggest; *erwähnen*: indicate; ***j-m ~, daß*** give* s.o. a hint that; **&ung** *f* hint, suggestion

An|drang *m* crush; *Nachfrage*: rush (***nach*** for), run (***zu, nach*** on); **&drehen** *v/t. Licht etc.*: turn on; ***j-m et. ~*** fob s.th. off on s.o.; **&drohen** *v/t.*: ***j-m et. ~*** threaten s.o. with s.th; **&eignen** *v/refl.* acquire; *bsd. jur.* appropriate

aneinander *adv. binden etc.*: together; ***~ denken*** think* of each other; ***~ geraten*** clash; *handgreiflich*: come to blows

Anekdote *f* anecdote

anekeln *v/t.* disgust, sicken; ***es ekelt mich an*** it makes me sick

anerkannt *adj.* acknowledged, recognized

anerkenn|en *v/t.* acknowledge, recognize; *lobend*: appreciate; **~end** *adj.* appreciative; **&ung** *f* acknowledg(e)ment, recognition; appreciation

anfahr|en 1. *v/i.* start; **2.** *v/t. mot. etc.* hit*; *Auto etc.*: *a.* run* into; *transportieren*: *carry* (*up*); ***j-n ~*** *schimpfen*: jump on s.o.; **&t** *f* journey, ride

Anfall *med. m* fit, attack; **&en** *v/t.* attack, assault; *Hund*: go* for

anfällig *adj.* delicate; ***~ für*** susceptible to

Anfang *m* beginning, start; ***am ~*** at the beginning; ***~ Mai*** early in May; ***~ nächsten Jahres*** early next year; ***~ der Neunzigerjahre*** in the early nineties; ***er ist ~ 20*** he is in his early twenties; ***von ~ an*** from the beginning *od.* start; **&en** *v/t. u. v/i.* begin*, start; *tun*: do*

Anfänger(in) beginner

anfangs *adv.* at first; **&buchstabe** *m* initial (letter); ***großer ~*** capital (letter); **&stadium** *n*: ***im ~*** at an early stage

anfassen *v/t.* touch; *ergreifen*: take* (hold of); ***sich ~*** take* each other by the hands; F ***... zum &*** everyman's ...

anfecht|bar *adj.* contestable; **~en** *v/t.* contest; **&ung** *f* contesting

an|fertigen *v/t.* make*, manufacture; **~feuchten** *v/t.* moisten; **~feuern** *fig. v/t.* cheer; **~flehen** *v/t.* implore; **~fliegen** *aviat. v/t.* approach; *regelmäßig*: fly* (regularly) to; **&flug** *m aviat.* approach; *fig.* touch

anforder|n *v/t.* demand; request; **&ung** *f* demand; request; **~en** *pl.* requirements *pl.*, qualifications *pl.*

Anfrage *f* inquiry; **&n** *v/i.* inquire (***bei j-m nach et.*** of s.o. about s.th.)

an|freunden *v/refl.* make* friends (***mit*** with); **~fühlen** *v/refl.* feel*; ***es fühlt sich weich*** (***wie Leder***) ***an*** it feels soft (like leather)

anführ|en *v/t.* lead*; *nennen*: state; *täuschen*: fool; **&er(in)** leader; **&ungszeichen** *pl.* quotation marks *pl.*, inverted commas *pl.*

Angabe *f Aussage*: statement; *Hinweis*: indication; F *Aufschneiderei*: big talk; *Tennis*: service; **~n** *pl.* information *sg.*, data *pl.*; *tech.* specifications *pl.*

angeb|en 1. *v/t.* give*, state; *Zoll*: declare; *zeigen*: indicate; *Preis*: quote; **2.** *v/i.* F *fig.* brag, show* off; *Tennis*: serve; **&er** F *m* braggart, show-off; **&erei** F *f* bragging, showing off; **~lich** *adj.* alleged; ***~ ist er ...*** he is said to be ...

angeboren *adj.* innate, inborn; *med.* congenital
Angebot *n* offer (*a. econ.*); ~ ***und Nachfrage*** supply and demand
ange|bracht *adj.* appropriate; **~bunden** *adj.*: ***kurz*** ~ curt; **~gossen** F *adj.*: ***wie*** ~ ***sitzen*** fit like a glove; **~heitert** *adj.* tipsy, *Brt. a.* (slightly) merry
angehen 1. *v/i. Licht etc.*: go* on; **2.** *v/t.* concern; ***das geht dich nichts an*** that is none of your business; **~d** *adj.* future; ***~er Arzt*** doctor-to-be
angehör|en *v/i.* belong to; **2ige(r)** relative; *Mitglied*: member; ***die nächsten ~n*** *pl.* the next of kin *pl.*
Angeklagte(r) *jur.* defendant
Angel *f* fishing tackle; *Tür2*: hinge
Angelegenheit *f* matter, affair
ange|lehnt *adj. Tür etc.*: ajar; **~lernt** *adj. Arbeiter*: semi-skilled
Angel|haken *m* fish-hook; **2n 1.** *v/i.* fish (***nach*** for), angle (for) (*beide a. fig.*); **2.** *v/t.* catch*, hook; **~rute** *f* fishing rod
Angel|sachse *m*, **2sächsisch** *adj.* Anglo-Saxon
Angel|schein *m* fishing permit; **~schnur** *f* fishing line
ange|messen *adj.* proper, suitable; *Strafe*: just; *Preis*: reasonable; **~nehm** *adj.* pleasant, agreeable; ***~!*** pleased to meet you; **~nommen** *cj.* (let's) suppose, supposing; **~regt** *adj.* animated; *Unterhaltung*: lively; **~schrieben** → *adj.*: ***bei j-m gut*** (***schlecht***) ~ ***sein*** be in s.o.'s good (bad) books; **~sehen** *adj.* respected; **~sichts** *prp.* in view of
Angestellte(r) employee (***bei*** with); ***die ~n*** *pl.* the staff *pl.*
ange|tan *adj.* ***ganz*** ~ ***sein von*** be* taken with; **~trunken** *adj.* (slightly) drunk; ***in ~em Zustand*** under the influence of alcohol; **~wandt** *adj.* applied; **~wiesen** *adj.*: ~ ***auf*** dependent (up)on; **~wöhnen** *v/t.*: ***sich*** (***j-m***) ~, ***et. zu tun*** get* (s.o.) used to doing s.th.; ***sich das Rauchen*** ~ take to smoking; **2wohnheit** *f* habit
Angina *med. f* tonsillitis
angleichen *v/t.* adjust (***an*** to)
Angler *m* angler
Anglist(in) student of (*od.* graduate in) English
angreif|en *v/t.* attack (*a. Sport u. fig.*); *Gesundheit*: affect; *Vorräte etc.*: touch; **2er** *m* attacker; *Sport*: *a.* offensive player; *bsd. pol.* aggressor
angrenzend *adj.* adjacent (***an*** to)
Angriff *m* attack (*a. Sport u. fig.*); *Sturm2*: assault, charge; ***in*** ~ ***nehmen*** set* about; **2slustig** *adj.* aggressive
Angst *f* fear (***vor*** of); ~ ***haben*** (***vor***) be* afraid *od.* scared (of); ***j-m*** ~ ***einjagen*** frighten *od.* scare s.o.; (***hab***) ***keine ~!*** don't be afraid!; **~hase** F *m* scaredy-cat
ängst|igen *v/t.* frighten, scare; ***sich*** ~ be* afraid (***vor*** of); be* worried (***um*** about); **~lich** *adj.* timid, fearful; *besorgt*: anxious
an|gurten *v/t.* → ***anschnallen***; **~haben** *v/t. have* on* (*a. Licht etc.*); *Kleid etc.*: *a.* wear*, be* wearing; ***das kann mir nichts*** ~ that can't do me any harm
anhalten 1. *v/t.* stop; ***den Atem*** ~ hold* one's breath; **2.** *v/i.* stop; *andauern*: continue; ***um j-s Hand*** ~ propose (marriage) to s.o.; **~d** *adj.* continual
Anhalter(in) hitchhiker; ***per*** ~ ***fahren*** hitchhike
Anhaltspunkt *m* clue
anhand *prp.*by means of
Anhang *m Buch*: appendix; *Verwandte*: relations *pl.*
anhäng|en *v/t. hinzufügen*: add; *aufhängen*: hang* up; *rail.*, *mot.* couple (***an*** to); **2er** *m* follower, supporter (*a. Sport*); *Schmuck*: pendant; *Koffer2 etc.*: label, tag; *mot.* trailer
anhänglich *adj.* affectionate; *contp.* clinging; **2keit** *f* affection
anhäuf|en *v/t. u. v/refl.* heap up, accumulate; **2ung** *f* accumulation
an|heben *v/t.* lift, raise (*a. Preis*); *mot.* jack up; **~heften** *v/t.* attach, tack (*beide*: ***an*** to)
anheim: ***j-m et.*** ~ ***stellen*** leave* s.th. to s.o.
Anhieb *m*: ***auf*** ~ on the first try
anhimmeln F *v/t.* idolize, worship
Anhöhe *f* rise, hill, elevation
anhör|en *v/t.* listen to; ***et. mit*** ~ overhear* s.th.; ***es hört sich ... an*** it sounds ...; **2ung** *jur.*, *pol. f* hearing
animieren *v/t.* encourage; stimulate
ankämpfen *v/i.*: ~ ***gegen*** fight* *s.th.*
Ankauf *m* purchase

Anker *naut. m* anchor; ***vor ~ gehen*** drop anchor; **ℒn** *naut. v/i.* anchor
anketten *v/t.* chain up
Anklage *jur. f* accusation, charge (*a. fig.*); **ℒn** *jur. v/t.* accuse (***wegen*** of), charge (with) (*beide a. fig.*)
anklammern *v/t.* clip *s.th.* on; ***sich ~*** cling* (***an*** to)
Anklang *m*: ***~ finden*** meet* with approval
an|kleben *v/t.* stick* on (***an*** to); **~kleiden** *v/t.* dress; **~klicken** *v/t. Computer*: click; **~klopfen** *v/i.* knock (***an*** at); **~knipsen** *electr. v/t.* switch on; **~knüpfen** *v/t. Schnur etc.*: tie (***an*** to); *fig.* begin*; ***Beziehungen ~*** (***zu***) establish contacts (with); ***~ an et.*** refer to s.th.; **~kommen** *v/i.* arrive; ***nicht gegen j-n ~*** be* no match for s.o.; ***es kommt*** (***ganz***) ***darauf an*** it (all) depends; ***es kommt darauf an, dass*** what matters is; ***darauf kommt es nicht an*** that doesn't matter; ***es darauf ~ lassen*** take* a chance; ***gut ~*** (***bei***) *fig.* go down well (with)
ankündig|en *v/t.* announce; *in der Presse*: advertise; **ℒung** *f* announcement; advertisement
Ankunft *f* arrival
an|lächeln, ~lachen *v/t.* smile at
Anlage *f Anordnung*: arrangement; *Einrichtung*: facility; *Fabrikℒ*: plant; *tech.* system; (stereo *etc.*) set; *Geldℒ*: investment; *zu e-m Brief*: enclosure; *Talent*: gift; ***~n*** *pl.* park *sg.*, gardens *pl.*; ***sanitäre ~n*** *pl.* sanitary facilities *pl.*
Anlass *m* occasion; *Ursache*: cause
anlass|en *v/t. Kleidung*: keep* on, leave* on (*a. Licht etc.*); *tech., mot.* start; **ℒer** *mot. m* starter
anlässlich *prp.* on the occasion of
Anlauf *m Sport*: run-up, *Am.* approach; *fig.* start; **~stelle** *f* advice centre, *Am.* walk-in center; *Unterkunft*: place to stay; **ℒen 1.** *v/i.* run* up; *fig.* start; *Metall*: tarnish; *Brille etc.*: steam up; **2.** *naut. v/t.* call *od.* touch at
an|legen 1. *v/t. Kleidung, Schmuck etc.*: put* on; *Garten*: lay* out; *Straße*: build*; *Geld*: invest; *Stadt*: found; *med. Verband*: apply; *Vorräte*: lay* in; *fig.* ***sich mit j-m ~*** pick a quarrel with s.o.; **2.** *v/i. naut.* land; moor; ***es ~ auf*** aim at; **ℒleger** *m econ.* investor; *naut.* landing stage; **~lehnen** *v/t.* lean* (***an*** against); *Tür*: leave* ajar; ***sich ~ an*** lean* against (*fig.* on)
Anleihe *f* loan
Anleitung *f* guidance, instruction; *schriftliche*: instructions *pl.*
An|liegen *n Bitte*: request; *e-s Buches etc.*: message; **~lieger** *m* resident
an|locken *v/t.* attract; *stärker*: lure; **~machen** *v/t. anzünden*: light*; *Licht, Radio etc.*: turn on; *Salat*: dress; F *j-n* : chat *s.o.* up; *begeistern*: turn *s.o.* on; **~malen** *v/t.* paint
Anmarsch *m*: ***im ~*** on the way
anmaßen *v/t.*: ***sich ~*** *Rolle etc.*: assume; *Recht*: claim; ***sich ~, et. zu tun*** presume to do s.th.; **~d** *adj.* arrogant
anmeld|en *v/t. Besuch etc.*: announce; *amtlich*: register; *Zollgut*: declare; ***sich ~*** *für Schule etc.*: enrol(l); *im Hotel etc.*: register; ***sich ~ bei*** *Arzt etc.*: make* an appointment with; **ℒung** *f* announcement; registration, enrol(l)ment
anmerk|en *v/t.*: ***j-m et. ~*** notice s.th. in s.o.; ***sich et.*** (***nichts***) ***~ lassen*** (not) let* it show; **ℒung** *f* note; *erklärend*: annotation, *Fußnote*: *a.* footnote
Anmut *f* grace; **ℒig** *adj.* graceful
annähen *v/t.* sew* on (***an*** to)
annäher|nd *adv.* approximately; **ℒung** *f* approach (***an*** to); **ℒungsversuche** *pl.* advances *pl.*; F pass *sg.*
Annahme *f* acceptance (*a. fig.*); *Vermutung*: assumption
annehm|bar *adj.* acceptable; *Preis*: reasonable; **~en** *v/t.* accept; *vermuten*: suppose; *Kind, Namen*: adopt; *Ball*: take*; *Form etc.*: take* on; ***sich e-r Sache*** *od.* ***j-s ~*** take* care of s.th. *od.* s.o.; **ℒlichkeiten** *pl* comforts *pl.*, amenities *pl.*
Annonce *f* advertisement
annullieren *v/t.* annul; *econ.* cancel
anöden F *v/t.* bore to death
anonym *adj.* anonymous; **ℒität** *f* anonymity
Anorak *m* anorak
anordn|en *v/t.* arrange; *befehlen*: give* order(s), order; **ℒung** *f* arrangement; direction, order
anorganisch *chem. adj.* inorganic
anpacken F *fig.* **1.** *v/t. Problem etc.*: tackle; **2.** *v/i.*: ***mit ~*** lend* a hand
anpass|en *v/t.* adapt, adjust (*beide*

auch **sich** ~) (*dat.*, **an** to); **Ձung** *f* adaptation, adjustment; **~ungsfähig** *adj.* adaptable; **Ձungsfähigkeit** *f* adaptability

anpflanz|en *v/t.* cultivate, plant; **Ձung** *f* cultivation

Anpfiff *m Sport*: starting whistle; *fig.* dressing-down

an|pöbeln *v/t.* accost; *beschimpfen*: shout abuse at; **~prangern** *v/t.* denounce, point the finger at; **~preisen** *v/t.* push; *bsd. Eigenes*: plug; **~probieren** *v/t.* try on; **~pumpen** F *v/t.* put the touch on *s.o.*

Anrainer *östr. m* → ***Anlieger***

an|raten *v/t.* advise; **~rechnen** *v/t. berechnen*: charge; *gutschreiben*: allow; ***hoch*** ~ appreciate very much; ***als Fehler*** ~ count as a mistake

Anrecht *n*: ***ein ~ haben auf*** be* entitled to

Anrede *f* address; **Ձn** *v/t.* address (***mit Namen*** by name)

anreg|en *v/t. beleben*: stimulate; *vorschlagen*: suggest; **~end** *adj.* stimulating; **Ձung** *f* stimulation; suggestion; **Ձungsmittel** *n* stimulant

Anreiz *m* incentive

anrichten *v/t. Speisen*: prepare, dress; *Schaden*: cause, do*

anrüchig *adj.* disreputable

Anruf *m* call (*a. tel.*); **~beantworter** *tel. m* answering machine; **Ձen** *v/t.* call *od.* ring* up, phone

anrühren *v/t.* touch; *mischen*: mix

Ansage *f* announcement; **Ձn** *v/t.* announce; **~r(in)** announcer

ansamm|eln *v/t. u. v/refl.* accumulate; **Ձlung** *f* collection, accumulation; *Menschen*Ձ: crowd

Ansatz *m Beginn*: start (**zu** of); *Versuch*: attempt (**zu** at); *Methode*: approach; *tech.* attachment; *math.* set-up; ***Ansätze*** *pl.* first signs *pl.*

anschaff|en *v/t. allg.* get*; ***sich et.*** ~ buy* *od.* get* (o.s.) s.th.; **Ձung** *f* purchase, buy

anschau|en *v/t. s.* ***ansehen***; **~lich** *adj. Stil etc.*: graphic, plastic

Anschauung *f* view (***von*** of), opinion (***von*** about, of); **~smaterial** *n Schule etc.*: visual aids *pl.*

Anschein *m* appearance; ***allem ~ nach*** to all appearances; ***den ~ erwecken, als*** (***ob***) give the impression of ...*ing*; **Ձend** *adv.* apparently

anschieben *v/t.* give* a push (*a. mot.*)

Anschlag *m* attack; *Plakat*: poster; *Bekanntmachung*: bill, notice; *Schreibmaschine*: stroke; *mus.*, *Schwimmen*: touch; ***e-n ~ auf j-n verüben*** make* an attempt on s.o.'s life; **~brett** *n* notice (*bsd. Am.* bulletin) board; **Ձen 1.** *v/t. Plakat*: post; *mus.* strike*; *Tasse etc.*: chip; *Waffe*: aim; **2.** *v/i. Hund*: bark; *wirken*: take* (effect) (*a. med.*); *Schwimmen*: touch the wall; **~säule** *f* advertising pillar

anschließen *v/t. electr. tech.* connect; ***sich ~*** *folgen*: follow; *e-r Ansicht etc.*: agree with; ***sich j-m*** *od.* ***e-r Sache ~*** join s.o. *od.* s.th.; **~d 1.** *adj.* following; **2.** *adv.* then, afterwards

Anschluss *m* connection; ***im ~ an*** following; ***~ suchen*** look for company; ***~ finden*** (***bei***) make* contact *od.* friends (with); ***~ bekommen*** *tel.* get* through

an|schmiegen *v/refl.* snuggle up (***an*** to); **~schmiegsam** *adj.* affectionate; **~schnallen** *v/t.* strap on, put* on (*a. Ski*); ***sich ~*** *aviat.*, *mot.* fasten one's seat belt; **~schnauzen** F *v/t.* tell *s.o.* off, *Am. a.* bawl *s.o.* out; **~schneiden** *v/t.* cut*; *Thema*: bring* up

Anschnitt *m* first cut *od.* slice

an|schrauben *v/t.* screw on (***an*** to); **~schreiben** *v/t.* write* on the (black-) board; ***j-n ~*** write* to s.o.; (***et.***) ***~ lassen*** buy* (s.th.) on credit; → ***angeschrieben***; **~schreien** *v/t.* shout at

Anschrift *f* address

anschuld|igen *v/t.* accuse (*gen.*, ***wegen*** of), charge (with); **Ձigung** *f* accusation

anschwellen *v/i.* swell* (*a. fig.*)

anschwemmen *v/t.* wash ashore

ansehen *v/t.* look at, have* *od.* take* a look at; watch; see* (*alle auch* **sich** ~); ~ ***als*** look upon as; ***et. mit ~*** watch *od.* witness s.th.; ***man sieht ihm an, dass ...*** one can see that

Ansehen *n* reputation

ansehnlich *adj. beträchtlich*: considerable

an|seilen *mount. v/t. u. v/refl.* rope; **~setzen 1.** *v/t.* put* (***an*** to); *anfügen*: put* on, add; *Termin*: fix, set*; ***Rost***

(***Fett***) ~ put* on rust (weight); **2.** *v/i.*: ~ ***zu*** *Landung etc.*: prepare for
Ansicht *f Meinung*: opinion, view; *Anblick*: sight, view; ***der ~ sein, dass ...*** be* of the opinion that ...; ***meiner ~ nach*** in my opinion; ***zur ~*** *econ.* on approval; **~skarte** *f* picture postcard; **~ssache** *f* matter of opinion
ansied|eln *v/t. u. v/refl.* → ***siedeln***
anspann|en *v/t. Kräfte etc.*: strain; **2ung** strain, exertion
anspiel|en *v/i. Fußball*: kick off; ~ ***auf*** allude to, hint at; **2ung** *f* allusion, hint
anspitzen *v/t. Stift etc.*: sharpen
Ansporn *m* incentive; **2en** *v/t.* encourage, spur *s.o.* on
Ansprache *f* address, speech; ***e-e ~ halten*** deliver an address
ansprech|en *v/t.* address, speak* to; *fig. gefallen*: appeal to; **~end** *adj.* attractive; **2partner** *m* s.o. to talk to, contact
an|springen 1. *v/i. Motor*: start; **2.** *v/t.* jump (up)on; **~spritzen** *v/t.* spatter
Anspruch *m* claim (***auf*** to) (*a. jur.*); ~ ***haben auf*** be* entitled to; ***~ erheben auf*** claim; ***Zeit in ~ nehmen*** take* up time; **2slos** *adj.* modest; *Buch, Musik*: light, undemanding; *contp.* trivial; **2svoll** *adj.* demanding (*a. geistig*); *Geschmack*: sophisticated, refined
Anstalt *f* establishment, institution; *Nervenheil2*: mental hospital; ***~en machen zu*** get* ready for
An|stand *m* decency; *Benehmen*: manners *pl.*; **2ständig** *adj.* decent (*a. fig.*); **2slos** *adv.* unhesitatingly; *mühelos*: without difficulty
anstarren *v/t.* stare at
anstatt *prp. u. cj.* instead of
anstechen *v/t. Fass*: tap
ansteck|en *v/t.* stick* on; *Ring*: put* on; *anzünden*: light*; *Haus etc.*: set* fire to; *med.* infect; ***sich bei j-m ~*** catch* s.th. from s.o.; **~end** *med. adj.* infectious; *direkt*: contagious, catching (*alle a. fig.*); **2nadel** *f* pin, button; **2ung** *med. f* infection; contagion
an|stehen *v/i.* queue (up) (***nach*** for), *bsd. Am.* stand* in line (for); **~steigen** *v/i.* rise*
anstell|en *v/t. j-n*: engage, employ; *TV etc.*: turn on; *mot.* start; *Verbotenes*: be* up to; *Versuche, Ermittlungen*: make*; ***sich ~*** queue (up) (***nach*** for), *Am.* line up (for); F (make* a) fuss; **2ung** *f* job, position; ***e-e ~ finden*** find* employment
Anstieg *m* rise, increase
anstift|en *v/t.* incite; **2er** *m* instigator; **2ung** *f* incitement
anstimmen *v/t.* strike* up
Anstoß *m Fußball*: kickoff; *Anregung*: initiative, impulse; *Ärgernis*: offen|ce, *Am.* -se; ***~ erregen*** give* offence (***bei*** to); ***~ nehmen an*** take* offence at; ***den ~ zu et. geben*** start s.th., initiate s.th.; **2en 1.** *v/t.* nudge *s.o.*; **2.** *v/i.* knock, bump; *mit Gläsern*: clink glasses; ***auf j-n od. et. ~*** drink* to s.o. *od.* s.th.
anstößig *adj.* offensive
an|strahlen *v/t. Gebäude etc.*: illuminate; *j-n*: beam at
anstreiche|n *v/t.* paint; *Fehler, Textstelle*: mark; **2r** *m* (house)painter
anstreng|en *v/refl.* try (hard), make* an effort; **~end** *adj.* strenuous, hard; **2ung** *f* exertion, strain; *Bemühung*: effort
Ansturm *fig. m* rush (***auf*** for)
Anteil *m* share (*a. econ.*), portion; ***~ nehmen an*** take* an interest in; *mitleidig*: sympathize with; **~nahme** *f* sympathy; *Interesse*: interest
Antenne *f* aerial, *bsd. Am.* antenna
Anti|..., 2... *in Zssgn autoritär, Militarismus etc.*: anti...; **~alkoholiker** *m* teetotal(l)er; **~babypille** F *f* birth control pill, F the pill; **2biotikum** *pharm.* antibiotic; **~blockiersystem** *mot. n* anti-lock braking system
antik *adj.* antique, *hist. a.* ancient; **2e** *hist. f* ancient world
Antikörper *med. m* antibody
Antilope *zo. f* antelope
Antipathie *f* antipathy
Antiquar|iat *n* second-hand bookshop; **2isch** *adj. u. adv.* second-hand
Antiquitäten *pl.* antiques *pl.*; **~laden** *m* antique shop
Antisemit *m* anti-Semite; **2isch** *adj.* anti-Semitic; **~ismus** *m* anti-Semitism
Antrag *m Gesuch*: application; *parl.* motion; *Heirats2*: proposal; ***~ stellen auf*** make* an application for; *parl.* move for; **~steller** *m* applicant; *parl.* mover
an|treffen *v/t.* meet*, find*; **~treiben**

v/t. tech., mot. drive*; *zu et.* ~: urge (on); *Strandgut*: float ashore; **~treten** **1.** *v/t. Amt, Erbe*: enter upon; *Position*: take* up; *Reise*: set* out on; **2.** *v/i.* take* one's place; *mil.* line up

Antrieb *m tech.* drive (*a. fig. Schwung*), propulsion; *fig.* motive, impulse; ***aus eigenem*** ~ of one's own accord

antun *v/t.*: ***j-m et.*** ~ do* s.th. to s.o.; ***sich et.*** ~ lay* hands on o.s.

Antwort *f* answer (***auf*** to), reply (to); **2en** *v/i.* answer (***j-m*** s.o., ***auf et.*** s.th.), reply (to s.o. *od.* s.th.)

an|vertrauen *v/t.*: ***j-m et.*** ~ *Aufgabe etc.*: (en)trust s.o. with s.th.; *Geheimnis etc.*: confide s.th. to s.o.; **~wachsen** *v/i. agr.* take* root; *zunehmen*: grow, increase

Anwalt *m* → ***Rechtsanwalt***

Anwärter(in) candidate (***auf*** for)

anweis|en *v/t.* instruct; *befehlen*: *a.* direct, order; **2ung** *f* instruction; order

anwend|en *v/t.* use; *Regel, Arznei*: apply (***auf*** to); **2ung** *f* use; application

anwerben *v/t.* recruit (*a. fig.*)

Anwesen *n* estate; property

anwesen|d *adj.* present; **2heit** *f* presence; *Schule*: attendance; ***die*** ~ ***feststellen*** call the roll; **2heitsliste** *f* attendance list (*Am.* record)

anwidern *v/t.* make* *s.o.* sick

Anzahl *f* number, quantity

anzahl|en *v/t.* pay* on account; **2ung** *f erste Rate*: down payment

anzapfen *v/t.* tap

Anzeichen *n* symptom (*a. med.*), sign

Anzeige *f* advertisement; *Bekanntgabe*: announcement; *jur.* information; *Computer*: display; *tech.* reading; **2n** *v/t. bekannt geben*: notify, announce; *Instrument*: indicate; ***j-n*** ~ report s.o. to the police

anziehen *v/t. Kleidung*: put* on; *Kind etc.*: dress; *reizen, anlocken*: attract, draw*; *Schraube*: tighten; *Bremse, Hebel*: pull; ***sich*** ~ get* dressed; *sich kleiden*: dress; **~d** *adj.* attractive

Anziehung(skraft) *f phys.* attraction; *fig. a.* appeal

Anzug *m* suit

anzüglich *adj. Witz*: suggestive; *Bemerkung*: personal, offensive

an|zünden *v/t.* light*; *Gebäude*: set* on fire; **~zweifeln** *v/t.* doubt

apart *adj.* striking

Apartment *n* studio (flat *od. Am.* apartment)

apathisch *adj.* apathetic

Apfel *m* apple; **~mus** *n* apple sauce; **~sine** *f* orange; **~wein** *m* cider

Apostel *m* apostle

Apostroph *m* apostrophe

Apotheke *f* pharmacy, *Brt.* chemist's, *Am. a.* drugstore; **~r(in)** pharmacist, *Brt.* chemist; *bsd. Am.* druggist

App. *Abk. für* ***Apparat*** *tel.* ext., extension

Apparat *m* apparatus; *Vorrichtung*: device; *tel.* (tele)phone; radio; TV set; camera; *fig. pol. etc.*: machine(ry); ***am*** ~***!*** *tel.* speaking!; ***am*** ~ ***bleiben*** *tel.* hold* the line

Appell *m* appeal (***an*** to); *mil.* roll call; **2ieren** *v/i.* (make* an) appeal (***an*** to)

Appetit *m* appetite (***auf*** for); ~ ***auf et. haben*** feel* like s.th.; ***guten*** ~***!*** enjoy your meal!; **2lich** *adj.* appetizing, savo(u)ry; *fig. a.* inviting; **~losigkeit** *f* lack of appetite

applaudieren *v/i.* applaud

Applaus *m* applause

Aprikose *f* apricot

April *m* April; ~***!*** ~***!*** April fool!; **~scherz** *m* April fool (joke)

Aquaplaning *mot. n* aquaplaning, *Am.* hydroplaning

Aquarell *n* water-colo(u)r

Aquarium *n* aquarium

Äquator *m* equator

Ära *f* era

Arab|er(in) Arab; **2isch** *adj.* Arabian; *Sprache, Zahl*: Arabic

Arbeit *f* work, *econ., pol. a.* labo(u)r; employment, job; *Klassen2*: test; *schriftliche, wissenschaftliche*: paper; *Ausführung*: workmanship; ***bei der*** ~ at work; ***zur*** ~ ***gehen*** *od.* ***fahren*** go* to work; ***gute*** ~ ***leisten*** make* a good job of it; ***sich an die*** ~ ***machen*** set* to work; **2en** *v/i.* work (***an*** at, on); **~er(in)** worker

Arbeit|geber *m* employer; **~nehmer** *m* employee

Arbeits|amt *n Brt.* job centre, *Am.* labor office; **~blatt** *n* worksheet; **~erlaubnis** *f* work permit, *Am.* green card; **2fähig** *adj.* fit for work; **~gang** *m* operation; **~gemeinschaft** *f* work *od.* study group; **~gericht** *n* labo(u)r court, *Brt.* industrial tribunal; **&los;hose** *f* overalls *pl.*; **~kleidung** *f* working clothes *pl.*; **~kräfte** *pl.* workers *pl.*, labo(u)r *sg.*; **&los;los** *adj.* unemployed, out of work; **~lose** *m, f*: ***die ~n*** *pl.* the unemployed *pl.*; **~losengeld** *n* unemployment benefit (*Am.* compensation); ***~ beziehen*** F be* on the dole; **~losigkeit** *f* unemployment; **~markt** *m* labo(u)r market; **~minister** *m Brt.* Minister of Labour, *Am.* Secretary of Labor; **~niederlegung** *f* strike, walkout; **~pause** *f* break, intermission; **~platz** *m* workplace; *Stelle*: job; **&los;scheu** *adj.* work-shy; **~speicher** *m Computer*: main memory; **~suche** *f*: ***er ist auf ~*** he is looking for a job; **~süchtige(r)** workaholic; **~tag** *m* workday; **&los;unfähig** *adj.* unfit for work; *ständig*: disabled; **~weise** *f* method (of working); **~zeit** *f* (***gleitende*** flexible) working hours *pl.*; **~zeitverkürzung** *f* fewer working hours *pl.*; **~zimmer** *n* study

Archäo|loge *m* arch(a)eologist; **~logie** *f* arch(a)eology

Arche *f* ark; ***die ~ Noah*** Noah's ark

Architekt *m* architect; **&los;onisch** *adj.* architectural; **~ur** *f* architecture

Archiv *n* archives *pl.*; record office

Arena *f Stierkampf, Zirkus*: ring

Ärger *m* anger (***über*** at); *Unannehmlichkeit*: trouble; F: ***j-m Ärger machen*** cause s.o. trouble; **&los;lich** *adj.* angry (***über***, ***auf*** at *s.th.*; with *s.o.*); *störend*: annoying; **&los;n** *v/t.* annoy; ***sich ~*** be* annoyed (***über*** at, about *s.th.*, with *s.o.*); **~nis** *n* nuisance

arglos *adj.* innocent

Arg|wohn *m* suspicion (***gegen*** of); **&los;wöhnen** *v/t.* suspect; **&los;wöhnisch** *adj.* suspicious

Arie *mus. f* aria

Aristokratie *f* aristocracy

arm *adj.* poor; ***die &los;en*** the poor

Arm *m* arm; *e-s Flusses etc.*: branch; F: ***j-n auf den ~ nehmen*** pull s.o.'s leg

Armaturen *pl. Bad*: fittings *pl.*; *tech.* instruments *pl.*; **~brett** *mot. n* dashboard

Armband *n* bracelet; **~uhr** *f* wristwatch

Armee *f* armed forces *pl.*; *Heer*: army

Ärmel *m* sleeve

ärmlich *adj.* poor (*a. fig.*); shabby

Armreif(en) *m* bangle

armselig *adj.* wretched, miserable

Armut *f* poverty; ***~ an*** lack of

Aroma *n* flavo(u)r; *Duft*: aroma

Arrest *m* arrest; *Nachsitzen*: detention; ***~ bekommen*** be* kept in

arrogant *adj.* arrogant, conceited

Arsch V *m* arse, *Am.* ass; **~loch** V *n* arsehole, *Am.* asshole

Art *f ~ u. Weise*: way, manner; kind, sort; *biol.* species; ***auf diese ~*** (in) this way; ***e-e ~*** ... a sort of ...; ***Geräte aller ~*** all kinds *od.* sorts of tools; **~enschutz** *m* protection of endangered species

Arterie *anat. f* artery; **~nverkalkung** *med. f* arteriosclerosis

Arthritis *med. f* arthritis

artig *adj.* good, well-behaved; ***sei ~!*** be good!, be a good boy (*od.* girl)!

Artikel *m* article

Artillerie *mil. f* artillery

Artist(in) acrobat, (circus) performer

Arznei(mittel *n*) *f* medicine, drug

Arzt *m* doctor, *formell*: : physician; **~helfer(in)** doctor's assistant

Ärztin *f* (lady) doctor *od.* physician

ärztlich *adj.* medical; ***sich ~ behandeln lassen*** undergo* treatment

As *n mus.* A flat; → ***Ass***

Asbest *m min.* asbestos

Asche *f* ashes *pl.*; **~nbahn** *f* cinder track, *mot.* dirt track; **~nbecher** *m* ashtray; **~rmittwoch** *m* Ash Wednesday

äsen *hunt. v/i.* feed*, browse

Asi|en *n* Asia; **~at(in)** Asian; **&los;atisch** *adj.* Asian, *Volk etc. a.* Asiatic

Asket *m*, **&los;isch** *adj.* ascetic

asozial *adj.* antisocial

Asphalt *m* asphalt; **&los;ieren** *v/t.* (cover with) asphalt

Ass *n Spielkarte*: ace (*a. Tennis u. fig.*)

Assistent(in) assistant

Assistenz|arzt *m*, **~ärztin** *f Brt.* houseman, *Am.* intern

Ast *m* branch; **~loch** *n* knot-hole

Astro|naut(in) astronaut; **~nom** *m* astronomer; **~nomie** *f* astronomy

ASU *mot. f Abk. für* ***Abgas-Sonder-Untersuchung*** exhaust emission test, *Am.* emissions test

Asyl *n* asylum; **~ant(in), ~bewer-**

ber(in) asylum seeker, (political) refugee; **~recht** *n* right of (political) asylum
Atelier *n* studio
Atem *m* breath; ***außer ~*** out of breath; ***(tief) ~ holen*** take* a (deep) breath; **Ձberaubend** *adj.* breathtaking; **~gerät** *med. n* respirator; **Ձlos** *adj.* breathless; **~pause** *f* F breather; **~zug** *m* breath
Äther *m chem.* ether; *Funk*: air
Athlet|(in) athlete; **Ձisch** *adj.* athletic
Atlas *m* atlas
atmen *v/i. u. v/t.* breathe
Atmosphäre *f* atmosphere
Atmung *f* breathing, respiration
Atoll *n* atoll
Atom *n* atom; **~...** *in Zssgn Energie, Forschung, Kraft, Krieg, Rakete, Reaktor, Waffen etc.*: nuclear ...; **Ձar** *adj.* atomic, nuclear; **~bombe** *f* atom(ic) bomb; **~gegner** *m* anti-nuclear activist; **~kern** *m* (atomic) nucleus; **~müll** *m* nuclear waste; **Ձwaffenfrei** *adj.* nuclear-free
Atten|tat *n* assassination attempt, attempt on *s.o.'s* life; ***Opfer e-s ~s werden*** be* assassinated; **~täter** *m* assassin
Attest *n* (doctor's) certificate
Attrakt|ion *f* attraction; **Ձiv** *adj.* attractive
Attrappe *f* dummy
Attribut *gr. n* attribute (*a. fig.*)
ätzend *adj.* corrosive, caustic (*a. fig.*); *sl.* crappy, *Am.* gross; ***das ist echt ~*** it's the pits
au *int.* ouch!; ***~ fein!*** oh, good!
auch *cj.* also, too, as well; ***ich ~*** so am (do) I, F me too; ***~ nicht*** not ... either; ***wenn ~*** even if; ***wo ~ (immer)*** wherever; ***ist es ~ wahr?*** is it really true?
Aubergine *f* aubergine, *Am.* eggplant
Audienz *f* audience (***bei*** with)
auf *prp. u. adv. räumlich*: on; in; at; *offen*: open; *wach, hoch*: up; ***~ Seite 20*** on page 20; ***~ der Straße*** in (*bsd. Am.* on) the street; on the road; ***~ der Welt*** in the world; ***~ See*** at sea; ***~ dem Lande*** in the country; ***~ dem Bahnhof*** *etc.* at the station *etc.*; ***~ Urlaub*** on holiday; ***die Uhr stellen ~*** set* the watch to; ***~ Deutsch*** in German; ***~ deinen Wunsch*** at your request; ***~ die Sekunde genau*** to the second; ***~ und ab*** up and down; ***~ gehts!*** let's go!
auf|arbeiten *v/t. Rückstände*: catch* up on; *Möbel*: refurbish; **~atmen** *fig. v/i.* heave a sigh of relief
Aufbau *m* building (up); *Gefüge*: structure; **Ձen** *v/t.* build* (up) (*a. fig.*); set* up; construct
auf|bauschen *v/t.* exaggerate; **~bekommen** *v/t. Tür*: get* open; *Aufgabe*: be* given; **~bereiten** *v/t.* process, clean, treat; **~bessern** *v/t. Gehalt*: raise; **~bewahren** *v/t.* keep*; **~bieten** *v/t.* muster; **~blasen** *v/t.* blow* up; **~bleiben** *v/i.* stay up; *Tür etc.*: remain open; **~blenden** *v/i. mot.* turn the headlights up; **~blicken** *v/i.* look up (***zu*** at) (*a. fig.*); **~blitzen** *v/i.* flash (*a. fig.*)
aufbrausen *v/i.* fly* into a temper; **~d** *adj.* irascible
auf|brechen 1. *v/t.* break* *od.* force open; **2.** *v/i.* burst* open; *fig.* leave* (***nach*** for); **~bringen** *v/t. Geld*: raise; *Mut*: muster; *Mode*: start; → ***aufbekommen; aufgebracht***; **Ձbruch** *m* departure, start
aufbrühen *v/t. Kaffee etc.*: make*
auf|bürden *v/t.*: ***j-m et. ~*** burden s.o. with s.th.; **~decken** *v/t.* uncover; **~drängen** *v/t.*: ***j-m et. ~*** force s.th. on s.o.; ***sich j-m ~*** impose on s.o.; ***sich ~*** *fig.*, *Idee etc.*: suggest itself; **~drehen 1.** *v/t.* turn on; **2.** *fig. v/i.* open up
aufdringlich *adj.* obtrusive
Aufdruck *m* imprint; *auf Briefmarken*: overprint, surcharge
aufeinander *adv.* on top of each other; *nacheinander*: one after another; ***~ folgend*** successive
Aufenthalt *m* stay; *rail.* stop; **~sgenehmigung** *f* residence permit; **~sraum** *m* lounge, recreation room
auferstehe|en *v/i.* rise* (from the dead); **Ձung** *f* resurrection
auf|essen *v/t.* eat* up; **~fahren** *mot. v/i.* crash (***auf*** into); *fig.* start up
Auffahrt *f Zufahrt*: approach; *zu e-m Haus*: drive, *Am.* driveway
Auffahrunfall *mot. m* rear-end collision; *Massen*Ձ: pileup
auf|fallen *v/i.* attract attention; ***j-m ~*** strike* s.o.; **~fallend, ~fällig** *adj.*

striking; conspicuous; *Kleider etc.*: flashy

auffangen *v/t.* catch* (*a. fig.*)

auffass|en *v/t.* understand* (**als** as); **˞ung** *f* view; *Deutung*: interpretation

auffinden *v/t.* find*, discover

aufforder|n *v/t.*: ***j-n ~, et. zu tun*** ask (*stärker*: tell*) s.o. to do s.th.; **˞ung** *f* request; *stärker*: demand

auffrischen *v/t.* freshen up; *Wissen*: brush up

aufführ|en *v/t.* perform, present; *nennen*: state; ***sich ~*** behave; **˞ung** *f* performance; *Film*: showing

Aufgabe *f Arbeit*: task, job; *Pflicht*: duty; *Schul˞*: task, assignment; *math.* problem; *Haus˞*: homework; *Verzicht*: surrender; ***es sich zur ~ machen*** make* it one's business

Aufgang *m* staircase; *astr.* rising

aufgeben 1. *v/t. verzichten*: give* up; *Anzeige*: insert; *Brief etc.*: post, *Am.* mail, send*; *Gepäck*: check; *Hausaufgabe*: set*, give*, assign; *Bestellung*: place; **2.** *v/i. sich ergeben*: give* up *od.* in

aufge|bracht *adj.* furious; **~dreht** F *adj.* excited; **~dunsen** *adj.* puffed(-up)

aufgehen *v/i. sich öffnen*: open; *Sonne, Teig etc.*: rise*; *Rechnung etc.*: come* out even; ***in Flammen ~*** go* up in flames

aufge|hoben *fig. adj.*: ***gut ~ sein bei*** be* in good hands with; **~legt** *adj.*: ***zu et. ~ sein*** feel* like (doing) s.th.; ***gut*** (***schlecht***) ~ in a good (bad) mood; **~regt** *adj.* excited; nervous; **~schlossen** *fig. adj.* open-minded; ***~ für*** open to; **~weckt** *fig. adj.* bright

aufgreifen *v/t.* pick up

aufgrund *prp.* → ***Grund***

haben F *v/t. Hut etc.*: have* on, wear*; *Hausaufgabe*: have* to do; **~halten** *v/t.* stop, hold* up (*a. Verkehr, Dieb etc.*); *Augen, Tür etc.*: keep* open; ***sich ~*** (***bei j-m***) stay (with s.o.); **~hängen** *v/t.* hang* (up); ***j-n ~*** hang s.o.

aufheben *v/t. vom Boden*: pick up; *aufbewahren*: keep*; *abschaffen*: abolish; *Versammlung*: break* up; ***sich gegenseitig ~*** cancel each other out; → ***aufgehoben***

Aufheben *n*: ***viel ~s machen*** make* a fuss (***von*** about)

auf|heitern *v/t.* cheer up; ***sich ~*** *Wetter*: clear up; **~helfen** *v/i.* help *s.o.* up; **~hellen** *v/t. u. v/refl.* brighten; **~hetzen** *v/t.*: ***~ gegen*** set* *s.o.* against; **~holen 1.** *v/t. Zeit*: make* up for; **2.** *v/i.* catch* up (***gegen*** with); **~horchen** *v/i.* prick (up) one's ears; **~lassen** make* *s.o.* sit up; **~hören** *v/i.* stop, end, finish, quit*; ***mit et. ~*** stop (doing) s.th.; ***hör(t) auf!*** stop it!; **~kaufen** *v/t.* buy* up

aufklär|en *v/t.* clear up, *Verbrechen a.* solve; ***j-n ~ über*** inform s.o. about; ***j-n*** (***sexuell***) ~ F tell* s.o. the facts of life; **˞ung** *f* clearing up, solution; information; sex education; *phil.* enlightenment; *mil.* reconnaissance

auf|kleben *v/t.* paste *od.* stick* on; **˞kleber** *m* sticker; **~knöpfen** *v/t.* unbutton

aufkommen *v/i.* come* up; *Mode etc.*: come* into fashion *od.* use; *Zweifel, Gerücht etc.*: arise*; ***~ für*** pay* (for)

aufladen *v/t.* load; *electr.* charge

Auflage *f Buch*: edition; *Zeitung*: circulation

auf|lassen *v/t.* F *Tür etc.*: leave* open; F *Hut*: keep* on; **~lauern** *v/i.*: ***j-m ~*** waylay* s.o.

Auflauf *m* crowd; *Speise*: soufflé, pudding; **˞en** *naut. v/i.* run* aground

auf|leben *v/i.* feel* up (again); (***wieder***) ***~ lassen*** revive; **~legen 1.** *v/t.* put* on, lay* on; **2.** *tel. v/i.* hang* up

auflehn|en *v/t. u. v/refl. stützen*: lean* (***auf*** on); ***sich ~*** rebel, revolt (***gegen*** against); **˞ung** *f* rebellion, revolt

auf|lesen *v/t.* pick up (*a. fig.*); **~leuchten** *v/i.* flash (up); **~listen** *v/t.* list (*a. Computer*); **~lockern** *v/t.* loosen up; *Unterricht etc.*: liven up

auflös|en *v/t.* dissolve; *Rätsel*: solve (*a. math.*); *in s-e Bestandteile*: disintegrate; **˞ung** *f* (dis)solution; disintegration

aufmach|en *v/t.* open; ***sich ~*** set* out; **˞ung** *f* get-up

aufmerksam *adj.* attentive (***auf*** to); *zuvorkommend*: thoughtful; ***j-n ~ machen auf*** call s.o.'s attention to; **˞keit** *f* attention; *Geschenk*: token

aufmuntern *v/t. ermuntern*: encourage; *aufheitern*: cheer up

Aufnahme *f e-r Tätigkeit*: taking up; *Empfang*: reception (*a. Klinik etc.*);

Zulassung: admission; *phot.* photo (-graph); *Ton*≈: recording; *Film*: shooting; ≈**fähig** *adj.* receptive (**für** of); **~gebühr** *f* admission fee; **~prüfung** *f* entrance exam(ination)
aufnehmen *v/t.* take* up (*a. Tätigkeit, Geld*); *aufheben*: pick up; *beherbergen*: put* *s.o.* up; *fassen*: hold*; *geistig*: take* in; *empfangen*: receive; *Schule, Verein*: admit; *phot.* take* a picture of; *Band, Platte*: record; *Ball*: take*; ***es ~ mit*** be* a match for
auf|passen *v/i. Schule etc.*: pay* attention; *vorsichtig sein*: take* care; ***~ auf*** take* care of, look after; *im Auge behalten*: keep* an eye on; ***pass auf!*** look out!; ≈**prall** *m* impact; **~prallen** *v/i.*: ***~ auf*** hit*; **~pumpen** *v/t.* pump up; **~putschen** *v/t.* pep up; ≈**putschmittel** *n* pep pill; **~raffen** *v/refl.*: ***sich ~ zu*** bring o.s. to *do s.th.*; **~räumen** *v/t.* tidy up; *Unfallstelle etc.*: clear
aufrecht *adj. u. adv.* upright (*a. fig.*); **~erhalten** *v/t.* maintain, keep* up
aufreg|en *v/t.* excite, upset*; ***sich ~*** get* excited *od.* upset (**über** about); **~end** *adj.* exciting; ≈**ung** *f* excitement; *Getue*: fuss
auf|reiben *fig. v/t.* wear* down; **~reibend** *adj.* stressful; **~reißen** *v/t.* tear* open; *Tür etc.*: fling* open; *Augen*: open wide; F *j-n*: pick up; **~reizend** *adj.* provocative; **~richten** *v/t.* put* up, raise; ***sich ~*** straighten up; *im Bett*: sit* up
aufrichtig *adj.* sincere; *offen*: frank; ≈**keit** *f* sincerity; frankness
Aufriss *arch. m* elevation
aufrollen *v/t. u. v/refl.* roll up
Aufruf *m* call; *öffentlicher*: appeal (**zu** for); ≈**en** *v/t.* call on (*a. Schule*)
Aufruhr *m Rebellion*: revolt; *Krawall*: riot; *seelisch*: turmoil
aufrühr|en *fig. v/t.* stir up; ≈**er** *m* rebel; rioter; **~erisch** *adj.* rebellious
aufrunden *v/t. Summe*: round off
aufrüst|en *v/t. u. v/i.* (re)arm; ≈**ung** *f* (re)armament
auf|rütteln *fig. v/t.* shake* up, rouse; **~sagen** *v/t.* say*; *Gedicht*: *a.* recite
aufsässig *adj.* rebellious
Aufsatz *m* essay; *Zeitungs*≈: article; *Schul*≈: composition, *Am. a.* theme; *Oberteil*: top
auf|saugen *v/t.* absorb (*a. fig.*); **~scheuern** *v/t.* chafe; **~schichten** *v/t.* pile up; **~schieben** *fig. v/t.* put* off, postpone; *verzögern*: delay
Aufschlag *m Aufprall*: impact; *Zuschlag*: extra charge; *Jacke etc.*: lapel; *Hose*: turnup, *Am.* cuff; *Tennis*: service; ≈**en 1.** *v/t. Buch, Augen etc.*: open; *Zelt*: pitch; *Knie etc.*: cut*; ***Seite 3 ~*** open at page 30; **2.** *v/i. Tennis*: serve; ***auf dem Boden ~*** hit* the ground
auf|schließen *v/t.* unlock, open; **~schlitzen** *v/t.* slit* *od.* rip open; ≈**schluss** *m* information (**über** on); **~schnappen** F *fig. v/t.* pick up; **~schneiden 1.** *v/t.* cut* open; *Fleisch*: cut* up; **2.** F *fig. v/i.* brag, boast, talk big; ≈**schnitt** *m* (slices *pl.* of) cold meat, *Am.* cold cuts *pl.*; **~schnüren** *v/t.* untie; *Schuh*: unlace; **~schrauben** *v/t. öffnen*: unscrew; **~schrecken 1.** *v/t.* startle; **2.** *v/i.* start (up); ≈**schrei** *m* yell; *angstvoll*: scream, outcry (*a. fig.*); **~schreiben** *v/t.* write* down; **~schreien** *v/i.* cry out, scream; ≈**schrift** *f* inscription
Aufschub *m* postponement; *Verzögerung*: delay; *Vertagung*: adjournment; *e-r Frist*: respite
Aufschwung *m Turnen*: swing-up; *fig. bsd. econ.* recovery, upswing; boom
Aufsehen *n*: ***~ erregen*** attract attention; *stärker*: cause a sensation; ***~ erregend*** sensational
Aufseher(in) guard
aufsetz|en *v/t.* put* on; *abfassen*: draw* up; *aviat.* touch down; ***sich ~*** sit* up; ≈**er** *m Sport*: bounce shot
Aufsicht *f* supervision, control; ***~ führen*** *Lehrer*: be* on (break) duty; *bei Prüfungen*: invigilate; *Am.* proctor; **~sbehörde** *f* supervisory board; **~srat** *m* board of directors; supervisory board
auf|sitzen *v/i. Reiter*: mount; **~spannen** *v/t.* stretch; *Schirm*: put* up; *Segel*: spread*; **~sparen** *v/t.* save; **~sperren** *v/t.* unlock; *Mund etc.*: open wide; **~spielen** *v/refl.* show* off; ***sich ~ als*** play; **~spießen** *v/t.* spear; *mit Hörnern*: gore; **~sprin·gen** *v/i.* jump up; *Tür*: fly* open; *Lippen etc.*: chap; **~spüren** *v/t.* track down; **~stacheln**

fig. *v/t.* goad (*s.o. into doing s.th.*) **~stamp·fen** *v/i.* stamp (one's foot)
Auf|stand *m* revolt, rebellion; **²ständisch** *adj.* rebellious; **²e** *pl.* rebels *pl.*
auf|stapeln *v/t.* pile up; **~stechen** *v/t.* puncture, prick open; *med.* lance; **~stecken** *v/t. Haar etc.*: put* up; F *fig.* give* up; **~stehen** *v/i.* get* up, rise*; **~steigen** *v/i.* rise* (*a. fig.*); *auf Pferd, Rad etc.*: get* on; *Beruf, Sport*: be* promoted; *Am. Sport*: be* moved up to a higher division
aufstell|en *v/t.* set* up, put* up; *Wachen*: post; *Falle, Rekord*: set*; *Kandidaten, Spieler*: nominate; *Rechnung*: draw* up; *Liste*: make* up; **²ung** *f* putting up; nomination; *Liste*: list; *Mannschaft*: line-up
Aufstieg *m* ascent; *fig. a.* rise
auf|stöbern *fig. v/t.* ferret out; **~stoßen 1.** *v/t.* push open; **2.** *v/i. rülpsen*: belch
auf|stützen *v/refl.* lean* (***auf*** on); **~suchen** *v/t. Ort*: visit; *Arzt*: see*
Auftakt *m mus.* upbeat; *fig.* prelude
auf|tanken *v/t.* fill up; *aviat.* refuel; **~tauchen** *v/i. erscheinen*: appear; *naut.* surface; **~tauen** *v/t.* thaw; *Speisen*: defrost; **~teilen** *v/t.* divide (up)
Auftrag *m* instructions *pl.*, order (*a. econ.*); *mil.* mission; ***im ~ von*** on behalf of; **²en** *v/t. Speisen*: serve (up); *Farbe etc.*: apply; ***j-m et. ~*** ask (*stärker*: tell*) s.o. to do s.th; F ***dick ~*** exaggerate; **~geber** *m* principal; *Kunde*: customer
auf|treffen *v/i.* strike*, hit*; **~treiben** F *v/t.* get* hold of; *Geld*: raise; **~trennen** *v/t. Naht etc.*: undo*, cut* open
auftreten *v/i. thea. etc.*: appear (***als*** as); *handeln*: behave, act; *vorkommen*: occur
Auftreten *n* appearance; behavio(u)r; *Vorkommen*: occurrence
Auftrieb *m phys.* buoyancy (*a. fig.*); *aviat.* lift; *fig.* impetus
Auftritt *m thea.* entrance; appearance (*a. fig.*); **~sverbot** *m* stage ban
auf|tun *v/refl.* open (*a. fig.*); *Abgrund*: yawn; **~türmen** *v/t.* pile *od.* heap up; ***sich ~*** *Berge etc.*: tower up; *fig.* pile up; **~wachen** *v/i.* wake* up; **~wachsen** *v/i.* grow* up
Auf|wand *m* expenditure (***an*** of), *Geld*: *a.* expense; *Prunk*: pomp; **²wändig** *adj. Leben etc.*: expensive, extravagant
aufwärmen *v/t.* warm up; *fig.* bring* up
aufwärts *adv.* upward(s); ***~ gehen*** *fig.* improve
auf|wecken *v/t.* wake* (up); **~weichen** *v/t.* soften; *Brot etc.*: soak; **~weisen** *v/t.* show*, have*; **~wenden** *v/t.* spend* (***für*** on); ***Mühe ~*** take* pains; **~wendig → *aufwändig*; ~werfen** *v/t.* raise
aufwert|en *v/t. econ.* revalue; *fig.* increase the value of; **²ung** *econ. f* revaluation
aufwickeln *v/t. u. v/refl.* wind* up, roll up; *Haar*: put* in curlers
aufwiegeln *v/t.* stir up, incite, instigate
aufwiegen *fig. v/t.* make* up for
Aufwiegler *m* agitator; *Anstifter*: instigator; **²isch** *adj.* seditious
Aufwind *m meteor.* upwind; ***im ~*** *fig.* on the upswing
aufwirbeln *v/t.* whirl up; *fig.* ***(viel) Staub ~*** make* (quite) a stir
aufwischen *v/t.* wipe up
aufwühlen *fig. v/t.* stir, move
aufzähl|en *v/t.* name (one by one), list; **²ung** *f* enumeration, list
aufzeichn|en *v/t. TV, Funk etc.*: record, tape; *zeichnen*: draw*; **²ung** *f* recording; **~en** *pl. Notizen*: notes *pl.*
auf|zeigen *v/t.* show*; *verdeutlichen*: demonstrate; *Fehler etc.*: point out; **~ziehen 1.** *v/t.* draw* *od.* pull up; *öffnen*: (pull) open; *Kind*: bring* up; *Uhr etc.*: wind* (up); *Bild, Reifen*: mount; ***j-n ~*** tease s.o., F pull s.o.'s leg; **2.** *v/i. Sturm etc.*: come* up
Aufzug *m* lift, *Am.* elevator; *thea.* act; *fig. contp.* get-up
aufzwingen *v/t.*: ***j-m et. ~*** force s.th. upon s.o.
Augapfel *m* eyeball
Auge *n* eye; ***ein blaues ~*** a black eye; ***mit bloßem ~*** with the naked eye; ***mit verbundenen ~n*** blindfold; ***in meinen ~n*** in my view; ***mit anderen ~n*** in a different light; ***aus den ~n verlieren*** lose* sight of; ***ein ~ zudrücken*** turn a blind eye; ***unter vier ~n*** in private; F ***ins ~ gehen*** go* wrong
Augen|arzt *m*, **~ärztin** *f* eye specialist, ophthalmologist; **~blick** *m* moment,

instant; ℒ**blicklich 1.** *adj. gegenwärtig*: present; *sofortig*: immediate; *vorübergehend*: momentary; **2.** *adv.* at present, at the moment; immediately; **~braue** *f* eyebrow; **~licht** *n* eyesight; **~lid** *n* eyelid; **~maß** *n*: ***ein gutes ~*** a sure eye; ***nach dem ~*** by the eye; **~merk** *n*: ***sein ~ richten auf*** turn one's attention to; *fig. a.* have* in view; **~schein** *m* appearance; ***in ~ nehmen*** examine, view, inspect; **~zeuge** *m* eyewitness

August *m* August

Auktion *f* auction; **~ator** *m* auctioneer

Aula *f* (assembly) hall, *Am.* auditorium

aus 1. *prp. u. adv. räumlich*: *mst* out of, from; *Material*: of; *Grund*: out of; *~geschaltet etc.*: out, off; *zu Ende*: over, finished; *Sport*: out; ***~ dem Fenster*** *etc.* out of the window *etc.*; ***~ München*** from Munich; ***~ Holz*** (made) of wood; ***~ Mitleid*** out of pity; ***~ Spaß*** for fun; ***~ Versehen*** by mistake; ***~ diesem Grunde*** for this reason; ***von hier ~*** from here; F: ***von mir ~!*** I don't care!; ***~ der Mode*** out of fashion; ***auf et. ~ sein*** be* out for s.th.; *j-s Geld*: be* after; ***die Schule (das Spiel) ist ~*** school (the game) is over; ***ein/~*** *tech.* on/off; **2.** ℒ *n*: ***im ~*** (*Ball*) out of play

aus|arbeiten *v/t.* work out; *entwerfen*: prepare; **~arten** *v/i.* get* out of hand; **~atmen** *v/t. u. v/i.* breathe out; **~baden** F *v/t.*: ***et. ~ müssen*** take* the rap for s.th.

Ausbau *m Erweiterung*: extension; *Fertigstellung*: completion; *e-s Motors etc.*: removal; ℒ**en** *v/t.* extend; complete; remove; *verbessern*: improve; ℒ**fähig** *adj.*: ***et. ist ~*** there is potential for growth *od.* development

ausbesser|n *v/t.* mend, repair, F *a.* fix; ℒ**ung** *f* repair(ing)

Ausbeut|e *f* gain, profit; *Ertrag*: yield; ℒ**en** *v/t.* exploit (*a. contp.*); **~ung** *f* exploitation

ausbild|en *v/t.* train, instruct; ***j-n ~ zu*** train s.o. to be; ℒ**er(in)** instructor; ℒ**ung** *f* training, instruction

ausbitten *v/t.*: ***sich et. ~*** request s.th.; *energisch*: insist on s.th.

ausbleiben *v/i.* stay out; *Erhofftes*: fail to materialize; *Brief, Hilfe, Regen etc.*: ***... blieb aus*** ... didn't come *od.* happen; ***es konnte nicht ~*** it was inevitable

Ausblick *m* outlook; → ***Aussicht***

ausbrech|en *v/i.* break* out (*a. fig.*); ***in Tränen ~*** burst* into tears; ℒ**er** *m* escaped prisoner

ausbreit|en *v/t.* spread* (out); ***sich ~*** spread*; ℒ**ung** *f* spreading

ausbrennen *v/t.* burn* out

Ausbruch *m Flucht*: escape, breakout; *Feuer, Krieg, Seuche*: outbreak; *Vulkan*: eruption; *Gefühls*ℒ: (out)burst

aus|brüten *v/t.* hatch (*a. fig.*)

Ausdauer *f* perseverance, stamina; *bsd. Sport*: *a.* staying power; ℒ**nd** *adj.* persevering; *Sport*: tireless

ausdehn|en *v/t. u. v/refl.* stretch; *fig.* expand, extend; ℒ**ung** *f* expansion; extension

aus|denken *v/t.* think* *s.th.* up; *erfinden*: invent (*a. fig.*); **~drehen** *v/t.* turn off

Ausdruck *m* expression (*a. Gesichts*ℒ), term; *Computer*: print-out; ℒ**en** *v/t.* print out

ausdrück|en *v/t. Zigarette*: stub out; *äußern, zeigen*: express; **~lich** *adj.* express, explicit

ausdrucks|los *adj.* expressionless; *Gesicht*: *a.* blank; **~voll** *adj. Blick etc.*: expressive; ℒ**weise** *f* language, style

Ausdünstung *f* exhalation; *Schweiß*: perspiration; *Geruch*: odo(u)r

auseinander *adv.* apart; separate(d); ***~bringen*** separate; ***~ gehen*** *Versammlung, Menge*: break* up; *Meinungen*: differ; *sich trennen*: part; *Eheleute*: separate; ***~ halten*** tell* apart; ***~ nehmen*** take* apart (*a. fig.*); ***~ setzen*** explain; ***sich ~ setzen mit*** tackle *s.th.*; argue with *s.o.*; ℒ**setzung** *f Streit*: argument

auserlesen *adj.* choice, exquisite

ausfahr|en 1. *v/i.* go* for a drive *od.* ride; **2.** *v/t.* take* *s.o.* out; *aviat. Fahrwerk*: lower; ℒ**t** *f* drive, ride; *mot.* exit

Ausfall *m tech., mot., Sport*: failure; *Verlust*: loss; ℒ**en** *v/i.* fall* out; *nicht stattfinden*: not take* place, be* cancelled; *tech., mot.* break* down, fail; *Ergebnis*: turn out, prove; ***~ lassen*** cancel; ***die Schule fällt aus*** there is no school

aus|fallend, ~fällig *adj.* insulting

ausfertig|en *v/t. Dokument*: draw* up; *Rechnung etc.*: make* out; ℒ**ung** *f*

drawing up; *Abschrift*: copy; ***in doppelter ~*** in two copies
ausfindig *adj.*: ***~ machen*** find*
ausflippen F *v/i.* freak out
Ausflüchte *pl.* excuses *pl.*
Ausflug *m* trip, excursion, outing
Ausflügler *m* day-tripper
Ausfluss *m* outlet; *med.* discharge
aus|fragen *v/t.* question (***über*** about); *neugierig*: sound out; **~fransen** *v/i.* fray; **~fressen** F *v/t.*: ***et.*** ~ be* up to no good
Ausfuhr *econ. f* export(ation)
ausführ|bar *adj.* practicable; **~en** *v/t.* *j-n*: take* out; *et.*: carry out; *econ.* export; *darlegen*: explain
ausführlich 1. *adj.* detailed; *umfassend*: comprehensive; **2.** *adv.* in detail; **&keit** *f*: ***in aller ~*** in great detail
Ausführung *f* execution, performance; *Typ*: type, model, design
ausfüllen *v/t.* *Formular*: fill in (*Am.* out)
Ausgabe *f* *Verteilung*: distribution; *Buch etc.*: edition; *Geld*: expense; *Zeitschrift*: issue; *Computer*: output
Ausgang *m* exit, way out; *Ende*: end; *Ergebnis*: result, outcome; *tech., electr.* output, outlet; **~spunkt** *m* starting point; **~ssperre** *pol. f* curfew
ausgeben *v/t.* give* out; *Geld*: spend*; F ***j-m e-n ~*** buy* s.o. a drink; ***sich ~ als*** pass o.s. off as
ausge|beult *adj.* baggy; **~bildet** *adj.* trained, skilled; **~bucht** *adj.* booked up; **~dehnt** *adj.* extensive; **~dient** *adj.*: ***~ haben*** *fig.* have* had its day; **~fallen** *adj.* odd, unusual; **~glichen** *adj.* (well-)balanced
ausgehen *v/i.* go* out; *enden*: end; *Haare*: fall* out; *Geld, Vorräte*: run* out; ***leer ~*** get* nothing; ***~ von*** start from *od.* at; *herrühren*: come from; ***davon ~, dass*** assume that; ***ihm ging das Geld aus*** he ran out of money
ausge|kocht *fig. adj.* cunning; *Schwindler etc.*: out-and-out; **lassen** *fig. adj.* cheerful; *stärker*: hilarious; **~macht** *adj.* *Ort etc.*: agreed(-on); *Unsinn etc.*: downright; **~nommen** *prp.* with the exception of; **~prägt** *adj.* marked, pronounced; **~rechnet** *adv.*: ***~ er*** he of all people; ***~ heute*** today of all days; **~schlossen** out of the question; **~storben** *adj.* extinct
ausge|sucht *fig. adj.* select, choice; **~wachsen** *adj.* full-grown; **~waschen** *adj.*: ***~e Jeans*** faded jeans; **~wogen** *adj.* (well-)balanced; **~zeichnet** *adj.* excellent
ausgiebig *adj.* extensive, thorough; *Mahlzeit*: substantial
ausgießen *v/t.* pour out
Ausgleich *m* compensation; *Sport*: equalization, *Am.* even score; *Tennis*: deuce; **&en** *v/t. u. v/i.* equalize (*Brt. a. Sport*); *econ.* balance; *Am. Sport*: make* the score even; *Verlust*: compensate; **~ssport** *m* remedial exercises *pl.*; **~stor** *n*, **~streffer** *m* equalizer, *Am.* tying point
aus|graben *v/t.* dig* out *od.* up (*a. fig.*); **&grabungen** *pl.* excavations *pl.*; **~grenzen** *v/t.* isolate *s.o.*
Ausguss *m* (kitchen) sink
aus|halten 1. *v/t.* bear*, stand*; *Liebhaber*: keep; ***nicht auszuhalten sein*** be unbearable; **2.** *v/i.* hold out; **~händigen** *v/t.* hand over
Aushang *m* notice; *formell*: bulletin
aushänge|n *v/t.* hang* out, put* up; *Tür*: unhinge; **&schild** *fig. n* figurehead
aus|heben *v/t.* *Graben*: dig*; *Spielhölle etc.*: bust, raid; **~helfen** *v/i.* help out
Aushilf|e *f* (temporary) help; **~s...** *in Zssgn Kellner etc.*: temporary
aus|holen *v/i.*: ***zum Schlag ~*** swing* (to strike); ***mit der Axt ~*** raise the axe; *fig.* ***weit ~*** go* far back; **~horchen** *v/t.* sound (***über*** on); **~hungern** *v/t.* starve out; **~kennen** *v/refl.*: ***sich ~*** (***in***) know* one's way (about); *fig.* know* a lot (about), be* at home (in); **&klang** *m* end; **~klingen** *v/i.* *Fest*: draw* to a close; **~klopfen** *v/t.* *Pfeife*: knock out
auskommen *v/i.* get* by; ***~ mit*** *et.*: manage with; *j-m*: get* along with
Auskommen *n*: ***sein ~ haben*** make* one's living
auskundschaften *v/t.* explore; *mil.* scout; *fig.* find* out (about)
Auskunft *f* information; *Schalter*: information desk; *tel.* inquiries *pl.*
aus|lachen *v/t.* laugh at (***wegen*** for); **~laden** *v/t.* unload
Auslage *f* window display; **~n** *pl.* expenses *pl.*

Aus|land *n*: ***das*** **~** foreign countries *pl.*; ***ins*** **~**, ***im*** **~** abroad; **~länder(in)** foreigner; **~länderfeindlichkeit** *f*, **~länderhass** *m* hostility to foreigners, xenophobia; **≈ländisch** *adj.* foreign; **≈landsgespräch** *n* international call; **~landskorrespondent(in)** foreign correspondent

auslass|en *v/t.* leave* out; *Fett*: melt; *Saum etc.*: let* out; ***s-n Zorn an j-m*** **~** take* it out on s.o.; ***sich*** **~** ***über*** express o.s. on; **≈ung** *f* omission; **≈ungszeichen** *gr. n* apostrophe

Auslauf *m* room to move about; *Hund*: exercise; **≈en** *v/i. naut.* leave* port; *Gefäß*: leak; *Flüssigkeit*: run* out

Ausläufer *m meteor. Hoch*: ridge; *Tief*: trough; *geogr. pl.* foothills *pl.*

Auslaufmodell *econ. n* discontinued *od.* phase-out (*Am.* close-out) model

ausleg|en *v/t.* lay* out; *mit Teppichboden*: carpet; *mit Papier etc.*: line; *Waren*: display; *deuten*: interpret; *Geld*: advance; **≈ung** *f* interpretation

aus|leihen *v/t. verleihen*: lend* (out), loan; *sich* **~**: borrow; **~lernen** *v/i.* complete one's training; ***man lernt nie aus*** we live and learn

Auslese *f* choice, selection; *fig.* pick; **≈n** *v/t.* pick out, select; *Buch*: finish

ausliefer|n *v/t.* hand *od.* turn over, deliver (up); *pol.* extradite; **≈ung** *f* delivery; extradition

aus|liegen *v/i.* be* laid out; **~löschen** *v/t.* put* out; *fig.* wipe out; **~losen** *v/t.* draw* (lots) for

auslös|en *v/t. tech.*, *Alarm etc.*: release; *Gefangene*, *Pfand*: redeem; *verursachen*: cause, start, trigger *s.th.* off; ; **≈er** *m* (*phot.* shutter) release; trigger

aus|machen *v/t. Feuer etc.*: put* out; *Licht etc.*: turn off; *Termin etc.*: arrange; *Preis etc.*: agree on; *Teil*: make* up; *Betrag*: amount to; *Streit*: settle; *sichten*: sight, spot; ***macht es Ihnen et. aus*** (***, wenn***...)***?*** do you mind (if ...)?; ***es macht mir nichts aus*** I don't mind; ***das macht*** (***gar***) ***nichts aus*** that doesn't matter (at all); **~malen** *v/t.* paint; ***sich et.*** **~** imagine s.th.

Ausmaß *n* extent; **~e** *pl.* proportions *pl.*

aus|merzen *v/t.* eliminate; **~messen** *v/t.* measure

Ausnahm|e *f* exception; **~ezustand** *pol. m* state of emergency; **≈slos** *adv.* without exception; **≈sweise** *adv.* by way of exception; just this once

ausnehmen *v/t. Fisch etc.*: clean; *ausschließen*: except; F *finanziell*: fleece; **~d** *adv.* exceptionally

aus|nutzen *v/t.* use; take* advantage of (*a. contp.*); *ausbeuten*: exploit; **~packen 1.** *v/t.* unpack; **2.** *v/i.* F *fig.* talk; **~pfeifen** *v/t.* boo, hiss; **~plaudern** *v/t.* blab *od.* let* out; **~plündern** *v/t.* plunder, rob; **~probieren** *v/t.* try (out), test

Auspuff *mot. m* exhaust; **~gase** *mot. pl.* exhaust fumes *pl.*; **~rohr** *mot. n* exhaust pipe; **~topf** *mot. m* silencer, *bsd. Am.* muffler

aus|quartieren *v/t.* move out; **~radieren** *v/t.* erase; *fig.* wipe out; **~rangieren** *v/t.* discard; **~rauben** *v/t.* rob; **~räumen** *v/t.* empty; *Zimmer*, *Möbel*: clear out; *fig. Zweifel etc.*: clear up; **rechnen** *v/t.* work out

Ausrede *f* excuse; **≈n 1.** *v/i.* finish speaking; **~** ***lassen*** hear* *s.o.* out; ***lassen Sie mich*** **~*!*** don't interrupt me!; **2.** *v/t.*: ***j-m et.*** **~** talk s.o. out of s.th.

ausreichen *v/t.* be* enough; **~d** *adj.* sufficient, enough; *Zensur*: (barely) passing, only average, weak, D

Ausreise *f* departure; **≈n** *v/i.* leave* (a *od.* one's country); **~visum** *n* exit visa

ausreiß|en 1. *v/t.* pull *od.* tear* out; **2.** F *v/i.* run* away; **≈er(in)** runaway

aus|renken *v/t.* dislocate; **~richten** *v/t. j-m et..*: tell* *s.o. s.th.*; *Botschaft*: deliver; *erreichen*: accomplish; *Fest*: arrange; ***richte ihr e-n Gruß von mir aus!*** give her my regards!; ***kann ich et.*** **~*?*** can I take a message?

ausrott|en *v/t.* exterminate; **≈ung** *f* extermination; *bsd. Tierart*: extinction

ausrücken *v/i.* F run away; *mil.* march out

Ausruf *m* cry, shout; **≈en** *v/t.* cry, shout, exclaim; *Namen etc.*: call out; *pol.* proclaim; **~ung** *pol. f* proclamation; **~ungszeichen** *n* exclamation mark

ausruhen *v/i.*, *v/t. u. v/refl.* rest

ausrüst|en *v/t.* equip; **≈ung** *f* equipment

ausrutschen *v/i.* slip

Aussage *f* statement; *jur.* evidence; **≈n** *v/t.* state, declare; *jur.* testify

aus|schalten *v/t.* switch off; *fig.* eliminate; **~schauen** *v/i.*: **~ nach** be* on the look-out for, watch for
ausscheid|en 1. *v/i.* be* ruled out; *Sport etc.*: drop out (**aus** of); *Amt*: retire (**aus** from); **~ aus** *Firma*: leave*; **2.** *v/t.* eliminate; *med. etc.*: secrete, exude; **2ung** *f* elimination (*a. Sport*); *med.* secretion; **2ungs...** *in Zssgn Spiel etc.*: qualifying
aus|schelten, ~schimpfen *v/t.* scold (**wegen** for); **~schlachten** *fig. v/t. Auto etc.*: salvage, *Brt. a.* cannibalize; *contp.* exploit; **~schlafen 1.** *v/i.* sleep* in; **2.** *v/t.*: **s-n Rausch ~** sleep* it off
Ausschlag *m med.* rash; *Zeiger*: deflection; **den ~ geben** decide it; **2en 1.** *v/t. Zahn etc.*: knock out; *fig.* refuse, decline; **2.** *v/i. Pferd*: kick; *bot.* bud; *Zeiger*: deflect; **2gebend** *adj.* decisive
ausschließ|en *v/t.* lock out; *fig.* exclude; *ausstoßen*: expel; *Sport*: disqualify; **~lich** *adj.* exclusive
Ausschluss *m* exclusion; *Schule etc.*: expulsion; *Sport*: disqualification; **unter ~ der Öffentlichkeit** in closed session
aus|schmücken *v/t.* decorate; *fig.* embellish; **~schneiden** *v/t.* cut* out
Ausschnitt *m Kleidung*: neck; *Zeitungs2*: cutting, *Am.* clipping; *fig.* part; *Buch, Rede*: extract; **mit tiefem ~** low-necked
ausschreib|en *v/t.* write* out (*a. Scheck etc.*); *Stelle etc.*: advertise; **2ung** *f* advertisement
Ausschreitungen *pl.* violence *sg.*; riots *pl.*
Ausschuss *m* committee, board; *Abfall*: refuse, waste, rejects *pl.*
aus|schütteln *v/t.* shake* out; **~schütten** *v/t.* pour out (*a. fig.*); *verschütten*: spill*; *econ.* pay; **sich vor Lachen ~** split* one's sides
ausschweif|end *adj.* dissolute; **2ung** *f* debauchery, excess
aussehen *v/i.* look; **krank (traurig) ~** look ill (sad); **~ wie** look like; **wie sieht er aus?** what does he look like?
Aussehen *n* look(s *pl.*), appearance
aussein → aus
außen *adv.* outside; **nach ~ (hin)** outward(s); *fig.* outwardly; **~ vor lassen** *fig.* leave* aside; **2bordmotor** *m* outboard motor
aussenden *v/t.* send* out
Außen|dienst *m* field service; **~handel** *m* foreign trade; **~minister** *m Brt.* Foreign Secretary, *Am.* Secretary of State; **~ministerium** *n Brt.* Foreign Office, *Am.* State Department; **~politik** *f* foreign affairs *pl.*; *bestimmte*: foreign policy; **2politisch** *adj.* foreign-policy; **~seite** *f* outside; **~seiter** *m* outsider; **~spiegel** *mot. m* outside rear-view mirror; **~stände** *econ. pl.* receivables *pl.*; **~stelle** *f* branch; **~stürmer** *m Sport*: winger; **~welt** *f* outside world
außer 1. *prp.* out of; *neben*: beside(s), *Am.* aside from; *ausgenommen*: except; **~ sich sein** be beside o.s. (**vor Freude** with joy); **alle ~ e-m** all but one; → **Betrieb, Gefahr** *etc.*; **2.** *cj.*: **~ dass** except that; **~ wenn** unless; **~dem** *cj.* besides, moreover
äußere *adj.* exterior, outer, outward
Äußere *n* exterior, outside; *Erscheinung*: (outward) appearance
außer|gewöhnlich *adj.* unusual: **~halb** *prp. u. adv.* outside; out of; *jenseits*: beyond; **~irdisch** *adj.* extraterrestrial
äußerlich *adj.* external, outward; **2keit** *f Formalität*: formality; minor detail
äußern *v/t.* utter, express; **sich ~** say s.th.; **sich ~ zu *od.* über** express o.s. on
außer|ordentlich *adj.* extraordinary; **~planmäßig** *adj.* unscheduled
äußerst 1. *adj.* outermost; *fig.* extreme; **im ~en Fall** at (the) worst; *höchstens*: at (the) most **2.** *adv.* extremely
außerstande *adj.* → **Stand**
Äußerung *f* utterance, remark
aussetz|en 1. *v/t. Kind, Tier*: abandon; *mit dat.*: expose to; *Preis etc.*: offer; **et. auszusetzen haben an** find* fault with; **2.** *v/i.* stop, break* off; *Motor etc.*: fail; *Herz*: miss a beat
Aussicht *f* view (**auf** of); *fig.* prospect (of), chance (**auf Erfolg** of success); **2slos** *adj.* hopeless, desperate; **~spunkt** *m* vantage point; **2sreich** *adj.* promising; **~sturm** *m* lookout tower
Aussiedler *m* resettler, evacuee
aussitzen *v/t.* sit *s.th.* out
aussöhn|en *v/refl.*: **sich ~ (mit)** be-

come* reconciled (with), F make* it up (with); **ꝰung** *f* reconciliation
aus|sondern, ~sortieren *v/t.* sort out; **~spannen 1.** *v/t. Zugtier*: unharness; F *fig.* pinch; **2.** *fig. v/i.* (take* a) rest, relax
aussperr|en *v/t.* lock out (*a. Arbeiter*); **ꝰung** *f* lock-out
aus|spielen 1. *v/t. Karte*: play; ***j-n gegen j-n ~*** play s.o. off against s.o.; **2.** *v/i. Kartenspiel*: lead*; ***er hat ausgespielt*** *fig.* he is done for; **~spionieren** *v/t.* spy out
Aussprache *f* pronunciation; discussion; *private* heart-to-heart (talk)
aussprechen *v/t.* pronounce; *Meinung etc.*: express; ***sich ~ für (gegen)*** speak* for (against); ***sich mit j-m gründlich ~*** have* a heart-to-heart talk with s.o.; → ***ausreden***
Ausspruch *m* saying; *Bemerkung*: remark
aus|spucken *v/i. u. v/t.* spit* out; **~spülen** *v/t.* rinse
Ausstand *m* strike, F walkout
ausstatt|en *v/t.* fit out, equip, furnish; **ꝰung** *f* equipment, furnishings *pl.*; design
aus|stechen *v/t.* cut* out (*a. fig.*); *Auge*: put* out; **~stehen 1.** *v/t. Schmerzen etc.*: stand*, endure; F ***ich kann ihn (es) nicht ~*** I can't stand him (it); **2.** *v/i.* (***noch***) ~ be* outstanding *od.* overdue; **~steigen** *v/i.* get* out (***aus*** of); (*a.* ~ ***aus***) *Zug, Bus*: get* off; *fig.* drop out; **ꝰsteiger** F *m* drop-out
ausstell|en *v/t.* exhibit, display, show*; *Scheck etc.*: make* out; *Pass etc.*: issue; **ꝰer** *m* exhibitor; issuer; *Scheck*: drawer; **ꝰung** *f* exhibition, show
aussterben *v/i.* die out, become* extinct (*beide a. fig.*)
Aussteuer *f* trousseau; *Mitgift*: dowry
aussteuer|n *electr. v/t.* modulate; **ꝰung** *electr. f* modulation; level control
Ausstieg *m* exit; *fig.* withdrawal (***aus*** from)
ausstopfen *v/t.* stuff; *auspolstern*: pad
Ausstoß *m tech., phys.* discharge, ejection; *Leistung*: output; **ꝰen** *v/t. tech, phys.* give* off, eject, emit; *econ.* turn out; *Schrei, Seufzer*: give*; *ausschließen*: expel; **~ung** *f* expulsion
aus|strahlen *v/t. Wärme, Glück etc.*: radiate; *TV, Funk*: broadcast*, transmit; **ꝰstrahlung** *f* radiation; broadcast; *fig.* magnetism, charisma; **~strecken** *v/t.* stretch (out); **~streichen** *v/t.* strike* out; **~strömen** *v/i.* escape (***aus*** from); **~suchen** *v/t.* choose*, pick
Austausch *m* exchange (*a. in Zssgn Schüler etc.*); **ꝰbar** *adj.* exchangeable; **ꝰen** *v/t.* exchange (***gegen*** for)
austeil|en *v/t.* distribute, hand out; *Karten, Schläge*: deal* (out)
Auster *zo. f* oyster
austoben *v/refl.* let* off steam
austrag|en *v/t. Briefe etc.*: deliver; *Streit etc.*: settle; *Wettkampf etc.*: hold*; ***das Kind ~*** (*nicht abtreiben*) have* the baby; **ꝰungsort** *m Sport*: venue
Austral|ien Australia; **~ier(in), ꝰisch** *adj.* Australian
austreib|en *v/t. Teufel*: exorcise; F ***j-m et. ~*** cure s.o. of s.th.
aus|treten 1. *v/t. Feuer*: tread* *od.* stamp out; *Schuhe*: wear* out; **2.** *v/i. entweichen*: escape (***aus*** from); F go* to the toilet (*Am.* bathroom); ~ ***aus*** *Verein etc.*: leave*; *formell*: resign from; **~trinken** *v/t.* drink* up; *leeren*: empty; **ꝰtritt** *m* leaving (*a. Schule*); resignation; escape; **~trocknen** *v/t. u. v/i.* dry up
ausüb|en *v/t. Beruf, Sport*: practi|se, *Am.* -ce; *Amt*: hold*; *Macht*: exercise; *Druck*: exert; **ꝰung** *f* practice; exercise
Ausverkauf *econ. m* (clearance) sale; **ꝰt** *econ., thea. adj.* sold out; ***vor ~em Haus spielen*** play to a full house
Auswahl *f* choice, selection (*beide a. econ.*); *Sport*: representative team
auswählen *v/t.* choose*, select
Auswander|er *m* emigrant; **ꝰn** *v/i.* emigrate; **~ung** *f* emigration
auswärt|ig *adj.* out-of-town; *pol.* foreign; ***das Auswärtige Amt*** → ***Außenministerium***; **~s** *adv.* out of town; ~ ***essen*** eat* out; **ꝰssieg** *m Sport*: away victory; **ꝰsspiel** *n* away game
auswechs|eln *v/t.* exchange (***gegen*** for); *Rad etc.*: change; *ersetzen*: replace; *Sport*: ***A gegen B ~*** substitute B for A; ***wie ausgewechselt*** (like) a different person; **ꝰelspieler(in)** substitute

Ausweg *m* way out; **≈los** *adj.* hopeless; **~losigkeit** *f* hopelessness
ausweichen *v/i.* make* way (*dat.* for); *fig. j-m*: avoid; *e-r Frage*: evade; **~d** *adj.* evasive
ausweinen *v/refl.* have* a good cry
Ausweis *m* identification (card); *Mitglieds≈ etc.*: card; **≈en** *v/t.* expel; ***sich*** **~** identify o.s.; **~papiere** *pl.* documents *pl.*; **~ung** *f* expulsion
ausweiten *fig. v/t.* expand
auswendig *adv.* by heart; ***et.* ~ *können*** know* s.th. by heart; **~ *lernen*** memorize; learn* by heart
aus|werfen *v/t.* throw* out (*a. Daten*); *bsd. Anker*: cast*; *tech.* eject; **~werten** *v/t. Daten etc.*: evaluate, analyze, interpret; *ausnützen*: utilize, exploit; **≈wertung** *f* evaluation; utilization; **~wickeln** *v/t.* unwrap; **~wirken** *v/refl.*: ***sich* ~ *auf*** affect; ***sich positiv* ~** have* a favo(u)rable effect; **≈wirkung** *f* effect; **~wischen** *v/t.* wipe out; F ***j-m eins* ~** do* a number on s.o.; **~wringen** *v/t.* wring* out; **≈wuchs** *m* excess; **~wuchten** *tech. v/t.* balance
aus|zahlen *v/t.* pay* (out); *j-n*: pay* off; ***sich* ~** pay*; **~zählen** *v/t.* count; *Boxer*: count out
Auszahlung *f* payment; paying off
auszeichn|en *v/t. Ware*: price, mark (out); ***sich* ~** distinguish o.s.; ***j-n mit et.* ~** award s.th. to s.o.; **≈ung** *f* marking; *fig.* distinction, hono(u)r; *Preis*: award; *Orden*: decoration
auszieh|en 1. *v/t. Kleidung*: take* off; *Tisch, Antenne*: pull out; ***sich* ~** undress; **2.** *v/i.* move out
Auszubildende(r) apprentice, trainee
Auszug *m* move, removal; *aus e-m Buch etc.*: extract, excerpt; *Konto≈*: statement (of account)
authentisch *adj.* authentic, genuine
Autis|mus *psych. m* autism; **≈tisch** *adj.* autistic
Auto *n* car, *bsd. Am. a.* (auto)mobile; (***mit dem***) **~ *fahren*** drive*, go* by car
Autobahn *f Brt.* motorway; *Am.* expressway; **~dreieck** *n* interchange; **~gebühr** *f* toll; **≈kreuz** *n* interchange
Autobiographie *f* autobiography
Auto|bombe *f* car bomb; **~bus** *m* → ***Bus***; **~fähre** *f* car ferry **~fahrer** *m* motorist, driver; **≈fahrt** *f* drive; **~friedhof** F *m* scrapyard, *Am.* auto junkyard
autogen *psych. adj.*: **~*es Training*** relaxation exercises *pl.*
Autogramm *n* autograph; **~jäger** *m* autograph hunter
Auto|karte *f* road map; **~kino** *n* drive-in cinema (*Am.* theater)
Automat *m* vending (*Brt. a.* slot) machine; *tech.* robot; ⚠ *nicht* ***automat***; → ***Spielautomat***; **~ik** *tech f* automatic (system *od.* control); *mot.* automatic transmission; *Wagen*: automatic; **~ion** *f* automation; **≈isch** *adj.* automatic
Auto|mechaniker *m* car *od.* garage (*Am.* auto) mechanic; **~mobil** *n* → ***Auto***
autonom *adj.* autonomous
Autonummer *f* licen|ce (*Am.* -se) number
Autor *m* author
Autoreparaturwerkstatt *f* car repair shop, garage
Autorin *f* author(ess)
autori|sieren *v/t.* authorize; **~tär** *adj.* authoritarian; **≈tät** *f* authority
Auto|telefon *n* car phone; **~vermietung** *f* car hire (*Am.* rental) service; **~waschanlage** *f* car wash
Axt *f* ax(e)

B

Bach *m* brook, stream, *Am. a.* creek
Backblech *n* baking sheet
Backbord *naut. n* port (*a. in Zssgn*)
Backe *f* cheek
backen *v/t. u. v/i.* bake; *südd.* fry
Backenzahn *m* molar (tooth)

Bäcker *m* baker; ***beim ~*** at the baker's; **~ei** *f* bakery, baker's (shop)

Back|form *f* baking tin; **~hendl** *östr. n* fried chicken; **~obst** *n* dried fruit; **~ofen** *m* oven; **~pflaume** *f* prune; **~pulver** *n* baking powder; **~stein** *m* brick; **~waren** *pl.* breads *pl.* and pastries *pl.*

Bad *n* bath; *im Freien*: swim, *Brt. a.* bathe; bath(room); → ***Badeort***; ***ein ~ nehmen*** → ***baden*** 1

Bade|anstalt *f* swimming pool, public baths *pl.*; **~anzug** *m* swimsuit; **~hose** *f* bathing-trunks *pl.*; **~kappe** *f* bathing cap; **~mantel** *m* bathrobe; **~meister** *m* pool *od.* bath attendant

baden 1. *v/i.* take* *od.* have* a bath, *Am. a.* bathe; *im Freien*: swim*, *bsd. Brt. a.* bathe; ***~ gehen*** go* swimming; **2.** *v/t. Wunde etc.* bathe; *Baby*: *Brt. a.* bath

Bade|ort *m* seaside resort; *Kurbad*: health resort; **~tuch** *n* bath towel; **~wanne** *f* bathtub; **~zimmer** *n* bath(room)

baff *adj.*: F ***~ sein*** be* flabbergasted

Bafög *n* : ***~ erhalten*** get* a grant

Bagatell|e *f* trifle; **~schaden** *m* superficial damage

Bagger *m* excavator; *Schwimm*&: dredge(r); **&n** *v/i.* excavate; dredge

Bahn *f* railway, *Am.* railroad; *Zug*: train; *Weg*, *Kurs*: way, path, course; *Sport*: track; course; ***mit der ~*** by rail; ***~ frei!*** make way!; *Zssgn* → *a.* ***Eisenbahn***; **&brechend** *adj.* epoch-making; **~damm** *m* railway (*Am.* railroad) embankment

bahnen *v/t.*: ***den Weg ~*** clear the way (*dat.* for *s.o. od. s.th.*); ***sich e-n Weg ~*** force *od.* work one's way

Bahn|hof *m* (railway, *Am.* railroad) station; **~linie** *f* railway (*Am.* railroad) line; **~steig** *m* platform; **~übergang** *m* level (*Am.* grade) crossing

Bahre *f* stretcher; *Toten*&: bier

Baisse *econ. f* fall, slump

Bajonett *mil. n* bayonet

Bakterien *pl.* germs *pl.*, bacteria *pl.*

balancieren *v/t. u. v/i.* balance

bald *adv.* soon; F *beinahe*: almost, nearly; ***so ~ wie möglich*** as soon as possible; **~ig** *adj.* speedy; ***~e Antwort*** *econ.* early reply; ***auf*** **(*ein*)** ***~es Wiedersehen!*** see you again soon!

balgen *v/refl.* scuffle (***um*** for)

Balken *m* beam

Balkon *m* balcony; **~tür** *f* French window

Ball *m* ball; *Tanz*&: *a.* dance; ***am ~ sein*** *Sport* have* the ball; ***am ~ bleiben*** *fig.* stick* to it

Ballade *f* ballad

Ballast *m* ballast; *fig. a.* burden; **~stoffe** *pl.* roughage *sg.*, bulk *sg.*

ballen *v/t. Faust*: clench

Ballen *m* bale; *anat.* ball

Ballett *n* ballet

Ballon *m* balloon

Ballungs|raum *m*, **~zentrum** *n* congested area, conurbation

Balsam *m* balm (*a. fig.*)

Bambus *m* bamboo; **~rohr** *n* bamboo (cane)

banal *adj.* banal, trite

Banane *f* banana; **~nrepublik** *f* banana republic

Banause *m* philistine

Band[1] *n Zier*&: ribbon; *Mess*&, *Ton*&, *Ziel*&: *tape*; *Hut*&: band; *anat.* ligament; *fig.* tie, link; ***auf ~ aufnehmen*** tape; ***am laufenden ~*** *fig.* continuously

Band[2] *m* volume

Bandag|e *f* bandage; **&ieren** *v/t.* bandage (up)

Bandbreite *f electr.* bandwidth; *fig.* range

Bande *f* gang; *Billard*: cushions *pl.*; *Eishockey*: boards *pl.*; *Kegeln*: gutter

Bänderriss *med. m* torn ligament

bändigen *v/t. Tier*: tame (*a. fig.*); *Kinder, Zorn etc.*: restrain, control

Bandit *m* bandit, outlaw

Band|maß *n* tape measure; **~säge** *f* band-saw; **~scheibe** *anat. f* (intervertebral) dis|c, *Am.* -k; **~scheibenschaden** *m*, **~scheibenvorfall** *med. m* slipped disc; **~wurm** *zo. m* tapeworm

bang|(e) *adj.* afraid; *besorgt*: anxious; **&e** *f*: ***keine ~!*** (have) no fear!; ***j-m ~ machen*** frighten *od.* scare s.o.; **~en** *v/i.* be* anxious *od.* worried (***um*** about)

Bank[1] *f* bench; *Schul*&: desk; F ***durch die ~*** without exception; ***auf die lange ~ schieben*** put* off

Bank[2] *econ. f* bank; ***auf der ~*** in the bank; **~angestellte(r)** bank clerk *od.* employee; **~automat** *m* → ***Geldautomat***; **~einlage** *f* deposit

Bankett *n* banquet
Bankgeschäfte *econ. pl.* banking transactions *pl.*
Bankier *m* banker
Bank|konto *n* bank(ing) account; **~leitzahl** *f* bank (sorting) code, *Am.* A.B.A. number; **~note** *f* (bank) note, *Am. a.* bill; **~raub** *m* bank robbery
bankrott *adj.* bankrupt
Bankrott *m* bankruptcy; ~ ***machen*** go* bankrupt
Bankverbindung *f* account(s *pl.*), account details *pl.*
Bann *m* ban; *Zauber*: spell; **≈en** *v/t.* ward off; (***wie***) ***gebannt*** spellbound
Banner *n* banner (*a. fig.*)
bar *adj. econ.* (in) cash; *bloß*: bare; *rein*: pure; ***gegen*** ~ for cash
Bar *f* bar; nightclub
Bär *zo. m* bear
Baracke *f* hut; *contp.* shack; ⚠ *nicht* ***barrack***
Barbar *m* barbarian; **≈isch** *adj.* barbarous; *Verbrechen etc.*: *a.* atrocious
Bardame *f* barmaid
barfuß *adj. u. adv.* barefoot
Bargeld *n* cash; **≈los** *adj.* noncash
Barhocker *m* bar stool
Bariton *mus. m* baritone
Barkasse *naut. f* launch
barmherzig *adj.* merciful; *mild*: charitable; **≈keit** *f* mercy; charity
Barmixer *m* barman
Barometer *n* barometer
Baron *m* baron; **~in** *f* baroness
Barren *m* bar, ingot; *Gold-, Silber≈ pl.*: *a.* bullion *sg.*; *Sport*: parallel bars *pl.*
Barriere *f* barrier
Barrikade *f* barricade
Barsch *zo. m* perch
barsch *adj.* rough, gruff, brusque
Barscheck *econ. m* open cheque, *Am.* (negotiable) check
Bart *m* beard; *Schlüssel≈*: bit; ***sich e-n ~ wachsen lassen*** grow* a beard
bärtig *adj.* bearded
Barzahlung *f* cash payment
Basar *m* bazaar
Base *f chem.* base; *Kusine*: cousin
basieren *v/i.*: ~ ***auf*** be* based on
Basis *f* basis; *mil., arch.* base
Baskenmütze *f* beret
Bass *mus. m* bass (*a. in Zssgn*)
Bassin *n* basin; (swimming) pool
Bassist *mus. m* bass singer *od.* player
Bast *m* bast; *am Geweih*: velvet
Bastard *m biol.* hybrid; *Hund*: mongrel; V bastard
bast|eln *v/t.* **1.** *v/i.* make* *od.* repair things o.s.; **2.** build*, make*; **≈ler** *m* home handyman, do-it-yourselfer
Batik *m, f* batik
Batist *m* cambric
Batterie *mil., electr. f* battery
Bau *m Vorgang*: building, construction; *Körper≈ etc.*: build, frame; *Gebäude*: building; *Tier≈*: hole; *e-s Raubtiers*: den; ***im*** ~ under construction; **~arbeiten** *pl.* construction work *sg.*; *Straße*: road works *pl.*; **~arbeiter** *m* construction worker; **~art** *f* style (of construction); *Typ*: type, model
Bauch *m* belly (*a. fig.*); *anat.* abdomen; F tummy; **≈ig** *adj.* bulgy; **~landung** *f* belly landing; **~redner** *m* ventriloquist; **~schmerzen** *pl.* stomach-ache *sg.*; **~tanz** *m* belly dancing
bauen 1. *v/t.* build*, construct, *Instrument, Möbel etc.*: *a.* make*; **2.** *fig. v/i.*: ~ ***auf*** rely *od.* count on
Bauer[1] *m* farmer; *Schach*: pawn
Bauer[2] *n, m Vogel≈*: (bird)cage
Bäuerin *f* farmer's wife, farmer
bäuerlich *adj.* rural; *Stil*: rustic
Bauern|fänger *contp. m* trickster, con man; **~haus** *n* farmhouse; **~hof** *m* farm; **~möbel** *pl.* rustic furniture *sg.*
bau|fällig *adj.* dilapidated; **≈firma** *f* builders and contractors *pl.*; **≈genehmigung** *f* building permit; **≈gerüst** *n* scaffold(ing); **≈herr** *m* owner; **≈holz** *n* timber, *Am. a.* lumber; **≈ingenieur** *m* civil engineer; **≈jahr** *n* year of construction; ~ ***1995*** 1995 model; **≈kasten** *m* box of bricks (*Am.* building blocks); *technischer*: construction set; *Modell≈*: kit; **≈leiter** *m* building supervisor; **~lich** *adj.* structural
Baum *m* tree
Baumarkt *m* do-it-yourself superstore
baumeln *v/i.* dangle, swing*; ***mit den Beinen*** ~ dangle one's legs
Baum|schule *f* nursery; **~stamm** *m* trunk; *gefällter*: log; **~wolle** *f* cotton
Bau|plan *m* architectural drawing; blueprints *pl.*; **~platz** *m* building site
Bausch *m* wad, ball; ***in ~ und Bogen*** lock, stock and barrel

Bausparkasse *f* building society, *Am.* building and loan association
Bau|stein *m* brick; *Spielzeug*: (building) block; *fig.* element; **~stelle** *f* building site; *mot.* roadworks *pl.*, *Am.* construction zone; **~stil** *m* (architectural) style; **~stoff** *m* building material; **~techniker** *m* engineer; **~teil** *n* component (part), unit, module; **~unternehmer** *m* building contractor; **~vorschriften** *pl.* building regulations *pl.*; **~werk** *n* building; **~zaun** *m* hoarding; **~zeichner** *m* draughtsman, *Am.* draftsman
Bayern Bavaria
Bay|er(in), ⁓(e)risch *adj.* Bavarian
Bazillus *m* bacillus, germ
beabsichtigen *v/t.* intend, plan; ***es war beabsichtigt*** it was intentional
beacht|en *v/t.* pay* attention to; *Regel*: observe, follow ; **~ *Sie, dass ...*** note that ...; ***nicht* ~** take* no notice of; *Vorschrift etc.*: disregard; **~lich** *adj.* remarkable; *beträchtlich*: considerable; **⁓ung** *f* attention; *Berücksichtigung*: consideration; *Befolgung*: observance
Beamt|e *m*, **~in** *f* official; *Polizei etc.*: officer; *Staats⁓*: civil servant
beängstigend *adj.* alarming
beanspruch|en *v/t.* claim; *Zeit, Raum etc.*: take* up; *tech.* stress; **⁓ung** *f* claim; *tech., nervliche*: stress, strain
bean|standen *v/t. Ware*: complain about; *Einwand erheben*: object to; **~tragen** *v/t.* apply for; *jur., parl.* move (for); *vorschlagen*: propose
beantwort|en *v/t.* answer, reply to; **⁓ung** *f* answer, reply
bearbeit|en *v/t.* work; *agr.* till; *Steine*: hew*; *verarbeiten*: process; *Fall*: be* in charge of; *Thema*: treat; *Buch*: revise; *für Bühne etc.*: adapt (**nach** from); *bsd. mus.* arrange; ***j-n* ~** work on s.o.; **⁓ung** *f* working; *e-s Buches*: revision; *thea.* adaptation; *bsd. mus.* arrangement; processing; *chem.* treatment
beatmen *med. v/t.* give* artificial respiration to *s.o.*
beaufsichtig|en *v/t.* supervise; *Kind*: look after; **⁓ung** *f* supervision; looking after
beauftrag|en *v/t.* commission; *anweisen*: instruct; **~ *mit*** put* *s.o.* in charge of; **⁓te(r)** agent; *Vertreter*: representative; *amtlicher*: commissioner
bebauen *v/t.* build* on; *agr.* cultivate
beben *v/i.* shake*, tremble; *schaudern*: shiver (*alle*: ***vor*** with); *Erde*: quake
bebildern *v/t.* illustrate
Becher *m* cup, *mit Henkel*: *a.* mug
Becken *n* basin, bowl; pool; *anat.* pelvis; mus. cymbal(s *pl.*)
bedacht *adj.*: ***darauf* ~ *sein zu inf.*** be* anxious to *inf.*
bedächtig *adj.* deliberate; measured
bedanken *v/refl.*: ***sich bei j-m für et.* ~** thank s.o. for s.th.
Bedarf *m* need (***an*** of), want (of); *econ.* demand (for); ***bei* ~** if necessary; **~shaltestelle** *f* request stop
bedauerlich *adj.* regrettable; **~erweise** *adv.* unfortunately
bedauern *v/t. j-n*: feel* *od.* be* sorry for, pity; *et.*: regret
Bedauern *n* regret (***über*** at); **⁓swert** *adj.* pitiable, deplorable
bedeck|en *v/t.* cover; **~t** *adj. Himmel*: overcast
bedenken *v/t.* consider, think* *s.th.* over
Bedenken *pl. Zweifel*: doubts *pl.*; *moralische*: scruples *pl.*; *Einwände*: objections *pl.*; **⁓los** *adv.* unhesitatingly
bedenklich *adj. zweifelhaft*: doubtful; *ernst*: serious; *stärker*: critical
Bedenkzeit *f*: ***e-e Stunde* ~** one hour to think it over
bedeuten *v/t.* mean*; **~d** *adj.* important; *beträchtlich*: considerable; *angesehen*: distinguished
Bedeutung *f* meaning, sense; *Wichtigkeit*: importance; **⁓slos** *adj.* insignificant; *ohne Sinn*: meaningless; **~sunterschied** *m* difference in meaning; **⁓svoll** *adj.* significant; *vielsagend*: meaningful
bedien|en 1. *v/t. j-n*: serve, wait on; *tech.* operate, work; ***sich* ~** help o.s.; **~ *Sie sich!*** help yourself!; **2.** *v/i.* serve; wait (at table); *Karten*: follow suit; **⁓ung** *f* service; *Kellner(in)*: wait|er (-ress); *Verkäufer(in)*: shop assistant, *bsd. Am.* clerk; *tech.* operation, control; **⁓ungsanleitung** *f* operating instructions *pl.*
beding|en *v/t. erfordern*: require; *verursachen*: cause; *in sich schließen*: imply,

involve; **~t** *adj.*: **~ durch** caused by, due to; **2ung** *f* condition; **~en** *pl. econ.* terms *pl.*; *Anforderungen*: requirements *pl.*; *Verhältnisse*: conditions *pl.*; **unter einer ~** on one condition; **~ungslos** *adj.* unconditional
bedrängen *v/t.* press (hard)
bedroh|en *v/t.* threaten, menace; **~lich** *adj.* threatening; **2ung** *f* threat, menace (*gen.* to)
bedrücken *v/t.* depress, sadden
Bedürf|nis *n* need, necessity (**für**, **nach** for); **sein ~ verrichten** relieve o.s.; **~nisanstalt** *f* public convenience (*od.* toilets *pl.*); *Am.* comfort station; **2tig** *adj.* needy, poor
beeilen *v/refl.* hurry (up)
beeindrucken *v/t.* impress
beeinfluss|en *v/t.* influence; *nachteilig*: affect; **2ung** *f* influence
beeinträchtigen *v/t.* affect, impair
beend(ig)en *v/t.* (bring* to an) end, finish, conclude, close
beeng|en *v/t.* make* *s.o.* (feel) uncomfortable; **~gt** *adj.*: **~ wohnen** live in cramped quarters
beerben *v/t.*: **j-n ~** be* s.o.'s heir
beerdig|en *v/t.* bury; **2ung** *f* burial, funeral; → **Bestattungsinstitut**
Beere *f* berry; *Wein2*: grape
Beet *agr. n* bed, *Gemüse2*: *a.* patch
be|fähigen *v/t.* enable; *zu et.*: qualify (**für**, **zu** for); **~fähigt** *adj.* (cap)able; **zu et. ~** fit *od.* qualified for s.th.; **2fähigung** *f* qualification(s *pl.*), (cap)ability
befahr|bar *adj.* passable, practicable; *naut.* navigable; **~en** *v/t.* drive* *od.* travel on; *naut.* navigate
befallen *v/t.* attack, seize (*a. fig.*)
befangen *adj.* self-conscious; *voreingenommen*: prejudiced; *jur. a.* bias(s)ed; **2heit** *f* self-consciousness; *jur.* bias, prejudice
befassen *v/refl.*: **sich ~ mit** engage *od.* occupy o.s. with; work on *s.th.*; *Thema*, *j-m*: deal* with
Befehl *m* order; command (**über** of); **2en** *v/t.* order; command; **2erisch** *adj.* imperious, F bossy
Befehlshaber *m* commander
befestig|en *v/t.* fasten (**an** to), fix (to), attach (to); *mil.* fortify; **2ung** *f* fixing, fastening; *mil.* fortification
befeuchten *v/t.* moisten, damp
befinden *v/refl.* be* (situated)
Befinden *n* (state of) health
beflecken *v/t.* stain; *fig. a.* sully
befolg|en *v/t. Rat*: follow, take*; *Vorschrift*: observe; *rel. Gebote*: keep*; **2ung** *f* following; observance
beförder|n *v/t.* carry, transport; *Güter*: haul, ship ; *beruflich*: promote (**zu** to); **2ung** *f* transport(ation); shipment; promotion
befragen *v/t.* question, interview
befrei|en *v/t.* free, liberate; *retten*: rescue; *von Pflichten*: exempt (**von** from); **2ung** *f* liberation; exemption
Befremd|en *n* irritation, displeasure; **2et** *adj.* irritated, displeased
befreund|en *v/refl.*: **sich ~ mit** make* friends with; *fig.* warm to; **~et** *adj.* friendly; **~ sein** be* friends
befriedig|en *v/t.* satisfy; **sich selbst ~** masturbate; **~end** *adj.* satisfactory; *Note*: fair, C; **~t** *adj.* satisfied, pleased; **2ung** *f* satisfaction
befristet *adj.* limited (**auf** to), temporary
befrucht|en *v/t.* fertilize, inseminate (*a. künstlich*); **2ung** *f* fertilization, insemination
Befug|nis *f* authority; *bsd. jur.* competence; **2t** *adj.* authorized; competent
befühlen *v/t.* feel*, touch
Befund *m* finding(s *pl.*) (*a. med., jur.*)
befürcht|en *v/t.* fear, be* afraid of; *vermuten*: suspect; **2ung** *f* fear, suspicion
befürwort|en *v/t.* advocate, speak* *od.* plead for; **2er(in)** advocate
begab|t *adj.* gifted, talented; **2ung** *f* gift, talent(s *pl.*)
begeben *v/refl. lit.* occur; proceed; **sich in Gefahr ~** expose o.s. to danger; **2heit** *f* incident, event
begegn|en *v/i.* meet* (*a. fig.* **mit** with); **sich ~** meet*; **2ung** *f* meeting, encounter (*a. Sport*)
begehen *v/t.* walk (on); *feiern*: celebrate; *Verbrechen*: commit; *Fehler*: make*; **ein Unrecht ~** do* wrong
begehr|en *v/t.* desire; **~enswert** *adj.* desirable; **~lich** *adj.* desirous, covetous; **~t** *adj.* (very) popular, (much) in demand
begeister|n *v/t.* fill with enthusiasm; *Publikum*: *a.* carry away; **sich ~ für** be* enthusiastic about; **~t** *adj.* enthusiastic; **2ung** *f* enthusiasm

Begier|de *f* desire (***nach*** for), appetite (for); **2ig** *adj.* eager (***nach***, ***auf*** for), anxious (*to do s.th.*)
begießen *v/t.* water; *Braten*: baste; F *fig.* celebrate *s.th.* (with a drink)
Beginn *m* beginning, start; ***zu*** ~ at the beginning; **2en** *v/t. u. v/i.* begin*, start
beglaubig|en *v/t.* attest, certify; **2ung** *f* attestation, certification
begleichen *econ. v/t.* pay*, settle
begleit|en *v/t.* accompany (*a. mus.* ***auf*** on); ***j-n nach Hause*** (*östr.*, *Schweiz*: *a.* ***nachhause***) ~ see* s.o. home; **2er(in)** companion; *mus.* accompanist; **2schreiben** *n* covering letter; **2ung** *f* company; *bsd. mil.* escort; *mus.* accompaniment
beglückwünschen *v/t.* congratulate (***zu*** on)
begnadig|en *v/t.* pardon; amnesty; **2ung** *f* pardon; amnesty
begnügen *v/refl.*: ***sich*** ~ ***mit*** be* satisfied with; *auskommen*: make* do with
begraben *v/t.* bury (*a. fig.*)
Begräbnis *n* burial; *Feier*: funeral
begradigen *v/t.* straighten
begreif|en *v/t.* comprehend, understand; **~lich** *adj.* understandable
be|grenzen *fig. v/t.* limit, restrict (***auf*** to); **~grenzt** *adj.* limited
Begriff *m* idea, notion; *Ausdruck*: term (*a. math.*); ***im*** ~ ***sein zu*** be* about to; **2sstutzig** *adj.* slow on the uptake
begründ|en *v/t.* → ***gründen***; give* reasons for; **~et** *adj.* well-founded, justified; **2ung** *f* reasons *pl.*, arguments *pl.*
begrüß|en *v/t.* greet, welcome (*a. fig*); **2ung** *f* greeting, welcome
begünstigen *v/t.* favo(u)r
begutachten *v/t.* give* an (expert's) opinion on; *prüfen*: examine; ~ ***lassen*** obtain expert opinion on
be|gütert *adj.* wealthy; **~haart** *adj.* hairy; **~häbig** *adj.* slow; *Gestalt*: portly; **~haftet** *adj.*: ***mit Fehlern*** ~ flawed
Behagen *n* pleasure, enjoyment
behag|en *v/i.* please *od.* suit *s.o.*; **~lich** *adj.* comfortable; cosy, snug
behalten *v/t.* keep* (***für sich*** to o.s.); *sich merken*: remember
Behälter *m* container, receptacle
behände *adj.* nimble, agile
behand|eln *v/t.* treat (*a. med.*, *tech.*); ***sich*** (***ärztlich***) ~ ***lassen*** undergo* (medical) treatment; ***schonend*** ~ handle with care; **2lung** *f* treatment; handling
beharr|en *v/i.* insist (***auf*** on); **~lich** *adj.* persistent
behaupt|en *v/t.* claim; *fälschlich*: pretend; **2ung** *f* statement, claim
be|heben *v/t. Schaden etc.*: repair; **~heizen** *v/t.* heat
behelfen *v/refl.*: ***sich*** ~ ***mit*** make* do with; ***sich*** ~ ***ohne*** do* without
Behelfs... *in Zssgn mst* temporary
behende *adj.* → ***behände***
beherbergen *v/t.* accommodate
beherrsch|en *v/t.* rule (over), govern; *Lage*, *Markt etc.*: dominate, control; *Sprache*: have* (a good) command of; ***sich*** ~ control o.s.; **2ung** *f* command, control
be|herzigen *v/t.* take* to heart, mind; **~hilflich** *adj.*: ***jm*** ~ ***sein*** help s.o. (***bei*** with, in); **~hindern** *v/t.* hinder; *Sicht*, *Verkehr*, *Sport*: obstruct; **~hindert** *adj.* handicapped; *schwer*: disabled; **2hinderung** *f* obstruction; handicap
Behörde *f* authority, *mst the* authorities *pl.*; board; council
behüten *v/t.* guard (***vor*** from)
behutsam *adj.* careful; *sanft*: gentle
bei *prp. räumlich*: near; at; with; by; *zeitlich*: during; at; ~ ***München*** near Munich; ***wohnen*** ~ stay (*ständig*: live) with; ~ ***mir*** (***ihr***) at my (her) place; ~ ***uns*** (***zu Hause***, *östr.*, *Schweiz*: *a.* ***zuhause***) at home; ***arbeiten*** ~ work for; ***e-e Stelle*** ~ a job with; ~ ***der Marine*** in the navy; ~ ***Familie Müller*** at the Müllers'; ~ ***Müller*** *Adresse*: c/o Müller; ***ich habe kein Geld*** ~ ***mir*** I have no money with *od.* on me; ~ ***e-r Tasse Tee*** over a cup of tea; ***wir haben Englisch*** ~ ***Herrn X*** we have Mr X for English; ~ ***Licht*** by light; ~ ***Tag*** during the day; ~ ***Nacht*** (***Sonnenaufgang***) at night (sunrise); ~ ***s-r Geburt*** at his birth; ~ ***Regen*** (***Gefahr***) in case of rain (danger); ~ ***100 Grad*** at a hundred degrees; ~ ***der Arbeit*** at work; ~ ***weitem*** by far; ~ ***Gott*** (***!***) by God (!); → *a.* ***beim***
beibehalten *v/t.* keep* up, retain
beibringen *v/t.* teach*; *mitteilen*: tell*; *Niederlage etc.*: inflict (*dat.* on)
Beicht|e *f* confession; **2en** *v/t. u. v/i.* confess (*a. fig.*); **~stuhl** *m* confessional

beide *adj. u. pron.* both; ***m-e ~n Brüder*** my two brothers; ***wir ~*** the two of us; *betont*: both of us; ***keiner von ~n*** neither of them; ***30 ~*** *Tennis*: 30 all
beiderlei: ***~ Geschlechts*** of either sex
beieinander *adv.* together
Beifahrer *m* front(-seat) passenger
Beifall *m* applause; *fig.* approval, **~ssturm** *m* (standing) ovation
beifügen *v/t. e-m Brief*: enclose
beige *adj.* tan, beige
beigeben 1. *v/t.* add; **2.** F*v/i.*: ***klein ~*** knuckle under
Bei|geschmack *m* smack (***von*** of) (*a. fig.*); **~hilfe** *f* aid, allowance; *jur.* aiding and abetting
Beil *n* hatchet; *großes*: ax(e)
Beilage *f Zeitung*: supplement; *Essen*: side dish; vegetables *pl.*
bei|läufig *adj.* casual; **~legen** *v/t.* add (*dat.* to); *e-m Brief*: enclose; *Streit*: settle; **&legung** *f* settlement
Beileid *n* condolence; ***herzliches ~*** my deepest sympathy
beiliegen *v/i.* be* enclosed (*dat.* with)
beim *prp.*: ***~ Bäcker at the baker's***; ***~ Sprechen*** *etc.* while speaking *etc.*; ***~ Spielen*** at play; → *a.* ***bei***
beimessen *v/t. Bedeutung*: attach (*dat.* to)
Bein *n* leg; *Knochen*: bone
beinah(e) *adv.* almost, nearly
Beinbruch *m* fracture of the leg
beipflichten *v/i.* agree (*dat.* with)
beirren *v/t.* confuse
beisammen *adv.* together; **&sein** *n*: ***geselliges ~*** get-together
Beischlaf *m* sexual intercourse
Bei|sein *n* presence; **&seite** *adv.* aside; ***~ schaffen*** remove; *j-n*: liquidate
beisetz|en *v/t.* bury; **&ung** *f* funeral
Beispiel *n* example; ***zum ~*** for example, for instance; ***sich an j-m ein ~ nehmen*** follow s.o.'s example; **&haft** *adj.* exemplary; **&los** *adj.* unprecedented, unparalleled; **&sweise** *adv.* such as
beißen *v/t. u. v/i.* bite* (*a. fig.*); ***sich ~*** *Farben*: clash; **~d** *adj.* biting, pungent (*beide a. fig.*)
Bei|stand *m* assistance; **&stehen** *v/i.*: ***j-m ~*** assist *od.* help s.o.; **&steuern** *v/t.* contribute (***zu*** to)
Beitrag *m* contribution; *Mitglieds&*: subscription, *Am.* dues *pl.*; **&en** *v/t.* contribute (***zu*** to)
bei|treten *v/i.* join; **&tritt** *m* joining
Beiwagen *m Motorrad*: sidecar
beizeiten *adv.* early, in good time
beizen *v/t. Holz*: stain; *Fleisch*: pickle
bejahen *v/t.* answer in the affirmative, affirm; **~d** *adj.* affirmative
bekämpfen *v/t.* fight* (against)
bekannt *adj.* (well-)known; *vertraut*: familiar; ***et. ~ geben*** announce s.th.; ***j-n mit j-m ~ machen*** introduce s.o. to s.o.; **&e(r)** acquaintance, *mst* friend; **~lich** *adv.* as you know; **&machung** *f* announcement; **&schaft** *f* acquaintance
bekehren *v/t.* convert
bekenn|en *v/t.* confess (*a. Sünden*); *zugeben*: admit; ***sich schuldig ~*** *jur.* plead guilty; ***sich ~ zu*** *Glaube*: profess *s.th.*; *Attentat*: claim responsibility for; **&erbrief** *m* letter claiming responsibility; **&tnis** *n* confession, *Religion*: *a.* denomination
beklagen *v/t.* deplore; ***sich ~*** complain (***über*** about); **~swert** *adj.* deplorable
be|kleben *v/t.* stick* (*Plakat*: paste) on *s.th.*; ***mit Etiketten ~*** label *s.th.*; **~kleckern** F *v/t.* stain; ***sich ~ mit*** spill* *s.th.* over o.s.
Bekleidung *f* clothing, clothes *pl.*
Beklemmung *f* oppression
bekommen 1. *v/t.* get*; *Brief, Geschenk*: *a.* receive; *Krankheit*: *a.* catch*; *Kind*: be* having; **2.** *v/i.*: ***j-m (gut) ~*** agree with s.o; ⚠ *nicht* ***become***
bekömmlich *adj.* wholesome
bekräftigen *v/t.* confirm
be|kreuzigen *v/refl.* cross o.s.; **~kümmert** *adj.* worried; **~kunden** *v/t. Interesse etc.*: show*, express; **~laden** *v/t.* load, *fig. a.* burden
Belag *m* covering; *tech.* coat(ing); *Brems&*: lining; *Straßen&*: surface; *med. Zungen&*: fur; *Zahn&*: plaque; *Brot&*: topping; *Aufstrich*: spread; (sandwich) filling
belager|n *mil. v/t.* besiege (*a. fig.*); **&ung** *f* siege; **&ungszustand** *m* state of siege
belassen *v/t.* leave; ***es dabei ~*** leave it at that
belanglos *adj.* irrelevant
belast|bar *adj.* resistant to strain *od.* stress; *tech.* loadable; **~en** *v/t.* load; *fig.* burden; *beschweren*: weight; *jur.* in-

criminate; *Umwelt*: pollute; *Ansehen*: damage; ***j-s Konto ~ mit*** *econ.* charge *s.th.* to s.o.'s account
belästig|en *v/t.* molest; *ärgern*: annoy; *stören*: disturb, bother; **2ung** *f* molestation; annoyance; disturbance
Belastung *f* load (*a. tech.*); *fig.* burden; *körperliche*: strain; *seelische*: stress; *jur.* incrimination; *Umwelt*: pollution, contamination; **~szeuge** *jur. m* witness for the prosecution
be|laufen *v/refl.*: ***sich ~ auf*** amount to; **~lauschen** *v/t.* eavesdrop on
beleb|en *fig. v/t.* stimulate; **~end** *adj.* stimulating; **~t** *adj.* busy, crowded
Beleg *m Beweis*: proof; *Quittung*: receipt; *Unterlage*: document; **2en** *v/t.* cover; *Platz etc.*: reserve; *beweisen*: prove; *Kurs etc.*: enrol(l) for, take*; *Brote etc.*: put* s.th. on; ***den ersten*** *etc.* **Platz ~** take* first *etc.* place; **~schaft** *f* staff; **2t** *adj. Platz, Zimmer*: taken, occupied; *Hotel etc.*: full; *tel.* engaged, *Am.* busy; *Stimme*: husky; *Zunge*: coated; ***~es Brot*** sandwich
belehren *v/t.* teach*, instruct, inform; ***sich ~ lassen*** take* advice
beleidig|en *v/t.* offend (*a. fig.*), *stärker*: insult; **~end** *adj.* offensive, insulting; **2ung** *f* offen|ce, *Am.* -se, insult
belesen *adj.* well-read
beleucht|en *v/t.* light* (up), illuminate (*a. fig.*); *fig.* throw* light on; **2ung** *f* light(ing); illumination
Belg|ien Belgium; **~ier(in), 2isch** *adj.* Belgian
belicht|en *phot. v/t.* expose; **2ungsmesser** *phot. m* exposure meter
Belieb|en *n*: ***nach ~*** at will; **2ig** *adj.* any; *Zahl*: optional; ***jeder 2e*** anyone; **2t** *adj.* popular (***bei*** with); **~theit** *f* popularity
beliefer|n *v/t.* supply, furnish (***mit*** with); **2ung** *f* supply
bellen *v/i.* bark (*a. fig.*)
belohn|en *v/t.* reward; **2ung** *f* reward; ***zur ~*** as a reward
belügen *v/t.*: ***j-n ~*** lie to s.o.
belustig|en *v/t.* amuse; **~t** *adj.* amused; **2ung** *f* amusement
be|mächtigen *v/refl.* get* hold of, seize; **~malen** *v/t.* paint; **~mängeln** *v/t.* find* fault with; **~mannt** *aviat. adj.* manned

bemerk|bar *adj.* noticeable; ***sich ~ machen*** *Person*: draw* attention to o.s.; *Sache*: begin* to show; **~en** *v/t.* notice; *äußern*: remark, say*; **~enswert** *adj.* remarkable; **2ung** *f* remark
bemitleiden *v/t.* pity, feel* sorry for; **~swert** *adj.* pitiable
bemüh|en *v/refl.* try (hard); ***sich ~ um*** *et.*: try to get; *j-n*: try to help; ***bitte ~ Sie sich nicht!*** please don't bother!; **2ung** *f* effort; ***danke für Ihre ~en!*** thank you for your trouble
bemuttern *v/t.* mother *s.o.*
benachbart *adj.* neighbo(u)ring
benachrichtig|en *v/t.* inform, notify; **2ung** *f* information, notification
benachteilig|en *v/t.* place at a disadvantage; *bsd. sozial*: discriminate against; **~t** *adj.* disadvantaged; ***die 2en*** the underprivileged; **2ung** *f* disadvantage; discrimination
benehmen *v/refl.* behave (o.s.)
Benehmen *n* behavio(u)r, conduct; *Manieren*: manners *pl.*
beneiden *v/t.*: ***j-n um et. ~*** envy s.o. s.th.; **~swert** *adj.* enviable
BENELUX *Abk. für* ***Belgien, Niederlande, Luxemburg*** Belgium, the Netherlands and Luxembourg
benennen *v/t.* name
Bengel *m* (little) rascal, urchin
benommen *adj.* dazed, F dopey
benoten *v/t. Schule*: mark, *Am.* grade
benötigen *v/t.* need, want, require
benutz|en *v/t.* use; **2er** *m* user; **~erfreundlich** *adj.* user-friendly; **2eroberfläche** *f* user interface; **2ung** *f* use
Benzin *n* petrol, *Am.* gasoline, F gas
beobacht|en *v/t.* watch; *genau*: observe; **2er** *m* observer; **2ung** *f* observation
bepflanzen *v/t.* plant (***mit*** with)
bequem *adj.* comfortable; *leicht*: easy; *faul*: lazy; **~en** *v/refl.*: ***sich ~ zu*** bring* o.s. to *do s.th.*; **2lichkeit** *f* comfort; laziness; ***alle ~en*** all conveniences
berat|en *v/t. j-n*: advise; *et.*: debate, discuss; ***sich ~*** confer (***mit j-m*** with s.o.; ***über et.*** on s.th.); **2er(in)** adviser, consultant; **2ung** *f* advice (*a. med.*); debate; *Besprechung*: consultation, conference; **2ungsstelle** *f* counsel(l)ing (*Brt. a.* advice) cent|re, *Am.* -er

be|rauben *v/t.* rob; **~rauschend** *adj.* intoxicating; F ***nicht gerade ~!*** not so hot!; **~rauscht** *fig. adj.*: ***~ von*** drunk with
berechn|en *v/t.* calculate; *econ.* charge (***zu*** at); **~end** *adj.* calculating; **&ung** *f* calculation (*a. fig.*)
berechtig|en *v/t.*: ***j-n ~ zu*** entitle s.o. to; *ermächtigen*: authorize s.o. to; **~t** *adj.* entitled (***zu*** to); authorized (to); *begründet*: legitimate; **&ung** *f* right (***zu*** to); *Vollmacht*: authority
Be|redsamkeit *f* eloquence; **~redt** *adj.* eloquent (*a. fig.*)
Bereich *m* area; *Umfang*: range; *e-r Wissenschaft etc.*: field, realm
bereicher|n *v/t.* enrich; ***sich ~*** get rich (***an*** on); **&ung** *f* enrichment
Bereifung *f* (set of) tyres (*Am.* tires)
bereinigen *v/t.* settle
bereisen *v/t.* tour; *Vertreter*: cover
bereit *adj.* ready, prepared; *willens*: willing; **~en** *v/t.* prepare; *verursachen*: cause; **~halten** *v/t.* have* *s.th.* ready; ***sich ~*** stand* by; **~s** *adv.* already; **&schaft** *f* readiness; ***in ~*** on standby; **&schaftsdienst** *m*: ***~ haben*** *Arzt etc.*: be* on call; **~stellen** *v/t.* provide; **~willig** *adj.* ready, willing
bereuen *v/t.* repent (of); regret
Berg *m* mountain; ***~e von*** F loads of; ***die Haare standen ihm zu ~e*** his hair stood on end; **&ab** *adv.* downhill (*a. fig.*); **~arbeiter** *m* miner; **&auf** *adv.* uphill; **~bahn** *f* mountain rail|way, *Am.* -road; **~bau** *m* mining
bergen *v/t.* rescue, save; *Güter*: *a.* salvage; *Tote*: recover; *enthalten*: hold*
Berg|führer *m* mountain guide; **&ig** *adj.* mountainous; **~kette** *f* mountain range; **~mann** *m* miner; **~rutsch** *m* landslide; **~schuhe** *pl.* mountain(eering) boots *pl.*; **~spitze** *f* (mountain) peak; **~steigen** *n* mountaineering, (mountain) climbing; **~steiger(in)** mountaineer, (mountain) climber
Bergung *f* recovery; *Rettung*: rescue; **~sarbeiten** *pl.* rescue work *sg.*; salvage operations *pl.*
Berg|wacht *f* alpine rescue service; **~werk** *n* mine
Bericht *m* report (***über*** on), account (of); **&en 1.** *v/t. u. v/i.* report (***über*** on); ***j-m et. ~*** inform s.o. of s.th.; tell* s.o. about s.th.; **~erstatter(in)** *Presse*: reporter; *auswärtiger*: correspondent; **~erstat·tung** *f* report(ing)
berichtig|en *v/t.* correct; **&ung** *f* correction
berieseln *v/t.* sprinkle
Bernstein *m* amber
bersten *v/i.* burst* (*fig.* ***vor*** with)
berüchtigt *adj.* notorious (***wegen*** for)
berücksichtig|en *v/t. et.*: take* into consideration; ***nicht ~*** disregard; **&ung** *f*: ***unter ~ von*** in consideration of
Beruf *m* job, occupation; *Gewerbe*: trade; *akademischer*: profession; **&en** *v/t.* appoint (***zu*** [as] *s.o.*; to *s.th.*); ***sich ~ auf*** refer to; **&lich** *adj.* professional; ***~ unterwegs*** away on business
Berufs|... *in Zssgn Sportler etc.*: professional ...; **~ausbildung** *f* vocational (*bsd. akademisch*: professional) training; **~berater** *m* careers advisor; **~beratung** *f* careers guidance; **~bezeichnung** *f* job designation *od.* title; **~kleidung** *f* work clothes *pl.*; **~krankheit** *f* occupational disease; **~schule** *f* vocational school; **&tätig** *adj.*: ***~ sein*** (go to) work, have a job; **~tätige** *pl.* working people *pl.*; **~verbot** *n* ban from one's profession; *pol.* 'berufsverbot'; **~verkehr** *m* rush-hour traffic
Berufung *f* appointment (***zu*** to); *jur.* appeal (***bei*** to); ***unter ~ auf*** with reference to; on the grounds of
beruhen *v/i.*: ***~ auf*** be* based on; ***et. auf sich ~ lassen*** let* s.th. rest
beruhig|en *v/t.* quiet(en), calm, soothe (*a. Nerven*); *Besorgte*: reassure; ***sich ~*** calm down; **~end** *adj.* reassuring; *med.* sedative; **&ung** *f* calming (down); soothing; *Erleichterung*: relief; **&ungsmittel** *med. n* sedative; *Pille*: tranquil(l)izer
berühmt *adj.* famous (***wegen*** for); **&heit** *f* fame; *Person*: celebrity, star
berühr|en *v/t.* touch (*a. fig.*); *betreffen*: concern; **&ung** *f* touch; ***in ~ kommen*** come* into contact; **&sangst** *f* fear of contact; **&spunkt** *m* point of contact
besänftigen *v/t.* appease, calm, soothe
Besatzung *f naut., aviat.* crew; *mil.* occupation; **~smacht** *f* occupying power; **~struppen** *pl.* occupying forces *pl.*
besaufen *v/refl.* get* drunk

beschädig|en *v/t.* damage; **2ung** *f* damage
beschaffen *v/t.* provide, get*; *Geld*: raise; **2heit** *f* state, condition
beschäf|tigen *v/t.* employ; *zu tun geben*: keep* busy; ***sich*** ~ occupy o.s.; → ***befassen***; **~tigt** *adj.* busy, occupied; **2tigte** *pl.* employed people *pl.*; **2tigung** *f* employment; occupation
be|schämen *v/t.* make* *s.o.* feel ashamed; **~schämend** *adj.* shameful; *demütigend*: humiliating; **~schämt** *adj.* ashamed (***über*** of)
beschatten *v/t. fig.* shadow, F tail
Bescheid *m* answer; *jur.* decision; information (***über*** on, about); ***sagen Sie mir*** ~ let me know; ***(gut)*** ~ ***wissen über*** know* all about
bescheiden *adj.* modest (*a. fig.*); *ärmlich*: humble; **2heit** *f* modesty
bescheinig|en *v/t.* certify; ***den Empfang*** ~ acknowledge receipt; ***hiermit wird bescheinigt, dass*** this is to certify that; **2ung** *f* certification; *Schein*: certificate; *Quittung*: receipt
bescheißen V *v/t.* cheat
beschenken *v/t.*: ***j-n (reich)*** ~ give* s.o. (shower s.o. with) presents
Bescherung *f* distribution of (Christmas) presents; F *fig.* mess
beschicht|en *v/t.*, **2ung** *f* coat
beschieß|en *v/t.* fire *od.* shoot* at; *mit Granaten*: bombard (*a. phys.*), shell
beschimpf|en *v/t.* abuse, insult; swear* at; **2ung** *f* abuse, insult
Be|schiss V *m* → ***Betrug***; **2schissen** V *adj.* lousy, rotten, *Brt. a.* bloody
Beschlag *m tech.* metal fitting(s *pl.*); ***in*** ~ ***nehmen*** *fig. j-n*: monopolize; *et.*: bag; *Raum etc.*: occupy; **2en 1.** *v/t.* cover; *tech.* fit, mount; *Pferd*: shoe*; **2.** *v/i. Fenster etc.*: steam up; **3.** *adj. Fenster*: steamed-up; *fig.* well-versed (***auf, in*** in); **~nahme** *jur. f* confiscation; **2nahmen** *v/t.* confiscate
beschleunig|en *v/t. u. v/i.* accelerate, speed* up; **2ung** *f* acceleration
beschließen *v/t.* decide (on); *Gesetz etc.*: pass; *beenden*: conclude
Beschluss *m* decision
be|schmieren *v/t.* (be)smear, soil; *Papier etc.*: scrawl all over; *Wand*: *a.* cover with graffiti; *Brot*: spread*; **~schmutzen** *v/t.* soil (*a. fig.*), dirty; **~schneiden** *v/t.* clip, cut* (*a. fig.*); *Baum*: prune; *med. Vorhaut*: circumcise; **~schönigen** *v/t.* gloss over
beschränk|en *v/t.* confine, limit, restrict; ***sich*** ~ ***auf*** confine o.s. to; **~t** *adj.* limited; *fig.* feeble-minded; **2ung** *f* limitation, restriction
beschreib|en *v/t.* describe; *Papier*: write* on; **2ung** *f* description
beschrift|en *v/t.* inscribe; *Ware etc.*: mark; **2ung** *f* inscription
beschuldig|en *v/t. Schuld geben*: blame; ***jn e-r Sache*** ~ accuse s.o. of s.th. (*a. jur.*); **2ung** *f* accusation
beschummeln F *v/t.* cheat
Beschuss *mil. m*: ***unter*** ~ under fire
beschütze|n *v/t.* protect, shelter, guard (***vor*** from); **2r** *m* protector
Beschwerde *f* complaint (***über*** about; ***bei*** to); **~n** *pl. Schmerzen*: complaints *pl.*, trouble *sg.*
beschwer|en *v/t.* weight *s.th.*; ***sich*** ~ complain (***über*** about; ***bei*** to); **~lich** *adj.* hard, arduous
be|schwichtigen *v/t.* appease (*a. pol.*), calm; **~schwingt** *adj.* buoyant; *Musik etc.*: lively, swinging; **~schwindeln** *v/t.* tell* a fib *od.* lie; *betrügen*: cheat; **~schwipst** F *adj.* tipsy; **~schwören** *v/t. et.*: swear* to; *j-n*: implore; *Geister*: conjure up
beseitig|en *v/t.* remove (*a. fig. j-n*); *Abfall*: *a.* dispose of; *Missstand, Fehler etc.*: eliminate; *pol.* liquidate; **2ung** *f* removal; disposal; elimination
Besen *m* broom; **~stiel** *m* broomstick
besessen *adj.* obsessed (***von*** by, with); ***wie*** ~ like mad
besetz|en *v/t.* occupy (*a. mil.*); *Stelle etc.*: fill; *thea. Rollen*: cast*; *Kleid*: trim; *Haus*: squat in; **~t** *adj.* occupied; *Platz*: taken; *Bus, Zug etc.*: full up; *tel.* engaged, *Am.* busy; **2tzeichen** *tel. n* engaged tone, *Am.* busy signal; **2ung** *f thea.* cast; *mil.* occupation
besichtig|en *v/t.* visit, see* the sights of; *prüfend*: inspect; **2ung** *f* sightseeing; visit (to); inspection
besied|eln *v/t.* settle; colonize; *bevölkern*: populate; **~elt** *adj.*: ***dicht (dünn)*** ~ densely (sparsely) populated; **2lung** *f* settlement; colonization; population
be|siegeln *v/t.* seal; **~siegen** *v/t.* defeat, beat*; conquer (*a. fig.*)

B

besinn|en *v/refl. erinnern*: remember; *nachdenken*: think* (***auf*** about); ***sich anders ~*** change one's mind; **~lich** *adj.* contemplative

Besinnung *f* consciousness; ***zur ~ kommen*** (***bringen***) come* to one's (bring* *s.o.* to his) senses; **2slos** *adj.* unconscious

Besitz *m* possession; *Eigentum*: property (*a. Land2*); ***~ ergreifen von*** take* possession of; **2anzeigend** *gr. adj.* possessive; **2en** *v/t.* possess, own; **~er** *m* possessor, owner; ***den ~ wechseln*** change hands

besoffen F *adj.* plastered, stoned

besohlen *v/t.*: ***~ lassen*** have* (re)soled

Besoldung *f* pay; *Beamte*: salary

besonder|e *adj.* special, particular; *eigentümlich*: peculiar; **2heit** *f* peculiarity

besonders *adv.* especially, particularly; *hauptsächlich*: chiefly, mainly

besonnen *adj.* prudent, levelheaded

besorg|en *v/t.* get*, buy*; → ***erledigen***; **2nis** *f* concern, alarm, anxiety (***über*** about, at); ***~ erregend*** alarming; **~t** *adj.* worried, concerned; **2ung** *f*: ***~en machen*** go* shopping

bespielen *v/t. Tonband etc.*: make* a recording on; ***bespieltes Band*** (pre-)recorded tape

besprech|en *v/t.* discuss, talk *s.th.*

bespitzeln *v/t.* spy on *s.o.*

besprech|en *v/t.* discuss, talk *s.th.* over; *Buch etc.*: review; **2ung** *f* discussion, talk(s *pl.*); meeting, conference; review

besser *adj. u. adv.* better; ***es ist ~, wir fragen ihn*** we had better ask him; ***immer ~*** better and better; ***es geht ihm ~*** he is better; ***oder ~ gesagt*** or rather; ***es ~ wissen*** know better; ***es ~ machen als*** do better than; ***~ ist ~*** just to be on the safe side

besser|n *v/refl.* improve, get* better; **2ung** *f* improvement; ***auf dem Wege der ~*** on the way to recovery; ***gute ~!*** get better soon!, **2wisser** *m* know(-it)-all

Bestand *m* (continued) existence; *Vorrat*: stock; ***~ haben*** last, be* lasting

beständig *adj.* constant, steady (*a. Charakter*); *Wetter*: settled; ***...~*** *in Zssgn Hitze etc.*: ...-resistant, -proof

Bestand|saufnahme *econ. f* stocktaking (*a. fig.*); ***~ machen*** take* stock (*a. fig.*); **~teil** *m* part, component

bestärken *v/t.* confirm, strengthen, encourage (***in*** in)

bestätig|en *v/t.* confirm; *bescheinigen*: certify; *Empfang*: acknowledge; ***sich ~*** prove (to be) true; *Vorhersage*: come* true; ***sich bestätigt fühlen*** feel* affirmed; **2ung** *f* confirmation; certificate; acknowledg(e)ment; → **2ungsschreiben** *n* letter of confirmation

bestatt|en *v/t.* bury; **2ungsinstitut** *n* undertakers *pl.*, *Am.* funeral home

bestäuben *v/t.* dust; *bot.* pollinate

beste *adj. u. adv.* best; ***am ~n*** best; ***welches gefällt dir am ~n?*** which one do you like best?; ***am ~n nehmen Sie den Bus*** it would be best to take a bus

Beste *m, f, n the* best; ***das ~ geben*** do* one's best; ***das ~ machen aus*** make* the best of; (***nur***) ***zu deinem ~n*** for your own good

bestech|en *v/t.* bribe; fascinate (***durch*** by); **~lich** *adj.* corrupt; **2ung** *f* bribery, corruption; **2ungsgeld** *n* bribe

Besteck *n* (set of) knife, fork and spoon; *coll.* cutlery

bestehen 1. *v/t. Prüfung etc.*: pass; **2.** *v/i.* be*, exist; ***~ auf*** insist on; ***~ aus*** (***in***) consist of (in); ***~ bleiben*** last, survive

Bestehen *n* existence

be|stehlen *v/t.*: ***j-n ~*** steal s.o.'s money *etc.*; **~steigen** *v/t. Berg*: climb; *Fahrzeug*: get* on; *Thron*: ascend

bestell|en *v/t.* order; *Zimmer, Karten*: book; *vor~*: reserve; *Taxi*: call; *Gruß etc.*: give*, send*; *Boden*: cultivate; ***kann ich et. ~?*** can I take a message?; ***~ Sie ihm bitte, ...*** please tell him ...; **2schein** *m* order form; **2ung** *f* order; booking; reservation; ***auf ~*** to order

besten|falls *adv.* at best; **~s** *adv.* very well

Bestie *f* beast; *fig. a.* brute

bestimmen *v/t.* determine, decide; *Begriff*: define; *auswählen*: choose*, pick; ***zu ~ haben*** be* in charge, F be* the boss; ***bestimmt für*** meant for

bestimmt 1. *adj.* determined, firm; *gr. Artikel*: definite; ***~e Dinge*** certain things; **2.** *adv.* certainly; ***ganz ~*** definitely; ***er ist ~ ...*** he must be ...

Bestimmung *f* regulation; *Schicksal*: destiny; **~sort** *m* destination

Bestleistung *f Sport*: (personal) record
bestraf|en *v/t.* punish; **2ung** *f* punishment
bestrahl|en *v/t.* irradiate (*a. med.*); **2ung** *f* irradiation; *med.* ray treatment, radiotherapy
be|streichen *v/t.* spread*; **~streiten** *v/t.* *anfechten*: challenge; *leugnen*: deny; *Kosten etc.*: pay for, finance; **~streuen** *v/t.* sprinkle (**mit** with); **~stürmen** *v/t.* *drängen*: urge; *überschütten*: bombard
bestürz|t *adj.* dismayed (**über** at); **2ung** *f* consternation, dismay
Besuch *m* visit (**bei**, **in** to); *kurzer*: call; *Aufenthalt*: stay; *Schule, Veranstaltung*: attendance; **~ haben** have* company *od.* guests; **2en** *v/t.* visit; call on, (go* to) see*; F look up; *Schule etc.*: attend; *Lokal*: go* to; **~er(in)** visitor, guest; **~szeit** *f* visiting hours *pl.*; **2t** *adj.*: **gut** (**schlecht**) **~** well (poorly) attended; *Lokal, Ort*: much (little) frequented
be|tagt *adj.* aged; **~tasten** *v/t.* touch, feel*; **~tätigen** *v/t.* *tech.* operate; *Bremse*: apply; **sich ~** be* active; **~tätigung** *f* activity
betäub|en *v/t.* stun (*a. fig.*), daze; make* unconscious; *med.* an(a)esthetize; **2ung** *f med.* an(a)esthetization; *med. Zustand*: an(a)esthesia; *fig.* daze, stupor; **2ungsmittel** *n* an(a)esthetic; *Droge*: narcotic
Bete *bot. f*: **Rote ~** beetroot, *Am.* beet
beteil|igen *v/t.*: **j-n ~** give* s.o. a share (**an** in); **sich ~** take* part (**an**, **bei** in), participate (in) (*a. jur.*); **~igt** *adj.* concerned; **~ sein an** *Unfall, Verbrechen*: be* involved in; *Gewinn*: have* a share in; **2igung** *f* participation (*a. jur., econ.*); involvement; share (*a. econ.*)
beten *v/i.* pray (**um** for), say* one's prayers; *bei Tisch*: say* grace
beteuern *v/t.* *Unschuld*: protest
Beton *m* concrete
betonen *v/t.* stress; *fig. a.* emphasize
betonieren *v/t.* (cover with) concrete
Betonung *f* stress; *fig.* emphasis
Betr. *Abk. für* **betrifft** (*in Briefen*) re
betören *v/t.* infatuate, bewitch
Betracht *m*: **in ~ ziehen** take* into consideration; (**nicht**) **in ~ kommen** (not) come* into question; **2en** *v/t.* look at, *fig. a.* view; **~ als** look upon *od.* regard as, consider; **2er** *m* viewer
beträchtlich *adj.* considerable
Betrachtung *f* view; **bei näherer ~** on closer inspection
Betrag *m* amount, sum; **2en 1.** *v/t.* amount to; **2.** *v/refl.* behave (o.s.)
Betragen *n* behavio(u)r, conduct
betrauen *v/t.* entrust (**mit** with)
betreffen *v/t.* *angehen*: concern; *sich beziehen auf*: refer to; **was ... betrifft** as for, as to; **betrifft** (*Abk.* **Betr.**) re; **~d** *adj.* concerning; **die ~en Personen** *etc.* the people *etc.* concerned
betreiben 1. *v/t.* *Geschäft etc.*: operate, run*; *Hobby, Sport*: go* in for
betreten[1] *v/t.* step on; *eintreten*: enter; **2 (des Rasens) verboten!** keep out! (keep off the grass!)
betreten[2] *adj.* embarrassed
betreu|en *v/t.* look after, take* care of; **2ung** *f* care (*gen.* of, for)
Betrieb *m* business, firm, company; *Betreiben*: operation, running; *im Verkehr*: rush; **in ~ sein** (**setzen**) be* in (put* into) operation; **außer ~** out of order; **im Geschäft war viel ~** the shop was very busy
Betriebs|anleitung *f* operating instructions *pl.*; **~berater** *m* business consultant; **~ferien** *pl.* company (*Brt. a.* works) holiday *sg.*; „**~**" 'closed for holidays', *Am.* 'on vacation'; **~fest** *n* annual company fête; **~kapital** *n* working capital; **~klima** *n* working atmosphere; **~kosten** *pl.* operating costs *pl.*; **~leitung** *f* management; **~rat** *m* works council; **2sicher** *adj.* safe to operate; **~störung** *f* breakdown; **~system** *n Computer*: operating system; **~unfall** *m* industrial accident; **~wirtschaft** *f* business administration
betrinken *v/refl.* get* drunk
betroffen *adj.* affected, concerned; dismayed, shocked; **2heit** *f* dismay, shock
betrübt *adj.* sad, grieved (**über** at)
Betrug *m* cheating; *jur.* fraud; *Täuschung*: deceit
betrüge|n *v/t.* cheat (**beim Kartenspiel** at cards), swindle, trick (**um et.** out of s.th.); *Partner*: be* unfaithful to; **2r(in)** swindler, trickster
betrunken *adj. pred.* drunk; *attr. a.* drunken; **2e(r)** drunk

Bett *n* bed; ***am ~*** at the bedside; ***ins ~ gehen*** (***bringen***) go* (put*) to bed; **~bezug** *m* duvet cover, *Am.* comforter case; **~decke** *f* blanket; quilt

betteln *v/i.* beg (***um*** for)

Bett|gestell *n* bedstead; **ˆlägerig** *adj.* bedridden; **~laken** *n* sheet

Bettler(in) beggar

Bett|nässer *m med.* bed wetter; **~ruhe** *f* bed rest; ***j-m ~ verordnen*** tell s.o. to stay in bed; **~vorleger** *m* bedside rug; **~wäsche** *f* bed linen; **~zeug** *n* bedding, bedclothes *pl.*

beugen *v/t.* bend*; *gr.* inflect; ***sich ~*** bend* (***vor*** to), bow (to)

Beule *f* bump; *im Blech etc.*: dent

be|unruhigen *v/t.* alarm, worry; **~urkunden** *v/t.* certify

beurlaub|en *v/t.* give* *s.o.* leave *od.* time off; *vom Amt*: suspend; ***sich ~ lassen*** ask for leave; **~t** *adj.* on leave

beurteil|en *v/t.* judge (***nach*** by); *Leistung, Wert*: rate; **ˆung** *f* judg(e)ment; *Bewertung*: evaluation

Beuschel *östr. gastr. n dish made of finely chopped lung*

Beute *f* booty, loot; *e-s Tieres*: prey (*a. fig.*); *hunt.* bag; *fig. a.* victim

Beutel *m* bag; *zo., Tabaksˆ*: pouch

bevölk|ern *v/t.* populate; **~ert** *adj.* → ***besiedelt***; **ˆerung** *f* population

bevollmächtigen *v/t.* authorize

bevor *cj.* before

bevor|munden *v/t.* patronize; **~stehenstehen** *v/i.* be* approaching; lie* ahead; *Gefahr*: be* imminent; ***j-m ~*** be* in store for s.o., await s.o.

bevor|zugen *v/t.* prefer; favo(u)r (*a. Schule*); **ˆzugung** *f* preferential treatment

bewach|en *v/t.* guard, watch over; **ˆer** *m*, **ˆung** *f* guard

bewaffn|en *v/t.* arm (*a. fig.*); **ˆung** *f* armament; *Waffen*: arms *pl.*

be|wahren *v/t.* keep*; ***~ vor*** keep* (*od.* save) from; **~währen** *v/refl.* prove successful; ***sich ~ als*** prove to be; **~wahrheiten** *v/refl.* → ***bestätigen***; **~währt** *adj.* (well-)tried, reliable; *Person*: experienced

Bewährung *jur. f* probation (***zur, auf*** on); **~sfrist** *f jur.* (period of) probation; **~shelfer(in)** *jur.* probation officer; **~sprobe** *f* (acid) test

bewaldet *adj.* wooded, woody

bewältigen *v/t.* manage, cope with; *Strecke*: cover

bewandert *adj.* (well-)versed (***in*** in)

bewässer|n *v/t. Land etc.*: irrigate; **ˆung** *f* irrigation

beweg|en *v/t. u. v/refl.* move (*a. fig.*); ***sich ~ zwischen*** range from ... to; ***j-n zu et. ~*** get s.o. to do s.th.; ***nicht ~!*** don't move!; **ˆgrund** *m* motive; **~lich** *adj.* movable; *flink*: agile; *flexibel*: flexible; *Teile*: moving; **ˆlichkeit** *f* mobility; agility; **~t** *adj. Meer*: rough; *Stimme*: choked; *Leben*: eventful; *fig.* moved, touched; **ˆung** *f* movement (*a. pol.*); motion (*a. phys.*); *körperliche*: exercise; *fig.* emotion; ***in ~ setzen*** set* in motion; **ˆungsfreiheit** *f* freedom of movement (*fig. a.* of action); **~ungslos** *adj.* motionless

Beweis *m* proof (***für*** of); **~(*e pl.*)** evidence (*bsd. jur.*); **ˆen** *v/t.* prove*; *Interesse etc.*: show*; **~mittel** *n*, **~stück** *n* (piece of) evidence

bewenden *v/i.*: ***es dabei ~ lassen*** leave* it at that

bewerb|en *v/refl.*: ***sich ~ um*** apply for; **ˆer(in)** applicant; **ˆung** *f* application; **ˆungsschreiben** *n* (letter of) application

bewert|en *v/t. Leistung*: assess; *j-n*: judge; **ˆung** *f* assessment

bewilligen *v/t.* grant, allow

bewirken *v/t.* cause; bring* about

bewirt|en *v/t.* entertain; **~schaften** *v/t.* run*; *agr.* farm; **~schaftet** *adj. Hütte*: open; **ˆung** *f Versorgung*: catering; *Bedienung* service; *zu Hause, östr., Schweiz a. zuhause*: hospitality

bewohn|en *v/t.* live in; *Land*: inhabit; **ˆer** *m* inhabitant; occupant; **~t** *adj. Land*: inhabited; *Gebäude*: occupied

be|wölken *v/refl.* cloud over (*a. fig.*); **~wölkt** *adj.* cloudy, overcast; **ˆwölkung** *f* clouds *pl.*

Bewunder|er *m* admirer; **ˆn** *v/t.* admire (***wegen*** for); **ˆnswert** *adj.* admirable; **~ung** *f* admiration

bewusst *adj.* conscious; *absichtlich*: intentional; ***sich e-r Sache ~ sein*** be* conscious *od.* aware of s.th., realize s.th.; ***j-m et. ~ machen*** make* s.o. realize s.th., open s.o.'s eyes to s.th.; **~los** *adj.* unconscious; **ˆsein** *n* consciousness; ***bei* ~** conscious

bezahl|en *v/t.* pay*; *Ware, Leistung etc.*: pay* for (*a. fig.*); **~t** *adj.*: ***~er Urlaub*** paid leave; ***es macht sich* ~** it pays; **2ung** *f* payment; *Lohn*: pay

bezaubern *v/t.* charm; **~d** *adj.* charming, F sweet, darling

bezeichn|en *v/t.*: **~ *als*** call, describe as; **~end** *adj.* characteristic, typical (***für*** of); **2ung** *f* name, term

be|zeugen *v/t. jur.* testify to, bear* witness to (*beide a. fig.*); **~zichtigen** *v/t.* → ***beschuldigen***; **~ziehen** *v/t. Möbel etc.*: cover; *Bett*: change; *Haus etc.*: move into; *erhalten*: receive; *Zeitung*: subscribe to; **~ *auf*** relate to; ***sich* ~** *Himmel*: cloud over; ***sich* ~ *auf*** refer to

Beziehung *f* relation (***zu et.*** to s.th.; ***zu j-m*** with s.o.); connection (***zu*** with); *verwandtschaftliche etc.*: relationship; *Hinsicht*: respect; ***~en haben*** have* connections, know* the right people; **2sweise** *adv.* respectively; *oder*: or; *oder vielmehr*: or rather

Bezirk *m* district, *Am. a.* precinct

Bezug *m Überzug*: cover(ing); case, slip; *econ.* purchase; *e-r Zeitung*: subscription (*gen.* to); ***Bezüge*** *pl.* earnings *pl.*; **~ *nehmen auf*** refer to; ***in* ~ *auf*** → ***bezüglich***

bezüglich *prp.* regarding, concerning

Bezug|nahme *f*: ***unter* ~ *auf*** with reference to; **~sperson** *psych. f* person to relate to, role model; **~spunkt** *m* reference point; **~squelle** *f* source of supply

be|zwecken *v/t.* aim at, intend; **~zweifeln** *v/t.* doubt, question; **~zwingen** *v/t.* conquer, defeat (*a. Sport*)

Bibel *f* Bible

Bibeli *n Schweiz*: pimple; chicken

Biber *zo. m* beaver

Biblio|grafie *f* bibliography; **~thek** *f* library; **~thekar(in)** librarian

biblisch *adj.* biblical

bieder *adj.* honest; *spießig*: square

bieg|en *v/t. u. v/i.* bend* (*a.* ***sich* ~**); *Straße*: *a.* turn; ***um die Ecke* ~** turn (round) the corner; **~sam** *adj.* flexible; **2ung** *f* curve

Biene *zo. f* bee; **~nkönigin** *f* queen (bee); **~nkorb, ~nstock** *m* (bee)hive; **~nwachs** *n* beeswax

Bier *n* beer; **~ *vom Fass*** draught (*Am.* draft) beer; **~deckel** *m* coaster, *Brt. a.* beer mat; **~krug** *m* beer mug, stein

Biest F *fig. n* beast; (***kleines***) **~** brat, little devil, *Am. a.* stinker

bieten 1. *v/t.* offer; ***sich* ~** present itself; **2.** *v/i. Auktion*: (make* a) bid*

Bigamie *f* bigamy

Bikini *m* bikini

Bilanz *f econ.* balance; *fig.* result; **~ *ziehen aus*** *fig.* take* stock of

Bild *n* picture; *gedankliches*: image; ***sich ein* ~ *machen von*** get* an idea of; **~ausfall** *TV m* blackout; **~bericht** *m* photo(graphic) report (*Am.* essay)

bilden v/t. form (*a.* ***sich* ~**); *gestalten*: *a.* shape; *fig.* educate (***sich*** o.s.); *darstellen, sein*: be*, constitute

Bilderbuch *n* picture book

Bild|fläche *f*: F ***auf der* ~ *erscheinen*** (***von der* ~ *verschwinden***) appear on (disappear from) the scene; **~hauer(in)** sculptor; **2lich** *adj.* graphic; *Ausdruck*: figurative; **~nis** *n* portrait; **~platte** *f* video dis|c, *Am.* -k; **~röhre** *f* picture tube

Bildschirm *m TV* screen; *Computer*: *a.* display, monitor; *Gerät*: VDT, video display terminal; **~arbeitsplatz** *m* workstation; **~schoner** *m* screen saver; **~text** *m* viewdata, *Am.* videotex(t)

bildschön *adj.* most beautiful

Bildung *f* education; *Aus2*: training; *Vorgang*: formation; **~s...** *in Zssgn Reform, Urlaub etc.*: educational ...; **~slücke** *f* gap in one's knowledge

Billard *n* billiards, *Am. a.* pool; **~kugel** *f* billiard ball; **~stock** *m* cue

Billet(t) *n Schweiz*: ticket

billig *adj.* cheap (*a. contp.*), inexpensive; **~en** *v/t.* approve of; **2ung** *f* approval

Billion *f* trillion

bimmeln F *v/i.* jingle; *tel.* ring*

binär *adj. math., phys. etc.*: binary

Binde *f* bandage; *Armschlinge*: sling; → ***Damenbinde***; **~gewebe** *anat. n* connective tissue; **~glied** *n* (connecting) link; **~haut** *anat. f* conjunctiva; **~hautentzündung** *med. f* conjunctivitis

binde|n 1. *v/t.* bind* (*a. Buch*), tie (***an*** to); *Kranz etc.*: make*; *Krawatte*: knot; ***sich* ~** bind* *od.* commit o.s.; **2.** *v/i.* bind*; **2strich** *m* hyphen; **2wort** *gr. n* conjunction

Bindfaden *m* string
Bindung *f* tie, link, bond; *Ski*ℤ: binding
Binnen|hafen *m* inland port; **~handel** *m* domestic trade; **~markt** *m*: ***Europäischer*** **~** European single market; **~schifffahrt** *f* inland navigation; **~verkehr** *m* inland traffic *od.* transport
Binse *bot. f* rush; F: ***in die ~n gehen*** go* up in smoke; **~nweisheit** *f* truism
Bio..., ℤ... *in Zssgn Chemie, dynamisch, Sphäre, Technik etc.*: bio...
Biografi|e *f* biography; **ℤsch** *adj.* biographic(al)
Bioladen *m* health food shop *od.* store
Biolog|e *m* biologist; **~ie** *f* biology; **ℤisch** *adj.* biological; *Anbau etc.*: organic; ***~ abbaubar*** biodegradable
Bio|rhythmus *m* biorhythms *pl.*; **~technik** *f* biotechnology
Biotop *n* biotope
Birke *f* birch (tree)
Birne *f* pear; *electr.* (light) bulb
bis *prp. u. adv. u. cj. zeitlich*: till, until, (up) to; *räumlich*: (up) to, as far as; ***von ... ~*** from ... to; ***~ auf*** *außer*: except; ***~ zu*** up to; ***~ später!*** see you later!; ***~ jetzt*** up to now, so far; ***~ Montag*** *spätestens*: by Monday; ***zwei ~ drei*** two or three; ***wie weit ist es ~ ...?*** how far is it to ...?
Bischof *m* bishop
Biscuit *n Schweiz*: → ***Keks***
bisexuell *adj.* bisexual
bisher *adv.* up to now, so far; ***wie ~*** as before; **~ig** *adj.* previous
Biskuit *n* sponge cake (mix)
Biss *m* bite (*a. fig. Schärfe*)
bisschen *adj. u. adv.*: ***ein ~*** a little, a (little) bit of; ***nicht ein ~*** not in the least
Bissen *m* bite; ***keinen ~*** not a thing
bissig *adj. fig.* cutting; ***ein ~er Hund*** a dog that bites; ***Vorsicht, ~er Hund!*** beware of the dog!
Bistum *n* bishopric, diocese
bisweilen *adv.* at times, now and then
Bit *n Computer*: bit
Bitte *f* request (***um*** for); ***ich habe e-e ~ (an dich)*** I have a favo(u)r to ask of you
bitte *adv.* please; ***~ nicht!*** please don't!; ***~ (schön)!*** *als Antwort*: that's all right, not at all, you're welcome; *beim Überreichen etc.*: here you are; ***(wie) ~?*** pardon?; ***~ sehr?*** (*im Geschäft*) can I help you?
bitten *v/t.*: ***j-n um et. ~*** ask s.o. for s.th.; ***um j-s Namen (Erlaubnis) ~*** ask s.o.'s name (permission); ***darf ich ~?*** may I have (the pleasure of) this dance?
bitter *adj.* bitter (*a. fig.*); *Kälte*: *a.* biting; **~kalt** *adj.* bitterly cold
bläh|en *v/refl.* swell*; **ℤungen** *pl.* flatulence *sg.*, *Brt. a.* F wind
blam|abel *adj.* embarrassing; **ℤage** *f* disgrace, shame; **ℤieren** *v/t.*: ***j-n ~*** make* s.o. look like a fool; ***sich ~*** make* a fool of o.s.; ⚠ *nicht* ***blame***
blank *adj.* shining, shiny, bright; *~ geputzt*: polished; F *fig.* broke
Blanko... *econ. in Zssgn* blank ...
Bläschen *med. n* vesicle, small blister
Blase *f* bubble; *anat.* bladder; *med.* blister; **~balg** *m* (pair of) bellows
blasen *v/t.* blow* (*a. mus.*)
Blas|instrument *mus. n* wind instrument; **~kapelle** *f* brass band; **~rohr** *n Waffe*: blowpipe
blass *adj.* pale (***vor*** with); ***~ werden*** turn pale
Blässe *f* paleness, pallor
Blatt *n bot.* leaf; *Papier*ℤ: piece, sheet (*a. mus.*); (news)paper; *Karten*: hand
blättern *v/i.*: ***~ in*** leaf through
Blätterteig *m* puff pastry
blau *adj.* blue; F *fig.* loaded, stoned; ***~es Auge*** black eye; ***~er Fleck*** bruise; ***Fahrt ins ℤe*** jaunt (through the countryside); *organisiert*: mystery tour; **~äugig** *adj.* blue-eyed; *fig.* starry-eyed; **ℤbeere** *bot. f* bilberry, *Am.* blueberry; **~grau** *adj.* bluish-grey
bläulich *adj.* bluish
Blau|licht *n* flashing light(s *pl.*); **~helme** *pl.* UN soldiers *pl.*; **ℤmachen** *v/i.* stay away from work *od.* school; **~säure** *chem. f* prussic acid
Blech *n* sheet metal; *in Zssgn Dach, Löffel etc.*: tin; *Instrument*: brass; **ℤen** F *v/t. u. v/i.* shell out; **~büchse, ~dose** *f* can, *Brt. a.* tin; **~schaden** *mot. m* bodywork damage
Blei *n* lead; ***aus ~*** leaden
Bleibe *f* place to stay
bleiben *v/i.* stay, remain; ***~ bei*** stick* to; ***lass das ~!*** stop that!; ***das wirst du schön ~ lassen!*** you'll do nothing of the sort!; ***lass es lieber ~*** better leave it; → ***Apparat, ruhig*** *etc.*; **~d** *adj.* lasting, permanent

bleich *adj.* pale (**vor** with); **~en** *v/t.* bleach; **&gesicht** F *n* paleface
blei|ern *adj.* lead(en *fig.*); **~frei** *mot. adj.* unleaded; **&stift** *m* pencil; **~stiftspitzer** *m* pencil sharpener
Blende *f* blind; *phot.* aperture; (**bei**) **~ 8** (at) f-8
blend|en *v/t.* blind, dazzle (*beide a. fig.*); **~end** *adj.* dazzling (*a. fig.*); *Leistung*: brilliant; **~ aussehen** look great; **~frei** *opt. adj.* anti-glare
Blick *m* look (**auf** at); *Aussicht*: view (of); **flüchtiger ~** glance; **auf den ersten ~** at first sight; **&en** *v/i.* look, glance (*beide*: **auf**, **nach** at); **~fang** *m* eye-catcher; **~feld** *n* field of vision
blind *adj.* blind (*a. fig.*: **gegen**, **für** to; **vor** with); *Spiegel etc.*: dull; **~er Alarm** false alarm; **~er Passagier** stowaway; **auf e-m Auge ~** blind in one eye; **ein &er** a blind man; **e-e &e** a blind woman; **die &en** the blind
Blinddarm *anat. m* appendix; **~entzündung** *med. f* appendicitis; **~operation** *f med.* appendectomy
Blinden|hund *m* guide dog, *Am. a.* seeing eye dog; **~schrift** *f* braille
Blind|flug *aviat. m* blind flying; **~gänger** *m* dud (*a. fig*); **~heit** *f* blindness; **&lings** *adv.* blindly; **~schleiche** *zo. f* blindworm
blinke|n *v/i.* sparkle, shine*; *Sterne*: twinkle; *signalisieren*: flash (a signal); *mot.* indicate; **&r** *mot. m* indicator, *Am.* turn signal
blinzeln *v/i.* blink (one's eyes)
Blitz *m* (flash of) lightning; *phot.* flash; **~ableiter** *m* lightning conductor; **&en** *v/i.* flash; **es blitzt** it's lightening; **~gerät** *phot. n* (electronic) flash; **~lampe** *phot. f* flashbulb; *Würfel*: flash cube; **~licht** *n* flash(light); **~schlag** *m* lightning stroke; **&schnell** *adj. u. adv.* like a flash; *attr.* split-second
Block *m* block; *pol.*, *econ.* bloc; *Schreib&*: pad; **~ade** *mil.*, *naut. f* blockade; **~flöte** *f* recorder; **~haus** *n* log cabin; **&ieren** *v/t. u. v/i.* block; *mot.* lock; **~schrift** *f* block letters *pl.*
blöd|(e) F *adj.* silly, stupid; **~eln** F *v/i.* fool *od.* clown around; **&heit** *f* stupidity; **&sinn** *m* rubbish, nonsense; **~sinnig** *adj.* idiotic, foolish
blöken *v/i. Schaf*, *Kalb*: bleat
blond *adj.* blond, fair **&ine** *f* blonde
bloß 1. *adj.* bare; *Auge*: naked; *nichts als*: mere; **2.** *adv.* only, just, merely
Blöße *f* nakedness; **sich e-e ~ geben** lay* o.s. open to attack *od.* criticism
bloß|legen *v/t.* lay* bare, expose; **~stellen** *v/t.* expose, compromise, unmask; **sich ~** compromise o.s.
blühen *v/i.* (be* in) bloom; *Bäume*, *Büsche*: (be* in) blossom; *fig.* flourish
Blume *f* flower; *Wein*: bouquet; *Bier*: froth, head
Blumen|beet *n* flowerbed; **~händler** *m* florist; **~kohl** *m* cauliflower; **~laden** *m* flower shop, florist's; **~strauß** *m* bunch of flowers; bouquet; **~topf** *m* flowerpot; **~vase** *f* vase
Bluse *f* blouse
Blut *n* blood; **&arm** *med. adj.* an(a)emic; **~armut** *med. f* an(a)emia; **~bad** *n* massacre; **~bahn** *anat. f* bloodstream; **~bank** *med. f* blood bank; **&befleckt** *adj.* bloodstained; **~bild** *med. n* blood count; **~blase** *f* blood blister; **~druck** *m* blood pressure
Blüte *f* flower; bloom (*a. fig.*); *bsd. Baum&*: blossom; *fig.* height, heyday; **in (voller) ~** in (full) bloom
Blutegel *zo. m* leech
bluten *v/i.* bleed* (**aus** from)
Blüten|blatt *n* petal; **~staub** *m* pollen
Bluter *med. m* h(a)emophiliac
Bluterguss *m* bruise; *med.* h(a)ematoma
Blut|gefäß *n* blood vessel; **~gerinnsel** *n* blood clot; **~gruppe** *f* blood group; **~hund** *m* bloodhound; **&ig** *adj.* bloody; **~er Anfänger** rank beginner, F greenhorn; **~körperchen** *n* blood corpuscle; **~kreislauf** *m* (blood) circulation; **~lache** *f* pool of blood; **&leer** *adj.* bloodless; **~probe** *f* blood test; **&rünstig** *adj.* bloodthirsty, gory; **~schande** *jur. f* incest; **~spender(in)** blood donor; **&stillend** *adj.* styptic; **~sverwandte(r)** blood relation; **~übertragung** *f* blood transfusion; **~ung** *f* bleeding, h(a)emorrhage; **&unterlaufen** *adj.* bloodshot; **~vergießen** *n* bloodshed; **~vergiftung** *f* blood poisoning; **~wurst** *f* black pudding, *Am.* blood sausage
BLZ *Abk. für* **Bankleitzahl** bank (sorting) code, *Am.* A.B.A. number

Bö *f* gust, squall
Bob *m* bob(sled); **~bahn** *f* bob run; **~fahren** *n* bobsledding
Bock *m Reh*≗: buck; *Ziegen*≗: he-goat, billy-goat; *Schaf*≗: ram; *Sport*: buck; ***e-n ~ schießen*** (make* a) blunder; ***keinen*** (*od.* ***null***) ***~ auf et. haben*** have zero interest in s.th.; **≗en** *v/i.* buck; *schmollen*: sulk; **≗ig** *adj.* obstinate; sulky; **~springen** *n Sport*: buck vaulting; *Spiel*: leapfrog; **~wurst** *f* hot sausage
Boden *m* ground; *agr.* soil; *Gefäß*≗, *Meeres*≗: bottom; *Fuß*≗: floor; *Dach*≗: attic; **≗los** *adj. fig.* incredible; **~personal** *aviat. n* ground crew; **~reform** *f* land reform; **~schätze** *pl.* mineral resources *pl.*; **~station** *aviat. f* ground control; **~turnen** *n* floor exercises *pl.*
Body *m* bodysuit
Bogen *m* bend, curve; *math.* arc; *arch.* arch; *Eislauf*: curve; *Ski*: turn; *Waffe*: bow; *Papier*≗: sheet; **~schießen** *n* archery; **~schütze** *m* archer
Bohle *f* plank
Bohne *f* bean; ***grüne ~n*** green (*Brt. a.* French) beans; **~nstange** *f* beanpole (*a.* F *fig.*)
bohner|n *v/t.* polish, wax; **≗wachs** *n* floor polish
bohren *v/t.* bore, drill (*a. Zahnarzt*); **~d** *fig. adj. Blick*: piercing; *Fragen*: insistent
Bohr|er *tech. m* drill; **~insel** *f* oil rig; **~loch** *n* borehole, *Öl*≗: *a.* well(head); **~maschine** *f* (electric) drill; **~turm** *m* derrick; **~ung** *f* drilling; *Zylinder*: bore
Boje *naut. f* buoy
Bolzen *tech. m* bolt
bombardieren *v/t.* bomb; *fig.* bombard
Bombe *f* bomb; *fig.* bombshell; **~nangriff** *m* air raid; **~nanschlag** *m* bomb attack; **~nerfolg** *m* roaring success; *thea. etc.* smash hit; **~ngeschäft** F *n* super deal; **~nleger** *m* bomber; **≗nsicher** *adj.* bombproof; **~r** *aviat. m* bomber (*a. fig.*)
Bon *m* coupon, voucher
Bonbon *m, n* sweet, *Am.* candy
Boot *n* boat; **~smann** *m* boatswain
Bord[1] *n* shelf
Bord[2] *naut., aviat. m*: ***an ~*** on board; ***über ~*** overboard; ***von ~ gehen*** disembark
Bordell *n* brothel, F whorehouse
Bord|funker *m* radio operator; **~karte** *aviat. f* boarding pass; **~stein** *m* kerb, *Am.* curb
borgen *v/t.* borrow; ***sich ~ von*** borrow *s.th.* from; ***j-m ~*** lend* *s.th.* to s.o.
Borke *f* bark
borniert *adj.* narrow-minded
Börse *econ. f* stock exchange
Börsen|bericht *m* market report; **~kurs** *m* quotation; **~makler** *m* stockbroker; **~spekulant** *m* stock-jobber
Borst|e *f* bristle; **≗ig** *adj.* bristly
Borte *f* border; *Besatz*≗: braid, lace
bösartig *adj.* vicious; *med.* malignant
Böschung *f* slope, bank; *Ufer*≗, *rail.*: embankment
böse *adj.* bad, evil, wicked; *zornig*: angry (***über*** about; ***auf j-n*** with s.o.), *bsd. Am. a.* mad (***auf*** at); ***er meint es nicht ~*** he means no harm
Böse *n* (the) evil; **~wicht** *m* villain
bos|haft *adj.* malicious; **≗heit** *f* malice
böswillig *adj.* malicious, *jur. a.* wil(l)ful
Botani|k *f* botany; **~ker(in)** botanist; **≗sch** *adj.* botanical
Bote *m* messenger; **~ngang** *m*: ***Botengänge machen*** run* errands
Botschaft *f* message; *Amt*: embassy; **~er** *m* ambassador
Bottich *m* tub, vat
Bouillon *f* consommé, bouillon, broth
Boulevardblatt *n*, **~zeitung** *f* tabloid
Bowle *f* (cold) punch; *Gefäß*: bowl
boxen 1. *v/i.* box; **2.** *v/t.* punch
Box|en *n* boxing; **~er** *m* boxer; **~handschuh** *m* boxing glove; **~kampf** *m* boxing match, fight; **~sport** *m* boxing
Boykott *m*, **≗ieren** *v/t.* boycott
brachliegen *agr. v/i.* lie* fallow (*a. fig.*)
Branche *econ. f* line (of business); **~n(telefon)buch** *n* yellow pages *pl.*
Branntwein *m* brandy; spirits *pl.*
Brand *m* fire; ***in ~ geraten*** catch* fire; ***in ~ stecken*** set* fire to; **~blase** *f* blister; **~bombe** *f* incendiary bomb; **≗en** *v/i.* surge (***gegen*** against); **~fleck** *m* burn; **~mal** *n* brand; *fig.* stigma; **≗marken** *fig. v/t.* brand, stigmatize; **~mauer** *f* fire wall; **~stätte, ~stelle** *f* scene of fire; **~stifter** *m* arsonist; **~stiftung** *f* arson; **~ung** *f* surf, surge, breakers *pl.*; **~wunde** *f* burn; *durch Verbrühen*: scald

braten *v/t.* roast; *auf dem Rost*: grill, broil; *in der Pfanne*: fry; ***am Spieß ~*** roast on a spit, barbecue
Braten *m* roast (meat); *~stück*: joint; **~fett** *n* dripping; **~soße** *f* gravy
Brat|fisch *m* fried fish; **~huhn** *n* roast chicken; **~kartoffeln** *pl.* fried potatoes *pl.*; **~pfanne** *f* frying-pan; **~röhre** *f* oven
Bratsche *mus. f* viola
Bratwurst *f* grilled sausage
Brauch *m* custom; *Gewohnheit*: habit, practice; **2bar** *adj.* useful; **2en** *v/t.* need; *erfordern*: require; *Zeit*: take*; *ge~*: use; ***wie lange wird er ~?*** how long will it take him?; ***du brauchst es nur zu sagen*** just say the word; ***ihr braucht es nicht zu tun*** you don't have to do it; ***er hätte nicht zu kommen ~*** he need not have come
brau|en *v/t.* brew; **2erei** *f* brewery
braun *adj.* brown; *~ gebrannt*: (sun-) tanned; ***~ werden*** get* a tan
Bräune *f* (sun)tan; **2n 1.** *v/t.* brown; *Sonne*: tan; **2.** *v/i.* (get* a) tan
Braunkohle *f* brown coal, lignite
bräunlich *adj.* brownish
Brause *f* shower; → ***Limonade***; **2n** *v/i.* *Wind, Wasser etc.*: roar; *eilen*: rush; → ***duschen***; **~pulver** *n* sherbet
Braut *f* bride; *Verlobte*: fiancée
Bräutigam *m* (bride)groom; fiancé
Braut|jungfer *f* bridesmaid; **~kleid** *n* wedding-dress; **~leute** *pl.*, **~paar** *n* bride and (bride)groom; *Verlobte*: engaged couple
brav *adj.* good; *ehrlich*: honest; ***sei(d) ~!*** be good!; ⚠ *nicht* ***brave***
BRD *Abk. für* ***Bundesrepublik Deutschland*** FRG, Federal Republic of Germany
brechen *v/t. u. v/i.* break* (*a. fig.*); *sich übergeben*: vomit, F throw* up, *Brt. a.* be* sick; ***sich ~*** *opt.* be* refracted; ***sich den Arm ~*** break* one's arm; ***mit j-m ~*** break* with s.o; ***~d voll*** crammed, packed
Brech|reiz *m* nausea; **~stange** *f* crowbar; **~ung** *opt. f* refraction
Brei *m ~masse*: pulp, mash; *Kinder2*: pap; *Hafer2*: porridge; *Reis2 etc.*: pudding; **2ig** *adj.* pulpy, mushy
breit *adj.* wide; *Schultern, Grinsen*: broad (*a. fig.*); ***sich ~ machen*** spread o.s. out; **~beinig** *adj.* with legs (wide) apart
Breite *f* width, breadth; *astr., geogr.* latitude; **2n** *v/t.* spread*; **~ngrad** *m* degree of latitude; **~nkreis** *m* parallel (of latitude)
breit|schlagen *v/t.*: F: ***j-n zu et. ~*** talk s.o. into (doing) s.th.; **2seite** *f naut.* broadside (*a. fig.*); **2wand** *f Film*: wide screen
Bremsbelag *m* brake lining
Bremse *f* brake; *zo.* gadfly; **2n 1.** *v/i.* brake, put* on the brake(s); *ab~*: slow down; **2.** *v/t.* brake; *fig.* curb
Brems|kraftverstärker *mot. m* brake booster; **~licht** *mot. n* stop light; **~pedal** *n* brake pedal; **~spur** *f* skid marks *pl.*; **~weg** *m* stopping distance
brenn|bar *adj.* combustible; *entzündlich*: (in)flammable; **~en 1.** *v/t.* burn*; *Schnaps*: distil(l); *Ziegel*: bake; **2.** *v/i.* burn*; *Haus etc.*: be* on fire; *Wunde, Augen*: smart, burn*; F ***darauf ~ zu*** be* dying to; ***es brennt!*** fire!
Brenn|er *m Gas2 etc.*: burner; **~glas** *n* burning glass; **~holz** *n* firewood; **~material** *n* fuel; **~nessel** *f* (stinging) nettle; **~punkt** *m* focus, focal point; **~spiritus** *m* methylated spirit; **~stab** *m tech.* fuel rod; **~stoff** *m* fuel
brenzlig *adj.* burnt; *fig.* hot, *Brt. a.* dicey
Bresche *f* breach (*a. fig.*), gap
Brett *n* board; → ***Anschlagbrett***; **~erbude** *f* shack; **~erzaun** *m* wooden fence; **~spiel** *n* board game
Brezel *f* pretzel
Brief *m* letter; **~beschwerer** *m* paperweight; **~bogen** *m* sheet of (note)paper; **~freund(in)** pen friend (*Am.* pal); **~karte** *f* correspondence card; **~kasten** *m* letterbox, *Am.* mailbox; **2lich** *adj. u. adv.* by letter; **~marke** *f* (postage) stamp; **~markensammlung** *f* stamp-collection; **~öffner** *m* paper knife, *Am.* letter opener; **~papier** *n* stationery; **~tasche** *f* wallet; **~taube** *f* carrier pigeon; **~träger** postman, *Am.* mailman *od.* -carrier; **~umschlag** *m* envelope; **~wahl** *f* postal vote; **~wechsel** *m* correspondence
Brikett *n* briquet(te)
Brillant 1. *m* (cut) diamond; **2. 2** *adj.* brilliant; **~ring** *m* diamond ring

Brille *f* (pair of) glasses *pl.*, spectacles *pl.*; *Schutz*♀: goggles *pl.*; toilet seat; **~netui** *n* spectacle (*Am.* eyeglass) case; **~nträger(in)**: *~ sein* wear* glasses
bringen *v/t.* bring*; *hin~*: take*; *verursachen*: cause; *Opfer*: make*; *Gewinn etc.*: yield; ***nach Hause*** (*östr., Schweiz*: *a.* **nachhause**) ~ see* (*od.* take*) *s.o.* home; ***in Ordnung*** ~ put* in order; ***das bringt mich auf e-e Idee*** ~ that gives me an idea; ***j-n dazu*** ~, ***et. zu tun*** get* s.o. to do s.th.; ***et. mit sich*** ~ involve s.th.; ***j-n um et.*** ~ deprive s.o. of s.th.; ***j-n zum Lachen*** ~ make* s.o. laugh; ***j-n wieder zu sich*** ~ bring* s.o. round ; ***es zu et.*** (***nichts***) ~ go far (get nowhere); ***das bringt nichts*** it's no use
Brise *f* breeze
Brit|e *m*, **~in** *f* Briton; ***die Briten*** *pl.* the British *pl.*; ♀**isch** *adj.* British
bröckeln *v/i.* crumble
Brocken *m* piece; *Klumpen*: lump; *Fels~*: rock; *Fleisch*: chunk; *Bissen*: morsel; ***ein paar*** ~ ***Englisch*** a few scraps of English; F ***ein harter*** ~ a hard nut to crack
Brombeere *f* blackberry
Bronchi|en *pl.* bronchi(a) *pl.*; **~tis** *med. f* bronchitis
Bronze *f* bronze (*a. in Zssgn Medaille etc.*); **~zeit** *hist. f* Bronze Age
Brosche *f* brooch, *Am. a.* pin
brosch|iert *adj.* paperback; ♀**üre** *f* pamphlet; *Werbe*♀: brochure
Brot *n* bread; *belegtes*: sandwich; ***ein*** (***Laib***) ~ a loaf (of bread); ***e-e Scheibe*** ~ a slice of bread; ***sein*** ~ ***verdienen*** earn one's living; **~aufstrich** *m* spread
Brötchen *n* roll
Brot|rinde *f* crust; **~(schneide)maschine** *f* bread cutter
Bruch *m* break; *Knochen*♀: fracture; *Unterleibs*♀: hernia; *math.* fraction; *geol.* fault; *e-s Versprechens* : breach; *e-s Gesetzes*: violation; ***zu*** ~ ***gehen*** be* wrecked; **~bude** F *f* dump, hovel
brüchig *adj.* brittle; *rissig*: cracked
Bruch|landung *aviat. f* crash landing; **~rechnung** *f* fractional arithmetic, F fractions *pl.*; ♀**sicher** *adj.* breakproof; **~strich** *math. m* fraction bar; **~stück** *n* fragment; **~teil** *m* fraction; ***im*** ~ ***e-r Sekunde*** in a split second; **~zahl** *f* fraction(al) number
Brücke *f* bridge (*a. Sport*); *Teppich*: rug; **~npfeiler** *m* pier
Bruder *m* brother (*a. rel.*); **~krieg** *m* civil war
brüder|lich 1. *adj.* brotherly; **2.** *adv.*: ~ ***teilen*** share and share alike; ♀**lichkeit** *f* brotherhood; ♀**schaft** *f*: ~ ***trinken*** *agree to use the familiar 'du' form of address*
Brüh|e *f Suppe*: broth; *Grundsubstanz*: stock; F *Getränk*: dishwater; *Schmutzwasser*: slops *pl.*; F *Gewässer*: filthy water, bilge; ♀**würfel** *m* beef cube
brüllen *v/i.* roar (***vor Lachen*** with laughter); *Rind*: bellow; F *Kind*: bawl; **~d** *adj.*: **~es *Gelächter*** roars *pl.* of laughter
brumm|en *v/i.* growl; *Insekt*: hum, buzz (*a. Motor etc.*); *Kopf*: be* buzzing; **~ig** *adj.* grumpy
brünett *adj.* brunette, dark-haired
Brunnen *m* well; *Quelle*: spring; *Spring*♀: fountain
Brunstzeit *zo. f* rutting season
Brust *f* chest; *weibliche*: breast(s *pl.*), bosom; **~bein** *anat. n* breastbone; **~beutel** *m* money bag, *Am.* neck pouch
brüsten *v/refl.* boast, brag (***mit*** of)
Brust|kasten, ~korb *m* chest, *anat.* thorax; **~schwimmen** *n* breaststroke
Brüstung *f* parapet
Brustwarze *f* nipple
Brut *f* brooding; brood, hatch; *Fisch*♀: fry; F *fig.* brood; *contp.* scum
brutal *adj.* brutal; ♀**ität** *f* brutality
Brutapparat *zo. m* incubator
brüten *v/i.* brood, sit* (on eggs); ~ ***über*** *fig.* brood over
Brutkasten *med. m* incubator
brutto *adv.* gross (*a. in Zssgn*); ♀**sozialprodukt** *n* gross national product; ♀**verdienst** *m* gross earnings *pl.*
Bube *m* boy, lad; *Karte*: knave, jack
Buch *n* book; **~binder** *m* (book)binder; **~drucker** *m* printer; **~druckerei** *f* printing office, *Am.* print shop
Buche *f* beech
buchen *v/t.* book; *econ.* enter
Bücher|bord *n* bookshelf; **~ei** *f* library; **~regal** *n* bookshelf; **~schrank** *m* bookcase; **~wurm** *fig. m* bookworm
Buch|fink *zo. m* chaffinch; **~halter(in)** bookkeeper; **~haltung** *f* bookkeeping; **~händler(in)** bookseller; **~hand-**

lung *f* bookshop, *Am.* bookstore; **~macher** *m* bookmaker
Büchse *f* tin, *Am.* can; *größere*: box; *Gewehr*: rifle; **~nfleisch** *n* tinned (*Am.* canned) meat; **~nöffner** *m* tin (*Am.* can) opener
Buchstab|e *m* letter; ***großer*** (***kleiner***) ~ capital (small) letter; **2ieren** *v/t.* spell*
buchstäblich *adv.* literally
Buchstütze *f* bookend
Bucht *f* bay; *kleine*: creek, inlet
Buchung *f* booking; *econ.* entry
Buckel *m* hump, hunch; *bsd. Mensch*: humpback, hunchback; ***e-n ~ machen*** hump *od.* hunch one's back
bücken *v/refl.* bend* (down), stoop
bucklig *adj.* humpbacked, hunchbacked; **2e(r)** humpback, hunchback
Bückling *m* kipper, *Am.* smoked herring; F *fig.* bow
Buddhis|mus *m* Buddhism; **~t(in), 2tisch** *adj.* Buddhist
Bude *f* stall, booth; *Hütte*: hut; F digs *pl.*, *Am.* pad; *contp.* dump, hole
Budget *n* budget
Büfett *n* counter, bar, buffet; *Möbel*: sideboard, cupboard; ***kaltes*** (***warmes***) ~ cold (hot) buffet (meal)
Büffel *zo. m* buffalo
büffeln F *v/i.* grind*, cram, swot
Bug *m naut.* bow; *aviat.* nose; *zo., gastr.* shoulder
Bügel *m* hanger; *Brillen2 etc.*: bow; **~brett** *n* ironing board; **~eisen** *n* iron; **~falte** *f* crease; **2frei** *adj.* no(n)-iron; **2n** *v/t.* iron; *Hose etc.*: press
buh *int.* boo!; **~en** *v/i.* boo
Bühne *f* stage; *fig. a.* scene; **~nbild** *n* (stage) set(ting); **~nbildner(in)** stage designer
Buhrufe *pl.* boos *pl.*
Bulette *f* meatball
Bull|auge *naut. n* porthole; **~dogge** *zo. f* bulldog
Bulle *zo. m* bull (*a. fig.*); *contp. Polizist*: cop(per)
Bumm|el F *m* stroll; **~elei** *f* dawdling; *Nachlässigkeit*: slackness; **2eln** *v/i.* stroll, saunter; *trödeln*: dawdle; *econ.* go* slow; **~elstreik** *m* go-slow (strike), *Am.* slowdown; **~elzug** F *m* slow train; **~ler** *m* stroller; dawdler, F slowcoach, *Am.* slowpoak
bumsen *v/i. u. v/t.* F → ***krachen***; V bang, screw
Bund[1] *m* union, federation, alliance; *Verband*: association; *Hosen2 etc.*: (waist)band; ***der ~*** *pol.* the Federal Government; F *s.* ***Bundeswehr***
Bund[2] *n Bündel*: bundle; *Petersilie etc.*: bunch
Bündel *n* bundle; **2n** *v/t.* bundle (up)
Bundes|... *in Zssgn* Federal ...; German ...; **~bahn** *f* Federal Railway(s *pl.*); **~genosse** *m* ally; **~kanzler** *m* Federal Chancellor; **~land** *n etwa* (federal) state, Land; **~liga** *f Sport*: First Division; **~post** *f* Federal Postal Administration; **~präsident** *m* Federal President; **~rat** *m* Bundesrat, Upper House of German Parliament; **~republik** *f* Federal Republic; **~staat** *m einzelner*: federal state; *Gesamtheit der einzelnen*: confederation; **~straße** *f* Federal Highway **~tag** *m* Bundestag, Lower House of German Parliament; **~trainer(in)** coach of the (German) national team; **~verfassungsgericht** *n* Federal Constitutional Court, *Am. etwa* Supreme Court; **~wehr** *f* (German Federal) Armed Forces *pl.*
bündig *adj. tech.* flush; ***kurz und ~*** terse(ly); point-blank
Bündnis *n* alliance
Bunker *m* air-raid shelter, bunker
bunt *adj.*: colo(u)red; *mehrfarbig*: multicolo(u)red; *farbenfroh*: colo(u)rful (*a. fig.*); *Programm etc.*: varied; ***~er Abend*** evening of entertainment; ***mir wird's zu ~*** that's all I can take; **2stift** *m* colo(u)red pencil, crayon
Bürde *fig. f* burden (***für j-n*** to s.o.)
Burg *f* castle
Bürge *jur. m* guarantor (*a. fig.*); **2n** *v/i.*: ***für j-n ~*** *jur.* stand* surety for s.o.; ***für et. ~*** guarantee s.th.
Bürger|(in) citizen; **~initiative** *f* (citizen's *od.* local) action group; **~krieg** *m* civil war
bürgerlich *adj.* civil; middle-class; *bsd. contp.* bourgeois; ***~e Küche*** home cooking; **2e(r)** commoner
Bürger|meister *m* mayor; **~rechte** *pl.* civil rights *pl.*; **~steig** *m* pavement, *Am.* sidewalk
Bürgschaft *jur. f* surety; bail
Büro *n* office; **~angestellte(r)** clerk,

C

office worker; **~klammer** *f* (paper) clip; **~krat** *m* bureaucrat; **~kratie** *f* bureaucracy; *contp.* red tape; **2kratisch** *adj.* bureaucratic; **~stunden** *pl.* office hours *pl.*
Bursche *m* fellow, guy, *Brt. a.* lad
burschikos *adj.* (tom)boyish, pert
Bürste *f* brush; **2n** *v/t.* brush; **~nschnitt** *m* crew cut
Bus *m* bus; *Reise2*: *a.* coach
Busch *m* bush, shrub
Büschel *n* bunch; *Haar*, *Gras etc.*: tuft
busch|ig *adj.* bushy; **2messer** *n* bushknife, machete
Busen *m* bosom, breast(s *pl.*)
Bus|fahrer *m* bus driver; **~haltestelle** *f* bus stop
Bussard *zo. m* buzzard
Buße *f* penance; *Reue*: repentance; *Geld2*: fine; ~ *tun* do* penance
büßen *v/t.* pay* *od.* suffer for *s.th.*; *rel.* repent
Buß|geld *n* fine, penalty; **~tag** *m* day of repentance
Büste *f* bust; **~nhalter** *m* bra
Butter *f* butter; **~blume** *f* buttercup; **~brot** *n* (slice *od.* piece of) bread and butter; F: ***für ein ~*** for a song; **~brotpapier** *n* greaseproof paper; **~dose** *f* butter dish; **~milch** *f* buttermilk
b.w. *Abk. für* ***bitte wenden*** PTO, please turn over
bzw. *Abk. für* ***beziehungsweise*** resp., respectively

C

C *Abk. für* ***Celsius*** C, Celsius, centigrade
ca. *Abk. für* ***circa*** approx., approximately
Café *n* café, coffee house
camp|en *v/i.* camp; **2er** *m* camper
Camping|... *in Zssgn Bett*, *Tisch etc.*: camp ...; **~bus** *m* camper (van *Brt.*); **~platz** *m* camp|site, *Am.* -ground
Catcher *m* wrestler; ⚠ *nicht* ***catcher***
CD|(-Platte) *f* CD, compact disc; **~-ROM** CD-ROM; **~-Spieler** *m* CD player
Cellist(in) *mus.* cellist
Cello *mus. n* Cello
Celsius: 5 *Grad* ~ (*Abk.* **5° C**) five degrees centigrade *od.* Celsius
Cembalo *mus. n* harpsichord
Champagner *m* champagne
Champignon *m* mushroom
Chance *f* chance; ***die ~n stehen gut*** things look quite hopeful; **~ngleichheit** *f* equal opportunities *pl.*
Chao|s *n* chaos; **~t** *m* chaotic person; *pol.* anarchist, *pl. a.* lunatic fringe; **2tisch** *adj.* chaotic
Charakter *m* character, nature; ***jemand mit gutem*** *etc.* ~ s.o. of good *etc.* character; **2isieren** *v/t.* characterize, describe (***als*** as); **~istik** *f* characterization; **2istisch** *adj.* characteristic, typical (***für*** of); **2lich** *adj.* character..., personal; **2los** *adj.* of bad character; *schwach*: lacking character; **~zug** *m* trait
charm|ant *adj.* charming; **2e** *m* charme
Chassis *tech. n* chassis
Chauffeur *m* chauffeur, driver
Chaussee *f* country road; *Stadt*: avenue
Chauvi *contp. m* male chauvinist (pig); **2nismus** *m* chauvinism; *pol. a.* jingoism
Chef *m* F boss; head, chief (*a. in Zssgn*); ⚠ *nicht* ***chef***; **~arzt** *m*, **~ärztin** *f* senior consultant, *Am.* medical director; **~sekretärin** *f* executive secretary
Chem|ie *f* chemistry; **~iefaser** *f* synthetic fib|re, *Am.* -er; **~ikalien** *pl.* chemicals *pl.*; **~iker(in)** (analytical) chemist; **2isch** *adj.* chemical; ***~e Reinigung*** dry-cleaning; **~otherapie** *med. f* chemotherapy
Chicorée *m* → ***Schikoree***
Chiffr|e *f* code, cipher; *in Anzeigen*: box (number); **2ieren** *v/t.* (en)code

Chin|a China; **~ese** *m*, **~esin** *f*, **&e-sisch** *adj.* Chinese
Chinin *pharm. n* quinine
Chip *m Spielmarke, Computer*: chip; **~s** *pl.* crisps *pl.*, *Am.* chips *pl.*
Chirurg *m* surgeon; **~ie** *f* surgery; **&isch** *adj.* surgical
Chlor *n* chlorine; **&en** *v/t.* chlorinate
Cholera *med. f* cholera
cholerisch *adj.* choleric
Cholesterin *adj.* cholesterol
Chor *m* choir (*a. arch.*); ***im ~*** in chorus; **~al** *m* chorale, hymn
Christ Christian; **~baum** *m* Christmas tree; **~enheit:** ***die ~*** Christendom; **~entum** *n* Christianity; **~in** *f* Christian; **~kind** *n* Infant Jesus; Father Christmas, Santa Claus; **&lich** *adj.* Christian; **~us** *npr. m* Christ; ***vor*** (***nach***) ~ B.C. (A.D.)
Chrom *n* chrome; *chem. a.* chromium
Chromosom *n* chromosome
Chron|ik *f* chronicle; **&isch** *med. adj.* chronic (*a. fig.*); **&ologisch** *adj.* chronological
circa *adv.* → ***zirka***
City *f* (city) cent|re, *Am.* -er
Clique *f* F group, set; *contp.* clique
Clou F *m* highlight, climax; ***der ~*** (*Witz*) ***daran*** the whole point of it
Cod|e *m* code; **&ieren** *v/t.* (en)code
Computer *m* computer; **~ausdruck** *m* computer printout; **~befehl** *m* computer command; **&gesteuert** *adj.* computer-controlled; **&gestützt** *adj.* computer-aided; **~grafik** *f* computer graphics *pl.*; **&isieren** *v/t.* computerize; **~spiel** *n* computer game; **~virus** *m* computer virus
Conférencier *m* compère, *Am.* master of ceremonies, F: emcee, MC
Corner *östr. m Sport*: corner (kick)
Couch *f* couch
Coupon *m* voucher, coupon
Cousin *m*, **~e** *f* cousin
Creme *f* cream (*a. fig.*)
Curry *m Gewürz*: curry powder
Cursor *m Computer*: cursor

D

da 1. *adv. räumlich*: there; here; *zeitlich*: then, at that time; ***~ drüben*** (***draußen***; ***hinten***) over (out; back) there; ***von ~ aus*** from there; ***das ... ~*** that ... (over there); ***~ kommt er*** here he comes; ***~ sein*** be* there; *vorhanden sein*: exist; ***ist noch ... da?*** is any ... left?; ***noch nie dagewesen*** unprecedented; ***~ bin ich*** here I am; ***er ist gleich wieder ~*** he'll be right back; ***von ~ an*** *od.* ***ab*** from then on; **2.** *cj.* as, since, because; **~behalten** *v/t.* keep* (*j-n*: in)
dabei *adv. anwesend*: there, present; *nahe*: near *od.* close by; *gleichzeitig*: at the same time; ***er ist gerade ~ zu gehen*** he's just leaving; ***es ist nichts ~*** *leicht*: there's nothing to it; *harmlos*: there's no harm in it; ***was ist schon ~?*** so what?; ***lassen wir es ~!*** let's leave it at that!; ***~sein*** be* there; take* part; be* in on it; ***ich bin dabei!*** count me in!; **~bleiben** *v/i.* stick to it; **~haben** *v/t.* have* with (*Geld a.* on) one
dableiben *v/i.* stay
Dach *n* roof; **~boden** *m* attic; **~decker** *m* roofer; **~fenster** *n* dormer window; **~gepäckträger** *m* roof(-top luggage *Am.*) rack; **~geschoss** *n*, **~geschoß** *östr. n* attic; **~kammer** *f* garret; **~luke** *f* skylight; **~rinne** *f* gutter
Dachs *zo. m* badger
Dach|stuhl *m* roof framework; **~terrasse** *f* roof terrace
Dackel *m* dachshund
dadurch *adv. u. cj. Art u. Weise*: this *od.* that way; *deshalb*: for this reason, so; ***~, dass*** due to the fact that
dafür *adv.* for it, for that; *anstatt*: instead; *als Gegenleistung*: in return, in exchange; ***~ sein*** be* in favo(u)r of it; ***er kann nichts ~*** it is not his fault; ***~ sorgen, dass*** see* to it that

dagegen *adv. u. cj.* against it; *jedoch*: however, on the other hand; **~ *sein*** be* against (*od.* opposed to) it; ***haben Sie et. ~, dass ich ...?*** do you mind if I ...?; ***wenn Sie nichts ~ haben*** if you don't mind; ***... ist nichts ~*** ... can't compare

D

daheim *adv.* at home; **≈** *n* home

daher *adv. u. cj.* from there; *deshalb*: that's why

dahin *adv.* there, to that place; *vergangen*: gone, past; ***bis ~*** *zeitlich*: till then, *örtlich*: up to there

dahinten *adv.* back there

dahinter *adv.* behind it; ***es steckt nichts ~*** there is nothing to it; ***~ kommen*** find* out (about it)

dalassen *v/t.* leave* behind

damal|ig *adj.* then; *nachgestellt*: at that time; **~s** *adv.* then, at that time

Dame *f* lady; *Tanzen*: partner; *Karten, Schach*: queen; *Spiel*: draughts, *Am.* checkers ;***m-e ~n u. Herren!*** ladies and gentlemen!; **~n...** *in Zssgn* ladies' ...; *Sport*: women's ...; **~nbinde** *f* sanitary towel (*Am.* napkin); **≈nhaft** *adj.* ladylike; **~ntoilette** *f* ladies' toilet (*Am.* room), *the* ladies *sg.*; **~nwahl** *f* ladies' choice

damit 1. *adv.* with it *od.* that; *mittels*: by it, with it; ***was will er ~ sagen?*** what's he trying to say?; ***wie steht es ~?*** how about it?; ***~ einverstanden sein*** have no objections; **2.** *cj.* so that; in order to *inf.*; ***~ nicht*** so as not to

Damm *m Stau≈*: dam; *Fluss≈ etc.*: embankment

dämmer|ig *adj.* dim; **≈licht** *n* twilight; **~n** *v/i. Morgen*: dawn (*a.* F *fig.*: ***j-m*** on s.o.); get* dark *od.* dusky; **≈ung** *f Abend≈*: dusk; *Morgen≈*: dawn

Dämon *m* demon; **≈isch** *adj.* demoniac(al)

Dampf *m* steam; *phys.* vapo(u)r; **≈en** *v/i.* steam

dämpfen *v/t. Schall*: deaden; *Stimme*: muffle; *Licht, Farbe, Schlag*: soften; *gastr.* steam, stew; *Kleidungsstück*: steam-iron; *Stimmung*: put a damper on; *Kosten etc.*: curb

Dampf|er *m* steamer, steamship; **~kochtopf** *m* pressure cooker; **~maschine** *f* steam engine; **~walze** *f* steam-roller

danach *adv.* after it *od.* that; *später*: afterwards; *Ziel*: for it; *entsprechend*: according to it; ***ich fragte ihn ~*** I asked him about it; ***mir ist nicht ~*** I don't feel like it

Däne *m* Dane

daneben *adv.* next to it, beside it; *außerdem*: besides, as well, at the same time; *am Ziel vorbei*: beside the mark; **~benehmen** F *v/refl.* misbehave, make* a fool of o.s.; **~gehen** F *v/i. Kugel etc.*: miss (the target); F *Plan, Spaß*: misfire

Dän|emark Denmark; **~in** *f* Danish woman *od.* girl; **≈isch** Danish

Dank *m* thanks *pl.*; ***Gott sei ~!*** thank God!; ***vielen ~!*** many thanks!

dank *prp.* thanks to; **~bar** *adj.* grateful (***j-m*** to s.o.); *lohnend*: rewarding; **≈barkeit** *f* gratitude; **~en** *v/i.* thank (***j-m für et.*** s.o. for s.th.); ***danke (schön)*** thank you (very much); ***(nein,) danke*** no, thank you; ***nichts zu ~*** not at all

dann *adv.* then; ***~ und wann*** (every) now and then

daran *adv. räumlich*: on it; *sterben, denken*: of it; *glauben*: in it; *leiden*: from it; → ***liegen***; **~gehen** *v/i.* get down to it; ***~ zu*** get down to *...ing*

darauf *adv. räumlich*: on (top of) it; *zeitlich*: after (that); *hören, antworten, trinken*: to it; *stolz*: of it; *warten*: for it; ***am Tage ~*** the day after; ***zwei Jahre ~*** two years later; ***~ kommt es an*** that's what matters; **~hin** *adv.* after that; *als Folge*: as a result

daraus *adv.* from (*od.* out of) it; ***was ist ~ geworden?*** what has become of it?; ***~ wird nichts!*** F nothing doing!

Darbietung *f* presentation; performance

darin *adv.* in it; *betont*: in that; ***gut ~*** good at it

darlegen *v/t.* explain, set out

Darlehen *n* loan (***geben*** grant)

Darm *m* bowel(s *pl.*), intestine(s *pl.*); *Wurst*: skin; **~grippe** *f* intestinal flu

darstell|en *v/t.* represent, show*, depict; *beschreiben*: describe; *Rolle*: play, do*; *grafisch*: trace, graph; **≈er(in)** *thea.* performer, ac|tor (-tress); **≈ung** *f* representation; description; account; *Porträt, Rolle*: portrayal

darüber *adv.* over *od.* above it; *quer*:

across it; *zeitlich*: in the meantime; *inhaltlich*: about it; ***... und ~*** ... and more; ***~ werden Jahre vergehen*** that will take years
darum *adv. u. cj. räumlich*: (a)round it; *deshalb*: because of it, that's why; ***~ bitten*** ask for it; → ***gehen***
darunter *adv.* under *od.* below it, underneath; *dazwischen*: among them; *einschließlich*: including; ***... und ~*** ... and less; ***was verstehst du ~?*** what do you understand by it?
das → ***der***
dasein *v/i.* → ***da***
Dasein *n* life, existence
dass *cj.* that; *damit*: so (that); ***es sei denn***, ~ unless; ***ohne ~*** without *ger.*; ***nicht ~ ich wüsste*** not that I know of
dastehen *v/i.* stand* (there)
Datei *f Computer*: file; **~verwaltung** *f* file management
Daten *pl.* data *pl.* (*Computer a. sg.*), facts *pl.*; *Personalangaben*: particulars *pl.*; **~bank** *f* database, data bank; **~schutz** *m* data protection; **~speicher** *m* data memory *od.* storage; **~träger** *m* data medium *od.* carrier; **~übertragung** *f* data transfer; **~verarbeitung** *f* data processing
datieren *v/t. u. v/i.* date
Dativ *gr. m* dative (case)
Dattel *f* date
Datum *n* date; ***welches ~ haben wir heute?*** what's the date today?
Dauer *f* duration; *Fort*≈: continuance; ***auf die ~*** in the long run; ***für die ~ von*** for a period *od.* term of; ***von ~ sein*** last; **~arbeitslosigkeit** *f* long-term unemployment; **~auftrag** *m* standing order; **~geschwindigkeit** *mot. etc. f* cruising speed; **≈haft** *adj.* lasting; *Stoff*: durable; **~karte** *f* season ticket; **~lauf** *m* jogging; ***im ~*** at a jog; **~lutscher** *m* lollipop
dauer|n *v/i.* last, take*; → ***lange***; **≈welle** *f* perm, *Am.* permanent
Daumen *m* thumb; ***j-m den ~ halten*** keep* one's fingers crossed (for s.o.); ***am ~ lutschen*** suck one's thumb
Daunen *pl.* down *sg.*; **~decke** *f* eiderdown
davon *adv.* (away) from it; *dadurch*: by it; *darüber*: about it; *fort*: away; ~... *in Zssgn fahren etc.*: *mst* ... off; *von et.*: of it *od.* them; ***et. ~ haben*** get* s.th. out of it; ***das kommt ~!*** there you are!, that will teach you!; **~kommen** *v/i.* escape, get* away; **~laufen** *v/i.* run* away; **~machen** *v/refl.* make off
davor *adv.* before it; *nur räumlich*: in front of it; *sich fürchten, warnen*: of it
dazu *adv. dafür*: for it, for that purpose; *außerdem*: in addition; ***noch ~*** into the bargain; ***~ ist es da*** that's what it's there for; ... ***Salat ~?*** ... a salad with it?; → ***kommen, Lust*** *etc.*; **~gehören** *v/i.* belong to it, be* part of it; **~gehörig** *adj.* belonging to it; *passend*: appropriate; **~kommen** *v/i.* join *s.o.*; *Sache*: be* added
dazwischen *adv. räumlich*: between (them); *zeitlich*: in between; *darunter*: among them; **~kommen** *v/i. Ereignis*: intervene, happen; ***wenn nichts dazwischenkommt*** if all goes well
DB *Abk. für* ***Deutsche Bahn*** German Rail
deal|en F *v/i.* push drugs; **≈er** *m* drug dealer, F pusher
Debatt|e *f* debate; **≈ieren** *v/i.* debate (***über*** on)
Debüt *n* debut (***geben*** make*)
dechiffrieren *v/t.* decipher, decode
Deck *naut. n* deck
Decke *f Woll*≈: blanket; *Stepp*≈: quilt; *Zimmer*≈: ceiling
Deckel *m* lid, cover, top
decken *v/t. u. v/i.* cover (*a. zo.*); *Sport*: *a.* mark; ***sich ~*** (***mit***) coincide (with); → ***Tisch***
Deckung *f* cover; *Boxen*: guard; ***in ~ gehen*** take* cover
defekt *adj.* defective, faulty; *Lift etc.*: out of order
Defekt *m* defect, fault
defen|siv *adj.*, **≈sive** *f* defensive
defin|ieren *v/t.* define; **≈ition** *f* definition
Defizit *n* deficit; *Mangel*: deficiency
Degen *m* sword; *Fechten*: épée
degradieren *v/t.* degrade (*a. fig.*)
dehn|bar *adj.* flexible, elastic (*a. fig.*); **~en** *v/t.* stretch (*a. fig.*)
Deich *m* dike; **~bruch** *m* dike breach
Deichsel *f* pole, shaft
dein *poss. pron.* your; **~er, ~e, ~(e)s** yours; **~erseits** *adv.* on your part; **~esgleichen** *pron. contp.* the likes of

you; **~etwegen** *adv.* for your sake; *wegen dir*: because of you
Dekan *rel., univ. m* dean
Dekolletee *n* low neckline
Deklin|ation *gr. f* declension; **2ieren** *gr. v/t.* decline
Dekor|ateur *m* decorator; *Schaufenster2*: window dresser; **~ation** *f* decoration; (window) display; *thea.* scenery; **2ativ** *adj.* decorative; **2ieren** *v/t.* decorate; dress
Delfin *zo. m* dolphin
delikat *adj.* delicious, exquisite; *heikel*: delicate, ticklish; **2esse** *f* delicacy (*a. fig.*); **2essenladen** *m* delicatessen *sg.*, F deli
Delphin *m* → ***Delfin***
Dement|i *n* (official) denial; **2ieren** *v/t.* deny (officially)
dem|entsprechend, ~gemäß *adv.* accordingly; **~nach** *adv.* according to that; **~nächst** *adv.* shortly, before long
Demo F *f* demo
Demokrat *m* democrat; **~ie** *f* democracy; **2isch** *adj.* democratic
demolieren *v/t.* demolish, wreck
Demonstr|ant(in) demonstrator; **~ation** *f* demonstration; **2ieren** *v/t. u. v/i.* demonstrate
demontieren *v/t.* dismantle
demoralisieren *v/t.* demoralize
Demoskopie *f* public opinion research
Demut *f* humility, humbleness
demütig *adj.* humble; **~en** *v/t.* humiliate; **2ung** *f* humiliation
denk|bar 1. *adj.* conceivable; **2.** *adv.*: **~** ***einfach*** most simple; **~en** *v/t. u. v/i.* think* (***an, über*** of, about); ***daran*** **~** (***zu***) remember (to); **2fabrik** *f* think tank; **2mal** *n* monument; *Ehrenmal*: memorial; **~würdig** *adj.* memorable; **2zettel** *fig. m* lesson
denn *cj. u. adv.* for, because; ***es sei*** **~**, ***dass*** unless; ***mehr*** **~** ***je*** more than ever
dennoch *cj.* yet, still, nevertheless
Denunz|iant *m* informer; **2ieren** *v/t.* inform on *od.* against
Deodorant *n* deodorant
Depon|ie *f* dump, waste disposal site, *Brt. a.* tip; → ***Mülldeponie***; **2ieren** *v/t.* deposit, leave
Depot *n* depot (*a. mil.*); *Schweiz*: *Pfand*: deposit
Depress|ion *f* depression (*a. econ.*); **2iv** *adj.* depressive
deprimier|en *v/t.* depress; **~t** *adj.* depressed
der, die, das 1. *art.* the; **2.** *dem. pron.* that, this; he, she, it; ***die*** *pl.* these, those, they; **3.** *rel. pron.* who, which, that
derartig 1. *adv.* so (much). like that; **2.** *adj.* such (as this)
derb *adj.* coarse; *strapazierfähig*: tough
dergleichen *dem. pron.*: ***nichts*** **~** nothing of the kind
der-, die-, dasjenige *dem. pron.* the one; ***diejenigen*** *pl.* the ones, those
dermaßen *adv.* so (much), like that
Dermatologe *m* dermatologist
der-, die-, dasselbe *dem. pron.* the same
Desert|eur *m* deserter; **2ieren** *v/i.* desert
deshalb *cj. u. adv.* therefore, for that reason, that is why, so
Desin|fektionsmittel *n* disinfectant; **2fizieren** *v/t.* disinfect
Desinteress|e *n* indifference; **2iert** *adj.* uninterested, indifferent
destillieren *v/t.* distil(l)
desto *cj. u. adv.* → ***je***
deswegen *cj. u. adv.* → ***deshalb***
Detail *n* detail; **2liert** *adj.* detailed
Detektiv *m* detective; → ***Privat2***
deuten 1. *v/t.* interpret; **2.** *v/i.*: **~** ***auf*** point at
deutlich *adj.* clear, distinct, plain
deutsch *adj.* German; ***auf*** **2** in German; **2land** Germany; **2e(r)** German
Devise *f* motto
Devisen *pl. econ.* foreign currency *sg.*
Dezember *m* December
dezent *adj.* discreet, unobtrusive; *Kleidung*: conservative; *Musik*: soft
Dezimal|... *in Zssgn Bruch, System etc.*: decimal ...; **~stelle** *f* decimal (place)
DGB *abk. für* ***Deutscher Gewerkschaftsbund*** Federation of German Trade Unions
d.h. *Abk. für* ***das heißt*** i.e., that is
Dia *phot. n* slide
Diagnose *f* diagnosis
diagonal *adj.*, **2e** *f* diagonal
Dialekt *m* dialect
Dialog *m* dialogue, *Am. a.* dialog
Diamant *m* diamond
Diaprojektor *m* slide projector

Diät *f* diet; ***eine ~ machen*** (***~ leben***) be* on (keep*to) a diet
Diäten *parl. pl.* allowance *sg.*
dich *pers. pron.* you; ~ (***selbst***) yourself
dicht 1. *adj.* dense, *Nebel. a.*: thick; *Verkehr*: heavy; *Fenster etc.*: closed, shut; **2.** *adv.*: ~ ***an*** *od.* ***bei*** close to
dicht|en *v/t. u. v/i.* write* (poetry); **②er(in)** poet; writer; **~erisch** *adj.* poetic; ***~e Freiheit*** poetic licen|ce, *Am.* -se
dichthalten F *v/i.* keep* mum
Dichtung¹ *tech. f* seal(ing)
Dichtung² *f* poetry
dick *adj.* thick; *Person*: fat; ***es macht ~*** it's fattening; **②e** *f* thickness; fatness; **~fellig** *adj.* thick-skinned; **~flüssig** *adj.* thick; *tech.* viscous; **②icht** *n* thicket; **②kopf** *m* stubborn *od.* pig-headed person; **②milch** *f* soured milk
Dieb|(in) thief; **~stahl** *m* theft; *jur. mst* larceny; **~isch** *adj.* thievish; *fig. Freude etc.*: malicious
Diele *f Brett*: board, plank; *Vorraum*: hall, *Am. a.* hallway
dienen *v/i.* serve (***j-m*** s.o.; ***als*** as)
Diener *m* servant; *fig.* bow (***vor*** to)
Dienst *m* service; *Arbeit*: work; ***~ haben*** be* on duty; ***im*** (***außer***) ~ on (off) duty; ***~ tuend*** on duty; ***~...*** *in Zssgn Wagen, Wohnung etc.*: official ..., company ..., business...
Dienstag *m* Tuesday
Dienst|alter *n* seniority, length of service; **②bereit** *adj.* on duty; **②eifrig** *adj.* (*contp.* over-)eager; **~grad** *m* grade, rank (*a. mil.*); **~leistung** *f* service; **②lich** *adj.* official; **~mädchen** *n* maid, *Am. a.* help; **~reise** *f* business trip; **~stunden** *pl.* office hours *pl.*; **~weg** *m* official channels *pl.*
dies(er, -e, -es) *dem. pron.* this; *allein stehend*: this one; ***~e*** *pl.* these
diesig *adj.* hazy, misty
dies|jährig *adj.* this year's; **~mal** *adv.* this time; **~seits** *prp.* on this side of; **②** *n* this life *od.* world
Dietrich *m* picklock, skeleton key
Differenz *f* difference; *Unstimmigkeit*: *a.* disagreement; **②ieren** *v/i.* distinguish
Digital... *in Zssgn Anzeige, Uhr etc.*: digital
Diktat *n* dictation; **~or** *m* dictator; **②orisch** *adj.* dictatorial; **~ur** *f* dictatorship
diktier|en *v/t. u. v/i.* dictate (*a. fig.*); **②gerät** *n* Dictaphone®
Dilettant *m* amateur; **②isch** *adj.* amateurish
DIN *Abk. für* ***Deutsche Institut für Normung*** German Institute for Standardization
Ding *n* thing; ***guter ~e*** in good spirits; ***vor allen ~en*** above all; F: ***ein ~ drehen*** pull a job
Dinosaurier *m* dinosaur
Dings(bums), Dingsda F *n* thingamajig, whatchamacallit
Diox|id *chem. n* dioxide (*a. in Zssgn*); **~in** *chem. n* dioxin
Diphtherie *med. f* diphtheria
Diplom *n* diploma, degree; ***~...*** *in Zssgn Ingenieur etc.*: qualified ..., graduate
Diplomat *m* diplomat; **~enkoffer** *m* attaché case; **~ie** *f* diplomacy; **②isch** *adj.* diplomatic (*a. fig.*)
dir *pers. pron.* (to) you; ~ (***selbst***) yourself
direkt 1. *adj.* direct; *TV* live; **2.** *adv. geradewegs*: direct; *fig. genau, sofort*: directly, right; *TV* live; ***~ gegenüber*** (***von***) right across; **②ion** *f* management; **②or(in)** director, manager; *Schul②*: headmaster (-mistress), *bsd. Am.* principal; **②übertragung** *TV f* live transmission *od.* broadcast
Dirig|ent(in) conductor; **②ieren** *v/t. u. v/i. mus.* conduct; *lenken*: direct
Dirne *f* prostitute, whore
Disharmoni|e *f mus.* dissonance (*a. fig.*); **②sch** *adj.* discordant
Diskette *f* diskette, floppy (disk); **~nlaufwerk** *n* disk drive
Diskont *econ. m* discount (*a. in Zssgn*)
Disko(thek) *f* disco(theque)
diskret *adj.* discreet; **②ion** *f* discretion
diskriminier|en *v/t.* discriminate against; **②rung** *f* discrimination (***von*** against)
Diskussion *f* discussion, debate; **~sleiter(in)** (panel) chairman
Diskuswerfen *n* discus throwing
diskutieren *v/t. u. v/i.* discuss
Disqualifi|kation *f* disqualification (***wegen*** for); **②zieren** *v/t.* disqualify
Distanz *f* distance (*a. fig.*); **②ieren** *v/refl.*:distance o.s. (***von*** from)
Distel *f* thistle
Distrikt *m* district

D

Disziplin *f* discipline; *Sport*: event; **≈iert** *adj.* disciplined
divers *adj.* various; several
Divid|ende *econ. f* dividend; **≈ieren** *v/t.* divide (***durch*** by)
Division *math., mil. f* division
DJH *Abk. für* ***Deutsches Jugendherbergswerk*** German Youth Hostel Association
DM *Abk. für* ***Deutsche Mark*** German mark(s)
doch *cj. u. adv.* but, however, yet; ***kommst du nicht*** (***mit***)***? - ~!*** aren't you coming? - (oh) yes, I am!; ***ich war es nicht - ~!*** I didn't do it - yes, you did!, *Am. a.* you did too!; ***er kam also ~?*** so he did come after all?; ***du kommst ~?*** you're coming, aren't you?; ***kommen Sie ~ herein!*** do come in!; ***wenn ~ ...!*** *wünschend*: if only ...!
Docht *m* wick
Dock *naut. n* dock
Dogge *zo. f* mastiff; Great Dane
Dogma *n* dogma; **≈tisch** *adj.* dogmatic
Dohle *zo. f* (jack)daw
Doktor *m* doctor; *Grad*: doctor's degree; **~arbeit** *f* (doctoral *od.* PhD) thesis
Dokument *n* document; **~ar...** *in Zssgn Film etc.*: documentary
Dolch *m* dagger
Dollar *m* dollar
Dolmetsch *östr. m* interpreter; **≈en** *v/i.* interpret; **~er(in)** interpreter
Dom *m* cathedral; ⚠ *nicht* ***dome***
dominierend *adj.* (pre)dominant
Domp|teur *m*, **~teuse** *f* animal tamer *od.* trainer
Donner *m* thunder; **≈n** *v/i.* thunder (*a. fig.*); **~stag** *m* Thursday; **~wetter** F *n* dressing-down; ***~!*** wow!
doof F *adj.* stupid, *Am. a.* dumb
Doppel *n* duplicate; *Tennis etc.*: doubles *pl.*; **~...** *in Zssgn Bett, Zimmer etc.*: double ...; **~decker** *m aviat.* biplane; double-decker (bus); **~gänger** *m* double, look-alike; **~haus** *n* pair of semis, *Am.* duplex; **~haushälfte** *f* semidetached (house), F semi; **~pass** *m Fußball*: wall pass; **~punkt** *m* colon; **~stecker** *electr. m* two-way adapter
doppelt *adj.* double; ***~ so viel*** (***wie***) twice as much (as)
Doppelverdiener *pl.* two-income family *sg.*
Dorf *n* village; **~bewohner(in)** villager
Dorn *m* thorn (*a. fig.*); *Schnalle*: tongue; *Schuh*: spike; **≈ig** *adj.* thorny (*a. fig.*)
Dorsch *zo. m* cod(fish)
dort *adv.* there; ***~ drüben*** over there; **~her** *adv.* from there; **~hin** *adv.* there; ***bis ~*** up to there *od.* that point
Dose *f* can, *Brt. a.* tin; **~n...** *in Zssgn* canned, *Brt. a.* tinned
dösen F *v/i.* doze
Dosenöffner *m* tin (*Am.* can) opener
Dosis *f* dose (*a. fig.*)
Dotter *m, n* yolk
Double *n Film*: stunt man (*od.* woman)
Dozent(in) (university) lecturer, *Am. a.* assistant professor
Dr. *Abk. für* ***Doktor*** Dr., Doctor
Drache *m* dragon; **~n** *m* kite; *Sport*: hang glider; ***e-n ~ steigen lassen*** fly* a kite; **~nfliegen** *n* hang gliding
Draht *m* wire; F: ***auf ~ sein*** be* on the ball; **≈ig** *fig. adj.* wiry; **≈los** *adj.* wireless; **~seil** *n tech.* cable; *Zirkus*: tightrope; **~seilbahn** *f* cable railway; **~zieher** F *fig. m* wirepuller
drall *adj.* buxom, strapping
Drall *m* twist, spin (*a. Sport*)
Drama *n* drama; **~tiker(in)** dramatist, playwright; **≈tisch** *adj.* dramatic
dran F *adv.* → ***daran***; ***du bist ~*** it's your turn; *fig.* you're in for it
Drang *m* urge, drive (***nach*** for)
dräng|eln *v/t. u. v/i.* push, shove; ***j-n zu et. ~*** pester s.o. to do s.th.; **~en** *v/t. u. v/i.* push, shove; *j-n zu et.*: press, urge; ***sich ~*** press; *Zeit*: be* pressing; *durch et.*: force one's way
drankommen F *v/i.* have* one's turn; ***als Erster ~*** be* first
drastisch *adj.* drastic
drauf F *adv.* → ***darauf***; ***~ und dran sein, et. zu tun*** be* just about to do s.th.; **≈gänger** *m* daredevil
draus F *adv.* → ***daraus***
draußen *adv.* outside; outdoors; ***da ~*** out there; ***bleib(t) ~!*** keep out!
drechs|eln *v/t.* turn (on a lathe); **≈ler** *m* turner
Dreck F *m* dirt; *stärker*: filth (*a. fig.*); *Schlamm*: mud; *fig.* trash; **≈ig** F *adj.* dirty; filthy (*beide a. fig.*)
Dreh|arbeiten *pl.* shooting *sg.*; **~bank** *tech. f* lathe; **≈bar** *adj.* revolving, rotating; **~buch** *n* script; **≈en** *v/t.* turn;

Film: shoot*; *Zigarette*: roll; ***sich ~*** turn, rotate; *schnell*: spin*; ***sich ~ um*** *fig*. be* about; → ***Ding***; **~er** *m* turner; **~kreuz** *n* turnstile; **~orgel** *f* barrel-organ; **~ort** *m* location; **~strom** *electr. m* three-phase current; **~stuhl** *m* swivel chair; **~tür** *f* revolving door; **~ung** *f* turn; *um e-e Achse*: rotation; **~zahl** *tech. f* (number of) revolutions; **~zahlmesser** *mot. m* rev(olution) counter
drei *adj*. three
Drei *f Note*: fair, C
drei|beinig *adj*. three-legged; **~dimensional** *adj*. three-dimensional; **2eck** *n* triangle; **~eckig** *adj*. triangular; **~erlei** *adj*. three kinds of; **~fach** *adj*. threefold, triple; **2gang...** *tech. in Zssgn* three-speed ...; **2kampf** *m* triathlon; **2rad** *n* tricycle; **2satz** *math. m* rule of three; **~silbig** *adj*. trisyllabic; **2sprung** *m* triple jump
dreißig *adj*. thirty; **~ste** *adj*. thirtieth
dreist *adj*. brazen (*a. Lüge*), impertinent
dreistufig *adj*. three-stage
dreizehn(te) *adj*. thirteen(th)
dresch|en *v/t. u. v/i*. thresh; *prügeln*: thrash; **2maschine** *f* threshing machine
dress|ieren *v/t*. train; **2man** *m* male model; **2ur** *f* training; *Nummer*: act; **2urreiten** *n* dressage
dribb|eln *v/i*., **2ling** *n* dribble
drillen *mil. v/t*. drill (*a. fig.*)
Drillinge *pl*. triplets *pl*.
drin F *adv*. → ***darin***; ***das ist nicht ~!*** *fig*. no way!
dringen *v/i*.: ***~ auf*** insist on; ***~ aus*** *Geräusch*: come* from; ***~ durch*** force one's way through, penetrate, pierce; ***~ in*** penetrate into; ***darauf ~, dass*** urge that; **~d** *adj*. urgent, pressing; *Verdacht, Rat, Grund*: strong
drinnen F *adv*. inside; indoors
dritte *adj*. third; ***wir sind zu dritt*** there are three of us; **2l** *n* third; **~ns** *adv*. thirdly; **2 Welt** Third World; **2-Welt-Laden** *m* third world shop
Droge *f* drug
drogen|abhängig *adj*. addicted to drugs; ***~ sein*** be* a drug addict; **2abhängige(r)** drug addict; **2missbrauch** *m* drug abuse; **~süchtig** *adj*. → ***drogenabhängig***; **2tote(r)** drug victim
Drog|erie *f* chemist's (shop), *Am*. drugstore; **~ist** *m* chemist, *bsd. Am*. druggist
drohen *v/i*. threaten, menace
dröhnen *v/i*. *Motor, Stimme etc*.: roar
Drohung *f* threat (***gegen*** to), menace
drollig *adj*. funny, droll
Dromedar *zo. n* dromedary
Drossel *zo. f* thrush
drosseln *tech. v/t*. throttle
drüben *adv*. over there (*a. fig.*)
drüber F *adv*. → ***darüber, drunter***
Druck *m* pressure; *Buch2 etc*.: printing; *Kunst2 etc*.: print; **~buchstabe** *m* block letter; **2en** *v/t*. print; ***~ lassen*** have* *s.th*. printed *od*. published
Drückeberger F *m* shirker
drücken *v/t*. press; *Knopf*: *a*. push; *Schuh*: pinch; *Preis, Leistung etc*.: force down; ***j-m die Hand ~*** shake* hands with s.o.; F ***sich ~ vor et***. shirk (doing) s.th.; *aus Angst*: F chicken out of s.th.
drückend *adj*. heavy, oppressive
Drucker *m* printer (*a. Computer*)
Drücker *m Tür*: latch; *Gewehr*: trigger; F *Abonnement-Verkäufer*: hawker
Druckerei *f* printers *pl*.
Druck|fehler *m* misprint; **~kammer** *f* pressurized cabin; **~knopf** *m* press stud, *Am*. snap fastener; *tech*. (push) button; **~luft** *f* compressed air; **~sache** *post f* printed matter, *Am. a*. second-class matter; **~schrift** *f* block letters *pl*.; **~taste** *f* push button
drunter F *adv*. → ***darunter***; ***es ging ~ und drüber*** it was absolutely chaotic
Drüse *anat. f* gland
Dschungel *m* jungle (*a. fig.*)
Dschunke *naut. f* junk
du *pers. pron*. you
Dübel *tech. m*, **2n** *v/t*. dowel
ducken *v/refl*. duck; *fig*. cringe (***vor*** before); *zum Sprung*: crouch
Duckmäuser *m* coward; yes-man
Dudelsack *mus. m* bagpipes *pl*.
Duell *n* duel; **2ieren** *v/refl*. fight a duel
Duett *mus. n* duet
Duft *m* scent, fragrance, smell (***nach*** of); **2en** *v/i*. smell* (***nach*** of); **2end** *adj*. fragrant; **2ig** *adj*. dainty
duld|en *v/t*. tolerate, put* up with; *leiden*: suffer; **~sam** *adj*. tolerant
dumm *adj*. stupid, *Am*. F dumb; **2heit** *f*

stupidity, *Handlung*: stupid *od.* foolish thing; *Unwissenheit*: ignorance; **⁹kopf** *m* fool, blockhead
dumpf *adj.* dull; *Ahnung*: vague
Düne *f* (sand) dune
Dung *m* dung, manure
düng|en *v/t.* fertilize; *natürlich*: manure; **⁹er** *m* fertilizer; manure
dunkel *adj.* dark (*a. fig.*)
Dunkel|heit *f* dark(ness); **~kammer** *phot. f* darkroom; **~ziffer** *f* number of unreported cases
dünn *adj.* thin; *Kaffee etc.*: weak
Dunst *m* haze, mist; *chem.* vapo(u)r
dünsten *v/t.* stew, braise
dunstig *adj.* hazy, misty
Duplikat *n* duplicate; *Kopie*: copy
Dur *mus. n* major (key)
durch *prp. u. adv.* through; *quer* ~: across; *math.* divided by; ~ ***j-n** od.* **et.** by s.o. *od.* s.th.; ~ ***und*** ~ through and through; *Fleisch*: (well) done
durcharbeiten 1. *v/t.* study thoroughly; ***sich*** ~ ***durch*** *Buch etc.*: work (one's way) through; **2.** *v/i.* work without a break
durchaus *adv.* absolutely, quite; ~ ***nicht*** by no means
durch|blättern *v/t. Buch etc.*: leaf *od.* thumb through; **⁹blick** *fig. m* grasp *of s.th.*; **~blicken** *v/i.* look through; ~ ***lassen*** give* to understand; ***ich blicke (da) nicht durch*** I don't get it; **~bohren** *v/t.* pierce; *durchlöchern*: perforate; ***mit Blicken*** ~ look daggers at; **~braten** *v/t.* roast thoroughly; **~brechen** *v/t. u. v/i.* break* (in two); *Mauer etc.*: break* through; **~brennen** *v/i. Sicherung*: blow*; *Reaktor*: melt* down; F *fig.* run* away; **~bringen** *v/t.* get* (*Kranken*: pull) through ; *Geld*: go* through; *Familie*: support; **⁹bruch** *m* breakthrough (*a. fig.*); **~dacht** *adj.* (well) thought-out; **~drehen 1.** *v/i. Räder*: spin*; F *nervlich*: crack up, flip; **2.** *v/t. Fleisch*: mince, *bsd. Am.* grind*; **~dringend** *adj.* piercing
Durcheinander *n* confusion, mess
durcheinander *adv.* confused; *Dinge*: (in) a mess; ~ ***bringen*** confuse, mix up; *Pläne*: mess up
durchfahr|en *v/t. u. v/i.* go* (*od.* pass, *mot. a.* drive*) through; **⁹t** *f* passage; ~ ***verboten*** no thoroughfare
Durchfall *m med.* diarrh(o)ea; **⁹en** *v/i.* fall* through; *Prüfling*: fail, *bsd. Am.* F flunk; *Stück etc.*: be* a flop; ***j-n*** ~ ***lassen*** fail (*bsd. Am.* F flunk) s.o.
durch|fragen *v/refl.* ask one's way (***nach, zu*** to)
durchführ|bar *adj.* practicable, feasible; **~en** *v/t.* carry out, do*
Durchgang *m* passage; *fig., Sport*: round; **~s...** *in Zssgn Verkehr etc.*: through ...; *Lager etc.*: transit ...
durchgebraten *adj.* well done
durchgehen 1. *v/i.* go* through (*a. rail. u. parl.*); *fig. a. Gefühle*: run* away (***mit*** with); *Pferd*: bolt; **2.** *v/t. prüfend*: go* *od.* look through; ~ ***lassen*** tolerate ; **~d** *adj.* continuous; **~er *Zug*** through train; ~ ***geöffnet*** open all day
durchgreifen *fig. v/i.* take* drastic measures; **~d** *adj.* drastic; radical
durch|halten 1. *v/t.* keep* up; **2.** *v/i.* hold* out; **~hängen** *v/i.* sag; F *fig.* → **⁹hänger** F *m*: ***e-n*** ~ ***haben*** have* a low; **~kämpfen** *v/t.* fight* out; ***sich*** ~ fight* one's way through; **~kommen** *v/i.* come* through (*a. Patient etc.*); *durch Verkehr, Schwierigkeiten, Prüfung etc.*: get* through; *mit Geld, Sprache etc.*: get* along; *mit Lüge etc.*: get* away; **~kreuzen** *v/t. Plan etc.*: cross, thwart; **~lassen** *v/t.* let* pass, let* through; **~lässig** *adj.* permeable (to); *undicht*: leaky
durch|laufen 1. *v/i.* run* through; **2.** *v/t. Schule etc.*: pass through; *Schuhe*: wear* through; **⁹lauferhitzer** *m* (instant) water heater, *Brt. a.* geyser; **~lesen** *v/t.* read* through; **~leuchten** *v/t. med.* X-ray; *fig.* screen; **~löchern** *v/t.* perforate, make* holes in; **~machen** *v/t.* go* through; ***viel*** ~ suffer a lot; ***die Nacht*** ~ make* a night of it
Durchmesser *m* diameter
durch|nässen *v/t.* soak; **~nehmen** *v/t.* do*, deal with; **~pausen** *v/t.* trace; **~queren** *v/t.* cross; **⁹reiche** *f* hatch
Durch|reise *f*: ***ich bin nur auf der*** ~ I'm only passing through; **⁹reisen** *v/i.* travel through; **~reisevisum** *n* transit visa
durch|reißen *v/t.* tear* (in two); **~ringen** *v/refl.*: ***sich zu et.*** ~ bring* o.s. to do s.th.; **⁹sage** *f* announcement; **~schauen** *v/t. fig. j-n etc.*: see* through

durchscheinen *v/i.* shine* through; **~d** *adj.* transparent
durch|scheuern *v/t. Haut*: chafe; *Stoff*: wear* through; **~schlafen** *v/i.* sleep* through
Durchschlag *m* (carbon) copy; **≗en 1.** *v/t. zerschlagen*: cut* in two; *Kugel etc.*: go* through, pierce; ***sich ~ nach*** make* one's way to; **2.** *v/i. Charakter*: come* through; **≗end** *adj. Erfolg etc.*: sweeping; *wirkungsvoll*: effective; **~papier** *n* carbon paper; **~skraft** *fig. f* force, impact
durchschneiden *v/t.* cut* (through); ***j-m die Kehle ~*** cut* s.o.'s throat
Durchschnitt *m* average (*a.* **~s...** *in Zssgn*); ***im*** (***über, unter dem***) **~** on an (above, below) average; ***im ~ betragen, verdienen*** average; **≗lich 1.** *adj.* average; ordinary; **2.** *adv.* on an average
Durch|schrift *f* (carbon) copy; **≗sehen** *v/t.* look *od.* go* through; *prüfen*: check; **~setzen** *v/t. Plan etc.*: put* (*mit Gewalt*: push) through; ***seinen Kopf ~*** have* one's way; ***sich ~*** get* one's way; *Erfolg haben*: be* successful; ***sich ~ können*** have authority (***bei*** over); **≗setzt** *adj.*: **~ *mit*** interspersed with
durchsichtig *adj.* transparent (*a. fig.*); *klar*: clear; *Bluse etc.*: see-through
durch|sickern *v/i.* seep through; *Nachrichten etc.*: leak out; **~sieben** *v/t.* sift; *mit Kugeln*: riddle; **~sprechen** *v/t.* discuss, talk over; **~starten** *aviat. v/i.* climb and reaccelerate; **~stechen** *v/t.* stick* through; *Ohrläppchen*: pierce; **~stecken** *v/t.* stick* through; **~stehen** *v/t.* go* through; **~stoßen** *v/t. u. v/i.* break* through (*a. mil. u. Sport*); **~streichen** *v/t.* cross out
durchsuch|en *v/t.* search; *nach Waffen*: F frisk; **≗ung** *f* search; **≗ungsbefehl** *m* search warrant
durchtreten *v/t. Schuh*: wear* out; *Pedal*: floor; *Starter*: kick
durchtrieben *adj.* cunning, sly
durchwachsen *adj. Speck*: streaky
Durch|wahl *f tel.* direct dial(l)ing; **≗wählen** *v/i.* dial direct; **~wahlnummer** *f* direct dial number; extension
durchweg *adv.* without exception
durch|weicht *adj.* soaked, drenched; **~wühlen** rummage through; **~zählen** *v/t.* count up (*Am.* off); **~ziehen 1.** *v/i.* pass through; **2.** *v/t.* pull *s.th.* through; *fig.* carry *s.th.* through (to the end); **~zucken** *v/t.* flash through
Durchzug *m* draught, *Am.* draft
durchzwängen *v/refl.*: ***sich ~*** squeeze o.s. through
dürfen *v/aux.* be* allowed *od.* permitted to; ***darf ich?*** may I?; ***ja*** (**,*du darfst***) yes, you may; ***du darfst nicht*** you must not *od.* aren't allowed to; ***dürfte ich ...?*** could I ...?; ***das dürfte genügen*** that should be enough
dürftig *adj.* poor; *spärlich*: scanty
dürr *adj.* dry; *Boden etc.*: barren, arid; *mager*: skinny; **≗e** *f Trockenzeit*: drought; barrenness
Durst *m* thirst (***auf*** for); **~ *haben*** be* thirsty; **≗ig** *adj.* thirsty
Dusche *f* shower; **≗n** *v/refl. u. v/i.* have* *od.* take* a shower
Düse *f tech.* nozzle; *Spritz≗*: jet; **≗n** F *v/i.* jet; **~nantrieb** *m* jet propulsion; ***mit ~*** jet-propelled; **~nflugzeug** *n* jet (plane); **~njäger** *m* jet fighter; **~ntriebwerk** *n* jet engine
düster *adj.* dark, gloomy (*beide a. fig.*); *Licht*: dim; *trostlos*: dismal
Dutzend *n* dozen; ***ein ~ Eier*** a dozen eggs; **≗weise** *adv.* by the dozen
Duvet *n Schweiz*: blanket, quilt
duzen *v/t.* use the familiar 'du' with s.o.; ***sich ~*** be* on 'du' terms
Dynami|k *phys. f* dynamics *sg.*; *fig.* dynamism **≗sch** *adj.* dynamic
Dynamit *n* dynamite
Dynamo *m* dynamo, generator
D-Zug *m* express train

E

Ebbe *f* ebb; *Niedrigwasser*: low tide
eben 1. *adj.* even; *flach*: flat; *math.* plane; ***zu ~er Erde*** on the ground (*Am.* first) floor; **2.** *adv.* just; ***an ~ dem Tag*** on that very day; ***so ist es ~*** that's the way it is; ***gerade ~ so*** *od.* ***noch*** just barely; **≈bild** *n* image; **~bürtig** *adj.*: ***j-m ~ sein*** be* a match for s.o., be* s.o.'s equal
Ebene *f* plain; *math.* plane; *fig.* level
eben|erdig *adj. u. adv.* at street level; on the ground (*Am.* first) floor; **~falls** *adv.* as well, too; ***danke, ~!*** thank you, (the) same to you!; **≈holz** *n* ebony; **≈maß** *n* symmetry; harmony; *der Züge*: regularity; **~mäßig** *adj.* symmetrical; harmonious; regular
ebenso *adv. u. cj.* just as; *ebenfalls*: as well; ***~ gern, ~ gut*** just as well; ***~ sehr, ~ viel*** just as much; ***~ wenig*** just as little *od.* few (*pl.*); ***~ wie*** in the same way as
Eber *zo. m* boar
ebnen *v/t.* even, level; *fig.* smooth
Echo *n* echo; *fig.* response
echt *adj.* genuine (*a. fig.*), real; *wahr*: true; *rein*: pure; *wirklich*: real; *Farbe*: fast; *Dokument*: authentic; F: ***~ gut*** real good; **≈heit** *f* genuineness; authenticity
Eck|ball *m Sport*: corner (kick); **~e** *f* corner (*Sport*: ***lange*** far; ***kurze*** near); *Kante*: edge; *s.* **Eckball**; **≈ig** *adj.* square, angular; *fig.* awkward; **~stein** *m* corner-stone; **~zahn** *m* canine tooth
edel *adj.* noble; *min.* precious; **≈metall** *n* precious metal; **≈stahl** *m* stainless steel; **≈stein** *m* precious stone; *geschnittener*: gem
EDV *Abk. für* ***Elektronische Datenverarbeitung*** EDP, electronic data processing
Efeu *m* ivy
Effekt *m* effect; **~hascherei** *f* (cheap) showmanship, claptrap; **≈iv 1.** *adj.* effective; **2.** *adv.* actually; **~ivität** *f* effectiveness; **≈voll** *adj.* effective, striking
EG *hist. Abk. für* ***Europäische Gemeinschaft*** EC, European Community
egal F *adj.*: ***~ ob*** (***warum, wer*** *etc.*) no matter if (why, who, *etc.*); ***das ist ~*** it doesn't matter; ***das ist mir ~*** I don't care, it's all the same to me
Egge *f*, **≈n** *v/t.* harrow
Egois|mus *m* ego(t)ism; **~t(in)** ego(t)ist; **≈tisch** *adj.* selfish, ego(t)istic(al)
ehe *cj.* before; ***nicht, ~*** not until
Ehe *f* marriage (***mit*** to); **~beratung** *f* marriage guidance (*Am.* counseling); **~brecher(in)** adulter|er (-ess); **≈brecherisch** *adj.* adulterous; **~bruch** *m* adultery; **~frau** *f* wife; **~krach** *m* marital row(s *pl.*); **~leute** *pl.* married couple *sg.*; **≈lich** *adj.* conjugal; *Kind*: legitimate
ehemal|ig *adj.* former, ex-...; **~s** *adv.* formerly
Ehe|mann *m* husband; **~paar** *n* (married) couple
eher *adv.* earlier, sooner; ***je ~, desto lieber*** the sooner the better; ***nicht ~ als*** not until *od.* before
Ehering *m* wedding ring
ehrbar *adj.* respectable
Ehre *f* hono(u)r; ***zu ~n*** (***von***) in hono(u)r of; **≈n** *v/t.* hono(u)r; *achten*: respect
ehren|amtlich *adj.* honorary; **≈bürger** *m* honorary citizen; **≈doktor** *m* honorary doctor; **≈gast** *m* guest of hono(u)r; **≈kodex** *m* code of hono(u)r; **≈mann** *m* man of hono(u)r; **≈mitglied** *n* honorary member; **≈platz** *m* place of hono(u)r; **≈rechte** *pl.* civil rights *pl.*; **≈rettung** *f* rehabilitation; **~rührig** *adj.* defamatory; **≈runde** *f* lap of hono(u)r; **≈sache** *f* point of hono(u)r; **≈tor** *n*, **≈treffer** *m* consolation goal; **~wert** *adj.* hono(u)rable; **≈wort** *n* word of hono(u)r; F ***~!*** cross my heart!
ehr|erbietig *adj.* respectful; **≈furcht** *f* respect (***vor*** for); awe (of); ***~ gebietend*** awe-inspiring, awesome; **~fürchtig** *adj.* respectful; **≈gefühl** *n* sense of hono(u)r; **≈geiz** *m* ambition; **~geizig** *adj.* ambitious
ehrlich *adj.* honest; *offen*: *a.* frank; *Kampf*: fair; F: ***~!(?)*** honestly!(?); **≈keit** *f* honesty; fairness

Ehr|ung *f* hono(u)r(ing); **2würdig** *adj.* venerable
Ei *n* egg; V **~er** *Hoden*: balls
Eich|e *bot. f* oak(-tree); **~el** *f bot.* acorn; *Karten*: club(s *pl.*); *anat.* glans (penis)
eichen *v/t.* ga(u)ge
Eich|hörnchen *n* squirrel; **~maß** *n* standard (measure)
Eid *m* oath (***ablegen*** take*)
Eidechse *f* lizard
eidesstattlich *jur. adj.*: ***~e Erklärung*** statutory declaration
Eidotter *m, n* (egg) yolk
Eier|becher *m* eggcup; **~kuchen** *m* pancake; **~laufen** *n* egg-and-spoon race; **~likör** *m* eggnog; **~schale** *f* eggshell; **~stock** *anat. m* ovary; **~uhr** *f* egg timer
Eifer *m* zeal, eagerness; ***glühender ~*** ardo(u)r; **~sucht** *f* jealousy; **2süchtig** *adj.* jealous (***auf*** of)
eifrig *adj.* eager, zealous; ardent
Eigelb *n* (egg) yolk
eigen *adj.* own, of one's own; *~tümlich*: peculiar; *(über)genau*: particular, F fussy; ***...~*** *in Zssgn staats~ etc.*: ...-owned; **2art** *f* peculiarity; **~artig** *adj.* peculiar; *seltsam*: strange; **~artigerweise** *adv.* strangely enough; **2bedarf** *m* personal needs *pl.*; **2gewicht** *n* dead weight; **~händig 1.** *adj. Unterschrift etc.*: personal; **2.** *adv.* personally, with one's own hands; ***~ geschrieben*** in one's own hand; **2heim** *n* home (of one's own); **2liebe** *f* self-love; **2lob** *n* self-praise; **~mächtig** *adj.* arbitrary; **2name** *m* proper noun; **~nützig** *adj.* selfish
eigens *adv.* (e)specially, expressly
Eigenschaft *f* quality; *tech., phys. chem.* property; ***in s-r ~ als*** in his capacity as; **~swort** *gr. n* adjective
Eigensinn *m* stubbornness; **2ig** *adj.* stubborn, obstinate
eigentlich 1. *wirklich*: actual, true, real; *genau*: exact; **2.** *adv.* actually, really; *ursprünglich*: originally
Eigentor *n* own goal (*a. fig.*)
Eigentum *n* property
Eigentüm|er(in) owner, propriet|or (-ress); **2lich** *adj.* peculiar; *seltsam*: strange, odd; **~lichkeit** *f* peculiarity
Eigentumswohnung *f* owner-occupied flat, *Am.* condominium, condo
eigenwillig *adj.* wil(l)ful; *Stil etc.*: individual, original
eign|en *v/refl.*: ***sich ~ für*** be* suited *od.* fit for; **2ung** *f* suitability; *Person*: *a.* aptitude, qualification; **2ungsprüfung** *f*, **2ungstest** *m* aptitude test
Eil|bote *post m*: ***durch ~n*** by special delivery; **~brief** *post m* express (*Am.* special delivery) letter
Eil|e *f* haste, hurry; **2n** *v/i.* hurry, hasten, rush; *Angelegenheit*: be* urgent; **2ig** *adj.* hurried, hasty; *dringend*: urgent; ***es ~ haben*** be* in a hurry; **~zug** *m* semifast train, *Am.* limited
Eimer *m* bucket, pail
ein 1. *adj.* one; **2.** *indef. art.* a, an; **3.** *adv.*: „***~/ aus***" "on/ off"; ***~ und aus gehen*** come and go; ***nicht mehr ~ noch aus wissen*** be* at one's wits' end
einander *pron.* each other, *bsd. mehrere*: one another
ein|arbeiten *v/t.* train, acquaint *s.o.* with his work, F break *s.o.* in; ***sich ~*** work o.s. in; **~armig** *adj.* one-armed; **~äschern** *v/t. Leiche*: cremate; **2äscherung** *f* cremation; **~atmen** *v/t.* inhale, breathe; **~äugig** *adj.* one-eyed
Einbahnstraße *f* one-way street
einbalsamieren *v/t.* embalm
Einband *m* binding, cover
Einbau *m* installation, fitting; ***~...*** *in Zssgn Möbel etc.*: built-in ...; **2en** *v/t.* build* in, instal(l), fit
einberuf|en *v/t. mil.* call up, *Am.* draft; *Sitzung etc.*: call; **2ung** *mil. f* call-up (orders *pl.*); *Am.* draft (orders *pl.*)
ein|beziehen *v/t.* include; **~biegen** *v/i.* turn (***in*** into)
einbild|en *v/refl.* imagine; ***sich et. ~ auf*** be* conceited about; ***darauf kannst du dir et. ~*** (***brauchst du dir nichts einzubilden***) that's s.th. (nothing) to be proud of; **2ung** *f* imagination, fancy; *Dünkel*: conceit
einblenden *v/t. TV etc.* fade in
Einblick *m* insight (***in*** into)
ein|brechen *v/i. Dach etc.*: collapse; *Winter*: set* in; ***~ in*** *Haus etc*: break* into, burgle; *auf dem Eis*: fall* through (the ice); **2brecher** *m* burglar; **~bringen** *v/t.* bring* in; *Gewinn etc.*: yield; **2bruch** *m* burglary; ***bei ~ der Nacht*** at nightfall

einbürger|n *v/t.* naturalize; ***sich ~*** *fig.* come* into use; **&ung** *f* naturalization
Ein|buße *f* loss; **&büßen** *v/t.* lose*
ein|dämmen *v/t.* dam (up) (*a. fig.*); *Fluss*: embank; *fig. a.* get* under control; **~decken** *fig. v/t.* provide (***mit*** with); **~deutig** *adj.* clear; **~drehen** *v/t. Haar*: put* in curlers
eindring|en *v/i.*: ***~ in*** enter (*a. Wasser, Keime etc.*); *gewaltsam*: force one's way into; *mil.* invade; **~lich** *adj.* urgent; **&ling** *m* intruder; *mil.* invader
Eindruck *m* impression
ein|drücken *v/t.* break* *od.* push in; **~drucksvoll** *adj.* impressive; **~eiig** *adj. Zwillinge*: identical; **~einhalb** *adj.* one and a half; **~engen** *v/t.* confine, restrict
ein|er, ~e, ~(e)s *indef. pron.* one
Einer *m math.* unit; *Rudern*: single sculls *pl.*
einerlei *adj.*: ***ganz ~*** all the same; ***~ ob*** no matter if
Einerlei *n*: ***das tägliche ~*** the daily grind *od.* rut
einerseits *adv.* on the one hand
einfach *adj.* simple; *leicht*: *a.* easy; *schlicht*: *a.* plain; *Fahrkarte*: single, *Am.* one-way; **&heit** *f* simplicity
einfädeln *v/t.* thread; *fig.* start, set* afoot; *geschickt*: contrive; *mot.* merge
ein|fahren 1. *v/t. Auto*: run* in; *Ernte*: bring* in; **2.** *v/i.* come* in, *rail. a.* pull in; **&fahrt** *f* entrance, way in
Einfall *m* idea; *mil.* invasion; **&en** *v/i.* fall* in; *einstürzen*: *a.* collapse; *mus.* join in; ***~ in*** *mil.* invade; ***ihm fiel ein, dass*** it came to his mind that; ***mir fällt nichts ein*** I have no ideas; ***es fällt mir nicht ein*** I can't think of it; ***dabei fällt mir ein*** that reminds me; ***was fällt dir ein?*** what's the idea?
einfältig *adj.* simple-minded; stupid
Einfamilienhaus *n* detached house
ein|farbig *adj.* self-coloured, *Am.* solid-colored; **~fassen** *v/t.* border; **~fetten** *v/t.* grease; **~finden** *v/refl.* appear, arrive; **~flechten** *fig. v/t.* work in; **~fliegen** *v/t.* fly* in; **~fließen** *v/i.*: ***et. ~ lassen*** slip s.th. in; **~flößen** *v/t.* pour (***j-m*** into s.o.'s mouth); *Respekt etc.*: fill with
Einfluss *fig. m* influence; **&reich** *adj.* influential
ein|förmig *adj.* uniform; **~frieren 1.** *v/i.* freeze* (in); **2.** *v/t.* freeze* (*a. fig.*); **~fügen** *v/t.* put* in; *fig.* insert; ***sich ~*** fit in; *in e-e Gruppe*: adjust (o.s.) (***in*** to); **&fügetaste** *f Computer*: insert key; **~fühlsam** *adj.* sympathetic; **&fühlungsvermögen** *n* empathy
Einfuhr *econ. f* import(ation)
einführen *v/t.* introduce; *ins Amt*: install(l); *Gegenstand*: insert; *econ.* import
Einfuhrstopp *econ. m* import ban
Einführung *f* introduction; **~s...** *in Zssgn Kurs, Preis etc.*: introductory
Eingabe *f* petition; *Computer*: input; **~taste** *f Computer*: enter *od.* return key
Eingang *m* entrance; *econ.* arrival; *Brief etc.*: receipt; **&s** *adv.* at the beginning
eingeben *v/t. Arznei etc.*: administer (*dat.* to); *Daten etc.*: feed*, enter
einge|bildet *adj.* imaginary; *dünkelhaft*: conceited (***auf*** of); ***~er Kranker*** hypochondriac; **&borene(r)** native
Eingebung *f* inspiration; impulse
einge|fallen *adj. Wangen*: sunken, hollow; **~fleischt** *adj. Junggeselle etc.*: confirmed
eingehen 1. *v/i. Post, Waren*: come* in, arrive; *Pflanze, Tier*: die; *Stoff*: shrink*; *Firma*: close down; ***~ auf*** *Vorschlag*: agree to; *Einzelheiten*: go* into; *j-n*: listen to; **2.** *v/t. Vertrag etc.*: enter into; *Wette*: make*; *Risiko*: take*; **~d** *adj.* thorough
einge|macht *adj.* preserved; **~meinden** *v/t.* incorporate (***in*** into)
einge|nommen *adj.* partial (***für*** to); prejudiced (***gegen*** against); ***von sich ~*** full of o.s.; **~schlossen** *adj.* locked in; *Bergleute etc.*: trapped; *Preis*: included; **~schnappt** F *adj.* sulky; **~schrieben** *adj.* registered; **~spielt** *adj.*: (***gut***) ***aufeinander ~ sein*** work well together, be* a good team; **~stellt** *adj.*: ***~ auf*** prepared for; ***~ gegen*** opposed to
Eingeweide *pl.* intestines *pl.*, guts *pl.*
Eingeweihte(r) insider
einge|wöhnen *v/refl.*: ***sich ~ in*** *Ort, Beruf*: get* used to, settle in
ein|gießen *v/t.* pour; **~gleisig** *adj.* single-track (*auch fig.*); **~gliedern** *v/t.* integrate; **~gliederung** *f* integration

ein|graben *v/t.* bury; **~gravieren** *v/t.* engrave
eingreifen *v/i.* step in, interfere
Eingriff *m* intervention, interference; *med.* operation
einhaken *v/t.* hook in; ***sich ~*** link arms; *bei j-m*: take* s.o.'s arm
Einhalt *m*: ***~ gebieten*** put* a stop (*dat.* to); **2en** *v/t. Termin, Regel*: keep*
ein|hängen 1. *v/t.* hang* in (*Hörer*: up); ***sich ~ → einhaken***; **2.** *tel. v/i.* hang* up
einheimisch *adj.* native, local; *Industrie, Markt*: home, domestic; **2e(r)** local, native
Einheit *f Maß2*: unit; *pol.* unity; *Ganzes*: *a.* whole; **2lich** *adj.* uniform; *geschlossen*: homogeneous; **~s...** *in Zssgn Preis etc.*: standard
einhellig *adj.* unanimous
einholen *v/t.* catch* up with (*auch fig.*); *Zeitverlust*: make* up for; *Auskünfte*: make* (***über*** about); *Rat*: seek* (***bei*** from); *Erlaubnis*: ask for; *Segel, Fahne*: strike*; ***~ gehen*** go* shopping
Einhorn *myth. n* unicorn
einhüllen *v/t.* wrap (up); *fig.* shroud
einig *adj.*: ***sich ~ sein*** agree; ***sich nicht ~ sein*** disagree, differ
einige *indef. pron.* some, a few, several
einigen *v/t.*: ***sich ~ über*** agree on
einigermaßen *adv.* quite, fairly; *Befinden etc.*: not too bad
einiges *indef. pron.* some(thing); *viel*: quite a lot
Einig|keit *f* unity; *Übereinstimmung*: agreement; **2ung** *f* agreement, settlement; *e-s Volkes etc.*: unification
einjagen *v/t.*: ***j-m e-n Schrecken ~*** give* s.o. a fright, frighten *od.* scare s.o.
einjährig *adj.* one-year-old
einkalkulieren *v/t.* take* into account, allow for
Einkauf *m* purchase; ***Einkäufe machen → einkaufen*** 2; **2en 1.** *v/t.* buy*, *econ. a.* purchase; **2.** *v/i.* go* shopping
Einkaufs|... *in Zssgn* shopping ...; **~bummel** *m* shopping spree; **~preis** *econ. m* purchase price; **~wagen** *m* (supermarket) trolley, *Am.* grocery *od.* shopping cart; **~zentrum** *n* shopping centre, *Am. großes*: (shopping) mall
ein|kehren *v/i.* stop (***in*** at); **~klemmen** *v/t.* squeeze, jam; ***eingeklemmt sein*** be* stuck *od.* jammed; **~klammern** *v/t.* put* in brackets
Einklang *m mus.* unison; *fig.* harmony
ein|kleiden *v/t.* clothe (*a. fig.*); **~knöpfbar** *adj.* button-in; **~kochen 1.** *v/t.* preserve; **2.** *v/i.* boil down
Einkommen *n* income; **~steuererklärung** *f* income-tax return
einkreisen *v/t.* encircle, surround
Einkünfte *pl.* income *sg.*
einlad|en *v/t.* invite; *Waren*: load; **~end** *adj.* inviting; **2ung** *f* invitation
Einlage *f econ.* investment; *Schuh2*: arch support; *thea., mus.* interlude
Einlass *m* admission, admittance
einlassen *v/t.* let* in; *ein Bad*: run*; ***sich ~ auf*** get* involved in; *leichtsinnig*: let* o.s. in for; *zustimmen*: agree to; ***sich ~ mit j-m*** get* involved with s.o.
Ein|lauf *m Sport*: finish; *med.* enema; **2laufen 1.** *v/i.* come* in (*a. Sport*); *Wasser*: run* in; *naut.* enter port; *Stoff*: shrink*;**2.** *v/t. Schuhe*: break* in; ***sich ~*** warm up; **2leben** *v/refl.* settle in
einlege|n *v/t.* put* in; *Haare*: set*; *in Essig*: pickle; *Gang*: change into; **2sohle** *f* insole
einleit|en *v/t.* start; introduce; *Geburt*: induce; *Abwasser etc.*: dump, discharge; **~end** *adj.* introductory; **2ung** *f* introduction
ein|lenken *v/i.* come* round; **~leuchten** *v/i.* be* evident *od.* obvious; ***das leuchtet mir*** (***nicht***) ***ein*** that makes (doesn't make) sense to me; **~liefern** *v/t.* take* (***ins Gefängnis*** to prison; ***in die Klinik*** to [the] hospital); **~lösen** *v/t. Pfand*: redeem; *Scheck*: cash; **~machen** *v/t.* preserve; ***Marmelade ~*** make* jam
einmal *adv.* once; *zukünftig*: *a.* some *od.* one day, sometime; ***auf ~*** *plötzlich*: suddenly; *gleichzeitig*: at the same time, at once; ***noch ~*** once more *od.* again; ***noch ~ so*** ... (***wie***) twice as ... (as); ***es war ~*** once (upon a time) there was; ***haben Sie schon ~ ...?*** have you ever ...?; ***es schon ~ getan haben*** have* done it before; ***schon ~ dort gewesen sein*** have* been there before; ***nicht ~*** not even; **2...** *in Zssgn* disposable ...; **2eins** *n* multiplication table; **~ig** *adj.* single; *fig.* unique; F fabulous

Einmann... *in Zssgn* one-man ...
Einmarsch *m* entry; *mil.* invasion; **²ieren** *v/i.* march in; ~ **in** *mil.* invade
ein|mischen *v/refl.* meddle (**in** in, with), interfere (with); **²mündung** *f* junction
einmütig *adj.* unanimous; **²keit** *f* unanimity
Ein|nahmen *pl.* takings *pl.*, receipts *pl.*; **²nehmen** *v/t. Platz, Arznei, Mahlzeit*: take* (*a. mil.*); *verdienen*: earn, make*; **²nehmend** *adj.* engaging
ein|nicken *v/i.* doze off; **~nisten** *v/refl.* **sich bei j-m ~** park o.s. on s.o.
Einöde *f* desert, wilderness
ein|ordnen *v/t.* put* in its proper place; *Akten etc.*: file; **sich ~** *mot.* get in lane; **~packen** *v/t.* pack (up); *einwickeln*: wrap up; **~parken** *v/t. u. v/i.* park (between two cars); **~pferchen** *v/t.* pen in; *Menschen*: coop up; **~pflanzen** *v/t.* plant; *fig.* implant (*a. med.*); **~planen** *v/t.* allow for; **~prägen** *v/t.* impress; **sich et. ~** keep* s.th. in mind; *auswendig*: memorize s.th.; **~prägsam** *adj. Melodie, Ausdruck*: catchy; **~quartieren** F *v/t. Gäste*: put* *s.o.* up (**bei j-m** at s.o.'s place); **sich ~ bei** move in with; **~rahmen** *v/t.* frame; **~räumen** *v/t. Dinge*: put* away; *Zimmer*: furnish; *fig.* grant, concede; **~reden 1.** *v/t.*: **j-m et. ~** talk s.o. into (believing) s.th.; **2.** *v/i.*: **auf j-n ~** keep* on at s.o.; **~reiben** *v/t.* rub; **~reichen** *v/t.* hand *od.* send* in; **~reihen** *v/t.* place (among); **sich ~** take* one's place
einreihig *adj. Anzug*: single-breasted
Einreise *f* entry (*a. in Zssgn*); **²n** *v/i.* enter (**in ein Land** a country)
ein|reißen 1. *v/t.* tear*; *Gebäude*: pull down; **2.** *v/i.* tear*; *Unsitte etc.*: spread*; **~renken** *v/t. med.* set*; *fig.* straighten out
einricht|en *v/t. Zimmer*: furnish; *gründen*: establish; *ermöglichen*: arrange; **sich ~** furnish one's home; **sich ~ auf** prepare for; **²ung** *f* furnishings *pl.*; fittings *pl.*; *tech.* installation(s *pl.*), facilities *pl.*; *öffentliche*: institution, facility
ein|rosten *v/i.* rust (in); *fig.* get* rusty; **~rücken 1.** *mil. v/i.* join the forces; *Truppen*: march in; **2.** *v/t. Zeile*: indent
eins *pron. u. adj.* one; one thing; **es ist alles ~** it's all the same (thing)
Eins *f Note*: excellent, A
einsam *adj.* lonely, lonesome; *Leben*: solitary; **²keit** *f* loneliness; solitude
einsammeln *v/t.* collect
Einsatz *m tech.* inset, insert; *Spiel*: stake(s *pl. a. fig.*); *mus.* entry; *Mühe, Eifer*: effort(s *pl.*), zeal; *Verwendung*: use, employment; *mil.* action, mission; *von Truppen, Waffen*: deployment; **den ~ geben** give* the cue; **im ~** in action; **unter ~ des Lebens** at the risk of one's life; **²bereit** *adj.* ready for action; **²freudig** *adj.* dynamic, zealous
ein|schalten *v/t. electr.* switch *od.* turn on; *j-n*: call in; **sich ~** step in; **²schaltquote** *TV f* rating; **~schärfen** *v/t.* urge (**et.** to do s.th.); **~schätzen** *v/t. schätzen*: estimate; *beurteilen*: judge, rate; **falsch ~** misjudge; **~schenken** *v/t.* pour (out); **~schicken** *v/t.* send* in; **~schieben** *v/t.* slip in; *einfügen*: insert; **~schlafen** *v/i.* fall* asleep, go* to sleep; **~schläfern** *v/t. töten*: put* to sleep
einschl. *Abk. für* **einschließlich** incl., including
Einschlag *m* strike, impact; *Blitz*: stroke; *fig.* touch; **²en 1.** *v/t.* knock in (*Zähne*: out); *zerbrechen*: break* (in), smash (*a. Schädel*); *einwickeln*: wrap up; *Weg, Richtung*: take*; *Rad*: turn; → **Laufbahn**; **2.** *v/i. Blitz, Geschoss*, *östr. Geschoß*: strike*; *fig.* be* a success
einschlägig *adj.* relevant
ein|schleichen *v/refl.* steal* *od.* creep* (*bsd. Fehler etc.* slip) in; **~schleppen** *v/t. Krankheit*: import; **~schleusen** *fig. v/t.* infiltrate (**in** into); **~schließen** *v/t.* lock in *od.* up; *umgeben*: enclose; *mil.* surround, encircle; *einbeziehen*: include; **~schließlich** *prp.* including, *nachgestellt*: included; **~schmeicheln** *v/refl.*: **sich ~ bei** ingratiate o.s. with, F butter *s.o.* up; **~schnappen** *v/i.* snap shut; *fig.* → **eingeschnappt**; **~schneidend** *fig. adj.* drastic; far-reaching
Einschnitt *m* cut; *Kerbe*: notch; *fig.* break
einschränk|en *v/t.* restrict, reduce (*beide*: **auf** to); *Rauchen etc.*: cut* down on; **sich ~** economize; **²ung** *f* restriction, reduction, cut; **ohne ~** without reservation

Einschreibe|brief *m* registered letter; **2n** *v/t.* enter; *buchen*: book; *als Mitglied, Schüler etc.*: enrol(l) (*a. mil.*); (***sich***) ~ ***lassen*** (***für***) enrol(l) (o.s.) (for)
einschreiten *fig. v/i.* step in, intervene; ~ (***gegen***) take* (*gerichtlich*: legal) measures (against)
ein|schüchtern *v/t.* intimidate; *brutal*: bully; **2schüchterung** *f* intimidation; **~schulen** *v/t.*: ***eingeschult werden*** start school; **2schuss** *m* bullet-hole; **~schweißen** *v/t.* shrink-wrap
ein|segnen *v/t.* consecrate; *Kinder*: confirm; **2segnung** *f* consecration; confirmation
ein|sehen *v/t.* see*, realize; ***das sehe ich nicht ein!*** I don't see why!; **2sehen** *n*: ***ein ~ haben*** show* some understanding; **~seifen** *v/t.* soap; *Bart*: lather; F *fig.* take* *s.o.* for a ride
einseitig *adj.* one-sided; *med., pol., jur.* unilateral
einsend|en *v/t.* send* in; **2er(in)** sender; *an Zeitungen*: contributor; **2eschluss** *m* closing date (for entries)
einsetzen 1. *v/t.* put* in, insert; *ernennen*: appoint; *Mittel*: use, employ; *Maschine etc.*: put* into service; *Geld*: invest, stake; bet*; *Leben*: risk; ***sich*** ~ try hard, make* an effort; *für j-n, et.*: support, stand* up for; **2.** *v/i.* set* in, start
Einsicht *f Erkenntnis*: insight; *Einsehen*: understanding; ***zur ~ kommen*** listen to reason; ~ ***nehmen in*** *Akten etc.*: take* a look at; **2ig** *adj.* understanding; reasonable
Einsiedler *m* hermit
einsilbig *adj.* monosyllabic; *fig.* taciturn; **2keit** *f* taciturnity
Einsitzer *aviat., mot. m* single-seater
ein|spannen *v/t. Pferd*: harness; *tech.* clamp, fix; *fig. j-n*: rope in; **~sparen** *v/t.* save, economize on; **~sperren** *v/t.* lock (*Tier*: shut*) up; **~spielen** *v/t. Geld*: bring* in; ***sich*** ~ warm up; *fig. Sache*: get* going; → ***eingespielt***; **2spielergebnisse** *pl. Film*: box-office returns *pl.*; **~springen** *v/i.*: ***für j-n*** ~ take* s.o.'s place; **2spritz...** *mot. in Zssgn* fuel-injection
Einspruch *m* objection (*a. jur.*), protest; *pol.* veto; *Berufung*: appeal
einspurig *adj. rail.* single-track; *mot.* single-lane
einst *adv.* once, at one time
Einstand *m* start; *Tennis*: deuce
ein|stecken *v/t.* pocket (*a. fig.*); *electr.* plug in; *Brief*: post, *bsd. Am.* mail; *fig. hinnehmen*: take*; **~stehen** *v/i.*: ***~für*** stand* up for; **~steigen** *v/i.* get* in; *in Bus, Zug, Flugzeug*: get* on; ***alles ~!*** *rail.* all aboard!
einstell|en *v/t. Arbeitskräfte etc.*: engage, employ, hire; *aufgeben*: give* up; *beenden*: stop; *Rekord*: tie; *regulieren*: adjust (***auf*** to); *Radio*: tune in (to); *opt., phot.* focus (on); ***die Arbeit*** ~ (go* on) strike*, walk out; ***das Feuer*** ~ *mil.* cease fire; ***sich ~ auf*** adjust to; *vorsorglich*: be* prepared for
einstellig *adj.* single-digit
Einstellung *f Haltung*: attitude (***zu*** towards); *Arbeitskräfte*: employment; *Beendigung*: cessation; *tech.* adjustment; *opt., phot.* focus(s)ing; *Film*: take; **~sgespräch** *n* interview
Einstieg *m* entrance, entry (*a. fig. pol., econ.*); **~sdroge** *f* gateway drug
einstig *adj.* former, one-time
einstimm|en *mus. v/i.* join in; **~ig** *adj.* unanimous
einstöckig *adj.* one-storey(ed), *Am.* -storied
ein|studieren *thea. v/t.* rehearse; **~stufen** *v/t.* grade, rate; **2stufungsprüfung** *f* placement test; **~stufig** *adj.* single-stage (*a. Rakete*); **2sturz** *m*, **~stürzen** *v/i.* collapse
einst|weilen *adv.* for the present; **~weilig** *adj.* temporary
ein|tauschen *v/t.* exchange (***gegen*** for); **~teilen** *v/t.* divide (***in*** into); *Zeit*: organize; **~teilig** *adj.* one-piece; **2teilung** *f* division; organization; *Anordnung*: arrangement
eintönig *adj.* monotonous; **2keit** *f* monotony
Eintopf *m* stew, casserole
Ein|tracht *f* harmony, unity; **2trächtig** *adj.* harmonious, peaceful
Eintrag *m* entry (*a. econ.*), registration; *Schule*: black mark; **2en** *v/t.* enter (***in*** in); *amtlich*: register (***bei*** with); *als Mitglied*: enrol(l) (with); *Gewinn, Lob etc.*: earn; ***sich*** ~ register, *Hotel*: *a.* check in
einträglich *adj.* profitable
ein|treffen *v/i.* arrive; *geschehen*: hap-

pen; *sich erfüllen*: come* true; **~treiben** *fig. v/t.* collect; **~treten 1.** *v/i.* enter; *geschehen*: happen, take* place; **~ für** stand* up for, support; **~ in** *Verein etc.*: join; **2.** *v/t. Tür etc.*: kick in; **sich et. ~** run* s.th. into one's foot
Eintritt *m* entry; *Zutritt, Gebühr*: admission; **~ frei!** admission free!; **~ verboten!** keep out!; **~sgeld** *n* entrance *od.* admission (fee); *Sport*: gate(-money); **~skarte** *f* (admission) ticket
ein|trocknen *v/i.* dry (up); **~üben** *v/t.* practise; *proben*: rehearse
einver|leiben *v/t. Land*: annex (*dat.* to); **~standen** *adj.*: **~ sein** agree (**mit** to); **~!** agreed!; **2ständnis** *n* agreement
Einwand *m* objection (**gegen** to)
Einwander|er *m* immigrant; **2n** *v/i.* immigrate; **~ung** *f* immigration
einwandfrei *adj.* perfect, faultless
einwärts *adv.* inward(s)
Einweg... *Rasierer, Spritze etc.*: disposable; **~flasche** *f* non-returnable bottle; **~packung** *f* throwaway pack
einweichen *v/t.* soak
einweih|en *v/t.* inaugurate, *Am.* dedicate; **j-n ~ in** F let* s.o. in on; **2ung** *f* inauguration, *Am.* dedication
einweisen *v/t.*: **~ in** *Heim, Gefängnis etc.*: send* to, *bsd. jur.* commit to; *Arbeit etc.*: instruct in, brief on
einwend|en *v/t.* object (**gegen** to); **2ung** *f* objection
einwerfen *v/t.* throw* in (*a. Bemerkung, Sport a. v/i.*); *Fenster*: break*; *Brief*: post, *Am.* mail; *Münze*: insert
einwickel|n *v/t.* wrap (up); *fig.* take* *s.o.* in; **2papier** *n* wrapping-paper
einwillig|en *v/i.* consent (**in** to), agree (to); **2ung** *f* consent (**in** to), agreement
einwirk|en *v/i.*: **~ auf** act (up)on; *fig. auf j-n*: work on; **2ung** *f* effect, influence
Einwohner|(in) inhabitant; **~meldeamt** *n* registration office
Einwurf *m Sport*: throw-in; *fig.* objection; *Öffnung* slot
Einzahl *gr. f* singular; **2en** *v/t.* pay* in; **~ung** *f* payment, deposit
einzäunen *v/t.* fence in
Einzel *n Tennis*: singles *sg.*; **~...** *in Zssgn Bett, Zimmer etc.*: single ...; **~fall** *m* special case; **~gänger** *m* F loner; **~haft** *f* solitary confinement; **~handel** retail trade; **~händler** *m* retailer; **~haus** *n* detached house; **~heit** *f* detail
einzeln *adj.* single; *Schuh etc.*: odd; **~e ...** *pl.* several, some; **~ eintreten** enter one at a time; **~ angeben** specify; **im 2en** in detail; **der 2e** the individual; **jeder 2e** each and every one
einziehen 1. *v/t.* draw* in; *bsd. tech.* retract; *Kopf*: duck; *Segel, Fahne*: strike*; *mil.* call up, *Am.* draft; *beschlagnahmen*: confiscate; *Führerschein*: withdraw*; *Erkundigungen*: make*; **2.** *v/i. in Haus etc.*: move in; *kommen*: come* (*a. Winter*); *geordnet, feierlich*: march in; *Flüssigkeit*: soak in
einzig *adj.* only; *einzeln*: single; **kein 2er** ... not a single ...; **das 2e** the only thing; **der 2e** the only one; **~artig** *adj.* unique, singular
Einzug *m* moving in; entry
einzwängen *v/t.* squeeze, jam
Eis *n* ice; **~***krem*: ice cream; **~bahn** *f* skating rink; **~bär** *zo. m* polar bear; **~becher** *m* sundae; **~bein** *n* (pickled) pork knuckles; **~berg** *m* iceberg; **~brecher** *naut. m* icebreaker; **~diele** *f* ice-cream parlo(u)r
Eisen *n* iron
Eisenbahn *f* railway, *Am.* railroad; *Spielzeug*: train set; *in Zssgn* → **Bahn**; **~er** *m* railwayman, *Am.* railroad man; **~wagen** *m* coach, *Brt. a.* railway carriage, *Am. a.* railroad car
Eisen|erz *n* iron ore; **~gießerei** *f* iron foundry; **~hütte** *f* ironworks *sg., pl.*; **~waren** *pl.* hardware *sg.*, ironware *sg.*; **~warenhandlung** *f* ironmonger's, *Am.* hardware store
eisern *adj.* iron (*a. fig.*), of iron
eis|gekühlt *adj.* iced; **2hockey** *n* ice hockey, *Am.* hockey; **~ig** *adj.* icy (*a. fig.*); **~kalt** *adj.* ice-cold; **2kunstlauf** *m* figure skating; **2kunstläufer(in)** figure skater; **2meer** *n* polar sea; **2revue** *f* ice show; **2schnelllauf** *m* speed skating; **2scholle** *f* ice floe; **2schrank** *m* → **Kühlschrank**; **2verkäufer** *m* iceman; **2würfel** *m* ice cube; **2zapfen** *m* icicle; **2zeit** *geol. f* ice age
eitel *adj.* vain; **2keit** *f* vanity
Eiter *med. m* pus; **~beule** *med. f* abscess, boil; **2n** *med. v/i.* fester
eitrig *med. adj.* purulent, festering

Eiweiß *n* white of egg; *biol.* protein; **2arm** *adj.* low in protein, low-protein; **2reich** *adj.* rich in protein, high-protein

Eizelle *f* egg cell, ovum

Ekel 1. *m* disgust (**vor** at), loathing (for); **~ erregend → ekelhaft; 2.** F *n* beast; **2haft, 2ig** *adj.* sickening, disgusting, repulsive; **2n** *v/refl. u. v/impers.*: ***ich ekle mich davor*** it makes me sick

Ekstase *f* ecstasy

Elan *m* vigo(u)r

elastisch *adj.* elastic, flexible

Elch m elk; *Nordamer.* **~**: moose

Elefant *m* elephant; **~enhochzeit** *econ.* F *f* jumbo merger

elegan|t *adj.* elegant; **2z** *f* elegance

Elektri|ker *m* electrician; **2sch** *adj. allg.* electrical; **~** *betrieben*: electric; **2sieren** *v/t.* electrify

Elektrizität *f* electricity; **~swerk** *n* (electric) power station

Elektrogerät *n* electric appliance

Elektron|ik *f* electronics *sg.*; electronic system; **2isch** *adj.* electronic

Elektro|rasierer *m* electric razor; **~technik** *f* electrical engineering; **~techniker** *m* electrical engineer

Element *n* element; **2ar** *adj.* elementary

Elend *n* misery

elend *adj.* miserable; **2sviertel** *n* slums *pl.*

elf *adj.* eleven; **2** *f Fußball*: team

Elfe *f* elf, fairy

Elfenbein *n* ivory

Elfmeter *m* penalty; **~punkt** *m* penalty spot; **~schießen** *n* penalty shoot-out

elfte *adj.* eleventh

Elite *f* élite

Ellbogen *m* elbow

Elsass Alsace

Elsäss|er(in), 2isch *adj.* Alsatian

Elster *f* magpie

elterlich *adj.* parental

Eltern *pl.* parents *pl.*; **~haus** *n* (one's parents') home; **2los** *adj.* orphan(ed); **~teil** *m* parent; **~vertretung** *f Schule etwa* Parent-Teacher Association

Email *n*, **~le** *f* enamel

Emanz|e F women's libber; **~ipation** *f* emancipation; *der Frau*: women's lib(eration); **2ipieren** *v/refl.* become* emancipated

Embargo *n* embargo

Embolie *med. f* embolism

Embryo *biol. m* embryo

Emigra|nt *m* emigrant, *bsd. pol.* refugee; **~tion** *f* emigration; ***in der ~*** in exile

Emission *f phy.* emission; *econ.* issue; **~swerte** *pl.* emission level *sg.*

Empfang *m* reception (*a. Radio, Hotel*), welcome; *Erhalt*: receipt (**nach, bei** on); **2en** *v/t.* receive; *freundlich*: *a.* welcome

Empfäng|er *m* receiver (*a. Radio*); *post* addressee; **2lich** *adj.* susceptible (**für** to); **~nis** *med. f* conception; **~nisverhütung** *f* contraception, birth control

Empfangs|bescheinigung *econ. f* receipt; **~dame** *f* receptionist

empfehl|en *v/t.* recommend; **~enswert** *adj.* advisable; **2ung** *f* recommendation

empfinden *v/t.* feel* (**als** ... to be ...)

empfindlich *adj.* sensitive (**für, gegen** to) (*a. phot., chem.*); *zart*: tender, delicate (*a. Gesundheit, Gleichgewicht*); *leicht gekränkt*: touchy; *reizbar*: irritable (*a. Magen*); *Kälte, Strafe*: severe; ***~e Stelle*** sore spot; **2keit** *f* sensitivity; *phot.* speed; delicacy; touchiness

empfindsam *adj.* sensitive; **2keit** *f* sensitiveness

Empfindung *f* sensation; *Wahrnehmung*: perception; *Gefühl*: feeling, emotion; **2slos** *adj.* insensible; *Körperteil*: numb, dead

empor *adv.* up, upward(s)

empören *v/t.* outrage; shock; ***sich ~*** (**über**) be* outraged *od.* shocked (at); **~d** *adj.* shocking, outrageous

Emporkömmling *contp. m* upstart

empör|t *adj.* indignant (**über** at), shocked (at); **2ung** *f* indignation

emsig *adj.* busy; **2keit** *f* activity

Ende *n* end; *Film*: ending; ***am ~*** at the end; *schließlich*: in the end, finally; ***zu ~*** over; *Zeit*: up; ***zu ~ gehen*** come* to an end; ***zu ~ lesen*** finish reading; ***er ist ~ zwanzig*** he is in his late twenties; ***~ Mai*** at the end of May; ***~ der Achtzigerjahre*** in the late eighties; ***~!*** *Funk etc.*: over!

enden *v/i.* (come* to an) end; stop, finish; F ***~ als*** end up as

Endergebnis *n* final result

end|gültig *adj.* final, definitive; **2lage-**

rung *f* final disposal; **~lich** *adv.* finally, at last; **~los** *adj.* endless; **≈runde** *f*, **≈spiel** *n Sport*: final(s *pl.*); **≈spurt** *m* final spurt (*a. fig.*); **≈station** *rail. f* terminus, terminal; **≈summe** *f* (sum) total; **≈verbraucher** *m* end user

Endung *ling. f* ending

Endziel *n* ultimate goal (*a. fig.*)

Energie *f* energy; *tech.*, *electr.* power; **~bewusst** *adj.* energy-conscious; **~krise** *f* energy crisis; **≈los** *adj.* lakking in energy; **~quelle** *f* source of energy; **~sparen** *n* energy saving, conservation of energy; **~versorgung** *f* power supply

energisch *adj.* energetic, vigorous

eng *adj.* narrow; *Kleidung*: tight; *Kontakt*, *Freund(schaft)*: close; *beengt*: cramped; **~ *beieinander*** close(ly) together

Engagement *n thea. etc.* engagement; *fig.*, *pol.* commitment

engagier|en *v/t. einstellen*: engage; ***sich ~ für*** be* very involved in; **~t** *adj.* involved,committed

Enge *f* narrowness; *Wohnverhältnisse*: cramped conditions *pl.*; ***in die ~ treiben*** drive* into a corner

Engel *m* angel

engl. *Abk. für* ***englisch*** Eng., English

Eng|land England; **~länder** *m* Englishman; ***die ~*** *pl.* the English *pl.*; **~in** *f* Englishwoman

englisch *adj.* English; ***auf*** **≈** in English; **≈unterricht** *m* English lesson(s *pl.*) *od.* class(es *pl.*); teaching of English

Engpass *m* bottleneck (*a. fig.*)

engstirnig *adj.* narrow-minded

Enkel *m* grandchild; grandson; **~in** *f* granddaughter

enorm *adj.* enormous; *fig.* terrific

Ensemble *thea. n* company; cast

entart|en *v/i.*, **~et** *adj.* degenerate; **≈ung** *f* degeneration

entbehr|en *v/t.* do* without; *erübrigen*: spare; *vermissen*: miss; **~lich** *adj.* dispensable; *überflüssig*: superfluous; **≈ung** *f* want, privation

entbind|en 1. *med. v/i.* have* the baby, be* confined; **2.** *v/t.*: ***~ von*** *fig.* relieve *s.o.* of; ***entbunden werden von*** *med.* give* birth to; **≈ung** *med. f* delivery; **≈ungsstation** *f* maternity ward

entblößen *v/t.* bare, uncover

entdeck|en *v/t.* discover; **≈er** *m* discoverer; **≈ung** *f* discovery

Ente *f zo.* duck; F *Zeitungs≈*: hoax

entehren *v/t.* dishono(u)r

enteign|en *v/t.* expropriate; *j-n*: dispossess; **≈ung** *f* expropriation; dispossession

enterben *v/t.* disinherit

entern *naut. v/t.* board

ent|fachen *v/t.* kindle; *fig. a.* rouse; **~fallen** *v/i. wegfallen*: be* cancelled; ***~ auf*** fall* to s.o.('s share); ***es ist mir ~*** it has slipped my memory; **~falten** *v/t.* unfold; *Fähigkeiten*: develop; ***sich ~*** unfold; *fig.* develop (***zu*** into)

entfern|en *v/t.* remove (*a. fig.*); ***sich ~*** leave*; **~t** *adj.* distant (*a. fig.*); ***weit (zehn Meilen) ~*** far (10 miles) away; **≈ung** *f* distance; removal; **≈ungsmesser** *phot. m* range finder

entflammbar *adj.* (in)flammable

entfremd|en *v/t.* estrange (*dat.* from); **≈ung** *f* estrangement, alienation

entführ|en *v/t.* kidnap; *Flugzeug etc.*: hijack; **≈er** *m* kidnapper; hijacker; **≈ung** *f* kidnapping; hijacking

entgegen *prp. u. adv. gegen*: contrary to; *Richtung*: toward(s); **~gehen** *v/i.* go* to meet; **~gesetzt** *adj.* opposite; **~halten** *fig. v/t.* point *s.th.* out; **~kommen** *v/i.* come* to meet; *fig.* ***j-m ~*** meet* s.o. halfway; **≈kommen** *n* obligingness; **~kommend** *adj.* obliging; **~nehmen** *v/t.* accept, receive; **~sehen** *v/i.* await; *e-r Sache freudig*: look forward to; **~setzen** *v/t.*: ***j-m Widerstand ~*** put* up resistance to s.o.; **~treten** *v/i.* walk towards; *feindlich*: oppose; *Gefahr*: face

entgegn|en *v/i.* reply, answer; *schlagfertig*, *kurz*: retort; **≈ung** *f* reply; retort

ent|gehen *v/i.* escape; *Wort*, *Fehler*, *Gelegenheit etc.*: miss; **~geistert** *adj.* aghast

Entgelt *n* remuneration; *Honorar*: fee

ent|giften *v/t.* decontaminate; **~gleisen** *v/i.* be* derailed; *fig.* blunder; **≈gleisung** *f* derailment; *fig.* faux pas; **~gleiten** *fig. v/i.* get* out of control; **~gräten** *v/t.* bone, fillet

enthalt|en *v/t.* contain, hold*, include; ***sich ~*** *gen.* abstain *od.* refrain from; **~sam** *adj.* abstinent; *maßvoll*: moderate; **≈samkeit** *f* abstinence; modera-

tion; **2ung** *f bsd. Stimm2*: abstention
ent|härten *v/t.* soften; **~haupten** *v/t.* behead, decapitate
enthüll|en *v/t.* uncover; *Denkmal*: unveil; *fig.* reveal, disclose; **2ung** *f* unveiling; *fig.* revelation, disclosure
Enthusias|mus *m* enthusiasm; **~t** *m* enthusiast; *Film, Sport*: F fan; **2tisch** *adj.* enthusiastic
ent|jungfern *v/t.* deflower; **2jungferung** *f* defloration; **~kleiden** *v/t. u. v/refl.* undress, strip; **~kommen** *v/i.* escape (*dat.* from); **~korken** *v/t.* uncork
entkräft|en *v/t.* weaken (*a. fig.*); **2ung** *f* weakening, exhaustion
entlad|en *v/t.* unload; *bsd. electr.* discharge; ***sich*** ~ *bsd. electr.* discharge; *Zorn etc.*: explode; **2ung** *f* unloading; *bsd. electr.* discharge; explosion
entlang *prp. u. adv.* along; ***hier ~, bitte!*** this way, please!; ***die Straße*** *etc.* ~ along the street *etc.*; **~...** *in Zssgn fahren, gehen etc.*: ... along
entlarven *v/t.* unmask, expose
entlass|en *v/t.* dismiss, F fire, give* *s.o.* the sack; *Patient*: discharge; *Häftling*: release; **2ung** *f* dismissal; discharge; release
entlast|en *v/t. j-n*: relieve *s.o.* of some of his work; *jur.* exonerate, clear *s.o.* of a charge; ***den Verkehr*** ~ relieve the traffic congestion; **2ung** *f* relief; *jur.* exoneration; **~ungszeuge** *m* witness for the defen|ce, *Am.* -se
ent|laufen *v/i.* run* away (*dat.* from); **~ledigen** *v/refl. j-s, e-r Sache*: rid* o.s. of, get* rid of
entlegen *adj.* remote, distant
ent|lehnen *v/t.* borrow (*dat., aus* from); **~locken** *v/t.* draw*, elicit (*dat.* from); **~lohnen** *v/t.* pay* (off); **~lüften** *v/t.* ventilate; **~machten** *v/t.* deprive *s.o.* of *his* power; **~militarisieren** *v/t.* demilitarize; **~mündigen** *jur. v/t.* place under disability; **~mutigen** *v/t.* discourage; **~nehmen** *v/t.* take* (*dat.* from); ~ ***aus*** (with)draw* from; *fig.* gather *od.* learn* from; **~nervt** *adj.* enervated; **~puppen** *v/refl.*: ***sich ~ als*** turn out to be; **~rahmt** *adj.* skimmed; **~reißen** *v/t.* snatch (away) (*dat.* from); **~richten** *v/t.* pay*; **~rinnen** *v/i.* escape (*dat.* from); **~rollen** *v/t.* unroll
entrüst|en *v/t.* fill with indignation; ***sich*** ~ become* indignant (***über*** at *s.th.*, with *s.o.*); **~et** *adj.* indignant (***über*** at *s.th.*, with *s.o.*); **2ung** *f* indignation
Ent|safter *m* juice extractor; **2salzen** *v/t.* desalinize
entschädig|en *v/t.* compensate; **2ung** *f* compensation
entschärfen *v/t.* defuse (*a. Lage*)
entscheid|en *v/t. u. v/i. u. v/refl.* decide; (***für*** on, in favo[u]r of; ***gegen*** against); *endgültig*: *a.* settle; ***er kann sich nicht*** ~ he can't make up his mind; **~end** *adj.* decisive; *kritisch*: crucial; **2ung** *f* decision
entschieden *adj.* decided, determined, resolute; ~ ***dafür*** strongly in favour of it; **2heit** *f* determination
entschließ|en *v/refl.* decide, determine, make* up one's mind; **2ung** *pol. f* resolution
entschlossen *adj.* determined, resolute; **2heit** *f* determination, resoluteness
Entschluss *m* decision, resolution
entschlüsseln *v/t.* decipher, decode
entschuldig|en *v/t.* excuse; ***sich*** ~ apologize (***bei*** to; ***für*** for); *für Abwesenheit*: excuse o.s.; ~ ***Sie!*** (I'm) sorry!; *j-n anredend*: excuse me!; **2ung** *f* excuse (*a. Schreiben*); *Verzeihung*: apology; ***um ~ bitten*** apologize; **~!** (I'm) sorry!; *beim Vorbeigehen etc.*: excuse me!
Entschwefelungsanlage *tech. f* desulphurization plant
entsetzen *v/t.* shock; *stärker*: horrify
Entsetz|en *n* horror, terror; **2lich** *adj.* horrible, dreadful, terrible; *scheußlich*: atrocious; **2t** *adj.* shocked; horrified
ent|sichern *v/t.* release the safety catch of; **~sinnen** *v/refl.* remember, recall
entsorg|en *v/t. Müll etc.*: dispose of; **2ung** *f* (waste) disposal
entspann|en *v/t. u. v/refl.* relax; ***sich*** ~ *a.* take* it easy; *Lage*: ease (up); **~t** *adj.* relaxed; **2ung** *f* relaxation; *pol.* détente
entspiegelt *opt. adj.* non-glare
entsprech|en *v/i.* correspond to; *e-r Beschreibung*: answer to; *Anforderungen etc.*: meet*; **~end** *adj.* corresponding (to); *passend*: appropriate; **2ung** *f* equivalent

E

ent|springen *v/i. Fluss*: rise*; **~sprungen** *adj.* escaped
entsteh|en *v/i.* come* into being; *geschehen, eintreten*: arise*; *allmählich*: emerge, develop; ~ ***aus*** originate from; **&ung** *f* origin
entstell|en *v/t.* disfigure, deform; *verzerren*: distort; **&ung** *f* disfigurement, deformation, distortion (*a. von Tatsachen*)

E

entstört *electr. adj.* interference-free
enttäusch|en *v/t.* disappoint; **&ung** *f* disappointment
ent|waffnen *v/t.* disarm; **&warnung** *f* all clear (signal)
entwässer|n *v/t.* drain; **&ung** *f* drainage; *chem.* dehydration
entweder *cj.*: ~ ... ***oder*** either ... or
ent|weichen *v/i.* escape (***aus*** from); **~weihen** *v/t.* desecrate; **~wenden** *v/t.* pilfer, steal*; **~werfen** *v/t.* design; *Schriftstück*: draw* up
entwert|en *v/t. abwerten*: lower the value of (*a. fig.*); *Fahrschein etc.*: cancel; **&ung** *f* devaluation; cancellation
entwickeln *v/t. u. v/refl.* develop (*a. phot.*) (***zu*** into)
Entwicklung *f* development, *biol. a.* evolution; *~salter*: adolescence, age of puberty; **~shelfer(in)** *pol. econ.* development aid volunteer; *Brt.* VSO worker; *Am.* Peace Corps volunteer; **~shilfe** *f* development aid; **~sland** *pol. n* developing country
ent|wirren *v/t.* disentangle (*a. fig.*); **~wischen** *v/i.* get* away
entwürdigend *adj.* degrading
Entwurf *m* outline, (rough) draft, plan; *Gestaltung*: design; *Skizze*: sketch
ent|wurzeln *v/t.* uproot; **~ziehen** *v/t.* take* away (*dat.* from); *Führerschein, Lizenz*: revoke; *Rechte*: deprive of; *chem.* extract; ***sich j-m od. e-r Sache*** ~ evade s.o. *od.* s.th.; **&ziehungsanstalt** *f* drug (*Am.* substance) abuse clinic; **&ziehungskur** *f* detoxi(fi)cation (treatment); *Alkohol&*: *a.* F drying out; **~ziffern** *v/t.* decipher, make* out
entzücken *v/t.* charm, delight
Entzück|en *n* delight; **&end** *adj.* delightful, charming, F sweet; **&t** *adj.* delighted (***über***, ***von*** at, with)
Entzug *m* withdrawal; *Lizenz etc.*: revocation; **~serscheinung** *med. f* withdrawal symptom
entzünd|bar *adj.* (in)flammable; **~en** *v/refl.* catch* fire; *med.* become* inflamed; **&ung** *med. f* inflammation
entzwei *adv.* in two, to pieces; **~en** *v/refl.* fall* out, break* (***mit*** with); **~gehen** *v/i.* break*, go* to pieces
Enzyklopädie *f* encyclop(a)edia
Epidemie *med. f* epidemic (disease)
Epilog *m* epilog(ue)
episch *adj.* epic
Episode *f* episode
Epoche *f* epoch, period, era
Epos *n* epic (poem)
er *pers. pron.* he; *Sache*: it
erachten *v/t.* consider, think*
Erachten *n*: ***meines ~s*** in my opinion
Erbanlage *biol. f* genes *pl.*, genetic code
erbarmen *v/refl.*: ***sich j-s*** ~ take* pity on s.o.
Erbarmen *n* pity, mercy
erbärmlich *adj.* pitiful, pitiable; *elend*: miserable; *gemein*: mean
erbarmungslos *adj.* pitiless, merciless; *Verfolgung etc.*: relentless
erbau|en *v/t.* build*, construct; **&er** *m* builder, constructor; **~lich** *adj.* edifying; **&ung** *fig. f* edification, uplift
Erbe 1. *m* heir; **2.** *n* inheritance, heritage
erbeben *v/i.* tremble, shake*, quake
erben *v/t.* inherit
erbeuten *v/t. mil.* capture; *Dieb*: get* away with
Erbfaktor *biol. m* gene
Erbin *f* heir, *bsd. reiche*: heiress
erbitten *v/t.* ask for, request
erbittert *adj. Kampf etc.*: fierce, furious
Erbkrankheit *med. f* hereditary disease
er|blassen, ~bleichen *v/i.* grow* *od.* turn pale
erblich *adj.* hereditary
erblicken *v/t.* see*, catch* sight of
erblinden *v/i.* go* blind
Erbrechen *med. n* vomiting, sickness
Erbschaft *f* inheritance, heritage
Erbse *bot. f* pea; (***grüne***) **~n** green peas
Erb|stück *n* heirloom; **~sünde** *f* original sin; **~teil** *n* (share of the) inheritance
Erd|apfel *östr. m* potato; *Zssgn* → ***Kartoffel...***; **~ball** *m* globe; **~beben** *n* earthquake; **~beere** *bot. f* strawberry; **~boden** *m* earth, ground

Erd|e *f* earth; *Bodenart*: ground, soil; → ***eben***; **2en** *electr. v/t.* earth, ground
erdenklich *adj.* imaginable
Erd|gas *n* natural gas; **~geschoss** *n*, **~geschoß** *östr. n* ground (*Am. a.* first) floor
erdicht|en *v/t.* invent, make* up; **~et** *adj.* invented, made-up
erdig *adj.* earthy
Erd|klumpen *m* clod, lump of earth; **~kruste** *f* earth's crust; **~kugel** *f* globe; **~kunde** *f* geography; **~leitung** *f electr.* earth (*Am.* ground) connection; *Gas etc.*: underground pipe(line); **~nuss** *f* peanut; **~öl** *n* (mineral) oil, petroleum; *Zssgn* → **Öl**...; **~reich** *n* ground, earth
erdreisten *v/refl.* F have* the nerve
erdrosseln *v/t.* strangle, throttle
erdrücken *v/t.* crush (to death); **~d** *fig. adj.* overwhelming
Erd|rutsch *m* landslide (*a. pol.*); **~teil** *geogr. m* continent
erdulden *v/t.* suffer, endure
Erd|umlaufbahn *f* earth orbit; **~ung** *electr. f* earthing, *Am.* grounding; **~wärme** *geol. f* geothermal energy
ereifern *v/refl.* get* excited
ereig|nen *v/refl.* happen, occur; **2nis** *n* event, occurrence; **~nisreich** *adj.* eventful
Erektion *f* erection
Eremit *m* hermit, anchorite
erfahren[1] *v/t.* hear*; learn*; *erleben*: experience
erfahr|en[2] *adj.* experienced; **2ung** *f* experience; *im Beruf*: work experience
Erfahrungs|austausch *m* exchange of experience; **2gemäß** *adv.* as experience shows
erfassen *v/t. be-, ergreifen*: grasp; *statistisch*: record, register; *umfassen*: cover, include; *Daten*: collect
erfind|en *v/t.* invent; **2er** *m* inventor; **~erisch** *adj.* inventive; **2ung** *f* invention; **2ungskraft** *f* inventiveness
Erfolg *m* success; *Ergebnis*: result; ***viel ~!*** good luck!; **~ *versprechend*** promising; **2en** *v/i.* happen, take* place; **2los** *adj.* unsuccessful; *vergeblich*: futile; **~losigkeit** *f* lack of success; **2reich** *adj.* successful; **~serlebnis** *n* sense of achievement
erforder|lich *adj.* necessary, required; **~n** *v/t.* require, demand; **2nis** *n* requirement, demand
erforsch|en *v/t.* explore; *untersuchen*: investigate, study; **2er** *m* explorer; **2ung** *f* exploration
erfreu|en *v/t.* please; **~lich** *adj.* pleasing, pleasant; *befriedigend*: gratifying; **~t** *adj.* pleased (***über*** at, about); ***sehr ~!*** pleased to meet you
erfrier|en *v/i.* freeze* to death; **2ung** *f* frost-bite
erfrisch|en *v/t. u. v/refl.* refresh (o.s.); **~end** *adj.* refreshing; **2ung** *f* refreshment
erfroren *adj. Finger etc.*: frostbitten; *Pflanzen*: killed by frost
erfüll|en *fig. v/t. Wunsch, Pflicht, Aufgabe*: fulfil(l); *Versprechen*: keep*; *Zweck*: serve; *Bedingung, Erwartung*: meet*; **~ *mit*** fill with; ***sich ~*** be* fulfilled, come* true; **2ung** *f* fulfil(l)ment; ***in ~ gehen*** come* true
ergänz|en *v/t.* complement (***einander*** each other); *nachträglich*: supplement, add; **~end** *adj.* complementary, supplementary; **2ung** *f* completion; supplement, addition
er|gattern F *v/t.* (manage to) get* hold of; **~gaunern** F *v/t.* → ***erschwindeln***
ergeben 1. *v/t.* amount *od.* come* to; **2.** *v/refl.* surrender; *Schwierigkeiten*: arise*; ***sich ~ aus*** result from; ***sich ~ in*** resign o.s. to; **2heit** *f* devotion
Ergebnis *n* result, outcome; *Sport*: result, score; **2los** *adj.* fruitless, without result
ergehen *v/i.*: get* on, fare; ***wie ist es dir ergangen?*** how did things go with you?; ***so erging es mir auch*** the same thing happened to me; ***et. über sich ~ lassen*** (patiently) endure s.th.
ergiebig *adj.* productive, rich; **2keit** *f* (high) yield; productiveness
er|gießen *v/refl.*: ***sich ~ über*** pour down on; **~grauen** *v/i.* turn grey
ergreifen *v/t.* seize, grasp, take* hold of; *Gelegenheit, Maßnahme*: take*; *Beruf*: take* up; *fig.* move, touch
ergriffen *adj.* moved; **2nheit** *f* emotion
ergründen *v/t.* find* out, fathom
erhaben *adj.* raised, elevated; *fig.* sublime; **~ *sein über*** be* above
erhalten[1] *v/t.* get*, receive; *bewahren*: keep*, preserve; *schützen*: protect; *un-*

E

terstützen: support, maintain
erhalten² *adj.*: ***gut ~*** in good condition
erhältlich *adj.* obtainable, available
Erhaltung *f* preservation; *von Haus, Familie*: upkeep
er|hängen *v/t.* hang (***sich*** o.s.); **~härten** *v/t.* harden; *fig. a.* confirm
erheb|en *v/t.* raise (*a. Stimme*), lift; ***sich ~*** rise* up (***gegen*** against); **~lich** *adj.* considerable; **²ung** *f Statistik*: survey; *Aufstand*: revolt
er|heitern *v/t.* cheer up, amuse; **~hellen** *v/t.* light* up; *fig.* throw* light upon; **~hitzen** *v/t.* heat; ***sich ~*** get* hot; **~hoffen** *v/t.* hope for
erhöh|en *v/t.* raise; *verstärken*: increase; **²ung** *f* increase
erhol|en *v/refl.* recover; *entspannen*: relax, rest; **~sam** *adj.* restful, relaxing; **²ung** *f* recovery; relaxation; **²ungsheim** *n* rest home
erinner|n *v/t.*: ***j-n ~ an*** remind s.o. of; ***sich ~ an*** remember, recall; **²ung** *f* memory (***an*** of); *Andenken*: remembrance, souvenir; *an j-n*: keepsake; ***zur ~ an*** in memory of
erkalten *v/i.* cool down (*a. fig.*)
erkält|en *v/refl.*: ***sich ~*** catch* (a) cold; (***stark***) ***erkältet sein*** have* a (bad) cold; **²ung** *f* cold
erkenn|bar *adj.* recognizable; **~en** *v/t.* recognize (***an*** by), know* (by); *verstehen*: see*, realize; **~tlich** *adj.*: ***sich*** (***j-m***) ***~ zeigen*** show* (s.o.) one's gratitude; **²tnis** *f* realization; *Entdeckung*: discovery; **~se** *pl.* findings *pl.*; **²ungsdienst** *m* (police) records department; **²ungsmelodie** *f* signature tune; **²ungszeichen** *n* badge; *aviat.* markings *pl.*
Erker *m* bay; **~fenster** *n* bay window
erklär|en *v/t.* explain (***j-m*** to s.o.); *verkünden*: declare; ***j-n*** (*offiziell*) ***für ... ~*** pronounce s.o. ...; **~end** *adj. Worte etc.*: explanatory; **~lich** *adj.* explainable; **~t** *adj.* declared; **²ung** *f* explanation; declaration; *Wort²*: definition; ***e-e ~ abgeben*** make* a statement
erklingen *v/i.* (re)sound, ring* (out)
erkrank|en *v/i.* fall* ill, *Am. a.* get* sick; ***~ an*** get*; **²ung** *f* illness, sickness
erkunden *v/t.* explore
erkundig|en *v/refl.* inquire (***nach*** about *s.th.*; after *s.o.*); *Auskünfte einholen*: make* inquiries (about); ***sich*** (***bei j-m***) ***nach dem Weg ~*** ask (s.o.) the way; **²ung** *f* inquiry
Erkundung *f* exploration; *mil.* reconnaissance (*a. in Zssgn*)
Erlagschein *östr. m* money-order form
er|lahmen *fig. v/i.* slacken, wane, flag; **~langen** *v/t.* gain, obtain, reach
Er|lass *m* decree; *e-r Strafe etc.*: remission; **²lassen** *v/t. Verordnung*: issue; *Gesetz*: enact; *j-m et.*: release from
erlauben *v/t.* allow, permit; ***sich et. ~*** permit o.s. (*wagen*: dare) to do s.th.; *gönnen*: treat o.s. to s.th.
Erlaubnis *f* permission; *Befugnis*: authority; **~schein** *m* permit
erläuter|n *v/t.* explain, illustrate; *kommentieren*: comment on; **²ung** *f* explanation; comment
Erle *bot. f* alder
erleb|en *v/t.* experience; *Schlimmes*: go* through; *mit ansehen*: see*; *Abenteuer, Überraschung, Freude etc.*: have*; ***das werden wir nicht mehr ~*** we won't live to see that; **²nis** *n* experience; *Abenteuer*: adventure; **~nisreich** *adj.* eventful
erledig|en *v/t. allg.* take* care of, do*, handle; *Angelegenheit, Problem*: settle; F *j-n*: finish (*a. Sport*); *umbringen*: do* (*s.o.*) in; **~t** *adj.* finished, settled; *erschöpft*: worn out; ***der ist ~!*** he is done for; **²ung** *f* settlement; **~en** *pl.* things *pl.* to do; shopping *sg.*
erlegen *hunt. v/t.* shoot*
erleichter|n *v/t.* ease, relieve; **~t** *adj.* relieved; **²ung** *f* relief (***über*** at)
er|leiden *v/t.* suffer; **~lernen** *v/t.* learn*; **~lesen** *adj.* choice, select
erleucht|en *v/t.* illuminate; *fig.* enlighten; **²ung** *fig. f* inspiration
erliegen *v/i.* succumb to
Erliegen *n*: ***zum ~ kommen*** (***bringen***) come* (bring*) to a standstill
erlogen *adj.* false; ***~ sein*** be* a lie
Erlös *m* proceeds *pl.*; *Gewinn*: profit(s *pl.*)
erloschen *adj. Vulkan*: extinct
erlöschen *v/i.* go* out; *Gefühle*: die; *jur. auslaufen*: lapse, expire
erlös|en *v/t.* deliver, free (*beide*: ***von*** from); **²er** *rel. m* Saviour; **²ung** *f rel.* salvation; *Erleichterung*: relief
ermächtig|en *v/t.* authorize; **²ung** *f* authorization; *Befugnis*: authority

ermahn|en *v/t.* admonish (*a. Schule*); *stärker*: reprove, warn (*a. Sport*); **&ung** *f* admonition; warning; *bsd. Sport*: (first) caution
Ermangelung *f*: ***in ~*** for want of
ermäßig|t *adj.* reduced, cut; **&ung** *f* reduction, cut
ermessen *v/t.* assess; *beurteilen*: judge
Ermessen *n* discretion; ***nach eigenem ~*** at one's own discretion
ermitt|eln 1. *v/t.* find* out; *bestimmen*: determine; **2.** *v/i. bsd. jur.* investigate; **&lung** *f* finding; *jur.* investigation
ermöglichen *v/t.* make* possible
ermord|en *v/t.* murder; *bsd. pol.* assassinate; **&ung** *f* murder; assassination
ermüd|en *v/t. u. v/i.* tire, fatigue (*a. tech.*); **&ung** *f* fatigue, tiredness
er|muntern *v/t.* encourage; *anregen*: stimulate; **&munterung** *f* encouragement; *Anreiz*: incentive; **~mutigen** *v/t.* encourage; **~mutigend** *adj.* encouraging; **&mutigung** *f* encouragement
ernähr|en *v/t.* feed*; *Familie*: support; ***sich ~ von*** live on; **&er** *m* breadwinner, supporter; **&ung** *f* nutrition, food, diet
ernenn|en *v/t.*: ***j-n ~ zu*** appoint s.o. (to be); **&ung** *f* appointment
erneu|ern *v/t.* renew; **&erung** *f* renewal; **~t 1.** *adj.* renewed **2.** *adv.* once more
erniedrig|en *v/t.* humiliate; ***sich ~*** degrade o.s.; **&ung** *f* humiliation
ernst *adj.* serious, earnest; ***~ nehmen*** take* *s.o. od. s.th.* seriously
Ernst *m* seriousness, earnest; ***im ~(?)*** seriously(?); ***ist das dein ~?*** are you serious?; **~fall** *m* (case of) emergency; **&haft, &lich** *adj. u. adv.* serious(ly)
Ernte *f* harvest; *bsd. Ertrag*: crop(s *pl.*); **~dankfest** *n* harvest festival, *Am.* Thanksgiving (Day); **&n** *v/t.* harvest, reap (*a. fig.*)
ernüchter|n *v/t.* sober; *fig. a.* disillusion; **&ung** *f* sobering up; *fig.* disillusionment
Erober|er *m* conqueror; **&n** *v/t.* conquer; **~ung** *f* conquest (*a. fig.*)
eröffn|en *v/t.* open; *feierlich*: *a.* inaugurate; disclose *s.th.* (***j-m*** to s.o.); **&ung** *f* opening; inauguration; disclosure
erörter|n *v/t.* discuss; **&ung** *f* discussion
Erot|ik *f* eroticism; **&isch** *adj.* erotic
erpicht *adj.*: ***~ auf*** keen on
erpress|en *v/t.* blackmail; *Geständnis, Geld*: extort; **&er(in)** blackmailer; **&ung** *f* blackmail(ing); extortion
erproben *v/t.* try, test
er|raten *v/t.* guess; **~rechnen** *v/t.* calculate, work *s.th.* out
erreg|bar *adj.* excitable; *reizbar*: irritable; **~en** *v/t.* excite; *sexuell*: *a.* arouse; *Gefühle*: rouse; *verursachen*: cause; ***sich ~*** get* excited; **~end** *adj.* exciting, thrilling; **&er** *med. m* germ, virus; **&ung** *f* excitement
erreich|bar *adj.* within reach (*a. fig.*); *Person*: available; ***leicht ~*** within easy reach; ***nicht ~*** out of reach; **~en** *v/t.* reach; *Zug etc.*: catch*; ***es ~, dass ...*** succeed in *doing s.th.*; ***et. ~*** get* somewhere; ***telefonisch zu ~ sein*** be* on the (*Am.* have* a) phone
erricht|en *v/t.* put* up, erect; *fig. gründen*: found, *bsd. econ.* set* up; **&ung** *f* erection; *fig.* establishment
er|ringen *v/t.* win*, gain; *Erfolg*: achieve; **~röten** *v/i.* blush
Errungenschaft *f* achievement; ***m-e neueste ~*** my latest acquisition
Ersatz *m* replacement; *auf Zeit, a. Person*: substitute; *Mittel*: *a.* surrogate; *Ausgleich*: compensation; *Schaden&*: damages *pl.*; ***als ~ für*** in exchange for; **~dienst** *m* → ***Zivildienst***; **~mann** *m* substitute (*a. Sport*); **~mine** *f* refill; **~reifen** *mot. m* spare tyre (*Am.* tire); **~spieler(in)** *Sport*: substitute; **~teil** *tech. n* spare part
er|saufen F *v/i.*, **~säufen** *v/t.* drown
erschaff|en *v/t.* create; **&ung** *f* creation
erschallen *v/i.* (re)sound, ring* (out)
erschein|en *v/i.* appear, F turn up; *Buch*: be* published, appear; **&ung** *f* appearance; *Geister&*: apparition; *Tatsache, Natur&*: phenomenon
Erscheinen *n* appearance; *Buch*: *a.* publication
er|schießen *v/t.* shoot* (dead); **~schlaffen** *v/i.* go* limp; *fig.* weaken; (*a. fig.*); **~schlagen** *v/t.* kill; **~schließen** *v/t.* open up; *Bauland*: develop
erschöpf|en *v/t.* exhaust; **~t** *adj.* exhausted; **&ung** *f* exhaustion
erschrecken 1. *v/t.* frighten, scare; **2.** *v/i.* be* frightened (***über*** at); **~d** *adj.* alarming; *Anblick*: terrible

E

erschütter|n *v/t.* shake*; *fig. a.* shock; *bewegen*: move; **≈ung** *f* shock (*a. seelisch*); *tech.* vibration
erschweren *v/t.* make* more difficult; *verschlimmern*: aggravate
erschwing|en *v/t.* afford; **~lich** *adj.* within one's means, affordable; *Preise*: reasonable; ***das ist für uns nicht ~*** we can't afford that

E

er|sehen *v/t.* see*, learn*, gather (*alle*: ***aus*** from); **~sehnen** *v/t.* long for; **~setzbar** *adj.* replaceable; *Schaden*: reparable; **~setzen** *v/t.* replace (***durch*** by); *Schaden, Verlust*: compensate for; *Auslagen*: reimburse
ersichtlich *adj.* evident, obvious
erspar|en *v/t.* save; ***j-m et. ~*** spare s.o. s.th.; **≈nisse** *pl.* savings *pl.*
erst *adv.* first; *anfangs*: at first; ***~ jetzt*** (***gestern***) only now (yesterday); ***~ nächste Woche*** not before *od.* until next week; ***es ist ~ neun Uhr*** it's only nine o'clock; ***eben ~*** just (now); ***~ recht*** all the more; ***~ recht nicht*** even less; → ***einmal***
erstarr|en *v/i.* stiffen; *fig.* freeze*; **~t** *adj.* stiff; *vor Kälte*: numb
erstatt|en *v/t.* refund, reimburse; ***Bericht ~*** (give* a) report (***über*** on); ***Anzeige ~*** report to the police
Erstaufführung *f thea.* first night *od.* performance, premiere; *Film*: *a.* first run
erstaunen *v/t.* surprise, astonish
Erstaun|en *n* surprise, astonishment; ***in ~ setzen*** astonish; **≈lich** *adj.* surprising, astonishing; **≈t** *adj.* astonished
Erst|ausgabe *f* first edition; **≈beste** *adj.* first; any old
erste *adj.* first; ***auf den ~n Blick*** at first sight; ***zum ~n Mal(e)*** for the first time; ***fürs ≈*** for the time being; ***als ≈ (r)*** first; ***am ≈n*** on the first
erstechen *v/t.* stab
erst|ens *adv.* first(ly), in the first place; **~ere: *der* (*die, das*) ≈** the former
erstick|en *v/t. u. v/i.* choke, suffocate; **≈ung** *f* suffocation
erst|klassig *adj.* first-class, F *a.* super; **~malig** *adj.* first; **~mals** *adv.* for the first time
erstreben *v/t.* strive* after; **~swert** *adj.* desirable
erstrecken *v/refl.* extend, stretch (***bis, auf*** to; ***über*** over); ***sich ~ über*** *a.* cover
Erstschlag *m mil.* first strike
ersuchen *v/t.* request
er|tappen *v/t.* catch*; → ***Tat***; **~teilen** *v/t. Rat, Erlaubnis etc.*: give*; **~tönen** *v/i.* (re)sound
Ertrag *m* yield, produce; *Bergbau*: *a.* output; *Einnahmen*: proceeds *pl.*, returns *pl.*; **≈en** *v/t. Schmerzen etc.*: bear*, endure; *Klima, Person*: *a.* stand*
erträglich *adj.* bearable, tolerable
er|tränken *v/t.* drown; **~trinken** *v/i.* drown; **~übrigen** *v/t. Zeit etc.*: spare; ***sich ~*** be* unnecessary; **~wachen** *v/i.* wake* (up); *bsd. fig. Gefühle etc.*: awake*, awaken
Erw. *Abk. für* ***Erwachsene(r)*** adult(s)
erwachsen[1] *v/i.* arise* (***aus*** from)
erwachsen[2] *adj.* grown-up, adult; **≈e** *m, f* adult; ***nur für ~!*** adults only!; **≈enbildung** *f* adult education
erwäg|en *v/t.* consider, think* *s.th.* over; **≈ung** *f* consideration; ***in ~ ziehen*** take* into consideration
erwähn|en *v/t.* mention; **≈ung** *f* mention(ing)
erwärm|en *v/t. u. v/refl.* warm (up); *fig.* ***sich ~ für*** warm to; **≈ung** *f* warming up; ***~ der Erdatmosphäre*** global warming
erwart|en *v/t.* expect; *Kind*: be* expecting; *warten auf*: wait for, await; **≈ung** *f* expectation, *a. freudige*: anticipation; **~ungsvoll** *adj. u. adv.* full of expectation, expectant(ly)
er|wecken *fig. v/t.* awaken; *Verdacht, Gefühle*: arouse; → ***Anschein***; **~wehren** *v/refl.* ward off; **~weichen** *v/t. fig.* soften, mollify; **~weisen** *v/t. Dienst, Gefallen*: do*; *Achtung etc.*: show*; ***sich ~ als*** prove to be
erweiter|n *v/t. u. v/refl.* extend, enlarge; *bsd. econ.* expand; **≈ung** *f* extension, enlargement, expansion
Erwerb *m* acquisition; *Kauf*: purchase; *Einkommen*: income; **≈en** *v/t.* acquire (*a. Wissen, Ruf etc.*); *kaufen*: purchase
erwerbs|los *adj.* unemployed; **~tätig** *adj.* (gainfully) employed, working; **~unfähig** *adj.* unable to work
Erwerbung *f* acquisition; purchase
erwider|n *v/t.* reply, answer; *Gruß, Besuch etc.*: return; **≈ung** *f* reply, answer; return

erwischen *v/t.* catch*, get*; ***ihn hats erwischt*** he's had it
erwünscht *adj.* desired; *wünschenswert*: desirable; *willkommen*: welcome
erwürgen *v/t.* strangle; ***Tod durch*** ☊ death by strangulation
Erz *n* ore
erzähl|en *v/t.* tell*; *kunstvoll*: narrate; ***man hat mir erzählt*** I was told; **☊er(in)** narrator; **☊ung** *f* (short) story, tale
Erz|bischof *rel. m* archbishop; **~bistum** *rel. n* archbishopric; **~engel** *rel. m* archangel
erzeug|en *v/t.* produce (*a. fig.*); *industriell*: *a.* make*, manufacture; *electr.* generate; *verursachen*: cause, create; **☊er** *econ. m* producer; **☊nis** *n* product (*a. fig.*); **☊ung** *f* production
Erzherzog *m* archduke
erziehe|n *v/t.* bring* up, raise; *geistig*: educate; ***j-n zu et.*** **~** teach* s.o. to be *od.* to do s.th.; **☊r(in)** educator; *Lehrer(in)*: teacher; (qualified) kindergarten teacher; *Hauslehrer*: tutor; *Hauslehrerin*: governess; **~risch** *adj.* educational, pedagogic(al)
Erziehung *f* upbringing; *geistige*: education; **~sanstalt** *f bsd. Brt.* approved school, *bsd. Am.* reform school; **~sberechtigte(r)** parent or guardian; **~swesen** *n* educational system
er|zielen *v/t.* achieve; *Sport*: score; **~zogen** *adj.*: ***gut*** **~** ***sein*** be* well-bred; ***schlecht*** **~** ***sein*** be* ill-bred; **~zwingen** *v/t.* (en)force
es *pers. pron.* it; *Person, Tier bei bekanntem Geschlecht*: he; she; **~** ***gibt*** there is, there are; ***ich bin*** **~** it's me; ***ich hoffe*** **~** I hope so; ***ich kann*** **~** I can (do it)
Escape-Taste *f Computer*: escape key
Esche *bot. f* ash (tree)
Esel *m zo.* donkey, ass (*a. fig. contp.*); *fig.* fool, idiot, F twit; **~sbrücke** *f* mnemonic; **~sohr** *fig. n* dog-ear
Eskorte *f mil.* escort; *naut. a.* convoy
essbar *adj.* eatable; *bsd. Pilz etc.*: edible
essen *v/t. u. v/i.* eat*; ***zu Mittag*** **~** (have*) lunch; ***zu Abend*** **~** have* supper (*feiner*: dinner); **~** ***gehen*** eat* *od.* dine out
Essen *n* food; *Mahlzeit*: meal; *Gericht*: dish; *warmes Abend- od. Mittag☊*: dinner; **~smarke** *f* meal ticket, *Brt. a.* lunch(eon) voucher; **~szeit** *f* lunchtime; dinner *od.* supper time
Essig *m* vinegar; **~gurke** *f* pickled gherkin, *Am. a.* pickle
Ess|löffel *m* tablespoon; **~stäbchen** *pl.* chopsticks *pl.*; **~tisch** *m* dining table; **~zimmer** *n* dining room
Estrich *m arch.* flooring, subfloor; *Schweiz*: loft, attic, garret
etablieren *v/refl.* establish o.s.
Etage *f* floor, stor(e)y; ***auf der ersten*** **~** on the first (*Am.* second) floor; **~nbett** *n* bunk bed
Etappe *f* stage, *Sport a.* leg
Etat *m* budget
Eth|ik *f* ethics *pl.*.; **☊isch** *adj.* ethical
ethnisch *adj.* ethnic
Etikett *n* label (*a. fig.*); (price) tag; **~e** *f* etiquette; **☊ieren** *v/t.* label
etliche *indef. pron.* several, quite a few
Etui *n* case
etwa *adv.* about, *bsd. Am. a.* around; *in Fragen*: perhaps, by any chance; ***nicht*** **~*, dass*** not that; **~ig** *adj.* any
etwas 1. *indef. pron.* something; *irgend~*: anything; **2.** *adj.* some; any; **3.** *adv.* a little, somewhat
EU *Abk. für* ***Europäische Union*** EU, European Union
euch *pers. pron.* you; **~** (***selbst***) yourselves
euer *poss. pron.* your; ***der*** (***die, das***) ***Eu***(***e***)***re*** yours
Eule *zo. f* owl; **~*n nach Athen tragen*** carry coals to Newcastle
euresgleichen *pron.* people like you, F *contp.* the likes of you
Euro... *in Zssgn Scheck etc.*: Euro...
Europa Europe; **~...** *in Zssgn* European
Europä|er(in), ☊isch *adj.* European; ***Europäische Gemeinschaft*** European Community
Euter *n* udder
ev. *Abk. für* ***evangelisch*** Prot., Protestant
evakuieren *v/t.* evacuate
evangeli|sch *rel. adj.* Protestant; **~*lutherisch*** Lutheran; **☊um** *n* Gospel
eventuell 1. *adj.* possible; **2.** *adv.* possibly, perhaps; ⚠ *nicht* ***eventual***(***ly***)
evtl. *Abk. für* ***eventuell*** poss., possibly
ewig *adj.* eternal; F *dauernd*: constant, endless; ***auf*** **~** for ever; **☊keit** *f* eternity; F ***eine*** **~** (for) ages

E

exakt *adj.* exact, precise; **≈heit** *f* exactness, precision
Examen *n* exam, examination
Exekutive *pol. f* executive (power)
Exemplar *n* specimen; *Buch*: copy
exerzier|en *mil. v/i.* drill
Exil *n* exile
Existenz *f* existence; *Unterhalt*: living, livelihood; **~kampf** *m* struggle for survival; **~minimum** *n* subsistence level
existieren *v/i.* exist; *leben*: *a.* live (**von** on)
exklusiv *adj.* exclusive, select
exotisch *adj.* exotic
Expansion *f* expansion
Expedition *f* expedition
Experiment *n*, **≈ieren** *v/i.* experiment
Expert|e *m*, **~in** *f* expert (**für** on)
explo|dieren *v/i.* explode (*a. fig.*), burst*; **≈sion** *f* explosion (*a. fig.*); **~siv** *adj.* explosive
Export *m* export(ation); *Waren*: exports *pl.*; **≈ieren** *v/t.* export
Express *m rail.* express; **per** ~ *post* express, *Am.* by special delivery
extra *adv.* extra; *gesondert*: separately; F *absichtlich*: on purpose; ~ ***für dich*** especially for you
Extra *n*, **~blatt** *n* extra
Extrakt *m* extract
extravagant *adj.* flamboyant
Extrem *n*, **≈** *adj.* extreme; **~ist(in)**, **≈istisch** *adj.* extremist, ultra
Exzellenz *f* Excellency
exzentrisch *adj.* eccentric
Exzess *m* excess

F

F

Fa. *Abk. für* ***Firma*** firm; *auf Briefen*: Messrs.
Fabel *f* fable (*a. fig.*); **≈haft** *adj.* fantastic, wonderful
Fabrik *f* factory, works *sg.*, *pl.*, *bsd. Am. a.* shop; **~ant** *m Besitzer*: factory owner; *Hersteller*: manufacturer; **~arbeiter(in)** factory worker; **~at** *n* make, brand; *Erzeugnis*: product; **~ation** *f* manufacturing, production; **~ationsfehler** *m* flaw; **~besitzer** *m* factory owner; **~ware** *f* manufactured product(s *pl.*)
Fach *n* compartment; *Brief≈*: pigeonhole; *im Regal*: shelf; *Schul-, Studien≈*: subject; → ***Fachgebiet***; **~arbeiter(in)** skilled worker; **~arzt** *m*, **~ärztin** *f* specialist (**für** in); **~ausbildung** *f* professional training; **~ausdruck** *m* technical term; **~buch** *n* specialist book
Fächer *m* fan
Fach|gebiet *n* line, field; *Branche*: *a.* trade, business; **~geschäft** *n* dealer (specializing in ...); **~hochschule** *f etwa* (technical) college; *bsd. Brt.* polytechnic; **~kenntnisse** *pl.* specialized knowledge *sg.*; **≈kundig** *adj.* competent, expert; **≈lich** *adj.* professional, specialized; **~literatur** *f* specialized literature; **~mann** *m*, **≈männisch** *adj.* expert; **~schule** *f* technical school *od.* college; **≈simpeln** *v/i.* talk shop; **~werk** *arch. n* framework; **~werkhaus** *n* half-timbered house; **~zeitschrift** *f* (professional *od.* specialist) journal
Fackel *f* torch; **~zug** *m* torchlight procession
fad(e) *adj. Essen*: tasteless, flat; *schal*: stale; *langweilig*: dull, boring
Faden *m* thread (*a. fig.*); **≈scheinig** *adj.* threadbare; *Ausrede*: flimsy
fähig *adj.* capable (**zu** of [*doing*] *s.th.*), able (to *do s.th.*); **≈keit** *f* (cap)ability; *Begabung*: talent, gift
fahl *adj.* pale; *Gesicht*: *a.* ashen
fahnd|en *v/i.* search (***nach*** for); **≈ung** *f* search; **≈ungsliste** *f* wanted list
Fahne *f* flag; *mst fig.* banner; F: **e-e** ~ ***haben*** reek of alcohol
Fahnen|flucht *f* desertion; **~stange** *f* flagpole, flagstaff
Fahr|bahn *f* road(way), *Am. a.* pavement; *Spur*: lane; **≈bar** *adj.* mobile

Fähre *f* ferry(boat)
fahren 1. *v/i. allg.* go*; *verkehren*: run*; *ab~*: leave*, go*; *mot.* drive*; *in od. auf e-m Fahrzeug*: ride*; **mit dem Auto** (**Zug, Bus** *etc.*) ~ go* by car (train, bus *etc.*); **über e-e Brücke** *etc.* ~ cross a bridge *etc.*; **mit der Hand** *etc.* **über et.** ~ run* one's hand*etc.* over s.th.; **was ist denn in dich gefahren?** what's got into you?; **2.** *v/t. Auto etc.*: drive*; (*Motor*)*Rad*: ride*; *Güter*: carry; V **e-n ~ lassen** fart, *Brt. a.* let* off
Fahrer *m* driver; **~flucht** *f* hit-and-run offen|ce, *Am.* -se; **~in** *f* driver
Fahr|gast *m* passenger; **~geld** *n* fare; **~gelegenheit** *f* means of transport(ation); **~gemeinschaft** *f* car pool; **~gestell** *n mot.* chassis; *aviat.* → **Fahrwerk**
Fahrkarte *f* ticket; **~nautomat** *m* ticket machine; **~nentwerter** *m* ticket-cancel(l)ing machine; **~nschalter** *m* ticket window
fahrlässig *adj.* careless, reckless (*a. jur.*); **grob** ~ grossly negligent
Fahr|lehrer *m* driving instructor; **~plan** *m* timetable, *Am. a.* schedule; **≈planmäßig 1.** *adj.* scheduled; **2.** *adv.* according to schedule; **~preis** *m* fare; **~prüfung** *f* driving test; **~rad** *n* bicycle, F bike; *Zssgn* → **Rad...**; **~rinne** *naut. f* shipping lane; **~schein** *m* tikket; **~schule** *f* driving school; **~schüler(in)** *mot.* learner (driver), *Am.* student driver; *Schule*: non-local student; **~stuhl** *m* lift, *Am.* elevator; **~stunde** *f* driving lesson
Fahrt *f* ride; *mot. a.* drive; *Reise*: trip (*a. Ausflug*), journey; *naut.* voyage, trip, cruise; *Geschwindigkeit*: speed (*a. naut.*); **in voller** ~ at full speed
Fährte *f* track (*a. fig.*)
Fahrtenschreiber *mot. m* tachograph
Fahr|wasser *naut. n* fairway; **~werk** *aviat. n* landing gear; **~zeug** *n* vehicle
Fairness *f* fair play
Faktor *m* factor
Fakultät *univ. f* faculty, department
Falke *zo. m* hawk, falcon
Fall *m* fall; *gr., jur., med.* case; **auf jeden** ~ in any case; **auf keinen** ~ on no account; **für den ~, dass** ... in case ...; **gesetzt den ~, dass** suppose (that)
Falle *f* trap (*a. fig.*)
fallen *v/i.* fall* (*a. Regen etc.*), drop; *mil.* be* killed (in action); **et. ~ lassen** drop s.th. (*a. fig. Plan etc.*); **ein Tor fiel** a goal was scored
fällen *v/t. Baum*: fell, cut* down; *jur. Urteil*: pass; *Entscheidung*: make*
fallenlassen → **fallen**
fällig *adj.* due; *Geld*: *a.* payable
Fall|obst *n* windfall; **~rückzieher** *m Fußball*: overhead kick
falls *cj.* if, in case; ~ **nicht** unless
Fallschirm *m* parachute; **~jäger** *mil. m* paratrooper; **~springen** *n* parachuting; *Sport*: *mst* skydiving; **~springer(in)** parachutist; skydiver
Falltür *f* trapdoor
falsch *adj. u. adv.* wrong; *unwahr, unecht*: false (*a. Freund, Name, Bescheidenheit etc.*); *gefälscht*: forged; ~ **gehen** *Uhr*: be* wrong; **et. ~ aussprechen** (**schreiben**, **verstehen** *etc.*) mispronounce (misspell*, misunderstand* *etc.*) s.th.; ~ **verbunden!** *tel.* sorry, wrong number
fälsche|n *v/t.* forge, fake; *Geld*: *a.* counterfeit; **≈r** *m* forger
Falsch|geld *n* counterfeit *od.* false money; **~münzer** *m* counterfeiter; **~spieler(in)** cheat
Fälschung *f* forgery; counterfeit; **≈ssicher** *adj.* forgery-proof
Falt|... *in Zssgn Bett, Boot etc.*: folding ...; **~e** *f* fold; *Knitter≈, Runzel*: wrinkle; *Rock≈*: pleat; *Bügel≈*: crease; **≈en** *v/t.* fold; **~enrock** *m* pleated skirt; **≈ig** *adj.* wrinkled
Falter *m zo.* butterfly
familiär *adj.* personal; *zwanglos*: informal; ⚠ *nicht* **familiar**; **~e Probleme** family problems
Familie *f* family (*a. zo., bot.*)
Familien|angelegenheit *f* family affair; **~anschluß** *m*: ~ **haben** live as one of the family; **~name** *m* family name, surname, *Am. a.* last name; **~packung** *f* family size (package); **~planung** *f* family planning; **~stand** *m* marital status; **~vater** *m* family man
Fanati|ker(in), ≈sch *adj.* fanatic; **~smus** *m* fanaticism
Fang *m* catch (*a. fig.*); **≈en** *v/t.* catch* (*a. fig.*); **sich wieder ~** *fig.* get* a grip on o.s. again; **≈ spielen** play catch (*Am.* tag); **~zahn** *m* fang

F

Fantasie *f* imagination; *Trugbild*: fantasy; **2los** *adj.* unimaginative; **2ren** *v/i.* daydream*; *med.* be* delirious; F talk nonsense; **2voll** *adj.* imaginative
Fantast *m* dreamer; **2isch** *adj.* fantastic; F *a.* great, terrific
Farbband *n* (typewriter) ribbon
Farbe *f* colo(u)r; *Mal2*: paint; *Gesichts2*: complexion; *Bräune*: tan; *Kartenspiel*: suit
farbecht *adj.* colo(u)r-fast
F
färben *v/t.* dye; *bsd. fig.* colo(u)r; ***sich rot ~*** turn red; → ***abfärben***
farben|blind *adj.* colo(u)r-blind; **~froh, ~prächtig** *adj.* colo(u)rful
Farb|fernsehen *n* colo(u)r television; **~fernseher** *m* colo(u)r TV set; **~film** *m* colo(u)r film; **~foto** *n* colo(u)r photo *od.* print
farbig *adj.* colo(u)red; *fig.* colo(u)rful
Farbige *m, f* → ***Schwarze***
Farb|kasten *m* paintbox; **2los** *adj.* colo(u)rless (*a. fig.*); **~stift** *m* colo(u)red pencil, crayon; **~stoff** *m* dye; ***ohne ~e Aufschrift***: contains no (artificial) colo(u)ring; **~ton** *m* shade, tint
Färbung *f* colo(u)ring; *Tönung*: hue
Farnkraut *bot. n* fern
Fasan *zo. m* pheasant
Fasching *m* → ***Karneval***
Faschis|mus *pol. m* fascism; **~t** *m*, **2tisch** *adj.* fascist
faseln *v/i.* drivel
Faser *f* fib|re, *Am.* -er; *Holz2*: grain; **2ig** *adj.* fibrous; **2n** *v/i. Stoff etc.*: fray
Fass *n* cask, barrel; ***vom ~*** on tap
Fassade *arch. f* facade, front (*a. fig.*)
Fassbier *n* draught (*Am.* draft) beer
fassen 1. *v/t.* take* hold of, grasp; *packen*: seize; *Verbrecher*: catch*; *enthalten*: hold*, take*; *Schmuck*: set*; *begreifen*: grasp, understand*; *Mut*: pluck up; *Entschluss*: make*; ***sich ~*** compose o.s.; ***sich kurz ~*** be* brief; ***es ist nicht zu ~*** that's incredible **2.** *v/i.*: ***~ nach*** reach for
Fassung *f Schmuck*: setting; *Brillen2*: frame; *electr.* socket; *schriftlich*: draft(ing); *Wortlaut*: wording, version; *seelische*: composure; ***die ~ verlieren*** lose* one's composure; ***aus der ~ bringen*** put* out, F throw; **2slos** *adj.* stunned; speechless; **~svermögen** *n* capacity
fast *adv.* almost, nearly; ***~ nie*** (***nichts***) hardly ever (anything)
fasten *v/i.* fast; **2zeit** *rel. f* Lent
Fastnacht *f* → ***Karneval***
fatal *adj.* unfortunate; *peinlich*: awkward; *verhängnisvoll*: disastrous; ⚠ *nicht* ***fatal***
fauchen *v/i. Katze etc.*: hiss (*a.* F *fig.*)
faul *adj.* rotten, bad; *Fisch, Fleisch*: *a.* spoiled; *fig.* lazy; F *verdächtig*: fishy; ***~e Ausrede*** lame excuse; **~en** *v/i.* rot, go* bad; *verwesen*: decay
faulenze|n *v/i.* laze, loaf (about); **2r** *m* lazybones; *contp.* loafer
Faulheit *f* laziness; **2ig** *adj.* rotten
Fäulnis *f* rottenness, decay (*a. fig.*)
Faul|pelz *m* → ***Faulenzer***; **~tier** *zo. n* sloth; *fig.* → ***Faulenzer***
Faust *f* fist; ***auf eigene ~*** on one's own initiative; **~handschuh** *m* mitten; **~regel** *f* (***als ~*** as a) rule of thumb; **~recht** *n* law of the jungle; **~schlag** *m* punch
Favorit(in) favo(u)rite
Fax *n* fax; *Gerät*: fax machine; **2en** *v/i. u. v/t.* fax, send* a fax (to); **~gerät** *n* fax machine
FCKW *Abk. für* ***Fluorchlorkohlenwasserstoff*** chlorofluorocarbon, CFC
Feber *östr. m*, **Februar** *m* February
fechten *v/i.* fence; *fig.* fight*
Fechten *n Sport*: fencing
Feder *f* feather; *Schmuck2*: *a.* plume; *Schreib2*: (pen-)nib: *tech.* spring; **~ball** *m Sport*: badminton; *Ball*: shuttlecock; **~bett** *n* duvet, continental quilt, *Am. a.* comforter; **~gewicht** *n Sport*: featherweight; **~halter** *m* penholder; **2leicht** *adj.* (as) light as a feather; **2n** *v/i.* be* springy; ***gut gefedert*** well-sprung; **~mäppchen** *n* pencil case; **2nd** *adj.* springy, elastic; **~strich** *m* stroke of the pen; **~ung** *f* springs *pl.*; *mot.* suspension; **~zeichnung** *f* pen-and-ink drawing
Fee *f* fairy
fegen *v/t. u. v/i.* sweep* (*a. fig.*)
fehl *adj.*: ***~ am Platze*** out of place; **2betrag** *m* deficit; **~en** *v/i.* be* missing; *Schule etc.*: be* absent; ***ihm fehlt*** (***es an***) ... he is lacking; ***du fehlst uns*** we miss you; ***was dir fehlt, ist*** what you need is; ***was fehlt Ihnen?*** what's wrong with you?
Fehler *m* mistake; *Charakter2, Schuld, Mangel*: fault; *tech. a.* defect, flaw; *Computer*: error; **2frei** *adj.* faultless, flawless; **2haft** *adj.* faulty; *Arbeit*: full

of mistakes; *tech.* defective; **~meldung** *f Computer*: error message

Fehl|ernährung *f* malnutrition; **~geburt** *f* miscarriage; **2griff** *m* mistake; wrong choice; **~konstruktion** *f* failure, F lemon; **~schlag** *m* failure; **2schlagen** *v/i.* fail; **~start** *m* false start; **~tritt** *m* slip; *fig.* lapse; **~zündung** *mot. f* backfire (*a.* **~ *haben***)

Feier *f* celebration; party; **~abend** *m* end of a day's work; closing time; evening (at home); **~ *machen*** finish (work), F knock off; ***nach* ~** after work; **2lich** *adj.* solemn; *festlich*: festive; **~lichkeit** *f* solemnity; *Feier*: ceremony; **2n** *v/t. u. v/i.* celebrate; have* a party; **~tag** *m* holiday; ***gesetzlicher* ~** public (*Brt. a.* bank, *Am. a.* legal) holiday

feig(e) *adj.* cowardly; **~ *sein*** be* a coward

Feige *bot. f* fig

Feig|heit *f* cowardice; **~ling** *m* coward

Feile *f*, **2n** *v/t. u. v/i.* file

feilschen *v/i.* haggle (***um*** about, over)

fein *adj.* fine; *Qualität*: *a.* choice, excellent; *Gehör etc.*: keen; *zart*: delicate; *vornehm*: distinguished, F posh (*a. Kleidung, Restaurant etc.*); **~*!*** good!, okay!

Feind *m* enemy (*a. fig*); **~bild** *n* enemy image; **~in** *f* enemy; **2lich** *adj.* hostile; *mil. Truppen etc.*: enemy; **~schaft** *f* hostility; **2selig** *adj.* hostile (***gegen*** to); **~seligkeit** *f* hostility

fein|fühlig *adj.* sensitive; **2gefühl** *n* sensitiveness; **2heit** *f* fineness; *des Gehörs etc.*: keenness; *Zartheit*: delicacy; ***~en*** *pl.* niceties *pl.*; **2kostgeschäft** *n* delicatessen *sg.*; **2mechaniker(in)** precision mechanic; **~schmecker(in)** gourmet

feist *adj.* fat, stout

Feld *n* field (*a. fig.*); *Schach*: square; **~arbeit** *f* work in the fields; *Forschung*: fieldwork; **~bett** *n* camp bed; **~flasche** *f* water bottle, canteen; **~herr** *m* general; **~lerche** *zo. f* skylark; **~marschall** *m* field marshal; **~stecher** *m* field glasses *pl.*; **~webel** *m* sergeant; **~weg** *m* (field) path; **~zug** *m mil.* campaign (*a. fig.*)

Felge *f* rim; *Turnen*: circle; **~nbremse** *f* rim brake

Fell *n* coat; *abgezogenes*: skin, fur; ***das* ~ *abziehen*** skin (*a. fig.*)

Fels *m* rock; **~brocken** *m* boulder; **~en** *m* rock; **2ig** *adj.* rocky; **~spalte** *f* crevice; **~vorsprung** *m* ledge

femin|in *adj.* feminine (*a. gr.*); *contp.* effeminate **2ismus** *m* feminism; **2istin** *f*, **~istisch** *adj.* feminist

Fenchel *bot. m* fennel

Fenster *n* window; **~bank** *f*, **~brett** *n* windowsill; **~flügel** *m* casement; **~laden** *m* shutter; **~rahmen** *m* window frame; **~scheibe** *f* (window)pane

Ferien *pl.* holiday(s *pl.*), *bsd. Am.* vacation; **~ *haben*** be* on holiday; **~haus** *n* holiday home, cottage; **~lager** *n* holiday camp; *für Kinder, im Sommer*: summer camp; **~wohnung** *f* holiday apartment, *Am.* vacation rental

Ferkel *n* piglet; *fig.* pig

fern *adj. u. adv.* far(-away), far-off, distant (*a. Zukunft etc.*); ***von* ~** from a distance; **~ *halten*** keep* away (***von*** from); ***es liegt mir* ~ *zu*** far be it from me to

Fern|amt *n* telephone exchange; **~bedienung** *f* remote control

fernbleiben *v/i.* stay away (*dat.* from)

Fern|e *f* distance; ***aus der* ~** from a distance; **2er** *adv.* further(more); in addition, also; ***er rangiert unter "~ liefen"*** he is among the also- rans; **~fahrer** *m* long-distance lorry driver, *Am.* long-haul truck driver, F trucker; **~gespräch** *n* long-distance call; **2gesteuert** *adj.* remote-controlled; *Rakete*: guided; **~glas** *n* binoculars *pl.*; **~heizung** *f* district heating; **~kopierer** *m* fax machine; **~kurs** *m* correspondence course; **~laster** F *mot. m* long-distance lorry, *Am.* long-haul truck; **~lenkung** *f* remote control; **~licht** *mot. n* full (*od.* high) beam; **~meldesatellit** *m* communications satellite; **~meldetechnik** *f*, **~meldewesen** *n* telecommunications *sg.*; **~rohr** *n* telescope; **~schreiben** *n*, **~schreiber** *m* telex; → ***fern***

Fernseh|en *n* television (***im*** on); **2en** *v/i.* watch television; **~er** *m* TV (set); *Person*: TV viewer; **~schirm** *m* (TV) screen; **~sendung** *f* TV program(me)

Fernsprechamt *n* telephone exchange; *weitere Zssgn* → ***Telefon...***

F

Fern|steuerung *f* remote control; **~verkehr** *m* long-distance traffic
Ferse *f* heel (*a. fig.*)
fertig *adj. bereit*: ready; *beendet*: finished; (***mit et.***) ***~ sein*** have* finished (s.th.); ***mit** et.* ***~ werden*** *Problem etc.*: cope with; F: ***völlig ~*** dead beat; ***~ bringen*** manage; *iro.* be* capable of; ***~ machen*** finish (*a. fig. j-n*); *für et.*: get* *s.th.* ready; F *j-n*: give* *s.o.* hell, do* *s.o.* in; ***sich ~ machen*** get* ready; **2gericht** *n* ready(-to-serve) meal; **2haus** *n* prefab(ricated house); **2keit** *f* skill; **2stellung** *f* completion; **2waren** *pl.* finished products *pl.*
fesch *adj.* smart, neat, natty, chic
Fessel *f Strick*: rope; *Ketten*: bonds *pl.*, chains *pl.* (*alle a. fig.*); *anat.* ankle; **2n** *v/t.* bind*, tie (up); *fig.* fascinate
fest *adj.* firm (*a. fig.*); *nicht flüssig*: solid; *~gelegt*: fixed; *gut befestigt*: fast; *Schlaf*: sound; *Freund(in)*: steady; ***~ schlafen*** be* fast asleep
Fest *n* celebration; party; *rel.* festival, feast; *Garten2*: fête; → ***froh***
fest|binden *v/t.* fasten, tie (***an*** to); **2essen** *n* banquet, feast; **~fahren** *v/refl.* get* stuck; **2halle** *f* (festival) hall; **~halten 1.** *v/i.*: ***~ an*** stick* to; **2.** *v/t.* hold* on to; hold* *s.o. od. s.th.* tight; ***sich ~ an*** hold* on to; **~igen** *v/t.* strengthen; ***sich ~*** grow* firm *od.* strong; **2igkeit** *f* firmness; *Haltbarkeit*: strength; **2land** *n* mainland; *bsd. europäisches*: Continent; **~legen** *v/t.* fix, set*; ***sich auf et. ~*** commit o.s. to s.th.; **~lich** *adj.* festive; **~machen** *v/t.* fasten, fix (***an*** to); *naut.* moor; *vereinbaren*: fix; **2nahme** *f*, **~nehmen** *v/t.* arrest; **2platte** *f Computer*: hard disk; **~schrauben** *v/t.* screw (on) tight; **~setzen** *v/t.* fix; **~sitzen** *v/i.* be* stuck; *Person*: *a.* be* (left) stranded; **2spiele** *pl.* festival *sg.*; **~stehen** *v/i.* be* certain; *Plan, Termin*: be* fixed; **~stehend** *adj. Tatsache etc.*: established; *Redensart*: set; **~stellen** *v/t.* find* (out); *ermitteln*: establish; *wahrnehmen*: see*, notice; *erklären*: state; *tech.* lock, arrest; **2stellung** *f* finding(s *pl.*); *Erkenntnis*: realization; *Worte*: statement; **2tag** *m* holiday; *rel.* religious holiday; *Glückstag*: red-letter day; **2ung** *f* fortress; **2wertspeicher** *m Computer*: read-only memory, ROM; **2zug** *m* procession
Fett *n* fat; *Braten2*: dripping; *Back2*: shortening; *tech.* grease
fett *adj.* fat; *print.* bold; ***~gedruckt*** boldface, in bold face (*od.* print); **~arm** *adj.* low-fat, *pred.* low in fat; **2fleck** *m* grease spot; **~ig** *adj.* greasy; **2näpfchen** *n*: ***ins ~ treten*** put* one's foot in it; **2wanst** F *m* fatty, fatso
Fetz|en *m Stoff2*: shred; *Lumpen*: rag; *Papier2*: scrap; **2ig** F *adj.*: ***~e Musik*** music with a really good beat
feucht *adj.* moist, damp; *Luft*: *a.* humid; **2igkeit** *f* moisture; *e-s Ortes etc.*: dampness; *Luft2*: humidity
feudal *adj. pol.* feudal; F *fig.* posh, swish
Feuer *n* fire (*a. fig.*); ***j-m ~ geben*** give* s.o. a light; ***~ fangen*** catch* fire; *fig.* fall* for *s.o.*; **~alarm** *m* fire alarm; **~bestattung** *f* cremation; **~eifer** *m* ardo(u)r; **2fest** *adj.* fireproof, fire-resistant; **~gefahr** *f* danger of fire; **2gefährlich** *adj.* inflammable; **~leiter** *f* fire escape; **~löscher** *m* fire extinguisher; **~melder** *m* fire alarm
feuer|n *v/i. u. v/t.* fire (*a. fig.*); **~rot** *adj.* blazing red; *Gesicht etc.*: crimson
Feuer|schiff *n* lightship; **~stein** *m* flint; **~wache** *f* fire station; **~waffe** *f* firearm, gun; **~wehr** *f* fire brigade (*Am. a.* department); *Löschzug*: fire engine (*Am.* truck); **~wehrmann** *m* fireman, fire fighter; **~werk** *n* fireworks *pl.*; **~werkskörper** *m* firework, firecracker; **~zeug** *n* (cigarette) lighter
feurig *adj.* fiery, ardent
Fiasko *n* fiasco, (complete) failure
Fibel *f* primer, first reader
Fiber *f* fib|re, *Am. a.* -er; **~glas** *n* fibreglass, *Am.* fiberglass
Fichte *bot. f* spruce, F *mst* pine *od.* fir (tree); **~nnadel** *f* pine needle
ficken V *v/i. u. v/t.* fuck
Fieber *n* temperature, fever (*a. fig.*); ***~ haben*** (***messen***) have* a (take* *s.o.'s*) temperature; ***~ senkend*** *med.* antipyretic; **2haft** *adj.* feverish; **2n** *v/i.* have* (*od.* run*) a temperature; ***~ nach*** *fig.* crave for; **~thermometer** *n* clinical (*Am.* fever) thermometer
fies F *adj.* mean, nasty
Figur *f* figure; → ***Schachfigur***
Filet *n Lendenstück etc.*: fil(l)et

Filiale *f* branch
Film *m* film; *Spiel*2: *a.* (motion) picture, *bsd. Am.* movie; **~***branche*: *the* cinema, *Am. a. the* movies *pl.*; ***e-n ~ einlegen*** *phot.* load a camera; **~aufnahme** *f Vorgang*: filming, shooting; *Einstellung*: take, shot; **2en 1.** *v/t.* film, shoot*; **2.** *v/i.* make* a film; **~gesellschaft** *f* film (*Am.* motion-picture) company; **~kamera** *f* film (*Am.* motion-picture) camera; **~kassette** *f* film magazine, cartridge; **~projektor** *m* film (*Am. a.* movie) projector; **~regisseur** *m* film director; **~schauspieler(in)** film (*od.* screen, *bsd. Am.* movie) act|or (-ress); **~studio** *n* film studio(s *pl.*); **~theater** *n* → ***Kino***; **~verleih** *m* film distributors *pl.*
Filter *m, bsd. tech. n* filter; **~kaffee** *m* filter coffee; **2n** *v/t.* filter; **~zigarette** *f* filter(-tipped) cigarette, filter tip
Filz *m* felt; F *pol.* corruption, sleaze; **2en** F *v/t.* frisk; **~schreiber** *m*, **~stift** *m* felt(-tipped) pen
Finale *n* finale; *Sport*: final(s *pl.*)
Finanz|amt *n allg.* tax office; *Brt.* Inland (*Am.* Internal) Revenue; **~en** *pl.* finances *pl.*; **2iell** *adj.* financial; **2ieren** *v/t.* finance; **~lage** *f* financial position; **~minister** *m allg.* minister of finance; *Brt.* Chancellor of the Exchequer, *Am.* Secretary of the Treasury; **~ministerium** *n allg.* ministry of finance; *Brt.* Treasury, *Am.* Treasury Department; **~wesen** *n* finance
Findelkind *n* foundling
find|en *v/t.* find*; *meinen*: think*, believe; ***ich finde ihn nett*** I think he's nice; ***wie ~ Sie ...?*** how do you like ...?; ***~ Sie (nicht)?*** do (don't) you think so?; ***das wird sich ~*** we'll see; **2er(in)** finder; **~lohn** *m* finder's reward; **~ig** *adj.* clever
Finger *m* finger; **~abdruck** *m* fingerprint; **~fertigkeit** *f* manual skill; **~hut** *m* thimble; *bot.* foxglove; **~spitze** *f* fingertip; **~spitzengefühl** *fig. n* sure instinct; tact; **~übung** *mus. f* finger exercise; **~zeig** *m* hint, pointer
fingiert *adj.* bogus, faked; fictitious
Fink *zo. m* finch
Finn|e *m*, **~in** *f* Finn; **2isch** *adj.* Finnish
Finnland Finland
finster *adj.* dark; *düster*: gloomy; *Miene*: grim; *fragwürdig*: shady; **2nis** *f* darkness, gloom
Finte *f* trick; *Sport*: feint
Firma *econ. f* firm, company
firm|en *rel. v/t.* confirm; **2ung** *f* confirmation
Firn *m* corn snow
First *arch. m* ridge
Fisch *m* fish; **~e** *pl. astr.* Pisces *sg.*; ***er ist (ein) ~*** he's (a) Pisces; **~dampfer** *m* trawler; **2en** *v/t. u. v/i.* fish; **~er** *m* fisherman; **~er...** *in Zssgn Boot, Dorf etc.*: fishing ...; **~erei** *f*, **~fang** *m* fishing; **~gräte** *f* fishbone; **~grätenmuster** *n* herring-bone (pattern); **~gründe** *pl.* fishing grounds *pl.*; **~händler** *m bsd. Brt.* fishmonger, *Am.* fish dealer; **~kutter** *m* smack; **~laich** *m* spawn; **~stäbchen** *n* fish finger, *bsd. Am.* fish stick; **~vergiftung** *f* fish poisoning; **~zucht** *f* fish farming; **~zug** *m* catch *od.* haul (of fish)
Fisole *östr. f* string bean
Fistel *med. f* fistula; **~stimme** *f* falsetto
fit *adj.* fit; ***sich ~ halten*** keep* fit; **2ness** *f* fitness; **2nesscenter** *n* health club, fitness center, gym
fix *adj. Preis etc.*: fixed; ***~e Idee*** obsession; *flink*: quick; *aufgeweckt*: smart, bright; F ***~ und fertig sein*** *fig.* be* dead beat; *nervlich*: be* a nervous wreck; **~en** *sl. v/i.* shoot*, fix; be* a junkie; **2er(in)** *sl.* junkie, mainliner; **~ieren** *v/t.* fix (*a. phot.*); *j-n*: stare at; **2stern** *astr. m* fixed star
FKK *Abk. f* nudism; *in Zssgn Strand etc.*: nudist
flach *adj.* flat; *eben*: *a.* level, even, plane; *nicht tief*, *fig. oberflächlich*: shallow
Fläche *f Ober*2: surface (*a. math.*); *Gebiet*: area (*a. geom.*); *weite ~*: expanse, space; **2ndeckend** *adj.* exhaustive; **~ninhalt** *math. m* (surface) area; **~nmaß** *n* square *od.* surface measure
Flachland *n* lowland, plain
Flachs *bot. m* flax
flackern *v/i.* flicker (*a. fig.*)
Fladenbrot *n* round flat bread (*od.* loaf)
Flagge *f* flag; **2n** *v/i.* fly* a flag *od.* flags
Flak *mil. f* anti-aircraft gun
Flamme *f* flame (*a. Herd u. fig.*)
Flanell *m* flannel
Flank|e *f* flank, side; *Fußball*: cross; *Turnen*: flank vault; **2ieren** *v/t.* flank

F

Flasche *f* bottle; *Säuglings*⁓: baby's bottle; F *contp.* dead loss; **⁓nbier** *n* bottled beer; **⁓nhals** *m* neck of a bottle; **⁓nöffner** *m* bottle opener; **⁓npfand** *n* (bottle) deposit; **⁓nzug** *tech. m* block and tackle, pulley
flatter|haft *adj.* fickle, flighty; **⁓n** *v/i.* flutter (*a. fig., tech.*); *Räder*: wobble
flau *adj. unwohl*: queasy; *Stimmung, Geschmack*: flat; *Markt*: slack
Flaum *m* down, fluff, fuzz
Flausch *m* fleece; **⁓ig** *adj.* fleecy, fluffy
Flausen F *pl.* (funny) ideas *pl.*
Flaute *f naut.* calm; *econ.* slack period
Flecht|e *f* plait, braid; *bot., med.* lichen; **⁓en** *v/t. Haare*: plait braid; *Kranz*: bind; *Korb*: weave*
Fleck *m* stain, mark; *kleiner*: speck; *Punkt*: dot; *Klecks*: blot(ch); *Ort, Stelle*: place, spot; *Flicken, Fläche*: patch; ***blauer*** ⁓ bruise; ***vom*** ⁓ ***weg*** on the spot; ***nicht vom*** ⁓ ***kommen*** not get* anywhere; **⁓en** *m* → ***Fleck***; *hist.* small (market-)town; **⁓entferner** *m* stain remover; **⁓enlos** *adj.* spotless (*a. fig.*); **⁓ig** *adj.* spotted; *schmutzig*: stained
Fledermaus *zo. f* bat
Flegel *fig. m* lout, boor; **⁓haft** *adj.* loutish; **⁓jahre** *pl.* awkward age *sg.*; **⁓n** *v/refl.* slouch, lounge
flehen *v/i.* beg; pray (***um*** for); **⁓tlich** *adj.* imploring, entreating
Fleisch *n Nahrung*: meat; *lebendes*: flesh (*a. fig.*); ⁓ ***fressend*** carnivorous; **⁓brühe** *f* (meat) broth, consommé; **⁓er** *m* butcher; **⁓erei** *f* butcher's (shop); **⁓hauer** *östr. m* butcher; **⁓ig** *adj.* fleshy; **⁓klößchen** *n* meatball; **⁓konserven** *pl.* tinned (*Am.* canned) meat; **⁓lich** *adj. Begierden etc.*: carnal, of the flesh; **⁓los** *adj.* meatless; **⁓tomate** *f* beef tomato; **⁓vergiftung** *f* meat poisoning; **⁓wolf** *m* mincer, *Am.* meat grinder; **⁓wunde** *f* flesh wound
Fleiß *m* diligence, hard work; **⁓ig** *adj.* diligent, hard-working; ⁓ ***sein*** work hard
fletschen *v/t. Zähne*: bare
flexib|el *adj.* flexible; **⁓ilität** *f* flexibility
flicken *v/t.* mend, repair; *notdürftig, a. fig.*: patch (up)
Flick|en *m* patch; **⁓flack** *m* flip-flop; **⁓werk** *n* patchwork (*a. fig.*); **⁓zeug** *n Fahrrad*: repair kit
Flieder *bot. m* lilac
Fliege *f zo.* fly; *Krawatte*: bow tie
fliegen *v/i. u. v/t.* fly* (*a.* ⁓ ***lassen***); F *fallen*: fall*; *fig.* be* fired, F get* the sack; *Schule*: be* kicked out; *durchs Examen*: → ***durchfallen***; ⁓ ***auf*** really go* for; ***in die Luft*** ⁓ blow* up
Fliegen *n* flying; *Luftfahrt*: aviation
Fliegen|fänger *m* flypaper; **⁓fenster** *n* flyscreen; **⁓gewicht** *n Sport*: flyweight; **⁓gitter** *n* wire mesh (screen); **⁓klatsche** *f* flyswatter; **⁓pilz** *m* fly agaric
Flieger *m mil.* airman; F *Flugzeug*: plane; *Radsport*: sprinter; **⁓alarm** *m* air-raid warning
flieh|en *v/i.* flee*, run* away (*beide*: ***vor*** from); **⁓kraft** *phys. f* centrifugal force
Fliese *f*, **⁓n** *v/t.* tile; **⁓nleger** *m* tiler
Fließ|band *n* assembly line; *Förderband*: conveyor belt; **⁓en** *v/i.* flow (*a. fig.*); *Leitungswasser, Schweiß, Blut*: run*; **⁓end 1.** *adj.* flowing; *Leitungswasser*: running; *Sprache*: fluent; **2.** *adv.*: ***er spricht*** ⁓ ***Deutsch*** he speaks German fluently *od.* fluent German; **⁓heck** *mot. n* fastback
flimmern *v/i.* shimmer; *Film*: flicker
flink *adj.* quick, nimble; *Zunge*: ready
Flinte *f Schrot*⁓: shotgun; F *allg.* gun
Flipper F *m* pinball machine; ⚠ *nicht **flipper***; **⁓n** *v/i.* play pinball
Flirt *m* flirtation; **⁓en** *v/i.* flirt
Flittchen F *n* floozie, hussy
Flitter *m* tinsel (*a. fig.*), spangles *pl.*; **⁓kram** *m* cheap finery; **⁓wochen** *pl.* honeymoon *sg.*
flitzen F *v/i.* flit, whizz, shoot*
Flock|e *f* flake; **⁓ig** *adj.* fluffy, flaky
Floh *zo. m* flea; **⁓markt** *m* flea market
Florett *n* foil
florieren *v/i.* flourish, prosper
Floskel *f* empty *od.* cliché(d) phrase
Floß *n* raft, float
Flosse *f* fin; *Robbe, Schwimm*⁓: flipper
Flöte *mus. f* flute; *Block*⁓: recorder
flott *adj. Tempo*: brisk; *schick*: smart; *Wagen*: *a.* racy; *naut.* afloat
Flotte *f naut.* fleet; *Marine*: navy; **⁓nstützpunkt** *mil. m* naval base
Fluch *m* curse; *Schimpfwort*: *a.* swearword; **⁓en** *v/i.* swear*, curse
Flucht *f* flight (***vor*** from); *erfolgreiche*: escape, getaway (***aus*** from); **⁓artig**

adv. hastily; **~auto** *n* getaway car
flüchten *v/i.* flee* (***nach***, ***zu*** to), run* away; *entkommen*: escape, get* away
Fluchthelfer *m* escape agent, F people smuggler
flücht|ig *adj.* quick; *oberflächlich*: superficial; *nachlässig*: careless; *entflohen*: fugitive, *Verbrecher*: *a.* on the run, at large; ***~er Blick*** glance; ***~er Eindruck*** glimpse; **2igkeitsfehler** *m* slip; **2ling** *m* fugitive; *pol.* refugee; **2lingslager** *n* refugee camp
Flug *m* flight; ***im ~(e)*** rapidly, quickly; **~abwehrrakete** *f* anti-aircraft missile; **~bahn** *f e-r Rakete etc.*: trajectory; **~ball** *m Tennis*: volley; **~begleiter** *m* flight attendant; **~blatt** *n* handbill, leaflet; **~dienst** *m* air service
Flügel *m* wing (*a. Sport*); *Propeller2 etc.*: *a.* blade; *Windmühlen2*: sail; *mus.* grand piano; **~mutter** *tech. f* wing nut; **~schraube** *tech. f* thumb screw; **~stürmer** *m* wing forward; **~tür** *f* folding door
Fluggast *m* (air) passenger
flügge *adj.* (full[y]) fledged
Flug|gesellschaft *f* airline; **~hafen** *m* airport; **~körper** *m aviat.* flying object; *mil.* missile; **~linie** *f* air route; → ***Fluggesellschaft***; **~lotse** *m* air traffic controller; **~plan** *m* air schedule; **~platz** *m* airfield, *großer*: airport; **~schein** *m* (flight) ticket; **~schreiber** *m* flight recorder, black box; **~sicherung** *f* air traffic control; **~verkehr** *m* air traffic
Flugzeug *n* plane, aircraft, *Brt. a.* aeroplane, *Am. a.* airplane; ***mit dem ~*** by air *od.* plane; **~absturz** *m* air *od.* plane crash; **~entführung** *f* hijacking, skyjacking; **~halle** *f* hangar; **~träger** *m* aircraft carrier
Flunder *zo. f* flounder
flunkern *v/i.* fib; *aufschneiden*: brag
Fluor *chem. n* fluorine; *als Trinkwasserzusatz*: fluoride; **~chlorkohlenwasserstoff** *m* chlorofluorocarbon, CFC
Flur *m* hall; *Gang*: corridor
Fluss *m* river; *kleiner*: stream; ***im ~*** *fig.* in (a state of) flux; **2abwärts** *adv.* downstream; **2aufwärts** *adv.* upstream; **~bett** *n* river bed
flüssig *adj.* liquid; *geschmolzen*: melted; *Stil, Schrift etc.*: fluent; *Geld*: available; **2keit** *f* liquid; *Zustand*: liquidity; fluency; **2kristallanzeige** *f* liquid crystal display, LCD
Fluss|lauf *m* course of a river; **~pferd** *zo. n* hippo(potamus); **~schifffahrt** *f* river navigation *od.* traffic; **~ufer** *n* riverbank, riverside
flüstern *v/i. u. v/t.* whisper
Flut *f* flood (*a. fig.*); *Hochwasser*: high tide; ***es ist ~*** the tide is in; **~licht** *n* floodlights *pl.*; **~welle** *f* tidal wave
Fohlen *zo. n* foal; *männliches*: colt; *weibliches*: filly
Föhn *m* **1.** hairdrier; **2.** *meteor.* foehn, föhn; **2en** *v/t.* blow-dry
folg. *Abk. für* ***folgend(e)*** foll., following
Folge *f* result, consequence; *Wirkung*: effect; *Aufeinander2*: succession; *Reihen2*: order; *Serie*: series; *Fortsetzung*: sequel, episode; *negative Auswirkung*: aftermath; *med.* aftereffect
folgen *v/i.* follow; *gehorchen*: obey; ***hieraus folgt, dass*** from this it follows that; ***wie folgt*** as follows; **~d** *adj.* following, subsequent; **~dermaßen** *adv.* as follows; **~schwer** *adj.* momentous
folgerichtig *adj.* logical; *konsequent*: consistent
folger|n *v/t.* conclude (***aus*** from); **2ung** *f* conclusion (***ziehen*** draw*)
folg|lich *cj.* consequently, thus, therefore; **~sam** *adj.* obedient
Folie *f* foil; *Schule etc.*: transparency
Folter *f* torture; ***auf die ~ spannen*** tantalize; **2n** *v/t.* torture; *fig. a.* torment
Fön® *m* → ***Föhn*** 1
Fonds *econ. m* fund; *Gelder*: funds *pl.*
fönen *v/t.* → ***föhnen***
Fontäne *f* jet, spout; *Blut*: *a.* gush
foppen *v/t.* tease; *narren*: fool
Förder|band *n* conveyor belt; **~korb** *Bergbau*: *m* cage
fordern *v/t.* demand; *bsd. jur. a.* claim (*a. Tote*); *Preis etc.*: ask, charge
fördern *v/t.* promote; *unterstützen*: support, sponsor; *Schule*: tutor, provide remedial classes for; *Bergbau*: mine
Forderung *f* demand; *Anspruch*: claim (*a. jur.*); *Preis2*: charge
Förderung *f* promotion, advancement; support, sponsorship; *staatliche univ. etc.*: grant; *Schule*: tutoring, remedial classes *pl.*; *Bergbau*: mining
Forelle *zo. f* trout

F

Form *f* form, shape; *Sport*: *a.* condition; *tech.* mo(u)ld; ***gut in ~*** in great form; **≈al** *adj.* formal; **~alität** *f* formality

Format *n* size; *bsd. Buch etc.*: format, *fig.* calib|re, *Am.* -er; **≈ieren** *Computer*: format; **~ierung** *f* formatting

Form|el *f* formula; **≈ell** *adj.* formal; **≈en** *v/t.* shape, form; *Ton, Charakter etc.*: mo(u)ld; **~fehler** *m* irregularity; *jur.* formal defect; **≈ieren** *v/t. u. v/refl.* form (up)

F

förmlich 1. *adj.* formal; *fig. regelrecht*: regular; **2.** *adv.* formally; *fig.* literally

form|los *adj.* shapeless; *fig.* informal; **~schön** *adj.* well-designed

Formular *n* form, blank

formulier|en *v/t.* word, phrase; *Regel etc.*: *a.* formulate; *ausdrücken*: express; ***wie soll ich es ~?*** how shall I put it?; **≈ung** *f* wording, phrasing; formulation; *einzelne*: expression, phrase

forsch *adj.* smart, dashing

forsch|en *v/i.* research, do* research; ***~ nach*** search for; **≈er** *m Entdecker*: explorer; *Wissenschaftler*: (research) scientist; **≈ung** *f* research (work)

Forst *m* forest

Förster *m* forester; *Am. a.* forest ranger

Forstwirtschaft *f* forestry

Fort *mil. n* fort

fort *adv. davon*: off, away; *weg*: away, gone; *verschwunden*: gone, missing

fort|bestehen *v/i.* continue; **~bewegen** *v/refl.* move; **≈bewegung** *f* moving; (loco)motion; **≈bildung** *f* further education *od.* training; **~fahren** *v/i.* leave*, go* away (*a. verreisen*); *mot. a.* drive* off; *weitermachen*: continue, go* *od.* keep* on (***et. zu tun*** doing s.th.); **~führen** *v/t.* continue, carry on; **~gehen** *v/i.* go* away, leave*; **~geschritten** *adj.* advanced; **~laufend** *adj.* consecutive, successive; **~pflanzen** *v/refl. biol.* reproduce; *fig.* spread*; **≈pflanzung** *biol. f* reproduction; **~schaffen** *v/t.* remove (*a. fig.*); **~schreiten** *v/i.* advance, proceed, progress; **~schreitend** *adj.* progressive; **≈schritt** *m* progress; **~schrittlich** *adj.* progressive; **~setzen** *v/t.* continue, go* on with; **≈setzung** *f* continuation; *Film etc.*: sequel; ***~ folgt*** to be continued; **≈setzungsroman** *m* serialized novel; **~während** *adj.* continual, constant

Fossil *geol. n*, **≈** *adj.* fossil (*a. fig.* F)

Foto *n* photo(graph); ***ein ~ machen*** (***von***) take a photo (of); **~album** *n* photo album; **~apparat** *m* camera; **~graf** *m* photographer; ⚠ *nicht* ***photograph***; **~grafie** *f* photography; *Bild*: photograph, picture; **~grafieren** *v/t. u. v/i.* take* a photo(graph) *od.* picture (of); ***sich ~ lassen*** have* one's picture taken; **~kopie** *f* photocopy; **≈kopieren** *v/t.* (photo)copy; **~modell** *n* model; **~zelle** *f* photoelectric cell

Fotze V *f* cunt

Foul *n* foul (***übles*** *od.* ***böses*** vicious); **≈en** *v/t. u. v/i.* foul

Foyer *n* foyer, lobby, lounge

Fr. *Abk. für* **Frau** Mrs; *bsd. im Berufsleben*: Ms

Fracht *f* freight, load, ; *naut.*, *aviat. a.* cargo; *Gebühr*: carriage, *Am.* freight; **~brief** *m rail.* consignment note, *naut.*, *Am.* bill of lading; **~er** *m* freighter

Frack *m* tails *pl.*, tailcoat

Frage *f* question; *Angelegenheit*: matter; ***j-m e-e ~ stellen*** ask s.o. a question; ***in ~ stellen*** question; *gefährden*: jeopardize;***in ~ kommen*** be* a possibility; **~bogen** *m* question(n)aire; **≈n** *v/t. u. v/i.* ask (***nach*** for); ***nach dem Weg*** (***der Zeit***) ***~*** ask the way (time); ***sich ~*** wonder; **~wort** *gr. n* interrogative; **~zeichen** *n* question mark

frag|lich *adj.* doubtful, uncertain; *betreffend*: in question; **~los** *adv.* undoubtedly, unquestionably

Fragment *n* fragment

fragwürdig *adj.* dubious, F shady

Fraktion *parl. f* (parliamentary) group *od.* party; **~sführer** *parl. m Brt.* chief whip, *Am.* floor leader

Franc *m*,**Franken** *m* franc

frankieren *v/t.* stamp; *maschinell*: frank

Frankreich France

Frans|e *f* fringe; **≈ig** *adj.* frayed

Franz|ose *m* Frenchman; ***die ~n*** *pl.* the French *pl.*; **~ösin** *f* Frenchwoman; **≈ösisch** *adj.* French

Fraß F *m* muck, swill

Fratze *f* grimace; **≈nhaft** *adj.* distorted

Frau *f* woman; *Ehe≈*: wife; ***~ X*** Mrs (*od. bsd. im Berufsleben* Ms) X; **~chen** *n e-s Hundes*: mistress

Frauen|arzt *m*, **~ärztin** *f* gyn(a)ecologist; **~bewegung** *pol. f*: ***die ~*** women's lib(eration); **2feindlich** *adj.* sexist; **~haus** *n* women's refuge (*Am.* shelter); **~klinik** *f* gyn(a)ecological hospital; **~rechtlerin** *f* feminist

Fräulein *n* Miss

fraulich *adj.* womanly, feminine

frech *adj.* cheeky, *bsd. Am.* fresh; *dreist*: brazen; *kess*: pert, saucy; **2dachs** F *m* cheeky (little) monkey; **2heit** *f* cheek; brazenness

frei *adj.* free (**von** from, of); *Beruf*: independent; *Journalist etc.*: freelance; *nicht besetzt*: vacant (*a. W.C.*); *~mütig*: candid, frank; *Sport*: unmarked; ***ein ~er Tag*** a day off; ***morgen haben wir ~*** there is no school tomorrow; ***im Freien*** outdoors; → ***Fuß***

Frei|bad *n* open-air swimming-pool; **2bekommen** *v/t.* get* *a day etc.* off; **2beruflich** *adj.* freelance, self-employed; **~exemplar** *n* free copy; **~gabe** *f* release; **2geben 1.** *v/t.* release; ***e-n Tag*** *etc.* **~** give* a day *etc.* off; **2.** *v/i.*: ***j-m ~*** give* s.o. time off; **2gebig** *adj.* generous; **~gepäck** *aviat. n* baggage allowance; **2haben** *v/i.* have* a holiday; *im Büro etc.*: have* a day off; **~hafen** *m* free port; **2halten** *v/t. Platz*: keep*, save; *j-n*: treat; **~handel** *m* free trade; **~handelszone** *f* free trade area; **2händig** *adv.* with no hands; **~heit** *f* freedom, liberty; **~heitsstrafe** *jur. f* prison sentence; **~karte** *f* free ticket; **~körperkultur** *f* nudism; **2lassen** *v/t.* release, set* free; **~lassung** *f* release; **~lauf** *m* freewheel (*a.* ***im ~ fahren***)

freilich *adv.* indeed, of course

Frei|licht... *in Zssgn* open-air ...; **2machen** *v/t. post* stamp; ***sich ~*** undress; ***sich ~ von*** free o.s. from; **~maurer** *m* freemason; **2mütig** *adj.* candid, frank; **2schaffend** *adj.* freelance; **2schwimmen** *v/refl.* pass a 15-minute swimming test; **2sprechen** *v/t. bsd. rel.* absolve (**von** from); *jur.* acquit (of); **~spruch** *jur. m* acquittal; **~staat** *pol. m* free state; **2stehen** *v/i. leerstehen*: be* unoccupied; *Sport*: be* unmarked; ***es steht dir frei zu*** you are free to; **2stellen** *v/t.*: ***j-n ~*** exempt s.o. (**von** from) (*a. mil.*); ***j-m et. ~*** leave* s.th. (up) to s.o.; **~stil** *m* freestyle; **~stoß** *m Fußball*: free kick; **~stunde** *f Schule*: free period; **~tag** *m* Friday; **~tod** *m* suicide; **~treppe** *f* outdoor stairs *pl.*; **~übungen** *pl.* exercises *pl.*; **~wild** *fig. n* fair game; **2willig** *adj.* voluntary; ***sich ~ melden*** volunteer (***zu*** for); **~willige(r)** volunteer

Freizeit *f* free *od.* leisure time; **~gestaltung** *f* leisure-time activities *pl.*; **~kleidung** *f* leisurewear; **~park** *m* amusement park; **~zentrum** *n* leisure cent|re, *Am.* -er

freizügig *adj.* permissive; *Film etc.*: explicit

fremd *adj.* strange; *ausländisch*: foreign; *unbekannt*: unknown; ***ich bin auch ~ hier*** I'm a stranger here myself; **~artig** *adj.* strange, exotic

Fremde¹ *f*: ***in der ~*** abroad

Fremde² *m, f* stranger; *Ausländer(in)*: foreigner

Fremden|führer(in) (tourist) guide; **~hass** *m* xenophobia; **~legion** *f* Foreign Legion; **~verkehr** *m* tourism; **~verkehrsbüro** *n* tourist office; **~zimmer** *n* guest room; **~** (***zu vermieten***) rooms to let

fremd|gehen F *v/i.* be* unfaithful (to one's wife *od.* husband), play around; **2körper** *m med.* foreign body; *fig.* alien element; **2sprache** *f* foreign language; **~sprachensekretärin** *f* bilingual secretary; **~sprachig, ~sprachlich** *adj.* foreign-language; **2wort** *n* foreign word; hard word

Frequenz *phys. f* frequency

Fresse V *f* big (fat) mouth

fressen *v/t. Tier*: eat*, feed* on; F *Mensch*: gobble; *verschlingen*: devour

Freude *f* joy, delight; *Vergnügen*: pleasure; ***~ haben an*** take* pleasure in

Freuden|geschrei *n* shouts *pl.* of joy, cheers *pl.*; **~haus** F *n* brothel; **~tag** *m* red-letter day; **~tränen** *pl.* tears *pl.* of joy

freud|estrahlend *adj.* radiant (with joy); **~ig** *adj.* joyful, cheerful; *Ereignis, Erwartung*: happy; **~los** *adj.* joyless, cheerless

freuen *v/t.*: ***es freut mich, dass*** I'm glad *od.* pleased (that); ***sich ~ über*** be* pleased *od.* glad about; ***sich ~ auf*** look forward to

F

Freund *m* friend; boyfriend; **~in** *f* friend; girlfriend; **2lich** *adj.* friendly, kind, nice; *Raum, Farben*: cheerful; **2licherweise** *adj.* kindly; **~lichkeit** *f* friendliness, kindness; **~schaft** *f* friendship; **~ schließen** make* friends; **2schaftlich** *adj.* friendly; **~schaftsspiel** *n* friendly (game)
Frevel *m* outrage (**an, gegen** on)
Frieden *m* peace; **im ~** in peacetime; **lass mich in ~!** leave me alone!
Friedens|bewegung *f* peace movement; **~forschung** *f* peace studies *pl.*; **~verhandlungen** *pl.* peace negotiations *pl. od.* talks *pl.*; **~vertrag** *m* peace treaty
fried|fertig *adj.* peaceable; **2hof** *m* cemetery, *um Kirche*: graveyard; **~lich** *adj.* peaceful; **~liebend** *adj.* peace-loving
frieren *v/i.* freeze*; **ich friere** I am *od.* feel cold; *stärker*: I'm freezing
Fries *arch. m* frieze
Frikadelle *f* meatball
frisch *adj.* fresh; *Wäsche*: clean; **~ gestrichen!** wet (*Am. a.* fresh) paint!; **~ verheiratet** just married; **2e** *f* freshness; **2haltebeutel** *m* polythene bag; **2haltefolie** *f* cling film, *Am.* plastic wrap
Friseur *m* hairdresser; *Herren2*: *a.* barber; **~salon** *m* hairdresser's (shop), *für Herren*: *a.* barber's shop
Friseuse *f* hairdresser
frisier|en *v/t.* do* *s.o.'s* hair; F *mot.* soup up; **2kommode** *f* dressing table
Frisör *etc.* → **Friseur** *etc.*
Frist *f* (fixed) period of time; *Zeitpunkt*: deadline; *Aufschub*: extension (*a. econ.*); **2en** *v/t.*: **sein Dasein ~** scrape a living; **2los** *adj.* without notice
Frisur *f* hairstyle, hairdo
Fritten F *pl. Brt.* chips *pl.*, *Am.* fries *pl.*
frittieren *v/t.* deep-fry
frivol *adj.* frivolous; *unanständig*: suggestive
froh *adj.* glad (**über** about); *fröhlich*: cheerful; *glücklich*: happy; **~es Fest!** happy holiday!; Merry Christmas!
fröhlich *adj.* cheerful, happy; *lustig*: *a.* merry; **2keit** *f* cheerfulness, merriment
fromm *adj.* pious, devout; *sanft*: meek; *Pferd*: steady; **~er Wunsch** pious hope
Frömmigkeit *f* religiousness, piety
frönen *v/i.* indulge in
Fronleichnam *rel.* Corpus Christi
Front *f arch.* front, face; *mil.* front, line; *fig.* front; **in ~ liegen** be* ahead; **2al** *mot. adj.* head-on; **~alzusammenstoß** *m* head-on collision; **~antrieb** *mot. m* front-wheel drive
Frosch *zo. m* frog; **~mann** *m* frogman; **~perspektive** *f* worm's-eye view; **~schenkel** *gastr. pl.* frog's legs *pl.*
Frost *m* frost; **~beule** *f* chilblain
frösteln *v/i.* feel* chilly, shiver (*a. fig.*)
frost|ig *adj.* frosty; *fig. a.* chilly; **2schutzmittel** *mot. n* antifreeze
Frott|ee *n, m* terry(cloth); **2ieren** *v/t.* rub down
Frucht *f bot.* fruit (*a. fig.*); **2bar** *adj. biol.* fertile (*a. fig.*); fruitful (*bsd. fig.*); **~barkeit** *f* fertility; fruitfulness; **2los** *adj.* fruitless, futile; **~saft** *m* fruit juice
früh *adj. u. adv.* early; **zu ~ kommen** be* early; **~ genug** soon enough; **heute (morgen) ~** this (tomorrow) morning; **2aufsteher** *m* early riser (F bird)
Früh|e *f*: **in aller ~** (very) early in the morning; **2er 1.** *adj. ehemalig*: former; *vorherig*: previous; **2.** *adv.* in former times, at one time; **~ oder später** sooner or later; **ich habe ~ (einmal)**... I used to ...; **2estens** *adv.* at the earliest; **~geburt** *med. f* premature birth; premature baby; **~jahr** *n* spring; **~jahrsputz** *m* spring cleaning; **2morgens** *adv.* early in the morning; **2reif** *adj.* precocious; **~stück** *n* breakfast (**zum** for); **2stücken** *v/i.* (have*) breakfast
Frust F *m sl.* grind; **~ration** *f* frustration; **2rieren** *v/t.* frustrate
frz. *Abk. für* **französisch** Fr., French
Fuchs *m zo.* fox (*a. fig.*); *Pferd*: sorrel
Fuchs|jagd *f* foxhunt(ing); **~schwanz** *tech. m* handsaw; **2teufelswild** F *adj.* hopping mad
fuchteln *v/i.*: **~ mit** wave *s.th.* around
Fuge *f tech.* joint; *mus.* fugue
füg|en *v/refl.* submit (**in et.,** *dat.* to s.th.); **~sam** *adj.* obedient
fühl|bar *fig. adj.* noticeable; *beträchtlich*: considerable; **~en** *v/t. u. v/i. u. v/refl.* feel*; *ahnen*: *a.* sense; **sich wohl ~** feel* well; **2er** *m* feeler (*a. fig.*)
Fuhre *f* (cart)load; *Taxi*: fare
führen 1. *v/t.* lead*; *herum~, lenken, leiten*: guide; *geleiten, bringen*: take*;

Betrieb, Haushalt etc.: run*, manage; *Waren*: sell*, deal* in; *Buch, Konto*: keep*; *Gespräch etc.*: have*; *Namen etc.*: bear*; *mil.* command; ***j-n ~ durch*** show* s.o. round; ***sich ~*** conduct o.s.; **2.** *v/i.* lead* (**zu** to; *a. fig.*); *Sport*: *a.* be* leading *od.* ahead; **~d** *adj.* leading

Führer *m* leader (*a. pol.*); *Fremden*♀: guide; *Leiter*: head, chief; *Reise*♀: guide(-book); **~schein** *mot. m* driving licence, *Am.* driver's license

Führung *f* leadership, control; *Unternehmen etc.*: management; *Museum etc.*: (guided) tour; ***gute ~*** good conduct; ***in ~ gehen*** (***sein***) take* (be* in) the lead; **~szeugnis** *n* certificate of (good) conduct

Fuhr|unternehmen *n* haulage contractors *pl.*, *Am.* trucking company; **~werk** *n* horse-drawn vehicle

Fülle *f Gedränge*: crush; *fig. von Einfällen etc.*: wealth, abundance; *Haar, Wein etc.*: body

füllen *v/t. u. v/refl.* fill (*a. Zahn*); *Kissen, Geflügel etc.*: stuff

Füll|er *m*, **~federhalter** *m* fountain pen; **♀ig** *adj.* stout, portly; **~ung** *f* filling (*a. Zahn*♀); *Kissen, Braten*: stuffing

fummeln F *v/i.* fiddle; *basteln*: *a.* tinker (*beide*: **an** with); F *j-n betasten*: grope

Fund *m* discovery; *Gefundenes*: find

Fundament *n arch.* foundation(s *pl.*); *fig. a.* basis; **~alist** *m* fundamentalist

Fund|amt, ~büro *n Brt.* lost-property office, *Am.* lost and found (office); **~gegenstand** *m* found article; **~grube** *fig. f* treasure trove

Fundi F *pol. m* radical Green

fundiert *adj. Argument*: well-founded; *Wissen*: sound

fünf *adj.* five; *Note*: fail, poor, E, *Am.* F, N; **♀eck** *n* pentagon; **~fach** *adj.* fivefold; **♀kampf** *m Sport*: pentathlon; **♀linge** *pl.* quintuplets *pl.*; **~te** *adj.* fifth; **♀tel** *n* fifth; **~tens** *adv.* fifth(ly), in the fifth place; **~zehn(te)** *adj.* fifteen(th); **~zig** *adj.* fifty; **~zigste** *adj.* fiftieth

fungieren *v/i.*: ***~ als*** act as, function as

Funk *m* radio (*a. in Zssgn Bild, Taxi etc.*); ***über*** *od.* ***durch ~*** by radio; **~amateur** *m* radio ham

Funke *m* spark; *fig. a.* glimmer; **♀ln** *v/i.* sparkle, glitter; *Sterne*: *a.* twinkle

funk|en *v/t.* radio, transmit; **♀er** *m* radio operator; **♀gerät** *n* radio set; **♀haus** *n* broadcasting cent|re, *Am.* -er; **♀signal** *n* radio signal; **♀spruch** *m* radio message; **~station** *f* radio station; **♀streife** *f* (radio) patrol car; **~telefon** *n* cellular phone

Funktion *f* function; **~är(in)** functionary, official (*a. Sport*); **♀ieren** *v/i.* work; **~staste** *f* function key

Funk|turm *m* radio tower; **~verkehr** *m* radio communication

für *prp.* for; *zugunsten*: *a.* in favo(u)r of; *im Namen von*: on behalf of; ***~ immer*** forever; ***Tag ~ Tag*** day by day; ***Wort ~ Wort*** word by word; ***jeder ~ sich*** *arbeiten etc.*: everyone by himself; ***was ~ ...?*** what (kind *od.* sort of) ...?; ***das Für und Wider*** the pros and cons *pl.*

Furche *f* furrow; *Wagenspur*: rut

Furcht *f* fear, *stärker*: dread (*beide*: ***vor*** of); ***aus*** *od.* ***vor ~*** (***dass***) for fear (that); **♀bar** *adj.* terrible, awful

fürchten *v/t. u. v/i.* fear, be* afraid of; *stärker*: dread; ***~ um*** fear for; ***sich ~*** be* scared; be* afraid (***vor*** of); ***ich fürchte***, ... I'm afraid ...

fürchterlich *adj.* → ***furchtbar***

furcht|erregend *adj.* frightening; **~los** *adj.* fearless; **~sam** *adj.* timid

füreinander *adv.* for each other

Furnier *n*, **♀en** *v/t.* veneer

Fürsorge *f* care; ***öffentliche ~*** (public) welfare (work); **~amt** *n* welfare department; **~empfänger** *m* social security beneficiary; **~r(in)** welfare worker

fürsorglich *adj.* considerate

Für|sprache *f* intercession (***für*** for, ***bei*** with); **~sprech(er)** *m Schweiz*: lawyer; **~sprecher(in)** advocate (*a. fig.*)

Fürst *m* prince; **~entum** *n* principality; **~in** *f* princess; **♀lich** *adj.* princely (*a. fig.*)

Furt *f* ford

Furunkel *med. m* boil, furuncle

Fürwort *gr. n* pronoun

Furz V *m*, **♀en** *v/i.* fart

Fusion *econ. f* merger, amalgamation; **♀ieren** *v/i.* merge, amalgamate

Fuß *m* foot; *Lampe etc.*: stand; *Glas*: stem; ***zu ~*** on foot; ***zu ~ gehen*** walk; ***gut zu ~ sein*** be* a good walker; ***~ fassen*** become* established; ***auf frei-***

em ~ at large; **~abstreifer** *m* doormat; **~angel** *f* mantrap

Fußball *m Brt.* football, *Am.* soccer; *Ball*: football, *Am.* soccer ball; **~er** *m* footballer; **~feld** *n* football field; **~rowdy** *m* (football) hooligan; **~spiel** *n* football *od.* soccer match; **~spieler** *m* football player, footballer; **~toto** *n* football pools *pl.*

Fuß|boden *m* floor; *~belag*: flooring; **~bodenheizung** *f* underfloor heating; **~bremse** *mot. f* footbrake

Fussel *f, m* piece of fluff (*Am.* lint); **~(*n*)** *pl.* fluff *sg.*, *Am.* lint *sg.*; **2ig** *adj.* covered in fluff, *Am.* linty; **2n** *v/i.* shed* a lot of fluff, F mo(u)lt

Fuß|gänger(in) pedestrian; **~gängerzone** *f* pedestrian precinct, *Am.* (pedestrian *od.* shopping) mall; **~geher** *östr. m* → ***Fußgänger***; **~gelenk** *n* ankle; **~note** *f* footnote; **~pflege** *f* pedicure; *med.* chiropody, *Am. a.* podiatry; **~pilz** *med. m* athlete's foot; **~sohle** *f* sole (of the foot); **~spur** *f* footprint; *Fährte*: track; **~stapfen** *pl.*: ***in j-s ~ treten*** follow in s.o.'s footsteps; **~tritt** *m* kick; **~weg** *m* foothpath; ***e-e Stunde ~*** an hour's walk

Futter[1] *n agr. allg.* feed; *Heu etc.*: fodder; *Hunde2 etc.*: food; F *Essen*: eats *pl.*, chow

Futter[2] *Mantel2 etc., tech.* lining

Futteral *n* case; *Hülle*: cover

futtern F *v/i.* tuck in

füttern[1] *v/t.* feed*

füttern[2] *v/t. Kleid etc.*: line

Futternapf *m* (feeding) bowl

Fütterung *f* feeding (time)

Futur *gr. n* future (tense)

G

Gabe *f* gift, present; *med.* dose; *Begabung*: talent, gift; ***milde ~*** alms *pl.*

Gabel *f* fork; *tel.* cradle **2n** *v/refl.* fork, branch; **~stapler** *tech. m* fork-lift (truck); **~ung** *f* fork(ing)

gackern *v/i.* cluck, cackle (*a. fig.*)

gaffen F *v/i.* gawk, gawp, *Am.* F rubberneck

Gaffer(in) F nosy parker, *Am.* F rubberneck(er)

Gage *f* fee

gähnen *v/i.* yawn (*a. fig.*)

Gala *f* gala (*a. in Zssgn*)

galant *adj.* gallant, courteous

Galeere *naut. f* galley

Galerie *f* gallery

Galgen *m* gallows; **~frist** *f* reprieve; **~humor** *m* gallows humo(u)r; **~vogel** F *m* crook

Galle *anat. f* gall (*a. fig.*); *Sekret*: *a.* bile; **~nblase** *anat. f* gall bladder; **~nstein** *med. m* gallstone

Gallert *n*, **~e** *f* jelly

Galopp *m*, **2ieren** *v/i.* gallop

gamm|eln F *fig. v/i.* loaf (about), bum around; **2ler(in)** loafer, bum

Gämse *zo. f* chamois

Gang *m* walk; *~art*: *a.* gait, way *s.o.* walks; *Durch2*: passage; *Kirche, aviat.* aisle; *Flur*: corridor; *mot.* gear; *gastr.* course; ***et. in ~ bringen*** get* s.th. going, start s.th.; ***in ~ kommen*** get* started; ***im ~e sein*** be* (going) on, be* in progress; ***in vollem ~e*** in full swing

gang *adj.*: ***~ und gäbe*** nothing unusual, (quite) usual

gängeln F *v/t.* lead* *s.o.* by the nose

gängig *adj.* current; *econ.* sal(e)able

Gangschaltung *f* gears *pl.*

Ganove F *m* crook

Gans *zo. f* goose

Gänse|blümchen *bot. n* daisy; **~braten** *m* roast goose; **~feder** *f* (goose) quill; **~füßchen** F *pl.* quotation marks *pl.*, inverted commas *pl.*; **~haut** *fig. f* gooseflesh; ***dabei kriege ich e-e ~*** it gives me the creeps; **~marsch** *m* single *od.* Indian file; **~rich** *zo. m* gander

ganz 1. *adj.* whole; *ungeteilt, vollständig*: *a.* entire, total; F *heil*: whole, un-

damaged; *Betrag, Stunde*: *a.* full; ***den ~en Tag*** all day; ***die ~e Zeit*** all the time; ***auf der ~en Welt*** all over the world; ***sein ~es Geld*** all his money; **2.** *adv.* completely, totally; *sehr*: very; *ziemlich*: quite, rather, fairly; ***~ allein*** all by oneself; ***~ aus Holz** etc.* all wood *etc.*; ***~ und gar*** completely, totally; ***~ und gar nicht*** not at all, by no means; ***~ wie du willst*** just as you like; ***nicht ~*** not quite; ***im 2en*** in all, altogether; ***im (Großen und) 2en*** on the whole; → ***voll***
Ganze *n* whole; ***das ~*** the whole thing; ***aufs ~ gehen*** go* all out
Gänze *östr. f*: ***zur ~*** → ***gänzlich***
gänzlich *adv.* completely, entirely
Ganztags|beschäftigung *f* full-time job; **~schule** *f* all-day school(ing)
gar 1. *adj. Essen*: done; **2.** *adv.*: ***~ nicht(s)*** not(hing) at all; ***~ zu ...*** (a bit) too ...
Garage *f* garage
Garantie *f* guarantee, *bsd. econ.* warranty; **2ren** *v/t. u. v/i.* guarantee (***für et.*** s.th.); **~schein** *m* guarantee (certificate)
Garbe *f* sheaf
Garde *f* guard; *mil.* (the) Guards *pl.*
Garderobe *f* wardrobe, clothes *pl.*; *Kleiderablage*: cloakroom, *Am.* checkroom; *thea.* dressing room; *im Haus*: coat rack; **~nfrau** *f* cloakroom (*Am.* checkroom) attendant, *Am.* F *a.* hatcheck girl; **~nmarke** *f* cloakroom (*Am.* coatcheck) ticket; **~nständer** *m* coat stand *od.* rack
Gardine *f* curtain; **~nstange** *f* curtain rod
gären *v/i.* ferment, work
Garn *n* yarn; *Faden*: thread; *Baumwoll2*: cotton; ***j-m ins ~ gehen*** fall* into s.o.'s snare
Garnele *f* shrimp; *große*: prawn
garnieren *v/t.* garnish (*a. fig.*)
Garnison *mil. f* garrison, *Am. a.* post
Garnitur *f* set; *Möbel*: *a.* suite
garstig *adj.* nasty, F beastly
Gärstoff *m* ferment
Garten *m* garden; **~arbeit** *f* gardening; **~bau** *m* horticulture; **~erde** *f* (garden) mo(u)ld; **~fest** *n* garden party; **~geräte** *pl.* gardening tools *pl.*; **~haus** *n* summerhouse; → ***Laube***; **~lokal** *n* beer garden; outdoor restaurant; **~schere** *f* pruning shears *pl.*, *bsd. Brt.* secateurs *pl.*; **~stadt** *f* garden city; **~zwerg** *m* (garden) gnome
Gärtner *m* gardener; **~ei** *f* market garden, *Am.* truck farm
Gärung *f* fermentation
Gas *n* gas; ***~ geben*** *mot.* accelerate, F step on the gas; **2förmig** *adj.* gaseous; **~hahn** *m* gas tap (*Am.* valve *od.* cock); **~heizung** *f* gas heating; **~herd** *m* gas cooker *od.* stove; **~kammer** *f* gas chamber; **~laterne** *f* gas (street) lamp; **~leitung** *f* gas main; **~maske** *f* gas mask; **~ofen** *m* gas stove; **~pedal** *mot. n* accelerator (pedal), *Am. a.* gas pedal
Gasse *f* lane, alley
Gast *m* guest; *Besucher*: visitor; *im Lokal etc.*: customer; **~arbeiter(in)** foreign worker
Gäste|buch *n* visitors' book; **~zimmer** *n* guest room, spare (bed)room
gast|freundlich *adj.* hospitable; **2freundschaft** *f* hospitality; **2geber** *m* host; **2geberin** *f* hostess; **2haus** *n*, **2hof** *m* restaurant; tavern, *bsd. Brt.* pub; *bsd. Land2*: inn
gastieren *v/i. Zirkus etc.*: give* performances; *thea.* give* a guest performance, *bsd. Am.* guest
gast|lich *adj.* hospitable; **2mahl** *hist. lit. n* feast, banquet; **2mannschaft** *f* visiting team, visitors *pl.*; **2rolle** *thea. f* guest part; **2spiel** *thea. n* guest performance; **2stätte** *f* restaurant; **2stube** *f* taproom; restaurant; **2wirt** *m* landlord; **2wirtschaft** *f* restaurant; tavern, *bsd. Brt.* pub
Gas|werk *n* gasworks *sg. u. pl.*; **~zähler** *m* gas meter
Gatte *lit. m* husband
Gatter *n* fence; *Tor*: gate
Gattin *lit. f* wife
Gattung *f* type, class, sort; *biol.* genus; *Art*: species
GAU *Abk. m* maximum credible accident, MCA; *Am.* worst case scenario
Gaul *m* (old) nag
Gaumen *anat. m* palate (*a. fig.*)
Gauner *m* crook, swindler
Gaze *f* gauze
Gazelle *zo. f* gazelle
geb. *Abk. für **geboren*** b., born
Gebäck *n* pastry; *Plätzchen*: biscuits *pl.*, *Am.* cookies *pl.*

Gebälk *n* timberwork, beams *pl.*
Gebärde *f* gesture; **⁀n** *v/refl.* behave, act (***wie*** like)
gebär|en *v/t.* give* birth to; **⁀mutter** *anat. f* uterus, womb
Gebäude *n* building, structure
Gebeine *pl.* bones *pl.*, mortal remains *pl.*
geben *v/t.* give* (***j-m et.*** s.o. s.th.); *reichen*: *a.* hand, pass; *Karten*: deal*, *er~*: make*; ***sich ~*** *nachlassen*: pass; *besser werden*: get* better; ***von sich ~*** utter, let* out; *chem.* give* off; ***j-m die Schuld ~*** blame s.o.; ***es gibt*** there is, *pl.* there are; ***was gibt es?*** what's up?; *zum Essen*: what's for lunch *etc.*?; *TV etc.*: what's on?; ***das gibts nicht*** that can't be true; *verbietend*: that's out
Gebet *n* prayer
Gebiet *n* region, area; *bsd. pol.* territory; *fig.* field; **⁀en** *lit. v/i. u. v/t.* rule (***über*** over); *befehlen*: order; *fig.* call for; **⁀erisch** *adj.* imperious; **⁀sweise** *adv.* regionally; ***~ Regen*** local showers
Gebilde *n* thing, object; **⁀t** *adj.* educated; *belesen*: well-read
Gebirg|e *n* mountains *pl.*; **⁀ig** *adj.* mountainous; **~sbewohner** *m* mountain-dweller; **~szug** *m* mountain range
Gebiss *n* (set of) teeth; *künstliches*: (set of) false teeth, denture(s *pl.*)
Gebläse *tech. n* blower, (*mot.* air) fan
ge|blümt *adj.* floral; **~bogen** *adj.* bent, curved; **~boren** *adj.* born; ***ein ~er Deutscher*** German by birth; ***~e Smith*** née Smith; ***ich bin am ... ~*** I was born on the ...
geborgen *adj.* safe, secure; **⁀heit** *f* safety, security
Gebot *n rel.* commandment; *Vorschrift*: rule; *Erfordernis*: necessity; *Auktion etc.*: bid
Gebrauch *m* use; *Anwendung*: application; **⁀en** *v/t.* use; *anwenden*: employ; ***gut*** (***nicht***) ***zu ~ sein*** be* useful (useless); ***ich könnte ... ~*** I could do with ...
gebräuchlich *adj.* in use; *üblich*: common, usual; *Wort*: *a.* current
Gebrauchs|anweisung *f* directions *pl. od.* instructions *pl.* for use; **⁀fertig** *adj.* ready for use; *Kaffee etc.*: instant; **~grafiker(in)** commercial artist
gebraucht *adj.* used; *bsd. Waren*: *a.* second-hand; **⁀wagen** *mot. m* used *od.* second-hand car; **⁀wagenhändler** *m* used car dealer
Gebrech|en *n* defect, handicap; **⁀lich** *adj.* frail; *altersschwach*: infirm; **~lichkeit** *f* frailty; infirmity
Gebrüder *pl.* brothers *pl.*
Gebrüll *n* roar(ing)
Gebühr *f* charge (*a. tel.*), fee; *post* postage; *Abgabe*: due; **⁀end** *adj.* due; *angemessen*: proper; **⁀enfrei** *adj.* free of charge; *tel.* nonchargeable, *Am.* toll-free; **⁀enpflichtig** *adj.* chargeable; ***~e Straße*** toll road; ***~e Verwarnung*** fine
gebunden *adj.* bound; *fig. a.* tied
Geburt *f* birth (***von*** by); **~enkontrolle, ~enregelung** *f* birth control; **⁀enschwach** *adj. Jahrgänge*: low-birth-rate; **⁀enstark** *adj.*: ***~e Jahrgänge*** baby boom *sg.*; **~enziffer** *f* birthrate
gebürtig *adj.* by birth
Geburts|anzeige *f* birth announcement; **~datum** *n* date of birth; **~fehler** *m* congenital defect; **~helfer(in)** *Arzt*: obstetrician; **~jahr** *n* year of birth; **~land** *n* native country; **~ort** *m* birthplace; **~tag** *m* birthday; **~tagsfeier** *f* birthday party; **~tagskind** *n* birthday boy (*od.* girl); **~urkunde** *f* birth certificate
Gebüsch *n* bushes *pl.*, shrubbery
Gedächtnis *n* memory; ***aus dem ~*** from memory; ***zum ~ an*** in memory of; ***im ~ behalten*** keep* in mind, remember; **~feier** *f* commemoration; **~lücke** *f* memory lapse; **~schwund** *med. m* amnesia; *vorübergehend*: blackout; **~stütze** *f* memory aid
Gedanke *m* thought; idea; ***was für ein ~!*** what an idea!; ***in ~n*** absorbed in thought; *zerstreut*: absent-minded; ***sich ~n machen über*** think* about; *besorgt*: be* worried *od.* concerned about; ***j-s ~n lesen*** read* s.o.'s mind
Gedanken|austausch *m* exchange of ideas; **~gang** *m* train of thought; **⁀los** *adj.* thoughtless; **~strich** *m* dash; **~übertragung** *f* telepathy
Gedärme *pl.* intestines *pl.*
Gedeck *n* cover; ***ein ~ auflegen*** set* a place
gedeihen *v/i.* thrive*, prosper; *wachsen*: grow*; *blühen*: flourish
gedenk|en *v/i.* think* of; *ehrend*: commemorate; *erwähnen*: mention; ***~ zu*** in-

tend to; **≈feier** *f* commemoration; **≈minute** *f*: ***e-e** ~* a minute's (*Am.* moment's) silence; **≈stätte** *f*, **≈stein** *m* memorial; **≈tafel** *f* plaque
Gedicht *n* poem
gediegen *adj.* solid; *geschmackvoll*: tasteful; F strange
Gedräng|e *n* crowd, F crush; **≈t** *adj.* crowded, packed; *Stil*: concise
ge|drückt *fig. adj.* depressed; **~drungen** *adj. Figur*: squat, stocky; thickset; *bsd. tech.* compact
Geduld *f* patience; **≈en** *v/refl.* wait (patiently); **≈ig** *adj.* patient; **~spiel** *n* puzzle (*a. fig.*)
ge|ehrt *adj.* hono(u)red; *in Briefen*: ***Sehr ~er Herr N.!*** Dear Mr N.,; **~eignet** *adj.* suitable; *befähigt*: suited, qualified; *passend*: right
Gefahr *f* danger; *Bedrohung*: threat; *Risiko*: risk; ***auf eigene ~*** at one's own risk; ***außer ~*** out of danger, safe
gefährden *v/t.* endanger; *aufs Spiel setzen*: risk, jeopardize
gefährlich *adj.* dangerous; *riskant*: risky
gefahrlos *adj.* without risk, safe
Gefährt|e *m*, **~in** *f* companion
Gefälle *n* fall, slope, descent; *Straße etc.*: gradient (*a. phys.*)
Gefallen[1] *m* favo(u)r; ***j-n um e-n ~ bitten*** ask a favo(u)r of s.o.
Gefallen[2] *n*: ***~ finden an*** enjoy, like
gefallen *v/i.* please; ***es gefällt mir (nicht)*** I (don't) like it; ***wie gefällt dir ...?*** how do you like ...?; ***sich et. ~ lassen*** put* up with s.th.
gefällig *adj. angenehm*: pleasant, agreeable; *entgegenkommend*: obliging, kind; ***j-m ~ sein*** do* s.o. a favo(u)r; **≈keit** *f* kindness; *Gefallen*: favo(u)r; **~st** F *adv.*: ***sei ~ still!*** be quiet, will you!
gefangen *adj.* captive; imprisoned; ***~ halten*** keep* *s.o.* prisoner; ***~ nehmen*** take* *s.o.* prisoner; *fig.* captivate; **≈e(r)** prisoner; *Sträfling*: convict; **≈nahme** *f* capture (*a. mil.*); **≈schaft** *f* captivity, imprisonment; ***in ~ sein*** be* a prisoner of war
Gefängnis *n* prison, jail, *Brt. a.* gaol; ***ins ~ kommen*** go* to jail *od.* prison; **~direktor** *m* governor, *bsd. Am.* warden; **~strafe** *f* (sentence *od.* term of) imprisonment; **~wärter(in)** prison guard, *Brt. a.* ward|er (-ress)
Gefäß *n* vessel (*a. anat.*), container
gefasst *adj.* composed; ***~ auf*** prepared for
Ge|fecht *mil. n* combat, action; **≈federt** *adj.*: ***gut ~ sein*** *mot.* have* good suspension; **≈feit** *adj.*: ***~ gegen*** immune to; **~fieder** *n* plumage, feathers *pl.*
Geflügel *n* poultry; **~salat** *m* chicken salad; **≈t** *adj.*: ***~es Wort*** saying
Gefolg|e *n* entourage, retinue, train; **~schaft** *f* followers *pl.*
gefragt *adj.* in demand, popular
gefräßig *adj.* greedy, voracious
Gefreiter *mil. m* lance corporal, *Am.* private first class
gefrier|en *v/i.* freeze*; **≈fach** *n* freezer, freezing compartment; **≈fleisch** *n* frozen meat; **~getrocknet** *adj.* freeze-dried; **≈punkt** *m* freezing point; **≈truhe** *f* freezer, deep-freeze
Gefrorene *östr. n* ice cream
Gefüge *n* structure, texture
gefügig *adj.* pliant; **≈keit** *f* pliancy
Gefühl *n* feeling; *Sinn, Gespür*: *a.* sense; *bsd. kurzes*: sensation; *Gemütsbewegung*: *a.* emotion; **≈los** *adj.* insensible, numb; *herzlos*: unfeeling, heartless; **≈sbetont** *adj.* (highly) emotional; **≈voll** *adj.* (full of) feeling; *zärtlich*: tender; *rührselig*: sentimental
gegebenenfalls *adv.* if necessary
gegen *prp.* against; *jur., Sport*: *a.* versus; *ungefähr*: about, *bsd. Am.* around; *für (Geld etc.)*: (in return) for; *Mittel*: for; *verglichen mit*: compared with
Gegen|... *in Zssgn Aktion, Angriff, Argument, Frage etc.*: counter-...; **~besuch** *m* return visit; **~beweis** *jur. m* counter-evidence
Gegend *f* region, area; *Landschaft*: countryside; *Wohn≈*: neighbo(u)rhood
gegeneinander *adv.* against one another *od.* each other
Gegen|fahrbahn *mot. f* opposite *od.* oncoming lane; **~gewicht** *n* counterweight; ***ein ~ bilden zu et.*** counterbalance s.th.; **~kandidat** *m* rival candidate; **~leistung** *f* quid pro quo; ***als ~*** in return; **~licht** *n* back light; ***im od. bei ~*** against the light; **~liebe** *fig. f* approval; **~maßnahme** *f* countermeasure; **~mittel** *n* antidote (*a. fig.*);

G

~partei *f* other side; *pol.* opposition; *Sport*: opposite side; **~probe** *f*: ***die ~ machen*** cross-check; **~richtung** *f* opposite direction; **~satz** *m* contrast; *Gegenteil*: opposite; ***im ~ zu*** in contrast to *od.* with; **2sätzlich** *adj.* contrary, opposite; **~schlag** *m* counterblow; *bsd. mil. a.* retaliation; **~seite** *f* opposite side; **2seitig** *adj.* mutual; **~seitigkeit** *f*: ***auf ~ beruhen*** be* mutual; **~spieler** *m* opponent; **~sprechanlage** *f* intercom (system); **~stand** *m* object (*a. fig.*); *Thema*: subject; **2ständlich** *adj. Kunst*: representational; **2standslos** *adj. ungültig*: invalid; *belanglos*: irrelevant; *Kunst*: abstract, nonrepresentational; **~stimme** *parl. f* vote against, no; ***nur 3 ~n*** only 3 noes; **~stück** *n* counterpart; **~teil** *n* opposite; ***im ~*** on the contrary; **2teilig** *adj.* contrary, opposite; **2über¹** *adv. u. prp.* opposite; *fig. gegen*: to, toward(s); *im Vergleich zu*: compared with; **~über²** *n* person opposite; neighbo(u)r across the street; **2überstehen** *v/i.* face, be* faced with; **~überstellung** *bsd. jur. f* confrontation; **~verkehr** *m* oncoming traffic; **~wart** *f* present (time); *Anwesenheit*: presence; *gr.* present (tense); **2wärtig 1.** *adj.* present, current; **2.** *adv.* at present; **~wehr** *f* resistance; **~wert** *m* equivalent (value); **~wind** *m* head wind; **~wirkung** *f* counter-effect, reaction; **2zeichnen** *v/t.* countersign; **~zug** *m* countermove; *rail.* train coming from the opposite direction

Gegner|(in) opponent (*a. Sport*), adversary; *mil.* enemy; **2isch** *adj.* opposing; *mil.* (of the) enemy, hostile; **~schaft** *f* opposition

Gehacktes *n* → ***Hackfleisch***

Gehalt 1. *m* content; **2.** *n* salary; **~sempfänger(in)** salaried employee; **~serhöhung** *f* increase *od.* rise in salary, *Am.* raise; **2voll** *adj.* substantial; *nahrhaft*: *a.* nutritious

gehässig *adj.* malicious, spiteful; **2keit** *f* malice, spite(fulness)

Ge|häuse *n* case, box; *tech.* casing; *zo.* shell; *Kern2*: core; **~hege** *n* enclosure; *Hühner etc.*: pen

geheim *adj.* secret; ***~ halten*** keep* (a) secret; **2agent(in)** secret agent; **2dienst** *m* secret service

Geheimnis *n* secret; *Rätselhaftes*: mystery; **2voll** *adj.* mysterious

Geheim|nummer *tel. f* ex-directory (*Am.* unlisted) number; **~polizei** *f* secret police; **~schrift** *f* code, cipher

gehemmt *adj.* inhibited, self-conscious

gehen *v/i.* go*; *zu Fuß*: walk; *weg~*: leave*; *funktionieren* (*a. fig.*): work; *Ware*: sell*; *dauern*: last; ***einkaufen*** (***schwimmen***) ~ go* shopping (swimming); ***~ wir!*** let's go!; ***wie geht es dir*** (***Ihnen***)***?*** how are you?; ***es geht mir gut*** (***schlecht***) I'm fine (not feeling well); ***~ in*** *passen*: go* into; ***~ nach*** *Straße etc.*: lead* to; *Fenster etc.*: face; *urteilen*: go *od.* judge by; ***das geht nicht*** that's impossible; ***das geht schon*** that's o.k.; ***es geht nichts über*** there is nothing like; ***worum geht es?*** what is it about?; ***darum geht es*** (***nicht***) that's (not) the point; ***sich ~ lassen*** let* o.s. go

geheuer *adj.*: ***nicht*** (***ganz***) ~ eerie, creepy; *Sache*: fishy

Geheul *n* howling

Gehilf|e *m*, **~in** *f* assistant, helper; *fig.* helpmate

Gehirn *n* brain(s *pl.*); **~erschütterung** *med. f* concussion (of the brain); **~schlag** *med. m* (cerebral) apoplexy; **~wäsche** *f* brainwashing

gehoben *adj. Stil*: elevated; *Beruf etc.*: high(er); ***~e Stimmung*** high spirits *pl.*

Gehöft *n* farm(stead)

Gehölz *n* wood, coppice, copse

Gehör *n* (sense of) hearing; ear; ***nach dem ~*** by ear; ***sich ~ verschaffen*** make* o.s. heard

gehorchen *v/i.* obey; ***nicht ~*** disobey

gehör|en *v/i.* belong (*dat. od.* ***zu*** to); ***gehört dir das?*** is this yours?; ***es gehört sich*** (***nicht***) it is proper *od.* right (not done); ***das gehört nicht hierher*** that's not to the point; **~ig 1.** *adj. gebührend*: due, proper; *nötig*: necessary; *tüchtig*: decent; ***zu et. ~*** belonging to s.th.; **2.** *adv.* properly, thoroughly

gehörlos *adj.* deaf; ***die 2en*** the deaf

gehorsam *adj.* obedient

Gehorsam *m* obedience

Geh|steig, ~weg *m* pavement, *Am.* sidewalk

Geier *zo. m* vulture, *Am. a.* buzzard

Geige *mus. f* violin, F fiddle; **(auf der) ~ spielen** play (on) the violin; **~nbogen** *mus. m* (violin) bow; **~nkasten** *mus. m* violin case; **~r(in)** violinist; **~rzähler** *phys. m* Geiger counter

geil *adj.* V hot, horny; *contp.* lecherous, lewd; *bot.* rank

Geisel *f* hostage; **~nehmer** *m* kidnap(p)er

Geiß *zo. f* → **Ziege**

Geißel *fig. f* scourge, plague

Geist *m* spirit; *Seele*: *a.* soul; *Sinn, Gemüt*: mind; *Verstand*: mind, intellect; *Witz*: wit; *Gespenst*: ghost; **der Heilige ~** the Holy Ghost *od.* Spirit

Geister|bahn *f* ghost train, *Am.* tunnel of horror; **~erscheinung** *f* apparition; **~fahrer** F *mot. m* wrong-way driver; **≈haft** *adj.* ghostly

geistes|abwesend *adj.* absent-minded; **≈arbeiter** *m* brainworker; **≈blitz** *m* brainwave, *Am.* brainstorm; **≈gegenwart** *f* presence of mind; **~gegenwärtig** *adj.* alert; *schlagfertig*: quick-witted; **~gestört** *adj.* mentally disturbed; **~krank** *adj.* mentally ill; **≈krankheit** *f* mental illness; **~schwach** *adj.* feeble-minded; **≈wissenschaften** *pl. the* arts *pl.*, *the* humanities *pl.*; **≈zustand** *m* mental state

geistig *adj.* mental; *Arbeit, Fähigkeiten etc.*: intellectual; *nicht körperlich*: spiritual; **~ behindert** mentally handicapped; **~e Getränke** *pl.* spirits *pl.*

geistlich *adj.* religious; *Lied etc.*: *a.* spiritual; *kirchlich*: ecclesiastical; *≈e betreffend*: clerical; **≈e** *m* clergyman; priest; *bsd. protestantisch*: minister; **die ~n** *pl. coll.* the clergy *pl.*

geist|los *adj.* trivial, inane, silly; **~reich, ~voll** *adj.* witty, clever

Geiz *m* stinginess; **~hals** *m* miser, niggard; **≈ig** *adj.* stingy, miserly

Ge|jammer *n* wailing, complaining; **~kläff** *n* yapping; **~klapper** *n* clatter(ing); **~klimper** *n* tinkling

ge|konnt *adj.* masterly, skil(l)ful; **~kränkt** *adj.* hurt, offended

Gekritzel *n* scrawl, scribble

gekünstelt *adj.* affected; artificial

Gelächter *n* laughter

Gelage *n* feast; *Zech≈*: carouse

Gelände *n* area, country, ground; *Bau≈ etc.*: site; **auf dem ~** *e-s Betriebs etc.*: on the premises; **~...** *in Zssgn Lauf, Ritt, Wagen etc.*: cross-country

Geländer *n Treppen≈*: banisters *pl.*; *~stange*: handrail, rail(ing); *Brücken≈, Balkon≈*: parapet

gelangen *v/i.*: **~ an** *od.* **nach** reach, arrive at, get* *od.* come* to; **~ in** get* *od.* come* into; **zu et. ~** gain *od.* win* *od.* achieve s.th.

gelassen *adj.* calm, composed, cool

Gelatine *f* gelatin(e)

ge|läufig *adj.* common, current; *vertraut*: familiar; **~launt** *adj.*: **schlecht (gut) ~ sein** be* in a bad (good) mood

gelb *adj.* yellow; *Ampel*: *Brt. a.* amber; **~lich** *adj.* yellowish; **≈sucht** *med. f* jaundice

Geld *n* money (**um** for); **zu ~ machen** turn into cash; **~angelegenheiten** *pl.* money *od.* financial matters *pl. od.* affairs *pl.*; **~anlage** *f* investment; **~ausgabe** *f* expense; **~automat** *m* cash dispenser, *Am.* automatic teller machine, ATM, autoteller; **~beutel** *m*, **~börse** *f* purse; **~buße** *f* fine, penalty; **~geber** *m* financial backer; investor; **~geschäfte** *pl.* money transactions *pl.*; **≈gierig** *adj.* greedy for money; **~knappheit** *f*, **~mangel** *m* lack of money; *econ.* (financial) stringency; **~mittel** *pl.* funds *pl.*, means *pl.*, resources *pl.*; **~schein** *m* (bank)note, *Am.* bill; **~schrank** *m* safe; **~sendung** *f* remittance; **~strafe** *f* fine; **~stück** *n* coin; **~verlegenheit** *f* financial embarrassment; **~verschwendung** *f* waste of money; **~waschanlage** *f* money laundering scheme; **~wechsel** *m* exchange of money; **~wechsler** *m* change machine

Gelee *n, m* jelly; *Kosmetik*: gel

gelegen *adj.* situated, *Am. a.* located; *passend*: convenient, opportune; **≈heit** *f Anlass*: occasion; *günstige*: opportunity, chance; **bei ~** on occasion

Gelegenheits|arbeit *f* casual *od.* odd job; **~arbeiter** *m* casual labo(u)rer, odd-job man; **~kauf** *m* bargain

gelegentlich *adv.* occasionally

gelehr|ig *adj.* docile; **≈igkeit** *f* docility; **≈samkeit** *f* learning; **~t** *adj.* learned; **≈te(r)** scholar, learned man *od.* woman

Geleise *n* → **Gleis**

Geleit *n* escort; **≈en** *v/t.* accompany,

G

conduct; *bsd. schützend*: escort; **∼zug** *naut. m* convoy

Gelenk *anat., tech., bot. n* joint; **2ig** *adj.* flexible (*a. tech.*); *geschmeidig*: lithe, supple

gelernt *adj. Arbeiter*: skilled, trained

geliebt *adj.* (be)loved, dear

Geliebte 1. *m* lover; **2.** *f* mistress

gelinde 1. *adj.* soft, gentle; **2.** *adv.*: **∼ *gesagt*** to put it mildly

gelingen *v/i.* succeed, manage; *gut geraten*: turn out well; ***es gelang mir, et. zu tun*** I succeeded in doing (managed to do) s.th.

Gelingen *n* success; ***gutes ∼!*** good luck!

gelt|en *v/i. u. v/t. wert sein*: be* worth; *fig.* count for; *gültig sein*: be* valid; *Sport*: count; *Preis, Gesetz*: be* effective; **∼ *für*** apply to; **∼ *als*** be* regarded *od.* looked upon as, be* considered *od.* supposed to be; **∼ *lassen*** accept (***als*** as); **∼end** *adj.* accepted; **∼ *machen*** *Anspruch, Recht*: assert; ***s-n Einfluss (bei j-m) ∼ machen*** bring* one's influence to bear (on s.o.); **2ung** *f Ansehen*: prestige; *Gewicht*: weight; ***zur ∼ kommen*** show* to advantage; **2ungsbedürfnis** *n* need for recognition

Gelübde *n* vow

gelungen *adj.* successful, a success

gemächlich *adj.* leisurely, easy

Gemälde *n* painting, picture; **∼galerie** *f* art (*od.* picture) gallery

gemäß *prp.* according to; **∼igt** *adj.* moderate; *Klima etc.*: temperate

gemein *adj.* mean; *Witz etc.*: dirty, filthy; *bot., zo.* common; ***et. ∼ haben (mit)*** have* s.th. in common (with)

Gemeinde *f pol.* municipality; *Verwaltung*: *a.* local government; *rel.* parish; *in der Kirche*: congregation; **∼rat** *m* (*Person*: member of the) local (*Am.* city) council; **∼steuern** *pl.* (local) rates *pl.*, *Am.* local taxes *pl.*

gemein|gefährlich *adj.*: ***∼er Mensch*** public enemy; **2heit** *f* meanness; mean thing (to do *od.* say); F dirty trick; **∼nützig** *adj.* non-profit(-making); **2platz** *m* commonplace; **∼sam 1.** *adj.* common, joint; *gegenseitig*: mutual; **2.** *adv.* together

Gemeinschaft *f* community; **∼sarbeit** *f* teamwork; **∼skunde** *f* social studies *pl.*; **∼sproduktion** *f* co-production; **∼sraum** *m* recreation room, lounge

Gemein|sinn *m* public spirit; (sense of) solidarity; **2verständlich** *adj. Stil etc.*: popular; **∼wohl** *n* public welfare

gemessen *adj.* measured; *förmlich*: formal; *feierlich*: grave

Gemetzel *n* slaughter, massacre

Gemisch *n* mixture (*a. chem.*)

Gemse *zo. f* → ***Gämse***

Gemurmel *n* murmur, mutter

Gemüse *n* vegetable(s *pl.*); *grünes*: greens *pl.*; **∼händler** *m* greengrocer('s)

Gemüt *n* mind, soul; *Herz*: heart; *∼sart*: nature, mentality; **2lich** *adj.* comfortable, snug, cosy; *ungezwungen, angenehm*: peaceful, pleasant, relaxed; ***mach es dir ∼*** make yourself at home; **∼lichkeit** *f* snugness, cosiness; cosy *od.* relaxed atmosphere

Gemüts|bewegung *f* emotion; **2krank** *adj.* emotionally disturbed; **∼verfassung** *f*, **∼zustand** *m* state of mind

Gen *biol. n* gene

genau 1. *adj.* exact, precise, accurate; *sorgfältig*: careful, close; *streng*: strict; **2eres** further details *pl.*; **2.** *adv.*: ***∼ um 10 Uhr*** at 10 o'clock sharp; ***∼ der*** ... that very ...; ***∼ zuhören*** listen closely; ***es ∼ nehmen (mit et.)*** be* particular (about s.th.); **2igkeit** *f* accuracy, precision, exactness; **∼so** *adv.* → ***ebenso***

genehmig|en *v/t.* permit, allow; *bsd. amtlich*: approve; **2ung** *f* permission; approval; *∼sschein*: permit; *Zulassung*: *a.* licen|ce, *Am.* -se

geneigt *adj.* inclined (*a. fig.* ***zu*** to)

General *mil. m* general; **∼direktor** *m* general manager, managing director; **∼konsul** *m* consul general; **∼konsulat** *n* consulate general; **∼probe** *thea. f* dress rehearsal; **∼sekretär** *m* secretary-general; **∼stab** *mil. m* general staff; **∼streik** *m* general strike; **∼versammlung** *f* general meeting; **∼vertreter** *econ. m* general agent

Generation *f* generation; **∼enkonflikt** *m* generation gap

Generator *m* generator

generell *adj.* general, universal

genes|en *v/i.* recover (***von*** from), get* well; **2ung** *f* recovery

Genet|ik *biol. f* genetics *sg.*; **2isch** *adj.*

genetic; **~er Fingerabdruck** genetic fingerprint
genial *adj.* brilliant, of genius; ⚠ *nicht* **genial**; **≈ität** *f* genius
Genick *n* (back *od.* nape of the) neck
Genie *n* genius
genieren *v/refl.* be* embarrassed
genieß|en *v/t.* enjoy; **≈er** *m* gourmet
Genitiv *gr. m* genitive *od.* possessive (case)
Genmanipulation *f* → **Gentechnik**
genormt *adj.* standardized
Genoss|e *m pol.* comrade; F pal, *Brt.* mate, *Am.* buddy; **~enschaft** *econ. f* co(-)operative; **~in** *pol. f* comrade
Gen|technik *f*, **~technologie** *f* genetic engineering
genug *adj.* enough, sufficient
Genüg|e *f*: **zur ~** (well) enough, sufficiently; **≈en** *v/i.* be* enough *od.* sufficient; **das genügt** that will do; **≈end** *adj.* enough, sufficient; *Zeit*: *a.* plenty of; **≈sam** *adj.* easily satisfied; *im Essen*: frugal; *bescheiden*: modest; **~samkeit** *f* modesty; frugality
Genugtuung *f* satisfaction
Genus *gr. n* gender
Genuss *m* pleasure; *von Nahrung*: consumption; **ein ~** a real treat; *Essen*: *a.* delicious; **~mittel** *n* (semi-)luxury; *Am.* excise item
Geograf|ie *f* geography; **≈isch** *adj.* geographic(al)
Geolog|e *m* geologist; **~ie** *f* geology; **≈isch** *adj.* geologic(al)
Geometr|ie *f* geometry; **≈isch** *adj.* geometric(al)
Gepäck *n* luggage, *bsd. Am.* baggage; **~ablage** *f* luggage rack; **~aufbewahrung** *f* left-luggage office, *Am.* baggage room; **~kontrolle** *f* luggage inspection, *Am.* baggage check; **~schalter** *m* luggage counter; **~schein** *m* luggage ticket, *Am.* baggage check; **~träger** *m* porter; *Fahrrad*: carrier; *mot.* roof rack
gepanzert *adj. mot.* armo(u)red
Gepard *zo. m* cheetah
gepflegt *adj.* well-groomed, neat; *fig. Stil etc.*: cultivated
Gepflogenheit *f* habit, custom
Ge|plapper *n* babbling, chatter(ing); **~plauder** *n* chat(ting); **~polter** *n* rumble; **~quassel, ~quatsche** *n* blather, blabber
gerade 1. *adj.* straight (*a. fig.*); *Zahl etc.*: even; *direkt*: direct; *Haltung*: upright, erect; **2.** *adv.* just; **nicht ~** not exactly; **das ist es ja ~!** that's just it!; **~ deshalb** that's just why; **~ rechtzeitig** just in time; **warum ~ ich?** why me of all people?; **da wir ~ von ... sprechen** speaking of ...
Gerade *f math.* (straight) line; *Rennbahn*: straight; **linke** (**rechte**) **~** *Boxen*: straight left (right); **≈aus** *adv.* straight on *od.* ahead; **≈heraus** *adj.* straightforward, frank; **≈stehen** *v/i.* stand* straight; **~ für** answer for; **≈wegs** *adv.* straight, directly; **≈zu** *adv.* simply
Gerät *n* device; *kleines*: F gadget; *Elektro≈, Haushalts≈ etc.*: appliance; *Radio≈, Fernseh≈*: set; *coll.* *~schaften*, *a. Sport, Labor etc.*: equipment; *Handwerks≈, Garten≈*: tool; *feinmechanisches, optisches*: instrument; *Küchen≈*: (kitchen) utensil; *Sport*: apparatus
geraten *v/i. ausfallen*: turn out (**gut** well); **~ an** come* across; **~ in** get* into; **in Brand ~** catch* fire
Geräteturnen *n* apparatus gymnastics *pl.*
Geratewohl *n*: **aufs ~** at random
geräumig *adj.* spacious, roomy
Geräusch *n* sound, noise; **≈los 1.** *adj.* noiseless (*a. tech.*); **2.** *adv.* without a sound; **≈voll** *adj.* noisy
gerb|en *v/t.* tan; **≈erei** *f* tannery
gerecht *adj.* just, fair; **~ werden** do* justice to; *Wünschen etc.*: meet*; **≈igkeit** *f* justice
Gerede *n* talk; *Klatsch*: gossip
gereizt *adj.* irritable; **≈heit** *f* irritability
Gericht *n* dish; *jur.* court; **vor ~ stehen** (**stellen**) stand* (bring* to) trial; **vor ~ gehen** go* to court; **≈lich** *adj.* judicial, legal
Gerichts|barkeit *f* jurisdiction; **~gebäude** *n* law court(s *pl.*), *bsd. Am.* courthouse; **hof** *m* law court; **~medizin** *f* forensic medicine; **~saal** *m* courtroom; **~verfahren** *n* lawsuit; **~verhandlung** *f* hearing; *Straf≈*: trial; **~vollzieher** *m* bailiff, *Am.* marshal
gering *adj.* little, small; *unbedeutend*: slight, minor; *niedrig*: low; **~ schätzen** think* little of; **~fügig** *adj.* slight, minor; *Betrag, Vergehen*: petty; **~schätzig** *adj.* contemptuous; **~st** *adj.*

G

least; ***nicht im* ~~en** not in the least
gerinnen *v/i.* coagulate; *bsd. Milch*: *a.* curdle; *bsd. Blut*: *a.* clot
Gerippe *n* skeleton (*a. fig.*); *tech.* framework
gerissen *fig. adj.* cunning, smart
germanis|ch *adj.* Germanic; **~t(in)** student of (*od.* graduate in) German
gern(e) *adv.* willingly, gladly; **~ *haben*** like, be* fond of; ***et.* (*sehr*) ~ *tun*** like (love) to do s.th. *od.* doing s.th.; ***ich möchte* ~** I'd like (to); **~ *geschehen!*** not at all, (you're) welcome
Geröll *n* scree; *großes*: boulders *pl.*

G

Gerste *bot. f* barley; **~nkorn** *med. n* sty(e)
Gerte *f* switch, rod, twig
Geruch *m* smell; *bsd. schlechter*: odo(u)r; *bsd. Duft*: scent; **~los** *adj.* odo(u)rless; **~ssinn** *m* (sense of) smell
Gerücht *n* rumo(u)r
gerührt *adj.* touched, moved
Gerümpel *n* lumber, junk
Gerundium *gr. n* gerund
Gerüst *n* frame(work); *Bau~*: scaffold(ing); *Bühne*: stage
gesamt *adj.* whole, entire, total, all; **~...** *in Zssgn Ergebnis, Gewicht etc.*: *mst* total ...; **~ausgabe** *f* complete edition; **~schule** *f* comprehensive school
Gesandt|e(r) *pol.* envoy; **~schaft** *f* legation, mission
Gesang *m* singing; *Lied*: song; *Fach*: voice; **~buch** *rel. n* hymn-book; **~slehrer(in)** singing-teacher; **~verein** *m* choral society, *Am. a.* glee club
Gesäß *anat. n* buttocks *pl.*, bottom
Geschäft *n* business; *Laden*: shop, *Am.* store; *vorteilhaftes*: bargain; **~ig** *adj.* busy, active; **~igkeit** *f* activity; **~lich** **1.** *adj.* business ...; commercial; **2.** *adv.* on business
Geschäfts|brief *m* business letter; **~frau** *f* businesswoman; **~freund** *m* business friend; **~führer** *m* manager; **~führung** *f* management; **~inhaber(in)** propriet|or (-ress); **~lage** *f* business situation; **~mann** *m* businessman; **~mäßig** *adj.* businesslike; **~ordnung** *f parl.* standing orders *pl.*; rules *pl.* (of procedure); **~partner** *m* (business) partner; **~räume** *pl.* (business) premises *pl.*; **~reise** *f* business trip; **~schluss** *m* closing time; ***nach* ~** *a.* after business hours; **~stelle** *f* office; **~straße** *f* shopping street; **~träger** *pol. m* chargé d'affaires; **~tüchtig** *adj.* efficient, smart; **~verbindung** *f* business connection; **~viertel** *n* commercial district; *Am. a.* downtown; **~zeit** *f* office *od.* business hours *pl.*; **~zweig** *m* branch *od.* line (of business)
geschehen *v/i.* happen, occur, take* place; *getan werden*: be* done; ***es geschieht ihm recht*** it serves him right
Geschehen *n* events *pl.*, happenings *pl.*
gescheit *adj.* clever, bright, F brainy
Geschenk *n* present, gift; **~packung** *f* gift box
Geschicht|e *f* story; *Wissenschaft*: history; *fig.* business, thing; **~lich** *adj.* historical; **~sschreiber, ~swissenschaftler** *m* historian
Geschick *n* fate, destiny; → **~lichkeit** *f* skill; *bsd. körperliche*: dexterity; **~t** *adj.* skil(l)ful, skilled; *gewandt*: dext(e)rous; *geistig*: *a.* clever
Geschirr *n* dishes *pl.*; *Porzellan*: china; *Küchen~*: kitchen utensils *pl.*, pots and pans *pl.*, crockery; *Pferde~*: harness; **~ *spülen*** wash *od.* do* the dishes; **~spüler** *m* dishwasher
Geschlecht *n* sex; *Gattung*: kind, species; *Abstammung*: family, line(age); *Generation*: generation; *gr.* gender; **~lich** *adj.* sexual
Geschlechts|krankheit *med. f* venereal disease; **~reife** *f* puberty; **~teile** *pl.* genitals *pl.*; **~trieb** *m* sexual instinct *od.* urge; **~verkehr** *m* (sexual) intercourse; **~wort** *gr. n* article
ge|schliffen *adj. Edelstein*: cut; *fig.* polished; **~schlossen** *adj.* closed; *tech., fig.* compact; ***~e Gesellschaft*** private party
Geschmack *m* taste (*a. fig.*); *Aroma*: flavo(u)r; **~ *finden an*** develop a taste for; **~los** *adj.* tasteless; **~losigkeit** *f* tastelessness; ***das war e-e* ~** that was in bad taste; **~(s)sache** *f* matter of taste; **~voll** *adj.* tasteful, in good taste
geschmeidig *adj.* supple, pliant
Geschöpf *n* creature
Geschoss *n*, **Geschoß** *östr. n* projectile, missile; *Stockwerk*: stor(e)y, floor
Geschrei *n* shouting, yelling; *Angst~*: screams *pl.*; *Baby*: crying; *fig. Aufhebens*: fuss

Geschütz *mil. n* gun, cannon
Geschwader *mil. n naut.* squadron; *aviat.* wing, *Am.* group
Geschwätz *n* chatter, babble; *Klatsch*: gossip; *fig. Unsinn*: nonsense; **?ig** *adj.* talkative; gossipy
geschweige *cj.*: ~ (**denn**) let alone
geschwind *adj.* quick, swift; **?igkeit** *f* speed; *Schnelligkeit*: *a.* fastness, quickness; *phys.* velocity; ***mit e-r ~ von*** ... at a speed *od.* rate of ...; **?igkeitsbegrenzung** *f* speed limit; **?igkeitsüberschreitung** *mot. f* speeding
Geschwister *pl.* brother(s *pl.*) and sister(s *pl.*)
geschwollen *adj. med.* swollen; *fig.* bombastic, pretentious, pompous
Geschworene|(r) member of a jury; ***die ~n*** *pl.* the jury *sg. od. pl.*; **?ngericht** *n* → ***Schwurgericht***
Geschwulst *med. f* growth, tumo(u)r
Geschwür *med. n* abscess, ulcer
Geselchte *östr. n* smoked meat
Gesell|e *m Handwerker*: journeyman; **?en** *v/refl.*: ***sich zu j-m ~*** join s.o.; **?ig** *adj. zo. etc.*: social; *Person*: sociable; ***~es Beisammensein*** social, get-together; **~in** *f* trained woman *hairdresser etc.*, journeywoman
Gesellschaft *f* society; *Umgang*: company; *Abend? etc.*: party; *Firma*: company, corporation; ***j-m ~ leisten*** keep* s.o. company; **?lich** *adj.* social
Gesellschafts|... *in Zssgn Kritik, Ordnung, System etc.*: social ...; **~reise** *f* package *od.* conducted tour; **~spiel** *n* parlo(u)r game; **~tanz** *m* ballroom dance
Gesetz *n* law; *Einzel?*: *a.* act; **~buch** *n* code (of law); **~entwurf** *m* bill; **?gebend** *adj.* legislative; **~geber** *m* legislator; **~gebung** *f* legislation; **?lich 1.** *adj.* legal; *legal*: *a.* lawful; **2.** *adv.*: ***~ geschützt*** *econ. jur.* patented, registered; **?los** *adj.* lawless; **?mäßig** *adj.* legal, lawful
gesetzt 1. *adj.* staid, dignified; *Alter*: mature; **2.** *cj.*: ***~ den Fall***, (***dass***) ... supposing (that)
gesetzwidrig *adj.* illegal, unlawful
Gesicht *n* face; ***zu ~ bekommen*** catch* sight (*kurz*: a glimpse) of; ***aus dem ~ verlieren*** lose* sight (*fig. a.* track) of
Gesichts|ausdruck *m* (facial) expression, look; **~farbe** *f* complexion; **~punkt** *m* point of view, aspect, angle; **~zug** *m* feature
Gesindel *n* trash, *the* riff-raff *sg., pl.*
gesinn|t *adj. eingestellt*: minded; ***j-m feindlich ~ sein*** be* ill-disposed towards s.o.; **?ung** *f* mind; *Haltung*: attitude; *pol.* conviction(s *pl.*)
gesinnungs|los *adj.* unprincipled; **~treu** *adj.* loyal; **?wechsel** *m* about-turn (*bsd. Am.* -face)
gesittet *adj.* civilized, well-mannered
Gespann *n* team (*a. fig. gutes*)
gespannt *adj.* tense (*a. fig.*); ***~ sein auf*** be* anxious to see; ***ich bin ~, ob*** (***wie***) I wonder if (how)
Gespenst *n* ghost, *bsd. fig.* spect|re, *Am.* -er; **?isch** *adj.* ghostly, F spooky
Gespinst *n* web, tissue (*beide a. fig.*)
Gespött *n* mockery, ridicule; ***j-n zum ~ machen*** make* a laughingstock of s.o.
Gespräch *n* talk (*a. pol.*), conversation; *tel.* call; **?ig** *adj.* talkative
Gespür *n* flair, F nose, antenna
Gestalt *f allg.* shape, form; *Figur, Person*: figure; **?en** *v/t. Fest etc.*: arrange; *entwerfen*: design; **~ung** *f* arrangement; design; *Raum?*: decoration
geständ|ig *adj.*: ***~ sein*** confess; **?nis** *n* confession (*a. fig.*)
Gestank *m* stench, stink
gestatten *v/t.* allow, permit
Geste *f* gesture (*a. fig.*)
gestehen *v/t. u. v/i.* confess
Gestein *n* rock, stone
Gestell *n Ständer, Sockel*: stand, base, pedestal; *Regal*: shelves *pl.*; *Fassung, Rahmen*: frame
gestern *adv.* yesterday; ***~ Abend*** last night
gestreift *adj.* striped
gestrig *adj.* yesterday's, of yesterday
Gestrüpp *n* brushwood, undergrowth; *fig.* jungle, maze
Gestüt *n* stud farm; *Pferde*: stud
Gesuch *n* application, request
gesund *adj.* healthy; *Kost, Leben*: *a.* healthful; *fig. a.* sound; ***~er Menschenverstand*** common sense; (***wieder***) ***~ werden*** get* well (again), recover
Gesundheit *f* health; ***auf j-s ~ trinken*** drink* to s.o.'s health; ***~!*** *beim Niesen*: bless you!; **?lich 1.** *adj.*: ***~er Zustand***

G

state of health; ***aus ~en Gründen*** for health reasons; **2.** *adv.*: ***~ geht es ihm gut*** he is in good health
Gesundheits|amt *n* Public Health Office (*Am.* Department); **&schädlich** *adj.* bad for one's health; **~zustand** *m* state of health, physical condition
Getöse *n* din, (deafening) noise
Getränk *n* drink, beverage; **~eautomat** *m* drinks machine
getrauen *v/refl.* → ***trauen***
Getreide *n* grain, cereals *pl.*, *Brt. a.* corn; **~ernte** *f* grain harvest; *Ertrag*: *a.* grain crop
getreu *adj.* true, faithful
Getriebe *mot. n* transmission
getrost *adv. bedenkenlos*: safely
Ge|tue *n* fuss; **~tümmel** *n* turmoil
Gewächs *n* plant; *med.* growth; **~haus** *n* greenhouse, hothouse
ge|wachsen *fig. adj.*: ***j-m ~ sein*** be* a match for s.o.; ***e-r Sache ~ sein*** be* equal to s.th., be* able to cope with s.th.; **~wagt** *adj.* daring (*a. fig. Film*); *fig. Witz etc.*: risqué; **~wählt** *adj. Stil*: refined; **~wahr** *adj.*: ***~ werden*** become* aware of
Gewähr *f*: ***~ übernehmen*** (***für***) guarantee; **&en** *v/t.* grant, allow; **&leisten** *v/t.* guarantee
Gewahrsam *m*: ***et.*** (***j-n***) ***in ~ nehmen*** take* s.th. in safekeeping (s.o. into custody)
Gewalt *f* force, violence (*a. ~tätigkeit*); *Macht*: power; *Beherrschung*: control; ***mit ~*** by force; ***höhere ~*** act of God; ***häusliche ~*** (*bsd. gegen Frauen u. Kinder*) domestic violence; ***in s-e ~ bringen*** seize by force; ***die ~ verlieren über*** lose* control over; **~herrschaft** *f* tyranny; **&ig** *adj.* powerful, mighty; *riesig, ungeheuer*: enormous; **&los** *adj.* nonviolent; **~losigkeit** *f* nonviolence; **&sam 1.** *adj.* violent; **2.** *adv.* by force; ***~ öffnen*** force open; **&tätig** *adj.* violent; **~tätigkeit** *f* (act of) violence; **~verbrechen** *n* crime of violence
Gewand *n* robe, gown; *rel.* vestment
gewandt *adj.* nimble; *geschickt*: skil(l)ful; *fig.* clever; **&heit** *f* nimbleness; skill; *Auftreten*: ease
Ge|wässer *n* body of water; *~ pl.* waters *pl.*; **~webe** *n* fabric; *biol.* tissue
Gewehr *n allg.* gun; *Büchse*: rifle; *Flinte*: shotgun; **~kolben** *m* (rifle) butt; **~lauf** *m* (rifle *od.* gun) barrel
Geweih *n* antlers *pl.*, horns *pl.*
Gewerbe *n* trade, business; **~schein** *m* trade licen|se, *Am.* -se; **~schule** *f* vocational *od.* trade school
gewerb|lich *adj.* commercial, industrial; **~smäßig** *adj.* professional
Gewerkschaft *f* (trade) union, *Am.* labor union; **~(l)er(in)** trade (*Am.* labor) unionist; **&lich** *adj.*, **~s...** *in Zssgn* (trade, *Am.* labor) union ...
Gewicht *n* weight; *Bedeutung*: *a.* importance; ***~ legen auf*** stress, emphasize
gewillt *adj.* willing, ready
Ge|wimmel *n* throng; **~winde** *tech. n* thread; ***ein ~ bohren in*** tap
Gewinn *m econ.* profit (*a. fig.*); *Ertrag*: gain(s *pl.*); *Lotterie&*: prize; *Spiel&*: winnings *pl.*; ***~ bringend*** profitable; **&en** *v/t. u. v/i.* win*; *erhalten, zunehmen an*: gain; **&end** *adj. Wesen, Lächeln*: winning, engaging; **~er** *m* winner; **~zahl** *f* winning number
Gewirr *n* tangle; *Straßen&*: maze
gewiss 1. *adj.* certain; ***ein ~er Herr N.*** a certain Mr N.; **2.** *adv.* certainly
Gewissen *n* conscience; **&haft** *adj.* conscientious; **&los** *adj.* unscrupulous; **~sbisse** *pl.* pricks *pl.* (*od.* pangs *pl.*) of conscience; **~sfrage** *f* question of conscience; **~sgründe** *pl.*: ***aus ~n*** for reasons of conscience; **~skonflikt** *m* moral conflict
Gewissheit *f* certainty; ***mit ~*** *sagen, wissen*: for certain *od.* sure
Gewitter *n* thunderstorm; **~regen** *m* thundershower; **~wolke** *f* thundercloud
gewöhnen *v/t. u. v/refl.*: ***sich*** (***j-n***) ***~ an*** get* (s.o.) used to
Gewohnheit *f* habit (***et. zu tun*** of doing s.th.); **&smäßig** *adj.* habitual
gewöhnlich *adj.* common, ordinary, usual; *unfein*: vulgar, F common
gewohnt *adj.* usual; ***et.*** (***zu tun***) ***~ sein*** be* used *od.* accustomed to (doing) s.th.
Gewölb|e *n* vault; **&t** *adj.* arched
Gewühl *n* milling crowd, throng
gewunden *adj. Weg etc.*: winding
Gewürz *n* spice; **~gurke** *f* pickle(d gherkin)
Ge|zeiten *pl.* tide(s *pl.*); **~zeter** *n*

(shrill) clamo(u)r; *Nörgeln*: nagging; **⁲ziert** *adj.* affected; **~zwitscher** *n* chirp(ing), twitter(ing); **⁲zwungen** *adj.* forced, unnatural

Gicht *med. f* gout

Giebel *m* gable

Gier *f* greed(iness) (***nach*** for); **⁲ig** *adj.* greedy (***nach***, ***auf*** for, after)

gieß|en *v/t. u. v/i.* pour; *tech.* cast*; *Blumen*: water; **⁲erei** *f* foundry; **⁲kanne** *f* watering can, *Am.* watering pot

Gift *n* poison; *zo. a.* venom (*a. fig.*); ⚠ *nicht* ***gift***; **⁲ig** *adj.* poisonous; venomous (*a. fig.*); *vergiftet*: poisoned; *med.* toxic; **~müll** *m* toxic waste; **~mülldeponie** *f* toxic waste dump; **~schlange** *f* poisonous *od.* venomous snake; **~stoff** *m* poisonous *od.* toxic substance; *in der Umwelt*: pollutant; **~zahn** *m* poison fang

Gigant *m* giant; **⁲isch** *adj.* gigantic

Gipfel *m* top, peak, summit; *fig. a.* height; **~konferenz** *pol. f* summit (meeting *od.* conference); **⁲n** *v/i.* culminate

Gips *m* plaster (of Paris); ***in ~*** *med.* in (a) plaster (cast); **~abdruck, ~abguss** *m* plaster cast; **⁲en** *v/t.* plaster (*a.* F *med.*); **~verband** *med. m* plaster cast

Giraffe *zo. f* giraffe

Girlande *f* garland, festoon

Girokonto *n* current (*bsd. Am.* checking) account; *bsd. post* giro (*Am.* postal check) account

Gischt *m, f* (sea) spray, spindrift

Gitarr|e *mus. f* guitar; **~ist(in)** guitarist

Gitter *n* lattice; *vor Fenster etc.*: grating; F ***hinter ~n*** (***sitzen***) (be*) behind bars; **~bett** *n* cot, *Am.* crib; **~fenster** *n* lattice (window)

Glanz *m* shine, gloss (*a. tech.*), lust|re, *Am.* -er, brilliance (*a. fig.*); *fig. Pracht*: splendo(u)r, glamo(u)r

glänzen *v/i.* shine*, gleam; *funkeln*: *a.* glitter, glisten; **~d** *adj.* shining, shiny, bright; *phot.* glossy; *fig.* brilliant, excellent

Glanz|leistung *f* brilliant achievement; **~zeit** *f* heyday

Glas *n* glass; **~er** *m* glazier

gläsern *adj.* (of) glass

Glas|faser, ~fiber *f* glass fib|re, *Am.* -er; **~hütte** *tech. f* glassworks *sg.*

glas|ieren *v/t.* glaze; *Kuchen*: ice, frost; **~ig** *adj.* glassy; **~klar** *adj.* crystal-clear (*a. fig.*); **⁲scheibe** *f* (glass) pane; **⁲ur** *f* glaze; *Kuchen*: icing

glatt *adj.* smooth (*a. fig.*); *schlüpfrig*: slippery; *fig. Sieg etc.*: clear

Glätte *f* smoothness (*a. fig.*); slipperiness

Glatteis *n* (black, *Am.* glare) ice; ***es herrscht ~*** the roads are icy; F ***j-n aufs ~ führen*** mislead* s.o.

glätten *v/t.* smooth; *Schweiz*: → ***bügeln***

glatt|gehen F *v/i.* work (out well), go* (off) well; **~rasiert** *adj.* cleanshaven

Glatze *f* bald head; ***e-e ~ haben*** be* bald

Glaube *m* belief, *bsd. rel.* faith (*beide*: ***an*** in); **⁲n** *v/t. u. v/i.* believe; *meinen*: *a.* think*, *Am. a.* guess; ***~ an*** believe in (*a. rel.*)

Glaubens|bekenntnis *n* creed, profession *od.* confession of faith; **~lehre** *f*, **~satz** *m* dogma, doctrine

glaubhaft *adj.* credible, plausible

gläubig *adj.* religious; *fromm*: devout (*bsd. a. attr.*); ***die ⁲en*** the faithful *pl.*

Gläubiger *econ. m* creditor

glaubwürdig *adj.* credible; reliable

gleich 1. *adj.* same, *Rechte, Lohn etc.*: equal; ***auf die ~e Art*** (in) the same way; ***zur ~en Zeit*** at the same time; ***das ist mir ~*** it's all the same to me; ***ganz ~, wann*** *etc.* no matter when *etc.*; ***das ⁲e*** the same; (***ist***) *~ math.* equals, is; ***~ bleibend*** constant, steady; ***~ gesinnt*** like-minded; ***~ lautend*** identical; **2.** *adv.* equally, alike; *sofort*: at once, right away; *sehr bald*: in a moment *od.* minute; ***~ groß*** (***alt***) of the same size (age); ***~ nach*** (***neben***) right after (next to); ***~ gegenüber*** just opposite *od.* across the street; ***es ist ~ 5*** it's almost 5 o'clock; ***~ aussehen*** (***gekleidet sein***) look (be* dressed) alike; ***bis ~!*** see you soon *od.* later!; **~altrig** *adj.* (of) the same age; **~berechtigt** *adj.* equal, having equal rights; **⁲berechtigung** *f* equal rights *pl.*; **~en** *v/i.* be* *od.* look like

gleich|falls *adv.* also, likewise; ***danke, ~!*** (thanks,) the same to you! **~förmig** *adj.* uniform; **⁲gewicht** *n* balance (*a. fig.*); **~gültig** *adj.* indifferent (***gegen*** to); *leichtfertig*: careless; ***das ist mir ~*** I don't care; **⁲gültigkeit** *f* indiffer-

G

ence; **2heit** *f* equality; **~kommen** *v/i.*: ***e-r Sache ~*** amount to s.th.; ***j-m ~*** equal s.o. (***an*** in); **~mäßig** *adj. regelmäßig*: regular; *gleichbleibend*: constant; *Verteilung*: even; **~namig** *adj.* of the same name; **2nis** *n* parable; **~sam** *adv.* as it were, so to speak; **~seitig** *math. adj.* equilateral; **~setzen, ~stellen** *v/t.* equate (*dat.* to, with); *j-n*: put* on an equal footing (with); **2strom** *electr. m* direct current, *Abk.* DC; **2ung** *math. f* equation; **~wertig** *adj.* equally good; ***j-m ~ sein*** be* a match for s.o. (*a. Sport*); **~zeitig** *adj.* simultaneous; ***beide ~*** both at the same time

G

Gleis *rail. n* rail(s *pl.*), track(s *pl.*), line; *Bahnsteig*: platform, *Am. a.* gate

gleit|en *v/i.* glide, slide*; **~end** *adj.*: ***~e Arbeitszeit*** flexible working hours *pl.*, *Brt. a.* flexitime, *Am. a.* flextime; **2flug** *m* glide; **2schirmfliegen** *n* paragliding; **2schirmflieger** *m* paraglider

Gletscher *m* glacier; **~spalte** *f* crevasse

Glied *n anat.* limb; *männliches*: penis; *Verbindungs2*: link; **2ern** *v/t.* structure; divide (***in*** into); **~erung** *f* structure, arrangement; *e-s Aufsatzes*: outline; **~maßen** *pl.* limbs *pl.*, extremities *pl.*

glimm|en *v/i.* glow; *schwelen*: smo(u)lder; **2stängel** F *m* butt, fag

glimpflich 1. *adj.* lenient, mild; **2.** *adv.*: ***~ davonkommen*** get* off lightly

glitschig *adj.* slippery

glitzern *v/i.* glitter, sparkle, glint

glob|al *adj.* global; **2us** *m* globe

Glocke *f* bell; **~nblume** *bot. f* bluebell; **~nspiel** *n* chimes *pl.*; **~nturm** *m* bell tower, belfry

glorreich *adj.* glorious

Glotze F *TV f* goggle box, *Am. the* tube; **2n** F *v/i.* goggle, gape, stare

Glück *n* (good) luck, fortune; *Gefühl*: happiness; ***~ haben*** be* lucky; ***zum ~*** fortunately; ***viel ~!*** good luck!

Glucke *zo. f* sitting hen; *fig.* hen

glücken *v/i.* → ***gelingen***

gluckern *v/i.* gurgle

glücklich *adj.* happy; ***~er Zufall*** lucky chance; **~erweise** *adv.* fortunately

Glücks|bringer *m* lucky charm; **~fall** *m* lucky chance; **~pfennig** *m* lucky penny; **~pilz** *m* lucky fellow; **~spiel** *n* game of chance; *coll.* gambling; **~spieler(in)** gambler; **~tag** *m* lucky day

glück|strahlend *adj.* radiant; **2wunsch** *m* congratulations *pl.*; ***herzlichen ~!*** congratulations!; *zum Geburtstag*: happy birthday!

Glüh|birne *electr.* light bulb; **2en** *v/i.* glow (*a. fig.*); **2end** *adj.* glowing; *Eisen*: red-hot; *fig.* burning; ***~ heiß*** blazing hot; **~wein** *m* mulled wine

Glut *f* (glowing) fire; embers *pl.*; live coals *pl.*; *Hitze*: blazing heat; *Gefühle*: ardo(u)r

Glykol *chem. n* glycol

GmbH *Abk. für* ***Gesellschaft mit beschränkter Haftung*** private limited liability company

Gnade *f* mercy, *bsd. rel. a.* grace; *Gunst*: favo(u)r; **~nfrist** *f* reprieve; **~ngesuch** *jur. n* petition for mercy; **2nlos** *adj.* merciless

gnädig *adj.* gracious; *bsd. rel.* merciful

Gnom *m* gnome

Goal *östr. n Sport*: goal

Gold *n* gold; **~barren** *m* gold bar *od.* ingot; *coll.* bullion;**2en** *adj.* gold; *fig.* golden; **~fisch** *m* goldfish; **2gelb** *adj.* golden (yellow); **~gräber** *m* gold digger; **~grube** *fig. f* goldmine, bonanza; **~hamster** *zo. m* golden hamster; **2ig** *fig. adj.* sweet, lovely, *Am.* F *a.* cute; **~mine** *f* goldmine; **~münze** *f* gold coin; **~schmied** *m* goldsmith; **~stück** *n* gold coin; **~sucher** *m* gold prospector

Golf[1] *geogr. m* gulf

Golf[2] *n* golf; **~platz** *m* golf course; **~schläger** *m* golf club; **~spieler(in)** golfer

Gondel *f* gondola; *Lift2*: *a.* cabin

Gong(schlag) *m* (sound of the) gong

gönn|en *v/t.*: ***j-m et. ~*** not (be)grudge s.o. s.th.; ***j-m et. nicht ~*** (be)grudge s.o. s.th.; ***sich et. ~*** allow o.s. s.th., treat o.s. to s.th.; **~erhaft** *adj.* patronizing

Gorilla *zo. m* gorilla

Gosse *f* gutter (*a. fig.*)

Got|ik *arch. hist. f* Gothic style *od.* period; **2isch** *adj.* Gothic

Gott *m* God, Lord; *myth.* god; ***~ sei Dank(!)*** thank God(!); ***um ~es Willen!*** for heaven's sake!; **2ergeben** *adj.* resigned (to the will of God)

Gottes|dienst *rel. m* (divine) service;

mass; **2fürchtig** *adj.* god-fearing; **~lästerer** *m* blasphemer; **~lästerung** *f* blasphemy
Gottheit *f* deity, divinity
Gött|in *f* goddess; **2lich** *adj.* divine
gott|lob *int.* thank God *od.* goodness!; **~los** *adj.* godless, wicked; **~verlassen** F *adj.* godforsaken; **2vertrauen** *n* trust in God
Götze *m*, **~nbild** *n* idol
Gouverneur *m* governor
Grab *n* grave; *bsd. ~mal*: tomb
Graben *m* ditch; *mil.* trench
graben *v/t. u. v/i.* dig*; *Tier*: *a.* burrow
Grab|gewölbe *n* vault, tomb; **~mal** *n* *Ehrenmal*: monument; tomb, sepulch|re, *Am.* -er; **~rede** *f* funeral address; **~schrift** *f* epitaph; **~stätte** *f* burial place; grave, tomb; **~stein** *m* tombstone, gravestone
Grad *m* degree; *mil. etc.*: rank, grade; ***15 ~ Kälte*** 15 degrees below zero; **~einteilung** *f* graduation; **2uell** *adj.* *Unterschied etc.*: in degree
Graf *m* count; *Brt.* earl
Graffiti *pl.* graffiti *pl.*
Grafi|k *f coll.* graphic arts *pl.*; *Druck*: print; *math., tech. etc.*: graph, diagram; *Ausgestaltung*: art(work), illustrations *pl.*; *Computer*: graphics *pl.*; **~ker(in)** graphic artist; **2sch** *adj.* graphic
Gräfin *f* countess
Grafologie *f* graphology
Grafschaft *f* county
Gram *lit. m* → ***Kummer***, ***Trauer***
Gramm *n* gram
Grammati|k *f* grammar; **2sch** *adj.* grammatical
Granat *min. m* garnet; **~e** *f mil.* shell; *fig. Sport*: cannonball; **~splitter** *mil. m* shell splinter; **~werfer** *mil. m* mortar
grandios *adj.* magnificent, grand
Granit *min. m* granite
Graphik *etc.* → ***Grafik*** *etc.*
Gras *bot. n* grass; **2en** *v/i.* graze; **~halm** *m* blade of grass
grassieren *v/i.* rage, be* rife
grässlich *adj.* hideous, atrocious
Gräte *f* (fish)bone
Gratifikation *f* gratuity, bonus
gratis *adv.* free (of charge)
Grätsche *f*, **2n** *v/i.* straddle; *Fußball*: slide tackle
Gratul|ant(in) congratulator; **~ation** *f* congratulation; **2ieren** *v/i.* congratulate (***j-m zu et.*** s.o. on s.th.); ***j-m zum Geburtstag ~*** wish s.o. many happy returns (of the day)
grau *adj.* grey, *bsd. Am.* gray; **2brot** *n* rye bread; **~en** *v/i.*: ***mir graut es vor*** I dread (the thought of); **2en** *n* horror; **~enhaft, ~envoll** *adj.* horrible, horrifying
Gräuel *m* horror; **~tat** *f* atrocity
Graupel *meteor. f* sleet, soft hail
grausam *adj.* cruel; **2keit** *f* cruelty
grausig *adj.* → ***grauenhaft***
Grauzone *f fig.* grey (*Am.* gray) area
grav|ieren *v/t.* engrave; **~ierend** *adj.* serious; **2ur** *f* engraving
Graz|ie *f* grace; **2iös** *adj.* graceful; ⚠ *nicht* ***gracious***
greifen 1. *v/t.* seize, grasp, grab, take* *od.* catch* hold of; **2.** *v/i. fig. Maßnahmen*: take* effect; ***~ nach*** reach for; *fest*: grasp at
Greis *m* (very) old man; **2enhaft** *adj.* senile (*a. med.*); **~in** *f* (very) old woman
grell *adj.* glaring; *Ton*: shrill
Grenze *f* border; *Linie*: *a.* boundary; *fig.* limit; **2n** *v/i.*: ***~ an*** border on; **2nlos** *adj.* boundless
Grenz|fall *m* borderline case; **~land** *n* borderland, frontier; **~linie** *f* borderline, *pol.* demarcation line; **~stein** *m* boundary stone; **~übergang** *m* frontier crossing (point), checkpoint
Greuel *m* → ***Gräuel***
Griech|e *m* Greek; **~enland** Greece; **~in** *f*, **2isch** *adj.* Greek
Grieß *m* semolina
Griff *m* grip, grasp; *Tür2*, *Messer2 etc.*: handle; **2bereit** *adj.* at hand, handy
Grill *m* grill
Grille *zo. f* cricket
grillen *v/t.* grill, barbecue
Grimasse *f* grimace; ***~n schneiden*** pull faces
grimmig *adj.* grim
grinsen *v/i.* grin (***über*** at); *höhnisch*: sneer (at); **2** *n* grin; sneer
Grippe *med. f* influenza, F flu
Grips F *m* brains *pl.*
grob 1. *adj.* coarse (*a. fig.*); *Fehler*, *Lüge etc.*: gross; *Benehmen*: crude; *frech*: rude; *Arbeit*, *Fläche*, *Skizze etc.*: rough; **2.** *adv.*: ***~ geschätzt*** at a rough

G

estimate; **ℒheit** *f* coarseness; roughness; rudeness

grölen F *v/t. u. v/i.* bawl

Groll *m* grudge, ill will; **ℒen** *v/i.*: ***j-m ~*** bear* s.o. a grudge

Groschen *m östr.* groschen; F ten-pfennig piece, ten pfennigs *pl.*; *fig.*: ***keinen ~ wert*** not worth a penny (*Am.* cent)

groß *adj.* big; *bsd. Fläche, Umfang, Zahl*: large (*a. Familie*); *hoch*(*gewachsen*): tall; *erwachsen*: grown-up; F *Bruder*: big; *fig. bedeutend*: great (*a. Freude, Spaß, Eile, Mühe, Schmerz etc.*); *Buchstabe*: capital; ***~es Geld*** notes *pl.*, *Am.* bills *pl.*; ***~e Ferien*** summer holiday(s *pl.*), *Am. a.* summer vacation *sg.*; ***ℒ und Klein*** young and old; ***im ℒen*** (***und***) ***Ganzen*** on the whole; F: ***~ in et. sein*** be* great at (doing) s.th.; ***wie ~ ist es?*** what size is it?; ***wie ~ bist du?*** how tall are you?; **~artig** *adj.* great, F *a.* terrific; **ℒaufnahme** *f Film*: close-up

Größe *f* size (*a. Kleid etc.*); *Körperℒ*: height; *bsd. math.* quantity; *Bedeutung*: greatness; *Person*: celebrity

Großeltern *pl.* grandparents *pl.*

großenteils *adv.* to a large *od.* great extent, largely

Größenwahn *m* megalomania (*a. fig.*)

Groß|familie *f* extended family; **~handel** *m* wholesale (trade); **~händler** *m* wholesaler; **~handlung** *f* wholesale business; **~industrie** *f* big industry; *weitS.* big business; **~industrielle** *m* big industrialist, F tycoon

Groß|macht *pol. f* great power; **~markt** *m* hypermarket; wholesale market; **~maul** *n* braggart; **~mut** *f* generosity; **~mutter** *f* grandmother; **~raum** *m*: ***der ~ München*** the Greater Munich area; **~raumflugzeug** *n* wide-bodied jet; **~schreibung** *f* capitalization; **ℒsprecherisch** *adj.* boastful; **ℒspurig** *adj.* arrogant; **~stadt** *f* big city; **ℒstädtisch** *adj.* urban

größtenteils *adv.* mostly, mainly

groß|tun *v/i.* show* off; ***sich mit et. ~*** boast *od.* brag of *od.* about s.th.; **ℒvater** *m* grandfather; **ℒverdiener** *m* big earner; **ℒwild** *n* big game; **~ziehen** *v/t.* raise, rear; *Kind*: *a.* bring* up; **~zügig** *adj.* generous, liberal (*a. Erziehung*); *Planung etc.*: *a.* on a large scale; *Räume*: spacious; **ℒzügigkeit** *f* generosity, liberality; spaciousness

grotesk *adj.* grotesque

Grotte *f* grotto

Grübchen *n* dimple

Grube *f* pit (*a. Bergbau:*); *Bergwerk*: mine

Grübel|ei *f* pondering, musing; **ℒn** *v/i.* ponder, muse (***über*** on, over)

Gruft *f* tomb, vault

grün *adj.* green; ***~ und blau schlagen*** beat* black and blue

Grün *n* green; ***im ~en*** in the country; **~anlage** *f* park

Grund *m* reason; *Ursache*: cause; *Boden*: ground; *agr. a.* soil; *Meer etc.*: bottom; ***~ und Boden*** property, land; ***aus diesem ~***(***e***) for this reason; ***auf ~*** *gen.* because of; ***von ~ auf*** entirely; ***im ~e*** (***genommen***) actually, basically; ***zu ~e gehen*** go* to rack and ruin; ***zu ~e gehen an*** die of; ***zu ~e liegen*** underlie*; ***e-r Sache et. zu ~e legen*** base s.th. on s.th.; ***~ richten*** ruin; ***~...*** *in Zssgn Bedeutung, Regel, Wortschatz etc.*: *mst* basic ...; **~begriffe** *pl.* basics *pl.*, fundamentals *pl.*; **~besitz** *m* property, land; **~besitzer** *m* landowner

gründ|en *v/t.* found (*a. Familie*), set* up, establish; ***sich ~ auf*** be* based *od.* founded on; **ℒer**(**in**) founder

grund|falsch *adj.* absolutely wrong; **ℒfläche** *f math.* base; *e-s Zimmers etc.*: area; **ℒgedanke** *m* basic idea; **ℒgeschwindigkeit** *aviat. f* ground speed; **ℒgesetz** *n* constitution; **ℒlage** *f* foundation; *fig. a.* basis; **~n** *pl.* (basic) elements *pl.*; **~legend** *adj.* fundamental, basic

gründlich *adj.* thorough (*a. fig.*)

Grund|linie *f Tennis etc.*: base line; **ℒlos** *fig. adj.* groundless, unfounded; **~mauer** *f* foundation

Gründonnerstag *rel. m* Maundy *od.* Holy Thursday

Grund|rechnungsart *math. f* basic arithmetical operation; **~riss** *arch. m* ground plan; **~satz** *m* principle; **ℒsätzlich 1.** *adj.* fundamental; **2.** *adv.*: ***ich bin ~ dagegen*** I am against it on principle; **~schule** *f Brt.* primary (*od.* junior) school; *Am.* elementary (*od.* grade) school; **~stein** *m arch.* foundation stone; *fig.* foundations *pl.*; **~stück** *n* plot (of land), *bsd. Am. a.* lot; *Bau-*

platz: (building) site; *Haus nebst Zubehör*: premises *pl.*; **~stücksmakler** *m* (*Am.* real) estate agent, *Am. a.* realtor

Gründung *f* foundation, establishment, setting up

grund|verschieden *adj.* totally different; **≈wasser** *n* ground water; **≈zahl** *f* cardinal number; **≈zug** *m* main feature, characteristic

Grüne *pol. m, f* Green; ***die ~n*** *pl.* the Greens *pl.*

Grün|fläche *f* green space; **≈lich** *adj.* greenish; **~span** *m* verdigris

grunzen *v/i. u. v/t.* grunt

Grupp|e *f* group; **≈ieren** *v/t.* group, arrange in groups; ***sich ~*** form groups

Grusel|... *in Zssgn Film etc.*: horror ...; **≈ig** *adj.* eerie, creepy; *Film etc.*: spine-chilling; **≈n** *v/t. u. v/refl.*: ***es gruselt mich*** F it gives me the creeps

Gruß *m* greeting(s *pl.*); *mil.* salute; ***viele Grüße an*** ... give my regards (*herzlicher*: love) to ...; ***mit freundlichen Grüßen*** *Brief*: yours sincerely; ***herzliche Grüße*** best wishes; *herzlicher*: love

grüßen *v/t.* greet, F say* hello to; *bsd. mil.* salute; ***j-n ~ lassen*** send* one's regards (*herzlicher*: love) to s.o

Grütze *f* groats *pl.*, *Am.* grits *pl.*

guck|en *v/i.* look; **≈loch** *n* peephole

Güggeli *n Schweiz*: chicken

gültig *adj.* valid; *Geld*: *a.* current; **≈keit** *f* validity; ***s-e ~ verlieren*** expire

Gummi *n* rubber; → ***Radiergummi***; **~...** *in Zssgn Ball, Handschuh, Sohle, Stiefel etc.*: *mst* rubber ...; **~band** *n* rubber (*bsd. Brt. a.* elastic) band; **~bärchen** *pl.* gummy bears *pl.*; **~baum** *m* rubber tree; *im Haus*: rubber plant; **~bonbon** *m, n* gumdrop; **~boot** *n* rubber dinghy

gummieren *v/t.* gum

Gummi|knüppel *m* truncheon, *Am. a.* billy (club); **~stiefel** *m bsd. Brt.* wellington (boot), *Am.* rubber boot; **~zug** *m* elastic

Gunst *f* favo(u)r, goodwill; ***zu ~en von*** *od. gen.* in favo(u)r of

günst|ig *adj.* favo(u)rable (***für*** to); *passend*: convenient; ***~e Gelegenheit*** chance; ***im ~sten Fall*** at best

Gurgel *f*: ***j-m an die ~ springen*** fly* at s.o.'s throat; **≈n** *v/i. med.* gargle; *Wasser*: gurgle

Gurke *f* cucumber; *Gewürz≈*: pickle(d gherkin)

gurren *v/i.* coo

Gurt *m* belt (*a. mot. u. aviat.*); *Halte≈, Trage≈*: strap

Gürtel *m* belt; ⚠ *nicht* ***girdle***; **~reifen** *m* radial (tyre, *Am.* tire)

GUS *Abk. für* ***Gemeinschaft Unabhängiger Staaten*** CIS, Commonwealth of Independent States

Guss *m Regen etc.*: downpour; *tech.* casting; *Zucker≈*: icing; *fig.* ***aus e-m ~*** of a piece; **~eisen** *n* cast iron; **≈eisern** *adj.* cast-iron

gut 1. *adj.* good; *Wetter*: *a.* fine; ***ganz ~*** not bad; ***also ~!*** all right (then)!; ***schon ~!*** never mind!; (***wieder***) ***~ werden*** come* right (again), be* all right; ***~e Reise!*** have a nice trip!; ***sei bitte so ~ und*** ... would you be so good as to *od.* good enough to ...; ***in et. ~ sein*** be* good at (doing) s.th.; **2.** *adv.* well; *aussehen, klingen, riechen, schmecken etc.*: good; ***du hast es ~*** you are lucky; ***es ist ~ möglich*** it may well be; ***es gefällt mir ~*** I (do) like it; ***~ gemacht!*** well done!; ***machs ~!*** take care (of yourself)!; ***~ gehen*** go* (off) well, work out well *od.* all right; ***wenn alles ~ geht*** if nothing goes wrong; ***mir geht es ~*** I'm (*finanziell*: doing) well; ***~ gelaunt*** in a good mood

Gut *n Land≈*: estate; ***Güter*** *pl.* goods *pl.*

Gut|achten *n* (expert) opinion; *Zeugnis*: certificate; **~achter** *m* expert; **≈artig** *adj.* good-natured; *med.* benign; **~dünken** *n*: ***nach ~*** at one's discretion

Gute *n* good; ***~s tun*** do* good; ***alles ~!*** all the best!, good luck!

Güte *f* goodness, kindness; *econ.* quality; F: ***meine ~!*** good gracious!

Güter|bahnhof *m* goods station, *Am.* freight depot; **~gemeinschaft** *jur. f* community of property; **~trennung** *jur. f* separation of property; **~verkehr** *m* goods (*Am.* freight) traffic; **~wagen** *m* goods wag(g)on, *Am.* freight car; **~zug** *m* goods (*Am.* freight) train

gut|gebaut *adj.* well-built; **~gemeint** *adj.* well-meant; **~gläubig** *adj.* credulous; **≈haben** *econ. n* credit (balance); **~heißen** *v/t.* approve (of); **~herzig** *adj.* kind(-hearted); → ***gut***

gütig *adj.* good, kind(ly)
gütlich *adv.*: ***sich ~ einigen*** come* to an amicable settlement
gut|machen *v/t.* make* up for, repay*; **~mütig** *adj.* good-natured; **2mütigkeit** *f* good nature
Gutsbesitzer(in) estate owner
Gut|schein *m* coupon, *bsd. Brt.* voucher; **2schreiben** *v/t.*: ***j-m et. ~*** credit s.th. to s.o.'s account; **~schrift** *f* credit
Guts|haus *n* manor house; **~hof** *m* estate, manor; **~verwalter** *m* farm *od.* estate manager
gutwillig *adj.* willing
Gymnasium *n Brt. etwa* grammar school, *Am.* high school; ⚠ *nicht* ***gymnasium***
Gymnasti|k *f* exercises *pl.*, *Disziplin*: gymnastics *pl.*; **2sch** *adj.*: ***~e Übungen*** physical exercises
Gynäkologe *med. m* gyn(a)ecologist

H

H

Haar *n* hair; ***sich die ~e kämmen*** comb one's hair; ***sich die ~e schneiden lassen*** have* one's hair cut; ***sich aufs ~ gleichen*** look absolutely identical; ***um ein ~*** by a hair's breadth; **~ausfall** *m* loss of hair; **~bürste** *f* hairbrush; **2en** *v/i. u. v/refl. Tier*: lose* its hair; *Pelz*: shed* hairs; **~esbreite** *f*: ***um ~*** by a hair's breadth; **2fein** *adj.* (as) fine as a hair; *fig.* subtle; **~festiger** *m* setting lotion; **~gefäß** *anat. n* capillary (vessel); **2genau** F *adv.* precisely; (***stimmt***) ***~!*** dead right!; **2ig** *adj.* hairy; *in Zssgn*: ...-haired; **2klein** F *adv.* to the last detail; **~klemme** *f* hair clip, *Am.* bobby pin; **~nadel** *f* hairpin; **~nadelkurve** *f* hairpin bend; **~netz** *n* hairnet; **2scharf** F *adv.* by a hair's breadth; **~schnitt** *m* haircut; **~spalterei** *f* hairsplitting; **~spange** *f* (hair) slide, *Am.* barrette; **2sträubend** *adj.* hair-raising, shocking; **~teil** *n* hairpiece; **~trockner** *m* hair dryer; **~wäsche** *f*, **~waschmittel** *n* shampoo; **~wasser** *n* hair tonic; **~wuchs** *m*: ***starken ~ haben*** have* a lot of hair; **~wuchsmittel** *n* hair restorer
Hab: ***~ und Gut*** belongings *pl.*
Habe *f* (personal) belongings *pl.*
haben *v/t.* have* (got); ***Hunger*** (***Durst***) ***~*** be* hungry (thirsty); ***Ferien*** (***Urlaub***) ***~*** be* on holiday; ***er hat Geburtstag*** it's his birthday; ***welches Datum ~ wir heute?*** what's the date today?; ***welche Farbe hat ...?*** what colo(u)r is ...?; ***zu ~*** *Ware etc.*: available; F *Mädchen*: to be had; F: ***sich ~*** make* a fuss; F: ***was hast du?*** what's the matter with you?; F: ***da ~ wir's!*** there we are!
Haben *econ. n* credit
Habgier *f* greed(iness); **2ig** *adj.* greedy
Habicht *zo. m* (gos)hawk
Habseligkeiten *pl.* belongings *pl.*
Hacke *f agr.* hoe; *Spitz2*: (pick)axe; *Ferse*: heel
hacken *v/t.* chop; *agr.* hoe; *Vogel*: peck; **2entrick** *m Fußball*: backheeler
Hacker *m Computer*: hacker
Hack|fleisch *n* minced (*Am.* ground) meat; **~ordnung** *f* pecking order
Hafen *m* harbo(u)r, port; **~arbeiter** *m* docker, *Am. a.* longshoreman; **~stadt** *f* (sea)port
Hafer *m* oats *pl.*; **~brei** *m* porridge, *Am.* oatmeal; **~flocken** *pl.* (rolled) oats *pl.*; **~schleim** *m* gruel
Haft *jur. f* confinement, imprisonment; ***in ~*** under arrest; **2bar** *adj.* responsible, *jur.* liable; **~befehl** *m* warrant of arrest; **2en** *v/i.* stick*, adhere (***an*** to); ***~ für*** *jur.* answer for, be* liable for
Häftling *m* prisoner, convict
Haftpflicht *jur. f* liability; **~versicherung** *f* liability insurance; *mot.* third party insurance
Haftung *f* responsibility, *jur.* liability; ***mit beschränkter ~*** limited
Hagel *m* hail; *fig. a.* shower, volley;

~korn *n* hailstone; **≈n** *v/i.* hail (*a. fig.*); **~schauer** *m* hail shower
hager *adj.* lean, gaunt, haggard
Hahn *m zo.* cock; *Haus≈*: *Am.* rooster; *Wasser≈*: (water) tap, *Am. a.* faucet
Hähnchen *n* chicken
Hahnen|kamm *m* cockscomb; **~schrei** *m fig.*: ***mit dem ersten ~*** at the crack of dawn
Hai(fisch) *m* shark
häkeln *v/t. u. v/i.* crochet
Haken *m* hook (*a. Boxen*); *Kleider≈*: *a.* peg; *Zeichen*: tick, *Am.* check; F snag, catch; ***~ und Öse*** hook and eye; **~kreuz** *n* swastika
halb *adj. u. adv.* half; ***e-e ~e Stunde*** half an hour; ***ein ~es Pfund*** half a pound; ***zum ~en Preis*** at half-price; ***auf ~em Wege*** (***entgegenkommen***) (meet*) halfway; ***~ so viel*** half as much; F: ***(mit j-m) ~e-~e machen*** go* halves *od.* fifty-fifty (with s.o.); ***~ gar*** underdone; ***~ links*** inside left; ***~ rechts*** inside right; **≈bruder** *m* half-brother; **≈dunkel** *n* semi-darkness
Halbe *f* pint (of beer)
halber *prp.* → ***wegen, um... willen***
halb|fett *adj. Käse etc*: medium-fat; *Schrift*: semi-bold; **≈finale** *n Sport*: semifinal; **~gar** *adj.* underdone; **≈gott** *m* demigod (*a. fig.*)
halbieren *v/t.* halve; *math.* bisect
Halb|insel *f* peninsula; **~jahr** *n* six months *pl.*; **≈jährig** *adj.* six-month; **≈jährlich 1.** *adj.* half-yearly; **2.** *adv.* half-yearly, twice a year; **~kreis** *m* semicircle; **~kugel** *f* hemisphere; **≈laut 1.** *adj.* low, subdued; **2.** *adv.* in an undertone; **~leiter** *electr. m* semiconductor; **~mond** *m* half-moon, crescent (*a. Form*); **~pension** *f* half-board; **~schlaf** *m* doze; **~schuh** *m* (low) shoe; **~schwester** *f* half-sister
halbtags *adv.*: ***~ arbeiten*** work part-time; **≈arbeit** *f* part-time job; **≈kraft** *f* part-time worker, part-timer
halb|wegs *adv. fig. leidlich*: reasonably; **≈wüchsige** *m, f* adolescent
Halbzeit *f Sport*: half (time); **~stand** *m* half-time score
Halde *f* slope; *Bergbau*: dump
Hälfte *f* half; ***die ~ von*** half of
Halfter 1. *m, n Zaum*: halter; **2.** *n, f Pistolen≈*: holster

Halle *f* hall; *Hotel≈*: *a.* lounge; ***in der ~*** *Sport etc.* indoors
hallen *v/i.* resound, reverberate
Hallen|bad *n* indoor swimming pool; **~sport** *m* indoor sports *pl.*
Halm *bot. m Gras≈*: blade; *Getreide≈*: ha(u)lm, stalk; *Stroh≈*: straw
Hals *m* neck; *Kehle*: throat; ***~ über Kopf*** helter-skelter; ***sich vom ~ schaffen*** get* rid of; ***es hängt mir zum ~(e) (he)raus*** I'm fed up with it; ***bis zum ~*** *fig.* up to one's neck; **~band** *n* necklace; *Hunde≈ etc.*: collar; **~entzündung** *f* sore throat; **~kette** *f* necklace; **~schmerzen** *pl.*: ***~ haben*** have* a sore throat; **≈starrig** *adj.* stubborn, obstinate; **~tuch** *n* neckerchief; scarf
Halt *m* hold; *Stütze*: support (*a. fig.*); *Zwischen≈*: stop; *fig. innerer*: stability; ***~ machen*** stop; ***vor nichts ~ machen*** stop at nothing
halt *int.* stop!; *mil.* halt!
haltbar *adj.* durable; *Lebensmittel*: not perishable; *Argument etc.*: tenable; ***~ bis ...*** best before...; **~keitsdatum** *n* best-by (*od.* best-before) date
halten 1. *v/t.* hold*; *Versprechen, Tier etc.*: keep*; *Rede*: make*; *Vortrag*: give*; *Zeitung*: take* (*Brt. a.* in); *Torwart*: save; ***~ für*** regard as; *irrtümlich*: (mis)take* for; ***viel*** (***wenig***) ***~ von*** think* highly (little) of; ***sich ~*** last; *Essen, in Richtung od. Zustand*: keep*; ***sich gut ~*** *in e-r Prüfung*: do* well; ***sich ~ an*** keep* to; **2.** *v/i.* hold*, last; *an~*: stop, halt; *Eis*: bear*; *Seil etc.*: hold*; ***~ zu*** stand* by, F stick* to
Halter *m* owner; *für Geräte etc.*: holder
Halte|stelle *f* stop; *rail. a.* station; **~verbot** *mot. n* no stopping (area)
halt|los *adj.* unsteady; *unbegründet*: baseless; **≈ung** *f Körper*: posture; *fig.* attitude (**zu** towards)
hämisch *adj.* malicious, sneering
Hammel *m* wether; **~fleisch** *n* mutton
Hammer *m* hammer (*a. Sport*)
hämmern *v/t. u. v/i.* hammer
Hämorrhoiden, Hämorriden *med. pl.* h(a)emorrhoids *pl.*, piles *pl.*
Hampelmann *m* jumping jack
Hamster *zo. m* hamster; **≈n** *v/t.* hoard
Hand *f* hand; ***von ~, mit der ~*** by hand; ***bei der ~, zur ~*** at hand, handy; ***aus erster*** (***zweiter***) ***~*** firsthand (second-

hand); ***an die ~ nehmen*** take* by the hand; ***sich die ~ geben*** shake* hands; ***aus der ~ legen*** lay* aside; ***Hände hoch*** (***weg***)! hands up (off)!; **~arbeit** *f* manual labo(u)r; *Nadelarbeit*: needlework (*a. Schule*); ***es ist ~*** it is handmade; **~ball** *m* (European) handball; **~betrieb** *tech. m* manual operation; **~breit** *f* hand's breadth; **~bremse** *mot. f* hand brake; **~buch** *n* manual, handbook

Händedruck *m* handshake

Handel *m* commerce, business; *~sverkehr*: trade; *Markt*: market; *abgeschlossener*: transaction, deal, bargain; ***~ treiben*** *econ.* trade (***mit*** with *s.o.*); **2n** *v/i.* act, take* action; *feilschen*: bargain (***um*** for), haggle (over); ***mit j-m ~*** *econ.* trade with s.o.; ***mit Waren ~*** *econ.* trade *od.* deal* in goods; ***~ von*** deal* with, be* about; ***es handelt sich um*** it concerns, it is about; it is a matter of

Handels|abkommen *n* trade agreement; **~bank** *f* commercial bank; **~bilanz** *f* balance of trade; **2einig** *adj.*: ***~ werden*** come* to terms; **~gesellschaft** *f* (trading) company; **~kammer** *f* chamber of commerce; **~schiff** *n* merchant ship; **~schule** *f* commercial school; **~ware** *f* commodity, merchandise

Hand|feger *m* handbrush; **~fertigkeit** *f* manual skill; **2fest** *fig. adj.* solid; **~fläche** *f* palm; **2gearbeitet** *adj.* handmade; **~gelenk** *n* wrist; **~gepäck** *n* hand luggage (*Am.* baggage); **~granate** *mil. f* hand grenade; **2greiflich** *adj.*: ***~ werden*** turn violent, *Am. a.* get* tough; **2haben** *v/t.* handle, manage; *Maschine etc.*: operate; **~kantenschlag** *m* (backhand) chop

Händler(in) dealer, trader

handlich *adj.* handy, manageable

Handlung *f Film etc.*: story, plot, action; *Tat*: act, action

Handlungs|reisende *m* sales representative, travel(l)ing salesman; **~weise** *f Verhalten*: conduct, behavio(u)r

Hand|rücken *m* back of the hand; **~schellen** *pl.* handcuffs *pl.*; ***j-m ~ anlegen*** handcuff s.o.; **~schlag** *m* handshake; **~schrift** *f* hand(writing); **2schriftlich** *adj.* handwritten; **~schuh** *m* glove; **~spiel** *n Fußball*: hand ball; **~stand** *m* handstand; **~tasche** *f* handbag, *Am. a.* purse; **~tuch** *n* towel; **~voll** *f* handful; **~wagen** *m* handcart; **~werk** *n* craft, trade; **~werker(in)** crafts(wo)man; *allg.* work(wo)man; **~werkszeug** *n* (kit of) tools *pl.*; **~wurzel** *f* wrist

Handy *n* mobile (telephone *od.* phone)

Hanf *bot. m* hemp; *Indisch ~*: cannabis

Hang *m* slope; *fig.* inclination (***zu*** for), tendency (towards)

Hänge|brücke *f* suspension bridge; **~lampe** *f* hanging lamp; **~matte** *f* hammock

hängen *v/i. u. v/t.* hang* (***an*** *Wand etc.*: on; *Decke etc.*: from); ***~ an*** be* fond of; *stärker*: be* devoted to; ***alles, woran ich hänge*** everything that is dear to me; **~bleiben** *v/i.* get* stuck (*a. fig.*); ***an et. ~*** get* caught on s.th.

hänseln *v/t.* tease (***wegen*** about)

Hanswurst *m* fool, clown

Hant|el *f* dumbbell; **~ieren** *v/i.*: ***~ mit*** handle; ***~ an*** fiddle about with

Happen *m* morsel, bite; snack

Hardware *f Computer*: hardware

Harfe *mus. f* harp; **~nist(in)** harpist

Harke *f*, **2n** *v/t.* rake

harmlos *adj.* harmless

Harmon|ie *f* harmony (*a. mus.*); **2ieren** *v/i.* harmonize (***mit*** with); **2isch** *adj.* harmonious

Harn *m* urine; **~blase** *f* (urinary) bladder; **~röhre** *f* urethra

Harpun|e *f*, **2ieren** *v/t.* harpoon

hart 1. *adj.* hard, F *a.* tough; *Sport*: rough; *streng*: severe; ***~ gekocht*** hard-boiled; **2.** *adv.* hard; ⚠ *nicht* ***hardly***

Härte *f* hardness; toughness; roughness; severity; *bsd. jur.* hardship; **~fall** *m* case of hardship; **2n** *v/t.* harden

Hart|faserplatte *f* hardboard; **~geld** *n* coin(s *pl.*); **2gesotten** *fig. adj.* hard-boiled; **2herzig** *adj.* hard-hearted; **2näckig** *adj.* stubborn (*a. Krankheit*); *beharrlich*: persistent

Harz *n* resin; *Geigen2*: rosin; **2ig** *adj.* resinous

Hasch F *n* hash; **2en** F *v/i.* smoke hash; **~isch** *n* hashish, *sl.* pot

Hase *zo. m* hare

Hasel|maus *f* dormouse; **~nuss** *f* hazelnut

Hasen|braten *m* roast hare; **~fuß** *m* coward; **~scharte** *med. f* harelip
Hass *m* hatred, hate (***auf, gegen*** of, for)
hassen *v/t.* hate
hässlich *adj.* ugly; *fig. a.* nasty
Hast *f* hurry, haste; rush; **2en** *v/i.* hurry, hasten, rush; **2ig** *adj.* hasty, hurried
hätscheln *v/t.* fondle; *contp.* pamper
Haube *f* bonnet; *Schwestern2*: cap; *zo.* crest; *mot.* bonnet, *Am.* hood
Hauch *m* breath; *Duft2*: whiff; *fig. Anflug*: touch, trace; **2en** *v/t.* breathe
Haue F *f* hiding, spanking; **2n** *v/t.* F hit*, beat*, *prügeln*: thrash, *Kind*: *a.* spank; *tech.* hew*; ***sich ~*** (have* a) fight*
Haufen *m* heap, pile (*beide a.* F *fig.*); F *fig.* crowd
häuf|en *v/t.* heap (up), pile (up); ***sich ~*** *fig.* become* more frequent, be* on the increase; **~ig 1.** *adj.* frequent; **2.** *adv.* frequently, often
Haupt *n* head, *fig. a.* leader; **~bahnhof** *m* main *od.* central station; **~beschäftigung** *f* chief occupation; **~bestandteil** *m* chief ingredient; **~darsteller(in)** leading act|or (-ress), lead(ing man [lady])
Häuptelsalat *östr. m* lettuce
Haupt|fach *n Studium*: main subject, *Am.* major; **~figur** *f* main character; **~film** *m* feature (film); **~gericht** *gastr. n* main course; **~gewinn** *m* first prize; **~grund** *m* main reason
Häuptling *m* chief(tain)
Haupt|mann *mil. m* captain; **~menü** *n Computer*: main menu; **~merkmal** *n* chief characteristic; **~person** F *f* cent|re (*Am.* -er) of attention; **~quartier** *n* headquarters *pl.*; **~rolle** *thea. f* lead(ing part); **~sache** *f* main thing *od.* point; **2sächlich** *adj.* main, chief, principal; **~satz** *m* main clause; **sendezeit** *f TV* peak time, peak viewing hours *pl.*, *Am.* prime time; **~speicher** *m Computer*: main memory; **~stadt** *f* capital; **~straße** *f* main street; main road; **~verkehrsstraße** *f* main road; **~verkehrszeit** *f* rush hour(s *pl.*), peak hour(s *pl.*); **~versammlung** *f* general meeting; **~wohnsitz** *m* main place of residence; **~wort** *n* noun
Haus *n* house; *Gebäude*: building; ***zu ~e*** at home, in; ***nach ~e kommen*** (***bringen***) come* *od.* get* (take*) home; **~angestellte(r)** domestic (servant); **~apotheke** *f* medicine cabinet; **~arbeit** *f* housework; **~arzt** *m*, **~ärztin** *f* family doctor; **~aufgaben** *pl.* homework *sg.*, *Am. a.* assignment; ***s-e ~n machen*** *a. fig.* do one's homework; **~bar** *f* cocktail cabinet; **~besetzer** *m* squatter; **~besetzung** *f* squatting; **~besitzer(in)** house owner; **~einweihung** *f* house-warming (party)
hausen *v/i.* live; *wüten*: play havoc
Haus|flur *m* (entrance) hall, *bsd. Am.* hallway; **~frau** *f* housewife; **~friedensbruch** *jur. m* trespass; **2gemacht** *adj.* homemade; **~halt** *m* household; *pol.* budget; (***j-m***) ***den ~ führen*** keep* house (for s.o.); **~hälterin** *f* housekeeper; **~haltsgeld** *n* housekeeping money; **~haltsplan** *parl. m* budget; **~haltswaren** *pl.* household articles *pl.*; **~herr** *m* head of the household; *Gastgeber*: host; **~herrin** *f* lady of the house; *Gastgeberin*: hostess; **2hoch** *adj.* huge; *Sieg*: smashing
hausiere|n *v/i.* peddle, hawk (***mit et.*** s.th.) (*a. fig.*); **2r** *m* pedlar, hawker
häuslich *adj.* domestic; home-loving
Haus|mädchen *n* (house)maid; **~mann** F *m* house husband; **~mannskost** *f* plain fare; **~meister** *m* caretaker, janitor; **~mittel** *n* household remedy; **~ordnung** *f* house rules *pl.*; **~rat** *m* household effects *pl.*; **~schlüssel** *m* front-door key; **~schuh** *m* slipper
Hausse *econ. f* rise, boom
Haus|suchung *f* house search; **~tier** *n* domestic animal; pet; **~tür** *f* front door; **~verwaltung** *f* property management; **~wirt(in)** land|lord (-lady); **~zelt** *n* ridge tent
Hauswirtschaft *f* housekeeping; **~slehre** *f* domestic science; *Am. a.* home economics; **~sschule** *f* domestic science (*Am. a.* home economics) school
Haut *f* skin; *Teint*: complexion; ***bis auf die ~ durchnässt*** soaked to the skin; **~abschürfung** *f* abrasion; **~arzt** *m* dermatologist; **~ausschlag** *m* rash; **2eng** *adj.* skin-tight; **~farbe** *f* colo(u)r of the skin; *Teint*: complexion; **~krankheit** *f* skin disease; **~pflege** *f*

skin care; **~schere** *f* cuticle scissors *pl.*
Hbf. *Abk. für* ***Hauptbahnhof*** cent. sta., central station
H-Bombe *mil. f* H-bomb
Hebamme *f* midwife
Hebebühne *mot. f* car hoist
Hebel *tech. m* lever
heben *v/t.* lift (*a. mot., naut., Sport*); raise (*a. Wrack u. fig.*); *schwere Last*: heave; *hochwinden*: hoist; *fig. a.* improve; ***sich ~*** rise*, go* up
Hecht *m* pike; **&en** *v/i.* dive* (***nach*** for); *Turnen*: do* a long-fly
Heck *n naut.* stern; *aviat.* tail; *mot.* rear (*a. in Zssgn Fenster, Motor etc.*)
Hecke *agr. f* hedge; **~nrose** *bot. f* dog-rose; **~nschütze** *m* sniper
Heer *n mil.* army; *fig. a.* host
Hefe *f* yeast (*a. in Zssgn Teig etc.*)
Heft *n* notebook; *Schul&*: exercise book; *Bändchen*: booklet; *Ausgabe*: issue, number
heft|en *v/t.* fix, fasten, attach (***an*** to); *mit Nadeln*: pin (to); *Saum etc.*: tack, baste; *Buch*: stitch; **&er** *m* stapler; *Ordner*: file
heftig *adj.* violent, fierce; *Regen etc.*: heavy
Heft|klammer *f* staple; **~pflaster** *n* (adhesive *od.* sticking) plaster, *Am.* bandage, Band Aid®
Hehl *n*: ***kein ~ aus etw. machen*** make* no secret of s.th.
Hehler *m* receiver of stolen goods, *sl.* fence; **~ei** *f* receiving stolen goods
Heide[1] *m* heathen
Heide[2] *f* heath(land); **~kraut** *bot. n* heather, heath
Heiden|angst F *f*: ***e-e ~ haben*** be* scared stiff; **~geld** F *n*: ***ein ~*** a fortune; **~lärm** F *m*: ***ein ~*** a hell of a noise; **~spaß** F *m*: ***e-n ~ haben*** have* a ball
Heid|entum *n* heathenism; **~in** *f*, **&nisch** *adj.* heathen
heikel *adj.* delicate, tricky; *Thema, Punkt*: tender; F *Person*: fussy
heil *adj. Person*: safe, unhurt; *Sache*: undamaged, whole, intact
Heil *n rel.* grace; ***sein ~ versuchen*** try one's luck
Heiland *rel. m* Saviour, Redeemer
Heil|anstalt *f* sanatorium, *Am. a.* sanitarium; *Nerven&*: mental home; **~bad** *n* health resort, spa; **&bar** *adj.* curable; **&en** **1.** *v/t.* cure; **2.** *v/i.* heal (up); **~gymnastik** *f* physiotherapy
heilig *adj.* holy; *Gott geweiht*: sacred (*a. fig.*); ***~ sprechen*** canonize; **&abend** *m* Christmas Eve; **&e(r)** saint; **~en** *v/t.* sanctify (*a. fig.*), hallow; **&tum** *n* sanctuary, shrine
Heil|kraft *f* healing *od.* curative power; **&kräftig** *adj.* curative; **~kraut** *n* medicinal herb; **&los** *fig. adj. Durcheinander*: utter, hopeless; **~mittel** *n* remedy, cure (*beide a. fig.*); **~praktiker** *m* non-medical practitioner; **~quelle** *f* (medicinal) mineral spring; **&sam** *fig. adj.* salutary
Heilsarmee *f* Salvation Army
Heilung *f* cure; *Wunde*: healing
heim *adv.* home
Heim *n* home; *Jugend& etc.*: hostel
Heim... *in Zssgn Computer, Mannschaft, Sieg, Spiel etc.*: home
Heimat *f* home; *Land*: home country; *Ort*: home town; ***in der*** (***meiner***) ***~*** at home; **&los** *adj.* homeless; **~stadt** *f* home town; **~vertriebene(r)** expellee
heimisch *adj. Industrie etc.*: home, domestic; *bot., zo. etc.*: native; *Gefühl etc.*: homelike, *bsd. Am.* hom(e)y; ***sich ~ fühlen*** feel* at home
Heim|kehr *f* return (home); **&kehren, &kommen** *v/i.* return home, come* back
heimlich *adj.* secret; **&keit** *f* secrecy; ***~en*** *pl.* secrets *pl.*
Heim|reise *f* journey home; **&suchen** *v/t. Unheil etc.*: strike*; **&tückisch** *adj.* insidious (*a. Krankheit*); *Mord etc.*: treacherous; **&wärts** *adv.* homeward(s); **~weg** *m* way home; **~weh** *n* homesickness; ***~ haben*** be* homesick; **~werker** *m* do-it-yourselfer
Heirat *f* marriage; **&en** *v/t. u. v/i.* marry, get* married (to)
Heirats|antrag *m* proposal (of marriage); ***j-m e-n ~ machen*** propose to s.o.; **~schwindler** *m* marriage impostor; **~vermittler(in)** marriage broker; **~vermittlung** *f* marriage bureau
heiser *adj.* hoarse, husky; **&keit** *f* hoarseness, huskiness
heiß *adj.* hot; *fig. a.* passionate, ardent; ***mir ist ~*** I am *od.* feel hot
heißen *v/i.* be called; *bedeuten*: mean; ***wie ~ Sie?*** what's your name?; ***wie***

heißt das? what do you call this?; ***was heißt*** ... ***auf Englisch?*** what is ... in English?; ***es heißt im Text*** it says in the text; ***das heißt*** that is (*Abk.* ***d.h.*** i.e.)
heiter *adj.* cheerful; *Film etc.*: humorous; *meteor.* fair; *fig.* ***aus ~em Himmel*** out of the blue; **2keit** *f* cheerfulness; *Belustigung*: amusement
heiz|bar *adj. Pool, Heckscheibe etc.*: heated; **~en** *v/t. u. v/i.* heat; ***mit Kohlen ~*** burn* coal; **2er** *naut., rail. m* stoker; **2kessel** *m* boiler; **2kissen** *n* electric pad; **2körper** *m* radiator; **2kraftwerk** *n* thermal power station; **2material** *n* fuel; **2öl** *n* fuel oil; **2ung** *f* heating
Held *m* hero
helden|haft *adj.* heroic; **2tat** *f* heroic deed; **2tod** *m* heroic death; **2tum** *n* heroism
Heldin *f* heroine
helfen *v/i.* help, aid; *förmlicher*: assist; ***j-m bei et. ~*** help s.o. with *od.* in (doing) s.th.; ***~ gegen*** *Mittel etc.*: be* good for; ***er weiß sich zu ~*** he can manage (*bsd. Brt.* cope); ***es hilft nichts*** it's no use
Helfer|(in) helper, assistant; **~shelfer** *m* accomplice
hell *adj. Licht etc.*: bright; *Farbe*: light; *Kleid etc.*: light-colo(u)red; *Klang*: clear; *Bier*: pale; *fig. intelligent*: bright, clever; ***es wird schon ~*** it's getting light already; **~blau** *adj.* light blue; **~blond** *adj.* very fair; **~hörig** *adj.* quick of hearing; *arch.* poorly soundproofed; ***~ werden*** prick up one's ears; **2seher(in)** clairvoyant(e)
Helm *m* helmet
Hemd *n* shirt; *Unter2*: vest; **~bluse** *f* shirt; **~blusenkleid** *n* shirt-waister, *Am.* shirtwaist
Hemisphäre *f* hemisphere
hemm|en *v/t. Bewegung etc.*: check, stop; *behindern*: hamper; **2schuh** F *fig. m* obstacle, impediment (***für*** to); **2ung** *psych. f* inhibition; *moralische*: scruple; **~ungslos** *adj.* unrestrained; unscrupulous
Hengst *m* stallion
Henkel *m* handle
Henker *m* hangman, executioner
Henne *f* hen
her *adv. hier~*: here; ***das ist lange ~*** that was a long time ago
herab *adv.* down; **~lassen** *fig. v/refl.* condescend; **~lassend** *adj.* condescending; **~sehen** *fig. v/i.*: ***~ auf*** look down upon; **~setzen** *v/t.* reduce; *fig.* disparage
heran *adv.* close, near; ***~ an*** up *od.* near to; **~gehen** *v/i.*: ***~ an*** walk up to; *fig. Aufgabe etc.*: set* about; **~kommen** *v/i.* come* near (*a. fig. an Leistung etc.*); **~wachsen** *v/i.* grow* (up) (***zu*** into); **2wachsende(r)** adolescent
herauf *adv.* up (here); *die Treppe ~*: upstairs; **~beschwören** *v/t.* call up; *verursachen*: bring* on, provoke
heraus *adv.* out; *fig.* ***aus*** ... ***~*** out of ...; ***zum Fenster ~*** out of the window; ***~ mit der Sprache!*** speak out!, out with it!; **~bekommen** *v/t.* get* out; *Geld*: get* back; *fig.* find* out; **~bringen** *v/t.* bring* out; *print.* publish; *thea.* stage; *fig.* find* out; **~finden 1.** *v/t.* find*; *fig.* find* out, discover; **2.** *v/i.* find* one's way out; **2forderer** *m* challenger; **~fordern** *v/t.* challenge; *Tat etc.*: provoke, F ask for it; **2forderung** *f* challenge; provocation; **~geben** *v/t. zurückgeben*: give* back; *ausliefern*: give* up; *print.* publish; *Vorschriften*: issue; *Geld*: give* change (***auf*** for); **2geber** *m* publisher; **~kommen** *v/i.* come* out; *Buch*: be* published; *Briefmarken*: be* issued; ***~ aus*** get* out of; F: ***groß ~*** be* a great success; **~nehmen** *v/t.* take* out; *Spieler*: take* off the team; *fig.* ***sich et. ~*** take* liberties, go* too far; **~putzen** *v/t. u. v/refl.* spruce (o.s.) up; **~reden** *v/refl.* make* excuses; *erfolgreich*: talk one's way out; **~stellen** *v/t.* put* out; *fig.* emphasize; ***sich ~ als*** turn out *od.* prove* to be; **~strecken** *v/t.* stick* out; **~suchen** *v/t.* pick out; ***j-m et. ~*** find* s.o. s.th.; **~ziehen** *v/t.* pull out; *Zahn*: *a.* extract
herb *adj.* tart; *Wein etc.*: dry; *fig.* harsh; *Enttäuschung etc.*: bitter
herbei *adv.* up, over, here; **~eilen** *v/i.* come* running up; **~führen** *fig. v/t.* cause, bring* about
Herberge *f Gasthaus*: inn; *Unterkunft*: lodging, place to stay
Herbst *m* autumn, *Am. a.* fall
Herd *m* cooker, stove; *fig.* cent|re, *Am.* -er; *med.* focus, seat
Herde *f Vieh2, Schweine2 etc.*: herd (*a.*

fig. contp.); *Schaf*≈, *Gänse*≈ *etc.*: flock
herein *adv.* in (here); **~!** come in!; **~brechen** *fig. v/i. Nacht*: fall*; **~ *über*** *Unglück etc.*: befall*; **~fallen** *fig. v/i.* be* taken in (***auf*** by); **~legen** *fig. v/t.* take* in
her|fallen *v/i.*: **~ *über*** attack (*a. fig.*), assail; F *fig.* pull to pieces; ≈**gang** *m*: ***j-m den ~ schildern*** tell* s.o. what happened; **~geben** *v/t.* give* up, part with; ***sich ~ zu*** lend* o.s. to
Hering *zo. m* herring
her|kommen *v/i.* come* (here); **~ *von*** come* from; *fig. a.* be* caused by; **~kömmlich** *adj.* conventional (*a. mil.*); ≈**kunft** *f* origin; *Person*: *a.* birth, descent
Herr *m* gentleman; *Besitzer*, *Gebieter*: master; *rel. the* Lord; **~ *Brown*** Mr Brown; **~ *der Lage*** master of the situation
Herren|bekleidung *f* men's wear; **~doppel** *n Tennis*: men's doubles *sg.*; **~einzel** *n Tennis*: men's singles *sg.*; ≈**los** *adj.* abandoned; *Tier*: stray; **~toilette** *f* men's toilet (*od.* lavatory, *Am.* restroom)
herrichten *v/t.* get* ready, F fix
herrisch *adj.* imperious
herrlich *adj.* marvel(l)ous, wonderful, F fantastic; ≈**keit** *f* glory
Herrschaft *f* rule, power, control (*a. fig.*) (***über*** over); ***die ~ verlieren über*** lose* control of
herrsch|en *v/i.* rule; ***es herrschte*** ... *Freude etc.*: *mst* there was ...; ≈**er(in)** ruler; sovereign, monarch; **~süchtig** *adj.* domineering, F bossy
herrühren *v/i.*: **~ *von*** come* from, be* due to
herstell|en *v/t.* make*, produce; *fig.* establish; ≈**ung** *f* production; *fig.* establishment; ≈**ungskosten** *pl.* production cost(s *pl.*)
herüber *adv.* over (here), across
herum *adv.* (a)round; F: ***anders ~*** the other way round; **~führen** *v/t.*: *j-n* (***in der Stadt*** *etc.*) **~** show* (a)round (the town *etc.*); **~kommen** *v/i.*: (***weit*** *od.* ***viel***) **~** get* around; ***um et. ~*** *fig.* get* (a)round s.th.; **~kriegen** F *v/t.*: ***j-n zu et. ~*** get* s.o. round to (doing) s.th.; **~lungern** *v/i.* loaf *od.* hang* around; **~reichen** *v/t.* pass *od.* hand round; **~sprechen** *v/refl.* get* around; **~treiben** *v/refl.* F gad *od.* knock about; ≈**treiber(in)** tramp, loafer
herunter *adv.* down; *die Treppe* **~**: downstairs; **~gekommen** *adj.* run-down; *schäbig*: seedy, shabby; **~hauen** F *v/t.*: ***j-m e-e ~*** smack *od.* slap s.o.('s face); **~machen** F *fig. v/t.* run* down; **~putzen** F *v/t.* blow* up, *bsd. Am.* bawl out; **~spielen** F *fig. v/t.* play down
hervor *adv.* out of *od.* from, forth; **~bringen** *v/t.* bring out*, produce (*a. fig.*); *Früchte*: yield; *Wort*: utter; **~gehen** *fig. v/i.*: **~ *aus*** follow from; ***als Sieger ~*** come* off victorious; **~heben** *fig. v/t.* stress, emphasize; **~ragend** *fig. adj.* outstanding, excellent, superior; *Bedeutung*, *Persönlichkeit*: prominent, eminent; **~rufen** *fig. v/t.* cause, bring* about; *Problem etc.*: *a.* create; **~stechend** *fig. adj.* striking; **~tretend** *adj.* prominent; *Augen etc.*: protruding, bulging; **~tun** *v/refl.* distinguish o.s. (***als*** as)
Herz *n anat.* heart (*a. fig.*); *Karten*: heart(s *pl.*); ***j-m das ~ brechen*** break* s.o.'s heart; ***sich ein ~ fassen*** take* heart; ***mit ganzem ~en*** whole-heartedly; ***schweren ~ens*** with a heavy heart; ***sich et. zu ~en nehmen*** take* s.th. to heart; ***es nicht übers ~ bringen zu*** not have* the heart to; ***et. auf dem ~en haben*** have* s.th. on one's mind; ***ins ~ schließen*** take* to one's heart; **~anfall** *m* heart attack
Herzens|lust *f*: ***nach ~*** to one's heart's content; **~wunsch** *m* heart's desire, dearest wish
Herz|fehler *med. m* cardiac defect; ≈**haft** *adj.* hearty; *nicht süß*: savo(u)ry; ≈**ig** *adj.* sweet, lovely, *Am. a.* cute; **~infarkt** *med. m* cardiac infarct(ion), F *mst* heart attack, coronary; **~klopfen** *med. n* palpitation; ***er hatte ~*** (***vor***) his heart was throbbing (with); ≈**krank** *adj.* suffering from (a) heart disease; ≈**lich 1.** *adj.* cordial, hearty; *Empfang*, *Lächeln etc.*: *a.* warm, friendly; **2.** *adv.*: **~ *gern*** with pleasure; ≈**los** *adj.* heartless
Herzog *m* duke; **~in** *f* duchess
Herz|schlag *m* heartbeat; *Herztod*: heart failure; **~schrittmacher** *med. m* (cardiac) pacemaker; **~verpflanzung**

med. f heart transplant; **2zerreißend** *adj.* heart-rending

Hetz|e *f* hurry, rush; *pol. etc.* agitation, campaign(ing) (***gegen*** against); **2en 1.** *v/t.* rush; *Tiere*: hunt, chase; ***e-n Hund auf j-n ~*** set* a dog on s.o.; **2.** *v/i. eilen*: hurry, rush; *pol. etc.* agitate (***gegen*** against); **2erisch** *adj.* inflammatory; **~jagd** *f* hunt(ing), chase (*a. fig.*); *Eile*: rush; **~kampagne** *f* smear campaign

Heu *n* hay; **~boden** *m* hayloft

Heuch|elei *f* hypocrisy; **2eln 1.** *v/i.* be* hypocritical; **2.** *v/t.* feign; **~ler** *m* hypocrite; **2lerisch** *adj.* hypocritical

Heuer *naut. f* pay

heuer *südd. u. östr. adv.* this year

heuern *v/t.* hire; *naut. a.* sign on

heulen *v/i.* howl; F *contp. weinen*: bawl; *mot.* roar; *Sirene*: whine

Heu|schnupfen *med. m* hay fever; **~schrecke** *zo. f* grasshopper; locust

heut|e *adv.* today; ***~ Abend*** this evening, tonight; ***~ früh, ~ Morgen*** this morning; ***~ in acht Tagen*** a week from now, *Brt. a.* today week; ***~ vor acht Tagen*** a week ago today; **~ig** *adj.* today's; *gegenwärtig*: of today, present(-day); **~zutage** *adv.* nowadays, these days

Hexe *f* witch (*a. fig.*); ***alte ~*** (old) hag; **2n** *v/i.* practice witchcraft; F *fig.* work miracles; **~nkessel** *m* inferno; **~nschuss** *med. m* lumbago

Hieb *m* blow, stroke; *Faust2*: *a.* punch; *Peitschen2*: *a.* lash, cut; **~e** *pl.* beating *sg.*; thrashing *sg.*

hier *adv.* here, in this place; *anwesend*: present; ***~ entlang!*** this way!

hier|an *adv.* from *od.* in this; **~auf** *adv.* on it *od.* this; *zeitlich*: after this, then; **~aus** *adv.* from *od.* out of this; **~bei** *adv.* here, in this case; *bei dieser Gelegenheit*: on this occasion; **~durch** *adv.* by this, hereby, this way; **~für** *adv.* for this; **~her** *adv.* (over) here, this way; ***bis ~*** so far (*a. zeitlich*); **~in** *adv.* in this; **~mit** *adv.* with this; *lit.* herewith; **~nach** *adv.* after this; *demzufolge*: according to this; **~über** *adv.* about this (subject); **~unter** *adv.* under this; *dazwischen*: among these; *verstehen*: by this *od.* that; **~von** *adv.* of *od.* from this; **~zu** *adv.* for this; *dazu*: to this

hiesig *adj.* local

Hilfe *f* help; *Beistand*: aid (*a. econ.*), assistance (*a. med.*), relief (***für*** to); ***erste ~*** first aid; ***um ~ rufen*** cry for help; ***~!*** help!; ***j-m zu ~ kommen*** come* to s.o.'s assistance; ***mit ~*** *gen.* (*od.* ***von***) with the help of; *fig. a.* by means of; **~menü** *n Computer*: help menu; **~ruf** *m* call (*od.* cry) for help; **~stellung** *f* support

hilf|los *adj.* helpless (***gegenüber*** in the face of); **~reich** *adj.* helpful

Hilfs|aktion *f* relief action; **~arbeiter(in)** unskilled worker; **2bedürftig** *adj.* needy; **2bereit** *adj.* helpful, ready to help; **~bereitschaft** *f* readiness to help, helpfulness; **~mittel** *n* aid; *tech. a.* device; **~organisation** *f* relief organization; **~verb** *n* auxiliary (verb)

Himbeere *bot. f* raspberry

Himmel *m* sky; *rel., fig.* heaven; ***um ~s willen*** for Heaven's sake; ***~ und Hölle*** *Kinderspiel*: hopscotch; → ***heiter***; **2blau** *adj.* sky-blue; **~fahrt** *rel. f* Ascension (Day); **~fahrtskommando** *n* suicide mission

Himmels|körper *m* celestial body; **~richtung** *f* direction; *Kompass*: cardinal point

himmlisch *adj.* heavenly; *fig. a.* marvel(l)ous

hin 1. *adv.* there; ***bis ~ zu*** as far as; ***noch lange ~*** still a long way off; ***auf s-e Bitte (s-n Rat) ~*** at his request (advice); ***~ und her*** to and fro, back and forth; ***~ und wieder*** now and then; ***~ und zurück*** there and back; *Fahrkarte*: return (ticket), *bsd. Am.* round trip, round-trip ticket; **2.** F *pred. adj. kaputt*: ruined; *erledigt*: *a.* done for; *weg*: gone

hinab *adv.* → ***hinunter***

hinarbeiten *v/i.*: ***~ auf*** work towards

hinauf *adv.* up (there); *die Treppe ~*: upstairs; ***die Straße*** *etc.* ~ up the street *etc.*; **~gehen** *v/i.* go* up; *fig. a.* rise*

hinaus *adv.* out; ***aus ... ~*** out of ...; ***in ... ~*** out into ...; ***~ (mit dir)!*** (get) out!, out you go!; **~gehen** *v/i.* go* out(side); ***~ über*** go* beyond; ***~ auf*** *Fenster etc.*: look out onto; **~laufen** *v/i.* run* out(side); ***~ auf*** come* *od.* amount to; **~schieben** *v/t.* put* off, postpone; **~stellen** *v/t. Sport*: send* off (the field); **~werfen** *v/t.* throw* out (***aus*** of); *fig. a.* kick out; *entlassen*: *a.* (give* *s.o.* the) sack, fire; **~wollen** *v/i.*: ***auf et.***

H

~ aim (*bsd. mit Worten*: drive* *od.* get*) at s.th.; ***hoch*** ~ aim high
Hin|blick *m*: ***im*** ~ ***auf*** in view of, with regard to; **2bringen** *v/t.* take* there
hinder|lich *adj.* hindering, impeding; ***j-m*** ~ ***sein*** be* in s.o.'s way; **~n** *v/t.* hinder, hamper; ~ ***an*** prevent from; **2nis** *n* obstacle (*a. fig.*); **2nisrennen** *n* steeplechase
Hindu *m* Hindu; **~ismus** *m* hinduism
hindurch *adv.* through; ***das ganze Jahr*** *etc.* ~ throughout the year *etc.*
hinein *adv.* in; ~ ***mit dir!*** in you go!; **~gehen** *v/i.* go* in; ~ ***in*** go* into
hin|fallen *v/i.* fall* (down); **~fällig** *adj. Person*: frail; *ungültig*: invalid; **2gabe** *f* devotion (***an*** to); **~geben** *v/t.* give* (up); ***sich*** ~ give* o.s. to; *widmen*: devote o.s. to; **~halten** *v/t. Gegenstand etc.*: hold* out; *j-n*: put* *s.o.* off
hinken *v/i.* (walk with a) limp
hin|kommen *v/i.* get* there; **~kriegen** F *v/t.* manage; **~länglich** *adj.* sufficient; **~legen** *v/t.* lay* *od.* put* down; ***sich*** ~ lie* down; **~nehmen** *v/t. ertragen*: put* up with; **~reißen** *v/t.* carry away; **~reißend** *adj.* entrancing; *Schönheit*: breathtaking; **~richten** *v/t.* execute; **2richtung** *f* execution; **~setzen** *v/t.* set* *od.* put* down; ***sich*** ~ sit* down; **2sicht** *f* respect; ***in gewisser*** ~ in a way; **~sichtlich** *prp.* with respect *od.* regard to; **2spiel** *n Sport*: first leg; **~stellen** *v/t. abstellen*: put* (down); *j-n, et.* ~ ***als*** make* appear to be
hinten *adv.* at the back; *im Auto etc.*: in the back; ***von*** ~ from behind
hinter *prp.* behind; **2...** *in Zssgn Achse, Eingang, Rad, Reifen*: rear ...; **2bein** *n* hind leg; **2bliebenen** *pl. the* bereaved *pl.*; *bsd. jur.* surviving dependents *pl.*; **~einander** *adv.* one after the other; ***dreimal*** ~ three times in a row; **2gedanke** *m* ulterior motive; **~gehen** *v/t.* deceive; **2grund** *m* background (*a. fig.*); **2halt** *m* ambush; **~hältig** *adj.* insidious, underhand(ed); **2haus** *n* rear building; **~her** *adv.* behind, after; *zeitlich*: afterwards; **2hof** *m* backyard; **2kopf** *m* back of the head; **~lassen** *v/t.* leave* (behind); **2lassenschaft** *f* property (left), estate; **~legen** *v/t.* deposit (***bei*** with); **2list** *f* deceit(fulness); *Trick*: (underhanded) trick; **~listig** *adj.* deceitful; underhand(ed); **2mann** *m* person (*mot.* car *etc.*) behind (one); *fig. mst pl.* person behind the scenes, brain(s *pl.*), mastermind; **2n** F *m* bottom, backside, behind, *bsd. Brt. sl.* bum; **~rücks** *adv.* from behind; **2seite** *f* back; **2teil** *n* F → ***Hintern***; **2treppe** *f* back stairs *pl.*; **2tür** *f* back door; **~ziehen** *jur. v/t. Steuern*: evade; **2zimmer** *n* back room
hinüber *adv.* over, across; ~ ***sein*** F *Kleid*: be* ruined; *Fleisch*: be* spoilt
hinunter *adv.* down; *die Treppe* ~: downstairs; ***die Straße*** ~ down the road
Hinweg *m* way there
hinweg *adv.*: ***über ...*** ~ over ...; **~kommen** *v/i.*: ~ ***über*** get* over; **~sehen** *v/i.*: ~ ***über*** ignore; **~setzen** *v/refl.*: ***sich*** ~ ***über*** ignore, disregard
Hin|weis *m Verweis*: reference (***auf*** to); *Wink*: hint, tip (as to, regarding); *Anzeichen*: indication (of), clue (as to); **2weisen 1.** *v/t.*: ***j-n*** ~ ***auf*** draw* *od.* call s.o.'s attention to; **2.** *v/i.*: ~ ***auf*** point at *od.* to, indicate; *fig.* point out, indicate; *anspielen*: hint at; **~weisschild** *n*, **~weistafel** *f* sign, notice; **2werfen** *v/t.* throw* down; **2ziehen** *v/refl. räumlich*: extend (***bis zu*** to), stretch (to); *zeitlich*: drag on
hinzu|fügen *v/t.* add (***zu*** to) (*a. fig.*); **~kommen** *v/i. noch* ~: be* added; ***hinzu kommt, dass*** add to this, ... and what is more, ...; **~ziehen** *v/t. Arzt, Experten etc.*: call in, consult
Hirn *n anat.* brain; *fig.* brain(s *pl.*), mind; **~gespinst** *n* fantasy; **2rissig, 2verbrannt** F *adj.* crazy, cracked
Hirsch *zo. m* stag; **~geweih** *n* antlers *pl.*; **~kuh** *f* hind
Hirse *bot. f* millet
Hirt(e) *m* herdsman; *Schaf*2, *fig.*: shepherd
hissen *v/t. Flagge, Segel*: hoist
Histori|ker *m* historian; **2sch** *adj.* historical; *Ereignis etc.*: historic
Hitliste *f* top 40 *etc.*, charts *pl.*
Hitze *f* heat; **~welle** *f* heat wave
hitz|ig *adj.* hot-tempered; *Debatte*: heated; **2kopf** *m* hothead; **2schlag** *med. m* heatstroke
HIV|-negativ *adj.* HIV negative; **~-positiv** *adj.* HIV positive; **~-Positive(r)** HIV carrier

H-Milch *f Brt.* long-life milk
Hobby *n* hobby; **~...** *in Zssgn*: amateur ...
Hobel *m* plane; **~bank** *f* carpenter's bench; **≈n** *v/t.* plane
hoch *adj. u. adv.* high; *Baum, Haus etc.*: tall; *Strafe*: heavy, severe; *Gast etc.*: distinguished; *Alter*: great, old; *Schnee*: deep; *math.* ***10 ~ 4*** 10 to the power of 4; ***3000 Meter ~*** *fliegen etc.*: at a height of 3,000 metres; ***~ in hohem Maße*** highly, greatly; ***~ verschuldet*** heavily in debt; ***das ist mir zu ~*** that's above me
Hoch *n meteor.* high (*a. fig.*)
Hoch|achtung *f* (deep) respect (***vor*** for); **≈achtungsvoll** *adv. Brief*: Yours sincerely; **~bau** *tech. m*: ***Hoch- und Tiefbau*** structural and civil engineering; **~betrieb** *m* rush; **≈deutsch** *adj.* High *od.* standard German; **~druck** *m* high pressure (*a. fig.*); **~ebene** *f* plateau, tableland; **~form** *f*: ***in ~*** in top form *od.* shape; **~frequenz** *electr. f* high frequency (*a. in Zssgn*); **~gebirge** *n* high mountains *pl.*; **~genuss** *m* real treat; **≈gezüchtet** *adj. zo., tech.* highbred; *tech. a.* sophisticated; *mot.* tuned up, F souped up; **≈hackig** *adj.* high-heeled; **~haus** *n* high rise, tower block; **~konjunktur** *econ. f* boom; **~land** *n* highlands *pl.*; **~leistungs...** *in Zssgn Sport etc.*: high-performance ...; **~mut** *m* arrogance; **≈mütig** *adj.* arrogant; **~ofen** *tech. m* blast furnace; **≈prozentig** *adj. Schnaps etc.*: high-proof; **~rechnung** *f* projection; *bei Wahl*: computer prediction; **~saison** *f* peak (*od.* height of the) season; **~schulabschluss** *m* degree; **~schulausbildung** *f* higher education; **~schule** *f* university; college; academy; ⚠ *nicht* ***high school***; **~seefischerei** *f* deep-sea fishing; **~sommer** *m* midsummer; **~spannung** *electr. f* high tension (*a. fig.*) *od.* voltage; **~sprung** *m* high jump
höchst 1. *adj.* highest; *fig. a.*: supreme; *äußerst*: extreme; **2.** *adv.* highly, most, extremely
Höchst... *in Zssgn mst* maximum *od.* top
Hochstapler *m* impostor, swindler
höchstens *adv.* at (the) most, at best
Höchst|form *f Sport*: top form *od.* shape; **~geschwindigkeit** *f* top speed (***mit*** at); *Begrenzung*: speed limit; **~leistung** *f Sport*: record (performance); *tech. e-r Maschine etc.*: maximum output; **~maß** *n* maximum (***an*** of); **≈wahrscheinlich** *adv.* most likely *od.* probably
Hoch|technologie *f* hi(gh) tech(nology); **≈trabend** *fig. adj.* pompous; **~verrat** *m* high treason; **≈wasser** *n* high tide; *Überschwemmung*: flood; **~wertig** *adj.* high-grade, high-quality
Hochzeit *f* wedding; **~s...** *in Zssgn Geschenk, Kleid, Tag etc.*: wedding ...; **~sreise** *f* honeymoon
Hocke *f* crouch, squat; **≈n** *v/i.* squat, crouch; F sit*; **~r** *m* stool
Höcker *m Kamel≈ etc.*: hump
Hockey *n* hockey, *Am.* field hockey
Hoden *anat. m* testicle
Hof *m* yard; *agr.* farm; *Innen≈*: court(yard); *Fürsten≈*: court; **~dame** *f* lady-in-waiting
hoffen *v/i. u. v/t.* hope (***auf*** for); *zuversichtlich*: trust (in); ***das Beste ~*** hope for the best; ***ich hoffe es*** I hope so; ***ich hoffe nicht, ich will es nicht ~*** I hope not; **~tlich** *adv.* I hope, let's hope, hopefully
Hoffnung *f* hope (***auf*** of); ***sich ~en machen*** have* hopes; ***die ~ aufgeben*** lose* hope; **≈slos** *adj.* hopeless; **≈svoll** *adj.* hopeful; *viel versprechend*: promising
Hofhund *m* watchdog
höflich *adj.* polite, courteous (***zu*** to); **≈keit** *f* politeness, courtesy
Höhe *f* height; *aviat., math., astr., geogr.* altitude; *An≈*: hill; *Gipfel*: peak (*a. fig.*); *e-r Summe, Strafe etc.*: amount; *Niveau*: level; *Ausmaß*: extent; *mus.* pitch; ***auf gleicher ~ mit*** on a level with; ***in die ~*** up; ***ich bin nicht ganz auf der ~*** I'm not feeling up to the mark
Hoheit *f pol.* sovereignty; *Titel*: Highness; **~sgebiet** *n* territory; **~sgewässer** *pl.* territorial waters *pl.*; **~szeichen** *n* national emblem
Höhen|luft *f* mountain air; **~messer** *m* altimeter; **~ruder** *aviat. n* elevator; **~sonne** *med. f* ultraviolet lamp, sunlamp; **~zug** *m* mountain chain
Höhepunkt *m* climax (*a. thea. u. sexu-*

H

ell), culmination, height, peak; *e-s Abends etc.*: highlight

hohl *adj.* hollow (*a. fig.*)

Höhle *f* cave, cavern; *zo.* hole, burrow; *Lager*: den, lair

Hohl|maß *n* measure of capacity; **~raum** *m* hollow, cavity; **~spiegel** *m* concave mirror; **~weg** *m* defile

Hohn *m* derision, scorn; **~gelächter** *n* jeering laughter, jeers *pl.*

höhnisch *adj.* derisive, scornful; ***~es Lächeln*** sneer

holen *v/t.* (go* and) get*, fetch, go* for; *Atem*: draw*; *Polizei, ans Telefon*: call; ***~ lassen*** send* for; ***sich ~*** *Krankheit etc.*: catch*, get*; *Rat etc.*: seek*

Holland Holland, *the* Netherlands

Holländ|er(in) Dutch|man (-woman); **2isch** *adj.* Dutch

H

Hölle *f* hell; ***in die ~ kommen*** go* to hell; **~nlärm** *m a* hell of a noise; **~nmaschine** *f* time bomb

Holler *bot. östr. m* elder

höllisch *adj.* infernal (*a. fig.*)

holper|ig *adj.* bumpy (*a. fig.*), rough, uneven; *Sprache*: clumsy; **~n** *v/i. Wagen*: jolt, bump; *fig.* be* bumpy

Holunder *bot. m* elder

Holz *n* wood; *Nutz2*: timber, *Am. a.* lumber; ***aus ~*** (made) of wood, wooden; ***~ hacken*** chop wood; **~bearbeitung** *f* woodwork(ing); **~blasinstrument** *mus. n* woodwind (instrument)

hölzern *adj.* wooden; *fig. a.* clumsy

Holz|fäller *m* woodcutter, *Am. a.* lumberjack; **~hammer** *m* mallet; *fig.* sledge-hammer (*a. in Zssgn*); **2ig** *adj.* woody; *Gemüse*: stringy; **~kohle** *f* charcoal; **~schnitt** *m* woodcut; **~schnitzer** *m* wood carver; **~schuh** *m* clog; **~weg** *fig. m*: ***auf dem ~ sein*** be* barking up the wrong tree; **~wolle** *f* wood shavings *pl.*, excelsior; **~wurm** *m* woodworm

homöopathisch *adj.* hom(o)eopathic

homosexuell *adj.*, **2e(r)** homosexual, gay; *Frau*: *mst* lesbian

Honig *m* honey; **~wabe** *f* honeycomb

Honor|ar *n* fee; **2ieren** *v/t.* pay* (a fee to); *fig.* appreciate, reward

Hopfen *m bot.* hop; *Brauerei*: hops *pl.*

hoppla *int.* (wh)oops!

hopsen F *v/i.* hop, jump

Hör|apparat *m* hearing aid; **2bar** *adj.* audible

horche|n *v/i.* listen (***auf*** to); *heimlich*: eavesdrop; **2r** *m* eavesdropper

Horde *f* horde (*a. zo.*); *contp. a.* mob, gang

hör|en *v/i. u. v/t.* hear*; *an~, Radio, Musik etc.*: listen to; *gehorchen*: obey, listen; ***~ auf*** listen to; ***von j-m ~*** hear* from (*durch Dritte*: of, about) s.o.; ***er hört schwer*** his hearing is bad; ***hör(t) mal!*** listen!; *erklärend*: *a.* look (here)!; ***nun*** *od.* ***also hör(t) mal!*** *Einwand*: wait a minute!, now look *od.* listen here!; **2er** *m* listener; *tel.* receiver; **2erin** *f* listener; **2fehler** *med. m* hearing defect; **2gerät** *n* hearing aid; **~ig** *adj.*: ***j-m ~ sein*** be* s.o.'s slave

Horizont *m* horizon (*a. fig.*); ***s-n ~ erweitern*** broaden one's mind; ***das geht über meinen ~*** that's beyond me; **2al** *adj.* horizontal

Hormon *n* hormone

Horn *n* horn; **~haut** *f* horny skin, callus(es *pl.*); *Auge*: cornea

Hornisse *zo. f* hornet

Horoskop *n* horoscope

Hör|rohr *med. n* stethoscope; **~saal** *m* lecture hall, auditorium; **~spiel** *n* radio play; **~weite** *f*: ***in ~*** within earshot

Höschen *n* panties *pl.*

Hose *f* (***e-e ~*** a pair of) trousers *pl.*, *Am.* pants *pl.*; *bsd. sportliche*: slacks *pl.*; *kurze*: shorts *pl.*; **~nanzug** *m* trouser (*Am.* pants) suit; **~nrock** *m* (***ein ~*** a pair of) culottes *pl.*; **~nschlitz** *m* fly; **~ntasche** *f* trouser pocket; **~nträger** *pl.* (a pair of) braces *pl. od. Am.* suspenders *pl.*

Hospital *n* hospital

Hostie *rel. f* host

Hotel *n* hotel; **~direktor** *m* hotel manager; **~fach** *n* hotel business; **~zimmer** *n* hotel room

HP *Abk. für* ***Halbpension*** half board

Hr(n). *Abk. für* ***Herrn*** Mr

Hubraum *mot. m* cubic capacity

hübsch *adj.* pretty, nice(-looking), *bsd. Am. a.* cute; *Geschenk etc.*: nice, lovely

Hubschrauber *m* helicopter; **~landeplatz** *m* heliport

Huf *m* hoof; **~eisen** *n* horseshoe

Hüft|e *f* hip; **~gelenk** *n* hip joint; **~gürtel** *m* girdle

Hügel *m* hill; **≈ig** *adj.* hilly; **~land** *n* downs *pl.*
Huhn *n* chicken; *Henne*: hen
Hühnchen *n* chicken; ***ein ~ zu rupfen haben*** have* a bone to pick
Hühner|auge *med. n* corn; **~brühe** *f* chicken broth; **~ei** *n* hen's egg; **~farm** *f* poultry *od.* chicken farm; **~hof** *m* poultry *od.* chicken yard; **~hund** *m* pointer, setter; **~leiter** *f* chicken ladder; **~stall** *m* henhouse
huldigen *v/i.* pay* homage to; *e-m Laster etc.*: indulge in
Hülle *f* cover(ing), wrap(ping); *Schutz≈, Buch≈, Platten≈*: jacket; *Schirm≈*: sheath; ***in ~ und Fülle*** in abundance; **≈n** *v/t.*: **~ *in*** wrap (up) in, cover in
Hülse *f Schote*: pod; *Getreide≈*: husk; *tech.* case (*a. Patronen≈*); **~nfrüchte** *pl.* pulse *sg.*
human *adj.* humane; **~itär** *adj.* humanitarian; **≈ität** *f* humanity
Hummel *zo. f* bumblebee
Hummer *zo. m* lobster
Humor *m* humo(u)r; (***keinen***) **~ *haben*** have* a (no) sense of humo(u)r; **~ist** *m* humorist; **≈istisch, ≈voll** *adj.* humorous
humpeln *v/i.* hobble; *hinken*: limp
Hund *m zo.* dog; *Bergbau*: tub
Hunde|hütte *f* kennel, *Am.* doghouse; **~kuchen** *m* dog biscuit; **~leine** *f* lead, leash; **≈müde** *adj.* dog-tired
hundert *adj.* a *od.* one hundred; ***zu ~en*** by the hundreds; **~fach** *adj.* hundredfold; **≈jahrfeier** *f* centenary, *Am. a.* centennial; **~jährig** *adj.* a hundred years old; *Dauer*: a hundred years of; **~ste** *adj.* hundredth
Hündi|n *zo. f* bitch; **≈sch** *fig. adj.* doglike, slavish
hunds|miserabel F *adj.* rotten, lousy; **≈tage** *pl.* dog days *pl.*
Hüne *m* giant; **~ngrab** *n* dolmen
Hunger *m* hunger; **~ *bekommen*** get* hungry; **~ *haben*** be* hungry; ***vor ~ sterben*** die of starvation, starve to death; **~lohn** *m* starvation wages *pl.*; **≈n** *v/i.* go* hungry, *stärker*: starve; **~snot** *f* famine; **~streik** *m* hunger strike; **~tod** *m* (death from) starvation
hungrig *adj.* hungry (***nach***, ***auf*** for)
Hupe *mot. f* horn; **≈n** *v/i.* sound one's horn, hoot, honk
hüpfen *v/i.* hop, skip; *Ball etc.*: bounce
Hürde *f* hurdle; *fig. a.* obstacle; *Pferch*: fold, pen; **~nlauf** *m* hurdle race; *Sportart*: hurdles *pl.*; **~nläufer(in)** hurdler
Hure *f* whore, prostitute
huschen *v/i.* flit, dart
hüsteln *v/i.* cough slightly; *iro.* hem
husten *v/i.*, **≈** *m* cough; **≈bonbon** *m, n* cough drop; **≈saft** *m* cough syrup
Hut[1] *m* hat; ***den ~ aufsetzen*** (***abnehmen***) put* on (take* off) one's hat
Hut[2] *f*: ***auf der ~ sein*** be* on one's guard (***vor*** against)
hüten *v/t.* guard, protect, watch over; *Schafe etc.*: herd, mind; *Kind, Haus*: look after; ***das Bett ~*** be* confined to (one's) bed; ***sich ~ vor*** beware of; ***sich ~, et. zu tun*** be* careful not to do s.th.
Hutkrempe *f* (hat) brim
hutschen *östr. v/t. u. v/i.* → ***schaukeln***
Hütte *f* hut; *schäbige*: shack; *Häuschen*: cottage, cabin; *Berg≈*: mountain hut; *tech.* ironworks
Hyäne *zo. f* hy(a)ena
Hyazinthe *bot. f* hyacinth
Hydrant *m* hydrant
hydraulisch *adj.* hydraulic
Hydrokultur *f* hydroponics *sg.*
Hygien|e *f* hygiene; **≈isch** *adj.* hygienic
Hymne *f* hymn; → ***Nationalhymne***
Hypno|se *f* hypnosis; **~tiseur** *m* hypnotist; **≈tisieren** *v/t.* hypnotize
Hypotenuse *math. f* hypotenuse
Hypothek *f* mortgage; ***e-e ~ aufnehmen*** take* out a mortgage
Hypothe|se *f* hypothesis, supposition; **≈tisch** *adj.* hypothetical
Hysteri|e *f* hysteria; **≈sch** *adj.* hysterical

H

I

i.A. *Abk. für* ***im Auftrag*** p.p., per procuration
ICE *Abk. für* ***Intercity Express*** intercity express (train)
ich *pers. pron.* I; ~ ***selbst*** (I) myself; ***ich bins*** it's me
ideal *adj.*, 2 *n* ideal; **2ismus** *m* idealism; **2ist** *m* idealist
Idee *f* idea
identi|fizieren *v/t.* identify; ***sich ~ mit*** identify with; **~sch** *adj.* identical; **2tätskarte** *östr. f* identity card
Ideolog|e *m* ideologist; **~ie** *f* ideology; **2isch** *adj.* ideological
idiomatisch *ling. adj.* idiomatic; ***~er Ausdruck*** idiom
Idiot *m* idiot; **~enhügel** F *m* nursery slope, F dope slope; **2ensicher** *adj.* foolproof; **2isch** *adj.* idiotic
Idol *n* idol
Idyll|(e *f*) *n* idyl(l); **2isch** *adj.* idyllic
Igel *m* hedgehog
Iglu *m* igloo
ignorieren *v/t.* ignore, disregard
i.H. *Abk. für* ***im Hause*** on the premises
ihr *poss. pron.* her; *pl.* their; ***Ihr*** *sg. u. pl.* your; **~erseits** *adv.* on her (*pl.* their) part; **~esgleichen** *indef. pron.* her (*pl.* their) equals *pl.*, people *pl.* like herself (*pl.* themselves); **~etwegen** *adv.* for her (*pl.* their) sake
Ikone *f* icon (*a. Computer*)
illeg|al *adj.* illegal; **~itim** *adj.* illegitimate
Illus|ion *f* illusion; **2orisch** *adj.* illusory
Illu|stration *f* illustration; **2strieren** *v/t.* illustrate; **~strierte** *f* magazine
im *prep.* in the; ~ ***Bett*** in bed; ~ ***Kino*** *etc.* at the cinema *etc.*; ~ ***Erdgeschoss***, *östr.* ~ ***Erdgeschoß*** on the ground (*Am.* first) floor; ~ ***Mai*** in May; ~ ***Jahre 1995*** in (the year) 1995; ~ ***Stehen*** *etc.* (while) standing up *etc.*; → ***in***
imaginär *adj.* imaginary
Imbiss *m* snack; **~stube** *f* snack bar
imitieren *v/t.* imitate
Imker *m* beekeeper
immatrikulieren *v/t. u. v/refl.* enrol(l), register
immer *adv.* always, all the time; ~ ***mehr*** more and more; ~ ***wieder*** again and again; ***für*** ~ for ever, for good; **2grün** *bot. n* evergreen; **~hin** *adv.* after all; **~zu** *adv.* all the time, constantly
Immigrant(in) immigrant
Immissionen *pl.* (harmful effects *pl.* of) noise, pollutants *pl.*, *etc.*
Immobilien *pl.* real estate *sg.*; **~makler** *m* (*Am.* real) estate agent, *Am. a.* realtor
immun *adj.* immune (***gegen*** to, against, from); ~ ***machen*** → **immunisieren** *v/t.* immunize; **2ität** *f* immunity
Imperativ *gr. m* imperative (mood)
Imperfekt *gr. n* past (tense)
Imperialis|mus *m* imperialism; **~t** *m*, **2tisch** *adj.* imperialist
impf|en *med. v/t.* vaccinate; **2pass** *m* vaccination card; **2schein** *m* vaccination certificate; **2stoff** *med. m* vaccine, serum; **2ung** *f* vaccination
imponieren *v/i.*: ***j-m*** ~ impress s.o.
Import *m* import(ation); **~eur** *m* importer; **2ieren** *v/t.* import
imposant *adj.* impressive, imposing
imprägnier|en *v/t.*, **~t** *adj.* waterproof
improvisieren *v/t. u. v/i.* improvise
Impuls *m* impulse; *Anstoß*: *a.* stimulus; **2iv** *adj.* impulsive
imstande *adj.* → ***Stand***
in *prp.* **1.** *räumlich*: *wo?* in, at; *innerhalb*: within, inside; *wohin?* into, in; ***überall*** ~ all over; ~ ***der Stadt*** in town; ~ ***der Schule*** at school; ~ ***die Schule*** to school; ***~s Kino*** to the cinema; ***~s Bett*** to bed; ***warst du schon mal ~ ...?*** have you ever been to ...?; → ***im***; **2.** *zeitlich*: in, at, during; ~ ***dieser*** (***der nächsten***) ***Woche*** this (next) week; ~ ***diesem Alter*** (***Augenblick***) at this age (moment); ~ ***der Nacht*** at night; ***heute ~ acht Tagen*** a week from now, *Brt. a.* today week; ***heute ~ e-m Jahr*** this time next year; → ***im***; **3.** *Art u. Weise etc.*: in, at; ***gut sein*** ~ be* good at; ~ ***Eile*** in a hurry; ~ ***Behandlung*** (***Reparatur***) under treatment (repair); ***~s Deutsche*** into German; → ***im***; **3.** F: ~ ***sein*** be* in
Inbegriff *m* epitome
inbegriffen *adj.* included

indem *cj. während*: while, as; *dadurch, dass*: by *doing s.th.*
Inder(in) Indian
Indian *östr. m* turkey (cock)
Indianer(in) (Red *od.* American) Indian
Ind|ien India
Indikativ *gr. m* indicative (mood)
indirekt *adj.* indirect; *gr. a.* reported
indisch *adj.* Indian
indiskret *adj.* indiscreet; **⁀ion** *f* indiscretion
indiskutabel *adj.* out of the question
individu|ell *adj.* , **⁀um** *n* individual
Indiz *n* indication, sign; ***Indizien*** *pl. jur.* circumstantial evidence *sg.*
industrialisier|en *v/t.* industrialize; **⁀ung** *f* industrialization
Industrie *f* industry; ***~...*** *in Zssgn mst* industrial ...; **~abfälle** *pl.* industrial waste *sg.*; **~gebiet** *n* industrial area
industriell *adj.* industrial; **⁀e** *m* industrialist
Industriestaat *m* industrial nation
ineinander *adv.* into one another; ***~ verliebt*** in love with each other; ***~ greifen*** interlock (*a. fig.*)
Infanter|ie *mil. f* infantry; **~ist** *m* infantryman
Infektion *med.* infection; **~skrankheit** *med. f* infectious disease
Infinitiv *gr. m* infinitive (mood)
infizieren *v/t.* infect
Inflation *f* inflation
infolge *prp.* owing to, due to; **~dessen** *adv.* consequently
Inform|atik *f* computer science; **~atiker(in)** computer scientist; **~ation** *f* information; ***die neuesten ~en*** *pl.* the latest information *sg.*; **⁀ieren** *v/t.* inform; ***falsch ~*** misinform
infrage *adv* → ***Frage***
infra|rot *phys. adj.* infrared; **⁀struktur** *f* infrastructure
Ing. *Abk. für* ***Ingenieur*** eng., engineer
Ingenieur *m* engineer
Ingwer *m* ginger
Inhaber *m* owner, proprietor; *e-s Amtes etc.*: holder
Inhalt *m* contents *pl.*; *Raum⁀*: volume, capacity; *fig. Sinn*: meaning
Inhalts|angabe *f* summary; **~verzeichnis** *n Buch*: table of contents
Initiative *f* initiative; ***die ~ ergreifen*** take* the initiative
inklusive *prp.* including
inkonsequen|t *adj.* inconsistent; **⁀z** *f* inconsistency
Inland *n* home (country); *Landesinnere*: inland; **~flug** *m* domestic (*od.* internal) flight
inländisch *adj.* domestic, home
Inlett *n* ticking
inmitten *prp.* in the middle of
innen *adv.* inside; ***nach ~*** inwards
Innen|architekt(in) interior designer; **~architektur** *f* interior design; **~hof** *m* (inner) courtyard; **~minister** *m* minister of the interior; *Brt.* Home Secretary, *Am.* Secretary of the Interior; **~ministerium** *n* ministry of the interior; *Brt.* Home Office, *Am.* Department of the Interior; **~politik** *f* domestic politics; **⁀politisch** *adj.* domestic, internal; **~seite** *f*: ***auf der ~*** (on the) inside; **~stadt** *f* (city *od.* town) cent|re, *Am.* -er, *Am. a.* downtown
inner *adj.* inside; *seelisch*: inner; *med., pol.* internal; **⁀e** *n* interior, inside
Innereien *pl. gastr.* offal *sg.*; *Fisch*: guts *pl.*
inner|halb *prp.* within; **~lich** *adj.* internal (*a. med.*)
innert *prp. Schweiz*: within
innig *adj.* tender, affectionate
Innung *f* guild
inoffiziell *adj.* unofficial
ins *prep.* → ***in***
Insasse *m e-s Autos*: passenger; *e-r Anstalt etc.*: inmate; **~nversicherung** *f* passenger insurance
insbesondere *adv.* particularly, (e)specially
Inschrift *f* inscription, legend
Insekt *n* insect, *bsd. Am.* bug; **~enstich** *m* insect bite
Insel *f* island; **~bewohner** *m* islander
Inser|at *n* advertisement, F ad; **⁀ieren** *v/t. u. v/i.* advertise
insgeheim *adv.* secretly
insgesamt *adv.* altogether, in all
insofern 1. *adv.* as far as that goes; **2.** *cj.*: ***~ als*** in so far as
Inspek|tion *f* inspection; *mot.* service; **~or(in)** inspector
inspizieren *v/t.* inspect
Install|ateur *m* plumber; gas fitter; electrician; **⁀ieren** *v/t.* put* in, fit, install(l)

instand *adv.* → ***Stand***; **℮haltung** *f* maintenance; **℮setzung** *f* repair
inständig *adv.*: ***j-n ~ bitten*** implore s.o.
Instanz *f* authority; *jur.* instance
Instinkt *m* instinct; **℮iv** *adv.* instinctively
Institut *n* institute; **~ion** *f* institution
Instrument *n* instrument
inszenier|en *v/t.* (put* on) stage; *Film*: direct; *fig.* stage; **℮ung** *f* production
intellektuell *adj.*, **℮e(r)** intellectual, F highbrow
intelligen|t *adj.* intelligent; **℮z** *f* intelligence; **℮zquotient** *m* I.Q.
Intendant *thea. m* director
intensiv *adj. gründlich*: intensive; *stark*: intense; **℮kurs** *m* crash course
interessant *adj.* interesting
Interesse *n* interest (***an***, ***für*** in); **℮los** *adj.* uninterested, indifferent; **~losigkeit** *f* indifference; **~ngebiet** *n* field of interest; **~ngemeinschaft** *f* community of interests; *econ.* combine, pool
Interessent *m* interested person; *econ.* prospective buyer, *bsd. Am.* prospect
interessieren *v/t.* interest (***für*** in); ***sich ~ für*** be* interested in, take* an interest in; ***das interessiert mich nicht*** I'm not interested in that
intern *adj.* internal
Internat *n* boarding school
international *adj.* international
Internist *med. m* internist
Inter|pretation *f* interpretation; *Literatur*: *a.* analysis; **℮pretieren** *v/t.* interpret, ana|lyse, *Am.* -lyze; **~punktion** *f* punctuation; **~vall** *n* interval; **℮venieren** *v/i.* intervene; **~view** *n*, **℮viewen** *v/t.* interview
intim *adj.* intimate (***mit*** with) (*a. sexuell*); **℮ität** *f* intimacy; **℮sphäre** *f* privacy
intoleran|t *adj.* intolerant (***gegen*** of); **℮z** *f* intolerance
intransitiv *gr. adj.* intransitive
Intrig|e *f* intrigue, scheme, plot; **℮ieren** *v/i.* (plot and) scheme
Invalid|e *m* invalid; **~enrente** *f* disability pension; **~ität** *f* disablement, disability
Inventar *n* inventory, stock
Inventur *econ. f* stocktaking; ***~ machen*** take* stock
invest|ieren *v/t.* invest (*a. fig.*); **℮ition** *f* investment
inwie|fern *cj. u. adv.* in what respect *od.* way; **~weit** *cj. u. adv.* to what extent
Inzucht *f* inbreeding
inzwischen *adv.* meanwhile, in the meantime; *jetzt*: by now
irdisch *adj.* earthly, worldly
Ire *m* Irishman; ***die ~n*** *pl.* the Irish *pl.*
irgend *adv. in Zssgn*: some...; any... (*a. verneint u. fragend*); ***wenn ~ möglich*** if at all possible; ***wenn du ~ kannst*** if you possibly can; F ***~ so ein*** some; **~etwas** something; anything; **~jemand** someone, somebody; anyone, anybody; **~ein(e)** *indef. pron.* some(one); any(one); **~ein(e)s** *indef. pron.* some; any; **~wann** *adv. unbestimmt*: sometime (or other); *beliebig*: (at) any time; **~wie** *adv.* somehow (or other); **~wo** *adv.* somewhere; anywhere
Ir|in *f* Irishwoman; **℮isch** *adj.* Irish; **~land** Ireland
Iron|ie *f* irony; **℮isch** *adj.* ironic(al)
irre *adj.* mad, crazy, insane; *verwirrt*: confused; F *sagenhaft*: super, terrific
Irre *m*, *f* mad|man (-woman), lunatic; ***wie ein ~r*** like mad *od.* a madman
irre|führen *bsd. fig. v/t.* mislead*, lead* astray; **~führend** *adj.* misleading; **~gehen** *v/i.* go* astray; *fig. a.* be* wrong; **~machen** *v/t.* confuse
irren 1. *v/refl.* be* wrong *od.* mistaken; ***sich in et. ~*** get* s.th. wrong; **2.** *v/i.* wander, stray, err; ***Sie ~*** you are wrong
Irrenanstalt *f* mental hospital
irritieren *v/t. ärgern, reizen*: irritate; F *verwirren*: confuse
Irr|licht *n* will-o'-the-wisp (*a. fig.*); **~sinn** *m* madness; **℮sinnig** *adj.* insane, mad; F *Tempo etc.*: *a.* terrific; **~tum** *m* error, mistake; ***im ~ sein*** be* mistaken; **℮tümlich** *adv.* by mistake
Ischias *med. m, n, f* sciatica
Islam *m* Islam
Island Iceland
Isländ|er(in) Icelander; **℮isch** *adj.* Icelandic
Isolier|band *n* insulating tape; **℮en** *v/t.* isolate; *electr., tech.* insulate; **~haft** *f* solitary confinement; **~station** *med. f* isolation ward; **~ung** *f* isolation; *electr., tech.* insulation
Israel Israel
Israeli *m, f*, **℮sch** *adj.* Israeli
Italien Italy; **~er(in), ℮isch** *adj.* Italian
i-Tüpfelchen *n*: ***bis aufs ~*** to a T

J

ja *adv.* yes, F *a.* yeah; *naut.*, *parl.* aye, *Am. parl.* yea; ***wenn ~*** if so; ***da ist er ~!*** well, there he is!; ***ich sagte es Ihnen ~*** I told you so; ***ich bin ~ (schließlich)*** ... after all, I am ...; ***tut es '~ nicht!*** don't you dare do it!; ***sei '~ vorsichtig!*** do be careful!; ***vergessen Sie es '~ nicht!*** be sure not to forget it!; ***~, weißt du nicht?*** why, don't you know?; ***du kommst doch, ~?*** you're coming, aren't you?
Jacht *naut. f* yacht
Jacke *f* jacket; *längere, a. Anzug&, Kostüm&*: coat; **~tt** *n* jacket, coat
Jagd *f* hunt(ing) (*a. fig.*); *mit dem Gewehr*: *a.* shoot(ing); *Verfolgung*: chase; → ***Jagdrevier***; ***auf (die) ~ gehen*** go* hunting *od.* shooting; ***~ machen auf*** hunt (for); *j-n*: *a.* chase; **~aufseher** *m* gamekeeper; **~bomber** *mil. m* fighter bomber; **~flieger** *mil. m* fighter pilot; **~flugzeug** *mil. n* fighter (plane); **~hund** *m* hound; **~hütte** *f* (hunting) lodge; **~revier** *n* hunting ground; **~schein** *m* hunting *od.* shooting licen|ce, *Am.* -se
jagen *v/t. u. v/i.* hunt; *mit dem Gewehr*: *a.* shoot*; *fig. rasen*: race, dash; *fig. verfolgen*: hunt, chase; ***aus dem Haus*** *etc.* ~ drive* *od.* chase out of the house *etc.*
Jäger *m* hunter, huntsman
Jaguar *zo. m* jaguar
jäh *adj.* sudden; *steil*: steep
Jahr *n* year; ***ein halbes ~*** six months *pl.*; ***einmal im ~*** once a year; ***im ~e 1998*** in (the year) 1998; ***ein 20 ~e altes Auto*** a twenty-year-old car; ***mit 18 ~en, im Alter von 18 ~en*** at (the age of) eighteen; ***heute vor e-m ~*** a year ago today; ***die 80er ~e*** the eighties *pl.*; **&aus** *adv.*: ***~, jahrein*** year in, year out; year after year; **~buch** *n* yearbook, annual
jahrelang 1. *adj.* longstanding, (many) years of; **2.** *adv.* for (many) years
Jahres|... *in Zssgn Bericht, Bilanz, Einkommen etc.*: annual ...; **~anfang** *m* beginning of the year; **~ende** *n* end of the year; **~tag** *m* anniversary; **~wechsel** *m* turn of the year; **~zahl** *f* date, year; **~zeit** *f* season, time of (the) year
Jahrgang *m Personen*: age group; *Schule*: year, *Am. a.* class (***1995*** of '95); *Wein*: vintage
Jahrhundert *n* century; **~wende** *f* turn of the century
jährlich 1. *adj.* annual, yearly; **2.** *adv.* every year, yearly, once a year
Jahr|markt *m* fair; **~tausend** *n* millennium; **~zehnt** *n* decade
Jähzorn *m* violent (*Ausbruch*: fit of) temper; **&ig** *adj.* hot-tempered
Jalousie *f* (venetian) blind
Jammer *m* misery; ***es ist ein ~*** it is a pity
jämmerlich *adj.* miserable, wretched; *Anblick etc.*: *a.* pitiful, sorry; ***~ versagen*** fail miserably
jammer|n *v/i.* moan, lament (***über*** over, about); *sich beklagen*: complain (of, about); **~schade** *adj.*: ***es ist ~, dass*** it's a crying shame that
Janker *m* jacket
Jänner *östr. m*, **Januar** *m* January
Japan Japan; **~er(in), &isch** *adj.* Japanese
Jargon *m* jargon; slang
Jastimme *parl. f* aye, *Am.* yea
jäten *v/t.* weed (*a.* ***Unkraut ~***)
Jauche *f* liquid manure; F *fig.* muck
jauchzen *v/i.* shout for *od.* with joy; *bsd. lit.* exult, rejoice
Jause *östr. f* snack
jawohl *adv.* (that's) right, (yes,) indeed; *mil.*, F yes, sir!
Jawort *n* consent; ***(j-m) sein ~ geben*** say* yes (to s.o.'s proposal)
je *adv. u. cj.* ever; each; per; ***der beste Film, den ich ~ gesehen habe*** the best film I have ever seen; ***~ zwei (Pfund)*** two (pounds) each; ***drei Mark ~ Kilo*** three marks per kilo; ***~ nach Größe (Geschmack)*** according to size (taste); ***~ nachdem(, wie)*** it depends (on how); ***~ ..., desto*** ... the ... the
Jeans *pl., a. f*: ***(e-e~*** a pair of) jeans; **~jacke** *f* denim jacket
jede(r, -s) *indef. pron.* ~ *insgesamt*: every; ~ *Beliebige*: any; ~ *Einzelne*: each; *von zweien*: either; ***jeder weiß das***

J

everybody knows; ***du kannst jeden fragen*** (you can) ask anyone; ***jeder von uns*** (***euch***) each of us (you); ***jeder, der*** whoever; ***jeden zweiten Tag*** every other day; ***jeden Augenblick*** any moment now

jed|enfalls *adv.* in any case, anyhow; **~ermann** *indef. pron.* everyone, everybody; **~erzeit** *adv.* any time, always; **~esmal** *adv.* every time; ~ ***wenn*** whenever

jedoch *cj.* however

jeher *adv.*: ***von*** ~ always

jemals *adv.* ever; → ***je***

jemand *indef. pron.* someone, somebody; *fragend, verneint*: anyone, anybody

jene(r, -s) *dem. pron.* that (one); *pl.* those *pl.*; ***dies und jenes*** this and that

J

jenseitig *adj.* opposite

jenseits *adv. u. prp.* on the other side (of), beyond (*a. fig.*)

Jenseits *n* next world, hereafter

jetzig *adj.* present; existing

jetzt *adv.* now, at present; ***bis*** ~ up to now, so far; ***erst*** ~ only now; ~ ***gleich*** right now *od.* away; ***für*** ~ for the present; ***von*** ~ ***an*** from now on

jeweil|ig *adj.* respective; **~s** *adv. je*: each; *gleichzeitig*: at a time

Jh. *Abk. für* ***Jahrhundert*** cent., century

Jochbein *anat. n* cheekbone

Jockei *m* jockey

Jod *chem. n* iodine

jodeln *v/i.* yodel

Joga *m, n* → ***Yoga***

jogg|en *v/i.* jog; **≗er** *m* jogger; **≗ing** *n* jogging; **≗inganzug** *m* tracksuit; **≗inghose** *f* tracksuit trousers *pl.*

Jogurt *m, n* yog(h)urt, yoghourt

Johannisbeere *f*: ***Rote*** ~ redcurrant; ***Schwarze*** ~ blackcurrant

johlen *v/i.* howl, yell

Jolle *naut. f* dinghy, jolly boat

Jongl|eur *m* juggler; **≗ieren** *v/t. u. v/i.* juggle

Joule *phys. n* joule

Journal|ismus *m* journalism; **~ist(in)** journalist

jr. → ***jun.***

Jubel *m* cheering, cheers *pl.*; *Freude*: rejoicing; **≗n** *v/i.* cheer, shout for joy; *sich freuen*: rejoice

Jubiläum *n* anniversary; ***50-jähriges*** ~ fiftieth anniversary, (golden) jubilee

jucken *v/t. u. v/i.* itch; ***es juckt mich am ...*** my ... itches

Jude *m* Jewish person; ***er ist*** ~ he is Jewish

Jüd|in *f* Jewish woman *od.* girl; ***sie ist*** ~ she is Jewish; **≗isch** *adj.* Jewish

Judo *n* judo

Jugend *f* youth; ***die*** ~ young people *pl.*; **~amt** *n* youth welfare office; **~arbeitslosigkeit** *f* youth unemployment; **≗frei** *adj.*: **~er *Film*** U (*Am.* G) (-rated) film; ***nicht*** ~ X-rated; **~fürsorge** *f* youth welfare; **~gericht** *n* juvenile court; **~herberge** *f* youth hostel; **~klub** *m* youth club; **~kriminalität** *f* juvenile delinquency; **≗lich** *adj.* youthful, young; **~liche(r)** young person, *m. a.* youth, *jur. a.* juvenile; **~stil** *m* Art Nouveau; **~strafanstalt** *f* detention cent|re, *Am.* -er, *Am. a.* reformatory; **~verbot** *n* for adults only; → ***jugendfrei***; **~zentrum** *n* youth cent|re, *Am.* -er

Juli *m* July

jun. *Abk. für* ***junior*** Jun., jun., Jnr., Jr., junior

jung *adj.* young; ~ ***verheiratet*** newly married

Jumbo-Jet *m* jumbo (jet)

Junge[1] *m* boy; *junger Mann*: lad; *Kartenspiel*: jack, knave

Junge[2] *zo. n* young; *Hund*: *a.* puppy; *Katze*: *a.* kitten; *Raubtier*: *a.* cub; ~ ***bekommen*** *od.* ***werfen*** have* young; **≗nhaft** *adj.* boyish; **~nstreich** *m* boyish prank

jünger *adj.* younger

Jünger *rel. m* disciple (*a. fig.*)

Jungfer *f*: ***alte*** ~ old maid

Jungfern|fahrt *naut. f* maiden voyage; **~flug** *aviat. m* maiden flight

Jung|frau *f* virgin; *astr.* Virgo; ***er ist*** ~ he's (a) Virgo; **~geselle** *m* bachelor, single (man); **~gesellin** *f* bachelor girl, single (woman); *bsd. jur.* spinster

Jüngling *lit. iro. m* youth, young man

jüngste *adj.* youngest; *Ereignisse etc.*: latest; ***in*** **~r *Zeit*** lately, recently; ***das*** ≗ ***Gericht, der*** ≗ ***Tag*** the Last Judg(e)ment, Doomsday

Juni *m* June

junior *adj.*, ≗ *m* junior (*a. Sport*)

Jupe *m Schweiz*: skirt
Jura: *~ **studieren*** study (the) law
juridisch *östr. adj.* → ***juristisch***
Jurist|(in) lawyer; law student; **≈isch** *adj.* legal
Jury *f* jury
Jurorenkomitee *östr. n* → ***Jury***
justieren *tech. v/t.* adjust, set*
Justiz *f* (administration of) justice, (the) law; **~beamte** *m* judicial officer; **~irrtum** *m* error of justice; **~minister** *m* minister of justice; *Brt.* Lord Chancellor, *Am.* Attorney General; **~ministerium** *n* ministry of justice; *Am.* Department of Justice
Jute *f* jute; **~tasche** *f* jute bag
Juwel *m, n* jewel, gem (*beide a. fig.*); **~en** *pl.* jewel(le)ry; **~ier** *m* jewel(l)er

K

Kabarett *n* (political) revue
Kabel *n* cable; **~fernsehen** *n* cable TV
Kabeljau *zo. m* cod(fish)
Kabelnetz *n* cable network
Kabine *f* cabin; *Umkleide≈, Dusch≈ etc.*: cubicle; *Sport*: dressing room; *e-r Seilbahn*: car; *tel. etc.*: booth; **~nbahn** *f* cable railway
Kabinett *pol. n* cabinet
Kabis *m Schweiz*: green cabbage
Kabriolett *mot. n* convertible
Kachel *f*, **≈n** *v/t.* tile; **~ofen** *m* tiled stove
Kadaver *m* carcass
Kadett *m* cadet
Käfer *m* beetle, *Am. a.* bug
Kaffee *m* coffee (***kochen*** make*); *~ **mit*** (***ohne***) ***Milch*** white (black) coffee; **~bohne** *f* coffee bean; **~haus** *östr. n* café, coffee house; **~kanne** *f* coffeepot; **~maschine** *f* coffee maker; **~mühle** *f* coffee grinder
Käfig *m* cage (*a. fig.*)
kahl *adj. Mensch*: bald; *Baum, Fels, Wand*: bare; *Landschaft*: barren, bleak
Kahn *m* boat; *Last≈*: barge
Kai *m* quay, wharf
Kaiser *m* emperor; **~in** *f* empress; **~reich** *n* empire
Kajüte *naut. f* cabin
Kakao *m* cocoa; *Getränk*: *a.* (hot) chocolate; *kalter*: chocolate milk
Kakt|ee *f*, **~us** *m* cactus
Kalb *n* calf; **≈en** *v/i.* calve; **~fleisch** *n* veal; **~sbraten** *m* roast veal; **~sschnitzel** *n* veal cutlet; *paniertes*: escalope (of veal)
Kalender *m* calendar; **~jahr** *n* calendar year
Kali *chem. n* potash
Kaliber *n* calib|re, *Am.* -er (*a. fig.*)
Kalk *m* lime; *geol.* limestone, chalk; *med.* calcium; **≈en** *v/t. Wand etc.*: whitewash; *agr.* lime; **≈ig** *adj.* limy; **~stein** *m* limestone
Kalorie *f* calorie; **≈narm** *adj.*, **≈reduziert** *adj.* low-calorie, low in calories; **≈nreich** *adj.* high-calorie, high *od.* rich in calories
kalt *adj.* cold; ***mir ist*** *~* I'm cold; ***es*** (***mir***) ***wird*** *~* it's (I'm) getting cold; *~ **bleiben*** *fig.* keep* cool; ***das lässt mich*** *~* that leaves me cold; **~blütig 1.** *adj.* cold-blooded (*a. fig.*); **2.** *adv. umbringen etc.*: in cold blood
Kälte *f* cold; *fig. e-r Person, Farbe*: coldness; ***vor*** *~ **zittern*** shiver with cold; ***fünf Grad*** *~* five degrees below zero; **~einbruch** *m* cold snap; **~grad** *m* degree below zero; **~periode** *f* cold spell
kaltmachen F *v/t.* bump off, *Am. a.* rub out
Kamee *f* cameo
Kamel *n* camel; **~haar** *n* camelhair
Kamera *f* camera
Kamerad *m* companion, F mate, pal, *Am. a.* buddy; *mil. a.* fellow soldier; **~schaft** *f* comradeship; **≈schaftlich** *adj. u. adv.* like a good fellow, comradely
Kamera|mann *m* cameraman; **~recorder** *m* camcorder
Kamille *f* camomile (*a. in Zssgn*)

Kamin *m* fireplace; *Schornstein*: chimney (*a. mount.*); ***am ~*** by the fire(side); **~kehrer** *m* chimney sweep; **~sims** *m, n* mantelpiece
Kamm *m* comb; *zo. a.* crest (*a. fig.*)
kämmen *v/t.* comb; ***sich*** (***die Haare***) **~** comb one's hair
Kammer *f* (small) room; *AbstellՁ*: storeroom, *bsd. Am.* closet; *DachՁ*: garret; *pol., econ.* chamber; *jur.* division; **~musik** *f* chamber music
Kammgarn *n* worsted (yarn)
Kampagne *f* campaign
Kampf *m* fight (*a. fig.*); *schwerer*: struggle (*a. fig.*); *bsd. mil.* combat; *Schlacht*: battle (*a. fig.*); *WettՁ*: contest, match; *BoxՁ*: fight, bout; *fig.* conflict; **Ձbereit** *adj.* ready for battle (*mil.* combat)
kämpfen *v/i.* fight* (***gegen*** against; ***mit*** with; ***um*** for) (*a. fig.*); struggle (*a. fig.*); *fig.* contend, wrestle
Kampfer *m* camphor
Kämpfer *m* fighter (*a. fig.*); **Ձisch** *adj.* fighting, aggressive (*a. Sport*)
Kampf|flugzeug *n* combat aircraft; **~kraft** *f* fighting strength; **~richter** *m* judge; → ***Schiedsrichter***; **~sportarten** *pl. Judo, Karate*: martial arts *pl.*
Kanad|a Canada; **~ier** *m*, **~ierin** *f*, **Ձisch** *adj.* Canadian
Kanal *m künstlicher*: canal; *natürlicher*: channel (*a. TV, tech., fig.*); *AbwasserՁ*: sewer, drain; ***der ~*** (*ÄrmelՁ*) the (English) Channel; **~isation** *f* sewerage (system); *Fluss*: canalization; **Ձisieren** *v/t.* sewer; canalize; *fig.* channel; **~tunnel** *m* Channel Tunnel, F Chunnel
Kanarienvogel *m* canary
Kandid|at *m* candidate; **~atur** *f* candidacy, *Brt. a.* candidature; **Ձieren** *v/i.* stand* *od.* run* for election; ***~ für ...*** run for the office of ...
Känguru *n* kangaroo
Kaninchen *n* rabbit
Kanister *m* (fuel) can, *Brt. a.* jerry can
Kanne *f KaffeeՁ, TeeՁ*: pot; *MilchՁ, ÖlՁ, GießՁ etc.*: can
Kannibale *m* cannibal
Kanon *mus. m* canon, round
Kanone *f* gun; cannon; *sl. Revolver*: iron, *Am.* rod; F *Könner*: ace, *bsd. Sport*: *a.* crack
Kant|e *f* edge; **~en** *m* crust; **Ձen** *v/t.* set* on edge, tilt; *Skier*: edge; **Ձig** *adj.* angular, square(d)
Kantine *f* canteen
Kanton *pol. m* canton
Kanu *n* canoe
Kanüle *med. f* cannula, (drain) tube
Kanzel *f rel.* pulpit; *aviat.* cockpit
Kanzlei *f* office
Kanzler *m* chancellor
Kap *geogr. n* cape, headland
Kapazität *f* capacity; *fig.* authority
Kapell|e *f rel.* chapel; *mus.* band; **~meister** *m* conductor
kapern *naut. v/t.* capture, seize
kapieren F *v/t.* get*; ***kapiert?*** got it?
Kapital *n* capital, funds *pl.*; **~anlage** *f* investment; **~ismus** *m* capitalism; **~ist** *m*, **Ձistisch** *adj.* capitalist; **~verbrechen** *n* capital crime
Kapitän *m* captain (*a. Sport*)
Kapitel *n* chapter (*a. fig.*); F *fig.* story
Kapitul|ation *f* capitulation, surrender (*a. fig.*); **Ձieren** *v/i.* capitulate, surrender (*a. fig.*)
Kaplan *rel. m* curate
Kappe *f* cap; *tech. a.* top, hood; **Ձn** *v/t. Tau*: cut*; *Baum*: lop, top
Kapsel *f* capsule; *Hülse*: case, box
kaputt *adj.* broken; *Lift etc.*: out of order; *erschöpft*: dead beat; *Ruf, Gesundheit etc.*: ruined; *Ehe etc.*: broken; **~gehen** *v/i.* break*; *mot. etc.* break* down; *Ehe etc.*: break* up; **~machen** *v/t.* break*, wreck (*a. fig.*), ruin (*a. fig.*)
Kapuze *f* hood; *MönchsՁ*: cowl
Karabiner *m Gewehr*: carbine; **~haken** *m* karabiner, snaplink
Karaffe *f* decanter, carafe
Karambolage *f* collision, crash
Karat *n* carat
Karate *n* karate
Karawane *f* caravan
Kardinal *rel. m* cardinal
Karfiol *östr. m* cauliflower
Karfreitag *rel. m* Good Friday
karg, kärglich *adj.* meag|re, *Am.* -er, scanty; *Essen, Leben*: *a.* frugal; *Boden*: poor
kariert *adj.* checked, chequered, *Am.* checkered; *Papier*: squared; F ***~es Zeug reden*** talk rot
Karies *f med.* (dental) caries
Karik|atur *f mst* cartoon; *bsd. fig.* cari-

cature; **~aturist(in)** cartoonist; **2ieren** *v/t.* caricature
Karneval *m* carnival, Shrovetide
Karo *n* square, check; *Kartenspiel*: diamonds *pl.*
Karosserie *mot. f* body
Karotte *f* carrot
Karpfen *m* carp
Karre *f*, **~n** *m* cart; *Schub2*: wheelbarrow; F *Auto*: jalopy
Karriere *f* career; ***~ machen*** work one's way up, get* to the top
Karte *f* card; *Land2*: map; *See2*: chart; *Fahr2*, *Eintritts2*: ticket; *Speise2*: menu; ***gute ~n*** a good hand
Kartei *f* card index; **~karte** *f* index *od.* file card; **~kasten** *m* card index box
Karten|haus *n* house of cards (*a. fig.*); *naut.* chartroom; **~spiel** *n* card game; *Karten*: pack (*Am. a.* deck) of cards; **~telefon** *n* cardphone; **~vorverkauf** *m* advance booking; *Stelle*: box office
Kartoffel *f* potato; **~brei** *m* mashed potatoes *pl.*; **~chips** *pl. Brt.* crisps *pl.*, *Am.* (potato) chips *pl.*; **~kloß**, **~knödel** *m* potato dumpling; **~puffer** *m* potato fritter; **~schalen** *pl.* potato peelings *pl.*; **~schäler** *m* potato peeler
Karton *m Material*: cardboard; *stärker*: pasteboard; *Schachtel*: cardboard box
Karussell *n* roundabout, merry-go-round, *Am. a.* car(r)ousel
Karwoche *rel. f* Holy Week
Kaschmir *m* cashmere (*a. in Zssgn*)
Käse *m* cheese; **~kuchen** *m* cheesecake
Kaserne *mil. f* barracks *sg., pl.*; **~nhof** *m* barrack square
käsig *adj.* cheesy; *blass*: pasty
Kasino *n* casino; *mil.* (officers') mess
Kasperle *n, m* Punch; **~theater** *n* Punch and Judy show
Kassa *östr. f*, **Kasse** *f Laden2*: till; *Registrier2*: cash register; *Supermarkt*: checkout (counter); *Kaufhaus etc.*: cash desk; *Bank*: cashier's counter; *thea. etc.*: box office; F ***gut*** (***knapp***) ***bei ~ sein*** be* flush (a bit hard up)
Kassen|beleg, **~bon** *m* receipt, *Am.* sales slip; **~erfolg** *m thea. etc.* box-office success; **~patient(in)** *med.* health plan patient; *Brt.* NHS patient, *Am.* medicaid patient; **~schlager** *m* blockbuster; **~wart** *m Verein etc.*: treasurer
Kassette *f allg.* box, case; *mus., TV, phot. etc.* cassette, *Schmuck2*: *a.* casket; **~n...** *in Zssgn Rekorder etc.*: cassette
kassiere|n *v/t. u. v/i.* collect, take* (the money); F *verdienen*: make*; **2r(in)** cashier; *Bank2*: *a.* teller; *Beiträge etc.*: collector
Kastanie *f* chestnut
Kasten *m* box (*a. fig. Fernseher, Tor, Haus etc.*); *Behälter*, *Geigen2*: case; *Kiste*: chest
kastrieren *med., vet. v/t.* castrate
Kasus *gr. m* case
Katalog *m* catalogue, *Am. a.* catalog
Katalysator *m chem.* catalyst; *mot.* catalytic converter
Katapult *m, n,* **2ieren** *v/t.* catapult
katastroph|al *adj.* disastrous (*a. fig.*); **2e** *f* catastrophe, disaster (*a. fig.*); **2engebiet** *n* disaster area; **2enschutz** *m* disaster control
Katechismus *rel. m* catechism
Kategorie *f* category
Kater *m zo.* male cat, tomcat; *fig.* hangover
kath. *Abk. für* ***katholisch*** Cath., Catholic
Kathedrale *f* cathedral
Katho|lik(in), **2lisch** *adj.* (Roman) Catholic
Kätzchen *n* kitten, pussy (*a. bot.*)
Katze *zo. f* cat; *junge*: kitten
Kauderwelsch *n* gibberish
kauen *v/t. u. v/i.* chew
kauern *v/i. u. v/refl.* crouch, squat
Kauf *m* purchase (*a. econ.*), F buy; purchasing, buying; ***ein guter ~*** a bargain, F a good buy; ***zum ~ anbieten*** offer for sale; **2en** *v/t.* buy* (*a. fig.*), purchase
Käufer *m* buyer; *Kunde*: customer
Kauf|haus *n* department store; **~kraft** *econ. f* purchasing power
käuflich *adj.* for sale; *fig.* venal
Kauf|mann *m allg.* businessman; *Händler*: dealer, trader, merchant; *Einzelhändler*: shopkeeper, *Am. mst* storekeeper; *bsd. Lebensmittelhändler*: grocer; **2männisch** *adj.* commercial, business; ***~er Angestellter*** clerk; **~vertrag** *m* contract of sale
Kaugummi *m* chewing gum
kaum *adv.* hardly; ***~ zu glauben*** hard to believe
Kaution *f* security; *jur.* bail
Kautschuk *m* (india) rubber

K

Kavalier *m* gentleman
Kavallerie *mil. f* cavalry
Kaviar *m* caviar(e)
keck *adj.* cheeky, saucy, pert
Kegel *m für Spiel*: skittle, pin; *math., tech.* cone; **~bahn** *f* skittle (*bsd. Am.* bowling) alley; **2förmig** *adj.* conical; **~kugel** *f* skittle (*bsd. Am.* bowling) ball; **2n** *v/i.* play (at) skittles *od.* ninepins, *bsd. Am.* bowl, go* bowling
Kehl|e *f* throat; **~kopf** *m* larynx
Kehre *f* (sharp) bend; **2n** *v/t.* sweep*; ***j-m den Rücken ~*** turn one's back on s.o.
Kehricht *m* sweepings *pl.*; **~schaufel** *f* dustpan
Kehrseite *f* other side, reverse; ***die ~ der Medaille*** the other side of the coin
kehrtmachen *v/i.* turn back
keifen *v/i.* nag, bitch
Keil *m* wedge; *Zwickel*: gusset; **~absatz** *m* wedge heel
Keile F *f* thrashing, hiding
Keiler *zo. m* wild boar
Keilerei F *f* brawl, fight
keil|förmig *adj.* wedge-shaped; **2kissen** *n* wedge-shaped bolster; **2riemen** *mot. m* fan belt
Keim *m biol., med.* germ; *bot.* bud; *bot. Trieb*: sprout; *fig.* seed(s *pl.*); **2en** *v/i. Samen*: germinate; *sprießen*: sprout; *fig.* form, grow*; stir; **2frei** *adj.* sterile; **2tötend** *adj.* germicidal; **~zelle** *f* germ cell
kein *indef. pron.* **1.** *als adj.*: **~(e)** no, not any; ***~ anderer*** no one else; **~(e)** ... ***mehr*** not any more ...; ***~ Geld*** (***~e Zeit***) ***mehr*** no money (time) left; ***~ Kind mehr*** no longer a child; **2.** *als Substantiv*: **~er**, **~e**, **~(e)s** none, no one, nobody; ***~er von beiden*** neither (of the two); ***~er von uns*** none of us; **~esfalls** *adv.* by no means, under no circumstances; **~eswegs** *adv.* by no means, not in the least; **~mal** *adv.* not once, not a single time
Keks *m, n* biscuit, *Am.* cookie
Kelch *m* cup (*a. bot., fig.*); *rel.* chalice
Kelle *f* scoop; *Maurer2*: trowel
Keller *m* cellar; *bewohnt*: basement; **~geschoss** *n*, **~geschoß** *östr. n* basement; **~wohnung** *f* basement (flat, *bsd. Am.* apartment)
Kellner *m* waiter; **~in** *f* waitress
keltern *v/t.* press
kennen *v/t.* know*, be* acquainted with; ***~ lernen*** get* to know, become* acquainted with; *j-n*: *a.* meet*; ***als ich ihn ~ lernte*** when I first met him
Kenn|er *m* expert; *Kunst2, Wein2*: connoisseur; **2tlich** *adj.* recognizable (***an*** by); **~tnis** *f* knowledge; ***~ nehmen von*** take* not(ic)e of; ***gute ~se in*** a good knowledge of; **~wort** *n* password; **~zeichen** *n* mark, sign; (distinguishing) feature, characteristic; *mot.* registration (*Am.* license) number; **2zeichnen** *v/t.* mark; *fig.* characterize
kentern *naut. v/i.* capsize
Kerbe *f* notch
Kerker *m* jail, prison; *Verlies*: dungeon
Kerl F *m* fellow, guy, *bsd. Brt.* bloke; ***armer ~*** poor devil; ***ein anständiger ~*** a decent sort
Kern *m Obst*: pip, seed; *Kirsch2 etc.*: stone; *Nuss*: kernel; *tech.* core (*a. Reaktor2*); *phys.* nucleus (*a. Atom2*); *fig.* core, heart, bottom; **~...** *in Zssgn Energie, Forschung, Physik, Reaktor, Technik etc.*: nuclear ...; **~fach** *n* basic subject, *Brt. etwa* set subject; *pl. coll.* core curriculum; **~gehäuse** *bot. n* core; **2gesund** *adj.* F (as) sound as a bell; **2ig** *adj.* full of pips (*Am.* seeds); *fig.*: robust; *Satz etc.*: pithy; **~kraft** *f* nuclear power; **~kraftgegner** *m* anti nuclear activist; **~kraftwerk** *n* nuclear power station *od.* plant; **2los** *adj.* seedless; **~spaltung** *f* nuclear fission; **~waffe** *f* nuclear weapon; **2waffenfrei** *adj.*: ***~e Zone*** nuclear-free zone; **~waffenversuch** *m* nuclear test; **~zeit** *f* core time
Kerze *f* candle; *Turnen*: shoulder stand
kess F *adj.* cheeky, saucy, pert
Kessel *m Tee2*: kettle; *Wasch2, Heiz2, Dampf2*: boiler; *Behälter*: tank
Kette *f* chain (*a. fig.*); *Hals2*: necklace; ***e-e ~ bilden*** form a line; **~n...** *in Zssgn Antrieb, Raucher, Reaktion*: chain ...; **2n** *v/t.* chain (***an*** to); **~nladen** *m* chain (*bsd. Brt.* multiple) store, F multiple
Ketzer *m* heretic; **~ei** *f* heresy
keuch|en *v/i.* pant, gasp; **2husten** *med. m* whooping cough
Keule *f* club; *gastr.* leg; ***chemische ~*** chemical mace
keusch *adj.* chaste; **2heit** *f* chastity

Kfz *Abk. für* ***Kraftfahrzeug*** motor vehicle; **~-Brief** *m*, **~-Schein** *m* vehicle registration document; **~-Steuer** *f* road *od.* automobile tax; **~-Werkstatt** *f* garage

KG *Abk. für* ***Kommanditgesellschaft*** limited partnership

kichern *v/i.* giggle

Kiebitz *m zo.* peewit, lapwing; *fig.* kibitzer

Kiefer[1] *m* jaw(bone)

Kiefer[2] *bot. f* pine(tree)

Kiel *m naut.* keel; **~flosse** *aviat. f* tail fin; **~raum** *m* bilge; **~wasser** *n* wake (*a. fig.*)

Kieme *zo. f* gill

Kies *m* gravel; *sl. Geld*: dough; **~el** *m* pebble; **~weg** *m* gravel path

Kilo|(gramm) *n* kilogram(me); **~hertz** *n* kilohertz; **~meter** *m* kilomet|re, *Am.* -er; **~watt** *n* kilowatt

Kimme *f* notch; ***~ und Korn*** sights *pl.*

Kind *n* child; *Klein*≈: baby; ***ein ~ erwarten*** be* expecting a baby

Kinder|arzt *m*, **~ärztin** *f* p(a)ediatrician; **~garten** *m* kindergarten, nursery school; **~gärtnerin** *f* nursery-school *od.* kindergarten teacher; **~geld** *n* child benefit; **~hort** *m*, **~krippe** *f* day nursery; **~lähmung** *med. f* polio(myelitis); **≈lieb** *adj.* fond of children; **≈los** *adj.* childless; **~mädchen** *n* nanny, nurse(maid); **~spiel** *fig. n*: ***ein ~*** child's play; **~stube** *fig. f* manners *pl.*, upbringing; **~wagen** *m* pram, *Am.* baby carriage (F buggy); **~zimmer** *n* children's room

Kindes|alter *n* childhood; infancy; **~beine** *pl.*: ***von ~n an*** from early childhood; **~entführung** *f* kidnap(p)ing; **~misshandlung** *f* child abuse

Kind|heit *f* childhood; **≈isch** *adj.* childish; *contp.* babyish; **≈lich** *adj.* childlike

Kinn *n* chin; **~backe** *f*, **~backen** *m* jaw(bone); **~haken** *m Boxen*: hook (to the chin), uppercut

Kino *n* cinema, *bsd. Am.* motion pictures *pl.*, F *the* pictures *pl.*, F *the* movies *pl.*; *Gebäude*: cinema, *bsd. Am.* movie theater; **~besucher(in)**, **~gänger(in)** cinemagoer, filmgoer

Kippe *f* F stub, *bsd. Am.* butt; *Turnen*: upstart; ***auf der ~ stehen*** be* uncertain; *stärker*: be* touch and go; ***er steht auf der ~*** it's touch and go with him; **≈n 1.** *v/i.* tip *od.* topple (over); **2.** *v/t.* tilt, tip over *od.* up

Kirche *f* church; ***in die ~ gehen*** go to church

Kirchen|buch *n* parish register; **~diener** *m* sexton; **~gemeinde** *f* parish; **~jahr** *n* Church *od.* ecclesiastical year; **~lied** *n* hymn; **~musik** *f* sacred *od.* church music; **~schiff** *arch. n* nave; **~steuer** *f* church tax; **~tag** *m* church congress; **~stuhl** *m* pew

Kirch|gang *m* churchgoing; **~gänger** *m* churchgoer; **≈lich** *adj.* church, ecclesiastical; **~turm** *m* steeple; *Spitze*: spire; *ohne Spitze*: church tower

Kirsche *f* cherry

Kissen *n* pillow; *Sitz*≈, *Luft*≈: cushion; **~bezug** *m*, **~hülle** *f* pillowcase, pillowslip

Kiste *f* box, chest; *Latten*≈: crate

Kitsch *m* kitsch; *Waren*: trash; *sentimentaler*: slush; **≈ig** *adj.* kitschy; trashy; slushy

Kitt *m* cement; *Glaser*≈: putty

Kittel *m* smock; *Arbeits*≈, *~schürze*: overall; *Arzt*≈: (white) coat

kitten *v/t.* cement; *Glaserei*: putty

Kitz|el *m* tickle, *fig. a.* thrill, kick; **≈eln** *v/i. u. v/t.* tickle; **~ler** *anat. m* clitoris; **≈lig** *adj.* ticklish (*a. fig.*)

kläffen *v/i.* yap, yelp

klaffend *adj.* gaping; *bsd. Abgrund*: yawning

Klage *f* complaint; *Weh*≈: lament; *jur.* action, (law)suit; **≈n** *v/i.* complain (***über*** of, about; ***bei*** to); lament; *jur.* go* to court; ***gegen j-n ~*** sue s.o

Kläger(in) *jur.* plaintiff

kläglich *adj.* → ***jämmerlich***

Klamauk *m* racket; *thea. etc.* slapstick

klamm *adj.* numb; *Raum*: clammy

Klammer *f tech.* cramp, clamp; *Büro*≈, *Haar*≈: clip; *Wäsche*≈: (clothes) peg, *bsd. Am.* clothes pin; *Zahn*≈: brace; *math., print.* bracket(s *pl.*); **≈n** *v/t.* fasten *od.* clip together; ***sich ~ an*** cling* to

Klang *m* sound; *Tonqualität*: tone; *Gläser*≈: clink; *Glocken*≈: ringing; **≈voll** *adj.* sonorous; *fig.* illustrious

Klappe *f* flap; *Klappdeckel*: hinged lid; *am LKW*: tailboard, *Am.* tailgate;

K

tech., bot., anat. valve; F *Mund*: trap; **≈n 1.** *v/t.*: ***nach oben*** **~** lift up, raise; *Sitz etc.*: put* *od.* fold up; ***nach unten*** **~** lower, put* down; ***es lässt sich*** (***nach hinten***) **~** it folds (backward); **2.** *v/i.* clap, clack; *fig.* work, work out (well)
Klapper *f* rattle; **≈n** *v/i.* clatter, rattle (***mit et.*** s.th.); **~schlange** *f* rattlesnake
Klapp|fahrrad *n* folding bicycle; **~fenster** *n* top-hung window; **~messer** *n* jack knife, clasp knife; **≈rig** *adj. Auto etc.*: rattly, ramshackle; *Möbel*: rickety; *Person*: shaky; **~sitz** *m* folding *od.* tip-up seat; **~stuhl** *m* folding chair; **~tisch** *m* folding table
Klaps *m* slap, pat; *harter*: smack
klar *adj.* clear (*a. fig.*); ***ist dir*** **~**, ***dass ...?*** do you realize that ...?; ***das ist mir*** (***nicht ganz***) **~** I (don't quite) understand; (***na***) **~*!*** of course!; ***alles*** **~*?*** everything okay?
Klär|anlage *f* sewage works *sg., pl.*; **≈en** *v/t. tech.* purify; *Wasser*: *a.* treat; *fig.* clear up; *endgültig*: settle; *Sport*: clear
Klarheit *f* clearness; *fig. a.* clarity
Klarinette *mus. f* clarinet
Klarsicht... *in Zssgn* transparent
Klasse *f* class (*a. pol.*); *Schul*≈: *Brt. a.* form, *Am. a.* grade; *~nzimmer*: classroom; F *großartig*: super, fantastic
Klassen|arbeit *f* (classroom) test; **~buch** *n* (class) register, *Am.* classbook; **~kamerad(in)** classmate; **~lehrer(in)** form teacher, *Brt. a.* form master (mistress), *Am.* homeroom teacher; **~sprecher(in)** class representative; **~zimmer** *n* classroom
klassifizier|en *v/t.* classify; **≈ung** *f* classification
Klassi|ker *m* classic; **≈sch** *adj.* classic(al)
Klatsch F *fig. m*, **~base** *f* gossip; **≈en** *v/i. u. v/t. Beifall* **~**: clap, applaud; F *schlagen, werfen*: slap, bang; *ins Wasser*: splash; F gossip; ***in die Hände*** **~** clap one's hands; **≈haft** *adj.* gossipy; **~maul** F *n* (old) gossip; **≈nass** F *adj.* soaking wet
klauben *östr. v/t.* pick; gather
Klaue *f* claw; *fig.* clutches *pl.*
klauen F *v/t.* pinch
Klausel *jur. f* clause; condition
Klausur *f* test (paper), exam(ination)
Klavier *mus. n* piano; **~** ***spielen*** play the piano; **~konzert** *n Stück*: piano concerto; *Vortrag*: piano recital
Klebeband *n* adhesive tape
kleb|en 1. *v/t.* glue, paste (*a. fig. j-m e-e*); stick*; **2.** *v/i.* stick*, cling* (***an*** to) (*a. fig.*); **~rig** *adj.* sticky; **≈stoff** *m* adhesive; *Leim*: glue; **≈streifen** *m* adhesive tape
kleck|ern F **1.** *v/i.* make* a mess; **2.** *v/t.* spill*; **≈s** F *m* (ink)blot; *Farb*≈: blob; **~sen** F *v/i.* blot, make* blots
Klee *bot. m* clover; **~blatt** *n* cloverleaf
Kleid *n* dress; **~*er*** *pl. Kleidung*: clothes *pl.*; **≈en** *v/t.* dress, clothe; ***j-n gut*** **~** suit s.o.; ***sich*** (***gut***) **~** dress (well)
Kleider|bügel *m* (coat) hanger; **~bürste** *f* clothes brush; **~haken** *m* coat hook; **~schrank** *m* wardrobe; **~ständer** *m* coat stand; **~stoff** *m* dress material
kleidsam *adj.* becoming
Kleidung *f* clothes *pl.*, clothing; **~sstück** *n* article of clothing
Kleie *f* bran
klein *adj.* small, *bsd.* F little (*a. Finger, Bruder*); *von Wuchs*: short; ***von*** **~** ***auf*** from an early age; ***ein*** **~** ***wenig*** a little bit; ***Groß und*** **≈** young and old; ***die*** **≈*en*** the little ones; **~** ***schneiden*** cut* up (into small pieces); **≈anzeige** *f* small ad, *bsd. Am.* want ad; **≈bildkamera** *f* 35 mm camera; **≈familie** *f* nuclear family; **≈geld** *n* (small) change; **≈holz** *n* matchwood; **≈igkeit** *f* little thing, trifle; *Geschenk*: little something; ***e-e*** **~** *leicht*: nothing, child's play; **≈kind** *n* infant; **≈kram** F *m* odds and ends *pl.*; **~laut** *adj.* subdued; **~lich** *adj.* small--minded, petty; *geizig*: mean; *pedantisch*: pedantic, fussy; **≈stadt** *f* small town; **~städtisch** *adj.* small-town, provincial; **≈wagen** *m* small *od.* compact car, *Brt.* F runabout
Kleister *m* paste; **≈n** *v/t.* paste
Klemme *f tech.* clamp; *Haar*≈: (hair) clip; F ***in der*** **~** ***sitzen*** be* in a fix *od.* tight spot; **≈n** *v/i. u. v/t.* jam; *stecken*: stick*; *Tür etc.*: be* stuck *od.* jammed; ***sich*** **~** jam one's finger *od.* hand
Klempner *m* plumber
Klerus *m* clergy *pl.*
Klette *f bot.* bur(r); *fig.* leech
kletter|n *v/i.* climb; ***auf e-n Baum*** **~**

climb (up) a tree; **²pflanze** *f* climber
Klient(in) client
Klima *n* climate; *fig. a.* atmosphere; **~anlage** *f* air-conditioning; **²tisch** *adj.* climatic
klimpern *v/i.* jingle, chink (*mit et.* s.th.); F strum (away) (*auf* on)
Klinge *f* blade
Klingel *f* bell; **~knopf** *m* bell (push); **²n** *v/i.* ring* (the bell); ***es klingelt*** the (door)bell is ringing
klingen *v/i.* sound; *Glocke, Metall etc.*: ring*; *Gläser etc.*: clink
Klini|k *f* hospital; clinic; *Privat²*: *Brt.* nursing home; **²sch** *adj.* clinical
Klinke *f* (door) handle
Klippe *f* cliff, rock(s *pl.*); *fig.* obstacle
klirren *v/i. Fenster*: rattle; *Gläser etc.*: clink; *Scherben*: tinkle; *Schwerter etc.*: clash; *Münzen, Schlüssel etc.*: jingle
Klischee *n* cliché
klobig *adj.* bulky, clumsy (*a. fig.*)
Klopapier F *n* loo (*Am.* toilet) paper
klopfen 1. *v/i. Herz, Puls*: beat*; *heftig*: throb; *an die Tür etc.*: knock; *auf die Schulter*: tap; *tätschelnd*: pat; ***es klopft*** there's a knock at the door; **2.** *v/t.* beat*; *Nagel etc.*: knock, drive*
Klops *m* meat ball
Klosett *n* lavatory, toilet; **~brille** *f* toilet seat; **~papier** *n* toilet paper
Kloß *m* clod, lump (*a. fig. in der Kehle*); *Speise*: dumpling
Kloster *n Mönchs²*: monastery; *Nonnen²*: convent
Klotz *m* block; *Holz²*: *a.* log
Klub *m* club; **~sessel** *m* lounge chair
Kluft *f* gap (*a. fig.*); *Abgrund*: abyss
klug *adj.* intelligent, clever, F bright, smart; *vernünftig*: wise; ***daraus*** (***aus ihm***) ***werde ich nicht ~*** I don't know what to make of it (him); **²heit** *f* intelligence, cleverness, F brains *pl.*; *Vernunft*: good sense; *Wissen*: knowledge
Klump|en *m allg.* lump; *Erd² etc.*: clod; *Gold² etc.*: nugget; *Haufen*: heap; **~fuß** *m* clubfoot; **²ig** *adj.* lumpy; cloddish
knabbern *v/t. u. v/i.* nibble, gnaw
Knabe *m* boy; **²nhaft** *adj.* boyish
Knäckebrot *n* crispbread
knack|en *v/t. u. v/i.* crack (*a. fig. u.* F); *Zweig*: snap; *Feuer, Radio*: crackle; ***an et. zu ~ haben*** have* s.th. to chew on; **²s** F *m* crack (*a. Geräusch*); *fig.* defect
Knall *m allg.* bang; *Schuss*: *a.* crack, report; *Peitsche*: crack; *Korken*: pop; F ***e-n ~ haben*** be* nuts; **~bonbon** *m, n* cracker; **~effekt** *fig. m* sensation; **²en** *v/i. u. v/t.* bang; *Tür*: *a.* slam; crack; pop; F *prallen*: crash (***gegen*** into); F ***j-m e-e ~*** slap s.o.('s face); **²ig** F *adj.* loud, flashy; **~körper** *m* fire cracker; **²rot** F *adj.* glaring red; *Gesicht*: scarlet
knapp *adj. Vorräte etc.*: scarce; *Kost, Lohn*: scanty, meag|re, *Am.* -er; *Stunde, Meile, Mehrheit*: bare; *~ bemessen*: limited (*a. Zeit*); *Sieg, Entkommen*: narrow, bare; *Kleid etc.*: tight; *Schreiben etc.*: brief; ***~ an Geld*** (***Zeit*** *etc.*) short of money (time *etc.*); ***mit ~er Not*** only just, barely; ***j-n ~ halten*** keep* s.o. short
Knappe *m Bergbau*: miner
Knappheit *f* shortage
Knarre *f* rattle; F *Gewehr*: gun
knarren *v/i.* creak
Knast F *m* jail; **~bruder** F *m* jailbird
knattern *v/i.* crackle; *mot.* roar
Knäuel *m, n* ball; *wirres*: tangle
Knauf *m* knob; *Degen²*: pommel
knaus(e)rig F *adj.* stingy
knautsch|en *v/t. u. v/i.* crumple; **²zone** *mot. f* crumple zone
Knebel *m*, **²n** *v/t.* gag (*a. fig.*)
Knecht *m* farmhand; *fig.* slave; **~schaft** *f* slavery
kneif|en *v/t. u. v/i.* pinch (***j-m in den Arm*** s.o.'s arm); F *fig.* chicken out; **²zange** *f* pincers *pl.*
Kneipe F *f* pub, *bsd. Am.* saloon, bar
knet|en *v/t.* knead; *formen*: mo(u)ld; **²masse** *f* plasticine, *Am.* pla(y)-dough
Knick *m* fold, crease; *Kurve*: bend; **²en** *v/t.* fold, crease; bend*; *Zweig*: break*; ***nicht ~!*** do not bend!
Knicks *m* curts(e)y; ***e-n ~ machen*** → **²en** *v/i.* curts(e)y (***vor*** to)
Knie *n* knee; **~beuge** *f* knee bend; **~kehle** *f* hollow of the knee; **²n** *v/i.* kneel*, be* on one's knees (***vor*** before); **~scheibe** *f* kneecap; **~strumpf** *m* knee(-length) sock
Kniff *m* crease, fold; *Zwicken*: pinch; *fig.* trick, knack; **²(e)lig** *adj.* tricky
knipsen *v/t. u. v/i.* F *phot.* take* a picture (of); *lochen*: punch, clip
Knirps *m* little chap (*Am.* guy)

K

knirschen *v/i.* crunch; ***mit den Zähnen** ~* grind* *od.* gnash one's teeth
knistern *v/i.* crackle; *Papier*: rustle
knittern *v/t. u. v/i.* crumple, crease, wrinkle
Knoblauch *bot. m* garlic
Knöchel *m* ankle; *Finger*♀: knuckle
Knoch|en *m* bone; ***Fleisch mit (ohne)** ~* meat on (off) the bone; **~enbruch** *m* fracture; **♀ig** *adj.* bony
Knödel *m* dumpling
Knolle *bot. f* tuber; *Zwiebel*: bulb; **~nnase** *f* bulbous nose
Knopf *m*, **knöpfen** *v/t.* button
Knopfloch *n* buttonhole
Knorpel *m* gristle; *anat.* cartilage
knorrig *adj.* gnarled, knotted
Knospe *bot. f*, **♀n** *v/i.* bud
knoten *v/t.* knot, make* a knot in
Knoten *m* knot (*a. fig., naut.*); **~punkt** *m rail.* junction; *allg.* cent|re, *Am.* -er
knüllen *v/t. u. v/i.* crumple
Knüller F *m* smash (hit); *Presse*: scoop
knüpfen *v/t.* tie; *Teppich*: weave*
Knüppel *m* stick, cudgel; *Polizei*♀: truncheon, *bsd. Am.* billy (club); **~schaltung** *mot. f* floor shift
knurren *v/i.* growl, snarl; *fig.* grumble (***über*** at); *Magen*: rumble
knusp(e)rig *adj.* crisp, crunchy
knutschen F *v/i.* pet, neck, smooch
k.o. *adj.* knocked out; *fig.* beat
Kobold *m* (hob)goblin, imp (*a. fig.*)
Koch *m* cook; *im Lokal*: *a.* chef; **~buch** *n* cookery book, *bsd. Am.* cookbook; **♀en 1.** *v/t.* cook; *Eier, Wasser, Wäsche*: boil; *Kaffee, Tee*: make*; **2.** *v/i.* cook, do* the cooking; *Flüssiges*: boil (*a. fig.*); ***gut** ~* be* a good cook; ***vor Wut** ~* boil with rage; ***~d heiß*** boiling hot; **~er** *m* cooker
Köchin *f* cook
Koch|löffel *m* (wooden) spoon; **~nische** *f* kitchenette; **~platte** *f* hotplate; **~salz** *n* common salt; **~topf** *m* saucepan, pot
Köder *m* bait (*a. fig.*), lure; **♀n** *v/t.* bait, decoy (*beide a. fig.*)
Kodex *m* code
kodier|en *v/t.* (en)code; **♀ung** *f* (en)coding
Koffein *chem. n* caffeine
Koffer *m* (suit)case; *großer*: trunk; **~radio** *n* portable (radio); **~raum** *mot. Brt.* boot, *Am.* trunk
Kognak *m* (French) brandy, cognac
Kohl *bot. m* cabbage
Kohle *f* coal; *electr.* carbon; F *Geld*: dough; **~hydrat** *n* carbohydrate
Kohlen|... *chem. in Zssgn Dioxid etc.*: carbon ...; **~bergwerk** *n* coalmine, colliery; **~ofen** *m* coal-burning stove; **~säure** *f chem.* carbonic acid; *im Getränk*: F fizz; **♀säurehaltig** *adj.* carbonated, F fizzy; **~stoff** *chem. m* carbon; **~wasserstoff** *m* hydrocarbon
Kohle|papier *n* carbon paper; **~zeichnung** *f* charcoal drawing
Kohl|kopf *bot. m* (head of) cabbage; **~rabi** *bot. m* kohlrabi
Koje *naut. f* berth, bunk
Kokain *n* cocaine
kokett *adj.* coquettish; **~ieren** *v/i.* flirt; *fig. mit et.*: toy
Kokosnuss *bot. f* coconut
Koks *m* coke; F *Geld*: dough; *sl. Kokain*: coke, snow
Kolben *m Gewehr*♀: butt; *tech.* piston; **~stange** *f* piston rod
Kolchose *f* collective farm, kolkhoz
Kolibri *zo. m* humming bird
Kolleg *n univ.* course (of lectures); → ***Fachschule***; **~e** *m*, **~in** *f* colleague; **~ium** *n* teaching staff, *Am. a.* faculty
Kollekt|e *rel. f* collection; **~ion** *f econ.* collection; *Sortiment*: range; **~iv** *n*, **♀iv** *adj.* collective (*a. in Zssgn*)
Koller F *fig. m* fit; *Wut*: rage
kolli|dieren *v/i.* collide (*a. fig.*); **♀sion** *f* collision; *fig. a.* clash, conflict
Kölnischwasser *n* (eau de) cologne
Kolonialwaren *pl.* → ***Lebensmittel***
Koloni|e *f* colony; **♀sieren** *v/t.* colonize; **~sierung** *f* colonization
Kolonne *f* column; *mil. Wagen*♀: convoy; *Arbeiter*♀: gang, crew
Koloss *m* colossus; *fig. a.* giant (of a man)
kolossal *adj.* gigantic
Kombi *mot. m* estate (car), *bsd. Am.* station wagon; **~nation** *f* combination; *Kleidung*: set; *Montur*: overalls *pl.*, *Am. a.* coverall(s *pl.*); *Flieger*♀: flying suit; *Fußball etc.*: combined move; **♀nieren 1.** *v/t.* combine; **2.** *v/i.* reason
Kombüse *naut. f* galley
Komet *astr. m* comet
Komfort *m Ausstattung*: (modern) con-

veniences *pl.*; *Luxus*: luxury; **2abel** *adj.* comfortable; *Hotel etc.*: *a.* well-appointed; *luxuriös*: luxurious

Komik *f* humo(u)r; *Wirkung*: comic effect; **~er(in)** comedian; *f Beruf*: comedienne

komisch *adj.* comic(al), funny; *fig.* funny, strange, odd

Komitee *n* committee

Komma *n* comma; ***sechs ~ vier*** six point four

Kommand|ant, ~eur *mil. m* commander, commanding officer; **2ieren** *v/i. u. v/t.* (be* in) command (of); **~o** *n* command; *Befehl*: *a.* order; *mil. Gruppe*: commando; **~obrücke** *naut. f* (navigating) bridge

kommen *v/i.* come*; *an~*: arrive; *gelangen*: get*; *reichen*: reach; ***zu spät ~*** be* late; ***weit ~*** get* far; ***zur Schule ~*** start school; ***ins Gefängnis ~*** go* to jail; ***~ lassen*** *j-n*: send* for, call; *et.*: order; ***~ auf*** think* of, hit* upon; remember; ***hinter et. ~*** find* s.th. out; ***um et. ~*** lose* s.th.; *verpassen*: miss s.th.; ***zu et. ~*** come* by s.th.; ***wieder zu sich ~*** come* round *od.* to; ***wohin kommt ...?*** where does ... go?; ***daher kommt es, dass*** that's why; ***wie kommt es, dass ...?*** why is it that ...?, F how come ...?

Komment|ar *m* comment(ary); **~ator** *m* commentator; **2ieren** *v/t.* comment (on)

Kommissar *m* commissioner; *Polizei2*: superintendent

Kommission *f* commission (*a. econ.* ***in*** on); *Ausschuss*: *a.* committee

Kommode *f* chest (of drawers), *Am. a.* bureau

Kommun|al... *in Zssgn Politik etc.*: local ...; **~e** *f* commune; **~ikation** *f* communication; **~ion** *rel. f* (Holy) Communion; **~ismus** *m* communism; **~ist(in), 2istisch** *adj.* communist

Komödie *f* comedy; ***~ spielen*** put* on an act, play-act

kompakt *adj.* compact; **2anlage** *f* music cent|re, *Am.* -er, *Am.* stereo system

Kompanie *mil. f* company

Kompass *m* compass

kompatibel *adj.* compatible (*a. Computer*)

komplett *adj.* complete

Komplex *m* complex (*a. psych.*)

Kompliment *n* compliment; ***j-m ein ~ machen*** pay* s.o. a compliment

Komplize *m* accomplice

komplizier|en *v/t.* complicate; **~t** *adj.* complicated, complex; ***~er Bruch*** *med.* compound fracture

Komplott *n* plot, conspiracy

kompo|nieren *mus. v/t. u. v/i.* compose; *Lied*: *a.* write*; **2nist** *m* composer; **2sition** *f* composition

Kompott *n* compot(e), stewed fruit

komprimieren *v/t.* compress

Kompromiss *m* compromise; **2los** *adj.* uncompromising

Kondens|ator *m electr.* capacitor; *tech.* condenser; **2ieren** *v/t.* condense; **~milch** *f* condensed milk; **~wasser** *n* condensation water

Kondition *f* condition; *Sport*: *a.* shape, form; ***gute ~*** (great) stamina

konditional *gr. adj.* conditional

Konditionstraining *n* fitness training

Konditor *m* confectioner, pastrycook; **~ei** *f* cake shop; café, tearoom; **~eiwaren** *pl.* confectionery *sg.*

Kondom *n, m* condom

Kondukteur *m Schweiz*: → ***Schaffner***

Konfekt *n* sweets *pl.*, chocolates *pl.*

Konfektion *f* ready-made clothing; **~s...** *in Zssgn* ready-made, off-the-peg

Konferenz *f* conference

Konfession *f* religion, denomination; **2ell** *adj.* confessional, denominational; **~sschule** *f* denominational school

Konfirm|and(in) confirmand; **~ation** *f* confirmation; **2ieren** *v/t.* confirm

konfiszieren *jur. v/t.* confiscate

Konfitüre *f* jam

Konflikt *m* conflict

konfrontieren *v/t.* confront

konfus *adj.* confused, mixed-up

Kongress *m* congress; *bsd. Am.* convention

König *m* king; **~in** *f* queen; **2lich** *adj.* royal; **~reich** *n* kingdom

Konjug|ation *gr. f* conjugation; **2ieren** *v/t.* conjugate

Konjunkt|iv *gr. m* subjunctive (mood); **~ur** *econ. f* economic situation

konkret *adj.* concrete

Konkurr|ent(in) competitor, rival; **~enz** *f* competition; ***die ~*** one's competitors *pl.*; ***außer ~*** not competing; → ***konkurrenzlos***; **2enzfähig** *adj.* com-

K

petitive; **~enzkampf** *m* competition; **²enzlos** *adj.* without competition, unrival(l)ed; **²ieren** *v/i.* compete

Konkurs *econ., jur. m* bankruptcy; ***in ~ gehen*** go* bankrupt; **~masse** *jur. f* bankrupt's estate

können *v/aux., v/t. u. v/i.* can*, be* able to; *dürfen*: may*, be* allowed to; ***kann ich ...?*** can *od.* may I ...?; ***du kannst nicht*** you cannot *od.* can't; ***ich kann nicht mehr*** I can't go on; *essen*: I can't manage *od.* eat any more; ***es kann sein*** it may be; ***ich kann nichts dafür*** it's not my fault; ***e-e Sprache ~*** know* *od.* speak* a language

Könn|en *n* ability, skill; **~er** *m* master, expert; *bsd. Sport*: ace, crack

konsequen|t *adj.* consistent; **²z** *f* consistency; *Folge*: consequence

konservativ *adj.* conservative

Konserven *pl.* canned (*Brt. a.* tinned) foods *pl.*; **~büchse, ~dose** *f* can, *Brt. a.* tin; **~fabrik** *f* cannery

konservier|en *v/t.* preserve; **²ungsstoff** *m* preservative

Konsonant *m* consonant

konstruieren *v/t.* construct; *entwerfen*: design

Konstruk|teur *tech. m* designer; **~tion** *tech. f* construction

Konsul *m* consul; **~at** *n* consulate; **²tieren** *v/t.* consult

Konsum *m Verbrauch*: consumption; *Genossenschaft*: cooperative (society), F co-op; *Laden*: cooperative (store), F co-op; **~ent** *m* consumer; **~gesellschaft** *f* consumer society; **²ieren** *v/t.* consume

Kontakt *m* contact (*a. electr.*); ***~ aufnehmen*** get* in touch; ***~ haben od. in ~ stehen mit*** be* in contact *od.* touch with; ***~ verlieren*** lose* touch; **²freudig** *adj.* sociable; ***~ sein*** be* a good mixer; **~linsen** *opt. pl.* contact lenses *pl.*

Konter *m* counter (*a. in Zssgn*); **²n** *v/i.* counter (*a. fig.*)

Kontinent *m* continent

Konto *econ. n* account; **~auszug** *m* (bank) statement

Kontor *n* (branch) office

Kontrast *m* contrast (*a. phot., TV etc.*)

Kontroll|e *f* control; *Aufsicht*: *a.* supervision; *Prüfung*: *a.* check(up); **~eur** *m* inspector; *rail. a.* conductor; **²ieren** *v/t.* (*über*)*prüfen*: check; *j-n*: check up on *s.o.*; *beherrschen, überwachen*: control; **~punkt** *m*, **~stelle** *f* check-point

Kontroverse *f* controversy

konventionell *adj.* conventional

Konversation *f* conversation; **~slexikon** *n* encyclop(a)edia

Konzentration *f* concentration; **~slager** *n* concentration camp

konzentrieren *v/t. u. v/refl.* concentrate; ***sich auf et. ~*** concentrate on s.th.

Konzept *n* (rough) draft; *Idee*: conception; ***j-n aus dem ~ bringen*** put* s.o. out

Konzern *econ. m* combine, group

Konzert *mus. n* concert; *Musikstück*: concerto; **~halle** *f*, **~saal** *m* concert hall, auditorium

Konzession *f* concession; *Genehmigung*: licen|ce, *Am.* -se

Kopf *m* head (*a. fig.*); *~ende*: top; *Verstand*: *a.* brains *pl.*, mind; ***~ hoch!*** chin up!; ***j-m über den ~ wachsen*** outgrow* s.o.; *fig.* be* too much for s.o.; ***sich den ~ zerbrechen*** (***über***) rack one's brains (over); ***sich et. aus dem ~ schlagen*** put* s.th. out of one's mind; ***~ an ~*** neck and neck; **~arbeit** *f* brainwork; **~ball** *m* header; *Tor*: headed goal; **~bedeckung** *f* headgear; ***ohne ~*** bareheaded

köpfen *v/t.* behead, decapitate; *Fußball*: head (***ins Tor*** home)

Kopf|ende *n* head; **~hörer** *m, pl.* headphones *pl.*; **~jäger** *m* headhunter; **~kissen** *n* pillow; **²los** *adj.* headless; *fig.* panicky; **~rechnen** *n* mental arithmetic; **~salat** *m* lettuce; **~schmerzen** *pl.* headache *sg.*; **~sprung** *m* header; **~stand** *m* headstand; **~tuch** *n* scarf, (head)kerchief; **²über** *adv.* headfirst (*a. fig*); **~weh** *n* → ***Kopfschmerzen***; **~zerbrechen** *n*: ***j-m ~ machen*** give* s.o. a headache

Kopie *f*, **²ren** *v/t.* copy; **~rgerät** *n* copier; **~rstift** *m* indelible pencil

Koppel[1] *f Pferde²*: paddock

Koppel[2] *mil. n* belt

koppeln *v/t.* couple; *Raumfahrt*: dock

Koralle *f* coral

Korb *m* basket; ***j-m e-n ~ geben*** turn s.o. down; **~möbel** *pl.* wicker furniture *sg.*

Kord *m* corduroy (*a. in Zssgn*); **~el** *f* cord; **~hose** *f* corduroys *pl.*
Korinthe *f* currant
Kork *bot. m* cork; **~eiche** *f* cork oak
Korken *m* cork; **~zieher** *m* corkscrew
Korn¹ *n* grain; *Samen***≈**: seed; *Getreide*: grain, *Brt. a.* corn; *am Gewehr*: front sight
Korn² F *m* (grain) schnapps
körnig *adj.* grainy; *in Zssgn*: ...grained
Körper *m* body (*a. phys., chem.*), *geom. a.* solid; **~bau** *m* build, physique; **≈behindert** *adj.* (physically) disabled *od.* handicapped; **~geruch** *m* body odo(u)r, BO; **~größe** *f* height; **~kraft** *f* physical strength; **≈lich** *adj.* physical; **~pflege** *f* personal hygiene; **~schaft** *f* corporation, (corporate) body; **~teil** *m* part of the body; **~verletzung** *jur. f* bodily injury
korrekt *adj.* correct; **≈ur** *f* correction; *Benotung*: marking, *bsd. Am.* grading; **≈urzeichen** *n* correction mark
Korrespond|ent(in) correspondent; **~enz** *f* correspondence; **≈ieren** *v/i.* correspond (***mit*** with)
Korridor *m* corridor; *Flur*: hall
korrigieren *v/t.* correct; *benoten*: mark, *bsd. Am.* grade
korrupt *adj.* corrupt(ed); **≈ion** *f* corruption
Korsett *n* corset (*a. fig.*)
Kosename *m* pet name
Kosmetik *f* beauty culture; *Mittel*: cosmetics *pl.*, toiletries *pl.*; **~erin** *f* beautician, cosmetician
Kost *f* food, diet; *Beköstigung*: board; **≈bar** *adj.* precious, valuable; *teuer*: costly; **~barkeit** *f* precious object, treasure (*a. fig.*)
kosten¹ *v/t.* cost*, be*; *Zeit etc.*: *a.* take*; ***was*** *od.* ***wieviel kostet ...?*** how much is ...?
kosten² *v/t.* taste, try
Kosten *pl.* cost(s *pl.*); price *sg.*; *Un*≈: expenses *pl.*; *Gebühren*: charges *pl.*; ***auf j-s ~*** at s.o.'s expense; **≈los 1.** *adj.* free; **2.** *adv.* free of charge
köstlich *adj.* delicious; *fig.* priceless; ***sich ~ amüsieren*** have* great fun, F have* a ball
Kost|probe *f* taste, sample (*a. fig.*); **≈spielig** *adj.* expensive, costly
Kostüm *n* costume, dress; *Damen*≈: suit; **~fest** *n* fancy-dress ball
Kot *m* excrement; *Tier*: *a.* droppings *pl.*
Kotelett *n* chop, cutlet; **~en** *pl.* sideburns *pl.*
Kotflügel *mot. m* mudguard, *Am.* fender
kotzen V *v/i.* puke
Krabbe *zo. f* shrimp; *größere*: prawn
krabbeln *v/i.* crawl
Krach *m* crash, bang; *Lärm*: noise; *Streit*: quarrel, fight; **≈en** *v/i.* crack, bang (*beide a. Schuss etc.*), crash (*a. prallen*); **~er** *m* (fire)cracker
krächzen *v/t. u. v/i.* croak
Kraft *f* strength, force (*a. fig., pol.*), power (*a. electr., tech., pol.*); ***in ~ sein*** (***setzen***, ***treten***) be* in (put* into, come* into) force; **~brühe** *f* consommé, clear soup; **~fahrer** *m* driver, motorist; **~fahrzeug** *n* motor vehicle; *Zssgn* → ***Auto***
kräftig *adj.* strong (*a. fig.*), powerful; *Essen*: substantial; *tüchtig*: good
kraft|los *adj. schwach*: weak, feeble; **≈probe** *f* test of strength; **≈stoff** *mot. m* fuel; **≈verschwendung** *f* waste of energy; **≈werk** *n* power station
Kragen *m* collar
Krähe *zo. f*, **≈n** *v/i.* crow*
Krake *zo. m* octopus
Kralle *f* claw (*a. fig.*); **≈n** *v/refl.* cling* (***an*** on), clutch (at)
Kram F *m* stuff, (one's) things *pl.*
Krampf *med. m* cramp; *stärker*: spasm, convulsion; **~ader** *med. f* varicose vein; **≈haft** *fig. adj. Lachen etc.*: forced; *Versuch etc.*: desperate
Kran *tech. m* crane
Kranich *zo. m* crane
krank *adj.* ill, *attr.* sick; ***~ sein*** (***werden*** be* (fall*) ill (*bsd. Am.* sick); **≈e** *m, f* sick person, patient; ***die ~n*** the sick
kränken *v/t.* hurt* (*s.o.'s* feelings), offend
Kranken|bett *n* sickbed; **~geld** *n* sickness benefit; **~gymnastik** *f* physiotherapy; **~haus** *n* hospital; **~kasse** health insurance scheme; ***in e-r ~ sein*** be* a member of a health insurance scheme *od.* plan; **~pflege** *f* nursing; **~pfleger** *m* male nurse; **~schein** *m* health insurance certificate; **~schwester** *f* nurse; **~versicherung** *f* health insurance; **~wagen** *m* ambulance; **~zimmer** *n* sickroom

K

krankhaft *adj.* morbid (*a. fig.*)
Krankheit *f* illness, sickness; *bestimmte*: disease; **~serreger** *med. m* germ
kränklich *adj.* sickly, ailing
Kränkung *f* insult, offen|ce, *Am.* -se
Kranz *m* wreath; *fig.* ring, circle
krass *adj.* crass, gross; *Worte*: blunt
Krater *m* crater
kratzen *v/t. u. v/refl.* scratch (o.s.); *ab~*: scrape (***von*** off)
kraulen 1. *v/t. Tier*: stroke; *j-s Haar*: run* one's fingers through; **2.** *v/i. Sport*: do the crawl
kraus *adj. Haar*: curly; *Stirn, Stoff*: wrinkled; **2e** *f Hals2*: ruff; *Haar2*: friz(z)
kräuseln *v/t. u. v/refl. Haare*: curl, friz(z); *Wasser*: ripple
Kraut *bot. n* herb; *Rüben2 etc.*: tops *pl.*, leaves *pl.*; *Kohl*: cabbage; *Un2*, F *Tabak*: weed
Krawall *m* riot; F *Lärm*: row, racket
Krawatte *f* tie
kreat|iv *adj.* creative; **2ivität** *f* creativity; **2ur** *f* creature
Krebs *m zo.* crayfish; *med.* cancer; *astr.* Cancer; ***sie ist*** (***ein***) ~ she's (a) Cancer; ***~ erregend*** *med.* carcinogenic
Kredit *econ. m* credit; *Darlehen*: loan; **~hai** *m* loan shark; **~karte** *f* credit card; **~n** *pl. coll.* F plastic money
Kreide *f* chalk; *paint. a.* crayon
Kreis *m* circle (*a. fig.*); *pol.* district, *Am. a.* county; **~bahn** *astr. f* orbit
kreischen *v/i.* screech; *vor Vergnügen*: squeal
Kreisel *m* (spinning) top; *phys.* gyro(scope); **2n** *v/i.* spin* around
kreisen *v/i.* (move in a) circle, revolve, rotate; *Blut*: circulate
kreis|förmig *adj.* circular; **2lauf** *m med., Geld etc.*: circulation; *biol., fig.* cycle; *tech., electr. a.* circuit; **2laufstörungen** *med. pl.* circulatory trouble *sg.*; **~rund** *adj.* circular; **2säge** *tech. f* circular saw; **2verkehr** *m* roundabout, *Am.* traffic circle
Krempe *f* brim
Kren *östr. m* horseradish
krepieren *v/i. Granate*: burst*, explode; *sl. Mensch*: kick the bucket, peg out; *Tier*: die, perish
Krepp *m* crepe (*a. in Zssgn Papier etc.*)
Kreuz *n* cross (*a. fig.*); crucifix; *anat.* (small of the) back; *Kartenspiel*: club(s *pl.*); *mus.* sharp; ***über*** ~ crosswise; ***j-n aufs ~ legen*** take* s.o. in
kreuzen 1. *v/t. u. v/refl.* cross; *Pläne etc.*: clash; **2.** *naut. v/i.* cruise
Kreuzer *naut. m* cruiser
Kreuz|fahrer *m* crusader; **~fahrt** *naut. f* cruise; **2igen** *v/t.* crucify; **~igung** *f* crucifixion; **~otter** *zo. f* adder; **~schmerzen** *pl.* backache *sg.*; **~ung** *f rail., mot.* crossing, junction; *Straßen2*: *a.* crossroads *sg.*, *bsd. Am.* intersection; *biol.* cross(breed)ing; *Produkt*: cross(breed); *fig.* cross; **~verhör** *jur. n* cross-examination; ***ins ~ nehmen*** cross-examine; **2weise** *adv.* crosswise, crossways; **~worträtsel** *n* crossword (puzzle); **~zug** *m* crusade
kriech|en *v/i.* creep*, crawl (*fig.* ***vor j-m*** to s.o.); **2r** *contp. m* toady; **2spur** *mot. f* slow lane
Krieg *m* war; ***~ führen gegen*** be* at war with; ***~ führend*** belligerent
kriegen F *v/t.* get*; *fangen*: catch*
Krieg|er *m* warrior; **~erdenkmal** *n* war memorial; **2erisch** *adj.* warlike, martial; **~führung** *f* warfare
Kriegs|beil *fig. n*: ***das ~ ausgraben*** (***begraben***) dig* up (bury) the hatchet; **~bemalung** *f* war paint (*a. fig.*); **~dienstverweigerer** *m* conscientious objector; **~erklärung** *f* declaration of war; **~gefangene** *m* prisoner of war, P.O.W.; **~gefangenschaft** *f* captivity; **~gericht** *n* court martial; **~recht** *jur. n* martial law; **~schauplatz** *m* theat|re (*Am.* -er) of war; **~schiff** *n* warship; **~teilnehmer** *m ehemaliger*: ex-serviceman, *Am.* (war) veteran; **~treiber** *pol. m* warmonger; **~verbrechen** *n* war crime; **~verbrecher** *m* war criminal
Krimi F *m* (crime) thriller, *Buch*: *a.* detective novel
Kriminal|beamte *m* detective, plainclothesman, *Brt. a.* C.I.D. officer; **~polizei** *f* criminal investigation department; **~roman** *m* → ***Krimi***
kriminell *adj.*, **2e(r)** criminal
Krippe *f* crib, manger (*a. rel.*); *Weihnachts2*: crib, *Am.* crèche
Krise *f* crisis; **~nherd** *m* trouble spot
Kristall *m*, **~(glas)** *n* crystal; **2isieren** *v/i. u. v/refl.* crystallize

Kriterium *n* criterion (***für*** of)
Krit|ik *f* criticism; *thea., mus. etc.*: review, critique; ***gute ~en*** a good press; ***~ üben an*** criticize; **~iker(in)** critic; **2iklos** *adj.* uncritical; **2isch** *adj.* critical (*a. fig.*) (***gegenüber*** of); **2isieren** *v/t.* criticize
kritzeln *v/t. u. v/i.* scrawl, scribble
Krokodil *zo. n* crocodile
Krone *f* crown; *Adels2*: coronet
krönen *v/t.* crown (***j-n zum König*** s.o. king)
Kron|leuchter *m* chandelier; **~prinz** *m* crown prince; **~prinzessin** *f* crown princess
Krönung *f* coronation; *fig.* crowning event, climax, high point
Kropf *m med.* goit|re, *Am.* -er; *zo.* crop
Kröte *zo. f* toad
Krück|e *f* crutch; **~stock** *m* walking stick
Krug *m* jug, pitcher; *Bier2*: mug, stein; *mit Deckel*: tankard
Krümel *m* crumb; **2ig** *adj.* crumbly; **2n** *v/t. u. v/i.* crumble
krumm *adj.* crooked (*a. fig. Geschäft etc.*), bent (*a. Rücken*); **~beinig** *adj.* bow-legged
krümmen *v/t.* bend* (*a. tech.*), crook (*a. Finger*); ***sich ~*** bend*; *vor Schmerz*: writhe (with pain)
Krümmung *f* bend (*a. Straße, Fluss*), curve (*a. arch.*); *geogr., math., med.* curvature
Krüppel *m* cripple
Kruste *f* crust
Kto. *Abk. für* ***Konto*** a/c, account
Kübel *m* bucket, pail; *größerer*: tub
Kubik|meter *n, m* cubic met|re, *Am.* -er; **~wurzel** *math. f* cube root
Küche *f* kitchen; *Kochkunst*: cooking, cuisine; ***kalte*** (***warme***) ***~*** cold (hot) meals *pl.*
Kuchen *m* cake; *Obst2*: tart, pie
Küchen|geräte *pl.* kitchen utensils *pl.* (*Maschinen*: appliances *pl.*); **~geschirr** *n* kitchen crockery, kitchenware; **~herd** *m* cooker; **~maschine** *f* mixer; *weitS.* kitchen appliance; **~schrank** *m* (kitchen) cupboard, *Brt. a.* dresser
Kuckuck *m* cuckoo
Kufe *f* runner; *aviat.* skid
Kugel *f* ball; *Gewehr2 etc.*: bullet; *math., geogr.* sphere; *Sport*: shot; **2förmig** *adj.* ball-shaped; *bsd. astr., math.* spheric(al); **~gelenk** *tech., anat. n* ball (and socket) joint; **~lager** *tech. n* ball bearing; **2n** *v/i. u. v/t.* roll; **~schreiber** *m* ballpoint (pen); **2sicher** *adj.* bulletproof; **~stoßen** *n* shot put(ting); **~stoßer(in)** shot-putter
Kuh *f* cow
kühl *adj.* cool (*a. fig.*); **2box** *f* coolbox; **2e** *f* cool(ness); **~en** *v/t.* cool; *Wein etc.*: chill; *Lebensmittel*: refrigerate; *erfrishen*: refresh; **2er** *mot. m* radiator; **2erhaube** *f* bonnet, *Am.* hood; **2mittel** *n* coolant; **2raum** *m* cold-storage room; **2schrank** *m* fridge, refrigerator; **2truhe** *f* → ***Gefriertruhe***
kühn *adj.* bold; **2heit** *f* boldness
Kuhstall *m* cowshed
Küken *n* chick (*a. fig.*)
Kukuruz *östr. m* → ***Mais***
Kuli F *m* ballpoint
Kulisse *f thea.*: **~n** *pl.* wings *pl.*; *Dekorationsstücke*: scenery; ***hinter den ~n*** backstage, *bsd. fig.* behind the scenes
Kult *m* cult; *Akt*: rite, ritual (act)
kultivieren *v/t.* cultivate
Kultur *f* culture (*a. biol.*), civilization; *agr.* cultivation; **~beutel** *m* toilet bag; **2ell** *adj.* cultural; **~geschichte** *f* history of civilization; **~volk** *n* civilized people; **~zentrum** *n* cultural cent|re, *Am.* -er
Kultusminister *m* minister of education and cultural affairs
Kummer *m* grief, sorrow; *Verdruss*: trouble, worry; ***~ haben mit*** have* trouble *od.* problems with
kümmer|lich *adj.* miserable; *dürftig*: poor, scanty; **~n** *v/refl. u. v/t.*: ***sich ~ um*** *j-n od. et.*: look after, take* care of, mind; *sich Gedanken machen*: care *od.* worry about, be* interested in; ***was kümmert's mich?*** what do I care?
Kumpel *m Bergbau*: miner; F mate, *bsd. Am.* buddy
Kunde *m* customer, client; **~ndienst** *m* after-sales service; (customer) service; service department; *Wartung*: servicing
Kundgebung *f* meeting, rally, demonstration
kündig|en *v/i. u. v/t. Vertrag etc.*: cancel; ***j-m ~*** give* s.o. his (*dem Hausbesit-*

K

zer od. Arbeitgeber: one's) notice; *entlassen*: dismiss s.o., F sack *od.* fire s.o.; **ᘔung** *f* (*Frist*: period of) notice; cancel(l)ation

Kundschaft *f* customers *pl.*, clients *pl.*; **~er** *mil. m* scout, spy

Kunst *f* art; *Fertigkeit*: *a.* skill; **~...** *in Zssgn Herz, Leder, Licht etc.*: artificial ...; **~akademie** *f* academy of arts; **~ausstellung** *f* art exhibition; **~dünger** *m* artificial fertilizer; **~erziehung** *f* art (education); **~faser** *f* man-made *od.* synthetic fib|re, *Am.* -er; **~fehler** *m* professional blunder; **~fliegen** *aviat. n* stunt flying, aerobatics *pl.*; **~geschichte** *f* history of art; **~gewerbe, ~handwerk** *n* arts and crafts *pl.*

Künstler|(in) artist; *mus., thea. a.* performer; **ᘔisch** *adj.* artistic

künstlich *adj.* artificial; *unecht*: *a.* false; synthetic; *See etc.*: man-made

Kunst|schütze *m* marksman; **~schwimmen** *n* water ballet; **~seide** *f* rayon; **~springen** *n* springboard diving; **~stoff** *m* plastic (*a. in Zssgn*); **~stück** *n* trick, stunt; *bsd. fig.* feat; **~turnen** *n* gymnastics *sg.*; **~turner(in)** gymnast; **ᘔvoll** *adj.* artistic; elaborate; **~werk** *n* work of art

Kupfer *n* copper (***aus*** of); **~stich** *m* copperplate (engraving)

Kupon *m* coupon

Kuppe *f* (rounded) hilltop; *Nagelᘔ etc.*: head

Kuppel *arch. f* dome; *kleine*: cupola; **~ei** *jur. f* procuring; **ᘔn** *mot. v/i.* put* the clutch in *od.* out

Kupplung *f mot.* clutch

Kur *f* course of treatment; *am Kurort*: cure

Kür *f Kunstlauf*: free skating; *Turnen*: free exercises *pl.*

Kurbel *tech. f* crank, handle; **ᘔn** *v/t.* crank; wind* (up *etc.*); **~welle** *tech. f* crankshaft

Kürbis *bot. m* pumpkin, gourd, squash

Kurgast *m* visitor; F tourist

kurieren *med. v/t.* cure (***von*** of)

kurios *adj.* curious, odd, strange

Kürlauf *m* free skating

Kur|ort *m* health resort, spa; **~pfuscher** *m* quack (doctor)

Kurs *m naut., aviat., fig.* course; *~us*: *a.* class(es *pl.*); *Wechselᘔ*: (exchange) rate; *Börsenᘔ*: (stock) price; **~buch** *rail. n* railway (*Am.* railroad) guide

Kürschner *m* furrier

kursieren *v/i.* circulate (*a. fig.*)

Kurve *f* curve (*a. math. u. fig.*); *Straßenᘔ*: *a.* bend, turn; **ᘔnreich** *adj.* winding, full of bends; *fig. Frau*: curvaceous

kurz *adj.* short; *zeitlich*: *a.* brief; ***~e Hose*** shorts *pl.*; (**bis**) ***vor ~em*** (until) recently; (***erst***) ***seit ~em*** (only) for a short time; ***~ vorher*** (***darauf***) shortly before (after[wards]); ***~ vor uns*** just ahead of us; ***~ nacheinander*** in quick succession; ***~ fortgehen*** *etc.* go* away for a short time *od.* a moment; ***sich ~ fassen*** be* brief, put* it briefly; ***~ gesagt*** in short; ***zu ~ kommen*** go* short; ***~ angebunden*** curt; **ᘔarbeit** *econ. f* short time; **~arbeiten** *v/i.* work short time; **~atmig** *adj.* short of breath

Kürze *f* shortness; *zeitlich*: *a.* brevity; ***in ~*** soon, shortly, before long; **ᘔn** *v/t. Kleid etc.*: shorten (***um*** by); *Buch etc.*: abridge; *Ausgaben etc.*: cut*, reduce (*a. math.*)

kurz|erhand *adv.* without hesitation, on the spot; **~fristig 1.** *adj.* short-term; **2.** *adv.* at short notice; **ᘔgeschichte** *f* short story; **~lebig** *adj.* short-lived

kürzlich *adv.* recently, not long ago

Kurz|nachrichten *pl.* news summary *sg.*; **~schluss** *electr. m* short circuit, F short; **~schrift** *f* shorthand; **ᘔsichtig** *adj.* shortsighted, *bsd. Am.* nearsighted; **~strecke** *f* short distance

Kürzung *f* cut, reduction (*a. math.*)

Kurz|waren *pl.* haberdashery *sg.*, *Am. a.* notions *pl.*; **ᘔweilig** *adj.* entertaining; **~welle** *Radio*: *f* short wave

kuschel|ig F *adj.* cosy, snug; **~n** *v/refl.* snuggle, cuddle (***an*** up to; ***in*** in)

Kusine *f* cousin

Kuss *m* kiss; **ᘔecht** *adj.* kiss-proof

küssen *v/t.* kiss

Küste *f* coast, shore; ***an der ~*** on the coast; ***an die ~*** ashore; **~ngewässer** *pl.* coastal waters *pl.*; **~nschifffahrt** *f* coastal shipping; **~nschutz** *m*, **~nwache** *f* coast guard

Küster *rel. m* verger, sexton
Kutsche *f* carriage, coach; **~r** *m* coachman
Kutte *f* (monk's) habit
Kutteln *pl.* tripe *sg.*
Kutter *naut. m* cutter
Kuvert *n* envelope
Kybernetik *f* cybernetics *sg.*

L

labil *adj.* unstable
Labor *n* laboratory, F lab; **~ant(in)** laboratory assistant; **2ieren** *v/i.*: **~ an** suffer from
Labyrinth *n* labyrinth, maze (*beide a. fig.*)
Lache *f* pool, puddle
lächeln *v/i.*, **2** *n* smile; *höhnisch*: sneer
lachen *v/i.* laugh (**über** at)
Lachen *n* laugh(ter); ***j-n zum ~ bringen*** make* s.o. laugh
lächerlich *adj.* ridiculous; ***~ machen*** ridicule, make* fun of; ***sich ~ machen*** make* a fool of o.s.
Lachs *zo. m* salmon
Lack *m* varnish; *Farb2*: lacquer; *mot.* paint(work); **2ieren** *v/t.* varnish; lacquer; *mot., Nägel*: paint; **~schuhe** *pl.* patent-leather shoes *pl.*
Lade|fläche *f* loading space; **~gerät** *electr. n* battery charger; **~hemmung** *mil. f* jam
laden *v/t.* load; *electr.* charge; *Computer*: boot (up); ***auf sich ~*** burden o.s. with
Laden *m* shop, *bsd. Am.* store; *Fenster2*: shutter; **~dieb(in)** shoplifter; **~diebstahl** *m* shoplifting; **~inhaber** *m* shopkeeper, *bsd. Am.* storekeeper; **~kasse** *f* till; **~schluss** *m* closing time; ***nach ~*** after hours; **~tisch** *m* counter
Lade|rampe *f* loading platform *od.* ramp; **~raum** *m* loading space; *naut.* hold
Ladung *f* load, freight; *naut., aviat.* cargo; *electr., mil.* charge; ***e-e ~*** ... a load of ...
Lage *f* situation, position (*beide a. fig.*); *Platz*: *a.* location; *Schicht*: layer; *Bier etc.*: round; ***in schöner*** (***ruhiger***) ***~*** beautifully (peacefully) situated; ***in der ~ sein zu*** be* able to, be* in a position to
Lager *n* camp (*a. fig. Partei*); *econ.* stock, store; *~stätte*: bed; *geol.* deposit; *tech.* bearing; ***et. auf ~ haben*** have* s.th. in store (*a. fig. für j-n*); **~feuer** *n* campfire; **~haus** *n* warehouse; **2n 1.** *v/i.* camp; *econ.* be* stored; **2.** *v/t.* store, keep*; ***kühl ~*** keep* in a cool place; *Kranken etc.*: lay*, rest; **~raum** *m* storeroom; **~ung** *f* storage
Lagune *f* lagoon
lahm *adj.* lame; ***~ legen*** → ***lähmen***; **~en** *v/i.* be* lame (***auf*** in)
lähmen *v/t.* paraly|se, *Am.* -ze; *Verkehr*: *a.* bring* to a standstill
Lähmung *med. f* paralysis
Laib *m* loaf
Laich *m*, **2en** *v/i.* spawn
Laie *m* layman; amateur; **2nhaft** *adj.* amateurish; **~nspiel** *n* amateur play
Laken *n* sheet; *Bade2*: bath towel
Lakritze *f* liquorice
lallen *v/i. u. v/t.* speak* drunkenly; *Baby*: babble
lamentieren *v/i.* complain (**über** about)
Lamm *n* lamb; **~fell** *n* lambskin
Lampe *f* lamp, light; *Glüh2*: bulb
Lampen|fieber *n* stage fright; **~schirm** *m* lampshade
Lampion *m* Chinese lantern
Land *n* *Fest2*: land (*a. poet.*); *Staat*: country; *Boden*: ground, soil; *~besitz*: land, property; ***an ~ gehen*** go* ashore; ***auf dem ~e*** in the country; ***aufs ~ fahren*** go* into the country; ***außer ~es gehen*** go* abroad; **~arbeiter** *m* farmhand; **~bevölkerung** *f* country (*od.* rural) population

Landebahn *aviat. f* runway
landeinwärts *adv.* up-country, inland
landen *v/i.* land; *fig.* ~ **in** end up in
Landenge *f* neck of land, isthmus
Landeplatz *aviat. m* landing field
Länderspiel *n* international match
Landes|grenze *f* national border; **~innere** *n* interior; **~regierung** *f* Land (*östr.* Provincial) government; **~sprache** *f* national language; **∾üblich** *adj.* customary; **~verrat** *m* treason; **~verräter** *m* traitor (to one's country); **~verteidigung** *f* national defen|ce, *Am.* -se
Land|flucht *f* rural exodus; **~friedensbruch** *jur. m* breach of the public peace; **~gericht** *n etwa* regional superior court; **~gewinnung** *f* reclamation of land; **~haus** *n* countryhouse, cottage; **~karte** *f* map; **~kreis** *m* district; **∾läufig** *adj.* customary, current, common
ländlich *adj.* rural; *derb*: rustic
Land|rat *m etwa* District Administrator; **~ratte** *naut.* F *f* landlubber
Landschaft *f* countryside; *bsd. schöne*: scenery; *bsd. paint.* landscape; **∾lich** *adj.* scenic
Landsmann *m* (fellow) countryman
Land|straße *f* country road; *nicht Autobahn*: ordinary road; **~streicher** *m* tramp, *Am. a.* hobo; **~streitkräfte** *pl.* land forces *pl.*; **~tag** *m* Land parliament
Landung *f* landing, *aviat. a.* touchdown; **~ssteg** *naut. m* gangway
Land|vermesser *m* land surveyor; **~vermessung** *f* land surveying; **~weg** *m*: ***auf dem ~e*** by land; **~wirt** *m* farmer; **~wirtschaft** *f* agriculture, farming; **∾wirtschaftlich** *adj.* agricultural; ***~e Maschinen*** *pl.* agricultural machinery *sg.*; **~zunge** *f* promontory, spit
lang *adj. u. adv.* long; F *Person*: tall; ***drei Jahre*** (***einige Zeit***) ~ for three years (some time); ***den ganzen Tag*** ~ all day long; ***seit ~em*** for a long time; ***vor ~er Zeit*** (a) long (time) ago; ***über kurz oder*** ~ sooner or later; ~ ***ersehnt*** long-hoped-for; ~ ***erwartet*** long-awaited; **~atmig** *adj.* long-winded
lange *adv.* (for a) long (time); ***es ist schon ~ her***(, ***seit***) it has been a long time (since); (***noch***) ***nicht ~ her*** not long ago; ***noch ~ hin*** still a long way off; ***es dauert nicht ~*** it won't take long; ***ich bleibe nicht ~ fort*** I won't be long; ***wie ~ noch?*** how much longer?
Länge *f* length; *geogr.* longitude; ***der ~ nach*** (at) full length; (***sich***) ***in die ~ ziehen*** stretch (*a. fig.*)
langen F *v/i. greifen*: reach (***nach*** for); *genügen*: be* enough; ***mir langt es*** I've had enough; *fig. stärker*: *a.* I'm sick of it
Längen|grad *m* degree of longitude; **~maß** *n* linear measure
Langeweile *f* boredom; ***~ haben*** be* bored; ***aus ~*** to pass the time
lang|fristig *adj.* long-term; **~jährig** *adj.* longstanding; ***~e Erfahrung*** many years *pl.* of experience; **∾lauf** *m* cross-country (skiing); **~lebig** *adj.* long--lived (*a. fig.*)
länglich *adj.* longish, oblong
längs 1. *prp.* along(side); **2.** *adv.* lengthwise
lang|sam *adj.* slow; ***~er werden*** *od.* ***fahren*** slow down; **∾schläfer** *m* late riser, F sleepyhead; **∾spielplatte** *f* long-playing record, *mst* LP
längst *adv.* long ago *od.* before; ***~ vorbei*** long past; ***ich weiß es ~*** I have known it for a long time; **~ens** *adv.* at (the) most
Lang|strecken... *in Zssgn*: long-distance ...; *aviat., mil.* long-range ...; **∾weilen** *v/t.* bore; ***sich ~*** be* bored; **∾weilig** *adj.* boring, dull; ***~e Person*** bore; **~welle** *f* long wave; **∾wierig** *adj.* lengthy, protracted (*a. med.*); **~zeit...** long-term ...
Lanze *f* lance, spear
Lappalie *f* trifle
Lapp|en *m* (piece of) cloth; *Fetzen*: rag (*a. fig.*); *Staub∾*: duster; **∾ig** *adj.* limp
läppisch *adj.* silly; *Summe etc.*: ridiculous
Lärche *bot. f* larch
Lärm *m* noise; **∾en** *v/i.* be* noisy; **∾end** *adj.* noisy
Larve *f* mask; *zo.* larva
lasch F *adj.* slack, lax
Lasche *f* flap; *Schuh∾*: *a.* tongue
Laser *phys. m* laser; **~drucker** *m* laser printer; **~strahl** *m* laser beam; **~technik** *f* laser technology

lassen *v/t. u. v/aux.* let*, leave*; ***j-n et. tun*** ~ let* s.o. do s.th.; allow s.o. to do s.th.; *veran~*: make* s.o. do s.th.; ***j-n*** (***et.***) ***zu Hause*** (*östr., Schweiz: a.* ***zuhause***) ~ leave* s.o. (s.th.) at home; ***j-n allein*** (***in Ruhe***) ~ leave* s.o. alone; ***sich die Haare schneiden*** ~ have* *od.* get* one's hair cut; ***j-n grüßen*** ~ send* one's regards (*herzlicher*: love) to s.o.; ***sein Leben*** ~ (***für***) lose* (give*) one's life (for); ***rufen*** *od.* ***kommen*** ~ send* for, call in; ***es lässt sich machen*** it can be done; ***lass alles so, wie*** (***wo***) ***es ist*** leave everything as (where) it is; ***er kann das Rauchen*** *etc.* ***nicht*** ~ he can't stop smoking *etc.*; ***lass das!*** stop it!

lässig *adj.* casual; *nach~*: careless

Last *f* load (*a. fig.*); *Bürde*: burden (*a. fig.*); *Gewicht*: weight (*a. fig.*); ***j-m zur ~ fallen*** be* a burden to s.o.; ***j-m et. zur ~ legen*** charge s.o. with s.th.; ***zu ~en*** *gen.* ***gehen*** be* payable by; *fig.* be* at the expense of

lasten *v/i.*: ~ ***auf*** weigh *od.* rest (up)on (*beide a. fig.*); **2aufzug** *m* goods lift, *Am.* freight elevator

Laster[1] *mot. m* → ***Lastwagen***

Laster[2] *n* vice

lästern *v/i.*: ~ ***über*** run* down

lästig *adj.* troublesome, annoying; (***j-m***) ~ ***sein*** be* a nuisance (to s.o.)

Last|kahn *m* barge; **~tier** *n* pack animal; **~wagen** *m* truck, *Brt. a.* lorry; **~wagenfahrer** *m* truck (*Brt. a.* lorry) driver, *Am. a.* trucker

Latein *n* Latin

Lateinamerika Latin America; **~ner(in), 2nisch** *adj.* Latin American

lateinisch *adj.* Latin

Laterne *f* lantern; *Straßen2*: streetlight; **~npfahl** *m* lamppost

Latte *f* lath; *Zaun2*: pale; *Sport*: bar; **~nzaun** *m* paling, *Am. a.* picket fence

Lätzchen *n* bib, *Brt. a.* feeder

Laub *n* foliage, leaves *pl.*; **~baum** *m* deciduous tree

Laube *f* arbo(u)r, bower(y)

Laub|frosch *zo. m* tree frog; **~säge** *f* fretsaw

Lauch *bot. m* leek

Lauer *f*: ***auf der ~ liegen*** *od.* ***sein*** lie* in wait; **2n** *v/i.* lurk; ~ ***auf*** lie* in wait for

Lauf *m* run; *Bahn*: course; *Gewehr2*: barrel; ***im ~(e) der Zeit*** in the course of time; **~bahn** *f* career; **~disziplin** *f Sport*: track event

laufen *v/i. u. v/t.* run* (*a. tech., mot., econ., fig.*); *gehen*: walk; *funktionieren*: work; *Nase*: run; ***j-n ~ lassen*** let* s.o. go; *straffrei*: let* s.o. off; **~d 1.** *adj.* present, current (*a. econ.*); *ständig*: continual; ***auf dem 2en sein*** be* up to date; **2.** *adv.* continuously; *regelmäßig*: regularly; *immer*: always

Läufer *m* runner (*a. Teppich*); *Schach*: bishop

Lauf|gitter *n* playpen; **~masche** *f* ladder, *Am.* run; **~pass** F *m*: ***den ~ geben*** give* the sack (*e-m Freund etc.*: the brush-off); **~schritt** *m*: ***im ~*** on the double; **~schuhe** *pl.* walking shoes *pl.*; *Sport*: trainers *pl.*; **~steg** *m Mode*: catwalk

Lauge *f chem.* lye; *Seifen2*: suds *pl.*

Laun|e *f* mood, temper; ***gute*** (***schlechte***) ~ ***haben*** be* in a good (bad) mood *od.* temper; **2enhaft, 2isch** *adj.* moody; *mürrisch*: bad-tempered

Laus *zo. f* louse; **~bub** *m* (young) rascal *od.* scamp

Lausch|angriff *m* bugging operation; **2en** *v/i.* listen (*dat.* to); *heimlich*: *a.* eavesdrop; **2ig** *adj.* snug, cosy

laut[1] **1.** *adj.* loud; *Straße, Kinder*: noisy; **2.** *adv.* loud(ly); ~ ***vorlesen*** read* aloud; **~er, *bitte!*** speak up, please!

laut[2] *prp.* according to

Laut *m* sound, noise; **2en** *v/i.* read*; *Name*: be*

läuten *v/i. u. v/t.* ring*; ***es läutet*** (***an der Tür***) the (door)bell is ringing

lauter *adv. Unsinn etc.*: sheer; *nichts als*: nothing but; *viele*: (so) many

laut|los *adj.* silent, soundless; *Stille*: hushed; **2schrift** *f* phonetic transcription; **2sprecher** *m* (loud)speaker; **2stärke** *f* loudness; *electr. a.* (sound) volume; ***mit voller*** ~ (at) full blast; **2stärkeregler** *m* volume control

lauwarm *adj.* lukewarm (*a. fig.*)

Lava *geol. f* lava

Lavabo *n Schweiz*: → ***Waschbecken***

Lavendel *bot. m* lavender

Lawine *f* avalanche (*a. fig.*)

Lazarett *n* (military) hospital

leben 1. *v/i.* live; be* alive; ***von et.*** ~ live on s.th.; **2.** *v/t.* live

Leben *n* life; ***am ~ bleiben*** stay alive;

überleben: survive; ***am ~ sein*** be* alive; ***ums ~ bringen*** kill; ***sich das ~ nehmen*** take* one's (own) life, commit suicide; ***ums ~ kommen*** lose* one's life, be* killed; ***um sein ~ laufen*** (***kämpfen***) run* (fight*) for one's life; ***das tägliche ~*** everyday life; ***mein ~ lang*** all my life; **2d** *adj.* living; **2dig** *adj.* living, alive; *fig.* lively

Lebens|abend *m* old age, the last years *pl.* of one's life; **~bedingungen** *pl.* living conditions *pl.*; **~dauer** *f* lifespan; *tech.* (service) life; **~erfahrung** *f* experience of life; **~erwartung** *f* life expectancy; **2fähig** *adj. med.* viable (*a. fig.*); **~gefahr** *f* mortal danger; ***in*** (***unter***) ***~*** in danger (at the risk) of one's life; **2gefährlich** *adj.* dangerous (to life), perilous; **~gefährte** *m*, **~gefährtin** *f* partner, (lifetime) companion, F lifemate; **2groß** *adj.* life-size(d); **~größe** *f*: ***e-e Statue in ~*** a life-size(d) statue; **~haltungskosten** *pl.* cost *sg.* of living; **2länglich 1.** *adj.* lifelong; ***~e Freiheitsstrafe*** life sentence; **2.** *adv.* for life; **~lauf** *m* personal record, curriculum vitae; **2lustig** *adj.* fond of life; **~mittel** *pl.* food(stuffs *pl.*); *Waren*: *a.* groceries *pl.*; **~mittelgeschäft** *n* grocery, grocer's (shop); **2müde** *adj.* tired of life; **~notwendigkeit** *f* vital necessity; **~retter** *m* lifesaver, rescuer; **~standard** *m* standard of living; **~unterhalt** *m* livelihood; ***s-n ~ verdienen*** earn one's living (***als*** as; ***mit*** out of, by); **~versicherung** *f* life insurance; **~weise** *f* way of life; **2wichtig** *adj.* vital, essential; ***~e Organe*** *pl.* vitals *pl.*; **~zeichen** *n* sign of life; **~zeit** *f* lifetime; ***auf ~*** for life

Leber *anat. f* liver; **~fleck** *m* mole; **~tran** *m* cod-liver oil

Lebewesen *n* living being, creature

leb|haft *adj.* lively; *Verkehr*: heavy; **2kuchen** *m* gingerbread; **~los** *adj.* lifeless (*a. fig.*); **2zeiten** *pl.*: ***zu s-n ~*** in his lifetime

lechzen *v/i.*: ***~ nach*** thirst for

leck *adj.* leaking, leaky

Leck *n* leak

lecken[1] *v/t. u. v/i.* lick (*a.* ***~ an***)

lecken[2] *v/i.* leak

lecker *adj.* delicious, tasty, F yummy; **2bissen** *m* delicacy, treat (*a. fig.*)

Leder *n* leather; **2n** *adj.* leather(n); **~waren** *pl.* leather goods *pl.*

ledig *adj.* single, unmarried; **~lich** *adv.* only, merely, solely

Lee *f* lee; ***nach ~*** leeward

leer 1. *adj.* empty (*a. fig.*); *unbewohnt*: *a.* vacant; *Seite etc.*: blank; *Batterie*: flat, *Am.* dead; ***~ stehen*** be* empty, be* unoccupied; **2.** *adv.*: ***~ laufen*** *tech.* idle; **2e** *f* emptiness (*a. fig.*); **~en** *v/t. u. v/refl.* empty; **2gut** *n* empties *pl.*; **2lauf** *m tech.* idling; *Gang*: neutral (gear); *fig.* running on the spot; **2taste** *f* space bar; **2ung** *post f* collection

legal *adj.* legal, lawful; **~isieren** *v/t.* legalize; **2isierung** *f* legalization

Legasthen|ie *psych. f* dyslexia, F word blindness; **~iker(in)** dyslexic

legen *v/t. u. v/i.* lay* (*a. Eier*); place, put*; *Haare*: set*; ***sich ~*** lie* down; *fig.* calm down; *Schmerz*: wear* off

Legende *f* legend

leger *adj.* casual, informal

Legislative *f* legislative power

legitim *adj.* legitimate

Lehm *m* loam; *Ton*: clay; **2ig** *adj.* loamy, F muddy

Lehn|e *f* back(rest); arm(rest); **2en** *v/t. u. v/i.* lean* (*a.* ***sich ~***), rest (***an, gegen*** against; ***auf*** on); ***sich aus dem Fenster ~*** lean* out of the window; **~sessel, ~stuhl** *m* armchair, easy chair

Lehrbuch *n* textbook

Lehre *f Kunde*: science; *Theorie*: theory; *rel., pol.* teachings *pl.*, doctrine; *e-r Geschichte*: moral; *e-s Lehrlings*: apprenticeship; ***in der ~ sein*** be* apprenticed (***bei*** to); ***das wird ihm eine ~ sein*** that will teach him a lesson; **2n** *v/t.* teach*, instruct; *zeigen*: show*

Lehrer *m* teacher, instructor, *Brt. a.* master; **~ausbildung** *f* teacher training; **~in** *f* (lady) teacher, *Brt. a.* mistress; **~kollegium** *n* (teaching) staff; **~zimmer** *n* staff *od.* teachers' room

Lehr|gang *m* course (of instruction *od.* study); *praktischer*: (training) course; **~herr** *m* master; **~jahr** *n* year (of apprenticeship); **~ling** *m* apprentice, trainee; **~meister** *m* master; *fig.* teacher; **~mittel** *pl.* teaching aids *pl.*; **~plan** *m* curriculum, syllabus; **~probe** *f* demonstration lesson; **2reich** *adj.* informative, instructive; **~stelle** *f* apprenticeship; *offene*: vacancy for an apprentice; **~stuhl** *m* professorship; **~tochter** *f Schweiz*: apprentice; **~vertrag** *m* indenture(s *pl.*); **~zeit** *f* apprenticeship

Leib *m* body; *Bauch*: belly, *anat.* abdomen; *Magen*: stomach; ***bei lebendigem ~e*** alive; ***mit ~ und Seele*** (with) heart and soul

Leibes|erziehung *f* physical education, *Abk.* PE; **~kräfte** *pl.*: ***aus ~n*** with all one's might; **~übungen** *pl.* → ***Leibeserziehung***

Leib|garde *f* bodyguard; **~gericht** *n* favo(u)rite dish; **2haftig** *adj.*: ***der ~e Teufel*** the devil incarnate; ***~es Ebenbild*** living image; ***ich sehe ihn noch ~ vor mir*** I can see him (before me) now; **2lich** *adj.* physical; **~rente** *f* life annuity; **~wache** *f*, **~wächter** *m* bodyguard; **~wäsche** *f* underwear

Leiche *f* (dead) body, corpse

leichen|blass *adj.* deadly pale; **2halle** *f* mortuary; **2schauhaus** *n* morgue; **2verbrennung** *f* cremation; **2wagen** *m* hearse

leicht *adj.* light (*a. fig.*); *einfach*: easy, simple; *geringfügig*: slight, minor; *tech.* light(weight); ***~ möglich*** quite possible; ***~ gekränkt*** easily offended; ***das ist ~ gesagt*** it's not as easy as that; ***es geht ~ kaputt*** it breaks easily; ***~ verständlich*** easy to understand; ***es fällt mir (nicht) leicht (zu)*** it's (not) easy for me (to); **2athlet** *m* (track-and-field) athlete; **2athletik** *f* track and field (events *pl.*), athletics *pl.*; **2gewicht** *n* lightweight; **~gläubig** *adj.* credulous; **2igkeit** *fig. f*: ***mit ~*** easily, with ease; **~lebig** *adj.* happy-go-lucky; **2metall** *n* light metal; **~nehmen** *v/t.* not worry (about); *Krankheit etc.*: make* light of; ***nimm's leicht!*** never mind!, don't worry about it!; ⚠ *nicht* ***take it easy!***; **2sinn** *m* carelessness; *stärker*: recklessness; **~sinnig** *adj.* careless; *stärker*: reckless

Leid *n* sorrow, grief; *Schmerz*: pain; ***es tut mir ~*** I'm sorry (***um*** for; ***wegen*** about; ***dass ich zu spät komme*** for being late); ***j-m et. zu ~e tun*** harm *od.* hurt* s.o.

leiden *v/t. u. v/i.* suffer (***an, unter*** from); ***j-n gut ~ können*** like s.o.; ***ich kann*** *od.* ***mag ... nicht ~*** I don't like ...; *stärker*: I can't stand ...

Leiden *n* suffering(s *pl.*); *med.* disease

Leidenschaft *f* passion; **2lich** *adj.* passionate; *heftig*: vehement

Leidensgenoss|e *m*, **~in** *f* fellow sufferer

leid|er *adv.* unfortunately; ***~ ja (nein)*** I'm afraid so (not); **~lich** *adj.* passable, F so-so; **2tragende** *m, f* mourner; ***er ist der ~ dabei*** he is the one who suffers for it; **2wesen** *n*: ***zu meinem ~*** to my regret

Leierkasten *m* barrel organ; **~mann** *m* organ grinder

leiern *v/i. u. v/t.* crank (up); *fig.* drone

Leih|bücherei *f* public library; **2en** *v/t. j-m*: lend*; *vermieten*: hire (*Am.* rent) out; *sich ~*: borrow (***von*** from); *mieten*: rent, hire; **~gebühr** *f* lending fee; **~haus** *n* pawnshop, pawnbroker's (shop); **~mutter** F *f* surrogate mother; **~wagen** *mot. m* hire (*Am.* rented) car; **2weise** *adv.* on loan

Leim *m* glue; **2en** *v/t.* glue

Leine *f* line; *Hund*: lead, leash

Lein|en *n* linen; *Segeltuch*: canvas; ***in ~ gebunden*** clothbound; **~enschuh** *m* canvas shoe; **~samen** *bot. m* linseed; **~tuch** *n* (linen) sheet; **~wand** *f* linen; *paint., Zelt2 etc.*: canvas; *Kino*: screen

leise *adj.* quiet; *Stimme etc.*: *a.* low, soft (*a. Musik*); *fig.* slight, faint; ***~r stellen*** turn (the volume) down

Leiste *f* ledge; *anat.* groin

leisten *v/t.* do*; *schaffen*: manage; *vollbringen*: achieve, accomplish; *Eid*: take*; ***gute Arbeit ~*** do* a good job; ***sich et. ~*** treat o.s. to s.th.; ***ich kann es mir (nicht) ~*** I can('t) afford it

Leistung *f* performance; *besondere*: achievement; *Schule*: *a.* (piece of) work, result; *tech. a.* output; *Dienst2*: service; *Sozial2*: benefit; **~sdruck** *m* pressure, stress; **2sfähig** *adj.* efficient; (physically) fit; **~sfähigkeit** *f* efficiency (*a. tech., econ.*); fitness; **~skontrolle** *f* (achievement *od.* proficiency) test; **~skurs** *m etwa* special subject; **~ssport** *m* competitive sport(s *pl.*)

Leitartikel *m* editorial, *bsd. Brt.* leader, leading article

leiten *v/t.* lead*, guide (*a. fig.*), conduct (*a. phys., mus.*); *Amt, Geschäft etc.*: run* (*a. Schule*), be* in charge of, manage; *TV etc.* direct; *als Moderator*: host; **~d** *adj.* leading; *phys.* conductive; ***~e Stellung*** key position; ***~er Angestellter*** executive

Leiter[1] *f* ladder (*a. fig.*)

Leiter[2] *m* leader; conductor (*a. phys., mus.*); *Amt, Firma etc.*: head, manager; *Versammlung etc.*: chairman; → ***Schulleiter***; **~in** *f* leader; head; manageress; *mus.* conductress; chairwoman

Leit|faden *m* manual, guide; **~motiv** *mus. n* leitmotiv; **~planke** *mot. f* crash barrier, *Am.* guardrail; **~spruch** *m* motto

Leitung *f econ.* management; head office; *Verwaltung*: administration; *Vorsitz*: chairmanship; *e-r Veranstaltung*: organization; *künstlerische etc.*: direction; *tech. Haupt*℞: main; *im Haus*: pipe(s *pl.*); *electr., tel.* line; ***die ~ haben*** be* in charge; ***unter der ~ von*** *mus.* conducted by; **~srohr** *n* pipe; **~swasser** *n* tap water

Lekt|ion *f* lesson; **~üre** *f* reading (matter); *Schule*: reader

Lende *f* loin; *Rind*: sirloin

lenk|en *v/t.* steer, drive*; *Kind*: guide; *Verkehr, j-s Aufmerksamkeit*: direct; **℞er** *m Fahrrad etc.*: handlebar; **℞rad** *mot. n* steering wheel; **℞ung** *mot. f* steering (system)

Leopard *zo. m* leopard

Lerche *zo. f* lark

lernen *v/t. u. v/i.* learn*; *für die Schule etc.*: study; ***er lernt leicht*** he is a quick learner; ***schwimmen etc. ~*** learn* (how) to swim *etc.*

Lernmittelfreiheit *f* free books *pl. etc.*

lesbar *adj.* readable; → ***leserlich***

Lesb|ierin *f*, **℞isch** *adj.* lesbian

Lese|buch *n* reader; **~lampe** *f* reading lamp

lesen *v/i. u. v/t.* read*; *Wein*: harvest; ***das liest sich wie*** it reads like; **~swert** *adj.* worth reading

Lese|r *m* reader; **~ratte** F *f* bookworm; **~rbrief** *m* letter to the editor; **℞rlich** *adj.* legible; **~stoff** *m* reading matter; **~zeichen** *n* bookmark

Lesung *f* reading (*a. parl.*)

Letzt *f*: ***zu guter ~*** in the end

letzte *adj.* last; *neueste*: latest; ***zum ~n Mal(e)*** for the last time; ***in ~r Zeit*** recently; ***als ℞r ankommen*** *etc.* arrive *etc.* last; ***℞r sein*** be* last (*a. Sport*); ***das ist das ℞!*** that's the limit!; **~ns** *adv.* finally; ***erst ~*** just recently; **~re** *adj.*: ***der*** (***die, das***) ℞ the latter

Leucht|anzeige *f* luminous *od.* LED display *f* light; **℞en** *v/i.* shine*; *schwächer*: glow; **~en** *n* shining; glow; **℞end** *adj.* shining (*a. fig.*); *Farbe etc.*: bright; **~er** *m* candlestick; → ***Kronleuchter***; **~farbe** *f* luminous paint; **~reklame** *f* neon sign(s *pl.*); **~(stoff)röhre** *electr. f* fluorescent lamp; **~turm** *m* lighthouse; **~ziffer** *f* luminous figure

leugnen *v/t. u. v/i.* deny (***et. getan zu haben*** having done s.th.)

Leute *pl.* people *pl.*, F folks *pl.*

Leutnant *mil. m* second lieutenant

Lexikon *n* encyclop(a)edia; *Wörterbuch*: dictionary

Libelle *zo. f* dragonfly

liber|al *adj.* liberal; **℞o** *m* sweeper

licht *adj.* bright; *fig.* lucid

Licht *n* light; *Helle*: brightness; ***~ machen*** switch *od.* turn on the light(s); **~bild** *n* photo(graph); *Dia*: slide; **~bildervortrag** *m* slide lecture; **~blick** *fig. m* ray of hope; *Idee*: bright moment; **℞empfindlich** *adj.* sensitive to light; *phot.* sensitive; **~empfindlichkeit** *f* (light) sensitivity; *phot.* speed

lichten *v/t. Wald*: clear; ***den Anker ~*** *naut.* weigh anchor; ***sich ~*** get* thin(ner); *fig.* be* thinning (out)

Licht|geschwindigkeit *f* speed of light; **~griffel** *m* light pen; **~hupe** *mot. f* (headlight) flash(er); ***die ~ betätigen*** flash one's lights; **~jahr** *n* light year; **~maschine** *mot. f* generator; **~orgel** *f* colo(u)r organ; **~pause** *f* blueprint; **~schacht** *m* well; **~schalter** *m* (light) switch; **℞scheu** *fig. adj.* shady; **~schutzfaktor** *m* sun protection factor, SPF; **~strahl** *m* ray *od.* beam of light (*a. fig.*)

Lichtung *f* clearing

Lid *n* (eye)lid; **~schatten** *m* eye shadow

lieb *adj.* dear; *liebenswert*: *a.* sweet; *nett, freundlich*: nice, kind; *Kind*: good; *in Briefen*: ***~e Jeanie*** dear Jeanie

Liebe *f* love (***zu*** of, for); ***aus ~ zu*** out of love for; ***~ auf den ersten Blick*** love at first sight; **℞n** *v/t.* love; *j-n*: *a.* be* in love with; *sexuell*: make* love to

L

liebens|wert *adj.* lovable, charming, sweet; **~würdig** *adj.* kind; **2würdigkeit** *f* kindness
lieber *adv.* rather, sooner; **~ *haben*** prefer, like better; ***ich möchte ~ (nicht)*** ... I'd rather (not) ...; ***du solltest ~ (nicht)*** ... you had better (not) ...
Liebes|brief *m* love letter; **~erklärung** *f*: ***j-m e-e ~ machen*** declare one's love to s.o.; **~kummer** *m*: ***~ haben*** be* lovesick; **~paar** *n* lovers *pl.*
liebevoll *adj.* loving, affectionate
lieb|gewinnen *v/t.* get* fond of; **~haben** *v/t.* love, be* fond of; **2haber** *m* lover (*a. fig.*); **2haber...** *in Zssgn Preis, Stück etc.*: collector's ...; **2haberei** *f* hobby; **~lich** *adj.* lovely, charming, sweet (*a. Wein*)
Liebling *m* darling; *Günstling*: favo(u)rite; *als Anrede*: darling, honey; **~s...** *in Zssgn mst* favo(u)rite
lieblos *adj.* unloving, cold; *Worte*: unkind; *nachlässig*: careless
Lied *n* song; *Melodie*: tune
liederlich *adj.* slovenly, sloppy
Liedermacher *m* singer-songwriter
Lieferant *econ. m* supplier
liefer|bar *adj.* available; **2frist** *f* term of delivery; **~n** *v/t.* deliver; ***j-m et. ~*** supply s.o. with s.th.; **2ung** *f* delivery; *Versorgung*: supply; **2wagen** *m* (delivery) van
Liege *f* couch; (camp) bed
liegen *v/i.* lie*; (*gelegen*) *sein*: *a.* be* (situated); (***krank***) ***im Bett ~*** be* (ill) in bed; ***nach Osten*** (***der Straße***) ***~*** face east (the street); ***daran liegt es***(, ***dass***) that's (the reason) why; ***es*** (***er***) ***liegt mir nicht*** it (he) is not my cup of tea; ***mir liegt viel*** (***wenig***) ***daran*** it means a lot (doesn't mean much) to me; ***~ bleiben*** stay in bed; *Tasche etc.*: be* left behind; ***et. ~ lassen*** leave* s.th. (behind); ***j-n links ~*** ignore s.o., give* s.o. the cold shoulder
Liege|sitz *m* reclining seat; **~stuhl** *m* deckchair; **~stütz** *m bsd. Brt.* press-up, *bsd. Am.* push-up; **~wagen** *rail. m* couchette
Lift *m* lift, *Am.* elevator; ski lift
Liga *f* league; *Sport*: *a.* division
Likör *m* liqueur
lila *adj.* purple, violet
Lilie *f* lily
Liliputaner *m* dwarf, midget
Limonade *f* pop; *Zitronen2*: lemonade, *Am.* lemon soda
Limousine *mot. f* saloon car, *Am.* sedan; *Pullman2*: limousine
Linde *f* lime (tree), linden
linder|n *v/t.* relieve, ease, alleviate; **2ung** *f* relief, alleviation
Lineal *n* ruler
Linie *f* line; ***auf s-e ~ achten*** watch one's weight; **~nflug** *m* scheduled flight; **~nrichter(in)** linesman (-woman); **2ntreu** *pol. adj.*: ***~ sein*** follow the party line
lin(i)ieren *v/t.* rule, line
link|e *adj.* left (*a. pol.*); ***auf der ~n Seite*** on the left(-hand side); **2e(r)** *pol.* leftist, left-winger; **~isch** *adj.* awkward, clumsy
links *adv.* on the left (*a. pol.*); *verkehrt*: on the wrong side; ***nach ~*** (to the) left; ***~ von*** to the left of; **2...** *in Zssgn Verkehr etc.*: left-hand ...; **2außen** *Sport*: *m* outside left, left wing; **2händer(in)** left-hander; **2radikale** *m, f* left-wing extremist
Linse *f bot.* lentil; *opt.* lens
Lippe *f* lip; **~nstift** *m* lipstick
liquidieren *v/t.* liquidate (*a. pol.*)
lispeln *v/i.* (have* a) lisp
List *f* trick; *~igkeit*: cunning
Liste *f* list; *Namens2*: *a.* roll
listig *adj.* cunning, tricky, sly
Liter *n, m* lit|re, *Am.* -er
litera|risch *adj.* literary; **2tur** *f* literature; **2tur...** *in Zssgn Kritik etc.*: *mst* literary
Litfaßsäule *f* advertising pillar
Lizenz *f* licen|ce, *Am.* -se
LKW, Lkw *Abk. für* **Lastkraftwagen** truck, *Brt. a.* lorry
Lob *n*, **2en** *v/t.* praise; **2enswert** *adj.* praiseworthy, laudable
Loch *n* hole (*a. fig.*); *im Reifen*: puncture; **2en** *v/t. Papier, Karte etc.*: punch (*a. tech.*); **~er** *m* punch; **~karte** *f* punch(ed) card
Locke *f* curl; *Strähne, Büschel*: lock
locken[1] *v/t. u. v/refl.* curl
locken[2] *v/t.* lure, entice; *fig. a.* attract, tempt (*a. reizen*)
Locken|kopf *m* curly head; **~wickler** *m* curler, roller
locker *adj.* loose; *Seil*: *a.* slack; *fig. läs-*

L

sig: relaxed; **~n** *v/t.* loosen, slacken; *Griff*: relax (*a. fig.*); **sich ~** loosen, (be)come* loose; *Sport*: limber up; *fig.* relax

lockig *adj.* curly, curled

Lock|mittel *n* → ***Köder***; **~vogel** *m* decoy, stoolpigeon (*beide a. fig.*)

lodern *v/i.* blaze, flare

Löffel *m* spoon; *Schöpf*2: ladle; **2n** *v/t.* spoon up; **~voll** *m* spoonful

Logbuch *n* log

Loge *f thea.* box; *Bund*: lodge

Log|ik *f* logic; **2isch** *adj.* logical; **2ischerweise** *adv.* logically, obviously

Lohn *m* wages *pl.*, pay(ment); *fig.* reward; **~empfänger(in)** wage earner, *Am.* wageworker; **2en** *v/refl.* be* worth(while), pay*; ***es*** (***die Mühe***) ***lohnt sich*** it's worth it (the trouble); ***das Buch*** (***der Film***) ***lohnt sich*** the book (film) is worth reading (seeing); **2end** *adj.* paying; *fig.* rewarding; **~erhöhung** *f* increase in wages, rise, *Am.* raise; **~steuer** *f* income tax; **~stopp** *m* wage freeze; **~tüte** *f* pay packet

Loipe *f* (cross-country) course

Lokal *n* restaurant; *Kneipe*: bar, *bsd. Brt.* pub, *bsd. Am.* saloon; **~...** *in Zssgn mst* local

Lok|(omotive) *f* engine; **~führer** *m* train driver, *Am.* engineer

Lorbeer *bot. m* laurel; *Gewürz*: bay leaf

Lore *f Kipp*2: tipcart

Los *n* lot; *fig. a.* fate; *Lotterie*2: (lottery) ticket, number

los *adj. u. adv. ab, fort*: off; *Hund etc.*: loose; **~ *sein*** be* rid of; ***was ist ~?*** what's the matter?, F what's up?; *geschieht*: what's going on (here)?; ***hier ist nicht viel ~*** there's nothing much going on here; F ***da ist was ~!*** that's where the action is!; F ***also ~!*** okay, let's go!; **~binden** *v/t.* untie

Lösch|blatt *n* blotting paper; **2en** *v/t.* extinguish, put* out; *Durst*: quench; *Tinte*: blot; *auf der Tafel*: wipe off; *Zeile, Aufnahme*: erase; *Computer*: erase, delete; Kalk: slake; *naut.* unload; **~papier** *n* blotting paper

lose *adj.* loose (*a. fig. Zunge etc.*)

Lösegeld *n* ransom

losen *v/i.* draw* lots (**um** for)

lösen *v/t. Knoten etc.*: undo*; *lockern*: loosen, relax; *Bremse etc.*: release; *ab~*: take* off; *Rätsel, Problem, Aufgabe etc.*: solve; *Konflikt etc.*: settle; *Karte*: buy*, get*; *auf*2: dissolve (*a. chem.*); **sich ~** come* loose *od.* undone; *fig.* free o.s. (**von** from)

los|fahren *v/i.* leave*; *selbst*: drive* off; **~gehen** *v/i.* leave*; start, begin*; *Schuß etc.*: go* off; ***auf j-n ~*** go* for s.o.; ***ich gehe jetzt los*** I'm off now; **~kaufen** *v/t.* ransom; **~ketten** *v/t.* unchain; **~kommen** *v/i.* get* away (***von*** from); **~lassen** *v/t.* let* go; ***den Hund ~ auf*** set* the dog on; **~legen** F *v/i.* get* cracking

löslich *chem. adj.* soluble

los|lösen, ~machen *v/t* → ***lösen***; **~reißen** *v/t.* tear* off; **sich ~** break* away; *bsd. fig.* tear* o.s. away (*beide*: ***von*** from); **~sagen** *v/refl.*: ***sich ~ von*** break* with; **~schlagen** *v/i.* strike* (***auf j-n*** out at s.o.); **~schnallen** *v/t.* unbuckle; **sich ~** *mot., aviat.* unfasten one's seatbelt; **~schrauben** *v/t.* unscrew, screw off; **~stürzen** *v/i.*: **~ *auf*** rush at

Losung *f mil.* password; *fig.* slogan

Lösung *f* solution (*a. fig.*); *e-s Konflikts etc.*: settlement; **~smittel** *n* solvent

los|werden *v/t.* get* rid of; *Geld*: spend*; lose*; **~ziehen** *v/i.* set* out, take* off, march away

Lot *n* plumbline

löten *v/t.* solder

Lotse *naut. m*, **2n** *v/t.* pilot

Lotterie *f* lottery; **~gewinn** *m* prize; **~los** *n* lottery ticket

Lotto *n allg.* lotto, bingo; *Brt.* national lottery; *deutsches*: Lotto; (***im***) **~ *spielen*** do* Lotto; **~schein** *m* Lotto coupon; **~ziehung** *f* Lotto draw

Löw|e *m zo.* lion; *astr.* Leo; ***er ist*** (***ein***) **~** he's (a) Leo; **~enzahn** *bot. m* dandelion; **~in** *zo. f* lioness

loyal *adj.* loyal, faithful

Luchs *zo. m* lynx

Lücke *f* gap (*a. fig.*); **~nbüßer** *m* stopgap; **2nhaft** *adj.* full of gaps; *fig.* incomplete; **2nlos** *adj.* without a gap; *fig.* complete; **~ntest** *m* completion *od.* fill-in test

Luft *f* air; ***an der frischen ~*** (out) in the fresh air; (***frische***) **~ *schöpfen*** get* a breath of fresh air; ***die ~ anhalten*** catch* (*bsd. fig. a.* hold*) one's breath;

tief ~ holen take* a deep breath; ***in die ~ fliegen*** (***sprengen***) blow* up
Luft|angriff *m* air raid; **~aufnahme** *f* → ***Luftbild***; **~ballon** *m* balloon; **~bild** *n* aerial photograph *od.* view; **~blase** *f* air bubble; **~brücke** *f* airlift
Lüftchen *n* (gentle) breeze
luft|dicht *adj.* airtight; **2druck** *phys., tech. m* air pressure
lüften *v/t. u. v/i.* air, ventilate; *Geheimnis etc.*: reveal
Luft|fahrt *f* aviation, aeronautics; **~feuchtigkeit** *f* (atmospheric) humidity; **~gewehr** *n* airgun; **2ig** *adj.* airy; *Plätzchen*: breezy; *Kleid etc.*: light; **~kissen** *n* air cushion; **~kissenfahrzeug** *n* hovercraft; **~krankheit** *f* airsickness; **~krieg** *m* air warfare; **~kurort** *m* (climatic) health resort; **2leer** *adj.*: ***~er Raum*** vacuum; **~linie** *f*: ***50 km ~*** 50 km as the crow flies; **~post** *f* air mail; **~pumpe** *f* air pump; bicycle pump; **~röhre** *anat. f* windpipe, trachea; **~schlange** *f* streamer; **~schloss** *n* castle in the air; **~sprünge** *pl.*: ***~ machen vor Freude*** jump for joy
Lüftung *f* airing; *tech.* ventilation
Luft|veränderung *f* change of air; **~verkehr** *m* air traffic; **~verschmutzung** *f* air pollution; **~waffe** *mil. f* air force; **~weg** *m*: ***auf dem ~*** by air; **~zug** *m* draught, *Am.* draft
Lüge *f* lie; **2n** *v/i.* lie, tell* a lie *od.* lies; ***das ist gelogen*** that's a lie
Lügner|(in) liar; **2isch** *adj.* false
Luke *f* hatch; *Dach2*: skylight
Lümmel *m* rascal; **2n** *v/refl.* slouch
lumpen F *v/t.*: ***sich nicht ~ lassen*** be* generous
Lump|en *m* rag; ***in ~*** in rags *pl.*; **~enpack** F *n sl.* bastards *pl.*; **2ig** *fig. adj.*: ***für ~e zwei Mark*** for a paltry two marks
Lunge *anat. f* lungs *pl.*; (***auf***) ***~ rauchen*** inhale; **~nentzündung** *med. f* pneumonia; **~nflügel** *anat. m* lung; **~nzug** *m*: ***e-n ~ machen*** inhale
lungern *v/i.* → ***herumlungern***
Lupe *f* magnifying glass; ***unter die ~ nehmen*** scrutinize (closely)
Lust *f* desire, interest; *sinnliche*: lust; *Vergnügen*: pleasure, delight; ***~ haben auf et.*** (***et. zu tun***) feel* like (doing) s.th.; ***hättest du ~ auszugehen?*** would you like to go out?, how about going out?; ***ich habe keine ~*** I don't feel like it, I'm not in the mood for it; ***die ~ an et. verlieren*** (***j-m die ~ an et. nehmen***) (make* s.o.) lose* all interest in s.th.
lüstern *adj.* greedy (***nach et.*** for s.th.)
lustig *adj.* funny; *fröhlich*: cheerful; ***er ist sehr ~*** he is full of fun; ***es war sehr ~*** it was great fun; ***sich ~ machen über*** make* fun of
lust|los *adj.* listless, indifferent; **2mord** *m* sex murder; **2spiel** *n* comedy
lutschen *v/i. u. v/t.* suck
Luv *naut. f* windward, weather side
luxuriös *adj.* luxurious
Luxus *m* luxury; **~artikel** *m* luxury (article); **~ausführung** *f* de-luxe (*bsd. Am.* deluxe) version; **~hotel** *n* five-star (*od.* luxury) hotel
Lymphdrüse *anat. f* lymph gland
lynchen *v/t.* lynch
Lyr|ik *f* poetry; **~iker(in)** (lyric) poet(ess); **2isch** *adj.* lyrical (*a. fig.*)

M

M

machbar *adj.* feasible
machen *v/t. tun*: do*; *herstellen, verursachen*: make*; *Essen etc.*: make*, prepare; *in Ordnung bringen, reparieren*: fix (*a. fig.*); *ausmachen, betragen*: be*, come* to, amount to; *Prüfung*: take*, *erfolgreich*: pass; *Reise, Ausflug*: make*, go* on; ***Hausaufgaben ~*** do* one's homework; ***da***(***gegen***) ***kann man nichts ~*** it can't be helped; ***mach, was du willst!*** do as you please!; (***nun***) ***mach mal*** *od.* ***schon!*** hurry up!, come on *od.* along now!; ***mach's gut!*** take care (of yourself)!, good luck!; (***das***)

macht nichts it doesn't matter; ***mach dir nichts d(a)raus!*** never mind!, don't worry!; ***das macht mir nichts aus*** I don't mind *od.* care; ***was*** *od.* ***wieviel macht das?*** how much is it?; ***sich et.*** (***nichts***) ~ ***aus*** *für (un)wichtig halten*: (not) care about; *(nicht) mögen*: (not) care for

Machenschaften *pl.* machinations *pl.*; ***unsaubere*** ~ sleaze *sg.* (*bsd. pol.*)

Macher *m* man of action, doer

Macho *m* macho

Macht *f* power (***über*** of); ***an der*** ~ in power; ***mit aller*** ~ with all one's might; **~haber** *pol. m* ruler

mächtig *adj.* powerful, mighty (*a. fig.*); *riesig*: enormous, huge; F: ~ ***klug*** (***stolz***) mighty clever (proud)

Macht|kampf *m* struggle for power; **2los** *adj.* powerless; **~missbrauch** *m* abuse of power; **~politik** *f* power politics *sg., pl.*; **~übernahme** *f* takeover; **~wechsel** *m* transition of power

Mädchen *n* girl; *Dienst2*: maid; **2haft** *adj.* girlish; **~name** *m* girl's name; *e-r Frau*: maiden name; **~schule** *f* girls' school

Made *f* maggot; *Obst2*: worm

Mädel *n* girl, *Brt. a.* lass, *Am.* F chick

madig *adj.* maggoty, *Obst a.*: worm-eaten; F ***j-m et.*** ~ ***machen*** spoil s.th. for s.o.

Magazin *n Zeitschrift, e-r Waffe*: magazine; *Lager*: store(room), warehouse, *bsd. mil.* magazine, depot; *TV, Rundfunk*: magazine, review

Magd *f* (female) farmhand

Magen *m* stomach, F tummy; **~beschwerden** *pl.* stomach trouble *sg.*; **~-Darm-Infektion** *med. f* gastroenteritis; **~geschwür** *med. n* (stomach) ulcer; **~schmerzen** *pl.* stomachache *sg.*

mager *adj. Körper(teil)*: lean, thin, skinny; *Käse etc.*: low-fat; *Fleisch*: lean; *Milch*: skim; *fig. Gewinn, Ernte etc.*: meag|re, *Am. a.* -er

Magi|e *f* magic; **2sch** *adj.* magic(al)

Magister *m univ.* Master of Arts *od.* Science; *östr.* → ***Apotheker***

Magistrat *m* municipal council

Magnet *m* magnet (*a. fig.*); **~...** *in Zssgn Band, Feld, Nadel etc.*: magnetic ...; **2isch** *adj.* magnetic (*a. fig.*); **2isieren** *v/t.* magnetize

Mahagoni *n* mahogany

mäh|en *v/t. Rasen*: mow*; *Gras*: cut*; *bsd. Getreide*: reap; **2drescher** *agr. m* combine (harvester)

mahlen *v/t.* grind*

Mahlzeit *f* meal; *Baby*: feed(ing)

Mähne *f* mane

mahn|en *v/t.* remind; *Schuldner*: send* *s.o.* a reminder; → ***ermahnen***; **2mal** *n* memorial; **2gebühr** *f* reminder fee; **2ung** *f Brief*: reminder

Mai *m* May; ***der Erste*** ~ May Day; **~baum** *m* maypole; **~glöckchen** *n* lily of the valley; **~käfer** *m* cockchafer

Mais *bot. m* maize, *Am.* corn

Majestät *f*: ***Seine*** (***Ihre***, ***Eure***) ~ His (Her, Your) Majesty; **2isch** *adj.* majestic

Major *mil. m* major

makaber *adj.* macabre

Makel *m* blemish (*a. fig.*)

mäkelig F *adj.* fussy, choos(e)y, *bsd. Am.* picky

makellos *adj.* immaculate (*a. fig.*)

mäkeln F *v/i.* carp, pick, nag (**an** at)

Makler *econ. m Grundstücks2, Wohnungs2*: (*Am.* real) estate agent; *Börsen2*: broker; **~gebühr** *econ. f* fee, commission

mal *adv. math.* times, multiplied by; *Maße*: by; F → ***einmal***; ***12*** ~ ***5 ist*** (***gleich***) ***60*** 12 times *od.* multiplied by 5 is *od.* equals 60; ***ein 7 ~ 4 Meter großes Zimmer*** a room 7 metres by 4

Mal[1] *n* time; ***zum ersten*** (***letzten***) **~(e)** for the first (last) time; ***mit e-m*** **~(e)** *plötzlich*: all of a sudden; ***ein für alle*** **~(e)** once and for all

Mal[2] *n Zeichen*: mark; → ***Mutter2***

malen *v/t.* paint (*a. streichen*)

Maler *m* painter; **~ei** *f* painting; **~in** *f* (woman) painter; **2isch** *fig. adj.* picturesque

Malkasten *m* paintbox

malnehmen *math. v/t.* multiply (**mit** by)

Malz *n* malt; **~bier** *n* malt beer

Mama F *f* mum(my), *Am.* mom(my)

Mammut *zo. n* mammoth (*a. in Zssgn*)

man *indef. pron.* you, *förmlicher*: one; they, people; ***wie schreibt ~ das?*** how do you spell it?; ~ ***sagt, dass*** they *od.* people say (that); ~ ***hat mir gesagt*** I was told

Manager *m* executive; *Sport*: manager
manch|(er, -e, -es) *indef. pron.* (*mst pl.*) *einige*: some; *viele*: quite a few, many; **~mal** *adv.* sometimes
Mandant(in) *jur.* client
Mandarine *bot. f* tangerine
Mandat *pol. n* mandate; *Sitz*: seat
Mandatar *östr. m* → ***Abgeordnete(r)***
Mandel *f bot.* almond; *anat.* tonsil; **~entzündung** *med. f* tonsillitis
Manege *f* (circus) ring
Mangel[1] *m Fehlen*: lack (**an** of); *Knappheit*: shortage; *tech.* defect, fault; *e-r Leistung* (*a. Schule*): shortcoming; ***aus ~ an*** for lack of
Mangel[2] *f Wäsche*♀: mangle
mangelhaft *adj. Qualität*: poor; *Arbeit, Ware*: defective; *Schulleistung, -note*: poor, unsatisfactory, failing
mangeln *v/t. Wäsche*: mangle
mangels *prp.* for lack *od.* want of
Mangelware *f*: ***~ sein*** be* scarce
Manie *f* mania (*a. fig.*)
Manier|en *pl.* manners *pl.*; **♀lich** *adv.*: ***sich ~ betragen*** behave (decently)
Manifest *n* manifesto
manipulieren *v/t.* manipulate
Mann *m* man; *Ehe*♀: husband
Männchen *zo. n* male
Manndeckung *f Sport*: man-to-man marking
Mannequin *n* model
mannig|fach, ~faltig *adj.* many and various *pl.*
männlich *adj. biol.* male; *Aussehen, Eigenschaften, gr.*: masculine (*a. fig.*)
Mannschaft *f Sport*: team (*a. fig.*); *naut., aviat.* crew
Manöv|er *n*, **♀rieren** *v/i.* manoeuvre, *Am.* maneuver
Mansarde *f* room in the attic; **~nfenster** *n* dormer (window)
Manschette *f* cuff; *tech. Dichtungs*♀: gasket; *Zier*♀: frill; **~nknopf** *m* cufflink
Mantel *m* coat; *Reifen*: casing, *Fahrrad*: tyre (*Am.* tire) cover; *tech.* jacket, shell
Manuskript *n* manuscript; *druckreifes*: copy
Mäppchen *n Feder*♀: pencil case
Mappe *f Aktentasche*: briefcase; *Schul*♀: school bag; *Ranzen*: satchel; *Aktendeckel*: folder; ⚠ *nicht* ***map***
Märchen *n* fairytale (*a. fig.*); ***~ erzählen*** *fig.* tell* (tall) stories *od.* fibs; **~land** *n* fairyland (*a. fig.*)
Marder *zo. m* marten
Margarine *f* margarine
Margerite *bot. f* marguerite
Marienkäfer *zo. m* ladybird, *Am.* lady bug
Marihuana *n* marijuana, *sl.* grass; **~zigarette** *f sl.* reefer, joint
Marille *östr. f* apricot
Marine *mil. f* navy; ⚠ *nicht* ***marine***; **♀blau** *adj.* navy blue
Marionette *f* puppet (*a. fig.*) **~ntheater** *n* puppet show
Mark[1] *f Währung, Münze*: mark
Mark[2] *n Knochen*♀: marrow; *Frucht*♀: pulp
Marke *f Lebensmittel etc.*: brand; *Fahrzeug, Gerät*: make; *~nzeichen*: trademark (*a. fig.*); *Brief*♀ *etc.*: stamp; *Erkennungs*♀: badge, tag; *Zeichen*: mark
markier|en *v/t.* mark (*a. Sport*); F *fig.* act; **♀ung** *f* mark
Markise *f* awning, sun blind
Markt *econ. m* market; ***auf den ~ bringen*** *econ.* put* on the market; **~platz** *m* market place; **~wirtschaft** *f freie ~*: free enterprise (economy); *soziale ~*: social (market) economy
Marmelade *f* jam; *Orangen*♀: marmalade
Marmor *m* marble (*a.* ***aus ~***)
Marsch[1] *m* march (*a. mus.*)
Marsch[2] *f* marsh, fen
Marschall *m* marshal
Marsch|befehl *mil. m* marching orders *pl.*; **♀ieren** *v/i.* march
Marsmensch *m* Martian
Marter *f* torture; **♀n** *v/t.* torture; **~pfahl** *m* stake
Martinshorn *n* (police *etc.*) siren
Märtyrer *m* martyr (*a. fig.*)
Marxis|mus *pol. m* Marxism; **~t(in)** *pol.* Marxist; **♀tisch** *pol. adj.* Marxist
März *m* March
Marzipan *n* marzipan
Masche *f Strick*♀: stitch; *Netz*♀: mesh; F *fig.* trick; *Mode*: fad, craze; **~ndraht** *m* wire netting
Maschine *f* machine; *Motor*: engine; *Flugzeug*: plane; *Motorrad*: motorcycle, machine; ***~ schreiben*** type
Maschinen|bau *tech. m* mechanical engineering; **~gewehr** *n* machinegun;

M

2lesbar *adj. Computer*: machine-readable; **~öl** *n* engine oil; **~pistole** *f* submachine gun, machine pistol; **~schaden** *m* engine trouble *od.* failure; **~schlosser** *m* (engine) fitter
Masern *med. pl.* measles *pl.*
Maserung *f Holz etc.*: grain
Mask|e *f* mask (*a. Computer u. fig.*); **~enball** *m* fancy-dress ball; **~enbildner(in)** make-up artist; **2ieren** *v/t.* mask; ***sich ~*** put* on a mask; → ***verkleiden***
maskulin *adj.* masculine (*a. gr.*)
Maß[1] *n ~einheit*: measure (***für*** of); *e-s Raumes etc.*: dimensions *pl.*, measurements *pl.*, size; *fig.* extent, degree; ***~e und Gewichte*** weights and measures; ***nach ~ (gemacht)*** made to measure; ***in gewissem (hohem) ~e*** to a certain (high) degree; ***in zunehmendem ~e*** increasingly; ***~ halten*** be* moderate (***in*** in)
Maß[2] *f Bier*: lit|re (*Am.* -er) of beer
Massage *f* massage
Massaker *n* massacre
Masse *f* mass; *Substanz*: substance; *Menschen2*: crowd(s *pl.*); F: ***e-e ~*** *Geld etc.* loads *od.* heaps of; ***die (breite) ~***, *pol.* ***die ~n*** *pl.* the masses *pl.*
Maßeinheit *f* unit of measure(ment)
Massen|... *in Zssgn Medien, Mörder etc.*: mass ...; **~andrang** *m* crush; **2haft** F *adv.* masses *od.* loads of; **~karambolage** *mot. f* pileup; **~medien** *pl* mass media *pl.*; **~produktion** *f* mass production
Masseu|r *m* masseur; **~se** *f* masseuse
maß|gebend, **~geblich** *adj. verbindlich*: authoritative; *beträchtlich*: substantial, considerable
massieren *v/t.* massage
massig *adj.* massive, bulky
mäßig *adj.* moderate; *dürftig*: poor; **~en** *v/t. u. v/refl.* moderate; **2ung** *f* moderation; restraint
massiv *adj.* solid
Massiv *n Berg2*: massif
Maß|krug *m* beer mug, *aus Steingut*: stein; **2los** *adj. Essen, Trinken etc.*: immoderate; *Übertreibung*: gross; **~nahme** *f* measure, step; **~regel** *f* rule; **2regeln** *v/t. tadeln*: reprimand; *strafen*: discipline; **~stab** *m* scale; *fig.* standard; ***im ~ 1:50000*** on the scale of 1:50000; **2stabgetreu** *adj.* true to scale; **2voll** *adj.* moderate
Mast[1] *naut. m* mast
Mast[2] *agr. f Schweine2 etc.*: fattening; *~futter*: mast; **~darm** *anat. m* rectum
mästen *v/t.* fatten; F *j-n*: stuff
masturbieren *v/i.* masturbate
Match *östr. n* match, *Am.* game; **~ball** *m Tennis*: match point
Material *n* material (*a. fig.*); *Arbeits2*: materials *pl.*; **~ismus** *phil. m* materialism; **~ist** *m* materialist; **2istisch** *adj.* materialistic
Materie *f* matter (*a. fig.*); *Thema*: subject (matter); **2ll** *adj.* material
Mathemati|k *f* mathematics *sg.*; **~ker** *m* mathematician; **2sch** *adj.* mathematical
Matinee *thea., mus. f* morning performance; ⚠ *nicht* ***matinee***
Matratze *f* mattress
Matrize *f* stencil; ***auf ~ schreiben*** stencil
Matrose *naut. m* sailor, seaman
Matsch *m* mud, *bsd. Schnee2*: slush; F *Brei*: mush; **2ig** *adj.* muddy, slushy; *Frucht*: squashy, mushy
matt *adj. schwach*: weak; *erschöpft*: exhausted, worn out; *Farbe*: dull, pale; *Fotooberfläche*: mat(t); *Glas, Glühbirne*: frosted; *Schach*: checkmate
Matte *f* mat
Mattigkeit *f* exhaustion, weakness
Mattscheibe *f phot.* focus(s)ing screen; *Bildschirm*: screen; F *Fernseher*: *Brt.* telly, box, *Am.* (boob) tube
Matura *f östr., Schweiz*: → ***Abitur***
Mauer *f* wall; **~blümchen** *fig. n* wallflower; **~werk** *n* masonry, brickwork; **2n** *v/i.* lay* bricks
Maul *n* mouth; *sl.*: ***halt's ~!*** shut up!; **2en** F *v/i.* grumble, sulk, pout; **~korb** *m* muzzle (*a. fig.*); **~tier** *n* mule; **~wurf** *m* mole; **~wurfshaufen, ~wurfshügel** *m* molehill
Maurer *m* bricklayer; **~kelle** *f* trowel; **~meister** *m* master bricklayer; **~polier** *m* foreman bricklayer
Maus *f* mouse (*a. Computer*); **~efalle** *f* mousetrap
Mauser *f* mo(u)lt(ing); ***in der ~ sein*** be* mo(u)lting
Maut *östr. f* toll; **~straße** *f* toll road, *Am. a.* turnpike

maxi|mal 1. *adj.* maximum; **2.** *adv.* at (the) most; **2mum** *n* maximum
Mayonnaise *f* mayonnaise
Mäzen *m Kunst*: patron; *Sport*: sponsor
Mechani|k *f phys.* mechanics *mst sg.*; *tech.* mechanism; **~ker** *m* mechanic; **2sch** *adj.* mechanical; **2sieren** *v/t.* mechanize; **~sierung** *f* mechanization; **~smus** *tech. m* mechanism; *Triebwerk, Uhrwerk*: works *pl.*
meckern *v/i. Ziege*: bleat; *fig.* grumble, grouch, *Am. a.* bitch (**über** at, about)
Medaill|e *f* medal; **~engewinner(in)** medal(l)ist; **~on** *n* locket
Medien *pl. Massen2*: mass media *pl.*; *Unterricht*: teaching aids *pl.*; *technische* **~**: audio-visual aids *pl.*
Medikament *n* drug; *bsd. zum Einnehmen*: medicine
meditieren *v/i.* meditate (**über** on)
Medizin *f* (science of) medicine; *Arznei*: medicine, remedy (**gegen** for); **~er(in)** *Arzt*: (medical) doctor; *Student*: medical student; **2isch** *adj.* medical; **2isch-technische(r) Assistent(in)** (*Abk.* **MTA**) medical technologist; **~mann** *m* witchdoctor; *Indianer*: medicine man
Megabyte *n Computer*: megabyte
Meer *n* sea (*a. fig.*), ocean; **~busen** *m* gulf, bay; **~enge** *f* straits *pl.*; **~esboden** *m* seabed; **~esfrüchte** *pl.* seafood *sg.*; **~esspiegel** *m* sea level; **~rettich** *m* horseradish; **~schweinchen** *n* guinea pig
Mehl *n* flour; *grobes*: meal; **2ig** *adj.* mealy; **~speis(e)** *östr. f* sweet (dish)
mehr *indef. pron. u. adv.* more; ***immer* ~** more and more; ***nicht* ~** *zeitlich*: no longer, not any longer (*od.* more); ***noch* ~** even more; ***es ist kein ... ~ da*** there isn't any ... left; **~deutig** *adj.* ambiguous; **~ere** *adj. u. indef. pron.* several; **2heit** *f* majority; **2kosten** *pl.* extra costs *pl.*; **~mals** *adv.* several times; **2wegflasche** *f* returnable (*od.* deposit) bottle; **2wertsteuer** *econ. f* value-added tax (*Abk.* VAT); **2zahl** *f Mehrheit*: majority; *gr.* plural (form); **2zweck...** *in Zssgn Fahrzeug etc.*: multi-purpose
meiden *v/t.* avoid
Meile *f* mile; **2nweit** *adv.* (for) miles
mein *poss. pron. u. adj.* my; ***das ist* ~er** (**-e**, **-[e]s**) *gehört mir*: that's mine
Meineid *jur. m* perjury
meinen *v/t. glauben, e-r Ansicht sein*: think*, believe; *sagen wollen, beabsichtigen, sprechen von*: mean*; *sagen*: say*; ***~ Sie* (*wirklich*)?** do you (really) think so?; ***wie ~ Sie das?*** what do you mean by that?; ***sie ~ es gut*** they mean well; ***ich habe es nicht so gemeint*** I didn't mean it; ***wie ~ Sie?*** (I beg your)pardon?
meinetwegen *adv. von mir aus*: I don't mind *od.* care!; *für mich*: for my sake; *wegen mir*: because of me
Meinung *f* opinion (**über**, **von** about, of); ⚠ *nicht* ***meaning***; ***meiner ~ nach*** in my opinion; ***der ~ sein, dass*** be* of the opinion that, feel* *od.* believe that; ***s-e ~ äußern*** express one's opinion; ***s-e ~ ändern*** change one's mind; ***ich bin Ihrer* (*anderer*) *~*** I (don't) agree with you; ***j-m die ~ sagen*** give* s.o. a piece of one's mind; **~saustausch** *m* exchange of views (**über** on); **~sforscher** *m* pollster; **~sfreiheit** *f* freedom of speech *od.* opinion; **~sumfrage** *f* opinion poll; **~sverschiedenheit** *f* disagreement (**über** about)
Meise *f* titmouse
Meißel *m* chisel; **2n** *v/t. u. v/i.* chisel, carve
meist 1. *adj.* most; ***das ~e* (*davon*)** most of it; ***die ~en* (*von ihnen*)** most of them; ***die ~en Leute*** most people; ***die ~e Zeit*** most of the time; **2.** *adv.*: → ***meistens***; ***am ~en*** (the) most; *gearbeitet etc.*: most (of all); **~ens** *adv.* usually; *die meiste Zeit*: most of the time
Meister *m Handwerk, Kunst, a. fig.*: master; *Sport*: champion, F champ; **2haft 1.** *adj.* masterly; **2.** *adv.* in a masterly manner *od.* way; **~in** *f* → ***Meister***; **2n** *v/t.* master; **~schaft** *f Können*: mastery; *Sport*: championship, cup; *Titel*: title; **~stück, ~werk** *n* masterpiece
Melancholi|e *f* melancholy; **2sch** *adj.* melancholy; ***~ sein*** feel* depressed, F have* the blues
Melange *f östr. f* coffee with milk
meld|en 1. *v/t. et. od. j-n*: report *s.th. od. s.o.* (**bei** to); *Presse, Funk etc.*: announce, report; *amtlich*: notify *s.o.* (of

M

s.th.); **2.** *v/refl.*: **sich ~** report (**bei** to, **für, zu** for); *polizeilich an~*: register (**bei** with); *Schule etc.*: put* up one's hand; *Telefon*: answer the phone; *Prüfung, Wettbewerb*: enter (**für, zu** for); *freiwillig*: volunteer (**für, zu** for); **ℒung** *f Presse, Funk etc.*: report, news, announcement; *Mitteilung*: information, notice; *amtlich*: notification, report; *polizeiliche An*ℒ: registration (**bei** with); *Prüfung, Wettbewerb*: entry (**für, zu** for)

melken *v/t.* milk

Melodi|e *mus. f* melody, tune; **ℒsch** *adj.* melodious, melodic

Melone *f bot.* melon; F *Hut*: bowler(hat), *Am.* derby

Memoiren *pl.* memoirs *pl.*

Menge *f Anzahl*: quantity, amount; *Menschen*ℒ: crowd; *math.* set; F: ***e-e ~ Geld*** plenty of money, lots *pl.* of money; **ℒn** *v/t.* → ***mischen***; **~nlehre** *math. f* set theory; *Schule*: new math(ematics *sg.*)

Mensa *f* refectory, canteen, *Am.* cafeteria

Mensch *m* human being; *als Gattung*: man; *einzelner*: person, individual; ***die ~en*** *pl.* people *pl.*; *alle*: mankind *sg.*; ***kein ~*** nobody; **~!** *bewundernd*: wow!

Menschen|affe *m* ape; **~fresser** *m* cannibal; *Tier*: man-eater; **~freund** *m* philanthropist; **~handel** *m* slave trade; **~kenntnis** *f*: ***~ haben*** know* human nature; **~leben** *n* human life; **ℒleer** *adj.* deserted; **~menge** *f* crowd; **~rechte** *pl.* human rights *pl.*; **~seele** *f*: ***keine ~*** not a (living) soul; **ℒunwürdig** *adj.* degrading; *Unterkunft etc.*: unfit for human beings; **~verstand** *m*: ***gesunder ~*** common sense; **~würde** *f* human dignity

Mensch|heit *f*: ***die ~*** mankind, the human race; **ℒlich** *adj. den Menschen betreffend*: human; *human*: humane; **ℒlichkeit** *f* humanity

Menstruation *med. f* menstruation

Mentalität *f* mentality

Menü *n* set meal, *mittags a.*: set lunch; *Computer*: menu

Meridian *geogr., astr. m* meridian

merk|bar *adj. deutlich*: marked, distinct; *wahrnehmbar*: noticeable; **ℒblatt** *n* leaflet; **~en** *v/t. wahrnehmen*: notice; *spüren*: feel*; *entdecken*: find* (out), discover; ***sich et. ~*** remember s.th., keep* *od.* bear* s.th. in mind; **~lich** *adj.* → ***merkbar***; **ℒmal** *n sichtbares*: sign; *Eigenart*: feature, trait

merkwürdig *adj.* strange, odd, curious; **~erweise** *adv.* strangely enough

mess|bar *adj.* measurable; **ℒbecher** *m Haushalt*: measuring cup

Messe *f econ.* fair; *rel.* mass; *mil., naut.* mess

messen *v/t.* measure; *Temperatur, Blutdruck etc.*: take*; ***sich nicht mit j-m ~ können*** be* no match for s.o.; ***gemessen an*** compared with

Messer *n* knife; ***bis aufs ~*** to the knife; ***auf des ~s Schneide stehen*** be* on a razor edge; **~stecherei** *f* knife fight; **~stich** *m* stab (with a knife)

Messing *n* brass

Messinstrument *n* measuring instrument

Messung *f* measuring; *Ablesung*: reading

Metall *n* metal (*a.* ***aus ~***); **~bearbeitung** *f* metalwork (*a. Schulfach*); **ℒen, ℒisch** *adj.* metallic; **~waren** *pl.* hardware *sg.*

Meta|morphose *f* metamorphosis; **~stase** *med. f* metastasis

Meteor *astr. m* meteor; **~it** *m* meteorite

Meteorolog|e *m* meteorologist; **~ie** *f* meteorology

Meter *n, m* met|re, *Am.* -er; **~maß** *n* tape measure

Method|e *f* method; *tech. a.* technique; **ℒisch** *adj.* methodical

metrisch *adj.* metric; ***~es Maßsystem*** metric system

Metropole *f* metropolis

Metzger *m* butcher; **~ei** *f* butcher's (shop)

Meute *f* pack (of hounds); *fig.* mob, pack; **~rei** *f* mutiny; **~rer** *m* mutineer; **ℒrn** *v/i.* mutiny (***gegen*** against)

MEZ *Abk. für* ***Mitteleuropäische Zeit*** CET, Central European Time

miau *int.* me(o)w, miaow; **~en** *v/i.* me(o)w

mich *pers. pron.* me; **~** (***selbst***) myself

Mieder *n Korsett*: corset(s *pl.*); *am Kleid*: bodice; **~höschen** *n* pantie girdle; **~waren** *pl.* foundation garments *pl.*, corsetry *sg.*

M

Miene *f* expression, look, air; ***gute ~ zum bösen Spiel machen*** grin and bear* it
mies F *adj.* rotten, lousy
Miet|e *f* rent; *für bewegliche Sachen*: hire charge; ***zur ~ wohnen*** be* a tenant; lodge (***bei*** with); **2en** *v/t.* rent; *Auto etc.*: hire, *bsd. Am.* rent; *pachten*: (take* on) lease; *naut., aviat.* charter; **~er** *m* tenant, *Unter2*: lodger; **~shaus** *n* block of flats, F tenement house, *Am.* apartment building *od.* house; **~vertrag** *m* lease (contract); **~wohnung** *f* (rented) flat, *Am.* apartment
Migräne *med. f* migraine
Mikro... *in Zssgn Chip, Computer, Elektronik, Film, Prozessor etc.*: micro
Mikrofon *n* microphone, F mike
Mikroskop *n* microscope; **2isch** *adj.* microscopic(al)
Mikrowelle F *f*, **~nherd** *m* microwave oven
Milbe *zo. f* mite
Milch *f* milk; **~geschäft** *n* dairy, creamery; **~glas** *n* frosted glass; **2ig** *adj.* milky; **~kaffee** *m* white coffee; **~kännchen** *n* (milk) jug; **~kanne** *f* milk can; **~mann** F *m* milkman; **~mixgetränk** *n* milk shake; **~produkte** *pl.* dairy products *pl.*; **~pulver** *n* powdered milk; **~reis** *m* rice pudding; **~straße** *astr. f* Milky Way, Galaxy; **~tüte** *f* milk carton; **~wirtschaft** *f* dairy farming; **~zahn** *m* milk tooth
mild *adj.* mild, soft; *Lächeln*: gentle
milde *adv.* mildly; ***~ ausgedrückt*** to put it mildly
Milde *f* mildness, gentleness; *Nachsicht*: leniency, mercy; ***~ walten lassen*** be* merciful
mildern *v/t.* lessen, soften; **~d** *adj.*: ***~e Umstände*** *jur.* mitigating circumstances
mildtätig *adj.* charitable
Milieu *n Umwelt*: environment; *Herkunft*: social background
Militär *n the* military, armed forces *pl.*; *Heer*: army; **~dienst** *m* military service; **~diktatur** *f* military dictatorship; **~gericht** *n* court martial; **2isch** *adj.* military; **~regierung** *f* military government
Milita|rismus *m* militarism; **~rist** *m* militarist; **2ristisch** *adj.* militaristic
Milliarde *f* billion, *Brt. a.* a thousand million(s)
Millimeter *n, m* millimet|re, *Am.* -er; **~papier** *n* graph paper
Million *f* million; **~är(in)** millionaire(ss)
Milz *anat. f* spleen
Mimik *f* facial expression; ⚠ ***nicht mimic***
minder 1. *adj.* → ***geringer, weniger***; **2.** *adv.* less; ***nicht ~*** no less; **2heit** *f* minority; **~jährig** *adj.*: ***~ sein*** be* under age *od.* a minor; **2jährige(r)** minor; **2jährigkeit** *f* minority
minderwertig *adj.* inferior, of inferior quality; **2keit** *f* inferiority; *econ.* inferior quality; **2keitskomplex** *m* inferiority complex
mindest *adj.* least; ***das 2e*** the (very) least; ***nicht im 2en*** not in the least, not at all; **2...** *in Zssgn Alter, Einkommen, Lohn etc.*: minimum ...; **~ens** *adv.* at least; **2haltbarkeitsdatum** *n* best-before (*od.* best-by, sell-by) date, *Am.* pull date; **2maß** *n* minimum; ***auf ein ~ herabsetzen*** reduce to a minimum
Mine *f Bergbau:, mil., naut.* mine; *Bleistift2*: lead; *Kugelschreiber2*: cartridge; *Ersatz2*: refill
Mineral *n* mineral; **~ogie** *f* mineralogy; **~öl** *n* mineral oil; **~wasser** *n* mineral water
Miniatur *f* miniature
Minigolf *n* crazy (*Am.* miniature) golf
mini|mal *adj., adv. geringfügig*: minimal; *mindest*: minimum (*bsd. in Zssgn*); *wenigstens*: at least; **2mum** *n* minimum
Minirock *m* miniskirt
Minister *m* minister, *Brt. a.* secretary (of state), *Am.* secretary; **2ium** *n* ministry, *Brt. a.* office, *Am.* department; **~präsident** *m e-s Bundeslandes*: prime minister
minus *adv. math.* minus; ***bei 10 Grad ~*** at 10 degrees below zero
Minute *f* minute; **~nzeiger** *m* minute hand
Mio *Abk. für Million(en)* m, million
mir *pers. pron.* (to) me
Misch|batterie *f Waschbecken etc.*: mixer tap, *Am.* mixing faucet; **~brot** *n* wheat and rye bread; **2en** *v/t.* mix; *Tabak, Tee etc.*: blend; *Karten*: shuffle;

M

sich unters Volk ~ mingle with the crowd; **~ling** *m bsd. contp.* half-caste; *bot., zo.* hybrid; *Hund*: mongrel; **~masch** F *m* hotchpotch, jumble; **~maschine** *tech. f* mixer; **~pult** *n Rundfunk, TV*: mixer, mixing console; **~ung** *f* mixture; blend; *Pralinen*⁀ *etc.*: assortment; **~wald** *m* mixed forest

miserabel F *adj.* lousy, rotten

miss|achten *v/t. nicht beachten*: disregard, ignore; *verachten*: despise; **⁀achtung** *f* disregard; *Verachtung*: contempt; *Vernachlässigung*: neglect; **⁀bildung** *f* deformity, malformation; **~billigen** *v/t.* disapprove of; **⁀brauch** *m* abuse (*a. jur. Frau, Kind*); *falsche Anwendung*: misuse; **~brauchen** *v/t.* abuse; misuse; **~deuten** *v/t.* misinterpret

missen *v/t.* miss; ***ich möchte das nicht ~*** I wouldn't (like to) miss it

Miss|erfolg *m* failure; F flop; **~ernte** *f* bad harvest, crop failure

Misse|tat *iro., poet. f* misdeed; **~täter** *m* wrongdoer, culprit

miss|fallen *v/i.*: ***j-m ~*** displease s.o.; **⁀fallen** *n* displeasure, dislike; **~gebildet** *adj.* deformed, malformed; **⁀geburt** *f* deformed child *od.* animal; *extreme*: freak; **⁀geschick** *n Panne etc.*: mishap; **~glücken** *v/i.* fail; **~gönnen** *v/t.*: ***j-m et. ~*** envy s.o. s.th.; **⁀griff** *m* mistake; **~handeln** *v/t.* ill-treat, maltreat (*a. fig.*); *Ehefrau, Kind*: batter; **⁀handlung** *f* ill-treatment, maltreatment; *bsd. jur.* assault and battery

Mission *f* mission (*a. pol. u. fig.*); **~ar(in)** missionary

Miss|klang *m* dissonance, discord (*beide a. fig.*); **~kredit** *m* discredit; **⁀lingen** *v/i.* fail; ***das ist mir misslungen*** I've bungled it; **⁀mutig** *adj.* bad-tempered, F grumpy; *unzufrieden*: discontented; **⁀raten 1.** *v/i.* fail; turn out badly; **2.** *adj. Kind*: wayward; **⁀trauen** *v/i.* distrust; **~trauen** *n* distrust, suspicion (*beide*: ***gegenüber*** of); **~trauensantrag (-votum)** *parl. m (n)* motion (vote) of no confidence; **⁀trauisch** *adj.* distrustful, suspicious; **~verhältnis** *n* disproportion; **~verständnis** *n* misunderstanding; **⁀verstehen** *v/t.* misunderstand*; **~wahl** *f* beauty contest *od.* competition

Mist *m* dung, manure; F *fig.* trash, rubbish; **~beet** *n* hotbed

Mistel *bot. f* mistletoe

Mist|gabel *f* dung fork; **~haufen** *m* manure heap

mit *prp. u. adv.* with; ***~ Gewalt*** by force; ***~ Absicht*** on purpose; ***~ dem Auto (der Bahn*** *etc.*) by car (train *etc*); ***~ 20 Jahren*** at (the age of) 20; ***~ 100 Stundenkilometern*** at 100 kilometres per hour; ***~ einem Mal*** *plötzlich*: all of a sudden; ***~ lauter Stimme*** in a loud voice; ***~ anderen Worten*** in other words; ***ein Mann ~ dem Namen*** a man by the name of; ***j-n ~ Namen kennen*** know* s.o. by name; ***~ der Grund dafür, dass*** one of the reasons why; ***~ der Beste*** one of the best

Mit|arbeit *f Zusammen*⁀: cooperation; *Hilfe*: assistance; *Schule*: activity, class participation; **~arbeiter(in)** *Kollege*: colleague; *Angestellter*: employee; *untergeordnet*: assistant; ***freier ~*** freelance; **⁀bekommen** F *fig. v/t. verstehen*: get*; *hören*: catch*; **⁀benutzen** *v/t.* share; **~bestimmungsrecht** *n* (right of) codetermination, *im Betrieb a.* worker participation; **~bewerber** *m* (rival) competitor; *Stelle*: fellow applicant; **~bewohner(in)** *e-r Wohnung*: flatmate, *Am.* roommate; **⁀bringen** *v/t.* bring* *s.th. od. s.o.* with one; ***j-m et. ~*** bring* s.o. s.th.; **~bringsel** F *n* little present; *Reise*⁀: souvenir; **~bürger** *m* fellow citizen; **⁀einander** *adv.* with each other, with one another; *zusammen*: together, jointly; **⁀erleben** *v/t.* live to see; **~esser** *med. m* blackhead; **⁀fahren** *v/i.*: ***mit j-m ~*** drive* *od.* go* with s.o.; ***j-n ~ lassen*** give* s.o. a lift; **~fahrgelegenheit** *f* lift; **~fahrzentrale** *f* car pool(ing) service; **⁀fühlend** *adj.* sympathetic; **⁀geben** *v/t.*: ***j-m et. ~*** give* s.o. s.th. (to take* along); **~gefühl** *n* sympathy; **⁀gehen** *v/i.*: ***mit j-m ~*** go* *od.* come* along with s.o.; F ***et. ~ lassen*** walk off with s.th.; **~gift** *f* dowry

Mitglied *n* member (***bei*** of); **~sbeitrag** *m* subscription; **~schaft** *f* membership

mithaben *v/t.*: ***ich habe kein Geld mit*** I haven't got any money with (*od.* on) me

Mithilfe *f* assistance, help, cooperation

mithilfe *prp.* → ***Hilfe***

mit|hören *v/t. belauschen*: listen in to; *zufällig*: overhear*; **2inhaber** *m* joint owner; **~kommen** *v/i.* come* along (***mit*** with); *fig. Schritt halten*: keep* pace (***mit*** with), *verstehen*: follow; *Schule*: get* on, keep* up (with the class); **2laut** *m* consonant

Mitleid *n* pity (***mit*** for); ***aus ~*** out of pity; ***~ haben mit*** feel* sorry for; ***~ erregend*** pitiful; **2ig** *adj.* compassionate, sympathetic; **2slos** *adj.* pitiless

mit|machen 1. *v/i.* join in; **2.** *v/t.* take* part in; *die Mode*: follow; *erleben*: go* through; **2menschen** *pl.*: ***die ~*** one's fellow human beings *pl.*; people *pl.*; **~nehmen** *v/t.* take* *s.th. od. s.o.* with one; ***j-n*** (***im Auto***) ***~*** give* s.o. a lift; **~reden** *v/t.*: ***et.*** (***nichts***) ***mitzureden haben*** (***bei***) have* a say (no say) (in); **~reißen** *v/t.* drag along; *fig. begeistern*: carry away (*mst pass.*); **~reißend** *adj. Rede, Musik etc.*: electrifying; **~schneiden** *v/t. Rundfunk, TV*: record, tape(-record); **~schreiben 1.** *v/t.* take* down; (*Prüfungs*)*Arbeit*: take*, do*; **2.** *v/i.* take* notes

Mitschuld *f* partial responsibility; **2ig** *adj.*: ***~ sein*** be* partly to blame (***an*** for)

Mitschüler(in) classmate; schoolmate, fellow student

mitspiele|n *v/i. Sport, Orchester etc.*: play; *Spiel etc.*: join in; ***in e-m Film*** *etc.* ***~*** be* *od.* appear in a film *etc.*; **2r(in)** partner, *Sport*: *a.* team-mate

Mittag *m* noon, midday; ***heute 2*** at noon today; ***zu ~ essen*** have* lunch, lunch; **~essen** *n* lunch; ***was gibt es zum ~?*** what's for lunch?; **2s** *adv.* at noon; ***12 Uhr ~*** 12 o'clock noon

Mittags|pause *f* lunch break; **~ruhe** *f* midday rest; **~schlaf** *m* after-dinner nap; **~zeit** *f* lunchtime

Mitte *f* middle; *Mittelpunkt*: cent|re, *Am.* -er (*a. pol.*); ***~ Juli*** in the middle of July; ***~ dreißig*** in one's mid thirties

mitteil|en *v/t.*: ***j-m et. ~*** inform s.o. of s.th.; **~sam** *adj.* communicative; *gesprächig*: talkative; **2ung** *f* report, information, message

Mittel *n* means, way; *Maßnahme*: measure; *Heil2*: remedy (***gegen*** for) (*a. fig.*); *Durchschnitt*: average; *math.* mean; *phys.* medium; ***~*** *pl.* means *pl.*, money; **~alter** *n* Middle Ages *pl.*; **2alterlich** *adj.* medi(a)eval; **~ding** *n* cross (***zwischen*** between); **~feld** *n Sport*: midfield; **~feldspieler** *m* midfield player, midfielder; **~finger** *m* middle finger; **2fristig** *adj.* medium-term; **~gewicht** *n Sport*: middleweight (class); **2groß** *adj.* of medium height; *Sache*: medium-sized; **~klasse** *f* middle class (*a. mot.*); **~linie** *f Sport*: halfway line; **2los** *adj.* without means; **2mäßig** *adj.* average; **~punkt** *m* cent|re, *Am.* -er; **2s** *prp.* by (means of), through; **~schule** *f* → ***Realschule***; **~strecke** *f Sport*: middle distance; **~streckenrakete** *mil. f* medium-range missile; **~streifen** *m Autobahn*: central reservation, *Am.* median strip; **~stufe** *f* intermediate stage; *Schule*: *Brt.* middle school; *Am.* junior high-school; **~stürmer(in)** *Sport*: cent|re (*Am.* -er) forward; **~weg** *fig. m* middle course; **~welle** *f Radio*: medium wave (*Abk.* AM); **~wort** *gr. n* participle

mitten *adv.*: ***~ in*** in the midst *od.* middle of; **~drin** F *adv.* right in the middle; **~durch** F *adv.* right through (the middle); *entzwei*: right in two

Mitternacht *f* midnight

mittler|e *adj.* middle, central; *durchschnittlich*: average, medium; **~er Bildungsabschluss** *m*, **~e Reife** *f Brt. etwa* General Certificate of Education O-Level; **~weile** *adv.* meanwhile, (in the) meantime

Mittwoch *m* Wednesday

mit|unter *adv.* now and then; **2verantwortung** *f* share of the responsibility

mitwirk|en *v/i.* take* part (***bei*** in); **2ende** *m, f thea., mus.* performer; ***die ~n*** *pl. thea.* the cast *sg., pl.*; **2ung** *f* participation

mix|en *v/t.* mix; **2becher** *m* shaker; **2er** *m* mixer; **2getränk** *n* mixed drink, cocktail, shake

Möbel *pl.* furniture *sg.*; **~spedition** *f* removal firm; **~stück** *n* piece of furniture; **~wagen** *m* furniture (*Am.* moving) van

mobil *adj.* mobile; ***~ machen*** *mil.* mobilize; **2telefon** *n* mobile phone

Mobiliar *n* furniture

möblieren *v/t.* furnish

Mode *f* fashion; ***in ~*** in fashion; ***~ sein*** be* in fashion, F be* in; ***die neueste ~*** the latest fashion; ***mit der ~ gehen*** follow the fashion; ***in (aus der) ~ kommen*** come* into (go* out of) fashion
Modell *n* model; ***j-m ~ stehen*** *od.* ***sitzen*** pose *od.* sit* for s.o.; **~bau** *m* model construction;; **~baukasten** *m* model construction kit; **~eisenbahn** *f* model railway; **~ieren** *v/t.* model
Modem *m*, *n* *Computer*: modem
Modenschau *f* fashion show
Moderator(in) *TV etc.* presenter, host, anchor(wo)man
Modergeruch *m* musty odo(u)r
moderieren *TV etc. v/t.* present, host
moderig *adj.* musty, mo(u)ldy
modern[1] *v/i.* mo(u)ld, rot, decay
modern[2] *adj.* modern; *modisch*: modern, fashionable; **~isieren** *v/t.* modernize, bring* up to date
Mode|schmuck *m* costume jewel(le)ry; **~schöpfer(in)** fashion designer, couturier(e), stylist; **~waren** *pl.* fashionwear *sg.*; **~wort** *n* vogue word, in word; **~zeichner(in)** fashion designer; **~zeitschrift** *f* fashion magazine
modisch *adj.* fashionable, stylish
Modul *electr., arch. n* module (*a. Computer*); **~bauweise** *f* modular design
Mofa *n* (small) moped, motorized bicycle
mogeln F *v/i.* cheat; *abschreiben*: crib
mögen *v/t. u. v/aux.* like; ***er mag sie (nicht)*** he likes (doesn't like) her; ***lieber ~*** like better, prefer; ***nicht ~*** dislike; ***was möchten Sie?*** what would you like?; ***ich möchte, dass du es weißt*** I'd like you to know (it); ***ich möchte lieber bleiben*** I'd rather stay; ***es mag sein, (dass)*** it may be (that)
möglich 1. *adj.* possible; ***alle ~en*** all sorts of; ***sein ~stes tun*** do* what one can*; *stärker*: do* one's utmost; ***nicht ~!*** you don't say (so)!; ***so bald (schnell, oft) wie ~*** as soon (quickly, often) as possible; **2.** *adv.*: ***~st bald*** *etc.* as soon *etc.* as possible; **~erweise** *adv.* possibly; **~keit** *f* possibility; *Gelegenheit*: opportunity; *Aussicht*: chance; ***nach ~*** if possible
Mohammedan|er(in) Muslim; **~isch** *adj.* Muslim
Mohn *m* poppy

Möhre, Mohrrübe *f* carrot
Molch *zo. m* salamander
Mole *naut. f* mole, jetty
Molekül *n* molecule
Molkerei *f* dairy
Moll *mus. n* minor (key); ***a-Moll*** A minor
mollig F *adj. behaglich, warm*: snug, cosy; *dicklich*: plump, chubby
Molotowcocktail *m* Molotov cocktail
Moment *m* moment; ***(e-n) ~ bitte!*** just a moment please!; ***im ~*** at the moment
Monarch *m* monarch; **~ie** *f* monarchy; **~in** *f* monarch; **~ist** *m* monarchist
Monat *m* month; ***zweimal im (pro) ~*** twice a month; **~elang** *adv.* for months; **~lich** *adj. u. adv.* monthly
Monats|binde *f* sanitary towel (*Am.* napkin); **~karte** *f* (monthly) season ticket, *Am.* commuter ticket
Mönch *m* monk; *Bettel~*: friar
Mond *m* moon; **~finsternis** *f* lunar eclipse; **~hell** *adj.* moonlit; **~landefähre** *f* lunar module; **~landung** *f* moon landing; **~oberfläche** *f* moon surface, lunar soil; **~schein** *m* moonlight; **~sichel** *f* crescent; **~süchtig** *adj.*: ***~ sein*** be* a sleepwalker *od.* somnambulist; **~umkreisung, ~umlaufbahn** *f* lunar orbit
Monitor *TV etc.*: *m* monitor
Mono|log *m* monologue, *Am. a.* monolog; **~pol** *econ. n* monopoly; **~ton** *adj.* monotonous; **~tonie** *f* monotony
Monoxid *chem. n* monoxide
Monster *n* monster (*a. fig. u. in Zssgn*)
Montag *m* Monday
Montage *tech. f Zusammenbau*: assembly; *e-r Anlage*: installation; ***auf ~ sein*** be* away on a field job; **~band** *n* assembly line; **~halle** *f* assembly shop
Mont|eur *tech.* fitter; *bsd. mot., aviat.* mechanic; **~ieren** *v/t. zusammensetzen*: assemble; *anbringen*: fit, attach; *Anlage*: instal(l)
Moor *n* bog, moor(land); **~ig** *adj.* boggy
Moos *bot. n* moss; **~ig** *adj.* mossy
Moped *n* moped
Mops *zo. m* pug(dog)
Moral *f Sittlichkeit*: morals *pl.*, moral standards *pl.*; *e-r Geschichte etc.*: moral; *mil. etc.*: morale; **~isch** *adj.* moral; **~isieren** *v/i.* moralize
Morast *m* morass; *Schlamm*: mire, mud

Mord *m* murder (**an** of); ***e-n ~ begehen*** commit murder; **~anschlag** *m bsd. pol.* assassination attempt
Mörder *m* murderer; ⚠ *nicht* ***murder***; *bezahlter*: (hired) killer; *bsd. pol.* assassin
Mord|kommission *f Brt.* murder squad, *Am.* homicide division; **~prozess** *jur. m* murder trial
Mords|angst F *f*: ***e-e ~ haben*** be* scared stiff; **~glück** F *n* stupendous luck; **~kerl** F *m* devil of a fellow; **~wut** F *f*: ***e-e ~ haben*** be* in a hell of a rage
Mord|verdacht *m* suspicion of murder; **~versuch** *m* attempted murder
morgen *adv.* tomorrow; ***~ Abend*** (***früh***) tomorrow night (morning); ***~ Mittag*** at noon tomorrow; ***~ in e-r Woche*** a week from tomorrow; ***~ um diese Zeit*** this time tomorrow; ***heute*** ♀ this morning
Morgen *m* morning; *Landmaß*: acre; ***am*** (***frühen***) ~ (early) in the morning; ***am nächsten ~*** the next morning; **~essen** *n Schweiz*: breakfast; **~grauen** *n* dawn (***im, bei*** at); **~gymnastik** *f*: ***s-e ~ machen*** do* one's morning exercises; **~land** *n* Orient; **~mantel** *m*, **~rock** *m* dressing gown
morgens *adv.* in the morning; ***von ~ bis abends*** from morning till night
morgig *adj.*: ***die ~en Ereignisse*** tomorrow's events
Morphium *pharm. n* morphine
morsch *adj.* rotten; ***~ werden*** rot
Morse|alphabet *tel. n* Morse code; **~zeichen** *n* Morse signal
Mörser *m* mortar (*a. mil.*)
Mörtel *m* mortar
Mosaik *n* mosaic; **~stein** *m* piece
Moschee *f* mosque
Moskito *zo. m* mosquito
Moslem *m*, **♀isch** *adj.* Muslim
Most *m* grape juice; *Apfel♀*: cider
Motiv *n* motive; *paint., mus.* motif; **~ation** *f* motivation; **♀ieren** *v/t.* motivate
Motor *m* motor, engine; **~boot** *n* motor boat; **~haube** *f* bonnet, *Am.* hood; **♀isieren** *v/t.* motorize; **~leistung** *f* (engine) performance; **~rad** *n* motorcycle, F motorbike; ***~ fahren*** ride* a motorcycle; **~radfahrer(in)** motorcyclist, biker; **~roller** *m* (motor) scooter; **~säge** *f* power saw; **~schaden** *m* engine trouble (*od.* failure)
Motte *zo. f* moth; **~nkugel** *f* mothball; **♀nzerfressen** *adj.* moth-eaten
Motto *n* motto
motzen F *v/i.* → ***meckern*** *fig.*
Möwe *zo. f* (sea)gull
Mücke *zo. f* gnat, midge, mosquito; ***aus e-r ~ e-n Elefanten machen*** make* a mountain out of a molehill; **~nstich** *m* gnat bite
müd|e *adj.* tired; *matt*: weary; *schläfrig*: sleepy; ***~ sein*** (***werden***) be* (get*) tired (*fig.* ***e-r Sache*** of s.th.); **♀igkeit** *f* tiredness
Muff *m* muff; **~e** *tech. f* sleeve, socket; **~el** F *m Griesgram*: sourpuss; **♀(e)lig, ♀ig** *adj. Geruch, Luft etc.*: musty; *fig.* sulky, sullen
Mühe *f* trouble; *Anstrengung*: effort; *Schwierigkeit(en)*: trouble, difficulty (***mit*** with *s.th.*); (***nicht***) ***der ~ wert*** (not) worth the trouble; ***j-m ~ machen*** give* s.o. trouble; ***sich ~ geben*** try hard; ***sich die ~ sparen*** save o.s. the trouble; ***mit ~ und Not*** (just) barely; **♀los** *adv.* without difficulty; **♀n** *v/refl.* struggle, work hard; **♀voll** *adj.* laborious
Mühle *f* mill; *Spiel*: morris
Müh|sal *f* toil; **♀sam, ♀selig 1.** *adj.* laborious; **2.** *adv.* with difficulty
Mulat|te *m* **~tin** *f* mulatto
Mulde *f* hollow; *Container*: skip
Muli *n Maultier*: mule
Mull *m bsd. med.* gauze; *Gewebe*: muslin
Müll *m* refuse, rubbish, *Am. a.* garbage, trash; **~abfuhr** *f* refuse (*Am.* garbage) collection; **~beseitigung** *f* waste disposal; **~beutel** *m* dustbin liner, *Am.* garbage bag
Mullbinde *f* gauze bandage
Müll|container *m* rubbish (*Am.* garbage) skip; **deponie** *f* dump; **~eimer** *m* dustbin, *Am.* garbage can; **~fahrer** *m* dustman, *Am.* garbage man; **~halde** *f* dump; **~haufen** *m* rubbish (*Am.* garbage) heap; **~kippe** *f* dump; **~schlucker** *m* refuse (*Am.* garbage) chute; **~tonne** *f* → ***Mülleimer***; **~verbrennungsanlage** *f* (waste) incineration plant; **~wagen** *m* dustcart, *Am.* garbage truck
Multipli|kation *math. f* multiplication; **♀zieren** *math. v/t.* multiply (***mit*** by)
Mumie *f* mummy
Mumps *med. m*, F *f* mumps

M

Mund *m* mouth; ***den ~ voll nehmen*** talk big; ***halt den ~!*** shut up!; **~art** *f* dialect; **~dusche** *f* water pic®
münden *v/i.*: **~ *in*** *Fluss etc.*: flow into; *Straße etc.*: lead* into
Mund|geruch *m* bad breath; **~harmonika** *mus. f* mouthorgan, harmonica
mündig *adj. Bürger etc.*: emancipated; **~ (*werden*)** *jur.* (come*) of age
mündlich *adj. Prüfung etc.*: oral; *Vertrag etc.*: verbal
Mundstück *n* mouthpiece; *Zigarette*: tip
Mündung *f* mouth; *e-r Feuerwaffe*: muzzle
Mund|voll *m*: ***ein paar ~*** a few mouthfuls (of); **~wasser** *n* mouthwash; **~werk** F *fig. n*: ***ein gutes ~*** the gift of the gab; ***ein loses ~*** a loose tongue; **~winkel** *m* corner of the mouth; **~-zu-~-Beatmung** *med. f* mouth-to--mouth resuscitation, F kiss of life
Munition *f* ammunition
munkeln F *v/t.*: ***man munkelt, dass*** rumo(u)r has it that
Münster *n* cathedral, minster
munter *adj. wach*: awake; *lebhaft*: lively; *fröhlich*: merry
Münz|e *f* coin; *Gedenk*≗: medal; **~einwurf** *m Schlitz*: (coin) slot; **~ensammler** *m* collector of coins, numismatist; **~fernsprecher** *tel. m* pay phone; **~tank(automat)** *m* coin-operated (petrol, *Am.* gas) pump; **~wechsler** *m* change machine
mürb|e *adj. zart*: tender; *Gebäck*: crisp; *brüchig*: brittle; **≗(e)teig** *m* short pastry; *Kuchen aus ~*: shortcake
Murmel *f* marble; **≗n** *v/t. u. v/i.* murmur; **~tier** *zo. n* marmot
murren *v/i.* complain (**über** about)
mürrisch *adj.* sullen; grumpy
Mus *n* mush; *Frucht*≗: stewed fruit
Muschel *f zo.* mussel; *~schale*: shell
Museum *n* museum
Musik *f* music; **≗alisch** *adj.* musical; **~anlage** *f* hi-fi *od.* stereo set; **~automat** *m*, **~box** *f* juke box; **~er(in)** musician; **~instrument** *n* musical instrument; **~kapelle** *f* band; **~kassette** *f* music cassette; **~lehrer(in)** music teacher; **~stunde** *f* music lesson
musisch *adv.*: **~ *interessiert*** (***begabt***) fond of (gifted for) fine arts and music

musizieren *v/i.* make* music
Muskat *m*, **~nuss** *bot. f* nutmeg
Muskel *m* muscle; **~kater** F *m* aching muscles *pl.*; **~zerrung** *med. f* pulled muscle
muskulös *adj.* muscular, brawny
Müsli *n* muesli, *Am.* granola
Muss *n* necessity; ***es ist ein ~*** it is a must
Muße *f* leisure; *Freizeit*: spare time
müssen *v/i. u. v/aux.* must*, have* (got) to; ***du musst den Film sehen!*** you must see the film!; ***ich muss jetzt*** (***meine***) ***Hausaufgaben machen*** I have (got) to do my homework now; ***sie muss krank sein*** she must be ill; ***du musst es nicht tun*** you need not do it; ⚠ *nicht* ***must not***; ***das müsstest du*** (***doch***) ***wissen*** you ought to know (that); ***sie müsste zu Hause*** (*östr.*, *Schweiz*: *a.* ***zuhause***) ***sein*** she should (ought to) be (at) home; ***das müsste schön sein!*** that would be nice!
müßig *adj. untätig*: idle; *unnütz*: useless
Muster *n* pattern; *Probestück*: sample; *Vorbild*: model; **≗gültig, ≗haft** *adj.* exemplary; ***sich ~ benehmen*** behave perfectly; **~haus** *arch. n* showhouse; **≗n** *v/t. neugierig*: eye *s.o.*; *abschätzend*: size *s.o.* up; **~ung** *mil. f* medical (examination for military service)
Mut *m* courage; **~ *machen*** encourage *s.o.*; ***den ~ verlieren*** lose* courage; ***mir ist ... zu ~e*** I feel ...; ***mir ist nicht danach zu ~e*** I'm not in the mood; **≗ig** *adj.* courageous, brave; **≗los** *adj.* discouraged
mut|maßen *v/t.* speculate; **~maßlich** *adj.* presumed; **≗maßung** *f*: ***bloße ~en*** mere guesswork
Mutprobe *f* test of courage
Mutter *f* mother; *tech. Schrauben*≗: nut; **~boden** *agr. m*, **~erde** *agr. f* topsoil
mütterlich *adj.* motherly; **~erseits** *adv.*: ***Onkel*** *etc.* **~** maternal uncle *etc.*
Mutter|liebe *f* motherly love; **≗los** *adj.* motherless; **~mal** *n* birthmark, mole; **~milch** *f* mother's milk; **~schaftsurlaub** *m* maternity leave; **~schutz** *jur. m* legal protection of expectant and nursing mothers; **~söhnchen** *contp. n* sissy; **~sprache** *f* mother tongue; **~sprachler(in)** native speaker; **~tag** *m* Mother's Day
Mutti F *f* mum(my), *bsd. Am.* mom(my)

M

mutwillig *adj.* wanton
Mütze *f* cap
MwSt *Abk. für* ***Mehrwertsteuer*** VAT, value-added tax
mysteriös *adj.* mysterious
mystisch *adj.* mystic(al)
myth|isch *adj.* mythical; **2ologie** *f* mythology; **2os** *m* myth

N

N *Abk. für* ***Nord(en)*** N, north
na *int.* well; ~ ***und?*** so what?; ~ ***gut!*** all right then; ~ ***ja*** (oh) well; ~, (~)**!** come on!, come now!; ~ ***so (et)was!*** *bsd. Brt.* I say!, *bsd. Am.* what do you know!; ~, ***dann nicht!*** oh, forget it!; ~ ***also!*** there you are!; ~, ***warte!*** just you wait!
Nabe *f* hub
Nabel *anat. m* navel; **~schnur** *f* umbilical chord
nach *prp. u. adv. örtlich*: to, toward(s), for; *hinter*: after; *zeitlich*: after, past; *gemäß*: according to, by; ~ ***Hause*** home; ***abfahren*** ~ leave* for; ~ ***rechts (Süden)*** to the right (south); ~ ***oben*** up(stairs); ~ ***unten*** down(stairs); ~ ***vorn (hinten)*** to the front (back); ***der Reihe*** ~ one after the other; ***s-e Uhr*** ~ ***dem Radio stellen*** set* one's watch by the radio; ~ ***m-r Uhr*** by my watch; ***suchen (fragen)*** ~ look (ask) for; ~ ***Gewicht (Zeit)*** by weight (the hour); ***riechen (schmecken)*** ~ smell (taste) of; ~ ***und*** ~ gradually; ~ ***wie vor*** as before, still
nachäffen *v/t. j-n u. et.*: ape
nachahm|en *v/t.* imitate, copy; *parodieren*: take* off; *fälschen*: counterfeit; **2ung** *f* imitation; counterfeit
Nachbar|(in) neighbo(u)r; **~schaft** *f* neighbo(u)rhood, vicinity
Nachbau *tech. m* reproduction; **2en** *v/t.* copy, reproduce
Nachbildung *f* copy, imitation; *genaue*: replica; *Attrappe*: dummy
nachblicken *v/i.* look after
nachdem *cj.* after, when; ***je*** ~ ***wie*** depending on how
nachdenk|en *v/i.* think*; ~ ***über*** think* about, think* *s.th.* over; ***Zeit zum*** 2 time to think (about s.th.); **~lich** *adj.* thoughtful; ***es macht e-n*** ~ it makes you think
Nachdruck *m* emphasis, stress; *print.* reprint; **2en** *v/t.* reprint
nachdrücklich *adj.* emphatic; *Forderung etc.*: forceful; ~ ***raten (empfehlen)*** advise (recommend) strongly
nacheifern *v/i.* emulate
nacheinander *adv.* one after the other
nacherzähl|en *v/t.* retell*; **2ung** *f Schule*: reproduction
Nachfolge *f* succession; ***j-s*** ~ ***antreten*** succeed s.o.; **2n** *v/i.* follow; *j-m*: succeed; **~r(in)** successor
nachforsch|en *v/i.* investigate; **2ung** *f* investigation, inquiry
Nachfrage *f* inquiry; *econ.* demand; **2n** *v/i.* inquire, ask
nach|fühlen *v/t.*: ***j-m et.*** ~ understand* how s.o. feels; **~füllen** *v/t.* refill; **~geben** *v/i.* give* (way); *fig.* give* in; **2gebühr** *post f* surcharge; **~gehen** *v/i.* follow (*a. fig.*); *Uhr*: be* slow; *e-m Vorfall etc.*: investigate; ***s-r Arbeit*** ~ go* about one's work; **2geschmack** *m* aftertaste (*a. fig.*)
nachgiebig *adj.* yielding, soft (*beide a. fig.*); **2keit** *f* yieldingness, softness
nachhaltig *adj.* lasting, enduring
nachhause *östr. adv.* home
nachher *adv.* afterwards; ***bis*** **~!** see you later!, so long!
Nachhilfe *f* help, assistance; **~stunden** *pl.*, **~unterricht** *m* private lesson(s *pl.*), coaching
nachholen *v/t.* make* up for, catch* up on
Nachkomme *m* descendant; **~n** *pl. bsd. jur.* issue *sg.*; **2n** *v/i.* follow, come* later; *e-m Wunsch etc.*: comply with
Nachkriegs... *in Zssgn* postwar ...

N

Nachlass *m econ.* reduction, discount; *jur. Erbschaft*: estate
nachlassen *v/i.* decrease, diminish, go* down; *Schmerz, Wirkung etc.*: wear* off; *Schüler etc.*: slacken one's effort; *leistungsmäßig*: go* off
nachlässig *adj.* careless, negligent
nach|laufen *v/i.* run* after; **~lesen** *v/t.* look up; **~machen** *v/t.* imitate, copy; *fälschen*: counterfeit, forge
Nachmittag *m* afternoon; ***heute ~*** this afternoon; **ℒs** *adv.* in the afternoon
Nach|nahme *f* cash on delivery; ***per ~ schicken*** send* C.O.D.; **~name** *m* surname, last (*Am. a.* family) name; **~porto** *n* surcharge
nach|prüfen *v/t.* check (up), make* sure (of); **~rechnen** *v/t.* check
Nachrede *f*: ***üble ~*** malicious gossip; *jur.* defamation (of character), *mündlich a.* slander
Nachricht *f* news *sg.*; *Botschaft*: message; *Bericht*: report; *Mitteilung*: information, notice; ***e-e gute (schlechte) ~*** good (bad) news *sg.*; **~en** *pl.* news *sg.*, news report *sg.*, newscast *sg.*; ***Sie hören ~*** here is the news; **~endienst** *m* news service; *mil.* intelligence service; **~ensatellit** *m* communications satellite; **~ensprecher(in)** newscaster, *bsd. Brt.* newsreader; **~entechnik** *f* telecommunications *pl.*
Nach|ruf *m* obituary; **ℒrüsten** *pol. mil. v/i.* close the armament gap; **ℒsagen** *v/t.*: ***j-m Schlechtes ~*** speak* badly of s.o.; ***man sagt ihm nach, dass er*** he is said to *inf.*; **~saison** *f* off-peak season; ***in der ~*** out of season
nachschlage|n 1. *v/t.* look up; **2.** *v/i.*: ***~ in*** consult; **ℒwerk** *n* reference book
Nach|schlüssel *m* duplicate key; *Dietrich*: skeleton key; **~schrift** *f* postcript; *Diktat*: dictation; **~schub** *bsd. mil. m* supplies *pl.*
nach|sehen 1. *v/i.* follow with one's eyes; (have* a) look; ***~ ob*** (go* and) see* whether; **2.** *v/t.* look *od.* go* over *od.* through; *Hefte*: *a.* correct, mark; *prüfen*: check (*a. tech.*); **~senden** *v/t.* send* on, forward; ***bitte ~!*** *post* please forward!
Nach|silbe *gr. f* suffix; **ℒsitzen** *v/i.* stay in (after school), be* kept in; ***~ lassen*** keep* in, detain; **~spiel** *fig. n* sequel, consequences *pl.*; **ℒspielen** *v/i. Sport*: ***5 Minuten ~ lassen*** allow 5 minutes for injury time; **~spielzeit** *f bsd. Fußball*: injury time; **ℒspionieren** *v/i.* spy (up)on; **ℒsprechen** *v/t.*: ***j-m et. ~*** say* *od.* repeat s.th. after s.o.
nächst|beste *adj. beliebige*: first, F any old; *qualitativ*: next-best, second-best; **~e** *adj. in der Reihenfolge, zeitlich*: next; *nächstliegend*: nearest (*a. Angehörige*); ***in den ~n Tagen (Jahren)*** in the next few days (years); ***in ~r Zeit*** in the near future; ***was kommt als ℒs?*** what comes next?; ***der ℒ bitte!*** next please!
nachstehen *v/i.*: ***j-m in nichts ~*** be* in no way inferior to s.o.
nachstell|en 1. *v/t. Uhr*: put* back; *tech.* (re)adjust; **2.** *v/i.*: ***j-m ~*** be* after s.o.; **ℒung** *fig. f* persecution
Nächstenliebe *f* charity
Nacht *f* night; ***Tag und ~*** night and day; ***die ganze ~*** all night (long); ***heute ~*** *letzte*: last night; *kommende*: tonight; **~dienst** *m* night duty
Nachteil *m* disadvantage, drawback; ***im ~ sein*** be* at a disadvantage (***gegenüber*** compared with); **ℒig** *adj.* disadvantageous
Nacht|essen *n Schweiz*: → ***Abendbrot***; **~falter** *zo. m* moth; **~hemd** *n* nightdress, *bsd. Am.* nightgown, F nightie; *Männer*ℒ: nightshirt
Nachtigall *f* nightingale
Nachtisch *m* dessert; sweet
nächtlich *adj. all~*: nightly; *Straßen etc.*: at *od.* by night
Nachtlokal *n* nightclub
Nachtrag *m* supplement; **ℒen** *fig. v/t.*: ***j-m et. ~*** bear* s.o. a grudge; **ℒend** *adj.* unforgiving
nachträglich *adj. zusätzlich*: additional; *später*: later; *Wünsche etc.*: belated
nachts *adv.* at night, in the night(time)
Nacht|schicht *f* night shift; ***~ haben*** be* on night shift; **ℒschlafend** *adj.*: ***zu ~er Zeit*** in the middle of the night; **~tisch** *m* bedside table; **~topf** *m* chamber pot; **~wächter** *m* night watchman
nach|wachsen *v/i.* grow* again; **ℒwahl** *parl. f* by-election; *Am.* special election
Nachweis *m* proof, evidence; **ℒbar** *adj.* demonstrable; *bsd. chem. etc.* detect-

able; 2**en** *v/t.* prove; *bsd. chem. etc.* detect; 2**lich** *adv.* as can be proved
Nach|welt *f* posterity; **~wirkung** *f* aftereffect(s *pl.*); **~en** *pl. a.* aftermath *sg.*; **~wort** *n* epilog(ue); **~wuchs** *m* *Beruf, Sport etc.*: young talent, F new blood; **~wuchs...** *in Zssgn Autor, Schauspieler etc.*: talented *od.* promising young ..., up-and-coming
nach|zahlen *v/t.* pay* extra; **~zählen** *v/t.* count over (again), check; 2**zahlung** *f* additional *od.* extra payment
Nachzügler *m* straggler, latecomer
Nacken *m* (back *od.* nape of the) neck; **~stütze** *f* headrest
nackt *adj.* naked; *bsd. paint., phot.* nude; *bloß*: bare (*a. Wand etc.*); *Wahrheit*: plain; ***völlig ~*** stark naked; ***sich ~ ausziehen*** strip; ***~ baden*** swim* in the nude; ***j-n ~ malen*** paint s.o. in the nude
Nadel *f* needle; *Steck2, Haar2 etc.*: pin; *Brosche*: brooch; **~baum** *bot. m* conifer(ous tree); **~öhr** *n* eye of a needle; **~stich** *m* pinprick (*a. fig*)
Nagel *m* nail; ***an den Nägeln kauen*** bite* one's nails; **~lack** *m* nail varnish *od.* polish; 2**n** *v/t.* nail (***an, auf*** to); 2**neu** F *adj.* brand-new; **~pflege** *f* manicure
nage|n 1. *v/i.* gnaw (***an*** at); ***an e-m Knochen ~*** pick a bone; **2.** *v/t.* gnaw; 2**tier** *n* rodent
nah *adj.* → ***nahe***
Nahaufnahme *f* close-up
nahe *adj.* near, close (***bei*** to); ***~ gehen*** affect deeply; ***~ kommen*** come* close to; ***~ legen*** suggest; ***~ liegen*** seem likely; *stärker*: be* obvious; ***~ liegend*** likely, obvious; ***~ gelegen*** nearby
Nähe *f* nearness; *Umgebung*: neighbo(u)rhood, vicinity; ***in der ~ des Bahnhofs*** *etc.* near the station *etc.*; ***ganz in der ~*** quite near, close by; ***in deiner ~*** near you
nahen *v/i.* approach
nähen *v/t. u. v/i.* sew*; *Kleid*: make*
Näheres *n* details *pl.*, particulars *pl.*
nähern *v/refl.* approach, get* near(er) *od.* close(r) (*dat.* to)
nahezu *adv.* nearly, almost
Nähgarn *n* (sewing) cotton
Nahkampf *mil. m* close combat
Näh|maschine *f* sewing machine; **~nadel** *f* (sewing) needle
nähren *v/t.* feed*; *fig.* nurture
nahrhaft *adj.* nutritious, nourishing
Nährstoff *m* nutrient
Nahrung *f* food, nourishment; *Futter*: feed; *Kost*: diet; **~smittel** *pl.* food *sg.* (*a. in Zssgn Chemie etc.*), foodstuffs *pl.*
Nährwert *m* nutritional value
Naht *f* seam; *med.* suture
Nahverkehr *m* local traffic; **~szug** *m* local *od.* commuter train
Nähzeug *n* sewing kit
naiv *adj.* naive; 2**ität** *f* naivety
Name *m* name; ***im ~n von*** on behalf of; ***nur dem ~n nach*** in name only
namen|los *adj.* nameless (*a. fig.*); *fig. a.* unspeakable; **~s** *adv.* by (the) name of, named, called
Namens|tag *m* name day; **~vetter** *m* namesake; **~zug** *m* signature
namentlich *adj. u. adv.* by name
nämlich *adv. das heißt*: that is (to say), namely; *begründend*: you see *od.* know
Napf *m* bowl, basin
Narb|e *f* scar; 2**ig** *adj.* scarred
Narkose *f* an(a)esthesia; ***in ~*** under an an(a)esthetic
Narr *m* fool; ***zum ~en halten*** fool
narrensicher *adj.* foolproof
närrisch *adj.* foolish; ***~ vor*** mad with
Narzisse *f* daffodil
nasal *adj.* nasal
nasch|en *v/i. u. v/t.* nibble (***an*** at); ***gern ~*** have* a sweet tooth; 2**ereien** *pl.* dainties *pl.*, goodies *pl.*, sweets *pl.*; **~haft** *adj.* sweet-toothed
Nase *f* nose (*a. fig.*); ***sich die ~ putzen*** blow* one's nose; ***in der ~ bohren*** pick one's nose; ***die ~ voll haben*** (***von***) be* fed up (with)
Nasen|bluten *n* nosebleed; **~loch** *n* nostril; **~spitze** *f* tip of the nose
Nashorn *zo. n* rhinoceros, F rhino
nass *adj.* wet; ***triefend ~*** soaking (wet)
Nässe *f* wet(ness); 2**n 1.** *v/t.* wet; **2.** *v/i.* *Wunde*: weep
nasskalt *adj.* damp and cold, raw
Nation *f* nation
national *adj.* national; **~feiertag** *m* national holiday; 2**hymne** *f* national anthem; 2**ismus** *m* nationalism; 2**ität** *f* nationality; 2**mannschaft** *f* national team; 2**park** *m* national park; 2**sozialismus** *m* National Socialism, *contp.* Nazism; 2**sozialist** *m*, **~sozialis-**

N

tisch *adj.* National Socialist, Nazi
Natter *f zo.* adder, viper (*a. fig.*)
Natur *f* nature; ***von** ~* (***aus***) by nature
Naturalismus *m* naturalism
Natur|ereignis *n*, **~erscheinung** *f* natural phenomenon; **~forscher** *m* naturalist; **~geschichte** *f* natural history; **~gesetz** *n* law of nature; **≗getreu** *adj.* true to life; lifelike; **~katastrophe** *f* (natural) catastrophe *od.* disaster, act of God
natürlich 1. *adj.* natural; **2.** *adv.* naturally, of course
Natur|schätze *pl.* natural resources *pl.*; **~schutz** *m* nature conservation; ***unter** ~* protected; **~schützer** *m* conservationist; **~schutzgebiet** *n* nature reserve; *großes*: national park; **~volk** *n* primitive race; **~wissenschaft** *f* (natural) science
n. Chr. *Abk. für* **nach Christus** AD, anno domini
Nebel *m* fog; *leichter*: mist; *Dunst*: haze; *Künstlicher*: smoke; **~horn** *n* foghorn; **~leuchte** *mot. f* fog lamp
neben *prp.* beside, *direkt* ~: next to; *außer*: besides, apart from; *verglichen mit*: compared with; *~ **anderem*** among other things; ***setz dich** ~ **mich*** sit by me *od.* by my side
neben|an *adv.* next door; **≗bedeutung** *f* secondary meaning; *ling.* connotation; **~bei** *adv.* in addition, at the same time; ~ (***gesagt***) by the way; **≗beruf** *m* second job, sideline; **~beruflich** *adv.* as a sideline; **≗buhler(in)** rival; **~einander** *adv.* side by side; next (*wohnen*: door) to each other; *~ **bestehen*** coexist; **≗einkünfte, ≗einnahmen** *pl.* extra money *sg.*; **≗fach** *n* subsidiary subject, *Am.* minor (subject); **≗fluss** *m* tributary; **≗gebäude** *n* next-door *od.* adjoining building; *Anbau*: annex(e); **≗haus** *n* house next door; **≗kosten** *pl.* extras *pl.*; **≗mann** *m*: ***dein** ~* the person next to you; **≗produkt** *n* by-product; **≗rolle** *thea. f* supporting role, minor part (*a. fig.*); *kleine, für bekannte Schauspieler*: cameo (role); **≗sache** *f* minor matter; ***das ist** ~* that's of little *od.* no importance; **~sächlich** *adj.* unimportant; **≗satz** *gr. m* subordinate clause; **≗stelle** *tel. f* extension; **≗straße** *f* side street; *Landstraße*: minor road; **≗strecke** *rail. f* branch line; **≗tisch** *m* next table; **≗verdienst** *m* extra earnings *pl.*; **≗wirkung** *f* side effect; **≗zimmer** *n* adjoining room
neblig *adj.* foggy; misty; hazy
neck|en *v/t.* tease, F kid; **≗erei** *f* teasing, F kidding; **~isch** *adj.* saucy, cheeky
Neffe *m* nephew
negativ *adj.* negative
Negativ *n* negative (*a. in Zssgn*)
Neger(in) → ***Schwarze(r)***
nehmen *v/t.* take* (*a. **sich** ~*); ***j-m et.** ~* take* s.th. (away) from s.o. (*a. fig.*); ***et. zu sich** ~* have* s.th. to eat; ***sich e-n Tag** etc. **frei** ~* take* a day *etc.* off; ***an die Hand** ~* take* by the hand
Neid *m* envy; ***reiner** ~* sheer envy; **≗isch** *adj.* envious (***auf*** of); → ***beneiden***
Neige *f*: ***zur** ~ **gehen*** draw* to its close; *Vorräte etc.*: run* out; **≗n 1.** *v/t. u. refl.* bend*, incline; **2.** *v/i.*: ***zu et.** ~* tend to (do) s.th
Neigung *f* inclination (*a. fig.*), slope, incline; *fig. a.* tendency
nein *adv.* no
Nektar *m* nectar
Nelke *bot. f* carnation; *Gewürz≗*: clove
nennen *v/t.* name, call; *erwähnen*: mention; ***sich** ~* call o.s., be* called; ***man nennt ihn*** (***es***) he (it) is called; ***das nenne ich** ...!* that's what I call ...!; **~swert** *adj.* worth mentioning
Nenn|er *math. m* denominator; **~wert** *econ. m* nominal *od.* face value; ***zum** ~* at par
Neo..., neo... *in Zssgn Faschist etc.*: neo-
Neon *chem. n* neon; **~röhre** *f* neon tube
Nepp F *m* rip-off; **≗en** *v/t.* fleece, rip off; **~lokal** *n* clip joint
Nerv *m* nerve; ***j-m auf die ~en fallen*** *od.* ***gehen*** get* on s.o.'s nerves; ***die ~en behalten*** (***verlieren***) keep* (lose*) one's head; **≗en** F *v/t. u. v/i.* be* a pain in the neck (to *s.o.*)
Nerven|arzt *m* neurologist; **≗aufreibend** *adj.* nerve-racking; **~belastung** *f* nervous strain; **~heilanstalt** *f* mental hospital; **~kitzel** *m* thrill, F kick(s *pl.*); **≗krank** *adj.* mentally ill; **~säge** F *f* pain in the neck; **~system** *n* nervous

N

system; **~zusammenbruch** *m* nervous breakdown

nerv|ös *adj.* nervous; **ᘔosität** *f* nervousness

Nerz *zo. m* mink (*a. Mantel*)

Nessel *bot. f* nettle

Nest *n* nest; F *Kaff*: one-horse town; *elendes*: dump

nett *adj.* nice; *freundlich*: *a.* kind; ***so ~ sein und et.*** (*od.* ***et. zu***) ***tun*** be* so kind as to do s.th.

netto *econ. adv.* net (*a. in Zssgn*)

Netz *n* net; *rail., tel., Computer*: network; *electr.* mains *pl.*; ***am ~ sein*** *Computer*: be* in the network; **~haut** *anat. f* retina; **~karte** *rail. f* area season ticket

neu *adj* new; *frisch, erneut*: *a.* fresh; *~zeitlich*: modern; ***~ere Sprachen*** modern languages; ***~este Nachrichten*** (***Mode***) latest news *sg.* (fashion); ***von ~em*** anew, afresh; ***seit ~(st)em*** since (very) recently; ***viel ᘔes*** a lot of new things; ***was gibt es ᘔes?*** what's the news?, what's new?

neu|artig *adj.* novel; **ᘔbau** *m* new building; **ᘔbaugebiet** *n* new housing estate; **~erdings** *adv.* lately, recently; **ᘔerer** *m* innovator; **ᘔerung** *f* innovation; **ᘔgestaltung** *f* reorganization, reformation; **ᘔgier(de)** *f* curiosity; **~gierig** *adj.* curious (***auf*** about); F *contp.* nos(e)y; ***ich bin ~, ob*** I wonder if; **ᘔgierige** *contp. pl. Gaffer*: rubbernecks *pl.*; **ᘔheit** *f* novelty; **ᘔigkeit** *f* (piece of) news; **ᘔjahr** *n* New Year('s Day); ***Prost ~!*** Happy New Year!; **~lich** *adv.* the other day; **ᘔling** *m* newcomer, F greenhorn; **~modisch** *contp. adj.* newfangled; **ᘔmond** *m* new moon

neun *adj.* nine; **~te** *adj.* ninth; **ᘔtel** *n* ninth (part); **~tens** *adv.* ninthly; **~zehn** *adj.* nineteen; **~zehnte** *adj.* nineteenth; **~zig** *adj.* ninety; **~zigste** *adj.* ninetieth

Neuro|se *f* neurosis; **ᘔtisch** *adj.* neurotic

neusprachlich *adj.* modern-language

neutr|al *adj.* neutral; **ᘔalität** *f* neutrality; **ᘔonen...** *phys. in Zssgn Bombe etc.*: neutron ...; **ᘔum** *gr. n* neuter

Neu|verfilmung *f* remake; **ᘔwertig** *adj.* as good as new; **~zeit** *f* modern times *pl.*

nicht *adv.* not; ***überhaupt ~*** not at all; ***~ (ein)mal, gar ~ erst*** not even; ***~ mehr*** not any more *od.* longer; ***sie ist nett (wohnt hier), ~ (wahr)?*** she's nice (lives here), isn't (doesn't) she?; ***~ so ... wie*** not as ... as; ***noch ~*** not yet; ***~ besser*** *etc.* (***als***) no (*od.* not any) better *etc.* (than); ***ich*** (***auch***) ***~*** I don't *od.* I'm not (either); (***bitte***) ***~!*** (please) don't!

Nicht|... *in Zssgn Mitglied, Schwimmer etc.*: *mst* non-...; **~beachtung** *f* disregard; *Vorschrift etc.*: *a.* non-observance

Nichte *f* niece

nichtig *adj.* trivial; *jur.* void, invalid

Nichtraucher *m* non-smoker

nichts *indef. pron.* nothing, not anything; ***~ (anderes) als*** nothing but; ***gar ~*** nothing at all; F: ***das ist ~*** that's no good; ***~ sagend*** meaningless; *Antwort*: vague; *farblos*: colo(u)rless, dull

Nichts *n* nothing(ness); ***aus dem ~*** *erscheinen*: from nowhere; *aufbauen*: from nothing

nichts|destoweniger *adv.* nevertheless; **ᘔkönner** *m* bungler, F botcher; **~nutzig** *adj.* good-for-nothing, worthless; **ᘔtuer** *m* do-nothing, F bum

nicken *v/i.* nod (one's head)

nie *adv.* never, at no time; ***fast ~*** hardly ever; ***~ und nimmer*** never ever

nieder 1. *adj.* low; **2.** *adv.* down

Nieder|gang *m* decline; **ᘔgeschlagen** *adj.* depressed, (feeling) down; **~kunft** *f* confinement; **~lage** *f* defeat, F beating; **ᘔlassen** *v/refl.* settle (down); *econ.* set* up (***als*** as); **~lassung** *f* establishment; *Filiale*: branch; **ᘔlegen** *v/t.* lay* down (*a. Waffen, Amt etc.*); ***die Arbeit ~*** (go* on) strike, down tools, F walk out; ***sich ~*** lie* down; go* to bed; **ᘔmetzeln** *v/t.* massacre, butcher; **~schlag** *m meteor.* rain(fall) (*nur sg.*); *radioaktiver*: fallout; *chem.* precipitate; *Boxen*: knock-down; **ᘔschlagen** *v/t.* knock down; *Augen*: cast* down; *Aufstand*: put* down; *jur. Verfahren*: quash; ***sich ~*** *chem.* precipitate; **ᘔ·schmettern** *fig. v/t.* shatter, crush; **ᘔträchtig** *adj.* base, mean; **~ung** *f* lowland(s *pl.*)

niedlich *adj.* pretty, sweet, cute

niedrig *adj.* low (*a. fig.*); *Strafe*: light; ***~ fliegen*** fly* low

N

niemals *adv.* → ***nie***
niemand *indef. pron.* nobody, no one, not anybody; ~ ***von ihnen*** none of them; ≗**sland** *n* no-man's-land
Niere *f* kidney
niesel|n *v/i.* drizzle; ≗**regen** *m* drizzle
nies|en *v/i.* sneeze; ≗**pulver** *n* sneezing powder
Niet *tech. m* , **Niete¹** *f* rivet
Niete² *f Los*: blank; *fig.* failure
Nikolaustag *m* St. Nicholas' Day
Nikotin *chem. n* nicotine
Nilpferd *zo. n* hippopotamus, F hippo
Nippel *m* nipple
nippen *v/i.* sip (***an*** at)
nirgends *adv.* nowhere
Nische *f* niche, recess
nist|en *v/i.* nest; ≗**platz** *m* nesting place
Niveau *n* level; *fig. a.* standard
Nixe *f* water nymph, mermaid
noch *adv.* still; ~ ***nicht*** not yet; ~ ***nie*** never before; ***er hat nur ~ 5 Mark*** (***Minuten***) he has only 5 marks (minutes) left; (***sonst***) ~ ***et.?*** anything else?; ***ich möchte ~ et.*** (***Tee***) I'd like some more (tea); ~ ***ein(e, -n)..., bitte*** another ..., please; ~ ***einmal*** once more *od.* again; ~ ***zwei Stunden*** another two hours, two hours to go; ~ ***besser*** (***schlimmer***) even better (worse); ~ ***gestern*** only yesterday; ***und wenn es*** (***auch***) ~ ***so ... ist*** however (*od.* no matter how) ... it may be; ~**malig** *adj.* (re)new(ed); ~**mals** *adv.* once more *od.* again
Nockerl *östr. n* small dumpling
Nomade *m* nomad
Nominativ *gr. m* nominative (case)
nominieren *v/t.* nominate
Nonne *f* nun; ~**nkloster** *n* convent
Norden *m* north; ***nach*** ~ north(wards); ≗**isch** *adj.* northern; ~***e Kombination*** Nordic Combined
nördlich 1. *adj.* north(ern); *Kurs, Wind*: northerly; **2.** *adv.*: ~ ***von*** north of
Nord|licht *n* northern lights *pl.*; F*Person*: Northerner; ~**osten** *m* northeast; ≗**östlich** *adj.* northeast(ern), *Wind*: northeasterly; ~**pol** *m* North Pole; ~**westen** *m* northwest; ≗**westlich** *adj.* northwest(ern); *Wind*: northwesterly; ~**wind** *m* north wind
nörg|eln *v/i.* nag (***an*** at), carp (at); ≗**ler(in)** nagger, carper, faultfinder
Norm *f* standard, norm
normal *adj.* normal; F: ***nicht ganz*** ~ not quite right in the head
Normal|... *bsd. tech. in Zssgn Maß, Zeit etc.*: standard ...; ~**benzin** *n* regular (petrol, *Am.* gas); ≗**erweise** *adv.* normally, usually; ≗**isieren** *v/refl.* return to normal
normen *v/t.* standardize
Norweg|en Norway; ~**er** *m*, ~**erin** *f*, ≗**isch** *adj.* Norwegian
Not *f allg.* need; *Mangel*: *a.* want; *Armut*: poverty; *Elend*: hardship, misery; *Bedrängnis*: difficulty; ~*fall*: emergency; *bsd. seelische*: distress; ***in ~ sein*** be* in trouble; ***zur*** ~ if need be, if necessary; ~ ***leidend*** needy
Notar *m* notary (public)
Not|aufnahme *f* casualty, *Am.* emergency room; **ausgang** *m* emergency exit; ~**behelf** *m* makeshift, expedient; ~**bremse** *f* emergency brake; ~**dienst** *m* emergency duty; ~**durft** *f*: ***s-e ~ verrichten*** relieve o.s.; ≗**dürftig** *adj.* scanty; *behelfsmäßig*: temporary
Note *f* note (*a. mus. u. pol.*); *Bank*≗: (bank)note, *bsd. Am.* bill; *Schule*: mark, *bsd. Am.* grade; ~***n*** *pl. mus.* (sheet) music *sg.*; ~***n lesen*** read* music
Notebook *n Computer*: notebook
Noten|durchschnitt *m* average; ~**ständer** *m* music stand
Not|fall *m* emergency; ≗**falls** *adv.* if necessary; ≗**gedrungen** *adv.*: ***et. ~ tun*** be* forced to do s.th.
notieren *v/t.* make* a note of, note (down); *econ.* quote
nötig *adj.* necessary; ~ ***haben*** need; ~ ***brauchen*** need badly; ***das*** ≗***ste*** the (bare) necessities *pl. od.* essentials *pl.*; ~**en** *v/t.* force, compel; *drängen*: press, urge; ~**enfalls** *adv.* if necessary; ≗**ung** *f* coercion; *jur.* intimidation
Notiz *f* note; ***keine ~ nehmen von*** take* no notice of, ignore; ***sich ~en machen*** take* notes; ~**block** *m* notepad, *bsd. Am.* memo pad; ~**buch** *n* notebook
Not|lage *f* predicament; awkward (*od.* difficult) situation; ≗**landen** *aviat. v/i.* make* an emergency landing; ~**landung** *aviat. f* emergency landing; ~**lösung** *f* provisional *od.* temporary solution; ~**lüge** *f* white lie
notorisch *adj.* notorious
Not|ruf *tel. m* emergency call; ~**rufsäu-**

N

le *f* emergency phone; **~signal** *n* emergency *od.* distress signal; **~stand** *pol. m* state of (national) emergency; **~standsgebiet** *n econ.* depressed area; *bei Katastrophen*: disaster area; **~standsgesetze** *pl.* emergency laws *pl.*; **~verband** *m* emergency dressing; **~wehr** *f* self-defen|ce, *Am.* -se; **2wendig** *adj.* necessary; **~wendigkeit** *f* necessity; **~zucht** *f* rape

Novelle *f* novella; *parl.* amendment

November *m* November

Nr. *Abk. für* ***Nummer*** No., no., number

Nu *m*: ***im ~*** in no time

Nuance *f* shade

nüchtern *adj.* sober (*a. fig.*); *sachlich*: matter-of-fact; ***auf ~en Magen*** on an empty stomach; ***~ werden*** (***machen***) sober up; **2heit** *f* sobriety

Nudel *f* noodle

nuklear *adj.* nuclear; *Zssgn s.* → ***Atom***

null *adj.* nought, *bsd. Am.* zero; *tel.* O (*Aussprache*: əʊ); *Sport*: nil, nothing; *Tennis*: love; ***~ Grad*** zero degrees; ***~ Fehler*** no mistakes; ***gleich 2 sein*** *Chancen etc.*: be*nil; **2diät** *f* no-calorie (*od.* F starvation) diet; **2punkt** *m* zero; *fig.* rock bottom; **~tarif** *m*: ***zum ~*** free

Numerus clausus *univ. m* restricted admission(s *pl.*)

Nummer *f* number; *Zeitung etc.*: *a.* issue; *Größe*: size; **2ieren** *v/t.* number; **~nschild** *n* number (*Am.* license) plate

nun *adv.* now; *also, na*: well; → ***jetzt, na***

nur *adv.* only, just; *bloß*: merely; *nichts als*: nothing but; ***er tut ~ so*** he's just pretending; ***~ so*** (***zum Spaß***) just for fun; ***warte ~!*** just you wait!; ***mach ~!, ~ zu!*** go ahead!; ***~ für Erwachsene*** (for) adults only

Nuss *f* nut; **~baum** *m* walnut (tree), *Holz*: walnut; **~knacker** *m* nutcracker; **~schale** *f* nutshell

Nüstern *pl.* nostrils *pl.*

Nutte F *f* tart, *Am. sl. a.* hooker

Nutz|anwendung *f* practical application; **2bar** *adj.* usable; ***~ machen*** utilize, exploit; *Boden*: cultivate; **2bringend** *adj.* profitable, useful

Nutze: *sich et. zu ~ machen* make* (good) use of s.th.; *ausnutzen*: take* advantage of s.th

nütze *adj.* useful; ***zu nichts ~ sein*** be* (of) no use; *bsd. Person*: *a.* be* good for nothing

Nutzen *m* use; *Gewinn*: profit, gain; *Vorteil*: advantage; ***~ ziehen aus*** benefit from; ***zum ~ von*** for the benefit of

nutzen, nützen 1. *v/i.*: ***j-m ~*** be* of use to s.o.; ***es nützt nichts*** (***es zu tun***) it's no use (doing it); **2.** *v/t.* use, make* use of; *Gelegenheit*: take* advantage of

nützlich *adj.* useful, helpful; *vorteilhaft*: advantageous; ***sich ~ machen*** make* o.s. useful

nutzlos *adj.* useless, (of) no use

Nutzung *f* use (*a. Be2*), utilization

Nylon *n* nylon; **~strümpfe** *pl.* nylons *pl.*, nylon stockings *pl.*

Nymphe *f* nymph

O

O

O *Abk. für* ***Osten*** E, east

o *int.* oh!; ***~ weh!*** oh dear!

o.Ä. *Abk. für* ***oder Ähnliche(s)*** or the like

Oase *f* oasis (*a. fig.*)

ob *cj.* whether, if; ***als ~*** as if, as though; ***und ~!*** and how!, you bet!

Obacht *f*: ***~ geben auf*** pay* attention to; (***gib***) ***~!*** look *od.* watch out!

Obdach *n* shelter; **2los** *adj.* homeless, without shelter; **~lose** *m, f* homeless person; **~losenasyl** *n* shelter for the homeless

Obdu|ktion *med. f* autopsy; **2zieren** *med. v/t.* perform an autopsy on

oben *adv.* above; *in der Höhe*: up; *~auf*: on (the) top; *an Gegenstand*: at the top (*a. fig. Stellung*); *an der Oberfläche*: on the surface; *im Haus*: upstairs; ***da ~*** up there; ***von ~ bis unten*** from top to bottom (*Person*: toe); ***links*** ~ (at the) top left; ***siehe*** ~ see above; F ~ ***ohne*** topless; ***von*** ~ ***herab*** *fig.* patronizing(ly), condescending(ly); ~ ***erwähnt***, ~ ***genannt*** *adj.* above-mentioned; **~an** *adv.* at the top; **~auf** *adv.* on the top; *auf der Oberfläche*: on the surface; F *fig.* feeling great; **~drauf** *adv.* on top; **~drein** *adv.* besides, *nachgestellt*: into the bargain, at that; **~hin** *adv.* superficially

Ober *m* waiter; **~arm** *m* upper arm; **~arzt** *m*, **~ärztin** *f* assistant medical director; **~befehl** *mil. m* supreme command; **~begriff** *n* generic term; **~bürgermeister** *m* mayor, *Brt.* Lord Mayor

ober|e *adj.* upper, top; *fig. a.* superior; **2fläche** *f* surface (*a. fig.*) (**an** on); **~flächlich** *adj.* superficial; **~halb** *prp.* above; **2hand** *fig. f*: ***die*** ~ ***gewinnen*** (***über***) get* the upper hand (of); **2haupt** *n* head, chief; **2haus** *Brt. parl. n* House of Lords; **2hemd** *n* shirt; **2herrschaft** *f* supremacy

Oberin *f rel.* Mother Superior

ober|irdisch *adj.* above ground; *electr.* overhead; **2kellner** *m* head waiter; **2kiefer** *m* upper jaw; **2körper** *m* upper part of the body; ***den*** ~ ***freimachen*** strip to the waist; **2leder** *n* uppers *pl.*; **2leitung** *f* chief management; *electr.* overhead contact line; **2lippe** *f* upper lip

Obers *östr. n* cream

Ober|schenkel *m* thigh; **~schule** *f* grammar school, *Am. etwa* highschool

Oberst *mil. m* colonel

oberste *adj.* up(per)most, top(most); *höchste*: *a.* highest; *wichtigste*: chief, first

Ober|stufe *f Brt. etwa* senior classes *pl.*, *Am. etwa* senior highschool; **~teil** *n* top

obgleich *cj.* (al)though

Obhut *f* care, charge; ***in s-e*** ~ ***nehmen*** take* care *od.* charge of

obig *adj.* above(-mentioned)

Objekt *n* object (*a. gr.*); *Immobilie*: property

objektiv *adj.* objective; *unparteiisch*: *a.* impartial, unbias(s)ed

Objektiv *phot. n* (object) lens

Objektivität *f* objectivity; impartiality

Oblate *f* wafer; *rel.* host

obligatorisch *adj.* compulsory

Obo|e *mus. f* oboe; **~ist(in)** oboist

Obrigkeit *f* authorities *pl.*; government

Observatorium *astr. n* observatory

Obst *n* fruit; **~garten** *m* orchard; **~konserven** *pl.* canned fruit *sg.*; **~laden** *m bsd. Brt.* fruiterer's (shop), *Am.* fruit store; **~torte** *f* fruit flan (*Am.* pie)

obszön *adj.* obscene, filthy

obwohl *cj.* (al)though

Occasion *f Schweiz*: bargain, good buy

Ochse *m zo.* ox, bullock; *fig.* blockhead; **~nschwanzsuppe** *f* oxtail soup

od. *Abk. für* ***oder*** or

öde *adj.* deserted, desolate; *unbebaut*: waste; *fig.* dull, dreary, tedious

oder *cj.* or; ~ ***aber*** *sonst*: or else, otherwise; ~ ***vielmehr*** or rather; ~ ***so*** or so; ***er kommt doch***, ~? he's coming, isn't he?; ***du kennst ihn ja nicht***, ~ ***doch?*** you don't know him, or do you?

Ofen *m* stove; *Back2*: oven; *tech.* furnace; **~heizung** *f* stove heating; **~rohr** *n* stovepipe

offen 1. *adj.* open (*a. fig.*); *Stelle*: *a.* vacant; *ehrlich*: *a.* frank; **2.** *adv.*: ~ ***gesagt*** frankly (speaking); ~ ***s-e Meinung sagen*** speak* one's mind (freely)

offenbar *adj.* obvious, evident; *anscheinend*: apparent; **~en** *v/t.* reveal, disclose, show*; **2ung** *f* revelation

Offenheit *fig. f* openness, frankness

offen|herzig *adj.* openhearted, frank, candid; *Kleid etc.*: revealing; **~sichtlich** *adj.* → ***offenbar***

offensiv *adj.*, **2e** *f* offensive

offenstehen *v/i.* be* open (*fig.* ***j-m*** to s.o.); *Rechnung*: be* outstanding; ***es steht Ihnen offen zu*** you are free to

öffentlich *adj.* public; **~*e Verkehrsmittel*** *pl.* public transport *sg.*; **~*e Schulen*** *pl.* state (*Am.* public) schools *pl.*; ~ ***auftreten*** appear in public; **2keit** *f* *the* public; ***in aller*** ~ in public, openly; ***an die*** ~ ***bringen*** make* public

offiziell *adj.* official

Offizier *m* (commissioned) officer

öffn|en *v/t. u. v/refl.* open; **2er** *m* opener; **2ung** *f* opening; **2ungszeiten** *pl.* business *od.* office hours *pl.*

oft *adv.* often, frequently

oh *int.* o(h)!

ohne *prp. u. cj.* without; ~ ***mich!*** count

me out!; ~ ***ein Wort*** (***zu sagen***) without (saying) a word; **~gleichen** *adv.* unequal(l)ed, unparalleled; **~hin** *adv.* anyhow, anyway
Ohn|macht *f* unconsciousness; *Hilflosigkeit*: helplessness; ***in ~ fallen*** faint, F pass out; **2mächtig** *adj.* unconscious; helpless; ~ ***werden*** faint, F pass out
Ohr *n* ear; F ***j-n übers ~ hauen*** cheat s.o.; ***bis über die ~en verliebt*** (***verschuldet***) head over heels in love (debt)
Öhr *n* eye
Ohren|arzt *m* ear specialist; **2betäubend** *adj.* deafening; **~leiden** *n* ear trouble; **~schmerzen** *pl.* earache *sg.*; **~schützer** *pl.* earmuffs *pl.*; **~zeuge** *m* earwitness
Ohr|feige *f* slap in the face (*a. fig.*); **2feigen** *v/t.*: ***j-n*** ~ slap s.o.'s face; **~läppchen** *n* earlobe; **~ring** *m* earring
oje *int.* oh dear!, dear me!
Öko|loge *m* ecologist; **~logie** *f* ecology; **2logisch** *adj.* ecological; **~nomie** *f Sparsamkeit*: economy; *econ.* economics *pl.*; **2nomisch** *adj. sparsam*: economical; *econ.* economic; **~system** *n* ecosystem
Oktave *mus. f* octave
Oktober *m* October
ökumenisch *rel. adj.* ecumenical
Öl *n* oil; *Erd2*: *a.* petroleum; ***nach ~ suchen*** (***bohren***) search (drill) for oil; ***auf ~ stoßen*** strike* oil; **~baum** *bot. m* olive (tree)
Oldtimer *mot. m* veteran car
ölen *v/t.* oil; *tech. a.* lubricate
Öl|farbe *f* oil (paint); **~förderung** *f* oil production; **~gemälde** *n* oil painting; **~heizung** *f* oil heating; **2ig** *adj.* oily, greasy (*beide a. fig.*)
oliv *adj.*, **2e** *bot. f* olive
Öl|leitung *f* (oil) pipeline; **~malerei** *f* oil painting; **~messstab** *m* dipstick; **~pest** *f* oil pollution; **~quelle** *f* oil well; **~sardine** *f* canned (*Brt. a.* tinned) sardine; **~tanker** *m* oil tanker; **~teppich** *m* oil slick; **~stand** *m* oil level; **~ung** *f* oiling; *tech. a.* lubrication; ***Letzte*** ~ *rel.* extreme unction; **~vorkommen** *n* oil resources *pl.*; *Ölfeld*: oilfield; **~wanne** *mot. f* (oil) sump; **~wechsel** *m* oil change
Olympia|... *in Zssgn Mannschaft, Medaille etc.*: Olympic ...; **~de** *f* Olympic Games *pl.*, Olympics *pl.*
Om|a F *f* grandma; **~i** F *f* granny
Omnibus *m* → ***Bus***
onanieren *v/i.* masturbate
Onkel *m* uncle
Online *f Computer*: online
Opa F *m* grandpa
Oper *f mus.* opera; opera (house)
Operation *f* operation (***vornehmen*** perform); **~ssaal** *med. m* operating theatre (*Am.* room)
Operette *mus. f* operetta
operieren 1. *v/t.* ***j-n*** ~ operate on s.o. (***wegen*** for); ***operiert werden*** be* operated on, have* an operation; ***sich ~ lassen*** undergo* an operation; **2.** *med., mil. v/i.* operate; *vorgehen*: proceed
Opernsänger(in) opera singer
Opfer *n* sacrifice; *Gabe*: *a.* offering; *Mensch, Tier*: victim; ***ein ~ bringen*** make* a sacrifice; ***zum ~ fallen*** fall* victim to; **2n** *v/t. u. v/i.* sacrifice (*a. fig.*)
Opium *n* opium
Opposition *f* opposition (*a. parl.*)
Optik *f* optics *sg.*; *phot.* optical system; **~er** *m* optician
opti|mal *adj.* optimum, best; **2mismus** *m* optimism; **2mist(in)** optimist; **~mistisch** *adj.* optimistic
Option *f* option
optisch *adj.* optical
Orange *f* orange (*a. Farbe*)
Orchester *mus. n* orchestra
Orchidee *bot. f* orchid
Orden *m Auszeichnung*: medal, decoration; *bsd. rel.* order; **~sschwester** *rel. f* sister, nun
ordentlich 1. *adj. Person, Zimmer, Haushalt etc.*: tidy, neat, orderly; *richtig, sorgfältig*: proper; *gründlich*: thorough; *anständig*: decent (*a.* F *fig.*); *Leute*: *a.* respectable; *Mitglied, Professor*: full; *Gericht*: ordinary; *Leistung*: reasonable; F *tüchtig, kräftig*: good, sound; **2.** *adv.*: ***s-e Sache ~ machen*** do* a good job; ***sich ~ benehmen*** (***anziehen***) behave (dress) properly *od.* decently
ordinär *adj.* vulgar; *alltäglich*: common
ordn|en *v/t.* put* in order; *an~*: arrange, sort (out); *Akten*: file; *Angelegenheiten*: settle; **2er** *m Akten2 etc.*: file; *Akten-*

deckel: folder; *Fest*Ձ: attendant, guard; **Ձung** *f allg.* order; *Ordentlichkeit*: order(liness), tidiness; *Vorschriften*: rules *pl.*, regulations *pl.*; *An*Ձ: arrangement; *System*: system, set-up; *Rang*: class; ***in*** **~** all right; *tech. etc.* in (good) order; ***in ~ bringen*** put* right (*a. fig.*); *Zimmer etc.*: tidy up; *reparieren*: repair, F fix (*a. fig.*); (***in***) **~** ***halten*** keep* (in) order; ***et. ist nicht in ~*** (***mit***) there is s.th. wrong (with)

ordnungs|gemäß, ~mäßig 1. *adj.* correct, regular; **2.** *adv.* duly, properly; **Ձstrafe** *f* fine, penalty; **Ձzahl** *f* ordinal number

Organ *n* organ; **~empfänger** *m* organ recipient; **~handel** *m* sale of (transplant) organs

Organ|isation *f* organization; **~isator** *m* organizer; **Ձisatorisch** *adj.* organizational

organisch *adj.* organic

organisier|en *v/t.* organize; F *beschaffen*: get* (hold of); ***sich*** **~** organize; *gewerkschaftlich*: *a.* unionize; **~t** *adj.* organized; unionized

Organ|ismus *m* organism; **~ist(in)** *mus.* organist; **~spender** *med. m* (organ) donor

Orgasmus *m* orgasm

Orgel *mus. f* organ; **~pfeife** *f* organ pipe

Orgie *f* orgy

Oriental|e *m*, **Ձisch** *adj.* oriental

orientier|en *v/t. j-n*: inform (***über*** about), brief (on); ***sich*** **~** orient(ate) o.s. (*a. fig.*) (***nach*** by); *erkundigen*: inform o.s.; **Ձung** *f* orientation; *fig. a.* information; ***die ~ verlieren*** lose* one's bearings; **Ձungssinn** *m* sense of direction

original *adj.* original; *echt*: real, genuine; *TV* live

Original *n* original; *fig.* real (*od.* quite a) character; **~...** *in Zssgn Aufnahme, Ausgabe etc.*: original ...; **~übertragung** *f* live broadcast *od.* program(me)

originell *adj.* original; *einfallsreich*: *a.* ingenious; *komisch*: witty

Orkan *m* hurricane; **Ձartig** *adj. Sturm*: violent; *fig.* thunderous

Ort *m allg.* place; *~schaft*: *a.* village, (small) town; *Stelle, Fleck*: *a.* spot, point; *Schauplatz*: *a.* scene; ***vor*** **~** *Bergbau*: at the (pit) face; *fig.* in the field, on the spot; **Ձen** *v/t.* locate, F spot

ortho|dox *adj.* orthodox; **Ձgrafie** *f* orthography; **Ձpäde** *med. m* orthop(a)edic specialist

örtlich *adj.* local; **Ձkeiten** *pl.* scene *sg.*

Ortsbestimmung *f aviat., naut.* location; *gr.* adverb of place

Ortschaft *f* → **Ort**

Orts|gespräch *tel. n* local call; **~kenntnis** *f*: **~** ***besitzen*** know* a place; **~netz** *tel. n* local exchange; **~zeit** *f* local time

Öse *f* eye; *Schuh*Ձ *etc.*: eyelet

Ost|block *pol. m* East(ern) Bloc; **~en** *m* east; *pol. the* East; ***nach*** **~** east(wards)

Oster|ei *n* Easter egg; **~hase** *m* Easter bunny *od.* rabbit; **~n** *n* Easter (***zu, an*** at); ***frohe ~!*** Happy Easter!

Österreich|er(in), Ձisch *adj.* Austrian

östlich 1. *adj.* east(ern); *Wind etc.*: easterly; **2.** *adv.*: **~** ***von*** (to the) east of

ost|wärts *adv.* east(wards); **Ձwind** *m* east wind

Otter *zo.* **1.** *m* otter; **2.** *f* adder, viper

outen *v/t. Intimes preisgeben*: F out

Ouvertüre *mus. f* overture

oval *adj.*, Ձ *n* oval

Oxyd *chem. n* oxide; **Ձieren** *v/t. u. v/i.* oxidize

Ozean *m* ocean, sea

ozon|freundlich *adj.* ozone-friendly; **Ձloch** *n* ozone hole; **Ձschicht** *f* ozone layer; **Ձschild** *m* ozone shield; **Ձwerte** *pl.* ozone levels *pl.*

P

paar *indef. pron.*: **ein** ~ a few, some, F a couple of
Paar *n* pair; *Mann u. Frau*: couple; ***ein*** **~ (*neue*) *Schuhe*** a (new) pair of shoes; **2en** *v/t. u. v/refl. Tiere*: mate; *fig.* combine; **~lauf** *m Sport*: pair skating; **2mal** *adv.*: **ein** ~ a few times; **~ung** *f* mating, copulation; *Sport*: matching; **2weise** *adv.* in pairs *od.* twos
Pacht *f* lease; *~zins*: rent; **2en** *v/t.* (take* on) lease
Pächter(in) leaseholder; *agr.* tenant
Pacht|vertrag *m* lease; **~zins** *m* rent
Pack¹ *m* → ***Packen***
Pack² *contp. n* rabble
Päckchen *n* small parcel; *Packung*: packet, *bsd. Am.* pack (*a. Zigaretten*)
packen *v/t. u. v/i.* pack; *Paket*: make* up; *ergreifen*: grab, seize (**an** by); *fig. mitreißen*: grip
Pack|en *m* pack, *Haufen*: pile (*a. fig.*); **~er(in)** packer; *Möbel2*: removal man; **~papier** *n* packing *od.* brown paper; **~ung** *f* package, box; *kleinere, a. Zigaretten2 etc.*: packet, *bsd. Am.* pack
Pädagog|e *m* teacher; education(al)ist; **~ik** *f* pedagogics *sg.*; **2isch** *adj.* educational; ***~e Hochschule*** college of education
Paddel *n* paddle; **~boot** *n* canoe; **2n** *v/i.* paddle, canoe
Page *m* page(boy)
Paket *n* package, *bsd. post* parcel; **~annahme** *post f* parcel counter; **~karte** *post f* parcel mailing form, *Am.* parcel post slip; **~post** *f* parcel post; **~zustellung** *post f* parcel delivery
Pakt *pol. m* pact
Palast *m* palace
Palm|e *bot. f* palm (tree); **~sonntag** *rel. m* Palm Sunday
Pampelmuse *bot. f* grapefruit
paniert *adj.* breaded
Pani|k *f* panic; ***in ~ geraten*** (***versetzen***) panic; ***in*** ~ panic-stricken, F panicky; **2sch** *adj.*: ***~e Angst*** mortal terror
Panne *f* breakdown, *mot. a.* engine trouble; *fig.* mishap; **~nhilfe** *mot. f* breakdown service
Panter *zo. m* panther
Pantoffel *m* slipper; ***unter dem ~ stehen*** be* henpecked; **~held** F *m* henpecked husband
Pantomim|e *thea.* **1.** *f* mime, dumb show; **2.** *m* mime (artist); **2isch** *adv.*: ***~ darstellen*** mime
Panzer *m* armo(u)r (*a. fig.*); *mil.* tank; *zo.* shell; **~glas** *n* bulletproof glass; **2n** *v/t.* armo(u)r; **~platte** *f* armo(u)r plate; **~schrank** *m* safe; **~ung** *f* armo(u)r plating; **~wagen** *m* armo(u)red car
Papa F *m* dad(dy), pa
Papagei *m* parrot
Papeterie *f Schweiz*: stationer('s shop)
Papier *n* paper; ***~e*** *pl.* papers *pl.*, documents *pl.*; *Ausweis2e*: identification (paper); **~...** *in Zssgn Geld, Handtuch, Serviette, Tüte etc.*: *mst* paper ...; **~korb** *m* wastepaper basket; **~krieg** *fig. m* red tape; **~schnitzel** *pl.* scraps *pl.* of paper; **~waren** *pl.* stationery *sg.*; **~warenhandlung** *f* stationer('s shop, *Am.* store)
Pappe *f* cardboard, pasteboard
Pappel *f* poplar
Papp|karton *m* cardboard box, carton; **~maschee** *n* papier mâché; **~teller** *m* paper plate
Paprika *bot. m ~schote*: sweet pepper; *Gewürz*: paprika; ***gefüllter*** ~ stuffed peppers *pl.*
Papst *m* pope
päpstlich *adj.* papal
Parade *f* parade; *Fußball etc.*: save; *Boxen, Fechten*: parry
Paradeiser *östr. m* tomato
Paradies *n* paradise; **2isch** *fig. adj.* heavenly, delightful
paradox *adj.* paradoxical
Paragraf *m jur.* article, section; *Absatz*: paragraph
parallel *adj.*, **2e** *f* parallel (*a. in Zssgn*)
Parasit *m* parasite
Parfüm *n* perfume, *Brt. a.* scent; **~erie** *f* perfumery; **2ieren** *v/t.* perfume, scent; ***sich*** ~ put* on perfume
parieren *v/t. u. v/i. Schlag etc.*: parry; *fig. a.* counter (***mit*** with); *Pferd*: pull up; *gehorchen*: obey

Park *m* park; **²en** *v/i. u. v/t.* park; **²** ***verboten!*** no parking!
Parkett *n* parquet (floor); *thea.* stalls *pl.*, *Am.* orchestra; *Tanz²*: dance floor
Park|gebühr *f* parking fee; **~(hoch)-haus** *n* multi-storey car park, *Am.* parking garage; **²ieren** *v/t. u. v/i. Schweiz*: → ***parken***; **~kralle** *f* wheel clamp; **~lücke** *f* parking space; **~platz** *m* car park, *Am.* parking lot; → ***Parklücke***; ***e-n ~ suchen*** (***finden***) look for (find*) somewhere to park the car; **~scheibe** *f* parking disc (*Am.* disk); **~sünder** *m* parking offender; **~uhr** *mot. f* parking meter; **~wächter** *m* park keeper; *mot.* car park (*Am.* parking lot) attendant
Parlament *n* parliament; **²arisch** *adj.* parliamentary
Parodie *f* parody, takeoff (***auf*** of); **²ren** *v/t.* parody, take* off
Parole *f mil.* password; *fig.* watchword, *pol. a.* slogan
Partei *f* party (*a. pol.*); ***j-s ~ ergreifen*** take* sides with s.o., side with s.o.; **²isch** *adj.* partial (***für*** to); prejudiced (***gegen*** against); **²los** *pol. adj.* independent; **~mitglied** *pol. n* party member; **~programm** *pol. n* platform; **~tag** *pol. m* convention; **~zugehörigkeit** *pol. f* party membership
Parterre *n* ground floor, *Am.* first floor
Partie *f Spiel*: game; *Sport*: *a.* match; *Teil*: part, passage (*a. mus.*); F *Heirat*: match
Partisan *m* partisan, guerilla
Partitur *mus. f* score
Partizip *gr. n* participle
Partner|(in) partner; **~schaft** *f* partnership; **~stadt** *f* twin town
paschen *östr. v/t. u. v/i.* smuggle
Pascher *östr. m* smuggler
Pass *m* passport; *Sport*, *Gebirgs²*: pass; ***langer ~*** *Sport*: long ball
Passage *f* passage
Passagier *m* passenger; **~flugzeug** *n* passenger plane; *großes*: *a.* airliner
Passah, ~fest *n* Passover
Passant(in) passerby
Passbild *n* passport photo(graph)
passen 1. *v/i.* fit (***j-m*** s.o.; ***auf*** *od.* ***für*** *od.* ***zu et.*** s.th.); *zusagen*: suit (***j-m*** s.o.), be* convenient; *Kartenspiel*, *Sport*: pass; **~ *zu*** *farblich etc.*: go* with, match (with); ***sie ~ gut zueinander*** they are well suited to each other; ***passt es Ihnen morgen?*** would tomorrow suit you *od.* be all right (with you)?; ***das*** (***er***) ***passt mir gar nicht*** I don't like that (him) at all; ***das passt*** (***nicht***) ***zu ihm*** that's just like him (not like him, not his style); **~d** *adj.* fitting (*a. Kleidung*); *farblich etc.*: matching; *geeignet*: suitable, right
passier|bar *adj.* passable; **~en 1.** *v/i.* happen; **2.** *v/t.* pass (through); **²-schein** *m* pass, permit
Passion *f* passion; *rel.* Passion
passiv *adj.* passive
Passiv *gr. n* passive (voice)
Paste *f* paste
Pastell *n* pastel
Pastete *f* pie
Pate *m* godfather; godchild; **~nkind** *n* godchild; **~nschaft** *f* sponsorship
Patent *n* patent; *mil. Offiziers²*: commission; **~amt** *n* patent office; **~anwalt** *m* patent agent; **²ieren** *v/t.* patent; ***et. ~ lassen*** take* out a patent for s.th.; **~inhaber** *m* patentee
Pater *rel. m* father, padre
pathetisch *adj.* pompous; ⚠ *nicht* ***pathetic***
Patient(in) patient
Patin *f* godmother
Patriot|(in) patriot; **²isch** *adj.* patriotic; **~ismus** *m* patriotism
Patrone *f* cartridge
Patrouill|e *f*, **²ieren** *v/i.* patrol
Patsch|e F *f*: ***in der ~ sitzen*** be* in a fix *od.* jam; **²en** F *v/i.* (s)plash; **²nass** *adj.* soaking wet
patze|n F *v/i.*, **²r** *m* blunder
Pauke *mus. f* bass drum; *Kessel²*: kettledrum; **²n** F *fig. v/i. u. v/t.* cram
Pauschal|e *f* lump sum; **~gebühr** *f* flat rate; **~reise** *f* package tour; **~urteil** *n* sweeping judg(e)ment
Pause[1] *f Arbeits²*, *Schul²*: break, *Am.* recess; *bsd. thea.*, *Sport*: interval, *Am.* intermission; *Sprech²*: pause; *Ruhe²*: rest (*a. mus.*)
Pause[2] *tech. f* tracing; **²n** *v/t.* trace
pausen|los *adj.* uninterrupted, nonstop; **²zeichen** *n Radio*: interval signal; *Schule*: bell
pausieren *v/i.* pause, rest
Pavian *m* baboon
Pavillon *m* pavilion

P

Pazifis|mus *m* pacifism; **~t(in)**, **♀tisch** *adj.* pacifist

PC *m* PC (*Abk. für* ***personal computer***); **~-Benutzer** *m* PC user

Pech *n* pitch; F *fig.* bad luck; **~strähne** F *f* run of bad luck; **~vogel** F *m* unlucky fellow

pedantisch *adj.* pedantic, fussy

Pegel *m* level (*a. fig.*)

peilen *v/t. Tiefe*: sound

peinige|n *v/t.* torment; **♀r** *m* tormentor

peinlich *adj.* embarrassing; ***~ genau*** meticulous (***bei, in*** in); ***es war mir ~*** I was *od.* felt embarrassed

Peitsche *f*, **♀n** *v/t.* whip; **~nhieb** *m* lash

Pell|e *f* skin; *Schale*: peel; **♀en** *v/t.* peel; **~kartoffeln** *pl.* potatoes *pl.* (boiled) in their jackets

Pelz *m* fur; *abgezogener*: skin; **♀gefüttert** *adj.* fur-lined; **~geschäft** *n* fur(rier's) shop (*Am.* store); **♀ig** *adj.* furry; *med. Zunge*: furred; **~mantel** *m* fur coat; **~tiere** *pl.* furred animals *pl.*, furs *pl.*

Pend|el *n* pendulum; **♀eln** *v/i.* swing*; *rail. etc.* shuttle; *Person*: commute; **~eltür** *f* swing door; **~elverkehr** *rail. etc. m* shuttle service; commuter traffic; **~ler** *m* commuter

Penis *m* penis

Penner F *m* tramp, *Brt. a.* dosser, *Am. a.* hobo, bum

Pension *f* (old age) pension; boarding-house, private hotel; ***in ~ sein*** be* retired; **~är(in)** (old age) pensioner; *Pensionsgast*: boarder; **~at** *n* boarding school; **♀ieren** *v/t.* pension (off); ***sich ~ lassen*** retire; **~ierung** *f* retirement; **~ist(in)** *östr., Schweiz*: (old age) pensioner; **~sgast** *m* boarder

Pensum *n* (work) quota, stint

per *prp. pro*: per; *durch, mit*: by

perfekt *adj.* perfect; ***~ machen*** settle

Perfekt *gr. n* present perfect

Pergament *n* parchment

Period|e *f* period; *med. a.* menstruation; **♀isch** *adj.* periodic(al)

Peripherie *f* periphery, *e-r Stadt a.*: outskirts *pl.*;**~geräte** *pl. Computer*: peripheral equipment *sg.*

Perle *f* pearl; *Glas♀ etc.*: bead; **♀n** *v/i. Sekt etc.*: sparkle, bubble; **~nkette** *f* pearl necklace

Perl|muschel *zo. f* pearl oyster; **~mutt** *n* mother-of-pearl

Perron *m Schweiz*: platform

Pers|er *m* Persian; Persian carpet; **~erin** *f* Persian (woman); **~ien** Persia; **♀isch** *adj.* Persian

Person *f* person; *thea. etc. a.* character; ***ein Tisch für drei ~en*** a table for three

Personal *n* staff, personnel; ***zu wenig ~ haben*** be* understaffed; **~abbau** *m* staff reduction; **~abteilung** *f* personnel department; **~ausweis** *m* identity card; **~chef** *m* staff manager; **~ien** *pl.* particulars *pl.*, personal data *pl.*; **~pronomen** *gr. n* personal pronoun

Personen|(kraft)wagen (*Abk.* ***PKW***) *m* (*Brt. a.* motor)car, *bsd. Am. a.* auto(mobile); **~zug** *rail. m* passenger train; local *od.* commuter train

personifizieren *v/t.* personify

persönlich *adj.* personal; **♀keit** *f* personality

Perücke *f* wig

pervers *adj.* perverted; ***ein ♀er*** a pervert

Pessimis|mus *m* pessimism; **~t(in)** pessimist; **♀tisch** *adj.* pessimistic

Pest *med. f* plague; ⚠ *nicht* ***pest***

Pestizid *n* pesticide

Petersilie *f* parsley

Petroleum *n* paraffin, *Am.* kerosene; **~lampe** *f* paraffin (*Am.* kerosene) lamp

petzen F *v/i.* tell* tales, *Brt. a.* sneak

Pfad *m* path, track; **~finder** *m* boy-scout; **~finderin** *f* girl guide, *Am.* girl scout

Pfahl *m* stake; *Pfosten*: post; *Mast*: pole

Pfand *n* security; *Gegenstand*: pawn, pledge; *Flaschen♀ etc.*: deposit; *im Spiel*: forfeit; **~brief** *econ. m* mortgage bond

pfänden *jur. v/t. et.*: seize, distrain (upon)

Pfand|haus *n* → ***Leihhaus***; **~leiher** *m* pawnbroker; **~schein** *m* pawn ticket

Pfändung *jur. f* seizure, distraint

Pfann|e *f* pan; **~kuchen** *m* pancake

Pfarr|bezirk *m* parish; **~er** *m anglikanisch*: vicar; *evangelisch*: pastor; *katholisch*: (parish) priest; **~gemeinde** *f* parish; **~haus** *n* parsonage; *anglikanisch*: rectory, vicarage; **~kirche** *f* parish church

P

Pfau *m* peacock

Pfeffer *m* pepper; **~kuchen** *m* gingerbread; **~minze** *bot. f* peppermint; **2n** *v/t.* pepper; **~streuer** *m* pepper caster

Pfeife *f* whistle; *Orgel2 etc.*: pipe; *Tabaks2*: pipe; **2n** *v/i. u. v/t.* whistle (***j-m*** to s.o.); F: ~ ***auf*** not give* a damn about; **~nkopf** *m* pipe bowl

Pfeil *m* arrow

Pfeiler *m* pillar; *Brücken2*: pier

Pfennig *m* pfennig; *fig.* penny

Pferch *m* fold, pen; **2en** *v/t.* cram (***in*** into)

Pferd *n* horse (*a. Turnen*); ***zu ~e*** on horseback; ***aufs ~ steigen*** mount a horse

Pferde|geschirr *n* harness; **~koppel** *f* paddock; **~rennen** *n* horserace; **~stall** *m* stable; **~stärke** *tech. f* horsepower; **~wagen** *m* (horse-drawn) carriage

Pfiff *m* whistle; **2ig** *adj.* smart

Pfingst|en *n* Whitsun (***zu***, ***an*** at), *Am.* Pentecost; **~montag** *m* Whit Monday; **~rose** *bot. f* peony; **~sonntag** *m* Whit Sunday, *bsd. Am.* Pentecost

Pfirsich *m* peach

Pflanz|e *f* plant; ***~n fressend*** herbivorous; **2en** *v/t.* plant; **~enfett** *n* vegetable fat; **2lich** *adj.* vegetable; **~ung** *f* plantation

Pflaster *n med.* plaster, *bsd. Am.* Band-Aid®; *Straßen2*: pavement; **2n** *v/t.* pave; **~stein** *m* paving stone

Pflaume *f* plum; *Back2*: prune

Pflege *f* care; *med.* nursing; *e-s Gartens, von Beziehungen*: cultivation; *tech.* maintenance; ***in ~ nehmen*** take* *s.o.* into one's care; ***~...*** *in Zssgn Eltern, Kind, Sohn etc.*: foster ...; *Heim, Kosten, Personal etc.*: nursing ...; **2bedürftig** *adj.* needing care; **~fall** *m* constant-care patient; **~heim** *med. n* nursing home; **2leicht** *adj.* wash-and-wear, easy-care

pflege|n *v/t.* care for, look after; *bsd. Kind, Kranke*: *a.* nurse; *tech.* maintain; *fig. Beziehungen etc.*: cultivate; *Brauch etc.*: keep* up; ***sie pflegte zu sagen*** she used to *od.* would say; **2r** *m* male nurse; **2rin** *f* nurse; **2stelle** *f* nursing place

Pflicht *f* duty (***gegen*** to); *Sport*: compulsory events *pl.*; **2bewusst** *adj.* conscientious; **~bewusstsein** *n* sense of duty; **~erfüllung** *f* performance of one's duty; **~fach** *n* compulsory subject; **2gemäß, 2getreu** *adj.* dutiful; **~teil** *jur. m, n* legal portion *od.* share, *Am.* statutory share; **2vergessen** *adv.*: ***~ handeln*** neglect one's duty; **~versicherung** *f* compulsory insurance

Pflock *m* peg, pin; *Stöpsel*: plug

pflücken *v/t.* pick, gather

Pflug *m*, **pflügen** *v/t. u. v/i.* plough, *Am.* plow

Pforte *f* gate, door, entrance

Pförtner *m* doorman, porter

Pfosten *m* post (*a. Fußball etc.*)

Pfote *f* paw (*a. fig.*)

Pfropfen *m* stopper; *Kork2*: cork; *Watte2, Stöpsel*: plug; *med.* clot

pfropfen *v/t.* stopper; cork; plug; *agr.* graft; *fig.* cram, stuff

pfui *int.* ugh!; *Zuschauer*: boo!

Pfund *n* pound; ***10 ~*** ten pounds; **2weise** *adv.* by the pound

pfusch|en F *v/i.*, **2erei** *f* bungle, botch

Pfütze *f* puddle, pool

Phänomen *n* phenomenon; **2al** *adj.* phenomenal

Phantasie *etc.* → ***Fantasie*** *etc.*

Phantom *n* phantom; **~bild** *n* identikit® (*od.* photofit) picture; **~schmerzen** *pl.* phantom limb pain *sg.*

Pharisäer *m fig.* hypocrite

pharmazeutisch *adj.* pharmaceutical

Phase *f* phase (*a. electr.*), stage

Philosoph *m* philosopher; **~ie** *f* philosophy; **2ieren** *v/i.* philosophize (***über*** on); **2isch** *adj.* philosophical

phlegmatisch *adj.* phlegmatic

Phon|etik *f* phonetics *sg.*; **2etisch** *adj.* phonetic; **~stärke** *f* decibel level

Phosphor *chem. m* phosphorus

Photo *etc.* → ***Foto*** *etc.*

Phrase *contp. f* cliché (phrase)

Physik *f* physics *sg.*; **2alisch** *adj.* physical; **~er(in)** physicist

physisch *adj.* physical

Pianist(in) pianist

Piano *n* piano

Picke *tech. f* pick(axe)

Pickel[1] *m* pick(axe)

Pickel[2] *med. m* pimple; **2ig** *med. adj.* pimpled, pimply

picken *v/i. u. v/t.* peck, pick

Picknick *n* picnic; **2en** *v/i.* (have* a) picnic
piep(s)en *v/i.* chirp, cheep; *electr.* bleep
Pietät *f* reverence; *Frömmigkeit*: piety; **2los** *adj.* irreverent; **2voll** *adj.* reverent
Pik *n Karten*: spade(s *pl.*)
pikant *adj.* piquant, spicy (*beide a. fig.*); *Witz etc.*: *a.* risqué
Pilger|(in) pilgrim; **~fahrt** *f* pilgrimage; **2n** *v/i.* (go* on a) pilgrimage
Pille *f* pill; F: ***die ~ nehmen*** be* on the pill
Pilot *m* pilot (*a. fig. u. in Zssgn*)
Pilz *bot. m* mushroom (*a. fig.*); *giftiger*: toadstool; *med.* fungus; ***~e suchen*** (***gehen***) go* mushrooming
Pinguin *zo. m* penguin
pinkeln F *v/i.* (have* a) pee, piddle
Pinsel *m* (paint)brush; **~strich** *m* brushstroke
Pinzette *f* tweezers *pl.*; *med.* forceps
Pionier *m* pioneer; *mil. a.* engineer
Pirat *m* pirate (*a. in Zssgn*)
Pisse V *f*, **2n** *v/i.* piss
Piste *f* course; *aviat.* runway
Pistole *f* pistol, gun
Pkw, PKW *Abk. für* ***Personenkraftwagen*** (motor)car, *bsd. Am.* automobile
Plache *östr. f* awning, tarpaulin
placier|en *v/t.* → ***platzieren***
plädieren *v/i.* plead (***für*** for)
Plädoyer *jur. n* final speech, pleading
Plage *f Mühsal*: trouble, misery; *Insekten2 etc.*: plague; *Ärgernis*: nuisance, F pest; **2n** *v/t.* trouble; *belästigen*: bother; *stärker*: pester; ***sich ~*** toil, drudge
Plakat *n* poster, placard, bill
Plakette *f Abzeichen*: plaque, badge
Plan *m* plan; *Absicht*: *a.* intention
Plane *f* awning, tarpaulin
planen *v/t.* plan, make* plans for
Planet *m* planet
planieren *tech. v/t.* level, plane, grade
Planke *f* plank, (thick) board
plänkeln *v/i.* skirmish
plan|los *adj.* without plan; *ziellos*: aimless; **~mäßig 1.** *adj. Ankunft etc.*: scheduled; **2.** *adv.* according to plan
Plan(t)sch|becken *n* paddling pool; **2en** *v/i.* splash
Plantage *f* plantation
Plapper|maul F *n* chatterbox; **2n** F *v/i.* chatter, prattle, babble
plärren F *v/i. u. v/t.* blubber; *schreien*: bawl; *Radio*: blare
Plastik¹ *f Skulptur*: sculpture
Plasti|k² *n* plastic; **~k...** *in Zssgn Besteck etc.*: plastic ...; **2sch** *adj.* plastic; *Sehen*: three-dimensional; *fig.* graphic
Platin *n* platinum
plätschern *v/i.* ripple (*a. fig.*), splash
platt *adj.* flat, level, even; *fig.* trite; F *fig.* flabbergasted
Platte *f Metall, Glas*: sheet, plate; *Stein*: slab; *Holz*: board; *Paneel*: panel; *Schall2*: record, disc, *Am.* disk; *Computer*: disk; *Teller*: dish; F *Glatze*: bald pate; ***kalte ~*** cold cuts *pl.*
plätten *v/t.* iron, press
Platten: F ***e-n ~ haben*** have* a flat tyre (*Am.* tire), F have* a flat
Platten|spieler *m* record player; **~teller** *m* turntable
Platt|form *f* platform; **~fuß** *m med.* flat foot; F *mot.*; → ***Platten***; **~heit** *fig. f* triviality; *Floskel*: platitude
Plättli *n Schweiz*: tile
Platz *m Ort, Stelle*: place, spot; *Lage, Bau2 etc.*: site; *Raum*: room, space; *öffentlicher*: square; *runder*: circus; *Sitz2*: seat; ***es ist*** (***nicht***) ***genug ~*** there's (there isn't) enough room; ***~ machen für*** make* room for; *vorbeilassen*: make* way for; ***~ nehmen*** take* a seat, sit* down; ⚠ *nicht* ***take place***; ***ist dieser ~ noch frei?*** is this seat taken?; ***j-n vom ~ stellen*** send* s.o. off; ***auf eigenem ~*** at home; ***auf die Plätze, fertig, los!*** on your marks, get set, go!; **~anweiser(in)** usher(ette)
Plätzchen *n* (little) place, spot; *Gebäck*: biscuit, *Am.* cookie
platzen *v/i.* burst* (*a. fig.*); *reißen*: *a.* crack, split*; *explodieren* (*a. fig.*): *a.* explode (***vor*** with), blow* up; *fig. scheitern*: come* to grief *od.* nothing, fall* through, blow* up, *sl.* go* phut; *Freundschaft etc.*: break* up
platzier|en *v/t.* place; ***sich ~*** *Sport*: be* placed; **2ung** *f* place, placing
Platzkarte *f* reservation (ticket)
Plätzli *n Schweiz*: cutlet
Platz|patrone *f* blank (cartridge); **~regen** *m* cloudburst, downpour; **~reservierung** *f* seat reservation; **~verweis** *m*: ***e-n ~ erhalten*** be* sent off; **~wart** *m Sport*: grounds|man, *Am.* -keeper; **~wunde** *f* cut, laceration

P

Plauder|ei *f* chat; **ᘔn** *v/i.* (have* a) chat
plauschen *östr. v/i.* → ***plaudern***
Pleite F *f* bankruptcy; *fig.* flop
pleite F *adj.* broke; ~ ***gehen*** go* broke
Plomb|e *f* seal; *Zahn*ᘔ: filling; **ᘔieren** *v/t.* seal; fill
plötzlich 1. *adj.* sudden; **2.** *adv.* suddenly, all of a sudden
plump *adj.* clumsy; **~s** *int.* thud, plop; **~sen** *v/i.* thud, plop, flop
Plunder F *m* trash, junk
Plünder|er *m* looter, plunderer; **ᘔn** *v/i. u. v/t.* plunder, loot
Plural *gr. m* plural
plus *adv.* plus
Plusquamperfekt *gr. n* past perfect
Pneu *m Schweiz*: tyre, *Am.* tire
Po F *m* bottom, behind
Pöbel *m* mob, rabble
pochen *v/i.* knock, rap (*beide*: **an** at)
Pocke *med. f* pock; **~n** *med. pl.* smallpox *sg.*; **~nimpfung** *med. f* smallpox vaccination
Podest *n, m* platform; *fig.* pedestal
Podium *n* podium, platform; **~sdiskussion** *f* panel discussion
Poesie *f* poetry
Poet *m* poet; **ᘔisch** *adj.* poetic(al)
Pointe *f* point, *e-s Witzes a.* punch line
Pokal *m* goblet; *Sport*: cup; **~endspiel** *n* cup final; **~spiel** *n* cup tie
pökeln *v/t.* salt
Pol *m* pole; **ᘔar** *adj.* polar (*a. electr.*)
Pol|e *m* Pole; **~en** Poland; **~in** *f* Pole, Polish woman
Polemi|k *f* polemic(s); **ᘔsch** *adj.* polemic(al); **ᘔsieren** *v/i.* polemize
Police *f* policy
Polier *tech. m* foreman; **ᘔen** *v/t.* polish
Politi|k *f allg.* politics *sg. u. pl.*; *bestimmte, fig. Taktik*: policy; **~ker(in)** politician; **ᘔsch** *adj.* political; **ᘔsieren** *v/i.* talk politics
Polizei *f* police *pl.*; **~auto** *n* police car; **~beamte** *m* police officer; **ᘔlich** *adj.* (of *od.* by the) police; **~präsidium** *n* police headquarters *pl.*; **~revier** *n* police station; *Bezirk*: district, *Am. a.* precinct; **~schutz** *m*: ***unter*** ~ under police guard; **~streife** *f* police patrol; **~stunde** *f* closing time; **~wache** *f* police station
Polizist *m* policeman; **~in** *f* policewoman
polnisch *adj.* Polish
Polster *n Sessel*ᘔ: upholstery; *Kissen*: cushion; *in Kleidung*: pad(ding); *fig. finanzielles etc.*: bolster; **~garnitur** *f* three-piece suite; **~möbel** *pl.* upholstered furniture *sg.*; **ᘔn** *v/t.* upholster; *Kleidung*: pad; **~sessel** *m* easy chair, armchair; **~stuhl** *m* upholstered chair; **~ung** *f* upholstery; *Kleidung*: padding
poltern *v/i.* rumble; *fig.* bluster
Pommes frites *pl. Brt.* chips *pl.*, *Am.* French fries *pl.*, French fried potatoes *pl.*
Pomp *m* pomp; **ᘔös** *adj.* showy
Pony[1] *zo. n* pony
Pony[2] *m* fringe, bangs *pl.*
Pop|gruppe *f* pop group; **~musik** *f* pop music
popul|är *adj.* popular; **ᘔarität** *f* popularity
Pore *f* pore
Porno|(film) *m* porn (film), blue movie; **~heft** *n* porn magazine
porös *adj.* porous
Portier *m* doorman, porter
Portion *f* portion, share; *bei Tisch*: helping, serving
Portmonee *n* purse
Porto *n* postage
Porträt *n* portrait; **ᘔieren** *v/t.* portray
Portug|al Portugal; **~iese** *m*, **~iesin** *f*, **ᘔiesisch** *adj.* Portuguese
Porzellan *n* china (*a. Geschirr*), porcelain
Posaune *f mus.* trombone; *fig.* trumpet
Pose *f* pose, attitude
Position *f* position (*a. fig.*)
positiv *adj.* positive
possessiv *gr. adj.* possessive; **ᘔpronomen** *n* possessive pronoun
possierlich *adj.* droll, funny
Post *f* post, *bsd. Am.* mail; *~sachen*: mail, letters *pl.*; ***mit der*** ~ by post *od.* mail; **~amt** *n* post office; **~anweisung** *f* money order; **~beamte** *m*, **~beamtin** *f* post office clerk; **~bote** *m* postman, *Am.* mailman
Posten *m* post; *Anstellung*: *a.* job, position; *mil.* sentry; *Rechnungs*ᘔ: item; *Waren*: lot, parcel
Postfach *n* (PO) box
postieren *v/t.* post, station, place; ***sich*** ~ station o.s.
Post|karte *f* postcard; **~kutsche** *f*

P

stagecoach; **2lagernd** *adj.* poste restante, *Am.* (in care of) general delivery; **~leitzahl** *f* post(al) code, *Am.* zip code; **~minister** *m* Postmaster General; **~scheck** *m* postal cheque (*Am.* check); **~sparbuch** *n* post-office savings book; **~stempel** *m* postmark; **2wendend** *adv.* by return (of post), *Am.* by return mail; **~wertzeichen** *n* (postage) stamp; **~zustellung** *f* postal *od.* mail delivery

Potenz *f med.* potency; *math.* power

Pracht *f* splendo(u)r, magnificence

prächtig *adj.* splendid, magnificent; *fig. a.* great, super

Prädikat *gr. n* predicate

prägen *v/t.* stamp, coin (*a. fig.*)

prahlen *v/i.* brag, boast (*beide*: ***mit*** of), talk big, show* off

Prahler *m* boaster, braggart; **~ei** *f* boasting, bragging; **2isch** *adj.* boastful; *prunkend*: showy

Prakti|kant(in) trainee; **~ken** *pl.* practices *pl.*; **~kum** *n* practical training; **2sch 1.** *adj.* practical; *nützlich*: *a.* useful, handy; ***~er Arzt*** general practitioner; **2.** *adv.*practically; *so gut wie*: *a.* virtually; **2zieren** *med., jur. v/i.* practi|se, *Am.* -ce medicine *od.* law

Prälat *rel. m* prelate

Praline *f* chocolate

prall *adj.* tight; *Brieftasche, Muskeln etc.*: bulging; *Busen etc.*: well-rounded; *Sonne*: blazing; **~en** *v/i.*: ***~ gegen*** (*od.* ***auf***) crash *od.* bump into

Prämi|e *f* premium; *Preis*: prize; *Leistungs2*: bonus; **2(i)eren** *v/t.* award a prize to

Pranke *f* paw

Präpa|rat *n* preparation; **2ieren** *v/t.* prepare; *med., bot., zo.* dissect

Präposition *gr. f* preposition

Prärie *f* prairie

Präsens *gr. n* present (tense)

präsentieren *v/t.* present; offer

Präservativ *n* condom

Präsi|dent *m* president; *Vorsitzender*: *a.* chairman; **2dieren** *v/i.* preside (***in*** over); **~dium** *n* presidency

prasseln *v/i. Regen etc.*: patter; *Feuer*: crackle

Präteritum *gr. n* past (tense)

Praxis *f* practice (*a. med., jur.*); *med. ~räume*: *Brt.* surgery, *Am.* doctor's office

Präzedenzfall *m* precedent

präzis|(e) *adj.* precise; **2ion** *f* precision

predig|en *v/i. u. v/t.* preach; **2er** *m* preacher; **2t** *f* sermon

Preis *m* price (*a. fig.*); *im Wettbewerb*: prize; *Film etc.*: award; *Belohnung*: reward; ***um jeden ~*** at all costs; **~ausschreiben** *n* competition

Preiselbeere *bot. f* cranberry

preisen *v/t.* praise

Preis|erhöhung *f* rise *od.* increase in price(s); **2geben** *v/t.* abandon; *Geheimnis*: reveal, give* away; **2gekrönt** *adj.* prizewinning; *Film etc.*: award-winning; **~gericht** *n* jury; **~lage** *f* price range; **~liste** *f* price list; **~nachlass** *m* discount; **~rätsel** *n* competition; **~richter** *m* judge; **~schild** *n* price tag; **~stopp** *m* price freeze; **~träger(in)** prizewinner; **2wert** *adj.* cheap; ***~ sein*** *a.* be* good value

prell|en *v/t. fig.* cheat (***um*** out of); ***sich et. ~*** bruise s.th.; **2ung** *med. f* contusion, bruise

Premier|e *thea. etc. f* first night, première; **~minister** *m* prime minister

Presse *f* press; *Saft2*: squeezer; **~...** *in Zssgn Agentur, Konferenz, Fotograf etc.*: press ...; **~freiheit** *f* freedom of the press; **~meldung** *f* news item; **2n** *v/t.* press; squeeze; **~tribüne** *f* press box; **~vertreter** *m* reporter

Pressluft *f* compressed air; **~...** *in Zssgn Bohrer, Hammer etc.*: pneumatic

Prestige *n* prestige; **~verlust** *m* loss of prestige *od.* face

Preuß|e *m*, **2isch** *adj.* Prussian

prickeln *v/i.* prickle; *Finger etc.*: tingle

Priester|(in) priest(ess); **2lich** *adj.* priestly

prim|a F *adj.* great, super; **~är** *adj.* primary (*a. in Zssgn*)

Primar|arzt *östr. m* → ***Oberarzt***; **~schule** *f Schweiz*: → ***Grundschule***

Primel *bot. f* primrose

primitiv *adj.* primitive

Prinz *m* prince; **~essin** *f* princess; **~gemahl** *m* prince consort

Prinzip *n* principle (***aus*** on; ***im*** in); **2iell** *adv.* as a matter of principle

Prise *f*: ***e-e ~ Salz*** *etc.* a pinch of salt *etc.*

Prisma *n* prism

Pritsche *f* plank bed; *mot.* platform; **~nwagen** *m* pick-up (truck)

P

privat *adj.* private; *persönlich*: personal; **♀...** *in Zssgn Leben, Schule, Detektiv etc.*: private ...; **♀angelegenheit** *f* personal *od.* private matter *od.* affair; ***das ist m-e ~*** that's my own business
Privileg *n* privilege
pro *prp.* per; ***2 Mark ~ Stück*** 2 marks each
Pro *n*: ***das ~ und Kontra*** the pros and cons *pl.*
Probe *f Erprobung*: trial, test; *Muster, Beispiel*: sample; *thea.* rehearsal; *math.* proof; ***auf ~*** on probation; ***auf die ~ stellen*** put* to the test; **~alarm** *m* test alarm, fire drill; **~aufnahmen** *pl. Film*: screen test *sg.*; **~fahrt** *f* test drive; **~flug** *m* test flight; **♀n** *thea. v/i. u. v/t.* rehearse; **♀weise** *adv.* on trial; *Person*: *a.* on probation; **~zeit** *f* (time of) probation
probieren *v/t.* try; *kosten*: *a.* taste
Problem *n* problem; **♀atisch** *adj.* problematic(al)
Produkt *n* product (*a. math.*); *Ergebnis*: result; **~ion** *f* production; *~smenge*: *a.* output; **~ionsmittel** *pl.* means *pl.* of production; **♀iv** *adj.* productive
Produz|ent *m* producer; **♀ieren** *v/t.* produce
professionell *adj.* professional
Profess|or(in) professor; **~ur** *f* professorship, chair (***für*** of)
Profi F *m* pro; **~...** *in Zssgn Boxer, Fußballer etc.*: professional
Profil *n* profile; *Reifen♀*: tread; **♀ieren** *v/refl.* distinguish o.s.
Profit *m* profit; **♀ieren** *v/i.* profit (***von*** *od.* ***bei et.*** from *od.* by s.th.)
Prognose *f* prediction; *bsd. Wetter*: *a.* forecast; *med.* prognosis
Programm *n* program(me); *TV Kanal*: *a.* channel; *Computer*: program; **~fehler** *m Computer*: program error, bug; **♀ieren** *v/t.* program; **~ierer(in)** programmer
Projekt *n* project; **~ion** *f* projection; **~or** *m* projector
proklamieren *v/t.* proclaim
Prokurist *m* authorized signatory
Proletari|er *m*, **♀sch** *adj.* proletarian
Prolog *m* prologue
Promillegrenze *f* (blood) alcohol limit
prominen|t *adj.* prominent; **♀z** *f* notables *pl.*; high society

Promo|tion *univ. f* doctorate; **♀vieren** *v/i.* do* one's doctorate
prompt *adj.* prompt; *Antwort*: *a.* quick
Pronomen *gr. n* pronoun
Propeller *m* propeller
Prophe|t *m* prophet; **♀tisch** *adj.* prophetic; **♀zeien** *v/t.* prophesy, predict; **~zeiung** *f* prophecy, prediction
Proportion *f* proportion
Proporz *m* proportional representation
Prosa *f* prose
Prospekt *m* prospectus; *Reise♀ etc.*: brochure, pamphlet; ⚠ *nicht* ***prospect***
prost *int.* cheers!
Prostituierte *f* prostitute
Protest *m* protest; ***aus ~*** in (*od.* as a) protest
Protestant|(in), **♀isch** *adj.* Protestant
protestieren *v/i.* protest
Prothese *med. f* artificial limb; *Zahn♀*: denture
Protokoll *n* record, minutes *pl.*; *Diplomatie*: protocol; **~führer** *m* keeper of the minutes; **♀ieren** *v/t. u. v/i.* take* the minutes (of)
protz|en F *v/i.* show* off (***mit et.*** s.th.); **~ig** *adj.* showy, flashy
Proviant *m* provisions *pl.*, food
Provinz *f* province; *fig.* country; **♀iell** *adj.* provincial (*a. fig. contp.*)
Provis|ion *econ. f* commission; **♀orisch** *adj.* provisional, temporary
provozieren *v/t.* provoke
Prozent *n* per cent; F **~e** *pl.* discount *sg.*; **~satz** *m* percentage; **♀ual** *adj.* proportional; ***~er Anteil*** percentage
Prozess *m Vorgang*: process (*a. tech., chem. etc.*); *jur. Klage*: action; *jur. Rechtsstreit*: lawsuit, case; *Straf♀*: trial; ***j-m den ~ machen*** take* s.o. to court; ***e-n ~ gewinnen*** (***verlieren***) win* (lose*) a case
prozessieren *v/i.* go* to court; ***gegen j-n ~*** bring* an action against s.o., take* s.o. to court
Prozession *f* procession
Prozessor *m Computer*: processor
prüde *adj.* prudish; ***~ sein*** be* a prude
prüf|en *v/t. Schüler etc.*: examine, test; *nach♀*: check; *über♀*: inspect (*a. tech.*); *erproben*: test; *Vorschlag etc.*: consider; **~end** *adj. Blick*: searching; **♀er** *m* examiner; *bsd. tech.* tester; **♀ling** *m* candidate; **♀stein** *m* touchstone; **♀ung** *f*

examination, F exam; test; check(ing), inspection; ***e-e ~ machen*** (***bestehen***, ***nicht bestehen***) take* (pass, fail) an exam(ination); **2ungsarbeit** *f* examination *od.* test paper

Prügel F *pl.*: (***e-e Tracht***) ***~ bekommen*** get* a (good) beating *od.* hiding *od.* thrashing; **~ei** F *f* fight; **2n** F *v/t.* beat*, clobber; *Schüler*: flog, cane; ***sich ~*** (have* a) fight*; **~strafe** *f* corporal punishment; *Schule*: *a.* caning

Prunk *m* splendo(u)r, pomp; **2voll** *adj.* splendid, magnificent

PS *Abkürzung für* **Pferdestärke** horsepower, HP

Psalm *rel. m* psalm

Pseudonym *n* pseudonym

pst *int. still*: sh!, ssh!; *hallo*: psst!

Psych|e *f* mind, psyche; **~iater** *m* psychiatrist; **2iatrisch** *adj.* psychiatric; **2isch** *adj.* mental, *med. a.* psychic

Psycho|analyse *f* psychoanalysis; **~loge** *m* psychologist (*a. fig.*); **~logie** *f* psychology; **2logisch** *adj.* psychological; **~se** *f* psychosis; **2somatisch** *adj.* psychosomatic

Pubertät *f* puberty

Publikum *n* audience; *TV a.* viewers *pl.*; *Radio*: *a.* listeners *pl.*; *Sport*: crowd, spectators *pl.*; *Lokal etc.*: customers *pl.*; *Öffentlichkeit*: public; **~sgeschmack** *m* public taste

publizieren *v/t.* publish

Pudding *m* pudding, *bsd. Brt.* blancmange

Pudel *zo. m* poodle; *Kegeln*: miss

Puder *m* powder; **~dose** *f* powder compact; **2n** *v/t.* powder; ***sich ~*** powder one's face; **~zucker** *m* icing (*Am.* confectioner's) sugar

Puff[1] F *m Bordell*: brothel

Puff[2] *Stoß*: thump; *in die Rippen*: poke

Puffer *rail. etc. m* buffer (*a. fig.*)

Puff|mais *m* popcorn; **~reis** *m* puffed rice

Pull|i *m* (light) sweater, *Brt. a.* jumper; **~over** *m* sweater, pullover

Puls *med. m* pulse; *~zahl*: pulse rate; **~ader** *anat. f* artery; **2ieren** *v/i.* pulsate (*a. fig.*)

Pult *n* desk

Pulv|er *n* powder; F *fig.* cash, *sl.* dough; **2(e)rig** *adj.* powdery; **2erisieren** *v/t.* pulverize; **~erkaffee** *m* instant coffee; **~erschnee** *m* powder snow

pumm(e)lig F *adj.* chubby, plump, tubby

Pumpe *f* pump; **2n** *v/i. u. v/t. tech.* pump; F *verleihen*: lend*; *entleihen*: borrow

Punker F *m* punk

Punkt *m* point (*a. fig.*); *Tupfen*: dot; *Satzzeichen*: full stop, period; *Stelle*: spot, place; ***um ~ zehn*** (***Uhr***) at ten (o'clock) sharp; ***nach ~en*** *gewinnen etc.*: on points; **2ieren** *v/t.* dot; *med.* puncture

pünktlich *adj.* punctual; ***~ sein*** be* on time; **2keit** *f* punctuality

Punkt|sieger(in) winner on points; **~spiel** *n* league game

Pupille *anat. f* pupil

Puppe *f* doll; F *Mädchen*: *a.* bird, *Am. a.* chick; *thea., fig.* puppet; *für Crashtests*: dummy; *zo.* chrysalis, pupa; **~nspiel** *n* puppet show; **~nstube** *f* doll's house; **~nwagen** *m* doll's pram, *Am.* doll carriage

pur *adj.* pure (*a. fig.*); *Whisky etc.*: neat, *Am.* straight

Purpur *m Farbe*: crimson; **2rot** *adj.* crimson

Purzel|baum *m* somersault; ***e-n ~ schlagen*** turn a somersault; **2n** *v/i.* tumble

Puste F *f* breath; ***aus der ~*** puffed; **2n** F *v/i.* blow*; *keuchen*: puff

Pute *zo. f* turkey (hen); **~r** *zo. m* turkey (cock)

Putsch *m* putsch, coup (d'état); **2en** *v/i.* revolt, make* a putsch

Putz *arch. m* plaster(ing); ***unter ~*** *electr.* concealed; **2en 1.** *v/t.* clean; *Schuhe, Metall*: *a.* polish; *wischen*: wipe; ***sich die Nase*** (***Zähne***) ***~*** blow* one's nose (brush one's teeth); **2.** *v/i.* do* the cleaning; ***~*** (***gehen***) work as a cleaner; **~frau** *f* cleaner, cleaning woman *od.* lady; **2ig** *adj.* droll, funny, *Am. a.* cute; **~lappen** *m* cleaning rag; **~mittel** *n* clean(s)er; polish

Puzzle *n* jigsaw (puzzle)

Pyjama *m* pyjamas *pl.*, *Am.* pajamas *pl.*

Pyramide *f* pyramid (*a. math.*)

P

Q

Quacksalber *m* quack (doctor)
Quadrat *n* square; ***ins ~ erheben*** square; **~...** *in Zssgn Meile, Meter, Wurzel, Zahl etc.*: square ...; **≈isch** *adj.* square; *math. Gleichung*: quadratic
quaken *v/i. Ente*: quack; *Frosch*: croak
quäken *v/i.* squeak
Qual *f* pain, torment, agony; *seelische*: *a.* anguish
quälen *v/t.* torment (*a. fig.*); *foltern*: torture; *fig.* pester, plague; ***sich ~*** *abmühen*: struggle (***mit*** with)
Qualifi|kation *f* qualification; **~kations...** *in Zssgn Spiel etc.*: qualifying ...; **≈zieren** *v/t. u. v/refl.* qualify
Qualit|ät *f* quality; **≈ativ** *adj. u. adv.* in quality
Qualitäts... *in Zssgn Arbeit, Waren etc.*: high-quality
Qualm *m* (thick) smoke; **≈en** *v/i.* smoke; F be* a heavy smoker
qualvoll *adj.* very painful; *Schmerz*: agonizing (*a. seelisch*)
Quantit|ät *f* quantity; **≈ativ** *adj. u. adv.* in quantity
Quantum *n* amount; *fig. a.* share
Quarantäne *f* quarantine; ***unter ~ stellen*** put* in quarantine
Quark *m* curd, cottage cheese
Quartal *n* quarter (of a year)
Quartett *mus. n* quartet(te)
Quartier *n* accommodation; *Schweiz Viertel*: quarter
Quarz *min. m* quartz (*a. in Zssgn*)
Quatsch F *m* nonsense, rubbish, *sl.* rot, crap, bullshit; ***~ machen*** fool around; *scherzen*: joke, F kid; **≈en** F *v/i.* talk rubbish; *plaudern*: chat
Quecksilber *n* mercury, quicksilver
Quelle *f* spring, source (*a. fig.*); *Öl≈*: well; *fig. a.* origin; **≈n** *v/i.* pour (***aus*** from); **~nangabe** *f* reference
quengel|n F *v/i.* whine; **~ig** *adj.* pestering
quer *adv.* across; *legen etc.*: *a.* crosswise; ***kreuz und ~*** *durcheinander*: all over the place; ***kreuz und ~ durch Deutschland*** *etc.* ***fahren*** travel all over Germany *etc.*
Quer|e *f*: F ***j-m in die ~ kommen*** get* in s.o.'s way; **~feldeinlauf** *m* cross-country race; **~latte** *f Sport*: crossbar; **~schläger** *mil. m* ricochet; **~schnitt** *m* cross-section (*a. fig.*); **≈schnitt(s)gelähmt** *med. adj.* paraplegic; **~straße** *f* intersecting road; ***zweite ~ rechts*** second turning on the right
Querulant *m* querulous person
quetsch|en *v/t. u. v/refl.* squeeze; *med.* bruise (o.s.); **≈ung** *med. f* bruise
quiek(s)en *v/i.* squeak, squeal
quietschen *v/i.* squeal; *Bremsen, Reifen*: *a.* screech; *Tür, Bett etc.*: squeak, creak
quitt *adj.*: ***mit j-m ~ sein*** be* quits *od.* even with s.o. (*a. fig.*); **~ieren** *v/t. econ.* give* a receipt for; ***den Dienst ~*** resign; **≈ung** *f* receipt; *fig.* answer
Quote *f* quota; *Anteil*: share; *Rate*: rate; **~nregelung** *f* quota system
Quotient *math. m* quotient

R

R

Rabatt *econ. m* discount, rebate
Rabe *m* raven
rabiat *adj.* rough, tough
Rache *f* revenge
Rachen *anat. m* throat
rächen *v/t. et.*: avenge; *bsd. j-n*: revenge; ***sich an j-m für et. ~*** revenge o.s. *od.* take* revenge on s.o. for s.th.
Rächer(in) avenger
rachsüchtig *adj.* revengeful
Rad *n* wheel; *Fahr≈*: bicycle, F bike; ***~ fahren*** cycle, ride* a bicycle, F bike; ***ein***

~ ***schlagen*** *Pfau*: spread* its tail; *Sport*: turn a (cart)wheel
Radar *m, n* radar; **~falle** *f* speed trap; **~kontrolle** *f* radar speed check; **~schirm** *m* radar screen; **~station** *f* radar station
Radau F *m* row, racket
radeln F *v/i.* → ***Rad fahren***
Rädelsführer *m* ringleader
Räderwerk *tech. n* gearing
rad|fahren *v/i.* → ***Rad***; **ᴤfahrer(in)** cyclist
radier|en *v/t.* erase, rub out; *Kunst*: etch; **ᴤgummi** *m* eraser, *Brt. a.* rubber; **ᴤung** *f* etching
Radieschen *bot. n* (red) radish
radikal *adj.*, **ᴤe(r)** radical; **ᴤismus** *m* radicalism
Radio *n* radio; ***im*** ~ on the radio; ~ ***hören*** listen to the radio; **ᴤaktiv** *phys. adj.* radioactive; **~*er Niederschlag*** fallout; **~aktivität** *f* radioactivity; **~wekker** *m* clock radio
Radius *math. m* radius
Rad|kappe *f* hubcap; **~rennbahn** *f* cycling track; **~rennen** *n* cycle race; **~sport** *m* cycling; **~sportler(in)** cyclist; **~weg** *m* cycle track *od.* path, *Am. a.* bikeway
raffen *v/t.* gather up; ***an sich*** ~ grab
Raffi|nerie *chem. f* refinery; **~nesse** *f* shrewdness; *Ausstattung*: refinement; **ᴤniert** *adj.* refined (*a. fig. verfeinert*); *schlau*: shrewd, clever
ragen *v/i.* tower (up), rise* (high)
Ragout *n* ragout, stew
Rahe *naut. f* yard
Rahm *m* cream
rahmen *v/t.* frame; *Dias*: mount
Rahmen *m* frame; *Gefüge*: framework; *Hintergrund*: setting; *Bereich*: scope; ***aus dem ~ fallen*** be* out of the ordinary
Rakete *f* rocket, *mil. a.* missile; ***ferngelenkte*** ~ guided missile; ***e-e ~ abfeuern*** (***starten***) launch a rocket *od.* missile; ***dreistufige*** ~ three-stage rocket; **~nantrieb** *m* rocket propulsion; ***mit*** ~ rocket-propelled; **~nbasis** *mil. f* rocket *od.* missile base *od.* site
rammen *v/t.* ram; *mot. etc.* hit*, collide with
Rampe *f* (loading) ramp; **~nlicht** *n* footlights *pl.*; *fig.* limelight
Ramsch *m* junk, trash
Rand *m* edge, border; *Abgrund etc.*: brink (*a. fig.*); *Teller, Brille*: rim; *Hut, Glas*: brim; *Seite*: margin; (**e-n**) ~ ***lassen*** leave* a margin; ***am ~(e) des Ruins*** (***Krieges*** *etc.*) on the brink of ruin (war *etc.*); ***zu ~e kommen mit*** *j-m*: get* on with; *et.*: come to grips with
randalier|en *v/i.* kick up a racket; **ᴤer** *m* rowdy, hooligan
Rand|bemerkung *f* marginal note; *fig.* comment; **~gruppe** *f soziale*: fringe group; **ᴤlos** *adj. Brille*: rimless; **~streifen** *mot. m* shoulder
Rang *m* position, rank (*a. mil.*); *thea.* circle, *Am.* balcony; **Ränge** *pl. Stadion*: terraces *pl.*; ***ersten ~es*** first-rate
rangieren **1.** *rail. v/t.* shunt, *Am.* switch; **2.** *fig. v/i.* rank (**vor** before)
Rangordnung *f* hierarchy
Ranke *bot. f* tendril; **ᴤn** *v/refl.* creep*, climb
Ranzen *m* knapsack; *Schulᴤ*: satchel
ranzig *adj.* rancid, rank
Rappe *zo. m* black horse
rar *adj.* rare, scarce; **ᴤität** *f Sache*: curiosity; *Seltenheit*: rarity
rasch *adj.* quick, swift; *sofortig*: prompt
rascheln *v/i.* rustle
Rasen *m* lawn, grass
rasen *v/i.* race, tear*, speed*; *vor Wut, Sturm*: rage; ~ ***vor Begeisterung*** roar with enthusiasm; **~d** *adj. Tempo*: breakneck; *wütend*: raging; *Schmerz*: agonizing; *Kopfschmerz*: splitting; *Beifall*: thunderous; ~ ***werden*** (***machen***) go* (drive*) mad
Rasen|mäher *m* lawn mower; **~platz** *m* lawn; *Tennis*: grass court
Raserei *f* frenzied rage; *Wahnsinn*: frenzy, madness; F *mot.* reckless driving; ***j-n zur ~ bringen*** drive* s.o. mad
Rasier|apparat *m* (safety) razor; electric razor *od.* shaver; **~creme** *f* shaving cream; **ᴤen** *v/t. u. v/refl.* shave; **~klinge** *f* razor blade; **~messer** *n* (straight) razor; **~pinsel** *m* shaving brush; **~seife** *f* shaving soap; **~wasser** *n* aftershave (lotion)
Rasse *f* race; *zo.* breed; **~hund** *m* pedigree dog
Rassel *f*, **ᴤn** *v/i.* rattle
Rassen|... *in Zssgn Diskriminierung, Konflikt, Probleme etc.*: *mst* racial ...;

R

~trennung *pol. f* (racial) segregation; *Südafrika hist.*: apartheid; **~unruhen** *pl.* race riots *pl.*

rass|ig *adj.* classy; **Ꙃismus** *m* racism; **Ꙃist** *m*, **~istisch** *adj.* racist

Rast *f* rest; *Pause*: *a.* break; **Ꙃen** *v/i.* (take* a) rest; **Ꙃlos** *adj.* restless; **~platz** *m* resting place; *mot.* lay-by, *Am.* rest area; **~stätte** *mot. f* service area

Rasur *f* shave

Rat *m* advice; *~schlag*: piece of advice; *e-r Stadt etc.*: council; ***j-n um ~ fragen*** (***j-s ~ befolgen***) ask (take*) s.o.'s advice; ***j-n zu ~e ziehen*** consult s.o.

Rate *f econ.* instal(l)ment; *GeburtenꙂ etc.*: rate; ***auf ~n*** by instal(l)ments

raten *v/t. u. v/i.* advise; *er~*: guess; *Rätsel*: solve; ***j-m zu et. ~*** advise s.o. to do s.th.; ***rate mal!*** (have a) guess!

Ratenzahlung *econ. f* → ***Abzahlung***

Ratespiel *TV etc. n* panel game

Rat|geber *m* adviser, counsel(l)or; *Buch*: guide (**über** to); **~haus** *n* town (*Am.* city) hall

ratifizieren *v/t.* ratify

Ration *f* ration; **Ꙃal** *adj.* rational; **Ꙃell** *adj.* efficient; *sparsam*: economical; **Ꙃieren** *v/t.* ration

rat|los *adj.* at a loss; **~sam** *adj.* advisable, wise; **Ꙃschlag** *m* piece of advice; ***ein paar gute Ratschläge*** some good advice *sg.*

Rätsel *n* puzzle; *~frage*: riddle (*beide a. fig.*); *Geheimnis*: mystery; **Ꙃhaft** *adj.* puzzling; mysterious

Ratte *f* rat (*a. fig. contp.*)

rattern *v/i.* rattle, clatter

rau *adj.* rough, rugged (*beide a. fig.*); *Klima, Stimme*: *a.* harsh; *Hände etc.*: chapped; *Hals*: sore

Raub *m* robbery; *MenschenꙂ*: kidnap(p)ing; *Beute*: loot, booty; *Opfer*: prey; **~bau** *m* overexploitation (***an*** of); ***~ mit s-r Gesundheit treiben*** ruin one's health; **Ꙃen** *v/t.* rob, steal*; kidnap; ***j-m et. ~*** rob s.o. of s.th. (*a. fig.*)

Räuber *m* robber; *StraßenꙂ*: highwayman

Raub|fisch *m* predatory fish; **~mord** *m* murder with robbery; **~mörder** *m* murderer and robber; **~tier** *n* beast of prey; **~überfall** *m* holdup, (armed) robbery; *auf der Straße a.*: mugging; **~vogel** *m* bird of prey; **~zug** *m* raid

Rauch *m* smoke; *chem. etc.* fume; **Ꙃen** *v/i. u. v/t.* smoke; *chem. etc.* fume; ***Ꙃ verboten*** no smoking; ***Pfeife ~*** smoke a pipe; **~er** *m* smoker (*a. rail.*); ***starker ~*** heavy smoker

Räucher|... *in Zssgn Aal, Speck etc.*: smoked ...; **Ꙃn** *v/t.* smoke; **~stäbchen** *n* joss stick

Rauch|fahne *f* trail of smoke; **Ꙃig** *adj.* smoky; **~waren** *pl.* tobacco products *pl.*; *Pelze*: furs *pl.*; **~zeichen** *n* smoke signal

Räud|e *vet. f* mange, scabies; **Ꙃig** *adj.* mangy, scabby

Raufasertapete *f* woodchip paper

rauf|en 1. *v/t.*: ***sich die Haare ~*** tear* one's hair; **2.** *v/i.* fight*, scuffle; **Ꙃerei** *f* fight, scuffle

rauh *etc.* → ***rau*** *etc.*

Rauhaardackel *m* wire-haired dachshund

Raum *m* room; *Platz*: *a.* space; *Gebiet*: area; *WeltꙂ*: (outer) space; **~anzug** *m* spacesuit; **~deckung** *f Sport*: zone marking

räumen *v/t. Wohnung*: leave*, move out of; *Hotelzimmer*: check out of; *Straße, Saal, Lager etc.*: clear (***von*** of); *bei Gefahr*: evacuate (*a. mil.*); ***s-e Sachen in ... ~*** put* one's things (away) in

Raum|fahrt *f* space travel *od.* flight; *Wissenschaft*: astronautics; **~fahrt...** *in Zssgn Technik etc.*: space ...; **~fähre** *f* space shuttle; **~flug** *m* space flight; **~inhalt** *m* volume; **~kapsel** *f* space capsule

räumlich *adj.* three-dimensional

Raum|schiff *n* spacecraft; *bsd. bemanntes*: *a.* spaceship; **~sonde** *f* space probe; **~station** *f* space station

Räumung *f* clearance; *bei Gefahr*: evacuation (*a. mil.*); *jur.* eviction; **~sverkauf** *econ. m* clearance sale

raunen *v/i.* whisper, murmur

Raupe *f zo., tech.* caterpillar, *tech. a.* track; **~nschlepper** *m* Caterpillar tractor®

Raureif *m* hoarfrost

raus *int.* get out (of here)!

Rausch *m* drunkenness, intoxication; *DrogenꙂ*: F high; *fig.* ecstasy; ***e-n ~ haben*** (***bekommen***) be* (get*) drunk; ***s-n ~ ausschlafen*** sleep* it off; **Ꙃen** *v/i. Wasser*: rush; *Bach*: murmur; *Sturm*:

roar; *fig. eilen*: sweep*; **≈end** *adj. Applaus*: thunderous; **~es Fest** lavish celebration
Rauschgift *n* drug(s *pl. coll.*), narcotic(s *pl. coll.*), F dope; **~dezernat** *n* narcotics *od.* drugs squad; **~handel** *m* drug traffic(king); **~händler** *m* drug trafficker, *sl.* pusher
räuspern *v/refl.* clear one's throat
Razzia *f* raid, roundup
rd. *Abk. für* **rund** roughly
Reagenzglas *n* test tube
reagieren *v/i. med., chem.* react (**auf** to); *fig. a.* respond (to)
Reaktion *f chem., med., phys.* reaction (**auf** to) (*a. pol.*); *fig. a.* response (to)
Reaktor *phys. m* (nuclear *od.* atomic) reactor
real *adj.* real; *konkret*: concrete; **~isieren** *v/t.* realize; **≈ismus** *m* realism; **~istisch** *adj.* realistic; **≈ität** *f* reality; **≈schule** *f etwa Brt.* secondary (modern) school, *Am.* (junior) highschool
Rebe *bot. f* vine
Rebell *m* rebel; **≈ieren** *v/i.* rebel, revolt, rise* (*alle*: **gegen** against); **≈isch** *adj.* rebellious
Reb|huhn *zo. n* partridge; **~laus** *zo. f* phylloxera; **~stock** *bot. m* vine
Rechen *m*, **≈** *v/t.* rake
Rechen|aufgabe *f* (arithmetical) problem; **~n lösen** F do* sums; **~fehler** *m* arithmetical error, miscalculation; **~maschine** *f* calculator; computer; **~schaft** *f*: **~ ablegen über** account for; **zur ~ ziehen** call to account (**wegen** for); **~schieber** *math. m* slide rule; **~werk** *n Computer*: arithmetic unit; **~zentrum** *n* computer cent|re, *Am.* -er
Rechnen *n* arithmetic
rechnen *v/i. u. v/t.* calculate, reckon; *Aufgabe etc.*: work out, do*; *zählen*: count; **~ mit** expect; *bauen auf*: count on; **mit mir kannst du nicht ~!** count me out!
Rechner *m* calculator; computer; **≈abhängig** *adj. Computer*: online; **≈isch** *adj.* arithmetical: **≈unabhängig** *adj. Computer*: offline
Rechnung *f* calculation; *Aufgabe*: problem, sum; *econ.* invoice, *Am. a.* bill; *im Lokal*: bill, *Am. a.* check; **die ~, bitte!** can I have the bill, please?; **das geht auf m-e ~** that's on me
recht 1. *adj. Hand, Winkel etc.*: right; *richtig*: *a.* correct; *pol.* right-wing; **auf der ~en Seite** on the right(-hand side); **mir ist es ~** I don't mind; **2.** *adv.* right(ly), correctly; *ziemlich*: rather, quite; **ich weiß nicht ~** I don't really know; **es geschieht ihm ~** it serves him right; **erst ~** all the more; **erst ~ nicht** even less; **du kommst gerade ~ (zu)** you're just in time (for)
Recht *n* right; *Anspruch*: *a.* claim (*beide*: **auf** to); *jur. Gesetz*: law; *Gerechtigkeit*: justice; **gleiches ~** equal rights *pl.*; **im ~ sein** be* in the right; **j-m ~ geben** agree with s.o.; **er hat es mit (vollem) ~ getan** he was (perfectly) right to do so; **~ haben** be* right; **ein ~ auf et. haben** be* entitled to s.th.
Rechteck *n* rectangle; **≈ig** *adj.* rectangular
recht|fertigen *v/t.* justify; **≈fertigung** *f* justification; **≈haber** F *m* know-all; **~lich** *adj.* legal; **~los** *adj.* without rights; *ausgestoßen*: outcast; **≈lose(r)** outcast; **~mäßig** *adj.* lawful; *berechtigt*: legitimate; *gesetzmäßig*: legal; **≈mäßigkeit** *f* lawfulness, legitimacy
rechts *adv.* on the right(-hand side); **nach ~** to the right; **≈...** *in Zssgn pol.* right-wing ...
Rechts|anspruch *m* legal claim (**auf** to); **~anwalt** *m*, **~anwältin** *f* lawyer; **~ausleger** *m Boxen*: southpaw; **~außen** *Fußball*: outside right
recht|schaffen *adj.* honest; *gesetzestreu*: law-abiding; **≈schreibfehler** *m* spelling mistake; **≈schreibung** *f* spelling, orthography
rechts|extrem(istisch) *adj.* extreme right; **≈fall** *m* (law) case; **≈händer(in)** right-handed person; **er (sie) ist ~** he (she) is right-handed
Rechtsprechung *f* jurisdiction
rechts|radikal *pol. adj.* extreme right-wing; **≈schutz** *m* legal protection; *Versicherung*: legal costs insurance; **~widrig** *adj.* illegal, unlawful
recht|wink(e)lig *adj.* rectangular; **~zeitig 1.** *adj.* punctual; **2.** *adv.* in time (**zu** for)
Reck *n* horizontal bar
recken *v/t.* stretch; **sich ~** stretch o.s.

R

recyc|eln *v/t.* recycle; **2lingpapier** *n* recycled paper
Redakt|eur *m* editor; **~ion** *f Tätigkeit*: editing; *Personen*: editorial staff *sg.*, *pl.*, editors *pl.*; *Büro*: editorial office (*od.* department); **2ionell** *adj.* editorial
Rede *f* speech, address; *Ge2*: talk (***von*** of); ***e-e ~ halten*** make* a speech; ***direkte*** (***indirekte***) *~ gr.* direct (reported *od.* indirect) speech; ***zur ~ stellen*** take* to task; ***nicht der ~ wert*** not worth mentioning; **2gewandt** *adj.* eloquent
reden *v/i. u. v/t.* talk, speak* (*beide*: ***mit*** to; ***über*** about, of); ***ich möchte mit dir ~*** I'd like to talk to you; ***die Leute ~*** people talk; ***j-n zum 2 bringen*** make* s.o. talk
Redensart *f* saying, phrase
redlich *adj.* upright, honest; ***sich ~(e) Mühe geben*** do* one's best
Red|ner(in) speaker; **~nerpult** *n* speaker's desk; **2selig** *adj.* talkative
reduzieren *v/t.* reduce (***auf*** to)
Reeder *m* shipowner; **~ei** *f* shipping company
reell *adj. Preis etc.*: reasonable, fair; *Chance*: real; *Firma*: solid
Refer|at *n* paper; *Bericht*: report; *Vortrag*: lecture; ***ein ~ halten*** read* a paper; **~endar** *m Schule*: *etwa* trainee teacher; **~ent(in)** speaker; **~enz** *f* reference; **2ieren** *v/i.* (give* a) report (*Vortrag*: lecture) (***über*** on)
reflektieren *v/t. u. v/i.* reflect (*fig.* ***über*** [up]on); *~* ***auf*** be* interested in
Reflex *m* reflex (*a. in Zssgn*); **2iv** *gr. adj.* reflexive
Reform *f* reform; **~ator** *m*, **~er** *m* reformer; **~haus** *n* health food shop (*Am.* store); **2ieren** *v/t.* reform
Refrain *m* refrain, chorus
Regal *n* shelf (unit), shelves *pl.*
rege *adj.* lively; *Verkehr etc.*: busy; *geistig, körperlich*: active
Regel *f* rule; *med.* period, menstruation; ***in der ~*** as a rule; **2mäßig** *adj.* regular; **2n** *v/t.* regulate; *tech. a.* adjust; *Angelegenheit etc.*: settle; **2recht** *adj.* regular (*a.* F *fig.*); **~technik** *f* control engineering; **~ung** *f* regulation; adjustment; settlement; *Steuerung*: control; **2widrig** *adj.* against the rule(s); *Sport*: unfair; ***~es Spiel*** foul play
regen *v/t. u. v/refl.* move, stir
Regen *m* rain; ***starker ~*** heavy rain(fall); **~bogen** *m* rainbow; **~bogenhaut** *anat. f* iris; **~guss** *m* (heavy) shower, downpour; **~mantel** *m* raincoat; **~schauer** *m* shower; **~schirm** *m* umbrella; **~tag** *m* rainy day; **~tropfen** *m* raindrop; **~wald** *m* rain forest; **~wasser** *n* rainwater; **~wetter** *n* rainy weather; **~wurm** *zo. m* earthworm; **~zeit** *f* rainy season; *Tropen a.*: the rains *pl.*
Regie *f thea., Film*: direction; ***unter der ~ von*** directed by; **~anweisung** *f* stage direction
regier|en 1. *v/i.* reign; **2.** *v/t.* govern (*a. gr.*), rule; **2ung** *f* government, *Am. a.* administration; *e-s Monarchen*: reign
Regierungs|bezirk *m* administrative district; **~chef** *m* head of government; **~wechsel** *m* change of government
Regime *pol. n* regime; **~kritiker** *m* dissident
Regiment *n* rule (*a. fig.*); *mil.* regiment
Regisseur *m* director, *thea. Brt. a.* producer
Regist|er *n* register (*a. mus.*), record; *in Büchern*: index; **2rieren** *v/t.* register, record; *fig.* note; **~rierkasse** *f* cash register
Reglement *n Schweiz*: regulation, order, rule
Regler *tech. m* control
regne|n *v/i.* rain (*a. fig.*); ***es regnet in Strömen*** it's pouring with rain; **~risch** *adj.* rainy
regulär *adj.* regular; *üblich*: normal
regulier|bar *adj.* adjustable; *steuerbar*: controllable; **~en** *v/t.* regulate, adjust; *steuern*: control
Regung *f* movement, motion; *Gefühls2*: emotion; *Eingebung*: impulse; **2slos** *adj.* motionless
Reh *n* deer, roe; *weiblich*: doe; *gastr.* venison
rehabilitieren *v/t.* rehabilitate
Reh|bock *zo. m* (roe)buck; **~keule** *gastr. f* leg of venison; **~kitz** *zo. n* fawn
Reib|e *f*, **~eisen** *n* grater, rasp
reib|en *v/i. u. v/t.* rub; *zerkleinern*: grate, grind*; ***sich die Augen*** (***Hände***) *~* rub one's eyes (hands); **2ung** *tech. etc. f* friction; **~ungslos** *adj.* frictionless; *fig.* smooth

R

reich *adj.* rich (**an** in), wealthy; *Ernte, Vorräte*: rich, abundant
Reich *n* empire, kingdom (*a. rel., bot., zo.*); *fig.* world
reichen 1. *v/t.* reach; *zu*~: *a.* hand, pass; *s-e Hand*: give*, hold out; **2.** *v/i. aus*~: last, do*; ~ ***bis*** reach *od.* come* up to; ~ ***nach*** reach (out) for; ***das reicht*** that will do; ***mir reicht's!*** I've had enough
reich|haltig *adj.* rich; **~lich 1.** *adj.* rich, plentiful; *Zeit, Geld etc.*: plenty of; **2.** *adv. ziemlich*: rather; *großzügig*: generously; **≈tum** *m* wealth (**an** of) (*a. fig.*); **≈weite** *f* reach; *aviat., mil., Funk etc.*: range; ***in*** (***außer***) (***j-s***) ~ within (out of) (s.o.'s) reach
reif *adj.* ripe; *bsd. Mensch*: mature
Reif *m* white frost, hoarfrost
Reife *f* ripeness, *bsd. fig.* maturity
reifen *v/i.* ripen, mature (*beide a. fig.*)
Reifen *m* hoop; *mot. etc.* tyre, *Am.* tire; **~panne** *mot. f* flat tyre (*Am.* tire), puncture, F flat
Reifeprüfung *f* → ***Abitur***
reiflich *adj.* careful
Reihe *f* line, row (*a. Sitz*≈); *Anzahl*: number; *Serie*: series; ***der*** ~ ***nach*** in turn; ***ich bin an der*** ~ it's my turn
Reihen|folge *f* order; **~haus** *n Brt.* terraced house, *Am.* row house; **≈weise** *adv.* in rows; F *fig.* by the dozen
Reiher *zo. m* heron
Reim *m* rhyme; **≈en** *v/t. u. v/refl.* rhyme (***auf*** with)
rein *adj.* pure (*a. fig.*); *sauber*: clean; *Gewissen*: clear; *Wahrheit*: plain; *nichts als*: mere, sheer, nothing but; **≈fall** F *m* flop; *Enttäuschung*: let-down; **≈gewinn** *m* net profit; **≈heit** *f* purity (*a. fig.*); cleanness
reinig|en *v/t.* clean; *gründlich*: *a.* cleanse (*a. med.*); *chemisch*: dry-clean; *fig.* purify; **≈ung** *f* clean(s)ing; *fig.* purification; *~sanstalt*: (dry) cleaners; ***chemische*** ~ *Vorgang*: dry cleaning; **≈ungsmittel** *n* cleaning agent, household cleaner, detergent
rein|lich *adj.* clean; *als Eigenschaft*: cleanly; **≈machefrau** *f* → ***Putzfrau***; **~rassig** *adj.* purebred, *bsd. Hund*: pedigree; *bsd. Pferd*: thoroughbred; **≈schrift** *f* fair copy
Reis *m* rice
Reise *f allg.* trip; *längere*: journey; *naut.* voyage; *Rund*≈: tour; ***auf*** ~***n sein*** be* travel(l)ing; ***e-e*** ~ ***machen*** take* a trip; ***gute*** ~***!*** have a nice trip!; **~andenken** *n* souvenir; **~büro** *n* travel agency *od.* bureau; **~führer** *m* guide(book); **~gesellschaft** *f* tourist party; tour operator; **~kosten** *pl.* travel(l)ing expenses *pl.*; **~krankheit** *f* travel sickness; **~leiter** *m* courier, *Am.* tour guide *od.* manager; **≈n** *v/i.* travel; ***durch Frankreich*** ~ tour France; ***ins Ausland*** ~ go* abroad; **~nde(r)** travel(l)er; tourist; *Fahrgast*: passenger; **~pass** *m* passport; **~scheck** *m* travel(l)er's cheque (*Am.* check); **~tasche** *f* travel(l)ing bag, holdall
Reisig *n* brushwood
Reißbrett *n* drawing board
reißen *v/t. u. v/i.* tear* (***in Stücke*** to pieces), rip (up *od.* open); *zerren*: pull, drag; *Kette, Faden*: break*; *töten*: kill; F *Witze*: crack; *Latte etc.*: knock down; *Gewichtheben*: snatch; ***an sich*** ~ seize, snatch, grab; ***sich um et.*** ~ scramble for (*od.* to get) s.th.; **~d** *adj.* torrential; ~***en Absatz finden*** sell* like hot cakes
Reißer F *m* thriller; *Erfolg*: hit; **≈isch** *adj.* sensational, loud
Reiß|verschluss *m* zipper; ***den*** ~ ***an et. öffnen*** (***schließen***) unzip (zip up) s.th.; **~zwecke** *f* drawing pin, *Am.* thumbtack
reiten 1. *v/i.* ride*, go* on horseback; **2.** *v/t.* ride*
Reit|en *n* (*bsd. Am.* horseback) riding; **~er(in)** rider, horse|man (-woman); **~pferd** *n* saddle *od.* riding horse
Reiz *m* charm, attraction, appeal; *Kitzel*: thrill; *med., psych.* stimulus; (***für j-n***) ***den*** ~ ***verlieren*** lose* one's appeal (for s.o.); **≈bar** *adj.* irritable, excitable; **≈en 1.** *v/t.* irritate (*a. med.*); *ärgern*: *a.* annoy; *bsd. Tier*: bait; *herausfordern*: provoke; *anziehen*: appeal to, attract; (*ver*)*locken*: tempt; *Aufgabe etc.*: challenge; **2.** *v/i. Kartenspiel*: bid*; **≈end** *adj.* charming, delightful; *hübsch*: lovely, sweet, *Am.* cute; **≈los** *adj.* unattractive; **~überflutung** *f* overstimulation; **~ung** *f* irritation; **≈voll** *adj.* attractive; *Aufgabe etc.*: challenging; **~wäsche** F *f* sexy underwear; **~wort** *n* emotive word

rekeln F *v/refl.* loll, lounge
Reklamation *f* complaint
Reklame *f* advertising, publicity; *Anzeige*: advertisement, F ad; **~ machen für** advertise, promote; → **Werbung**
reklamieren *v/i.* complain (**wegen** about), protest (against)
Rekord *m* record; **e-n ~ aufstellen** set* *od.* establish a record
Rekrut *mil. m*, **≈ieren** *mil. v/t.* recruit
Rektor(in) head|master (-mistress), *Am.* principal; *univ.* rector, *Am.* president
relativ *adj.* relative (*a. in Zssgn*)
Relief *n* relief
Religi|on *f* religion; *Schulfach*: religious instruction *od.* education, R.I., R.E.; **≈ös** *adj.* religious
Reling *naut. f* rail
Reliquie *f* relic
Rempel|ei F *f*, **≈n** *v/t.* jostle
Renn|bahn *f* racecourse, racetrack; *Rad≈*: cycling track; **~boot** *n* racing boat; *mit Motor*: speedboat
rennen *v/i. u. v/t.* run*
Rennen *n* race (*a. fig.*); *Einzel≈*: heat
Renn|fahrer *m mot.* racing driver; *Rad≈*: racing cyclist; **~läufer(in)** ski racer; **~pferd** *n* racehorse, racer; **~rad** *n* racing bicycle, racer; **~sport** *m* racing; **~stall** *m* racing stable; **~wagen** *m* racing car, racer
renommiert *adj.* renowned
renovieren *v/t.* renovate, F do* up; *Innenraum*: redecorate
rentabel *adj.* profitable, paying
Rente *f* (old age) pension; **in ~gehen** retire; **~nalter** *n* retirement age; **~nversicherung** *f* pension scheme
Rentier *zo. n* reindeer
rentieren *v/refl.* pay*; *fig.* be* worth it
Rentner(in) (old age) pensioner
Reparatur *f* repair; **~werkstatt** *f* repair shop; *mot.* garage
reparieren *v/t.* repair, mend, F fix
Report|age *f* report; **~er** *m* reporter
Repräsent|ant *m* representative; **~antenhaus** *Am. parl. n* House of Representatives; **≈ieren** *v/t.* represent
Repressalie *f* reprisal
Reprodu|ktion *f* reproduction, print; **≈zieren** *v/t.* reproduce
Reptil *zo. n* reptile
Republik *f* republic; **~aner(in)** *pol.*, **≈anisch** *adj.* republican

Reserv|at *n Wild≈*: (p)reserve; *Indianer≈*: reservation; **~e** *f* reserve (*a. mil.*); **~e...** *in Zssgn Kanister, Rad etc.*: spare ...; **≈ieren** *v/t.* reserve (*a.* **~ lassen**); **j-m e-n Platz ~** keep* *od.* save a seat for s.o.; **≈iert** *adj.* reserved (*a. fig.*)
Residenz *f* residence
Resign|ation *f* resignation; **≈ieren** *v/i.* give* up; **≈iert** *adj.* resigned
Resozialisierung *f* rehabilitation
Respekt *m* respect (**vor** for); **≈ieren** *v/t.* respect; **≈los** *adj.* irreverent, disrespectful; **≈voll** *adj.* respectful
Ressort *n* department, province
Rest *m* rest; **~e** *pl. Überreste*: remains *pl.*, remnants *pl.*; *Essen*: leftovers *pl.*; **das gab ihm den ~** that finished him (off)
Restaurant *n* restaurant
restaurieren *v/t.* restore
Rest|betrag *m* remainder; **≈lich** *adj.* remaining; **≈los** *adv.* completely
Resultat *n* result (*a. Sport*), outcome
Retorte *f* retort; **~nbaby** *n* test-tube baby
rett|en *v/t.* save, rescue (*beide*: **aus**, **vor** from); **≈er(in)** rescuer
Rettich *bot. m* radish
Rettung *f* rescue (**aus**, **vor** from); **das war s-e ~** that saved him
Rettungs|boot *n* lifeboat; **~mannschaft** *f* rescue party; **~ring** *m* life belt, life buoy; **~schwimmer** *m* lifeguard
Reu|e *f* remorse, repentance (*beide*: **über** for); **≈mütig** *adj.* repentant
Revanche *f* revenge
revanchieren *v/refl. sich rächen*: have* one's revenge (**bei**, **an** on); *et. gutmachen*: make* it up (**bei** to)
Revers *n*, *m* lapel
revidieren *v/t.* revise; *econ.* audit
Revier *n allg.* district; *zo., fig.* territory; → **Polizeirevier**
Revision *f econ.* audit; *jur.* appeal; *Änderung*: revision
Revolt|e *f*, **≈ieren** *v/i.* revolt
Revolution *f* revolution; **≈är** *adj.*, **~är(in)** revolutionary
Revolver *m* revolver, F gun
Revue *f thea.* (musical) show
Rezept *n med.* prescription; *Koch≈*: recipe (*a. fig. Mittel*)
Rezession *f* recession
Rhabarber *bot. m* rhubarb

R

rhetorisch *adj.* rhetorical
Rheuma *med. n* rheumatism
rhythm|isch *adj.* rhythmic(al); **2us** *m* rhythm
Ribisel *östr. f* → ***Johannisbeere***
richten *v/t. allg.* fix; *(vor)bereiten*: *a.* get* *s.th.* ready, prepare; *Zimmer, Haar etc.*: *a.* do*; **(*sich*) ~ *an*** address (o.s.) to; *Frage*: put* to; **~ *auf* (*gegen*)** direct *od.* turn to (against); *Waffe, Kamera etc.*: point *od.* aim at; ***sich* ~ *nach*** go* by, act according to; *Mode, Beispiel*: follow; *abhängen von*: depend on; ***ich richte mich ganz nach dir*** I leave it to you
Richter *m* judge; **2lich** *adj.* judicial
Richtgeschwindigkeit *mot. f* recommended speed
richtig 1. *adj. allg.* right; *korrekt*: *a.* correct, proper; *wahr*: true; *echt, wirklich, typisch*: real; **2.** *adv.*: **~ *nett* (*böse*)** really nice (angry); ***et.* ~ *machen*** do* s.th. right; ***m-e Uhr geht* ~** my watch is right; ***et.* ~ *stellen*** set* s.th. right, correct s.th.; **2keit** *f* correctness; truth
Richt|linien *pl.* guidelines *pl.*; **~preis** *econ. m* recommended price; **~schnur** *fig. f* guiding principle
Richtung *f* direction; *pol.* leaning; *paint. etc.* style; **2slos** *adj.* aimless, disorient(at)ed; **2weisend** *fig. adj.* pioneering
riechen *v/i. u. v/t.* smell* (***nach*** of; ***an*** at)
Riegel *m* bolt, bar (*a. Schokolade*)
Riemen *m* strap; *Gürtel, tech.*: belt; *naut.* oar
Riese *m* giant (*a. fig.*)
rieseln *v/i. Wasser, Sand*: trickle; *Regen*: drizzle; *Schnee*: fall* gently
Riesen|... *in Zssgn mst* giant ..., gigantic ..., enormous ...; **~erfolg** *m* huge success; *Film etc.*: *a.* smash hit; **2groß, 2haft** *adj.* → ***riesig***; **~kräfte** *pl.* incredible strength *sg.*; **~rad** *n* Ferris wheel; **~welle** *f Turnen*: giant swing
riesig *adj.* enormous, gigantic, giant
Riff *n* reef
Rill|e *f* groove; **2ig** *adj.* grooved
Rind *zo. n* cow; *gastr.* beef; **~er** *pl.* cattle *pl.*
Rinde *f bot.* bark; *Käse2*: rind; *Brot2*: crust
Rinder|braten *m* roast beef; **~herde** *f* herd of cattle; **~wahn(sinn)** *vet.* mad cow disease
Rind|fleisch *n* beef; **~(s)leder** *n* cowhide; **~vieh** *n* cattle *pl.*
Ring *m* ring (*a. fig.*); *mot.* ring road; *U-Bahn etc.*: circle (line); **~buch** *n* loose-leaf *od.* ring binder
ringel|n *v/refl.* curl, coil (*a. Schlange*); **2natter** *zo. f* grass snake; **2spiel** *östr. n* → ***Karussell***
ringen 1. *v/i.* wrestle (***mit*** with); *fig. a.* struggle (against, with); ***um*** for); ***nach Atem* ~** gasp for breath; **2.** *v/t. Hände*: wring*
Ring|en *n* wrestling; **~er** *m* wrestler
ring|förmig *adj.* circular; **2kampf** *m* wrestling match; **2richter** *m* referee
rings *adv.*: **~ *um*** around; **~herum, ~um, ~umher** *adv.* all around; everywhere
Rinn|e *f* groove, channel; *Dach2*: gutter; **2en** *v/i.* run* (*a. Schweiß etc.*); *strömen*: flow, stream; **~sal** *n* streamlet; *von Blut, Farbe etc.*: trickle; **~stein** *m* gutter
Rippe *f* rib; **~nfell** *anat. n* pleura; **~nfellentzündung** *med. f* pleurisy
Risiko *n* risk; ***ein* (*kein*) ~ *eingehen*** take* a risk (no risks); ***auf eigenes* ~** at one's own risk
risk|ant *adj.* risky; **~ieren** *v/t.* risk
Riss *m* tear, rip, split (*a. fig.*); *Sprung*: crack; *in der Haut*: chap; *~wunde*: laceration
rissig *adj. Haut etc.*: chapped; *brüchig*: cracky, cracked
Rist *m* instep; back of the hand
Ritt *m* ride (on horseback)
Ritter *m* knight; ***zum* ~ *schlagen*** knight; **2lich** *fig. adj.* chivalrous
Ritz *m*, **~e** *f* crack, chink; *Schramme*: scratch; *Lücke*: gap; **2en** *v/t.* scratch; *ein~*: carve, cut*
Rival|e *m*, **~in** *f* rival; **2isieren** *v/i.* compete; **~ität** *f* rivalry
rk., r.-k. *Abk. für* ***römisch-katholisch*** RC, Roman Catholic
Robbe *zo. f* seal
Robe *f* robe, gown
Roboter *m* robot
robust *adj.* robust, strong, tough
röcheln 1. *v/i. Kranker*: moan; **2.** *v/t. Worte*: gasp
Rock *m* skirt
Rodel|bahn *f* toboggan run; **2n** *v/i.*

sled(ge), *Am. a.* coast; *Sport*: toboggan; **~schlitten** *m* sled(ge); toboggan
roden *v/t.* clear; *Wurzeln*: stub
Rogen *zo. m* (hard) roe
Roggen *bot. m* rye
roh *adj.* raw; *unbearbeitet*: rough; *Handlung*: brutal; ***mit ~er Gewalt*** with brute force; **2bau** *m* carcass; **2eisen** *n* pig-iron; **2kost** f raw vegetables and fruit, F rabbit food; **2ling** *m* brute; *metall.* blank; **2material** *n* raw material; **2öl** *n* crude (oil)
Rohr *n* pipe, tube; *Kanal2*: duct; *bot. Schilf2*: reed; *Bambus2 etc.*: cane
Röhre *f* pipe, tube (*a. Am. TV*); *TV etc.* valve
Rohr|leitung *f* duct, pipe(s *pl.*); *im Haus*: plumbing; *Fernleitung*: pipeline; **~stock** *m* cane; **~zucker** *m* cane sugar
Rohstoff *m* raw material
Rolladen *m* → ***Rollladen***
Rollbahn *aviat. f* taxiway, taxi strip
Rolle *f* roll (*a. Turnen*); *tech. a.* roller; *Tau2 etc.*: coil; *unter Möbeln*: cast|or, -er; *thea.* part, role (*beide a. fig.*); ***~ Garn*** reel of cotton, *Am.* spool of thread; ***das spielt keine ~*** that doesn't matter, that makes no difference; ***aus der ~ fallen*** forget* o.s.
rollen *v/i. u. v/t.* roll
Roller *m* (*mot.* motor) scooter
Roll|film *phot. m* roll film; **~kragen** *m* polo neck, *bsd. Am.* turtleneck (*a. in Zssgn*); **~laden** *m* rolling shutter
Rollo *n* (roller) blind, *Am.* shades *pl.*
Rollschuh *m* roller skate; ***~ laufen*** roller-skate; **~bahn** *f* roller-skating rink; **~läufer(in)** roller skater
Roll|stuhl *m* wheelchair; **~treppe** *f* escalator
Roman *m* novel
Roman|ik *arch. f* Romanesque (style *od.* period); **2isch** *adj. ling.* Romance; *arch.* Romanesque; **~ist(in)** *Student(in)*: student of Romance languages
Romanschriftsteller *m* novelist
Romanti|k *f* romance; *hist.* Romanticism; **2sch** *adj.* romantic
Röm|er *m* Roman; *Glas*: rummer; **2isch** *adj.* Roman
Rommee *n* rummy
röntgen *v/t.* X-ray; **2apparat** *m* X-ray apparatus; **2aufnahme** *f*, **2bild** *n* X-ray; **2strahlen** *pl.* X-rays *pl.*
rosa *adj.* pink; *fig.* rose-coloured
Rose *f* rose; **~nkohl** *m* Brussels sprouts *pl.*; **~nkranz** *rel. m* rosary
rosig *adj.* rosy (*a. fig.*)
Rosine *f* raisin
Roß *n* horse; **~haar** *n* horsehair
Rost *m* rust; *tech.* grate; *Brat2*: grid(iron), grill; **2en** *v/i.* rust
rösten *v/t.* roast (*a.* F *fig.*); *Brot*: toast; *Kartoffeln*: fry
Rost|fleck *m* rust stain; **2frei** *adj.* rustproof, stainless; **2ig** *adj.* rusty (*a. fig.*)
rot *adj.* red (*a. pol.*); ***~ glühend*** red-hot; ***~ werden*** blush; ***in den ~en Zahlen*** in the red
Rot *n* red; ***die Ampel steht auf ~*** the lights are red; ***bei ~*** at red; **2blond** *adj.* sandy(-haired)
Röte *f* redness, red (colo[u]r); *Scham2*: blush
Röteln *med. pl.* German measles *pl.*
röten *v/refl.* redden; *Gesicht*: *a.* flush
rot|haarig *adj.* red-haired; **2haarige(r)** redhead; **2haut** *f* redskin
rotieren *v/i.* rotate, revolve
Rot|kehlchen *zo. n* robin; **~kohl** *m* red cabbage
rötlich *adj.* reddish
Rot|stift *m* red crayon *od.* pencil; **~wein** *m* red wine; **~wild** *zo. n* (red) deer
Rotz V *m* snot; **~nase** F *f* snotty nose
Route *f* route
Routin|e *f* routine; *Erfahrung*: experience; **~esache** *f* routine (matter); **2iert** *adj.* experienced
Rübe *bot. f* turnip; *Zucker2*: (sugar) beet
Rubin *m* ruby
Rübli *n Schweiz*: carrot
Rubrik *f* heading; *Spalte*: column
Ruck *m* jerk, jolt, start; *fig. pol.* swing
Rückantwortschein *m* reply coupon
ruckartig *adj.* jerky, abrupt
rück|bezüglich *gr. adj.* reflexive; **2blende** *f* flashback (***auf*** to); **2blick** *m* review (***auf*** of); ***im ~*** in retrospect
rücken 1. *v/t.* move, shift, push; **2.** *v/i.* move; *Platz machen*: move over; ***näher ~*** approach
Rücken *m* back; **~deckung** *fig. f* backing, support; **~lehne** *f* back (rest); **~mark** *n* spinal cord; **~schmerzen** *pl.* backache *sg.*; **~schwimmen** *n*

R

backstroke; **~wind** *m* following wind, tailwind; **~wirbel** *m* dorsal vertebra

Rück|erstattung *f* refund; **~fahrkarte** *f* return (ticket), *Am. a.* round-trip ticket; **~fahrt** *f* return trip; ***auf der ~*** on the way back; **~fall** *m* relapse; **⁀fällig** *adj.*: ***~ werden*** relapse; **~flug** *m* return flight; **~gabe** *f* return; **~gang** *fig. m* drop, fall; *econ.* recession; **⁀gängig** *adj.*: ***~ machen*** cancel; **~gewinnung** *f* recovery; **~grat** *n anat.* spine, backbone (*beide a. fig.*); **~halt** *m* support; **~hand** *f*, **~handschlag** *m Tennis*: backhand; **~kauf** *m* repurchase; **~kehr** *f* return; **~kopplung** *electr. f* feedback (*a. fig.*); **~lage** *f* reserve(s *pl.*); *Ersparnisse*: savings *pl.*; **~lauf** *m Rekorder*: rewind; **⁀läufig** *adj.* falling, downward; **~licht** *mot. n* rear light, taillight; **⁀lings** *adv.* backward(s); *von hinten*: from behind; **~porto** *n* return postage; **~reise** *f* → ***Rückfahrt***

Rucksack *m* rucksack, *großer*: *Am. a.* backpack; **~tourismus** *m* backpacking; **~tourist(in)** backpacker

Rück|schlag *m Sport*: return; *fig.* setback; **~schluss** *m* conclusion; **~schritt** *m* step back(ward); **~seite** *f* back; *Münze*: reverse; *Platte*: flip side; **~sendung** *f* return; **~sicht** *f* consideration, regard; ***aus*** (***ohne***) ***~ auf*** out of (without any) consideration *od.* regard for; ***~ nehmen auf*** show* consideration for; **⁀sichtslos** *adj.* inconsiderate (***gegen*** of), thoughtless (of); *skrupellos*: ruthless; *Fahren etc.*: reckless; **⁀sichtsvoll** *adj.* considerate (***gegen*** of), thoughtful; **~sitz** *mot. m* back seat; **~spiegel** *m* rear-view mirror; **~spiel** *n* return match; **⁀spulen** *v/t.* rewind*; **~stand** *m chem.* residue; ***mit der Arbeit*** (***e-m Tor***) ***im ~ sein*** be* behind with one's work (down by one goal); **⁀ständig** *adj. fig.* backward; *Land*: *a.* underdeveloped; ***~e Miete*** arrears *pl.* of rent; **~stau** *mot. m* tailback; **~stelltaste** *f* backspace key; **~tritt** *m* resignation; *vom Vertrag*: withdrawal; **~trittbremse** *f* back-pedal (*Am.* coaster) brake; **⁀wärts** *adv.* backward(s); ***~ aus*** ... (***in*** ...) ***fahren*** back out of ... (into ...); **~wärtsgang** *mot. m* reverse (gear); **~weg** *m* way back

ruckweise *adv.* jerkily, in jerks

rück|wirkend *adj.* retroactive; **⁀wirkung** *f* reaction (***auf*** upon); **⁀zahlung** *f* repayment; **⁀zieher** *m Fußball*: overhead kick; F: ***e-n ~ machen*** back (*aus Angst*: chicken) out (***von*** of); **⁀zug** *m* retreat

Rüde *zo.* male (dog *etc.*)

Rudel *n* pack; *Rehe*: herd

Ruder *n naut. Steuer⁀, aviat. Seiten⁀*: rudder; *Riemen*: oar; ***am ~*** at the helm (*a. fig.*); **~boot** *n* rowing boat, rowboat; **~er** *m* rower, oarsman; **⁀n** *v/i. u. v/t.* row; **~regatta** *f* (rowing) regatta, boat race; **~sport** *m* rowing

Ruf *m* call (*a. fig.*); *Schrei*: cry, shout; *Ansehen*: reputation; **⁀en** *v/i. u. v/t.* call (*a. Arzt etc.*); cry, shout; ***~ nach*** call for (*a. fig.*); ***~ lassen*** send* for; ***um Hilfe ~*** call *od.* cry for help

Ruf|nummer *f* telephone number; **~weite** *f*: ***in*** (***außer***) ***~*** within (out of) call(ing distance)

Rüge *f* reproof, reproach (*beide*: ***wegen*** for); **⁀n** *v/t.* reprove, reproach

Ruhe *f Stille*: quiet, calm; *Schweigen*: silence; *Erholung, Stillstand, a. phys.*: rest; *Frieden*: peace; *Gemüts⁀*: calm(-ness); ***zur ~ kommen*** come* to rest; ***j-n in ~ lassen*** leave* s.o. in peace; ***lass mich in ~!*** leave me alone!; ***et. in ~ tun*** take* one's time (doing s.th.); ***die ~ behalten*** F keep* (one's) cool, play it cool; ***sich zur ~ setzen*** retire; **~, *bitte!*** (be) quiet, please!; **⁀los** *adj.* restless; **⁀n** *v/i.* rest (***auf*** on); **~pause** *f* break; **~stand** *m* retirement; **~stätte** *f*: ***letzte ~*** last resting place; **~störer** *m bsd. jur.* disturber of the peace; **~störung** *f* disturbance (of the peace); **~tag** *m* a day's rest; ***Montag ~ haben*** be* closed on Mondays

ruhig *adj.* quiet; *leise, schweigsam*: *a.* silent; *unbewegt*: calm; *Mensch*: *a.* cool; *tech.* smooth; ***~ bleiben*** F keep* (one's) cool, play it cool

Ruhm *m* fame; *bsd. pol., mil. etc.* glory

rühm|en *v/t.* praise (***wegen*** for); ***sich e-r Sache ~*** boast of s.th.; **~lich** *adj.* laudable, praiseworthy

ruhm|los *adj.* inglorious; **~reich, ~voll** *adj.* glorious

Ruhr *med. f* dysentery

Rühr|eier *pl.* scrambled eggs *pl.*; **⁀en** *v/t.* stir; (*sich*) *bewegen*: *a.* move; *fig.*

R

innerlich: move, touch, affect; **das rührt mich gar nicht** that leaves me cold; **rührt euch!** *mil.* (stand) at ease!; **2end** *adj.* touching, moving; *liebevoll*: very kind; **2ig** *adj.* active, busy; **2selig** *adj.* sentimental; **~ung** *f* emotion
Ruin *m* ruin
Ruine *f* ruin
ruinieren *v/t.* ruin
rülps|en *v/i.*, **2er** *m* belch
Rumän|e *m* Romanian; **~ien** romania; **~in** *f*, **2isch** *adj.* Romanian
Rummel F *m Geschäftigkeit*: (hustle and) bustle; *Reklame2*: F ballyhoo: **großen ~ machen um** make* a big fuss *od.* to-do about; **~platz** F *m* amusement park, fairground
rumoren *v/i.* rumble (*a. Magen*)
Rumpel|kammer F *f* lumber room; **2n** F *v/i.* rumble
Rumpf *m anat.* trunk; *naut.* hull; *aviat.* fuselage
rümpfen *v/t.*: **die Nase ~** turn up one's nose (**über** at), sneer (at)
rund 1. *adj.* round (*a. fig.*); **2.** *adv. ungefähr*: about; **~ um** (a)round; **2blick** *m* panorama; **2e** *f* round (*a. fig. u. Sport*); *Rennsport*: lap; **die ~ machen** go* the round(s *pl.*); **2fahrt** *f* tour (**durch** round)
Rundfunk *m* radio; *Gesellschaft*: broadcasting corporation; **im ~** on the radio; **im ~ übertragen** *od.* **senden** broadcast*; **~hörer** *m* listener; **~** *pl. a.* (radio) audience *sg.*; **~sender** *m* broadcasting *od.* radio station
Rund|gang *m* tour (**durch** of); **2heraus** *adv.* frankly, plainly; **2herum** *adv.* all around; **2lich** *adj.* plump, chubby; **~reise** *f* tour (**durch** of); **~schau** *f* review; **~schreiben** *n* circular (letter); **~spruch** *m Schweiz*: → **Rundfunk**; **~ung** *f* curve; **2weg** *adv.* flatly, plainly
runter F *adv.* → **herunter**
Runz|el *f* wrinkle; **2(e)lig** *adj.* wrinkled; **2eln** *v/t.*: **die Stirn ~** frown (**über** at)
Rüpel *m* lout; **2haft** *adj.* rude
rupfen *v/t.* pluck (*a. fig.*)
Rüsche *f* frill, ruffle
Ruß *m* soot
Russe *m* Russian
Rüssel *m* trunk; *Schweins2*: snout
ruß|en *v/i.* smoke; **~ig** *adj.* sooty
Russ|in *f*, **2isch** *adj.* Russian
Russland Russia
rüsten 1. *v/i. mil.* arm; **2.** *v/refl.* get* ready, prepare (**zu**, **für** for); arm o.s. (**gegen** for)
rüstig *adj.* vigorous, sprightly
rustikal *adj.* rustic
Rüstung *f mil.* armament; *Ritter2*: armo(u)r; **~sindustrie** *f* armament industry; **~swettlauf** *m* arms race
Rüstzeug *fig. n* equipment
Rute *f* rod (*a. fig.*), switch
Rutsch|bahn *f*, **~e** *f* slide, chute; **2en** *v/i.* slide*, slip (*a. aus~*); *gleiten*: glide; *mot. etc.* skid; **2ig** *adj.* slippery; **2sicher** *adj.* non-skid
rütteln 1. *v/t.* shake*; **2.** *v/i.* jolt; **an der Tür ~** rattle at the door

S

S *Abk. für* **Süd(en)** S, south
S. *Abk. für* **Seite** p., page
s. *Abk. für* **siehe** see
Saal *m* hall
Saat *agr. f Säen*: sowing; *~gut*: seed(s *pl.*) (*a. fig.*); *junge ~*: crop(s *pl.*)
Sabbat *m* sabbath (day)
sabbern F *v/i.* slobber, slaver
Säbel *m* sab|re, *Am.* -er (*a. Sport*), sword; **2n** F *v/t.* cut*, hack
Sabot|age *f* sabotage; **~eur** *m* saboteur; **2ieren** *v/t.* sabotage
Sach|bearbeiter *m* official in charge; **~beschädigung** *f* damage to property; **~buch** *n* specialized book; *pl. coll.* nonfiction *sg.*; **2dienlich** *adj.*: **~e Hinweise** relevant information *sg.*
Sache *f* thing; *Angelegenheit*: matter,

business; (*Streit*)*Frage*: issue, problem, question; *Anliegen*: cause; *jur.* matter, case; **~n** *pl. allg.* things *pl.*; *Kleidung*: *a.* clothes *pl.*; ***zur ~ kommen*** (***bei der ~ bleiben***) come* (keep*) to the point; ***nicht zur ~ gehören*** be* irrelevant

sach|gerecht *adj.* proper; **2kenntnis** *f* expert knowledge; **~kundig** *adj.* expert; **2lage** *f* state of affairs, situation; **~lich** *adj. nüchtern*: matter-of-fact, businesslike; *unparteiisch*: unbias(s)ed, objective; *Gründe etc.*: practical, technical; ~ ***richtig*** factually correct

sächlich *gr. adj.* neuter

Sach|register *n* (subject) index; **~schaden** *m* damage to property

sacht *adj.* soft, gentle; slow; F: (***immer***) ***~e!*** (take it) easy!

Sach|verhalt *m* facts *pl.* (of the case); **~verstand** *m* know-how; **~verständige(r)** expert; *jur.* expert witness; **~wert** *m* real value; **~zwänge** *pl.* inherent necessities *pl.*

Sack *m* sack, bag; V *Hoden*: balls *pl.*; **2en** F *v/i.* sink*; **~gasse** *f* blind alley (*a. fig.*), cul-de-sac, impasse (*a. fig.*), dead end (street) (*a. fig.*); *fig. a.* deadlock; **~hüpfen** *n* sack race

Sadis|mus *m* sadism; **~t(in)** sadist; **2tisch** *adj.* sadistic

säen *v/t. u. v/i.* sow* (*a. fig.*)

Safari *f* safari; **~park** *m* wildlife reserve, safari park

Saft *m* juice; *Baum2*: sap (*beide a. fig.*); **2ig** *adj.* juicy (*a. Witz*); *Wiese*: lush; *Preis*: fancy

Sage *f* legend, myth (*a. fig.*)

Säge *f* saw; **~bock** *m* sawhorse, *Am. a.* sawbuck; **~mehl** *n* sawdust

sagen *v/i. u. v/t.* say*; ***j-m et.*** ~ tell* s.o. s.th.; ***die Wahrheit*** ~ tell* the truth; ***er lässt dir*** ~ he asked me to tell you; ~ ***wir*** (let's) say; ***man sagt, er sei*** he is said to be; ***er lässt sich nichts*** ~ he will not listen to reason; ***das hat nichts zu*** ~ it doesn't matter; ***et.*** (***nichts***) ***zu ~ haben*** (***bei***) have* a say (no say) (in); ~ ***wollen mit*** mean* by; ***das sagt mir nichts*** it doesn't mean anything to me; ***unter uns gesagt*** between you and me

sägen *v/t. u. v/i.* saw*

sagenhaft *adj.* legendary; F *fig.* fabulous, incredible, fantastic

Säge|späne *pl.* sawdust *sg.*; **~werk** *n* sawmill

Sahne *f* cream; **~torte** *f* cream gateau

Saison *f* season; ***in der*** ~ in season; **2bedingt** *adj.* seasonal

Saite *f* string, chord (*a. fig.*); **~ninstrument** *n* string(ed) instrument

Sakko *m, n* (sports) jacket, *Am. a.* sport(s) coat

Sakristei *f* vestry, sacristy

Salat *m* lettuce; *angemachter*: salad; **~sauce** *f* salad dressing

Salb|e *f* ointment; **~ung** *f* unction; **2ungsvoll** *fig. adj.* unctuous

Saldo *econ. m* balance

Salmiak *chem. m, n* ammonium chloride; **~geist** *m* liquid ammonia; **~pastillen** *pl.* ammoniac pastilles *pl.*

Salon *m Mode2, Friseur2 etc.*: salon; *mar.* saloon; *bsd. hist.* drawing room

salopp *adj.* casual; *contp.* sloppy

Salpeter *chem. m* saltpet|re, *Am.* -er, nit|re, *Am.* -er

Salto *m* somersault (*a. fig.*)

Salut *m* salute; ~ ***schießen*** fire a salute; **2ieren** *v/i.* (give* a) salute

Salve *f* volley (*a. fig.*); *Ehren2*: salute

Salz *n* salt; **~bergwerk** *n* salt mine; **2en** *v/t.* salt; **~hering** *m* pickled herring; **2ig** *adj.* salty; **~kartoffeln** *pl.* boiled potatoes *pl.*; **~korn** *n* grain of salt; **~säure** *chem. f* hydrochloric acid; **~stange** *f* salt (*Am.* pretzel) stick; **~streuer** *m* saltcellar, *Am.* salt shaker; **~wasser** *n* salt water

Same *m*, **~n** *m bot.* seed (*a. fig.*); *biol.* sperm, semen; **~nbank** *f* sperm bank; **~nerguss** *m* ejaculation; **~nfaden** *m* spermatozoon; **~nflüssigkeit** *f* semen; **~nkorn** *bot. n* seedcorn; **~nspender** *m* sperm donor; **~nstrang** *m* spermatic chord

Sammel|... *in Zssgn Begriff, Bestellung, Konto etc.*: collective ...; **~büchse** *f* collecting box; **~mappe** *f* folder, file; **2n** *v/t.* collect; *Pilze etc.*: gather, pick; *anhäufen*: accumulate; ***sich*** ~ assemble; *fig.* compose o.s.; **~platz** *m* meeting place

Samml|er(in) collector; **~ung** *f* collection

Samstag *m* Saturday

samt *prp.* together *od.* along with

Samt *m* velvet

sämtlich *adj.*: **~e** *pl. alle*: all the; *Werke etc.*: the complete
Sanatorium *n* sanatorium, *Am. a.* sanitarium
Sand *m* sand
Sandal|e *f* sandal; **~ette** *f* high-heeled sandal
Sand|bahn *f Sport*: dirt track; **~bank** *f* sandbank; **~boden** *m* sandy soil; **~burg** *f* sandcastle; **2ig** *adj.* sandy; **~korn** *n* grain of sand; **~mann** *m*, **~männchen** *n* sandman; **~papier** *n* sandpaper; **~sack** *m* sand bag; **~stein** *m* sandstone; **~strand** *m* sandy beach; **~uhr** *f* hourglass
sanft *adj.* gentle, soft; *mild*: mild; *Tod*: easy; **~mütig** *adj.* gentle, mild
Sänger(in) singer
sanier|en *v/t.* redevelop (*a. econ.*), rehabilitate (*a. Haus*); **2ung** *f* redevelopment, rehabilitation; **2ungsgebiet** *n* redevelopment area
sani|tär *adj.* sanitary; **2täter** *m* first-aid man, ambulance man, *Am.* paramedic; *mil.* medical orderly, *Am.* medic; **2tätswagen** *m* ambulance
Sankt Saint, *Abk.* St
Sard|elle *f* anchovy; **~ine** *f* sardine
Sarg *m* coffin, *Am. a.* casket
Sarkas|mus *m* sarcasm; **2tisch** *adj.* sarcastic
Satan *m* Satan; *fig.* devil
Satellit *m* satellite (*a. fig.*); ***über* ~** by *od.* via satellite; **~en...** *in Zssgn Bild, Staat, Stadt, TV*: satellite ...
Satin *m* satin; *Baumwoll2*: sateen
Satir|e *f* satire (***auf*** upon); **~iker** *m* satirist; **2isch** *adj.* satiric(al)
satt *adj.* F full (up); ***ich bin ~*** I've had enough, F I'm full (up); ***sich ~ essen*** eat* one's fill (***an*** of); ***~ zu essen haben*** have* enough to eat; *et. od. j-n* ***~ haben*** (***bekommen***) be* (get*) tired *od.* F sick of, be* (get*) fed up with
Sattel *m* saddle; **~gurt** *m* girth; **2n** *v/t.* saddle; **~schlepper** *mot. m* articulated lorry, *Am.* semi-trailer truck
sättig|en 1. *v/t.* satisfy: *ernähren*: feed*; *chem., phys.* saturate; **2.** *v/i. Essen*: be* substantial *od.* filling; **2ung** *f* satiety; *chem., econ., fig.* saturation
Sattler *m* saddler; **~ei** *f* saddlery
Satz *m gr.* sentence; *Sprung*: leap; *Tennis, zs.-gehörige Dinge*: set; *econ.* rate; *mus.* movement; **~aussage** *gr. f* predicate; **~bau** *gr. m* syntax; *e-s Satzes*: construction; **~gegenstand** *gr. m* subject; **~teil** *gr. m* part of a sentence
Satzung *f* statute
Satzzeichen *n* punctuation mark
Sau *f zo.* sow; *hunt.* wild sow; V *fig.* pig; **2...** F *in Zssgn kalt etc.*: damned
sauber *adj.* clean (*a.* F *fig.*); *Luft etc.*: *a.* pure; *ordentlich*: neat (*a. fig.*), tidy; *anständig*: decent; *iro.* fine, nice; ***~ halten*** keep* clean (***sich*** o.s.); ***~ machen*** clean (up); **2keit** *f* clean(li)ness; tidiness, neatness; purity; decency
säuber|n *v/t.* clean (up); *gründlich*: *a.* cleanse (*a. med.*); ***~ von*** clear (*pol. fig. a.* purge) of; **2ung(saktion)** *pol. f* purge
sauer *adj.* sour (*a. fig. Gesicht*), acid (*a. chem.*); *Gurke*: pickled; *wütend*: mad (***auf*** at), cross (with); ***~ werden*** turn sour; *fig.* get* mad; ***saurer Regen*** acid rain; **2kraut** *n* sauerkraut
säuerlich *adj.* sharp; F *fig.* wry
Sauerstoff *chem. m* oxygen; **~gerät** *med. n* oxygen apparatus; **~mangel** *m* oxygen starvation; **~maske** *f* oxygen mask; **~zelt** *n* oxygen tent
Sauerteig *m* leaven
saufen *v/t. u. v/i.* drink*; F *Mensch*: booze
Säufer F *m* drunkard, F boozer
saugen *v/i. u. v/t.* suck (***an et.*** [at] s.th.)
säuge|n *v/t.* suckle (*a. Tier*), nurse, breastfeed*; **2tier** *n* mammal
saugfähig *adj.* absorbent
Säugling *m* baby, infant; **~sheim** *n* (baby) nursery; **~spflege** *f* infant care; **~sschwester** f baby nurse; **~sstation** *f* neonatal care unit; **~ssterblichkeit** *f* infant mortality
Säule *f* column; *Pfeiler*: pillar (*a. fig.*); **~ngang** *m* colonnade
Saum *m* hem(line); *Naht*: seam
säum|en *v/t.* hem; *umranden*: border, edge; *die Straßen*: line
Sauna *f* sauna
Säure *chem. f*, **2haltig** *adj.* acid
sausen *v/i.* F rush; dash; *Ohren*: buzz; *Wind*: howl
Saustall *m* pigsty (*a. fig.*)
Saxofon *mus. n* saxophone, F sax
S-Bahn *f* suburban train, *Am.* rapid transit
Schabe *zo. f* cockroach

schaben *v/t.* scrape (***von*** from)
Schabernack *m* prank, practical joke
schäbig *adj.* shabby; *fig. a.* mean
Schablone *f* stencil; *fig.* stereotype
Schach *n* chess; **~!** check!; **~ *und matt!*** checkmate!; ***in ~ halten*** keep* *s.o.* in check; **~brett** *n* chessboard; **~feld** *n* square; **~figur** *f* chessman, piece; **2matt** *adj. fig.* all worn out, F dead beat; **~ *setzen*** checkmate *s.o.*; **~spiel** *n* (game of) chess; chessboard and men
Schacht *m* shaft; *Bergbau*: *a.* pit
Schachtel *f* box; *Papp2*: *a.* carton; **~ *Zigaretten*** packet (*bsd. Am.* pack) of cigarettes
Schachzug *m* move (*a. fig.*)
schade *pred. adj.*: ***es ist ~*** it's a pity; ***wie ~!*** what a pity *od.* shame!; ***zu ~ für*** too good for
Schädel *m* skull, F head; **~bruch** *med. m* fracture of the skull
schaden *v/i.* damage, do* damage to, harm, hurt*; ***der Gesundheit ~*** be* bad for one's health; ***das schadet nichts*** it doesn't matter; ***es könnte ihm nicht ~*** it wouldn't hurt him
Schaden *m* damage (***an*** to); *bsd. tech.* trouble, defect (*a. med.*); *Nachteil*: disadvantage; *econ.* loss; ***j-m ~ zufügen*** do* s.o. harm; **~ersatz** *m* damages *pl.*; **~ *leisten*** pay* damages; **~freude** *f*: **~ *empfinden über*** gloat over; **2froh** *adv.* gloatingly
schadhaft *adj.* damaged; *mangelhaft*: defective, faulty; *Haus etc.*: out of repair; *Rohr etc.*: leaking; *Zähne*: decayed
schädigen *v/t.* damage, harm
schädlich *adj.* harmful, injurious; *gesundheits~*: *a.* bad (for your health)
Schädling *m* pest; **~sbekämpfung** *f* pest control; **~sbekämpfungsmittel** *n* pesticide
Schadstoff *m* harmful substance; *bsd. Umwelt*: *a.* pollutant; **2arm** *adj. Treibstoff*: low-emission
Schaf *n* sheep; **~bock** *m* ram
Schäfer *m* shepherd; **~hund** *m* sheepdog; ***deutscher ~*** *bsd. Brt.* Alsatian, *bsd. Am.* German shepherd
Schaffell *n* sheepskin; *am Schaf*: fleece
schaffen 1. *v/t. er~*: create; *bewirken, bereiten*: cause, bring* about; *bewältigen*: manage, get* *s.th.* done; *bringen*: take*; ***es ~*** make* it; *Erfolg haben*: *a.* succeed; ***das wäre geschafft*** we've done *od.* made it; **2.** *v/i.* work; ***j-m zu ~ machen*** cause s.o. trouble; ***sich zu ~ machen an*** *unbefugt*: tamper with
Schaffner(in) conduct|or (-ress); *Brt. rail.* guard
Schafhirt(e) *m* shepherd
Schafott *n* scaffold
Schaft *m* shaft; *Gewehr2*: stock; *Werkzeug2, Schlüssel2*: shank; *Stiefel2*: leg; **~stiefel** *m* high boot
Schaf|wolle *f* sheep's wool; **~zucht** *f* sheep breeding
schäkern *v/i.* joke; flirt
schal *adj.* stale, flat; *fig. a.* empty
Schal *m* scarf
Schale *f* bowl, dish; *Eier2, Nuss2 etc.*: shell; *Obst2, Kartoffel2*: peel, skin; ***Kartoffel2n*** *pl.* peelings *pl.*
schälen *v/t.* peel, pare; ***sich ~*** *Haut*: peel *od.* come* off
Schall *m* sound; **~dämpfer** *m* silencer, *mot. Am.* muffler; **2dicht** *adj.* soundproof; **2en** *v/i.* sound; *klingen, dröhnen*: ring* (out); **2end** *adj.*: ***~es Gelächter*** roars *pl.* of laughter; **~geschwindigkeit** *f* speed of sound; **~mauer** *f* sound barrier; **~platte** *f* record, disc; **~welle** *f* sound wave
schalten *v/i. u. v/t.* switch, turn; *mot.* change (*bsd. Am.* shift) gear; *verstehen*: get* it; *reagieren*: react
Schalter[1] *m rail.* ticket window; *Post2, Bank2 etc.*: counter; *aviat.* desk
Schalter[2] *electr. m* switch
Schalt|hebel *m mot.* gear lever; *tech., aviat.* control lever; *electr.* switch lever; **2jahr** *n* leap year; **2tafel** *electr. f* switchboard, control panel; **2uhr** *f* time switch; **2ung** *f mot.* gearshift; *electr.* circuit
Scham *f* shame (***vor*** in, for)
schämen *v/refl.* be* *od.* feel* ashamed (*gen.*, ***wegen*** of); ***du solltest dich (was) ~!*** you ought to be ashamed of yourself!
Scham|gefühl *n* sense of shame; **~haare** *pl.* pubic hair *sg.*; **2haft** *adj.* bashful; **2los** *adj.* shameless; *unanständig*: indecent; **~losigkeit** *f* shamelessness; indecency
Schande *f* shame, disgrace
schänden *v/t.* disgrace; *entweihen*: desecrate; *vergewaltigen*: rape

Schandfleck *m* stain, taint; *Schande*: disgrace; *Anblick*: eyesore
schändlich *adj.* disgraceful
Schandtat *f* atrocity
Schanze *f Sport*: ski jump
Schar *f* troop, band; F horde; *Menge*: crowd; *Gänse*♀ *etc.*: flock; *agr. Pflug*♀: ploughshare, *Am.* plowshare; ♀**en** *v/refl.*: ***sich ~ um*** gather round
scharf *adj.* sharp (*a. fig.*); *phot. a.* in focus; *deutlich*: clear; *Hund*: savage, fierce; *Munition*: live; *Bombe etc.*: armed; *~ gewürzt*: hot; *erregt*: hot, *aufreizend*: *a.* sexy; ***~ sein auf*** be* keen on (*bsd. sexuell*: hot for); ***~ (ein)stellen*** *phot.* focus; F ***~e Sachen*** hard liquor *sg.*
Schärfe *f* sharpness (*a. phot.*); *Härte*: severity, fierceness; ♀**n** *v/t.* sharpen
Scharf|richter *m* executioner; **~schütze** *m* sharpshooter; sniper; ♀**sichtig** *adj.* sharp-sighted; *fig.* clear-sighted; **~sinn** *m* acumen; ♀**sinnig** *adj.* sharp-witted, shrewd
Scharlach *m* scarlet; *med.* scarlet fever; ♀**rot** *adj.* scarlet
Scharlatan *m* charlatan, fraud
Scharnier *tech. n* hinge
Schärpe *f* sash
scharren *v/i.* scrape, scratch
Schart|e *f* notch, nick; ♀**ig** *adj.* jagged, notchy
Schaschlik *m, n* shish kebab
Schatten *m* shadow (*a. fig.*); *nicht Licht od. Sonne*: shade; ***im ~*** in the shade; ♀**haft** *adj.* shadowy
Schattierung *f* shade; *fig.* colo(u)r
schattig *adj.* shady
Schatz *m* treasure; *fig.* darling; **~amt** *pol. n* Treasury, *Am.* Treasury Department
schätzen *v/t.* estimate; *Wert*: *a.* value (*beide*: ***auf*** at); *zu ~ wissen*: appreciate; *hoch~*: think* highly of; F *vermuten*: reckon, *Am. a.* guess
Schatz|kammer *f* treasury (*a. fig.*); **~kanzler** *m* Chancellor of the Exchequer; **~meister** *m* treasurer
Schätzung *f* estimate; valuation
Schau *f* show, exhibition; ***zur ~ stellen*** exhibit, display
Schauder *m* shudder; ♀**haft** *adj.* horrible, dreadful; ♀**n** *v/i.* shudder, shiver (*beide*: ***vor*** with)
schauen *v/i.* look (***auf*** at); → ***sehen***
Schauer *m Regen*♀ *etc.*: shower; *Schauder*: shudder, shiver; **~geschichte** *f* horror story (*a. fig.*); ♀**lich** *adj.* dreadful, horrible
Schaufel *f* shovel; *Kehr*♀: dustpan; ♀**n** *v/t.* shovel; *graben*: dig*
Schaufenster *n* shop window; **~auslage** *f* window display; **~bummel** *m*: ***e-n ~ machen*** go* window-shopping; **~dekoration** *f* window dressing
Schaukel *f* swing; ♀**n 1.** *v/i.* swing*; *Boot etc.*: rock; **2.** *v/t.* rock; **~pferd** *n* rocking horse; **~stuhl** *m* rocking chair, rocker
Schaulustige *pl.* (curious) onlookers *pl.*, *Am.* F rubbernecks *pl.*
Schaum *m* foam; *Bier*♀: froth, head; *Seifen*♀: lather; *Gischt*: spray
schäumen *v/i.* foam (*a. fig.*), froth; *Seife*: lather; *Gischt*: spray
Schaum|gummi *m* foam rubber; ♀**ig** *adj.* foamy, frothy; **~löscher** *m* foam extinguisher
Schau|platz *m* scene; **~prozess** *jur. m* show trial
schaurig *adj.* creepy; horrible
Schau|spiel *n thea.* play; *fig.* spectacle; **~spieler(in)** act|or (-ress); **~spielschule** *f* drama school; **~steller** *m* showman
Scheck *econ. m* cheque, *Am.* check; **~heft** *n* chequebook, *Am.* checkbook
scheckig *adj.* spotty
Scheckkarte *f* cheque (*Am.* check cashing) card
scheffeln *v/t. Geld etc.*: rake in
Scheibe *f* disc, *Am.* disk; *Brot*♀ *etc.*: slice; *Fenster*♀: pane; *Schieß*♀: target; **~nbremse** *mot. f* disc brake; **~nwischer** *mot. m* windscreen (*Am.* windshield) wiper
Scheide *f* sheath; *Degen*♀ *etc.*: *a.* scabbard; *anat.* vagina; ♀**n 1.** *v/t.* separate, part (*beide*: ***von*** from); *Ehe*: divorce; ***sich ~ lassen*** get* a divorce; *von j-m*: divorce *s.o.*; **2.** *v/i.*: ***~ aus*** *Amt etc.*: retire from; ***aus dem Leben ~*** take* one's life; **~weg** *fig. m* crossroads *sg.*
Scheidung *f* divorce; **~sklage** *jur. f* divorce suit
Schein[1] *m Bescheinigung*: certificate; *Formular*: form, *Am.* blank; *Geld*♀: note, *Am. a.* bill

Schein² *m Licht*2: light; *fig.* appearance; ***et.*** (***nur***) ***zum ~ tun*** (only) pretend to do s.th.; 2**bar** *adj.* seeming, apparent; 2**en** *v/i.* shine*; *fig.* seem, appear, look; 2**heilig** *adj.* hypocritical; F ***~ tun*** act (the) innocent; **~welt** *f* world of illusion; **~werfer** *m Such*2: searchlight; *mot.* headlight; *thea.* spotlight
Scheiß|... V *in Zssgn* damn ..., *bsd. Brt.* bloody ..., *bsd. Am.* fucking ...; **~e** V *f*, 2**en** V *v/i.* shit*, crap
Scheit *n* piece of wood
Scheitel *m* parting; 2**n** *v/t. Haar*: part
Scheiterhaufen *m* pyre; *hist.* stake
scheitern *fig. v/i.* fail, go* wrong
Schelle *f* (little) bell; *tech.* clamp, clip
Schellfisch *m* haddock
Schelm *fig. m* rascal; 2**isch** *adj.* impish
Schema *n* pattern, system; 2**tisch** *adj.* schematic; *Arbeit etc.*: mechanical
Schemel *m* stool
schemenhaft *adj.* shadowy
Schenkel *m Ober*2: thigh; *Unter*2: shank; *math.* leg
schenk|en *v/t.* give* (as a present) (***zu*** for); 2**ung** *jur. f* donation
Scherbe *f*, **~n** *m* (broken) piece, fragment
Schere *f* scissors *pl.* (*a. fig.*); *zo. Krebs*2 *etc.*: claw
scheren¹ *v/t. Schaf*: shear*; *Hecke*: clip; *Haare*: cut*
scheren² *v/refl.*: ***sich ~ um*** bother about
scheren³ *v/refl.*: ***scher dich zum Teufel!*** go to hell!
Scherereien *pl.* trouble *sg.*, bother *sg.*
Schermaus *zo. östr. f* mole
Scherz *m* joke; ***im*** (***zum***) ~ for fun; 2**en** *v/i.* joke (***über*** at); 2**haft** *adj.* joking; ***~ gemeint*** meant as a joke
scheu *adj.* shy (*a. Pferd*); *schüchtern*: bashful; ***~ machen*** frighten
Scheu *f* shyness; *Ehrfurcht*: awe
scheuen 1. *v/i.* shy (***vor*** at), take* fright (at); **2.** *v/t.* shun, avoid; ***sich ~, et. zu tun*** be* afraid of doing s.th.
scheuer|n *v/t. u. v/i.* scrub, scour; *wund~*: chafe; 2**tuch** *n* floor cloth
Scheuklappen *pl.* blinkers *pl.*, *Am. a.* blinders *pl.* (*beide a. fig.*)
Scheune *f* barn
Scheusal *n* monster (*a. fig.*); F *Ekel*: beast
scheußlich *adj.* horrible (*a.* F *Wetter etc.*); *Verbrechen etc.*: *a.* atrocious
Schicht *f* layer; *Farb*2 *etc.*: coat; *dünne ~*: film; *Arbeits*2: shift; *Gesellschafts*2: class; 2**en** *v/t.* arrange in layers, pile up; 2**weise** *adv.* in layers
schick *adj.* smart, chic, stylish
Schick *m* smartness, chic, style
schicken *v/t.* send* (***nach***, ***zu*** to); ***das schickt sich nicht*** that isn't done
Schickeria F *f* smart set, beautiful people *pl.*, trendies *pl.*
Schickimicki F *contp. m* trendy
Schicksal *n* fate, destiny; *Los*: lot
Schiebe|dach *mot. n* sliding roof, sunroof; **~fenster** *n* sliding window; *vertikal*: sash window
schieben *v/t.* push
Schieber *tech. m* slide; *Riegel*: bolt
Schiebetür *f* sliding door
Schiebung F *f* swindle, fix (*a. Sport*)
Schiedsrichter *m Fußball*: referee; *Tennis*: umpire; *bei Wettbewerb*: judge, *bsd. pl. a.* jury *sg.*
schief *adj.* crooked, not straight; *schräg*: sloping, oblique (*a. math.*); *Turm etc.*: leaning; *fig. Bild, Vergleich*: false
Schiefer *geol. m* slate; **~tafel** *f* slate
schiefgehen *v/i.* go* wrong
schielen *v/i.* squint, be* cross-eyed
Schienbein *n* shin(bone)
Schiene *f rail. etc.*: rail; *med.* splint; 2**n** *med. v/t.* splint
Schieß|bude *f* shooting gallery; 2**en** *v/i. u. v/t.* shoot* (*a. fig.*), fire (*beide*: ***auf*** at); *Tor*: score; **~erei** *f* shooting; *Kampf*: gunfight; **~pulver** *n* gunpowder; **~scharte** *mil. f* loophole, embrasure; **~scheibe** *f* target; **~stand** *m* shooting range
Schiff *n* ship, boat; *arch. Kirchen*2: nave; ***mit dem ~*** by boat
Schiffahrt *f* → ***Schifffahrt***
schiff|bar *adj.* navigable; 2**bau** *m* shipbuilding; 2**bruch** *m* shipwreck (*a. fig.*); ***~ erleiden*** be* shipwrecked; 2**er** *m* sailor; *Kapitän*: skipper; **~fahrt** *f* shipping, navigation; 2**schaukel** *f* swing boat(s *pl.*)
Schiffs|junge *m* ship's boy; **~ladung** *f* shipload; *Fracht*: cargo; **~schraube** *f* (ship's) propeller; **~werft** *f* shipyard
Schikan|e *f*, *a.* **~n** *pl.* harassment; ***aus reiner ~*** out of sheer spite; F ***mit allen***

S

~n with all the trimmings; **&ieren** *v/t.* harass; *Mitschüler etc.*: *a.* bully
Schikoree *m* chicory, *Am.* endive
Schild[1] *n allg.* sign (*a. mot.*); *Namens&, Firmen& etc.*: plate
Schild[2] *mil. etc. m* shield
Schilddrüse *anat. f* thyroid (gland)
schilder|n *v/t.* describe; *anschaulich*: *a.* depict, portray; **&ung** *f* description, portrayal; *sachliche*: account
Schildkröte *zo. f Land&*: tortoise; *See&*: turtle
Schilf *bot. n* reed(s *pl.*)
schillern *v/i.* be* iridescent; **~d** *adj.* iridescent; *fig.* dubious
Schimm|el *m zo.* white horse; *bot.* mo(u)ld; **&eln** *v/i.* go* mo(u)ldy; **&lig** *adj.* mo(u)ldy, musty
Schimmer *m* glimmer (*a. fig.*), gleam; *fig. a.* trace, touch; **&n** *v/i.* shimmer, glimmer, gleam
Schimpanse *zo. m* chimpanzee
schimpf|en *v/i. u. v/t.* scold (***mit j-m*** s.o.); F tell* *s.o.* off, bawl *s.o.* out; **~ *über*** complain about, grumble at; **&wort** *n* swearword
Schindel *f* shingle
schind|en *v/t.* maltreat; *Arbeiter etc.*: *a.* slave-drive*; ***sich* ~** drudge, slave away; **&er** *fig. m* slave driver; **&erei** *f* slavery, drudgery
Schinken *m* ham
Schippe *f*, **&n** *v/t.* shovel
Schirm *m Regen&*: umbrella; *Sonnen&*: sunshade; *Fernseh&, Schutz& etc.*: screen; *Lampen&*: shade; *Mützen&*: peak, visor; **~herr** *m* patron, sponsor; **~herrschaft** *f* patronage, sponsorship; ***unter der ~ von*** under the auspices of; **~mütze** *f* peaked cap; **~ständer** *m* umbrella stand
Schlacht *mil. f* battle (***bei*** of); **&en** *v/t.* slaughter, kill; **~er** *m* → ***Fleischer***
Schlacht|feld *mil. n* battlefield, battleground; **~haus** *n*, **~hof** *m* slaughterhouse; **~plan** *m mil.* plan of action (*a. fig.*); **~schiff** *n* battleship
Schlacke *f* cinders *pl.*; *geol., metall.* slag
Schlaf *m* sleep; ***e-n leichten*** (***festen***) **~ *haben*** be* a light (sound) sleeper; F *fig.* ***im* ~** blindfold; **~anzug** *m* pyjamas *pl.*, *Am.* pajamas *pl.*
Schläfe *f* temple
schlafen *v/i.* sleep* (*a. fig.*); **~ *gehen*, *sich* ~ *legen*** go* to bed; ***fest* ~** be* fast asleep; *j-n* **~ *legen*** put* to bed *od.* sleep
schlaff *adj.* slack (*a. fig.*); *Haut, Muskeln etc.*: flabby; *kraftlos*: limp
Schlaf|gelegenheit *f* sleeping accommodation; **~krankheit** *med. f* sleeping sickness; **~lied** *n* lullaby; **&los** *adj.* sleepless; **~losigkeit** *f* sleeplessness, *med.* insomnia; **~mittel** *med. n* sleeping pill(s *pl.*); **~mütze** *fig. f* sleepyhead; slowcoach, *Am.* slowpoke
schläfrig *adj.* sleepy, drowsy
Schlaf|saal *m* dormitory; **~sack** *m* sleeping bag; **~tablette** *f* sleeping pill; **&trunken** *adj.* (very) drowsy; **~wagen** *rail. m* sleeping car, sleeper; **~wandler** *m* sleepwalker, somnambulist; **~zimmer** *n* bedroom
Schlag *m allg.* blow (*a. fig.*); *mit der Hand*: slap; *Faust&*: punch; *leichter*: pat, tap; *Uhr&, Blitz&, Tennis*: stroke; *electr.* shock (*a. fig.*); *Herz, Puls*: beat; *med.* **~*anfall***: stroke; ***Schläge*** *pl.* beating *sg.*; **~ader** *anat. f* artery; **~anfall** *med. m* (apoplectic) stroke; **&artig 1.** *adj.* sudden, abrupt; **2.** *adv.* all of a sudden, abruptly; **~baum** *m* barrier; **~bohrer** *m* percussion drill
schlagen 1. *v/t.* hit*, beat* (*a. besiegen, Sahne etc.*), strike* (*a. Uhrzeit*), knock; *Baum*: fell, cut* (down); ***sich* ~** fight* (***um*** over); ***sich geschlagen geben*** admit defeat; **2.** *v/i.* hit*, beat* (*a. Herz etc.*), strike* (*a. Uhr, Blitz*), knock; **an** *od.* **gegen et. ~** hit* s.th., bump *od.* crash into s.th
Schlager *m* hit (*a. fig.*), (pop) song
Schläger *m Tennis etc.*: racket; *Tischtennis, Kricket, Baseball*: bat; *Golf*: club; *Hockey*: stick; *Person*: thug; **~ei** *f* fight, brawl
schlag|fertig *fig. adj.* quick-witted; **~e *Antwort*** (witty) repartee; **&instrument** *n* percussion instrument; **&kraft** *f* striking power (*a. mil.*); **&loch** *n* pothole; **&obers** *östr. n* → ***Schlagsahne***; **&ring** *m* knuckleduster, *Am. a.* brass knuckles *pl.*; **&sahne** *f* whipped cream; **&seite** *naut. f* list; **~ *haben*** *naut.* be* listing; F *Betrunkener*: be* a bit unsteady on one's feet; **&stock** *m* baton, truncheon, *Am. a.* billy (club); **&wort** *n* catchword, slogan; **&zeile** *f*

headline; **2zeug** *mus. n* drums *pl.*; **2zeuger** *mus. m* drummer
schlaksig *adj.* lanky, gangling
Schlamm *m* mud; **2ig** *adj.* muddy
Schlamp|e *f* slut; **2ig** *adj.* sloppy
Schlange *f zo.* snake, *bsd. große*: serpent (*a. fig.*); *Menschen2*, *Auto2*: queue, *bsd. Am.* line; **~ stehen** queue (up), *bsd. Am.* line up, stand* in line (**nach** for)
schlängeln *v/refl.* wind* *od.* snake (one's way); *Person*: worm one's way
Schlangenlinie *f* serpentine line; ***in ~n fahren*** weave*
schlank *adj.* slim, slender; ***~ machen Kleid etc.***: make* *s.o.* look slim; ***~e Unternehmensstruktur*** *econ.* lean management; **2heitskur** *f*: ***e-e ~ machen*** be* *od.* go* on a diet
schlapp F *adj.* worn out; *schwach*: weak
Schlappe F *f* setback, *stärker*: beating
schlapp|machen F *v/i.* flake out; **2schwanz** F *m* weakling, wimp
schlau *adj. klug*: clever, smart, bright; *listig*: sly, cunning, crafty
Schlauch *m* tube; *zum Spritzen*: hose; **~boot** *n* (inflatable *od.* rubber) dinghy
Schlaufe *f* loop
schlecht *adj.* bad; *Qualität, Leistung etc.*: *a.* poor; ***mir ist*** (***wird***) **~** I feel (I'm getting) sick (*Am.* to my stomach); **~** (*krank*) ***aussehen*** look ill; ***sich ~ fühlen*** feel* bad; ***es geht ihm sehr ~*** he is in a bad way; ***~ gelaunt*** in a bad temper *od.* mood, bad-tempered; ***~ machen*** run* *s.o.* down, backbite*; ***~ werden*** *Fleisch etc.*: go* bad
schleich|en *v/i.* creep* (*a. fig.*), sneak; **2weg** *m* secret path; **2werbung** *f* plugging; ***für et. ~ machen*** plug s.th.
Schleier *m* veil (*a. fig.*); *Dunst*: *a.* haze; **2haft** *fig. adj.*: ***es ist mir*** (***völlig***) **~** it's a (complete) mystery to me
Schleife *f* bow; *Zier2*: ribbon; *Fluss2*, *aviat.*, *Computer*, *electr.*: loop
schleifen[1] *v/t. u. v/i.* drag (along); *reiben*: rub
schleif|en[2] *v/t.* grind* (*a. tech.*), sharpen; *Holz*: sand(paper); *Glas, Edelsteine*: cut*; F *fig. j-n*: drill hard; **2er** *tech. m*, **2maschine** *f* grinder; **2papier** *n* sandpaper; **2stein** *m großer*: grindstone; *bsd. für Messer*: whetstone
Schleim *m* slime; *med.* mucus; **~haut** *anat. f* mucous membrane; **2ig** *adj.* slimy (*a. fig.*); mucous
schlemme|n *v/i.* feast; **2r** *m* gourmet; **2rei** *f* feasting
schlendern *v/i.* stroll, saunter, amble
schlenkern *v/i. u. v/t.* dangle, swing* (***mit den Armen*** one's arms)
schlepp|en *v/t.* drag (*a. fig.*); *mot.*, *naut.* tow; ***sich ~*** drag (on); **~end** *adj.* dragging; *Redeweise*: drawling; **2er** *m naut.* tug; *mot.* tractor; **2lift** *m* T-bar (lift), drag lift, ski tow; **2tau** *n* tow-rope; ***im*** (***ins***) **~** in tow (*a. fig.*)
Schleuder *f* catapult (*a. aviat.*), *Am. a.* slingshot; *Trocken2*: spin drier; **2n 1.** *v/t.* fling*, hurl (*beide a. fig.*); *Wäsche*: spin-dry; **2.** *mot. v/i.* skid; **~sitz** *aviat. m* ejector (*bsd. Am.* ejection) seat
schleunigst *adv.* immediately
Schleuse *f* sluice; *Kanal2*: lock
schlicht *adj.* plain, simple; **~en** *v/t.* settle; **2ung** *f* settlement
schließ|en *v/t. u. v/i.* shut*, close (*für immer*: down); *beenden*: close, finish; ***~ aus*** conclude from; ***nach ... zu ~*** judging by ...; **2fach** *n rail. etc.*: (left luggage) locker; *Bank2*: safe-deposit box; **~lich** *adv.* finally; *am Ende*: eventually, in the end; *immerhin*: after all
Schliff *m von Edelsteinen, Glas*: cut; *Glätte*: polish (*a. fig.*)
schlimm *adj.* bad; *furchtbar*: awful; ***das ist nicht*** *od.* ***halb so ~*** it's not as bad as that; ***das 2e daran*** the bad thing about it; **~stenfalls** *adv.* at (the) worst
Schlinge *f* loop; *zs.-ziehbare*: noose; *hunt.* snare (*a. fig.*); *med.* sling
Schlingel *m* rascal
schlingen *v/t.* wind*, twist; *binden*: tie; *Arme, Schal*: wrap (**um** [a]round); ***sich um et. ~*** wind* (a)round
schlingern *bsd. naut. v/i.* roll
Schlingpflanze *bot. f* creeper, climber
Schlips *m* tie, *bsd. Am.* necktie
schlitt|eln *v/i. Schweiz*: go* sledging *od.* tobogganing; **2en** *m* sledge, *Am.* sled; *Pferde2*: sleigh; *Sport*: toboggan; ***~ fahren*** go* sledging *od.* tobogganing
Schlittschuh *m* ice-skate (*a.* ***~ laufen***); **~läufer**(**in**) ice-skater
Schlitz *m* slit; *Hosen2*: fly; *Einwurf2*: slot; **~augen** *pl.*: ***~ haben*** be* slit-eyed; **2en** *v/t.* slit*, slash
Schloss *n* lock; *Bau*: castle, palace; ***ins***

S

fallen *Tür*: slam shut; ***hinter ~ und Riegel*** locked up, under lock and key
Schlosser *m* mechanic, fitter; *Schlossmacher*: locksmith; **~ei** *f* metalwork shop
schlottern *v/i.* shake*, tremble (*beide*: ***vor*** with); F *Hose etc.*: bag
Schlucht *f* gorge, ravine, *Am.* canyon
schluchz|en *v/i.*, **~er** *m* sob
Schluck *m* draught, swallow; *kleiner*: sip; *großer*: gulp; **~auf** *m* hiccups *pl.*; (***e-n***) ***~ haben*** have* (the) hiccups; **~en** *v/t. u. v/i.* swallow (*a. fig.*); **~impfung** *f* oral vaccination
Schlummer *m* slumber; **~n** *v/i.* lie* asleep; *poet.*, *fig.* slumber
schlüpfe|n *v/i.* slip, slide*; *zo. Vögel*: hatch (out); ***in die*** (***aus der***) ***Kleidung ~*** slip on *od.* into (off *od.* out of) one's clothes; **~r** *m* briefs *pl.*, panties *pl.*
schlüpfrig *adj.* slippery; *fig. Witz*: risqué, off-colo(u)r
Schlupfwinkel *m* hiding place
schlurfen *v/i.* shuffle (along)
schlürfen *v/t. u. v/i.* F slurp
Schluss *m* end; *Ab~*, *~folgerung*: conclusion; *e-s Films etc.*: ending; ***~ machen*** finish; *sich trennen*: break* up; ***~ machen mit*** *et.* stop, put* an end to; ***zum ~*** finally; (***ganz***) ***bis zum ~*** to the (very) end; ***~ für heute!*** that's all for today!
Schlüssel *m* key (*a. fig. u. in Zssgn*) (***für***, ***zu*** to); **~bein** *anat. n* collarbone; **~blume** *f* cowslip, primrose; **~bund** *m, n* bunch of keys; **~kind** F *n* latchkey child; **~loch** *n* keyhole; **~wort** *n* keyword; *Computer*: *a.* password
Schlussfolgerung *f* conclusion
schlüssig *adj. Beweis etc.*: conclusive; ***sich ~ werden*** make* up one's mind (***über*** about)
Schluss|licht *n mot. etc.*: tail-light; **~pfiff** *m* final whistle; **~phase** *f* final stage(s *pl.*); **~verkauf** *econ. m* (end-of--season) sale
Schmach *f* disgrace, shame
schmachten *v/i.* languish (***nach*** for), pine (for); *vor Hitze*: swelter
schmächtig *adj.* slight, thin, frail
schmackhaft *adj.* tasty
schmal *adj.* narrow; *Figur*: thin, slender
schmälern *fig. v/t.* detract from
Schmal|film *m* cine-film; **~spur** *rail. f* narrow ga(u)ge; **~spur...** *fig. in Zssgn* small-time
Schmalz *n* grease; *Schweine~*: lard; *fig.* mush, schmal(t)z; **~ig** *fig. adj.* mushy, soapy
schmarotze|n F *v/i.* sponge (***bei*** on); **~r** *m bot., zo.* parasite; *fig. a.* sponger
schmatzen *v/i.* smack (one's lips), eat* noisily
Schmaus *m* feast; **~en** *v/i.* feast
schmecken *v/i. u. v/t.* taste (***nach*** of); ***gut*** (***schlecht***) ***~*** taste good (bad); (***wie***) ***schmeckt dir ...?*** (how) do you like ...? (*a. fig.*); ***es schmeckt süß*** (***nach nichts***) it has a sweet (no) taste
Schmeich|elei *f* flattery; **~elhaft** *adj.* flattering; **~eln** *v/i.* flatter *s.o.*; **~ler(in)** flatterer; **~lerisch** *adj.* flattering
schmeiß|en F *v/t. u. v/i.* throw*, chuck; *Tür etc.*: slam; ***mit Geld um sich ~*** throw* one's money about; **~fliege** *f* blowfly, bluebottle
schmelz|en *v/i. u. v/t.* melt*; *Schnee*: *a.* thaw; *metall.* smelt; **~ofen** *m* (s)melting furnace; **~tiegel** *m* melting pot (*a. fig.*)
Schmerz *m* pain (*a. fig.*), *anhaltender*: ache; *fig.* grief, sorrow; **~en** *v/i. u. v/t.* hurt* (*a. fig.*), ache; *bsd. fig.* pain; **~frei** *adj.* without pain; **~haft** *adj.* painful; **~lich** *adj.* painful, sad; **~mittel** *n* painkiller; **~los** *adj.* painless; **~stillend** *adj.* painkilling
Schmetterling *m* butterfly
schmettern 1. *v/t.* smash (*a. Tennis*) (***in Stücke*** to pieces); F *Lied*: belt out **2.** *v/i.* crash, slam; *Trompete etc.*: blare
Schmied *m* (black)smith; **~e** *f* forge, smithy; **~eeisen** *n* wrought iron; **~en** *v/t.* forge; *Pläne etc.*: make*
schmiegen *v/refl.*: ***sich ~ an*** snuggle up to; *den Körper etc.*: cling* to
Schmier|e *f* grease; **~en** *v/t. tech.* grease, oil, lubricate; *Butter etc.*: spread*; *unsauber schreiben*: scribble, scrawl; **~erei** *f* scrawl; *Wand~*: graffiti *pl.*; **~ig** *adj.* greasy; *schmutzig*: dirty; *unanständig*: filthy; F *kriecherisch*: slimy; **~mittel** *tech. n* lubricant
Schminke *f* make-up (*a. thea.*); **~n** *v/t.* make* *s.o.* up; ***sich ~*** make* o.s. *od.* one's face up
Schmirgelpapier *n* emery paper

schmollen *v/i.* sulk, be* sulky, pout
Schmor|braten *m* pot roast; **2en** *v/t. u. v/i.* braise, stew (*a. fig.*), pot-roast
Schmuck *m* jewel(le)ry, jewels *pl.*; *Zierde*: decoration(s *pl.*), ornament(s *pl.*)
schmücken *v/t.* decorate
schmuck|los *adj.* unadorned; *schlicht*: plain; **2stück** *n* piece of jewel(le)ry; *fig.* gem
Schmuggel *m*, **~ei** *f* smuggling; **2n** *v/t. u. v/i.* smuggle; **~ware** *f* smuggled goods *pl.*
Schmuggler *m* smuggler
schmunzeln *v/i.* smile (amusedly)
schmusen F *v/i.* cuddle; *Liebespaar*: *a.* kiss and cuddle, F smooch
Schmutz *m* dirt, *stärker*: filth; *fig. a.* smut; **~fink** *fig. m* pig; **~fleck** *m* smudge, stain; **2ig** *adj.* dirty (*a. fig.*); *stärker*: filthy (*a. fig.*); **~ werden, sich ~ machen** get* dirty; **~wasser** *n* waste water, sewage
Schnabel *m* bill, *bsd. Krumm2*: beak
Schnalle *f* buckle; **2n** *v/t.* buckle; **et. ~ an** strap s.th. to
schnalzen *v/i.* snap one's fingers; click one's tongue
schnapp|en 1. *v/i.* snap, snatch (*beide*: **nach** at); **nach Luft ~** gasp for breath; **2.** F *v/t. fangen*: catch*; **2schloss** *n* spring lock; **2schuss** *phot. m* snapshot
Schnaps *m* spirits *pl.*, schnapps, F booze
schnarchen *v/i.* snore
schnarren *v/i.* rattle; *Stimme*: rasp
schnattern *v/i.* cackle; *Affen*, F *fig.*: chatter
schnauben *v/i. u. v/t.* snort; **sich die Nase ~** blow* one's nose
schnaufen *v/i.* breathe hard, pant, puff
Schnauz|bart *m* m(o)ustache; **~e** *f zo.* snout, mouth; *bsd. Hunde2*: muzzle; F *aviat.*, *mot.* nose; *e-r Kanne*: spout; V *Mund*: trap, kisser; **die ~ halten** keep* one's trap shut; **~er** *zo. m* schnauzer
Schnecke *f* snail; *Nackt2*: slug; **~nhaus** *n* snail shell; **~ntempo** *n*: **im ~** at a snail's pace
Schnee *m* snow; *sl. Kokain*: snow; **~ räumen** remove snow; **~ball** *m* snowball (*a. fig. in Zssgn System etc.*); **~ballschlacht** *f* snowball fight; **2bedeckt** *adj.* snow-covered, *Bergspitze*: *a.* snow-capped; **~fall** *m* snowfall; **~flocke** *f* snowflake; **~gestöber** *n* snow flurry; **~glöckchen** *bot. n* snowdrop; **~grenze** *f* snow line; **~mann** *m* snowman; **~matsch** *m* slush; **~mobil** *n* snowmobile; **~pflug** *m* snowplough, *Am.* snowplow; **~regen** *m* sleet; **~sturm** *m* snowstorm, blizzard; **~verwehung** *f* snowdrift; **2weiß** *adj.* snow-white
Schneid F *m* grit, guts *pl.*
Schneid|brenner *tech. m* cutting torch; **~e** *f* edge; **2en** *v/t. u. v/i.* cut* (*a. fig.*); *Film etc.*: *a.* edit; *schnitzen*: carve; **~er** *m* tailor; **~erei** *f* tailoring, dressmaking; *Werkstatt*: tailor's *od.* dressmaker's shop; **~erin** *f* dressmaker; *einfache*: seamstress; **2ern** *v/i. u. v/t. als Hobby*: do* dressmaking; *Kleid etc.*: make*, sew*; **~ezahn** *m* incisor; **2ig** *adj.* dashing; *schick*: *a.* smart
schneien *v/i.* snow
schnell *adj.* fast, quick; *Handeln*, *Antwort etc.*: *a.* prompt; *Puls*, *Anstieg etc.*: *a.* rapid; **es geht ~** it won't take long; (**mach**[**t**]) **~!** hurry up!; **2...** *in Zssgn Dienst*, *Paket*, *Zug etc.*: *mst* express ...; **2boot** *naut. n* speedboat; **~en** *v/t. u. v/i.* shoot*, spring*; **~gefrieren** *v/t.* quickfreeze, *Am.* flashfreeze; **2hefter** *m* folder; **2igkeit** *f* speed; *im Handeln*, *Arbeiten etc.*: *a.* quickness, rapidity; **2imbiss** *m* snack bar; **2straße** *mot. f* motorway, *Am.* expressway, thruway
schnetzeln *gastr. v/t. bsd. Schweiz*: chop up
Schnipp|chen *n*: F **j-m ein ~ schlagen** outwit s.o.; **2isch** *adj.* pert, saucy, *Am. a.* sassy
schnipsen *v/i.* snap one's fingers
Schnitt *m* cut (*a. fig.*); *Durch2*: average; **~blumen** *pl.* cut flowers *pl.*; **~e** *f* slice; *belegte*: open sandwich; **~fläche** *f* (surface of) *math.* intersection *od. tech.* cut; **2ig** *adj.* stylish; *Boot*: *a.* rakish; **~lauch** *m* chives *pl.*; **~muster** *n* pattern; **~punkt** *m* (point of) intersection; **~stelle** *f Film etc.*: cut; *Computer*: interface; **~wunde** *f* cut
Schnitzel[1] *n* cutlet; **Wiener ~** schnitzel
Schnitzel[2] *n*, *m Holz*: chip; *Papier2*: scrap
schnitz|en *v/t.* carve, cut* (in wood); **2er** *m* (wood) carver; **2erei** *f* (wood) carving

S

Schnorchel *m*, **~n** *v/i.* snorkel
Schnörkel *m* flourish; *arch.* scroll
schnorr|en F *v/t.* cadge; **2er** *m* cadger
schnüff|eln *v/i.* sniff (***an*** at); F *fig.* snoop (about *od.* around); **2ler** F *fig. m* snoop(er); *Detektiv*: sleuth
Schnuller *m* dummy, *Am.* pacifier
Schnulz|e F *f* schmal(t)zy song; *Film, Roman etc.*: tearjerker; **~ensänger** *m* crooner; **2ig** *adj.* schmal(t)zy, soapy
Schnupf|en *m* cold; ***e-n ~ haben*** (***bekommen***) have* a (catch* [a]) cold; **~tabak** *m* snuff
schnuppe F *adj.*: ***das ist mir ~*** I don't care (F a damn)
schnuppern *v/i.* sniff (***an et.*** [at] s.th.)
Schnur *f* string, cord; *electr.* flex
Schnür|chen *n*: ***wie am ~*** like clockwork; **2en** *v/t.* lace (up); *ver~*: tie up
schnur|gerade *adv.* dead straight; **~los** *adj.*: ***~es Telefon*** cordless phone
Schnürlsamt *östr. m* corduroy
Schnurr|bart *m* m(o)ustache; **2en** *v/i. Katze, Motor*: purr
Schnür|schuh *m* laced shoe; **~senkel** *m* shoelace, *bsd. Am.* shoestring
schnurstracks *adv.* direct(ly), straight; *sofort*: straight away
Schober *m* haystack, hayrick; barn
Schock *med. m* shock; ***unter ~ stehen*** be* in (a state of) shock; **2en, 2ieren** *v/t.* shock
Schokolade *f* chocolate; ***e-e Tafel ~*** a bar of chocolate
Scholle *f Erd2*: clod; *Eis2*: (ice)floe; *zo.* plaice, *Am.* flounder
schon *adv.* already; *jemals*: ever; (*sogar*) *~*: even; ***~ damals*** even then; ***~ 1968*** as early as 1968; ***~ der Gedanke*** the very idea; ***ist sie ~ da*** (***zurück***)***?*** has she come (is she back) yet?; ***habt*** (***seid***) ***ihr ~ ...?*** have you ... yet?; ***hast*** (***bist***) ***du ~ einmal ...?*** have you ever ...?; ***ich wohne hier ~ seit zwei Jahren*** I've been living here for two years now; ***ich kenne ihn ~, aber*** I do know him, but; ***er macht das ~*** he'll do it all right; ***~ gut!*** never mind!, all right!
schön 1. *adj.* beautiful, lovely; *Wetter*: *a.* fine, fair; *gut, angenehm, nett*: fine, nice (*beide a. iro.*); (***na,***) ***~*** all right; **2.** *adv.*: ***~ warm*** (***kühl***) nice and warm (cool); ***ganz ~ teuer*** (***schnell***) pretty expensive (fast); ***j-n ganz ~ erschrecken*** (***überraschen***) give* s.o. quite a start (surprise)
schonen *v/t.* take* care of, go* easy on (*a. tech.*); *j-n, j-s Leben*: spare; ***sich ~*** take* it easy; *für et.*: save o.s. *od.* one's strength; **~d 1.** *adj.* gentle; *Mittel etc.*: *a.* mild; **2.** *adv.*: ***~ umgehen mit*** take* (good) care of; *Glas etc.*: handle with care; *sparsam*: go* easy on
Schönheit *f* beauty; **~spflege** *f* beauty care
Schonung *f* (good) care; *Ruhe*: rest; *Erhaltung*: preservation; *Bäume*: tree nursery; **2slos** *adj.* relentless, brutal
schöpf|en *v/t.* scoop, ladle; *aus e-m Brunnen*: draw*; → ***Luft***, ***Verdacht***; **2er** *m* creator; **~erisch** *adj.* creative; **2ung** *f* creation
Schorf *med. m* scab
Schornstein *m* chimney; *naut., rail.* funnel; **~feger** *m* chimneysweep
Schoß *m* lap; *Mutterleib*: womb
Schote *bot. f* pod, husk
Schotte *m* Scot(sman); ***die ~n*** *pl.* the Scots *pl.*, the Scottish (people) *pl.*
Schotter *m* gravel, road metal
Schott|in *f* Scotswoman; **2isch** *adj.* Scots, Scottish; *typische Produkte*: Scotch; **~land** Scotland
schräg 1. *adj.* slanting, sloping, oblique; *Linie etc.*: diagonal; **2.** *adv.*: ***~ gegenüber*** diagonally opposite
Schramme *f*, **2n** *v/t. u. v/i.* scratch
Schrank *m* cupboard; *Am. Wand2*: closet; *Kleider2*: wardrobe
Schranke *f* barrier (*a. fig.*); *rail. a.* gate; *jur.* bar; **~n** *pl. Grenzen*: limits *pl.*, bounds *pl.*; **2nlos** *fig. adj.* boundless; *zügellos*: unbridled; **~nwärter** *m* gatekeeper
Schrank|koffer *m* wardrobe trunk; **~wand** *f* wall units *pl.*
Schraube *f*, **2n** *v/t.* screw
Schrauben|schlüssel *m* spanner, wrench; **~zieher** *m* screwdriver
Schraubstock *m* vice, *Am.* vise
Schrebergarten *m Brt.* allotment (garden), *Am.* garden plot
Schreck *m* fright, shock; ***j-m e-n ~ einjagen*** give* s.o. a fright, scare s.o.; **~en** *m* terror, fright; *Greuel*: horror(s *pl.*); **~ensnachricht** *f* dreadful news *sg.*; **2haft** *adj.* jumpy; *bsd. Pferd*: skittish; **2lich** *adj.* awful, terrible; *stärker*: hor-

S

rible, dreadful; *Mord etc.*: *a.* atrocious
Schrei *m* cry; *lauter*: shout, yell; *Angst*2: scream (*alle*: ***um***, ***nach*** for)
Schreib|arbeit *f* desk work, *bsd. contp.* paperwork; **~büro** *n* typing pool
schreiben *v/t. u. v/i.* write* (***j-m*** to s.o.); *tippen*: type; *recht~*: spell*; ***groß ~*** capitalize; ***falsch ~*** misspell* *s.th.*; ***wie schreibt man ...?*** how do you spell ...?
Schreib|en *n* letter; **2faul** *adj.*: ***~ sein*** be* a bad correspondent; **~fehler** *m* spelling mistake; **~heft** *n* exercise book; **~kraft** *f* typist; **~maschine** *f* typewriter; **~material** *n* writing materials *pl.*, stationery; **~schutz** *m Computer*: write *od.* file protection; **~tisch** *m* desk; **~ung** *f* spelling; **~unterlage** *f* desk mat, blotter; **~waren** *pl.* stationery *sg.*; **~warengeschäft** *n* stationer's, stationery shop; **~zentrale** *f* typing pool
schreien *v/i. u. v/t.* cry; *lauter*: shout, yell; *kreischend*: scream (*alle*: ***um***, ***nach*** [out] for); ***~ vor Schmerz*** (***Angst***) cry out with pain (in terror); ***es war zum 2*** it was a scream; **~d** *adj. Farben*: loud; *Unrecht etc.*: flagrant
Schreiner *m* → ***Tischler***
schreiten *v/i.* stride*
Schrift *f* (hand)writing, hand; *print.* type; *~zeichen*: character, letter; ***~en*** *pl. Werke*: works *pl.*, writings *pl.*; ***die Heilige ~*** *rel.* the Scriptures *pl.*; **~art** *f* script; *print.* typeface; **~deutsch** *n* standard German; **2lich** *adj.* written; ***~ übersetzen*** *etc.* translate *etc.* in writing; **~steller(in)** author(ess), writer; **~verkehr, ~wechsel** *m* correspondence; **~zeichen** *n* character, letter
schrill *adj.* shrill (*a. fig.*), piercing
Schritt *m* step (*a. fig.*); *Einzel*2: *a.* pace; ***~e unternehmen*** take* steps; ***~ fahren!*** *mot.* dead slow; **~macher** *m* pacemaker (*a. med.*), *Am. a.* pacesetter; **2weise** *adv.* step by step, gradually
schroff *adj.* steep; *zerklüftet*: jagged; *fig.* gruff; *krass*: sharp, glaring
Schrot *m, n* coarse meal; *hunt.* (small) shot; *~korn*: pellet; **~flinte** *f* shotgun
Schrott *m* scrap (metal); **~haufen** *m* scrap heap (*a. fig.*); **~platz** *m* scrapyard
schrubben *v/t.* scrub, scour
schrumpfen *v/i.* shrink*

Schub *m* → ***Schubkraft***; **~fach** *n* drawer; **~karren** *m* wheelbarrow; **~kasten** *m* drawer; **~kraft** *phys., tech. f* thrust; **~lade** *f* drawer
Schubs F *m*, **2en** F *v/t.* push
schüchtern *adj.* shy, bashful; **2heit** *f* shyness, bashfulness
Schuft *m sl. contp.* bastard; *thea. etc.* villain; **2en** F *v/i.* work like a dog
Schuh *m* shoe; ***j-m et. in die ~e schieben*** put* the blame for s.th. on s.o.; **~anzieher** *m* shoehorn; **~creme** *f* shoe polish; **~geschäft** *n* shoe shop (*Am.* store); **~macher** *m* shoemaker; **~putzer** *m* shoeshine boy
Schul|abgänger *m* school leaver; *Abbrecher*: dropout; **~amt** *n* education authority, *Am.* school board; **~arbeit** *f* schoolwork; *pl. Hausaufgaben*: homework *sg.*; **~besuch** *m* (school) attendance; **~bildung** *f* education; **~buch** *n* textbook, school book
Schuld *f jur.*, *~gefühl*: guilt; *bsd. rel.* sin; *Geld*2: debt; ***j-m die ~*** (***an et.***) ***geben*** blame s.o. (for s.th.); ***es ist*** (***nicht***) ***deine ~*** it is(n't) your fault; ***~en haben*** (***machen***) be* in (run* into) debt; ***sich et.*** (***nichts***) ***~ kommen lassen*** do* s.th. (nothing) wrong; **2bewusst** *adj.*: ***~e Miene*** guilty look; **2en** *v/t.*: ***j-m et. ~*** owe s.o. s.th.
schuldig *adj. bsd. jur.* guilty (***an*** of); *verantwortlich*: responsible *od.* to blame (for); ***j-m et. ~ sein*** owe s.o. s.th.; **2e** *m, f* culprit; *jur.* guilty person, offender; **2keit** *f* duty
schuld|los *adj.* innocent; **2ner** *m* debtor; **2schein** *m* promissory note, IOU (= I owe you)
Schule *f* school (*a. fig.*); ***höhere ~*** secondary school, *Am. etwa* (senior) high school; ***auf*** *od.* ***in der ~*** at school; ***in die*** *od.* ***zur ~ gehen*** (***kommen***) go* to (start) school; ***die ~ fängt an um*** school begins at; **2n** *v/t.* train, school
Schüler *m jüngerer*: schoolboy, *bsd. Brt. a.* pupil; *älterer*, *Am. allg.*: student; **~austausch** *m* student exchange (program[me]); **~in** *f* schoolgirl, *bsd. Brt. a.* pupil; *ältere*, *Am. allg.*: student; **~vertretung** *f etwa* student council (*Am.* government)
Schul|ferien *pl.* holidays *pl.*, *Am.* vacation *sg.*; **~fernsehen** *n* educational

TV; **~funk** *m* schools programmes *pl.*; **~gebäude** *n* school (building); **~geld** *n* school fee(s *pl.*), tuition; **~heft** *n* exercise book; **~hof** *m* school yard, playground; **~kamerad(in)** schoolfellow; **~leiter(in)** head|master (-mistress), head teacher, *Am.* principal; **~mappe** *f* schoolbag; *Ranzen*: *a.* satchel; **~ordnung** *f* school regulations *pl.*; **2pflichtig** *adj.*: **~es Kind** school-age child; **~schiff** *n* training ship; **~schluss** *m* end of school; *vor den Ferien*: end of term; **nach ~** after school; **~schwänzer** *m* truant; **~stunde** *f* lesson, class, period; **~tasche** *f* schoolbag

Schulter *f* shoulder; **~blatt** *n* shoulder-blade; **2frei** *adj.* strapless; **2n** *v/t.* shoulder; **~tasche** *f* shoulder bag

Schulwesen *n* education(al system)

schummeln F *v/i.* cheat

Schund *m* trash, rubbish, junk

Schuppe *f* scale; **~n** *pl.* *Kopf2n*: dandruff *sg.*

Schuppen *m* shed, *bsd. fig.* shack

schuppig *adj.* scaly

schüren *v/t.* stir up (*a. fig.*)

schürf|en *Bergbau*: *v/i.* prospect (**nach** for); **2wunde** *f* graze, abrasion

Schurke *m bsd. thea. etc.*: villain

Schurwolle *f* virgin wool

Schürze *f* apron

Schuss *m* shot; *Spritzer*: dash; *Sport*: shot, *Fußball a.* strike; *Ski*: schuss (*a.* **~ fahren**); *sl. Droge*: shot, fix; **gut in ~ sein** be* in good shape

Schüssel *f* bowl, dish; *Wasser2*: basin; *Suppen2*: tureen

Schuss|waffe *f* firearm; **~wunde** *f* gunshot *od.* bullet wound

Schuster *m* shoemaker

Schutt *m* rubble, debris

S

Schüttel|frost *med. m* shivering fit, *the* shivers *pl.*; **2n** *v/t.* shake*; **den Kopf ~** shake* one's head

schütten *v/t.* pour; *werfen*: throw*

Schutz *m* protection (**gegen, vor** against), defen|ce, *Am.* -se (against, from); *Zuflucht*: shelter (from); *Vorsichtsmaßnahme*: safeguard (against); *Deckung*: cover; **~blech** *n* mudguard, *Am.* fender; **~brille** *f* goggles *pl.*

Schütze *m mil.* rifleman; *Jäger*: hunter; *Tor2*: scorer; *astr.* Sagittarius; **er ist (ein) ~** he's (a) Sagittarius; **ein guter ~** a good shot; **2n** *v/t.* protect (**gegen, vor** against, from), defend (against, from), guard (against, from); *gegen Wetter*: shelter (from); *sichern*: safeguard

Schutzengel *m* guardian angel

Schützen|graben *mil. m* trench; **~könig** *m* champion marksman

Schutzgeld *n* protection money; **~erpressung** *f* protection racket

Schutz|haft *jur. f* protective custody; **~heilige** *m, f* patron (saint); **~impfung** *med. f* protective inoculation; *Pocken2*: vaccination

Schützling *m* protégé(e *f*)

schutz|los *adj.* unprotected; *wehrlos*: defen|celess, *Am.* -seless; **2maßnahme** *f* safety measure; **2patron(in)** patron (saint); **2umschlag** *m* dust cover

schwach *adj.* weak (*a. fig.*); *Leistung, Augen, Gesundheit etc.*: *a.* poor; *Ton, Hoffnung, Erinnerung etc.*: faint; *zart*: delicate, frail; **schwächer werden** grow* weak; *nachlassen*: decline

Schwäch|e *f* weakness (*a. fig.*); *bsd. Alters2*: infirmity; *Nachteil, Mangel*: drawback, shortcoming; **e-e ~ haben für** be* partial to; **2en** *v/t.* weaken (*a. fig.*); *vermindern*: lessen; **2lich** *adj.* weakly, feeble; *zart*: delicate, frail; **~ling** *m* weakling (*a. fig.*), softy, sissy

schwach|sinnig *adj.* feeble-minded; **2strom** *electr. m* low-voltage current

Schwager *m* brother-in-law

Schwägerin *f* sister-in-law

Schwalbe *f zo.* swallow; *Fußball*: dive

Schwall *m* gush, *bsd. fig. a.* torrent

Schwamm *m* sponge; *bot.* fungus; *bot. Haus2*: dry rot; **~erl** *bot. östr. n* → **Pilz**; **2ig** *adj.* spongy; *Gesicht etc.*: puffy; *vage*: hazy, misty

Schwan *m* swan

schwanger *adj.* pregnant

Schwangerschaft *f* pregnancy; **~sabbruch** *m* abortion

schwank|en *v/i.* sway, roll (*a. Schiff u. Betrunkener*); *wanken, torkeln*: stagger; *fig.* **~ zwischen ... und ...** *unschlüssig sein*: waver between ... and ...; *Preise etc.*: range from ... to ...; **2ung** *f* change, variation (*a. econ.*)

Schwanz *m* tail (*a. aviat., astr.*); F *Penis*: cock

schwänzen *v/i. u. v/t.*: (**die Schule**) **~** play truant (*bsd. Am.* F hooky), skip school

Schwarm *m* swarm; *Menschen*2: *a.* crowd, F bunch; *Fisch*2: shoal, school; F *Wunsch*: dream; *Idol*: idol; ***du bist ihr ~*** she's got a crush on you

schwärmen *v/i. Bienen etc.*: swarm; ***~ für*** be* mad about; *sich wünschen*: dream* of; *j-n*: *a.* adore, worship; *verliebt sein*: have* a crush on; ***~ von*** *erzählen*: rave about

Schwarte *f* rind; F *fig.* (old) tome

schwarz *adj.* black (*a. fig.*); ***~es Brett*** notice board, *bsd. Am.* bulletin board; ***~ auf weiß*** in black and white; **2arbeit** *f* illicit work; **2brot** *n* rye bread

Schwarze *m, f* black (man *od.* woman); ***die ~n*** *pl.* the Blacks *pl.*

schwärzen *v/t.* blacken

Schwarz|fahrer(in) fare dodger; **~händler** *m* black marketeer; **~markt** *m* black market; **~seher** *m* pessimist; (TV) licen|ce (*Am.* -se) dodger; **2weiß...** *in Zssgn Film, Fernseher etc.*: black-and-white ...

schwatzen, schwätzen *v/i.* chatter; *Schule*: talk; *plaudern*: chat

Schwätzer *m* loudmouth, big mouth

schwatzhaft *adj.* chatty

Schwebe|bahn *f* cableway, ropeway; **~balken** *m* beam; **2n** *v/i.* be* suspended; *Vogel, aviat.*: hover (*a. fig.*); *gleiten*: glide; *bsd. jur.* be* pending; ***in Gefahr ~*** be* in danger

Schwed|e *m* Swede; **2en** Sweden; **~in** *f* Swede; **2isch** *adj.* Swedish

Schwefel *chem. m* sulphur, *Am.* sulfur; **~säure** *chem. f* sulphuric (*Am.* sulfuric) acid

Schweif *m* tail (*a. astr.*); **2en** *v/i.* wander (*a. fig.*), roam

Schweigen *n* silence

schweig|en *v/i.* be* silent; ***ganz zu ~ von*** let alone; **~end** *adj.* silent; **~sam** *adj.* quiet, reticent

Schwein *n* pig, *bsd. Am. a.* hog; *gastr.* pork; *fig. contp.* (filthy) pig; F *contp. Schuft*: swine, bastard; F ***~ haben*** be* lucky

Schweine|braten *m* roast pork; **~fleisch** *n* pork; **~rei** *f* mess; *Gemeinheit*: dirty trick; *Schande*: dirty *od.* crying shame; *Unanständigkeit*: filth(y story *od.* joke); **~stall** *m* pigsty (*a. fig.*)

schweinisch *fig. adj.* filthy, obscene

Schweinsleder *n* pigskin

Schweiß *m* sweat, perspiration; **2en** *tech. v/t.* weld; **~er** *tech. m* welder; **2gebadet** *adj.* soaked in sweat; **~geruch** *m* body odo(u)r

Schweiz Switzerland; **~er** *m, adj.* Swiss; **~erin** *f* Swiss woman *od.* girl; **2erisch** *adj.* Swiss

schwelen *v/i.* smo(u)lder (*a. fig.*)

schwelgen *v/i.*: ***~ in*** revel in

Schwell|e *f Tür*2: threshold (*a. fig.*); *rail.* sleeper, *Am.* tie; **2en** *v/i. u. v/t.* swell*; **~ung** *f* swelling

Schwemm|e *econ. f* glut, oversupply; **2en** *v/t.*: ***an Land ~*** wash ashore

Schwengel *m Glocken*2: clapper; *Pumpen*2: handle

schwenken *v/t. u. v/i.* swing* (*a. tech.*); *Fahne etc.*: wave; *tech. a.* swivel

schwer 1. *adj.* heavy; *schwierig*: difficult, hard (*a. Arbeit*); *Wein, Zigarre etc.*: strong; *Essen*: rich; *Krankheit, Fehler, Unfall, Schaden etc.*: serious; *Strafe etc.*: severe; *heftig*: heavy, violent; ***~e Zeiten*** hard times; ***es ~ haben*** have* a bad time; ***100 Pfund ~ sein*** weigh a hundred pounds; **2.** *adv.*: ***~ arbeiten*** work hard; ***~ beschädigt*** (seriously) disabled; ***~ fallen*** be* difficult (*dat.* for); ***es fällt ihm ~ zu*** ... he finds it difficult to ...; ***~ verdaulich*** indigestible, heavy (*beide a. fig.*); ***~ verständlich*** difficult *od.* hard to understand; ***~ verwundet*** seriously wounded; → ***hören;*** **2e** *f* weight (*a. fig.*); *fig.* seriousness; **~fällig** *adj.* awkward, clumsy; **2gewicht** *n* heavyweight; *fig.* (main) emphasis; **~hörig** *adj.* hard of hearing, deaf; **2industrie** *f* heavy industry; **2kraft** *phys. f* gravity; **2metall** *n* heavy metal; **~mütig** *adj.* melancholy; ***~ sein*** have* the blues; **2punkt** *m* cent|re (*Am.* -er) of gravity; *fig.* (main) emphasis

Schwert *n* sword

Schwer|verbrecher *m* dangerous criminal, *jur.* felon; **2wiegend** *fig. adj.* weighty, serious

Schwester *f* sister; *Ordens*2: *a.* nun; *Kranken*2: nurse

Schwieger... *in Zssgn Eltern, Mutter, Sohn etc.*: ...-in-law

Schwiel|e *f* callus; **2ig** *adj.* horny

schwierig *adj.* difficult, hard; **2keit** *f* difficulty, trouble; ***in ~en geraten*** get*

S

od. run* into trouble; **~*en haben*, *et. zu tun*** have* difficulty in doing s.th.
Schwimm|bad *n* (*Hallen*⬊: indoor) swimming pool; **⬊en** *v/i.* swim*; *Gegenstand*: float; ***~ gehen*** go* swimming; **~flosse** *f* flipper, *Am.* swimfin; **~gürtel** *m* swimming belt; **~haut** *f* web; **~lehrer** *m* swimming instructor; **~weste** *f* life jacket
Schwindel *m med.* giddiness, dizziness; *fig.* swindle, fraud; ***~ erregend*** dizzy; **~anfall** *m* attack of dizziness; **⬊n** *v/i.* fib, tell* fibs
schwinden *v/i.* dwindle, decline
Schwindl|er *m* swindler, crook; *Lügner*: liar; **⬊ig** *med. adj.* dizzy, giddy; ***mir ist ~*** I feel dizzy
Schwing|e *f* wing; **⬊en** *v/i. u. v/t.* swing*; *Fahne etc.*: wave; *tech.* oscillate; vibrate; **~ung** *f* oscillation; vibration
Schwips F *m*: ***e-n ~ haben*** be* tipsy
schwirren *v/i.* whirr, whizz; *bsd. Insekt*: buzz (*a. fig.*); ***mir schwirrt der Kopf*** my head is buzzing
schwitz|en *v/i.* sweat (***stark*** profusely; ***vor Angst*** with fear), perspire; **⬊kasten** *m*: ***j-n in den ~ nehmen*** put* a headlock on s.o.
schwören *v/t. u. v/i.* swear*; *jur.* take* an *od.* the oath; *fig.* ***~ auf*** swear by
schwul F *adj.* gay; *contp.* queer
schwül *adj.* sultry (*a. fig.*), close
schwülstig *adj.* bombastic, pompous
Schwung *m* swing; *fig.* verve, zest, F vim, pep; *Energie*: drive; ***in ~ kommen*** (***bringen***) get* (*s.th.*) going; **⬊haft** *adj. Handel*: brisk, flourishing; **~rad** *tech. n* flywheel; **⬊voll** *adj.* full of energy *od.* verve; *Melodie*: swinging, catchy
Schwur *m* oath; **~gericht** *jur. n etwa* jury court
sechs *adj.* six; *Note*: F, *Brt. a.* poor; **⬊eck** *n* hexagon; **~eckig** *adj.* hexagonal; **~fach** *adj.* sixfold; **~mal** *adv.* six times; **⬊tagerennen** *n* six-day race; **~tägig** *adj.* lasting *od.* of six days
sechste *adj.* sixth; **⬊l** *n* sixth (part); **~ns** *adv.* sixthly, in the sixth place
sech|zehn(te) *adj.* sixteen(th); **~zig** *adj.* sixty; **~zigste** *adj.* sixtieth
See[1] *m* lake
See[2] *f* sea, ocean; ***auf ~*** at sea; ***auf hoher ~*** on the high seas; ***an der ~*** at the seaside; ***zur ~ gehen*** (***fahren***) go* to sea (be* a sailor); ***in ~ stechen*** put* to sea; **~bad** *n* seaside resort; **~fahrt** *f* navigation; → ***Seereise***; **~gang** *m*: ***hoher ~*** heavy sea; **~hafen** *m* seaport; **~hund** *m* seal; **~jungfrau** *myth. f* mermaid; **~karte** *f* nautical chart; **⬊krank** *adj.* seasick; **~krankheit** *f* seasickness
Seel|e *f* soul (*a. fig.*); **⬊enlos** *adj.* soulless; **~enruhe** *f* peace of mind; ***in aller ~*** as cool as you please; **~enwanderung** *f* reincarnation; **⬊isch** *adj.* mental; ***~ krank*** mentally ill; **~sorge** *f* pastoral care; **~sorger** *m* pastor
See|macht *f* sea power; **~mann** *m* seaman, sailor; **~meile** *f* nautical mile; **~not** *f* distress (at sea); **~notkreuzer** *m* rescue cruiser; **~räuber** *m* pirate; **~reise** *f* voyage, cruise; **~rose** *f* water lily; **~sack** *m* kit bag, duffle bag; **~schlacht** *f* naval battle; **~streitkräfte** *pl.* naval forces *pl.*, navy *sg.*; **⬊tüchtig** *adj. Zustand*: seaworthy; **~warte** *f* naval observatory; **~weg** *m* sea route; ***auf dem ~*** by sea; **~zeichen** *naut. n* seamark; **~zunge** *zo. f* sole
Segel *n* sail; **~boot** *n* sailing boat, *Am.* sailboat; **~fliegen** *n* gliding; **~flugzeug** *n* glider; **⬊n** *v/i.* sail; *Sport*: *a.* yacht; **~schiff** *n* sailing ship; sailing vessel; **~sport** *m* sailing, yachting; **~tuch** *n* canvas, sailcloth
Segen *m* blessing (*a. fig.*)
Segler(in) yachts|man (-woman)
segn|en *v/t.* bless; **⬊ung** *f* blessing
Sehbeteiligung *f* (TV) ratings *pl.*
sehen *v/i. u. v/t.* see*; *Sendung, Spiel etc.*: *a.* watch; *bemerken*: notice; ***~ nach*** *sich kümmern um*: look after; *suchen*: look for; ***sich ~ lassen*** *kommen*: show* up; ***das sieht man*** (***kaum***) it (hardly) shows; ***siehst du*** *erklärend*: (you) see; *vorwurfsvoll*: I told you; ***siehe oben*** (***unten***, ***Seite*** ...) see above (below, page ...); **~swert** *adj.* worth seeing; **⬊swürdigkeit** *f* place *etc.* worth seeing, sight; ***~en*** *pl.* sights *pl.*
Sehkraft *f* eyesight, vision
Sehne *f anat.* sinew; *Bogen*⬊: string
sehnen *v/refl.* long (***nach*** for); *stärker*: yearn (for); ***sich danach ~ zu*** *inf.* be* longing to *inf.*
Sehnerv *m* optic nerve
sehnig *adj.* sinewy; *Fleisch*: *a.* stringy

S

sehn|lichst *adj. Wunsch*: dearest; **2sucht** *f*, **~süchtig, ~suchtsvoll** *adj.* longing; *stärker*: yearning

sehr *adv. vor adj. u. adv.*: very; *mit vb.*: very much, greatly

Seh|rohr *naut. n* periscope; **~schwäche** *f* weak sight; **~test** *m* sight test; **~weite** *f* range of vision

seicht *adj.* shallow (*a. fig.*)

Seid|e *f*, **2en** *adj.* silk; **~enpapier** *n* tissue paper; **~enraupe** *zo. f* silkworm; **2ig** *adj.* silky

Seif|e *f* soap; **~enblase** *f* soap bubble; **~enlauge** *f* (soap)suds *pl.*; **~enoper** *f TV* soap opera; **~enschale** *f* soap dish; **~enschaum** *m* lather; **2ig** *adj.* soapy

seihen *v/t.* strain, filter

Seil *n* rope; **~bahn** *f* cable railway; **~hüpfen** *n* skipping

Sein *n* being; existence

sein[1] *v/i.* be*; *bestehen, existieren*: *a.* exist; ***et. ~ lassen*** stop (*bsd. Am. a.* quit*) (doing) s.th.

sein[2] *poss. pron.* his; *Mädchen*: her; *Sache*: its; **~er, ~e, ~(e)s** his; hers;

seiner|seits *adv.* for his part; **~zeit** *adv.* then, in those days

seinesgleichen *pron.* his equals *pl.*; ***j-n wie ~ behandeln*** treat s.o. as one's equal

seinetwegen *adv. vgl.* ***meinetwegen***

seit *prp u. cj.* since; ***~ 1982*** since 1982; ***~ drei Jahren*** for three years (now); ***~ langem*** (***kurzem***) for a long (short) time; **~dem 1.** *adv.* since then, since that time, ever since; **2.** *cj.* since

Seite *f* side (*a. fig.*); *Buch2*: page; ***auf der linken ~*** on the left(-hand side); *fig.* ***auf der e-n*** (***anderen***) ***~*** on the one (other) hand

Seiten|ansicht *f* side view, profile; **~blick** *m* sidelong glance; **~hieb** *fig. m* sideswipe; **~linie** *f bsd. Fußball*: touchline; **2s** *prp.* on the part of, by; **~sprung** F *m*: ***e-n ~ machen*** cheat (on one's wife *od.* husband); **~stechen** *n* stitches *pl.*

seither *adv.* → ***seitdem*** 1

seit|lich *adj.* side ..., at the side(s); **~wärts** *adv.* sideways, to the side

Sekret|är *m* secretary; *Schreibtisch*: bureau; **~ariat** *n* (secretary's) office; **~ärin** *f* secretary

Sekt *m* sparkling wine, champagne

Sekt|e *f* sect; **~ion** *f* section; *med.* dissection; *Obduktion*: autopsy; **~or** *m* sector; *fig.* field

Sekunde *f* second; ***auf die ~*** to the second; **~nzeiger** *m* second(s) hand

selbe *adj.* same; **~r** *pron.* → ***selbst*** 1

selbst 1. *pron.*: ***ich*** (***du*** *etc.*) ~ I (you *etc.*) myself (yourself *etc.*); ***~ gemacht*** homemade; ***mach es ~*** do it yourself; ***et. ~*** (*ohne Hilfe*) ***tun*** do s.th. by oneself; ***von ~*** by itself; **2.** *adv.* even

selbständig *adj.*→ ***selbstständig***

Selbst|bedienung(sladen *m*) *f* self-service (shop, *Am.* store); **~befriedigung** *f* masturbation; **~beherrschung** *f* self-control; **~bestimmung** *f* self-determination; **2bewusst** *adj.* self-confident; ⚠ *nicht* ***self-conscious***; **~bewusstsein** *n* self-confidence; ⚠ *nicht* ***self-consciousness***; **~bildnis** *n* self-portrait; **~erhaltungstrieb** *m* survival instinct; **~erkenntnis** *f* self-knowledge; **2gemacht** *adj.* homemade; **2gerecht** *adj.* self-righteous; **~gespräch** *n*: ***~e führen*** talk to o.s.; **2herrlich** *adj.* overbearing; *unbefugt*: unauthorized; **~hilfe** *f* self-help; **~hilfegruppe** *f* self-help group; **~kostenpreis** *econ. m*: ***zum ~*** at cost (price); **2kritisch** *adj.* self-critical; **~laut** *gr. m* vowel; **2los** *adj.* unselfish; **~mord** *m*, **~mörder(in)** suicide; **2mörderisch** *adj.* suicidal; **2sicher** *adj.* self-confident, self-assured; **2ständig** independent; *beruflich*: *a.* self-employed; **~ständigkeit** *f* independence; **2süchtig** *adj.* selfish, ego(t)istic(al); **2tätig** *adj.* automatic; **~täuschung** *f* self-deception; **~unterricht** *m* self-instruction; **~versorger** *m* self-supporter; **2verständlich 1.** *adj.* natural; ***das ist ~*** that's a matter of course; **2.** *adv.* of course, naturally; **~!** *a.* by all means!; **~verständlichkeit** *f* matter of course; **~verteidigung** *f* self-defen|ce, *Am.* -se; **~vertrauen** *n* self-confidence, self-reliance; **~verwaltung** *f* self-government, autonomy; **~wähldienst** *tel. m* automatic long-distance dial(l)ing service; **2zufrieden** *adj.* self-satisfied; **~zweck** *m* end in itself

selchen *östr. v/t.* → ***räuchern***

selig *adj. rel.* blessed; *verstorben*: late; *fig.* overjoyed
Sellerie *m, f* celeriac; *Stauden*&: celery
selten 1. *adj.* rare; ~ ***sein*** be* rare *od.* scarce; **2.** *adv.* rarely, seldom; **&heit** *f* rarity
seltsam *adj.* strange, odd, F funny
Semester *univ. n* term, *Am. a.* semester
Semikolon *n* semicolon
Seminar *n univ.* department; *Kurs*: seminar; *Priester*&: seminary; *Lehrer*&: teacher training college
sen. *Abk. für* ***senior*** sen., Sen.,Sr, Snr, senior
Senat *m* senate; **~or** *m* senator
sende|n *v/t.* send* (***mit der Post*** by post, *Am.* by mail); *ausstrahlen*: broadcast*, transmit (*a. Funk*); *TV a.* televise; **&r** *m* radio *od.* television station; *tech. Anlage*: transmitter; **&reihe** *f* TV *od.* radio series; **&schluss** *m* close-down, sign-off; **&zeichen** *n* call-sign
Sendung *f* broadcast, program(me); *TV a.* telecast; *Waren*&; consignment, shipment; ***auf ~ sein*** be* on the air
Senf *m* mustard (*a. bot.*)
senil *adj.* senile; **&ität** *f* senility
Senior 1. *m* senior (*a. Sport*); **~en** *pl.* senior citizens *pl.*; **2.** *adj. nach Namen*: senior; **~enheim** *n* old people's home
Senk|e *geogr. f* depression, hollow; **&en** *v/t.* lower (*a. Stimme*); *Kopf*: *a.* bow; *Kosten, Preise etc.*: *a.* reduce, cut*; ***sich ~*** drop, go* *od.* come* down; **&recht** *adj.* vertical; ~ ***nach oben*** (***unten***) straight up (down)
Sensation *f* sensation; **&ell** *adj.*, **~s...** *in Zssgn Blatt etc.*: sensational (...); **~smache** *contp. f* sensationalism
Sense *f* scythe
sensib|el *adj.* sensitive; *empfindlich*: *a.* touchy; ⚠ *nicht* ***sensible***; **~ilisieren** *v/t.* sensitize (***für*** to)
sentimental *adj.* sentimental; **&ität** *f* sentimentality
September *m* September
Serenade *mus. f* serenade
Serie *f* series; *TV etc. a.* serial; *Satz*: set; ***in ~*** *bauen etc.*: in series; **&nmäßig** *adj.* series(-produced); *Ausstattung etc.*: standard; **~nnummer** *f* serial number; **~nwagen** *mot. m* standard-type car
seriös *adj.* respectable; *ehrlich*: honest; *Zeitung*: serious
Serum *n* serum
Service[1] *n* set; *Tee*& *etc.*: *a.* service
Service[2] *m, n* service
servier|en *v/t.* serve; **&erin** *f* waitress; **&tochter** *f Schweiz*: waitress
Serviette *f bsd. Brt.* serviette, *bsd. Am.* napkin
Servo|bremse *mot. f* servo *od.* power brake; **~lenkung** *mot. f* servo(-assisted) *od.* power steering
Sessel *m* armchair, easy chair; **~lift** *m* chair lift
sesshaft *adj.*: ~ ***werden*** settle (down)
Set *n, m Platzdeckchen*: place mat
setzen *v/t. u. v/i.* put*, set* (*a. print., agr., Segel*), place; *j-n*: *a.* seat; *agr. a.* plant; ~ ***über*** jump over; *Fluss*: cross; ~ ***auf*** *wetten*: bet* on, back; ***sich ~*** sit* down; *tech. etc.* settle; ***sich ~ auf*** *Pferd, Rad etc.*: get* on, mount; ***sich ~ in*** *Auto etc.*: get* into; ***sich zu j-m ~*** sit* beside *od.* with s.o.; ~ ***Sie sich bitte!*** take *od.* have a seat!
Setz|er *print. m* compositor, typesetter; **~erei** *print. f* composing room; **~kasten** *print.* typecase
Seuche *f* epidemic (disease)
seufze|n *v/i.*, **&r** *m* sigh
Sexis|mus *m* sexism; **~t(in), &isch** *adj.* sexist
Sexual|... *in Zssgn Erziehung, Leben, Trieb etc.*: sex(ual) ...; **~verbrechen** *n* sex crime
sex|uell *adj.* sexual; ***~e Belästigung*** (sexual) harassment **~y** *adj.* sexy
sezieren *v/t.* dissect (*a. fig.*); *Leiche*: perform an autopsy on
sich *refl. pron.* oneself; *sg.* himself, herself, itself; *pl.* themselves; *sg.* yourself, *pl.* yourselves; ~ ***ansehen*** *im Spiegel etc.*: look at o.s.; *einander*: look at each other
Sichel *f* sickle; *Mond, fig.*: crescent
sicher 1. *adj.* safe (***vor*** from), secure (from); *bsd. tech.* proof (***gegen*** against); *in Zssgn* ...proof; *gewiss, überzeugt*: certain, sure; *zuverlässig*: reliable; (***sich***) ~ ***sein*** be* sure (***e-r Sache*** of s.th.; ***dass*** that); **2.** *adv. fahren etc.*: safely; *natürlich*: of course, *bsd. Am. a.* sure(ly); *gewiss*: certainly; *wahrscheinlich*: probably; **~!** of course!, *Am.* sure!
Sicherheit *f* security (*a. mil., pol.,*

S

econ.); *bsd. körperliche*: safety (*a. tech.*); *Gewissheit*: certainty; *Können*: skill; (**sich**) ***in ~ bringen*** get* to safety; **~s...** *bsd. tech. in Zssgn Glas, Schloss etc.*: safety ...; **~sgurt** *m* seatbelt, safety belt; **~smaßnahme** *f* safety measure; *pol.* security measure; **~snadel** *f* safety pin

sicher|lich *adv.* → ***sicher*** 2; **~n** *v/t.* secure (*a. mil., tech.*); *schützen*: protect, safeguard; *Computer*: save; ***sich ~*** secure o.s. (***gegen***, ***vor*** against, from); **~stellen** *v/t.* secure, guarantee

Sicherung *f* securing; safeguard(ing); *tech.* safety device; *electr.* fuse; **~skasten** *electr. m* fuse box; **~skopie** *f Computer*: backup; ***e-e ~ machen*** (***von***) back up

Sicht *f* visibility; *Aus*2: view; ***in ~ kommen*** come* into sight *od.* view; ***auf lange ~*** in the long run; **2bar** *adj.* visible; **2en** *v/t.* sight; *fig.* sort (through *od.* out); **~karte** *f* season ticket; **2lich** *adv.* visibly; **~weite** *f*: ***in*** (***außer***) ***~*** within (out of) sight

sickern *v/i.* trickle, ooze, seep

sie *pers. pron.* she (*a. Schiff, Staat*); *Sache*: it; *pl.* they; ***Sie*** *sg. u. pl.* you

Sieb *n* sieve; *Tee*2 *etc.*: strainer

sieben[1] *v/t.* sieve, sift; *fig.* weed out

sieben[2] *adj.* seven; **2meter** *m* penalty shot *od.* throw

sieb|te *adj.*, **2tel** *n* seventh; **~zehn(te)** *adj.* seventeen(th); **~zig** *adj.* seventy; **~zigste** *adj.* seventieth

siedeln *v/i.* settle

siede|n *v/t. u. v/i.* boil, simmer; **2punkt** *m* boiling point (*a. fig.*)

Siedl|er *m* settler; **~ung** *f* settlement; *Wohn*2: housing development

Sieg *m* victory; *Sport*: *a.* win

Siegel *n* seal (*a. fig.*), *privates*: signet; **~lack** *m* sealing wax; **2n** *v/t.* seal; **~ring** *m* signet ring

sieg|en *v/i.* win*; **2er(in)** winner; **~reich** *adj.* winning; *stärker*: victorious (*a. pol., mil.*)

Signal *n*, **2isieren** *v/t.* signal

signieren *v/t.* sign

Silbe *f* syllable; **~ntrennung** *f* syllabification

Silber *n* silver; *Tafel*2: silverware; **2grau** *adj.* silver-grey (*Am.* -gray); **~hochzeit** *f* silver wedding; **2n** *adj.* silver

Silhouette *f* silhouette; *e-r Stadt*: *a.* skyline

Silikon *chem. n* silicone

Silizium *chem. n* silicon

Silvester *n* New Year's Eve

Sims *m, n* ledge; windowsill

Simul|ant *m* malingerer; **2ieren** *v/t. u. v/i. tech. etc.* simulate; *Krankheit vortäuschen*: sham, malinger

simultan *adj.* simultaneous

Sinfonie *mus. f* symphony

singen *v/t. u. v/i.* sing* (***richtig*** [***falsch***] in [out of] tune)

Singular *gr. m* singular

Singvogel *m* songbird

sinken *v/i.* sink* (*a. fig. Person*), go* down (*a. Preise etc.*); *Sonne*: *a.* set*; *Preise etc.*: fall*, drop

Sinn *m* sense (***für*** of); *Verstand etc.*: mind; *Bedeutung*: sense, meaning; *e-r Sache*: point, idea; ***im ~ haben*** have* in mind; ***es hat keinen ~*** (***zu warten*** *etc.*) it's no use *od.* good (waiting *etc.*); **~bild** *n* symbol

sinnentstellend *adj.* distorting

Sinnes|organ *n* sense organ; **~täuschung** *f* hallucination; **~wandel** *m* change of mind

sinn|lich *adj. die Sinne betreffend*: sensuous; *Wahrnehmung etc.*: sensory; *Begierden etc.*: sensual; **2lichkeit** *f* sensuality; **~los** *adj.* senseless; *zwecklos*: useless; **2losigkeit** *f* senselessness; uselessness; **~verwandt** *adj.* synonymous; **~voll** *adj.* meaningful; *nützlich*: useful; *vernünftig*: wise, sensible

Sintflut *f biblisch*: *the* Flood

Sippe *f* (extended) family, clan

Sirene *f* siren

Sirup *m Frucht*2: syrup, *Am.* sirup; *Zucker*2: treacle, molasses

Sitte *f* custom, tradition; ***~n*** *pl.* morals *pl.*; *Benehmen*: manners *pl.*

Sitten|losigkeit *f* immorality; **~polizei** *f* vice squad; **2widrig** *adj.* immoral

Sittlichkeitsverbrechen *n* sex crime

Situation *f* situation; *Lage*: *a.* position

Sitz *m* seat; *e-s Kleides etc.*: fit; **~blockade** *f* sit-down demonstration

sitzen *v/i.* sit* (***an*** at; ***auf*** on); *sich befinden*: be*; *stecken*: be* (stuck); *passen*: fit; F *im Gefängnis*: do* time; ***~ bleiben*** keep* one's seat; *in der Schule*: have* to repeat a year; F *keinen Mann krie-*

S

gen: be* left on the shelf; ~ ***bleiben auf*** be* left with; ***j-n ~ lassen*** leave* s.o. in the lurch, let* s.o. down
Sitz|gelegenheit *f* seat; ***genug ~en*** *pl.* enough seating (room) *sg.*; **~ordnung** *f*, **~plan** *m* seating plan; **~platz** *m* seat; **~streik** *m* sit-down strike; **~ung** *f* session (*a. parl.*), meeting, conference
Skala *f* scale; *fig. a.* range
Skalp *m*, **ᴤieren** *v/t.* scalp
Skandal *m* scandal; **ᴤös** *adj.* scandalous, shocking
Skelett *n* skeleton (*a. tech.*)
Skep|sis *f* scepticism; **~tiker** *m* sceptic; **ᴤtisch** *adj.* sceptical
Ski *m* ski; ***~ laufen*** *od.* ***fahren*** ski; **~fahrer(in)** skier; **~fliegen** *n* ski flying; **~lift** *m* ski lift; **~piste** *f* ski run; **~schuh** *m* ski boot; **~sport** *m* skiing; **~springen** *n* ski jumping
Skizz|e *f*, **ᴤieren** *v/t.* sketch
Sklav|e *m* slave (*a. fig.*); **~enhandel** *m* slave trade; **~erei** *f* slavery; **ᴤisch** *adj.* slavish (*a. fig.*)
Skonto *econ. m, n* (cash) discount
Skorpion *m zo.* scorpion; *astr.* Scorpio; ***er ist*** **(*ein*)** ~ he's (a) Scorpio
Skrupel *m* scruple, qualm; **ᴤlos** *adj.* unscrupulous
Skulptur *f* sculpture
Slalom *m* slalom
Slaw|e *m*, **~in** *f* Slav; **ᴤisch** *adj.* Slav(ic)
Slip *m* briefs *pl.*; *Damen*ᴤ: *a.* panties *pl.*; ⚠ *nicht* ***slip***; **~per** *m* slip-on (shoe), *bsd. Am.* loafer; ⚠ *nicht* ***slipper***; **~einlage** *f* panty liner
Slowak|e *m* Slovak; **~ei** *f* Slovakia; **~in** *f*, **ᴤisch** *adj.* Slovak
Smaragd *m*, **ᴤgrün** *adj.* emerald
Smoking *m* dinner jacket, *Am. a.* tuxedo, F tux
Snob *m* snob; **ᴤistisch** *adj.* snobbish
so 1. *adv.* so; *auf diese Weise*: like this *od.* that, this *od.* that way; *damit, dadurch*: *a.* thus; *solch*: such; **(*nicht*) ~ *groß wie*** (not) as big as; ***~ ein(e)*** such a; ***~ sehr*** so (F that) much; ***und ~ weiter*** and so on; ***oder ~ et.*** or s.th. like that; ***oder ~*** or so; ***~, fangen wir an!*** well *od.* all right, let's begin!; **2.** *cj. deshalb*: so, therefore; ***~ dass*** so that; **3.** *int.*: ***~!*** all right!, o.k.!; *fertig*: that's it!; ***ach ~!*** I see; ***doppelt ~ viel*** twice as much; ***~ viel wie möglich*** as much as possible; ***~ weit sein*** be* ready; ***es ist ~ weit*** it's time;**~bald** *cj.* as soon as
s.o. *Abk. für* ***siehe oben*** see above
Socke *f* sock
Sockel *m* base; *Statue*: pedestal (*a. fig.*)
Sodbrennen *med. n* heartburn
soeben *adv.* just (now)
Sofa *n* sofa, *Am. a.* davenport
sofern *cj.* if, provided that; ***~ nicht*** unless
sofort *adv.* at once, immediately, right away; **ᴤbildkamera** *f* instant *od.* Polaroid® camera
Software *f Computer*: software; **~paket** *n* software package
Sog *m* suction, wake (*a. fig.*)
so|gar *adv.* even; **~genannt** *adj.* so-called; **~gleich** *adv.* → ***sofort***
Sohle *f* sole; *Bergbau*: floor
Sohn *m* son
Sojabohne *bot. f* soybean (*a. in Zssgn*)
solange *cj.* as long as
Solar... *in Zssgn Energie etc.*: solar ...
solch *dem pron.* such, like this *od.* that
Sold *mil. m* pay
Soldat *m* soldier
Söldner *m* mercenary
Sole *f* brine, salt water
solidarisch *adj.*: ***sich ~ erklären mit*** declare one's solidarity with
solide *adj.* solid; *fig. a.* sound; *Preise*: reasonable; *Person*: steady
Solist(in) soloist
Soll *econ. n* debit; *Plan*ᴤ: target, quota; ***~ und Haben*** debit and credit
sollen *v/i. u. v/aux. geplant, bestimmt*: be* to; *angeblich, verpflichtet*: be* supposed to; **(*was*) *soll ich ...?*** (what) shall I ...?; ***du solltest*** **(*nicht*)** ... you should(n't) ...; *stärker*: you ought(n't) to; ***was soll das?*** what's the idea?
Solo *n* solo; *Sport*: solo attempt *etc.*
somit *cj.* thus, so, consequently
Sommer *m* summer; **~ferien** *pl.* summer holidays *pl.* (*bsd. Am.* vacation *sg.*); **ᴤlich** *adj.* summery; **~sprosse** *f* freckle; **ᴤsprossig** *adj.* freckled; **~zeit** *f* summertime; *vorverlegte*: summer *od. Am.* daylight saving time
Sonate *mus. f* sonata
Sonde *f* probe (*a. med.*)
Sonder|... *in Zssgn Angebot, Ausgabe, Flug, Preis, Wunsch, Zug etc.*: special ...; **ᴤbar** *adj.* strange, F funny; **ᴤlich**

S

adv.: ***nicht*** ~ not particularly; **~ling** *m* eccentric, F crank, weirdo; **~müll** *m* hazardous (*od.* special toxic) waste; **~mülldeponie** *f* special waste dump
sondern *cj.* but; ***nicht nur*** ..., ~ ***auch*** not only ... but also
Sonderschule *f* special school (for the handicapped *etc.*)
Sonnabend *m* Saturday
Sonne *f* sun; **ℒn** *v/refl.* sun o.s., bask *od.* lie in the sun
Sonnen|aufgang *m* sunrise; **~bad** *n*: ***ein*** ~ ***nehmen*** → **ℒbaden** *v/i* sunbathe; **~bank** *f* sunbed; **~blume** *bot. f* sunflower; **~brand** *m* sunburn; **~brille** *f* sunglasses *pl.*; **~creme** *f* sun cream; **~energie** *f* solar energy; **~finsternis** *f* solar eclipse; **ℒklar** *adj.* (as) clear as daylight; **~kollektor** *m* solar panel; **~licht** *n* sunlight; **~öl** *n* suntan oil; **~schein** *m* sunshine; **~schirm** *m* sunshade; **~schutz** *m Mittel*: suntan lotion; **~seite** *f* sunny side (*a. fig.*); **~stich** *m* sunstroke; **~strahl** *m* sunbeam; **~system** *n* solar system; **~uhr** *f* sundial; **~untergang** *m* sunset
sonnig *adj.* sunny (*a. fig.*)
Sonntag *m* Sunday
Sonntags|fahrer *mot. contp. m* Sunday driver; **~rückfahrkarte** *rail. f* weekend ticket
sonst *adv. außerdem*: else; *andernfalls*: otherwise, or (else); *normalerweise*: normally, usually; ~ ***noch et.*** (***jemand***)? anything (anyone) else?; ~ ***noch Fragen?*** any other questions?; ~ ***nichts*** nothing else; ***alles wie*** ~ everything as usual; ***nichts ist wie*** ~ nothing is as it used to be; **~ig** *adj.* other
Sopran *mus. m*, **~istin** *mus. f* soprano
Sorge *f* worry; *Kummer*: sorrow; *Ärger*: trouble; *Fürℒ*: care; ***sich ~n machen*** (***um***) worry *od.* be* worried (about); ***keine ~!*** don't worry!
sorgen 1. *v/i.*: ~ ***für*** care for, take* care of; ***dafür*** ~, ***dass*** see* (to it) that; **2.** *v/refl.*: ***sich*** ~ ***um*** worry *od.* be* worried about; **ℒkind** *n* problem child
Sorg|falt *f* care; **ℒfältig** *adj.* careful; **ℒlos** *adj.* carefree; *nachlässig*: careless; **~losigkeit** *f* carelessness
Sort|e *f* sort, kind, type; **ℒieren** *v/t.* sort; *ordnen*: arrange; **~iment** *n* assortment
Soße *f* sauce; *Bratenℒ*: gravy
Souffl|eur *m*, **~euse** *f* prompter; **ℒieren** *v/i.* prompt (***j-m*** s.o.)
souverän *adj. pol.* sovereign; *fig.* superior; **ℒität** *f* sovereignty; *fig.* superior style
so|viel *cj.* as far as; → ***so***; **~weit** *cj.* as far as; → ***so***; **~wie** *cj.* as well as, and ... as well; *zeitlich*: as soon as; **~wieso** *adv.* anyway, anyhow, in any case
Sowjet *m*, **ℒisch** *adj.* Soviet
sowohl *cj.*: ~ ***Lehrer als*** (***auch***) ***Schüler*** both teachers and students
sozial *adj.* social; **ℒ...** *in Zssgn Arbeiter*(*in*), *Demokrat*, *Versicherung etc.*: social ...; **ℒabgaben** *pl.* social security contributions *pl.*; **ℒhilfe** *f* social security, *Am.* welfare; ~ ***beziehen*** be* on social security (*Am.* on welfare); **~isieren** *v/t. econ.* nationalize; **ℒismus** *m* socialism; **ℒist(in)**, **~istisch** *adj.* socialist; **ℒkunde** *f* social studies *pl.*; **ℒstaat** *m* welfare state; **ℒversicherung** *f* social security
Soziolog|e *m* sociologist; **~ie** *f* sociology; **ℒisch** *adj.* sociological
sozusagen *adv.* so to speak
Spagat *m*: ~ ***machen*** do* the splits
Spagetti *pl.* spaghetti *sg.*
spähen *v/i.* look out (***nach*** for)
Spalier *n* espalier; *mil. etc.* lane
Spalt *m* crack, gap; **ℒbar** *adj. phys.* fissile, fissionable; **~e** *f* → ***Spalt***; *print.* column; **ℒen** *v/t.* split* (*a. fig. Haare etc.*); *Staat etc.*: divide; ***sich*** ~ split* (up); **~ung** *f* split(ting); *phys.* fission; *fig.* split; *Staat etc.*: division
Span *m* chip; *tech. pl.* shavings *pl.*
Spange *f* clasp; → ***Haarspange***
Spaniel *m* spaniel
Spani|en Spain; **~er(in)** Spaniard; **ℒsch** *adj.* Spanish
Spann *m* instep
Spanne *f* span
spann|en 1. *v/t.* stretch, tighten; *Leine etc.*: put* up; *Gewehr*: cock; *Bogen*: draw*, bend*; **2.** *v/i.* be* (too) tight; **~end** *adj.* exciting, thrilling, gripping; **ℒung** *f* tension (*a. tech., pol., psych.*); *electr.* voltage; *fig.* suspense, excitement; **ℒweite** *f* span; *fig. a.* range
Spar|buch *n* savings book; **~büchse** *f* money box, F piggy bank; **ℒen** *v/i. u. v/t.* save; *sich einschränken*: economize;

~ ***für*** *od.* ***auf*** save up for; **~er** *m* saver; **~schwein(chen)** *n* piggy bank
Spargel *m* asparagus
Spar|kasse *f* savings bank; **~konto** *n* savings account
spärlich *adj.* sparse, scant; *Lohn, Wissen etc.*: scanty; *Besuch etc.*: poor
sparsam *adj.* economical (***mit*** of); ~ ***leben*** lead* a frugal life; ~ ***umgehen mit*** use sparingly; **２keit** *f* economy
Spaß *m* fun; *Scherz*: joke; ***aus*** (***nur zum***) ~ (just) for fun; ***es macht viel*** (***keinen***) ~ it's great (no) fun; ***j-m den ~ verderben*** spoil s.o.'s fun; ***er macht nur*** (***keinen***) ~ he is only (not) joking (F kidding); ***keinen ~ verstehen*** have* no sense of humo(u)r; **２en** *v/i.* joke; **２ig** *adj.* funny; **~macher, ~vogel** *m* joker
spät *adj. u. adv.* late; ***am ~en Nachmittag*** late in the afternoon; ***wie ~ ist es?*** what time is it?; ***von früh bis ~*** from morning till night; ***(fünf Minuten) zu ~ kommen*** be* (five minutes) late; ***bis ~er!*** see you (later)!; → ***früher***
Spaten *m* spade
spätestens *adv.* at the latest
Spatz *m* sparrow
spazieren: ~ ***fahren*** go* (*j-n*: take*) for a drive; *Baby*: take* out; ~ ***gehen*** go* for a walk
Spazier|fahrt *f* drive, ride; **~gang** *m* walk; ***e-n ~ machen*** go* for a walk; **~gänger** *m* walker; **~weg** *m* walk
Specht *m* woodpecker
Speck *m* bacon; **２ig** *fig. adj.* greasy
Spedit|eur *m* shipping agent; *Möbel２*: remover; **~ion** *f* shipping agency; removal (*Am.* moving) firm
Speer *m* spear; *Sport*: javelin
Speiche *f* spoke
Speichel *m* spittle, saliva, F spit
Speicher *m* storehouse; *Wasser２*: tank, reservoir; *Dachboden*: attic; *Computer*: memory, store; **~dichte** *f Computer*: bit density; **~kapazität** *f Computer*: memory capacity; **２n** *v/t.* store (up); **~ung** *f* storage
speien *v/t.* spit*; *Wasser*: spout; *Vulkan etc.*: belch
Speise *f* food; *Gericht*: dish; **~eis** *n* ice cream; **~kammer** *f* larder, pantry; **~karte** *f* menu; **２n 1.** *v/i.* dine; **2.** *v/t.* feed* (*a. electr. etc.*); **~röhre** *anat. f* gullet; **~saal** *m* dining hall; **~wagen** *rail. m* dining car, *bsd. Am.* diner
Spekul|ant *m* speculator; **~ation** *f* speculation; *econ. a.* venture; **２ieren** *v/i.* speculate (***auf*** on; ***mit*** in)
Spende *f* gift; *Beitrag*: contribution; *für Hilfswerk etc.*: donation; **２n** *v/t.* give* (*a. fig. Schatten etc.*); *Geld, Blut etc.*: donate; **~r** *m* giver; donor (*a. Blut２, Organ２*)
spendieren *v/t.*: ***j-m et.*** ~ treat s.o. to s.th.
Spengler *östr. m* → ***Klempner***
Sperling *m* sparrow
Sperr|e *f* barrier; *rail. a.* gate; *fig. allg.* stop; *tech.* lock(ing device); *Straßen２*: barricade; *Sport*: suspension; *psych.* mental block; *econ.* embargo; **２en** *v/t.* close; *econ.* embargo; *Strom etc.*: cut* off; *Scheck*: stop; *Sport*: suspend; *behindern*: obstruct; ~ ***in*** lock (up) in; **~holz** *n* plywood; **~müllabfuhr** *f* removal of bulky refuse; **~ung** *f* closing
Spesen *pl.* expenses *pl.*
Spezi *östr. m* pal, *Am.* buddy
Spezial|ausbildung *f* special training; **~gebiet** *n* special field, special(i)ty; **~geschäft** *n* specialized shop *od.* store; **２isieren** *v/refl.* specialize (***auf*** in); **~ist(in)** specialist; **~ität** *f* special(i)ty
speziell *adj.* specific, particular
spezifisch *adj.* specific; **~es *Gewicht*** specific gravity
Sphäre *f* sphere (*a. fig.*)
spicken 1. *v/t.* lard (*a. fig. Rede etc.*); **2.** F *fig. v/i.* crib
Spiegel *m* mirror (*a. fig.*); **~bild** *n* reflection (*a. fig.*); **~ei** *n* fried egg; **２glatt** *adj. Wasser etc.*: glassy; *Straße*: icy; **２n** *v/i. u. v/t.* reflect (*a. fig.*); *glänzen*: shine*; ***sich*** ~ be* reflected (*a. fig.*); **~ung** *f* reflection
Spiel *n* game; *Wett２*: *a.* match; *das ~en, ~weise*: play (*a. thea. etc.*); *Glücks２*: gambling; *fig.* game, gamble; ***auf dem ~ stehen*** be* at stake; ***aufs ~ setzen*** risk; **２en** *v/i. u. v/t.* play (*a. fig.*) (***um*** for); *darstellen*: *a.* act; *aufführen*: perform; *Glücksspiel*: gamble; *Lotto etc.*: do*; ***Klavier*** *etc.* ~ play the piano *etc.*; **２end** *fig. adv.* easily; **~er** *m* player; *Glücks２*: gambler; **~feld** *n* (playing) field, pitch; **~film** *m* feature film; **~halle** *f* amusement arcade, game room;

S

~hölle *f* gambling den; **~kamerad(in)** playmate; **~karte** *f* playing card; **~kasino** *n* casino; **~marke** *f* counter, chip; **~plan** *m thea. etc.*: program(me); **~platz** *m* playground; **~raum** *fig. m* play, scope; **~regel** *f* rule (of the game); **~sachen** *pl.* toys *pl.*; **~schuld** *f* gambling debt; **~stand** *m* score; **~uhr** *f* musical (*Am.* music) box; **~verderber(in)** spoilsport; **~waren** *pl.* toys *pl.*; **~zeit** *f thea., Sport*: season; *Dauer*: playing (*Film*: running) time; **~zeug** *n* toy(s *pl.*); **~zeug...** *in Zssgn Pistole etc.*: toy ...
Spieß *m* spear, pike; *Brat*≈: spit; *Fleisch*≈: skewer; **≈en** *v/t.* skewer; **~er** *contp. m* petty bourgeois, philistine; **≈ig** *adj.* petty bourgeois, philistine
Spinat *m* spinach
Spind *n, m* locker
Spindel *f* spindle
Spinn|e *f* spider; **≈en 1.** *v/t.* spin* (*a. fig.*); **2.** F *fig. v/i.* be* nuts; talk nonsense; **~er** *m* spinner; F *fig.* nut, crackpot; *Angeber*: braggart, big mouth; **~rad** *n* spinning wheel; **~webe** *f* cobweb
Spion *m* spy; **~age** *f* espionage; **≈ieren** *v/i.* spy; F *schnüffeln*: snoop
Spiral|e *f*, **≈förmig** *adj.* spiral
Spirituosen *pl.* spirits *pl.*
Spiritus *m* spirit (*a. in Zssgn*)
Spital *n* hospital
spitz *adj.* pointed (*a. fig.*); *math. Winkel*: acute; **~e Zunge** sharp tongue; **≈bogen** *arch. m* pointed arch; **≈e** *f* point; *Nasen*≈, *Finger*≈: tip; *Turm*≈: spire; *Baum*≈, *Berg*≈: top; *Pfeil*≈, *Unternehmens*≈: head; *Gewebe*: lace; F *mot.* top speed; F *großartig*: super, (the) tops; **an der ~** at the top (*a. fig.*)
Spitzel *m* informer, F stoolpigeon
spitzen *v/t.* point, sharpen; *Lippen*: purse; *Ohren*: prick up
Spitzen|... *Höchst..., Best... etc. in Zssgn*: top ...; **~technologie** *f* high tech(nology), hi-tech
spitz|findig *adj.* quibbling; **≈findigkeit** *f* subtlety; **≈hacke** *f* pickax(e), pick; **≈name** *m* nickname
Splitter *m*, **≈n** *v/i.* splinter; **≈nackt** F *adj.* stark naked
spon|sern *v/t.*, **≈sor(in)** sponsor
spontan *adj.* spontaneous
Sporen *pl.* spurs *pl.* (*a. zo.*); *biol.* spores *pl.*
Sport *m* sport(s *pl. coll.*); *Fach*: physical education; **~ treiben** do* sports
Sport|... *in Zssgn Ereignis, Geschäft, Hemd, Verein, Zentrum etc.*: *mst* sports ...; **~kleidung** *f* sportswear; **~ler(in)** athlete; **≈lich** *adj.* athletic; *Kleidung*: casual, sporty; **~nachrichten** *pl.* sports news *sg.*; **~platz** *m* sports grounds *pl.*; **~tauchen** *n* scuba diving; **~wagen** *m* sports car; *für Kinder*: pushchair, *Am.* stroller
Spott *m* mockery; *Hohn*: derision; *verächtlicher*: scorn; **≈billig** F *adj.* dirt cheap
spotten *v/i.* mock (**über** at), scoff (at); *sich lustig machen*: make* fun (of)
Spött|er *m* mocker, scoffer; **≈isch** *adj.* mocking, derisive
Spottpreis *m*: **für e-n ~** dirt cheap
Sprache *f* language (*a. fig.*); *das Sprechen, Sprechweise*: speech; **zur ~ kommen** (**bringen**) come* (bring* *s.th.*) up
Sprach|fehler *m* speech defect; **~gebrauch** *m* usage; **~labor** *n* language laboratory (F lab); **≈lehre** *f* grammar; **~lehrer(in)** language teacher; **≈lich 1.** *adj.* language (*attr.*); **2.** *adv.*: **~ richtig** grammatically correct; **≈los** *adj.* speechless; **~rohr** *fig. n* mouthpiece; **~unterricht** *m* language teaching; **~wissenschaft** *f* linguistics *sg.*
Spraydose *f* spray can, aerosol (can)
Sprechanlage *f* intercom
sprech|en *v/t. u. v/i.* speak* (**j-n, mit j-m** to s.o.); *reden, sich unterhalten*: talk (to) (*beide*: **über, von** about, of); **nicht zu ~ sein** be* busy; **≈er** *m* speaker; *Ansager*: announcer; *Wortführer*: spokesman; **≈stunde** *f* office hours *pl.*; *med.* consulting (*od.* surgery, *Am.* office) hours *pl.*; **≈zimmer** *n* consulting room, *Am. a.* office
spreizen *v/t.* spread*
spreng|en *v/t.* blow* up; *Fels*: blast; *Wasser*: sprinkle; *Rasen*: water; *Versammlung*: break* up; **≈kopf** *mil. m* warhead; **≈körper, ≈stoff** *m* explosive; **≈ung** *f* blasting; blowing up
sprenkeln *v/t.* speck(le), spot, dot
Spreu *f* chaff (*a. fig.*)
Sprich|wort *n* proverb, saying; **≈wörtlich** *adj.* proverbial (*a. fig.*)
sprießen *v/i.* sprout; *fig.* burgeon

S

Spring|brunnen *m* fountain; **2en** *v/i.* jump, leap*; *Ball etc.*: bounce; *Schwimmen*: dive*; *Glas etc.*: crack; *zer~*: break*; *platzen*: burst*; ***in die Höhe*** (***zur Seite***) ~ jump up (aside); **~er** *m* jumper; *Schwimmen*: diver; *Schach*: knight; **~flut** *f* spring tide; **~reiten** *n* show jumping

Spritze *f med.* injection, F jab, *Am.* shot; *Instrument*: syringe; **2n** *v/i. u. v/t.* splash; *sprühen*: spray (*a. tech., agr.*); *med.* inject; *j-m et.*: give* *s.o.* an injection of; *Fett*: spatter; *Blut*: gush (***aus*** from); **~r** *m* splash; *kleine Menge*: dash

Spritz|pistole *tech. f* spray gun; **~tour** F *mot. f* spin

spröde *adj.* brittle (*a. fig.*); *Haut*: rough

Sprosse *f* rung

Spruch *m* saying; *Entscheidung*: decision; **~band** *n* banner

Sprudel *m* mineral water; **2n** *v/i.* bubble (*a. fig.*)

Sprüh|dose *f* spray can, aerosol (can); **2en** *v/t. u. v/i.* spray; *Funken*: throw* out; **~regen** *m* drizzle

Sprung *m* jump, leap; *Schwimmen*: dive; *Riss*: crack, fissure; **~brett** *n* diving board; *Turnen*: springboard; *fig.* stepping stone; **~schanze** *f* ski jump

Spucke F *f* spit(tle); **2n** *v/i. u. v/t.* spit*; F *sich übergeben*: throw* up

Spuk *m* apparition, ghost; **2en** *v/i.*: ~ ***in*** haunt; ***hier spukt es*** this place is haunted

Spule *f* spool, reel; *Garn2*: bobbin; *electr.* coil; **2n** *v/t.* spool, wind*, reel

spül|en *v/t. u. v/i.* wash up, do* the dishes; *aus~*: rinse; *W.C.*: flush the toilet; **2maschine** *f* dishwasher

Spur *f Fuß2en, Wagen2en*: track(s *pl.*); *Blut2 etc.*: trail; *Abdruck*: print; *Fahr2*: lane; *Tonband2*: track; *kleine Menge*: trace (*a. fig.*); ***j-m auf der ~ sein*** be* on s.o.'s trail

spüren *v/t. allg.* feel*; *instinktiv*: *a.* sense; *wahrnehmen*: notice

spur|los *adv.* without leaving a trace; **2weite** *f rail.* ga(u)ge; *mot.* track

St. *Abk. für* ***Sankt*** St, Saint

Staat *m* state; *Regierung*: government; **~enbund** *m* confederacy, confederation; **2enlos** *adj.* stateless; **2lich 1.** *adj.* state; *Einrichtung*: *a.* public, national; **2.** *adv.*: ~ ***geprüft*** qualified, registered

Staats|angehörige(r) national, citizen, *bsd. Brt.* subject; **~angehörigkeit** *f* nationality; **~anwalt** *jur. m* (public) prosecutor, *Am.* district attorney; **~besuch** *m* official *od.* state visit; **~bürger** *m* citizen; **~chef** *m* head of state; **~dienst** *m* civil (*Am. a.* public) service; **2eigen** *adj.* state-owned; **~feind** *m* public enemy; **2feindlich** *adj.* subversive; **~haushalt** *m* budget; **~kasse** *f* treasury; **~mann** *m* statesman; **~oberhaupt** *n* head of (the) state; **~sekretär** *m* undersecretary of state; **~streich** *m* coup d'état; **~vertrag** *m* treaty; **~wissenschaft** *f* political science

Stab *m* staff (*a. fig.*); *Metall2, Holz2*: bar; *Staffel2, mus. Dirigenten2*: baton; *~hochsprung*: pole

Stäbchen *pl. Ess2*: chopsticks *pl.*

Stabhochsprung *m* pole vault

stabil *adj.* stable (*a. econ., pol.*); *robust*: solid, strong; *gesund*: sound; **~isieren** *v/t.* stabilize; **2ität** *f* stability

Stachel *m bot., zo.* spine, prick; *Insekt*: sting; **~beere** *f* gooseberry; **~draht** *m* barbed wire; **2ig** *adj.* prickly; **~schwein** *n* porcupine

Stad(e)l *östr. m* barn

Stadi|on *n* stadium; **~um** *n* stage, phase

Stadt *f* town; *bsd. Groß2*: city; ***die ~ Berlin*** the city of Berlin; ***in die ~ fahren*** go* (in)to town, *bsd. Am. a.* go* downtown; **~bahn** *f* urban railway

Städter *m* city dweller, *Brt.* F townie, city slicker (*oft contp.*)

Stadt|gebiet *n* urban area; **~gespräch** *fig. n* talk of the town

städtisch *adj.* urban; *pol.* municipal

Stadt|mensch *m* → ***Städter***; **~plan** *m* city map; **~rand** *m* outskirts *pl.*; **~rat** *m* town council; *Person*: town council(l)or, *Am.* city council|man (-woman); **~rundfahrt** *f* sightseeing tour; **~streicher(in)** city vagrant; **~teil** *m*, **~viertel** *n* quarter

Staffel *f* relay race *od.* team; *mil. aviat.* squadron; **~ei** *paint. f* easel; **2n** *v/t.* grade, scale

Stahl *m* steel (*a. in Zssgn Helm, Wolle etc.*); **~kammer** *f* strongroom; **~werk** *n* steelworks *pl.*

Stall *m* stable; → ***Kuh2, Schweine2***; **~knecht** *m* stableman

S

Stamm *m bot.* stem (*a. gr.*), trunk; *Volks*&: tribe; *Geschlecht*: stock; *fig. Kern e-r Firma, Mannschaft etc.*: regulars *pl.*; ~... *in Zssgn Gast, Kunde, Spieler etc.*: regular ...; **~baum** *m* family tree; *zo.* pedigree; **&eln** *v/t.* stammer; **&en** *v/i.*: *~ **aus** (**von**) allg.* come* from; *zeitlich*: date from; **~formen** *gr. pl.* principal parts *pl.*, *mst* tenses *pl.*
stämmig *adj.* sturdy; *dicklich*: stout
Stammkneipe F *f* local
stampfen 1. *v/t.* mash; **2.** *v/i.* stamp (***mit dem Fuß*** one's foot)
Stand *m* standing position; *Halt*: footing, foothold; *~platz*: stand; *Verkaufs*&: stall, stand; *astr.* position; *Wasser*& *etc.*: height, level; *des Thermometers*: reading; *fig. Niveau, Höhe*: level; *soziale Stellung*: social standing, status; *Klasse*: class; *Beruf*: profession; *Sport*: score; *Lage*: state; *Zustand*: *a.* condition; ***auf den neuesten ~ bringen*** bring* up to date; ***e-n schweren ~ haben*** have* a hard time (of it); ***außer ~e sein*** be* unable; ***außer ~ setzen*** put* out of action; ***im ~e sein zu*** be* capable of; ***in ~ halten*** keep* in good condition *od.* repair; ***in ~ setzen*** repair; ***zu ~e bringen*** bring* about, manage; ***zu ~e kommen*** come* about; ***es kam nicht zu ~e*** it didn't come off
Standard *m* standard (*a. in Zssgn*)
Standbild *n* statue
Ständer *m* stand; *Kleider*& *etc.*: rack
Standes|amt *n* registry office, *Am.* marriage license bureau; **&amtlich** *adj.*: ***~e Trauung*** civil marriage; **~beamte** *m* registrar, *Am.* civil magistrate
standhaft *adj.* steadfast, firm; ***~ bleiben*** resist temptation
standhalten *v/i.* withstand*, resist
ständig *adj.* constant; *Adresse etc.*: permanent; *Einkommen*: fixed
Stand|licht *mot. n* parking light; **~ort** *m* position; *Betrieb etc.*: location; **~pauke** *f*: ***j-m e-e ~ halten*** give s.o. a talking-to; **~punkt** *m* (point of) view, standpoint; **~recht** *mil. n* martial law; **~spur** *mot. f* hard shoulder, *Am.* shoulder; **~uhr** *f* grandfather clock
Stange *f* pole; *Fahnen*&: *a.* staff; *Metall*&: rod, bar; *Zigaretten*: carton
Stängel *m* stalk, stem
Stanniol *n* tin foil
Stanze *tech. f*, **&n** *v/t.* punch
Stapel *m* pile, stack; *Haufen*: heap; ***vom ~ lassen*** *naut.* launch (*a. fig.*); ***vom ~ laufen*** *naut.* be* launched; **~lauf** *naut. m* launch; **&n** *v/t.* pile (up), stack
stapfen *v/i.* trudge, plod
Star *m zo.* starling; *thea. etc.*: star; *med.* cataract
stark 1. *adj.* strong (*a. fig. Kaffee etc.*); *mächtig, kraftvoll*: *a.* powerful; *Raucher, Erkältung, Verkehr etc.*: heavy; F *toll*: super, great; **2.** *adv. sehr*: strongly, very much; ***~ beschädigt*** *etc.* badly damaged *etc.*
Stärke *f* strength, power; *Intensität*: intensity; *Maß*: degree; *chem.* starch; **&n** *v/t.* strengthen (*a. fig.*); *Wäsche etc.*: starch; ***sich ~*** take* some refreshment
Starkstrom *electr. m* high-voltage (*od.* heavy) current
Stärkung *f* strengthening; *Imbiss*: refreshment; **~smittel** *n* tonic
starr *adj.* stiff; *unbeweglich*: rigid (*a. tech.*); *Gesicht etc.*: *a.* frozen; ***~er Blick*** (fixed) stare; ***~ vor Kälte*** (***Entsetzen***) frozen (scared) stiff; **~en** *v/i.* stare (***auf*** at); **~köpfig** *adj.* stubborn, obstinate; **&sinn** *m* stubbornness, obstinacy
Start *m* start (*a. fig.*); *aviat.* take-off; *Rakete*: lift-off; **~bahn** *aviat. f* runway; **&bereit** *adj.* ready to start; *aviat.* ready for take-off; **&en** *v/i. u. v/t.* start (*a.* F *fig.*); *aviat.* take* off; *Raumfahrt*: lift off; *e-e Rakete*: launch (*a. fig. Unternehmen etc.*)
Station *f* station; *Kranken*&: ward; **&är** *med. adj.*: ***~er Patient*** in-patient; **&ieren** *mil. v/t.* station; *Raketen*: deploy; **~svorsteher** *rail. m* stationmaster
Statist *m thea., Film*: extra; **~ik** *f* statistics *pl.*; **&isch** *adj.* statistical
Stativ *n* tripod
statt *prp.* instead of; ***~ zu arbeiten*** instead of working; **~dessen** instead (*mst nachgestellt*)
Stätte *f* place; *e-s Unglücks etc.*: scene
statt|finden *v/i.* take* place; *geschehen*: happen; **~lich** *adj.* imposing; *Summe etc.*: handsome
Statue *f* statue
Statur *f* build, stature; (*a. fig.*)
Status *m* state; *sozialer*: status; **~symbol** *n* status symbol; **~zeile** *f Computer*: status line

Stau *mot. m* (traffic) jam, congestion
Staub *m* dust (*a.* ~ **wischen**)
Staubecken *n* reservoir
staub|en *v/i.* give* off *od.* make* dust; **♀fänger** F *m* dust trap; **~ig** *adj.* dusty; **~saugen** *v/i. u. v/t.* vacuum, F *Brt.* hoover; **♀sauger** *m* vacuum cleaner, F *Brt.* hoover; **♀tuch** *n* duster
Staudamm *m* dam
Staude *bot. f* herbacious plant
stauen *v/t. Fluss etc.*: dam up; **sich** ~ *mot. etc.* be* stacked up
staunen *v/i.* be* astonished *od.* surprised (**über** at)
Staunen *n* astonishment, amazement
Staupe *vet. f* distemper
Stausee *m* reservoir
stech|en *v/i. u. v/t. Nadel, Dorn etc.*: prick; *Biene etc.*: sting*; *Mücke etc.*: bite*; *mit Messer etc.*: stab; *durch~*: pierce; **mit et.** ~ **in** stick* s.th. in(to); **sich** ~ prick o.s.; **~end** *adj. Blick*: piercing; *Schmerz*: stabbing; **♀uhr** *f* time clock
Steck|brief *jur. m* "wanted" poster; **♀brieflich** *jur. adv.*: **er wird ~ gesucht** a warrant is out against him; **~dose** *electr. f* (wall) socket; **♀en 1.** *v/t.* stick*; *wohin tun*: put*; *bsd. tech.* insert (**in** into); *an~*: pin (**an** to, on); *agr.* set*, plant; **2.** *v/i. sich befinden*: be*; *festsitzen*: stick*, be* stuck; **tief in Schulden** ~ be* deeply in debt; ~ **bleiben** get* stuck (*a. fig.*); **~enpferd** *n Spielzeug*: hobby horse; *fig.* hobby; **~er** *electr. m* plug; **~kontakt** *electr. m* plug (connection); **~nadel** *f* pin; **~platz** *m Computer*: slot
Steg *m* foot bridge; *Brett*: plank
Stegreif *m*: **aus dem ~** extempore, F ad lib; **aus dem ~ sprechen**, **spielen** *etc.* extemporize, F ad-lib
stehen *v/i.* stand*; *sich befinden, sein*: be*; *aufrecht ~*: stand* up; **es steht ihr** it suits (*od.* looks well on) her; **wie steht es** (*od.* **das Spiel**)**?** what's the score?; **hier steht, dass** it says here that; **wo steht das?** where does it say so *od.* that?; **sich gut** (**schlecht**) ~ be* well (badly) off; **sich ~ mit** *j-m*: get* along with; **wie steht es mit ...?** what about ...?; F: **darauf stehe ich** it turns me on; ~ **bleiben** stop; *bsd. tech., Entwicklung etc.*: come* to a standstill; ~ **lassen** leave* (*Essen etc.*: untouched); *Schirm etc.*: leave* behind; **alles ~ und liegen lassen** drop everything; **sich e-n Bart ~ lassen** grow* a beard
Steh|kragen *m* stand-up collar; **~lampe** *f* standard (*Am.* floor) lamp; **~leiter** *f* step ladder
stehlen *v/t. u. v/i.* steal* (*a. fig.* **sich ~**)
Stehplatz *m* standing ticket; *pl.*: standing room
steif *adj.* stiff (*a. fig.*) (**vor** with)
Steigbügel *m* stirrup
steigen *v/i. sich begeben*: go*, step; *klettern*: climb; *hoch~, zunehmen*: rise*, go* up, climb (*a. aviat.*); ~ **in** (**auf**) *Fahrzeug*: get* on; ~ **aus** (**von**) get* off (*Bett*: out of)
steiger|n *v/t.* raise, increase; *verstärken*: heighten; *verbessern*: improve; *gr.* compare; **sich ~** *Person*: improve, get* better; **♀ung** *f* rise, increase; heightening; improvement; *gr.* comparison
Steigung *f* gradient; *Hang*: slope
steil *adj.* steep (*a. fig. u. in Zssgn*)
Stein *m* stone (*a. bot., med.*), *Am. a.* rock; → **Edel♀**; **~bock** *m zo.* rock goat; *astr.* Capricorn; **er ist** (**ein**) ~ he's (a) Capricorn; **~bruch** *m* quarry; **♀ern** *adj.* (of) stone; *fig.* stony; **~gut** *n* earthenware; **♀ig** *adj.* stony; **♀igen** *v/t.* stone; **~kohle** *f* (hard) coal; **~metz** *m* stonemason; **~wurf** *fig. m* stone's throw; **~zeit** *f* Stone Age
Stellage *östr. f* stand, rack, shelf
Stelle *f* place; *genauere*: spot; *Punkt*: point; *Arbeits♀*: job; *Behörde*: authority; *math.* figure; **freie ~** vacancy, opening; **auf der** (**zur**) **~** on the spot; **an erster ~ stehen** (**kommen**) be* (come*) first; **an j-s ~** in s.o.'s place; **ich an deiner ~** if I were you
stellen *v/t. allg.* put*; *Uhr, Aufgabe, Falle etc.*: set*; *ein, aus, leiser etc.*: turn; *Frage*: ask; *zur Verfügung ~*: provide; *Verbrecher etc.*: corner, hunt down; **sich ~** give* o.s. up, turn o.s. in; **sich ~ gegen** (**hinter**) *fig.* oppose (back); **sich schlafend** *etc.* ~ pretend to be asleep *etc.*; **stell dich dorthin!** (go and) stand over there!
Stellen|angebot *n* vacancy; **ich habe ein ~** I was offered a job; **~anzeige** *f* job ad(vertisement), employment ad; **~gesuch** *n* application for a job;

2weise *adv.* partly, in places
Stellung *f* position; *Arbeitsplatz*: *a.* post, job; ~ ***nehmen zu*** comment on, give* one's opinion of; **~nahme** *f* comment, opinion (*beide*: ***zu*** on); **2slos** *adj.* unemployed, jobless
stellvertrete|nd *adj. amtlich*: acting, deputy, vice-...; **2r** *m* representative; *amtlich*: deputy
Stelze *f* stilt; **2n** *v/i.* stalk
stemmen *v/t. Gewicht*: lift; ***sich ~ gegen*** press o.s. against; *fig.* resist *od.* oppose *s.th.*
Stempel *m* stamp; *Post2*: postmark; *auf Silber etc.*: hallmark; *bot.* pistil; **~kissen** *n* ink pad; **2n 1.** *v/t.* stamp; *entwerten*: cancel; *Gold, Silber*: hallmark; **2.** *v/i.* F: ***~gehen*** be* on the dole
Stengel *m* → ***Stängel***
Steno|gramm *n* shorthand notes *pl.*; **~graphie** *f* shorthand; **2graphieren** *v/t.* take* down in shorthand; **~typistin** *f* shorthand typist
Stepp|decke *f* quilt; **2en 1.** *v/t.* quilt; *Naht*: stitch; **2.** *v/i.* tap dance; **~tanz** *m* tap dancing
Sterbe|bett *n* deathbed; **~klinik** *f* hospice
sterben *v/i.* die (***an*** of) (*a. fig.*); ***im 2 liegen*** be* dying
sterblich *adj.* mortal; **2keit** *f* mortality
Stereo *n* stereo (*a. in Zssgn*)
steril *adj.* sterile; **2isation** *f* sterilization; **~isieren** *v/t.* sterilize
Stern *m* star (*a. fig.*); **~bild** *astr. n* constellation; *des Tierkreises*: sign of the zodiac; **~chen** *print. n* asterisk; **~enbanner** *n* Star-Spangled Banner, Stars and Stripes *pl.*; **~enhimmel** *m* starry sky; **2klar** *adj.* starry; **~kunde** *f* astronomy; **~schnuppe** *f* shooting *od.* falling star; **~warte** *f* observatory
stet|(ig) *adj.* continual, constant; *gleichmäßig*: steady; **~s** *adv.* always
Steuer[1] *n mot.* (steering) wheel; *naut.* helm, rudder
Steuer[2] *f* tax (***auf*** on); **~beamte** *m* revenue officer; **~berater** *m* tax adviser; **~bord** *naut. n* starboard; **~erklärung** *f* tax return; **~ermäßigung** *f* tax allowance; **2frei** *adj.* tax-free; *Waren*: duty-free; **~hinterziehung** *f* tax-evasion; **~knüppel** *aviat. m* control column *od.* stick; **~mann** *m naut.* helmsman; *Boots2*: coxswain; **2n** *v/t. u. v/i. allg.* steer; *naut., aviat. a.* navigate, pilot; *mot. a.* drive*; *tech.* control; *fig.* direct, control; **2pflichtig** *adj.* taxable; *Waren*: dutiable; **~rad** *n* steering wheel; **~ruder** *naut. n* helm, rudder; **~senkung** *f* tax reduction; **~ung** *f* steering (system); *electr., tech.* control (*a. fig*); **~zahler** *m* taxpayer
Stich *m Nadel2*: prick; *Bienen2 etc.*: sting; *Mücken2* : bite; *Messer2*: stab; *Nähen*: stitch; *Kartenspiel*: trick; *Kupfer2 etc.*: engraving; ***im ~ lassen*** let* *s.o.* down; *verlassen*: abandon, desert
Stichel|ei *fig.* dig, gibe; **2n** *fig. v/i.* make* digs, gibe (***gegen*** at)
Stich|flamme *f* jet of flame; **2haltig** *adj.* valid, sound; *unwiderlegbar*: watertight; ***nicht ~ sein*** F not hold* water; **~probe** *f* spot check; ***~n machen*** spot-check (***bei et.*** s.th.); **~tag** *m* cutoff date; *letzter Termin*: deadline; **~wahl** *f* ; **~wort** *n thea.* cue; *im Lexikon*: headword; ***~e*** *pl. Notizen*: notes *pl.*; ***das Wichtigste in ~en*** an outline of the main points; **~wortverzeichnis** *n* index; **~wunde** *f* stab
stick|en *v/t. u. v/i.* embroider; **2erei** *f* embroidery
stick|ig *adj.* stuffy; **2stoff** *chem. m* nitrogen
Stief... *in Zssgn Mutter etc.*: step ...
Stiefel *m* boot
Stiefmütterchen *n* pansy
Stiege *östr. f* → ***Treppe***
Stiel *m* handle; *Besen2*: stick; *Glas, Pfeife, Blume etc.*: stem; *bot.* stalk
Stier *m zo.* bull; *astr.* Taurus; ***er ist (ein) ~*** he's (a) Taurus; **2en** *v/i.* stare (***auf*** at); **~kampf** *m* bullfight
Stift *m* pen; *Blei2*: pencil; *Farb2*: *a.* crayon; *tech.* pin; *Holz2*: peg
stift|en *v/t. spenden*: donate; *verursachen*: cause; **2ung** *f* donation
Stil *m* style (*a. fig.*); ***in großem ~*** in (grand) style; *fig.* on a large scale; **2istisch** *adj.* stylistic
still *adj.* quiet, silent; *bsd. unbewegt*: still; ***sei(d) ~!*** be quiet!; ***halt ~!*** keep still!; ***sich ~ verhalten*** keep* quiet (*körperlich*: still); **2e** *f* silence (*a. Schweigen*), quiet(ness); ***in aller ~*** quietly; *heimlich*: secretly
Stilleben *n* → ***Stillleben***

S

stillen *v/t. Baby*: nurse, breastfeed*; *Schmerz*: relieve; *Hunger, Neugier etc.*: satisfy; *Durst*: quench
still|halten *v/i.* keep* still; **2leben** *paint. n* still life; **~legen** *v/t.* close down
stillos *adj.* lacking style, tasteless
still|schweigend *fig. adj.* tacit; **~sitzen** *v/i.* sit* still; **2stand** *m* standstill, stop; *fig. a.* stagnation (*a. econ.*); *von Verhandlungen*: deadlock; **~stehen** *v/i.* (have*) stop(ped), (have*) come* to a standstill
Stil|möbel *pl.* period furniture *sg.*; **2voll** *adj.* stylish; ~ ***sein*** have* style
Stimm|band *n* vocal cord; **2berechtigt** *adj.* entitled to vote
Stimm|e *f* voice; *pol.* vote; ***sich der ~ enthalten*** abstain; **2n 1.** *v/i.* be* right *od.* true *od.* correct (*a. Rechnung etc.*); *pol.* vote (***für*** for; ***gegen*** against); ***es stimmt et. nicht*** (***damit*** *od.* ***mit ihm***) there's s.th. wrong (with it *od.* him); **2.** *v/t. mus.* tune; *fig. j-n traurig etc.*: make*; **~enthaltung** *f* abstention; **~gabel** *mus. f* tuning fork; **~recht** *n* right to vote; **~ung** *f* mood; *Atmosphäre*: *a.* atmosphere; *allgemeine*: feeling; ***alle waren in ~*** everybody was having fun; **2ungsvoll** *adj.* atmospheric; **~zettel** *m* ballot
stinken *v/i.* stink* (*a. fig.*) (***nach*** of); F: ***das*** (***er*** *etc.*) ***stinkt mir*** I'm sick of (*od.* fed up with) it (him *etc.*)
Stipendium *n* scholarship
stipp|en *v/t.* dip; **2visite** F *f* flying visit
Stirn *f* forehead; ***die ~ runzeln*** frown; **~runzeln** *n* frown
stöbern F *v/i.* rummage (about)
stochern *v/i.*: ***im Feuer ~*** poke the fire; ***im Essen ~*** pick at one's food; ***in den Zähnen ~*** pick one's teeth
Stock *m* stick; *Rohr2*: cane; *~werk*: stor(e)y, floor; ***im ersten ~*** on the first floor, *Am.* on the second floor; **2dunkel** F *adj.* pitch dark
stocken *v/i.* stop (short); *unsicher werden*: falter; *Verkehr*: be* jammed; **~d 1.** *adj. Stimme, Verkehr etc.*: halting; **2.** *adv.* ~ ***lesen*** stumble through a text; ~ ***sprechen*** speak* haltingly
stock|finster F *adj.* pitch dark; **2fleck** *m* mo(u)ld stain; **2ung** *f* holdup, delay (*beide a. Verkehr*); **2werk** *n* stor(e)y, floor
Stoff *m* material, stuff (*a. sl. fig.*); *Gewebe*: fabric, textile; *Tuch*: cloth; *chem., phys. etc.*: substance; *fig. Thema*: subject (matter); ~ ***sammeln*** collect material; **~tier** *n* soft toy animal; **~wechsel** *physiol. m* metabolism
stöhnen *v/i.* groan, moan (*a. fig.*)
Stollen *m Bergbau*: tunnel, gallery
stolpern *v/i.* stumble (***über*** over), trip (over) (*beide a. fig.*)
stolz *adj.* proud (***auf*** of)
Stolz *m* pride (***auf*** in); **2ieren** *v/i.* strut, stalk
stopfen *v/t. Socken, Loch*: darn, mend; *pressen, füllen*: stuff, fill (*a. Pfeife*)
Stoppel *f* stubble; **~bart** F *m* stubbly beard; **2ig** *adj.* stubbly
stopp|en *v/i. u. v/t.* stop (*a. fig.*); *mit der Uhr*: time; **2licht** *mot. n* stop light; **2schild** *n* stop sign; **2uhr** *f* stopwatch
Stöpsel *m* stopper; *Badewanne*: plug
Storch *m* stork
stör|en *v/t. u. v/i.* disturb; *bemühen*: trouble; *ärgern, belästigen*: bother, annoy; *im Weg sein*: be* in the way; ***lassen Sie sich nicht ~!*** don't let me disturb you!; ***darf ich Sie kurz ~?*** may I trouble you for a minute?; ***es*** (***er***) ***stört mich nicht*** it (he) doesn't bother me, I don't mind (him); ***stört es Sie*** (***wenn ich rauche***)***?*** do you mind (my smoking *od.* if I smoke)?; **2enfried** *m* troublemaker; *Eindringling*: intruder; **2fall** *m Kernkraftwerk*: accident
störrisch *adj.* stubborn, obstinate
Störung *f* disturbance; trouble (*a. tech.*); *Betriebs2*: breakdown; *mot.* holdup, delay; *TV, Radio*: interference
Stoß *m* push, shove; *mit e-r Waffe*: thrust; *Fuß2*: kick; *Kopf2*: butt; *Schlag*: blow, knock; *Erschütterung*: shock; *e-s Wagens*: jolt; *Anprall*: bump, *bsd. tech., phys.* impact; *Stapel*: pile, stack; **~dämpfer** *mot. m* shock absorber; **2en** *v/t. u. v/i.* push, shove; thrust*; kick; butt; knock, strike*; *zer~*: pound; ~ ***gegen*** *od.* ***an*** bump *od.* run* into *od.* against; ***sich den Kopf ~*** (***an***) knock one's head (against); ~ ***auf*** *fig. zufällig*: come* across; *Schwierigkeiten etc.*: meet* with; *Öl etc.*: strike*; **2gesichert** *adj.* shockproof, shock-

S

-resistant; **~stange** *mot. f* bumper; **~zahn** *m* tusk; **~zeit** *f* rush hour, peak hours *pl.*
stottern *v/i. u. v/t.* stutter
Str. *Abk. für* **Straße** St, Street; Rd, Road
Straf|anstalt *f Gefängnis etc.*: prison, *Am. a.* penitentiary; **2bar** *adj.* punishable, penal; ***sich ~ machen*** commit an offen|ce, *Am.* -se; **~e** *f* punishment; *jur., econ., Sport, fig.*: penalty; *Geld2*: fine; ***20 Mark ~ zahlen müssen*** be* fined 20 marks; ***zur ~*** as a punishment; **2en** *v/t.* punish
straff *adj.* tight; *fig.* strict
straf|frei *adj.*: ***~ ausgehen*** go* unpunished; **2gefangene(r)** prisoner, convict; **2gesetz** *n* criminal law
sträf|lich 1. *adj.* inexcusable; **2.** *adv.*: ***~ vernachlässigen*** neglect badly; **2ling** *m* convict
Straf|minute *f Sport*: penalty minute; **~prozess** *m* criminal action, trial; **~raum** *m Sport*: penalty area *od.* F box; **~stoß** *m* penalty kick; **~tat** *jur. f* criminal offen|ce, *Am.* -se; *schwere*: crime; **~zettel** *m* ticket
Strahl *m* ray (*a. fig.*); *Licht2, Funk2 etc.*: *a.* beam; *Blitz2 etc.*: flash; *Wasser2 etc.*: jet; **2en** *v/i.* radiate; *Sonne*: shine* (brightly); *fig.* beam (***vor*** with); **~en...** *phys. in Zssgn Schutz etc.*: radiation ...; **~er** *m* spotlight; **~ung** *f* radiation
Strähne *f* strand; *weiße etc.*: streak
stramm *adj.* tight; **~stehen** *mil. v/i.* stand* to attention
strampeln *v/i.* kick; F *fig. Rad*: pedal
Strand *m* beach; ***am ~*** on the beach; **2en** *v/i. naut.* strand; *fig.* fail; **~gut** *n* flotsam and jetsam (*a. fig.*); **~korb** *m* roofed wicker beach chair
Strang *m* rope; *bsd. anat.* cord
Strapaz|e *f* strain, exertion, hardship; **2ieren** *v/t.* wear* *s.o. od. s.th.* out, be* hard on; **2ierfähig** *adj.* hardwearing, *Am.* longwearing; **2iös** *adj.* exhausting, strenuous
Straße *f* road; *e-r Stadt etc.*: street; *Meerenge*: strait; ***auf der ~*** on the road; in (*Am. a.* on) the street
Straßen|arbeiten *pl.* roadworks *pl.*; **~bahn** *f* tram, *Am.* streetcar; **~café** *n* pavement (*Am.* sidewalk) café; **~junge** *m* street urchin; **~kehrer** *m* street sweeper; **~kreuzung** *f* crossroads *sg.*; intersection; **~lage** *mot. f* roadholding; **~rand** *m* roadside; **~reinigung** *f* street cleaning; **~sperre** *f* road block
strategisch *adj.* strategic
sträuben *v/t. u. v/refl. Federn*: ruffle (up); *Haare*: bristle (up); ***sich ~ gegen*** struggle against
Strauch *m* shrub, bush
straucheln *v/i.* stumble; *fig.* go* astray
Strauß *m zo.* ostrich; *Blumen2*: bunch, bouquet
Strebe *f* prop, stay (*a. aviat., naut.*)
streben *v/i.* strive* (***nach*** for, after)
Streb|en *n* striving; ***~ nach Glück*** *etc.* pursuit of happiness *etc.*; **~er(in)** pusher; *Schule etc.*: *Brt.* swot, *Am.* grind; **2sam** *adj.* ambitious
Strecke *f* distance (*a. Sport, math.*), way; *Route*: route; *rail.* line; *Renn2*: course; *Abschnitt, Fläche*: stretch; ***zur ~ bringen*** kill; *bsd. fig.* hunt down; **2n** *v/t.* stretch (out), extend; *in der Schule, Finger, Hand*: put* up
Streich *fig. m* trick, prank, practical joke; ***j-m e-n ~ spielen*** play a trick *od.* joke on s.o.; ***auf e-n ~*** F in one go
streicheln *v/t.* stroke, caress
streich|en *v/t. u. v/i. an~*: paint; *schmieren*: spread*; *aus~*: cross out; *Auftrag etc.*: cancel; *naut.* strike*; *mus.* bow; ***mit der Hand ~ über*** run* one's hand over; ***~ durch*** roam *acc.*; **2holz** *n* match; **2instrument** *n* string instrument; ***die ~e*** *pl.* the strings *pl.*; **2ung** *f* cancellation; *Kürzung*: cut; **2orchester** *n* string orchestra
Streife *f* patrol (*a. Mannschaft*); ***auf ~ gehen*** go* on patrol; *Polizist*: be* on one's beat
streifen *v/t. u. v/i. berühren*: touch, brush (against); *Auto*: scrape against; *Kugel*: graze; *ab~*: slip (***von*** off); *Thema*: touch on; ***~ durch*** roam *acc.*, wander through
Streif|en *m* stripe; *Papier2 etc.*: strip; **~enwagen** *m* patrol (*Am.* squad) car; **~schuss** *n* graze; **~zug** *m* tour (***durch*** of)
Streik *m* strike, walkout; ***wilder ~*** wildcat strike; **~brecher** *m* strikebreaker, F blackleg; **2en** *v/i.* (go* *od.* be* on) strike*; F *fig.* refuse (to work *etc.*); **~ende** *m,f* striker; **~posten** *m* picket

S

Streit *m* quarrel; *Wort*≈: *a.* argument; *Ehe*≈: *a.* fight; *pol. etc.*: dispute; **~ anfangen** pick a fight *od.* quarrel; **~ suchen** be* looking for trouble; **≈en** *v/i. u. v/refl.* quarrel, argue, fight* (*alle*: **wegen**, **über** about, over); **sich ~ um** fight* for; **~frage** *f* (point at) issue; **≈ig** *adj.*: **j-m et. ~ machen** dispute s.o.'s right to s.th.; **~kräfte** *mil. pl.* (armed) forces *pl.*; **≈süchtig** *adj.* quarrelsome

streng 1. *adj.* strict; *Kälte*, *Kritik*, *Strafe etc.*: severe; *hart*: harsh; *unnachgiebig*: rigid; **2.** *adv.* **~ genommen** strictly speaking; **~ verboten** (**vertraulich**) strictly prohibited (confidential); **≈e** *f* strictness; severity; harshness; rigidity; **~gläubig** *adj.* orthodox

Stress *m* stress; **im ~** under stress

Streu *f* litter; **≈en** *v/t. u. v/i.* scatter (*a. phys.*); *Sand etc.*: *a.* spread*; *Salz etc.*: sprinkle; *Gehweg etc.*: grit

streunen *v/i.*, **~d** *adj.* stray

Strich *m Linie*: line; *Pinsel*≈: stroke; F red-light district; F **auf den ~ gehen** walk the streets; **~code** *m* bar code; **~junge** F *m* male prostitute; **~mädchen** F *n* streetwalker; **≈weise** *adv.* in parts; **~ Regen** scattered showers

Strick *m* cord; *dicker*: rope (*a. des Henkers*); **~...** *in Zssgn Nadel etc.*: knitting ...; **≈en** *v/t. u. v/i.* knit*; **~jacke** *f* cardigan; **~leiter** *f* rope ladder; **~waren** *pl.* knitwear *sg.*; **~zeug** *n* knitting (things *pl.*)

Striemen *m* welt, weal

strittig *adj.* controversial; **~er Punkt** point at issue

Stroh *n* straw; *Dach*≈: thatch; **~dach** *n* thatch(ed) roof; **~halm** *m* straw; **~hut** *m* straw hat; **~witwe(r)** F grass widow(er)

Strom *m* (large) river; *Strömung*, *electr.*: current; **ein ~ von** a stream of (*a. fig.*); **es gießt in Strömen** it's pouring (with rain); **≈ab(wärts)** *adv.* downstream; **≈auf(wärts)** *adv.* upstream; **~ausfall** *electr. m* power failure; *allgemeiner*: blackout

strömen *v/i.* stream (*a. fig.*), flow, run*; *Regen*: pour (*a. fig. Menschen etc.*)

Strom|kreis *electr. m* circuit; **≈linienförmig** *adj.* streamlined; **~schnelle** *f* rapid; **~stärke** *electr. f* amperage

Strömung *f* current; *fig. a.* trend

Strophe *f* stanza, verse

strotzen *v/i.*: **~ von** be* full of, abound with; **~ vor** be* bursting with

Strudel *m* whirlpool (*a. fig.*), eddy

Struktur *f* structure, pattern

Strumpf *m* stocking; **~hose** *f* tights *pl.*, *bsd. Am.* pantie hose

struppig *adj.* shaggy; *Bart*: bristly

Stück *n* piece; *Teil*: *a.* part; *Zucker*: lump; *Vieh*: head (*a. pl.*); *thea.* play; **2 Mark das ~** 2 marks each; **im** *od.* **am ~** *Käse etc.*: in one piece; **in ~e schlagen** (**reißen**) smash (tear*) to pieces; **≈weise** *adv.* bit by bit (*a. fig.*); *econ.* by the piece; **~werk** *fig. n* patchwork

Student(in) student

Studie *f* study (**über** of); **~nplatz** *univ. m* university *od.* college place; **≈ren** *v/t. u. v/i.* study, be* a student (of) (**an** at)

Studium *n* studies *pl.*; **das ~ der Medizin** *etc.* the study of medicine *etc.*

Stufe *f* step; *Niveau*: level; *Stadium*, *Raketen*≈: stage; **~nbarren** *m* uneven parallel bars *pl.*

Stuhl *m* chair; *med.* stool; **~gang** *med. m* (bowel) movement; **~lehne** *f* back of a chair

stülpen *v/t.* put* (**auf**, **über** over, on)

stumm *adj.* dumb, mute; *fig.* silent

Stummel *m* stub, stump, butt

Stummfilm *m* silent film

Stümper F *m* bungler

Stumpf *m* stump, stub

stumpf *adj.* blunt, dull (*a. fig.*); **~sinnig** *adj.* dull; *Arbeit*: *a.* monotonous

Stunde *f* hour; *Unterrichts*≈: class, lesson; *erste etc.*: period

Stunden|kilometer *m* kilomet|re (*Am.* -er) per hour; **≈lang 1.** *adj.*: **nach ~em Warten** after hours of waiting; **2.** *adv.* for hours (and hours); **~lohn** *m* hourly wage; **im ~** by the hour; **~plan** *m* timetable, *Am.* schedule; **≈weise** *adv.* by the hour; **~zeiger** *m* hour hand

stündlich 1. *adj.* hourly; **2.** *adv.* hourly, every hour

Stupsnase F *f* snub nose

stur F *adj.* pigheaded

Sturm *m* storm (*a. fig.*)

stürm|en *v/t. u. v/i.* storm; *Sport*: attack; *rennen*: rush; **≈er** *m Sport*: forward; *bsd. Fußball*: striker; **~isch** *adj.* stormy; *fig.* wild, vehement

Sturz *m* fall (*a. fig.*); *e-r Regierung etc.*: overthrow

stürzen 1. *v/i.* fall*; *laut*: crash; *rennen*: rush, dash; ***schwer*** ~ have* a bad fall; **2.** *v/t.* throw*; *Regierung etc.*: overthrow*; ***j-n ins Unglück*** ~ ruin s.o.; ***sich stürzen aus*** (***auf*** *etc.*) throw* o.s. out of (at *etc.*)

Sturz|flug *aviat. m* nosedive; **~helm** *m* crash helmet

Stute *f* mare

Stütze *f* support, prop; *fig. a.* aid

stutzen 1. *v/t.* trim, clip (*a. Flügel*); **2.** *v/i.* stop short; (begin* to) wonder

stützen *v/t.* support (*a. fig.*); ***sich ~ auf*** lean* on; *fig.* be* based on

stutzig *adj.*: ***j-n ~ machen*** make* s.o. wonder (*argwöhnisch*: suspicious)

Stütz|pfeiler *arch. m* supporting column; **~punkt** *mil. m* base (*a. fig.*)

Styropor® *n* polystyrene, *Am.* Styrofoam®

s.u. *Abk. für* ***siehe unten*** see below

Subjekt *n gr.* subject; *contp.* character; **≈iv** *adj.* subjective

Sub|stantiv *gr. n* noun; **~stanz** *f* substance (*a. fig.*); **≈trahieren** *math. v/t.* subtract; **~traktion** *math. f* subtraction; **≈ventionieren** *v/t.* subsidize

Suche *f* search (***nach*** for); ***auf der ~ nach*** in search of; **≈n** *v/t. u. v/i. allg.* look for; *stärker*: search for; ***gesucht***: ... wanted: ...; ***was hat er hier zu ~?*** what's he doing here?; ***er hat hier nichts zu ~*** he has no business to be here; **~r** *m phot.* viewfinder

Sucht *f* addiction (*a. in Zssgn*) (***nach*** to); *Besessenheit*: mania (for)

süchtig *adj.*: ***~ sein*** be* addicted to *drugs etc.*, be* a *drug etc.* addict; **≈e(r)** addict

Süden *m* south; ***nach ~*** south(wards); **~früchte** *pl.* tropical *od.* southern fruits *pl.*; **≈lich 1.** *adj.* south(ern); *Wind etc.*: southerly; **2.** *adv.*: ***~ von*** (to the) south of; **~osten** *m* southeast; **≈östlich** *adj.* southeast(ern); *Wind*: southeasterly; **~pol** *m* South Pole; **≈wärts** *adv.* southward(s); **~westen** *m* southwest; **≈westlich** *adj.* southwest(ern); *Wind*: southwesterly; **~wind** *m* south wind

Sühne *f* atonement (***für*** of); *Strafe*: punishment (for); **≈n** *v/t.* atone for; *Tat etc.*: *a.* pay* for

Sülze *f* jellied meat

Summe *f* sum (*a. fig.*); *bsd. Geld≈*: *a.* amount; *Gesamt≈*: (sum) total

summen *v/i. u. v/t.* buzz, hum (*a. Lied etc.*)

summieren *v/refl.* add up (***auf*** to)

Sumpf *m* swamp, bog; **~...** *in Zssgn Pflanze etc.*: *mst* marsh ...; **≈ig** *adj.* swampy, marshy

Sünd|e *f* sin (*a. fig.*); **~enbock** F *m* scapegoat; **~er(in)** sinner; **≈ig** *adj.* sinful; **≈igen** *v/i.* (commit a) sin

Super|... *in Zssgn Macht etc.*: *mst* super...; **~(benzin)** *n Brt.* four-star (petrol), *Am.* super *od.* premium (gasoline); **~lativ** *gr. m* superlative (*a. fig.*); **~markt** *m* supermarket

Suppe *f* soup; **~n...** *in Zssgn Löffel, Tasse, Teller etc.*: soup ...

Surf|brett *n* sail board; *Wellenreiten*: surfboard; **≈en** *v/i.* go* surfing

surren *v/i.* whirr; *Insekten*: buzz

süß *adj.* sweet (*a. fig.*); **≈e** *f* sweetness; **~en** *v/t.* sweeten; **≈igkeiten** *pl.* sweets *pl.*, *bsd. Am. a.* candy *sg.*; **~lich** *adj.* sweetish; *fig.* mawkish; **~sauer** *adj.* sweet-and-sour; **≈stoff** *m* sweetener; **≈wasser** *n* fresh water; *in Zssgn*: freshwater ...

Symbol *n* symbol; **~ik** *f* symbolism; **≈isch** *adj.* symbolic(al)

Symmetri|e *f* symmetry; **≈sch** *adj.* symmetric(al)

Sympathi|e *f* liking (***für*** for); *Mitgefühl*: sympathy; **~sant** *m* sympathizer; **≈sch** *adj.* nice, likable; ⚠ *nicht* ***sympathetic***; ***er ist mir ~*** I like him

Symphonie *mus. f* symphony; **~orchester** *n* symphony orchestra

Symptom *n* symptom

Synagoge *f* synagogue

synchron *tech. adj.* synchronous (*a. in Zssgn*); **~isieren** *v/t.* synchronize; *Film etc.*: dub

synonym *adj.* synonymous

Synonym *n* synonym

Synthe|se *f* synthesis; **~tik** *tech. f* synthetic(s *pl.*); **≈tisch** *adj.* synthetic

System *n* system; **≈atisch** *adj.* systematic, methodical; **~fehler** *m Computer*: system error

Szene *f* scene (*a. fig.*); **(*j-m*) *e-e ~ machen*** make* a scene; **~rie** *f* scenery; *Schauplatz*: setting

S

T

Tabak *m* tobacco; **~geschäft** *n* tobacconist's; **~waren** *pl.* tobacco products *pl.*, F smokes *pl.*
Tabelle *f* table (*a. math., Sport*); **~nkalkulation** *f Computer*: spreadsheet; **~nplatz** *m* position
Tablett *n* tray
Tablette *f* tablet
Tabu *n*, **2** *adj.* taboo
Tabulator *m* tabulator
Tachometer *mot. m, n* speedometer
Tadel *m* blame; *förmlich*: censure, reproof, rebuke; **2los** *adj.* faultless; *Leben etc.*: blameless; *ausgezeichnet*: excellent; *Sitz, Funktionieren etc.*: perfect; **2n** *v/t.* criticize; *förmlich*: censure, reprove, rebuke (*alle*: ***wegen*** for)
Tafel *f Schule etc.*: blackboard; *Anschlag2 etc.*: (bulletin, *bsd. Brt.* notice) board; *Schild*: sign; *Gedenk2 etc.*: tablet, plaque; *Schokoladen2*: bar; ***die ~ putzen*** wipe *od.* clean the board; ***an die ~ schreiben*** write* on the board; **~dienst** *m*: ***~ haben*** be* in charge of the board; **~lappen** *m* duster
täfel|n *v/t.* panel; **2ung** *f* panel(l)ing
Taft *m* taffeta
Tag *m* day; *~eslicht*: daylight; ***welchen ~ haben wir heute?*** what day is it today?; ***alle zwei*** (***paar***) ***~e*** every other day (few days); ***heute*** (***morgen***) ***in 14 ~en*** two weeks from today (tomorrow); ***e-s ~es*** one day; ***den ganzen ~*** all day; ***am ~e*** during the day; ***~ und Nacht*** night and day; ***am helllichten ~*** in broad daylight; ***ein freier ~*** a day off; ***guten ~!*** hello!, hi!; *beim Vorstellen*: how do you do?; (***j-m***) ***guten ~ sagen*** say* hello (to s.o.); F ***sie hat ihre ~e*** she has her period; ***unter ~e*** *Bergbau*: underground; ***zu ~ bringen*** (***kommen***) bring* (come*) to light
Tage|bau *Bergbau*: *m* opencast mining; **~buch** *n* diary; ***~ führen*** keep* a diary; **2lang** *adv.* for days
tagen *v/i.* meet*, hold* a meeting; *jur.* be* in session
Tages|anbruch *m*: ***bei ~*** at daybreak *od.* dawn; **~gespräch** *n* talk of the day; **~karte** *f* day ticket; *gastr.* menu for the day; **~licht** *n* daylight; **~mutter** *f* childminder; **~ordnung** *f* agenda; **~presse** *f* daily press; **~rückfahrkarte** *f* day return (ticket); **~stätte** *f* day care cent|re, *Am.* -er; **~tour** *f* day trip; **~zeit** *f* time of day; ***zu jeder ~*** at any hour; **~zeitung** *f* daily (paper)
tageweise *adv.* by the day
täglich *adj. u. adv.* daily
Tagschicht *f* day shift
tagsüber *adv.* during the day
Tagung *f* conference
Taill|e *f* waist; *am Kleid*: *a.* waistline; **2iert** *adj.* waisted, *Hemd a.*: tapered
Takelage *naut. f* rigging
Takt *m mus.* time, measure, beat; *ein ~*: bar; *mot.* stroke; *Feingefühl*: tact; ***den ~ halten*** keep* time; ***den ~ schlagen*** beat* time; **~ik** *f mil.* tactics *sg., pl.* (*a. fig.*); **2isch** *adj.* tactical; **2los** *adj.* tactless; **~stock** *m* baton; **~strich** *m* bar; **2voll** *adj.* tactful
Tal *n* valley
Talar *m* robe, gown
Talent *n* talent (*a. Person*), gift; **2iert** *adj.* talented, gifted
Talg *m* suet; *ausgelassener*: tallow
Talisman *m* talisman, charm
Talk|master *m* chat-show (*bsd. Am.* talk-show) host; **~show** *f* chat (*Am.* talk) show
Talsperre *f* dam, barrage
Tampon *m* tampon
Tandler *östr. m* second-hand dealer
Tang *bot. m* seaweed
Tank *m* tank; **2en** *v/t.* get* some petrol (*Am.* gasoline), fill up; **~er** *naut. m* tanker; **~stelle** *f* filling (*od.* petrol, *Am.* gas) station; **~wart** *m* petrol pump (*Am.* gas station) attendant
Tanne *f* fir (tree); **~nbaum** *m* Christmas tree; **~nzapfen** *m* fir cone
Tante *f* aunt; ***~ Lindy*** Aunt Lindy; **~-Emma-Laden** F *m* corner shop, *Am.* mom-and-pop store
Tantiemen *pl.* royalties *pl.*
Tanz *m*, **2en** *v/i. u. v/t.* dance
Tänzer(in) dancer
Tanz|fläche *f* dance floor; **~kurs** *m* dancing lessons *pl.*; **~musik** *f* dance

music; **~schule** *f* dancing school
Tape|te *f*, **2zieren** *v/t.* wallpaper
tapfer *adj.* brave; *mutig*: courageous; **2keit** *f* bravery; courage
Tarif *m* rate(s *pl.*), tariff; *Lohn2*: (wage) scale; **~lohn** *m* standard wage(s *pl.*); **~verhandlungen** *pl.* wage negotiations *pl.*, collective bargaining *sg.*
tarn|en *v/t.* camouflage; *fig.* disguise; **2ung** *f* camouflage
Tasche *f* bag; *Hosen2 etc.*: pocket
Taschen|buch *n* paperback; **~dieb** *m* pickpocket; **~geld** *n* pocket money, *Am.* allowance; **~lampe** *f* torch, *Am. mst* flashlight; **~messer** *n* penknife, pocketknife; *großes*: jack knife; **~rechner** *m* pocket calculator; **~schirm** *m* telescopic umbrella; **~tuch** *n* handkerchief, F hankie; **~uhr** *f* pocket watch
Tasse *f* cup (***Tee*** *etc.* of tea *etc.*)
Tastatur *f* keyboard, keys *pl.*
Tast|e *f* key; **2en 1.** *v/i.* grope (***nach*** for), feel* (for); *ungeschickt*: fumble (for); **2.** *v/t.* touch, feel*; ***sich ~*** feel* *od.* grope (*a. fig.*) one's way; **~entelefon** *n* push-button phone; **~sinn** *m* sense of touch
Tat *f* act, deed (*a. Groß2*); *Handeln*: action; *Straf2*: offen|ce, *Am.* -se; ***j-n auf frischer ~ ertappen*** catch* s.o. in the act; **2enlos** *adj.* inactive, passive
Täter(in) culprit; *jur.* offender
tätig *adj.* active; *geschäftig*: busy; ***~ sein bei*** be* employed with; ***~ werden*** act, take* action; **2keit** *f* activity; *Arbeit*: work; *Beruf*, *Beschäftigung*: occupation, job; ***in ~*** in action
Tat|kraft *f* energy; **2kräftig** *adj.* energetic, active
tätlich *adj.* violent; ***~ werden gegen*** assault; **2keiten** *pl.* (acts *pl.* of) violence; *jur.* assault (and battery)
Tatort *jur. m* scene of the crime
tätowier|en *v/t.*, **2ung** *f* tattoo
Tat|sache *f* fact; **2sächlich 1.** *adj.* actual, real; **2.** *adv.* actually, in fact; *wirklich*: really
tätscheln *v/t.* pat, pet
Tatze *f* paw (*a. fig.*)
Tau[1] *n* rope
Tau[2] *m* dew
taub *adj.* deaf (*fig.*: ***gegen*** to) (*a. Nuss*); *Finger etc.*: (be)numb(ed)
Taube *zo. f* pigeon; *bsd. poet.*, *fig.*, *pol.* dove; **~nschlag** *m* pigeonhouse
Taub|heit *f* deafness; numbness; **2stumm** *adj.* deaf and dumb; **~stumme(r)** deaf mute
tauch|en 1. *v/i.* dive* (***nach*** for); *Sport*: skin-dive; *U-Boot*: *a.* submerge; *unter Wasser bleiben*: stay underwater; **2.** *v/t.* *ein~*: dip (***in*** into); *j-n*: duck; **2er(in)** (*Sport*: skin) diver; **2sport** *m* skin diving
tauen *v/i. u. v/t.* thaw, melt*
Taufe *f* baptism, christening; **2n** *v/t.* baptize, christen
Tauf|pate *m* godfather; **~patin** *f* godmother; **~schein** *m* certificate of baptism
taug|en *v/i.* be* good *od.* fit *od.* of use *od.* suited (*alle*: ***zu***, ***für*** for); ***nichts ~*** be* no good; F ***taugt es was?*** is it any good?; **2enichts** *m* good-for-nothing; **~lich** *bsd. mil. adj.* fit (for service)
Taumel *m Schwindel*: dizziness; *Verzückung*: rapture, ecstasy; **2ig** *adj.* dizzy; **2n** *v/i.* stagger, reel
Tausch *m* exchange, F swap; **2en** *v/t.* exchange, F swap (*beide*: ***gegen*** for); *Rollen*, *Plätze etc.*: *a.* switch; *wechseln*: change (*a. Geld*); ***ich möchte nicht mit ihm ~*** I wouldn't like to be in his shoes
täuschen *v/t.* deceive, fool; delude; *betrügen*: cheat; *Sport etc.*: feint; ***sich ~*** deceive o.s.; *sich irren*: be* mistaken; ***sich ~ lassen von*** be* taken in by; **~d** *adj. Ähnlichkeit*: striking
Täuschung *f* deception; *jur.* deceit; *Schule etc.*: cheating; *Selbst2*: delusion
tausend *adj.* a thousand; **~st** *adj.* thousandth; **2stel** *n* thousandth (part)
Tau|tropfen *m* dewdrop; **~wetter** *n* thaw; **~ziehen** *n* tug-of-war (*a. fig.*)
Taxi *n* taxi(cab), cab
taxieren *v/t.* rate, estimate (***auf*** at)
Taxistand *m* taxi rank, *bsd. Am.* cabstand
Technik *f* technology; *angewandte*: *a.* engineering; *Verfahren*: technique (*a. Sport*, *Kunst*); *mus.* execution; **~er(in)** engineer; technician (*a. Sport*, *Kunst*)
technisch *adj.* technical (*a. Gründe*, *Daten*, *Zeichnen etc.*); *~-wissenschaftlich*: technological (*a. Fortschritt*, *Zeitalter etc.*); ***~e Hochschule*** school *etc.* of technology

T

Technolog|ie *f* technology; **2isch** *adj.* technological
Tee *m* tea; **(e-n) ~ trinken** have* some tea; **(e-n) ~ machen** *od.* **kochen** make* some tea; **~beutel** *m* teabag; **~kanne** *f* teapot; **~löffel** *m* teaspoon
Teer *m*, **2en** *v/t.* tar
Tee|sieb *n* tea strainer; **~tasse** *f* teacup
Teich *m* pool, pond
Teig *m* dough, paste; **2ig** *adj.* doughy, pasty; **~waren** *pl.* pasta *sg.*
Teil *m, n* part; *An2*: portion, share; *Bestand2*: component; **zum ~** partly, in part; **~...** *in Zssgn Erfolg etc.*: partial ...; **2bar** *adj.* divisible; **~chen** *n* particle; **2en** *v/t.* divide; *mit anderen, sich ~*: share; **2haben** *v/i.*: **~ an** (have* a) share in; **~haber** *econ. m* partner; **~nahme** *f* participation (**an** in); *fig.* interest (in); *An2*: sympathy (for); **2nahmslos** *adj.* indifferent; *bsd. med.* apathetic; **~nahmslosigkeit** *f* indifference; apathy; **2nehmen** *v/i.*: **~ an** take* part *od.* participate in; *Freude etc.*: share (in); **~nehmer(in)** participant; *univ.* student; *Sport*: competitor; **2s** *adv.* partly; **~strecke** *f Reise, Rennen*: stage, leg; **~ung** *f* division; **2weise** *adv.* partly, in part; **~zahlung** *f* → **Abzahlung, Rate**
Teint *m* complexion
Tel. *Abk. für* **Telefon** tel., telephone
Telefon *n* telephone, F phone; **am ~** on the (tele)phone; **~ haben** be* on the (*Am.* have* a) (tele)phone; **ans ~ gehen** answer the (tele)phone; **~anruf** *m* (tele)phone call; **~anschluss** *m* telephone connection; **~apparat** *m* (tele)phone; **~at** *n* → **~gespräch**; **~buch** *n* telephone directory, phone book; **~gebühr** *f* telephone charge; **~gespräch** *n* (tele)phone call; **2ieren** *v/i.* (tele-) phone; *gerade*: be* on the phone; **mit j-m ~** talk to s.o. on the phone; **2isch 1.** *adj.* telephonic, telephone; **2.** *adv.* by (tele)phone, over the (tele)phone; **~ist(in)** (telephone) operator; **~karte** *f* phonecard; **~leitung** *f* telephone line; **~netz** *n* telephone network; **~nummer** *f* (tele)phone number; **~zelle** *f bsd. Brt.* (tele)phone box, *Brt.* call box, *Am.* (tele)phone booth; **~zentrale** *f im Betrieb*: switchboard

telegraf|ieren *v/t. u. v/i.* telegraph, wire; *Übersee*: cable; **2isch** *adj. u. adv.* by telegraph *od.* wire; by cable
Telegramm *n* telegram, *bsd. Am. a.* wire; *Übersee*: cable(gram)
Teleobjektiv *phot. n* telephoto lens
Tele|phon *n* → **Telefon**; **~text** *m* teletext
Teller *m* plate; **~voll** *m* plateful; **~wäscher** *m* dishwasher
Tempel *m* temple
Temperament *n* temper(ament); *Schwung*: life, F pep; **2los** *adj.* lifeless, dull; **2voll** *adj.* full of life *od.* F pep
Temperatur *f* temperature; **j-s ~ messen** take* s.o.'s temperature
Tempo *n* speed; *mus.* time; **mit ~** ... at a speed of ... an hour; **in rasendem ~** at breakneck speed
Tendenz *f* tendency, trend; *Neigung*: *a.* leaning; **2iös** *adj.* tendentious
tendieren *v/i.* tend (**zu** towards; **dazu, et. zu tun** to do s.th.)
Tennis *n* tennis; **~platz** *m* tennis court; **~schläger** *m* tennis racket; **~spieler(in)** tennis player
Tenor *mus. m* tenor
Teppich *m* carpet; **~boden** *m* fitted carpet, wall-to-wall carpeting
Termin *m* date; *letzter*: deadline; *Geschäfts2 etc.*: engagement; **e-n ~ vereinbaren** (**einhalten, absagen**) make* (keep*, cancel) an appointment
Terminal *aviat. m, Computer*: *n* terminal
Terrasse *f* terrace; **2nförmig** *adj.* terraced, in terraces
Terrine *f* tureen
Territorium *n* territory
Terror *m* terror; **2isieren** *v/t.* terrorize; **~ismus** *m* terrorism; **~ist(in), 2istisch** *adj.* terrorist
Testament *n* (last) will; *jur.* last will and testament; **2arisch** *adv.* by will; **~svollstrecker** *m* executor
Test|bild *n TV*: test card; **2en** *v/t.* test; **~pilot** *m* test pilot
Tetanus *med. m* tetanus
teuer *adj.* expensive; *bsd. Brt. a.* dear; **wie ~ ist es?** how much is it?
Teufel *m* devil (*a. fig.*); **wer** (**wo, was**) **zum ~ ...?** who (where, what) the hell ...?; **~skerl** F *m* devil of a fellow; **~skreis** *m* vicious circle

teuflisch *adj.* devilish, diabolic(al)
Text *m* text; *unter Bild*: caption; *Lied*≈: words *pl.*, lyrics *pl.*; **~aufgabe** *f* comprehension test; *math.* problem; **~er(in)** *mus.* songwriter
Textil|... *in Zssgn* textile ...; **~ien** *pl.* textiles *pl.*
Textverarbeitung *f Computer*: word processing; **~sgerät** *n* word processor
Theater *n* theat|re, *Am.* -er; F *fig.* ~ ***machen*** (***um***) make* a fuss (about); **~besucher** *m* theatregoer; **~karte** *f* theatre ticket; **~kasse** *f* box office; **~stück** *n* play
Thema *n* subject, topic; *bsd. Leitgedanke, mus.*: theme; ***das ~ wechseln*** change the subject
Theolog|e *m* theologian; **~ie** *f* theology; **≈isch** *adj.* theological
Theo|retiker *m* theorist; **≈retisch** *adj.* theoretical; **~rie** *f* theory
Thera|peut *m* therapist; **~pie** *f* therapy
Thermometer *n* thermometer
Thermosflasche® *f* thermos flask® (*Am.* bottle®)
These *f* thesis
Thon *m Schweiz*: tuna (fish)
Thrombose *med. f* thrombosis
Thron *m* throne; **~folger(in)** successor to the throne
Thunfisch *m* → ***Tunfisch***
Tick F *m* quirk; **≈en** *v/i.* tick
Tie-Break *m, n Tennis*: tiebreak(er)
tief 1. *adj.* deep (*a. fig.*); *niedrig*: low (*a. Ausschnitt*); **2.** *adv.*: ***~ schlafen*** be* fast asleep
Tief *n meteor.* depression (*a. psych.*), low (*a. econ.*); **~e** *f* depth (*a. fig.*); **~ebene** *f* lowland(s *pl.*); **~flug** *m* low-level flight; **~gang** *m naut.* draught, *Am.* draft; *fig.* depth; **~garage** *f* underground car park, *Am.* parking *od.* underground garage; **≈gekühlt** *adj.* deep-frozen; **~kühlfach** *n* freezing compartment; **~kühlschrank** *m*, **≈kühltruhe** *f* freezer, deep-freeze; **~kühlkost** *f* frozen foods *pl.*
Tier *n* animal; F ***hohes ~*** bigwig, big shot; **~arzt** *m Brt.* vet(erinary surgeon), *Am.* vet(erinarian); **~freund** *m* animal lover; **~garten** *m* → ***Zoo***; **~heim** *n* animal home; **≈isch** *adj.* animal; *fig.* bestial, brutish; **~kreis** *astr. m* zodiac; **~kreiszeichen** *n* sign of the zodiac; **~medizin** *f* veterinary medicine; **~quälerei** *f* cruelty to animals; **~reich** *n* animal kingdom; **~schutz** *m* protection of animals; **~schutzverein** *m* society for the prevention of cruelty to animals; **~versuch** *med. m* experiment with animals
Tiger *m* tiger; **~in** *zo. f* tigress
tilgen *v/t. econ.* pay* off; *fig.* wipe out
Tinte *f* ink; **~nfisch** *m* squid; **~nfleck** *m* ink stain; **~nkiller** *m* ink killer
Tipp *m* hint, *bsd. Wett*≈: tip; *vertraulich*: *a.* tip-off; ***j-m e-n ~ geben*** *vertraulich*: tip s.o. off; **≈en** *v/i. u. v/t. berühren*: tap; *schreiben*: type; *raten*: guess; *im Lotto etc.*: do* *Lotto etc.*
Tisch *m* table; ***am ~ sitzen*** sit* at the table; ***bei ~*** at table; ***den ~ decken*** (***abräumen***) lay* (clear) the table; **~decke** *f* tablecloth; **~gebet** *n*: ***das ~ sprechen*** say* grace
Tischler *m* joiner; *Kunst*≈: cabinet-maker
Tisch|platte *f* tabletop; **rechner** *m* desktop computer; **~tennis** *n* table tennis; **~tuch** *n* tablecloth
Titel *m* title; **~bild** *n* cover picture; **~blatt** *n*, **~seite** *f Buch*: title page; *Zeitung*: cover, front page
Toast *m*, **~en** *v/t.* toast
tob|en *v/i. rasen*: rage (*a. fig.*); *Kinder*: romp; **~süchtig** *adj.* raving mad; **≈suchtsanfall** *m* tantrum
Tochter *f* daughter; **~gesellschaft** *econ. f* subsidiary (company)
Tod *m* death (*a. fig.*) (***durch*** from); **≈...** *in Zssgn ernst, müde, sicher*: dead ...
Todes|ängste *fig. pl.*: ***~ ausstehen*** be* scared to death; **~anzeige** *f* obituary (notice); **~fall** *m* (case of) death; **~kampf** *m* agony; **~opfer** *n* casualty; **~strafe** *jur. f* capital punishment; death penalty; **~ursache** *f* cause of death; **~urteil** *jur. n* death sentence
Tod|feind *m* deadly enemy; **≈krank** *adj.* mortally ill
tödlich *adj.* fatal; *bsd. todbringend*: deadly; *bsd. fig.* mortal
Todsünde *f* mortal *od.* deadly sin
Toilette *f* toilet, lavatory, *Am.* bathroom; **~n** *pl.* ladies' *od.* men's rooms, *Am.* rest rooms *pl.*; **~n...** *in Zssgn Papier, Seife etc.*: toilet ...
toler|ant *adj.* tolerant (***gegen*** of, to-

T

wards); **≈anz** *f* tolerance (*a. tech.*); **~ieren** *v/t.* tolerate

toll *adj. wild*: wild; F *großartig*: great, fantastic; ***ein ~er Kerl*** (***Wagen*** *etc.*) a hell of a fellow (good car *etc.*); **~kühn** *adj.* daredevil; **≈patsch** F *m* clumsy oaf; **~ig** F *adj.* clumsy, oafish; **≈wut** *vet. f* rabies; **~wütig** *vet. adj.* rabid

Tolpatsch F *m* → ***Tollpatsch***

Tomate *f* tomato

Ton¹ *m* clay

Ton² *m* tone (*a. mus., paint., fig., Stimme*); *Klang, Geräusch*: sound (*a. TV, Film*); *Note*: note; *Betonung*: stress; *Farb≈*: *a.* shade; ***der gute ~*** good form; ***kein ~*** not a word; **~abnehmer** *electr. m* pick-up; **~art** *mus. f* key; **~band** *n* (recording) tape; **~bandgerät** *n* tape recorder

tönen 1. *v/i.* sound, ring*; **2.** *v/t.* tinge, tint (*a. Haar*); *dunkel*: shade

Ton|fall *m* tone (of voice); *Akzent*: accent; **~film** *m* sound film; **~kopf** *electr. m* (magnetic) head; **~lage** *f* pitch; **~leiter** *mus. f* scale

Tonne *f Fass*: barrel; *Gewichtseinheit*: (metric) ton

Tontechniker *m* sound engineer

Tönung *f* tint (*a. Haar*), tinge, shade

Topf *m* pot; *Koch≈*: *a.* saucepan

Topfen *östr. m* curd(s *pl.*)

Töpfer *m* potter; **~ei** *f* pottery; **~scheibe** *f* potter's wheel; **~ware** *f* pottery, earthenware, crockery

Tor *n* gate (*a. Ski*); *Fußball etc.*: goal; ***ein ~ schießen*** score (a goal); ***im ~ stehen*** keep* goal

Torf *m* peat; **~mull** *m* peat dust

Torhüter *m* → ***Torwart***

torkeln *v/i.* reel, stagger

Tor|latte *f Sport*: crossbar; **~linie** *f* goal line

torpedieren *v/i.* torpedo (*a. fig.*)

Tor|pfosten *m* goalpost; **~raum** *m* goalmouth; **~schuss** *m* shot at goal; **~schütze** *m* scorer

Torte *f Obst≈*: flan, *bsd. Am.* pie; *Sahne≈ etc.*: cream cake, gateau

Torwart *m* goalkeeper, F goalie

tosen *v/i.* roar; *stärker*: thunder; **~d** *adj. Applaus*: thunderous

tot *adj.* dead (*a. fig.*); *verstorben*: late; ***~ umfallen*** drop dead

total *adj.* total, complete; **~itär** *pol. adj.* totalitarian

totarbeiten F *v/refl.* work o.s. to death

Tote *m, f* dead man *od.* woman; *Leiche*: (dead) body, corpse; *Todesopfer mst pl.*: casualty; ***die ~n*** *pl.* the dead *pl.*

töten *v/t.* kill

Toten|bett *n* deathbed; **≈blass** *adj.* deadly pale; **~gräber** *m* grave digger; **~kopf** *m* skull; *Symbol*: skull and crossbones; **~maske** *f* death mask; **~messe** *rel. f* mass for the dead, requiem (*a. mus.*); **~schädel** *m* skull; **~schein** *m* death certificate; **≈still** *adj.* deathly still; **~stille** *f* dead(ly) silence

Tot|geburt *f* stillbirth; **≈lachen** F *v/refl.* kill o.s. laughing

Toto *m*, F *n* football pools *pl.*

tot|schießen *v/t.* shoot* dead, shoot* and kill; **≈schlag** *jur. m* manslaughter; **~schlagen** *v/t.* kill (*fig.* ***die Zeit*** time), beat* to death; **~schweigen** *v/t.* hush up; **~stellen** *v/refl.* play dead

Toup|et *n* toupee; **≈ieren** *v/t.* backcomb

Tour *f* tour (***durch*** of), trip; *Ausflug*: *a.* excursion; *tech.* turn, revolution; ***auf ~en kommen*** *mot.* pick up speed; ***krumme ~en*** underhand methods; ***~en...*** *in Zssgn Rad etc.*: touring ...

Tourismus *m* tourism; **~geschäft** *n* tourist industry

Touris|t(in) tourist; **≈tisch** *adj.* touristic

Tournee *f* tour; ***auf ~ gehen*** go* on tour

Trab *m* trot; ***auf ~*** *fig.* on the move

Trabant *m* satellite; **~enstadt** satellite town

trab|en *v/i.* trot; **≈er** *m Pferd*: trotter; **≈rennen** *n* trotting race

Tracht *f* costume; *Schwestern≈ etc.*: uniform; *Amts≈*: dress; ***e-e gehörige ~ Prügel*** a good hiding

trächtig *adj.* with young, pregnant

Tradition *f* tradition; **≈ell** *adj.* traditional

Trafik *östr. f* → ***Tabakgeschäft***; **~ant** *östr. m* tobacconist

Trag|bahre *f* stretcher; **≈bar** *adj.* portable; *Kleidung*: wearable; *fig.* bearable; *Person*: acceptable; **~e** *f* stretcher

träge *adj.* lazy, indolent; *phys.* inert

tragen 1. *v/t.* carry (*a. Waffe etc.*); *Kleidung, Schmuck, Brille, Haar etc.*: wear*; *er~, a. Früchte, Folgen, Verant-*

wortung, Namen etc.: bear*; ***sich gut ~ Stoff etc.***: wear* well; **2.** *v/i.* bear* fruit; *tragfähig sein*: hold*; **~d** *adj. arch.* supporting; *thea.* leading

Träger *m* carrier; *Gepäck*≈: porter; *am Kleid*: (shoulder) strap; *tech.* support; *arch.* girder; *fig. eines Namens etc.*: bearer; **≈los** *adj. Kleid etc.*: strapless

Tragetasche *f* carrier bag; *für Babys*: carrycot

Trag|fähigkeit *f* load(-carrying) capacity; *naut.* tonnage; **~fläche** *aviat. f* wing

Trägheit *f* laziness, indolence; *phys.* inertia

Trag|ik *f* tragedy; **≈isch** *adj.* tragic; **~ödie** *thea. f* tragedy (*a. fig.*)

Trag|riemen *m* strap; *am Gewehr*: sling; **~weite** *f* range; *fig.* significance

Train|er *m* trainer, coach; **≈ieren** *v/i. u. v/t. allg.* train; *j-n, e-e Mannschaft*: *a.* coach; **~ing** *n* training; **~ingsanzug** *m* track suit

Traktor *tech. m* tractor

trällern *v/t. u. v/i.* warble, trill

Tram *östr. f, Schweiz n* tram, *Am.* streetcar

trampel|n *v/i.* trample, stamp; **≈pfad** *m* beaten track

tramp|en *v/i.* hitchhike; **≈er(in)** hitchhiker

Träne *f* tear; ***in ~n ausbrechen*** burst* into tears; **≈n** *v/i.* water; **~ngas** *n* tear gas

Tränke *f* watering place; **≈n** *v/t.* water; *Material*: soak, drench

Trans|fer *m* transfer (*a. Sport*); **~formator** *electr. m* transformer; **~fusion** *med. f* transfusion

Transistor *electr. m* transistor (*a. in Zssgn*)

Transit *m* transit (*a. in Zssgn*); **≈iv** *gr. adj.* transitive

transparent *adj.* transparent

Transparent *n* banner

Transplant|ation *med. f*, **≈ieren** *med. v/t.* transplant

Transport *m* transport (*a. in Zssgn*); *bsd. Sendung*: *a.* shipment; **≈abel, ≈fähig** *adj.* transportable; **≈ieren** *v/t.* transport, ship, carry; *bsd. mit LKW*: *a.* haul; **~mittel** *n* (means *sg.* of) transport(ation); **~unternehmen** *n* haulier, *Am.* hauler

Trapez *n math.* trapezium, *Am.* trapezoid; *Turnen*: trapeze

trappeln *v/i.* clatter; *Kind*: patter

Traube *f* bunch of grapes; *Beere*: grape; *fig.* cluster; **~n** *pl.* grapes *pl.*; **~nsaft** *m* grape juice; **~nzucker** *m* glucose, dextrose (*a. ~drops*)

trauen 1. *v/t.* marry; ***sich ~ lassen*** get* married; **2.** *v/i.* trust (***j-m*** s.o.); ***sich ~, et. zu tun*** dare (to) do s.th.; ***ich traute meinen Ohren*** (***Augen***) ***nicht*** I couldn't believe my ears (eyes)

Trauer *f* grief, sorrow; *um j-n*: mourning; ***in ~*** in mourning (*a. Kleidung*); **~fall** *m* death; **~feier** *f* funeral ceremonies *pl.*; *kirchliche*: funeral service; **~marsch** *m* funeral march; **≈n** *v/i.* mourn (***um*** for); **~zug** *m* funeral procession

träufeln *v/t.* drip, trickle

Traum *m* dream (*a. fig.*); **~...** *in Zssgn Beruf, Mann etc.*: dream ..., ... of one's dreams; **~deutung** *f* interpretation of dreams

träum|en *v/i. u. v/t.* dream* (*a. fig.*) (***von*** about, of); ***schlecht ~*** have* bad dreams; **≈er** *m* dreamer (*a. fig.*); **≈erei** *fig. f* (day)dream(s *pl.*), reverie (*a. mus.*); **~erisch** *adj.* dreamy

traurig *adj.* sad (***über***, ***wegen*** about); **≈keit** *f* sadness

Trau|ring *m* wedding ring; **~schein** *m* marriage certificate; **~ung** *f* marriage, wedding; **~zeuge** *m*, **~zeugin** *f* witness to a marriage

Trecker *tech. m* tractor

Treff F *m* meeting place

treffen *v/t. u. v/i.* hit* (*a. fig.*); *kränken*: hurt*; *begegnen*: meet* (*a. Sport*); *Maßnahmen etc.*: take*; ***nicht ~*** miss; ***sich ~*** (***mit j-m***) meet* (s.o.); ***gut ~*** *phot. etc.*: capture well

Treffen *n* meeting; **≈d 1.** *adj. Bemerkung etc.*: apt; **2.** *adv.*: ***~ gesagt*** well put

Treff|er *m* hit (*a. fig.*); *Tor*: goal; *Gewinn*: win; **~punkt** *m* meeting place

Treibeis *n* drift ice

treiben 1. *v/t.* drive* (*a. tech. u. fig.*); *Sport etc.*: do*; *j-n an~*: push, press; *Blüten etc.*: put* forth; F *allg. machen, tun*: do*, be* up to; F ***es*** (***mit j-m***) ***~*** have* sex (with s.o.), make* love (to s.o.); **2.** *v/i.* drift (*a. fig.*), float; *bot.*

shoot* (up); ***sich ~ lassen*** drift along (*a. fig.*)

Treiben *n Tun*: doings *pl.*; *Vorgänge*: goings-on *pl.*; ***geschäftiges ~*** bustle; **2d** *adj.*: ***~e Kraft*** driving force

Treib|haus *n* hothouse; **~hauseffekt** *m* greenhouse effect; **~holz** *n* driftwood; **~jagd** *f* battue; *fig.* hunt; **~riemen** *m* driving belt; **~sand** *m* quicksand; **~stoff** *m* fuel

trenn|en *v/t.* separate; *ab~*: sever; *Kämpfer etc.*: part; *Länder*, *Gruppen*, *Wort*: divide; *Rassen*: segregate; *tel.* disconnect; ***sich ~*** separate (***von*** from), *auseinandergehen*: part (*a. fig.*); ***sich ~ von*** *et.*: part with; *j-m*: leave*; **2schärfe** *f Radio*: selectivity; **2ung** *f* separation; *Aufteilung*: division; *Rassen2*: segregation; **2wand** *f* partition.

Treppe *f* staircase, stairs *pl.*

Treppen|absatz *m* landing; **~geländer** *n* banisters *pl.*; **~haus** *n* staircase; *Flur*: hall

Tresor *m* safe; *Bank2*: strongroom, vault

treten *v/i. u. v/t.* kick; *gehen*: step (***aus*** out of; ***in*** into; ***auf*** on[to]); *Radfahren*: pedal (away); ***~ auf*** step on (*a. Gas*, *Bremse*); tread on; ***~ in*** enter (*a. fig.*)

treu *adj.* faithful (*a. fig.*); *Anhänger*, *Diener etc.*: *a.* loyal; *ergeben*: devoted; **2e** *f* fidelity, faithfulness, loyalty; **2händer** *m* trustee; **2handgesellschaft** *f* trust company; **~herzig** *adj.* innocent, trusting; **~los** *adj.* faithless, disloyal, unfaithful (*alle*: ***gegen*** to)

Tribüne *f Redner2*: platform; *Zuschauer2*: stand

Trichter *m* funnel; *Erd2*: crater

Trick *m* trick (*a. in Zssgn*); **~aufnahme** *f* trick shot; **~betrüger** *m* confidence trickster

Trieb *m bot.* (young) shoot, sprout; *An2*: impulse, drive; *Geschlechts2*: sex drive; **~feder** *f* mainspring (*a. fig.*); **~kraft** *fig. f* driving force; **~wagen** *rail. m* railcar; **~werk** *tech. n* engine

triefen *v/i.* drip, be* dripping (***von*** with)

triftig *adj.* weighty; *Grund*: *a.* good

Trikot *n Sport*: shirt, jersey; *Tanz2 etc.*: leotard

Triller *mus. m* trill; **2n** *mus. v/i. u. v/t.* trill*; *Vogel*: warble

trimm|en *v/refl.* keep* fit; **2pfad** *m* fitness trail

trink|bar *adj.* drinkable; **~en** *v/t. u. v/i.* drink* (***auf*** to); *Tee etc.*: *a.* have*; ***et. zu ~*** a drink; **2er(in)** drinker, alcoholic; **2geld** *n* tip; ***j-m*** (***e-e Mark***) ***~ geben*** tip s.o. (one mark); **2spruch** *m* toast; **2wasser** *n* drinking water

Trio *n* trio

trippeln *v/i.* mince

Tripper *med. m* gonorrh(o)ea

Tritt *m Fuß2*: kick; *Schritt*: step; **~brett** *n* step; *mot.* running board; **~leiter** *f* stepladder

Triumph *m* triumph; **2al** *adj.* triumphant; **2ieren** *v/i.* triumph (***über*** over)

trocken *adj.* dry (*a. fig.*); **2...** *in Zssgn*: *getrocknet*: dried ...; *zum Trocknen*: drying ...; **2haube** *f* hairdryer; **2heit** *f* dryness; *Dürre*: drought; **~legen** *v/t.* drain; *Baby*: change

trockn|en *v/t. u. v/i.* dry; **2er** *m* dryer

Troddel *f* tassel

Tröd|el *m* junk; **2eln** *v/i.* dawdle; **~ler** *m* junk dealer; dawdler

Trog *m* trough

Trommel *f* drum (*a. tech.*); **~fell** *anat. n* eardrum; **2n** *v/i. u. v/t.* drum

Trommler *m* drummer

Trompete *f* trumpet; **2n** *v/i. u. v/t.* trumpet (*a. zo.*); **~r** *m* trumpeter

Tropen: ***die ~*** *pl.* the tropics *pl.*; **~...** *in Zssgn* tropical ...

Tropf *med. m*: ***am ~ hängen*** be* on the drip

Tröpf|chen *n* droplet; **2eln** *v/i. u. v/t.* drip; ***es tröpfelt*** it's spitting

tropfen *v/i. u. v/t.* drip (*a. Hahn*), drop

Tropfen *m* drop (*a. fig.*); ***ein ~ auf den heißen Stein*** a drop in the bucket; **2weise** *adv.* in drops, drop by drop

Trophäe *f* trophy (*a. fig.*)

tropisch *adj.* tropical

Trosse *f* cable; *naut. a.* hawser

Trost *m* comfort, consolation; ***ein schwacher ~*** cold comfort; ***du bist wohl nicht*** (***recht***) ***bei ~!*** F you must be out of your mind!

tröst|en *v/t.* comfort, console; ***sich ~*** console o.s. (***mit*** with); **~lich** *adj.* comforting

trost|los *adj.* miserable; *Gegend etc.*: desolate; **2losigkeit** *f* misery; desolation; **2preis** *m* consolation prize; **~reich** *adj.* consoling; *Worte etc.*: *a.* of comfort

T

Trott *m* trot; F: ***der alte ~*** the old routine
Trottel F *m* dope **≈ig** *adj.* F dopey
Trottinett *n Schweiz*: scooter
Trottoir *n Schweiz*: pavement, *Am.* sidewalk
trotten *v/i.* trot
Trotz *m* defiance; ***aus reinem ~*** out of sheer spite; ***j-m zum ~*** to spite s.o.
trotz *prp.* in spite of, despite; **~dem** *adv.* in spite of it, nevertheless, F anyhow, anyway; **~en** *v/i.* defy; *schmollen*: sulk; **~ig** *adj.* defiant; sulky
trüb(e) *adj.* cloudy; *Wasser*: *a.* muddy; *Licht etc.*: dim; *Himmel, Farben*: dull; *Stimmung, Tag etc.*: *a.* gloomy
Trubel *m* (hustle and) bustle
trüben *fig. v/t. Glück, Freude etc.*: spoil*, mar
Trüb|sal *f*: ***~ blasen*** mope; **≈selig** *adj.* sad, gloomy; *Tag etc.*: *a.* dreary; **~sinn** *m* melancholy, gloom, low spirits *pl.*; **≈sinnig** *adj.* melancholy, gloomy
Trugbild *n* illusion, hallucination
trüg|en 1. *v/t.* deceive; **2.** *v/i.* be* deceptive; **~erisch** *adj.* deceptive
Trugschluss *m* fallacy
Truhe *f* chest
Trümmer *pl.* ruins *pl.*; *Schutt*: debris *sg.*; *Stücke*: pieces *pl.*, bits *pl.*
Trumpf *m* trump (card) (*a. fig.*); ***~ sein*** be* trumps *pl.*; *fig.* ***s-n ~ ausspielen*** play one's trump card
Trunk|enheit *bsd. jur. f*: ***~ am Steuer*** drink (*Am.* drunk) driving; **~sucht** *f* alcoholism; **≈süchtig** *adj.* alcoholic
Trupp *m* band, party; *weitS.* group
Truppe *f mil.* troop; *thea.* company, troupe; ***~n*** *pl. mil.* troops *pl.*, forces *pl.*; **~nübungsplatz** *mil. m* training area
Truthahn *m* turkey
Tschech|e *m* Czech; **~ien** Czech Republic; **~in** *f* Czech; **≈isch** *adj.* Czech; ***≈e Republik*** *f* Czech Republic
Tube *f* tube
Tuberkulose *med. f* tuberculosis
Tuch *n* cloth; *Hals≈, Kopf≈*: scarf; *Staub≈*: duster; **~fühlung** *fig. f*: ***in ~*** in close contact
tüchtig *adj.* (cap)able, competent; *geschickt*: skil(l)ful; *leistungsfähig*: efficient; F *fig. ordentlich*: good; **≈keit** *f* (cap)ability, qualities *pl.*; skill; efficiency
tückisch *adj.* malicious; *Krankheit etc.*: insidious; *gefährlich*: treacherous
tüfteln F *v/i.* puzzle (***an*** over)
Tugend *f* virtue (*a. fig.*)
Tulpe *f* tulip
tummeln *v/refl.* romp; *fig.* hurry
Tumor *med. m* tumo(u)r
Tümpel *m* pool
Tumult *m* tumult, uproar
tun *v/t. u. v/i.* do*; *Schritt*: take*; F *legen etc.*: put*; F: ***j-m et. ~*** do* s.th. to s.o.; ***zu ~ haben*** have* work to do; *beschäftigt sein*: be* busy; ***ich weiß (nicht), was ich ~ soll*** *od.* ***muss*** I (don't) know what to do; ***so ~, als ob*** pretend to *be etc.*; ***ah, das tut gut!*** ah, that's better!
Tünche *f*, **≈n** *v/t.* whitewash
Tunfisch *m* tuna (fish)
Tunke *f* sauce; **≈n** *v/t.* dip
Tunnel *m* tunnel
Tüpfelchen *n fig.*: ***das ~ auf dem i*** the icing on the cake
tupfen *v/t.* dab
Tupf|en *m* dot, spot; **~er** *med. m* swab
Tür *f* door (*a. fig.*); ***die ~(en) knallen*** slam the door(s); ***vor die ~ setzen*** throw* out; ***Tag der offenen ~*** open day (*Am.* house)
Turban *m* turban
Turb|ine *tech. f* turbine; **~olader** *mot.* turbo(charger)
Tür|griff *m* door handle; → ***~knauf***
Türk|e *m* Turk; **~ei** *f* Turkey; **~in** *f* Turk(ish woman); **≈isch** *adj.* Turkish
Tür|klingel *f* doorbell; **~klinke** *f* door handle; **~knauf** *m* doorknob
Turm *m* tower; *Kirch≈*: *a.* steeple; *Schach*: castle, rook
türmen 1. *v/t.* pile up (*a.* ***sich ~***); **2.** F *v/i.* bolt, do* a bunk
Turm|spitze *f* spire; **~springen** *n* platform diving
turnen *v/i.* do* gymnastics; ***~ an*** do* exercises *od.* work on
Turnen *n* gymnastics *pl.*; *Fach*: physical education, *Abk.* PE
Turn|er(in) gymnast; **~gerät** *n* gymnastic apparatus; **~halle** *f* gym(nasium); **~hemd** *n* gym shirt; **~hose** *f* gym shorts *pl.*
Turnier *n* tournament; **~tanz** *m* ballroom dancing
Turn|lehrer(in) gym(nastics) *od.* PE teacher; **~schuh** *m Brt.* trainer, *Am.* sneaker; **~verein** *m* gym(nastics) club; **~zeug** F *n* gym things *pl.*

Tür|öffner *m* door opener; **~pfosten** *m* doorpost; **~rahmen** *m* door-case *od.* -frame; **~schild** *n* doorplate; **~sprechanlage** *f* entryphone
Tusch|e *f* Indian ink; *Wasserfarbe*: watercolo(u)r; **~kasten** *m* paintbox
Tüte *f* (paper *od.* plastic) bag; **e-e ~** ... a bag of ...
tuten *v/i.* toot, honk, blow one's horn
TÜV *Abk. für* ***Technischer Überwachungs-Verein*** *Brt. etwa* MOT (test), compulsory car inspection; ***(nicht) durch den ~ kommen*** pass (fail) its *od.* one's MOT
Typ *m* type; *Modell*: model; F fellow, guy, *Brt. a.* chap; **~e** *f tech.* type; F *fig.* character
Typhus *med. m* typhoid (fever)
typisch *adj.* typical (***für*** of)
Tyrann *m* tyrant; **~ei** *f* tyranny; **&isch** *adj.* tyrannical; **&isieren** *v/t.* tyrannize; *fig. a.* bully

U

u.a. *Abk. für* ***unter anderem*** among other things; ***und andere*** and others
U-Bahn *f* underground; *Londoner*: *mst* tube; *Am.* subway
übel *adj.* bad; ***mir ist (wird) ~*** I feel (I'm getting) sick; ***et. ~ nehmen*** take* s.th. amiss, take* offen|ce (*Am.* -se) at s.th.; ***~ riechend*** foul-smelling; *Atem*: foul
Übel *n notwendiges, kleineres etc.*: evil; **~keit** *med. f* nausea;**~täter** *m bsd. iro.* culprit
üben *v/t. u. v/i.* practi|se, *Am.* -ce; ***Klavier*** *etc.* **~** practise the piano *etc.*
über *prp.* over; *oberhalb*: *a.* above (*a. fig.*); *mehr als*: *a.* more than; *quer* **~**: across (*a. Straße, Fluss etc.*); *Thema*: about, of; *Vortrag, Buch etc.*: *a.* on; ***sprechen (nachdenken*** *etc.*) **~** talk (think* *etc.*) about; ***~ Nacht bleiben*** stay overnight; ***~ München nach Rom*** to Rome via Munich; ***froh (traurig) ~*** glad (sad) about; ***sich ärgern ~*** be* angry about; ***lachen ~*** laugh at
überall *adv.* everywhere; ***~ in*** ... *a.* throughout ..., all over ...
über|anstrengen *v/t. u. v/refl.* overstrain (o.s.); **~arbeiten** *v/t. Buch etc.*: revise; ***sich ~*** overwork o.s.
überaus *adv.* most, extremely
über|belichten *phot. v/t.* overexpose; **~bieten** *v/t. bsd. Auktion*: outbid* (***um*** by); *fig.* beat*; *j-n*: *a.* outdo*; **&bleibsel** *n* remains *pl.*; *Essen*: *a.* leftovers *pl.*; **&blick** *m* view; *fig.* overall view (***über*** of); *Vorstellung*: general idea; **~blicken** *v/t.* overlook; *fig. Auswirkungen etc.*: be* able to calculate; **~bringen** *v/t.* deliver; **~brücken** *v/t.* bridge (*a. fig.*); **~dacht** *adj.* roofed, covered; **~dauern** *v/t.* outlast, survive; **~denken** *v/t.* think* *s. th.* over; **~dies** *adv.* besides, moreover; **~dimensional** *adj.* oversized; **&dosis** *med. f* overdose; **&druck** *m tech.* overpressure; *post* overprint; **&druss** *m* weariness; **~drüssig** *adj.* disgusted with, weary *od.* sick of; **~durchschnittlich** *adj.* above-average; **~eifrig** *adj.* overzealous;**~eilen** *v/t.* rush; ***nichts ~!*** don't rush things!; **~eilt** *adj.* rash, overhasty
übereinander *adv.* on top of each other; *sprechen etc.*: about one another; ***die Beine ~ schlagen*** cross one's legs
überein|kommen *v/i.* agree; **&kommen** *n*, **&kunft** *f* agreement; **~stimmen** *v/i. Angaben*: tally, correspond (with); ***mit j-m ~*** agree with s.o. (***in*** on); **&stimmung** *f* agreement; correspondence; ***in ~ mit*** in accordance with
überfahr|en *v/t.* run* *s.o.* over, knock *s.o.* down; *Ampel etc.*: drive* through; **&fahrt** *naut. f* crossing
Überfall *m* assault (***auf*** on); *Raub&*: hold-up (on, of); *Straßenraub*: *a.* mugging (of); *mil.* raid (on); invasion (of); **&en** *v/t.* attack, assault; hold* up; mug; *mil.* raid; invade

U

überfällig *adj.* overdue
überfliegen *v/t.* fly* over *od.* across; *fig.* glance over, skim (through)
über|fließen *v/i.* overflow; **~flügeln** *v/t.* outstrip, surpass; **≈fluss** *m* abundance (**an** of); *Wohlstand*: affluence; ***im ~ haben*** abound in; **~flüssig** *adj.* superfluous; *unnötig*: unnecessary; **~fluten** *v/t.* flood (*a. fig.*); **~fordern** *v/t. Kräfte, Geduld etc.*: overtax; *j-n*: expect too much of; **~fragt** *adj.*: F: ***da bin ich ~*** you've got me there
überführ|en *v/t.* transport; *jur.* convict (***e-r Tat*** of a crime); **≈ung** *f* transfer; *jur.* conviction; *mot.* flyover, *Am.* overpass; *Fußgänger≈*: footbridge
Überfüll|e *f* (super)abundance (**an** of); **≈t** *adj.* overcrowded, packed
überfüttern *v/t.* overfeed* (*a. fig.*)
Übergang *m* crossing; *fig.* transition (*a. mus.*); **~sstadium** *n* transition(al) stage
über|geben *v/t.* hand over; *mil.* surrender; ***sich ~*** vomit, *bsd. Brt. a.* be* sick; **~gehen 1.** *v/i.* pass (**zu** on to); ***~ in*** change *od.* turn (in)to; **2.** *v/t.* pass over; *j-n, Bemerkung*: *a.* ignore; *auslassen*: *a.* skip
Übergewicht *n* (***~ haben*** be*) overweight; *fig.* predominance
überglücklich *adj.* overjoyed
über|greifen *fig. v/i.*: ***~ auf*** spread* to; ***ineinander ~*** overlap; **≈griff** *m* infringement (**auf** of); *Gewaltakt*: (act of) violence; **≈größe** *f*: ***in ~n*** outsized, oversize(d)
überhand: ***~ nehmen*** become* rampant
überhäufen *v/t. mit Arbeit etc.*: swamp; *mit Geschenken etc.*: shower
überhaupt *adv.* at all (*nachgestellt*); *sowieso, eigentlich*: anyway; ***~ nicht(s)*** not(hing) at all
überheblich *adj.* arrogant; **≈keit** *f* arrogance
über|hitzen *v/t.* overheat (*a. fig.*); **~höht** *adj.* excessive; **~holen** *v/t.* pass, overtake* (*a. Sport*); *tech.* overhaul, service; **~holt** *adj.* outdated, antiquated; **~hören** *v/t.* miss, not catch* *od.* get*; *absichtlich*: ignore; ⚠ *nicht* ***overhear***
überirdisch *adj.* supernatural
überkleben *v/t.* paste up, cover
überkochen *v/i.* boil over
über|kommen *v/t.*: ***... überkam ihn*** he was seized with *od.* overcome by ...; **~laden** *v/t.* overload (*a. electr.*); *fig.* clutter
über|lassen *v/t.*: ***j-m et. ~*** let* s.o. have s.th., leave* s.th. to s.o. (*a. fig.*); ***j-n sich selbst ~*** leave* s.o. to himself; ***j-n s-m Schicksal ~*** leave* s.o. to his fate; **~lasten** *v/t.* overload; *fig.* overburden
überlaufen[1] **1.** *v/i.* run* *od.* flow over; *mil.* desert; **2.** *v/t.*: ***es überlief mich heiß und kalt*** I went hot and cold
über|laufen[2] *adj.* overcrowded; **≈läufer** *m mil.* deserter; *pol.* defector
überleben *v/t. u. v/i.* survive (*a. fig.*); *et.*: *a.* live through; **≈de(r)** survivor; **~sgroß** *adj.* larger than life
überlegen[1] *v/t. u. v/i.* think* about *s.th.*, think* *s.th.* over; *erwägen*: *a.* consider; ***lassen Sie mich ~*** let me think; ***ich habe es mir (anders) überlegt*** I've made up (changed) my mind
überleg|en[2] *adj.* superior (***j-m*** to s.o.); **≈enheit** *f* superiority; **~t** *adj.* deliberate; *klug*: prudent; **≈ung** *f* consideration, reflection
über|leiten *v/i.*: ***~ zu*** lead* up *od.* over to; **≈leitung** *f* transition (*a. mus.*); **~liefern** *v/t.* hand down, pass on; **≈lieferung** *f* tradition; **~listen** *v/t.* outwit
Über|macht *f* superiority; *bsd. mil.* superior forces *pl.*; ***in der ~ sein*** be* superior in numbers; **≈mächtig** *adj.* superior; *fig. Gefühl etc.*: overpowering
Über|maß *n* excess (**an** of); **≈mäßig** *adj.* excessive; **≈menschlich** *adj.* superhuman
übermitt|eln *v/t.* transmit; **≈lung** *f* transmission
übermorgen *adv.* the day after tomorrow
übermüd|et *adj.* overtired; **≈ung** *f* overtiredness
Über|mut *m* (**aus** out of) overenthusiasm; **≈mütig** *adj.* overenthusiastic
übernächst *adj. the* next but one; ***~e Woche*** the week after next
übernacht|en *v/i.* stay overnight (***bei j-m*** at s.o.'s [house], with s.o.), spend* the night (at, with); **≈ung** *f* night; ***e-e ~*** one overnight stay; ***~ und Frühstück*** bed and breakfast

U

Übernahme *f* taking (over); *e-r Idee etc.*: *a.* adoption
übernatürlich *adj.* supernatural
übernehmen *v/t.* take* over; *Idee, Brauch, Namen etc.*: *a.* adopt; *Führung, Risiko, Verantwortung, Auftrag etc.*: take*; *erledigen*: take* care of
überprüf|en *v/t.* check, examine; *Aussage etc.*: verify; *bsd. pol.* screen; **2ung** *f* check, examination; verification; screening
über|queren *v/t.* cross; **~ragen** *v/t.* tower above (*a. fig.*); **~ragend** *adj.* outstanding
überrasch|en *v/t.* surprise; ***j-n bei et.*** **~** *a.* catch* s.o. doing s.th.; **2ung** *f* surprise
überred|en *v/t.* persuade (***et. zu tun*** to do s.th.); ***j-n zu etw.*** **~** talk s.o. into (doing) s.th.; **2ung** *f* persuasion
überregional *adj. Presse etc.*: national
überreich|en *v/t.* present, hand *s.th.* over (*dat.* to); **2ung** *f* presentation
überreiz|en *v/t.* overexcite; **~t** *adj.* overwrought, F on edge
Überrest *m* remains *pl.*; **~e** *pl. e-r Kultur*: relics *pl.*; *e-r Mahlzeit*: leftovers *pl.*
überrump|eln *v/t.* (take* by) surprise
überrunden *v/t. Sport*: lap; *fig.* outstrip
übersät *adj.*: **~ *mit*** *Abfall etc.*: strewn with; *Sternen etc.*: studded with
übersättigt *adj.* oversaturated; *Markt*: glutted; *Person*: sated, surfeited
Überschall... *in Zssgn*: supersonic ...
über|schatten *v/t.* overshadow (*a. fig.*); **~schätzen** *v/t.* overrate, overestimate
Überschlag *m Turnen*: somersault; *aviat.* loop; *electr.* flashover; *Schätzung*: estimate, rough calculation
überschlagen 1. *v/t. Beine*: cross; *Kosten*: make* a rough estimate of; *auslassen*: skip; **2.** *fig. v/i.*: **~ *in*** turn into; **3.** *v/refl.* turn (right) over; *Person*: go* head over heels; *Stimme*: break*
über|schnappen F *v/i.* crack up; **~schneiden** *v/refl.* overlap (*a. fig.*); *Linien*: intersect; **~schreiben** *v/t. Besitz*: make* *s.th.* over (*dat.* to); **~schreiten** *v/t.* cross; *fig.* go* beyond; *Höhepunkt*: pass; *Höchstgeschwindigkeit*: break*
Überschrift *f* heading, title; *Schlagzeile*: headline
Über|schuss *m*, **2schüssig** *adj.* surplus
überschütten *v/t.*: **~ *mit*** cover with; *Geschenken*: shower with; *Lob etc.*: heap *s.th.* on
überschwänglich *adj.* effusive
überschwemm|en *v/t.*, **2ung** *f* flood
Übersee: ***in*** (***nach***) **~** overseas; **~handel** *m* overseas trade
über|sehen *v/t.* overlook; *absichtlich, bsd. j-n*: *a.* ignore; ***sich et.*** **~** get* tired of (seeing) s.th.
übersetzen[1] *v/t.* translate (***in*** into)
übersetzen[2] **1.** *v/i.* cross (***über e-n Fluss*** a river); **2.** *v/t.* take* over
Übersetz|er(in) translator; **2ung** *f* translation (***aus*** from; ***in*** into); *tech.* transmission ratio
Übersicht *f* general idea *od.* view (***über*** of); *Zusammenfassung*: outline, summary; **2lich** *adj.* clear(ly arranged)
über|siedeln *v/i.* move (***nach*** to); **2sied(e)lung** *f* move
übersinnlich *adj.* supernatural
überspann|en *v/t.* (over)strain; *Tal etc.*: span; **~t** *adj. Person*: eccentric; *übertrieben*: exaggerated
überspielen *v/t.* record; *auf Band*: *a.* tape; *fig.* cover up
überspitzt *adj.* exaggerated
überspringen *v/t.* jump (over); *bsd. Sport*: *a.* clear; *auslassen*: skip
überstehen 1. *v/t.* get* over; *überleben*: survive (*a. fig.*), live through; **2.** *v/i.* jut out
über|steigen *fig. v/t.* exceed; **~stimmen** *v/t.* outvote, vote down
über|streifen *v/t.* slip *s.th.* on; **~strömen** *v/i.* overflow (***vor*** with)
Überstunden *pl.* overtime *sg.*; **~ *machen*** work overtime
überstürz|en *v/t.*: ***et.*** **~** rush things; ***sich*** **~** *Ereignisse*: follow in rapid succession; **~t** *adj.* (over)hasty; *Entscheidung etc.*: rash
über|teuert *adj.* overpriced; **~tönen** *v/t.* drown (out)
übertragbar *adj.* transferable; *med.* contagious
übertragen[1] *adj. Bedeutung*: figurative
übertrag|en[2] *v/t. senden*: broadcast*; *TV a.* televise; *übersetzen*: translate; *Krankheit, tech. Kraft*: transmit; *Blut*: transfuse; *Organ etc.*: transplant; *jur.*,

econ., *Zeichnung etc.*, *Gelerntes*: transfer; **2ung** *f Radio, TV*: broadcast; transmission; translation; transfusion; transfer

übertreffen *v/t.* outdo*, be* better *etc.* than, surpass, F beat*

übertreib|en *v/i. u. v/t.* exaggerate; *Tätigkeit*: overdo*; **2ung** *f* exaggeration

übertret|en 1. *v/i.* **~ zu** go* over (*eccl.* convert) to; *Sport*: foul (a jump *od.* throw); **2.** *v/t.* break*, violate; **2ung** *f* violation; *jur. a.* offen|ce, *Am.* -se

Übertritt *m* change (**zu** to); *rel.*, *pol.* conversion (to)

übervölkert *adj.* overpopulated

übervorteilen *v/t.* cheat, F do*

überwach|en *v/t.* supervise, oversee*; *leiten*: control; *polizeilich*: keep* under observance *od.* surveillance, shadow; **2ung** *f* supervision, control; observance, surveillance

überwältigen *v/t.* overwhelm, overpower; *fig. a.* overcome*; **~d** *fig. adj.* overwhelming, F smashing

überweis|en *v/t. Geld*: transfer (**an j-n** to s.o.'s account); *per Post*: remit; *Patienten*: refer (**an** to); **2ung** *f econ.* transfer; remittance; referral

überwerfen *v/t.* slip *s.th.* on; **sich ~ (mit j-m)** fall* out with each other (with s.o.)

über|wiegen *v/i.* predominate; **~wiegend** *adj.* predominant; *Mehrheit*: vast; **~winden** *v/t.* overcome* (*a. fig.*); *Gegner*: defeat; **sich ~ zu** *inf.* bring* o.s. to *inf.*; **~wintern** *v/i.* spend* the winter (**in** in); **~wuchern** *v/t.* overgrow*

Über|wurf *m* wrap; **~zahl** *f* majority; **in der ~ sein** outnumber *s.o.*

überzeug|en *v/t.* convince (**von** of), persuade; **sich ~ von (, dass)** make* sure of (that); **sich selbst ~** (go* and) see* for o.s.; **~t** *adj.* convinced; **~ sein** *a.* be* *od.* feel* (quite) sure; **2ung** *f* conviction

überziehe|n *v/t.* put* *s.th.* on; *tech. etc.* cover; *Bett*: change; *Konto*: overdraw*; **sich ~** *Himmel*: become* overcast

Überzug *m* cover; *Schicht*: coat(ing)

üblich *adj.* usual, normal; **es ist ~** *Brauch*: it's the custom; **wie ~** as usual

U-Boot *n* submarine

übrig *adj.* remaining; **die 2n** *pl.* the others *pl.*, the rest; **~ sein (haben)** be* (have*) left; **~ bleiben** be* left, remain; **es blieb mir nichts anderes ~ (als zu)** I had no choice (but to *do s.th.*); **(j-m) et. ~ lassen** leave* (s.o.) s.th.; **~ens** *adv.* by the way

Übung *f* exercise; *das Üben, Erfahrung*: practice; **in (aus der) ~** in (out of) practice

Ufer *n* shore; *Fluss2*: bank; **ans ~** ashore

Uhr *f* clock; *Armband2 etc.*: watch; **um vier ~** at four o'clock; **~armband** *n* watchstrap; **~macher** *m* watchmaker; **~werk** *n* clockwork; **~zeiger** *m* hand; **~zeigersinn** *m*: **im ~** clockwise; **entgegen dem ~** anti-clockwise, *Am.* counterclockwise

Uhu *zo. m* eagle owl

UKW *Abk. für* **Ultrakurzwelle** VHF, very high frequency

Ulk *m* joke; hoax; **2ig** *adj.* funny

Ulme *f* elm

Ultimatum *n* ultimatum; **j-m ein ~ stellen** deliver an ultimatum to s.o.

um 1. *prp. u. cj. räumlich*: (a)round; *zeitlich*: at; *ungefähr*: about, around; **bitten ~** ask for; **sich Sorgen machen ~** worry about; **~ Geld** for money; **~ e-e Stunde (10 cm)** by an hour (10 cm); **~ ... willen** for *s.o.'s* sake, for the sake of ...; **~ zu** (in order) to; **2. ~ sein** F be* over; **die Zeit ist ~** time's up

umarm|en *v/t.* embrace (*a.* **sich ~**), hug; **2ung** *f* embrace, hug

Umbau *m* rebuilding, reconstruction; **2en** *v/t.* rebuild*, reconstruct

um|binden *v/t.* put* *s.th.* on; **~blättern** *v/i.* turn (over) the page; **~bringen** *v/t.* kill; **sich ~** kill o.s. (*a. fig.*); **~denken** *v/i.* change one's way of thinking; **~disponieren** *v/i.* change one's plans

umdreh|en *v/t.* turn (round); **sich ~** turn round; **2ung** *f* turn; *phys., tech.* rotation, revolution

um|einander *adv. kümmern etc.*: about *od.* for each other; **~fahren** *v/t.* run* down; drive* (*naut.* sail) round; **~fallen** *v/i.* fall* down (*od.* over); *zs.-brechen*: collapse; **tot ~** drop dead

Umfang *m* circumference; *Buch etc.*: size; *Ausmaß*: extent; **in großem ~** on a large scale; **2reich** *adj.* extensive; *massig*: voluminous

U

umfassen *fig. v/t.* cover; *enthalten*: *a.* include; **~d** *adj.* comprehensive; *vollständig*: complete
umforme|n *v/t. allg.* turn, change; *electr., gr., math. a.* transform, convert (*alle*: ***in*** [in]to); **2r** *electr. m* converter
Umfrage *f Meinungs2*: opinion poll
Umgang *m* company; ***~ haben mit*** associate with; ***beim ~ mit*** when dealing with
umgänglich *adj.* sociable
Umgangs|formen *pl.* manners *pl.*; **~sprache** *f* colloquial speech; ***die englische ~*** colloquial English
umgeb|en *v/t.* surround (***mit*** with); **2ung** *f* surroundings *pl.*; *Milieu*: environment
umgeh|en **1.** *v/i.*: ***~ mit*** deal* with, handle; ***~ können mit*** have* a way with, be* good with; **2.** *v/t.* avoid, F get* round; *Stadt etc.*: *a.* bypass; **~end** *adv.* immediately; **2ungsstraße** *f* bypass; *Ringstraße*: ring road, *Am.* beltway
umgekehrt **1.** *adj.* reverse; opposite; (***genau***) ~ (just) the other way round; **2.** *adv.* the other way round; ***und ~*** and vice versa
umgraben *v/t.* dig* (up), break* up
um|haben F *v/t.* have* *s.th.* on; **2hang** *m* cape; **~hängen** *v/t.* put* around *od.* over s.o.'s shoulders *etc.*; *Bilder*: rehang*; **~hauen** *v/t.* fell, cut* down; F *fig.* knock out
umher *adv.* (a)round, about; **~streifen** *v/i.* roam *od.* wander around
umkehr|en **1.** *v/i.* turn back; **2.** *v/t.* *Reihenfolge etc.*: reverse; → ***umdrehen***; **2ung** *f* reversal (*a. fig.*)
umkippen **1.** *v/t.* tip over, upset*; **2.** *v/i.* → ***umfallen***
umklammer|n *v/t.*, **2ung** *f* clasp, clutch, clench
umkleide|n *v/refl.* change (one's clothes); **2kabine** *f* changing cubicle; **2raum** *m bsd. Sport*: changing *od.* locker room; *thea.* dressing room
umkommen *v/i.* be* killed (***bei*** in), die (in); F: ***~ vor*** be* dying with
Umkreis *m*: ***im ~ von*** within a radius of; **2en** *v/t.* circle; *astr.* revolve around; *Satellit etc.*: orbit
umkrempeln *v/t.* roll up
Umlauf *m* circulation; *phys., tech.* rotation; *Schreiben*: circular; ***im*** (***in***) ***~ sein*** (***bringen***) be* in (put* into) circulation, circulate; **~bahn** *f* orbit; **2en** *v/i.* circulate
umlegen *v/t. Schal etc.*: put* on; *verlegen*: move; *Kosten*: share; *Hebel etc.*: pull; *sl. töten*: do* *s.o.* in, bump *s.o.* off
umleit|en *v/t.* divert; **2ung** *f* diversion, *Am.* detour
umliegend *adj.* surrounding
umnachtet *adj.*: ***geistig ~*** mentally deranged
um|packen *v/t.* repack; **~pflanzen** *v/t.* *Topfblumen etc.*: repot
umrahmen *v/t.* frame; ***musikalisch ~*** put* into a musical setting
umrand|en *v/t.*, **2ung** *f* edge, border
umräumen *v/t.* rearrange
umrechn|en *v/t.* convert (***in*** into); **2ung** *f* conversion; **2ungskurs** *m* exchange rate
um|reißen *v/t.* tear* (*j-n*: knock) down; **~ringen** *v/t.* surround
Um|riss *m* outline (*a. fig.*), contour; **2rühren** *v/t.* stir; **2rüsten** *tech. v/t.* convert (***auf*** to); **2satteln** F *fig. v/i.*: ***~ von ... auf*** switch from ... to; **~satz** *econ. m* sales *pl.*
umschalten *v/t. u. v/i.* switch (over) (***auf*** to) (*a. fig.*)
umschauen *v/refl.* → ***umsehen***
Umschlag *m Brief2*: envelope; *Hülle*: cover, wrapper; *Buch2*: jacket; *an der Hose*: turn-up, *Am. a.* cuff; *med.* compress; *econ.* handling; **2en** **1.** *v/t.* *Baum*: cut* down, fell; *Ärmel*: turn up; *Kragen*: turn down; *econ.* handle; **2.** *v/i. Boot etc.*: turn over, (be*) upset*; *sich ändern*: change (suddenly); **~platz** *m* trading cent|re (*Am.* -er)
um|schlungen *adj.*: ***eng ~*** clasped in a firm embrace; **~schnallen** *v/t.* buckle on
umschreib|en *v/t.* rewrite*; *Begriff etc.*: paraphrase; **2ung** *f* paraphrase
Umschrift *f Lautung*: transcription
um|schulen *v/t.* retrain; *Schüler*: transfer to another school; **~schütten** *v/t.* spill*; **~schwärmt** *adj.* idolized
Um|schweife *pl.*: ***ohne ~*** *sagen*: straight out; *tun*: straight away *od.* off; **~schwung** *m* (drastic) change; *bsd. pol. a.* swing
umseg|eln *v/t.* sail round; *Erde*: cir-

cumnavigate; **&(e)lung** *f* sailing round; circumnavigation
um|sehen *v/refl.* look around (***in e-m Laden*** a shop; ***nach*** for); *zurückblicken*: look back (***nach*** at); ***sich ~ nach suchen***: be* looking for; **~setzen** *v/t.* move (*a. Schüler*); *econ.* sell*; ***~ in*** convert (in)to; ***in die Tat ~*** put* into action; ***sich ~*** change places
umsied|eln *v/i. u. v/t.* resettle; → ***umziehen***; **&ler** *m* resettler; **&(e)lung** *f* resettlement
umso: ***~ besser*** so much the better; ***~ mehr*** all the more; ***~ weniger*** (all) the less
umsonst *adv.* free (of charge), for nothing; F for free; *vergebens*: in vain
umspanne|n *v/t.* span (*a. fig.*); *electr.* transform; **&r** *electr. m* transformer
umspringen *v/i.* shift, change (suddenly) (*a. fig.*); ***~ mit*** treat (badly)
Umstand *m* circumstance; *Tatsache*: fact; *Einzelheit*: detail; ***unter diesen*** (***keinen***) ***Umständen*** under the (no) circumstances; ***unter Umständen*** possibly; ***keine Umstände machen*** *j-m*: not cause any trouble; *sich*: not go* to any trouble, not put* o.s. out; ***in anderen Umständen sein*** be* expecting
umständlich *adj.* awkward; *kompliziert*: complicated; *Stil etc.*: long-winded; ***das ist*** (***mir***) ***viel zu ~*** that's far too much trouble (for me)
Umstands|kleid *n* maternity dress; **~wort** *gr. n* adverb
Umstehenden *pl. the* bystanders *pl.*
umsteigen *v/i.* change (***nach*** for); *rail. a.* change trains (for)
umstell|en *v/t. allg.* change (***auf*** to), make* a change *od.* changes in; *bsd. tech. a.* switch (over) (to), convert (to); *anpassen*: adjust (to); *neu ordnen*: rearrange (*a. Möbel*), reorganize; *Uhr*: reset*; *umzingeln*: surround; ***sich ~ auf*** change *od.* switch (over) to; *anpassen*: adjust (o.s.) to, get* used to; **&ung** *f* change; switch, conversion; adjustment; rearrangement, reorganization
um|stimmen *v/t.*: ***j-n ~*** change s.o.'s mind; **~stoßen** *v/t.* knock over: *Dinge*: *a.* upset* (*a. fig. Pläne*)
umstritten *adj.* controversial
Um|sturz *m* overthrow; **&stürzen** *v/i.* overturn, fall* over

Umtausch *m*, **&en** *v/t.* exchange (***gegen*** for)
umwälz|end *adj.* revolutionary; **&ung** *fig. f* radical change
umwand|eln *v/t. allg.* turn (***in*** into), transform (into); *bsd. chem., electr., phys. a.* convert ([in]to); **&ler** *m* converter; **&lung** *f* transformation, conversion
Umweg *m* roundabout route *od.* way (*a. fig.*); *bsd. mot. a.* detour; ***ein ~ von 10 Minuten*** ten minutes out of the way; *fig.* ***auf ~en*** in a roundabout way
Umwelt *f* environment; **~...** *in Zssgn mst* environmental ...; **~forscher** *m* ecologist; **~forschung** *f* ecology; **&freundlich** *adj.* environment-friendly, non-polluting; **&schädlich** *adj.* harmful, noxious, polluting; **~schutz** *m* conservation, environmental protection, pollution control; **~schützer** *m* environmentalist, conservationist; **~schutzpapier** *n* recycled paper; **~sünder** *m* (environmental) polluter; **~verschmutzer** *m* polluter; **~verschmutzung** *f* (environmental) pollution; **~zerstörung** *f* ecocide
umwerfen *v/t.* knock over *od.* down (F *fig.* out); *Dinge*: *a.* upset*
umziehen 1. *v/i.* move (***nach*** to), **2.** *v/refl.* change (one's clothes)
umzingeln *v/t.* surround, encircle
Umzug *m* move (***nach*** to), removal (to); *Festzug*: parade
unab|hängig *adj.* independent (***von*** of); ***~ davon, ob*** regardless of whether **&hängigkeit** *f* independence (***von*** from); **~sichtlich** *adj.* unintentional; **~wendbar** *adj.* inevitable
unachtsam *adj.* careless, negligent; **&keit** *f* carelessness, negligence
unan|fechtbar *adj.* indisputable; **~gebracht** *adj.* inappropriate; ***~ sein*** be* out of place; **~gemessen** *adj.* unreasonable; *unzureichend*: inadequate; **~genehm** *adj.* unpleasant; *peinlich*: embarrassing; **~nehmbar** *adj.* unacceptable; **&nehmlichkeiten** *pl.* trouble *sg.*, difficulties *pl.*; **~sehnlich** *adj.* unsightly; **~ständig** *adj.* indecent, *stärker*: obscene; **~tastbar** *adj.* unimpeachable
unappetitlich *adj.* unappetizing, F nasty (*a. fig.*)

Unart *f* bad habit; **⁀ig** *adj.* naughty, bad

unauf|dringlich *adj.* unobtrusive; **~fällig** *adj.* inconspicuous, unobtrusive; **~findbar** *adj.* undiscoverable, untraceable; **~gefordert** *adv.* without being asked, of one's own accord; **~hörlich** *adj.* continuous; **~merksam** *adj.* inattentive; **⁀merksamkeit** *f* inattention, inattentiveness; **~richtig** *adj.* insincere

unaus|löschlich *adj.* indelible; **~stehlich** *adj.* unbearable

unbarmherzig *adj.* merciless

unbe|absichtigt *adj.* unintentional; **~achtet** *adj.* unnoticed; **~aufsichtigt** *adj.* unattended; **~baut** *adj.* undeveloped; **~dacht** *adj.* thoughtless; **~denklich 1.** *adj.* safe; **2.** *adv.* without hesitation; **~deutend** *adj.* insignificant; *geringfügig*: *a.* minor; **~dingt 1.** *adj.* unconditional, absolute; **2.** *adv.* by all means, absolutely; *brauchen*: badly; **~fahrbar** *adj.* impassable; **~fangen** *adj. unparteiisch*: unprejudiced, unbias(s)ed; *ohne Hemmung*: unembarrassed; **~friedigend** *adj.* unsatisfactory; **~friedigt** *adj.* dissatisfied; *enttäuscht*: disappointed; **~gabt** *adj.* untalented; **~greiflich** *adj.* inconceivable, incomprehensible; **~grenzt** *adj.* unlimited, boundless; **~gründet** *adj.* unfounded; **⁀hagen** *n* uneasiness, discomfort; **~haglich** *adj.* uneasy, uncomfortable; **~helligt** *adj.* unmolested; **~herrscht** *adj.* uncontrolled, lacking self-control; **~holfen** *adj.* clumsy, awkward; **~irrt** *adj.* unwavering; **~kannt** *adj.* unknown; **⁀kannte** *math. f* unknown quantity; **~kümmert** *adj.* light-hearted, cheerful; **~lehrbar** *adj.*: ***er ist ~*** he'll never learn; **~liebt** *adj.* unpopular; ***er ist überall ~*** nobody likes him; **~mannt** *adj.* unmanned; **~merkt** *adj.* unnoticed; **~nutzt** *adj.* unused; **~quem** *adj.* uncomfortable; *lästig*: inconvenient; **~rechenbar** *adj.* unpredictable; **~rechtigt** *adj.* unauthorized; *ungerechtfertigt*: unjustified; **~schädigt** *adj.* undamaged; **~scheiden** *adj.* immodest; **~schränkt** *adj.* unlimited; *Macht etc.*: *a.* absolute; **~schreiblich** *adj.* indescribable; **~sehen** *adv.* unseen; **~siegbar** *adj.* invincible; **~sonnen** *adj.* thoughtless, imprudent; *überstürzt*: rash; **~ständig** *adj.* unstable; *Wetter*: changeable, unsettled; **~stätigt** *adj.* unconfirmed; **~stechlich** *adj.* incorruptible; *fig.* unerring; **~stimmt** *adj.* indefinite (*a. gr.*); *unsicher*: uncertain; *Gefühl etc.*: vague; **~streitbar** *adj.* indisputable; **~stritten** *adj.* undisputed; **~teiligt** *adj. nicht verwickelt*: not involved; *gleichgültig*: indifferent; **~tont** *adj.* unstressed

unbeugsam *adj.* inflexible

unbe|wacht *adj.* unwatched, unguarded (*a. fig.*); **~waffnet** *adj.* unarmed; **~weglich** *adj.* immovable; *bewegungslos*: motionless; **~wohnbar** *adj.* uninhabitable; **~wohnt** *adj.* uninhabited; *Gebäude*: unoccupied, vacant; **~wusst** *adj.* unconscious; **~zahlbar** *fig. adj.* invaluable, priceless (*a. komisch*)

un|blutig 1. *adj.* bloodless; **2.** *adv.* without bloodshed; **~brauchbar** *adj.* useless

und *cj.* and; F: ***na ~?*** so what?

undankbar *adj.* ungrateful (***gegen*** to); *Aufgabe*: thankless; **⁀keit** *f* ingratitude, ungratefulness

un|denkbar *adj.* unthinkable; **~definierbar** *adj.* nondescript; **~deutlich** *adj.* indistinct; *Sprache*: *a.* inarticulate; *fig.* vague; **~dicht** *adj.* leaky

unduldsam *adj.* intolerant; **⁀keit** *f* intolerance

undurch|dringlich *adj.* impenetrable; **~führbar** *adj.* impracticable; **~lässig** *adj.* impervious, impermeable; **~sichtig** *adj.* opaque; *fig.* mysterious

uneben *adj.* uneven; **⁀heit** *f* unevenness; *Stelle*: bump

un|echt *adj.* false; *künstlich*: artificial; *imitiert*: imitation; F *contp. vorgetäuscht*: fake, phon(e)y; **~ehelich** *adj.* illegitimate; **~ehrenhaft** *adj.* dishono(u)rable; **~ehrlich** *adj.* dishonest; **~eigennützig** *adj.* unselfish

uneinig *adj.*: (***sich***) ***~ sein*** disagree (***über*** on); **⁀keit** *f* disagreement

un|einnehmbar *adj.* impregnable; **~empfänglich** *adj.* insusceptible (***für*** to); **~empfindlich** *adj.* insensitive (***gegen*** to); *haltbar*: durable

unendlich *adj.* infinite; *endlos*: endless, never-ending; **⁀keit** *f* infinity (*a. fig.*)

unent|behrlich *adj.* indispensable; **~geltlich** *adj. u. adv.* free (of charge);

~schieden *adj.* undecided; ~ ***enden*** end in a draw *od.* tie; ***es steht*** ~ the score is even; **2schieden** *n* draw, tie; **~schlossen** *adj.* irresolute; **~schuldbar** *adj.* inexcusable; **~wegt** *adv.* untiringly; *unaufhörlich*: continuously

uner|fahren *adj.* inexperienced; **~freulich** *adj.* unpleasant; **~füllt** *adj.* unfulfilled; **~giebig** *adj.* unproductive; **~heblich** *adj.* irrelevant (***für*** to); *geringfügig*: insignificant; **~hört** *adj.* outrageous; **~kannt** *adj.* unrecognized; **~klärlich** *adj.* inexplicable; **~lässlich** *adj.* essential; **~laubt** *adj.* unallowed; *unbefugt*: unauthorized; **~ledigt** *adj.* unsettled (*a. econ.*); **~messlich** *adj.* immeasurable, immense; **~müdlich** *adj. Person*: indefatigable; *Anstrengungen*: untiring; **~reichbar** *adj.* inaccessible; *bsd. fig.* unattainable; **~reicht** *adj.* unequal(l)ed; **~sättlich** *adj.* insatiable; **~schlossen** *adj.* undeveloped; **~schöpflich** *adj.* inexhaustible; **~schütterlich** *adj.* unshakable; **~schwinglich** *adj. Preise*: exorbitant; ***für j-n ~ sein*** be* beyond s.o.'s means; **~setzlich** *adj.* irreplaceable; *Schaden etc.*: irreparable; **~träglich** *adj.* unbearable; **~wartet** *adj.* unexpected; **~wünscht** *adj.* unwanted

unfähig *adj.* incapable (***zu tun*** of doing), incompetent (*a. beruflich*); *außerstande*: unable (to *inf.*); **2keit** *f* incapacity, incompetence; inability

Unfall *m* accident; *Verkehrs2*: *a.* crash; **~stelle** *f* scene of the accident

un|fehlbar *adj.* infallible (*a. rel.*); *Instinkt etc.*: unfailing; **~förmig** *adj.* shapeless; *missgestaltet*: misshapen; *stärker*: monstrous; **~frankiert** *adj.* unstamped; **~frei** *adj.* unfree; *post* unpaid; **~freiwillig** *adj.* involuntary; *Humor*: unconscious; **~freundlich** *adj.* unfriendly (***zu*** to), unkind (to); *Zimmer, Tag*: cheerless; **2frieden** *m* discord; ~ ***stiften*** make* mischief

unfruchtbar *adj.* infertile; **2keit** *f* infertility

Unfug *m* nonsense; ~ ***treiben*** be* up to mischief, fool around

Ungar|(in), 2isch *adj.* Hungarian; **~n** Hungary

ungastlich *adj.* inhospitable

unge|achtet *prp.* regardless of; *trotz*: despite; **~ahnt** *adj.* unthought-of; **~beten** *adj.* uninvited, unasked; ***~er Gast*** intruder; **~bildet** *adj.* uneducated; **~boren** *adj.* unborn; **~bräuchlich** *adj.* uncommon, unusual; **~bührlich** *adj.* unseemly; **~bunden** *fig. adj.* free, independent; ***frei und ~*** footloose and fancy-free; **~deckt** *adj. Scheck*: uncovered; *Sport*: unmarked

Ungeduld *f* impatience; **2ig** *adj.* impatient

ungeeignet *adj.* unfit; *Person*: *a.* unqualified

ungefähr 1. *adj.* approximate; *Vorstellung etc.*: *a.* rough; **2.** *adv.* approximately, roughly, about, around, ... or so; ***so ~*** something like that

ungefährlich *adj.* harmless; *sicher*: safe

Ungeheuer *n* monster (*a. fig.*)

ungeheuer 1. *adj.* enormous (*a. fig.*), huge, vast; **2.** *adv.*: ~ ***reich*** *etc.* enormously rich *etc.*; **~lich** *adj.* monstrous

unge|hindert *adj. u. adv.* unhindered; **~hobelt** *fig. adj.* uncouth, rough; **~hörig** *adj.* improper, unseemly

ungehorsam *adj.* disobedient

Ungehorsam *m* disobedience

unge|kocht *adj.* uncooked; **künstelt** *adj.* unaffected; **~kürzt** *adj.* unabridged

ungelegen *adj.* inconvenient; ***j-m ~ kommen*** be* inconvenient for s.o.

unge|lenk *adj.* awkward, clumsy; **~lernt** *adj.* unskilled; **~mütlich** *adj.* uncomfortable; F: ~ ***werden*** get* nasty

ungenau *adj.* inaccurate; *fig.* vague; **2igkeit** *f* inaccuracy

ungeniert *adj.* uninhibited

unge|nießbar *adj.* uneatable; undrinkable; F *Person*: unbearable; **~nügend** *adj.* insufficient; *Leistung*: *a.* poor, unsatisfactory; *Note*: *a.* F; **~pflegt** *adj.* neglected; Person: untidy, unkempt; **~rade** *adj.* uneven; *Zahl*: odd

ungerecht *adj.* unfair, unjust; **2igkeit** *f* injustice, unfairness

un|gern *adv. widerwillig*: unwillingly; ***et. ~ tun*** hate *od.* not like to do s.th.; **~geschehen** *adj.*: ~ ***machen*** undo*

unge|schickt *adj.* awkward, clumsy; **~schliffen** *adj. Diamant etc.*: uncut; *Marmor etc., Benehmen etc.*: unpolished; **~schminkt** *adj.* without make-

U

-up; *fig.* unvarnished, plain; **~setzlich** *adj.* illegal, unlawful; **~stört** *adj.* undisturbed, uninterrupted; **~straft** *adj.*: **~ davonkommen** get* off unpunished (F scot-free); **~sund** *adj.* unhealthy (*a. fig.*); **~teilt** *adj.* undivided (*a. fig.*); **2tüm** *n* monster; *fig. a.* monstrosity

ungewiss *adj.* uncertain; ***j-n im 2en lassen*** keep* s.o. in the dark (***über*** about); **2heit** *f* uncertainty

unge|wöhnlich *adj.* unusual; **~wohnt** *adj.* strange, unfamiliar; *unüblich*: unusual; **2ziefer** *n* vermin; **~zogen** *adj. unartig*: naughty, bad; *verzogen*: spoilt; **~zwungen** *adj.* relaxed, informal; *Person*: *a.* easygoing

ungläubig *adj.* incredulous, unbelieving (*a. rel.*)

unglaub|lich *adj.* incredible, unbelievable; **~würdig** *adj.* untrustworthy; *bsd. pol. a.* not credible; *Geschichte*, *Entschuldigung*: incredible

ungleich *adj.* unequal, different; *unähnlich*: unlike; **~mäßig** *adj.* uneven; *unregelmäßig*: irregular

Unglück *n* bad luck, misfortune; *Unfall*: accident; *stärker*: disaster; *Elend*: misery; **2lich** *adj.* unhappy; *bedauernswert*: unfortunate (*a. Umstände etc.*); **2licherweise** *adv.* unfortunately

ungültig *adj.* invalid, F no good; ***für ~ erklären*** invalidate; *bsd. jur.* nullify

Un|gunst *f*: ***zu j-s ~en*** to s.o.'s disadvantage; **2günstig** *adj.* unfavo(u)rable; *nachteilig*: disadvantageous

un|gut *adj.*: ***~es Gefühl*** misgivings *pl.* (***bei et.*** about s.th.); ***nichts für ~!*** no offen|ce (*Am.* -se) meant!; **~haltbar** *fig. adj. Argument etc*: untenable; *Zustände*: intolerable; *Torschuss*: unstoppable; **~handlich** *adj.* unwieldy

Unheil *n* mischief; *Übel*: evil; *Unglück*: disaster; **2bar** *adj.* incurable; **2voll** *adj.* disastrous; *Blick etc.*: sinister

unheimlich 1. *adj.* creepy, spooky, eerie; F *fig.* tremendous; **2.** F *adv.*: ***~ gut*** terrific, fantastic

unhöflich *adj.* impolite; *stärker*: rude; **2keit** *f* impoliteness; rudeness

un|hörbar *adj.* inaudible; **~hygienisch** *adj.* insanitary

Uniform *f* uniform

uninteress|ant *adj.* uninteresting; **~iert** *adj.* uninterested (***an*** in)

Universität *f* university

Universum *n* universe

Unke *f zo.* toad; F *fig.* croaker; **2n** F *v/i.* croak

unkennt|lich *adj.* unrecognizable; **2nis** *f* ignorance

unklar *adj.* unclear; *ungewiss*: uncertain; *verworren*: confused, muddled; ***im 2en sein*** (***lassen***) be* (leave* *s.o.*) in the dark; **2heit** *f* unclarity; uncertainty

unklug *adj.* imprudent, unwise

Unkosten *pl.* expenses *pl.*, costs *pl.*

Unkraut *n* weed; *coll.* weeds *pl.*; ***~ jäten*** weed (the garden)

un|kündbar *adj. Stellung*: permanent; **~längst** *adv.* lately, recently; **~leserlich** *adj.* illegible; **~logisch** *adj.* illogical; **~lösbar** *adj.* insoluble; **~männlich** *adj.* unmanly, effeminate; **~mäßig** *adj.* excessive; **2menge** *f* vast quantity *od.* number(s *pl.*) (***von*** of), F loads *pl.* (of), tons *pl.* (of)

Unmensch *m* monster, brute; **2lich** *adj.* inhuman, cruel; **~lichkeit** *f* inhumanity, cruelty

un|merklich *adj.* imperceptible; **~missverständlich** *adj.* unmistakable; **~mittelbar 1.** *adj.* immediate, direct; **2.** *adv.*: ***~ nach*** (***hinter***) right after (behind); **~möbliert** *adj.* unfurnished; **~modern** *adj.* out of fashion *od.* style; **~möglich 1.** *adj.* impossible; **2.** *adv.*: ***ich kann es ~ tun*** I can't possibly do it; **~moralisch** *adj.* immoral; **~mündig** *adj.* under age; **~musikalisch** *adj.* unmusical; **~nachahmlich** *adj.* inimitable; **~nachgiebig** *adj.* unyielding; **~nachsichtig** *adj.* strict, severe; **~nahbar** *adj.* standoffish, cold; **~natürlich** *adj.* unnatural (*a. fig.*); *geziert*: affected; **~nötig** *adj.* unnecessary, needless; **~nütz** *adj.* useless; **~ordentlich** *adj.* untidy; ***~ sein*** *Zimmer etc.*: be* (in) a mess; **2ordnung** *f* disorder, mess; **~parteiisch** *adj.* impartial, unbias(s)ed; **2parteiische** *m Sport*: referee; **~passend** *adj.* unsuitable; *unschicklich*: improper; *unangebracht*: inappropriate; **~passierbar** *adj.* impassable; **~pässlich** *adj.* indisposed, unwell; **~persönlich** *adj.* impersonal (*a. gr.*); **~politisch** *adj.* unpolitical; **~praktisch** *adj.* impractical; **~pünktlich** *adj.* unpunctual

unrecht *adj.* wrong; ***zur ~en Zeit*** at the wrong time; ***~ sein*** be* wrong; ***j-m ~ tun*** do* s.o. wrong
Unrecht *n* injustice, wrong; ***im ~ sein, ~ haben*** be* (in the) wrong; ***j-m ein ~ antun*** do* s.o. an injustice; ***zu ~*** wrong(ful)ly; **2mäßig** *adj.* unlawful
unregelmäßig *adj.* irregular (*a. gr.*); **2keit** *f* irregularity
unreif *adj.* unripe; *fig.* immature; **2e** *fig. f* immaturity
unrein *adj.* unclean; *bsd. Wasser etc.*: *a.* impure (*a. rel.*); **2heit** *f* impurity
unrichtig *adj.* incorrect, wrong
Unruh|e *f* restlessness, unrest (*a. pol.*); *Besorgnis*: anxiety, alarm; ***~n*** *pl.* disturbances *pl.*; *stärker*: riots *pl.*; **2ig** *adj.* restless; *innerlich*: *a.* uneasy; *besorgt*: worried, alarmed; *See*: rough
uns *pers. pron.* (to) us; *einander*: each other; ~ (***selbst***) (to) ourselves; ***ein Freund von ~*** a friend of ours
un|sachgemäß *adj.* improper; **~sachlich** *adj.* unobjective; **~sanft** *adj.* ungentle; *grob*: rude, rough; **~sauber** *adj.* unclean; *bsd. fig. a.* impure; *Sport*: unfair; *Methoden*: underhand; **~schädlich** *adj.* harmless; ***~ machen*** *fig.* eliminate; **~scharf** *adj. Foto*: blurred, out of focus; **~schätzbar** *adj.* inestimable, invaluable; **~scheinbar** *adj.* inconspicuous; *einfach*: plain; **~schicklich** *adj.* indecent; **~schlüssig** *adj.* undecided; **~schön** *adj.* unsightly; *fig.* unpleasant
Unschuld *f* innocence; *fig.* virginity; **2ig** *adj.* innocent (***an*** of); (***noch***) ***~ sein*** be* (still) a virgin
unselbstständig *adj.* dependent on others; **2keit** *f* lack of independence, dependence on others
unser *poss. pron.* our; ***~er, ~e, ~es*** ours
unsicher *adj.* unsafe, insecure; *ungewiss*: uncertain; *Person*: insecure, unsure of o.s.; **2heit** *f* insecurity, unsafeness; uncertainty; *Person*: insecurity
unsichtbar *adj.* invisible
Unsinn *m* nonsense; **2ig** *adj.* nonsensical, stupid; *absurd*: absurd
Unsitt|e *f* bad habit; *Missstand*: nuisance; **2lich** *adj.* immoral, indecent
un|sozial *adj.* unsocial; **~sportlich** *adj.* unfair; *Mensch*: unathletic
unsterblich 1. *adj.* immortal (*a. fig.*); **2.** *adv.*: ***~ verliebt*** madly in love (***in*** with); **2keit** *f* immortality
Un|stimmigkeit *f* discrepancy; ***~en*** *pl.* disagreements *pl.*; **2sympathisch** *adj.* disagreeable; ***er (es) ist mir ~*** I don't like him (it); **2tätig** *adj.* inactive; *müßig*: idle; **~tätigkeit** *f* inactivity; **2tauglich** *adj.* unfit (*a. mil.*); *Person*: *a.* incompetent; **2teilbar** *adj.* indivisible
unten *adv.* below; *im Haus*: downstairs (*a.* ***nach ~***); ***da ~*** down there; ***~ auf der*** *Seite etc.*: at the bottom of; ***siehe ~*** see below; ***von oben bis ~*** from top to bottom
unter *prp.* under; *örtlich, rangmäßig*: *a.* below; *weniger als*: *a.* less than; *zwischen*: among; ***~ anderem*** among other things; ***~ uns*** (***gesagt***) between you and me; ***~ Wasser*** underwater
Unter|arm *m* forearm; **2belichtet** *phot. adj.* underexposed; **2besetzt** *adj.* understaffed; **~bewusstsein** *n* subconscious; ***im ~*** subconsciously
unter|bieten *v/t.* underbid*; *Preis*: undercut; *Rekord*: beat*; **~binden** *fig. v/t.* put* a stop to; *verhindern*: prevent
unterbrech|en *v/t.* interrupt; **2ung** *f* interruption
unterbring|en *v/t. j-n*: accommodate, put* *s.o.* up; *Dinge*: stow (away), put* (***in*** into); **2ung** *f* accommodation
unterdessen *adv.* in the meantime, meanwhile
unterdrück|en *v/t. Volk etc.*: oppress; *Gefühl etc.*: suppress; **2er** *m* oppressor; **2ung** *f* oppression; suppression
untere *adj.* lower (*a. fig.*)
unter|entwickelt *adj.* underdeveloped; **~ernährt** *adj.* undernourished, underfed; **2ernährung** *f* undernourishment, malnutrition
Unter|führung *f* underpass, *Brt. a.* subway; **~gang** *m Sonne etc.*: setting; *naut.* sinking; *fig.* downfall; *allmählicher*: decline; *e-s Reiches etc.*: fall; **2gehen** *v/i.* go* down (*a. fig.*); *Sonne etc.*: *a.* set*; *naut. a.* sink*
untergeordnet *adj.* subordinate; *zweitrangig*: secondary
untergraben *fig. v/t.* undermine
Untergrund *m* subsoil; *pol.* underground (*a. in Zssgn*); ***in den ~ gehen*** go underground; **~bahn** *f* → ***U-Bahn***
unterhalb *prp.* below, under

U

Unterhalt *m* support, maintenance (*a. jur.*); **Ձen** *v/t. Publikum etc.*: entertain; *Familie etc.*: support; ***sich* ~ (*mit*)** talk (to, with); ***sich* (*gut*) ~** enjoy o.s., have* a good time; **Ձsam** *adj.* entertaining; **~ung** *f* talk, conversation; *Vergnügen*: entertainment (*a. TV etc.*); **~ungsbranche** *f* show business

Unter|händler *m* negotiator; **~haus** *Brt. parl. n* House of Commons; **~hemd** *n* vest, *Am.* undershirt; **~holz** *n* undergrowth; **~hose** *f* underpants *pl.*, *bsd. Am.* shorts *pl.*; *Damen*Ձ: pants *pl.*, *Am.* panties *pl.*; **(*e-e*) *lange* ~** (a pair of) longjohns *pl.*; **Ձirdisch** *adj.* underground; **~kiefer** *m* lower jaw; **~kleid** *n* slip

unterkommen *v/i.* find* accommodation; find* work *od.* a job (***bei*** with)

Unter|kunft *f* accommodation, lodging(s *pl.*); *mil.* quarters *pl.*; **~ *und Verpflegung*** board and lodging; **~lage** *f tech.* base; *Schreib*Ձ: pad; **~*n*** *pl.* documents *pl.*; *Angaben*: data *pl.*

unterlass|en *v/t.* fail to do *s.th.*: *aufhören mit*: stop *od.* quit* doing *s.th.*; **Ձung** *f* omission (*a. jur.*)

unterlegen[1] *v/t.* underlay*

unterlegen[2] *adj.* inferior (*dat.* to); **Ձe** *m, f* loser; *Schwächere*: underdog; **Ձheit** *f* inferiority

Unter|leib *m* abdomen, belly; **Ձliegen** *v/i.* be* defeated (***j-m*** by s.o.), lose* (to s.o.); *fig.* be* subject to; **~lippe** *f* lower lip; **~mieter(in)** lodger, subtenant, *Am. a.* roomer

unternehmen *v/t. Reise etc.*: make*, take*, go* on; ***et.* ~** do* s.th. (***gegen*** about *s.th.*), take* action (against *s.o.*)

Unternehm|en *n* firm, business; *Vorhaben*: undertaking, enterprise; *mil.* operation; ***gewagtes* ~** venture, risky undertaking; **~ensberater** *m* management consultant; **~er** *m* businessman, entrepreneur; *Arbeitgeber*: employer; **Ձungslustig** *adj.* active, dynamic; *abenteuerlustig*: adventurous

Unter|offizier *mil. m* non-commissioned officer; **Ձordnen** *v/t. u. v/refl.* subordinate (o.s.) (*dat.* to)

U

Unterredung *f* talk(s *pl.*)

Unterricht *m* instruction, teaching; *Schul*Ձ: school, classes *pl.*, lessons *pl.*; **Ձen** *v/i. u. v/t.* teach*; *Stunden geben*: give* lessons; *informieren*: inform (***über*** of); **~sstunde** *f* lesson, *Schule*: *a.* class, period

Unterrock *m* slip

untersagen *v/t.* prohibit

Untersatz *m* → ***Untersetzer***

unter|schätzen *v/t.* underestimate; *Können etc.*: *a.* underrate; **~scheiden** *v/t. u. v/i.* distinguish (***zwischen*** between; ***von*** from); *auseinanderhalten*: *a.* tell* apart; ***sich* ~** differ (***von*** from; ***in*** in; ***durch*** by); **Ձscheidung** *f* distinction

Unterschied *m* difference; ***im* ~ *zu*** unlike, as opposed to; **Ձlich** *adj.* different; *schwankend*: varying

unterschlag|en *v/t. Geld*: embezzle; *fig.* hold* back; **Ձung** *f* embezzlement

Unterschlupf *m* hiding place

unter|schreiben *v/t. u. v/i.* sign; **Ձschrift** *f* signature; *Bild*Ձ: caption

Unterseeboot *n* → ***U-Boot***

Untersetzer *m für Gläser*: coaster; *für Blumentopf*: saucer

untersetzt *adj.* thickset, stocky

Unterstand *m* shelter, *mil. a.* dugout

unter|stehen **1.** *v/i.* be* under (the control of); **2.** *v/refl.* dare; **~ *Sie sich* (*et. zu tun*)!** don't you dare ([to] do s.th.)!; **~stellen** *v/t.* put* *s.th.* in; *lagern*: store; *annehmen*: assume; ***sich* ~** take* shelter; ***j-m* ~, *dass er*** ... insinuate that s.o. ...; **Ձstellung** *f* insinuation; **~streichen** *v/t.* underline (*a. fig.*)

unterstütz|en *v/t.* support; *bsd. ideell*: *a.* back (up); **Ձung** *f* support; *bsd. soziale, staatliche*: *a.* aid; *Fürsorge*: welfare (payments *pl.*)

untersuch|en *v/t.* examine (*a. med.*), investigate (*a. jur.*); *Gepäck etc.*: search; *chem.* analyze; **Ձung** *f* examination (*a. med.*), investigation (*a. jur.*); *med. a.* (medical) checkup; *chem.* analysis

Untersuchungs|gefangene *m* prisoner on remand; **~gefängnis** *n* remand prison; **~haft** *f*: ***in* ~ *sein*** be* on remand; **~richter** *m* examining magistrate

Unter|tan *m* subject; **~tasse** *f* saucer; **Ձtauchen** *v/i. u. v/t.* dive*, submerge (*a. U-Boot*); *j-n*: duck; *fig.* disappear; *bsd. pol.* go* underground; **~teil** *n, m* lower part, bottom

unterteil|en *v/t.* subdivide; **Źung** *f* subdivision
Unter|titel *m* subtitle; **~ton** *m* undertone; **~treibung** *f* understatement; **Źvermieten** *v/t.* sublet*; **Źwandern** *v/t.* infiltrate; **~wäsche** *f* underwear; **~wasser...** *in Zssgn* underwater ...; **Źwegs** *adv.* on the *od.* one's way (***nach*** to); ***viel ~ sein*** be* away a lot
unterweis|en *v/t.* instruct; **Źung** *f* instruction
Unterwelt *f* underworld (*a. fig.*)
unterwerf|en *v/t.* subject (*dat.* to); ***sich ~*** submit (to); **Źung** *f* subjection; submission (***unter*** to)
unterwürfig *adj.* servile; **Źkeit** *f* servility
unterzeichn|en *v/t.* sign; **Źete(r)** *the* undersigned; **Źung** *f* signing
unterziehen *v/t. Kleidung*: put* *s.th.* on underneath; ***sich ~*** *e-r Behandlung etc.*: undergo*; *e-r Prüfung*: take*
Untiefe *f* shallow, shoal
un|tragbar *adj.* unbearable, intolerable; **~trennbar** *adj.* inseparable; **~treu** *adj.* unfaithful (*dat.* to); **~tröstlich** *adj.* inconsolable; **~trüglich** *adj.* unmistakable
Untugend *f* vice, bad habit
unüber|legt *adj.* thoughtless; **~sichtlich** *adj. Kurve etc.*: blind; *komplex*: intricate; **~trefflich** *adj.* unsurpassable, matchless; **~windlich** *adj. Schwierigkeiten etc.*: insuperable
unum|gänglich *adj.* inevitable; **~schränkt** *adj.* unlimited; *pol.* absolute; **~stritten** *adj.* undisputed; **~wunden** *adv.* straight out, frankly
ununterbrochen *adj.* uninterrupted; *ständig*: continuous
unver|änderlich *adj.* unchanging; **~antwortlich** *adj.* irresponsible; **~besserlich** *adj.* incorrigible; **~bindlich** *adj. Angebot etc.*: not binding; *Art etc.*: noncommittal; **~daulich** *adj.* indigestible (*a. fig.*); **~dient** *adj.* undeserved; **~dorben** *adj.* unspoiled; *fig.*: *a.* uncorrupted; *rein*: pure, innocent; **~dünnt** *adj.* undiluted; *Drink*: neat, *Am.* straight; **~einbar** *adj.* incompatible; **~fälscht** *adj.* unadulterated; *fig.* genuine; **~fänglich** *adj.* harmless; **~froren** *adj.* brazen, impertinent; **~gänglich** *adj.* immortal, eternal; **~gesslich** *adj.* unforgettable; **~gleichlich** *adj.* incomparable; **~hältnismäßig** *adv.* disproportionately; ***~ hoch*** excessive; **~heiratet** *adj.* unmarried, single; **~hofft** *adj.* unhoped-for; *unerwartet*: unexpected; **~hohlen** *adj.* unconcealed; **~käuflich** *adj.* not for sale; *nicht gefragt*: unsal(e)able; **~kennbar** *adj.* unmistakable; **~letzt** *adj.* unhurt; **~meidlich** *adj.* inevitable; **~mindert** *adj.* undiminished; **~mittelt** *adj.* abrupt
Unvermögen *n* inability, incapacity; **Źd** *adj.* without means
unver|mutet *adj.* unexpected; **~nünftig** *adj.* unreasonable; *töricht*: foolish; **~richtet**: ***~er Dinge*** without having achieved anything
unverschämt *adj.* rude, impertinent; *Preis etc.*: outrageous; ***~ werden*** *a. zudringlich*: get* fresh; **Źheit** *f* impertinence (*a. Bemerkung*); ***die ~ haben zu*** have* the nerve to
unver|schuldet *adj.* through no fault of one's own; **~sehens** *adv.* unexpectedly, all of a sudden; **~sehrt** *adj.* unhurt; *Sache*: undamaged; **~söhnlich** *adj.* irreconcilable (*a. fig.*); **~sorgt** *adj.* unprovided for; **~standen** *adj.* (***sich fühlen*** feel*) misunderstood; **~ständlich** *adj.* unintelligible; ***es ist mir ~*** I can't see how *od.* why, F it beats me; **~sucht** *adj.*: ***nichts ~ lassen*** leave* nothing undone; **~wundbar** *adj.* invulnerable; **~wüstlich** *adj.* indestructible; **~zeihlich** *adj.* inexcusable; **~züglich 1.** *adj.* immediate, prompt; **2.** *adv.* immediately, without delay
unvollendet *adj.* unfinished
unvollkommen *adj.* imperfect; **Źheit** *f* imperfection
unvollständig *adj.* incomplete
unvor|bereitet *adj.* unprepared; **~eingenommen** *adj.* unbias(s)ed, unprejudiced; **~hergesehen** *adj.* unforeseen; **~hersehbar** *adj.* unforeseeable; **~sichtig** *adj.* careless; **Źsichtigkeit** *f* carelessness; **~stellbar** *adj.* inconceivable; *undenkbar*: unthinkable; **~teilhaft** *adj.* unprofitable; *Kleid etc.*: unbecoming
unwahr *adj.* untrue; **Źheit** *f* untruth; **~scheinlich** *adj.* improbable, unlikely; F *toll*: fantastic

un|wegsam *adj. Gelände*: difficult, rough; **~weigerlich** *adv.* inevitably; **~weit** *prp.* not far from; **~wesentlich** *adj.* irrelevant; *geringfügig*: negligible; **2wetter** *n* disastrous (thunder)storm; **~wichtig** *adj.* unimportant

unwider|legbar *adj.* irrefutable; **~ruflich** *adj.* irrevocable; **~stehlich** *adj.* irresistible

Unwill|e(n) *m* indignation (***über*** at); **2ig** *adj.* indignant (***über*** at); *widerwillig*: unwilling, reluctant

unwillkürlich *adv.* involuntarily

unwirk|lich *adj.* unreal; **~sam** *adj.* ineffective; *jur. etc.* inoperative

unwirsch *adj.* surly, gruff, unfriendly

unwirt|lich *adj.* inhospitable; **~schaftlich** *adj.* uneconomic(al)

unwissen|d *adj.* ignorant; **2heit** *f* ignorance

un|wohl *adj.* unwell; *unbehaglich*: uneasy; **~würdig** *adj.* unworthy (*gen.* of); **~zählig** *adj.* innumerable, countless; **~zeitgemäß** *adj.* old-fashioned

unzer|brechlich *adj.* unbreakable; **~reißbar** *adj.* untearable; **~störbar** *adj.* indestructible; **~trennlich** *adj.* inseparable

Un|zucht *jur. f* sexual offen|ce, *Am.* -se; **2züchtig** *adj.* indecent; *Literatur etc.*: obscene

unzufrieden *adj.* discontent(ed) (***mit*** with), dissatisfied (with); **2heit** *f* discontent, dissatisfaction

unzu|gänglich *adj.* inaccessible; **~länglich** *adj.* inadequate; **~lässig** *adj.* inadmissible; **~mutbar** *adj.* unacceptable

unzurechnungsfähig *adj.* irresponsible; **2keit** *f* irresponsibility

unzu|reichend *adj.* insufficient; **~sammenhängend** *adj.* incoherent; **~verlässig** *adj.* unreliable; *Methode etc.*: uncertain

üppig *adj.* luxuriant, lush (*beide a. fig. Leben etc.*); *Figur*: *a.* voluptuous, luscious; *Mahl*: opulent; *gehaltvoll*: rich

uralt *adj.* ancient (*a. fig. iro.*)

Uran *n* uranium

Ur|aufführung *f* première, first performance (*Film*: showing); **2bar** *adj.* arable; ***~ machen*** cultivate; *Wüste etc.*: reclaim; **~bevölkerung** *f*, **~einwohner** *pl.* aboriginal inhabitants *pl.*; *Australiens*: Aborigines *pl.*; **~enkel(in)** great-grand|son (-daughter); **~groß...** *in Zssgn Eltern, Mutter, Vater*: great-grand...; **~heberrechte** *pl.* copyright *sg.* (***an*** on, for)

Urin *m* urine; **2ieren** *v/i.* urinate

Urkunde *f* document; *Zeugnis, Ehren2*: diploma; **~nfälschung** *f* forgery of documents

Urlaub *m Ferien*: holiday(s *pl.*), *bsd. Am.* vacation; *bsd. amtlich, mil.*: leave; ***in*** *od.* ***im ~ sein*** (***auf ~ gehen***) be* (go*) on holiday (*Am. a.* vacation); ***e-n Tag*** (***ein paar Tage***) ***~ nehmen*** take* a day (a few days) off; **~er** *m* holidaymaker, *bsd. Am.* vacationist, vacationer

Urne *f* urn; *Wahl2*: ballot box

Ur|sache *f* cause; *Grund*: reason; ***keine ~!*** not at all, you're welcome; **~sprung** *m* origin; ***germanischen ~s*** of Germanic origin; **2sprünglich** *adj.* original; *natürlich*: natural, unspoilt

Urteil *n* judg(e)ment (*a.* *~svermögen*); *jur. Strafmaß*: sentence; ***sich ein ~ bilden*** form a judg(e)ment (***über*** about); **2en** *v/i.* judge (***über j-n, et.*** s.o., s.th.; ***nach*** by)

Ur|wald *m* primeval forest; *Dschungel*: jungle; **2wüchsig** *adj.* coarse, earthy; **~zeit** *f* prehistoric times *pl.*

usw. *Abk. für* ***und so weiter*** etc., and so on

Utensilien *pl.* utensils *pl.*

Utop|ie *f* illusion; **2isch** *adj.* utopian; *Plan etc.*: fantastic

V

Vagabund *m* vagabond, tramp, *Am. sl.* hobo, bum
vage *adj.* vague
Vakuum *n* vacuum (*a. in Zssgn*)
Vampir *zo. m* vampire (*a. fig.*)
Vanille *f* vanilla (*a. in Zssgn*)
variabel *adj.* variable
Varia|nte *f* variant; **~tion** *f* variation
Varietee *n* variety theatre, music hall, *Am.* vaudeville theater
variieren *v/i. u. v/t.* vary
Vase *f* vase
Vater *m* father; **~land** *n* native country; **~landsliebe** *f* patriotism
väterlich *adj.* fatherly, paternal
Vaterunser *rel. n* Lord's Prayer
v. Chr. *Abk. für* **vor Christus** BC, before Christ
V-Ausschnitt *m* V-neck
Veget|arier(in), ≈arisch *adj.* vegetarian; **~ation** *f* vegetation; **≈ieren** *v/i.* vegetate
Veilchen *n* violet
Velo *n Schweiz*: bicycle, F bike
Ventil *n* valve; *fig.* vent, outlet; **~ation** *f* ventilation; **~ator** *m* fan
verab|reden *v/t.* agree (up)on, arrange; *Ort, Zeit*: *a.* appoint, fix; ***sich ~*** make* a date (*bsd. geschäftlich*: an appointment) (***mit*** with); **≈redung** *f* appointment; *bsd. private*: date; **~reichen** *v/t.* give*; *med.* administer; **~scheuen** *v/t.* loathe, detest; **~schieden** *v/t.* say* goodbye to (*a.* ***sich ~ von***); *entlassen*: dismiss; *Gesetz*: pass; **≈schiedung** *f* dismissal; passing
ver|achten *v/t.* despise; **~ächtlich** *adj.* contemptuous; **≈achtung** *f* contempt; **~allgemeinern** *v/t.* generalize; **~altet** *adj.* antiquated, out of date
Veranda *f* veranda(h), *Am.* porch
veränder|lich *adj.* changeable (*a. Wetter*), variable (*a. math., gr.*); **~n** *v/t. u. v/refl.*, **≈ung** *f* change
verängstigt *adj.* frightened, scared
veranlag|en *v/t.* assess; **~t** *adj.* inclined (***zu, für*** to); ***künstlerisch*** (***musikalisch***) ***~ sein*** have* a gift *od.* bent for art (music); **≈ung** *f* (pre)disposition (*a. med.*); talent, gift; *steuerliche*: assessment
veranlass|en *v/t. et.*: make* arrangements (*od.* arrange) for; ***j-n zu et. ~*** make* s.o. do s.th.; **≈ung** *f* cause (***zu*** for)
ver|anschaulichen *v/t.* illustrate; **~anschlagen** *v/t.* estimate (***auf*** at)
veranstalt|en *v/t.* arrange, organize; *Konzert etc.*: give*; **≈ung** *f* event; *Sport*: *a.* meeting, *Am.* meet
verantwort|en *v/t.* take* the responsibility for; **~lich** *adj.* responsible; ***j-n ~ machen für*** hold* s.o. responsible for
Verantwortung *f* responsibility; ***auf eigene ~*** at one's own risk; ***zur ~ ziehen*** call to account; **~sbewusstsein, ~sgefühl** *n* sense of responsibility; **≈slos** *adj.* irresponsible
ver|arbeiten *v/t.* process; *fig.* digest; ***et. ~ zu*** manufacture (*od.* make*) s.th. into; **~ärgern** *v/t.* make* *s.o.* angry, annoy; **~armt** *adj.* impoverished; **~arschen** *sl. v/t.*: ***j-n ~*** take the mickey out of s.o.; **~ausgaben** *v/refl.* overspend*; *fig.* exhaust o.s.
Verb *gr. n* verb
Verband *m med.* dressing, bandage; *Vereinigung*: association; *mil.* formation, unit; **~(s)kasten** *m* first-aid kit *od.* box; **~(s)zeug** *n* dressing material
verbann|en *v/t.* banish (*a. fig.*), exile; **≈ung** *f* banishment, exile
ver|barrikadieren *v/t.* barricade; *Straße etc.*: block; **~bergen** *v/t.* hide* (*a.* ***sich ~***), conceal
verbesser|n *v/t.* improve; *berichtigen*: correct; **≈ung** *f* improvement; correction
verbeug|en *v/refl.*, **≈ung** *f* bow (***vor*** to)
ver|biegen *v/t.* twist; **~bieten** *v/t.* forbid*; *amtlich*: prohibit; **~billigen** *v/t.* reduce in price; **~billigt** *adj.* reduced, at reduced prices
verbind|en *v/t. med. Wunde*: dress, bandage ; *j-n*: bandage *s.o.* up; *mit et., a. tech.*: connect, join, link (up); *tel.* put* s.o. through (***mit*** to); *kombinieren*: combine (*a. chem.* ***sich ~***); *vereinen*: unite; *Vorstellung etc.*: associ-

ate; ***j-m die Augen ~*** blindfold s.o.; ***damit sind beträchtliche Kosten verbunden*** that involves considerable cost; ***falsch verbunden!*** wrong number!; **~lich** *adj.* obligatory, compulsory (*a. Schulfach*); *gefällig*: obliging; **²lichkeit** *f* obligingness; *pl. econ.* liabilities *pl.*

Verbindung *f allg.* connection; *Kombination*: combination; *chem.* compound; *univ.* society, *Am.* fraternity; ***sich in ~ setzen mit*** get* in touch with; ***in ~ stehen*** (***bleiben***) be* (keep*) in touch

ver|bissen *adj.* dogged; **~bitten** *v/t.*: ***das verbitte ich mir!*** I won't stand for that!

verbitter|t *adj.* bitter, embittered; **²ung** *f* embitterment, bitterness

verblassen *v/i.* fade (*a. fig.*)

Verbleib *m* whereabouts *pl.*; **²en** *v/i.* remain

verbleit *adj. Benzin*: leaded

verblend|et *fig. adj.* blind; **²ung** *fig. f* blindness

verblichen *adj. Farbe*: faded

verblüff|en *v/t.* amaze, baffle, F flabbergast; **²ung** *f* amazement, bafflement

ver|blühen *v/i.* fade, wither (*beide a. fig.*); **~bluten** *v/i.* bleed* to death

verborgen *adj.* hidden, concealed; ***im ²en*** in secret

Verbot *n* prohibition, ban (on *s.th.*); **²en** *adj.*: ***Rauchen ~*** no smoking

Verbrauch *m* consumption (***an*** of); **²en** *v/t.* consume, use up; **~er** *m* consumer; **~erschutz** *m* consumer protection; **²t** *adj.* used up (*a. fig.*)

Verbrech|en *n* crime; ***ein ~ begehen*** commit a crime; **~er(in), ²erisch** *adj.* criminal

verbreit|en *v/t. u. v/refl.* spread* (***in, über*** over, through); *Nachricht etc.*: *a.* circulate; **~ern** *v/t. u. v/refl.* widen, broaden; **²ung** *f* spread(ing); circulation

verbrenn|en *v/i. u. v/t.* burn* (up); *Leiche*: cremate; **²ung** *f* burning; *bsd. tech.* combustion; cremation; *Wunde*: burn

verbringen *v/t.* spend*, pass

verbrüder|n *v/refl.* fraternize; **²ung** *f* fraternization

ver|brühen *v/t.* scald; ***sich ~*** scald o.s.; **~buchen** *v/t.* book

verbünde|n *v/refl.* ally o.s. (***mit*** to, with); **²te** *m, f* ally (*a. fig.*)

ver|bürgen *v/refl.*: ***sich ~ für*** vouch for, guarantee; **~büßen** *v/t.*: ***e-e Strafe ~*** serve a sentence, serve time; **~chromt** *adj.* chromium-plated

Verdacht *m* suspicion; ***~ schöpfen*** become* suspicious; ***im ~ stehen, et. zu tun*** be* under suspicion of doing s.th.

verdächtig *adj.* suspicious, suspect; **²e** *m, f* suspect; **~en** *v/t.* suspect (***j-n e-r Tat*** s.o. of [doing] s.th.); **²ung** *f* suspicion; *Unterstellung*: insinuation

verdamm|en *v/t.* condemn (***zu*** to), damn (*a. rel.*); **²nis** *f* damnation; **~t 1.** *adj.* damned, F *a.* damn, darn(ed), *Brt. sl. a.* bloody; F: ***~ (noch mal)!*** damn (it)!; **2.** *adv.*: ***~ gut*** *etc.* damn (*Brt. sl. a.* bloody) good *etc.*; **²ung** condemnation, damnation

ver|dampfen *v/t. u. v/i.* evaporate; **~danken** *v/t.*: ***j-m*** (***e-m Umstand*** *etc.*) ***et. ~*** owe s.th. to s.o. (s.th.)

verdau|en *v/t.* digest (*a. fig.*); **~lich** *adj.* digestible; ***leicht*** (***schwer***) ***~*** easy (hard) to digest; **²ung** *f* digestion; **²ungsstörungen** *pl. Verstopfung*: constipation *sg.*

Verdeck *n* top; **²en** *v/t.* cover (up) (*a. fig.*)

verdenken *v/t.*: ***ich kann es ihm nicht ~(, dass er ...)*** I can't blame him (for ...ing)

verderb|en 1. *v/i.* spoil* (*a. fig.*); *Fleisch etc.*: go* bad; **2.** *v/t.* spoil* (*a. Spaß, Appetit etc.*), ruin; ***sich den Magen ~*** upset* one's stomach; **²en** *n* ruin; **~lich** *adj.* perishable; *fig.* pernicious; ***~e Waren*** perishables *pl.*

ver|deutlichen *v/t.* make* *s.th.* clear; **~dichten** *v/t.* compress, condense; ***sich ~*** condense; *fig.* grow* stronger; **~dienen** *v/t. Geld*: earn, make*; *Lob, Strafe etc.*: deserve

Verdienst[1] *m* earnings *pl.*; *Lohn*: wages *pl.*; *Gehalt*: salary; *Gewinn*: gain, profit

Verdienst[2] *n* merit; ***es ist sein ~, dass*** it is thanks to him that

ver|dient *adj. Strafe etc.*: (well-)deserved; **~doppeln** *v/t. u. v/refl.* double

verdorben *adj.* spoilt (*a. fig.*); *Charakter, Lebensmittel*: *a.* bad; *Magen*: upset

V

ver|dorren *v/i.* wither , dry up; **~drängen** *v/t. j-n*: supplant, supersede (*a. Methode etc.*); *ersetzen*: replace; *phys.* displace; *psych.* repress; *bewusst*: suppress; **~drehen** *v/t.* twist; *fig. a.* distort; *Augen*: roll; ***j-m den Kopf ~*** turn s.o.'s head; **~dreht** F *fig. adj.* mixed up; **~dreifachen** *v/t. u. v/refl.* treble, triple

ver|drießlich, ~drossen *adj.* glum, morose, sullen

Verdruss *m* displeasure; *Ärger*: trouble

verdummen 1. *v/t.* make* stupid, stultify; **2.** *v/i.* become* stultified

verdunk|eln *v/t. u. v/refl.* darken; *völlig*: black out; *fig.* obscure; **2(e)lung** *f* darkening; black-out; *jur.* collusion; **2(e)lungsgefahr** *jur. f* danger of collusion

ver|dünnen *v/t.* thin (down), dilute (*a. chem.*); **~dunsten** *v/i.* evaporate; **~dursten** *v/i.* die of thirst; **~dutzt** *adj.* puzzled

vered|eln *v/t. bot.* graft; *tech.* process; *Öl, Stahl*: refine; **2(e)lung** *f bot.* grafting; *tech.* processing, refinement

verehr|en *v/t. bewundern*: admire; *anbeten, a. fig.*: adore, worship; *bsd. rel. a.* revere, venerate; **2er(in)** admirer (*a. e-r Frau etc.*); *bsd. e-s Stars*: *a.* fan; **2ung** *f* admiration; adoration, worship; reverence, veneration

vereidigen *v/t.* swear* *s.o.* in; *jur. Zeugen*: put* *s.o.* under an oath

Verein *m* club (*a. Sport2*); *bsd. eingetragener*: *a.* society, association

vereinbar *adj.* compatible (***mit*** with); **~en** *v/t.* agree (up)on, arrange; **2ung** *f* agreement, arrangement

vereinen *v/t.* → ***vereinigen***

vereinfach|en *v/t.* simplify; **2ung** *f* simplification

vereinheitlichen *v/t.* standardize

vereinig|en *v/t. u. v/refl.* unite (***zu*** into); (*sich*) *verbinden*: *a.* combine, join; **2ung** *f* union; combination; *Bündnis*: alliance

verein|samen *v/i.* become* lonely *od.* isolated; **~zelt** *adj.* occasional, odd; ***~ Regen*** scattered showers

ver|eiteln *v/t.* prevent; *Plan etc.*: *a.* frustrate; **~enden** *v/i.* die, perish; **~enge(r)n** *v/t. u. v/refl.* narrow

vererb|en *v/t.*: ***j-m et. ~*** leave* (*med.* transmit) s.th. to s.o.; ***sich ~*** (***auf***) be* passed on *od.* down (to) (*a. med. u. fig.*); **2ung** *biol. f* heredity; **2ungslehre** *f* genetics *sg.*

verewigen *v/t.* immortalize

verfahren 1. *v/i.* proceed; ***~ mit*** deal* with; **2.** *v/refl.* get* lost

Verfahren *n* procedure, method; *bsd. tech. a.* technique, way; *jur.* (legal) proceedings *pl.* (***gegen*** against)

Verfall *m* decay (*a. fig.*); *e-s Hauses etc.*: *a.* dilapidation; *Niedergang*: decline; *econ. etc.* expiry

verfall|en 1. *v/i.* decay (*a. fig.*); *bsd. fig. a.* decline; *Haus etc.*: *a.* dilapidate; *ablaufen*: expire; *Kranker*: waste away; *e-m Laster etc.*: become* addicted to; (***wieder***) ***~ in*** fall* (back) into; ***~ auf*** hit* (up)on; **2.** *adj.* decayed; *Haus*: *a.* dilapidated; ***j-m ~ sein*** be* s.o.'s slave; **2sdatum** *n* expiry date; *Lebensmittel*: best-before (*od.* best-by) date, *Am.* pull date; *Medikamente*: sell-by date

ver|fälschen *v/t.* falsify; *Bericht etc.*: *a.* distort; *Speisen etc.*: adulterate; **~fänglich** *adj.* delicate, tricky; *peinlich*: embarrassing, compromising; **~färben** *v/refl.* discolo(u)r

verfass|en *v/t.* write*; **2er(in)** author(ess)

Verfassung *f* state (*gesundheitlich*: of health; *seelisch*: of mind), condition; *pol.* constitution; **2smäßig** *adj.* constitutional; **2swidrig** *adj.* unconstitutional

ver|faulen *v/i.* rot, decay; **~fechten** *v/t.*, **~fechter(in)** advocate

verfehl|en *v/t.* miss (***sich*** each other); **2ung** *f* offen|ce, *Am.* -se

ver|feinden *v/refl.* become* enemies; **~feindet** *adj.* hostile; **~feinern** *v/t. u. v/refl.* refine

verfilm|en *v/t.* film; **2ung** *f* filming; *Film*: film version

ver|flechten *v/t.* intertwine (*a.* ***sich ~***); *econ.* interlock; **2flechtung** *f* intertwinement; *econ.* interlocking; ***~ in*** involvement in; **~flossen** *adj. Zeit*: past; F: ***mein 2er*** my ex-husband

verfluch|en *v/t.* curse; **~t** *adj.* → ***verdammt***

verfolg|en *v/t.* pursue (*a. fig.*); *jagen, a. fig.*: chase, hunt; *pol., rel.* persecute; *Spuren*: follow; *Gedanken, Traum*:

V

haunt; ***gerichtlich* ~** prosecute; **Ձer** *m* pursuer; persecutor; **Ձung** *f* pursuit (*a. Radsport*); chase, hunt; persecution; ***gerichtliche* ~** prosecution; **Ձungswahn** *psych. m* persecution mania

ver|frachten *v/t.* freight, ship; F *j-n. etw.*: bundle (***in*** into); **~fremden** *v/t. Kunst etc.*: alienate; **Ձfremdungseffekt** *bsd. thea. m* alienation effect; **~früht** *adj.* premature

verfüg|bar *adj.* available; **~en 1.** *v/t.* decree, order; **2.** *v/i.*: **~ *über*** have* at one's disposal; **Ձung** *f* decreee, order; disposal; ***j-m zur* ~ *stehen* (*stellen*)** be* (place) at s.o.'s disposal

verführ|en *v/t.* seduce (***et. zu tun*** into doing s.th.); **Ձer** *m* seducer; **Ձerin** *f* seductress; **~erisch** *adj.* seductive; *verlockend*: tempting; **Ձung** *f* seduction

vergangen *adj.* gone, past; ***im* ~*en Jahr*** last year; **Ձheit** *f* past; *gr.* past tense

vergänglich *adj.* transitory

vergas|en *v/t. chem.* gasify; *töten*: gas; **Ձer** *mot. m* carburet(t)or

vergeb|en *v/t.* give* away (*a. Chance*); *Preis etc.*: *a.* award; *verzeihen*: forgive*; **~ens** *adv.* in vain; **~lich 1.** *adj.* futile; **2.** *adv.* in vain; **Ձung** *f* forgiveness, pardon

vergegenwärtigen *v/t.* visualize

vergehen 1. *v/i. Zeit etc.*: go* by, pass; *nachlassen*: wear* off; **~ *vor*** be* dying with; ***wie die Zeit vergeht!*** how time flies!; **2.** *v/refl.*: ***sich* ~ *an*** violate; *vergewaltigen*: *a.* rape

Vergehen *jur. n* offen|ce, *Am.* -se

vergelt|en *v/t.* repay*; *belohnen*: *a.* reward; **Ձung** *f Rache*: retaliation (*a. mil.*); **Ձungsmaßnahme** *f* retaliatory measure

vergessen *v/t.* forget*; *liegen lassen*: leave*; **Ձheit** *f*: ***in* ~ *geraten*** fall* into oblivion

vergesslich *adj.* forgetful

vergeud|en *v/t.*, **Ձung** *f* waste

vergewaltig|en *v/t.* rape, violate (*a. fig.*); **Ձung** *f* rape, violation

ver|gewissern *v/refl.* make* sure (***e-r Sache*** of s.th.; ***ob*** whether; ***dass*** that); **~gießen** *v/t.* shed*; *verschütten*: spill*

vergift|en *v/t.* poison (*a. fig.*); *Umwelt*: contaminate; **Ձung** *f* poisoning; contamination

vergittert *adj. Fenster etc.*: barred

Vergleich *m* comparison; *jur.* compromise; **Ձbar** *adj.* comparable (***mit*** to, with); **Ձen** *v/t.* compare (***mit*** with; *gleichstellend*: to); ***ist nicht zu* ~ *mit*** cannot be compared to; *an Wert etc.*: cannot compare with; ***verglichen mit*** compared to *od.* with; **Ձsweise** *adv.* comparatively

verglühen *v/i.* burn* out (*Rakete etc.*: up)

Vergnügen *n* pleasure, enjoyment, *Spaß*: fun; ***mit* ~** with pleasure; ***viel* ~!** have fun! have a good time!

vergnüg|en *v/refl.* enjoy o.s. (***mit et.*** doing s.th.); **~t** *adj.* cheerful; **Ձung** *f* pleasure, amusement, entertainment; **Ձungspark** *m* amusement park, *bsd. Brt. a.* fun fair; **~ungssüchtig** *adj.* pleasure-seeking; **Ձungsviertel** *n* night-life district

ver|golden *v/t.* gild*; **~göttern** *v/t.* idolize, adore; **~graben** *v/t.* bury (*a. fig.*); *fig.* ***sich* ~ *in*** bury o.s. in (*one's work etc.*); **~greifen** *v/refl.*: ***sich* ~ *an*** lay* hands on; **~griffen** *adj. Buch*: out of print

vergrößer|n *v/t.* enlarge (*a. phot.*); *vermehren*: increase; *opt.* magnify; ***sich* ~** increase, grow*, expand; **Ձung** *f phot.* enlargement; *opt.* magnification; increase; **Ձungsglas** *n* magnifying glass

Vergünstigung *f* privilege

vergüt|en *v/t.* reimburse, pay* (for); **Ձung** *f* reimbursement

verhaft|en *v/t.*, **Ձung** *f* arrest

verhalten¹ *v/refl.* behave; *Person*: *a.* conduct o.s., act; ***sich ruhig* ~** keep* quiet

verhalten² *adj.* restrained; *Ton*: subdued

Verhalten *n* behavio(u)r, conduct; **~sforschung** *psych. f* behavio(u)ral science; **Ձsgestört** *adj.* disturbed, maladjusted

Verhältnis *n Beziehung*, *a. pol. etc.*: relationship, relations *pl.*; *Einstellung*: attitude; *zahlenmäßig etc.*: proportion, relation, *bsd. math.* ratio; F *Liebes*Ձ: affair; **~se** *pl.* circumstances *pl.*, conditions *pl.* (*a. soziale*); ***über j-s* ~*se*** beyond s.o.'s means; **Ձmäßig** *adv.* comparatively, relatively; **~wort** *gr. n* preposition

verhand|eln 1. *v/i.* negotiate; **2.** *v/t. jur. Fall*: hear*; **2lung** *f* negotiation, talk; *jur.* hearing; *Strafrecht*: trial; **~lungsbasis** *econ. f* asking price
verhäng|en *v/t.* cover (**mit** with); *Strafe etc.*: impose (**über** on); **2nis** *n* fate; *Unheil*: disaster; **~nisvoll** *adj.* fatal, disastrous
ver|harmlosen *v/t.* play *s.th.* down; **~härmt** *adj.* careworn; **~hasst** *adj.* hated; *Sache*: *a.* hateful; **~hätscheln** *v/t.* coddle, pamper, spoil*; **~hauen** *v/t.* beat* *s.o.* up; *bsd. Kind*: spank
verheerend *adj.* disastrous
ver|hehlen *v/t.* → **verheimlichen**; **~heilen** *v/i.* heal (up)
verheimlich|en *v/t.* hide*, conceal; **2ung** *f* concealment
verheirat|en *v/t.* marry (*s.o.* off) (**mit** to); **sich ~** get* married; **~et** *adj.* married; F: **frisch ~** just married
verheißungsvoll *adj.* promising
verhelfen *v/i.*: **j-m zu et. ~** help s.o. to get s.th.
verherrlich|en *v/t.* glorify; *contp. a.* idolize; **2ung** *f* glorification
verhexen *v/t.* bewitch; **es ist wie verhext** there's a jinx on it
verhinder|n *v/t.* prevent (**dass j. et. tut** s.o. from doing s.th.); **~t** *adj.* unable to come; **ein ~er Künstler** a would-be artist; **2ung** *f* prevention
verhöhn|en *v/t.* deride, mock (at), jeer (at); **2ung** *f* derision
Verhör *jur. n* interrogation; **2en 1.** *v/t.* interrogate, question; **2.** *v/refl.* get* it wrong
ver|hüllen *v/t.* cover, veil (*a. fig.*); **~hungern** *v/i.* die of hunger, starve (to death); **2hungern** *n* starvation
verhüt|en *v/t.* prevent; **2ungsmittel** *n* contraceptive
verirr|en *v/refl.* get* lost, lose* one's way, go* astray (*a. fig.*); **2ung** *fig. f* aberration
verjagen *v/t.* chase *od.* drive* away
verjähr|en *jur. v/i.* come* under the statute of limitation; **~t** *jur. adj.* statute-barred
verjüngen *v/t.* make* *s.o.* (look) younger, rejuvenate; **sich ~** *arch. etc.*: taper (off)
verkabeln *electr. v/t.* cable
Verkauf *m* sale; **2en** *v/t.* sell*; **zu ~** for sale; **sich gut ~** sell* well
Verkäuf|er *m* shop assistant, *Am.* (sales)clerk; *econ.* seller; *Auto2 etc.*: salesman; **~erin** *f* shop assistant, saleslady, *Am.* (sales)clerk; **2lich** *adj.* for sale; **schwer ~** hard to sell
Verkehr *m* traffic; *öffentlicher*: transport(ation *Am.*); *Umgang*: contact, dealings *pl.*; *Geschlechts2*: intercourse; *Umlauf*: circulation; **starker (schwacher) ~** heavy (light) traffic; **2en 1.** *v/i. Bus etc.*: run*; **~ in** *Lokal etc.*: frequent; **~ mit** associate *od.* mix with; *sexuell*: have* intercourse with; **2.** *v/t.* turn (**in** into); **ins Gegenteil ~** reverse
Verkehrs|ader *f* arterial road; **~ampel** *f* traffic light(s *pl.*); **~behinderung** *f* holdup, delay; *jur.* obstruction of traffic; **~delikt** *n* traffic offen|ce, *Am.* -se; **~flugzeug** *n* airliner; **~funk** *m* traffic bulletin; **~insel** *f* traffic island; **~meldung** *f* traffic announcement, flash; **~minister** *m* minister of transport; **~ministerium** *n* ministry of transport; **~mittel** *n* means of transport(ation); **öffentliche ~** *pl.* public transport(ation *Am.*) *sg.*; **~opfer** *n* road casualty; **~polizei** *f* traffic police *pl.*; **~rowdy** *m* F road hog; **2sicher** *mot. adj.* roadworthy; **~sicherheit** *f* road safety; *e-s Autos etc.*: roadworthiness; **~stau** *m* traffic jam; **~sünder** F *m* traffic offender; **~teilnehmer** *m* road user; **~unfall** *m* traffic accident; *schwerer*: (car) crash; **~unterricht** *m* traffic instruction; **~zeichen** *n* traffic sign
ver|kehrt *adj. u. adv. falsch*: wrong; **~** *herum*: upside down; *Pulli etc.*: inside out; **~kennen** *v/t.* mistake*, misjudge
Verkettung *f*: **~ unglücklicher Umstände** concatenation of misfortunes
ver|klagen *jur. v/t.* sue (**auf, wegen** for); **~klappen** *v/t.* dump (into the sea); **~kleben** *v/t.* glue (together)
verkleid|en *v/t.* disguise (**als** as), dress *s.o.* up (as); *tech.* cover, (en)case; *täfeln*: panel; **sich ~** disguise o.s., dress (o.s.) up; **2ung** *f* disguise; *tech.* cover, encasement; panel(l)ing; *mot.* fairing
verkleiner|n *v/t.* make* smaller, reduce, diminish; **2ung** *f* reduction, diminution
ver|klingen *v/i.* die away; **~knallt** F

V

adj.: ~ ***sein in*** be* madly in love with, have* a crush on; **ℒknappung** *f* shortage (***an*** of); **~knoten** *v/t.* knot; **~knüpfen** *v/t.* knot together; *fig.* connect, combine; **~kohlen 1.** *v/t.* carbonize, char; F: ***j-n*** ~ pull s.o.'s leg; **2.** *v/i.* char; **~kommen 1.** *v/i. Haus etc.*: become* run-down *od.* dilapidated; *Person*: go* to the dogs; *Speisen etc.*: go* bad; **2.** *adj.* run-down, dilapidated; *verwahrlost*: neglected; *Person*: depraved, rotten (to the core); **~korken** *v/t.* cork (up)

verkörper|n *v/t.* personify; *bsd. Sache*: embody; *bsd. thea.* impersonate; **ℒung** *f* personification, embodiment; *thea.* impersonation

ver|krachen F *v/refl.* fall* out (***mit*** with); **~kriechen** *v/refl.* hide*; **~krümmt** *adj.* crooked, curved (*a. med.*); **~krüppelt** *adj.* crippled; **~kühlen** *v/refl.* catch* a chill

verkümmer|n *v/i.* become* stunted; **~t** *adj.* stunted

verkünd|en *v/t.* announce; *bsd. öffentlich*: proclaim; *Urteil*: pronounce; *rel. predigen*: preach; **ℒung** *f* announcement; proclamation; pronouncement; *rel.* preaching

ver|kürzen *v/t.* shorten; (*Arbeits*)*Zeit*: *a.* reduce; **~laden** *v/t.* load (**auf** onto; ***in*** into)

Verlag *m* publishing house *od.* company, publisher(s *pl.*)

verlagern *v/t. u. v/refl.* shift (***auf*** to)

verlangen *v/t.* ask for; *fordern*: demand; *beanspruchen*: claim; *Preis*: charge; *erfordern*: take*, call for

Verlangen *n* desire (***nach*** for); *Sehnen*: longing (for), yearning (for); ***auf*** ~ by request; *econ.* on demand

verlänger|n *v/t.* lengthen, make* longer; *zeitlich*: prolong (*a. Leben*), extend (*a. econ.*); **ℒung** *f* lengthening; prolongation, extension; *Sport*: extra time, *Am.* overtime

verlangsamen *v/t. u. v/refl.* slacken, slow down (*beide a. fig.*)

verlassen 1. *v/t.* leave*; *im Stich lassen*: *a.* abandon, desert; **2.** *v/refl.*: ***sich*** ~ ***auf*** rely *od.* depend on

verlässlich *adj.* reliable, dependable

Verlauf *m* course; **ℒen 1.** *v/i.* run*; *ablaufen*: go*; *enden*: end (up); **2.** *v/refl.* get* lost, lose* one's way

verlauten *v/i.*: ~ ***lassen*** give* to understand; ***wie verlautet*** as reported

verleben *v/t.* spend*; *Zeit etc.*: *a.* have*

verleg|en¹ *v/t. Ort etc.*: move; *Brille etc.*: mislay*; *tech.* lay*; *zeitlich*: put* off, postpone; *Buch*: publish

verlegen² *adj.* embarrassed; **ℒheit** *f* embarrassment; *Lage*: embarrassing situation, F fix

Verleger *m* publisher

verleiden *v/t.* spoil* (***j-m et.*** s.th. for s.o.)

Verleih *m* hire, rental; *Film*ℒ: distributor(s *pl.*); **ℒen** *v/t.* lend*, *Am. a.* loan; *Autos etc.*: hire (*Am.* rent) out; *Preis etc.*: award; *Recht etc.*: grant; **~ung** *f* award(ing), presentation; grant(ing)

ver|leiten *v/t.*: ***j-n zu et.*** ~ make* s.o. do s.th., lead* s.o. to do s.th.; **~lernen** *v/t.* forget*; **~lesen 1.** *v/t.* read* (*Namen*: *a.* call) out; **2.** *v/refl.* make* a slip (in reading); *in, bei et.*: misread* *s.th.*

verletz|en *v/t.* hurt*, injure; *fig. a.* offend; ***sich*** ~ hurt* o.s., get* hurt; **~end** *adj.* offensive; **ℒte** *m, f* injured person; ***die ~n*** *pl.* the injured *pl.*; **ℒung** *f* injury, *bsd. pl. a.* hurt; *fig.*, *jur.* violation

verleugnen *v/t.* deny; *Glauben etc.*: *a.* renounce

verleumd|en *v/t.* defame; *jur. mündlich*: slander; *schriftlich*: libel; **~erisch** *adj.* slanderous, libel(l)ous; **ℒung** *jur. f* slander; libel

verlieb|en *v/refl.* fall* in love (***in*** with); **~t** *adj.* in love (***in*** with); *Blick etc.*: amorous; **ℒte** *pl.* lovers *pl.*

verlier|en *v/t. u. v/i.* lose*; **ℒer(in)** loser

verlob|en *v/refl.* get* engaged (***mit*** to); **ℒte(r)** fiancé(e *f*); **ℒung** *f* engagement

verlock|en *v/t.* tempt; **~end** *adj.* tempting; **ℒung** *f* temptation

verlogen *adj.* untruthful, lying; **ℒheit** *f* untruthfulness, dishonesty

verloren *adj.* lost; *Zeit etc.*: *a.* wasted; ~ ***gehen*** get* lost

verlos|en *v/t.* raffle (off); **ℒung** *f* raffle

Verlust *m* loss (*a. fig.*); **~e** *pl. bsd. mil.* casualties *pl.*

vermachen *v/t.* leave*, will

Vermächtnis *n* legacy (*a. fig.*)

vermarkt|en *v/t.* market; *bsd. contp.* commercialize; **ℒung** *f* marketing; commercialization

vermehr|en *v/t. u. v/refl.* increase (**um** by), multiply (by) (*a. biol.*); *biol.* reproduce, *bsd. zo. a.* breed*; **2ung** *f* increase; *biol.* reproduction
vermeid|bar *adj.* avoidable; **~en** *v/t.* avoid
ver|meintlich *adj.* supposed; **~mengen** *v/t.* mix, mingle, blend
Vermerk *m* note; **2en** *v/t.* make* a note of
vermess|en¹ *v/t.* measure; *Land*: survey
vermessen² *adj.* presumptuous; **2enheit** *f* presumption
Vermessung *f* measuring; survey(ing)
vermiete|n *v/t.* let*, rent, lease (out); *Autos etc.*: hire (*Am.* rent) out; **zu ~** to let; *Autos etc.*: for hire; *beide*: *bsd. Am.* for rent; **2r(in)** land|lord (-lady); **2ung** *f* letting, renting; → ***Verleih***
vermindern *v/t.* → ***verringern***
vermisch|en *v/t. u. v/refl.* mix, mingle, blend (***mit*** with); **~t** *adj.* mixed; **2es** *Überschrift*: miscellaneous
vermiss|en *v/t.* miss; **~t** *adj.* missing; ***die 2en*** *pl.* the missing *pl.*
vermitt|eln 1. *v/t.* arrange; *Eindruck etc.*: give*, convey; ***j-m et. ~*** get* *od.* find* s.o. s.th.; **2.** *v/i.* mediate (***zwischen*** between); **2ler** *m* mediator, go-between; *econ.* agent, broker; **2lung** *f* mediation; *Herbeiführung*: arrangement; *Stelle*: agency, office; *tel.* (telephone) exchange; *Mensch*: operator
vermodern *v/i.* mo(u)lder, rot
Vermögen *n* fortune (*a.* F *fig.*); *Besitz*: property, possessions *pl.*; *econ.* assets *pl.*; **2d** *adj.* well-to-do, well-off
vermummen *v/refl.* mask o.s., disguise o.s.
vermut|en *v/t.* suppose, expect, think*, *Am. a.* guess; **~lich** *adv.* probably; **2ung** *f* supposition; *bloße*: speculation
vernachlässig|en *v/t.*, **2ung** *f* neglect
vernarben *v/i.* scar over; *fig.* heal
vernarrt *adj.*: ***~ in*** mad *od.* crazy about; → ***verknallt***
vernehm|en *v/t.* hear*; *jur.* question, interrogate; **~lich** *adj.* clear, distinct; **2ung** *jur. f* interrogation, examination
verneig|en *v/refl.*, **2ung** *f* bow (***vor*** to) (*a. fig.*)
vernein|en 1. *v/t.* deny; **2.** *v/i.* say* no, answer in the negative; **~end** *adj.* negative; **2ung** *f* denial, negative (*a. gr.*)
vernicht|en *v/t.* destroy; **~end** *adj.* devastating (*a. fig.*); *Antwort*, *Niederlage*: crushing; **2ung** *f* destruction; *bsd. mil. a.* annihilation; *Ausrottung*: extermination
Vernunft *f* reason; ***~ annehmen*** listen to reason; ***j-n zur ~ bringen*** bring* s.o. to reason
vernünftig *adj.* sensible, reasonable (*a. Preis etc.*); F *ordentlich*: decent
veröden *v/i.* become* deserted
veröffentlich|en *v/t.* publish; **2ung** *f* publication
verordn|en *v/t.* order; *med. a.* prescribe (***gegen*** for); **2ung** *f* order; *Rezept*: prescription
ver|pachten *v/t.* lease; **2pächter** *m* lessor
verpack|en *v/t.* pack (up); *tech.* package; *einwickeln*: wrap up; **2ung** *f* pack(ag)ing; *Papier2*: wrapping; **2ungsmüll** *m* superfluous packaging
ver|passen *v/t.* miss; **~patzen** F *v/t.* mess up, spoil*; **~pesten** *v/t.* pollute, foul, contaminate; F stink* out; **~petzen** F *v/t.*: ***j-n ~*** tell* on s.o. (***bei*** to); **~pfänden** *v/t.* pawn; *fig.* pledge
verpflanz|en *v/t.*, **2ung** *f* transplant (*a. med.*)
verpfleg|en *v/t.* feed*; **2ung** *f* food
verpflicht|en *v/t.* oblige; *engagieren*: engage; ***sich ~, et. zu tun*** undertake* (*econ.* agree) to do s.th.; **~et** *adj.*: ***~ sein*** (***sich ~ fühlen***) ***zu et.*** be* (feel*) obliged to do s.th.; **2ung** *f* obligation; *Pflicht*: duty; *econ. jur.* liability; *übernommene*: engagement, commitment
ver|pfuschen F *v/t.* bungle, botch; **~plappern** *v/refl.* blab; **~pönt** *adj.* taboo; **~prügeln** F *v/t.* beat* *s.o.* up; **~puffen** *fig. v/i.* fizzle out
Verputz *arch. m*, **2en** *v/t.* plaster
ver|quollen *adj. Holz*: warped; *Gesicht etc.*: puffy, swollen; **~rammeln** *v/t.* barricade, block
Verrat *m* betrayal (***an*** of); *Treulosigkeit*: treachery (to); *jur. Landes2*: treason (to); **2en** *v/t.* betray, give* away (*beide a. fig.*); ***sich ~*** betray o.s., give* o.s. away
Verräter *m* traitor; **2isch** *adj.* treacherous; *fig.* revealing, telltale
verrechn|en 1. *v/t.* set* off (***mit***

against); **2.** *v/refl.* miscalculate, make* a mistake (*a. fig.*); ***sich um e-e Mark ~*** be* one mark out; **2ung** *f* setting off; **2ungsscheck** *m* crossed cheque, *Am.* voucher check
verregnet *adj.* rainy
verreis|en *v/i.* go* away (*geschäftlich*: on business); **~t** *adj.* away (***geschäftlich*** on business)
verrenk|en *v/t. med.* dislocate, luxate; ***sich et. ~*** *med.* dislocate s.th.; ***sich den Hals ~*** crane one's neck; **2ung** *med. f* dislocation, luxation
ver|richten *v/t.* do*, perform, carry out; **~riegeln** *v/t.* bolt, bar
verringer|n *v/t.* decrease, lessen (*beide a.* ***sich ~***), reduce, cut* down; **2ung** *f* reduction, decrease
ver|rosten *v/t.* rust, get* rusty (*a. fig.*); **~rotten** *v/i.* rot; **~rottet** *adj.* rotten
verrück|en *v/t.* move, shift; **~t** *adj.* mad, crazy (*beide a. fig.*: ***nach*** about); ***wie ~*** like mad; ***~ werden*** go* mad *od.* crazy; ***j-n ~ machen*** drive* s.o. mad; **2te(r)** mad|man (-woman), lunatic, maniac (*alle a.* F *fig.*); **2theit** *f* madness, craziness; *Tat etc.*: crazy thing
Verruf *m*: ***in ~ bringen*** bring* discredit (up)on; ***in ~ kommen*** get* into discredit; **2en** *adj.* notorious
verrutschen *v/i.* slip, get* out of place
Vers *m* verse; *Zeile*: *a.* line
versagen 1. *v/i. allg.* fail (*a. med.*); *mot. etc. a.* break* down; *Waffe*: misfire; **2.** *v/t.* deny, refuse
Versag|en *n* failure; **~er** *m* failure
versalzen *v/t.* oversalt; F *fig.* spoil
versamm|eln *v/t.* gather, assemble; ***sich ~*** *a.* meet*; **2lung** *f* assembly, meeting
Versand *m* dispatch, shipment; **~...** *in Zssgn Haus, Katalog etc.*: mail-order ...
versäum|en *v/t.* miss; ***et. zu tun ~*** fail to do s.th.; **2nis** *n Unterlassung*: omission; *Schule*, *Arbeit*: absence (from school *od.* work)
ver|schaffen *v/t.* get*, find*; ***sich ~*** *a.* obtain; **~schämt** *adj.* bashful; **~schanzen** *v/refl.* entrench o.s. (*a. fig.* ***hinter*** behind); **~schärfen** *v/t. verschlimmern*: aggravate; *Kontrollen etc.*: tighten up; *erhöhen*: increase; ***sich ~*** *schlimmer werden*: get* worse; **~schenken** *v/t.* give* away (*a. fig.*); **~scherzen** *v/t.* forfeit; **~scheuchen** *v/t.* scare off, chase away (*a. fig.*); **~schicken** *v/t.* send* off; *bsd. econ. a.* dispatch
verschieb|en *v/t.* move, shift (*a.* ***sich ~***); *zeitlich*: postpone, put* off; **2ung** *f* shift(ing); postponement
verschieden *adj.* different (***von*** from); **~e** *pl. mehrere*: various, several; **~artig** *adj.* different; *mannigfaltig*: various; **2heit** *f* difference; **~tlich** *adv.* repeatedly
verschiff|en *v/t.* ship; **2ung** *f* shipment
verschimmeln *v/i.* get* mo(u)ldy
verschlafen 1. *v/i.* oversleep*; **2.** *v/t. et.*: sleep* through; **2.** *adj.* sleepy (*a. fig.*)
Verschlag *m* shed
verschlagen[1] *v/t.* ***j-m den Atem ~*** take* s.o.'s breath away; ***j-m die Sprache ~*** leave* s.o. speechless; ***es hat ihn nach X ~*** he ended up in X
verschlagen[2] *adj.* sly, cunning
verschlechter|n *v/t. u. v/refl.* make* (*refl.* get*) worse, worsen, deteriorate; **2ung** *f* deterioration; *e-s Zustands*: *a.* change for the worse
verschleiern *v/t.* veil; *fig. a.* cover up
Verschleiß *m* wear (and tear); **2en** *v/t.* wear* out
ver|schleppen *v/t.* carry off; *pol.* displace; *in die Länge ziehen*: draw* out, delay; *Krankheit*: neglect; **~schleudern** *v/t.* waste; *econ.* sell* dirt cheap; **~schließen** *v/t.* close (*a. fig. die Augen*); *absperren*: lock (up)
verschlimmern *v/t. u. v/refl.* → ***verschlechtern***
verschlingen *v/t.* devour (*a. fig.*); *bsd. Essen*: gulp (down)
verschlossen *adj.* closed; *fig.* aloof, reserved; **2heit** *f* aloofness
verschlucken 1. *v/t.* swallow (*fig.* up); **2.** *v/refl.* choke; ***ich habe mich verschluckt*** it went down the wrong way
Verschluss *m* fastener; *aus Metall*: *a.* clasp; *Schnapp2*: catch; *Schloss*: lock; *Deckel*: cover, lid; *a. Schraub2*: cap, top; *phot.* shutter; ***unter ~*** under lock and key
ver|schlüsseln *v/t.* (en)code, (en)cipher; **2schlusszeit** *phot. f* shutter speed; **~schmähen** *v/t.* disdain, scorn
verschmelz|en *v/i. u. v/t.* merge, fuse

V

(*beide a. econ., pol. etc.*), melt*; **≈ung** *f* fusion (*a. fig.*)

ver|schmerzen *v/t.* get* over *s.th.*; **~schmieren** *v/t.* smear, smudge; **~schmitzt** *adj.* mischievous; **~schmutzen 1.** *v/t.* soil, dirty; *Umwelt*: pollute; **2.** *v/i.* get* dirty; get* polluted; **~schnaufen** F *v/i. u. v/refl.* stop for breath; **~schneit** *adj.* snow-covered, snowy

Verschnitt *m* blend; *Abfall*: waste

verschnupft *adj.*: **~ *sein*** *med.* have* a cold; F *fig.* be* peeved

ver|schnüren *v/t.* tie up; **~schollen** *adj.* missing; *jur.* presumed dead; **~schonen** *v/t.* spare; ***j-n mit et.* ~** spare s.o. s.th.

verschöne|(r)n *v/t.* embellish; **≈rung** *f* embellishment

ver|schossen *adj. Farbe*: faded; F: **~ *sein in*** have* a crush on; **~schränken** *v/t.* fold; *Beine*: cross

verschreib|en 1. *v/t. med.* prescribe (***gegen*** for); **2.** *v/refl.* make* a slip of the pen; ***sich e-r Sache* ~** devote o.s. to s.th; **~ungspflichtig** *pharm. adj.* available on prescription only

ver|schroben *adj.* eccentric, odd; **~schrotten** *v/t.* scrap; **~schüchtert** *adj.* intimidated

verschulde|n *v/t.* be* responsible for, cause, be* the cause of; ***sich* ~** get* into debt; **~t** *adj.* in debt

ver|schütten *v/t. Flüssigkeit*: spill*; *j-n*: bury (alive); **~schwägert** *adj.* related by marriage; **~schweigen** *v/t.* keep* *s.th.* a secret, hide*

verschwend|en *v/t.* waste; **≈er(in)** spendthrift; **~erisch** *adj.* wasteful, extravagant; *üppig*: lavish; **≈ung** *f* waste

verschwiegen *adj.* discreet; *verborgen*: hidden, secret; **≈heit** *f* secrecy, discretion

ver|schwimmen *v/i.* become* blurred; **~schwinden** *v/i.* disappear, vanish; F: ***verschwinde!*** beat it!; **≈schwinden** *n* disappearance; **~schwommen** *adj.* blurred (*a. phot.*); *fig. a.* vague, hazy

verschwör|en *v/refl.* conspire, plot; **≈er** *m* conspirator; **≈ung** *f* conspiracy, plot

verschwunden *adj.* missing

versehen 1. *v/t. Haushalt etc.*: take* care of; **~ *mit*** provide with; **2.** *v/refl.* make* a mistake

Versehen *n* mistake, error; ***aus* ~**, **≈tlich** *adv.* by mistake, unintentionally

Versehrte(r) disabled person

versenden *v/t.* → ***verschicken***

ver|sengen *v/t.* singe, scorch; **~senken** *v/t.* sink*; ***sich* ~ *in*** become* absorbed in; **~sessen** *adj.*: **~ *auf*** mad *od.* crazy about

versetz|en *v/t.* move, shift; *dienstlich*: transfer; *Schüler*: move *s.o.* up, *Am.* promote; *Schlag etc.*: give*; *verpfänden*: pawn; *agr.* transplant; F ***j-n* ~** stand* s.o. up; ***in die Lage* ~, *zu*** put* in a position to, enable to; ***sich in j-s Lage* ~** put* o.s. in s.o.'s place; **≈ung** *f* transfer; *Schule*: remove, *Am.* promotion

verseuch|en *v/t.* contaminate; **≈ung** *f* contamination

versicher|n *v/t. econ.* insure (***bei*** with); *behaupten*: assure (***j-m et.*** s.o. of s.th.), assert; ***sich* ~** insure o.s.; *sichergehen*: make* sure (***dass*** that); **≈te(r)** *the* insured; **≈ung** *f* insurance; assurance, assertion

Versicherungs|gesellschaft *f* insurance company; **~police** *f*, **~schein** *m* insurance policy

ver|sickern *v/i.* trickle away; **~siegeln** *v/t.* seal; **~siegen** *v/i.* dry up, run* dry; **~silbern** *v/t.* silver-plate; F *fig.* turn into cash; **~sinken** *v/i.* sink*; → ***versunken***; **~sinnbildlichen** *v/t.* symbolize

Version *f* version

versklaven *v/t.* enslave (*a. fig.*)

Versmaß *n* met|re, *Am.* -er

versöhn|en *v/t.* reconcile; ***sich*** (***wieder***) **~** make* it up (***mit*** with); **~lich** *adj.* conciliatory; **≈ung** *f* reconciliation; *bsd. pol.* appeasement

versorg|en *v/t.* provide (***mit*** with), supply (with); *Familie etc.*: support; *sich kümmern um*: take* care of, look after; **≈ung** *f* supply (***mit*** with); *Unterhalt*: support; *Betreuung*: care

verspät|en *v/refl.* be* late; **~et** *adj.* belated, late, *Am. a.* tardy; *Zug etc.*: *a.* delayed; **≈ung** *f* being *od.* coming late; *Am. a.* tardiness; *Schule*: *Am.* tardy; *Zug etc.*: delay; ***20 Minuten* ~ *haben*** be* 20 minutes late

ver|speisen *v/t.* eat* (up); **~sperren** *v/t.* bar, block (up), obstruct (*a. Sicht*);

zuschließen: lock; **~spielen** *v/t.* lose*; **~spielt** *adj.* playful; **~spotten** *v/t.* make* fun of, ridicule; **~sprechen 1.** *v/t.* promise (*a. fig.*); ***sich zu viel ~*** (***von***) expect too much (of); **2.** *v/refl.* make* a mistake *od.* slip; **2sprechen** *n* promise; ***ein ~ geben*** (***halten***, ***brechen***) make* (keep*, break*) a promise; **~sprecher** F *m* slip (of the tongue)
verstaatlich|en *v/t.* nationalize; **2ung** *f* nationalization
Verstädterung *f* urbanization
Verstand *m* mind, intellect; *Vernunft*: reason, (common) sense; *Intelligenz*: intelligence, brains *pl.*; ***nicht bei ~*** out of one's mind, not in one's right mind; ***den ~ verlieren*** go* out of one's mind; **2esmäßig** *adj.* rational
verständ|ig *adj.* reasonable, sensible; **~igen** *v/t.* inform (***von*** of), notify (of); *Arzt*, *Polizei*: *a.* call; ***sich ~*** communicate; *sich einigen*: come* to an agreement (***über*** on); **2igung** *f* communication (*a. tel.*); *Einigung*: agreement; **~lich** *adj.* intelligible; *begreiflich*: comprehensible; *Verhalten*: understandable; *hörbar*: audible; ***schwer*** (***leicht***) **~** difficult (easy) to understand; ***j-m et. ~ machen*** make* s.th. clear to s.o.; ***sich ~ machen*** make* o.s. understood
Verständnis *n* comprehension, understanding (*a. menschliches*); *Mitgefühl*: *a.* sympathy; (***viel***) ***~ haben*** be* (very) understanding; ***~ haben für*** understand*; appreciate; **2los** *adj.* unappreciative; *Blick etc.*: blank; **2voll** *adj.* understanding, sympathetic; *Blick etc.*: knowing
verstärk|en *v/t.* reinforce (*a. tech.*, *mil.*); *zahlenmäßig*: strengthen (*a. tech.*); *Radio*, *phys.*: amplify; *steigern*: intensify; **2er** *m* amplifier; **2ung** *f* strengthening; reinforcement(s *pl. mil.*); amplification; intensification
verstauben *v/i.* get* dusty
verstauch|en *med. v/t.*, **2ung** *med. f* sprain
verstauen *v/t.* stow away
Versteck *n* hiding place, F hideout, hideaway; **2en** *v/t. u. v/refl.* hide* (*a. fig.*); **~en** *n*: ***~ spielen*** play (at) hide-and-seek
verstehen *v/t.* understand*, F get*; *akustisch*: *a.* catch*; *einsehen*: see*; *sich im klaren sein*: realize; *können*: know*; ***es ~ zu*** know* how to; ***zu ~ geben*** give* *s.o.* to understand, suggest; ***~ Sie*** (**?**) *erklärend*: you know *od.* see; *fragend*: you see?; ***ich verstehe!*** I see!; ***falsch ~*** misunderstand*; ***was ~ Sie unter ...?*** what do you mean *od.* understand by ...?; ***sich*** (***gut***) ***~*** get* along (well) (***mit*** with); ***es versteht sich von selbst*** it goes without saying
versteifen 1. *v/t.* stiffen (*a.* ***sich ~***); *tech.* strut, brace; **2.** *v/refl.*: ***sich auf et. ~*** insist on (doing) s.th.
versteiger|n *v/t.* (sell* by) auction; **2ung** *f* auction (sale)
versteinern *v/i.* petrify (*a. fig.*)
verstell|bar *adj.* adjustable; **~en** *v/t.* *versperren*: block; *umstellen*: move; *falsch einstellen*: set* *s.th.* wrong *od.* the wrong way; *tech.* adjust, regulate; *Stimme etc.*: disguise; ***sich ~*** pretend, put* on an act; *s-e Gefühle verbergen*: hide* one's feelings; **2ung** *fig. f* disguise, make-believe, (false) show
ver|steuern *v/t.* pay* duty *od.* tax on; **~stiegen** *fig. adj.* high-flown
verstimm|en *v/t.* put* out of tune; *fig.* annoy; **~t** *adj.* out of tune; *Magen*: upset; *verärgert*: annoyed, F cross; **2ung** *f* annoyance
verstockt *adj.* stubborn, obstinate
verstohlen *adj.* furtive, stealthy
verstopf|en *v/t.* plug (up); *versperren*: block, jam; *med.* constipate; **~t** *adj. Nase*: stuffed; *med.* constipated; **2ung** *f* block(age); *med.* constipation
verstorben *adj.* late, deceased; **2e** *m, f* *the* deceased; ***die ~n*** *pl.* the deceased *pl.*
verstört *adj.* upset; *erschreckt*: dismayed; *Blick etc.*: *a.* wild
Verstoß *m* offen|ce, *Am.* -se (***gegen*** against), violation (of); **2en 1.** *v/t.* expel (***aus*** from); *Frau*, *Kind etc.*: repudiate, disown; **2.** *v/i.*: ***~ gegen*** offend against, violate
verstrahlt *adj.* (radioactively) contaminated
ver|streichen 1. *v/i.* *Zeit*: pass, go* by; *Frist*: expire; **2.** *v/t.* spread*; **~streuen** *v/t.* scatter
verstümmel|n *v/t.* mutilate; *Text etc.*: *a.* garble; **2ung** *f* mutilation
verstummen *v/i.* grow* silent; *Gespräch etc.*: stop; *langsam*: die down

Versuch *m* attempt, try; *Probe*: trial, test; *phys*. experiment; ***mit et.*** (***j-m***) ***e-n ~ machen*** give* s.th. (s.o.) a trial; **2en** *v/t*. try, attempt; *kosten*: try, taste; *rel. j-n*: tempt; ***es ~*** have* a try (at it)
Versuchs|... *in Zssgn Bohrung etc.*: test *od*. trial ...; **~kaninchen** *fig. n* guinea pig; **~stadium** *n* experimental stage; **~tier** *n* laboratory *od*. test animal; **2weise** *adv*. by way of trial; *auf Probe*: on a trial basis
Versuchung *f* temptation; ***j-n in ~ führen*** tempt s.o.
ver|sunken *fig. adj.*: ***~ in*** absorbed *od*. lost in; **~süßen** *v/t*. sweeten
vertag|en *v/t. u. v/refl*. adjourn; **2ung** *f* adjournment
vertauschen *v/t*. exchange (***mit*** for)
verteidig|en *v/t*. defend (***sich*** o.s.); **2er** *m* defender; *Sport*: *a*. back; *fig*. advocate; **2ung** *f* defen|ce, *Am*. -se
Verteidigungs|... *in Zssgn Politik etc.*: *mst* defen|ce, *Am*. -se ...; **~minister** *m* Minister of Defence, *Am*. Secretary of Defense; **~ministerium** *n* Ministry of Defence, *Am*. Department of Defense
verteil|en *v/t*. distribute; *austeilen*: hand out; **2er** *m* distributor; **2ung** *f* distribution
vertief|en *v/t. u. v/refl*. deepen (*a. fig*.); ***sich ~ in*** become* absorbed in; **2ung** *f* hollow, depression, *kleine*: dent; *fig. von Wissen etc.*: reinforcement
vertikal *adj*., **2e** *f* vertical
vertilg|en *v/t*. exterminate; F consume; **2ung** *f* extermination
vertonen *mus. v/t*. set* to music
Vertrag *m* contract; *pol*. treaty; **2en** *v/t*. endure, bear*, stand*; ***ich kann ... nicht ~*** *Essen, Alkohol etc*.: ... doesn't agree with me; *j-n, Lärm etc*.: I can't stand ...; ***er kann viel ~*** he can take a lot (*Spaß*: a joke); *Alkohol*: *a*. he can hold his drink; F: ***ich*** (***es***) ***könnte ... ~*** I (it) could do with ...; ***sich*** (***gut***) ***~*** get* along (well) (***mit*** with); ***sich wieder ~*** make* it up; **2lich** *adv*. by contract
verträglich *adj*. easy to get on with; *Essen*: (easily) digestible
vertrauen *v/i*. trust (***auf*** in)
Vertrauen *n* confidence, trust, faith; ***im ~*** (***gesagt***) between you and me; (***wenig***) ***~ sein*** *od*. ***aussehen*** inspire (little) confidence
Vertrauens|frage *parl. f*: ***die ~ stellen*** ask for a vote of confidence; **~sache** *f*: ***das ist ~*** that is a matter of confidence; **~stellung** *f* position of trust; **2voll** *adj*. trustful, trusting; **~votum** *parl. n* vote of confidence; **2würdig** *adj*. trustworthy
vertraulich *adj*. confidential; *plump~*: familiar
vertraut *adj*. familiar; *Freund etc*.: close; **2e(r)** intimate; **2heit** *f* familiarity
vertreib|en *v/t*. drive* *od*. chase away (*a. fig*.); *Zeit*: pass; *econ*. sell*; ***~ aus*** drive* out of; **2ung** *f* expulsion (***aus*** from)
vertret|en *v/t*. substitute for, replace, stand* in for (*alle a. Schule*); *pol., econ*. represent; *parl. a*. sit* for; *jur. j-n*: act for; ***j-s Sache ~*** *jur*. plead s.o.'s cause; ***die Ansicht ~, dass*** argue that; ***sich den Fuß ~*** sprain one's ankle; F: ***sich die Beine ~*** stretch one's legs; **2er** *m* substitute, deputy; *pol., econ*. representative; *econ. a*. agent; *Handels2*: sales representative, *bsd. Am*. (travel[l]ing) salesman; *e-s Arztes*: locum; **2ung** *f* substitution, replacement; *Person*: substitute, stand-in (*alle a. Schule*); *Lehrer*: *a*. supply teacher; *econ., pol*. representation
Vertrieb *econ. m* sale, distribution; **~ene(r)** expellee, refugee
ver|trocknen *v/i*. dry up; **~trödeln** F *v/t*. dawdle away, waste; **~trösten** *v/t*. put* off; **~tuschen** F *v/t*. cover up; **~übeln** *v/t*. take* amiss; ***ich kann es ihr nicht ~*** I can't blame her for it; **~üben** *v/t*. commit
verunglücken *v/i*. have* (*tödlich*: die in) an accident; *fig*. go* wrong
verun|reinigen *v/t*. → ***verschmutzen*** 1; **~stalten** *v/t*. disfigure
veruntreuen *v/t*. embezzle
verursachen *v/t*. cause, bring* about
verurteil|en *v/t*. condemn (***zu*** to) (*a. fig*.), sentence (to), convict (***wegen*** of); **2ung** *f* condemnation (*a. fig*.)
verviel|fachen *v/t*. multiply; **~fältigen** *v/t*. copy, duplicate; **2fältigung** *f* duplication; *Abzug*: copy
vervoll|kommnen *v/t*. perfect; *verbessern*: improve; **~ständigen** *v/t*. complete

ver|wachsen *adj.* deformed, crippled; *fig.* ~ ***mit*** deeply rooted in, bound up with; **~wackelt** *adj. Foto*: blurred
verwahr|en *v/t.* keep* (in a safe place); ***sich ~ gegen*** protest against; **~lost** *adj.* uncared-for, neglected; **&ung** *f* custody (*a. jur.*)
verwaist *adj.* orphan(ed); *fig.* deserted
verwalt|en *v/t.* manage; *bsd. pol. a.* administer; **&er** *m* manager; administrator; **&ung** *f* administration (*a. öffentliche*), management; **&ungs...** *in Zssgn Gericht, Kosten etc.*: administrative ...
verwand|eln *v/t.* change, turn (*beide a.* ***sich*** ~); *bsd. phys., chem. a.* transform, convert (*alle*: ***in*** into); **&lung** *f* change, transformation; *Umwandlung*: *a.* conversion
verwandt *adj.* related (***mit*** to); **&e** *m, f* relative; (***alle***) ***m-e ~n*** (all) my relatives *od.* relations *od.* F folks; ***der nächste ~*** the next of kin; **&schaft** *f* relationship; *Verwandte*: relations *pl.*, F folks *pl.*
verwarn|en *v/t.* caution; *Sport*: F book; **&ung** *f* caution; *Sport*: F booking
ver|waschen *adj.* washed-out; **~wässern** *v/t.* water down (*a. fig.*)
verwechs|eln *v/t.* confuse (***mit*** with), mix up (with), mistake* (for); **&(e)lung** *f* mistake; confusion
verwegen *adj.* daring, bold; **&heit** *f* boldness, daring, audacity
ver|wehren *v/t. et.*: refuse; *et. zu tun*: keep* from *doing s.th.*; **~weichlicht** *adj.* soft
verweiger|n *v/t.* refuse; *Befehl*: disobey; **&ung** *f* denial, refusal
verweilen *v/i.* stay; *fig. Blick*: rest
Verweis *m* reprimand, reproof; reference (***auf*** to); **&en** *v/t.* refer (***auf, an*** to); *hinauswerfen*: expel (*gen.* from)
verwelken *v/i.* wither; *fig. a.* fade
verwend|en *v/t.* use; *Zeit etc.*: spend* (***auf*** on); **&ung** *f* use; ***keine ~ haben für*** have* no use for
verwerf|en *v/t.* drop, give* up; *ablehnen*: reject; **~lich** *adj.* abject
verwerten *v/t.* use, make* use of
verwes|en *v/i.* rot, decay; **&ung** *f* decay
verwick|eln *fig. v/t.* involve; ***sich ~ in*** get* caught in; **~elt** *fig. adj.* complicated; ~ ***sein*** (***werden***) ***in*** be* (get*) involved in; **&lung** *fig. f* involvement; complication

verwilder|n *v/i.* grow* (*Kinder*: run*) wild; **~t** *adj. Garten etc.*: wild (*a. fig.*), overgrown
verwinden *v/t.* get* over *s.th.*
verwirklich|en *v/t.* realize; ***sich ~*** come* true; ***sich selbst ~*** fulfil(l) o.s.; **&ung** *f* realization
verwirr|en *v/t.* confuse; **~t** *fig. adj.* confused; **&ung** *fig. f* confusion
verwischen *v/t.* blur (*a. fig.*); *Spuren*: cover
verwitter|n *geol. v/i.* weather; **~t** *adj. geol.* weather-beaten (*a. fig.*)
verwitwet *adj.* widowed
verwöhn|en *v/t.* spoil*; **~t** *adj.* spoilt
verworren *adj.* confused, muddled; *Situation*: complicated
verwund|bar *adj.* vulnerable (*a. fig.*); **~en** *v/t.* wound
verwunder|lich *adj.* surprising; **&ung** *f* surprise
Verwund|ete(r) wounded (person), casualty; **~ung** *f* wound, injury
verwünsch|en *v/t.*, **&ung** *f* curse
verwüst|en *v/t.* lay* waste, devastate, ravage; **&ung** *f* devastation, ravage
ver|zählen *v/refl.* count wrong; **~zärteln** *v/t.* coddle, pamper; **~zaubern** *v/t.* enchant; *fig. a.* charm; ~ ***in*** turn into; **~zehren** *v/t.* consume (*a. fig.*)
verzeichn|en *v/t.* record, keep* a record of, list; *fig. erzielen*: achieve; *erleiden*: suffer; **&is** *n* list, catalog(ue); record, register; *Stichwort&*: index
verzeih|en *v/t. u. v/i. bsd. j-m*: forgive*; *bsd. et.*: pardon, excuse; **~lich** *adj.* pardonable; **&ung** *f* pardon; (***j-n***) ***um ~ bitten*** apologize (to s.o.); **~!** (I'm) sorry!; *vor Bitten etc.*: excuse me!
verzerr|en *v/t.* distort (*a. fig.*); ***sich ~*** become* distorted; **&ung** *f* distortion
verzetteln *v/refl.* fritter away one's time
Verzicht *m förmlich*: renunciation (***auf*** of); *mst* giving up, doing without *etc.*; **&en** *v/i.*: ~ ***auf*** do* without; *aufgeben*: give* up; *förmlich*: renounce (*a. jur.*)
verziehen 1. *v/i.* move (***nach*** to); **2.** *v/t. Kind*: spoil*; ***das Gesicht ~*** make* a face; ***sich ~*** *Holz*: warp; *Gewitter etc.*: pass (over); F *verschwinden*: disappear
verzier|en *v/t.* decorate; **&ung** *f* decoration, ornament
verzins|en *v/t.* pay* interest on; ***sich ~*** yield interest; **&ung** *f* interest

V

verzöger|n *v/t.* delay; ***sich ~*** be* delayed; **2ung** *f* delay
verzollen *v/t.* pay* duty on; ***et.*** (***nichts***) ***zu ~*** s.th. (nothing) to declare
verzück|t *adj.* ecstatic; **2ung** *f* ecstasy; ***in ~ geraten*** go* into ecstasies *od.* raptures (***wegen, über*** over)
Verzug *m* delay; ***im ~ sein*** (***in ~ geraten***) *econ.* be* (come*) in default
verzweif|eln *v/i.* despair (***an*** of); **~elt** *adj.* desperate; **2lung** *f* despair; ***j-n zur ~ bringen*** drive* s.o. to despair
verzweig|en *v/refl.* branch (out); **2ung** *f* ramification (*a. fig.*)
verzwickt *adj.* intricate, tricky
Veteran *m mil.* veteran (*a. fig.*)
Veterinär *m* veterinary surgeon, *Am.* veterinarian, F vet
Veto *n* veto (*a.* ***~ einlegen gegen***)
Vetter *m* cousin; **~nwirtschaft** *f* nepotism
vgl. *Abk. für* ***vergleiche*** cf., confer
VHS *Abk. für* ***Volkshochschule*** *Institution*: adult education program(me); *Kurse*: adult evening classes *pl.*
Vibr|ation *f* vibration; **2ieren** *v/i.* vibrate
Video *n* video (*a. in Zssgn Aufnahme, Clip, Kamera, Kassette, Rekorder etc.*); ***auf ~ aufnehmen*** video(tape), *bsd. Am.* tape; **~band** *n* videotape; **~text** *m* teletext; **~thek** *f* video(tape) library, video shop (*Am.* store)
Vieh *n* cattle *pl.*; ***20 Stück ~*** 20 head of cattle; **~bestand** *m* lifestock; **~händler** *m* cattle dealer; **2isch** *adj.* bestial, brutal; **~zucht** *f* cattle breeding, stockbreeding; **~züchter** *m* cattle breeder, stockbreeder
viel *adj. u. adv.* a lot (of), plenty (of), F lots of; **~e** many; ***nicht ~*** not much; ***nicht ~e*** not many; ***sehr ~*** a great deal (of); ***sehr ~e*** very many, a lot (of); ***das ~e Geld*** all that money; ***ziemlich ~*** quite a lot (of); ***ziemlich ~e*** quite a few; ***~ besser*** much better; ***~ teurer*** much more expensive; ***~ zu viel*** far too much; ***~ zu wenig*** not nearly enough; ***~ lieber*** much rather; ***~ beschäftigt*** very busy
viel|deutig *adj.* ambiguous; **~erlei** *adj.* all kinds *od.* sorts of; **~fach 1.** *adj.* multiple; **2.** *adv.* in many cases, (very) often; **2falt** *f* (great) variety (*gen.* of); **~farbig** *adj.* multicolo(u)red; **~leicht** *adv.* perhaps, maybe; ***~ ist er*** ... he may *od.* might be ...; **~mals** *adv.*: (***ich***) ***danke*** (***Ihnen***) ~ thank you very much; ***entschuldigen Sie ~*** I'm very sorry, I do apologize; **~mehr** *cj.* rather; **~sagend** *adj.* meaningful; **~seitig** *adj.* versatile; **2seitigkeit** *f* versatility; **~versprechend** *adj.* promising
vier *adj.* four; ***zu ~t sein*** be* four; ***auf allen ~en*** on all fours; ***unter ~ Augen*** in private, privately; ***~ Mal*** *betont*: four times; **2beiner** *m* quadruped, four-legged animal; **~beinig** *adj.* four-legged; **2eck** *n* quadrangle; **~eckig** *adj.* quadrangular; *rechteckig*: rectangular; *quadratisch*: square; **2er** *m Rudern*: four; **~erlei** *adj.* four (different) kinds *od.* sorts of; **~fach** *adj.* fourfold; ***~e Ausfertigung*** four copies *pl.*; **~füßig** *adj.* four-footed; **2füßler** *zo. m* quadruped; **~händig** *mus. adj.* four-handed; **~jährig** *adj.* four-year-old, of four; **2linge** *pl.* quadruplets *pl.*; **~mal** *adv.* four times; **2radantrieb** *mot. m* four-wheel drive; **~seitig** *adj.* four-sided; *math.* quadrilateral; **2sitzer** *mot. m* four-seater; **~spurig** *adj.* four-lane; **~stöckig** *adj.* four-sto|reyed, *Am.* -ried; **2taktmotor** *mot. m* four-stroke engine; **~te** *adj.* fourth
Viertel *n* fourth (part); *Stadt2*: quarter; (***ein***) ***~ vor*** (***nach***) (a) quarter to (past); **~finale** *n Sport*: quarter finals *pl.*; **~jahr** *n* three months *pl.*; **2jährlich 1.** *adj.* quarterly; **2.** *adv.* every three months, quarterly; **2n** *v/t.* quarter; **~note** *mus. f* crotchet, *Am. a.* quarter note; **~pfund** *n* quarter of a pound; **~stunde** *f* quarter of an hour
vier|tens *adv.* fourthly; **2vierteltakt** *mus. m* four-four *od.* common time
vierzehn *adj.* fourteen; ***~ Tage*** *pl.* two weeks *pl.*, *bsd. Brt. a.* a fortnight *sg.*; **~te** *adj.* fourteenth
vierzig *adj.* forty; **~ste** *adj.* fortieth
Villa *f* villa
violett *adj.* violet, purple
Violine *mus. f* violin
Virtuelle Realität *f Computer*: virtual reality, Cyberspace
virtuos *adj.* masterly; **2e** *m*, **2in** *f* virtuoso; **2ität** *f* virtuosity
Virus *med. n, m* virus
Visier *n am Gewehr*: sights *pl.*; *am Helm*: visor

Vision *f* vision
Visite *med. f* round; **~nkarte** *f* (visiting) card
Visum *n* visa (*a.* ***mit e-m ~ versehen***)
vital *adj.* vigorous; **≈ität** *f* vigo(u)r
Vitamin *n* vitamin
Vitrine *f* (glass) cabinet; *Schaukasten*: showcase
Vize... *in Zssgn Präsident etc.*: vice(-)...
Vogel *m* bird (*a.* F *Flugzeug*); F ***e-n ~ haben*** be* off one's rocker; ***den ~ abschießen*** take* the cake; **~bauer** *n* birdcage; **≈frei** *adj.* outlawed; **~futter** *n* birdseed; **~kunde** *f* ornithology; **~käfig** *m* birdcage
vögeln V *v/t. u. v/i.* screw
Vogel|nest *n* bird's nest; **~perspektive** *f* bird's-eye view; **~scheuche** *f* scarecrow (*a. fig.*); **~schutzgebiet** *n* bird sanctuary; **~warte** *f* ornithological station; **~zug** *m* bird migration
Vokab|el *f* word; **~n** *pl.* → **~ular** *n* vocabulary *sg.*
Vokal *ling. m* vowel
Volant *östr. m* → ***Lenkrad***
Volk *n* people, nation; *Leute*: *the* people *pl.*; *Bienen≈*: swarm; ***ein Mann aus dem ~e*** a man of the people
Völker|kunde *f* ethnology; **~mord** *m* genocide; **~recht** *n* international law; **~wanderung** *f* migration of peoples; *fig.* exodus
Volks|abstimmung *pol. f* referendum; **~fest** *n* funfair; **~hochschule** *f* adult evening classes *pl.*; **~lied** *n* folk song; **~mund** *m*: ***im ~*** in the vernacular; **~musik** *f* folk music; **~republik** *f* people's republic; **~schule** *hist. f* → ***Grundschule***; **~sport** *m* popular sport; **~sprache** *f* vernacular; **~stamm** *m* tribe, race; **~tanz** *m* folk dance; **~tracht** *f* national costume; **≈tümlich** *adj.* popular, folk ...; *herkömmlich*: traditional; **~versammlung** *f* public meeting; **~wirt** *m* economist; **~wirtschaft** *f* (national) economy; → **~wirtschaftslehre** *f* economics *sg.*; **~zählung** *f* census
voll 1. *adj.* full (*a. fig.*); *besetzt*, F *satt*: *a.* full up; F *betrunken*: *a.* plastered; *Haar*: thick, rich; **~er** full of, filled with; *Schmutz, Flecken etc.*: *a.* covered with; **2.** *adv.* fully; *vollkommen*, ***~ und ganz***: *a.* completely, totally, wholly; *zahlen etc.*: in full, the full price; *direkt, genau*: full, straight, right; ***~ füllen, ~ gießen*** fill (up); ***~ machen*** fill (up); F soil, dirty; ***um das Unglück ~ zu machen*** to crown it all; (***nicht***) ***für ~ nehmen*** (not) take* seriously; ***~ packen*** load (***mit*** with) (*a. fig*); ***~ schlagen*** *Uhr*: strike the whole hour; ***~ stopfen*** stuff; *fig. a.* cram, pack (*alle*: ***mit*** with); ***bitte ~ tanken*** fill her up, please; ***in die ≈en gehen*** F go to the whole hog
voll|auf *adv.* perfectly, quite; **~automatisch** *adj.* fully automatic; **≈bart** *m* (full) beard; **≈beschäftigung** *f* full employment; **≈blut...** *in Zssgn* full-blooded (*a. fig.*); **≈blut(pferd)** *n* thoroughbred (horse); **~bringen** *v/t.* accomplish, achieve; *Wunder*: perform; **≈dampf** *m* full steam; F: ***mit ~*** (at) full blast; **~enden** *v/t.* finish, complete; **~endet** *adj.* completed; *fig.* perfect; **~ends** *adv.* completely; **≈endung** *f* finishing, completion; *fig.* perfection; **~entwickelt** *adj.* fully developed
Völlerei *f* gluttony
voll|führen *v/t.* perform; **≈gas** *mot. n* full throttle; ***~ geben*** F step on it
völlig 1. *adj.* complete, absolute, total; **2.** *adv.* completely; ***~ unmöglich*** absolutely impossible
volljährig *adj.*: ***~ sein*** (***werden***) be* (come*) of age; ***noch nicht ~*** under age; **≈keit** *f* majority
vollkommen *adj.* perfect; *fig.* → ***völlig***; **≈heit** *f* perfection
Voll|kornbrot *n* wholemeal bread; **~macht** *f* full power(s *pl.*), authority; *jur.* power of attorney; ***~ haben*** be* authorized; **~milch** *f* full-cream milk; **~mond** *m* full moon; **~pension** *f* full board; **≈schlank** *adj.* plump, on the plump side; **≈ständig** *adj.* complete; *fig.* → ***völlig***; **≈strecken** *v/t.* execute; **~streckung** *f* execution; **≈transistorisiert** *electr. adj.* solid-state; **~treffer** *m* direct hit; *Schießen*: bull's eye (*a. fig.*); **~versammlung** *f* plenary session; **≈wertig** *adj.* full; **~wertkost** *f* wholefoods *pl.*; **≈zählig** *adj.* complete; **≈ziehen** *v/t.* execute; *Trauung*: perform; ***sich ~*** take* place; **~ziehung** *f*, **~zug** *m* execution
Volontär(in) unpaid trainee
Volt *electr. n* volt; **~zahl** *f* voltage

Volumen *n* volume; *Größe*: *a.* size

von *prp. räumlich, zeitlich*: from; *für Genitiv*: of; *Urheberschaft, a. beim Passiv*: by; *über j-n od. et.*: about; ***südlich ~*** south of; ***weit ~*** far from; ***~ Hamburg*** from Hamburg; ***~ nun an*** from now on; ***ein Freund ~ mir*** a friend of mine; ***die Freunde ~ Alice*** Alice's friends; ***ein Brief (Geschenk) ~ Tom*** a letter (gift) from Tom; ***ein Buch (Bild) ~ Orwell (Picasso)*** a book (painting) by Orwell (Picasso); ***der König (Bürgermeister*** *etc.*) ~ the King (Mayor *etc.*) of; ***ein Kind ~ 10 Jahren*** a child of ten; ***müde ~ der Arbeit*** tired from work; ***es war nett (gemein) ~ dir*** it was nice (mean) of you; ***reden (hören) ~*** talk (hear*) about *od.* of; ***~ Beruf (Geburt)*** by profession (birth); ***~ selbst*** by itself; ***von mir aus!*** I don't mind *od.* care; **~statten** *adv.*: ***~ gehen*** go*, come* off

vor *prp. räumlich*: in front of; *außerhalb*: outside (*a. der Tür, dem Haus etc.*); *zeitlich, Reihenfolge*: before; *e-m Jahr etc.*: ago (*nachgestellt*); *infolge*: with, for; ***~ der Klasse*** in front of the class; ***~ der Schule*** in front of *od.* outside the school; *zeitlich*: before school; ***~ kurzem (e-r Stunde)*** a short time (an hour) ago; ***5 Minuten ~ 12*** five (minutes) to twelve; ***~ j-m liegen*** be* *od.* lie* ahead of s.o. (*a. fig. u. Sport*); ***~ sich hin*** *lächeln etc.*: to o.s.; ***sicher ~*** safe from; ***~ Kälte (Angst)*** with cold (for fear); ***~ allem*** above all; ***~ sich gehen*** go* on, happen

Vor|abend *m* eve (*a. fig.*); **~ahnung** *f* presentiment, foreboding

voran *adv.* at the head (*dat.* of), in front (of), before; ***Kopf ~*** head first; **~gehen** *v/i.* go* in front *od.* first; *bsd. fig.* lead* the way; **~kommen** *v/i.* get* on *od.* along (*a. fig.*)

Voranzeige *f* preannouncement; *Film*: trailer

vorarbeite|n *v/i.* work in advance; *fig.* pave the way; **℞r** *m* foreman

voraus *adv.* ahead (*dat.* of); ***im ~*** in advance; **~gehen** *v/i. zeitlich*: precede; → ***vorangehen***; **~gesetzt** *cj.*: ~, ***daß*** provided that; **℞sage** *f* prediction; *Wetter*: forecast; **~sagen** *v/t.* predict; forecast; **~schicken** *v/t.* send* on ahead; ***lassen Sie mich ~, daß*** let me begin by mentioning that; **~sehen** *v/t.* foresee*, see* *s.th.* coming; **~setzen** *v/t.* assume; *selbstverständlich*: take* *s.th.* for granted; **℞setzung** *f Vorbedingung*: condition, prerequisite; *Annahme*: assumption; ***die ~en erfüllen*** meet* the requirements; **℞sicht** *f* foresight; ***aller ~ nach*** in all probability; **~sichtlich** *adv.* probably; ***er kommt ~ morgen*** he is expected to arrive tomorrow; **℞zahlung** *f* advance payment

Vorbe|deutung *f* omen; **~dingung** *f* prerequisite; **~halt** *m* reservation; **℞halten 1.** *v/t.*: ***sich (das Recht) ~, zu*** reserve the right to; **2.** *adj.* reserved; **℞haltlos 1.** *adj.* unconditional; **2.** *adv.* without reservation

vorbei *adv. zeitlich*: over; *Winter, Woche etc.*: *a.* past; *aus, beendet*: finished; *vergangen*: gone; *räumlich*: past, by; ***jetzt ist alles ~*** it's all over now; ***~!*** *daneben*: missed!; **~fahren** *v/i.* go* (*mot.* drive*) past (***an*** *s.o. od. s.th.*), pass (*s.o. od. s.th.*); **~gehen** *v/i.* walk past; *a. fig.*: go* by, pass; *nicht treffen*: miss; **~kommen** *v/i.* pass (***an et.*** s.th.); *an e-m Hindernis*: get* past; F *besuchen*: drop in (***bei j-m*** on s.o.); *fig. an et.*: avoid; **~lassen** *v/t.* let* *s.o.* pass

Vorbemerkung *f* preliminary remark

vorbereit|en *v/t. u. v/refl.* prepare (***auf*** for); **℞ung** *f* preparation (***auf*** for)

vorbestell|en *v/t.* book (*Waren*: order) in advance; *Tisch, Platz, Zimmer etc.*: *a.* reserve; **℞ung** *f* advance booking, reservation

vorbestraft *adj.*: ***~ sein*** have* a police record

vorbeug|en 1. *v/i.* prevent (***e-r Sache*** s.th.); **2.** *v/refl.* bend* forward; **~end** *adj.* preventive; *med. a.* prophylactic; **℞ung** *f* prevention

Vorbild *n* model, pattern; ***(j-m) ein ~ sein*** set* an example (to s.o.); ***sich j-n zum ~ nehmen*** follow s.o.'s example; **℞lich** *adj.* exemplary; **~ung** *f* education(al background)

vor|bringen *v/t. Angelegenheit, Beweis etc.*: bring* forward; *sagen*: say*, state; **~datieren** *v/t. zurück*: antedate; *voraus*: postdate

Vorder|... *in Zssgn Achse, Ansicht, Rad, Sitz, Tür, Zahn etc.*: front ...; **℞e** *adj.* front; **~grund** *m* foreground (*a. fig.*);

~lader *m* muzzle-loader; **~mann** *m*: ***mein*** **~** the man *od.* boy in front of me; **~seite** *f* front (side); *Münze*: head
vor|dränge(l)n *v/refl. Brt.* jump the queue, *Am.* cut* into line, butt in; **~dringen** *v/i.* advance; **~** ***(bis) zu*** work one's way through to (*a. fig.*); **~dringlich 1.** *adj.* (most) urgent; **2.** *adv.* **~** ***behandeln*** give* *s.th.* priority; **2druck** *m* form, *Am. a.* blank
voreilig *adj.* hasty, rash, precipitate; **~e** ***Schlüsse ziehen*** jump to conclusions
voreingenommen *adj.* prejudiced, bias(s)ed; **2heit** *f* prejudice, bias
vor|enthalten *v/t.* keep* back, withhold* (*beide*: ***j-m et.*** s.th. from s.o.); **2entscheidung** *f* preliminary decision; **~erst** *adv.* for the present, for the time being
Vorfahr *m* ancestor
vorfahr|en *v/i.* drive* up (*weiter*: on); **2t(srecht** *n*) *f* right of way, priority
Vorfall *m* incident, occurrence, event; **2en** *v/i.* happen, occur
vorfinden *v/t.* find*
Vorfreude *f* anticipation
vorführ|en *v/t.* show*, present; *Kunststück etc.*: perform; *Gerät etc.*: demonstrate; *jur.* bring* (***j-m*** before s.o.); **2er** *m Kino*: projectionist; **2ung** *f* presentation, show(ing); performance (*a. Vorstellung*); demonstration; *jur.* production; **2wagen** *mot. m* demonstration car, *Am.* demonstrator
Vor|gabe *f* handicap; **~gang** *m* event, occurrence, happening; *Akte*: file, record(s *pl.*); *biol., tech.* process; ***e-n*** **~** ***schildern*** give* an account of what happened; **~gänger(in)** predecessor; **~garten** *m* front garden (*Am. a.* yard)
vorgeben *v/t. Sport*: give*; *fig.* use *s.th.* as a pretext
Vorgebirge *n* foothills *pl.*
vorgefertigt *adj.* prefabricated; *Meinung*: preconceived
Vorgefühl *n* presentiment
vorgehen *v/i. geschehen*: go* on; *wichtiger sein*: come* first; *handeln*: act; *gerichtlich*: sue (***gegen j-n*** s.o.); *verfahren*: proceed; *Uhr*: be* fast
Vorgehen *n* procedure
vorgeschichtlich *adj.* prehistoric
Vorgeschmack *m* foretaste (***auf*** of)
Vorgesetzte(r) superior, F boss

vorgestern *adv.* the day before yesterday
vorgreifen *v/i.* anticipate *s.o. od. s.th.*
vorhaben *v/t.* plan, intend; ***haben Sie heute abend et. vor?*** have you anything on tonight?; ***was hat er jetzt wieder vor?*** what is he up to now?
Vorhaben *n* plan(s *pl.*), intention; *tech., econ. a.* project
Vorhalle *f* (entrance) hall, lobby
vorhalt|en 1. *v/t.*: ***j-m et.*** **~** hold* s.th. in front of s.o.; *fig.* blame s.o. for (doing) s.th.; **2.** *v/i.* last; **2ungen** *pl.* reproaches *pl.*; ***j-m*** **~** ***machen (für et.)*** reproach s.o. (with s.th., for being ...)
Vorhand *f Tennis*: forehand
vorhanden *adj. verfügbar*: available; *bestehend*: in existence; **~** ***sein*** exist; ***es ist nichts mehr*** **~** there's nothing left; **2sein** *n* existence
Vor|hang *m* curtain; **~hängeschloss** *n* padlock
vorher *adv.* before, earlier; *im Voraus*: in advance, beforehand
vorher|bestimmen *v/t.* predetermine; **2bestimmung** *f* predetermination; **~gehen** *v/i.* precede; **~ig** *adj.* preceding, previous
Vorherr|schaft *f* predominance; **2schen** *v/i.* predominate, prevail; **2schend** *adj.* predominant, prevailing
Vorher|sage *f* → ***Voraussage***; **2sagen** *v/t.* → ***voraussagen***; **2sehbar** *adj.* foreseeable
vorhin *adv.* a (little) while ago; **~ein** *adv.*: ***im*** **2** beforehand
Vorhut *mil. f* vanguard
vor|ig *adj.* last; *früher*: former, previous; **~jährig** *adj.* of last year, last year's
Vor|kämpfer(in) champion, pioneer; **~kehrungen** *pl.*: **~** ***treffen*** take* precautions; **~kenntnisse** *pl.* previous knowledge *sg. od.* experience *sg.* (***of*** in)
vorkommen *v/i.* be* found; *geschehen*: happen; ***es kommt mir ... vor*** it seems ... to me
Vorkomm|en *n Bergbau*: deposit(s *pl.*); *Ereignis*: → **~nis** *n* occurrence, incident, event
Vorkriegs... *in Zssgn* prewar ...
vorlad|en *jur. v/t.* summon; **2ung** *jur. f* summons
Vorlage *f* model; *Muster*: pattern; *Zei-*

*chen*2 *etc.*: copy; *Unterbreitung*: presentation; *parl.* bill; *Fußball etc.*: pass
vorlassen *v/t.* let* *s.o.* go* first; *vorbei*: let* *s.o.* pass; ***vorgelassen werden*** be* admitted (***bei*** to)
Vorlauf *m Rekorder*: fast-forward; *Sport*: (preliminary) heat
Vorläuf|er(in) forerunner, precursor; **2ig 1.** *adj.* provisional, temporary; **2.** *adv.* for the present, for the time being
vorlaut *adj.* pert, cheeky
Vorleben *n* former life, past
vorlege|n *v/t.* present; *Dokument etc.*: produce; *zeigen*: show*; ***j-m e-e Frage*** ~ put* a question to s.o.; **2r** *m* rug; *Matte*: mat
vorles|en *v/t.* read* out (aloud); ***j-m et.*** ~ read* s.th. to s.o.; **2ung** *f* lecture (***über*** on; ***vor*** to); ***e-e ~ halten*** (give* a) lecture
vorletzte *adj.* last but one; ***~ Nacht*** (***Woche***) the night (week) before last
vorlieb: ***~ nehmen mit*** make* do with
Vorliebe *f* preference, special liking
vorliegen *v/i.*: ***es liegen*** (***keine***) ... ***vor*** there are (no) ...; ***was liegt gegen ihn vor?*** what is he charged with?; **~d** *adj.* present, in question
vor|lügen *v/t.*: ***j-m et.*** ~ tell* s.o. lies; **~machen** *v/t.*: ***j-m et.*** ~ show* s.th. to s.o., show* s.o. how to do s.th.; *fig.* fool s.o.; **2machtstellung** *f* supremacy; **2marsch** *mil. m* advance (*a. fig.*); **~merken** *v/t.* put* (***j-n***: s.o.'s name) down
Vormittag *m* morning; ***heute*** ~ this morning; **2s** *adv.* in the morning; ***sonntags*** ~ on Sunday mornings
Vormund *m* guardian; **~schaft** *f* guardianship
vorn *adv.* in front; ***nach*** ~ forward; ***von*** ~ from the front; *zeitlich*: from the beginning; ***j-n von ~(e) sehen*** see* s.o.'s face; ***noch einmal von ~(e)*** (***anfangen***) (start) all over again
Vorname *m* first *od.* Christian name, *bsd. amtlich*: *a.* forename
vornehm *adj.* distinguished; *edel, adlig*: noble; F *fein, teuer etc.*: smart, fashionable, exclusive, F posh; ***die ~e Gesellschaft*** (high) society, the upper crust; ***~ tun*** put* on airs; **~en** *v/t.* carry out, do*; *Änderungen etc.*: make*; ***sich et.*** ~ decide *od.* resolve to do s.th.; *planen*: make* plans for s.th.; ***sich fest vorgenommen haben, zu*** have* the firm intention to, be* determined to; ***sich j-n*** ~ take* s.o. to task (***wegen*** about, for)
vornherein *adv.*: ***von*** ~ from the start *od.* beginning
Vorort *m* suburb; **~(s)zug** *m* suburban *od.* local *od.* commuter train
Vor|posten *m* outpost (*a. mil.*); **2programmieren** *v/t.* (pre)program(me); *fig.* ***das war vorprogrammiert*** that was bound to happen; **~rang** *m* precedence (***vor*** over), priority (over); **~rat** *m* store, stock, supply (*alle*: ***an*** of); *bsd. Lebensmittel*: *a.* provisions *pl.*; *bsd. Rohstoffe etc.*: resources *pl.*, reserves *pl.*; ***e-n ~ anlegen an*** stockpile; **2rätig** *adj.* available; *econ.* in stock; **~recht** *n* privilege; **~redner** *m* previous speaker; **~richtung** *tech. f* device; **2rücken 1.** *v/t.* move forward; **2.** *v/i.* advance; **~runde** *f Sport*: preliminary round; **2sagen** *v/i.*: ***j-m*** ~ prompt s.o.; **~saison** *f* off-peak season; **~satz** *m* resolution; *Absicht*: intention; *jur.* intent; **2sätzlich** *adj.* intentional; *bsd. jur.* wil(l)ful; **~schau** *f* preview (***auf*** of); *Film, TV*: *a.* trailer; **~schein** *m*: ***zum ~ bringen*** produce; *fig.* bring* out; ***zum ~ kommen*** appear, come* out; **2schieben** *v/t.* push forward; *Riegel*: slip; *fig.* use as a pretext; **2schießen** *v/t. Geldbetrag*: advance
Vorschlag *m* suggestion, proposal (*a. parl. etc.*); ***den ~ machen*** → **2en** *v/t.* suggest, propose
Vor|schlussrunde *f Sport*: semifinal; **2schnell** *adj.* hasty, rash; **2schreiben** *fig. v/t.* prescribe; *anordnen*: tell*; ***ich lasse mir nichts*** ~ I won't be dictated to
Vorschrift *f* rule, regulation; *Anweisung*: instruction, direction; ***Dienst nach ~ machen*** work to rule; **2smäßig** *adj.* correct, proper; **2swidrig** *adj. u. adv.* contrary to regulations
Vor|schub *m*: ***~ leisten*** encourage; *jur.* aid and abet; **~schul...** *in Zssgn* pre-school ...; **~schule** *f Brt.* nursery (*od.* infant) school, *Am.* preschool, kindergarten; **~schuss** *m* advance; **2schützen** *v/t.* use *s.th.* as a pretext; **2schweben** *v/i.*: ***mir schwebt et. vor*** I have s.th. in mind

vorseh|en 1. *v/t.* plan; *jur.* provide; **~ für** intend (*ein Amt*: designate) for; **2.** *v/refl.* be* careful, take* care, watch out (**vor** for); **ᛋung** *f* providence
vorsetzen *v/t.*: ***j-m et.* ~** put* s.th. before s.o.; *anbieten*: offer s.o. s.th.; *fig.* dish up s.th. to s.o.
Vorsicht *f* caution, care; **~!** look *od.* watch out!, (be) careful!; **~, *Glas!*** Glass, with care!; **~, *Stufe!*** mind the step!; **ᛋig** *adj.* careful, cautious; **~!** careful!
vorsichts|halber *adv.* to be on the safe side; **ᛋmaßnahme** *f* precaution(ary measure); ***~n treffen*** take* precautions
Vorsilbe *gr. f* prefix
vorsingen *v/t. u. v/i.*: ***j-m et* ~** sing* s.th. to s.o.; *zur Probe*: (have* an) audition
Vorsitz *m* chair(manship), presidency; ***den ~ haben (übernehmen)*** be* in (take*) the chair, preside (***bei*** over, at); **~ende** *m, f* chairman (chairwoman), president
Vorsorge *f* precaution; ***~ treffen*** take* precautions; **~untersuchung** *f* preventive checkup
vorsorglich 1. *adj.* precautionary; **2.** *adv.* as a precaution
Vor|spann *m Film etc.*: credits *pl.*; **~speise** *f* hors d'œuvre; F starter; ***als ~*** for starters
vorspieg|eln *v/t.* pretend; **ᛋ(e)lung** *f* preten|ce, *Am.* -se
Vorspiel *n mus.* prelude (*a. fig.*); *sexuelles*: foreplay; **ᛋen** *v/t.*: ***j-m et. ~*** play s.th. to s.o.
vor|sprechen 1. *v/t.* pronounce (***j-m*** for s.o.); **2.** *v/i.* call (***bei*** at); *thea.* (have* an) audition; **~springen** *fig. v/i.* project, protrude (*beide a. arch.*); **ᛋsprung** *m arch.* projection; *Sport*: lead; ***e-n ~ haben*** be* leading (***von*** by); *bsd. fig. a.* be* (***von 2 Jahren*** two years) ahead; **ᛋstadt** *f* suburb; **ᛋstand** *m* board (of directors); *e-s Klubs etc.*: managing committee
vorsteh|en *v/i.* project, protrude; *fig. leiten*: manage, be* the head of, be* in charge of
vorstell|en *v/t.* introduce (***sich*** o.s.; ***j-n j-m*** s.o. to s.o.); *Uhr*: put* forward (***um*** by); *bedeuten*: mean*; ***sich et.*** (***j-n als*** ...) **~** imagine s.th. (s.o. as ...); ***so stelle ich mir ... vor*** that's my idea of ...; ***sich ~ bei*** *Firma etc.*: have* an interview with; **ᛋung** *f thea.* performance; *Kino*ᛋ *etc.*: *a.* show; *Gedanke etc.*: idea; *Erwartung*: expectation; *von j-m od. et.*: introduction; *~sgespräch*: interview; **ᛋungsvermögen** *n* imagination
Vor|stopper *m* cent|re (*Am.* -er) back; **~stoß** *m mil.* advance; *Versuch*: attempt; **~strafe** *f* previous conviction; **ᛋstrecken** *v/t. Geld*: advance; **~stufe** *f* preliminary stage; **ᛋtäuschen** *v/t.* feign, fake
Vorteil *m* advantage (*a. Sport*); *Nutzen*: benefit, profit; ***die ~e und Nachteile*** the pros and cons; **ᛋhaft** *adj.* advantageous, profitable; **~sregel** *f Sport*: advantage rule
Vortrag *m* talk; *bsd. akademischer*: lecture; *mus.*, *Gedicht*ᛋ: recital; ***e-n ~ halten*** give* a talk *od.* lecture (***vor*** to); **ᛋen** *v/t. äußern*: express, state; *mus. etc.*: perform, play; *Gedicht etc.*: recite
vor|trefflich *adj.* splendid; **~treten** *v/i.* step forward; *fig.* protrude (*a. Augen etc.*), stick* out; **ᛋtritt** *m* precedence; ***j-m den ~ lassen*** let* s.o. go first
vorüber *adv.*: ***~ sein*** be* over; **~gehen** *v/i.* pass, go* by; **~gehend** *adj.* temporary
Vor|übung *f* preparatory exercise; **~untersuchung** *jur., med. f* preliminary examination
Vorurteil *n* prejudice; **ᛋslos** *adj.* unprejudiced, unbias(s)ed
Vor|verkauf *thea. m* advance booking; **ᛋverlegen** *v/t.* advance; **~wahl** *f tel.* STD (*od.* dial[l]ing, *Am.* area) code; *pol.* preliminary election, *Am.* primary; **~wand** *m* pretext, excuse
vorwärts *adv.* forward, on(ward), ahead; **~!** come on!, let's go!; ***~ kommen*** make* headway (*a. fig.*); *fig.* get* on (*Am.* along)
vorweg *adv.* beforehand; **~nehmen** *v/t.* anticipate
vor|weisen *v/t.* produce, show*; ***et. ~ können*** boast s.th.; **~werfen** *fig. v/t.*: ***j-m et. ~*** reproach s.o. with s.th.; **~wiegend** *adv.* predominantly, chiefly, mainly, mostly; **~witzig** *adj.* cheeky, pert
Vor|wort *n* foreword; *bsd. des Autors*: preface; **~wurf** *m* reproach; ***j-m Vorwürfe machen*** (***wegen***) reproach s.o.

V

(for); **≈wurfsvoll** *adj.* reproachful; **~zeichen** *n* omen, sign (*a. math.*); **≈zeigen** *v/t.* show*; *Karte etc.*: *a.* produce
vorzeitig *adj.* premature, early
vor|ziehen *v/t. Vorhänge*: draw*; *fig.* prefer; **≈zimmer** *n* anteroom; *Büro*: outer office; *östr.* → ***Hausflur***; **≈zug** *m Vorteil*: advantage; *gute Eigenschaft*: merit; ***den ~ geben*** give preference to; **~züglich** *adj.* excellent, exquisite; **~zugsweise** *adv.* preferably
Votum *n* vote
VP *Abk. für* ***Vollpension*** full board; (full) board and lodging
vulgär *adj.* vulgar
Vulkan *m* volcano; **~ausbruch** *m* volcanic eruption; **≈isch** *adj.* volcanic

W

W *Abk. für*: ***West(en)*** W, west; ***Watt*** W, watt(s)
Waag|e *f* scale(s *pl. Brt.*); *Fein≈*: balance; *astr.* Libra; ***sich die ~ halten*** balance each other; ***er ist (e-e) ~*** he's (a) Libra; **≈(e)recht** *adj.* horizontal; **~schale** *f* scale
Wabe *f* honeycomb (*a. fig. tech.*)
wach *adj.* awake; ***~ werden*** wake* (up); *bsd. fig.* awake*; **≈ablösung** *f* changing of the guard; **≈e** *f* guard (*a. mil.*); *Posten*: *a.* sentry; *naut.*, *Kranken≈ etc.*: watch; *Polizei≈*: police station; ***~ haben*** be* on guard (*naut.* watch); ***~ halten*** keep* watch; **~en** *v/i.* (keep*) watch (***über*** over); **≈hund** *m* watch-dog (*a. fig.*); **≈mann** *m* watchman; *östr.* → ***Polizist***
Wacholder *bot. m* juniper
wach|rufen *v/t.* call up, evoke; **~rütteln** *v/t.* rouse; *fig. a.* shake* up
Wachs *n* wax (*a. in Zssgn*: *Kerze etc.*)
wachsam *adj.* watchful, vigilant; **≈keit** *f* watchfulness, vigilance
wachsen[1] *v/i.* grow* (*a.* ***sich ~ lassen***); *fig. a.* increase
wachsen[2] *v/t.* wax
Wachs|figurenkabinett *n* waxworks *pl.*; **≈tuch** *n* oilcloth
Wachstum *n* growth; *fig. a.* increase
Wachtel *zo. f* quail
Wächter *m* guard
Wachtmeister *m* (police) constable, *Am.* patrolman; *Anrede*: officer
Wach(t)turm *m* watchtower
wackel|ig *adj.* shaky (*a. fig.*); *Zahn*: loose; **≈kontakt** *electr. m* loose contact; **~n** *v/i.* shake*; *Tisch etc.*: wobble; *Zahn*: be* loose; *phot.* move; ***~ mit*** *bsd. Körperteil*: wag; ***mit den Hüften ~*** wiggle
Wade *f* calf
Waffe *f* weapon (*a. fig.*); **~n** *pl. a.* arms *pl.*
Waffel *f* waffle; *bsd. Eis≈*: wafer
Waffen|gattung *f* arm; **~gewalt** *f*: ***mit ~*** by force of arms; **~schein** *m* gun licen|ce, *Am.* -se; **~stillstand** *m* armistice (*a. fig.*); *zeitweiliger*: truce
wagen *v/t.* dare; *riskieren*: risk; ***sich aus dem Haus*** *etc.* ***~*** venture out of doors *etc.*
Wagen *m Auto*: car; *rail. Brt.* carriage, *Am.* car; **~heber** *m* jack; **~ladung** *f* carload; *fig.* cartload; **~rad** *n* cartwheel; **~spur** *f* (wheel) track
Waggon *rail. m Brt.* (railway) carriage, *Am.* (railroad) car; *Güter≈*: *Brt.* goods waggon, *Am.* freight car
wag|halsig *adj.* daring; **≈nis** *n* venture, risk
Wagon *m* → ***Waggon***
Wahl *f* choice; *andere*: alternative; *Auslese*: selection; *pol.* election; *~vorgang*: voting, poll; *Abstimmung*: vote; ***die ~ haben*** (***s-e ~ treffen***) have* the (make* one's) choice; ***keine*** (***andere***) ***~ haben*** have* no choice *od.* alternative; **≈berechtigt** *adj.* entitled to vote; **~beteiligung** *f* (voter) turnout; ***hohe*** (***niedrige***) ***~*** heavy (light) poll; **~bezirk** *m* → ***Wahlkreis***

wählen *v/t. u. v/i.* choose*, *aus~*: *a.* pick, select; *pol. Stimme abgeben*: vote (*j-n, et.*: for); *in ein Amt etc.*: elect; *tel.* dial
Wähler *m* voter
Wahlergebnis *n* election returns *pl.*
wähler|isch *adj.* choos(e)y, F picky (**in** about); **&schaft** *f* electorate, voters *pl.*
Wahl|fach *n* optional subject, *Am. a.* elective; **~kabine** *f* polling (*od.* voting) booth; **~kampf** *m* election campaign; **~kreis** *m* constituency, *Am.* electoral district; **~lokal** *n* polling station (*Am.* place); **&los** *adj.* indiscriminate; **~programm** *n* election platform; **~recht** *n* (right to) vote, suffrage, franchise; **~rede** *f* election speech
Wählscheibe *tel. f* dial
Wahl|spruch *m* motto; **~urne** *f* ballot box; **~versammlung** *f* election rally; **~zettel** *m* ballot, voting paper
Wahn *m* delusion; *Besessenheit*: mania; **~sinn** *m* madness (*a. fig.*), insanity; **&sinnig 1.** *adj.* mad (*a. fig.*), insane; F *fig. a.* crazy; *Angst, Schmerz etc.*: awful, terrible; **2.** F *fig. adv. sehr*: terribly, awfully; *verliebt*: madly; **~sinnige(r)** mad|man (-woman), lunatic; ***wie ein ~*** like a maniac; **~vorstellung** *f* delusion, hallucination
wahr *adj.* true; *wirklich*: *a.* real; *echt*: genuine; **~en** *v/t. Interessen, Rechte*: protect; ***den Schein ~*** keep* up appearances
während 1. *prp.* during; **2.** *cj.* while; *Gegensatz*: *a.* whereas
wahrhaft(ig) *adv.* really, truly
Wahrheit *f* truth; **&sgemäß, &sgetreu** *adj.* true, truthful; **~sliebe** *f* truthfulness, love of truth; **&sliebend** *adj.* truthful
wahr|nehmbar *adj.* noticeable, perceptible; **~nehmen** *v/t.* perceive, notice; *Gelegenheit, Vorteil*: seize, take*; *Interessen*: look after; **&nehmung** *f* perception; **~sagen** *v/i.*: ***j-m ~*** tell* s.o. his fortune; ***sich ~ lassen*** have* one's fortune told; **&sager(in)** fortune-teller; **~scheinlich 1.** *adj.* probable, likely; **2.** *adv.* probably, (very *od.* most) likely; ***~ gewinnt er (nicht)*** he is (not) likely to win; **&scheinlichkeit** *f* probability, likelihood; ***aller ~ nach*** in all probability *od.* likelihood
Währung *f* currency; **~s...** *in Zssgn Politik, Reform etc.*: monetary ...
Wahrzeichen *n* landmark
Waise *f* orphan; **~nhaus** *n* orphanage
Wal *zo. m* whale
Wald *m* wood(s *pl.*), forest; **~brand** *m* forest fire; **&reich** *adj.* wooded; **~sterben** *n* dying of forests, forest deaths *pl.* (*od.* dieback)
Wal|fang *m* whaling; **~fänger** *m* whaler
Walkman® *m* personal stereo, Walkman®
Wall *m* mound; *mil.* rampart
Wallach *m* gelding
wallen *v/i. Haar, Gewand*: flow
Wallfahr|er(in) *m* pilgrim; **~t** *f* pilgrimage
Wal|nuss *f* walnut; **~ross** *zo. n* walrus
walten *v/i.*: ***~ lassen*** *Gnade etc.*: show*
Walze *f* roller (*a. Straßen&, print.*); cylinder (*a. print.*); *tech., mus.* barrel; **&n** *v/t.* roll (*a. tech.*)
wälzen *v/t.* roll (*a.* ***sich ~***); *Problem*: turn over in one's mind
Walzer *mus. m* waltz (*a.* ***~ tanzen***)
Wand *f* wall; *fig. a.* barrier
Wandal|e *m* vandal; **~ismus** *m* vandalism
Wandel *m*, **&n** *v/t. u. v/refl.* change
Wander|er *m* hiker; **&n** *v/i.* hike; *umherstreifen*: ramble (about); *fig. Blick etc.*: roam, wander; **~pokal** *m* challenge cup; **~preis** *m* challenge trophy; **~schuhe** *pl.* walking shoes *pl.*; **~tag** *m* (school) outing *od.* excursion; **~ung** *f* walking tour, hike; *von Tieren, Völkern etc.*: migration
Wand|gemälde *n* mural (painting); **~kalender** *m* wall calendar; **~karte** *f* wallchart
Wandlung *f* change, transformation; *rel.* transubstantiation
Wand|schrank *m* built-in cupboard, *Am.* closet; **~tafel** *f* blackboard; **~teppich** *m* tapestry; **~uhr** *f* wall clock
Wange *f* cheek
Wankelmotor *m* rotary piston *od.* Wankel engine
wankelmütig *adj.* fickle, inconstant
wanken *v/i.* stagger, reel; *fig.* rock
wann *interr. adv.* when, (at) what time; ***seit ~?*** (for) how long?, since when?
Wanne *f* tub; bath(tub), F tub

Wanze *zo. f* bug (*a.* F *fig. Abhörgerät*)
Wapitihirsch *m* elk
Wappen *n* (coat of) arms *pl.*; **~kunde** *f* heraldry; **~tier** *n* heraldic animal
wappnen *fig. v/refl.* arm o.s.
Ware *f coll. mst* goods *pl.*; *Artikel*: article; *Produkt*: product
Waren|haus *n* department store; ⚠ *nicht* ***warehouse***; **~lager** *n* stock; **~probe** *f* sample; **~zeichen** *n* trade mark
warm *adj.* warm (*a. fig.*); *Essen*: hot; ***schön ~*** nice and warm; ***~ halten*** (***stellen***) keep* warm; ***~ machen*** warm (up)
Wärm|e *f* warmth; *phys.* heat; **~eisolierung** *f* heat insulation; **2en** *v/t.* warm; ***sich die Füße ~*** warm one's feet; **~flasche** *f* hot-water bottle
warmherzig *adj.* warmhearted
Warmwasser|bereiter *m* water heater; **~versorgung** *f* hot-water supply
Warn|blinkanlage *mot. f* warning flasher; **~dreieck** *mot. n* warning triangle: **2en** *v/t.* warn (***vor*** of, against); ***j-n davor ~, et. zu tun*** warn s.o. not to do s.th.; **~schild** *n* danger sign; **~signal** *n* warning signal; **~streik** *m* token strike; **~ung** *f* warning
warten¹ *v/i.* wait (***auf*** for); ***~ auf*** *a.* await (*beide a. fig. bevorstehen*); ***j-n ~ lassen*** keep* s.o. waiting
warten² *tech. v/t.* service, maintain
Wärter(in) *Museum etc.*: attendant; *Zoo etc.*: keeper; → ***Gefängniswärter***
Warte|liste *f* waiting list; **~saal** *m*, **~zimmer** *n* waiting room
Wartung *tech. f* maintenance
warum *adv.* why
Warze *f* wart
was 1. *interr. pron.* what; ***~?*** *überrascht etc.*: what?; *wie bitte?*: pardon?, F what?; ***~ gibts?*** what is it?, F what's up?; *zu essen*: what's for lunch *etc.*?; ***~ solls?*** so what?; ***~ machen Sie?*** *gerade*: what are you doing?; *beruflich*: what do you do?; ***~ kostet ...?*** how much is ...?; ***~ für ...?*** what kind *od.* sort of ...?; ***~ für eine Farbe*** (***Größe***)***?*** what colo(u)r (size)?; ***~ für ein Unsinn*** (***e-e gute Idee***)***!*** what nonsense (a good idea)!; **2.** *rel. pron.* what; ***~*** (***auch***) ***immer*** whatever; ***alles, ~ ich habe*** (***brauche***) all I have (need); ***ich weiß nicht, ~ ich tun*** (***sagen***) ***soll*** I don't know what to do (say); ***..., ~ mich ärgerte ...,*** which made me angry; **3.** F *indef. pron.* → ***etwas***
wasch|bar *adj.* washable; **2becken** *n* washbasin, *bsd. Am.* washbowl
Wäsche *f* washing, laundry; *Bett2*, *Tisch2*: linen; *Unter2*: underwear; ***in der ~*** in the wash; *fig.* ***schmutzige ~ waschen*** wash one's dirty linen in public
waschecht *adj.* washable; *Farben*: fast; *fig.* trueborn, genuine
Wäsche|klammer *f* clothes peg, *Am.* clothespin; **~leine** *f* clothesline
waschen *v/t. u. v/refl.* wash (***sich die Haare*** [***Hände***] one's hair [hands])
Wäscherei *f* laundry; → ***Waschsalon***
Wasch|küche *f* washing room; *fig. Nebel*: pea souper; **~lappen** *m* flannel, facecloth, *Am.* washcloth; **~maschine** *f* washing machine, *Am.* washer; **2maschinenfest** *adj.* machine-washable; **~mittel, ~pulver** *n* washing powder; **~raum** *m* lavatory, *Am. a.* washroom; **~salon** *m Brt.* launderette, *Am.* laundromat; **~straße** *mot. f* car wash
Wasser *n* water; **~ball** *m* beach ball; *Sport*: water polo; **~bett** *n* water bed; **~dampf** *m* steam; **2dicht** *adj.* waterproof; *bsd. naut.* watertight (*a. fig.*); **~fall** *m* waterfall; *großer*: falls *pl.*; **~farbe** *f* water colo(u)r; **~flugzeug** *n* seaplane; **~graben** *m* ditch; **~hahn** *m* tap, *Am. a.* faucet
wässerig *adj.* watery; ***j-m den Mund ~ machen*** make* s.o.'s mouth water
Wasser|kessel *m* kettle; **~klosett** *n* water closet, W.C.; **~kraft** *f* water power; **~kraftwerk** *n* hydroelectric power station *od.* plant; **~lauf** *m* watercourse; **~leitung** *f* waterpipe(s *pl.*); **~mangel** *m* water shortage; **~mann** *astr. m* Aquarius; ***er ist*** (***ein***) ***~*** he's (an) Aquarius; **2n** *v/i.* touch down on water; *Raumfahrzeug*: splash down
wässern *v/t.* water; *Felder etc.*: irrigate; *gastr.* soak; *phot.* rinse
Wasser|pflanze *f* aquatic plant; **~rohr** *n* water pipe; **2scheu** *adj.* afraid of water; **~ski 1.** *m* water ski; **2.** *n* water skiing; ***~ fahren*** water-ski; **~spiegel** *m* water level; **~sport** *m* water (*od.* aquatic) sports *pl.*, aquatics *pl.*;

W

~spülung *f tech.* flushing cistern; ***Toilette mit ~*** (flush) toilet, W.C.; **~stand** *m* water level; **~standsanzeiger** *m* water ga(u)ge; **~stiefel** *pl.* waders *pl.*; **~stoff** *chem. m* hydrogen; **~stoffbombe** *f* hydrogen bomb, H-bomb; **~strahl** *m* jet of water; **~straße** *f* waterway; **~tier** *n* aquatic animal; **~verdrängung** *f* displacement; **~verschmutzung** *f* water pollution; **~versorgung** *f* water supply; **~waage** *f* spirit level, *Am.* level; **~weg** *m* waterway; ***auf dem ~*** by water; **~welle** *f* water wave; **~werk(e** *pl*) *n* waterworks *sg.*, *pl.*; **~zeichen** *n* watermark

waten *v/i.* wade

watscheln *v/i.* waddle

Watt[1] *electr. n* watt

Watt[2] *geogr. n* mud flats *pl.*

Watt|e *f* cotton wool; **~ebausch** *m* cotton-wool pad; **2iert** *adj.* padded; *Jacke etc.*: quilted

web|en *v/t. u. v/i.* weave*; **2er** *m* weaver; **2erei** *f* weaving mill; **2stuhl** *m* loom

Wechsel *m* change; *Geld2*: exchange; *Bank2*: bill of exchange; *Monats2*: allowance; **~beziehung** *f* correlation; **~geld** *n* (small) change; **2haft** *adj.* changeable; **~jahre** *pl.* menopause *sg.*; **~kurs** *m* exchange rate; **2n** *v/t. u. v/i. allg.* change; *austauschen*: exchange; *variieren*: vary; *ab~*: alternate; **2nd** *adj.* varying; **2seitig** *adj.* mutual, reciprocal; **~strom** *electr. m* alternating current, *Abk.* A.C.; **~stube** *f* exchange office; **2weise** *adv.* alternately; **~wirkung** *f* interaction

wecke|n *v/t.* wake* (up), F call; *fig. Erinnerung etc.*: awaken; *fig. Neugier etc.*: rouse; **2r** *m* alarm (clock)

wedeln *v/i.* wave (***mit et.*** s.th.); *Ski*: wedel; ***mit dem Schwanz ~*** *Hund*: wag its tail

weder *cj.*: ***~ ... noch*** neither ... nor

Weg *m* way (*a. fig.*); *Straße*: road (*a. fig.*); *Pfad*: path; *Reise2*: route; *Fuß2*: walk; ***auf friedlichem (legalem) ~e*** by peaceful (legal) means; ***j-m aus dem ~ gehen*** get* (*fig.* keep*) out of s.o.'s way; ***aus dem ~ räumen*** put* *s.o.* out of the way; ***vom ~ abkommen*** lose* one's way; ***et. zu ~e bringen*** manage to do s.th., succeed in doing s.th.; → ***halb***

weg *adv. entfernt, fort, verreist etc.*: away; *verschwunden, verloren etc.*: gone; *los, ab*: off; F *begeistert*: thrilled to bits; ***Finger ~!*** (keep your) hands off!; ***nichts wie ~!*** let's get out of here!; F ***~ sein*** *bewusstlos*: be out; **~bleiben** F *v/i.* stay away; *ausgelassen werden*: be* left out; **~bringen** *v/t.* take* away; ***~ von*** get* *s.o.* away from

wegen *prp.* because of; *um ... willen*: for *s.o.*'s *od. s.th.*'s sake, for the sake of; *infolge*: due *od.* owing to; *~ Mordes etc.*: for

weg|fahren 1. *v/i.* leave*; **2.** *v/t.* take* away, remove; **~fallen** *v/i.* be* dropped; *aufhören*: stop, be* stopped; ***die ... werden ~*** there will be no more ...; **2gang** *m* leaving; **~gehen** *v/i.* go* away (*a. fig. Schmerz etc.*), leave*; *Fleck etc.*: come* off; *Ware*: sell*; **~jagen** *v/t.* drive* *od.* chase away; **~kommen** F *v/i.* get* away; *verloren gehen*: get* lost; ***gut ~*** come* off well; ***mach, dass du wegkommst!*** get out of here!, *sl.* get lost!; **~lassen** *v/t.* let* *s.o.* go; *bsd. et.*: leave* out; **~laufen** *v/i.* run* away ([***vor***] ***j-m*** from s.o.) (*a. fig.*); **~legen** *v/t.* put* away; **~machen** F *v/t.* get* off; *Kind*: get* rid of; **~müssen** F *v/i.* have* to go; ***ich muss weg*** I must be off *od.* going; **~nehmen** *v/t.* take* away (**von** from); *Platz, Zeit*: take* up; *stehlen* (*a. fig. Frau etc.*): steal*; ***j-m et. ~*** take* s.th. (away) from s.o.

Wegrand *m* (**am** by the) wayside

weg|räumen *v/t.* clear away, remove; **~schaffen** *v/t.* remove; **~schicken** *v/t.* send* away *od.* off; **~sehen** *v/i.* look away; **~setzen** *v/t.* move (*a. j-n*); **~tun** F *v/t.* put* away

Wegweiser *m* signpost; *fig.* guide

Wegwerf|... *in Zssgn Geschirr, Besteck, Rasierer etc.*: throwaway ..., disposable ...; *Flasche etc.*: non-returnable ...; **2en** *v/t.* throw* away (*a. fig.*)

weg|wischen *v/t.* wipe off; *fig. Einwand etc.*: brush aside; **~ziehen 1.** *v/i.* move away; **2.** *v/t.* pull away

weh *adv.*: ***~ tun*** hurt* (***j-m*** s.o.; *fig. a.* s.o.'s feelings); *Kopf etc.*: *a.* be* aching; ***sich ~ tun*** hurt* o.s.

Wehen *med. pl.* labo(u)r *sg.*

wehen *v/i.* blow*; *Haare, Fahne etc.*: wave

weh|leidig *adj.* hypochondriac; *Stimme*: whining; **2mut** *f* melancholy; **~mütig** *adj. Gefühl*: melancholy; *Lächeln etc.*: wistful
Wehr[1] *n* weir
Wehr[2] *f*: ***sich zur ~ setzen → wehren***; **~dienst** *mil. m* military service; **~dienstverweigerer** *mil. m* conscientious objector; **2en** *v/refl.* defend o.s. (***gegen*** against), fight* (*a. fig.* ***gegen et.*** s.th.); **2los** *adj.* defenceless, *Am.* defenseless; *fig.* helpless; **~pflicht** *mil. f* compulsory military service; **2pflichtig** *mil. adj.* liable to military service; **~pflichtiger** *m Soldat*: conscript, *Am.* draftee
Weib *n bsd. iro., contp.* woman; *böses*: bitch; **~chen** *zo. n* female; **2isch** *adj.* effeminate, F sissy (*a.* ***~er Junge***); **2lich** *adj.* female; *gr., Art, Stimme etc.*: feminine
weich *adj.* soft (*a. fig.*) *zart*: tender; *gar*: done; *Ei*: soft-boiled; ***~ werden*** soften; *fig.* give* in
Weiche *rail. f* switch, points *pl.*
weichen *v/i.* give* way (*dat.* to), yield (to); *verschwinden*: go* (away)
weich|lich *adj.* soft, effeminate, F sissy; **2ling** *m* weakling, F softy, sissy; **~machen** F *fig. v/t.* soften *s.o.* up; **2macher** *tech. m* softener, softening agent; **2spüler** *m* fabric softener; **2tier** *zo. n* mollus|c, *Am.* -k
Weide[1] *bot. f* willow
Weide[2] *agr. f* pasture; ***auf die*** (***der***) ***~*** to (at) pasture; **~land** *n* pasture(land), *Am. a.* range; **2n** *v/t. u. v/i.* graze, pasture; ***sich ~ an*** feast on; *contp.* gloat over
Weidenkorb *m* wicker basket
weiger|n *v/refl.* refuse; **2ung** *f* refusal
Weihe *rel. f* consecration; *Priester2*: ordination; **2n** *rel. v/t.* consecrate; ***j-n zum Priester ~*** ordain s.o. priest
Weiher *m* pond
Weihnachten *n* Christmas, F Xmas
Weihnachts|abend *m* Christmas Eve; **~baum** *m* Christmas tree; **~einkäufe** *pl.* Christmas shopping *sg.*; **~geschenk** *n* Christmas present; **~lied** *n* (Christmas) carol; **~mann** *m* Father Christmas, Santa Claus; **~markt** *m* Christmas fair; **~tag** *m* Christmas Day; ***zweiter ~*** day after Christmas, *bsd. Brt.* Boxing Day; **~zeit** *f* Christmas season
Weih|rauch *m* incense; **~wasser** *rel. n* holy water
weil *cj.* because; *da*: since, as
Weil|chen *n*: ***ein ~*** a little while; **~e** *f*: ***e-e ~*** a while
Wein *m* wine; *Rebe*: vine; **~(an)bau** *m* wine growing; **~beere** *f* grape; **~berg** *m* vineyard; **~brand** *m* brandy
weine|n *v/i.* cry (***vor*** with; ***nach*** for; ***wegen*** about, over); *bsd. lit.* weep* (***um*** for, over; ***über*** at; ***vor*** for, with); **~rlich** *adj.* tearful; *Stimme*: whining
Wein|ernte *f* vintage; **~fass** *n* wine cask *od.* barrel; **~flasche** *f* wine bottle; **~gut** *n* wine-growing estate, *bsd. Am.* winery; **~händler** *m* wine merchant; **~hauer** *östr. m →* ***Winzer***; **~karte** *f* wine list; **~keller** *m* wine cellar *od.* vault, vaults *pl.*; **~kellerei** *f* winery; **~kenner** *m* wine connoisseur; **~lese** *f* vintage; **~presse** *f* wine press; **~probe** *f* wine tasting; **~rebe** *f* vine; **2rot** *adj.* claret; **~stock** *m* vine; **~traube** *f* *→* ***Traube***
weise *adj.* wise
Weise *f Art u. ~*: way; *mus.* tune; ***auf diese*** (***die gleiche***) ***~*** this (the same) way; ***auf m-e*** (***s-e***) ***~*** my (his) way
weisen *v/t. u. v/i. zeigen*: show*; ***j-n von*** *der Schule etc. od.* ***aus*** *dem Lande etc.* ***~*** expel s.o. from, F kick s.o. out of; ***~ auf*** point to *od.* at; ***von sich ~*** reject; *Verdacht etc*: repudiate
Weis|heit *f* wisdom; ***mit s-r ~ am Ende*** at one's wit's end; **~heitszahn** *m* wisdom tooth; **2machen** F *v/t.*: ***j-m ~, daß*** make* s.o. believe that; ***du kannst mir nichts ~*** you can't fool me
weiß *adj.* white; ***~ glühend*** white-hot; **2brot** *n* white bread; **2e** *m, f* white, white man (woman); ***die ~n*** *pl.* the whites *pl.*; **~en** *v/t.* whitewash; **2glut** *f* white heat; **2kohl** *m*, **2kraut** *n* (white, *Am.* green) cabbage; **~lich** *adj.* whitish; **2wein** *m* white wine
Weisung *f* instruction, directive
weit 1. *adj.* wide; *Kleidung*: *a.* big; *Reise, Weg*: long; **2.** *adv.* far, a long way (*a. zeitlich u. fig.*); ***~ weg*** far away (***von*** from); ***von ~em*** from a distance; ***~ und breit*** far and wide; ***bei ~em*** by far; ***bei ~em nicht so*** not nearly as; ***~ über*** well

over; ~ ***besser*** far *od.* much better; ***zu ~ gehen*** go* too far; ***es ~ bringen*** go* far, F go* places; ***wir haben es ~ gebracht*** we have come a long way; ~***reichend*** far-reaching; ~ ***verbreitet*** widespread

weit|ab *adv.* far away (***von*** from); **~aus** *adv.* (by) far, much; **2blick** *m* farsightedness; **2e** *f* width; *weite Fläche*: vastness, expanse; *bsd. Sport*: distance; **~en** *v/t. u. v/refl.* widen

weiter *adv.* on, further; (***mach***) ~***!*** go on!; (***geh***) ~***!*** move on!; ***und so ~*** and so on *od.* forth, et cetera; ***nichts ~*** nothing else; **~arbeiten** *v/i.* go* on working; **~bilden** *v/refl.* improve one's knowledge; *schulisch*, *beruflich*: continue one's education *od.* training; **2bildung** *f* further education *od.* training

weitere *adj.* further, additional; ***alles 2*** the rest; ***bis auf ~s*** until further notice; ***ohne ~s*** easily; **2s** *n* more, (further) details *pl.*

weiter|geben *v/t.* pass (*dat.*, ***an*** to) (*a. fig.*); **~gehen** *v/i.* move on; *fig.* continue, go* on; **~hin** *adv. ferner*: further(more); ***et. ~ tun*** go* on doing s.th., continue to do s.th.; **~kommen** *v/i.* get* on (*fig.* in life); **~können** *v/i.* be* able to go on; **~leben** *v/i.* live on; *fig. a.* survive; **2leben** *n* life after death; **~machen** *v/t. u. v/i.* go* *od.* carry on, continue; **2verkauf** *m* resale

weit|gehend 1. *adj.* considerable; **2.** *adv.* largely; **~läufig** *adj. Haus etc.*: spacious; *Verwandter*: distant; **~sichtig** *med. adj.* longsighted, *bsd. Am. u. fig.* farsighted; **2sprung** *m* long jump, *Am.* broad jump; **2winkelobjektiv** *phot. n* wide-angle lens

Weizen *m* wheat

welche|(r), ~s 1. *interr. pron.* what, *auswählend*: which; ***welcher?*** which one?; ***welcher von beiden?*** which of the two?; **2.** *rel. pron.* who, that; *bei Sachen*: which, that; **3.** F *indef. pron.* some, any

welk *adj.* faded, withered; *Haut*: flabby; **~en** *v/i.* fade, wither

Wellblech *n* corrugated iron

Welle *f* wave (*a. phys., fig.*); *tech.* shaft

wellen *v/t. u. v/refl.* wave; **2bereich** *electr. m* wave range; **2länge** *electr. f* wavelength; **2linie** *f* wavy line

Wellensittich *m* budgerigar, F budgie

wellig *adj.* wavy

Wellpappe *f* corrugated cardboard

Welt *f* world; ***die ganze ~*** the whole world; ***auf der ganzen ~*** all over *od.* throughout the world; ***das Beste*** *etc.* ... ***der ~*** the best *etc.* ... in the world, the world's best *etc.* ...; ***zur ~ kommen*** be* born; ***zur ~ bringen*** give* birth to

Welt|all *n* universe; **~anschauung** *f* philosophy (of life); **~ausstellung** *f* world fair; **2berühmt** *adj.* world-famous

Weltergewicht *n*, **~ler** *m* welterweight

welt|fremd *adj.* naive, unrealistic; **2friede(n)** *m* world peace; **2geschichte** *f* world history; **2krieg** *m* world war; ***der Zweite ~*** World War II; **2kugel** *f* globe; **2lage** *f* international situation; **~lich** *adj.* worldly; **2literatur** *f* world literature; **2macht** *f* world power; **2markt** *m* world market; **2meer** *n* ocean; **2meister(in)** world champion; **2meisterschaft** *f* world championship; *bsd. Fußball2*: World Cup; **2raum** *m* (outer) space; **2raum...** *in Zssgn* → ***Raum***...; **2reich** *n* empire; **2reise** *f* world trip; **2rekord** *m* world record; **2ruf** *m* worldwide reputation; **2stadt** *f* metropolis; **2untergang** *m* end of the world; **~weit** *adj.* worldwide; **2wirtschaft** *f* world economy; **2wirtschaftskrise** *f* worldwide economic crisis; **2wunder** *n* wonder of the world

Wende *f* turn (*a. Schwimmen*); *Änderung*: change; **~hals** F *pol. m* (political) turncoat; **~kreis** *m astr., geogr.* tropic; *mot.* turning circle; ***der ~ des Krebses*** the tropic of Cancer

Wendeltreppe *f* spiral staircase

wende|n *v/t. u. v/i. u. v/refl.* turn (***nach*** to; ***gegen*** against; ***an j-n um Hilfe*** to s.o. for help); *Auto etc.*: turn (round); *Braten etc.*: turn over; ***bitte ~*** please turn over, pto; **2punkt** *m* turning point

wend|ig *adj. mot., naut.* manoeuvrable, *Am.* maneuverable; *fig.* nimble; **2ung** *f* turn (*a. fig.*); *fig. a.* change; *Ausdruck*: expression, phrase

wenig *indef. pron. u. adv.* little; ~(***e***) *pl.* few; ***nur ~e*** only few; *ein paar*: only a few; (***in***) ***~er als*** (in) less than; ***am ~sten*** least of all; ***er spricht ~*** he doesn't talk much; (***nur***) ***ein*** (***klein***) ~ (just) a little (bit); → ***bisschen***; **~stens** *adv.* at least

wenn *cj.* when; *falls*: if; ~ ... ***nicht*** if ... not, unless; ~ ***auch*** (al)though, even though; ***wie*** *od.* ***als*** ~ as though, as if; ~ ***ich nur*** ... ***wäre!*** if only I were ...!; ~ ***auch noch so*** ... no matter how ...; ***und ~ nun ...?*** what if ...?

wer 1. *interr. pron.* who, *auswählend*: which; ~ ***von euch?*** which of you?; **2.** *rel. pron.* who; ~ ***auch*** (***immer***) who(so)ever; **3.** F *indef. pron.* somebody, anybody

Werbe|abteilung *f* publicity department; **~agentur** *f* advertising agency; **~feldzug** *m* advertising campaign; **~fernsehen** *n* commercial television; *Werbung*: TV adverts *pl.*, *Am.* (TV) commercials *pl.*; **~film** *m* promotion(al) film; **~funk** *m* radio adverts *pl.* (*Am.* commercials *pl.*); **2n 1.** *v/i.* advertise (***für et.*** s.th.), promote (s.th.), give* *s.th. od. s.o.* publicity; *bsd. pol.* make* propaganda (***für*** for), canvass (for); ~ ***um*** *Frau, Beliebtheit etc.*: court; **2.** *v/t.* *an~*: recruit; *Stimmen, Kunden*: canvass, solicit; **~sendung** *f*, **~spot** *m* TV advert, *Am.* (TV) commercial

Werbung *f* advertising, (sales) promotion; *a. pol. etc.*: publicity, propaganda; *An2*: recruitment; ~ ***machen für et.*** advertise s.th

Werdegang *m beruflicher*: career

werden *v/i. u. v/aux.* become*, get*; *sich wandeln*: turn, go*; *bsd. allmählich*: grow*; *ausfallen*: turn out; *Futur*: ***wir*** ~ we will (*lit.* shall), we are going to; *Passiv*: ***geliebt*** ~ be* loved (***von*** by); ***was willst du ~?*** what do you want to be?; ***mir wird schlecht*** I'm going to be sick; F: ***es wird schon wieder*** (~) it'll be all right

werfen *v/i. u. v/t.* throw* (*a. zo.*) ([***mit***] ***et. nach*** s.th. at); *aviat. Bomben*: drop; *Schatten*: cast*; ***sich*** ~ throw* o.s.; *Torwart*: dive* (***nach*** for)

Werft *naut. f* shipyard, dockyard

Werk *n* work; *gutes*: *a.* deed; *tech.* mechanism; *Fabrik*: works *sg. od. pl.*, factory; ***ans ~ gehen*** set* *od.* go* to work; **~bank** *tech. f* workbench; **~meister** *m* foreman; **~statt** *f* workshop; *Auto2*: garage; **~tag** *m* workday; **2tätig** *adj.* working; **~zeug** *n* tool (*a. fig.*); *coll.* tools *pl.*; *feines*: instrument; **~zeugmacher** *m* toolmaker

wert *adj.* worth; *in Zssgn sehens~ etc.*: worth *seeing etc.*; ***die Mühe*** (***e-n Versuch***) ~ worth the trouble (a try); *fig.* ***nichts*** ~ no good

Wert *m allg.* value; *bsd. fig. u. in Zssgn*: *a.* worth; *Sinn, Nutzen*: use; **~e** *pl. Daten*: data *sg. od. pl.*, figures *pl.*; ... ***im ~(e) von e-m Pfund*** a pound's worth of ...; ***großen*** (***wenig, keinen, nicht viel***) ~ ***legen auf*** set* great (little, no, not much) store by

wert|en *v/t.* value; *beurteilen, a. Sport*: rate, judge; **2gegenstand** *m* article of value; **~los** *adj.* worthless; **2papiere** *pl.* securities *pl.*; **2sachen** *pl.* valuables *pl.*; **2ung** *f* valuation; *a. Sport*: rating, judging; *Punktzahl etc.*: score, points *pl.*; **~voll** *adj.* valuable

Wesen *n Lebe2*: being, creature; *~skern*: essence; *Natur*: nature, character; ***viel ~s machen um*** make* a fuss about

wesentlich *adj.* essential; *beträchtlich*: considerable; ***im 2en*** on the whole

weshalb *interr. adv.* → ***warum***

Wespe *f* wasp

Weste *f* waistcoat, *Am.* vest

West|en *m* west; *pol.* West; ***der Wilde ~*** the Wild West; **2lich 1.** *adj.* western; *Kurs, Wind*: westerly; *pol.* West(ern); **2.** *adv.*: ~ ***von*** (to the) west of; **~wind** *m* west(erly) wind

Wett|bewerb *m* competition (*a. econ.*), contest; **~büro** *n* betting office; **~e** *f* bet; ***e-e ~ schließen*** make* a bet; ***um die ~ laufen*** *etc.* race (***mit j-m*** s.o.); **2eifern** *v/i.* compete (***mit*** with; ***um*** for); **2en** *v/i. u. v/t.* bet*; ***mit j-m um 10 Pfund ~*** bet* s.o. ten pounds; ~ ***auf*** bet* on, back

Wetter *n* weather; **~bericht** *m* weather report; **2fest** *adj.* weatherproof; **~karte** *f* weather chart; **~lage** *f* weather situation; **~leuchten** *n* sheet lightning; **~vorhersage** *f* weather forecast; **~warte** *f* weather station

Wett|kampf *m* competition, contest; **~kämpfer(in)** contestant, competitor; **~lauf** *m* race (*a. fig.* ***mit*** against); **~läufer(in)** runner; **2machen** *v/t.* make* up for; **~rennen** *n* race; **~rüs-**

ten *n* arms race; **~streit** *m* contest, competition
wetzen *v/t.* whet, sharpen
wichtig *adj.* important; ***et. ~ nehmen*** take* s.th. seriously; **2keit** *f* importance; **2tuer** *m* pompous ass
Wickel *med. m* compress; **~kommode** *f* changing unit; **2n** *v/t. Baby*: change; ***~ in (um)*** wrap in ([a]round)
Widder *m zo.* ram; *astr.* Aries; ***er ist (ein) ~*** he's (an) Aries
wider *prp.*: ***~ Willen*** against one's will; ***~ Erwarten*** contrary to expectation; **2haken** *m* barb; **~hallen** *v/i.* resound (***von*** with); **~legen** *v/t.* refute, disprove; **~lich** *adj.* sickening, disgusting; **~rechtlich** *adj.* illegal, unlawful; **2rede** *f* contradiction; ***keine ~!*** no arguing!, don't talk back!; **2ruf** *m jur.* revocation; *e-r Erklärung*: withdrawal; **~rufen** *v/t.* revoke; withdraw*; **2sacher(in)** adversary, rival; **2schein** *m* reflection; **~setzen** *v/refl.* oppose, resist (***e-r Sache*** s.th.); **~sinnig** *adj.* absurd; **~spenstig** *adj.* unruly (*a. Haar etc.*), stubborn; **~spiegeln** *v/t.* reflect (*a. fig.*); ***sich ~ in*** be* reflected in; **~sprechen** *v/i.* contradict; **2spruch** *m* contradiction; **~sprüchlich** *adj.* contradictory; **~spruchslos** *adv.* without contradiction; **2stand** *m* resistance (*a. electr.*), opposition; ***~ leisten*** offer resistance (*dat.* to); **~standsfähig** *adj.* resistant (*a. tech.*); **~stehen** *v/i.* resist; **~streben** *v/i.*: ***es widerstrebt mir, dies zu tun*** I hate doing *od.* to do that; **~strebend** *adv.* reluctantly; **~wärtig** *adj.* disgusting; **2wille** *m* aversion (***gegen*** to), dislike (of, for); *Ekel*: disgust (at); **~willig** *adj.* reluctant, unwilling
widm|en *v/t.* dedicate; **2ung** *f* dedication
wie 1. *interr. adv.* how; ***~ geht es Gordon?*** how is Gordon?; ***~ ist er?*** what's he like?; ***~ ist das Wetter?*** what's the weather like?; ***~ heißen Sie?*** what's your name?; ***~ nennt man ...?*** what do you call ...?; ***~ wäre (ist, steht) es mit ...?*** what *od.* how about ...?; ***~ viel ...?*** how much ...?; *pl.* how many ...?; ***~ viele ...?*** how many ...?; **2.** *cj.* like; as; ***~ neu (verrückt)*** like new (mad); ***doppelt so ... ~*** twice as ... as; ***~ (zum Beispiel)*** such as, like; ***~ üblich*** as usual; ***~ er sagte*** as he said; ***ich zeige (sage) dir, ~*** (...) I'll show (tell) you how (...)
wieder *adv.* again; **~...** *in Zssgn oft* re...; ***immer ~*** again and again; ***~ aufbauen*** reconstruct; ***~ aufnehmen*** resume ***~ beleben*** resuscitate, revive (*a. fig.*); ***~ erkennen*** recognize (***an*** by); ***~ finden*** find* again; *fig.* regain; ***~ gutmachen*** make* up for; ***~ sehen*** see* *od.* meet* again; ***~ verwerten*** *tech.* recycle; **2aufbau** *m* reconstruction, rebuilding; **2aufbereitung** *tech. f* recycling, reprocessing (*a. nukleare*); **2aufbereitungsanlage** *f* reprocessing plant; **2aufleben** *n* revival; **2aufnahme** *f* resumption; **~bekommen** *v/t.* get* back; **2belebung** *f* resuscitation; **2belebungsversuch** *m* attempt at resuscitation; **2bewaffnung** *f* rearmament; **~bringen** *v/t.* bring* back; *zurückgeben*: return; **2einführung** *f* reintroduction; **2entdeckung** *f* rediscovery; **2gabe** *tech. f* reproduction, play-back; **~geben** *v/t.* give* back, return; *schildern*: describe; *tech.* play back, reproduce; **2gutmachung** *f* reparation; **~herstellen** *v/t.* restore; **~holen** *v/t.* repeat; *Lernstoff*: revise, review; *Szene etc.*: replay; *zurückholen*: (go* and) get* *s.th. od. s.o.* back; ***sich ~*** repeat o.s. (*a. fig. Geschichte etc.*); **~holt** *adv.* repeatedly, several times; **2holung** *f* repetition; *von Lernstoff*: revision, review; *TV etc.*: rerun; *e-r Szene*: replay; **2kehr** *f* return; *periodische*: *a.* recurrence; **~kehren** *v/i.* return; recur; **~kommen** *v/i.* come* back, return; **2sehen** *n* seeing *s.o.* again; *Treffen*: reunion; ***auf ~!*** goodbye!; **~um** *adv.* again; on the other hand; **2vereinigung** *f* reunion; *bsd. pol. a.* reunification; **~verwendbar** *adj.* reusable; **2verwendung** *f* reuse; **2verwertung** *tech. f* recycling; **2wahl** *f* re-election
Wiege *f* cradle
wiegen¹ *v/t. u. v/i.* weigh
wiegen² *v/t.* rock (***in den Schlaf*** to sleep); **2lied** *n* lullaby
wiehern *v/i.* neigh; F *fig.* guffaw
Wiese *f* meadow
Wiesel *zo. n* weasel
wieso *interr. adv.* → ***warum***

Wievielte *adv.*: ***den ~n haben wir heute?*** what's the date today?
wild *adj.* wild (*a. fig.*) (F ***auf*** about); *heftig*: violent; ***~er Streik*** wildcat strike
Wild *n hunt.* game; *Braten*: *mst* venison; **~bach** *m* torrent; **~e(r)** savage; F: ***wie ein Wilder*** like mad; **~erer** *m* poacher; **≈ern** *v/i.* poach; **~hüter** *m* gamekeeper; **~leder** *n* suede; **~nis** *f* wilderness; **~park** *m*, **~reservat** *n* game park *od.* reserve; **~schwein** *n* wild boar; **~wasserfahren** *n* white-water canoeing; **~westfilm, ~westroman** *m* western
Wille *m* will; *Absicht*: *a.* intention; ***s-n ~n durchsetzen*** have* *od.* get* one's own way; ***j-m s-n ~n lassen*** let* s.o. have his (own) way
willen *prp.*: ***um Bs ~*** for B.'s sake, for the sake of B.
willenlos *adj.* weak(-willed)
Willens|freiheit *f* freedom of will; **~kraft** *f* willpower; **≈stark** *adj.* strong-willed
will|ig *adj.* willing; **~kommen** *adj.* welcome (*a. ~ **heißen***) (***in*** to); **~kürlich** *adj.* arbitrary; *Auswahl etc.*: *a.* random
wimm|eln *v/i.*: *~ **von*** be* teeming (with); **~ern** *v/i.* whimper
Wimpel *m* pennant
Wimper *f* eyelash; **~ntusche** *f* mascara
Wind *m* wind
Winde *f* winch,windlass, hoist
Windel *f* nappy, *Am.* diaper
winden *v/t.* wind*; *tech. a.* hoist; ***sich ~*** wind* (one's way); *vor Schmerz*: writhe
Windhund *zo. m* greyhound
wind|ig *adj.* windy; ~jacke *f* windcheater; **≈mühle** *f* windmill; **≈pocken** *med. pl.* chickenpox *sg.*; **≈richtung** *f* direction of the wind; **≈schutzscheibe** *f* windscreen, *Am.* windshield; **≈stärke** *f* wind force; **~still** *adj.*, **≈stille** *f* calm; **≈stoß** *m* gust; **≈surfen** *n* windsurfing
Windung *f* bend, turn (*a. tech.*)
Wink *m* sign; *fig.* hint
Winkel *m math.* angle; *Ecke*: corner; **≈ig** *adj.* angular; *Straße*: crooked
winken *v/i.* wave (one's hand *etc.*), signal; *Taxi*: hail; *her~*: beckon
winseln *v/i.* whimper, whine
Winter *m* winter; **~ausrüstung** *mot. f* winter equipment; **≈lich** *adj.* wintry; **~reifen** *mot. m* snow tyre (*Am.* tire); **~schlaf** *m* hibernation; **~spiele** *pl.*: ***Olympische ~*** Winter Olympics *pl.*; **~sport** *m* winter sports *pl.*
Winzer *m* winegrower
winzig *adj.* tiny, diminutive
Wipfel *m* (tree)top
Wippe *f*, **≈n** *v/i.* seesaw
wir *pers. pron.* we; ***~ drei*** the three of us; F: ***~ sind's!*** it's us!
Wirbel *m* whirl (*a. fig.*); *anat.* vertebra; *im Haar*: crown, *bsd. Am.* cowlick; **≈n** *v/i.* whirl; **~säule** *anat. f* spinal column, spine; **~sturm** *m* cyclone, tornado; **~tier** *n* vertebrate; **~wind** *m* whirlwind (*a. fig.*)
wirk|en 1. *v/i.* work; be* effective (***gegen*** against); *(er)scheinen, aussehen*: look; ***anregend*** *etc.* ~ have* a stimulating *etc.* effect (***auf*** [up]on); ***~ als*** act as; **2.** *v/t.* weave*; *Wunder*: work; **~lich** *adj.* real, actual; *echt*: true, genuine; **≈lichkeit** *f* reality; ***in ~*** in reality, actually; **~sam** *adj.* effective; **≈ung** *f* effect
Wirkungs|grad *tech. m* efficiency; **≈los** *adj.* ineffective; **≈voll** *adj.* effective
wirr *adj.* confused, mixed-up; *Haar*: tousled; **≈en** *pl.* disorder *sg.*, confusion *sg.*; **≈warr** *m* confusion, mess, chaos
Wirt(in) land|lord (-lady)
Wirtschaft *f econ. pol.* economy; *Geschäftswelt*: business; → ***Gastwirtschaft***; **≈en** *v/i.* keep* house; *bsd. finanziell*: manage one's money *od.* affairs *od.* business; *sparen*: economize; ***gut*** (***schlecht***) ~ be* a good (bad) manager; **~erin** *f* housekeeper; **≈lich** *adj.* economic; *sparsam*: economical; **~s...** *econ. in Zssgn Gemeinschaft, Krise, System, Wunder etc.*: economic ...
Wirtshaus *n* → ***Gastwirtschaft***
wischen *v/t.* wipe; ***Staub ~*** dust
wispern *v/t. u. v/i.* whisper
wissbegierig *adj.* curious
wissen *v/t. u. v/i.* know*; ***ich möchte ~*** I'd like to know, I wonder; ***soviel ich weiß*** as far as I know; ***weißt du*** you know; ***weißt du noch?*** (do you) remember?; ***woher weißt du das?*** how do you know?; ***man kann nie ~*** you never know; ***ich will davon*** (***von ihm***) ***nichts ~*** I don't want anything to do with it (him)

Wissen *n* knowledge; *praktisches*: *a.* know-how; ***m-s ~s*** as far as I know
Wissenschaft *f* science; **~ler(in)** scientist; **≈lich** *adj.* scientific
wissenswert *adj.* worth knowing; **≈es** useful facts *pl.*; ***alles ≈e*** (***über***) all you need to know (about)
wittern *v/t.* scent, smell* (*beide a. fig.*)
Witwe *f* widow; **~r** *m* widower
Witz *m* joke; ***~e reißen*** crack jokes; **≈ig** *adj.* funny; *geistreich*: witty
wo *adv.* where; ***~ ... doch*** when, although; **~bei** *adv.*: ***~ bist du?*** what are you at?; ***~ mir einfällt*** which reminds me
Woche *f* week; **~n...** *in Zssgn Lohn, Markt, Zeitung etc.*: weekly ...; **~nende** *n* weekend; ***am ~*** at (*Am.* on) the weekend; **≈nlang 1.** *adj.*: ***~es Warten*** (many) weeks of waiting; **2.** *adv.* for weeks; **~nschau** *f* newsreel; **~ntag** *m* weekday
wöchentlich 1. *adj.* weekly; **2.** *adv.* weekly, every week; ***einmal ~*** once a week
wo|durch *adv.* how; *durch was*: through which; **~für** *adv. für was*: for which; ***~?*** what (...) for?
Woge *f* wave; *bsd. fig. a.* surge; *Brecher*: breaker; **≈n** *v/i.* surge (*a. fig.*), heave (*a. fig. Busen*)
wo|her *adv.* where ... from; ***~ weißt du*** (***das***)***?*** how do you know?; **~hin** *adv.* where (... to)
wohl *adv. u. cj.* well; *vermutlich*: probably, I suppose; ***sich ~ fühlen*** be* well; *seelisch*: feel* good; *in e-m Haus, bei j-m etc.*: feel* at home (***bei*** with); ***ich fühle mich nicht ~*** I don't feel well; ***w tun*** do* good; ***~ od. übel*** willy-nilly, whether I *etc.* like it or not; ***~ kaum*** hardly
Wohl *n* : well-being; ***auf j-s ~ trinken*** drink* to s.o.('s health); ***zum ~!*** to your health!; F cheers!; **≈behalten** *adv.* safely; **~fahrts...** *in Zssgn Staat etc.*: welfare ...; **≈gemerkt** *adv.* mind you; **≈genährt** *adj.* well-fed; **≈gesinnt** *adj.*: ***j-m ~ sein*** be* well-disposed towards s.o.; **≈habend** *adj.* well-off, well-to-do; **≈ig** *adj.* cosy, snug; **~stand** *m* prosperity, affluence; **~standsgesellschaft** *f* affluent society; **~tat** *f* *Erleichterung*: relief; *Segen*: blessing; **~täter** *m* benefactor; **≈tätig** *adj.* charitable; ***für ~e Zwecke*** for charity; **~tätigkeits...** *in Zssgn Ball, Konzert etc.*: charity ...; **≈verdient** *adj.* well-deserved; **≈wollend** *adj.* benevolent
wohn|en *v/i.* live (***in*** in; ***bei j-m*** with s.o.); *vorübergehend*: stay (***in*** at; ***bei*** with); **≈gebiet** *n* residential area; **≈gemeinschaft** *f*: (***mit j-m***) ***in e-r ~ leben*** share a flat (*Am.* an apartment) *od.* a house (with s.o.); **~lich** *adj.* comfortable, cosy, snug; **≈mobil** *n* camper, *Brt. a.* motor caravan, *Am. a.* motor home; **≈siedlung** *f* housing estate (*Am.* development); **≈sitz** *m* residence; ***ohne festen ~*** of no fixed abode; **≈ung** *f* flat, *Am.* apartment; ***m-e*** *etc.* ***~*** my *etc.* place
Wohnungs|amt *n* housing office; **~bau** *m* house building; **~not** *f* housing shortage
Wohn|wagen *m* caravan, *Am.* trailer; *großer*: mobile home; **~zimmer** *n* sitting *od.* living room
wölb|en *v/refl.*, **≈ung** *f* vault, arch
Wolf *m* wolf
Wolk|e *f* cloud; **~enbruch** *m* cloudburst; **~enkratzer** *m* skyscraper; **≈enlos** *adj.* cloudless; **≈ig** *adj.* cloudy, clouded
Woll|... *in Zssgn Schal, Socken etc.*: wool(l)en ...; **~decke** *f* (wool[l]en) blanket; **~e** *f* wool
wollen *v/t. u. v/i. u. v/aux.* want (to); ***lieber ~*** prefer; ***~ wir*** (***gehen*** *etc.*)***?*** shall we (go *etc.*)?; ***~ Sie bitte*** ... will *od.* would you please ...; ***wie*** (***was***, ***wann***) ***du willst*** as (whatever, whenever) you like; ***sie will, daß ich komme*** she wants me to come; ***ich wollte, ich wäre*** (***hätte***) ... I wish I were (had) ...
Wolljacke *f* cardigan
wo|mit *adv. mit dem*: with which; ***~?*** what ... with?
Wonne *f* joy, delight
wor|an *adv.* ***~ denkst du?*** what are you thinking of?; ***~ liegt es, dass ...?*** how is it that ...?; ***~ sieht man, welche*** (***ob***) ***...?*** how can you tell which (if) ...?; **~auf** *adv. zeitlich*: after which; *örtlich*: on which; ***~?*** what ... on?; ***~ wartest du?*** what are you waiting for?; **~aus** *adv. von dem*: from which; ***~ ist es?*** what's it made of?; **~in** *adv. in dem*: in which; ***~?*** where?

W

Wort *n* word; ***mit anderen ~en*** in other words; ***sein ~ geben*** (***halten***, ***brechen***) give* (keep*, break*) one's word; ***j-n beim ~ nehmen*** take* s.o. at his word; ***ein gutes ~ einlegen für*** put* in a good word for; ***j-m ins ~ fallen*** cut* s.o. short; **~art** *gr. f* part of speech
Wörter|buch *n* dictionary; **~verzeichnis** *n* vocabulary, list of words
Wort|führer *m* spokesman; **2karg** *adj.* taciturn
wörtlich *adj.* literal; ***~e Rede*** direct speech
Wort|schatz *m* vocabulary; **~spiel** *n* play on words; *witziges*: pun; **~stellung** *gr. f* word order
wo|rüber *adv. über was*: about which; ***~ lachen Sie?*** what are you laughing at *od.* about?; **~rum** *adv. um was*: about which; ***~ handelt es sich?*** what is it about?; **~runter** *adv. unter denen*: among which; ***~?*** what ... under?; **~von** *adv.* about which; ***~ redest du?*** what are you talking about?; **~vor** *adv.* of which; ***~ hast du Angst?*** what are you afraid of?; **~zu** *adv.*: ***~ er mir rät*** what he advised me to do; ***~?*** what (...) for?; *warum?*: *a.* why?
Wrack *n naut.* wreck (*a. fig.*)
wringen *v/t.* wring*
Wucher *m* usury; **~er** *m* usurer; **2n** *v/i.* grow* (*fig.* be*) rampant; **~ung** *med. f* growth
Wuchs *m* growth; *Gestalt*: build
Wucht *f* force; *e-s Aufpralls etc.*: impact; **2ig** *adj.* massive; *kraftvoll*: powerful
wühlen *v/i.* dig*; *Schwein*: root; *suchen*: rummage (***in*** in, through)
Wulst *m, f* bulge; *von Fett*: roll; **2ig** *adj.* bulging; *Lippen*: thick
wund *adj.* sore; ***~e Stelle*** sore; ***~er Punkt*** sore point; **2e** *f* wound
Wunder *n* miracle; *fig. a.* wonder, marvel (*beide*: ***an*** of); ***~ wirken*** work wonders; (***es ist***) ***kein ~, dass du müde bist*** no wonder you are tired; **2bar** *adj.* wonderful, marvel(l)ous; *wie ein Wunder*: miraculous; **~kind** *n* infant prodigy; **2lich** *adj.* funny, odd; *alter Mensch*: *a.* senile; **2n** *v/refl.* be* surprised *od.* astonished (***über*** at); **2schön** *adj.* lovely; **2voll** *adj.* wonderful; **~werk** *n* marvel, wonder
Wundstarrkrampf *med. m* tetanus
Wunsch *m* wish (*a. Glück2*); *Bitte*: request; ***auf j-s*** (***eigenen***) ***~*** at s.o.'s (own) request; (***je***) ***nach ~*** as desired
wünschen *v/t.* wish; ***sich et.*** (***zu Weihnachten*** *etc.*) ***~*** want s.th. (for Christmas *etc.*); ***das habe ich mir*** (***schon immer***) ***gewünscht*** that's what I (always) wanted; ***alles, was man sich nur ~ kann*** everything one could wish for; ***ich wünschte, ich wäre*** (***hätte***) I wish I were (had); **~swert** *adj.* desirable
Würde *f* dignity; **2los** *adj.* undignified; **2voll** *adj.* dignified
würdig *adj.* worthy (*gen.* of); *würdevoll*: dignified; **~en** *v/t.* appreciate; ***j-n keines Blickes ~*** ignore s.o. completely; **2ung** *f* appreciation
Wurf *m* throw; *zo.* litter
Würfel *m* cube (*a. math.*); *Spiel2*: dice; **2n** *v/i.* throw dice (***um*** for); *spielen*: play dice; ***e-e Sechs ~*** throw* a six; **~spiel** *n* dice game; *einzelne Partie*: game of dice; **~zucker** *m* lump sugar
Wurfgeschoss *n*, **Wurfgeschoß** *östr. n* projectile
würgen *v/i. u. v/t.* choke; *j-n*: *a.* throttle
Wurm *m* worm; **2en** F *v/t.* gall; **2stichig** *adj.* worm-eaten
Wurst *f* sausage
Würstchen *n* small sausage, frankfurter, wiener; *im Brötchen*: hot dog; **~bude** *f* sausage stand
Würze *f* spice (*a. fig.*)
Wurzel *f* root (*a. math.*); ***zweite*** (***dritte***) ***~*** square (cubic) root; ***~n schlagen*** take* root (*a. fig.*); **2n** *v/i.*: ***~ in*** be* rooted in (*a. fig.*)
würz|en *v/t.* spice, season, flavo(u)r; **~ig** *adj.* spicy, well-seasoned
Wust F *m* tangled mass
wüst *adj.* waste; *wirr*: confused; *liederlich*: wild, dissolute;
Wüste *f* desert
Wut *f* rage, fury; ***e-e ~ haben*** be* furious (***auf*** with); **~anfall** *m* fit of rage
wüten *v/i.* rage (*a. fig.*); **~d** *adj.* furious (***auf*** with; ***über*** at), F mad (at)
wutschnaubend *adj.* fuming

X, Y

X-Beine *pl.* knock-knees *pl.*; **x-beinig** *adj.* knock-kneed
x-beliebig *adj.*: ***jede*(*r*, *-s*) *~e ...*** any ... you like, F any old ...
x-mal F *adv.* umpteen times
x-te *adj.*: ***zum ~n Male*** for the umpteenth time
Xylophon *mus. n* xylophone
Yacht *naut. f* yacht
Yoga *m*, *n* yoga

Z

Zack|e *f*, **~en** *m* (sharp) point; *Säge*, *Kamm*, *Briefmarke*: tooth; **&ig** *adj.* pointed; *gezahnt*: serrated; *Linie*, *Blitz*, *Felsen*: jagged; *fig.* smart
zaghaft *adj.* timid; **&igkeit** *f* timidity
zäh *adj.* tough (*a. fig.*); ***~ fließender Verkehr*** slow-moving traffic; **~flüssig** *adj.* thick, viscous; *Verkehr*: slow-moving; **&igkeit** *f* toughness; *fig. a.* stamina
Zahl *f* number; *Ziffer*: figure; **&bar** *adj.* payable (***an*** to; ***bei*** at)
zählbar *adj.* countable
zahlen *v/i. u. v/t.* pay*; ***~, bitte!*** the bill (*Am. a.* check), please!
zählen *v/t. u. v/i.* count (***bis*** up to; *fig.* ***auf*** on); ***~ zu*** *den Besten etc.*: rank with
zahlenmäßig **1.** *adj.* numerical; **2.** *adv.*: ***j-m ~ überlegen sein*** outnumber s.o.
Zähler *m* counter (*a. tech.*); *math.* numerator; *Gas&*, *electr. etc.*: meter
Zahl|karte *post f* paying-in (*Am.* deposit) slip; **&los** *adj.* countless; **~meister** *m mil.* paymaster; *naut.* purser; **&reich** **1.** *adj.* numerous; **2.** *adv.* in great number; **~tag** *m* payday; **~ung** *f* payment
Zählung *f* count; *Volks&*: census
Zahlungs|aufforderung *f* request for payment; **~bedingungen** *pl.* terms *pl.* of payment; **~befehl** *m* order to pay; **~bilanz** *f* balance of payments; **&fähig** *adj.* solvent; **~frist** *f* term of payment; **~mittel** *n* currency; ***gesetzliches ~*** legal tender; **~schwierigkeiten** *pl.* financial difficulties *pl.*; **~termin** *m* date of payment; **&unfähig** *adj.* insolvent
Zählwerk *tech. n* counter
Zahlwort *gr. n* numeral
zahm *adj.* tame (*a. fig.*)
zähm|en *v/t.* tame (*a. fig.*); **&ung** *f* taming (*a. fig.*)
Zahn *m* tooth; *tech. a.* cog; **~arzt** *m*, **~ärztin** *f* dentist, dental surgeon; **~bürste** *f* toothbrush; **~creme** *f* toothpaste; **&en** *v/i.* cut* one's teeth, teethe; **~fleisch** *n* gums *pl.*; **&los** *adj.* toothless; **~lücke** *f* gap between the teeth; **~medizin** *f* dentistry; **~pasta, ~paste** *f* toothpaste; **~rad** *tech. n* gearwheel, cogwheel; **~radbahn** *f* rack (*od.* cog) railway; **~schmerzen** *pl.* toothache *sg.*; **~spange** *f* brace; **~stein** *m* tartar; **~stocher** *m* toothpick
Zange *f tech.* pliers *pl.*; *Kneif&*: pincers *pl.*; *Greif&*, *Zucker& etc.*: tongs *pl.*; *med.* forceps *pl.*; *zo.* pincer
zanken *v/refl.* quarrel (***wegen*** about; ***um*** over), fight*, argue (about; over)
zänkisch *adj.* quarrelsome
Zäpfchen *n anat.* uvula; *pharm.* suppository
Zapf|en *m am Fass*: tap, *Am.* faucet; *Pflock*: peg, pin; *Spund*: bung; *Verbindungs&*: tenon; *Dreh&*: pivot; *bot.* cone; **&en** *v/t. Bier etc.*: tap; **~enstreich** *mil. m* tattoo, *Am. a.* taps; **~hahn** *m* tap, *Am.* faucet; *mot.* nozzle; **~säule** *mot. f* petrol (*Am.* gasoline) pump

zappel|ig *adj.* fidgety; **~n** *v/i.* fidget, wriggle (*a. Fisch etc.*)
zappen *TV v/i.* zap
zart *adj.* tender; *sanft*: gentle; ***~fühlend*** sensitive; **2gefühl** *n* delicacy (of feeling), sensitivity
zärtlich *adj.* tender, affectionate (**zu** with); **2keit** *f* tenderness, affection; *Liebkosung*: caress
Zauber *m* magic, spell, charm (*alle a. fig.*); **~ei** *f* magic, witchcraft; **~er** *m* magician, sorcerer, wizard (*a. fig.*); → ***~künstler***; **~formel** *f* spell; *fig.* magic formula; **2haft** *fig. adj.* enchanting, charming; **~in** *f* sorceress; **~kraft** *f* magic power; **~künstler** *m* magician, conjurer; **~kunststück** *n* conjuring trick; **2n 1.** *v/i.* practise magic; *im Zirkus etc.*: do* conjuring tricks; **2.** *v/t.* conjure (up); **~spruch** *m* spell; **~stab** *m* (magic) wand; **~wort** *n* magic word, spell
zaudern *v/i.* hesitate
Zaum *m* bridle; ***im ~ halten*** control (***sich*** o.s.), keep* in check
zäumen *v/t.* bridle
Zaumzeug *n* bridle
Zaun *m* fence; **~gast** *m* onlooker; **~pfahl** *m* pale
z.B. *Abk. für* ***zum Beispiel*** e.g., for example, for instance
Zebrastreifen *m* zebra crossing
Zeche *f* bill, *Am.* check; *Bergbau*: (coal) mine, pit; ***die ~ zahlen*** pay* (F *u. fig.* foot) the bill
Zeh *m*, **~e** *f* toe; ***große*** (***kleine***) **~** big (little) toe; **~ennagel** *m* toenail; **~enspitze** *f* tip of the toe; ***auf ~n gehen*** (walk on) tiptoe
zehn *adj.* ten; **~fach** *adj.* tenfold; **~jährig** *adj. Kind*: ten-year-old; *Jubiläum etc.*: ten-year ...; *Abwesenheit etc.*: of ten years; **2kampf** *m* decathlon; **~mal** *adv.* ten times; **~te** *adj.* tenth; **2tel** *n* tenth; **~tens** *adv.* tenthly
Zeichen *n* sign; *Merk2*: *a.* mark; *Signal*: signal; ***zum ~*** *gen.* as a token of; **~block** *m* sketch pad; **~brett** *n* drawing board; **~dreieck** *math. n* set square; **~folge** *f Computer*: string; **~lehrer(in)** art teacher; **~papier** *n* drawing paper; **~setzung** *gr. f* punctuation; **~sprache** *f* sign language; **~trickfilm** *m* (animated) cartoon
zeichnen *v/i. u. v/t.* draw*; *kenn~*: mark; *unter~*: sign; *fig.* mark, leave* its mark on *s.o.*
Zeichn|en *n* drawing; *Schulfach*: art; **~er(in)** *mst* graphic artist; *genauer*: draughts|man (-woman), *Am.* drafts|man (-woman); **~ung** *f* drawing; *Grafik*: diagram; *zo.* marking
Zeige|finger *m* forefinger, index finger; **2n 1.** *v/t.* show* (*a.* ***sich ~***); **2.** *v/i.*: ***~ auf*** (***nach***) point to; (***mit dem Finger***) ***~ auf*** point (one's finger) at; **~r** *m Uhr2*: hand; *tech.* pointer, needle; **~stock** *m* pointer
Zeile *f* line (*a. TV*); ***j-m ein paar ~n schreiben*** drop s.o. a line
Zeit *f* time; *~alter*: *a.* age, era; *gr.* tense; ***vor einiger ~*** some time (*od.* a while) ago; ***zur ~*** at the moment, at present; ***in letzter ~*** lately, recently; ***in der*** (*od.* ***zur***) **~** *gen.* in the days of; ... ***aller ~en*** ... of all time; ***die ~ ist um*** time's up; ***sich ~ lassen*** take* one's time; ***es wird ~, dass*** ... it's time to *inf.*; ***das waren noch ~en*** those were the days
Zeit|abschnitt *m* period (of time); **~alter** *n* age; **~bombe** *f* time bomb (*a. fig.*); **~druck** *m*: ***unter ~ stehen*** be* pressed for time; **~fahren** *n* time trials *pl.*; **2gemäß** *adj.* modern, up-to-date; **~genosse** *m*, **2genössisch** *adj.* contemporary; **~geschichte** *f* contemporary history; **~gewinn** *m* gain of time; **~karte** *f* season ticket; **~lang** *f*: ***e-e ~*** for some time, for a while; **2lebens** *adv.* all one's life; **2lich 1.** *adj.* time ...; **2.** *adv.*: ***et. ~ planen*** *od.* ***abstimmen*** time s.th.; **2los** *adj.* timeless; *a. Stil, Kleidung etc.*: classic; **~lupe** *f* (***in*** in) slow motion; **~not** *f*: ***in ~ sein → Zeitdruck***; **~punkt** *m* moment; **~raffer** *m*: ***im ~*** in quick motion; **2raubend** *adj.* time-consuming; **~raum** *m* period (of time); **~rechnung** *f*: ***unsere ~*** our time; **~schrift** *f* magazine
Zeitung *f* (news)paper
Zeitungs|abonnement *n* subscription to a paper; **~artikel** *m* newspaper article; **~ausschnitt** *m* (newspaper) cutting (*Am.* clipping); **~junge** *m* paper boy; **~kiosk** *m* newspaper kiosk; **~notiz** *f* press item; **~papier** *n* newspaper; **~stand** *m* newsstand; **~verkäufer** *m* news vendor, *Am.* newsdealer

Zeit|verlust *m* loss of time; **~verschiebung** *f aviat.* time lag; **~verschwendung** *f* waste of time; **~vertreib** *m* pastime; ***zum ~*** to pass the time; **2weilig** *adj.* temporary; **2weise** *adv.* at times, occasionally; **~wort** *gr. n* verb; **~zeichen** *n Radio*: time signal; **~zünder** *m* time fuse

Zelle *f* cell

Zell|stoff *m*, **~ulose** *tech. f* cellulose

Zelt *n* tent; **2en** *v/i.* camp; **~lager** *n* camp; **~platz** *m* campsite

Zement *m*, **2ieren** *v/t.* cement

Zenit *m* zenith (*a. fig.*)

zens|ieren *v/t.* censor; *Schule*: mark, grade; **2or** *m* censor; **2ur** *f* censorship; mark, grade

Zentimeter *n*, *m* centimet|re, *Am.* -er

Zentner *m* 50 kilograms, metric hundredweight

zentral *adj.* central; **2e** *f* head office; *Polizei etc.*: headquarters *pl.* (*a. Taxi2*); *tel. in Firma*: switchboard; *tech.* control room; **2heizung** *f* central heating; **2verriegelung** *mot. f* central locking

Zentrum *n* cent|re, *Am.* -er

Zepter *n* scept|re, *Am.* -er

zerbeißen *v/t.* bite* to pieces

zerbrech|en *v/i. u. v/t.* break* ; → ***Kopf***; **~lich** *adj.* fragile

zer|bröckeln *v/t. u. v/i.* crumble; **~drücken** *v/t.* crush

Zeremon|ie *f* ceremony; **2iell** *adj.*, **~iell** *n* ceremonial

Zerfall *m* disintegration, decay; **2en** *v/i.* disintegrate, decay; ***~ in*** break* up into

zer|fetzen, ~fleischen *v/t.* tear* to pieces; **~fressen** *v/t.* eat* (holes in); *chem.* corrode; **~gehen** *v/i.* melt*, dissolve; **~hacken** *v/t.* cut* *od.* chop up; *electr.* chop; **~kauen** *v/t.* chew; **~kleinern** *v/t.* cut* *od.* chop up; *zermahlen*: grind*

zerknirsch|t *adj.* remorseful; **2ung** *f* remorse

zer|knittern *v/t.* (c)rumple, crease; **~knüllen** *v/t.* crumple up; **~kratzen** *v/t.* scratch; **~krümeln** *v/t.* crumble; **~lassen** *v/t.* melt*; **~legen** *v/t.* take* apart *od.* to pieces; *tech.* dismantle; *Fleisch*: carve; *chem.*, *gr.*, *fig.* analy|se, *Am.* -ze; **~lumpt** *adj.* ragged, tattered; **~mahlen** *v/t.* grind*; **~malmen** *v/t.* crush; **~mürben** *v/t.* wear* down; **~platzen** *v/i.* burst*; explode; **~quetschen** *v/t.* crush

Zerrbild *n* caricature

zer|reiben *v/t.* rub to powder, pulverize; **~reißen 1.** *v/t.* tear* up *od.* to pieces; ***sich die Hose*** *etc.* **~** tear* *od.* rip one's trousers *etc.*; **2.** *v/i.* tear*; *Seil etc.*: break*

zerren 1. *v/t.* drag, pull (*a. Muskel etc.*); **2.** *v/i.*: ***~ an*** tug (*stärker*: strain) at

zerrinnen *v/i.* melt* away (*a. fig.*)

Zerrung *med. f* pulled muscle

zer|rütten *v/t.* ruin; **~rüttet** *adj.*: ***~e Ehe*** (***Verhältnisse***) broken marriage (home); **~sägen** *v/t.* saw* up; **~schellen** *v/i.* be* smashed; *aviat. a.* crash; **~schlagen 1.** *v/t.* smash (to pieces); *fig. Spionagering etc.*: smash; ***sich ~*** come* to nothing; **2.** *adj.* ***sich ~ fühlen*** be* (all) worn out *od.* F dead beat; **~schmettern** *v/t.* smash (to pieces), shatter (*a. fig.*); **~schneiden** *v/t.* cut* (up)

zersetz|en *v/t. chem.* decompose (*a. **sich ~***); *fig.* corrupt, undermine; **2ung** *f* decomposition; corruption

zer|splittern *v/t. u. v/i.* split* (up), splinter; *Glas*: shatter; **~springen** *v/i. Glas*: crack; *völlig*: shatter; **~stampfen** *v/t.* pound; *Kartoffeln*: mash

zerstäub|en *v/t.* spray; **2er** *m* atomizer, sprayer

zerstör|en *v/t.* destroy, ruin (*beide a. fig.*); **2er** *m* destroyer (*a. naut.*); **~erisch** *adj.* destructive; **2ung** *f* destruction

zerstreu|en *v/t. u. v/refl.* scatter, disperse; *Menge*: *a.* break* up; *fig.* take* s.o.'s (*refl.* one's) mind off things; **~t** *fig. adj.* absent-minded; **2theit** *f* absent-mindedness; **2ung** *fig. f* diversion, distraction

zer|stückeln *v/t.* cut* up *od.* (in)to pieces; *Leiche etc.*: dismember; **~teilen** *v/t. u. v/refl.* divide (***in*** into)

Zertifikat *n* certificate

zer|treten *v/t.* crush (*a. fig.*); **~trümmern** *v/t.* smash; **~zaust** *adj.* tousled, dishevel(l)ed

Zettel *m* slip (of paper); *Nachricht*: note; *Klebe2*: label, sticker

Zeug *n* stuff (*a. fig. contp.*); *Sachen*: things *pl.* (*a. in Zssgn Schwimm2 etc.*);

er hat das ~ dazu he's got what it takes; ***dummes ~*** nonsense, *sl.* bullshit
Zeuge *m* witness; **≈n¹** *v/i. jur.* give* evidence (**für** for); *fig.* **~ von** testify to; **≈n²** *v/t. biol.* procreate; *Kinder*: father
Zeugen|aussage *jur. f* testimony, evidence; **~bank** *f* witness box (*Am.* stand)
Zeugin *f* (female) witness
Zeugnis *n* (school) report, *Am.* report card; *Prüfungs≈*: certificate, diploma; *vom Arbeitgeber*: reference; **~se** *pl.* credentials *pl.*
Zeugung *biol. f* procreation
z. H(d). *Abk. für* ***zu Händen*** attn, attention
Zickzack *m* zigzag; ***im ~ fahren*** *etc.* (go* in a) zigzag
Ziege *f zo.* (nanny) goat; F *contp.*: (***blöde***) **~** (silly old) cow
Ziegel *m* brick; *Dach≈*: tile; **~dach** *n* tiled roof; **~ei** *f* brickyard; **~stein** *m* brick
Ziegen|bock *zo. m* billy goat; **~leder** *n* kid (leather); **~peter** *med. m* mumps
ziehen 1. *v/t.* pull (*a. Bremse etc.*), draw* (*a. Waffe, Karte, Lose, Linie*); *Hut*: take* off (**vor** to) (*a. fig.*); *Blumen*: grow*; *heraus~*: pull *od.* take* out (**aus** of); ***j-n ~ an*** pull s.o. by; ***auf sich ~*** *Aufmerksamkeit, Augen*: attract; ***sich ~*** run*; *dehnen*: stretch; → ***Länge, Erwägung***; **2.** *v/i.* pull (**an** at); *sich bewegen, um~*: move; *Vögel, Volk*: migrate; *gehen*: go*; *reisen*: travel; *ziellos*: wander, roam; ***es zieht*** there's a draught (*Am.* draft)
Zieh|harmonika *mus. f* accordion; **~ung** *f Lotto etc.*: draw
Ziel *n* aim, *~scheibe*: target, mark (*alle a. fig.*); *fig. a.* goal, objective; *Reise≈*: destination: *Sport*: finish; ***sich ein ~ setzen*** (***sein ~ erreichen***) set* o.s. a (reach one's) goal; ***sich zum ~ gesetzt haben, et. zu tun*** aim to do *od.* at doing s.th.; **~band** *n* tape; **≈en** *v/i.* (take*) aim (**auf** at); **~fernrohr** *n* telescopic sight; **~linie** *f* finishing line; **≈los** *adj.* aimless; **~scheibe** *f* target; *fig. a.* object; **≈strebig** *adj.* purposeful, determined
ziemlich 1. *adj.* quite a; **2.** *adv.* rather, fairly, quite, F pretty; ***~ viele*** quite a few
Zier|de *f* (***zur*** as a) decoration; **≈en** *v/t.* decorate; ***sich ~*** be* coy; make* a fuss; **≈lich** *adj.* dainty; *Frau*: *a.* petite; **~pflanze** *f* ornamental plant
Ziffer *f* figure; **~blatt** *n* dial, face
Zigarette *f* cigarette; **~nautomat** *m* cigarette machine; **~nstummel** *m* cigarette end, stub, butt
Zigarre *f* cigar
Zigeuner(in) gipsy, *bsd. Am.* gypsy
Zimmer *n* room; apartment; **~einrichtung** *f* furniture; **~mädchen** *n* (chamber)maid; **~mann** *m* carpenter; **≈n** *v/t. allg.* build*, make*; *Dach etc.*: carpenter; **~nachweis** *m* accommodation office; **~pflanze** *f* indoor plant; **~service** *m* room service; **~suche** *f*: ***auf ~ sein*** be* looking (*od.* hunting) for a room; **~vermittlung** *f* accommodation agency *od.* service
zimperlich *adj.* prudish; *weichlich*: soft, F sissy; ***nicht gerade ~*** *behandeln etc.*: none too gently
Zimt *m* cinnamon
Zink *chem. n* zinc
Zinke *f* tooth; *Gabel*: prong
Zinn *n chem.* tin; *legiertes*: pewter (*a. ~geschirr*)
Zins *econ. m* interest (*a.* ***~en*** *pl.*); ***3% ~en bringen*** bear* interest at 3%; **≈los** *adj.* interest-free; **~satz** *m* interest rate
Zipfel *m Tuch etc.*: corner; *Mütze*: point; *Hemd*: tail; *Wurst*: end; **~mütze** *f* pointed cap
zirka *adv.* about, approximately
Zirkel *m math.* compasses *pl.*, dividers *pl.*; *Kreis*: circle (*a. fig.*)
zirkulieren *v/i.* circulate
Zirkus *m* circus
zirpen *v/i.* chirp
zischen *v/i. u. v/t.* hiss; *Fett etc.*: sizzle; *fig. durch die Luft etc.*: whiz(z)
ziselieren *v/t.* chase
Zit|at *n* quotation, F quote; **≈ieren** *v/t.* quote, cite; *vorladen*: summon, cite
Zitrone *f* lemon; **~nlimonade** *f* (fizzy) lemonade, *Am.* lemon soda *od.* pop; **~nsaft** *m* lemon juice; **~npresse** *f* lemon squeezer; **~nschale** *f* lemon peel
zitt|erig *adj.* shaky; **~ern** *v/i.* tremble, shake* (*beide*: **vor** with)
zivil *adj.* civil, civilian; *Preis*: reasonable
Zivil *n* civilian clothes *pl.*; ***Polizist in ~***

plainclothes policeman; **~bevölkerung** *f* civilians *pl.*; **~dienst** *m* → ***Ersatzdienst***; **~isation** *f* civilization; **2isieren** *v/t.* civilize; **~ist** *m* civilian; **~recht** *jur. n* civil law; **~schutz** *m* civil defen|ce, *Am.* -se

Znüni *m, n Schweiz*: mid-morning snack, tea (*od.* coffee) break

zögern *v/i.* hesitate

Zögern *n* hesitation

Zoll *m Behörde*: customs *sg.*; *Abgabe*: duty; *Maß*: inch; **~abfertigung** *f* customs clearance; **~beamter** *m* customs officer; **~erklärung** *f* customs declaration; **2frei** *adj.* duty-free; **~kontrolle** *f* customs examination; **2pflichtig** *adj.* liable to duty; **~stock** *m* (folding) rule

Zone *f* zone

Zoo *m* zoo; **~handlung** *f* pet shop

Zoolog|e *m* zoologist; **~ie** *f* zoology; **2isch** *adj.* zoological

Zopf *m* plait; *bsd. Kind*: pigtail

Zorn *m* anger; **2ig** *adj.* angry

Zote *f* filthy joke, obscenity

zott(el)ig *adj.* shaggy

z.T. *Abk. für* ***zum Teil*** partly

zu 1. *prp. Richtung*: to, toward(s); *Ort, Zeit*: at, *Zweck, Anlass*: for; ***~ Fuß*** (***Pferd***) on foot (horseback); ***~ Hause*** (***Ostern*** *etc.*) at home (Easter *etc.*); ***~ Weihnachten*** *schenken etc.*: for Christmas; ***Tür*** (***Schlüssel***) ***~*** ...door (key) to ...; ***~ m-r Überraschung*** to my surprise; ***wir sind ~ dritt*** there are three of us; ***~ zweien*** two by two; ***~ e-r Mark*** at *od.* for one mark; *Sport*: ***1 ~ 1*** one all; ***2 ~ 1 gewinnen*** win* two one, win by two goals *etc.* to one; → ***zum, zur***; **2.** *adv.* too; F *geschlossen*: closed, shut; ***ein ~ großes Risiko*** too much of a risk; ***~ viel*** too much; *vor pl.*: too many; ***e-r ~ viel*** one too many; ***~ wenig*** too little; *vor pl.*: too few; **3.** *cj.* to; ***es ist ~ erwarten*** it is to be expected

Zubehör *n* accessories *pl.*

zubereit|en *v/t.* prepare; **2ung** *f* preparation

zu|binden *v/t.* tie (up); **~bleiben** *v/i.* stay shut; **~blinzeln** *v/i.* wink at; **~bringen** *v/t.* spend*; **2bringer** *mot. m*, **2bringerstraße** *f* feeder (road), access road

Zucht *f zo.* breeding; *bot.* cultivation; *Rasse*: breed

zücht|en *v/t. zo.* breed*; *bot.* grow*, cultivate; **2er** *m* breeder; grower

Zucht|haus *n* prison, *Am. a.* penitentiary; *Strafe*: imprisonment, confinement; **~perle** *f* culture(d) pearl

zucken *v/i.* jerk; *krampfhaft*: twitch (***mit et.*** s.th.); *vor Schmerz*: wince; *Blitz*: flash

zücken *v/t. Waffe*: draw*; F *fig.* pull out

Zucker *m* sugar; **~dose** *f* sugar bowl; **~guss** *m* icing, frosting; **2krank** *adj.*, **~kranke(r)** diabetic; **~krankheit** *f* diabetes; **~mais** *m* sweet corn; **2n** *v/t.* sugar; **~rohr** *n* sugarcane; **~rübe** *f* sugar beet; **2süß** *adj.* (as) sweet as sugar; **~wasser** *n* sugared water; **~watte** *f* candy floss; **~zange** *f* sugar tongs *pl.*

zuckrig *adj.* sugary

Zuckung *f* twitch(ing); *Tick*: tic; *Krampf*: convulsion, spasm

zudecken *v/t.* cover (up)

zudem *adv.* besides, moreover

zu|drehen *v/t.* turn off; ***j-m den Rücken ~*** turn one's back on s.o.; **~dringlich** *adj.*: ***~ werden*** F get* fresh (***zu*** with); **~drücken** *v/t.* close, push *s.th.* shut; → ***Auge***

zuerst *adv.* first; *anfangs*: at first; *zunächst*: first (of all), to begin with

zufahr|en *v/i.* drive* on; ***~ auf*** drive* toward(s), head for; **2t** *f* approach; *zum Haus*: drive(way); **2tsstraße** *f* access road

Zufall *m* chance; ***durch ~*** by chance, by accident; **2en** *v/i. Tür etc.*: slam (shut); *j-m*: fall* to; ***mir fallen die Augen zu*** I can't keep my eyes open

zufällig 1. *adj.* accidental; *attr. a.* chance; **2.** *adv.* by accident, by chance; ***~ et. tun*** happen to do s.th.

Zuflucht *f*: ***~ suchen*** (***finden***) look for (find*) refuge *od.* shelter (***vor*** from; ***bei*** with); ***(s-e) ~ nehmen zu*** resort to

zufolge *prp.* according to

zufrieden *adj.* content(ed), satisfied; ***sich ~ geben mit*** content o.s. with; ***j-n ~ lassen*** leave* s.o. alone; ***j-n ~ stellen*** satisfy s.o.; ***~ stellend*** satisfactory; **2heit** *f* contentment, satisfaction;

zu|frieren *v/i.* freeze* up *od.* over; **~fügen** *v/t.* do*, cause; ***j-m Schaden ~*** *a.* harm s.o.; **2fuhr** *f* supply

Zug *m rail.* train; *Menschen, Wagen etc.*: procession, line; *Fest*2: parade; *Gesichts*2: feature; *Charakter*2: trait; *Hang*: tendency; *Schach etc.*: move (*a. fig.*); *Schwimm*2: stroke; *Ziehen*: pull (*a. tech. Griff etc.*); *phys. a.* tension; *Rauchen*: *a.* puff; *Schluck*: *a.* draught, *Am.* draft; *~luft*: draught, *Am.* draft; *Schule*: stream; ***im ~e** gen.* in the course of; ***in e-m ~*** at one go; ***~ um ~*** step by step; ***in groben Zügen*** in broad outlines

Zu|gabe *f* addition; *thea.* encore; **~gang** *m* access (*a. fig.*); **2gänglich** *adj.* accessible (**für** to) (*a. fig.*)

Zugbrücke *f* drawbridge

zugeben *v/t.* add; *fig.* admit

zugehen *v/i. Tür etc.*: close, shut*; *geschehen*: happen; ***~ auf*** walk up to, approach (*a. fig.*); ***es geht auf 8 zu*** it's getting on for 8; ***es ging lustig zu*** we had a lot of fun

Zugehörigkeit *f* membership

Zügel *m* rein (*a. fig.*); **2n 1.** *v/t. fig.* curb, control, bridle; **2.** *v/i. Schweiz*: move

Zuge|ständnis *n* concession; **2stehen** *v/t.* concede, grant

zugetan *adj.* attached (*dat.* to)

Zugführer *rail. m* guard, *Am.* conductor

zug|ig *adj.* draughty, *Am.* drafty; **2kraft** *f tech.* traction; *fig.* attraction, draw, appeal; **~kräftig** *adj.*: ***~ sein*** be* a draw

zugleich *adv.* at the same time

Zug|luft *f* draught, *Am.* draft; **~maschine** *f* tractor

zugreifen *v/i.* grab (at) it; *fig.* grab the opportunity; ***greifen Sie zu!*** *bei Tisch*: help yourself!; *Werbung*: buy now!; ***mit ~*** lend a hand; F chip in

Zugriffs|zeit *f Computer*: access time; **2code** *m* access code

zu|grunde *adv.* → ***Grund***; **~gunsten** *prp.* → ***Gunst***; **~gute** *adv.*: ***j-m et. ~ halten*** give* s.o. credit for s.th.; make* allowances for s.o.'s ...; ***j-m ~ kommen*** be* for the benefit of s.o.

Zugvogel *m* bird of passage

zu|haben F *Geschäft*: be* closed; **~halten** *v/t.* keep* shut; ***sich die Ohren*** (***Augen***) ***~*** cover one's ears (eyes) with one's hands; ***sich die Nase ~*** hold* one's nose; **2hälter** *m* pimp

Zuhause *n* home

zuhause *östr. adv.* at home

zuhör|en *v/i.* listen (*dat.* to *s.o. od. s.th.*); **~er(in)** listener; ***die ~** pl. a.* the audience *sg., pl.*

zu|jubeln *v/i.* cheer; **~kleben** *v/t. Umschlag*: seal; **~knallen** *v/t.* slam (shut); **~knöpfen** *v/t.* button (up); **~kommen** *v/i.*: ***~ auf*** come* up to; *fig.* be* ahead of; ***die Dinge auf sich ~ lassen*** wait and see*

Zu|kunft *f* future (*a. gr.*); **2künftig 1.** *adj.* future; ***~er Vater*** father-to-be; **2.** *adv.* in future; **~kunftsforschung** *f* futurology

zu|lächeln *v/i.* smile at; **2lage** *f* bonus; **~lassen** *v/t.* keep* *s.th.* closed; *erlauben*: allow; *beruflich, mot.*: licen|se, *Am. a.* -ce, register; ***j-n zu et. ~*** admit s.o. to s.th.; **~lässig** *adj.* permissible; *amtlich*: authorized; ***~ sein*** be* allowed; **2lassung** *f* permission; *mot. etc.*: licen|ce, *Am.* -se

zulegen *v/t.* add; F: ***sich ~*** get* o.s. *s.th.*, *Namen*: adopt

zuleide *adv.* → ***Leid***

zu|letzt *adv.* in the end; *kommen etc.*: last; *schließlich*: finally; ***wann hast du ihn ~ gesehen?*** when did you last see him?; **~liebe** *adv.*: ***dir** etc. **~*** for your *etc.* sake

zum *prp. zu dem*: → ***zu***; ***~ ersten Mal*** for the first time; *et.* ***~ Kaffee*** *s.th.* with one's coffee; ***~ Schwimmen** etc. **gehen*** go* swimming *etc.*

zumachen 1. *v/t.* close, shut*; *zuknöpfen*: button (up); **2.** *v/i. Geschäft*: close; *für immer*: close down

zumal *cj.* especially since

zumauern *v/t.* brick *od.* wall up

zumut|bar *adj.* reasonable; **~e** *adv.* → ***Mut***; **~en** *v/t.*: ***j-m et. ~*** expect s.th. of s.o.; ***sich zu viel ~*** overtax o.s.; **2ung** *f*: ***das ist e-e ~*** that's asking *od.* expecting a bit much

zunächst *adv.* → ***zuerst***

zu|nageln *v/t.* nail up; **~nähen** *v/t.* sew* up; **2nahme** *f* increase

zünd|en *v/i.* kindle; *electr., mot.* ignite, fire; **~end** *fig. adj.* stirring; **2er** *m mil.* fuse; *pl. östr.* matches *pl.*; **2holz** *n* match; **2kerze** *mot. f* spark plug; **2schlüssel** *mot. m* ignition key; **2schnur** *f* fuse; **2ung** *f* ignition

zunehmen *v/i.* increase (**an** in); *Person*: put* on weight; *Mond*: wax; *Tage*: grow* longer
zuneig|en *v/refl.*: **sich dem Ende ~** draw* to a close; **2ung** *f* affection
Zunft *hist. f* guild
Zunge *f* tongue; **es liegt mir auf der ~** it's on the tip of my tongue
züngeln *v/i. Flamme*: lick, flicker
Zungen|brecher *m* tongue twister; **~spitze** *f* tip of the tongue
zunicken *v/i.* nod at
zunutze *adv.*: → **Nutze**
zupfen *v/t. u. v/i.* pull (**an** at), pick, pluck (at) (*a. mus.*)
zur *prp. zu der*: → **zu**; **~ Schule** (**Kirche**) **gehen** go* to school (church); **~ Hälfte** half (of it *od.* them); **~ Belohnung** *etc.* as a reward *etc.*
zurechnungsfähig *jur. adj.* responsible; **2keit** *jur. f* responsibility
zurecht|finden *v/refl.* find* one's way; *fig.* cope, manage; **~kommen** *v/i.* get* along (**mit** with); *bsd. mit et.*: *a.* cope (with); **~legen** *v/t.* arrange; *fig.* **sich et. ~** think* s.th. out; **~machen** F *v/t.* get* ready, prepare, *Am. a.* fix; **sich ~** *Frau*: do* o.s. up; **~rücken** *v/t.* straighten *s.th.* (out); *fig.* put* *s.th.* straight; **~weisen** *v/t.*, **2weisung** *f* reprimand
zu|reden *v/i.*: **j-m ~** encourage s.o.; **~reiten** *v/t.* break* in; **~richten** F *fig. v/t.*: **übel ~** batter; *j-n*: *a.* beat* up badly; *et.*: *a.* make* a mess of, ruin
zurück *adv.* back; *hinten*: behind (*a. fig.*); **~...** *in Zssgn bringen, fahren, gehen, werfen etc.*: ... back; **~behalten** *v/t.* keep* back, retain; **~bekommen** *v/t.* get* back; **~bleiben** *v/i.* stay behind, be* left behind; *nicht mithalten*: fall* behind (*a. schulisch etc.*); **~blicken** *v/i.* look back (**auf** at; *fig.* on); **~bringen** *v/t.* bring* *od.* take* back, return; **~datieren** *v/t.* backdate (**auf** to); **~fallen** *fig. v/i.* fall* behind; *Sport*: *a.* drop back; **~finden** *v/i.* find* one's way back (**nach**, **zu** to); *fig.* return (to); **~fordern** *v/t.* reclaim; **~führen** *v/t.* lead* back; **~ auf** attribute to; **~geben** *v/t.* give* back, return; **~geblieben** *fig. adj.* backward; *geistig*: retarded; **~gehen** *v/i.* go* back, return; *fig.* decrease; *fallen*: *a.* go* down, drop; **~gezogen** *adj.* secluded; **~greifen** *fig. v/i.*: **~ auf** fall* back (up)on; **~halten 1.** *v/t.* hold* back; **2.** *v/refl.* control o.s.; *im Essen, Reden etc.*: be* careful; **~haltend** *adj.* reserved; **2haltung** *f* reserve; **~kehren** *v/i.* return; **~kommen** *v/i.* come* back, return (*beide*: *fig.* **auf** to); **~lassen** *v/t.* leave* (behind); **~legen** *v/t.* put* back; *Geld*: put* aside, save; *Strecke*: cover, do*; **~nehmen** *v/t.* take* back (*a. fig. Worte etc.*); **~rufen 1.** *v/t.* call back (*a. teleph.*); *Autos in die Werkstatt etc.*: recall; **ins Gedächtnis ~** recall; **2.** *v/i. tel.* call back; **~schlagen 1.** *v/t. Angriff etc.*: beat* off; *Tennisball*: return; *Decke, Verdeck etc.*: fold back; **2.** *v/i.* hit* back; *fig., mil.* retaliate; **~schrecken** *v/i.*: **~ vor** shrink* from; **vor nichts ~** stop at nothing; **~setzen** *v/t. Auto*: back (up); *fig. j-n*: neglect; **~stehen** *fig. v/i.* stand* aside; **~stellen** *v/t.* put* back (*a. Uhr*); *fig.* put* aside; *mil.* defer; **~strahlen** *v/t.* reflect; **~treten** *v/i.* step *od.* stand* back; resign (**von e-m Amt** [**Posten**] one's office [post]); *econ., jur.* withdraw* (**von** from); **~weichen** *v/i.* fall* back (*a. mil.*); **~weisen** *v/t.* turn down; *jur.* dismiss; **~zahlen** *v/t.* pay* back (*a. fig.*); **~ziehen** *v/t.* draw* back; *fig.* withdraw*; *Zusage*: go* back on; **sich ~** retire, withdraw*; *mil. a.* retreat
Zuruf *m* shout; **2en** *v/t.*: **j-m et. ~** shout s.th. to s.o.
Zusage *f* promise; *Annahme*: acceptance; *Einwilligung*: assent; **2n** *v/i. u. v/t.* accept (an invitation); *einwilligen*: agree; *gefallen*: appeal to; **s-e Hilfe ~** promise to help
zusammen *adv.* together; **alles ~** (all) in all; **das macht ~** ... that makes ... altogether; **2arbeit** *f* cooperation; **in ~ mit** in collaboration with; **~arbeiten** *v/i.* cooperate, collaborate; **~beißen** *v/t.*: **die Zähne ~** clench one's teeth; **~brechen** *v/i.* break* down, collapse (*beide a. fig.*); **2bruch** *m* breakdown, collapse; **~fallen** *v/i.* collapse; *zeitlich*: coincide; **~falten** *v/t.* fold up; **~fassen** *v/t.* summarize, sum up; **2fassung** *f* summary; **~fügen** *v/t.* join (together); **~gesetzt** *adj.* compound; **~halten** *v/i. u. v/t.* hold* together (*a.*

fig.); F *fig.* stick* together; **2hang** *m Beziehung*: connection; *e-s Textes etc.*: context; ***im ~ stehen*** (***mit***) be* connected (with); **~hängen** *v/i.* be* connected; **~hängend** *adj.* coherent; **~hang(s)los** *adj.* incoherent, disconnected; **~klappen** *v/i. u. v/t. tech.* fold up; F *fig.* break* down; **~kommen** *v/i.* meet*; **2kunft** *f* meeting; **~legen 1.** *v/t. vereinigen*: combine; *falten*: fold up; **2.** *v/i. Geld*: club together; **~nehmen** *fig. v/t. Mut, Kraft*: muster (up); ***sich ~*** pull o.s. together; **~packen** *v/t.* pack up; **~passen** *v/i. allg.* harmonize; *Dinge, Farben*: *a.* match; **~rechnen** *v/t.* add up; **~reißen** F *v/refl.* pull o.s. together; **~rollen** *v/t.* roll up; ***sich ~*** coil up; **~rotten** *v/refl.* band together; **~rücken 1.** *v/t.* move closer together; **2.** *v/i.* move up; **~schlagen** *v/t. Hände*: clap; *Hacken*: click; *j-n*: beat* up; *et.*: smash (up); **~schließen** *v/refl.* join, unite; **2schluss** *m* union; **~schreiben** *v/t.* write* in one word; **~schrumpfen** *v/i.* shrivel (up), shrink*; **~setzen** *v/t.* put* together; *tech.* assemble; ***sich ~ aus*** consist of, be* composed of; **2setzung** *f* composition; *chem., ling.* compound; *tech.* assembly; **~stellen** *v/t.* put* together; *anordnen*: arrange; **2stoß** *m* collision (*a. fig.*), crash; *Aufprall*: impact; *fig.* clash; **~stoßen** *v/i.* collide (*a. fig.*); *fig.* clash; ***~ mit*** run* *od.* bump into; *fig.* have* a clash with; **~stürzen** *v/i.* collapse, fall* in; **~tragen** *v/t.* collect; **~treffen** *v/i.* meet*; *zeitlich*: coincide; **2treffen** *n* meeting; coincidence; *besonderes*: encounter; **~treten** *v/i.* meet*; **~tun** *v/refl.* join (forces), F team up; **~wirken** *v/i.* combine; **2wirken** *n* combination; **~zählen** *v/t.* add up; **~ziehen** *v/t. u. v/refl.* contract; **~zucken** *v/i.* wince, flinch

Zusatz *m* addition; *chemischer etc.*: additive; **~...** *in Zssgn mst* additional ..., supplementary ...; *Hilfs...*: auxiliary ...; **~gerät** *tech. n* attachment; *Adapter*: adapter, add-on

zusätzlich 1. *adj.* additional, extra; **2.** *adv.* in addition

zuschau|en *v/i.* look on (***bei et.*** at s.th.); ***j-m ~*** watch s.o. (***bei et.*** doing s.th.); **2er(in)** spectator; *TV* viewer; ***die ~*** *pl. a.* the audience *sg., pl.*; **2erraum** *m* auditorium; **2errekord** *m* record attendance

Zuschlag *m* extra charge; *rail. etc.*: excess fare; *Gehalts2*: bonus; *Auktion*: knocking down; **2en** *v/i. u. v/t. Tür etc.*: slam *od.* bang shut; *Boxer etc.*: hit*, strike* (a blow); *fig.* act; ***j-m et. ~*** knock s.th. down to s.o.

zu|schließen *v/t.* lock (up); **~schnallen** *v/t.* buckle (up); **~schnappen** *v/i. Hund*: snap; *Tür etc.*: snap shut; **~schneiden** *v/t. Kleid etc.*: cut* out; *Holz etc.*: cut* (to size); **~schnüren** *v/t.* tie (*Schuh a.* lace) up; **~schrauben** *v/t.* screw shut; **~schreiben** *v/t.* ascribe *od.* attribute (*dat.* to); **2schrift** *f* letter

zuschulden *adv.*: → ***Schuld***

Zu|schuss *m* allowance; *staatlich*: subsidy; **2schütten** *v/t.* fill up; F add; **2sehen** *v/i.* → ***zuschauen***; ***~, dass*** see* (to it) that, take* care to *inf.*; **2sehends** *adv.* noticeably; *schnell*: rapidly; **2setzen 1.** *v/t.* add; *Geld*: lose*; **2.** *v/i.* lose* money; ***j-m ~*** press s.o. (hard)

zusicher|n *v/t.*, **2ung** *f* promise

zu|spielen *v/t. Ball*: pass; **~spitzen** *v/t.* point; ***sich ~*** become* critical; **2spruch** *m* encouragement; *Trost*: words *pl.* of comfort; **2stand** *m* condition, state, F shape

zustande *adv.*: → ***Stand***

zuständig *adj.* responsible (***für*** for), in charge (of)

zustehen *v/i.*: ***j-m steht et.*** (***zu tun***) ***zu*** s.o. is entitled to (do) s.th.

zustell|en *v/t.* deliver; **2ung** *f* delivery

zustimm|en *v/i.* agree (*dat.* to *s.th.*; with *s.o.*); **2ung** *f* approval, consent; (***j-s***) ***~ finden*** meet* with (s.o.'s) approval

zustoßen *v/i.*: ***j-m ~*** happen to s.o.

zutage *adv.* → ***Tag***

Zutaten *pl.* ingredients *pl.*

zuteil|en *v/t.* assign, allot; **2ung** *f* allotment; *Ration*: ration

zutragen *v/t.*: ***j-m et. ~*** inform s.o. of s.th.; ***sich ~*** happen

zutrauen *v/t.*: ***j-m et. ~*** believe s.o. (to be) capable of (doing) s.th., credit s.o. with s.th.; ***sich zu viel ~*** overrate o.s.

Zutrauen *n* confidence (***zu*** in)

zutraulich *adj.* trusting; *Tier*: friendly
zutreffen *v/i.* be* true; ~ ***auf*** apply to, go* for; **~d** *adj.* true, correct
zutrinken *v/i.*: ***j-m*** ~ drink* to s.o.
Zutritt *m* admission; *Zugang*: access; ~ ***verboten!*** no admittance!
zuverlässig *adj.* reliable, dependable; *sicher*: safe; **2keit** *f* reliability, dependability
Zuversicht *f* confidence; **2lich** *adj.* confident, optimistic
zuviel *adv.* → ***zu***
zuvor *adv.* before, previously; *zunächst*: first; **~kommen** *v/i.* anticipate; *verhindern*: prevent; ***j-m*** ~ *a.* F beat* s.o. to it; **~kommend** *adj.* obliging; *höflich*: polite
Zuwachs *m* increase, growth; **2en** *v/i.* become* overgrown; *Wunde*: close
zu|wege *adv.* → ***Weg***; **~weilen** *adv.* occasionally, now and then; **~weisen** *v/t.* assign
zuwend|en *v/t. u. v/refl.* turn to (*a. fig. e-m Thema etc.*); **2ung** *f* payment; *fig.* attention; *Kind etc.*: *a.* (loving) care, love, affection
zuwenig *adv.* → ***zu***
zuwerfen *v/t. Tür*: slam (shut); ***j-m et.*** ~ throw* s.o. s.th.; ***j-m e-n Blick*** ~ cast* a glance at s.o.
zuwider *adj.*: ... ***ist mir*** ~ I hate *od.* detest ...; **~handeln** *v/i.* act contrary to; *Vorschriften etc.*: violate
zu|winken *v/i.* wave to; signal to; **~zahlen** *v/t.* pay* extra; **~ziehen 1.** *v/t. Vorhänge*: draw*; *Schlinge etc.*: pull tight; *Arzt etc.*: consult; ***sich*** ~ *med.* catch*; **2.** *v/i.* move in; **~züglich** *prp.* plus
Zvieri *m, n Schweiz*: afternoon snack, tea *od.* coffee break
Zwang *m* compulsion (*a. innerer*), constraint (*a. moralischer*); *sozialer*: restraint; *Nötigung*, *Unterdrückung*: coercion; *Gewalt*: force; ~ ***sein*** be* compulsory
zwängen *v/t.* press, squeeze, force
zwanghaft *adj.* compulsive, obsessive
zwanglos *adj.* informal; *bsd. Kleidung*: *a.* casual; **2igkeit** *f* informality
Zwangs|arbeit *jur. f* hard labo(u)r; **2ernähren** *v/t.* force-feed*; **~herrschaft** *f* despotism, tyranny; **~jacke** *f* straitjacket (*a. fig.*); **~lage** *f* predicament; **2läufig** *adv.* inevitably; **~maßnahme** *f* sanction; **~vollstreckung** *jur. f* compulsory execution; **~vorstellung** *psych. f* obsession; **2weise** *adv.* by force
zwanzig *adj.* twenty; **~ste** *adj.* twentieth
zwar *adv.*: ***ich kenne ihn*** ~, ***aber ...*** I do know him, but ..., I know him all right, but ...; ***und*** ~ that is (to say), namely
Zweck *m* purpose, aim; ***s-n*** ~ ***erfüllen*** serve its purpose; ***es hat keinen*** ~ (***zu warten*** *etc.*) it's no use (waiting *etc.*); **2los** *adj.* useless; **2mäßig** *adj.* practical; *angebracht*: wise; *tech., arch.* functional; **~mäßigkeit** *f* practicality, functionality; **2s** *prp.* for the purpose of
zwei *adj.* two; **~beinig** *adj.* two-legged; **2bettzimmer** *n* twin-bedded room; **~deutig** *adj.* ambiguous; *Witz*: off-colo(u)r; **2er** *m Rudern*: (***mit*** coxed) pair; **~erlei** *adj.* two kinds of; **~fach** *adj.* double, twofold; **2familienhaus** *n* two-family-house, *Am.* duplex (house)
Zweifel *m* doubt; **2haft** *adj.* doubtful, dubious; **2los** *adv.* undoubtedly, no *od.* without doubt; **2n** *v/i.*: ~ ***an*** doubt *s.th.*, have* one's doubts about
Zweig *m* branch (*a. fig.*); *kleiner*: twig; **~geschäft** *n*, **~niederlassung** *f*, **~stelle** *f* branch
zwei|jährig *adj.* two-year-old, of two (years); **2kampf** *m* duel; **~mal** *adv.* twice; **~malig** *adj.* (twice) repeated; **~motorig** *adj.* twin-engined; **~reihig** *adj. Anzug*: double-breasted; **~schneidig** *adj.* double- *od.* two-edged (*beide a. fig.*); **~seitig** *adj.* two-sided; *Vertrag etc.*: bilateral; *Stoff*: reversible; *beschriebene Diskette*: double-sided; **2sitzer** *bsd. mot. m* two-seater; **~sprachig** *adj.* bilingual; **~stimmig** *adj.* for two voices; **~stöckig** *adj.* two-stor|(e)yed, *Am.* -ied; **~stufig** *tech. adj.* two-stage; **~stündig** *adj.* two-hour
zweit *adj.* second; ***eine ~e Tasse Tee*** another cup of tea; ***jeder 2e*** every other person; ***aus ~er Hand*** second-hand; ***sie waren zu*** ~ there were two of them
zweitbeste *adj.* second-best
zweiteilig *adj. Anzug etc.*: two-piece

zweit|ens *adv.* secondly; **~klassig** *adj.*, **~rangig** *adj.* second-class *od.* -rate
Zwerchfell *anat. n* diaphragm
Zwerg *m* dwarf; *myth. a.* gnome (*a. Figur*); *Mensch*: midget; **~...** *in Zssgn bot.* dwarf ...; *zo.* pygmy ...
Zwetsch(g)e *f* plum
Zwick|el *m* gusset; **2en** *v/t. u. v/i.* pinch, nip; **~mühle** *fig. f* fix
Zwieback *m* rusk, *Am. a.* zwieback
Zwiebel *f* onion; *Blumen2*: bulb
Zwie|gespräch *n* dialog(ue); **~licht** *n* twilight; **~spalt** *m* conflict; **2spältig** *adj.* conflicting; **~tracht** *f* discord
Zwilling *m* twin; *pl. astr.* Gemini *pl.*; ***er ist (ein) ~*** he's (a) Gemini; **~sbruder** *m* twin brother; **~sschwester** *f* twin sister
Zwinge *tech. f* clamp, vi|ce, *Am.* -se
zwingen *v/t.* force; **~d** *adj.* cogent, compelling
Zwinger *m Hunde2*: kennels *sg.*
zwinkern *v/i.* wink, blink
Zwirn *m* thread, yarn, twist
zwischen *prp.* between; *unter*: among; **2deck** *naut. n* 'tween deck; **~durch** F *adv.* in between; **2ergebnis** *n* intermediate result; **2fall** *m* incident; **2händler** *econ. m* middleman; **2landung** *aviat. f* stopover; (***Flug***) ***ohne ~*** nonstop (flight); **~menschlich** *adj.* interpersonal, interhuman; **2pause** *f* break, intermission; **2raum** *m* space, interval; **2ruf** *m* (loud) interruption; **~e** *pl.* heckling *sg.*; **2rufer** *m* heckler; **2spiel** *n* interlude; **2station** *f* stop(over); ***~ machen (in)*** stop over (in); **2stecker** *electr. m* adapter; **2stück** *n* connection; **2stufe** *f* intermediate stage; **2wand** *f* partition (wall); **2zeit** *f*: ***in der ~*** in the meantime, meanwhile
Zwist *m*, **~igkeiten** *pl.* discord *sg.*
zwitschern *v/i.* twitter, chirp
Zwitter *biol. m* hermaphrodite
zwölf *adj.* twelve; ***um ~ (Uhr)*** at twelve (o'clock); *mittags*: *a.* at noon; *nachts*: *a.* at midnight; **~te** *adj.* twelfth
Zyankali *n* potassium cyanide
Zyklus *m* cycle; *Reihe*: series, course
Zylind|er *m* top hat; *math., tech.* cylinder; **2risch** *adj.* cylindrical
Zyni|ker *m* cynic; **2sch** *adj.* cynical; **~smus** *m* cynicism
Zypresse *bot. f* cypress
Zyste *med. f* cyst
z.Z(t). *Abk. für* **zur Zeit** at the moment, at present

Unregelmäßige Verben

Die an erster Stelle stehende Form bezeichnet das Präsens (present tense), nach dem ersten Gedankenstrich steht das Präteritum (past tense), nach dem zweiten das Partizip Perfekt (past participle).

alight – alighted, alit – alighted, alit
arise – arose – arisen
awake – awoke, awaked – awoke, awaked, awoken
be (am, is, are) – was (were) – been
bear – bore – borne *getragen*, born *geboren*
beat – beat – beaten, beat
become – became – become
beget – begot – begotten
begin – began – begun
bend – bent – bent
bereave – bereaved, bereft – bereaved, bereft
beseech – besought, beseeched – besought, beseeched
bet – bet, betted – bet, betted
bid – bade, bid – bidden, bid, *a.* bade
bind – bound – bound
bite – bit – bitten
bleed – bled – bled
bless – blessed, *a.* blest – blessed, *a.* blest
blow – blew – blown
break – broke – broken
breed – bred – bred
bring – brought – brought
broadcast – broadcast – broadcast
build – built – built
burn – burnt, burned – burnt, burned
burst – burst – burst
bust – bust(ed) – bust(ed)
buy – bought – bought
can – could
cast – cast – cast
catch – caught – caught
choose – chose – chosen
cleave – cleft, cleaved, clove – cleft, cleaved, cloven
cling – clung – clung
clothe – clothed, clad – clothed, clad
come – came – come
cost – cost – cost
creep – crept – crept
crow – crowed, crew – crowed
cut – cut – cut
deal – dealt – dealt
dig – dug – dug
do – did – done
draw – drew – drawn
dream – dreamt, dreamed – dreamt, dreamed
drink – drank – drunk
drive – drove – driven
dwell – dwelt, dwelled – dwelt, dwelled
eat – ate – eaten
fall – fell – fallen
feed – fed – fed
feel – felt – felt
fight – fought – fought
find – found – found
flee – fled – fled
fling – flung – flung
fly – flew – flown
forbid – forbad(e) – forbid(den)
forecast – forecast(ed) – forecast(ed)
forget – forgot – forgotten
forsake – forsook – forsaken
freeze – froze – frozen
geld – gelded, gelt – gelded, gelt
get – got – got, *Am. a.* gotten
give – gave – given
gnaw – gnawed – gnawed, gnawn
go – went – gone
grind – ground – ground
grip – gripped, *Am. a.* gript – gripped, *Am. a.* gript
grow – grew – grown
hang – hung – hung
have (has) – had – had
hear – heard – heard
heave – heaved, *bsd. naut.* hove – heaved, *bsd. naut.* hove
hew – hewed – hewed, hewn
hide – hid – hidden, hid
hit – hit – hit
hold – held – held
hurt – hurt – hurt
keep – kept – kept
kneel – knelt, kneeled – knelt, kneeled
knit – knitted, knit – knitted, knit
know – knew – known
lay – laid – laid
lead – led – led

lean – leaned, *bsd. Br.* leant – leaned, *bsd. Br.* leant
leap – leaped, leapt – leaped, leapt
learn – learned, learnt – learned, learnt
leave – left – left
lend – lent – lent
let – let – let
lie – lay – lain
light – lighted, lit – lighted, lit
lose – lost – lost
make – made – made
may – might
mean – meant – meant
meet – met – met
melt – melted – melted, molten
mow – mowed – mowed, mown
pay – paid – paid
pen – penned, pent – penned, pent
plead – pleaded, *bsd. schott. u. Am.* pled – pleaded, *bsd. schott. u. Am.* pled
prove – proved – proved, *a.* proven
put – put – put
quit – quit(ted) – quit(ted)
read – read – read
rid – rid, *a.* ridded – rid, *a.* ridded
ride – rode – ridden
ring – rang – rung
rise – rose – risen
run – ran – run
saw – sawed – sawn, sawed
say – said – said
see – saw – seen
seek – sought – sought
sell – sold – sold
send – sent – sent
set – set – set
sew – sewed – sewed, sewn
shake – shook – shaken
shall – should
shear – sheared – sheared, shorn
shed – shed – shed
shine – shone – shone
shit – shit(ted), shat – shit(ted), shat
shoe – shod, *a.* shoed – shod, *a.* shoed
shoot – shot – shot
show – showed – shown, showed
shred – shredded, *a.* shred – shredded, *a.* shred
shrink – shrank, shrunk – shrunk
shut – shut – shut
sing – sang – sung
sink – sank, sunk – sunk
sit – sat – sat
slay – slew – slain
sleep – slept – slept
slide – slid – slid
sling – slung – slung
slink – slunk – slunk
slit – slit – slit
smell – smelt, smelled – smelt, smelled
smite – smote – smitten
sow – sowed – sown, sowed
speak – spoke – spoken
speed – sped, speeded – sped, speeded
spell – spelt, spelled – spelt, spelled
spend – spent – spent
spill – spilt, spilled – spilt, spilled
spin – spun – spun
spit – spat – spat
split – split – split
spoil – spoiled, spoilt – spoiled, spoilt
spread – spread – spread
spring – sprang, *Am. a.* sprung – sprung
stand – stood – stood
steal – stole – stolen
stick – stuck – stuck
sting – stung – stung
stink – stank, stunk – stunk
stride – strode – stridden
strike – struck – struck
string – strung – strung
swear – swore – sworn
sweat – sweated, *Am. a.* sweat – sweated, *Am. a.* sweat
sweep – swept – swept
swell – swelled – swollen, swelled
swim – swam – swum
swing – swung – swung
take – took – taken
teach – taught – taught
tear – tore – torn
telecast – telecast(ed) – telecast(ed)
tell – told – told
think – thought – thought
thrive – thrived, throve – thrived
throw – threw – thrown
thrust – thrust – thrust
tread – trod – trodden
wake – woke, waked – waked, woken
wear – wore – worn
weave – wove, weaved – woven, weaved
wed – wed(ded) – wed(ded)
weep – wept – wept
wet – wetted, wet – wetted, wet
win – won – won
wind – wound – wound
wring – wrung – wrung
write – wrote – written

Zahlwörter

Grundzahlen

0 zero, nought [nɔːt]
1 one *eins*
2 two *zwei*
3 three *drei*
4 four *vier*
5 five *fünf*
6 six *sechs*
7 seven *sieben*
8 eight *acht*
9 nine *neun*
10 ten *zehn*
11 eleven *elf*
12 twelve *zwölf*
13 thirteen *dreizehn*
14 fourteen *vierzehn*
15 fifteen *fünfzehn*
16 sixteen *sechzehn*
17 seventeen *siebzehn*
18 eighteen *achtzehn*
19 nineteen *neunzehn*
20 twenty *zwanzig*
21 twenty-one *einundzwanzig*
22 twenty-two *zweiundzwanzig* etc.
100 a *od.* one hundred *(ein)hundert*
200 two hundred *zweihundert*
572 five hundred and seventy-two *fünfhundert(und)zweiundsiebzig*
1000 a *od.* one thousand *(ein)tausend*
1998 nineteen (hundred and) ninety-eight *neunzehnhundertachtundneunzig*
2000 two thousand *zweitausend*
5044 *tel.* five 0 [əʊ] (*Am. a.* zero) double four *fünfzig vierundvierzig*
1,000,000 one million *eine Million*
2,000,000 two million *zwei Millionen*

Ordnungszahlen

1st first *erste*
2nd second *zweite*
3rd third *dritte*
4th fourth *vierte*
5th fifth *fünfte*
6th sixth *sechste*
7th seventh *siebente*
8th eighth *achte*
9th ninth *neunte*
10th tenth *zehnte*
11th eleventh *elfte*
12th twelfth *zwölfte*
13th thirteenth *dreizehnte*
14th fourteenth *vierzehnte*
15th fifteenth *fünfzehnte*
16th sixteenth *sechzehnte*
17th seventeenth *siebzehnte*
18th eighteenth *achtzehnte*
19th nineteenth *neunzehnte*
20th twentieth *zwanzigste*
21st twenty-first *einundzwanzigste*
22nd twenty-second *zweiundzwanzigste*
23rd twenty-third *dreiundzwanzigste*
100th (one) hundredth *hundertste* etc.

Bruchzahlen und andere Zahlenwerte

$^1/_2$ one *od.* a half *ein halb*
$1\,^1/_2$ one and a half *anderthalb*
$^1/_3$ one *od.* a third *ein Drittel*
$^2/_3$ two thirds *zwei Drittel*
$^1/_4$ one *od.* a quarter, one *od.* a fourth *ein Viertel*
$^3/_4$ three quarters, three fourths *drei Viertel*
$^5/_8$ five eighths *fünf Achtel*
0.45 (nought [nɔːt]) point four five *null Komma vier fünf*
2.5 two point five *zwei Komma fünf*
once *einmal* – twice *zweimal*
three (four) times *drei-(vier)mal*
2 x 3 = 6 twice three is six *zweimal drei ist sechs*

Maße und Gewichte

1. Längenmaße

1 inch (in)
= 2,54 cm

1 foot (ft)
= 12 inches = 30,48 cm

1 yard (yd)
= 3 feet = 91,44 cm

2. Wege- und Vermessungsmaße

1 link (li, l)
= 7.92 inches = 20,12 cm

1 rod (rd), pole *od.* **perch (p)**
= 25 links = 5,03 m

1 chain (ch)
= 4 rods = 20,12 m

1 furlong (fur)
= 10 chains = 201,17 m

1 (statute) mile (ml, *Am.* **mi)**
= 8 furlongs = 1609,34 m

3. Nautische Maße

1 fathom (fm)
= 6 feet = 1,83 m

1 cable('s) length
= 100 fathoms = 183 m
naut., mil. Brt. = 608 feet
= 185,3 m
naut., mil. Am. = 720 feet
= 219,5 m

1 nautical mile (n m)
international = 6076.1 feet
= 1,852 km
naut. Brt. = 10 cable('s) lengths
= 1,853 km

4. Flächenmaße

1 square inch (sq in)
= 6,45 cm²

1 square foot (sq ft)
= 144 square inches
= 929,03 cm²

1 square yard (sq yd)
= 9 square feet = 0,836 m²

1 square rod (sq rd)
= 30.25 square yards = 25,29 m²

1 rood (ro)
= 40 square rods = 10,12 a

1 acre (a)
= 4 roods = 40,47 a

1 square mile (sq ml, *Am.* **sq mi)**
= 640 acres = 2,59 km²

5. Raummaße

1 cubic inch (cu in)
= 16,387 cm³

1 cubic foot (cu ft)
= 1728 cubic inches
= 0,028 m³

1 cubic yard (cu yd)
= 27 cubic feet = 0,765 m³

1 register ton (reg tn)
= 100 cubic feet = 2,832 m³

6. Britische Hohlmaße

Trocken- und Flüssigkeitsmaße

1 imperial gill (gi, gl)
= 0,142 l

1 imperial pint (pt)
= 4 gills = 0,568 l

1 imperial quart (qt)
= 2 imperial pints = 1,136 l

1 imperial gallon (imp gal)
= 4 imperial quarts = 4,546 l

Trockenmaße

1 imperial peck (pk)
= 2 imperial gallons = 9,092 l

1 imperial bushel (bu, bsh)
= 4 imperial pecks = 36,36 l

1 imperial quarter (qr)
= 8 imperial bushels = 290,94 l

Flüssigkeitsmaß

1 imperial barrel (bbl, bl)
= 36 imperial gallons = 1,636 hl

7. Hohlmaße der USA

Trockenmaße

1 US dry pint
= 0,551 l

1 US dry quart
= 2 dry pints = 1,1 l

1 US peck
= 8 dry quarts = 8,81 l

1 US bushel (*Getreidemaß*)
= 4 pecks = 35,24 l

Flüssigkeitsmaße

1 US liquid gill
= 0,118 l

1 US liquid pint
= 4 gills = 0,473 l

1 US liquid quart
= 2 liquid pints = 0,946 l

1 US gallon
= 4 liquid quarts = 3,785 l

1 US barrel
= 31.5 gallons = 119,2 l

1 US barrel petroleum
= 42 gallons = 158,97 l
(*internationales Standardmaß für Erdöl*)

8. Handelsgewichte

1 grain (gr)
= 0,0648 g

1 dram (dr av)
= 27.34 grains = 1,77 g

1 ounce (oz av)
= 16 drams = 28,35 g

1 pound (lb av)
= 16 ounces = 0,453 kg

1 stone (st)
= 14 pounds = 6,35 kg

1 quarter (qr)
Brt. = 28 pounds = 12,7 kg
Am. = 25 pounds = 11,34 kg

1 hundredweight (cwt)
Brt. = 112 pounds = 50,8 kg
(*a.* long hundredweight: cwt l)
Am. = 100 pounds = 45,36 kg
(*a.* short hundredweight: cwt sh)

1 ton (t, tn)
Brt. = 2240 pounds (= 20 cwt l) = 1016 kg (*a.* long ton: tn l)
Am. = 2000 pounds (= 20 cwt sh) = 907,18 kg (*a.* short ton: tn sh)

Am 1. Oktober 1995 hat Großbritannien auf das metrische System umgestellt. Das **pint** für Bier und Milch und die Entfernungsangaben in **Meilen** auf den Verkehrsschildern sollen aber, wenigstens vorerst, noch bleiben. Die Angaben für lose und offen gehandelte Lebensmittel sollen erst im Jahre 2000 auf das metrische System umgestellt werden.

Temperaturumrechnung

°Fahrenheit = ($\frac{9}{5}$ °C) + 32

°Celsius = (°F − 32) · $\frac{5}{9}$

Abkürzungen

a.	*also*, auch
Abk.	Abkürzung, *abbreviation*
acc.	*accusative* (*case*), Akkusativ
adj.	*adjective*, Adjektiv
adv.	*adverb*, Adverb
agr.	*agriculture*, Landwirtschaft
allg.	allgemein, *commonly*
Am.	*American English*, amerikanisches Englisch
amer.	amerikanisch, *American*
anat.	*anatomy*, Anatomie
arch.	*architecture*, Architektur
art.	*article*, Artikel
astr.	*astrology*, Astrologie *astronomy*, Astronomie
attr.	*attributive*, attributiv
aviat.	*aviation*, Luftfahrt
biol.	*biology*, Biologie
bot.	*botany*, Botanik
brit.	britisch, *British*
Brt.	*British English*, britisches Englisch
bsd.	besonders, *especially*
chem.	*chemistry*, Chemie
cj.	*conjunction*, Konjunktion
coll.	*collectively*, als Sammelwort
comp.	*comparative*, Komparativ
contp.	*contemptuously*, verächtlich
dat.	*dative* (*case*), Dativ
dem.	*demonstrative*, hinweisend
econ.	*economics*, Volkswirtschaft
electr.	*electrical engineering*, Elektrotechnik
et., *et.*	etwas, *something*
etc.	*et cetera*, *and so on*, und so weiter
euphem.	*euphemistic*, euphemistisch, verhüllend
F	umgangssprachlich, *colloquial*
f	*feminine*, weiblich
fig.	*figuratively*, übertragen
gastr.	*gastronomy*, Kochkunst
gen.	*genitive* (*case*), Genitiv
geogr.	*geography*, Geografie
geol.	*geology*, Geologie
geom.	*geometry*, Geometrie
ger.	*gerund*, Gerundium
geschr.	geschrieben, *written*
gr.	*grammar*, Grammatik